frétiller [fretije] ⟨1a⟩ wriggle

…ation on French conjugations

gâteau [gɑto] *m* (*pl* -x) cake
gérant, **gérante** [ʒerɑ̃, -t] *m/f* manager
insulaire [ɛ̃sylɛr] **1** *adj* island *atr* **2** *m/f* islander
menacer ⟨1k⟩ threaten (***de*** with; ***de faire*** to do)

Grammatical information

portable [pɔrtabl] **1** *adj* portable **2** *m ordinateur* laptop; *téléphone* cellphone, cell, *Br* mobile

Entries divided into grammatical categories

acolyte [akɔlit] *m péj* crony
maint, **mainte** [mɛ̃, -t] *fml* many
minet, **minette** [minɛ, -t] *m/f* F pussy (cat); *fig* darling, sweetie pie F

Register labels

moustache [mustaʃ] *f* mustache, *Br* moustache
courgette [kurʒɛt] *f* BOT zucchini, *Br* courgette

British variants

A B C D E F G H I J K L M N O P Q R S T U V W XY Z

French Concise Dictionary

French – English
Anglais – Français

Berlitz Publishing
New York · Munich · Singapore

Edited by the Langenscheidt editorial staff

Based on a dictionary compiled by LEXUS

Activity section by Heather Bonikowski

Book in cover photo: © Punchstock/Medioimages

Berlitz Publishing
193 Morris Avenue
Springfield, NJ 07081
USA

Printed in Germany
ISBN-13: 978-981-268-015-0
ISBN-10: 981-268-015-2

1. 2. 3. 4. 5. 11 10 09 08 07

Preface

This new dictionary of English and French is a tool with more than 50,000 references for learners of the French language at beginner's or intermediate level.

Thousands of colloquial and idiomatic expressions have been included. The user-friendly layout with all headwords in blue allows the user to have quick access to all the words, expressions and their translations.

Clarity of presentation has been a major objective. Is the *mouse* you need for your computer, for example, the same in French as the *mouse* you don't want in the house? This dictionary is rich in sense distinctions like this - and in translation options tied to specific, identified senses.

Vocabulary needs grammar to back it up. In this dictionary you will find extra grammar information on French conjugation and on irregular verb forms.

The additional activity section provides the user with an opportunity to develop language skills with a selection of engaging word puzzles. The games are designed specifically to improve vocabulary, spelling, grammar and comprehension in an enjoyable style.

Designed for a wide variety of uses, this dictionary will be of great value to those who wish to learn French and have fun at the same time.

Contents

How to use the dictionary

To get the most out of your dictionary you should understand how and where to find the information you need. Whether you are yourself writing text in a foreign language or wanting to understand text that has been written in a foreign language, the following pages should help.

1. How and where do I find a word?

1.1 French and English headwords. The word list for each language is arranged in alphabetical order and also gives irregular forms of verbs and nouns in their correct alphabetical order.

Sometimes you might want to look up terms made up of two separate words, for example **shooting star**, or hyphenated words, for example **hands-on**. These words are treated as though they were a single word and their alphabetical ordering reflects this.

The only exception to this strict alphabetical ordering is made for English phrasal verbs - words like **go off**, **go out**, **go up**. These are positioned in a block directly after their main verb (in this case **go**), rather than being split up and placed apart.

1.2 French feminine headwords are shown as follows:

commentateur, **-trice** *m/f* commentator
danseur, **-euse** *m/f* dancer
débutant, **débutante** [debytɑ̃, -t] *m/f* beginner
délégué, **déléguée** *m/f* delegate
dentiste *m/f* dentist
échotier, **-ère** [ekɔtje, -ɛr] *m/f* gossip columnist

When a French headword has a feminine form which translates differently from the masculine form, the feminine is entered as a separate headword in alphabetical order:

dépanneur *m* repairman; *pour voitures* mechanic
dépanneuse *f* wrecker, *Br* tow truck

1.3 Running heads

If you are looking for a French or English word you can use the **running heads** printed in bold in the top corner of each page. The running head on the left tells you the *first* headword on the left-hand page and the one on the right tells you the *last* headword on the right-hand page.

1.4 How is the word spelt?

You can look up the spelling of a word in your dictionary in the same way as you would in a spelling dictionary. British spelling variants are marked *Br.*

2. How do I split a word?

French speakers find English hyphenation very difficult. All you have to do with this dictionary is look for the bold dots between syllables. These dots show you where you can split a word at the end of a line. But you should avoid having just one letter before or after the hyphen as in **a·mend** or **thirst·y**. In such cases it is better to take the entire word over to the next line.

2.1 When an English or a French word is written with a hyphen, then this dictionary makes a distinction between a hyphen which is given just because the dictionary line ends at that point and a hyphen which is actually part of the word. If the hyphen is a real hyphen then it is repeated at the start of the following line. So, for example:

> **allée** [ale] *f* (*avenue*) path; ***allées et ve-***
> ***nues*** comings and goings; ***des allées***
> ***et venues continuelles*** a constant to-
> -and-fro *sg*

Here the hyphen in *to-and-fro* is a real hyphen; the hyphen in *venue* is not.

3. What do the different typefaces mean?

3.1 All French and English headwords and the Arabic numerals differentiating between parts of speech appear in **bold**:

> **'outline 1** *n* silhouette *f*; *of plan, novel* esquisse *f* **2** *v/t plans etc* ébaucher
> **antagoniste 1** *adj* antagonistic **2** *m/f* antagonist

3.2 *Italics* are used for :

a) abbreviated grammatical labels: *adj*, *adv*, *v/i*, *v/t* etc
b) gender labels: *m*, *f*, *mpl* etc
c) all the indicating words which are the signposts pointing to the correct translation for your needs. Here are some examples of indicating words in italics:

> **squeak** [skwiːk] **1** *n of mouse* couinement *m*; *of hinge* grincement *m*
> ◆**work out 1** *v/t solution*, (*find out*) trouver; *problem* résoudre **2** *v/i at gym* s'entraîner; *of relationship, arrangement etc* bien marcher

spirituel, **spirituelle** spiritual; (*amusant*) witty
agrafe [agraf] *f d'un vêtement* fastener, hook; *de bureau* staple
réussir ⟨2a⟩ **1** *v/i d'une personne* succeed; ***réussir à faire qch*** manage to do sth, succeed in doing sth **2** *v/t vie*, *projet* make a success of; *examen* be successful in

Note: subjects of verbs are given with *of* or *d'un*, *d'une* etc.

3.3 All phrases (examples and idioms) are given in ***bold italics***:

shave [ʃeɪv] **1** *v/t* raser **2** *v/i* se raser **3** *n*: ***have a shave*** se raser; ***that was a close shave*** on l'a échappé belle
porte [pɔrt] *f* door; *d'une ville* gate; ***entre deux portes*** very briefly; ***mettre qn à la porte*** throw s.o. out, show s.o. the door

3.4 The normal typeface is used for the translations.

3.5 If a translation is given in italics, and not in the normal typeface, this means that the translation is more of an *explanation* in the other language and that an explanation has to be given because there just is no real equivalent:

con'trol freak F *personne qui veut tout contrôler*
andouille [ɑ̃duj] *f* CUIS *type of sausage*

4. Stress

To indicate where to put the **stress** in English words, the stress marker ' appears before the syllable on which the main stress falls:

rec·ord[1] ['rekərd] *n* MUS disque *m*; SP *etc* record *m*
rec·ord[2] [rɪ'kɔːrd] *v/t electronically* enregistrer; *in writing* consigner

Stress is shown either in the pronunciation or, if there is no pronunciation given, in the actual headword or compound itself:

'rec·ord hold·er recordman *m*, recordwoman *f*

5. What do the various symbols and abbreviations tell you?

5.1 A solid blue diamond is used to indicate a phrasal verb:

◆**crack down on** *v/t* sévir contre

5.2 A white diamond is used to divide up longer entries into more easily digested chunks of related bits of text:

> **on** [õ] (*après* ***que, et, où, qui, si*** *souvent* **l'on**) *pron personnel* ◇ (*nous*) we; ***on y a été hier*** we went there yesterday; ***on est en retard*** we're late
> ◇ (*tu, vous*) you; ***alors, on s'amuse bien?*** having fun?
> ◇ (*quelqu'un*) someone; ***on m'a dit que*** I was told that …; ***on a volé mon passeport*** somebody has stolen my passport, my passport has been stolen
> ◇ (*eux, les gens*) they, people; ***que pensera-t-on d'un tel comportement?*** what will they *ou* people think of such behavior?
> ◇ *autorités* they; ***on va démolir …*** they are going to demolish …
> ◇ *indéterminé* you; ***on ne sait jamais*** you never know, one never knows *fml*

5.3 The abbreviation F tells you that the word or phrase is used colloquially rather than in formal contexts. The abbreviation V warns you that a word or phrase is vulgar or taboo. Words or phrases labeled P are slang. Be careful how you use these words.

These abbreviations, F, V and P are used both for headwords and phrases (placed after) and for the translations of headwords/phrases (placed after). If there is no such label given, then the word or phrase is neutral.

5.4 A colon before an English or French word or phrase means that usage is restricted to this specific example (at least as far as this dictionary's translation is concerned):

> **catch-22** [kætʃtwentɪ'tuː]: ***it's a catch-22 situation*** c'est un cercle vicieux
> **opiner** [ɔpine] ⟨1a⟩: ***opiner de la tête*** *ou* ***du bonnet*** nod in agreement

6. Does the dictionary deal with grammar too?

6.1 All English headwords are given a part of speech label:

> **tooth·less** ['tuːθlɪs] *adj* édenté
> **top·ple** ['tɑːpl] **1** *v/i* s'écrouler **2** *v/t government* renverser

But if a headword can only be used as a noun (in ordinary English) then no part of speech is given, since none is needed:

> **'tooth·paste** dentifrice *m*

6.2 French gender markers are given:

oursin [ursɛ̃] *m* ZO sea urchin
partenaire [partənɛr] *m/f* partner

If a French word can be used both as a noun and as an adjective, then this is shown:

patient, **patiente** *m/f & adj* patient

No part of speech is shown for French words which are only adjectives or only transitive verbs or only intransitive verbs, since no confusion is possible. But where confusion might exist, grammatical information is added:

patriote [patrijɔt] **1** *adj* patriotic **2** *m/f* patriot
verbaliser ⟨1a⟩ **1** *v/i* JUR bring a charge **2** *v/t* (*exprimer*) verbalize

6.3 If an English translation of a French adjective can only be used in front of a noun, and not after it, this is marked with *atr*:

villageois, **villageoise** **1** *adj* village *atr* **2** *m/f* villager
vinicole [vinikɔl] wine *atr*

6.4 If the French, unlike the English, doesn't change form if used in the plural, this is marked with *inv*:

volte-face [vɔltəfas] *f* (*pl inv*) about-turn (*aussi fig*)
appuie-tête *m* (*pl inv*) headrest

6.5 If the English, in spite of appearances, is not a plural form, this is marked with *nsg*:

bil·liards ['bɪljərdz] *nsg* billard *m*
mea·sles ['mi:zlz] *nsg* rougeole *f*

English translations are given a *pl* or *sg* label (for plural or singular) in cases where this does not match the French:

bagages [bagaʒ] *mpl* baggage *sg*
balance [balɑ̃s] *f* scales *pl*

6.6 Irregular English plurals are identified and French plural forms are given in cases where there might well be uncertainty:

the·sis ['θi:sɪs] (*pl* ***theses*** ['θi:si:z]) thèse *f*
thief [θi:f] (*pl* ***thieves*** [θi:vz]) voleur(-euse) *m*(*f*)

trout [traʊt] (*pl* ***trout***) truite *f*
fédéral, **fédérale** [federal] (*mpl* -aux) federal
festival [fɛstival] *m* (*pl* -s) festival
pneu [pnø] *m* (*pl* -s) tire, *Br* tyre

6.7 Words like **physics** or **media studies** have not been given a label to say if they are singular or plural for the simple reason that they can be either, depending on how they are used.

6.8 Irregular and semi-irregular verb forms are identified:

sim·pli·fy ['sɪmplɪfaɪ] *v/t* (*pret & pp* ***-ied***) simplifier
sing [sɪŋ] *v/t & v/i* (*pret* ***sang***, *pp* ***sung***) chanter
la·bel ['leɪbl] **1** *n* étiquette *f* **2** *v/t* (*pret & pp* ***-ed***, *Br* ***-led***) *also fig* étiqueter

6.9 Cross-references are given to the tables of French conjugations on page 646:

balbutier [balbysje] ⟨1a⟩ stammer, stutter
abréger ⟨1g⟩ abridge

6.10 Grammatical information is provided on the prepositions you'll need in order to create complete sentences:

un·hap·py [ʌn'hæpɪ] *adj* malheureux*; *customers etc* mécontent (***with*** de)
un·re·lat·ed [ʌnrɪ'leɪtɪd] *adj* sans relation (***to*** avec)
accoucher ⟨1a⟩ give birth (***de*** to)
accro [akro] F addicted (***à*** to)

6.11 In the English-French half of the dictionary an asterisk is given after adjectives which do not form their feminine form just by adding an **-e**. The feminine form of these adjectives can be found in the French-English half of the dictionary:

un·true [ʌn'tru:] *adj* faux*
faux, **fausse** [fo, fos] **1** *adj* false …

Comment utiliser le dictionnaire

Pour exploiter au mieux votre dictionnaire, vous devez comprendre comment et où trouver les informations dont vous avez besoin. Que vous vouliez écrire un texte en langue étrangère ou comprendre un texte qui a été écrit en langue étrangère, les pages suivantes devraient vous aider.

1. Comment et où trouver un terme ?

1.1 Entrées françaises et anglaises. Pour chaque langue, la nomenclature est classée par ordre alphabétique et présente également les formes irrégulières des verbes et des noms dans le bon ordre alphabétique.

Vous pouvez parfois avoir besoin de rechercher des termes composés de deux mots séparés, comme **shooting star**, ou reliés par un trait d'union, comme **hands-on**. Ces termes sont traités comme un mot à part entière et apparaissent à leur place dans l'ordre alphabétique.

Il n'existe qu'une seule exception à ce classement alphabétique rigoureux : les verbes composés anglais, tels que **go off**, **go out** et **go up**, sont rassemblés dans un bloc juste après le verbe (ici **go**), au lieu d'apparaître séparément.

1.2 Les formes féminines des entrées françaises sont présentées de la façon suivante :

commentateur, **-trice** *m/f* commentator
danseur, **-euse** *m/f* dancer
débutant, **débutante** [debytɑ̃, -t] *m/f* beginner
délégué, **déléguée** *m/f* delegate
dentiste *m/f* dentist
échotier, **-ère** [ekɔtje, -ɛr] *m/f* gossip columnist

Lorsque la forme féminine d'une entrée française ne correspond pas à la même traduction que le masculin, elle est traitée comme une entrée à part entière et classée par ordre alphabétique.

dépanneur *m* repairman; *pour voitures* mechanic
dépanneuse *f* wrecker, *Br* tow truck

1.3 Titres courants

Pour rechercher un terme anglais ou français, vous pouvez utiliser les **titres courants** qui apparaissent en gras dans le coin supérieur de chaque page. Le titre courant à gauche indique la *première* entrée de la page de gauche tandis que celui qui se trouve à droite indique la *dernière* entrée de la page de droite.

1.4 Orthographe des mots

Vous pouvez utiliser votre dictionnaire pour vérifier l'orthographe d'un mot exactement comme dans un dictionnaire d'orthographe. Les variantes orthographiques britanniques sont signalées par l'indication *Br.*

2. Comment couper un mot ?

Les francophones trouvent généralement que les règles de coupure des mots en anglais sont très compliquées. Avec ce dictionnaire, il vous suffit de repérer les ronds qui apparaissent entre les syllabes. Ces ronds vous indiquent où vous pouvez couper un mot en fin de ligne, mais évitez de ne laisser qu'une seule lettre avant ou après le tiret, comme dans **a•mend** ou **thirst•y**. Dans ce cas, il vaut mieux faire passer tout le mot à la ligne suivante.

2.1 Lorsqu'un terme anglais ou français est écrit avec le signe « - », ce dictionnaire indique s'il s'agit d'un tiret servant à couper le mot en fin de ligne ou d'un trait d'union qui fait partie du mot. S'il s'agit d'un trait d'union, il est répété au début de la ligne suivante. Par exemple :

> **allée** [ale] *f* (*avenue*) path; ***allées et ve-***
> ***nues*** comings and goings; ***des allées***
> ***et venues continuelles*** a constant to-
> -and-fro *sg*

Dans ce cas, le tiret de *to-and-fro* est un trait d'union, mais pas celui de *venue*.

3. Que signifient les différents styles typographiques ?

3.1 Les entrées françaises et anglaises ainsi que les numéros signalant les différentes catégories grammaticales apparaissent tous en **gras** :

> **'out·line 1** *n* silhouette *f*; *of plan, novel* esquisse *f* **2** *v/t plans etc* ébaucher
> **antagoniste 1** *adj* antagonistic **2** *m/f* antagonist

3.2 L'*italique* est utilisé pour :

a) les indicateurs grammaticaux abrégés : *adj, adv, v/i, v/t, etc.*
b) les indicateurs de genre : *m, f, mpl, etc.*
c) tous les indicateurs contextuels et sémantiques qui vous permettent de déterminer quelle traduction choisir. Voici quelques exemples d'indicateurs en italique :

> **squeak** [skwi:k] **1** *n of mouse* couinement *m*; *of hinge* grincement *m*
> ◆**work out 1** *v/t solution*, (*find out*) trouver; *problem* résoudre **2** *v/i at gym* s'entraîner; *of relationship, arrangement etc* bien marcher
> **spirituel**, **spirituelle** spiritual; (*amusant*) witty

agrafe [agraf] *f d'un vêtement* fastener, hook; *de bureau* staple
réussir (2a) **1** *v/i d'une personne* succeed; ***réussir à faire qch*** manage to do sth, succeed in doing sth **2** *v/t vie, projet* make a success of; *examen* be successful in

Remarque : les sujets de verbes sont précédés de *of* ou *d'un*, *d'une*, etc.

3.3 Toutes les locutions (exemples et expressions) apparaissent en ***gras et italique*** :

shave [ʃeɪv] **1** *v/t* raser **2** *v/i* se raser **3** *n*: ***have a shave*** se raser; ***that was a close shave*** on l'a échappé belle
porte [pɔrt] *f* door; *d'une ville* gate; ***entre deux portes*** very briefly; ***mettre qn à la porte*** throw s.o. out, show s.o. the door

3.4 Le style normal est utilisé pour les traductions.

3.5 Si une traduction apparaît en italique et non en style normal, ceci signifie qu'il s'agit plus d'une *explication* dans la langue d'arrivée que d'une traduction à proprement parler et qu'il n'existe pas vraiment d'équivalent.

con'trol freak F *personne qui veut tout contrôler*
andouille [ɑ̃duj] *f* CUIS *type of sausage*

4. Accent

Pour indiquer où mettre l'**accent** dans les mots anglais, l'indicateur d'accent « ' » est placé devant la syllabe sur laquelle tombe l'accent tonique.

rec·ord[1] ['rekərd] *n* **MUS** disque *m*; SP *etc* record *m*
rec·ord[2] [rɪ'kɔːrd] *v/t electronically* enregistrer; *in writing* consigner

L'accent apparaît dans la prononciation ou, s'il n'y a pas de prononciation, dans l'entrée ou le mot composé.

'rec·ord hold·er recordman *m*, recordwoman *f*

5. Que signifient les différents symboles et abréviations ?

5.1 Un losange plein bleu indique un verbe composé :

◆**crack down on** *v/t* sévir contre

5.2 Un losange blanc sert à diviser des entrées particulièrement longues en plusieurs blocs plus accessibles afin de regrouper des informations apparentées.

on [õ] (*après* ***que, et, où, qui, si*** *souvent* **l'on**) *pron personnel* ◇ (*nous*) we; ***on y a été hier*** we went there yesterday; ***on est en retard*** we're late
◇ (*tu, vous*) you; ***alors, on s'amuse bien?*** having fun?
◇ (*quelqu'un*) someone; ***on m'a dit que ...*** I was told that ...; ***on a volé mon passeport*** somebody has stolen my passport, my passport has been stolen

5.3 L'abréviation F indique que le mot ou la locution s'emploie dans un registre familier plutôt que dans un contexte solennel. L'abréviation V signale qu'un mot ou une locution est vulgaire ou injurieux. L'abréviation P désigne des mots ou locutions argotiques. Employez ces mots avec prudence.

Ces abréviations, F, V et P, sont utilisées pour les entrées et les locutions ainsi que pour les traductions des entrées/locutions, et sont toujours placées après les termes qu'elles qualifient. S'il n'y a aucune indication, le mot ou la locution est neutre.

5.4 Un signe « : » (deux-points) précédant un mot ou une locution signifie que l'usage est limité à cet exemple précis (au moins pour les besoins de ce dictionnaire) :

catch-22 [kætʃtwentɪ'tuː]: ***it's a catch-22 situation*** c'est un cercle vicieux
opiner [ɔpine] (1a): ***opiner de la tête*** *ou* ***du bonnet*** nod in agreement

6. Est-ce que le dictionnaire traite aussi de la grammaire ?

6.1 Les entrées anglaises sont, en règle générale, assorties d'un indicateur grammatical :

tooth·less ['tuːθlɪs] *adj* édenté
top·ple ['tɑːpl] **1** *v/i* s'écrouler **2** *v/t government* renverser

Par contre, si une entrée peut uniquement être utilisée en tant que nom (en anglais courant), l'indicateur grammatical est omis, car inutile :

'tooth·paste dentifrice *m*

6.2 Le genre des entrées françaises est indiqué :

oursin [ursɛ̃] *m* **ZO** sea urchin
partenaire [partənɛr] *m/f* partner

Le dictionnaire précise également si un mot français peut être utilisé à la fois en tant que nom et en tant qu'adjectif :

patient, **patiente** *m/f & adj* patient

La catégorie grammaticale est omise pour les mots français qui ne peuvent être utilisés qu'en tant qu'adjectifs, verbes transitifs ou verbes intransitifs, étant donné qu'il n'y a pas de confusion possible. Par contre, lorsqu'il y a un risque de confusion, la catégorie grammaticale est précisée :

patriote [patrijɔt] **1** *adj* patriotic **2** *m/f* patriot
verbaliser (1a) **1** *v/i JUR* bring a charge **2** *v/t* (*exprimer*) verbalize

6.3 Si la traduction anglaise d'un adjectif français ne peut être placée que devant un nom, et pas après, la traduction est suivie de l'indication *atr* :

villageois, **villageoise** **1** *adj* village *atr* **1** *m/f* villager
vinicole [vinikɔl] wine *atr*

6.4 inv indique que le terme français, contrairement à l'anglais, ne s'accorde pas au pluriel :

volte-face [vɔltəfas] *f* (*pl inv*) about-turn (*aussi fig*)
appuie-tête *m* (*pl inv*) headrest

6.5 *nsg* indique que l'anglais, en dépit des apparences, n'est pas au pluriel :

bil·liards ['bɪljərdz] *nsg* billard *m*
mea·sles ['mi:zlz] *nsg* rougeole *f*

Les traductions anglaises sont assorties d'un indicateur *pl* ou *sg* (pluriel ou singulier) en cas de différence avec le français :

bagages [bagaʒ] *mpl* baggage *sg*
balance [balɑ̃s] *f* scales *pl*

6.6 Les pluriels irréguliers sont indiqués pour les entrées anglaises. Du côté français, le pluriel est donné à chaque fois qu'il peut y avoir un doute.

the·sis ['θi:sɪs] (*pl* ***theses*** ['θi:si:z]) thèse *f*
thief [θi:f] (*pl* ***thieves*** [θi:vz]) voleur(-euse) *m(f)*
trout [traʊt] (*pl* ***trout***) truite *f*
fédéral, **fédérale** [federal] (*mpl* -aux) federal
festival [fɛstival] *m* (*pl* -s) festival
pneu [pnø] *m* (*pl* -s) tire, *Br* tyre

6.7 Pour certains termes, tels que **physics** ou **media studies**, aucune indication ne précise s'ils sont singuliers ou pluriels, pour la simple et bonne raison qu'ils peuvent être les deux, selon leur emploi.

6.8 Les formes verbales qui ne suivent pas les modèles réguliers apparaissent après le verbe :

sim·pli·fy ['sɪmplɪfaɪ] *v/t* (*pret & pp* ***-ied***) simplifier
sing [sɪŋ] *v/t & v/i* (*pret* ***sang***, *pp* ***sung***) chanter
la·bel ['leɪbl] **1** *n* étiquette *f* **2** *v/t* (*pret & pp* ***-ed***, *Br* ***-led***) *also fig* étiqueter

6.9 Pour les verbes français, des renvois vous permettent de vous reporter au tableau de conjugaison correspondant (page 646) :

balbutier [balbysje] ⟨1a⟩ stammer, stutter
abréger ⟨1g⟩ abridge

6.10 Les prépositions dont vous aurez besoin pour construire une phrase sont également indiquées :

un·hap·py [ʌn'hæpɪ] *adj* malheureux*; *customers etc* mécontent (***with*** de)
un·re·lat·ed [ʌnrɪ'leɪtɪd] *adj* sans relation (***to*** avec)
accoucher ⟨1a⟩ give birth (***de*** to)
accro [akro] F addicted (***à*** to)

6.11 Dans la partie anglais-français du dictionnaire, un astérisque signale les adjectifs qui ne forment pas leur féminin en ajoutant simplement un **-e** au masculin. Vous trouverez le féminin de ces adjectifs dans la partie français-anglais du dictionnaire.

un·true [ʌn'tru:] *adj* faux*
faux, **fausse** [fo, fos] **1** *adj* false …

Pronunciation / La Prononciation

Equivalent sounds, especially for vowels and diphthongs can only be approximations.
Les équivalences, surtout pour les voyelles et les diphtongues, ne peuvent être qu'approximatives.

1. Consonants / Les consonnes

*b*ouche	[b]	*b*ag
*d*ans	[d]	*d*ear
*f*oule	[f]	*f*all
*g*ai	[g]	*g*ive
et *h*op	[h]	*h*ole
rad*i*o	[j]	*y*es
*qu*i	[k]	*c*ome
*l*a	[l]	*l*and
*m*on	[m]	*m*ean
*n*uit	[n]	*n*ight
*p*ot	[p]	*p*ot

*r*eine (*r from the throat*)	[r]	*r*ight (*la langue vers le haut*)
*s*auf	[s]	*s*un
*t*able	[t]	*t*ake
*v*ain	[v]	*v*ain
*ou*i	[w]	*w*ait
ro*s*e	[z]	ro*s*e
feeli*ng*	[ŋ]	bri*ng*
a*gn*eau	[ɲ]	o*ni*on

*ch*at	[ʃ]	*sh*e
*ch*a-*ch*a-*ch*a	[ʧ]	*ch*air
a*dj*uger	[dʒ]	*j*oin
*j*uge	[ʒ]	lei*s*ure
langue entre les dents	[θ]	*th*ink
langue derrière les dents du haut	[ð]	*th*e
h*u*it	[ɥ]	*roughly* s*w*eet

2. Les voyelles anglaises

*â*me	[ɑː]	f*a*r
s*a*lle	[æ]	m*a*n
s*e*c	[e]	g*e*t
l*e*	[ə]	*u*tter
b*eu*rre	[ɜː]	abs*u*rd
i très court	[ɪ]	st*i*ck
s*i*	[iː]	n*ee*d
ph*a*se	[ɒː]	in-l*aw*s
ess*o*r	[ɔː]	m*o*re
entre à et eux	[ʌ]	m*o*ther
b*ou*quin (*très court*)	[ʊ]	b*oo*k
s*ou*s	[uː]	h*oo*t

3. Les diphtongues anglaises

aïe	[aɪ]	t*i*me
c*iao*	[aʊ]	cl*ou*d
n*ez* *suivi d'un y court*	[eɪ]	n*a*me
cow-b*oy*	[ɔɪ]	p*oi*nt
eau suivi d'un u court	[oʊ]	s*o*

4. French vowels and nasals

*a*bats	[a]	f*a*t
*â*me	[ɑ]	M*a*rs
l*es*	[e]	p*a*y (*no y sound*)
p*è*re, s*e*c	[ɛ]	b*e*d
l*e*, d*e*hors	[ə]	lett*e*r
*i*c*i*, style	[i]	p*ee*l
b*eau*, *au*	[o]	b*o*ne
p*o*che	[ɔ]	h*o*t (*British accent*)
l*eu*r	[œ]	f*u*r
m*eu*te, n*œu*d	[ø]	l*ea*rn (*no r sound*)
s*ou*ci	[u]	t*oo*l
t*u*, *eu*	[y]	*mouth ready to say oo, then say ee*

d*an*s, *en*trer	[ɑ̃]	*roughly as in* song (*no ng*)
v*in*, bi*en*	[ɛ̃]	*roughly as in* van (*no n*)
t*on*, p*om*pe	[õ]	*roughly as in* song (*no ng but with mouth more rounded*)
un, auc*un* (*also pronounced as* ɛ̃)	[œ̃]	*roughly as in* huh

5. [']means that the following syllable is stressed: *ability* [ə'bɪlətɪ]

Some French words starting with h have ' before the h. This ' is not part of the French word. It shows i) that a preceding vowel does not become an apostrophe and ii) that no elision takes place. (This is called an aspirated h).

'hanche: la hanche, les hanches [leɑ̃ʃ] *but* **habit: l'habit, les habits** [lezabi]

Abbreviations / Abréviations

and	&	et
see	→	voir
registered trademark	®	marque déposée
abbreviation	*abbr*	abréviation
abbreviation	*abr*	abréviation
adjective	*adj*	adjectif
adverb	*adv*	adverbe
agriculture	AGR	agriculture
anatomy	ANAT	anatomie
architecture	ARCH	architecture
article	*art*	article
astronomy	ASTR	astronomie
astrology	ASTROL	astrologie
attributive	*atr*	devant le nom
motoring	AUTO	automobiles
aviation	AVIAT	aviation
biology	BIOL	biologie
botany	BOT	botanique
British English	*Br*	anglais britannique
chemistry	CHIM	chimie
commerce, business	COMM	commerce
computers, IT term	COMPUT	informatique
conjunction	*conj*	conjonction
cooking	CUIS	cuisine
economics	ÉCON	économie
education	EDU	éducation
education	ÉDU	éducation
electricity	ÉL	électricité
electricity	ELEC	électricité
especially	*esp*	surtout
euphemism	*euph*	euphémisme
familiar, colloquial	F	familier
feminine	*f*	féminin
figurative	*fig*	figuré
finance	FIN	finance
formal	*fml*	langage formel
feminine plural	*fpl*	féminin pluriel
geography	GEOG	géographie
geography	GÉOGR	géographie
geology	GÉOL	géologie
geometry	GÉOM	géométrie
grammar	GRAM	grammaire
historical	HIST	historique
humorous	*hum*	humoristique
IT term	INFORM	informatique
interjection	*int*	interjection
invariable	*inv*	invariable
ironic	*iron*	ironique
law	JUR	juridique
law	LAW	juridique

linguistics	LING	linguistique
literary	*litt*	littéraire
masculine	*m*	masculin
nautical	MAR	marine
mathematics	MATH	mathématiques
medicine	MED	médecine
medicine	MÉD	médecine
masculine and feminine	*m/f*	masculin et féminin
military	MIL	militaire
motoring	MOT	automobiles
masculine plural	*mpl*	masculin pluriel
music	MUS	musique
noun	*n*	nom
nautical	NAUT	marine
plural noun	*npl*	nom pluriel
singular noun	*nsg*	nom singulier
oneself	o.s.	se, soi
popular, slang	P	populaire
pejorative	*pej*	péjoratif
pejorative	*péj*	péjoratif
pharmacy	PHARM	pharmacie
photography	PHOT	photographie
physics	PHYS	physique
plural	*pl*	pluriel
politics	POL	politique
past participle	*pp*, *p/p*	participe passé
preposition	*prep*	préposition
preposition	*prép*	préposition
preterite	*pret*	prétérit
pronoun	*pron*	pronom
psychology	PSYCH	psychologie
something	*qch*	quelque chose
someone	*qn*	quelqu'un
radio	RAD	radio
railroad	RAIL	chemin de fer
religion	REL	religion
singular	*sg*	singulier
someone	s.o.	quelqu'un
sports	SP	sport
something	*sth*	quelque chose
subjunctive	*subj*	subjonctif
noun	*subst*	substantif
theater	THEA	théâtre
theater	THÉÂT	théâtre
technology	TECH	technique
telecommunications	TÉL	télécommunications
telecommunications	TELEC	télécommunications
typography, typesetting	TYP	typographie
television	TV	télévision
vulgar	V	vulgaire
auxiliary verb	*v/aux*	verbe auxiliaire
intransitive verb	*v/i*	verbe intransitif
transitive verb	*v/t*	verbe transitif
zoology	ZO	zoologie

Part 1

French-English Dictionary

A

à [a] *prép* ◇ *lieu* in; ***à la campagne*** in the country; ***à Chypre / Haïti*** in *ou* on Cyprus / Haiti; ***aux Pays-Bas*** in the Netherlands; ***au bout de la rue*** at the end of the street; ***à 2 heures d'ici*** 2 hours from here
◇ *direction* to; ***à l'étranger*** to the country; ***aux Pays-Bas*** to the Netherlands
◇ *temps*: ***à cinq heures*** at five o'clock; ***à Noël*** at Christmas; ***à tout moment*** at any moment; ***à demain*** until tomorrow
◇ *but*: ***tasse*** *f* ***à café*** coffee cup; ***machine*** *f* ***à laver*** washing machine
◇ *fonctionnement*: ***un moteur à gazoil*** a diesel engine; ***une lampe à huile*** an oil lamp
◇ *appartenance*: ***c'est à moi*** it's mine, it belongs to me; ***c'est à qui?*** whose is this?, who does this belong to?; ***un ami à moi*** a friend of mine
◇ *caractéristiques* with; ***aux cheveux blonds*** with blonde hair
◇ **:** ***à toi de décider*** it's up to you; ***ce n'est pas à moi de …*** it's not up to me to …
◇ *mode*: ***à pied*** on foot, by foot; ***à la russe*** Russian-style; ***à quatre mains*** MUS for four hands; ***à dix euros*** at *ou* for ten euros; ***goutte à goutte*** drop by drop; ***vendre qch au kilo*** sell sth by the kilo; ***on y est allé à trois*** three of us went
◇ *objet indirect*: ***donner qch à qn*** give sth to s.o.
◇ *en tennis* all; ***trente à*** thirty all

abaissement [abɛsmɑ̃] *m d'un store*, *d'un prix*, *d'un niveau* lowering; (*humiliation*) abasement

abaisser ⟨1b⟩ *rideau*, *prix*, *niveau* lower; *fig* (*humilier*) humble; ***s'abaisser*** drop; *fig* demean o.s.

abandon [abɑ̃dõ] *m* abandonment; (*cession*) surrender; (*détente*) abandon; SP withdrawal; ***laisser à l'abandon*** abandon

abandonner ⟨1a⟩ abandon; *pouvoir*, *lutte* give up; SP withdraw from; ***s'abandonner*** (*se confier*) open up; ***s'abandonner à*** give way to

abasourdi, **abasourdie** [abazurdi] amazed, dumbfounded

abasourdir ⟨2a⟩ *fig* astonish, amaze

abat-jour [abaʒur] *m* (*pl inv*) (lamp)-shade

abats [aba] *mpl* variety meat *sg*

abattage [abataʒ] *m de bois* felling; *d'un animal* slaughter

abattement *m* COMM rebate; PSYCH depression

abattoir *m* slaughterhouse, *Br* abattoir

abattre ⟨4a⟩ *arbre* fell; AVIAT bring down, shoot down; *animal* slaughter; *péj* (*tuer*) kill, slay; *fig* (*épuiser*) exhaust; (*décourager*) dishearten; ***je ne me laisserai pas abattre*** I won't let myself be discouraged; ***abattre beaucoup de besogne*** get through a lot of work; ***s'abattre*** collapse

abattu, **abattue** (*fatigué*) weak, weakened; (*découragé*) disheartened, dejected

abbaye [abei] *f* abbey

abbé [abe] *m* abbot; (*prêtre*) priest

abcès [apsɛ] *m* abscess

abdomen [abdɔmɛn] *m* abdomen

abdominal, **abdominale** abdominal

abeille [abɛj] *f* bee

aberrant, **aberrante** [abɛrɑ̃, -t] F absurd

aberration *f* aberration

abêtir [abɛtir] ⟨2a⟩ make stupid

abêtissant, **abêtissante**: ***être abêtissant*** addle the brain

abîme [abim] *m* abyss

abîmer ⟨1a⟩ spoil, ruin; ***s'abîmer*** be ruined; *d'aliments* spoil, go off

abject, **abjecte** [abʒɛkt] abject; *personne*, *comportement* despicable

abjection *f* abjectness

abjurer [abʒyre] ⟨1a⟩ *foi* renounce

aboiement [abwamɑ̃] *m* barking

abois [abwa]: ***être aux abois*** *fig* have one's back to the wall

abolir [abɔlir] ⟨2a⟩ abolish

abolition *f* abolition

abominable [abɔminabl] appalling

abondance [abõdɑ̃s] *f* abundance, wealth; ***société*** *f* ***d'abondance*** affluent society

abondant, **abondante** abundant

abonder ⟨1a⟩ be plentiful, abound; ***abonder en*** have an abundance of

abonné, **abonnée** [abɔne] *m/f aussi* TÉL subscriber

abonnement *m* subscription; *de transport*, *de spectacles* season ticket

abonner ⟨1a⟩: ***s'abonner à une revue*** subscribe to a magazine

abord [abɔr] *m*: ***être d'un abord facile*** be approachable; ***d'abord*** first; ***tout***

d'abord first of all; ***dès l'abord*** from the outset; ***au premier abord, de prime abord*** at first sight; ***abords*** surroundings
abordable approachable
abordage *m* MAR (*collision*) collision; (*assaut*) boarding
aborder ⟨1a⟩ **1** *v/t* (*prendre d'assaut*) board; (*heurter*) collide with; *fig*: *question* tackle; *personne* approach **2** *v/i* land (***à*** at)
aboutir [abutir] ⟨2a⟩ *d'un projet* succeed, be successful; ***aboutir à/dans*** end at / in; ***aboutir à*** *fig* lead to
aboutissement *m* (*résultat*) result
aboyer [abwaje] ⟨1h⟩ bark
abrasif, **-ive** [abrazif, -iv] TECH **1** *adj* abrasive **2** *m* abrasive
abrégé [abreʒe] *m d'un roman* abridgement
abréger ⟨1g⟩ abridge
abreuver [abrœve] ⟨1a⟩ water; ***s'abreuver*** F drink
abreuvoir *m* watering place
abréviation [abrevjasjõ] *f* abbreviation
abri [abri] *m* shelter; ***à l'abri de*** sheltered from, protected from; ***mettre à l'abri de*** shelter from, protect from; ***être sans abri*** be homeless
abribus [abribys] *m* bus shelter
abricot [abriko] *m* apricot
abricotier *m* apricot (tree)
abriter [abrite] ⟨1a⟩ (*loger*) take in, shelter; ***abriter de*** (*protéger*) shelter from, protect from; ***s'abriter*** take shelter, take cover
abroger [abrɔʒe] ⟨1l⟩ JUR repeal
abrupt, **abrupte** [abrypt] *pente* steep; *personne*, *ton* abrupt
abruti, **abrutie** [abryti] stupid
abrutir ⟨2a⟩: ***abrutir qn*** turn s.o.'s brain to mush; (*surmener*) exhaust s.o.
abrutissant, **abrutissante** *bruit* deafening; *travail* exhausting
absence [apsɑ̃s] *f* absence
absent, **absente** absent; *air* absent-minded
absentéisme *m* absenteeism
absenter ⟨1a⟩: ***s'absenter*** leave, go away
absolu, **absolue** [apsɔly] absolute
absolument *adv* (*à tout prix*, *tout à fait*) absolutely
absolution [apsɔlysjõ] *f* REL absolution
absorbant, **absorbante** [apsɔrbɑ̃, -t] absorbent
absorber ⟨1a⟩ absorb; *nourriture* eat; *boisson* drink; ***s'absorber dans qch*** be absorbed *ou* engrossed in sth
absorption *f* absorption
absoudre [apsudr] ⟨4b⟩ absolve
abstenir [apstənir] ⟨2h⟩: ***s'abstenir*** POL abstain; ***s' abstenir de faire qch*** refrain from doing sth
abstention *f* POL abstention
abstentionniste *m* POL abstainer
abstraction [apstraksjõ] *f* abstraction; ***faire abstraction de qch*** disregard sth; ***abstraction faite de*** leaving aside
abstrait, **abstraite** [apstrɛ, -t] abstract
absurde [apsyrd] absurd
absurdité *f* absurdity; ***absurdité(s)*** nonsense *sg*
abus [aby] *m* abuse; ***abus de confiance*** breach of trust
abuser ⟨1a⟩ overstep the mark, be out of line; ***abuser de qch*** misuse *ou* abuse sth; ***s'abuser*** be mistaken; ***si je ne m'abuse*** if I'm not mistaken
abusif, **-ive** excessive; *emploi d'un mot* incorrect
académicien [akademisjɛ̃] *m* academician (*especially of the Académie française*)
académie *f* academy
académique academic
acajou [akaʒu] *m* mahogany
acariâtre [akarjɑtr] bad-tempered
accablant, **accablante** [akablɑ̃, -t] *preuve* overwhelming; *chaleur* oppressive
accabler ⟨1a⟩: ***être accablé de*** *problèmes*, *soucis* be weighed down by, be overwhelmed by; ***accabler qn de qch*** *reproches* shower s.o. with sth, heap sth on s.o.
accalmie [akalmi] *f aussi fig* lull
accaparer [akapare] ⟨1a⟩ ÉCON, *fig* monopolize; ***accaparer le marché*** corner the market
accapareur: ***il est accapareur*** he doesn't like sharing
accéder [aksede] ⟨1f⟩: ***accéder à*** reach, get to; INFORM access; *au pouvoir* gain, achieve; *d'un chemin* lead to
accélérateur [akseleratœr] *m* AUTO gas pedal, *Br* accelerator
accélération *f* acceleration
accélérer ⟨1f⟩ *aussi* AUTO accelerate, speed up
accent [aksɑ̃] *m* accent; (*intonation*) stress; ***mettre l'accent sur qch*** *fig* put the emphasis on sth
accentuation *f* stressing; *fig* growth
accentuer ⟨1n⟩ *syllabe* stress, accentuate
acceptable [akseptabl] acceptable
acceptation *f* acceptance
accepter ⟨1a⟩ accept; (*reconnaître*) agree; ***accepter de faire qch*** agree to do sth; ***je n'accepte pas que tu fasses ça*** I won't have you doing that

acception [aksɛpsjõ] *f* sense
accès [aksɛ] *m aussi* INFORM access; MÉD fit
accessible *région, lecture, sujet* accessible (***à*** to); *prix* affordable; ***accessible à tous*** accessible to all, within everyone's reach
accession *f* accession (***à*** to)
accessoire [aksɛswar] **1** *adj* incidental **2** *m* detail; ***accessoires*** accessories; ***accessoires de théâtre*** props
accident [aksidɑ̃] *m* accident; *événement fortuit* mishap; ***accident de terrain*** bump, unevenness in the ground; ***accident de travail*** accident in the workplace, work-related accident; ***par accident*** by accident, accidentally; ***dans un accident*** in an accident; ***accident avec délit de fuite*** hit-and-run accident; ***accident mortel*** fatality, fatal accident
accidenté, accidentée damaged (in an accident); *terrain* uneven
accidentel, accidentelle accidental
accidentellement *adv* accidentally
acclamation [aklamasjõ] *f* acclamation; ***acclamations*** cheers, cheering *sg*
acclamer ⟨1a⟩ cheer
acclimatation [aklimatasjõ] *f* acclimatization
acclimater ⟨1a⟩: ***s'acclimater*** become acclimatized
accointances [akwɛ̃tɑ̃s] *fpl souvent péj* contacts; ***avoir des accointances avec qn*** have dealings with s.o.
accolade [akɔlad] *f* embrace; *signe* brace, *Br* curly bracket
accommodation [akɔmɔdasjõ] *f* adaptation
accommodement *m* compromise
accommoder ⟨1a⟩ adapt; CUIS prepare; ***s'accommoder à*** adapt to; ***s'accommoder de*** put up with, make do with
accompagnateur, -trice [akõpaɲatœr, -tris] *m/f* guide; MUS accompanist
accompagnement *m* MUS accompaniment
accompagner ⟨1a⟩ go with, accompany; MUS accompany
accompli, accomplie [akõpli] accomplished
accomplir ⟨2a⟩ accomplish; *souhait* realize, carry out
accomplissement *m* accomplishment
accord [akɔr] *m* agreement, consent; (*pacte*) agreement; MUS chord; ***d'accord*** OK, alright; ***être d'accord*** agree (***avec*** with); ***tomber d'accord*** come to an agreement, reach agreement; ***avec l'accord de*** with the agreement of; ***en accord avec*** in agreement with; ***donner son accord*** give one's consent, agree; ***accord d'extradition*** extradition treaty
accordé, accordée [akɔrde]: (***bien***) ***accordé*** in tune
accordéon [akɔrdeõ] *m* accordion
accorder [akɔrde] ⟨1a⟩ *crédit, délai* grant, give; GRAM make agree; MUS tune; ***accorder un sursis à*** reprieve, grant a reprieve to; ***s'accorder*** get on; GRAM agree; ***s'accorder pour faire qch*** agree to do sth; ***s'accorder qch*** allow o.s. sth
accostage [akɔstaʒ] *m* MAR bringing alongside
accoster ⟨1a⟩ **1** *v/i* MAR come alongside **2** *v/t personne* approach
accotement [akɔtmɑ̃] *m* shoulder
accouchement [akuʃmɑ̃] *m* birth
accoucher ⟨1a⟩ give birth (***de*** to)
accoucheur, -euse *m/f* midwife; *médecin* obstetrician
accouder [akude] ⟨1a⟩: ***s'accouder*** lean (one's elbows)
accoudoir *m* armrest
accouplement [akupləmɑ̃] *m* connection; BIOL mating
accoupler ⟨1a⟩ connect; ***s'accoupler*** BIOL mate
accourir [akurir] ⟨2i⟩ come running
accoutrement [akutrəmɑ̃] *m péj* get-up
accoutrer ⟨1a⟩: ***s'accoutrer*** dress
accoutumance [akutymɑ̃s] *f* MÉD dependence
accoutumé, accoutumée usual; ***être accoutumé à qch*** be used to sth
accoutumer ⟨1a⟩: ***accoutumer qn à qch*** get s.o. used to sth, accustom s.o. to sth; ***s'accoutumer à qch*** get used to sth
accréditer [akredite] ⟨1a⟩ give credence to
accro [akro] F addicted (***à*** to)
accroc [akro] *m* (*déchirure*) tear; (*obstacle*) hitch
accrochage [akrɔʃaʒ] *m* AUTO (minor) collision, fender-bender F
accrocher ⟨1a⟩ *tableau* hang (up); *manteau* hang up; AUTO collide with; ***accrocher le regard*** be eye-catching; ***s'accrocher à*** hang on to, hold tight to; *fig* cling to
accrocheur, -euse eye-catching
accroissement [akrwasmɑ̃] *m* increase; ***accroissement démographique*** population growth
accroître ⟨4w⟩ increase; ***s'accroître*** grow
accroupir [akrupir] ⟨2a⟩: ***s'accroupir*** crouch, squat
accroupis squatting on their haunches
accru, accrue [akry] **1** *p/p* → ***accroître*** **2**

adj increased, greater
accu [aky] *m* F battery
accueil [akœj] *m* reception, welcome
accueillant, **accueillante** friendly, welcoming
accueillir ⟨2c⟩ greet, welcome
accumulateur [akymylatœr] *m* battery
accumulation *f* accumulation
accumuler ⟨1a⟩ accumulate; ***s'accumuler*** accumulate, pile up
accusateur, **-trice** [akyzatœr, -tris] *m/f* accuser
accusation *f* accusation; JUR prosecution; *plainte* charge
accusé, **accusée** *m/f* **1** JUR: ***l'accusé*** the accused **2** COMM: ***accusé** m **de réception*** acknowledgement (of receipt)
accuser ⟨1a⟩ (*incriminer*) accuse (***de*** of); (*faire ressortir*) emphasize; ***accuser réception de qch*** COMM acknowledge receipt of sth
acerbe [asɛrb] caustic
acéré, **acérée** [asere] sharp (*aussi fig*)
acétique [asetik] acetic; ***acide** m **acétique*** acetic acid
acétone *f* CHIM acetone
achalandage [aʃalɑ̃daʒ] *m* custom
acharné, **acharnée** [aʃarne] *combat*, *efforts* desperate; ***acharné à faire qch*** desperate to do sth
acharnement *m* grim determination, desperation
acharner ⟨1a⟩: ***s'acharner à faire qch*** be bent on doing sth; ***s'acharner sur** ou **contre qn*** pick on s.o., have it in for s.o.
achat [aʃa] *m* purchase; ***pouvoir** m **d'achat*** purchasing power; ***prix** m **d'achat*** purchase price; ***faire des achats*** go shopping
acheminer [aʃmine] ⟨1a⟩ *paquet* dispatch; ***s'acheminer vers*** make one's way toward
acheter [aʃte] ⟨1e⟩ buy; ***acheter qch à qn*** (*pour qn*) buy sth for s.o.; (*de qn*) buy sth from s.o.; ***acheter qn*** bribe s.o., buy s.o. off F
acheteur, **-euse** *m/f* buyer, purchaser
achèvement [aʃɛvmɑ̃] *m* completion
achever [aʃve] ⟨1d⟩ finish; ***achever de faire qch*** finish doing sth; ***s'achever*** finish; ***achever qn*** *fig* finish s.o. off
acide [asid] **1** *adj* sour; CHIM acidic **2** *m* CHIM acid
acidité *f* sourness; CHIM acidity
acier [asje] *m* steel; ***d'acier*** *regard* steely
aciérie [asjeri] *f* steel plant
acné [akne] *f* acne
acolyte [akɔlit] *m péj* crony
acompte [akõt] *m* installment, *Br* instalment; ***par acomptes*** in installments
à-côté [akote] *m* (*pl* à-côtés) side issue; ***à-côtés*** *de revenus* extras, perks F
à-coup [aku] *m* (*pl* à-coups) jerk; ***par à-coups*** in fits and starts
acoustique [akustik] **1** *adj* acoustic; ***appareil** m **acoustique*** hearing aid **2** *f* acoustics
acquéreur [akerœr] *m* purchaser
acquérir ⟨2l⟩ acquire; *droit* win; *coutume* acquire, get into
acquiescer [akjɛse] ⟨1k⟩: ***acquiescer à*** agree to
acquis, **acquise** [aki] **1** *p/p* → ***acquérir*** **2** *adj* acquired; *résultats* achieved; ***c'est un point acquis*** it's an established fact; ***considérer qn / qch comme acquis*** take s.o./sth for granted
acquisition [akizisjõ] *f* acquisition
acquit [aki] *m* COMM: ***pour acquit*** received with thanks; ***par acquit de conscience*** *fig* to set my / his *etc* mind at rest
acquittement [akitmɑ̃] *m d'une dette* discharge; JUR acquittal
acquitter ⟨1a⟩ *facture*, *dette* pay; JUR acquit; ***s'acquitter de*** carry out; *dette* pay
acres [ɑkr] *mpl* acreage *sg*
âcre [ɑkr] acrid; *goût*, *fig* bitter
âcreté *f au goût*, *fig* bitterness
acrimonieux, **-euse** [akrimɔnjø, -z] acrimonious
acrobate [akrɔbat] *m/f* acrobat
acrobatie *f* acrobatics *pl*
acrobatique acrobatic
acronyme [akrɔnim] *m* acronym
acrylique [akrilik] *m* acrylic
acte [akt] *m* (*action*) action, deed; (*document officiel*) deed; THÉÂT act; ***faire acte de présence*** put in an appearance; ***dresser un acte*** draw up a deed; ***prendre acte de qch*** note sth; ***acte de décès*** death certificate; ***acte de mariage*** marriage certificate; ***acte de naissance*** birth certificate; ***acte de vente*** bill of sale
acteur, **-trice** [aktœr, -tris] *m/f* actor; actress
actif, **-ive** [aktif, -iv] **1** *adj* active **2** *m* COMM assets *pl*
activiste *m/f* activist
action [aksjõ] *f aussi* JUR action; COMM share; ***actions*** stock *sg*, shares *pl*
actionnaire *m/f* shareholder
actionnement [aksjɔnmɑ̃] *m* TECH operation; *d'une alarme etc* activation
actionner ⟨1a⟩ TECH operate; *alarme etc* activate
activer [aktive] ⟨1a⟩ (*accélérer*) speed up
activité [aktivite] *f* activity

actualiser [aktɥalize] update, bring up to date
actualité [aktɥalite] *f* current events *pl*; ***d'actualité*** topical; ***actualités*** TV news *sg*
actuel, **actuelle** [aktɥɛl] (*présent*) current, present; (*d'actualité*) topical
actuellement *adv* currently, at present
acuité [akɥite] *f des sens* shrewdness; *d'une douleur* intensity, acuteness
acupuncteur, **-trice** [akɥpɔ̃ktœr, -tris] *m/f* acupuncturist
acupuncture *f* acupuncture
adaptabilité [adaptabilite] *f* adaptability, versatility
adaptable adaptable
adaptateur *m* ÉL adapter
adaptation *f* adaptation
adapter ⟨1a⟩ adapt; ***s'adapter à*** adapt to
additif [aditif] *m* additive
addition [adisjõ] *f aussi* MATH addition; *au restaurant* check, *Br* bill
additionnel, **additionnelle** additional
additionner ⟨1a⟩ MATH add (up); (*ajouter*) add
adepte [adɛpt] *m/f* supporter; *d'une activité, d'un sport* fan
adéquat, **adéquate** [adekwa, -t] suitable; *montant* adequate
adhérence [aderɑ̃s] *f* adherence; *des pneus* grip
adhérent, **adhérente** *m/f* member
adhérer ⟨1f⟩ stick, adhere (**à** to); ***adhérer à une doctrine*** agree with *ou* support a doctrine; ***adhérer à un parti*** be a member of a party, belong to a party; ***adhérer à la route*** grip *ou* hold the road
adhésif, **-ive** [adezif, -iv] **1** *adj* sticky, adhesive **2** *m* adhesive
adhésion *f* membership; (*consentement*) support (**à** for), agreement (**à** with)
adieu [adjø] *m* goodbye; ***dire adieu à qn*** say goodbye to s.o., take one's leave of s.o.; ***adieux*** farewells; ***faire ses adieux*** say one's goodbyes (***à qn*** to s.o.)
adipeux, **-euse** [adipø, -z] fatty, adipose
adjacent, **adjacente** [adʒasɑ̃, -t] adjacent
adjectif [adʒɛktif] *m* GRAM adjective
adjoindre [adʒwɛ̃dr] ⟨4b⟩: ***adjoindre à*** add to; ***s'adjoindre qn*** hire *ou* recruit s.o.
adjoint, **adjointe** **1** *adj* assistant *atr*, deputy *atr* **2** *m/f* assistant, deputy; ***adjoint au maire*** deputy mayor
adjudication [adʒydikasjõ] *f dans vente aux enchères* sale by auction; *travaux* award; (*attribution*) adjudication
adjuger [adʒyʒe] ⟨1l⟩ award
admettre [admɛtr] ⟨4p⟩ (*autoriser*) allow; (*accueillir*) admit, allow in; (*reconnaître*) admit; ***admettre que*** (+ *ind ou subj*) admit that; ***admettons que, en admettant que*** (+ *subj*) supposing *ou* assuming that
administrateur, **-trice** [administratœr, -tris] *m/f* administrator; ***administrateur judiciaire*** (official) receiver
administratif, **-ive** administrative
administration *f* administration; (*direction*) management, running
administrer ⟨1a⟩ administer; (*diriger*) manage
admirable [admirabl] admirable
admirateur, **-trice** **1** *adj* admiring, of admiration **2** *m/f* admirer
admiratif, **-ive** admiring
admiration *f* admiration
admirer ⟨1a⟩ admire
admis [admi] admissible
admissible *candidat* eligible; ***ce n'est pas admissible*** that's unacceptable
admission [admisjõ] *f* admission
A.D.N. [adeɛn] *m abr* (***= acide désoxyribonucléique***) DNA (=desoxyribonucleic acid)
adolescence [adɔlɛsɑ̃s] *f* adolescence
adolescent, **adolescente** *m/f* adolescent, teenager
adonner [adɔne] ⟨1a⟩: ***s'adonner à qch*** devote o.s. to sth; ***s'adonner à la boisson*** drink, hit the bottle F
adopter [adɔpte] ⟨1a⟩ adopt
adoptif, **-ive** *enfant* adopted; *parent* adoptive
adoption *f* adoption; ***patrie*** *f* ***d'adoption*** adopted country
adorable [adɔrabl] adorable
adorateur, **-trice** *m/f* worshipper; (*admirateur*) admirer
adoration *f* adoration
adorer ⟨1a⟩ REL worship; *fig* (*aimer*) adore
adosser [adose] ⟨1a⟩ lean; ***s'adosser contre*** *ou* **à** lean against *ou* on
adoucir [adusir] ⟨1a⟩ soften; ***s'adoucir*** *du temps* become milder
adoucissant *m* softener
adrénaline [adrenalin] *f* adrenalin
adresse [adrɛs] *f domicile* address; (*habileté*) skill; ***à l'adresse de qn*** aimed at s.o., meant for s.o.; ***adresse électronique*** e-mail address; ***adresse personnelle*** home address
adresser ⟨1b⟩ *lettre* address (**à** to); *compliment, remarque* aim, direct (**à** at); ***adresser la parole à qn*** address s.o., speak to s.o.; ***s'adresser à qn*** apply to s.o.; (*être destiné à*) be aimed at s.o.
adroit, **adroite** [adrwa, -t] skillful, *Br* skilful

adulateur, **-trice** [adylatœr, -tris] *m/f* idolizer
aduler ⟨1a⟩ idolize
adulte [adylt] **1** *adj* adult; *plante* mature **2** *m/f* adult, grown-up
adultère [adyltɛr] **1** *adj* adulterous **2** *m* adultery
advenir [advənir] ⟨2h⟩ happen; ***advienne que pourra*** come what may
adverbe [advɛrb] *m* GRAM adverb
adversaire [advɛrsɛr] *m/f* opponent, adversary
adverse [advɛrs] adverse
adversité [advɛrsite] *f* adversity
aérateur [aeratœr] *m* ventilator
aération *f* ventilation
aérer ⟨1f⟩ ventilate; *literie, pièce qui sent le renfermé* air
aérien, **aérienne** air *atr*; *vue* aerial; ***pont m aérien*** airlift
aérobic [aerɔbik] *f* aerobics
aéroclub [aerɔklœb] *m* flying club
aérodrome *m* airfield
aérodynamique aerodynamic
aérogare *f* air terminal, terminal building
aéroglisseur *m* hovercraft
aéronautique **1** *adj* aeronautical **2** *f* aeronautics
aéronef *m* aircraft
aéroport *m* airport
aéroporté *troupes* airborne
aérosol *m* aerosol
affable [afabl] affable
affaiblir [afɛblir] ⟨2a⟩ weaken; ***s'affaiblir*** weaken, become weaker
affaiblissement *m* weakening; (*déclin*) decline
affaire [afɛr] *f* (*question*) matter, business; (*entreprise*) business; (*marché*) deal; (*bonne occasion*) bargain; JUR case; (*scandale*) affair, business; ***avoir affaire à qn*** deal with s.o.; ***se tirer d'affaire*** get out of trouble; ***affaires*** *biens personnels* things, belongings; ***ce sont mes affaires*** that's my business; ***occupe-toi de tes affaires!*** mind your own business!; ***le monde des affaires*** the business world; ***les affaires étrangères*** foreign affairs; ***affaire qui marche*** going concern
affairé, **affairée** [afɛre] busy
affairer ⟨1b⟩: ***s'affairer*** busy o.s.
affaissement [afɛsmɑ̃] *m*: ***affaissement de terrain*** subsidence
affaisser ⟨1b⟩: ***s'affaisser*** *du terrain* subside; *d'une personne* collapse
affamé, **affamée** [afame] hungry; ***affamé de gloire*** hungry for fame
affectation [afɛktasjõ] *f d'une chose* allocation; *d'un employé* assignment, appointment; MIL posting; (*pose*) affectation
affecté, **affectée** affected
affecter ⟨1a⟩ (*destiner*) allocate, allot; *employé* assign, appoint; MIL post; (*émouvoir*) affect; ***affecter la forme de*** have the shape of
affectif, **-ive** [afɛktif, -iv] emotional
affection [afɛksjõ] *f* affection; MÉD complaint
affectueux, **-euse** [afɛktɥø, -z] affectionate
affermir [afɛrmir] ⟨2a⟩ strengthen
affichage [afiʃaʒ] *m* billposting; INFORM display; ***panneau*** *m* ***d'affichage*** bulletin board, *Br* notice board; ***affichage à cristaux liquides*** liquid crystal display; ***affichage numérique*** digital display; ***montre*** *f* ***à affichage numérique*** digital watch
affiche [afiʃ] *f* poster
afficher ⟨1a⟩ *affiche* put up, stick up; *attitude* flaunt, display; INFORM display; ***afficher des bénéfices*** post profits
afficheur *m* billposter
affilée [afile]: ***d'affilée*** at a stretch
affiler ⟨1a⟩ sharpen
affilier [afilje] ⟨1a⟩: ***s'affilier à*** *club, parti* join; ***être affilié à un parti*** be a member of a party
affiner [afine] ⟨1a⟩ refine
affinité [afinite] *f* affinity
affirmatif, **-ive** [afirmatif, -iv] *réponse* affirmative; *personne* assertive; ***répondre par l'affirmative*** answer in the affirmative
affirmation [afirmasjõ] *f* statement
affirmer ⟨1a⟩ (*prétendre*) maintain; *volonté, autorité* assert
affligeant, **affligeante** [afliʒɑ̃, -t] distressing, painful
affliger ⟨1l⟩ distress
affluence [aflyɑ̃s] *f*: ***heures*** *fpl* ***d'affluence*** rush hour *sg*
affluent [-ɑ̃] *m* tributary
affluer ⟨1a⟩ come together
afflux [afly] *m de capitaux* influx
affolement [afɔlmɑ̃] *m* panic
affoler ⟨1a⟩ (*bouleverser*) madden, drive to distraction; *d'une foule, d'un cheval* panic; ***s'affoler*** panic, get into a panic; ***être affolé*** be in a panic, be panic-stricken
affranchir [afrɑ̃ʃir] ⟨2a⟩ (*libérer*) free; *lettre* meter, *Br* frank
affranchissement *m montant* postage
affréter [afrete] ⟨1f⟩ MAR, AVIAT charter
affreux, **-euse** [afrø, -z] horrible; *peur, mal de tête* terrible

affront [afrɔ̃] *m* insult, affront
affrontement *m* POL confrontation
affronter ⟨1a⟩ confront, face; SP meet; *situation* face; ***s'affronter*** confront *ou* face each other; SP meet
affût [afy] *m*: ***être à l'affût de qch*** *fig* be on the lookout for sth
afin [afɛ̃]: ***afin de faire qch*** in order to do sth, so as to do sth; ***afin que*** (+ *subj*) so that; ***afin de ne pas se mouiller*** so as not to get wet; ***afin qu'il soit mis au courant*** so that he can be put in the picture
africain, **africaine** [afrikɛ̃, -ɛn] **1** *adj* African **2** *m/f* **Africain**, **Africaine** African
Afrique *f*: ***l'Afrique*** Africa
agaçant, **agaçante** [agasɑ̃, -t] infuriating, annoying
agacement *m* annoyance
agacer ⟨1k⟩ annoy; (*taquiner*) tease
âge [aʒ] *m* age; ***Moyen-Âge*** Middle Ages *pl*; ***personnes*** *fpl* ***du troisième âge*** senior citizens; ***retour*** *m* ***d'âge*** MÉD change of life; ***quel âge a-t-il?*** how old is he?, what age is he?; ***limite*** *f* ***d'âge*** age limit; ***âge de la retraite*** retirement age
âgé, **âgée** elderly; ***âgé de deux ans*** aged two, two years old
agence [aʒɑ̃s] *f* agency; *d'une banque* branch; ***agence immobilière*** realtor, *Br* estate agent's; ***agence de placement*** employment agency; ***agence de presse*** news agency; ***agence de publicité*** advertising agency; ***agence de voyages*** travel agency
agencement [aʒɑ̃smɑ̃] *m* layout, arrangement
agencer ⟨1k⟩ arrange
agenda [aʒɛ̃da] *m* diary; ***agenda électronique*** (personal) organizer
agenouiller [aʒnuje] ⟨1a⟩ ***s'agenouiller*** kneel (down)
agent [aʒɑ̃] *m* agent; ***agent d'assurance*** insurance broker; ***agent de change*** stockbroker; ***agent de la circulation*** traffic policeman; ***agent immobilier*** realtor, *Br* real estate agent; ***agent de police*** police officer; ***agent secret*** secret agent
agglomération [aglɔmerasjɔ̃] *f* built-up area; *concentration de villes* conurbation; ***l'agglomération parisienne*** Greater Paris, the conurbation of Paris
aggloméré [aglɔmere] *m planche* chipboard, composite
aggraver ⟨1a⟩ make worse; ***s'aggraver*** worsen, deteriorate
agile [aʒil] agile
agilité *f* agility
agios [aʒjo] *mpl* ÉCON bank charges
agir [aʒir] ⟨2a⟩ act; ***agir sur qn*** affect s.o.; ***il s'agit de*** it's about; ***il s'agit de votre santé*** it's a question *ou* a matter of your health; ***il s'agit de ne pas faire d'erreurs*** it's important not to make any mistakes
agitateur, **-trice** [aʒitatœr, -tris] *m/f* agitator, rabble-rouser
agitation [aʒitasjɔ̃] *f* hustle and bustle; POL unrest; (*nervosité*) agitation
agité, **agitée** agitated, restless; *mer* rough
agiter ⟨1a⟩ *bouteille, liquide* shake; *mouchoir, main* wave; (*préoccuper, énerver*) upset; ***s'agiter*** *d'un enfant* fidget; (*s'énerver*) get upset
agneau [aɲo] *m* (*pl* -x) lamb
agnostique [agnɔstik] *m/f* agnostic
agonie [agɔni] *f* death throes *pl*
agrafe [agraf] *f d'un vêtement* fastener, hook; *de bureau* staple
agrafer ⟨1a⟩ *vêtements* fasten; *papier* staple
agrafeuse *f* stapler; *à tissu* staple gun
agrandir [agrɑ̃dir] ⟨2a⟩ *photographie, ouverture* enlarge
agrandissement *m* enlargement; *d'une ville* expansion
agrandisseur *m* enlarger
agréable [agreabl] pleasant (**à** to)
agréer ⟨1a⟩: ***veuillez agréer, Monsieur, mes salutations distinguées*** Yours truly
agrégation [agregasjɔ̃] *f competitive examination for people wanting to teach at college and university level*
agrément [agremɑ̃] *m* (*consentement*) approval, consent; ***les agréments*** (*attraits*) the delights
agresser [agrɛse] ⟨1b⟩ attack
agresseur *m* attacker; *pays* aggressor
agressif, **-ive** aggressive
agression *f* attack; PSYCH stress
agressivité *f* aggressiveness
agricole [agrikɔl] agricultural, farm *atr*; ***ouvrier*** *m* ***agricole*** agricultural laborer *ou Br* labourer, farm worker
agriculteur [agrikyltœr] *m* farmer
agriculture *f* agriculture, farming
agripper [agripe] ⟨1a⟩ clutch; ***s'agripper à qch*** clutch sth, cling to sth
agroalimentaire [agrɔalimɑ̃tɛr] *f* food industry, agribusiness
agronome [agrɔnɔm] *m* agronomist, agricultural economist; ***ingénieur*** *m* ***agronome*** agricultural engineer
agrumes [agrym] *mpl* citrus fruit *sg*
aguerri, **aguerrie** [ageri] (*expérimenté*) veteran
aguets [agɛ]: ***être aux aguets*** be on the

lookout
ahuri, **ahurie** [ayri] astounded, thunderstruck
ahurir ⟨2a⟩ astound
ahurissant, **ahurissante** astounding
aide [ɛd] **1** *f* help, assistance; ***à l'aide de qch*** with the help of sth, using sth; ***avec l'aide de qn*** with s.o'.s help; ***appeler à l'aide*** shout for help **2** *m/f* (*assistant*) assistant; ***aide-soignant*** *m* orderly
aider ⟨1b⟩ **1** *v/t* help; ***s'aider de qch*** use sth **2** *v/i* help; ***aider à qch*** contribute to sth
aïeul, **aïeule** [ajœl] *m/f* ancestor; ***aïeux*** ancestors
aigle [ɛgl] *m* eagle
aiglefin [ɛgləfɛ̃] *m* haddock
aigre [ɛgr] sour; *vent* bitter; *paroles*, *critique* sharp; *voix* shrill
aigre-doux, **aigre-douce** CUIS sweet and sour
aigreur [ɛgrœr] *f* sourness; *fig* bitterness
aigrir ⟨2a⟩ turn sour; *fig* make bitter, embitter
aigu, **aiguë** [egy] sharp; *son* high-pitched; *conflit* bitter; *intelligence* keen; MÉD, GÉOM, GRAM acute
aiguille [egɥij] *f* needle; *d'une montre* hand; *tour* spire; ***aiguille à tricoter*** knitting needle
aiguiller ⟨1a⟩ *fig* steer, guide
aiguilleur *m* AVIAT: ***aiguilleur du ciel*** air-traffic controller
aiguillon [egɥijõ] *m* (*dard*) sting
aiguillonner ⟨1a⟩ *fig* spur (on)
aiguiser [egize] ⟨1a⟩ sharpen; *fig*: *appétit* whet
ail [aj] *m* (*pl* ails, *parfois* aulx [o]) garlic; ***gousse*** *f* ***d'ail*** clove of garlic
aile [ɛl] *f* wing; AUTO fender, *Br* wing
ailier [ɛlje] *m* SP wing, winger
ailleurs [ajœr] somewhere else, elsewhere; ***d'ailleurs*** besides; ***par ailleurs*** moreover; ***nulle part ailleurs*** nowhere else
aimable [ɛmabl] kind
aimant[1], **aimante** [ɛmɑ̃, -t] loving
aimant[2] [ɛmɑ̃] *m* magnet
aimanter ⟨1a⟩ magnetize
aimer [ɛme] ⟨1b⟩ like; *parent*, *enfant*, *mari etc* love; ***aimer mieux*** prefer, like … better; ***aimer faire qch*** like to do sth; ***aimer mieux faire qch*** prefer to do sth; ***je l'aime bien*** I like him (a lot), I really like him
aine [ɛn] *f* groin
aîné, **aînée** [ɛne] **1** *adj de deux* elder; *de trois ou plus* eldest **2** *m/f* elder / eldest; ***il est mon aîné*** he is older than me; ***il est mon aîné de deux ans*** he is two years older than me
ainsi [ɛ̃si] this way, thus *fml*; ***ainsi que*** and, as well as; ***ainsi soit-il!*** so be it; ***pour ainsi dire*** so to speak
aïoli [ajɔli] *m* CUIS *mayonnaise flavored with garlic*
air [ɛr] *m atmosphérique*, *vent* air; *aspect*, *expression* look; MUS tune; ***en plein air*** in the open; ***menace*** *f* ***en l'air*** empty threat; ***avoir l'air fatigué*** look tired; ***il a l'air de ne pas écouter*** he looks as if he isn't listening, he appears not to be listening; ***se donner des airs*** give o.s. airs; ***air conditionné*** air conditioning
airbag [ɛrbag] *m* airbag
aire [ɛr] *f* area; ***aire de jeu*** playground; ***aire de repos*** picnic area
aisance [ɛzɑ̃s] *f* (*naturel*) ease; (*richesse*) wealth
aise [ɛz] *f* ease; ***à l'aise, à son aise*** comfortable; ***être à l'aise*** be comfortable; *dans une situation* be comfortable, feel at ease; ***être mal à l'aise*** be uncomfortable; *dans une situation* be uncomfortable, feel ill at ease; ***se mettre à l'aise*** make o.s. comfortable; ***en faire à son aise*** do as one pleases; ***prendre ses aises*** make o.s. at home
aisé, **aisée** (*facile*) easy; (*assez riche*) comfortable
aisément *adv* easily
aisselle [ɛsɛl] *f* armpit
ajournement [aʒurnəmɑ̃] *m* postponement; JUR adjournment
ajourner ⟨1a⟩ postpone (***d'une semaine*** for a week); JUR adjourn
ajouter [aʒute] ⟨1a⟩ add; ***s'ajouter à*** be added to
ajusté, **ajustée** [aʒyste]: (***bien***) ***ajusté*** close-fitting
ajustement *m* adjustment
ajuster ⟨1a⟩ adjust; *vêtement* alter; (*viser*) aim at; (*joindre*) fit (***à*** to)
alarmant, **alarmante** [alarmɑ̃, -t] alarming
alarme *f signal*, *inquiétude* alarm; ***donner l'alarme*** raise the alarm; ***alarme antivol*** burglar alarm
alarmer ⟨1a⟩ alarm; ***s'alarmer de*** be alarmed by
alarmiste *m/f* alarmist
Albanie [albani] *f*: ***l'Albanie*** Albania
albanais, **albanaise** **1** *adj* Albanian **2** *m langue* Albanian **3** *m/f* **Albanais**, **Albanaise** Albanian
album [albɔm] *m* album; ***album photos*** photo album

alcool [alkɔl] *m* alcohol
alcoolémie *f*: ***taux** m **d'alcoolémie*** blood alcohol level
alcoolique *adj & m/f* alcoholic
alcoolisé, alcoolisée alcoholic
alcoolisme alcoholism
alco(o)test [alkɔtɛst] *m* Breathalyzer®, *Br* Breathalyser®
aléas [alea] *mpl* risks, hazards
aléatoire uncertain; INFORM, MATH random
alentour [alɑ̃tur] **1** *adv* around about **2**: ***alentours*** *mpl* surroundings; ***aux alentours de*** in the vicinity of; (*autour de*) about
alerte [alɛrt] **1** *adj* alert **2** *f* alarm; ***donner l'alerte à qn*** alert s.o.; ***alerte à la bombe*** bomb scare
alerter ⟨1a⟩ alert
algèbre [alʒɛbr] *f* algebra
Algérie [alʒeri] *f*: ***l'Algérie*** Algeria
algérien, algérienne 1 *adj* Algerian **2** *m/f* **Algérien, Algérienne** Algerian
algue [alg] *f* BOT seaweed
alibi [alibi] *m* alibi
aliéner ⟨1f⟩ alienate
alignement [aliɲmɑ̃] *m* alignment (***sur*** with); (*rangée*) line, row
aligner ⟨1a⟩ TECH align, line up (***sur*** with); (*mettre sur une ligne*) line up; ***s'aligner*** line up; ***s'aligner sur qch*** align o.s. with sth
aliment [alimɑ̃] *m* foodstuff; ***aliments*** food *sg*; ***aliments diététiques*** health food; ***aliments surgelés*** deep-frozen food
alimentaire food *atr*; ***chaîne** f **alimentaire*** food chain
alimentation *f* food; *en eau, en électricité* supply; ***alimentation de base*** staple diet; ***alimentation en courant*** (***électrique***) power supply; ***alimentation énergique*** energy supply
alimenter ⟨1a⟩ feed; *en eau, en électricité* supply (***en*** with); *conversation* keep going
alinéa [alinea] *m* paragraph
aliter [alite] ⟨1a⟩: ***être alité(e)*** be in bed; ***s'aliter*** take to one's bed
allaiter [alɛte] ⟨1b⟩ breast-feed
allant [alɑ̃] *m* energy, drive
allécher [aleʃe] ⟨1f⟩ tempt
allée [ale] *f* (*avenue*) path; ***allées et venues*** comings and goings; ***des allées et venues continuelles*** a constant to-and-fro *sg*
allégation [alegasjõ] *f* allegation
allégé, allégée [aleʒe] *yaourt* low-fat; *confiture* low-sugar; ***allégé à 5% de …*** 95% … -free
alléger ⟨1g⟩ lighten, make lighter; *impôt* reduce; *tension* alleviate
allègre [alɛgr] cheerful
allégrement *adv* cheerfully
alléguer [alege] ⟨1f⟩ *excuse* put forward, offer
Allemagne [almaɲ] *f*: ***l'Allemagne*** Germany
allemand, allemande 1 *adj* German **2** *m langue* German **3** *m/f* **Allemand, Allemande** German
aller [ale] ⟨1o⟩ **1** *v/i* (*aux* ***être***) go; ***aller en voiture*** drive, go by car; ***aller à*** *ou* ***en bicyclette*** cycle, go by bike; ***aller chercher*** go for, fetch; ***aller voir qn*** go to see s.o.; ***comment allez-vous?*** how are you?; ***je vais bien*** I'm fine; ***ça va?*** is that OK?; (*comment te portes-tu?*) how are you?, how are things?; ***ça va bien merci*** fine, thanks; ***aller bien avec*** go well with; ***cela me va*** *pour projet, proposition* that's fine by me, that suits me; ***il y va de sa réputation*** his reputation is at stake; ***on y va!*** F let's go!; ***il va sans dire*** needless to say, it goes without saying; ***allez!*** go on!; ***allons!*** come on!; ***allons donc!*** come now!; ***s'en aller*** leave; *d'une tâche* disappear; ***cette couleur te va bien*** that color really suits you **2** *v/aux*: ***je vais partir demain*** I'm going to leave tomorrow, I'm leaving tomorrow; ***j'allais dire*** I was going to say, I was about to say **3** *m*: ***aller et retour*** round trip, *Br* return trip; *billet* round-trip ticket, *Br* return (ticket); ***aller simple*** one-way ticket, *Br* single; ***match** m **aller*** away game; ***au pis aller*** if the worst comes to the worst
allergie [alɛrʒi] *f* allergy
allergique allergic (***à*** to)
alliage [aljaʒ] *m* CHIM alloy
alliance *f* POL alliance; (*mariage*) marriage; (*anneau*) wedding ring; ***tante** f **par alliance*** aunt by marriage
allié, alliée 1 *adj* allied; *famille* related by marriage **2** *m/f* ally; *famille* relative by marriage
allier ⟨1a⟩ combine (***à*** with, and); ***s'allier à qn*** ally o.s. with s.o.
allô [alo] hello
allocation [alɔkasjõ] *f* allowance; ***allocations familiales*** dependents' allowance *sg*, *Br* child benefit *sg*; ***allocation chômage*** workers' compensation, *Br* unemployment benefit
allocution [alɔkysjõ] *f* speech
allonger [alõʒe] ⟨1l⟩ lengthen, make longer; *bras, jambes* stretch out; ***allonger le pas*** lengthen one's stride, step out; ***s'al-***

longer get longer; (*s'étendre*) lie down; ***être allongé*** be lying down, be stretched out
allouer [alwe] ⟨1a⟩ allocate
allumage [alymaʒ] *m* AUTO ignition
allumer ⟨1a⟩ **1** *v/t cigarette, feu, bougie* light; *chauffage, télévision etc* turn on, switch on **2** *v/i* turn *ou* switch the lights on
allumette *f* match
allure [alyr] *f* (*démarche*) walk; (*vitesse*) speed; (*air*) appearance; ***prendre des allures de mannequin*** act *ou* behave like a model; ***avoir de l'allure*** have style *ou* class; ***à toute allure*** at top speed
allusion [alyzjõ] *f* allusion; ***faire allusion à*** allude to
alors [alɔr] (*à ce moment-là*) then; (*par conséquence*) so; ***ça alors!*** well!; ***alors?*** so?; ***alors que*** *temps* when; *opposition* while
alouette [alwɛt] *f* lark
alourdir [alurdir] ⟨2a⟩ make heavy
aloyau [alwajo] *m* sirloin
Alpes [alp] *fpl*: ***les Alpes*** the Alps
alpestre [alpɛstr] alpine
alphabet [alfabɛ] *m* alphabet
alphabétique alphabetical
alphabétiser teach to read and write
alpin, **alpine** [alpɛ̃, -in] alpine
alpinisme *m* mountaineering
alpiniste *m/f* mountaineer
Alsace [alzas] *f*: ***l'Alsace*** Alsace
alsacien, **alsacienne** **1** *adj* of / from Alsace, Alsatian **2** *m* LING Alsace dialect **3** *m/f* **Alsacien**, **Alsacienne** inhabitant of Alsace
altercation [altɛrkasjõ] *f* argument, altercation *fml*
altérer [altere] ⟨1f⟩ *denrées* spoil; *couleur* fade; *vérité* distort; *texte* change, alter
altermondialiste [altɛrmõdjalist] *m/f* & *adj* alternative globalist
alternance [altɛrnɑ̃s] *f* alternation; *de cultures* rotation
alternatif, **-ive** alternative
alternative *f* alternative
alternativement alternately, in turn
alterner ⟨1a⟩ alternate
altimètre [altimɛtr] *m* altimeter
altitude *f* altitude
alto [alto] *m* MUS *saxophone*, *voix* alto; *instrument à cordes* viola
altruisme [altryism] *m f* altruism
altruiste **1** *adj* altruistic **2** *m/f* altruist
aluminium [alyminjɔm] *m* aluminum, *Br* aluminium
alunir [alynir] ⟨2a⟩ land on the moon
alunissage *m* moon landing
amabilité [amabilite] *f* kindness
amadouer [amadwe] ⟨1a⟩ softsoap
amaigri, **amaigrie** [amɛgri] thinner
amaigrir ⟨2a⟩: ***amaigrir qn*** *de maladie* cause s.o. to lose weight; ***s'amaigrir*** lose weight, get thinner
amalgame [amalgam] *m* mixture, amalgamation
amalgamer ⟨1a⟩ amalgamate
amande [amɑ̃d] *f* BOT almond
amant [amɑ̃] *m* lover
amarre [amar] *f* MAR mooring line
amarrer ⟨1a⟩ MAR moor
amas [ama] *m* pile, heap
amasser ⟨1a⟩ amass
amateur [amatœr] *m qui aime bien* lover; *non professionnel* amateur; ***amateur d'art*** art lover; ***en amateur*** *péj* as a hobby; ***d' amateur*** *péj* amateurish
ambages [ɑ̃baʒ] *fpl*: ***sans ambages*** without beating about the bush
ambassade [ɑ̃basad] *f* embassy
ambassadeur, **-drice** *m/f* ambassador
ambiance [ɑ̃bjɑ̃s] *f* (*atmosphère*) atmosphere
ambiant, **ambiante**: ***température*** *f* ***ambiante*** room temperature
ambidextre [ɑ̃bidɛkstr] ambidextrous
ambigu, **ambiguë** [ɑ̃bigy] ambiguous
ambiguïté *f* ambiguity
ambitieux, **-euse** [ɑ̃bisjø, -z] **1** *adj* ambitious **2** *m/f* ambitious person
ambition *f* ambition
ambitionner ⟨1a⟩: ***ambitionner de faire qch*** want to do sth
ambivalence [ɑ̃bivalɑ̃s] *f* ambivalence
ambivalent, **ambivalente** ambivalent
ambulance [ɑ̃bylɑ̃s] *f* ambulance
ambulancier *m* paramedic, *Br aussi* ambulance man
ambulant, **ambulante** [ɑ̃bylɑ̃, -t] traveling, *Br* travelling, itinerant
âme [ɑm] *f* soul; ***état*** *m* ***d'âme*** state of mind; ***rendre l'âme*** breathe one's last; ***âme charitable*** do-gooder
amélioration [ameljɔrasjõ] *f* improvement
améliorer ⟨1a⟩ improve; ***s'améliorer*** improve, get better
aménagé, **aménagée** [amenaʒe]: ***cuisine*** *f* ***aménagée*** fitted kitchen
aménagement *m* arrangement, layout; *d'une vieille maison* conversion
aménager ⟨1l⟩ *appartement* arrange, lay out; *terrain* develop; *vieille maison* convert
amende [amɑ̃d] *f* fine; ***sous peine d'amende*** or you will be liable to a fine
amendement [amɑ̃dmɑ̃] *m* improvement;

POL amendment
amender ⟨1a⟩ improve; *projet de loi* amend
amener [amne] ⟨1d⟩ bring; (*causer*) cause; ***amener qn à faire qch*** get s.o. to do sth; ***s'amener*** turn up
amer, -ère [amɛr] bitter
américain, américaine [amerikɛ̃, -ɛn] **1** *adj* American **2** *m* LING American English **3** *m/f* **Américain, Américaine** American
américaniser Americanize
amérindien, amérindienne [ameʀɛ̃djɛ̃, -ɛn] **1** *adj* Native American, Amerindian; **2** *m/f* **Amérindien, Amérindienne** Native American, Amerindian
Amérique [amerik] *f*: ***l'Amérique*** America; ***l'Amérique centrale*** Central America; ***l'Amérique latine*** Latin America; ***l'Amérique du Nord*** North America; ***l'Amérique du Sud*** South America; ***les Amériques*** the Americas
amerrir [amɛrir] ⟨2a⟩ AVIAT splash down
amerrissage *m* splashdown
amertume [amɛrtym] *f* bitterness
ameublement [amœbləmɑ̃] *m* (*meubles*) furniture
ameuter [amøte] ⟨1a⟩ rouse
ami, amie [ami] **1** *m/f* friend; (*amant*) boyfriend; (*maîtresse*) girlfriend; ***petit ami*** boyfriend; ***petite amie*** girlfriend; ***devenir ami avec qn*** make friends with s.o. **2** *adj* friendly
amiable: ***à l'amiable*** amicably; JUR out of court; *arrangement* amicable, friendly; JUR out-of-court
amiante [amjɑ̃t] *m* asbestos
amical, amicale [amikal] (*mpl* -aux) **1** *adj* friendly **2** *f* association
amicalement in a friendly way
amincir [amɛ̃sir] ⟨2a⟩ **1** *v/t chose* make thinner; *d'une robe* make look thinner **2** *v/i* get thinner
amiral [amiral] *m* (*pl* -aux) admiral
amitié [amitje] *f* friendship; ***amitiés*** best wishes, regards
amnésie [amnezi] *f* amnesia
amnistie [amnisti] *f* amnesty
amoindrir [amwɛ̃drir] ⟨2a⟩ diminish, lessen; *mérite* detract from; ***s'amoindrir*** diminish
amoindrissement *m* decline, decrease
amollir [amɔlir] ⟨2a⟩ soften
amonceler [amõsle] ⟨1c⟩ pile up
amont [amõ]: ***en amont*** upstream (***de*** from)
amoral, amorale [amɔral] (*mpl* -aux) amoral
amorce [amɔrs] *f* (*début*) beginning
amorcer ⟨1k⟩ begin; INFORM boot up
amorphe [amɔrf] *sans énergie* listless
amortir [amɔrtir] ⟨2a⟩ *choc* cushion; *bruit* muffle; *douleur* dull; *dettes* pay off
amortisseur *m* AUTO shock absorber
amour [amur] *m* love; ***mon amour*** my love, darling; ***amours*** love life *sg*; ***faire l'amour*** make love
amoureux, -euse *regard* loving; *vie* love *atr*; *personne* in love (***de*** with); ***tomber amoureux*** fall in love
amour-propre [amurprɔpr] *m* pride
amovible [amɔvibl] *housse* removable
amphibie [ɑ̃fibi] amphibious
amphithéâtre [ɑ̃fiteɑtr] *m d'université* lecture hall; (*théâtre classique*) amphitheater, *Br* amphitheatre
ample [ɑ̃pl] *vêtements* loose, roomy; *sujet, matière* broad, wide; *ressources* ample; ***pour de plus amples informations*** for more *ou* further information
amplement *décrire, expliquer* fully; ***c'est amplement suffisant*** it's more than enough
ampleur *f d'un désastre* extent, scale; *d'une manifestation* size
amplificateur [ɑ̃plifikatœr] *m* TECH amplifier
amplification *f* TECH amplification; *fig* growth, expansion
amplifier ⟨1a⟩ TECH amplify; *fig*: *problème, scandale* magnify; *idée* expand, develop
amplitude [ɑ̃plityd] *f* PHYS amplitude
ampoule [ɑ̃pul] *f sur la peau* blister; *de médicament* ampoule; *lampe* bulb
amputation [ɑ̃pytasjõ] *f* amputation
amputer ⟨1a⟩ amputate; *fig* cut
amusant, amusante [amyzɑ̃, -t] funny, entertaining, amusing
amuse-gueule [amyzgœl] *m* (*pl inv*) appetizer, nibble F
amusement [amyzmɑ̃] *m* amusement
amuser ⟨1a⟩ amuse; (*divertir*) entertain, amuse; ***s'amuser*** have a good time, enjoy o.s.; ***amuse-toi bien!*** have fun!, enjoy yourself!; ***s'amuser à faire qch*** have fun doing sth, enjoy doing sth; ***faire qch pour s'amuser*** do sth for fun; ***s'amuser de*** make fun of
amygdale [ami(g)dal] *f* ANAT tonsil
amygdalite *f* tonsillitis
an [ɑ̃] *m* year; ***le jour*** *ou* ***le premier de l'an*** New Year's Day, New Year's; ***bon an, mal an*** averaged out over the years; ***deux fois par an*** twice a year; ***20 000 euros par an*** 20,000 euros a year ou per annum; ***elle a 15 ans*** she's 15 (years old); ***tous les ans*** every year; ***l'an prochain***

next year; ***l'an dernier*** last year
anachronisme [anakrɔnism] *m* anachronism
analgésique [analʒezik] *m* PHARM analgesic, pain killer
analogie [analɔʒi] *f* analogy
analogique INFORM analog
analogue analogous (***à*** with), similar (***à*** to)
analphabète [analfabɛt] illiterate
analphabétisme *m* illiteracy
analyse [analiz] *f* analysis; *de sang* test
analyser ⟨1a⟩ analyze, *Br* analyse; *sang* test
analyste *m/f* analyst
analytique analytical
ananas [anana(s)] *m* BOT pineapple
anarchie [anarʃi] *f* anarchy
anarchiste *m* anarchist
anatomie [anatɔmi] *f* anatomy
ancêtres [ɑ̃sɛtr] *mpl* ancestors
anchois [ɑ̃ʃwa] *m* anchovy
ancien, ancienne [ɑ̃sjɛ̃, -ɛn] old; (*précédent*) former, old; *de l'Antiquité* ancient; ***ancien combattant*** (war) veteran, vet F
anciennement *adv* formerly
ancienneté *f dans une profession* seniority
ancre [ɑ̃kr] *f* anchor
ancrer ⟨1a⟩ anchor; ***être ancré*** be at anchor; *fig* be embedded, be firmly rooted
Andorre [ɑ̃dɔr] *f*: ***l'Andorre*** Andorra
andouille [ɑ̃duj] *f* CUIS *type of sausage*; *fig* F idiot, noodle F
âne [ɑn] *m* donkey; *fig* ass
anéantir [aneɑ̃tir] ⟨2a⟩ annihilate
anéantissement *m* annihilation
anecdote [anɛgdɔt] *f* anecdote
anémie [anemi] *f* MÉD anemia, *Br* anaemia
anémique anemic, *Br* anaemic
anesthésiant [anɛstezjɑ̃] *m* anesthetic, *Br* anaesthetic
anesthésie *f* MÉD anesthesia, *Br* anaesthesia; ***anesthésie générale / locale*** general / local anesthetic
anesthésier ⟨1a⟩ anesthetize, *Br* anaesthetize
anesthésique *m* anesthetic, *Br* anaesthetic
anesthésiste *m/f* anesthesiologist, *Br* anaesthetist
ange [ɑ̃ʒ] *m* angel; ***être aux anges*** *fig* be in seventh heaven; ***ange gardien*** guardian angel
angélique angelic
angine [ɑ̃ʒin] *f* MÉD throat infection; ***angine de poitrine*** angina
anglais, anglaise [ɑ̃glɛ, -z] **1** *adj* English **2** *m langue* English **3** *m/f* **Anglais, Anglaise** Englishman; Englishwoman; ***les anglais*** the English
angle [ɑ̃gl] *m* angle; (*coin*) corner; ***angle droit*** right angle; ***angle mort*** blind spot
Angleterre [ɑ̃glətɛr] *f*: ***l'Angleterre*** England
anglicisme [ɑ̃glisism] *m* anglicism
anglophone [ɑ̃glɔfon] English-speaking
anglo-saxon Anglo-Saxon
angoissant, angoissante painful, distressing
angoisse *f* anguish, distress
angoisser ⟨1a⟩ distress
anguille [ɑ̃gij] *f* eel
anguleux, -euse [ɑ̃gylø, -z] angular
anicroche [anikrɔʃ] *f* hitch
animal [animal] (*mpl* -aux) **1** *m* animal; ***animal domestique*** pet **2** *adj* (*f* ***animale***) animal *atr*
animateur, -trice [animatœr, -tris] *m/f d'une émission de radio, de télévision* host, presenter; *d'une discussion* moderator; *d'activités culturelles* organizer, leader; *d'une entreprise* leader; *de dessin animé* animator
animation *f* (*vivacité*) liveliness; *de mouvements* hustle and bustle; *de dessin animé* animation; ***animation (culturelle)*** community-based activities *pl*
animé, animée *rue, quartier* busy; *conversation* lively, animated
animer ⟨1a⟩ *conversation, fête* liven up; (*stimuler*) animate; *discussion, émission* host; ***s'animer*** *d'une rue, d'un quartier* come to life, come alive; *d'une personne* become animated
animosité [animozite] *f* animosity
anis [anis] *m* aniseed; *liqueur aniseed-flavored alcoholic drink*
anisette *f aniseed-flavored alcoholic drink*
anneau [ano] *m* (*pl* -x) ring
année [ane] *f* year; ***les années 90*** the 90s; ***bonne année!*** happy New Year!; ***année fiscale*** fiscal year; ***année sabbatique*** sabbatical (year)
année-lumière *f* light year
annexe [anɛks] *f d'un bâtiment* annex; *d'un document* appendix; *d'une lettre* enclosure, *Br* attachment
annexer ⟨1a⟩ *document* enclose, *Br* attach; *pays* annex
annihiler [aniile] ⟨1a⟩ annihilate
anniversaire [anivɛrsɛr] *m* birthday; *d'un événement* anniversary; ***anniversaire de mariage*** wedding anniversary
annonce [anõs] *f* (*nouvelle*) announcement; *dans journal* ad(vertisement);

(*présage*) sign; ***petites annonces*** classified advertisements, classifieds
annoncer ⟨1k⟩ announce; ***s'annoncer bien / mal*** be off to a good / bad start
annonceur *m dans un journal* advertiser; TV, *à la radio* announcer
annotation [anɔtasjõ] *f* annotation
annoter ⟨1a⟩ annotate
annuaire [anɥɛr] *m* yearbook; ***annuaire du téléphone*** phone book
annuel, **annuelle** [anɥɛl] annual, yearly
annulaire [anylɛr] *m* ring finger
annulation [anylasjõ] *f* cancellation; *d'un mariage* annulment
annuler ⟨1a⟩ cancel; *mariage* annul
anodin, **anodine** [anɔdɛ̃, -in] harmless; *personne* insignificant; *blessure* slight
anomalie [anɔmali] *f* anomaly
anonymat [anɔnima] *m* anonymity
anonyme anonymous; ***société*** *f* ***anonyme*** incorporated *ou Br* limited company
anorak [anɔrak] *m* anorak
anorexie [anɔrɛksi] *f* anorexia
anorexique anorexic
anormal, **anormale** [anɔrmal] abnormal
anse [ɑ̃s] *f d'un panier etc* handle; GÉOGR cove, bay
antagonisme [ɑ̃tagɔnism] *m* antagonism
antagoniste **1** *adj* antagonistic **2** *m/f* antagonist
antarctique [ɑ̃tarktik] **1** *adj* Antarctic **2** *m* **l'Antarctique** Antarctica, the Antarctic
antécédents [ɑ̃tesedɑ̃] *mpl* history *sg*
antenne [ɑ̃tɛn] *f* ZO antenna, feeler; TV, *d'une radio* antenna, *Br* aerial; ***être à l'antenne*** be on the air
antérieur, **antérieure** [ɑ̃terjœr] (*de devant*) front; (*d'avant*) previous, earlier; ***antérieur à*** prior to, before
anthologie [ɑ̃tɔlɔʒi] *f* anthology
anthropologie [ɑ̃trɔpɔlɔʒi] *f* anthropology
anthropologue *m/f* anthropologist
antiadhésif, **-ive** [ɑ̃tiadezif, -iv] nonstick
antibiotique [ɑ̃tibjɔtik] *m* antibiotic
antibrouillard [ɑ̃tibrujɑr] *m* fog lamp
antibruit [ɑ̃tibrɥi] soundproof
antichoc [ɑ̃tiʃɔk] shock-proof
anticipation [ɑ̃tisipasjõ] *f* anticipation; ***payer par anticipation*** pay in advance; ***d'anticipation*** *film*, *roman* science-fiction
anticipé, **anticipée** early; *paiement* advance
anticiper ⟨1a⟩ anticipate; ***anticiper un paiement*** pay in advance
anticlérical, **anticléricale** [ɑ̃tiklerikal] (*mpl* -aux) anticlerical
anticonceptionnel, **anticonceptionnelle** [ɑ̃tikõsɛpsjɔnɛl] contraceptive
anticonstitutionnel, **anticonstitutionnelle** [ɑ̃tikõstitysjɔnɛl] unconstitutional
anticorps [ɑ̃tikɔr] *m* antibody
antidater [ɑ̃tidate] ⟨1a⟩ backdate
antidérapant, **antidérapante** [ɑ̃tiderapɑ̃, -t] AUTO **1** *adj* non-skid **2** *m* non-skid tire, *Br* non-skid tyre
antidote [ɑ̃tidɔt] *m* MÉD antidote
antigel [ɑ̃tiʒɛl] *m* antifreeze
antillais, **antillaise** [ɑ̃tijɛ, -z] **1** *adj* West Indian **2** *m/f* **Antillais**, **Antillaise** West Indian
Antilles *f/pl*: ***les Antilles*** the West Indies
antimondialiste [ɑ̃timõdjalist] *m/f & adj* antiglobalist
antipathie [ɑ̃tipati] *f* antipathy
antipathique unpleasant
antipelliculaire [ɑ̃tipelikylɛr]: ***shampoing*** *m* ***antipelliculaire*** dandruff shampoo
antipode [ɑ̃tipɔd] *m*: ***aux antipodes*** *fig* poles apart (***de*** from)
antipollution [ɑ̃tipɔlysjõ] anti-pollution
antiquaire [ɑ̃tikɛr] *m* antique dealer
antique ancient; *meuble* antique; *péj* antiquated
antiquités *fpl meubles, objets d'art* antiques
antirouille [ɑ̃tiruj] antirust
antisocial, **antisociale** [ɑ̃tisɔsjal] antisocial
antisémite [ɑ̃tisemit] **1** *adj* anti-Semitic **2** *m/f* anti-Semite
antiseptique [ɑ̃tisɛptik] *m & adj* antiseptic
antiterroriste [ɑ̃titɛrɔrist] anti-terrorist
antivol [ɑ̃tivɔl] *m* anti-theft device
anxiété [ɑ̃ksjete] *f* anxiety
anxieux, **-euse** anxious; ***être anxieux de faire qch*** be anxious to do sth
août [u(t)] *m* August
apaiser [apɛze] ⟨1b⟩ *personne* pacify, calm down; *douleur* soothe; *soif* slake; *faim* satisfy
apathie [apati] *f* apathy
apercevoir [apɛrsəvwar] ⟨3a⟩ see; ***s'apercevoir de qch*** notice sth
aperçu **1** *p/p* → ***apercevoir*** **2** *m* broad outline
apéritif [aperitif] *m* aperitif
apéro *m* F → ***apéritif***
apesanteur [apəzɑ̃tœr] *f* weightlessness
à-peu-près [apøprɛ] *m* (*pl inv*) approximation
apeuré, **apeurée** [apœre] frightened
apitoyer [apitwaje] ⟨1h⟩: ***apitoyer qn*** move s.o. to pity; ***s'apitoyer sur qn*** feel sorry for s.o.

aplanir [aplanir] ⟨2a⟩ flatten, level; *fig*: *différend* smooth over; *difficultés* iron out

aplatir [aplatir] ⟨2a⟩ flatten; ***s'aplatir*** (*s'écraser*) be flattened; ***s'aplatir devant qn*** kowtow to s.o.

aplomb [aplõ] *m* (*confiance en soi*) self-confidence; (*audace*) nerve; ***d'aplomb*** vertical, plumb; ***je ne suis pas d'aplomb*** *fig* I don't feel a hundred percent; ***avec aplomb*** confidently

apogée [apɔʒe] *m fig* height, peak

apolitique [apɔlitik] apolitical

apostrophe [apɔstrɔf] *f* (*interpellation*) rude remark; *signe* apostrophe

apostropher ⟨1a⟩: ***apostropher qn*** F shout at s.o., tear s.o. off a strip

apôtre [apotr] *m* apostle

apparaître [aparɛtr] ⟨4z⟩ appear; ***faire apparaître*** bring to light; ***il apparaît que*** it appears *ou* seems that, it would appear that

appareil [aparɛj] *m* device; AVIAT plane; ***qui est à l'appareil?*** TÉL who's speaking?, who's this?; ***appareil*** (***dentaire***) brace; ***appareil ménager*** household appliance; ***appareil photo*** camera

appareiller ⟨1a⟩ match (***à*** with); MAR set sail (***pour*** for)

apparemment [aparamɑ̃] apparently

apparence [aparɑ̃s] *f* appearance; ***en apparence*** on the face of things; ***sauver les apparences*** save face; ***selon toute apparence*** judging by appearances

apparent, **apparente** (*visible*) visible; (*illusoire*) apparent

apparenté, **apparentée** [aparɑ̃te] related (***à*** to)

apparition [aparisjõ] *f* appearance

appartement [apartəmɑ̃] *m* apartment, *Br* flat

appartenance [apartənɑ̃s] *f à une association, à un parti* membership

appartenir ⟨2h⟩ belong (***à qn*** to s.o.); ***il ne m'appartient pas d'en décider*** it's not up to me to decide

appât [apɑ] *m aussi fig* bait

appâter ⟨1a⟩ lure

appauvrir [apovrir] ⟨2a⟩ impoverish; ***s'appauvrir*** become impoverished

appauvrissement *m* impoverishment

appel [apɛl] *m* call; TÉL (telephone) call; (*exhortation*) appeal, call; MIL (*recrutement*) draft, *Br* call-up; JUR appeal; ÉDU roll-call; ***faire appel*** JUR appeal; ***sans appel*** final; ***faire appel à qch*** (*nécessiter*) require; ***faire appel à qn*** appeal to s.o.; ***appel d'offres*** invitation to tender

appelé *m* MIL conscript

appeler ⟨1c⟩ call; (*nécessiter*) call for; ***en appeler à qn*** approach s.o., turn to s.o.; ***comment t'appelles-tu?*** what's your name?, what are you called?; ***je m'appelle …*** my name is …, I'm called …

appendice [apɛ̃dis] *m* appendix

appendicite *f* MÉD appendicitis

appesantir [apəzɑ̃tir]: ***s'appesantir*** grow heavier; ***s'appesantir sur*** dwell on

appétissant, **appétissante** [apetisɑ̃, -t] appetizing

appétit *m* appetite; ***bon appétit!*** enjoy (your meal)!

applaudir [aplodir] ⟨2a⟩ applaud, clap

applaudissements *mpl* applause *sg*, clapping *sg*

applicable [aplikabl] applicable

applicateur *m* applicator

application *f* application

appliqué, **appliquée** *science* applied

appliquer ⟨1m⟩ apply; *loi* apply, enforce; ***s'appliquer*** *d'une personne* apply o.s., work hard; ***appliquer Y sur X*** smear X with Y, smear Y on X; ***s'appliquer à qch*** apply to sth; ***s'appliquer à faire qch*** take pains to do sth with

appointements [apwɛ̃tmɑ̃] *mpl* salary *sg*

apport [apɔr] *m* contribution

apporter ⟨1a⟩ bring; ***apporter du soin à qch*** take care over sth; ***apporter de l'attention à qch*** pay attention to sth; ***apporter des raisons*** provide reasons

apposer [apoze] ⟨1a⟩: ***apposer sa signature*** append one's signature

appréciable [apresjabl] significant, appreciable

appréciation *f d'un prix, d'une distance* estimate; (*jugement*) comment, opinion; COMM appreciation

apprécier ⟨1a⟩ *valeur, distance* estimate; *personne, musique, la bonne cuisine* appreciate

appréhender [apreɑ̃de] ⟨1a⟩: ***appréhender qch*** be apprehensive about sth; ***appréhender qn*** JUR arrest s.o.

appréhensif, **-ive** apprehensive

appréhension *f* apprehension

apprendre [aprɑ̃dr] ⟨4q⟩ *leçon* learn; *nouvelle* learn, hear (***par qn*** from s.o.); ***apprendre qch à qn*** (*enseigner*) teach s.o. sth; (*raconter*) tell s.o. sth; ***apprendre à lire*** learn to read

apprenti, **apprentie** [aprɑ̃ti] *m/f* apprentice; *fig* beginner, novice; ***apprenti conducteur*** student driver, *Br* learner driver

apprentissage *m d'un métier* apprenticeship; *processus psychologique* learning

apprêté, **apprêtée** [aprɛte] affected

apprêter ⟨1a⟩ prepare; ***s'apprêter à faire***

qch prepare to do sth, get ready to do sth
apprivoiser [aprivwaze] ⟨1a⟩ tame
approbateur, -trice [aprɔbatœr, -tris] approving
approbation *f* approval
approche [aprɔʃ] *f* approach
approcher ⟨1a⟩ **1** *v/t* bring closer (***de*** to) **2** *v/i* approach; ***s'approcher de*** approach
approfondi, approfondie [aprɔfɔ̃di] thorough, detailed
approfondir ⟨2a⟩ deepen; (*étudier*) go into in detail
approprié, appropriée [aprɔprije] appropriate, suitable (***à*** for)
approprier ⟨1a⟩: ***s'approprier qch*** appropriate sth
approuver [apruve] ⟨1a⟩ *projet, loi* approve; *personne, manières* approve of
approvisionnement [aprɔvizjɔnmɑ̃] *m* supply (***en*** of)
approvisionner ⟨1a⟩ supply; ***approvisionner un compte bancaire*** pay money into a bank account
approximatif, -ive [aprɔksimatif, -iv] approximate
approximation *f* approximation
approximativement *adv* approximately
appui [apɥi] *m* support; *d'une fenêtre* sill; ***prendre appui sur*** lean on; ***à l'appui de*** in support of; ***preuves*** *fpl* ***à l'appui*** supporting evidence *sg*
appuie-tête *m* (*pl inv*) headrest
appuyer ⟨1h⟩ **1** *v/t* lean; (*tenir debout*) support; *fig candidat, idée* support, back **2** *v/i*: ***appuyer sur*** *bouton* press, push; *fig* stress; ***s'appuyer sur*** lean on; *fig* rely on
âpre [ɑpr] bitter
après [aprɛ] **1** *prép* after; ***l'un après l'autre*** one after the other; ***après coup*** after the event; ***après quoi*** and then, after that; ***après tout*** after all; ***après avoir lu le journal, il …*** after reading the paper he …, after having read the paper, he …; ***d'après*** (***ce que disent***) ***les journaux*** according to the papers, going by what the papers say **2** *adv* afterward, *Br aussi* afterwards **3** *conj*: ***après que*** after; ***après qu'il soit*** (*subj*) ***parti nous avons …*** after he left we …; ***après qu'il soit*** (*subj*) ***parti nous aurons …*** after he leaves we will have …
après-demain [aprɛdmɛ̃] the day after tomorrow
après-guerre [aprɛgɛr] *m* (*pl* après-guerres) post-war period
après-midi [aprɛmidi] *m ou f* (*pl inv*) afternoon
après-rasage [aprɛrazaʒ]: ***lotion*** *f* ***après-rasage*** aftershave
après-vente [aprɛvɑ̃t]: ***service*** *m* ***après-vente*** after-sales service
apr. J.-C. *abr* (***= après Jésus-Christ***) AD (= anno Domini)
à-propos [aprɔpo] *m* aptness
apte [apt] apt (***à*** to)
aptitude [aptityd] *f* aptitude
aquarelle [akwarɛl] *f* watercolor, *Br* watercolour
aquarium [akwarjɔm] *m* aquarium
aquatique [akwatik] aquatic; *oiseau* water *atr*
aqueduc [akdyk] *m* aqueduct
arabe [arab] **1** *adj* Arab **2** *m langue* Arabic **3** *m/f* **Arabe** Arab
Arabie *f*: ***l'Arabie Saoudite*** Saudi (Arabia)
arachide [araʃid] *f* BOT peanut
araignée [arɛɲe] *f* spider
arbitrage [arbitraʒ] *m* arbitration; *à la Bourse* arbitrage
arbitraire [-ɛr] arbitrary
arbitre [arbitr] *m* referee; ***libre arbitre*** *m* free will
arbitrer ⟨1a⟩ arbitrate
arbre [arbr] *m* tree; TECH shaft; ***arbre généalogique*** family tree; ***arbre de Noël*** Christmas tree
arbuste [arbyst] *m* shrub
arc [ark] *m* ARCH arch; GÉOM arc
arcades [arkad] *fpl* ARCH arcade *sg*
arc-boutant [arkbutɑ̃] *m* (*pl* arcs-boutants) ARCH flying buttress
arc-en-ciel [arkɑ̃sjɛl] *m* (*pl* arcs-en-ciel) rainbow
archange [arkɑ̃ʒ] *m* REL archangel
arche [arʃ] *f* arch; *Bible* Ark
archéologie [arkeɔlɔʒi] *f* archeology, *Br* archaeology
archéologique archeological, *Br* archaeology
archéologue *m/f* archeologist, *Br* archaeologist
archet [arʃɛ] *m* MUS bow
archevêque [arʃəvɛk] *m* archbishop
architecte [arʃitɛkt] *m/f* architect
architecture *f* architecture
archives [arʃiv] *fpl* records, archives
arctique [arktik] **1** *adj* Arctic **2** *m* **l'Arctique** the Arctic
ardent, ardente [ardɑ̃, -t] *soleil* blazing; *désir* burning; *défenseur* fervent
ardeur *f fig* ardor, *Br* ardour
ardoise [ardwaz] *f* slate
ardu, ardue [ardy] arduous
arène [arɛn] *f* arena; ***arènes*** arena *sg*
arête [arɛt] *f d'un poisson* bone; *d'une montagne* ridge
argent [arʒɑ̃] *m* silver; (*monnaie*) money;

argent liquide *ou* ***comptant*** cash; ***argent du ménage*** housekeeping; ***argent de poche*** allowance, *Br* pocket money
argenterie *f* silver(ware)
argentin, argentine [arʒɑ̃tɛ̃, -in] **1** *adj* Argentinian **2** *m/f* **Argentin, Argentine** Argentinian
Argentine *f*: ***l'Argentine*** Argentina
argile [arʒil] *f* GÉOL clay
argot [argo] *m* slang
argotique slang *atr*
argument [argymɑ̃] *m* argument
argumenter ⟨1a⟩ argue
aride [arid] arid, dry; *sujet* dry
aridité *f* aridity, dryness
aristocrate [aristɔkrat] *m/f* aristocrat
aristocratie *f* aristocracy
aristocratique aristocratic
arithmétique [aritmetik] **1** *adj* arithmetical **2** *f* arithmetic
armateur [armatœr] *m* shipowner
armature [armatyr] *f* structure, framework
arme [arm] *f* weapon (*aussi fig*); ***armes*** (*blason*) coat of arms *sg*; ***arme à feu*** firearm
armé, armée armed (***de*** with); *fig* equipped (***contre*** for; ***de*** with)
armée *f* army; ***armée de l'air*** airforce; ***Armée du Salut*** Salvation Army
armement *m* arming; ***armements*** *moyens d'un pays* armaments; ***course*** *f* ***aux armements*** armaments race
armer ⟨1a⟩ arm (***de*** with); *fig* equip (***de*** with)
armistice [armistis] *m* armistice; ***l'Armistice*** *Veterans' Day, Br Remembrance Day*
armoire [armwar] *f* cupboard; *pour les vêtements* closet, *Br* wardrobe
arnaque [arnak] *f* F rip-off F, con F
arnaquer ⟨1b⟩ F rip off F
arnaqueur, -euse *m/f* F hustler F
aromate [arɔmat] *m* herb; (*épice*) spice
aromathérapie *m* aromatherapy
aromatique aromatic
arome, arôme *m* flavor, *Br* flavour; (*odeur*) aroma
arpenter [arpɑ̃te] ⟨1a⟩ measure; *fig*: *salle* pace up and down
arpenteur *m* surveyor
arrache-pied [araʃpje]: ***travailler d'arrache-pied*** slave
arracher ⟨1a⟩ pull out; *pommes de terre* pull up, lift; *page* pull out, tear out; ***arracher qch à qn*** snatch sth from s.o.; ***arracher un aveu à qn*** extract a confession from s.o.; ***s'arracher à*** *ou* ***de qch*** free o.s. from sth; ***s'arracher qch*** fight over sth; ***s'arracher les cheveux*** pull one's hair out
arrangeant, arrangeante [arɑ̃ʒɑ̃] obliging
arrangement *m* (*disposition, accord*) MUS arrangement
arranger ⟨1l⟩ arrange; *objet* mend, fix; *différend* settle; F ***arranger qn*** (*maltraiter*) beat s.o. up; ***cela m'arrange*** that suits me; ***s'arranger avec qn pour faire qch*** come to an arrangement with s.o. about sth; ***tout s'arrange*** everything works out in the end; ***s'arranger pour faire qch*** manage to do sth; ***s'arranger de qch*** put up with sth
arrestation [arɛstasjõ] *f* arrest; ***en état d'arrestation*** under arrest
arrêt [arɛ] *m* (*interruption*) stopping; *d'autobus* stop; JUR judgment; ***sans arrêt*** constantly; AUTO ***à l'arrêt*** stationary; ***arrêt(s) de jeu*** overtime, *Br* injury *ou* stoppage time; ***arrêt de travail*** work stoppage
arrêté *m* decree
arrêter ⟨1b⟩ **1** *v/i* stop **2** *v/t* stop; *moteur* turn off, switch off; *voleur* arrest; *jour, date* set, fix; ***arrêter de faire qch*** stop doing sth; ***s'arrêter*** stop
arrhes [ar] *fpl* COMM deposit
arrière [arjɛr] **1** *adv* back; ***en arrière*** backward; *regarder* back; (*à une certaine distance*) behind; ***en arrière de*** behind, at the back of **2** *adj inv feu* rear *atr*; ***siège*** *m* ***arrière*** back seat **3** *m* AUTO, SP back; ***à l'arrière*** in back, at the back
arriéré, arriérée [arjere] **1** *adj paiement* late, in arrears; *enfant, idées* backward **2** *m* COMM arrears *pl*
arrière-goût [arjɛrgu] *m* aftertaste
arrière-grand-mère [arjɛrgrɑ̃mɛr] *f* (*pl* arrière-grand⟨s⟩-mères) great-grandmother
arrière-grand-père *m* (*pl* arrière-grands-pères) great-grandfather
arrière-pays [arjɛrpei] *m* hinterland
arrière-pensée [arjɛrpɑ̃se] *f* (*pl* arrière-pensées) ulterior motive, hidden agenda
arrière-petit-fils [arjɛrp(ə)tifis] *m* (*pl* arrière-petits-fils) great-grandson
arrière-plan [arjɛrplɑ̃] *m* background
arrière-saison [arjɛrsɛzõ] *f* fall, *Br* autumn
arrimer [arime] ⟨1a⟩ *chargement* stow
arrivage [arivaʒ] *m* consignment
arrivée *f* arrival; SP finish line, *Br* finishing line
arriver ⟨1a⟩ (*aux* ***être***) arrive; *d'un événement* happen; ***arriver à un endroit*** reach a place, arrive at a place; ***ses cheveux***

lui arrivent aux épaules her hair comes down to her shoulders; ***qu'est-ce qui est arrivé?*** what happened?; ***arriver à faire qch*** manage to do sth; ***arriver à qn*** happen to s.o.; ***il arrive qu'il soit*** (*subj*) ***en retard*** he's late sometimes; ***j'arrive!*** (I'm) coming!

arriviste [arivist] *m/f* social climber
ar(r)obase [arɔbaz] *f* INFORM at, at sign
arrogance [arɔgɑ̃s] *f* arrogance
arrogant, arrogante arrogant
arrondir [arɔ̃dir] ⟨2a⟩ *somme d'argent*: *vers le haut* round up; *vers le bas* round down
arrondissement *m d'une ville* district
arroser [aroze] ⟨1a⟩ water; ***arroser qch*** *fig* have a drink to celebrate sth
arrosoir *m* watering can
arsenal [arsənal] *m* (*pl* -aux) MAR naval dockyard; MIL arsenal
arsenic [arsənik] *m* arsenic
art [ar] *m* art; ***avoir l'art de faire qch*** have a knack *ou* a gift for doing sth; ***arts décoratifs*** decorative arts; ***arts graphiques*** graphic arts; ***arts plastiques*** fine arts
artère [artɛr] *f* ANAT artery; (*route*) main road
artériel, artérielle [arterjɛl]: ***tension*** *f* ***artérielle*** blood pressure
artériosclérose *f* MÉD hardening of the arteries
arthrite [artrit] *f* arthritis
artichaut [artiʃo] *m* artichoke; ***cœur*** *m* ***d'artichaut*** artichoke heart
article [artikl] *m* article, item; JUR article, clause; *de presse*, GRAM article; ***article de fond*** *presse* feature article; ***articles de luxe*** luxury goods
articulation [artikylasjɔ̃] *f* ANAT joint; *d'un son* articulation
articulé, articulée *son* articulate
articuler ⟨1a⟩ *son* articulate
artifice [artifis] *m* trick
artificiel, artificielle artificial
artillerie [artijri] *f* artillery
artisan [artizɑ̃] *m* craftsman
artisanal, artisanale (*mpl* -aux) *tapis, poterie etc* hand-made; *fromage, pain etc* traditional
artisanat *m* crafts *pl*; ***artisanat d'art*** arts and crafts *pl*
artiste [artist] **1** *m/f* artist; *comédien, chanteur* performer **2** *adj* artistic
artistique artistic
as [as] *m* ace
asbeste [asbɛst] *m* asbestos
ascendance [asɑ̃dɑ̃s] *f* ancestry
ascendant, ascendante **1** *adj* upward **2** *m* influence (***sur*** on, over)
ascenseur [asɑ̃sœr] *m* elevator, *Br* lift
ascension *f d'un alpiniste, d'une fusée, d'un ballon* ascent; *fig* (*progrès*) rise; ***l'Ascension*** REL Ascension
asiatique [azjatik] **1** *adj* Asian **2** *m/f* **Asiatique** Asian
Asie *f*: ***l'Asie*** Asia
asile [azil] *m* (*refuge*) shelter; POL asylum; ***asile de vieillards*** old people's home; ***demande*** *f* ***d'asile*** request for asylum; ***demandeur*** *m* ***d'asile*** asylum seeker
asocial, asociale [asɔsjal] antisocial
aspect [aspɛ] *m* (*vue*) look; (*point de vue*) angle, point of view; *d'un problème* aspect; (*air*) appearance; ***sous cet aspect*** looked at that way; ***à l'aspect de*** at the sight of
asperge [aspɛrʒ] *f* BOT stalk of asparagus; ***asperges*** asparagus *sg*
asperger [aspɛrʒe] ⟨1l⟩ sprinkle; ***asperger qn de qch*** spray s.o. with sth
asphalte [asfalt] *m* asphalt
asphyxie [asfiksi] *f* asphyxiation
asphyxier ⟨1a⟩ asphyxiate
aspirateur [aspiratœr] *m* vacuum (cleaner)
aspiration *f* suction; *fig* aspiration (***à*** to)
aspirer [aspire] ⟨1a⟩ *de l'air* breathe in, inhale; *liquide* suck up; ***aspirer à qch*** aspire to sth; ***aspirer à faire qch*** aspire to doing sth
aspirine [aspirin] *f* aspirin
assagir [asaʒir] ⟨2a⟩: ***s'assagir*** settle down
assaillant, assaillante [asajɑ̃, -t] *m/f* assailant
assaillir ⟨2c, futur 2a⟩ *vedette* mob; ***être assailli de*** *de doutes* be assailed by; *de coups de téléphone* be bombarded by
assainir [asɛnir] ⟨2a⟩ (*nettoyer*) clean up; *eau* purify
assaisonnement [asɛzɔnmɑ̃] *m* seasoning
assaisonner ⟨1a⟩ season
assassin [asasɛ̃] *m* murderer; *d'un président* assassin
assassinat *m* assassination
assassiner ⟨1a⟩ murder; *un président* assassinate
assaut [aso] *m* assault, attack
assécher [aseʃe] ⟨1f⟩ drain
assemblage [asɑ̃blaʒ] *m* assembly; *fig* collection
assemblée *f* gathering; (*réunion*) meeting; ***assemblée générale*** annual general meeting; ***Assemblée nationale*** POL National Assembly
assembler ⟨1a⟩ (*unir*) assemble, gather;

TECH assemble; ***s'assembler*** assemble, gather
assentiment [asɑ̃timɑ̃] *m* consent
asseoir [aswar] ⟨3l⟩: ***s'asseoir*** sit down
assermenté, assermentée [asɛrmɑ̃te] *fonctionnaire* sworn; *témoin* on oath
assertion [asɛrsjõ] *f* assertion
assez [ase] *adv* enough; (*plutôt*) quite; ***assez d'argent*** enough money (***pour faire qch*** to do sth); ***la maison est assez grande*** the house is quite big; ***la maison est assez grande pour tous*** the house is big enough for everyone; ***j'en ai assez!*** I've had enough!
assidu, assidue [asidy] *élève* hard-working
assiéger [asjeʒe] ⟨1g⟩ besiege (*aussi fig*)
assiette [asjɛt] *f* plate; ***ne pas être dans son assiette*** *fig* be under the weather; ***assiette anglaise*** cold cuts *pl*, *Br* cold meat
assignation [asiɲasjõ] *f* allocation; ***assignation (à comparaître)*** JUR summons *sg*
assigner ⟨1a⟩ *à un rôle, un emploi, une tâche* assign; ***assigner à comparaître*** subpoena
assimiler [asimile] ⟨1a⟩ (*comparer*) compare; *connaissances, étrangers* assimilate; ***il s'assimile à …*** he thinks he's like …, he compares himself with …
assis, assise [asi, -z] **1** *p/p* → ***asseoir*** **2** *adj*: ***place*** *f* ***assise*** seat; ***être assis*** be sitting
assise *f fig* basis
assises *fpl* JUR: ***cour*** *f* ***d'assises*** court of assizes
assistance [asistɑ̃s] *f* (*public*) audience; (*aide*) assistance; ***être placé à l'Assistance Publique*** be taken into care
assistant, assistante *m/f* assistant; ***assistante sociale*** social worker
assister ⟨1a⟩ **1** *v/i*: ***assister à qch*** attend sth, be (present) at sth **2** *v/t*: ***assister qn*** assist s.o.; ***assisté(e) par ordinateur*** computer-aided
association [asɔsjasjõ] *f* association; ***association de parents d'élèves*** parent-teacher association, PTA
associé, associée *m/f* partner
associer ⟨1a⟩ associate (***à*** with); ***s'associer*** join forces; COMM go into partnership; ***s'associer à*** *douleur* share in
assoiffé, assoiffée [aswafe] thirsty; ***assoiffé de*** *fig* hungry for
assombrir [asõbrir] ⟨2a⟩: ***s'assombrir*** darken
assommant, assommante [asɔmɑ̃, -t] F deadly boring
assommer ⟨1a⟩ stun; F bore to death
Assomption [asõpsjõ] *f* REL Assumption
assorti, assortie [asɔrti] matching; ***gants assortis au bonnet*** matching hat and gloves; ***fromages*** *mpl* ***assortis*** cheese platter *sg*, assortment of cheeses; ***assorti de*** accompanied by
assortiment *m* assortment
assortir ⟨2a⟩ match
assoupir [asupir] ⟨2a⟩ send to sleep; *fig*: *douleur, sens* dull; ***s'assoupir*** doze off; *fig* die down
assouplissant [asuplisɑ̃] fabric softener
assourdir [asurdir] ⟨2a⟩ (*rendre comme sourd*) deafen; *bruit* muffle
assouvir [asuvir] ⟨2a⟩ satisfy (*aussi fig*)
assujettir [asyʒetir] ⟨2a⟩ subjugate; ***assujettir qn à qch*** subject s.o. to sth; ***assujetti à l'impôt*** subject to tax
assujettissement *m* subjugation
assumer [asyme] ⟨1a⟩ take on, assume
assurance [asyrɑ̃s] *f* (*confiance en soi*) assurance, self-confidence; (*promesse*) assurance; (*contrat*) insurance; ***assurance auto*** car insurance; ***assurance maladie*** health insurance; ***assurance responsabilité civile*** public liability insurance; ***assurance tous risques*** all-risks insurance; ***assurance au tiers*** third party insurance; ***assurance-vie*** life insurance
assuré, assurée **1** *adj* (*sûr*) confident **2** *m/f* insured party
assurément *adv* certainly
assurer ⟨1a⟩ *victoire, succès* ensure, make sure of; (*couvrir par une assurance*) insure; ***assurer à qn que*** assure s.o. that; ***assurer qch à qn*** provide s.o. with sth; ***s'assurer*** take out insurance (***contre*** against); ***s'assurer de qch*** (*vérifier*) make sure of sth, check sth
astérisque [asterisk] *m* asterisk
asthmatique [asmatik] asthmatic
asthme *m* asthma
astiquer [astike] ⟨1m⟩ *meuble* polish; *casserole* scour
astre [astr] *m* star
astreindre [astrɛ̃dr] ⟨4b⟩ compel (***à faire qch*** to do sth)
astrologie [astrɔlɔʒi] astrology
astrologue *m/f* astrologer
astronaute [astrɔnot] *m/f* astronaut
astronome *m/f* astronomer
astronomie *f* astronomie
astronomique astronomical (*aussi fig*)
astuce [astys] *f* (*ingéniosité*) astuteness, shrewdness; (*truc*) trick
astucieux, -euse astute, shrewd
atelier [atəlje] *m* workshop; *d'un artiste*

studio
athée [ate] *m/f* atheist
athéisme *m* atheism
athlète [atlɛt] *m/f* athlete
athlétique athletic
athlétisme *m* athletics *sg*
atlantique [atlɑ̃tik] **1** *adj* Atlantic; ***l'océan** m **Atlantique*** the Atlantic Ocean **2** *m*: ***l'Atlantique*** the Atlantic
atlas [atlɑs] *m* (*pl inv*) atlas
atmosphère [atmɔsfɛr] *f* atmosphere
atmosphérique atmospheric
atome [atom] *m* atom
atomique atomic; ***bombe** f **atomique*** atom bomb
atomiseur *m* spray, atomizer
atout [atu] *m fig* asset
atroce [atrɔs] dreadful, atrocious
atrocité *f* atrocity
attabler [atable] 〈1a〉: ***s'attabler*** sit at the table
attachant, **attachante** [ataʃɑ̃, -t] captivating
attache *f* fastener, tie; ***attaches*** *fig* ties
attaché, **attachée**: ***être attaché à qn / qch*** be attached to s.o./sth
attaché-case *m* executive briefcase
attacher 〈1a〉 **1** *v/t* attach, fasten; *animal* tie up; *prisonnier* secure; *chaussures* do up; ***attacher de l'importance à qch*** *fig* attach importance to sth **2** *v/i* CUIS (*coller*) stick; ***s'attacher à*** *personne*, *objet* become attached to
attaquant, **attaquante** [atakɑ̃, -t] *m/f* SP striker
attaque *f* attack; ***attaque à la bombe*** bomb attack
attaquer 〈1m〉 attack; *travail*, *difficulté* tackle; ***s'attaquer à*** attack; *problème* tackle
attarder [atarde] 〈1a〉: ***s'attarder*** linger; ***s'attarder à** ou **sur qch*** dwell on sth
atteindre [atɛ̃dr] 〈4b〉 reach; *but* reach, achieve; *d'un projectile*, *d'un coup* strike, hit; *d'une maladie* affect; ***être atteint du cancer*** have cancer
atteinte *f fig* attack; ***porter atteinte à qch*** undermine sth; ***hors d'atteinte*** out of reach
atteler [atle] 〈1c〉 *cheval* harness
attenant, **attenante** [atnɑ̃, -t] adjoining; ***attenant à*** adjacent to
attendant [atɑ̃dɑ̃]: ***en attendant*** in the meantime; ***en attendant qu'il arrive*** (*subj*) while waiting for him to arrive
attendre 〈4a〉 wait; ***attendre qn*** wait for s.o.; ***j'attends que les magasins ouvrent*** (*subj*) I'm waiting for the shops to open; ***s'attendre à qch*** expect sth; ***attendre qch de qn, qch*** expect sth from s.o./sth; ***attendre un enfant*** be expecting a baby
attendrir [atɑ̃drir] 〈2a〉 *fig*: *personne* move; *cœur* soften; ***s'attendrir*** be moved (***sur*** by)
attendrissement *m* tenderness
attendu, **attendue** [atɑ̃dy] **1** *adj* expected **2** *prép* in view of; ***attendu que*** considering that
attentat [atɑ̃ta] *m* attack; ***attentat à la bombe*** bombing, bomb attack; ***attentat à la pudeur*** indecent assault; ***attentat suicide*** suicide bomb attack; ***attentat terroriste*** terrorist attack
attente [atɑ̃t] *f* wait; (*espoir*) expectation
attenter [atɑ̃te] 〈1a〉: ***attenter à la vie de qn*** make an attempt on s.o.'s life
attentif, **-ive** [atɑ̃tif, -iv] attentive (***à*** to)
attention *f* attention; (***fais***) ***attention!*** look out!, (be) careful!; ***faire attention à qch*** pay attention to sth; ***faire attention*** (***à ce***) ***que*** (+ *subj*) make sure that; ***à l'attention de*** for (the attention of)
atténuant, **atténuante** [atenɥɑ̃, -t] JUR: ***circonstances** fpl **atténuantes*** mitigating *ou* extenuating circumstances
atténuer 〈1n〉 reduce, diminish; *propos*, *termes* soften, tone down
atterrer [atɛre] 〈1b〉: ***être atterré par*** be staggered by
atterrir [aterir] 〈2a〉 AVIAT land; ***atterrir en catastrophe*** crash-land
atterrissage *m* AVIAT landing; ***atterrissage forcé*** crash landing
attestation [atɛstasjõ] *f* certificate
attester 〈1a〉 certify; (*prouver*) confirm
attirail [atiraj] *m péj* gear
attirance *f* attraction
attirer 〈1a〉 attract; ***attirer l'attention de qn sur qch*** draw s.o.'s attention to sth; ***s'attirer des critiques*** come in for criticism, be criticized
attiser [atize] 〈1b〉 *émotions* whip up
attitude [atityd] *f* attitude; *d'un corps* pose
attractif, **-ive** [atraktif, -iv] attractive
attraction *f* attraction; ***attraction touristique*** tourist attraction
attrait [atrɛ] *m* attraction, appeal
attrape-nigaud [atrapnigo] *m* (*pl* attrape-nigauds) trick, scam F
attraper [atrape] 〈1a〉 catch; (*duper*) take in; ***attraper un rhume*** catch (a) cold
attrayant, **attrayante** [atrɛjɑ̃, -t] attractive
attribuer [atribɥe] 〈1n〉 attribute; *prix* award; *part*, *rôle*, *tâche* assign, allot; *valeur*, *importance* attach; ***s'attribuer*** take

attribut *m* attribute
attribution *f* allocation; *d'un prix* award; ***attributions*** (*compétence*) competence *sg*
attrister [atriste] ⟨1a⟩ sadden
attroupement [atrupmɑ̃] *m* crowd
attrouper ⟨1a⟩: ***s'attrouper*** gather
aubaine [obɛn] *f* stroke of luck
aube [ob] *f* dawn; ***à l'aube*** at dawn
auberge [obɛrʒ] *f* inn; ***auberge de jeunesse*** youth hostel
aubergine [obɛrʒin] *f* BOT eggplant, *Br* aubergine
aubergiste [obɛrʒist] *m/f* innkeeper
aucun, aucune [okœ̃, -yn] **1** *adj* ◇ *avec négatif* no, not …any; ***il n'y a aucune raison*** there is no reason, there isn't any reason; ***sans aucun doute*** without a *ou* any doubt; ***en aucun cas*** under no circumstances
◇ *avec positif, interrogatif* any; ***plus qu'aucun autre*** more than any other **2** *pron*
◇ *avec négatif* none; ***aucun des deux*** neither of the two
◇ *avec positif, interrogatif* anyone, anybody; ***d'aucuns*** *litt* some (people)
aucunement [okynəmɑ̃] *adv* not at all, not in the slightest
audace [odas] *f* daring, audacity; *péj* audacity
audacieux,-euse (*courageux*) daring, audacious; (*insolent*) insolent
au-delà [ou(ə)la] **1** *adv* beyond; ***au-delà de*** above **2** *m* REL hereafter
au-dessous [odsu] **1** *adv* below **2** *prép*: ***au-dessous de*** below
au-dessus [odsy] **1** *adv* above **2** *prép*: ***au-dessus de*** above
au-devant [odvɑ̃]: ***aller au-devant de*** *personne, danger* meet; *désirs* anticipate
audible [odibl] audible
audience [odjɑ̃s] *f* (*entretien*) audience; *d'un tribunal* hearing
audiovisuel, audiovisuelle [odjɔvizɥɛl] audiovisual
audit *m* FIN audit
auditeur, -trice [oditœr, -tris] *m/f* listener; FIN auditor
audition *f* audition; (*ouïe*) hearing; *de témoins* examination
auditionner ⟨1a⟩ audition
auditoire *m* audience
augmentation [ogmɑ̃tasjõ] *f* increase; *de salaire* raise, *Br* rise
augmenter ⟨1a⟩ **1** *v/t* increase; *salarié* give a raise *ou Br* rise to **2** *v/i* increase, rise
augure [ɔgyr] *m* omen; ***être de bon / mauvais augure*** be a good / bad sign *ou* omen
aujourd'hui [oʒurdɥi] today; (*de nos jours*) nowadays, these days, today
auparavant [oparavɑ̃] *adv* beforehand; ***deux mois auparavant*** two months earlier
auprès [oprɛ] *prép*: ***auprès de*** beside, near
auquel [okɛl] → ***lequel***
aura [ɔra] *f* aura
auréole [ɔreɔl] *f* halo; (*tâche*) ring
auriculaire [ɔrikylɛr] *m* little finger
aurore [ɔrɔr] *f* dawn
ausculter [oskylte, ɔs-] ⟨1a⟩ MÉD sound
aussi [osi] **1** *adv* too, also; ***c'est aussi ce que je pense*** that's what I think too *ou* also; ***il est aussi grand que moi*** he's as tall as me; ***aussi jeune qu'elle soit*** (*subj*) young though she may be, as young as she is **2** *conj* therefore
aussitôt [osito] immediately; ***aussitôt que*** as soon as
austère [ostɛr] austere
austérité *f* austerity
austral, australe [ostral] (*mpl* -s) GÉOGR southern
Australie [ostrali] *f*: ***l'Australie*** Australia
australien, australienne **1** *adj* Australian **2 Australien, australienne** *m/f* Australian
autant [otɑ̃] ◇ (*tant*) as much (*que* as); *avec pluriel* as many (*que* as); ***je ne pensais pas manger autant*** I didn't mean to eat as *ou* so much
◇ *comparatif*: ***autant de … que …*** as much … as …; *avec pluriel* as many … as …
◇ : ***(pour) autant que je sache*** (*subj*) as far as I know; ***en faire autant*** do the same, do likewise; ***d'autant plus / moins / mieux que*** all the more / less / better because; ***mais elles ne sont pas plus satisfaites pour autant*** but that doesn't make them any happier, but they aren't any the happier for that; ***autant parler à un sourd*** you might as well be talking to a brick wall
autel [otɛl] *m* altar
auteur [otœr] *m/f* (*écrivain*) author; *d'un crime* perpetrator
auteur-compositeur *m* songwriter
authenticité [otɑ̃tisite] *f* authenticity
authentique authentic
autiste [otist] autistic
auto [oto] *f* car, automobile; ***auto tamponneuse*** dodgem
autobiographie [otɔbjɔgrafi] *f* autobiography

autobus [otobys] *m* bus
autocar [otokar] *m* bus
autochtone [otɔktɔn] *adj & m/f* native
autocollant, autocollante [otɔkɔlɑ̃, -t] **1** *adj* adhesive **2** *m* sticker
autocrate [otɔkrat] *m* autocrat
autocratique autocratic
autodéfense [otɔdefɑ̃s] *f* self-defense, *Br* self-defence
autodétermination [otɔdetɛrminasjõ] *f* self-determination
autodidacte [otɔdidakt] self-taught
auto-école [otɔekɔl] *f* (*pl* auto-écoles) driving school
autogéré, autogérée [otɔʒere] self-managed
autogestion *f* self-management
autographe [otɔgraf] *m* autograph
automatique [otɔmattik] **1** *adj* automatic **2** *m pistolet* automatic
automatiquement *adv* automatically
automatisation *f* automation
automatiser ⟨1a⟩ automate
automnal, automnale [otɔn] fall *atr*, *Br* autumn *atr*, autumnal
automne *m* fall, *Br* autumn; ***en automne*** in fall
automobile [otɔmɔbil] **1** *adj* automobile *atr*, car *atr* **2** *f* car, automobile
automobilisme *m* motoring
automobiliste *m/f* driver
autonome [otɔnɔm] independent; POL autonomous
autonomie *f* independence; POL autonomy
autopsie [otɔpsi] *f* autopsy
autoradio [otɔradjo] *m* car radio
autorisation [otɔrizasjõ] *f* authorization, permission
autoriser ⟨1a⟩ authorize, allow
autoritaire [otɔritɛr] authoritarian
autorité *f* authority; ***faire autorité en qch*** be an authority on sth
autoroute [otɔrut] *f* highway, *Br* motorway
autoroutier, -ère: ***réseau*** *m* ***autoroutier*** highway *ou Br* motorway network
auto-stop [otostɔp] *m*: ***faire de l'auto-stop*** hitchhike, thumb a ride
auto-stoppeur, -euse *m/f* (*pl* auto-stoppeurs, -euses) hitchhiker
autour [otur] *adv* around; ***autour de*** around
autre [otr] **1** *adj* other; ***un / une autre …*** another …; ***l'autre jour*** the other day; ***nous autres Américains*** we Americans; ***rien d'autre*** nothing else; ***autre part*** somewhere else; ***d'autre part*** on the other hand; ***de temps à autre*** from time to time; ***elle est tout autre maintenant*** she's quite different now **2** *pron*: ***un / une autre*** another (one); ***l'autre*** the other (one); ***les autres*** the others; (*autrui*) other people; ***d'autres*** others; ***l'un l'autre, les uns les autres*** each other, one another; ***tout autre que lui*** anyone other than him
autrefois [otrəfwa] in the past
autrement [otrəmɑ̃] *adv* (*différemment*) differently; (*sinon*) otherwise; ***autrement dit*** in other words
Autriche [otriʃ] *f*: ***l'Autriche*** Austria
autrichien, autrichienne **1** *adj* Austrian **2** *m/f* **Autrichien, Autrichienne** Austrian
autrui [otrɥi] other people *pl*, others *pl*; ***l'opinion d'autrui*** what other people think
auvent [ovɑ̃] *m* awning
auxiliaire [oksiljɛr] **1** *adj* auxiliary **2** *m/f* (*assistant*) helper, auxiliary; ***auxiliaire médical(e)*** paramedic **3** *m* GRAM auxiliary
auxquelles, auxquels [okɛl] → ***lequel***
av. *abr* (= ***avenue***) Ave (= avenue)
aval [aval] **1** *adv*: ***en aval*** downstream (***de*** from); **2** *m* FIN guarantee; ***donner son aval*** give one's backing
avalanche [avalɑ̃ʃ] *f* avalanche
avaler [avale] ⟨1a⟩ swallow
avance [avɑ̃s] *f* advance; *d'une course* lead; ***à l'avance, par avance, d'avance*** in advance, ahead of time; ***en avance*** ahead of time; ***avance rapide*** fast forward
avancé advanced; *travail* well-advanced
avancement *m* (*progrès*) progress; (*promotion*) promotion
avancer ⟨1k⟩ **1** *v/t chaise* bring forward; *main* put out, stretch out; *argent* advance; *date, rendez-vous* bring forward; *proposition, thèse* put forward **2** *v/i* make progress; MIL advance; *d'une montre* be fast; ***s'avancer vers*** come up to
avant [avɑ̃] **1** *prép* before; ***avant six mois*** within six months; ***avant tout*** above all; ***avant de faire qch*** before doing sth **2** *adv temps* before; *espace* in front of; ***en avant*** forward; ***il est parti en avant*** he went on ahead; ***en avant!*** let's go!; ***en avant, marche!*** forward march! **3** *conj*: ***avant que*** (+ *subj*) before; ***avant que cela ne se rompe*** before it breaks **4** *adj*: ***roue*** *f* ***avant*** front wheel **5** *m* front; *d'un navire* bow; SP forward
avantage [avɑ̃taʒ] *m* advantage; ***avantages sociaux*** fringe benefits
avantager ⟨1l⟩ suit; (*favoriser*) favor, *Br*

favour
avantageux, **-euse** advantageous; *prix* good
avant-bras [avɑ̃bra] *m* (*pl inv*) forearm
avant-coureur [avɑ̃kurœr] (*pl* avant-coureurs): ***signe*** *m* ***avant-coureur*** precursor
avant-dernier, **-ère** [avɑ̃dɛrnje, -ɛr] (*pl* avant-derniers, avant-dernières) last but one
avant-goût [avɑ̃gu] *m fig* foretaste
avant-hier [avɑ̃tjɛr] *adv* the day before yesterday
avant-poste [avɑ̃pɔst] *m* (*pl* avant-postes) outpost
avant-première [avɑ̃prəmjɛr] *f* preview
avant-projet [avɑ̃prɔʒɛ] *m* (*pl* avant-projets) preliminary draft
avant-propos [avɑ̃prɔpo] *m* (*pl inv*) foreword
avant-veille [avɑ̃vɛj] *f*: ***l'avant-veille*** two days before
avare [avar] **1** *adj* miserly; ***être avare de qch*** be sparing with sth **2** *m* miser
avarice *f* miserliness
avarié, **avariée** [avarje] *nourriture* bad
avec [avɛk] **1** *prép* with; ***et avec cela?*** (will there be) anything else? **2** *adv*: ***tu viens avec?*** F are you coming too?
avenant, **avenante** [avnɑ̃, -t] *fml* **1** *adj* pleasant **2** *adv*: ***le reste est à l'avenant*** the rest is in keeping with it
avènement [avɛnmɑ̃] *m* advent
avenir [avnir] *m* future; ***à l'avenir*** in future; ***dans un avenir prochain*** in the near future; ***d'avenir*** promising
Avent [avɑ̃] *m* Advent; ***calendrier*** *m* ***de l'Avent*** Advent calendar
aventure [avɑ̃tyr] *f* adventure; (*liaison*) affair
aventurer ⟨1a⟩: ***s'aventurer*** venture (***dans*** into)
aventureux, **-euse** adventurous; *projet* risky
avenu [avny]: ***nul et non avenu*** null and void
avenue [avny] *f* avenue
avérer [avere] ⟨1f⟩: ***s'avérer*** (+ *adj*) prove
averse [avɛrs] *f* shower
aversion [avɛrsjõ] *f* aversion (***pour*** *ou* ***contre*** to); ***prendre qn en aversion*** take a dislike to s.o.
averti, **avertie** [avɛrti] informed
avertir ⟨2a⟩ inform (***de*** of); (*mettre en garde*) warn (***de*** of)
avertissement *m* warning
avertisseur *m* AUTO horn; ***avertisseur d'incendie*** fire alarm
aveu [avø] *m* (*pl* -x) confession, admission
aveuglant, **aveuglante** [avœglɑ̃, -t] blinding
aveugle **1** *adj* blind **2** *m/f* blind man; blind woman
aveuglement *m fig* blindness
aveuglément *adv* blindly
aveugler ⟨1a⟩ blind; *d'une lumière* blind, dazzle
aveuglette: ***à l'aveuglette*** *fig* blindly
aviateur, **-trice** [avjatœr, -tris] *m/f* pilot
aviation *f* aviation, flying
avide [avid] greedy, avid (***de*** for)
avidité *f* greed
avilir [avilisɑ̃] ⟨2a⟩ degrade
avilissant degrading
avion [avjõ] *m* (air)plane, *Br* (aero)plane; ***aller en avion*** fly, go by plane; ***par avion*** (by) airmail; ***avion-cargo*** freighter, freight plane; ***avion de chasse*** , ***avion de combat*** fighter (aircraft); ***avion commercial*** commercial aircraft; ***avion furtif*** stealth bomber; ***avion de ligne*** passenger aircraft *ou* plane
aviron [avirõ] *m* oar; SP rowing
avis [avi] *m* (*opinion*) opinion; (*information*) notice; ***à mon avis*** in my opinion; ***je suis du même avis que vous*** I share your opinion, I agree with you; ***changer d'avis*** change one's mind; ***sauf avis contraire*** unless I/you/*etc* hear anything to the contrary, unless otherwise stated; ***avis de réception*** acknowledgment of receipt; ***avis de tempête*** storm warning
avisé, **avisée** sensible; ***être bien avisé de faire qch*** be well-advised to do sth
aviser ⟨1a⟩: ***aviser qn de qch*** advise *ou* inform s.o. of sth; ***aviser à qch*** think about sth; ***s'aviser de qch*** notice sth; ***s'aviser de faire qch*** take it into one's head to do sth
av. J.-C. *abr* (**= *avant Jésus-Christ***) BC (= before Christ)
avocat, **avocate** [avɔka, -t] **1** *m/f* lawyer; (*défenseur*) advocate **2** *m* BOT avocado
avoine [avwan] *f* oats *pl*
avoir [avwar] ⟨1⟩ **1** *v/t* ◇ (*posséder*) have, have got; ***il a trois filles*** he has three daughters, he's got three daughters
◇ (*obtenir*) *permis etc* get; ***il a eu de bonnes notes*** he had *ou* he got good grades
◇ F (*duper*): ***avoir qn*** take s.o. for a ride F; ***on vous a eu*** you've been had
◇ : ***j'ai froid / chaud*** I am cold / hot
◇ : ***avoir 20 ans*** be 20, be 20 years old
◇ : ***elle eut un petit cri*** she gave a little cry
◇ : ***tu n'as qu'à ...*** all you have to do is ...

◇ : ***il y a*** there is; *avec pluriel* there are; ***qu'est-ce qu'il y a?*** what's the matter?; ***il y a un an*** a year ago; ***il y a deux mois jusqu'à …*** it is *ou* it's two months until … **2** *v/aux* have; ***j'ai déjà parlé*** I have *ou* I've already spoken; ***il a déjà parlé*** he has *ou* he's already spoken; ***je lui ai parlé hier*** I spoke to him yesterday; ***je ne lui ai pas parlé hier*** I didn't speak to him yesterday **3** *m* COMM credit; (*possessions*) property, possessions *pl*
avoisinant, avoisinante [avwazinɑ̃, -t] neighboring, *Br* neighbouring
avoisiner ⟨1a⟩: ***avoisiner qch*** border *ou* verge on sth
avorté, avortée [avɔrte] abortive
avortement *m* miscarriage; *provoqué* abortion
avorter ⟨1a⟩ **1** *v/t femme* terminate the pregnancy of; ***se faire avorter*** have an abortion *ou* a termination **2** *v/i* miscarry; *fig* fail
avorteur, -euse *m/f* abortionist
avouer [avwe] ⟨1a⟩ confess; ***avouer avoir fait qch*** confess to having done sth
avril [avril] *m* April
axe [aks] *m* axle; GÉOM axis; *fig* basis
axer ⟨1a⟩ base (***sur*** on); ***être axé sur qch*** center *ou Br* centre on sth
azote [azɔt] *m* CHIM nitrogen

B

baba [baba] **1** *m*: ***baba au rhum*** rum baba **2** *adj inv* F: ***en rester baba*** be staggered
babillage [babijaʒ] *m* babble
babiller ⟨1a⟩ babble
babiole [babjɔl] *f* trinket; *fig* trifle
bâbord [bɑbɔr] *m* MAR: ***à bâbord*** to port
baby-foot [bebifut] *m* (*pl inv*) table football
baby-sitter [bebisitœr] *m/f* (*pl* baby-sitters) baby-sitter
bac[1] [bak] *m bateau* ferry; *récipient* container
bac[2] [bak] *m* F, **baccalauréat** [bakalɔrea] *m exam that is a prerequisite for university entrance*
bâche [bɑʃ] *f* tarpaulin
bacille [basil] *m* BIOL, MÉD bacillus
bâcler [bɑkle] ⟨1a⟩ F botch F
bactérie [bakteri] *f* BIOL, MÉD bacteria *pl*, bacterium *fml*; ***bactéries*** bacteria
badaud [bado] *m* onlooker, rubberneck F
badge [badʒ] *m* badge
badigeonner [badiʒɔne] ⟨1a⟩ paint (*aussi* MÉD), slap some paint on *péj*
badinage [badinaʒ] *m* banter
badiner [badine] ⟨1a⟩ joke; ***ne pas badiner avec qch*** not treat sth as a joke
baffe [baf] *f* F slap
bafouer [bafwe] ⟨1a⟩ ridicule
bafouiller [bafuje] ⟨1a⟩ **1** *v/t* stammer **2** *v/i* F talk nonsense
bâfrer [bɑfre] ⟨1a⟩ F pig out F
bagages [bagaʒ] *mpl* baggage *sg*, luggage *sg*; *fig* (*connaissances*) knowledge *sg*; ***faire ses bagages*** pack one's bags; ***bagages à main*** hand baggage, hand luggage
bagagiste *m* baggage handler
bagarre [bagar] *f* fight, brawl
bagarrer ⟨1a⟩ F: ***se bagarrer*** fight, brawl
bagarreur, -euse **1** *adj* scrappy, pugnacious **2** *m* F brawler
bagatelle [bagatɛl] *f* trifle
bagne [baɲ] *m* prison
bagnole [baɲɔl] *f* F car
bague [bag] *f* ring; ***bague de fiançailles*** engagement ring
baguette [bagɛt] *f* stick; MUS baton; *pain* French stick; ***baguettes** pour manger* chopsticks; ***baguette magique*** magic wand
baie[1] [bɛ] *f* BOT berry
baie[2] [bɛ] *f* (*golfe*) bay; ***Baie d'Hudson*** Hudson Bay
baignade [bɛɲad] *f action* swimming
baigner ⟨1b⟩ *enfant* bathe, *Br* bath; ***se baigner*** go for a swim
baigneur *m* doll
baignoire *f* (bath)tub
bail [baj] *m* (*pl* baux [bo]) lease
bâiller [bɑje] ⟨1a⟩ yawn; *d'un trou* gape; *d'une porte* be ajar
bailleur, -eresse [bajœr, -rɛs] *m/f* lessor; ***bailleur de fonds*** backer
bâillon [bɑjõ] *m* gag
bâillonner ⟨1a⟩ gag (*aussi fig*)
bain [bɛ̃] *m* bath; ***salle** f **de bains*** bathroom; ***être dans le bain*** *fig* (*au courant*) be up to speed; ***prendre un bain*** take a

bath; ***prendre un bain de soleil*** sunbathe; ***bain de bouche*** mouthwash; ***bain moussant*** bubble bath; ***bain de sang*** bloodbath

bain-marie *m* (*pl* bains-marie) CUIS double boiler

baïonnette [bajɔnɛt] *f* MIL bayonet

baiser [beze] **1** *m* kiss **2** *v/t* ⟨1b⟩ kiss; V screw V; ***se faire baiser*** V be screwed V

baisse [bɛs] *f* drop, fall; ***être en baisse*** be dropping *ou* falling

baisser ⟨1b⟩ **1** *v/t tête, voix, yeux, store, prix etc* lower; *radio, chauffage* turn down **2** *v/i de forces* fail; *de lumière* fade; *d'un niveau, d'une température, d'un prix, d'actions* drop, fall; *de vue* deteriorate; ***se baisser*** bend down

bal [bal] *m* (*pl* bals) dance; *formel* ball

balade [balad] *f* walk, stroll; ***faire une balade*** go for a walk *ou* stroll

balader ⟨1a⟩ walk; ***se balader*** go for a walk *ou* stroll

baladeur [baladœr] *m* Walkman®

balafre [balafr] *f* (*blessure*) gash; (*cicatrice*) scar

balai [balɛ] *m* broom; ***donner un coup de balai à qch*** give sth a sweep; ***un coup de balai*** *fig* F dismissals *pl*, job losses *pl*

balai-brosse *m* (*pl* balais-brosses) long-handled scrubbing brush

balance [balɑ̃s] *f* scales *pl*; COMM balance; ASTROL Libra; ***balance commerciale*** trade balance

balancer ⟨1k⟩ *bras, jambes* swing; F (*lancer*) throw, chuck F; F (*jeter*) chuck out F; ***se balancer*** swing; ***je m'en balance*** F I don't give a damn F

balancier *m* (*pendule*) pendulum

balançoire *f* swing

balayer [balɛje] ⟨1i⟩ sweep; *fig*: *gouvernement* sweep from power; *soucis* sweep away, get rid of; ***balayer devant sa porte*** put one's own house in order

balayette *f* handbrush

balayeur, -euse *m/f* street sweeper

balbutier [balbysje] ⟨1a⟩ stammer, stutter

balcon [balkõ] *m* balcony

Baléares [balear] *fpl*: ***les Baléares*** the Balearic Islands, the Balearics

baleine [balɛn] *f* whale

balise [baliz] *f* MAR (marker) buoy; AVIAT (marker) light

balivernes [balivɛrn] *fpl* nonsense *sg*

balkanique [balkanik] Balkan

Balkans *mpl*: ***les Balkans*** the Balkans

ballade [balad] *f* ballad

balle [bal] *f* ball; *d'un fusil* bullet; *de marchandises* bale; ***renvoyer la balle à qn*** *fig* answer s.o. back; ***500 balles*** P 500 euros / francs; ***balle de golf*** golf ball; ***balle de match*** match point; ***balle de tennis*** tennis ball

ballerine [balrin] *f* ballerina

ballet [balɛ] *m* ballet

ballon [balõ] *m* ball; *pour enfants*, AVIAT balloon; ***ballon rond*** soccer ball, *Br* football; SP soccer, *Br* football

ballonné, ballonnée *ventre* bloated

ballot [balo] *m* bundle; *fig* F jerk F, idiot

ballottage *m*: (***scrutin*** *m* ***de***) ***ballottage*** second ballot

ballotter ⟨1a⟩ **1** *v/t* buffet **2** *v/i* bounce up and down

balnéaire [balneɛr]: ***station*** *f* ***balnéaire*** seaside resort

balourd, balourde [balur, -d] clumsy

balte [balt] Baltic; ***les pays baltes*** the Baltic countries

Baltique [baltik]: ***la*** (***mer***) ***Baltique*** the Baltic (Sea)

balustrade [balystrad] *f* balustrade

bambin [bɑ̃bɛ̃] *m* child

bambou [bɑ̃bu] *m* BOT bamboo

banal, banale [banal] (*mpl* -als) banal

banalité *f* banality

banane [banan] *f* banana; *sac* fanny pack, *Br* bum bag

bananier *m* banana tree

banc[1] [bɑ̃] *m* bench, seat; ***banc des accusés*** dock; ***banc d'essai*** test bed; ***banc de sable*** sandbank

banc[2] [bɑ̃] *m de poissons* shoal

bancaire [bɑ̃kɛr] bank *atr*; ***chèque*** *m* ***bancaire*** check, *Br* cheque

bancal, bancale [bɑ̃kal] (*mpl* -als) *table* wobbly

bandage [bɑ̃daʒ] *m* MÉD bandage

bande [bɑ̃d] *f de terrain, de tissu* strip; MÉD bandage; (*rayure*) stripe; (*groupe*) group; *péj* gang, band; ***bande annonce*** trailer; ***bande dessinée*** comic strip; ***bande magnétique*** magnetic tape; ***bande originale*** sound track; ***bande son*** sound track

bandeau *m* (*pl* -x) *sur le front* headband; *sur les yeux* blindfold

bander ⟨1a⟩ MÉD bandage; P have an erection *ou* hard-on P; ***bander les yeux à qn*** blindfold s.o.

banderole [bɑ̃drɔl] *f* banner

bandit [bɑ̃di] *m* bandit; (*escroc*) crook

bandoulière [bɑ̃duljɛr] *f*: ***en bandoulière*** across the shoulder

banlieue [bɑ̃ljø] *f* suburbs *pl*; ***de banlieue*** suburban; ***trains*** *mpl* ***de*** suburban *ou* commuter trains

banlieusard, banlieusarde *m/f* suburbanite

bannière [banjɛr] *f* banner; ***bannière étoilée*** Stars and Stripes *sg ou pl*

bannir [banir] ⟨2a⟩ banish

banque [bɑ̃k] *f* bank; ***Banque centrale européenne*** European Central Bank; ***banque de données*** data bank; ***Banque mondiale*** World Bank; ***banque du sang*** blood bank; ***banque du sperme*** sperm bank

banqueroute [bɑ̃krut] *f* bankruptcy

banquet [bɑ̃kɛ] *m* banquet

banquette [bɑ̃kɛt] *f* seat

banquier [bɑ̃kje] *m* banker

banquise [bɑ̃kiz] *f* pack ice

bans [bɑ̃] *mpl* banns

baptême [batɛm] *m* baptism

baptiser ⟨1a⟩ baptize

baquet [bakɛ] *m* tub

bar [bar] *m établissement, comptoir* bar; *meuble* cocktail cabinet

baragouin [baragwɛ̃] *m* gibberish

baraque [barak] *f* shack; (*maison*) house

baraqué, baraquée F: (***bien***) ***baraqué*** well-built

baratin [baratɛ̃] *m* F spiel F

baratiner ⟨1a⟩ sweet-talk; *fille* chat up

barbant, barbante [barbɑ̃, -t] F boring

barbare [barbar] **1** *adj* barbaric **2** *m/f* barbarian

barbarie *f* barbarity

barbe [barb] *f* beard; ***quelle barbe!*** F what a drag! F; ***barbe à papa*** cotton candy, *Br* candy floss

barbecue [barbəkju, -ky] *m* barbecue

barbelé, barbelée [barbəle] **1** *adj*: ***fil*** *m* ***de fer barbelé*** barbed wire **2** *m*: ***barbelés*** barbed wire *sg*

barber [barbe] ⟨1a⟩ F bore rigid F

barbiturique [barbityrik] *m* PHARM barbiturate

barboter [barbɔte] ⟨1a⟩ *dans l'eau* paddle

barbouiller [barbuje] ⟨1a⟩ (*peindre grossièrement*) daub; *visage* smear (***de*** with); ***avoir l'estomac barbouillé*** feel nauseous

barbu, barbue [barby] bearded

barda [barda] *m* kit

barder [barde] ⟨1a⟩ F: ***ça va barder*** there's going to be trouble

barème [barɛm] *m* scale

baril [baril] *m* barrel

bariolé, bariolée [barjɔle] gaudy

baromètre [barɔmɛtr] *m* barometer

baron [barõ] *m* baron

baronne *f* baroness

baroque [barɔk] ART, MUS baroque; (*bizarre*) weird

barque [bark] *f* MAR boat; ***mener la barque*** *fig* be in charge

barrage [baraʒ] *m ouvrage hydraulique* dam; (*barrière*) barrier; ***barrage de police*** roadblock

barre [bar] *f* bar; MAR helm; (*trait*) line; ***barre d'espacement*** INFORM space-bar; ***barre d'état*** INFORM status bar; ***barre des témoins*** JUR witness stand, *Br* witness box; ***barre oblique*** oblique, slash

barreau *m* (*pl* -x) bar; *d'échelle* rung; ***le barreau*** JUR the bar; ***derrière les barreaux*** behind bars

barrer ⟨1a⟩ (*obstruer*) block, bar; *mot* cross out; *chèque Br* cross; ***se barrer*** F leave, take off

barrette [barɛt] *f pour cheveux* barrette, *Br* hairslide

barreur [barœr] *m* helmsman

barricade [barikad] *f* barricade

barricader ⟨1a⟩ barricade

barrière [barjɛr] *f* barrier; (*clôture*) fence; ***barrières douanières*** customs barriers; ***barrière linguistique*** language barrier

barrique [barik] *f* barrel

bar-tabac [bartaba] *m* bar-cum-tobacco store

baryton [baritõ] *m* baritone

bas, basse [bɑ, -s] **1** *adj* low (*aussi fig*); GÉOGR lower; *instrument* bass; *voix* deep; ***à voix basse*** in a low voice, quietly **2** *adv* ***bas*** low; *parler* in a low voice, quietly; ***à bas ...!*** down with ...!; ***en bas*** downstairs; ***là-bas*** there **3** *m* (*partie inférieure*) bottom; (*vêtement*) stocking; ***au bas de*** at the bottom *ou* foot of

basané, basanée [bazane] weather-beaten; *naturellement* swarthy

bas-côté [bɑkote] *m* (*pl* bas-côtés) *d'une route* shoulder

bascule [baskyl] *f jeu* teeter-totter, *Br* seesaw; (*balance*) scales *pl*; ***à bascule*** *cheval, fauteuil* rocking *atr*

basculer ⟨1a⟩ topple over

base [bɑz] *f* base; *d'un édifice* foundation; *fig*: *d'une science, de discussion* basis; ***de base*** basic; ***à base de lait*** milk-based; ***être à la base de*** form the basis of

base-ball [bɛzbol] *m* baseball

base *f* **de données** [bɑzdədɔne] database

baser [bɑze] ⟨1a⟩ base (***sur*** on); ***se baser sur*** draw on; *d'une idée* be based on

bas-fond [bɑfõ] *m* (*pl* bas-fonds) MAR shallow; ***bas-fonds*** *fig*: *d'une ville* sleazy area

basilic [bazilik] *m* BOT basil

basilique [bazilik] *f* ARCH basilica

basket(-ball) [baskɛt(bol)] *m* basketball

baskets *fpl* sneakers, *Br* trainers

basketteur, -euse *m/f* basketball player

basque [bask] **1** *adj* Basque **2** *m langue*

Basque **3** *m/f* **Basque** Basque
basse [bɑs] *f voix, musicien, instrument* bass; (*contrebasse*) double bass
basse-cour [bɑskur] *f* (*pl* basses-cours) AGR farmyard; *animaux* poultry
bassin [basɛ̃] *m* basin; *dans un jardin* pond; ANAT pelvis; MAR dock; ***bassin de radoub*** dry dock
bassine *f* bowl
bassiste [basist] *m/f* bass (player)
basson [bɑsõ] *m* MUS *instrument* bassoon; *musicien* bassoonist
bastide [bastid] *f country house in the South of France*
bastingage [bastɛ̃gaʒ] *m* MAR rail
bastion [bastjõ] *m* bastion
bas-ventre [bɑvɑ̃tr] *m* lower abdomen
bataille [bataj] *f* battle; ***livrer bataille*** give battle
batailler ⟨1a⟩ *fig* battle, fight
bataillon *m* MIL battalion
bâtard, bâtarde [bɑtar, -d] *m enfant* bastard; *chien* mongrel
bateau [bato] *m* (*pl* -x) boat; ***faire du bateau*** (*faire de la voile*) go sailing, sail; ***mener qn en bateau*** *fig* put s.o. on, *Br* have s.o. on
bateau-mouche *m* (*pl* bateaux-mouches) *boat that carries tourists up and down the Seine*
bâti, bâtie [bɑti] **1** *adj* built on; ***bien bâti*** *personne* well-built **2** *m* frame
bâtiment [bɑtimɑ̃] *m* (*édifice*) building; *secteur* construction industry; MAR ship
bâtir [bɑtir] ⟨2a⟩ build
batisse [bɑtis] *f souvent péj* (ugly) big building
bâton [bɑtõ] *m* stick; ***parler à bâtons rompus*** make small talk; ***bâton de rouge*** lipstick; ***bâton de ski*** ski pole *ou* stick
battage [bataʒ] *m* (*publicité*) hooha, ballyhoo; ***battage médiatique*** media hype
battant, battante [batɑ̃, -t] **1** *adj pluie* driving; ***le cœur battant*** with pounding heart **2** *m d'une porte* leaf; *personne* fighter
batte [bat] *f de base-ball* bat
battement [batmɑ̃] *m de cœur* beat; *intervalle de temps* interval, window
batterie [batri] *f* ÉL battery; MUS drums *pl*; *dans un orchestre* percussion
batteur *m* CUIS whisk; *électrique* mixer; MUS drummer; *en base-ball* batter
battre [batr] ⟨4a⟩ **1** *v/t* beat; *monnaie* mint; *cartes* shuffle; ***battre son plein*** be in full swing; ***battre des cils*** flutter one's eyelashes; ***battre en retraite*** retreat **2** *v/i* beat; *d'une porte, d'un volet* bang; ***se battre*** fight
battu, battue 1 *p/p* → ***battre*** **2** *adj* beaten
bavard, bavarde [bavar, -d] **1** *adj* talkative **2** *m/f* chatterbox
bavardage *m* chatter
bavarder ⟨1a⟩ chatter; (*divulguer un secret*) talk, blab F
bave [bav] *f* drool, slobber; *d'escargot* slime
baver ⟨1a⟩ drool, slobber
bavette *f* bib
baveux, -euse *omelette* runny
Bavière [bavjɛr]: ***la Bavière*** Bavaria
bavure [bavyr] *f fig* blunder, blooper F; ***sans bavure*** impeccable
BCBG [besebeʒe] *adj abr* (= ***bon chic bon genre***) preppie
B.C.E. [beseə] *f abr* (= ***Banque centrale européenne***) ECB (= European Central Bank)
Bd *abr* (= ***boulevard***) Blvd (= Boulevard)
B.D. [bede] *f abr* (= ***bande dessinée***) comic strip
béant, béante [beɑ̃, -t] gaping
béat, béate [bea, -t] *péj*: *sourire* silly
beau, bel, belle [bo, bɛl] (*mpl* beaux) beautiful, lovely; *homme* handsome, good-looking; ***il fait beau*** (***temps***) it's lovely weather; ***il a beau dire / faire ...*** it's no good him saying / doing ...; ***l'échapper belle*** have a narrow escape; ***bel et bien*** well and truly; ***de plus belle*** more than ever; ***un beau jour*** one (fine) day; ***le beau monde*** the beautiful people *pl*
beaucoup [boku] a lot; ***beaucoup de*** lots of, a lot of; ***beaucoup de gens*** lots *ou* a lot of people, many people; ***beaucoup d'argent*** lots *ou* a lot of money; ***je n'ai pas beaucoup d'amis*** I don't have a lot of *ou* many friends; ***je n'ai pas beaucoup d'argent*** I don't have a lot of *ou* much money; ***beaucoup trop cher*** much too expensive
beau-fils [bofis] *m* (*pl* beaux-fils) *m* son-in-law; *d'un remariage* stepson
beau-frère *m* (*pl* beaux-frères) brother-in-law
beau-père *m* (*pl* beaux-pères) father-in-law; *d'un remariage* stepfather
beauté [bote] *f* beauty
beaux-arts [bozar] *mpl*: ***les beaux-arts*** fine art *sg*
beaux-parents [boparɑ̃] *mpl* parents-in-law
bébé [bebe] *m* baby
bébé-éprouvette *m* (*pl* bébés-éprouvettes) test-tube baby
bec [bɛk] *m d'un oiseau* beak; *d'un récipient* spout; MUS mouthpiece; F mouth;

un bec fin a gourmet
bécane [bekan] *f* F bike
béchamel [beʃamɛl] *f* CUIS: (***sauce*** *f*) ***béchamel*** béchamel (sauce)
bêche [bɛʃ] *f* spade
bêcher ⟨1b⟩ dig
bedaine [bədɛn] *f* (beer) belly, paunch
bée [be]: ***bouche bée*** open-mouthed
beffroi [bɛfrwa] *m* belfry
bégayer [begɛje] ⟨1i⟩ stutter, stammer
béguin [begɛ̃] *m fig* F: ***avoir le béguin pour qn*** have a crush on s.o.
B.E.I. [beəi] *f abr* (= ***Banque européenne d'investissement***) EIB (= European Investment Bank)
beige [bɛʒ] beige
beignet [bɛɲɛ] *m* CUIS fritter
bêler [bɛle] ⟨1b⟩ bleat
belette [bəlɛt] *f* weasel
belge [bɛlʒ] **1** *adj* Belgian **2** *m/f* **Belge** Belgian
Belgique [bɛlʒik]: ***la Belgique*** Belgium
bélier [belje] *m* ZO ram; ASTROL Aries
belle → ***beau***
belle-famille [bɛlfamij] *f* in-laws *pl*
belle-fille [bɛlfij] *f* (*pl* belles-filles) daughter-in-law; *d'un remariage* stepdaughter
belle-mère *f* (*pl* belles-mères) mother-in--law; *d'un remariage* stepmother
belle-sœur *f* (*pl* belles-sœurs) sister-in--law
belligérant, **belligérante** [bɛliʒerɑ̃, -t] belligerent
belliqueux, **-euse** [bɛlikø, -z] warlike
belvédère [bɛlvedɛr] *m* viewpoint, lookout point
bémol [bemɔl] *m* MUS flat
bénédictin [benediktɛ̃] *m* Benedictine (monk)
bénédiction [benediksjõ] *f* blessing
bénéfice [benefis] *m* benefit, advantage; COMM profit
bénéficiaire **1** *adj marge* profit *atr* **2** *m/f* beneficiary
bénéficier ⟨1a⟩: ***bénéficier de*** benefit from
bénéfique beneficial
Bénélux [benelyks]: ***le Bénélux*** the Benelux countries *pl*
bénévolat [benevɔla] *m* voluntary work
bénévole **1** *adj travail* voluntary **2** *m/f* volunteer, voluntary worker
bénin, **-igne** [benɛ̃, -iɲ] *tumeur* benign; *accident* minor
bénir [benir] ⟨2a⟩ bless
bénit, **bénite** consecrated; ***eau*** *f* ***bénite*** holy water
bénitier *m* stoup
benne [bɛn] *f d'un téléphérique* (cable) car; ***benne à ordures*** garbage truck, *Br* bin lorry
B.E.P. [beəpe] *m abr* (= ***brevet d'études professionnelles***) *type of vocational qualification*
B.E.P.C. [beəpese] *m abr* (= ***brevet d'études du premier cycle***) *equivalent of high school graduation*
béquille [bekij] *f* crutch; *d'une moto* stand
bercail [bɛrkaj] *m* (*sans pl*) fold
berceau [bɛrso] *m* (*pl* -x) cradle
bercer ⟨1k⟩ rock; ***bercer qn de promesses*** *fig* delude s.o. with promises; ***se bercer d'illusions*** delude o.s.
berceuse *f* lullaby; (*chaise à bascule*) rocking chair
béret [berɛ] *m* beret
berge [bɛrʒ] *f* bank
berger [bɛrʒe] *m* shepherd; *chien* German shepherd, *Br aussi* Alsatian
bergère *f* shepherd
berline [bɛrlin] *f* AUTO sedan, *Br* saloon
berlingot [bɛrlɛ̃go] *m bonbon* humbug; *emballage* pack
bermuda(s) [bɛrmyda] *m*(*pl*) Bermuda shorts *pl*
Bermudes [bermyd] *fpl*: ***les Bermudes*** Bermuda *sg*
berner [bɛrne] ⟨1a⟩: ***berner qn*** fool s.o., take s.o. for a ride
besogne [bəzɔɲ] *f* job, task
besoin [bəzwɛ̃] *m* need; ***avoir besoin de qch*** need sth; ***avoir besoin de faire qch*** need to do sth; ***il n'est pas besoin de dire*** needless to say; ***au besoin*** if necessary, if need be; ***si besoin est*** if necessary, if need be; ***être dans le besoin*** be in need; ***faire ses besoins*** relieve o.s.; *d'un animal* do its business
best-seller [bɛstsɛlɛr] *m* best-seller
bestial, **bestiale** [bɛstjal] (*mpl* -iaux) bestial
bestialité *f* bestiality
bestiaux *mpl* cattle *pl*
bestiole *f* small animal; (*insecte*) insect, bug F
bétail [betaj] *m* (*sans pl*) livestock
bête [bɛt] **1** *adj* stupid **2** *f* animal; (*insecte*) insect, bug F; ***bêtes*** (*bétail*) livestock *sg*; ***chercher la petite bête*** nitpick, quibble
bêtement *adv* stupidly
bêtise *f* stupidity; ***dire des bêtises*** talk nonsense; ***une bêtise*** a stupid thing to do / say
béton [betõ] *m* concrete; ***béton armé*** reinforced concrete
bétonnière *f* concrete mixer

betterave [bɛtrav] *f* beet, *Br* beetroot; ***betterave à sucre*** sugar beet
beugler [bøgle] ⟨1a⟩ *de bœuf* low; F *d'une personne* shout
beur [bœr] *m/f* F *French-born person of North African origin*
beurre [bœr] *m* butter; ***beurre de cacahuètes*** peanut butter
beurrer ⟨1a⟩ butter
beurrier *m* butter dish
beuverie [bœvri] *f* drinking session, booze-up *Br* F
bévue [bevy] *f* blunder; ***commettre une bévue*** blunder, make a blunder
biais [bjɛ] **1** *adv*: ***en biais*** *traverser, couper* diagonally; ***de biais*** *regarder* sideways **2** *m fig* (*aspect*) angle; ***par le biais de*** through
bibelots [biblo] *mpl* trinkets
biberon [bibrõ] *m* (baby's) bottle; ***nourrir au biberon*** bottlefeed
Bible [bibl] *f* bible
bibliographie [biblijɔgrafi] *f* bibliography
bibliothécaire [biblijɔtekɛr] *m/f* librarian
bibliothèque *f* library; *meuble* bookcase
biblique [biblik] biblical
bic® [bik] *m* ballpoint (pen)
bicarbonate [bikarbɔnat] *m* CHIM: ***bicarbonate de soude*** bicarbonate of soda
bicentenaire [bisɑ̃tənɛr] *m* bicentennial, *Br* bicentenary
biceps [bisɛps] *m* biceps *sg*
biche [biʃ] *f* ZO doe; ***ma biche*** *fig* my love
bichonner [biʃɔne] ⟨1a⟩ pamper
bicolore [bikɔlɔr] two-colored, *Br* two-coloured
bicoque [bikɔk] *f* tumbledown house
bicyclette [bisiklɛt] *f* bicycle; ***aller en*** *ou* ***à bicyclette*** cycle
bidet [bidɛ] *m* bidet
bidon[1] [bidõ] *m*: ***bidon à essence*** gas *ou Br* petrol can
bidon[2] [bidõ] *fig* F **1** *adj* phony **2** *m* baloney
bidonville [bidõvil] *m* shanty town
bidule [bidyl] *m* F gizmo F
bien [bjɛ̃] **1** *m* good; (*possession*) possession, item of property; ***le bien*** *ce qui est juste* good; ***faire le bien*** do good; ***le bien public*** the common good; ***faire du bien à qn*** do s.o. good; ***dire du bien de*** say nice things about, speak well of; ***c'est pour son bien*** it's for his own good; ***biens*** (*possessions*) possessions, property *sg*; (*produits*) goods; ***biens de consommation*** consumer goods **2** *adj* good; (*beau, belle*) good-looking; ***être bien*** feel well; (*à l'aise*) be comfortable; ***être bien avec qn*** be on good terms *ou* get on well with s.o.; ***ce sera très bien comme ça*** that will do very nicely; ***se sentir bien*** feel well; ***avoir l'air bien*** look good; ***des gens bien*** respectable *ou* decent people **3** *adv* well; (*très*) very; ***bien jeune*** very young; ***bien sûr*** of course, certainly; ***tu as bien de la chance*** you're really *ou* very lucky; ***bien des fois*** lots of times; ***eh bien*** well; ***oui, je veux bien*** yes please; ***bien comprendre*** understand properly **4** *conj* ***bien que*** (+ *subj*) although
bien-être [bjɛ̃nɛtr] *m* *matériel* welfare; *sensation agréable* well-being
bienfaisance [bjɛ̃fəzɑ̃s] *f* charity
bienfaisant, **bienfaisante** (*salutaire*) beneficial
bienfait *m* benefit
bienfaiteur, **-trice** *m/f* benefactor
bien-fondé [bjɛ̃fõde] *m* legitimacy
bien-fonds [bjɛ̃fõ] *m* (*pl* biens-fonds) JUR land, property
bienheureux, **-euse** [bjɛ̃nørø, -z] happy; REL blessed
biennal, **biennale** [bjenal] (*mpl* -aux) *contrat* two-year *atr*; *événement* biennial
bienséance [bjɛ̃seɑ̃s] *f* propriety
bienséant, **bienséante** proper
bientôt [bjɛ̃to] soon; ***à bientôt!*** see you (soon)!
bienveillance [bjɛ̃vɛjɑ̃s] *f* benevolence
bienveillant, **bienveillante** benevolent
bienvenu, **bienvenue** [bjɛ̃vny] **1** *adj* welcome **2** *m/f*: ***être le bienvenu / la bienvenue*** be welcome **3** *f*: ***souhaiter la bienvenue à qn*** welcome s.o.; ***bienvenue en France!*** welcome to France!
bière [bjɛr] *f boisson* beer; ***bière blanche*** wheat beer; ***bière blonde*** beer, *Br* lager; ***bière brune*** dark beer, *Br* bitter; ***bière pression*** draft (beer), *Br* draught (beer)
bifteck [biftɛk] *m* steak
bifurcation [bifyrkasjõ] *f* fork
bifurquer ⟨1m⟩ fork; ***bifurquer vers*** fork off onto; *fig* branch out into
bigame [bigam] **1** *adj* bigamous **2** *m/f* bigamist
bigamie *f* bigamy
bigarreau [bigaro] *m type of cherry*
bigot, **bigote** [bigo, -ɔt] **1** *adj* excessively pious **2** *m/f* excessively pious person
bijou [biʒu] *m* (*pl* -x) jewel; ***bijoux*** jewelry *sg*, *Br* jewellery *sg*
bijouterie *f* jewelry store, *Br* jeweller's
bijoutier, **-ère** *m/f* jeweler, *Br* jeweller
bikini [bikini] *m* bikini
bilan [bilɑ̃] *m* balance sheet; *fig* (*résultat*) outcome; ***faire le bilan de*** take stock of;

déposer son bilan file for bankruptcy; ***bilan de santé*** check-up
bilatéral, bilatérale [bilateral] (*mpl* -aux) bilateral
bile [bil] *f* F: ***se faire de la bile*** fret, worry
bilingue [bilɛ̃g] bilingual
bilinguisme *m* bilingualism
billard [bijar] *m* billiards *sg*; *table* billiard table; ***billard américain*** pool
bille [bij] *f* marble; *billard* (billiard) ball; ***stylo*** *m* (***à***) ***bille*** ball-point (pen)
billet [bijɛ] *m* ticket; (*petite lettre*) note; ***billet*** (***de banque***) bill, *Br* (bank)note
billeterie *f* ticket office; *automatique* ticket machine; FIN ATM, automated teller machine, *Br* cash dispenser
billion [biljõ] *m* trillion
bimensuel, bimensuelle [bimɑ̃sɥɛl] bimonthly, twice a month
binaire [binɛr] binary
binocles [binɔkl] *mpl* F specs F
biochimie [bjɔʃimi] *f* biochemistry
biochimique biochemical
biochimiste *m/f* biochemist
biodégradable [bjɔdegradabl] biodegradable
biodiversité [bjɔdiversite] *f* biodiversity
biographie [bjɔgrafi] *f* biography
biographique biographical
biologie [bjɔlɔʒi] *f* biology
biologique biological; *aliments* organic
biologiste *m/f* biologist
biopsie [bjɔpsi] *f* biopsy
biorythme [bjɔritm] *m* biorhythm
biotechnologie [bjɔtɛknɔlɔʒi] *f* biotechnology
bipartisme [bipartism] *m* POL two-party system
bipartite POL bipartite
biplace [biplas] *m* two-seater
bipolaire [bipɔlɛr] bipolar
bis [bis] **1** *adj*: ***24 bis*** 24A **2** *m* (*pl inv*) encore
bisannuel, bisannuelle [bizanɥɛl] biennial
biscornu, biscornue [biskɔrny] *fig* weird
biscotte [biskɔt] *f* rusk
biscuit [biskɥi] *m* cookie, *Br* biscuit
bise [biz] *f*: ***faire la bise à qn*** kiss s.o., give s.o. a kiss; ***grosses bises*** love and kisses
bisexuel, bisexuelle [bisɛksɥel] bisexual
bison [bizõ] *m* bison, buffalo
bisou [bizu] *m* F kiss
bissextile [bisɛkstil]: ***année*** *f* ***bissextile*** leap year
bistro(t) [bistro] *m* bistro
bit [bit] *m* INFORM bit
bitume [bitym] *m* asphalt
bivouac [bivwak] *m* bivouac
bizarre [bizar] strange, bizarre
bizarrerie *f* peculiarity
blafard, blafarde [blafar, -d] wan
blague [blag] *f* (*plaisanterie*) joke; (*farce*) trick, joke; ***sans blague!*** no kidding!
blaguer ⟨1a⟩ joke
blaireau [blɛro] *m* (*pl* -x) ZO badger; *pour se raser* shaving brush
blâme [blɑm] *m* blame; (*sanction*) reprimand
blâmer ⟨1a⟩ blame; (*sanctionner*) reprimand
blanc, blanche [blɑ̃, -ʃ] **1** *adj* white; *feuille, page* blank; ***examen*** *m* ***blanc*** practice exam, *Br* mock exam; ***mariage*** *m* ***blanc*** unconsummated marriage; ***nuit*** *f* ***blanche*** sleepless night; ***en blanc*** blank; ***chèque*** *m* ***en blanc*** blank check, *Br* blank cheque **2** *m* white; *de poulet* white meat, *Br* breast; *vin* white (wine); *textile* (household) linen; *par opposé aux couleurs* whites *pl*; *dans un texte* blank; ***blanc*** (***d'œuf***) (egg) white; ***tirer à blanc*** shoot blanks **3** *m/f* ***Blanc, Blanche*** white, White
blanc-bec [blɑ̃bɛk] *m* (*pl* blancs-becs) greenhorn
blanchâtre [blɑ̃ʃɑtr] whiteish
Blanche-Neige [blɑ̃ʃnɛʒ] *f* Snow-white
blancheur [blɑ̃ʃœr] *f* whiteness
blanchir ⟨2a⟩ **1** *v/t* whiten; *mur* whitewash; *linge* launder, wash; *du soleil* bleach; CUIS blanch; *fig*: *innocenter* clear; ***blanchir de l'argent*** launder money **2** *v/i* go white
blanchisserie *f* laundry
blasé, blasée [blɑze] blasé
blason [blɑzõ] *m* coat of arms
blasphème [blasfɛm] *m* blasphemy
blasphémer ⟨1f⟩ blaspheme
blé [ble] *m* wheat, *Br* corn
bled [blɛd] *m* F *péj* dump F, hole F
blême [blɛm] pale
blêmir ⟨2a⟩ turn pale
blessant [blɛsɑ̃] hurtful
blessé, blessée 1 *adj* hurt (*aussi fig*); *dans un accident* injured; *avec une arme* wounded **2** *m/f*: ***les blessés*** the injured, the casualties; *avec une arme* the wounded, the casualties
blesser ⟨1b⟩ hurt (*aussi fig*); *dans un accident* injure; *à la guerre* wound; ***se blesser*** injure *ou* hurt o.s.; ***je me suis blessé à la main*** I injured *ou* hurt my hand
blessure *f d'accident* injury; *d'arme* wound
bleu, bleue [blø] (*mpl* -s) **1** *adj* blue; *viande* very rare, practically raw **2** *m* blue; *fromage* blue cheese; *marque sur la peau*

bruise; *fig* (*novice*) new recruit, rookie F; TECH blueprint; ***bleu (de travail), bleus*** *pl*, overalls *pl*; ***bleu marine*** navy blue; ***avoir une peur bleue*** be scared stiff

bleuet [bløɛ] *m* BOT cornflower

blindage [blɛ̃daʒ] *m* armor, *Br* armour

blindé, blindée 1 *adj* MIL armored, *Br* armoured; *fig* hardened **2** *m* MIL armored *ou Br* armoured vehicle

blinder ⟨1a⟩ armor, *Br* armour; *fig* F harden

bloc [blɔk] *m* block; POL bloc; *de papier* pad; ***en bloc*** in its entirety; ***faire bloc*** join forces (***contre*** against); ***bloc opératoire*** operating room, *Br* operating theatre

blocage [blɔkaʒ] *m* jamming; *d'un compte en banque, de prix* freezing; PSYCH block

bloc-notes [blɔknɔt] *m* (*pl* blocs-notes) notepad

blocus [blɔkys] *m* blockade

blond, blonde [blõ, -d] **1** *adj cheveux* blonde; *tabac* Virginian; *sable* golden; ***bière*** *f* ***blonde*** beer, *Br* lager **2** *m/f* blonde **3** *f bière* beer, *Br* lager

bloquer [blɔke] ⟨1m⟩ block; *mécanisme* jam; *roues* lock; *compte*, *crédits* freeze; (*regrouper*) group together; ***bloquer le passage*** be in the way, bar the way

blottir [blɔtir] ⟨2a⟩: ***se blottir*** huddle (up)

blouse [bluz] *f* MÉD white coat; *de chirurgien* (surgical) robe; *d'écolier* lab coat; (*chemisier*) blouse

blouson [bluzõ] *m* jacket, blouson; ***blouson noir*** *fig* young hoodlum

bluff [blœf] *m* bluff

bluffer ⟨1a⟩ bluff

B. O. [beo] *f abr* (***= bande originale***) sound track

bobard [bobar] *m* F tall tale, *Br* tall story

bobine [bɔbin] *f* reel

bobsleigh [bɔbslɛg] *m* bobsled, *Br aussi* bobsleigh

bocal [bɔkal] *m* (*pl* -aux) (glass) jar

bock [bɔk] *m*: ***un bock*** a (glass of) beer

bœuf [bœf, *pl* bø] *m mâle castré* steer; *viande* beef; ***bœufs*** cattle *pl*; ***bœuf bourguignon*** CUIS *kind of beef stew*

bof! [bɔf] *indifférence* yeah, kinda

bogue [bɔg] *m* INFORM bug

bohème [bɔɛm] *m/f* Bohemian

bohémien, bohémienne *m/f* gipsy

boire [bwar] ⟨4u⟩ drink; (*absorber*) soak up; ***boire un coup*** F have a drink; ***boire comme un trou*** F drink like a fish F

bois [bwa] *m matière*, *forêt* wood; ***en*** *ou* ***de bois*** wooden; ***bois de construction*** lumber

boisé, boisée wooded

boiserie *f* paneling, *Br* panelling

boisson [bwasõ] *f* drink; ***boissons alcoolisées*** alcohol *sg*, alcoholic drinks

boîte [bwat] *f* box; *en tôle* can, *Br aussi* tin; F (*entreprise*) company; ***sa boîte*** his company, the place where he works; ***boîte (de nuit)*** nightclub; ***en boîte*** canned, *Br aussi* tinned; ***boîte de conserves*** can, *Br aussi* tin; ***boîte à gants*** glove compartment; ***boîte aux lettres*** mailbox, *Br* letterbox; ***boîte noire*** black box; ***boîte postale*** post office box; ***boîte de vitesses*** AUTO gearbox; ***boîte vocale*** INFORM voicemail

boiter [bwate] ⟨1a⟩ limp; *fig*: *de raisonnement* be shaky, not stand up very well

boiteux, -euse *chaise*, *table etc* wobbly; *fig*: *raisonnement* shaky; ***être boiteux*** *d'une personne* have a limp

boîtier [bwatje] *m* case, housing

bol [bɔl] *m* bowl

bolide [bɔlid] *m* meteorite; AUTO racing car

Bolivie [bɔlivi]: ***la Bolivie*** Bolivia

bolivien, bolivienne 1 *adj* Bolivian **2** *m/f* **Bolivien, Bolivienne** Bolivian

bombardement [bõbardəmɑ̃] *m* bombing; *avec obus* bombardment

bombarder ⟨1a⟩ bomb; *avec obus*, *questions* bombard

bombardier *m avion* bomber

bombe *f* MIL bomb; (*atomiseur*) spray; ***bombe atomique*** atom bomb; ***bombe incendiaire*** incendiary device; ***bombe à retardement*** time bomb

bombé, bombée [bõbe] *front*, *ventre* bulging

bomber ⟨1a⟩ bulge

bon, bonne [bõ, bɔn] **1** *adj* good; *route*, *adresse*, *moment* right, correct; *brave* kind, good-hearted; ***de bonne foi*** *personne* sincere; ***de bonne heure*** early; ***(à) bon marché*** cheap; ***être bon en qch*** be good at sth; ***bon à rien*** good-for-nothing; ***elle n'est pas bonne à grand-chose*** she's not much use; ***pour de bon*** for good; ***il est bon que …*** (+ *subj*) it's a good thing that …, it's good that …; ***à quoi bon?*** what's the point?, what's the use?; ***bon mot*** witty remark. witticism; ***bon anniversaire!*** happy birthday!; ***bon voyage!*** have a good trip!, bon voyage!; ***bonne chance!*** good luck!; ***bonne année!*** Happy New Year!; ***bonne nuit!*** good night!; ***ah bon*** really **2** *adv*: ***sentir bon*** smell good; ***tenir bon*** not give in, stand one's ground; ***trouver bon de faire qch*** think it right to do sth;

il fait bon vivre ici it's good living here **3** *m* COMM voucher; ***avoir du bon*** have its good points; ***bon d'achat*** gift voucher; ***bon de commande*** purchase order; ***bon du Trésor*** Treasury bond

bonbon [bõbõ] *m* candy, *Br* sweet; ***bonbons*** candy *sg*, *Br* sweets

bonbonne [bõbɔn] *f* cannister; ***bonbonne d'oxygène*** oxygen tank

bond [bõ] *m* jump, leap; *d'une balle* bounce

bondé, bondée [bõde] packed

bondir [bõdir] ⟨2a⟩ jump, leap (***de*** with)

bonheur [bɔnœr] *m* happiness; (*chance*) luck; ***par bonheur*** luckily, fortunately; ***porter bonheur à qn*** bring s.o. luck; ***au petit bonheur*** at random; ***se promener au petit bonheur*** stroll *ou* wander around

bonhomie [bɔnɔmi] *f* good nature, bonhomie

bonhomme *m* (*pl* bonshommes) *m* F (*type*) guy F, man; ***bonhomme de neige*** snowman

bonification [bɔnifikasjõ] *f* improvement; *assurance* bonus

bonifier ⟨1a⟩ improve

boniment [bɔnimɑ̃] *m battage* spiel F, sales talk; F (*mensonge*) fairy story

bonjour [bõʒur] *m* hello; *avant midi* hello, good morning; ***dire bonjour à qn*** say hello to s.o.; ***donne le bonjour de ma part à ta mère*** tell your mother I said hello, give your mother my regards

bonne [bɔn] *f* maid

bonnement [bɔnmɑ̃] *adv*: ***tout bonnement*** simply

bonnet [bɔnɛ] *m* hat; ***gros bonnet*** *fig* F big shot F; ***bonnet de douche*** shower cap

bonsoir [bõswar] *m* hello, good evening

bonté [bõte] *f* goodness; ***avoir la bonté de faire qch*** be good *ou* kind enough to do sth

bonus [bɔnys] *m* no-claims bonus

boom [bum] *m* boom

bord [bɔr] *m* edge; (*rive*) bank; *d'une route* side; *d'un verre* brim; ***au bord de la mer*** at the seaside; ***être au bord des larmes*** be on the verge *ou* brink of tears; ***être un peu bête sur les bords*** *fig* F be a bit stupid; ***tableau*** *m* ***de bord*** AUTO dash(board); ***à bord d'un navire/d'un avion*** on board a ship / an aircraft; ***monter à bord*** board, go on board; ***jeter qch par-dessus bord*** throw sth overboard; ***virer de bord*** turn, go about; *fig*: *d'opinion* change one's mind; *de parti* switch allegiances

bordeaux [bɔrdo] **1** *adj inv* wine-colored, *Br* wine-coloured, claret **2** *m vin* claret, Bordeaux

bordel [bɔrdɛl] *m* F brothel; (*désordre*) mess F, shambles *sg*

bordelais, bordelaise [bɔrdəlɛ, -z] of / from Bordeaux, Bordeaux *atr*

bordélique [bɔrdelik] F chaotic; ***c'est vraiment bordélique*** it's a disaster area F

border [bɔrde] ⟨1a⟩ (*garnir*) edge (***de*** with); (*être le long de*) line, border; *enfant* tuck in

bordereau [bɔrdəro] *m* (*pl* -x) COMM schedule, list; ***bordereau d'expédition*** dispatch note

bordure [bɔrdyr] *f* border, edging; ***en bordure de*** *forêt*, *ville* on the edge of

boréal, boréale [bɔreal] (*mpl* -aux) northern

borgne [bɔrɲ] one-eyed

borne [bɔrn] *f* boundary marker; ÉL terminal; ***bornes*** *fig* limits; ***sans bornes*** unbounded; ***dépasser les bornes*** go too far; ***borne kilométrique*** milestone

borné, bornée narrow-minded

borner ⟨1a⟩: ***se borner à*** (***faire***) ***qch*** restrict o.s. to (doing) sth

bosniaque [bɔznjak] **1** *adj* Bosnian **2** *m/f* **Bosniaque** Bosnian

Bosnie *f* Bosnia

bosquet [bɔskɛ] *m* copse

bosse [bɔs] *f* (*enflure*) lump; *d'un bossu*, *d'un chameau* hump; *du sol* bump; *en ski* mogul; ***avoir la bosse de*** F have a gift for

bosser [bɔse] ⟨1a⟩ F work hard

bossu, bossue *m/f* [bɔsy] hunchback

botanique [bɔtanik] **1** *adj* botanical **2** *f* botany

botaniste *m/f* botanist

botte[1] [bɔt] *f de carottes*, *de fleurs*, *de radis* bunch

botte[2] [bɔt] *f chaussure* boot

botter [bɔte] ⟨1a⟩: ***botter le derrière à qn*** F give s.o. a kick up the rear end, let s.o. feel the toe of one's boot; ***ça me botte*** F I like it

bottin [bɔtɛ̃] *m* phone book

bottine [bɔtin] *f* ankle boot

bouc [buk] *m* goat; ***bouc émissaire*** *fig* scapegoat

boucan [bukɑ̃] *m* F din, racket

bouche [buʃ] *f* mouth; *de métro* entrance; ***bouche d'aération*** vent; ***bouche d'incendie*** (fire) hydrant

bouche-à-bouche *m* MÉD mouth-to--mouth resuscitation

bouché, bouchée [buʃe] blocked; *nez* blocked, stuffed up; *temps* overcast

bouchée [buʃe] *f* mouthful; ***bouchée à la reine*** vol-au-vent
boucher[1] [buʃe] ⟨1a⟩ block; *trou* fill (in); ***se boucher*** *d'un évier, d'un tuyau* get blocked; ***se boucher les oreilles*** put one's hands over one's ears; *fig* refuse to listen, turn a deaf ear; ***se boucher le nez*** hold one's nose
boucher[2], **-ère** [buʃe, -ɛr] *m/f* butcher (*aussi fig*)
boucherie [buʃri] *f magasin* butcher's; *fig* slaughter
bouche-trou [buʃtru] *m* (*pl* bouche--trous) stopgap
bouchon [buʃõ] *m* top; *de liège* cork; *fig*: *trafic* hold-up, traffic jam
boucle [bukl] *f* loop (*aussi* INFORM); *de ceinture, de sandales* buckle; *de cheveux* curl; ***boucle d'oreille*** earring
bouclé, **bouclée** *cheveux* curly
boucler ⟨1a⟩ *ceinture* fasten; *porte, magasin* lock; MIL surround; *en prison* lock away; ***boucle-la!*** F shut up! F
bouclier [buklije] *m* shield (*aussi fig*)
bouddhisme [budism] *m* Buddhism
bouddhiste *m* Buddhist
bouder [bude] ⟨1a⟩ **1** *v/i* sulk **2** *v/t*: ***bouder qn / qch*** give s.o./sth the cold shoulder
boudeur, **-euse** sulky
boudin [budɛ̃] *m*: ***boudin*** (***noir***) blood sausage, *Br* black pudding
boudiné, **boudinée** [budine] *doigts* stubby; ***elle est boudinée dans cette robe*** that dress is too small for her
boue [bu] *f* mud
bouée [bwe] *f* MAR buoy; ***bouée*** (***de sauvetage***) lifebuoy, lifebelt
boueux, **-euse** [bwø, -z] muddy
bouffe [buf] *f* F grub F, food
bouffée [bufe] *f de fumée* puff; *de vent* puff, gust; *de parfum* whiff; ***une bouffée d'air frais*** a breath of fresh air; ***bouffée de chaleur*** MÉD hot flash, *Br* hot flush
bouffer [bufe] ⟨1a⟩ F eat
bouffi, **bouffie** [bufi] bloated
bougeoir [buʒwar] *m* candleholder
bougeotte [buʒɔt] *f*: ***avoir la bougeotte*** fidget, be fidgety
bouger ⟨1l⟩ move; *de prix* change
bougie [buʒi] *f* candle; AUTO spark plug
bougonner [bugɔne] ⟨1a⟩ F grouse F
bouillabaisse [bujabɛs] *f* CUIS bouillabaisse, fish soup
bouillant, **bouillante** [bujɑ̃, -t] *qui bout* boiling; (*très chaud*) boiling hot
bouillie [buji] *f* baby food
bouillir [bujir] ⟨2e⟩ boil; *fig* be boiling (with rage); ***faire bouillir*** boil
bouilloire *f* kettle
bouillon [bujõ] *m* (*bulle*) bubble; CUIS stock, broth
bouillonner ⟨1a⟩ *de source, de lave etc* bubble; *fig*: *d'idées* seethe
bouillotte [bujɔt] *f* hot water bottle
boulanger, **-ère** [bulɑ̃ʒe, -ɛr] *m/f* baker
boulangerie *f* bakery, baker's
boule [bul] *f* (*sphère*) ball; ***jeu*** *m* ***de boules*** bowls *sg*; ***boule de neige*** snowball; ***faire boule de neige*** snowball
bouleau [bulo] *m* (*pl* -x) BOT birch (tree)
bouledogue [buldɔg] *m* bulldog
bouler [bule] ⟨1a⟩ F: ***envoyer bouler qn*** kick s.o. out, send s.o. packing
boulette [bulɛt] *f de papier* pellet; ***boulette*** (***de viande***) meatball
boulevard [bulvar] *m* boulevard; ***boulevard périphérique*** belt road, *Br* ring road
bouleversement [bulvɛrsəmɑ̃] *m* upheaval
bouleverser ⟨1a⟩ (*mettre en désordre*) turn upside down; *traditions, idées* overturn; *émotionnellement* shatter, deeply move
boulimie [bulimi] *f* bulimia
boulon [bulõ] *m* TECH bolt
boulonner ⟨1a⟩ **1** *v/t* TECH bolt **2** *v/i fig* F slave away F
boulot[1], **boulotte** [bulo, -ɔt] plump
boulot[2] [bulo] *m* F work
bouquet [bukɛ] *m* bouquet, bunch of flowers; *de vin* bouquet
bouquin [bukɛ̃] *m* F book
bouquiner ⟨1a⟩ read
bouquiniste *m/f* bookseller
bourbe [burb] *f* mud
bourbeux, **-euse** muddy
bourbier *m* bog; *fig* quagmire
bourde [burd] *f* blunder, booboo F, blooper F
bourdon [burdõ] *m* ZO bumblebee; ***faux bourdon*** drone
bourdonnement [burdɔnmɑ̃] *d'insectes* buzzing; *de moteur* humming
bourdonner ⟨1a⟩ *d'insectes* buzz; *de moteur* hum; *d'oreilles* ring
bourg [bur] *m* market town
bourgade *f* village
bourgeois, **bourgeoise** [burʒwa, -z] **1** *adj* middle-class; *péj* middle-class, bourgeois **2** *m/f* member of the middle classes; *péj* member of the middle classes *ou* the bourgeoisie
bourgeoisie *f* middle classes *pl*; *péj* middle classes *pl*, bourgeoisie; ***haute bourgeoisie*** upper middle classes *pl*; ***petite bourgeoisie*** lower middle classes *pl*

bourgeon [burʒõ] *m* BOT bud
Bourgogne [burgɔɲ]: ***la Bourgogne*** Burgundy
bourgogne *m* burgundy
bourguignon, **bourguignonne** **1** *adj* Burgundian, of / from Burgundy **2** *m/f* **Bourguignon**, **Bourguignonne** Burgundian
bourlinguer [burlɛ̃ge] ⟨1m⟩: ***il a pas mal bourlingué*** F he's been around
bourrage [buraʒ] *m* F: ***bourrage de crâne*** brain-washing
bourrasque [burask] *f* gust
bourratif, **-ive** [buratif, -iv] stodgy
bourré, **bourrée** [bure] full (***de*** of), packed (***de*** with), crammed (***de*** with); F (*ivre*) drunk, sozzled F
bourreau [buro] *m* (*pl* -x) executioner; ***bourreau de travail*** workaholic
bourrer [bure] ⟨1a⟩ *coussin* stuff; *pipe* fill; ***se bourrer de qch*** F stuff o.s. with sth
bourrique [burik] *f fig* (*personne têtue*) mule
bourru, **bourrue** [bury] surly, bad-tempered
bourse [burs] *f d'études* grant; (*porte-monnaie*) coin purse, *Br* purse; ***Bourse*** (***des valeurs***) Stock Exchange; ***la Bourse monte / baisse*** stock *ou Br* share prices are rising / falling
boursicoter ⟨1a⟩ dabble on the Stock Exchange
boursier, **-ère** **1** *adj* stock exchange *atr* **2** *m/f* grant recipient
boursouf(f)lé, **boursouf(f)lée** [bursufle] swollen
bousculade [buskylad] *f* crush; (*précipitation*) rush
bousculer ⟨1a⟩ (*heurter*) jostle; (*presser*) rush; *fig*: *traditions* overturn, upset
bouse [buz] *f*: ***bouse*** (***de vache***) cowpat
bousiller [buzije] ⟨1a⟩ F *travail* screw up F, bungle; (*détruire*) wreck
boussole [busɔl] *f* compass; ***perdre la boussole*** F lose one's head
bout[1] [bu] *m* (*extrémité*) end; *de doigts*, *de nez*, *de bâton* end, tip; (*morceau*) piece; ***bout à bout*** end to end; ***tirer à bout portant*** fire at point-blank range; ***au bout de*** at the end of; ***au bout du compte*** when all's said and done; ***d'un bout à l'autre*** right the way through; ***aller jusqu'au bout*** *fig* see it through to the bitter end; ***être à bout*** be at an end; ***être à bout de …*** have no more … (left); ***venir à bout de qch / qn*** overcome sth/s.o.; ***connaître qch sur le bout des doigts*** have sth at one's fingertips; ***manger un bout*** eat something, have a bite (to eat)
bout[2] [bu] → ***bouillir***
boutade [butad] *f* joke
bouteille [butɛj] *f* bottle; *d'air comprimé*, *de butane* cylinder
boutique [butik] *f* store, *Br* shop; *de mode* boutique
bouton [butõ] *m* button; *de porte* handle; ANAT spot, zit F; BOT bud
bouton-d'or *m* (*pl* boutons-d'or) BOT buttercup
boutonner ⟨1a⟩ button; BOT bud
boutonneux, **-euse** spotty
boutonnière *f* buttonhole
bouton-pression *m* (*pl* boutons-pression) snap fastener, *Br aussi* press stud fastener
bouture [butyr] *f* BOT cutting
bovin, **bovine** [bɔvɛ̃, -in] **1** *adj* cattle *atr* **2** *mpl* ***bovins*** cattle *pl*
bowling [buliŋ] *m* bowling, *Br* ten-pin bowling; *lieu* bowling alley
box [bɔks] *m* (*pl* boxes) *f* JUR: ***box des accusés*** dock
boxe [bɔks] *f* boxing
boxer ⟨1a⟩ box
boxeur *m* boxer
boycott [bɔjkɔt] *m* boycott
boycottage *m* boycott
boycotter ⟨1a⟩ boycott
B.P. [bepe] *abr* (***= boîte postale***) PO Box
bracelet [braslɛ] *m* bracelet
braconner [brakɔne] ⟨1a⟩ poach
braconnier *m* poacher
brader [brade] ⟨1a⟩ sell off
braguette [bragɛt] *f* fly
braille [brɑj] *m* braille
brailler [brɑje] ⟨1a⟩ bawl, yell
braire [brɛr] ⟨4s⟩ *d'un âne* bray; F bawl, yell
braise [brɛz] *f* embers *pl*
braiser ⟨1b⟩ CUIS braise
brancard [brɑ̃kar] *m* (*civière*) stretcher
brancardier, **-ère** *m/f* stretcher-bearer
branche [brɑ̃ʃ] *f* branch; *de céleri* stick
brancher [brɑ̃ʃe] ⟨1a⟩ connect up (***sur*** to); *à une prise* plug in; ***être branché*** *fig* F (*informé*) be clued up; (*en vogue*) be trendy F
brandir [brɑ̃dir] ⟨2a⟩ brandish
brandy [brɑ̃di] *m* brandy
branle [brɑ̃l] *m*: ***mettre en branle*** set in motion
branle-bas *m fig* commotion
branler ⟨1a⟩ shake
braquage [brakaʒ] *m* AUTO turning; ***rayon m de braquage*** turning circle
braquer ⟨1m⟩ **1** *v/t arme* aim, point (*sur* at); ***braquer qn contre qch / qn*** *fig* turn s.o. against sth/s.o. **2** *v/i* AUTO: ***braquer à***

droite turn the wheel to the right
bras [bra, brɑ] *m* arm; ***être le bras droit de qn*** *fig* be s.o.'s right-hand man; ***bras de mer*** arm of the sea; ***bras dessus bras dessous*** arm in arm; ***avoir le bras long*** *fig* have influence *ou* F clout; ***avoir qn / qch sur les bras*** *fig* F have s.o./sth on one's hands; ***accueillir qn / qch à bras ouverts*** welcome s.o./sth with open arms; ***cela me coupe bras et jambes*** F I'm astonished; *de fatigue* it knocks me out F
brasier [brɑzje] *m* blaze
brassage [brasaʒ] *m* brewing
brassard [brasar] *m* armband
brasse [bras] *f* stroke; ***brasse papillon*** butterfly (stroke)
brasser [brase] ⟨1a⟩ *bière* brew; ***brasser de l'argent*** turn over huge sums of money
brasserie *f* brewery; *établissement* restaurant
brasseur *m* brewer
brave [brav] **1** *adj* (*after the noun*: *courageux*) brave; (*before the noun*: *bon*) good **2** *m*: ***un brave*** a brave man
braver ⟨1a⟩ (*défier*) defy
bravoure *f* bravery
break [brɛk] *m* AUTO station wagon, *Br* estate (car)
brebis [brəbi] *f* ewe
brèche [brɛʃ] *f* gap; *dans les défenses* breach; ***être toujours sur la brèche*** *fig* be always on the go
bredouille [brəduj]: ***rentrer bredouille*** return empty-handed
bredouiller ⟨1a⟩ mumble
bref, **-ève** [brɛf, -ɛv] **1** *adj* brief, short **2** *adv* briefly, in short
Brésil [brezil]: ***le Brésil*** Brazil
brésilien, **brésilienne** **1** *adj* Brazilian **2** *m/f* **Brésilien**, **Brésilienne** Brazilian
Bretagne [brətaɲ]: ***la Bretagne*** Britanny
bretelle [brətɛl] *f de lingerie* strap; *d'autoroute* ramp, *Br* slip road; ***bretelles*** *de pantalon* suspenders, *Br* braces
breton, **bretonne** [brətõ, -ɔn] **1** *adj* Breton **2** *m langue* Breton **3** *m/f* **Breton**, **Bretonne** Breton
breuvage [brœvaʒ] *m* drink
brevet [brəvɛ] *m diplôme* diploma; *pour invention* patent
breveter ⟨1c⟩ patent
bribes [brib] *fpl de conversation* snippets
bric-à-brac [brikabrak] *m* (*pl inv*) bric-a-brac
bricolage [brikɔlaʒ] *m* do-it-yourself, DIY
bricole [brikɔl] *f* little thing
bricoler [brikɔle] ⟨1a⟩ do odd jobs
bricoleur, **-euse** *m/f* handyman, DIY expert
bride [brid] *f* bridle
bridé, **bridée** [bride]: ***yeux*** *mpl* ***bridés*** almond-shaped eyes, slant eyes
bridge [bridʒ] *m* bridge
brièvement [brijɛvmɑ̃] *adv* briefly
brièveté *f* briefness, brevity
brigade [brigad] *f* MIL brigade; *de police* squad; *d'ouvriers* gang
brigadier *m* MIL corporal
brillamment [brijamɑ̃] *adv* brilliantly
brillant, **brillante** shiny; *couleur* bright; *fig* brilliant
briller ⟨1a⟩ shine (*aussi fig*); ***faire briller*** *meuble* polish
brimer [brime] ⟨1a⟩ bully
brin [brɛ̃] *m d'herbe* blade; *de corde* strand; *de persil* sprig; ***un brin de*** *fig* a bit of
brindille [brɛ̃dij] *f* twig
brio [brijo] *m*: ***avec brio*** with panache
brioche [brijɔʃ] *f* CUIS brioche; F (*ventre*) paunch
brique [brik] *f* brick
briquet [brikɛ] *m* lighter
brise [briz] *f* breeze
brisé, **brisée** [brize] broken
brise-glace(s) [brizglas] *m* (*pl inv*) icebreaker
brise-lames *m* (*pl inv*) breakwater
briser [brize] ⟨1a⟩ **1** *v/t chose, grève, cœur, volonté* break; *résistance* crush; *vie, amitié, bonheur* destroy; (*fatiguer*) wear out **2** *v/i de la mer* break; ***se briser*** *de verre etc* break, shatter; *de la voix* break, falter; *des espoirs* be shattered
brise-tout [briztu] *m* (*pl inv*) klutz F, clumsy oaf
briseur [brizœr] *m*: ***briseur de grève*** strikebreaker
britannique [britanik] **1** *adj* British **2** *m/f* **Britannique** Briton, Britisher, Brit F; ***les britanniques*** the British
broc [bro] *m* pitcher
brocante [brɔkɑ̃t] *f magasin* second-hand store
brocanteur, **-euse** *m/f* second-hand dealer
brocart [brɔkar] *m* brocade
broche [brɔʃ] *f* CUIS spit; *bijou* brooch
brochet [brɔʃɛ] *m* pike
brochette [brɔʃɛt] *f* CUIS skewer; *plat* shish kebab
brochure [brɔʃyr] *f* brochure
brocolis [brɔkɔli] *mpl* broccoli *sg*
broder [brɔde] ⟨1a⟩ embroider
broderie [brɔdri] *f* embroidery

bronches [brõʃ] *fpl* ANAT bronchial tubes, bronchials
broncher [brõʃe] ⟨1a⟩: ***sans broncher*** without batting an eyelid
bronchite [brõʃit] *f* MÉD bronchitis
bronze [brõz] *m* bronze
bronzé, **bronzée** [brõze] tanned
bronzer ⟨1a⟩ **1** *v/t peau* tan **2** *v/i* get a tan; ***se bronzer*** sunbathe
brosse [brɔs] *f* brush; *coiffure* crewcut; ***brosse à dents / cheveux*** toothbrush / hairbrush
brosser ⟨1a⟩ brush; ***se brosser les dents / cheveux*** brush one's teeth / hair; ***brosser un tableau de la situation*** *fig* outline the situation
brouette [bruɛt] *f* wheelbarrow
brouhaha [bruaa] *m* hubbub
brouillage [brujaʒ] *m* interference; *délibéré* jamming
brouillard [brujar] *m* fog; ***il y a du brouillard*** it's foggy
brouille [bruj] *f* quarrel
brouillé, **brouillée**: ***être brouillé avec qn*** have quarreled *ou Br* quarrelled with s.o.; ***œufs*** *mpl* ***brouillés*** CUIS scrambled eggs
brouiller ⟨1a⟩ *œufs* scramble; *cartes* shuffle; *papiers* muddle, jumble; *radio* jam; *involontairement* cause interference to; *amis* cause to fall out; ***se brouiller*** *du ciel* cloud over, become overcast; *de vitres, lunettes* mist up; *d'idées* get muddled *ou* jumbled; *d'amis* fall out, quarrel
brouillon [brujõ] *m* draft; ***papier*** *m* ***brouillon*** scratch paper, *Br* scrap paper
broussailles [brusaj] *fpl* undergrowth *sg*
broussailleux, **-euse** *cheveux, sourcils* bushy
brousse [brus] *f* GÉOGR bush; ***la brousse*** F *péj* the boonies F, the back of beyond
brouter [brute] ⟨1a⟩ graze
broutille [brutij] *f* trifle
broyer [brwaje] ⟨1h⟩ grind; ***broyer du noir*** *fig* be down
broyeur *m*: ***broyeur à ordures*** garbage *ou Br* waste disposal unit
bru [bry] *f* daughter-in-law
brugnon [bryɲõ] *m* BOT nectarine
bruine [brɥin] *f* drizzle
bruiner ⟨1a⟩ drizzle
bruineux, **-euse** drizzly
bruissement [brɥismɑ̃] *m* rustle, rustling
bruit [brɥi] *m* sound; *qui dérange* noise; (*rumeur*) rumor, *Br* rumour; ***un bruit*** a sound, a noise; ***faire du bruit*** make a noise; *fig* cause a sensation; ***faire grand bruit de qch*** make a lot of fuss about sth; ***le bruit court que …*** there's a rumor going around that …; ***bruit de fond*** background noise
bruitage *m à la radio, au théâtre* sound effects *pl*
brûlant, **brûlante** [brylɑ̃, -t] burning (*aussi fig*); (*chaud*) burning hot; *liquide* scalding
brûlé, **brûlée** **1** *adj* burnt; ***sentir le brûlé*** taste burnt **2** *m/f* burns victim
brûle-pourpoint [brylpurpwɛ̃]: ***à brûle-pourpoint*** point-blank
brûler [bryle] ⟨1a⟩ **1** *v/t* burn; *d'eau bouillante* scald; *vêtement en repassant* scorch; *électricité* use; ***brûler un feu rouge*** go through a red light; ***brûler les étapes*** *fig* cut corners **2** *v/i* burn; ***brûler de fièvre*** be burning up with fever; ***se brûler*** burn o.s.; *d'eau bouillante* scald o.s.; ***se brûler la cervelle*** blow one's brains out
brûleur *m* burner
brûlure *f sensation* burning; *lésion* burn; ***brûlures d'estomac*** heartburn *sg*
brume [brym] *f* mist
brumeux, **-euse** misty
brun, **brune** [brɛ̃ *ou* brœ̃, bryn] **1** *adj* brown; *cheveux, peau* dark **2** *m/f* dark-haired man / woman; ***une brune*** a brunette **3** *m couleur* brown
brunâtre brownish
brunir ⟨2a⟩ tan
brushing® [brœʃiŋ] *m* blow-dry
brusque [brysk] (*rude*) abrupt, brusque; (*soudain*) abrupt, sudden
brusquement *adv* abruptly, suddenly
brusquer ⟨1m⟩ *personne, choses* rush
brusquerie *f* abruptness
brut, **brute** [bryt] **1** *adj* raw, unprocessed; *bénéfice, poids, revenu* gross; *pétrole* crude; *sucre* unrefined; *champagne* very dry **2** *m* crude (petroleum) **3** *f* brute
brutal, **brutale** (*mpl* -aux) brutal
brutalement *adv* brutally
brutaliser ⟨1a⟩ ill-treat
brutalité *f* brutality
Bruxelles [bry(k)sɛl] Brussels
bruyamment [brɥijamɑ̃] *adv* noisily
bruyant, **bruyante** noisy
bruyère [bryjɛr, brɥijɛr] *f* BOT heather; *terrain* heath
bu, **bue** [by] *p/p* → ***boire***
buanderie [bɥɑ̃dri] *f* laundry room
bûche [byʃ] *f* log; ***bûche de Noël*** Yule log
bûcher[1] [byʃe] *m* woodpile; (*échafaud*) stake
bûcher[2] [byʃe] ⟨1a⟩ work hard; ÉDU F hit the books, *Br* swot
bûcheur, **-euse** *m/f* ÉDU grind, *Br* swot
budget [bydʒɛ] *m* budget; ***budget de la***

C

Défense defense budget
budgétaire [bydʒetɛr] budget *atr*; ***déficit*** *m* ***budgétaire*** budget deficit
buée [bɥe] *f sur vitre* steam, condensation
buffet [byfɛ] *m de réception* buffet; *meuble* sideboard; ***buffet*** **(*de la gare*)** (station) buffet
buffle [byfl] *m* buffalo
buisson [bɥisõ] *m* shrub, bush
buissonnière: ***faire l'école buissonnière*** play truant
bulbe [bylb] *f* BOT bulb
bulldozer [buldozœr] *m* bulldozer
bulgare [bylgar] **1** *adj* Bulgarian **2** *m langue* Bulgarian **3** *m/f* **Bulgare** Bulgarian
Bulgarie: ***la Bulgarie*** Bulgaria
bulle [byl] *f* bubble; *de bande dessinée* (speech) bubble *ou* balloon; ***bulle de savon*** soap bubble
bulletin [byltɛ̃] *m* (*formulaire*) form; (*rapport*) bulletin; *à l'école* report card, *Br* report; ***bulletin*** **(*de vote*)** ballot (paper); ***bulletin météorologique*** weather report; ***bulletin de salaire*** paystub, *Br* payslip
bureau [byro] *m* (*pl* -x) office; *meuble* desk; ***bureau de change*** exchange office, *Br* bureau de change; ***bureau de location*** box office; ***bureau de poste*** post office; ***bureau de tabac*** tobacco store, *Br* tobacconist's; ***bureau de vote*** polling station
bureaucrate [byrokrat] *m/f* bureaucrat
bureaucratie *f* bureaucracy
bureaucratique bureaucratic
bureautique [byrotik] *f* office automation
bus [bys] *m* bus
busqué, **busquée** [byske] *nez* hooked
buste [byst] *m* bust
but [by(t)] *m* (*cible*) target; *fig* (*objectif*) aim, goal; *d'un voyage* purpose; SP goal; ***de but en blanc*** point-blank; ***dans le but de faire qch*** with the aim of doing sth; ***j'ai pour seul but de …*** my sole ambition is to …; ***marquer un but*** score (a goal); ***errer sans but*** wander aimlessly; ***à but lucratif*** profit-making; ***à but non lucratif*** not-for-profit, *Br* non-profit making
butane [bytan] *m* butane gas
buté, **butée** [byte] stubborn
buter ⟨1a⟩: ***buter contre qch*** bump into sth, collide with sth; ***buter sur un problème*** come up against a problem, hit a problem; ***se buter*** *fig* dig one's heels in
buteur [bytœr] *m* goalscorer
butin [bytɛ̃] *m* booty; *de voleurs* haul
butte [byt] *f* (*colline*) hillock; ***être en butte à*** be exposed to
buvable [byvabl] drinkable
buvette *f* bar
buveur, **-euse** *m/f* drinker

C

c' [s] → **ce**
CA [sea] *abr* (***= chiffre d'affaires***) turnover; ÉL (***= courant alternatif***) AC (= alternating current)
ça [sa] that; ***ça, c'est très bon*** that's very good; ***nous attendons que ça commence*** we're waiting for it to start; ***ça va?*** how are things?; (*d'accord?*) ok?; ***ça y est*** that's it; ***c'est ça!*** that's right!; ***ça alors!*** well I'm damned!; ***et avec ça?*** anything else?; ***où / qui ça?*** where's/-who's that?
çà [sa] *adv*: ***çà et là*** here and there
cabale [kabal] *f* (*intrigue*) plot
cabane [kaban] *f* (*baraque*) hut
cabanon *m cellule* padded cell; *en Provence* cottage
cabaret [kabarɛ] *m* (*boîte de nuit*) night club
cabas [kabɑ] *m* shopping bag
cabillaud [kabijo] *m* cod
cabine [kabin] *f* AVIAT, MAR cabin; *d'un camion* cab; ***cabine d'essayage*** changing room; ***cabine de pilotage*** AVIAT cockpit; ***cabine téléphonique*** phone booth
cabinet [kabinɛ] *m petite pièce* small room; *d'avocat* chambers *pl*; *de médecin* office, *Br* surgery; (*clientèle*) practice; POL Cabinet; ***cabinets*** toilet *sg*
câble [kɑbl] *m* cable; ***câble de remorque*** towrope; ***le câble, la télévision par câble*** cable (TV)
cabosser [kabɔse] ⟨1a⟩ dent
cabrer [kɑbre] ⟨1a⟩: ***se cabrer*** *d'un animal* rear
cabriolet [kabrijɔlɛ] *m* AUTO convertible

C

caca [kaka] *m* F poop F, *Br* poo F; ***faire caca*** do a poop
cacahuète [kakawɛt, -ɥɛt] *f* BOT peanut
cacao [kakao] *m* cocoa; BOT cocoa bean
cache-cache [kaʃkaʃ] *m* hide-and-seek; ***jouer à cache-cache*** play hide-and-seek
cache-col [kaʃkɔl] *m* (*pl inv*) scarf
cachemire [kaʃmir] *m tissu* cashmere
cache-nez [kaʃne] *m* (*pl inv*) scarf
cacher [kaʃe] ⟨1a⟩ hide; ***se cacher de qn*** hide from s.o.; ***il ne cache pas que*** he makes no secret of the fact that; ***cacher la vérité*** hide the truth, cover up
cachet [kaʃɛ] *m* seal; *fig* (*caractère*) style; PHARM tablet; (*rétribution*) fee; ***cachet de la poste*** postmark
cacheter [kaʃte] ⟨1c⟩ seal
cachette [kaʃɛt] *f* hiding place; ***en cachette*** secretly
cachot [kaʃo] *m* dungeon
cachotterie [kaʃɔtri] *f*: ***faire des cachotteries*** be secretive
cachottier, **-ère** secretive
cactus [kaktys] *m* cactus
c.-à-d. *abr* (***= c'est-à-dire***) ie (= id est)
cadavre [kadavr] *m d'une personne* (dead) body, corpse; *d'un animal* carcass
caddie®[1] [kadi] *m* cart, *Br* trolley
caddie[2] [kadi] *m* GOLF caddie
cadeau [kado] *m* (*pl* -x) present, gift; ***faire un cadeau à qn*** give s.o. a present *ou* a gift; ***faire cadeau de qch à qn*** give s.o. sth (as a present *ou* gift)
cadenas [kadna] *m* padlock
cadenasser ⟨1a⟩ padlock
cadence [kadɑ̃s] *f tempo* rhythm; *de travail* rate
cadencé, **cadencée** rhythmic
cadet, **cadette** [kadɛ, -t] *m/f de deux* younger; *de plus de deux* youngest; ***il est mon cadet de trois ans*** he's three years my junior, he's three years younger than me
cadran [kadrɑ̃] *m* dial; ***cadran solaire*** sundial
cadre [kɑdr] *m* frame; *fig* framework; *d'une entreprise* executive; (*environnement*) surroundings *pl*; ***s'inscrire dans le cadre de*** form part of, come within the framework of; ***cadres supérieurs / moyens*** senior / middle management *sg*
cadrer ⟨1a⟩: ***cadrer avec*** tally with
CAF [kaf] **1** *f abr* (***= Caisse d'allocations familiales***) Benefits Agency **2** *m abr* (***= Coût, Assurance, Fret***) CIF (= cost insurance freight)
cafard [kafar] *m* ZO cockroach; ***avoir le cafard*** F be feeling down; ***donner le cafard à qn*** depress s.o., get s.o. down
café [kafe] *m boisson* coffee; *établissement* café; ***café crème*** coffee with milk, *Br* white coffee; ***café noir*** black coffee
caféine [kafein] *f* caffeine
cafeteria [kafeterja] *f* cafeteria
cafetière [kaftjɛr] *f* coffee pot; ***cafetière électrique*** coffee maker, coffee machine
cage [kaʒ] *f* cage; ***cage d'ascenseur*** elevator shaft, *Br* lift shaft; ***cage d'escalier*** stairwell
cageot [kaʒo] *m* crate
cagibi [kaʒibi] *m* F storage room
cagneux, **-euse** [kaɲø, -z] *personne* knock-kneed
cagnotte [kaɲɔt] *f* kitty
cagoule [kagul] *f de moine* cowl; *de bandit* hood; (*passe-montagne*) balaclava
cahier [kaje] *m* notebook; ÉDU exercise book
cahot [kao] *m* jolt
cahoter ⟨1a⟩ jolt
cahoteux, **-euse** bumpy
caille [kaj] *f* quail
cailler [kaje] ⟨1a⟩ *du lait* curdle; *du sang* clot; ***ça caille!*** *fig* F it's freezing!
caillot [kajo] *m* blood clot
caillou [kaju] *m* (*pl* -x) pebble, stone
caisse [kɛs] *f* chest; *pour le transport* crate; *de déménagement* packing case; *de champagne, vin* case; (*argent*) cash; (*guichet*) cashdesk; *dans un supermarché* checkout; ***tenir la caisse*** look after the money; ***grosse caisse*** MUS bass drum; ***caisse enregistreuse*** cash register; ***caisse d'épargne*** savings bank; ***caisse noire*** slush fund; ***caisse de retraite*** pension fund
caissier, **-ère** *m/f* cashier
cajoler [kaʒɔle] ⟨1a⟩ (*câliner*) cuddle
cake [kɛk] *m* fruit cake
calamité [kalamite] *f* disaster, calamity
calandre [kalɑ̃dr] *f* AUTO radiator grille
calcaire [kalkɛr] **1** *adj massif* limestone *atr*; *terrain* chalky; *eau* hard **2** *m* GÉOL limestone
calcium [kalsjɔm] *m* calcium
calcul[1] [kalkyl] *m* calculation (*aussi fig*); ***calcul mental*** mental arithmetic
calcul[2] [kalkyl] *m* MÉD stone *m*; ***calcul biliaire*** gallstone; ***calcul rénal*** kidney stone
calculateur, **-trice** [kalkylatœr, -tris] **1** *adj* calculating **2** *f*: ***calculateur*** (***de poche***) (pocket) calculator
calculer [kalkyle] ⟨1a⟩ calculate
calculette *f* pocket calculator
cale [kal] *f* MAR hold; *pour bloquer* wedge; ***cale sèche*** dry dock
calé, **calée** [kale] F: ***être calé en qch*** be

good at sth
caleçon [kalsõ] *m d'homme* boxer shorts *pl*, boxers *pl*; *de femme* leggings *pl*
calembour [kalɑ̃bur] *m* pun, play on words
calendrier [kalɑ̃drije] *m* calendar; *emploi du temps* schedule, *Br* timetable
calepin [kalpɛ̃] *m* notebook
caler [kale] ⟨1a⟩ **1** *v/t moteur* stall; TECH wedge **2** *v/i d'un moteur* stall
calibre [kalibr] *m d'une arme*, *fig* caliber, *Br* calibre; *de fruits*, *œufs* grade
califourchon [kalifurʃõ]: ***à califourchon*** astride
câlin, **câline** [kalɛ̃, -in] **1** *adj* affectionate **2** *m* (*caresse*) cuddle
câliner ⟨1a⟩ (*caresser*) cuddle
calmant, **calmante** [kalmɑ̃, -t] **1** *adj* soothing; MÉD (*tranquillisant*) tranquilizing, *Br* tranquillizing; *contre douleur* painkilling **2** *m* tranquilizer, *Br* tranquillizer; *contre douleur* painkiller
calmar [kalmar] *m* squid
calme [kalm] **1** *adj* calm; *Bourse*, *vie* quiet **2** *m* calmness, coolness; MAR calm; (*silence*) peace and quiet, quietness
calmement *adv* calmly, coolly
calmer ⟨1a⟩ *personne* calm down; *douleur* relieve; ***se calmer*** calm down
calomnie [kalɔmni] *f* slander; *écrite* libel
calomnier ⟨1a⟩ insult; *par écrit* libel
calomnieux, **-euse** slanderous *par écrit* libelous, *Br* libellous
calorie [kalɔri] *f* calorie; ***régime basses calories*** low-calorie diet
calque [kalk] *m* TECH tracing; *fig* exact copy
calquer ⟨1m⟩ trace; ***calquer qch sur*** *fig* model sth on
calva [kalva] *m* F, **calvados** [kalvadɔs] *m* Calvados, apple brandy
calvaire [kalvɛr] *m* REL wayside cross; *fig* agony
calvitie [kalvisi] *f* baldness
camarade [kamarad] *m/f* friend; POL comrade; ***camarade de jeu*** playmate
camaraderie *f* friendship, camaraderie
Cambodge [kɑ̃bɔdʒ]: ***le Cambodge*** Cambodia
cambodgien, **cambodgienne** **1** *adj* Cambodian **2** *m langue* Cambodian **3** *m/f* **Cambodgien**, **Cambodgienne** Cambodian
cambouis [kɑ̃bwi] *m* (dirty) oil
cambrer [kɑ̃bre] ⟨1a⟩ arch
cambriolage [kɑ̃brijɔlaʒ] *m* break-in, burglary
cambrioler ⟨1a⟩ burglarize, *Br* burgle
cambrioleur, **-euse** *m/f* house-breaker, burglar
cambrousse [kɑ̃brus] *f* F *péj*: ***la cambrousse*** the back of beyond, the sticks *pl*
came [kam] *f* TECH cam; ***arbre*** *m* ***à cames*** camshaft
camelote [kamlɔt] *f* F junk
camembert [kamɑ̃bɛr] *m* Camembert; *diagramme* pie chart
caméra [kamera] *f* camera; ***caméra vidéo*** video camera
Cameroun [kamrun]: ***le Cameroun*** Cameroon
camerounais, **camerounaise** **1** *adj* Cameroonian **2** *m/f* **Camerounais**, **Camerounaise** Cameroonian
caméscope [kamɛskɔp] *m* camcorder
camion [kamjõ] *m* truck, *Br aussi* lorry; ***camion de livraison*** delivery van
camion-citerne *m* (*pl* camions-citernes) tanker
camionnette [kamjɔnɛt] *f* van
camionneur *m conducteur* truck driver, *Br aussi* lorry driver; *directeur d'entreprise* trucker, *Br* haulier
camomille [kamɔmij] *f* BOT camomile
camouflage [kamuflaʒ] *m* camouflage
camoufler ⟨1a⟩ camouflage; *fig*: *intention*, *gains* hide; *faute* cover up
camp [kɑ̃] *m* camp (*aussi* MIL, POL); ***camp de concentration*** concentration camp; ***camp militaire*** military camp *m*; ***camp de réfugiés*** refugee camp; ***camp de vacances*** summer camp, *Br* holiday camp; ***ficher le camp*** F clear off, get lost F
campagnard, **campagnarde** [kɑ̃paɲar, -d] **1** *adj* country *atr* **2** *m/f* person who lives in the country
campagne [kɑ̃paɲ] *f* country, countryside; MIL, *fig* campaign; ***à la campagne*** in the country; ***en pleine campagne*** deep in the countryside; ***campagne de diffamation*** smear campaign; ***campagne électorale*** election campaign; ***campagne publicitaire*** advertising campaign
campement [kɑ̃pmɑ̃] *m action* camping; *installation* camp; *lieu* campground
camper ⟨1a⟩ camp; ***se camper devant*** plant o.s. in front of
campeur, **-euse** *m/f* camper
camping [kɑ̃piŋ] *m* camping; (***terrain*** *m* ***de***) ***camping*** campground, campsite; ***faire du camping*** go camping
camping-car *m* (*pl* camping-cars) camper
camping-gaz® *m* campstove
Canada [kanada] ***le Canada*** Canada
canadien, **canadienne** **1** *adj* Canadian **2** *m/f* **Canadien**, **Canadienne** Canadian
canal [kanal] *m* (*pl* -aux) channel; (*tuyau*)

pipe; (*bras d'eau*) canal; ***canal d'irrigation*** irrigation canal; ***le canal de Suez*** the Suez Canal
canalisation [kanalizasjõ] *f* (*tuyauterie*) pipes *pl*, piping
canaliser *fig* channel
canapé [kanape] *m* sofa; CUIS canapé
canapé-lit *m* sofa-bed
canard [kanar] *m* duck; F newpaper; ***il fait un froid de canard*** F it's freezing
canari [kanari] *m* canary
cancans [kɑ̃kɑ̃] *mpl* gossip *sg*
cancer [kɑ̃sɛr] *m* MÉD cancer; ***avoir un cancer du poumon*** have lung cancer; ***le Cancer*** ASTROL Cancer
cancéreux, -euse [kɑ̃serø, -z] **1** *adj tumeur* cancerous **2** *m/f* person with cancer, cancer patient
cancérigène, -ogène carcinogenic
cancérologue *m/f* cancer specialist
candeur [kɑ̃dœr] *f* ingenuousness
candidat, candidate [kɑ̃dida, -t] *m/f* candidate
candidature *f* candidacy; *à un poste* application; ***candidature spontanée*** unsolicited application; ***poser sa candidature à un poste*** apply for a position
candide [kɑ̃did] ingenuous
cane [kan] *f* (female) duck
caneton *m* duckling
canette [kanɛt] *f* (*bouteille*) bottle
canevas [kanva] *m* canvas; *de projet* outline
caniche [kaniʃ] *m* poodle
canicule [kanikyl] *f* heatwave
canif [kanif] *m* pocket knife
canin, canine [kanɛ̃, -in] dog *atr*, canine
canine [kanin] *f* canine
caniveau [kanivo] *m* (*pl* -x) gutter
canne [kan] *f pour marcher* cane, stick; ***canne à pêche*** fishing rod; ***canne à sucre*** sugar cane
cannelle [kanɛl] *f* cinammon
canoë [kanɔe] *m* canoe; *activité* canoeing
canoéiste *m/f* canoeist
canon [kanõ] *m* MIL gun; HIST cannon; *de fusil* barrel; ***canon à eau*** water cannon
canoniser [kanɔnize] ⟨1a⟩ REL canonize
canot [kano] *m* small boat; ***canot pneumatique*** rubber dinghy; ***canot de sauvetage*** lifeboat
cantatrice [kɑ̃tatris] *f* singer
cantine [kɑ̃tin] *f* canteen
cantonner [kɑ̃tɔne] ⟨1a⟩ MIL billet; ***se cantonner*** shut o.s. away; ***se cantonner à*** *fig* confine o.s. to
canular [kanylar] *m* hoax
caoutchouc [kautʃu] *m* rubber; (*bande élastique*) rubber band; ***caoutchouc mousse*** foam rubber
cap [kap] *m* GÉOGR cape; AVIAT, MAR course; ***franchir le cap de la quarantaine*** *fig* turn forty; ***mettre le cap sur*** head for, set course for
C.A.P. [seape] *m abr* (= ***certificat d'aptitude professionnelle***) vocational training certificate
capable [kapabl] capable; ***capable de faire qch*** capable of doing sth
capacité *f* (*compétence*) ability; (*contenance*) capacity; ***capacité d'absorption*** absorbency; ***capacité de production*** production capacity; ***capacité de stockage*** storage capacity
cape [kap] *f* cape; ***rire sous cape*** *fig* laugh up one's sleeve
capillaire [kapilɛr] capillary; *lotion, soins* hair *atr*
capitaine [kapitɛn] *m* captain
capital, capitale [kapital] (*mpl* -aux) **1** *adj* essential; ***peine*** *f* ***capitale*** capital punishment **2** *m* capital; ***capitaux*** capital *sg*; ***capitaux propres*** equity *sg* **3** *f ville* capital (city); *lettre* capital (letter)
capitalisme [kapitalism] *m* capitalism
capitaliste *m/f & adj* capitalist
capiteux, -euse [kapitø, -z] *parfum, vin* heady
capitonner [kapitɔne] ⟨1a⟩ pad
capitulation [kapitylasjõ] *f* capitulation
capituler ⟨1a⟩ capitulate
caporal [kapɔral] *m* (*pl* -aux) MIL private first class, *Br* lance-corporal
caporal-chef corporal
capot [kapo] *m* AUTO hood, *Br* bonnet
capote *f vêtement* greatcoat; AUTO top, *Br* hood; ***capote (anglaise)*** F condom, rubber F
capoter ⟨1a⟩ AVIAT, AUTO overturn
câpre [kɑpr] *f* CUIS caper
caprice [kapris] *m* whim
capricieux, -euse capricious
Capricorne [kaprikɔrn] *m*: ***le Capricorne*** ASTROL Capricorn
capsule [kapsyl] *f* capsule; *de bouteille* top; ***capsule spatiale*** space capsule
capter [kapte] ⟨1a⟩ *attention, regard* catch; RAD, TV pick up
capteur *m*: ***capteur solaire*** solar panel
captif, -ive [kaptif, -iv] *m/f & adj* captive
captivant, captivante *personne* captivating, enchanting; *histoire, lecture* gripping
captiver ⟨1a⟩ *fig* captivate
captivité *f* captivity
capture [kaptyr] *f* capture; (*proie*) catch
capturer ⟨1a⟩ capture
capuche [kapyʃ] *f* hood
capuchon *m de vêtement* hood; *de stylo*

C

top, cap
capucine [kapysin] *f* BOT nasturtium
car¹ [kar] *m* bus, *Br* coach
car² [kar] *conj* for
carabine [karabin] *f* rifle
carabiné, **carabinée** F: ***un … carabiné*** one hell of a … F
caractère [karaktɛr] *m* character; ***en caractères gras*** in bold; ***caractères d'imprimerie*** block capitals; ***avoir bon caractère*** be good-natured; ***avoir mauvais caractère*** be bad-tempered
caractériel [karakterjɛl] *troubles* emotional; *personne* emotionally disturbed
caractérisé, **caractérisée** [karakterize] *affront*, *agression* outright
caractériser ⟨1a⟩ be characteristic of
caractéristique *f & adj* characteristic
carafe [karaf] *f* carafe
caraïbe [karaib] **1** *adj* Caribbean **2** *fpl* **les Caraïbes** the Caribbean *sg*; ***la mer des caraïbe*** the Caribbean (Sea)
carambolage [karɑ̃bɔlaʒ] *m* AUTO pile-up
caramboler ⟨1a⟩ AUTO collide with
caramel [karamɛl] *m* caramel
carapace [karapas] *f* ZO, *fig* shell
carat [kara] *m* carat; ***or (à) 18 carats*** 18-carat gold
caravane [karavan] *f* AUTO trailer, *Br* caravan
caravaning *m* caravanning
carbone [karbɔn] *m* CHIM carbon
carbonique CHIM carbonic; ***neige*** *f* ***carbonique*** dry ice; ***gaz*** *m* ***carbonique*** carbon dioxide
carboniser ⟨1a⟩ burn
carbonisé F burnt to a crisp
carburant [karbyrɑ̃] *m* fuel
carburateur *m* TECH carburet(t)or
carcasse [karkas] *f d'un animal* carcass; *d'un bateau* shell
cardiaque [kardjak] MÉD **1** *adj* cardiac, heart *atr*; ***être cardiaque*** have a heart condition; ***arrêt*** *m* ***cardiaque*** heart failure **2** *m/f* heart patient
cardinal, **cardinale** [kardinal] (*mpl* -aux) **1** *adj* cardinal; ***les quatre points*** *mpl* ***cardinaux*** the four points of the compass **2** *m* REL cardinal
cardiologie [kardjɔlɔʒi] *f* cardiology
cardiologue *m/f* cardiologist, heart specialist
cardio-vasculaire cardiovascular
carême [karɛm] *m* REL Lent
carence [karɑ̃s] *f* (*incompétence*) inadequacy, shortcoming; (*manque*) deficiency; ***carence alimentaire*** nutritional deficiency; ***maladie*** *f* ***par carence*** deficiency disease; ***carence affective*** emotional deprivation
caresse [karɛs] *f* caress
caresser ⟨1b⟩ caress; *projet*, *idée* play with; *espoir* cherish
cargaison [kargɛzõ] *f* cargo; *fig* load
cargo [kargo] *m* MAR freighter, cargo boat
caricature [karikatyr] caricature
caricaturer ⟨1a⟩ caricature
carie [kari] *f* MÉD: ***carie dentaire*** tooth decay; ***une carie*** a cavity
carié, **cariée** [karje] *dent* bad
carillon [karijõ] *m air*, *sonnerie* chimes *pl*
caritatif, **caritative** [karitatif, -iv] charitable
carlingue [karlɛ̃g] *f* AVIAT cabin
carnage [karnaʒ] *m* carnage
carnassier, **-ère** [karnasje, -ɛr] carnivorous
carnation [karnasjõ] *f* complexion
carnaval [karnaval] *m* (*pl* -als) carnival
carnet [karnɛ] *m* notebook; *de tickets*, *timbres* book; ***carnet d'adresses*** address book; ***carnet de chèques*** checkbook, *Br* chequebook; ***carnet de rendez-vous*** appointments diary
carnivore [karnivɔr] **1** *adj* carnivorous **2** *m* carnivore
carotte [karɔt] *f* carrot; ***poil de carotte*** ginger
carpe [karp] *f* ZO carp
carpette [karpɛt] *f* rug
carré, **carrée** [kare] **1** *adj* square; *fig*: *personne*, *réponse* straightforward; ***mètre*** *m* ***carré*** square meter **2** *m* square; ***élever au carré*** square
carreau [karo] *m* (*pl* -x) *de faïence etc* tile; *fenêtre* pane (of glass); *motif* check; *cartes* diamonds; ***à carreaux*** *tissu* check(ed)
carrefour [karfur] *m* crossroads *sg* (*aussi fig*)
carrelage [karlaʒ] *m* (*carreaux*) tiles *pl*
carreler ⟨1c⟩ tile
carrément [karemɑ̃] *adv répondre*, *refuser* bluntly, straight out
carrière [karjɛr] *f* quarry; *profession* career; ***militaire*** *m* ***de carrière*** professional soldier
carrossable [karɔsabl] suitable for cars
carrosse [karɔs] *m* coach
carrosserie *f* AUTO bodywork
carrousel [karuzɛl] *m* AVIAT carousel
carrure [karyr] *f* build
cartable [kartabl] *m* schoolbag; *à bretelles* satchel
carte [kart] *f* card; *dans un restaurant* menu; GÉOGR map; MAR, *du ciel* chart; ***donner carte blanche à qn*** *fig* give s.o. a free hand; ***à la carte*** à la carte; ***carte d'abonnement*** membership card;

carte bancaire cash card; ***carte bleue*** credit card; ***carte de crédit*** credit card; ***carte d'embarquement*** boarding pass; ***carte d'étudiant*** student card; ***carte de fidélité*** loyalty card; ***carte graphique*** graphics card; ***carte grise*** AUTO registration document; ***carte d'identité*** identity card; ***carte à mémoire*** INFORM smartcard; ***carte mère*** INFORM motherboard; ***carte postale*** postcard; ***carte à puce*** INFORM smart card; ***carte routière*** road map; ***carte de séjour*** residence permit; ***carte son*** sound card; ***carte vermeil*** senior citizens' railpass; ***carte de vœux*** greeting card; ***carte (de visite)*** card; ***carte des vins*** wine list

carte-clé *f* key card

cartel [kartɛl] *m* ÉCON cartel

carter [kartɛr] *m* TECH casing; AUTO sump

cartilage [kartilaʒ] *m* cartilage

carton [kartõ] *m matériau* cardboard; *boîte* cardboard box, carton; ***carton (à dessin)*** portfolio; ***carton ondulé*** corrugated cardboard; ***carton jaune / rouge*** *en football* yellow / red card

cartonné, **cartonnée**: ***livre cartonné*** hardback

cartouche [kartuʃ] *f* cartridge; *de cigarettes* carton

cartouchière *f* cartridge belt

cas [kɑ, ka] *m* case; ***en aucun cas*** under no circumstances; ***dans ce cas-là, en ce cas*** in that case; ***en tout cas*** in any case; ***au cas où il voudrait faire de la natation*** in case he wants to go swimming, if he should want to go swimming; ***en cas de*** in the event of; ***en cas de besoin*** if need be; ***le cas échéant*** if necessary; ***faire (grand) cas de*** have a high opinion of; ***faire peu de cas*** not think a lot of

casanier, **-ère** [kazanje, -ɛr] *m/f* stay-at-home

cascade [kaskad] *f* waterfall

cascadeur *m* stuntman

cascadeuse *f* stuntwoman

case [kɑz] *f* (*hutte*) hut; (*compartiment*) compartiment; *dans formulaire* box; *dans mots-croisés, échiquier* square; ***retourner à la case départ*** go back to square one

caser [kaze] ⟨1a⟩ (*ranger*) put; (*loger*) put up; ***se caser*** (*se marier*) settle down

caserne [kazɛrn] *f* barracks *sg ou pl*; ***caserne de pompiers*** fire station

cash [kaʃ]: ***payer cash*** pay cash

casier [kazje] *m pour courrier* pigeonholes *pl*; *pour bouteilles, livres* rack; ***casier judiciaire*** criminal record

casino [kazino] *m* casino

casque [kask] *m* helmet; *de radio* headphones *pl*; ***les casques bleus*** the Blue Berets, the UN forces

casquer ⟨1m⟩ P pay up, cough up P

casquette [kaskɛt] *f* cap

cassable [kasabl] breakable

cassant, **cassante** fragile; *fig* curt, abrupt

cassation [kasasjiõ] *f* JUR quashing; ***Cour f de cassation*** final court of appeal

casse [kas] *f* AUTO scrapyard; ***mettre à la casse*** scrap; ***payer la casse*** pay for the damage

casse-cou [kasku] *m* (*pl inv*) daredevil

casse-croûte [kaskrut] *m* (*pl inv*) snack

casse-noisettes [kasnwazɛt] *m* (*pl inv*) nutcrackers *pl*

casse-pieds [kaspje] *m/f* (*pl inv*) F pain in the neck F

casser [kase] ⟨1a⟩ **1** *v/t* break; *noix* crack; JUR quash; ***casser les pieds à qn*** F bore the pants off s.o. F; (*embêter*) get on s.o.'s nerves F; ***casser les prix*** COMM slash prices; ***casser la croûte*** have a bite to eat; ***casser la figure*** *ou* ***gueule à qn*** F smash s.o.'s face in F; ***se casser*** break; ***se casser la figure*** *ou* ***gueule*** F fall over; *fig* fail; ***se casser la tête*** rack one's brains; ***ne pas se casser*** F not exactly bust a gut **2** *v/i* break

casserole [kasrɔl] *f* (sauce)pan

casse-tête [kastɛt] *m* (*pl inv*) *fig*: *problème* headache

cassette [kasɛt] *f* (*bande magnétique*) cassette; ***magnétophone*** *m* ***à cassette*** cassette recorder; ***cassette vidéo*** video

casseur, **-euse** *m/f* rioter; AUTO scrap metal merchant

cassis [kasis] *m* BOT blackcurrant; (***crème*** *f* ***de***) ***cassis*** blackcurrant liqueur

cassoulet [kasulɛ] *m* CUIS *casserole of beans, pork, sausage and goose*

cassure [kasyr] *f* (*fissure*) crack; *fig* (*rupture*) split, break-up

caste [kast] *f* caste

castor [kastɔr] *m* beaver

castrer [kastre] ⟨1a⟩ castrate

cataclysme [kataklism] *m* disaster

catalogue [katalɔg] *m* catalog, *Br* catalogue

cataloguer ⟨1m⟩ catalog, *Br* catalogue; F *péj* label, pigeonhole

catalyseur [katalizœr] *m* catalyst (*aussi fig*)

catalytique AUTO: ***pot*** *m* ***catalytique*** catalytic converter

catapulte [katapylt] *f* catapult

catapulter ⟨1a⟩ catapult (*aussi fig*)

cataracte [katarakt] *f* (*cascade*) waterfall;

C

MÉD cataract
catastrophe [katastrɔf] *f* disaster, catastrophe; ***en catastrophe*** in a rush; ***catastrophe naturelle*** act of God
catastrophé, catastrophée stunned
catastrophique disastrous, catastrophic
catch [katʃ] *m* wrestling
catéchisme [kateʃism] *m* catechism
catégorie [kategɔri] *f* category; ***catégorie d'âge*** age group
catégorique categorical
catégoriser ⟨1a⟩ categorize
cathédrale [katedral] *f* cathedral
catholicisme [katɔlisism] *m* (Roman) Catholicism
catholique 1 *adj* (Roman) Catholic; ***pas très catholique*** *fig* F a bit dubious **2** *m/f* Roman Catholic
catimini [katimini] F: ***en catimini*** on the quiet
cauchemar [koʃmar] *m* nightmare (*aussi fig*)
cauchemardesque nightmarish
causant, causante [kozɑ̃, -t] talkative
cause [koz] *f* cause; JUR case; ***à cause de*** because of; ***pour cause de*** owing to, on account of; ***sans cause*** for no reason; ***pour cause*** with good reason; ***faire cause commune avec qn*** join forces with s.o.; ***être en cause*** *d'honnêteté, de loyauté* be in question; ***mettre en cause*** *honnêteté, loyauté* question; *personne* suspect of being involved
causer ⟨1a⟩ **1** *v/t* (*provoquer*) cause **2** *v/i* (*s'entretenir*) chat (***avec qn de*** with s.o. about)
causerie *f* talk
causette *f* chat; ***faire la causette*** have a chat
causeur, -euse *m/f* speaker
caustique [kostik] CHIM, *fig* caustic
cautériser [koterize] ⟨1a⟩ MÉD cauterize
caution [kosjõ] *f* security; *pour logement* deposit; JUR bail; *fig* (*appui*) backing, support; ***libéré sous caution*** released on bail
cautionner ⟨1a⟩ stand surety for; JUR bail; *fig* (*se porter garant de*) vouch for; (*appuyer*) back, support
cavale [kaval] *f* F break-out F, escape; ***être en cavale*** be on the run
cavaler ⟨1a⟩ F: ***cavaler après qn*** chase after s.o.
cavalerie *f* cavalry
cavalier, -ère 1 *m/f pour cheval* rider; *pour bal* partner **2** *m aux échecs* knight **3** *adj* offhand, cavalier
cave [kav] *f* cellar; ***cave (à vin)*** wine cellar
caveau *m* (*pl* -x) *d'enterrement* vault
caverne [kavɛrn] *f* cave
caviar [kavjar] *m* caviar
cavité [kavite] *f* cavity
CC [sese] *abr* (***= courant continu***) DC (= direct current); (***= charges comprises***) all inclusive
CD [sede] *m abr* (***= compact disc***) CD
CD-Rom *m* CD-Rom
CE *f abr* (***= Communauté f européenne***) EC (= European Community)
ce [sə] *m* (**cet** *m*, **cette** *f*, **ces** *pl*) **1** *adj* this, *pl* these; ***ce matin / soir*** this morning / evening; ***en ce moment*** at the moment; ***ce livre-ci*** this book; ***ce livre-là*** that book; ***ces jours-ci*** these days; ***cette vie est difficile*** it's a hard life; **2** *pron*
◇ : ***c'est pourquoi*** that is *ou* that's why; ***c'est triste*** it's sad; ***ce sont mes enfants*** these are my children; ***c'est un acteur*** he is *ou* he's an actor; ***c'est une actrice*** she is *ou* she's an actress; ***c'est la vie*** that's life; ***c'est à qui ce manteau?*** whose coat is this?; ***c'est elle qui me l'a dit*** she's the one who told me, it was her that told me; ***qui est-ce?*** who is it?; ***c'est que…*** it's that …; ***c'est que tu as grandi!*** how you've grown!
◇ : ***ce que tu fais*** what you're doing; ***ce qui me plaît*** what I like; ***ils se sont mis d'accord, ce qui n'arrive pas souvent*** they reached an agreement, which doesn't often happen; ***ce qu'il est gentil!*** isn't he nice!
◇ : ***pour ce faire*** to do that; ***sur ce*** with that
ceci [səsi] this; ***ceci ou cela*** this or that
cécité [sesite] *f* blindness
céder [sede] ⟨1f⟩ **1** *v/t* give up; ***cédez le passage*** AUTO yield, *Br* give way **2** *v/i* give in (***à*** to); (*se casser*) give way; ***elle ne lui cède en rien*** she is every bit as good as he is
cédille [sedij] *f* cedilla
cèdre [sɛdr] *m* BOT cedar
ceinture [sɛ̃tyr] *f* belt; ANAT waist; ***se serrer la ceinture*** *fig* tighten one's belt; ***ceinture de sauvetage*** lifebelt; ***ceinture de sécurité*** seatbelt; ***ceinture verte*** green belt
cela [s(ə)la] that; ***il y a cinq ans de cela*** that was five years ago; ***à cela près*** apart from that
célébration [selebrasjõ] *f* celebration
célèbre [selɛbr] famous
célébrer [selebre] ⟨1f⟩ celebrate; ***célébrer la mémoire de qn*** be a memorial to s.o.
célébrité *f* fame; *personne* celebrity

céleri [sɛlri] *m* BOT: ***céleri (en branche)*** celery; ***céleri(-rave)*** celeriac
célérité [selerite] *f litt* speed
céleste [selɛst] heavenly
célibat [seliba] *m* single life; *d'un prêtre* celibacy
célibataire 1 *adj* single, unmarried **2** *m* bachelor **3** *f* single woman
celle, celles [sɛl] → ***celui***
cellier [sɛlje] *m* cellar
cellophane [selɔfan] *f* cellophane
cellule [selyl] *f* cell
cellulite [selylit] *f* MÉD cellulite
cellulose [selyloz] *f* cellulose
Celsius [sɛljys]: ***20 degrés Celsius*** 20 degrees Celsius
celtique [sɛltik] Celtic
celui [səlɥi] *m* (**celle** *f*, **ceux** *mpl*, **celles** *fpl*) the one, *pl* those; ***celui dont je parle*** the one I'm talking about; ***meilleurs que ceux que ma mère fait*** better than the ones *ou* than those my mother makes; ***celui qui …*** *personne* he who …; *chose* the one which; ***tu peux utiliser celle de Claude*** you can use Claude's
celui-ci this one
celui-là that one
cendre [sɑ̃dr] *f* ash; ***cendres*** ashes; ***cendres de cigarette*** cigarette ash *sg*
cendré, cendrée [sɑ̃dre] ash-gray, *Br* ash-grey
cendrée *f* SP cinder track
cendrier *m* ashtray
cène [sɛn] *f* REL: ***la cène*** (Holy) Communion; ***la Cène*** *peinture* the Last Supper
censé, censée [sɑ̃se]: ***il est censé être malade*** he's supposed to be sick
censeur *m* censor; ÉDU vice-principal, *Br* deputy head; *fig* critic
censure [sɑ̃syr] *f* censorship; *organe* board of censors; ***motion f de censure*** POL motion of censure
censurer ⟨1a⟩ censor
cent [sɑ̃] **1** *adj* hundred **2** *m* a hundred, one hundred; *monnaie* cent; ***pour cent*** per cent; ***deux cents personnes*** two hundred people
centaine *f*: ***une centaine de personnes*** a hundred or so people; ***des centaines de personnes*** hundreds of people
centenaire 1 *adj* hundred-year-old **2** *m fête* centennial, *Br* centenary
centième [sɑ̃tjɛm] hundredth
centilitre *m* centiliter, *Br* centilitre
centime *m* centime
centimètre *m* centimeter, *Br* centimetre; *ruban* tape measure
central, centrale [sɑ̃tral] (*mpl* -aux) **1** *adj* central **2** *m* TÉL telephone exchange **3** *f* power station; ***centrale nucléaire*** *ou* ***atomique*** nuclear power station
centralisation centralization
centraliser ⟨1a⟩ centralize
centre [sɑ̃tr] *m* center, *Br* centre; ***centre d'accueil*** temporary accommodations *pl*; ***centre d'appel*** call center; ***centre d'attention*** center of attention; ***centre commercial*** shopping mall, *Br aussi* shopping centre; ***centre de gravité*** center of gravity; ***centre d'intérêt*** center of interest; ***centre de loisirs*** leisure center; ***centre de planning familial*** family planning clinic
centrer ⟨1a⟩ center, *Br* centre
centre-ville *m* downtown area, *Br* town centre
centrifuge [sɑ̃trifyʒ] centrifugal
centrifugeuse *f* juicer, juice extractor
centuple [sɑ̃typl] *m*: ***au centuple*** a hundredfold
cep [sɛp] *m* vine stock
cepage *m* wine variety
cèpe [sɛp] *m* BOT cèpe, boletus
cependant [səpɑ̃dɑ̃] yet, however
céramique [seramik] *f* ceramic
cercle [sɛrkl] *m* circle; ***cercle vicieux*** vicious circle
cercueil [sɛrkœj] *m* casket, *Br* coffin
céréales [sereal] *fpl* (breakfast) cereal *sg*
cérébral, cérébrale [serebral] (*mpl* -aux) cerebral
cérémonial [seremɔnjal] *m* ceremonial
cérémonie *f* ceremony; ***sans cérémonie*** *repas etc* informal; *se présenter etc* informally; *mettre à la porte* unceremoniously
cérémonieux, -euse *manières* formal
cerf [sɛr] *m* deer
cerfeuil [sɛrfœj] *m* BOT chervil
cerf-volant [sɛrvɔlɑ̃] *m* (*pl* cerfs-volants) kite
cerise [s(ə)riz] *f* cherry
cerisier *m* cherry(-tree)
cerne [sɛrn] *m*: ***avoir des cernes*** have bags under one's eyes
cerner ⟨1a⟩ (*encercler*) surround; *fig*: *problème* define
certain, certaine [sɛrtɛ̃, -ɛn] **1** *adj* ◇ (*après le subst*) certain; ***être certain de qch*** be certain of sth;
◇ (*devant le subst*) certain; ***d'un certain âge*** middle-aged; ***certains enfants*** certain *ou* some children **2** *pron*: **certains, -aines** some (people); ***certains d'entre eux*** some of them
certainement [sɛrtɛnmɑ̃] *adv* certainly; (*sûrement*) probably; ***certainement pas!*** definitely not

C

certes [sɛrt] *adv* certainly
certificat [sɛrtifika] *m* certificate; ***certificat de mariage*** marriage certificate; ***certificat médical*** medical certificate
certifier ⟨1a⟩ guarantee; ***copie f certifiée conforme*** certified true copy; ***certifier qch à qn*** assure s.o. of sth
certitude [sɛrtityd] *f* certainty
cerveau [sɛrvo] *m* (*pl* -x) brain
cervelas [sɛrvəla] *m* saveloy
cervelle [sɛrvɛl] *f* brains *pl*; ***se brûler la cervelle*** *fig* blow one's brains out
ces [se] → ***ce***
césarienne [sezarjɛn] *f* MÉD cesarian, *Br* caesarian
cessation [sɛsasjõ] *f* cessation; ***après leur cessation de commerce*** when they ceased trading; ***cessation de paiements*** suspension of payments
cesse: ***sans cesse*** constantly
cesser ⟨1b⟩ stop; ***cesser de faire qch*** stop doing sth
cessez-le-feu *m* (*pl inv*) ceasefire
cession [sɛsjõ] *f* disposal
c'est-à-dire [sɛtadir] that is, that is to say
cet, **cette** [sɛt] → ***ce***
ceux [sø] → ***celui***
CFC [seɛfse] *mpl abr* (= ***chlorofluorocarbones***) CFCs (= chlorofluorocarbons)
chacun, **chacune** [ʃakɛ̃ *ou* ʃakœ̃, -yn] *m/f* each (one); ***chacun de** ou **d'entre nous*** each (one) of us; ***c'est chacun pour soi*** it's every man for himself; ***accessible à tout un chacun*** available to each and every person; ***chacun le sait*** everybody knows it
chagrin [ʃagrɛ̃] *m* grief; ***faire du chagrin à qn*** upset s.o.; ***un chagrin d'amour*** an unhappy love affair
chagriner ⟨1a⟩ sadden
chahut [ʃay] *m* F racket, din
chahuter ⟨1b⟩ heckle
chaîne [ʃɛn] *f* chain; *radio*, TV channel; ***chaînes*** AUTO snow chains; ***chaîne hi-fi*** hi-fi; ***chaîne (de montage)*** assembly line; ***travail m à la chaîne*** assembly line work; ***chaîne payante*** TV pay channel; ***chaîne de montagnes*** range of mountains
chair [ʃɛr] *f* flesh; ***en chair et en os*** in the flesh; ***avoir la chair de poule*** have goosebumps, *Br aussi* have goosepimples; ***être bien en chair*** be plump
chaire [ʃɛr] *f dans église* pulpit; *d'université* chair
chaise [ʃɛz] *f* chair; ***chaise longue*** (*transatlantique*) deck chair; ***chaise électrique*** electric chair; ***chaise roulante*** wheelchair
châle [ʃɑl] *m* shawl
chalet [ʃalɛ] *m* chalet
chaleur [ʃalœr] *f* heat; *plus modérée* warmth (*aussi fig*)
chaleureusement warmly
chaleureux, **-euse** warm
chaloupe [ʃalup] *f* boat
chalumeau [ʃalymo] *m* (*pl* -x) blowtorch
chalutier [ʃalytje] *m* MAR trawler
chamailler [ʃamaje] ⟨1a⟩ F: ***se chamailler*** bicker
chambouler [ʃɑ̃bule] ⟨1a⟩ turn upside down
chambranle [ʃɑ̃brɑ̃l] *m* frame
chambre [ʃɑ̃br] *f* (bed)room; JUR, POL chamber; ***chambre à air*** *de pneu* inner tube; ***Chambre du Commerce et de l'Industrie*** Chamber of Commerce; ***chambre à coucher*** bedroom; ***chambre à un lit*** single (room); ***chambre à deux lits*** twin-bedded room; ***chambre d'amis*** spare room, guest room; ***chambre noire*** PHOT darkroom
chambré [ʃɑ̃bre] *vin* at room temperature
chameau [ʃamo] *m* (*pl* -x) camel
chamois [ʃamwa] *m* ZO chamois; *cuir* shammy
champ [ʃɑ̃] *m* field (*aussi fig*); ***à travers champ*** across country; ***laisser le champ libre à qn*** give s.o. a free hand; ***champ de bataille*** battlefield; ***champ de courses*** racecourse; ***champ de mines*** minefield; ***champ pétrolifère*** oilfield
champagne [ʃɑ̃paɲ] *m* champagne
champêtre [ʃɑ̃pɛtr] country *atr*
champignon [ʃɑ̃piɲõ] *m* BOT, MÉD fungus; *nourriture* mushroom; ***champignon de Paris*** button mushroom; ***champignon vénéneux*** toadstool
champion, **championne** [ʃɑ̃pjõ, -ɔn] *m/f* champion (*aussi fig*)
championnat *m* championship
chance [ʃɑ̃s] *f* (*sort*) luck, fortune; (*occasion*) chance; ***il y a des chances que cela se produise*** (*subj*) there is a chance that it might happen; ***bonne chance!*** good luck!; ***avoir de la chance*** be lucky; ***c'est une chance que*** (+ *subj*) it's lucky that; ***il y a peu de chances pour que cela se produise*** (+ *subj*) there is little chance of that happening
chanceler [ʃɑ̃sle] ⟨1c⟩ stagger; *d'un gouvernement* totter
chancelier [ʃɑ̃səlje] *m* chancellor
chanceux, **-euse** [ʃɑ̃sø, -z] lucky
chandail [ʃɑ̃daj] *m* (*pl* -s) sweater
chandelier [ʃɑ̃dəlje] *m* candlestick
chandelle [ʃɑ̃dɛl] *f* candle
change [ʃɑ̃ʒ] *m* exchange; ***taux m de***

change exchange rate, rate of exchange; ***contrôle** m **des changes*** exchange control; ***change du jour*** current rate of exchange; ***donner le change à qn*** deceive s.o.
changeable changeable
changeant, **changeante** changeable
changement *m* change; ***changement de vitesse*** AUTO gear shift
changer [ʃɑ̃ʒe] ⟨1l⟩ **1** *v/t* change (***en*** into); (*échanger*) exchange (***contre*** for) **2** *v/i* change; ***changer de qch*** change sth; ***changer d'adresse*** change address; ***changer d'avis*** change one's mind; ***changer de place avec qn*** change places with s.o.; ***changer de sujet*** change the subject; ***changer de train*** change trains; ***changer de vitesse*** shift gear(s), *Br* change gear(s); ***se changer*** change
chanson [ʃɑ̃sõ] *f* song
chansonnier *m* singer
chant [ʃɑ̃] *m* song; *action de chanter* singing; *d'église* hymn
chantage [ʃɑ̃taʒ] *m* blackmail; ***faire du chantage à qn*** blackmail s.o.
chanter [ʃɑ̃te] ⟨1a⟩ **1** *v/i* sing; *d'un coq* crow; ***faire chanter qn*** blackmail s.o.; ***si cela te chante*** if you feel like it **2** *v/t* sing
chanteur, **-euse** *m/f* singer
chantier [ʃɑ̃tje] *m* building site; ***chantier naval*** shipyard
chantonner [ʃɑ̃tɔne] ⟨1a⟩ sing under one's breath
chanvre [ʃɑ̃vr] *m* BOT hemp
chaos [kao] *m* chaos
chaotique chaotic
chapardage [ʃapardaʒ] *m* F pilfering
chaparder ⟨1a⟩ F pinch F
chapeau [ʃapo] *m* (*pl* -x) hat; ***chapeau!*** congratulations!
chapeauter *fig* head up
chapelet [ʃaplɛ] *m* REL rosary
chapelle [ʃapɛl] *f* chapel
chapelure [ʃaplyr] *f* CUIS breadcrumbs *pl*
chaperon [ʃaprõ] *m* chaperone
chaperonner chaperone
chapiteau [ʃapito] *m* (*pl* -x) *de cirque* big top; ARCH capital
chapitre [ʃapitr] *m* chapter; *division de budget* heading; *fig* subject
chapon [ʃapõ] *m* capon
chaque [ʃak] each
char [ʃar] *m* cart; *de carnaval* float; MIL tank; ***char funèbre*** hearse
charabia [ʃarabja] *m* F gibberish
charbon [ʃarbõ] *m* coal; ***charbon de bois*** charcoal; ***être sur des charbons ardents*** be like a cat on a hot tin roof
charcuterie [ʃarkytri] *f* CUIS cold cuts *pl*, *Br* cold meat; *magasin* pork butcher's
charcutier *m* pork butcher
chardon [ʃardõ] *m* BOT thistle
charge [ʃarʒ] *f* (*fardeau*) load; *fig* burden; ÉL, JUR, MIL, *d'explosif* charge; (*responsabilité*) responsibility; ***à la charge de qn*** dependent on s.o.; FIN chargeable to s.o.; ***avoir des enfants à charge*** have dependent children; ***prendre en charge*** take charge of; *passager* pick up; ***charges*** charges; (*impôts*) costs; ***charges fiscales*** taxation *sg*; ***charges sociales*** social security contributions paid by the employer, FICA, *Br* national insurance contributions
chargé, **chargée** [ʃarʒe] **1** *adj* loaded; *programme* full; ***être chargé de faire qch*** have been given the job of doing sth **2** *m* EDUC: ***chargé de cours*** lecturer
chargement *m* loading; *ce qui est chargé* load
charger ⟨1l⟩ **1** *v/t voiture*, *navire*, *arme* load; *batterie*, JUR charge; (*exagérer*) exaggerate; ***charger qn de qch*** put s.o. in charge of sth; ***se charger de qch / qn*** look after sth/s.o. **2** *v/i* charge
chargeur *m*: ***chargeur*** (***de batterie***) battery charger
chariot [ʃarjo] *m pour bagages*, *achats* cart, *Br* trolley; (*charrette*) cart
charismatique [karismatik] charismatic
charisme *m* charisma
charitable [ʃaritabl] charitable
charité *f* charity; ***faire la charité à qn*** give s.o. money; ***fête de charité*** charity sale *ou* bazaar
charivari [ʃarivari] *m* din, racket
charlatan [ʃarlatɑ̃] *m péj* charlatan
charmant, **charmante** [ʃarmɑ̃, -t] charming, delightful; ***prince charmant*** Prince Charming; (*mari idéal*) Mr Right
charme *m* charm
charmer ⟨1a⟩ charm
charnel, **charnelle** [ʃarnɛl] carnal
charnier [ʃarnje] *m* mass grave
charnière [ʃarnjɛr] *f* hinge
charnu, **charnue** [ʃarny] fleshy
charognard [ʃarɔɲar] *m* scavenger
charogne *f* P bastard; *femme* bitch
charpente [ʃarpɑ̃t] *f* framework
charpentier *m* carpenter
charrette [ʃarɛt] *f* cart
charrier ⟨1a⟩ **1** *v/t* (*transporter*) carry; (*entraîner*) carry along **2** *v/i* F (*exagérer*) go too far
charrue [ʃary] *f* plow, *Br* plough
charte [ʃart] *f* charter
charter [ʃartɛr] *m* charter

C

C

chasse[1] [ʃas] *f* hunting; (*poursuite*) chase; ***prendre en chasse*** chase (after); ***la chasse est ouverte / fermée*** the hunting season has started / finished; ***chasse à courre*** hunting; ***chasse à l'homme*** manhunt; ***chasse privée*** private game reserve; ***chasse aux sorcières*** witchhunt
chasse[2] [ʃas]: ***chasse d'eau*** flush; ***tirer la chasse*** flush the toilet, pull the chain
chasse-neige [ʃasnɛʒ] *m* (*pl inv*) snowplow, *Br* snowplough
chasser [ʃase] ⟨1a⟩ *gibier* hunt; (*expulser*) drive away; *employé* dismiss
chasseur *m* hunter; AVIAT fighter; *dans un hôtel* bellhop, *Br* bellboy; ***chasseur de têtes*** headhunter
châssis [ʃɑsi] *m* frame; AUTO chassis
chaste [ʃast] chaste
chasteté *f* chastity
chat[1] [ʃa] *m* cat
chat[2] [tʃat] *m* INFORM chatroom; *conversation* (online) chat
châtaigne [ʃɑtɛɲ] *f* chestnut
châtaignier *m* chestnut (tree)
châtain *adj inv* chestnut
château [ʃato] *m* (*pl* -x) castle; ***château fort*** (fortified) castle; ***château d'eau*** water tower *m*; ***le château de Versailles*** the Palace of Versailles; ***construire des châteaux en Espagne*** *fig* build castles in Spain
châtié, châtiée [ʃɑtje] *style* polished
châtier [ʃɑtje] ⟨1a⟩ punish
châtiment *m* punishment
chatoiement [ʃatwamɑ̃] *m* shimmer
chaton [ʃatõ] *m* kitten
chatouiller [ʃatuje] ⟨1a⟩ tickle
chatouilleux, -euse ticklish; *fig* touchy
chatoyer [ʃatwaje] ⟨1h⟩ shimmer
chatte [ʃat] *f* cat
chatter [tʃate] INFORM chat (online)
chaud, chaude [ʃo, -d] **1** *adj* hot; *plus modéré* warm; ***tenir chaud*** keep warm; ***il fait chaud*** it's hot / warm **2** *m* heat; *plus modéré* warmth; ***j'ai chaud*** I'm hot / warm
chaudière *f* boiler
chaudron [ʃodrõ] *m* cauldron
chauffage [ʃofaʒ] *m* heating; ***chauffage central*** central heating
chauffard [ʃofar] *m* F roadhog
chauffe-eau [ʃofo] *m* (*pl inv*) water heater
chauffe-plats *m* (*pl inv*) hot plate
chauffer [ʃofe] ⟨1a⟩ **1** *v/t* heat (up), warm (up); *maison* heat; ***se chauffer*** warm o.s.; *d'un sportif* warm up **2** *v/i d'eau, d'un four* warm *ou* heat up; *d'un moteur* overheat; ***faire chauffer*** *eau* heat; *moteur* warm up
chaufferie *f* boiler room
chauffeur [ʃofœr] *m* driver; *privé* chauffeur, driver; ***chauffeur de taxi*** taxi *ou* cab driver
chaume [ʃom] *m* AGR *champ* stubble; ***toit m de chaume*** thatched roof
chaumière *f* thatched cottage
chaussée [ʃose] *f* pavement, *Br* roadway
chausse-pied [ʃospje] *m* (*pl* chausse-pieds) shoehorn
chausser ⟨1a⟩ *bottes* put on; ***chausser qn*** put shoes on s.o.; ***se chausser*** put one's shoes on; ***chausser du 40*** take a size 40
chaussette [ʃosɛt] *f* sock
chausson *m* slipper; ***chausson (de bébé)*** bootee *m*; ***chausson aux pommes*** CUIS apple turnover
chaussure *f* shoe; ***chaussures de marche*** hiking boots; ***chaussures de ski*** ski boots
chauve [ʃov] bald
chauve-souris [ʃovsuri] *f* (*pl* chauves-souris) bat
chauvin, chauvine [ʃovɛ̃, -in] **1** *adj* chauvinistic **2** *m/f* chauvinist
chauvinisme *m* chauvinism
chaux [ʃo] *f* lime
chavirer [ʃavire] ⟨1a⟩ MAR capsize; ***chavirer qn*** *fig* overwhelm s.o.
chef [ʃɛf] *m* (*meneur*), POL leader; (*patron*) boss, chief; *d'une entreprise* head; *d'une tribu* chief; CUIS chef; ***au premier chef*** first and foremost; ***de mon propre chef*** on my own initiative; ***rédacteur*** *m* ***en chef*** editor-in-chief; ***chef d'accusation*** JUR charge, count; ***chef d'équipe*** foreman; ***chef d'État*** head of State; ***chef de famille*** head of the family; ***chef de gare*** station manager; ***chef d'orchestre*** conductor
chef-d'œuvre [ʃɛdœvr] *m* (*pl* chefs-d'œuvre) masterpiece
chef-lieu *m* (*pl* chefs-lieux) capital (*of département*)
chemin [ʃ(ə)mɛ̃] *m* way; (*route*) road; (*allée*) path; ***chemin de fer*** railroad, *Br* railway; ***se mettre en chemin*** set out; ***elle n'y est pas allée par quatre chemins*** she didn't beat about the bush, she got straight to the point
cheminée [ʃ(ə)mine] *f* chimney; (*âtre*) fireplace; (*encadrement*) mantelpiece; *de bateau* funnel; *d'usine* smokestack, chimney
cheminement [ʃ(ə)minmɑ̃] *m* progress; ***cheminement de la pensée*** *fig* thought

processes *pl*
cheminer ⟨1a⟩ walk, make one's way; *d'une idée* take root
cheminot *m* rail worker
chemise [ʃ(ə)miz] *f* shirt; (*dossier*) folder; ***chemise de nuit*** *de femme* nightdress; *d'homme* nightshirt
chemisette *f* short-sleeved shirt
chemisier *m* blouse
chenal [ʃ(ə)nal] *m* (*pl* -aux) channel
chêne [ʃɛn] *m* BOT oak (tree)
chenil [ʃəni(l)] *m* kennels *pl*
chenille [ʃ(ə)nij] *f* ZO caterpillar; ***véhicule*** *m* ***à chenilles*** tracked vehicle
chèque [ʃɛk] *m* COMM check, *Br* cheque; ***chèque barré*** crossed check; ***chèque sans provision*** bad check, rubber check F; ***chèque de voyage*** traveler's check, *Br* traveller's cheque
chéquier *m* checkbook, *Br* chequebook
cher, **chère** [ʃɛr] **1** *adj* dear (***à qn*** to s.o.); *coûteux* dear, expensive **2** *adv*: ***payer qch cher*** pay a lot for sth; *fig* pay a high price for sth; ***nous l'avons vendu cher*** we got a lot *ou* a good price for it **3** *m/f* ***mon cher, ma chère*** my dear
chercher [ʃɛrʃe] ⟨1a⟩ look for; ***chercher à faire qch*** try to do sth; ***aller chercher*** fetch, go for; ***venir chercher*** collect, come for; ***envoyer chercher*** send for
chercheur, **-euse** *m/f* researcher
chère [ʃɛr] *f* food; ***aimer la bonne chère*** love good food
chéri, **chérie** [ʃeri] beloved, darling; (***mon***) ***chéri*** darling
chérir ⟨2a⟩ cherish
chérubin [ʃerybɛ̃] *m* cherub
chétif, **-ive** [ʃetif, -iv] puny
cheval [ʃ(ə)val] *m* (*pl* -aux) horse; AUTO horsepower, HP; ***aller à cheval*** ride; ***faire du cheval*** SP ride; ***être à cheval sur qch*** straddle sth; ***à cheval*** on horseback; ***cheval à bascule*** rocking horse; ***cheval de bataille*** *fig* hobby-horse; ***cheval de course*** racehorse
chevaleresque chivalrous
chevalerie *f* chivalry
chevalet [ʃ(ə)valɛ] *m de peinture* easel
chevalier [ʃ(ə)valje] *m* HIST knight
chevalière *f* signet ring
chevalin, **chevaline** horse *atr*; ***boucherie*** *f* ***chevaline*** horse butcher's
cheval-vapeur *m* horsepower
chevaucher [ʃ(ə)voʃe] ⟨1a⟩ ride; ***se chevaucher*** overlap
chevelu, **chevelue** [ʃəvly] *personne* long-haired; ***cuir*** *m* ***chevelu*** scalp
chevelure *f* hair; ***avoir une belle chevelure*** have beautiful hair
chevet [ʃəvɛ] *m* bedhead; ***table*** *f* ***de chevet*** nightstand, *Br aussi* bedside table; ***être au chevet de qn*** be at s.o.'s bedside
cheveu [ʃ(ə)vø] *m* (*pl* -x) hair; ***cheveux*** hair *sg*; ***aux cheveux courts*** short-haired; ***avoir les cheveux courts*** have short hair; ***couper les cheveux en quatre*** *fig* split hairs
cheville [ʃ(ə)vij] *f* ANAT ankle; TECH peg
chèvre [ʃɛvr] *f* goat
chevreau [ʃəvro] *m* kid
chèvrefeuille [ʃɛvrəfœj] *m* BOT honeysuckle
chevreuil [ʃəvrœj] *m* deer; CUIS venison
chevronné, **chevronnée** [ʃəvrɔne] experienced
chez [ʃe] ◇ : ***chez lui*** at his place; *direction* to his place; ***tout près de chez nous*** close to our place, close to where we live; ***chez Marcel*** at Marcel's; ***quand nous sommes chez nous*** when we are at home; ***rentrer chez soi*** go home
◇ : ***aller chez le coiffeur*** go to the hairdresser *ou Br* hairdresser's; ***chez le boucher*** at the butcher's shop *ou Br* butcher's
◇ : ***chez Molière*** in Molière
◇ (*parmi*) amongst; ***courant chez les personnes âgées*** common amongst *ou* with old people; ***beaucoup admiré chez les Américains*** much admired by Americans
chez-soi *m* home
chiant, **chiante** [ʃjɑ̃, -t] *adj* F boring
chic [ʃik] **1** *m* (*élégance*) style; ***avoir le chic pour faire qch*** have a gift for doing sth **2** *adj* chic; (*sympathique*) decent, nice; ***chic!*** F great! F
chicane [ʃikan] *f* (*querelle*) squabble
chicaner ⟨1a⟩ quibble (***sur*** over)
chiche [ʃiʃ] mean; BOT ***pois*** *m* ***chiche*** chick pea; ***tu n'es pas chiche de le faire*** F you're too chicken to do it F
chicorée [ʃikɔre] *f* BOT chicory; ***chicorée*** (***endive***) endive
chien [ʃjɛ̃] *m* dog; ***temps de chien*** *fig* F filthy weather; ***chien d'arrêt*** retriever; ***chien d'aveugle*** seeing-eye dog, *Br* guide dog; ***chien de berger*** sheepdog; ***chien de garde*** guard dog; ***chien policier*** police dog
chien-loup *m* (*pl* chiens-loups) wolfhound
chienne *f* dog; ***le chien et la chienne*** the dog and the bitch
chier [ʃje] ⟨1a⟩ P shit P; ***ça me fait chier*** P it pisses me off P
chiffon [ʃifõ] *m* rag; ***chiffon*** (***à poussière***) duster

chiffonner ⟨1a⟩ crumple; *fig* F bother
chiffre [ʃifr] *m* numeral; (*nombre*) number; (*code*) cipher; ***chiffre d'affaires*** COMM turnover
chiffrer ⟨1a⟩ *revenus*, *somme* work out (***à*** at); (*encoder*) encipher; ***se chiffrer à*** amount to
chignon [ʃiɲõ] *m* bun
Chili [ʃili]: ***le Chili*** Chili
chilien, **chilienne 1** *adj* Chilean **2** *m/f* **Chilien**, **Chilienne** Chilean
chimère [ʃimɛr] *f* fantasy
chimie [ʃimi] *f* chemistry
chimiothérapie *f* chemotherapy
chimique [ʃimik] chemical
chimiste *m/f* chemist
Chine [ʃin]: ***la Chine*** China
chinois, **chinoise 1** *adj* Chinese **2** *m langue* Chinese **3** *m/f* **Chinois**, **Chinoise** Chinese
chiot [ʃjo] *m* pup
chiper [ʃipe] ⟨1a⟩ F pinch
chipoter [ʃipɔte]⟨1b⟩ haggle (***sur*** for, over)
chips [ʃip(s)] *mpl* chips, *Br* crisps
chirurgical, **chirurgicale** [ʃiryrʒikal] (*mpl* -aux) surgical
chirurgie *f* surgery; ***chirurgie esthétique*** plastic surgery
chirurgien, **chirurgienne** *m/f* surgeon; ***chirurgien dentiste*** dental surgeon; ***chirurgien esthétique*** cosmetic surgeon
chlorofluorocarbone [klɔrɔflyɔrɔkarbɔn] *m* chlorofluorocarbon
choc [ʃɔk] *m* impact, shock; MÉD, PSYCH shock; *d'opinions*, *intérêts* clash
chocolat [ʃɔkɔla] *m* chocolate; ***chocolat au lait*** milk chocolate
chœur [kœr] *m* choir (*aussi* ARCH); THÉÂT chorus; ***en chœur*** in chorus
choisir [ʃwazir] ⟨2a⟩ **1** *v/t* choose, select **2** *v/i* (*se décider*) choose; ***choisir de faire qch*** decide to do sth
choix *m* choice; (*sélection*, *assortiment*) range, selection; ***c'est au choix*** you have a choice; ***de*** (***premier***) ***choix*** choice; ***avoir le choix*** have the choice
cholestérol [kɔlɛsterɔl] *m* cholesterol
chômage [ʃomaʒ] *m* unemployment; ***être au chômage*** be unemployed, be out of work; ***chômage de longue durée*** long-term unemployment; ***chômage partiel*** short time
chômer ⟨1a⟩ be unemployed, be out of work
chômeur, **-euse** *m/f* unemployed person; ***les chômeurs*** the unemployed *pl*
chope [ʃɔp] *f* beer mug
choquant, **choquante** [ʃɔkɑ̃, -t] shocking
choquer ⟨1a⟩: ***choquer qch*** knock sth; ***choquer qn*** shock s.o.
chorale [kɔral] *f* choir
choriste *m/f* chorister
chose [ʃoz] *f* thing; ***autre chose*** something else; ***c'est peu de chose*** it's nothing; ***quelque chose*** something; ***c'est chose faite*** it's done; ***voilà où en sont les choses*** that's where things stand
chou [ʃu] *m* (*pl* -x) BOT cabbage; ***choux de Bruxelles*** Brussels sprouts; ***mon*** (***petit***) ***chou*** *fig* my love
choucroute [ʃukrut] *f* sauerkraut
chouette [ʃwɛt] **1** *f* owl **2** *adj* F great
chou-fleur [ʃuflœr] *m* (*pl* choux-fleurs) cauliflower
choyer [ʃwaje] ⟨1h⟩ coddle
chrétien, **chrétienne** [kretjɛ̃, -ɛn] **1** *adj* Christian **2** *m/f* Christian
chrétienté *f* Christendom
Christ [krist] *m*: ***le Christ*** Christ
christianiser [kristjanize] ⟨1a⟩ Christianize
christianisme *m* Christianity
chrome [krom] *m* chrome
chromé, **chromée** chrome-plated
chronique [krɔnik] **1** *adj* chronic **2** *f d'un journal* column; *reportage* report; ***la chronique locale*** the local news *sg*
chroniqueur *m pour un journal* columnist
chronologique [krɔnɔlɔʒik] chronological
chronomètre [krɔnɔmɛtr] *m* stopwatch
chronométrer ⟨1f⟩ time
chuchoter [ʃyʃɔte] ⟨1a⟩ whisper
chut [ʃyt]: ***chut!*** hush
chute [ʃyt] *f* fall; ***chute des cheveux*** hair loss; ***chute de pluie*** rainfall; ***faire une chute de bicyclette*** fall off one's bike
Chypre [ʃipr]: ***l'île*** *f* ***de Chypre*** Cyprus
chypriote 1 *adj* Cypriot **2** *m/f* **Chypriote** Cypriot
ci [si] *après* ***ce*** (+ *subst*); ***à cette heure-ci*** at this time; ***comme ci comme ça*** F so-so; ***par-ci par-là*** here and there
ci-après [siaprɛ] below
cible [sibl] *f* target
cibler ⟨1b⟩ target
ciboulette [sibulɛt] *f* BOT chives *pl*
cicatrice [sikatris] *f* scar (*aussi fig*)
cicatriser ⟨1a⟩: (***se***) ***cicatriser*** heal
ci-contre [sikõtr] opposite
ci-dessous below
ci-dessus above
cidre [sidr] *m* cider
ciel [sjɛl] *m* (*pl* cieux [sjø]) sky; REL heaven; ***au ciel*** in heaven
cierge [sjɛrʒ] *m dans église* candle

cigale [sigal] *f* cicada
cigare [sigar] *m* cigar
cigarette *f* cigarette
ci-gît [siʒi] here lies
cigogne [sigɔɲ] *f* stork
ci-inclus [siɛ̃kly] enclosed
ci-joint enclosed, attached
cil [sil] *m* eyelash
ciller [sije] ⟨1a⟩ blink
cime [sim] *f d'une montagne* top, summit; *d'un arbre* top
ciment [simɑ̃] *m* cement
cimenter ⟨1a⟩ cement (*aussi fig*)
cimetière [simtjɛr] *m* cemetery
ciné [sine] *m* F movie theater, *Br* cinema
cinéaste *m* film-maker
cinéma *m* movie theater, *Br* cinema; *art* cinema, movies *pl*
cinématographique cinematic
cinéphile *m/f* moviegoer
cinglé, **cinglée** [sɛ̃gle] F mad, crazy
cingler ⟨1a⟩ **1** *v/t* lash **2** *v/i*: ***cingler vers*** MAR make for
cinq [sɛ̃k] five; → ***trois***
cinquantaine [sɛ̃kɑ̃tɛn] *f* about fifty; ***une cinquantaine de personnes*** about fifty people *pl*; ***elle approche la cinquantaine*** she's almost fifty, she's getting on for fifty
cinquante fifty
cinquantième fiftieth
cinquième [sɛ̃kjɛm] fifth
cinquièmement *adv* fifthly
cintre [sɛ̃tr] *m* ARCH arch; *pour vêtements* coathanger
cintré, **cintrée** *veste* waisted; ARCH arched
cirage [siraʒ] *m pour parquet* wax, polish; *pour chaussures* polish
circoncision [sirkõsizjõ] *f* REL circumcision
circonférence [sirkõferɑ̃s] *f* circumference
circonscription [sirõskripsjõ] *f*: ***circonscription électorale*** district, *Br* constituency
circonscrire ⟨4f⟩ MATH circumscribe; *fig*: *sujet* delimit
circonspect, **circonspecte** [sirkõspɛ, -kt] circumspect
circonspection *f* circumspection
circonstance [sirkõstɑ̃s] *f* circumstance; ***dans ces circonstances*** in the circumstances
circonstancié, **circonstanciée** detailed
circuit [sirkɥi] *m* circuit; *de voyage* tour; SP track; ***court circuit*** short circuit; ***circuit intégré*** INFORM integrated circuit
circulaire [sirkylɛr] *adj & f* circular
circulation [sirkylasjõ] *f* circulation; *voitures* traffic; ***circulation du sang*** MÉD circulation (of the blood); ***libre circulation*** freedom of movement; ***circulation à double sens*** two-way traffic
circuler ⟨1a⟩ circulate; *de personnes, véhicules aussi* move about; ***faire circuler*** *nouvelles* spread
cire [sir] *f* wax
ciré, **cirée** **1** *adj* polished **2** *m* MAR oilskin
cirer ⟨1a⟩ *chaussures* polish; *parquet* polish, wax
cirque [sirk] *m* circus
cirrhose [siroz] *f*: ***cirrhose du foie*** cirrhosis of the liver
cisaille(s) [sizaj] *f(pl)* shears *pl*
ciseau *m* (*pl* -x) chisel
ciseaux *mpl* scissors; ***une paire de ciseaux*** a pair of scissors, some scissors; ***ciseaux à ongles*** nail scissors
ciseler ⟨1d⟩ chisel; *fig* hone
citadelle [sitadɛl] *f* citadel; *fig* stronghold
citadin, **citadine** [sitadɛ̃, -in] **1** *adj* town *atr*, city *atr* **2** *m/f* town-dweller, city-dweller
citation [sitasjõ] *f* quotation; JUR summons *sg*
cité [site] *f* city; ***cité universitaire*** fraternity house, *Br* hall of residence; ***cité ouvrière*** workers' accommodations *pl*; ***droit*** *m* ***de cité*** freedom of the city
cité-dortoir *f* (*pl* cités-dortoirs) dormitory town
citer [site] ⟨1a⟩ quote; JUR summons; ***citer qch en exemple*** hold sth up as an example
citerne [sitɛrn] *f* tank
citoyen, **citoyenne** [sitwajɛ̃, -ɛn] *m/f* citizen
citoyenneté *f* citizenship
citron [sitrõ] *m* lemon; ***citron vert*** lime
citronnier *m* lemon (tree)
citrouille [sitruj] *f* pumpkin
civet [sivɛ] *m* CUIS: ***civet de lièvre*** stew made with hare
civière [sivjɛr] *f* stretcher
civil, **civile** [sivil] **1** *adj* civil; *non militaire* civilian; ***responsabilité*** *f* ***civile*** public liability; ***état*** *m* ***civil*** marital status; ***bureau*** *m* ***de l'état civil*** registry office; ***mariage*** *m* ***civil*** civil marriage; ***service*** *m* ***civil*** community service **2** *m* civilian; ***en civil*** in civilian clothes; *policier* in plain clothes
civilement *adv se marier* in a registry office
civilisation [sivilizasjõ] *f* civilization
civiliser ⟨1a⟩ civilize
civique [sivik] civic
civisme *m* public-spiritedness

C

clair, **claire** [klɛr] **1** *adj* clear; *couleur* light; *chambre* bright; ***vert clair*** light green **2** *adv voir* clearly; *dire, parler* plainly **3** *m*: ***clair de lune*** moonlight
clairière [klɛrjɛr] *f* clearing
clairon [klɛrõ] *m* MUS bugle
clairsemé, **clairsemée** [klɛrsəme] sparse
clairvoyance [klɛrvwajɑ̃s] *f* perceptiveness
clairvoyant, **clairvoyante** perceptive
clameur [klamœr] *f* clamor, *Br* clamour
clan [klɑ̃] *m* clan; *fig* clique
clandestin, **clandestine** [klɑ̃dɛstɛ̃, -in] secret, clandestine; ***passager*** *m* ***clandestin*** stowaway
clapotement [klapɔtmɑ̃] *m*, **clapotis** [klapɔti] *m* lapping
clapoter ⟨1a⟩ lap
claque [klak] *f* slap
claquement *m d'une porte, d'un volet* slamming, banging; *de fouet* crack; *de dents* chattering; *de doigts* snap
claquer ⟨1m⟩ **1** *v/t porte* slam, bang; *argent* F blow; ***claquer des doigts*** snap one's fingers; ***faire claquer sa langue*** click one's tongue **2** *v/i d'un fouet* crack; *des dents* chatter; *d'un volet* slam, bang
claquettes *fpl* tap dancing *sg*
clarifier [klarifje] ⟨1a⟩ clarify
clarinette [klarinɛt] *f* clarinet
clarté [klarte] *f* (*lumière*) brightness; (*transparence*) clarity, clearness; *fig* clarity
classe [klas] *f d'école, fig* class; *local* class(room); ***de première classe*** first--class; ***il a de la classe*** he's got class; ***faire la classe*** teach; ***classe affaires*** business class; ***classe économique*** economy class; ***classe de neige*** school study trip to the mountains; ***classe sociale*** social class
classement [klasmɑ̃] *m* position, place; BOT, ZO classification; *de lettres* filing; ***elle était seconde au classement*** SP she took second place
classer [klase] ⟨1a⟩ classify; *actes, dossiers* file; ***classer une affaire*** consider a matter closed; ***classer qn*** F size s.o. up; ***être classé monument historique*** be a registered historic site, *Br* be a listed building
classeur *m cahier* binder; *meuble* file cabinet, *Br* filing cabinet
classicisme [klasisism] *m* classicism
classification [klasifikasjõ] *f* classification
classifier ⟨1a⟩ classify
classique [klasik] **1** *adj* classical; (*traditionnel*) classic **2** *m en littérature* classical author; MUS classical music; *film, livre* classic
claudication [klodikasjõ] *f* limp
clause [kloz] *f* clause; ***clause pénale*** penalty clause
clavecin [klavsɛ̃] *m* harpsichord
clavicule [klavikyl] *f* collarbone, clavicle *fml*
clavier [klavje] *m d'un ordinateur, d'un piano* keyboard
clé [kle] *f* key; TECH wrench; ***clé de fa*** MUS bass clef; ***fermer à clé*** lock; ***sous clé*** under lock and key; ***prendre la clé des champs*** *fig* take off; ***mot*** *m* ***clé*** key word; ***position*** *f* ***clé*** key position; ***clé de contact*** ignition key; ***clés de voiture*** car keys
clef [kle] *f* → ***clé***
clémence [klemɑ̃s] *f* clemency
clément, **clémente** merciful
clerc [klɛr] *m de notaire* clerk; REL cleric
clergé [klɛrʒe] *m* clergy
clérical, **cléricale** [klerikal] (*mpl* -aux) clerical
clic [klik] *m bruit*, INFORM click
cliché [kliʃe] *m* cliché; (*photo*) negative
client, **cliente** [klijɑ̃, -t] *m/f* (*acheteur*) customer; *d'un médecin* patient; *d'un avocat* client
clientèle *f* customers *pl*, clientèle; *d'un médecin* patients *pl*; *d'un avocat* clients *pl*
cligner [kliɲe] ⟨1a⟩: ***cligner*** (***des yeux***) blink; ***cligner de l'œil à qn*** wink at s.o.
clignotant [kliɲɔtɑ̃] *m* turn signal, *Br* indicator
clignoter ⟨1a⟩ *d'une lumière* flicker
climat [klima] *m* climate; *fig* atmosphere, climate
climatique climatic; ***station*** *f* ***climatique*** health resort; ***changement*** *m* ***climatique*** climate change
climatisation [klimatizasjõ] *f* air conditioning
climatisé, **climatisée** air conditioned
clin [klɛ̃] *m*: ***clin d'œil*** wink; ***en un clin d'œil*** in a flash, in the twinkling of an eye
clinique [klinik] **1** *adj* clinical **2** *f* clinic
clique [klik] *f péj* clique
cliquer [klike] ⟨1a⟩ INFORM click (***sur*** on)
cliqueter [klikte] ⟨1c⟩ *de clés* jingle; *de verres* clink, chink
cliquetis *m* jingling; *de verres* chinking
clivage [klivaʒ] *m fig* split
clochard, **clocharde** [klɔʃar, -d] *m/f* hobo, *Br* tramp
cloche [klɔʃ] *f* bell; F (*idiot*) nitwit F
clocher 1 *m* steeple; ***esprit*** *m* ***de clocher*** *fig* parochialism **2** *v/i* ⟨1a⟩ F: ***ça cloche***

something's not right
clochette *f* (small) bell
cloison [klwazõ] *f* partition
cloisonner ⟨1b⟩ partition off
cloître [klwɑtr] *m* monastery; ARCH cloisters *pl*
cloîtrer ⟨1a⟩ *fig*: ***se cloîtrer*** shut o.s. away
clope [klɔp] *m ou f* F (*cigarette*) cigarette, *Br* F fag; (*mégot*) cigarette end
clopin-clopant [klɔpɛ̃klɔpɑ̃] *adv* F limping, with a limp
clopinettes [klɔpinɛt] *fpl* F peanuts F
cloque [klɔk] *f* blister
clore [klɔr] ⟨4k⟩ *débat*, *compte* close
clos, **close** [klo, -z] *p/p* → ***clore***
clôture [klotyr] *f d'un débat* closure; *d'un compte* closing; (*barrière*) fence
clôturer ⟨1a⟩ *espace* enclose, fence off; *débat*, *compte* close
clou [klu] *m* nail; *fig* main attraction; MÉD boil; ***clous*** F crosswalk, *Br* pedestrian crossing; ***clou de girofle*** clove
clouer ⟨1a⟩ nail; ***être cloué au lit*** be confined to bed
clouté, **cloutée** studded; ***passage*** *m* ***clouté*** crosswalk, *Br* pedestrian crossing
clown [klun] *m* clown
club [klœb] *m* club; ***club de golf*** golf club; ***club de gym*** gym
coaguler [kɔagyle] ⟨1a⟩ *du lait* curdle; *du sang* coagulate
coaliser [kɔalize] ⟨1a⟩ POL: ***se coaliser*** form a coalition
coalition *f* POL coalition
coasser [kɔase] ⟨1a⟩ croak
cobaye [kɔbaj] *m* ZO, *fig* guinea pig
coca [kɔka] *m* Coke®
cocagne [kɔkaɲ] *f*: ***pays*** *m* ***de cocagne*** land flowing with milk and honey
cocaïne [kɔkain] *f* cocaine
cocasse [kɔkas] F ridiculous, comical
coccinelle [kɔksinɛl] *f* ladybug, *Br* ladybird; F AUTO Volkswagen® beetle
cocher [kɔʃe] ⟨1a⟩ *sur une liste* check, *Br aussi* tick off
cochère [kɔʃɛr]: ***porte*** *f* ***cochère*** carriage entrance
cochon [kɔʃõ] **1** *m* ZO, *fig* pig; ***cochon d'Inde*** guinea pig **2** *adj* **cochon, cochonne** F dirty, smutty
cochonnerie *f* F: ***des cochonneries*** filth *sg*; *nourriture* junk food *sg*
cocktail [kɔktɛl] *m* cocktail; *réception* cocktail party
coco [kɔko] *m*: ***noix*** *f* ***de coco*** coconut
cocon [kɔkõ] *m* cocoon
cocotier [kɔkɔtje] *m* coconut palm
cocotte [kɔkɔt] *f* CUIS casserole; F darling; *péj* tart; ***cocotte minute*** pressure cooker
cocu [kɔky] *m* F deceived husband, cuckold
code [kɔd] *m* code; ***code civil*** civil code; ***code pénal*** penal code; ***code de la route*** traffic regulations, *Br* Highway Code; ***se mettre en codes*** switch to low beams, *Br aussi* dip one's headlights; ***phares*** *mpl* ***codes*** low beams, *Br aussi* dipped headlights; ***code (à) barres*** bar code; ***code postal*** zipcode, *Br* postcode; ***code secret*** secret code
coéquipier, **-ière** [koekipje, -ɛr] *m/f* team mate
cœur [kœr] *m* heart; ***à cœur joie*** *rire*, *s'en donner* whole-heartedly; ***au cœur de*** in the heart of; ***de bon cœur*** gladly, willingly; ***apprendre qch par cœur*** learn sth by heart; ***connaître qch par cœur*** know sth by heart; ***j'ai mal au cœur*** I'm nauseous, *Br aussi* I feel sick; ***cela lui tient à cœur*** he feels quite strongly about it; ***avoir bon cœur*** have a good heart
coexistence [kɔɛgzistɑ̃s] *f* co-existence
coexister ⟨1a⟩ co-exist
coffre [kɔfr] *m meuble* chest; FIN safe; AUTO trunk, *Br* boot
coffre-fort *m* (*pl* coffres-forts) safe
coffret [kɔfrɛ] *m* box
cogérer [kɔʒere] ⟨1f⟩ co-manage
cogestion *f* joint management; *avec les ouvriers* worker participation
cognac [kɔɲak] *m* brandy, cognac
cognée [kɔɲe] *f* ax, *Br* axe
cogner ⟨1a⟩ *d'un moteur* knock; ***cogner à*** *ou* ***contre qch*** bang against sth; ***se cogner à*** *ou* ***contre qch*** bump into sth
cohabitation [kɔabitɑsjõ] *f* living together, cohabitation; POL cohabitation
cohabiter ⟨1a⟩ cohabit
cohérence [kɔerɑ̃s] *f d'une théorie* consistency, coherence
cohérent, **cohérente** *théorie* consistent, coherent
cohésion [kɔezjõ] *f* cohesiveness
cohue [kɔy] *f* crowd, rabble
coiffer [kwafe] ⟨1a⟩: ***coiffer qn*** do s.o.'s hair; ***coiffer qn de qch*** put sth on s.o.('s head); ***coiffer un service*** head a department; ***se coiffer*** do one's hair
coiffeur *m* hairdresser, hair stylist
coiffeuse *f* hairdresser, hair stylist; *meuble* dressing table
coiffure *f de cheveux* hairstyle
coin [kwɛ̃] *m* corner (*aussi fig*); *cale* wedge; ***au coin du feu*** by the fireside; ***les gens du coin*** the locals
coincer [kwɛ̃se] ⟨1k⟩ squeeze; *porte*, *tiroir* jam, stick; ***coincer qn*** *fig* (*acculer*)

C

corner s.o.; ***être coincé dans un embouteillage*** be stuck in a traffic jam
coïncidence [kɔɛ̃sidɑ̃s] *f* coincidence
coïncider ⟨1a⟩ coincide (***avec*** with)
col [kɔl] *m d'une robe, chemise* collar; *d'une bouteille, d'un pull* neck; GÉOGR col; ***col blanc / bleu*** white-collar / blue-collar worker
colère [kɔlɛr] *f* anger; ***se mettre en colère*** get angry
coléreux, -euse: ***être coléreux*** have a terrible temper
colérique irritable
colimaçon [kɔlimasõ] *m* snail; ***escalier** m* ***en colimaçon*** spiral staircase
colin [kɔlɛ̃] *m* hake
colique [kɔlik] *f* colic; (*diarrhée*) diarrhea, *Br* diarrhoea
colis [kɔli] *m* parcel, package
collaborateur, **-trice** [kɔlabɔratœr, -tris] *m/f* collaborator (*aussi* POL *péj*)
collaboration *f* collaboration, cooperation; POL *péj* collaboration
collaborer ⟨1a⟩ collaborate, cooperate (***avec*** with; ***à*** on); POL *péj* collaborate
collant, collante [kɔlɑ̃, -t] **1** *adj* sticky; *vêtement* close-fitting; F *personne* clingy **2** *m* pantyhose *pl*, *Br* tights *pl*
collation [kɔlasjõ] *f* CUIS light meal
colle [kɔl] *f* glue; *fig* P *question* tough question; (*retenue*) detention
collecte [kɔlɛkt] *f* collection
collectif, -ive collective, joint; ***billet** m* ***collectif*** group ticket; ***voyage** m* ***collectif*** group tour
collection [kɔlɛksjõ] *f* collection
collectionner ⟨1a⟩ collect
collectionneur, -euse *m/f* collector
collectivité [kɔlɛktivite] *f* community
collège [kɔlɛʒ] *m école* junior high, *Br* secondary school; (*assemblée*) college
collégien, collégienne *m/f* junior high student, *Br* secondary school pupil
collègue [kɔlɛg] *m/f* colleague, co-worker
coller [kɔle] ⟨1a⟩ **1** *v/t* stick, glue **2** *v/i* stick (***à*** to); ***coller à la peau*** *d'un vêtement* be close-fitting; ***ça colle bien entre eux*** F they get on well; ***se coller contre*** *mur* press o.s against; *personne* cling to
collet [kɔlɛ] *m d'un vêtement* collar; *pour la chasse* snare; ***prendre qn au collet*** *fig* catch s.o.
collier [kɔlje] *m bijou* necklace; *de chien* collar
colline [kɔlin] *f* hill
collision [kɔlizjõ] *f* collision; ***entrer en collision avec*** collide with
colloque [kɔlɔk] *m* seminar
collyre [kɔlir] *m* eye drops *pl*
colocataire [kolɔkatɛr] *m/f* roommate, *Br* flatmate
Cologne [kɔlɔɲ]: ***eau** f* ***de Cologne*** eau de Cologne
colombe [kɔlõb] *f* dove (*aussi fig*)
Colombie [kɔlõbi] ***la Colombie*** Colombia
colombien, **colombienne** **1** *adj* Colombian **2** *m/f* **Colombien**, **Colombienne** Colombian
colon [kɔlõ] *m* colonist
colonel [kɔlɔnɛl] *m* colonel
colonial, **coloniale** [kɔlɔnjal] (*mpl* -iaux) colonial
colonialisme *m* colonialism
colonie *f* colony; ***colonie de vacances*** summer camp, *Br* holiday camp
colonisation *f* colonization
coloniser ⟨1a⟩ colonize
colonne [kɔlɔn] *f* column; ***colonne vertébrale*** spine, spinal column
colorant, **colorante** [kɔlɔrɑ̃, -t] **1** *adj shampoing* color *atr*, *Br* colour *atr* **2** *m* dye; *dans la nourriture* coloring, *Br* colouring
coloration *f* coloring, *Br* colouring
coloré, **colorée** *teint* ruddy
colorer ⟨1a⟩ color, *Br* colour
coloris *m* color, *Br* colour
colossal, **colossale** [kɔlɔsal] (*mpl* -aux) colossal, gigantic
colosse *m* colossus
colza [kɔlza] *m* BOT rape
coma [kɔma] *m* coma
combat [kõba] *m* fight; MIL *aussi* battle; ***mettre hors de combat*** put out of action; ***aller au combat*** go into battle; ***combat à mains nues*** unarmed combat
combattant, **combattante** [kõbatɑ̃, -t] **1** *adj* fighting **2** *m* combatant; ***ancien combattant*** veteran, *Br aussi* ex-serviceman
combattre ⟨4a⟩ fight; ***combattre contre qn pour qch*** fight s.o. for sth
combien [kõbjɛ̃] **1** *adv quantité* how much; *avec pl* how many; ***combien de fois*** how many times, how often; ***combien de personnes*** how many people; ***combien de temps*** how long; ***combien est-ce que ça coûte?*** how much is this?; ***combien je regrette …*** how I regret … **2** *m*: ***tous les combien*** how often; ***on est le combien aujourd'hui?*** what date is it today?
combinaison [kõbinɛzõ] *f* combination; (*astuce*) scheme; *de mécanicien* coveralls *pl*, *Br* boiler suit; *lingerie* (full-length) slip; ***combinaison de plongée*** wet suit; ***combinaison de ski*** ski suit

combiné [kõbine] *m* TÉL receiver
combine [kõbin] *f* F trick
combiner ⟨1a⟩ combine; *voyage*, *projet* plan
comble [kõbl] **1** *m fig*: *sommet* height; ***combles*** *pl* attic *sg*; ***de fond en comble*** from top to bottom; ***ça, c'est le comble!*** that's the last straw! **2** *adj* full (to capacity)
combler ⟨1a⟩ *trou* fill in; *déficit* make good; *personne* overwhelm; ***combler une lacune*** fill a gap; ***combler qn de qch*** shower s.o. with sth
combustible [kõbystibl] **1** *adj* combustible **2** *m* fuel
combustion *f* combustion
comédie [kɔmedi] *f* comedy; ***comédie musicale*** musical
comédien, **comédienne** *m/f* actor; *qui joue le genre comique* comic actor
comestible [kɔmɛstibl] **1** *adj* edible **2** *mpl* ***comestibles*** food *sg*
comète [kɔmɛt] *f* comet
comique [kɔmik] **1** *adj* THÉÂT comic; (*drôle*) funny, comical **2** *m* comedian; *acteur* comic (actor); *genre* comedy
comité [kɔmite] *m* committee; ***comité d'entreprise*** plant committee, *Br* works council; ***comité d'experts*** think tank
commandant [kɔmɑ̃dɑ̃] *m* MIL commanding officer; MAR captain; ***commandant de bord*** AVIAT captain; ***commandant en chef*** commander-in-chief
commande [kɔmɑ̃d] *f* COMM order; TECH control; INFORM command
commandement *m* MIL command; (*ordre*) command, order; REL commandment
commander ⟨1a⟩ **1** *v/t* COMM order; (*ordonner*) command, order; MIL be in command of, command; TECH control **2** *v/i* (*diriger*) be in charge; (*passer une commande*) order
commanditaire [kɔmɑ̃ditɛr] *m* silent partner, *Br* sleeping partner
commandite: ***société*** *f* ***en commandite*** limited partnership
commanditer ⟨1a⟩ *entreprise* fund, finance
commando [kɔmɑ̃do] *m* MIL commando
comme [kɔm] **1** *adv* like; ***chanter comme un oiseau*** sing like a bird; ***noir comme la nuit*** as black as night; ***comme cela*** like that; ***comme ci comme ça*** F so-so; ***comme vous voulez*** as you like; ***comme si*** as if ◇ (*en tant que*) as; ***il travaillait comme …*** he was working as a … ◇ (*ainsi que*) as well as; ***moi, comme les autres, je …*** like the others, I … ◇: ***j'ai comme l'impression que …*** F I've kind of got the feeling that … F ◇: ***qu'est-ce qu'on a comme boissons?*** what do we have in the way of drinks?, what sort of drinks do we have? **2** *conj* (*au moment où*, *parce que*) as; ***comme elle sortait de la banque*** as she was coming out of the bank; ***comme tu m'as aidé autrefois*** as *ou* since you helped me once before
commémoratif, **-ive** [kɔmemɔratif, -iv] *plaque etc* memorial, commemmorative
commémoration *f cérémonie* commemoration
commémorer ⟨1a⟩ commemorate
commencement [kɔmɑ̃smɑ̃] *m* beginning, start
commencer ⟨1k⟩ **1** *v/t* begin, start; ***commencer qch par qch*** start sth with sth; ***commencer à faire qch*** start to do sth, start doing sth **2** *v/i* begin, start; ***commencer par faire qch*** start by doing sth; ***commencer par le commencement*** start at the beginning; ***commencer mal*** get off to a bad start
comment [kɔmɑ̃] *adv* how; ***comment?*** (*qu'avez-vous dit?*) pardon me?, *Br* sorry?; ***comment!*** *surpris* what!; ***le pourquoi et le comment*** the whys and the wherefores *pl*
commentaire [kɔmɑ̃tɛr] *m* comment; RAD, TV commentary
commentateur, **-trice** *m/f* commentator
commenter ⟨1a⟩ comment on; RAD, TV commentate on
commérages [kɔmeraʒ] *mpl* gossip *sg*
commerçant, **commerçante** [kɔmɛrsɑ̃, -t] **1** *adj*: ***rue*** *f* ***commerçante*** shopping street **2** *m/f* merchant, trader
commerce [kɔmɛrs] *m activité* trade, commerce; (*magasin*) store, *Br* shop; *fig* (*rapports*) dealings *pl*
commercer ⟨1k⟩ trade, do business
commercial, **commerciale** [kɔmɛrsjal] (*mpl* -iaux) commercial
commercialiser ⟨1a⟩ market
commère [kɔmɛr] *f* gossip
commettre [kɔmɛtr] ⟨4p⟩ commit; *erreur* make
commis [kɔmi] *m dans l'administration* clerk; *d'un magasin* clerk, *Br* (shop) assistant; ***commis voyageur*** commercial traveler *ou Br* traveller
commissaire [kɔmisɛr] *m* commission member; *de l'UE* Commissioner; SP steward; ***commissaire aux comptes*** COMM auditor
commissaire-priseur *m* (*pl* commissaires-priseurs) auctioneer

C

commissariat [kɔmisarja] *m* commissionership; ***commissariat (de police)*** police station
commission [kɔmisjõ] *f* (*comité, mission*), COMM commission; (*message*) message; ***faire les commissions*** go shopping
commissionnaire *m* COMM agent; *dans un hôtel* commissionaire
commode [kɔmɔd] **1** *adj* handy; *arrangement* convenient; ***pas commode*** *personne* awkward; ***commode d'accès*** *lieu* easy to get to **2** *f* chest of drawers
commodité *f d'arrangement* convenience; ***toutes les commodités*** all mod cons
commotion [kɔmɔsjõ] *f* MÉD: ***commotion cérébrale*** stroke
commun, commune [kɔmɛ̃ *ou* kɔmœ̃, -yn] **1** *adj* common; *œuvre* joint; ***transports*** *mpl* ***en commun***, mass transit *sg*, *Br* public transport *sg*; ***mettre en commun*** *argent* pool **2** *m*: ***hors du commun*** out of the ordinary
communal, communale [kɔmynal] (*mpl* -aux) (*de la commune*) local
communautaire [kɔmynotɛr] community *atr*
communauté *f* community; *de hippies* commune; ***communauté européenne*** European Community; ***la communauté internationale*** the international community; ***communauté des biens*** JUR common ownership of property
commune [kɔmyn] *f* commune
communément [kɔmynemɑ̃] *adv* commonly
communicatif, -ive [kɔmynikatif, -iv] *personne* communicative; *rire, peur* contagious
communication *f* communication; (*message*) message; ***communications*** *routes, téléphone* communications; ***communication téléphonique*** telephone call; ***la communication a été coupée*** the line is dead; ***se mettre en communication avec qn*** get in touch with s.o.
communier [kɔmynje] ⟨1a⟩ REL take Communion
communion *f* REL Communion
communiqué [kɔmynike] *m* POL press release
communiquer [kɔmynike] ⟨1m⟩ **1** *v/t* communicate; *nouvelle, demande* convey, pass on; *maladie* pass on, give (***à qn*** to s.o.) **2** *v/i* communicate
communisme [kɔmynism] *m* communism
communiste *m/f & adj* Communist
commutateur [kɔmytatœr] *m* TECH switch
commutation *f* JUR: ***bénéficier d'une commutation de peine*** have one's sentence reduced
compact, compacte [kõpakt] compact
compact disc *m* compact disc
compagne [kõpaɲ] *f* companion; *dans couple* wife
compagnie *f* company; ***en compagnie de*** accompanied by; ***tenir compagnie à qn*** keep s.o. company; ***compagnie aérienne*** airline; ***compagnie d'assurance*** insurance company; ***compagnie pétrolière*** oil company
compagnon *m* companion; *dans couple* husband; *employé* journeyman
comparable [kõparabl] comparable (***à*** to, ***avec*** with)
comparaison *f* comparison; ***en comparaison de, par comparaison à, par comparaison avec*** compared with; ***par comparaison*** by comparison
comparaître [kõparɛtr] ⟨4z⟩ appear (***en justice*** in court)
comparer [kõpare] ⟨1a⟩ compare (***à*** to, ***avec*** with)
comparatif, -ive comparative
compartiment [kõpartimɑ̃] *m* compartment; *de train* car, *Br* compartment; ***compartiment fumeurs*** smoking car
comparution [kõparysjõ] *f* JUR appearance
compas [kõpa] *m* MATH, MAR compass
compassion [kõpasjõ] *f* compassion
compatibilité [kõpatibilite] *f* compatibility
compatible compatible
compatir [kõpatir] *v/i*: ***compatir à*** sympathize with, feel for
compatriote [kõpatrijɔt] *m/f* compatriot
compensation [kõpɑ̃sasjõ] *f* compensation; ***en compensation*** by way of compensation
compenser ⟨1a⟩ compensate for; *paresse, terreur* make up for
compétence [kõpetɑ̃s] *f* (*connaissances*) ability, competence; JUR jurisdiction
compétent, compétente competent, skillful, *Br* skilful; JUR competent
compétitif, -ive [kõpetitif, -iv] competitive
compétition *f* competition
compétitivité *f* competitiveness
compiler [kõpile] ⟨1a⟩ compile
complainte [kõplɛ̃t] *f* lament
complaire [kõplɛr] ⟨4a⟩: ***se complaire dans qch/à faire qch*** delight in sth / in doing sth
complaisance [kõplɛzɑ̃s] *f* (*amabilité*)

kindness; *péj* complacency
complaisant, **complaisante** kind (***pour, envers qn*** to s.o.); *péj* complacent
complément [kõplemã] *m* remainder; MAT complement
complémentaire *article, renseignement* further, additional
complet, **-ète** [kõplɛ, -t] **1** *adj* complete; *hôtel, description, jeu de cartes* full; *pain* whole wheat, *Br* wholemeal **2** *m* suit
complètement *adv* completely
compléter ⟨1f⟩ complete; ***se compléter*** complement each other
complexe [kõplɛks] **1** *adj* complex; (*compliqué*) complex, complicated **2** *m* complex; ***complexe d'infériorité*** inferiority complex
complexé, **complexée** uptight, full of complexes
complexité *f* complexity
complication [kõplikasjõ] *f* complication
complice [kõplis] **1** *adj* JUR: ***être complice de qch*** be an accessory to sth **2** *m/f* accomplice
complicité *f* collusion
compliment [kõplimã] *m* compliment; ***mes compliments*** congratulations
complimenter ⟨1a⟩ *pour coiffure etc* compliment (***pour*** on); *pour réussite etc* congratulate (***pour*** on)
compliqué, **compliquée** [kõplike] complicated
compliquer ⟨1m⟩ complicate; ***se compliquer*** become complicated; ***pourquoi se compliquer la vie?*** why complicate things?, why make life difficult?
complot [kõplo] *m* plot
comploter plot
comportement [kõpɔrtəmã] *m* behavior, *Br* behaviour
comporter ⟨1a⟩ (*comprendre*) comprise; (*impliquer*) involve, entail; ***se comporter*** behave (o.s)
composant [kõpozã] *m* component
composé, **composée** **1** *adj corps, mot* compound **2** *m* compound
composer ⟨1a⟩ **1** *v/t* (*former*) make up; MUS compose; *livre, poème* write; ***être composé de*** be made up of, consist of; ***composer un numéro*** dial a number **2** *v/i transiger* come to terms (***avec*** with); ***se composer de be*** made up of, consist of
composite [kõmposite] composite
compositeur, **-trice** [kõpozitœr, -tris] *m/f* composer
composition *f* composition (*aussi* MUS); *de livre, poème* writing; *d'un plat, une équipe* make-up
composter [kõpɔste] ⟨1a⟩ *billet* punch
composteur *m* punch
compote [kõpɔt] *f*: ***compote de pommes / poires*** stewed apples / pears
compréhensible [kõpreãsibl] (*intelligible*) understandable, comprehensible; (*concevable*) understandable
compréhensif, **-ive** understanding
compréhension *f* understanding, comprehension; (*tolérance*) understanding
comprendre [kõprãdr] ⟨4q⟩ understand, comprehend *fml*; (*inclure*) include; (*comporter*) comprise; ***faire comprendre qch à qn*** (*expliquer*) make s.o. understand sth; (*suggérer*) give s.o. to understand sth; ***se faire comprendre*** make o.s. understood
compresse [kõprɛs] *f* MÉD compress
compresseur [kõprɛsœr] *m* TECH compressor
compression *f* compression; *de dépenses, effectifs* reduction
comprimé [kõprime] *m* tablet
comprimer ⟨1a⟩ *air, substance* compress; *dépenses, effectifs* cut (back), reduce
compris, **comprise** [kõpri, -z] (*inclus*) included (***dans*** in); ***y compris*** including
compromettre [kõprɔmɛtr] ⟨4p⟩ compromise
compromis *m* compromise
comptabilité [kõtabilite] *f* accountancy; (*comptes*) accounts *pl*
comptable *m/f* accountant
comptant COMM **1** *adj*: ***argent*** *m* ***comptant*** cash **2** *m*: ***acheter qch au comptant*** pay cash for sth
compte [kõt] *m* account; (*calcul*) calculation; ***comptes*** accounts; ***à bon compte*** *acheter qch* for a good price; ***en fin de compte*** at the end of the day, when all's said and done; ***faire le compte de qch*** count up sth; ***rendre compte de qch*** give an account of sth; (*expliquer*) account for sth; ***se rendre compte de qch*** realize sth; ***tenir compte de qch*** take sth into account, bear sth in mind; ***compte tenu de*** bearing in mind, in view of; ***pour mon compte*** for my part, as far as I'm concerned; ***prendre qch à son compte*** take responsibility for sth; ***mets-le sur le compte de la fatigue*** put it down to fatigue; ***s'installer à son compte*** set up on one's own, go into business for o.s.; ***compte chèque postal*** post office account; ***compte courant*** checking account, *Br* current account; ***compte de dépôt*** savings account, *Br* deposit account; ***compte à rebours*** countdown; ***compte rendu*** report; *de*

réunion minutes *pl*; ***faire le compte rendu d'une réunion*** take the minutes of a meeting

compte-gouttes [kõtgut] dropper; ***je lui donne son argent au compte-gouttes*** *fig* I give him his money in dribs and drabs

compter [kõte] ⟨1a⟩ **1** *v/t* count; (*prévoir*) allow; (*inclure*) include; ***compter faire qch*** plan on doing sth; ***compter que*** hope that; ***ses jours sont comptés*** his days are numbered; ***sans compter le chien*** not counting the dog **2** *v/i* (*calculer*) count; (*être important*) matter, count; ***compter avec*** reckon with; ***compter sur*** rely on; ***il ne compte pas au nombre de mes amis*** I don't regard him as a friend; ***à compter de demain*** starting (from) tomorrow, (as) from tomorrow

compte-tours [kõt(ə)tur] *m* (*pl inv*) TECH rev counter

compteur [kõtœr] *m* meter; ***compteur de vitesse*** speedometer

comptine [kõtin] *f* nursery rhyme

comptoir [kõtwar] *m d'un café* bar; *d'un magasin* counter

compulsif, **-ive** [kõpylsif, -iv] *comportement* compulsive

comte [kõt] *m en France* count; *en Grande-Bretagne* earl

comté *m* county

comtesse *f* countess

con, **conne** [kõ, kɔn] P **1** *adj* damn stupid F **2** *m/f* damn idiot F; ***espèce de con!*** V fucking bastard! V

concave [kõkav] concave

concéder [kõsede] ⟨1f⟩ (*accorder*) grant; (*consentir*) concede; ***concéder que*** admit that

concentration [kõsɑ̃trasjõ] *f* concentration (*aussi fig*)

concentrer ⟨1a⟩ concentrate; ***se concentrer*** concentrate (***sur*** on)

concept [kõsɛpt] *m* concept

conception [kõsɛpsjõ] *f* (*idée*) concept; (*planification*) design; BIOL conception; ***avoir la même conception de la vie*** have the same outlook on life, share the same philosophy

concernant [kõsɛrnɑ̃] *prép* concerning, about

concerner ⟨1a⟩ concern, have to do with; ***en ce qui me concerne*** as far as I'm concerned; ***cela ne vous concerne pas du tout*** it's none of your concern, it has nothing to do with you

concert [kõsɛr] *m* MUS concert; ***de concert avec*** together with; ***agir de concert*** take concerted action

concerter [kõsɛrte] ⟨1a⟩ agree on; ***se concerter*** consult

concerto [kõsɛrto] *m* concerto

concession [kõsɛsjõ] *f* concession; AUTO dealership

concessionnaire *m* dealer

concevable [kõsəvabl] conceivable

concevoir ⟨3a⟩ (*comprendre*) understand, conceive; (*inventer*) design; BIOL, *plan*, *idée* conceive

concierge [kõsjɛrʒ] *m/f d'immeuble* superintendent, *Br* caretaker; *d'école* janitor, *Br aussi* caretaker; *d'un hôtel* concierge

concilier ⟨1a⟩ *idées*, *théories* reconcile

concis, **concise** [kõsi, -z] concise

concision *f* concision, conciseness

concitoyen, **concitoyenne** [kõsitwajɛ̃, -ɛn] *m/f* fellow citizen

concluant, **concluante** [kõklyɑ̃, -t] conclusive

conclure ⟨4l⟩ **1** *v/t* (*finir*, *déduire*) conclude; ***conclure un contract*** enter into a contract **2** *v/i*: ***conclure à*** JUR return a verdict of; ***conclure de*** conclude from

conclusion *f* conclusion

concombre [kõkõbr] *m* BOT cucumber

concordance [kõkɔrdɑ̃s] *f* agreement

concorder ⟨1a⟩ (*correspondre*) tally (***avec*** with); (*convenir*) match; ***concorder avec*** (*convenir avec*) go with

concourir [kõkurir] ⟨2i⟩: ***concourir à qch*** contribute to sth

concours *m* competition; (*assistance*) help; ***avec le concours de qn*** with the help of s.o.; ***concours de circonstances*** combination of circumstances; ***concours hippique*** horse show

concret, **-ète** [kõkrɛ, -t] concrete

concrétiser ⟨1a⟩ *idée*, *rêve* turn into reality; *projet* make happen; (*illustrer*) give concrete form to; ***le projet se concrétise*** the project is taking shape

conçu, **conçue** [kõsy] *p/p* → ***concevoir***

concubin [kõkybɛ̃] *m* common-law husband

concubinage *m* co-habitation

concubine *f* common-law wife

concurrence [kõkyrɑ̃s] *f* competition; ***faire concurrence à*** compete with; ***jusqu'à concurrence de 300 000 euros*** to a maximum of 300,000 euros

concurrent, **concurrente** **1** *adj* competing, rival **2** *m/f d'un concours* competitor; COMM competitor, rival

concurrentiel, **concurrentielle** competitive

condamnable [kõdanabl] reprehensible

condamnation *f* sentence; *action* sentencing; *fig* condemnation; ***condamnation à perpetuité*** life sentence
condamner ⟨1a⟩ JUR sentence; *malade* give up; (*réprouver*) condemn; *porte* block up
condenser [kõdɑ̃se] ⟨1a⟩ condense (*aussi fig*); ***se condenser*** condense
condescendance [kõdesɑ̃dɑ̃s] *f péj* condescension
condescendre ⟨4a⟩: ***condescendre à faire qch*** condescend to do sth
condiment [kõdimɑ̃] *m* seasoning
condition [kõdisjõ] *f* condition; ***condition préalable*** prerequisite; ***condition requise*** precondition; ***à (la) condition que*** (+ *subj*) on condition that, ***à (la) condition de faire qch*** on condition of doing sth; ***conditions de travail*** working conditions
conditionnel, **conditionnelle** **1** *adj accord etc* conditional **2** *m* GRAM conditional
conditionnement *m* (*emballage*) packaging; PSYCH conditioning
conditionner ⟨1a⟩ (*emballer*) package; PSYCH condition
condoléances [kõdɔleɑ̃s] *fpl* condolences
conducteur, **-trice** [kõdyktœr, -tris] **1** *adj* ÉL *matériau* conductive **2** *m/f* driver **3** *m* PHYS conductor
conduire [kõdɥir] ⟨4c⟩ **1** *v/t* (*accompagner*) take; (*mener*) lead; *voiture* drive; *eau* take, carry; ÉL conduct; ***conduire qn à faire qch*** lead s.o. to do sth; ***se conduire*** behave **2** *v/i* AUTO drive; (*mener*) lead (***à*** to); ***permis*** *m* ***de conduire*** driver's license, *Br* driving licence
conduit [kõdɥi] *m d'eau, de gaz* pipe; ***conduit d'aération*** ventilation shaft; ***conduit lacrymal*** ANAT tear duct
conduite *f* (*comportement*) behavior, *Br* behaviour; *direction* management; *d'eau, de gaz* pipe; AUTO driving; ***conduite en état d'ivresse*** drunk driving
cône [kon] *m* cone
confection [kõfɛksjõ] *f d'une robe, d'un plat etc* making; *industrie* clothing industry; ***une tarte de sa confection*** a tart she'd made (herself)
confectionner ⟨1a⟩ make
confédération [kõfederasjõ] *f* confederation
conférence [kõferɑ̃s] *f* (*congrès*) conference; (*exposé*) lecture; ***être en conférence*** be in a meeting; ***conférence de presse*** press conference; ***conférence au sommet*** POL summit conference
conférencier, **-ère** *m/f* speaker
conférer ⟨1f⟩ (*accorder*) confer
confesser [kõfɛse] ⟨1b⟩ confess (*aussi* REL); ***confesser qn*** REL hear s.o.'s confession; ***se confesser*** REL go to confession
confession *f* confession (*aussi* REL); (*croyance*) (religious) denomination, faith
confessionnal *m* (*pl* -aux) confessional
confiance [kõfjɑ̃s] *f* (*foi, sécurité*) confidence, trust; (*assurance*) confidence; ***avoir confiance en qch / qn*** have faith in s.o./sth, trust s.o./sth; ***faire confiance à qn*** trust s.o.; ***confiance en soi*** self--confidence
confiant, **confiante** (*crédule*) trusting; (*optimiste*) confident; (*qui a confiance en soi*) (self-)confident
confidence [kõfidɑ̃s] *f* confidence; ***faire une confidence à qn*** confide in s.o.
confident, **confidente** *m/f* confidant
confidentiel, **confidentielle** confidential
confier [kõfje] ⟨1a⟩: ***confier qch à qn*** (*laisser*) entrust s.o. (with sth); ***se confier à*** confide in
configuration [kõfigyrasjõ] *f* configuration
confiner [kõfine] ⟨1a⟩ **1** *v/t*: ***confiner à*** confine to **2** *v/i*: ***confiner à*** border (on)
confins *mpl* borders; ***aux confins de*** on the border between
confirmation [kõfirmasjõ] *f* confirmation (*aussi* REL)
confirmer ⟨1a⟩ confirm (*aussi* REL); ***l'exception confirme la règle*** the exception proves the rule
confiscation [kõfiskasjõ] *f* confiscation
confiserie [kõfizri] *f* confectionery; *magasin* confectioner's; ***confiseries*** candy *sg*, *Br* sweets
confisquer [kõfiske] ⟨1m⟩ confiscate (***qch à qn*** sth from s.o.)
confit, **confite** [kõfi, -t] *fruits* candied
confiture [kõfityr] *f* jelly, *Br* jam
conflictuel, **conflictuelle** [kõfliktɥɛl] adversarial
conflit *m* conflict; *d'idées* clash; ***conflit des générations*** generation gap; ***conflit social*** industrial dispute
confluent [kõflyɑ̃] *m* tributary
confondre [kõfõdr] ⟨4a⟩ *mêler dans son esprit* confuse (***avec*** with); (*déconcerter*) take aback; ***se confondre*** (*se mêler*) merge, blend; ***se confondre en excuses*** apologize profusely
conforme [kõfɔrm]: ***conforme à*** in accordance with; ***copie conforme à l'original*** exact copy of the original

C

C

conformément *adv*: ***conformément à*** in accordance with
conformer ⟨1a⟩: ***conformer à*** adapt to; ***se conformer à qch*** comply with sth
conformisme *m* conformity
conformiste *m/f* conformist
conformité *f caractère de ce qui est semblable* similarity; ***en conformité avec*** in accordance with
confort [kõfɔr] *m* comfort; ***tout confort*** with every convenience
confortable [kõfɔrtabl] comfortable; *somme* sizeable
confrère [kõfrɛr] *m* colleague
confrontation [kõfrõtasjõ] *f* confrontation; (*comparaison*) comparison
confronter ⟨1a⟩ confront; (*comparer*) compare
confus, **confuse** [kõfy, -z] *amas*, *groupe* confused; *bruit* indistinct; *souvenirs* vague; *personne* (*gêné*) embarrassed
confusion *f* confusion; (*embarras*) embarrassment
congé [kõʒe] *m* (*vacances*) vacation, *Br* holiday; MIL leave; *avis de départ* notice; ***prendre congé de qn*** take one's leave of s.o.; ***être en congé*** be on vacation; ***congé de maladie*** sick leave; ***congé de maternité*** maternity leave
congédier ⟨1a⟩ dismiss
congélateur [kõʒelatœr] *m* freezer
congélation *f* freezing
congelé, **congelée** *aliment* frozen
congeler ⟨1d⟩ freeze
congénère [kõʒenɛr] *m*: ***avec ses congénères*** with its own kind
congénital, **congénitale** [kõʒenital] (*mpl* -aux) congenital
congère [kõʒɛr] *f* (snow)drift
congestion [kõʒɛstjõ] *f* MÉD congestion; ***congestion cérébrale*** stroke
congestionner ⟨1a⟩ *rue* cause congestion in, block
congestionné, **congestionnée** *visage* flushed
congrès [kõgrɛ] *m* convention, conference; ***Congrès*** *aux États-Unis* Congress
congressiste *m/f* conventioneer, *Br* conference member
conifère [kɔnifɛr] *m* BOT conifer
conique [kɔnik] conical
conjecture [kõʒɛktyr] *f* conjecture
conjecturer ⟨1a⟩ conjecture about
conjoint, **conjointe** [kõʒwɛ̃, -t] **1** *adj* joint **2** *m/f* spouse
conjonction [kõʒõksjõ] *f* GRAM conjunction
conjonctivite [kõʒõktivit] *f* MÉD conjunctivitis
conjoncture [kõʒõktyr] *f* situation, circumstances *pl*; ÉCON economic situation
conjugaison [kõʒygɛzõ] *f* GRAM conjugation
conjugal, **conjugale** [kõʒygal] (*mpl* -aux) conjugal; *vie* married; ***quitter le domicile conjugal*** desert one's wife / husband
conjuguer [kõʒyge] ⟨1m⟩ *efforts* combine; GRAM conjugate
conjuration [kõʒyrasjõ] *f* (*conspiration*) conspiracy
conjurer ⟨1a⟩: ***conjurer qn de faire qch*** implore s.o. to do sth; ***se conjurer contre*** conspire against
connaissance [kɔnɛsɑ̃s] *f* (*savoir*) knowledge; (*conscience*) consciousness; *personne connue* acquaintance; ***connaissances*** *d'un sujet* knowledge *sg*; ***avoir connaissance de qch*** know about sth, be aware of sth; ***prendre connaissance de qch*** acquaint o.s. with sth; ***perdre connaissance*** lose consciousness; ***reprendre connaissance*** regain consciousness, come to; ***faire connaissance avec qn, faire la connaissance de qn*** make s.o.'s acquaintance, meet s.o.; ***à ma connaissance*** to my knowledge, as far as I know
connaisseur *m* connoisseur
connaître ⟨4z⟩ know; (*rencontrer*) meet; ***s'y connaître en qch*** know all about sth, be an expert on sth; ***il s'y connaît*** he's an expert
connecter [kɔnɛkte] ⟨1a⟩ TECH connect; ***se connecter*** INFORM log on
connerie [kɔnri] *f* P damn stupidity; ***une connerie*** a damn stupid thing to do / say; ***dire des conneries*** talk crap P
connexion [kɔnɛksjõ] *f* connection (*aussi* ÉL); ***hors connexion*** INFORM off-line
connivence [kɔnivɑ̃s] *f* connivance; ***être de connivence avec qn*** connive with s.o.
connu, **connue** [kɔny] **1** *p/p* → ***connaître*** **2** *adj* well-known
conquérant [kõkerɑ̃] *m* winner; ***Guillaume le Conquérant*** William the Conqueror
conquérir ⟨2l⟩ *peuple*, *pays* conquer; *droit*, *indépendance*, *estime* win, gain; *marché* capture, conquer; *personne* win over
conquête *f* conquest
consacrer [kõsakre] ⟨1a⟩ REL consecrate; (*dédier*) dedicate; *temps*, *argent* spend; ***se consacrer à qch / qn*** dedicate *ou* devote o.s. to sth/s.o.; ***une expression consacrée*** a fixed expression

consanguin, consanguine [kõsɑ̃gɛ̃, -in]: ***frère consanguin*** half-brother (*who has the same father*); ***unions*** *fpl* ***consanguines*** inbreeding *sg*

conscience [kõsjɑ̃s] *f moral* conscience; *physique*, PSYCH consciousness; ***avoir bonne / mauvaise conscience*** have a clear / guilty conscience; ***prendre conscience de qch*** become aware of sth; ***perdre conscience*** lose consciousness

consciencieux, -euse conscientious

conscient, consciente conscious; ***être conscient de qch*** be aware *ou* conscious of sth

consécration [kõsekrasjõ] *f* REL consecration; (*confirmation*) confirmation

consécutif, -ive [kõsekytif, -iv] consecutive; ***consécutif à*** resulting from

consécutivement *adv* consecutively

conseil [kõsɛj] *m* (*avis*) advice; (*conseiller*) adviser; (*assemblée*) council; ***un conseil*** a piece of advice; ***conseil municipal*** town council; ***conseil d'administration*** board of directors; ***conseil des ministres*** Cabinet; ***Conseil de Sécurité*** *de l'ONU* Security Council

conseiller[1] [kõsɛje] ⟨1b⟩ *personne* advise; ***conseiller qch à qn*** recommend sth to s.o.

conseiller[2], **-ère** [kõsɛje, -ɛr] *m* adviser; ***conseiller en gestion*** management consultant; ***conseiller municipal*** councilman, *Br* town councillor

consentement [kõsɑ̃tmɑ̃] *m* consent

consentir ⟨2b⟩ **1** *v/i* consent, agree (***à*** to); ***consentir à faire qch*** agree *ou* consent to do sth; ***consentir à ce que qn fasse*** (*subj*) ***qch*** agree to s.o.'s doing sth **2** *v/t prêt*, *délai* grant, agree

conséquence [kõsekɑ̃s] *f* consequence; ***en conséquence*** (*donc*) consequently; ***en conséquence de*** as a result of

conséquent, conséquente (*cohérent*) consistent; ***par conséquent*** consequently

conservateur, -trice [kõsɛrvatœr, -tris] **1** *adj* POL conservative **2** *m/f* POL conservative; *d'un musée* curator **3** *m* CUIS preservative

conservation *f* preservation; *des aliments* preserving

conservatoire [kõsɛrvatwar] *m* school, conservatory

conserve [kõsɛrv] *f* preserve; *en boîte* canned food, *Br aussi* tinned food; ***en conserve*** (*en boîte*) canned, *Br aussi* tinned

conserver ⟨1a⟩ (*garder*) keep; *aliments* preserve

considérable [kõsiderabl] considerable

considérablement *adv* considerably

considération *f* consideration; ***en considération de*** in consideration of; ***prendre en considération*** take into consideration

considérer ⟨1f⟩ consider; ***considérer comme*** consider as, look on as

consigne [kõsiɲ] *f* orders *pl*; *d'une gare* baggage checkroom, *Br* left luggage office; *pour bouteilles* deposit; ÉDU detention

consigner ⟨1a⟩ (*noter*) record; *écolier* keep in; *soldat* confine to base, *Br* confine to barracks; ***bouteille*** *f* ***consignée*** returnable bottle

consistance [kõsistɑ̃s] *f* consistency

consistant, consistante *liquide*, *potage* thick; *mets* substantial

consister ⟨1a⟩: ***consister en / dans qch*** consist of sth; ***consister à faire qch*** consist in doing sth

consolant, consolante [kõsɔlɑ̃, -t] consoling

consolation *f* consolation

console [kõsɔl] *f* (*table*) console table; INFORM console; ***jouer à la console*** play computer games

consoler [kõsɔle] ⟨1a⟩ console, comfort; ***se consoler de qch*** get over sth

consolider [kõsɔlide] ⟨1a ⟩ strengthen, consolidate; COMM, FIN consolidate

consommateur, -trice [kõsɔmatœr, -tris] *m/f* consumer; *dans un café* customer

consommation *f* consumption; *dans un café* drink

consommé [kõsɔme] *m* CUIS consommé, clear soup

consommer ⟨1a⟩ **1** *v/t bois*, *charbon*, *essence etc* consume, use **2** *v/i dans un café* drink

consonne [kõsɔn] *f* consonant

conspirateur, -trice [kõspiratœr, -tris] *m/f* conspirator

conspiration *f* conspiracy

conspirer ⟨1a⟩ conspire

constamment [kõstamɑ̃] *adv* constantly

constance [kõstɑ̃s] *f* (*persévérance*) perseverance; *en amour* constancy

constant, constante [kõstɑ̃, -t] **1** *adj ami* steadfast, staunch; *efforts* persistent; *souci*, *température*, *quantité* constant; *intérêt* unwavering **2** *f* constant

constat [kõsta] *m* JUR report

constatation [kõstatasjõ] *f* observation

constater ⟨1a⟩ observe

constellation [kõstɛlasjõ] *f* constellation

consternation [kõstɛrnasjõ] *f* consternation

C

consterner ⟨1a⟩ fill with consternation, dismay
consterné, **consternée** dismayed
constipation [kõstipasjõ] *f* constipation
constipé, **constipée** constipated
constituer [kõstitɥe] ⟨1a⟩ constitute; *comité, société* form, set up; *rente* settle (***à*** on); ***être constitué de*** be made up of; ***se constituer*** *collection, fortune* amass, build up; ***se constituer prisonnier*** give o.s. up
constitution [kõstitysjõ] *f* (*composition*) composition; ANAT, POL constitution; *d'un comité, d'une société* formation, setting up
constitutionnel, **constitutionnelle** constitutional
constructeur [kõstryktœr] *m de voitures, d'avions, d'ordinateurs* manufacturer; *de maisons* builder; ***constructeur mécanicien*** *m* mechanical engineer; ***constructeur naval*** shipbuilder
constructif, **-ive** constructive
construction *f action, bâtiment* construction, building
construire ⟨4c⟩ construct, build; *théorie, roman* construct
consul [kõsyl] *m* consul
consulat *m* consulate
consultatif, **-ive** [kõsyltatif, -tiv] consultative
consultation *f* consultation; (***heures*** *fpl* ***de***) ***consultation*** MÉD office hours, *Br* consulting hours
consulter ⟨1a⟩ **1** *v/t* consult **2** *v/i* be available for consultation
consumer [kõsyme] ⟨1a⟩ *de feu, passion* consume
contact [kõtakt] *m* contact; ***lentilles*** *fpl ou* ***verres*** *mpl* ***de contact*** contact lenses, contacts F; ***entrer en contact avec qn*** (first) come into contact with s.o.; ***prendre contact avec qn, se mettre en contact avec qn*** contact s.o., get in touch with s.o.; ***mettre / couper le contact*** AUTO switch the engine on / off
contagieux, **-euse** [kõtaʒjø, -z] contagious; *rire* infectious
contagion *f* contagion
container [kõtɛnɛr] *m* container; ***container à verre*** bottle bank
contamination [kõtaminasjõ] *f* contamination; MÉD *d'une personne* infection
contaminer ⟨1a⟩ contaminate; MÉD *personne* infect
conte [kõt] *m* story, tale; ***conte de fées*** fairy story *ou* tale
contemplation [kõtɑ̃plasjõ] *f* contemplation
contempler ⟨1a⟩ contemplate
contemporain, **contemporaine** [kõtɑ̃pɔrɛ̃, -ɛn] *m/f & adj* contemporary
contenance [kõtnɑ̃s] *f* (*capacité*) capacity; (*attitude*) attitude; ***perdre contenance*** lose one's composure
conteneur *m* container; ***conteneur à verre*** *m* bottle bank
contenir ⟨2h⟩ contain; *foule* control, restrain; *larmes* hold back; *peine* suppress; ***se contenir*** contain o.s., control o.s.
content, **contente** [kõtɑ̃, -t] pleased, content (***de*** with)
contentement *m* contentment
contenter ⟨1a⟩ *personne, curiosité* satisfy; ***se contenter de qch*** be content with sth; ***se contenter de faire qch*** be content with doing sth
contentieux [kõtɑ̃sjø] *m* disputes *pl*; *service* legal department
contenu [kõtny] *m* content
conter [kõte] ⟨1a⟩ tell
contestable [kõtɛstabl] *décision* questionable
contestataire POL **1** *adj propos* of protest **2** *m/f* protester
contestation *f* discussion; (*opposition*) protest
contester ⟨1a⟩ challenge
contexte [kõtɛkst] *m* context
contigu, **contiguë** [kõtigy] adjoining
continent [kõtinɑ̃] *m* continent
contingent [kõtɛ̃ʒɑ̃] *m* (*part*) quota
contingenter ⟨1a⟩ apply a quota to
continu, **continue** [kõtiny] continous; ÉL *courant* direct
continuation *f* continuation
continuel, **continuelle** continual
continuer ⟨1n⟩ **1** *v/t voyage, travaux* continue (with), carry on with; *rue, ligne* extend **2** *v/i* continue, carry *ou* go on; *de route* extend; ***continuer à*** *ou* ***de faire qch*** continue to do sth, carry *ou* go on doing sth
continuité *f* continuity; *d'une tradition* continuation
contorsion [kõtɔrsjõ] *f* contorsion
contour [kõtur] *m* contour; *d'une fenêtre, d'un visage* outline; ***contours*** (*courbes*) twists and turns
contourner ⟨1a⟩ *obstacle* skirt around; *fig*: *difficulté* get around
contraceptif, **-ive** [kõtrasɛptif, -iv] contraceptive
contraception *f* contraception
contracter [kõtrakte] ⟨1a⟩ *dette* incur; *maladie* contract, incur; *alliance, obligation* enter into; *assurance* take out; *habitude* acquire

contractuel, **contractuelle** **1** *adj* contractual **2** *m/f* traffic officer, *Br* traffic warden

contradiction [kõtradiksjõ] *f* contradiction

contradictoire contradictory

contraindre [kõtrɛ̃dr] ⟨4b⟩: ***contraindre qn à faire qch*** force *ou* compel s.o. to do sth

contrainte *f* constraint; ***agir sous la contrainte*** act under duress; ***sans contrainte*** freely, without restraint

contraire [kõtrɛr] **1** *adj sens* opposite; *principes* conflicting; *vent* contrary; ***contraire à*** contrary to **2** *m*: ***le contraire de*** the opposite *ou* contrary of; ***au contraire*** on the contrary

contrairement *adv*: ***contrairement à*** contrary to; ***contrairement à toi*** unlike you

contrarier [kõtrarje] ⟨1a⟩ *personne* annoy; *projet*, *action* thwart

contrariété *f* annoyance

contraste [kõtrast] *m* contrast

contraster ⟨1a⟩ contrast (***avec*** with)

contrat [kõtra] *m* contract; ***contrat de location*** rental agreement

contravention [kõtravɑ̃sjõ] *f* (*infraction*) infringement; (*procès-verbal*) ticket; ***contravention pour excès de vitesse*** speeding fine

contre [kõtr] **1** *prép* against; SP *aussi* versus; (*en échange*) (in exchange) for; ***tout contre qch*** right next to sth; ***joue contre joue*** cheek to cheek; ***par contre*** on the contrary; ***quelque chose contre la diarrhée*** something for diarrhea **2** *m*: ***le pour et le contre*** the pros and the cons *pl*

contre-attaque [kõtratak] *f* counterattack

contrebalancer [kõtrəbalɑ̃se] ⟨1k⟩ counterbalance

contrebande [kõtrəbɑ̃d] *f* smuggling; *marchandises* contraband; ***faire la contrebande de qch*** smuggle sth

contrebandier *m* smuggler

contrebasse [kõtrəbas] *f* double bass

contrecarrer [kõtrəkare] ⟨1a⟩ *projets* thwart

contrecœur [kõtrəkœr]: ***à contrecœur*** unwillingly, reluctantly

contrecoup [kõtrəku] *m* after-effect

contre-courant [kõtrəkurɑ̃] *m*: ***nager à contre-courant*** swim against the current

contredire [kõtrədir] ⟨4m⟩ contradict

contrée [kõtre] *f* country

contre-espionnage [kõtrɛspjɔnaʒ] *m* counterespionage

contrefaçon [kõtrəfasõ] *f action* counterfeiting; *de signature* forging; *objet* fake, counterfeit

contrefaire ⟨4n⟩ (*falsifier*) counterfeit; *signature* forge; *personne*, *gestes* imitate; *voix* disguise

contrefait, **contrefaite** (*difforme*) deformed

contre-interrogatoire [kõtrɛ̃terogatwar] *m* cross-examination

contre-jour [kõtrəʒur] PHOT backlighting; ***à contre-jour*** against the light

contremaître [kõtrəmɛtr] *m* foreman

contre-mesure [kõtrəm(ə)zyr] *f* (*pl* contre-mesures) countermeasure

contre-nature [kõtrənatyr] unnatural

contre-offensive [kõtrɔfɑ̃siv] *f* counteroffensive

contrepartie [kõtrəparti] *f* compensation; ***en contrepartie*** in return

contre-pied [kõtrəpje] *m* opposite; ***prendre le contre-pied d'un avis*** ask for advice and then do the exact opposite

contre-plaqué [kõtrəplake] *m* plywood

contrepoids [kõtrəpwa] *m* counterweight

contre-productif, **-ive** [kõtrəprɔdyktif, -iv] counterproductive

contrer [kõtre] ⟨1b⟩ counter

contresens [kõtrəsɑ̃s] *m* misinterpretation; ***prendre une route à contresens*** AUTO go down a road the wrong way

contresigner [kõtrəsiɲe] ⟨1a⟩ countersign

contretemps [kõtrətɑ̃] *m* hitch

contre-terrorisme [kõtrətɛrɔrism] *m* counterterrorism

contrevenir [kõtrəv(ə)nir] ⟨2h⟩ JUR: ***contrevenir à qch*** contravene sth

contribuable [kõtribɥabl] *m* taxpayer

contribuer ⟨1n⟩ contribute (***à*** to); ***contribuer à faire qch*** help to do sth

contribution *f* contribution; (*impôt*) tax

contrôle [kõtrol] *m* (*vérification*) check; (*domination*) control; (*maîtrise de soi*) self-control; ***perdre le contrôle de son véhicule*** lose control of one's vehicle; ***contrôle aérien*** air-traffic control; ***contrôle des bagages*** baggage check; ***contrôle douanier*** customs inspection; ***contrôle des naissances*** birth control; ***contrôle des passeports*** passport control; ***contrôle qualité*** quality control; ***contrôle radar*** radar speed check, radar trap; ***contrôle de soi*** self-control

contrôler ⟨1a⟩ *comptes*, *identité*, *billets etc* check; (*maîtriser*, *dominer*) control; ***se contrôler*** control o.s.

contrôleur, **-euse** *m/f* controller; *de train*

ticket inspector; ***contrôleur de trafic aérien*** air-traffic controller

controverse [kõtrɔvɛrs] *f* controversy

controversé, **controversée** controversial

contumace [kõtymas] *f* JUR: ***être condamné par contumace*** be sentenced in absentia

contusion [kõtyzjõ] *f* MÉD bruise, contusion

convaincant, **convaincante** [kõvɛ̃kɑ̃, -t] convincing

convaincre ⟨4i⟩ (*persuader*) convince; JUR convict (***de*** of); ***convaincre qn de faire qch*** persuade s.o. to do sth

convaincu, **convaincue** convinced

convalescence [kõvalesɑ̃s] *f* convalescence

convalescent, **convalescente** *m/f* convalescent

convenable [kõvnabl] suitable, fitting; (*correct*) *personne* respectable, decent; *tenue* proper, suitable; *salaire* adequate

convenance *f*: ***les convenances*** the proprieties; ***quelque chose à ma convenance*** something to my liking

convenir [kõvnir] ⟨2h⟩: ***convenir à qn*** suit s.o.; ***convenirà qch*** be suitable for sth; ***convenir de qch*** (*décider*) agree on sth; (*avouer*) admit sth; ***convenir que*** (*reconnaître que*) admit that; ***il convient de respecter les lois*** the laws must be obeyed; ***il convient que tu ailles*** (*subj*) ***voir ta grand-mère*** you should go and see your grandmother; ***il a été convenu de …*** it was agreed to …; ***comme convenu*** as agreed

convention [kõvɑ̃sjõ] *f* (*accord*) agreement, convention; POL convention; ***les conventions*** the conventions; ***convention collective*** collective agreement

conventionné, **conventionnée**: ***médecin*** *m* ***conventionné*** *doctor who charges according to a nationally agreed fee structure*

conventionnel, **conventionnelle** conventional

convergence [kõvɛrʒɑ̃s] *f* ÉCON convergence

converger ⟨1l⟩ converge (*aussi fig*)

conversation [kõvɛrsasjõ] *f* conversation; ***conversation téléphonique*** telephone conversation, phonecall

converser ⟨1a⟩ converse, talk

conversion [kõvɛrsjõ] *f* conversion (*aussi* REL)

convertible [kõvɛrtibl] COMM convertible

convertir ⟨2a⟩ convert (***en*** into); REL convert (***à*** to)

conviction [kõviksjõ] *f* conviction

convier [kõvje] ⟨1a⟩ *fml*: ***convier qn à qch*** invite s.o. to sth; ***convier qn à faire qch*** urge s.o. to do sth

convive [kõviv] *m/f* guest

convivial, **conviviale** convivial, friendly; INFORM user-friendly

convivialité *f* conviviality, friendliness; INFORM user-friendliness

convocation [kõvɔkasjõ] *f d'une assemblée* convening; JUR summons *sg*

convoi [kõvwa] *m* convoy

convoiter [kõvwate] ⟨1a⟩ covet

convoitise *f* covetousness

convoquer [kõvɔke] ⟨1m⟩ *assemblée* convene; JUR summons; *candidat* notify; *employé*, *écolier* call in, summon

convoyer [kõvwaje] ⟨1h⟩ MIL escort

convulser [kõvylse] ⟨1a⟩ convulse

convulsion *f* convulsion

coopérant [kɔɔperɑ̃] *m* aid worker

coopératif, **-ive** [kɔɔperatif, -iv] cooperative

coopération *f* cooperation; ***être en coopération*** be an aid worker

coopérer [kɔɔpere] ⟨1f⟩ cooperate (***à*** in)

coordinateur, **-trice** [kɔɔrdinatœr, -tris] *m/f* coordinator

coordination *f* coordination

coordonner [kɔɔrdɔne] ⟨1a⟩ coordinate

coordonnées *fpl* MATH coordinates; *d'une personne* contact details; ***je n'ai pas pris ses coordonnées*** I didn't get his address or phone number

copain [kɔpɛ̃] *m* F pal, *Br* mate; ***être copain avec*** be pally with

copie [kɔpi] *f* copy; ÉDU paper; ***copie de sauvegarde*** INFORM back-up (copy); ***copie sur papier*** hard copy

copier [kɔpje] ⟨1a⟩ **1** *v/t* copy **2** *v/i* ÉDU copy (***sur qn*** from s.o.)

copieur, **-euse** *m/f* copier, copy cat F

copieux, **-euse** [kɔpjø, -z] copious

copilote [kɔpilɔt] *m* co-pilot

copinage [kɔpinaʒ] *m* cronyism

copine [kɔpin] *f* F pal, *Br* mate

coproduction [koprɔdyksjõ] *f d'un film* coproduction

copropriétaire [kɔprɔprijetɛr] *m/f* co-owner

copropriété *f* joint ownership; ***un immeuble en copropriété*** a condo

copyright [kɔpirajt] *m* copyright

coq [kɔk] *m* rooster, *Br* cock

coque [kɔk] *f d'œuf*, *de noix* shell; MAR hull; AVIAT fuselage; ***œuf*** *m* ***à la coque*** soft-boiled egg

coquelicot [kɔkliko] *m* BOT poppy

coqueluche [kɔklyʃ] *f* whooping cough

coquet, **coquette** [kɔkɛ, -t] flirtatious;

(*joli*) charming; (*élégant*) stylish; ***une somme coquette*** a tidy amount
coquetier [kɔktje] *m* eggcup
coquetterie [kɔkɛtri] *f* flirtatiousness; (*élégance*) stylishness
coquillage [kɔkijaʒ] *m* shell; ***des coquillages*** shellfish *sg*
coquille [kɔkij] *f d'escargot, d'œuf, de noix etc* shell; *erreur* misprint, typo; ***coquille Saint-Jacques*** CUIS scallop
coquin, **coquine** [kɔkɛ̃, -in] **1** *adj enfant* naughty **2** *m/f* rascal
cor [kɔr] *m* MUS horn; MÉD corn
corail [kɔraj] *m* (*pl* coraux) coral
Coran [kɔrɑ̃]: ***le Coran*** the Koran
corbeau [kɔrbo] *m* (*pl* -x) ZO crow
corbeille [kɔrbɛj] *f* basket; *au théâtre* circle; ***corbeille à papier*** wastebasket, *Br* wastepaper basket
corbillard [kɔrbijar] *m* hearse
corde [kɔrd] *f* rope; MUS, *de tennis* string; ***corde raide*** high wire; ***cordes*** MUS strings; ***cordes vocales*** vocal cords
cordée *f en alpinisme* rope
cordial, **cordiale** [kɔrdjal] (*mpl* -iaux) cordial
cordialité *f* cordiality
cordon [kɔrdõ] *m* cord; ***cordon littoral*** offshore sand bar; ***cordon ombilical*** umbilical cord
cordon-bleu *m* (*pl* cordons-bleus) cordon bleu chef
cordonnier [kɔrdɔnje] *m* shoe repairer, *Br aussi* cobbler
Corée [kɔre]: ***la Corée*** Korea
coréen, **coréenne** **1** *adj* Korean **2** *m langue* Korean **3** *m/f* **Coréen**, **Coréenne** Korean
coriace [kɔrjas] tough (*aussi fig*); ***être coriace en affaires*** be a hard-headed businessman
corne [kɔrn] *f* horn; ***avoir des cornes*** *fig* be a cuckold
cornée *f* cornea
corneille [kɔrnɛj] *f* crow
cornemuse [kɔrnəmyz] *f* bagpipes *pl*
corner [kɔrnɛr] *m en football* corner
cornet [kɔrnɛ] *m sachet* (paper) cone; MUS cornet
corniche [kɔrniʃ] *f* corniche; ARCH cornice
cornichon [kɔrniʃõ] *m* gherkin
corniste [kɔrnist] *m* MUS horn player
coronaire [kɔrɔnɛr] coronary
coroner [kɔrɔnɛr] *m* coroner
corporation [kɔrpɔrasjõ] *f* body; HIST guild
corporel, **corporelle** [kɔrpɔrɛl] *hygiène* personal; *châtiment* corporal; *art* body *atr*; ***odeur corporelle*** BO, body odor *or Br* odour
corps [kɔr] *m* body; *mort* (dead) body, corpse; MIL corps; ***prendre corps*** take shape; ***le corps diplomatique*** the diplomatic corps; ***le corps électoral*** the electorate; ***corps étranger*** foreign body; ***corps expéditionnaire*** task force; ***corps médical*** medical profession
corpulence [kɔrpylɑ̃s] *f* stoutness, corpulence
corpulent, **corpulente** stout, corpulent
correct, **correcte** [kɔrɛkt] correct; *personne* correct, proper; *tenue* right, suitable; F (*convenable*) acceptable, ok F
correcteur [kɔrɛktœr] *m*: ***correcteur orthographique*** spellchecker
correction [kɔrɛksjõ] *f qualité* correctness; (*modification*) correction; (*punition*) beating
corrélation [kɔrelasjõ] *f* correlation
correspondance [kɔrɛspõdɑ̃s] *f* correspondence; *de train etc* connection
correspondant, **correspondante** **1** *adj* corresponding **2** *m/f* correspondent
correspondre [kɔrɛspõdr] ⟨4a⟩ *de choses* correspond; *de salles* communicate; *par courrier* correspond (***avec*** with); ***correspondre à*** *réalité* correspond with; *preuves* tally with; *idées* fit in with
corridor [kɔridɔr] *m* corridor
corriger [kɔriʒe] ⟨1l⟩ correct; *épreuve* proof-read; (*battre*) beat; ***corriger le tir*** adjust one's aim
corroborer [kɔrɔbɔre] ⟨1a⟩ corroborate
corroder [kɔrɔde] ⟨1a⟩ corrode
corrompre [kɔrõpr] ⟨4a⟩ (*avilir*) corrupt; (*soudoyer*) bribe
corrompu, **corrompue** **1** *p/p* → ***corrompre*** **2** *adj* corrupt
corrosif, **-ive** [kɔrozif, -iv] **1** *adj* corrosive; *fig* caustic **2** *m* corrosive
corrosion *f* corrosion
corruption [kɔrypsjõ] *f* corruption; (*pot-de-vin*) bribery
corsage [kɔrsaʒ] *m* blouse
corse [kɔrs] **1** *adj* Corsican **2** *m/f* **Corse** Corsican **3** *f* **la Corse** Corsica
corsé, **corsée** [kɔrse] *vin* full-bodied; *sauce* spicy; *café* strong; *facture* stiff; *problème* tough
corset [kɔrsɛ] *m* corset
cortège [kɔrtɛʒ] *m* cortège; (*défilé*) procession; ***cortège funèbre*** funeral cortège; ***cortège nuptial*** bridal procession
cortisone [kɔrtizɔn] *f* PHARM cortisone
corvée [kɔrve] *f* chore; MIL fatigue
cosmétique [kɔsmetik] *m & adj* cosmetic
cosmique [kɔsmik] cosmic
cosmonaute [kɔsmonot] *m/f* cosmonaut

cosmopolite [kɔsmɔpɔlit] cosmopolitan
cosmos [kɔsmɔs] *m* cosmos
cosse [kɔs] *f* BOT pod
cossu, **cossue** [kɔsy] *personne* well-off; *château* opulent
costaud [kɔsto] (*f inv*) F sturdy
costume [kɔstym] *m* costume; *pour homme* suit
costumer ⟨1a⟩: ***se costumer*** get dressed up (***comme*** as)
cote [kɔt] *f en Bourse* quotation; *d'un livre*, *document* identification code; ***avoir la cote*** *fig* F be popular; ***cote de popularité*** POL popularity (rating)
côte [kot] *f* ANAT rib; (*pente*) slope; *à la mer* coast; *viande* chop; ***côte à côte*** side by side
Côte d'Azur [kotdazyr] French Riviera
Côte-d'Ivoire [kotdivwar]: ***la Côte-d'Ivoire*** the Ivory Coast
côté [kote] *m* side; ***à côté*** (*près*) nearby; ***à côté de l'église*** next to the church, beside the church; ***de côté*** aside; ***de l'autre côté de la rue*** on the other side of the street; ***du côté de*** in the direction of; ***sur le côté*** on one's/its side; ***laisser de côté*** leave aside; ***mettre de côté*** put aside; ***de tous côtés*** from all sides
coteau [kɔto] *m* (*pl* -x) (*colline*) hill; (*pente*) slope
côtelette [kotlɛt] *f* CUIS cutlet
coter [kɔte] ⟨1a⟩ *en Bourse* quote; ***valeurs cotées en Bourse*** listed *ou* quoted stocks
côtier, **-ère** [kotje, -ɛr] coastal
cotisation [kɔtizasjõ] *f* contribution; *à une organisation* subscription
cotiser ⟨1a⟩ contribute; *à une organisation* subscribe
coton [kɔtõ] *m* cotton; ***coton hydrophile*** absorbent cotton, *Br* cotton wool
côtoyer [kotwaje] ⟨1h⟩: ***côtoyer qn*** rub shoulders with s.o.; ***côtoyer qch*** border sth; *fig* be verging on sth
cottage [kotaʒ] *m* cottage
cou [ku] *m* (*pl* -s) neck
couchage [kuʃaʒ] *m*: ***sac*** *m* ***de couchage*** sleeping bag
couchant **1** *m* west **2** *adj*: ***soleil*** *m* ***couchant*** setting sun
couche [kuʃ] *f* layer; *de peinture aussi* coat; *de bébé* diaper, *Br* nappy; ***fausse couche*** MÉD miscarriage; ***couche d'ozone*** ozone layer; ***couches sociales*** social strata *pl*
couché, **couchée** [kuʃe] lying down; (*au lit*) in bed
coucher ⟨1a⟩ **1** *v/t* (*mettre au lit*) put to bed; (*héberger*) put up; (*étendre*) put *ou* lay down **2** *v/i* sleep; ***coucher avec qn*** F sleep with s.o., go to bed with s.o.; ***se coucher*** go to bed; (*s'étendre*) lie down; *du soleil* set, go down **3** *m*: ***coucher du soleil*** sunset
couchette [kuʃɛt] *f* couchette
coucou [kuku] **1** *m* cuckoo; (*pendule*) cuckoo clock **2** *int*: ***coucou!*** hi!
coude [kud] *m* ANAT elbow; *d'une route* turn; ***jouer des coudes*** elbow one's way through; *fig* hustle
cou-de-pied [kudpje] *m* (*pl* cous-de-pied) instep
coudre [kudr] ⟨4d⟩ sew; *bouton* sew on; *plaie* sew up
couenne [kwan] *f* rind
couette [kwɛt] *f* comforter, *Br* quilt
couffin [kufɛ̃] *m* basket
couilles [kuj] *fpl* V balls V
couillon [kujõ] *m* F jerk F
couinement [kwinmɑ̃] *m* squeak
coulant, **coulante** [kulɑ̃, -t] *style* flowing; *fig* easy-going
couler ⟨1a⟩ **1** *v/i* flow, run; *d'eau de bain* run; *d'un bateau* sink; ***l'argent lui coule entre les doigts*** money slips through his fingers **2** *v/t liquide* pour; (*mouler*) cast; *bateau* sink
couleur [kulœr] *f* color, *Br* colour
couleuvre [kulœvr] *f* grass snake
coulisse [kulis] *f* TECH runner; ***à coulisse*** sliding; ***coulisses*** *d'un théâtre* wings; ***dans les coulisses*** *fig* behind the scenes
couloir [kulwar] *m d'une maison* passage, corridor; *d'un bus*, *avion*, *train* aisle; ***place*** *f* ***côté couloir*** aisle seat
coup [ku] *m* blow; *dans jeu* move; ***à coups de marteau*** using a hammer; ***boire qch à petits coups*** sip sth; ***boire un coup*** F have a drink; ***coup droit*** TENNIS forehand; ***coup franc*** SP free kick; ***coup monté*** frame-up; ***à coup sûr*** certainly; ***du coup*** and so; ***du même coup*** at the same time; ***d'un seul coup*** *tout d'un coup* all at once; ***pour le coup*** as a result; *cette fois* this time; ***après coup*** after the event; ***tout d'un coup, tout à coup*** suddenly, all at once; ***coup sur coup coup*** in quick succession; ***être dans le coup*** be with it; *être impliqué* be involved; ***tenir le coup*** stick it out, hang on in there
coup d'État coup (d'état)
coup de balai *fig*: ***donner un coup de balai dans le couloir*** give the passage a sweep; ***donner un coup de balai*** *fig* have a shake-up
coup de chance stroke of luck

coup de couteau stab; ***il a reçu trois coups de couteau*** he was stabbed three times
coup d'envoi kickoff
coup de feu shot
coup de foudre: ***ce fut le coup de foudre*** it was love at first sight
coup de main: ***donner un coup de main à qn*** give s.o. a hand
coup de maître master stroke
coup d'œil: ***au premier coup d'œil*** at first glance
coup de pied kick
coup de poing punch; ***donner un coup de poing à*** punch
coup de pub F plug
coup de téléphone (phone) call
coup de tête whim
coup de tonnerre clap of thunder
coup de vent gust of wind
coup de soleil: ***avoir un coup de soleil*** have sun stroke
coupable [kupabl] **1** *adj* guilty **2** *m/f* culprit, guilty party; ***le / la coupable*** JUR the guilty man / woman, the guilty party
coupe[1] [kup] *f de cheveux, d'une robe* cut
coupe[2] [kup] *f* (*verre*) glass; SP cup; *de fruits, glace* dish
coupe-circuit [kupsirkɥi] *m* (*pl inv*) ÉL circuit breaker
coupe-ongles [kupõgl] *m* (*pl inv*) nail clippers *pl*
couper [kupe] ⟨1a⟩ **1** *v/t* cut; *morceau, eau* cut off; *viande* cut (up); *robe, chemise* cut out; *vin* dilute; *animal* castrate **2** *v/i* cut; ***se couper*** cut o.s.; (*se trahir*) give o.s. away; ***couper court à qch*** put a stop to sth; ***couper la parole à qn*** interrupt s.o.; ***couper par le champ*** cut across the field
couplage [kuplaʒ] *m* TECH coupling
couple [kupl] *m* couple
coupler ⟨1a⟩ couple
couplet [kuplɛ] *m* verse
coupole [kupɔl] *f* ARCH cupola
coupon [kupõ] *m de tissu* remnant; COMM coupon; (*ticket*) ticket
coupure [kupyr] *f blessure, dans un film, dans un texte* cut; *de journal* cutting, clipping; (*billet de banque*) bill, *Br* note; ***coupure de courant*** power outage, *Br* power cut
cour [kur] *f* court; ARCH courtyard; ***faire la cour à qn*** court s.o.; ***Cour internationale de justice*** International Court of Justice
courage [kuraʒ] *m* courage, bravery
courageux, **-euse** brave, courageous
couramment [kuramɑ̃] *adv parler, lire* fluently
courant, **courante** [kurɑ̃, -t] **1** *adj* current; *eau* running; *langage* everyday **2** *m* current (*aussi* ÉL); ***courant d'air*** draft, *Br* draught; ***être au courant de qch*** know about sth; ***tiens-moi au courant*** keep me informed *ou* posted; ***courant alternatif*** alternating current; ***courant continu*** direct current
courbature [kurbatyr] *f* stiffness; ***avoir des courbatures*** be stiff
courbe [kurb] **1** *adj* curved **2** *f* curve, bend; GÉOM curve
courber ⟨1a⟩ bend; ***se courber*** (*se baisser*) stoop, bend down
courbure *f* curvature
coureur [kurœr] *m* runner; *péj* skirt-chaser; ***coureur de jupons*** womanizer
courge [kurʒ] *f* BOT squash, *Br* marrow
courgette [kurʒɛt] *f* BOT zucchini, *Br* courgette
courir [kurir] ⟨2i⟩ **1** *v/i* run (*aussi d'eau*); *d'un bruit* go around; ***monter / descendre en courant*** run up / down **2** *v/t*: ***courir les magasins*** go around the stores; ***courir les femmes*** run after *ou* chase women; ***courir un risque / courir un danger*** run a risk/a danger
couronne [kurɔn] *f* crown; *de fleurs* wreath
couronné, **couronnée** crowned (***de*** with)
couronnement *m* coronation
couronner ⟨1a⟩ crown; *fig*: *auteur, livre* award a prize to; ***vos efforts seront couronnés de succès*** your efforts will be crowned with success
courrier [kurje] *m* mail, *Br aussi* post; (*messager*) courier; ***par retour de courrier*** by return of mail, *Br* by return of post; ***le courrier des lecteurs*** readers' letters; ***courrier électronique*** electronic mail, e-mail
courroie [kurwa] *f* belt
cours [kur] *m d'un astre, d'une rivière* course (*aussi temporel*); ÉCON price; *de devises* rate; ÉDU course; (*leçon*) lesson; *à l'université* class, *Br aussi* lecture; ***au cours de*** in the course of; ***donner libre cours à qch*** give free rein to sth; ***donner des cours*** ÉDU lecture; ***en cours de route*** on the way; ***cours du change*** exchange rate; ***cours d'eau*** waterway; ***cours du soir*** ÉDU evening class
course [kurs] *f à pied* running; SP race; *en taxi* ride; (*commission*) errand; ***courses*** (*achats*) shopping *sg*; ***faire des courses*** go shopping; ***la course aux armements*** the arms race
coursier *m* messenger; *à moto* biker,

C

courrier
court¹ [kur] *m* (*aussi* ***court de tennis***) (tennis) court
court², **courte** [kur, -t] short; ***à court de*** short of
courtage [kurtaʒ] *m* brokerage
court-circuit [kursirkɥi] *m* (*pl* courts-circuits) ÉL short circuit
courtier [kurtje] *m* broker
courtisane [kurtizan] *f* courtesan
courtiser *femme* court, woo
courtois, **courtoise** [kurtwa, -z] courteous
courtoisie *f* courtesy
couru, **courue** [kury] *p/p* **1** → ***courir*** **2** *adj* popular
couscous [kuskus] *m* CUIS couscous
cousin, **cousine** [kuzɛ̃, -in] *m/f* cousin
coussin [kusɛ̃] *m* cushion
coussinet [kusinɛ] *m* small cushion; TECH bearing
coût [ku] *m* cost; ***coûts de production*** production costs
coûtant [kutɑ̃]: ***au prix coûtant*** at cost (price)
couteau [kuto] *m* (*pl* -x) knife; ***couteau de poche*** pocket knife
coûter ⟨1a⟩ **1** *v/t* cost; ***combien ça coûte?*** how much is it?, what does it *ou* how much does it cost?; ***cette décision lui a coûté beaucoup*** it was a very difficult decision for him; ***coûte que coûte*** at all costs; ***coûter les yeux de la tête*** cost a fortune, cost an arm and a leg **2** *v/i* cost; ***coûter cher*** be expensive; ***coûter cher à qn*** *fig* cost s.o. dear
coûteux, **-euse** expensive, costly
coutume [kutym] *f* custom; ***avoir coutume de faire qch*** be in the habit of doing sth
couture [kutyr] *f activité* sewing; *d'un vêtement, bas etc* seam; ***haute couture*** fashion, haute couture; ***battre à plates coutures*** take apart
couturier *m* dress designer, couturier
couturière *f* dressmaker
couvée [kuve] clutch; *fig* brood
couvent [kuvɑ̃] *m* convent
couver [kuve] ⟨1a⟩ **1** *v/t* hatch; *fig*: *projet* hatch; *personne* pamper; ***couver une grippe*** be coming down with flu **2** *v/i d'un feu* smolder, *Br* smoulder; *d'une révolution* be brewing
couvercle [kuvɛrkl] *m* cover
couvert, **couverte** [kuvɛr, -t] **1** *p/p* → ***couvrir*** **2** *adj ciel* overcast; ***couvert de*** covered with *ou* in; ***être bien couvert*** be warmly dressed **3** *m à table* place setting; ***couverts*** flatware *sg*, *Br* cutlery *sg*; ***mettre le couvert*** set the table; ***sous le couvert de faire qch*** *fig* on the pretext of doing sth; ***se mettre à couvert de l'orage*** take shelter from the storm
couverture [kuvɛrtyr] *f* cover; *sur un lit* blanket; ***couverture chauffante*** electric blanket; ***couverture médiatique*** media coverage
couveuse [kuvøz] *f* broody hen; MÉD incubator
couvre-feu [kuvrəfø] *m* (*pl* couvre-feux) curfew
couvre-lit *m* (*pl* couvre-lits) bedspread
couvreur [kuvrœr] *m* roofer
couvrir [kuvrir] ⟨2f⟩ cover (***de*** with *ou* in); ***couvrir qn*** *fig* (*protéger*) cover (up) for s.o.; ***se couvrir*** (*s'habiller*) cover o.s. up; *du ciel* cloud over
CPAM [sepeaɛm] *f abr* (**= *Caisse primaire d'assurance maladie***) local health authority
cow-boy [kobɔj] *m* cowboy
crabe [krab] *m* crab
crachat [kraʃa] *m* spit; MÉD sputum; ***un crachat*** a gob (of spit)
cracher [kraʃe] ⟨1a⟩ **1** *v/i* spit **2** *v/t* spit; *injures* spit, hurl; F *argent* cough up F
crachin [kraʃɛ̃] *m* drizzle
crack [krak] *m* F genius; *drogue* crack
craie [krɛ] *f* chalk
craindre [krɛ̃dr] ⟨4b⟩ (*avoir peur de*) fear, be frightened of; ***cette matière craint la chaleur*** this material must be kept away from heat; ***craint la chaleur*** COMM keep cool; ***craindre de faire qch*** be afraid of doing sth; ***craindre que*** (***ne***) (+ *subj*) be afraid that
crainte [krɛ̃t] *f* fear; ***de crainte de*** for fear of
craintif, **-ive** [krɛ̃tif, -iv] timid
cramoisi, **cramoisie** [kramwazi] crimson
crampe [krɑ̃p] *f* MÉD cramp; ***avoir des crampes d'estomac*** have cramps, *Br* have stomach cramps
crampon [krɑ̃põ] *m d'alpinisme* crampon
cramponner ⟨1a⟩: ***se cramponner*** hold on (***à*** to)
cran [krɑ̃] *m* notch; ***il a du cran*** F he's got guts F
crâne [krɑn] *m* skull
crâner F (*pavaner*) show off
crâneur, **-euse** big-headed
crapaud [krapo] *m* ZO toad
crapule [krapyl] *f* villain
craquelé, **craquelée** [krakle] cracked
craquelure *f* crack
craquement *m* crackle
craquer ⟨1m⟩ crack; *d'un parquet* creak; *de feuilles* crackle; *d'une couture* give

way, split; *fig*: *d'une personne* (*s'effondrer*) crack up; ***plein à craquer*** full to bursting

crasse [kras] **1** *adj ignorance* crass **2** *f* dirt

crasseux, -euse filthy

cratère [kratɛr] *m* crater

cravache [kravaʃ] *f* whip

cravate [kravat] *f* necktie, *Br* tie

crawl [krol] *m* crawl

crayon [krɛjõ] *m* pencil; ***crayon à bille*** ballpoint pen; ***crayon de couleur*** crayon; ***crayon feutre*** felt-tipped pen, felt-tip

créance [kreɑ̃s] *f* COMM debt

créancier, -ère *m/f* creditor

créateur, -trice [kreatœr, -tris] **1** *adj* creative **2** *m/f* creator; *de produit* designer

créatif, -ive creative

création *f* creation; *de mode, design* design

créativité *f* creativity

créature [kreatyr] *f* creature

crèche [krɛʃ] *f* day nursery; *de Noël* crèche, *Br* crib

crédibilité [kredibilite] *f* credibility

crédible credible

crédit [kredi] *m* credit; (*prêt*) loan; (*influence*) influence; ***acheter à crédit*** buy on credit; ***faire crédit à qn*** give s.o. credit; ***il faut bien dire à son crédit que*** *fig* it has to be said to his credit that

crédit-bail *m* leasing

créditer ⟨1a⟩ credit (**de** with)

créditeur, -trice 1 *m/f* creditor **2** *adj solde* credit *atr*; ***être créditeur*** be in credit

crédule [kredyl] credulous

crédulité *f* credulity

créer [kree] ⟨1a⟩ create; *institution* set up; COMM *produit nouveau* design

crémaillère [kremajɛr] *f*: ***pendre la crémaillère*** *fig* have a housewarming party

crémation [kremasjõ] *f* cremation

crématorium [krematɔrjɔm] *m* crematorium

crème [krɛm] **1** *f* cream; ***crème anglaise*** custard; ***crème dépilatoire*** hair remover; ***crème fouettée*** *ou* ***Chantilly*** whipped cream; ***crème glacée*** CUIS ice cream; ***crème de nuit*** night cream; ***crème pâtissière*** pastry cream; ***crème solaire*** suntan cream **2** *m* coffee with milk, *Br* white coffee **3** *adj inv* cream

crémerie *f* dairy

crémeux, -euse creamy

créneau [kreno] *m* (*pl* -x) AUTO space; COMM niche; ***faire un créneau*** reverse into a tight space

crêpe [krɛp] **1** *m tissu* crêpe; ***semelle*** *f* ***de crêpe*** crêpe sole **2** *f* CUIS pancake, crêpe

crêper [krɛpe] ⟨1b⟩ *cheveux* backcomb

crépi [krepi] *m* roughcast

crépir ⟨2a⟩ roughcast

crépiter [krepite] ⟨1a⟩ crackle

crépu, crépue [krepy] frizzy

crépuscule [krepyskyl] *m* twilight

cresson [krɛsõ *ou* krəsõ] *m* BOT cress

Crète [krɛt]: ***la Crète*** Crete

crête [krɛt] *f* crest; *d'un coq* comb

crétin, crétine [kretɛ̃, -in] **1** *adj* idiotic, cretinous **2** *m/f* idiot, cretin

crétois, crétoise [kretwa, -z] **1** *adj* Cretan **2** *m/f* **Crétois, Crétoise** Cretan

creuser [krøze] ⟨1a⟩ (*rendre creux*) hollow out; *trou* dig; *fig* look into; ***ça creuse*** it gives you an appetite; ***se creuser la tête*** rack one's brains

creuset [krøzɛ] *m* TECH crucible; *fig* melting pot

creux, -euse [krø, -z] **1** *adj* hollow; ***assiette*** *f* ***creuse*** soup plate; ***heures*** *fpl* ***creuses*** off-peak hours **2** *adv*: ***sonner creux*** ring hollow **3** *m* hollow; ***le creux de la main*** the hollow of one's hand

crevaison [krəvɛzõ] *f* flat, *Br* puncture

crevant, crevante [krəvɑ̃, -t] F (*épuisant*) exhausting; (*drôle*) hilarious

crevasse [krəvas] *f de la peau, du sol* crack; GÉOL crevasse

crevasser ⟨1a⟩ *peau, sol* crack; ***des mains crevassées*** chapped hands; ***se crevasser*** crack

crever [krəve] ⟨1d⟩ **1** *v/t ballon* burst; *pneu* puncture **2** *v/i* burst; F (*mourir*) kick the bucket F; F AUTO have a flat, *Br* have a puncture; ***je crève de faim*** F I'm starving; ***crever d'envie de faire qch*** be dying to do sth

crevette [krəvɛt] *f* shrimp

cri [kri] *m* shout, cry; ***c'est le dernier cri*** *fig* it's all the rage

criant, criante [krijɑ̃, -t] *injustice* flagrant; *mensonge* blatant

criard, criarde *voix* shrill; *couleur* gaudy, garish

crible [kribl] *m* sieve

cribler ⟨1a⟩ sieve; ***criblé de*** *fig* riddled with

cric [krik] *m* jack

criée [krije] *f*: ***vente*** *f* ***à la criée*** sale by auction

crier ⟨1a⟩ **1** *v/i* shout; *d'une porte* squeak; ***crier au scandale*** protest **2** *v/t* shout, call; ***crier vengeance*** call for revenge; ***crier qch sur les toits*** shout sth from the rooftops

crime [krim] *m* crime; (*assassinat*) murder; ***crime organisé*** organized crime

criminalité *f* crime; ***criminalité informa-***

C

tique computer crime
criminel, **criminelle** **1** *adj* criminal **2** *m/f* criminal; (*assassin*) murderer
crin [krɛ̃] *m* horsehair
crinière [krinjɛr] *f* mane
crique [krik] *f* creek
criquet [krikɛ] *m* ZO cricket
crise [kriz] *f* crisis; MÉD attack; ***crise cardiaque*** heart attack; ***avoir une crise de nerfs*** have hysterics
crisper [krispe] ⟨1a⟩ *muscles* tense; *visage* contort; *fig* F irritate; ***se crisper*** go tense, tense up
crisser [krise] ⟨1a⟩ squeak
cristal [kristal] *m* (*pl* -aux) crystal; ***cristal de roche*** rock crystal
cristallin, **cristalline** *eau* crystal clear; *son*, *voix* clear
cristalliser ⟨1a⟩: ***se cristalliser*** crystallize
critère [kritɛr] *m* criterion; ***critères*** criteria
critique [kritik] **1** *adj* critical **2** *m* critic **3** *f* criticism; *d'un film*, *livre*, *pièce* review
critiquer ⟨1m⟩ criticize; (*analyser*) look at critically
croasser [krɔase] ⟨1a⟩ crow
croc [kro] *m* (*dent*) fang; *de boucherie* hook
croche-pied [krɔʃpje] *m* (*pl* croche-pieds): ***faire un croche-pied à qn*** trip s.o. up
crochet [krɔʃɛ] *m* hook; *pour l'ouvrage* crochet hook; *ouvrage* crochet; *d'une route* sharp turn; ***crochets*** *en typographie* square brackets; ***faire du crochet*** (do) crochet; ***faire un crochet*** *d'une route* bend sharply; *d'une personne* make a detour
crochu, **crochue** *nez* hooked
crocodile [krɔkɔdil] *m* crocodile
crocus [krɔkys] *m* crocus
croire [krwar] ⟨4v⟩ **1** *v/t* believe; (*penser*) think; ***croire qch de qn*** believe sth about s.o.; ***je vous crois sur parole*** I'll take your word for it; ***on le croyait médecin*** people thought he was a doctor; ***à l'en croire*** if you believed him / her; ***à en croire les journaux*** judging by the newspapers **2** *v/i*: ***croire à qch*** believe in sth; ***croire en qn*** believe in s.o.; ***croire en Dieu*** believe in God **3**: ***il se croit intelligent*** he thinks he's intelligent
croisade [krwazad] *f* crusade (*aussi fig*)
croisé, **croisée** [krwɑze] **1** *adj veston* double-breasted **2** *m* crusader
croisement *m action* crossing (*aussi* BIOL); *animal* cross
croiser ⟨1a⟩ **1** *v/t* cross (*aussi* BIOL); ***croiser qn dans la rue*** pass s.o. in the street **2** *v/i* MAR cruise; ***se croiser*** *de routes* cross; *de personnes* meet; ***leurs regards se croisèrent*** their eyes met
croiseur *m* MAR cruiser
croisière *f* MAR cruise
croissance [krwasɑ̃s] *f* growth; ***croissance zéro*** zero growth
croissant *m de lune* crescent; CUIS croissant
croître [krwɑtr] ⟨4w⟩ grow
croix [krwa] *f* cross; ***la Croix-Rouge*** the Red Cross; ***mettre une croix sur qch*** *fig* give sth up; ***chemin*** *m* ***de croix*** way of the cross
croquant, **croquante** [krɔkɑ̃, -t] crisp, crunchy
croque-monsieur [krɔkməsjø] *m* (*pl inv*) CUIS sandwich of ham and melted cheese
croque-mort [krɔkmɔr] *m* F (*pl* croque-morts) mortician, *Br* undertaker
croquer [krɔke] ⟨1m⟩ **1** *v/t* crunch; (*dessiner*) sketch **2** *v/i* be crunchy
croquis [krɔki] *m* sketch
crosse [krɔs] *f d'un évêque* crosier; *d'un fusil* butt
crotte [krɔt] *f* droppings *pl*
crottin *m* road apples *pl*, *Br* dung
croulant, **croulante** [krulɑ̃, -t] **1** *adj* crumbling, falling to bits **2** *m/f* F oldie F
crouler ⟨1a⟩ (*s'écrouler*) collapse (*aussi fig*)
croupe [krup] *f* rump
croupir [krupir] ⟨2a⟩ *d'eau* stagnate (*aussi fig*)
croustillant, **croustillante** [krustijɑ̃, -t] crusty
croûte [krut] *f de pain* crust; *de fromage* rind; MÉD scab
croûter ⟨1a⟩ F eat
croûton *m* crouton
croyable [krwajabl] believable
croyance *f* belief
croyant, **croyante** *m/f* REL believer
CRS [seɛrɛs] *abr* (**= *compagnie républicaine de sécurité***): ***les CRS*** *mpl* the riot police; ***un CRS*** a riot policeman
cru, **crue** [kry] **1** *p/p* → ***croire*** **2** *adj légumes* raw; *lumière*, *verité* harsh; *paroles* blunt **3** *m* (*domaine*) vineyard; *de vin* wine; ***de mon cru*** *fig* of my own (devising)
cruauté [kryote] *f* cruelty
cruche [kryʃ] *f* pitcher
crucial, **cruciale** [krysjal] (*mpl* -aux) crucial
crucifiement [krysifimɑ̃] *m* crucifixion
crucifier ⟨1a⟩ crucify
crucifix *m* crucifix

crucifixion *f* crucifixion
crudité [krydite] *f* crudeness; *de paroles* bluntness; *de lumière* harshness; *de couleur* gaudiness, garishness; ***crudités*** CUIS raw vegetables
crue [kry] *f* flood; ***être en crue*** be in spate
cruel, **cruelle** [kryɛl] cruel
crûment [krymɑ̃] *adv parler* bluntly; *éclairer* harshly
crustacés [krystase] *mpl* shellfish *pl*
crypte [kript] *f* crypt
Cuba [kyba] *f* Cuba
cubage [kybaʒ] *m* (*volume*) cubic capacity
cubain, **cubaine** **1** *adj* Cuban; **2** *m/f* **Cubain**, **Cubaine** Cuban
cube [kyb] MATH **1** *m* cube **2** *adj* cubic
cubique cubic
cubisme *m* cubism
cubiste *m* cubiste
cueillette [kœjɛt] *f* picking
cueillir ⟨2c⟩ pick
cuiller, **cuillère** [kɥijɛr] *f* spoon; ***cuiller à soupe*** soupspoon; ***cuiller à café*** coffee spoon
cuillerée *f* spoonful
cuir [kɥir] *m* leather; ***cuir chevelu*** scalp
cuirasse [kɥiras] *f* armor, *Br* armour
cuirasser ⟨1a⟩ *navire* armorplate, *Br* armourplate
cuire [kɥir] ⟨4c⟩ cook; *au four* bake; *rôti* roast; ***faire cuire qch*** cook sth
cuisine [kɥizin] *f* cooking; *pièce* kitchen; ***faire la cuisine*** do the cooking; ***la cuisine italienne*** Italian cooking *ou* cuisine *ou* food
cuisiné [kɥizine]: ***plat m cuisiné*** ready-to-eat meal
cuisiner ⟨1a⟩ cook
cuisinier *m* cook
cuisinière *f* cook; (*fourneau*) stove; ***cuisinière à gaz*** gas stove
cuisse [kɥis] *f* ANAT thigh; CUIS *de poulet* leg
cuisson [kɥisõ] *f* cooking; *du pain* baking; *d'un rôti* roasting
cuit, **cuite** [kɥi, -t] **1** *p/p* → ***cuire*** **2** *adj légumes* cooked, done; *rôti*, *pain* done; ***pas assez cuit*** underdone; ***trop cuit*** overdone
cuivre [kɥivr] *m* copper; ***cuivre jaune*** brass; ***cuivres*** brasses
cul [ky] *m* P ass P, *Br* arse P
culasse [kylas] *d'un moteur* cylinder head
culbute [kylbyt] *f* somersault; (*chute*) fall; ***faire la culbute*** do a somersault; (*tomber*) fall
culbuteur [kylbytœr] *m* tumbler
cul-de-sac [kydsak] *m* (*pl* culs-de-sac) blind alley; *fig* dead end
culinaire [kylinɛr] culinary
culminant [kylminɑ̃]: ***point m culminant*** *d'une montagne* highest peak; *fig* peak
culminer ⟨1a⟩ *fig* peak, reach its peak; ***culminer à 5 000 mètres*** be 5,000 metres high at its highest point
culot [kylo] *m* F nerve, *Br* cheek
culotte [kylɔt] *f* short pants *pl*, *Br* short trousers *pl*; *de femme* panties *pl*, *Br aussi* knickers *pl*
culotté, **culottée** F: ***être culotté*** be nervy, *Br* have the cheek of the devil
culpabilité [kylpabilite] *f* guilt
culte [kylt] *m* (*vénération*) worship; (*religion*) religion; (*service*) church service; *fig* cult
cultivable [kyltivabl] AGR suitable for cultivation
cultivateur, **-trice** *m/f* farmer
cultivé, **cultivée** cultivated (*aussi fig*)
cultiver ⟨1a⟩ AGR *terre* cultivate (*aussi fig*); *légumes*, *tabac* grow; ***se cultiver*** improve one's mind
culture [kyltyr] *f* culture; AGR *action* cultivation; *de légumes*, *fruits etc* growing; ***culture générale*** general knowledge; ***culture physique*** physical training; ***culture de la vigne*** wine-growing
culturel, **culturelle** cultural; ***choc m culturel*** culture shock
culturisme [kyltyrism] *m* body building
cumin [kymɛ̃] *m* BOT cumin
cumulatif, **-ive** [kymylatif, -iv] cumulative
cumuler ⟨1a⟩: ***cumuler des fonctions*** hold more than one position; ***cumuler deux salaires*** have two salaries (coming in)
cupide [kypid] *adj* greedy
cupidité *f* greed, cupidity
curable [kyrabl] curable
curateur [-atœr] *m* JUR *de mineur* guardian
cure [kyr] *f* MÉD course of treatment; ***cure de repos*** rest cure; ***cure thermale*** stay at a spa (in order to take the waters); ***je n'en ai cure*** I don't care
curé [kyre] *m* curate
cure-dent [kyrdɑ̃] *m* (*pl* cure-dents) tooth pick
curer [kyre] ⟨1a⟩ *cuve* scour; *dents* pick; ***se curer le nez*** pick one's nose
curieux, **-euse** [kyrjø, -z] curious
curiosité [kyrjɔzite] *f* curiosity; *objet bizarre*, *rare* curio; ***une région pleine de curiosités*** an area full of things to see
curiste [kyrist] *m/f* person taking a 'cure'

at a spa
curriculum vitae [kyrikylɔmvite] *m* (*pl inv*) resumé, *Br* CV
curry [kyri] *m* curry
curseur [kyrsœr] *m* INFORM cursor
cutané, cutanée [kytane] skin *atr*
cuticule [kytikyl] *f* cuticle
cuve [kyv] *f* tank; *de vin* vat
cuvée *f de vin* vatful; *vin* wine, vintage
cuver ⟨1a⟩ **1** *v/i* mature **2** *v/t*: ***cuver son vin*** *fig* sleep it off
cuvette [kyvɛt] *f* (*bac*) basin; *de cabinet* bowl
C.V. [seve] *m abr* (= ***curriculum vitae***) résumé, *Br* CV (= curriculum vitae)
cybercafé [sibɛrkafe] *m* Internet café
cyberespace [sibɛrɛspas] *m* cyberspace
cybernétique [sibɛrnetik] *f* cybernetics
cyclable [siklabl]: ***piste*** *f* ***cyclable*** cycle path
cyclamen [siklamɛn] *m* BOT cyclamen
cycle [sikl] *m nature*, ÉCON, *littérature*, *véhicule* cycle
cyclisme [siklism] *m* cycling
cycliste *m/f* cyclist
cyclomoteur [siklɔmɔtœr] *m* moped
cyclomotoriste *m/f* moped rider
cyclone [siklon] *m* cyclone
cygne [siɲ] *m* swan
cylindre [silɛ̃dr] *m* MATH, TECH cylinder
cylindrée *f* AUTO cubic capacity
cylindrer ⟨1a⟩ roll
cylindrique cylindrical
cymbale [sɛ̃bal] *f* MUS cymbal
cynique [sinik] **1** *adj* cynical **2** *m/f* cynic
cynisme *m* cynicism
cyprès [siprɛ] *m* cypress
cystite [sistit] *f* MÉD cystitis

D

dactylo [daktilo] *f* typing; *personne* typist
dactylographie *f* typing
dada [dada] *m* F hobby horse
dahlia [dalja] *m* BOT dahlia
daigner [dɛɲe] ⟨1b⟩: ***daigner faire qch*** deign *ou* condescend to do sth
daim [dɛ̃] *m* ZO deer; *peau* suede
dallage [dalaʒ] *m* flagstones *pl*; *action* paving
dalle *f* flagstone
daller ⟨1a⟩ pave
daltonien, **daltonienne** [daltɔnjɛ̃, -ɛn] colorblind, *Br* colourblind
dame [dam] *f* lady; *aux échecs*, *cartes* queen; ***jeu*** *m* ***de dames*** checkers *sg*, *Br* draughts *sg*
damier *m* checkerboard, *Br* draughts board
damnation [danasjõ] *f* damnation
damner ⟨1a⟩ damn
dancing [dɑ̃siŋ] *m* dance hall
dandiner [dɑ̃dine] ⟨1a⟩: ***se dandiner*** shift from one foot to the other
Danemark [danmark]: ***le Danemark*** Denmark
danger [dɑ̃ʒe] *m* danger; ***danger de mort!*** danger of death!; ***mettre en danger*** endanger, put in danger; ***courir un danger*** be in danger
dangereux, **-euse** [dɑ̃ʒrø, -z] dangerous
danois, **danoise** [danwa, -z] **1** *adj* Danish **2** *m langue* Danish **3** *m/f* **Danois**, **Danoise** Dane
dans [dɑ̃] ◇ *lieu* in; *direction* in(to); ***dans la rue*** in the street; ***dans le train*** on the train; ***dans Molière*** in Molière; ***être dans le commerce*** be in business; ***boire dans un verre*** drink from a glass; ***il l'a pris dans sa poche*** he took it out of his pocket
◇ *temps* in; ***dans les 24 heures*** within *ou* in 24 hours; ***dans trois jours*** in three days, in three days' time;
◇ *mode*: ***dans ces circonstances*** in the circumstances; ***avoir dans les 50 ans*** be about 50
dansant, **dansante** [dɑ̃sɑ̃, -t]: ***soirée*** *f* ***dansante*** party (with dancing)
danse *f* dance; *action* dancing; ***danse classique*** ballet, classical dancing; ***danse folklorique*** folk dance
danser ⟨1a⟩ dance
danseur, **-euse** *m/f* dancer
dard [dar] *m d'une abeille* sting
dare-dare [dardar] *adv* F at the double
date [dat] *f* date; ***quelle date sommes-nous?*** what date is it?, what's today's date?; ***de longue date*** *amitié* long-standing; ***date d'expiration*** expiration date, *Br* expiry date; ***date limite*** deadline; ***da-***

te limite de conservation use-by date; ***date de livraison*** delivery date
dater ⟨1a⟩ **1** *v/t* date **2** *v/i*: ***dater de*** date from; ***à dater de ce jour*** from today; ***cela ne date pas d'hier*** that's nothing new
datte [dat] *f* date
dattier *m* date palm
daube [dob] *f* CUIS: ***bœuf*** *m* ***en daube*** braised beef
dauphin [dofɛ̃] *m* ZO dolphin; ***le Dauphin*** HIST the Dauphin
davantage [davɑ̃taʒ] *adv* more; ***en veux-tu davantage?*** do you want (some) more?
de [də] **1** *prép* ◇ *origine* from; ***il vient de Paris*** he comes from Paris; ***du centre à la banlieue*** from the center to the suburbs
◇ *possession* of; ***la maison de mon père*** my father's house; ***la maison de mes parents*** my parents' house; ***la maison des voisins*** the neighbors' house
◇ *fait par* by; ***un film de Godard*** a movie by Godard, a Godard movie
◇ *matière* (made) of; ***fenêtre de verre coloré*** colored glass window, window made of colored glass
◇ *temps*: ***de jour*** by day; ***je n'ai pas dormi de la nuit*** I lay awake all night; ***de … à*** from … to
◇ *raison*: ***trembler de peur*** shake with fear
◇ *mode* ***de force*** by force
◇ **:** ***de plus en plus grand*** bigger and bigger; ***de moins en moins valable*** less and less valid
◇ **:** ***la plus grande … du monde*** the biggest … in the world
◇ *mesure*: ***une planche de 10 cm de large*** a board 10 centimeters wide
◇ *devant inf*: ***cesser de travailler*** stop working; ***décider de faire qch*** decide to do sth **2** *partitif*: ***du pain*** (some) bread; ***des petits pains*** (some) rolls; ***je n'ai pas d'argent*** I don't have any money, I have no money; ***est-ce qu'il y a des disquettes?*** are there any diskettes?
dé [de] *m jeu* dice; ***dé*** (***à coudre***) thimble
dealer [dilœr] *m* dealer
déambulateur [deɑ̃bylatœr] *m* walker
déambuler ⟨1a⟩ stroll
débâcle [debɑkl] *f de troupes* rout; *d'une entreprise* collapse
déballer [debale] ⟨1a⟩ unpack
débandade [debɑ̃dad] *f* stampede
débarbouiller [debarbuje] ⟨1a⟩: ***débarbouiller un enfant*** wash a child's face
débarcadère [debarkadɛr] *m* MAR landing stage
débardeur [debardœr] *m vêtement* tank top
débarquement [debarkəmɑ̃] *m de marchandises* unloading; *de passagers* landing; MIL disembarkation
débarquer ⟨1m⟩ **1** *v/t marchandises* unload; *passagers* land, disembark **2** *v/i* land, disembark; MIL disembark; ***débarquer chez qn*** *fig* F turn up at s.o.'s place
débarras [debara] *m* **1** F: ***bon débarras*** good riddance **2** (*cagibi*) storage room, *Br aussi* boxroom
débarrasser ⟨1a⟩ *table etc* clear; ***débarrasser qn de qch*** take sth from *ou* off s.o.; ***se débarrasser de qn / qch*** get rid of s.o./sth
débat [deba] *m* debate, discussion; POL debate; (*polémique*) argument
débattre [debatr] ⟨4a⟩: ***débattre qch*** discuss *ou* debate sth; ***se débattre*** struggle
débauche [deboʃ] *f* debauchery
débauché, **débauchée** **1** *adj* debauched **2** *m/f* debauched person
débaucher ⟨1a⟩ (*licencier*) lay off; F lead astray
débile [debil] **1** *adj* weak; F idiotic **2** *m*: ***débile mental*** mental defective
débilité *f* weakness; ***débilité mentale*** mental deficiency
débiner [debine] ⟨1a⟩ F badmouth, *Br* be spiteful about; ***se débiner*** run off
débit [debi] *m* (*vente*) sale; *d'un stock* turnover; *d'un cours d'eau* rate of flow; *d'une usine*, *machine* output; (*élocution*) delivery; FIN debit; ***débit de boissons*** bar; ***débit de tabac*** smoke shop, *Br* tobacconist's
débiter ⟨1a⟩ *marchandises*, *boisson* sell (retail); *péj*: *fadaises* talk; *texte étudié* deliver, *péj* recite; *d'une pompe*: *liquide*, *gaz* deliver; *d'une usine*, *machine*, *de produits* output; *bois*, *viande* cut up; FIN debit; ***débiter qn d'une somme*** debit s.o. with an amount
débiteur, **-trice** **1** *m/f* debtor **2** *adj compte* overdrawn; *solde* debit
déblais [deblɛ] *mpl* (*décombres*) rubble *sg*
déblatérer [deblatere] ⟨1f⟩: ***déblatérer contre qn*** run s.o. down
déblayer [deblɛje] ⟨1i⟩ *endroit* clear; *débris* clear (away), remove
déblocage [deblɔkaʒ] *m* TECH release; ÉCON *des prix*, *salaires* unfreezing
débloquer [deblɔke] ⟨1m⟩ **1** *vt* TECH release; ÉCON *prix*, *compte* unfreeze; *fonds* release **2** *vi* F be crazy; ***se débloquer*** *d'une situation* be resolved, get sorted out

déboguer [debɔge] ⟨1m⟩ debug
déboires [debwar] *mpl* disappointments
déboisement [debwazmɑ̃] *m* deforestation
déboiser ⟨1a⟩ deforest, clear
déboîter [debwate] ⟨1a⟩ **1** *v/t* MÉD dislocate **2** *v/i* AUTO pull out; ***se déboîter l'épaule*** dislocate one's shoulder
débonnaire [debɔnɛr] kindly
débordé, **débordée** [debɔrde] snowed under (***de*** with); ***débordé par les événements*** overwhelmed by events
débordement *m* overflowing; ***débordements*** *fig* excesses
déborder ⟨1a⟩ *d'une rivière* overflow its banks; *du lait, de l'eau* overflow; ***c'est la goutte d'eau qui fait déborder le vase*** *fig* it's the last straw; ***déborder de santé*** be glowing with health
débouché [debuʃe] *m d'une vallée* entrance; COMM outlet; ***débouchés*** *d'une profession* prospects
déboucher ⟨1a⟩ **1** *v/t tuyau* unblock; *bouteille* uncork **2** *v/i*: ***déboucher de*** emerge from; ***déboucher sur*** lead to (*aussi fig*)
débourser [deburse] ⟨1a⟩ (*dépenser*) spend
déboussolé, **déboussolée** [debusɔle] disoriented
debout [dəbu] standing; *objet* upright, on end; ***être debout*** stand; (*levé*) be up, be out of bed; ***tenir debout*** *fig* stand up; ***voyager debout*** travel standing up; ***se mettre debout*** stand up, get up
déboutonner [debutɔne] ⟨1a⟩ unbutton
débraillé, **débraillée** [debraje] untidy
débrancher [debrɑ̃ʃe] ⟨1a⟩ ÉL unplug
débrayage [debrɛjaʒ] *m* AUTO declutching; *fig* work stoppage
débrayer ⟨1i⟩ AUTO declutch; *fig* down tools
débridé, **débridée** [debride] unbridled
débris [debri] *mpl* debris *sg*; *fig* remains
débrouillard, **débrouillarde** [debrujar, -d] resourceful
débrouillardise *f* resourcefulness
débrouiller [debruje] ⟨1a⟩ disentangle; *fig*: *affaire, intrigue* clear up; ***se débrouiller*** cope, manage
début [deby] *m* beginning, start; ***débuts*** THÉÂT debut *sg*, first appearance *sg*; POL debut *sg*; ***début mai*** at the beginning *ou* start of May
débutant, **débutante** [debytɑ̃, -t] *m/f* beginner
débuter ⟨1a⟩ begin, start
déca [deka] *m* F decaff F
décacheter [dekaʃte] ⟨1c⟩ *lettre* open
décadence [dekadɑ̃s] *f* decadence
décadent, **décadente** decadent
décaféiné, **décaféinée** [dekafeine]: ***café m décaféiné*** decaffeinated coffee, decaff F
décalage [dekalaʒ] *m dans l'espace* moving, shifting; (*différence*) difference; *fig* gap; ***décalage horaire*** time difference
décaler ⟨1a⟩ *rendez-vous* reschedule, change the time of; *dans l'espace* move, shift
décalquer [dekalke] ⟨1m⟩ transfer
décamper [dekɑ̃pe] ⟨1a⟩ F clear out
décapant [dekapɑ̃] *m* stripper
décaper ⟨1a⟩ *surface métallique* clean; *meuble vernis* strip
décapiter [dekapite] ⟨1a⟩ decapitate
décapotable [dekapɔtabl] **1** *adj* convertible **2** *f*: (***voiture*** *f*) ***décapotable*** convertible
décapsuler [dekapsyle] ⟨1a⟩ take the top off, open
décapsuleur *m* bottle opener
décarcasser [dekarkase] ⟨1a⟩: ***se décarcasser*** F bust a gut F
décédé, **décédée** [desede] dead
décéder ⟨1f⟩ die
déceler [desle] ⟨1d⟩ (*découvrir*) detect; (*montrer*) point to
décembre [desɑ̃br] *m* December
décemment [desamɑ̃] *adv* (*convenablement*) decently, properly; (*raisonnablement*) reasonably
décence [desɑ̃s] *f* decency
décennie [deseni] *f* decade
décent, **décente** [desɑ̃, -t] decent, proper; *salaire* decent, reasonable
décentralisation [desɑ̃tralizasjõ] *f* decentralization
décentraliser ⟨1a⟩ decentralize
déception [desɛpsjõ] *f* disappointment
décerner [desɛrne] ⟨1a⟩ *prix* award
décès [desɛ] *m* death
décevant, **décevante** [desəvɑ̃, -t] disappointing
décevoir ⟨3a⟩ disappoint
déchaînement [deʃɛnmɑ̃] *m passions, fureur* outburst
déchaîner ⟨1b⟩ *fig* provoke; ***se déchaîner*** *d'une tempête* break; *d'une personne* fly into an uncontrollable rage
déchanter [deʃɑ̃te] ⟨1a⟩ change one's tune
décharge [deʃarʒ] *f* JUR acquittal; *dans fusillade* discharge; ***à la décharge de qn*** in s.o.'s defense *ou Br* defence; ***décharge publique*** dump; ***décharge électrique*** electric shock
déchargement *m* unloading
décharger ⟨1l⟩ unload; *batterie* dis-

charge; *arme* (*tirer*) fire, discharge; *accusé* acquit; *colère* vent (***contre*** on); ***décharger qn de qch*** relieve s.o. of sth; ***décharger sa conscience*** get it off one's chest
décharné, **décharnée** [deʃarne] skeletal
déchausser [deʃose] ⟨1a⟩: ***déchausser qn*** take s.o.'s shoes off; ***se déchausser*** take one's shoes off; ***avoir les dents qui se déchaussent*** have receding gums
déchéance [deʃeɑ̃s] *f* decline; JUR forfeiture
déchets [deʃɛ] *mpl* waste *sg*; ***déchets industriels*** industrial waste; ***déchets nucléaires*** atomic waste; ***déchets radioactifs*** radioactive waste; ***déchets toxiques*** toxic waste
déchiffrer [deʃifre] ⟨1a⟩ decipher; *message aussi* decode
déchiqueté, **déchiquetée** [deʃikte] *montagne*, *côte* jagged
déchiqueter ⟨1c⟩ *corps*, *papier* tear to pieces
déchirant, **déchirante** [deʃirɑ̃, -t] heart-rending, heart-breaking
déchirement *m* tearing; *fig* (*chagrin*) heartbreak
déchirer ⟨1a⟩ *tissu* tear; *papier* tear up; *fig*: *silence* pierce; ***se déchirer*** *d'une robe* tear; ***se déchirer un muscle*** tear a muscle
déchirure *f* tear, rip
déchu, **déchue** [deʃy] *roi* dethroned; ***ange*** *m* ***déchu*** fallen angel
décidé, **décidée** [deside] (*résolu*) determined; ***c'est*** (***une***) ***chose décidée*** it's settled; ***être décidé à faire qch*** be determined to do sth
décidément *adv* really
décider ⟨1a⟩ **1** *v/t* decide on; *question* settle, decide; ***décider que*** decide that; ***décider qn à faire qch*** convince *ou* decide s.o. to do sth; ***décider de qch*** decide on sth; ***décider de faire qch*** decide to do sth **2** *v/i* decide; ***se décider*** make one's mind up, decide (***à faire qch*** to do sth)
décideur *m* decision-maker
décimal, **décimale** [desimal] (*mpl* -aux) decimal
décimer [desime] ⟨1a⟩ decimate
décimètre [desimɛtr] *m*: ***double décimètre*** ruler
décisif, **-ive** [desizif, -iv] decisive
décision *f* decision; (*fermeté*) determination
déclamer [deklame] ⟨1a⟩ declaim
déclaration [deklarasjõ] *f* declaration, statement; (*fait d'annoncer*) declaration; *d'une naissance* registration; *de vol*, *perte* report; ***déclaration d'impôts*** tax return
déclarer ⟨1a⟩ declare; *naissance* register; ***se déclarer*** declare o.s.; (*faire une déclaration d'amour*) declare one's love; *d'un feu*, *d'une épidémie* break out; ***déclarer une personne innocente / coupable*** find a person innocent / guilty
déclenchement [deklɑ̃ʃmɑ̃] *m* triggering
déclencher ⟨1a⟩ (*commander*) trigger, set off; (*provoquer*) trigger; ***se déclencher*** be triggered
déclencheur *m* PHOT shutter release
déclic [deklik] *m* *bruit* click
déclin [deklɛ̃] *m* decline
déclinaison [deklinɛzõ] *f* GRAM declension
décliner ⟨1a⟩ **1** *v/i du soleil* go down; *du jour*, *des forces*, *du prestige* wane; *de la santé* decline **2** *v/t offre* decline (*aussi* GRAM); ***décliner ses nom, prénoms, titres et qualités*** state one's full name and qualifications; ***la société décline toute responsabilité pour*** the company will not accept any liability for
décocher [dekɔʃe] ⟨1a⟩ *flèche*, *regard* shoot
décoder [dekɔde] ⟨1a⟩ decode
décodeur *m* decoder
décoiffer [dekwafe] ⟨1a⟩ *cheveux* ruffle
décollage [dekɔlaʒ] *m* AVIAT take-off
décoller ⟨1a⟩ **1** *v/t* peel off **2** *v/i* AVIAT take off; ***se décoller*** peel off
décolleté, **décolletée** [dekɔlte] **1** *adj robe* low-cut **2** *m en V*, *carré etc* neckline
décolonisation [dekɔlɔnizasjõ] *f* decolonization
décoloniser ⟨1a⟩ decolonize
décolorer [dekɔlɔre] ⟨1a⟩ *tissu*, *cheveux* bleach; ***se décolorer*** fade
décombres [dekõbr] *mpl* rubble *sg*
décommander [dekɔmɑ̃de] ⟨1a⟩ cancel; ***se décommander*** cancel
décomposer [dekõpoze] ⟨1a⟩ *mot*, *produit* break down (***en*** into); CHIM decompose; ***se décomposer*** *d'un cadavre* decompose; *d'un visage* become contorted
décomposition *f* breakdown; *d'un cadavre* decomposition
décompresser [dekõprɛse] ⟨1b⟩ F unwind, relax, chill out F
décompte [dekõt] *m* deduction; *d'une facture* breakdown
décompter ⟨1a⟩ deduct
déconcentrer [dekõsɑ̃tre] ⟨1a⟩: ***déconcentrer qn*** make it hard for s.o. to concentrate
déconcertant, **déconcertante** [dekõsɛrtɑ̃, -t] disconcerting
déconcerter ⟨1a⟩ disconcert

D

déconfit, **déconfite** [dekõfi, -t] *air, mine* disheartened
déconfiture *f* collapse
décongeler [dekõʒle] ⟨1d⟩ *aliment* thaw out
décongestionner [dekõʒɛstjɔne] ⟨1a⟩ *route* relieve congestion on, decongest; *nez* clear
déconnecter [dekɔnɛkte] ⟨1a⟩ unplug, disconnect
déconner [dekɔne] ⟨1a⟩ P (*faire des conneries*) fool around, *Br aussi* bugger around P; (*dire des conneries*) talk nonsense *ou* crap P
déconseiller [dekõsɛje] ⟨1b⟩ advise against; ***je te déconseille ce plat*** I wouldn't advise you to have this dish; ***c'est tout à fait déconseillé dans votre cas*** it's definitely inadvisable in your case
décontenancer [dekõtnɑ̃se] ⟨1k⟩ disconcert
décontracté, **décontractée** [dekõtrakte] relaxed; F relaxed, laid-back F
décontracter relax; ***se décontracter*** relax
déconvenue [dekõvny] *f* disappointment
décor [dekɔr] *m d'une maison* decor; *fig* (*cadre*) setting, surroundings *pl*; ***décors*** *de théâtre* sets, scenery *sg*
décorateur, **-trice** *m/f* decorator; THÉÂT set designer
décoratif, **-ive** decorative
décoration *f* decoration
décorer ⟨1a⟩ decorate (***de*** with)
décortiquer [dekɔrtike] ⟨1m⟩ shell; *texte* analyze, *Br* analyse
découcher [dekuʃe] ⟨1a⟩ not sleep in one's own bed
découdre [dekudr] ⟨4d⟩ *ourlet* unstitch; ***se découdre*** *d'un pantalon* come apart at the seams
découler [dekule] ⟨1a⟩: ***découler de*** arise from
découper [dekupe] ⟨1a⟩ (*diviser en morceaux*) cut up; *photo* cut out (***dans*** from); ***se découper sur*** *fig* stand out against
décourageant, **décourageante** [dekuraʒɑ̃, -t] discouraging
découragement *m* discouragement
décourager ⟨1l⟩ discourage; ***décourager qn de faire qch*** discourage s.o. from doing sth; ***se décourager*** lose heart, become discouraged
décousu, **décousue** [dekuzy] coming apart at the seams; *fig*: *propos* incoherent, disjointed
découvert, **découverte** [dekuvɛr, -t] **1** *adj tête, épaules* bare, uncovered; ***à découvert*** FIN overdrawn **2** *m* overdraft **3** *f* discovery
découvreur, **-euse** *m/f* discoverer
découvrir ⟨2f⟩ uncover; (*trouver*) discover; *ses intentions* reveal; ***je découvre que*** (*je comprends que*) I find that; ***découvrir les épaules*** *d'un vêtement* leave the shoulders bare; ***se découvrir*** *d'une personne* take off a couple of layers (of clothes); (*enlever son chapeau*) take off one's hat; *du ciel* clear
décrépit, **décrépite** [dekrepi, -t] decrepit
décret [dekrɛ] *m* decree
décréter ⟨1f⟩ decree
décrire [dekrir] ⟨4f⟩ describe; ***décrire une orbite autour de*** orbit; ***décrire X comme (étant) Y*** describe X as Y
décrocher [dekrɔʃe] ⟨1a⟩ *tableau* take down; *fig* F *prix, bonne situation* land F; ***décrocher le téléphone*** *pour ne pas être dérangé* take the phone off the hook; *pour répondre, composer un numéro* pick up the receiver
décroissant, **décroissante** [dekrwɑsɑ̃, -t] decreasing
décroître [dekrwɑtr] ⟨4w⟩ decrease, decline
décrypter [dekripte] ⟨1a⟩ decode
déçu, **déçue** [desy] **1** *p/p* → ***décevoir*** **2** *adj* disappointed
décupler [dekyple] ⟨1a⟩ increase tenfold
dédaigner [dedɛɲe] ⟨1b⟩ **1** *v/t* scorn; *personne* treat with scorn; ***un avantage qui n'est pas à dédaigner*** an advantage that's not to be sniffed at **2** *v/i*: ***dédaigner de faire qch*** disdain to do sth
dédaigneux, **-euse** disdainful
dédain *m* disdain
dédale [dedal] *m* labyrinth, maze
dedans [dədɑ̃] **1** *adv* inside; ***là-dedans*** in it; ***en dedans*** on the inside; ***de dedans*** from the inside, from within **2** *m* inside; ***au dedans (de)*** inside
dédicace [dedikas] *f* dedication
dédicacer ⟨1k⟩ dedicate
dédier [dedje] ⟨1a⟩ dedicate
dédire [dedir] ⟨4m⟩: ***se dédire*** cry off
dédommagement [dedɔmaʒmɑ̃] *m* compensation
dédommager ⟨1l⟩ compensate (***de*** for)
dédouanement [dedwanmɑ̃] *m* customs clearance
dédouaner ⟨1a⟩: ***dédouaner qch*** clear sth through customs; ***dédouaner qn*** *fig* clear s.o.
dédoublement [dedubləmɑ̃] *m*: ***dédoublement de personnalité*** split personality
dédoubler ⟨1a⟩ split in two; ***se dédou-***

bler split
dédramatiser [dedramatize] ⟨1a⟩ *situation* play down, downplay
déductible [dedyktibl] COMM deductible; ***déductible des impôts*** tax-deductible
déduction *f* COMM, (*conclusion*) deduction; ***avant / après déductions*** before / after tax
déduire ⟨4c⟩ COMM deduct; (*conclure*) deduce (***de*** from)
déesse [deɛs] *f* goddess
défaillance [defajɑ̃s] *f* weakness; *fig* failing, shortcoming; *technique* failure
défaillant, défaillante *santé* failing; *forces* waning
défaillir ⟨2n⟩ (*faiblir*) weaken; (*se trouver mal*) feel faint
défaire [defɛr] ⟨4n⟩ undo; (*démonter*) take down, dismantle; *valise* unpack; ***se défaire*** come undone; ***se défaire de qn / de qch*** get rid of s.o./sth
défait, défaite *visage* drawn; *chemise, valise* undone; *armée, personne* defeated
défaite *f* defeat
défaitisme *m* defeatism
défaitiste *m/f* defeatist
défaut [defo] *m* (*imperfection*) defect, flaw; (*faiblesse morale*) shortcoming, failing; TECH defect; (*manque*) lack; JUR default; ***à défaut de glace je prendrai …*** if there isn't any ice cream, I'll have …; ***faire défaut*** be lacking, be in short supply; ***par défaut*** INFORM default *atr*; ***défaut de caractère*** character flaw; ***défaut de conception*** design fault; ***défaut d'élocution*** speech impediment
défaveur [defavœr] *f* disfavor, *Br* disfavour
défavorable [defavɔrabl] unfavorable, *Br* unfavourable
défavorisé disadvantaged; ***les milieux défavorisés*** the underprivileged classes
défavoriser ⟨1a⟩ put at a disadvantage
défection [defɛksjõ] *f* desertion; POL defection; *d'un invité* cancellation
défectueux, -euse defective
défectuosité *f* defectiveness; (*défaut*) defect
défendable [defɑ̃dabl] defensible
défendre [defɑ̃dr] ⟨4a⟩ (*protéger*) defend (*aussi* JUR, *fig*); ***défendre à qn de faire qch*** forbid s.o. to do sth; ***le médecin lui a défendu l'alcool*** the doctor has forbidden him to drink, the doctor has ordered him to stop drinking
défense [defɑ̃s] *f* defense, *Br* defence *f* (*aussi* JUR *fig*); *d'un éléphant* tusk; ***défense d'entrer / de fumer / de stationner*** no entry / smoking / parking
défenseur *m* (*protecteur*) defender; *d'une cause* supporter; JUR defense attorney, *Br* counsel for the defence
défensif, -ive 1 *adj* defensive **2** *f* defensive; ***être sur la défensif*** be on the defensive
déférence [deferɑ̃s] *f* deference
déférent, déférente deferential
déférer ⟨1f⟩ *v/t*: ***déférer qn à la justice*** prosecute s.o.
déferler [defɛrle] ⟨1a⟩ *de vagues* break; ***déferler sur tout le pays*** *fig* sweep the entire country
défi [defi] *m* challenge; (*bravade*) defiance
défiance [defjɑ̃s] *f* distrust, mistrust
défiant, défiante distrustful
déficience [defisjɑ̃s] *f* deficiency; ***déficience immunitaire*** immune deficiency
déficit [defisit] *m* deficit
déficitaire *balance des paiements* showing a deficit; *compte* in debit
défier [defje] ⟨1a⟩ (*provoquer*) challenge; (*braver*) defy; ***des prix qui défient toute concurrence*** unbeatable prices; ***défier qn de faire qch*** dare s.o. to do sth
défigurer [defigyre] ⟨1a⟩ disfigure; *fig*: *réalité, faits* misrepresent; ***défigurer la campagne*** be a blot on the landscape
défilé [defile] *m* parade; GÉOGR pass; ***défilé de mode*** fashion show
défiler ⟨1a⟩ parade, march
défini, définie [defini] definite (*aussi* GRAM); ***article*** *m* ***défini*** definite article; ***bien défini*** well defined
définir ⟨2a⟩ define
définitif, -ive definitive; ***en définitive*** in the end
définition definition
définitivement *adv* definitely; (*pour de bon*) for good
défiscaliser [defiskalize] ⟨1a⟩ lift the tax on
déflagration [deflagrasjõ] *f* explosion
déflation [deflasjõ] *f* deflation
défoncer [defõse] ⟨1k⟩ *voiture* smash up, total; *porte* break down; *terrain* break up
défoncé, défoncée *route* potholed
déformation [defɔrmasjõ] *f* deformation; *fig*: *d'un fait* distortion, misrepresentation; *de pensées, idées* misrepresentation
déformer ⟨1a⟩ deform; *chaussures* stretch (out of shape); *visage, fait* distort; *idée* misrepresent; ***se déformer*** *de chaussures* lose their shape
défouler [defule] ⟨1a⟩: ***se défouler*** give vent to one's feelings
défraîchi, défraîchie [defreʃi] dingy

défricher [defriʃe] ⟨1a⟩ AGR clear
défroisser [defrwase] ⟨1a⟩ *vêtement* crumple, crease
défunt, défunte [defɛ̃t, -œ̃t] **1** *adj* late **2** *m/f*: ***le défunt*** the deceased
dégagé, dégagée [degaʒe] *route, ciel* clear; *vue* unimpeded; *air, ton* relaxed
dégagement *m d'une route* clearing; *de chaleur, vapeur* release; ***voie** f **de dégagement*** filter lane
dégager ⟨1l⟩ (*délivrer*) free; *route* clear; *odeur* give off; *chaleur, gaz* give off, release; *personne d'une obligation* release, free; ***se dégager*** free o.s.; *d'une route, du ciel* clear; ***une odeur désagréable se dégageait de la cuisine*** an unpleasant smell was coming from the kitchen
dégarnir [degarnir] ⟨2a⟩ empty; ***se dégarnir*** *d'un arbre* lose its leaves; ***ses tempes se dégarnissent*** he's going a bit thin on top
dégât [degɑ] *m* damage; ***dégâts*** damage *sg*
dégel [deʒɛl] *m* thaw (*aussi* POL)
dégeler [deʒle] ⟨1d⟩ **1** *v/t frigidaire* defrost; *crédits* unfreeze **2** *v/i d'un lac* thaw
dégénérer [deʒenere] ⟨1f⟩ degenerate (***en*** into)
dégivrer [deʒivre] ⟨1a⟩ defrost; TECH de-ice
dégivreur *m* de-icer
déglingué, déglinguée [deglɛ̃ge] F beat-up F
déglutir [deglytir] ⟨2a⟩ swallow
dégonflé, dégonflée [degõfle] *pneu* deflated
dégonfler ⟨1a⟩ let the air out of, deflate; ***se dégonfler*** deflate; *fig* F lose one's nerve
dégot(t)er [degɔte] ⟨1a⟩ F *travail* find; *livre, objet de collection* track down
dégouliner [deguline] ⟨1a⟩ trickle
dégourdi, dégourdie [degurdi] resourceful
dégourdir ⟨2a⟩ *membres* loosen up, get the stiffness out of; ***se dégourdir les jambes*** stretch one's legs
dégoût [degu] *m* disgust
dégoûtant, dégoûtante disgusting
dégoûter ⟨1a⟩ disgust; ***dégoûter qn de qch*** put s.o. off sth; ***se dégoûter de qch*** take a dislike to sth
dégradant, dégradante [degradɑ̃, -t] degrading
dégrader ⟨1a⟩ MIL demote; *édifice* damage; (*avilir*) degrade; ***se dégrader*** *d'une situation, de la santé* deteriorate; *d'un édifice* fall into disrepair; *d'une personne* (*s'avilir*) demean o.s.
degré [dəgre] *m* degree; (*échelon*) level; ***de l'alcool à 90 degrés*** 90 degree proof alcohol; ***un cousin au premier degré*** a first cousin
dégressif, -ive [degrɛsif, -iv] *tarif* tapering
dégrèvement [degrɛvmɑ̃] *m*: ***dégrèvement d'impôt*** tax relief
dégriffé, dégriffée [degrife] *vêtements* sold at a cheaper price with the designer label removed
dégringoler [degrɛ̃gɔle] ⟨1a⟩ fall
dégriser [degrize] ⟨1a⟩ sober up
déguerpir [degɛrpir] ⟨2a⟩ take off, clear off
dégueulasse [degœlas] P disgusting, F sick-making; ***il a été dégueulasse avec nous*** P he was a real bastard to us P
dégueuler [degœle] ⟨1a⟩ F puke F, throw up
déguisement [degizmɑ̃] *m* disguise; *pour bal masqué, Halloween etc* costume
déguiser ⟨1a⟩ disguise; *enfant* dress up (***en*** as); ***se déguiser*** disguise o.s. (***en*** as); *pour bal masqué etc* dress up
dégustation [degystasjõ] *f* tasting; ***dégustation de vins*** wine tasting
déguster ⟨1a⟩ taste
dehors [dəɔr] **1** *adv* outside; ***jeter dehors*** throw out **2** *prép*: ***en dehors de la maison*** outside the house; ***un problème en dehors de mes compétences*** a problem I'm not competent to deal with, a problem beyond my area of competence **3** *m* exterior
déjà [deʒa] already; ***je l'avais déjà vu*** I'd seen it before, I'd already seen it; ***c'est qui déjà?*** F who's he again?
déjanté, déjantée [deʒɑ̃te] F crazy, whacky F
déjeuner [deʒœne] **1** *v/i* ⟨1a⟩ *midi* (have) lunch; *matin* (have) breakfast **2** *m* lunch; ***petit déjeuner*** breakfast; ***déjeuner d'affaires*** business lunch
déjouer [deʒwe] ⟨1a⟩ thwart
DEL [dɛl] *f abr* (***= diode électroluminescente***) LED (= light-emitting diode)
delà [dəla] → ***au-delà***
délabré, délabrée [delabre] dilapidated
délabrement *m* decay
délacer [delase] ⟨1k⟩ loosen, unlace
délai [delɛ] *m* (*temps imparti*) time allowed; (*date limite*) deadline; (*prolongation*) extension; ***sans délai*** without delay, immediately; ***dans les délais*** within the time allowed, within the allotted time; ***dans les plus courts délais*** as soon as possible; ***dans un délai de 8 jours*** within a week; ***délai de réflexion***

cooling-off period
délaisser [delɛse] ⟨1b⟩ (*abandonner*) leave; (*négliger*) neglect
délassement [delasmɑ̃] *m* relaxation
délasser ⟨1a⟩ relax; ***se délasser*** relax
délateur, -trice [delatœr, -tris] *m/f* informer
délation *f* denunciation
délavé, délavée [delave] faded
délayer [deleje] ⟨1i⟩ dilute, water down; *fig*: *discours* pad out
délectation [delɛktasjõ] *f* delight
délecter ⟨1a⟩: ***se délecter de*** take delight in
délégation [delegasjõ] *f* delegation
délégué, déléguée *m/f* delegate
délégué(e) syndical(e) *m/f* union representative, *Br* shop steward
déléguer ⟨1f⟩ *autorité, personne* delegate
délestage [delɛstaʒ] *m*: ***itinéraire*** *m* ***de délestage*** diversion, alternative route (to ease congestion)
délester ⟨1a⟩ remove ballast from; ***délester qn de qch*** *iron* relieve s.o. of sth
délibération [deliberasjõ] *f* (*débat*) deliberation, discussion; (*réflexion*) consideration, deliberation; (*décision*) resolution
délibéré, délibérée [delibere] (*intentionnel*) deliberate
délibérément *adv* deliberate
délibérer [delibere] ⟨1f⟩ deliberate, discuss; (*réfléchir*) consider, deliberately
délicat, délicate [delika, -t] (*fin, fragile*) *situation* delicate; *problème* tricky; (*plein de tact*) tactful
délicatesse *f* delicacy; (*tact*) tact
délicatement delicately
délice [delis] *m* delight
délicieux, -euse delicious; *sensation* delightful
délier [delje] ⟨1a⟩ loosen, untie; ***délier la langue à qn*** loosen s.o.'s tongue
délimiter [delimite] ⟨1a⟩ define
délinquance [delɛ̃kɑ̃s] *f* crime, delinquency; ***délinquance juvénile*** juvenile delinquency
délinquant, délinquante 1 *adj* delinquent **2** *m/f* criminal, delinquent
délire [delir] *m* delirium; *enthousiasme, joie* frenzy; ***foule*** *f* ***en délire*** ecstatic crowd; ***c'est du délire!*** *fig* F it's sheer madness!
délirer ⟨1a⟩ be delirious; F *être fou* be stark raving mad; ***délirer de joie*** *fig* be delirious with joy
délit [deli] *m* offense, *Br* offence; ***commettre un délit de fuite*** leave the scene of an accident; ***délit d'initié*** insider dealing
délivrance [delivrɑ̃s] *f* release; (*soulagement*) relief; (*livraison*) delivery; *d'un certificat* issue
délivrer ⟨1a⟩ release; (*livrer*) deliver; *certificat* issue
délocaliser [delokalize] ⟨1a⟩ relocate
déloger [delɔʒe] ⟨1l⟩ *ennemi* dislodge
déloyal, déloyale [delwajal] (*mpl* -aux) *ami* disloyal; ***concurrence*** *f* ***déloyale*** unfair competition
delta [dɛlta] *m* GÉOGR delta
deltaplane [dɛltaplan] *m* hang-glider; ***faire du deltaplane*** go hang-gliding
déluge [delyʒ] *m* flood
déluré, délurée [delyre] sharp; *péj* forward
demain [d(ə)mɛ̃] *adv* tomorrow; ***à demain!*** see you tomorrow!; ***demain matin / soir*** tomorrow morning / evening
demande [d(ə)mɑ̃d] *f* (*requête*) request; *écrite* application; ÉCON demand; ***sur*** *ou* ***à la demande de qn*** at the request of s.o.; ***demande d'emploi*** job application; ***demande en mariage*** proposal; ***demande de renseignements*** inquiry
demandé, demandée [d(ə)mɑ̃de] popular, in demand
demander ⟨1a⟩ ask for; *somme d'argent* ask; (*nécessiter*) call for, take; ***demander qch à qn*** ask s.o. for sth; (*vouloir savoir*) ask s.o. sth; ***demander à qn de faire qch*** ask s.o. to do sth; ***il demande que le vol soit*** (*subj*) ***retardé*** he's asking for the flight to be delayed; ***je ne demande qu'à le faire*** I'd be only too delighted; ***se demander si*** wonder if; ***il est demandé au téléphone*** he's wanted on the phone, there's a call for him; ***on demande un programmeur*** *offre d'emploi* programmer wanted
démangeaison [demɑ̃ʒɛzõ] *f* itch
démanger ⟨1l⟩: ***le dos me démange*** my back itches, I have an itchy back; ***ça me démange depuis longtemps*** I've been itching to do it for ages
démanteler [demɑ̃tle] ⟨1d⟩ dismantle
démaquillant [demakijɑ̃] *m* cleanser; ***lait*** *m* ***démaquillant*** cleansing milk
démaquiller ⟨1a⟩: ***se démaquiller*** take off *ou* remove one's make-up
démarcation [demarkasjõ] *f* demarcation; ***ligne*** *f* ***de démarcation*** boundary, demarcation line
démarchage [demarʃaʒ] *m* selling
démarche [demarʃ] *f* step (*aussi fig*); ***faire des démarches*** take steps
démarquer [demarke] ⟨1a⟩: ***se démarquer*** stand out (***de*** from)
démarrage [demaraʒ] *m* start (*aussi fig*);

démarrage à froid INFORM cold start
démarrer ⟨1a⟩ **1** *v/t* AUTO start (up) (*aussi fig*); INFORM boot up, start up **2** *v/i* AUTO start (up); ***démarrer bien*** *fig* get off to a good start
démarreur *m* AUTO starter
démasquer [demaske] ⟨1m⟩ unmask
démêlé [demele] *m* argument; ***avoir des démêlés avec la justice*** be in trouble with the law
démêler ⟨1b⟩ disentangle; *fig* clear up
déménagement [demenaʒmɑ̃] *m* move
déménager ⟨1l⟩ move
déménageurs *mpl* movers, *Br* removal men
démence [demɑ̃s] *f* dementia
dément, **démente** demented; ***c'est dément*** *fig* F it's unbelievable
démener [demәne] ⟨1d⟩: ***se démener*** struggle; (*s'efforcer*) make an effort
démenti [demɑ̃ti] *m* denial
démentiel, **démentielle** [demɑ̃sjɛl] insane
démentir [demɑ̃tir] ⟨2b⟩ (*nier*) deny; (*infirmer*) belie
démerder [demɛrde] ⟨1a⟩: ***se démerder*** F manage, sort things out
démesure [demәzyr] *f* excess
démesuré, **démesurée** *maison* enormous; *orgueil* excessive
démettre [demɛtr] ⟨4p⟩ *pied*, *poignet* dislocate; ***démettre qn de ses fonctions*** dismiss s.o. from office; ***se démettre de ses fonctions*** resign one's office
demeurant [dәmœrɑ̃]: ***au demeurant*** moreover
demeure [dәmœr] *f* residence
demeuré, **demeurée** retarded
demeurer ⟨1a⟩ (*habiter*) live; (*rester*) stay, remain
demi, **demie** [d(ә)mi] **1** *adj* half; ***une heure et demie*** an hour and a half; ***il est quatre heures et demie*** it's four thirty, it's half past four **2** *adv* half; ***à demi*** half **3** *m* half; *bière* half a pint; *en football*, *rugby* halfback; ***demi de mêlée*** scrum half; ***demi d'ouverture*** standoff (half), fly half
demi-cercle [d(ә)misɛrkl] *m* semi-circle
demi-finale [d(ә)mifinal] *f* (*pl* demi-finales) semi-final
demi-frère [d(ә)mifrɛr] *m* (*pl* demi-frères) half-brother
demi-heure [d(ә)mijœr] *f* (*pl* demi-heures) half-hour
démilitariser [demilitarize] ⟨1a⟩ demilitarize
demi-litre [d(ә)militr] *m* half liter *ou Br* litre
demi-mot [d(ә)mimo]: ***il nous l'a dit à demi-mot*** he hinted at it to us
demi-pension [d(ә)mipɑ̃sjõ] *f* American plan, *Br* half board
demi-pression [d(ә)miprɛsjõ] *f* half-pint of draft *ou Br* draught
demi-sel [d(ә)misɛl] *m* slightly salted butter
demi-sœur [d(ә)misœr] *f* (*pl* demi-sœurs) half-sister
démission [demisjõ] *f* resignation; *fig* renunciation; ***donner sa démission*** hand in one's resignation, hand in one's notice
démissionner ⟨1a⟩ **1** *vi* resign; *fig* give up **2** *vt* sack
demi-tarif [d(ә)mitarif] *m* half price
demi-tour [d(ә)mitur] *m* AUTO U-turn; ***faire demi-tour*** *fig* turn back
démocrate [demɔkrat] democrat; *US* POL Democrat
démocratie *f* democracy
démocratique democratic
démodé, **démodée** [demɔde] old-fashioned
démographique [demɔgrafik] demographic; ***poussée*** *f* ***démographique*** population growth
demoiselle [d(ә)mwazɛl] *f* (*jeune fille*) young lady; ***demoiselle d'honneur*** bridesmaid
démolir [demɔlir] ⟨2a⟩ demolish (*aussi fig*)
démolition *f* demolition
démon [demõ] *m* demon
démonstratif, **-ive** [demõstratif, -iv] demonstrative
démonstration *f* (*preuve*) demonstration, proof; *d'un outil*, *sentiment* demonstration
démonter [demõte] ⟨1a⟩ dismantle; *fig* disconcert
démontrer [demõtre] ⟨1a⟩ (*prouver*) demonstrate, prove; (*faire ressortir*) show
démoraliser [demɔralize] ⟨1a⟩ demoralize
démordre [demɔrdr] ⟨4a⟩: ***il n'en démordra pas*** he won't change his mind
démotiver [demɔtive] ⟨1a⟩ demotivate
démuni, **démunie** [demyni] penniless
démunir ⟨2a⟩: ***démunir qn de qch*** deprive s.o. of sth
dénaturé, **dénaturée** [denatyre] unnatural
dénaturer ⟨1a⟩ distort
déneigement [denɛʒmɑ̃] *m* snow removal *ou* clearance
dénicher [deniʃe] ⟨1a⟩ find
dénier [denje] ⟨1a⟩ deny; ***dénier à qn le***

droit de faire qch deny s.o. the right to do sth
dénigrer [denigre] ⟨1a⟩ denigrate
dénivellation [denivɛlasjõ] *f* difference in height
dénombrement [denõbrəmɑ̃] *m* count
dénombrer ⟨1a⟩ count
dénominateur [denɔminatœr] *m* MATH denominator
dénomination *f* name
dénoncer [denõse] ⟨1k⟩ denounce; *à la police* report; *contrat* terminate; ***se dénoncer à la police*** give o.s. up to the police
dénonciateur, **-trice** *m/f* informer
dénonciation *f* denunciation
dénoter [denɔte] ⟨1a⟩ indicate, point to, denote
dénouement [denumɑ̃] *m d'une pièce de théâtre*, *affaire difficile* ending, denouement *fml*
dénouer ⟨1a⟩ loosen; ***se dénouer*** *fig d'une scène* end; *d'un mystère* be cleared up
dénoyauter [denwajote] ⟨1a⟩ pit, *Br* stone
denrée [dɑ̃re] *f*: ***denrées*** (***alimentaires***) foodstuffs; ***une denrée rare*** *fig* a rare commodity
dense [dɑ̃s] dense; *brouillard*, *forêt* dense, thick
densité *f* density; *du brouillard*, *d'une forêt* denseness, thickness
dent [dɑ̃] *f* tooth; ***dent de sagesse*** wisdom tooth; ***j'ai mal aux dents*** I've got toothache; ***faire ses dents*** *d'un enfant* be teething; ***avoir une dent contre qn*** have a grudge against s.o. ; ***dent de lait*** milk tooth
dentaire dental
dentelé, **dentelée** [dɑ̃tle] jagged
dentelle [dɑ̃tɛl] *f* lace
dentier [dɑ̃tje] *m* (dental) plate, false teeth *pl*
dentifrice *m* toothpaste
dentiste *m/f* dentist
dentition *f* teeth *pl*
dénuder [denyde] ⟨1a⟩ strip
denué, **denuée** [denɥe]: ***denué de qch*** devoid of sth; ***denué de tout*** deprived of everything
denuement *m* destitution
déodorant [deɔdɔrɑ̃] *m* deodorant; ***déodorant en aérosol*** spray deodorant; ***déodorant à bille*** roll-on deodorant
dépannage [depanaʒ] *m* AUTO *etc* repairs *pl*; (*remorquage*) recovery; ***service*** *m* ***de dépannage*** breakdown service
dépanner ⟨1a⟩ repair; (*remorquer*) recover; ***dépanner qn*** *fig* F help s.o. out of a spot
dépanneur *m* repairman; *pour voitures* mechanic
dépanneuse *f* wrecker, *Br* tow truck
dépareillé, **dépareillée** [depareje] odd
départ [depar] *m d'un train*, *bus*, *avion* departure; SP start (*aussi fig*); ***au départ*** at first, to begin with; ***point*** *m* ***de départ*** starting point
départager [departaʒe] ⟨1l⟩ decide between
département [departəmɑ̃] *m* department
départemental, **départementale** departmental; ***route départementale*** secondary road
dépassé, **dépassée** [depase] out of date, old-fashioned
dépasser ⟨1a⟩ *personne* pass; AUTO pass, *Br* overtake; *but*, *ligne d'arrivée etc* overshoot; *fig* exceed; ***cela me dépasse*** it's beyond me, I can't understand it; ***tu dépasses les limites*** you're overstepping the mark; ***se dépasser*** surpass o.s.
dépaysé, **dépaysée** [depeize] **:** ***se sentir dépaysé*** feel out of place
dépaysement *m* disorientation; *changement agréable* change of scene
dépecer [depəse] ⟨1d *aussi* 1k⟩ cut up
dépêche [depɛʃ] *f* dispatch
dépêcher ⟨1b⟩ dispatch; ***se dépêcher de faire qch*** hurry to do sth; ***dépêche-toi!*** hurry up!
dépeindre [depɛ̃dr] ⟨4b⟩ depict
dépendance [depɑ̃dɑ̃s] *f* dependence, dependancy; ***dépendances*** *bâtiments* outbuildings; ***entraîner une*** (***forte***) ***dépendance*** be (highly) addictive
dépendant, **dépendante** dependent
dépendre ⟨4a⟩: ***dépendre de*** depend on; *moralement* be dependent on; ***cela dépend*** it depends
dépens [depɑ̃] *mpl*: ***aux dépens de*** at the expense of
dépense [depɑ̃s] *f* expense, expenditure; *de temps*, *de forces* expenditure; *d'essence*, *d'électricité* consumption, use; ***dépenses*** expenditure *sg*; ***dépenses publiques*** public *ou* government spending
dépenser ⟨1a⟩ spend; *son énergie*, *ses forces* use up; *essence* consume, use; ***se dépenser*** be physically active; (*faire des efforts*) exert o.s.
dépensier, **-ère** **1** *adj* extravagant, spendthrift **2** *m/f* spendthrift
dépérir [deperir] ⟨2a⟩ *d'un malade*, *d'une plante* waste away; *fig d'une entreprise* go downhill
dépeuplement [depœpləmɑ̃] *m* depopu-

D

lation
dépeupler ⟨1a⟩ depopulate
dépilatoire [depilatwar] **:** ***crème*** *f* ***dépilatoire*** hair remover, depilatory cream
dépistage [depistaʒ] *m d'un criminel* tracking down; MÉD screening; ***dépistage du sida*** Aids screening
dépister ⟨1a⟩ track down; MÉD screen for; (*établir la présence de*) detect, discover
dépit [depi] *m* spite; ***en dépit de*** in spite of
dépité, dépitée crestfallen
déplacé, déplacée [deplase] out of place; (*inconvenant*) uncalled for; POL displaced
déplacement *m d'un meuble* moving; *du personnel* transfer; (*voyage*) trip; ***frais*** *mpl* ***de déplacement*** travel expenses
déplacer ⟨1k⟩ move; *personnel* transfer; *problème, difficulté* shift the focus of; ***se déplacer*** move; (*voyager*) travel
déplaire [deplɛr] ⟨4a⟩: ***déplaire à qn*** (*fâcher*) offend s.o.; ***elle me déplaît*** (*ne me plaît pas*) I don't like her, I dislike her; ***cela lui déplaît de faire …*** he dislikes doing …, he doesn't like doing …; ***ça ne me déplaît pas*** I quite like it
déplaisant, déplaisante [deplɛzɑ̃, -t] unpleasant
dépliant [deplijɑ̃] *m* leaflet
déplier ⟨1a⟩ unfold, open out
déploiement [deplwamɑ̃] *m* MIL deployment; *de forces, courage* display
déplorable [deplɔrabl] deplorable
déplorer ⟨1a⟩ deplore
déployer [deplwaje] ⟨1h⟩ *aile, voile* spread; *carte, drap* open out, unfold; *forces, courage etc* display
déportation [depɔrtasjõ] *f* POL deportation
déporter ⟨1a⟩ POL deport; ***se déporter*** *d'un véhicule* swing
déposer [depoze] ⟨1a⟩ **1** *v/t* put down; *armes* lay down; *passager* drop; *roi* depose; *argent, boue* deposit; *projet de loi* table; *ordures* dump; *plainte* lodge; ***déposer ses bagages à la consigne*** leave one's bags at the baggage checkroom; ***déposer le bilan*** file for bankruptcy **2** *v/i d'un liquide* settle; JUR ***déposer contre / en faveur de qn*** testify against / on behalf of s.o.; ***se déposer*** *de la boue* settle
déposition *f* JUR testimony, deposition
déposséder [depɔsede] ⟨1f⟩ deprive (***de*** of)
dépôt [depo] *m* deposit; *action* deposit, depositing; *chez le notaire* lodging; *d'un projet de loi* tabling; *des ordures* dumping; (*entrepôt*) depot
dépotoir [depɔtwar] *m* dump, *Br* tip (*aussi fig*)
dépouille [depuj] *f*: ***la dépouille (mortelle)*** the (mortal) remains *pl*
dépouillé, dépouillée [depuje] *style* pared down; ***dépouillé de*** deprived of
dépouiller ⟨1a⟩ *animal* skin; (*voler*) rob (***de*** of); (*examiner*) go through; ***dépouiller le scrutin*** *ou* ***les votes*** count the votes
dépourvu, dépourvue [depurvy] **:** ***dépourvu de*** devoid of; ***prendre qn au dépourvu*** take s.o. by surprise
dépoussiérer [depusjere] ⟨1a⟩ dust; *fig* modernize
dépravation [depravasjõ] *f* depravity
dépraver ⟨1a⟩ deprave
déprécier [depresje] ⟨1a⟩ *chose* lower *ou* decrease the value of; *personne* disparage, belittle; ***se déprécier*** depreciate, lose value; *d'une personne* belittle o.s.
dépressif, -ive [depresif, -iv] depressive
dépression *f* depression; ***faire une dépression*** be depressed, be suffering from depression
déprimant, déprimante [deprimɑ̃, -t] depressing
déprime *f* depression
déprimer ⟨1a⟩ depress
dépuceler [depysle] ⟨1c⟩ deflower
depuis [dəpɥi] **1** *prép* ◇ since; ***j'attends depuis une heure*** I have been waiting for an hour; ***depuis quand es-tu là?*** how long have you been there?; ***depuis quand permettent-ils que tu …?*** since when do they allow you to …?; ***je ne l'ai pas vu depuis des années*** I haven't seen him in years
◇ *espace* from; ***il est venu en courant depuis chez lui*** he came running all the way from his place **2** *adv* since; ***elle ne lui a pas reparlé depuis*** she hasn't spoken to him again since **3** *conj*: ***depuis que*** since; ***depuis qu'elle habite ici*** since she has been living here
député [depyte] *m* POL MP, Member of Parliament; ***député européen*** *m* Euro MP, *Br aussi* MEP
déraciner [derasine] ⟨1a⟩ *arbre, personne* uproot; (*extirper*) root out, eradicate
dérailler [deraje] ⟨1a⟩ go off the rails; *fig* F *d'un mécanisme* go on the blink; (*déraisonner*) talk nonsense
dérailleur *m d'un vélo* derailleur
déraisonnable [derɛzɔnabl] unreasonable
dérangeant [derɑ̃ʒɑ̃] disturbing
dérangement [derɑ̃ʒmɑ̃] *m* disturbance

déranger ⟨1l⟩ disturb
déraper [derape] ⟨1a⟩ AUTO skid
déréglé, dérégléе [deregle] *vie* wild
déréglementation [deregləmɑ̃tasjõ] *f* deregulation
déréglementer ⟨1a⟩ deregulate
dérégler [deregle] ⟨1f⟩ *mécanisme* upset
dérision [derizjõ] *f* derision; ***tourner en dérision*** deride
dérisoire [derizwar] derisory, laughable
dérivatif [derivatif] *m* diversion
dérivation *f* derivation
dérive [deriv] *f* MAR drift; ***aller à la dérive*** *fig* drift; ***à la dérive*** adrift
dériver ⟨1a⟩ **1** *v/t* MATH derive; *cours d'eau* divert **2** *v/i* MAR, AVIAT drift; ***dériver de*** *d'un mot* be derived from
dériveur *m* dinghy
dermatologue [dɛrmatɔlɔg] *m/f* dermatologist
dernier, -ère [dɛrnje, -ɛr] last; (*le plus récent*) *mode, film, roman etc* latest; *extrême* utmost; ***ce dernier*** the latter
dernièrement *adv* recently, lately
dérobée [derɔbe]: ***à la dérobée*** furtively
dérober ⟨1a⟩ steal; ***dérober qch à qn*** rob s.o. of sth, steal sth from s.o.; ***se dérober à*** *discussion* shy away from; *obligations* shirk
dérogation [derɔgasjõ] *f* JUR exception; ***dérogation à*** exception to, departure from
déroger ⟨1l⟩ JUR: ***déroger à*** make an exception to, depart from
déroulement [derulmɑ̃] *m* unfolding; ***pour faciliter le déroulement du projet*** to facilitate the smooth running of the project
dérouler ⟨1a⟩ unroll; *bobine, câble* unwind; ***se dérouler*** take place; *d'une cérémonie* go (off)
déroutant, déroutante [derutɑ̃, -t] disconcerting
dérouter ⟨1a⟩ (*déconcerter*) disconcert
derrière [dɛrjɛr] **1** *adv* behind; ***être assis derrière*** *en voiture* be sitting in back *ou Br* in the back **2** *prép* behind **3** *m* back; ANAT bottom, rear end; ***de derrière*** *patte etc* back *atr*
des [de] → ***de***
dès [dɛ] *prép* from, since; ***dès lors*** from then on; (*par conséquent*) consequently; ***dès demain*** tomorrow; (*à partir de*) as of tomorrow, as from tomorrow; ***dès lundi*** as of Monday, as from Monday; ***dès qu'il part*** the moment (that) he leaves, as soon as he leaves
désabusé, désabusée [dezabyze] disillusioned
désabuser ⟨1a⟩ disillusion
désaccord [dezakɔr] *m* disagreement
désaccordé, désaccordée [dezakɔrde] out of tune
désaffecté, désaffectée [dezafɛkte] disused; *église* deconsecrated
désagréable [dezagreabl] unpleasant, disagreeable
désagréger [dezagreʒe] ⟨1g⟩: ***se désagréger*** disintegrate
désagrément [dezagremɑ̃] *m* unpleasantness, annoyance
désaltérant, désaltérante [dezalterɑ̃, -t] thirst-quenching
désamorcer [dezamɔrse] ⟨1k⟩ *bombe, mine* defuse (*aussi fig*)
désappointement [dezapwɛ̃tmɑ̃] *m* disappointment
désappointer ⟨1a⟩ disappoint
désapprobateur, -trice [dezaprɔbatœr, -tris] disapproving
désapprouver [dezapruve] ⟨1a⟩ disapprove of
désarmement [dezarməmɑ̃] *m* MIL disarmament
désarmer ⟨1a⟩ disarm (*aussi fig*)
désarroi [dezarwa] *m* disarray
désastre [dezastr] *m* disaster
désastreux, -euse disastrous
désavantage [dezavɑ̃taʒ] *m* disadvantage
désavantager ⟨1l⟩ put at a disadvantage
désavantageux, -euse disadvantageous
désaveu [dezavø] *m* disowning; *d'un propos* retraction
désavouer ⟨1a⟩ disown; *propos* retract
descendance [desɑ̃dɑ̃s] *f* descendants *pl*
descendant, descendante *m/f* descendant
descendre [desɑ̃dr] ⟨4a⟩ **1** *v/i* (*aux* **être**) (*aller vers le bas*) go down; (*venir vers le bas*) come down; *d'un train, un autobus* get off; *d'une voiture* get out; *d'un cheval* get off, dismount; (*baisser*) go down; *de température, prix* go down, fall; *d'un chemin* drop; AVIAT descend; ***descendre à l'hôtel / chez qn*** stay at the hotel / with s.o.; ***descendre de qn*** be descended from s.o.; ***descendre d'une voiture*** get out of a car; ***descendre de son cheval*** get off one's horse, dismount; ***descendre du troisième étage en ascenseur / à pied*** take the elevator down / walk down from the fourth floor; ***descendre dans la rue*** *pour manifester* take to the streets; ***descendre bien bas*** (*baisser*) sink very low; ***le manteau lui descend jusqu'aux pieds*** the coat comes down to her feet **2** *v/t* (*porter vers le bas*) bring down; (*em-*

porter) take down; *passager* drop off; F (*abattre*) shoot down, bring down; *vallée, rivière* descend; ***descendre les escaliers*** come / go downstairs

D

descente *f* descent; (*pente*) slope; *en parachute* jump; ***descente de lit*** bedside rug

description [dɛskripsjõ] *f* description; ***description d'emploi*** job description

désemparé, désemparée [dezɑ̃pare] at a loss

désenchanté, désenchantée [dezɑ̃ʃɑ̃te] disenchanted

déséquilibre [dezekilibr] *m* imbalance

déséquilibré, déséquilibrée PSYCH unbalanced

déséquilibrer ⟨1a⟩ unbalance (*aussi fig*)

désert, déserte [dezɛr, -t] **1** *adj* deserted; ***une île déserte*** a desert island **2** *m* desert

déserter [dezɛrte] ⟨1a⟩ desert (*aussi* MIL)

déserteur *m* MIL deserter

désertification [dezɛrtifikasjõ] *f* desertification

désertion [dezɛrsjõ] *f* desertion

désertique [dezɛrtik] desert *atr*

désespérant, désespérante [dezɛsperɑ̃, -t] *temps etc* depressing; ***d'une bêtise désespérante*** depressingly *ou* hopelessly stupid

désespéré, désespérée [dezɛspere] desperate; *air, lettre, regard* desperate, despairing

désespérément *adv* (*en s'acharnant*) desperately; (*avec désespoir*) despairingly

désespérer ⟨1f⟩ **1** *v/t* drive to despair **2** *v/i* despair, lose hope; ***désespérer de*** despair of

désespoir [dezɛspwar] *m* despair; ***il fait le désespoir de ses parents*** his parents despair of him; ***en désespoir de cause*** in desperation

déshabillé [dezabije] *m* negligee

déshabiller ⟨1a⟩ undress; ***se déshabiller*** get undressed

désherbant [dezɛrbɑ̃] *m* weedkiller, herbicide

déshériter [dezerite] ⟨1a⟩ disinherit

déshonorant, déshonorante [dezɔnɔrɑ̃, -t] dishonorable, *Br* dishonourable

déshonorer ⟨1a⟩ disgrace, bring dishonor *ou Br* dishonour on

déshydraté, déshydratée [dezidrate] *aliments* dessicated; *personne* dehydrated

déshydrater ⟨1a⟩: ***se déshydrater*** become dehydrated

design [dizajn] *m*: ***design d'intérieurs*** interior design

désigner [deziɲe] ⟨1a⟩ (*montrer*) point to, point out; (*appeler*) call; (*nommer*) appoint (***pour*** to), designate; ***désigner qch du doigt*** point at sth

désillusion [dezilɥzjõ] disillusionment

désinfectant [dezɛ̃fɛktɑ̃] *m* disinfectant

désinfecter ⟨1a⟩ disinfect

désintégration [dezɛ̃tegrasjõ] *f* breakup, disintegration; PHYS disintegration

désintéressé, désintéressée [dezɛ̃terɛse] (*impartial*) disinterested, impartial; (*altruiste*) selfless

désintéressement *m* impartiality; (*altruisme*) selflessness

désintéresser ⟨1b⟩: ***se désintéresser de*** lose interest in

désintoxication [dezɛ̃tɔksikasjõ] *f*: ***faire une cure de désintoxication*** go into detox

désinvolte [dezɛ̃vɔlt] casual

désinvolture *f* casualness

désir [dezir] *m* desire; (*souhait*) wish; ***le désir de changement / de plaire*** the desire for change / to please

désirable desirable

désirer ⟨1a⟩ want; *sexuellement* desire; ***désirer faire qch*** want to do sth; ***nous désirons que vous veniez*** (*subj*) ***avec nous*** we want you to come with us

désireux, -euse eager (***de faire*** to do)

désister [deziste] ⟨1a⟩ POL: ***se désister*** withdraw, stand down

désobéir [dezɔbeir] disobey; ***désobéir à qn/à la loi/à un ordre*** disobey s.o. /the law / an order

désobéissant, désobéissante disobedient

désobligeant, désobligeante [dezɔbliʒɑ̃, -t] disagreeable

désodorisant [dezɔdɔrizɑ̃] *m* deodorant

désœuvré, désœuvrée [dezœvre] idle

désolé, désolée [dezɔle] upset (***de*** about, over); ***je suis désolé*** I am so sorry

désoler ⟨1a⟩ upset

désopilant, désopilante [dezɔpilɑ̃, -t] hilarious

désordonné, désordonnée [dezɔrdɔne] untidy

désordre [dezɔrdr] *m* untidiness; ***en désordre*** untidy

désorganisé, désorganisée [dezɔrganize] disorganized

désorienter [dezɔrjɑ̃te] ⟨1a⟩ disorient, *Br* disorientate

désormais [dezɔrmɛ] *adv* now; *à partir de maintenant* from now on

désosser [dezɔse] ⟨1a⟩ bone, remove the bones from

despote [dɛspɔt] *m* despot

despotique despotic

despotisme *m* despotism
desquels, desquelles [dekɛl] → ***lequel***
dessécher [deseʃe] ⟨1f⟩ *d'un sol, rivière, peau* dry out; *de fruits* dry
dessein [desɛ̃] *m* intention; ***à dessein*** intentionally, on purpose; ***dans le dessein de faire qch*** with the intention of doing sth
desserrer [desɛre] ⟨1b⟩ loosen
dessert [desɛr] *m* dessert
desservir [desɛrvir] ⟨2b⟩ *des transport publics* serve; (*s'arrêter à*) call at, stop at; *table* clear; ***desservir qn*** do s.o. a disservice
dessin [desɛ̃] *m* drawing; (*motif*) design; ***dessin animé*** cartoon
dessinateur, -trice [desinatœr, -tris] *m/f* drawer; TECH draftsman, *Br* draughtsman; *de mode* designer
dessiner ⟨1a⟩ draw
dessoûler [desule] ⟨1a⟩ F sober up
dessous [d(ə)su] **1** *adv* underneath; ***en dessous*** underneath; ***agir en dessous*** *fig* act in an underhanded way; ***ci-dessous*** below **2** *m* (*face inférieure*) underside; ***les voisins du dessous*** the downstairs neighbors, the people in the apartment beneath; ***des dessous en dentelle*** lace underwear *sg*; ***les dessous de la politique*** *fig* the side of politics people don't get to hear about; ***avoir le dessous*** get the worst of it
dessous-de-plat *m* (*pl inv*) table mat
dessus [d(ə)sy] **1** *adv*: ***le nom est écrit dessus*** the name's written on top; ***sens dessus dessous*** upside down; ***en dessus*** on top; ***par-dessus*** over; ***ci-dessus*** above; ***il nous est tombé dessus*** *fig* F he came down on us like a ton of bricks F; ***il a le nez dessus*** it's right under his nose **2** *m* top; ***les voisins du dessus*** the upstairs neighbors, the people in the apartment above; ***avoir le dessus*** *fig* have the upper hand
dessus-de-lit *m* (*pl inv*) bedspread
destabilisant, destabilisante [dɛstabilizɑ̃, -t] unnerving
déstabiliser ⟨1a⟩ destabilize
destin [dɛstɛ̃] *m* destiny, fate
destinataire [dɛstinatɛr] *m* addressee
destination *f* destination
destinée *f* destiny
destiner ⟨1a⟩ mean, intend (***à*** for)
destituer [dɛstitɥe] ⟨1a⟩ dismiss; MIL discharge; ***destitué de ses fonctions*** relieved of his duties
destroyer [dɛstrwaje] *m* destroyer
destructeur, -trice [dɛstryktœr, -tris] destructive
destruction *f* destruction
désuet, -ète [desɥɛ, -t] obsolete; *mode* out of date
désuétude *f*: ***tomber en désuétude*** fall into disuse
désuni, désunie [desɥni] disunited
détachable [detaʃabl] detachable
détaché, détachée [detaʃe] *fig* detached
détacher ⟨1a⟩ detach; *ceinture* undo; *chien* release, unchain; *employé* second; (*nettoyer*) clean, remove the spots from; ***je ne pouvais pas détacher mes yeux de …*** I couldn't take my eyes off …; ***se détacher sur*** stand out against
détail [detaj] *m* detail; COMM retail trade; ***vendre au détail*** sell retail; ***prix*** *m* ***de détail*** retail price; ***en détail*** detailed
détaillant [detajɑ̃] *m* retailer
détartrage [detartraʒ] m descaling
détartrer ⟨1a⟩ descale
détecter [detɛkte] ⟨1a⟩ detect
détecteur *m* sensor
détective [detɛktiv] m detective
déteindre [detɛ̃dr] ⟨4b⟩ fade; ***déteindre sur*** come off on; *fig* rub off on
détendre [detɑ̃dr] ⟨4a⟩ slacken; ***détendre l'atmosphère*** *fig* make the atmosphere less strained, take the tension out of the atmosphere; ***se détendre*** *d'une corde* slacken; *fig* relax
détendu, détendue relaxed; *pull* baggy
détenir [detnir] ⟨2h⟩ hold; JUR detain, hold
détente [detɑ̃t] *f d'une arme* trigger; *fig* relaxation; POL détente
détenteur *m* holder
détention *f* holding; JUR detention; ***détention préventive*** preventive detention
détenu, détenue [detny] *m/f* inmate
détergent [detɛrʒɑ̃] *m* detergent
détériorer [deterjɔre] ⟨1a⟩ *appareil, machine, santé* damage; ***se détériorer*** deteriorate
déterminant, déterminante [detɛrminɑ̃, -t] decisive
détermination *f* determination
déterminer ⟨1a⟩ establish, determine; ***son experience passée l'a déterminée à se marier*** her past experience made her decide to get married
déterrer [detɛre] ⟨1b⟩ dig up
détestable [detɛstabl] detestable
détester ⟨1a⟩ detest, hate
détonation [detɔnasjõ] *f* detonation
détonner ⟨1a⟩ MUS sing off-key; *fig*: *de couleurs* clash; *d'un meuble* be *ou* look out of place
détour [detur] *m* detour; *d'un chemin, fleuve* bend; ***sans détour*** *fig*: *dire qch*

frankly, straight out

détourné, détournée *fig* indirect; ***par des moyens détournés*** by indirect means

D

détournement *m* diversion; ***détournement d'avion*** hijack(ing); ***détournement de fonds*** misappropriation of funds, embezzlement

détourner ⟨1a⟩ *trafic* divert; *avion* hijack; *tête, yeux* turn away; *de l'argent* embezzle, misappropriate; ***détourner la conversation*** change the subject; ***se détourner*** turn away

détracteur, -trice [detraktœr, -tris] *m/f* detractor

détraqué, détraquée [detrake] *montre, radio etc* broken, kaput F; *estomac* upset

détrempé, détrempée [detrɑ̃pe] soggy

détresse [detrɛs] *f* distress

détriment [detrimɑ̃] *m*: ***au détriment de*** to the detriment of

détritus [detritys] *m* garbage, *Br* rubbish

détroit [detrwa] *m* strait

détromper [detrõpe] ⟨1a⟩ put right

détrôner [detrone] ⟨1a⟩ dethrone

détruire [detrɥir] ⟨4c⟩ destroy; (*tuer*) kill

dette [dɛt] *f* COMM, *fig* debt; ***dette publique*** national debt; ***avoir des dettes*** be in debt

DEUG [dœg] *m abr* (**= *diplôme d'études universitaires générales***) *university degree obtained after two years' study*

deuil [dœj] *m* mourning; ***être en deuil*** be in mourning; ***porter le deuil*** be in mourning, wear mourning; ***il y a eu un deuil dans sa famille*** there's been a bereavement in his family

deux [dø] **1** *adj* two; ***les deux*** both; ***les deux maisons*** the two houses, both houses; ***tous*** (***les***) ***deux*** both; ***tous les deux jours*** every two days, every second day; ***nous deux*** the two of us, both of us; ***deux fois*** twice **2** *m* two; ***à nous deux on y arrivera*** we'll manage between the two of us; ***en deux*** in two, in half; ***deux à*** *ou* ***par deux*** in twos, two by two; → ***trois*** **deuxième** second; *étage* third, *Br* second

deuxièmement *adv* secondly

deux-pièces [døpjɛs] *m* (*pl inv*) *bikini* two-piece swimsuit; *appartement* two-room apartment

deux-points [døpwɛ̃] *m* (*pl inv*) colon

deux-roues [døru] *m* (*pl inv*) two-wheeler

dévaliser [devalize] ⟨1a⟩ *banque* rob, raid; *maison* burglarize, *Br* burgle; *personne* rob; *fig*: *frigo* raid

dévalorisant, dévalorisante [devalɔrizɑ̃, -t] demeaning

dévalorisation *f* ÉCON drop in value, depreciation; *fig* belittlement

dévaloriser ⟨1a⟩ ÉCON devalue; *fig* belittle

dévaluation [devalɥasjõ] *f* ÉCON devaluation

dévaluer ⟨1a⟩ devalue

devancer [d(ə)vɑ̃se] ⟨1k⟩ (*dépasser, surpasser*), *âge, siècle* be ahead of; *désir, objection* anticipate; ***devancer qn de deux mètres / trente minutes*** be two meters / thirty minutes ahead of s.o.

devant [d(ə)vɑ̃] **1** *adv* in front; ***se fermer devant*** *d'un vêtement* do up at the front, do up in front; ***droit devant*** straight ahead **2** *prép* in front of; ***passer devant l'église*** go past the church; ***devant Dieu*** before God; ***devant un tel mensonge*** *fig* when faced with such a lie **3** *m* front; ***de devant*** front *atr*; ***prendre les devants*** take the initiative

devanture [d(ə)vɑ̃tyr] *f* shop window

dévaster [devaste] ⟨1a⟩ devastate

développement [devlɔpmɑ̃] *m* ÉCON, ANAT development, growth; PHOT development; ***pays*** *m* ***en voie de développement*** developing country

développer ⟨1a⟩ develop (*aussi* PHOT); *entreprise, affaire* expand, grow; ***se développer*** develop

devenir [dəvnir] ⟨2h⟩ (*aux* ***être***) become; ***il devient agressif*** he's getting aggressive; ***que va-t-il devenir?*** what's going to become of him?

dévergondé, dévergondée [devɛrgõde] *sexuellement* promiscuous

déverser [devɛrse] ⟨1a⟩ *ordures* dump; *passagers* disgorge

dévêtir [devɛtir] ⟨2g⟩ undress

déviation [devjasjõ] *f d'une route* detour; (*écart*) deviation

dévier [devje] ⟨1a⟩ **1** *v/t circulation, convoi* divert, reroute **2** *v/i* deviate (***de*** from)

devin [dəvɛ̃] *m*: ***je ne suis pas devin!*** I'm not a mind-reader; *pour l'avenir* I can't tell the future

deviner ⟨1a⟩ guess

devinette *f* riddle

devis [d(ə)vi] *m* estimate

dévisager [devisaʒe] ⟨1l⟩ look intently at, stare at

devise [d(ə)viz] *f* FIN currency; (*moto, règle de vie*) motto; ***devises étrangères*** foreign currency *sg*

dévisser [devise] ⟨1a⟩ unscrew

dévoiler [devwale] ⟨1a⟩ unveil; *secret* reveal, disclose

devoir [dəvwar] ⟨3a⟩ **1** *v/t de l'argent, res-*

pect owe **2** *v/aux nécessité* have to; ***il doit le faire*** he has to do it, he must do it, he has *ou* he's got to do it; ***tu as fait ce que tu devais*** you did what you had to ◇ *obligation*: ***il aurait dû me le dire*** he should have told me; ***tu devrais aller la voir*** you should go and see her
◇ *conseil*: ***tu devrais l'acheter*** you should buy it
◇ *supposition*: ***ça doit être cuit*** it should be done; ***je crois que ça doit suffire*** I think that should be enough; ***tu dois te tromper*** you must be mistaken
◇ : *prévision*: ***l'usine doit fermer le mois prochain*** the plant is (due) to close down next month **3** *m* duty; *pour l'école* homework; ***faire ses devoirs*** do one's homework
dévorer [devɔre] ⟨1a⟩ devour
dévotion [devosjõ] *f* devoutness; *péj* sanctimoniousness
dévoué, **dévouée** [devwe] devoted
dévouement *m* devotion
dévouer ⟨1a⟩: ***se dévouer pour*** *cause* dedicate one's life to
dextérité [dɛksterite] *f* dexterity, skill
diabète [djabɛt] *m* diabetes *sg*
diabètique *m/f* diabetic
diable [djabl] *m* devil
diabolique [djabɔlik] diabolical
diagnostic [djagnɔstik] *m* MÉD diagnosis
diagnostiquer ⟨1m⟩ MÉD diagnose
diagonal, **diagonale** [djagɔnal] (*mpl* -aux) **1** *adj* diagonal **2** *f* diagonal (line); ***en diagonale*** diagonally; ***lire un texte en diagonale*** *fig* skim (through) a text
diagramme [djagram] *m* diagram
dialecte [djalɛkt] *m* dialect
dialogue [djalɔg] *m* dialog, *Br* dialogue
dialoguer ⟨1m⟩ communicate, enter into a dialog *ou Br* dialogue with
dialyse [djaliz] *f* dialysis
diamant [djamɑ̃] *m* diamond
diamétralement [diametralmɑ̃] *adv* diametrically
diamètre [djamɛtr] *m* diameter; ***faire 10 centimètres de diamètre*** be 10 centimeters in diameter
diapason [djapazõ] *m* MUS tuning fork; ***se mettre au diapason de qn*** *fig* follow s.o.'s lead
diaphragme [djafragm] *m* ANAT, PHOT, *contraceptif* diaphragm
diapositive [djapɔzitiv] *f* slide
diarrhée [djare] *f* diarrhea, *Br* diarrhoea
dictateur [diktatœr] *m* dictator
dictatorial, **dictatoriale** dictatorial
dictature *f* dictatorship
dictée [dikte] *f* dictation
dicter ⟨1a⟩ dictate
diction [diksjõ] *f* diction
dictionnaire [diksjɔnɛr] *m* dictionary
dicton [diktõ] *m* saying
dièse [djɛz] *m* MUS sharp
diesel [djezɛl] *m* diesel
diète [djɛt] *f* diet
diététicien, **diététicienne** [djetetisjɛ̃, -ɛn] *m/f* dietitian
Dieu [djø] *m* God; ***Dieu merci!*** thank God!
diffamation [difamasjõ] *f* defamation (of character), slander
diffamatoire defamatory
diffamer ⟨1a⟩ slander
différence [diferɑ̃s] *f* difference (*aussi* MATH); ***à la différence de sa femme*** unlike his wife
différencier ⟨1a⟩ differentiate
différend *m* dispute
différent, **différente** different; ***différentes personnes*** various people
différentiel *m* AUTO differential
différer [difere] ⟨1f⟩ **1** *v/t* (*renvoyer*) defer; ***en différé*** *émission* recorded **2** *v/i* differ
difficile [difisil] difficult; (*dur*) difficult, hard; (*exigeant*) particular, hard to please
difficulté [difikylte] *f* difficulty
difforme [difɔrm] deformed; *chaussures* shapeless
difformité *f* deformity
diffuser [difyze] ⟨1a⟩ *chaleur*, *lumière* spread, diffuse; RAD, TV broadcast; *idées*, *nouvelle* spread
diffusion *f* spread; RAD, TV broadcast; *de chaleur*, *lumière* diffusion
digérer [diʒere] ⟨1f⟩ digest
digeste [diʒɛst] digestible
digestif, **-ive** **1** *adj* digestive **2** *m* liqueur
digestion *f* digestion
digital, **digitale** [diʒital] (*mpl* -aux) digital; ***empreinte*** *f* ***digitale*** fingerprint
digne [diɲ] (*plein de dignité*) dignified; ***digne de*** worthy of; ***digne de foi*** reliable, ***digne d'intérêt*** interesting
dignitaire *m* dignitary
dignité *f* dignity; (*charge*) office
digression [digresjõ] *f* digression
digue [dig] *f* dyke
dilapider [dilapide] ⟨1a⟩ fritter away, squander
dilatation [dilatasjõ] *f* expansion; *de pupille* dilation
dilater ⟨1a⟩ expand; *pupille* dilate
dilemme [dilɛm] *m* dilemma
diluer [dilɥe] ⟨1n⟩ dilute
dimanche [dimɑ̃ʃ] *m* Sunday
dimension [dimɑ̃sjõ] *f* size, dimension;

D

MATH dimension; *d'une faute* magnitude
diminuer [diminye] ⟨1n⟩ **1** *v/t nombre, prix, vitesse* reduce; *joie, enthousiasme, forces* diminish; *mérites* detract from; *souffrances* lessen, decrease; ***la maladie l'a diminuée*** the illness has weakened her **2** *v/i* decrease; ***les jours diminuent*** the days are drawing in, the nights are getting longer
diminutif *m* diminutive
diminution *f* decrease, decline; *d'un nombre, prix* reduction
dinde [dɛ̃d] *f* turkey
dindon *m* turkey
dîner [dine] **1** *v/i* ⟨1a⟩ dine **2** *m* dinner; ***dîner dansant*** dinner-dance
dingue [dɛ̃g] F crazy, nuts F
dinosaure [dinɔzɔr] *m* dinosaur
diplomate [diplɔmat] *m* diplomat
diplomatie *f* diplomacy
diplomatique diplomatic
diplôme [diplom] *m* diploma; *universitaire* degree
diplômé, **diplômée** diploma holder; *de l'université* graduate
dire [dir] **1** *v/t & v/i* ⟨4m⟩ say; (*informer, réveler, ordonner*) tell; (*penser*) think; *poème* recite; ***elle dit le connaître*** she says she knows him; ***dis-moi où il est*** tell me where he is; ***dire à qn de faire qch*** tell s.o. to do sth; ***que dis-tu d'une pizza?*** how about a pizza?; ***on dirait qu'elle a trouvé ce qu'elle cherchait*** it looks as if she's found what she was looking for; ***vouloir dire*** mean; ***à vrai dire*** to tell the truth; ***ça veut tout dire*** that says it all; ***et dire que*** and to think that; ***cela va sans dire*** that goes without saying; ***cela ne me dit rien de faire …*** I'm not particularly keen on doing …, I don't feel like doing … **2** *m*: ***au(x) dire(s) de qn*** according to s.o.
direct, **directe** [dirɛkt] direct; ***train*** *m* ***direct*** through train; ***en direct*** *émission* live
directement *adv* directly
directeur, **-trice** [dirɛktœr, -tris] **1** *adj comité* management **2** *m/f* manager; *plus haut dans la hiérarchie* director; ÉDU principal, *Br* head teacher
direction *f* (*sens*) direction; (*gestion, directeurs*) management; AUTO steering; ***sous la direction de Simon Rattle*** MUS under the baton of Simon Rattle, conducted by Simon Rattle; ***direction assistée*** power steering
directive *f* instruction; *de l'UE* directive
dirigeable [diriʒabl] *m* airship
dirigeant *m surtout* POL leader
diriger ⟨1l⟩ manage, run; *pays* lead; *orchestre* conduct; *voiture* steer; *arme, critique* aim (***contre*** at); *regard, yeux* turn (***vers*** to); *personne* direct; ***se diriger vers*** head for
discernement [disɛrnəmɑ̃] *m* discernment
discerner ⟨1a⟩ (*percevoir*) make out; ***discerner le bon du mauvais*** tell good from bad
disciplinaire [disiplinɛr] disciplinary
discipline *f* discipline
discipliné, **disciplinée** disciplined
disc-jockey [diskʒɔke] *m* disc jockey, DJ
disco [disko] *m* disco
discontinu, **discontinue** [diskõtiny] *ligne* broken; *effort* intermittent
discordant, **discordante** [diskɔrdɑ̃, -t] discordant, unmusical
discorde *f* discord
discothèque [diskɔtɛk] *f* (*boîte*) discotheque, disco; *collection* record library
discours [diskur] *m* speech; ***faire*** *ou* ***prononcer un discours*** give a speech
discréditer [diskredite] ⟨1a⟩ discredit
discret, **-ète** [diskrɛ, -t] (*qui n'attire pas l'attention*) unobtrusive; *couleur* quiet; *robe* plain, simple; (*qui garde le secret*) discreet
discrétion *f* discretion; ***à la discrétion de qn*** at s.o.'s discretion
discrimination [diskriminasjõ] *f* discrimination
disculper [diskylpe] ⟨1a⟩ clear, exonerate; ***se disculper*** clear o.s.
discussion [diskysjõ] *f* discussion; (*altercation*) argument
discutable debatable
discuter ⟨1a⟩ discuss; (*contester*) question
diseur, **-euse** [dizœr, øz] *m/f*: ***diseur de bonne aventure*** fortune-teller
disgracier [disgracje] ⟨1a⟩ dismiss
disjoindre [diʒʒwɛ̃dr] ⟨4b⟩ separate
disjoncter [diʒʒõkte] ⟨1a⟩ **1** *vt* ÉL break **2** *vi* F be crazy
disjoncteur *m* circuit breaker
disparaître [disparɛtr] ⟨4z⟩ disappear; (*mourir*) die; *d'une espèce* die out; ***faire disparaître*** get rid of
disparité [disparite] *f* disparity
disparition [disparisjõ] *f* disappearance; (*mort*) death; ***être en voie de disparition*** be dying out, be becoming extinct; ***espèce en voie de disparition*** endangered species
dispensaire [dispɑ̃sɛr] *m* clinic
dispenser ⟨1a⟩: ***dispenser qn de*** (***faire***) ***qch*** (*exempter*) excuse s.o. from (doing)

sth; ***je vous dispense de vos commentaires*** I can do without your comments; ***je peux me dispenser de faire la cuisine*** I don't need to cook
disperser [dispɛrse] ⟨1a⟩ disperse; ***se disperser*** (*faire trop de choses*) spread o.s. too thin
disponibilité [dispɔnibilite] *f* availability
disponible available
dispos [dispo]: ***frais et dispos*** bright-eyed and bushy-tailed F
disposé, **disposée** [dispoze] disposed
disposer ⟨1a⟩ (*arranger*) arrange; ***disposer de qn / qch*** have s.o./sth at one's disposal; ***se disposer à faire qch*** get ready to do sth
dispositif *m* device
disposition *f* (*arrangement*) arrangement; *d'une loi* provision; (*humeur*) mood; (*tendance*) tendency; ***être à la disposition de qn*** be at s.o.'s disposal; ***avoir qch à sa disposition*** have sth at one's disposal; ***prendre ses dispositions pour faire qch*** make arrangements to do sth; ***avoir des dispositions pour qch*** have an aptitude for sth
disproportionné, **disproportionnée** [disprɔpɔrsjɔne] disproportionate
dispute [dispyt] *f* quarrel, dispute
disputer ⟨1a⟩ *match* play; ***disputer qch à qn*** compete with s.o for sth.; ***se disputer*** quarrel, fight
disqualification [diskalifikasjõ] *f* disqualification
disqualifier ⟨1a⟩ disqualify
disque [disk] *m* disk, *Br* disc; SP discus; MUS disk, *Br* record; INFORM disk; ***disque compact*** compact disc; ***disque dur*** hard disk
disquette *f* diskette, disk, floppy; ***disquette de démonstration*** demo disk
dissension [disɑ̃sjõ] *f le plus souvent au pl* ***dissensions*** dissension *sg*
disséquer [diseke] ⟨1f *et* 1m⟩ dissect
dissertation [disɛrtasjõ] *f* ÉDU essay
dissident, **dissidente** [disidɑ̃, -t] *m/f* dissident
dissimuler [disimyle] ⟨1a⟩ conceal, hide (**à** from)
dissiper [disipe] ⟨1a⟩ dispel; *brouillard* disperse; *fortune* squander; ***se dissiper*** *du brouillard* clear
dissociation [disɔsjasjõ] *f fig* separation
dissolu, **dissolue** [disɔly] dissolute
dissolution [disɔlysjõ] *f* POL dissolution
dissolvant [disɔlvɑ̃] *m* CHIM solvent; *pour les ongles* nail polish remover
dissoudre [disudr] ⟨4bb⟩ dissolve
dissuader [disɥade] ⟨1a⟩: ***dissuader qn de faire qch*** dissuade s.o. from doing sth, persuade s.o. not to do sth
dissuasif, **-ive** off-putting
dissuasion *f* dissuasion; ***dissuasion nucléaire*** POL nuclear deterrent
distance [distɑ̃s] *f* distance (*aussi fig*); ***commande f à distance*** remote control; ***tenir qn à distance*** keep s.o. at a distance; ***prendre ses distances avec qn*** distance o.s. from s.o.
distancer ⟨1k⟩ outdistance
distant, **distante** distant (*aussi fig*)
distiller [distile] ⟨1a⟩ distill
distillerie *f* distillery
distinct, **distincte** [distɛ̃, -kt] distinct; ***distinct de*** different from
distinctement *adv* distinctly
distinctif, **-ive** [distɛ̃ktif, -iv] distinctive
distinction *f* distinction
distingué, **distinguée** [distɛ̃ge] distinguished
distinguer ⟨1m⟩ (*percevoir*) make out; (*différencier*) distinguish (**de** from); ***se distinguer*** (*être différent*) stand out (**de** from)
distraction [distraksjõ] *f* (*passe-temps*) amusement, entertainment; (*inattention*) distraction
distraire [distrɛr] ⟨4s⟩ *du travail, des soucis* distract (**de** from); (*divertir*) amuse, entertain; ***se distraire*** amuse o.s.
distrait, **distraite** absent-minded
distraitement *adv* absent-mindedly
distribuer [distribɥe] ⟨1n⟩ distribute; *courrier* deliver
distributeur *m* distributor; ***distributeur automatique*** vending machine; ***distributeur de billets*** ticket machine; ***distributeur de boissons*** drinks machine
distribution *f* distribution; *du courrier* delivery
district [distrikt] *m* district
dit, **dite** [di, -t] **1** *p/p* → **dire** **2** *adj* (*surnommé*) referred to as; (*fixé*) appointed
divaguer [divage] ⟨1m⟩ talk nonsense
divan [divɑ̃] *m* couch
divergence [divɛrʒɑ̃s] *f d'opinions* difference
diverger ⟨1l⟩ *de lignes* diverge; *d'opinions* differ
divers, **diverse** [divɛr, -s] (*différent*) different, varied; *au pl* (*plusieurs*) various
diversification [divɛrsifikasjõ] *f* diversification
diversifier ⟨1a⟩ diversify
diversion [divɛrsjõ] *f* diversion
diversité [divɛrsite] *f* diversity
divertir [divɛrtir] ⟨2a⟩ amuse, entertain
divertissant, **divertissante** entertaining

divertissement *m* amusement, entertainment
dividende [dividɑ̃d] *m* dividend
divin, divine [divɛ̃, -in] divine
divinité *f* divinity
diviser [divize] ⟨1a⟩ divide (*aussi fig*, MATH); *tâche, somme, domaine* divide up; ***se diviser*** be divided (***en*** into)
division *f* division
divorce [divɔrs] *m* divorce; ***demander le divorce*** ask for a divorce
divorcé, divorcée *m/f* divorcee
divorcer ⟨1k⟩ get a divorce (***d'avec*** from)
divulguer [divylge] ⟨1m⟩ divulge, reveal
dix [dis] ten; → ***trois***
dix-huit eighteen
dix-huitième eighteenth
dixième tenth
dix-neuf nineteen
dix-neuvième nineteenth
dix-sept seventeen
dix-septième seventeenth
dizaine [dizɛn] *f*: ***une dizaine de*** about ten *pl*, ten or so *pl*
D.J. [didʒe] *m/f abr* (***= disc-jockey***) DJ, deejay (= disc jockey)
do [do] *m* MUS C
docile [dɔsil] docile
docteur [dɔktœr] *m* doctor
doctorat *m* doctorate, PhD
doctoresse *f* F woman doctor
doctrine [dɔktrin] *f* doctrine
document [dɔkymɑ̃] *m* document
documentaire *m & adj* documentary
documentation *f* documentation
documenter ⟨1a⟩: ***se documenter*** collect information
dodo [dodo] *m* F: ***faire dodo*** go to beddy-byes F
dodu, dodue [dɔdy] chubby
dogmatique [dɔgmatik] dogmatic
dogme *m* dogma
doigt [dwa] *m* finger; ***doigt de pied*** toe; ***croiser les doigts*** keep one's fingers crossed; ***savoir qch sur le bout des doigts*** have sth at one's fingertips
doigté *m* MUS fingering; *fig* tact
dollar [dɔlar] *m* dollar
domaine [dɔmɛn] *m* estate; *fig* domain
dôme [dom] *m* dome
domestique [dɔmɛstik] **1** *adj* domestic; ***animal domestique*** pet **2** *m* servant
domestiquer ⟨1m⟩ tame
domicile [dɔmisil] *m* place of residence
domicilié, domiciliée: ***domicilié à*** resident at
dominant, dominante [dɔminɑ̃, -t] dominant
dominateur, -trice domineering
domination *f* domination
dominer ⟨1a⟩ **1** *v/t* dominate (*aussi fig*) **2** *v/i* (*prédominer*) be predominant; ***se dominer*** control o.s.
dommage [dɔmaʒ] *m*: (***quel***) ***dommage!*** what a pity!; ***c'est dommage que*** (+ *subj*) it's a pity; ***dommages et intérêts*** JUR damages
dompter [dõte] ⟨1a⟩ *animal* tame; *rebelle* subdue
dompteur *m* trainer
DOM-TOM [dɔmtɔm] *mpl abr* (***= départements et territoires d'outre-mer***) overseas departments and territories of France
don [dõ] *m* (*donation*) donation; *charité* donation, gift; (*cadeau*) gift, present; (*aptitude*) gift; ***don du ciel*** godsend
donation *f* donation
donc [dõk] *conclusion* so; ***écoutez donc!*** do listen!; ***comment donc?*** how (so)?; ***allons donc!*** come on!
donjon [dõʒõ] *m* keep
donné, donnée [dɔne] **1** *p/p* → ***donner*** **2** *adj* given; ***étant donné*** given; ***c'est donné*** I'm/he's/*etc* giving it away
données *fpl* data *sg*, information *sg*; INFORM data *sg*
donner ⟨1a⟩ **1** *v/t* give **2** *v/i*: ***donner sur la mer*** overlook the sea, look onto the sea
donneur *m* MÉD donor
dont [dõ]: ***le film dont elle parlait*** the movie she was talking about; ***une famille dont le père est parti*** a family whose father has left; ***la manière dont elle me regardait*** the way (in which) she was looking at me; ***celui dont il s'agit*** the one it is about; ***ce dont j'ai besoin*** what I need; ***plusieurs sujets, dont le sexe*** several subjects including sex
dopage [dɔpaʒ] *m* drug taking
doper ⟨1a⟩ drug; ***se doper*** take drugs
doré, dorée [dɔre] *bijou* gilt, gilded; *couleur* golden
dorénavant [dɔrenavɑ̃] from now on
dorer [dɔre] ⟨1a⟩ gild
dorloter [dɔrlɔte] ⟨1a⟩ pamper
dormeur, -euse [dɔrmœr, -øz] *m/f* sleeper
dormir ⟨2b⟩ sleep; ***histoire*** *f* ***à dormir debout*** tall tale, *Br* tall story
dortoir [dɔrtwar] *m* dormitory
dos [do] *m* back; *d'un chèque* back, reverse; ***dos d'âne*** *m* speed bump; *pont* hump-backed bridge
dosage [dozaʒ] *m* MÉD dose
dose [doz] *f* MÉD dose; PHARM proportion
doser ⟨1a⟩ measure out
dossier [dosje] *m d'une chaise* back; *de documents* file, dossier; ***dossier médi-***

cal medical record(s)
doter [dote] ⟨1a⟩ endow
douane [dwan] *f* customs *pl*
douanier, -ère 1 *adj* customs *atr* **2** *m/f* customs officer
doublage [dublaʒ] *m d'un vêtement* lining; *d'un film* dubbing
double 1 *adj* double **2** *m deuxième exemplaire* duplicate; *au tennis* doubles (match); ***le double*** double, twice as much
doubler ⟨1a⟩ **1** *v/t* double; AUTO pass, *Br* overtake; *film* dub; *vêtement* line **2** *v/i* double
doublon *m* double
doublure *f d'un vêtement* lining
doucement [dusmɑ̃] *adv* gently; (*bas*) softly; (*lentement*) slowly
douceur *f d'une personne* gentleness; ***douceurs*** (*jouissance*) pleasures; (*sucreries*) sweet things
douche [duʃ] *f* shower; ***prendre une douche*** shower, take a shower
doué, douée [dwe] ⟨1a⟩ gifted; ***doué de qch*** endowed with sth
douille [duj] *f* ÉL outlet, *Br* socket
douillet, douillette [dujɛ, -t] *lit, vêtement, intérieur* cozy, *Br* cosy; *personne* babyish
douleur [dulœr] *f* pain
douloureux, -euse [dulurø, -z] painful
doute [dut] *m* doubt; ***sans doute*** without doubt; ***sans aucun doute*** undoubtedly
douter ⟨1a⟩: ***douter de qn / qch*** doubt s.o./sth; ***se douter de qch*** suspect sth; ***se douter que*** suspect that, have an idea that
douteux, -euse doubtful
doux, douce [du, -s] sweet; *temps* mild; *personne* gentle; *au toucher* soft
douzaine [duzɛn] *f* dozen
douze twelve; → ***trois***
douzième twelfth
Dow-Jones [dowdʒons] *m*: ***indice*** *m* ***Dow-Jones*** Dow Jones Average
doyen [dwajɛ̃] *m* doyen; *d'une université* dean
draconien, draconienne [drakɔnjɛ̃, -ɛn] draconian
dragée [draʒe] *f* sugared almond
dragon [dragõ] *m* dragon
draguer [dragœr] ⟨1m⟩ *rivière* dredge; F *femmes* try to pick up
dragueur *m* F ladies' man
drainage [drɛnaʒ] *m* drainage
drainer ⟨1a⟩ drain
dramatique [dramatik] dramatic (*aussi fig*)
dramatiser ⟨1a⟩ dramatize
dramaturge *m* playwright
drame *m* drama; *fig* tragedy, drama
drap [dra] *m de lit* sheet
drapeau [drapo] *m* (*pl* -x) flag
drap-housse [draus] *m* fitted sheet
dressage [drɛsaʒ] *m d'un échafaudage, d'un monument* erection; *d'une tente* pitching; *d'un animal* training
dresser ⟨1b⟩ put up; *échafaudage, monument* erect, put up; *tente* pitch, put up; *contrat* draw up; *animal* train; ***dresser qn contre qn*** set s.o. against s.o.; ***se dresser*** straighten up; *d'une tour* rise up; *d'un obstacle* arise
drogue [drɔg] *f* drug; ***drogue douce*** soft drug; ***drogue récréative*** recreational drug
drogué, droguée *m/f* drug addict
droguer ⟨1a⟩ drug; MÉD (*traiter*) give medication to; ***se droguer*** take drugs; MÉD *péj* pop pills
droguerie *f* hardware store
droit, droite [drwa, -t] **1** *adj côté* right; *ligne* straight; (*debout*) erect; (*honnête*) upright **2** *adv* ***tout droit*** straight ahead **3** *m* right; (*taxe*) fee; JUR law; ***de droit*** de facto; ***à qui de droit*** to whom it may concern; ***être en droit de faire qch*** be entitled to do sth; ***droits d'auteur*** royalties; ***droit international*** international law
droite [drwat] *f* right; *côté* right-hand side; ***à droite*** on the right(-hand side)
droitier, -ère: ***être droitier*** be right-handed
droiture *f* rectitude
drôle [drol] (*amusant, bizarre*) funny; ***une drôle d'idée*** a funny idea
drôlement *adv* F awfully
dromadaire [drɔmadɛr] *m* dromedary
dru, drue [dry] thick
drugstore [drœgstɔr] *m* drugstore
D.S.T. [deɛste] *f abr* (***= direction de la surveillance du territoire***) French secret service
du [dy] → ***de***
dû, due [dy] *p/p* → ***devoir***
dubitatif, -ive [dybitatif, -iv] doubtful
dubitativement *adv* doubtfully
duc [dyk] *m* duke
duchesse [-ɛs] *f* duchess
duel [dɥɛl] *m* duel
dûment [dymɑ̃] *adv* duly
dune [dyn] *f* (sand) dune
Dunkerque [dɛ̃kɛrk] Dunkirk
duo [dyo] *m* MUS duet
dupe [dyp] *f* dupe; ***être dupe de qch*** be taken in by sth
duper ⟨1a⟩ dupe
duplex [dyplɛks] *m* duplex

duplicata [dyplikata] *m* duplicate
duquel [dykɛl] → ***lequel***
dur, dure [dyr] **1** *adj* hard (*aussi difficile, sévère*); *climat* harsh; *viande* tough **2** *adv travailler, frapper* hard
durable durable, lasting; *croissance, utilisation de matières premières* sustainable
durant *prép* during; ***des années durant*** for years
durcir [dyrsir] ⟨2a⟩ **1** *v/t* harden (*aussi fig*) **2** *v/i*: ***se durcir*** harden
durcissement *m* hardening (*aussi fig*)
durée [dyre] *f* duration; ***durée de vie*** life; *d'une personne* life expectancy
durement [dyrmɑ̃] *adv* harshly; ***être frappé durement par*** be hard hit by
durer [dyre] ⟨1a⟩ last; *d'un objet, vêtement aussi* wear well
dureté [dyrte] *f* hardness (*aussi fig*)
duvet [dyvɛ] *m* down; (*sac de couchage*) sleeping bag
duveteux, -euse fluffy
DVD [devede] *m abr* DVD (= digitally versatile disk)
DVD-Rom *m* DVD-Rom
dynamique [dinamik] **1** *adj* dynamic **2** *f* dynamics
dynamisme *m* dynamism
dynamite [dinamit] *f* dynamite
dynamo [dinamo] *f* dynamo
dynastie [dinasti] *f* dynasty
dyslexie [dislɛksi] *f* dyslexia
dyslexique dyslexic

E

eau [o] *f* (*pl* -x) water; ***eaux internationales*** international waters; ***tomber à l'eau*** fall in the water; *fig* fall through; ***faire eau*** MAR take in water; ***mettre à l'eau*** *navire* launch; ***eau courante*** running water; ***eau gazeuse*** carbonated water, *Br* fizzy water; ***eau de Javel*** bleach; ***eau minérale*** mineral water
eau-de-vie [odvi] *f* (*pl* eaux-de-vie) brandy
ébahi, ébahie [ebai] dumbfounded
ébattre [ebatr] ⟨4a⟩: ***s'ébattre*** frolic
ébauche [eboʃ] *f d'une peinture* sketch; *d'un roman* outline; *d'un texte* draft
ébaucher ⟨1a⟩ *tableau, roman* rough out; *texte* draft; ***ébaucher un sourire*** smile faintly
ébène [ebɛn] *f* ebony
ébéniste [ebenist] *m* cabinetmaker
éberlué, éberluée [ebɛrlɥe] F flabbergasted F
éblouir [ebluir] ⟨2a⟩ dazzle (*aussi fig*)
éblouissement *m* glare, dazzle
éblouissant, éblouissante dazzling
éboueur [ebwœr] *m* garbageman, *Br* dustman
éboulement [ebulmɑ̃] *m* landslide
éboulis *m* pile
ébouriffé, ébouriffée [eburife] tousled
ébouriffer ⟨1a⟩ *cheveux* ruffle
ébranler [ebrɑ̃le] ⟨1a⟩ shake; ***s'ébranler*** move off
ébréché, ébréchée [ebreʃe] chipped
ébriété [ebrijete] *f* inebriation; ***en état d'ébriété*** in a state of inebriation
ébruiter [ebrɥite] ⟨1a⟩ *nouvelle* spread
ébullition [ebylisjõ] *f* boiling point; ***être en ébullition*** be boiling
écaille [ekaj] *f de coquillage, tortue* shell; *de poisson* scale; *de peinture, plâtre* flake; *matière* tortoiseshell
écailler ⟨1a⟩ *poisson* scale; *huître* open; ***s'écailler*** *de peinture* flake (off); *de vernis à ongles* chip
écarlate [ekarlat] *f & adj* scarlet
écarquiller [ekarkije] ⟨1a⟩: ***écarquiller les yeux*** open one's eyes wide
écart [ekar] *m* (*intervalle*) gap; (*différence*) difference; *moral* indiscretion; ***à l'écart*** at a distance (***de*** from)
écarteler [ekartəle] ⟨1d⟩ *fig*: ***être écartelé*** be torn
écartement [ekartəmɑ̃] *m* space; *action* spacing
écarter ⟨1a⟩ *jambes* spread; *fig*: *idée, possibilité* reject; *danger* avert; ***s'écarter de*** (*s'éloigner*) stray from
ecclésiastique [eklezjastik] ecclesiastical
écervelé, écervelée [esɛrvəle] scatterbrained
échafaudage [eʃafodaʒ] *m* scaffolding
échafauder ⟨1a⟩ **1** *v/i* erect scaffolding **2** *v/t fig*: *plan* put together

échalote [eʃalɔt] *f* BOT shallot
échancré, **échancrée** [eʃɑ̃kre] low-cut
échancrure *d'une robe* neckline; *d'une côte* cove
échange [eʃɑ̃ʒ] *m* exchange; ***échanges extérieurs*** foreign trade *sg*; ***en échange*** in exchange (***de*** for)
échanger ⟨1l⟩ exchange, trade (***contre*** for); *regards*, *lettres* exchange (***avec*** with)
échangeur *m* interchange
échangisme *m* partner swapping
échantillon [eʃɑ̃tijõ] *m* COMM sample; ***échantillon gratuit*** free sample
échappatoire [eʃapatwar] *f* way out
échappée *f de vue* vista; *en cyclisme* breakaway
échappement *m* AUTO exhaust; ***tuyau** m **d'échappement*** tail pipe
échapper ⟨1a⟩: ***échapper à qn*** *d'une personne* escape from s.o.; ***échapper à qch*** escape sth; ***l'échapper belle*** have a narrow escape; ***s'échapper*** escape; ***le verre lui échappa des mains*** the glass slipped from his fingers; ***un cri lui échappa, il laissa échapper un cri*** he let out a cry
écharde [eʃard] *f* splinter
écharpe [eʃarp] *f* scarf; *de maire* sash; ***en écharpe*** MÉD in a sling
échasse [eʃas] *f* stilt
échauffement [eʃofmɑ̃] *m* heating; SP warm-up
échauffer ⟨1a⟩ heat; ***s'échauffer*** SP warm up; ***échauffer les esprits*** get people excited
échéance [eʃeɑ̃s] *f* COMM, JUR *d'un contrat* expiration date, *Br* expiry date; *de police* maturity; ***à brève / longue échéance*** short-/long-term; ***arriver à échéance*** fall due
échéant, **échéante** [eʃeɑ̃, -t]: ***le cas échéant*** if necessary
échec [eʃɛk] *m* failure; ***essuyer** ou **subir un échec*** meet with failure
échecs [eʃɛk] *mpl* chess *sg*; ***jouer aux échecs*** play chess
échelle [eʃɛl] *f* ladder; *d'une carte*, *des salaires* scale; ***sur une grande échelle*** on a grand scale; ***à l'échelle mondiale*** on a global scale; ***échelle des salaires*** salary scale
échelon [eʃlõ] *m* rung; *fig* level; *de la hiérarchie* grade, echelon
échelonner ⟨1a⟩ space out; *paiements* spread, stagger (***sur un an*** over a year)
échevelé, **échevelée** [eʃəvle] disheveled, *Br* dishevelled
échine [eʃin] *f* spine (*aussi fig*); ***plier** ou **courber l'échine*** give in
échiner ⟨1a⟩ F: ***s'échiner à faire qch*** go to great lengths to do sth
échiquier [eʃikje] *m* chessboard
écho [eko] *m* echo
échographie [ekografi] *f* ultrasound (scan)
échoir [eʃwar] ⟨3m⟩ *d'un délai* expire
échotier, **-ère** [ekɔtje, -ɛr] *m/f* gossip columnist
échouer [eʃwe] ⟨1a⟩ fail; ***(s')échouer*** *d'un bateau* run aground
éclabousser [eklabuse] ⟨1a⟩ spatter
éclair [eklɛr] *m* flash of lightning; CUIS éclair; ***comme un éclair*** in a flash
éclairage *m* lighting
éclaircie [eklɛrsi] *f* clear spell
éclaircir ⟨2a⟩ lighten; *fig*: *mystère* clear up; ***s'éclaircir*** *du ciel* clear, brighten
éclairer [eklɛre] ⟨1b⟩ **1** *v/t* light; ***éclairer qn*** light the way for s.o.; *fig*: ***éclairer qn sur qch*** enlighten s.o. about sth **2** *v/i*: ***cette ampoule n'éclaire pas assez*** this bulb doesn't give enough light
éclaireur *m* scout
éclat [ekla] *m de verre* splinter; *de métal* gleam; *des yeux* sparkle; *de couleurs*, *fleurs* vividness; ***éclat de rire*** peal of laughter; ***faire un éclat*** *scandale* make a fuss; ***un éclat d'obus*** a piece of shrapnel
éclatant, **éclatante** [eklatɑ̃, -t] dazzling; *couleur* vivid; *rire* loud
éclater ⟨1a⟩ *d'une bombe* blow up; *d'une chaudière* explode; *d'un ballon*, *pneu* burst; *d'un coup de feu* ring out; *d'une guerre*, *d'un incendie* break out; *fig*: *d'un groupe*, *parti* break up; ***éclater de rire*** burst out laughing; ***éclater en sanglots*** burst into tears; ***éclater de santé*** be blooming
éclipse [eklips] *f* eclipse
éclipser ⟨1a⟩ eclipse (*aussi fig*); ***s'éclipser*** F vanish, disappear
éclore [eklɔr] ⟨4k⟩ *d'un oiseau* hatch out; *de fleurs* open
écluse [eklyz] *f* lock
écœurant, **écœurante** [ekœrɑ̃, -t] disgusting, sickening; *aliment* sickly; (*décourageant*) discouraging, disheartening
écœurement *m* disgust; (*découragement*) discouragement; ***il a mangé de la crème jusqu'à l'écœurement*** he ate cream until he felt sick
écœurer ⟨1a⟩ disgust, sicken; (*décourager*) discourage, dishearten; ***écœurer qn*** *d'un aliment* make s.o. feel nauseous, *Br aussi* make s.o. feel sick
école [ekɔl] *f* school; ***école maternelle*** nursery school; ***école primaire*** elementary school, *Br* primary school; ***école***

E

privée (***du secondaire***) private school; ***école publique*** state school; ***école secondaire*** secondary school

écolier *m* schoolboy

écolière *f* schoolgirl

écolo [ekɔlo] *m* F Green

écologie [ekɔlɔʒi] *f* ecology

écologique ecological

écologiste *m/f* ecologist

économe [ekɔnɔm] economical, thrifty

économie [ekɔnɔmi] *f* economy; *science* economics *sg*; *vertu* economy, thriftiness; ***économie de marché*** market economy; ***économie planifiée*** planned economy; ***économie souterraine*** black economy; ***économies*** savings; ***faire des économies*** save

économique economic; (*avantageux*) economical

économiser ⟨1a⟩ **1** *v/t* save **2** *v/i* save; ***économiser sur qch*** save on sth

économiseur *m* **d'écran** INFORM screen saver

économiste *m/f* economist

écorce [ekɔrs] *f d'un arbre* bark; *d'un fruit* rind

écorcher [ekɔrʃe] ⟨1a⟩ *animal* skin; (*égratigner*) scrape; *fig*: *nom*, *mot* murder

écossais, écossaise [ekɔsɛ, -z] **1** *adj* Scottish **2** *m/f* **Écossais, Écossaise** Scot

Écosse *f*: ***l'Écosse*** Scotland

écosser [ekɔse] ⟨1a⟩ shell

écosystème [ekɔsistɛm] *m* ecosystem

écoulement [ekulmɑ̃] *m* flow; COMM sale; ***système*** *m* ***d'écoulement des eaux usées*** drainage

écouler ⟨1a⟩ COMM sell; ***s'écouler*** flow; *du temps* pass; COMM sell

écourter [ekurte] ⟨1a⟩ shorten; *vacances* cut short

écoute [ekut] *f*: ***être à l'écoute*** be always listening out; ***aux heures de grande écoute*** RAD at peak listening times; TV at peak viewing times; ***mettre qn sur table d'écoute*** TÉL tap s.o.'s phone

écouter ⟨1a⟩ **1** *v/t* listen to **2** *v/i* listen

écouteur *m* TÉL receiver; ***écouteurs*** RAD headphones

écran [ekrɑ̃] *m* screen; ***porter à l'écran*** TV adapt for television; ***le grand écran*** the big screen; ***le petit écran*** the small screen; ***écran d'aide*** INFORM help screen; ***écran radar*** radar screen; ***écran solaire*** sunblock; ***écran tactile*** touch screen; ***écran total*** sunblock

écrasant, écrasante [ekrɑzɑ̃, -t] overwhelming

écraser ⟨1a⟩ (*broyer*, *accabler*, *anéantir*) crush; *cigarette* stub out; (*renverser*) run over; ***s'écraser au sol*** *d'un avion* crash

écrémé, écrémée [ekreme]: ***lait*** *m* ***écrémé*** skimmed milk

écrémer ⟨1f⟩ skim

écrevisse [ekrəvis] *f* crayfish

écrier [ekrije] ⟨1a⟩: ***s'écrier*** cry out

écrin [ekrɛ̃] *m* jewel case

écrire [ekrir] ⟨4f⟩ write; ***comment est-ce que ça s'écrit?*** how do you spell it?

écrit [ekrit] *m* document; ***l'écrit*** *examen* the written exam; ***par écrit*** in writing

écriteau [ekrito] *m* (*pl* -x) notice

écriture *f* writing; COMM entry; ***les*** (***Saintes***) ***Écritures*** Holy Scripture *sg*

écrivain [ekrivɛ̃] *m* writer

écrou [ekru] *m* (*pl* -s) nut

écrouer [ekrue] ⟨1a⟩ JUR imprison

écrouler [ekrule] ⟨1a⟩: ***s'écrouler*** collapse

écru, écrue [ekry] *couleur* natural

écueil [ekœj] *m* reef; *fig* pitfall

écuelle [ekɥɛl] *f* bowl

éculé, éculée [ekyle] *chaussure* down-at-heel, worn-out; *fig* hackneyed

écume [ekym] *f* foam

écumer ⟨1a⟩ **1** *v/i* foam; ***écumer de rage*** be foaming at the mouth **2** *v/t* skim; *fig* scour

écumeux, -euse frothy

écureuil [ekyrœj] *m* squirrel

écurie [ekyri] *f* stable (*aussi* SP)

écusson [ekysõ] *m* coat of arms

écuyer, -ère [ekɥije, -ɛr] *m/f* rider

eczéma [egzema] *m* MÉD eczema

édenté, édentée [edɑ̃te] toothless

édifiant, édifiante [edifjɑ̃, -t] edifying

édification *f* ARCH erecting; *fig*: *d'empire etc* creation

édifice *m* building

édifier ⟨1a⟩ ARCH erect; *fig* build up

Édimbourgh [edɛ̃bur] Edinburgh

éditer [edite] ⟨1a⟩ *livre* publish; *texte* edit

éditeur, -trice *m/f* publisher; (*commentateur*) editor

édition *f action, métier* publishing; *action de commenter* editing; (*tirage*) edition; ***maison*** *f* ***d'édition*** publishing house

éditorial *m* (*pl* -iaux) editorial

édredon [edrədõ] *m* eiderdown

éducateur, -trice [edykatœr, -tris] *m/f* educator; ***éducateur spécialisé*** special needs teacher

éducatif, -ive educational

education *f* (*enseignement*) education; (*culture*) upbringing; ***il manque d'education*** he has no manners

édulcorer [edylkɔre] ⟨1a⟩ sweeten

éduquer [edyke] ⟨1m⟩ (*enseigner*) educate; (*élever*) bring up
effacé, **effacée** [efase] self-effacing
effacer [efase] ⟨1k⟩ erase; ***s'effacer*** *d'une inscription* wear away; *d'une personne* fade into the background
effarant, **effarante** [efarɑ̃, -t] frightening
effarement *m* fear
effarer ⟨1a⟩ frighten
effaroucher [efaruʃe] ⟨1a⟩ *personne* scare; *gibier* scare away
effectif, **-ive** [efɛktif, -iv] **1** *adj* effective **2** *m* manpower, personnel
effectivement *adv* true enough
effectuer [efɛktɥe] ⟨1a⟩ carry out
efféminé, **efféminée** [efemine] *péj* effeminate
effervescence [efɛrvesɑ̃s] *f* POL ferment
effervescent, **effervescente** *boisson* effervescent; *fig*: *foule* excited
effet [efɛ] *m* effect; COMM bill; ***à cet effet*** with that in mind, to that end; ***en effet*** sure enough; ***faire de l'effet*** have an effect; ***effets*** (personal) effects; ***effet de serre*** greenhouse effect; ***effets spéciaux*** special effects
effeuiller [efœje] ⟨1a⟩ leaf through
efficace [efikas] *remède*, *médicament* effective; *personne* efficient
efficacité *f* effectiveness; *d'une personne* efficiency
effigie [efiʒi] *f* effigy
effilé, **effilée** [efile] tapering
efflanqué, **efflanquée** [eflɑ̃ke] thin
effleurer [eflœre] ⟨1a⟩ brush against; (*aborder*) touch on; ***effleurer qch du bout des doigts*** brush one's fingers against sth
effondrement [efõdrəmɑ̃] *m* collapse
effondrer ⟨1a⟩: ***s'effondrer*** collapse
efforcer [efɔrse] ⟨1k⟩: ***s'efforcer de faire qch*** try very hard to do sth
effort [efɔr] *m* effort; ***faire un effort*** make an effort, try a bit harder
effraction [efraksjõ] *f* JUR breaking and entering
effrayant, **effrayante** [efrɛjɑ̃, -t] frightening
effrayer ⟨1i⟩ frighten; ***s'effrayer*** be frightened (**de** at)
effréne, **effrénee** [efrene] unbridled; *course* frantic
effriter [efrite] ⟨1a⟩: ***s'effriter*** crumble away (*aussi fig*)
effroi [efrwa] *m* fear
effronté, **effrontée** [efrõte] impertinent
effronterie *f* impertinence, effrontery
effroyable [efrwajabl] terrible, dreadful
effusion [efyzjõ] *f*: ***effusion de sang*** bloodshed; ***effusions*** *litt* effusiveness *sg*
égal, **égale** [egal] (*mpl* -aux) **1** *adj* equal; *surface* even; *vitesse* steady; ***ça lui est égal*** it's all the same to him **2** *m* equal; ***d'égal à égal*** between equals; ***sans égal*** unequaled, *Br* unequalled
également *adv* (*pareillement*) equally; (*aussi*) as well, too
égaler ⟨1a⟩ equal
égaliser **1** *v/t* ⟨1a⟩ *haies*, *cheveux* even up; *sol* level **2** *v/i* SP tie the game, *Br* equalize
égalité *f* equality; *en tennis* deuce; ***être à égalité*** be level; *en tennis* be at deuce
égard [egar] *m*: ***à cet égard*** in that respect; ***à l'égard de qn*** to(ward) s.o.; ***se montrer patient à l'égard de qn*** be patient with s.o.; ***par égard pour*** out of consideration for; ***égards*** respect *sg*; ***manque*** *m* ***d'égards*** lack of consideration
égarer [egare] ⟨1a⟩ *personne* lead astray; *chose* lose; ***s'égarer*** get lost; *du sujet* stray from the point
égayer [egɛje] ⟨1i⟩ cheer up; *chose*, *pièce aussi* brighten up
églantine [eglɑ̃tin] *f* dog rose
église [egliz] *f* church
égocentrique [egɔsɑ̃trik] egocentric
égoïsme [egɔism] *m* selfishness, egoism
égoïste **1** *adj* selfish **2** *m/f* egoist; ***égoïste!*** you're so selfish!
égorger [egɔrʒe] ⟨1l⟩: ***égorger qn*** cut s.o.'s throat
égosiller [egozije] ⟨1a⟩: ***s'égosiller*** shout
égout [egu] *m* sewer
égoutter [egute] ⟨1a⟩ drain
égouttoir *m* (**à vaisselle**) drain board, *Br* draining board
égratigner [egratiɲe] ⟨1a⟩ scratch; ***s'égratigner*** scratch
égratignure *f* scratch
égrener [egrəne] ⟨1d⟩ *épi* remove the kernels from; *grappe* pick the grapes from
Égypte [eʒipt] *f*: ***l'Égypte*** Egypt
égyptien, **égyptienne** **1** *adj* Egyptian **2** *m/f* **Égyptien**, **Égyptienne** Egyptian
éhonté, **éhontée** [eõte] barefaced, shameless
éjecter [eʒɛkte] ⟨1a⟩ TECH eject; F *personne* kick out
élaboré, **élaborée** [elabɔre] sophisticated
élaborer ⟨1a⟩ *projet* draw up
élaguer [elage] ⟨1m⟩ *arbre* prune
élan[1] [elɑ̃] *m* momentum; SP run-up; *de tendresse* upsurge; *de générosité* fit; (*vivacité*) enthusiasm
élan[2] [elɑ̃] *m* ZO elk
élancement [elɑ̃smɑ̃] *m* twinge; *plus fort*

E

shooting pain
élancer ⟨1k⟩ *v/i*: ***ma jambe m'élance*** I've got shooting pains in my leg; ***s'élancer*** dash; SP take a run-up
élargir [elarʒir] ⟨2a⟩ widen, broaden; *vêtement* let out; *débat* widen, extend the boundaries of

E

élasticité [elastisite] *f* elasticity
élastique [elastik] **1** *adj* elastic **2** *m* elastic; *de bureau* rubber band, *Br aussi* elastic band
électeur, **-trice** [elɛktœr, -tris] *m/f* voter
élection *f* election
électoral, **électorale** (*mpl* -aux) election *atr*
électorat *m* *droit* franchise; *personnes* electorate
électricien, **électricienne** [elɛktrisjɛ̃, -ɛn] *m/f* electrician
électricité *f* electricity; ***électricité statique*** static (electricity)
électrification *f* electrification
électrifier ⟨1a⟩ electrify
électrique electric
électriser ⟨1a⟩ electrify
électrocardiogramme [elɛkrokardjɔgram] *m* MÉD electrocardiogram, ECG
électrocuter [elɛktrɔkyte] ⟨1a⟩ electrocute
électroménager [elɛktromenaʒe]: ***appareils*** *mpl* ***électroménagers*** household appliances
électronicien, **électronicienne** [elɛktrɔnisjɛ̃, -ɛn] *m/f* electronics expert
électronique 1 *adj* electronic **2** *f* electronics
électrophone [elɛktrɔfɔn] *m* record player
électrotechnicien, **électrotechnicienne** [elɛktrotɛknisjɛ̃, -ɛn] *m/f* electrical engineer
électrotechnique *f* electrical engineering
élégamment [elegamɑ̃] *adv* elegantly
élégance *f* elegance
élégant, **élégante** elegant
élément [elemɑ̃] *m* element; (*composante*) component; *d'un puzzle* piece; ***éléments*** (*rudiments*) rudiments
élémentaire elementary
éléphant [elefɑ̃] *m* elephant
élevage [elvaʒ] *m* breeding, rearing; ***élevage*** (***du bétail***) cattle farming; ***élevage en batterie*** battery farming
élévation [elevasjõ] *f* elevation; *action de lever* raising; *d'un monument, d'une statue* erection; (*montée*) rise
élève [elɛv] *m/f* pupil
élevé, **élevée** [elve] high; *esprit* noble; *style* elevated; ***bien / mal élevé*** well / badly brought up; ***c'est très mal élevé de faire ça*** it's very rude to do that
élever ⟨1d⟩ raise; *prix*, *température* raise, increase; *statue*, *monument* put up, erect; *enfants* bring up, raise; *animaux* rear, breed; ***s'élever*** rise; *d'une tour* rise up; *d'un cri* go up; ***s'élever contre*** rise up against; ***s'élever à*** amount to
éleveur, **-euse** *m/f* breeder
éligible [eliʒibl] eligible
élimé, **élimée** [elime] threadbare
élimination [eliminasjõ] *f* elimination; *des déchets* disposal
éliminatoire *f* qualifying round
éliminer ⟨1a⟩ eliminate; *difficultés* get rid of
élire [elir] ⟨4x⟩ elect
élite [elit] *f* elite
elle [ɛl] *f* ◇ *personne* she; *après prép* her; ***c'est pour elle*** it's for her; ***je les ai vues, elle et sa sœur*** I saw them, her and her sister; ***elle n'aime pas ça, elle*** she doesn't like that; ***ta grand-mère a-t-elle téléphoné?*** did your grandmother call? ◇ *chose* it; ***ta robe?, elle est dans la machine à laver*** your dress?, it's in the washing machine
elle-même [ɛlmɛm] herself; *chose* itself
elles [ɛl] *fpl* they; *après prép* them; ***les chattes sont-elles rentrées?*** have the cats come home?; ***je les ai vues hier, elles et et leurs maris*** I saw them yesterday, them and their husbands; ***elles, elles ne sont pas contentes*** they are not happy; ***ce sont elles qui*** they are the ones who
elles-mêmes [ɛlmɛm] themselves
élocution [elɔkysjõ] *f* way of speaking; ***défaut*** *m* ***d'élocution*** speech defect
éloge [elɔʒ] *m* praise; ***faire l'éloge de*** praise
élogieux, **-euse** full of praise
éloigné, **éloignée** [elwaɲe] remote
éloignement [elwaɲmɑ̃] *m* distance, remoteness
éloigner ⟨1a⟩ move away, take away; *soupçon* remove; ***s'éloigner*** move away (***de*** from); ***s'éloigner de qn*** distance o.s. from s.o.
élongation [elõgasjõ] *f* MÉD pulled muscle
éloquemment [elɔkamɑ̃] *adv* eloquently
éloquence *f* eloquence
éloquent, **éloquente** eloquent
élu, **élue 1** *p/p* → ***élire*** **2** *adj*: ***le président élu*** the President elect **3** *m/f* POL (elected) representative; ***l'heureux élu*** the lucky man
élucider [elyside] ⟨1a⟩ *mystère* clear up;

question clarify, elucidate *fml*
éluder [elyde] ⟨1a⟩ *fig* elude
Élysée [elize]: ***l'Élysée*** the Elysée Palace (*where the French president lives*)
émacié, émaciée [emasje] emaciated
e-mail [imɛl] *m* e-mail; ***envoyer un e-mail à qn*** send s.o. an e-mail, e-mail s.o.
émail [emaj] *m* (*pl* émaux) enamel
émancipation [emɑ̃sipasjõ] *f* emancipation
émanciper ⟨1a⟩ emancipate; ***s'émanciper*** become emancipated
émaner [emane] ⟨1a⟩: ***émaner de*** emanate from
emballage [ɑ̃balaʒ] *m* packaging
emballer ⟨1a⟩ package; *fig* F thrill; ***s'emballer*** *d'un moteur* race; *fig* F get excited; ***emballé sous vide*** vacuum packed
embarcadère [ɑ̃barkadɛr] *m* MAR landing stage
embarcation *f* boat
embargo [ɑ̃bargo] *m* embargo
embarquement [ɑ̃barkəmɑ̃] *m* MAR *d'une cargaison* loading; *de passagers* embarkation
embarquer ⟨1m⟩ **1** *v/t* load **2** *v/i ou* ***s'embarquer*** embark; ***s'embarquer dans*** F get involved in
embarras [ɑ̃bara] *m* difficulty; (*gêne*) embarrassment; ***être dans l'embarras*** be in an embarrassing position; *sans argent* be short of money; ***n'avoir que l'embarras du choix*** be spoiled for choice
embarrassant, embarrassante [ɑ̃barasɑ̃, -t] (*gênant*) embarrassing; (*encombrant*) cumbersome
embarrassé, embarrassée (*gêné*) embarrassed
embarrasser ⟨1a⟩ (*gêner*) embarrass; (*encombrer*) *escaliers* clutter up
embauche [ɑ̃boʃ] *f* recruitment, hiring; ***offre*** *f* ***d'embauche*** job offer
embaucher ⟨1a⟩ take on, hire
embaumer [ɑ̃bome] ⟨1a⟩ *corps* embalm; ***embaumer la lavande*** smell of lavender
embellir [ɑ̃bɛlir] ⟨1a⟩ **1** *v/t* make more attractive; *fig* embellish **2** *v/i* become more attractive
embêtant, embêtante [ɑ̃bɛtɑ̃, -t] F annoying
embêtement *m* F: ***avoir des embêtements*** be in trouble
embêter F ⟨1a⟩ (*ennuyer*) bore; (*contrarier*) annoy; ***s'embêter*** be bored
emblée [ɑ̃ble]: ***d'emblée*** right away, immediately
emblème [ɑ̃blɛm] *m* emblem
emboîter [ɑ̃bwate] ⟨1a⟩ insert; ***emboîter le pas à qn*** fall into step with s.o. (*aussi fig*); ***s'emboîter*** fit together
embolie [ɑ̃bɔli] *f* embolism; ***embolie pulmonaire*** pulmonary embolism
embonpoint [ɑ̃bõpwɛ̃] *m* stoutness, embonpoint *fml*
embouchure [ɑ̃buʃyr] *f* GÉOGR mouth; MUS mouthpiece
embourber [ɑ̃burbe] ⟨1a⟩: ***s'embourber*** get bogged down
embouteillage [ɑ̃butɛjaʒ] *m* traffic jam
embouteiller ⟨1b⟩ *rue* block
emboutir [ɑ̃butir] ⟨2a⟩ crash into
embranchement [ɑ̃brɑ̃ʃmɑ̃] *m* branch; (*carrefour*) intersection, *Br* junction
embrasser [ɑ̃brase] ⟨1a⟩ kiss; *période, thème* take in, embrace; *métier* take up; ***embrasser du regard*** take in at a glance
embrasure [ɑ̃brɑzyr] *f* embrasure; ***embrasure de porte*** doorway
embrayage [ɑ̃brɛjaʒ] *m* AUTO clutch; *action* letting in the clutch
embrouiller [ɑ̃bruje] ⟨1a⟩ muddle; ***s'embrouiller*** get muddled
embruns [ɑ̃brɛ̃, -œ̃] *mpl* MAR spray *sg*
embryon [ɑ̃brijõ] *m* embryo
embryonnaire embryonic
embûches [ɑ̃byʃ] *fpl fig* traps
embuer [ɑ̃bɥe] ⟨1a⟩ *vitre* steam up
embuscade [ɑ̃buskad] *f* ambush
éméché, éméchée [emeʃe] F tipsy
émeraude [ɛmrod] *f & adj* emerald
émerger [emɛrʒe] ⟨1l⟩ emerge
émerveillement [emɛrvɛjmɑ̃] *m* wonder
émerveiller ⟨1a⟩ amaze; ***s'émerveiller*** be amazed (***de*** by)
émetteur [emɛtœr] *m* RAD, TV transmitter
émettre [emɛtr] ⟨4p⟩ *radiations etc* give off, emit; RAD, TV broadcast, transmit; *opinion* voice; COMM *action*, FIN *nouveau billet, nouvelle pièce* issue; *emprunt* float
émeute [emøt] *f* riot; ***émeute raciale*** race riot
émietter [emjɛte] ⟨1b⟩ crumble
émigrant, émigrante [emigrɑ̃, -t] *m/f* emigrant
émigration *f* emigration
émigré, émigrée *m/f* emigré
émigrer ⟨1a⟩ emigrate
émincer [emɛ̃se] ⟨1k⟩ cut into thin slices
éminence [eminɑ̃s] *f* (*colline*) hill; ***Éminence*** Eminence
éminent, éminente eminent
émirat [emira] *m*: **les Émirats arabes unis** the United Arab Emirates
émissaire [emisɛr] *m* emissary
émission *f* emission; RAD, TV program, *Br* programme; COMM, FIN issue
emmagasiner [ɑ̃magazine] ⟨1a⟩ store

E

emmêler [ɑ̃mɛle] ⟨1a⟩ *fils* tangle; *fig* muddle
emménager [ɑ̃menaʒe] ⟨1l⟩: ***emménager dans*** move into
emmener [ɑ̃mne] ⟨1d⟩ take
emmerder [ɑ̃mɛrde] ⟨1a⟩ F: ***emmerder qn*** get on s.o.'s nerves; ***s'emmerder*** be bored rigid

E

emmitoufler [ɑ̃mitufle] ⟨1a⟩ wrap up; ***s'emmitoufler*** wrap up
émoi [emwa] *m* commotion
émotif, **-ive** [emɔtif, -iv] emotional
émotion [emosjõ] *f* emotion; F (*frayeur*) fright
émotionnel, **émotionnelle** emotional
émousser [emuse] ⟨1a⟩ blunt, take the edge off (*aussi fig*)
émouvant, **émouvante** [emuvɑ̃, -t] moving
émouvoir ⟨3d⟩ (*toucher*) move, touch; ***s'émouvoir*** be moved, be touched
empailler [ɑ̃paje] ⟨1a⟩ *animal* stuff
empaqueter [ɑ̃pakte] ⟨1c⟩ pack
emparer [ɑ̃pare] ⟨1a⟩: ***s'emparer de*** seize; *clés*, *héritage* grab; *des doutes*, *de la peur* overcome
empâter [ɑ̃pɑte] ⟨1a⟩: ***s'empâter*** thicken
empêchement [ɑ̃pɛʃmɑ̃] *m*: ***j'ai eu un empêchement*** something has come up
empêcher ⟨1b⟩ prevent; ***empêcher qn de faire qch*** prevent *ou* stop s.o. doing sth; **(*il*)** ***n'empêche que*** nevertheless; ***je n'ai pas pu m'en empêcher*** I couldn't help it
empereur [ɑ̃prœr] *m* emperor
empester [ɑ̃pɛste] ⟨1a⟩: ***elle empeste le parfum*** she reeks *ou* stinks of perfume
empêtrer [ɑ̃pɛtre] ⟨1b⟩: ***s'empêtrer dans*** get tangled *ou* caught up in
emphase [ɑ̃fɑz] *f* emphasis
empiéter [ɑ̃pjete] ⟨1f⟩: ***empiéter sur*** encroach on
empiffrer [ɑ̃pifre] ⟨1a⟩ F: ***s'empiffrer*** stuff o.s.
empiler [ɑ̃pile] ⟨1a⟩ pile (up), stack (up)
empire [ɑ̃pir] *m* empire; *fig* (*maîtrise*) control
empirer [ɑ̃pire] ⟨1a⟩ get worse, deteriorate
empirique [ɑ̃pirik] empirical
emplacement [ɑ̃plasmɑ̃] *m* site
emplette [ɑ̃plɛt] *f* purchase; ***faire des emplettes*** go shopping
emplir [ɑ̃plir] ⟨2a⟩ fill; ***s'emplir*** fill (***de*** with)
emploi [ɑ̃plwa] *m* (*utilisation*) use; ÉCON employment; ***emploi du temps*** schedule, *Br* timetable; ***plein emploi*** full employment; ***un emploi*** a job; ***chercher un emploi*** be looking for work *ou* for a job
employé, **employée** [ɑ̃plwaje] *m/f* employee; ***employé de bureau*** office worker; ***employé à temps partiel*** part-timer
employer ⟨1h⟩ use; *personnel* employ; ***s'employer à faire qch*** strive to do sth
employeur, **-euse** *m/f* employer
empocher [ɑ̃pɔʃe] ⟨1a⟩ pocket
empoigner [ɑ̃pwaɲe] ⟨1a⟩ grab, seize
empoisonnement [ɑ̃pwazɔnmɑ̃] *m*: ***empoisonnement du sang*** blood poisoning
empoisonner ⟨1a⟩ poison
emporter [ɑ̃pɔrte] ⟨1a⟩ take; *prisonnier* take away; (*entraîner*, *arracher*) carry away *ou* off; *du courant* sweep away; *d'une maladie* carry off; ***l'emporter*** win the day; ***l'emporter sur qn / qch*** get the better of s.o./sth; ***s'emporter*** fly into a rage
empoté, **empotée** [ɑ̃pɔte] clumsy
empreinte [ɑ̃prɛ̃t] *f* impression; *fig* stamp; ***empreinte digitale*** fingerprint; ***empreinte génétique*** genetic fingerprint
empressement [ɑ̃prɛsmɑ̃] *m* eagerness
empresser ⟨1b⟩: ***s'empresser de faire qch*** rush to do sth; ***s'empresser auprès de qn*** be attentive to s.o.
emprise [ɑ̃priz] *f* hold
emprisonnement [ɑ̃prizɔnmɑ̃] *m* imprisonment
emprisonner ⟨1a⟩ imprison
emprunt [ɑ̃prɛ̃, -œ̃] *m* loan
emprunté, **empruntée** *fig* self-conscious
emprunter ⟨1a⟩ borrow (***à*** from); *chemin*, *escalier* take
ému, **émue** [emy] **1** *p/p* → ***émouvoir*** **2** *adj* moved, touched
en[1] [ɑ̃] *prép* ◇ *lieu* in; ***en France*** in France; ***en ville*** in town
◇ *direction* to; ***en France*** to France; ***en ville*** to *ou* into town
◇ *temps* in; ***en 1789*** in 1789; ***en l'an 1789*** in the year 1789; ***en été*** in summer; ***en 10 jours*** in 10 days
◇ *mode*: ***agir en ami*** act as a friend; ***en cercle*** in a circle; ***en vente*** for *ou* on sale; ***en français*** in French; ***habillé en noir*** dressed in black; ***se déguiser en homme*** disguise o.s. as a man
◇ *transport* by; ***en voiture / avion*** by car / plane
◇ *matière*: ***en or*** of gold; ***une bague en or*** a gold ring
◇ *après verbes*, *adj*, *subst*: ***croire en Dieu*** believe in God; ***riche en qch*** rich in sth; ***avoir confiance en qn*** have confidence in s.o.
◇ *avec gérondif*: *en même temps* while,

when; *mode* by; ***en détachant soigneusement les ...*** by carefully detaching the ...; ***en rentrant chez moi, j'ai remarqué que ...*** when I came home *ou* on coming home I noticed that ...; ***je me suis cassé une dent en mangeant ...*** I broke a tooth while *ou* when eating ...

en² [ɑ̃] *pron* ◇: ***qu'en pensez-vous?*** what do you think about it?; ***tu es sûr de cela? - oui, j'en suis sûr*** are you sure about that? - yes, I'm sure; ***j'en suis*** count me in

◇: ***il y en a deux*** there are two (of them); ***il n'y en a plus*** there's none left; ***j'en ai*** I have some; ***j'en ai cinq*** I have five; ***je n'en ai pas*** I don't have any; ***qui en est le propriétaire?*** who's the owner?, who does it belong to?; ***en voici trois*** here are three (of them)

◇ *cause*: ***je n'en suis pas plus heureux*** I'm none the happier for it; ***il en est mort*** he died of it

◇ *provenance*: ***le gaz en sort*** the gas comes out (of it); ***tu as vu le grenier? - oui, j'en viens*** have you seen the attic? - yes, I've just been up there

encadrer [ɑ̃kadre] ⟨1a⟩ *tableau* frame; ***encadré de deux gendarmes*** *fig* flanked by gendarmes, with a gendarme on either side

encaisser [ɑ̃kɛse] ⟨1b⟩ COMM take; *chèque* cash; *fig* take

encart [ɑ̃kar] *m* insert

en-cas [ɑ̃ka] *m* (*pl inv*) CUIS snack

encastrable [ɑ̃kastrabl] *four etc* which can be built in

encastrer ⟨1a⟩ TECH build in

enceinte¹ [ɑ̃sɛ̃t] pregnant

enceinte² [ɑ̃sɛ̃t] *f* enclosure; ***enceinte (acoustique)*** speaker

encens [ɑ̃sɑ̃] *m* incense

encéphalopathie *f* **spongiforme bovine** [ɑ̃sefalɔpatispɔ̃ʒifɔrmbɔvin] *f* bovine spongiform encephalitis

encercler [ɑ̃sɛrkle] ⟨1a⟩ encircle

enchaînement [ɑ̃ʃɛnmɑ̃] *m d'événements* series *sg*

enchaîner ⟨1b⟩ *chien*, *prisonnier* chain up; *fig*: *pensées*, *faits* connect, link up

enchanté, enchantée [ɑ̃ʃɑ̃te] enchanted; ***enchanté!*** how do you do?

enchantement *m* enchantment; (*ravissement*) delight

enchanter ⟨1a⟩ (*ravir*) delight; (*ensorceler*) enchant

enchère [ɑ̃ʃɛr] *f* bid; ***vente*** *f* ***aux enchères*** auction; ***mettre aux enchères*** put up for auction; ***vendre aux enchères*** sell at auction, auction off

enchevêtrer [ɑ̃ʃ(ə)vɛtre] ⟨1b⟩ tangle; *fig*: *situation* confuse; ***s'enchevêtrer*** *de fils* get tangled up; *d'une situation* get muddled

enclave [ɑ̃klav] *f* enclave

enclencher [ɑ̃klɑ̃ʃe] ⟨1a⟩ engage; ***s'enclencher*** engage

enclin, encline [ɑ̃klɛ̃, -in]: ***être enclin à faire qch*** be inclined to do sth

enclos [ɑ̃klo] *m* enclosure

enclume [ɑ̃klym] *f* anvil

encoche [ɑ̃kɔʃ] *f* notch

encoller [ɑ̃kɔle] ⟨1a⟩ glue

encolure [ɑ̃kɔlyr] *f* neck; *tour de cou* neck (size)

encombrant, encombrante [ɑ̃kɔ̃brɑ̃, -t] cumbersome; ***être encombrant*** *d'une personne* be in the way

encombrement *m trafic* congestion; *d'une profession* overcrowding

encombrer ⟨1a⟩ *maison* clutter up; *rue*, *passage* block; ***s'encombrer de*** load o.s. down with

encontre [ɑ̃kɔ̃tr]: ***aller à l'encontre de*** go against, run counter to

encore [ɑ̃kɔr] **1** *adv* ◇ *de nouveau* again; ***il nous faut essayer encore (une fois)*** we'll have to try again

◇ *temps* (*toujours*) still; ***est-ce qu'il pleut encore?*** is it still raining?; ***elles ne sont pas encore rentrées*** they still haven't come back, they haven't come back yet; ***non, pas encore*** no, not yet

◇ *de plus*: ***encore une bière?*** another beer?; ***est-ce qu'il y a encore des ...?*** are there any more ...?; ***encore plus rapide / belle*** even faster / more beautiful

2 *conj*: ***encore que*** (+ *subj*) although

encourageant, encourageante [ɑ̃kuraʒɑ̃, -t] encouraging

encouragement *m* encouragement

encourager ⟨1l⟩ encourage; *projet*, *entreprise* foster

encourir [ɑ̃kurir] ⟨2i⟩ incur

encrasser [ɑ̃krase] ⟨1a⟩ dirty; ***s'encrasser*** get dirty

encre [ɑ̃kr] *f* ink

encrier *m* inkwell

encroûter [ɑ̃krute] ⟨1a⟩: ***s'encroûter*** *fig* get stuck in a rut

encyclopédie [ɑ̃siklɔpedi] *f* encyclopedia

endetter [ɑ̃dɛte] ⟨1b⟩: ***s'endetter*** get into debt

endeuillé, endeuillée [ɑ̃dœje] bereaved

endiablé, endiablée [ɑ̃djable] *fig* frenzied, demonic

endimanché, endimanchée [ɑ̃dimɑ̃ʃe] in one's Sunday best

endive [ɑ̃div] *f* BOT, CUIS chicory

E

endoctriner [ɑ̃dɔktrine] ⟨1a⟩ indoctrinate
endolori, **endolorie** [ɑ̃dɔlɔri] painful
endommager [ɑ̃dɔmaʒe] ⟨1l⟩ damage
endormi, **endormie** [ɑ̃dɔrmi] asleep; *fig* sleepy
endormir ⟨2b⟩ send *ou* lull to sleep; *douleur* dull; ***s'endormir*** fall asleep
endosser [ɑ̃dose] ⟨1a⟩ *vêtement* put on; *responsabilité* shoulder; *chèque* endorse
endroit [ɑ̃drwa] *m* (*lieu*) place; *d'une étoffe* right side
enduire [ɑ̃dɥir] ⟨4c⟩: ***enduire de*** cover with
enduit *m de peinture* coat
endurance [ɑ̃dyrɑ̃s] *f* endurance
endurcir [ɑ̃dyrsir] ⟨2a⟩ harden; *fig* toughen up, harden
endurcissement *m* hardening
endurer [ɑ̃dyre] ⟨1a⟩ endure
énergétique [enɛrʒetik] energy *atr*; *repas* energy-giving
énergie *f* energy; ***énergie solaire*** solar energy
énergique energetic; *protestation* strenuous
énergiquement *adv* energetically; *nier* strenuously
énervant, **énervante** [enɛrvɑ̃, -t] irritating
énervé, **énervée** (*agacé*) irritated; (*agité*) on edge, edgy
énerver ⟨1a⟩: ***énerver qn*** (*agacer*) get on s.o.'s nerves; (*agiter*) make s.o. edgy; ***s'énerver*** get excited
enfance [ɑ̃fɑ̃s] *f* childhood
enfant [ɑ̃fɑ̃] *m ou f* child; ***enfant modèle*** model child, goody-goody *péj*; ***enfant prodige*** child prodigy; ***enfants à charge*** dependent children *pl*
enfantillage [ɑ̃fɑ̃tijaʒ] *m* childishness
enfantin, **enfantine** *air* childlike; *voix* of a child, child's; (*puéril*) childish; (*très simple*) elementary; ***c'est enfantin*** it's child's play
enfer [ɑ̃fɛr] *m* hell (*aussi fig*)
enfermer [ɑ̃fɛrme] ⟨1a⟩ shut *ou* lock up; *champ* enclose; ***s'enfermer*** shut o.s. up
enfiler [ɑ̃file] ⟨1a⟩ *aiguille* thread; *perles* string; *vêtement* slip on; *rue* turn into
enfin [ɑ̃fɛ̃] (*finalement*) at last; (*en dernier lieu*) lastly, last; (*bref*) in a word; ***mais enfin, ce n'est pas si mal*** come on, it's not that bad; ***nous étions dix, enfin onze*** there were ten of us, well eleven; ***enfin et surtout*** last but not least
enflammer [ɑ̃flame] ⟨1a⟩ set light to; *allumette* strike; MÉD inflame; *fig*: *imagination* fire; ***s'enflammer*** catch; MÉD become inflamed; *fig*: *de l'imagination* take flight
enfler [ɑ̃fle] ⟨1a⟩ *membre* swell
enflure *f* swelling
enfoncer [ɑ̃fõse] ⟨1k⟩ **1** *v/t clou*, *pieu* drive in; *couteau* thrust, plunge (***dans*** into); *porte* break down **2** *v/i dans sable etc* sink (***dans*** into); ***s'enfoncer*** sink; ***s'enfoncer dans la forêt*** go deep into the forest
enfouir [ɑ̃fwir] ⟨2a⟩ bury
enfourcher [ɑ̃furʃe] ⟨1a⟩ *cheval*, *bicyclette* mount
enfourner [ɑ̃furne] ⟨1a⟩ put in the oven; *fig* F (*avaler*) gobble up
enfreindre [ɑ̃frɛ̃dr] ⟨4b⟩ infringe
enfuir [ɑ̃fɥir] ⟨2d⟩: ***s'enfuir*** run away
enfumé, **enfumée** [ɑ̃fyme] smoky
engagé, **engagée** [ɑ̃gaʒe] **1** *adj* committed **2** *m* MIL volunteer
engagement [ɑ̃gaʒmɑ̃] *m* (*obligation*) commitment; *de personnel* recruitment; THÉÂT booking; (*mise en gage*) pawning
engager [ɑ̃gaʒe] ⟨1l⟩ (*lier*) commit (***à*** to); *personnel* hire; TECH (*faire entrer*) insert; *conversation*, *discussion* begin; (*entraîner*) involve (***dans*** in); THÉÂT book; (*mettre en gage*) pawn; ***cela ne vous engage à rien*** this in no way commits you; ***s'engager*** (*se lier*) commit o.s. (***à faire qch*** to doing sth), promise (***à faire qch*** to do sth); (*commencer*) begin; MIL enlist; ***s'engager dans*** get involved in; *rue* turn into
engelure [ɑ̃ʒlyr] *f* chillblain
engendrer [ɑ̃ʒɑ̃dre] ⟨1a⟩ *fig* engender
engin [ɑ̃ʒɛ̃] *m* machine; MIL missile; F *péj* thing
englober [ɑ̃glɔbe] ⟨1a⟩ (*comprendre*) include, encompass
engloutir [ɑ̃glutir] ⟨2a⟩ (*dévorer*) devour, wolf down; *fig* engulf, swallow up
engorger [ɑ̃gɔrʒe] ⟨1l⟩ *rue* block
engouement [ɑ̃gumɑ̃] *m* infatuation
engouffrer [ɑ̃gufre] ⟨1a⟩ devour, wolf down; ***s'engouffrer dans*** *de l'eau* pour in; *fig*: *dans un bâtiment* rush into; *dans une foule* be swallowed up by
engourdir [ɑ̃gurdir] ⟨2a⟩ numb; ***s'engourdir*** go numb
engrais [ɑ̃grɛ] *m* fertilizer
engraisser ⟨1b⟩ *bétail* fatten
engrenage [ɑ̃grənaʒ] *m* TECH gear
engueuler [ɑ̃gœle] ⟨1a⟩ F bawl out; ***s'engueuler*** have an argument *ou* a fight
énigmatique [enigmatik] enigmatic
énigme *f* (*mystère*) enigma; (*devinette*) riddle
enivrement [ɑ̃nivrəmɑ̃] *m fig* exhilaration
enivrer ⟨1a⟩ intoxicate; *fig* exhilarate

enjambée [ɑ̃ʒɑ̃be] *f* stride
enjamber ⟨1a⟩ step across; *d'un pont* span, cross
enjeu [ɑ̃ʒø] *m* (*pl* -x) stake; ***l'enjeu est important*** *fig* the stakes are high
enjoliver [ɑ̃ʒɔlive] ⟨1a⟩ embellish
enjoliveur *m* AUTO wheel trim, hub cap
enjoué, **enjouée** [ɑ̃ʒwe] cheerful, good-humored, *Br* good-humoured
enlacer [ɑ̃lase] ⟨1k⟩ *rubans* weave (**dans** through); (*étreindre*) put one's arms around; ***s'enlacer*** *de personnes* hug
enlaidir [ɑ̃ledir] ⟨2a⟩ make ugly
enlèvement [ɑ̃lɛvmɑ̃] *m* (*rapt*) abduction, kidnap
enlever ⟨1d⟩ take away, remove; *tache* take out, remove; *vêtement* take off, remove; (*kidnapper*) abduct, kidnap; ***enlever qch à qn*** take sth away from s.o.
enliser [ɑ̃lize] ⟨1a⟩: ***s'enliser*** get bogged down (*aussi fig*)
enneigé, **enneigée** [ɑ̃nɛʒe] *route* blocked by snow; *sommet* snow-capped
ennemi, **ennemie** [ɛnmi] **1** *m/f* enemy **2** *adj* enemy *atr*
ennui [ɑ̃nɥi] *m* boredom; ***ennuis*** problems; ***on lui a fait des ennuis à la douane*** he had a bit of bother *ou* a few problems at customs
ennuyé, **ennuyée** (*contrarié*) annoyed; (*préoccupé*) bothered
ennuyer ⟨1h⟩ (*contrarier*, *agacer*) annoy; (*lasser*) bore; ***s'ennuyer*** be bored
ennuyeux, **-euse** (*contrariant*) annoying; (*lassant*) boring
énoncé [enɔ̃se] *m* statement; *d'une question* wording
énoncer ⟨1k⟩ state; ***énoncer des vérités*** state the obvious
enorgueillir [ɑ̃nɔrgœjir] ⟨2a⟩: ***s'enorgueillir de qch*** be proud of sth
énorme [enɔrm] enormous
énormément *adv* enormously; ***énormément d' argent*** F an enormous amount of money
énormité *f* enormity; ***dire des énormités*** say outrageous things
enquérir [ɑ̃kerir] ⟨2l⟩: ***s'enquérir de*** enquire about
enquête [ɑ̃kɛt] *f* inquiry; *policière aussi* investigation; (*sondage d'opinion*) survey
enquêter ⟨1b⟩: ***enquêter sur*** investigate
enraciné, **enracinée** [ɑ̃rasine] deep-rooted
enragé, **enragée** [ɑ̃raʒe] MÉD rabid; *fig* fanatical
enrayer [ɑ̃rɛje] ⟨1i⟩ jam; *fig*: *maladie* stop
enregistrement [ɑ̃rəʒistrəmɑ̃] *m* *dans l'administration* registration; *de disques* recording; AVIAT check-in; ***enregistrement des bagages*** check-in; ***enregistrement vidéo*** video recording
enregistrer ⟨1a⟩ register; *disques* record; *bagages* check in
enregistreur *m*: ***enregistreur de vol*** flight recorder, black box
enrhumé, **enrhumée** [ɑ̃ryme]: ***être enrhumé*** have a cold
enrhumer ⟨1a⟩: ***s'enrhumer*** catch (a) cold
enrichir [ɑ̃riʃir] ⟨2a⟩ enrich; ***s'enrichir*** get richer
enrôler [ɑ̃role] ⟨1a⟩ MIL enlist
enroué, **enrouée** [ɑ̃rwe] husky, hoarse
enrouer ⟨1a⟩: ***s'enrouer*** get hoarse
enrouler [ɑ̃rule] ⟨1a⟩ *tapis* roll up; ***enrouler qch autour de qch*** wind sth around sth
ensanglanté, **ensanglantée** [ɑ̃sɑ̃glɑ̃te] bloodstained
enseignant, **enseignante** [ɑ̃sɛɲɑ̃, -t] *m/f* teacher
enseigne [ɑ̃sɛɲ] *f* sign
enseignement [ɑ̃sɛɲmɑ̃] *m* education; *d'un sujet* teaching
enseigner ⟨1a⟩ teach; ***enseigner qch à qn*** teach s.o. sth; ***enseigner le français*** teach French
ensemble [ɑ̃sɑ̃bl] **1** *adv* (*simultanément*) together; ***aller ensemble*** go together **2** *m* (*totalité*) whole; (*groupe*) group, set; MUS, *vêtement* ensemble; MATH set; ***l'ensemble de la population*** the whole *ou* entire population; ***dans l'ensemble*** on the whole; ***vue*** *f* ***d'ensemble*** overall picture
ensevelir [ɑ̃səvlir] ⟨2a⟩ bury
ensoleillé, **ensoleillée** [ɑ̃sɔlɛje] sunny
ensommeillé, **ensommeillée** [ɑ̃sɔmɛje] sleepy, drowsy
ensorceler [ɑ̃sɔrsəle] ⟨1c⟩ cast a spell on; *fig* (*fasciner*) bewitch
ensuite [ɑ̃sɥit] then; (*plus tard*) after
ensuivre [ɑ̃sɥivr] ⟨4h⟩: ***s'ensuivre*** ensue
entacher [ɑ̃taʃe] ⟨1a⟩ smear
entaille [ɑ̃tɑj] *f* cut; (*encoche*) notch
entailler ⟨1a⟩ notch; ***s'entailler la main*** cut one's hand
entamer [ɑ̃tame] ⟨1a⟩ *pain*, *travail* start on; *bouteille*, *négociations* open, start; *conversation* start; *économies* make
entasser [ɑ̃tɑse] ⟨1a⟩ *choses* pile up, stack; *personnes* cram
entendre [ɑ̃tɑ̃dr] ⟨4a⟩ hear; (*comprendre*) understand; (*vouloir dire*) mean; ***entendre faire qch*** intend to do sth; ***on m'a laissé entendre que*** I was given to understand that; ***entendre dire que*** hear

that; ***avez-vous entendu parler de …?*** have you heard of …?; ***s'entendre*** (*être compris*) be understood; ***s'entendre*** (***avec qn***) get on (with s.o.); (*se mettre d'accord*) come to an agreement (with s.o.); ***cela s'entend*** that's understandable

entendu, **entendue** [ɑ̃tɑ̃dy] *regard, sourire* knowing; ***bien entendu*** of course; ***très bien, c'est entendu*** it's settled then

entente [ɑ̃tɑ̃t] *f* (*accord*) agreement

enterrement [ɑ̃tɛrmɑ̃] *m* burial; *cérémonie* funeral

enterrer ⟨1b⟩ bury

en-tête [ɑ̃tɛt] *m* (*pl* en-têtes) heading; INFORM header; COMM letterhead; *d'un journal* headline; ***papier*** *m* ***à en-tête*** headed paper

entêté, **entêtée** [ɑ̃tɛte] stubborn

entêtement *m* stubbornness

entêter ⟨1b⟩: ***s'entêter*** persist (***dans*** in; ***à faire qch*** in doing sth)

enthousiasme [ɑ̃tuzjasm] *m* enthusiasm

enthousiasmer ⟨1a⟩: ***cette idée m'enthousiasme*** I'm enthusiastic about *ou Br aussi* keen on the idea; ***s'enthousiasmer pour*** be enthusiastic about

enthousiaste enthusiastic

enticher [ɑ̃tiʃe] ⟨1a⟩: ***s'enticher de*** *personne* become infatuated with; *activité* develop a craze for

entier, **-ère** [ɑ̃tje, -ɛr] whole, entire; (*intégral*) intact; *confiance, satisfaction* full; ***le livre en entier*** the whole book, the entire book; ***lait*** *m* ***entier*** whole milk

entièrement *adv* entirely

entonner [ɑ̃tɔne] ⟨1a⟩ *chanson* start to sing

entonnoir [ɑ̃tɔnwar] *m* funnel

entorse [ɑ̃tɔrs] *f* MÉD sprain; ***faire une entorse au règlement*** *fig* bend the rules

entortiller [ɑ̃tɔrtije] ⟨1a⟩ (*envelopper*) wrap (***autour de*** around; ***dans*** in)

entourage [ɑ̃turaʒ] *m* entourage; (*bordure*) surround

entourer ⟨1a⟩: ***entourer de*** surround with; ***s'entourer de*** surround o.s. with

entracte [ɑ̃trakt] *m* intermission

entraide [ɑ̃trɛd] *f* mutual assistance

entraider ⟨1b⟩: ***s'entraider*** help each other

entrailles [ɑ̃trɑj] *fpl d'un animal* intestines, entrails

entrain [ɑ̃trɛ̃] *m* liveliness

entraînant, **entraînante** lively

entraînement [ɑ̃trɛnmɑ̃] *m* SP training; TECH drive

entraîner ⟨1b⟩ (*charrier, emporter*) sweep along; SP train; *fig* result in; *frais* entail; *personne* drag; TECH drive; ***entraîner qn à faire qch*** lead s.o. to do sth; ***s'entraîner*** train

entraîneur *m* trainer

entrave [ɑ̃trav] *f fig* hindrance

entraver ⟨1a⟩ hinder

entre [ɑ̃tr] between; ***entre les mains de qn*** *fig* in s.o.'s hands; ***le meilleur d'entre nous*** the best of us; ***entre autres*** among other things; ***il faut garder ce secret entre nous*** we have to keep the secret to ourselves; ***entre nous, …*** between you and me, …

entrebâiller [ɑ̃trəbɑje] ⟨1a⟩ half open

entrechoquer [ɑ̃trəʃɔke] ⟨1m⟩: ***s'entrechoquer*** knock against one another

entrecôte [ɑ̃trəkot] *f* rib steak

entrecouper [ɑ̃trəkupe] ⟨1a⟩ interrupt (***de*** with)

entrecroiser [ɑ̃trəkrwaze] ⟨1a⟩ (***s'entrecroiser***) crisscross

entrée [ɑ̃tre] *f lieu d'accès* entrance, way in; *accès au théâtre, cinéma* admission; (*billet*) ticket; (*vestibule*) entry(way); CUIS starter; INFORM *touche* enter (key); *de données* input, inputting; ***d'entrée*** from the outset; ***entrée gratuite*** admission free; ***entrée interdite*** no admittance

entrefilet [ɑ̃trəfilɛ] *m* short news item

entrejambe [ɑ̃trəʒɑ̃b] *m* crotch

entrelacer [ɑ̃trəlase] ⟨1k⟩ interlace, intertwine

entremêler [ɑ̃trəmele] ⟨1b⟩ mix; ***entremêlé de*** *fig* interspersed with

entremets [ɑ̃trəmɛ] *m* CUIS dessert

entremise [ɑ̃trəmiz] *f*: ***par l'entremise de*** through (the good offices of)

entreposer [ɑ̃trəpoze] ⟨1a⟩ store

entrepôt *m* warehouse

entreprenant, **entreprenante** [ɑ̃trəprənɑ̃, -t] enterprising

entreprendre [ɑ̃trəprɑ̃dr] ⟨4q⟩ undertake

entrepreneur, **-euse** *m/f* entrepreneur; ***entrepreneur des pompes funèbres*** mortician, *Br* undertaker

entreprise *f* enterprise; (*firme*) company, business; ***libre entreprise*** free enterprise; ***petites et moyennes entreprises*** small and medium-sized businesses

entrer [ɑ̃tre] ⟨1a⟩ **1** *v/i* (*aux* ***être***) come / go in, enter; ***entrer dans*** *pièce, gare etc* come / go into, enter; *voiture* get into; *pays* enter; *catégorie* fall into; *l'armée, le parti socialiste etc* join; ***faire entrer*** *visiteur* show in; ***entrez!*** come in!; ***elle est entrée par la fenêtre*** she got in through the window **2** *v/t* bring in; INFORM *données, texte* input, enter

entre-temps [ɑ̃trətɑ̃] *adv* in the meantime

entretenir [ɑ̃trətnir] ⟨2h⟩ *route*, *maison*, *machine etc* maintain; *famille* keep, support; *amitié* keep up; ***s'entretenir de qch*** talk to each other about sth

entretien [ɑ̃trətjɛ̃] *m* maintenance, upkeep; (*conversation*) conversation

entretuer [ɑ̃trətɥe] ⟨1n⟩: ***s'entretuer*** kill each other

entrevoir [ɑ̃trəvwar] ⟨3b⟩ glimpse; *fig* foresee

entrevue *f* interview

entrouvrir [ɑ̃truvrir] ⟨2f⟩ half open

énumération [enymerasjõ] *f* list, enumeration

énumérer ⟨1f⟩ list, enumerate

envahir [ɑ̃vair] ⟨2a⟩ invade; *d'un sentiment* overcome, overwhelm

envahissant, **envahissante** *personne* intrusive; *sentiments* overwhelming

envahisseur *m* invader

enveloppe [ɑ̃vlɔp] *f d'une lettre* envelope

envelopper ⟨1a⟩ wrap; ***enveloppé de*** *brume*, *mystère* enveloped in

envenimer [ɑ̃vnime] ⟨1a⟩ poison (*aussi fig*)

envergure [ɑ̃vɛrgyr] *f d'un oiseau*, *avion* wingspan; *fig* scope; *d'une personne* caliber, *Br* calibre

envers [ɑ̃vɛr] **1** *prép* toward, *Br* towards; ***son attitude envers ses parents*** her attitude toward *ou* to her parents **2** *m d'une feuille* reverse; *d'une étoffe*: wrong side; ***à l'envers*** *pull* inside out; (*en désordre*) upside down

enviable [ɑ̃vjabl] enviable

envie [ɑ̃vi] *f* (*convoitise*) envy; (*désir*) desire (**de** for); ***avoir envie de qch*** want sth; ***avoir envie de faire qch*** want to do sth

envier ⟨1a⟩ envy; ***envier qch à qn*** envy s.o. sth

envieux, **-euse** envious

environ [ɑ̃virõ] **1** *adv* about **2** *mpl*: ***environs*** surrounding area *sg*; ***dans les environs*** in the vicinity; ***aux environs de*** *ville* in the vicinity of; *Pâques* around about

environnant, **environnante** surrounding

environnement *m* environment

envisager [ɑ̃vizaʒe] ⟨1l⟩ (*considérer*) think about, consider; (*imaginer*) envisage; ***envisager de faire qch*** think about doing sth

envoi [ɑ̃vwa] *m* consignment, shipment; *action* shipment, dispatch; *d'un fax* sending

envoler [ɑ̃vɔle] ⟨1a⟩: ***s'envoler*** fly away; *d'un avion* take off (**pour** for); *fig*: *du temps* fly

envoûter [ɑ̃vute] ⟨1a⟩ bewitch

envoyé [ɑ̃vwaje] *m* envoy; *d'un journal* correspondent; ***envoyé spécial*** special envoy

envoyer ⟨1p⟩ send; *coup*, *gifle* give; ***envoyer chercher*** send for

éolienne [eɔliɛn] *f* wind turbine; ***champ*** *m* ***d'éoliennes*** wind farm

épagneul [epaɲœl] *m* spaniel

épais, **épaisse** [epɛ, -s] thick; *forêt*, *brouillard* thick, dense; *foule* dense

épaisseur *f* thickness

épaissir ⟨2a⟩ thicken

épancher [epɑ̃ʃe] ⟨1a⟩: ***s'épancher*** pour out one's heart (***auprès de*** to)

épanoui, **épanouie** [epanwi] *femme*, *sourire* radiant; (*ouvert*) open

épanouir ⟨2a⟩: ***s'épanouir*** *d'une fleur* open up; (*se développer*) blossom

épanouissement *m* opening; (*développement*) blossoming

épargne [eparɲ] *f action* saving; ***épargnes*** (*économies*) savings

épargne-logement *f*: ***plan d'épargne-logement*** savings plan for would-be house buyers

épargneur, **-euse** *m/f* saver

épargner [eparɲe] ⟨1a⟩ **1** *v/t* save; *personne* spare; ***épargner qch à qn*** spare s.o. sth; ***ne pas épargner qch*** be generous with sth **2** *v/i* save

éparpiller [eparpije] ⟨1a⟩ scatter

épars, **éparse** [epar, -s] sparse

épatant, **épatante** [epatɑ̃, -t] F great, terrific

épater ⟨1a⟩ astonish

épaule [epol] *f* shoulder

épauler ⟨1a⟩ shoulder; *fig* support

épaulette *f* (*bretelle*) shoulderstrap; *de veste*, *manteau* shoulder pad; MIL epaulette

épave [epav] *f* wreck (*aussi fig*)

épée [epe] *f* sword

épeler [eple] ⟨1c⟩ spell

éperdu, **éperdue** [epɛrdy] *besoin* desperate; ***éperdu de*** beside o.s. with

éperon [eprõ] *m* spur

éperonner ⟨1a⟩ spur on (*aussi fig*)

éphémère [efemɛr] *fig* short-lived, ephemeral

épi [epi] *m* ear; ***stationnement*** *m* ***en épi*** AUTO angle parking

épice [epis] *f* spice

épicer ⟨1k⟩ spice

épicerie *f* grocery store, *Br* grocer's

épicier, **-ère** *m/f* grocer

épidémie [epidemi] *f* epidemic

épier [epje] ⟨1a⟩ spy on; *occasion* watch

E

for
épilation [epilasjõ] *f* removal of unwanted hair (***de*** from)
épiler ⟨1a⟩ remove the hair from
épilepsie [epilɛpsi] *f* epilepsy; ***crise*** *f* ***d'épilepsie*** epileptic fit
épileptique *m/f* epileptic
épilogue [epilɔg] *m* epilog, *Br* epilogue
épinards [epinar] *mpl* spinach *sg*
épine [epin] *f d'une rose* thorn; *d'un hérisson* spine, prickle; ***épine dorsale*** backbone
épineux, **-euse** *problème* thorny
épingle [epɛ̃gl] *f* pin; ***épingle de sûreté*** *ou* ***de nourrice*** safety pin; ***tiré à quatre épingles*** *fig* well turned-out
épingler ⟨1a⟩ pin
Épiphanie [epifani] *f* Epiphany
épique [epik] epic
épisode [epizɔd] *m* episode
épitaphe [epitaf] *f* epitaph
éploré, **éplorée** [eplɔre] tearful
éplucher [eplyʃe] ⟨1a⟩ peel; *fig* scrutinize
épluchures *fpl* peelings
éponge [epõʒ] *f* sponge
éponger ⟨1l⟩ sponge down; *flaque* sponge up; *déficit* mop up
épopée [epɔpe] *f* epic
époque [epɔk] *f* age, epoch; ***meubles*** *mpl* ***d'époque*** period *ou* antique furniture *sg*
époumoner [epumɔne] ⟨1a⟩: ***s'époumoner*** F shout o.s. hoarse
épouse [epuz] *f* wife, spouse *fml*
épouser ⟨1a⟩ marry; *idées, principe etc* espouse
épousseter [epuste] ⟨1c⟩ dust
époustouflant, **époustouflante** [epustuflɑ̃, -t] F breathtaking
épouvantable [epuvɑ̃tabl] dreadful
épouvantail [epuvɑ̃taj] *m* (*pl* -s) scarecrow
épouvante [epuvɑ̃t] *f* terror, dread; ***film*** *m* ***d'épouvante*** horror film
épouvanter ⟨1a⟩ horrify; *fig* terrify
époux [epu] *m* husband, spouse *fml*; ***les époux*** the married couple
éprendre [eprɑ̃dr] ⟨4q⟩: ***s'éprendre de*** fall in love with
épreuve [eprœv] *f* trial; SP event; *imprimerie* proof; *photographie* print; ***à toute épreuve*** *confiance etc* never-failing; ***à l'épreuve du feu*** fireproof; ***mettre à l'épreuve*** put to the test, try out
éprouvant, **éprouvante** [epruvɑ̃, -t] trying
éprouver ⟨1a⟩ (*tester*) test, try out; (*ressentir*) feel, experience; *difficultés* experience
éprouvette *f* test tube
EPS *abr* (= ***éducation physique et sportive***) PE (= physical education)
épuisant, **épuisante** [epɥizɑ̃, -t] punishing
épuisé, **épuisée** exhausted; *livre* out of print
épuisement *m* exhaustion
épuiser ⟨1a⟩ exhaust; ***épuiser les ressources*** be a drain on resources; ***s'épuiser*** tire o.s. out (***à faire qch*** doing sth); *d'une source* dry up
épuration [epyrasjõ] *f* purification; ***station*** *f* ***d'épuration*** sewage plant
épurer ⟨1a⟩ purify
équateur [ekwatœr] *m* equator
Équateur [ekwatœr] *m*: ***l'Équateur*** Ecuador
équation [ekwasjõ] *f* MATH equation
équatorien, **équatorienne** [ekwatɔrjɛ̃, -ɛn] **1** *adj* Ecuador(i)an **2** *m* **Équatorien**, **Équatorienne** Ecuador(i)an
équerre [ekɛr] *f à dessin* set square
équestre [ekɛstr] *statue* equestrian
équilibre [ekilibr] *m* balance, equilibrium (*aussi fig*)
équilibré, **équilibrée** balanced
équilibrer ⟨1a⟩ balance
équinoxe [ekinɔks] *m* equinox
équipage [ekipaʒ] *m* AVIAT, MAR crew
équipe [ekip] *f* team; *d'ouvriers* gang; ***travail*** *m* ***en équipe*** teamwork; ***équipe de jour / de nuit*** day / night shift; ***équipe de secours*** rescue party
équipement *m* equipment
équiper ⟨1a⟩ equip (***de*** with)
équitable [ekitabl] just, equitable
équitation [ekitasjõ] *f* riding, equestrianism
équité [ekite] *f* justice, equity
équivalence [ekivalɑ̃s] *f* equivalence
équivalent, **équivalente** **1** *adj* equivalent (***à*** to) **2** *m* equivalent
équivaloir ⟨3h⟩: ***équivaloir à*** be equivalent to
équivoque [ekivɔk] **1** *adj* equivocal, ambiguous **2** *f* (*ambiguïté*) ambiguity; (*malentendu*) misunderstanding
érable [erabl] *m* BOT maple
érafler [erafle] ⟨1a⟩ *peau* scratch
éraflure *f* scratch
ère [ɛr] *f* era
érection [erɛksjõ] *f* erection
éreintant, **éreintante** [erɛ̃tɑ̃, -t] exhausting, back-breaking
éreinter ⟨1a⟩ exhaust; ***s'éreinter*** exhaust o.s. (***à faire qch*** doing sth)
ergothérapeute [ɛrgoterapøt] *m/f* occupational therapist
ergothérapie *f* occupational therapy

ériger [eriʒe] ⟨1l⟩ erect; ***s'ériger en*** set o.s. up as

ermite [ɛrmit] *m* hermit

éroder [erɔde] ⟨1a⟩ (*aussi fig*) erode

érosion *f* erosion

érotique [erɔtik] erotic

érotisme *m* eroticism

errant, **errante** [ɛrɑ̃, -t] *personne*, *vie* roving; *chat*, *chien* stray

errer ⟨1b⟩ roam; *des pensées* stray

erreur [ɛrœr] *f* mistake, error; ***par erreur*** by mistake; ***erreur de calcul*** miscalculation; ***erreur judiciaire*** miscarriage of justice

erroné, **erronée** wrong, erroneous *fml*

érudit, **érudite** [erydi, -t] erudite

érudition *f* erudition

éruption [erypsjõ] *f* eruption; MÉD rash

ès [ɛs] *prép*: ***docteur*** *m* ***ès lettres*** PhD

escabeau [ɛskabo] *m* (*pl* -x) (*tabouret*) stool; (*marchepied*) stepladder

escadron [ɛskadrõ] *m* squadron

escalade [ɛskalad] *f* climbing; ***escalade de*** *violence etc* escalation in

escalader ⟨1a⟩ climb

escalator [ɛskalatɔr] *m* escalator

escale [ɛskal] *f* stopover; ***faire escale à*** MAR call at; AVIAT stop over in

escalier [ɛskalje] *m* stairs *pl*, staircase; ***dans l'escalier*** on the stairs; ***escalier roulant*** escalator; ***escalier de secours*** fire escape; ***escalier de service*** backstairs *pl*

escalope [ɛskalɔp] *f* escalope

escamotable [ɛskamɔtabl] retractable

escamoter ⟨1a⟩ (*dérober*) make disappear; *antenne* retract; *fig*: *difficulté* get around

escapade [ɛskapad] *f*: ***faire une escapade*** get away from it all

escargot [ɛskargo] *m* snail

escarpé, **escarpée** [ɛskarpe] steep

escarpement *m* slope; GÉOL escarpment

escarpin [ɛskarpɛ̃] *m* pump, *Br* court shoe

escient [ɛsjɑ̃] *m*: ***à bon escient*** wisely

esclaffer [ɛsklafe] ⟨1a⟩: ***s'esclaffer*** guffaw, laugh out loud

esclandre [ɛsklɑ̃dr] *m* scene

esclavage [ɛsklavaʒ] *m* slavery

esclave *m/f* slave

escompte [ɛskõt] *m* ÉCON, COMM discount

escompter ⟨1a⟩ discount; *fig* expect

escorte [ɛskɔrt] *f* escort

escorter ⟨1a⟩ escort

escrime [ɛskrim] *f* fencing

escrimer ⟨1a⟩: ***s'escrimer*** fight, struggle (***à*** to)

escroc [ɛskro] *m* crook, swindler

escroquer [ɛskrɔke] ⟨1m⟩ swindle; ***escroquer qch à qn***, ***escroquer qn de qch*** swindle s.o. out of sth

escroquerie *f* swindle

espace [ɛspas] *m* space; ***espace aérien*** airspace; ***espaces verts*** green spaces

espacer ⟨1k⟩ space out; ***s'espacer*** become more and more infrequent

espadrille [ɛspadrij] *f* espadrille, rope sandal

Espagne [ɛspaɲ] *f* Spain

espagnol, **espagnole** **1** *adj* Spanish **2** *m langue* Spanish **3** *m/f* **Espagnol**, **Espagnole** Spaniard

espèce [ɛspɛs] *f* kind, sort (***de*** of); BIOL species; ***espèce d'abruti!*** *péj* idiot!; ***en espèces*** COMM cash

espérance [ɛsperɑ̃s] *f* hope; ***espérance de vie*** life expectancy

espérer [ɛspere] ⟨1f⟩ **1** *v/t* hope for; ***espérer que*** hope that; ***espérer faire qch*** hope to do sth; ***je n'en espérais pas tant*** it's more than I'd hoped for **2** *v/i* hope; ***espérer en*** trust in

espiègle [ɛspjɛgl] mischievous

espion, **espionne** [ɛspjõ, -ɔn] *m/f* spy

espionnage *m* espionage, spying

espionner ⟨1a⟩ spy on

esplanade [ɛsplanad] *f* esplanade

espoir [ɛspwar] *m* hope

esprit [ɛspri] *m* spirit; (*intellect*) mind; (*humour*) wit; ***faire de l'esprit*** show off one's wit; ***perdre l'esprit*** lose one's mind; ***esprit d'équipe*** team spirit

Esquimau, **Esquimaude** [ɛskimo, -d] (*mpl* -x) *m/f* Eskimo

esquinter [ɛskɛ̃te] ⟨1a⟩ F *voiture* smash up, total; (*fatiguer*) wear out

esquisse [ɛskis] *f* sketch; *fig*: *d'un roman* outline

esquisser ⟨1a⟩ sketch; *fig*: *projet* outline

esquiver [ɛskive] ⟨1a⟩ dodge; ***s'esquiver*** slip away

essai [esɛ] *m* (*test*) test, trial; (*tentative*) attempt, try; *en rugby* try; *en littérature* essay; ***à l'essai, à titre d'essai*** on trial

essaim [esɛ̃] *m* swarm

essayage [esɛjaʒ] *m*: ***cabine*** *f* ***d'essayage*** changing cubicle

essayer ⟨1i⟩ try; (*mettre à l'épreuve*, *évaluer*) test; *plat*, *vin* try, taste; *vêtement* try on; ***essayer de faire qch*** try to do sth; ***s'essayer à qch*** try one's hand at sth

essence [esɑ̃s] *f* essence; *carburant* gas, *Br* petrol; BOT species *sg*

essentiel, **essentielle** [esɑ̃sjɛl] **1** *adj* essential **2** *m*: ***l'essentiel*** the main thing; *de sa vie* the main part; ***n'emporter que l'essentiel*** take only the essentials

essieu [esjø] *m* (*pl* -x) axle
essor [esɔr] *m fig* expansion; ***prendre un essor*** expand rapidly
essorer [esɔre] ⟨1a⟩ *linge*, *à la main* wring out; *d'une machine à laver* spin
essoreuse *f* spindryer
essoufflé, **essoufflée** [esufle] out of breath, breathless
essoufflement *m* breathlessness
essuie-glace [esɥiglas] *m* (*pl inv ou* essuie-glaces) AUTO (windshield) wiper, *Br* (windscreen) wiper
essuie-mains *m* (*pl inv*) handtowel
essuie-tout kitchen towel *ou* paper
essuyer [esɥije] ⟨1h⟩ wipe; (*sécher*) wipe, dry; *fig* suffer
est [ɛst] **1** *m* east; ***vent*** *m* ***d'est*** east wind; ***à l'est de*** (to the) east of **2** *adj* east, eastern; ***côte*** *f* ***est*** east *ou* eastern coast
estampe [ɛstɑ̃p] *f en cuivre* engraving, print
est-ce que [ɛskə] *pour formuler des questions*: ***est-ce que c'est vrai?*** is it true?; ***est-ce qu'ils se portent bien?*** are they well?
esthéticienne [ɛstetisjɛn] *f* beautician
esthétique [ɛstetik] esthetic, *Br* aesthetic
estimable [ɛstimabl] estimable; *résultats*, *progrès* respectable
estimatif, **-ive** estimated; ***devis*** *m* ***estimatif*** estimate
estimation *f* estimation; *des coûts* estimate
estime [ɛstim] *f* esteem
estimer ⟨1a⟩ *valeur*, *coûts* estimate; (*respecter*) have esteem for; (*croire*) feel, think; ***s'estimer heureux*** consider o.s. lucky (***d'être accepté*** to have been accepted)
estival, **estivale** [ɛstival] (*mpl* -aux) summer *atr*
estivant, **estivante** *m*/*f* summer resident
estomac [ɛstɔma] *m* stomach; ***avoir mal à l'estomac*** have stomach-ache
estomper [ɛstõpe] ⟨1a⟩: ***s'estomper*** *de souvenirs* fade
Estonie [ɛstɔni] *f* Estonia
estonien, **estonienne** **1** *adj* Estonian **2** *m langue* Estonian **3** *m*/*f* **Estonien**, **Estonienne** Estonian
estrade [ɛstrad] *f* podium
estragon [ɛstragõ] *m* tarragon
estropier [ɛstrɔpje] ⟨1a⟩ cripple
estuaire [ɛstɥɛr] *m* estuary
et [e] and; ***et … et …*** both … and …
étable [etabl] *f* cowshed
établi [etabli] *m* workbench
établir [etablir] ⟨2a⟩ *camp*, *entreprise* establish, set up; *relations*, *contact*, *ordre* establish; *salaires*, *prix* set, fix; *facture*, *liste* draw up; *record* set; *culpabilité* establish, prove; *raisonnement*, *réputation* base (***sur*** on); ***s'établir*** (*s'installer*) settle; ***s'établir à son compte*** set up (in business) on one's own
établissement *m* establishment; *de salaires*, *prix* setting; *d'une facture*, *liste* drawing up; *d'un record* setting; *d'une loi*, *d'un impôt* introduction; ***établissement scolaire*** educational establishment; ***établissement bancaire / hospitalier*** bank / hospital; ***établissement industriel*** factory; ***établissement thermal*** spa
étage [etaʒ] *m* floor, story, *Br* storey; *d'une fusée* stage; ***premier / deuxième étage*** second / third floor, *Br* first / second floor
étagère [etaʒɛr] *f meuble* bookcase, shelves *pl*; *planche* shelf
étain [etɛ̃] *m* pewter
étalage [etalaʒ] *m* display; ***faire étalage de qch*** show sth off
étaler ⟨1a⟩ *carte* spread out, open out; *peinture*, *margarine* spread; *paiements* spread out (***sur*** over); *vacances* stagger; *marchandises* display, spread out; *fig* (*exhiber*) show off; ***s'étaler*** *de peinture* spread; *de paiements* be spread out (***sur*** over); (*s'afficher*) show off; (*se vautrer*) sprawl; *par terre* fall flat
étalon [etalõ] *m* ZO stallion; *mesure* standard
étanche [etɑ̃ʃ] watertight
étancher ⟨1a⟩ TECH make watertight; *litt*: *soif* quench
étang [etɑ̃] *m* pond
étape [etap] *f lieu* stopover, stopping place; *d'un parcours* stage, leg; *fig* stage
état [eta] *m* state; *de santé*, *d'une voiture*, *maison* state, condition; (*liste*) statement, list; ***état civil*** *bureau* registry office; *condition* marital status; ***état d'esprit*** state of mind; ***en tout état de cause*** in any case, anyway; ***être dans tous ses états*** be in a right old state; ***être en état de faire qch*** be in a fit state to do sth; ***hors d'état*** out of order
état-major *m* (*pl* états-majors) MIL staff
État-providence *m* welfare state
États-Unis *mpl*: ***les États-Unis*** the United States
étau [eto] *m* (*pl* -x) vise, *Br* vice
étayer [eteje] ⟨1i⟩ shore up
été[1] [ete] *m* summer; ***en été*** in summer; ***été indien*** Indian summer
été[2] [ete] *p*/*p* → **être**
éteindre [etɛ̃dr] ⟨4b⟩ *incendie*, *cigarette* put out, extinguish; *électricité*, *radio*,

chauffage turn off; ***s'éteindre*** *de feu, lumière* go out; *de télé etc* go off; *euph* (*mourir*) pass away

étendre [etɑ̃dr] ⟨4a⟩ *malade, enfant* lay (down); *beurre, enduit* spread; *peinture* apply; *bras* stretch out; *linge* hang up; *vin* dilute; *sauce* thin; *influence, pouvoir* extend; ***s'étendre*** extend, stretch (***jusqu'à*** as far as, to); *d'une personne* lie down; *d'un incendie, d'une maladie* spread; *d'un tissu* stretch; ***s'étendre sur qch*** dwell on sth

étendue [etɑ̃dy] *f* extent; *d'eau* expanse; *de connaissances, affaires* extent, scope; *d'une catastrophe* extent, scale

éternel, éternelle [etɛrnɛl] eternal

éterniser ⟨1a⟩ drag out; ***s'éterniser*** drag on

éternité *f* eternity

éternuement [etɛrnymɑ̃] *m* sneeze

éternuer ⟨1n⟩ sneeze

Éthiopie [etjɔpi] *f*: ***l'Éthiopie*** Ethiopia

éthiopien, éthiopienne 1 *adj* Ethiopian **2** *m langue* Ethiopic **3** *m/f* **Éthiopien, Éthiopienne** Ethiopian

éthique [etik] **1** *adj* ethical **2** *f* ethics

ethnie [ɛtni] *f* ethnic group

ethnique ethnic

étinceler [etɛ̃sle] ⟨1c⟩ sparkle

étincelle *f* spark

étiqueter [etikte] ⟨1c⟩ label (*aussi fig*)

étiquette [etikɛt] *f d'un vêtement, cahier* label; (*protocole*) etiquette

étirer [etire] ⟨1a⟩: ***s'étirer*** stretch

étoffe [etɔf] *f* material; ***avoir l'étoffe de qch*** *fig* have the makings of sth

étoffer ⟨1a⟩ *fig* flesh out

étoile [etwal] *f* star (*aussi fig*); ***étoile filante*** falling star, *Br aussi* shooting star; ***à la belle étoile*** out of doors; *dormir* under the stars; ***étoile de mer*** starfish

étonnant, étonnante [etɔnɑ̃, -t] astonishing, surprising

étonné, étonnée astonished, surprised (***de*** at, by)

étonnement *m* astonishment, surprise

étonner ⟨1a⟩ astonish, surprise; ***s'étonner de*** be astonished *ou* surprised at; ***s'étonner que*** (+ *subj*) be suprised that

étouffant, étouffante [etufɑ̃, -t] stifling, suffocating

étouffée CUIS: ***à l'étouffée*** braised

étouffer ⟨1a⟩ suffocate; *avec un oreiller* smother, suffocate; *fig*: *bruit* quash; *révolte* put down, suppress; *cri* smother; *scandale* hush up

étourderie [eturdəri] *f caractère* foolishness; *action* foolish thing to do

étourdi, étourdie [eturdi] foolish, thoughtless

étourdir ⟨2a⟩ daze; ***étourdir qn*** *d'alcool, de succès* go to s.o.'s head

étourdissement *m* (*vertige*) dizziness, giddiness

étourneau [eturno] *m* starling

étrange [etrɑ̃ʒ] strange

étranger, -ère [etrɑ̃ʒe, -ɛr] **1** *adj* strange; *de l'étranger* foreign **2** *m/f* stranger; *de l'étranger* foreigner **3** *m*: ***à l'étranger*** *aller, vivre* abroad; *investissement* foreign, outward

étranglement [etrɑ̃gləmɑ̃] *m* strangulation

étrangler ⟨1a⟩ strangle; *fig*: *critique, liberté* stifle

être [ɛtr] ⟨1⟩ **1** *v/i* ◇ be; ***être ou ne pas être*** to be or not to be; ***il est avocat*** he's a lawyer; ***il est de Paris*** he is *ou* he's from Paris, he comes from Paris; ***nous sommes lundi*** it's Monday

◇ *passif* be; ***nous avons été éliminé*** we were eliminated; ***il fut assassiné*** he was assassinated

◇ **: *être à qn*** *appartenir à* belong to s.o.; ***ce n'est pas à moi de le faire*** it's not up to me to do it

◇ (*aller*) go; ***j'ai été lui rendre visite*** I have *ou* I've been to visit her; ***est-ce tu as jamais été à Rouen?*** have you ever been to Rouen? **2** *v/aux* have; ***elle n'est pas encore arrivée*** she hasn't arrived yet; ***elle est arrivée hier*** she arrived yesterday **3** *m* being; *personne* person

étreindre [etrɛ̃dr] ⟨4b⟩ grasp; *ami* embrace, hug; *de sentiments* grip

étreinte *f* hug, embrace; *de la main* grip

étrenner [etrene] ⟨1a⟩ use for the first time

étrennes [etrɛn] *fpl* New Year's gift *sg*

étrier [etrije] *m* stirrup

étriqué, étriquée [etrike] *pull, habit* too tight, too small; *fig* narrow

étroit, étroite [etrwa, -t] narrow; *tricot* tight, small; *amitié* close; ***être étroit d'esprit*** be narrow-minded

étroitesse [etrwatɛs] *f* narrowness; ***étroitesse d'esprit*** narrow-mindedness

Ets. *abr* (= ***établissements***): ***Ets. Morin*** Morin's

étude [etyd] *f* study; MUS étude; *salle à l'école* study room; *de notaire* office; *activité* practice; ***un certificat d'études*** an educational certificate; ***faire des études*** study; ***étude de faisabilité*** feasibility study; ***étude de marché*** market research; ***une étude de marché*** a market study

étudiant, **étudiante** [etydjɑ̃, -t] *m/f* student
étudié, **étudiée** *discours* well thought out; (*affecté*) affected
étudier ⟨1a⟩ study
étui [etɥi] *m* case
étuvée [etyve] CUIS: ***à l'étuvée*** braised
eu, **eue** [y] *p/p* → ***avoir***
euphémisme [øfemism] *m* understatement; *pour ne pas choquer* euphemism
euphorie [øfɔri] *f* euphoria
euphorique euphoric
euro [øro] *m* euro
Europe [ørɔp] *f*: ***l'Europe*** Europe
européen, **européenne 1** *adj* European **2** *m/f* **Européen**, **Européenne** European
euthanasie [øtanazi] *f* euthanasia
eux [ø] *mpl* they; *après prép* them; ***je les ai vues hier, eux et et leurs femmes*** I saw them yesterday, them and their wives; ***eux, ils ne sont pas contents*** they are not happy; ***ce sont eux qui*** they are the ones who
eux-mêmes [ømɛm] themselves
évacuation [evakɥasjõ] *f* evacuation
évacuer ⟨1n⟩ evacuate
évadé [evade] *m* escaped prisoner, escapee
évader ⟨1a⟩: ***s'évader*** escape
évaluer [evalɥe] ⟨1n⟩ (*estimer*) evaluate, assess; *tableau*, *meuble* value; *coût*, *nombre* estimate
Évangile [evɑ̃ʒil] *m* Gospel
évanouir [evanwir] ⟨2a⟩: ***s'évanouir*** faint; *fig* vanish, disappear
évanouissement *m* faint; *fig* disappearance
évaporation [evapɔrasjõ] *f* evaporation
évaporer ⟨1a⟩: ***s'évaporer*** evaporate
évasé [evaze] *vêtement* flared
évasif, **-ive** evasive
évasion *f* escape
évêché [eveʃe] *m* bishopric; *édifice* bishop's palace
éveil [evɛj] *m* awakening; ***en éveil*** alert
éveillé, **éveillée** awake
éveiller ⟨1b⟩ wake up; *fig* arouse; ***s'éveiller*** wake up; *fig* be aroused
événement [evɛnmɑ̃] *m* event; ***événement médiatique*** media event
éventail [evɑ̃taj] *m* (*pl* -s) fan; *fig*: *de marchandises* range; ***en éventail*** fan-shaped
éventé, **éventée** [evɑ̃te] *boisson* flat
éventer ⟨1a⟩ fan; *fig*: *secret* reveal
éventualité [evɑ̃tɥalite] *f* eventuality, possibility
éventuel, **éventuelle** [evɑ̃tɥɛl] possible
éventuellement possibly
évêque [evɛk] *m* bishop
évertuer [evɛrtɥe] ⟨1n⟩: ***s'évertuer à faire qch*** try one's hardest *ou* damnedest F to do sth
éviction [eviksjõ] *f* eviction
évidemment [evidamɑ̃] (*bien sûr*) of course
évidence [evidɑ̃s] *f* evidence; ***en évidence*** plainly visible; ***mettre en évidence*** *idée*, *fait* highlight; *objet* emphasize; ***de toute évidence*** obviously, clearly
évident, **évidente** obvious, clear
évier [evje] *m* sink
évincer [evɛ̃se] ⟨1k⟩ oust
évitable [evitabl] avoidable
éviter ⟨1a⟩ avoid; ***éviter qch à qn*** spare s.o. sth; ***éviter de faire qch*** avoid doing sth
évocation [evɔkasjõ] *f* evocation
évolué, **évoluée** [evɔlɥe] developed, advanced
évoluer ⟨1n⟩ (*progresser*) develop, evolve
évolution *f* development; BIOL evolution
évoquer [evɔke] ⟨1m⟩ *esprits* conjure up (*aussi fig*); ***évoquer un problème*** bring up a problem
exacerber [ɛgzasɛrbe] ⟨1a⟩ exacerbate
exact, **exacte** [ɛgza(kt), ɛgzakt] *nombre*, *poids*, *science* exact, precise; *compte*, *reportage* accurate; *calcul*, *date*, *solution* right, correct; *personne* punctual; ***l'heure exacte*** the right time; ***c'est exact*** that's right *ou* correct
exactitude *f* accuracy; (*ponctualité*) punctuality
ex æquo [ɛgzeko]: ***être ex æquo*** tie, draw
exagération [ɛgzaʒerasjõ] *f* exaggeration
exagérer ⟨1f⟩ exaggerate
exalter [ɛgzalte] ⟨1a⟩ excite; (*vanter*) exalt
examen [ɛgzamɛ̃] *m* exam; MÉD examination; ***passer un examen*** take an exam, *Br aussi* sit an exam; ***être reçu à un examen*** pass an exam; ***examen d'entrée*** entrance exam; ***mise*** *f* ***en examen*** JUR indictment
examinateur, **-trice** [ɛgzaminatœr, -tris] *m/f* examiner
examiner ⟨1a⟩ examine (*aussi* MÉD)
exaspérant, **exaspérante** [ɛgzasperɑ̃, -t] exasperating
exaspérer ⟨1f⟩ exasperate
exaucer [ɛgzose] ⟨1k⟩ *prière* answer; *vœu* grant; ***exaucer qn*** grant s.o.'s wish
excavation [ɛkskavasjõ] *f* excavation
excédent [ɛksedɑ̃] *m* excess; *budgétaire*, *de trésorerie* surplus; ***excédent de bagages*** excess baggage
excéder ⟨1f⟩ *mesure* exceed, be more

than; *autorité*, *pouvoirs* exceed; (*énerver*) irritate
excellence [ɛksɛlɑ̃s] *f* excellence; ***Excellence*** *titre* Excellency; ***par excellence*** par excellence
excellent, **excellente** excellent
exceller ⟨1b⟩ excel (***dans*** in; ***en*** in, at; ***à faire qch*** at doing sth)
excentré, **excentrée** [ɛksɑ̃tre] not in the center *ou Br* centre
excentrique [ɛksɑ̃trik] eccentric
excepté, **exceptée** [ɛksɛpte] **1** *adj*: ***la Chine exceptée*** except for China, with the exception of China **2** *prép* except; ***excepté que*** except for the fact that; ***excepté si*** unless, except if
excepter ⟨1a⟩ exclude, except
exception [ɛksɛpsjõ] *f* exception; ***à l'exception de*** with the exception of; ***d'exception*** exceptional
exceptionnel, **exceptionnelle** exceptional
excès [ɛksɛ] *m* excess; ***à l'excès*** to excess, excessively; ***excès de vitesse*** speeding
excessif, **-ive** excessive
excitant, **excitante** [ɛksitɑ̃, -t] *m/f* stimulant
excitation [ɛksitasjõ] *f* excitement; (*provocation*) incitement (***à*** to); *sexuelle* arousal
excité, **excitée** excited; *sexuellement* aroused
exciter ⟨1a⟩ excite; (*provoquer*) incite (***à*** to); *sexuellement*, *envie*, *passion* arouse, excite; *appétit* whet; *imagination* stir
exclamation [ɛksklamasjõ] *f* exclamation
exclamer ⟨1a⟩: ***s'exclamer*** exclaim
exclu, **exclue** [ɛkskly] *m/f* outcast
exclure ⟨4l⟩ exclude
exclusif, **-ive** [ɛksklyzif, -iv] exclusive
exclusion [ɛksklyzjõ] *f* expulsion; ***à l'exclusion de*** to the exclusion of; (*à l'exception de*) with the exception of
exclusivement [ɛksklyzivmɑ̃] *adv* exclusively
exclusivité *f* COMM exclusivity, sole rights *pl*; ***en exclusivité*** exclusively
excommunier [ɛkskɔmynje] ⟨1a⟩ excommunicate
excrément [ɛkskremɑ̃] *m* excrement
excursion [ɛkskyrsjõ] *f* trip, excursion
excuse [ɛkskyz] *f* (*prétexte*, *justification*) excuse; ***excuses*** apology *sg*; ***faire ses excuses*** apologize, make one's apologies
excuser ⟨1a⟩ excuse; ***s'excuser*** apologize (***de*** for); ***excusez-moi*** excuse me; ***excusez-moi de vous déranger*** I'm sorry to bother you
exécrable [egzekrabl] horrendous, atrocious
exécuter [egzekyte] ⟨1a⟩ *ordre*, *projet* carry out; MUS perform, execute; JUR *loi*, *jugement* enforce; *condamné* execute
exécutif, **-ive** **1** *adj* executive **2** *m*: ***l'exécutif*** the executive
exécution *f d'un ordre*, *projet* carrying out, execution; MUS performance, execution; JUR *d'une loi*, *un jugement* enforcement; *d'un condamné* execution; ***mettre à exécution*** *menaces*, *plan* carry out
exemplaire [ɛgzɑ̃plɛr] **1** *adj* exemplary; ***une punition exemplaire*** a punishment intended to act as an example **2** *m* copy; (*échantillon*) sample; ***en deux / trois exemplaires*** in duplicate / triplicate
exemple [ɛgzɑ̃pl] *m* example; ***par exemple*** for example; ***donner / ne pas donner l'exemple*** set a good / bad example
exempt, **exempte** [ɛgzɑ̃, -t] exempt (***de*** from); *inquiétude*, *souci* free (***de*** from)
exempter ⟨1a⟩ exempt (***de*** from)
exemption *f* exemption; ***exemption d'impôts*** tax exemption
exercer [ɛgzɛrse] ⟨1k⟩ *corps* exercise; *influence* exert, use; *pouvoir* use; *profession* practise; *mémoire* train; MIL drill; ***elle exerce la médecine*** she's a doctor; ***s'exercer*** (*s'entraîner*) practise
exercice [ɛgzɛrsis] *m* exercise (*aussi* ÉDU); *d'une profession* practice; COMM fiscal year, *Br* financial year; MIL drill; ***exercice d'évacuation*** evacuation drill
exhaler [ɛgzale] ⟨1a⟩ exhale
exhaustif, **-ive** [ɛgzostif, -iv] exhaustive
exhiber [ɛgzibe] ⟨1a⟩ exhibit; *document* produce; ***s'exhiber*** make an exhibition of o.s.
exhibitionniste *m* exhibitionist
exhumer [ɛgzyme] ⟨1a⟩ exhume
exigeant, **exigeante** [ɛgziʒɑ̃, -t] demanding
exigence *f* (*revendication*) demand
exiger ⟨1l⟩ (*réclamer*) demand; (*nécessiter*) need
exigu, **exiguë** [ɛgzigy] tiny
exil [ɛgzil] *m* exile
exilé, **exilée** *m/f* exile
exiler ⟨1a⟩ exile; ***s'exiler*** go into exile
existence [ɛgzistɑ̃s] *f* existence
exister ⟨1a⟩ exist; ***il existe*** there is, *pl* there are
exode [ɛgzɔd] *m* exodus
exonérer [ɛgzɔnere] ⟨1f⟩ exempt
exorbitant, **exorbitante** [ɛgzɔrbitɑ̃, -t] exorbitant
exorbité, **exorbitée** *yeux* bulging
exotique [ɛgzɔtik] exotic

expansif, **-ive** [ɛkspɑ̃sif, -iv] expansive (*aussi* PHYS)
expansion *f* expansion; ***expansion économique*** economic expansion *ou* growth
expatrier [ɛkspatrije] ⟨1a⟩ *argent* move abroad *ou* out of the country; ***s'expatrier*** settle abroad
expectative [ɛkspɛktativ] *f*: ***rester dans l'expectative*** wait and see
expédient [ɛkspedjɑ̃] *m* expedient
expédier [ɛkspedje] ⟨1a⟩ send; COMM ship, send; *travail* do quickly
expéditeur, **-trice** [ɛkspeditœr, -tris] *m/f* sender; COMM shipper, sender
expéditif, **-ive** speedy; *péj* hasty
expédition *f* sending; COMM shipment; (*voyage*) expedition
expérience [ɛksperjɑ̃s] *f* experience; *scientifique* experiment
expérimenté, **expérimentée** [ɛksperimɑ̃te] experienced
expérimenter ⟨1a⟩ (*tester*) test
expert, **experte** [ɛkspɛr, -t] **1** *adj* expert; ***être expert en la matière*** be an expert in the matter **2** *m/f* expert
expert-comptable *m* (*pl* experts-comptables) certified public accountant, *Br* chartered accountant
expert légiste *m* forensic scientist
expertise [ɛkspɛrtiz] *f* (*estimation*) valuation; JUR expert testimony
expertiser ⟨1a⟩ *tableau*, *voiture* value
expier [ɛkspje] ⟨1a⟩ expiate
expiration [ɛkspirasjõ] *f d'un contrat*, *délai* expiration, *Br* expiry; *de souffle* exhalation
expirer ⟨1a⟩ *d'un contrat*, *délai* expire; (*respirer*) exhale; (*mourir*) die, expire *fml*
explicatif, **-ive** [ɛksplikatif, -iv] explanatory
explication *f* explanation; ***nous avons eu une explication*** we talked things over
explicite [ɛksplisit] explicit
explicitement *adv* explicitly
expliquer [ɛksplike] ⟨1m⟩ explain; ***s'expliquer*** explain o.s.; ***s'expliquer qch*** account for sth, find an explanation for sth; ***s'expliquer avec qn*** talk things over with s.o.
exploit [ɛksplwa] *m sportif*, *médical* feat, achievement; *amoureux* exploit
exploitant, **exploitante** *m/f agricole* farmer
exploitation [ɛksplwatasjõ] *f d'une ferme*, *ligne aérienne* operation, running; *du sol* working, farming; *de richesses naturelles* exploitation; (*entreprise*) operation, concern; *péj*: *des ouvriers* exploitation; ***exploitation minière*** mining
exploiter ⟨1a⟩ *ferme*, *ligne aérienne* operate, run; *sol* work, farm; *richesses naturelles* exploit (*aussi péj*)
explorateur, **-trice** [ɛksplɔratœr, -tris] *m/f* explorer
exploration *f* exploration
explorer ⟨1a⟩ explore
exploser [ɛksploze] ⟨1a⟩ explode (*aussi fig*); ***exploser de rire*** F crack up F
explosif, **-ive** **1** *adj* explosive (*aussi fig*) **2** *m* explosive
explosion *f* explosion (*aussi fig*)
exportateur, **-trice** [ɛkspɔrtatœr, -tris] **1** *adj* exporting **2** *m* exporter
exportation *f* export
exporter ⟨1a⟩ export
exposant, **exposante** *m/f* exhibitor
exposé [ɛkspoze] *m* account, report; ÉDU presentation
exposer ⟨1a⟩ *art*, *marchandise* exhibit, show; *problème*, *programme* explain; *à l'air*, *à la chaleur* expose (*aussi* PHOT)
exposition *f d'art*, *de marchandise* exhibition; *d'un problème* explanation; *au soleil* exposure (*aussi* PHOT)
exprès[1] [ɛksprɛ] *adv* (*intentionnellement*) deliberately, on purpose; (*spécialement*) expressly, specially
exprès[2], **-esse** [ɛksprɛs] **1** *adj* express **2** *adj inv* ***lettre f exprès*** express letter
express [ɛksprɛs] **1** *adj inv* express; ***voie f express*** expressway **2** *m train* express; *café* espresso
expressément [ɛksprɛsemɑ̃] *adv* expressly
expressif, **-ive** [ɛksprɛsif, -iv] expressive
expression *f* expression
expresso [ɛksprɛso] *m* espresso (coffee)
exprimer [ɛksprime] ⟨1a⟩ express; ***s'exprimer*** express o.s.
exproprier [ɛksprɔprije] ⟨1a⟩ expropriate
expulser [ɛkspylse] ⟨1a⟩ expel; *d'un pays* deport
expulsion *f* expulsion; *d'un pays* deportation
exquis, **exquise** [ɛkski, -z] exquisite
extase [ɛkstaz] *f* ecstasy
extatique ecstatic
extensible stretchable
extensif, **-ive** AGR extensive
extension *f des bras*, *jambes* stretching; (*prolongement*) extension; *d'une épidémie* spread; INFORM expansion
exténuer [ɛkstenɥe] ⟨1n⟩ exhaust
extérieur, **extérieure** [ɛksterjœr] **1** *adj paroi*, *mur* outside, external; ÉCON, POL for-

eign, external; (*apparent*) external **2** *m* (*partie externe*) outside, exterior; ***à l'extérieur*** (*dehors*) outside, out of doors; ***à l'extérieur de*** outside
extérieurement *adv* externally, on the outside
extérioriser ⟨1a⟩ express, let out; ***s'extérioriser*** *d'un sentiment* show itself, find expression; *d'une personne* express one's emotions
exterminer [ɛkstɛrmine] ⟨1a⟩ exterminate
externe [ɛkstɛrn] external
extincteur [ɛkstɛ̃ktœr] *m* extinguisher
extinction [ɛkstɛ̃ksjõ] *f* extinction (*aussi fig*)
extirper [ɛkstirpe] ⟨1a⟩ *mauvaise herbe* pull up; MÉD remove; *fig renseignement* drag out
extorquer [ɛkstɔrke] ⟨1m⟩ extort
extorsion [ɛkstɔrsjõ] *f* extortion
extra [ɛkstra] **1** *adj inv* great, terrific **2** *m*: ***un extra*** something special
extraconjugal, **extraconjugale** [ɛkstrakõʒygal] extramarital
extraction [ɛkstraksjõ] *f de pétrole*, *d'une dent* extraction
extrader [ɛkstrade] ⟨1a⟩ extradite
extradition *f* JUR extradition
extraire [ɛkstrɛr] ⟨4s⟩ extract
extrait [ɛkstrɛ] *m* extract
extraordinaire [ɛkstraɔrdinɛr] extraordinary
extrapoler [ɛkstrapɔle] ⟨1a⟩ extrapolate
extrascolaire [ɛkstraskɔlɛr] extra-curricular
extraterrestre [ɛkstratɛrɛstr] *m/f* extraterrestrial, alien
extravagance [ɛkstravagɑ̃s] *f* extravagance; *d'une personne*, *d'une idée*, *d'un habit* eccentricity
extravagant, **extravagante** extravagant; *habits*, *idées*, *personne* eccentric
extraverti, **extravertie** [ɛkstravɛrti] extrovert
extrême [ɛkstrɛm] **1** *adj* extreme **2** *m* extreme; ***à l'extrême*** to extremes
extrêmement *adv* extremely
extrême-onction *f* REL extreme unction
Extrême-Orient *m*: ***l' Extrême-Orient*** the Far East
extrémiste [ɛkstremist] *m/f* POL extremist; ***extrémiste de droite*** right-wing extremist
extrémité *f d'une rue* (very) end; *d'un doigt* tip; (*situation désespérée*) extremity; ***extrémités*** ANAT extremities
exubérance [ɛgzyberɑ̃s] *f d'une personne* exuberance
exubérant, **exubérante** exuberant
exulter [ɛgzylte] exult
exutoire [ɛgzytwar] *m fig* outlet
eye-liner [ajlajnœr] *m* eyeliner

F

F *abr* (= ***franc(s)***) FF (= French franc(s))
fa [fa] *m* MUS F
fable [fabl] *f* fable
fabricant, **fabricante** [fabrikɑ̃, -t] *m/f* manufacturer, maker
fabrication *f* making; *industrielle* manufacture; ***fabrication en série*** mass production
fabrique [fabrik] *f* factory
fabriquer ⟨1m⟩ make; *industriellement aussi* manufacture; *histoire* fabricate
fabuler ⟨1m⟩ make things up
fabuleux, **-euse** [fabylø, -z] fabulous
fac [fak] *f abr* (= ***faculté***) uni, university
façade [fasad] *f* façade (*aussi fig*)
face [fas] *f* face; *d'une pièce* head; ***de face*** from the front; ***en face de*** opposite; ***face à qch*** facing sth; *fig* faced with sth; ***face à face*** face to face; ***en face*** opposite; ***faire face à*** *problèmes*, *responsabilités* face (up to)
face-à-face *m* (*pl inv*) face-to-face (debate)
facétieux, **-euse** [fasesjø, -z] mischievous
facette [fasɛt] *f* facet
fâché, **fâchée** [fɑʃe] annoyed
fâcher ⟨1a⟩ annoy; ***se fâcher*** get annoyed; ***se fâcher avec qn*** fall out with s.o.
fâcheux, **-euse** annoying; (*déplorable*) unfortunate
facho [faʃo] F fascist
facile [fasil] easy; *personne* easy-going; ***facile à faire / utiliser*** easy to do / use

F

facilement *adv* easily
facilité *f* easiness; *à faire qch* ease; ***elle a beaucoup de facilités à l'école*** she shows a lot of strengths at school; ***facilités de paiement*** easy terms; ***facilité d'utilisation*** ease of use
faciliter ⟨1a⟩ make easier, facilitate
façon [fasõ] *f* (*manière*) way, method; ***de façon*** (***à ce***) ***que*** (*+subj*) so that; ***de toute façon*** anyway, anyhow; ***de cette façon*** (in) that way; ***à la façon de chez nous*** like we have at home; ***à la façon de Monet*** in the style of Monet; ***façons*** (*comportement*) behavior *sg*, *Br* behaviour *sg*, manners; ***faire des façons*** make a fuss; ***sans façon*** simple, unpretentious
façonner [fasɔne] ⟨1a⟩ shape, fashion
facteur [faktœr] *m de la poste* mailman, letter carrier, *Br* postman; MATH, *fig* factor
factice [faktis] artificial
faction [faksjõ] *f* (*groupe*) faction
factrice [faktris] *f* mailwoman, *Br* postwoman
factuel, **factuelle** [faktɥɛl] factual
facture [faktyr] *f* bill; COMM invoice
facturer ⟨1a⟩ invoice
facultatif, **-ive** [fakyltatif, -iv] optional; ***arrêt*** *m* ***facultatif*** *d'autobus* request stop
faculté [fakylte] *f* faculty (*aussi université*); ***faculté d'adaptation*** adaptability
fade [fad] insipid (*aussi fig*)
Fahrenheit [farɛnajt] Fahrenheit
faible [fɛbl] **1** *adj* weak; *bruit*, *lumière*, *voix*, *espoir* faint; *avantage* slight **2** *m pour personne* soft spot; *pour chocolat etc* weakness
faiblesse *f* weakness
faiblir ⟨2a⟩ weaken
faïence [fajɑ̃s] *f* earthenware
faille [faj] *f* GÉOL fault; *dans théorie*, *raisonnement* flaw
faillible [fajibl] fallible
faillir ⟨2n⟩: ***il a failli gagner*** he almost won, he nearly won
faillite *f* COMM bankruptcy; ***faire faillite*** go bankrupt; ***être en faillite*** be bankrupt
faim [fɛ̃] *f* hunger; ***avoir faim*** be hungry; ***manger à sa faim*** eat one's fill; ***mourir de faim*** starve (*aussi fig*)
fainéant, **fainéante** [fɛneɑ̃, -t] **1** *adj* idle, lazy **2** *m/f* idler
faire [fɛr] ⟨4n⟩ **1** *v/t* ◇ do; *gâteau*, *robe*, *meuble*, *repas*, *liste* make; ***qu'est-ce que vous faites dans la vie?*** what do you do for a living?; ***tu ferais bien*** *ou* ***mieux de te dépêcher*** you had better hurry up; ***elle ne fait que parler*** she does nothing but talk; ***faire la cuisine*** cook; ***faire du tennis*** play tennis; ***faire de la natation / du bateau / du ski*** swim / sail / ski, go swimming / sailing / skiing; ***faire son droit*** study law, take a law degree; ***faire un voyage*** make *ou* take a trip; ***faire jeune*** look young; ***faire le malade / le clown*** act *ou* play the invalid / the fool; ***ça fait 100 euros*** that's *ou* that makes 100 euros; ***cinq plus cinq font dix*** five and five are *ou* make ten; ***ça ne fait rien*** it doesn't matter; ***qu'est-ce que ça peut te faire?*** what business is it of yours?; ***on ne peut rien y faire*** we can't do anything about it; ***ce qui fait que*** which means that; ***... fit-il*** ... he said
◇ *avec inf*: ***faire rire qn*** make s.o. laugh; ***faire venir qn*** send for s.o.; ***faire chauffer de l'eau*** heat some water; ***faire peindre la salle de bain*** have the bathroom painted **2** *v/i*: ***faire vite*** hurry up, be quick; ***fais comme chez toi*** make yourself at home; ***faire avec*** make do **3** *impersonnel*: ***il fait chaud / froid*** it is *ou* it's warm / cold; ***ça fait un an que je ne l'ai pas vue*** I haven't seen her in a year **4**
◇ ***se faire*** become; *amis*, *ennemis*, *millions* make (for o.s.); *d'une réputation* be made; ***cela se fait beaucoup*** it's quite common; ***ça ne se fait pas*** it's not done; ***tu t'es fait couper les cheveux?*** have you had your hair cut?; ***se faire rare*** become rarer and rarer; ***je me fais vieux*** I'm getting old
◇ **:** ***se faire à qch*** get used to sth
◇ **:** ***je ne m'en fais pas*** I'm not worrried *ou* bothered
faire-part [fɛrpar] *m* (*pl inv*) announcement
faisable [fəzabl] feasible
faisan [fəzɑ̃] *m* pheasant
faisceau [fɛso] *m* (*pl* -x) bundle; *de lumière* beam
fait[1] [fɛ] *m* fact; (*action*) act; (*événement*) development; ***au fait*** by the way, incidentally; ***de fait*** in fact; ***de ce fait*** consequently; ***en fait*** in fact; ***du fait de*** because of; ***en fait de*** by way of; ***tout à fait*** absolutely; ***un fait divers*** a brief news item; ***prendre qn sur le fait*** catch s.o. in the act; ***tous ses faits et gestes*** his every move
fait[2], **faite** [fɛ, fɛt] **1** *p/p* → ***faire*** **2** *adj*: ***être fait pour qn / qch*** be made for s.o./sth; ***être fait*** F be done for; ***bien fait*** *personne* good-looking; ***c'est bien fait pour lui*** serves him right!
falaise [falɛz] *f* cliff
falloir [falwar] ⟨3c⟩ ◇ **:** ***il faut un visa*** you

need a visa, you must have a visa; ***combien te faut-il?*** how much do you need?; ***il faut l'avertir*** we have to warn him, he has to be warned; ***il me faut un visa*** I need a visa; ***il me faut sortir, il faut que je sorte*** (*subj*) I have to go out, I must go out, I need to go out; ***s'il le faut*** if necessary, if need be; ***il aurait fallu prendre le train*** we should have taken the train; ***il faut vraiment qu'elle soit*** (*subj*) ***fatiguée*** she must really be tired; ***comme il faut*** respectable
◇ *avec négatif*: ***il ne faut pas que je sorte*** (*subj*) ***avant …*** I mustn't go out until …
◇ **:** ***il s'en fallait de 20 euros/3 points*** another 20 euros/3 points was all that was needed; ***il a failli nous heurter: il s'en est fallu de peu*** he came within an inch of hitting us; ***il s'en est fallu de peu que je vienne*** (*subj*) I almost came; …***il s'en faut de beaucoup*** not by a long way
falsification [falsifikasjõ] *f* forgery; *document* falsification
falsifier ⟨1a⟩ *argent* forge; *document* falsify; *vérité* misrepresent
famé, **famée** [fame]: ***mal famé*** disreputable
famélique [famelik] starving
fameux, **-euse** [famø, -z] (*célèbre*) famous; (*excellent*) wonderful, marvelous, *Br* marvellous; ***c'est un fameux …*** it's quite a …
familial, **familiale** [familjal] (*mpl* -aux) family *atr*
familiariser [familjarize] ⟨1a⟩ familiarize (***avec*** with)
familiarité *f* familiarity (***avec*** with)
familier, **-ère** (*impertinent*, *connu*) familiar; *langage* colloquial, familiar
famille [famij] *f* family; ***famille monoparentale*** single-parent family; ***famille nombreuse*** large family
famine [famin] *f* famine
fan [fan] *m/f*, **fana** [fana] *m/f* F fan
fanatique 1 *adj* fanatical **2** *m/f* (*obsédé*) fanatic
fanatisme *m* fanaticism
faner [fane] ⟨1a⟩: ***se faner*** fade, wither
fanfare [fɑ̃far] *f* (*orchestre*) brass band; (*musique*) fanfare
fanfaron, **fanfaronne 1** *adj* boastful, bragging **2** *m* boaster
fantaisie [fɑ̃tɛzi] *f* imagination; (*caprice*) whim; ***bijoux*** *mpl* ***fantaisie*** costume jewelry, *Br* costume jewellery
fantaisiste *m/f & adj* eccentric
fantasme [fɑ̃tasm] *m* fantasy
fantasmer fantasize
fantasque [fɑ̃task] *personne* strange, weird
fantastique [fɑ̃tastik] **1** *adj* fantastic; (*imaginaire*) imaginary **2** *m*: ***le fantastique*** fantasy
fantoche [fɑ̃tɔʃ] *m fig* puppet
fantôme [fɑ̃tom] *m* ghost; ***train*** *m* ***fantôme*** ghost train; ***ville*** *f* ***fantôme*** ghost town
FAQ [ɛfaky] *f abr* (= ***Foire aux questions***) FAQ (= frequently asked question(s))
farce [fars] *f au théâtre* farce; (*tour*) joke; CUIS stuffing
farceur, **-euse** *m/f* joker
farcir ⟨2a⟩ CUIS stuff; *fig* cram
fard [far] *m* make-up; ***fard à paupières*** eye shadow
fardeau [fardo] *m* (*pl* -x) burden (*aussi fig*)
farder [farde] ⟨1a⟩: ***se farder*** make up
farfelu, **farfelue** [farfəly] odd, weird
farfouiller [farfuje] ⟨1a⟩ F rummage around
farine [farin] *f* flour; ***farine de maïs*** corn starch, *Br* cornflour
farineux, **-euse** floury
farouche [faruʃ] (*timide*) shy; (*violent*) *volonté*, *haine* fierce
fart [far(t)] *m* ski wax
fascicule [fasikyl] *m* installment, *Br* instalment
fascinant, **fascinante** [fasinɑ̃, -t] fascinating
fascination *f* fascination
fasciner ⟨1a⟩ fascinate
fascisme [faʃism] *m* fascism
fasciste *m/f & adj* Fascist
faste [fast] *m* pomp, splendor, *Br* splendour
fast-food [fastfud] *m* fast food restaurant
fastidieux, **-euse** [fastidjø, -z] tedious
fastoche [fastɔʃ] F dead easy
fastueux, **-euse** [fastɥø, -z] lavish
fatal, **fatale** [fatal] (*mpl* -s) fatal; (*inévitable*) inevitable
fatalement *adv* fatally
fatalisme *m* fatalism
fataliste 1 *adj* fatalistic **2** *m/f* fatalist
fatalité *f* fate; ***la fatalité de l'hérédité*** the inescapability of heredity
fatidique [fatidik] fateful
fatigant, **fatigante** [fatigɑ̃, -t] tiring; (*agaçant*) tiresome
fatigue *f* tiredness, fatigue; ***mort de fatigue*** dead on one's feet
fatigué, **fatiguée** tired
fatiguer ⟨1m⟩ tire; (*importuner*) annoy;

se fatiguer tire o.s. out, get tired
faubourg [fobur] *m* (working-class) suburb
fauché, **fauchée** [foʃe] F broke F
faucher ⟨1a⟩ *fig* mow down; F (*voler*) pinch F, lift F
faucille [fosij] *f* sickle
faucon [fokõ] *m* falcon
faufiler [fofile] ⟨1a⟩: ***se faufiler dans une pièce*** slip into a room; ***se faufiler entre les voitures*** thread one's way through the traffic
faune [fon] *f* wildlife, fauna
faussaire [fosɛr] *m* forger
faussement *adv* falsely; *accuser, condamner* wrongfully; *croire* wrongly
fausser ⟨1a⟩ *calcul, données* skew, distort; *sens, vérité* distort, twist; *clef* bend; ***fausser compagnie à qn*** skip out on s.o.
faute [fot] *f* mistake; (*responsabilité*) fault; ***c'est (de) ta faute*** it's your fault, you're the one to blame; ***à qui la faute?*** whose fault is that?; ***par sa faute*** because of him; ***être en faute*** be at fault; ***faute de*** for lack of; ***sans faute*** without fail; ***faute professionnelle*** professional misconduct
fauteuil [fotœj] *m* armchair; ***fauteuil de jardin*** garden chair; ***fauteuil roulant*** wheelchair
fautif, **-ive** [fotif, -iv] (*coupable*) guilty; (*erroné*) incorrect
fauve [fov] **1** *adj* tawny; ***bêtes*** *fpl* ***fauves*** big cats **2** *m félin* big cat
faux, **fausse** [fo, fos] **1** *adj* false; (*incorrect*) *aussi* wrong; *bijoux* imitation, fake; ***fausse couche*** *f* miscarriage; ***faux billet*** forged *ou* dud bill; ***faux numéro*** wrong number; ***faux témoignage*** perjury **2** *adv*: ***chanter faux*** sing off-key, sing out of tune **3** *m copie* forgery, fake
faux-filet [fofilɛ] *m* (*pl* faux-filets) CUIS sirloin
faux-monnayeur [fomɔnɛjœr] *m* counterfeiter, forger
faux-semblant [fosɑ̃blɑ̃] *m* pretense, *Br* pretence
faveur [favœr] *f* favor, *Br* favour; ***de faveur*** *traitement* preferential; *prix* special; ***en faveur de*** in favor of
favorable favorable, *Br* favourable
favorablement *adv* favorably, *Br* favourably
favori, **favorite** [favɔri, -t] *m/f & adj* favorite, *Br* favourite
favoriser ⟨1a⟩ favor, *Br* favour; *faciliter, avantager* promote, encourage
favoritisme *m* favoritism, *Br* favouritism
fax [faks] *m* fax
faxer ⟨1a⟩ fax
fébrile [febril] feverish
fécond, **féconde** [fekõ, -d] fertile (*aussi fig*)
fécondation *f* fertilization; ***fécondation artificielle*** artificial insemination
féconder ⟨1a⟩ fertilize
fécondité *f* fertility
fécule [fekyl] *f* starch
féculent *m* starchy food
fédéral, **fédérale** [federal] (*mpl* -aux) federal
fédéralisme *m* federalism
fédéraliste *m/f & adj* federalist
fédération *f* federation
fée [fe] *f* fairy
feeling [filiŋ] *m* feeling; ***avoir un bon feeling pour qch*** have a good feeling about sth
féerique [fe(e)rik] *fig* enchanting
feignant [fɛɲɑ̃, -ɑ̃t] → ***fainéant***
feindre [fɛ̃dr] ⟨4b⟩: ***feindre l'étonnement/l'indifférence*** pretend to be astonished / indifferent, feign astonishment / indifference; ***feindre de faire qch*** pretend to do sth
feinte *f* feint
fêlé, **fêlée** [fɛle] *aussi fig* cracked
fêler ⟨1b⟩: ***se fêler*** crack
félicitations [felisitasjõ] *fpl* congratulations
féliciter ⟨1a⟩: ***féliciter qn de*** *ou* ***pour qch*** congratulate s.o. on sth; ***se féliciter de qch*** congratulate o.s. on sth
félin, **féline** [felɛ̃, -in] *m & adj* feline
fêlure [felyr] *f* crack
femelle [fəmɛl] *f & adj* female
féminin, **féminine** [feminɛ̃, -in] **1** *adj* feminine; *sexe* female; *problèmes, maladies, magazines, mode* women's **2** *m* GRAM feminine
féminisme *m* feminism
féministe *m/f & adj* feminist
féminité *f* femininity
femme [fam] *f* woman; (*épouse*) wife; ***jeune femme*** young woman; ***femme d'affaires*** businesswoman; ***femme battue*** battered wife; ***femme-enfant*** childlike woman; ***femme au foyer*** homemaker, *Br* housewife; ***femme de ménage*** cleaning woman
fendre [fɑ̃dr] ⟨4a⟩ split; (*fissurer*) crack; *cœur* break; ***se fendre*** split; (*se fissurer*) crack
fenêtre [f(ə)nɛtr] *f* window
fenouil [fənuj] *m* BOT fennel
fente [fɑ̃t] *f* crack; *d'une boîte à lettres, jupe* slit; *pour pièces de monnaie* slot
fer [fɛr] *m* iron; ***volonté / discipline de***

fer *fig* iron will / discipline; ***fer à cheval*** horseshoe; ***fer à repasser*** iron

férié [ferje]: ***jour*** *m* ***férié*** (public) holiday

ferme[1] [fɛrm] **1** *adj* firm; ***terre*** *f* ***ferme*** dry land, terra firma **2** *adv travailler* hard; ***s'ennuyer ferme*** be bored stiff; ***discuter ferme*** be having a fierce debate

ferme[2] [fɛrm] *f* farm

fermé, fermée [fɛrme] closed, shut; *robinet* off; *club, milieu* exclusive

fermement [fɛrməmɑ̃] *adv* firmly

fermentation [fɛrmɑ̃tasjõ] *f* fermentation

fermenter ⟨1a⟩ ferment

fermer [fɛrme] ⟨1a⟩ **1** *v/t* close, shut; *définitivement* close down, shut down; *eau, gaz, robinet* turn off; *manteau* fasten; *frontière, port, chemin* close; ***fermer boutique*** close down, go out of business; ***fermer à clef*** lock; ***ferme-la!*** shut up! **2** *v/i* close, shut; *définitivement* close down, shut down; *d'un manteau* fasten; ***se fermer*** close, shut

fermeté [fɛrməte] *f* firmness

fermette [fɛrmɛt] *f* small farmhouse

fermeture [fɛrmətyr] *f* closing; *définitive* closure; *mécanisme* fastener; ***fermeture éclair*** zipper, *Br* zip (fastener)

fermier [fɛrmje, -jɛr] **1** *adj œufs, poulet* free-range **2** *m* farmer

fermière *f* farmer; *épouse* farmer's wife

fermoir [fɛrmwar] *m* clasp

féroce [ferɔs] fierce, ferocious

férocité *f* fierceness, ferocity

ferraille [fɛraj] *f* scrap; ***mettre à la ferraille*** scrap, throw on the scrapheap

ferré, ferrée [fɛre]: ***voie ferrée*** *f* (railroad *ou Br* railway) track

ferroviaire [fɛrɔvjɛr] railroad *atr*, *Br* railway *atr*

ferry-boat [feribot] *m* (*pl* ferry-boats) ferry

fertile [fɛrtil] fertile; ***fertile en*** full of, packed with

fertilisant *m* fertilizer

fertilité *f* fertility

fervent, fervente [fɛrvɑ̃, -t] *prière, admirateur* fervent

ferveur *f* fervor, *Br* fervour

fesse [fɛs] *f* buttock; ***fesses*** butt *sg*, *Br* bottom *sg*

fessée *f* spanking

festif, -ive [fɛstif -iv] festive

festin [fɛstɛ̃] *m* feast

festival [fɛstival] *m* (*pl* -s) festival

festivités [fɛstivite] *fpl* festivities

fêtard [fɛtar] *m* F reveler, *Br* reveller

fête *f* festival; (*soirée*) party; *publique* holiday; REL feast (day), festival; *jour d'un saint* name day; ***les fêtes (de fin d'année)*** the holidays, Christmas and New Year; ***faire la fête*** party; ***être en fête*** be in party mood; ***fête foraine*** fun fair; ***Fête des mères*** Mother's Day; ***Fête nationale*** Bastille Day

fêter ⟨1b⟩ celebrate; (*accueillir*) fête

fétiche [fetiʃ] *m* fetish; (*mascotte*) mascot; ***numéro / animal fétiche*** lucky number / animal

feu [fø] *m* (*pl* -x) fire; AUTO, AVIA, MAR light; *de circulation* (traffic) light, *Br* (traffic) lights *pl*; *d'une cuisinière* burner; *fig* (*enthousiasme*) passion; ***au coin du feu*** by the fireside; ***coup*** *m* ***de feu*** shot; ***feu d'artifice*** fireworks *pl*, firework display; ***mettre le feu à qch*** set sth on fire, set fire to sth; ***prendre feu*** catch fire; ***en feu*** on fire; ***à feu doux / vif*** over a low / high heat; ***faire feu sur*** MIL fire *ou* shoot at; ***vous avez du feu?*** got a light?; ***feu rouge*** red light, stoplight; ***feu vert*** green light (*aussi fig*); ***feu arrière*** AUTO tail light, *Br* rear light; ***feu stop*** brake light, stoplight; ***feu de position*** side light; ***feux de croisement*** low beams, *Br* dipped headlights; ***feux de route*** headlights on high *ou Br* full beam; ***feux de signalisation*** traffic light, *Br* traffic lights *pl*; ***feux de stationnement*** parking lights

feuillage [fœjaʒ] *m* foliage

feuille *f* leaf; *de papier* sheet; ***feuille d'impôt*** tax return; ***feuille de maladie*** *form used to claim reimbursement of medical expenses*; ***feuille de paie*** payslip

feuillet leaf

feuilleter ⟨1c⟩ *livre etc* leaf through; CUIS ***pâte*** *f* ***feuilletée*** puff pastry

feuilleton *m d'un journal* serial; TV soap opera

feutre [føtr] *m* felt; *stylo* felt-tipped pen; *chapeau* fedora

feutré, feutrée *bruit* muffled

fève [fɛv] *f* BOT broad bean

février [fevrije] *m* February

FF *m abr* (= ***franc(s) français***) FF (= French franc(s))

fiabilité [fjabilite] *f* reliability

fiable reliable

fiançailles [f(i)jɑ̃saj] *fpl* engagement *sg*

fiancé, fiancée *m/f* fiancé, fiancée

fiancer ⟨1k⟩: ***se fiancer avec*** get engaged to

fiasco [fjasko] *m* fiasco

fibre [fibr] *f* fiber, *Br* fibre; ***avoir la fibre paternelle*** *fig* be a born father; ***faire jouer la fibre patriotique*** play on patriotic feelings; ***fibre optique*** optical fiber; ***le domaine des fibres optiques*** fiber

optics; ***fibre de verre*** fiberglass, *Br* fibreglass
ficeler [fisle] ⟨1c⟩ tie up
ficelle *f* string; *pain* thin French stick
fiche [fiʃ] *f pour classement* index card; *formulaire* form; ÉL plug
ficher ⟨1a⟩ F (*faire*) do; (*donner*) give; (*mettre*) stick; *par la police* put on file; ***fiche-moi la paix!*** leave me alone *ou* in peace!; ***fiche-moi le camp!*** clear out!, go away!; ***je m'en fiche*** I don't give a damn
fichier [fiʃje] *m* INFORM file; ***fichier joint*** attachment
fichu, **fichue** [fiʃy] F (*inutilisable*) kaput F, done-for F; (*sale*) filthy; ***être mal fichu*** *santé* be feeling rotten; ***être fichu*** (*condamné*) have had it F
fictif, **-ive** [fiktif, -iv] fictitious
fiction *f* fiction
fidéicommis [fideikɔmi] *m* trust
fidéicommissaire *m/f* trustee
fidèle [fidɛl] **1** *adj* faithful; *ami*, *supporter* faithful, loyal **2** *m/f* REL, *fig*: ***les fidèles*** the faithful *pl*
fidéliser ⟨1a⟩: ***fidéliser la clientèle*** create customer loyalty
fidélité *f* faithfulness
fier[1] [fje] ⟨1a⟩: ***se fier à*** trust
fier[2], **-ère** [fjɛr] proud (***de*** of)
fièrement *adv* proudly
fierté *f* pride
fièvre [fjɛvr] *f* fever; ***avoir de la fièvre*** have a fever, *Br* have a temperature; ***avoir 40° de fièvre*** have a temperature of 40°
fiévreux, **-euse** feverish (*aussi fig*)
figer [fiʒe] ⟨1l⟩ congeal; ***se figer*** *fig*: *d'un sourire*, *d'une expression* become fixed
fignoler [fiɲɔle] ⟨1a⟩ put the finishing touches to
figue [fig] *f* fig
figuier *m* fig tree
figurant, **figurante** [figyrɑ̃, -t] *m/f de théâtre* walk-on; *de cinéma* extra
figuratif, **-ive** figurative
figure *f* figure; (*visage*) face; ***se casser la figure*** F fall flat on one's face
figuré, **figurée** figurative
figurer ⟨1a⟩ figure; ***se figurer qch*** imagine sth
fil [fil] *m* thread; *de métal*, ÉL, TÉL wire; ***coup*** *m* ***de fil*** TÉL (phone) call; ***au bout du fil*** TÉL on the phone *ou* line; ***au fil des jours*** with the passage of time; ***fil dentaire*** (dental) floss; ***fil électrique*** wire; ***fil de fer barbelé*** barbed wire
filament *m* ÉL filament
filature *f* spinning; *usine* mill; ***prendre qn en filature*** *fig* tail s.o.
file [fil] *f* line; *d'une route* lane; ***file (d'attente)*** line, *Br* queue; ***à la file*** one after the other
filer ⟨1a⟩ **1** *v/t* spin; F (*donner*) give; (*épier*) tail F **2** *v/i* F (*partir vite*) fly, race off; *du temps* fly past
filet [filɛ] *m d'eau* trickle; *de pêche*, *tennis* net; CUIS fillet; ***filet (à provisions)*** string bag
filial, **filiale** [filjal] (*mpl* -aux) **1** *adj* filial **2** *f* COMM subsidiary
filière [filjɛr] *f* (career) path; ***la filière administrative*** official channels *pl*; ***filières scientifiques / littéraires*** science / arts subjects
filigrane [filigran] *m d'un billet de banque* watermark
fille [fij] *f* girl; *parenté* daughter; ***vieille fille*** old maid; ***jeune fille*** girl, young woman; ***petite fille*** little girl
fillette *f* little girl
filleul [fijœl] *m* godson, godchild
filleule *f* goddaughter, godchild
film [film] *m* movie, *Br aussi* film; *couche* film; ***film policier*** detective movie *ou Br aussi* film; ***se faire un film*** see a movie; ***se faire des films*** *fig* imagine things
filmer ⟨1a⟩ film
filon [filõ] *m* MIN seam, vein; ***trouver un bon filon*** *fig* strike it rich
fils [fis] *m* son; ***fils à papa*** (spoilt) rich kid
filtre [filtr] *m* filter
filtrer ⟨1a⟩ **1** *v/t* filter; *fig* screen **2** *v/i d'une liquide*, *de lumière* filter through; *fig* leak
fin[1] [fɛ̃] *f* end; ***à la fin*** in the end, eventually; ***en fin de compte*** when all's said and done; ***à cette fin*** for that purpose; ***mettre fin à qch*** put an end to sth; ***tirer à sa fin*** come to an end, draw to a close; ***sans fin*** *soirée*, *histoire* endless; *parler* endlessly
fin[2], **fine** [fɛ̃, fin] **1** *adj* fine; (*mince*) thin; *taille*, *cheville* slender, neat; *esprit* refined; (*rusé*, *malin*) sharp, intelligent; ***fines herbes*** *fpl* mixed herbs; ***au fin fond de*** right at the bottom of; *de garage etc* right at the back of **2** *adv* fine(ly)
final, **finale** [final] (*mpl* -s) **1** *adj* final; ***point*** *m* ***final*** period, *Br* full stop **2** *m*: ***finale*** MUS finale **3** *f* SP final
finalement *adv* finally
finaliser ⟨1a⟩ finalize
finaliste *m/f* finalist
finance [finɑ̃s] *f* finance; ***finances*** finances; ***Ministre*** *m* ***des finances*** Finance Minister, Minister of Finance
financement *m* funding, financing

financer ⟨1k⟩ fund, finance
financier, **-ère** **1** *adj* financial **2** *m* financier
financièrement *adv* financially
finesse [finɛs] *f* (*délicatesse*) fineness
fini, **finie** [fini] **1** *adj* finished, over *atr*; MATH finite **2** *m* finish
finir ⟨2a⟩ **1** *v/t* finish **2** *v/i* finish; ***finir de faire qch*** finish doing sth; ***en finir avec qch*** put an end to sth; ***finir par faire qch*** end up *ou* finish up doing sth; ***finir à l'hôpital*** end up *ou* finish up in the hospital
finition *f action* finishing; *qualité* finish
finlandais, **Finlandaise** [fɛ̃lɑ̃dɛ, -z] **1** *adj* Finnish **2** *m langue* Finnish **3** *m/f* **Finlandais**, **Finlandaise** Finn
Finlande *f*: ***la Finlande*** Finland
finnois, **finnoise** [finwa, -z] → ***finlandais***
fioul [fjul] *m* fuel oil
firme [firm] *f* firm
fisc [fisk] *m* tax authorities *pl*
fiscal, **fiscale** (*mpl* -aux) tax *atr*
fiscalité *f* tax system; (*charges*) taxation
fission [fisjõ] *f* PHYS fission
fissure *f* (*craquelure*) crack; (*crevasse*) crack, fissure
fixateur [fiksatœr] *m* PHOT fixer; *pour cheveux* hair spray
fixation *f* fastening; (*détermination*) fixing, setting; *en ski* binding; PSYCH fixation
fixe **1** *adj* fixed; *adresse*, *personnel* permanent; ***prix** m **fixe*** fixed *ou* set price **2** *m* basic salary
fixer ⟨1a⟩ fasten; (*déterminer*) fix, set; PHOT fix; (*regarder*) stare at; ***se fixer*** (*s'établir*) settle down
flacon [flakõ] *m* bottle
flageolet [flaʒɔlɛ] *m* flageolet bean
flagrant, **flagrante** [flagrɑ̃, -t] flagrant; ***en flagrant délit*** red-handed, in the act
flair [flɛr] *m d'un animal* sense of smell; *fig* intuition
flairer ⟨1b⟩ smell (*aussi fig*)
flamand, **flamande** [flamɑ̃, -d] **1** *adj* Flemish **2** *m/f* **Flamand**, **Flamande** Fleming **3** *m langue* Flemish
flamant [flamɑ̃] *m*: ***flamant rose*** flamingo
flambant, **flambante** [flɑ̃bɑ̃, -t]: ***flambant neuf*** (*f inv ou* flambant neuve) brand new
flambeau *m* (*pl* -x) *f* torch
flambée *f* blaze; *fig* flare-up; ***flambée des prix*** surge in prices
flamber ⟨1a⟩ **1** *v/i* blaze **2** *v/t* CUIS flambé
flamboyant, **flamboyante** flamboyant
flamme [flam] *f* flame; *fig* fervor, *Br* fervour; ***en flammes*** in flames
flan [flɑ̃] *m* flan
flanc [flɑ̃] *m* side; MIL flank
flancher [flɑ̃ʃe] ⟨1a⟩ quail
Flandre [flɑ̃dr]: ***la Flandre*** Flanders *sg*
flanelle [flanɛl] *f* flannel
flâner [flɑne] ⟨1a⟩ stroll
flanquer [flɑ̃ke] ⟨1m⟩ flank; F (*jeter*) fling; *coup* give
flaque [flak] *f* puddle
flash [flaʃ] *m* flash; *de presse* newsflash
flasque [flask] flabby
flatter [flate] ⟨1a⟩ flatter; ***se flatter de qch*** congratulate o.s. on sth
flatterie *f* flattery
flatteur, **-euse** **1** *adj* flattering **2** *m/f* flatterer
flatulences [flatylɑ̃s] *fpl* flatulence *sg*
fléau [fleo] *m* (*pl* -x) *fig* scourge
flèche [flɛʃ] *f* arrow; *d'un clocher* spire; ***monter en flèche*** *de prix* skyrocket
fléchir [fleʃir] ⟨2a⟩ **1** *v/t* bend; (*faire céder*) sway **2** *v/i d'une poutre* bend; *fig* (*céder*) give in; (*faiblir*) weaken; *d'un prix*, *de ventes* fall, decline
flegmatique [flɛgmatik] phlegmatic
flemme [flɛm] *f* F laziness; ***j'ai la flemme de le faire*** I can't be bothered (to do it)
flétrir [fletrir] ⟨2a⟩: ***se flétrir*** wither
fleur [flœr] *f* flower; *d'un arbre* blossom; ***en fleur*** *arbre* in blossom, in flower; ***à fleurs*** flowery, flowered
fleuri, **fleurie** *arbre* in blossom; *dessin*, *style* flowery, flowered
fleurir ⟨2a⟩ flower, bloom; *fig* flourish
fleuriste *m/f* florist
fleuve [flœv] *m* river
flexibilité [flɛksibilite] *f* flexibility
flexible flexible
flic [flik] *m* F cop F
flinguer [flɛ̃ge] ⟨1a⟩ F gun *ou* shoot down
flippant, **flippante** [flipɑ̃, -t] F (*effrayant*) creepy F
flipper **1** *m* [flipœr] pinball machine; *jeu* pinball **2** *v/i* [flipe] F freak out F
flirter [flœrte] ⟨1a⟩ flirt
flirteur, **-euse** flirtatious
flocon [flɔkõ] *m* flake; ***flocon de neige*** snowflake
floraison [flɔrɛzõ] *f* flowering; ***en pleine floraison*** in full bloom
floral, **florale** (*mpl* -aux) flower *atr*, floral; ***exposition** f **florale*** flower show
floralies *fpl* flower show *sg*
flore [flɔr] *f* flora
Floride [flɔrid] *f* Florida
florissant, **florissante** [flɔrisɑ̃, -t] *fig* flourishing
flot [flo] *m* flood (*aussi fig*); ***flots*** waves; ***flots de larmes*** floods of tears; ***entrer***

F

à flots flood in; ***à flot*** MAR afloat; ***remettre à flot*** refloat (*aussi fig*)
flottant, flottante [flɔtɑ̃, -t] floating; *vêtements* baggy
flotte [flɔt] *f* fleet; F (*eau*) water; F (*pluie*) rain
flotter ⟨1a⟩ *d'un bateau, bois* float; *d'un drapeau* flutter; *d'un sourire, air* hover; *fig* waver
flotteur *m* TECH float
flou, floue [flu] blurred, fuzzy; *robe* loose-fitting
fluctuation [flyktɥasjõ] *f* fluctuation
fluctuer ⟨1n⟩ COMM fluctuate
fluide [flyid] **1** *adj* fluid; *circulation* moving freely **2** *m* PHYS fluid
fluidité *f* fluidity
fluorescent, fluorescente [flyɔresɑ̃, -t] fluorescent
flûte [flyt] *f* MUS, *verre* flute; *pain* thin French stick; ***flûte à bec*** recorder; ***flûte traversière*** flute
flûtiste *m/f* flutist, *Br* flautist
fluvial, fluviale [flyvjal] (*mpl* -aux) river *atr*
flux [fly] *m* MAR flow
F.M. [ɛfɛm] *abr* (= ***frequency modulation***) FM
FMI [ɛfɛmi] *m abr* (= ***Fonds monétaire international***) IMF (= International Monetary Fund)
focaliser [fɔkalize] ⟨1a⟩ focus
fœtal, fœtale [fetal] (*mpl* -aux) fetal, *Br aussi* foetal
fœtus *m* fetus, *Br aussi* foetus
foi [fwa] *f* faith; ***être de bonne / mauvaise foi*** be sincere / insincere; ***ma foi!*** goodness!
foie [fwa] *m* liver; ***une crise de foie*** a stomach upset, an upset stomach
foin [fwɛ̃] *m* hay
foire [fwar] *f* fair; ***foire-expo(sition)*** (trade) fair
fois [fwa] *f* time; ***une fois*** once; ***deux fois*** twice; ***trois / quatre fois*** three / four times; ***il était une fois ...*** once upon a time there was ...; ***une fois pour toutes*** once and for all; ***encore une fois*** once again; ***quatre fois six*** four times six; ***à la fois*** at the same time; ***des fois*** sometimes; ***chaque fois que je le vois*** every time *ou* whenever I see him; ***une fois que*** once
foisonner [fwazɔne] ⟨1a⟩ be abundant; ***foisonner en*** *ou* ***de*** abound in *ou* with
folie [fɔli] *f* madness; ***faire des folies*** *achats* go on a spending spree
folk [fɔlk] *m* folk (music)
folklore [fɔlklɔr] folklore
folklorique folk *atr*
folle [fɔl] → ***fou***
follement *adv* madly
fomenter [fɔmɑ̃te] ⟨1a⟩ foment
foncé, foncée [fõse] *couleur* dark
foncer ⟨1k⟩ *de couleurs* darken; AUTO speed along; ***foncer sur*** rush at
foncier, -ère [fõsje, -ɛr] COMM land
foncièrement *adv* fundamentally
fonction [fõksjõ] *f* function; (*poste*) office; ***fonction publique*** public service, *Br* civil service; ***faire fonction de*** act as; ***être en fonction*** be in office; ***en fonction de*** according to; ***fonctions*** duties; ***prendre ses fonctions*** take up office
fonctionnaire [fõksjɔnɛr] *m/f* public servant, *Br* civil servant
fonctionnel, fonctionnelle [fõksjɔnɛl] functional
fonctionnement *m* functioning
fonctionner ⟨1a⟩ work; *du gouvernement, système* function
fond [fõ] *m* bottom; *d'une salle, armoire* back; *d'une peinture* background; (*contenu*) content; *d'un problème* heart; *d'un pantalon* seat; ***au fond du couloir*** at the end of the corridor; ***de fond en comble*** from top to bottom; ***à fond*** thoroughly; ***au fond, dans le fond*** basically; ***fond de teint*** foundation
fondamental, fondamentale [fõdamɑ̃tal] (*mpl* -aux) fundamental
fondamentalement *adv* fundamentally
fondamentalisme *m* fundamentalism
fondamentaliste *m/f* fundamentalist
fondateur, -trice [fõdatœr, -tris] *m/f* founder
fondation *f* foundation; ***fondations*** *d'un édifice* foundations
fondé, fondée 1 *adj reproche, accusation* well-founded, justified; ***mal fondé*** groundless, ill-founded **2** *m*: ***fondé de pouvoir*** authorized representative
fondement *m fig* basis; ***sans fondement*** groundless
fonder ⟨1a⟩ found; ***fonder qch sur*** base sth on; ***se fonder sur*** *d'une personne* base o.s. on; *d'une idée* be based on
fondre [fõdr] ⟨4a⟩ **1** *v/t neige* melt; *dans l'eau* dissolve; *métal* melt down **2** *v/i de la neige* melt; *dans l'eau* dissolve; ***fondre en larmes*** *fig* burst into tears; ***fondre sur*** *proie* pounce on
fonds [fõ] *m* **1** *sg* fund; *d'une bibliothèque, collection* collection; ***fonds de commerce*** business; ***Fonds monétaire international*** International Monetary Fund **2** *pl* (*argent*) funds *pl*; ***fonds pu-***

blics public funds; ***convoyeur*** *m* ***de fonds*** security guard
fondu, fondue [fõdy] **1** *p/p* → ***fondre*** **2** *adj* melted
fondue [fõdy] *f* CUIS fondue; ***fondue bourguignonne*** beef fondue
fontaine [fõtɛn] *f* fountain; (*source*) spring
fonte [fõt] *f métal* cast iron; ***fonte des neiges*** spring thaw
foot [fut] *m* F → ***football***
football [futbol] *m* soccer, *Br aussi* football; ***football américain*** football, *Br* American football
footballeur, -euse *m/f* soccer player, *Br aussi* footballer
footing [futiŋ] *m* jogging; ***faire du footing*** jog, go jogging
forage [fɔraʒ] *m pour pétrole* drilling
force [fɔrs] *f* strength; (*violence*) force; ***à force de travailler*** by working; ***de force*** by force, forcibly; ***de toutes ses forces*** with all one's strength; ***force de frappe*** strike force; ***forces armées*** armed forces; ***un cas de force majeure*** an act of God
forcé, forcée forced; ***atterrissage*** *m* ***forcé*** forced *ou* emergency landing
forcément *adv* (*inévitablement*) inevitably; ***pas forcément*** not necessarily
forcené, forcenée [fɔrsəne] *m/f* maniac, lunatic
forceps [fɔrsɛps] *m* forceps
forcer [fɔrse] ⟨1k⟩ force; ***forcer qn à faire qch*** force s.o. to do sth; ***forcer la note*** *fig* go too far; ***se forcer*** force o.s.
forer [fɔre] ⟨1a⟩ drill
forestier, -ère [fɔrɛstje, -ɛr] **1** *adj* forest *atr* **2** *m* ranger, *Br* forest warden
forêt *f* forest (*aussi fig*); ***forêt tropicale*** (***humide***) rain forest
forfait [fɔrfɛ] *m* COMM package; (*prix*) all--in price, flat rate; ***déclarer forfait*** withdraw
forfaitaire *prix* all-in
forgeron [fɔrʒərõ] *m* blacksmith
formaliser [fɔrmalize] ⟨1a⟩: ***se formaliser de qch*** take offense *ou Br* offence at sth
formalité *f* formality
format [fɔrma] *m* format
formatage *m* INFORM formatting
formater ⟨1a⟩ format
formateur, -trice [fɔrmatœr, -tris] **1** *adj* formative **2** *m/f* trainer
formation *f* formation (*aussi* MIL, GÉOL); (*éducation*) training; ***formation continue*** continuing education; ***formation professionnelle*** vocational training; ***formation sur le tas*** on-the-job training
forme [fɔrm] *f* form; (*figure, contour*) shape, form; ***sous forme de*** in the form of; ***en forme de …*** …-shaped, in the shape of …; ***pour la forme*** for form's sake; ***être en forme*** be in form, be in good shape; ***prendre forme*** take shape; ***garder la forme*** keep fit
formel, formelle formal; (*explicite*) categorical
formellement *adv* expressly; ***formellement interdit*** strictly forbidden
former ⟨1a⟩ form; (*façonner*) shape, form; (*instruire*) train; ***se former*** form
formidable [fɔrmidabl] enormous; F terrific, great F
formulaire [fɔrmylɛr] *m* form
formulation [fɔrmylasjõ] *f* wording
formule [fɔrmyl] *f* formula; ***formule magique*** magic spell
formuler ⟨1a⟩ formulate; *vœux, jugement* express
fort, forte [fɔr, -t] **1** *adj* strong; (*gros*) stout; *coup, pluie* heavy; *somme, différence* big; ***à plus forte raison*** all the more reason; ***être fort en qch*** be good at sth; **2** *adv crier, parler* loud, loudly; *pousser, frapper* hard; (*très*) extremely; (*beaucoup*) a lot **3** *m* strong point; MIL fort
fortement *adv pousser* hard; (*beaucoup*) greatly
forteresse [fɔrtərɛs] *f* fortress
fortifiant [fɔrtifjɑ̃] *m* tonic
fortification [fɔrtifikasjõ] *f* fortification
fortifier ⟨1a⟩ *corps, construction* strengthen; MIL strengthen, fortify
fortuit, fortuite [fɔrtɥi, -t] chance
fortune [fɔrtyn] *f* luck; ***de fortune*** makeshift
fosse [fos] *f grand trou* pit; (*tombe*) grave
fossé *m* ditch; *fig* gulf
fossette *f* dimple
fossile [fosil] *m & adj* fossil
fossilisé, fossilisée fossilized
fou, folle [fu, fɔl] **1** *adj* mad, crazy, insane; (*incroyable*) staggering, incredible; ***être fou de qn / qch*** be mad *ou* crazy about s.o./sth; ***fou de*** *joie, colère etc* beside o.s. with; ***une crise de fou rire*** a fit of the giggles; ***fou à lier*** raving mad **2** *m/f* madman; madwoman
foudre [fudr] *f* lightning; ***coup*** *m* ***de foudre*** *fig* love at first sight
foudroyant, foudroyante [fudrwajɑ̃, -t] *regard* withering; *nouvelles, succès* stunning
foudroyer ⟨1h⟩ strike down; ***foudroyer qn du regard*** give s.o. a withering look

fouet [fwɛ] *m* whip; CUIS whisk
fouetter ⟨1b⟩ *avec fouet* whip, flog; CUIS whisk
fougère [fuʒɛr] *f* fern
fougue [fug] *f* passion
fougueux, **-euse** fiery
fouille [fuj] *f* search; ***fouilles*** *en archéologie* dig *sg*
fouiller ⟨1a⟩ **1** *v/i* dig; (*chercher*) search **2** *v/t de police* search; *en archéologie* excavate
fouilleur, **-euse** *m/f en archéologie* excavator
fouiner [fwine] ⟨1a⟩ nose around
foulard [fular] *m* scarf
foule [ful] *f* crowd; ***éviter la foule*** avoid the crowds; ***une foule de*** masses of; ***en foule*** in vast numbers
fouler [fule] ⟨1a⟩ trample; *sol* set foot on; ***fouler aux pieds*** *fig* trample underfoot; ***se fouler la cheville*** twist one's ankle; ***ne pas se fouler*** *fig* F not overexert o.s.
foulure *f* sprain
four [fur] *m* oven; TECH kiln; *fig* F (*insuccès*) turkey F, flop F; ***faire un four*** flop; ***petits fours*** *cookies, candies etc served at the end of a meal*
fourbe [furb] deceitful
fourbu, **fourbue** [furby] exhausted
fourche [furʃ] *f* fork
fourchette *f* fork; (*éventail*) bracket
fourchu forked; ***cheveux*** *mpl* ***fourchus*** split ends
fourgon [furgõ] *m camion* van; RAIL baggage car, *Br* luggage van
fourgonnette *f* small van
fourmi [furmi] *f* ant; ***avoir des fourmis (dans les pieds)*** have pins and needles (in one's feet)
fourmilière *f* anthill; ***c'est une véritable fourmilière*** it's a real hive of activity
fourmillements *mpl* pins and needles
fourmiller ⟨1a⟩ swarm (***de*** with)
fournaise [furnɛz] *f fig* oven
fourneau *m* (*pl* -x) furnace; CUIS stove; ***haut fourneau*** blast furnace
fournée *f* batch (*aussi fig*)
fourni, **fournie** [furni]: ***bien fourni*** well stocked
fournir ⟨2a⟩ supply (***de, en*** with); *occasion* provide; *effort* make; ***fournir qch à qn*** provide s.o. with sth
fournisseur *m* supplier; ***fournisseur d'accès*** (***Internet***) Internet service provider, ISP
fourniture *f* supply; ***fournitures de bureau*** office supplies; ***fournitures scolaires*** school stationery and books
fourrage [furaʒ] *m* fodder
fourré[1] [fure] *m* thicket
fourré[2], **fourrée** [fure] CUIS filled; *vêtement* lined
fourrer [fure] ⟨1a⟩ stick, shove; (*remplir*) fill; ***fourrer son nez partout*** stick one's nose into everything; ***se fourrer dans*** get into
fourre-tout *m* (*pl inv*) (*sac*) carry-all, *Br* holdall
fourrière [furjɛr] *f* pound
fourrure [furyr] *f* fur
fourvoyer [furvwaje] ⟨1h⟩: ***se fourvoyer*** go astray
foutre [futr] F ⟨4a⟩ do; (*mettre*) put, shove; *coup* give; ***se foutre de qn*** make fun of s.o.; *indifférence* not give a damn about s.o.; ***foutre la paix à qn*** stop bothering s.o.; ***foutre le camp*** get the hell out F; ***je m'en fous!*** I don't give a damn!; ***va te faire foutre!*** go to hell F, fuck off V
foutu, **foutue** **1** *p/p* → ***foutre*** **2** *adj* → ***fichu***
foyer [fwaje] *m* fireplace; *d'une famille* home; *de jeunes* club; (*pension*) hostel; *d'un théâtre* foyer; *d'un incendie* seat; *d'une infection* source; ***femme*** *f* ***au foyer*** home-maker, *Br* housewife
fracas [fraka] *m* crash
fracassant, **fracassante** *effet, propos* shattering
fracasser ⟨1a⟩ shatter
fraction [fraksjõ] *f* fraction
fractionner ⟨1a⟩ divide (up) (***en*** into)
fracture [fraktyr] *f* MÉD *m* fracture
fracturer ⟨1a⟩ *coffre* break open; *jambe* fracture
fragile [fraʒil] fragile; *santé* frail; *cœur, estomac* weak
fragiliser ⟨1a⟩ weaken
fragilité *f* fragility
fragment [fragmɑ̃] *m* fragment
fraîchement [frɛʃmɑ̃] *adv cueilli* freshly; *arrivé* recently, newly; *accueillir* coolly
fraîcheur *f* freshness; (*froideur*) coolness (*aussi fig*)
fraîchir ⟨2a⟩ *du vent* freshen; *du temps* get cooler
frais[1], **fraîche** [frɛ, frɛʃ] **1** *adj* fresh; (*froid*) cool; ***nouvelles fraîches*** recent news; ***servir frais*** serve chilled; ***il fait frais*** it's cool; ***peinture fraîche*** wet paint **2** *adv* freshly, newly **3** *m*: ***prendre le frais*** get a breath of fresh air; ***au frais*** *garder* in a cool place
frais[2] [frɛ] *mpl* expenses; COMM costs; ***faire des frais*** incur costs; ***oh, tu as fait des frais!*** hey, you've been spending a lot of money!, *Br aussi* you've been lashing out!; ***à mes frais*** at my (own) expense; ***frais bancaires*** bank charges; ***frais de***

déplacement travel expenses; ***frais d'expédition*** shipping costs; ***frais généraux*** overhead *sg*, *Br* overheads; ***frais de port*** postage
fraise [frɛz] *f* strawberry
fraisier *m* strawberry plant; *gâteau* strawberry cake
framboise [frɑ̃bwaz] *f* raspberry
franc[1], **franche** [frɑ̃, frɑ̃ʃ] (*sincère*) frank; *regard* open; COMM free
franc[2] [frɑ̃] *m* franc
français, **française** [frɑ̃sɛ, -z] **1** *adj* French **2** *m langue* French **3** *m* **Français** Frenchman; ***les français*** the French *pl* **4** *f* **Française** Frenchwoman
France *f*: ***la France*** France
franchement [frɑ̃ʃmɑ̃] *adv* frankly; (*nettement*) really
franchir [frɑ̃ʃir] ⟨2a⟩ cross; *obstacle* negotiate, get over
franchise [frɑ̃ʃiz] *f caractère* frankness; (*exemption*) exemption; COMM franchise; *d'une assurance* deductible, *Br* excess
franchiser franchise
franco [frɑ̃ko] *adv*: ***franco*** (***de port***) carriage free; ***y aller franco*** *fig* F go right ahead
francophile [frɑ̃kɔfil] *m/f & adj* Francophile
francophobe [frɑ̃kɔfɔb] *m/f & adj* Francophobe
francophone [frɑ̃kɔfɔn] **1** *adj* French-speaking **2** *m/f* French speaker
francophonie *f*: ***la francophonie*** the French-speaking world
franc-parler [frɑ̃parle] *m* outspokenness
frange [frɑ̃ʒ] *f* bangs *pl*, *Br* fringe
frangin [frɑ̃ʒɛ̃] *m* F brother, broth F
frangine *f* F sister, sis F
frangipane [frɑ̃ʒipan] *f* frangipane
franglais [frɑ̃glɛ] *m* Frenglish, mixture of English and French
franquette [frɑ̃kɛt] F: ***à la bonne franquette*** simply
frappant, **frappante** [frapɑ̃, -t] striking
frappe *f* INFORM keying, keyboarding; *sur machine à écrire* typing; ***faute*** *f* ***de frappe*** typo, typing error
frapper ⟨1a⟩ **1** *v/t* hit, strike; (*impressionner*) strike, impress; ***être frappé d'une maladie*** be struck by a disease; ***être frappé de surprise*** be surprised; ***frapper qn d'un impôt/d'une amende*** tax / fine s.o. **2** *v/i* (*agir*) strike; *à la porte* knock (***à*** at); ***frapper dans ses mains*** clap (one's hands)
fraternel, **fraternelle** [fratɛrnɛl] brotherly, fraternal
fraterniser ⟨1a⟩ fraternize
fraternité *f* brotherhood
fraude [frod] *f* fraud; ÉDU cheating; ***fraude fiscale*** tax evasion; ***passer en fraude*** smuggle
frauder ⟨1a⟩ **1** *v/t fisc*, *douane* defraud **2** *v/i* cheat
frauduleusement *adv* fraudulently
frauduleux, **-euse** fraudulent
frayer [frɛje] ⟨1i⟩: ***se frayer*** *chemin* clear
frayeur [frɛjœr] *f* fright
fredonner [frədɔne] ⟨1a⟩ hum
free-lance [frilɑ̃s] *m/f & adj* (*adj inv*) freelance
frein [frɛ̃] *m* brake; ***mettre un frein à*** *fig* curb, check; ***sans frein*** *fig* unbridled; ***frein à main*** parking brake, *Br* handbrake
freiner ⟨1b⟩ **1** *v/i* brake **2** *v/t fig* curb, check
frêle [frɛl] frail
frelon [frəlõ] *m* hornet
frémir [fremir] ⟨2a⟩ shake; *de feuilles* quiver; *de l'eau* simmer
frémissement *m* shiver; *de feuilles* quivering
frêne [frɛn] *m* BOT ash (tree)
frénésie [frenezi] *f* frenzy; ***avec frénésie*** frantically, frenetically
frénétique *applaudissements* frenzied
fréquemment [frekamɑ̃] *adv* frequently
fréquence *f* frequency (*aussi* PHYS); ***quelle est la fréquence des bus?*** how often do the buses go?
fréquent, **fréquente** frequent; *situation* common
fréquentation [frekɑ̃tasjõ] *f d'un théâtre, musée* attendance; ***tes fréquentations*** (*amis*) the company you keep
fréquenter ⟨1a⟩ *endroit* go to regularly, frequent; *personne* see; *bande*, *groupe* go around with
frère [frɛr] *m* brother
fresque [frɛsk] *f* fresco
fret [frɛ] *m* freight
frétiller [fretije] ⟨1a⟩ wriggle
freudien, **freudienne** [frødjɛ̃, -ɛn] Freudian
friable [frijabl] crumbly, friable
friand, **friande** [frijɑ̃, -d]: ***être friand de qch*** be fond of sth
friandises *fpl* sweet things
fric [frik] *m* F money, cash, dosh F
friche [friʃ] *f* AGR: ***en friche*** (lying) fallow
friction [friksjõ] *f* TECH, *fig* friction; *de la tête* scalp massage
frictionner ⟨1a⟩ massage
frigidaire [friʒidɛr] *m* refrigerator
frigide [friʒid] frigid
frigidité *f* frigidity

frigo [frigo] *m* F icebox, fridge
frigorifier ⟨1a⟩ refrigerate
frigorifique *camion, wagon* refrigerated
frileux, -euse [frilø, -z]: ***être frileux*** feel the cold
frimer [frime] ⟨1a⟩ show off
frimeur, -euse show-off
fringale [frɛ̃gal] *f* F: ***avoir la fringale*** be starving
fringues [frɛ̃g] *fpl* F clothes, gear F *sg*
friper [fripe] ⟨1a⟩ crease
fripouille [fripuj] *f* F rogue
frire [frir] ⟨4m⟩ **1** *v/i* fry **2** *v/t*: ***faire frire*** fry
frisé, frisée [frize] curly
friser ⟨1a⟩ *cheveux* curl; *fig*: *le ridicule* verge on; ***friser la soixantaine*** be pushing sixty, be verging on sixty
frisson [frisõ] *m* shiver
frissonner ⟨1a⟩ shiver
frit, frite [fri, -t] **1** *p/p* → ***frire*** **2** *adj* fried; (***pommes***) ***frites*** *fpl* (French) fries, *Br aussi* chips
friteuse *f* deep fryer
friture *f poissons Br* whitebait, small fried fish; *huile* oil; *à la radio*, TÉL interference
frivole [frivɔl] frivolous
frivolité *f* frivolity
froid, froide [frwa, -d] **1** *adj* cold (*aussi fig*); ***j'ai froid*** I'm cold; ***il fait froid*** it's cold; ***prendre froid*** catch (a) cold **2** *m* cold; ***démarrage*** *m* ***à froid*** cold start; ***à froid*** *fig* just like that; (*par surprise*) off guard; ***humour*** *m* ***à froid*** dry humor
froidement *adv fig* coldly; (*calmement*) coolly; *tuer* in cold blood
froideur *f* coldness
froissement [frwasmɑ̃] *m bruit* rustle
froisser ⟨1a⟩ crumple; *fig* offend; ***se froisser*** crumple; *fig* take offense *ou Br* offence
frôler [frole] ⟨1a⟩ brush against; *fig*: *catastrophe, mort* come close to
fromage [frɔmaʒ] *m* cheese; ***fromage blanc*** fromage frais; ***fromage de chèvre*** goat's cheese; ***fromage râpé*** grated cheese; ***fromage à tartiner*** cheese spread
froment [frɔmɑ̃] *m* wheat
froncement [frõsəmɑ̃] *m*: ***froncement de sourcils*** frown
froncer ⟨1k⟩ gather; ***froncer les sourcils*** frown
fronde [frõd] *f* slingshot, *Br* catapult
front [frõ] *m* ANAT forehead; MIL, *météorologie* front; ***de front*** from the front; *fig* head-on; ***front de mer*** sea front; ***marcher de front*** walk side by side; ***faire front à*** face up to
frontalier, -ère frontier *atr*, border *atr*
frontière *f* frontier, border
frottement [frɔtmɑ̃] *m* rubbing
frotter ⟨1a⟩ **1** *v/i* rub **2** *v/t* rub (***de*** with); *meuble* polish; *sol* scrub; *allumette* strike
frottis *m* MÉD: ***frottis*** (***vaginal***) Pap test, *Br* smear
frousse [frus] *f* F fear; ***avoir la frousse*** be scared
fructifier [fryktifje] ⟨1a⟩ BOT bear fruit; *d'un placement* yield a profit
fructueux, -euse fruitful
frugal, frugale [frygal] (*mpl* -aux) frugal
fruit [frɥi] *m* fruit; ***un fruit*** some fruit; ***fruits*** fruit *sg*; ***fruits de mer*** seafood *sg*
fruité, fruitée [frɥite] fruity
fruitier, -ère: ***arbre*** *m* ***fruitier*** fruit tree
frustrant [frystrɑ̃] frustrating
frustration *f* frustration
frustrer ⟨1a⟩ frustrate
fuel [fjul] *m* fuel oil
fugace [fygas] fleeting
fugitif, -ive [fyʒitif, -iv] **1** *adj* runaway; *fig* fleeting **2** *m/f* fugitive, runaway
fugue [fyg] *f d'un enfant* escapade; MUS fugue; ***faire une fugue*** run away
fuguer ⟨1a) run away
fuir [fɥir] ⟨2d⟩ **1** *v/i* flee; *du temps* fly; *d'un tonneau, tuyau* leak; *d'un robinet* drip; *d'un liquide* leak out **2** *v/t* shun; *question* avoid
fuite *f* flight (***devant*** from); *d'un tonneau, d'un tuyau, d'informations* leak; ***mettre en fuite*** put to flight; ***prendre la fuite*** take flight
fulgurant, fulgurante [fylgyrɑ̃, -t] dazzling; *vitesse* lightning
fumé, fumée [fyme] smoked; *verre* tinted
fume-cigarette [fymsigarɛt] *m* (*pl inv*) cigarette holder
fumée [fyme] *f* smoke
fumer ⟨1a⟩ smoke; ***défense de fumer*** no smoking
fumeur, -euse *m/f* smoker
fumeux, -euse *fig* hazy
fumier [fymje] *m* manure
funèbre [fynɛbr] funeral *atr*; (*lugubre*) gloomy
funérailles [fyneraj] *fpl* funeral *sg*
funeste [fynɛst] *erreur, suite* fatal
funiculaire [fynikylɛr] *m* incline railway, *Br* funicular (railway)
fur [fyr]: ***au fur et à mesure*** as I/you *etc* go along; ***au fur et à mesure que*** as
furet [fyrɛ] *m* ferret
fureter ⟨1e⟩ ferret around
fureur [fyrœr] *f* fury; ***entrer dans une fureur noire*** fly into a towering rage; ***faire fureur*** be all the rage
furibond, furibonde [fyribõ, -d] furious,

livid
furie [fyri] (*colère*) fury; *femme* shrew
furieux, -euse furious (***contre qn*** with s.o.; ***de qch*** with *ou* at sth)
furoncle [fyrõkl] *m* boil
furtif, -ive [fyrtif, -iv] furtive, stealthy
furtivement *adv* furtively, stealthily
fusain [fyzɛ̃] *m* charcoal
fuseau [fyzo] *m* (*pl* -x): ***fuseau horaire*** time zone
fusée [fyze] *f* rocket; ***fusée de détresse*** distress rocket
fuselage [fyzlaʒ] *m* fuselage
fuser [fyze] ⟨1a⟩ *fig* come thick and fast
fusible *m* [fysibl] ÉL fuse
fusil [fyzi] *m* rifle; ***fusil de chasse*** shotgun
fusillade *f* firing, gun fire
fusiller ⟨1a⟩ execute by firing squad
fusil-mitrailleur *m* (light) machine gun
fusion [fyzjõ] *f* COMM merger; PHYS fusion
fusionner ⟨1a⟩ COMM merge
futé, futée [fyte] cunning, clever
futile [fytil] *chose* futile, trivial; *personne* frivolous
futilité *f* futility
futur, future [fytyr] *m & adj* future
futuriste futuristic
fuyant, fuyante [fɥijɑ̃, -t] *menton* receding; *regard* evasive

G

G

gabarit *m* size; TECH template
gâcher [gɑʃe] ⟨1a⟩ *fig* spoil; *travail* bungle; *temps, argent* waste
gâchette [gɑʃɛt] *f* MIL trigger
gâchis [gɑʃi] *m* (*désordre*) mess; (*gaspillage*) waste
gadget [gadʒɛt] *m* gadget
gaffe [gaf] *f* F blooper F, blunder; ***faire gaffe à*** F be careful of, take care of
gaffer ⟨1a⟩ F make a gaffe *ou* blooper F
gag *m* joke
gage [gaʒ] *fig* forfeit; (*preuve*) token; ***tueur*** *m* ***à gages*** hired killer, hitman; ***mettre en gage*** pawn
gagnant, gagnante [gaɲɑ̃, -t] **1** *adj* winning **2** *m/f* winner
gagne-pain [gaɲpɛ̃] *m* (*pl inv*) livelihood
gagner [gaɲe] ⟨1a⟩ win; *salaire, réputation, amitié* earn; *place, temps* gain, save; *endroit* reach; *de peur, sommeil* overcome; ***gagner sa vie*** earn one's living
gai, gaie [ge, gɛ] cheerful; *un peu ivre* tipsy
gaiement *adv* cheerfully
gaieté *f* cheerfulness; ***de gaieté de cœur*** willingly
gain [gɛ̃] *m* gain; (*avantage*) benefit; ***gains*** profits; *d'un employé* earnings; ***gain de temps*** time-saving
gaine [gɛn] *f* sheath
gala [gala] *m* gala
galant, galante [galɑ̃, -t] galant; ***homme galant*** gentleman; ***rendez-vous galant*** (romantic) rendez-vous
galanterie *f* galantry
galaxie [galaksi] *f* galaxy
galbé, galbée [galbe] *jambes* shapely
galère [galɛr] *f*: ***il est dans la galère*** *fig* F he's in a mess
galérer F sweat
galerie [galri] *f* gallery; AUTO roofrack; ***galerie d'art*** art gallery; ***galerie marchande*** mall, *Br aussi* (shopping) arcade
galet [galɛ] *m* pebble
galette [galɛt] *f type of flat cake*; ***galette des rois*** *cake traditionally eaten to celebrate Twelfth Night (6 January)*
galipette [galipɛt] *f* F somersault
Galles [gal] *fpl*: ***le pays*** *m* ***de Galles*** Wales
gallois, galloise 1 *adj* Welsh **2** *m langue* Welsh **3 Gallois, Galloise** *m/f* Welshman; Welsh woman
galon [galõ] *m* braid; MIL stripe
galop [galo] *m* gallop
galopant *inflation* galloping
galoper ⟨1a⟩ gallop
galopin [galɔpɛ̃] *m* urchin
galvaniser [galvanize] ⟨1a⟩ galvanize
gambader ⟨1a⟩ gambol, leap
gamelle [gamɛl] *f* MIL mess tin
gamin, gamine [gamɛ̃, -in] **1** *m/f* kid **2** *adj* childlike
gamme [gam] *f* MUS scale; *fig* range; ***haut de gamme*** top-of-the-line, *Br* top-of--the-range; ***bas de gamme*** downscale, *Br* downmarket
ganglion [gɑ̃glijõ] *m*: ***avoir des gan-***

glions have swollen glands
gang [gɑ̃g] *m* gang
gangrène [gɑ̃grɛn] *f* gangrene
gangster [gɑ̃gstɛr] *m* gangster
gant [gɑ̃] *m* glove; ***gant de boxe*** boxing glove; ***gant de toilette*** washcloth, *Br* facecloth
garage [garaʒ] *m* garage
garagiste *m* auto mechanic, *Br* car mechanic; *propriétaire* garage owner
garant, **garante** [garɑ̃, -t] *m/f* guarantor; ***se porter garant de*** answer for; JUR stand guarantor for

G

garantie *f* guarantee; ***sous garantie*** COMM under guarantee *ou* warranty
garantir ⟨2a⟩ guarantee
garce [gars] *f* F bitch
garçon [garsõ] *m* boy; (*serveur*) waiter; ***garçon d'honneur*** best man; ***garçon manqué*** tomboy; ***petit garçon*** little boy
garçonnière *f* bachelor apartment *ou Br* flat
garde[1] [gard] *f* care (***de*** of); MIL *soldats* guard; ***chien*** *m* ***de garde*** guard dog; ***droit*** *m* ***de garde*** JUR custody; ***prendre garde*** be careful; ***être sur ses gardes*** be on one's guard; ***de garde*** *médecin, pharmacien* duty *atr*; ***être de garde*** be on duty; ***monter la garde*** mount guard; ***mettre qn en garde*** warn s.o., put s.o. on their guard; ***la relève de la garde*** MIL the changing of the guard; ***garde à vue*** police custody
garde[2] [gard] *m* guard; ***garde du corps*** bodyguard; ***garde forestier*** (forest) ranger; ***garde des Sceaux*** Minister of Justice
garde-à-vous *m* MIL attention
garde-boue [gardəbu] *m* (*pl inv*) AUTO fender, *Br* mudguard
garde-chasse [gardəʃas] *m* (*pl* gardes-chasse⟨s⟩) gamekeeper
garde-côte [gardəkot] *m* (*pl* garde-côte⟨s⟩) coastguard boat
garde-fou [gardəfu] *m* (*pl* garde-fous) railing
garde-malade [gardəmalad] *m/f* (*pl* gardes-malade⟨s⟩) nurse
garde-manger [gardmɑ̃ʒe] *m* (*pl inv*) larder
garde-meuble [gardəmœbl] *m* (*pl* garde-meuble⟨s⟩) furniture repository
garder [garde] ⟨1a⟩ *objet* keep; *vêtement* keep on; (*surveiller*) guard; *malade, enfant, animal* look after, take care of; ***garder pour soi*** *renseignements* keep to o.s.; ***garder le silence*** remain silent; ***garder la chambre*** stay in *ou* keep to one's room; ***se garder de faire qch*** be careful not to do sth
garderie *f* daycare center, *Br* daycare centre
garde-robe [gardərɔb] *f* (*pl* garde-robes) *armoire* closet, *Br* wardrobe; *vêtements* wardrobe
gardien, **gardienne** [gardjɛ̃, -ɛn] *m/f de prison* guard, *Br* warder; *d'un musée* attendant; *d'un immeuble, d'une école* janitor, *Br aussi* caretaker; *fig* guardian; ***gardien (de but)*** goalkeeper, goalie F; ***gardien de la paix*** police officer
gare[1] [gar] *f* station; ***gare routière*** bus station
gare[2] [gar]: ***gare à …!*** watch out for …!; ***gare à toi!*** watch out!; *ça va mal se passer* you'll be for it!
garer [gare] ⟨1a⟩ park; ***se garer*** park; *pour laisser passer* move aside
gargariser [gargarize] ⟨1a⟩: ***se gargariser*** gargle
gargouille [garguj] *f* ARCH gargoyle
gargouiller ⟨1a⟩ gurgle; *de l'estomac* rumble
garnement [garnəmɑ̃] *m* rascal
garnir [garnir] ⟨2a⟩ (*fournir*) fit (***de*** with); (*orner*) trim (***de*** with); ***garni de légumes*** CUIS served with vegetables
garnison [garnizõ] *f* MIL garrison
garniture [garnityr] *f* CUIS *légumes* vegetables *pl*
gars [gɑ] *m* F guy F
Gascogne [gaskɔɲ] *f* Gascony; ***golfe*** *m* ***de Gascogne*** Bay of Biscay
gasoil [gazwal, gazɔjl] *m* gas oil, *Br* diesel
gaspillage [gaspijaʒ] *m* waste
gaspiller ⟨1a⟩ waste, squander
gaspilleur, **-euse** **1** *adj* wasteful **2** *m/f* waster
gastrique [gastrik] gastric
gastroentérite [gastrɔɑ̃terit] *f* gastroenteritis
gastronome [gastrɔnɔm] *m/f* gourmet
gastronomie *f* gastronomy
gastronomique gourmet *atr*
gâté, **gâtée** [gɑte] spoilt
gâteau [gɑto] *m* (*pl* -x) cake; ***gâteau sec*** cookie, *Br* biscuit; ***gâteau d'anniversaire*** birthday cake
gâter [gɑte] ⟨1a⟩ spoil; ***se gâter*** *d'un aliment* spoil; *du temps* deteriorate
gâteux, **-euse** [gɑtø, -z] senile, gaga F
gauche [goʃ] **1** *adj* left, left-hand; *manières* gauche, awkward **2** *f* left; ***à gauche*** on the left (***de*** of); ***tourner à gauche*** turn left *ou* to the left; ***la gauche*** POL the left (wing); ***de gauche*** POL on the left, leftwing

gaucher, -ère 1 *adj* left-handed **2** *m/f* left-hander, lefty F
gauchiste *m/f* POL leftist
gaufre [gofr] *f* waffle
gaufrette *f* wafer
Gaule [gol]: ***la Gaule*** Gaul
gaulliste [golist] Gaullist
gaulois, gauloise [golwa, -z] **1** *adj* Gallic; *fig* spicy **2** *m langue* Gaulish **3** *m/f* **Gaulois, Gauloise** Gaul
gaver [gave] ⟨1a⟩ *oie* force-feed; ***gaver qn de qch*** *fig* stuff s.o. full of sth; ***se gaver de qch*** stuff o.s. with sth
gaz [gɑz] *m* gas; ***gaz naturel*** natural gas; ***mettre les gaz*** step on the gas, *Br* put one's foot down; ***gaz*** *pl* ***d'échappement*** AUTO exhaust *sg*, exhaust fumes; ***gaz à effet de serre*** greenhouse gas; ***gaz lacrymogène*** tear gas
gaze [gɑz] *f* gauze
gazelle [gɑzɛl] *f* gazelle
gazeux, -euse [gɑzø, -z] *boisson*, *eau* carbonated, *Br* fizzy
gazinière [gɑzinjɛr] *f* gas cooker
gazoduc [gazɔdyk] *m* gas pipeline
gazole [gazɔl] *m* gas oil, *Br* diesel
gazon [gɑzõ] *m* grass
gazouiller [gazuje] ⟨1a⟩ *oiseaux* twitter
geai [ʒɛ] *m* jay
géant, géante [ʒeɑ̃, -t] **1** *adj* gigantic, giant *atr* **2** *m/f* giant
geindre [ʒɛ̃dr] ⟨4b⟩ groan
gel [ʒɛl] *m* frost; *fig*: *des salaires, prix* freeze; *cosmétique* gel
gélatine [ʒelatin] *f* gelatine
gelée [ʒəle] *f* frost; CUIS aspic; *confiture* jelly, *Br* jam
geler ⟨1d⟩ **1** *v/t* freeze **2** *v/i d'une personne* freeze; ***il gèle*** there's a frost
gélule [ʒelyl] *f* PHARM capsule
Gémeaux [ʒemo] *mpl* ASTROL Gemini
gémir [ʒemir] ⟨2a⟩ groan
gémissement *m* groan
gênant, gênante [ʒɛnɑ̃, -t] (*embarrassant*) embarrassing
gencive [ʒɑ̃siv] *f* gum
gendarme [ʒɑ̃darm] *m* policeman, gendarme
gendarmerie *f* police force; *lieu* police station
gendre [ʒɑ̃dr] *m* son-in-law
gène [ʒɛn] *m* BIOL gene
gêne [ʒɛn] *f* (*embarras*) embarrassment; (*dérangement*) inconvenience; *physique* difficulty; ***sans gêne*** shameless
gêné, gênée embarrassed
gêner ⟨1b⟩ bother; (*embarrasser*) embarrass; (*encombrer*) be in the way; ***gêner le passage*** be in the way
généalogique [ʒenealɔʒik] genealogical; ***arbre généalogique*** family tree
général, générale [ʒeneral] (*mpl* -aux) **1** *adj* general; ***en général*** generally, in general; (*habituellement*) generally, usually **2** *m* MIL general **3** *f* THÉÂT dress rehearsal
généralement *adv* generally
généralisation *f* generalization; *d'un cancer* spread
généraliser ⟨1a⟩ generalize; ***se généraliser*** spread
généraliste *m* MÉD generalist
généralités *fpl* generalities
générateur [ʒeneratœr] *m* generator
génération [ʒenerasjõ] *f* generation
générer ⟨1a⟩ generate
généreux, -euse [ʒenerø, -z] generous
générique [ʒenerik] **1** *adj* generic **2** *m de cinéma* credits *pl*
générosité [ʒenerozite] *f* generosity
genêt [ʒ(ə)nɛ] *m* BOT broom, gorse
généticien, généticienne [ʒenetisjɛ̃, -ɛn] *m/f* geneticist
génétique 1 *adj* genetic **2** *f* genetics
génétiquement *adv* genetically; ***génétiquement modifié*** genetically modified, GM
Genève [ʒ(ə)nɛv] Geneva
génial, géniale [ʒenjal] (*mpl* -iaux) of genius; (*formidable*) great, terrific
génie *m* genius; TECH engineering; ***de génie*** of genius; *idée* which shows genius; ***avoir du génie*** be a genius; ***génie civil*** civil engineering; ***génie génétique*** genetic engineering
génisse [ʒenis] *f* heifer
génital, génitale [ʒenital] (*mpl* -aux) genital
génocide [ʒenɔsid] *m* genocide
génoise [ʒenwaz] *f* sponge cake
genou [ʒ(ə)nu] *m* (*pl* -x) knee; ***à genoux*** on one's knees; ***se mettre à genoux*** kneel (down), go down on one's knees
genouillère *f* kneepad
genre [ʒɑ̃r] *m* kind, sort; GRAM gender; ***bon chic, bon genre*** preppie *atr*
gens [ʒɑ̃] *mpl* people *pl*
gentil, gentille [ʒɑ̃ti, -j] nice; (*aimable*) kind, nice; *enfant* good; REL Gentile
gentillesse *f* (*amabilité*) kindness
gentiment *adv* (*aimablement*) kindly, nicely; (*sagement*) nicely, well
géographie [ʒeɔgrafi] *f* geography
géographique geographic
géologie [ʒeɔlɔʒi] *f* geology
géologique geological
géologue *m/f* geologist
géomètre [ʒeɔmetr] *m/f* geometrician
géométrie *f* geometry

géométrique geometric
géophysique [ʒeɔfizik] *f* geophysics *sg*
géopolitique [ʒeɔpɔlitik] *f* geopolitics
gérable [ʒerabl] manageable
gérance *f* management
géranium [ʒeranjɔm] *m* BOT geranium
gérant, **gérante** [ʒerɑ̃, -t] *m/f* manager
gerbe [ʒɛrb] *f de blé* sheaf; *de fleurs* spray
gercé, **gercée** [ʒɛrse] *lèvres* chapped
gérer [ʒere] ⟨1f⟩ manage
gériatrie [ʒerjatri] *f* geriatrics
gériatrique geriatric
germain, **germaine** [ʒɛrmɛ̃, -ɛn]: ***cousin*** *m* ***germain, cousine*** *f* ***germaine*** (first) cousin
germanique [ʒɛrmanik] Germanic
germe [ʒɛrm] *m* germ (*aussi fig*)
germer ⟨1a⟩ germinate
gestation [ʒɛstasjõ] *f* gestation
geste [ʒɛst] *m* gesture
gesticuler ⟨1a⟩ gesticulate
gestion [ʒɛstjõ] *f* management
gestionnaire *m/f* manager; ***gestionnaire de fichiers*** file manager
ghetto [gɛto] *m* ghetto
gibet [ʒibɛ] *m* gallows *pl*
gibier [ʒibje] *m* game
giboulée [ʒibule] *f* wintry shower
gicler [ʒikle] ⟨1a⟩ spurt
gifle [ʒifl] *f* slap (in the face)
gifler ⟨1a⟩ slap (in the face)
gigantesque [ʒigɑ̃tɛsk] gigantic
gigaoctet [ʒigaɔktɛ] *m* gigabyte
gigot [ʒigo] *m* CUIS *d'agneau* leg
gigoter [ʒigɔte] ⟨1a⟩ F fidget
gilet [ʒilɛ] *m* vest, *Br* waistcoat; (*chandail*) cardigan; ***gilet pare-balles*** bulletproof vest; ***gilet de sauvetage*** lifejacket
gin [dʒin] *m* gin; ***gin tonic*** gin and tonic, G and T
gingembre [ʒɛ̃ʒɑ̃br] *m* BOT ginger
girafe [ʒiraf] *f* giraffe
giratoire [ʒiratwar]: ***sens*** *m* ***giratoire*** traffic circle, *Br* roundabout
girofle [ʒirɔfl] *m* CUIS: ***clou*** *m* ***de girofle*** clove
girouette [ʒirwɛt] *f* weather vane
gisement [ʒizmɑ̃] *m* GÉOL deposit; ***gisement pétrolifère*** *ou* ***de pétrole*** oilfield
gitan, **gitane** [ʒitɑ̃, -an] **1** *adj* gypsy *atr* **2** *m/f* gypsy
gîte [ʒit] *m* (rental) cottage, *Br* holiday cottage *ou* home
givre [ʒivr] *m* frost
givré, **givrée** covered with frost; *avec du sucre* frosted; F (*fou*) crazy; ***orange*** *f* ***givrée*** orange sorbet
glaçage [glasaʒ] *m d'un gâteau* frosting, *Br* icing; *d'une tarte* glazing
glace *f* ice (*aussi fig*); (*miroir*) mirror; AUTO window; (*crème glacée*) ice cream; *d'un gâteau* frosting, *Br* icing; *d'une tarte* glaze
glacé, **glacée** (*gelé*) frozen; *vent*, *accueil* icy; *boisson* iced; *papier* glossy
glacer ⟨1k⟩ freeze; (*intimider*) petrify; *gâteau* frost, *Br* ice; *tarte* glaze; ***se glacer*** freeze; *du sang* run cold
glacial, **glaciale** (*mpl* -iaux *ou* -ials) icy (*aussi fig*)
glacier *m* glacier; *vendeur* ice cream seller
glacière *f* cool bag; *fig* icebox
glaçon *m* icicle; *artificiel* icecube
glaise [glɛz] *f* (*aussi* ***terre*** *f* ***glaise***) clay
gland [glɑ̃] *m* acorn
glande [glɑ̃d] *f* gland
glander [glɑ̃de]⟨1a⟩ F hang around F
glandeur, **-euse** *m/f* F layabout F
glaner [glane] ⟨1a⟩ *fig* glean
glapir [glapir] ⟨2a⟩ shriek
glas [glɑ] *m* death knell
glauque [glok] *eau* murky; *couleur* blue-green
glissade [glisad] *f* slide; *accidentelle* slip; ***faire des glissades*** slide
glissant, **glissante** slippery, slippy
glissement *m* ***glissement de terrain*** landslide
glisser ⟨1a⟩ **1** *v/t* slip (***dans*** into) **2** *v/i* slide; *sur l'eau* glide (***sur*** over); (*déraper*) slip; *être glissant* be slippery *ou* slippy; ***se glisser dans*** slip into
glissière *f* TECH runner; ***à glissière*** *porte* sliding; ***fermeture*** *f* ***à glissière*** zipper, *Br* zip; ***glissière de sécurité*** crash barrier
global, **globale** [glɔbal] (*mpl* -aux) global; *prix*, *somme* total, overall
globalement *adv* globally
globalisation *f* globalization
globe *m* globe; ***globe oculaire*** eyeball; ***globe terrestre*** globe
globule [glɔbyl] *m* globule; MÉD blood cell, corpuscle
globuleux, **-euse** *yeux* bulging
gloire [glwar] *f* glory
glorieux, **-euse** glorious
glorifier ⟨1a⟩ glorify
glossaire [glɔsɛr] *m* glossary
gloussement [glusmɑ̃] *m* clucking; *rire* giggle
glousser ⟨1a⟩ cluck; *rire* giggle
glouton, **gloutonne** [glutõ, -ɔn] **1** *adj* greedy, gluttonous **2** *m/f* glutton
gloutonnerie *f* gluttony
gluant, **gluante** [glyɑ̃, -t] sticky
glucide [glysid] *m* CHIM carbohydrate

glucose [glykoz] *m* glucose
gluten [glytɛn] *m* CHIM gluten
glycine [glicin] *f* wisteria
gnangnan [ɲɑ̃ɲɑ̃] (*fem inv*) F *film, livre* sloppy F, sentimental
G.O. *abr* (= ***grandes ondes***) LW (= long wave)
goal [gol] *m* goalkeeper
gobelet [gɔblɛ] *m* tumbler; *en carton, plastique* cup
gober [gɔbe] ⟨1a⟩ gobble; F *mensonge* swallow
godasse [gɔdas] *f* F shoe
godet [gɔdɛ] *m récipient* pot; *de vêtements* flare
goéland [gɔelɑ̃] *m* (sea)gull
goélette [gɔelɛt] *f* MAR schooner
gogo [gogo] F: ***à gogo*** galore
goguenard, goguenarde [gɔgnar, -d] mocking
goinfre [gwɛ̃fr] **1** *m* glutton **2** *adj* gluttonous
goinfrer ⟨1a⟩: ***se goinfrer*** *péj* stuff o.s.
golf [gɔlf] *m* SP golf; *terrain* golf course
golfe [gɔlf] *m* GÉOGR gulf
golfeur, -euse [gɔlfœr, -øz] *m/f* golfer
gomme [gɔm] *f* gum; *pour effacer* eraser
gommer ⟨1a⟩ (*effacer*) erase (*aussi fig*)
gond [gõ] *m* hinge; ***sortir de ses gonds*** fly off the handle
gondole [gõdɔl] *f* gondola
gondoler ⟨1a⟩: ***se gondoler*** *du papier* curl; *du bois* warp
gonflable [gõflabl] inflatable
gonflement *m* swelling
gonfler ⟨1a⟩ **1** *v/i* swell **2** *v/t* blow up, inflate; (*exagérer*) exaggerate
gong [gõg] *m* gong
gonzesse [gõzɛs] *f* F *péj* chick F
gorge [gɔrʒ] *f* throat; (*poitrine*) bosom; GÉOGR gorge; ***avoir mal à la gorge*** have a sore throat
gorgée *f* mouthful
gorger ⟨1a⟩: ***se gorger*** gorge o.s. (***de*** with)
gorille [gɔrij] *m* gorilla; *fig* F bodyguard, minder F
gosier [gozje] *m* throat
gosse [gɔs] *m/f* F kid F
gothique [gɔtik] **1** *adj* Gothic **2** *m/f* Goth
gouache [gwaʃ] *f* gouache
goudron [gudrõ] *m* tar
goudronner ⟨1a⟩ asphalt, *Br* tar
gouffre [gufr] *m* abyss; *fig* depths *pl*
goujat [guʒa] *m* boor
goulot [gulo] *m* neck; ***boire au goulot*** drink from the bottle
goulu, goulue [guly] greedy
gourd, gourde [gur, -d] numb (with the cold)
gourde [gurd] *f récipient* water bottle; *fig* F moron F
gourdin [gurdɛ̃] *m* club
gourer [gure] ⟨1a⟩ F: ***se gourer*** goof F, *Br* boob
gourmand, gourmande [gurmɑ̃, -d] **1** *adj* greedy **2** *m/f* person who likes to eat, gourmand
gourmandise *f* greediness; ***gourmandises*** *mets* delicacies
gourmet *m* gourmet
gourmette [gurmɛt] *f* chain
gourou [guru] *m* guru
gousse [gus] *f* pod; ***gousse d'ail*** clove of garlic
goût [gu] *m* taste; ***de bon goût*** tasteful, in good taste; ***de mauvais goût*** tasteless, in bad taste; ***avoir du goût*** have taste; ***prendre goût à qch*** develop a taste *ou* liking for sth
goûter 1 *v/t* ⟨1a⟩ taste; *fig* enjoy, appreciate **2** *v/i prendre un goûter* have an afternoon snack **3** *m* afternoon snack
goutte [gut] *f* drop; ***tomber goutte à goutte*** drip; ***goutte de pluie*** raindrop
goutte-à-goutte *m* MÉD drip
gouttelette *f* little drop
goutter ⟨1a⟩ drip
gouttière *f* gutter
gouvernail [guvɛrnaj] *m* (*pl* -s) tiller, helm
gouverne [guvɛrn] *f* MAR steering; ***pour ta / sa gouverne*** for your / his guidance
gouvernement [guvɛrnəmɑ̃] *m* government
gouvernemental, gouvernementale (*mpl* -aux) government *atr*, governmental
gouverner ⟨1a⟩ *pays* govern; *passions* master, control; MAR steer
gouverneur *m* governor
grabuge [grabyʒ] *m* F stink F
grâce [grɑs] *f* grace; (*bienveillance*) favor, *Br* favour; JUR pardon; ***de bonne grâce*** with good grace, willingly; ***de mauvaise grâce*** grudgingly, unwillingly; ***faire grâce à qn de qch*** spare s.o. sth; ***rendre grâce à Dieu*** give thanks to God; ***grâce à*** thanks to; ***être dans les bonnes grâces de qn*** be in s.o.'s good books; ***un délai de grâce de deux jours*** two days' grace
gracier [grasje] ⟨1a⟩ reprieve
gracieusement *adv* gracefully
gracieux, -euse graceful; ***à titre gracieux*** free
grade [grad] *m* rank
gradé *m* MIL noncommissioned officer

gradins *mpl* SP bleachers, *Br* terraces
graduel, **graduelle** [gradɥɛl] gradual
graduellement *adv* gradually
graduer ⟨1n⟩ (*augmenter*) gradually increase; *instrument* graduate
graffitis [grafiti] *mpl* graffiti *sg ou pl*
grain [grɛ̃] *m* grain; MAR squall; ***poulet m de grain*** cornfed chicken; ***grain de beauté*** mole, beauty spot; ***grain de café*** coffee bean; ***grain de poivre*** peppercorn; ***grain de raisin*** grape
graine [grɛn] *f* seed
graissage [grɛsaʒ] *m* lubrication, greasing
graisse *f* fat; TECH grease
graisser ⟨1b⟩ grease, lubricate; (*salir*) get grease on
graisseux, **-euse** greasy
grammaire [gramɛr] *f* grammar
grammatical, **grammaticale** (*mpl* -aux) grammatical
gramme [gram] *m* gram
grand, **grande** [grɑ̃, -d] **1** *adj* big, large; (*haut*) tall; (*adulte*) grown-up; (*long*) long; (*important, glorieux*) great; *frère, sœur* big; ***quand je serai grand*** when I grow up; ***les grandes personnes*** *fpl* grown-ups, adults; ***au grand air*** in the open air; ***grand malade*** *m* seriously ill patient; ***il est grand temps*** it's high time; ***grande surface*** *f* supermarket, *Br* superstore; ***il n'y avait pas grand monde*** there weren't many people; ***les grandes vacances*** *fpl* the summer vacation *sg*, *Br* the summer holidays; ***grand ensemble*** new development, *Br* (housing) estate **2** *adv ouvrir* wide; ***voir grand*** think big; ***grand ouvert*** wide open **3** *m* giant, great man; ***les grands de ce monde*** those in high places
grand-chose [grɑ̃ʃoz]: ***pas grand-chose*** not much
Grande-Bretagne [grɑ̃dbrətaɲ]: ***la Grande-Bretagne*** Great Britain
grandement [grɑdmɑ̃] *adv* (*beaucoup*) greatly
grandeur *f* (*taille*) size; ***grandeur nature*** lifesize
grandiose *spectacle, vue* magnificent
grandir ⟨2a⟩ **1** *v/i* (*croître*) grow; (*augmenter*) grow, increase **2** *v/t*: ***grandir qn*** make s.o. look taller; *de l'expérience* strengthen s.o.
grand-mère [grɑ̃mɛr] *f* (*pl* grand(s)-mères) grandmother
grand-père [grɑ̃pɛr] *m* (*pl* grands-pères) grandfather
grand-route [grɑ̃rut] *f* (*pl* grand(s)-routes) highway, main road
grand-rue [grɑ̃ry] *f* (*pl* grand(s)-rues) main street
grands-parents [grɑ̃parɑ̃] *mpl* grand-parents
grange [grɑ̃ʒ] *f* barn
granit(e) [granit] *m* granite
granuleux, **-euse** [granylø, -z] granular
graphique [grafik] **1** *adj* graphic **2** *m* chart; MATH graph; INFORM graphic
graphiste *m/f* graphic designer
grappe [grap] *f* cluster; ***grappe de raisin*** bunch of grapes
grappin [grapɛ̃] *m*: ***mettre le grappin sur qn*** get one's hands on s.o.
gras, **grasse** [grɑ, -s] **1** *adj* fatty, fat; *personne* fat; *cheveux, peau* greasy; ***faire la grasse matinée*** sleep late, *Br* have a lie-in **2** *m* CUIS fat
grassouillet, **grassouillette** plump, cuddly
gratification [gratifikasjõ] *f* (*prime*) bonus; PSYCH gratification
gratifiant, **gratifiante** gratifying
gratifier ⟨1a⟩: ***gratifier qn de qch*** present s.o. with sth
gratin [gratɛ̃] *m dish served with a coating of grated cheese*
gratiné, **gratinée** CUIS with a sprinkling of cheese; *fig* F *addition* colossal
gratis [gratis] free (of charge)
gratitude [gratityd] *f* gratitude
gratte-ciel [gratsjɛl] *m* (*pl inv*) skyscraper
gratter [grate] ⟨1a⟩ scrape; (*griffer, piquer*) scratch; (*enlever*) scrape off; *mot, signature* scratch out; ***se gratter*** scratch
grattoir *m* scraper
gratuit, **gratuite** [gratɥi, -t] free; *fig* gratuitous
gratuitement *adv* for nothing, free of charge; *fig* gratuitously
gravats [grava] *mpl* rubble *sg*
grave [grav] (*sérieux*) serious, grave; *maladie, faute* serious; *son* deep; ***ce n'est pas grave*** it's not a problem, it doesn't matter
gravement *adv* gravely, seriously; ***gravement malade*** seriously ill
graver [grave] ⟨1a⟩ engrave; *disque* cut; ***gravé dans sa mémoire*** engraved on one's memory
gravier [gravje] *m* gravel
gravillon [gravijõ] *m* grit; ***gravillons*** gravel *sg*, *Br* loose chippings *pl*
gravir [gravir] ⟨2a⟩ climb
gravité [gravite] *f* gravity, seriousness; *d'une maladie, d'un accident* seriousness; PHYS gravity
graviter ⟨1a⟩ PHYS: ***graviter autour de*** re-

volve around
gravure [gravyr] *f* ART engraving; (*reproduction*) print
gré [gre] *m*: ***bon gré, mal gré*** like it or not; ***à mon gré*** to my liking; ***contre mon gré*** against my will; ***de bon gré*** willingly; ***de son plein gré*** of one's own free will; ***savoir gré de qch à qn*** be grateful to s.o. for sth
grec, grecque [grɛk] **1** *adj* Greek **2** *m langue* Greek **3** *m/f* **Grec, Grecque** Greek
Grèce: ***la Grèce*** Greece
gredin [grədɛ̃] *m* scoundrel
gréement [gremɑ̃] *m* MAR rigging
greffe [grɛf] AGR, *de peau, tissu* graft; ***greffe du cœur*** MÉD heart transplant
greffer ⟨1b⟩ AGR, *peau, tissu* graft; *cœur, poumon* transplant
greffier [grɛfje] *m* clerk of the court
grêle[1] [grɛl] *jambes* skinny; *voix* shrill
grêle[2] [grɛl] *f* hail
grêler ⟨1a⟩: ***il grêle*** it's hailing
grêlon *m* hailstone
grelot [grəlo] *m* (small) bell
grelotter [grəlɔte] ⟨1a⟩ shiver
grenade [grənad] *f* BOT pomegranate; MIL grenade
grenadine *f* grenadine, pomegranate syrup
grenier [grənje] *m* attic
grenouille [grənuj] *f* frog
grès [grɛ] *m* sandstone; *poterie* stoneware
grésiller [grezije] ⟨1a⟩ sizzle; RAD crackle
grève[1] [grɛv] *f* strike; ***être en grève, faire grève*** be on strike; ***se mettre en grève*** go on strike; ***grève de la faim*** hunger strike; ***grève du zèle, grève perlée*** slowdown, *Br* go-slow
grève[2] [grɛv] *f* (*plage*) shore
grever [grəve] ⟨1d⟩ *budget* put a strain on
gréviste [grevist] *m/f* striker
gribouillage [gribujaʒ] *m* scribble; (*dessin*) doodle
gribouiller ⟨1a⟩ scribble; (*dessiner*) doodle
gribouillis *m* scribble
grief [griɛf] *m* grievance
grièvement [grijɛvmɑ̃] *adv blessé* seriously
griffe [grif] *f* claw; COMM label; *fig* (*empreinte*) stamp
griffer ⟨1a⟩ scratch
griffonnage [grifɔnaʒ] *m* scribble
griffonner ⟨1a⟩ scribble
grignoter [griɲɔte] ⟨1a⟩ **1** *v/t* nibble on; *économies* nibble away at, eat into **2** *v/i* nibble
grill [gril] *m* broiler, *Br* grill
grillade *f* broil, *Br* grill
grillage [grijaʒ] *m* wire mesh; (*clôture*) fence
grille *f d'une fenêtre* grille; (*clôture*) railings *pl*; *d'un four* rack; (*tableau*) grid
grille-pain *m* (*pl inv*) toaster
griller ⟨1a⟩ **1** *v/t viande* broil, *Br* grill; *pain* toast; *café, marrons* roast **2** *v/i d'une ampoule* burn out; ***griller un feu rouge*** go through a red light
grillon [grijõ] *m* cricket
grimace [grimas] *f* grimace; ***faire des grimaces*** pull faces
grimer ⟨1a⟩: **(*se*) *grimer*** make up
grimper [grɛ̃pe] ⟨1a⟩ climb
grincement [grɛ̃smɑ̃] *m de porte* squeaking
grincer ⟨1k⟩ *d'une porte* squeak; ***grincer des dents*** grind one's teeth
grincheux, -euse [grɛ̃ʃø, -z] bad-tempered, grouchy
gringalet [grɛ̃galɛ] *m* F puny little shrimp
griotte [grijɔt] *f* BOT *type of cherry*
grippe [grip] *f* MÉD flu; ***prendre qn en grippe*** take a dislike to s.o.; ***grippe gastro-intestinale*** gastric flu
grippé, grippée MÉD: ***être grippé*** have flu
gris, grise [gri, -z] gray, *Br* grey; *temps, vie* dull; (*ivre*) tipsy
grisaille *f* grayness, *Br* greyness
grisant, grisante [grizɑ̃, -t] exhilarating
grisâtre [grizɑtr] grayish, *Br* greyish
griser [grize] ⟨1a⟩: ***griser qn*** go to s.o.'s head; ***se laisser griser par*** get carried away by
grisonner [grizɔne] ⟨1a⟩ go gray *ou Br* grey
grive [griv] *f* thrush
grivois, grivoise [grivwa, -z] bawdy
groggy [grɔgi] *adj inv* F groggy
grognement [grɔɲmɑ̃] *m* (*plainte*) grumbling; *d'un cochon etc* grunt
grogner ⟨1a⟩ (*se plaindre*) grumble; *d'un cochon* grunt
grognon, grognonne: ***être grognon*** be grumpy
grommeler [grɔmle] ⟨1c⟩ mutter
grondement [grõdmɑ̃] *m d'un chien* growl; *de tonnerre* rumble
gronder ⟨1a⟩ **1** *v/i d'une personne, d'un chien* growl; *du tonnerre* rumble; *d'une révolte* brew **2** *v/t* scold
groom [grum] *m* bellhop, *Br* page
gros, grosse [gro, -s] **1** *adj* big, large; (*corpulent*) fat; *lèvres* thick; *averse, rhume, souliers* heavy; *chaussettes* heavy, thick; *plaisanterie* coarse; *vin* rough; ***avoir le cœur gros*** be heavy-hearted; ***gros bonnet*** *m* F bigwig F; ***toucher le gros lot*** hit the jackpot; ***grosse mer*** *f*

G

MAR rough *ou* heavy sea; ***gros mots*** *mpl* bad language *sg*, swear words; ***gros plan*** *m* close-up **2** *adv*: ***gagner gros*** win a lot; ***en gros*** (*globalement*) generally, on the whole; COMM wholesale **3** *m personne* fat man; COMM wholesale trade; ***prix*** *m* ***de gros*** COMM wholesale price; ***le gros de*** the bulk of

groseille [grozɛj] *f* BOT currant; ***groseille à maquereau*** gooseberry

grosse [gros] *f* fat woman

grossesse [grosɛs] *f* pregnancy

grosseur [grosœr] *f* (*corpulence*) fatness; (*volume*) size; (*tumeur*) growth

grossier, -ère [grosje, -ɛr] (*rudimentaire*) crude; (*indélicat*) coarse, crude; (*impoli*) rude; *erreur* big

grossièrement *adv* crudely; (*impoliment*) rudely; (*à peu près*) roughly

grossièreté *f* crudeness; ***dire des grossièretés*** use crude *ou* coarse language

grossir [grosir] ⟨2a⟩ **1** *v/t au microscope* magnify; *nombre*, *rivière* swell; (*exagérer*) exaggerate; ***grossir qn*** *pantalon*, *robe etc* make s.o. look fatter **2** *v/i d'une personne* put on weight

grossiste [grosist] *m/f* COMM wholesaler

grosso modo [grosomodo] *adv* roughly

grotesque [grɔtɛsk] ludicrous, grotesque

grotte [grɔt] *f* cave

grouiller [gruje] ⟨1a⟩: ***grouiller de*** be swarming with; ***se grouiller*** F get a move on

groupe [grup] *m* group; ***groupe de pression*** pressure group; ***groupe sanguin*** blood group

groupement *m* group; *action* grouping

grouper ⟨1a⟩ group; ***se grouper autour de qn*** gather around s.o.

groupie [grupi] *f* groupie

grue [gry] *f* ZO, TECH crane

grumeau [grymo] *m* (*pl* -x) *m* lump

grumeleux, -euse lumpy

gué [ge] *m* ford

guenilles [gənij] *fpl* rags

guépard [gepar] *m* cheetah

guêpe [gɛp] *f* wasp

guêpier *m* wasps' nest; ***tomber dans un guêpier*** *fig* fall into a trap; ***se mettre dans un guêpier*** *fig* put o.s. in a difficult position

guère [gɛr]: ***ne … guère*** hardly; ***je ne la connais guère*** I hardly know her

guéridon [geridõ] *m* round table

guérilla [gerija] *f* guerrilla warfare

guérillero *m* guerrilla

guérir [gerir] ⟨2a⟩ **1** *v/t malade*, *maladie* cure (**de** of) **2** *v/i d'une blessure* heal; *d'un malade*, *d'une maladie* get better

guérissable curable

guérison *f* (*rétablissement*) recovery

guerre [gɛr] *f* war; ***Seconde Guerre mondiale*** Second World War; ***en guerre*** at war; ***faire la guerre*** be at war (***à*** with); ***faire la guerre à qch*** wage war on sth; ***guerre bactériologique / biologique*** germ / biological warfare; ***guerre civile*** civil war; ***guerre froide*** Cold War; ***guerre des gangs*** gang warfare; ***guerre sainte*** holy war

guerrier, -ère **1** *adj* warlike **2** *m* warrior

guet [gɛ] *m*: ***faire le guet*** keep watch

guet-apens [gɛtapɑ̃] *m* (*pl* guets-apens) ambush

guetter [gete] ⟨1b⟩ watch for, keep an eye open for; (*épier*) watch

gueule [gœl] *f* F mouth; (*visage*) face; ***ta gueule!*** F shut up!, *Br aussi* shut it! F; ***gueule de bois*** hangover

gueuler ⟨1a⟩ F yell, shout

gueuleton *m* F enormous meal, *Br aussi* blow-out

guichet [giʃɛ] *m de banque*, *poste* wicket, *Br* window; *de théâtre* box office; ***guichet automatique*** automatic teller (machine), ATM, *Br aussi* cash dispenser

guichetier, -ère *m/f* clerk, *Br* assistant; *dans banque* teller

guide [gid] **1** *m* guide; *ouvrage* guide (-book); ***guide de conversation*** phrasebook **2** *f* girl scout, *Br* guide **3**: ***guides*** *fpl* guiding reins

guider ⟨1a⟩ guide

guidon [gidõ] *m de vélo* handlebars *pl*

guignol [giɲɔl] *m* Punch; ***un spectacle de guignol*** *a Punch-and-Judy show*

guillemets [gijmɛ] *mpl* quote marks, *Br aussi* inverted commas

guillotiner [gijɔtine] ⟨1a⟩ guillotine

guindé, guindée [gɛ̃de] *personne*, *style* stiff, awkward

guirlande [girlɑ̃d] *f* garland; ***guirlande lumineuse*** string of lights; ***guirlandes de Noël*** tinsel *sg*

guise [giz] *f*: ***agir à sa guise*** do as one pleases; ***en guise de*** as, by way of

guitare [gitar] *f* guitar

guitariste *m/f* guitarist

guttural, gutturale [gytyral] (*mpl* -aux) guttural

guyanais, guyanaise [gɥijanɛ, -z] **1** *adj département* Guianese; *république* Guyanese **2** *m/f* **Guyanais, Guyanaise** *département* Guianese; *république* Guyanese

Guyane: ***la Guyane*** Guyana

gym [ʒim] *f* gym

gymnase [ʒimnɑz] *m* SP gym

gymnaste *m/f* gymnast
gymnastique *f* gymnastics *sg*; *corrective, matinale* exercises *pl*; ***faire de la gymnastique*** do gymnastics / exercises
gynécologie [ʒinekɔlɔʒi] *f* gynecology, *Br* gynaecology
gynécologique gynecological, *Br* gynaecological
gynécologue *m/f* MÉD gynecologist, *Br* gynaecologist
gyrophare [ʒirɔfar] *m* flashing light

H

h *abr* (= ***heure***) hr (= hour)
ha *abr* (= ***hectare***) *approx 2.5 acres*
habile [abil] skillful, *Br* skilful
habileté *f* skill
habiliter [abilite] ⟨1a⟩ JUR: ***être habilité à faire qch*** be authorized to do sth
habillement [abijmɑ̃] *m* (*vêtements*) clothes *pl*
habillé, **habillée** (*élégant*) dressy
habiller ⟨1a⟩ dress; ***s'habiller*** get dressed, dress; *élégamment* get dressed up
habit [abi] *m*: ***habits*** clothes
habitable [abitabl] inhabitable
habitacle *m* AVIAT cockpit
habitant, **habitante** *m/f* inhabitant
habitat *m* ZO, BOT habitat
habitation *f* living; (*domicile*) residence
habiter ⟨1a⟩ **1** *v/t* live in **2** *v/i* live (***à Paris*** in Paris)
habité, **habitée** inhabited
habitude [abityd] *f* habit, custom; ***d'habitude*** usually; ***par habitude*** out of habit
habitué, **habituée** *m/f* regular
habituel, **habituelle** usual
habituer ⟨1a⟩: ***habituer qn à qch*** get s.o. used to sth; ***s'habituer à*** get used to; ***s'habituer à faire qch*** get used to doing sth
'hache [aʃ] *f* ax, *Br* axe; ***enterrer la 'hache de guerre*** bury the hatchet
'hacher [aʃe] ⟨1a⟩ chop; ***viande** f **hachée*** ground beef, *Br* mince
'hachette *f* hatchet
'hachis *m* CUIS *kind of stew in which the meat is covered with mashed potatoes*
'hachisch [aʃiʃ] *m* hashish
'hachoir [aʃwar] *m appareil* meat grinder, *Br* mincer; *couteau* cleaver; *planche* chopping board
haddock [adɔk] *m* smoked haddock
'hagard, **'hagarde** [agar, -d] *visage* haggard; *air* wild
'haie [ɛ] *f* hedge; SP hurdle; *pour chevaux* fence, jump; ***course** f **de 'haies*** hurdles; *pour chevaux* race over jumps; ***une 'haie de policiers*** *fig* a line of police
'haillons [ajõ] *mpl* rags
'haine [ɛn] *f* hatred
'haineux, **-euse** full of hatred
'haïr [air] ⟨2m⟩ hate
'haïssable hateful
'hâle [ɑl] *m* (sun)tan
'hâlé, **'hâlée** (sun)tanned
haleine [alɛn] *f* breath; ***hors d'haleine*** out of breath; ***c'est un travail de longue haleine*** *fig* it's a long hard job; ***avoir mauvaise haleine*** have bad breath
'halètement [alɛtmɑ̃] *m* gasping
'haleter ⟨1e⟩ pant, gasp
'hall [ol] *m d'hôtel*, *immeuble* foyer; *de gare* concourse
'halle [al] *f* market
halloween [alɔwin] *f* Halloween
hallucination [alysinasjõ] *f* hallucination
'halo [alo] *m* halo
halogène [alɔʒɛn] *m*: (***lampe** f*) ***halogène*** halogen light
'halte [alt] *f* stop; ***faire 'halte*** halt, make a stop; ***'halte!*** MIL halt!
haltère [altɛr] *m* dumbbell; ***faire des haltères*** do weightlifting
haltérophilie *f* weightlifting
'hamac [amak] *m* hammock
'hameau [amo] *m* (*pl* -x) hamlet
hameçon [amsõ] *m* hook
'hamster [amstɛr] *m* hamster
'hanche [ɑ̃ʃ] *f* hip
'handicap [ɑ̃dikap] *m* handicap
'handicapé, **'handicapée** **1** *adj* disabled, handicapped **2** *m/f* disabled *ou* handicapped person; ***les 'handicapés*** the disabled *pl*, the handicapped *pl*; ***'handicapé physique*** disabled person, physically handicapped person; ***'handicapé mental(e)*** mentally handicapped person
'hangar [ɑ̃gar] *m* shed; AVIAT hangar

'hanter [ɑ̃te] ⟨1a⟩ haunt
'hantise *f* fear, dread
'happer [ape] ⟨1a⟩ catch; *fig*: *de train, autobus* hit
'haranguer [arɑ̃ge] ⟨1a⟩ speak to; *péj* harangue
'haras [arɑ] *m* stud farm
'harassant, **'harassante** [arasɑ̃, -t] *travail* exhausting
'harassé, **'harassée** exhausted
'harcèlement [arsɛlmɑ̃] *m* harassment; ***'harcèlement sexuel*** sexual harassment
'harceler ⟨1d⟩ harass
'hard [ard] *m* hardcore; MUS hard rock
'hardi, **'hardie** [ardi] bold
'hardware [ardwɛr] *m* hardware
'hareng [arɑ̃] *m* herring
'hargne [arɲ] *f* bad temper
'hargneux, **-euse** venomous; *chien* vicious
'haricot [ariko] *m* BOT bean; ***'haricots verts*** green beans; ***c'est la fin des 'haricots*** F that's the end
harmonica [armɔnika] *m* harmonica
harmonie [armɔni] *f* harmony
harmonieux, **-euse** harmonious
harmoniser ⟨1a⟩ match (up); MUS harmonize; ***s'harmoniser*** *de couleurs* go together; ***s'harmoniser avec*** *d'une couleur* go with
'harnais [arnɛ] *m* harness
'harpe [arp] *f* MUS harp
'harpon [arpõ] *m* harpoon
'hasard [azar] *m* chance; ***au 'hasard*** at random; ***par 'hasard*** by chance
'hasarder ⟨1a⟩ hazard; ***se 'hasarder à faire qch*** venture to do sth
'hasardeux, **-euse** hazardous
'haschisch [aʃiʃ] *m* hashish
'hâte [ɑt] *f* hurry, haste; ***à la 'hâte*** in a hurry, hastily; ***en 'hâte*** in haste; ***avoir 'hâte de faire qch*** be eager to do sth
'hâter ⟨1a⟩ hasten; ***se 'hâter*** hurry up; ***se 'hâter de faire qch*** hurry to do sth
'hâtif, **-ive** hasty; AGR early
'hausse [os] *f de prix, cours, température* increase, rise
'hausser ⟨1a⟩ increase; ***'hausser la voix*** raise one's voice; ***'hausser les épaules*** shrug (one's shoulders)
'haut, **'haute** [o, ot] **1** *adj* high; *immeuble* tall, high; *cri, voix* loud; *fonctionnaire* high-level, senior; ***la 'haute Seine*** the upper Seine; ***à voix 'haute*** in a loud voice, loudly; ***être 'haut de 5 mètres*** be 5 meters tall; ***'haut de gamme*** upscale, *Br* upmarket **2** *adv* high; ***là-'haut*** up there; ***de 'haut*** from above; ***de 'haut en bas*** from top to bottom; *regarder qn* up and down; ***'haut les mains!*** hands up!; ***en 'haut*** above; ***en 'haut de*** at the top of; ***parler plus 'haut*** speak up, speak louder; ***voir plus 'haut*** *dans un texte* see above **3** *m* top; ***du 'haut de*** from the top of; ***des 'hauts et des bas*** ups and downs
'hautain, **'hautaine** [otɛ̃, -ɛn] haughty
'hautbois [obwa] *m* MUS oboe
'hauteur [otœr] *f* height; *fig* haughtiness; ***être à la 'hauteur de qch*** be up to sth
'haut-le-cœur [olkœr] *m* (*pl inv*): ***avoir un 'haut-le-cœur*** retch
'haut-parleur [oparlœr] *m* (*pl* haut-parleurs) loudspeaker
'havre [ɑvr] *m* haven
'hayon [ɛjõ] *m*: ***voiture à 'hayon*** hatchback
hebdomadaire [ɛbdɔmadɛr] *m & adj* weekly
hébergement [ebɛrʒəmɑ̃] *m* accommodations *pl*, *Br* accommodation
héberger [ebɛrʒe] ⟨1l⟩: ***héberger qn*** put s.o. up; *fig* take s.o. in
hébété, **hébétée** [ebete] *regard* vacant
hébreu [ebrø] *m*: ***l'hébreu*** Hebrew
hécatombe [ekatõb] *f* bloodbath
hectare [ɛktar] *m* hectare (*approx 2.5 acres*)
'hein [ɛ̃] F eh?; ***c'est joli, 'hein?*** it's pretty, isn't it?
'hélas [elɑs] alas
'héler [ele] ⟨1f⟩ hail
hélice [elis] *f* MAR, AVIAT propeller; ***escalier*** *m* ***en hélice*** spiral staircase
hélicoptère [elikɔptɛr] *m* helicopter, chopper F
héliport *m* heliport
hématome [ematom] *m* MÉD hematoma, *Br* hæmatoma
hémisphère [emisfɛr] *m* hemisphere
hémophilie [emɔfili] *f* MÉD hemophilia, *Br* hæmophilia
hémorragie [emɔraʒi] *f* hemorrhage, *Br* hæmorrhage
hémorroïdes [emɔrɔid] *fpl* hemorrhoids, *Br* haemorrhoids, piles
'hennir [ɛnir] ⟨2a⟩ neigh
'hennissement *m* neigh
hépatite [epatit] *f* hepatitis
herbe [ɛrb] *f* grass; CUIS herb; ***mauvaise herbe*** weed; ***fines herbes*** herbs
herbeux, **-euse** grassy
herbicide *m* herbicide, weedkiller
héréditaire [ereditɛr] hereditary
hérédité *f* heredity
hérésie [erezi] *f* heresy
hérétique **1** *adj* heretical **2** *m/f* heretic
'hérissé, **'hérissée** [erise] ruffled, standing on end

'hérisson *m* hedgehog
héritage [eritaʒ] *m* inheritance
hériter ⟨1a⟩ **1** *v/t* inherit **2** *v/i*: ***hériter de qch*** inherit sth; ***hériter de qn*** receive an inheritance from s.o.
héritier, **-ère** *m/f* heir
hermétique [ɛrmetik] *récipient* hermetically sealed, airtight; *style* inaccessible
hermine [ɛrmin] *f* stoat; *fourrure* ermine
'hernie [ɛrni] *f* MÉD hernia; ***'hernie discale*** slipped disc
héroïne[1] [erɔin] *f drogue* heroin
héroïnomane *m/f* heroin addict
héroïne[2] [erɔin] *f* heroine
héroïque heroic
héroïsme *m* heroism
'héron [erõ] *m* heron
'héros [ero] *m* hero
herpès [ɛrpɛs] *m* herpes
hésitant, **hésitante** [ezitɑ̃, -t] hesitant, tentative
hésitation *f* hesitation
hésiter ⟨1a⟩ hesitate (***à faire qch*** to do sth; ***sur*** over)
hétéro [etero] F straight F, hetero F
hétérogène [eterɔʒɛn] heterogeneous
hétérosexuel, **hétérosexuelle** [eterosɛksɥɛl] heterosexual
'hêtre [ɛtr] *m* BOT beech
heure [œr] *f durée* hour; ***arriver à l'heure*** arrive on time; ***de bonne heure*** early; ***tout à l'heure*** (*tout de suite*) just a minute ago, not long ago; (*avant peu*) in a minute; ***à tout à l'heure!*** see you soon!; ***à l'heure actuelle*** at the moment; ***à toute heure*** at any time; ***quelle heure est-il?*** what time is it?; ***il est six heures*** it's six (o'clock); ***il est l'heure de partir*** it's time to leave; ***heure locale*** local time; ***heures d'ouverture*** opening hours; ***heures de pointe*** rush hour *sg*; ***heures supplémentaires*** overtime *sg*
heureusement [œrøzmɑ̃] *adv* luckily, fortunately
heureux, **-euse** happy; (*chanceux*) lucky, fortunate
'heurt [œr] *m de deux véhicules* collision; *fig* (*friction*) clash
'heurter [œrte] ⟨1a⟩ collide with; *fig* offend; ***se 'heurter*** collide (***à*** with); *fig* (*s'affronter*) clash (***sur*** over)
hexagone [ɛgzagɔn] *m* hexagon; ***l'Hexagone*** France
hiberner [ibɛrne] ⟨1a⟩ hibernate
'hibou [ibu] *m* (*pl* -x) owl
'hic [ik] *m* F problem
'hideux, **-euse** [idø, -z] hideous
hier [jɛr] yesterday
'hiérarchie [jerarʃi] *f* hierarchy
hiéroglyphe [jerɔglif] *m* hieroglyph
high-tech [ajtɛk] *adj inv* high tech, hi-tech
hilare [ilar] grinning
hilarité *f* hilarity
hindou, **hindoue** Hindu
hippique [ipik] SP equestrian; ***concours m hippique*** horse show
hippisme *m* riding
hippodrome *m* race course
hippopotame [ipɔpɔtam] *m* hippo, hippopotamus
hirondelle [irõdɛl] *f* swallow
hirsute [irsyt] hairy, hirsute *fml*, *hum*
hispanique [ispanik] Hispanic
'hisser [ise] ⟨1a⟩ *drapeau*, *étendard*, *voile* hoist; (*monter*) lift, raise; ***se 'hisser*** pull o.s. up
histoire [istwar] *f* history; (*récit*, *conte*) story; ***faire des histoires*** make a fuss
historien, **historienne** *m/f* historian
historique **1** *adj* historic **2** *m* chronicle
hiver [ivɛr] *m* winter; ***en hiver*** in winter
hivernal, **hivernale** (*mpl* -aux) winter *atr*
H.L.M. [aʃɛlɛm] *m ou f abr* (= ***habitation à loyer modéré***) low cost housing
'hobby [ɔbi] *m* hobby
'hochement [ɔʃmɑ̃] *m*: ***'hochement de tête*** *en signe d'approbation* nod; *en signe de désapprobation* shake of the head
'hocher ⟨1a⟩: ***'hocher la tête*** *en signe d'approbation* nod (one's head); *en signe de désapprobation* shake one's head
'hochet [ɔʃɛ] *m* rattle
'hockey [ɔkɛ] *m sur gazon* field hockey, *Br* hockey; *sur glace* hockey, *Br* ice hockey
'holding [ɔldiŋ] *m* holding company
'hold-up [ɔldœp] *m* holdup
'hollandais, **'hollandaise** [ɔlɑ̃dɛ, -z] **1** *adj* Dutch **2** *m langue* Dutch **3** **Hollandais** *m* Dutchman **4** *f* **'Hollandaise** Dutchwoman
'Hollande: ***la 'Hollande*** Holland
holocauste [ɔlɔkost] *m* holocaust
hologramme [ɔlɔgram] *m* hologram
'homard [ɔmar] *m* lobster
homéopathe [ɔmeɔpat] *m* homeopath
homéopathie *f* homeopathy
homéopathique homeopathic
homicide [ɔmisid] *m acte* homicide; ***homicide involontaire*** manslaughter; ***homicide volontaire*** murder
hommage [ɔmaʒ] *m* homage; ***rendre hommage à qn*** pay homage to s.o.
homme [ɔm] *m* man; ***homme d'affaires*** businessman; ***homme d'État*** statesman; ***homme de lettres*** man of letters, literary man; ***homme de main*** henchman; ***homme de paille*** *fig* figurehead; ***hom-***

H

me de la rue man in the street
homme-grenouille *m* (*pl* hommes-grenouilles) frogman
homme-sandwich *m* (*pl* hommes-sandwich⟨e⟩s) sandwich man
homo [ɔmɔ] *m/f* gay
homogène [ɔmɔʒɛn] homogenous
homologue [ɔmɔlɔg] *m* counterpart, opposite number
homologuer ⟨1m⟩ *record* ratify; *tarif* authorize
homonyme [ɔmɔnim] *m* namesake; LING homonym
homophobe [ɔmɔfɔb] homophobic
homophobie *f* homophobia
homosexuel, homosexuelle [ɔmɔsɛksɥɛl] *m/f & adj* homosexual
'Hongrie [õgri] *f*: ***la 'Hongrie*** Hungary
'hongrois, 'hongroise 1 *adj* Hungarian **2** *m langue* Hungarian **3** *m/f* **Hongrois, 'Hongroise** Hungarian
honnête [ɔnɛt] honest; (*convenable*) decent; (*passable*) reasonable
honnêtement *adv* honestly; (*passablement*) quite well
honnêteté honesty
honneur [ɔnœr] *m* honor, *Br* honour; ***en l'honneur de*** in honor of; ***faire honneur à qch*** honor sth
honorable honorable, *Br* honourable
honoraire [ɔnɔrɛr] **1** *adj* honorary **2** ***honoraires*** *mpl* fees
honorer ⟨1a⟩ honor, *Br* honour
honorifique honorific
'honte [õt] *f* shame; ***avoir 'honte de*** be ashamed of; ***faire 'honte à qn*** make s.o. ashamed
'honteusement *adv* shamefully; *dire, admettre* shamefacedly
'honteux, -euse (*déshonorant*) shameful; (*déconfit*) ashamed; *air* shamefaced
'hooligan [uligan] *m* hooligan
'hooliganisme *m* hooliganism
hôpital [ɔpital] *m* (*pl* -aux) hospital; ***à l'hôpital*** in the hospital, *Br* in hospital
'hoquet [ɔkɛ] *m* hiccup; ***avoir le 'hoquet*** have (the) hiccups
horaire [ɔrɛr] **1** *adj* hourly **2** *m emploi du temps* timetable, schedule; *des avions, trains etc* schedule, *Br* timetable; ***horaire souple*** flextime
horizon [ɔrizõ] *m* horizon
horizontal, horizontale (*mpl* -aux) horizontal
horloge [ɔrlɔʒ] *f* clock
horloger, -ère *m/f* watchmaker
'hormis [ɔrmi] *prép* but
hormonal, hormonale [ɔrmɔnal] (*mpl* -aux) hormonal
hormone *f* hormone
horodateur [ɔrɔdatœr] *m dans parking* pay and display machine
horoscope [ɔrɔskɔp] *m* horoscope
horreur [ɔrœr] *f* horror; (*monstruosité*) monstrosity; ***avoir horreur de qch*** detest sth; (***quelle***) ***horreur!*** how awful!
horrible horrible
horrifiant, horrifiante horrifying
horrifié, horrifiée horrified (***par*** by)
horrifique hair-raising
horripilant, horripilante [ɔripilɑ̃, -t] infuriating
'hors [ɔr] *prép*: ***'hors de*** (*à l'extérieur de*) outside; ***'hors de danger*** out of danger; ***c'est 'hors de prix*** it's incredibly expensive; ***'hors sujet*** beside the point; ***être 'hors de soi*** be beside o.s.; ***'hors service*** out of service
'hors-bord [ɔrbɔr] *m* (*pl inv*) outboard
'hors-d'œuvre [ɔrdœvr] *m* (*pl inv*) CUIS appetizer, starter
'hors-jeu [ɔrʒœ] *adv* offside
'hors-la-loi [ɔrlalwa] *m* (*pl inv*) outlaw
'hors-piste [ɔrpist] *adv* off-piste
hortensia [ɔrtɑ̃sja] *f* hydrangea
horticulture [ɔrtikyltyr] *f* horticulture
hospice [ɔspis] *m* REL hospice; (*asile*) home
hospitalier, -ère [ɔspitalje, -ɛr] hospitable; MÉD hospital *atr*
hospitaliser ⟨1a⟩ hospitalize
hospitalité *f* hospitality
hostie [ɔsti] *f* REL wafer, host
hostile [ɔstil] hostile
hostilité *f* hostility
hosto [ɔsto] *m* F hospital
'hot-dog [ɔtdɔg] *m* hot dog
hôte [ot] *m* (*maître de maison*) host; (*invité*) guest; ***table*** *f* ***d'hôte*** set meal, table d'hôte
hôtel [otɛl] *m* hotel; ***hôtel*** (***particulier***) town house; ***hôtel de ville*** town hall
hôtelier, hôteliere 1 *adj* hotel *atr* **2** *m/f* hotelier
hôtellerie *f*: ***l'hôtellerie*** the hotel business
hôtesse [otɛs] *f* hostess; ***hôtesse de l'air*** air hostess
'hotte [ɔt] *f* (*panier*) large basket carried on the back; *d'aération* hood
'houblon [ublõ] *m* BOT hop
'houille [uj] *f* coal
'houle [ul] *f* MAR swell
'houleux, -euse *fig* stormy
'houppe [up] *f de cheveux* tuft
'hourra [ura] **1** *int* hurrah **2** *m*: ***pousser des 'hourras*** give three cheers
'housse [us] *f de portable, vêtements* protective cover

'houx [u] *m* BOT holly
'hublot [yblo] *m* MAR porthole; AVIAT window
'huche [yʃ] *f*: ***'huche à pain*** bread bin
'huées [ɥe] *fpl* boos, jeers
'huer ⟨1a⟩ boo, jeer
huile [ɥil] *f* oil; ***huile solaire*** suntan oil
huiler ⟨1a⟩ oil, lubricate
huileux, -euse oily
'huis [ɥi] *m*: ***à 'huis clos*** behind closed doors; JUR in camera
huissier *m* JUR bailiff
'huit [ɥit] eight; ***'huit jours*** a week; ***demain en 'huit*** a week tomorrow
'huitaine *f*: ***une 'huitaine de*** about eight, eight or so; ***une 'huitaine (de jours)*** a week
'huitième eighth; ***'huitième*** *m* ***de finale*** last sixteen
huître [ɥitr] *f* oyster
humain, humaine [ymɛ̃, -ɛn] human; *traitement* humane
humaniser ⟨1a⟩ humanize
humanitaire humanitarian
humanité *f* humanity
humble [ɛ̃bl] humble
humecter [ymɛkte] ⟨1a⟩ moisten
'humer [yme] ⟨1a⟩ breathe in
humeur [ymœr] *f* mood; (*tempérament*) temperament; ***être de bonne / mauvaise humeur*** be in a good / bad mood
humide [ymid] damp; (*chaud et humide*) humid
humidificateur *m* TECH humidifier
humidifier ⟨1a⟩ moisten; *atmosphère* humidify
humidité *f* dampness; humidity
humiliation [ymiljasjõ] *f* humiliation
humiliant, humiliante humiliating
humilier ⟨1a⟩ humiliate
humilité [ymilite] *f* humility
humoriste [ymɔrist] **1** *adj* humorous **2** *m/f* humorist
humoristique humorous
humour *m* humor, *Br* humour; ***avoir de l'humour*** have a (good) sense of humor
'huppé, 'huppée [ype] exclusive
'hurlement [yrləmɑ̃] *m d'un loup* howl; *d'une personne* scream
'hurler ⟨1a⟩ *d'un loup* howl; *d'une personne* scream; ***'hurler de rire*** roar with laughter
'hutte [yt] *f* hut
hybride [ibrid] *m* hybrid
hydratant, hydratante [idratɑ̃, -t] *cosmétique* moisturizing
hydraulique [idrolik] **1** *adj* hydraulic **2** *f* hydraulics
hydravion [idravjõ] *m* seaplane
hydrocarbure [idrɔkarbyr] *m* CHIM hydrocarbon
hydroélectrique [idroelɛktrik] hydroelectric
hydrogène [idroʒɛn] *m* CHIM hydrogen
hydroglisseur [idroglisœr] *m* jetfoil
hyène [jɛn] *f* hyena
hygiène [iʒjɛn] *f* hygiene; ***avoir une bonne hygiène de vie*** have a healthy lifestyle; ***hygiène intime*** personal hygiene
hygiénique hygienic; ***papier hygiénique*** toilet paper; ***serviette hygiénique*** sanitary napkin, *Br* sanitary towel
hymne [imn] *m* hymn; ***hymne national*** national anthem
hyperactif, -ive [ipɛraktif, -iv] hyperactive
hyperbole [ipɛrbɔl] *f* hyperbole; MATH hyperbola
hypermarché [ipɛrmarʃe] *m* supermarket, *Br* hypermarket
hypermétrope [ipɛrmetrɔp] far-sighted, *Br* long-sighted
hypersensible [ipɛrsɑ̃sibl] hypersensitive
hypertension [ipɛrtɑ̃sjõ] *f* MÉD high blood pressure
hypertexte [ipɛrtɛkst]: ***lien*** *m* ***hypertexte*** hypertext link
hypnose [ipnɔz] *f* hypnosis
hypnothérapie *f* hypnotherapy
hypnotiser ⟨1a⟩ hypnotize
hypoallergénique [ipɔalɛrʒenik] hypoallergenic
hypocrisie [ipɔkrizi] *f* hypocrisy
hypocrite **1** *adj* hypocritical **2** *m/f* hypocrite
hypocondriaque [ipɔkõdrijak] *m/f* hypochondriac
hypothèque [ipɔtɛk] *f* COMM mortgage
hypothéquer ⟨1m⟩ mortgage
hypothermie [ipɔtɛrmi] *f* hypothermia
hypothèse [ipɔtɛz] *f* hypothesis
hypothétique hypothetical
hystérectomie [isterɛktɔmi] *f* hysterectomy
hystérie [isteri] *f* hysteria
hystérique hysterical

I

iceberg [ajsbɛrg] *m* GÉOGR iceberg

ici [isi] here; ***jusqu'ici*** to here; (*jusqu'à maintenant*) so far, till now; ***par ici*** this way; (*dans le coin*) around about here; ***d'ici peu*** shortly, before long; ***d'ici demain / la semaine prochaine*** by tomorrow / next week; ***d'ici là*** by then, by that time; ***d'ici*** from here; ***sors d'ici*** get out of here

icône [ikon] *f* icon

id. *abr* (= ***idem***) idem

idéal, **idéale** [ideal] (*mpl - ou* -aux) *m & adj* ideal

idéalement *adv* ideally

idéaliser idealize

idéalisme *m* idealism

idéaliste 1 *adj* idealistic **2** *m/f* idealist

idée [ide] *f* idea; (*opinion*) view; ***à l'idée de faire qch*** at the idea of doing sth; ***avoir dans l'idée de faire qch*** be thinking of doing sth; ***avoir dans l'idée que*** have an idea that; ***se faire une idée de qch*** get an idea of sth; ***tu te fais des idées*** (*tu te trompes*) you're imagining things; ***idée fausse*** misconception; ***idée fixe*** obsession; ***idée de génie*** brainstorm, *Br* brainwave

identification [idɑ̃tifikasjõ] *f* identification

identifier ⟨1a⟩ identify (***avec, à*** with); ***s'identifier avec*** *ou* ***à*** identify with

identique [idɑ̃tik] identical (***à*** to)

identité *f* identity; ***carte*** *f* ***d'identité*** identity *ou* ID card; ***pièce*** *f* ***d'identité*** identity, identity papers *pl*, ID

idéologie [ideɔlɔʒi] *f* ideology

idéologique ideological

idiomatique [idjɔmatik] idiomatic

idiome *m* idiom

idiot, **idiote** [idjo, -ɔt] **1** *adj* idiotic **2** *m/f* idiot

idiotie *f* idiocy; ***une idiotie*** an idiotic thing to do / say; ***dire des idioties*** talk nonsense *sg*

idolâtrer [idɔlɑtre] ⟨1a⟩ idolize

idole *f* idol

idylle [idil] *f* romance

idyllique idyllic

ignare [iɲar] *péj* **1** *adj* ignorant **2** *m/f* ignoramus

ignoble [iɲɔbl] vile

ignorance [iɲɔrɑ̃s] *f* ignorance

ignorant, **ignorante** ignorant

ignorer ⟨1a⟩ not know; *personne, talent* ignore; ***vous n'ignorez sans doute pas que …*** you are doubtless aware that …

il [il] ◇ *sujet* he; *chose* it; ***le chat est-il rentré?*** did the cat come home?
◇ *impersonnel* it; ***il ne fait pas beau*** it's not very nice (weather); ***il va pleuvoir*** it is *ou* it's going to rain; ***il était une fois …*** once upon a time there was …

île [il] *f* island; ***île déserte*** desert island; ***des îles*** West Indian; ***les îles britanniques*** the British Isles; ***les Îles Anglo-Normandes*** the Channel Islands

illégal, **illégale** [ilegal] (*mpl* -aux) illegal

illégalement illegally

illégitime [ileʒitim] *enfant* illegitimate

illettré, **illettrée** [iletre] **1** *adj* illiterate **2** *m/f* person who is illiterate

illettrisme *m* illiteracy

illicite [ilisit] illicit

illico (**presto**) [illiko (prɛsto)] *adv* F pronto F

illimité, **illimitée** [ilimite] unlimited

illisible [ilizibl] (*indéchiffrable*) illegible; *mauvaise littérature* unreadable

illogique [ilɔʒik] illogical

illuminer [ilymine] ⟨1a⟩ light up, illuminate; *par projecteur* floodlight

illusion [ilyzjõ] *f* illusion; ***se faire des illusions*** delude *ou* fool o.s.; ***illusion d'optique*** optical illusion

illusionniste *m* illusionist

illusoire illusory

illustrateur, **-trice** [ilystratœr, -tris] *m/f* illustrator

illustration *f* illustration

illustre illustrious

illustré 1 *adj* illustrated **2** *m* comic; (*revue*) illustrated magazine

illustrer ⟨1a⟩ illustrate; ***s'illustrer*** distinguish o.s. (***par*** by)

îlot [ilo] *m* (small) island; *de maisons* block

ils [il] *mpl* they; ***tes grands-parents ont-ils téléphoné?*** did your grand-parents call?

image [imaʒ] *f* picture; *dans l'eau, un miroir* reflection, image; (*ressemblance*) image; *représentation mentale* image, picture; ***image de marque*** brand image

imaginable [imaʒinabl] imaginable

imaginaire imaginary

imaginatif, **-ive** imaginative

imagination *f* imagination; ***avoir de***

l'imagination be imaginative, have imagination
imaginer ⟨1a⟩ imagine; (*inventer*) devise; ***s'imaginer que*** imagine that
imbattable [ɛ̃batabl] unbeatable
imbécile [ɛ̃besil] **1** *adj* idiotic **2** *m/f* idiot, imbecile
imbécillité *f* stupidity, idiocy; *chose, parole imbécile* idiotic thing
imberbe [ɛ̃bɛrb] beardless
imbiber [ɛ̃bibe] ⟨1a⟩ soak (***de*** with)
imbu, imbue [ɛ̃by]: ***imbu de*** *fig* full of
imbuvable [ɛ̃byvabl] undrinkable; *fig* unbearable
imitateur, -trice [imitatœr, -tris] *m/f* imitator; THÉÂT impersonator
imitation *f* imitation; THÉÂT impersonation
imiter ⟨1a⟩ imitate; THÉÂT impersonate
immaculé, immaculée [imakyle] immaculate, spotless; *réputation* spotless
immangeable [ɛ̃mɑ̃ʒabl] inedible
immatriculation [imatrikylasjõ] *f* registration; ***plaque*** *f* ***d'immatriculation*** AUTO license plate, *Br* number plate; ***numéro*** *m* ***d'immatriculation*** AUTO license plate number, *Br* registration number
immatriculer ⟨1a⟩ register
immature [imatyr] immature
immédiat, immédiate [imedja, -t] **1** *adj* immediate **2** *m*: ***dans l'immédiat*** for the moment
immédiatement *adv* immediately
immense [imɑ̃s] immense
immensité *f* immensity, vastness
immerger [imɛrʒe] ⟨1l⟩ immerse; ***s'immerger*** *d'un sous-marin* submerge
immersion *f* immersion
immeuble [imœbl] *m* building
immigrant, immigrante [imigrɑ̃, -t] *m/f* immigrant
immigration *f* immigration
immigré, immigrée *m/f* immigrant
immigrer ⟨1a⟩ immigrate
imminent, imminente [iminɑ̃, -t] imminent
immiscer [imise] ⟨1k⟩: ***s'immiscer dans qch*** interfere in sth
immobile [imɔbil] motionless, immobile
immobilier, -ère [imɔbilje, -ɛr] **1** *adj* property *atr*; ***agence*** *f* ***immobilière*** real estate agency; ***agent*** *m* ***immobilier*** realtor, *Br* real estate agent; ***biens*** *mpl* ***immobiliers*** real estate *sg* **2** *m* property
immobiliser [imɔbilize] ⟨1a⟩ immobilize; *train, circulation* bring to a standstill; *capital* lock up, tie up; ***s'immobiliser*** (*s'arrêter*) come to a standstill
immonde [imõd] foul
immoral, immorale [imɔral] (*mpl* -aux) immoral
immoralité *f* immorality
immortaliser [imɔrtalize] ⟨1a⟩ immortalize
immortalité *f* immortality
immortel, immortelle immortal
immuable [imɥabl] unchanging
immuniser [imynize] ⟨1a⟩ immunize; ***immunisé contre*** *fig* immune to
immunitaire: ***système immunitaire*** immune system
immunité *f* JUR, MÉD immunity; ***immunité diplomatique*** diplomatic immunity
impact [ɛ̃pakt] *m* impact
impair, impaire [ɛ̃pɛr] **1** *adj* odd **2** *m* blunder
impardonnable [ɛ̃pardɔnabl] unforgiveable
imparfait, imparfaite [ɛ̃parfɛ, -t] imperfect
impartial, impartiale [ɛ̃parsjal] (*mpl* -aux) impartial
impasse [ɛ̃pas] *f* dead end; *fig* deadlock, impasse
impassible [ɛ̃pasibl] impassive
impatiemment [ɛ̃pasjamɑ̃] *adv* impatiently
impatience *f* impatience
impatient, impatiente impatient
impatienter ⟨1a⟩: ***s'impatienter*** get impatient
impayé, impayée [ɛ̃pɛje] unpaid
impeccable [ɛ̃pɛkabl] impeccable; *linge* spotless, impeccable
impeccablement *adv* impeccably
impénétrable [ɛ̃penetrabl] *forêt* impenetrable
impensable [ɛ̃pɑ̃sabl] unthinkable, inconceivable
imper [ɛ̃pɛr] *m* F raincoat, *Br* F mac
impératif, -ive [ɛ̃peratif, -iv] **1** *adj* imperative **2** *m* (*exigence*) requirement; GRAM imperative
impératrice [ɛ̃peratris] *f* empress
imperceptible [ɛ̃pɛrsɛptibl] imperceptible
imperfection [ɛ̃pɛrfɛksjõ] *f* imperfection
impérial, impériale [ɛ̃perjal] imperial
impérialisme *m* imperialism
impérieux, -euse [ɛ̃perjø, -z] *personne* imperious; *besoin* urgent, pressing
impérissable [ɛ̃perisabl] immortal; *souvenir* unforgettable
imperméabiliser [ɛ̃pɛrmeabilize] ⟨1a⟩ waterproof
imperméable 1 *adj* impermeable; *tissu* waterproof **2** *m* raincoat
impersonnel, impersonnelle [ɛ̃pɛrsɔnɛl]

I

impersonal
impertinence [ɛ̃pɛrtinɑ̃s] *f* impertinence
impertinent, **impertinente** impertinent
imperturbable [ɛ̃pɛrtyrbabl] imperturbable
impétueux, **-euse** [ɛ̃petɥø, -z] impetuous
impitoyable [ɛ̃pitwajabl] pitiless, ruthless
impitoyablement *adv* pitilessly, ruthlessly
implacable [ɛ̃plakabl] implacable
implanter [ɛ̃plɑ̃te] ⟨1a⟩ *fig* introduce; *industrie* set up, establish; ***s'implanter*** become established; *d'une industrie* set up
implication [ɛ̃plikasjõ] *f* implication
implicite implicit
impliquer ⟨1m⟩ *personne* implicate; (*entraîner*) mean, involve; (*supposer*) imply
implorer [ɛ̃plɔre] ⟨1a⟩ *aide* beg for; ***implorer qn de faire qch*** implore *ou* beg s.o. to do sth
impoli, **impolie** [ɛ̃pɔli] rude, impolite
impolitesse *f* rudeness
impopulaire [ɛ̃pɔpylɛr] unpopular
importance [ɛ̃pɔrtɑ̃s] *f* importance; *d'une ville* size; *d'une somme d'argent*, *catastrophe* magnitude
important, **importante** **1** *adj* important; *ville*, *somme* large, sizeable **2** *m*: ***l'important, c'est que …*** the important thing *ou* main thing is that …
importateur, **-trice** [ɛ̃pɔrtatœr, -tris] **1** *adj* importing **2** *m* importer
importation *f* import
importer ⟨1a⟩ **1** *v/t* import; *mode*, *musique* introduce **2** *v/i* matter, be important (***à*** to); ***peu m'importe qu'il arrive*** (*subj*) ***demain*** (*cela m'est égal*) I don't care if he arrives tomorrow; ***peu importe la couleur*** the color doesn't matter, the color isn't important; ***ce qui importe, c'est que …*** the important thing is that …; ***n'importe où*** wherever; ***n'importe qui*** whoever; ***n'importe quand*** any time; ***n'importe quoi*** just anything; ***n'importe quoi!*** nonsense!
importun, **importune** [ɛ̃pɔrtɛ̃, -yn] troublesome
importuner ⟨1a⟩ bother
imposable [ɛ̃pozabl] taxable
imposant, **imposante** imposing
imposer ⟨1a⟩ impose; *marchandise*, *industrie* tax; ***en imposer*** be impressive; ***s'imposer*** (*être nécessaire*) be essential; (*se faire admettre*) gain recognition
imposition *f* taxation
impossibilité [ɛ̃pɔsibilite] *f* impossibility; ***être dans l'impossibilité de faire qch*** be unable to do sth
impossible **1** *adj* impossible **2** *m*: ***l'impossible*** the impossible; ***faire l'impossible pour faire qch*** do one's utmost to do sth
imposteur [ɛ̃pɔstœr] *m* imposter
impôt [ɛ̃po] *m* tax; ***impôt sur le revenu*** income tax
impotent, **impotente** [ɛ̃pɔtɑ̃, -t] crippled
impraticable [ɛ̃pratikabl] *projet* impractical; *rue* impassable
imprécis, **imprécise** [ɛ̃presi, -z] vague, imprecise
imprégner [ɛ̃preɲe] ⟨1f⟩ impregnate (***de*** with); ***imprégné de*** *fig* full of
imprenable [ɛ̃prənabl] *fort* impregnable; ***vue imprenable*** unobstructed view
impression [ɛ̃prɛsjõ] *f* impression; *imprimerie* printing
impressionnable impressionable
impressionnant, **impressionnante** impressive; (*troublant*) upsetting
impressionner ⟨1a⟩ impress; (*troubler*) upset
impressionnisme *m* impressionism
impressionniste *m/f & adj* impressionist
imprévisible [ɛ̃previzibl] unpredictable
imprévu, **imprévue** **1** *adj* unexpected **2** *m*: ***sauf imprévu*** all being well, barring accidents
imprimante [ɛ̃primɑ̃t] *f* INFORM printer; ***imprimante laser*** laser printer; ***imprimante à jet d'encre*** ink-jet (printer)
imprimé *m* (*formulaire*) form; *tissu* print; *poste* ***imprimés*** printed matter *sg*
imprimer ⟨1a⟩ print; INFORM print out; *édition* publish
imprimerie *f établissement* printing works *sg*; ART printing
imprimeur *m* printer
improbable [ɛ̃prɔbabl] unlikely, improbable
improductif, **-ive** [ɛ̃prɔdyktif, -iv] *terre*, *travail* unproductive
imprononçable [ɛ̃prɔnõsabl] unpronounceable
impropre [ɛ̃prɔpr] *mot*, *outil* inappropriate; ***impropre à*** unsuitable for; ***impropre à la consommation*** unfit for human consumption
improviser [ɛ̃prɔvize] ⟨1a⟩ improvize
improviste *adv*: ***à l'improviste*** unexpectedly
imprudemment [ɛ̃prydamɑ̃] *adv* recklessly
imprudence *f* recklessness, imprudence; ***commettre une imprudence*** be careless
imprudent, **imprudente** reckless, imprudent
impudence [ɛ̃pydɑ̃s] *f* impudence
impudent, **impudente** impudent

impudique [ɛ̃pydik] shameless
impuissance [ɛ̃pɥisɑ̃s] *f* powerlessness, helplessness; MÉD impotence
impuissant, impuissante powerless, helpless; MÉD impotent
impulsif, -ive [ɛ̃pylsif, -iv] impulsive
impulsion *f* impulse; *à l'économie* boost; ***sous l'impulsion de*** urged on by
impunément [ɛ̃pynemɑ̃] *adv* with impunity
impuni, impunie unpunished; ***rester impuni*** go unpunished
impur, impure [ɛ̃pyr] *eau* dirty, polluted; (*impudique*) impure
imputable [ɛ̃pytabl] FIN chargeable; ***imputable à*** attributable to, caused by
imputer ⟨1a⟩ attribute (***à*** to); FIN charge (***sur*** to)
inabordable [inabɔrdabl] *prix* unaffordable
inacceptable [inaksɛptabl] unacceptable
inaccessible [inaksesibl] inaccessible; *personne* unapproachable; *objectif* unattainable
inachevé, inachevée [inaʃve] unfinished
inactif, -ive [inaktif, -iv] idle; *population* non-working; *remède, méthode* ineffective; *marché* slack
inadapté, inadaptée [inadapte] *enfant* handicapped; ***inadapté à*** unsuited to
inadéquat, inadéquate [inadekwa, -t] inadequate; *méthode* unsuitable
inadmissible [inadmisibl] unacceptable
inadvertance [inadvɛrtɑ̃s] *f*: ***par inadvertance*** inadvertently
inaltérable [inalterabl] *matériel* that does not deteriorate; *fig* unfailing
inanimé, inanimée [inanime] inanimate; (*mort*) lifeless; (*inconscient*) unconscious
inanition [inanisjõ] *f* starvation
inaperçu, inaperçue [inapɛrsy]: ***passer inaperçu*** go *ou* pass unnoticed
inapplicable [inaplikabl] *règlement* unenforceable
inapproprié, inappropriée [inaprɔprije] inappropriate
inapte [inapt]: ***inapte à*** unsuited to; MÉD, MIL unfit for
inattaquable [inatakabl] unassailable
inattendu, inattendue [inatɑ̃dy] unexpected
inattentif, -ive [inatɑ̃tif, -iv] inattentive
inattention *f* inattentiveness; ***erreur d'inattention*** careless mistake
inaudible [inodibl] inaudible
inauguration [inogyrasjõ] *f d'un édifice* (official) opening; *fig* inauguration
inaugurer ⟨1a⟩ *édifice* (officially) open; *fig* inaugurate
inavouable [inavwabl] shameful
incalculable [ɛ̃kalkylabl] incalculable
incapable [ɛ̃kapabl] incapable (***de qch*** of sth; ***de faire qch*** of doing sth); ***nous sommes incapables de vous répondre*** we are unable to give you an answer
incapacité *f* (*inaptitude*) incompetence; *de faire qch* inability; ***être dans l'incapacité de faire qch*** be incapable of doing sth
incarcérer [ɛ̃karsere] ⟨1f⟩ imprison, incarcerate
incarnation [ɛ̃karnasjõ] *f* embodiment, personification
incarner ⟨1a⟩ THÉÂT play; ***incarner qch*** be sth personified
incartade [ɛ̃kartad] *f* indiscretion
incassable [ɛ̃kasabl] unbreakable
incendiaire [ɛ̃sɑ̃djɛr] *adj* incendiary; *discours* inflammatory
incendie *m* fire; ***incendie criminel*** arson
incendier ⟨1a⟩ set fire to
incertain, incertaine [ɛ̃sɛrtɛ̃, -ɛn] uncertain; *temps* unsettled; (*hésitant*) indecisive
incertitude *f* uncertainty
incessamment [ɛ̃sesamɑ̃] *adv* any minute now
incessant, incessante incessant
inceste [ɛ̃sɛst] *m* incest
inchangé, inchangée [ɛ̃ʃɑ̃ʒe] unchanged
incident [ɛ̃sidɑ̃] *m* incident; ***incident de parcours*** mishap; ***incident technique*** technical problem
incinération [ɛ̃sinerasjõ] *f* incineration; *d'un cadavre* cremation
incinérer ⟨1f⟩ *ordures* incinerate; *cadavre* cremate
incisif, -ive [ɛ̃sizif, -iv] incisive
incision [ɛ̃sizjõ] *f* incision
inciter [ɛ̃site] ⟨1a⟩ encourage (***à faire qch*** to do sth); *péj* egg on (***à faire qch*** to do sth), incite
inclinable [ɛ̃klinabl] tilting
inclinaison [ɛ̃klinɛzõ] *f d'un toit* slope, slant; *d'un terrain* incline, slope
inclination *f fig* inclination (***pour*** for); ***inclination de tête*** (*salut*) nod
incliner ⟨1a⟩ tilt; ***s'incliner*** bend; *pour saluer* bow; ***s'incliner devant qch*** (*céder*) yield to sth; ***s'incliner devant qn*** *aussi fig* bow to s.o.
inclure [ɛ̃klyr] ⟨4l⟩ include; *dans une lettre* enclose
inclus, incluse: ***ci-inclus*** enclosed; ***jusqu'au 30 juin inclus*** to 30th June inclusive
incohérence [ɛ̃kɔerɑ̃s] *f de comportement* inconsistency; *de discours, explica-*

I

tion incoherence
incohérent, **incohérente** *comportement* inconsistent; *discours*, *explication* incoherent
incollable [ɛ̃kɔlabl] *riz* non-stick; ***elle est incollable*** F she's rock solid
incolore [ɛ̃kɔlɔr] colorless, *Br* colourless
incomber [ɛ̃kõbe] ⟨1a⟩: ***il vous incombe de le lui dire*** it is your responsibility *ou* duty to tell him
incommoder [ɛ̃kɔmɔde] ⟨1a⟩ bother
incomparable [ɛ̃kõparabl] incomparable
incompatibilité [ɛ̃kõpatibilite] *f* incompatibility
incompatible incompatible
incompétence [ɛ̃kõpetɑ̃s] *f* incompetence
incompétent, **incompétente** incompetent
incomplet, **-ète** [ɛ̃kõplɛ, -t] incomplete
incompréhensible [ɛ̃kõpreɑ̃sibl] incomprehensible
incompréhension *f* lack of understanding
incompris, **incomprise** misunderstood (***de*** by)
inconcevable [ɛ̃kõsvabl] inconceivable
inconditionnel, **inconditionnelle** [ɛ̃kõdisjɔnɛl] **1** *adj* unconditional **2** *m/f* fan, fanatic
inconfortable [ɛ̃kõfɔrtabl] uncomfortable
incongru, **incongrue** [ɛ̃kõgry] incongruous
inconnu, **inconnue** [ɛ̃kɔny] **1** *adj* (*ignoré*) unknown; (*étranger*) strange **2** *m/f* stranger
inconscience [ɛ̃kõsjɑ̃s] *f physique* unconsciousness
inconscient, **inconsciente** **1** *adj physique*, PSYCH unconscious; (*irréfléchi*) irresponsible **2** *m* PSYCH: ***l'inconscient*** the unconscious (mind)
inconsidéré, **inconsidérée** [ɛ̃kõsidere] rash, thoughtless
inconsistant, **inconsistante** [ɛ̃kõsistɑ̃, -t] inconsistent; *fig*: *raisonnement* flimsy
inconsolable [ɛ̃kõsɔlabl] inconsolable
inconstant, **inconstante** [ɛ̃kõstɑ̃, -t] changeable
incontestable [ɛ̃kõtɛstabl] indisputable
incontestablement *adv* indisputably
incontesté, **incontestée** outright
incontournable [ɛ̃kõturnabl]: ***être incontournable*** *d'un monument*, *d'un événement* be a must
incontrôlable [ɛ̃kõtrolabl] uncontrollable; *pas vérifiable* unverifiable
inconvénient [ɛ̃kõvenjɑ̃] *m* disadvantage *m*; ***si vous n'y voyez aucun inconvénient*** if you have no objection
incorporer [ɛ̃kɔrpɔre] ⟨1a⟩ incorporate (***à*** with, into); MIL draft; ***avec flash incorporé*** with built-in flash
incorrect, **incorrecte** [ɛ̃kɔrɛkt] wrong, incorrect; *comportement*, *tenue*, *langage* improper
incorrigible [ɛ̃kɔriʒibl] incorrigible
incorruptible [ɛ̃kɔryptibl] incorruptible
incrédule [ɛ̃kredyl] (*sceptique*) incredulous
incrédulité *f* incredulity
increvable [ɛ̃krəvabl] *pneu* puncture-proof; F full of energy
incriminer [ɛ̃krimine] ⟨1a⟩ *personne* blame; JUR accuse; *paroles*, *actions* condemn
incroyable [ɛ̃krwajabl] incredible, unbelievable
incroyablement *adv* incredibly, unbelievably
incrustation [ɛ̃krystasjõ] *f ornement* inlay
incruster: ***s'incruster*** *chez qn* be impossible to get rid of
incubateur [ɛ̃kybatœr] *m* incubator
incubation *f* incubation
inculpation [ɛ̃kylpasjõ] *f* JUR indictment
inculpé, **inculpée** *m/f*: ***l'inculpé*** the accused, the defendant
inculper ⟨1a⟩ JUR charge, indict (***de, pour*** with)
inculquer [ɛ̃kylke] ⟨1m⟩: ***inculquer qch à qn*** instill *or Br* instil sth into s.o.
inculte [ɛ̃kylt] *terre* waste *atr*, uncultivated; (*ignorant*) uneducated
incurable [ɛ̃kyrabl] incurable
incursion [ɛ̃kyrsjõ] *f* MIL raid, incursion; *fig*: *dans la politique etc* foray, venture (***dans*** into)
indécent, **indécente** [ɛ̃desɑ̃, -t] indecent; (*incorrect*) inappropriate, improper
indéchiffrable [ɛ̃deʃifrabl] *message*, *écriture* indecipherable
indécis, **indécise** [ɛ̃desi, -z] undecided; *personne*, *caractère* indecisive
indécision *f de caractère* indecisiveness
indéfendable [ɛ̃defɑ̃dabl] MIL, *fig* indefensible
indéfini, **indéfinie** [ɛ̃defini] indefinite; (*imprécis*) undefined; ***article*** *m* ***indéfini*** indefinite article
indéfiniment *adv* indefinitely
indéfinissable indefinable
indélébile [ɛ̃delebil] indelible
indélicat, **indélicate** [ɛ̃delika, -t] *personne*, *action* tactless
indemne [ɛ̃dɛmn] unhurt

indemnisation [ɛ̃dɛmnizasjõ] *f* compensation
indemniser ⟨1a⟩ compensate (***de*** for)
indemnité *f* (*dédommagement*) compensation; (*allocation*) allowance
indémodable [ɛ̃demɔdabl] classic, timeless
indéniable [ɛ̃denjabl] undeniable
indépendamment [ɛ̃depɑ̃damɑ̃] *adv* independently; ***indépendamment de*** *en faisant abstraction de* regardless of; (*en plus de*) apart from
indépendance *f* independence
indépendant, **indépendante** independent (***de*** of); *journaliste*, *traducteur* freelance
indépendantiste (pro-)independence *atr*
indescriptible [ɛ̃dɛskriptibl] indescribable
indésirable [ɛ̃dezirabl] undesirable
indestructible [ɛ̃dɛstryktibl] indestructible
indéterminé, **indéterminée** [ɛ̃detɛrmine] unspecified
index [ɛ̃dɛks] *m d'un livre* index; *doigt* index finger
indic [ɛ̃dik] *m/f* F grass F
indicateur, **-trice** [ɛ̃dikatœr, -tris] *m* (*espion*) informer; TECH gauge, indicator
indicatif *m* GRAM indicative; *de radio* signature tune; TÉL code; ***à titre indicatif*** to give me / you / *etc* an idea
indication *f* indication; (*information*) piece of information; ***indications*** instructions
indice [ɛ̃dis] *m* (*signe*) sign, indication; JUR clue; ***indice des prix*** price index; ***indice de protection*** protection factor
indien, **indienne** [ɛ̃djɛ̃, -ɛn] **1** *adj* Indian; *d'Amérique aussi* native American **2** *m/f* **Indien**, **Indienne** Indian; *d'Amérique aussi* native American
indifféremment [ɛ̃diferamɑ̃] *adv* indiscriminately
indifférence *f* indifference
indifférent, **indifférente** indifferent
indigène [ɛ̃diʒɛn] **1** *adj* native, indigenous **2** *m/f* native
indigeste [ɛ̃diʒɛst] indigestible
indigestion *f* MÉD indigestion
indignation [ɛ̃diɲasjõ] *f* indignation
indigne [ɛ̃diɲ] unworthy (***de*** of); *parents* unfit
indigner [ɛ̃diɲe] ⟨1a⟩ make indignant; ***s'indigner de qch / contre qn*** be indignant about sth / with s.o.
indiqué, **indiquée** [ɛ̃dike] appropriate; ***ce n'est pas indiqué*** it's not advisable
indiquer ⟨1m⟩ indicate, show; *d'une pendule* show; (*recommander*) recommend; ***indiquer qn du doigt*** point at s.o.
indirect, **indirecte** [ɛ̃dirɛkt] indirect
indirectement *adv* indirectly
indiscipline [ɛ̃disiplin] *f* lack of discipline, indiscipline
indiscipliné, **indisciplinée** undisciplined; *cheveux* unmanageable
indiscret, **-ète** [ɛ̃diskrɛ, -t] indiscreet
indiscrétion indiscretion
indiscutable [ɛ̃diskytabl] indisputable
indispensable [ɛ̃dispɑ̃sabl] indispensable, essential
indisposer [ɛ̃dispɔze] ⟨1a⟩ (*rendre malade*) make ill, sicken; (*fâcher*) annoy
indistinct, **indistincte** [ɛ̃distɛ̃(kt), -ɛ̃kt] indistinct
indistinctement *adv* indistinctly; (*indifféremment*) without distinction
individu [ɛ̃dividy] *m* individual (*aussi péj*)
individualisme *m* individualism
individualiste individualistic
individualité *f* individuality
individuel, **individuelle** individual; *secrétaire* private, personal; *liberté*, *responsabilité* personal; *chambre* single; *maison* detached
individuellement *adv* individually
indivisible [ɛ̃divizibl] indivisible
indolence [ɛ̃dɔlɑ̃s] *f* laziness, indolence
indolent, **indolente** lazy, indolent
indolore [ɛ̃dɔlɔr] painless
indomptable [ɛ̃dõtabl] *fig* indomitable
Indonésie [ɛ̃dɔnezi] *f*: ***l'Indonésie*** Indonesia
indonésien, **indonésienne** **1** *adj* Indonesian **2** *m langue* Indonesian **3** *m/f* **Indonésien**, **Indonésienne** Indonesian
indu, **indue** [ɛ̃dy]: ***à une heure indue*** at some ungodly hour
indubitable [ɛ̃dybitabl] indisputable
induire [ɛ̃dɥir] ⟨4c⟩: ***induire qn en erreur*** mislead s.o.
indulgence [ɛ̃dylʒɑ̃s] *f* indulgence; *d'un juge* leniency
indulgent, **indulgente** indulgent; *juge* lenient
industrialisation [ɛ̃dystrijalizasjõ] *f* industrialization
industrialisé: ***les pays industrialisés*** the industrialized nations
industrialiser ⟨1a⟩ industrialize
industrie *f* industry; ***industrie automobile*** car industry, auto industry; ***industrie lourde*** heavy industry
industriel, **industrielle** **1** *adj* industrial **2** *m* industrialist
inébranlable [inebrɑ̃labl] solid (as a rock); *fig*: *personne*, *foi aussi* unshake-

able
inédit, **inédite** [inedi, -t] (*pas édité*) unpublished; (*nouveau*) original, unique
inefficace [inefikas] inefficient; *remède* ineffective
inégal, **inégale** [inegal] (*mpl* -aux) unequal; *surface* uneven; *rythme* irregular
inégalé, **inégalée** unequaled, *Br* unequalled
inégalité *f* inequality; *d'une surface* unevenness
inéligible [ineliʒibl] ineligible
inéluctable [inelyktabl] unavoidable
inepte [inɛpt] inept
ineptie *f* ineptitude; ***inepties*** nonsense *sg*
inépuisable [inepɥizabl] inexhaustible
inerte [inɛrt] *corps* lifeless, inert; PHYS inert
inertie *f* inertia (*aussi* PHYS)
inespéré, **inespérée** [inɛspere] unexpected, unhoped-for
inestimable [inɛstimabl] *tableau* priceless; *aide* invaluable
inévitable [inevitabl] inevitable; *accident* unavoidable
inexact, **inexacte** [inɛgza(kt), -akt] inaccurate
inexcusable [inɛkskyzabl] inexcusable, unforgiveable
inexistant, **inexistante** [inɛgzistɑ̃, -t] non-existent
inexpérimenté, **inexpérimentée** [inɛksperimɑ̃te] *personne* inexperienced
inexplicable [inɛksplikabl] inexplicable
inexpliqué, **inexpliquée** unexplained
inexploré, **inexplorée** [inɛksplɔre] unexplored
inexprimable [inɛksprimabl] inexpressible
infaillible [ɛ̃fajibl] infallible
infaisable [ɛ̃fəzabl] not doable, not feasible
infâme [ɛ̃fɑm] vile
infanterie [ɛ̃fɑ̃tri] *f* MIL infantry
infantile [ɛ̃fɑ̃til] *mortalité* infant *atr*; *péj* infantile; ***maladie f infantile*** children's illness, childhood illness
infarctus [ɛ̃farktys] *m* MÉD: ***infarctus du myocarde*** coronary (thrombosis), myocardial infarction *fml*
infatigable [ɛ̃fatigabl] tireless, indefatigable
infect, **infecte** [ɛ̃fɛkt] disgusting; *temps* foul
infecter ⟨1a⟩ infect; *air*, *eau* pollute; ***s'infecter*** become infected
infectieux, **-euse** infectious
infection *f* MÉD infection
inférieur, **inférieure** [ɛ̃ferjœr] **1** *adj* lower; *qualité* inferior **2** *m/f* inferior
infériorité *f* inferiority
infernal, **infernale** [ɛ̃fɛrnal] (*mpl* -aux) infernal
infester [ɛ̃fɛste] ⟨1a⟩ *d'insectes*, *de plantes* infest, overrun
infidèle [ɛ̃fidɛl] unfaithful; REL pagan *atr*
infidélité *f* infidelity
infiltrer [ɛ̃filtre] ⟨1a⟩: ***s'infiltrer dans*** get into; *fig* infiltrate
infime [ɛ̃fim] tiny, infinitesimal
infini, **infinie** [ɛ̃fini] **1** *adj* infinite **2** *m* infinity; ***à l'infini*** to infinity
infiniment *adv* infinitely
infinité *f* infinity; ***une infinité de*** an enormous number of
infinitif [ɛ̃finitif] *m* infinitive
infirme [ɛ̃firm] **1** *adj* disabled **2** *m/f* disabled person
infirmerie *f* infirmary; ÉDU infirmary
infirmier, **-ère** *m/f* nurse
infirmité *f* disability
inflammable [ɛ̃flamabl] flammable
inflammation *f* MÉD inflammation
inflation [ɛ̃flasjõ] *f* inflation
inflationniste inflationary
inflexible [ɛ̃flɛksibl] inflexible
infliger [ɛ̃fliʒe] ⟨1l⟩ *peine* inflict (**à** on); *défaite* impose
influençable [ɛ̃flyɑ̃sabl] easily influenced *ou* swayed
influence *f* influence
influencer ⟨1k⟩ influence
influent, **influente** influential
influer [ɛ̃flye] ⟨1a⟩: ***influer sur*** affect
info [ɛ̃fo] *f* F RAD, TV news item; ***les infos*** the news *sg*
informateur, **-trice** *m/f* informant
informaticien, **informaticienne** [ɛ̃fɔrmatisjɛ̃, -ɛn] *m/f* computer scientist
informatif, **-ive** [ɛ̃fɔrmatif, -iv] informative
information *f* information; JUR inquiry; ***une information*** a piece of information; ***des informations*** some information *sg*; RAD, TV a news item; ***les informations*** RAD, TV the news *sg*; ***traitement m de l'information*** data processing
informatique [ɛ̃fɔrmatik] **1** *adj* computer *atr* **2** *f* information technology, IT
informatiser ⟨1a⟩ computerize
informe [ɛ̃fɔrm] shapeless
informer [ɛ̃fɔrme] ⟨1a⟩ inform (**de** of); ***s'informer*** find out (***de qch auprès de qn*** about sth from s.o.)
infraction [ɛ̃fraksjõ] *f* infringement (**à** of); ***infraction au code de la route*** traffic violation, *Br* traffic offence
infranchissable [ɛ̃frɑ̃ʃisabl] impossible

to cross; *obstacle* insurmountable
infrarouge [ɛ̃fraruʒ] infrared
infrastructure [ɛ̃frastryktyr] *f* infrastructure
infroissable [ɛ̃frwasabl] crease-resistant
infructueux, -euse [ɛ̃fryktɥø, -z] unsuccessful
infuser [ɛ̃fyze] ⟨1a⟩ **1** *v/t* infuse **2** *v/i*: ***faire infuser*** *thé* brew
infusion [ɛ̃fyzjõ] *f* herb tea
ingénier [ɛ̃ʒenje] ⟨1a⟩: ***s'ingénier à faire qch*** go out of one's way to do sth
ingénierie [ɛ̃ʒenjəri] *f* engineering
ingénieur *m* engineer
ingénieux, -euse ingenious
ingéniosité *f* ingeniousness
ingérence [ɛ̃ʒerɑ̃s] *f* interference
ingérer ⟨1f⟩: ***s'ingérer*** interfere (***dans*** in)
ingrat, ingrate [ɛ̃gra, -t] ungrateful; *tâche* thankless
ingratitude *f* ingratitude
ingrédient [ɛ̃gredjɑ̃] *m* ingredient
inguérissable [ɛ̃gerisabl] incurable
ingurgiter [ɛ̃gyrʒite] ⟨1a⟩ gulp down
inhabitable [inabitabl] uninhabitable
inhabité, inhabitée uninhabited
inhabituel, inhabituelle [inabitɥɛl] unusual
inhalateur [inalatœr] *m* MÉD inhaler
inhaler ⟨1a⟩ inhale
inhérent, inhérente [inerɑ̃, -t] inherent (***à*** in)
inhibé, inhibée [inibe] inhibited
inhibition *f* PSYCH inhibition
inhospitalier, -ère [inɔspitalje, -ɛr] inhospitable
inhumain, inhumaine [inymɛ̃, -ɛn] inhuman
inimaginable [inimaʒinabl] unimaginable
inimitable [inimitabl] inimitable
ininflammable [inɛ̃flamabl] non-flammable
ininterrompu, ininterrompue [inɛ̃tɛrõpy] uninterrupted; *musique, pluie* non-stop; *sommeil* unbroken
initial, initiale [inisjal] (*mpl* -aux) **1** *adj* initial **2** *f* initial (letter)
initiation *f* initiation; ***initiation à*** *fig* introduction to
initiative [inisjativ] *f* initiative; ***prendre l'initiative*** take the initiative
inimitié [inimitje] *f* enmity
inintelligible [inɛ̃teliʒibl] unintelligible
inintéressant, inintéressante [inɛ̃teresɑ̃, -t] uninteresting
initié, initiée [inisje] *m/f* insider
initier ⟨1a⟩ (*instruire*) initiate (***à*** in); *fig* introduce (***à*** to)
injecté, injectée [ɛ̃ʒɛkte]: ***injecté (de sang)*** blood-shot
injecter ⟨1a⟩ inject
injection *f* injection
injoignable [ɛ̃ʒwaɲabl] unreachable, uncontactable
injonction [ɛ̃ʒõksjõ] *f* injunction
injure [ɛ̃ʒyr] *f* insult; ***injures*** abuse *sg*
injurier ⟨1a⟩ insult, abuse
injurieux, -euse insulting, abusive
injuste [ɛ̃ʒyst] unfair, unjust
injustice *f* injustice; *d'une décision* unfairness
injustifié, injustifiée unjustified
inlassable [ɛ̃lasabl] tireless
inné, innée [in(n)e] innate
innocence [inɔsɑ̃s] *f* innocence
innocent, innocente innocent
innocenter ⟨1a⟩ clear
innombrable [inõbrabl] countless; *auditoire, foule* vast
innovant, innovante [inɔvɑ̃, -t] innovative
innovateur, -trice **1** *adj* innovative **2** *m/f* innovator
innovation *f* innovation
inoccupé, inoccupée [inɔkype] *personne* idle; *maison* unoccupied
inoculer [inɔkyle] ⟨1a⟩ inoculate
inodore [inɔdɔr] odorless, *Br* odourless
inoffensif, -ive [inɔfɑ̃sif, -iv] harmless; *humour* inoffensive
inondation [inõdasjõ] *f* flood
inonder ⟨1a⟩ flood; ***inonder de*** *fig* inundate with
inopérable [inɔperabl] inoperable
inopiné, inopinée [inɔpine] unexpected
inopinément *adv* unexpectedly
inopportun, inopportune [inɔpɔrtœ̃, -yn] ill-timed, inopportune
inorganique [inɔrganik] inorganic
inoubliable [inublijabl] unforgettable
inouï, inouïe [inwi] unheard-of
inox® [inɔks] *m* stainless steel
inoxydable stainless; ***acier inoxydable*** stainless steel
inqualifiable [ɛ̃kalifjabl] unspeakable
inquiet, -ète [ɛ̃kjɛ, -t] anxious, worried (***de*** about)
inquiétant, inquiétante worrying
inquiéter ⟨1f⟩ worry; ***s'inquiéter*** worry (***de*** about)
inquiétude *f* anxiety
insaisissable [ɛ̃sezisabl] elusive; *différence* imperceptible
insalubre [ɛ̃salybr] insalubrious; *climat* unhealthy
insatiable [ɛ̃sasjabl] insatiable
insatisfaisant, insatisfaisante [ɛ̃satisfəzɑ̃, -t] unsatisfactory

insatisfait, **insatisfaite** unsatisfied; *mécontent* dissatisfied
inscription [ɛ̃skripsjõ] *f* inscription; (*immatriculation*) registration
inscrire ⟨4f⟩ (*noter*) write down, note; *dans registre* enter; *à examen* register; (*graver*) inscribe; ***s'inscrire*** put one's name down; *à l'université* register; *à un cours* enroll, *Br* enrol, put one's name down (***à*** for); ***s'inscrire dans un club*** join a club
insecte [ɛ̃sɛkt] *m* insect
insecticide *m* insecticide
insécurité [ɛ̃sekyrite] *f* insecurity; ***il faut combattre l'insécurité*** we have to tackle the security problem
insémination [ɛ̃seminasjõ] *f*: ***insémination artificielle*** artificial insemination
insensé, **insensée** [ɛ̃sɑ̃se] mad, insane
insensibiliser [ɛ̃sɑ̃sibilize] ⟨1a⟩ numb
insensibilité *f* insensitivity
insensible ANAT numb; *personne* insensitive (***à*** to)
inséparable [ɛ̃separabl] inseparable
insérer [ɛ̃sere] ⟨1f⟩ insert, put; ***insérer une annonce dans le journal*** put an ad in the paper
insertion *f* insertion
insidieux, **-euse** [ɛ̃sidjø, -z] insidious
insigne [ɛ̃siɲ] *m* (*emblème*) insignia; (*badge*) badge
insignifiant, **insignifiante** [ɛ̃siɲifjɑ̃, -t] insignificant
insinuer [ɛ̃sinɥe] ⟨1n⟩ insinuate; ***s'insinuer dans*** worm one's way into
insipide [ɛ̃sipid] insipid
insistance [ɛ̃sistɑ̃s] *f* insistence
insistant, **insistante** insistent
insister ⟨1a⟩ insist; F (*persévérer*) persevere; ***insister pour faire qch*** insist on doing sth; ***insister sur qch*** (*souligner*) stress sth
insolation [ɛ̃sɔlasjõ] *f* sunstroke
insolence [ɛ̃sɔlɑ̃s] *f* insolence
insolent, **insolente** insolent
insolite [ɛ̃sɔlit] unusual
insoluble [ɛ̃sɔlybl] insoluble
insolvable [ɛ̃sɔlvabl] insolvent
insomniaque [ɛ̃sɔmnjak] *m/f* insomniac
insomnie *f* insomnia
insonoriser [ɛ̃sɔnɔrize] soundproof
insouciant, **insouciante** [ɛ̃susjɑ̃, -t] carefree
insoumis [ɛ̃sumi] rebellious
insoupçonnable [ɛ̃supsɔnabl] *personne* above suspicion
insoupçonné, **insoupçonnée** unsuspected
insoutenable [ɛ̃sutnabl] (*insupportable*) unbearable; *argument*, *revendication* untenable
inspecter [ɛ̃spɛkte] ⟨1a⟩ inspect
inspecteur, **-trice** *m/f* inspector
inspection *f* inspection
inspiration [ɛ̃spirasjõ] *f fig* inspiration
inspirer ⟨1a⟩ **1** *v/i* breathe in, inhale **2** *v/t* inspire; ***s'inspirer de*** be inspired by
instable [ɛ̃stabl] unstable; *table*, *échelle* unsteady
installation [ɛ̃stalasjõ] *f* installation; ***installation électrique*** wiring; ***installation militaire*** military installation; ***installations*** facilities
installer ⟨1a⟩ install; *appartement*: fit out; (*loger*, *placer*) put, place; ***s'installer*** (*s'établir*) settle down; *à la campagne etc* settle; *d'un médecin*, *dentiste* set up in practice; ***s'installer chez qn*** make o.s. at home at s.o.'s place
instance [ɛ̃stɑ̃s] *f* (*autorité*) authority; ***ils sont en instance de divorce*** they have filed for a divorce
instant [ɛ̃stɑ̃] *m* instant, moment; ***à l'instant*** just this minute; ***en un instant*** in an instant *ou* moment; ***à l'instant où je vous parle*** even as I speak; ***ça sera fini d'un instant à l'autre*** it will be finished any minute now; ***dans un instant*** in a minute; ***pour l'instant*** for the moment
instantané, **instantanée** [ɛ̃stɑ̃tane] **1** *adj* immediate; *café* instant; *mort* instantaneous **2** *m* PHOT snap(shot)
instantanément *adv* immediately
instaurer [ɛ̃store] ⟨1a⟩ establish
instigateur, **-trice** [ɛ̃stigatœr, -tris] *m/f* instigator
instigation *f*: ***à l'instigation de qn*** at s.o.'s instigation
instinct [ɛ̃stɛ̃] *m* instinct
instinctif, **-ive** instinctive
instinctivement *adv* instinctively
instituer [ɛ̃stitɥe] ⟨1n⟩ introduce
institut [ɛ̃stity] *m* institute; ***institut de beauté*** beauty salon
instituteur, **-trice** [ɛ̃stitytœr, -tris] *m/f* (primary) school teacher
institution [ɛ̃stitysjõ] *f* institution
instructeur [ɛ̃stryktœr] *m* MIL instructor
instructif, **-ive** instructive
instruction *f* (*enseignement*, *culture*) education; MIL training; JUR preliminary investigation; INFORM instruction; ***instructions*** instructions
instruire ⟨4c⟩ ÉDU educate, teach; MIL train; JUR investigate
instruit, **instruite** (well-)educated
instrument [ɛ̃strymɑ̃] *m* instrument; ***instrument à cordes/à vent/à percussion***

string / wind / percussion instrument
insu [ɛ̃sy]: ***à l'insu de*** unbeknownst to; ***à mon insu*** unbeknownst to me
insubmersible [ɛ̃sybmɛrsibl] unsinkable
insubordination [ɛ̃sybɔrdinasjõ] *f* insubordination
insubordonné, **insubordonnée** insubordinate
insuffisance *f* deficiency; ***insuffisance respiratoire*** respiratory problem; ***insuffisance cardiaque*** heart problem
insuffisant, **insuffisante** [ɛ̃syfizɑ̃, -t] *quantité* insufficient; *qualité* inadequate; ***un effort insuffisant*** not enough of an effort
insulaire [ɛ̃sylɛr] **1** *adj* island *atr* **2** *m/f* islander
insuline [ɛ̃sylin] *f* insulin
insultant, **insultante** [ɛ̃syltɑ̃, -t] insulting
insulte *f* insult
insulter ⟨1a⟩ insult
insupportable [ɛ̃sypɔrtabl] unbearable
insurger [ɛ̃syrʒe] ⟨1l⟩: ***s'insurger contre*** rise up against
insurmontable [ɛ̃syrmõtabl] insurmountable
insurrection [ɛ̃syrɛksjõ] *f* insurrection
intact, **intacte** [ɛ̃takt] intact
intarissable [ɛ̃tarisabl] *source* inexhaustible
intégral, **intégrale** [ɛ̃tegral] (*mpl* -aux) full, complete; *texte* unabridged
intégralement *adv payer, recopier* in full
intégrant, **intégrante**: ***faire partie intégrante de*** be an integral part of
intégration *f* (*assimilation*) integration
intègre [ɛ̃tɛgr] of integrity
intégrer [ɛ̃tegre] ⟨1a⟩ (*assimiler*) integrate; (*incorporer*) incorporate
intégrisme [ɛ̃tegrism] *m* fundamentalism
intégriste *m/f & adj* fundamentalist
intégrité [ɛ̃tegrite] *f* integrity
intellectuel, **intellectuelle** [ɛ̃telɛktɥɛl] *m/f & adj* intellectual
intelligemment [ɛ̃teliʒamɑ̃] *adv* intelligently
intelligence *f* intelligence; ***intelligence artificielle*** artificial intelligence
intelligent, **intelligente** intelligent
intello *m/f* F egghead F
intempéries [ɛ̃tɑ̃peri] *fpl* bad weather *sg*
intempestif, **-ive** [ɛ̃tɑ̃pɛstif, -iv] untimely
intenable [ɛ̃t(ə)nabl] *situation, froid* unbearable
intense [ɛ̃tɑ̃s] intense
intensif, **-ive** intensive
intensification *f* intensification; *d'un conflit* escalation
intensifier intensify, step up; ***s'intensifier*** intensify; *d'un conflit* escalate
intensité *f* intensity
intenter [ɛ̃tɑ̃te] ⟨1a⟩: ***intenter un procès contre*** start proceedings against
intention [ɛ̃tɑ̃sjõ] *f* intention; ***avoir l'intention de faire qch*** intend to do sth; ***à l'intention de*** for; ***c'est l'intention qui compte*** it's the thought that counts
intentionné, **intentionnée**: ***bien intentionné*** well-meaning; ***mal intentionné*** ill-intentioned
intentionnel, **intentionnelle** intentional
interactif, **-ive** [ɛ̃tɛraktif, -iv] interactive
intercaler [ɛ̃tɛrkale] ⟨1a⟩ insert
intercéder [ɛ̃tɛrsede] ⟨1f⟩: ***intercéder pour qn*** intercede for s.o.
intercepter [ɛ̃tɛrsɛpte] ⟨1a⟩ intercept; *soleil* shut out
interchangeable [ɛ̃tɛrʃɑ̃ʒabl] interchangeable
interclasse [ɛ̃tɛrklas] *m* ÉDU (short) break
intercontinental [ɛ̃tɛrkõtinɑ̃tal] intercontinental
interdépendance [ɛ̃tɛrdepɑ̃dɑ̃s] *f* interdependence
interdépendant, **interdépendante** interdependent
interdiction [ɛ̃tɛrdiksjõ] *f* ban
interdire ⟨4m⟩ ban; ***interdire à qn de faire qch*** forbid s.o. to do sth
interdit, **interdite** forbidden; (*très étonné*) taken aback
intéressant, **intéressante** [ɛ̃terɛsɑ̃, -t] interesting; (*avide*) selfish; *prix* good; *situation* well-paid
interéssé, **interéssée** interested; ***les parties interéssées*** the people concerned; ***être interéssé aux bénéfices*** COMM have a share in the profits
intéressement *m aux bénéfices* share
intéresser ⟨1b⟩ interest; (*concerner*) concern; ***s'intéresser à*** be interested in
intérêt [ɛ̃terɛ] *m* interest; (*égoïsme*) self-interest; ***intérêts*** COMM interest *sg*; ***il a intérêt à le faire*** it's in his interest to do it; ***agir par intérêt*** act out of self-interest; ***prêt sans intérêt*** interest-free loan
interface [ɛ̃tɛrfas] *f* interface
interférence [ɛ̃tɛrferɑ̃s] *f* PHYS, *fig* interference
intérieur, **intérieure** [ɛ̃terjœr] **1** *adj poche* inside; *porte, cour, vie* inner; *commerce, marché, politique, vol* domestic; *mer* inland **2** *m* inside; *d'un pays, d'une auto* interior; ***à l'intérieur*** (***de***) inside; ***ministre*** *m* ***de l'Intérieur*** Secretary of the Interior, *Br* Home Secretary
intérim [ɛ̃terim] *m* interim; *travail* tempo-

rary work; ***assurer l'intérim*** stand in; ***par intérim*** acting
intérimaire 1 *adj travail* temporary **2** *m/f* temp
intérioriser [ɛ̃terjɔrize] ⟨1a⟩ internalize
interlocuteur, **-trice** [ɛ̃tɛrlɔkytœr, -tris] *m/f*: ***mon / son interlocuteur*** the person I/she was talking to
interloquer [ɛ̃tɛrlɔke] ⟨1m⟩ take aback
interlude [ɛ̃tɛrlyd] *m* interlude
intermède [ɛ̃tɛrmɛd] *m* interlude
intermédiaire [ɛ̃tɛrmedjɛr] **1** *adj* intermediate **2** *m/f* intermediary, go-between; COMM middleman; ***par l'intermédiaire de qn*** through s.o.
interminable [ɛ̃tɛrminabl] interminable
intermittence [ɛ̃tɛrmitɑ̃s] *f*: ***par intermittence*** intermittently
intermittent, **intermittente** intermittent
internat [ɛ̃tɛrna] *m* ÉDU boarding school
international, **internationale** [ɛ̃tɛrnasjɔnal] (*mpl* -aux) *m/f & adj* international
interne [ɛ̃tɛrn] **1** *adj* internal; *oreille* inner; *d'une société* in-house **2** *m/f élève* boarder; *médecin* intern, *Br* houseman
interné, **internée** *m/f* inmate
interner ⟨1a⟩ intern
Internet [ɛ̃tɛrnɛt] *m* Internet; ***sur Internet*** on the Internet *ou* the Net
interpeller [ɛ̃tɛrpəle] (1a *orthographe*, 1c *prononciation*) call out to; *de la police*, POL question
interphone [ɛ̃tɛrfɔn] *m* intercom; *d'un immeuble* entry phone
interposer [ɛ̃tɛrpoze] ⟨1a⟩ interpose; ***par personne interposée*** through an intermediary; ***s'interposer*** (*intervenir*) intervene
interprétation [ɛ̃tɛrpretasjõ] *f* interpretation; *au théâtre* performance
interprète *m/f* (*traducteur*) interpreter; (*porte-parole*) spokesperson
interpréter ⟨1f⟩ interpret; *rôle*, MUS play
interrogateur, **-trice** [ɛ̃tɛrɔgatœr, -tris] questioning
interrogatif, **-ive** *air*, *ton* inquiring, questioning; GRAM interrogative
interrogation *f* question; *d'un suspect* questioning, interrogation; ***point*** *m* ***d'interrogation*** question mark
interrogatoire *m par police* questioning; *par juge* cross-examination
interroger ⟨1l⟩ question; *de la police* question, interrogate; *d'un juge* cross-examine
interrompre [ɛ̃tɛrõpr] ⟨4a⟩ interrupt; ***s'interrompre*** break off
interrupteur [ɛ̃tɛryptœr] *m* switch
interruption *f* interruption; ***sans interruption*** without stopping; ***interruption volontaire de grossesse*** termination, abortion
intersection [ɛ̃tɛrsɛksjõ] *f* intersection
interstice [ɛ̃tɛrstis] *m* crack
interurbain, **interurbaine** [ɛ̃tɛryrbɛ̃, -ɛn] long-distance
intervalle [ɛ̃tɛrval] *m d'espace* space, gap; *de temps* interval
intervenant, **intervenante** [ɛ̃tɛrvənɑ̃, -t] *m/f* participant
intervenir ⟨2h⟩ (*aux* ***être***) intervene (***en faveur de*** on behalf of); *d'une rencontre* take place
intervention [ɛ̃tɛrvɑ̃sjõ] *f* intervention; MÉD operation; (*discours*) speech
interview [ɛ̃tɛrvju] *f* interview
interviewer ⟨1a⟩ interview
intestin, **intestine** [ɛ̃tɛstɛ̃, -in] **1** *adj* internal **2** *m* intestin
intestinal, **intestinale** (*mpl* -aux) intestinal
intime [ɛ̃tim] **1** *adj* intimate; *ami* close; *pièce* cozy, *Br* cosy; *vie* private **2** *m/f* close friend
intimidation [ɛ̃timidasjõ] *f* intimidation
intimider ⟨1a⟩ intimidate
intimité [ɛ̃timite] *f entre amis* closeness, intimacy; *vie privée* privacy, private life; ***dans l'intimité*** in private; *dîner* with a few close friends
intituler [ɛ̃tityle] ⟨1a⟩ call; ***s'intituler*** be called
intolérable [ɛ̃tɔlerabl] intolerable
intolérance *f* intolerance
intolérant, **intolérante** intolerant
intoxication [ɛ̃tɔksikasjõ] *f* poisoning; ***intoxication alimentaire*** food poisoning
intoxiquer ⟨1m⟩ poison; *fig* brainwash
intraduisible [ɛ̃tradɥizibl] untranslatable; *peine*, *souffrance* indescribable
intraitable [ɛ̃trɛtabl] uncompromising
Intranet [ɛ̃tranɛt] *m* intranet
intransigeant, **intransigeante** [ɛ̃trɑ̃ziʒɑ̃, -t] intransigent
intransitif, **-ive** [ɛ̃trɑ̃zitif, -iv] GRAM intransitive
intraveineux, **-euse** [ɛ̃travɛnø, -z] intravenous
intrépide [ɛ̃trepid] intrepid
intrigant, **intrigante** [ɛ̃trigɑ̃, -t] scheming
intrigue *f* plot; ***intrigues*** scheming *sg*, plotting *sg*
intriguer ⟨1m⟩ **1** *v/i* scheme, plot **2** *v/t* intrigue
intrinsèque [ɛ̃trɛ̃sɛk] intrinsic
introduction [ɛ̃trɔdyksjõ] *f* introduction
introduire [ɛ̃trɔdɥir] ⟨4c⟩ introduce; *visiteur* show in; (*engager*) insert; ***s'introdui-***

re dans gain entry to
introuvable [ɛ̃truvabl] impossible to find
introverti, **introvertie** [ɛ̃trɔvɛrti] *m/f* introvert
intrus, **intruse** [ɛ̃try, -z] *m/f* intruder
intrusion *f* intrusion
intuitif, **-ive** [ɛ̃tɥitif, -iv] intuitive
intuition *f* intuition; (*pressentiment*) premonition
inusable [inyzabl] hard-wearing
inutile [inytil] *qui ne sert pas* useless; (*superflu*) pointless, unnecessary
inutilisable unuseable
inutilisé, **inutilisée** unused
invaincu, **invaincue** [ɛ̃vɛ̃ky] unbeaten
invalide [ɛ̃valid] **1** *adj* (*infirme*) disabled **2** *m/f* disabled person; ***invalide du travail*** person who is disabled as the result of an industrial accident
invalider ⟨1a⟩ JUR, POL invalidate
invalidité *f* disability
invariable [ɛ̃varjabl] invariable
invasion [ɛ̃vazjõ] *f* invasion
invendable [ɛ̃vɑ̃dabl] unsellable
invendus *mpl* unsold goods
inventaire [ɛ̃vɑ̃tɛr] *m* inventory; COMM *opération* stocktaking
inventer [ɛ̃vɑ̃te] ⟨1a⟩ invent; *histoire* make up
inventeur, **-trice** *m/f* inventor
inventif, **-ive** inventive
invention *f* invention
inverse [ɛ̃vɛrs] **1** *adj* MATH inverse; *sens* opposite; ***dans l'ordre inverse*** in reverse order; ***dans le sens inverse des aiguilles d'une montre*** counterclockwise, *Br* anticlockwise **2** *m* opposite, reverse
inverser ⟨1a⟩ invert; *rôles* reverse
investigation [ɛ̃vɛstigasjõ] *f* investigation
investir [ɛ̃vɛstir] ⟨2a⟩ FIN invest; (*cerner*) surround
investissement *m* FIN investment
investisseur, **-euse** *m/f* investor
invétéré, **invétérée** [ɛ̃vetere] inveterate
invincible [ɛ̃vɛ̃sibl] *adversaire*, *armée* invincible; *obstacle* insuperable
inviolable [ɛ̃vjɔlabl] inviolable
invisible [ɛ̃vizibl] invisible
invitation [ɛ̃vitasjõ] *f* invitation
invité, **invitée** *m/f* guest
inviter ⟨1a⟩ invite; ***inviter qn à faire qch*** (*exhorter*) urge s.o. to do sth
invivable [ɛ̃vivabl] unbearable
involontaire [ɛ̃vɔlõtɛr] unintentional; *témoin* unwilling; *mouvement* involuntary
invoquer [ɛ̃vɔke] ⟨1m⟩ *Dieu* call on, invoke; *aide* call on; *texte*, *loi* refer to; *solution* put forward
invraisemblable [ɛ̃vrɛsɑ̃blabl] unlikely, improbable
invulnérable [ɛ̃vylnerabl] invulnerable
iode [jɔd] *m* CHIM iodine
Iran [irɑ̃] *m*: ***l'Iran*** Iran
iranien, **iranienne** **1** *adj* Iranian **2** *m/f* **Iranien**, **Iranienne** Iranian
Iraq [irak] *m*: ***l'Iraq*** Iraq
iraquien, **iraquienne** **1** *adj* Iraqi **2** *m/f* **Iraquien**, **Iraquienne** Iraqi
irascible [irasibl] irascible
iris [iris] *m* MÉD, BOT iris
irlandais, **irlandaise** [irlɑ̃dɛ, -z] **1** *adj* Irish; **2** *m langue* Irish (Gaelic) **3** **Irlandais** *m* Irishman **4** *f* **Irlandaise** Irishwoman
Irlande *f*: ***l'Irlande*** Ireland
ironie [irɔni] *f* irony
ironique ironic
ironiser ⟨1a⟩ be ironic
irradier [iradje] ⟨1a⟩ **1** *v/i* radiate **2** *v/t* (*exposer aux radiations*) irradiate
irraisonné, **irraisonnée** [irɛzɔne] irrational
irrationnel, **irrationnelle** [irasjɔnɛl] irrational
irréalisable [irealizabl] *projet* impracticable; *rêve* unrealizable
irréaliste unrealistic
irréconciliable [irekõsiljabl] irreconcilable
irrécupérable [irekyperabl] beyond repair; *personne* beyond redemption; *données* irretrievable
irréductible [iredyktibl] indomitable; *ennemi* implacable
irréel, **irréelle** [ireɛl] unreal
irréfléchi, **irréfléchie** [irefleʃi] thoughtless, reckless
irréfutable [irefytabl] irrefutable
irrégularité [iregylarite] *f* irregularity; *de surface*, *terrain* unevenness
irrégulier, **-ère** irregular; *surface*, *terrain* uneven; *étudiant*, *sportif* erratic
irrémédiable [iremedjabl] *maladie* incurable; *erreur* irreparable
irremplaçable [irɑ̃plasabl] irreplaceable
irréparable [ireparabl] *faute*, *dommage* irreparable; *vélo* beyond repair
irrépressible [ireprɛsibl] irrepressible; *colère* overpowering
irréprochable [ireprɔʃabl] irreproachable, beyond reproach
irrésistible [irezistibl] irresistible
irrésolu, **irrésolue** [irezɔly] *personne* indecisive; *problème* unresolved
irrespectueux, **-euse** [irɛspɛktɥø, -z] disrespectful

irrespirable [irɛspirabl] unbreathable
irresponsable [irɛspõsabl] irresponsible
irrévérencieux, **-euse** [ireverɑ̃sjø, -z] irreverent
irréversible [irevɛrsibl] irreversible
irrévocable [irevɔkabl] irrevocable
irrigation [irigasjõ] *f* AGR irrigation
irriguer ⟨1m⟩ irrigate
irritable [iritabl] irritable
irritant, **irritante** irritating
irritation *f* irritation
irriter ⟨1a⟩ irritate; ***s'irriter*** get irritated
irruption [irypsjõ] *f*: ***faire irruption dans une pièce*** burst into a room
islam, **Islam** [islam] *m* REL Islam
islamique Islamic
islamiste Islamic fundamentalist
islandais, **islandaise** [islɑ̃dɛ, -z] **1** *adj* Icelandic; **2** *m langue* Islandic **3** *m/f* **Islandais**, **Islandaise** Icelander
Islande: ***l' Islande*** Iceland
isolant, **isolante** [izɔlɑ̃, -t] **1** *adj* insulating **2** *m* insulation
isolation *f* insulation; *contre le bruit* soundproofing
isolé, **isolée** *maison*, *personne* isolated; TECH insulated
isolement *m* isolation
isoler ⟨1a⟩ isolate; *prisonnier* place in solitary confinement; ÉL insulate
isoloir *m* voting booth
isotherme [izɔtɛrm] *camion etc* refrigerated; ***sac isotherme*** cool bag
Israël [israɛl] *m* Israel
israélien, **israélienne** **1** *adj* Israeli **2** *m/f* **Israélien**, **Israélienne** Israeli
issu, **issue** [isy]: ***être issu de*** *parenté* come from; *résultat* stem from
issue [isy] *f* way out (*aussi fig*), exit; (*fin*) outcome; ***à l'issue de*** at the end of; ***voie f sans issue*** dead end; ***issue de secours*** emergency exit
Italie [itali] *f*: ***l'Italie*** Italy
italien, **italienne** **1** *adj* Italian **2** *m langue* Italian **3** *m/f* **Italien**, **Italienne** Italian
italique *m*: ***en italique*** in italics
itinéraire [itinerɛr] *m* itinerary
IUT [iyt] *m abr* (= ***Institut universitaire de technologie***) technical college
IVG [iveʒe] *f abr* (= ***interruption volontaire de grossesse***) termination, abortion
ivoire [ivwar] *m* ivory
ivoirien, **ivoirienne** [ivwarjɛ̃, -ɛn] **1** *adj* Ivorian **2** *m/f* **Ivoirien**, **Ivoirienne** Ivorian
ivre [ivr] drunk; ***ivre de*** *fig*: *joie*, *colère* wild with
ivresse *f* drunkenness; ***conduite f en état d'ivresse*** drunk driving, *Br aussi* drink driving
ivrogne *m/f* drunk

J

j' [ʒ] → ***je***
jacasser [ʒakase] ⟨1a⟩ chatter
jachère [ʒaʃɛr] *f* AGR: ***en jachère*** lying fallow; ***mise en jachère*** set-aside
jacinthe [ʒasɛ̃t] *f* BOT hyacinth
jackpot [dʒakpɔt] *m* jackpot
jade [ʒad] *m* jade
jadis [ʒadis] formerly
jaillir [ʒajir] ⟨2a⟩ *d'eau*, *de flammes* shoot out (***de*** from)
jalousement [ʒaluzmɑ̃] *adv* jealously
jalousie *f* jealousy; (*store*) Venetian blind
jaloux, **-ouse** jealous
jamais [ʒamɛ] ◇ *positif* ever; ***avez-vous jamais été à Vannes?*** have you ever been to Vannes?; ***plus que jamais*** more than ever; ***à jamais*** for ever, for good; ◇ *négatif* ***ne ... jamais*** never; ***je ne lui ai jamais parlé*** I've never spoken to him; ***on ne sait jamais*** you never know; ***jamais de la vie!*** never!, certainly not!
jambe [ʒɑ̃b] *f* leg
jambon [ʒɑ̃bõ] *m* ham; ***jambon fumé*** gammon
jante [ʒɑ̃t] *f* rim
janvier [ʒɑ̃vje] *m* January
Japon [ʒapõ]: ***le Japon*** Japan
japonais, **japonaise** **1** *adj* Japanese **2** *m/f* **Japonais**, **Japonaise** Japanese **3** *m langue* Japanese
jappement [ʒapmɑ̃] *m* yap
japper ⟨1a⟩ yap
jaquette [ʒakɛt] *f d'un livre* dust jacket
jardin [ʒardɛ̃] *m* garden; ***jardin botanique*** botanical gardens *pl*; ***jardin d'enfants*** kindergarten; ***jardin public*** park

jardinage [ʒardinaʒ] *m* gardening
jardiner garden
jardinerie *f* garden center *ou Br* centre
jardinier *m* gardener
jardinière *f à fleurs* window box; *femme* gardener
jargon [ʒargõ] *m* jargon; *péj* (*charabia*) gibberish
jarret [ʒarɛ] *m* back of the knee; CUIS shin
jarretière *f* garter
jaser [ʒɑze] ⟨1a⟩ gossip
jatte [ʒat] *f* bowl
jauge [ʒoʒ] *f* gauge; ***jauge de carburant*** fuel gauge
jauger ⟨1l⟩ gauge
jaunâtre [ʒonɑtr] yellowish
jaune 1 *adj* yellow **2** *adv*: ***rire jaune*** give a forced laugh **3** *m* yellow; F *ouvrier* scab F; ***jaune d'œuf*** egg yolk
jaunir ⟨2a⟩ turn yellow
jaunisse *f* MÉD jaundice
Javel [ʒavɛl]: ***eau** f **de Javel*** bleach
javelot [ʒavlo] *m sports* javelin
jazz [dʒaz] *m* jazz
jazzman *m* jazz musician
je [ʒə] I
jean [dʒin] *m* jeans *pl*: ***veste** m **en jean*** denim jacket
jeep [dʒip] *f* jeep
je-m'en-foutisme [ʒmɑ̃futism] *m* F I-don't-give-a-damn attitude
jérémiades [ʒeremjad] *fpl* complaining *sg*, moaning *sg* F
Jésus-Christ [ʒezykri] Jesus (Christ)
jet [ʒɛ] *m* (*lancer*) throw; (*jaillissement*) jet; *de sang* spurt; ***jet d'eau*** fountain
jetable [ʒətabl] disposable
jetée [ʒ(ə)te] *f* MAR jetty
jeter [ʒ(ə)te] ⟨1c⟩ throw; (*se défaire de*) throw away, throw out; ***jeter un coup d'œil à qch*** glance at sth, cast a glance at sth; ***jeter qn dehors*** throw s.o. out
jeton [ʒ(ə)tõ] *m* token; *de jeu* chip
jeu [ʒø] *m* (*pl* -x) play (*aussi* TECH); *activité*, *en tennis* game; (*série*, *ensemble*) set; *de cartes* deck, *Br* pack; MUS playing; THÉÂT acting; ***un jeu de cartes/d'échecs / de tennis*** a game of cards / of chess / of tennis; ***le jeu*** gambling; ***faites vos jeux*** place your bets; ***les jeux sont faits*** no more bets please; ***mettre en jeu*** stake; ***être en jeu*** be at stake; ***jeu éducatif*** educational game; ***jeu de mots*** play on words, pun; ***Jeux Olympiques*** Olympic Games, Olympics; ***jeu de société*** board game; ***jeu vidéo*** video game
jeudi [ʒødi] *m* Thursday
jeun [ʒɛ̃, ʒœ̃]: ***à jeun*** on an empty stomach; ***être à jeun*** have eaten nothing, have nothing in one's stomach
jeune [ʒœn] **1** *adj* young; ***jeunes mariés*** newly-weds **2** *m/f*: ***un jeune*** a young man; ***les jeunes*** young people *pl*, the young *pl*
jeûne [ʒøn] *m* fast
jeûner ⟨1a⟩ fast
jeunesse [ʒœnɛs] *f* youth; *caractère jeune* youthfulness
jingle [dʒiŋgəl] *m* jingle
J.O. [ʒio] *mpl abr* (= ***Jeux Olympiques***) Olympic Games
joaillerie [ʒɔajri] *f magasin* jewelry store, *Br* jeweller's; *articles* jewelry, *Br* jewellery
joaillier, **-ère** *m/f* jeweler, *Br* jeweller
jockey [ʒɔkɛ] *m* jockey
jogging [dʒɔgiŋ] *m* jogging; (*survêtement*) sweats *pl*, *Br* tracksuit; ***faire du jogging*** go jogging
joie [ʒwa] *f* joy; ***débordant de joie*** jubilant
joignable [ʒwaɲabl] contactable
joindre [ʒwɛ̃dr] ⟨4b⟩ *mettre ensemble* join; (*relier*, *réunir*) join, connect; *efforts* combine; *à un courrier* enclose (***à*** with); *personne* contact, get in touch with; *par téléphone* get, reach; *mains* clasp; ***se joindre à qn pour faire qch*** join s.o. in doing sth; ***joindre les deux bouts*** make ends meet; ***pièce** f **jointe*** enclosure; ***veuillez trouver ci-joint*** please find enclosed
joint [ʒwɛ̃] *m* ANAT joint (*aussi* TECH); *d'étanchéité* seal, gasket; *de robinet* washer
joker [ʒɔkɛr] *m cartes* joker; INFORM wild card
joli, **jolie** [ʒɔli] pretty
joncher [ʒõʃe] ⟨1a⟩ strew (***de*** with)
jonction [ʒõksjõ] *f* junction
jongler [ʒõgle] juggle; ***jongler avec*** *fig* juggle
jongleur *m* juggler
jonquille [ʒõkij] *f* BOT daffodil
Jordanie [ʒɔrdani] *f*: ***la Jordanie*** Jordan
jordanien, **jordanienne 1** *adj* Jordanian **2** *m/f* **Jordanien**, **Jordanienne** Jordanian
joue [ʒu] *f* cheek
jouer [ʒwe] ⟨1a⟩ **1** *v/t* play; *argent*, *réputation* gamble; THÉÂT *pièce* perform; *film* show; ***jouer un tour à qn*** play a trick on s.o.; ***jouer la comédie*** put on an act **2** *v/i* play; *d'un acteur* act; *d'un film* play, show; *miser de l'argent* gamble; ***jouer aux cartes / au football*** play cards / football; ***jouer d'un instrument*** play an in-

J

strument; ***jouer sur*** *cheval etc* put money on
jouet *m* toy; *fig* plaything
joueur, **-euse** *m/f* player; *de jeux d'argent* gambler; ***être beau / mauvais joueur*** be a good / bad loser
joufflu, **joufflue** [ʒufly] chubby
jouir [ʒwir] ⟨2a⟩ have an orgasm, come; ***jouir de qch*** enjoy sth; (*posséder*) have sth
jouissance *f* enjoyment; JUR possession
jour [ʒur] *m* day; (*lumière*) daylight; (*ouverture*) opening; ***le*** *ou* ***de jour*** by day; ***un jour*** one day; ***vivre au jour le jour*** live from day to day; ***au grand jour*** in broad daylight; ***de nos jours*** nowadays, these days; ***du jour au lendemain*** overnight; ***l'autre jour*** the other day; ***être à jour*** be up to date; ***mettre à jour*** update, bring up to date; ***mettre au jour*** bring to light; ***se faire jour*** *fig*: *de problèmes* come to light; ***trois fois par jour*** three times a day; ***un jour ou l'autre*** one of these days; ***il devrait arriver d'un jour à l'autre*** he should arrive any day now; ***de jour en jour*** day by day, from day to day; ***deux ans jour pour jour*** two years to the day; ***il fait jour*** it's (getting) light; ***à ce jour*** to date, so far; ***au petit jour*** at dawn, at first light; ***jour férié*** (public) holiday
journal [ʒurnal] *m* (*pl* -aux) (news)paper; *intime* diary, journal; TV, *à la radio* news *sg*; ***journal de bord*** log(book)
journalier, **-ère** [ʒurnalje, -ɛr] daily
journalisme [ʒurnalism] *m* journalism
journaliste *m/f* journalist, reporter
journée [ʒurne] *f* day; ***journée portes ouvertes*** open house, open day
jovial, **joviale** [ʒɔvjal] (*pl* -aux) jovial
joyau [ʒwajo] *m* (*pl* -x) jewel
joyeux, **-euse** [ʒwajø, -z] joyful; ***joyeux Noël!*** Merry Christmas!
jubilation [ʒybilasjõ] *f* jubilation
jubiler ⟨1a⟩ be jubilant; *péj* gloat
jucher [ʒyʃe] ⟨1a⟩ perch
judas [ʒyda] *m* spyhole
judiciaire [ʒydisjɛr] judicial, legal; *combat* legal
judicieux, **-euse** [ʒydisjø, -z] sensible, judicious
judo [ʒydo] *m* judo
juge [ʒyʒ] *m* judge; ***juge d'instruction*** examining magistrate (*whose job it is to question witnesses and determine if there is a case to answer*); ***juge de paix*** *police court judge*; ***juge de touche*** SP linesman, assistant referee
jugement *m* judg(e)ment; *en matière criminelle* sentence; ***porter un jugement sur qch*** pass judg(e)ment on sth; ***le Jugement dernier*** REL the Last Judg(e)ment
jugeote *f* F gumption
juger ⟨1l⟩ **1** *v/t* JUR try; (*évaluer*) judge; ***juger qch / qn intéressant*** consider sth/-s.o. to be interesting; ***juger que*** think that; ***juger bon de faire qch*** think it right to do sth; ***juger de qn / qch*** judge s.o./sth **2** *v/i* judge
juif, **-ive** [ʒɥif, -iv] **1** *adj* Jewish **2** *m/f* **Juif**, **-ive** Jew
juillet [ʒɥijɛ] *m* July
juin [ʒɥɛ̃] *m* June
juke-box [dʒukbɔks] *m* jukebox
jumeau, **jumelle** [ʒymo, ʒymɛl] (*mpl* -x) *m/f & adj* twin
jumelage *m de villes* twinning
jumeler ⟨1c⟩ *villes* twin
jumelles *fpl* binoculars
jument [ʒymɑ̃] *f* mare
jumping [dʒœmpiŋ] *m* show-jumping
jungle [ʒɛ̃glə, ʒœ̃-] *f* jungle
jupe [ʒyp] *f m* skirt
jupe-culotte *f* (*pl* jupes-culottes) culottes *pl*
jupon *m* slip, underskirt
juré [ʒyre] *m* JUR juror, member of the jury
jurer ⟨1a⟩ **1** *v/t* swear; ***jurer de faire qch*** swear to do sth **2** *v/i* swear; ***jurer avec qch*** clash with sth; ***jurer de qch*** swear to sth
juridiction [ʒyridiksjõ] *f* jurisdiction
juridique [ʒyridik] legal
jurisprudence [ʒyrisprydɑ̃s] *f* jurisprudence, case law
juron [ʒyrõ] *m* curse
jury [ʒyri] *m* JUR jury; *d'un concours* panel, judges *pl*; ÉDU board of examiners
jus [ʒy] *m* juice; ***jus de fruit*** fruit juice
jusque [ʒysk(ə)] **1** *prép*: ***jusqu'à*** *lieu* as far as, up to; *temps* until; ***aller jusqu'à la berge*** go as far as the bank; ***jusqu'au cou / aux genoux*** up to the neck / knees; ***jusqu'à trois heures*** until three o'clock; ***jusqu'alors*** up to then, until then; ***jusqu'à présent*** until now, so far; ***jusqu'à quand restez-vous?*** how long are you staying?; ***jusqu'où vous allez?*** how far are you going? **2** *adv* even, including; ***jusqu'à lui*** even him **3** *conj*: ***jusqu'à ce qu'il s'endorme*** (*subj*) until he falls asleep
justaucorps [ʒystokɔr] *m* leotard
juste [ʒyst] **1** *adj* (*équitable*) fair, just; *salaire*, *récompense* fair; (*précis*) right, correct; *vêtement* tight **2** *adv viser*, *tirer* ac-

curately; (*précisément*) exactly, just; (*seulement*) just, only; ***chanter juste*** sing in tune
justement *adv* (*avec justice*) justly; (*précisément*) just, exactly; (*avec justesse*) rightly
justesse [ʒystɛs] *f* accuracy; ***de justesse*** only just
justice [ʒystis] *f* fairness, justice; JUR justice; ***la justice*** the law; ***faire*** *ou* ***rendre justice à qn*** do s.o. justice
justifiable [ʒystifjabl] justifiable
justification *f* justification
justifier ⟨1a⟩ justify; ***justifier de qch*** prove sth
juteux, **-euse** [ʒytø, -z] juicy
juvénile [ʒyvenil] youthful; ***délinquance juvénile*** juvenile delinquency
juxtaposer [ʒykstapoze] ⟨1a⟩ juxtapose

K

kaki [kaki] khaki
kamikaze [kamikaz] *m/f* suicide bomber
kangourou [kɑ̃guru] *m* kangaroo
karaté [karate] *m* karate
kébab [kebab] *m* kabob, *Br* kebab
Kenya [kenja]: ***le Kenya*** Kenya
kenyan, **kenyane 1** *adj* Kenyan **2** *m/f* **Kenyan**, **Kenyane** Kenyan
képi [kepi] *m* kepi
kermesse [kɛrmɛs] *f* fair
kérosène [kerozɛn] *m* kerosene
ketchup [kɛtʃœp] *m* ketchup
kg *abr* (= ***kilogramme***) kg (= kilogram)
kidnapping [kidnapiŋ] *m* kidnapping
kidnapper ⟨1a⟩ kidnap
kidnappeur, **-euse** *m/f* kidnapper
kif-kif [kifkif]: ***c'est kif-kif*** F it's all the same
kilo(gramme) [kilo, kilɔgram] *m* kilo (-gram)
kilométrage [kilɔmetraʒ] *m* mileage
kilomètre *m* kilometer, *Br* kilometre
kilométrique *distance* in kilometers, *Br* in kilometres
kilo-octet [kiloɔktɛ] *m* kilobyte, k
kinésithérapeute [kineziterapøt] *m/f* physiotherapist
kinésithérapie *f* physiotherapy
kiosque [kjɔsk] *m* pavilion; COMM kiosk; ***kiosque à journaux*** newsstand
kit [kit] *m*: ***en kit*** kit
kiwi [kiwi] *m* ZO kiwi; BOT kiwi (fruit)
klaxon [klaksɔn] *m* AUTO horn
klaxonner ⟨1a⟩ sound one's horn, hoot
km *abr* (= ***kilomètre***) km (= kilometer)
knock-out [nɔkawt] *m* knockout
K-O [kao] *m abr* (= ***knock-out***) KO
Ko *m abr* (= ***kilo-octet*** *m*) k(= kilobyte)
krach [krak] *m* ÉCON crash; ***krach boursier*** stockmarket crash
Kremlin [krɛmlɛ̃]: ***le Kremlin*** the Kremlin
kyste [kist] *m* MÉD cyst

L

l' [l] → ***le***, ***la***
la[1] [la] → ***le***
la[2] [la] *pron personnel* her; *chose* it; ***je ne la supporte pas*** I can't stand her / it
la[3] [la] *m* MUS A
là [la] here; *dans un autre lieu qu'ici* there; ***de là*** from there; *causal* hence; ***par là*** that way; ***que veux-tu dire par là?*** what do you mean by that?
là-bas (over) there
label [labɛl] *m* COMM label
labeur [labœr] *m* labor, *Br* labour, toil
labyrinthe [labirɛ̃t] *m* labyrinth, maze
laboratoire [labɔratwar] *m* laboratory, lab; ***laboratoire de langues*** language lab

L

laborieux, **-euse** [labɔrjø, -z] *tâche* laborious; *personne* hardworking
labour [labur] *m* plowing, *Br* ploughing
labourer ⟨1a⟩ plow, *Br* plough
lac [lak] *m* lake
lacer [lase] ⟨1k⟩ tie
lacérer [lasere] ⟨1f⟩ lacerate
lacet [lasɛ] *m de chaussures* lace; *de la route* sharp turn; ***lacets*** twists and turns
lâche [lɑʃ] **1** *adj fil* loose, slack; *nœud, vêtement* loose; *personne* cowardly **2** *m* coward
lâcher [lɑʃe] ⟨1a⟩ **1** *v/t* let go of; (*laisser tomber*) drop; (*libérer*) release; *ceinture* loosen; *juron, vérité* let out; SP leave behind **2** *v/i de freins* fail; *d'une corde* break
lâcheté [laʃte] *f* cowardice
laconique [lakɔnik] laconic, terse
lacrymogène [lakrimɔʒɛn] *gaz* tear *atr*; *grenade* tear-gas *atr*
lacté, **lactée** [lakte] milk *atr*
lacune [lakyn] *f* gap
là-dedans [lad(ə)dɑ̃] inside
là-dessous underneath; *derrière cette affaire* behind it
là-dessus on it, on top; *à ce moment* at that instant; *sur ce point* about it
lagon [lagõ] *m* lagoon
là-haut [lao] up there
laïc [laik] → ***laïque***
laid, **laide** [lɛ, -d] ugly
laideur [lɛdœr] *f* ugliness; (*bassesse*) meanness, nastiness
lainage [lɛnaʒ] *m* woolen *ou Br* woollen fabric; *vêtement* woolen
laine *f* wool
laineux, **-euse** fleecy
laïque [laik] **1** *adj* REL secular; (*sans confession*) *école* State *atr* **2** *m/f* lay person
laisse [lɛs] *f* leash; ***tenir en laisse*** *chien* keep on a leash
laisser [lɛse] ⟨1b⟩ leave; (*permettre*) let; ***laisser qn faire qch*** let s.o. do sth; ***se laisser aller*** let o.s. go; ***se laisser faire*** let o.s. be pushed around; ***laisse-toi faire!*** come on!
laisser-aller [lɛseale] *m* casualness
laisser-faire [lɛsefɛr] *m* laissez faire
laissez-passer [lɛsepase] *m* (*pl inv*) pass
lait [lɛ] *m* milk
laitage *m* dairy product
laiterie *f* dairy
laitier, **-ère** **1** *adj* dairy *atr* **2** *m/f* milkman, milkwoman
laiton [lɛtõ] *m* brass
laitue [lety] *f* BOT lettuce
laïus [lajys] *m* F sermon, lecture
lambeau [lɑ̃bo] *m* (*pl* -x) shred
lambin, **lambine** [lɑ̃bɛ̃, -in] *m/f* F slowpoke F, *Br* slowcoach F
lambris [lɑ̃bri] *m* paneling, *Br* panelling
lame [lam] *f* blade; (*plaque*) strip; (*vague*) wave; ***lame de rasoir*** razor blade
lamentable [lamɑ̃tabl] deplorable
lamentation [lamɑ̃tasjõ] *f* complaining
lamenter ⟨1a⟩: ***se lamenter*** complain
laminoir [laminwar] *m* TECH rolling mill
lampadaire [lɑ̃padɛr] *m meuble* floor lamp, *Br aussi* standard lamp; *dans la rue* street light
lampe [lɑ̃p] *f* lamp; ***lampe de poche*** flashlight, *Br* torch
lampée [lɑ̃pe] *f* gulp, swallow
lance [lɑ̃s] *f* spear; ***lance d'incendie*** fire hose
lancé, **lancée** [lɑ̃se] well-known, established
lancement [lɑ̃smɑ̃] *m* launch(ing) (*aussi* COMM)
lancer [lɑ̃se] ⟨1k⟩ throw; *avec force* hurl; *injure* shout, hurl (***à*** at); *cri, regard* give; *bateau, fusée*, COMM launch; INFORM *programme* run; *moteur* start; ***se lancer sur*** *marché* enter; *piste de danse* step out onto; ***se lancer dans*** *des activités* take up; *des explications* launch into; *des discussions* get involved in
lancinant, **lancinante** [lɑ̃sinɑ̃, -t] *douleur* stabbing
landau [lɑ̃do] *m* baby carriage, *Br* pram
lande [lɑ̃d] *f* heath
langage [lɑ̃gaʒ] *m* language; ***langage de programmation*** programming language; ***langage des signes*** sign language
lange [lɑ̃ʒ] *m* diaper, *Br* nappy
langouste [lɑ̃gust] *f* spiny lobster
langue [lɑ̃g] *f* ANAT, CUIS tongue; LING language; ***mauvaise langue*** gossip; ***de langue anglaise*** English-speaking; ***langue étrangère*** foreign language; ***langue maternelle*** mother tongue; ***langues vivantes*** modern languages
languette [lɑ̃gɛt] *f d'une chaussure* tongue
langueur [lɑ̃gœr] *f* (*apathie*) listlessness; (*mélancolie*) languidness
languir ⟨2a⟩ languish; *d'une conversation* flag
lanière [lanjɛr] *f* strap
lanterne [lɑ̃tɛrn] *f* lantern
laper [lape] ⟨1a⟩ lap up
lapidaire [lapidɛr] *fig* concise
lapider ⟨1a⟩ (*assassiner*) stone to death; (*attaquer*) stone
lapin [lapɛ̃] *m* rabbit
laps [laps] *m*: ***laps de temps*** period of time

laque [lak] *f peinture* lacquer; *pour cheveux* hairspray, lacquer
laquelle [lakɛl] → ***lequel***
larcin [larsɛ̃] *m* petty theft
lard [lar] *m* bacon
larder [larde] ⟨1a⟩ CUIS, *fig* lard
lardon [lardõ] *m* lardon, diced bacon
large [larʒ] **1** *adj* wide; *épaules*, *hanches* broad; *mesure*, *part*, *rôle* large; (*généreux*) generous; ***large d'un millimètre*** one millimeter wide **2** *adv*: ***voir large*** think big **3** *m* MAR open sea; ***faire trois mètres de large*** be three meters wide; ***prendre le large*** *fig* take off
largement *adv* widely; (*généreusement*) generously; ***elle a largement le temps de finir*** she's got more than enough time to finish
largesse *f* generosity
largeur *f* width; ***largeur d'esprit*** broad-mindedness
larme [larm] *f* tear; ***une larme de*** a drop of
larmoyer ⟨1h⟩ *des yeux* water; (*se plaindre*) complain
larve [larv] *f* larva
larvé, larvée latent
laryngite [larɛ̃ʒit] *f* MÉD laryngitis
larynx [larɛ̃ks] *m* larynx
las, lasse [lɑ, -s] weary, tired; ***las de*** *fig* weary of, tired of
laser [lɑzɛr] *m* laser
lasser [lɑse] ⟨1a⟩ weary, tire; ***se lasser de qch*** tire *ou* weary of sth
lassitude *f* weariness, lassitude *fml*
latent, latente [latɑ̃, -t] latent
latéral, latérale [lateral] (*mpl* -aux) lateral, side *atr*
latin, latine [latɛ̃, -in] Latin
latitude [latityd] *f* latitude; *fig* latitude, scope
latrines [latrin] *fpl* latrines
latte [lat] *f* lath; *de plancher* board
lattis *m* lathwork
lauréat, lauréate [lɔrea, -t] *m/f* prizewinner
laurier [lɔrje] *m* laurel; ***feuille*** *f* ***de laurier*** CUIS bayleaf
lavable [lavabl] washable
lavabo *m* (wash)basin; ***lavabos*** toilets
lavage *m* washing; ***lavage de cerveau*** POL brain-washing; ***lavage d'estomac*** MÉD stomach pump
lavande [lavɑ̃d] *f* BOT lavender
lave [lav] *f* lava
lave-glace [lavglas] *m* (*pl* lave-glaces) windshield wiper, *Br* windscreen wiper
lavement [lavmɑ̃] *m* MÉD enema
laver ⟨1a⟩ wash; *tâche* wash away; ***se laver les mains*** wash one's hands; ***se laver les dents*** brush one's teeth
laverie *f*: ***laverie automatique*** laundromat, *Br* laundrette
lavette [lavɛt] *f* dishcloth; *fig péj* spineless individual
laveur, -euse [lavœr, -øz] *m/f* washer; ***laveur de vitres*** window cleaner
lave-vaisselle [lavvɛsɛl] *m* (*pl inv*) dishwasher
laxatif, -ive [laksatif, -iv] *adj & m* laxative
laxisme [laksism] *m* laxness
laxiste lax
layette [lɛjɛt] *f* layette
le *pron personnel, complément d'objet direct* ◇ him; *chose* it; ***je ne le supporte pas*** I can't stand him / it
◇ **:** ***oui, je le sais*** yes, I know; ***je l'espère bien*** I very much hope so
le, *f* **la**, *pl* **les** [lə, la, le] *article défini* ◇ the; ***le garçon / les garçons*** the boy / the boys
◇ *parties du corps*: ***je me suis cassé la jambe*** I broke my leg; ***elle avait les cheveux très longs*** she had very long hair
◇ *généralité*: ***j'aime le vin*** I like wine; ***elle ne supporte pas les enfants*** she doesn't like children; ***la défense de la liberté*** the defense of freedom; ***les dinosaures avaient …*** dinosaurs had …
◇ *dates*: ***le premier mai*** May first, *Br* the first of May; ***ouvert le samedi*** open (on) Saturdays
◇ **:** ***trois euros le kilo*** three euros a *ou* per kilo; ***10 euros les 5*** 10 euros for 5
◇ *noms de pays*: ***tu connais la France?*** do you know France; ***l'Europe est …*** Europe is …
◇ *noms de saison*: ***le printemps est là*** spring is here
◇ *noms propres*: ***le lieutenant Duprieur*** Lieutenant Duprieur; ***ah, la pauvre Hélène!*** oh, poor Helen!
◇ *langues*: ***je ne parle pas l'italien*** I don't speak Italian
◇ *avec adjectif*: ***la jaune est plus …*** the yellow one is …
leader [lidœr] *m* POL leader
leasing [liziŋ] *m* leasing
lécher [leʃe] ⟨1f⟩ lick; ***lécher les bottes à qn*** F suck up to s.o.
lèche-vitrines [lɛʃvitrin]: ***faire du lèche-vitrines*** go window shopping
leçon [l(ə)sõ] *f* lesson; ***leçons particulières*** private lessons
lecteur, -trice [lɛktœr, -tris] **1** *m/f* reader; *à l'université* foreign language assistant **2** *m* INFORM drive; ***lecteur de disquette(s)*** disk drive; ***lecteur de cassettes*** cassette

player

lecture *f* reading; ***fichier** m **en lecture seule*** read-only file

ledit, **ladite** [lədi, ladit] (*pl* lesdits, lesdites) the said

légal, **légale** [legal] (*mpl* -aux) legal

légaliser ⟨1a⟩ *certificat, signature* authenticate; (*rendre légal*) legalize

légalité *f* legality

légataire [legatɛr] *m/f* legatee; ***légataire universel*** sole heir

légendaire [leʒɑ̃dɛr] legendary

légende [leʒɑ̃d] *f* legend; *sous image* caption; *d'une carte* key

léger, **-ère** [leʒe, -ɛr] *poids, aliment* light; *vent, erreur, retard* slight; *mœurs* loose; (*frivole, irréfléchi*) thoughtless; ***à la légère*** lightly

légèrement *adv* lightly; (*un peu*) slightly; (*inconsidérément*) thoughtlessly

légèreté *f* lightness; (*frivolité, irréflexion*) thoughtlessness

légiférer [leʒifere] ⟨1g⟩ legislate

légion [leʒjõ] *f* legion; ***légion étrangère*** Foreign Legion

légionnaire *m* legionnaire

législateur, **-trice** [leʒislatœr, -tris] *m/f* legislator

législatif, **-ive** legislative; (***élections** fpl*) ***législatives** fpl* parliamentary elections

législation *f* legislation

législature *f* legislature

légitime [leʒitim] legitimate; ***légitime défense*** self-defense, *Br* self-defence

legs [lɛ(g)] *m* legacy

léguer [lege] ⟨1f *et* 1m⟩ bequeath

légume [legym] *m* vegetable; ***légumes secs*** pulses

Léman [lemɑ̃]: ***le lac Léman*** Lake Geneva

lendemain [lɑ̃dmɛ̃] *m*: ***le lendemain*** the next *ou* following day; ***le lendemain de son élection*** the day after he was elected

lent, **lente** [lɑ̃, -t] slow

lentement *adv* slowly

lenteur *f* slowness

lentille [lɑ̃tij] *f* TECH lens; *légume sec* lentil

léopard [leɔpar] *m* leopard

lèpre [lɛpr] *f* leprosy

lépreux, **-euse** *m/f* leper (*aussi fig*)

lequel, **laquelle** [ləkɛl, lakɛl] (*pl* lesquels, lesquelles) ◇ *pron interrogatif* which (one); ***laquelle / lesquelles est-ce que tu préfères?*** which (one)/which (ones) do you prefer?
◇ *pron relatif, avec personne* who; ***le client pour lequel il l'avait fabriqué*** the customer (who) he had made it for, the customer for whom he had made it
◇ *pron relatif, avec chose* which; ***les cavernes dans lesquelles ils s'étaient noyés*** the caves in which they had drowned, the caves which they had drowned in; ***les entreprises auxquelles nous avons envoyé …*** the companies to which we sent …, the companies (which) we sent … to; ***un vieux château dans les jardins duquel …*** an old castle in the gardens of which …

les[1] [le] → ***le***

les[2] [le] *pron personnel* them; ***je les ai vendu(e)s*** I sold them

lesbien, **lesbienne** [lɛsbjɛ̃, -ɛn] **1** *adj* lesbian **2** *f* lesbian

léser [leze] ⟨1f⟩ (*désavantager*) injure, wrong; *intérêts* damage; *droits* infringe; MÉD injure

lésiner [lezine] ⟨1a⟩ skimp (***sur*** on)

lésion [lezjõ] *f* MÉD lesion

lesquels, **lesquelles** [lekɛl] → ***lequel***

lessive [lɛsiv] *f produit* laundry detergent, *Br* washing powder; *liquide* detergent; *linge* laundry, *Br aussi* washing; ***faire la lessive*** do the laundry

lest [lɛst] *m* ballast

leste [lɛst] (*agile*) agile; *propos* crude

léthargie [letarʒi] *f* lethargy

léthargique lethargic

lettre [lɛtr] *f* (*caractère, correspondance*) letter; ***à la lettre, au pied de la lettre*** literally; ***en toutes lettres*** in full; *fig* in black and white; ***lettre de change*** bill of exchange; ***lettres*** literature *sg*; *études* arts

lettré, **lettrée** [lɛtre] well-read

leucémie [løsemi] *f* MÉD leukemia, *Br* leukaemia

leur [lœr] **1** *adj possessif* their; ***leur prof*** their teacher; ***leurs camarades*** their friends **2** *pron personnel*: ***le / la leur, les leurs*** theirs; ***meilleur que le / la leur*** better than theirs **3** *complément d'objet indirect* (to) them; ***je leur ai envoyé un e-mail*** I sent them an e-mail; ***je le leur ai envoyé hier*** I sent it (to) them yesterday

leurre [lœr] *m* bait; *fig* illusion

leurrer ⟨1a⟩ *fig* deceive

levé, **levée** [l(ə)ve]: ***être levé*** be up, be out of bed

levée *f* lifting; *d'une séance* adjournment; *du courrier* collection; *aux cartes* trick

lever ⟨1d⟩ **1** *v/t* raise, lift; *main, bras* raise; *poids, interdiction* lift; *impôts* collect **2** *v/i de la pâte* rise; ***se lever*** get up; *du soleil* rise; *du jour* break **3** *m*: ***lever du jour*** daybreak; ***lever du soleil*** sunrise

levier [l(ə)vje] *m* lever; ***levier de vitesse*** gear shift, *surtout Br* gear lever
lèvre [lɛvr] *f* lip
lévrier [levrije] *m* greyhound
levure [l(ə)vyr] *f* yeast; ***levure chimique*** baking powder
lexique [lɛksik] *m* (*vocabulaire*) vocabulary; (*glossaire*) glossary
lézard [lezar] *m* lizard
lézarde [lezard] *f* crack
liaison [ljɛzõ] *f* connection; *amoureuse* affair; *de train* link; LING liaison; ***être en liaison avec qn*** be in touch with s.o.
liant, liante [ljɑ̃, -t] sociable
liasse [ljas] *f* bundle, wad; *de billets* wad
Liban [libɑ̃]: ***le Liban*** (the) Lebanon
libanais, libanaise 1 *adj* Lebanese **2** *m/f* **Libanais, Libanaise** Lebanese
libeller [libɛle] ⟨1b⟩ *document, contrat* word; ***libeller un chèque*** (***au nom de qn***) make out *ou* write a check (to s.o.)
libellule [libɛlyl] *f* dragonfly
libéral, libérale [liberal] (*mpl* -aux) liberal; ***profession f libérale*** profession
libéralisme *m* liberalism
libéralité *f* generosity, liberality
libérateur, -trice [liberatœr, -tris] **1** *adj* liberating **2** *m/f* liberator
libération *f d'un pays* liberation; *d'un prisonnier* release; ***libération conditionnelle*** parole
libérer ⟨1f⟩ *pays* liberate; *prisonnier* release, free (***de*** from); *gaz, d'un engagement* release
liberté [libɛrte] *f* freedom, liberty; ***mettre en liberté*** set free, release; ***liberté d'expression*** freedom of speech; ***liberté de la presse*** freedom of the press
libraire [librɛr] *m/f* bookseller
librairie *f* bookstore, *Br* bookshop
libre [libr] free (***de faire qch*** to do sth); ***libre concurrence*** free competition
libre-échange *m* free trade
libre-service *m* (*pl* libres-services) self-service; *magasin* self-service store
Libye [libi] *f* Libya
libyen, libyenne 1 *adj* Libyan **2** *m/f* **Libyen, Libyenne** Libyan
licence [lisɑ̃s] *f* license, *Br* licence; *diplôme* degree
licencié, licenciée *m/f* graduate
licenciement [lisɑ̃simɑ̃] *m* layoff; (*renvoi*) dismissal
licencier ⟨1a⟩ lay off; (*renvoyer*) dismiss
licencieux, -euse [lisɑ̃sjø, -z] licentious
lié, liée [lije]: ***être lié par*** be bound by; ***être très lié avec qn*** be very close to s.o.
liège [ljɛʒ] *m* BOT cork
lien [ljɛ̃] *m* tie, bond; (*rapport*) connection; ***ils ont un lien de parenté*** they are related
lier ⟨1a⟩ tie (up); *d'un contrat* be binding on; CUIS thicken; *fig: pensées, personnes* connect; ***lier amitié avec*** make friends with
lierre [ljɛr] *m* BOT ivy
lieu [ljø] *m* (*pl* -x) place; ***lieux*** premises; JUR scene *sg*; ***au lieu de qch / de faire qch*** instead of sth / of doing sth; ***avoir lieu*** take place, be held; ***avoir lieu de faire qch*** have (good) reason to do sth; ***donner lieu à*** give rise to; ***en premier lieu*** in the first place, first(ly); ***en dernier lieu*** last(ly); ***lieu de destination*** destination; ***il y a lieu de faire qch*** there is good reason to do sth; ***s'il y a lieu*** if necessary; ***tenir lieu de qch*** act *ou* serve as sth
lieu-dit [ljødi] (*pl* lieux-dits) *m* place
lièvre [ljɛvr] *m* hare
ligne [liɲ] *f* line; *d'autobus* number; ***à la ligne!*** new paragraph; ***hors ligne*** top class; ***garder la ligne*** keep one's figure; ***entrer en ligne de compte*** be taken into consideration; ***pêcher à la ligne*** go angling; ***adopter une ligne dure sur*** take a hard line on
lignée [liɲe] *f* descendants *pl*
ligue [lig] *f* league
liguer ⟨1m⟩: ***se liguer*** join forces (***pour faire qch*** to do sth)
lilas [lila] **1** *m* lilac **2** *adj inv* lilac
limace [limas] *f* slug
lime [lim] *f* file; ***lime à ongles*** nail file
limer ⟨1a⟩ file
limier [limje] *m* bloodhound
limitation [limitasjõ] *f* limitation; ***limitation de vitesse*** speed limit
limite [limit] *f* limit; (*frontière*) boundary; ***à la limite*** if absolutely necessary; ***ça va comme ça? - oui, à la limite*** is that ok like that? - yes, just about; ***je l'aiderai dans les limites du possible*** I'll help him as much as I can; ***date f limite*** deadline; ***vitesse f limite*** speed limit
limiter ⟨1a⟩ limit (***à*** to)
limoger [limɔʒe] ⟨1l⟩ POL dismiss
limon [limõ] *m* silt
limonade [limɔnad] *f* lemonade
limousine [limuzin] *f* limousine, limo F
lin [lɛ̃] *m* BOT flax; *toile* linen
linceul [lɛ̃sœl] *m* shroud
linéaire [lineɛr] linear
linge [lɛ̃ʒ] *m* linen; (*lessive*) washing; ***linge*** (***de corps***) underwear
lingerie *f* lingerie
lingot [lɛ̃go] *m* ingot
linguiste [lɛ̃gɥist] *m/f* linguist

L

linguistique 1 *f* linguistics **2** *adj* linguistic
lion [ljõ] *m* lion; ASTROL Leo
lionne *f* lioness
lipide [lipid] *m* fat
liqueur [likœr] *f* liqueur
liquidation [likidasjõ] *f* liquidation; *vente au rabais* sale
liquide [likid] **1** *adj* liquid; ***argent*** *m* ***liquide*** cash **2** *m* liquid; ***liquide de freins*** brake fluid
liquider [likide] ⟨1a⟩ liquidate; *stock* sell off; *problème, travail* dispose of
lire [lir] ⟨4x⟩ read
lis [lis] *m* BOT lily
lisibilité [lizibilite] *f* legibility
lisible legible
lisière [lizjɛr] *f* edge
lisse [lis] smooth
lisser ⟨1a⟩ smooth
listage [listaʒ] *m* printout
liste *f* list; ***liste d'attente*** waiting list; ***liste de commissions*** shopping list; ***liste noire*** blacklist; ***être sur liste rouge*** TÉL have an unlisted number, *Br* be ex-directory
lister ⟨1a⟩ list
listing *m* printout
lit [li] *m* bed; ***aller au lit*** go to bed; ***faire son lit*** make one's bed; ***garder le lit*** stay in bed; ***lit de camp*** cot, *Br* camp bed
litanie [litani] *f* litany; ***c'est toujours la même litanie*** *fig* it's the same old thing over and over again
literie [litri] *f* bedding
litige [litiʒ] *m* dispute
litigieux, -euse *cas* contentious
litre [litr] *m* liter, *Br* litre
littéraire [literɛr] literary
littéral, littérale [literal] (*mpl* -aux) literal
littéralement *adv* literally
littérature [literatyr] *f* literature
littoral, littorale [litɔral] (*mpl* -aux) **1** *adj* coastal **2** *m* coastline
liturgie [lityrʒi] *f* liturgy
livraison [livrɛzõ] *f* delivery
livre[1] [livr] *m* book; ***livre d'images*** picture book; ***livre de poche*** paperback
livre[2] [livr] *f poids, monnaie* pound
livrer [livre] ⟨1a⟩ *marchandises* deliver; *prisonnier* hand over; *secret, information* divulge; ***se livrer*** (*se confier*) open up; (*se soumettre*) give o.s. up; ***se livrer à*** (*se confier*) confide in; *activité* indulge in; *la jalousie, l'abattement* give way to
livret [livrɛ] *m* booklet; *d'opéra* libretto; ***livret de caisse d'épargne*** passbook
livreur [livrœr] *m* delivery man; ***livreur de journaux*** paper boy
lobby [lɔbi] *m* lobby
lobe [lɔb] *m*: ***lobe de l'oreille*** earlobe
local, locale [lɔkal] (*mpl* -aux) **1** *adj* local **2** *m* (*salle*) premises *pl*; ***locaux*** premises
localisation *f* location; *de software etc* localization
localiser ⟨1a⟩ locate; (*limiter*), *de software* localize
localité *f* town
locataire [lɔkatɛr] *m/f* tenant
location *f par propriétaire* renting out; *par locataire* renting; (*loyer*) rent; *au théâtre* reservation
locomotive [lɔkɔmɔtiv] *f* locomotive; *fig* driving force
locution [lɔkysjõ] *f* phrase
loge [lɔʒ] *f d'un concierge, de francs-maçons* lodge; *de spectateurs* box
logement [lɔʒmɑ̃] *m* accommodations *pl*, *Br* accommodation; (*appartement*) apartment, *Br aussi* flat
loger ⟨1l⟩ **1** *v/t* accommodate **2** *v/i* live
logeur *m* landlord
logeuse *f* landlady
logiciel [lɔʒisjɛl] *m* INFORM software
logique [lɔʒik] **1** *adj* logical **2** *f* logic
logiquement *adv* logically
logistique [lɔʒistik] **1** *adj* logistical **2** *f* logistics
logo [logo] *m* logo
loi [lwa] *f* law; ***loi martiale*** martial law
loin [lwɛ̃] *adv* far; *dans le passé* long ago, a long time ago; *dans l'avenir* far off, a long way off; ***au loin*** in the distance; ***de loin*** from a distance; *fig* by far; ***loin de*** far from
lointain, lointaine [lwɛ̃tɛ̃, -ɛn] **1** *adj* distant **2** *m* distance
loisir *m* leisure; ***loisirs*** leisure activities; ***avoir le loisir de faire qch*** have the time to do sth
Londres [lõdr] London
long, longue [lõ, -g] **1** *adj* long; ***un voilier long de 25 mètres*** a 25-meter (long) yacht, a yacht 25 meters in length; ***à long terme*** in the long term *ou* run, long-term; ***à la longue*** in time, eventually; ***être long*** (*durer*) take a long time; ***être long à faire qch*** take a long time doing sth **2** *adv*: ***en dire long*** speak volumes **3** *m*: ***de deux mètres de long*** two meters long, two meters in length; ***le long de*** along; ***de long en large*** up and down; ***tout au*** *ou* ***le long de l'année*** throughout the year
longe [lõʒ] *f* CUIS loin
longer [lõʒe] ⟨1l⟩ follow, hug
longévité [lõʒevite] *f* longevity
longitude [lõʒityd] *f* longitude
longtemps [lõtɑ̃] *adv* a long time; ***il y a***

longtemps a long time ago, long ago; ***il y a longtemps qu'il habite là*** he's been living here for a long time
longuement [lõgmɑ̃] *adv* for a long time; *parler* at length
longueur [lõgœr] *f* length; ***être sur la même longueur d'onde*** be on the same wavelength
longue-vue [lõgvy] *f* (*pl* longues-vues) telescope
lopin [lɔpɛ̃] *m*: ***lopin de terre*** piece of land
loquace [lɔkas] talkative
loque [lɔk] *f* rag; ***loque humaine*** wreck
loquet [lɔkɛ] *m* latch
lorgner [lɔrɲe] ⟨1a⟩ (*regarder*) eye; *fig*: *héritage*, *poste* have one's eye on
lors [lɔr]: ***dès lors*** from that moment on, from then on; ***dès lors que vous ...*** should you ...; ***lors de*** during
lorsque [lɔrsk(ə)] *conj* when
losange [lɔzɑ̃ʒ] *m* lozenge
lot [lo] *m* (*destin*) fate, lot; *à la loterie* prize; (*portion*) share; COMM batch; ***gagner le gros lot*** hit the jackpot
loterie [lɔtri] *f* lottery
loti, **lotie** [lɔti]: ***être bien / mal loti*** be well / badly off
lotion [losjõ] *f* lotion
lotissement [lɔtismɑ̃] *m* (*parcelle*) plot; *terrain loti* housing development, *Br aussi* (housing) estate
loto [lɔto] *m* lotto; *au niveau national* national lottery
louable [lwabl] praiseworthy
louange *f* praise
louche[1] [luʃ] sleazy
louche[2] [luʃ] *f* ladle
loucher [luʃe] ⟨1a⟩ squint, have a squint
louer[1] [lwe] ⟨1a⟩ *du locataire*: *appartement* rent; *bicyclette*, *canoë* rent, *Br aussi* hire; *du propriétaire*: *appartement* rent (out), let; *bicyclette*, *canoë* rent out, *Br aussi* hire (out)
louer[2] [lwe] ⟨1a⟩ (*vanter*) praise (***de*** *ou* ***pour qch*** for sth)
loufoque [lufɔk] F crazy
loup [lu] *m* wolf
loupe [lup] *f* magnifying glass
louper [lupe] ⟨1a⟩ F *travail* botch; *train*, *bus* miss
loup-garou [lugaru] *m* (*pl* loups-garous) werewolf
lourd, **lourde** [lur, -d] heavy; *plaisanterie* clumsy; *temps* oppressive
lourdaud, **lourdaude** **1** *adj* clumsy **2** *m/f* oaf
lourdement *adv* heavily
lourdeur *f* heaviness
louvoyer [luvwaje] ⟨1h⟩ MAR tack; ***louvoyer entre des problèmes*** *fig* sidestep around problems
loyal, **loyale** [lwajal] (*mpl* -aux) honest; *adversaire* fair-minded; *ami* loyal; ***bons et loyaux services*** good and faithful service
loyauté *f* honesty; *d'un ami* loyalty
loyer [lwaje] *m* rent
lubie [lybi] *f* whim
lubrifiant [lybrifjɑ̃] *m* lubricant
lubrification *f* lubrication
lubrifier ⟨1a⟩ lubricate
lucarne [lykarn] *f* skylight
lucide [lysid] lucid; (*conscient*) conscious
lucidité *f* lucidity
lucratif, **-ive** [lykratif, -iv] lucrative; ***à but non lucratif*** not for profit, *Br aussi* non-profit making
lueur [lɥœr] *f* faint light; ***une lueur d'espoir*** a gleam *ou* glimmer of hope
luge [lyʒ] *f* toboggan; ***faire de la luge*** go tobogganing
lugubre [lygybr] gloomy, lugubrious
lui [lɥi] *pron personnel* ◇ *complément d'objet indirect*, *masculin* (to) him; *féminin* (to) her; *chose*, *animal* (to) it; ***je lui ai envoyé un e-mail*** I sent him / her an e-mail; ***je le lui ai envoyé hier*** I sent it (to) him / her yesterday; ***le pauvre chien, je lui ai donné à boire*** the poor dog, I gave it something to drink
◇ *après prép*, *masculin* him; *animal* it; ***le jus d'orange, c'est pour lui*** the orange juice is for him
◇ **:** ***je les ai vues, lui et sa sœur*** I saw them, him and his sister; ***il n'aime pas ça, lui*** he doesn't like that
lui-même [lɥimɛm] himself; *de chose* itself
luire [lɥir]⟨4c⟩ glint, glisten
lumbago [lœ̃bago] *m* lumbago
lumière [lymjɛr] *f* light (*aussi fig*); ***le siècle des lumières*** the Enlightenment; ***ce n'est pas une lumière*** *iron* he's not exactly Einstein; ***à la lumière de*** in the light of
luminaire [lyminɛr] *m* light
lumineux, **-euse** luminous; *ciel*, *couleur* bright; *affiche* illuminated; *idée* brilliant; ***rayon*** *m* ***lumineux*** beam of light
lunaire [lynɛr] lunar
lunatique [lynatik] lunatic
lundi [lœ̃di] *m* Monday; ***lundi de Pâques*** Easter Monday
lune [lyn] *f* moon; ***lune de miel*** honeymoon
lunette [lynɛt] *f*: ***lunettes*** glasses; ***lunettes de soleil*** sunglasses; ***lunettes de***

ski ski goggles; ***lunette arrière*** AUTO rear window
lurette [lyrɛt] *f* F: ***il y a belle lurette*** an eternity ago
lustre [lystr] *m* (*lampe*) chandelier; *fig* luster, *Br* lustre
lustrer [lystre] ⟨1a⟩ *meuble* polish
lutte [lyt] *f* fight, struggle; SP wrestling
lutter ⟨1a⟩ fight, struggle; SP wrestle
luxe [lyks] *m* luxury; ***de luxe*** luxury *atr*
Luxembourg [lyksɑ̃bur]: ***le Luxembourg*** Luxemburg
luxembourgeois, **luxembourgeoise** **1** *adj* of / from Luxemburg, Luxemburg *atr* **2** *m/f* **Luxembourgeois**, **Luxembourgeoise** Luxemburger
luxer [lykse] ⟨1a⟩: ***se luxer l'épaule*** dislocate one's shoulder
luxueux, **-euse** [lyksɥø, -z] luxurious
luxueusement *adv* luxuriously
luxuriant, **luxuriante** [lyksyrjɑ̃, -t] luxuriant
luxurieux, **-euse** [lyksyrjø, -z] luxurious
lycée [lise] *m* senior high, *Br* grammar school
lycéen, **lycéenne** *m/f* student (at a lycée)
lyncher [lɛ̃ʃe] ⟨1a⟩ lynch
Lyon [ljõ] Lyons
lyophilisé [ljɔfilize] freeze-dried
lyrique [lirik] lyric; *qui a du lyrisme* lyrical; ***artiste lyrique*** opera singer; ***comédie lyrique*** comic opera
lyrisme *m* lyricism
lys [lis] *m* → ***lis***

M

m' [m] → ***me***
M. *abr* (= ***monsieur***) Mr
ma [ma] → ***mon***
macabre [makabr] macabre
macaron [makarõ] *m* CUIS macaroon; (*insigne*) rosette
macédoine [masedwan] *f* CUIS: ***macédoine de légumes*** mixed vegetables *pl*; ***macédoine de fruits*** fruit salad
macérer [masere] ⟨1f⟩ CUIS: ***faire macérer*** marinate
mâche [mɑʃ] *f* BOT lamb's lettuce
mâcher [mɑʃe] ⟨1a⟩ chew; ***elle ne mâche pas ses mots*** *fig* she doesn't mince her words
machin [maʃɛ̃] *m* F thing, thingamajig F
machinal, **machinale** [maʃinal] (*mpl* -aux) mechanical
machinalement *adv* mechanically
machination [maʃinasjõ] *f* plot; ***machinations*** machinations
machine [maʃin] *f* machine; MAR engine; *fig* machinery; ***machine à coudre*** sewing machine; ***machine à écrire*** typewriter; ***machine à laver*** washing machine; ***machine à sous*** slot machine
machine-outil *f* (*pl* machines-outils) machine tool
machiniste *m au théâtre* stage hand
machisme [ma(t)ʃism] *m* machismo
machiste male chauvinist
macho [matʃo] **1** *adj* male chauvinist **2** *m* macho type
mâchoire [mɑʃwɑr] *f* ANAT jaw
mâchonner [mɑʃɔne] ⟨1a⟩ chew (on); (*marmonner*) mutter
maçon [masõ] *m* bricklayer; *avec des pierres* mason
maçonnerie *f* masonry
macro [makro] *f* INFORM macro
maculer [makyle] ⟨1a⟩ spatter
madame [madam] *f* (*pl* mesdames [medam]): ***bonjour madame*** good morning; ***madame!*** ma'am!, *Br* excuse me!; ***Madame Durand*** Mrs Durand; ***bonsoir mesdames et messieurs*** good evening, ladies and gentlemen
mademoiselle [madmwazɛl] *f* (*pl* mesdemoiselles [medmwazɛl]): ***bonjour mademoiselle*** good morning; ***mademoiselle!*** miss!, *Br* excuse me!; ***Mademoiselle Durand*** Miss Durand
Madère [madɛr] *m* Madeira
madone [madɔn] *f* Madonna
magasin [magazɛ̃] *m* (*boutique*) store, *surtout Br* shop; (*dépôt*) store room; ***grand magasin*** department store
magasinier *m* storeman
magazine [magazin] *m* magazine
mage [maʒ] *m*: ***les Rois mages*** the Three Wise Men, the Magi
magicien, **magicienne** [maʒisjɛ̃, -ɛn] *m/f* magician
Maghreb [magrɛb]: ***le Maghreb*** French-

speaking North Africa
maghrébin, maghrébine 1 *adj* North African **2** *m/f* **Maghrébin, Maghrébine** North African
magie [maʒi] *f* magic (*aussi fig*)
magique magic, magical
magistral, magistrale [maʒistral] (*mpl* -aux) *ton* magisterial; *fig* masterly; ***cours m magistral*** lecture
magistrat [maʒistra] *m* JUR magistrate
magnanime [maɲanim] magnanimous
magnat [maɲa] *m* magnate, tycoon
magner [maɲe]: ***se magner*** F get a move on, move it F
magnétique [maɲetik] magnetic
magnétisme *m* magnetism
magnéto [maɲeto] *m* F (*magnétophone*) tape recorder
magnétophone [maɲetɔfɔn] *m* tape recorder
magnétoscope [maɲetɔskɔp] *m* video (recorder)
magnifique [maɲifik] magnificent
magot [mago] *m fig* F *trésor* savings *pl*
magouille [maguj] *f* F scheming; ***magouilles électorales*** election shenanigans F
magouiller ⟨1a⟩ F scheme
magret [magrɛ] *m*: ***magret de canard*** duck's breast
mai [mɛ] *m* May
maigre [mɛgr] thin; *résultat, salaire* meager, *Br* meagre
maigreur *f* thinness; *de profit, ressources* meagerness, *Br* meagreness
maigrir ⟨2a⟩ get thin, lose weight
mailing [mɛliŋ] *m* mailshot
maille [maj] *f* stitch
maillet [majɛ] *m* mallet
maillon [majõ] *m d'une chaîne* link
maillot [majo] *m* SP shirt, jersey; *de coureur* vest; ***maillot (de bain)*** swimsuit; ***maillot jaune*** SP yellow jersey
main [mɛ̃] *f* hand; ***donner un coup de main à qn*** give s.o. a hand; ***à la main*** *tenir qch* in one's hand; ***fait / écrit à la main*** handmade / handwritten; ***à main armée*** *vol, attaque* armed; ***vote à main levée*** show of hands; ***la main dans la main*** hand in hand; ***prendre qch en main*** *fig* take sth in hand; ***prendre son courage à deux mains*** summon up all one's courage, steel o.s.; ***en mains propres*** in person; ***en un tour de main*** in no time at all; ***haut les mains!*** hands up!; ***donner la main à qn*** hold s.o.'s hand; ***perdre la main*** *fig* lose one's touch; ***sous la main*** to hand, within reach
main-d'œuvre [mɛ̃dœvr] *f* (*pl inv*) manpower, labor, *Br* labour
main-forte [mɛ̃fɔrt] *f*: ***prêter main-forte à qn*** help s.o.
mainmise [mɛ̃miz] *f* seizure
maint, mainte [mɛ̃, -t] *fml* many; ***à maintes reprises*** time and again
maintenance [mɛ̃tnɑ̃s] *f* maintenance
maintenant [mɛ̃tnɑ̃] *adv* now; ***maintenant que*** now that
maintenir [mɛ̃t(ə)nir] ⟨2h⟩ *paix* keep, maintain; *tradition* uphold; (*tenir fermement*) hold; *d'une poutre* hold up; (*conserver dans le même état*) keep; (*soutenir*) maintain; ***maintenir l'ordre*** maintain *ou* keep law and order; ***maintenir son opinion*** stick to one's opinion, not change one's mind; ***se maintenir*** *d'un prix* hold steady; *d'une tradition* last; *de la paix* hold, last; ***se maintenir au pouvoir*** stay in power; ***le temps se maintient au beau fixe*** the good weather is holding
maintien *m* maintenance; ***maintien de l'ordre*** maintenance of law and order; ***maintien de la paix*** peace keeping
maire [mɛr] *m* mayor
mairie *f* town hall
mais [mɛ] **1** *conj* but **2** *adv*: ***mais bien sûr!*** of course!; ***mais non!*** no!; ***mais pour qui se prend-t-elle?*** just who does she think she is?
maïs [mais] *m* BOT corn, *Br aussi* maize; *en boîte* sweet corn
maison [mɛzõ] *f* house; (*chez-soi*) home; COMM company; ***à la maison*** at home; ***je vais à la maison*** I'm going home; ***pâté m maison*** homemade pâté; ***Maison Blanche*** White House; ***maison de campagne*** country house; ***maison close*** brothel; ***maison mère*** parent company; ***maison de retraite*** retirement home, old people's home
maître [mɛtr] *m* master; (*professeur*) school teacher; (*peintre, écrivain*) maestro; ***maître chanteur*** blackmailer; ***maître d'hôtel*** maitre d', *Br* head waiter; ***maître nageur*** swimming instructor
maîtresse 1 *f* mistress (*aussi amante*); (*professeur*) schoolteacher; ***maîtresse de maison*** lady of the house; *qui reçoit des invités* hostess **2** *adj*: ***pièce f maîtresse*** main piece; ***idée f maîtresse*** main idea
maîtrise [mɛtriz] *f* mastery; *diplôme* MA, master's (degree); ***maîtrise de soi*** self-control
maîtriser ⟨1a⟩ master; *cheval* gain control of; *incendie* bring under control, get a grip on

M

maïzena® [maizɛna] *f* corn starch, *Br* cornflour
majesté [maʒɛste] *f* majesty
majestueux, **-euse** majestic
majeur, **majeure** [maʒœr] **1** *adj* major; ***être majeur*** JUR be of age **2** *m* middle finger
majoration [maʒɔrasjõ] *f des prix, salaires* increase
majorer ⟨1a⟩ *prix* increase
majoritaire [maʒoritɛr] majority; ***scrutin*** *m* ***majoritaire*** majority vote
majorité *f* majority
majuscule [maʒyskyl] *f & adj*: (***lettre*** *f*) ***majuscule*** capital (letter)
mal [mal] **1** *m* (*pl* maux [mo]) evil; (*maladie*) illness; (*difficulté*) difficulty, trouble; ***faire mal*** hurt; ***avoir mal aux dents*** have toothache; ***se donner du mal*** go to a lot of trouble; ***ne voir aucun mal à*** not see any harm in; ***faire du mal à qn*** hurt s.o.; ***j'ai du mal à faire cela*** I find it difficult to do that; ***dire du mal de qn*** say bad things about s.o.; ***mal de mer*** seasickness; ***mal du pays*** homesickness **2** *adv* badly; ***mal fait*** badly done; ***pas mal*** not bad; ***il y avait pas mal de monde*** there were quite a lot of people there; ***s'y prendre mal*** go about it in the wrong way; ***se sentir mal*** feel ill **3** *adj*: ***faire / dire qch de mal*** do / say sth bad; ***être mal à l'aise*** be ill at ease, be uncomfortable
malade [malad] ill, sick; ***tomber malade*** fall ill; ***malade mental*** mentally ill
maladie *f* illness, disease
maladif, **-ive** *personne* sickly; *curiosité* unhealthy
maladresse [maladrɛs] *f* clumsiness
maladroit, **maladroite** clumsy
malaise [malɛz] *m physique* physical discomfort; (*inquiétude*) uneasiness, discomfort; POL malaise; ***il a fait un malaise*** he fainted
malaria [malarja] *f* MÉD malaria
malavisé, **malavisée** [malavize] ill-advised
malaxer [malakse] ⟨1a⟩ mix
malchance [malʃɑ̃s] *f* bad luck; ***une série de malchances*** a series of misfortunes, a string of bad luck
malchanceux, **-euse** unlucky
mâle [mɑl] *m & adj* male
malédiction [malediksjõ] *f* curse
maléfique [malefik] evil
malencontreux, **-euse** [malɑ̃kõtrø, -z] unfortunate
malentendant, **malentendante** [malɑ̃tɑ̃dɑ̃, -t] hard of hearing
malentendu [malɑ̃tɑ̃dy] *m* misunderstanding
malfaiteur [malfɛtœr] *m* malefactor
malfamé, **malfamée** [malfame] disreputable
malformation [malfɔrmasjõ] *f* deformity
malgache [malgaʃ] **1** *adj* Malagasy **2** *m/f* **Malgache** Malagasy
malgré [malgre] *prép* in spite of, despite; ***malgré moi*** despite myself; ***malgré tout*** in spite of everything
malhabile [malabil] *personne, geste* awkward; *mains* unskilled
malheur [malœr] *m* misfortune; (*malchance*) bad luck; ***par malheur*** unfortunately; ***porter malheur*** be bad luck
malheureusement *adv* unfortunately
malheureux, **-euse** unfortunate; (*triste*) unhappy; (*insignifiant*) silly little
malhonnête [malɔnɛt] dishonest
malhonnêteté *f* dishonesty
malice [malis] *f* malice; (*espièglerie*) mischief
malicieux, **-euse** malicious; (*coquin*) mischievous
malin, **-igne** [malɛ̃, maliɲ] (*rusé*) crafty, cunning; (*méchant*) malicious; MÉD malignant
malle [mal] *f* trunk
malléable [maleabl] malleable
mallette [malɛt] *f* little bag
malmener [malməne] ⟨1d⟩ *personne, objet* treat roughly; (*critiquer*) maul
malnutrition [malnytrisjõ] *f* malnutrition
malodorant, **malodorante** [malɔdɔrɑ̃, -t] foul-smelling
malpoli, **malpolie** [malpɔli] impolite
malpropre [malprɔpr] dirty
malsain, **malsaine** [malsɛ̃, -ɛn] unhealthy
malt [malt] *m* malt
Malte [malt] *f* Malta
maltais, **maltaise** **1** *adj* Maltese **2** *m/f* **Maltais**, **Maltaise** Maltese
maltraiter [maltrɛte] ⟨1b⟩ mistreat, maltreat
malveillant, **malveillante** [malvɛjɑ̃, -t] malevolent
malvenu, **malvenue** [malvəny]: ***c'est malvenu de sa part de faire une remarque*** it's not appropriate for him to make a comment
malvoyant, **malvoyante** [malvwajɑ̃, -t] **1** *adj* visually impaired **2** *m/f* visually impaired person
maman [mamɑ̃] *f* Mom, *Br* Mum
mamelle [mamɛl] *f de vache* udder; *de chienne* teat
mamelon [mamlõ] *m* ANAT nipple
mamie [mami] *f* F granny
mammifère [mamifɛr] *m* mammal

manager [manadʒœr] *m* manager
manche[1] [mɑ̃ʃ] *m d'outils, d'une casserole* handle; *d'un violon* neck
manche[2] [mɑ̃ʃ] *f* sleeve; ***la Manche*** the English Channel; ***la première / deuxième Manche*** the first / second round; ***faire la Manche*** play music on the street, *Br* busk
manchette [mɑ̃ʃɛt] *f* cuff; *d'un journal* headline
manchon *m* muff; TECH sleeve
manchot, **manchote** [mɑ̃ʃo, -ɔt] **1** *adj* one-armed **2** *m/f* one-armed person **3** *m* ZO penguin
mandarine [mɑ̃darin] *f* mandarin (orange)
mandat [mɑ̃da] *m d'un député* term of office, mandate; (*procuration*) proxy; *de la poste* postal order; ***mandat d'arrêt*** arrest warrant; ***mandat de perquisition*** search warrant
mandataire *m/f à une réunion* proxy
manège [manɛʒ] *m* riding school; (*carrousel*) carousel, *Br* roundabout; *fig* game
manette [manɛt] *f* TECH lever
mangeable [mɑ̃ʒabl] edible, eatable
mangeoire *f* manger
manger [mɑ̃ʒe] ⟨1l⟩ **1** *v/t* eat; *fig*: *argent, temps* eat up; *mots* swallow **2** *v/i* eat **3** *m* food
mangeur, **-euse** *m/f* eater
mangue [mɑ̃g] *f* mango
maniable [manjable] *voiture, bateau* easy to handle
maniaque [manjak] fussy
manie *f* mania
manier [manje] ⟨1a⟩ handle
manière [manjɛr] *f* way, manner; ***manières*** manners; *affectées* airs and graces, affectation *sg*; ***à la manière de*** in the style of; ***de cette manière*** (in) that way; ***de toute manière*** anyway, in any case; ***d'une manière générale*** generally speaking, on the whole; ***de manière à faire qch*** so as to do sth; ***de telle manière que*** in such a way that
maniéré, **maniérée** affected
manifestant, **manifestante** [manifɛstɑ̃, -t] *m/f* demonstrator
manifestation *f de joie etc* expression; POL demonstration; *culturelle, sportive* event
manifeste [manifɛst] **1** *adj* obvious **2** *m* POL manifesto; COMM manifest
manifester [manifɛste] ⟨1a⟩ **1** *v/t courage, haine* show; ***se manifester*** *de maladie, problèmes* manifest itself / themselves **2** *v/i* demonstrate
manigance [manigɑ̃s] *f* scheme, plot
manipulateur, **-trice** [manipylatœr, -tris] manipulative
manipulation *f d'un appareil* handling; *d'une personne* manipulation; ***manipulation génétique*** genetic engineering
manipuler ⟨1a⟩ handle; *personne* manipulate; ***manipulé génétiquement*** genetically engineered
manivelle [manivɛl] *f* crank
mannequin [mankɛ̃] *m de couture* (tailor's) dummy; *dans un magasin* dummy; *femme, homme* model
manœuvre [manœvr] **1** *f* maneuver, *Br* manoeuvre; *d'un outil, une machine etc* operation **2** *m* unskilled laborer *ou Br* labourer
manœuvrer ⟨1a⟩ maneuver, *Br* manoeuvre
manoir [manwar] *m* manor (house)
manque [mɑ̃k] *m* lack (***de*** of); ***par manque de*** for lack of; ***manques*** *fig* failings; ***être en manque*** *d'un drogué* be experiencing withdrawal symptoms; ***manque à gagner*** COMM loss of earnings
manqué, **manquée** unsuccessful; *rendez-vous* missed
manquement *m* breach (***à*** of)
manquer [mɑ̃ke] ⟨1m⟩ **1** *v/i* (*être absent*) be missing; (*faire défaut*) be lacking; (*échouer*) fail; ***tu me manques*** I miss you; ***manquer à*** *parole, promesse* fail to keep; *devoir* fail in; ***manquer de qch*** lack sth, be lacking in sth **2** *v/t* (*rater, être absent à*) miss; *examen* fail; ***manquer son coup*** *au tir* miss; *fig* miss one's chance; ***ne pas manquer de faire qch*** make a point of doing sth; ***elle a manqué (de) se faire écraser*** she was almost run over **3** *impersonnel* ***il manque des preuves*** there isn't enough evidence, there's a lack of evidence; ***il manque trois personnes*** three people are missing
mansarde [mɑ̃sard] *f* attic
manteau [mɑ̃to] *m* (*pl* -x) coat; *de neige* blanket, mantle; ***sous le manteau*** clandestinely; ***manteau de cheminée*** mantelpiece
manucure [manykyr] *f* manicure
manuel, **manuelle** [manɥɛl] **1** *adj* manual **2** *m* manual; ***manuel d'utilisation*** instruction manual
manufacture [manyfaktyr] *f* manufacture; *usine* factory
manufacturé, **manufacturée**: ***produits*** *mpl* ***manufacturés*** manufactured goods, manufactures
manuscrit, **manuscrite** [manyskri, -t] **1** *adj* handwritten **2** *m* manuscript
manutention [manytɑ̃sjõ] *f* handling

mappemonde [mapmõd] *f* (*carte*) map of the world; (*globe*) globe
maquereau [makro] *m* (*pl* -x) zo mackerel; F (*souteneur*) pimp
maquette [makɛt] *f* model
maquillage [makijaʒ] *m* make-up
maquiller ⟨1a⟩ make up; *crime*, *vérité* conceal, disguise; ***toute maquillée*** all made up; ***se maquiller*** make up, put one's make-up on
maquis [maki] *m* maquis, member of the Resistance
maraîcher, **-ère** [marɛʃe, -ɛr] *m/f* truck farmer, *Br* market gardener
marais [marɛ] *m* swamp, *Br aussi* marsh
marasme [marasm] *m* ÉCON slump
marathon [maratõ] *m* marathon
marbre [marbr] *m* marble
marbré, **marbrée** marbled
marc [mar] *m*: ***marc de café*** coffee grounds *pl*
marcassin [markasɛ̃] *m* young wild boar
marchand, **marchande** [marʃɑ̃, -d] **1** *adj prix*, *valeur* market *atr*; *rue* shopping *atr*; *marine*, *navire* merchant *atr* **2** *m/f* merchant, storekeeper, *Br* shopkeeper; ***marchand de vin*** wine merchant
marchandage [marʃɑ̃daʒ] *m* haggling, bargaining
marchander ⟨1a⟩ haggle, bargain
marchandise [marʃɑ̃diz] *f*: ***marchandises*** merchandise *sg*; ***train** m **de marchandises*** freight train, *Br aussi* goods train
marche [marʃ] *f activité* walking; *d'escalier* step; MUS, MIL march; *des événements* course; (*démarche*) walk; ***assis dans le sens de la marche*** *dans un train* sitting facing the engine; ***marche arrière*** AUTO reverse; ***mettre en marche*** start (up)
marché [marʃe] *m* market (*aussi* COMM); (*accord*) deal; **(*à*) *bon marché*** cheap; **(*à*) *meilleur marché*** cheaper; ***par-dessus le marché*** into the bargain; ***marché boursier*** stock market; ***le Marché Commun*** POL the Common Market; ***marché noir*** black market; ***marché aux puces*** flea market; ***marché de titres*** securities market; ***le Marché unique*** the Single Market
marcher [marʃe] ⟨1a⟩ *d'une personne* walk; MIL march; *d'une machine* run, work; F (*réussir*) work; *être en service*: *d'un bus*, *train* run; ***et il a marché!*** F and he fell for it!; ***faire marcher qn*** pull s.o.'s leg, have s.o. on *{fam}*; ***marcher sur*** *les pieds de qn* tread on; *pelouse* walk on; ***défense de marcher sur la pelouse*** keep off the grass

mardi [mardi] *m* Tuesday; ***Mardi gras*** Mardi Gras, *Br* Shrove Tuesday
mare [mar] *f* pond; ***mare de sang*** pool of blood
marécage [marekaʒ] *m* swamp, *Br aussi* marsh
marécageux, **-euse** swampy, *Br aussi* marshy
maréchal [mareʃal] *m* (*pl* -aux) marshal
maréchal-ferrant *m* (*pl* maréchaux-ferrants) blacksmith
marée [mare] *f* tide; ***marée basse*** low tide; ***marée haute*** high tide; ***marée noire*** oil slick
marelle [marɛl] *f* hopscotch
margarine [margarin] *f* margarine
marge [marʒ] *f* margin (*aussi fig*); ***marge bénéficiaire** ou **marge de profit*** profit margin; ***notes** fpl **en marge*** marginal notes; ***en marge de*** on the fringes of; ***laisser de la marge à qn*** *fig* give s.o. some leeway
marginal, **marginale** [marʒinal] (*mpl* -aux) **1** *adj* marginal **2** *m* person who lives on the fringes of society
marguerite [margərit] *f* daisy
mari [mari] *m* husband
mariage [marjaʒ] *m fête* wedding; *état* marriage; ***demander qn en mariage*** ask for s.o.'s hand in marriage
marié, **mariée 1** *adj* married **2** *m* (bride)-groom; ***les jeunes mariés*** the newly weds, the bride and groom
mariée *f* bride
marier ⟨1a⟩ *du maire*, *du prêtre*, *des parents* marry (***qn avec** ou **à qn*** s.o. to s.o.); ***se marier*** get married; ***se marier avec qn*** marry s.o., get married to s.o.
marijuana [marirwana] *f* marihuana, marijuana
marin, **marine** [marɛ̃, -in] **1** *adj* sea *atr*; *animaux* marine **2** *m* sailor
marine *f* MIL navy; (***bleu***) ***marine*** navy (blue)
mariner [marine] ⟨1a⟩ CUIS marinate
marionnette [marjɔnɛt] *f* puppet; *avec des ficelles aussi* marionnette
maritime [maritim] *climat*, *droit* maritime; *port* sea *atr*; *ville* seaside *atr*
marmelade [marməlad] *f* marmalade
marmite [marmit] *f* (large) pot
marmonner [marmɔne] ⟨1a⟩ mutter
marmotte [marmɔt] *f* marmot
Maroc [marɔk]: ***le Maroc*** Morocco
marocain, **marocaine 1** *adj* Moroccan **2** *m/f* **Marocain**, **Marocaine** Moroccan
maroquinerie [marɔkinri] *f* leather goods shop; *articles* leather goods *pl*
marquant, **marquante** [markɑ̃, -t] re-

markable, outstanding

marque [mark] *f* mark; COMM brand; *de voiture* make; COMM (*signe*) trademark; ***à vos marques!*** on your marks!; ***marque déposée*** registered trademark; ***de marque*** COMM branded; *fig*: *personne* distinguished; ***une marque de*** *fig* (*preuve de*) a token of

marquer [marke] ⟨1m⟩ mark; (*noter*) write down, note down; *personnalité* leave an impression *ou* its mark on; *d'un baromètre* show; (*exprimer*) indicate, show; (*accentuer*) *taille* emphasize; ***marquer un but*** score (a goal); ***ma montre marque trois heures*** my watch says three o'clock, it's three o'clock by my watch

marqueterie [markɛtri] *f* marquetry

marqueur [markœr] *m* marker pen

marquis [marki] *m* marquis

marquise *f* marchioness

marraine [marɛn] *f* godmother

marrant, marrante [marɑ̃, -t] F funny

marre [mar] F: ***j'en ai marre*** I've had enough, I've had it up to here F

marrer [mare] ⟨1a⟩ F: ***se marrer*** have a good laugh

marron [marõ] **1** *m* chestnut **2** *adj inv* brown

marronnier *m* chestnut tree

mars [mars] *m* March

Marseille [marsɛj] Marseilles

marsupiaux [marsypjo] *mpl* marsupials

marteau [marto] (*pl* -x) **1** *m* hammer; ***marteau piqueur*** pneumatic drill **2** *adj* F crazy, nuts F

marteler [martəle] ⟨1d⟩ hammer

martial, martiale [marsjal] (*mpl* -aux) martial; ***cour*** *f* ***martial*** court martial; ***arts*** *mpl* ***martiaux*** martial arts

martien, martienne [marsjɛ̃, -ɛn] Martian

martyr, martyre[1] [martir] *m/f* martyr

martyre[2] [martir] *m* martyrdom

martyriser ⟨1a⟩ abuse; *petit frère, camarade de classe* bully

marxisme [marksism] *m* Marxism

marxiste *m/f & adj* Marxist

mas [mɑ *ou* mas] *m farmhouse in the south of France*

mascara [maskara] *m* mascara

mascarade [maskarad] *f* masquerade; *fig* (*mise en scène*) charade

mascotte [maskɔt] *f* mascot

masculin, masculine [maskylɛ̃,-in] **1** *adj* male; GRAM masculine **2** *m* GRAM masculine

masque [mask] *m* mask (*aussi fig*)

masquer ⟨1m⟩ mask; *cacher à la vue* hide, mask; ***bal*** *m* ***masqué*** costume ball

massacre [masakr] *m* massacre

massacrer ⟨1a⟩ massacre (*aussi fig*)

massage [masaʒ] *m* massage

masse [mas] *f* masse; ÉL ground, *Br* earth; ***en masse*** in large numbers, en masse; *manifestation* massive: ***une masse de choses à faire*** masses *pl* (of things) to do; ***taillé dans la masse*** carved from the solid rock; ***être à la masse*** F be off one's rocker F

masser [mase] ⟨1a⟩ (*assembler*) gather; *jambes* massage

masseur, -euse *m/f* masseur; masseuse

massif, -ive [masif, -iv] **1** *adj* massif; *or, chêne* solid **2** *m* massif; ***massif de fleurs*** flowerbed

massue [masy] *f* club

mastic [mastik] *m* mastic; *autour d'une vitre* putty

mastiquer [mastike] ⟨1m⟩ chew, masticate; *vitre* put putty around

mastodonte [mastɔdõt] *m* colossus, giant

masure [mazyr] *f péj* hovel

mat[1], **mate** [mat] matt; *son* dull

mat[2] [mat] *adj inv aux échecs* checkmated

mât [mɑ] *m* mast

match [matʃ] *m* game, *Br aussi* match; ***match aller*** first game; ***match retour*** return game; ***match nul*** tied game, *Br* draw

matelas [matla] *m* mattress; ***matelas pneumatique*** air bed

matelassé, matelassée quilted

matelot [matlo] *m* sailor

matérialiser [materjalize] ⟨1a⟩: ***se matérialiser*** materialize

matérialisme *m* materialism

matérialiste **1** *adj* materialistic **2** *m/f* materialist

matériau [materjo] *m* (*pl* -x) material

matériel, matérielle **1** *adj* material **2** *m* MIL matériel; *de camping*, SP equipment; INFORM hardware

maternel, maternelle [matɛrnɛl] **1** *adj* maternal, motherly; *instinct, grand-père* maternal; ***lait*** *m* ***maternel*** mother's milk **2** *f* nursery school

materner ⟨1a⟩ mother

maternité *f* motherhood; *établissement* maternity hospital; (*enfantement*) pregnancy; ***congé*** *m* **(*de*)** ***maternité*** maternity leave

mathématicien, mathématicienne [matematisjɛ̃, -ɛn] *m/f* mathematician

mathématique **1** *adj* mathematical **2** *fpl*: ***mathématiques*** mathematics

math(s) *fpl* math *sg*, *Br* maths *sg*

matière [matjɛr] *f* PHYS matter; (*substance*) material; (*sujet*) subject; ***c'est une***

bonne entrée en matière it's a good introduction; ***en la matière*** on the subject; ***en matière de*** when it comes to; ***matière grasse*** shortening; ***matière grise*** gray *ou Br* grey matter, brain cells *pl*; ***matière première*** raw material
matin [matɛ̃] *m* morning; ***le matin*** in the morning; ***ce matin*** this morning; ***du matin au soir*** from morning till night; ***matin et soir*** morning and evening; ***tous les lundis matins*** every Monday morning; ***demain matin*** tomorrow morning
matinal, **matinale** (*mpl* -aux) morning *atr*; ***être matinal*** be an early riser; ***tu es bien matinal!*** you're an early bird!, you're up early!
matinée *f* morning; (*spectacle*) matinée
matou [matu] *m* tom cat
matraque [matrak] *f* blackjack, *Br* cosh
matrice [matris] *f* ANAT uterus; TECH die, matrix; MATH matrix
matricule [matrikyl] *m* number
matrimonial, **matrimoniale** [matrimɔnjal] (*mpl* -aux) matrimonial; ***agence f matrimoniale*** marriage bureau
mature [matyr] mature
maturité *f* maturity
maudire [modir] ⟨2a *et* 4m⟩ curse
maudit, **maudite** F blasted F, damn F
mausolée [mozɔle] *m* mausoleum
maussade [mosad] *personne* sulky; *ciel, temps* dull
mauvais, **mauvaise** [mɔvɛ, -z] **1** *adj* bad, poor; (*méchant*) bad; (*erroné*) wrong **2** *adv* bad; ***il fait mauvais*** the weather is bad; ***sentir mauvais*** smell (bad)
mauve [mov] mauve
mauviette [movjɛt] F wimp F
maux [mo] *pl de* ***mal***
maximal, **maximale** [maksimal] (*mpl* -aux) maximum
maximum **1** *adj* (*mpl et fpl aussi* maxima) maximum **2** *m* maximum; ***au maximum*** (*tout au plus*) at most, at the maximum
mayonnaise [majɔnɛz] *f* CUIS mayonnaise, mayo F
mazout [mazut] *m* fuel oil
mazouté, **mazoutée** *oiseau* covered in oil
McDrive® [makdrajv] *m* drive-in McDonald's
me [mə] *pron personnel* ◇ *complément d'objet direct* me; ***il ne m'a pas vu*** he didn't see me
◇ *complément d'objet indirect* (to) me; ***elle m'en a parlé*** she spoke to me about it; ***tu vas me chercher mon journal?*** will you fetch me my paper?
◇ *avec verbe pronominal* myself; ***je me suis coupé*** I cut myself; ***je me lève à …*** I get up at …
mec [mɛk] *m* F guy F
mécanicien [mekanisjɛ̃] *m* mechanic
mécanique **1** *adj* mechanical **2** *f* mechanics
mécaniquement *adv* mechanically
mécaniser ⟨1a⟩ mechanize
mécanisme *m* mechanism
méchanceté [meʃɑ̃ste] *f caractère* nastiness; *action, parole* nasty thing to do / say
méchant, **méchante** **1** *adj* nasty; *enfant* naughty **2** *m/f* F: ***les gentils et les méchants*** the goodies and the baddies
mèche [mɛʃ] *f d'une bougie* wick; *d'explosif* fuse; *d'une perceuse* bit; *de cheveux* strand, lock
méconnaissable [mekɔnɛsabl] unrecognizable
méconnaître ⟨4z⟩ (*mésestimer*) fail to appreciate
mécontent, **mécontente** [mekɔ̃tɑ̃, -t] unhappy, displeased (***de*** with)
mécontenter ⟨1a⟩ displease
Mecque [mɛk]: ***la Mecque*** Mecca
médaille [medaj] *f* medal; ***médaille de bronze / d'argent / d'or*** bronze / silver / gold medal
médaillé, **médaillée** *m/f* medalist, *Br* medallist
médaillon *m* medallion
médecin [mɛdsɛ̃] *m* doctor; ***médecin de famille*** family doctor
médecine *f* medicine; ***les médecines douces*** alternative medicines; ***médecine légale*** forensic medicine; ***médecine du sport*** sports medicine
média [medja] *m* (*pl* média *ou* médias) media *pl*
médiateur, **-trice** [medjatœr, -tris] *m/f* mediator
médiathèque [medjatɛk] *f* media library
médiation [medjasjɔ̃] *f* mediation
médiatique [medjatik] media *atr*
médical, **médicale** [medikal] (*mpl* -aux) medical
médicament *m* medicine, drug
médicinal, **médicinale** [medisinal] (*mpl* -aux) medicinal
médiéval, **médiévale** [medjeval] (*mpl* -aux) medieval, *Br* mediaeval
médiocre [medjɔkr] mediocre; ***médiocre en*** ÉDU poor at
médiocrité *f* mediocrity
médire [medir] ⟨4m⟩: ***médire de qn*** run s.o. down
médisance *f* gossip
méditation [meditasjɔ̃] *f* meditation
méditer ⟨1a⟩ **1** *v/t*: ***méditer qch*** think about sth, reflect on sth *fml* **2** *v/i* medi-

tate (***sur*** on)

Méditerranée [mediterane]: ***la Méditerranée*** the Mediterranean

méditerranéen, **méditerranéenne** **1** *adj* Mediterranean **2** *m/f* **Méditerranéen**, **Méditerranéenne** Mediterranean *atr*

médium [medjɔm] *m* medium

méduse [medyz] *f* ZO jellyfish

meeting [mitiŋ] *m* meeting

méfait [mefɛ] *m* JUR misdemeanor, *Br* misdemeanour; ***méfaits*** *de la drogue* harmful effects

méfiance [mefjɑ̃s] *f* mistrust, suspicion

méfiant, **méfiante** suspicious

méfier ⟨1a⟩: ***se méfier de*** mistrust, be suspicious of; (*se tenir en garde*) be wary of

mégalomanie [megalɔmani] *f* megalomania

mégaoctet [megaɔktɛ] *m* INFORM megabyte

mégaphone [megafɔn] *m* bullhorn, *Br* loudhailer

mégarde [megard] *f*: ***par mégarde*** inadvertently

mégère [meʒɛr] *f* shrew

mégot [mego] *m* cigarette butt

meilleur, **meilleure** [mɛjœr] **1** *adj* better; ***le meilleur …*** the best … **2** *m*: ***le meilleur*** the best

mél [mɛl] *m* e-mail

mélancolie [melɑ̃kɔli] *f* gloom, melancholy

mélancolique gloomy, melancholy

mélange [melɑ̃ʒ] *m* mixture; *de tabacs, thés, vins* blend; *action* mixing; *de tabacs, thés, vins* blending

mélanger ⟨1l⟩ (*mêler*) mix; *tabacs, thés, vins* blend; (*brouiller*) jumble up, mix up

mélasse [melas] *f* molasses *sg*

mêlée [mɛle] *f* fray, melee; *en rugby* scrum

mêler [mɛle] ⟨1b⟩ mix; (*réunir*) combine; (*brouiller*) jumble up, mix up; ***mêler qn à qch*** *fig* get s.o. mixed up in sth, involve s.o. in sth; ***se mêler à qch*** get involved with sth; ***se mêler de qch*** interfere in sth; ***mêle-toi de ce qui te regarde!*** mind your own business!; ***se mêler à la foule*** get lost in the crowd

mélo [melo] *m* melodrama

mélodie [melɔdi] *f* tune, melody

mélodieux, **-euse** tuneful, melodious; *voix* melodious

mélodramatique [melɔdramatik] melodramatic

mélodrame *m* melodrama

melon [m(ə)lõ] *m* BOT melon; (***chapeau*** *m*) ***melon*** derby, *Br* bowler (hat)

membrane [mɑ̃bran] *f* membrane

membre [mɑ̃br] *m* ANAT limb; *fig* member; ***pays membre*** member country

même [mɛm] **1** *adj*: ***le / la même, les mêmes*** the same; ***la bonté même*** kindness itself; ***il a répondu le jour même*** he replied the same day *ou* that very day; ***en même temps*** at the same time; ***même chose*** (the) same again; ***ce jour même*** *fml* today **2** *pron*: ***le / la même*** the same one; ***les mêmes*** the same ones; ***cela revient au même*** it comes to the same thing **3** *adv* even; ***même pas*** not even; ***même si*** even if; ***ici même*** right here; ***faire de même*** do the same; ***de même!*** likewise!; ***de même que*** just as; ***boire à même la bouteille*** drink straight from the bottle; ***être à même de faire qch*** be able to do sth; ***tout de même*** all the same; ***quand même*** all the same; ***moi de même*** me too; ***à même le sol*** on the ground

mémoire [memwar] **1** *f* (*faculté, souvenir*) memory (*aussi* INFORM); ***mémoire morte*** read-only memory, ROM; ***mémoire vive*** random access memory, RAM; ***de mémoire*** by heart; ***à la mémoire de*** in memory of, to the memory of; ***de mémoire d'homme*** in living memory **2** *m* (*exposé*) report; (*dissertation*) thesis, dissertation; ***mémoires*** memoirs

mémorable [memɔrabl] memorable

mémorandum [memɔrɑ̃dɔm] *m* memorandum

mémorial [memɔrjal] *m* (*pl* -aux) memorial

mémoriser [memɔrize] memorize

menaçant, **menaçante** [mənasɑ̃, -t] threatening, menacing

menace *f* threat; ***constituer une menace*** pose a threat

menacer ⟨1k⟩ threaten (***de*** with; ***de faire*** to do)

ménage [menaʒ] *m* (*famille*) household; (*couple*) (married) couple; ***faire le ménage*** clean house, *Br* do the housework; ***femme*** *f* ***de ménage*** cleaning woman, *Br aussi* cleaner; ***ménage à trois*** ménage à trois, three-sided relationship; ***faire bon ménage avec qn*** get on well with s.o.

ménagement [menaʒmɑ̃] *m* consideration

ménager[1] ⟨1l⟩ (*traiter bien*) treat with consideration; *temps, argent* use sparingly; (*arranger*) arrange

ménager[2], **-ère** [menaʒe, -ɛr] **1** *adj* household *atr* **2** *f* home-maker, housewife

mendiant, **mendiante** [mɑ̃djɑ̃, -t] *m/f* beggar

mendier ⟨1a⟩ **1** *v/i* beg **2** *v/t* beg for
mener [məne] ⟨1d⟩ **1** *v/t* lead (*aussi fig*); (*amener, transporter*) take **2** *v/i*: ***mener à*** *d'un chemin* lead to; ***ne mener à rien*** *des efforts de qn* come to nothing; ***ceci ne nous mène nulle part*** this is getting us nowhere
meneur *m* leader; *péj* ringleader; ***meneur de jeu*** RAD, TV question master
menhir [menir] *m* menhir, standing stone
méningite [menɛ̃ʒit] *f* meningitis
ménopause [menɔpoz] *f* menopause
menotte [mənɔt] *f*: ***menottes*** handcuffs
menotter ⟨1a⟩ handcuff
mensonge [mɑ̃sɔ̃ʒ] *m* lie
mensonger, **-ère** false
menstruation [mɑ̃stryasjɔ̃] *f* menstruation
mensualité [mɑ̃sɥalite] *f somme à payer* monthly payment
mensuel, **mensuelle** monthly
mensurations [mɑ̃syrasjɔ̃] *fpl* measurements; *de femme* vital statistics
mental, **mentale** [mɑ̃tal] (*mpl* -aux) mental; ***calcul*** *m* ***mental*** mental arithmetic
mentalement *adv* mentally
mentalité *f* mentality
menteur, **-euse** [mɑ̃tœr, -øz] *m/f* liar
menthe [mɑ̃t] *f* BOT mint; ***menthe poivrée*** peppermint; ***menthe verte*** spearmint
mention [mɑ̃sjɔ̃] *f* mention; *à un examen* grade, *Br aussi* mark; ***faire mention de*** mention; ***rayer la mention inutile*** delete as appropriate
mentionner ⟨1a⟩ mention
mentir [mɑ̃tir] ⟨2b⟩ lie (***à qn*** to s.o.)
menton [mɑ̃tɔ̃] *m* chin; ***double menton*** double chin
mentor [mɑ̃tɔr] *m* mentor
menu, **menue** [məny] **1** *adj personne* slight; *morceaux* small; ***menue monnaie*** *f* change **2** *adv* finely, fine **3** *m* (*liste*) menu (*aussi* INFORM); (*repas*) set meal; ***par le menu*** in minute detail
menuiserie [mənɥizri] *f* carpentry
menuisier *m* carpenter
méprendre [meprɑ̃dr] ⟨4q⟩: ***se méprendre*** be mistaken (***sur*** about)
mépris [mepri] *m* (*indifférence*) disdain; (*dégoût*) scorn; ***au mépris de*** regardless of
méprisable despicable
méprisant, **méprisante** scornful
mépriser ⟨1a⟩ *argent*, *ennemi* despise; *conseil*, *danger* scorn
mer [mɛr] *f* sea; ***en mer*** at see; ***par mer*** by sea; ***prendre la mer*** go to sea; ***la Mer du Nord*** the North Sea; ***mal*** *m* ***de mer*** seasickness
mercenaire [mɛrsənɛr] *m* mercenary
mercerie [mɛrsəri] *f magasin* notions store, *Br* haberdashery; *articles* notions, *Br* haberdashery *pl*
merci [mɛrsi] **1** *int* thanks, thank you (***de, pour*** for); ***merci beaucoup, merci bien*** thanks a lot, thank you very much; ***Dieu merci!*** thank God! **2** *f* mercy; ***être à la merci de*** be at the mercy of; ***sans merci*** merciless, pitiless; *adv* mercilessly, pitilessly
mercredi [mɛrkrədi] *m* Wednesday
mercure [mɛrkyr] *m* CHIM mercury, quicksilver
merde [mɛrd] *f* P shit P
merder ⟨1a⟩ P screw up P
merdique P shitty P, crappy P
mère [mɛr] *f* mother; ***mère célibataire*** unmarried mother; ***mère porteuse*** surrogate mother
méridional, **méridionale** [meridjɔnal] (*mpl* -aux) southern
meringue [mərɛ̃g] *f* CUIS meringue
mérite [merit] *m* merit
mériter ⟨1a⟩ deserve; ***mériter le détour*** be worth a visit
méritoire praiseworthy
merlan [mɛrlɑ̃] *m* whiting
merle [mɛrl] *m* blackbird
merveille [mɛrvɛj] *f* wonder, marvel; ***à merveille*** wonderfully well
merveilleux, **-euse** wonderful, marvelous, *Br* marvellous
mes [me] → ***mon***
mésange [mezɑ̃ʒ] *f* ZO tit
mésaventure [mezavɑ̃tyr] *f* mishap
mesdames [medam] *pl* → ***madame***
mesdemoiselles [medmwazɛl] *pl* → ***mademoiselle***
mésentente [mezɑ̃tɑ̃t] *f* misunderstanding
mesquin, **mesquine** [mɛskɛ̃, -in] mean, petty; (*parcimonieux*) mean
message [mɛsaʒ] *m* message; ***message d'erreur*** error message; ***message téléphonique*** telephone message
messager, **-ère** *m/f* messenger, courier
messagerie *f* parcels service; *électronique* electronic mail; ***messagerie vocale*** voicemail
messe [mɛs] *f* REL mass
messieurs [mesjø] *pl* → ***monsieur***
mesurable [məzyrabl] measurable
mesure *f action* measurement, measuring; *grandeur* measurement; *disposition* measure, step; MUS (*rythme*) time; ***à la mesure de*** commensurate with; ***à mesure que*** as; ***dans la mesure où*** insofar

as; ***dans une large mesure*** to a large extent; ***être en mesure de faire qch*** be in a position to do sth; ***outre mesure*** excessive; ***fait sur mesure*** made to measure; ***sur mesure*** *fig* tailor-made; ***en mesure*** in time

mesurer ⟨1a⟩ measure; *risque, importance* gauge; *paroles* weigh; ***se mesurer avec qn*** pit o.s. against s.o.

métabolisme [metabɔlism] *m* metabolism

métal [metal] *m* (*pl* -aux) metal

métallique metallic

métallisé, métallisée metallic

métallurgie *f* metallurgy

métamorphose [metamɔrfoz] *f* metamorphosis

métamorphoser ⟨1a⟩: ***se métamorphoser*** metamorphose

métaphore [metafɔr] *f* metaphor

métaphysique [metafizik] **1** *adj* metaphysical **2** *f* metaphysics

météo [meteo] *f* weather forecast

météore [meteɔr] *m* meteor

météorite *m* meteorite

météorologie [meteɔrɔlɔʒi] *f science* meteorology; *service* weather office

météorologiste *m/f* meteorologist

méthode [metɔd] *f* method

méthodique methodical

méticuleux, -euse [metikylø, -z] meticulous

métier [metje] *m* (*profession*) profession; (*occupation manuelle*) trade; (*expérience*) experience; *machine* loom

métis, métisse [metis] *m/f & adj* half-caste

métrage [metraʒ] *m d'un film* footage; ***court métrage*** short; ***long métrage*** feature film

mètre [mɛtr] *m* meter, *Br* metre; (*règle*) measuring tape, tape measure

métrique metric

métro [metro] *m* subway, *Br* underground; *à Paris* metro

métropole [metrɔpɔl] *f ville* metropolis; *de colonie* mother country

métropolitain, métropolitaine: ***la France métropolitaine*** metropolitan France

mets [mɛ] *m* dish

metteur [mɛtœr] *m*: ***metteur en scène*** director

mettre [mɛtr] ⟨4p⟩ ◇ put; *sucre, lait* put in; *vêtements, lunettes, chauffage, radio* put on; *réveil* set; *argent dans entreprise* invest, put in; ***mettre deux heures à faire qch*** take two hours to do sth; ***mettre en bouteilles*** bottle; ***mettons que je n'aie*** (*subj*) ***plus d'argent*** let's say I have no more money; ***mettre fin à qch*** put an end to sth

◇ ***je ne savais pas où me mettre*** I didn't know where to put myself; ***où se mettent les …?*** where do the … go?; ***se mettre au travail*** set to work; ***se mettre à faire qch*** start to do sth; ***je n'ai plus rien à me mettre*** I have nothing to wear

meuble [mœbl] *m* piece of furniture; ***meubles*** furniture *sg*

meubler ⟨1a⟩ furnish

meugler [møgle] ⟨1a⟩ moo

meule [møl] *f* millstone; ***meule de foin*** haystack

meunier, -ère [mønje, -ɛr] **1** *m/f* miller **2** *f* CUIS: (***à la***) ***meunier*** dusted with flour and fried

meurtre [mœrtr] *m* murder

meurtrier, -ère 1 *adj* deadly **2** *m/f* murderer

meurtrir [mœrtrir] ⟨2a⟩ bruise; ***avoir le cœur meurtri*** *fig* be heart-broken

meurtrissure *f* bruise

meute [møt] *f* pack; *fig* mob

mexicain, mexicaine [mɛksikɛ̃, -ɛn] **1** *adj* Mexican **2** *m/f* **Mexicain, Mexicaine** Mexican

Mexique: ***le Mexique*** Mexico

mezzanine [medzanin] *f* mezzanine (floor)

mi [mi] *m* MUS E

mi-… [mi] half; ***à mi-chemin*** half-way; (***à la***) ***mi-janvier*** mid-January

miam-miam [mjammjam] yum-yum

miaou [mjau] *m* miaow

miauler [mjole] ⟨1a⟩ miaow

mi-bas [miba] *mpl* knee-highs, pop socks

miche [miʃ] *f* large round loaf

mi-clos, mi-close [miklo, -z] half-closed

micro [mikro] *m* mike; INFORM computer, PC; *d'espionnage* bug

microbe [mikrɔb] *m* microbe

microbiologie [mikrobiɔlɔʒi] *f* microbiology

microclimat [mikroklima] *m* microclimate

microcosme [mikrokɔsm] *m* microcosm

microélectronique [mikroelɛktrɔnik] *f* microelectronics

microfilm [mikrofilm] *m* microfilm

micro-onde [mikrɔɔ̃d] (*pl* micro-ondes) microwave; (***four*** *m* ***à***) ***micro-ondes*** *m* microwave (oven)

micro-ordinateur [mikroɔrdinatœr] *m* (*pl* micro-ordinateurs) INFORM microcomputer *m*

micro-organisme [mikroɔrganism] *m* microorganism

microphone [mikrofɔn] *m* microphone

M

microprocesseur [mikroprɔsɛsœr] *m* INFORM microprocessor
microscope [mikrɔskɔp] *m* microscope
microscopique microscopic
midi [midi] *m* noon, twelve o'clock; (*sud*) south; ***midi et demi*** half-past twelve; ***le Midi*** the South of France
mie [mi] *f de pain* crumb
miel [mjɛl] *m* honey
mielleux, **-euse** *fig* sugary-sweet
mien, **mienne** [mjɛ̃, mjɛn]: ***le mien, la mienne, les miens, les miennes*** mine
miette [mjɛt] *f* crumb
mieux [mjø] **1** *adv* ◇ *comparatif de bien* better; *superlatif de bien* best; ***le mieux*** best; ***le mieux possible*** the best possible; ***de mieux en mieux*** better and better; ***tant mieux*** so much the better; ***valoir mieux*** be better; ***vous feriez mieux de*** … you would *ou* you'd do best to …; ***mieux vaut prévenir que guérir*** prevention is better than cure; ***on ne peut mieux*** extremely well **2** *m* (*progrès*) progress, improvement; ***j'ai fait de mon mieux*** I did my best; ***le mieux, c'est de …*** the best thing is to …
mièvre [mjɛvr] insipid
mignon, **mignonne** [miɲõ, miɲɔn] (*charmant*) cute; (*gentil*) nice, good
migraine [migrɛn] *f* migraine
migrateur, **-trice** [migratœr, -tris] *oiseau* migratory
migration *f* migration
migrer ⟨1a⟩ migrate
mijoter [miʒɔte] ⟨1a⟩ CUIS simmer; *fig* hatch; ***qu'est-ce qu'il mijote encore?*** what's he up to now?
milice [milis] *f* militia
mildiou [mildju] *m* mildew
milieu [miljø] *m* (*pl* -x) (*centre*) middle; *biologique* environment; *social* environment, surroundings *pl*; ***au milieu de*** in the middle of; ***en plein milieu de*** right in the middle of; ***le juste milieu*** a happy medium; ***le milieu*** the underworld; ***milieux diplomatiques*** diplomatic circles
militaire [militɛr] **1** *adj* military; ***service** m **militaire*** military service **2** *m* soldier; ***les militaires*** the military *sg ou pl*
militant, **militante** [militɑ̃, -t] active
militariser [militarize] ⟨1a⟩ militarize
militer [milite] ⟨1a⟩: ***militer dans*** be an active member of; ***militer pour / contre qch*** *fig* militate for / against sth
mille [mil] **1** (a) thousand **2** *m mesure* mile; ***mille marin*** nautical mile
millénaire [milenɛr] **1** *adj* thousand-year old **2** *m* millennium
mille-pattes [milpat] *m* (*pl inv*) millipede
millésime [milezim] *m de timbres* date; *de vin* vintage, year
millet [mijɛ] *m* BOT millet
milliard [miljar] *m* billion
milliardaire *m* billionaire
millième [miljɛm] thousandth
millier [milje] *m* thousand
milligramme [miligram] *m* milligram
millimètre [milimɛtr] millimeter, *Br* millimetre
million [miljõ] *m* million
millionnaire *m*/*f* millionaire
mime [mim] *m* mimic; *de métier* mime
mimer ⟨1a⟩ mime; *personne* mimic
mimique *f* expression
mimosa [mimoza] *m* BOT mimosa
minable [minabl] mean, shabby; ***un salaire minable*** a pittance
mince [mɛ̃s] thin; *personne* slim, slender; *taille* slender; *espoir* slight; *somme, profit* small; *argument* flimsy; ***mince (alors)!*** F what the…!, blast!
mine[1] [min] *f* appearance, look; ***faire mine de faire qch*** make as if to do sth; ***avoir bonne / mauvaise mine*** look / not look well
mine[2] [min] *f* mine (*aussi* MIL); *de crayon* lead
miner ⟨1a⟩ undermine; MIL mine
minerai [minrɛ] *m* ore
minéral, **minérale** [mineral] (*mpl* -aux) *adj & m* mineral
minéralogique [mineralɔʒik] AUTO: ***plaque** f **minéralogique*** license plate, *Br* number plate
minet, **minette** [minɛ, -t] *m*/*f* F pussy (cat); *fig* darling, sweetie pie F
mineur[1], **mineure** [minœr] JUR, MUS minor
mineur[2] [minœr] *m* (*ouvrier*) miner
miniature [minjatyr] *f* miniature
minibus [minibys] *m* minibus
minichaîne [miniʃɛn] *f* mini (hi-fi)
minier, **-ère** [minje, -ɛr] mining
mini-jupe [miniʒyp] *f* (*pl* mini-jupes) mini (skirt)
minimal, **minimale** [minimal] minimum
minimalisme *m* minimalism
minime [minim] minimal; *salaire* tiny
minimiser ⟨1a⟩ minimize
minimum [minimɔm] **1** *adj* (*mpl et fpl aussi* minima) minimum **2** *m* minimum; ***au minimum*** at the very least; ***un minimum de*** the least little bit of; ***il pourrait avoir un minimum de politesse*** he could try to be a little polite; ***prendre le minimum de risques*** take as few risks as possible, minimize risk-taking
ministère [ministɛr] *m* department; (*gou-*

M

vernement) government; REL ministry
ministériel, **ministérielle** *d'un ministère* departmental; *d'un ministre* ministerial
ministre [ministr] *m* minister; ***ministre des Affaires étrangères*** Secretary of State, *Br* Foreign Secretary; ***ministre de la Défense*** Defense Secretary, *Br* Minister of Defence; ***ministre de l'Intérieur*** Secretary of the Interior, *Br* Home Secretary
minitel [minitɛl] *m small home terminal connected to a number of data banks*
minoritaire [minɔritɛr] minority
minorité *f* JUR, POL minority
minou [minu] *m* F pussy(-cat) F
minuit [minɥi] *m* midnight
minuscule [minyskyl] **1** *adj* tiny, minuscule; *lettre* small, lower case **2** *f* small *ou* lower-case letter
minute [minyt] *f* minute; ***tu n'es quand même pas à la minute?*** you're surely not in that much of a rush!; ***d'une minute à l'autre*** any minute now
minuterie *f* time switch
minutie [minysi] *f* attention to detail, meticulousness
minutieux, **-euse** meticulous
mioche [mjɔʃ] *m* F kid F
mirabelle [mirabɛl] *f* mirabelle plum
miracle [mirakl] *m* miracle (*aussi fig*)
miraculeux, **-euse** miraculous
mirador [miradɔr] *m* watch tower
mirage [miraʒ] *m* mirage; *fig* illusion
mire [mir] *f*: ***point*** *m* ***de mire*** target (*aussi fig*)
miroir [mirwar] *m* mirror
miroiter ⟨1a⟩ sparkle
mis, **mise** [mi, -z] *p/p* → ***mettre***
mise [miz] *f au jeu* stake; ***de mise*** acceptable; ***mise en bouteilles*** bottling; ***mise en marche*** *ou* ***route*** start-up; ***mise en scène*** *d'une pièce de théâtre* staging; *d'un film* direction; ***mise en service*** commissioning; ***mise en vente*** (putting up for) sale
miser [mize] ⟨1a⟩ *au jeu*, *fig* stake (***sur*** on)
misérable [mizerabl] wretched; (*pauvre*) destitute, wretched
misère *f* (*pauvreté*) destitution; (*chose pénible*) misfortune
miséreux, **-euse** poverty-stricken
miséricorde [mizerikɔrd] *f* mercifulness
miséricordieux, **-euse** merciful
misogyne [mizɔʒin] **1** *adj* misogynistic **2** *m* misogynist
missel [misɛl] *m* REL missal
missile [misil] *m* MIL missile
mission [misjõ] *f* (*charge*) mission (*aussi* POL, REL); (*tâche*) job, task
missionnaire *m* missionary
missive [misiv] *f* brief
mistral [mistral] *m* mistral (*cold north wind on the Mediterranean coast*)
mite [mit] *f* ZO (clothes) moth
mi-temps [mitɑ̃] (*pl inv*) **1** *f* SP half-time **2** *m* part-time job; ***à mi-temps*** *travail*, *travailler* part-time
miteux, **-euse** [mitø, -z] *vêtement* moth-eaten; *hôtel*, *théâtre* shabby, flea-bitten F
mitigé, **mitigée** [mitiʒe] moderate; *sentiments* mixed
mitonner [mitɔne] ⟨1a⟩ cook on a low flame
mitoyen, **mitoyenne** [mitwajɛ̃, -ɛn] *jardin* with a shared wall / hedge; ***des maisons mitoyennes*** duplexes, *Br* semi-detached houses; *plus de deux* row houses, *Br* terraced houses
mitrailler [mitraje] ⟨1a⟩ MIL machine gun; *fig* bombard (***de*** with)
mitraillette *f* sub-machine gun
mitrailleuse *f* machine gun
mi-voix [mivwa]: ***à mi-voix*** under one's breath
mixage [miksaʒ] *m* mixing
mixer, **mixeur** *m* CUIS blender
mixte mixed
mixture *f péj* vile concoction
MM *abr* (= ***Messieurs***) Messrs.
Mme *abr* (= ***Madame***) Mrs
Mo *m abr* (= ***mégaoctet***) Mb (= megabyte)
mobile [mɔbil] **1** *adj* mobile; (*amovible*) movable (*aussi* REL); *feuilles* loose; *reflets*, *ombres* moving **2** *m* motive; ART mobile
mobilier, **-ère** **1** *adj* JUR movable, personal; ***valeurs*** *fpl* ***mobilières*** FIN securities **2** *m* furniture
mobilisation [mɔbilizasjõ] *f* MIL mobilization (*aussi fig*)
mobiliser ⟨1a⟩ MIL mobilize (*aussi fig*)
mobilité [mɔbilite] *f* mobility
mobylette® [mɔbilɛt] *f* moped
moche [mɔʃ] F (*laid*) ugly; (*méprisable*) mean, rotten F
modalité [mɔdalite] *f*: ***modalités de paiement*** methods of payment
mode[1] [mɔd] *m* method; ***mode d'emploi*** instructions (for use); ***mode de paiement*** method of payment; ***mode de vie*** life-style
mode[2] [mɔd] *f* fashion; ***être à la mode*** be fashionable, be in fashion
modèle [mɔdɛl] *m* model; *tricot* pattern
modeler ⟨1d⟩ model
modem [mɔdɛm] *m* INFORM modem

M

modération [mɔderasjõ] *f* moderation
modéré, **modérée** moderate
modérer ⟨1f⟩ moderate; ***se modérer*** control o.s.
moderne [mɔdɛrn] modern
modernisation *f* modernization
moderniser ⟨1a⟩ modernize
modeste [mɔdɛst] modest
modestie *f* modesty
modification [mɔdifikasjõ] *f* alteration, modification
modifier ⟨1a⟩ alter, modify
modique [mɔdik] modest
modiste [mɔdist] *f* milliner
modulable [mɔdylabl] *meuble* modular; *horaire* flexible
modulation *f* modulation; ***modulation de fréquence*** frequency modulation
module *m* TECH module
moduler ⟨1a⟩ modulate
moelle [mwal] *f* marrow; ***moelle épinière*** spinal cord
moelleux, **-euse** [mwalø, -z] *lit*, *serviette* soft; *chocolat*, *vin* smooth
mœurs [mœr(s)] *fpl* (*attitude morale*) morals; (*coutumes*) customs; ***brigade** f **des mœurs*** vice squad
mohair [mɔɛr] *m* mohair
moi [mwa] *pron personnel* me; ***avec moi*** with me; ***c'est moi qui l'ai fait*** I did it, it was me that did it
moignon [mwaɲõ] *m* stump
moi-même [mwamɛm] myself
moindre [mwɛ̃dr] lesser; *prix*, *valeur* lower; *quantité* smaller; ***le / la moindre*** the least; ***c'est un moindre mal*** it's the lesser of two evils
moine [mwan] *m* monk
moineau [mwano] *m* (*pl* -x) sparrow
moins [mwɛ̃] **1** *adv* less; ***moins d'argent*** less money; ***deux mètres de moins*** two meters less; ***c'est moins cher que …*** it's less expensive than …, it's not as expensive as …; ***au** ou **du moins*** at least; ***je ne pourrai pas venir à moins d'annuler mon rendez-vous*** I can't come unless I cancel my meeting, ***à moins que … ne*** (+ *subj*) unless; ***de moins en moins*** less and less**2** *m*: ***le moins*** the least **3** *prép* MATH minus; ***dix heures moins cinq*** five of ten, *Br* five to ten; ***il fait moins deux*** it's 2 below zero, it's two below freezing
mois [mwa] *m* month; ***par mois*** a month
moisi, **moisie** [mwazi] **1** *adj* moldy, *Br* mouldy **2** *m* BOT mold, *Br* mould
moisir ⟨2a⟩ go moldy *ou Br* mouldy
moisissure *f* BOT mold, *Br* mould
moisson [mwasõ] *f* harvest
moissonner ⟨1a⟩ harvest
moissonneur, **-euse** **1** *m/f* harvester **2** *f* reaper
moissonneuse-batteuse *f* (*pl* moissonneuses-batteuses) combine harvester
moite [mwat] damp, moist
moitié [mwatje] *f* half; ***à moitié vide / endormi*** half-empty/-asleep; ***moitié moitié*** fifty-fifty; ***à moitié prix*** (at) half-price; ***à la moitié de*** *travail*, *vie* halfway through
mol [mɔl] → ***mou***
molaire [mɔlɛr] *f* molar
môle [mol] *m* breakwater, mole
moléculaire [mɔlekylɛr] molecular
molécule *f* molecule
molester [mɔlɛste] ⟨1a⟩ rough up
molette [mɔlɛt] *f de réglage* knob
mollasse [mɔlas] *péj* spineless; (*paresseux*) lethargic
mollement [mɔlmɑ̃] *adv* lethargically
mollesse *f d'une chose* softness; *d'une personne*, *d'actions* lethargy
mollet[1], **mollette** soft; *œuf* soft-boiled
mollet[2] [mɔlɛ] *m* calf
mollir [mɔlir] ⟨2a⟩ *des jambes* give way; *du vent* die down
mollusque [mɔlysk] *m* mollusc
môme [mom] *m/f* F kid F
moment [mɔmɑ̃] *m* moment; ***à ce moment*** at that moment; ***en ce moment*** at the moment; ***dans un moment*** in a moment; ***du moment*** of the moment; ***d'un moment à l'autre*** at any moment; ***par moments*** at times, sometimes; ***pour le moment*** for the moment, for the time being; ***à tout moment*** at any moment
momentané, **momentanée** [mɔmɑ̃tane] temporary
momentanément *adv* for a short while
momie [mɔmi] *f* mummy
mon *m*, **ma** *f*, **mes** *pl* [mõ, ma, me] my
Monaco [mɔnako]: ***la principauté de Monaco*** the principality of Monaco
monarchie [mɔnarʃi] *f* monarchy
monarque *m* monarch
monastère [mɔnastɛr] *m* monastery
monceau [mõso] *m* (*pl* -x) mound
mondain, **mondaine** [mõdɛ̃, -ɛn] *soirée*, *vie* society *atr*; ***elle est très mondain*** she's a bit of a socialite
mondanités *fpl* social niceties
monde [mõd] *m* world; *gens* people *pl*; ***tout le monde*** everybody, everyone; ***dans le monde entier*** in the whole world, all over the world; ***l'autre monde*** the next world; ***le beau monde*** the beautiful people; ***homme** m **du monde*** man of the world; ***mettre au monde*** bring into the world

mondial, **mondiale** [mõdjal] (*mpl* -aux) world *atr*, global
mondialement *adv*: ***mondialement connu*** known worldwide
mondialisation *f* globalization
monégasque [mɔnegask] **1** *adj* of / from Monaco, Monacan **2** *m/f* **Monégasque** Monacan
monétaire [mɔnetɛr] monetary; *marché* money *atr*
moniteur, **-trice** [mɔnitœr, -tris] **1** *m/f* instructor **2** *m* INFORM monitor
monnaie [mɔnɛ] *f* (*pièces*) change; (*moyen d'échange*) money; (*unité monétaire*) currency; ***une pièce de monnaie*** a coin; ***monnaie forte*** hard currency; ***monnaie unique*** single currency
monologue [mɔnɔlɔg] *m* monolog, *Br* monologue
mononucléose [mɔnonykleoz] *f*: ***mononucléose infectieuse*** glandular fever
monoparental, **monoparentale** [mɔnoparɑ̃tal] single-parent
monoplace [mɔnɔplas] *m & adj* single--seater
monopole [mɔnɔpɔl] *m* monopoly
monopoliser ⟨1a⟩ monopolize
monospace [mɔnɔspas] *m* people carrier, MPV
monotone [mɔnɔtɔn] monotonous
monotonie *f* monotony
monseigneur [mõsɛɲœr] *m* monsignor
monsieur [məsjø] *m* (*pl* messieurs [mesjø]) *dans lettre* Dear Sir; ***bonjour monsieur*** good morning; ***monsieur!*** sir!, *Br* excuse me!; ***Monsieur Durand*** Mr Durand; ***bonsoir mesdames et messieurs*** good evening, ladies and gentlemen
monstre [mõstr] **1** *m* monster (*aussi fig*) **2** *adj* colossal
monstrueux, **-euse** (*géant*) colossal; (*abominable*) monstrous
monstruosité *f* (*crime*) monstrosity
mont [mõ] *m* mountain; ***par monts et par vaux*** up hill and down dale
montage [mõtaʒ] *m* TECH assembly; *d'un film* editing; *d'une photographie* montage; ÉL connecting
montagnard, **montagnarde** [mõtaɲar, -d] **1** *adj* mountain *atr* **2** *m/f* mountain dweller
montagne *f* mountain; ***à la montagne*** in the mountains; ***montagnes russes*** roller coaster *sg*; ***en haute montagne*** in the mountains
montagneux, **-euse** mountainous
montant, **montante** [mõtɑ̃, -t] **1** *adj robe* high-necked; *mouvement* upward **2** *m somme* amount; *d'un lit* post
monte-charge [mõtʃarʒ] *m* (*pl inv*) hoist
montée [mõte] *f sur montagne* ascent; (*pente*) slope; *de l'eau*, *des prix*, *de la température* rise
monter [mõte] ⟨1a⟩ **1** *v/t montagne* climb; *escalier* climb, go / come up; *valise* take / bring up; *machine*, *échafaudage*, *étagère* assemble, put together; *tente* put up, erect; *pièce de théâtre* put on, stage; *film*, *émission* edit; *entreprise*, *société* set up; *cheval* ride; *diamant*, *rubis etc* mount **2** *v/i* (*aux* ***être***) come / go upstairs; *d'un avion*, *d'une route*, *d'une voiture* climb; *des prix* climb, rise, go up; *d'un baromètre*, *fleuve* rise; ***monter dans*** *avion*, *train* get on; *voiture* get in(to); ***monte dans ta chambre!*** go up to your room!; ***monter à bord*** go on board, board, ***monter en grade*** be promoted; ***monter à cheval*** ride **3**: ***se monter à*** *de frais* amount to
monteur, **-euse** [mõtœr, -øz] *m/f film*, TV editor
montgolfière [mõgɔlfjɛr] *f* balloon
monticule [mõtikyl] *m* (*tas*) heap, pile
montre [mõtr] *f* (wrist)watch; ***faire montre de qch*** (*faire preuve de*) show sth
montre-bracelet *f* wristwatch
Montréal [mõreal] Montreal
montrer [mõtre] ⟨1a⟩ show; ***montrer qn / qch du doigt*** point at s.o./sth; ***se montrer*** show o.s.
monture [mõtyr] *f* (*cheval*) mount; *de lunettes* frame; *d'un diamant* setting
monument [mɔnymɑ̃] *m* monument; *commémoratif* memorial
monumental, **monumentale** monumental
moquer [mɔke] ⟨1m⟩: ***se moquer de*** (*railler*) make fun of, laugh at; (*dédaigner*) not care about; (*tromper*) fool
moquerie *f* mockery
moquette [mɔkɛt] *f* wall-to-wall carpet
moqueur, **-euse** [mɔkœr, -øz] **1** *adj* mocking **2** *m/f* mocker
moral, **morale** [mɔral] **1** *adj* (*mpl* -aux) moral; *souffrance*, *santé* spiritual; ***personne** f **morale*** JUR legal entity **2** *m* morale **3** *f* morality, morals *pl*; *d'une histoire* moral
moralisateur, **-trice** moralistic, sanctimonious
moralité morality
moratoire [mɔratwar] *m* moratorium
morbide [mɔrbid] morbid
morceau [mɔrso] *m* (*pl* -x) piece (*aussi* MUS); *d'un livre* extract, passage
morceler [mɔrsəle] ⟨1c⟩ divide up, parcel up
morcellement *m* division

mordant, **mordante** [mɔrdɑ̃, -t] biting; *fig* biting, scathing
mordiller [mɔrdije] ⟨1a⟩ nibble
mordre [mɔrdr] ⟨4a⟩ bite; *d'un acide* eat into; ***mordre à*** *fig* take to
mordu, **mordue** [mɔrdy] *m/f* F fanatic; ***un mordu de sport*** a sports fanatic
morfondre [mɔrfõdr] ⟨4a⟩: ***se morfondre*** mope; (*s'ennuyer*) be bored
morgue [mɔrg] *f endroit* mortuary, morgue
moribond, **moribonde** [mɔribõ, -d] dying
morille [mɔrij] *f* BOT morel
morne [mɔrn] gloomy
morose [mɔroz] morose
morosité *f* moroseness
morphine [mɔrfin] *f* morphine
mors [mɔr] *m* bit
morse[1] [mɔrs] *m* ZO walrus
morse[2] [mɔrs] *m* morse code
morsure [mɔrsyr] *f* bite
mort[1] [mɔr] *f* death (*aussi fig*); ***à mort*** *lutte* to the death
mort[2], **morte** [mɔr, -t] **1** *adj* dead; *eau* stagnant; *yeux* lifeless; *membre* numb; ***ivre mort*** dead drunk; ***mort de fatigue*** dead tired; ***être mort de rire*** F die laughing; ***nature*** *f* ***morte*** still life **2** *m/f* dead man; dead woman; ***les morts*** the dead *pl*
mortalité [mɔrtalite] *f* mortality; ***taux*** *m* ***de mortalité*** death rate, mortality
mortel, **mortelle** [mɔrtɛl] mortal; *blessure*, *dose*, *maladie* fatal; *péché* deadly
morte-saison [mɔrtəsɛzõ] *f* (*pl* mortes-saisons) off-season
mortier [mɔrtje] *m* mortar (*aussi* CUIS, MIL)
mort-né, **mort-née** [mɔrne] (*pl* mort-né⟨e⟩s) still-born
morue [mɔry] *f* cod
morve [mɔrv] *f* snot F, nasal mucus
morveux, **-euse** *m/f* F squirt F
mosaïque [mɔzaik] *f* mosaic
Moscou [mɔsku] Moscow
mosquée [mɔske] *f* mosque
mot [mo] *m* word; (*court message*) note; ***bon mot*** witty remark, witticism; ***mot clé*** key word; ***mot de passe*** password; ***mots croisés*** crossword *sg*; ***gros mot*** rude word, swearword; ***mot à mot*** word for word; *traduction* literal; ***mot pour mot*** word for word; ***à mots couverts*** in a roundabout way; ***au bas mot*** at least; ***sans mot dire*** without (saying) a word; ***en un mot*** in a word; ***avoir le dernier mot*** have the last word; ***prendre qn au mot*** take s.o. at his / her word
motard [mɔtar] *m* motorcyclist, biker; *de la gendarmerie* motorcycle policeman
motel [mɔtɛl] *m* motel
moteur, **-trice** [mɔtœr, -tris] **1** *adj* TECH *arbre* drive; *force* driving; ANAT motor; ***à quatre roues motrices*** *voiture* with four wheel drive **2** *m* TECH engine; *fig*: *personne qui inspire* driving force (***de*** behind); ***moteur de recherche*** INFORM search engine
motif [mɔtif] *m* motive, reason; (*forme*) pattern; MUS theme, motif; *en peinture* motif
motion [mosjõ] *f* POL motion; ***motion de censure*** motion of censure
motivation [mɔtivasjõ] *f* motivation
motiver ⟨1a⟩ *personne* motivate; (*expliquer*) be the reason for, prompt; (*justifier par des motifs*) give a reason for
moto [mɔto] *f* motorbike, motorcycle; ***faire de la moto*** ride one's motorbike
motocyclette [motosiklɛt] *f* moped
motocycliste *m/f* motorcyclist
motoriser [mɔtɔrize] ⟨1a⟩ mechanize; ***je suis motorisé*** F I have a car
motte [mɔt] *f de terre* clump; ***motte de gazon*** turf
mou, **molle** [mu, mɔl] soft; *personne* spineless; *caractère*, *résistance* weak, feeble
mouchard, **moucharde** [muʃar, -d] *m/f* F informer, grass F
moucharder ⟨1a⟩ F inform on, grass on F
mouche [muʃ] *f* fly; ***faire mouche*** hit the bull's eye (*aussi fig*)
moucher [muʃe] ⟨1a⟩: ***se moucher*** blow one's nose
moucheron [muʃrõ] *m* gnat
moucheter [muʃte] ⟨1c⟩ speckle
mouchoir [muʃwar] *m* handkerchief, hanky F
moudre [mudr] ⟨4y⟩ grind
moue [mu] *f* pout; ***faire la moue*** pout
mouette [mwɛt] *f* seagull
mouffette [mufɛt] *f* skunk
moufle [mufl] *f* mitten
mouillé, **mouillée** [muje] wet; (*humide*) damp
mouiller ⟨1a⟩ **1** *v/t* wet; (*humecter*) dampen; *liquide* water down **2** *v/i* MAR anchor
moule [mul] **1** *m* mold, *Br* mould; CUIS tin **2** *f* ZO mussel
mouler ⟨1a⟩ mold, *Br* mould; ***mouler qch sur qch*** *fig* model sth on sth
moulin [mulɛ̃] *m* mill; ***moulin (à vent)*** windmill; ***moulin à café*** coffee grinder; ***moulin à paroles*** F wind-bag F; ***moulin à poivre*** peppermill
moulu, **moulue** **1** *p/p* → ***moudre*** **2** *adj* ground
moulure [mulyr] *f* molding, *Br* moulding

M

mourant, **mourante** [murɑ̃, -t] dying
mourir ⟨2k⟩ (*aux* **être**) die (**de** of); ***mourir de froid*** freeze to death; ***mourir de faim*** die of hunger, starve
moussant, **moussante** [musɑ̃, -t]: ***bain moussant*** foam bath
mousse *f* foam; BOT moss; CUIS mousse; ***mousse à raser*** shaving foam
mousser ⟨1a⟩ lather
mousseux, **-euse** **1** *adj* foamy **2** *m* sparkling wine
moustache [mustaʃ] *f* mustache, *Br* moustache
moustique [mustik] *m* mosquito
moutarde [mutard] *f* mustard
mouton [mutõ] *m* sheep (*aussi fig*); *viande* mutton; *fourrure* sheepskin; ***revenons-en à nos moutons*** *fig* let's get back to the subject
mouvant, **mouvante** [muvɑ̃, -t]: ***sables*** *mpl* ***mouvants*** quicksand *sg*; ***terrain*** *m* ***mouvant*** uncertain ground (*aussi fig*)
mouvement [muvmɑ̃] *m* movement (*aussi* POL, MUS *etc*); *trafic* traffic; ***en mouvement*** moving
mouvementé, **mouvementée** *existence*, *voyage* eventful; *récit* lively
mouvoir [muvwar] ⟨3d⟩: ***se mouvoir*** move
moyen, **moyenne** [mwajɛ̃, -ɛn] **1** *adj* average; *classe* middle; ***Moyen Âge*** *m* Middle Ages *pl*; ***Moyen-Orient*** *m* Middle East **2** *m* (*façon*, *méthode*) means *sg*; ***moyens*** (*argent*) means *pl*; (*capacités intellectuelles*) faculties; ***au moyen de***, ***par le moyen de*** by means of; ***vivre au-dessus de ses moyens*** live beyond one's means **3** *f* average; *statistique* mean; ***en moyenne*** on average
moyenâgeux, **-euse** [mwajɛnɑʒø, -z] medieval
moyennant [mwajɛnɑ̃] for
moyeu [mwajø] *m* hub
MST [ɛmɛste] *f abr* (= ***maladie sexuellement transmissible***) STD (= sexually transmitted disease)
Mt *abr* (= ***Mont***) Mt (= Mount)
mucus [mykys] *m* mucus
muer [mɥe] ⟨1a⟩ *d'un oiseau* molt, *Br* moult; *d'un serpent* shed its skin; *de voix* break
muet, **muette** [mɥɛ, -t] dumb; *fig* silent
mufle [myfl] *m* muzzle; *fig* F boor
mugir [myʒir] ⟨2a⟩ moo; *du vent* moan
mugissement *m* mooing; *du vent* moaning
muguet [mygɛ] *m* lily of the valley
mule [myl] *f* mule
mulet *m* mule
mulot [mylo] *m* field mouse
multicolore [myltikɔlɔr] multicolored, *Br* multicoloured
multiculturel, **multiculturelle** [myltikyltyrɛl] multicultural
multimédia [myltimedja] *m & adj* multimedia
multinational, **multinationale** [myltinasjɔnal] **1** *adj* multinational **2** *f*: ***multinationale*** multinational
multiple [myltipl] many; (*divers*) multifaceted
multiplication *f* MATH multiplication; ***la multiplication de*** (*augmentation*) the increase in the number of
multiplicité *f* multiplicity
multiplier ⟨1a⟩ MATH multiply; ***multiplier les erreurs*** make one mistake after another; ***se multiplier*** *d'une espèce* multiply
multiracial, **multiraciale** [myltirasjal] multiracial
multirisque [myltirisk] *assurance* all-risks
multitude [myltityd] *f*: ***une multitude de*** a host of; ***la multitude*** *péj* the masses *pl*
multiusages [myltiyzaʒ] versatile
municipal, **municipale** [mynisipal] (*mpl* -aux) town *atr*, municipal; *bibliothèque*, *piscine* public
municipalité *f* (*commune*) municipality; *conseil* town council
munir [mynir] ⟨2a⟩: ***munir de*** fit with; *personne* provide with; ***se munir de qch*** *d'un parapluie*, *de son passeport* take sth
munitions [mynisjõ] *fpl* ammunition *sg*
mur [myr] *m* wall; ***mettre qn au pied du mur*** have s.o. with his / her back against the wall
mûr, **mûre** [myr] ripe
muraille [myrɑj] *f* wall
mural, **murale** [myrɑl] (*mpl* -aux) wall *atr*
mûre [myr] *f* BOT *des ronces* blackberry; *d'un mûrier* mulberry
murer [myre] ⟨1a⟩ *enclos* wall in; *porte* wall up
mûrier [myrje] *m* mulberry (tree)
mûrir [myrir] ⟨2a⟩ ripen
murmure [myrmyr] *m* murmur
murmurer ⟨1a⟩ (*chuchoter*, *se plaindre*) murmur; (*médire*) talk
muscade [myskad] *f*: ***noix*** (***de***) ***muscade*** nutmeg
muscadet [myskadɛ] *m* muscadet
muscat [myska] *m raisin* muscatel grape; *vin* muscatel wine
muscle [myskl] *m* muscle
musclé, **musclée** muscular; *politique*

M

tough
musculaire muscle *atr*
musculation *f* body-building
muse [myz] *f* muse
museau [myzo] *m* (*pl* -x) muzzle
musée [myze] *m* museum
museler [myzle] ⟨1c⟩ muzzle (*aussi fig*)
muselière *f* muzzle
musical, **musicale** [myzikal] (*mpl* -aux) musical
musicien, **musicienne** **1** *adj* musical **2** *m/f* musician
musique *f* music; ***musique de chambre*** chamber music; ***musique de fond*** piped music
must [mœst] *m* must
musulman, **musulmane** [myzylmɑ̃, -an] *m/f & adj* Muslim
mutation [mytasjõ] *f* change; BIOL mutation; *d'un fonctionnaire* transfer, relocation
muter ⟨1a⟩ *fonctionnaire* transfer, relocate
mutilation [mytilasjõ] *f* mutilation
mutiler ⟨1a⟩ mutilate
mutinerie [mytinri] *f* mutiny
mutisme [mytism] *m fig* silence
mutuel, **mutuelle** [mytɥɛl] mutual
myope [mjɔp] shortsighted, myopic *fml*
myopie *f* shortsightedness, myopia *fml*
myosotis [mjɔzɔtis] *m* forget-me-not
myrtille [mirtij] *f* bilberry
mystère [mistɛr] *m* mystery
mystérieusement *adv* mysteriously
mystérieux, **-euse** mysterious
mysticisme [mistisism] *m* mysticism
mystifier [mistifje] ⟨1a⟩ fool, take in
mystique [mistik] **1** *adj* mystical **2** *m/f* mystic **3** *f* mystique
mythe [mit] *m* myth
mythique mythical
mythologie *f* mythology
mythologique mythological
mythomane [mitɔman] *m/f* pathological liar

N

n' [n] → ***ne***
nabot [nabo] *m péj* midget
nacelle [nasɛl] *f d'un ballon* basket
nacre [nakr] *f* mother-of-pearl
nage [naʒ] *f* swimming; *style* stroke; ***nage sur le dos*** backstroke; ***nage libre*** freestyle; ***traverser une rivière à la nage*** swim across a river; ***être en nage*** *fig* be soaked in sweat
nageoire [naʒwar] *f* fin
nager [naʒe] ⟨1l⟩ **1** *v/i* swim **2** *v/t*: ***nager la brasse*** do the breaststroke
nageur, **-euse** *m/f* swimmer
naguère [nagɛr] *adv* formerly
naïf, **naïve** [naif, naiv] naive
nain, **naine** [nɛ̃, nɛn] *m/f & adj* dwarf
naissance [nɛsɑ̃s] *f* birth (*aussi fig*); ***date** f **de naissance*** date of birth; ***donner naissance à*** give birth to; *fig* give rise to
naître [nɛtr] ⟨4g⟩ (*aux* ***être***) be born (*aussi fig*); ***je suis née en 1968*** I was born in 1968; ***faire naître*** *sentiment* give rise to
naïvement [naivmɑ̃] *adv* naively
naïveté *f* naivety
nana [nana] *f* F chick F, girl
nanti, **nantie** [nɑ̃ti] **1** *adj* well-off, rich; ***nanti de*** provided with **2** *mpl* ***les nantis*** the rich *pl*
nantir ⟨2a⟩ provide (***de*** with)
nappe [nap] *f* tablecloth; GÉOL *de gaz, pétrole* layer; ***nappe d'eau*** (***souterraine***), ***nappe phréatique*** water table
napperon *m* mat
narcodollars [narkɔdɔlar] *mpl* drug money *sg*
narcotique [narkɔtik] *m & adj* narcotic
narguer [narge] ⟨1m⟩ taunt
narine [narin] *f* nostril
narquois, **narquoise** [narkwa, -z] taunting
narrateur, **-trice** [naratœr, -tris] *m/f* narrator
narratif, **-tive** narrative
narration *f* narration
nasal, **nasale** [nazal] (*mpl* -aux) **1** *adj* nasal **2** *f*: ***nasale*** nasal
nasaliser ⟨1a⟩ nasalize
nasillard, **nasillarde** nasal
natal, **natale** [natal] (*mpl* -aux) *pays, région etc* of one's birth, native
natalité *f*: (***taux** m **de***) ***natalité*** birth rate
natation [natasjõ] *f* swimming; ***faire de la***

natation swim
natif, **-ive** [natif, -v] native
nation [nasjõ] *f* nation; ***les Nations Unies*** the United Nations
national, **nationale** [nasjɔnal] (*mpl* -aux) **1** *adj* national; ***route f nationale*** highway **2** *mpl*: ***nationaux*** nationals **3** *f* highway
nationalisation *f* nationalization
nationaliser ⟨1a⟩ nationalize
nationalisme *m* nationalism
nationaliste **1** *adj* nationalist; *péj* nationalistic **2** *m/f* nationalist
nationalité *f* nationality; ***de quelle nationalité est-elle?*** what nationality is she?
nativité [nativite] *f* ART, REL Nativity
natte [nat] *f* (*tapis*) mat; *de cheveux* braid, plait
naturalisation [natyralizasjõ] *f* naturalization
naturaliser ⟨1a⟩ naturalize
nature [natyr] **1** *adj yaourt* plain; *thé*, *café* without milk or sugar; *personne* natural **2** *f* nature; *genre*, *essence* kind, nature; ***être artiste de nature*** be a natural artist, be an artist by nature; ***de nature à faire qch*** likely to do sth; ***nature morte*** ART still life
naturel, **naturelle** **1** *adj* natural **2** *m* (*caractère*) nature; (*spontanéité*) naturalness
naturellement *adv* naturally
naufrage [nofraʒ] *m* shipwreck; ***faire naufrage*** be shipwrecked
naufragé, **naufragée** person who has been shipwrecked
nauséabond, **nauséabonde** [nozeabõ, -d] nauseating, disgusting
nausée *f* nausea (*aussi fig*); ***j'ai la nausée*** I'm nauseous, *Br* I feel sick; ***nausées du matin*** morning sickness *sg*
nauséeux, **-euse** nauseous
nautique [notik] nautical; *ski* water *atr*
nautisme *m* water sports and sailing
naval, **navale** [naval] (*mpl* -als) naval; *construction* ship *atr*; ***chantier*** *m* ***naval*** shipyard
navet [navɛ] *m* rutabaga, *Br* swede; *fig* turkey F, *Br* flop
navette [navɛt] *f* shuttle; ***faire la navette*** shuttle backward and forward; ***navette spatiale*** space shuttle
navigable [navigabl] navigable
navigant: ***le personnel navigant*** the navigation crew
navigateur *m* AVIAT navigator; MAR sailor; INFORM browser
navigation *f* sailing; (*pilotage*) navigation; ***navigation aérienne*** air travel; ***navigation spatiale*** space travel
naviguer ⟨1m⟩ *d'un navire*, *marin* sail; *d'un avion* fly; (*conduire*) navigate; INFORM navigate; ***naviguer sur Internet*** surf the Net
navire [navir] *m* ship; ***navire de guerre*** battleship
navrant, **navrante** [navrɑ̃, -t] distressing, upsetting
navré, **navrée**: ***je suis navré*** I am so sorry
ne [n(ə)] ◇ **:** ***je n'ai pas d'argent*** I don't have any money, I have no money; ***je ne comprends pas*** I don't understand, I do not understand; ***afin de ne pas l'oublier*** so as not to forget
◇ **:** ***ne … guère*** hardly; ***ne … jamais*** never; ***ne … personne*** nobody; ***ne … plus*** no longer; not any more; ***ne … que*** only; ***ne … rien*** nothing; *voir aussi* ***guère***, ***jamais*** *etc*
◇ **:** ***à moins que je ne lui parle*** (*subj*) unless I talk to him; ***avant qu'il ne meure*** (*subj*) before he dies
né, **née** [ne] **1** *p/p de* ***naître*** **2** *adj* born; ***née Lepic*** née Lepic
néanmoins [neɑ̃mwɛ̃] *adv* nevertheless
néant [neɑ̃] *m* nothingness
nébuleux, **-euse** [nebylø, -z] cloudy; *fig* hazy
nébulosité *f* cloudiness; *fig* haziness
nécessaire [nesesɛr] **1** *adj* necessary **2** *m* necessary; ***le strict nécessaire*** the bare minimum; ***nécessaire de toilette*** toiletries *pl*
nécessité [nesesite] *f* need, necessity; ***nécessités*** necessities; ***par nécessité*** out of necessity
nécessiter ⟨1a⟩ require, necessitate
nécessiteux, **-euse** needy
nécrologie [nekrɔlɔʒi] *f* deaths column, obituaries *pl*
néerlandais, **néerlandaise** [neɛrlɑ̃dɛ, -z] **1** *adj* Dutch **2** *m langue* Dutch **3** *m/f* **Néerlandais**, **Néerlandaise** Dutchman; Dutchwoman
nef [nɛf] *f* nave
néfaste [nefast] harmful
négatif, **-ive** [negatif, -iv] **1** *adj* negative **2** *m* negative
négation *f* negation; GRAM negative
négligé [negliʒe] **1** *adj travail* careless, sloppy; *tenue* untidy; *épouse*, *enfant* neglected **2** *m* negligee
négligeable negligible
négligence *f* negligence, carelessness; *d'une épouse*, *d'un enfant* neglect; (*nonchalance*) casualness
négligent, **négligente** careless, negligent; *parent* negligent; *geste* casual
négliger ⟨1l⟩ *personne*, *vêtements*, *intérêts* neglect; *occasion* miss; *avis* disregard; ***négliger de faire qch*** fail to do sth

N

négoce [negɔs] *m* trade
négociable [negɔsjabl] negotiable
négociant [negɔsjɑ̃] *m* merchant
négociateur, **-trice** [negɔsjatœr, -tris] *m/f* negotiator
négociation *f* negotiation
négocier ⟨1a⟩ negotiate
négrier, **-ère** [negrije, -ɛr] *m/f* F slave-driver
neige [nɛʒ] *f* snow
neiger ⟨1l⟩ snow
neigeux, **-euse** snowy
nénuphar [nenyfar] *m* BOT waterlily
néon [neõ] *m* neon
nerf [nɛr] *m* nerve; (*vigueur*) energy, verve; ***être à bout de nerfs*** be at the end of one's tether
nerveusement [nɛrvøzmɑ̃] *adv* nervously
nerveux, **-euse** nervous; (*vigoureux*) full of energy; AUTO responsive
nervosité *f* nervousness
n'est-ce pas [nɛspa]: ***il fait beau, n'est-ce pas?*** it's a fine day, isn't it?; ***tu la connais, n'est-ce pas?*** you know her, don't you?
net, **nette** [nɛt] **1** *adj* (*propre*) clean; (*clair*) clear; *différence*, *amélioration* distinct; COMM net **2** *adv* (*aussi* ***nettement***) *tué* outright; *refuser* flatly; *parler* plainly
nétiquette [netikɛt] *f* netiquette
netteté [nɛtte] *f* cleanliness; (*clarté*) clarity
nettoyage [nɛtwajaʒ] *m* cleaning; ***nettoyage ethnique*** ethnic cleansing; ***nettoyage de printemps*** spring-cleaning; ***nettoyage à sec*** dry cleaning
nettoyer ⟨1h⟩ clean; F (*ruiner*) clean out F; ***nettoyer à sec*** dryclean
neuf[1] [nœf, *avec liaison* nœv] nine; → ***trois***
neuf[2], **neuve** [nœf, nœv] new; ***refaire à neuf*** *maison etc* renovate; *moteur* recondition, rebuild; ***quoi de neuf?*** what's new?, what's happening?
neurochirurgie [nøroʃiryrʒi] *f* brain surgery
neurochirurgien, **neurochirurgienne** *m/f* brain surgeon
neurologie [nørɔlɔʒi] *f* neurology
neurologue *m/f* neurologist
neutraliser [nøtralize] ⟨1a⟩ neutralize
neutralité *f* neutrality
neutre [nøtr] neutral; GRAM neuter
neuvième [nœvjɛm] ninth
neveu [n(ə)vø] (*pl* -x) *m* nephew
névralgie [nevralʒi] *f* MÉD neuralgia
névralgique MÉD neuralgic
névrose *f* PSYCH neurosis
névrosé, **névrosée** *m/f* neurotic
nez [ne] *m* nose; ***avoir du nez*** have a good sense of smell; *fig* have a sixth sense; ***raccrocher au nez de qn*** hang up on s.o.; ***au nez et à la barbe de qn*** (right) under s.o.'s nose
ni [ni] neither, nor; ***ni … ni*** (***ne*** *before verb*) neither … nor; ***je n'ai ni intérêt ni désir*** I have neither interest nor inclination; ***sans sucre ni lait*** without sugar or milk, with neither sugar nor milk; ***ni l'un ni l'autre*** neither (one nor the other); ***ni moi non plus*** neither *ou* nor do I, me neither
niais, **niaise** [njɛ, -z] stupid
niaiserie *f* stupidity
niche [niʃ] *f* *dans un mur* niche; *d'un chien* kennel
nicher ⟨1a⟩ nest; *fig* F live
nicotine [nikɔtin] *f* nicotine
nid [ni] *m* nest; ***nid d'amoureux*** *fig* love nest; ***nid de poule*** *fig* pothole
nièce [njɛs] *f* niece
nier [nje] ⟨1a⟩ deny; ***nier avoir fait qch*** deny doing sth
nigaud, **nigaude** [nigo, -d] **1** *adj* silly **2** *m* idiot, fool
nippon, **nippon(n)e** [nipõ, -ɔn] Japanese
nitouche [nituʃ] *f* F: ***sainte nitouche*** hypocrite
niveau [nivo] *m* (*pl* -x) level; ÉDU standard; *outil* spirit level; ***niveau d'eau*** water level; ***niveau de vie*** standard of living
niveler [nivle] ⟨1c⟩ *terrain* grade, level; *fig*: *différences* even out
nivellement *m* grading, leveling, *Br* levelling; *fig* evening out
noble [nɔbl] noble
noblesse *f* nobility
noce [nɔs] *f* wedding; ***faire la noce*** F paint the town red; ***noces d'argent*** silver wedding anniversary *sg*
nocif, **-ive** [nɔsif, -iv] harmful, noxious
nocivité *f* harmfulness
noctambule [nɔktɑ̃byl] *m/f* night owl
nocturne [nɔktyrn] **1** *adj* night *atr*; ZO nocturnal **2** *f*: ***ouvert en nocturne*** open till late; ***le match sera joué en nocturne*** it's going to be an evening match
Noël [nɔɛl] *m* Christmas; ***joyeux Noël!*** Merry Christmas!; ***le père Noël*** Santa Claus, *Br aussi* Father Christmas; ***à Noël*** at Christmas
nœud [nø] *m* knot (*aussi* MAR); (*ruban*) ribbon; *fig*: *d'un débat*, *problème* nub; ***nœud coulant*** slipknot; *de bourreau* noose; ***nœud papillon*** bow tie; ***nœud plat*** sailor's knot, *Br* reef knot
noir, **noire** [nwar] **1** *adj* black; (*sombre*) dark; F (*ivre*) sozzled; ***il fait noir*** it's dark

2 *m* black; (*obscurité*) dark; ***travail*** *m* ***au noir*** moonlighting; ***travailler au noir*** moonlight
Noir *m* black man
noirceur [nwarsœr] *f* blackness
noircir ⟨2a⟩ blacken
Noire [nwar] *f* black woman
noisetier [nwaztje] *m* hazel
noisette 1 *f* hazelnut **2** *adj inv* hazelnut
noix [nwa] *f* walnut; ***noix de coco*** coconut
nom [nõ] *m* name; GRAM noun; ***au nom de qn*** in *ou Br* on behalf of s.o.; ***du nom de*** by the name of; ***nom déposé*** registered trade mark; ***nom de famille*** surname, family name; ***nom de guerre*** pseudonym; ***nom de jeune fille*** maiden name
nombre [nõbr] *m* number; **(*bon*) *nombre de mes amis*** a good many of my friends; ***ils sont au nombre de trois*** they are three in number; ***être du nombre de …*** be one of the …; ***sans nombre*** countless
nombreux, **-euse** numerous, many; *famille* large
nombril [nõbri(l)] *m* navel
nombrilisme *m* navel-gazing
nominal, **nominale** [nɔminal] (*mpl* -aux) *autorité*, *chef* nominal; *valeur* face *atr*
nomination *f* appointment; *à un prix* nomination
nommément [nɔmemɑ̃] *adv* by name; (*en particulier*) especially
nommer ⟨1a⟩ name, call; *à une fonction* appoint; ***se nommer*** be called
non [nõ] no; ***dire que non*** say no; ***j'espère que non*** I hope not; ***moi non plus*** me neither; ***et non sa sœur*** and not her sister; ***c'est normal, non?*** that's normal, isn't it?; ***elle vient, non?*** she is coming, isn't she?; ***non que …*** (+ *subj*) not that …
non-alcoolisé [nõnalkɔlize] non-alcoholic
nonante [nõnɑ̃t] *Belgique*, *Suisse* ninety
non-assistance *f*: ***non-assistance à personne en danger*** failure to assist a person in danger (*a criminal offense in France*)
nonchalant, **nonchalante** [nõʃalɑ̃, -t] nonchalant, casual
non-fumeur, **-euse** [nõfymœr, -øz] *m/f* non-smoker
non-intervention [nɔnɛ̃tɛrvɑ̃sjõ] *f* POL non-intervention
nonobstant [nɔnɔpstɑ̃] *prép* notwithstanding
non-polluant, **non-polluante** [nɔnpolyɑ̃, -t] environmentally friendly, non-polluting
non-sens [nõsɑ̃s] *m* (*pl inv*) (*absurdité*) nonsense; *dans un texte* meaningless word
non-violence [nõvjɔlɑ̃s] *f* POL non-violence
nord [nɔr] **1** *m* north; ***vent*** *m* ***du nord*** north wind; ***au nord de*** (to the) north of; ***perdre le nord*** *fig* F lose one's head **2** *adj* north; *hemisphère* northern; ***côte*** *f* ***nord*** north *ou* northern coast
nord-africain, **nord-africaine** [nɔrdafrikɛ̃, -ɛn] **1** *adj* North-African **2** *m/f* **Nord-Africain**, **Nord-Africaine** North-African
nord-américain, **nord-américaine** [nɔramerikɛ̃, -ɛn] **1** *adj* North-American **2** *m/f* **Nord-Américain**, **Nord-Américaine** North-American
nord-est [nɔrɛst] *m* north-east
nordique [nɔrdik] Nordic
Nordiste [nɔrdist] *m/f & adj* HIST Unionist, Yankee
nord-ouest [nɔrwɛst] *m* north-west
normal, **normale** [nɔrmal] (*mpl* -aux) **1** *adj* normal **2** *f*: ***inférieur / supérieur à la normale*** above / below average
normalement *adv* normally
normalisation *f* normalization; TECH standardization
normalité *f* normality
normand, **normande** [nɔrmɑ̃, -d] **1** *adj* Normandy *atr* **2** *m/f* **Normand**, **Normande** Norman
Normandie: ***la Normandie*** Normandy
norme [nɔrm] *f* norm; TECH standard
Norvège [nɔrvɛʒ]: ***la Norvège*** Norway
norvégien, **norvégienne 1** *adj* Norwegian **2** *m langue* Norwegian **3** *m/f* **Norvégien**, **Norvégienne** Norwegian
nos [no] → ***notre***
nostalgie [nɔstalʒi] *f* nostalgia; ***avoir la nostalgie de son pays*** be homesick
notabilité [nɔtabilite] *f* VIP
notable 1 *adj* noteworthy **2** *m* local worthy
notaire [nɔtɛr] *m* notary
notamment [nɔtamɑ̃] *adv* particularly
notarié, **notariée** [nɔtarje] notarized
notation [nɔtasjõ] *f* notation; (*note*) note; ÉDU grading, *Br* marking
note [nɔt] *f* note; *à l'école* grade, *Br* mark; (*facture*) check, *Br* bill; ***prendre note de qch*** note sth; ***prendre des notes*** take notes; ***note de bas de page*** footnote; ***note de frais*** expense account; ***note de service*** memo
noter ⟨1a⟩ (*écrire*) write down, take down; (*remarquer*) note
notice *f* note; (*mode d'emploi*) instruc-

N

tions *pl*
notification [nɔtifikasjõ] *f* notification
notifier ⟨1a⟩ *v/t*: ***notifier qch à qn*** notify s.o. of sth
notion [nosjõ] *f* (*idée*) notion, concept; ***notions*** basics *pl*
notoire [nɔtwar] well-known; *criminel, voleur* notorious
notre [nɔtr], *pl* **nos** [no] our
nôtre [notr]: ***le, la nôtre, les nôtres*** ours
nouer [nwe] ⟨1a⟩ tie; *relations, amitié* establish
noueux, -euse gnarled
nougat [nuga] *m* nougat
nouilles [nuj] *fpl* noodles
nounou [nunu] *f* F nanny
nounours [nunurs] *m* teddy bear
nourrice [nuris] *f* childminder
nourrir ⟨2a⟩ feed; *fig*: *espoir, projet* nurture
nourrissant nourishing
nourrisson [nurisõ] *m* infant
nourriture [nurityr] *f* food
nous [nu] *pron personnel* ◇ *sujet* we; ***à nous deux nous pourrons le faire*** the two of us can do it, we can do it between the two of us
◇ *complément d'objet direct* us; ***il nous regarde*** he is looking at us
◇ *complément d'objet indirect* (to) us; ***donnez-le-nous*** give it to us; ***il nous a dit que …*** he told us that …
◇ *emphatique*: ***nous, nous préférons …*** we prefer …; ***nous autres Français*** we French
◇ *réfléchi*: ***nous nous sommes levés tôt ce matin*** we got up early this morning; ***nous nous aimons beaucoup*** we love each other very much
nouveau, nouvelle (*m* **nouvel** *before a vowel or silent h*; *mpl* **nouveaux**) [nuvo, -ɛl] **1** *adj* new; ***rien de nouveau*** nothing new; ***de*** *ou* ***à nouveau*** again; ***nouveau venu, nouvelle venue*** newcomer; ***Nouvel An*** *m* New Year('s); ***Nouveau Monde*** *m* New World; ***Nouvelle-Angleterre*** *f* New England; ***Nouvelle-Orléans*** New Orleans; ***Nouvelle Zélande*** *f* New Zealand **2** *m* ***voilà du nouveau!*** that's new! **2** *m/f* new person
nouveau-né, nouveau-née [nuvone] **1** *adj* newborn **2** *m* (*pl* nouveau-nés) newborn baby
nouveauté [nuvote] *f* novelty
nouvelle [nuvɛl] *f* (*récit*) short story; ***une nouvelle*** *dans les médias* a piece of news
nouvelles [nuvɛl] *fpl* news *sg*
nouvellement [-mɑ̃] *adv* newly
novateur, -trice [nɔvatœr, -tris] **1** *adj* innovative **2** *m/f* innovator
novembre [nɔvɑ̃br] *m* November
novice [nɔvis] **1** *m/f* novice, beginner; REL novice **2** *adj* inexperienced
noyade [nwajad] *f* drowning
noyau [nwajo] *m* (*pl* -x) pit, *Br* stone; BIOL, PHYS nucleus; *fig* (*groupe*) (small) group
noyauter ⟨1a⟩ POL infiltrate
noyer[1] [nwaje] ⟨1h⟩ drown; AUTO flood; ***se noyer*** drown; *se suicider* drown o.s.
noyer[2] [nwaje] *m arbre, bois* walnut
nu, nue [ny] **1** *adj* naked; *plaine, arbre, bras, tête etc* bare **2** *m* ART nude
nuage [nɥaʒ] *m* cloud; ***être dans les nuages*** *fig* be daydreaming
nuageux, -euse cloudy
nuance [nɥɑ̃s] *f* shade; *fig* slight difference; (*subtilité*) nuance
nuancé, nuancée subtle
nuancer ⟨1k⟩ qualify
nucléaire [nykleɛr] **1** *adj* nuclear **2** *m*: ***le nucléaire*** nuclear power
nudisme [nydism] *m f* nudism
nudiste *m/f & adj* nudist
nudité *f* nudity
nues [ny] *fpl fig*: ***porter aux nues*** praise to the skies; ***tomber des nues*** be astonished
nuée [nɥe] *f d'insectes* cloud; *de journalistes* horde
nuire [nɥir] ⟨4c⟩: ***nuire à*** hurt, harm, be harmful to
nuisible [nɥizibl] harmful
nuit [nɥi] *f* night; ***de nuit*** night *atr*; ***la nuit, de nuit*** *voyager* at night; ***nuit blanche*** sleepless night; ***il fait nuit*** (***noire***) it's (pitch) dark
nul, nulle [nyl] **1** *adj* no; (*non valable*) invalid; (*sans valeur*) hopeless; (*inexistant*) nonexistent, nil; ***nulle part*** nowhere; ***match*** *m* ***nul*** tie, draw **2** *pron* no-one
nullement *adv* not in the slightest *ou* the least
nullité *f* JUR invalidity; *fig* hopelessness; *personne* loser
numéraire [nymerɛr] *m* cash
numéral, numérale (*mpl* -aux) *adj & m* numeral
numération *f*: ***numération globulaire*** blood count
numérique numerical; INFORM digital
numéro [nymero] *m* number; ***numéro de compte*** account number; ***numéro de série*** serial number; ***numéro sortant*** winning number; ***numéro vert*** toll-free number, *Br* Freefone number
numérotage [nymerɔtaʒ] *m* numbering
numéroter ⟨1a⟩ **1** *v/t* number **2** *v/i* TÉL dial

nu-pieds [nypje] *adj inv* barefoot
nuptial, **nuptiale** [nypsjal] (*mpl* -aux) wedding *atr*; *chambre* bridal; *messe* nuptial
nuque [nyk] *f* nape of the neck
nurse [nœrs] *f* nanny
nu-tête [nytɛt] *adj inv* bare-headed
nutritif, **-ive** [nytritif, -iv] nutritional; *aliment* nutritious
nutrition *f* nutrition
nutritionniste *m/f* nutritionist
nylon [nilõ] *m* nylon

O

oasis [ɔazis] *f* oasis
obéir [ɔbeir] ⟨2a⟩ obey; ***obéir à*** obey
obéissance [ɔbeisɑ̃s] *f* obedience
obéissant, **obéissante** obedient
obèse [ɔbɛz] obese
obésité *f* obesity
objecter [ɔbʒɛkte] ⟨1a⟩: ***objecter qch*** *pour ne pas faire qch* give as a reason; ***objecter que*** object that
objecteur *m*: ***objecteur de conscience*** conscientious objector
objectif, **-ive** [ɔbʒɛktif, -iv] **1** *adj* objective **2** *m* objective, aim; MIL objective; PHOT lens
objection [ɔbʒɛksjõ] *f* objection
objectivité [ɔbʒɛktivite] *f* objectivity
objet [ɔbʒɛ] *m* object; *de réflexions*, *d'une lettre* subject
obligation [ɔbligasjõ] *f* obligation; COMM bond; ***être dans l'obligation de faire qch*** be obliged to do sth
obligatoire compulsory, obligatory
obligé, **obligée** [ɔbliʒe] obliged
obligeance *f* obligingness
obligeant, **obligeante** obliging
obliger ⟨1l⟩ oblige; (*forcer*) compel, force; ***obliger qn à faire qch*** compel *ou* force s.o. to do sth; ***être obligé de faire qch*** be obliged to do sth
oblique [ɔblik] oblique
obliquer ⟨1m⟩: ***obliquer vers la droite / la gauche*** veer (to the) left / right
oblitérer [ɔblitere] ⟨1f⟩ *timbre* cancel
oblong, **oblongue** [ɔblõ, -g] oblong
obscène [ɔpsɛn] obscene
obscénité *f* obscenity
obscur, **obscure** [ɔpskyr] obscure; *nuit*, *rue* dark
obscurcir ⟨2a⟩ darken; ***s'obscurcir*** grow dark, darken
obscurcissement *m* darkening
obscurité *f* obscurity; *de la nuit*, *d'une rue* darkness
obsédé, **obsédée** [ɔpsede] *m/f* sex maniac
obséder ⟨1f⟩ obsess; ***être obséder par*** be obsessed by
obsèques [ɔpsɛk] *fpl* funeral *sg*
observateur, **-trice** [ɔpsɛrvatœr, -tris] *m/f* observer
observation *f* observation; (*remarque*) remark, observation; *d'une règle* observance
observatoire *m* observatory
observer [ɔpsɛrve] ⟨1a⟩ (*regarder*) watch, observe; *règle* observe; *changement*, *amélioration* notice; ***faire observer qch à qn*** point sth out to s.o.
obsession [ɔpsɛsjõ] *f* obsession
obsessionnel, **obsessionnelle** obsessive
obstacle [ɔpstakl] *m* obstacle; SP hurdle; *pour cheval* fence, jump; ***faire obstacle à qch*** stand in the way of sth
obstétricien, **obstétricienne** [ɔpstetrisjɛ̃, -ɛn] *m/f* obstetrician
obstétrique *f* obstetrics
obstination [ɔpstinasjõ] *f* obstinacy
obstiné, **obstinée** obstinate
obstiner ⟨1a⟩: ***s'obstiner à faire qch*** persist in doing sth, be set on doing sth
obstruction [ɔpstryksjõ] *f* obstruction; *dans tuyau* blockage
obstruer ⟨1n⟩ obstruct, block
obtempérer [ɔptɑ̃pere] ⟨1f⟩: ***obtempérer à*** obey
obtenir [ɔptənir] ⟨2h⟩ get, obtain
obtention *f* obtaining; ***obtention d'un diplôme*** graduation
obturateur [ɔptyratœr] *m* PHOT shutter
obturation *f* sealing; *d'une dent* filling
obturer ⟨1a⟩ seal; *dent* fill
obtus, **obtuse** [ɔpty, -z] MATH, *fig* obtuse
obus [ɔby] *m* MIL shell
occasion [ɔkazjõ] *f* opportunity; *marché* bargain; ***d'occasion*** second-hand; ***à l'occasion*** when the opportunity arises;

à l'occasion de sa fête on his name day; ***en toute occasion*** all the time
occasionnel, **occasionnelle** occasional; (*fortuit*) chance
occasionner ⟨1a⟩ cause
Occident [ɔksidɑ̃] *m*: ***l'Occident*** the West
occidental, **occidentale** (*m/pl* -aux) **1** *adj* western **2** *m/f* **Occidental**, **Occidentale** westerner
occlusion [ɔklyzjõ] *f* MÉD blockage; *buccale* occlusion
occulte [ɔkylt] occult
occupant, **occupante** [ɔkypɑ̃, -t] **1** *adj* occupying **2** *m* occupant
occupation *f* occupation
occupé, **occupée** *personne* busy; *pays*, *appartement* occupied; *chaise* taken; TÉL busy, *Br aussi* engaged; *toilettes* occupied, *Br* engaged
occuper ⟨1a⟩ occupy; *place* take up, occupy; *temps* fill, occupy; *personnel* employ; ***s'occuper de*** *politique*, *littérature* take an interest in; *malade* look after; *organisation* deal with
occurrence [ɔkyrɑ̃s] *f*: ***en l'occurrence*** as it happens
océan [ɔseɑ̃] *m* ocean
océanographie *f* oceanography
octante [oktɑ̃t] *Belgique*, *Suisse* eighty
octet [ɔktɛ] *m* INFORM byte
octobre [ɔktɔbr] *m* October
oculaire [ɔkylɛr] eye *atr*
oculiste *m/f* eye specialist
odeur [odœr] *f* smell, odor, *Br* odour; *parfum* smell, scent; ***mauvaise odeur*** bad smell; ***odeur corporelle*** body odor, BO
odieux, **-euse** [ɔdjø, -z] hateful, odious
odorant, **odorante** [ɔdɔrɑ̃, -t] scented
odorat *m* sense of smell
œil [œj] *m* (*pl* yeux [jø]) eye; ***à mes yeux*** in my opinion, in my eyes; ***à vue d'œil*** visibly; ***avoir l'œil*** be sharp-eyed; ***coup*** *m* ***d'œil*** glance, look; ***avoir les yeux bleus*** have blue eyes; ***fermer les yeux sur qch*** close one's eyes to sth, turn a blind eye to sth
œillade *f* glance, look
œillères *fpl* blinders, *Br* blinkers (*aussi fig*)
œillet [œjɛ] *m* BOT carnation; TECH eyelet
œsophage [ezɔfaʒ] *m* esophagus, *Br* œsophagus
œuf [œf] *m* (*pl* -s [ø]) egg; ***œufs brouillés*** scrambled eggs; ***œuf à la coque*** soft-boiled egg; ***œuf sur le plat*** fried egg; ***œuf de Pâques*** Easter egg; ***dans l'œuf*** *fig* in the bud
œuvre [œvr] **1** *f* work; ***œuvre d'art*** work of art; ***se mettre à l'œuvre*** set to work; ***mettre en œuvre*** (*employer*) use; (*exécuter*) carry out, implement **2** *m* ART, *littérature* works *pl*; ***gros œuvre*** TECH fabric
offense [ɔfɑ̃s] *f* (*insulte*) insult; (*péché*) sin
offenser ⟨1a⟩ offend; ***s'offenser de qch*** take offense at sth *ou Br* offence at sth
offensif, **-ive** **1** *adj* offensive **2** *f* offensive
office [ɔfis] *m* (*charge*) office; (*bureau*) office, agency; REL service; ***bons offices*** good offices; ***d'office*** automatically; ***faire office de*** act as
officiel, **officielle** [ɔfisjɛl] official
officier [ɔfisje] *m* officer; ***officier de police*** police officer
officieux, **-euse** [ɔfisjø, -z] semi-official
officinal, **officinale** [ɔfisinal] (*mpl* -aux) *plante* medicinal
officine *f* PHARM dispensary
offrande [ɔfrɑ̃d] *f* REL offering
offre *f* offer; ***offre d'emploi*** job offer
offrir ⟨2f⟩ offer; *cadeau* give; ***offrir à boire à qn*** offer s.o. a drink; ***s'offrir qch*** treat o.s. to sth
offusquer [ɔfyske] ⟨1m⟩ offend
ogive [ɔʒiv] *f* MIL head; ARCH *m* rib; ***ogive nucléaire*** nuclear warhead
OGM [oʒeɛm] *m abr* (= ***organisme génétiquement modifié***) GMO (= genetically modified organism)
oie [wa] *f* goose
oignon [ɔɲõ] *m* onion; BOT bulb
oiseau [wazo] *m* (*pl* -x) bird; ***à vol d'oiseau*** as the crow flies
oiseux, **-euse** [wazø, -z] idle
oisif, **-ive** [wazif, -iv] idle
oisiveté *f* idleness
oléoduc [ɔleɔdyk] *m* (oil) pipeline
olfactif, **-ive** [ɔlfaktif, -iv] olfactory
olive [ɔliv] *f* olive
olivier *m* olive (tree); *bois* olive (wood)
O.L.P. [oɛlpe] *f abr* (= ***Organisation de libération palestinienne***) PLO (= Palestine Liberation Organization)
olympique [ɔlɛ̃pik] Olympic
ombrage [õbraʒ] *m* shade
ombragé, **ombragée** shady
ombrageux, **-euse** [õbraʒø, -z] *cheval* skittish; *personne* touchy
ombre [õbr] *f* (*ombrage*) shade; (*projection de silhouette*) shadow (*aussi fig*); *fig* (*anonymat*) obscurity; *de regret* hint, touch; ***à l'ombre*** in the shade; ***être dans l'ombre de qn*** be in s.o.'s shadow, be overshadowed by s.o.
ombrelle *f* sunshade
omelette [ɔmlɛt] *f* omelet, *Br* omelette
omettre [ɔmɛtr] ⟨4p⟩ *détail*, *lettre* leave

out, omit; ***omettre de faire qch*** fail *ou* omit to do sth
omission [ɔmisjõ] *f* omission
omnibus [ɔmnibys] *m*: (***train*** *m*) ***omnibus*** slow train
on [õ] (*après* ***que, et, où, qui, si*** *souvent* ***l'on***) *pron personnel* ◇ (*nous*) we; ***on y a été hier*** we went there yesterday; ***on est en retard*** we're late
◇ (*tu, vous*) you; ***alors, on s'amuse bien?*** having fun?
◇ (*quelqu'un*) someone; ***on m'a dit que...*** I was told that…; ***on a volé mon passeport*** somebody has stolen my passport, my passport has been stolen
◇ (*eux, les gens*) they, people; ***que pensera-t-on d'un tel comportement?*** what will they *ou* people think of such behavior?
◇ *autorités* they; ***on va démolir ...*** they are going to demolish …
◇ *indéterminé* you; ***on ne sait jamais*** you never know, one never knows *fml*
oncle [õkl] *m* uncle
onction [õksjõ] *f* REL unction
onctueux, **-euse** [õktɥø, -z] smooth, creamy; *fig* smarmy F, unctuous
onde [õd] *f* wave; ***sur les ondes*** RAD on the air; ***ondes courtes*** short wave *sg*; ***grandes ondes*** long wave *sg*; ***ondes moyennes*** medium wave *sg*
ondée [õde] *f* downpour
on-dit [õdi] *m* (*pl inv*) rumor, *Br* rumour
ondoyer [õdwaje] 〈1h〉 *du blés* sway
ondulation [õdylasjõ] *f de terrain* undulation; *de coiffure* wave
ondulé, **ondulée** *cheveux* wavy; *tôle* corrugated
onduler 〈1a〉 *d'ondes* undulate; *de cheveux* be wavy
onduleux, **-euse** undulating; *rivière* winding
onéreux, **-euse** [ɔnerø, -z] expensive; ***à titre onéreux*** for a fee
ONG [ɔɛnʒe] *f abr* (= ***Organisation non gouvernementale***) NGO (= non-governmental organization)
ongle [õgl] *m* nail; zo claw
onguent [õgɑ̃] *m* cream, salve
O.N.U. [ɔny *ou* ɔɛny] *f abr* (= ***Organisation des Nations Unies***) UN (= United Nations)
onze [õz] eleven; ***le onze*** the eleventh; → ***trois***
onzième eleventh
O.P.A. [opea] *f abr* (= ***offre publique d'achat***) takeover bid
opale [ɔpal] *f* opal
opaque [ɔpak] opaque
OPEP [opɛp] *f abr* (= ***Organisation des pays exportateurs de pétrole***) OPEC (= Organization of Petroleum Exporting Countries)
opéra [ɔpera] *m* opera; *bâtiment* opera house
opérable [ɔperabl] MÉD operable
opérateur, **-trice** [ɔperatœr, -tris] *m/f* operator; *en cinéma* cameraman; FIN trader
opération [ɔperasjõ] *f* operation; *action* working; FIN transaction
opérationnel, **opérationnelle** MIL, TECH operational
opératoire MÉD *choc* post-operative; *bloc* operating
opérer 〈1f〉 **1** *v/t* MÉD operate on; (*produire*) make; (*exécuter*) implement, put in place **2** *v/i* MÉD operate; (*avoir effet*) work; (*procéder*) proceed; ***se faire opérer*** have an operation
opérette [ɔperɛt] *f* operetta
ophtalmie [ɔftalmi] *f* MÉD ophthalmia
ophtalmologiste, **ophtalmologue** *m/f* ophthalmologist
opiner [ɔpine] 〈1a〉: ***opiner de la tête*** *ou* ***du bonnet*** nod in agreement
opiniâtre [ɔpinjɑtr] stubborn
opiniâtreté *f* stubbornness
opinion [ɔpinjõ] *f* opinion
opium [ɔpjɔm] *m* opium
opportun, **opportune** [ɔpɔrtɛ̃ *ou* ɔpɔrtœ̃, -yn] opportune; *moment* right
opportunisme *m* opportunism
opportuniste *m/f* opportunist
opportunité *f* timeliness; (*occasion*) opportunity
opposant, **opposante** [ɔpozɑ̃, -t] **1** *adj* opposing **2** *m/f* opponent; ***les opposants*** the opposition *sg*
opposé, **opposée** **1** *adj maisons*, *pôles* opposite; *goûts*, *opinions* conflicting; ***être opposé à qch*** be opposed to sth **2** *m* opposite; ***à l'opposé*** in the opposite direction (***de*** from); ***à l'opposé de qn*** unlike s.o.
opposer 〈1a〉 *personnes*, *pays* bring into conflict; *argument* put forward; ***s'opposer à qn/à qch*** oppose s.o./sth
opposition *f* opposition; (*contraste*) contrast; ***par opposition à*** in contrast to, unlike
oppresser [ɔprɛse] 〈1b〉 oppress, weigh down
oppresseur *m* oppressor
oppressif, **-ive** oppressive
oppression *f* (*domination*) oppression
opprimer [ɔprime] 〈1a〉 oppress
opter [ɔpte] 〈1a〉: ***opter pour*** opt for
opticien, **opticienne** [ɔptisjɛ̃, -ɛn] *m/f* op-

O

tician
optimal, **optimale** [ɔptimal] (*mpl* -aux) optimum
optimisme *m* optimism
optimiste 1 *adj* optimistic **2** *m/f* optimist
optimum *m* optimum
option [ɔpsjõ] *f* option
optique [ɔptik] **1** *adj nerf* optic; *verre* optical **2** *f science* optics; *fig* viewpoint
opulent, **opulente** [ɔpylɑ̃, -t] (*riche*) wealthy; *poitrine* ample
or[1] [ɔr] *m* gold; ***d'or, en or*** gold *atr*; ***plaqué or*** gold-plated
or[2] [ɔr] *conj* now
oracle [ɔrakl] *m* oracle
orage [ɔraʒ] *m* storm (*aussi fig*)
orageux, **-euse** stormy (*aussi fig*)
oraison [ɔrɛzõ] *f* REL prayer; ***oraison funèbre*** eulogy
oral, **orale** [ɔral] (*mpl* -aux) **1** *adj* oral **2** *m* oral (exam)
orange [ɔrɑ̃ʒ] **1** *f* orange **2** *adj inv* orange
oranger *m* orange tree
orateur, **-trice** [ɔratœr, -tris] *m/f* orator
orbital, **orbitale** [ɔrbital] (*mpl* -aux) *navigation spatiale* orbital
orbite [ɔrbit] *f* ANAT eyesocket; ASTR orbit (*aussi fig*)
orchestre [ɔrkɛstr] *m* orchestra; *de théâtre* orchestra, *Br* stalls *pl*
orchidée [ɔrkide] *f* BOT orchid
ordinaire [ɔrdinɛr] **1** *adj* ordinary **2** *m essence* regular; ***comme à l'ordinaire*** as usual; ***d'ordinaire*** ordinarily
ordinateur [ɔrdinatœr] *m* computer; ***assisté par ordinateur*** computer-assisted
ordonnance [ɔrdɔnɑ̃s] *f* arrangement, layout; (*ordre*) order (*aussi* JUR); MÉD prescription
ordonné, **ordonnée** tidy
ordonner ⟨1a⟩ *choses*, *pensées* organize; (*commander*) order; MÉD prescribe
ordre [ɔrdr] *m* order; ***ordre du jour*** agenda; ***ordre établi*** established order, status quo; ***par ordre alphabétique*** in alphabetical order, alphabetically; ***de l'ordre de*** in the order of; ***de premier ordre*** first-rate; ***en ordre*** in order; ***mettre en ordre*** *pièce* tidy (up); ***jusqu'à nouvel ordre*** until further notice
ordures [ɔrdyr] *fpl* (*détritus*) garbage *sg*, *Br* rubbish *sg*; *fig* filth *sg*
ordurier, **-ère** filthy
oreille [ɔrɛj] *f* ANAT ear; *d'un bol* handle; ***être dur d'oreille*** be hard of hearing
oreiller [ɔrɛje] *m* pillow
oreillons [ɔrɛjõ] *mpl* MÉD mumps *sg*
ores: ***d'ores et déjà*** [dɔrzedeʒa] already
orfèvre [ɔrfɛvr] *m* goldsmith
organe [ɔrgan] *m* organ; (*voix*, *porte-parole*) voice; *d'un mécanisme* part; ***organes génitaux*** genitals; ***organes vitaux*** vital organs
organigramme [ɔrganigram] *m* organization chart; ***organigramme de production*** production flowchart
organique [ɔrganik] organic
organisateur, **-trice** [ɔrganizatœr, -tris] *m/f* organizer
organisation *f* organization
organiser ⟨1a⟩ organize; ***s'organiser*** *d'une personne* organize o.s., get organized
organiseur *m* INFORM personal organizer
organisme [ɔrganism] *m* organism; ANAT system; (*organisation*) organization, body
organiste [ɔrganist] *m/f* organist
orgasme [ɔrgasm] *m* orgasm
orge [ɔrʒ] *f* BOT barley
orgue [ɔrg] *m* (*pl f*) organ
orgueil [ɔrgœj] *m* pride
orgueilleux, **-euse** proud
Orient [ɔrjɑ̃] *m*: ***l'Orient*** the East; *Asie* the East, the Orient
oriental, **orientale** (*mpl* -aux) **1** *adj* east, eastern; *d'Asie* eastern, Oriental **2** *m/f* **Oriental**, **Orientale** Oriental
orientation [ɔrjɑ̃tasjõ] *f* direction; *d'une maison* exposure
orienté, **orientée** (*engagé*) biassed; ***être orienté à l'est*** face east
orienter ⟨1a⟩ orient, *Br* orientate; (*diriger*) direct; ***s'orienter*** get one's bearings; ***s'orienter vers*** *fig* go in for; ***s'orienter à gauche*** lean to the left
orifice [ɔrifis] *m* TECH opening
originaire [ɔriʒinɛr] original; ***être originaire de*** come from
original, **originale** [ɔriʒinal] (*mpl* -aux) **1** *adj* original; *péj* eccentric **2** *m ouvrage* original; *personne* eccentric
originalité *f* originality
origine [ɔriʒin] *f* origin; ***à l'origine*** originally; ***d'origine française*** of French origin, French in origin; ***avoir son origine dans qch*** have its origins in sth
originel, **originelle** original; ***péché*** *m* ***originel*** REL original sin
orme [ɔrm] *m* BOT elm
ornement [ɔrnəmɑ̃] *m* ornament
ornemental, **ornementale** (*mpl* -aux) ornamental, decorative
ornementer ⟨1a⟩ ornament
orner [ɔrne] ⟨1a⟩ decorate (***de*** with)
ornière [ɔrnjɛr] *f* rut
ornithologie [ɔrnitɔlɔʒi] *f* ornithology
orphelin, **orpheline** [ɔrfəlɛ̃, -in] *m/f* or-

O

phan
orphelinat *m* orphanage
orteil [ɔrtɛj] *m* toe
orthodoxe [ɔrtɔdɔks] orthodox
orthographe [ɔrtɔgraf] *f* spelling
orthopédique [ɔrtɔpedik] orthopedic
orthopédiste *m/f* orthopedist
orthophonie [ɔrtofɔni] *f* speech therapy
orthophoniste *m/f* speech therapist
ortie [ɔrti] *f* BOT nettle
os [ɔs; *pl* o] *m* bone; ***trempé jusqu'aux os*** F soaked to the skin
O.S. [oɛs] *m abr* (= ***ouvrier spécialisé***) semi-skilled worker
oscillation [ɔsilasjõ] *f* PHYS oscillation; *fig* swing
osciller ⟨1a⟩ PHYS oscillate; *d'un pendule* swing; ***osciller entre*** *fig* waver *ou* hesitate between
osé, osée [oze] daring
oseille [ozɛj] *f* BOT sorrel
oser [oze] ⟨1a⟩: ***oser faire*** dare to do
osier [ozje] *m* BOT osier; ***en osier*** wicker
ossature [ɔssatyr] *f* skeleton, bone structure
ossements [ɔsmã] *mpl* bones
osseux, -euse ANAT bone *atr*; *visage, mains* bony
ostensible [ɔstɑ̃sibl] evident
ostentation [ɔstɑ̃tasjõ] *f* ostentation
otage [ɔtaʒ] *m* hostage
OTAN [ɔtɑ̃] *f abr* (= ***Organisation du Traité de l'Atlantique Nord***) NATO (= North Atlantic Treaty Organization)
ôter [ote] ⟨1a⟩ remove, take away; *vêtement, chapeau* remove, take off; MATH take away; *tâche* remove
oto-rhino(-laryngologiste) [ɔtorino (larɛ̃gɔlɔʒist)] *m* ENT specialist, ear-nose-and-throat specialist
ou [u] *conj* or; ***ou bien*** or (else); ***ou … ou …*** either … or
où [u] *adv* where; *direction* ***où vas-tu?*** where are you going (to)?; ***d'où vient-il?*** where does he come from?; ***d'où l'on peut déduire que …*** from which it can be deduced that …; ***par où es-tu passé?*** which way did you go?; ***où que*** (+ *subj*) wherever; ***le jour / soir où …*** the day / evening when …
ouais [wɛ] F yeah F
ouate [wat] *f* absorbent cotton, *Br* cotton wool
ouater ⟨1a⟩ pad, quilt
oubli [ubli] *m* forgetting; (*omission*) oversight; ***tomber dans l'oubli*** sink into oblivion; ***un moment d'oubli*** a moment's forgetfulness
oublier ⟨1a⟩ forget; ***oublier de faire qch*** forget to do sth
ouest [wɛst] **1** *m* west; ***vent m d'ouest*** west wind; ***à l'ouest de*** (to the) west of **2** *adj* west, western; ***côte f ouest*** west *ou* western coast
oui [wi] yes; ***je crois que oui*** I think so; ***mais oui*** of course; ***tu aimes ça? - oui*** do you like this? - yes, I do
ouï-dire [widir]: ***par ouï-dire*** by hearsay
ouïe [wi] *f* hearing; ***ouïes*** ZO gills
ouragan [uragɑ̃] *m* hurricane
ourdir [urdir] ⟨2a⟩ *fig*: ***ourdir un complot*** hatch a plot
ourler [urle] ⟨1a⟩ hem
ourlet *m* hem
ours [urs] *m* bear
ourse *f* she-bear; ***la Grande Ourse*** ASTR the Great Bear
oursin [ursɛ̃] *m* ZO sea urchin
oust(e)! [ust] F (get) out!
outil [uti] *m* tool; ***outil pédagogique*** teaching aid
outillage *m* tools *pl*
outrage [utraʒ] *m* insult
outrager ⟨1l⟩ insult
outrageusement *adv* excessively
outrance [utrɑ̃s] *f* excessiveness; ***à outrance*** excessively
outre [utr] **1** *prép* (*en plus de*) apart from, in addition to; ***outre mesure*** excessively **2** *adv*: ***en outre*** besides; ***passer outre à qch*** ignore sth
outré, outrée [utre]: ***être outré de*** *ou* ***par qch*** be outraged by sth
outre-Atlantique *adv* on the other side of the Atlantic
outre-Manche *adv* on the other side of the Channel
outre-mer [utrəmɛr]: ***d'outre-mer*** overseas *atr*
outrepasser [utrəpase] ⟨1a⟩ exceed
outsider [awtsajdər] *m* outsider
ouvert, ouverte [uvɛr, -t] open (*aussi fig*); ***à bras ouverts*** with open arms
ouvertement *adv* openly
ouverture *f* opening; MUS overture; ***des ouvertures*** *fig* overtures
ouvrable working; ***jour m ouvrable*** workday, *Br aussi* working day
ouvrage [uvraʒ] *m* work
ouvragé, ouvragée ornate
ouvrant [uvrɑ̃] AUTO: ***toit m ouvrant*** sun roof
ouvre-boîtes [uvrəbwat] *m* (*pl inv*) can opener, *Br aussi* tin opener
ouvre-bouteilles *m* (*pl inv*) bottle opener
ouvrier, -ère [uvrije, -ɛr] **1** *adj* working-class; *classe* working **2** *m/f* worker; ***ouvrier qualifié*** skilled worker

ouvrir [uvrir] ⟨2f⟩ **1** *v/t* open; *radio*, *gaz* turn on **2** *v/i d'un magasin*, *musée* open; ***s'ouvrir*** open; *fig* open up
ovaire [ɔvɛr] *m* BIOL ovary
ovale [ɔval] *m & adj* oval
ovation [ɔvɑsjõ] *f* ovation
ovni [ɔvni] *m abr* (= ***objet volant non identifié***) UFO (= unidentified flying object)
oxyder [ɔkside] ⟨1a⟩: ***(s')oxyder*** rust
oxygène [ɔksiʒɛn] *m* oxygen
ozone [ozɔ(o)n] *m* ozone; ***trou** m **de la couche d'ozone*** hole in the ozone layer

P

p. *abr* (= ***page***) p; (= ***pages***) pp
pacemaker [pɛsmekœr] *m* pacemaker
pacifier [pasifje] ⟨1a⟩ pacify
pacifique [pasifik] **1** *adj personne* peace--loving; *coexistence* peaceful; ***l'océan Pacifique*** the Pacific Ocean **2** *m **le Pacifique*** the Pacific
pacifisme *m* pacifism
pacifiste *m/f & adj* pacifist
pacotille [pakɔtij] *f péj* junk
pacte [pakt] *m* pact
pactiser ⟨1a⟩: ***pactiser avec*** come to terms with
pagaie [pagɛ] *f* paddle
pagaïe, **pagaille** [pagaj] *f* F mess
paganisme [paganism] *m* paganism
pagayer [pagɛje] ⟨1i⟩ paddle
page [paʒ] *f* page; ***être à la page*** *fig* be up to date; ***tourner la page*** make a new start, start over; ***page d'accueil*** INFORM home page; ***pages jaunes*** yellow pages
paie, **paye** [pɛ] *f* pay
paiement [pɛmɑ̃] *m* payment
païen, **païenne** [pajɛ̃, -ɛn] *m/f & adj* pagan
paillard, **paillarde** [pajar, -d] bawdy
paillasson [pajasõ] *m* doormat
paille [paj] *f* straw
paillette [pajɛt] *f* sequin
pain [pɛ̃] *m* bread; ***un pain*** a loaf; ***pain de savon*** bar of soap; ***pain au chocolat*** chocolate croissant; ***pain de campagne*** farmhouse loaf; ***pain complet*** whole wheat *ou Br* wholemeal bread; ***pain d'épice*** gingerbread; ***petit pain*** roll; ***pain de mie*** sandwich loaf
pair, **paire** [pɛr] **1** *adj nombre* even **2** *m*: ***hors pair*** *succès* unequaled, *Br* unequalled; *artiste*, *cuisinier* unrivaled, *Br* unrivalled; ***aller de pair*** go hand in hand; ***fille** f **au pair*** au pair; ***être au pair*** be an au pair
paire [pɛr] *f*: ***une paire de*** a pair of
paisible [pezibl] peaceful; *personne* quiet
paisiblement *adv* peacefully
paître [pɛtr] ⟨4z⟩ graze
paix [pɛ] *f* peace; (*calme*) peace and quiet; ***faire la paix*** make peace; ***fiche-moi la paix!*** F leave me alone *ou* in peace!
Pakistan [pakistɑ̃]: ***le Pakistan*** Pakistan
pakistanais, **pakistanaise** **1** *adj* Pakistani **2** *m/f* **Pakistanais**, **Pakistanaise** Pakistani
palais [palɛ] *m* palace, ANAT palate; ***palais de justice*** law courts *pl*
pale [pal] *f* blade
pâle [pɑl] pale; *fig*: *style* colorless, *Br* colourless; *imitation* pale
palefrenier, **-ère** [palfrənje, ɛr] *m/f* groom
Palestine [palɛstin]: ***la Palestine*** Palestine
palestinien, **palestinienne** **1** *adj* Palestinian **2** *m/f* **Palestinien**, **Palestinienne** Palestinian
palette [palɛt] *f de peinture* palette
pâleur [pɑlœr] *f* paleness, pallor
palier [palje] *m d'un escalier* landing; TECH bearing; (*phase*) stage; ***par paliers*** in stages
pâlir [pɑlir] ⟨2a⟩ *d'une personne* go pale, pale; *de couleurs* fade
palissade [palisad] *f* fence
pallier [palje] ⟨1a⟩ alleviate; *manque* make up for
palmarès [palmarɛs] *m d'un concours* list of prizewinners; MUS charts *pl*
palme [palm] *f* BOT palm; *de natation* flipper
palmeraie [palmərɛ] *f* palm grove
palmier *m* BOT palm tree
palombe [palõb] *f* wood pigeon
pâlot, **pâlotte** [pɑlo, -ɔt] pale
palpable [palpabl] palpable

palper ⟨1a⟩ feel; MÉD palpate
palpitant, **palpitante** [palpitɑ̃, -t] *fig* exciting, thrilling
palpitations *fpl* palpitations
palpiter ⟨1a⟩ *du cœur* pound
paludisme [palydism] *m* MÉD malaria
pamphlet [pɑ̃flɛ] *m* pamphlet
pamplemousse [pɑ̃pləmus] *m* grapefruit
pan [pɑ̃] *m de vêtement* tail; *de mur* section
panache [panaʃ] *m* plume; ***avoir du panache*** have panache
panaché *m* shandy-gaff, *Br* shandy
pancarte [pɑ̃kart] *f* sign; *de manifestation* placard
pancréas [pɑ̃kreas] *m* ANAT pancreas
paner [pane] ⟨1a⟩ coat with breadcrumbs; ***poisson** m **pané*** breaded fish
panier [panje] *m* basket; ***panier à provisions*** shopping basket
panique [panik] **1** *adj*: ***peur** f **panique*** panic **2** *f* panic
paniquer ⟨1a⟩ panic
panne [pan] *f* breakdown; ***être** ou **rester en panne*** break down; ***tomber en panne sèche*** run out of gas *ou Br* petrol; ***en panne*** broken down; ***panne d'électricité*** power outage, *Br* power failure
panneau [pano] *m* (*pl* -x) board; TECH panel; ***panneau d'affichage*** billboard; ***panneau publicitaire*** billboard, *Br aussi* hoarding; ***panneau de signalisation*** roadsign; ***panneau solaire*** solar panel
panonceau [panõso] *m* (*pl* -x) plaque
panoplie [panɔpli] *f fig* range
panorama [panɔrama] *m* panorama
panoramique panoramic
panse [pɑ̃s] *f* F belly
pansement [pɑ̃smɑ̃] *m* dressing
panser ⟨1a⟩ *blessure* dress; *cheval* groom
pantalon [pɑ̃talõ] *m* pants *pl*, *Br* trousers *pl*; ***un pantalon*** a pair of pants
pantelant, **pantelante** [pɑ̃tlɑ̃, -t] panting
panthère [pɑ̃tɛr] *f* panther
pantin [pɑ̃tɛ̃] *m péj* puppet
pantois [pɑ̃twa] *adj inv*: ***rester pantois*** be speechless
pantouflard [pɑ̃tuflar] *m* F stay-at-home
pantoufle [pɑ̃tufl] *f* slipper
PAO [peao] *f abr* (= ***publication assistée par ordinateur***) DTP (= desk-top publishing)
paon [pɑ̃] *m* peacock
papa [papa] *m* dad
papal, **papale** [papal] (*mpl* -aux) REL papal
papauté *f* REL papacy
pape [pap] *m* REL pope
paperasse [papras] *f* (*souvent au pl* ***paperasses***) *péj* papers *pl*
papeterie [papɛtri] *f magasin* stationery store, *Br* stationer's; *usine* paper mill
papetier, **-ère** *m/f* stationer
papi, **papy** [papi] *m* F grandpa
papier [papje] *m* paper; ***papiers*** papers, documents; ***papier (d')aluminium*** kitchen foil; ***papier hygiénique*** toilet tissue; ***papiers d'identité*** identification, ID; ***papier à lettres*** notepaper; ***papier peint*** wallpaper
papillon [papijõ] *m* butterfly; TECH wing nut; F (*contravention*) (parking) ticket; ***nœud** m **papillon*** bow tie; (***brasse** f*) ***papillon*** butterfly (stroke)
papoter [papɔte] ⟨1a⟩ F shoot the breeze, *Br* chat
paquebot [pakbo] *m* liner
pâquerette [pɑkrɛt] *f* BOT daisy
Pâques [pɑk] *m/sg ou fpl* Easter; ***à Pâques*** at Easter; ***joyeuses Pâques!*** happy Easter
paquet [pakɛ] *m* packet; *de sucre*, *café* bag; *de la poste* parcel, package
par [par] *prép* ◇ *lieu* through; ***par la porte*** through the door; ***regarder par la fenêtre*** *de l'extérieur* look in at the window; *de l'intérieur* look out of the window; ***tomber par terre*** fall down; ***assis par terre*** sitting on the ground; ***passer par Denver*** go through *ou* via Denver
◇ *temps*: ***par beau temps*** in fine weather; ***par une belle journée*** one fine day
◇ *raison*: ***par conséquent*** consequently; ***par curiosité*** out of curiosity; ***par hasard*** by chance; ***par malheur*** unfortunately;
◇ *agent du passif* by; ***il a été renversé par une voiture*** he was knocked over by a car; ***faire qch par soi-même*** do sth by o.s.
◇ *moyen* by; ***par bateau*** by boat; ***partir par le train*** leave by train; ***par la poste*** by mail
◇ *mode* by; ***par centaines*** in their hundreds; ***par avion*** by airmail; ***par cœur*** by heart; ***par écrit*** in writing; ***prendre qn par la main*** take s.o. by the hand
◇ MATH: ***diviser par quatre*** divide by four;
◇ *distributif*: ***par an*** a year, per annum; ***par jour*** a day; ***par tête*** each, a *ou* per head;
◇: ***commencer / finir par faire qch*** start / finish by doing sth
◇: ***de par le monde*** all over the world; ***de par sa nature*** by his very nature
para [para] *m* MIL *abr* → ***parachutiste***
parabole [parabɔl] *f* parable; MATH parab-

P

ola
parabolique: ***antenne** f **parabolique*** satellite dish
paracétamol [parasetamɔl] *m* paracetamol
parachute [paraʃyt] *m* parachute; ***sauter en parachute*** parachute out
parachuter ⟨1a⟩ parachute
parachutiste *m/f* parachutist; MIL paratrooper
parade [parad] *f* (*défilé*) parade; *en escrime* parry; *à un argument* counter
paradis [paradi] *m* heaven, paradise
paradoxal, **paradoxale** [paradɔksal] (*mpl* -aux) paradoxical
paradoxe *m* paradox
parages [paraʒ] *mpl*: ***dans les parages de*** in the vicinity of; ***est-ce que Philippe est dans les parages?*** is Philippe around?
paragraphe [paragraf] *m* paragraph
paraître [parɛtr] ⟨4z⟩ appear; *d'un livre* come out, be published; ***il paraît que*** it seems that, it would appear that; ***à ce qu'il paraît*** apparently; ***elle paraît en pleine forme*** she seems to be in top form; ***cela me paraît bien compliqué*** it looks very complicated to me; ***laisser paraître*** show
parallèle [paralɛl] **1** *adj* parallel (***à*** to) **2** *f* MATH parallel (line) **3** *m* GÉOGR parallel (*aussi fig*)
paralyser [paralize] ⟨1a⟩ paralyse; *fig*: *circulation*, *production*, *ville* paralyse, bring to a standstill
paralysie *f* paralysis
paralytique paralytic
paramédical, **paramédicale** [paramedikal] paramedical
paramètre [paramɛtr] *m* parameter
parano [parano] F paranoid
paranoïaque [paranɔjak] *m/f & adj* paranoid
paranormal, **paranormale** [paranɔrmal] paranormal
parapente [parapɑ̃t] *m* paraglider; *activité* paragliding
parapet [parapɛ] *m* parapet
parapharmacie [parafarmasi] *f* (non-dispensing) pharmacy; *produits* toiletries *pl*
paraphrase [parafrɑz] *f* paraphrase
paraplégique [parapleʒik] *m/f & adj* paraplegic
parapluie [paraplɥi] *m* umbrella
parapsychique [parapsiʃik] psychic
parascolaire [paraskɔlɛr] extracurricular
parasite [parazit] **1** *adj* parasitic **2** *m* parasite; *fig* parasite, sponger; ***parasites*** *radio* interference *sg*
parasol [parasɔl] *m* parasol; *de plage* beach umbrella
paratonnerre [paratɔnɛr] *m* lightning rod, *Br* lightning conductor
paravent [paravɑ̃] *m* windbreak
parc [park] *m* park; *pour enfant* playpen; ***parc de stationnement*** parking lot, *Br* car park
parcelle [parsɛl] *f de terrain* parcel
parce que [parsk] *conj* because
parchemin [parʃəmɛ̃] *m* parchment
par-ci [parsi] *adv*: ***par-ci, par-là*** *espace* here and there; *temps* now and then
parcimonie [parsimɔni] *f*: ***avec parcimonie*** sparingly, parcimoniously
parcmètre [parkmɛtr] *m* (parking) meter
parcourir [parkurir] ⟨2i⟩ *région* travel through; *distance* cover; *texte* read quickly, skim
parcours [parkur] *m* route; *course d'automobiles* circuit; ***accident** m **de parcours*** snag
par-derrière [pardɛrjɛr] *adv* from behind
par-dessous [pardəsu] *prép & adv* underneath
pardessus [pardəsy] *m* overcoat
par-dessus [pardəsy] *prép & adv* over
par-devant [pardəvɑ̃] *adv emboutir* from the front
pardon [pardõ] *m* forgiveness; ***pardon!*** sorry!; ***pardon?*** excuse me?, *Br aussi* sorry?; ***demander pardon à qn*** say sorry to s.o.
pardonner ⟨1a⟩: ***pardonner qch à qn*** forgive s.o. sth
pare-brise [parbriz] *m* (*pl inv*) AUTO windshield, *Br* windscreen
pare-chocs [parʃɔk] *m* (*pl inv*) AUTO bumper
pareil, **pareille** [parɛj] **1** *adj* (*semblable*) similar (***à*** to); (*tel*) such; ***sans pareil*** without parallel; ***elle est sans pareille*** there's nobody like her; ***c'est du pareil au même*** F it comes to the same thing; ***c'est toujours pareil*** it's always the same **2** *adv*: ***habillés pareil*** similarly dressed, dressed the same way
parent, **parente** [parɑ̃, -t] **1** *adj* related **2** *m/f* relative; ***parents*** (*mère et père*) parents
parental parental
parenté *f* relationship
parenthèse [parɑ̃tɛz] *f* parenthesis, *Br* (round) bracket; (*digression*) digression; ***entre parenthèses*** in parentheses; *fig* by the way
parer [pare] ⟨1a⟩ *attaque* ward off; *en escrime* parry
pare-soleil [parsɔlɛj] *m* sun visor

paresse [parɛs] *f* laziness
paresser ⟨1b⟩ laze around
paresseux, **-euse** lazy
parfaire [parfɛr] ⟨1b⟩ perfect; *travail* complete
parfait, **parfaite 1** *adj* perfect; *before the noun* complete **2** *m* GRAM perfect (tense)
parfaitement *adv* perfectly; *comme réponse* absolutely
parfois [parfwa] *adv* sometimes, on occasions
parfum [parfɛ̃, -œ̃] *m* perfume; *d'une glace* flavor, *Br* flavour
parfumé, **parfumée** [parfyme] scented; *femme* wearing perfume
parfumer ⟨1a⟩ (*embaumer*) scent
parfumerie *f* perfume store; *produits* perfumes *pl*
pari [pari] *m* bet
paria [parja] *m fig* pariah
parier [parje] ⟨1a⟩ bet
Paris [pari] *m* Paris
parisien, **parisienne 1** *adj* Parisian, of / from Paris **2** *m/f* **Parisien**, **Parisienne** Parisian
paritaire [paritɛr] parity *atr*
parité *f* ÉCON parity
parjure [parʒyr] *litt* **1** *m* perjury **2** *m/f* perjurer
parka [parka] *m* parka
parking [parkiŋ] *m* parking lot, *Br* car park; *édifice* parking garage, *Br* car park
parlant, **parlante** [parlɑ̃, -t] *comparaison* striking; *preuves*, *chiffres* decisive
parlé, **parlée** spoken
Parlement [parləmɑ̃] *m* Parliament
parlementaire 1 *adj* Parliamentary **2** *m/f* Parliamentarian
parlementer [parləmɑ̃tɛr] ⟨1a⟩ talk (***avec qn de qch*** to s.o. about sth)
parler [parle] ⟨1a⟩ **1** *v/i* speak, talk (***à***, ***avec*** to; ***de*** about); ***sans parler de*** not to mention; ***tu parles!*** F you bet!; *refus* you're kidding! **2** *v/t*: ***parler affaires*** talk business; ***parler anglais*** speak English; ***parler politique*** talk politics **3** *m* speech; ***parler régional*** regional dialect
parloir *m* REL parlor, *Br* parlour
parmi [parmi] *prép* among; ***ce n'est qu'un exemple parmi tant d'autres*** it's just one example (out of many)
parodie [parɔdi] *f* parody
parodier ⟨1a⟩ parody
paroi [parwa] *f* partition
paroisse [parwas] *f* REL parish
paroissien, **paroissienne** *m/f* REL parishioner
parole [parɔl] *f* (*mot*, *engagement*) word; *faculté* speech; ***parole d'honneur*** word of honor *ou Br* honour; ***donner la parole à qn*** give s.o. the floor; ***donner sa parole*** give one's word; ***paroles*** *de chanson* words, lyrics
parolier, **-ère** *m/f* lyricist
parquer [parke] ⟨1m⟩ *bétail* pen; *réfugiés* dump
parquet [parkɛ] *m* (parquet) floor; JUR public prosecutor's office
parrain [parɛ̃] *m* godfather; *dans un club* sponsor
parrainer ⟨1b⟩ sponsor
parsemer [parsəme] ⟨1d⟩ sprinkle (***de*** with)
part [par] *f* share; (*fraction*) part, portion; ***pour ma part*** for my part, as far as I'm concerned; ***faire part de qch à qn*** inform s.o. of sth; ***faire la part des choses*** make allowances; ***prendre part à*** take part in; *chagrin* share (in); ***de la part de qn*** from s.o., in *ou Br* on behalf of s.o.; ***d'une part … d'autre part*** on the one hand … on the other hand; ***autre part*** elsewhere; ***nulle part*** nowhere; ***quelque part*** somewhere; ***à part*** *traiter etc* separately; ***un cas à part*** a case apart; ***à part cela*** apart from that; ***prendre qn à part*** take s.o. to one side
partage [partaʒ] *m* division; ***partage des tâches*** (***ménagères***) sharing the housework
partager ⟨1l⟩ share; (*couper*, *diviser*) divide (up)
partance [partɑ̃s] *f*: ***en partance*** *bateau* about to sail; *avion* about to take off; *train* about to leave; ***en partance pour …*** bound for …
partant [partɑ̃] *m* SP starter
partenaire [partənɛr] *m/f* partner
parterre [partɛr] *m de fleurs* bed; *au théâtre* rear orchestra, *Br* rear stalls *pl*
parti[1] [parti] *m* side; POL party; ***prendre parti pour*** side with, take the side of; ***prendre parti contre*** side against; ***prendre le parti de faire qch*** decide to so sth; ***tirer parti de qch*** turn sth to good use; ***parti pris*** preconceived idea
parti[2], **partie** [parti] **1** *p/p* → ***partir*** **2** *adj* F: ***être parti*** (*ivre*) be tight
partial, **partiale** [parsjal] (*mpl* -aux) biassed, prejudiced
partialité *f* bias, prejudice
participant, **participante** [partisipɑ̃, -t] *m/f* participant
participation *f* participation; ***participation aux bénéfices*** profit sharing; ***participation aux frais*** contribution
participer ⟨1a⟩: ***participer à*** participate in, take part in; *bénéfices* share; *frais* con-

P

tribute to; *douleur, succès* share in
particularité [partikylarite] *f* special feature, peculiarity
particule [partikyl] *f* particle
particulier, -ère [partikylje, -ɛr] **1** *adj* particular, special; *privé* private; ***particulier à*** characteristic of, peculiar to; ***en particulier*** in particular **2** *m* (private) individual
particulièrement *adv* particularly
partie [parti] *f* part (*aussi* MUS); *de boules, cartes, tennis* game; JUR party; *lutte* struggle; ***en partie*** partly; ***faire partie de qch*** be part of sth
partiel, partielle [parsjɛl] partial; ***un (examen) partiel*** an exam
partir [partir] ⟨2b⟩ (*aux* ***être***) leave (***à, pour*** for); SP start; *de la saleté* come out; ***partir de qch*** (*provenir de*) come from sth; ***si on part du fait que …*** if we take as our starting point the fact that …; ***en partant de*** (starting) from; ***à partir de*** (starting) from, with effect from
partisan, partisane [partizɑ̃, -an] *m/f* supporter; MIL partisan; ***être partisan de qch*** be in favor *ou Br* favour of sth
partition [partisjõ] *f* MUS score; POL partition
partout [partu] *adv* everywhere
paru, parue [pary] *p/p* → ***paraître***
parure [paryr] *f* finery; *de bijoux* set; ***parure de lit*** set of bed linen
parution [parysjõ] *f d'un livre* appearance
parvenir [parvənir] ⟨2h⟩ (*aux* ***être***) arrive; ***parvenir à un endroit*** reach a place, arrive at a place; ***faire parvenir qch à qn*** forward sth to s.o.; ***parvenir à faire qch*** manage to do sth, succeed in doing sth
parvenu, parvenue [parvəny] *m/f* upstart, parvenu *fml*
pas[1] [pɑ] *m* step, pace; ***faux pas*** stumble; *fig* blunder, faux pas; ***pas à pas*** step by step; ***le Pas de Calais*** the Straits *pl* of Dover
pas[2] [pɑ] *adv* ◇ not; ***pas lui*** not him; ***tous les autres sont partis, mais pas lui*** all the others left, but not him *ou* but he didn't
◇ **:** ***ne … pas*** not; ***il ne pleut pas*** it's not raining; ***il n'a pas plu*** it didn't rain; ***j'ai décidé de ne pas accepter*** I decided not to accept
passable [pasabl] acceptable
passage [pasaʒ] *m* passage; *fig* (*changement*) changeover; ***passage à niveau*** grade crossing, *Br* level crossing; ***de passage*** passing; ***passage clouté*** crosswalk, *Br* pedestrian crossing
passager, -ère 1 *adj* passing, fleeting **2** *m/f* passenger; ***passager clandestin*** stowaway
passant, passante [pasɑ̃, -t] *m/f* passer-by
passe [pɑs] *f* SP pass
passé, passée [pase] **1** *adj* past **2** *prép*: ***passé dix heures*** past *ou* after ten o'clock **3** *m* past; ***passé composé*** GRAM perfect
passe-partout [paspartu] *m* (*pl inv*) skeleton key
passe-passe [paspas] *m*: ***tour*** *m* ***de passe-passe*** conjuring trick
passeport [paspɔr] *m* passport
passer [pase] ⟨1a⟩ **1** *v/i* (*aux* ***être***) *d'une personne, du temps, d'une voiture* pass, go past; *d'une loi* pass; *d'un film* show; ***passer avant qch*** take precedence over sth; ***je suis passé chez Sophie*** I dropped by Sophie's place; ***passer dans une classe supérieure*** move up to a higher class; ***passer de mode*** go out of fashion; ***passer devant la boulangerie*** go past the bakery; ***passer en seconde*** AUTO shift into second; ***passer pour qch*** pass as sth; ***passer sur qch*** go over sth; ***faire passer*** *personne* let past; *plat, journal* pass, hand; ***laisser passer*** *personne* let past; *lumière* let in *ou* through; *chance* let slip; ***en passant*** in passing **2** *v/t rivière, frontière* cross; (*omettre*) *ligne* miss (out); *temps* spend; *examen* take, *Br aussi* sit; *vêtement* slip on; CUIS strain; *film* show; *contrat* enter into; ***passer qch à qn*** pass s.o. sth, pass sth to s.o.; ***passer l'aspirateur*** vacuum; ***passer qch sous silence*** pass over sth in silence **3**: ***se passer*** (*se produire*) happen; ***se passer de qch*** do without sth
passerelle [pasrɛl] *f* footbridge; MAR gangway; AVIAT steps *pl*
passe-temps [pastɑ̃] *m* (*pl inv*) hobby, pastime
passible [pasibl] JUR: ***être passible d'une peine*** be liable to a fine
passif, -ive [pasif, -iv] **1** *adj* passive **2** *m* GRAM passive; COMM liabilities *pl*
passion [pasjõ] *f* passion
passionnant, passionnante [pasjɔnɑ̃, -t] thrilling, exciting
passionné, passionnée 1 *adj* passionate **2** *m/f* enthusiast; ***être un passionné de…*** be crazy about …
passionner ⟨1a⟩ thrill, excite; ***se passionner pour qch*** have a passion for sth, be passionate about sth
passivité [pasivite] *f* passiveness, passivity
passoire [paswar] *f* sieve

pastel [pastɛl] *m* pastel; ***couleurs pastel*** pastel colors
pastèque [pastɛk] *f* BOT watermelon
pasteur [pastœr] *m* REL pastor
pasteuriser [pastœrize] ⟨1a⟩ pasteurize
pastiche [pastiʃ] *m* pastiche
pastille [pastij] *f* pastille
patate [patat] *f* F potato, spud F
patauger [patoʒe] ⟨1l⟩ flounder
pâte [pɑt] *f* paste; CUIS *à pain* dough; *à tarte* pastry; ***pâtes*** pasta *sg*; ***pâte d'amandes*** almond paste; ***pâte dentifrice*** toothpaste; ***pâte feuilletée*** flaky pastry
pâté [pɑte] *m* paté; ***pâté de maisons*** block of houses
patère [patɛr] *f* coat peg
paternaliste [patɛrnalist] paternalistic
paternel, paternelle paternal
paternité *f* paternity; ***congé de paternité*** paternity leave
pâteux, -euse [pɑtø, -z] doughy; *bouche* dry
pathétique [patetik] touching; F (*mauvais*) pathetic
pathologie [patɔlɔʒi] *f* pathology
pathologique pathological
pathologiste *m/f* pathologist
patibulaire [patibylɛr] sinister
patience [pasjɑ̃s] *f* patience
patient, patiente *m/f & adj* patient
patienter ⟨1a⟩ wait
patin [patɛ̃] *m*: ***faire du patin*** go skating; ***patin (à glace)*** (ice)skate; ***patin à roulettes*** roller skate
patinage *m* skating; ***patinage artistique*** figure skating
patiner ⟨1a⟩ skate; AUTO skid; *de roues* spin
patineur, -euse *m/f* skater
patinoire *f* skating rink
pâtisserie [pɑtisri] *f magasin* cake shop; *gâteaux* pastries, cakes
pâtissier, -ère *m/f* pastrycook
patois [patwa] *m* dialect
patraque [patrak] F: ***être patraque*** be feeling off-color *ou Br* off-colour
patriarche [patrijarʃ] *m* patriarch
patrie [patri] *f* homeland
patrimoine [patrimwan] *m* heritage (*aussi fig*); ***patrimoine culturel*** *fig* cultural heritage
patriote [patrijɔt] **1** *adj* patriotic **2** *m/f* patriot
patriotique patriotic
patriotisme *m* patriotism
patron [patrõ] *m* boss; (*propriétaire*) owner; *d'une auberge* landlord; REL patron saint; TECH stencil; *de couture* pattern
patronal, patronale employers' *atr*
patronat *m* POL employers
patronne *f* boss; (*propriétaire*) owner; *d'une auberge* landlady; REL patron saint
patronner ⟨1a⟩ sponsor
patrouille [patruj] *f* MIL, *de police* patrol
patrouiller ⟨1a⟩ patrol
patte [pat] *f* paw; *d'un oiseau* foot; *d'un insecte* leg; F hand, paw *péj*; ***graisser la patte à qn*** *fig* F grease s.o.'s palm; ***pattes d'oie*** crow's feet
pâturage [pɑtyraʒ] *m* pasturage
paume [pom] *f* palm; (***jeu*** *m* ***de***) ***paume*** royal tennis
paumé, paumée [pome] F lost
paumer ⟨1a⟩ F lose
paupière [popjɛr] *f* eyelid
pause [poz] *f* (*silence*) pause; (*interruption*) break; ***pause-café*** coffee break; ***pause-déjeuner*** lunch break
pauvre [povr] **1** *adj* poor; ***pauvre en calories*** low in calories **2** *m/f* poor person; ***les pauvres*** the poor *pl*
pauvreté *f* poverty
pavaner [pavane] ⟨1a⟩: ***se pavaner*** strut around
pavé [pave] *m* paving; (*chaussée*) pavement, *Br* road surface; *pierres rondes* cobbles *pl*, cobblestones *pl*; ***un pavé*** a paving stone; *rond* a cobblestone
paver ⟨1a⟩ pave
pavillon [pavijõ] *m* (*maisonnette*) small house; MAR flag
pavot [pavo] *m* BOT poppy
payable [pɛjabl] payable
payant, payante [pɛjɑ̃, -t] *spectateur* paying; *parking* which charges; *fig* profitable, worthwhile
paye [pɛj] *f* → ***paie***
payement [pɛjmɑ̃] *m* → ***paiement***
payer [pɛje] ⟨1i⟩ **1** *v/t* pay; ***payer qch dix euros*** pay ten euros for sth; ***payer qch à qn*** buy sth for s.o. **2** *v/i* pay **3**: ***se payer qch*** treat o.s. to sth
pays [pei] *m* country; ***pays membre*** *de l'UE* member country; ***mal*** *m* ***du pays*** homesickness; ***le Pays basque*** the Basque country
paysage [peizaʒ] *m* landscape
paysager, -ère landscaped; ***bureau*** *m* ***paysager*** open plan office
paysagiste *m/f*: (***architecte*** *m*) ***paysagiste*** landscape architect
paysan, paysanne [peizɑ̃, -an] **1** *m/f* small farmer; HIST peasant **2** *adj mœurs* country *atr*
Pays-Bas [peibɑ] *mpl*: ***les Pays-Bas*** the Netherlands
PC [pese] *m abr* (= ***personal computer***) PC (= personal computer); (= ***Parti com-***

P

muniste) CP (= Communist Party)
PCV [peseve] *m abr* (= ***paiement contre vérification***): ***appel en PCV*** collect call
PDG [pedeʒe] *m abr* (= ***président-directeur général***) President, CEO (= Chief Executive Officer),
péage [peaʒ] *m* AUTO tollbooth; ***autoroute à péage*** turnpike, toll road
peau [po] *f* (*pl* -x) skin; *cuir* hide, leather
pêche[1] [pɛʃ] *f* BOT peach
pêche[2] [pɛʃ] *f* fishing; *poissons* catch
péché [peʃe] *m* sin; ***péché mignon*** peccadillo
pécher ⟨1f⟩ sin; ***pécher par*** suffer from an excess of
pêcher[1] [peʃe] *m* BOT peach tree
pêcher[2] [peʃe] ⟨1b⟩ **1** *v/t* fish for; (*attraper*) catch **2** *v/i* fish; ***pêcher à la ligne*** go angling
pécheur, **-eresse** [peʃœr, -ʃ(ə)rɛs] *m/f* sinner
pêcheur [pɛʃœr] *m* fisherman; ***pêcheur à la ligne*** angler
pécule [pekyl] *m* nest egg
pécuniaire [pekynjɛr] pecuniary
pédagogie [pedagɔʒi] *f* education, teaching
pédagogique educational; *méthode* teaching
pédagogue *m/f* educationalist; (*professeur*) teacher
pédale [pedal] *f* pedal; ***pédale de frein*** brake pedal
pédaler ⟨1a⟩ pedal
pédalo [pedalo] *m* pedal boat, pedalo
pédant, **pédante** [pedɑ̃, -t] pedantic
pédé [pede] *m* F faggot F, *Br* poof F
pédéraste [pederast] *m* homosexual, pederast
pédestre [pedɛstr]: ***sentier** m **pédestre*** footpath; ***randonnée** f **pédestre*** hike
pédiatre [pedjatr] *m/f* MÉD pediatrician
pédiatrie *f* pediatrics
pédicure [pedikyr] *m/f* podiatrist, *Br* chiropodist
pedigree [pedigre] *m* pedigree
pègre [pɛgr] *f* underworld
peigne [pɛɲ] *m* comb
peigner ⟨1b⟩ comb; ***se peigner*** comb one's hair
peignoir *m* robe, *Br* dressing gown
peindre [pɛ̃dr] ⟨4b⟩ paint; (*décrire*) depict
peine [pɛn] *f* (*punition*) punishment; (*effort*) trouble; (*difficulté*) difficulty; (*chagrin*) grief, sorrow; ***peine capitale*** capital punishment; ***ce n'est pas la peine*** there's no point, it's not worth it; ***valoir la peine de faire qch*** be worth doing sth; ***avoir de la peine à faire qch*** have difficulty doing sth, find it difficult to do sth; ***prendre la peine de faire qch*** go to the trouble to do sth; ***faire de la peine à qn*** upset s.o.; ***à peine*** scarcely, hardly
peiner [pɛne] ⟨1b⟩ **1** *v/t* upset **2** *v/i* labor, *Br* labour
peintre [pɛ̃tr] *m* painter
peinture [pɛ̃tyr] *f* paint; *action, tableau* painting; *description* depiction
péjoratif, **-ive** [peʒɔratif, -iv] pejorative
pelage [pəlaʒ] *m* coat
pêle-mêle [pɛlmɛl] *adv* pell-mell
peler [pəle] ⟨1d⟩ peel
pèlerin [pɛlrɛ̃] *m* pilgrim
pèlerinage *m* pilgrimage; *lieu* place of pilgrimage
pélican [pelikɑ̃] *m* pelican
pelle [pɛl] *f* spade; ***pelle à gâteau*** cake slice; ***… à la pelle*** huge quantities of …
pelleteuse [pɛltøz] *f* mechanical shovel, digger
pellicule [pelikyl] *f* film; ***pellicules*** dandruff *sg*
pelote [p(ə)lɔt] *f de fil* ball
peloter [p(ə)lɔte] ⟨1a⟩ F grope, feel up
peloton [p(ə)lɔtõ] *m* ball; MIL platoon; SP pack, bunch
pelotonner ⟨1a⟩ wind into a ball; ***se pelotonner*** curl up; ***se pelotonner contre qn*** snuggle up to s.o.
pelouse [p(ə)luz] *f* lawn
peluche [p(ə)lyʃ] *f jouet* cuddly *ou* soft toy; ***faire des peluches*** *d'un pull etc* go fluffy *ou* picky; ***ours** m **en peluche*** teddy bear
pelure [p(ə)lyr] *f de fruit* peel
pénal, **pénale** [penal] (*mpl* -aux) JUR penal
pénalisation *f* SP penalty
pénaliser ⟨1a⟩ penalize
pénalité *f* penalty
penalty [penalti] *m* SP penalty
penaud, **penaude** [pəno, -d] hangdog, sheepish
penchant [pɑ̃ʃɑ̃] *m fig* (*inclination*) liking, penchant
pencher [pɑ̃ʃe] ⟨1a⟩ **1** *v/t pot* tilt; *penché écriture* sloping; ***pencher la tête en avant*** bend *ou* lean forward **2** *v/i* lean; *d'un plateau* tilt; *d'un bateau* list; ***pencher pour qch*** *fig* lean *ou* tend toward sth; ***se pencher au dehors*** lean out; ***se pencher sur*** *fig*: *problème* examine
pendaison [pɑ̃dɛzõ] *f* hanging
pendant[1] [pɑ̃dɑ̃] **1** *prép* during; *avec chiffre* for; ***elle a habité ici pendant trois ans*** she lived here for three years **2** *conj*: ***pendant que*** while
pendant[2], **pendante** [pɑ̃dɑ̃, -t] *oreilles*

P

pendulous; (*en instance*) pending
pendentif *m* pendant
penderie [pɑ̃dri] *f* armoire, *Br* wardrobe
pendiller [pɑ̃dije] ⟨1a⟩ dangle
pendre [pɑ̃dr] ⟨4a⟩ **1** *v/t* hang (up); *condamné* hang **2** *v/i* hang; ***se pendre*** hang o.s.
pendule [pɑ̃dyl] **1** *m* pendulum **2** *f* (*horloge*) clock
pénétration [penetrasjõ] *f* penetration; *fig* (*acuité*) shrewdness
pénétrer ⟨1f⟩ **1** *v/t liquide, lumière* penetrate; *pensées, personne* fathom out **2** *v/i*: ***pénétrer dans*** penetrate; *maison, bureaux* get into
pénible [penibl] *travail* laborious; *vie* hard; *nouvelle, circonstances* painful; *caractère* difficult
péniblement *adv* (*avec difficulté*) laboriously; (*à peine*) only just, barely; (*avec douleur*) painfully
péniche [peniʃ] *f* barge
pénicilline [penisilin] *f* penicillin
péninsule [penɛ̃syl] *f* peninsula
pénis [penis] *m* penis
pénitence [penitɑ̃s] *f* REL penitence; (*punition*) punishment
pénitencier *m* penitentiary, *Br* prison
pénombre [penõbr] *f* semi-darkness
pense-bête [pɑ̃sbɛt] *m* reminder
pensée [pɑ̃se] *f* thought; BOT pansy
penser [pɑ̃se] ⟨1a⟩ **1** *v/i* think; ***penser à*** (*réfléchir à, s'intéresser à*) think of, think about; ***faire penser à qch*** be reminiscent of sth; ***faire penser à qn à faire qch*** remind s.o. to do sth **2** *v/t* think; (*imaginer*) imagine; ***penser faire qch*** (*avoir l'intention*) be thinking of doing sth; ***penser de*** think of, think about
penseur *m* thinker
pensif, **-ive** thoughtful
pension [pɑ̃sjõ] *f* (*allocation*) allowance; *logement* rooming house, *Br* boarding house; *école* boarding school; ***pension alimentaire*** alimony; ***pension complète*** American plan, *Br* full board
pensionnaire *m/f d'un hôtel* guest; *écolier* boarder
pensionnat *m* boarding school
pente [pɑ̃t] *f* slope; ***en pente*** sloping; ***être sur une mauvaise pente*** *fig* be on a slippery slope
Pentecôte [pɑ̃tkot]: ***la Pentecôte*** Pentecost
pénurie [penyri] *f* shortage (***de*** of)
pépin [pepɛ̃] *m de fruit* seed; ***avoir un pépin*** F have a problem
pépinière [pepinjɛr] *f* nursery
pépite [pepit] *f* nugget
perçant, **perçante** [pɛrsɑ̃, -t] *regard, froid* piercing
percée *f* breakthrough
percepteur [pɛrsɛptœr] *m* tax collector
perceptible perceptible
perception *f* perception; *des impôts* collection; *bureau* tax office
percer [pɛrse] ⟨1k⟩ **1** *v/t mur, planche* make a hole in; *porte* make; (*transpercer*) pierce **2** *v/i du soleil* break through
perceuse *f* drill
percevoir [pɛrsəvwar] ⟨3a⟩ perceive; *argent, impôts* collect
perche [pɛrʃ] *f* ZO perch; *en bois, métal* pole
percher ⟨1a⟩: ***(se) percher*** *d'un oiseau* perch; F live
perchiste *m* pole vaulter
perchoir *m* perch
percolateur [pɛrkɔlatœr] *m* percolator
percussion [pɛrkysjõ] *f* MUS percussion
percutant, **percutante** *fig* powerful
percuter ⟨1a⟩ crash into
perdant, **perdante** [pɛrdɑ̃, -t] **1** *adj* losing **2** *m/f* loser
perdre [pɛrdr] ⟨4a⟩ **1** *v/t* lose; ***perdre courage*** lose heart; ***perdre une occasion*** miss an opportunity, let an opportunity slip; ***perdre son temps*** waste one's time; ***perdre connaissance*** lose consciousness; ***se perdre*** *disparaître* disappear, vanish; *d'une personne* get lost **2** *v/i*: ***perdre au change*** lose out
perdrix [pɛrdri] *f* partridge
perdu, **perdue** [pɛrdy] **1** *p/p* → ***perdre*** **2** *adj* lost; *occasion* missed; *endroit* remote; *balle* stray; *emballage, verre* non--returnable
père [pɛr] *m* father (*aussi* REL)
perfection [pɛrfɛksjõ] *f* perfection
perfectionnement *m* perfecting
perfectionner ⟨1a⟩ perfect; ***se perfectionner en anglais*** improve one's English
perfectionniste *m/f & adj* perfectionist
perfide [pɛrfid] treacherous
perfidie *f* treachery
perforatrice [pɛrfɔratris] *f pour cuir, papier* punch
perforer ⟨1a⟩ perforate; *cuir* punch
performance [pɛrfɔrmɑ̃s] *f* performance
performant, **performante** high-performance
perfusion [pɛrfyzjõ] *f* MÉD drip
péril [peril] *m* peril
périlleux, **-euse** perilous
périmé, **périmée** [perime] out of date
périmètre [perimɛtr] *m* MATH perimeter; ***dans un périmètre de 25 km*** within a

25km radius
période [perjɔd] *f* period (*aussi* PHYS); ***période de transition*** transitional period *ou* phase; ***en période de*** in times of
périodique **1** *adj* periodic **2** *m* periodical
péripéties [peripesi] *fpl* ups and downs
périphérie [periferi] *f d'une ville* outskirts *pl*
périphérique *m & adj*: (***boulevard*** *m*) ***périphérique*** beltway, *Br* ringroad
périple [peripl] *m* long journey
périr [perir] ⟨2a⟩ perish
périscope [periskɔp] *m* periscope
périssable [perisabl] perishable
péritel [peritɛl]: ***prise*** *f* ***péritel*** scart
perle [pɛrl] *f* pearl; (*boule percée*) bead; *fig*: *personne* gem; *de sang* drop
perler ⟨1a⟩: ***la sueur perlait sur son front*** he had beads of sweat on his forehead
permanence [pɛrmanɑ̃s] *f* permanence; ***être de permanence*** be on duty; ***en permanence*** constantly
permanent, **permanente** **1** *adj* permanent **2** *f coiffure* perm
perméable [pɛrmeabl] permeable
permettre [pɛrmɛtr] ⟨4p⟩ allow, permit; ***permettre à qn de faire qch*** allow s.o. to do sth; ***permettre qch à qn*** allow s.o. sth; ***se permettre qch*** allow o.s. sth
permis [pɛrmi] *m* permit; ***passer son permis*** sit one's driving test; ***permis de conduire*** driver's license, *Br* driving licence; ***permis de séjour*** residence permit; ***permis de travail*** work permit
permissif, **-ive** [pɛrmisif, -iv] permissive
permission *f* permission; MIL leave
Pérou [peru]: ***le Pérou*** Peru
perpendiculaire [pɛrpɑ̃dikylɛr] perpendicular (***à*** to)
perpétrer [pɛrpetre] ⟨1f⟩ JUR perpetrate
perpétuel, **perpétuelle** [pɛrpetɥɛl] perpetual
perpétuellement *adv* perpetually
perpétuer ⟨1n⟩ perpetuate
perpétuité *f*: ***à perpétuité*** in perpetuity; JUR *condamné* to life imprisonment
perplexe [pɛrplɛks] perplexed, puzzled; ***laisser perplexe*** puzzle
perplexité *f* perplexity
perquisitionner [pɛrkizisjɔne] ⟨1a⟩ JUR carry out a search
perron [pɛrõ] *m* steps *pl*
perroquet [pɛrɔkɛ] *m* parrot
perruche [pɛryʃ] *f* ZO budgerigar
perruque [pɛryk] *f* wig
persan, **persane** [pɛrsɑ̃, -an] **1** *adj* Persian **2** *m/f* **Persan**, **Persane** Persian
persécuter [pɛrsekyte] ⟨1a⟩ persecute
persécution *f* persecution
persévérance [pɛrseverɑ̃s] *f* perseverance
persévérant, **persévérante** persevering
persévérer ⟨1f⟩ persevere
persienne [pɛrsjɛn] *f* shutter
persil [pɛrsi] *m* BOT parsley
Persique [pɛrsik]: ***golfe*** *m* ***Persique*** Persian Gulf
persistance [pɛrsistɑ̃s] *f* persistence
persister ⟨1a⟩ persist; ***persister dans sa décision*** stick to one's decision; ***persister à faire qch*** persist in doing sth
personnage [pɛrsɔnaʒ] *m* character; (*dignitaire*) important person
personnaliser [pɛrsonalize] ⟨1b⟩ personalize
personnalité [personalite] *f* personality
personne[1] [pɛrsɔn] *f* person; ***deux personnes*** two people; ***grande personne*** grown-up; ***en personne*** in person, personally; ***par personne*** per person, each; ***les personnes âgées*** the old *pl*, old people *pl*
personne[2] [pɛrsɔn] *pron* ◇ no-one, nobody; ***personne ne le sait*** no-one *ou* nobody knows; ***il n'y avait personne*** no--one was there, there wasn't anyone there; ***je ne vois jamais personne*** I never see anyone
◇ *qui que ce soit* anyone, anybody; ***sans avoir vu personne*** without seeing anyone *ou* anybody
personnel, **personnelle** [pɛrsɔnɛl] **1** *adj* personal; *conversation*, *courrier* private **2** *m* personnel *pl*, staff *pl*
personnellement *adv* personally
personnifier [pɛrsɔnifje] ⟨1a⟩ personify
perspective [pɛrspɛktiv] *f* perspective; *fig*: *pour l'avenir* prospect; (*point de vue*) viewpoint, perspective; ***avoir qch en perspective*** have sth in prospect
perspicace [pɛrspikas] shrewd
perspicacité *f* shrewdness
persuader [pɛrsɥade] ⟨1a⟩ persuade (***de faire qch*** to do sth; ***de qch*** of sth); ***je ne suis pas persuadé que …*** I'm not convinced that …; ***se persuader de qch*** convince o.s. of sth; ***se persuader que*** convince o.s. that
persuasif, **-ive** persuasive
persuasion *f* persuasion; *don* persuasiveness
perte [pɛrt] *f* loss; *fig* (*destruction*) ruin; ***à perte*** *vendre* at a loss; ***à perte de vue*** as far as the eye can see; ***une perte de temps*** a waste of time
pertinent, **pertinente** [pɛrtinɑ̃, -t] relevant

perturbateur, -trice [pɛrtyrbatœr, -tris] disruptive; ***être un élément perturbateur*** be a disruptive influence
perturbation *f météorologique, politique* disturbance; *de trafic* disruption
perturber ⟨1a⟩ *personne* upset; *trafic* disrupt
péruvien, péruvienne [peryvjɛ̃, -ɛn] **1** *adj* Peruvian **2** *m/f* **Péruvien, Péruvienne** Peruvian
pervers, perverse [pɛrvɛr, -s] *sexualité* perverse
perversion *f sexuelle* perversion
pervertir ⟨2a⟩ pervert
pesamment [pəzamɑ̃] *adv* heavily
pesant, pesante heavy (*aussi fig*)
pesanteur *f* PHYS gravity
pesée [pəze] *f* weighing
pèse-personne [pɛzpɛrsɔn] *f* (*pl* pèse-personnes) scales *pl*
peser [pəze] ⟨1d⟩ **1** *v/t* weigh; *fig* weigh up; *mots* weigh **2** *v/i* weigh; ***peser sur*** *de poids, responsabilité* weigh on; ***peser à qn*** weigh heavy on s.o.
pessimisme [pesimism] *m* pessimism
pessimiste 1 *adj* pessimistic **2** *m/f* pessimist
peste [pɛst] *f* MÉD plague; *fig* pest
pester ⟨1a⟩: ***pester contre qn / qch*** curse s.o./sth
pesticide [pɛstisid] *m* pesticide
pet [pɛ] *m* F fart F
pétale [petal] *f* petal
pétanque [petɑ̃k] *f type of bowls*
pétarader [petarade] ⟨1a⟩ AUTO backfire
pétard [petar] *m* firecracker; F (*bruit*) racket
péter [pete] ⟨1f⟩ F fart F
pétillant, pétillante [petijɑ̃, -t] sparkling
pétiller ⟨1a⟩ *du feu* crackle; *d'une boisson, d'yeux* sparkle
petit, petite [p(ə)ti, -t] **1** *adj* small, little; ***en petit*** in a small size; ***petit à petit*** gradually, little by little; ***petit nom*** *m* first name; ***petit ami*** *m* boyfriend; ***petite amie*** *f* girlfriend; ***au petit jour*** at dawn; ***petit déjeuner*** breakfast **2** *m/f* child; ***les petits*** the children; ***une chatte et ses petits*** a cat and her young; ***attendre des petits*** be pregnant
petit-bourgeois, petite-bourgeoise [p(ə)tiburʒwa, p(ə)titburʒwaz] petty-bourgeois
petite-fille [p(ə)titfij] *f* (*pl* petites-filles) granddaughter
petitesse [p(ə)titɛs] *f* smallness; *fig* pettiness
petit-fils [p(ə)tifis] *m* (*pl* petits-fils) grandson
pétition [petisjõ] *f* petition
petits-enfants [p(ə)tizɑ̃fɑ̃] *mpl* grandchildren
pétrifier [petrifje] ⟨1a⟩ turn to stone; *fig* petrify
pétrin [petrɛ̃] *m fig* F mess
pétrir ⟨2a⟩ knead
pétrochimie [petrɔʃimi] *f* petrochemistry
pétrochimique petrochemical
pétrole [petrɔl] *m* oil, petroleum; ***pétrole brut*** crude (oil)
pétrolier, -ère 1 *adj* oil *atr* **2** *m* tanker
peu [pø] **1** *adv* ◇ **:** ***peu gentil / intelligent*** not very nice / intelligent; ***peu après*** a little after; ***j'ai peu dormi*** I didn't sleep much
◇ **:** ***peu de pain*** not much bread; ***il a eu peu de chance*** he didn't have much luck; ***il reste peu de choses à faire*** there aren't many things left to do; ***peu de gens*** few people; ***dans peu de temps*** in a little while
◇ : ***un peu*** a little, a bit; ***un tout petit peu*** just a very little, just a little bit; ***un peu de chocolat / patience*** a little chocolate / patience, a bit of chocolate / patience; ***un peu plus long*** a bit *ou* little longer
◇ **:** ***de peu*** *rater le bus etc* only just; ***peu à peu*** little by little, gradually; ***à peu près*** (*plus ou moins*) more or less; (*presque*) almost; ***elle travaille depuis peu*** she has only been working for a little while, she hasn't been working for long; ***quelque peu*** a little; ***pour peu que*** (+ *subj*) if; ***sous peu*** before long, by and by **2** *m*: ***le peu d'argent que j'ai*** what little money I have
peuple [pœpl] *m* people
peupler [pøple, pœ-] ⟨1a⟩ *pays, région* populate; *maison* live in
peuplier [pøplije, pœ-] *m* BOT poplar
peur [pœr] *f* fear (**de** of); ***avoir peur*** be frightened, be afraid (**de** of); ***prendre peur*** take fright; ***faire peur à qn*** frighten s.o.; ***je ne veux pas y aller de peur qu'il ne soit*** (*subj*) ***là*** I don't want to go there in case he's there
peureux, -euse fearful, timid
peut-être [pøtɛtr] perhaps, maybe
phalange [falɑ̃ʒ] *f* ANAT, MIL phalanx
phare [far] *m* MAR lighthouse; AVIAT beacon; AUTO headlight, headlamp; ***se mettre en*** (***pleins***) ***phares*** switch to full beam
pharmaceutique [farmasøtik] pharmaceutical
pharmacie *f local* pharmacy, *Br aussi* chemist's; *science* pharmacy; *médica-*

ments pharmaceuticals *pl*
pharmacien, **pharmacienne** *m/f* pharmacist
phase [fɑz] *f* phase
phénoménal, **phénoménale** [fenɔmenal] phenomenal
phénomène *m* phenomenon
philippin, **philippine** [filipɛ̃, -in] **1** *adj* Filippino **2**: ***Philippin, philippine*** Filippino
philosophe [filɔzɔf] *m* philosopher
philosophie *f* philosophy
philosophique philosophical
phobie [fɔbi] *f* PSYCH phobia
phonétique [fɔnetik] **1** *adj* phonetic **2** *f* phonetics
phoque [fɔk] *m* seal
phosphate [fɔsfat] *m* phosphate
photo [fɔto] *f* photo; *l'art* photography; ***faire de la photo*** take photos; ***prendre qn en photo*** take a photo of s.o.
photocopie [fɔtɔkɔpi] *f* photocopy
photocopier ⟨1a⟩ photocopy
photocopieur *m*, **photocopieuse** *f* photocopier
photogénique [fɔtɔʒenik] photogenic
photographe [fɔtɔgraf] *m/f* photographer
photographie *f* photograph; *l'art* photography
photographier ⟨1a⟩ photograph
photographique photographic
photomaton® [fɔtomatõ] *m* photo booth
phrase [frɑz] *f* GRAM sentence; MUS phrase; ***sans phrases*** in plain English, straight out; ***faire de grandes phrases*** use a lot of pompous *ou* high-falutin language
physicien, **physicienne** [fizisjɛ̃, -ɛn] *m/f* physicist
physionomie [fizjɔnɔmi] *f* face
physique [fizik] **1** *adj* physical **2** *m* physique **3** *f* physics; ***physique nucléaire*** nuclear physics; ***physique quantique*** quantum physics
physiquement *adv* physically
piailler [pjaje] ⟨1a⟩ *d'un oiseau* chirp; F *d'un enfant* scream, shout
pianiste [pjanist] *m/f* pianist
piano *m* piano; ***piano à queue*** grand piano
pianoter ⟨1a⟩ F *sur piano* play a few notes; *sur table, vitre* drum one's fingers
piaule [pjol] *f* F pad F
PIB [peibe] *m abr* (= ***produit intérieur brut***) GDP (= gross domestic product)
pic [pik] *m instrument* pick; *d'une montagne* peak; ***à pic*** *tomber* steeply; ***arriver à pic*** *fig* F come at just the right moment
pichet [piʃɛ] *m* pitcher, *Br* jug
pickpocket [pikpɔkɛt] *m* pickpocket
pick-up [pikœp] *m* pick-up (truck)
picorer [pikɔre] ⟨1a⟩ peck
pie [pi] *f* ZO magpie
pièce [pjɛs] *f* piece; *de machine* part; (*chambre*) room; (*document*) document; *de monnaie* coin; *de théâtre* play; ***deux pièces*** *vêtement* two-piece; ***à la pièce*** singly; ***cinq euros*** (***la***) ***pièce*** five euros each; ***mettre en pièces*** smash to smithereens; ***une pièce d'identité*** proof of identity; ***pièce jointe*** enclosure; ***pièce de monnaie*** coin; ***pièce de rechange*** spare part; ***pièce de théâtre*** play
pied [pje] *m* foot; *d'un meuble* leg; *d'un champignon* stalk; ***pied de vigne*** vine; ***à pied*** on foot; ***pieds nus*** barefoot; ***au pied de*** at the foot of; ***de pied en cap*** from head to foot; ***mettre sur pied*** set up
pied-à-terre [pjetatɛr] *m* (*pl inv*) pied-à-terre
piédestal [pjedɛstal] *m* (*pl* -aux) pedestal
pied-noir [pjenwar] *m/f* (*pl* pieds-noirs) F French Algerian (*French person who lived in Algeria but returned to France before independence*)
piège [pjɛʒ] *m* trap
piégé, **piégée**: ***voiture*** *f* ***piégée*** car bomb
piéger ⟨1b⟩ trap; *voiture* booby-trap
piercing [pɛrsiŋ] *m* body piercing
pierre [pjɛr] *f* stone; ***pierre précieuse*** precious stone; ***pierre tombale*** gravestone
pierreux, **-euse** *sol, chemin* stony
piété [pjete] *f* REL piety
piétiner [pjetine] ⟨1a⟩ **1** *v/t* trample; *fig* trample underfoot **2** *v/i fig* (*ne pas avancer*) mark time
piéton, **piétonne** [pjetõ, -ɔn] **1** *m/f* pedestrian **2** *adj*: ***zone*** *f* ***piétonne*** pedestrianized zone, *Br* pedestrian precinct
piétonnier, **-ère** pedestrian *atr*
pieu [pjø] *m* (*pl* -x) stake; F pit F
pieuvre [pjœvr] *f* octopus
pieux, **-euse** [pjø, -z] pious; ***pieux mensonge*** *m fig* white lie
pif [pif] *m* F nose, honker F, *Br* hooter F; ***au pif*** by guesswork
pigeon [piʒõ] *m* pigeon
pigeonnier *m* dovecot
piger [piʒe] ⟨1l⟩ F understand, get F
pigment [pigmɑ̃] *m* pigment
pignon [piɲõ] *m* ARCH gable; TECH gearwheel
pile[1] [pil] *f* (*tas*) pile; ÉL battery; *monnaie* tails; ***à pile ou face?*** heads or tails?
pile[2] [pil] *adv*: ***s'arrêter pile*** stop dead; ***à deux heures pile*** at two o'clock sharp, at two o'clock on the dot

piler [pile] ⟨1a⟩ *ail* crush; *amandes* grind
pilier [pilje] *m* ARCH pillar (*aussi fig*)
pillage [pijaʒ] *m* pillage, plunder
piller ⟨1a⟩ pillage, plunder
pilotage [pilɔtaʒ] *m* AVIAT flying, piloting; MAR piloting
pilote 1 *m* MAR, AVIAT pilot; AUTO driver; ***pilote automatique*** automatic pilot **2** *adj*: ***usine** f **pilote*** pilot plant
piloter ⟨1a⟩ AVIAT, MAR pilot; AUTO drive
pilule [pilyl] *f* pill; ***la pilule*** (***contraceptive***) the pill; ***prendre la pilule*** be on the pill, take the pill
piment [pimɑ̃] *m* pimento; *fig* spice
pimenter [pimɑ̃te] ⟨1a⟩ spice up
pimpant, **pimpante** [pɛ̃pɑ̃, -t] spruce
pin [pɛ̃] *m* BOT pine
pinard [pinar] *m* F wine
pince [pɛ̃s] *f* pliers *pl*; *d'un crabe* pincer; ***pince à épiler*** tweezers *pl*; ***pince à linge*** clothespin, *Br* clothespeg
pincé, **pincée** [pɛ̃se] *lèvres* pursed; *air* stiff
pinceau [pɛ̃so] *m* (*pl* -x) brush
pincée [pɛ̃se] *f* CUIS: ***une pincée de sel*** a pinch of salt
pincer [pɛ̃se] ⟨1k⟩ pinch; MUS pluck; ***se pincer le doigt dans la porte*** catch one's finger in the door
pince-sans-rire [pɛ̃ssɑ̃rir] *m/f* (*pl inv*) person with a dry sense of humor *ou Br* humour
pingouin [pɛ̃gwɛ̃] *m* penguin
ping-pong [piŋpɔ̃g] *m* ping-pong
pingre [pɛ̃gr] miserly
pinson [pɛ̃sɔ̃] *m* chaffinch
pintade [pɛ̃tad] *f* guinea fowl
pioche [pjɔʃ] *f* pickax, *Br* pickaxe
piocher ⟨1a⟩ dig
piolet [pjɔlɛ] *m* ice ax, *Br* ice axe
pion [pjɔ̃] *m* piece, man; *aux échecs* pawn
pioncer [pjɔ̃se] ⟨1k⟩ F sleep, *Br* kip F
pionnier [pjɔnje] *m* pioneer
pipe [pip] *f* pipe; ***fumer la pipe*** smoke a pipe
pipeau [-o] *m* (*pl* -x) pipe
pipi [pipi] *m* F pee F; ***faire pipi*** do a pee
piquant, **piquante** [pikɑ̃, -t] **1** *adj* prickly; *remarque* cutting; CUIS hot, spicy **2** *m épine* spine, spike; *fig* spice
pique [pik] *m aux cartes* spades
pique-assiette [pikasjɛt] *m* (*pl* pique-assiette⟨s⟩) F freeloader
pique-nique [piknik] *m* (*pl* pique-niques) picnic
pique-niquer ⟨1m⟩ picnic
piquer [pike] ⟨1m⟩ *d'une abeille*, *des orties* sting; *d'un moustique*, *serpent* bite; *d'une barbe* prickle; *d'épine* prick; *fig*: *curiosité* excite; *fig* F (*voler*) pinch F; ***piquer qn*** MÉD give s.o. an injection, inject s.o.; ***se piquer*** prick o.s.; *se faire une piqûre* inject o.s.; ***la fumée me pique les yeux*** the smoke makes my eyes sting; ***se piquer le doigt*** prick one's finger
piquet [pikɛ] *m* stake; ***piquet de tente*** tent peg; ***piquet de grève*** picket line
piquette [pikɛt] *f* cheap wine
piqûre [pikyr] *f d'abeille* sting; *de moustique* bite; MÉD injection
pirate [pirat] *m* pirate; ***pirate informatique*** hacker; ***pirate de l'air*** hijacker
pirater ⟨1a⟩ pirate
pire [pir] worse; ***le / la pire*** the worst
pirouette [pirwɛt] *f* pirouette
pis-aller [pizale] *m* (*pl inv*) stopgap
pisciculture [pisikyltyr] *f* fish farming
piscine [pisin] *f* (swimming) pool; ***piscine couverte*** indoor (swimming) pool; ***piscine en plein air*** outdoor (swimming) pool
pissenlit [pisɑ̃li] *m* BOT dandelion
pisser [pise] ⟨1a⟩ F pee F, piss F
pissotière *f* F urinal
pistache [pistaʃ] *f* BOT pistachio (nut)
piste [pist] *f* track; *d'animal*, *fig* track, trail; AVIAT runway; SP track; *ski alpin* piste; *ski de fond* trail; ***piste d'atterrissage*** landing strip; ***piste cyclable*** cycle path; ***piste de danse*** dance floor; ***piste magnétique*** magnetic stripe
pistolet [pistɔlɛ] *m* pistol
piston [pistɔ̃] *m* TECH piston; ***elle est rentrée dans la boîte par piston*** *fig* F she got the job through contacts
pistonner ⟨1a⟩ F: ***pistonner qn*** pull strings for s.o., give s.o. a leg-up F
piteux, **-euse** [pitø, -z] pitiful
pitié [pitje] *f* pity; ***avoir pitié de qn*** take pity on s.o.
piton [pitɔ̃] *m d'alpiniste* piton; (*pic*) peak
pitoyable [pitwajabl] pitiful
pitre [pitr] *m*: ***faire le pitre*** clown around
pittoresque [pitɔrɛsk] picturesque
pivert [pivɛr] *m* woodpecker
pivoine [pivwan] *f* BOT peony
pivot [pivo] *m* TECH pivot; ***vous êtes le pivot de ce projet*** *fig* the project hinges on you
pivoter ⟨1a⟩ pivot
pizza [pidza] *f* pizza
PJ *abr* (= ***pièce***(***s***) ***jointe***(***s***)) enclosure(s)
placage [plakaʒ] *m d'un meuble* veneer; *au rugby* tackle
placard [plakar] *m* (*armoire*) cabinet, *Br* cupboard; (*affiche*) poster
placarder ⟨1a⟩ *avis* stick up, post
place [plas] *f de village*, *ville* square; (*lieu*)

place; (*siège*) seat; (*espace libre*) room, space; (*emploi*) position, place; ***sur place*** on the spot; ***à la place de*** instead of; ***être en place*** have everything in place; ***place assise*** seat; ***place forte*** fortress

placé, placée [plase]: ***être bien placé*** *d'une maison* be well situated; ***être bien placé pour savoir qch*** be in a good position to know sth

placement *m* (*emploi*) placement; (*investissement*) investment; ***agence*** *f* ***de placement*** employment agency

placer ⟨1k⟩ (*mettre*) put, place; (*procurer emploi à*) find a job for; *argent* invest; *dans une famille etc* find a place for; ***je n'ai pas pu placer un mot*** I couldn't get a word in edgewise *ou Br* edgeways; ***se placer*** take one's place

placide [plasid] placid

plafond [plafõ] *m aussi fig* ceiling

plafonner ⟨1a⟩ *de prix* level off

plafonnier *m* ceiling lamp

plage [plaʒ] *f* beach; *lieu* seaside resort; ***plage horaire*** time slot

plagiat [plaʒja] *m* plagiarism

plagier ⟨1a⟩ plagiarize

plaider [plɛde] ⟨1b⟩ **1** *v/i* JUR *d'un avocat* plead **2** *v/t*: ***plaider la cause de qn*** defend s.o.; *fig* plead s.o.'s cause; ***plaider coupable / non coupable*** plead guilty / not guilty

plaidoirie *f* JUR speech for the defense *ou Br* defence

plaidoyer *m* JUR speech for the defense *ou Br* defence; *fig* plea

plaie [plɛ] *f* cut; *fig* wound; ***quelle plaie!*** *fig* what a nuisance!

plaignant, plaignante [plɛɲɑ̃, -t] *m/f* JUR plaintiff

plaindre [plɛ̃dr] ⟨4b⟩ pity; ***se plaindre*** complain (***de*** about; ***à*** to); ***se plaindre (de ce) que*** complain that

plaine [plɛn] *f* plain

plain-pied [plɛ̃pje]: ***de plain-pied*** *maison etc* on one level

plainte [plɛ̃t] *f* (*lamentation*) moan; *mécontentement*, JUR complaint; ***porter plainte*** lodge a complaint (***contre*** about)

plaintif, -ive plaintive

plaire [plɛr] ⟨4a⟩: ***il ne me plaît pas*** I don't like him; ***s'il vous plaît, s'il te plaît*** please; ***je me plais à Paris*** I like it in Paris; ***Paris me plaît*** I like Paris; ***ça me plairait d'aller …*** I would like to go …; ***ils se sont plu tout de suite*** they were immediately attracted to each other

plaisance [plɛzɑ̃s] *f*: ***navigation*** *f* ***de plaisance*** boating; ***port*** *m* ***de plaisance*** marina

plaisant, plaisante (*agréable*) pleasant; (*amusant*) funny

plaisanter [plɛzɑ̃te] ⟨1a⟩ joke

plaisanterie *f* joke

plaisantin *m* joker

plaisir [plezir] *m* pleasure; ***avec plaisir*** with pleasure, gladly; ***par plaisir, pour le plaisir*** for pleasure, for fun; ***faire plaisir à qn*** please s.o.; ***prendre plaisir à*** take pleasure in sth

plan, plane [plɑ̃, plan] **1** *adj* flat, level **2** *m* (*surface*) surface; (*projet*, *relevé*) plan; ***premier plan*** foreground; ***de premier plan*** *personnalité* prominent; ***sur ce plan*** in that respect, on that score; ***sur le plan économique*** in economic terms, economically speaking; ***plan d'eau*** stretch of water; ***plan de travail*** work surface

planche [plɑ̃ʃ] *f* plank; ***planche à voile*** sailboard

plancher [plɑ̃ʃe] *m* floor

planer [plane] ⟨1a⟩ hover; *fig* live in another world

planétaire [planetɛr] planetary

planète *f* planet

planeur [planœr] *m* glider

planification [planifikasjõ] *f* planning

planifier ⟨1a⟩ plan

planning [planiŋ] *m*: ***planning familial*** family planning

planque [plɑ̃k] *f* F *abri* hiding place; *travail* cushy job F

planquer [plɑ̃ke] ⟨1m⟩ F hide; ***se planquer*** hide

plant [plɑ̃] *m* AGR seedling; (*plantation*) plantation

plantation *f* plantation

plante[1] [plɑ̃t] *f* plant

plante[2] [plɑ̃t] *f*: ***plante du pied*** sole of the foot

planter [plɑ̃te] ⟨1a⟩ *jardin* plant up; *plantes*, *arbres* plant; *poteau* hammer in; *tente* erect, put up; ***planter là qn*** dump s.o.

plantureux, -euse [plɑ̃tyrø, -z] *femme* voluptuous

plaque [plak] *f* plate; (*inscription*) plaque; ***plaque électrique*** hotplate; ***plaque minéralogique, plaque d'immatriculation*** AUTO license plate, *Br* number plate; ***plaque tournante*** turntable; *fig* hub; ***être à côté de la plaque*** be wide of the mark

plaqué [plake] *m*: ***plaqué or*** gold plate

plaquer ⟨1m⟩ *argent*, *or* plate; *meuble* veneer; *fig* pin (***contre*** to, against); F (*abandonner*) dump F; *au rugby* tackle

plaquette [plakɛt] *f de pilules* strip; *de beurre* pack; ***plaquette de frein*** brake pad

plastic [plastik] *m* plastic explosive
plastifier [plastifje] ⟨1a⟩ laminate
plastique [plastik] **1** *adj* plastic; ***arts** mpl* ***plastiques*** plastic arts **2** *m* plastic; ***une chaise en plastique*** a plastic chair
plat, **plate** [pla, plat] **1** *adj* flat; *eau* still, non-carbonated **2** *m vaisselle*, *mets* dish
platane [platan] *m* BOT plane tree
plateau [plato] *m* (*pl* -x) tray; *de théâtre* stage; TV, *d'un film* set; GÉOGR plateau; ***plateau à*** *ou* ***de fromages*** cheeseboard
plate-bande [platbɑ̃d] *f* (*pl* plates-bandes) flower bed
plate-forme [platfɔrm] *f* (*pl* plates-formes) platform; ***plate-forme électorale*** POL election platform; ***plate-forme de forage*** drilling platform; ***plate-forme de lancement*** launch pad
platine [platin] **1** *m* CHIM platinum **2** *f*: ***platine disques*** turntable; ***platine laser*** *ou* ***CD*** CD player
platitude [platityd] *f fig*: *d'un livre etc* dullness; (*lieu commun*) platitude
platonique [platɔnik] platonic
plâtre [plɑtr] *m* plaster; MÉD plaster cast
plâtrer ⟨1a⟩ plaster
plausible [plozibl] plausible
plein, **pleine** [plɛ̃, -ɛn] **1** *adj* full (***de*** of); ***à plein temps*** full time; ***en plein air*** in the open (air), out of doors; ***en plein été*** at the height of summer; ***en plein Paris*** in the middle of Paris; ***en plein jour*** in broad daylight **2** *adv*: ***en plein dans*** right in; ***plein de*** F loads of F, lots of, a whole bunch of F; ***j'en ai plein le dos!*** *fig* F I've had it up to here! **3** *m*: ***battre son plein*** be in full swing; ***faire le plein*** AUTO fill up; ***faire le plein de*** *vin*, *eau*, *nourriture* stock up on
pleinement *adv* fully
plein-emploi [plɛnɑ̃plwa] *m* ÉCON full employment
pleurer [plœre] ⟨1a⟩ **1** *v/i* cry, weep; ***pleurer sur qch*** complain about sth, bemoan sth *fml*; ***pleurer de rire*** cry with laughter **2** *v/t* (*regretter*) mourn
pleureur BOT: ***saule** m* ***pleureur*** weeping willow
pleurnicher [plœrniʃe] ⟨1a⟩ F snivel
pleurs [plœr] *mpl litt*: ***en pleurs*** in tears
pleuvoir [pløvwar] ⟨3e⟩ rain; ***il pleut*** it is raining
pli [pli] *m* fold; *d'une jupe* pleat; *d'un pantalon* crease; (*enveloppe*) envelope; (*lettre*) letter; *au jeu de cartes* trick; (***faux***) ***pli*** crease; ***mise** f* ***en plis*** *coiffure* set
pliant, **pliante** [plijɑ̃, -t] folding
plier [plije] ⟨1a⟩ **1** *v/t* (*rabattre*) fold; (*courber*, *ployer*) bend **2** *v/i d'un arbre*, *d'une planche* bend; *fig* (*céder*) give in; ***se plier à*** (*se soumettre*) submit to; *caprices* give in to
plisser [plise] ⟨1a⟩ pleat; (*froisser*) crease; *front* wrinkle
plomb [plõ] *m* lead; ***soleil** m* ***de plomb*** scorching hot sun; ***sans plomb*** *essence* unleaded
plombage [plõbaʒ] *m action*, *amalgame* filling
plomber ⟨1a⟩ *dent* fill
plomberie *f* plumbing
plombier *m* plumber
plongée [plõʒe] *f* diving; ***faire de la plongée*** go diving
plongeoir *m* diving board
plongeon *m* SP dive
plonger ⟨1l⟩ **1** *v/i* dive **2** *v/t* plunge; ***se plonger dans*** bury *ou* immerse o.s. in
plongeur, **-euse** *m/f* diver
ployer [plwaje] ⟨1h⟩ *litt* (*se courber*) bend; (*fléchir*) give in
pluie [plɥi] *f* rain; *fig* shower; ***sous la pluie*** in the rain; ***pluies acides*** acid rain *sg*
plumage [plymaʒ] *m* plumage
plume [plym] *f* feather
plumer ⟨1a⟩ pluck; *fig* fleece
plupart [plypar]: ***la plupart des élèves*** most of the pupils *pl*; ***la plupart d'entre nous*** most of us; ***pour la plupart*** for the most part, mostly; ***la plupart du temps*** most of the time
pluridisciplinaire [plyridisiplinɛr] multidisciplinary
pluriel, **plurielle** [plyrjɛl] **1** *adj* plural **2** *m* GRAM plural; ***au pluriel*** in the plural
plus *1 adv* ◇ [ply] *comparatif* more (***que***, ***de*** than); ***plus grand / petit*** bigger / smaller (***que*** than); ***plus efficace / intéressant*** more efficient / interesting (***que*** than); ***de plus en plus*** more and more; ***plus il vieillit plus il dort*** the older he gets the more he sleeps
◇ [ply] *superlatif*: ***le plus grand / petit*** the biggest / smallest; ***le plus efficace / intéressant*** the most efficient / interesting; ***le plus*** the most; ***au plus tard*** at the latest; (***tout***) ***au plus*** [plys] at the (very) most
◇ [plys] *davantage* more; ***tu en veux plus?*** do you want some more?; ***rien de plus*** nothing more; ***je l'aime bien, sans plus*** I like her, but it's no more than that *ou* but that's as far as it goes; ***20 euros de plus*** another 20 euros, 20 euros more; ***et de plus …*** (*en outre*) and moreover …; ***en plus*** on top of that
◇ [ply] *négation*, *quantité*: ***nous***

P

n'avons plus d'argent we have no more money, we don't have any more money ◇ [ply] *temps*: ***elle n'y habite plus*** she doesn't live there any more, she no longer lives there; ***je ne le reverrai plus*** I won't see him again; ***je ne le reverrai plus jamais*** I won't see him ever again, I will never (ever) see him again ◇ [ply]: ***lui, il n'a pas compris non plus*** he didn't understand either; ***je n'ai pas compris - moi non plus*** I didn't understand - neither *ou* nor did I, I didn't either, me neither; ***je ne suis pas prêt - moi non plus*** I'm not ready - neither *ou* nor am I, me neither **2** *prép* [plys] MATH plus; ***trois plus trois*** three plus *ou* and three **3** *m* [plys] MATH plus (sign)

plusieurs [plyzjœr] *adj & pron* several

plus-que-parfait [plyskəparfɛ] *m* GRAM pluperfect

plutôt [plyto] rather; ***il est plutôt grand*** he's rather tall; ***plutôt que de partir tout de suite*** rather than leave *ou* leaving straight away

pluvieux, **-euse** [plyvjø, -z] rainy

PME [peɛmø] *abr* (= ***petite(s) et moyenne(s) entreprise(s)***) SME (= small and medium-sized enterprise(s)); ***une PME*** a small business

PMU [peɛmy] *m abr* (= ***Pari mutuel urbain***) *state-run betting system*

PNB [peɛnbe] *m abr* (= ***produit national brut***) GDP (= gross domestic product)

pneu [pnø] *m* (*pl* -s) tire, *Br* tyre

pneumatique **1** *adj marteau* pneumatic; *matelas* air **2** *m* → ***pneu***

pneumonie [pnømɔni] *f* pneumonia

P

poche [pɔʃ] *f* pocket; ZO pouch; ***livre*** *m* ***de poche*** paperback; ***poche revolver*** back pocket; ***argent de poche*** pocket money; ***avoir des poches sous les yeux*** have bags under one's eyes

pocher ⟨1a⟩ CUIS *œufs* poach

pochette [pɔʃɛt] *f pour photos, feuilles de papier* folder; *d'un disque, CD* sleeve; (*sac*) bag

podium [pɔdjɔm] *m* podium

poêle [pwal] **1** *m* stove **2** *f* frypan, *Br* frying pan

poêlon [pwalõ] *m* pan

poème [pɔɛm] *m* poem

poésie [pɔezi] *f* poetry; (*poème*) poem

poète [pɔɛt] *m* poet; ***femme*** *f* ***poète*** poet, female poet

poétique poetic; *atmosphère* romantic

pognon [pɔɲõ] *m* F dough F

poids [pwa] *m* weight; *fig* (*charge, fardeau*) burden; (*importance*) weight; ***poids lourd*** *boxeur* heavyweight; AUTO heavy truck, *Br* heavy goods vehicle; ***perdre / prendre du poids*** lose / gain weight; ***lancer*** *m* ***du poids*** putting the shot; ***de poids*** influential; ***ne pas faire le poids*** *fig* not be up to it

poignant, **poignante** [pwaɲɑ̃, -t] *souvenir* poignant

poignard [pwaɲar] *m* dagger

poignarder ⟨1a⟩ stab

poignée [pwaɲe] *f quantité, petit nombre* handful; *d'une valise, d'une porte* handle; ***poignée de main*** handshake

poignet [pwaɲɛ] *m* wrist

poil [pwal] *m* hair; ***à poil*** naked, in the altogether F

poilu, **poilue** [pwaly] hairy

poinçon [pwɛ̃sõ] *m* (*marque*) stamp

poinçonner ⟨1a⟩ *or, argent* hallmark; *billet* punch

poing [pwɛ̃] *m* fist; ***coup*** *m* ***de poing*** punch

point[1] [pwɛ̃] *m* point; *de couture* stitch; ***deux points*** colon *sg*; ***être sur le point de faire qch*** be on the point of doing sth; ***mettre au point*** *caméra* focus; TECH finalize; (*régler*) adjust; ***à point*** *viande* medium; ***au point d'être...*** to the point of being...; ***jusqu'à un certain point*** to a certain extent; ***sur ce point*** on this point; ***faire le point*** *fig* take stock; ***à ce point*** so much; ***point de côté*** MÉD stitch (in one's side); ***point d'exclamation*** exclamation point, *Br* exclamation mark; ***point d'interrogation*** question mark; ***point du jour*** dawn, daybreak; ***point de vue*** point of view, viewpoint

point[2] [pwɛ̃] *adv litt*: ***il ne le fera point*** he will not do it

pointe [pwɛ̃t] *f* point; *d'asperge* tip; ***sur la pointe des pieds*** on tippy-toe, *Br aussi* on tiptoe; ***en pointe*** pointed; ***de pointe*** *technologie* leading-edge; *secteur* high-tech; ***une pointe de*** a touch of

pointer ⟨1a⟩ **1** *v/t sur liste* check, *Br* tick off **2** *v/i d'un employé* clock in

pointillé [pwɛ̃tije] *m*: ***les pointillés*** the dotted line *sg*

pointilleux, **-euse** [pwɛ̃tijø, -z] fussy

pointu, **pointue** [pwɛ̃ty] pointed; *voix* high-pitched

pointure [pwɛ̃tyr] *f* (shoe) size; ***quelle est votre pointure?*** what size are you?, what size (shoe) do you take?

point-virgule [pwɛ̃virgyl] *m* (*pl* points-virgules) GRAM semi-colon

poire [pwar] *f* BOT pear; F *visage, naïf* mug F

poireau [pwaro] *m* (*pl* -x) BOT leek

poireauter [pwarɔte] ⟨1a⟩ F be kept hang-

ing around
poirier [pwarje] *m* BOT pear (tree)
pois [pwa] *m* BOT pea; ***petits pois*** garden peas; ***à pois*** polka-dot
poison [pwazõ] **1** *m* poison **2** *m/f fig* F nuisance, pest
poisse [pwas] *f* F bad luck
poisson [pwasõ] *m* fish; ***poisson d'avril*** April Fool; ***Poissons*** *mpl* ASTROL Pisces
poissonnerie *f* fish shop, *Br* fishmonger's
poitrine [pwatrin] *f* chest; (*seins*) bosom; ***tour*** *f* ***de poitrine*** chest measurement; *d'une femme* bust measurement
poivre [pwavr] *m* pepper; ***poivre et sel*** *cheveux* pepper-and-salt
poivrer ⟨1a⟩ pepper
poivrière *f* pepper shaker
poivron [pwavrõ] *m* bell pepper, *Br* pepper
poker [pɔkɛr] *m* poker
polaire [pɔlɛr] polar
polar [pɔlar] *m* F whodunnit F
polariser [pɔlarize] ⟨1a⟩ PHYS polarize; ***polariser l'attention / les regards*** *fig* be the focus of attention
polaroïd® [pɔlarɔid] *m* polaroid
pôle [pol] *m* pole; *fig* center, *Br* centre, focus; ***pôle Nord*** North Pole; ***pôle Sud*** South Pole
polémique [pɔlemik] **1** *adj* polemic **2** *f* controversy
poli, polie [pɔli] (*courtois*) polite; *métal, caillou* polished
police[1] [pɔlis] *f* police; ***police judiciaire*** *branch of the police force that carries out criminal investigations*
police[2] [pɔlis] *f d'assurances* policy; ***police d'assurance*** insurance policy
polichinelle [poliʃinɛl] *m* Punch; ***secret*** *m* ***de polichinelle*** open secret
policier, -ère [pɔlisje, -ɛr] **1** *adj* police *atr*; *film, roman* detective *atr* **2** *m* police officer
polio [pɔljo] *f* polio
polir [pɔlir] ⟨2a⟩ polish
polisson, polissonne [pɔlisõ, -ɔn] **1** *adj* (*coquin*) mischievous; (*grivois*) bawdy **2** *m/f* mischievous child
politesse [pɔlitɛs] *f* politeness
politicard [pɔlitikar] *m* F *péj* unscrupulous politician, politico F
politicien, politicienne [pɔlitisjɛ̃, -ɛn] *m/f* politician
politique [pɔlitik] **1** *adj* political; ***homme*** *m* ***politique*** politician; ***économie*** *f* ***politique*** political economy **2** *f d'un parti, du gouvernement* policy; (*affaires publiques*) politics *sg*; ***politique monétaire*** monetary policy **3** *m* politician
politisation [pɔlitizasjõ] *f* politicization
politiser ⟨1a⟩ politicize
politologie [pɔlitɔlɔʒi] *f* politicial science
pollen [pɔlɛn] *m* pollen
polluant, polluante [pɔlɥɑ̃, -t] **1** *adj* polluting **2** *m* pollutant
polluer ⟨1n⟩ pollute
pollution *f* pollution; ***pollution atmosphérique*** air pollution
polo [pɔlo] *m* polo
Pologne [pɔlɔɲ]: ***la Pologne*** Poland
polonais, polonaise *1 adj* Polish **2** *m langue* Polish **3** *m/f* **Polonais, Polonaise** Pole
poltron, poltronne [pɔltrõ, -ɔn] *m/f* coward
poltronnerie *f* cowardice
polyclinique [pɔliklinik] *f* (general) hospital
polycopié [pɔlikɔpje] *m* (photocopied) handout
polyester [pɔliɛstɛr] *m* polyester
polyéthylène [pɔlietilɛn] *m* polyethylene
polygamie [pɔligami] *f* polygamy
polyglotte [pɔliglɔt] polyglot
Polynésie [pɔlinezi] *f* Polynesia
polynésien, polynésienne 1 *adj* Polynesian **2** *m* LING Polynesian **3** *m/f* **Polynésien, Polynésienne** Polynesian
polystyrène [pɔlistirɛn] *m* polystyrene
polyvalence [pɔlivalɑ̃s] *f* versatility
polyvalent multipurpose; *personne* versatile
pommade [pɔmad] *f* MÉD ointment
pomme [pɔm] *f* apple; ***tomber dans les pommes*** F pass out; ***pomme d'Adam*** Adam's apple; ***pomme de pin*** pine cone; ***pomme de terre*** potato
pommeau [pɔmo] *m* (*pl* -x) handle; *d'une selle* pommel
pommette [pɔmɛt] *f* ANAT cheekbone
pommier [pɔmje] *m* BOT apple tree
pompe[1] [põp] *f faste* pomp; ***pompes funèbres*** funeral director, *Br aussi* undertaker's
pompe[2] [põp] *f* TECH pump; ***pompe à essence*** gas pump, *Br* petrol pump; ***pompe à eau*** water pump
pomper ⟨1a⟩ pump; *fig* (*épuiser*) knock out
pompeux, -euse [põpø, -z] pompous
pompier [põpje] *m* firefighter, *Br aussi* fireman; ***pompiers*** fire department *sg*, *Br* fire brigade *sg*
pompiste [põpist] *m* pump attendant
pompon [põpõ] *m* pompom
pomponner ⟨1a⟩ F: ***se pomponner*** get dolled up F
ponce [põs]: ***pierre*** *f* ***ponce*** pumice stone

P

poncer ⟨1k⟩ sand
ponceuse *f* sander
ponctualité [põktɥalite] *f* punctuality
ponctuation [põktɥasjõ] *f* GRAM punctuation
ponctuel, **ponctuelle** [põktɥɛl] *personne* punctual; *fig*: *action* one-off
ponctuer ⟨1n⟩ GRAM punctuate (*aussi fig*)
pondération [põderasjõ] *f d'une personne* level-headedness; *de forces* balance; ÉCON weighting
pondéré, **pondérée** *personne* level-headed; *forces* balanced; ÉCON weighted
pondre [põdr] ⟨4a⟩ *œufs* lay; *fig* F come up with; *roman* churn out
poney [pɔnɛ] *m* pony
pont [põ] *m* bridge; MAR deck; ***pont aérien*** airlift; ***faire le pont*** make a long weekend of it
pont-levis *m* (*pl* ponts-levis) drawbridge
pontage [põtaʒ] *m*: ***pontage coronarien*** (heart) bypass
pontife [põtif] *m* pontiff
ponton [põtõ] *m* pontoon
pop [pɔp] *f* MUS pop
popote [pɔpɔt] *f* F: ***faire la popote*** do the cooking
populace [pɔpylas] *f péj* rabble
populaire [pɔpylɛr] popular
populariser ⟨1a⟩ popularize
popularité *f* popularity
population [pɔpylasjõ] *f* population
porc [pɔr] *m* hog, pig; *fig* pig; *viande* pork
porcelaine [pɔrsəlɛn] *f* porcelain
porcelet [pɔrsəlɛ] *m* piglet
porc-épic [pɔrkepik] *m* (*pl* porcs-épics) porcupine
porche [pɔrʃ] *m* porch
porcherie [pɔrʃəri] *f élevage* hog *ou* pig farm
pore [pɔr] *m* pore
poreux, **-euse** porous
porno [pɔrno] F porno F
pornographie [pɔrnɔgrafi] *f* pornography
pornographique pornographic
port[1] [pɔr] *m* port; ***port de commerce*** commercial port; ***port de pêche*** fishing port
port[2] [pɔr] *m d'armes* carrying; *courrier* postage; ***le port du casque est obligatoire*** safety helmets must be worn; ***en port dû*** carriage forward
portable [pɔrtabl] **1** *adj* portable **2** *m ordinateur* laptop; *téléphone* cellphone, cell, *Br* mobile
portail [pɔrtaj] *m* (*pl* -s) ARCH portal; *d'un parc* gate
portant, **portante** [pɔrtɑ̃, -t] *mur* load-bearing; ***à bout portant*** at point-blank range; ***bien portant*** well; ***mal portant*** not well, poorly
portatif, **-ive** portable
porte [pɔrt] *f* door; *d'une ville* gate; ***entre deux portes*** very briefly; ***mettre qn à la porte*** throw s.o. out, show s.o. the door
porte-à-porte *m*: ***faire du porte-à-porte*** *vendre* be a door-to-door salesman
porte-avions [pɔrtavjõ] *m* (*pl inv*) aircraft carrier
porte-bagages [pɔrt(ə)bagaʒ] *m* AUTO roof rack; *filet* luggage rack
porte-bonheur [pɔrt(ə)bɔnœr] *m* (*pl inv*) lucky charm
porte-cigarettes [pɔrt(ə)sigarɛt] *m* (*pl inv*) cigarette case
porte-clés [pɔrtəkle] *m* (*pl inv*) keyring
porte-documents [pɔrt(ə)dɔkymɑ̃] *m* (*pl inv*) briefcase
portée [pɔrte] *f* ZO litter; *d'une arme* range; (*importance*) significance; ***à portée de la main*** within arm's reach; ***être à la portée de qn*** *fig* be accessible to s.o.; ***à la portée de toutes les bourses*** affordable by all; ***hors de portée de voix*** out of hearing
porte-fenêtre [pɔrt(ə)fənɛtr] *f* (*pl* portes-fenêtres) French door, *Br* French window
portefeuille [pɔrtəfœj] *m* portfolio (*aussi* POL, FIN); (*porte-monnaie*) billfold, *Br* wallet
porte-jarretelles [pɔrt(ə)ʒartɛl] *m* (*pl inv*) garter belt, *Br* suspender belt
portemanteau [pɔrt(ə)mɑ̃to] *m* (*pl* -x) coat rack; *sur pied* coatstand
portemine [pɔrtəmin] *m* mechanical pencil, *Br* propelling pencil
porte-monnaie [pɔrt(ə)mɔnɛ] *m* (*pl inv*) coin purse, *Br* purse
porte-parole [pɔrt(ə)parɔl] *m* (*pl inv*) spokesperson
porter [pɔrte] ⟨1a⟩ **1** *v/t* carry; *un vêtement, des lunettes etc* wear; (*apporter*) take; bring; *yeux, attention* turn (***sur*** to); *toast* drink; *responsabilité* shoulder; *fruits, nom* bear; ***porter les cheveux longs / la barbe*** have long hair/a beard; ***porter plainte*** make a complaint; ***porter son attention sur qch*** direct one's attention to sth; ***être porté sur qch*** have a weakness for sth **2** *v/i d'une voix* carry; ***porter juste*** *d'un coup* strike home; ***porter sur*** (*appuyer sur*) rest on, be borne by; (*concerner*) be about, relate to; ***porter sur les nerfs de qn*** F get on s.o.'s nerves **3**: ***il se porte bien / mal*** he's well / not well; ***se porter candidat*** be a

P

candidate, run
porte-savon [pɔrtsavõ] *m* (*pl* porte-savon(s)) soap dish
porte-serviettes [pɔrtsɛrvjɛt] *m* (*pl inv*) towel rail
porte-skis [pɔrt(ə)ski] *m* (*pl inv*) ski rack
porteur [pɔrtœr] *m pour une expédition* porter, bearer; *d'un message* bearer; MÉD carrier
porte-voix [pɔrtəvwa] *m* (*pl inv*) bull horn, *Br* megaphone
portier [pɔrtje] *m* doorman
portière [pɔrtjɛr] *f* door
portion [pɔrsjõ] *f d'un tout* portion; CUIS serving, portion
portique [pɔrtik] *m* ARCH portico; SP beam
porto [pɔrto] *m* port
Porto Rico [pɔrtoriko] Puerto Rico
portoricain, **portoricaine** **1** *adj* Puerto Rican; **2** *m/f* **Portoricain**, **Portoricaine** Puerto Rican
portrait [pɔrtrɛ] *m* portrait; ***faire le portrait de qn*** paint / draw a portrait of s.o.
portrait-robot *m* (*pl* portraits-robots) composite picture, *Br* Identikit® picture
portuaire [pɔrtɥɛr] port *atr*
portugais, **portugaise** [pɔrtygɛ, -z] **1** *adj* Portuguese **2** *m langue* Portuguese **3** *m/f* **Portugais**, **Portugaise** Portuguese
Portugal: ***le Portugal*** Portugal
pose [poz] *f d'un radiateur* installation; *de moquette* fitting; *de papier peint, rideaux* hanging; (*attitude*) pose
posé, **posée** [poze] poised, composed
posément *adv* with composure
poser [poze] ⟨1a⟩ *1 v/t* (*mettre*) put (down); *compteur, radiateur* install, *Br* instal; *moquette* fit; *papier peint, rideaux* put up, hang; *problème* pose; ***poser une question*** ask a question; ***poser sa candidature*** *à un poste* apply; ***se poser*** AVIAT land, touch down; ***se poser en*** set o.s. up as **2** *v/i* pose
poseur, **-euse** [pozœr, -øz] *m/f* 1 show-off, *Br* F pseud **2** *m*: ***poseur de bombes*** person who plants bombs
positif, **-ive** [pozitif, -iv] positive
position [pozisjõ] *f* position; ***prendre position*** take a stand; ***position sociale*** (social) standing
positiver [pɔzitive] ⟨1b⟩ accentuate the positive
posologie [posɔlɔʒi] *f* PHARM dosage
possédé, **possédée** [pɔsede] possessed (***de*** by)
posséder ⟨1f⟩ own, possess
possesseur *m* owner
possessif, **-ive** possessive
possession *f* possession, ownership; ***être en possession de qch*** be in possession of sth
possibilité [pɔsibilite] *f* possibility
possible [pɔsibl] **1** *adj* possible; ***le plus souvent possible*** as often as possible; ***autant que possible*** as far as possible; ***le plus de pain possible*** as much bread as possible **2** *m*: ***faire tout son possible*** do everything one can, do one's utmost
postal, **postale** [pɔstal] (*mpl* -aux) mail *atr*, *Br aussi* postal
postdater [pɔstdate] ⟨1a⟩ postdate
poste[1] [pɔst] *f* mail, *Br aussi* post; (***bureau*** *m* ***de***) ***poste*** post office; ***mettre à la poste*** mail, *Br aussi* post; ***poste restante*** general delivery, *Br* poste restante
poste[2] [pɔst] *m* post; (*profession*) position; RAD, TV set; TÉL extension; ***poste de pilotage*** AVIAT cockpit; ***poste de secours*** first-aid post; ***poste supplémentaire*** TÉL extension; ***poste de travail*** INFORM work station
poster [pɔste] ⟨1a⟩ *soldat* post; *lettre* mail, *Br aussi* post
postérieur, **postérieure** [pɔsterjœr] **1** *adj dans l'espace* back *atr*, rear *atr*; *dans le temps* later; ***postérieur à qch*** after sth **2** *m* F posterior F, rear end F
postérité [pɔsterite] posterity
posthume [pɔstym] posthumous
postiche [pɔstiʃ] *m* hairpiece
postier, **-ère** [pɔstje, -ɛr] *m/f* post office employee
postillonner [postijɔne] ⟨1a⟩ splutter
postulant, **postulante** [pɔstylɑ̃, -t] *m/f* candidate
postuler ⟨1a⟩ apply for
posture [pɔstyr] *f* (*attitude*) position, posture; *fig* position
pot [po] *m* pot; ***pot à eau*** water jug; ***pot de fleurs*** flowerpot; ***prendre un pot*** F have a drink; ***avoir du pot*** F be lucky
potable [pɔtabl] fit to drink; ***eau potable*** drinking water
potage [pɔtaʒ] *m* soup
potager, **-ère**: ***jardin*** *m* ***potager*** kitchen garden
potassium [pɔtasjɔm] *m* potassium
pot-au-feu [pɔtofø] *m* (*pl inv*) boiled beef dinner
pot-de-vin [podvɛ̃] *m* (*pl* pots-de-vin) F kickback F, bribe, backhander F
pote [pɔt] *m* F pal, *Br aussi* mate
poteau [pɔto] *m* (*pl* -x) post; ***poteau indicateur*** signpost; ***poteau télégraphique*** utility pole, *Br* telegraph pole
potelé, **potelée** [pɔtle] chubby
potentiel, **potentielle** [pɔtɑ̃sjɛl] *m & adj* potential

P

poterie [pɔtri] *f* pottery; *objet* piece of pottery
potier *m* potter
potins [potɛ̃] *mpl* gossip *sg*
potion [posjõ] *f* potion
potiron [pɔtirõ] *m* BOT pumpkin
pou [pu] *m* (*pl* -x) louse
poubelle [pubɛl] *f* trash can, *Br* dustbin; ***mettre qch à la poubelle*** throw sth out
pouce [pus] *m* thumb; ***manger sur le pouce*** grab a quick bite (to eat)
poudre [pudr] *f* powder; ***chocolat*** *m* ***en poudre*** chocolate powder; ***sucre*** *m* ***en poudre*** superfine sugar, *Br* caster sugar
poudrier *m* powder compact
poudrière *f fig* powder keg
pouf [puf] *m* pouffe
pouffer [pufe] ⟨1a⟩: ***pouffer de rire*** burst out laughing
poulailler [pulaje] *m* henhouse; *au théâtre* gallery, *Br* gods *pl*
poulain [pulɛ̃] *m* ZO foal
poule [pul] *f* hen
poulet *m* chicken
poulie [puli] *f* TECH pulley
poulpe [pulp] *m* octopus
pouls [pu] *m* pulse; ***prendre le pouls de qn*** take s.o.'s pulse
poumon [pumõ] *m* lung
poupe [pup] *f* MAR poop
poupée [pupe] *f* doll (*aussi fig*)
poupon [pupõ] *m* little baby
pouponnière *f* nursery
pour [pur] **1** *prép* ◇ for; ***pour moi*** for me; ***pour ce qui est de …*** as regards …; ***c'est pour ça que …*** that's why …; ***c'est pour ça*** that's why; ***pour moi, pour ma part*** as for me; ***aversion pour*** aversion to; ***avoir pour ami*** have as *ou* for a friend; ***être pour faire qch*** be for doing sth, be in favor *ou Br* favour of doing sth; ***pour 20 euros de courses*** 20 euros' worth of shopping; ***pour affaires*** on business
◇ : ***pour ne pas perdre trop de temps*** so as not to *ou* in order not to lose too much time; ***je l'ai dit pour te prévenir*** I said that to warn you **2** *conj*: ***pour que*** (+ *subj*) so that, ***je l'ai fait exprès pour que tu saches que …*** I did it deliberately so that you would know that …; ***il parle trop vite pour que je le comprenne*** he speaks too fast for me to understand **3** *m*: ***le pour et le contre*** the pros and the cons *pl*
pourboire [purbwar] *m* tip
pourcentage [pursɑ̃taʒ] *m* percentage
pourchasser [purʃase] ⟨1a⟩ chase after, pursue
pourparlers [purparle] *mpl* talks, discussions
pourpre [purpr] purple
pourquoi [purkwa] why; ***c'est pourquoi, voilà pourquoi*** that's why; ***le pourquoi*** the whys and the wherefores *pl*
pourri, pourrie [puri] rotten (*aussi fig*)
pourrir ⟨2a⟩ **1** *v/i* rot; *fig*: *d'une situation* deteriorate **2** *v/t* rot; *fig* (*corrompre*) corrupt; (*gâter*) spoil
pourriture *f* rot (*aussi fig*)
poursuite [pursɥit] *f* chase, pursuit; *fig* pursuit (**de** of); ***poursuites*** JUR proceedings
poursuivant, poursuivante *m/f* pursuer
poursuivre ⟨4h⟩ pursue, chase; *fig*: *honneurs, but, bonheur* pursue; *de pensées, images* haunt; JUR sue; *malfaiteur, voleur* prosecute; (*continuer*) carry on with, continue
pourtant [purtɑ̃] *adv* yet
pourtour [purtur] *m* perimeter
pourvoir [purvwar] ⟨3b⟩ **1** *v/t emploi* fill; ***pourvoir de*** *voiture, maison* equip *ou* fit with **2** *v/i*: ***pourvoir à*** *besoins* provide for; ***se pourvoir de*** provide *ou* supply o.s. with; ***se pourvoir en cassation*** JUR appeal
pourvu [purvy]: ***pourvu que*** (+ *subj*) provided that; *exprimant désir* hopefully
pousse [pus] *f* AGR shoot
poussée *f* thrust; MÉD outbreak; *de fièvre* rise; *fig*: *de racisme etc* upsurge
pousser ⟨1a⟩ **1** *v/t* push; *du vent, de la marée* drive; *cri, soupir* give; *fig*: *travail, recherches* pursue; ***pousser qn à faire qch*** (*inciter*) drive s.o. to do sth; ***se pousser*** *d'une foule* push forward; *pour faire de la place* move over; *sur banc* move up **2** *v/i* push; *de cheveux, plantes* grow
poussette [pusɛt] *f pour enfants* stroller, *Br* pushchair
poussière [pusjɛr] *f* dust; *particule* speck of dust
poussiéreux, -euse dusty
poussin [pusɛ̃] *m* chick
poutre [putr] *f* beam
pouvoir [puvwar] 1 ⟨3f⟩ be able to, can; ***est-ce que vous pouvez m'aider?*** can you help me?; ***puis-je vous aider?*** can *ou* may I help you?; ***je ne peux pas aider*** I can't *ou* cannot help; ***je suis désolé de ne pas pouvoir vous aider*** I am sorry not to be able to help you; ***je ne pouvais pas accepter*** I couldn't accept, I wasn't able to accept; ***il ne pourra pas …*** he will not *ou* won't be able to …; ***j'ai fait tout ce que j'ai pu*** I did all I could; ***je n'en peux plus*** I can't take any more; ***si l'on peut dire*** in a manner of speaking, if I may put

P

it that way; ***il peut arriver que*** (+ *subj*) it may happen that; ***il se peut que*** (+ *subj*) it's possible that ◇ *permission* can, be allowed to; ***elle ne peut pas sortir seule*** she can't go out alone, she is not allowed to go out alone
◇ **: *tu aurais pu me prévenir!*** you could have *ou* might have warned me! **2** *m* power; *procuration* power of attorney; ***les pouvoirs publics*** the authorities; ***pouvoirs exceptionels*** special powers; ***pouvoir d'achat*** purchasing power; ***être au pouvoir*** be in power
pragmatique [pragmatik] pragmatic
prairie [prɛri] *f* meadow; *plaine* prairie
praline [pralin] *f* praline
praticable [pratikabl] *projet* feasible; *route* passable
praticien, praticienne [pratisjɛ̃, -ɛn] *m/f* MÉD general practitioner
pratiquant, pratiquante [pratikɑ̃, -t] REL practising
pratique [pratik] **1** *adj* practical **2** *f* practice; *expérience* practical experience
pratiquement *adv* (*presque*) practically, virtually; *dans la pratique* in practice
pratiquer ⟨1m⟩ practice, *Br* practise; *sports* play; *méthode, technique* use; TECH *trou, passage* make; ***se pratiquer*** be practiced, *Br* be practised
pré [pre] *m* meadow
préado [preado] *m/f* pre-teen
préalable [prealabl] **1** *adj* (*antérieur*) prior; (*préliminaire*) preliminary **2** *m* condition; ***au préalable*** beforehand, first
préambule [preɑ̃byl] *m* preamble
préau *m* (*pl* préaux) courtyard
préavis [preavi] *m* notice; ***sans préavis*** without any notice *ou* warning
précaire [prekɛr] precarious
précaution [prekosjõ] *f* caution, care; *mesure* precaution; ***par précaution*** as a precaution
précédent, précédente [presedɑ̃, -t] **1** *adj* previous **2** *m* precedent; ***sans précédent*** unprecedented, without precedent
précéder ⟨1f⟩ precede
préchauffer [preʃofe] ⟨1a⟩ preheat
prêcher ⟨1b⟩ preach (*aussi fig*)
précieusement [presjøzmɑ̃] *adv*: ***garder qch précieusement*** treasure sth
précieux, -euse precious
précipice [presipis] *m* precipice
précipitamment [presipitamɑ̃] *adv* hastily, in a rush
précipitation *f* haste; ***précipitations*** *temps* precipitation *sg*
précipiter ⟨1a⟩ (*faire tomber*) plunge (***dans*** into); (*pousser avec violence*) hurl; (*brusquer*) precipitate; *pas* hasten; ***j'ai dû précipiter mon départ*** I had to leave suddenly; ***se précipiter*** (*se jeter*) throw o.s.; (*se dépêcher*) rush
précis, précise [presi, -z] **1** *adj* precise, exact; ***à dix heures précises*** at 10 o'clock precisely *ou* exactly **2** *m* précis, summary
précisément *adv* precisely, exactly
préciser ⟨1a⟩ specify; ***préciser que*** (*souligner*) make it clear that
précision *f d'un calcul, d'une montre* accuracy; *d'un geste* preciseness; ***pour plus de précisions*** for further details; ***merci de ses précisions*** thanks for that information
précoce [prekɔs] early; *enfant* precocious
précocité *f* earliness; *d'un enfant* precociousness
préconçu, préconçue [prekõsy] preconceived
préconiser [prekɔnize] ⟨1a⟩ recommend
précurseur [prekyrsœr] **1** *m* precursor **2** *adj*: ***signe*** *m* ***précurseur*** warning sign
prédateur, -trice [predatœr, -tris] **1** *adj* predatory **2** *m/f* predator
prédécesseur [predesesœr] *m* predecessor
prédestiner [predɛstine] ⟨1a⟩ predestine (***à qch*** for sth; ***à faire qch*** to do sth)
prédicateur [predikatœr] *m* preacher
prédiction [prediksjõ] *f* prediction
prédilection [predilɛksjõ] *f* predilection (***pour*** for); ***de prédilection*** favorite, *Br* favourite
prédire [predir] ⟨4m⟩ predict
prédominance [predɔminɑ̃s] *f* predominance
prédominant, prédominante predominant
prédominer ⟨1a⟩ predominate
préfabriqué, préfabriquée [prefabrike] prefabricated
préface [prefas] *f* preface
préfecture [prefɛktyr] *f* prefecture, *local government offices*; ***préfecture de police*** police headquarters *pl*
préférable [preferabl] preferable (***à*** to)
préféré, préférée favorite, *Br* favourite
préférence *f* preference; ***de préférence*** preferably; ***de préférence à*** in preference to; ***donner la préférence à qn / qch*** prefer s.o./sth
préférentiel, préférentielle preferential
préférer ⟨1f⟩ prefer (***à*** to); ***préférer faire qch*** prefer to do sth; ***je préfère que tu viennes*** (*subj*) ***demain*** I would *ou* I'd prefer you to come tomorrow, I'd rather you came tomorrow

P

préfet [prefɛ] *m* prefect, *head of a département*; ***préfet de police*** chief of police
préfixe [prefiks] *m* prefix
préhistoire [preistwar] *f* prehistory
préjudice [preʒydis] *m* harm; ***porter préjudice à qn*** harm s.o.
préjudiciable harmful (***à*** to)
préjugé [preʒyʒe] *m* prejudice
prélasser [prelase] ⟨1a⟩: ***se prélasser*** lounge
prélavage [prelavaʒ] *m* prewash
prélèvement [prelɛvmɑ̃] *m sur salaire* deduction; ***prélèvement de sang*** blood sample
prélever [prelve] ⟨1d⟩ *échantillon* take; *montant* deduct (***sur*** from)
préliminaire [preliminɛr] **1** *adj* preliminary **2** *mpl*: ***préliminaires*** preliminaries
prélude [prelyd] *m* MUS, *fig* prelude (***de*** to)
préluder ⟨1a⟩ *fig*: ***préluder à qch*** be the prelude to sth
prématuré, **prématurée** [prematyre] premature
préméditation [premeditasjõ] *f* JUR premeditation
préméditer ⟨1a⟩ premeditate
premier, **-ère** [prəmje, -ɛr] **1** *adj* first; *rang* front; *objectif, souci, cause* primary; *nombre* prime; ***les premiers temps*** in the early days, at first; ***au premier étage*** on the second floor, *Br* on the first floor; ***du premier coup*** at the first attempt; ***Premier ministre*** Prime Minister; ***premier rôle*** *m* lead, leading role; ***de premier ordre*** first-class, first-rate; ***matière*** *f* ***première*** raw material; ***le premier août*** August first, *Br* the first of August **2** *m/f*: ***partir le premier*** leave first **3** *m* second floor, *Br* first floor; ***en premier*** first **4** *f* THÉÂT first night; AUTO first (gear); *en train* first (class)
premièrement *adv* firstly
prémisse [premis] *f* premise
prémonition [premɔnisjõ] *f* premonition
prémonitoire *rêve* prophetic
prenant, **prenante** [prənɑ̃, -t] *livre, occupation* absorbing, engrossing
prénatal, **prénatale** [prenatal] antenatal
prendre [prɑ̃dr] ⟨4q⟩ **1** *v/t* take; (*enlever*) take away; *capturer*: *voleur* catch, capture; *ville* take, capture; *aliments* have, take; *froid* catch; *poids* put on; ***prendre qch à qn*** take sth (away) from s.o.; ***prendre bien / mal qch*** take sth well / badly; ***prendre qn*** *chez lui* pick s.o. up, fetch s.o.; ***prendre de l'âge*** get old; ***prendre qn par surprise*** catch *ou* take s.o. by surprise; ***prendre l'eau*** let in water; ***prendre qn / qch pour*** take s.o./sth for; ***à tout prendre*** all in all, on the whole **2** *v/i* (*durcir*) set; *d'une greffe* take; *d'un feu* take hold, catch; *de mode* catch on; ***prendre à droite*** turn right; ***ça ne prend pas avec moi*** I don't believe you, I'm not swallowing that F **3**: ***se prendre*** (*se laisser attraper*) get caught; ***s'y prendre bien / mal*** go about it the right / wrong way; ***se prendre d'amitié pour qn*** take a liking to s.o.; ***s'en prendre à qn*** blame s.o.; ***se prendre à faire qch*** start *ou* begin to do sth
preneur, **-euse** [prənœr, -øz] *m/f* COMM, JUR buyer; ***il y a des preneurs?*** any takers?; ***preneur d'otages*** hostage taker
prénom [prenõ] *m* first name; ***deuxième prénom*** middle name
prénuptial, **prénuptiale** [prenypsjal] prenuptial
préoccupant, **préoccupante** [preɔkypɑ̃, -t] worrying
préoccupation [preɔkypasjõ] *f* concern, worry
préoccuper ⟨1a⟩ (*occuper fortement*) preoccupy; (*inquiéter*) worry; ***se préoccuper de*** worry about
préparatifs [preparatif] *mpl* preparations
préparation *f* preparation
préparatoire preparatory
préparer ⟨1a⟩ prepare; (*organiser*) arrange; ***préparer qn à qch*** prepare s.o. for sth; ***préparer un examen*** prepare for an exam; ***se préparer*** get ready; ***une dispute / un orage se prépare*** an argument/a storm is brewing
prépondérant, **prépondérante** [prepõderɑ̃, -t] predominant
préposé [prepoze] *m* (*facteur*) mailman, *Br* postman; *au vestiaire* attendant; *des douanes* official
préposée *f* (*factrice*) mailwoman, *Br* postwoman
préposition *f* GRAM preposition
préretraite [prerətrɛt] *f* early retirement
prérogative [prerɔgativ] *f* prerogative
près [prɛ] **1** *adv* close, near; ***tout près*** very close by; ***à peu près*** almost; ***à peu de choses près*** more or less, pretty much; ***à cela près que*** except that; ***de près*** closely; ***être rasé de près*** be close-shaven **2** *prép*: ***près de qch*** near sth, close to sth; ***près de 500*** nearly 500, close to 500; ***être près de faire qch*** be on the point *ou* the brink of doing sth; ***je ne suis pas près de l'épouser*** I'm not about to marry him
présage [prezaʒ] *m* omen

P

presbyte [prɛzbit] MÉD farsighted, *Br* long-sighted

prescription [prɛskripsjõ] *f* rule; MÉD prescription; ***il y a prescription*** JUR the statute of limitations applies

prescrire [prɛskrir] ⟨4f⟩ stipulate; MÉD prescribe

présence [prezɑ̃s] *f* presence; ***présence d'esprit*** presence of mind; ***en présence de*** in the presence of; ***en présence*** face to face, alone together

présent, **présente** **1** *adj* present **2** *m* present (*aussi* GRAM); ***les présents*** those present; ***à présent*** at present; ***à présent que*** now that; ***jusqu'à présent*** till now

présentable [prezɑ̃tabl] presentable

présentateur, **-trice** [prezɑ̃tatœr, -tris] *m/f* TV presenter; ***présentateur météo*** weatherman

présentation *f* presentation; (*introduction*) introduction; (*apparence*) appearance

présenter ⟨1a⟩ present; *chaise* offer; *personne* introduce; *pour un concours* put forward; *billet* show, present; *condoléances, félicitations* offer; *difficultés, dangers* involve; ***se présenter*** introduce o.s.; *pour un poste, un emploi* apply; *aux élections* run, *Br aussi* stand; *de difficultés* come up; ***cette réunion se présente bien / mal*** it looks like being a good / bad meeting

préservatif [prezɛrvatif] *m* condom

préservation [prezɛrvasjõ] *f* protection; *du patrimoine* preservation

préserver ⟨1a⟩ protect, shelter (***de*** from); *bois, patrimoine* preserve

présidence [prezidɑ̃s] *f* chairmanship; POL presidency

président, **présidente** *m/f d'une réunion, assemblée* chair; POL president; ***président-directeur*** *m* ***général*** president, CEO

présidentiel, **présidentielle** presidential

présider ⟨1a⟩ *réunion* chair

présomption [prezõpsjõ] *f* (*supposition*) presumption; (*arrogance aussi*) conceit

présomptueux, **-euse** presumptuous

presque [prɛsk] *adv* almost, nearly

presqu'île [prɛskil] *f* peninsula

pressant, **pressante** [prɛsɑ̃, -t] *besoin* pressing, urgent; *personne* insistent

presse [prɛs] *f* press; ***mise*** *f* ***sous presse*** going to press

pressé, **pressée** [prɛse] *lettre, requête* urgent; *citron* fresh; ***je suis pressé*** I'm in a hurry *ou* a rush

presse-citron [prɛssitrõ] *m* (*pl presse-citron(s)*) lemon squeezer

pressentiment [prɛsɑ̃timɑ̃] *m* foreboding, presentiment

pressentir ⟨2b⟩: ***pressentir qch*** have a premonition that sth is going to happen; ***pressentir qn*** *pour un poste* approach s.o., sound s.o. out

presse-papiers [prɛspapje] *m* (*pl inv*) paperweight

presser [prɛse] ⟨1b⟩ *1 v/t bouton* push, press; *fruit* squeeze, juice; (*harceler*) press; *pas* quicken; *affaire* hurry along, speed up; (*étreindre*) press, squeeze; ***se presser contre*** press (o.s.) against **2** *v/i* be urgent; ***rien ne presse*** there's no rush; ***se presser*** hurry up, get a move on F

pressing [prɛsiŋ] *m magasin* dry cleaner

pression [prɛsjõ] *f* PHYS, *fig* pressure; *bouton* snap fastener, *Br aussi* press-stud; (***bière*** *f*) ***pression*** draft beer, *Br* draught beer; ***être sous pression*** be under pressure; ***exercer une pression sur*** bring pressure to bear on; ***faire pression sur*** pressure, put pressure on; ***pression artérielle*** blood pressure

pressoir [prɛswar] *m vin* wine press

prestance [prɛstɑ̃s] *f* presence

prestation [prɛstatsjõ] *f* (*allocation*) allowance; ***prestations familiales*** child benefit *sg*

prestidigitateur, **-trice** [prɛstidiʒitatœr, -tris] *m/f* conjuror

prestige [prɛstiʒ] *m* prestige

prestigieux, **-euse** prestigious

présumer [prezyme] ⟨1a⟩ **1** *v/t*: ***présumer que*** presume *ou* assume that **2** *v/i*: ***présumer de*** overrate, have too high an opinion of

présupposer [presypoze] ⟨1a⟩ presuppose

prêt[1], **prête** [prɛ, -t] ready (***à qch*** for sth; ***à faire qch*** to do sth)

prêt[2] [prɛ] *m* loan; ***prêt immobilier*** mortgage, home loan

prêt-à-porter [prɛtapɔrte] *m* ready-to-wear clothes *pl*, ready-to-wear *sg*

prétendre [pretɑ̃dr] ⟨4a⟩ **1** *v/t* maintain; ***prétendre faire qch*** claim to do sth **2** *v/i*: ***prétendre à*** lay claim to

prétendu, **prétendue** so-called

prétentieux, **-euse** [pretɑ̃sjø, -z] pretentious

prétention [pretɑ̃sjõ] *f* (*revendication, ambition*) claim, pretention; (*arrogance*) pretentiousness

prêter [prɛte] ⟨1b⟩ **1** *v/t* lend; *intentions* attribute (***à*** to) **2** *v/i*: ***prêter à*** give rise to; ***se prêter à*** *d'une chose* lend itself to; *d'une personne* be a party to

prétexte [pretɛkst] *m* pretext; ***sous prétexte de faire qch*** on the pretext of doing sth; ***sous aucun prétexte*** under no circumstances
prétexter ⟨1a⟩ claim (***que*** that); ***il a prétexté une tâche urgente*** he claimed he had something urgent to do
prêtre [prɛtr] *m* priest
prêtresse *f* woman priest
preuve [prœv] *f* proof, evidence; MATH proof; ***preuves*** evidence *sg*; ***faire preuve de courage*** show courage
prévaloir [prevalwar] ⟨3h⟩ prevail (***sur*** over; ***contre*** against); ***se prévaloir de qch*** (*tirer parti de*) make use of sth; (*se flatter de*) pride o.s. on sth
prévenance [prevnɑ̃s] *f* consideration
prévenant, **prévenante** considerate, thoughtful
prévenir [prevnir] ⟨2h⟩ (*avertir*) warn (***de*** of); (*informer*) tell (***de*** about), inform (***de*** of); *besoin*, *question* anticipate; *crise*, *maladie* avert
préventif, **-ive** [prevɑ̃tif, -iv] preventive
prévention *f* prevention; ***prévention routière*** road safety
prévenu, **prévenue** [prevəny] *m/f* accused
prévisible [previzibl] foreseeable
prévision *f* forecast; ***prévisions*** predictions; ***prévisions météorologiques*** weather forecast *sg*; ***en prévision de*** in anticipation of
prévoir [prevwar] ⟨3b⟩ (*pressentir*) foresee; (*planifier*) plan; ***les sanctions prévues par la loi*** the penalties provided for by the law; ***comme prévu*** as expected; ***son arrivée est prévue pour ce soir*** he's expected *ou* scheduled to arrive this evening
prévoyance [prevwajɑ̃s] *f* foresight
prévoyant, **prévoyante** farsighted
prier [prije] ⟨1a⟩ **1** *v/i* REL pray **2** *v/t* (*supplier*) beg; REL pray to; ***prier qn de faire qch*** ask s.o. to do sth; ***prier Dieu*** pray to God; ***je vous en prie*** not at all, don't mention it
prière *f* REL prayer; (*demande*) entreaty; ***faire sa prière*** say one's prayers; ***prière de ne pas toucher*** please do not touch
primaire [primɛr] primary; *péj* narrow-minded
primate [primat] *m* ZO primate
prime[1] [prim]: ***de prime abord*** at first sight
prime[2] [prim] *f d'assurance* premium; *de fin d'année* bonus; (*cadeau*) free gift
primer [prime] ⟨1a⟩ **1** *v/i* take precedence, come first **2** *v/t* take precedence over, come before
primeur [primœr] *f*: ***avoir la primeur de*** *nouvelle* be the first to hear; *objet* have first use of; ***primeurs*** early fruit and vegetables
primevère [primvɛr] *f* BOT primrose
primitif, **-ive** [primitif, -iv] primitive; *couleur*, *sens* original
primordial, **primordiale** [primɔrdjal] (*mpl* -aux) essential
prince [prɛ̃s] *m* prince
princesse princess
princier, **-ère** princely
principal, **principale** [prɛ̃sipal] (*mpl* -aux) **1** *adj* main, principal; GRAM main **2** *m*: ***le principal*** the main thing, the most important thing **3** *m/f* principal, *Br* head teacher
principauté [prɛ̃sipote] *f* principality
principe [prɛ̃sip] *m* principle; ***par principe*** on principle; ***en principe*** in theory, in principle
printanier, **-ère** [prɛ̃tanje, -ɛr] spring *atr*
printemps [prɛ̃tɑ̃] *m* spring
prioritaire [prijɔritɛr] priority; ***être prioritaire*** have priority; *de véhicule aussi* have right of way
priorité [prijɔrite] *f* priority (***sur*** over); *sur la route* right of way; ***priorité à droite*** yield to cars coming from the right, *Br* give way cars to coming from the right; ***donner la priorité à*** prioritize, give priority to
pris, **prise** [pri, -z] **1** *p/p* → ***prendre*** **2** *adj place* taken; *personne* busy
prise [priz] *f* hold; *d'un pion*, *une ville etc* capture, taking; *de poissons* catch; ÉL outlet, *Br* socket; CINÉ take; ***être aux prises avec*** be struggling with; ***lâcher prise*** let go; *fig* give up; ***prise de conscience*** awareness, realization; ***prise de courant*** outlet, *Br* socket; ***prise d'otage(s)*** hostage-taking; ***prise de position*** stand, stance; ***prise de sang*** blood sample; ***prise de vue*** shot
priser [prize] ⟨1a⟩ *litt* (*apprécier*) value
prison [prizõ] *f* prison
prisonnier, **-ère** *m/f* prisoner; ***prisonnier de guerre*** prisoner of war, POW; ***prisonnier politique*** political prisoner *ou* detainee
privation [privasjõ] *f* deprivation
privatisation [privatizasjõ] *f* privatization
privatiser ⟨1a⟩ privatize
privé, **privée** [prive] **1** *adj* private; ***agir à titre privé*** act in a private capacity **2** *m* ***en privé*** in private; ***le privé*** (*intimité*) private life; *secteur* private sector

P

priver ⟨1a⟩: ***priver qn de qch*** deprive s.o. of sth; ***se priver de qch*** go without sth
privilège [privilɛʒ] *m* privilege
privilégié, **privilégiée** [privileʒje] **1** *adj* privileged **2** *m/f*: ***les privilégiés*** the privileged *pl*
privilégier ⟨1a⟩ favor, *Br* favour
prix [pri] *m* price; (*valeur*) value; (*récompense*) prize; ***à tout prix*** at all costs; ***à aucun prix*** absolutely not; ***hors de prix*** prohibitive; ***au prix de*** at the cost of; ***prix brut*** gross price; ***prix fort*** full price; ***prix Nobel*** Nobel Prize; *personne* Nobel prizewinner, Nobel laureate; ***prix de revient*** cost price
pro [pro] *m/f* (*pl inv*) F pro
probabilité [prɔbabilite] *f* probability
probable probable
probant, **probante** [prɔbɑ̃, -t] convincing; *démonstration* conclusive
problématique [prɔblematik] problematic
problème *m* problem; ***pas de problème*** no problem
procédé [prɔsede] *m* (*méthode*) method; TECH process; ***procédés*** (*comportement*) behavior, *Br* behaviour *sg*
procéder [prɔsede] ⟨1f⟩ proceed; ***procéder à qch*** carry out sth
procédure *f* JUR procedure
procès [prɔsɛ] *m* JUR trial
processeur [prɔsɛsœr] *m* INFORM processor
procession [prɔsesjõ] *f* procession
processus [prɔsesys] *m* process
procès-verbal [prɔsɛvɛrbal] *m* (*pl* procès-verbaux) minutes *pl*; (*contravention*) ticket; ***dresser un procès-verbal*** write a ticket
prochain, **prochaine** [prɔʃɛ̃, -ɛn] **1** *adj* next **2** *m/f*: ***son prochain*** one's fellow human being, one's neighbor *ou Br* neighbour
prochainement *adv* shortly, soon
proche [prɔʃ] **1** *adj* close (***de*** to), near; *ami* close; *événement*, *changement* recent; ***proche de*** *fig* close to; ***dans un futur proche*** in the near future **2** *mpl*: ***proches*** family and friends
proclamation [prɔklamasjõ] *f d'un événement*, *résultat* declaration, announcement; *d'un roi*, *d'une république* proclamation
proclamer ⟨1a⟩ *roi*, *république* proclaim; *résultats*, *innocence* declare
procréer [prɔkree] ⟨1a⟩ procreate
procuration [prɔkyrasjõ] *f* proxy, power of attorney
procurer ⟨1a⟩ get, procure *fml*
procureur *m*: ***procureur*** (***de la République***) District Attorney, *Br* public prosecutor
prodige [prɔdiʒ] *m* wonder, marvel; ***enfant*** *m* ***prodige*** child *ou* infant prodigy
prodigieux, **-euse** enormous, tremendous
prodigue [prɔdig] extravagant
prodiguer ⟨1m⟩ lavish
producteur, **-trice** [prɔdyktœr, -tris] **1** *adj* producing; ***pays*** *m* ***producteur de pétrole*** oil-producing country **2** *m/f* producer
productif, **-ive** productive
production *f* production
productivité *f* productivity
produire ⟨4c⟩ produce; ***se produire*** happen
produit *m* product; *d'un investissement* yield; ***produit d'entretien*** cleaning product; ***produit fini*** end product; ***produit intérieur brut*** ÉCON gross domestic product; ***produit national brut*** ÉCON gross national product
proéminent, **proéminente** [prɔeminɑ̃, -t] prominent
prof [prɔf] *m/f abr* (= ***professeur***) teacher
profanation [prɔfanasjõ] *f* desecration
profane [prɔfan] **1** *adj art*, *musique* secular **2** *m/f fig* lay person
profaner [prɔfane] ⟨1a⟩ desecrate, profane
proférer [prɔfere] ⟨1f⟩ *menaces* utter
professeur [prɔfesœr] *m* teacher; *d'université* professor
profession [prɔfesjõ] *f* profession
professionnel, **professionnelle** *m/f & adj* professional
professorat [prɔfesɔra] *m* teaching
profil [prɔfil] *m* profile
profit [prɔfi] *m* COMM profit; (*avantage*) benefit; ***au profit de*** in aid of; ***tirer profit de qch*** take advantage of sth
profitable beneficial; COMM profitable
profiter ⟨1a⟩: ***profiter de qch*** take advantage of sth; ***profiter à qn*** be to s.o.'s advantage
profiteur, **-euse** *m/f* profiteer
profond, **profonde** [prɔfõ, -d] deep; *personne*, *penseés* deep, profound; *influence* great, profound
profondément *adv* deeply, profoundly
profondeur *f* depth (*aussi fig*)
profusion [prɔfyzjõ] *f* profusion; ***à profusion*** in profusion
progéniture [prɔʒenityr] *f litt* progeny; *hum* offspring *pl*
programme [prɔgram] *m* program, *Br* programme; INFORM program; ***program-***

me antivirus antivirus program; ***programme télé*** TV program
programmer ⟨1a⟩ TV schedule; INFORM program
programmeur, **-euse** *m/f* programmer
progrès [prɔgrɛ] *m* progress; *d'un incendie, d'une épidémie* spread
progresser [prɔgrɛse] ⟨1b⟩ make progress, progress; *d'une incendie, d'une épidémie* spread; MIL advance, progress
progressif, **-ive** progressive
progression *f* progress
progressiste progressive (*aussi* POL)
progressivement progressively
prohiber [prɔibe] ⟨1a⟩ ban, prohibit
prohibitif, **-ive** *prix* prohibitive
prohibition *f* ban; ***la Prohibition*** HIST Prohibition
proie [prwa] *f* prey (*aussi fig*); ***en proie à*** prey to
projecteur [prɔʒɛktœr] *m* (*spot*) spotlight; *au cinéma* projector
projectile [-il] *m* projectile
projection [prɔʒɛksjõ] *f* projection
projet [prɔʒɛ] *m* project; *personnel* plan; (*ébauche*) draft; ***projet de loi*** bill
projeter [prɔʒ(ə)te, prɔʃte] ⟨1c⟩ (*jeter*) throw; *film* screen; *travail, voyage* plan
prolétariat [prɔletarja] *m/f* proletariat
prolifération [prɔliferɑsjõ] *f* proliferation
proliférer ⟨1f⟩ proliferate
prolifique prolific
prologue [prɔlɔg] *m* prologue
prolongation [prɔlõgɑsjõ] *f* extension; ***prolongations*** SP overtime, *Br* extra time
prolongement *m* extension
prolonger ⟨1l⟩ prolong; *mur, route* extend; ***se prolonger*** go on, continue; *d'une route* continue
promenade [prɔmnad] *f* walk; *en voiture* drive
promener ⟨1d⟩ take for a walk; ***promener son regard sur*** *fig* run one's eyes over; ***se promener*** go for a walk; *en voiture* go for a drive; ***envoyer promener*** *fig* F: *personne* send packing
promeneur, **-euse** *m/f* stroller, walker
promesse [prɔmɛs] *f* promise
prometteur, **-euse** [prɔmɛtœr, -øz] promising
promettre ⟨4p⟩ promise (***qch à qn*** s.o. sth, sth to s.o., ***de faire qch*** to do sth); ***se promettre de faire qch*** make up one's mind to do sth
promiscuité [prɔmiskɥite] *f* overcrowding; *sexuelle* promiscuity
promontoire [prɔmõtwar] *m* promontory
promoteur, **-trice** [prɔmɔtœr, -tris] **1** *m/f* (*instigateur*) instigator **2** *m*: ***promoteur immobilier*** property developer
promotion *f* promotion; *sociale* advancement; ÉDU class, *Br* year; ***promotion des ventes*** COMM sales promotion; ***en promotion*** on special offer
promouvoir [prɔmuvwar] ⟨3d⟩ promote
prompt, **prompte** [prõ, -t] (*rapide*) prompt, swift; *rétablissement* speedy; (*soudain*) swift
prôner [prone] ⟨1a⟩ advocate
pronom [prɔnõ] *m* GRAM pronoun
prononcé, **prononcée** [prɔnõse] *fig* marked, pronounced; *accent, traits* strong
prononcer [prɔnõse] ⟨1k⟩ (*dire*) say, utter; (*articuler*) pronounce; *discours* give; JUR *sentence* pass, pronounce; ***se prononcer*** *d'un mot* be pronounced; (*se déterminer*) express an opinion; ***se prononcer pour / contre qch*** come out in favor *ou Br* favour of /against sth
prononciation *f* pronunciation; JUR passing
pronostic [prɔnɔstik] *m* forecast; MÉD prognosis
propagande [prɔpagɑ̃d] *f* propaganda
propagation [prɔpagasjõ] *f* spread; BIOL propagation
propager ⟨1l⟩ *idée, nouvelle* spread; BIOL propagate; ***se propager*** spread; BIOL reproduce
propane [prɔpan] *m* propane
propension [prɔpɑ̃sjõ] *f* propensity (***à qch*** for sth)
prophète, **prophétesse** [prɔfɛt, -etɛs] *m/f* prophet
prophétie *f* prophecy
propice [prɔpis] favorable, *Br* favourable; *moment* right; ***propice à*** conducive to
proportion [prɔpɔrsjõ] *f* proportion; ***toutes proportions gardées*** on balance; ***en proportion de*** in proportion to
proportionnel, **proportionnelle** proportional (***à*** to)
proportionnellement *adv* proportionally, in proportion (***à*** to)
propos [prɔpo] **1** *mpl* (*paroles*) words **2** *m* (*intention*) intention; ***à propos*** at the right moment; ***à tout propos*** constantly; ***mal à propos, hors de propos*** at the wrong moment; ***à propos!*** by the way; ***à propos de*** (*au sujet de*) about
proposer [prɔpoze] ⟨1a⟩ suggest, propose; (*offrir*) offer; ***il m'a proposé de sortir avec lui*** he suggested that I should go out with him, he offered to take me out; ***se proposer de faire qch*** propose doing sth; ***se proposer*** offer one's serv-

P

ices
proposition *f* (*suggestion*) proposal, suggestion; (*offre*) offer; GRAM clause
propre [prɔpr] **1** *adj* own; (*net, impeccable*) clean; (*approprié*) suitable; ***sens*** *m* ***propre*** literal meaning; ***propre à*** (*particulier à*) characteristic of **2** *m*: ***mettre au propre*** make a clean copy of
proprement *adv* carefully; ***à proprement parler*** properly speaking; ***le / la ... proprement dit*** the actual …
propreté *f* cleanliness
propriétaire [prɔprijetɛr] *m/f* owner; *qui loue* landlord; *femme* landlady; ***propriétaire terrien*** land owner
propriété *f* (*possession*) ownership; (*caractéristique*) property
proprio *m/f* F landlord; landlady
propulser [prɔpylse] ⟨1a⟩ propel
propulsion *f* propulsion
prorata [prɔrata]: ***au prorata de*** in proportion to
proscrire [prɔskrir] ⟨4f⟩ (*interdire*) ban; (*bannir*) banish
prose [proz] *f* prose
prospecter [prɔspɛkte] ⟨1a⟩ prospect
prospectus [prɔspektys] *m* brochure; FIN prospectus
prospère [prɔspɛr] prosperous
prospérer ⟨1f⟩ prosper
prospérité *f* prosperity
prosterner [prɔstɛrne] ⟨1a⟩: ***se prosterner*** prostrate o.s.
prostituée [prɔstitɥe] *f* prostitute
prostituer ⟨1n⟩: ***se prostituer*** prostitute o.s.
prostitution *f* prostitution
protagoniste [prɔtagɔnist] *m* hero, protagonist
protecteur, -trice [prɔtɛktœr, -tris] **1** *adj* protective; *péj*: *ton, expression* patronizing **2** *m/f* protector; (*mécène*) sponsor, patron
protection *f* protection
protectionnisme *m* ÉCON protectionism
protectorat *m* protectorate
protégé, protégée *m/f* protégé; *péj* favorite, *Br* favourite
protéger ⟨1g⟩ protect (***contre, de*** from); *arts, artistes* be a patron of
protège-slip *m* (*pl* protège-slips) panty-liner
protéine [prɔtein] *f* protein
protestant, protestante [prɔtɛstɑ̃, -t] REL *m/f & adj* Protestant
protestation [prɔtɛstasjõ] *f* (*plainte*) protest; (*déclaration*) protestation
protester ⟨1a⟩ protest; ***protester contre qch*** protest sth, *Br* protest against sth; ***protester de son innocence*** protest one's innocence
prothèse [prɔtɛz] *f* prosthesis
protocole [prɔtɔkɔl] *m* protocol
prototype [prɔtɔtip] *m* prototype
protubérance [prɔtyberɑ̃s] *f* protuberance
proue [pru] *f* MAR prow
prouesse [pruɛs] *f* prowess
prouver [pruve] ⟨1a⟩ prove
provenance [prɔvnɑ̃s] *f* origin; ***en provenance de*** *avion, train* from
provençal, provençale [prɔvɑ̃sal] (*mpl* -aux) Provençal
provenir [prɔvnir] ⟨2h⟩ (*aux* ***être***): ***provenir de*** come from
proverbe [prɔvɛrb] *m* proverb
providence [prɔvidɑ̃s] *f* providence
providentiel, providentielle providential
province [prɔvɛ̃s] *f* province
provincial, provinciale (*mpl* -iaux) provincial (*aussi fig*)
proviseur [prɔvizœr] *m* principal, *Br* head (teacher)
provision [prɔvizjõ] *f* supply (***de*** of); ***provisions*** (*vivres*) provisions; (*achats*) shopping *sg*; *d'un chèque* funds *pl*; ***chèque*** *m* ***sans provision*** bad check, *Br* bad cheque
provisoire [prɔvizwar] provisional
provocant, provocante [prɔvɔkɑ̃, -t], **provocateur, -trice** [prɔvɔatœr, -tris] provocative
provocation *f* provocation
provoquer ⟨1m⟩ provoke; *accident* cause
proxénète [prɔksenɛt] *m* (*souteneur*) pimp
proximité [prɔksimite] *f* proximity; ***à proximité de*** near, in the vicinity of
prude [pryd] prudish
prudence [prydɑ̃s] *f* caution, prudence
prudent, prudente cautious, prudent; *conducteur* careful
prune [pryn] *f* BOT plum
pruneau [pryno] *m* (*pl* -x) prune
prunelle [prynɛl] *f* ANAT pupil; BOT sloe
prunier [prynje] *m* plum (tree)
PS [peɛs] *m abr* (= ***Parti socialiste***) Socialist Party; (= ***Post Scriptum***) postscript
psaume [psom] *m* psalm
pseudonyme [psødɔnim] *m* pseudonym
psychanalyse [psikanaliz] *f* psychoanalysis
psychanalyser ⟨1a⟩ psychoanalyze
psychanalyste *m/f* psychoanalyst
psychiatre [psikjatr] *m/f* psychiatrist
psychiatrie *f* psychiatry
psychique [psiʃik] psychic

P

psychologie [psikɔlɔʒi] *f* psychology
psychologique psychological
psychologue *m/f* psychologist
psychopathe [psikɔpat] *m/f* psychopath, psycho F
psychose [psikoz] *f* psychosis
psychosomatique [psikosɔmatik] psychosomatic
puant, **puante** [pɥɑ̃, -t] stinking; *fig* arrogant
puanteur *f* stink
pub [pyb] *f*: ***une pub*** an ad; *à la télé aussi* a commercial; ***faire de la pub*** do some advertising *ou* promotion; ***je t'ai fait de la pub auprès de lui*** I put in a plug for you with him
puberté [pybɛrte] *f* puberty
public, **publique** [pyblik] **1** *adj* public **2** *m* public; *d'un spectacle* audience; ***en public*** in public
publication [pyblikasjõ] *f* publication
publicitaire [pyblisitɛr] advertising *atr*
publicité *f* publicity; COMM advertising; (*affiche*) ad
publier [pyblije] ⟨1a⟩ publish
publipostage [pyblipɔstaʒ] *m* mailshot; ***logiciel*** *m* ***de publipostage*** mailmerge software
puce [pys] *f* ZO flea; INFORM chip; ***puce électronique*** silicon chip; ***marché*** *m* ***aux puces*** flea market
puceau [pyso] *m* F virgin
pucelle [pysɛl] *f* F *iron* virgin; ***la pucelle d'Orléans*** the Maid of Orleans
pudeur [pydœr] *f* modesty
pudique modest; *discret* discreet
puer [pɥe] ⟨1a⟩ **1** *v/i* stink; ***puer des pieds*** have smelly feet **2** *v/t* stink of
puériculture [pɥerikyltyr] *f* child care
puéril, **puérile** [pɥeril] childish
puis [pɥi] *adv* then
puiser [pɥize] ⟨1a⟩ draw (***dans*** from)
puisque [pɥiskə] *conj* since
puissance [pɥisɑ̃s] *f* power; *d'une armée* strength; ***puissance nucléaire*** nuclear power
puissant, **puissante** powerful; *musculature*, *médicament* strong
puits [pɥi] *m* well; *d'une mine* shaft; ***puits de pétrole*** oil well
pull(-over) [pyl(ɔvɛr)] *m* (*pl* pulls, pull-overs) sweater, *Br aussi* pullover
pulluler [pylyle] ⟨1a⟩ swarm
pulmonaire [pylmɔnɛr] pulmonary
pulpe [pylp] *f* pulp
pulsation [pylsasjõ] *f* beat, beating
pulsion [pylsjõ] *f* drive; ***pulsions*** *fpl* ***de mort*** death wish *sg*
pulvérisateur [pylverizatœr] *m* spray
pulvériser ⟨1a⟩ *solide* pulverize (*aussi fig*); *liquide* spray
punaise [pynɛz] *f* ZO bug; (*clou*) thumbtack, *Br* drawing pin
punch[1] [põʃ] *m boisson* punch
punch[2] [pœnʃ] *m en boxe* punch (*aussi fig*)
punir [pynir] ⟨2a⟩ punish
punition *f* punishment
pupille [pypij] **1** *m/f* JUR ward **2** *f* ANAT pupil
pupitre [pypitr] *m* desk
pur, **pure** [pyr] pure; *whisky* straight
purée [pyre] *f* purée; ***purée*** (***de pommes de terre***) mashed potatoes *pl*
pureté [pyrte] *f* purity
purge [pyrʒ] *f* MÉD, POL purge
purger ⟨1l⟩ TECH bleed; POL purge; JUR *peine* serve
purification [pyrifikasjõ] *f* purification; ***purification ethnique*** ethnic cleansing
purifier ⟨1a⟩ purify
puriste [pyrist] *m* purist
puritain, **puritaine** [pyritɛ̃, -ɛn] **1** *adj* puritanical **2** *m/f* puritan
pur-sang [pyrsɑ̃] *m* (*pl inv*) thoroughbred
pus [py] *m* pus
putain [pytɛ̃] *f* P whore; ***putain!*** shit! P; ***ce putain de …*** this god-damn P *ou Br* bloody F…
pute [pyt] *f* F slut
putréfaction [pytrefaksjõ] *f* putrefaction
putréfier ⟨1a⟩ putrefy; ***se putréfier*** putrefy
putsch [putʃ] *m* putsch
puzzle [pœzl(ə)] *m* jigsaw (puzzle)
P.-V. [peve] *m abr* (= ***procès-verbal***) ticket
PVC [pevese] *m abr* (= ***polychlorure de vinyle***) PVC (= polyvinyl chloride)
pygmée [pigme] *m* pygmy
pyjama [piʒama] *m* pajamas *pl*, *Br* pyjamas *pl*
pylône [pilon] *m* pylon
pyramide [piramid] *f* pyramid
Pyrénées [pirene] *fpl* Pyrenees
pyrex [pirɛks] *m* Pyrex®
pyromane [piroman] *m* pyromaniac; JUR arsonist
python [pitõ] *m* python

Q

Q.I. [kyi] *m abr* (= ***Quotient intellectuel***) IQ (= intelligence quotient)
quadragénaire [kwadraʒenɛr] *m/f & adj* forty-year old
quadrangulaire [kwadrɑ̃gylɛr] quadrangular
quadrilatère [kwadrilatɛr, ka-] *m* quadrilateral
quadrillé, **quadrillée** [kadrije] *papier* squared
quadriller ⟨1a⟩ *fig*: *région* put under surveillance
quadrupède [kwadrypɛd] *m* quadruped
quadruple [kwadryplə, ka-] quadruple
quadrupler ⟨1a⟩ quadruple
quadruplés, **-ées** *mpl*, *fpl* quadruplets, quads
quai [ke] *m d'un port* quay; *d'une gare* platform
qualificatif [kalifikatif] *m fig* term, word
qualification *f* qualification (*aussi* SP); (*appellation*) name; ***qualification professionnelle*** professional qualification
qualifié, **qualifiée** qualified; ***ouvrier*** *m* ***qualifié / non qualifié*** skilled / unskilled worker
qualifier ⟨1a⟩ qualify; (*appeler*) describe; ***qualifier qn d'idiot*** describe s.o. as an idiot, call s.o. an idiot; ***se qualifier*** SP qualify
qualité [kalite] *f* quality; ***de qualité*** quality *atr*; ***en qualité d'ambassadeur*** as ambassador, in his capacity as ambassador; ***qualité de la vie*** quality of life
quand [kɑ̃] *adv & conj* when; ***quand je serai de retour*** when I'm back; ***quand même*** all the same
quant à [kɑ̃ta] *prép* as for; ***être certain quant à qch*** be certain as to *ou* about sth
quantifier [kɑ̃tifje] ⟨1a⟩ quantify
quantité [kɑ̃tite] *f* quantity; ***une quantité de*** *grand nombre* a great many; *abondance* a great deal of; ***du vin / des erreurs en quantité*** lots of wine / mistakes; ***quantité de travail*** workload
quarantaine [karɑ̃tɛn] *f* MÉD quarantine; ***une quarantaine de personnes*** about forty people *pl*, forty or so people *pl*; ***avoir la quarantaine*** be in one's forties
quarante forty
quarantième fortieth
quart [kar] *m* quarter; *de vin* quarter liter, *Br* quarter litre; ***quart d'heure*** quarter of an hour; ***les trois quarts*** three-quarters; ***quart de finale*** quarter-final; ***il est trois heures moins le quart*** it's a quarter to three, it's two forty-five; ***deux heures et quart*** two fifteen, a quarter after *ou Br* past two
quartier [kartje] *m* (*quart*) quarter; *d'orange*, *de pamplemousse* segment; *d'une ville* area, neighborhood, *Br* neighbourhood; ***de / du quartier*** local *atr*; ***quartier général*** MIL headquarters *pl*
quartz [kwarts] *m* quartz
quasi [kazi] *adv* virtually
quasiment *adv* virtually
quatorze [katɔrz] fourteen; → ***trois***
quatorzième fourteenth
quatre [katr] four; → ***trois***
quatre-vingt(s) eighty
quatre-vingt-dix ninety
quatrième [katrijɛm] fourth
quatrièmement *adv* fourthly
quatuor [kwatɥɔr] *m* MUS quartet
que [kə] **1** *pron relatif* ◇ *personne* who, that; ***les étudiants que j'ai rencontrés*** the students I met, the students who *ou* that I met; ***imbécile que tu es!*** you fool!
◇ *chose*, *animal* which, that; ***les croissants que j'ai mangés*** the croissants I ate, the croissants which *ou* that I ate
◇ **:** ***un jour que*** one day when **2** *pron interrogatif* what; ***que veut-il?*** what does he want?; ***qu'y a-t-il?*** what's the matter?; ***qu'est-ce que c'est?*** what's that?; ***je ne sais que dire*** I don't know what to say **3** *adv dans exclamations*: ***que c'est beau!*** it's so beautiful!, isn't that just beautiful!; ***que de fleurs!*** what a lot of flowers! **4** *conj* that; ***je croyais que tu avais compris*** I thought (that) you had understood
◇ *après comparatif* than; ***plus grand que moi*** bigger than me
◇ *dans comparaison* as; ***aussi petit que cela*** as small as that
◇ ***ne … que*** only; ***je n'en ai que trois*** I have only three
◇ *concession*: ***qu'il pleuve ou non*** whether it rains or not
◇ *désir*: ***qu'il entre*** let him come in
◇ **:** ***que je sache*** as far as I know
◇ **:** ***coûte que coûte*** whatever it might cost, cost what it might;
◇ **:** ***s'il fait beau et que …*** if it's fine and (if) …; ***quand j'aurai fini et que …*** when I have finished and …

Québec [kebɛk] Québec, Quebec
québécois, **québécoise** *1 adj* from Quebec **2** *m langue* Canadian French **3** *m/f* **Québécois**, **Québécoise** Québecois, Quebecker
quel, **quelle** [kɛl] *interrogatif* what, which; ***quel prof / film as-tu préféré?*** which teacher / movie did you prefer?; ***quelle est la différence?*** what's the difference?; ***quel est le plus riche des deux?*** which is the richer of the two?; ***quel est ce misérable qui ...?*** *surtout litt* who is this wretched person who ...? ◇ *exclamatif*: ***quelle femme!*** what a woman!; ***quelles belles couleurs!*** what beautiful colors!
◇ **:** ***quel que***: ***quelles que soient*** (*subj*) ***vos raisons*** whatever reasons you might have, whatever your reasons might be
quelconque [kɛlkõk] ◇ (*médiocre*) very average, mediocre
◇ **:** ***un travail quelconque*** some sort of job
quelque [kɛlkə, kɛlk] **1** *adj* ◇ some; ***quelques*** some, a few; ***à quelque distance*** at some distance; ***quelques jours*** a few days;
◇ **:** ***quelque ... que*** (+ *subj*) whatever, whichever; ***quelque solution qu'il propose*** whatever *ou* whichever solution he suggests **2** *adv devant chiffre* some; ***quelque grands qu'ils soient*** (*subj*) however big they are, however big they might be
quelque chose *pron* something; *avec interrogatif, conditionnel aussi* anything; ***il y a quelque chose d'autre*** there's something else
quelquefois [kɛlkəfwa] *adv* sometimes
quelqu'un [kɛlkœ̃] *pron* someone, somebody; *avec interrogatif, conditionnel aussi* anyone, anybody; ***il y a quelqu'un?*** is anyone *ou* somebody there?; ***quelqu'un d'autre*** someone *ou* somebody else
quelques-uns, **quelques-unes** *pron pl* a few, some
quémander [kemɑ̃de] ⟨1a⟩ beg for
querelle [kərɛl] *f* quarrel
quereller ⟨1b⟩: ***se quereller*** quarrel
querelleur, **-euse** **1** *adj* quarrelsome **2** *m/f* quarrelsome person
question [kɛstjõ] *f* question; (*problème*) matter, question; ***question travail*** as far as work is concerned, when it comes to work; ***en question*** in question; ***c'est hors de question*** it's out of the question; ***il est question de*** it's a question *ou* a matter of
questionnaire *m* questionnaire
questionner ⟨1a⟩ question (***sur*** about)
quête [kɛt] *f* (*recherche*) search, quest *fml*; (*collecte*) collection; ***en quête de*** in search of
quêter ⟨1b⟩ collect; (*solliciter*) seek, look for
queue [kø] *f d'un animal* tail; *d'un fruit* stalk; *d'une casserole* handle; *d'un train, cortège* rear; *d'une classe, d'un classement* bottom; *d'une file* line, *Br* queue; ***faire la queue*** stand in line, *Br* queue (up); ***faire une queue de poisson à qn*** AUTO cut in in front of s.o.; ***à la queue, en queue*** at the rear; ***queue de cheval*** *coiffure* ponytail
qui [ki] *pron* ◇ *interrogatif* who; ***de qui est-ce qu'il tient ça?*** who did he get that from?; ***à qui est-ce?*** whose is this?, who does this belong to?; ***qui est-ce que tu vas voir?*** who are you going to see?; ***qui est-ce qui a dit ça?*** who said that?
◇ *relatif, personne* who, that; ***tous les conducteurs qui avaient ...*** all the drivers who *ou* that had ...
◇ *relatif, chose, animal* which, that; ***toutes les frites qui restaient*** all the fries which *ou* that were left
◇ **:** ***je ne sais qui*** someone or other
◇ **:** ***qui que*** (+ *subj*) whoever
quiconque [kikõk] *pron* whoever, anyone who, anybody who; (*n'importe qui*) anyone, anybody
quille [kij] *f* MAR keel
quincaillerie [kɛ̃kɑjri] *f* hardware, *Br aussi* ironmongery; *magasin* hardware store, *Br aussi* ironmonger's
quinquagénaire [kɛkaʒenɛr] *m/f & adj* fifty-year old
quintal [kɛ̃tal] *m* hundred kilos *pl*
quinte [kɛ̃t] *f*: ***quinte*** (***de toux***) coughing fit
quinzaine [kɛ̃zɛn] *f de jours* two weeks *pl*, *Br aussi* fortnight; ***une quinzaine de personnes*** about fifteen people *pl*, fifteen or so people *pl*
quinze fifteen; ***quinze jours*** two weeks, *Br aussi* fortnight; ***demain en quinze*** two weeks tomorrow; → ***trois***
quinzième fifteenth
quittance [kitɑ̃s] *f* receipt
quitte [kit]: ***être quitte envers qn*** be quits with s.o.; ***quitte à faire qch*** even if it means doing sth
quitter [kite] ⟨1a⟩ *endroit, personne* leave; *vêtement* take off; ***se quitter*** part; ***ne quittez pas*** TÉL hold the line please
quoi [kwa] *pron* ◇ what; ***quoi?*** what?; ***à quoi penses-tu?*** what are you thinking about?; ***après quoi, il ...*** after which he

…; ***sans quoi*** otherwise; ***à quoi bon?*** what's the point?; ***avoir de quoi vivre*** have enough to live on; ***il n'y a pas de quoi!*** not at all, don't mention it; ***il n'y a pas de quoi rire / pleurer*** there's nothing to laugh / cry about
◇ : ***quoi que*** (+ *subj*) whatever; ***quoi que tu fasses*** whatever you do; ***quoi que ce soit*** anything at all; ***quoi qu'il en soit*** be that as it may
quoique [kwakə] *conj* (+ *subj*) although, though
quote-part [kɔtpar] *f* (*pl* quotes-parts) share
quotidien, **quotidienne** [kɔtidjɛ̃, -ɛn] **1** *adj* daily; *de tous les jours* everyday **2** *m* daily

R

rab [rab] *m* F extra; ***faire du rab*** do a bit extra
rabâcher [rabaʃe] ⟨1a⟩ keep on repeating
rabais [rabɛ] *m* discount, reduction
rabaisser [rabɛse] ⟨1b⟩ *prix* lower, reduce; *mérites*, *qualités* belittle
rabat [raba] *m d'un vêtement etc* flap
rabat-joie [rabaʒwa] *m* killjoy
rabattre [rabatr] ⟨4a⟩ **1** *v/t siège* pull down; *couvercle* close, shut; *col* turn down; *gibier* drive **2** *v/i fig*: ***se rabattre sur*** make do with, fall back on; *d'une voiture* pull back into
rabbin [rabɛ̃] *m* rabbi
râblé, **râblée** [rɑble] stocky
rabot [rabo] *m* plane
raboter ⟨1a⟩ plane
rabougri, **rabougrie** [rabugri] stunted
rabrouer [rabrue] ⟨1a⟩ snub
racaille [rakaj] *f* rabble
raccommodage [rakɔmɔdaʒ] *m* mending
raccommoder ⟨1a⟩ mend; *chaussettes* darn
raccompagner [rakõpaɲe] ⟨1a⟩: ***je vais vous raccompagner chez vous*** *à pied* I'll take you home
raccord [rakɔr] *m* join; *de tuyaux aussi* connection; *d'un film* splice
raccorder ⟨1a⟩ join, connect
raccourci [rakursi] *m* shortcut; ***en raccourci*** briefly
raccourcir ⟨2a⟩ **1** *v/t* shorten **2** *v/i* get shorter
raccrocher [rakrɔʃe] ⟨1a⟩ **1** *v/t* put back up; ***raccrocher le téléphone*** hang up; ***se raccrocher à*** cling to **2** *v/i* TÉL hang up
race [ras] *f* race; (*ascendance*) descent; ZO breed
rachat [raʃa] *m* repurchase; *d'un otage* ransoming; REL atonement; *d'une société* buyout
racheter ⟨1e⟩ buy back; *otage* ransom; REL *péché* atone for; *fig*: *faute* make up for; ***se racheter*** make amends
racial, **raciale** [rasjal] (*mpl* -aux) racial
racine [rasin] *f* root (*aussi fig et* MATH); ***prendre racine*** take root (*aussi fig*); ***racine carrée*** square root
racisme [rasism] *m* racism
raciste *m/f & adj* racist
racket [rakɛt] *m* racket
raclée [rɑkle] *f* F beating, *Br aussi* walloping (*aussi fig*)
racler [rɑkle] ⟨1a⟩ scrape; ***se racler la gorge*** clear one's throat
raclette *f* TECH scraper; CUIS raclette
racoler [rakɔle] ⟨1a⟩ *péj*: *d'une prostituée* accost
racoleur, **-euse** *péj*: *affiche* flashy; *sourire* cheesy
raconter [rakõte] ⟨1a⟩ tell
radar [radar] *m* radar
radeau [rado] *m* (*pl* -x) raft
radiateur [radjatœr] *m* radiator
radiation [radjasjõ] *f* PHYS radiation; *d'une liste*, *facture* deletion
radical, **radicale** [radikal] (*mpl* -aux) **1** *adj* radical **2** *m* radical
radicalement *adv* radically
radicalisme *m* radicalism
radier [radje] ⟨1a⟩ strike out
radieux, **-euse** [radjø, -z] radiant; *temps* glorious
radin, **radine** [radɛ̃, -in] F mean, tight
radio [radjo] *f* radio; (*radiographie*) X-ray; ***radio privée*** commercial radio; ***passer une radio*** have an X-ray
radioactif, **-ive** [radjoaktif, -iv] radioactive

radioactivité *f* radioactivity

radiocassette [radjokasɛt] *f* radio cassette player

radiodiffusion [radjodifyzjõ] *f* broadcasting

radiographie [radjografi] *f procédé* radiography; *photo* X-ray

radiologie [radjolɔʒi] *f* radiology

radiologue *m/f* radiologist

radiophonique [radjofɔnik] radio *atr*

radioréveil [radjorevɛj] radio alarm

radiotélévisé, **radiotélévisée** [radjotelevise] broadcast on both radio and TV

radis [radi] *m* BOT radish

radoter [radɔte] ⟨1a⟩ ramble

radoucir [radusir] ⟨2a⟩: ***radoucir la température*** *du vent* bring milder temperatures; ***se radoucir*** *du temps* get milder

rafale [rafal] *f de vent* gust; MIL burst

raffermir [rafɛrmir] ⟨2a⟩ *chair* firm up; *fig*: *autorité* re-assert

raffinage [rafinaʒ] *m* TECH refining

raffiné, **raffinée** refined

raffinement *m* refinement

raffiner ⟨1a⟩ refine

raffinerie *f* TECH refinery; ***raffinerie de pétrole*** oil refinery

raffoler [rafɔle] ⟨1a⟩: ***raffoler de qch / qn*** adore sth/s.o.

rafistoler [rafistɔle] ⟨1a⟩ F patch up

rafle [rafl] *f de police* raid

rafler ⟨1a⟩ F take

rafraîchir [rafrɛʃir] ⟨2a⟩ **1** *v/t* cool down; *mémoire* refresh **2** *v/i du vin* chill; ***se rafraîchir*** *de la température* get cooler; *d'une personne* have a drink (in order to cool down)

rafraîchissant, **rafraîchissante** refreshing (*aussi fig*)

rafraîchissement *m de la température* cooling; ***rafraîchissements*** (*boissons*) refreshments

rage [raʒ] *f* rage; MÉD rabies *sg*

rageur, **-euse** furious

ragot [rago] *m* F piece of gossip; ***des ragots*** gossip *sg*

ragoût [ragu] *m* CUIS stew

raid [rɛd] *m* raid

raide [rɛd] *personne*, *membres* stiff (*aussi fig*); *pente* steep; *cheveux* straight; (*ivre*, *drogué*) stoned; ***raide mort*** stone dead

raideur *f d'une personne*, *de membres* stiffness (*aussi fig*); *d'une pente* steepness

raidir ⟨2a⟩: ***se raidir*** *de membres* stiffen up

raie [rɛ] *f* (*rayure*) stripe; *des cheveux* part, *Br* parting; ZO skate

raifort [rɛfɔr] *m* BOT horseradish

rail [rɑj] *m* rail; ***rail de sécurité*** crash barrier

railler [rɑje] ⟨1a⟩ mock

raillerie *f* mockery

railleur, **-euse** mocking

rainure [renyr] *f* TECH groove

raisin [rɛzɛ̃] *m* grape; ***raisin de Corinthe*** currant; ***raisin sec*** raisin

raison [rɛzõ] *f* reason; ***avoir raison*** be right; ***avoir raison de*** get the better of; ***à raison de*** at a rate of; ***à plus forte raison*** all the more so, especially; ***en raison de*** (*à cause de*) because of; ***raison d'être*** raison d'etre; ***pour cette raison*** for that reason; ***raison sociale*** company name

raisonnable reasonable

raisonné, **raisonnée** [rɛzɔne] rational

raisonnement *m* reasoning

raisonner ⟨1a⟩ **1** *v/i* reason **2** *v/t*: ***raisonner qn*** make s.o. see reason

rajeunir [rajœnir] ⟨2a⟩ **1** *v/t pensée*, *thème* modernize, bring up to date; ***rajeunir qn*** *d'une coiffure*, *des vêtements etc* make s.o. look (years) younger **2** *v/i* look younger

rajouter [raʒute] ⟨1a⟩ add

rajustement [raʒystəmɑ̃] *m* adjustment

rajuster ⟨1a⟩ adjust; *coiffure* put straight

ralenti [ralɑ̃ti] *m* AUTO slow running, idle; *dans un film* slow motion; ***au ralenti*** *fig* at a snail's pace; ***tourner au ralenti*** AUTO tick over

ralentir ⟨2a⟩ slow down

ralentissement *m* slowing down

ralentisseur *m de circulation* speedbump

râler [rɑle] ⟨1a⟩ moan; F beef F, complain

râleur, **-euse** F **1** *adj* grumbling **2** *m/f* grumbler

rallier [ralje] ⟨1a⟩ rally; (*s'unir à*) join; ***se rallier à*** rally to

rallonge [ralõʒ] *f d'une table* leaf; ÉL extension (cable)

rallonger ⟨1l⟩ **1** *v/t vêtement* lengthen **2** *v/i* get longer

rallumer [ralyme] ⟨1a⟩ *télé*, *lumière* switch on again; *fig* revive

rallye [rali] *m* rally

RAM [ram] *f* (*pl inv*) RAM (= random access memory)

ramassage [ramasaʒ] *m* collection; *de fruits* picking; ***car*** *m* ***de ramassage scolaire*** school bus

ramasser ⟨1a⟩ collect; *ce qui est par terre* pick up; *fruits* pick; F *coup* get

ramassis *m péj* pile; *de personnes* bunch

rambarde [rɑ̃bard] *f* rail

rame [ram] *f* (*aviron*) oar; *de métro* train

rameau [ramo] *m* (*pl* -x) branch (*aussi fig*); ***les Rameaux*** REL Palm Sunday

ramener [ramne] ⟨1d⟩ take back; (*rapporter*) bring back; *l'ordre, la paix* restore; ***ramener à*** (*réduire*) reduce to; ***se ramener à*** (*se réduire à*) come down to
ramer [rame] ⟨1a⟩ row
rameur, -euse *m/f* rower
ramification [ramifikasjõ] *f* ramification
ramollir [ramɔlir] ⟨2a⟩ soften; ***se ramollir*** soften; *fig* go soft
ramoner [ramɔne] ⟨1a⟩ sweep
rampant, rampante [rɑ̃pɑ̃, -t] crawling; BOT creeping; *fig*: *inflation* rampant
rampe [rɑ̃p] *f* ramp; *d'escalier* bannisters *pl*; *au théâtre* footlights *pl*; ***rampe de lancement*** MIL launch pad
ramper ⟨1a⟩ crawl (*aussi fig*); BOT creep
rancard [rɑ̃kar] *m* F (*rendez-vous*) date
rancart [rɑ̃kar] *m*: ***mettre au rancart*** (*jeter*) throw out
rance [rɑ̃s] rancid
ranch [rɑ̃tʃ] *m* ranch
rancœur [rɑ̃kœr] *f* resentment (***contre*** toward), rancor, *Br* rancour
rançon [rɑ̃sõ] *f* ransom; ***la rançon de*** *fig* the price of
rancune [rɑ̃kyn] *f* resentment
rancunier, -ère resentful
randonnée [rɑ̃dɔne] *f* walk; *en montagne* hike, hill walk
randonneur *m* walker; *en montagne* hiker, hillwalker
rang [rɑ̃] *m* (*rangée*) row; (*niveau*) rank; ***se mettre sur les rangs*** *fig* join the fray; ***rentrer dans le rang*** step back in line; ***être au premier rang*** be in the forefront
rangé, rangée [rɑ̃ʒe] *personne* well-behaved; *vie* orderly
rangée [rɑ̃ʒe] *f* row
rangement *m* tidying; ***pas assez de rangements*** not enough storage space
ranger ⟨1l⟩ put away; *chambre* tidy up; *voiture* park; (*classer*) arrange; ***se ranger*** (*s'écarter*) move aside; AUTO pull over; *fig* (*assagir*) settle down; ***se ranger à une opinion*** come around to a point of view
ranimer [ranime] ⟨1a⟩ *personne* bring around; *fig*: *courage, force* revive
rap [rap] *m* MUS rap
rapace [rapas] **1** *adj animal* predatory; *personne* greedy, rapacious **2** *m* bird of prey
rapatriement [rapatrimɑ̃] *m* repatriation
rapatrier ⟨1a⟩ repatriate
râpe [rɑp] *f* grater; TECH rasp
râper ⟨1a⟩ CUIS grate; *bois* file; ***râpé*** CUIS grated; *manteau* threadbare
rapetisser [raptise] ⟨1a⟩ **1** *v/t salle, personne* make look smaller; *vêtement* shrink; (*raccourcir*) shorten, cut down; *fig* belittle **2** *v/i d'un tissu, d'une personne* shrink
rapide [rapid] **1** *adj* fast, rapid; *coup d'œil, décision* quick **2** *m dans l'eau* rapid; *train* express, fast train
rapidité *f* speed, rapidity
rapiécer [rapjese] ⟨1f *et* 1k⟩ patch
rappel [rapɛl] *m* reminder; *d'un ambassadeur, produit* recall; THÉÂT curtain call; MÉD booster; ***rappel de salaire*** back pay; ***descendre en rappel*** *d'un alpiniste* abseil down
rappeler [raple] ⟨1c⟩ call back (*aussi* THÉÂT); *ambassadeur* recall; TÉL call back, *Br aussi* ring back; ***rappeler qch / qn à qn*** remind s.o. of sth/s.o.; ***se rappeler qch*** remember sth; ***se rappeler avoir fait qch*** remember doing sth
rapport [rapɔr] *m écrit, oral* report; (*lien*) connection; (*proportion*) ratio, proportion; COMM return, yield; MIL briefing; ***rapports*** (*relations*) relations; ***rapports*** (***sexuels***) intercourse *sg*, sexual relations, sex *sg*; ***par rapport à*** compared with; ***sous tous les rapports*** in all respects; ***en rapport avec*** suited to; ***être en rapport avec qn*** be in touch *ou* contact with s.o.; ***rapport qualité-prix*** value for money
rapporter ⟨1a⟩ return, bring / take back; *d'un chien* retrieve, fetch; COMM bring in; *relater* report; ***se rapporter à*** be connected with
rapporteur *m* reporter; *enfant* sneak, telltale
rapporteuse *f enfant* sneak, telltale
rapprochement [raprɔʃmɑ̃] *m fig* reconciliation; POL rapprochement; *analogie* connection
rapprocher ⟨1a⟩ *chose* bring closer *ou* nearer (***de*** to); *fig*: *personnes* bring closer together; *établir un lien* connect, link; ***se rapprocher*** come closer *ou* nearer (***de qch*** to sth)
rapt [rapt] *m* abduction
raquette [rakɛt] *f* racket
rare [rɑr] rare; *marchandises* scarce; (*peu dense*) sparse; ***il est rare qu'il arrive*** (*subj*) ***en retard*** it's rare for him to be late
raréfier ⟨1a⟩: ***se raréfier*** become rare; *de l'air* become rarefied
rarement *adv* rarely
rareté *f* rarity
ras, rase [rɑ, -z] short; ***rempli à ras bord*** full to the brim; ***en rase campagne*** in open country; ***j'en ai ras le bol*** F I've had it up to here F; ***faire table rase*** make a clean sweep

raser [rɑze] ⟨1a⟩ shave; *barbe* shave off; (*démolir*) raze to the ground; *murs* hug; F (*ennuyer*) bore; ***se raser*** shave
rasoir *m* razor; ***rasoir électrique*** electric shaver
rassasier [rasazje] ⟨1a⟩ satisfy
rassemblement [rasɑ̃bləmɑ̃] *m* gathering
rassembler ⟨1a⟩ collect, assemble; ***se rassembler*** gather
rasseoir [raswar] ⟨3l⟩ replace; ***se rasseoir*** sit down again
rassis, **rassise** [rasi, -z] stale; *fig* sedate
rassurant, **rassurante** [rasyrɑ̃, -t] reassuring
rassurer ⟨1a⟩ reassure; ***se rassurer*: *rassurez-vous*** don't be concerned
rat [ra] *m* rat
ratatiner [ratatine] ⟨1a⟩: ***se ratatiner*** shrivel up; *d'une personne* shrink
rate [rat] *f* ANAT spleen
raté, **ratée** [rate] **1** *adj* unsuccessful; *occasion* missed **2** *m personne* failure; ***avoir des ratés*** AUTO backfire
râteau [rɑto] *m* (*pl* -x) rake
rater [rate] ⟨1a⟩ **1** *v/t* miss; ***rater un examen*** fail an exam **2** *v/i d'une arme* misfire; *d'un projet* fail
ratification [ratifikasjõ] *f* POL ratification
ration [rasjõ] *f* ration; *fig* (fair) share
rationalisation [rasjɔnalizasjõ] *f* rationalization
rationaliser ⟨1a⟩ rationalize
rationalité *f* rationality
rationnel, **rationnelle** rational
rationner [rasjɔne] ⟨1a⟩ ration
raton laveur *m* [ratõlavœr] raccoon
ratisser [ratise] ⟨1a⟩ rake; (*fouiller*) search
R.A.T.P. [ɛratepe] *f abr* (= ***Régie autonome des transports parisiens***) *mass transit authority in Paris*
rattacher [rataʃe] ⟨1a⟩ *chien* tie up again; *cheveux* put up again; *lacets* do up again; *conduites d'eau* connect, join; *idées* connect; ***se rattacher à*** be linked to
rattraper [ratrape] ⟨1a⟩ *animal*, *fugitif* recapture; *objet qui tombe* catch; (*rejoindre*) catch up (with); *retard* make up; *malentendu*, *imprudence* make up for; ***se rattraper*** make up for it; (*se raccrocher*) get caught
rature [ratyr] *f* deletion, crossing out
rauque [rok] hoarse
ravages [ravaʒ] *mpl* havoc *sg*, devastation *sg*; ***les ravages du temps*** the ravages of time
ravager ⟨1l⟩ devastate
ravaler [ravale] ⟨1a⟩ *aussi fierté etc* swallow; *façade* clean up
rave[1] [rav] *f*: ***céleri rave*** celeriac
rave[2] [rɛv] *f* rave
rave-party [rɛvparti] *f* rave
ravi, **ravie** [ravi] delighted (***de qch*** with sth; ***de faire qch*** to do sth)
ravin [ravɛ̃] *m* ravine
ravir [ravir] ⟨2a⟩ (*enchanter*) delight
raviser [ravize] ⟨1a⟩: ***se raviser*** change one's mind
ravissant, **ravissante** [ravisɑ̃, -t] delightful, enchanting
ravisseur, **-euse** [ravisœr, -øz] *m/f* abductor
ravitaillement [ravitajmɑ̃] *m* supplying; *en carburant* refueling, *Br* refuelling
ravitailler ⟨1a⟩ supply; *en carburant* refuel
raviver [ravive] ⟨1a⟩ revive
rayé, **rayée** [rɛje] striped; *papier* lined; *verre*, *carrosserie* scratched
rayer ⟨1i⟩ *meuble*, *carrosserie* scratch; *mot* score out
rayon [rɛjõ] *m* ray; MATH radius; *d'une roue* spoke; (*étagère*) shelf; *de magasin* department; ***rayons X*** X-rays; ***dans un rayon de*** within a radius of; ***rayon laser*** laser beam
rayonnage *m* shelving
rayonnant, **rayonnante** [rɛjɔnɑ̃, -t] radiant
rayonnement *m* PHYS radiation
rayonner ⟨1a⟩ *de chaleur* radiate; *d'un visage* shine; ***rayonner de*** *fig*: *bonheur*, *santé* radiate
rayure [rejyr] *f* stripe; *sur un meuble*, *du verre* scratch
raz [rɑ] *m*: ***raz de marée*** tidal wave (*aussi fig*)
R&D *f abr* (= ***recherche et développement***) R&D (= research and development)
ré [re] *m* MUS D
réabonner [reabɔne] ⟨1a⟩: ***se réabonner*** renew one's subscription
réac [reak] *m/f* F reactionary
réacteur [reaktœr] *m* PHYS reactor; AVIAT jet engine
réaction [reaksjõ] *f* reaction; ***avion*** *m* ***à réaction*** jet (aircraft)
réactionnaire *m/f & adj* reactionary
réactualiser [reaktɥalize] ⟨1a⟩ update
réagir [reaʒir] ⟨2a⟩ react (***à*** to; ***contre*** against)
réajuster [reaʒyste] ⟨1a⟩ → ***rajuster***
réalisable [realizabl] feasible
réalisateur, **-trice** *m/f* director
réalisation *f d'un plan*, *un projet* execution, realization; *création*, *œuvre* creation; *d'un film* direction

R

réaliser ⟨1a⟩ *plan*, *projet* carry out; *rêve* fulfill, *Br* fulfil; *vente* make; *film* direct; *bien*, *capital* realize; (*se rendre compte*) realize; ***se réaliser*** *d'un rêve* come true; *d'un projet* be carried out
réalisme [realism] *m* realism
réaliste 1 *adj* realistic **2** *m/f* realist
réalité *f* reality; ***en réalité*** actually, in reality; ***réalité virtuelle*** virtual reality
réanimation [reanimasjõ] *f* MÉD resuscitation; ***service*** *m* ***de réanimation*** intensive care
réanimer ⟨1a⟩ resuscitate
réapparaître [reaparɛtr] ⟨4z⟩ reappear
réapparition *f* reappearance
réapprendre [reaprɑ̃dr] ⟨4q⟩ relearn
rebaptiser [rəbatize] ⟨1a⟩ rename
rébarbatif, **-ive** [rebarbatif, -iv] off-putting, daunting
rebattu, **rebattue** [rəbaty] hackneyed
rebelle [rəbɛl] **1** *adj* rebellious **2** *m/f* rebel
rebeller ⟨1a⟩: ***se rebeller*** rebel (***contre*** against)
rébellion *f* rebellion
reboiser [rəbwaze] ⟨1a⟩ reforest, *Br* reafforest
rebondi, **rebondie** [r(ə)bõdi] rounded
rebondir ⟨2a⟩ *d'un ballon* bounce; (*faire un ricochet*) rebound; ***faire rebondir qch*** *fig* get sth going again
rebondissement *m fig* unexpected development
rebord [r(ə)bɔr] *m* edge; *d'une fenêtre* sill
rebours [r(ə)bur] *m*: ***compte*** *m* ***à rebours*** countdown
rebrousse-poil [r(ə)bruspwal]: ***à rebrousse-poil*** the wrong way; ***prendre qn à rebrousse-poil*** rub s.o. up the wrong way
rebrousser ⟨1a⟩: ***rebrousser chemin*** retrace one's footsteps
rebuffade [rəbyfad] *f* rebuff
rebut [r(ə)by] *m* dregs *pl*; ***mettre au rebut*** scrap, get rid of
rebuter [r(ə)byte] ⟨1a⟩ (*décourager*) dishearten; (*choquer*) offend
récalcitrant, **récalcitrante** [rekalsitrɑ̃, -t] recalcitrant
récapituler [rekapityle] ⟨1a⟩ recap
recel [rəsɛl] *m* JUR receiving stolen property, fencing F
récemment [resamɑ̃] *adv* recently
recensement [r(ə)sɑ̃smɑ̃] *m* census
recenser ⟨1a⟩ *population* take a census of
récent, **récente** [resɑ̃, -t] recent
récépissé [resepise] *m* receipt
récepteur [resɛptœr] *m* TECH, TÉL receiver
réceptif, **-ive** receptive
réception *f* reception; *d'une lettre*, *de marchandises* receipt
réceptionniste *m/f* receptionist, desk clerk
récession [resesjõ] *f* ÉCON recession
recette [r(ə)sɛt] *f* COMM takings *pl*; CUIS, *fig* recipe
receveur [rəsvœr] *m des impôts* taxman; *de la poste* postmaster; MÉD recipient
receveuse *f* MÉD recipient
recevoir ⟨3a⟩ receive; ***être reçu à un examen*** pass an exam
rechange [r(ə)ʃɑ̃ʒ] *m*: ***de rechange*** spare *atr*
rechanger ⟨1l⟩ change again
réchapper [reʃape] ⟨1a⟩: ***réchapper à qch*** survive sth
rechargeable [rəʃarʒabl] *pile* rechargeable
recharger [r(ə)ʃarʒe] ⟨1l⟩ *camion*, *arme* reload; *accumulateur* recharge; *briquet*, *stylo* refill
réchaud [reʃo] *m* stove
réchauffement [reʃofmɑ̃] *m* warming; ***réchauffement de la planète*** global warming
réchauffer ⟨1a⟩ warm up
rêche [rɛʃ] *aussi fig* rough
recherche [r(ə)ʃɛrʃ] *f* (*enquête*, *poursuite*) search (***de*** for); *scientifique* research; ***recherche et développement*** research and development, R&D; ***recherches*** *de la police* search *sg*, hunt *sg*
recherché, **recherchée** sought-after; *criminel* wanted; (*raffiné*) refined, recherché
rechercher ⟨1a⟩ look for, search for; (*prendre*) fetch
rechute [r(ə)ʃyt] *f* MÉD relapse
récidiver [residive] ⟨1a⟩ relapse
récif [resif] *m* GÉOGR reef
récipient [resipjɑ̃] *m* container
réciproque [resiprɔk] reciprocal
récit [resi] *m* account; (*histoire*) story
récital [resital] *m* (*pl* -s) recital
réciter [resite] ⟨1a⟩ recite
réclamation [reklamasjõ] *f* claim; (*protestation*) complaint
réclame [reklam] *f* advertisement
réclamer [reklame] ⟨1a⟩ *secours*, *aumône* ask for; *son dû*, *sa part* claim, demand; (*nécessiter*) call for
reclus, **recluse** [rəkly] *m/f* recluse
réclusion [reklyzjõ] *f* imprisonment
recoiffer [rəkwafe] ⟨1a⟩: ***se recoiffer*** put one's hair straight
recoin [rəkwɛ̃] *m* nook
récolte [rekɔlt] *f* harvesting; *de produits* harvest, crop; *fig* crop
récolter ⟨1a⟩ harvest

recommandable [rəkɔmɑ̃dabl] *personne* respectable
recommandation *f* recommendation
recommander ⟨1a⟩ recommend; *lettre* register
recommencer [r(ə)kɔmɑ̃se] ⟨1k⟩ **1** *v/t*: ***recommencer qch*** start sth over, start sth again; ***recommencer à faire qch*** start doing sth again, start to do sth again **2** *v/i* start *ou* begin again
récompense [rekõpɑ̃s] *f* reward
récompenser ⟨1a⟩ reward (***de*** for)
réconciliation [rekõsiljasjõ] *f* reconciliation
réconcilier ⟨1a⟩ reconcile
reconduire [r(ə)kõdɥir] ⟨4c⟩ JUR renew; ***reconduire qn*** *chez lui* take s.o. home; *à la porte* see s.o. out
réconfort [rekõfɔr] *m* consolation, comfort
réconforter ⟨1a⟩ console, comfort
reconnaissable [r(ə)kɔnɛsabl] recognizable
reconnaissance *f* recognition; *d'une faute* acknowledg(e)ment; (*gratitude*) gratitude; MIL reconnaissance; ***reconnaissance de dette*** IOU; ***reconnaissance vocale*** INFORM voice recognition
reconnaissant, **reconnaissante** grateful (***de*** for)
reconnaître ⟨4z⟩ recognize; *faute* acknowledge; ***se reconnaître*** recognize o.s.; ***ils se sont reconnus tout de suite*** they immediately recognized each other; ***un oiseau qui se reconnaît à …*** a bird which is recognizable by …
reconnu, **reconnue** **1** *p/p* → ***reconnaître*** **2** *adj* known
reconquérir [r(ə)kõkerir] ⟨2l⟩ reconquer; *fig* regain
reconstituer [r(ə)kõstitɥe] ⟨1a⟩ reconstitute; *ville*, *maison* restore; *événement* reconstruct
reconstruction [r(ə)kõstryksjõ] *f* rebuilding, reconstruction
reconstruire ⟨4c⟩ rebuild, reconstruct
reconversion [r(ə)kõvɛr sjõ] *f* retraining
reconvertir ⟨2a⟩: ***se reconvertir*** retrain
recopier [rəkɔpje] ⟨1a⟩ *notes* copy out
record [r(ə)kɔr] *m* record
recordman *m* record holder
recordwoman *f* record holder
recoudre [rəkudr] ⟨4d⟩ *bouton* sew back on
recouper [rəkupe] ⟨1a⟩ **1** *vt* re-cut, cut again; *pour vérifier* cross-check **2** *vi* cut again
recourbé, **recourbée** [r(ə)kurbe] bent
recourir [r(ə)kurir] ⟨2i⟩: ***recourir à qn*** consult s.o.; ***recourir à qch*** resort to sth
recours *m* recourse, resort; ***avoir recours à qch*** resort to sth; ***en dernier recours*** as a last resort
recouvrer [r(ə)kuvre] ⟨1a⟩ recover; *santé* regain
recouvrir [r(ə)kuvrir] ⟨2f⟩ recover; *enfant* cover up again; (*couvrir entièrement*) cover (***de*** with); (*cacher*) cover (up); (*embrasser*) cover, span
récréation [rekreasjõ] *f* relaxation; ÉDU recess, *Br* break, *Br* recreation
recréer ⟨1a⟩ recreate
récriminations [rekriminasjõ] *fpl* recriminations
recroqueviller [r(ə)krɔkvije] ⟨1a⟩: ***se recroqueviller*** shrivel (up); *d'une personne* curl up
recrudescence [rəkrydesɑ̃s] *f* new outbreak
recrue [r(ə)kry] *f* recruit
recrutement [r(ə)krytmɑ̃] *m* recruitment
recruter ⟨1a⟩ recruit
rectangle [rɛktɑ̃gl] *m* rectangle
rectangulaire rectangular
recteur [rɛktœr] *m* rector
rectifier [rɛktifje] ⟨1a⟩ rectify; (*ajuster*) adjust; (*corriger*) correct
rectiligne [rɛktiliɲ] rectilinear
recto [rɛkto] *m d'une feuille* front
reçu [r(ə)sy] **1** *p/p* → ***recevoir*** **2** *m* receipt
recueil [r(ə)kœj] *m* collection
recueillement *m* meditation, contemplation
recueillir ⟨2c⟩ collect; *personne* take in; ***se recueillir*** meditate
recul [r(ə)kyl] *m d'un canon*, *un fusil* recoil; *d'une armée* retreat, fall-back; *de la production*, *du chômage* drop, fall-off (***de*** in); *fig* detachment
reculé, **reculée** [r(ə)kyle] remote; (*passé*) distant
reculer ⟨1a⟩ **1** *v/t* push back; *échéance*, *décision* postpone **2** *v/i* back away, recoil; MIL retreat, fall back; *d'une voiture* back, reverse; ***reculer devant*** *fig* back away from
reculons: ***à reculons*** backward, *Br* backwards
récupération [rekyperasjõ] *f* recovery; *de vieux matériel* salvaging; ***récupération du temps de travail*** taking time off in lieu
récupérer ⟨1f⟩ **1** *v/t* recover, retrieve; *ses forces* regain; *vieux matériel* salvage; *temps* make up **2** *v/i* recover
récurer [rekyre] ⟨1a⟩ scour
recyclable [rəsiklabl] recyclable
recyclage *m du personnel* retraining;

R

TECH recycling
recycler ⟨1a⟩ retrain; TECH recycle
rédacteur, **-trice** [redaktœr, -tris] *m/f* editor; (*auteur*) writer; ***rédacteur en chef*** editor-in-chief; ***rédacteur politique*** political editor; ***rédacteur publicitaire*** copy-writer; ***rédacteur sportif*** sports editor
rédaction *f* editing; (*rédacteurs*) editorial team
redéfinir [rədefinir] ⟨2a⟩ redefine
redescendre [r(ə)desɑ̃dr] ⟨4a⟩ **1** *v/i* (*aux être*) come / go down again; *d'un baromètre* fall again; ***redescendre d'une voiture*** get out of a car again, get back out of a car **2** *v/t* bring / take down again; *montagne* come *ou* climb down again
redevable [rədvabl]: ***être redevable de qch à qn*** owe s.o. sth
redevance *f d'un auteur* royalty; TV licence fee
rediffusion [rədifyzjõ] *f* repeat
rédiger [rediʒe] ⟨1l⟩ write
redire [r(ə)dir] ⟨4m⟩ (*répéter*) repeat, say again; (*rapporter*) repeat; ***trouver à redire à tout*** find fault with everything
redistribuer [rədistribɥe] ⟨1a⟩ redistribute; *aux cartes* redeal
redonner [r(ə)dɔne] ⟨1a⟩ (*rendre*) give back, return; (*donner de nouveau*) give again
redoubler [r(ə)duble] ⟨1a⟩ **1** *v/t* double **2** *v/i* ÉDU repeat a class, *Br aussi* repeat a year; *d'une tempête* intensify; ***redoubler d'efforts*** redouble one's efforts
redoutable [r(ə)dutabl] formidable; *hiver* harsh
redouter ⟨1a⟩ dread (***de faire qch*** doing sth)
redresser [r(ə)drɛse] ⟨1b⟩ *ce qui est courbe* straighten; *ce qui est tombé* set upright; ***redresser l'économie*** *fig* get the economy back on its feet; ***se redresser*** *d'un pays* recover, get back on its feet
réduction [redyksjõ] *f* reduction; MÉD setting
réduire [redɥir] ⟨4c⟩ *dépenses*, *impôts* reduce, cut; *personnel* cut back; *vitesse* reduce; ***se réduire à*** amount to
réduit, **réduite 1** *adj* reduced; *possibilités* limited **2** *m* small room
rééditer [reedite] ⟨1a⟩ republish
rééducation [reedykasjõ] *f* MÉD rehabilitation
rééduquer ⟨1m⟩ MÉD rehabilitate
réel, **réelle** [reɛl] real
réélection [reelɛksjõ] *f* re-election
réélire ⟨4x⟩ re-elect
réellement [reɛlmɑ̃] *adv* really
rééquilibrer [reekilibre] ⟨1a⟩ *pneus* balance
réévaluer [reevalɥe] ⟨1n⟩ ÉCON revalue
réévaluation *f* revaluation
refaire [r(ə)fɛr] ⟨4n⟩ *faire de nouveau*: *travail* do over, *Br* do again; *examen* take again, retake; *erreur* make again, repeat; *remettre en état*: *maison* do up; ***refaire le monde*** set the world to rights
réfection [refɛksjõ] *f* repair
réfectoire [refɛktwar] *m* refectory
référence [referɑ̃s] *f* reference; ***ouvrage m de référence*** reference work; ***références*** (*recommandation*) reference *sg*
référendum [referɛ̃dɔm] *m* referendum
référer [refere] ⟨1f⟩: ***en référer à qn*** consult s.o.; ***se référer à*** *refer to*
refermer [rəfɛrme] ⟨1a⟩ shut again; ***se refermer*** shut again; *d'une blessure* close (up)
refiler [r(ə)file] ⟨1a⟩ F: ***refiler qch à qn*** pass sth on to s.o.
réfléchi, **réfléchie** [refleʃi] thoughtful; GRAM reflexive
réfléchir ⟨2a⟩ **1** *v/t* reflect **2** *v/i* think; ***réfléchir à*** *ou* ***sur qch*** think about sth
reflet [r(ə)flɛ] *m de lumière* glint; *dans eau*, *miroir* reflection (*aussi fig*)
refléter ⟨1f⟩ reflect (*aussi fig*)
réflexe [reflɛks] *m* reflex
réflexion [reflɛksjõ] *f* PHYS reflection; *fait de penser* thought, reflection; (*remarque*) remark
réformateur, **-trice** [refɔrmatœr, -tris] *m/f* reformer
réforme *f* reform; ***la Réforme*** REL the Reformation
réformer ⟨1a⟩ reform; MIL discharge
reformer [rəfɔrme] ⟨1a⟩ reform; ***se reformer*** reform
refoulé, **refoulée** [r(ə)fule] PSYCH repressed
refoulement *m* pushing back; PSYCH repression
refouler ⟨1a⟩ push back; PSYCH repress
refrain [r(ə)frɛ̃] *m* refrain, chorus
réfréner [refrene, rə-] ⟨1f⟩ control
réfrigérateur [refriʒeratœr] *m* refrigerator; ***conserver au réfrigérateur*** keep refrigerated
refroidir [r(ə)frwadir] ⟨1a⟩ cool down; *fig* cool; ***se refroidir*** *du temps* get colder; MÉD catch a chill
refroidissement *m* cooling; MÉD chill
refuge [r(ə)fyʒ] *m* (*abri*) refuge, shelter; *pour piétons* traffic island; *en montagne* (mountain) hut
réfugié, **réfugiée** *m/f* refugee
réfugier ⟨1a⟩: ***se réfugier*** take shelter

R

refus [r(ə)fy] *m* refusal
refuser ⟨1a⟩ refuse; ***refuser qch à qn*** refuse s.o. sth; ***refuser de*** *ou* ***se refuser à faire qch*** refuse to do sth
réfuter [refyte] ⟨1a⟩ refute
regagner [r(ə)gaɲe] ⟨1a⟩ win back, regain; *endroit* get back to, regain
régal [regal] *m* (*pl* -s) treat
régaler ⟨1a⟩ regale (***de*** with); ***je vais me régaler!*** I'm going to enjoy this!
regard [r(ə)gar] *m* look; ***au regard de la loi*** in the eyes of the law
regardant, **regardante** *avec argent* careful with one's money; ***ne pas être regardant sur qch*** not be too worried about sth
regarder ⟨1a⟩ **1** *v/t* look at; *télé* watch; (*concerner*) regard, concern; ***regarder qn faire qch*** watch s.o. doing sth **2** *v/i* look; ***regarder par la fenêtre*** look out (of) the window; ***se regarder*** *d'une personne* look at o.s.; *de plusieurs personnes* look at each other
régate [regat] *f* regatta
régie [reʒi] *f entreprise* state-owned company; TV, *cinéma* control room
regimber [r(ə)ʒɛ̃be] ⟨1a⟩ protest
régime [reʒim] *m* POL government, régime; MÉD diet; *fiscal* system; ***régime de retraite*** pension scheme
régiment [reʒimɑ̃] *m* regiment
région [reʒjõ] *f* region; ***région sinistrée*** disaster area
régional, **régionale** (*mpl* -aux) regional
régionalisation *f* POL regionalization
régionalisme *m* regionalism
régir [reʒir] ⟨2a⟩ govern
régisseur [reʒisœr] *m d'un domaine* managing agent; THÉÂT stage manager; *dans le film* assistant director; ***régisseur de plateau*** floor manager
registre [r(ə)ʒistr] *m* register (*aussi* MUS); *d'un discours* tone; ***registre de comptes*** ledger
réglable [reglabl] adjustable
réglage *m* adjustment
règle [rɛgl] *f instrument* ruler; (*prescription*) rule; ***de règle*** customary; ***en règle*** *papiers* in order; ***en règle générale*** as a rule; ***règles*** (*menstruation*) period *sg*
réglé, **réglée** [regle] *organisé* settled; *vie* well-ordered; *papier* ruled
règlement [rɛgləmɑ̃] *m d'une affaire, question* settlement; COMM payment, settlement; (*règles*) regulations *pl*
réglementaire [regləmɑ̃tɛr] in accordance with the rules; *tenue* regulation *atr*
réglementation *f* (*règle*) regulations *pl*
réglementer ⟨1a⟩ control, regulate
régler [regle] ⟨1f⟩ *affaire* settle; TECH adjust; COMM pay, settle; *épicier etc* pay, settle up with
réglisse [reglis] *f* BOT licorice, *Br* liquorice
règne [rɛɲ] *m* reign
régner ⟨1f⟩ reign (*aussi fig*)
regorger [r(ə)gɔrʒe] ⟨1l⟩: ***regorger de*** abound in, have an abundance of
régression [regrɛsjõ] *f* regression
regret [r(ə)grɛ] *m* (*repentir*) regret (***de*** about); ***à regret*** with regret, reluctantly; ***avoir le regret*** *ou* ***être au regret de faire qch*** regret to do sth
regrettable regrettable, unfortunate
regretter ⟨1b⟩ regret; *personne absente* miss; ***regretter d'avoir fait qch*** regret doing sth, regret having done sth; ***je ne regrette rien*** I have no regrets; ***je regrette mais …*** I'm sorry (but) …
regrouper [r(ə)grupe] ⟨1a⟩ gather together
régulariser [regylarize] ⟨1a⟩ *finances, papiers* put in order; *situation* regularize; TECH regulate
régularité *f d'habitudes* regularity; *d'élections* legality
régulation [regylasjõ] *f* regulation
régulier, **-ère** [regylje, -ɛr] regular; *allure, progrès* steady; *écriture* even; (*réglementaire*) lawful; (*correct*) decent, honest
régulièrement *adv* regularly
réhabilitation [reabilitasjõ] *f* rehabilitation; *d'un quartier* renovation, redevelopment
réhabiliter ⟨1a⟩ rehabilitate; *d'un quartier* renovate, redevelop
réhabituer [reabitɥe] ⟨1a⟩: ***se réhabituer à qch / faire qch*** get used to sth / doing sth again
rehausser [rəose] ⟨1a⟩ raise; *fig* (*souligner*) bring out, emphasize
réimpression [reɛ̃presjõ] *f* reprint
réimprimer ⟨1a⟩ reprint
rein [rɛ̃] *m* ANAT kidney; ***rein artificiel*** kidney machine; ***reins*** lower back *sg*
réincarnation [reɛ̃karnasjõ] *f* reincarnation
reine [rɛn] *f* queen
réinsérer [reɛ̃sere] ⟨1f⟩ *mot etc* reinstate; *délinquant* rehabilitate
réinsertion *f d'un mot etc* reinstatement; *d'un délinquant* rehabilitation
réintégrer [reɛ̃tegre] ⟨1f⟩ *employé* reinstate; *endroit* return to
réinvestir [reɛ̃vɛstir] ⟨2a⟩ reinvest
réitérer [reitere] ⟨1f⟩ reiterate
rejaillir [r(ə)ʒajir] ⟨2a⟩ spurt
rejet [r(ə)ʒɛ] *m* rejection

rejeter ⟨1c⟩ reject; (*relancer*) throw back; (*vomir*) bring up; *responsabilité*, *faute* lay (***sur*** on), shift (***sur*** onto)

rejoindre [r(ə)ʒwɛ̃dr] ⟨4b⟩ *personne* join, meet; (*rattraper*) catch up with; MIL rejoin; *autoroute* get back onto; ***se rejoindre*** meet

réjouir [reʒwir] ⟨2a⟩ make happy, delight; ***se réjouir de qch*** be delighted about sth

réjouissance *f* rejoicing; ***réjouissances publiques*** public festivities

relâche [r(ə)lɑʃ] *f*: ***sans relâche*** *travailler* without a break, nonstop

relâchement *m d'une corde* loosening; *de discipline* easing

relâcher ⟨1a⟩ loosen; *prisonnier* release; ***se relâcher*** *d'un élève*, *de la discipline* get slack

relais [r(ə)lɛ] *m* SP relay (race); ÉL relay; ***relais routier*** truck stop, *Br aussi* transport café; ***prendre le relais de qn*** spell s.o., take over from s.o.

relancer [r(ə)lɑ̃se] ⟨1k⟩ *balle* throw back; *moteur* restart; *fig*: *économie* kickstart; *personne* contact again, get back onto F

relater [r(ə)late] ⟨1a⟩ relate

relatif, **-ive** [r(ə)latif, -iv] relative (*aussi* GRAM); ***relatif à qch*** relating to sth, about sth

relation *f* (*rapport*) connection, relationship; (*connaissance*) acquaintance; ***être en relation avec qn*** be in touch with s.o.; ***relations*** relations; (*connaissances*) contacts; ***relations publiques*** public relations, PR *sg*

relativement *adv* relatively; ***relativement à*** compared with; (*en ce qui concerne*) relating to

relativiser ⟨1a⟩ look at in context *ou* perspective

relax [r(ə)laks] *adj inv* F laid-back F, relaxed

relaxation *f* relaxation

relaxer ⟨1a⟩: ***se relaxer*** relax

relayer [r(ə)lɛje] ⟨1i⟩ take over from; TV, *radio* relay; ***se relayer*** take turns

reléguer [r(ə)lege] ⟨1f⟩ relegate; ***reléguer qn au second plan*** ignore s.o., push s.o. into the background

relent [r(ə)lɑ̃] *m* smell; *de scandale* whiff

relève [r(ə)lɛv] *f* relief; ***prendre la relève*** take over

relevé, **relevée** [rəlve] **1** *adj manche* turned up; *style* elevated; CUIS spicy **2** *m de compteur* reading; ***relevé de compte*** bank statement

relever ⟨1d⟩ **1** *v/t* raise; (*remettre debout*) pick up; *mur* rebuild; *col*, *chauffage* turn up; *manches* turn up, roll up; *siège* put up, lift; *économie*, *finances* improve; (*ramasser*) collect; *sauce* spice up; *défi* take up; *faute* find; *adresse*, *date* copy; *compteur* read; (*relayer*) relieve, take over from; ***se relever*** get up; *fig* recover; ***relever qn de ses fonctions*** relieve s.o. of his duties **2** *v/i*: ***relever de*** (*dépendre de*) report to, be answerable to; (*ressortir de*) be the responsibility of

relief [rəljɛf] *m* relief; ***en relief*** in relief; ***mettre en relief*** *fig* highlight

relier [rəlje] ⟨1a⟩ connect (***à*** to), link (***à*** with); *livre* bind

relieur, **-euse** *m/f* binder

religieux, **-euse** [r(ə)liʒjø, -z] **1** *adj* religious **2** *m* monk **3** *f* nun

religion *f* religion

relire [r(ə)lir] ⟨4x⟩ re-read

reliure [rəljyr] *f* binding

reluire [rəlɥir] ⟨4c⟩ shine

remaniement [r(ə)manimɑ̃] *m d'un texte* re-working; POL reorganization, *Br* reshuffle

remanier ⟨1a⟩ *texte* re-work; POL reorganize, *Br* reshuffle

remarier [r(ə)marje] ⟨1a⟩: ***se remarier*** remarry, get married again

remarquable [r(ə)markabl] remarkable

remarque *f* remark

remarquer ⟨1m⟩ (*apercevoir*) notice; (*dire*) remark; ***faire remarquer qch à qn*** point sth out to s.o., comment on sth to s.o.; ***se remarquer*** *d'une chose* be noticed; ***se faire remarquer*** *d'un acteur*, *sportif etc* get o.s. noticed; *d'un écolier* get into trouble; *se différencier* be conspicuous

rembourrage [rɑ̃buraʒ] *m* stuffing

rembourrer ⟨1a⟩ stuff

remboursable [rɑ̃bursabl] refundable

remboursement *m* refund; *de dettes*, *d'un emprunt* repayment

rembourser ⟨1a⟩ *frais* refund, reimburse; *dettes*, *emprunt* pay back

remède [r(ə)mɛd] *m* remedy, cure

remédier ⟨1a⟩: ***remédier à qch*** remedy sth

remerciement [r(ə)mɛrsimɑ̃] *m*: ***remerciements*** thanks; ***une lettre de remerciement*** a thank-you letter, a letter of thanks

remercier ⟨1a⟩ thank (***de, pour*** for); (*congédier*) dismiss

remettre [r(ə)mɛtr] ⟨4p⟩ *chose* put back; *vêtement*, *chapeau* put on again, put back on; *peine* remit; *décision* postpone; (*ajouter*) add; ***remettre à neuf*** recondition; ***remettre qch à qn*** hand *ou* give sth to s.o.; ***remettre à l'heure*** put to

R

the right time; ***se remettre au beau*** *du temps* brighten up again; ***se remettre à qch*** take up sth again; ***se remettre à faire qch*** start doing sth again; ***se remettre de qch*** recover from sth; ***s'en remettre à qn*** rely on s.o.

réminiscence [reminisɑ̃s] *f* reminiscence

remise [r(ə)miz] *f* (*hangar*) shed; *d'une lettre* delivery; *de peine* remission, reduction; COMM discount; *d'une décision* postponement; ***remise des bagages*** baggage retrieval; ***remise en jeu*** goal kick; ***remise à neuf*** reconditioning; ***remise en question*** questioning

rémission [remisjõ] *f* MÉD remission

remontant [r(ə)mõtɑ̃] *m* tonic

remonte-pente [r(ə)mõtpɑ̃t] *m* (*pl* remonte-pentes) ski lift

remonter [r(ə)mõte] ⟨1a⟩ **1** *v/i* (*aux* **être**) come / go up again; *dans une voiture* get back in; *d'un baromètre* rise again; *de prix, température* rise again, go up again; *d'un avion, chemin* climb, rise; ***remonter à*** (*dater de*) go back to **2** *v/t* bring / take back up; *rue, escalier* come / go back up; *montre* wind; TECH reassemble; *col* turn up; *stores* raise; ***remonter qn*** *fig* boost s.o.'s spirits

remords [r(ə)mɔr] *mpl* remorse *sg*

remorque [r(ə)mɔrk] *f véhicule* trailer; *câble* towrope

remorquer ⟨1m⟩ *voiture* tow

remorqueur *m* tug

remous [r(ə)mu] *m d'une rivière* eddy; *d'un bateau* wash; *fig pl* stir *sg*

rempart [rɑ̃par] *m* rampart

remplaçant, remplaçante [rɑ̃plasɑ̃, -t] *m/f* replacement

remplacement *m* replacement

remplacer ⟨1k⟩ replace; ***remplacer X par Y*** replace X with Y, substitute Y for X

remplir [rɑ̃plir] ⟨2a⟩ fill (**de** with); *formulaire* fill out; *conditions* fulfill, *Br* fulfil, meet; *tâche* carry out

remplissage [rɑ̃plisaʒ] *m* filling

remporter [rɑ̃pɔrte] ⟨1a⟩ take away; *prix* win; ***remporter une victoire*** win

remue-ménage [r(ə)mymenaʒ] *m* (*pl inv*) (*agitation*) commotion

remuer [rəmɥe] ⟨1a⟩ **1** *v/t* move (*aussi fig*); *sauce* stir; *salade* toss; *terre* turn over **2** *v/i* move; ***se remuer*** move; *fig* F get a move on F

rémunérateur, -trice [remyneratœr, -tris] well-paid

rémunération *f* pay, remuneration

rémunérer ⟨1f⟩ pay

renaissance [r(ə)nɛsɑ̃s] *f* renaissance, rebirth (*aussi* REL); ***la Renaissance*** the Renaissance

renaître [r(ə)nɛtr] ⟨4g⟩ (*aux* **être**) REL be born again; *fig* be reborn

renard [r(ə)nar] *m* fox

renchérir [rɑ̃ʃerir] ⟨2a⟩ go up; ***renchérir sur qn / qch*** outdo s.o./sth, go one better than s.o./sth

rencontre [rɑ̃kõtr] *f* meeting; ***faire la rencontre de qn*** meet s.o.; ***aller à la rencontre de qn*** go and meet s.o.

rencontrer ⟨1a⟩ meet; *accueil* meet with; *difficulté* encounter, run into; *amour* find; (*heurter*) hit; ***se rencontrer*** meet

rendement [rɑ̃dmɑ̃] *m* AGR yield; *d'un employé, d'une machine* output; *d'un placement* return

rendez-vous [rɑ̃devu] *m* (*pl inv*) appointment; *amoureux* date; *lieu* meeting place; ***prendre rendez-vous*** make an appointment; ***donner rendez-vous à qn*** arrange to meet s.o.; ***avoir rendez-vous avec qn*** have an appointment / date with s.o.

rendormir [rɑ̃dɔrmir] ⟨2b⟩: ***se rendormir*** fall asleep again, go back to sleep again

rendre [rɑ̃dr] ⟨4a⟩ *1 v/t* (*donner en retour, restituer*) give back; *salut, invitation* return; (*donner*) give; (*traduire*) render; (*vomir*) bring up; MIL surrender; ***rendre un jugement*** pass sentence; ***rendre visite à qn*** visit s.o., pay s.o. a visit; ***rendre les choses plus difficiles*** make things more difficult **2** *v/i de terre, d'un arbre* yield; ***se rendre*** *à un endroit* go; MIL surrender; ***se rendre à l'avis de qn*** come around to s.o.'s way of thinking; ***se rendre présentable / malade*** make o.s. presentable / sick

rêne [rɛn] *f* rein

renfermé, renfermée [rɑ̃fɛrme] **1** *adj* withdrawn **2** *m*: ***sentir le renfermé*** smell musty

renfermer ⟨1a⟩ (*contenir*) contain; ***se renfermer dans le silence*** withdraw into silence

renforcement [rɑ̃fɔrsəmɑ̃] *m* reinforcement

renforcer ⟨1k⟩ reinforce

renfort [rɑ̃fɔr] *m* reinforcements *pl*; ***à grand renfort de*** with copious amounts of

rengaine [rɑ̃gɛn] *f* song; ***la même rengaine*** *fig* the same old story

rengorger [rɑ̃gɔrʒe] ⟨1l⟩: ***se rengorger*** strut (*aussi fig*)

renier [rənje] ⟨1a⟩ *personne* disown

renifler [r(ə)nifle] ⟨1a⟩ sniff

renne [rɛn] *m* reindeer

renom [r(ə)nõ] *m* (*célébrité*) fame, renown; (*réputation*) reputation

renommé, renommée known, famous (***pour*** for)

renommée *f* fame

renoncement [r(ə)nõsmã] *m* renunciation (***à*** of)

renoncer ⟨1k⟩: ***renoncer à qch*** give sth up; ***renoncer à faire qch*** give up doing sth

renouer [rənwe] ⟨1a⟩ **1** *v/t fig: amitié, conversation* renew **2** *v/i*: ***renouer avec qn*** get back in touch with s.o.; *après brouille* get back together with s.o.

renouveau [rənuvo] *m* revival

renouveler [rənuvle] ⟨1c⟩ *contrat, passeport etc* renew; (*changer*) change, renew; *demande, promesse* repeat; ***se renouveler*** (*se reproduire*) happen again

renouvellement *m* renewal

rénovation [renɔvasjõ] *f* renovation; *fig* (*modernisation*) updating

rénover ⟨1a⟩ renovate; *fig* bring up to date

renseignement [rãsɛɲmã] *m* piece of information (***sur*** about); ***renseignements*** information *sg*; MIL intelligence *sg*; ***prendre des renseignements sur*** find out about

renseigner ⟨1a⟩: ***renseigner qn sur qch*** tell *ou* inform s.o. about sth; ***se renseigner*** find out (***auprès de qn*** from s.o.; ***sur*** about)

rentabilité [rãtabilite] *f* profitability

rentable cost-effective; *entreprise* profitable; ***ce n'est pas rentable*** there's no money in it

rente [rãt] *f revenu d'un bien* private income; (*pension*) annuity; *versée à sa femme etc* allowance

rentrée [rãtre] *f* return; ***rentrée des classes*** beginning of the new school year; ***rentrées*** COMM takings

rentrer [rãtre] ⟨1a⟩ **1** *v/i* (*aux* ***être***) (*entrer*) go / come in; *de nouveau* go / come back in; *chez soi* go / come home; *dans un récipient* go in, fit; *de l'argent* come in; ***rentrer dans*** (*heurter*) collide with, run into; *serrure, sac* fit in, go into; *ses responsabilités* be part of; *attributions, fonctions* form part of, come under **2** *v/t* bring / take in; *voiture* put away; *ventre* pull in

renverse [rãvɛrs] *f*: ***tomber à la renverse*** fall backward *ou Br* backwards

renversé, renversée overturned; *image* reversed; *fig* astonished

renversement *m* POL *d'un régime* overthrow

renverser ⟨1a⟩ *image* reverse; *chaise, verre* (*mettre à l'envers*) upturn; (*faire tomber*) knock over, overturn; *piéton* knock down *ou* over; *liquide* spill; *gouvernement* overthrow; ***se renverser*** *d'une voiture, d'un bateau* overturn; *d'une bouteille, chaise* fall over

renvoi [rãvwa] *m de personnel* dismissal; *d'un élève* expulsion; *d'une lettre* return; *dans un texte* cross-reference (***à*** to)

renvoyer ⟨1p⟩ (*faire retourner*) send back; *ballon* return; *personnel* dismiss; *élève* expel; *rencontre, décision* postpone; (*réfléchir*) reflect; *dans un texte* refer

réorganiser [reɔrganize] ⟨1a⟩ reorganize

réouverture [reuvɛrtyr] *f* reopening

repaire [r(ə)pɛr] *m* den (*aussi fig*)

répandre [repãdr] ⟨4a⟩ spread; (*renverser*) spill; ***se répandre*** spread; (*être renversé*) spill; ***se répandre en excuses*** apologize profusely

répandu, répandue widespread

reparaître [r(ə)parɛtr] ⟨4z⟩ reappear

réparateur [reparatœr] *m* repairman

réparation *f* repair; (*compensation*) reparation; ***en réparation*** being repaired; ***surface*** *f* ***de réparation*** SP penalty area

réparer ⟨1a⟩ repair; *fig* make up for

répartie [reparti] *f* retort; ***avoir de la répartie*** have a gift for repartee

repartir [r(ə)partir] ⟨2b⟩ (*aux* ***être***) *partir de nouveau* leave again; *d'un train* set off again; ***il est reparti chez lui*** he went back home again; ***repartir de zéro*** start again from scratch

répartir [repartir] ⟨2a⟩ share out; *chargement* distribute; *en catégories* divide

répartition *f* distribution; *en catégories* division

repas [rəpɑ] *m* meal; ***repas d'affaires*** business lunch / dinner

repassage [rəpasaʒ] *m* ironing

repasser ⟨1a⟩ **1** *v/i* (*aux* ***être***) come/ go back again **2** *v/t couteau* sharpen; *linge* iron; *examen* take again

repêcher [r(ə)peʃe] ⟨1b⟩ fish out; *fig* F help out; *candidat* let pass

repeindre [rəpɛ̃dr] ⟨4b⟩ repaint

repenser [r(ə)pãse] ⟨1a⟩ **1** *v/t* rethink **2** *v/i* (*réfléchir*) think again (***à*** about)

repentir [r(ə)pãtir] 1 ⟨2b⟩: ***se repentir*** REL repent; ***se repentir de qch*** be sorry for sth **2** *m* penitence

répercussions [repɛrkysjõ] *fpl* repercussions

répercuter ⟨1a⟩: ***se répercuter*** reverberate; *fig* have repercussions (***sur*** on)

repère [r(ə)pɛr] *m* mark; (***point*** *m* ***de***) ***repère*** landmark

repérer ⟨1f⟩ (*situer*) pinpoint; (*trouver*)

find, F spot; (*marquer*) mark
répertoire [repɛrtwar] *m* directory; THÉÂT repertoire
répéter [repete] ⟨1f⟩ repeat; *rôle, danse* rehearse
répétitif, **-ive** repetitive
répétition *f* repetition; THÉÂT rehearsal
répit [repi] *m* respite; ***sans répit*** without respite
replacer [r(ə)plase] ⟨1k⟩ put back, replace
repli [r(ə)pli] *m* fold; *d'une rivière* bend
replier ⟨1a⟩ fold; *jambes* draw up; *journal* fold up; *manches* roll up; ***se replier*** MIL fall back; ***se replier sur soi-même*** retreat into one's shell
réplique [replik] *f* retort; (*copie*) replica
répliquer ⟨1m⟩ retort; *d'un enfant* answer back
répondeur [repõdœr] *m*: ***répondeur automatique*** answering machine
répondre ⟨4a⟩ **1** *v/t* answer, reply **2** *v/i* answer; (*réagir*) respond; ***répondre à*** answer, reply to; (*réagir à*) respond to; *besoin* meet; *attente* come up to; *signalement* match; ***répondre de*** answer for
réponse [repõs] *f* answer; (*réaction*) response
reportage [r(ə)pɔrtaʒ] *m* report
reporter[1] [r(ə)pɔrte] ⟨1a⟩ take back; *chiffres, solde* carry over; (*ajourner*) postpone
reporter[2] [r(ə)pɔrtɛr] *m/f* reporter
repos [r(ə)po] *m* rest
reposer ⟨1a⟩ **1** *v/t* (*remettre*) put back; *question* ask again; (*détendre*) rest; ***se reposer*** rest; ***se reposer sur*** *fig* (*compter sur*) rely on **2** *v/i*: ***reposer sur*** rest on; *fig* (*être fondé sur*) be based on
repoussant, **repoussante** [r(ə)pusɑ̃, -t] repulsive, repellant
repousser ⟨1a⟩ **1** *v/t* (*dégoûter*) repel; (*différer*) postpone; *pousser en arrière*, MIL push back; (*rejeter*) reject **2** *v/i* grow again
reprendre [r(ə)prɑ̃dr] ⟨4q⟩ **1** *v/t* take back; (*prendre davantage de*) take more; *ville* recapture; (*recommencer*) resume, start again; (*réprimander*) reprimand; (*corriger*) correct; *entreprise* take over (***à*** from); (*recouvrer*) regain; (*remporter*) pick up **2** *v/i retrouver vigueur* recover, pick up; (*recommencer*) start again; ***se reprendre*** (*se corriger*) correct o.s.; (*se maîtriser*) pull o.s. together
représailles [r(ə)prezaj] *fpl* reprisals; ***exercer des représailles*** take reprisals
représentant, **représentante** [r(ə)prezɑ̃tɑ̃, -t] *m/f* representative (*aussi* COMM)
représentatif, **-ive** representative
représentation *f* representation; *au théâtre* performance
représenter ⟨1a⟩ represent; *au théâtre* perform; ***se représenter qch*** imagine sth; ***se représenter*** POL run again for election
répressif, **-ive** [reprɛsif, -iv] POL repressive
répression *f* repression; ***mesures*** *fpl* ***de répression*** crackdown (***contre*** on)
réprimande [reprimɑ̃d] *f* reprimand
réprimander ⟨1a⟩ reprimand
réprimer [reprime] ⟨1a⟩ suppress
reprise [r(ə)priz] *f d'une ville* recapture; *d'une marchandise* taking back; *d'un travail, d'une lutte* resumption; ***à plusieurs reprises*** on several occasions; ***reprise économique*** economic recovery
repriser⟨1a⟩ darn, mend
réprobateur, **-trice** [reprɔbatœr, -tris] reproachful
réprobation *f* reproof
reproche [r(ə)prɔʃ] *m* reproach
reprocher ⟨1a⟩ reproach; ***reprocher qch à qn*** reproach s.o. for sth
reproducteur, **-trice** [rəprɔdyktœr, -tris] BIOL reproductive
reproduction *f* reproduction
reproduire ⟨4c⟩ reproduce; ***se reproduire*** happen again; BIOL reproduce, breed
reptile [rɛptil] *m* reptile
républicain, **républicaine** [repyblikɛ̃, -ɛn] *m/f & adj* republican
république *f* republic
répugnance [repyɲɑ̃s] *f* repugnance (***pour*** for)
répugnant, **répugnante** repugnant
répugner ⟨1a⟩: ***répugner à qch*** be repelled by sth; ***répugner à faire qch*** be reluctant to do sth
répulsif, **-ive** [repylsif, -iv] *m* repellent
répulsion *f* repulsion
réputation [repytasjõ] *f* reputation
réputé, **réputée** famous; ***elle est réputée être …*** she is said *ou* supposed to be …
requérir [rəkerir] ⟨2l⟩ require
requête [rəkɛt] *f* request
requiem [rekwijɛm] *m* requiem
requin [r(ə)kɛ̃] *m* shark
requis, **requise** [rəki, -z] necessary
réquisitionner [rekizisjɔne] ⟨1a⟩ requisition
rescapé, **rescapée** [rɛskape] *m/f* survivor
réseau [rezo] *m* (*pl* -x) network; ***réseau routier*** road network *ou* system
réservation [rezɛrvasjõ] *f* booking, reservation
réserve [rezɛrv] *f* reserve; (*entrepôt*)

stockroom, storeroom; (*provision*) stock, reserve; *indienne* reservation; ***émettre des réserves*** (***à propos de qch***) express reservations (about sth); ***réserve naturelle*** nature reserve; ***en réserve*** in reserve; ***sans réserve*** unreservedly; ***sous réserve de*** subject to

réservé, **réservée** [rezɛrve] reserved (*aussi fig*)

réserver ⟨1a⟩ reserve; *dans un hôtel*, *un restaurant* book, reserve; (*mettre de côté*) put aside; ***réserver qch à qn*** keep *ou* save sth for s.o.; ***réserver une surprise à qn*** have a surprise for s.o.

réservoir [rezɛrvwar] *m* tank; *lac etc* reservoir

résidence [rezidɑ̃s] *f* residence; ***résidence universitaire*** dormitory, *Br* hall of residence

résidentiel, **résidentielle** residential

résider ⟨1a⟩ live; ***résider dans*** *fig* lie in

résidu [rezidy] *m* residue; MATH remainder

résignation [reziɲasjõ] *f* resignation

résigner ⟨1a⟩ *d'une fonction* resign; ***se résigner*** resign o.s. (***à*** to)

resiliation [reziljasjõ] *f* cancellation

resilier ⟨1a⟩ *contrat* cancel

résine [rezin] *f* resin

résistance [rezistɑ̃s] *f* resistance; (*endurance*) stamina; *d'un matériau* strength; ***la Résistance*** HIST the Resistance

résistant, **résistante** strong, tough; ***résistant à la chaleur*** heatproof, heat-resistant

résister ⟨1a⟩ resist; ***résister à*** *tentation*, *personne* resist; *sécheresse* withstand, stand up to

résolu, **résolue** [rezɔly] determined (***à faire qch*** to do sth)

résolution *f* (*décision*) resolution; (*fermeté*) determination; *d'un problème* solving

résonance [rezɔnɑ̃s] *f* resonance

résonner ⟨1a⟩ echo, resound

résorber [rezɔrbe] ⟨1a⟩ absorb

résoudre [rezudr] ⟨4bb⟩ **1** *v/t problème* solve **2** *v/i*: ***résoudre de faire qch*** decide to do sth; ***se résoudre à faire qch*** decide to do sth

respect [rɛspɛ] *m* respect; ***tenir qn en respect*** fend s.o. off; ***par respect pour*** out of respect for

respectable [rɛspɛktabl] *personne*, *somme* respectable

respecter ⟨1a⟩ respect; ***respecter le(s) délai(s)*** meet the deadline; ***respecter la priorité*** AUTO yield, *Br* give way; ***se respecter*** have some self-respect; *mutuellement* respect each other; ***se faire respecter*** command respect

respectif, **-ive** [rɛspɛktif, -iv] respective

respectivement *adv* respectively

respectueux, **-euse** [rɛspɛktɥø, -z] respectful

respirateur [rɛspiratœr] *m* respirator; ***respirateur artificiel*** life support system

respiration *f* breathing; ***retenir sa respiration*** hold one's breath; ***respiration artificielle*** MÉD artificial respiration

respirer ⟨1a⟩ **1** *v/t* breathe; *fig* exude **2** *v/i* breathe

resplendir [rɛsplɑ̃dir] ⟨2a⟩ glitter

responsabilité [rɛspõsabilite] *f* responsibility (***de*** for); JUR liability; ***accepter la responsabilité de*** accept responsibility for

responsable responsible (***de*** for)

ressaisir [r(ə)sezir] ⟨2a⟩: ***se ressaisir*** pull o.s. together

ressemblance [r(ə)sɑ̃blɑ̃s] *f* resemblance

ressembler ⟨1a⟩: ***ressembler à*** resemble, be like; ***se ressembler*** resemble each other, be like each other; ***ne ressembler à rien*** *péj* look like nothing on earth

ressemeler [r(ə)səmle] ⟨1c⟩ resole

ressentiment [r(ə)sɑ̃timɑ̃] *m* resentment

ressentir [r(ə)sɑ̃tir] ⟨2b⟩ feel; ***se ressentir de qch*** still feel the effects of sth

resserrer [r(ə)sere] ⟨1b⟩ *nœud*, *ceinture* tighten; *fig*: *amitié* strengthen

resservir [r(ə)sɛrvir] ⟨2b⟩ **1** *v/t*: ***puis-je vous resservir?*** would you like some more? **2** *v/i* be used again

ressort [r(ə)sɔr] *m* TECH spring; *fig* motive; (*énergie*) energy; (*compétence*) province; JUR jurisdiction; ***ce n'est pas de mon ressort*** that's not my province *ou* responsibility; ***en dernier ressort*** JUR without appeal; *fig* as a last resort

ressortir [r(ə)sɔrtir] ⟨2b⟩ (*aux* ***être***) come / go out again; (*se détacher*) stand out; ***faire ressortir*** bring out, emphasize; ***il ressort de cela que*** it emerges from this that; ***ressortir à*** JUR fall within the jurisdiction of

ressortissant, **ressortissante** [r(ə)sɔrtisɑ̃, -t] *m/f* national

ressource [r(ə)surs] *f* resource

ressusciter [resysite] ⟨1a⟩ **1** *v/t* resuscitate; *fig aussi* revive **2** *v/i* come back to life

restant, **restante** [rɛstɑ̃, -t] **1** *adj* remaining **2** *m* remainder

restaurant [rɛstɔrɑ̃] *m* restaurant

restaurateur, **-trice** *m/f* restaurateur; ART restorer

restauration *f* catering; ART restoration;

restauration rapide fast food
restaurer ⟨1a⟩ restore
reste [rɛst] *m* rest, remainder; ***restes*** CUIS leftovers; ***du reste, au reste*** moreover; ***être en reste avec*** be in debt to
rester [rɛste] ⟨1a⟩ **1** *v/i* (*aux* **être**) (*subsister*) be left, remain; (*demeurer*) stay, remain; ***on en reste là*** we'll stop there **2** *impersonnel*: ***il reste du vin*** there's some wine left; ***il ne reste plus de pain*** there's no bread left; **(*il*)** ***reste que*** nevertheless
restituer [rɛstitɥe] ⟨1n⟩ (*rendre*) return; (*reconstituer*) restore
restitution *f* restitution
restoroute [rɛstɔrut] *m* freeway *ou Br* motorway restaurant
restreindre [rɛstrɛ̃dr] ⟨4b⟩ restrict
restriction [rɛstriksjõ] *f* restriction; ***sans restriction*** unreservedly
résultat [rezylta] *m* result
résulter ⟨1a⟩ result (**de** from)
résumé [rezyme] *m* summary
résumer ⟨1a⟩ *article, discours* summarize; *situation* sum up
résurrection [rezyrɛksjõ] *f* REL resurrection (*aussi fig*)
rétablir [retablir] ⟨2a⟩ (*restituer*) restore; (*remettre*) re-establish, restore; ***se rétablir*** recover
rétablissement *m* restoration; *malade* recovery
retaper [r(ə)tape] ⟨1a⟩ *lettre* re-type; F *maison* do up
retard [r(ə)tar] *m* lateness; *dans travail, paiement* delay; *dans un développement* backwardness; ***avoir deux heures de retard*** be two hours late; ***avoir du retard en anglais*** be behind in English; ***avoir du retard sur qn*** be behind s.o.; ***être en retard*** be late; *d'une montre* be slow; *fig* be behind; ***avec 3 heures de retard*** three hours late; ***sans retard*** without delay
retardataire *m/f* latecomer; (*traînard*) straggler
retardé, **retardée** delayed; *enfant* retarded
retarder ⟨1a⟩ **1** *v/t* delay, hold up; *montre* put back **2** *v/i d'une montre* be slow; ***retarder de cinq minutes*** be five minutes slow; ***retarder sur son temps*** *fig* be behind the times
retenir [rətnir] ⟨2h⟩ *personne* keep; *argent* withhold; (*rappeler*) remember; *proposition, projet* accept; (*réserver*) reserve; ***se retenir*** restrain o.s.
retentir [rətɑ̃tir] ⟨2a⟩ sound; *d'un canon, du tonnerre* boom; ***retentir sur*** impact on
retentissant, **retentissante** resounding (*aussi fig*)
retentissement *m* impact
retenu, **retenue** [rətny] (*réservé*) reserved; (*empêché*) delayed, held up
retenue *f sur salaire* deduction; *fig* (*modération*) restraint
réticence [retisɑ̃s] *f* (*omission*) omission; (*hésitation*) hesitation
rétine [retin] *f* ANAT retina
retirer [r(ə)tire] ⟨1a⟩ withdraw; *vêtement, chapeau* take off, remove; *promesse* take back; *profit* derive; ***retirer qch de*** remove sth from; ***se retirer*** withdraw; (*prendre sa retraite*) retire
retombées [r(ə)tõbe] *fpl fig* repercussions, fallout F *sg*; ***retombées radioactives*** PHYS radioactive fallout
retomber ⟨1a⟩ (*aux* **être**) *tomber de nouveau* fall again; (*tomber*) land; *de cheveux, rideau* fall; ***retomber sur qch*** *fig* come back to sth; ***retomber sur qn*** *de responsabilité* fall on s.o; ***retomber dans qch*** sink back into sth
rétorquer [retɔrke] ⟨1m⟩ retort
rétorsion [retɔrsjõ] POL: ***mesure*** *f* ***de rétorsion*** retaliatory measure
retouche [r(ə)tuʃ] *f d'un texte, vêtement* alteration; *d'une photographie* retouch
retoucher ⟨1a⟩ *texte, vêtement* alter; *photographie* retouch
retour [r(ə)tur] *m* return; ***être de retour*** be back; ***en retour*** in return; ; ***bon retour!*** have a good trip home!; ***par retour du courrier*** by return of mail
retourner ⟨1a⟩ **1** *v/i* (*aux* **être**) return, go back; ***retourner sur ses pas*** backtrack **2** *v/t matelas, tête* turn; *lettre* return; *vêtement* turn inside out; ***retourner qn*** *fig* get s.o. to change their mind; ***tourner et retourner*** *fig*: *idée* turn over and over in one's mind; ***se retourner*** *au lit* turn over (*aussi* AUTO); (*tourner la tête*) turn (around); ***se retourner contre qn*** turn against s.o.
rétracter [retrakte] ⟨1a⟩: ***se rétracter*** retract
retrait [r(ə)trɛ] *m* withdrawal; ***en retrait*** set back
retraite [r(ə)trɛt] *f* retirement; (*pension*) retirement pension; MIL retreat; ***prendre sa retraite*** retire
retraité, **retraitée** *m/f* pensioner, retired person
retrancher [r(ə)trɑ̃ʃe] ⟨1a⟩ (*enlever*) remove, cut (**de** from); (*déduire*) deduct; ***se retrancher*** MIL dig in; *fig* take refuge
retransmettre [rətrɑ̃smɛtr] ⟨4p⟩ relay
retransmission *f* TV broadcast
rétrécir [retresir] ⟨2a⟩ **1** *v/t* shrink; *fig* nar-

row **2** *v/i* shrink; ***se rétrécir*** narrow
rétribuer [retribɥe] ⟨1n⟩ pay
rétribution *f* remuneration, payment
rétroactif, -ive [retrɔaktif, -iv] retroactive
rétrograde [retrɔgrad] *mouvement* backward; *doctrine*, *politique* reactionary
rétrograder ⟨1a⟩ **1** *v/t* demote **2** *v/i* retreat; AUTO downshift
rétroprojecteur [retrɔprɔʒɛktœr] *m* overhead projector
rétrospectif, -ive [retrɔspɛktif, -iv] **1** *adj* retrospective **2** *f*: ***rétrospective*** retrospective
retrousser [r(ə)truse] ⟨1a⟩ *manches* roll up
retrouvailles [r(ə)truvaj] *fpl* F reunion *sg*
retrouver ⟨1a⟩ (*trouver*) find; *trouver de nouveau* find again; (*rejoindre*) meet; *santé* regain; ***se retrouver*** meet; ***se retrouver seul*** find o.s. alone; ***on ne s'y retrouve pas*** it's confusing
rétroviseur [retrɔvizœr] *m* AUTO rear-view mirror
réunification [reynifikasjõ] *f* reunification
réunifier ⟨1a⟩ reunify
réunion [reynjõ] *f* (*assemblée*) meeting; POL reunion; ***être en réunion*** be in a meeting
réunir ⟨2a⟩ bring together; *pays* reunite; *documents* collect; ***se réunir*** meet
réussi, réussie [reysi] successful
réussir ⟨2a⟩ **1** *v/i d'une personne* succeed; ***réussir à faire qch*** manage to do sth, succeed in doing sth **2** *v/t vie*, *projet* make a success of; *examen* be successful in; ***réussir un soufflé*** make a successful soufflé
réussite *f* success; *aux cartes* solitaire, *Br aussi* patience
réutilisable [reytilizabl] reusable
réutiliser ⟨1a⟩ reuse
revanche [r(ə)vɑ̃ʃ] *f* revenge; ***en revanche*** on the other hand
rêve [rɛv] *m* dream
revêche [rəvɛʃ] harsh
réveil [revɛj] *m* awakening; (*pendule*) alarm (clock)
réveiller ⟨1b⟩ *personne* waken, wake up; *fig* revive; ***se réveiller*** wake up
réveillon [revɛjõ] *m* special meal eaten on Christmas Eve or New Year's Eve
réveillonner ⟨1a⟩ have a réveillon
révélateur, -trice [revelatœr, -tris] revealing; ***être révélateur de qch*** point to sth
révélation *f* revelation
révéler ⟨1f⟩ reveal; ***se révéler faux*** prove to be false
revenant [rəvnɑ̃] *m* ghost
revendeur, -euse [r(ə)vɑ̃dœr, -øz] *m/f* retailer
revendication [r(ə)vɑ̃dikasjõ] *f* claim, demand
revendiquer ⟨1m⟩ claim, demand; *responsabilité* claim; ***revendiquer un attentat*** claim responsibility for an attack
revendre [r(ə)vɑ̃dr] ⟨4a⟩ resell; ***avoir du temps à revendre*** have plenty of time to spare
revenir [rəvnir] ⟨2h⟩ (*aux* **être**) come back, return (**à** to); *d'un mot* crop up; ***revenir sur*** *thème*, *discussion* go back to; *décision*, *parole* go back on; ***revenir sur ses pas*** retrace one's footsteps; ***revenir à qn*** *d'une part* be due to s.o.; ***sa tête ne me revient pas*** I don't like the look of him; ***revenir de*** *évanouissement* come around from; *étonnement* get over, recover from; *illusion* lose; ***revenir cher*** cost a lot; ***cela revient au même*** it comes to the same thing; ***faire revenir*** CUIS brown
revente [r(ə)vɑ̃t] *f* resale
revenu [rəvny] *m* income; ***revenus*** revenue *sg*
rêver [rɛve] ⟨1a⟩ dream (**de** about); *éveillé* (day)dream (**à** about)
réverbère [revɛrbɛr] *m* street lamp
révérence [reverɑ̃s] *f* (*salut*) bow; *d'une femme* curtsey
rêverie [rɛvri] *f* daydream
revérifier [rəverifje] ⟨1a⟩ double-check
revers [r(ə)vɛr] *m* reverse, back; *d'une enveloppe*, *de la main* back; *d'un pantalon* cuff, *Br* turn-up; *fig* (*échec*) reversal; ***revers de la médaille*** other side of the coin
revêtement [r(ə)vɛtmɑ̃] *m* TECH cladding; *d'une route* surface
revêtir ⟨2g⟩ *vêtement* put on; *forme*, *caractère* assume; ***revêtir qn d'une autorité / dignité*** lend s.o. authority /dignity; ***revêtir qch de*** TECH cover *ou* clad sth in sth; ***revêtir une importance particulière*** take on particular importance
rêveur, -euse [rɛvœr, -øz] **1** *adj* dreamy **2** *m/f* dreamer
revigorer [r(ə)vigɔre] ⟨1a⟩ *fig* reinvigorate
revirement [r(ə)virmɑ̃] *m*: ***revirement d'opinion*** sudden change in public attitude
réviser [revize] ⟨1a⟩ *texte* revise; *machine* service
révision *f* revision; TECH, AUTO service
revivre [r(ə)vivr] ⟨4e⟩ **1** *v/t* relive **2** *v/i* revive
révocation [revokasjõ] *f* revocation; *d'un*

R

dirigeant etc dismissal
revoir [r(ə)vwar] **1** *vt* ⟨3b⟩ see again; *texte* review; ÉDU review, *Br* revise **2** *m*: ***au revoir!*** goodbye!
révolte [revɔlt] *f* revolt
révolter ⟨1a⟩ revolt; ***se révolter*** rebel, revolt
révolu, **révolue** [revɔly] bygone
révolution [revɔlysjõ] *f* revolution
révolutionnaire *m/f & adj* revolutionary
révolutionner ⟨1a⟩ revolutionize
revolver [revɔlvɛr] *m* revolver
révoquer [revɔke] ⟨1m⟩ *fonctionnaire* dismiss; *contrat* revoke
revue [r(ə)vy] *f* review; ***passer en revue*** *fig* review
rez-de-chaussée [redʃose] *m* (*pl inv*) first floor, *Br* ground floor
R.F.A. [ɛrɛfa] *f abr* (= ***République fédérale d'Allemagne***) FRG (Federal Republic of Germany)
rhabiller [rabije] ⟨1a⟩: ***se rhabiller*** get dressed again
rhétorique [retɔrik] *f* rhetoric
Rhin [rɛ̃] *m* Rhine
rhinocéros [rinɔserɔs] *m* rhinoceros, rhino F
Rhône [ron] *m* Rhone
rhubarbe [rybarb] *f* BOT rhubarb
rhum [rɔm] *m* rum
rhumatisant, **rhumatisante** [rymatizɑ̃, -t] rheumatic
rhumatismes *mpl* rheumatism *sg*
rhume [rym] *m* cold; ***rhume de cerveau*** head cold; ***rhume des foins*** hay fever
riant, **riante** [rijɑ̃, -t] merry
ricanement [rikanmɑ̃] *m* sneer; *bête* snigger
ricaner ⟨1a⟩ sneer; *bêtement* snigger
riche [riʃ] rich (***en*** in); *sol* fertile; *décoration*, *meubles* elaborate
richesse *f* wealth; *du sol* fertility
ricocher [rikɔʃe] ⟨1a⟩ ricochet
rictus [riktys] *m* grimace
ride [rid] *f* wrinkle, line
ridé, **ridée** wrinkled, lined
rideau [rido] *m* (*pl* -x) drape, *Br* curtain; ***rideau de fer*** POL Iron Curtain
rider [ride] ⟨1a⟩ *peau* wrinkle; ***se rider*** become wrinkled *ou* lined
ridicule [ridikyl] **1** *adj* ridiculous (***de faire qch*** to do sth) **2** *m* ridicule; (*absurdité*) ridiculousness; ***tourner qch en ridicule*** poke fun at sth
ridiculiser ⟨1a⟩ ridicule; ***se ridiculiser*** make a fool of o.s.
rien[2] [rjɛ̃] **1** *pron* ◇ nothing; ***de rien*** *comme réponse* not at all, you're welcome; ***ils ne se ressemblent en rien*** they are not at all alike; ***rien que cela?*** just that?, nothing else?; ***j'y suis pour rien*** I have nothing to do with it
◇ ***ne … rien*** nothing, not anything; ***il ne sait rien*** he knows nothing, he doesn't know anything; ***rien de rien*** nothing at all, absolutely nothing; ***rien du tout*** nothing at all; ***il n'en est rien*** it's not the case, it's not so
◇ *quelque chose* anything; ***sans rien dire*** without saying anything **2** *m* trifle; ***en un rien de temps*** in no time; ***pour un rien*** *se fâcher* for nothing, for no reason; ***un rien de*** a touch of
rigide [riʒid] rigid (*aussi fig*)
rigolade [rigɔlad] *f* F joke
rigole [rigɔl] *f* (*conduit*) channel
rigoler [rigɔle] ⟨1a⟩ F joke; (*rire*) laugh
rigolo, **rigolote** F (*amusant*) funny
rigoureusement [rigurøzmɑ̃] *adv* rigorously
rigoureux, **-euse** rigorous, strict
rigueur *f* rigor, *Br* rigour; ***à la rigueur*** if absolutely necessary; ***de rigueur*** compulsory
rime [rim] *f* rhyme
rimer ⟨1a⟩ rhyme; ***ne rimer à rien*** *fig* not make sense
rinçage [rɛ̃saʒ] *m* rinse
rincer ⟨1k⟩ rinse
ring [riŋ] *m en boxe* ring
riposte [ripɔst] *f* riposte, response; *avec armes* return of fire
riposter ⟨1a⟩ reply, response; *avec armes* return fire
rire [rir] **1** *vi* ⟨4r⟩ laugh (**de** about, at); (*s'amuser*) have fun; ***rire aux éclats*** roar with laughter; ***pour rire*** as a joke, for a laugh; ***rire de qn*** make fun of s.o., laugh at s.o.; ***se rire de*** *fml* laugh at **2** *m* laugh; ***rires*** laughter *sg*
risée [rize] *f* mockery
risible [rizibl] laughable
risque [risk] *m* risk; ***à mes / tes risques et périls*** at my / your own risk; ***au risque de faire qch*** at the risk of doing sth; ***courir le risque de faire qch*** risk doing sth, run the risk of doing sth
risqué, **risquée** risky; *plaisanterie*, *remarque* risqué
risquer ⟨1m⟩ risk; ***risquer de faire qch*** risk doing sth, run the risk of doing sth; ; ***se risquer dans*** *pièce* venture into; *entreprise* venture on
rissoler [risɔle] ⟨1a⟩ CUIS brown
rite [rit] *m* REL rite; *fig* ritual
rituel, **rituelle** *m & adj* ritual
rivage [rivaʒ] *m* shore
rival, **rivale** [rival] (*mpl* -aux) *m/f & adj*

R

rival
rivaliser ⟨1a⟩ compete, vie
rivalité *f* rivalry
rive [riv] *f d'un fleuve* bank; *d'une mer, d'un lac* shore; ***la Rive Gauche*** *à Paris* the Left Bank
river [rive] ⟨1a⟩ TECH rivet
riverain, **riveraine** [rivrɛ̃, -ɛn] *m/f* resident
rivet [rivɛ] *m* TECH rivet
rivière [rivjɛr] *f* river
rixe [riks] *f* fight, brawl
riz [ri] *m* BOT rice
robe [rɔb] *f* dress; *d'un juge, avocat* robe; ***robe de chambre*** robe, *Br* dressing gown; ***robe de mariée*** wedding dress; ***robe du soir*** evening dress
robinet [rɔbinɛ] *m* faucet, *Br* tap
robot [rɔbo] *m* robot
robuste [rɔbyst] sturdy, robust
roc [rɔk] *m* rock
rocaille [rɔkaj] *f terrain* stony ground
rocailleux, **-euse** stony; *voix* rough
roche [rɔʃ] *f* rock
rocher *m* rock
rocheux, **-euse** rocky; ***les Montagnes Rocheuses*** the Rocky Mountains
rock [rɔk] *m* MUS rock
rococo [rɔkɔko] *m* rococo
rodage [rɔdaʒ] *m* AUTO running in
rôder [rode] ⟨1a⟩ prowl
rôdeur, **-euse** *m/f* prowler
rogne [rɔɲ] *f*: ***être en rogne*** F be in a bad mood
rogner [rɔɲe] ⟨1a⟩ **1** *v/t* cut, trim **2** *v/i*: ***rogner sur qch*** cut *ou* trim sth
rognon [rɔɲõ] *m* CUIS kidney
roi [rwa] *m* king
rôle [rol] *m* role; (*registre*) roll; ***à tour de rôle*** turn and turn about
ROM [rɔm] *f* (*pl inv*) *abr* (= ***read only memory***) ROM
romain, **romaine** [rɔmɛ̃, -ɛn] **1** *adj* Roman **2** *m/f* **Romain**, **romaine** Roman
roman [rɔmɑ̃] *m* novel
romancier, **-ère** [rɔmɑ̃sje, -ɛr] *m/f* novelist
romand, **romande** [rɔmɑ̃, -d]: ***la Suisse romande*** French-speaking Switzerland
romanesque [rɔmanɛsk] (*sentimental*) romantic
romantique [rɔmɑ̃tik] *m/f & adj* romantic
romantisme *m* romanticism
romarin [rɔmarɛ̃] *m* BOT rosemary
rompre [rõpr] ⟨4a⟩ **1** *v/i* break; ***rompre avec*** *petit ami* break it off with; *tradition* break with; *habitude* break **2** *v/t* break (*aussi fig*); *relations, négociations, fiançailles* break off; ***se rompre*** break
rompu, **rompue** (*cassé*) broken; ***rompu à*** used to
ronce [rõs] *f* BOT: ***ronces*** brambles
rond, **ronde** [rõ, -d] **1** *adj* round; *joues, personne* plump; F (*ivre*) drunk **2** *adv*: ***tourner rond*** *moteur, fig* run smoothly **3** *m figure* circle *m* **4** *f*: ***faire la ronde*** dance in a circle; ***faire sa ronde*** do one's rounds; *d'un soldat* be on patrol; *d'un policier* be on patrol, *Br aussi* be on the beat; ***à la ronde*** around
rondelet, **rondelette** plump
rondelle [rõdɛl] *f* disk, *Br* disc; *de saucisson* slice; TECH washer
rondement [rõdmɑ̃] *adv* (*promptement*) briskly; (*carrément*) frankly
rondeur [rõdœr] *f* roundness; *des bras, d'une personne* plumpness; *fig* frankness; ***rondeurs*** *d'une femme* curves
rondin [rõdɛ̃] *m* log
rond-point [rõpwɛ̃] *m* (*pl* ronds-points) traffic circle, *Br* roundabout
ronflement [rõfləmɑ̃] *m* snoring; *d'un moteur* purr
ronfler ⟨1a⟩ snore; *d'un moteur* purr
ronger [rõʒe] ⟨1l⟩ gnaw at; *fig* torment; ***se ronger les ongles*** bite one's nails
rongeur *m* ZO rodent
ronronnement [rõrɔnmɑ̃] *m* purr
ronronner ⟨1a⟩ purr
rosace [rozas] *f* ARCH rose window
rosaire [rozɛr] *m* REL rosary
rosbif [rɔzbif] *m* CUIS roast beef
rose [roz] **1** *f* BOT rose **2** *m couleur* pink **3** *adj* pink
rosé, **rosée** **1** *m* rosé **2** *adj* pinkish
roseau [rozo] *m* (*pl* -x) BOT reed
rosée [roze] *f* dew
rosier [rozje] *m* rose bush
rossignol [rɔsiɲɔl] *m* ZO nightingale
rot [ro] *m* F belch
rotation [rɔtasjõ] *f* rotation
roter [rɔte] ⟨1a⟩ F belch
rôti [rɔti, ro-] *m* roast
rôtie [rɔti, ro-] *f* slice of toast
rotin [rɔtɛ̃] *m* rattan
rôtir [rɔtir, ro-] ⟨2a⟩ roast
rôtisserie *f* grill-room
rôtissoire *f* spit
rotule [rɔtyl] *f* ANAT kneecap
rouage [rwaʒ] *m* cogwheel; ***rouages*** *d'une montre* works; *fig* machinery *sg*
roublard, **roublarde** [rublar, -d] crafty
roucouler [rukule] ⟨1a⟩ *d'un pigeon* coo; *d'amoureux* bill and coo
roue [ru] *f* wheel; ***deux roues*** *m* two-wheeler; ***roue libre*** freewheel
roué, **rouée** [rwe] crafty
rouer [rwe]⟨1a⟩: ***rouer qn de coups*** beat

R

s.o. black and blue
rouge [ruʒ] **1** *adj* red (*aussi* POL) **2** *adv fig*: ***voir rouge*** see red **3** *m couleur, vin* red; ***rouge à lèvres*** lipstick; ***rouge à joues*** blusher
rougeâtre reddish
rouge-gorge [ruʒgɔrʒ] *m* (*pl* rouges-gorges) robin (redbreast)
rougeole [ruʒɔl] *f* MÉD measles *sg*
rouget [ruʒɛ] *m* mullet
rougeur [ruʒœr] *f* redness; (*irritation*) blotch
rougir ⟨2a⟩ go red; *d'une personne aussi* blush (**de** with); *de colère* flush (**de** with)
rouille [ruj] *f* rust
rouillé, **rouillée** rusty (*aussi fig*)
rouiller ⟨1a⟩ rust; ***se rouiller*** rust; *fig* go rusty
rouleau [rulo] *m* (*pl* -x) roller; *de papier peint, pellicule* roll; CUIS rolling pin
roulement [rulmɑ̃] *m de tambour* roll; *d'un train* rumble; TECH bearing; ***roulement à billes*** TECH ball bearing
rouler [rule] ⟨1a⟩ **1** *v/i* roll; *d'une voiture* travel; ***ça roule?*** F how are things?, how goes it? F; ***rouler sur qch*** *d'une conversation* be about sth **2** *v/t* roll; ***rouler qn*** F cheat s.o.; ***se rouler par terre*** roll on the ground
roulette [rulɛt] *f de meubles* caster; *jeu* roulette
roulis [ruli] *m* MAR swell
roulotte [rulɔt] *f* trailer, *Br* caravan
roumain, **roumaine** [rumɛ̃, -ɛn] **1** *adj* Romanian **2** *m langue* Romanian **3** *m/f* **Roumain**, **Roumaine** Romanian
Roumanie: ***la Roumanie*** Romania
round [rund] *m en boxe* round
rouquin, **rouquine** [rukɛ̃, -in] *m/f* F redhead
rouspéter [ruspete] ⟨1f⟩ F complain
rousseur [rusœr] *f*: ***taches*** *fpl* ***de rousseur*** freckles
roussir ⟨2a⟩ **1** *v/t linge* scorch **2** *v/i de feuilles* turn brown; ***faire roussir*** CUIS brown
route [rut] *f* road; (*parcours*) route; *fig* (*chemin*) path; ***en route*** on the way; ***mettre en route*** *moteur, appareil* start up; ***se mettre en route*** set off; *fig* get under way; ***faire fausse route*** take the wrong turning; *fig* be on the wrong track, be wrong; ***faire route vers*** be heading for
routier, **-ère** **1** *adj* road *atr* **2** *m* (*conducteur*) truck driver, *Br* long-distance lorry driver; *restaurant* truck stop, *Br aussi* transport café
routine [rutin] *f* routine; ***de routine*** routine *atr*
routinier, **-ère** routine *atr*
rouvrir [ruvrir] ⟨2f⟩ open again, re-open
roux, **rousse** [ru, -s] **1** *adj* red-haired; *cheveux* red **2** *m* CUIS roux
royal, **royale** [rwajal] (*mpl* -aux) royal; *fig*: *pourboire, accueil* superb, right royal
royaliste *m/f & adj* royalist
royaume [rwajom] *m* kingdom
Royaume-Uni United Kingdom
royauté *f* royalty
R.-U. *abr* (= ***Royaume-Uni***) UK (= United Kingdom)
ruban [rybɑ̃] *m* ribbon; ***ruban adhésif*** adhesive tape
rubéole [rybeɔl] *f* German measles *sg*
rubis [rybi] *m* ruby
rubrique [rybrik] *f* heading
ruche [ryʃ] *f* hive
rude [ryd] *personne, manières* uncouth; *sévère*: *personne, voix, climat* harsh; *travail, lutte* hard
rudimentaire [rydimɑ̃tɛr] rudimentary
rudiments *mpl* rudiments, basics
rudoyer [rydwaje] ⟨1h⟩ be unkind to
rue [ry] *f* street; ***dans la rue*** on the street, *Br* in the street; ***en pleine rue*** in the middle of the street; ***descendre dans la rue*** take to the streets; ***rue à sens unique*** one-way street; ***rue piétonne*** pedestrianized zone, *Br aussi* pedestrian precinct
ruée [rɥe] *f* rush
ruelle [rɥɛl] *f* alley
ruer [rɥe] ⟨1n⟩ *d'un cheval* kick; ***ruer dans les brancards*** *fig* kick over the traces; ***se ruer sur*** make a headlong dash for
rugby [rygbi] *m* rugby
rugir [ryʒir] ⟨2a⟩ roar; *du vent* howl
rugissement *m* roar
rugueux, **-euse** [rygø, -z] rough
ruine [rɥin] *f* ruin
ruiner ⟨1a⟩ ruin
ruineux, **-euse** incredibly expensive
ruisseau [rɥiso] *m* (*pl* -x) stream (*aussi fig*); (*caniveau*) gutter (*aussi fig*)
ruisseler [rɥisle] ⟨1c⟩ run
rumeur [rymœr] *f* hum; *de personnes* murmuring; (*nouvelle*) rumor, *Br* rumour
ruminer [rymine] ⟨1a⟩ **1** *v/i* chew the cud, ruminate **2** *v/t fig*: ***ruminer qch*** mull sth over
rupture [ryptyr] *f* breaking; *fig* split; *de négociations* breakdown; *de relations diplomatiques, fiançailles* breaking off; *de contrat* breach
rural, **rurale** [ryral] (*mpl* -aux) rural
ruse [ryz] *f* ruse; ***la ruse*** cunning
rusé, **rusée** crafty, cunning

russe [rys] **1** *adj* Russian **2** *m langue* Russian **3** *m/f* **Russe** Russian
Russie: ***la Russie*** Russia
rustique [rystik] rustic
rustre [rystr] *péj* **1** *adj* uncouth **2** *m* oaf
rutilant, rutilante [rytilɑ̃, -t] (*rouge*) glowing; (*brillant*) gleaming
rythme [ritm] *m* rhythm; (*vitesse*) pace
rythmique rhythmical

S

S. *abr* (= ***sud***) S (= south)
s' [s] → ***se***
sa [sa] → ***son***[1]
S.A. [ɛsɑ] *f abr* (= ***société anonyme***) Inc, *Br* plc
sable [sabl] *m* sand
sablé *m* CUIS shortbread biscuit
sabler ⟨1a⟩ sand; ***sabler le champagne*** break open the champagne
sablier *m* CUIS eggtimer
sablonneux, -euse sandy
sabot [sabo] *m* clog; ZO hoof; ***sabot de Denver*** Denver boot, *Br* clamp
sabotage [sabɔtaʒ] *m* sabotage
saboter ⟨1a⟩ sabotage; F *travail* make a mess of
saboteur, -euse *m/f* saboteur
sac [sak] *m* bag; *de pommes de terre* sack; ***sac de couchage*** sleeping bag; ***sac à dos*** backpack; ***sac à main*** purse, *Br* handbag; ***sac à provisions*** shopping bag
saccadé, saccadée [sakade] *mouvements* jerky; *voix* breathless
saccager [sakaʒe] ⟨1l⟩ (*piller*) sack; (*détruire*) destroy
saccharine [sakarin] *f* saccharine
sachet [saʃɛ] *m* sachet; ***sachet de thé*** teabag
sacoche [sakɔʃ] *f* bag; *de vélo* saddlebag
sacre [sakr] *m d'un souverain* coronation
sacré, sacrée [sakre] sacred; *devant le substantif* F damn F, *Br aussi* bloody F
sacrement [sakrəmɑ̃] *m* REL sacrament
sacrifice [sakrifis] *m* sacrifice (*aussi fig*)
sacrifier ⟨1a⟩ sacrifice (*aussi fig*); ***sacrifier à la mode*** *fig* be a slave to fashion, be a fashion victim; ***se sacrifier*** sacrifice o.s.
sacrilège [sakrilɛʒ] **1** *adj* sacrilegious **2** *m* sacrilege
sacro-saint, sacro-sainte [sakrɔsɛ̃, -t] *iron* sacrosanct
sadique [sadik] **1** *adj* sadistic **2** *m/f* sadist
sadisme *m* sadism
safran [safrɑ̃] *m* BOT, CUIS saffron
saga [saga] *f* saga
sagace [sagas] shrewd
sagacité *f* shrewdness
sage [saʒ] **1** *adj* wise; *enfant* good **2** *m* sage, wise man
sage-femme *f* (*pl* sages-femmes) midwife
sagesse *f* wisdom; *d'un enfant* goodness
Sagittaire [saʒitɛr] *m* ASTROL Sagittarius
saignant, saignante [sɛɲɑ̃, -t] bleeding; CUIS rare
saignement *m* bleeding
saigner ⟨1b⟩ **1** *v/i* bleed; ***je saigne du nez*** my nose is bleeding, I have a nosebleed **2** *v/t fig* bleed dry *ou* white
saillant, saillante [sajɑ̃, -t] *pommettes* prominent; *fig* salient
saillie *f* ARCH projection; *fig* quip
saillir ⟨2c⟩ ARCH project
sain, saine [sɛ̃, sɛn] healthy (*aussi fig*); *gestion* sound; ***sain et sauf*** safe and sound; ***sain d'esprit*** sane
saindoux [sɛ̃du] *m* lard
saint, sainte [sɛ̃, -t] **1** *adj* holy; ***vendredi m saint*** Good Friday **2** *m/f* saint
Saint-Esprit *m* Holy Spirit
sainteté *f* holiness
Saint-Sylvestre: ***la Saint-Sylvestre*** New Year's Eve
saisie [sezi] *f* JUR, *de marchandises de contrebande* seizure; ***saisie de données*** INFORM data capture
saisir ⟨2a⟩ seize; *personne, objet* take hold of, seize; *sens, intention* grasp; *occasion* seize, grasp; INFORM capture; ***se saisir de qn / de qch*** take hold of *ou* seize s.o./sth
saisissant, saisissante striking; *froid* penetrating
saison [sɛzõ] *f* season
saisonnier, -ère **1** *adj* seasonal **2** *m ouvrier* seasonal worker
salade [salad] *f* salad; ***salade de fruits***

fruit salad
saladier *m* salad bowl
salaire [salɛr] *m d'un ouvrier* wages *pl*; *d'un employé* salary; ***salaire net*** take-home pay
salami [salami] *m* salami
salarial, **salariale** [salarjal] (*mpl* -aux) wage *atr*
salarié, **salariée** **1** *adj travail* paid **2** *m/f ouvrier* wage-earner; *employé* salaried employee
salaud [salo] *m* P bastard F
sale [sal] dirty; *devant le substantif* nasty
salé, **salée** [sale] *eau* salt; CUIS salted; *fig*: *histoire* daring; *prix* steep
saler ⟨1a⟩ salt
saleté [salte] *f* dirtiness; ***saletés*** *fig* (*grossièretés*) filthy remarks; F *choses sans valeur, mauvaise nourriture* junk *sg*
salière [saljɛr] *f* salt cellar
salir [salir] ⟨2a⟩: ***salir qch*** get sth dirty, dirty sth
salissant, **salissante** *travail* dirty; *tissu* easily dirtied
salive [saliv] *f* saliva
salle [sal] *f* room; ***salle d'attente*** waiting room; ***salle de bain(s)*** bathroom; ***salle de classe*** classroom; ***salle d'eau*** shower room; ***salle à manger*** dining room; ***salle de séjour*** living room
salmonellose [salmɔneloz] *f* MÉD salmonella (poisoning)
salon [salõ] *m* living room; *d'un hôtel* lounge; (*foire*) show; ***salon de l'automobile*** auto show, *Br* motor show; ***salon de thé*** tea room; ***salon de coiffure*** hair salon, *Br* hairdressing salon
salopard [salɔpar] P *m* → ***salaud***
salope *f* P bitch
saloperie *f* F *chose sans valeur* piece of junk; (*bassesse*) dirty trick
salopette [salɔpɛt] *f* dungarees *pl*
salubre [salybr] healthy
saluer [salɥe] ⟨1n⟩ greet; MIL salute; ***saluer qn (de la main)*** wave to s.o.
salut [saly] *m* greeting; MIL salute; (*sauvegarde*) safety; REL salvation; ***salut!*** F hi!; (*au revoir*) bye!
salutaire [salytɛr] salutary
salutation *f* greeting; *dans lettre* ***recevez mes salutations distinguées*** yours truly, *Br* yours sincerely
samedi [samdi] *m* Saturday
sanatorium [sanatɔrjɔm] *m* sanitarium, *Br aussi* sanitorium
sanction [sɑ̃ksjõ] *f* (*peine, approbation*) sanction
sanctionner ⟨1a⟩ (*punir*) punish; (*approuver*) sanction
sanctuaire [sɑ̃ktɥɛr] *m* sanctuary
sandale [sɑ̃dal] *f* sandal
sandwich [sɑ̃dwitʃ] *m* (*pl* -⟨e⟩s) sandwich
sang [sɑ̃] *m* blood; ***se faire du mauvais sang*** F worry, fret
sang-froid *m* composure, calmness; ***garder son sang-froid*** keep one's cool; ***tuer qn de sang-froid*** kill s.o. in cold blood
sanglant, **sanglante** bloodstained; *combat, mort* bloody
sanglier [sɑ̃glije] *m* (wild) boar
sanglot [sɑ̃glo] *m* sob
sangloter ⟨1a⟩ sob
sanguin, **sanguine** [sɑ̃gɛ̃, -in] blood *atr*; *tempérament* sanguine; ***groupe m sanguin*** blood group
sanguinaire *personne* bloodthirsty; *combat* bloody
sanguine *f* BOT blood orange
sanitaire [sanitɛr] sanitary; ***installations*** *fpl* ***sanitaires*** sanitary fittings, sanitation *sg*; *tuyauterie* plumbing *sg*
sans [sɑ̃] **1** *prép* without; ***sans manger / travailler*** without eating / working; ***sans sucre*** sugar-free, without sugar; ***sans parapluie / balcon*** without an umbrella/a balcony; ***sans toi nous serions tous …*** if it hadn't been for you we would all … **2** *conj*: ***sans que je le lui suggère*** (*subj*) without me suggesting it to him
sans-abri [sɑ̃zabri] *m/f* (*pl inv*): ***les sans-abri*** the homeless *pl*
sans-emploi [sɑ̃zɑ̃plwa] *m* person without a job; ***les sans-emploi*** the unemployed *pl*
sans-façon [sɑ̃fasõ] *m* informality
sans-gêne [sɑ̃ʒɛn] **1** *m/f* (*pl inv*): ***être un / une sans-gêne*** be brazen *ou* impudent **2** *m* shamelessness
sans-souci [sɑ̃susi] *adj inv* carefree
santé [sɑ̃te] *f* health; ***être en bonne santé*** be in good health; ***à votre santé!*** cheers!, your very good health!
saoudien, **saoudienne** [saudjɛ̃, -ɛn] **1** *adj* Saudi (Arabian) **2** *m/f* **Saoudien**, **Saoudienne** Saudi (Arabian)
saoul [su] → ***soûl***
saper [sape] ⟨1a⟩ undermine (*aussi fig*)
sapeur [sapœr] *m* MIL sapper
sapeur-pompier *m* (*pl* sapeurs-pompiers) firefighter, *Br aussi* fireman
saphir [safir] *m* sapphire
sapin [sapɛ̃] *m* BOT fir
sarcasme [sarkasm] *m* sarcasm
sarcastique sarcastic
Sardaigne [sardɛɲ]: ***la Sardaigne*** Sardinia

S

sarde 1 *adj* Sardinian **2** *m/f* **Sarde** Sardinian
sardine [sardin] *f* sardine
sardonique [sardɔnik] sardonic
S.A.R.L. [ɛsaɛrɛl] *f abr* (= ***société à responsabilité limitée***) Inc, *Br* Ltd
Satan [satɑ̃] *m* Satan
satanique satanic
satellite [satelit] *m* satellite (*aussi fig*); ***ville f satellite*** satellite town
satin [satɛ̃] *m* satin
satire [satir] *f* satire
satirique satirical
satisfaction [satisfaksjõ] *f* satisfaction
satisfaire ⟨4n⟩ **1** *v/i*: ***satisfaire à*** *besoins, conditions* meet; ***satisfaire à la demande*** COMM keep up with *ou* meet demand **2** *v/t* satisfy; *attente* come up to
satisfaisant, **satisfaisante** satisfactory
satisfait, **satisfaite** satisfied (***de*** with)
saturation [satyrasjõ] *f* saturation
saturer ⟨1a⟩ saturate; ***je suis saturé de*** *fig* I've had more than enough of
sauce [sos] *f* sauce; ***sauce tomate*** tomato sauce
saucisse [sosis] *f* sausage
saucisson *m* (dried) sausage
sauf[1] [sof] *prép* except; ***sauf que*** except that; ***sauf si*** except if; ***sauf le respect que je vous dois*** with all due respect
sauf[2], **sauve** [sof, sov] safe, unharmed
sauf-conduit *m* (*pl* sauf-conduits) safe-conduct
sauge [soʒ] *f* BOT sage
saugrenu, **saugrenue** [sogrəny] ridiculous
saule [sol] *m* BOT willow; ***saule pleureur*** weeping willow
saumon [somõ] *m* salmon
saumure [somyr] *f* brine
sauna [sona] *m* sauna
saupoudrer [sopudre] ⟨1a⟩ sprinkle (***de*** with)
saut [so] *m* jump; ***faire un saut chez qn*** *fig* drop in briefly on s.o.; ***au saut du lit*** on rising, on getting out of bed; ***saut à l'élastique*** bungee jumping; ***saut en hauteur*** high jump; ***saut en longueur*** broad jump, *Br* long jump; ***saut à la perche*** pole vault; ***saut périlleux*** somersault in the air
saute [sot] *f* abrupt change; ***saute de vent*** abrupt change in wind direction
sauté, **sautée** [sote] CUIS sauté(ed)
sauter [sote] ⟨1a⟩ **1** *v/i* jump; (*exploser*) blow up; ÉL *d'un fusible* blow; *d'un bouton* come off; ***sauter sur*** *personne* pounce on; *occasion, offre* jump at; ***faire sauter*** CUIS sauté; ***cela saute aux yeux*** it's obvious, it's as plain as the nose on your face **2** *v/t obstacle, fossé* jump (over); *mot, repas* skip
sauterelle [sotrɛl] *f* grasshopper
sautiller [sotije] ⟨1a⟩ hop
sauvage [sovaʒ] **1** *adj* wild; (*insociable*) unsociable; (*primitif, barbare*) savage; *pas autorisé* unauthorized **2** *m/f* savage; (*solitaire*) unsociable person
sauvagement *adv* savagely
sauvegarde [sovgard] *f* safeguard; INFORM back-up; ***copie f de sauvegarde*** backup (copy)
sauvegarder ⟨1a⟩ safeguard; INFORM back up
sauve-qui-peut [sovkipø] *m* (*pl inv*) (*débandade*) stampede
sauver ⟨1a⟩ save; *personne en danger* save, rescue; *navire* salvage; ***sauver les apparences*** save face; ***sauver les meubles*** *fig* salvage something from the wreckage; ***sauve qui peut*** it's every man for himself; ***se sauver*** run away; F (*partir*) be off; (*déborder*) boil over
sauvetage [sovtaʒ] *m* rescue; *de navire* salvaging
sauveteur *m* rescuer
sauveur [sovœr] *m* savior, *Br* saviour; ***le Sauveur*** REL the Savior
savamment [savamɑ̃] *adv* (*habilement*) cleverly; ***j'en parle savamment*** (*en connaissance de cause*) I know what I'm talking about
savant, **savante** [savɑ̃, -t] **1** *adj* (*érudit*) *personne, société, revue* learned; (*habile*) skillful, *Br* skilful **2** *m* scientist
saveur [savœr] *f* taste
savoir [savwar] **1** *v/t & v/i* ⟨3g⟩ know; ***sais-tu nager?*** can you swim?, do you know how to swim?; ***j'ai su que*** I found out that; ***je ne saurais vous le dire*** I couldn't rightly say; ***reste à savoir si*** it remains to be seen whether; ***à savoir*** namely; ***faire savoir qch à qn*** tell s.o. sth; ***à ce que je sais***, (***pour autant***) ***que je sache*** (*subj*) as far as I know; ***sans le savoir*** without realizing it, unwittingly **2** *m* knowledge
savoir-faire [savwarfɛr] *m* expertise, knowhow
savoir-vivre [savwarvivr] *m* good manners *pl*
savon [savõ] *m* soap
savonner ⟨1a⟩ soap
savonnette *f* bar of toilet soap
savonneux, **-euse** soapy
savourer [savure] ⟨1a⟩ savor, *Br* savour
savoureux, **-euse** tasty; *fig*: *récit* spicy
saxophone [saksɔfɔn] *m* saxophone, sax

scalpel [skalpɛl] *m* scalpel
scandale [skɑ̃dal] *m* scandal; ***au grand scandale de*** to the great indignation of; ***faire scandale*** cause a scandal; ***faire tout un scandale*** make a scene
scandaleux, **-euse** scandalous
scandaliser ⟨1a⟩ scandalize; ***se scandaliser de*** be shocked by
scandinave [skɑ̃dinav] **1** *adj* Scandinavian **2** *m/f* **Scandinave** Scandinavian
Scandinavie: ***la Scandinavie*** Scandinavia
scanner ⟨1a⟩ **1** *v/t* [skane] INFORM scan **2** *m* [skanɛr] INFORM, MÉD scanner
scaphandre [skafɑ̃dr] *m de plongeur* diving suit; *d'astronaute* space suit
scaphandrier *m* diver
scarlatine [skarlatin] *f* scarlet fever
sceau [so] *m* (*pl* -x) seal; *fig* (*marque*, *signe*) stamp
scellé [sele] *m* official seal
sceller ⟨1b⟩ seal (*aussi fig*)
scénario [senarjo] *m* scenario; (*script*) screenplay; ***scénario catastrophe*** worst-case scenario
scénariste *m/f* scriptwriter
scène [sɛn] *f* scene (*aussi fig*); (*plateau*) stage; ***ne me fais pas une scène!*** don't make a scene!; ***mettre en scène*** *pièce*, *film* direct; *présenter* stage; ***mise*** *f* ***en scène*** direction; *présentation* staging; ***scène de ménage*** domestic argument
scepticisme [sɛptisism] *m* skepticism, *Br* scepticism
sceptique **1** *adj* skeptical, *Br* sceptical **2** *m* skeptic, *Br* sceptic
sceptre [sɛptr] *m* scepter, *Br* sceptre
schéma [ʃema] *m* diagram
schématique diagrammatic
schématisation *f* oversimplification
schématiser ⟨1a⟩ oversimplify
schisme [ʃism] *m fig* split; REL schism
schizophrène [skizɔfrɛn] schizophrenic
sciatique [sjatik] *f* MÉD sciatica
scie [si] *f* saw; *fig* F bore
sciemment [sjamɑ̃] *adv* knowingly
science [sjɑ̃s] *f* science; (*connaissance*) knowledge; ***sciences économiques*** economics *sg*; ***sciences naturelles*** natural science *sg*
science-fiction *f* science-fiction
scientifique **1** *adj* scientific **2** *m/f* scientist
scier [sje] ⟨1a⟩ saw; *branche etc* saw off
scinder [sɛ̃de] ⟨1a⟩ *fig* split; ***se scinder*** split up
scintiller [sɛ̃tije] ⟨1a⟩ sparkle
scission [sisjõ] *f* split
sciure [sjyr] *f* sawdust
sclérose [skleroz] *f* MÉD sclerosis; ***sclérose artérielle*** arteriosclerosis
scolaire [skɔlɛr] school *atr*; *succès*, *échec* academic; ***année*** *f* ***scolaire*** school year
scolarité *f* education, schooling
scoop [skup] *m* scoop
scooter [skutœr, -tɛr] *m* motor scooter
score [skɔr] *m* SP score; POL share of the vote
scorpion [skɔrpjõ] *m* ZO scorpion; ASTROL ***Scorpion*** Scorpio
scotch® [skɔtʃ] *m* Scotch tape®, *Br* sellotape®
scotcher ⟨1a⟩ tape, *Br* sellotape
scout [skut] *m* scout
scoutisme *m* scouting
script [skript] *m* block letters *pl*; *d'un film* script
scrupule [skrypyl] *m* scruple
scrupuleux, **-euse** scrupulous
scrutateur, **-trice** [skrytatœr, -tris] *regard* searching
scruter ⟨1a⟩ scrutinize
scrutin [skrytɛ̃] *m* ballot; ***scrutin de ballottage*** second ballot; ***scrutin majoritaire*** majority vote system, *Br aussi* first-past-the-post system; ***scrutin proportionnel*** proportional representation
sculpter [skylte] ⟨1a⟩ *statue* sculpt; *pierre* carve
sculpteur *m* sculptor
sculpture *f* sculpture; ***sculpture sur bois*** wood carving
se [sə] *pron* ◇ *réfléchi masculin* himself; *féminin* herself; *chose*, *animal* itself; *pluriel* themselves; *avec 'one'* oneself; ***elle s'est fait mal*** she hurt herself; ***il s'est cassé le bras*** he broke his arm
◇ *réciproque* each other, one another; ***ils se respectent*** they respect each other *ou* one another
◇ *passif*: ***cela ne se fait pas*** that isn't done; ***comment est-ce que ça se prononce?*** how is it pronounced?
séance [seɑ̃s] *f* session; (*réunion*) meeting, session; *de cinéma* show, performance; ***séance tenante*** *fig* immediately
seau [so] *m* (*pl* -x) bucket
sec, **sèche** [sɛk, sɛʃ] **1** *adj* dry; *fruits*, *légumes* dried; (*maigre*) thin; *réponse*, *ton* curt **2** *m*: ***tenir au sec*** keep dry, keep in a dry place **3** *adv*: ***être à sec*** *fig* F be broke; ***boire son whisky sec*** drink one's whiskey neat *ou* straight
sécateur [sekatœr] *m* secateurs *pl*
sèche-cheveux [sɛʃʃəvø] *m* (*pl inv*) hair dryer
sèche-linge [-lɛ̃ʒ] *m* clothes dryer
sécher ⟨1f⟩ **1** *v/t* dry; *rivière* dry up; ***sécher un cours*** cut a class **2** *v/i* dry;

S

d'un lac dry up
sécheresse *f* dryness; *manque de pluie* drought; *fig*: *de réponse*, *ton* curtness
séchoir *m* dryer
second, **seconde** [s(ə)gõ, -d] **1** *adj* second **2** *m étage* third floor, *Br* second floor; (*adjoint*) second in command **3** *f* second; *en train* second class
secondaire secondary; ***enseignement** m* ***secondaire*** secondary education
seconder ⟨1a⟩ *personne* assist
secouer [s(ə)kwe] ⟨1a⟩ shake; *poussière* shake off
secourir [s(ə)kurir] ⟨2i⟩ come to the aid of
secourisme *m* first aid
secouriste *m/f* first-aider
secours *m* help; *matériel* aid; ***au secours!*** help!; ***appeler au secours*** call for help; ***poste** m **de secours*** first-aid post; ***sortie** f **de secours*** emergency exit; ***premiers secours*** first aid *sg*
secousse [s(ə)kus] *f* jolt; *électrique* shock (*aussi fig*); *tellurique* tremor
secret, **-ète** [səkrɛ, -t] **1** *adj* secret; ***garder qch secret*** keep sth secret **2** *m* secret; (*discrétion*) secrecy; ***en secret*** in secret, secretly; ***dans le plus grand secret*** in the greatest secrecy
secrétaire [s(ə)kretɛr] **1** *m/f* secretary; ***secrétaire de direction*** executive secretary; ***secrétaire d'État*** Secretary of State **2** *m* writing desk
secrétariat *m bureau* secretariat; *profession* secretarial work
sécréter [sekrete] ⟨1f⟩ MÉD secrete
sécrétion *f* secretion
sectaire [sɛktɛr] sectarian
secte *f* REL sect
secteur [sɛktœr] *m* sector; (*zone*) area, district; ÉL mains *pl*
section [sɛksjõ] *f* section
sectionner ⟨1a⟩ (*couper*) sever; *région etc* divide up
séculaire [sekylɛr] a hundred years old; *très ancien* centuries-old
séculier, **-ère** [sekylje, -ɛr] secular
sécurité [sekyrite] *f* security; (*manque de danger*) safety; ***sécurité routière*** road safety; ***Sécurité sociale*** welfare, *Br* social security; ***être en sécurité*** be safe; ***des problèmes de sécurité*** security problems
sédatif [sedatif] *m* sedative
sédentaire [sedɑ̃tɛr] *profession* sedentary; *population* settled
sédiment [sedimɑ̃] *m* sediment
séditieux, **-euse** [sedisjø, -z] seditious
sédition *f* sedition
séducteur, **-trice** [sedyktœr, -tris] **1** *adj* seductive **2** *m/f* seducer
séduction *f* seduction; *fig* (*charme*) attraction
séduire ⟨4c⟩ seduce; *fig* (*charmer*) appeal to; *d'une personne* charm
séduisant, **séduisante** appealing; *personne* attractive
segment [sɛgmɑ̃] *m* segment
ségrégation [segregasjõ] *f* segregation
seigle [sɛgl] *m* AGR rye
seigneur [sɛɲœr] *m* REL: ***le Seigneur*** the Lord; HIST the lord of the manor
sein [sɛ̃] *m* breast; *fig* bosom; ***au sein de*** within
séisme [seism] *m* earthquake
seize [sɛz] sixteen; → ***trois***
seizième sixteenth
séjour [seʒur] *m* stay; (***salle** f **de***) ***séjour*** living room
séjourner ⟨1a⟩ stay
sel [sɛl] *m* salt
sélect, **sélecte** [selɛkt] select
sélectif, **-ive** selective
sélection *f* selection
sélectionner ⟨1a⟩ select
selle [sɛl] *f* saddle (*aussi* CUIS); MÉD stool; ***être bien en selle*** *fig* be firmly in the saddle
seller ⟨1b⟩ saddle
sellette *f*: ***être sur la sellette*** be in the hot seat
selon [s(ə)lõ] **1** *prép* according to; ***selon moi*** in my opinion; ***c'est selon*** it all depends **2** *conj*: ***selon que*** depending on whether
semaine [s(ə)mɛn] *f* week; ***à la semaine*** *louer* weekly, by the week; ***en semaine*** during the week, on weekdays
semblable [sɑ̃blabl] **1** *adj* similar; *tel* such; ***semblable à*** like, similar to **2** *m* (*être humain*) fellow human being
semblant [sɑ̃blɑ̃] *m* semblance; ***faire semblant de faire qch*** pretend to do sth
sembler [sɑ̃ble] ⟨1a⟩ seem; ***sembler être / faire*** seem to be / to do; ***il*** (***me***) ***semble que*** it seems (to me) that
semelle [s(ə)mɛl] *f* sole; *pièce intérieure* insole
semence [s(ə)mɑ̃s] *f* AGR seed
semer [s(ə)me] ⟨1d⟩ sow; *fig* (*répandre*) spread; ***semer qn*** F shake s.o. off
semestre [s(ə)mɛstr] *m* half-year; ÉDU semester, *Br* term
semestriel, **semestrielle** half-yearly
semi-circulaire [səmisirkylɛr] semi-circular
séminaire [seminɛr] *m* seminar; REL seminary

semi-remorque [səmirmɔrk] *m* (*pl* semi--remorques) semi, tractor-trailer, *Br* articulated lorry
semonce [səmõs] *f* reproach
semoule [s(ə)mul] *f* CUIS semolina
Sénat [sena] *m* POL Senate
sénateur *m* senator
sénatorial, **sénatoriale** (*mpl* -aux) senatorial
sénile [senil] senile
sénilité *f* senility
sens [sɑ̃s] *m* sense; (*direction*) direction; (*signification*) sense, meaning; ***sens interdit*** no entry; ***sens dessus dessous*** [sɑ̃dsydsu] upside down; ***dans tous les sens*** this way and that; ***dans tous les sens du terme*** in the full sense of the word; ***en un sens*** in a way; ***à mon sens*** to my way of thinking; ***le bon sens, le sens commun*** common sense; ***sens giratoire*** traffic circle, *Br* roundabout; ***sens de l'humour*** sense of humor *ou* *Br* humour; **(*rue f à*) *sens unique*** one-way street
sensation [sɑ̃sasjõ] *f* feeling, sensation; *effet de surprise* sensation; ***faire sensation*** cause a sensation; ***la presse à sensation*** the gutter press
sensationnel, **sensationnelle** sensational
sensé, **sensée** [sɑ̃se] sensible
sensibiliser [sɑ̃sibilize] ⟨1a⟩ MÉD sensitize; ***sensibiliser qn à qch*** *fig* heighten s.o.'s awareness of sth
sensibilité *f* sensitivity
sensible sensitive; (*notable*) appreciable
sensiblement *adv* appreciably; *plus ou moins* more or less
sensiblerie *f* sentimentality
sensualité [sɑ̃sɥalite] *f* sensuality
sensuel, **sensuelle** sensual
sentence [sɑ̃tɑ̃s] *f* JUR sentence
senteur [sɑ̃tœr] *f litt* scent, perfume
sentier [sɑ̃tje] *m* path
sentiment [sɑ̃timɑ̃] *m* feeling
sentimental, **sentimentale** (*mpl* -aux) *vie* love *atr*; *péj* sentimental
sentimentalité *f* sentimentality
sentinelle [sɑ̃tinɛl] *f* MIL guard
sentir [sɑ̃tir] ⟨2b⟩ **1** *v/t* feel; (*humer*) smell; (*dégager une odeur de*) smell of; ***se sentir bien*** feel well; ***sentir le goût de qch*** taste sth; ***je ne peux pas la sentir*** F I can't stand her **2** *v/i*: ***sentir bon*** smell good
séparable [separabl] separable
séparateur *m* delimiter
séparation *f* separation; (*cloison*) partition
séparatisme *m* POL separatism
séparatiste POL separatist
séparé, **séparée** [separe] separate; *époux* separated
séparément *adv* separately
séparer ⟨1a⟩ separate; ***se séparer*** separate
sept [sɛt] seven; → ***trois***
septante *Belgique*, *Suisse* seventy
septembre [sɛptɑ̃br] *m* September
septennat [sɛptɛna] *m* term of office (*of French President*)
septentrional, **septentrionale** [sɛptɑ̃trijɔnal] (*mpl* -aux) northern
septicémie [sɛptisemi] *f* septicemia
septième [sɛtjɛm] seventh
septique [sɛptik] septic
séquelles [sekɛl] *fpl* MÉD after-effects; *fig* aftermath *sg*
séquence [sekɑ̃s] *f* sequence
serein, **sereine** [sərɛ̃, -ɛn] calm, serene; *temps* calm
sérénade [serenad] *f* serenade
sérénité [serenite] *f* serenity
sergent [sɛrʒɑ̃] *m* MIL sergeant
série [seri] *f* series *sg*; *de casseroles, timbres* set; SP (*épreuve*) heat; ***hors série*** *numéro* special; ***en série*** *fabrication* mass *atr*; *produits* mass-produced; ***fabriquer en série*** mass-produce
sérieusement [serjøzmɑ̃] *adv* seriously; *travailler* conscientiously
sérieux, **-euse 1** *adj* serious; *entreprise, employé* professional; (*consciencieux*) conscientious **2** *m* seriousness; ***prendre au sérieux*** take seriously; ***garder son sérieux*** keep a straight face
serin [s(ə)rɛ̃] *m* ZO canary
seringue [s(ə)rɛ̃g] *f* MÉD syringe
serment [sɛrmɑ̃] *m* oath; ***prêter serment*** take the oath
sermon [sɛrmõ] *m* sermon (*aussi fig*)
séropositif, **-ive** [serɔpozitif, -iv] HIV--positive
serpent [sɛrpɑ̃] *m* snake
serpenter ⟨1a⟩ wind, meander
serpentin *m* paper streamer
serpillière [sɛrpijɛr] *f* floor cloth
serre [sɛr] *f* greenhouse; ***serres*** ZO talons
serré, **serrée** [sɛre] tight; *pluie* heavy; *personnes* closely packed; *café* strong; ***avoir le cœur serré*** have a heavy heart
serre-livres *m* (*pl inv*) bookend
serrer ⟨1b⟩ **1** *v/t* (*tenir*) clasp; *ceinture, nœud* tighten; *d'un vêtement* be too tight for; ***serrer les dents*** clench one's jaw; *fig* grit one's teeth; ***serrer la main à qn*** squeeze s.o.'s hand; *pour saluer* shake s.o.'s hand; ***serrer les rangs*** *fig* close

ranks **2** *v/i*: ***serrer à droite*** keep to the right; ***se serrer*** (*s'entasser*) move up, squeeze up; ***se serrer contre qn*** press against s.o.; ***se serrer les uns contre les autres*** huddle together
serrure [seryr] *f* lock
serrurier *m* locksmith
serveur [sɛrvœr] *m dans un café* bartender, *Br* barman; *dans un restaurant* waiter; INFORM server
serveuse *f dans un café* bartender, *Br* barmaid; *dans un restaurant* server, *Br* waitress
serviabilité [sɛrvjabilite] *f* helpfulness
serviable helpful
service [sɛrvis] *m* service; (*faveur*) favor, *Br* favour; *au tennis* service, serve; *d'une entreprise, d'un hôpital* department; ***être de service*** be on duty; ***à votre service!*** at your service!; ***rendre service à qn*** do s.o. a favor; ***service compris*** service included; ***mettre en service*** put into service; ***hors service*** out of order
serviette [sɛrvjɛt] *f* serviette; *de toilette* towel; *pour documents* briefcase; ***serviette hygiénique*** sanitary napkin, *Br aussi* sanitary towel; ***serviette de bain*** bath towel
servile [sɛrvil] servile
servir [sɛrvir] ⟨2b⟩ *1 v/t patrie, intérêts, personne, mets* serve **2** *v/i* serve; (*être utile*) be useful; ***servir à qn*** be of use to s.o.; ***servir à qch/à faire qch*** be used for sth / for doing sth; ***ça sert à quoi?*** what's this for?; ***ça ne sert à rien*** (*c'est vain*) it's pointless, it's no use; ***servir de qch*** act as sth; ***cette planche me sert de table*** I use the plank as a table; ***servir d'interprète*** act as (an) interpreter **3**: ***se servir*** *à table* help o.s. (***en*** to); ***se servir de*** (*utiliser*) use
servodirection [sɛrvɔdirɛksjõ] *f* AUTO power steering
servofrein [sɛrvɔfrɛ̃] *m* AUTO servobrake
ses [se] → ***son***[1]
set [sɛt] *m au tennis* set; ***set de table*** place mat
seuil [sœj] *m* doorstep; *fig* threshold; ***seuil de rentabilité*** break-even (point)
seul, **seule** [sœl] **1** *adj* alone; (*solitaire*) lonely; *devant le subst.* only, sole; ***d'un seul coup*** with (just) one blow, with a single blow **2** *adv* alone; ***faire qch tout seul*** do sth all by o.s. *ou* all on one's own; ***parler tout seul*** talk to o.s. **3** *m/f*: ***un seul, une seule*** just one
seulement *adv* only; ***non seulement … mais encore*** *ou* ***mais aussi*** not only … but also
sève [sɛv] *f* BOT sap
sévère [sevɛr] severe
sévèrement *adv* severely
sévérité *f* severity
sévices [sevis] *mpl* abuse *sg*
sévir [sevir] ⟨2a⟩ *d'une épidémie* rage; ***sévir contre qn*** come down hard on s.o.; ***sévir contre qch*** clamp down on sth
sevrer [səvre] ⟨1d⟩ *enfant* wean
sexagénaire [sɛksaʒenɛr] *m/f & adj* sixty-year old
sexe [sɛks] *m* sex; *organes* genitals *pl*
sexiste *m/f & adj* sexist
sexualité *f* sexuality
sexuel, **sexuelle** sexual
sexy *adj inv* sexy
seyant, **seyante** [sɛjɑ̃, -t] becoming
shampo(o)ing [ʃɑ̃pwɛ̃] *m* shampoo
shérif [ʃerif] *m* sheriff
shit [ʃit] *m* F shit F, pot F
short [ʃɔrt] *m* shorts *pl*
si[1] [si] **1** *conj* (***s'il, s'ils***) if; ***si j'achetais celui-ci …*** if I bought this one, if I were to buy this one; ***je lui ai demandé si …*** I asked him if *ou* whether …; ***si ce n'est que*** apart from the fact that; ***comme si*** as if, as though; ***même si*** even if ◇ : ***si bien que*** with the result that, and so **2** *adv*
◇ (*tellement*) so; ***de si bonnes vacances*** such a good vacation; ***si riche qu'il soit*** (*subj*) however rich he may be
◇ *après négation* yes; ***tu ne veux pas? - mais si!*** you don't want to? - oh yes, I do
si[2] [si] *m* MUS B
Sicile [sisil]: ***la Sicile*** Sicily
sicilien, **sicilienne** **1** *adj* Sicilian **2** *m/f* **Sicilien**, **Sicilienne** Sicilian
sida [sida] *m* MÉD Aids
sidéré, **sidérée** [sidere] F thunderstruck
sidérurgie [sideryrʒi] *f* steel industry
sidérurgique steel *atr*
siècle [sjɛkl] *m* century; *fig* (*époque*) age
siège [sjɛʒ] *m* seat; *d'une entreprise, d'un organisme* headquarters *pl*; MIL siege; ***siège social*** COMM head office
siéger ⟨1g⟩ sit; ***siéger à*** *d'une entreprise, d'un organisme* be headquartered in
sien, **sienne** [sjɛ̃, sjɛn]: ***le sien, la sienne, les siens, les siennes*** *d'homme* his; *de femme* hers; *de chose, d'animal* its; *avec 'one'* one's; ***il avait perdu la sienne*** he had lost his; ***y mettre du sien*** do one's bit
sieste [sjɛst] *f* siesta, nap
sifflement [siflәmɑ̃] *m* whistle
siffler ⟨1a⟩ **1** *v/i* whistle; *d'un serpent* hiss **2** *v/t* whistle
sifflet *m* whistle; ***sifflets*** whistles, whis-

S

tling *sg*; ***coup** m **de sifflet*** blow on the whistle; ***il a donné un coup de sifflet*** he blew his whistle
sigle [sigl] *m* acronym
signal [siɲal] *m* (*pl* -aux) signal; ***signal d'alarme*** alarm (signal); ***signal de détresse*** distress signal
signalement [siɲalmɑ̃] *m* description
signaler [siɲale] ⟨1a⟩ *par un signal* signal; (*faire remarquer*) point out; (*dénoncer*) report; ***se signaler par*** distinguish o.s. by
signalisation [siɲalizasjõ] *f dans rues* signs *pl*; ***feux** mpl **de signalisation*** traffic light *sg*, *Br* traffic lights *pl*
signataire [siɲatɛr] *m* signatory
signature *f* signature
signe [siɲ] *m* sign; *geste* sign, gesture; ***en signe de*** as a sign of; ***faire signe à qn*** gesture *ou* signal to s.o.; (*contacter*) get in touch with s.o.; ***c'est signe que*** it's a sign that; ***signe de ponctuation*** punctuation mark; ***signe extérieur de richesse*** ÉCON status symbol; ***signes du zodiaque*** signs of the zodiac
signer [siɲe] ⟨1a⟩ sign; ***se signer*** REL make the sign of the cross, cross o.s.
signet [siɲɛ] *m* bookmark
significatif, **-ive** [siɲifikatif, -iv] significant; ***significatif de*** indicative of
signification *f* meaning
signifier ⟨1a⟩ mean; ***signifier qch à qn*** (*faire savoir*) notify s.o. of sth
silence [silɑ̃s] *m* silence; ***en silence*** in silence, silently
silencieux, **-euse 1** *adj* silent **2** *m d'une arme* muffler, *Br* silencer
silhouette [silwɛt] *f* outline, silhouette; (*figure*) figure
silicium [silisjɔm] *m* silicon
silicone [silikon] *f* silicone
sillage [sijaʒ] *m* wake (*aussi fig*)
sillon [sijõ] *m dans un champ* furrow; *d'un disque* groove
sillonner ⟨1a⟩ (*parcourir*) criss-cross
silo [silo] *m* silo
simagrées [simagre] *fpl* affectation *sg*; ***faire des simagrées*** make a fuss
similaire [similɛr] similar
similarité *f* similarity
simili [simili] *m* F imitation; ***en simili*** imitation *atr*
similicuir *m* imitation leather
similitude [similityd] *f* similarity
simple [sɛ̃pl] **1** *adj* simple; ***c'est une simple formalité*** it's merely *ou* just a formality **2** *m au tennis* singles *pl*
simplement *adv* simply
simplet, **simplette** (*niais*) simple; *idée* simplistic
simplicité *f* simplicity
simplification [sɛ̃plifikasjõ] *f* simplification
simplifier ⟨1a⟩ simplify
simpliste [sɛ̃plist] *idée* simplistic
simulacre [simylakr] *m* semblance
simulateur, **-trice** [simylatœr, -tris] **1** *m/f*: ***c'est un simulateur*** he's pretending **2** *m* TECH simulator
simulation *f* simulation
simuler ⟨1a⟩ simulate
simultané, **simultanée** [simyltane] simultaneous
simultanéité *f* simultaneousness
simultanément *adv* simultaneously
sincère [sɛ̃sɛr] sincere
sincérité *f* sincerity
sinécure [sinekyr] *f* sinecure
singe [sɛ̃ʒ] *m* monkey
singer ⟨1l⟩ ape
singerie *f* imitation; ***singeries*** F antics
singulariser [sɛ̃gylarize] ⟨1a⟩: ***se singulariser*** stand out (**de** from)
singularité *f* (*particularité*) peculiarity; (*étrangeté*) oddness
singulier, **-ère** [sɛ̃gylje, -ɛr] **1** *adj* odd, strange **2** *m* GRAM singular
sinistre [sinistr] **1** *adj* sinister; (*triste*) gloomy **2** *m* disaster, catastrophe
sinistré, **sinistrée 1** *adj* stricken **2** *m* victim of a disaster
sinon [sinõ] *conj* (*autrement*) or else, otherwise; (*sauf*) except; (*si ce n'est*) if not
sinueux, **-euse** [sinɥø, -z] *route* winding; *ligne* squiggly; *fig*: *explication* complicated
sinus [sinys] *m* sinus
sinusite *f* sinusitis
sionisme [sjɔnism] *m* POL Zionism
siphon [sifõ] *m* siphon; *d'évier* U-bend
sirène [sirɛn] *f* siren
sirop [siro] *m* syrup; ***sirop d'érable*** maple syrup
siroter [sirɔte] ⟨1a⟩ sip
sis, **sise** [si, -z] JUR situated
sismique [sismik] seismic
sismologie *f* seismology
sitcom [sitkɔm] *m ou f* sitcom
site [sit] *m* (*emplacement*) site; (*paysage*) area; ***site Web*** INFORM web site
sitôt [sito] **1** *adv*: ***sitôt parti, il ...*** as soon as he had left he ...; ***sitôt dit, sitôt fait*** no sooner said than done **2** *conj*: ***sitôt que*** as soon as
situation [sitɥasjõ] *f* situation; (*emplacement, profession*) position
situé, **située** situated
situer ⟨1n⟩ place, site; *histoire* set; ***se situer*** be situated; *d'une histoire* be set

S

six [sis] six; → ***trois***
sixième sixth
sixièmement *adv* sixthly
skateboard [skɛtbɔrd] *m* skateboard; *activité* skateboarding
skateur, -euse *m/f* skateboarder
sketch [skɛtʃ] *m* sketch
ski [ski] *m* ski; *activité* skiing; ***faire du ski*** ski, go skiing; ***ski alpin*** downhill (skiing); ***ski de fond*** cross-country (skiing); ***ski nautique*** water-skiing
skier ⟨1a⟩ ski
skieur, -euse *m/f* skier
slave [slav] **1** *adj* Slav **2** *m/f* ***Slave*** Slav
slip [slip] *m de femme* panties *pl*, *Br aussi* knickers *pl*; *d'homme* briefs; ***slip de bain*** swimming trunks *pl*
slogan [slɔgɑ̃] *m* slogan
slovaque [slɔvak] **1** *adj* Slovak(ian) **2** *m/f* ***Slovaque*** Slovak(ian)
slovène [slɔvɛn] **1** *adj* Slovene, Slovenian **2** *m/f* ***Slovène*** Slovene, Slovenian
S.M.I.C. [smik] *m abr* (= ***salaire minimum interprofessionnel de croissance***) minimum wage
smog [smɔg] *m* smog
smoking [smɔkiŋ] *m* tuxedo, *Br* dinner jacket
SMS [ɛsɛmɛs] *m* text (message)
S.N.C.F. [ɛsɛnseɛf] *f abr* (= ***Societé nationale des chemins de fer français***) French national railroad company
snob [snɔb] **1** *adj* snobbish **2** *m/f* snob
snober ⟨1a⟩ snub
snobisme *m* snobbery
sobre [sɔbr] sober; *style* restrained
sobriété *f* soberness; *d'un style* restraint
sobriquet [sɔbrikɛ] *m* nickname
sociabilité [sɔsjabilite] *f* sociability
sociable sociable
social, sociale [sɔsjal] (*mpl* -aux) social; COMM company *atr*
social-démocrate *m* (*pl* sociaux-démocrates) social-democrat
socialisation [sɔsjalizasjõ] *f* socialization
socialiser ⟨1a⟩ socialize
socialisme [sɔsjalism] *m* socialism
socialiste *m/f & adj* socialist
société [sɔsjete] *f* society; *firme* company; ***société anonyme*** corporation, *Br* public limited company, plc; ***société en commandite*** limited partnership; ***société à responsabilité limitée*** limited liability company; ***société de vente par correspondance*** mail-order firm
sociologie [sɔsjɔlɔʒi] *f* sociology
sociologue *m/f* sociologist
socle [sɔkl] *m* plinth
socquette [sɔkɛt] *f* anklet, *Br* ankle sock
soda [sɔda] *m* soda, *Br* fizzy drink; ***un whisky soda*** a whiskey and soda
sodium [sɔdjɔm] *m* CHIM sodium
sœur [sœr] *f* sister; REL nun, sister
sofa [sɔfa] *m* sofa
soi [swa] oneself; ***avec soi*** with one; ***ça va de soi*** that goes without saying; ***en soi*** in itself
soi-disant [swadizɑ̃] *adj inv* so-called
soie [swa] *f* silk
soif [swaf] *f* thirst (***de*** for); ***avoir soif*** be thirsty
soigné, soignée [swaɲe] *personne* well-groomed; *travail* careful
soigner ⟨1a⟩ look after, take care of; *d'un médecin* treat; ***se soigner*** take care of o.s.
soigneux, -euse careful(***de*** about)
soi-même [swamɛm] oneself
soin [swɛ̃] *m* care; ***soins*** care *sg*; MÉD care *sg*, treatment *sg*; ***avoir ou prendre soin de*** look after, take care of; ***être sans soin*** be untidy; ***soins à domicile*** home care *sg*; ***soins dentaires*** dental treatment *sg*; ***soins médicaux*** health care *sg*
soir [swar] *m* evening; ***ce soir*** this evening; ***un soir*** one evening; ***le soir*** in the evening
soirée *f* evening; (*fête*) party; ***soirée dansante*** dance
soit[1] [swat] very well, so be it
soit[2] [swa] *conj* ***soit ..., soit ...*** either ..., or ...; (*à savoir*) that is, ie
soixantaine [swasɑ̃tɛn] *f* about sixty
soixante sixty; ***soixante et onze*** seventy-one
soixante-dix seventy
soja [sɔʒa] *m* BOT soy bean, *Br* soya
sol[1] [sɔl] *m* ground; (*plancher*) floor; (*patrie*), GÉOL soil
sol[2] [sɔl] *m* MUS G
solaire [sɔlɛr] solar
soldat [sɔlda] *m* soldier; ***soldat d'infanterie*** infantry soldier, infantryman
solde[1] [sɔld] *f* MIL pay
solde[2] [sɔld] *m* COMM balance; ***solde débiteur / créditeur*** debit / credit balance; ***soldes*** *marchandises* sale goods; *vente au rabais* sale *sg*
solder [sɔlde] ⟨1a⟩ COMM *compte* close, balance; *marchandises* sell off; ***se solder par*** end in
sole [sɔl] *f* ZO sole
soleil [sɔlɛj] *m* sun; ***il y a du soleil*** it's sunny; ***en plein soleil*** in the sunshine; ***coup*** *m* ***de soleil*** sunburn
solennel, solennelle [sɔlanɛl] solemn
solennité *f* solemnity
solfège [sɔlfɛʒ] *m* sol-fa

solidaire [sɔlidɛr]: ***être solidaire de qn*** suport s.o.
solidariser ⟨1a⟩: ***se solidariser*** show solidarity (***avec*** with)
solidarité *f* solidarity
solide [sɔlid] **1** *adj porte*, *meubles* solid, strong; *tissu* strong; *argument* sound; *personne* sturdy, robust; (*consistant*) solid **2** *m* PHYS solid
solidité *f* solidity, strength; *d'un matériau* strength; *d'un argument* soundness
soliste [sɔlist] *m/f* soloist
solitaire [sɔlitɛr] **1** *adj* solitary **2** *m/f* loner **3** *m diamant* solitaire
solitude *f* solitude
sollicitation [sɔlisitasjõ] *f* plea
solliciter ⟨1a⟩ request; *attention* attract; *curiosité* arouse; ***solliciter qn de faire qch*** plead with s.o. to do sth; ***solliciter un emploi*** apply for a job
sollicitude [sɔlisityd] *f* solicitude
solo [sɔlo] *m* MUS solo
solstice [sɔlstis] *m* ASTR solstice
soluble [sɔlybl] soluble; ***café*** *m* ***soluble*** instant coffee
solution [sɔlysjõ] *f* solution
solvabilité [sɔlvabilite] *f* COMM solvency; *pour offrir un crédit* creditworthiness
solvable solvent; *digne de crédit* creditworthy
solvant [sɔlvɑ̃] *m* CHIM solvent
sombre [sõbr] *couleur*, *ciel*, *salle* dark; *temps* overcast; *avenir*, *regard* somber, *Br* sombre
sombrer ⟨1a⟩ sink; ***sombrer dans la folie*** *fig* lapse *ou* sink into madness
sommaire [sɔmɛr] **1** *adj* brief; *exécution* summary **2** *m* summary
sommation [sɔmasjõ] *f* JUR summons *sg*
somme[1] [sɔm] *f* sum; (*quantité*) amount; *d'argent* sum, amount; ***en somme, somme toute*** in short
somme[2] [sɔm] *m* nap, snooze; ***faire un somme*** have a nap *ou* snooze
sommeil [sɔmɛj] *m* sleep; ***avoir sommeil*** be sleepy
sommeiller ⟨1b⟩ doze
sommelier [sɔməlje] *m* wine waiter
sommer [sɔme] ⟨1a⟩: ***sommer qn de faire qch*** order s.o. to do sth
sommet [sɔmɛ] *m d'une montagne* summit, top; *d'un arbre*, *d'une tour*, *d'un toit* top; *fig* pinnacle; POL summit
sommier [sɔmje] *m* mattress
sommité [sɔmite] *f* leading figure
somnambule [sɔmnɑ̃byl] *m/f* sleepwalker
somnambulisme *m* sleepwalking
somnifère [sɔmnifɛr] *m* sleeping tablet
somnolence [sɔmnɔlɑ̃s] *f* drowsiness, sleepiness
somnoler ⟨1a⟩ doze
somptueux, **-euse** [sõptɥø, -z] sumptuous
somptuosité *f* sumptuousness
son[1] *m*, **sa** *f*, **ses** *pl* [sõ, sa, se] *d'homme* his; *de femme* her; *de chose*, *d'animal* its; *avec 'one'* one's; ***il / elle a perdu son ticket*** he lost his ticket / she lost her ticket
son[2] [sõ] *m* sound; ***son et lumière*** son et lumière
son[3] [sõ] *m* BOT bran
sondage [sõdaʒ] *m* probe; TECH drilling; ***sondage*** (***d'opinion***) opinion poll, survey
sonde [sõd] *f* probe
sonder ⟨1a⟩ MÉD probe; *personne*, *atmosphère* sound out; ***sonder le terrain*** see how the land lies
songe [sõʒ] *m litt* dream
songer ⟨1l⟩: ***songer à*** think about *ou* of; ***songer à faire qch*** think about *ou* of doing sth
songeur, **-euse** thoughtful
sonné, **sonnée** [sɔne] 1: ***il est midi sonné*** it's gone twelve o'clock **2** *fig* F: ***il est sonné*** he's cracked F, he's got a slate loose F
sonner [sɔne] ⟨1a⟩ **1** *v/i de cloches*, *sonnette* ring; *d'un réveil* go off; *d'un instrument*, *d'une voix* sound; *d'une horloge* strike; ***dix heures sonnent*** it's striking ten, ten o'clock is striking; ***midi a sonné*** it has struck noon; ***sonner du cor*** blow the horn; ***sonner creux / faux*** *fig* ring hollow / false **2** *v/t cloches* ring; ***sonner l'alarme*** MIL sound the alarm
sonnerie [sɔnri] *f de cloches* ringing; *mécanisme* striking mechanism; (*sonnette*) bell
sonnet [sɔnɛ] *m* sonnet
sonnette [sɔnɛt] *f* bell
sonore [sɔnɔr] *voix* loud; *rire* resounding; *cuivres* sonorous; *onde*, *film* sound *atr*
sonorisation *f appareils* PA system
sonoriser ⟨1a⟩ *film* dub
sonorité *f* sound, tone; *d'une salle* acoustics *pl*
sophistication [sɔfistikasjõ] *f* sophistication
sophistiqué, **sophistiquée** sophisticated
soporifique [sɔpɔrifik] sleep-inducing, soporific (*aussi fig*)
soprano [sɔprano] **1** *f* soprano **2** *m* treble
sorbet [sɔrbɛ] *m* sorbet
sorcellerie [sɔrsɛlri] *f* sorcery, witchcraft
sorcier [sɔrsje] *m* sorcerer

sorcière *f* witch
sordide [sɔrdid] filthy; *fig* sordid
sornettes [sɔrnɛt] *fpl* nonsense *sg*
sort [sɔr] *m* fate; (*condition*) lot; ***tirer au sort*** draw lots; ***jeter un sort à qn*** *fig* cast a spell on s.o.; ***le sort en est jeté*** *fig* the die is cast
sortant, sortante [sɔrtɑ̃, -t] POL outgoing; *numéro* winning
sorte [sɔrt] *f* (*manière*) way; (*espèce*) sort, kind; ***toutes sortes de*** all sorts *ou* kinds of; ***une sorte de*** a sort *ou* kind of; ***de la sorte*** of the sort *ou* kind; (*de cette manière*) like that, in that way; ***en quelque sorte*** in a way; ***de (telle) sorte que*** and so; ***faire en sorte que*** (+*subj*) see to it that
sortie [sɔrti] *f* exit; (*promenade, excursion*) outing; *d'un livre* publication; *d'un disque* release; *d'une voiture* launch; TECH outlet; MIL sortie; ***sorties*** *argent* outgoings; ***sortie de bain*** bathrobe; ***sortie (sur) imprimante*** printout
sortilège [sɔrtilɛʒ] *m* spell
sortir [sɔrtir] ⟨2b⟩ **1** *v/i* (*aux* **être**) come / go out; *pour se distraire* go out (**avec** with); *d'un livre, un disque* come out; *au loto* come up; ***sortir de*** *endroit* leave; *accident, affaire, entretien* emerge from; (*provenir de*) come from **2** *v/t chose* bring / take out; *enfant, chien, personne* take out; COMM bring out; F *bêtises* come out with **3**: ***s'en sortir*** *d'un malade* pull through
S.O.S. [ɛsoɛs] *m* SOS
sosie [sɔzi] *m* double, look-alike
sot, sotte [so, sɔt] **1** *adj* silly, foolish **2** *m/f* fool
sottise *f d'une action, une remarque* foolishness; *action / remarque* foolish thing to do / say
sou [su] *m fig* penny; ***être sans le sou*** be penniless; ***être près de ses sous*** be careful with one's money
soubresaut [subrəso] *m* jump
souche [suʃ] *f d'un arbre* stump; *d'un carnet* stub
souci [susi] *m* worry, care; ***un souci pour*** a worry to; ***sans souci*** carefree; ***avoir le souci de*** care about; ***se faire du souci*** worry
soucier ⟨1a⟩: ***se soucier de*** worry about
soucieux, -euse anxious, concerned (**de** about)
soucoupe [sukup] *f* saucer; ***soucoupe volante*** flying saucer
soudain, soudaine [sudɛ̃, -ɛn] **1** *adj* sudden **2** *adv* suddenly
soudainement *adv* suddenly
Soudan [sudɑ̃]: ***le Soudan*** the Sudan
soudanais, soudanaise 1 *adj* Sudanese **2** *m/f* **Soudanais, Soudanaise** Sudanese
soude [sud] *f* CHIM, PHARM soda
souder [sude] ⟨1a⟩ TECH weld; *fig* bring closer together
soudoyer [sudwaje] ⟨1h⟩ bribe
soudure [sudyr] *f* TECH welding; *d'un joint* weld
souffle [sufl] *m* breath; *d'une explosion* blast; ***second souffle*** *fig* new lease of life; ***être à bout de souffle*** be breathless, be out of breath; ***retenir son souffle*** hold one's breath
soufflé, soufflée [sufle] **1** *adj fig*: ***être soufflé*** F be amazed **2** *m* CUIS soufflé
souffler [sufle] ⟨1a⟩ **1** *v/i du vent* blow; (*haleter*) puff; (*respirer*) breathe; (*reprendre son souffle*) get one's breath back **2** *v/t chandelle* blow out; ÉDU, *au théâtre* prompt; ***ne pas souffler mot*** not breathe a word; ***souffler qch à qn*** F (*dire*) whisper sth to s.o.; (*enlever*) steal sth from s.o.
souffleur, -euse [suflœr, -øz] *m/f au théâtre* prompter
souffrance [sufrɑ̃s] *f* suffering; ***en souffrance*** *affaire* pending
souffrant, souffrante unwell
souffrir ⟨2f⟩ **1** *v/i* be in pain; ***souffrir de*** suffer from **2** *v/t* suffer; ***je ne peux pas la souffrir*** I can't stand her
soufre [sufr] *m* CHIM sulfur, *Br* sulphur
souhait [swɛ] *m* wish; ***à vos souhaits!*** bless you!
souhaitable desirable
souhaiter ⟨1b⟩ wish for; ***souhaiter qch à qn*** wish s.o. sth; ***souhaiter que*** (+ *subj*) hope that
souiller [suje] ⟨1a⟩ dirty, soil; *fig*: *réputation* tarnish
soûl, soûle [su, -l] **1** *adj* drunk **2** *m*: ***manger tout son soûl*** F eat to one's heart's content
soulagement [sulaʒmɑ̃] *m* relief
soulager ⟨1l⟩ relieve; ***soulager qn*** *au travail* help out
soûler [sule] ⟨1a⟩ F: ***soûler qn*** get s.o. drunk; ***se soûler*** get drunk
soulèvement [sulɛvmɑ̃] *m* uprising
soulever ⟨1d⟩ raise; *fig*: *enthousiasme* arouse; *protestations* generate; *problème, difficultés* raise; ***se soulever*** raise o.s.; (*se révolter*) rise up
soulier [sulje] *m* shoe
souligner [suliɲe] ⟨1a⟩ underline; *fig* stress, underline
soumettre [sumɛtr] ⟨4p⟩ *pays, peuple* subdue; *à un examen* subject (**à** to); (*présenter*) submit; ***se soumettre à*** submit to

soumis, **soumise** [sumi, -z] **1** *p/p* → ***soumettre*** **2** *adj peuple* subject; (*obéissant*) submissive
soumission *f* submission; COMM tender
soupape [supap] *f* TECH valve
soupçon [supsõ] *m* suspicion; ***un soupçon de*** a trace *ou* hint of
soupçonner ⟨1a⟩ suspect; ***soupçonner que*** suspect that
soupçonneux, **-euse** suspicious
soupe [sup] *f* CUIS (thick) soup
soupente [supɑ̃t] *f* loft; *sous escaliers* cupboard
souper [supe] **1** *v/i* ⟨1a⟩ have dinner *ou* supper **2** *m* dinner, supper
soupeser [supəze] ⟨1d⟩ weigh in one's hand; *fig* weigh up
soupière [supjɛr] *f* soup tureen
soupir [supir] *m* sigh
soupirail [supiraj] *m* (*pl* -aux) basement window
soupirer [supire] ⟨1a⟩ sigh
souple [supl] supple, flexible; *fig* flexible
souplesse *f* flexibility
source [surs] *f* spring; *fig* source; ***prendre sa source dans*** rise in
sourcil [sursi] *m* eyebrow
sourciller ⟨1a⟩: ***sans sourciller*** without batting an eyelid
sourcilleux, **-euse** fussy, picky
sourd, **sourde** [sur, -d] deaf; *voix* low; *douleur*, *bruit* dull; *colère* repressed; ***sourd-muet*** deaf-and-dumb
sourdine *f* MUS mute; ***en sourdine*** quietly; ***mettre une sourdine à qch*** *fig* tone sth down
souriant, **souriante** [surjɑ̃, -t] smiling
souricière [surisjɛr] *f* mousetrap; *fig* trap
sourire [surir] **1** *v/i* ⟨4r⟩ smile **2** *m* smile
souris [suri] *f* mouse
sournois, **sournoise** [surnwa, -z] **1** *adj* underhanded **2** *m/f* underhanded person
sournoiserie *f* underhandedness
sous [su] *prép* under; ***sous la main*** to hand, within reach; ***sous terre*** under ground; ***sous peu*** shortly, soon; ***sous forme de*** in the form of; ***sous ce rapport*** in this respect; ***sous mes yeux*** under my nose; ***sous la pluie*** in the rain; ***mettre sous enveloppe*** put in an envelope
sous-alimenté, **sous-alimentée** [suzalimɑ̃te] undernourished
sous-bois [subwa] *m* undergrowth
souscription [suskripsjõ] *f* subscription
souscrire ⟨4f⟩: ***souscrire à*** subscribe to (*aussi fig*); *emprunt* approve; ***souscrire un emprunt*** take out a loan
sous-développé, **sous-développée** [sudevlɔpe] underdeveloped
sous-développement *m* underdevelopment
sous-emploi [suzɑ̃plwa] *m* underemployment
sous-entendre [suzɑ̃tɑ̃dr] ⟨4a⟩ imply
sous-entendu, **sous-entendue** **1** *adj* implied **2** *m* implication
sous-estimer [suzɛstime] ⟨1a⟩ underestimate
sous-jacent, **sous-jacente** [suʒasɑ̃, -t] *problème* underlying
sous-locataire [sulɔkatɛr] *m/f* subletter
sous-location *f* subletting
sous-louer [sulwe] ⟨1a⟩ sublet
sous-marin, **sous-marine** [sumarɛ̃, -in] **1** *adj* underwater **2** *m* submarine, F sub
sous-officier [suzɔfisje] *m* non-commissioned officer
sous-préfecture [suprefɛktyr] *f* subprefecture
sous-produit [suprɔdɥi] *m* by-product
sous-secrétaire [sus(ə)kretɛr] *m*: ***sous-secrétaire d'État*** assistant Secretary of State
soussigné, **soussignée** [susiɲe] *m/f*: ***je, soussigné ...*** I the undersigned ...
sous-sol [susɔl] *m* GÉOL subsoil; *d'une maison* basement
sous-titre [sutitr] *m* subtitle
soustraction [sustraksjõ] *f* MATH subtraction
soustraire [sustrɛr] ⟨4s⟩ MATH subtract (***de*** from); *fig*: *au regard de* remove; *à un danger* protect (***à*** from)
sous-traitance [sutrɛtɑ̃s] *f* COMM sub-contracting
sous-traiteur *m* sub-contractor
sous-vêtements [suvɛtmɑ̃] *mpl* underwear *sg*
soutane [sutan] *f* REL cassock
soute [sut] *f* MAR, AVIAT hold
soutenable [sutnabl] tenable
soutenance [sutnɑ̃s] *f université* viva (voce)
souteneur [sutnœr] *m* protector
soutenir [sutnir] ⟨2h⟩ support; *attaque*, *pression* withstand; *conversation* keep going; *opinion* maintain; ***soutenir que*** maintain that; ***se soutenir*** support each other
soutenu, **soutenue** *effort* sustained; *style* elevated
souterrain, **souterraine** [sutɛrɛ̃, -ɛn] **1** *adj* underground, subterranean **2** *m* underground passage
soutien [sutjɛ̃] *m* support (*aussi fig*)
soutien-gorge *m* (*pl* soutiens-gorge) brassière, bra

soutirer [sutire] ⟨1a⟩: ***soutirer qch à qn*** get sth out of s.o.

souvenir [suvnir] 1 ⟨2h⟩: ***se souvenir de qn / qch*** remember s.o./sth; ***se souvenir que*** remember that **2** *m* memory; *objet* souvenir

souvent [suvɑ̃] often; ***assez souvent*** quite often; ***moins souvent*** less often, less frequently; ***le plus souvent*** most of the time

souverain, **souveraine** [suvrɛ̃, -ɛn] *m/f* sovereign

souveraineté *f* sovereignty

soviétique [sɔvjetik] HIST **1** *adj* Soviet **2** *m/f* ***Soviétique*** Soviet

soyeux, **-euse** [swajø, -z] silky

spacieux, **-euse** [spasjø, -z] spacious

spaghetti [spageti] *mpl* spaghetti *sg*

sparadrap [sparadra] *m* Band-Aid®, *Br* Elastoplast®

spartiate [sparsjat] spartan

spasme [spasm] *m* MÉD spasm

spasmodique spasmodic

spatial, **spatiale** [spasjal] (*mpl* -iaux) spatial; ASTR space *atr*; ***recherches*** *fpl* ***spatiales*** space research

spatule [spatyl] *f* spatula

speaker, **speakerine** [spikœr, spikrin] *m/f radio*, TV announcer

spécial, **spéciale** [spesjal] (*mpl* -aux) special

spécialement *adv* specially

spécialiser ⟨1a⟩: ***se spécialiser*** specialize

spécialiste *m/f* specialist

spécialité *f* speciality

spécieux, **-euse** [spesjø, -z] specious

spécifier [spesifje] ⟨1a⟩ specify

spécifique specific

spécimen [spesimɛn] *m* specimen

spectacle [spɛktakl] *m* spectacle; *théâtre, cinéma* show, performance

spectaculaire spectacular

spectateur, **-trice** *m/f* (*témoin*) onlooker; SP spectator; *au cinéma, théâtre* member of the audience

spectre [spɛktr] *m* ghost; PHYS spectrum

spéculateur, **-trice** [spekylatœr, -tris] *m/f* speculator

spéculatif, **-ive** speculative

spéculation *f* speculation

spéculer ⟨1a⟩ FIN speculate (***sur*** in); *fig* speculate (***sur*** on, about)

spéléologie [speleɔlɔʒi] *f* caving

spermatozoïde [spɛrmatɔzɔid] *m* BIOL sperm

sperme *m* BIOL sperm

sphère [sfɛr] *f* MATH sphere (*aussi fig*)

sphérique spherical

spirale [spiral] *f* spiral

spirite [spirit] *m/f* spiritualist

spiritisme *m* spiritualism

spiritualité [spiritɥalite] *f* spirituality

spirituel, **spirituelle** spiritual; (*amusant*) witty

spiritueux [spiritɥø] *mpl* spirits

splendeur [splɑ̃dœr] *f* splendor, *Br* splendour

splendide splendid

spongieux, **-euse** [spõʒjø, -z] spongy

sponsor [spõsɔr] *m* sponsor

sponsoriser ⟨1a⟩ sponsor

spontané, **spontanée** [spõtane] spontaneous

spontanéité *f* spontaneity

sporadique [spɔradik] sporadic

sport [spɔr] **1** *m* sport; ***faire du sport*** do sport; ***sports d'hiver*** winter sports **2** *adj vêtements* casual *atr*; ***être sport*** *d'une personne* be a good sport

sportif, **-ive** **1** *adj résultats, association* sports *atr*; *allure* sporty; (*fair-play*) sporting **2** *m* sportsman **3** *f* sportswoman

sprint [sprint] *m* sprint

spumeux, **-euse** [spymø, -z] foamy

square [skwar] *m* public garden

squash [skwaʃ] *m* SP squash

squatter [skwate] ⟨1a⟩ squat

squatteur, **-euse** *m/f* squatter

squelette [skəlɛt] *m* ANAT skeleton

St *abr* (= ***saint***) St (= saint)

stabilisateur, **-trice** [stabilizatœr, -tris] **1** *adj* stabilizing **2** *m* stabilizer

stabilisation *f des prix, d'une devise* stabilization

stabiliser ⟨1a⟩ stabilize

stabilité *f* stability; ***stabilité des prix*** price stability

stable stable

stade [stad] *m* SP stadium; *d'un processus* stage

stage [staʒ] *m* training period; (*cours*) training course; *pour professeur* teaching practice; (*expérience professionnelle*) work placement

stagiaire *m/f* trainee

stagnant, **stagnante** [stagnɑ̃, -t] *eau* stagnant; ***être stagnant*** *fig* be stagnating

stagnation *f* ÉCON stagnation

stalactite [stalaktit] *f* icicle

stalle [stal] *f d'un cheval* box; ***stalles*** REL stalls

stand [stɑ̃d] *m de foire* booth, *Br* stand; *de kermesse* stall; ***stand de ravitaillement*** SP pits *pl*

standard [stɑ̃dar] *m* standard; TÉL switchboard

standardisation [stɑ̃dardizasjõ] *f* stand-

ardization
standardiser ⟨1a⟩ standardize
standardiste [stɑ̃dardist] *m/f* TÉL (switchboard) operator
standing [stɑ̃diŋ] *m* status; ***de grand standing*** *hôtel, immeuble* high-class
star [star] *f* star
starter [startɛr] *m* AUTO choke
station [stasjõ] *f* station; *de bus* stop; *de vacances* resort; ***station balnéaire*** seaside resort; ***station de sports d'hiver*** winter sport resort, ski resort; ***station de taxis*** cab stand, *Br* taxi rank; ***station thermale*** spa
stationnaire [stasjɔnɛr] stationary
stationnement *m* AUTO parking
stationner ⟨1a⟩ park
station-service [stasjõsɛrvis] *f* (*pl* stations-service) gas station, *Br* petrol station
statique [statik] static
statisticien, **statisticienne** [statistisjɛ̃, -ɛn] *m/f* statistician
statistique **1** *adj* statistical **2** *f* statistic; *science* statistics *sg*
statue [staty] *f* statue; ***Statue de la Liberté*** Statue of Liberty
stature [statyr] *f* stature
statut [staty] *m* status; ***statut social*** social status; ***statuts*** *d'une société* statutes
Ste *abr* (= ***sainte***) St (= saint)
sténographie [stenɔgrafi] *f* shorthand
stéréo(phonie) [stereo(fɔni)] *f* stereo; ***en stéréo*** in stereo
stéréo(phonique) stereo(phonic)
stéréotype [stereɔtip] *m* stereotype
stéréotypé, **stéréotypée** stereotype
stérile [steril] sterile
stériliser ⟨1a⟩ sterilize
stérilité *f* sterility
stéroïde [sterɔid] *m* steroid; ***stéroïde anabolisant*** anabolic steroid
stéthoscope [stetɔskɔp] *m* MÉD stethoscope
steward [stiwart] *m* flight attendant, steward
stigmate [stigmat] *m* mark; ***stigmates*** REL stigmata
stigmatiser ⟨1a⟩ *fig* stigmatize
stimulant, **stimulante** [stimylɑ̃, -t] **1** *adj* stimulating **2** *m* stimulant; *fig* incentive, stimulus
stimulateur *m* MÉD: ***stimulateur cardiaque*** pacemaker
stimuler ⟨1a⟩ stimulate
stimulus *m* (*pl le plus souvent* stimuli) PSYCH stimulus
stipulation [stipylasjõ] *f* stipulation
stipuler ⟨1a⟩ stipulate
stock [stɔk] *m* stock
stockage *m* stocking; INFORM storage; ***stockage de données*** data storage
stocker ⟨1a⟩ stock; INFORM store
stoïcisme [stɔisism] *m* stoicism
stoïque stoical
stop [stɔp] *m* stop; *écriteau* stop sign; (***feu*** *m*) ***stop*** AUTO brake light; ***faire du stop*** F thumb a ride, hitchhike
stopper ⟨1a⟩ stop
store [stɔr] *m d'une fenêtre* shade, *Br* blind; *d'un magasin*, *d'une terrasse* awning
strabisme [strabism] *m* MÉD squint
strapontin [strapõtɛ̃] *m* tip-up seat
stratagème [stratаʒɛm] *m* stratagem
stratégie [strateʒi] *f* strategy
stratégique strategic
stratifié, **stratifiée** [stratifje] GÉOL stratified; TECH laminated
stress [strɛs] *m* stress
stressant, **stressante** stressful
stressé, **stressée** stressed(-out)
strict, **stricte** [strikt] strict; ***au sens strict*** in the strict sense (of the word); ***le strict nécessaire*** the bare minimum
strident, **stridente** [stridɑ̃, -t] strident
strip-tease [striptiz] *m* strip(tease)
structuration [stryktyrasjõ] *f* structuring
structure *f* structure
stuc [styk] *m* stucco
studieux, **-euse** [stydjø, -z] studious
studio [stydjo] *m* studio; (*appartement*) studio, *Br aussi* studio flat
stupéfaction [stypefaksjõ] *f* stupefaction
stupéfait, **stupéfaite** stupefied
stupéfiant, **stupéfiante** **1** *adj* stupefying; **2** *m* drug
stupéfier ⟨1a⟩ stupefy
stupeur [stypœr] *f* stupor
stupide [stypid] stupid
stupidité *f* stupidity
style [stil] *m* style
stylisé, **stylisée** stylized
styliste *m/f de mode*, *d'industrie* stylist
stylistique **1** *adj* stylistic **2** *f* stylistics
stylo [stilo] *m* pen; ***stylo à bille, stylo-bille*** (*pl* stylos à bille, stylos-billes) ballpoint (pen); ***stylo plume*** fountain pen
stylo-feutre *m* (*pl* stylos-feutres) felt tip, felt-tipped pen
su, **sue** [sy] *p/p* → ***savoir***
suave [sɥav] *voix*, *goût* sweet
subalterne [sybaltɛrn] **1** *adj* junior, subordinate; *employé* junior **2** *m/f* junior, subordinate
subconscient [sybkõsjɑ̃] *m* subconscious
subdivision [sybdivizjõ] *f* subdivision
subir [sybir] ⟨2a⟩ (*endurer*) suffer; (*se*

soumettre volontairement à) undergo; ***subir une opération*** undergo a an operation
subit, **subite** [sybi, -t] sudden
subitement *adv* suddenly
subjectif, **-ive** [sybʒɛktif, -iv] subjective
subjonctif [sybʒõktif] *m* GRAM subjunctive
subjuguer [sybʒyge] ⟨1m⟩ *fig* captivate
sublime [syblim] sublime
submerger [sybmɛrʒe] ⟨1l⟩ submerge; ***être submergé de travail*** *fig* be up to one's eyes in work, be buried in work
subordination [sybɔrdinasjõ] *f* subordination
subordonné, **subordonnée** [sybɔrdɔne] **1** *adj* subordinate **2** *m/f* subordinate **3** *f* GRAM subordinate clause
subordonner ⟨1a⟩ subordinate (***à*** to)
subrepticement [sybrɛptismɑ̃] *adv* surreptitiously
subside [sybzid, sypsid] *m* subsidy
subsidiaire subsidiary
subsistance [sybzistɑ̃s] *f* subsistence
subsister ⟨1a⟩ survive; *d'une personne aussi* live
substance [sypstɑ̃s] *f* substance
substantiel, **substantielle** [sypstɑ̃sjɛl] substantial
substituer [sypstitɥe] ⟨1n⟩: ***substituer X à Y*** substitute X for Y
substitution *f* substitution
subterfuge [syptɛrfyʒ] *m* subterfuge
subtil, **subtile** [syptil] subtle
subtiliser ⟨1a⟩ F pinch F (***à qn*** from s.o.)
subtilité *f* subtlety
suburbain, **suburbaine** [sybyrbɛ̃, -ɛn] suburban
subvenir [sybvənir] ⟨2h⟩: ***subvenir à*** *besoins* provide for
subvention [sybvɑ̃sjõ] *f* grant, subsidy
subventionner ⟨1a⟩ subsidize
subversif, **-ive** [sybvɛrsif, -iv] subversive
subversion *f* subversion
suc [syk] *m*: ***sucs gastriques*** gastric juices
succédané [syksedane] *m* substitute
succéder [syksede] ⟨1f⟩: ***succéder à*** follow; *personne* succeed; ***se succéder*** follow each other
succès [syksɛ] *m* success; ***avec succès*** successfully, with success; ***sans succès*** unsuccessfully, without success
successeur [syksesœr] *m* successor
successif, **-ive** successive
succession *f* succession; JUR (*biens dévolus*) inheritance
successivement *adv* successively
succomber [sykõbe] ⟨1a⟩ (*mourir*) die, succumb; ***succomber à*** succumb to
succulent, **succulente** [sykylɑ̃, -t] succulent
succursale [sykyrsal] *f* COMM branch
sucer [syse] ⟨1k⟩ suck
sucette *f bonbon* lollipop; *de bébé* pacifier, *Br* dummy
sucre [sykr] *m* sugar; ***sucre glace*** confectioner's sugar, *Br* icing sugar
sucré, **sucrée** sweet; *au sucre* sugared; *péj* sugary
sucrer ⟨1a⟩ sweeten; *avec sucre* sugar
sucreries *fpl* sweet things
sucrier *m* sugar bowl
sud [syd] **1** *m* south; ***vent** m **du sud*** south wind; ***au sud de*** (to the) south of **2** *adj* south; *hemisphère* southern; ***côte** f **sud*** south *ou* southern coast
sud-africain, **sud-africaine** [sydafrikɛ̃, -ɛn] **1** *adj* South African **2** *m/f* **Sud-Africain**, **Sud-Africaine** South African
sud-américain, **sud-américaine** [sydamerikɛ̃, -ɛn] **1** *adj* South American **2** *m/f* **Sud-Américain**, **Sud-Américaine** South American
sud-est [sydɛst] *m* south-east
Sudiste [sydist] *m/f & adj* HIST Confederate
sud-ouest [sydwɛst] *m* south-west
Suède [sɥɛd]: ***la Suède*** Sweden
suédois, **suédoise** **1** *adj* Swedish **2** *m langue* Swedish **3** *m/f* **Suédois**, **Suédoise** Swede
suer [sɥe] ⟨1n⟩ **1** *v/i* sweat **2** *v/t* sweat; *fig* (*dégager*) ooze
sueur *f* sweat
suffire [syfir] ⟨4o⟩ be enough; ***suffire pour faire qch*** be enough to do sth; ***cela me suffit*** that's enough for me; ***il suffit que tu le lui dises*** (*subj*) all you have to do is tell her; ***il suffit de …*** all you have to do is …; ***ça suffit!*** that's enough!, that'll do!
suffisamment [syfizamɑ̃] *adv* sufficiently, enough; ***suffisamment intelligent*** sufficiently intelligent, intelligent enough; ***suffisamment de …*** enough …, sufficient …
suffisance *f* arrogance
suffisant, **suffisante** sufficient, enough; (*arrogant*) arrogant
suffixe [syfiks] *m* LING suffix
suffocant, **suffocante** [syfɔkɑ̃, -t] suffocating; *fig* breathtaking
suffocation *f* suffocation
suffoquer ⟨1m⟩ **1** *v/i* suffocate **2** *v/t* suffocate; ***suffoquer qn*** *fig* take s.o.'s breath away
suffrage [syfraʒ] *m* vote; ***remporter tous***

les suffrages *fig* get everyone's vote, win all the votes; ***suffrage universel*** universal suffrage
suggérer [sygʒere] ⟨1f⟩ suggest (***à*** to)
suggestif, -ive [sygʒɛstjõ] suggestive; *robe etc* revealing
suggestion *f* suggestion
suicide [sɥisid] *m* suicide
suicidé, suicidée *m/f* suicide victim
suicider ⟨1a⟩: ***se suicider*** kill o.s., commit suicide
suie [sɥi] *f* soot
suinter [sɥɛ̃te] ⟨1a⟩ *d'un mur* ooze
suisse [sɥis] **1** *adj* Swiss **2** *m/f* **Suisse** Swiss **3**: ***la Suisse*** Switzerland
suite [sɥit] *f* pursuit; (*série*) series *sg*; (*continuation*) continuation; *d'un film, un livre* sequel; (*escorte*) retinue, suite; MUS, *appartement* suite; ***la suite de l'histoire*** the rest of the story, what happens next; ***suites*** (*conséquences*) consequences, results; *d'un choc, d'une maladie* after-effects; ***faire suite à qch*** follow sth, come after sth; ***prendre la suite de qn*** succeed s.o.; ***donner suite à*** *lettre* follow up; ***suite à votre lettre du ...*** further to *ou* with reference to your letter of ...; ***trois fois de suite*** three times in succession *ou* in a row; ***et ainsi de suite*** and so on; ***par suite de*** as a result of, due to; ***tout de suite*** immediately, at once; ***par la suite*** later, subsequently; ***à la suite de qn*** in s.o.'s wake, behind s.o.; ***à la suite de qch*** following sth, as a result of sth
suivant, suivante [sɥivɑ̃, -t] **1** *adj* next, following **2** *m/f* next person; ***au suivant!*** next! **3** *prép* (*selon*) according to **4** *conj*: ***suivant que*** depending on whether
suivi, suivie [sɥivi] *travail, effort* sustained; *relations* continuous, unbroken; *argumentation* coherent
suivre [sɥivr] ⟨4h⟩ **1** *v/t* follow; *cours* take **2** *v/i* follow; *à l'école* keep up; ***faire suivre*** *lettre* please forward; ***à suivre*** to be continued
sujet, sujette [syʒɛ, -t] **1** *adj*: ***sujet à qch*** subject to sth **2** *m* subject; ***à ce sujet*** on that subject; ***au sujet de*** on the subject of
sulfureux, -euse [sylfyrø, -z] sultry
summum [sɔmɔm] *m fig*: ***le summum de*** the height of
super [sypɛr] **1** *adj* F great F, neat F **2** *m essence* premium, *Br* four-star
superbe [sypɛrb] superb
supercarburant [sypɛrkarbyrɑ̃] *m* high-grade gasoline *ou Br* petrol
supercherie [sypɛrʃəri] *f* hoax
superficie [sypɛrfisi] *f fig*: *aspect superficiel* surface; (*surface, étendue*) (surface) area
superficiel, superficielle superficial
superflu, superflue [sypɛrfly] **1** *adj* superfluous **2** *m* surplus
supérieur, supérieure [syperjœr] **1** *adj* higher; *étages, face, mâchoire* upper; (*meilleur, dans une hiérarchie*) superior (*aussi péj*); ***supérieur à*** higher than; (*meilleur que*) superior to **2** *m/f* superior
supériorité *f* superiority
superlatif [sypɛrlatif] *m* GRAM, *fig* superlative
supermarché [sypɛrmarʃe] *m* supermarket
superposer [sypɛrpoze] ⟨1a⟩ stack; *couches* superimpose; ***lits*** *mpl* ***superposés*** bunk beds; ***se superposer*** stack; *d'images* be superimposed
super-puissance [sypɛrpɥisɑ̃s] *f* superpower
supersonique [sypɛrsɔnik] supersonic
superstitieux, -euse [sypɛrstisjø, -z] superstitious
superstition *f* superstition
superstructure [sypɛrstryktyr] *f* superstructure
superviser [sypɛrvize] ⟨1a⟩ supervise
superviseur *m* supervisor
supplanter [syplɑ̃te] ⟨1a⟩ supplant
suppléant, suppléante [sypleɑ̃, -t] **1** *adj* acting **2** *m/f* stand-in, replacement
suppléer ⟨1a⟩: ***suppléer à*** make up for
supplément [syplemɑ̃] *m* supplement; ***un supplément de ...*** additional *ou* extra ...
supplémentaire additional
suppliant, suppliante [syplijɑ̃, -t] pleading
supplication *f* plea
supplice [syplis] *m* torture; *fig* agony
supplicier ⟨1a⟩ torture
supplier [syplije] ⟨1a⟩: ***supplier qn de faire qch*** beg s.o. *ou* plead with s.o. to do sth
support [sypɔr] *m* support; ***support de données*** INFORM data carrier
supportable bearable
supporter[1] ⟨1a⟩ TECH, ARCH support, hold up; *conséquences* take; *frais* bear; *douleur, personne* bear, put up with; *chaleur, alcool* tolerate
supporter[2] [sypɔrtɛr] *m* SP supporter, fan
supposé, supposée [sypoze] supposed; *nom* assumed
supposer ⟨1a⟩ suppose; (*impliquer*) presuppose; ***à supposer que, en supposant que*** (+ *subj*) supposing that
supposition *f* supposition

S

suppositoire [sypozitwar] *m* PHARM suppository
suppression [sypresjõ] *f* suppression
supprimer ⟨1a⟩ *institution*, *impôt* abolish, get rid of; *emplois* cut; *mot*, *passage* delete; *cérémonie*, *concert* cancel; ***supprimer qn*** get rid of s.o.
suppurer [sypyre] ⟨1a⟩ suppurate
supranational, **supranationale** [sypranasjɔnal] (*mpl* -aux) supranational
suprématie [sypremasi] *f* supremacy
suprême supreme
sur[1] [syr] *prép* ◇ on; ***prendre qch sur l'étagère*** take sth off the shelf; ***la clé est sur la porte*** the key's in the lock; ***avoir de l'argent sur soi*** have some money on one; ***sur le moment*** at the time
◇ **:** ***une fenêtre sur la rue*** a window looking onto the street
◇ **:** ***tirer sur qn*** shoot at s.o.
◇ *sujet* on, about; ***un film sur …*** a movie on *ou* about …
◇ **:** ***un sur dix*** one out of ten; ***une semaine sur trois*** one week in three, every three weeks
◇ *mesure* by ***4 cms sur 10*** 4 cms by 10; ***le plage s'étend sur 2 kilomètres*** the beach stretches for 2 kilometers
sur[2], **sure** [syr] sour
sûr, **sûre** [syr] sure; (*non dangereux*) safe; (*fiable*) reliable; *jugement* sound; ***sûr de soi*** sure of o.s., self-confident; ***être sûr de son fait*** be sure of one's facts; ***bien sûr*** of course; ***à coup sûr il sera …*** he's bound to be …
surcharge [syrʃarʒ] *f* overloading; (*poids excédentaire*) excess weight
surcharger ⟨1l⟩ overload
surchauffer [syrʃofe] ⟨1a⟩ overheat
surclasser [syrklase] ⟨1a⟩ outclass
surcroît [syrkrwa] *m*: ***un surcroît de travail*** extra *ou* additional work; ***de surcroît, par surcroît*** moreover
surdité [syrdite] *f* deafness
surdoué, **surdouée** [syrdwe] extremely gifted
sureau [syro] *m* (*pl* -x) BOT elder
surélever [syrelve] ⟨1d⟩ TECH raise
sûrement [syrmɑ̃] *adv* surely
surenchère [syrɑ̃ʃɛr] *f dans vente aux enchères* higher bid
surenchérir ⟨2a⟩ bid more; *fig* raise the ante
surestimer [syrɛstime] ⟨1a⟩ overestimate
sûreté [syrte] *f* safety; MIL security; *de jugement* soundness; ***Sûreté*** FBI, *Br* CID; ***pour plus de sûreté*** to be on the safe side
surexciter [syrɛksite] ⟨1a⟩ overexcite
surexposer [syrɛkspoze] ⟨1a⟩ *photographie* overexpose
surf [sœrf] *m* surfing; (*planche*) surfboard
surface [syrfas] *f* surface; ***grande surface*** COMM supermarket; ***remonter à la surface*** resurface; ***refaire surface*** *fig* resurface, reappear
surfait, **surfaite** [syrfɛ, -t] overrated
surfer [sœrfe] ⟨1a⟩ surf; ***surfer sur Internet*** surf the Net
surgelé, **surgelée** [syrʒəle] **1** *adj* deep-frozen **2** *mpl*: ***surgelés*** frozen food *sg*
surgir [syrʒir] ⟨2a⟩ suddenly appear; *d'un problème* crop up
surhumain, **surhumaine** [syrymɛ̃, -ɛn] superhuman
sur-le-champ [syrləʃɑ̃] *adv* at once, straightaway
surlendemain [syrlɑ̃dmɛ̃] *m* day after tomorrow
surligner [syrlinje] ⟨1a⟩ highlight
surligneur *m* highlighter
surmenage [syrmənaʒ] *m* overwork
surmener ⟨1d⟩ overwork; ***se surmener*** overwork, overdo it F
surmontable [syrmõtabl] surmountable
surmonter ⟨1a⟩ dominate; *fig* overcome, surmount
surnaturel, **surnaturelle** [syrnatyrɛl] supernatural
surnom [syrnõ] *m* nickname
surnombre [syrnõbr] *m*: ***en surnombre*** too many; ***ils étaient en surnombre*** there were too many of them
surnommer [syrnɔme] ⟨1a⟩ nickname
surpasser [syrpase] ⟨1a⟩ surpass
surpeuplé, **surpeuplée** [syrpœple] *pays* overpopulated; *endroit* overcrowded
surpeuplement *m d'un pays* overpopulation; *d'un endroit* overcrowding
surplomb [syrplõ]: ***en surplomb*** overhanging
surplomber ⟨1a⟩ overhang
surplus [syrply] *m* surplus; ***au surplus*** moreover
surprenant, **surprenante** [syrprənɑ̃, -t] surprising
surprendre ⟨4q⟩ surprise; *voleur* catch (in the act); ***se surprendre à faire qch*** catch o.s. doing sth
surpris, **surprise** [syrpri, -z] **1** *p/p* → ***surprendre*** **2** *adj* surprised
surprise [syrpriz] *f* surprise
surprise-partie *f* (*pl* surprises-parties) surprise party
surréalisme [syrealism] *m* surrealism
sursaut [syrso] *m* jump, start
sursauter ⟨1a⟩ jump, give a jump

sursis [syrsi] *m fig* reprieve, stay of execution; ***peine de trois mois avec sursis*** JUR suspended sentence of three months
surtaxe [syrtaks] *f* surcharge
surtension [syrtɑ̃sjõ] *f* ÉL surge
surtout [syrtu] *adv* especially; (*avant tout*) above all; ***non, surtout pas!*** no, absolutely not!; ***surtout que*** F especially since
surveillance [syrvɛjɑ̃s] *f* supervision; *par la police etc* surveillance; ***exercer une surveillance constante sur*** keep a permanent watch on
surveillant, **surveillante** *m/f* supervisor; *de prison* guard, *Br aussi* warder
surveiller ⟨1b⟩ keep watch over, watch; (*contrôler*) *élèves, employés* supervise; *de la police etc* observe, keep under surveillance; *sa ligne, son langage* watch; ***se surveiller*** *comportement* watch one's step; *poids* watch one's figure
survenir [syrvənir] ⟨2h⟩ (*aux* **être**) *d'une personne* turn up *ou* arrive unexpectedly; *d'un événement* happen; *d'un problème* come up, arise
survêtement [syrvɛtmɑ̃] *m* sweats *pl*, *Br* tracksuit
survie [syrvi] *f* survival; REL afterlife
survivant, **survivante** **1** *adj* surviving **2** *m/f* survivor
survivre ⟨4e⟩: ***survivre à*** *personne* survive, outlive; *accident* survive
survoler [syrvɔle] ⟨1a⟩ fly over; *fig* skim over
sus [sy(s)]: ***en sus de qch*** over and above sth, in addition to sth
susceptibilité [sysɛptibilite] *f* sensitivity, touchiness
susceptible sensitive, touchy; ***être susceptible de faire qch*** be likely to do sth
susciter [sysite] ⟨1a⟩ arouse
suspect, **suspecte** [syspɛ(kt), -kt] (*équivoque*) suspicious; (*d'une qualité douteuse*) suspect; ***suspect de qch*** suspected of sth
suspecter ⟨1a⟩ suspect
suspendre [syspɑ̃dr] ⟨4a⟩ suspend; (*accrocher*) hang up
suspendu, **suspendue** suspended; ***suspendu au plafond*** hanging *ou* suspended from the ceiling; ***être bien / mal suspendu*** *d'une voiture* have good / bad suspension
suspens [syspɑ̃]: ***en suspens*** *personne* in suspense; *affaire* outstanding
suspense [syspɛns] *m* suspense
suspension [syspɑ̃sjõ] *f* suspension; ***points*** *mpl* ***de suspension*** suspension points
suspicion [syspisjõ] *f* suspicion
susurrer [sysyre] ⟨1a⟩ whisper
suture [sytyr] *f* MÉD suture
svelte [svɛlt] trim, slender
S.V.P. *abr* (= ***s'il vous plaît***) please
sweat(shirt) [swit(ʃœrt)] *m* sweatshirt
sycomore [sikɔmɔr] *m* sycamore
syllabe [silab] *f* syllable
sylviculture [silvikyltyr] *f* forestry
symbiose [sɛ̃bjoz] *f* BIOL symbiosis
symbole [sɛ̃bɔl] *m* symbol
symbolique symbolic
symboliser ⟨1a⟩ symbolize
symbolisme *m* symbolism
symétrie [simetri] *f* symmetry
symétrique symmetrical
sympa [sɛ̃pa] F nice, friendly
sympathie [sɛ̃pati] *f* sympathy; (*amitié, inclination*) liking
sympathique nice, friendly
sympathiser ⟨1a⟩ get on (***avec qn*** with s.o.)
symphonie [sɛ̃fɔni] *f* MUS symphony
symphonique symphonic
symptôme [sɛ̃ptom] *m* symptom
synagogue [sinagɔg] *f* synagogue
synchronisation [sɛ̃krɔnizasjõ] *f* synchronization
synchroniser ⟨1a⟩ synchronize
syncope [sɛ̃kɔp] *f* MUS syncopation; MÉD fainting fit
syndical, **syndicale** [sɛ̃dikal] (*mpl* -aux) labor *atr*, *Br* (trade) union *atr*
syndicaliser ⟨1a⟩ unionize
syndicaliste **1** *adj* labor *atr*, *Br* (trade) union *atr* **2** *m/f* union member
syndicat *m* (labor) union, *Br* (trade) union; ***syndicat d'initiative*** tourist information office
syndiqué, **syndiquée** unionized
syndrome [sɛ̃drom] *m* syndrome
synonyme [sinɔnim] **1** *adj* synonymous (**de** with) **2** *m* synonym
syntaxe [sɛ̃taks] *f* GRAM syntax
synthèse [sɛ̃tɛz] *f* synthesis
synthétique *m & adj* synthetic
synthétiseur *m* MUS synthesizer
syphilis [sifilis] *f* syphilis
Syrie [siri]: ***la Syrie*** Syria
syrien, **syrienne** **1** *adj* Syrian **2** *m/f* **Syrien**, **Syrienne** Syrian
systématique [sistematik] systematic
systématiser ⟨1a⟩ systematize
système *m* system; ***le système D*** F (*débrouillard*) resourcefulness; ***système antidémarrage*** immobilizer; ***système d'exploitation*** INFORM operating system; ***système immunitaire*** immune system; ***système solaire*** solar system

S

T

ta [ta] → ***ton***²
tabac [taba] *m* tobacco; ***bureau*** *m ou* ***débit*** *m* ***de tabac*** tobacco store, *Br* tobacconist's
tabagisme *m* smoking
tabasser [tabase] ⟨1a⟩ beat up
table [tabl] *f* table; ***table pliante*** folding table; ***table des matières*** table of contents; ***à table!*** come and get it!, food's up!; ***table ronde*** round table; ***se mettre à table*** sit down to eat
tableau [tablo] *m* (*pl* -x) *à l'école* board; (*peinture*) painting; *fig* picture; (*liste*) list; (*schéma*) table; ***tableau d'affichage*** bulletin board, *Br* notice board; ***tableau de bord*** AVIAT instrument panel
tablette [tablɛt] *f* shelf; ***tablette de chocolat*** chocolate bar
tableur [tablœr] *m* INFORM spreadsheet
tablier [tablije] *m* apron
tabou [tabu] **1** *m* taboo **2** *adj* (*inv ou f* ***taboue***, *pl* ***tabou(e)s***) taboo
tabouret [taburɛ] *m* stool
tabulation [tabylasjõ] *f* tab
tac [tak] *m*: ***répondre du tac au tac*** answer quick as a flash
tache [taʃ] *f* stain (*aussi fig*)
tâche [tɑʃ] *f* task
tacher [taʃe] ⟨1a⟩ stain
tâcher [tɑʃe] ⟨1a⟩: ***tâcher de faire qch*** try to do sth
tacheté, **tachetée** [taʃte] stained
tachymètre [takimɛtr] *m* AUTO speedometer
tacite [tasit] tacit
taciturne [tasityrn] taciturn
tact [takt] *m* tact; ***avoir du tact*** be tactful
tactile [taktil] tactile
tactique **1** *adj* tactical **2** *f* tactics *pl*
taffetas [tafta] *m* taffeta
taie [tɛ] *f*: ***taie*** (***d'oreiller***) pillowslip
taille¹ [taj] *f* BOT pruning; *de la pierre* cutting
taille² [taj] *f* (*hauteur*) height; (*dimension*) size; ANAT waist; ***être de taille à faire qch*** *fig* be capable of doing sth; ***de taille*** F enormous
taille-crayon(s) [tajkrɛjõ] *m* (*pl inv*) pencil sharpener
tailler [taje] ⟨1a⟩ BOT prune; *vêtement* cut out; *crayon* sharpen; *diamant*, *pierre* cut
tailleur *m* (*couturier*) tailor; *vêtement* (woman's) suit; ***tailleur de diamants*** diamond cutter
taillis [taji] *m* coppice
taire [tɛr] ⟨4a⟩ not talk about, hide; ***se taire*** keep quiet (***sur*** about); *s'arrêter de parler* stop talking, fall silent; ***tais-toi!*** be quiet!, shut up!
Taïwan [tajwan] Taiwan
taïwanais, **taïwanaise** **1** *adj* Taiwanese **2** *m/f* **Taïwanais**, **Taïwanaise** Taiwanese
talc [talk] *m* talc
talent [talɑ̃] *m* talent
talentueux, **-euse** talented
talon [talõ] *m* ANAT, *de chaussure* heel; *d'un chèque* stub; ***talons aiguille*** spike heels, *Br* stilettos
talonner ⟨1a⟩ (*serrer de près*) follow close behind; (*harceler*) harass
talonneur *m en rugby* hooker
talus [taly] *m* bank
tambour [tɑ̃bur] *m* MUS, TECH drum
tambouriner ⟨1a⟩ drum
tamis [tami] *m* sieve
Tamise [tamiz]: ***la Tamise*** the Thames
tamiser [tamize] ⟨1a⟩ sieve; *lumière* filter
tampon [tɑ̃põ] *m d'ouate* pad; *hygiène féminine* tampon; (*amortisseur*) buffer; (*cachet*) stamp
tamponnement *m* AUTO collision
tamponner ⟨1a⟩ *plaie* clean; (*cacheter*) stamp; AUTO collide with
tamponneux, **-euse**: ***auto*** *f* ***tamponneuse*** Dodgem®
tandem [tɑ̃dɛm] *m* tandem; *fig* twosome
tandis que [tɑ̃di(s)k] *conj* while
tangent, **tangente** [tɑ̃ʒɑ̃, -t] **1** *adj* MATH tangential **2** *f* MATH tangent
tangible [tɑ̃ʒibl] tangible
tango [tɑ̃go] *m* tango
tanguer [tɑ̃ge] ⟨1a⟩ lurch
tanière [tanjɛr] *f* lair, den (*aussi fig*)
tank [tɑ̃k] *m* tank
tanker *m* tanker
tanné, **tannée** [tane] tanned; *peau* weatherbeaten
tanner ⟨1a⟩ tan; *fig* F pester
tannerie *f* tannery
tanneur *m* tanner
tant [tɑ̃] **1** *adv* so much; ***tant de vin*** so much wine; ***tant d'erreurs*** so many errors; ***tant bien que mal*** *réparer* after a fashion; (*avec diffculté*) with difficulty; ***tant mieux*** so much the better; ***tant pis*** too bad, tough **2** *conj*: ***tant que*** *temps* as long as; ***tant qu'à faire!*** might as well!; ***en tant que Français*** as a Frenchman;

tant … que … both … and …
tante [tɑ̃t] *f* aunt
tantième [tɑ̃tjɛm] *m* COMM percentage
tantôt [tɑ̃to] this afternoon; ***à tantôt*** see you soon; ***tantôt … tantôt …*** now … now …
taon [tɑ̃] *m* horsefly
tapage [tapaʒ] *m* racket; *fig* fuss; ***faire du tapage nocturne*** JUR cause a disturbance
tapageur, -euse (*voyant*) flashy, loud; (*bruyant*) noisy
tape [tap] *f* pat
tape-à-l'œil [tapalœj] *adj inv* loud, in-‑your-face F
tapecul [tapky] *m* AUTO F boneshaker
tapée [tape] *f* F: ***une tapée de*** loads of
taper [tape] ⟨1a⟩ **1** *v/t personne* hit; *table* bang on; ***taper (à la machine)*** F type **2** *v/i* hit; *à l'ordinateur* type, key; ***taper sur les nerfs de qn*** F get on s.o.'s nerves; ***taper dans l'œil de qn*** catch s.o.'s eye; ***taper (dur)*** *du soleil* beat down; ***se taper*** F *gâteaux, vin* put away; *corvée* be landed with
tapi, tapie [tapi] crouched; (*caché*) hidden
tapir ⟨2a⟩: ***se tapir*** crouch
tapis [tapi] *m* carpet; SP mat; ***mettre sur le tapis*** *fig* bring up; ***tapis roulant*** TECH conveyor belt; *pour personnes* traveling *ou Br* travelling walkway; ***tapis de souris*** mouse mat; ***tapis vert*** gaming table
tapisser [tapise] ⟨1a⟩ *avec du papier peint* (wall)paper
tapisserie *f* tapestry; (*papier peint*) wallpaper
tapissier, -ère *m/f*: ***tapissier (décorateur)*** interior decorator
tapoter [tapɔte] ⟨1a⟩ tap; *personne* pat; *rythme* tap out
taquin, taquine [takɛ̃, -in] teasing
taquiner ⟨1a⟩ tease
taquinerie *f* teasing
tarabiscoté, tarabiscotée [tarabiskɔte] over-elaborate
tarabuster [tarabyste] ⟨1a⟩ pester; (*travailler*) worry
tard [tar] **1** *adv* late; ***plus tard*** later (on); ***au plus tard*** at the latest; ***pas plus tard que*** no later than; ***tard dans la nuit*** late at night; ***il se fait tard*** it's getting late; ***mieux vaut tard que jamais*** better late than never **2** *m*: ***sur le tard*** late in life
tarder [tarde] ⟨1a⟩ delay; ***tarder à faire qch*** take a long time doing sth; ***il me tarde de te revoir*** I'm longing to see you again
tardif, -ive late
targuer [targe] ⟨1m⟩: ***se targuer de qch*** *litt* pride o.s. on sth
tarif [tarif] *m* rate; ***tarif unique*** flat rate
tarir [tarir] ⟨2a⟩ dry up (*aussi fig*); ***se tarir*** dry up
tarmac [tarmak] *m* tarmac
tartan [tartɑ̃] *m* tartan
tarte [tart] *f* tart
tartelette *f* tartlet
tartine [tartin] *f* slice of bread; ***tartine de beurre / confiture*** slice of bread and butter / jam
tartiner ⟨1a⟩ spread; ***fromage*** *m* ***à tartiner*** cheese spread
tartre [tartr] *m* tartar
tas [tɑ] *m* heap, pile; ***un tas de choses*** heaps *pl ou* piles *pl* of things; ***formation*** *f* ***sur le tas*** on-the-job training
tasse [tɑs] *f* cup; ***une tasse de café*** a cup of coffee; ***une tasse à café*** a coffee cup
tassement [tɑsmɑ̃] *m* TECH subsidence, settlement
tasser ⟨1a⟩ (*bourrer*) cram; ***se tasser*** settle; ***ça va se tasser*** *fig* F things will sort themselves out
tâter [tɑte] ⟨1a⟩ **1** *v/t* feel; ***tâter qn*** *fig* sound s.o. out **2** *v/i* F: ***tâter de qch*** try sth, have a shot at sth
tatillon, tatillonne [tatijõ, -ɔn] fussy
tâtonner [tɑtɔne] ⟨1a⟩ grope about
tâtons *adv*: ***avancer à tâtons*** feel one's way forward
tatouage [tatwaʒ] *m action* tattooing; *signe* tattoo
tatouer ⟨1a⟩ tattoo
taudis [todi] *m* slum
taule [tol] *f* P (*prison*) jail, slammer P
taupe [top] *f* ZO mole
taureau [tɔro] *m* (*pl* -x) bull; ***Taureau*** ASTROL Taurus
tauromachie [tɔrɔmaʃi] *f* bullfighting
taux [to] *m* rate; ***taux d'escompte*** discount rate; ***taux d'expansion*** rate of expansion, expansion rate; ***taux d'intérêt*** interest rate
taverne [tavɛrn] *f* (*restaurant*) restaurant
taxe [taks] *f* duty; (*impôt*) tax; ***taxe professionnelle*** tax paid by people who are self-employed; ***taxe de séjour*** visitor tax; ***taxe sur*** *ou* ***à la valeur ajoutée*** sales tax, *Br* value added tax, VAT
taxer ⟨1a⟩ tax; ***taxer qn de qch*** *fig* (*accuser*) tax s.o. with sth; ***il la taxe d'égoïsme*** he accuses her of selfishness, he describes her as selfish
taxi [taksi] *m* taxi, cab
taximètre [taksimɛtr] *m* meter
tchèque [tʃɛk] **1** *adj* Czech **2** *m langue* Czech **3** *m/f* **Tchèque** Czech
te [tə] *pron personnel* ◇ *complément*

d'objet direct you; ***il ne t'a pas vu*** he didn't see you
◇ *complément d'objet indirect* (to) you; ***elle t'en a parlé*** she spoke to you about it; ***je vais te chercher un …*** I'll go and get you a …
◇ *avec verbe pronominal* yourself; ***tu t'es coupé*** you've cut yourself; ***si tu te lèves à …*** if you get up at …
technicien, **technicienne** [tɛknisjɛ̃, -ɛn] *m/f* technician
technicité *f* technicality
technique **1** *adj* technical **2** *f* technique
technocrate [tɛknɔkrat] *m* technocrat
technocratie *f* technocracy
technologie [tɛknɔlɔʒi] *f* technology; ***technologie informatique*** computer technology; ***technologie de pointe*** high-tech
technologique technological
teck [tɛk] *m* teak
teckel [tekɛl] *m* dachshund
tee-shirt [tiʃœrt] *m* T-shirt
TEG [teøʒe] *m abr* (= ***taux effectif global***) APR (= annual percentage rate)
teindre [tɛ̃dr] ⟨4b⟩ dye
teint, **teinte** [tɛ̃, -t] **1** *adj* dyed **2** *m* complexion; ***fond*** *m* ***de teint*** foundation (cream); ***bon*** *ou* ***grand teint*** *inv* colorfast, *Br* colourfast **3** *f* tint; *fig* tinge, touch
teinter ⟨1a⟩ tint; *bois* stain
teinture *f action* dyeing; *produit* dye; PHARM tincture
teinturerie *f* dry cleaner's
tel, **telle** [tɛl] such; ***une telle surprise*** such a surprise; *de ce genre* a surprise like that; ***tel(s)*** *ou* ***telle(s) que*** such as, like; ***tel quel*** as it is / was; ***rien de tel que*** nothing like, nothing to beat; ***à tel point que*** to such an extent that, so much that; ***tel jour*** on such and such a day
télé [tele] *f* F TV, tube F, *Br* telly F
télébenne [telebɛn] *f* cable car
télécharger [teleʃarʒe] ⟨1l⟩ INFORM download
télécommande [telekɔmɑ̃d] *f* remote control
télécommander ⟨1a⟩: ***télécommandé*** remote-controlled
télécommunications [telekɔmynikasjõ] *f pl* telecommunications
téléconférence [telekõferɑ̃s] *f* teleconference
téléférique [teleferik] → ***téléphérique***
téléguidage [telegidaʒ] *m* remote control
téléguider ⟨1a⟩ operate by remote control
téléinformatique [teleɛ̃fɔrmatik] *f* teleprocessing
téléobjectif [teleɔbʒɛktif] *m* telephoto lens
télépathie [telepati] *f* telepathy
téléphérique [teleferik] *m* cable car
téléphone [telefɔn] *m* phone, telephone; ***téléphone portable*** cellphone, *Br* mobile (phone); ***abonné*** *m* ***au téléphone*** telephone subscriber; ***coup*** *m* ***de téléphone*** (phone)call; ***par téléphone*** by phone; ***avoir le téléphone*** have a telephone
téléphoner ⟨1a⟩ **1** *v/i* phone, telephone; ***téléphoner à qn*** call s.o., *Br aussi* phone s.o. **2** *v/t* phone, telephone
téléphonique phone *atr*, telephone *atr*; ***appel*** *m* ***téléphonique*** phonecall, telephone call
téléphoniste *m/f* operator
téléréalité [telerealite] *f* reality TV
télescope [teleskɔp] *m* telescope
télescoper ⟨1a⟩ crash into, collide with; ***se télescoper*** crash, collide
télescopique telescopic
télésiège [telesjɛʒ] *m* chair lift
téléski [teleski] *m* ski lift
téléspectateur, **-trice** [telespɛktatœr, -tris] *m/f* (TV) viewer
téléthon [teletõ] *m* telethon
télévisé, **télévisée** [televize] televised
téléviseur *m* TV (set), television (set)
télévision *f* television; ***télévision câblée*** cable (TV)
tellement [tɛlmɑ̃] *adv* so; *avec verbe* so much; ***tellement facile*** so easy; ***il a tellement bu que …*** he drank so much that …; ***tu veux? - pas tellement*** do you want to? - not really; ***tellement de chance*** so much good luck, such good luck; ***tellement de filles*** so many girls
téméraire [temerɛr] reckless
témérité *f* recklessness
témoignage [temwaɲaʒ] *m* JUR testimony, evidence; (*rapport*) account; *fig: d'affection, d'estime* token
témoigner ⟨1a⟩ **1** *v/t*: ***témoigner que*** testify that **2** *v/i* JUR testify, give evidence; ***témoigner de*** (*être le témoignage de*) show, demonstrate
témoin [temwɛ̃] *m* witness; ***être (le) témoin de qch*** witness sth; ***appartement*** *m* ***témoin*** show apartment *ou Br* flat; ***témoin oculaire*** eyewitness
tempe [tɑ̃p] *f* ANAT temple
tempérament [tɑ̃peramɑ̃] *m* temperament; ***à tempérament*** in installments *ou Br* instalments; ***achat*** *m* ***à tempérament*** installment plan, *Br* hire purchase
tempérance [tɑ̃perɑ̃s] *f* moderation
température [tɑ̃peratyr] *f* temperature;

avoir de la température have a fever, *Br aussi* have a temperature

tempéré, **tempérée** moderate; *climat* temperate

tempérer ⟨1f⟩ moderate

tempête [tɑ̃pɛt] *f* storm (*aussi fig*)

temple [tɑ̃pl] *m* temple; *protestant* church

tempo [tɛmpo] *m* MUS tempo

temporaire [tɑ̃pɔrɛr] temporary

temporel, **temporelle** [tɑ̃pɔrɛl] REL, GRAM temporal

temporiser [tɑ̃pɔrize] ⟨1a⟩ stall, play for time

temps [tɑ̃] *m* time; *atmosphérique* weather; TECH stroke; ***mesure** f **à trois temps*** MUS three-four time; ***moteur** m **à deux temps*** two-stroke engine; ***à temps*** in time; ***de temps à autre, de temps en temps*** from time to time, occasionally; ***avoir tout son temps*** have plenty of time, have all the time in the world; ***tout le temps*** all the time; ***dans le temps*** in the old days; ***de mon temps*** in my time *ou* day; ***en tout temps*** at all times; ***du temps que*** when; ***il est temps de partir*** it's time to go; ***il est temps que tu t'en ailles*** (*subj*) it's time you left; ***il est grand temps*** it's high time, it's about time; ***en même temps*** at the same time; ***au bon vieux temps*** in the good old days; ***par beau temps*** in good weather; ***quel temps fait-il?*** what's the weather like?

tenace [tənas] tenacious

ténacité [tenasite] *f* tenacity

tenailles [t(ə)naj] *fpl* pincers

tenancier, **-ère** [tənɑ̃sje, -ɛr] *m/f* manager

tendance [tɑ̃dɑ̃s] *f* trend; (*disposition*) tendency; ***avoir tendance à faire qch*** have a tendency to do sth, tend to do sth

tendon [tɑ̃dõ] *m* ANAT tendon

tendre[1] [tɑ̃dr] ⟨4a⟩ **1** *v/t filet*, *ailes* spread; *piège* set; *bras*, *main* hold out, stretch out; *muscles* tense; *corde* tighten; ***tendre qch à qn*** hold sth out to s.o.; ***se tendre*** *de rapports* become strained **2** *v/i*: ***tendre à qch*** strive for sth; ***tendre à faire qch*** tend to do sth

tendre[2] [tɑ̃dr] tender; *couleur* soft; ***âge** m **tendre** fig* childhood

tendresse [tɑ̃drɛs] *f* tenderness

tendu, **tendue** [tɑ̃dy] **1** *p/p* → ***tendre*** **2** *adj corde* tight; *fig* tense; *relations* strained

ténèbres [tenɛbr] *fpl* darkness *sg*

ténébreux, **-euse** [tenebrø, -z] dark

teneur [tənœr] *f d'une lettre* contents *pl*; (*concentration*) content; ***teneur en alcool*** alcohol content

tenir [t(ə)nir] ⟨2h⟩ **1** *v/t* hold; (*maintenir*) keep; *registre*, *comptes*, *promesse* keep; *caisse* be in charge of; *restaurant* run; *place* take up; ***tenir pour*** regard as; ***tenir compte de qch*** take sth into account, bear sth in mind; ***tenir (bien) la route*** AUTO hold the road well; ***tenir qch de qn*** get sth from s.o.; ***tenir (sa) parole*** keep one's word; ***tenir au chaud*** keep warm; ***tenir le coup*** F hold out; ***tenir à qch / qn*** (*donner de l'importance à*) value sth/s.o.; *à un objet* be attached to sth; ***tenir à faire qch*** really want to do sth; ***cela ne tient qu'à toi*** (*dépend de*) it's entirely up to you; ***tenir de qn*** take after s.o. **2** *v/i* hold; ***tenir bon*** hang in there, not give up; ***tenir dans*** fit into; ***tiens!*** *surprise* well, well!; ***tiens?*** really? **3**: ***se tenir*** *d'un spectacle* be held, take place; (*être*, *se trouver*) stand; ***se tenir mal*** misbehave, behave badly; ***se tenir à qch*** hold *ou* hang on to sth; ***s'en tenir à*** confine o.s. to

tennis [tenis] *m* tennis; *terrain* tennis court; ***tennis*** *pl* sneakers, *Br* trainers; SP tennis shoes; ***tennis de table*** table tennis

ténor [tenɔr] *m* MUS tenor

tension [tɑ̃sjõ] *f* tension (*aussi fig*); ÉL voltage, tension; MÉD blood pressure; ***haute tension*** high voltage; ***faire de la tension*** F have high blood pressure

tentaculaire [tɑ̃takylɛr] sprawling

tentacule *m* tentacle

tentant, **tentante** [tɑ̃tɑ̃, -t] tempting

tentation *f* temptation

tentative [tɑ̃tativ] *f* attempt

tente [tɑ̃t] *f* tent; ***dresser** ou **monter** ou **planter / démonter une tente*** pitch / take down a tent

tenter [tɑ̃te] ⟨1a⟩ tempt; (*essayer*) attempt, try; ***être tenté(e) de faire qch*** be tempted to do sth; ***tenter de faire qch*** attempt *ou* try to do sth

tenture [tɑ̃tyr] *f* wallhanging

tenu, **tenue** [t(ə)ny] **1** *p/p* → ***tenir*** **2** *adj*: ***être tenu de faire qch*** be obliged to do sth; ***bien tenu*** well looked after; ***mal tenu*** badly kept; *enfant* neglected

ténu, **ténue** [teny] fine; *espoir* slim

tenue [t(ə)ny] *f de comptes* keeping; *de ménage* running; (*conduite*) behavior, *Br* behaviour; *du corps* posture; (*vêtements*) clothes *pl*; ***en grande tenue*** MIL in full dress uniform; ***tenue de route*** AUTO roadholding; ***tenue de soirée*** evening wear

térébenthine [terebɑ̃tin] *f* turpentine, turps *sg*

tergiverser [tɛrʒivɛrse] ⟨1a⟩ hum and

T

haw
terme [tɛrm] *m* (*fin*) end; (*échéance*) time limit; (*expression*) term; ***à court / moyen / long terme*** in the short / medium / long term; *emprunt*, *projet* short-/-medium-/long-term; ***mener à terme*** complete; *grossesse* see through, go through with; ***être en bons termes avec qn*** be on good terms with s.o.
terminaison [tɛrminɛzõ] *f* GRAM ending
terminal, **terminale** (*mpl* -aux) **1** *adj* terminal **2** *m* terminal **3** *f* ÉDU *twelfth grade, Br upper sixth form*
terminer ⟨1a⟩ finish; ***se terminer*** end; ***se terminer par*** end with; *d'un mot* end in; ***se terminer en pointe*** end in a point
terminologie [tɛrminɔlɔʒi] *f* terminology
terminus [tɛrminys] *m* terminus
terne [tɛrn] dull
ternir ⟨2a⟩ tarnish (*aussi fig*)
terrain [tɛrɛ̃] *m* ground; GÉOL, MIL terrain; SP field; ***un terrain*** a piece of land; ***sur le terrain*** *essai* field *atr*; *essayer* in the field; ***terrain d'atterrissage*** landing field; ***terrain d'aviation*** airfield; ***terrain à bâtir*** building lot; ***terrain de camping*** campground; ***terrain de jeu*** play park; ***un terrain vague*** a piece of waste ground, a gap site; ***véhicule*** *m* ***tout terrain*** 4x4, off-road vehicle
terrasse [tɛras] *f* terrace
terrassement *m* (***travaux*** *mpl* ***de***) ***terrassement*** *travail* banking; *ouvrage* embankment
terrasser ⟨1a⟩ *adversaire* fell, deck F
terre [tɛr] *f* (*sol*, *surface*) ground; *matière* earth, soil; *opposé à mer*, *propriété* land; (*monde*) earth, world; *pays*, *région* land, country; ÉL ground, *Br* earth; ***terre à terre*** *esprit*, *personne* down to earth; ***à*** *ou* ***par terre*** on the ground; ***tomber par terre*** fall down; ***sur terre*** on earth; ***sur la terre*** on the ground; ***de / en terre*** clay *atr*; ***terre cuite*** terracotta; ***terre ferme*** dry land, terra firma; ***la Terre Sainte*** the Holy Land
terreau [tɛro] *m* (*pl* -x) compost
Terre-Neuve [tɛrnœv] Newfoundland
terre-plein [tɛrplɛ̃] *m* (*pl* terre-pleins): ***terre-plein central*** median strip, *Br* central reservation
terrer [tɛre] ⟨1a⟩: ***se terrer*** *d'un animal* go to earth
terrestre [tɛrɛstr] *animaux* land *atr*; REL earthly; TV terrestrial
terreur [tɛrœr] *f* terror
terrible [tɛribl] terrible; F (*extraordinaire*) terrific; ***c'est pas terrible*** it's not that good
terriblement *adv* terribly, awfully
terrien, **terrienne** [tɛrjɛ̃, -ɛn] **1** *adj*: ***propriétaire*** *m* ***terrien*** landowner **2** *m/f* (*habitant de la Terre*) earthling
terrier [tɛrje] *m de renard* earth; *chien* terrier
terrifier [tɛrifje] ⟨1a⟩ terrify
territoire [tɛritwar] *m* territory
territorial, **territoriale** (*mpl* -aux) territorial; ***eaux*** *fpl* ***territoriales*** territorial waters
terroir [tɛrwar] *m viticulture* soil; ***du terroir*** (*régional*) local
terroriser [tɛrɔrize] ⟨1a⟩ terrorize
terrorisme *m* terrorism
terroriste *m/f & adj* terrorist
tertiaire [tɛrsjɛr] tertiary; ***secteur*** *m* ***tertiaire*** ÉCON tertiary sector
tertre [tɛrtr] *m* mound
tes [te] → ***ton***[2]
test [tɛst] *m* test; ***passer un test*** take a test; ***test d'aptitude*** aptitude test; ***test de résistance*** endurance test
testament [tɛstamɑ̃] *m* JUR will; ***Ancien / Nouveau Testament*** REL Old / New Testament
tester [tɛste] ⟨1a⟩ test
testicule [tɛstikyl] *m* ANAT testicle
tétanos [tetanos] *m* MÉD tetanus
têtard [tetar] *m* tadpole
tête [tɛt] *f* head; (*cheveux*) hair; (*visage*) face; SP header; ***sur un coup de tête*** on impulse; ***j'en ai par-dessus la tête*** I've had it up to here (***de*** with); ***la tête basse*** hangdog, sheepish; ***la tête haute*** with (one's) head held high; ***de tête*** *calculer* mentally, in one's head; *répondre* without looking anything up; ***avoir la tête dure*** be pigheaded *ou* stubborn; ***se casser la tête*** *fig* rack one's brains; ***n'en faire qu'à sa tête*** do exactly as one likes, suit o.s.; ***tenir tête à qn*** stand up to s.o.; *péj* defy s.o.; ***par tête*** a head, each; ***faire une sale tête*** look miserable; ***faire la tête*** sulk; ***il se paie ta tête*** *fig* he's making a fool of you; ***tête nucléaire*** nuclear warhead; ***en tête*** in the lead; ***à la tête de*** at the head of
tête-à-queue *m* (*pl inv*) AUTO spin
tête-à-tête *m* (*pl inv*) tête-à-tête; ***en tête-à-tête*** in private
tétine [tetin] *f de biberon* teat; (*sucette*) pacifier, *Br* dummy
téton [tetõ] *m* F boob F
têtu, **têtue** [tety] obstinate, pigheaded
texte [tɛkst] *m* text; ***textes choisis*** selected passages
textile [tɛkstil] **1** *adj* textile **2** *m* textile; ***le textile*** *industrie* the textile industry, tex-

T

tiles *pl*
texto [tɛksto] *m* text (message); ***envoyer un texto à qn*** send s.o. a text, text s.o.
textuel, **textuelle** [tɛkstɥɛl] *traduction* word-for-word
texture [tɛkstyr] *f* texture
T.G.V. [teʒeve] *m abr* (= ***train à grande vitesse***) high-speed train
thaï [taj] *m* Thai
thaïlandais, **thaïlandaise** **1** *adj* Thai **2** *m/f* **Thaïlandais**, **Thaïlandaise** Thai
Thaïlande *f* Thailand
thé [te] *m* tea
théâtral, **théâtrale** [teɑtral] (*mpl* -aux) theatrical
théâtre *m* theater, *Br* theatre; *fig*: *cadre* scene; ***pièce** f **de théâtre*** play; ***théâtre en plein air*** open-air theater
théière [tejɛr] *f* teapot
thème [tɛm] *m* theme; ÉDU translation (*into a foreign language*)
théologie [teɔlɔʒi] *f* theology
théologien *m* theologian
théorème [teɔrɛm] *m* theorem
théoricien, **théoricienne** [teɔrisjɛ̃, -ɛn] *m/f* theoretician
théorie *f* theory
théorique theoretical
thérapeute [terapøt] *m/f* therapist
thérapeutique **1** *f* (*thérapie*) treatment, therapy **2** *adj* therapeutic
thérapie *f* therapy; ***thérapie de groupe*** group therapy
thermal, **thermale** [tɛrmal] (*mpl* -aux) thermal; ***station** f **thermal*** spa
thermique [tɛrmik] PHYS thermal
thermomètre [tɛrmɔmɛtr] *m* thermometer
thermonucléaire [tɛrmɔnykleɛr] thermonuclear
thermos [tɛrmos] *f ou m* thermos®
thermostat [tɛrmɔsta] *m* thermostat
thèse [tɛz] *f* thesis
thon [tõ] *m* tuna
thorax [tɔraks] *m* ANAT thorax
thrombose [trõboz] *f* thrombosis
thym [tɛ̃] *m* BOT thyme
thyroïde [tirɔid] *f* MÉD thyroid
tibia [tibja] *m* ANAT tibia
tic [tik] *m* tic, twitch; *fig* habit
ticket [tikɛ] *m* ticket; ***ticket de caisse*** receipt
ticket-repas *m* (*pl* tickets-repas) luncheon voucher
tic-tac *m* (*pl inv*) ticking
tiède [tjɛd] warm; *péj* tepid, lukewarm (*aussi fig*)
tiédeur [tjedœr] *f du climat*, *du vent* warmth, mildness; *péj* tepidness; *fig*: *d'un accueil* half-heartedness
tiédir ⟨2a⟩ cool down; *devenir plus chaud* warm up
tien, **tienne** [tjɛ̃, tjɛn]: ***le tien, la tienne, les tiens, les tiennes*** yours; ***à la tienne!*** F cheers!
tiercé [tjɛrse] *m bet in which money is placed on a combination of three horses*
tiers, **tierce** [tjɛr, -s] **1** *adj* third; ***le tiers monde*** the Third World **2** *m* MATH third; JUR third party
tige [tiʒ] *f* BOT stalk; TECH stem; ***tiges de forage*** drill bits
tignasse [tiɲas] *f* mop of hair
tigre [tigr] *m* tiger
tigré, **tigrée** striped
tigresse *f* tigress (*aussi fig*)
tilleul [tijœl] *m* BOT lime (tree); *boisson* lime-blossom tea
timbre [tɛ̃br] *m* (*sonnette*) bell; (*son*) timbre; (*timbre-poste*) stamp; (*tampon*) stamp
timbré, **timbrée** *papier*, *lettre* stamped
timbre-poste *m* (*pl* timbres-poste) postage stamp
timide [timid] timid; *en société* shy
timidité *f* timidity; *en société* shyness
timon [timõ] *m d'un navire* tiller
timoré, **timorée** [timɔre] timid
tintamarre [tɛ̃tamar] *m* din, racket
tintement [tɛ̃tmɑ̃] *m* tinkle; *de clochettes* ringing
tinter ⟨1a⟩ *de verres* clink; *de clochettes* ring
tir [tir] *m* fire; *action*, SP shooting; ***tir à l'arc*** archery
tirade [tirad] *f* tirade
tirage [tiraʒ] *m à la loterie* draw; PHOT print; TYP printing; (*exemplaires de journal*) circulation; *d'un livre* print run; COMM *d'un chèque* drawing; F (*difficultés*) trouble; ***par un tirage au sort*** by drawing lots
tirailler [tiraje] ⟨1a⟩ pull; ***tiraillé entre*** *fig* torn between
tirant [tirɑ̃] *m* MAR: ***tirant d'eau*** draft, *Br* draught
tire [tir] *f* P AUTO car, jeep P; ***vol** m **à la tire*** pickpocketing
tiré, **tirée** [tire] *traits* drawn
tire-au-flanc [tiroflɑ̃] *m* (*pl inv*) F shirker
tire-bouchon [tirbuʃõ] *m* (*pl* tire-bouchons) corkscrew
tire-fesses [tirfɛs] *m* F (*pl inv*) T-bar
tirelire [tirlir] *f* piggy bank
tirer [tire] ⟨1a⟩ **1** *v/t* pull; *chèque*, *ligne*, *conclusions* draw; *rideaux* pull, draw; *coup de fusil* fire; *oiseau*, *cible* shoot at, fire at; PHOT, TYP print; *plaisir*, *satis-*

faction derive; ***tirer les cartes*** read the cards; ***tirer avantage de la situation*** take advantage of the situation; ***tirer la langue*** stick out one's tongue **2** *v/i* pull (***sur*** on); *avec arme* shoot, fire (***sur*** at); SP shoot; *d'une cheminée* draw; ***tirer à sa fin*** draw to a close; ***tirer sur le bleu*** verge on blue **3**: ***se tirer de*** *situation difficile* get out of; ***se tirer*** F take off

tiret [tirɛ] *m* dash; (*trait d'union*) hyphen

tireur [tirœr, -øz] *m* marksman; *d'un chèque* drawer; ***tireur d'élite*** sharpshooter

tireuse *f*: ***tireuse de cartes*** for-tune-teller

tiroir [tirwar] *m* drawer

tiroir-caisse *m* (*pl* tiroirs-caisses) cash register

tisane [tizan] *f* herbal tea, infusion

tisonnier [tizɔnje] *m* poker

tissage [tisaʒ] *m* weaving

tisser ⟨1a⟩ weave; *d'une araignée* spin; *fig* hatch

tisserand *m* weaver

tissu [tisy] *m* fabric, material; BIOL tissue

tissu-éponge *m* (*pl* tissus-éponges) toweling, *Br* towelling

titre [titr] *m* title; *d'un journal* headline; FIN security; ***à ce titre*** therefore; ***à juste titre*** rightly; ***à titre d'essai*** on a trial basis; ***à titre d'information*** for your information; ***à titre officiel*** in an official capacity; ***à titre d'ami*** as a friend; ***au même titre*** on the same basis; ***en titre*** official

tituber [titybe] ⟨1a⟩ stagger

titulaire [titylɛr] **1** *adj professeur* tenured **2** *m/f d'un document*, *d'une charge* holder

toast [tost] *m* (*pain grillé*) piece *ou* slice of toast; *de bienvenue* toast

toboggan [tɔbɔgɑ̃] *m* slide; *rue* flyover; ***toboggan de secours*** escape chute

tocsin [tɔksɛ̃] *m* alarm bell

toge [tɔʒ] *f de professeur*, *juge* robe

tohu-bohu [tɔybɔy] *m* commotion

toi [twa] *pron personnel* you; ***avec toi*** with you; ***c'est toi qui l'as fait*** you did it, it was you that did it

toile [twal] *f de lin* linen; (*peinture*) canvas; ***toile d'araignée*** spiderweb, *Br* spider's web; ***toile cirée*** oilcloth; ***toile de fond*** backcloth; *fig* backdrop

toilette [twalɛt] *f* (*lavage*) washing; (*mise*) outfit; (*vêtements*) clothes *pl*; ***toilettes*** toilet *sg*; ***aller aux toilettes*** go to the toilet; ***faire sa toilette*** get washed

toi-même [twamɛm] yourself

toiser [twaze] ⟨1a⟩ *fig*: ***toiser qn*** look s.o. up and down

toison [twazõ] *f de laine* fleece; (*cheveux*) mane of hair

toit [twa] *m* roof; ***toit ouvrant*** AUTO sun roof

toiture *f* roof

tôle [tol] *f* sheet metal; ***tôle ondulée*** corrugated iron

tolérable [tɔlerabl] tolerable, bearable

tolérance *f aussi* TECH tolerance

tolérant, **tolérante** tolerant

tolérer ⟨1f⟩ tolerate

tollé [tɔle] *m* outcry

tomate [tɔmat] *f* tomato

tombe [tõb] *f* grave

tombeau *m* (*pl* -x) tomb

tombée [tõbe] *f*: ***à la tombée de la nuit*** at nightfall

tomber ⟨1a⟩ (*aux* ***être***) fall; *de cheveux* fall out; *d'une colère* die down; *d'une fièvre*, *d'un prix*, *d'une demande* drop, fall; *d'un intérêt*, *enthousiasme* wane; ***tomber en ruine*** go to rack and ruin; ***tomber malade*** fall sick; ***tomber amoureux*** fall in love; ***tomber en panne*** have a breakdown; ***faire tomber*** knock down; ***laisser tomber*** drop (*aussi fig*); ***laisse tomber!*** never mind!, forget it!; ***tomber sur*** MIL attack; (*rencontrer*) bump into; ***tomber juste*** get it right; ***je suis bien tombé*** I was lucky; ***ça tombe bien*** it's perfect timing; ***tomber d'accord*** reach agreement

tombeur [tõmbœr] *m* F womanizer

tome [tɔm] *m* volume

ton[1] [tõ] *m* tone; MUS key; ***il est de bon ton*** it's the done thing

ton[2] *m*, **ta** *f*, **tes** *pl* [tõ, ta, te] your

tonalité [tɔnalite] *f* MUS key; *d'une voix*, *radio* tone; TÉL dial tone, *Br aussi* dialling tone

tondeuse [tõdøz] *f* lawnmower; *de coiffeur* clippers *pl*; AGR shears *pl*

tondre ⟨4a⟩ *mouton* shear; *haie* clip; *herbe* mow, cut; *cheveux* shave off

tonifier [tɔnifje] ⟨1a⟩ tone up

tonique [tɔnik] **1** *m* tonic **2** *adj climat* bracing

tonitruant, **tonitruante** [tɔnitryɑ̃, -t] thunderous

tonnage [tɔnaʒ] *m* tonnage

tonne [tɔn] *f* (metric) ton

tonneau *m* (*pl* -x) barrel; MAR ton

tonnelet *m* keg

tonner [tɔne] ⟨1a⟩ thunder; *fig* rage

tonnerre [tɔnɛr] *m* thunder

tonton [tõtõ] *m* F uncle

tonus [tɔnys] *m d'un muscle* tone; (*dynamisme*) dynamism

top [tɔp] *m* pip

topaze [tɔpaz] *f* topaz

T

tope! [tɔp] done!
topo [tɔpo] *m* F report
topographie [tɔpɔgrafi] *f* topography
toqué, **toquée** [tɔke] F mad; ***toqué de*** mad about
toquer ⟨1m⟩ F: ***se toquer de*** be madly in love with
torche [tɔrʃ] *f* flashlight, *Br* torch
torchon [tɔrʃõ] *m* dishtowel
tordre [tɔrdr] ⟨4a⟩ twist; *linge* wring; ***se tordre*** twist; ***se tordre*** (***de rire***) be hysterical with laughter; ***se tordre le pied*** twist one's ankle
tordu, **tordue** twisted; *fig*: *esprit* warped, twisted
tornade [tɔrnad] *f* tornado
torpille [tɔrpij] *f* MIL torpedo
torpiller ⟨1a⟩ torpedo (*aussi fig*)
torpilleur *m* MIL motor torpedo boat
torrent [tɔrɑ̃] *m* torrent; *fig*: *de larmes* flood; *d'injures* torrent
torrentiel, **torrentielle** torrential
torse [tɔrs] *m* chest, torso; *sculpture* torso
tort [tɔr] *m* fault; (*préjudice*) harm; ***à tort*** wrongly; ***à tort et à travers*** wildly; ***être en tort*** *ou* ***dans son tort*** be in the wrong, be at fault; ***avoir tort*** be wrong (***de faire qch*** to do sth); ***il a eu le tort de …*** it was wrong of him to …; ***donner tort à qn*** prove s.o. wrong; (*désapprouver*) blame s.o.; ***faire du tort à qn*** hurt *ou* harm s.o.
torticolis [tɔrtikɔli] *m* MÉD stiff neck
tortiller [tɔrtije] ⟨1a⟩ twist; ***se tortiller*** wriggle
tortionnaire [tɔrsjɔnɛr] *m* torturer
tortue [tɔrty] *f* tortoise; ***tortue de mer*** turtle
tortueux, **-euse** [tɔrtɥø, -z] winding; *fig* tortuous; *esprit*, *manœuvres* devious
torture [tɔrtyr] *f* torture (*aussi fig*)
torturer ⟨1a⟩ torture (*aussi fig*)
tôt [to] *adv* early; (*bientôt*) soon; ***plus tôt*** sooner, earlier; ***le plus tôt possible*** as soon as possible; ***au plus tôt*** at the soonest *ou* earliest; ***il ne reviendra pas de si tôt*** he won't be back in a hurry; ***tôt ou tard*** sooner or later; ***tôt le matin*** early in the morning
total, **totale** [tɔtal] (*mpl* -aux) **1** *adj* total **2** *m* total; ***au total*** in all; *fig* on the whole; ***faire le total*** work out the total
totalement *adv* totally
totaliser ⟨1a⟩ *dépenses* add up, total
totalité *f*: ***la totalité de*** all of; ***en totalité*** in full
totalitaire [tɔtalitɛr] POL totalitarian
totalitarisme *m* POL totalitarianism
touchant, **touchante** [tuʃɑ̃, -t] touching
touche [tuʃ] *f* touch; *de clavier* key; SP touchline; (*remise en jeu*) throw-in; *pêche* bite; ***ligne*** *f* ***de touche*** SP touchline; ***être mis sur la touche*** *fig* F be sidelined; ***faire une touche*** make a hit; ***touche entrée*** INFORM enter (key)
touche-à-tout [tuʃatu] *m* (*pl inv*) *qui fait plusieurs choses à la fois* jack-of-all--trades
toucher[1] [tuʃe] ⟨1a⟩ touch; *but* hit; (*émouvoir*) touch, move; (*concerner*) affect, concern; (*contacter*) contact, get in touch with; *argent* get; ***je vais lui en toucher un mot*** I'll mention it to him; ***toucher à*** touch; *réserves* break into; *d'une maison* adjoin; (*concerner*) concern; ***toucher au but*** near one's goal; ***toucher à tout*** *fig* be a jack-of-all-trades; ***se toucher*** touch; *de maisons*, *terrains* adjoin
toucher[2] [tuʃe] *m* touch
touffe [tuf] *f* tuft
touffu, **touffue** dense, thick
toujours [tuʒur] always; (*encore*) still; ***pour toujours*** for ever; ***toujours est-il que*** the fact remains that
toupet [tupɛ] *m* F nerve; ***avoir le toupet de faire qch*** have the nerve to do sth
tour[1] [tur] *f* tower; (*immeuble*) high-rise; ***tour de forage*** drilling rig
tour[2] [tur] *m* turn; (*circonférence*) circumference; (*circuit*) lap; (*promenade*) stroll, walk; (*excursion*, *voyage*) tour; (*ruse*) trick; TECH lathe; *de potier* wheel; ***à mon tour, c'est mon tour*** it's my turn; ***à tour de rôle*** turn and turn about; ***tour de taille*** waist measurement; ***en un tour de main*** in no time at all; ***avoir le tour de main*** have the knack; ***faire le tour de*** go round; *fig* review; ***faire le tour du monde*** go around the world; ***fermer à double tour*** double-lock; ***jouer un tour à qn*** play a trick on s.o.; ***tour d'horizon*** overview; ***tour de scrutin*** POL ballot ***33/45 tours*** LP / single
tourbe [turb] *f matière* peat
tourbière *f* peat bog
tourbillon [turbijõ] *m de vent* whirlwind; *d'eau* whirlpool; ***tourbillon de neige*** flurry of snow
tourbillonner ⟨1a⟩ whirl
tourelle [turɛl] *f* turret
tourisme [turism] *m* tourism; ***agence*** *f* ***de tourisme*** travel *ou* tourist agency; ***tourisme écologique*** ecotourism
touriste *m/f* tourist; ***classe*** *f* ***touriste*** tourist class
touristique *guide*, *informations* tourist *atr*; ***renseignements*** *mpl* ***touristiques*** tourist information *sg*
tourment [turmɑ̃] *m litt* torture, torment

T

tourmente *f litt* storm
tourmenter ⟨1a⟩ torment; ***se tourmenter*** worry, torment o.s.
tournage [turnaʒ] *m d'un film* shooting
tournant, **tournante** [turnɑ̃, -t] **1** *adj* revolving **2** *m* turn; *fig* turning point
tourne-disque [turnədisk] *m* (*pl* tourne-disques) record player
tournée [turne] *f* round; *d'un artiste* tour; ***payer une tournée*** F buy a round (of drinks)
tourner [turne] ⟨1a⟩ **1** *v/t* turn; *sauce* stir; *salade* toss; *difficulté* get around; *film* shoot; ***bien tourné(e)*** well-put; *phrase* well-turned; ***tourner la tête*** turn one's head; *pour ne pas voir* turn (one's head) away; ***tourner en ridicule*** make fun of **2** *v/i* turn; *du lait* turn, go bad *ou Br* off; ***tourner à droite*** turn right; ***j'ai la tête qui tourne*** my head is spinning; ***le temps tourne au beau*** the weather is taking a turn for the better; ***tourner de l'œil*** *fig* F faint; ***tourner en rond*** *fig* go around in circles; ***faire tourner*** *clé* turn; *entreprise* run; ***tourner autour de*** ASTR revolve around; *fig*: *d'une discussion* center *ou Br* centre on **3**: ***se tourner*** turn; ***se tourner vers*** *fig* turn to
tournesol [turnəsɔl] *m* BOT sunflower
tournevis [turnəvis] *m* screwdriver
tourniquet [turnikɛ] *m* turnstile; (*présentoir*) (revolving) stand
tournoi [turnwa] *m* tournament
tournoyer [turnwaje] ⟨1h⟩ *d'oiseaux* wheel; *de feuilles*, *flocons* swirl
tournure [turnyr] *f* (*expression*) turn of phrase; *des événements* turn; ***sa tournure d'esprit*** the way his mind works, his mindset
tourte [turt] *f* CUIS pie
tourterelle [turtərɛl] *f* turtledove
tous [tus *ou* tu] → ***tout***
Toussaint [tusɛ̃]: ***la Toussaint*** All Saints' Day
tousser [tuse] ⟨1a⟩ cough
toussoter ⟨1a⟩ have a slight cough
tout [tu, tut] *m*, **toute** [tut] *f*, **tous** [tu, tus] *mpl*, **toutes** [tut] *fpl* **1** *adj* all; (*n'importe lequel*) any; ***toute la ville*** all the city, the whole city, ***toutes les villes*** all cities; ***toutes les villes que …*** all the cities that …; ***tout Français*** every Frenchman, all Frenchmen; ***tous les deux jours*** every two days, every other day; ***tous les ans*** every year; ***tous / toutes les trois, nous …*** all three of us …; ***tout Paris*** all Paris; ***il pourrait arriver à tout moment*** he could arrive at any moment **2** *pron sg* ***tout*** everything; *pl* ***tous, toutes*** all of us / them; ***c'est tout, merci*** that's everything thanks, that's all thanks; ***après tout*** after all; ***avant tout*** first of all; (*surtout*) above all; ***facile comme tout*** F as easy as anything; ***nous tous*** all of us; ***c'est tout ce que je sais*** that's everything *ou* all I know; ***elle ferait tout pour …*** she would do anything to …; ***il a tout oublié*** he has forgotten it all, he has forgotten the lot **3** *adv* ***tout*** very, quite; ***c'est tout comme un …*** it's just like a …; ***tout nu*** completely naked; ***il est tout mignon!*** he's so cute!; ***tout doux!*** gently now!; ***c'est tout près d'ici*** it's just nearby, it's very near; ***je suis toute seule*** I'm all alone; ***tout à fait*** altogether; ***oui, tout à fait*** yes, absolutely; ***tout autant que*** just as much as; ***tout de suite*** immediately, straight away ◇ *avec gérondif*: ***il prenait sa douche tout en chantant*** he sang as he showered; ***tout en acceptant … je me permets de …*** while I accept that … I would like to …
◇ : ***tout … que***: ***tout pauvres qu'ils sont*** (*ou* ***soient*** (*subj*)) however poor they are, poor though they may be **4** *m*: ***le tout*** the whole lot, the lot, everything; (*le principal*) the main thing; ***pas du tout*** not at all; ***plus du tout*** no more; ***du tout au tout*** totally; ***en tout*** in all
tout-à-l'égout [tutalegu] *m* mains drainage
toutefois [tutfwa] *adv* however
toute-puissance [tutpɥisɑ̃s] *f* omnipotence
toux [tu] *f* cough *m*
toxicomane [tɔksikɔman] *m/f* drug addict
toxicomanie *f* drug addiction
toxine [tɔksin] *f* toxin
toxique [tɔksik] **1** *adj* toxic **2** *m* poison
trac [trak] *m* nervousness; *pour un acteur* stage fright
traçabilité [trasabilite] *f* traceablility
tracas [traka] *m*: ***des tracas*** worries
tracasser ⟨1a⟩: ***tracasser qn*** *d'une chose* worry s.o.; *d'une personne* pester s.o.; ***se tracasser*** worry
tracasserie *f*: ***tracasseries*** hassle *sg*
trace [tras] *f* (*piste*) track, trail; (*marque*) mark; *fig* impression; ***traces*** *de sang*, *poison* traces; ***des traces de pas*** footprints; ***suivre les traces de qn*** *fig* follow in s.o.'s footsteps
tracé [trase] *m* (*plan*) layout; (*ligne*) line; *d'un dessin* drawing
tracer ⟨1k⟩ *plan*, *ligne* draw

traceur *m* INFORM plotter
trachée [traʃe] *f* windpipe, trachea
tractation [traktasjõ] *f péj*: ***tractations*** horse-trading *sg*
tracteur [traktœr] *m* tractor; ***tracteur à chenilles*** caterpillar (tractor)
traction [traksjõ] *f* TECH traction; SP, *suspendu* pull-up; SP, *par terre* push-up; ***traction avant*** AUTO front wheel drive
tradition [tradisjõ] *f* tradition
traditionaliste *m/f & adj* traditionalist
traditionnel, **traditionnelle** traditional
traducteur, **-trice** [tradyktœr, -tris] *m/f* translator
traduction *f* translation; ***traduction automatique*** machine translation
traduire ⟨4c⟩ translate (***en*** into); *fig* be indicative of; ***traduire qn en justice*** JUR take s.o. to court, prosecute s.o.; ***se traduire par*** result in
trafic [trafik] *m* traffic; ***trafic aérien*** air traffic; ***trafic de drogues*** drugs traffic
trafiquant *m* trafficker; ***trafiquant de drogue*(*s*)** drug trafficker
trafiquer ⟨1m⟩ traffic in; *moteur* tinker with
tragédie [traʒedi] *f* tragedy (*aussi fig*)
tragique 1 *adj* tragic **2** *m* tragedy
trahir [trair] ⟨2a⟩ betray
trahison *f* betrayal; *crime* treason
train [trɛ̃] *m* train; *fig*: *de lois, décrets etc* series *sg*; ***le train de Paris*** the Paris train; ***être en train de faire qch*** be doing sth; ***aller bon train*** go at a good speed; ***mener grand train*** live it up; ***mettre en train*** set in motion; ***aller son petit train*** jog along; ***au train où vont les choses*** at the rate things are going; ***train d'atterrissage*** undercarriage, landing gear; ***train express*** express; ***train à grande vitesse*** high-speed train; ***train de vie*** lifestyle
traînard [trɛnar] *m* dawdler
traîne *f*: ***à la traîne*** in tow
traîneau [-o] *m* (*pl* -x) sledge; *pêche* seine net
traînée [trɛne] *f* trail
traîner [trɛne] ⟨1b⟩ **1** *v/t* drag; *d'un bateau, d'une voiture* pull, tow; ***laisser traîner ses affaires*** leave one's things lying around **2** *v/i de vêtements, livres* lie around; *d'un procès* drag on; ***traîner dans les rues*** hang around street corners **3**: ***se traîner*** drag o.s. along
train-train [trɛ̃trɛ̃] *m* F: ***le train-train quotidien*** the daily routine
traire [trɛr] ⟨4s⟩ milk
trait [trɛ] *m* (*ligne*) line; *du visage* feature; *de caractère* trait; *d'une œuvre, époque* feature, characteristic; ***avoir trait à*** be about, concern; ***boire d'un seul trait*** drink in a single gulp, F knock back; ***trait d'esprit*** witticism; ***trait d'union*** hyphen
traite [trɛt] *f* COMM draft, bill of exchange; *d'une vache* milking; ***traite des noirs*** slave trade; ***d'une seule traite*** in one go
traité [trɛte] *m* treaty
traitement [trɛtmɑ̃] *m* treatment (*aussi* MÉD); (*salaire*) pay; TECH, INFORM processing; ***traitement électronique des données*** INFORM electronic data processing; ***traitement de l'information*** data processing; ***traitement de texte*** word processing
traiter ⟨1b⟩ **1** *v/t* treat (*aussi* MÉD); TECH, INFORM process; ***traiter qn de menteur*** call s.o. a liar **2** *v/i* (*négocier*) negotiate; ***traiter de qch*** deal with sth
traiteur [trɛtœr] *m* caterer
traître, **traîtresse** [trɛtrə, -ɛs] **1** *m/f* traitor **2** *adj* treacherous
traîtrise *f* treachery
trajectoire [traʒɛktwar] *f* path, trajectory
trajet [traʒɛ] *m* (*voyage*) journey; (*chemin*) way; ***une heure de trajet à pied / en voiture*** one hour on foot / by car
tram [tram] *m abr* → ***tramway***
trame [tram] *f fig*: *d'une histoire* background; *de la vie* fabric; *d'un tissu* weft; TV raster
trampoline [trɑ̃pɔlin] *m* trampoline
tramway [tramwɛ] *m* streetcar, *Br* tram
tranchant, **tranchante** [trɑ̃ʃɑ̃, -t] **1** *adj* cutting **2** *m d'un couteau* cutting edge, sharp edge
tranche [trɑ̃ʃ] *f* (*morceau*) slice; (*bord*) edge; ***tranche d'âge*** age bracket
tranché, **tranchée** [trɑ̃ʃe] *fig* clear-cut; *couleur* definite
tranchée [trɑ̃ʃe] *f* trench
trancher [trɑ̃ʃe] ⟨1a⟩ **1** *v/t* cut; *fig* settle **2** *v/i*: ***trancher sur*** stand out against
tranquille [trɑ̃kil] quiet; (*sans inquiétude*) easy in one's mind; ***laisse-moi tranquille!*** leave me alone!; ***avoir la conscience tranquille*** have a clear conscience
tranquillement *adv* quietly
tranquillisant *m* tranquillizer
tranquilliser ⟨1a⟩: ***tranquilliser qn*** set s.o.'s mind at rest
tranquillité *f* quietness, tranquillity; *du sommeil* peacefulness; (*stabilité morale*) peace of mind
transaction [trɑ̃zaksjõ] *f* JUR compromise; COMM transaction
transatlantique [trɑ̃zatlɑ̃tik] **1** *adj* transatlantic **2** *m bateau* transatlantic liner;

T

chaise deck chair
transcription [trɑ̃skripsjõ] *f* transcription
transcrire ⟨4f⟩ transcribe
transférer [trɑ̃sfere] ⟨1f⟩ transfer
transfert *m* transfer; PSYCH transference; ***transfert de données*** data transfer
transfigurer [trɑ̃sfigyre] ⟨1a⟩ transfigure
transformateur [trɑ̃sfɔrmatœr] *m* ÉL transformer
transformation *f* transformation, change; TECH processing; *en rugby* conversion
transformer ⟨1a⟩ change, transform; TECH process; *maison*, *appartement* convert; *en rugby* convert; ***transformer en*** turn *ou* change into
transfuge [trɑ̃sfyʒ] *m* defector
transfusion [trɑ̃sfyzjõ] *f*: ***transfusion (sanguine)*** (blood) transfusion
transgénique [trɑ̃sʒenik] genetically modified, transgenic
transgresser [trɑ̃sgrɛse] ⟨1b⟩ *loi* break, transgress
transi, **transie** [trɑ̃zi]: ***transi (de froid)*** frozen
transiger [trɑ̃ziʒe] ⟨1l⟩ come to a compromise (***avec*** with)
transistor [trɑ̃zistɔr] *m* transistor
transit [trɑ̃zit] *m* transit; ***en transit*** in transit
transitif, **-ive** [trɑ̃zitif, -iv] GRAM transitive
transition [trɑ̃zisjõ] *f* transition
transitoire transitional; (*fugitif*) transitory
translucide [trɑ̃slysid] translucent
transmettre [trɑ̃smɛtr] ⟨4p⟩ transmit; *message*, *talent* pass on; *maladie* pass on, transmit; *tradition*, *titre*, *héritage* hand down; ***transmettre en direct*** RAD, TV broadcast live
transmissible: ***sexuellement transmissible*** sexually transmitted
transmission *f* transmission; *d'un message* passing on; *d'une tradition*, *d'un titre* handing down; RAD, TV broadcast; ***transmission en direct / en différé*** RAD, TV live / recorded broadcast
transparaître [trɑ̃sparɛtr] ⟨4z⟩ show through
transparence [trõsparɑ̃s] *f* transparency
transparent, **transparente** transparent (*aussi fig*)
transpercer [trɑ̃spɛrse] ⟨1k⟩ pierce; *de l'eau*, *de la pluie* go right through; ***transpercer le cœur à qn*** *fig* break s.o.'s heart
transpiration [trɑ̃spirasjõ] *f* perspiration
transpirer ⟨1a⟩ perspire
transplant [trɑ̃splɑ̃] *m* transplant
transplantation *f* transplanting; MÉD transplant
transplanter ⟨1a⟩ transplant
transport [trɑ̃spɔr] *m* transport; ***transports publics*** mass transit, *Br* public transport *sg*
transportable [trɑ̃spɔrtabl] transportable
transporté, **transportée**: ***transporté de joie*** beside o.s. with joy
transporter ⟨1a⟩ transport, carry
transporteur *m* carrier
transposer [trɑ̃spoze] ⟨1a⟩ transpose
transposition *f* transposition
transvaser [trɑ̃svɑze] ⟨1a⟩ decant
transversal, **transversale** [trɑ̃svɛrsal] (*mpl* -aux) cross *atr*
trapèze [trapɛz] *m* trapeze
trappe [trap] *f* (*ouverture*) trapdoor
trapu, **trapue** [trapy] stocky
traquenard [traknar] *m* trap
traquer [trake] ⟨1m⟩ hunt
traumatiser [tromatize] ⟨1a⟩ PSYCH traumatize
traumatisme *m* MÉD, PSYCH trauma
travail [travaj] *m* (*pl* travaux) work; ***être sans travail*** be out of work, be unemployed; ***travaux pratiques*** practical work *sg*; ***travaux*** (*construction*) construction work *sg*; ***travaux ménagers*** housework *sg*
travailler ⟨1a⟩ **1** *v/i* work; ***travailler à qch*** work on sth **2** *v/t* work on; *d'une pensée*, *d'un problème* trouble
travailleur, **-euse** **1** *adj* hard-working **2** *m/f* worker
travailliste *m/f* member of the Labour Party
travers [travɛr] **1** *adv*: ***de travers*** squint, crooked; *marcher* not in a straight line, not straight; ***en travers*** across; ***prendre qch de travers*** *fig* take sth the wrong way **2** *prép*: ***à travers qch, au travers de qch*** through sth; ***à travers champs*** cross country **3** *m* shortcoming
traversée [travɛrse] *f* crossing
traverser ⟨1a⟩ *rue*, *mer* cross; *forêt*, *crise* go through; (*percer*) go right through
travesti, **travestie** [travɛsti] **1** *adj pour fête* fancy-dress **2** *m* (*déguisement*) fancy dress; (*homosexuel*) transvestite
travestir [travɛstir] ⟨2a⟩ *vérité* distort; ***se travestir*** dress up (***en*** as a)
trébucher [trebyʃe] ⟨1a⟩ trip, stumble (***sur*** over)
trèfle [trɛfl] *m* BOT clover; *aux cartes* clubs *pl*
treillage [trɛjaʒ] *m* trellis; ***treillage métallique*** wire mesh
treize [trɛz] thirteen; → ***trois***
treizième thirteenth

T

tremblant, **tremblante** [trɑ̃blɑ̃, -t] trembling, quivering
tremblement *m* trembling; ***tremblement de terre*** earthquake
trembler ⟨1a⟩ tremble, shake (***de*** with); *de la terre* shake
trémousser [tremuse] ⟨1a⟩: ***se trémousser*** wriggle
trempe [trɑ̃p] *f fig* caliber, *Br* calibre
trempé, **trempée** soaked; *sol* saturated
tremper ⟨1a⟩ soak; *pain dans café etc* dunk; *pied dans l'eau* dip; *acier* harden; ***tremper dans*** *fig* be involved in
tremplin [trɑ̃plɛ̃] *m* springboard; *pour ski* ski jump; *fig* stepping stone, launchpad
trentaine [trɑ̃tɛn] *f*: ***une trentaine de personnes*** about thirty people *pl*, thirty or so people *pl*
trente thirty; → ***trois***
trentième thirtieth
trépied [trepje] *m* tripod
trépigner [trepiɲe] ⟨1a⟩ stamp (one's feet)
très [trɛ] *adv* very; ***très lu / visité*** much read / visited; ***avoir très envie de qch*** really feel like sth
trésor [trezɔr] *m* treasure; ***des trésors de …*** endless …; ***Trésor*** Treasury
trésorerie *f* treasury; *service* accounts *sg ou pl*; (*fonds*) finances *pl*; ***des problèmes de trésorerie*** cashflow problems
trésorier, **-ère** *m/f* treasurer
tressaillement [tresajmɑ̃] *m* jump
tressaillir ⟨2c, *futur* 2a⟩ jump
tresse [trɛs] *f de cheveux* braid, *Br* plait
tresser ⟨1b⟩ *cheveux* braid, *Br* plait; *corbeille*, *câbles* weave
tréteau [treto] *m* (*pl* -x) TECH trestle
treuil [trœj] *m* TECH winch
trêve [trɛv] *f* truce; ***trêve de …*** that's enough …; ***sans trêve*** without respite
tri [tri] *m aussi de données* sort; ***faire un tri dans qch*** sort sth out; ***le tri des déchets*** waste separation
triangle [trijɑ̃gl] *m* triangle
triangulaire triangular
tribal, **tribale** [tribal] (*mpl* -aux) tribal
tribord [tribɔr] *m* MAR starboard
tribu [triby] *f* tribe
tribulations [tribylasjõ] *fpl* tribulations
tribunal [tribynal] *m* (*pl* -aux) court
tribune [tribyn] *f* platform (*aussi fig*); (*débat*) discussion; ***à la tribune aujourd'hui …*** today's topic for discussion …; ***tribunes*** *dans stade* bleachers, *Br* stands
tributaire [tribytɛr]: ***être tributaire de*** be dependent on; ***cours*** *m* ***d'eau tributaire*** tributary
tricher [triʃe] ⟨1a⟩ cheat
tricherie *f* cheating
tricheur, **-euse** *m/f* cheat
tricolore [trikɔlɔr]: ***drapeau*** *m* ***tricolore*** tricolor *ou Br* tricolour (flag)
tricot [triko] *m* knitting; *vêtement* sweater; ***de*** *ou* ***en tricot*** knitted
tricotage *m* knitting
tricoter ⟨1a⟩ knit
tricycle [trisikl] *m* tricycle
triennal, **triennale** [trijɛnal] (*mpl* -aux) *qui a lieu tous les trois ans* three-yearly; *qui dure trois ans* three-year
trier [trije] ⟨1a⟩ (*choisir*) pick through; (*classer*) sort
trilingue [trilɛ̃g] trilingual
trille [trij] *m* MUS trill
trimballer [trɛ̃bale] ⟨1a⟩ F hump F, lug
trimer [trime] ⟨1a⟩ F work like a dog F
trimestre [trimɛstr] *m* quarter; ÉDU trimester, *Br* term
trimestriel, **trimestrielle** quarterly; ÉDU term *atr*
trinquer [trɛ̃ke] ⟨1m⟩ (*porter un toast*) clink glasses (***avec qn*** with s.o.); ***trinquer à*** *fig* F toast, drink to
triomphe [trijõf] *m* triumph
triompher ⟨1a⟩ triumph (***de*** over)
tripartite [tripartit] tripartite
tripes [trip] *fpl* guts; CUIS tripe *sg*
triple [tripl] triple
tripler ⟨1a⟩ triple
triplés, **-ées** *mpl*, *fpl* triplets
tripoter [tripɔte] ⟨1a⟩ F **1** *v/t objet* play around with; *femme* grope, feel up **2** *v/i*: ***tripoter dans*** (*prendre part à*) be involved in; (*toucher*) play around with
triste [trist] sad; *temps*, *paysage* dreary; ***dans un triste état*** in a sorry state
tristesse *f* sadness
trivial, **triviale** [trivjal] (*mpl* -aux) vulgar; *litt* (*banal*) trite
trivialité *f* vulgarity; *litt* triteness; *expression* vulgarism
troc [trɔk] *m* barter
trognon [trɔɲõ] *m d'un fruit* core; *d'un chou* stump
trois [trwa] **1** *adj* three; ***le trois mai*** May third, *Br* the third of May **2** *m* three
troisième third
troisièmement thirdly
trombe [trõb] *f*: ***des trombes d'eau*** sheets of water; ***en trombe*** *fig* at top speed
trombone [trõbɔn] *m* MUS trombone; *pour papiers* paper clip
trompe [trõp] *f* MUS horn; *d'un éléphant* trunk
tromper [trõpe] ⟨1a⟩ deceive; *époux*, *épouse* be unfaithful to; *confiance* abuse;

T

se tromper be mistaken, make a mistake; ***se tromper de numéro / jour*** get the wrong number / day
tromperie *f* deception
trompette [trõpɛt] **1** *f* trumpet **2** *m* trumpet player, trumpeter
trompeur, -euse [trõpœr, -øz] deceptive; (*traître*) deceitful
tronc [trõ] *m* BOT, ANAT trunk; *à l'église* collection box
tronçon [trõsõ] *m* section
trône [tron] *m* throne
trop [tro, *liaison*: trop *ou* trɔp] *adv avec verbe* too much; *devant adjectif ou adverbe* too; ***trop de lait / gens*** too much milk / too many people; ***un verre de*** *ou* ***en trop*** one glass too many; ***être de trop*** be in the way, be de trop
trophée [trɔfe] *m* trophy
tropical, tropicale [trɔpikal] (*mpl* -aux) tropical
tropique *m* GÉOGR tropic
les Tropiques the Tropics
trop-plein [troplɛ̃] *m* (*pl* trop-pleins) overflow
troquer [trɔke] ⟨1m⟩ exchange, swap (***contre*** for)
trot [tro] *m* trot; ***aller au trot*** trot
trotter ⟨1a⟩ *d'un cheval* trot; *d'une personne* run around
trotteuse *f* second hand
trottiner ⟨1a⟩ scamper
trottinette *f* scooter
trottoir [trɔtwar] *m* sidewalk, *Br* pavement; ***faire le trottoir*** F be on the streets, be a streetwalker
trou [tru] *m* (*pl* -s) hole; ***j'ai un trou*** my mind's a blank; ***trou de mémoire*** lapse of memory
troublant, troublante [trublɑ̃, -t] disturbing
trouble 1 *adj eau, liquide* cloudy; *fig*: *explication* unclear; *situation* murky **2** *m* (*désarroi*) trouble; (*émoi*) excitement; MÉD disorder; ***troubles*** POL unrest *sg*
trouble-fête *m* (*pl inv*) spoilsport, party-pooper F
troubler ⟨1a⟩ *liquide* make cloudy; *silence, sommeil* disturb; *réunion* disrupt; (*inquiéter*) bother, trouble; ***troubler l'ordre public*** cause a disturbance; ***se troubler*** *d'un liquide* become cloudy; *d'une personne* get flustered
troué, trouée [true]: ***avoir des semelles trouées*** have holes in one's shoes
trouée *f* gap
trouer ⟨1a⟩ make a hole in
trouille [truj] *f* F: ***avoir la trouille*** be scared witless
troupe [trup] *f* troop; *de comédiens* troupe
troupeau [trupo] *m* (*pl* -x) *de vaches* herd; *de moutons* flock (*aussi fig*)
trousse [trus] *f* kit; ***être aux trousses de qn*** *fig* be on s.o.'s heels; ***trousse d'écolier*** pencil case; ***trousse de toilette*** toilet bag
trousseau [truso] *m* (*pl* -x) *d'une mariée* trousseau; ***trousseau de clés*** bunch of keys
trouvaille [truvaj] *f* (*découverte*) find; (*idée*) bright idea
trouver ⟨1a⟩ find; *plan* come up with; (*rencontrer*) meet; ***aller trouver qn*** go and see s.o.; ***trouver que*** think that; ***je la trouve sympathique*** I think she's nice; ***se trouver*** (*être*) be; ***se trouver bien*** be well; ***il se trouve que*** it turns out that
truand [tryɑ̃] *m* crook
truc [tryk] *m* F (*chose*) thing, thingamajig F; (*astuce*) trick
trucage → ***truquage***
truchement [tryʃmɑ̃] *m*: ***par le truchement de*** through
truelle [tryɛl] *f* trowel
truffe [tryf] *f* BOT truffle; *d'un chien* nose
truffé, truffée with truffles; ***truffé de*** *fig*: *citations* peppered with
truie [trɥi] *f* sow
truite [trɥit] *f* trout
truquage [trykaʒ] *m dans film* special effect; *d'une photographie* faking
truquer ⟨1m⟩ *élections, cartes* rig
T.S.V.P. *abr* (= ***tournez s'il-vous-plaît***) PTO (= please turn over)
tu [ty] you
tuant, tuante [tɥɑ̃, -t] F exhausting, *Br* knackering F
tuba [tyba] *m* snorkel; MUS tuba
tube [tyb] *m* tube; F (*chanson*) hit; ***tube digestif*** ANAT digestive tract
tuberculose [tybɛrkyloz] *f* MÉD tuberculosis, TB
tubulaire [tybylɛr] tubular
tuer [tɥe] ⟨1n⟩ kill; *fig* (*épuiser*) exhaust; (*peiner*) bother; ***se tuer*** (*se suicider*) kill o.s.; (*trouver la mort*) be killed
tuerie *f* killing, slaughter
tue-tête [tytɛt]: ***à tue-tête*** at the top of one's voice
tueur [tɥœr] *m* killer; ***tueur à gages*** hired assassin, hitman
tuile [tɥil] *f* tile; *fig* F bit of bad luck
tulipe [tylip] *f* tulip
tuméfié, tuméfiée [tymefje] swollen
tumeur [tymœr] *f* MÉD tumor, *Br* tumour
tumulte [tymylt] *m* uproar; *fig* (*activité*

excessive) hustle and bustle
tumultueux, -euse noisy; *passion* tumultuous, stormy
tungstène [tɛ̃kstɛn, tœ̃-] *m* tungsten
tunique [tynik] *f* tunic
Tunisie [tynizi]: ***la Tunisie*** Tunisia
tunisien, tunisienne 1 *adj* Tunisian **2** *m/f* **Tunisien, Tunisienne** Tunisian
tunnel [tynɛl] *m* tunnel
turbine [tyrbin] *f* TECH turbine
turbiner ⟨1a⟩ P slave away
turbo-moteur [tyrbɔmɔtœr] *m* turbomotor
turbo-réacteur [tyrbɔreaktœr] *m* AVIAT turbojet
turbulence [tyrbylɑ̃s] *f* turbulence; *d'un élève* unruliness
turbulent, turbulente turbulent; *élève* unruly
turc, turque [tyrk] **1** *adj* Turkish **2** *m langue* Turkish **3** *m/f* **Turc, Turque** Turk
turf [tœrf, tyrf] *m* SP horseracing; *terrain* racecourse
Turquie [tyrki]: ***la Turquie*** Turkey
turquoise [tyrkwaz] *f* turquoise
tutelle [tytɛl] *f* JUR guardianship; *d'un état, d'une société* supervision, control; *fig* protection
tuteur, -trice 1 *m/f* JUR guardian **2** *m* BOT stake
tutoyer [tytwaje] ⟨1h⟩ address as 'tu'
tuyau [tɥijo] *m* (*pl* -x) pipe; *flexible* hose; F (*information*) tip; ***tuyau d'arrosage*** garden hose; ***tuyau d'échappement*** exhaust pipe
tuyauter ⟨1a⟩ F: ***tuyauter qn*** tip s.o. off
T.V.A. [teveɑ] *f abr* (= ***taxe sur*** *ou* ***à la valeur ajoutée***) sales tax, *Br* VAT (= value added tax)
tympan [tɛ̃pɑ̃] *m* ANAT eardrum
type [tip] *m* type; F (*gars*) guy F; ***un chic type*** a great guy; ***contrat*** *m* ***type*** standard contract
typhoïde [tifɔid] *f* typhoid
typhon [tifõ] *m* typhoon
typique [tipik] typical (**de** of)
typiquement *adv* typically
tyran [tirɑ̃] *m* tyrant (*aussi fig*)
tyrannie *f* tyranny (*aussi fig*)
tyrannique tyrannical
tyranniser ⟨1a⟩ tyrannize; *petit frère etc* bully

U

U.E. [yə] *f abr* (= ***Union européenne***) EU (= European Union)
ulcère [ylsɛr] *m* MÉD ulcer
ulcérer ⟨1f⟩ *fig* aggrieve
ultérieur, ultérieure [ylterjœr] later, subsequent
ultérieurement *adv* later, subsequently
ultimatum [yltimatɔm] *m* ultimatum
ultime [yltim] last
ultra-conservateur, -trice [yltrakõsɛrvatœr, -tris] ultra-conservative
ultrason [yltrasõ] *m* PHYS ultrasound
ultraviolet, ultraviolette [yltravjɔlɛ, -t] **1** *adj* ultraviolet **2** *m* ultraviolet
un, une [ɛ̃ *ou* œ̃, yn] *article* ◇ a; *devant voyelle* an; ***un tigre / un éléphant*** a tiger / an elephant; ***un utilisateur*** a user; ***pas un seul …*** not a single …, not one single …
◇ *pron* one; ***le un*** one; ***un à un*** one by one; ***un sur trois*** one in three; ***à la une*** *dans journal* on the front page; ***faire la une*** make the headlines; ***l'un/l'une des touristes*** one of the tourists; ***les uns avaient …*** some (of them) had …; ***elles s'aident les unes les autres*** they help each other *ou* one another; ***l'un et l'autre*** both of them; ***l'un après l'autre*** one after the other, in turn
◇ *chiffre* one; ***à une heure*** at one o'clock
unanime [ynanim] unanimous
unanimité *f* unanimity; ***à l'unanimité*** unanimously
uni, unie [yni] *pays* united; *surface* even, smooth; *tissu* solid(-colored), *Br* self-coloured; *famille* close-knit
unification [ynifikasjõ] *f* unification
unifier ⟨1a⟩ unite, unify
uniforme [ynifɔrm] **1** *adj* uniform; *existence* unchanging **2** *m* uniform
uniformiser ⟨1a⟩ standardize
uniformité *f* uniformity
unilatéral, unilatérale [ynilateral] (*mpl* -aux) unilateral
union [ynjõ] *f* union; (*cohésion*) unity;

Union européenne European Union; ***l'Union soviétique*** HIST the Soviet Union; ***union*** (***conjugale***) marriage
unique [ynik] (*seul*) single; *fils* only; (*extraordinaire*) unique
uniquement *adv* only
unir [ynir] ⟨2a⟩ POL unite; *par moyen de communication* link; *couple* join in marriage, marry; ***unir la beauté à l'intelligence*** combine beauty with intelligence; ***s'unir*** unite; (*se marier*) marry
unitaire [ynitɛr] unitary; *prix* unit *atr*
unité [ynite] *f* unit; ***unité centrale*** INFORM central processing unit, CPU; ***unité de commande*** control unit
univers [ynivɛr] *m* universe; *fig* world
universel, **universelle** universal
universitaire [ynivɛrsitɛr] **1** *adj* university *atr* **2** *m/f* academic
université *f* university
Untel [ɛ̃tɛl, œ̃-]: ***monsieur Untel*** Mr So-and-So
uranium [yranjɔm] *m* CHIM uranium
urbain, **urbaine** [yrbɛ̃, -ɛn] urban
urbaniser ⟨1a⟩ urbanize
urbanisme *m* town planning
urbaniste *m* town planner
urgence [yrʒɑ̃s] *f* urgency; ***une urgence*** an emergency; ***d'urgence*** emergency *atr*; ***état*** *m* ***d'urgence*** state of emergency
urgent, **urgente** urgent
urine [yrin] *f* urine
uriner ⟨1a⟩ urinate
urne [yrn] *f*: ***aller aux urnes*** go to the polls
usage [yzaʒ] *m* use; (*coutume*) custom, practice; *linguistique* usage; ***hors d'usage*** out of use; ***à l'usage*** with use; ***à l'usage de qn*** for use by s.o.; ***faire usage de*** use; ***d'usage*** customary
usagé, **usagée** *vêtements* worn
usager *m* user
usé, **usée** [yze] worn; *vêtement* worn-out; *pneu* worn, threadbare; *personne* worn-out, exhausted; ***eaux usées*** waste water *sg*
user ⟨1a⟩ *du gaz*, *de l'eau* use, consume; *vêtement* wear out; *yeux* ruin; ***user qn*** wear s.o. out, exhaust s.o.; ***s'user*** wear out; *personne* wear o.s. out, exhaust o.s.; ***user de qch*** use sth
usine [yzin] *f* plant, factory; ***usine d'automobiles*** car plant; ***usine de retraitement*** reprocessing plant
usiner ⟨1a⟩ machine
usité, **usitée** [yzite] *mot* common
ustensile [ystɑ̃sil] *m* tool; ***ustensile de cuisine*** kitchen utensil
usuel, **usuelle** [yzɥɛl] usual; *expression* common
usure [yzyr] *f* (*détérioration*) wear; *du sol* erosion
utérus [yterys] *m* ANAT womb, uterus
utile [ytil] useful; ***en temps utile*** in due course
utilisable [ytilizabl] usable
utilisateur, **-trice** *m/f* user; ***utilisateur final*** end user
utilisation *f* use
utiliser ⟨1a⟩ use
utilitaire [ytilitɛr] utilitarian
utilité [ytilite] *f* usefulness, utility; ***ça n'a aucune utilité*** it's (of) no use whatever

V

v. *abr* (= ***voir***) see
vacance [vakɑ̃s] *f poste* opening, *Br* vacancy; ***vacances*** vacation *sg*, *Br* holiday(s); ***prendre des vacances*** take a vacation; ***en vacances*** on vacation
vacancier, **-ère** *m/f* vacationer, *Br* holiday-maker
vacant, **vacante** vacant
vacarme [vakarm] *m* din, racket
vaccin [vaksɛ̃] *m* MÉD vaccine
vaccination *f* MÉD vaccination
vacciner ⟨1a⟩ vaccinate (***contre*** against)
vache [vaʃ] **1** *f* cow; *cuir* cowhide; ***vache à lait*** *fig* milch cow; ***la vache!*** F Christ! F **2** *adj* F mean, rotten F
vachement *adv* F *bon*, *content* damn F, *Br aussi* bloody F; *changer*, *vieillir* one helluva lot F
vaciller [vasije] ⟨1a⟩ *sur ses jambes* sway; *d'une flamme*, *de la lumière* flicker; (*hésiter*) vacillate
vadrouiller [vadruje] ⟨1a⟩ F roam about
va-et-vient [vaevjɛ̃] *m* (*pl inv*) *d'une pièce mobile* backward and forward motion;

d'une personne toing-and-froing
vagabond, **vagabonde** [vagabõ, -d] **1** *adj* wandering **2** *m/f* hobo, *Br* tramp
vagabondage *m* wandering; JUR vagrancy
vagabonder ⟨1a⟩ wander (*aussi fig*)
vagin [vaʒɛ̃] *m* vagina
vague[1] [vag] *f* wave (*aussi fig*); ***vague de chaleur*** heatwave; ***vague de froid*** cold snap
vague[2] [vag] **1** *adj* vague; *regard* faraway; ***un vague magazine*** *péj* some magazine or other; ***terrain*** *m* ***vague*** waste ground **2** *m* vagueness; ***regarder dans le vague*** stare into the middle distance; ***laisser qch dans le vague*** leave sth vague
vaguement *adv* vaguely
vaillant, **vaillante** [vajɑ̃, -t] brave, valiant; ***se sentir vaillant*** feel fit and well
vaille [vaj] *subj de* ***valoir***; ***vaille que vaille*** come what may
vain, **vaine** [vɛ̃, vɛn] vain; *mots* empty; ***en vain*** in vain
vaincre [vɛ̃kr] ⟨4i⟩ conquer; SP defeat; *fig*: *angoisse* overcome, conquer; *obstacle* overcome
vaincu, **vaincue** **1** *p/p* → ***vaincre*** **2** *adj* conquered; SP defeated; ***s'avouer vaincu*** admit defeat **3** *m* loser; ***l'armée des vaincus*** the defeated army
vainement [vɛnmɑ̃] *adv* in vain, vainly
vainqueur [vɛ̃kœr] *m* winner, victor
vaisseau [vɛso] *m* (*pl* -x) ANAT, *litt* (*bateau*) vessel; ***vaisseau sanguin*** blood vessel; ***vaisseau spatial*** spaceship
vaisselle [vɛsɛl] *f* dishes *pl*; ***laver*** *ou* ***faire la vaisselle*** do *ou* wash the dishes, *Br aussi* do the washing-up
val [val] *m* (*pl* vaux [vo] *ou* vals) *litt* valley
valable [valabl] valid
valet [valɛ] *m cartes* jack, knave
valeur [valœr] *f* value, worth; *d'une personne* worth; ***valeurs*** COMM securities; ***valeur ajoutée*** added value; ***sans valeur*** worthless; ***mettre en valeur*** emphasize, highlight; ***avoir de la valeur*** be valuable
validation [validasjõ] *f* validation
valide (*sain*) fit; *passeport*, *ticket* valid
valider ⟨1a⟩ validate; *ticket* stamp
validité *f* validity
valise [valiz] *f* bag, suitcase; ***faire sa valise*** pack one's bags
vallée [vale] *f* valley
vallon [valõ] *m* (small) valley
vallonné, **vallonnée** hilly
valoir [valwar] ⟨3h⟩ **1** *v/i* be worth; (*coûter*) cost; ***ça ne vaut rien*** (*c'est médiocre*) it's no good, it's worthless; ***valoir pour*** apply to; ***valoir mieux*** be better (***que*** than); ***il vaut mieux attendre*** it's better to wait (***que de faire qch*** than to do sth); ***il vaut mieux que je …*** (+ *subj*) it's better for me to…; ***ça vaut le coup*** F it's worth it; ***faire valoir*** *droits* assert; *capital* make work; (*mettre en valeur*) emphasize **2** *v/t*: ***valoir qch à qn*** earn s.o. sth; ***à valoir sur*** *d'un montant* to be offset against **3**: ***se valoir*** be alike
valoriser [valɔrize] ⟨1a⟩ enhance the value of; *personne* enhance the image of
valse [vals] *f* waltz
valser ⟨1a⟩ waltz
valve [valv] *f* TECH valve
vampire [vɑ̃pir] *m* vampire; *fig* bloodsucker
vandale [vɑ̃dal] *m/f* vandal
vandaliser ⟨1a⟩ vandalize
vandalisme *m* vandalism
vanille [vanij] *f* vanilla
vanité [vanite] *f* (*fatuité*) vanity, conceit; (*inutilité*) futility
vaniteux, **-euse** vain, conceited
vanne [van] *f* sluice gate; F dig F
vannerie [vanri] *f* wickerwork
vantard, **vantarde** [vɑ̃tar, -d] **1** *adj* bragging, boastful **2** *m/f* bragger, boaster
vantardise *f* bragging, boasting
vanter [vɑ̃te] ⟨1a⟩ praise; ***se vanter*** brag, boast; ***se vanter de qch*** pride o.s. on sth
vapeur [vapœr] *f* vapor, *Br* vapour; ***vapeur (d'eau)*** steam; ***cuire à la vapeur*** steam; ***à vapeur*** *locomotive* steam *atr*
vaporeux, **-euse** [vapɔrø, -z] *paysage* misty; *tissu* filmy
vaporisateur *m* spray
vaporiser ⟨1a⟩ spray
varappe [varap] *f* rock-climbing; ***mur de varappe*** climbing wall
varappeur, **-euse** *m/f* rock-climber
variabilité [varjabilite] *f* variability; *du temps*, *d'humeur* changeability
variable variable; *temps*, *humeur* changeable
variante *f* variant
variation *f* (*changement*) change; (*écart*) variation
varice [varis] *f* ANAT varicose vein
varicelle [varisɛl] *f* MÉD chickenpox
varié, **variée** [varje] varied
varier ⟨1a⟩ vary
variété *f* variety; ***variétés*** *spectacle* vaudeville *sg*, *Br* variety show *sg*
variole [varjɔl] *f* MÉD smallpox
Varsovie [varsɔvi] Warsaw
vase[1] [vɑz] *m* vase
vase[2] [vɑz] *f* mud
vasectomie [vazɛktɔmi] *f* vasectomy
vaseux, **-euse** [vɑzø, -z] muddy; F (*nau-*

séeux) under the weather; F *explication, raisonnement* muddled
vasistas [vazistas] *m* fanlight
vau-l'eau [volo]: ***(s'en) aller à vau-l'eau*** go to rack and ruin
vaurien, **vaurienne** [vorjɛ̃, -ɛn] *m/f* good-for-nothing
vautour [votur] *m* vulture (*aussi fig*)
vautrer [votre] ⟨1a⟩: ***se vautrer*** sprawl (out); *dans la boue* wallow
veau [vo] *m* (*pl* -x) calf; *viande* veal; *cuir* calfskin
vedette [vədɛt] *f au théâtre, d'un film* star; (*bateau*) launch; ***en vedette*** in the headlines; ***mettre en vedette*** highlight; ***match*** *m* ***vedette*** big game
végétal, **végétale** [veʒetal] (*mpl* -aux) **1** *adj* plant *atr*; *huile* vegetable **2** *m* plant
végétalien, **végétalienne** *m/f & adj* vegan
végétarien, **végétarienne** [veʒetarjɛ̃, -ɛn] *m/f & adj* vegetarian
végétation [veʒetasjõ] *f* vegetation
végéter ⟨1f⟩ vegetate
véhémence [veemɑ̃s] *f* vehemence
véhément, **véhémente** vehement
véhicule [veikyl] *m* vehicle (*aussi fig*)
veille [vɛj] *f* previous day; *absence de sommeil* wakefulness; ***la veille au soir*** the previous evening; ***la veille de Noël*** Christmas Eve; ***à la veille de*** on the eve of
veillée *f d'un malade* night nursing; (*soirée*) evening; ***veillée funèbre*** vigil
veiller ⟨1b⟩ stay up late; ***veiller à qch*** see to sth; ***veiller à ce que tout soit*** (*subj*) ***prêt*** see to it that everything is ready; ***veiller à faire qch*** see to it that sth is done; ***veiller sur qn*** watch over s.o.
veilleuse *f* nightlight; (*flamme*) pilot light; AUTO sidelight; ***mettre en veilleuse*** *flamme* turn down low; *fig*: *affaire* put on the back burner; ***en veilleuse*** INFORM on standby
veinard, **veinarde** [vɛnar, -d] *m/f* F lucky devil F
veine *f* vein; F luck; ***avoir de la veine*** be lucky
véliplanchiste [veliplɑ̃ʃist] *m/f* windsurfer
vélo [velo] *m* bike; ***faire du vélo*** go cycling; ***vélo tout-terrain*** mountain bike
vélocité [velɔsite] *f* speed; TECH velocity
vélodrome [velɔdrom] *m* velodrome
vélomoteur [velɔmɔtœr] *m* moped
velours [v(ə)lur] *m* velvet; ***velours côtelé*** corduroy
velouté, **veloutée** [vəlute] velvety; (*soupe*) smooth, creamy
velu, **velue** [vəly] hairy
venaison [vənɛzõ] *f* venison
vendable [vɑ̃dabl] saleable
vendange [vɑ̃dɑ̃ʒ] *f* grape harvest
vendanger ⟨1l⟩ bring in the grape harvest
vendeur [vɑ̃dœr] *m* sales clerk, *Br* shop assistant
vendeuse *f* sales clerk, *Br* shop assistant
vendre ⟨4a⟩ sell; *fig* betray; ***à vendre*** for sale; ***se vendre*** sell out
vendredi [vɑ̃drədi] *m* Friday; ***Vendredi saint*** Good Friday
vendu, **vendue** [vɑ̃dy] **1** *p/p* → ***vendre*** **2** *adj* sold **3** *m/f péj* traitor
vénéneux, **-euse** [venenø, -z] *plantes* poisonous
vénérable [venerabl] venerable
vénération *f* veneration
vénérer ⟨1f⟩ revere
vénérien, **vénérienne** [venerjɛ̃, -ɛn]: ***maladie*** *f* ***vénérienne*** venereal disease
vengeance [vɑ̃ʒɑ̃s] *f* vengeance
venger [vɑ̃ʒe] ⟨1l⟩ avenge (***qn de qch*** s.o. for sth); ***se venger de qn*** get one's revenge on s.o.; ***se venger de qch sur qn*** get one's revenge for sth on s.o.; ***ne te venge pas de son erreur sur moi*** don't take his mistake out on me
vengeur, **-eresse** **1** *adj* vengeful **2** *m/f* avenger
venimeux, **-euse** [vənimø, -z] *serpent* poisonous; *fig aussi* full of venom
venin [v(ə)nɛ̃] *m* venom (*aussi fig*)
venir [v(ə)nir] ⟨2h⟩ (*aux* **être**) come; ***à venir*** to come; ***j'y viens*** I'm coming to that; ***en venir à croire que*** come to believe that; ***en venir aux mains*** come to blows; ***où veut-il en venir?*** what's he getting at?; ***venir de*** come from; ***je viens / je venais de faire la vaisselle*** I have /I had just washed the dishes; ***venir chercher, venir prendre*** come for; ***faire venir*** *médecin* send for
Venise [vəniz] Venice
vent [vɑ̃] *m* wind; ***être dans le vent*** *fig* be modern; ***c'est du vent*** *fig* it's all hot air; ***coup*** *m* ***de vent*** gust of wind; ***il y a du vent*** it's windy; ***avoir vent de qch*** *fig* get wind of sth
vente [vɑ̃t] *f* sale; *activité* selling; ***être dans la vente*** be in sales; ***vente à crédit*** installment plan, *Br* hire purchase
venteux, **-euse** [vɑ̃tø, -z] windy
ventilateur [vɑ̃tilatœr] *m* ventilator; *électrique* fan
ventilation *f* ventilation
ventiler ⟨1a⟩ *pièce* air; *montant* break down
ventre [vɑ̃tr] *m* stomach, belly F; ***à plat***

ventre flat on one's stomach; ***ventre à bière*** beer belly, beer gut
ventriloque [vɑ̃trilɔk] *m* ventriloquist
venu, **venue** [v(ə)ny] **1** *adj*: ***bien / mal venu*** *action* appropriate / inappropriate **2** *m/f*: ***le premier venu, la première venue*** the first to arrive; (*n'importe qui*) anybody; ***nouveau venu, nouvelle venue*** newcomer
venue [v(ə)ny] *f* arrival, advent
ver [vɛr] *m* worm; ***ver de terre*** earthworm; ***ver à soie*** silkworm
véracité [verasite] *f* truthfulness, veracity
verbal, **verbale** [vɛrbal] (*mpl* -aux) verbal
verbaliser ⟨1a⟩ **1** *v/i* JUR bring a charge **2** *v/t* (*exprimer*) verbalize
verbe [vɛrb] *m* LING verb
verdâtre [vɛrdɑtr] greenish
verdict [vɛrdikt] *m* verdict
verdir [vɛrdir] ⟨2a⟩ turn green
verdure [vɛrdyr] *f* (*feuillages*) greenery; (*salade*) greens *pl*
verge [vɛrʒ] *f* ANAT penis; (*baguette*) rod
verger [vɛrʒe] *m* orchard
verglacé, **verglacée** [vɛrglase] icy
verglas *m* black ice
vergogne [vɛrgɔɲ] *f*: ***sans vergogne*** shameless; *avec verbe* shamelessly
véridique [veridik] truthful
vérifiable [verifjabl] verifiable, which can be checked
vérification *f* check
vérifier ⟨1a⟩ check; ***se vérifier*** turn out to be true
vérin [verɛ̃] *m* jack
véritable [veritabl] real; *amour* true
véritablement *adv* really
vérité [verite] *f* truth; ***en vérité*** actually; ***à la vérité*** to tell the truth
vermeil, **vermeille** [vɛrmɛj] bright red, vermillion
vermine [vɛrmin] *f* vermin
vermoulu, **vermoulue** [vɛrmuly] worm-eaten
vermouth [vɛrmut] *m* vermouth
verni, **vernie** [vɛrni] varnished; F lucky
vernir ⟨2a⟩ varnish; *céramique* glaze
vernis *m* varnish; *de céramique* glaze; ***vernis à ongle*** nail polish, *Br aussi* nail varnish
vernissage *m du bois* varnishing; *de la céramique* glazing; (*exposition*) private view
vérole [verɔl] *f* MÉD F syphilis; ***petite vérole*** smallpox
verre [vɛr] *m* glass; ***prendre un verre*** have a drink; ***verres de contact*** contact lenses, contacts F; ***verre dépoli*** frosted glass; ***verre à eau*** tumbler, water glass; ***verre à vin*** wine glass
verrerie *f* glass-making; *fabrique* glassworks *sg*; *objets* glassware
verrière *f* (*vitrail*) stained-glass window; *toit* glass roof
verroterie *f* glass jewelry *ou Br* jewellery
verrou [vɛru] *m* (*pl* -s) bolt; ***sous les verrous*** F behind bars
verrouillage *m*: ***verrouillage central*** AUTO central locking
verrouiller ⟨1a⟩ bolt; F lock up, put behind bars
verrue [vɛry] *f* wart
vers[1] [vɛr] *m* verse
vers[2] [vɛr] *prép* toward, *Br* towards; (*environ*) around, about
versant [vɛrsɑ̃] *m* slope
versatile [vɛrsatil] changeable
versatilité *f* changeability
verse [vɛrs]: ***il pleut à verse*** it's pouring down, it's bucketing down
Verseau [vɛrso] *m* ASTROL Aquarius
versement [vɛrsəmɑ̃] *m* payment
verser [vɛrse] **1** *v/t* pour (out); *sang, larmes* shed; *argent à un compte* pay in, deposit; *intérêts, pension* pay; ***verser à boire à qn*** pour s.o. a drink **2** *v/i* (*basculer*) overturn; ***verser dans qch*** *fig* succumb to sth
verset [vɛrsɛ] *m* verse
version [vɛrsjõ] *f* version; (*traduction*) translation; (***film*** *m* ***en***) ***version originale*** original language version
verso [vɛrso] *m d'une feuille* back; ***au verso*** on the back, on the other side
vert, **verte** [vɛr, -t] **1** *adj* green; *fruit* unripe; *vin* too young; *fig*: *personne âgée* spry; *propos* risqué; ***l'Europe*** *f* ***verte*** AGR European agriculture **2** *m* green; ***les verts*** POL *mpl* the Greens
vertébral, **vertébrale** [vɛrtebral] (*mpl* -aux) ANAT vertebral; ***colonne*** *f* ***vertébrale*** spine, spinal column
vertèbre *f* ANAT vertebra
vertébrés *mpl* vertebrates
vertement [vɛrtəmɑ̃] *adv* severely
vertical, **verticale** [vɛrtikal] (*mpl* -aux) **1** *adj* vertical **2** *f* vertical (line)
verticalement *adv* vertically
vertige [vɛrtiʒ] *m* vertigo, dizziness; *fig* giddiness; ***un vertige*** a dizzy spell; ***j'ai le vertige*** I feel dizzy; ***des sommes qui donnent le vertige*** mind-blowing sums of money
vertigineux, **-euse** *hauteurs* dizzy; *vitesse* breathtaking
vertu [vɛrty] *f* virtue; (*pouvoir*) property; ***en vertu de*** in accordance with
vertueux, **-euse** virtuous

verve [vɛrv] *f* wit; ***plein de verve*** witty
vésicule [vezikyl] *f* ANAT: ***vésicule biliaire*** gall bladder
vessie [vesi] *f* ANAT bladder
veste [vɛst] *f* jacket; ***retourner sa veste*** F be a turncoat; ***ramasser une veste*** F suffer a defeat
vestiaire [vɛstjɛr] *m de théâtre* checkroom, *Br* cloakroom; *d'un stade* locker room
vestibule [vɛstibyl] *m* hall
vestige [vɛstiʒ] *m le plus souvent au pl*: ***vestiges*** traces, remnants
veston [vɛstõ] *m* jacket, coat
vêtement [vɛtmɑ̃] *m* item of clothing, garment; ***vêtements*** clothes; (***industrie*** *f* ***du***) ***vêtement*** clothing industry, rag trade F
vétéran [veterɑ̃] *m* veteran
vétérinaire [veterinɛr] **1** *adj* veterinary **2** *m/f* veterinarian, vet
vétille [vetij] *f* (*souvent au pl* ***vétilles***) trifle, triviality
vêtir [vetir] ⟨2g⟩ *litt* dress
veto [veto] *m* veto; ***droit*** *m* ***de veto*** right of veto; ***opposer son veto à*** veto
vêtu, **vêtue** [vety] dressed
vétuste [vetyst] *bâtiment* dilapidated, ramshackle
veuf [vœf] **1** *adj* widowed **2** *m* widower
veuve 1 *adj* widowed **2** *f* widow
vexant, **vexante** [vɛksɑ̃, -t] humiliating, mortifying; ***c'est vexant*** *contrariant* that's really annoying
vexation *f* humiliation, mortification
vexer ⟨1a⟩: ***vexer qn*** hurt s.o.'s feelings; ***se vexer*** get upset
viabilité [vjabilite] *f d'un projet*, BIOL viability
viable *projet*, BIOL viable
viaduc [vjadyk] *m* viaduct
viager, **-ère** [vjaʒe, -ɛr]: ***rente*** *f* ***viagère*** life annuity
viande [vjɑ̃d] *f* meat
vibrant, **vibrante** [vibrɑ̃, -t] vibrating; *fig* vibrant; *discours* stirring
vibration *f* vibration
vibrer ⟨1a⟩ vibrate; ***faire vibrer*** *fig* give a buzz
vice [vis] *m* (*défaut*) defect; (*péché*) vice
vice-président [visprezidɑ̃] *m* COMM, POL vice-president; *Br* COMM vice-chairman
vicié, **viciée** [visje]: ***air*** *m* ***vicié*** stale air
vicieux, **-euse** [visjø, -z] *homme*, *regard* lecherous; *cercle* vicious
victime [viktim] *f* victim; ***victime de guerre*** war victim
victoire [viktwar] *f* victory; SP win, victory; ***remporter la victoire*** be victorious, win
victorieux, **-euse** victorious
vidange [vidɑ̃ʒ] *f* emptying, draining; AUTO oil change; ***faire une vidange*** change the oil
vidanger ⟨1l⟩ empty, drain; AUTO *huile* empty out, drain off
vide [vid] **1** *adj* empty (*aussi fig*); ***vide de sens*** devoid of meaning **2** *m* (*néant*) emptiness; *physique* vacuum; (*espace non occupé*) (empty) space; ***à vide*** empty; ***regarder dans le vide*** gaze into space; ***avoir peur du vide*** suffer from vertigo, be afraid of heights
vidéo [video] **1** *f* video **2** *adj inv* video; ***bande*** *f* ***vidéo*** video tape; ***vidéo amateur*** home movie
vidéocassette [videokasɛt] *f* video cassette
vidéoclip [videoklip] *m* video
vidéoconférence [videokõferɑ̃s] *f* videoconference
vide-ordures [vidɔrdyr] *m* (*pl inv*) rubbish chute
vidéothèque [videotɛk] *f* video library
vider [vide] ⟨1a⟩ empty (out); F *personne d'une boîte de nuit* throw out; CUIS *volaille* draw; *salle* vacate, leave; ***vider qn*** F drain *ou* exhaust s.o.; ***se vider*** empty
videur *m* F bouncer
vie [vi] *f* life; (*vivacité*) life, liveliness; *moyens matériels* living; ***à vie*** for life; ***de ma vie*** in all my life *ou* days; ***sans vie*** lifeless; ***être en vie*** be alive; ***coût de la vie*** cost of living; ***gagner sa vie*** earn one's living; ***vie conjugale*** married life; ***vie sentimentale*** love life
vieil [vjɛj] → ***vieux***
vieillard [vjɛjar] *m* old man; ***les vieillards*** old people *pl*, the elderly *pl*
vieille [vjɛj] → ***vieux***
vieillesse [vjɛs] *f* old age
vieillir ⟨2a⟩ **1** *v/t*: ***vieillir qn*** *de soucis*, *d'une maladie* age s.o.; *de vêtements*, *d'une coiffure* make s.o. look older **2** *v/i d'une personne* get old, age; *d'un visage* age; *d'une théorie*, *d'un livre* become dated; *d'un vin* age, mature
vieillissement *m* ageing
Vienne [vjɛn] Vienna
viennoiseries *fpl croissants and similar types of bread*
vierge [vjɛrʒ] **1** *f* virgin; ***la Vierge*** (***Marie***) REL the Virgin (Mary); ***Vierge*** ASTROL Virgo **2** *adj* virgin; *feuille* blank; ***forêt*** *f* ***vierge*** virgin forest; ***laine*** *f* ***vierge*** pure new wool
Viêt-nam [vjɛtnam]: ***le Viêt-nam*** Vietnam

vietnamien, **vietnamienne** *1 adj* Vietnamese **2** *m langue* Vietnamese **3** *m/f* **Vietnamien**, **Vietnamienne** Vietnamese
vieux, (*m* **vieil** *before a vowel or silent h*), **vieille** (*f*) [vjø, vjɛj] **1** *adj* old; ***vieux jeu*** old-fashioned **2** *m/f* old man / old woman; ***les vieux*** old people *pl*, the aged *pl*; ***mon vieux / ma vieille*** F (*mon père / ma mère*) my old man / woman F; ***prendre un coup de vieux*** age, look older
vif, **vive** [vif, viv] **1** *adj* lively; (*en vie*) alive; *plaisir*, *satisfaction*, *intérêt* great, keen; *critique*, *douleur* sharp; *air* bracing; *froid* biting; *couleur* bright; ***de vive voix*** in person **2** *m* ***à vif*** *plaie* open; ***piqué au vif*** cut to the quick; ***entrer dans le vif du sujet*** get to the heart of the matter, get down to the nitty gritty F; ***prendre sur le vif*** catch in the act; ***avoir les nerfs à vif*** be on edge
vigie [viʒi] *f* MAR lookout man
vigilance [viʒilɑ̃s] *f* vigilance; ***endormir la vigilance de qn*** lull s.o. into a false sense of security
vigilant, **vigilante** vigilant
vigile [viʒil] *m* (*gardien*) security man, guard
vigne [viɲ] *f* (*arbrisseau*) vine; (*plantation*) vineyard
vigneron, **vigneronne** *m/f* wine grower
vignette [viɲɛt] *f de Sécurité Sociale*: *label from medication which has to accompany an application for a refund*; AUTO license tab, *Br* tax disc
vignoble [viɲɔbl] *m plantation* vineyard; *région* wine-growing area
vigoureux, **-euse** [vigurø, -z] *personne*, *animal*, *plante* robust, vigorous
vigueur [vigœr] *f* vigor, *Br* vigour, robustness; ***plein de vigueur*** full of energy *ou* vitality; ***en vigueur*** in force *ou* effect; ***entrer en vigueur*** come into force *ou* effect
V.I.H. [veiaʃ] *m abr* (= ***Virus de l'Immunodéficience Humaine***) HIV (= human immunodeficiency virus)
vil, **vile** [vil] *litt* vile; ***à vil prix*** for next to nothing
vilain, **vilaine** [vilɛ̃, -ɛn] nasty; *enfant* naughty; (*laid*) ugly
villa [vila] *f* villa
village [vilaʒ] *m* village
villageois, **villageoise** **1** *adj* village *atr* **2** *m/f* villager
ville [vil] *f* town; *grande* city; ***ville d'eau*** spa town; ***la ville de Paris*** the city of Paris; ***aller en ville*** go into town
villégiature [vileʒjatyr] *f* holiday
vin [vɛ̃] *m* wine; ***vin blanc*** white wine; ***vin d'honneur*** reception; ***vin de pays*** regional wine; ***vin rouge*** red wine; ***vin de table*** table wine
vinaigre [vinɛgr] *m* vinegar
vinaigrette [vinegrɛt] *f* salad dressing
vindicatif, **-ive** [vɛ̃dikatif, -iv] vindictive
vingt [vɛ̃] twenty; → ***trois***
vingtaine: ***une vingtaine de personnes*** about twenty people *pl*, twenty or so people *pl*
vingtième twentieth
vinicole [vinikɔl] wine *atr*
vinyle [vinil] *m* vinyl; ***un vinyle*** a record
viol [vjɔl] *m* rape; *d'un lieu saint* violation; ***viol collectif*** gang rape
violacé, **violacée** [vjɔlase] purplish
violation [vjɔlasjõ] *f d'un traité* violation; *d'une église* desecration; ***violation de domicile*** JUR illegal entry
violemment [vjɔlamɑ̃] *adv* violently; *fig* intensely
violence *f* violence; *fig* intensity
violent, **violente** violent; *fig* intense
violer [vjɔle] ⟨1a⟩ *loi* break, violate; *promesse*, *serment* break; *sexuellement* rape; (*profaner*) desecrate
violeur *m* rapist
violet, **violette** [vjɔlɛ, -t] violet
violette [vjɔlɛt] *f* BOT violet
violon [vjɔlõ] *m* violin; *musicien* violinist; F *prison* slammer F
violoncelle [vjɔlõsɛl] *m* cello
violoncelliste *m/f* cellist
violoniste [vjɔlɔnist] *m/f* violinist
V.I.P. [veipe *ou* viajpi] *m* (*pl inv*) F VIP (= very important person)
vipère [vipɛr] *f* adder, viper; *fig* viper
virage [viraʒ] *m de la route* curve, corner; *d'un véhicule* turn; *fig* change of direction; ***prendre le virage*** corner, take the corner; ***virage en épingle à cheveux*** hairpin curve
viral, **virale** [viral] (*mpl* -aux) viral
virée [vire] *f* F trip; (*tournée*) tour; (*balade*) stroll
virement [virmɑ̃] *m* COMM transfer
virer [vire] ⟨1a⟩ **1** *v/i* (*changer de couleur*) change color *ou Br* colour; *d'un véhicule* corner; ***virer de bord*** MAR tack; *fig* change direction; *sexuellement* go gay **2** *v/t argent* transfer; ***virer qn*** F throw *ou* kick s.o. out
virevolte [virvɔlt] *f* spin
virginal, **virginale** [virʒinal] (*mpl* -aux) virginal
virginité *f* virginity; ***se refaire une virginité*** *fig* get one's good reputation back
virgule [virgyl] *f* comma

V

viril, **virile** [viril] male; (*courageux*) manly
virilité *f* manhood; (*vigueur sexuelle*) virility
virtuel, **virtuelle** [virtɥɛl] virtual; (*possible*) potential
virtuose [virtɥoz] *m/f* virtuoso
virtuosité *f* virtuosity
virulent, **virulente** [virylɑ̃, -t] virulent
virus [virys] *m* MÉD, INFORM virus
vis [vis] *f* screw; ***escalier** m **à vis*** spiral staircase; ***serrer la vis à qn*** *fig* F tighten the screws on s.o.
visa [viza] *m* visa
visage [vizaʒ] *m* face
visagiste *m/f* beautician
vis-à-vis [vizavi] **1** *prép*: ***vis-à-vis de*** opposite; (*envers*) toward, *Br* towards; (*en comparaison de*) compared with **2** *m* person sitting opposite; (*rencontre*) face-to-face meeting
viscéral, **viscérale** [viseral] (*mpl* -aux) *fig*: *peur*, *haine* deep-rooted
visée [vize] *f*: ***visées*** (*intentions*) designs
viser [vize] ⟨1a⟩ **1** *v/t* aim at; (*s'adresser à*) be aimed at **2** *v/i* aim (***à*** at); ***viser à faire qch*** aim to do sth; ***viser haut*** *fig* aim high
viseur [vizœr] *m d'une arme* sights *pl*; PHOT viewfinder
visibilité [vizibilite] *f* visibility
visible visible; (*évident*) clear
visière [vizjɛr] *f de casquette* peak
visioconférence [vizjɔkõferɑ̃s] *f* video conference
vision [vizjõ] *f* sight; (*conception*, *apparition*) vision
visionnaire *m/f & adj* visionary
visionneuse *f* PHOT viewer
visiophone [vizjɔfɔn] *m* videophone
visite [vizit] *f* visit; *d'une ville* tour; ***être en visite chez qn*** be visiting s.o.; ***rendre visite à qn*** visit s.o.; ***avoir droit de visite*** *d'un parent divorcé* have access; ***visite de contrôle*** follow-up visit; ***visites à domicile*** MÉD house calls; ***visite de douane*** customs inspection; ***visite guidée*** guided tour; ***visite médicale*** medical (examination)
visiter ⟨1a⟩ visit; (*faire le tour de*) tour; *bagages* inspect
visiteur, **-euse** *m/f* visitor
vison [vizõ] *m* mink
visqueux, **-euse** [viskø, -z] viscous; *péj* slimy
visser [vise] ⟨1a⟩ screw
visuel, **visuelle** [vizɥɛl] visual; ***champ** m **visuel*** field of vision
vital, **vitale** [vital] (*mpl* -aux) vital
vitalité *f* vitality
vitamine [vitamin] *f* vitamin
vite [vit] *adv* fast, quickly; (*sous peu*, *bientôt*) soon; ***vite!*** hurry up!, quick!
vitesse *f* speed; AUTO gear; ***à toute vitesse*** at top speed; ***en vitesse*** F quickly
viticole [vitikɔl] wine *atr*
viticulteur [vitikyltœr] *m* wine-grower
viticulture *f* wine-growing
vitrage [vitraʒ] *m cloison* glass partition; *action* glazing; *ensemble de vitres* windows *pl*; ***double vitrage*** double glazing
vitrail [vitraj] *m* (*pl* -aux) stained-glass window
vitre [vitr] *f* window (pane); *de voiture* window
vitrer ⟨1a⟩ glaze
vitreux, **-euse** *regard* glazed
vitrier *m* glazier
vitrine [vitrin] *f* (*étalage*) (store) window; *meuble* display cabinet
vivace [vivas] hardy; *haine*, *amour* strong, lasting
vivacité *f d'une personne*, *d'un regard* liveliness, vivacity
vivant, **vivante** [vivɑ̃, -t] **1** *adj* (*en vie*) alive; (*plein de vie*) lively; (*doué de vie*) living; *langue* modern **2** *m* living person; ***de son vivant*** in his lifetime; ***c'est un bon vivant*** he enjoys life
vivement *adv* (*d'un ton vif*) sharply; (*vite*) briskly; *ému*, *touché* deeply; ***vivement dimanche!*** roll on Sunday!, Sunday can't come soon enough!
vivier [vivje] *m* fishpond; *dans un restaurant* fish tank
vivifier [vivifje] ⟨1a⟩ invigorate
vivoter [vivɔte] ⟨1a⟩ just get by
vivre [vivr] **1** *v/i* ⟨4e⟩ live **2** *v/t* experience; ***vive …!*** long live …! **3** *mpl*: ***vivres*** supplies
vocabulaire [vɔkabylɛr] *m* vocabulary
vocal, **vocale** [vɔkal] (*mpl* -aux) vocal
vocation [vɔkasjõ] *f* vocation, calling; ***une entreprise à vocation philanthropique*** a philanthropic organization
vociférer [vɔsifere] ⟨1f⟩ shout
vodka [vɔdka] *f* vodka
vœu [vø] *m* (*pl* -x) REL vow; (*souhait*) wish; ***faire vœu de faire qch*** vow to do sth; ***tous mes vœux!*** best wishes!
vogue [vɔg] *f*: ***être en vogue*** be in fashion
voici [vwasi] here is *sg*, here are *pl*; ***me voici!*** here I am!; ***le livre que voici*** this book
voie [vwa] *f* way (*aussi fig*); *de chemin de fer* track; *d'autoroute* lane; ***être en voie de formation*** be being formed; ***être en voie de guérison*** be on the road to recovery, be on the mend; ***par*** (***la***) ***voie***

de by means of; ***par voie aérienne*** by air; ***par la voie hiérarchique*** through channels; ***voie d'eau*** leak; ***voie express*** expressway; ***Voie lactée*** Milky Way; ***voie navigable*** waterway; ***voies de fait*** JUR assault *sg*

voilà [vwala] there is *sg*, there are *pl*; (***et***) ***voilà!*** there you are!; ***en voilà assez!*** that's enough!; ***voilà tout*** that's all; ***voilà pourquoi*** that's why; ***me voilà*** here I am; ***voilà deux ans qu'il ne nous a pas écrit*** he hasn't written to us in two years

voile [vwal] **1** *m* veil (*aussi fig*) **2** *f* MAR sail; SP sailing; ***mettre les voiles*** F take off

voiler[1] [vwale] ⟨1a⟩ veil; ***se voiler*** *d'une femme* wear the veil; *du ciel* cloud over

voiler[2] [vwale] ⟨1a⟩: ***se voiler*** *du bois* warp; *d'une roue* buckle

voilier [vwalje] *m* sailboat

voilure [vwalyr] *f* MAR sails *pl*

voir [vwar] ⟨3b⟩ see; ***faire voir*** show; ***être bien vu*** be acceptable; ***cela n'a rien à voir*** that has nothing to do with it; ***voir à qch*** see to sth; ***se voir*** see each other; ***se voir décerner un prix*** be given a prize; ***cela se voit*** that's obvious; ***voyons!*** let's see!; *reproche* come now!; ***je ne peux pas le voir*** I can't stand him

voire [vwar] *adv* even

voirie [vwari] *f* (*voies*) roads *pl*; *administration* roads department

voisin, **voisine** [vwazɛ̃, -in] **1** *adj* neighboring, *Br* neighbouring; (*similaire*) similar **2** *m/f* neighbor, *Br* neighbour

voisinage *m* (*ensemble de gens*) neighborhood, *Br* neighbourhood; (*proximité*) vicinity

voisiner ⟨1a⟩: ***voisiner avec*** adjoin

voiture [vwatyr] *f* car; *d'un train* car, *Br* carriage; ***voiture de tourisme*** touring car; ***en voiture*** by car, in the car; ***voiture de fonction*** company car; ***voiture-piégée*** car bomb

voix [vwa] *f* voice (*aussi* GRAM); POL vote; ***avoir voix au chapitre*** *fig* have a say in the matter; ***à haute voix*** in a loud voice, aloud; ***à voix basse*** in a low voice, quietly

vol[1] [vɔl] *m* theft; ***c'est du vol!*** that's daylight robbery!; ***vol à main armée*** armed robbery

vol[2] [vɔl] *m* flight; ***à vol d'oiseau*** as the crow flies; ***au vol*** in flight; ***saisir l'occasion au vol*** jump at the chance; ***attraper un bus au vol*** jump on a bus; ***vol à voile*** gliding

volage [vɔlaʒ] flighty

volaille [vɔlaj] *f* poultry; (*poulet etc*) bird

volant [vɔlɑ̃] *m* AUTO (steering) wheel; SP shuttlecock; *d'un vêtement* flounce

volatil, **volatile** [vɔlatil] CHIM volatile

volcan [vɔlkɑ̃] *m* GÉOGR volcano

volcanique volcanic

volée [vɔle] *f groupe d'oiseaux* flock; *en tennis, de coups de feu* volley; ***volée de coups*** shower of blows; ***attraper un ballon à la volée*** catch a ball in mid-air

voler[1] [vɔle] ⟨1a⟩ steal; ***voler qch à qn*** steal sth from s.o., rob s.o. of sth; ***voler qn*** rob s.o.

voler[2] [vɔle] ⟨1a⟩ fly (*aussi fig*)

volet [vɔlɛ] *m de fenêtre* shutter; *fig* part; ***trier sur le volet*** *fig* handpick

voleter [vɔlte] ⟨1c⟩ flutter

voleur, **-euse** [vɔlœr, -øz] **1** *adj* thieving **2** *m/f* thief; ***voleur à la tire*** pickpocket; ***voleur à l'étalage*** shoplifter

volley(-ball) [vɔlɛbol] *m* volleyball

volière [vɔljɛr] *f* aviary

volontaire [vɔlɔ̃tɛr] **1** *adj* voluntary; (*délibéré*) deliberate; (*décidé*) headstrong **2** *m/f* volunteer

volonté *f faculté de vouloir* will; (*souhait*) wish; (*fermeté*) willpower; ***de l'eau / du pain à volonté*** as much water / bread as you like; ***faire preuve de bonne volonté*** show willing; ***tirer à volonté*** fire at will

volontiers [vɔlɔ̃tje] *adv* willingly, with pleasure

volt [vɔlt] *m* ÉL volt

voltage *m* ÉL voltage

volte-face [vɔltəfas] *f* (*pl inv*) about-turn (*aussi fig*)

voltmètre [vɔltmɛtr] *m* ÉL voltmeter

volubilité [vɔlybilite] *f* volubility

volume [vɔlym] *m* volume

volumineux, **-euse** bulky

voluptueux, **-euse** [vɔlyptɥø, -z] voluptuous

volute [vɔlyt] *f* curl

vomi [vɔmi] *m* vomit

vomir ⟨2a⟩ **1** *v/i* vomit, throw up **2** *v/t* bring up; *fig* spew out

vomissement *m* vomiting

vorace [vɔras] voracious

vos [vo] → ***votre***

votant, **votante** [vɔtɑ̃, -t] *m/f* voter

vote *m* vote; *action* voting

voter ⟨1a⟩ **1** *v/i* vote **2** *v/t loi* pass

votre [vɔtr], *pl* **vos** [vo] your

vôtre [votr] ***le / la vôtre, les vôtres*** yours

vouer [vwe] ⟨1a⟩ dedicate (***à*** to); ***vouer sa vie à*** dedicate *ou* devote one's life to; ***se vouer à*** dedicate *ou* devote o.s. to

vouloir [vulwar] ⟨3i⟩ want; ***il veut partir***

V

he wants to leave; ***il veut que tu partes*** (*subj*) he wants you to leave; ***je voudrais*** I would like, I'd like; ***je veux bien*** I'd like to; ***je veux bien que tu prennes ...*** (*subj*) I'd like you to take …; ***il veut bien*** he'd like to; (*il est d'accord*) it's fine with him, it's ok by him; ***veuillez ne pas fumer*** please do not smoke; ***on ne veut pas de moi*** I'm not wanted ◇ **:** ***vouloir dire*** mean

◇ **:** ***en vouloir à qn*** have something against s.o., bear s.o. a grudge; ***je m'en veux de ne pas avoir ...*** I feel bad about not not having …

◇ **:** ***veux-tu te taire!*** will you shut up!

voulu, voulue [vuly] **1** *p/p* → ***vouloir*** **2** *adj* requisite; *délibéré* deliberate

vous [vu] *pron personnel* ◇ *sujet, sg et pl* you

◇ *complément d'objet direct, sg et pl* you; ***il ne vous a pas vu*** he didn't see you

◇ *complément d'objet indirect, sg et pl* (to) you; ***elle vous en a parlé*** she spoke to you about it; ***je vais vous chercher ...*** I'll go and get you …

◇ *avec verbe pronominal* yourself; *pl* yourselves; ***vous vous êtes coupé*** you've cut yourself; ***vous vous êtes coupés*** you've cut yourselves; ***si vous vous levez à ...*** if you get up at …

vous-même [vumɛm], *pl* **vous-mêmes** [vumɛm] yourself; *pl* yourselves

voûte [vut] *f* ARCH vault

voûté, voûtée *personne* hunched; *dos* bent; ARCH vaulted

voûter ⟨1a⟩ ARCH vault; ***se voûter*** have a stoop

vouvoyer [vuvwaje] ⟨1h⟩ address as 'vous'

voyage [vwajaʒ] *m* trip, journey; *en paquebot* voyage; ***être en voyage*** be traveling *ou Br* travelling; ***bon voyage!*** have a good trip!; ***voyage d'affaires*** business trip; ***voyage de noces*** honeymoon; ***voyage organisé*** package holiday

voyager ⟨1l⟩ travel

voyageur, -euse *m/f* traveler, *Br* traveller; *par train, avion* passenger; ***voyageur de commerce*** traveling salesman, *Br* travelling salesman

voyagiste *m* (tour) operator

voyant, voyante [vwajɑ̃, -t] **1** *adj couleur* garish **2** *m* (*signal*) light) **3** *m/f* (*devin*) clairvoyant

voyelle [vwajɛl] *f* GRAM vowel

voyou [vwaju] *m* (*pl* -s) *jeune* lout

vrac [vrak] *m*: ***en vrac*** COMM loose; *fig* jumbled together

vrai, vraie [vrɛ] **1** *adj* (*après le subst*) true; (*devant le subst*) real, genuine; *ami* true, genuine; ***il est vrai que*** it is true that **2** *m*: ***à vrai dire, à dire vrai*** to tell the truth

vraiment [vrɛmɑ̃] *adv* really

vraisemblable [vrɛsɑ̃blabl] likely, probable

vraisemblance *f* likelihood, probability

vrille [vrij] *f* BOT tendril; TECH gimlet; ***descendre en vrille*** AVIAT go into a spin dive

vrombir [vrõbir] ⟨2a⟩ throb

VTT [vetete] *m abr* (= ***vélo tout terrain***) mountain bike

vu[1] [vy] *prép* in view of; ***vu que*** seeing that; ***au vu et au su de tout le monde*** openly, in front of everybody

vu[2], **vue** [vy] *p/p* → ***voir***

vue [vy] *f* view; *sens, faculté* sight; ***à vue d'œil*** visibly; ***à première vue*** at first sight; ***à perte de vue*** as far as the eye can see; ***perdre qn de vue*** lose sight of s.o.; (*perdre le contact*) lose touch with s.o.; ***connaître qn de vue*** know s.o. by sight; ***avoir la vue basse*** be short-sighted; ***point*** *m* ***de vue*** viewpoint, point of view; ***en vue*** (*visible*) in view; ***en vue de faire qch*** with a view to doing sth

vulgaire [vylgɛr] (*banal*) common; (*grossier*) common, vulgar

vulgariser [vylgarize] ⟨1a⟩ popularize

vulgarité *f péj* vulgarity

vulnérabilité [vylnerabilite] *f* vulnerability

vulnérable vulnerable

W

wagon [vagõ] *m* car, *Br* carriage; *de marchandises* car, *Br* wagon
wagon-lit *m* (*pl* wagons-lits) sleeping car, *Br aussi* sleeper
wagon-restaurant *m* (*pl* wagons-restaurants) dining car
waters [watɛr] *mpl* toilet *sg*
watt [wat] *m* ÉL watt
W.-C. [vese] *mpl* WC *sg*
week-end [wikɛnd] *m* (*pl* week-ends) weekend; ***ce week-end*** on *ou Br* at the weekend
western [wɛstɛrn] *m* western
whisky [wiski] *m* whiskey, *Br* whisky

X, Y

xénophobe [gzenɔfɔb] xenophobic
xénophobie *f* xenophobia
xérès [gzerɛs, ks-] *m* sherry
xylophone [gzilɔfɔn] *m* xylophone
y [i] there; ***on y va!*** let's go!; ***je ne m'y fie pas*** I don't trust it; ***ça y est!*** that's it!; ***j'y suis*** (*je comprends*) now I see, now I get it; ***y compris*** including; ***n'y compte pas*** don't count on it; ***je m'y attendais*** I thought as much; ***j'y travaille*** I'm working on it
yacht [jɔt] *m* yacht
yaourt [jaurt] *m* yoghurt
yeux [jø] *pl* → ***œil***
yoga [jɔga] *m* yoga

Z

zapper [zape] channel-hop, *Br aussi* zap
zèbre [zɛbr] *m* zebra
zèle [zɛl] *m* zeal; ***faire du zèle*** be overzealous
zélé, zélée zealous
zéro [zero] **1** *m* zero, *Br aussi* nought; SP *Br* nil; *fig* nonentity; ***au-dessous de zéro*** below zero; ***partir de zéro*** start from nothing **2** *adj*: ***zéro faute*** no mistakes
zeste [zɛst] *m* peel, zest
zézaiement [zezɛmã] *m* lisp
zézayer ⟨1i⟩ lisp
zigouiller [ziguje] ⟨1a⟩ F bump off F
zigzag [zigzag] *m* zigzag
zigzaguer ⟨1m⟩ zigzag
zinc [zɛ̃g] *m* zinc
zizanie [zizani] *f*: ***semer la zizanie*** cause trouble
zodiaque [zɔdjak] *m* zodiac
zombie [zõbi] *m/f* zombie
zona [zona] *m* shingles *sg*
zone [zon] *f* area, zone; *péj* slums *pl*; ***zone de basse pression*** low-pressure area, low; ***zone bleue*** restricted parking area; ***zone euro*** euro zone; ***zone industrielle*** industrial park, *Br* industrial estate; ***zone interdite*** prohibited area, no-go area; ***zone de libre-échange*** free trade area; ***zone résidentielle*** residential area
zoo [zo] *m* zoo
zoologie [zɔɔlɔʒi] *f* zoology
zoologiste *m/f* zoologist
zoom [zum] *m* zoom lens
zut! [zyt] F blast!

Activity & Reference Section

The following section contains three parts, each of which will help you in your learning:

Games and puzzles to help you learn to use this dictionary and practice your French-language skills. You'll learn about the different features of this dictionary and how to look something up effectively.

Basic words and expressions to reinforce your learning and help you master the basics.

A short grammar reference to help you use the language correctly.

Using Your Dictionary

Using a bilingual dictionary is important if you want to speak, read or write in a foreign language. Unfortunately, if you don't understand the symbols in your dictionary or the structure of the entries, you'll make mistakes.

What kind of mistakes? Think of some of the words you know in English that sound or look alike. For example, think about the word *ring*. How many meanings can you think of for the word *ring*? Try to list at least three:

a. ______________________________

b. ______________________________

c. ______________________________

Now look up *ring* in the English side of the dictionary. There are more than ten French words that correspond to the single English word *ring*. Some of these French words are listed below in scrambled form.

Unscramble the jumbled French words, then draw a line connecting each French word or expression with the appropriate English meaning.

French jumble	*English meanings*
1. NOSREN	**a.** a circle around something
2. NAEUNA	**b.** the action of a bell or telephone (to ring)
3. ETSPI	**c.** jewelry worn on the finger
4. LEASUPRUCDFINPSOE	**d.** the boxing venue
5. GNRI	**e.** one of the venues at a circus
6. CLCERE	**f.** to call someone

With so many French words to choose from, each meaning something different, you must be careful to choose the right one to fit the context of your translation. Using the wrong word can make it hard for people to understand you. Imagine the confusing sentences you would make if you never looked beyond the first translation.

For example:

The boxer wearily entered the circle.

She always wore the circle left to her by her grandmother.

I was waiting for the phone to circle when there was a knock at the door.

If you choose the wrong meaning, you simply won't be understood. Mistakes like these are easy to avoid once you know what to look for when using your dictionary. The following pages will review the structure of your dictionary and show you how to pick the right word when you use it. Read the tips and guidelines, then complete the puzzles and exercises to practice what you have learned.

Identifying Headwords

If you are looking for a single word in the dictionary, you simply look for that word's location in alphabetical order. However, if you are looking for a phrase, or an object that is described by several words, you will have to decide which word to look up.

Two-word terms are listed by their first word. If you are looking for the French equivalent of *shooting star*, you will find it under *shooting*.

So-called phrasal verbs in English are found in a block under the main verb. The phrasal verbs *go ahead*, *go back*, *go off*, *go on*, *go out*, and *go up* are all found in a block after *go*.

Idiomatic expressions are found under the key word in the expression. The phrase *give someone a ring*, meaning to call someone, is found in the entry for *ring*.

Feminine headwords that are variants of a masculine headword and share a meaning with that word are listed in alphabetical order with their masculine counterpart. In French, a male dancer is called a **danseur** and a female dancer is a **danseuse**. Both of the words are found in alphabetical order under the masculine form, **danseur**.

Find the following words and phrases in your bilingual dictionary. Identify the headword that each is found under. Then, try to find all of the headwords in the word-search puzzle on the next page.

1. in the middle of
2. be in shock
3. break-in
4. dog
5. bring up
6. string someone along
7. be in jeopardy
8. let someone get away with something
9. that's a relief
10. take advantage of
11. domestiquer
12. tir à l'arc
13. étudiante
14. épargne
15. pharmaceutique

z	ç	r	ü	o	v	ô	l	x	q	ü	è	r	p	o	u	j	k
u	g	ë	d	u	a	v	c	ç	x	f	ï	û	e	t	è	c	i
ì	a	e	z	ò	v	c	d	e	z	ú	i	e	j	l	j	k	u
m	e	q	t	b	a	h	g	l	w	a	u	ç	e	p	i	r	y
e	é	w	c	i	o	a	p	f	m	q	r	g	o	h	r	e	s
k	n	k	b	g	t	y	z	o	i	ú	n	i	p	a	s	h	f
c	f	w	i	n	g	b	s	t	z	i	d	r	a	r	i	g	e
ô	s	é	a	d	n	r	s	é	r	è	a	ä	r	m	y	é	t
u	e	v	o	l	u	e	r	t	a	è	l	d	d	a	o	t	r
s	d	e	n	u	m	a	s	é	m	s	e	z	y	c	è	u	y
a	h	d	s	o	i	k	b	r	i	n	g	w	o	e	l	d	s
ï	e	o	d	q	m	i	d	d	l	e	j	d	l	u	r	i	q
b	d	g	c	o	r	g	l	e	y	t	n	i	o	t	u	a	l
e	z	g	n	k	z	w	a	c	s	i	n	s	e	i	e	n	f
l	w	y	u	f	v	é	ö	o	i	r	a	i	l	q	r	t	g
c	é	f	g	i	r	a	m	l	o	r	c	e	d	u	i	é	a
a	n	r	y	t	e	i	u	é	p	a	r	g	n	e	n	r	w
u	z	a	c	a	s	n	e	l	e	ç	s	e	s	g	r	d	ë

Alphabetization

The entries in a bilingual dictionary are listed in alphabetical order. If words begin with the same letter or letters, they are alphabetized from A to Z using the first unique letter in each word.

Practice alphabetizing the following words. Rewrite the words in alphabetical order, using the space provided below. Next to each word also write the number that is associated with it. Then follow that order to connect the dots on the next page. Not all of the dots will be used, only those whose numbers appear in the word list.

serveur	**1**	rendez-vous	**93**
traduction	**3**	paraître	**95**
universitaire	**5**	angine	**98**
droit	**6**	vedette	**98**
annuaire	**15**	question	**99**
élève	**25**	marché	**43**
nouveau	**28**	feu	**47**
déchets	**34**	parfum	**49**
regard	**38**	boîte	**56**
numéro	**77**	dire	**65**
varappe	**78**	mal	**67**
boisson	**87**	homme	**72**
direct	**88**	jeu	**73**
circulation	**91**	élévation	**74**

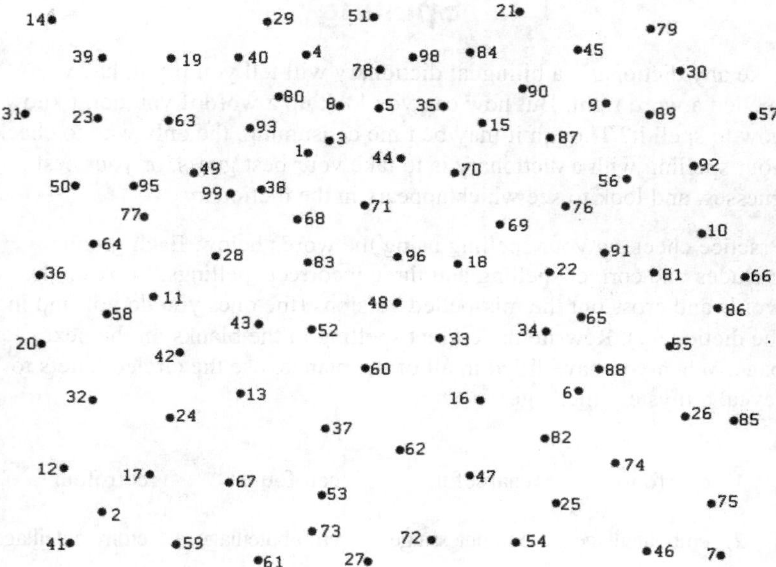

Quel pays voyez-vous ?

_______ _______ _______ _______ _______ _______

Spelling

Like any dictionary, a bilingual dictionary will tell you if you have spelled a word right. But how can you look up a word if you don't know how to spell it? Though it may be time consuming, the only way to check your spelling with a dictionary is to take your best guess, or your best guesses, and look to see which appears in the dictionary.

Practice checking your spelling using the words below. Each group includes one correct spelling and three incorrect spellings. Look up the words and cross out the misspelled versions (the ones you do not find in the dictionary). Rewrite the correct spelling in the blanks on the next page. When you have filled in all of the blanks, use the circled letters to reveal a mystery message.

1. caerfoure	caaréefur	carefoure	carrefour
2. embouteillage	embbutessaige	emmbuteillage	emmvouteillage
3. houîte	huître	witèer	huéttr
4. faame	faeme	femme	faime
5. ofrire	ufreer	ouvrir	uvrire
6. conduire	codweere	contuire	contuair
7. gratuit	grratwi	cretuit	créetw
8. sansiple	sensible	sensiple	senssibl
9. feele	feile	fille	fieye
10. enjeu	enjue	enjou	enjoo

1. ___ ___ ___ ___ ___ (___) ___ ___ ___

2. ___ ___ ___ (___) ___ ___ ___ ___ ___ ___ ___ ___ ___

3. ___ ___ ___ ___ (___) ___

4. ___ ___ (___) ___ ___

5. ___ ___ ___ ___ (___) ___

6. ___ ___ ___ (___) ___ ___ ___ ___

7. ___ ___ (___) ___ ___ ___ ___

8. ___ ___ ___ ___ ___ (___) ___ ___

9. ___ ___ (___) ___ ___

10. ___ ___ ___ (___) ___

___ ___ ___ ___ ___ ___ ___ ___ ___ ___ !

1 2 3 4 5 6 7 8 9 10

Entries in Context

In addition to the literal translation of each headword in the dictionary, entries sometimes include phrases using that word.

Solve the crossword puzzle below using the correct word in context.

Hint: Each clue contains key words that will help you find the answer. Look up the key words in each clue. You'll find the answers in expressions within each entry.

ACROSS

5. The sign indicating two-way traffic read "____________________ **à double sens.**"

7. A dictionary is organized in alphabetical order (**par** ____________________ **alphabetique**).

12. The woman chased after the purse-snatcher, yelling "Help! **au** ____________________ **!**"

13. The children received an allowance (**argent de** ____________) for the chores they had completed.

15. I wondered what time it was; I asked a friend, "**quelle** ____________________ **est-il ?**"

16. Last but not least! "____________________ **et surtout.**"

DOWN

1. Tonight she will pick out her clothes and pack her bag (**faire sa** ____________). Tomorrow she is leaving on vacation.

2. You need to stay in bed. The doctor instructed you, "**Gardez le** ____________________ **.**"

3. Merci ? Oh, don't mention it. **Il n'y a pas de** _______________ **!** It was nothing!

4. I can't wait for you to come home. I miss you. **Tu me** ____________________ **.**

DOWN (continued)

6. **De nos** ______________ (nowadays), many women have careers. This may not have been the case for previous generations.

8. What a shame! **Quel** ______________ .

9. When the French fall in love, they **tombent** ______________ .

10. I'd prefer to eat in the open-air patio, **en** ______________ **air.**

11. I wondered how much it cost, so I asked "______________ **est-ce que ça coûte ?"**

14. She had lost her lighter, so she asked the man next to her for a light, **"Vous avez du** ______________ **?"**

Word Families

Some English words have several related meanings that are represented by different words in French. These related meanings belong to the same word family and are grouped together under a single English headword. Other words, while they look the same, do not belong to the same word family. These words are written under a separate headword.

Think back to our first example, *ring*. The translations **anneau, cercle**, and **ring** all refer to related meanings of *ring* in English. They are all circular things, though in different contexts. **Sonner** and **donner un coup de fil**, however, refer to a totally different meaning of *ring* in English: the sound a bell or phone makes.

The word family for circles, with all of its nuanced French translations, is grouped together under *ring*[1]. The word family for sounds is grouped together under *ring*[2].

Study the lists of words below. Each group includes three French translations belonging to one word family, and one French translation of an identical-looking but unrelated English word. Eliminate the translation that is not in the same word family as the others. Then rewrite the misfit word in the corresponding blanks. When you have filled in all of the blanks, use the circled letters to reveal a bonus message.

Hint: Look up the French words to find out what they mean. Then look up those translations in the English-French side of your dictionary to find the word family that contains the French words.

1. pause	poser	repos	reste
2. bloquer	confiture	embouteillage	pétrin
3. coup	éclater	rater	souffler
4. amende	bien	excellent	subtil
5. anneau	cercle	piste	sonner

1. 

2. 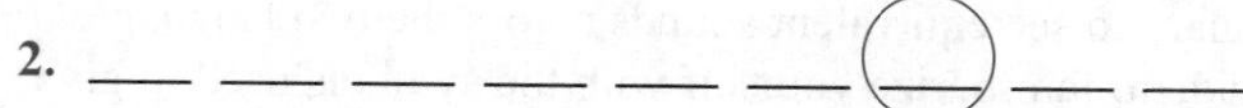

3. ___ ___ ___ ___

4. ___ ___ ___ ___ ___ ___

5. ___ ___ ___ ___ ___ ___

_______ _______ _______ _______ _______ !

1 2 3 4 5

Pronunciation

Though French has more vowel sounds than English, pronunciation of letters in the two languages is similar. Refer to the pronunciation guide in this dictionary to see equivalent sounds across the two languages. Study the guide to familiarize yourself with the symbols used to give pronunciations in this dictionary.

Practice recognizing pronunciations as they are written in the dictionary. Look at the pronunciations below, then write the corresponding word in the puzzle. All of the across clues are English words. All of the down clues are French words.

ACROSS (English)

1. frend

3. ˋverI

4. ˋœpl

5. keIk

8. haʊs

10. ət *or* æt

11. triː

13. sloʊ

15. ˋIntʊ

16. ˋwrːter

DOWN (French)

1. furʃɛt

2. dinamik

3. vwala

6. ʃa

7. lœr

9. gro

10. anivɛrsɛr

12. ɛspri

14. pwasõ

17. ami

Running Heads

Running heads are the words printed in blue at the top of each page. The running head on the left tells you the first headword on the left-hand page. The running head on the right tells you the last headword on the right-hand page. All the words that fall in alphabetical order between the two running heads appear on those two dictionary pages.

Look up the running head on the page where each headword appears, and write it in the space provided. Then unscramble the jumbled running heads and match them with what you wrote.

Headword	***Running head***	***Jumbled running head***
1. ballon	BAIN-MARIE	TIFÉDNOC
2. chômage	________________	SERÎMAIRT
3. décontracté	________________	CEALP
4. école	________________	NAGG
5. gâteau	________________	PSYEIGOLCOH
6. injuste	________________	NIAB-RIEAM
7. maillot	________________	CEOGNÉ
8. Noël	________________	FNERNFOHCI
9. pizza	________________	PNEHOXAOS
10. punir	________________	ELTUMTU
11. savoir	________________	TNASSITAIFINSA
12. trompeur	________________	ECLÉO

Parts of Speech

In French and English, words are categorized into different ***parts of speech***. These labels tell us what function a word performs in a sentence. In this dictionary, the part of speech is given before a word's definition.

Nouns are things. ***Verbs*** describe actions. ***Adjectives*** describe nouns in sentences. For example, the adjective *pretty* tells you about the noun *girl* in the phrase *a pretty girl*. ***Adverbs*** also describe, but they modify verbs, adjectives, and other adverbs. The adverb *quickly* tells you more about how the action is carried out in the phrase *ran quickly*.

Prepositions specify relationships in time and space. They are words such as *in*, *on*, *before*, or *with*. ***Articles*** are words that accompany nouns. Words like *the* and *a* or *an* modify the noun, marking it as specific or general, and known or unknown.

Conjunctions are words like *and*, *but*, and *if* that join phrases and sentences together. Pronouns take the place of nouns in a sentence.

The following activity uses words from the dictionary in a Sudoku-style puzzle. In Sudoku puzzles, the numbers 1 to 9 are used to fill in grids. All digits 1 to 9 must appear, but cannot be repeated, in each square, row, and column.

In the following puzzles, you are given a set of words for each part of the grid. Look up each word to find out its part of speech. Then arrange the words within the square so that, in the whole puzzle, you do not repeat any part of speech within a column or row.

Hint: If one of the words given in the puzzle is a noun, then you know that no other nouns can be put in that row or column of the grid. Use the process of elimination to figure out where the other parts of speech can go.

Let's try a small puzzle first. Use the categories noun *n*, verb *v*, adjective *adj*, and adverb *adv* to solve this puzzle. Each section corresponds to one section of the puzzle.

Section 1

bronzer, chien, **correct**, délibérément

Section 2

dollar, drôlement, faire, formidable

Section 3

franchement, humide, icône, jouer

Section 4

loterie, naïf, **nuire**, physiquement

	correct		
			dollar
		nuire	
franchement			

Now try a larger puzzle. For this puzzle, use the categories noun *n*, verb *v*, adjective *adj*, preposition *prep*, article *art*, and pronoun *pro*.

Section 1

ascenseur, attractif, **brûler**, eux, la, sur

Section 2

autre, avant, **classer**, **dessin**, le, vous

Section 3

avec, chômage, **contracter**, frêle, **nous**, une

Section 4

effacer, **exclusive**, il, les, **lumière**, sans

Section 5

après, discret, étape, hausser, **je**, l'

Section 6

famille, **lui**, **sous**, trapu, marcher, un

		brûler	**dessin**		
ascenseur					**classer**
	contracter			**lumière**	
	nous			**exclusive**	
après					**lui**
		je	**sous**		

Gender

French nouns belong to one of two groups: feminine or masculine. A noun's gender is indicated in an entry after the headword or pronunciation with **m** for masculine, **f** for feminine, and **m/f** if the same form of the word can be used for a man or a woman.

In some cases, the masculine and feminine forms of one word mean two different things. For example, the masculine **un livre** means *a book*, but the feminine **une livre** means *a pound*. **Un dépanneur** is *a mechanic*, but **une dépanneuse** is *a tow-truck*. The gender associated with each meaning follows the headword in the dictionary entry.

Look up the words in the grids below. Circle the feminine words. Put an **X** through the masculine words.

pied	**dent**	**main**
ordinateur	**clavier**	**disquette**
pomme	**jambon**	**lait**

personne	**instant**	**patrie**
huile	**carte**	**état**
grève	**geste**	**chien**

objet	**escalier**	**station**
croix	**orange**	**table**
film	**blague**	**canot**

Think of these as tic-tac-toe grids. Does masculine or feminine win more matches?

Adjectives

In French, adjectives change form to agree in gender and number with the noun they modify. In most cases, an **–e** is added to the adjective for the feminine form, and an **–s** is added for the plural form. If the base form of an adjective already ends in **–e**, then no change is made for the feminine form. If an **–e** is required for the feminine form, it is shown after the headword.

Use the dictionary to determine whether the nouns in the following phrases are masculine or feminine. Look up the French translations of the English adjectives. Then write in the correct form of the adjective to complete the phrase. Check your answers against the word search. The correct forms are found in the puzzle.

1. a knowing smile = **un sourire** ________________
2. a blonde woman = **une femme** ________________
3. an important message = **un message** ________________
4. secondary school = **l'école** ________________
5. the green car = **la voiture** ________________
6. an unforgettable picnic = **un pique-nique** ______________
7. a pretty girl = **une** ________________ **fille**
8. an interesting book = **un livre** ________________
9. a native speaker = **un locuteur** ________________
10. a French guide = **un guide** ________________
11. a heavy backback = **un sac à dos** ________________

t	r	v	g	m	k	u	o	b	w	o	â	o	â	e	j	è	ò
f	e	â	i	f	ì	n	l	ù	b	ï	q	ù	t	ü	á	n	i
k	f	ä	i	ç	o	b	v	m	h	t	ä	ï	y	ù	q	a	r
p	r	c	j	ù	g	m	s	i	n	n	a	t	i	f	ù	e	ü
g	a	b	o	u	m	c	é	a	o	e	ù	w	ê	k	s	q	ü
q	n	i	l	r	d	e	s	y	o	z	i	g	î	f	k	e	é
ê	ç	s	i	d	o	s	ê	á	c	z	e	b	e	m	f	ô	b
n	a	á	e	ä	e	s	y	ê	u	e	ù	n	i	ô	n	d	e
n	i	ò	n	r	u	è	î	a	ù	ù	k	j	t	ü	x	î	ò
ü	s	e	é	p	ï	j	e	â	ç	r	v	m	ç	e	ô	u	ï
ì	é	t	ô	á	é	l	o	u	r	d	ç	j	ê	é	n	á	d
p	n	ç	î	k	s	e	c	o	n	d	a	i	r	e	û	d	v
i	ü	o	ä	b	l	o	n	d	e	è	â	o	g	h	g	è	u
r	ö	v	á	p	k	e	x	p	h	â	r	w	g	a	h	g	ä
ë	w	ô	ì	d	t	ü	e	i	m	p	o	r	t	a	n	t	q
è	s	ü	z	r	e	v	c	g	u	ô	á	û	o	ï	è	v	u
v	ô	n	e	i	ë	n	ï	z	ö	ê	i	v	ü	h	o	k	î
x	z	v	l	t	i	n	o	u	b	l	i	a	b	l	e	k	û

Verbs

Verbs are listed in the dictionary in their infinitive form. To use the verb in a sentence, you must conjugate it and use the form that agrees with the sentence's subject.

Most verbs fall into categories with other verbs that are conjugated in the same way. In the verb appendix of this dictionary, you will find an example of each category, along with conjugations of common irregular verbs.

For this puzzle, conjugate the given verbs in the present tense. Use the context and the subject pronoun to determine the person and number of the form you need. The correct answer fits in the crossword spaces provided.

Hint: The verb class code given in the verb's dictionary entry tells you which model conjugation to follow.

ACROSS

2. Elle ________________ en larmes à chaque fois qu'elle le voit. **fondre**

4. Nous ________________ souvent au cinéma. **aller**

6. Vous ________________ le déjeuner maintenant ? **prendre**

9. Il ________________ sa valise avant de partir en vacances. **faire**

11. L'ordinateur ne ________________ plus. **marcher**

13. Je ________________ élève à l'école secondaire. **être**

14. L'équipe française ________________ le match. **gagner**

15. Vous ________________ un mot dans le dictionnaire ? **chercher**

16. Je ________________ du thé au petit déjeuner. **boire**

17. Ce marchand ? Il ________________ des fruits et des légumes. **vendre**

18. Tu ________________ à la fête ce soir ? **aller**

DOWN

1. Les étudiants, ils _______________ une bonne question. **poser**

2. Nous ne _______________ pas les devoirs à l'heure. **finir**

3. Il _______________ bien. **danser**

5. Il _______________ le vin rouge. **préférer**

7. J' _______________ un chat et un chien chez moi. **avoir**

8. Nous _______________ beaucoup en été. **voyager**

9. Elle n'a pas de feu. Elle ne _______________ pas. **fumer**

10. Ils _______________ le guide avant de visiter le musée. **lire**

12. Nous _______________ de vacances. **rêver**

1 2 3 4 5 6 7 8 9 10 11 12 13 14 15 16 17 18

When you are reading French, you face a different challenge. You see a conjugated verb in context and need to determine what its infinitive is in order to understand its meaning.

For the next puzzle, you will see conjugated verbs in the sentences. Figure out which verb the conjugated form represents, and write the infinitive (the headword form) in the puzzle.

ACROSS

1. Nous **avons allumé** l'ordinateur.
4. Tu es au régime ? Tu **maigris** beaucoup.
7. Tu n'**obéis** pas à tes parents.
9. Jean **alla** à toute allure.
12. Je veux que vous **fassiez** vos devoirs !
13. Je ne comprends pas ce que vous **dites**.
14. Vous **parliez** souvent avec vos amis.
15. Le téléphone **a sonné**.
16. Ils **vécurent** toujours heureux.
17. Les enfants **aiment** les jeux vidéos.
18. Jacques **a commandé** un sandwich et des frites.

DOWN

2. Ils **mangeront** le dîner chez eux.
3. Le mannequin **était** grand et beau.
5. Le chat **dort** au soleil.
6. On **a gagné** !
8. Marie et Yvette **arriveront** à six heures.

DOWN (continued)

10. L'enfant **cachait** le chocolat sous le lit.

11. Le roi **est mort**.

12. Il **faut** le faire.

14. Il **partagerait** son repas avec ses amis.

1 2 3 4 5 6 7 8 9 10 11 12 13 14 15 16 17 18

Riddles

Solve the following riddles in English. Then write the French translation of the answer on the lines.

1. This cold season is followed by spring.

____ ____ ____ ____ ____

5 21 12 3 4

2. You don't want to forget this type of clothing when you go to the beach.

____ ____ ____ ____ ____ ____ ____

28 16 21 8 8 22 18

3. This thing protects you from the rain, but it's bad luck to open it indoors!

____ ____ ____ ____ ____ ____ ____ ____ ____

23 16 4 16 23 8 20 21 3

4. This number comes before the number one. You need this digit to write out the numbers ten, twenty, and one million.

____ ____ ____ ____

9 27 4 22

5. Yogi Berra used this French expression in a famous quotation.

____ ____ ____ ____   ____ ____

24 27 6 29   12 20

6. If you are injured or very ill, you should go to this place.

____ ____ ____ ____ ____ ____ ____

5 30 23 21 18 16 8

7. This mode of transportation has only two wheels. It is also good exercise!

____ ____ ____ ____ ____ ____ ____ ____ ____ ____

13 21 11 21 11 8 3 18 18 3

8. This large mammal lives in the ocean.

___ ___ ___ ___ ___ ___ ___
13 16 8 3 21 14 3

9. This person is your mother's mother.

___ ___ ___ ___ ___ ___ ___ ___ ___
25 4 16 14 24 28 15 4 3

10. There are twelve of these in a year.

___ ___ ___ ___
28 22 21 26

11. Wearing this in the car is a safety precaution.

___ ___ ___ ___ ___ ___ ___ ___
11 3 21 14 18 20 4 3

12. Snow White bit into this red fruit and fell into a long slumber.

___ ___ ___ ___ ___
23 22 28 28 3

13. This professional brings letters and packages to your door.

___ ___ ___ ___ ___ ___ ___
17 16 11 18 3 20 4

14. This midday meal falls between breakfast and dinner.

___ ___ ___ ___ ___ ___ ___ ___
24 27 6 3 20 14 3 4

15. A very young dog is referred to as this.

___ ___ ___ ___ ___
11 5 21 22 18

Cryptogram

Write the letter that corresponds to each number in the spaces. When you are done, translate the French message into English. What does it say?

8	21	13	3	4	18	27		27	25	16	8	21	18	27
	3	18		17	4	16	18	3	4	14	21	18	27	:
12	22	21	8	29		8	3	26		28	22	18	26	
		24	3		8	16		24	3	12	21	26	3	
14	16	18	21	22	14	16	8	3		24	3		8	16
	17	4	16	14	11	3								

________________, ________________ et ________________:

________________ ________ ________________

________ ________ ________________ ________________

________ ________ ________________

Answer Key

Using Your Dictionary

a–c. Answers will vary

1. sonner, b
2. anneau, c
3. piste, e
4. passer un coup de fil, f
5. ring, d
6. cercle, a

Identifying Headwords

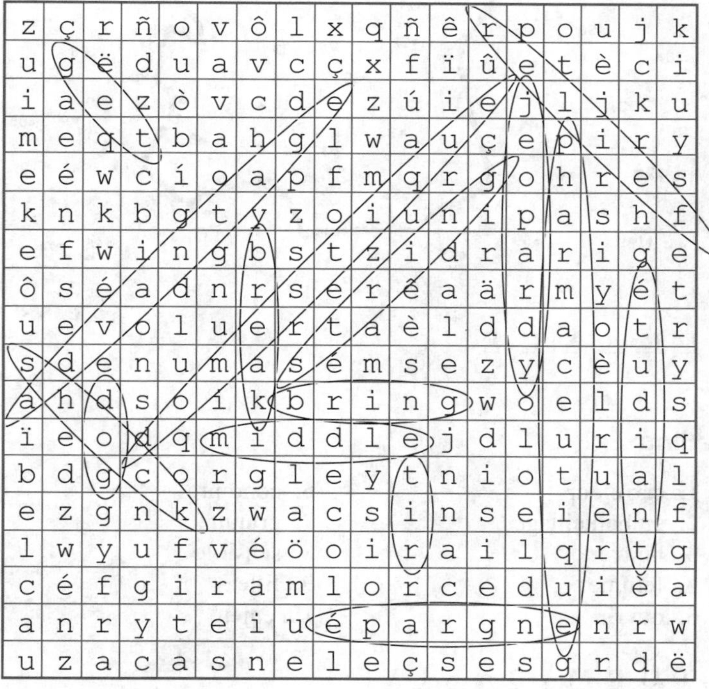

z	ç	r	ñ	o	v	ô	l	x	q	ñ	ê	r	p	o	u	j	k
u	g	ë	d	u	a	v	c	ç	x	f	ï	û	e	t	è	c	i
i	a	e	z	ò	v	c	d	e	z	ú	i	e	j	l	j	k	u
m	e	q	t	b	a	h	g	l	w	a	u	ç	e	p	i	r	y
e	é	w	c	í	o	a	p	f	m	q	r	g	o	h	r	e	s
k	n	k	b	g	t	y	z	o	i	u	n	i	p	a	s	h	f
e	f	w	i	n	g	b	s	t	z	i	d	r	a	r	i	g	e
ô	s	é	a	d	n	r	s	e	r	ẽ	a	ä	r	m	y	é	t
u	e	v	o	l	u	e	r	t	a	è	l	d	d	a	o	t	r
s	d	e	n	u	m	a	s	é	m	s	e	z	y	c	è	u	y
a	h	d	s	o	i	k	b	r	i	n	g	w	o	e	l	d	s
ï	e	o	d	q	m	i	d	d	l	e	j	d	l	u	r	i	q
b	d	g	c	o	r	g	l	e	y	t	n	i	o	t	u	a	l
e	z	g	n	k	z	w	a	c	s	i	n	s	e	i	e	n	f
l	w	y	u	f	v	é	ö	o	i	r	a	i	l	q	r	t	g
c	é	f	g	i	r	a	m	l	o	r	c	e	d	u	i	è	a
a	n	r	y	t	e	i	u	é	p	a	r	g	n	e	n	r	w
u	z	a	c	a	s	n	e	l	e	ç	s	e	s	g	r	d	ë

Alphabetization

angine, annuaire, boisson, boîte, circulation, déchets, dire, direct, droit, élévation, élève, feu, homme, jeu, mal, marché, nouveau, numéro, paraître, parfum, question, regard, rendez-vous, serveur, traduction, universitaire, varappe, vedette

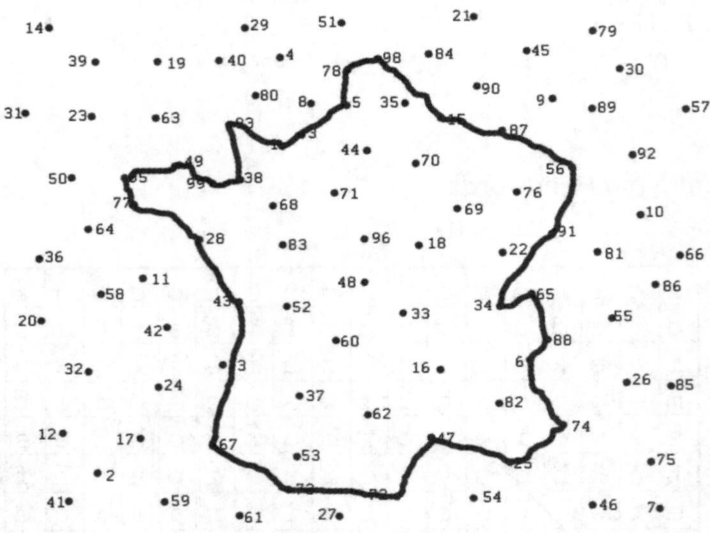

F R A N C E

Spelling

1. carrefour
2. embouteillage
3. huître
4. femme
5. ouvrir
6. conduire
7. gratuit
8. sensible
9. fille
10. enjeu

F O R M I D A B L E !

Entries in Context

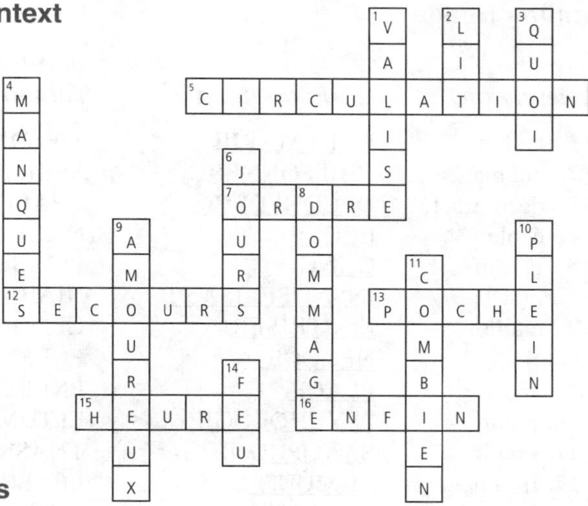

Word Families

1. reste
2. confiture
3. coup
4. amende
5. sonner

S U P E R !

Pronunciation

Running Heads

	Headword	Running head	Jumbled running head
1.	ballon	BAIN-MARIE	TIFÉDNOC
2.	chômage	CHIFFONNER	SERÎMAIRT
3.	décontracté	DÉCONFIT	CEALP
4.	école	ÉCOLE	NAGG
5.	gâteau	GANG	PSYEIGOLCOH
6.	injuste	INSATISFAISANT	NIAB-RIEAM
7.	maillot	MAÎTRISER	CEOGNÉ
8.	Noël	NÉGOCE	FNERNFOHCI
9.	pizza	PLACE	PNEHOXAOS
10.	punir	PSYCHOLOGIE	ELTUMTU
11.	savoir	SAXOPHONE	TNASSITAIFINSA
12.	trompeur	TUMULTE	ECLÉO

Parts of Speech

chien	**correct**	drôlement	faire
bronzer	délibérément	formidable	**dollar**
humide	icône	**nuire**	physiquement
franchement	jouer	loterie	naïf

Parts of Speech (continued)

eux	la	**brûler**	**dessin**	avant	autre
ascenseur	sur	attractif	le	vous	**classer**
frêle	**contracter**	avec	il	**lumière**	les
une	**nous**	chômage	effacer	**exclusive**	sans
après	étape	l'	trapu	marcher	**lui**
hausser	discret	**je**	**sous**	un	famille

Gender

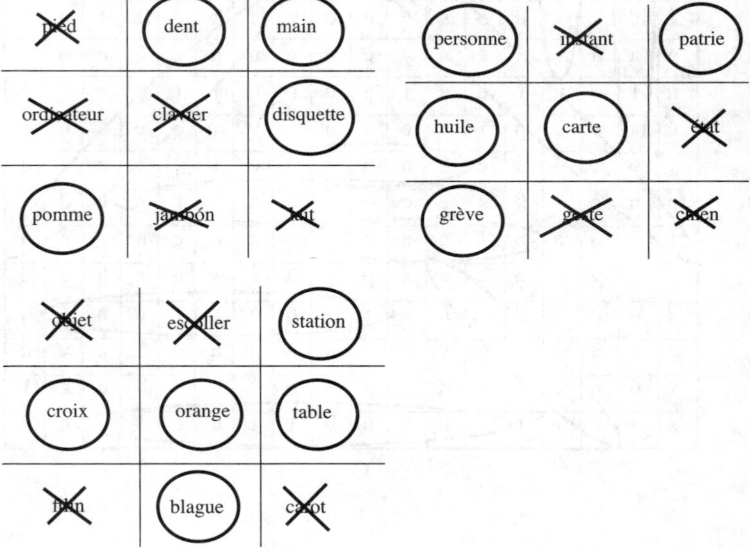

Feminine wins the most matches.

Adjectives

1. un sourire **entendu**
2. une femme **blonde**
3. un message **important**
4. l'école **secondaire**
5. la voiture **verte**
6. un pique-nique **inoubliable**
7. une **jolie** fille
8. un livre **intéressant**
9. un locuteur **natif**
10. un guide **français**
11. un sac à dos **lourd**

t	r	v	g	m	k	u	o	b	w	o	â	o	â	e	j	è	ò
f	e	â	i	f	ì	n	l	ù	b	ï	q	ù	t	ü	á	n	i
k	f	ä	i	ç	o	b	v	m	h	t	ä	ï	y	ù	q	a	r
p	r	c	j	ù	g	m	s	i	n	n	a	t	i	f	ù	e	ü
g	a	b	o	u	m	c	é	a	o	e	ù	w	ê	k	s	q	ü
q	n	i	l	r	d	e	s	y	o	z	i	g	î	f	k	e	é
ê	ç	s	i	d	o	s	ê	á	c	z	e	b	e	m	f	ô	b
n	a	á	e	ä	e	s	y	ê	u	e	ù	n	i	ô	n	d	e
n	i	ò	n	r	u	è	î	a	ù	ù	k	j	t	ü	x	î	ò
ü	s	e	é	p	ï	j	e	â	ç	r	v	m	ç	e	ô	u	ï
ì	é	t	ö	á	é	l	o	u	r	d	ç	j	ê	é	n	á	d
p	n	ç	î	k	s	e	c	o	n	d	a	i	r	e	ù	d	v
i	ü	o	ä	b	l	o	n	d	e	è	â	o	g	h	g	è	u
r	ö	v	á	p	k	e	x	p	h	â	r	w	g	a	h	g	ä
ë	w	ô	ì	d	t	ü	e	i	m	p	o	r	t	a	n	t	q
è	s	ü	z	r	e	v	c	g	u	ô	á	û	o	ï	è	v	u
v	ô	n	e	l	ë	n	ï	z	ö	ê	i	v	ü	h	o	k	î
x	z	v	l	t	i	n	o	u	b	l	i	a	b	l	e	k	û

Verbs

FOND
FINISSONS
DANSE
ALLONS
POSENT
PRÉFÈRE
PRENEZ
AIT
VOYAGEONS
FAIT
FUMARCHE
LISENT
MARCHE
RÊVIONS
SUIS
GAGNE
CHERCHEZ
BOIS
VEND
VAS
ALLUMER
MANGER
ÊTRE
MAIGRIR
DORMIR
OBÉIR
GAGNER
ARRIVER
ALLER
CACHER
MOURIR
FAIRE
FALLOIR
DIRE
PARLER
PARTAGER
SONNER
VIVRE
AIMER
COMMANDER

Riddles

1. hiver
2. maillot
3. parapluie
4. zéro
5. déjà vu
6. hôpital
7. bicyclette
8. baleine
9. grand-mère
10. mois
11. ceinture
12. pomme
13. facteur
14. déjeuner
15. chiot

Cryptogram

8 l	21 i	13 b	3 e	4 r	18 t	27 é		27 é	25 g	16 a	8 l	21 i	18 t	27 é
	3 e	18 t		17 f	4 r	16 a	18 t	3 e	4 r	14 n	21 i	18 t	27 é	:
12 v	22 o	21 i	8 l	29 á		8 l	3 e	26 s		28 m	22 o	18 t	26 s	
		24 d	3 e		8 l	16 a		24 d	3 e	12 v	21 i	26 s	3 e	
14 n	16 a	18 t	21 i	22 o	14 n	16 a	8 l	3 e		24 d	3 e		8 l	16 a
	17 f	4 r	16 a	14 n	11 c	3 e								

Liberty, equality, and brotherhood:
here are the words of the French national motto.

BASIC FRENCH PHRASES & GRAMMAR

Pronunciation

In this section we have used a simplified phonetic system to represent the sounds of French. Simply read the pronunciation as if it were English.

Nasal Sounds

French contains nasal vowels, which are transcribed with a vowel symbol plus N. This N should not be pronounced strongly but is included to show the nasal quality of the previous vowel. A nasal vowel is pronounced simultaneously through the mouth and the nose.

Liaison

Final consonants of words are not pronounced in French. However, when a word ending in a consonant is followed by one beginning with a vowel, they are often run together, and the consonant is pronounced as if it began the following word.

BASIC PHRASES

Essential

Good afternoon!	**Bonjour !**	bohN-zhoor
Good evening!	**Bonsoir !**	bohN-swahr
Goodbye!	**Au revoir.**	oh-ruh-vwah
…, please!	**…, s'il vous plaît.**	seel voo play
Thank you.	**Merci.**	mehr-see
Yes.	**Oui.**	wee
No.	**Non.**	nohN
Sorry!	**Excusez-moi.**	ex-kew-zeh-mwah
Where are the restrooms?	**Où sont les toilettes ?**	oo sohN lay twah-let
When?	**Quand ?**	kahN
What?	**Quoi ?**	kwah
Where?	**Où ?**	oo
Here.	**Ici.**	ee-see
There.	**Là-bas.**	lah bah

On the right.	**À droite.**	ah drwaht
On the left.	**À gauche.**	ah gohsh
Do you have…?	**Avez-vous…?**	ah-veh-voo
I'd like…	**J'aimerais bien…**	zhem-eh-reh bee-aN
How much is that?	**Ça coûte combien ?**	sah koot kohN-bee-aN
Where is …?	**Où est…?**	oo eh
Where can I get…?	**Où est-ce-qu'il y a…?**	oo es-keel yah

Communication Difficulties

Do you speak English?	**Parlez-vous anglais ?**	pah-lay voo ahN-glay
Does anyone here speak English?	**Est-ce que quelqu'un parle anglais ici ?**	es-kuh kel-kaN ee-see pahrl ahN-glay
Did you understand that?	**Vous avez compris ?**	vooz-ah-veh kohN-pree
I understand.	**J'ai compris.**	zheh kohN-pree
I didn't understand that.	**Je n'ai pas compris.**	zhuh nay pah kohN-pree
Could you speak a bit more slowly, please?	**Vous pourriez parler un peu plus lentement, s'il vous plaît ?**	voo poor-ee-eh pah-lay aN puh plew lahN-tuh-mahN see voo-play
Could you repeat that?	**Vous pourriez répéter ?**	voo poor-ee-eh ray-pay-teh
What does … mean?	**Que veut dire …?**	kuh vuh deer
Could you write it down for me?	**Vous pourriez me l'écrire ?**	voo poor-ee-eh muh lay-creer

Greetings

Good morning / afternoon!	**Bonjour !**	bohN-zhoor
Good evening!	**Bonsoir !**	bohN-swah
Goodnight!	**Bonne nuit !**	bun nwee
Hello!	**Salut !**	sah-lew
How are you?	**Comment allez-vous / vas-tu ?**	koh-mahN-tah-lay-voo / vah-tew
How are things?	**Comment ça va ?**	koh-mahN sah-vah

Fine, thanks. And you?	**Très bien, merci. Et vous ?**	tray bee-aN mehr-see eh voo
I'm afraid I have to go now.	**Je suis désolé, mais je dois partir maintenant.**	zhuh swee day-zo-lay may zhuh dwah pah-teer maN-tuh-nahN
Goodbye!	**Au revoir !**	oh-ruh-vwah
See you soon / tomorrow!	**A bientôt / demain !**	ah bee-aN-toh / duh-maN
Bye!	**Salut !**	sah-lew
It was nice meeting you.	**Je suis heureux** (m) / **heureuse** (f) **d'avoir fait votre connaissance.**	zhuh swee uhr-uh / uhr-uhz dah-vwah feh vo-truh kohN-nay-sahNs
Thank you for a lovely evening / day.	**Merci pour cette charmante soirée / journée.**	mehr-see poor set shahr-mahNt swah-ray / zhoor-nay
Have a good trip!	**Bon voyage !**	bohN vwah-yazh

Meeting People

What's your name?	**Comment vous appelez -vous / tu t'appelles ?**	koh-mahN voo-zah-play voo / tew-tah-pel
My name is …	**Je m'appelle …**	zhuh mah-pel
May I introduce …	**Permettez-moi de vous présenter…**	pehr-met-teh-mwah duh voo pray-sahN-teh
— my husband.	**— mon mari.**	mohN mah-ree
— my wife.	**— ma femme.**	mah fahm
— my (boy)friend.	**— mon ami.**	mohN-nah-mee
— my (girl)friend.	**— mon amie.**	mohN-nah-mee
Where are you from?	**D'où venez-vous / viens-tu ?**	doo vuh-nay-voo / vee-aN tew
I'm from …	**Je viens …**	zhuh vee-aN
— the US.	**— des États-Unis.**	day-zeh-tah-sew-nee
— Canada.	**— du Canada.**	dew kah-nah-dah
— the UK	**— du Royaume-Uni.**	dew rwah-yohm-ew-nee
How old are you?	**Quel âge avez-vous / as-tu ?**	kel ahzh ah-veh-voo / ah tew
I'm …	**J'ai … ans.**	zhay … ahN

Expressing Likes and Dislikes

Very good!	**Très bien !**	treh bee-aN
I'm very happy.	**Je suis très content** (m) **/ contente** (f).	zhuh swee treh kohN-taN / kohN-taNt
I like that.	**Ça me plaît.**	sah-muh-play
What a shame!	**Dommage !**	doh-mazh
I'd rather …	**J'aimerais mieux …**	zhem-eh-reh myuh
I don't like it.	**Ça ne me plaît pas.**	sahn nuh muh play pah
I'd rather not.	**Je ne préfèrerais pas.**	zhuh nuh pray-fehr-eh pah
Certainly not.	**En aucun cas.**	ahN oh-kaN kah

Expressing Requests and Thanks

Thank you very much.	**Merci beaucoup.**	mehr-see bo-koo
May I?	**Vous permettez ?**	voo pehr-met-teh
Please, …	**S'il vous plaît, …**	seel-voo-play
No, thank you.	**Non, merci.**	nohN mehr-see
Could you help me, please?	**Est-ce que vous pourriez m'aider, s'il vous plaît ?**	es-kuh voo poor-ee-eh meh-day see-voo-play
Thank you. That's very nice of you.	**Merci beaucoup. C'est très aimable de votre part.**	mehr-see bo-koo seh treh-zem-ah-bluh duh vo-truh pah
You're welcome.	**Il n'y a pas de quoi.**	eel nee-ah pahd-kwah

Apologies

Sorry!	**Pardon !**	pahr-dohN
Excuse me!	**Excusez-moi !**	ex-kew-say mwah
I'm sorry about that.	**Je suis désolé.**	zhuh swee day-zo-lay
Don't worry about it!	**Ça ne fait rien !**	sahn nuh feh ree-aN
How embarrassing!	**C'est très gênant pour moi !**	seh treh-zheh-nahN poor mwah
It was a misunderstanding.	**C'était un malentendu.**	say-teh aN mah-lahN-tahn-dew

GRAMMAR

Verbs and Their Tenses

There are three verb types that follow a regular pattern, their infinitives ending in **-er, -ir,** and **-re,** e.g. *to speak*, **parler,** *to finish*, **finir,** *to return*, **rendre.** Here are the most commonly used present, past, and future forms.

	Present	***Past***	***Future***
je / j' I	**parle**	**ai parlé**	**parlerai**
tu you (informal)	**parles**	**as parlé**	**parleras**
il / elle he / she	**parle**	**a parlé**	**parlera**
nous we	**parlons**	**avons parlé**	**parlerons**
vous you	**parlez**	**avez parlé**	**parlerez**
ils / elles they	**parlent**	**ont parlé**	**parleront**
je / j' I	**finis**	**ai fini**	**finirai**
tu you (informal)	**finis**	**as fini**	**finiras**
il / elle he / she	**finit**	**a fini**	**finira**
nous we	**finissons**	**avons fini**	**finirons**
vous you	**finissez**	**avez fini**	**finirez**
ils / elles they	**finissent**	**ont fini**	**finiront**
je / j' I	**rends**	**ai rendu**	**rendrai**
tu you (informal)	**rends**	**as rendu**	**rendras**
il / elle he / she	**rend**	**a rendu**	**rendra**
nous we	**rendons**	**avons rendu**	**rendrons**
vous you	**rendez**	**avez rendu**	**rendrez**
ils / elles they	**rendent**	**ont rendu**	**rendront**

Examples:

J'aime la musique.	I like music.
Parlez-vous anglais ?	Do you speak English?

There are many irregular verbs whose forms differ considerably. The most common way to express the past is by using the conjugated form of *to have*, **avoir,** and the past participle of the verb. Many verbs, especially verbs related to movement are conjugated with *to be*, **être.** In that case the participle agrees with number and gender of the subject.

avoir to have	**être** to be
j'ai I have	**je suis** I am
tu as you have	**tu es** you are
il / elle a he / she has	**il / elle est** he / she is
nous avons we have	**nous sommes** we are
vous avez you have	**vous êtes** you are
ils / elles ont they have	**ils / elles sont** they are

Examples:

Nous avons visité Paris.	We visited Paris.
Elle est arrivée en retard.	She arrived late.
Elles sont allées au cinéma.	They (f) went to the movies.

Imperatives (Command Form)

Imperative sentences are formed by using the stem of the verb with the appropriate ending.

tu you (informal)	**Parle !** Speak!
nous we	**Parlons !** Let's speak!
vous you	**Parlez !** Speak!
tu you (informal)	**Finis !** Finish!
nous we	**Finissons !** Let's finish!
vous you	**Finissez !** Finish!

Nouns and Their Determiners

In French, nouns are either **masculine** (m) or **feminine** (f). Generally, nouns ending in **-e, -té** and **-tion** are **feminine.** The definite articles, meaning *the*, are **le** (m), **la** (f), and **les** (m and f plural). Plural nouns end in **-s** or **-x** but the final **s** or **x** is not pronounced.

Examples:

Singular	**le train** the train	**la table** the table
Plural	**les trains** the trains	**les tables** the tables

The indefinite articles also indicate gender: **un** (m), **une** (f), **des** (pl. m and f).

Examples:

Singular	**un livre** a book	**une porte** a door
Plural	**des livres** books	**des portes** doors

Possessive adjectives agree in gender and number with their noun:

	Masculine	***Feminine***	***Plural***
my	**mon**	**ma**	**mes**
your	**ton**	**ta**	**tes**
his / her / its	**son**	**sa**	**ses**
our	**notre**	**notre**	**nos**
your	**votre**	**votre**	**vos**
their	**leur**	**leur**	**leurs**

Examples:

Je cherche leurs clés.	I'm looking for their keys.
Où est votre billet ?	Where is your ticket?
C'est ma place.	That's my seat.

Comparatives and Superlatives

Comparatives and superlatives are formed by adding **plus** *(more)*, **moins** *(less)*, **le / la plus** *(the most)* or **le / la moins** *(the least)* before the adjective.

Adjective	***Comparative***	***Superlative***
grand	**plus grand(e)**	**le / la / les plus grand(e)(s)**
big	bigger	the biggest

cher	**moins cher**	**le / la / les moins cher(s) / chère(s)**
cheap	cheaper	cheapest

Example:

Où est l'école la plus proche ? Where is the nearest school?

Adverbs and Adverbial Expressions

Adverbs describe verbs. They are often formed by adding **-ment** to the feminine form of the adjective.

Examples:

Jean conduit lentement. Jean drives slowly.
Robert conduit rapidement. Robert drives fast.

Some common adverbial time expressions:

tout de suite	immediately
pas encore	not yet
encore	still
avant	before
déjà	already
ne . . . jamais	never

Possessive Pronouns

Pronouns serve as substitutes for nouns and relate to number and gender.

	Singular	***Plural***
mine	**le mien / la mienne**	**les miens / les miennes**
yours (inf.)	**le tien / la tienne**	**les tiens / les tiennes**
his / her / its	**le sien / la sienne**	**les siens / les siennes**
ours	**le / la nôtre**	**les nôtres**
yours	**le / la vôtre**	**les vôtres**
theirs	**le / la leur**	**les leurs**

Example:

Nos passeports ? Le mien est dans mon sac et le tien est dans la valise.

Our passports? Mine is in my bag and yours is in the suitcase.

Demonstrative Pronouns

The following are used to differentiate *this* and *that*:

this one	**celui-ci** (sing. m)	**celle-ci** (sing. f)
that one	**celui-là** (sing. m)	**celle-là** (sing. f)
these	**ceux-ci** (pl. m)	**celles-ci** (pl. f)
those	**ceux-là** (pl. m)	**celles-là** (pl. f)

Examples:

Celui-ci coûte moins cher.	This one costs less.
Je préfère celle-là.	I prefer that one.

Word Order

The conjugated verb comes after the subject.

Example:

Tu es en vacances.	You are on vacation.

Questions are formed by simply raising your voice at the end of the sentence, by adding **Est-ce que** before the sentence, or by reversing the order of subject and verb. Subject and verb must be reversed when using key question words like *where*, **où.**

Examples:

Tu es en vacances ?	Are you on vacation?
Est-ce que tu es en vacances ?	Are you on vacation?
Es-tu en vacances ?	Are you on vacation?

Negations

Negative sentences are generally formed by adding **ne** before the verb and **pas** after it.

Examples:

Nous ne fumons pas.	We don't smoke.
Ce n'est pas neuf.	It's not new.
Tu n'as pas acheté ça ?	You didn't buy that?

Part 2

English-French Dictionary

a [ə], *stressed* [eɪ] *art* un(e); ***$5 a ride*** 5 $ le tour; ***she's a dentist / an actress*** elle est dentiste / actrice; ***have a broken arm*** avoir le bras cassé

a•back [ə'bæk] *adv*: ***taken aback*** décontenancé

a•ban•don [ə'bændən] *v/t* abandonner

a•bashed [ə'bæʃt] *adj* honteux*

a•bate [ə'beɪt] *v/i of storm* se calmer; *of flood waters* baisser

ab•at•toir ['æbətwɑːr] abattoir *m*

ab•bey ['æbɪ] abbaye *f*

ab•bre•vi•ate [ə'briːvɪeɪt] *v/t* abréger

ab•bre•vi•a•tion [əbriːvɪ'eɪʃn] abréviation *f*

ab•do•men ['æbdəmən] abdomen *m*

ab•dom•i•nal [æb'dɑːmɪnl] *adj* abdominal

ab•duct [əb'dʌkt] *v/t* enlever

ab•duc•tion [əb'dʌkʃn] enlèvement *m*

◆ **a•bide by** [ə'baɪd] *v/t* respecter

a•bil•i•ty [ə'bɪlətɪ] capacité *f*; *skill* faculté *f*

a•blaze [ə'bleɪz] *adj*: ***be ablaze*** être en feu

a•ble ['eɪbl] *adj* (*skillful*) compétent; ***be able to do sth*** pouvoir faire qch; ***I wasn't able to hear*** je ne pouvais pas entendre

a•ble-bod•ied ['eɪblbɑːdiːd] *adj* en bonne condition physique

ab•nor•mal [æb'nɔːrml] *adj* anormal

ab•nor•mal•ly [æb'nɔːrməlɪ] *adv* anormalement

a•board [ə'bɔːrd] **1** *prep* à bord **2** *adv*: ***be aboard*** être à bord; ***go aboard*** monter à bord

a•bol•ish [ə'bɑːlɪʃ] *v/t* abolir

ab•o•li•tion [æbə'lɪʃn] abolition *f*

a•bort [ə'bɔːrt] *v/t mission etc* suspendre; COMPUT: *program* suspendre l'exécution de

a•bor•tion [ə'bɔːrʃn] MED avortement *m*; ***have an abortion*** se faire avorter

a•bor•tive [ə'bɔːrtɪv] *adj* avorté

a•bout [ə'baʊt] **1** *prep* (*concerning*) à propos de; ***a book about*** un livre sur; ***talk about*** parler de; ***what's it about?*** *of book, movie* de quoi ça parle? **2** *adv* (*roughly*) à peu près; ***about noon*** aux alentours de midi; ***be about to do sth*** (*be going to*) être sur le point de faire qch; (*have intention*) avoir l'intention de faire qch; ***be about*** (*somewhere near*) être dans les parages

a•bove [ə'bʌv] **1** *prep* au-dessus de; ***above all*** surtout **2** *adv* au-dessus; ***on the floor above*** à l'étage du dessus

a•bove-men•tioned [əbʌv'menʃnd] *adj* ci-dessus, susmentionné

ab•ra•sion [ə'breɪʒn] écorchure *f*

ab•ra•sive [ə'breɪsɪv] *adj personality* abrupt

a•breast [ə'brest] *adv*: ***three abreast*** les trois l'un à côté de l'autre; ***keep abreast of*** se tenir au courant de

a•bridge [ə'brɪdʒ] *v/t* abréger

a•broad [ə'brɒːd] *adv* à l'étranger

a•brupt [ə'brʌpt] *adj* brusque

a•brupt•ly [ə'brʌptlɪ] *adv* brusquement; *say* d'un ton brusque

ab•scess ['æbsɪs] abcès *m*

ab•sence ['æbsəns] absence *f*

ab•sent ['æbsənt] *adj* absent

ab•sen•tee [æbsən'tiː] absent(e) *m*(*f*)

ab•sen•tee•ism [æbsən'tiːɪzm] absentéisme *m*

ab•sent-mind•ed [æbsənt'maɪndɪd] *adj* distrait

ab•sent-mind•ed•ly [æbsənt'maɪndɪdlɪ] *adv* distraitement

ab•so•lute ['æbsəluːt] *adj* absolu

ab•so•lute•ly ['æbsəluːtlɪ] *adv* (*completely*) absolument; *mad* complètement; ***absolutely not!*** absolument pas!; ***do you agree? – absolutely*** tu es d'accord? - tout à fait

ab•so•lu•tion [æbsə'luːʃn] REL absolution *f*

ab•solve [əb'zɑːlv] *v/t* absoudre

ab•sorb [əb'sɔːrb] *v/t* absorber; ***absorbed in ...*** absorbé dans

ab•sorb•en•cy [əb'sɔːrbənsɪ] capacité *f* d'absorption

ab•sorb•ent [əb'sɔːrbənt] *adj* absorbant

ab•sorb•ent 'cot•ton coton *m* hydrophile

ab•sorb•ing [əb'sɔːrbɪŋ] *adj* absorbant

ab•stain [əb'steɪn] *v/i from voting* s'abstenir

ab•sten•tion [əb'stenʃn] *in voting* abstention *f*

ab•stract ['æbstrækt] *adj* abstrait

ab•struse [əb'struːs] *adj* abstrus

ab•surd [əb'sɜːrd] *adj* absurde

ab•surd•i•ty [əb'sɜːrdətɪ] absurdité *f*

ab•surd•ly [əb'sɜːrdlɪ] *adv* absurdement

a•bun•dance [ə'bʌndəns] abondance *f*

a•bun•dant [ə'bʌndənt] *adj* abondant

a•buse[1] [ə'bjuːs] *n verbal* insultes *fpl*;

physical violences *fpl* physiques; *sexual* sévices *mpl* sexuels; *of power etc* abus *m*
a•buse² [ə'bju:z] *v/t verbally* insulter; *physically* maltraiter; *sexually* faire subir des sévices sexuels à; *power etc* abuser de
a•bu•sive [ə'bju:sɪv] *adj language* insultant; ***become abusive*** devenir insultant
a•bys•mal [ə'bɪzml] *adj* F (*very bad*) lamentable
a•byss [ə'bɪs] abîme *m*
AC ['eɪsi:] *abbr* (***= alternating current***) CA (= courant *m* alternatif)
ac•a•dem•ic [ækə'demɪk] **1** *n* universitaire *m/f* **2** *adj year*: *at school* scolaire; *at university* universitaire; *person*, *interests*, *studies* intellectuel*
a•cad•e•my [ə'kædəmɪ] académie *f*
ac•cel•e•rate [ək'seləreɪt] *v/i & v/t* accélérer
ac•cel•e•ra•tion [əkselə'reɪʃn] accélération *f*
ac•cel•e•ra•tor [ək'seləreɪtər] accélérateur *m*
ac•cent ['æksənt] *when speaking*, (*emphasis*) accent *m*
ac•cen•tu•a•te [ək'sentʊeɪt] *v/t* accentuer
ac•cept [ək'sept] *v/t & v/i* accepter
ac•cept•a•ble [ək'septəbl] *adj* acceptable
ac•cept•ance [ək'septəns] acceptation *f*
ac•cess ['ækses] **1** *n* accès *m*; ***have access to*** avoir accès à **2** *v/t also* COMPUT accéder à
ac•ces•si•ble [ək'sesəbl] *adj* accessible
ac•ces•so•ry [ək'sesərɪ] *for wearing* accessoire *m*; LAW complice *m/f*
'ac•cess road route *f* d'accès
'ac•cess time COMPUT temps *m* d'accès
ac•ci•dent ['æksɪdənt] accident *m*; ***by accident*** par hasard
ac•ci•den•tal [æksɪ'dentl] *adj* accidentel*
ac•ci•den•tal•ly [æksɪ'dentlɪ] *adv* accidentellement
ac•claim [ə'kleɪm] **1** *n*: ***meet with acclaim*** recevoir des louanges **2** *v/t* saluer (***as*** comme)
ac•cla•ma•tion [əklə'meɪʃn] acclamation *f*
ac•cli•mate, **ac•cli•ma•tize** [ə'klaɪmət, ə'klaɪmətaɪz] *v/t of plant* s'acclimater
ac•com•mo•date [ə'kɑ:mədeɪt] *v/t* loger; *special requirements* s'adapter à
ac•com•mo•da•tions [əkɑ:mə'deɪʃnz] *npl* logement *m*
ac•com•pa•ni•ment [ə'kʌmpənɪmənt] MUS accompagnement *m*
ac•com•pa•nist [ə'kʌmpənɪst] MUS accompagnateur(-trice) *m(f)*
ac•com•pa•ny [ə'kʌmpənɪ] *v/t* (*pret & pp* ***-ied***) *also* MUS accompagner
ac•com•plice [ə'kʌmplɪs] complice *m/f*
ac•com•plish [ə'kʌmplɪʃ] *v/t* (*achieve*), *task*, *mission* accomplir
ac•com•plished [ə'kʌmplɪʃt] *adj pianist*, *cook etc* accompli
ac•com•plish•ment [ə'kʌmplɪʃmənt] *of task*, *mission* accomplissement *m*; (*achievement*) réussite *f*; (*talent*) talent *m*
ac•cord [ə'kɔ:rd] accord *m*; ***of one's own accord*** de son plein gré
ac•cord•ance [ə'kɔ:rdəns]: ***in accordance with*** conformément à
ac•cord•ing [ə'kɔ:rdɪŋ] *adv*: ***according to*** selon
ac•cord•ing•ly [ə'kɔ:rdɪŋlɪ] *adv* (*consequently*) par conséquent; (*appropriately*) en conséquence
ac•cor•di•on [ə'kɔ:rdɪən] accordéon *m*
ac•cor•di•on•ist [ə'kɔ:rdɪənɪst] accordéoniste *m/f*
ac•count [ə'kaʊnt] *financial* compte *m*; (*report*, *description*) récit *m*; ***give an account of*** faire le récit de; ***on no account*** en aucun cas; ***on account of*** en raison de; ***take … into account, take account of …*** tenir compte de …
◆**account for** *v/t* (*explain*) expliquer; (*make up*, *constitute*) représenter
ac•count•a•ble [ə'kaʊntəbl] *adj*: ***be accountable to*** devoir rendre des comptes à; ***be held accountable*** être tenu responsable
ac•count•ant [ə'kaʊntənt] comptable *m/f*
ac'count hold•er titulaire *m/f* de compte
ac'count num•ber numéro *m* de compte
ac•counts [ə'kaʊnts] comptabilité *f*
ac•cu•mu•late [ə'kju:mjʊleɪt] **1** *v/t* accumuler **2** *v/i* s'accumuler
ac•cu•mu•la•tion [əkju:mjʊ'leɪʃn] accumulation *f*
ac•cu•ra•cy ['ækjʊrəsɪ] justesse *f*
ac•cu•rate ['ækjʊrət] *adj* juste
ac•cu•rate•ly ['ækjʊrətlɪ] *adv* avec justesse
ac•cu•sa•tion [ækju:'zeɪʃn] accusation *f*
ac•cuse [ə'kju:z] *v/t* accuser; ***accuse s.o. of doing sth*** accuser qn de faire qch; ***be accused of*** LAW être accusé de
ac•cused [ə'kju:zd] LAW: ***the accused*** l'accusé(e) *m(f)*
ac•cus•ing [ə'kju:zɪŋ] *adj* accusateur*
ac•cus•ing•ly [ə'kju:zɪŋlɪ] *adv say* d'un ton accusateur; *look* d'un air accusateur
ac•cus•tom [ə'kʌstəm] *v/t*: ***get accustomed to*** s'accoutumer à; ***be accustomed to doing sth*** avoir l'habitude de faire qch, être accoutumé à faire qch
ace [eɪs] *in cards* as *m*; *tennis shot* ace *m*
ache [eɪk] **1** *n* douleur *f* **2** *v/i*: ***my arm /***

head aches j'ai mal au bras/à la tête
a•chieve [ə'ʧiːv] *v/t* accomplir
a•chieve•ment [ə'ʧiːvmənt] (*thing achieved*) accomplissement *m*; *of ambition* réalisation *f*
ac•id ['æsɪd] *n* acide *m*
a•cid•i•ty [ə'sɪdətɪ] acidité *f*
ac•id 'rain pluies *fpl* acides
'ac•id test *fig* test *m* décisif
ac•knowl•edge [ək'nɑːlɪdʒ] *v/t* reconnaître; ***acknowledge receipt of a letter*** accuser réception d'une lettre
ac•knowl•edg(e)•ment [ək'nɑːlɪdʒmənt] reconnaissance *f*; *of a letter* accusé *m* de réception
ac•ne ['æknɪ] MED acné *m*
a•corn ['eɪkɔːrn] BOT gland *m* (de chêne)
a•cous•tics [ə'kuːstɪks] acoustique *f*
ac•quaint [ə'kweɪnt] *v/t fml*: ***be acquainted with*** connaître
ac•quaint•ance [ə'kweɪntəns] *person* connaissance *f*
ac•qui•esce [ækwɪ'es] *v/i fml* acquiescer
ac•quire [ə'kwaɪr] *v/t* acquérir
ac•qui•si•tion [ækwɪ'zɪʃn] acquisition *f*
ac•quis•i•tive [æ'kwɪzətɪv] *adj* avide
ac•quit [ə'kwɪt] *v/t* LAW acquitter
ac•quit•tal [ə'kwɪtl] LAW acquittement *m*
a•cre ['eɪkər] acre *m*
a•cre•age ['eɪkrɪdʒ] acres *mpl*
ac•rid ['ækrɪd] *adj smell* âcre
ac•ri•mo•ni•ous [ækrɪ'moʊnɪəs] *adj* acrimonieux*
ac•ro•bat ['ækrəbæt] acrobate *m/f*
ac•ro•bat•ic [ækrə'bætɪk] *adj* acrobatique
ac•ro•bat•ics [ækrə'bætɪks] *npl* acrobaties *fpl*
ac•ro•nym ['ækrənɪm] acronyme *m*
a•cross [ə'krɑːs] **1** *prep* de l'autre côté de; ***sail across the Atlantic*** traverser l'Atlantique en bateau; ***walk across the street*** traverser la rue; ***across Europe*** *all over* dans toute l'Europe; ***across from ...*** en face de ... **2** *adv*: ***swim across*** traverser à la nage; ***jump across*** sauter par-dessus; ***10m across*** 10 m de large
a•cryl•ic [ə'krɪlɪk] acrylique *m*
act [ækt] **1** *v/i* (*take action*) agir; THEA faire du théâtre; (*pretend*) faire semblant; ***act as*** faire office de **2** *n* (*deed*) fait *m*; *of play* acte *m*; *in variety show* numéro *m*; (*law*) loi *f*; ***it's an act*** (*pretense*) c'est du cinéma; ***act of God*** catastrophe *f* naturelle
act•ing ['æktɪŋ] **1** *adj* (*temporary*) intérimaire **2** *n performance* jeu *m*; ***go into acting*** devenir acteur
ac•tion ['ækʃn] action *f*; ***out of action*** (*not functioning*) hors service; ***take action*** prendre des mesures; ***bring an action against*** LAW intenter une action en justice contre
ac•tion 're•play TV reprise *f*
ac•tive ['æktɪv] *adj also* GRAM actif*
ac•tiv•ist ['æktɪvɪst] POL activiste *m/f*
ac•tiv•i•ty [æk'tɪvətɪ] activité *f*
ac•tor ['æktər] acteur *m*
ac•tress ['æktrɪs] actrice *f*
ac•tu•al ['ækʧʊəl] *adj* véritable
ac•tu•al•ly ['ækʧʊəlɪ] *adv* (*in fact, to tell the truth*) en fait; *expressing surprise* vraiment; ***actually I do know him*** *stressing converse* à vrai dire, je le connais
ac•u•punc•ture ['ækjəpʌŋkʧər] acupuncture *f*, acuponcture *f*
a•cute [ə'kjuːt] *adj pain, embarrassment* intense; *sense of smell* très développé
a•cute•ly [ə'kjuːtlɪ] *adv* (*extremely*) extrêmement
AD [eɪ'diː] *abbr* (***= anno domini***) av. J.-C. (= avant Jésus Christ)
ad [æd] → ***advertisement***
ad•a•mant ['ædəmənt] *adj*: ***be adamant that ...*** soutenir catégoriquement que ...
Ad•am's ap•ple [ædəmz'æpl] pomme *f* d'Adam
a•dapt [ə'dæpt] **1** *v/t* adapter **2** *v/i of person* s'adapter
a•dapt•a•bil•i•ty [ədæptə'bɪlətɪ] faculté *f* d'adaptation
a•dapt•a•ble [ə'dæptəbl] *adj person, plant* adaptable; *vehicle etc* multifonction *inv*
a•dap•ta•tion [ædæp'teɪʃn] *of play etc* adaptation *f*
a•dapt•er [ə'dæptər] *electrical* adaptateur *m*
add [æd] **1** *v/t* ajouter; MATH additionner **2** *v/i of person* faire des additions
◆ **add on** *v/t 15% etc* ajouter
◆ **add up 1** *v/t* additionner **2** *v/i fig* avoir du sens
ad•der ['ædər] vipère *f*
ad•dict ['ædɪkt] (*drug addict*) drogué(e) *m(f)*; *of TV program etc* accro *m/f* F
ad•dic•ted [ə'dɪktɪd] *adj to drugs* drogué; *to TV program etc* accro F; ***be addicted to*** être accro à
ad•dic•tion [ə'dɪkʃn] *to drugs* dépendance *f* (***to*** de)
ad•dic•tive [ə'dɪktɪv] *adj*: ***be addictive*** entraîner une dépendance
ad•di•tion [ə'dɪʃn] MATH addition *f*; *to list* ajout *m*; *to company* recrue *f*; ***in addition*** de plus; ***in addition to*** en plus de; ***the latest addition to the family*** le petit dernier / la petite dernière
ad•di•tion•al [ə'dɪʃnl] *adj* supplémentaire

ad•di•tive ['ædɪtɪv] additif *m*
add-on ['ædɑːn] accessoire *m*
ad•dress [ə'dres] **1** *n of person* adresse *f*; ***form of address*** titre *m* **2** *v/t letter* adresser; *audience*, *person* s'adresser à
ad'dress book carnet *m* d'adresses
ad•dress•ee [ædre'siː] destinataire *m/f*
ad•ept ['ædept] *adj* expert; ***be adept at doing sth*** être expert dans l'art de faire qch
ad•e•quate ['ædɪkwət] *adj* (*sufficient*) suffisant; (*satisfactory*) satisfaisant
ad•e•quate•ly ['ædɪkwətlɪ] *adv* suffisamment
ad•here [əd'hɪr] *v/i* adhérer
◆ **adhere to** *v/t* adhérer à
ad•he•sive [əd'hiːsɪv] *n* adhésif *m*
ad•he•sive 'tape (ruban *m*) adhésif *m*
ad•ja•cent [ə'dʒeɪsnt] *adj* adjacent
ad•jec•tive ['ædʒɪktɪv] adjectif *m*
ad•join [ə'dʒɔɪn] *v/t* être à côté de
ad•join•ing [ə'dʒɔɪnɪŋ] *adj* attenant
ad•journ [ə'dʒɜːrn] *v/i* ajourner
ad•journ•ment [ə'dʒɜːrnmənt] ajournement *m*
ad•just [ə'dʒʌst] *v/t* ajuster
ad•just•a•ble [ə'dʒʌstəbl] *adj* ajustable
ad•just•ment [ə'dʒʌstmənt] ajustement *m*
ad lib [æd'lɪb] **1** *adj* improvisé **2** *adv* en improvisant **3** *v/i* (*pret & pp* **-bed**) improviser
ad•min•is•ter [əd'mɪnɪstər] *v/t medicine* donner; *company*, *country* administrer
ad•min•is•tra•tion [ədmɪnɪ'streɪʃn] *of company*, *institution* administration *f*; (*administrative work*) tâches *fpl* administratives; (*government*) gouvernement *m*
ad•min•is•tra•tive [ədmɪnɪ'strətɪv] *adj* administratif*
ad•min•is•tra•tor [əd'mɪnɪstreɪtər] administrateur(-trice) *m*(*f*)
ad•mi•ra•ble ['ædmərəbl] *adj* admirable
ad•mi•ra•bly ['ædmərəblɪ *adv* admirablement
ad•mi•ral ['ædmərəl] amiral *m*
ad•mi•ra•tion [ædmə'reɪʃn] admiration *f*
ad•mire [əd'maɪr] *v/t* admirer
ad•mir•er [əd'maɪrər] admirateur(-trice) *m*(*f*)
ad•mir•ing [əd'maɪrɪŋ] *adj* admiratif*
ad•mir•ing•ly [əd'maɪrɪŋlɪ] *adv* admirativement
ad•mis•si•ble [əd'mɪsəbl] *adj evidence* admis
ad•mis•sion [əd'mɪʃn] (*confession*) aveu *m*; ***admission free*** entrée *f* gratuite
ad•mit [əd'mɪt] *v/t* (*pret & pp* **-ted**) *into a place*, (*accept*) admettre; (*confess*) avouer
ad•mit•tance [əd'mɪtəns]: ***no admittance*** entrée *f* interdite
ad•mit•ted•ly [əd'mɪtedlɪ] *adv* il faut l'admettre
ad•mon•ish [əd'mɑːnɪʃ] *v/t fml* réprimander
a•do [ə'duː]: ***without further ado*** sans plus parler
ad•o•les•cence [ædə'lesns] adolescence *f*
ad•o•les•cent [ædə'lesnt] **1** *adj* adolescent **2** *n* adolescent(e) *m*(*f*)
a•dopt [ə'dɑːpt] *v/t* adopter
a•dop•tion [ə'dɑːpʃn] adoption *f*
adop•tive [ə'dɑːptɪv] *adj*: ***adoptive parents*** parents *mpl* adoptifs
a•dor•a•ble [ə'dɔːrəbl] *adj* adorable
ad•o•ra•tion [ædə'reɪʃn] adoration *f*
a•dore [ə'dɔːr] *v/t* adorer
a•dor•ing [ə'dɔːrɪŋ] *adj expression* d'adoration; *fans* plein d'adoration
ad•ren•al•in [ə'drenəlɪn] adrénaline *f*
a•drift [ə'drɪft] *adj also fig* à la dérive
ad•u•la•tion [ædjʊ'leɪʃn] adulation *f*
a•dult ['ædʌlt] **1** *adj* adulte **2** *n* adulte *m/f*
a•dult ed•u'ca•tion enseignement *m* pour adultes
a•dul•ter•ous [ə'dʌltərəs] *adj* adultère
a•dul•ter•y [ə'dʌltərɪ] adultère *m*
'a•dult film *euph* film *m* pour adultes
ad•vance [əd'væns] **1** *n money* avance *f*; *in science etc* avancée *f*; MIL progression *f*; ***in advance*** à l'avance; ***payment in advance*** paiement *m* anticipé; ***make advances*** (*progress*) faire des progrès; *sexually* faire des avances **2** *v/i* MIL, (*make progress*) avancer **3** *v/t theory*, *sum of money* avancer; *human knowledge*, *cause* faire avancer
ad•vance 'book•ing: ***advance booking advised*** il est conseillé de réserver à l'avance
ad•vanced [əd'vænst] *adj* avancé
ad•vance 'no•tice préavis *m*
ad•vance 'pay•ment acompte *m*
ad•van•tage [əd'væntɪdʒ] avantage *m*; ***it's to your advantage*** c'est dans ton intérêt; ***take advantage of*** *opportunity* profiter de
ad•van•ta•geous [ædvən'teɪdʒəs] *adj* avantageux*
ad•vent ['ædvent] *fig* arrivée *f*
'ad•vent cal•en•dar calendrier *m* de l'avent
ad•ven•ture [əd'ventʃər] aventure *f*
ad•ven•tur•ous [əd'ventʃərəs] *adj* aventureux*
ad•verb ['ædvɜːrb] adverbe *m*
ad•ver•sa•ry ['ædvərsərɪ] adversaire *m/f*

ad•verse ['ædvɜːrs] *adj* adverse
ad•vert ['ædvɜːrt] *Br* → ***advertisement***
ad•ver•tise ['ædvərtaɪz] **1** *v/t product* faire de la publicité pour; *job* mettre une annonce pour **2** *v/i for a product* faire de la publicité; *to fill job* mettre une annonce
ad•ver•tise•ment [ədvɜːr'taɪsmənt] *for a product* publicité *f*, pub *f* F; *for job* annonce *f*
ad•ver•tis•er ['ædvərtaɪzər] annonceur (-euse) *m(f)*
ad•ver•tis•ing ['ædvərtaɪzɪŋ] publicité *f*
'ad•ver•tis•ing a•gen•cy agence *f* de publicité
'ad•ver•tis•ing budg•et budget *m* de publicité
'ad•ver•tis•ing cam•paign campagne *f* de publicité
'ad•ver•tis•ing rev•e•nue recettes *fpl* publicitaires
ad•vice [əd'vaɪs] conseils *mpl*; ***a bit of advice*** un conseil; ***take s.o.'s advice*** suivre le conseil de qn
ad•vis•a•ble [əd'vaɪzəbl] *adj* conseillé
ad•vise [əd'vaɪz] *v/t* conseiller; ***advise s.o. to do sth*** conseiller à qn de faire qch
ad•vis•er [əd'vaɪzər] conseiller(-ère) *m(f)*
ad•vo•cate ['ædvəkeɪt] *v/t* recommander
aer•i•al ['erɪəl] *n Br* antenne *f*
aer•i•al 'pho•to•graph photographie *f* aérienne
aer•o•bics [e'roʊbɪks] *nsg* aérobic *m*
aer•o•dy•nam•ic [eroʊdaɪ'næmɪk] *adj* aérodynamique
aer•o•nau•ti•cal [eroʊ'nɒːtɪkl] *adj* aéronautique
aer•o•plane ['eroʊpleɪn] *Br* avion *m*
aer•o•sol ['erəsɑːl] aérosol *m*
aer•o•space in•dus•try ['erəspeɪs] industrie *f* aérospatiale
aes•thet•ic *etc Br* → ***esthetic*** *etc*
af•fa•ble ['æfəbl] *adj* affable
af•fair [ə'fer] (*matter*, *business*) affaire *f*; (*love affair*) liaison *f*; ***foreign affairs*** affaires *fpl* étrangères; ***have an affair with*** avoir une liaison avec
af•fect [ə'fekt] *v/t* MED endommager; *decision* influer sur; *person emotionally*, (*concern*) toucher
af•fec•tion [ə'fekʃn] affection *f*
af•fec•tion•ate [ə'fekʃnət] *adj* affectueux*
af•fec•tion•ate•ly [ə'fekʃnətlɪ] *adv* affectueusement
af•fin•i•ty [ə'fɪnətɪ] affinité *f*
af•fir•ma•tive [ə'fɜːrmətɪv] **1** *adj* affirmatif* **2** *n*: ***answer in the affirmative*** répondre affirmativement
af•flu•ence ['æfluəns] richesse *f*
af•flu•ent ['æfluənt] *adj* riche; ***the affluent society*** la société de consommation
af•ford [ə'fɔːrd] *v/t*: ***be able to afford sth*** *financially* pouvoir se permettre d'acheter qch; ***I can't afford the time*** je n'ai pas assez de temps; ***it's a risk we can't afford to take*** c'est un risque qu'on ne peut pas se permettre de prendre
af•ford•a•ble [ə'fɔːrdəbl] *adj* abordable
a•float [ə'floʊt] *adj boat* sur l'eau; ***keep the company afloat*** maintenir l'entreprise à flot
a•fraid [ə'freɪd] *adj*: ***be afraid*** avoir peur (***of*** de); ***I'm afraid of upsetting him*** j'ai peur de le contrarier; ***I'm afraid*** *expressing regret* je crains; ***I'm afraid so / not*** je crains que oui / non
a•fresh [ə'freʃ] *adv*: ***start afresh*** recommencer
Af•ri•ca ['æfrɪkə] Afrique *f*
Af•ri•can ['æfrɪkən] **1** *adj* africain **2** *n* Africain(e) *m(f)*
af•ter ['æftər] **1** *prep* après; ***after doing sth*** après avoir fait qch; ***after all*** après tout; ***it's ten after two*** il est deux heures dix; ***that's what I'm after*** c'est ça que je cherche **2** *adv* (*afterward*) après; ***the day after*** le lendemain
af•ter•math ['æftərmæθ] suite *f*
af•ter•noon [æftər'nuːn] après-midi *m*; ***in the afternoon*** l'après-midi; ***this afternoon*** cet après-midi
'af•ter sales serv•ice service *m* après-vente
'af•ter•shave lotion *f* après-rasage
'af•ter•taste arrière-goût *m*
af•ter•ward ['æftərwərd] *adv* ensuite
a•gain [ə'geɪn] *adv* encore; ***I never saw him again*** je ne l'ai jamais revu; ***start again*** recommencer
a•gainst [ə'genst] *prep* contre; ***I'm against the idea*** je suis contre cette idée
age [eɪdʒ] **1** *n* âge *m*; ***at the age of ten*** à l'âge de dix ans; ***she's five years of age*** elle a cinq ans; ***under age*** mineur; ***I've been waiting for ages*** F ça fait une éternité que j'attends **2** *v/i* vieillir
aged[1] [eɪdʒd] *adj*: ***aged 16*** âgé de 16 ans
a•ged[2] ['eɪdʒɪd] **1** *adj*: ***her aged parents*** ses vieux parents **2** *npl*: ***the aged*** les personnes *fpl* âgées
'age group catégorie *f* d'âge
'age lim•it limite *f* d'âge
a•gen•cy ['eɪdʒənsɪ] agence *f*
a•gen•da [ə'dʒendə] *of meeting* ordre *m* du jour; ***on the agenda*** à l'ordre du jour
a•gent ['eɪdʒənt] COMM agent *m*

ag•gra•vate ['ægrəveɪt] *v/t rash* faire empirer; *situation* aggraver, faire empirer; (*annoy*) agacer
ag•gre•gate ['ægrɪgət] SP: ***win on aggregate*** totaliser le plus de points
ag•gres•sion [ə'greʃn] agression *f*
ag•gres•sive [ə'gresɪv] *adj* agressif*; (*dynamic*) dynamique
ag•gres•sive•ly [ə'gresɪvlɪ] *adv* agressivement
a•ghast [ə'gæst] *adj* horrifié
ag•ile ['ædʒəl] *adj* agile
a•gil•i•ty [ə'dʒɪlətɪ] agilité *f*
ag•i•tate ['ædʒɪteɪt] *v/i*: ***agitate for*** militer pour
ag•i•tat•ed ['ædʒɪteɪtɪd] *adj* agité
ag•i•ta•tion [ædʒɪ'teɪʃn] agitation *f*
ag•i•ta•tor [ædʒɪ'teɪtər] agitateur(-trice) *m(f)*
ag•nos•tic [æg'nɑːstɪk] *n* agnostique *m/f*
a•go [ə'goʊ] *adv*: ***two days ago*** il y a deux jours; ***long ago*** il y a longtemps; ***how long ago?*** il y a combien de temps?
ag•o•nize ['ægənaɪz] *v/i* se tourmenter (***over*** sur)
ag•o•niz•ing ['ægənaɪzɪŋ] *adj* terrible
ag•o•ny ['ægənɪ] *mental* tourment *m*; *physical* grande douleur *f*; ***be in agony*** être à l'agonie
a•gree [ə'griː] **1** *v/i* être d'accord; *of figures, accounts* s'accorder; (*reach agreement*) s'entendre; ***I agree*** je suis d'accord; ***it doesn't agree with me*** *of food* je ne le digère pas **2** *v/t price* s'entendre sur; ***I agree that …*** je conviens que …
a•gree•a•ble [ə'griːəbl] *adj* (*pleasant*) agréable; ***be agreeable*** (*in agreement*) être d'accord
a•gree•ment [ə'griːmənt] (*consent, contract*) accord *m*; ***reach agreement on*** parvenir à un accord sur
ag•ri•cul•tur•al [ægrɪ'kʌltʃərəl] *adj* agricole
ag•ri•cul•ture ['ægrɪkʌltʃər] agriculture *f*
a•head [ə'hed] *adv* devant; ***be ahead of s.o.*** être devant qn; ***plan / think ahead*** prévoir / penser à l'avance
aid [eɪd] **1** *n* aide *f* **2** *v/t* aider
aide [eɪd] aide *m/f*
Aids [eɪdz] *nsg* sida *m*
ail•ing ['eɪlɪŋ] *adj economy* mal en point
ail•ment ['eɪlmənt] mal *m*
aim [eɪm] **1** *n in shooting* visée *f*; (*objective*) but *m* **2** *v/i in shooting* viser; ***aim at doing sth, aim to do sth*** essayer de faire qch **3** *v/t*: ***be aimed at s.o.*** *of remark etc* viser qn; ***be aimed at*** *of gun* être pointé sur qn
aim•less ['eɪmlɪs] *adj* sans but
air [er] **1** *n* air *m*; ***by air*** par avion; ***in the open air*** en plein air; ***on the air*** RAD, TV à l'antenne **2** *v/t room* aérer; *fig*: *views* exprimer
'air•bag airbag *m*
'air•base base *f* aérienne *f*
'air-con•di•tioned *adj* climatisé
'air-con•di•tion•ing climatisation *f*
'air•craft avion *m*
'air•craft car•ri•er porte-avions *m inv*
'air fare tarif *m* aérien
'air•field aérodrome *m*
'air force armée *f* de l'air
'air host•ess hôtesse *f* de l'air
'air let•ter aérogramme *m*
'air•lift **1** *n* pont *m* aérien **2** *v/t* transporter par avion
'air•line compagnie *f* aérienne
'air•lin•er avion *m* de ligne
'air•mail: ***by airmail*** par avion
'air•plane avion *m*
'air•pock•et trou *m* d'air
'air pol•lu•tion pollution *f* atmosphérique
'air•port aéroport *m*
'air•sick; ***get airsick*** avoir le mal de l'air
'air•space espace *m* aérien
'air ter•mi•nal aérogare *f*
'air•tight *adj container* étanche
'air traf•fic trafic *m* aérien
air-traf•fic con'trol contrôle *m* aérien
air-traf•fic con'trol•ler contrôleur(-euse) aérien(ne) *m(f)*
air•y ['erɪ] *adj room* aéré; *attitude* désinvolte
aisle [aɪl] *in airplane* couloir *m*; *in theater* allée *f*
'aisle seat *in airplane* place *f* couloir
a•jar [ə'dʒɑːr] *adj*: ***be ajar*** être entrouvert
a•lac•ri•ty [ə'lækrətɪ] empressement *m*
a•larm [ə'lɑːrm] **1** *n* (*fear*) inquiétude *f*; *device* alarme *f*; (*alarm clock*) réveil *m*; ***raise the alarm*** donner l'alarme **2** *v/t* alarmer
a'larm clock réveil *m*
a•larm•ing [ə'lɑːrmɪŋ] *adj* alarmant
a•larm•ing•ly [ə'lɑːrmɪŋlɪ] *adv* de manière alarmante; ***alarmingly quickly*** à une vitesse alarmante
al•bum ['ælbəm] *for photographs*, (*record*) album *m*
al•co•hol ['ælkəhɑːl] alcool *m*
al•co•hol•ic [ælkə'hɑːlɪk] **1** *adj drink* alcoolisé **2** *n* alcoolique *m/f*
a•lert [ə'lɜːrt] **1** *adj* vigilant **2** *n signal* alerte *f*; ***be on the alert*** *of troops* être en état d'alerte; *of person* être sur le qui-vive **3** *v/t* alerter
al•ge•bra ['ældʒɪbrə] algèbre *f*
al•i•bi ['ælɪbaɪ] *n* alibi *m*

al•ien ['eɪlɪən] **1** *adj* étranger* (***to*** à) **2** *n* (*foreigner*) étranger(-ère) *m(f)*; *from space* extra-terrestre *m/f*
al•ien•ate ['eɪlɪəneɪt] *v/t* s'aliéner
a•light [ə'laɪt] *adj*: ***be alight*** *on fire* être en feu
a•lign [ə'laɪn] *v/t* aligner
a•like [ə'laɪk] **1** *adj*: ***be alike*** se ressembler **2** *adv*: ***old and young alike*** les vieux comme les jeunes
al•i•mo•ny ['ælɪmənɪ] pension *f* alimentaire
a•live [ə'laɪv] *adj*: ***be alive*** être en vie
all [ɒːl] **1** *adj* tout **2** *pron* tout; ***all of us / them*** nous / eux tous; ***he ate all of it*** il l'a mangé en entier; ***that's all, thanks*** ce sera tout, merci; ***for all I care*** pour ce que j'en ai à faire; ***for all I know*** pour autant que je sache; ***all but him*** (*except*) tous sauf lui **3** *adv*: ***all at once*** (*suddenly*) tout d'un coup; (*at the same time*) tous ensemble; ***all but*** (*nearly*) presque; ***all the better*** encore mieux; ***all the time*** tout le temps; ***they're not at all alike*** ils ne se ressemblent pas du tout; ***not at all!*** (*please do*) pas du tout!; ***two all*** SP deux à deux; ***thirty all*** *in tennis* trente à; ***all right*** → ***alright***
al•lay [ə'leɪ] *v/t* apaiser
al•le•ga•tion [ælɪ'geɪʃn] allégation *f*
al•lege [ə'ledʒ] *v/t* alléguer
al•leged [ə'ledʒd] *adj* supposé
al•leg•ed•ly [ə'ledʒɪdlɪ] *adv*: ***he allegedly killed two women*** il aurait assassiné deux femmes
al•le•giance [ə'liːdʒəns] loyauté *f* (***to*** à)
al•ler•gic [ə'lɜːrdʒɪk] *adj* allergique (***to*** à)
al•ler•gy ['ælərdʒɪ] allérgie *f*
al•le•vi•ate [ə'liːvɪeɪt] *v/t* soulager
al•ley ['ælɪ] ruelle *f*
al•li•ance [ə'laɪəns] alliance *f*
al•lied ['ælaɪd] *adj* MIL allié
al•lo•cate ['æləkeɪt] *v/t* assigner
al•lo•ca•tion [ælə'keɪʃn] *action* assignation *f*; *amount allocated* part *f*
al•lot [ə'lɑːt] *v/t* (*pret & pp* ***-ted***) assigner
al•low [ə'laʊ] *v/t* (*permit*) permettre; *period of time*, *amount* compter; ***it's not allowed*** ce n'est pas permis; ***allow s.o. to do sth*** permettre à qn de faire qch
◆ **allow for** *v/t* prendre en compte
al•low•ance [ə'laʊəns] *money* allocation *f*; (*pocket money*) argent *m* de poche; ***make allowances for*** *fact* prendre en considération; *person* faire preuve de tolérance envers
al•loy ['ælɔɪ] alliage *m*
'**all-pur•pose** *adj device* universel*; *vehicle* tous usages
'**all-round** *adj improvement* général; *athlete* complet
'**all-time**: ***be at an all-time low*** être à son point le plus bas
◆ **al•lude to** [ə'luːd] *v/t* faire allusion à
al•lur•ing [ə'luːrɪŋ] *adj* alléchant
all-wheel '**drive** quatre roues motrices *fpl*; *vehicle* 4x4 *m*
al•ly ['ælaɪ] *n* allié(e) *m(f)*
Al•might•y [ɒːl'maɪtɪ]: ***the Almighty*** le Tout-Puissant
al•mond ['ɑːmənd] amande *f*
al•most ['ɒːlmoʊst] *adv* presque; ***I almost came to see you*** j'ai failli venir te voir
a•lone [ə'loʊn] *adj* seul
a•long [ə'lɒːŋ] **1** *prep* le long de; ***walk along this path*** prenez ce chemin **2** *adv*: ***she always brings the dog along*** elle amène toujours le chien avec elle; ***along with*** *in addition to* ainsi que; ***if you knew all along*** si tu le savais
a•long•side [əlɒːŋ'saɪd] *prep parallel to* à côté de; *in cooperation with* aux côtés de
a•loof [ə'luːf] *adj* distant
a•loud [ə'laʊd] *adv* à haute voix
al•pha•bet ['ælfəbet] alphabet *m*
al•pha•bet•i•cal [ælfə'betɪkl] *adj* alphabétique
al•pine ['ælpaɪn] *adj* alpin
Alps [ælps] *npl* Alpes *fpl*
al•read•y [ɒːl'redɪ] *adv* déjà
al•right [ɒːl'raɪt] *adj* (*permitted*) permis; (*acceptable*) convenable; ***be alright*** (*in working order*) fonctionner; ***she's alright*** *not hurt* elle n'est pas blessée; ***would $50 be alright?*** est-ce que 50 $ vous iraient?; ***is it alright with you if I …?*** est-ce que ça vous dérange si je …?; ***alright, you can have one!*** d'accord, tu peux en prendre un!; ***alright, I heard you!*** c'est bon, je vous ai entendu!; ***everything is alright now between them*** tout va bien maintenent entre eux; ***that's alright*** (*don't mention it*) c'est rien
al•so ['ɒːlsoʊ] *adv* aussi
al•tar ['ɒːltər] autel *m*
al•ter ['ɒːltər] *v/t plans, schedule* modifier, faire des modifications à; *person* changer, transformer; *garment* retoucher, faire une retouche à
al•ter•a•tion [ɒːltə'reɪʃn] *to plans etc* modification *f*; *to clothes* retouche *f*
al•ter•nate 1 ['ɒːltərneɪt] *v/i* alterner (***between*** entre) **2** ['ɒːltərnət] *adj*: ***on alternate Mondays*** un lundi sur deux
al•ter•nat•ing cur•rent ['ɒːltərneɪtɪŋ] courant *m* alternatif
al•ter•na•tive [ɒːl'tɜːrnətɪv] **1** *adj* alternatif* **2** *n* alternative *f*

al•ter•na•tive•ly [ɒːl'tɜːrnətɪvlɪ] *adv* sinon; ***or alternatively*** ou bien
al•though [ɒːl'ðoʊ] *conj* bien que (+*subj*), quoique (+*subj*)
al•ti•tude ['æltɪtuːd] altitude *f*
al•to•geth•er [ɒːltə'geðər] *adv* (*completely*) totalement; (*in all*) en tout
al•tru•ism ['æltruːɪzm] altruisme *m*
al•tru•is•tic [æltruː'ɪstɪk] *adj* altruiste
a•lu•min•um [ə'luːmənəm], *Br* **a•lu•min•i•um** [æljʊ'mɪnɪəm] aluminium *m*
al•ways ['ɒːlweɪz] *adv* toujours
a. m. ['eɪem] *abbr* (***= ante meridiem***) du matin
a•mal•gam•ate [ə'mælgəmeɪt] *v/i of companies* fusionner
a•mass [ə'mæs] *v/t* amasser
am•a•teur ['æmətʃʊr] *n also pej*, SP amateur *m/f*
am•a•teur•ish ['æmətʃʊrɪʃ] *adj pej*: *attempt* d'amateur; *painter* sans talent
a•maze [ə'meɪz] *v/t* étonner
a•mazed [ə'meɪzd] *adj* étonné
a•maze•ment [ə'meɪzmənt] étonnement *m*
a•maz•ing [ə'meɪzɪŋ] *adj* étonnant; F (*very good*) impressionnant
a•maz•ing•ly [ə'meɪzɪŋlɪ] *adv* étonnamment
am•bas•sa•dor [æm'bæsədər] ambassadeur(-drice) *m*(*f*)
am•ber ['æmbər] *n*: ***at amber*** à l'orange
am•bi•dex•trous [æmbɪ'dekstrəs] *adj* ambidextre
am•bi•ence ['æmbɪəns] ambiance *f*
am•bi•gu•i•ty [æmbɪ'gjuːətɪ] ambiguïté *f*
am•big•u•ous [æm'bɪgjʊəs] *adj* ambigu*
am•bi•tion [æm'bɪʃn] ambition *f*
am•bi•tious [æm'bɪʃəs] *adj* ambitieux*
am•biv•a•lent [æm'bɪvələnt] *adj* ambivalent
am•ble ['æmbl] *v/i* déambuler
am•bu•lance ['æmbjʊləns] ambulance *f*
am•bush ['æmbʊʃ] **1** *n* embuscade *f* **2** *v/t* tendre une embuscade à; ***be ambushed*** tomber dans une embuscade
a•mend [ə'mend] *v/t* modifier
a•mend•ment [ə'mendmənt] modification *f*
a•mends [ə'mendz]: ***make amends*** se racheter
a•men•i•ties [ə'miːnətɪz] *npl* facilités *fpl*
A•mer•i•ca [ə'merɪkə] (*United States*) États-Unis *mpl*; *continent* Amérique *f*
A•mer•i•can [ə'merɪkən] **1** *adj* américain **2** *n* Américain(e) *m*(*f*)
A'mer•i•can plan pension *f* complète
a•mi•a•ble ['eɪmɪəbl] *adj* aimable
a•mi•ca•ble ['æmɪkəbl] *adj* à l'amiable
a•mi•ca•bly ['æmɪkəblɪ] *adv* à l'amiable
am•mu•ni•tion [æmjʊ'nɪʃn] munitions *fpl*
am•ne•si•a [æm'niːzɪə] amnésie *f*
am•nes•ty ['æmnəstɪ] amnistie *f*
a•mong(st) [ə'mʌŋ(st)] *prep* parmi
a•mor•al [eɪ'mɔːrəl] *adj* amoral
a•mount [ə'maʊnt] quantité *f*; (*sum of money*) somme *f*
◆ **amount to** *v/t* s'élever à; (*be equivalent to*) revenir à
am•phib•i•an [æm'fɪbɪən] amphibien *m*
am•phib•i•ous [æm'fɪbɪəs] *adj* amphibie
am•phi•the•a•ter, *Br* **am•phi•the•a•tre** ['æmfɪθɪətər] amphithéâtre *m*
am•ple ['æmpl] *adj* beaucoup de; ***$4 will be ample*** 4 $ sera amplement suffisant
am•pli•fi•er ['æmplɪfaɪr] amplificateur *m*
am•pli•fy ['æmplɪfaɪ] *v/t* (*pret & pp* ***-ied***) *sound* amplifier
am•pu•tate ['æmpjʊːteɪt] *v/t* amputer
am•pu•ta•tion [æmpjʊ'teɪʃn] amputation *f*
a•muse [ə'mjuːz] *v/t* (*make laugh*) amuser; (*entertain*) distraire
a•muse•ment [ə'mjuːzmənt] (*merriment*) amusement *m*; (*entertainment*) divertissement *m*; ***to our great amusement*** à notre grand amusement
a'muse•ment park parc *m* d'attractions
a•mus•ing [ə'mjuːzɪŋ] *adj* amusant
an [æn], *unstressed* [ən] → ***a***
an•a•bol•ic ster•oid [ænə'bɑːlɪk] stéroïde *m* anabolisant
a•nae•mi•a *etc Br* → ***anemia*** *etc*
an•aes•thet•ic *etc Br* → ***anesthetic*** *etc*
an•a•log ['ænəlɑːg] *adj* COMPUT analogique
a•nal•o•gy [ə'nælədʒɪ] analogie *f*
an•a•lyse *v/t Br* → ***analyze***
an•al•y•sis [ə'næləsɪs] (*pl* ***analyses*** [ə'næləsiːz]) *also* PSYCH analyse *f*
an•a•lyst ['ænəlɪst] *also* PSYCH analyste *m/f*
an•a•lyt•i•cal [ænə'lɪtɪkl] *adj* analytique
an•a•lyze [ænə'laɪz] *v/t also* PSYCH analyser
an•arch•y ['ænərkɪ] anarchie *f*
a•nat•o•my [ə'nætəmɪ] anatomie *f*
an•ces•tor ['ænsestər] ancêtre *m/f*
an•chor ['æŋkər] **1** *n* NAUT ancre *f*; TV présentateur(-trice) principal(e) *m*(*f*) **2** *v/i* NAUT ancrer
an•cient ['eɪnʃənt] *adj Rome*, *Greece* antique; *object*, *buildings*, *tradition* ancien
an•cil•lar•y [æn'sɪlərɪ] *adj staff* auxiliaire
and [ənd], *stressed* [ænd] *conj* et; ***bigger and bigger*** de plus en plus grand; ***go and look it*** vas le chercher
An•dor•ra [æn'dɔːrə] Andorre *f*

An•dor•ran [æn'dɔːrən] **1** *adj* andorran **2** *n* Andorran(e) *m(f)*
an•ec•dote ['ænɪkdoʊt] anecdote *f*
a•ne•mi•a [ə'niːmɪə] anémie *f*
a•ne•mic [ə'niːmɪk] *adj* anémique
an•es•the•si•ol•o•gist [ænəsθiːziː'ɑːlədʒɪst] anesthésiste *m/f*
an•es•thet•ic [ænəs'θetɪk] *n* anesthésiant *m*
anesthetic: ***local / general anesthetic*** anesthésie *f* locale / générale
an•es•the•tist [ə'niːsθətɪst] *Br* anesthésiste *m/f*
an•gel ['eɪndʒl] REL, *fig* ange *m*
an•ger ['æŋgər] **1** *n* colère *f* **2** *v/t* mettre en colère
an•gi•na [æn'dʒaɪnə] angine *f* de poitrine
an•gle ['æŋgl] *n* angle *m*
an•gry ['æŋgrɪ] *adj person* en colère; *mood, voice, look* fâché; ***be angry with s.o.*** être en colère contre qn
an•guish ['æŋgwɪʃ] angoisse *f*
an•gu•lar ['æŋgjʊlər] *adj* anguleux*
an•i•mal ['ænɪml] animal *m*
an•i•mat•ed ['ænɪmeɪtɪd] *adj* animé
an•i•mat•ed car'toon dessin *m* animé
an•i•ma•tion [ænɪ'meɪʃn] (*liveliness*), *technique* animation *f*
an•i•mos•i•ty [ænɪ'mɑːsətɪ] animosité *f*
an•kle ['æŋkl] cheville *f*
an•nex ['æneks] **1** *n building, to document* annexe *f* **2** *v/t state* annexer
an•nexe *n Br* → ***annex***
an•ni•hi•late [ə'naɪəleɪt] *v/t* anéantir
an•ni•hi•la•tion [ənaɪə'leɪʃn] anéantissement *m*
an•ni•ver•sa•ry [ænɪ'vɜːrsərɪ] anniversaire *m*
an•no•tate ['ænəteɪt] *v/t report* annoter
an•nounce [ə'naʊns] *v/t* annoncer
an•nounce•ment [ə'naʊnsmənt] annonce *f*
an•nounc•er [ə'naʊnsər] TV, RAD speaker *m*, speakrine *f*
an•noy [ə'nɔɪ] *v/t* agacer; ***be annoyed*** être agacé
an•noy•ance [ə'nɔɪəns] (*anger*) agacement *m*; (*nuisance*) désagrément *m*
an•noy•ing [ə'nɔɪɪŋ] *adj* agaçant
an•nu•al ['ænʊəl] *adj* annuel*
an•nu•i•ty [ə'nuːətɪ] rente *f* (annuelle)
an•nul [ə'nʌl] *v/t* (*pret & pp* **-led**) *marriage* annuler
an•nul•ment [ə'nʌlmənt] annulation *f*
a•non•y•mous [ə'nɑːnɪməs] *adj* anonyme
an•o•rex•i•a [ænə'reksɪə] anorexie *f*
an•o•rex•ic [ænə'reksɪk] *adj* anorexique
an•oth•er [ə'nʌðər] **1** *adj* (*different, additional*) autre **2** *pron* un(e) autre *m(f)*; ***help one another*** s'entraider; ***they know one another*** ils se connaissent
an•swer ['ænsər] **1** *n* réponse *f*; (*solution*) solution *f* (**to** à) **2** *v/t* répondre à; ***answer the door*** ouvrir la porte; ***answer the telephone*** répondre au téléphone **3** *v/i* répondre
◆ **answer back 1** *v/t* répondre à **2** *v/i* répondre
◆ **answer for** *v/t one's actions, person* répondre de
'an•swer•phone répondeur *m*
ant [ænt] fourmi *f*
an•tag•o•nism [æn'tægənɪzm] antagonisme *m*
an•tag•o•nis•tic [æntægə'nɪstɪk] *adj* hostile
an•tag•o•nize [æn'tægənaɪz] *v/t* provoquer
Ant•arc•tic [ænt'ɑːrktɪk] *n*: ***the Antarctic*** l'Antarctique *m*
an•te•na•tal [æntɪ'neɪtl] *adj* prénatal; ***antenatal class*** cours *m* de préparation à l'accouchement
an•ten•na [æn'tenə] antenne *f*
an•thol•o•gy [æn'θɑːlədʒɪ] anthologie *f*
an•thro•pol•o•gy [ænθrə'pɑːlədʒɪ] anthropologie *f*
an•ti•bi•ot•ic [æntaɪbaɪ'ɑːtɪk] *n* antibiotique *m*
an•ti•bod•y ['æntaɪbɑːdɪ] anticorps *m*
an•tic•i•pate [æn'tɪsɪpeɪt] *v/t* prévoir
an•tic•i•pa•tion [æntɪsɪ'peɪʃn] prévision *f*
an•ti•clock•wise ['æntɪklɑːkwaɪz] *adv Br* dans le sens inverse des aiguilles d'une montre
an•tics ['æntɪks] *npl* singeries *fpl*
an•ti•dote ['æntɪdoʊt] antidote *m*
an•ti•freeze ['æntaɪfriːz] antigel *m*
an•tip•a•thy [æn'tɪpəθɪ] antipathie *f*
an•ti•quat•ed ['æntɪkweɪtɪd] *adj* antique
an•tique [æn'tiːk] *n* antiquité *f*
an'tique deal•er antiquaire *m/f*
an•tiq•ui•ty [æn'tɪkwətɪ] antiquité *f*
an•ti•sep•tic [æntaɪ'septɪk] **1** *adj* antiseptique **2** *n* antiseptique *m*
an•ti•so•cial [æntaɪ'soʊʃl] *adj* asocial, antisocial
an•ti•vi•rus pro•gram [æntaɪ'vaɪrəs] COMPUT programme *m* antivirus
anx•i•e•ty [æŋ'zaɪətɪ] (*worry*) inquiétude *f*
anx•ious ['æŋkʃəs] *adj* (*worried*) inquiet*; (*eager*) soucieux*; ***be anxious for*** *for news etc* désirer vivement
an•y ['enɪ] **1** *adj*: ***are there any diskettes / glasses?*** est-ce qu'il y a des disquettes / des verres?; ***is there any bread / improvement?*** est-ce qu'il y a

du pain / une amélioration?; ***there aren't any diskettes / glasses*** il n'y a pas de disquettes / de verres; ***there isn't any bread / improvement*** il n'y a pas de pain/d'amélioration; ***have you any idea at all?*** est-ce que vous avez une idée?; ***take any one you like*** prends celui / celle que tu veux; ***at any moment*** à tout moment **2** *pron*: ***do you have any?*** est-ce que vous en avez?; ***there aren't/-isn't any left*** il n'y en a plus; ***any of them could be guilty*** ils pourraient tous être coupables **3** *adv*: ***is that any better / easier?*** est-ce que c'est mieux / plus facile?; ***I don't like it any more*** je ne l'aime plus

an•y•bod•y ['enɪbɑːdɪ] *pron* ◇ quelqu'un ◇ *with negatives* personne; ***there wasn't anybody there*** il n'y avait personne ◇ *no matter who* n'importe qui; ***anybody can see that ...*** tout le monde peut voir que ...

an•y•how ['enɪhaʊ] *adv* (*anyway*) enfin; (*in any way*) de quelque façon que ce soit

an•y•one ['enɪwʌn] → ***anybody***

an•y•thing ['enɪθɪŋ] *pron* ◇ quelque chose; ***anything else?*** quelque chose d'autre?; ***absolutely anything*** n'importe quoi ◇ *with negatives* rien; ***I didn't hear anything*** je n'ai rien entendu ◇ ***anything but ...*** tout sauf ...; ***no, anything but*** non, pas du tout;

an•y•way ['enɪweɪ] → ***anyhow***

an•y•where ['enɪwer] *adv* quelque part; *with negative* nulle part; ***I can't find it anywhere*** je ne le trouve nulle part; ***did you go anywhere else?*** est-ce que tu es allé ailleurs *or* autre part?

a•part [ə'pɑːrt] *adv* séparé; ***the two cities are 250 miles apart*** les deux villes sont à 250 miles l'une de l'autre; ***live apart*** vivre séparés; ***apart from*** (*except*) à l'exception de; ***apart from*** (*in addition to*) en plus de

a•part•ment [ə'pɑːrtmənt] appartement *m*

a'part•ment block immeuble *m*

ap•a•thet•ic [æpə'θetɪk] *adj* apathique

ap•a•thy ['æpəθɪ] apathie *f*

ape [eɪp] *n* singe *m*

a•pe•ri•tif [ə'perɪtiːf] apéritif *m*

ap•er•ture ['æpərtʃər] PHOT ouverture *f*

a•piece [ə'piːs] *adv* chacun

a•pol•o•get•ic [əpɑːlə'dʒetɪk] *adj person, expression* désolé; *letter* d'excuse; ***he was very apologetic*** il s'est confondu en excuses

a•pol•o•gize [ə'pɑːlədʒaɪz] *v/i* s'excuser (***to s.o.*** auprès de qn; ***for sth*** pour qch); ***apologize for doing sth*** s'excuser de faire qch

a•pol•o•gy [ə'pɑːlədʒɪ] excuses *fpl*

a•pos•tle [ə'pɑːsl] REL apôtre *m*

a•pos•tro•phe [ə'pɑːstrəfɪ] GRAM apostrophe *f*

ap•pall [ə'pɒːl] *v/t* scandaliser

ap•pal•ling [ə'pɒːlɪŋ] *adj* scandaleux*

ap•pa•ra•tus [æpə'reɪtəs] appareils *mpl*

ap•par•ent [ə'pærənt] *adj* (*obvious*) évident; (*seeming*) apparent; ***become apparent that ...*** devenir évident que ...

ap•par•ent•ly [ə'pærəntlɪ] *adv* apparemment

ap•pa•ri•tion [æpə'rɪʃn] *ghost* apparition *f*

ap•peal [ə'piːl] **1** *n* (*charm*) charme *m*; *for funds etc*, LAW appel *m*

appeal 2 *v/i* LAW faire appel

◆ **appeal for** *v/t calm etc* appeler à; *funds* demander

◆ **appeal to** *v/t* (*be attractive to*) plaire à

ap•peal•ing [ə'piːlɪŋ] *adj idea, offer* séduisant

ap•pear [ə'pɪr] *v/i of person, new product* apparaître; *in court* comparaître; *in movie* jouer; (*look, seem*) paraître; ***appear to be ...*** avoir l'air d'être ...; ***it appears that ...*** il paraît que ...

ap•pear•ance [ə'pɪrəns] apparition *f*; *in court* comparution *f*; (*look*) apparence *f*; ***put in an appearance*** faire acte de présence

ap•pease [ə'piːz] *v/t* apaiser

ap•pen•di•ci•tis [əpendɪ'saɪtɪs] appendicite *f*

ap•pen•dix [ə'pendɪks] MED, *of book etc* appendice *m*

ap•pe•tite ['æpɪtaɪt] appétit *m*

ap•pe•tiz•er ['æpɪtaɪzər] *to drink* apéritif *m*; *to eat* amuse-gueule *m*; (*starter*) entrée *f*

ap•pe•tiz•ing ['æpɪtaɪzɪŋ] *adj* appétissant

ap•plaud [ə'plɒːd] **1** *v/i* applaudir **2** *v/t performer* applaudir; *fig* saluer

ap•plause [ə'plɒːz] *for performer* applaudissements *mpl*; *fig* louanges *fpl*

ap•ple ['æpl] pomme *f*

ap•ple 'pie tarte *f* aux pommes

ap•ple 'sauce compote *f* de pommes

ap•pli•ance [ə'plaɪəns] appareil *m*

ap•plic•a•ble [ə'plɪkəbl] *adj* applicable

ap•pli•cant ['æplɪkənt] *for job* candidat(e) *m*(*f*)

ap•pli•ca•tion [æplɪ'keɪʃn] *for job* candidature *f*; *for passport etc* demande *f*

ap•pli'ca•tion form *for job* formulaire *m* de candidature; *for passport etc* demande *f*

ap•ply [ə'plaɪ] **1** *v/t* (*pret & pp* ***-ied***) appliquer **2** *v/i of rule, law* s'appliquer
◆ **apply for** *v/t job* poser sa candidature pour; *passport etc* faire une demande de
◆ **apply to** *v/t* (*contact*) s'adresser à; *of rules etc* s'appliquer à
ap•point [ə'pɔɪnt] *v/t to position* nommer
ap•point•ment [ə'pɔɪntmənt] *to position* nomination *f*; (*meeting*) rendez-vous *m*; ***make an appointment*** prendre (un) rendez-vous
ap'point•ments di•a•ry carnet *m* de rendez-vous
ap•prais•al [ə'preɪzəl] évaluation *f*
ap•pre•ci•a•ble [ə'priːʃəbl] *adj* considérable
ap•pre•ci•ate [ə'priːʃɪeɪt] **1** *v/t* (*be grateful for*), *wine, music* apprécier; (*acknowledge*) reconnaître; ***thanks, I appreciate it*** merci, c'est très gentil **2** *v/i* FIN s'apprécier
ap•pre•ci•a•tion [əpriːʃɪ'eɪʃn] *of kindness etc* gratitude *f* (***of*** pour), reconnaissance *f* (***of*** de)
ap•pre•ci•a•tive [ə'priːʃətɪv] *adj showing gratitude* reconnaissant; *showing understanding* approbateur*; *audience* réceptif*
ap•pre•hen•sive [æprɪ'hensɪv *adj* appréhensif*
ap•pren•tice [ə'prentɪs] apprenti(e) *m*(*f*)
ap•proach [ə'proʊʧ] **1** *n to problem, place* approche *f*; (*proposal*) proposition *f* **2** *v/t* (*get near to*) approcher; (*contact*) faire des propositions à; *problem* aborder
ap•proach•a•ble [ə'proʊʧəbl] *adj person* accessible, d'un abord facile
ap•pro•pri•ate[1] [ə'proʊprɪət] *adj* approprié
ap•pro•pri•ate[2] [ə'proʊprɪeɪt] *v/t* s'approprier
ap•prov•al [ə'pruːvl] approbation *f*
ap•prove [ə'pruːv] **1** *v/i* être d'accord **2** *v/t plan, suggestion* approuver; *application* accepter
◆ **approve of** *v/t plan, suggestion* approuver; *person* aimer
ap•prox•i•mate [ə'prɑːksɪmət] *adj* approximatif*
ap•prox•i•mate•ly [ə'prɑːksɪmətlɪ] *adv* approximativement
ap•prox•i•ma•tion [əprɑːksɪ'meɪʃn] approximation *f*
APR [eɪpiː'ɑːr] *abbr* (= ***annual percentage rate***) TEG (= taux *m* effectif global)
a•pri•cot ['eɪprɪkɑːt] abricot *m*
A•pril ['eɪprəl] avril *m*
apt [æpt] *adj student* intelligent; *remark* pertinent; ***be apt to …*** avoir tendance à
ap•ti•tude ['æptɪtuːd] aptitude *f*
'ap•ti•tude test test *m* d'aptitude
a•quar•i•um [ə'kwerɪəm] aquarium *m*
A•quar•i•us [ə'kwerɪəs] ASTROL Verseau *m*
a•quat•ic [ə'kwætɪk] *adj* aquatique
Ar•ab ['ærəb] **1** *adj* arabe **2** *n* Arabe *m/f*
Ar•a•bic ['ærəbɪk] **1** *adj* arabe **2** *n* arabe *m*
ar•a•ble ['ærəbl] *adj* arable
ar•bi•tra•ry ['ɑːrbɪtrərɪ] *adj* arbitraire
ar•bi•trate ['ɑːrbɪtreɪt] *v/i* arbitrer
ar•bi•tra•tion [ɑːrbɪ'treɪʃn] arbitrage *m*
ar•bi•tra•tor ['ɑːrbɪ'treɪtər] arbitre *m*
arch [ɑːrʧ] *n* voûte *f*
ar•chae•ol•o•gy *etc Br* → ***archeology*** *etc*
ar•cha•ic [ɑːr'keɪɪk] *adj* archaïque
arch•bish•op [ɑːrʧ'bɪʃəp] archevêque *m*
ar•che•o•log•i•cal [ɑːrkɪə'lɑːdʒɪkl] *adj* archéologique
ar•che•ol•o•gist [ɑːrkɪ'ɑːlədʒɪst] archéologue *m/f*
ar•che•ol•o•gy [ɑːrkɪ'ɑːlədʒɪ] archéologie *f*
arch•er ['ɑːrʧər] archer *m*
ar•chi•tect ['ɑːrkɪtekt] architecte *m/f*
ar•chi•tec•tur•al [ɑːrkɪ'tekʧərəl] *adj* architectural
ar•chi•tec•ture ['ɑːrkɪtekʧər] architecture *f*
ar•chives ['ɑːrkaɪvz] *npl* archives *fpl*
'arch•way arche *f*; *entrance* porche *m*
Arc•tic ['ɑːrktɪk] *n*: ***the Arctic*** l'Arctique *m*
ar•dent ['ɑːrdənt] *adj* fervent
ar•du•ous ['ɑːrdjʊəs] *adj* ardu
ar•e•a ['erɪə] *of city* quartier *m*; *of country* région *f*; *of research, study etc* domaine *m*; *of room* surface *f*; *of land, figure* superficie *f*; ***in the Boston area*** dans la région de Boston
'ar•e•a code TELEC indicatif *m* régional
a•re•na [ə'riːnə] SP arène *f*
Ar•gen•ti•na [ɑːrdʒən'tiːnə] Argentine *f*
Ar•gen•tin•i•an [ɑːrdʒən'tɪnɪən] **1** *adj* argentin **2** *n* Argentin(e) *m*(*f*)
ar•gu•a•bly ['ɑːrgjʊəblɪ] *adv*: ***it was arguably the best book of the year*** on peut dire que c'était le meilleur livre de l'année
ar•gue ['ɑːrgjuː] **1** *v/i* (*quarrel*) se disputer; (*reason*) argumenter; ***argue with s.o.*** *discuss* se disputer avec qn **2** *v/t*: ***argue that …*** soutenir que …
ar•gu•ment ['ɑːrgjʊmənt] (*quarrel*) dispute *f*; (*discussion*) discussion *f*; (*reasoning*) argument *m*
ar•gu•ment•a•tive [ɑːrgjʊ'mentətɪv] *adj*: ***stop being so argumentative and …*** arrête de discuter et …

a•ri•a ['ɑːrɪə] MUS aria *f*
ar•id ['ærɪd] *adj land* aride
Ar•ies ['eriːz] ASTROL Bélier *m*
a•rise [ə'raɪz] *v/i* (*pret* ***arose***, *pp* ***arisen***) *of situation, problem* survenir
a•ris•en [ə'rɪzn] *pp* → ***arise***
ar•is•toc•ra•cy [ærɪ'stɑːkrəsɪ] aristocratie *f*
a•ris•to•crat ['ərɪstəkræt] aristocrate *m*/*f*
a•ris•to•crat•ic [ærɪstə'krætɪk] *adj* aristocratique
a•rith•me•tic [ə'rɪθmətɪk] arithmétique *f*
arm[1] [ɑːrm] *n* bras *m*
arm[2] [ɑːrm] *v/t* armer
ar•ma•ments ['ɑːrməmənts] *npl* armes *fpl*
'**arm•chair** fauteuil *m*
armed [ɑːrmd] *adj* armé
armed 'forc•es *npl* forces *fpl* armées
armed 'rob•ber•y vol *m* à main armée
ar•mor ['ɑːrmər] *on tank, armored vehicle* blindage *m*; *of knight* armure *f*
ar•mored 've•hi•cle ['ɑːrmərd] véhicule *m* blindé
ar•mour *etc Br* → ***armor*** *etc*
'**arm•pit** aisselle *f*
arms [ɑːrmz] *npl* (*weapons*) armes *fpl*
ar•my ['ɑːrmɪ] armée *f*
a•ro•ma [ə'roʊmə] arôme *m*
a•rose [ə'roʊz] *pret* → ***arise***
a•round [ə'raʊnd] **1** *prep* (*encircling*) autour de; ***it's around the corner*** c'est juste à côté **2** *adv* (*in the area*) dans les parages; (*encircling*) autour; (*roughly*) à peu près; *with expressions of time* à environ; ***he lives around here*** il habite dans ce quartier; ***she's been around*** F (*has traveled, is experienced*) elle n'est pas née de la dernière pluie; ***he's still around*** F (*alive*) il est toujours là
a•rouse [ə'raʊz] *v/t* susciter; *sexually* exciter
ar•range [ə'reɪndʒ] *v/t flowers, music, room* arranger; *furniture* disposer; *meeting, party etc* organiser; *time* fixer; *appointment with doctor, dentist* prendre; ***I've arranged to meet her*** j'ai prévu de la voir
◆ **arrange for** *v/t*: ***arrange for s.o. to do sth*** s'arranger pour que qn fasse (*subj*) qch
ar•range•ment [ə'reɪndʒmənt] (*agreement*), *music* arrangement *m*; *of furniture* disposition *f*; *flowers* composition *f*
ar•rears [ə'rɪərz] *npl* arriéré *m*; ***be in arrears*** *of person* être en retard
ar•rest [ə'rest] **1** *n* arrestation *f*; ***be under arrest*** être en état d'arrestation **2** *v/t* arrêter
ar•riv•al [ə'raɪvl] arrivée *f*; ***arrivals*** *at airport* arrivées *fpl*
ar•rive [ə'raɪv] *v/i* arriver
◆ **arrive at** *v/t place, decision* arriver à
ar•ro•gance ['ærəgəns] arrogance *f*
ar•ro•gant ['ærəgənt] *adj* arrogant
ar•ro•gant•ly ['ærəgəntlɪ] *adv* avec arrogance
ar•row ['æroʊ] flèche *f*
'**ar•row key** COMPUT touche *f* fléchée
ar•se•nic ['ɑːrsənɪk] arsenic *m*
ar•son ['ɑːrsn] incendie *m* criminel
ar•son•ist ['ɑːrsənɪst] incendiaire *m*/*f*
art [ɑːrt] art *m*; ***the arts*** les arts et les lettres *mpl*
ar•te•ry ['ɑːrtərɪ] ANAT artère *f*
'**art gal•ler•y** galerie *f* d'art
ar•thri•tis [ɑːr'θraɪtɪs] arthrite *f*
ar•ti•choke ['ɑːrtɪtʃoʊk] artichaut *m*
ar•ti•cle ['ɑːrtɪkl] article *m*; ***article of clothing*** vêtement *m*
ar•tic•u•late [ɑːr'tɪkjʊlət] *adj person* qui s'exprime bien
ar•ti•fi•cial [ɑːrtɪ'fɪʃl] *adj* artificiel*
ar•ti•fi•cial in'tel•li•gence intelligence *f* artificielle
ar•til•le•ry [ɑːr'tɪlərɪ] artillerie *f*
ar•ti•san ['ɑːrtɪzæn] artisan *m*
art•ist ['ɑːrtɪst] artiste *m*/*f*
ar•tis•tic [ɑːr'tɪstɪk] *adj* artistique
'**arts de•gree** licence *f* de lettres
as [æz] **1** *conj* (*while, when*) alors que; (*because*) comme; (*like*) comme; ***as it got darker*** au fur et à mesure que la nuit tombair; ***as if*** comme si; ***as usual*** comme d'habitude; ***as necessary*** quand c'est nécessaire **2** *adv*: ***as high / pretty as ...*** aussi haut / jolie que ...; ***as much as that?*** autant que ça?; ***as soon as possible*** aussi vite que possible **3** *prep* comme; ***work as a team*** travailler en équipe; ***as a child / schoolgirl, I ...*** quand j'étais enfant / écolière, je ...; ***work as a teacher / translator*** travailler comme professeur / traducteur; ***as for*** quant à; ***as Hamlet*** dans le rôle de Hamlet; ***as from*** *or* ***of Monday*** à partir de lundi
asap ['eɪzæp] *abbr* (= ***as soon as possible***) dans les plus brefs délais
as•bes•tos [æz'bestɑːs] amiante *m*
As•cen•sion [ə'senʃn] REL Ascension *f*
as•cent [ə'sent] ascension *f*
ash [æʃ] *from cigarette etc* cendres *fpl*; ***ashes*** cendres *fpl*
a•shamed [ə'ʃeɪmd] *adj* honteux*; ***be ashamed of*** avoir honte de; ***you should be ashamed of yourself*** tu devrais avoir honte

'ash can poubelle *f*
a•shore [ə'ʃɔːr] *adv* à terre; ***go ashore*** débarquer
'ash•tray cendrier *m*
A•sia ['eɪʃə] Asie *f*
A•sian ['eɪʃən] **1** *adj* asiatique **2** *n* Asiatique *m/f*
a•side [ə'saɪd] *adv* de côté; ***move aside please*** poussez-vous, s'il vous plaît; ***take s.o. aside*** prendre qn à part; ***aside from*** à part
ask [æsk] **1** *v/t favor* demander; *question* poser; (*invite*) inviter; ***can I ask you something?*** est-ce que je peux vous demander quelque chose?; ***I asked him about his holidays*** je lui ai demandé comment ses vacances s'étaient passées; ***ask s.o. for sth*** demander qch à qn; ***ask s.o. to do sth*** demander à qn de faire qch **2** *v/i* demander
◆ **ask after** *v/t person* demander des nouvelles de
◆ **ask for** *v/t* demander; *person* demander à parler à; ***you asked for that!*** tu l'as cherché!
◆ **ask out** *v/t*: ***he's asked me out*** il m'a demandé de sortir avec lui
ask•ing price ['æskɪŋ] prix *m* demandé
a•sleep [ə'sliːp] *adj*: ***be*** (***fast***) ***asleep*** être (bien) endormi; ***fall asleep*** s'endormir
as•par•a•gus [ə'spærəgəs] *nsg* asperges *fpl*
as•pect ['æspekt] aspect *m*
as•phalt ['æsfælt] *n* bitume *m*
as•phyx•i•ate [æ'sfɪksɪeɪt] *v/t* asphyxier
as•phyx•i•a•tion [əsfɪksɪ'eɪʃn] asphyxie *f*
as•pi•ra•tions [æspə'reɪʃnz] *npl* aspirations *fpl*
as•pi•rin ['æsprɪn] aspirine *f*
ass[1] [æs] P (*backside*, *sex*) cul *m* P
ass[2] [æs] F (*idiot*) idiot(e) *m*(*f*)
as•sai•lant [ə'seɪlənt] assaillant(e) *m*(*f*)
as•sas•sin [ə'sæsɪn] assassin *m*
as•sas•sin•ate [ə'sæsɪneɪt] *v/t* assassiner
as•sas•sin•a•tion [əsæsɪ'neɪʃn] assassinat *m*
as•sault [ə'sɒːlt] **1** *n* agression *f* (***on*** contre); MIL attaque *f* (***on*** contre) **2** *v/t* agresser
as•sem•ble [ə'sembl] **1** *v/t parts* assembler **2** *v/i of people* se rassembler
as•sem•bly [ə'semblɪ] POL assemblée *f*; *of parts* assemblage *m*
as'sem•bly line chaîne *f* de montage
as'sem•bly plant usine *f* de montage
as•sent [ə'sent] *v/i* consentir
as•sert [ə'sɜːrt] *v/t* (*maintain*), *right* affirmer; ***assert o.s.*** s'affirmer
as•ser•tive [ə'sɜːrtɪv] *adj person* assuré
as•sess [ə'ses] *v/t situation* évaluer; *value* estimer
as•sess•ment [ə'sesmənt] *of situation* évaluation *f*; *of value* estimation *f*
as•set ['æset] FIN actif *m*; *fig* atout *m*
'ass•hole P trou *m* du cul V; (*idiot*) abruti(e) *m*(*f*)
as•sign [ə'saɪn] *v/t* assigner
as•sign•ment [ə'saɪnmənt] mission *f*; EDU devoir *m*
as•sim•i•late [ə'sɪmɪleɪt] *v/t* assimiler
as•sist [ə'sɪst] *v/t* aider
as•sist•ance [ə'sɪstəns] aide *f*
as•sis•tant [ə'sɪstənt] assistant(e) *m*(*f*)
as•sis•tant di'rec•tor *of movie* assistant(e) réalisateur(-trice) *m*(*f*); *of organization* sous-directeur(-trice) *m*(*f*)
as•sis•tant 'man•ag•er sous-directeur *m*, sous-directrice *f*; *of department* assistant(e) *m*(*f*) du / de la responsable
as•so•ci•ate 1 *v/t* [ə'soʊʃɪeɪt] associer **2** *n* [ə'soʊʃɪət] (*colleague*) collègue *m/f*
◆ **associate with** *v/t* fréquenter
as•so•ci•ate pro'fes•sor maître *m* de conférences
as•so•ci•a•tion [əsoʊsɪ'eɪʃn] (*organization*) association *f*; ***in association with*** en association avec
as•sort•ed [ə'sɔːrtɪd] *adj* assorti
as•sort•ment [ə'sɔːrtmənt] assortiment *m*
as•sume [ə'suːm] *v/t* (*suppose*) supposer
as•sump•tion [ə'sʌmpʃn] supposition *f*
as•sur•ance [ə'ʃʊrəns] (*reassurance*, *confidence*) assurance *f*
as•sure [ə'ʃʊr] *v/t* (*reassure*) assurer
as•sured [ə'ʃʊrd] *adj* (*confident*) assuré
as•ter•isk ['æstərɪsk] astérisque *m*
asth•ma ['æsmə] asthme *m*
asth•mat•ic [æs'mætɪk] *adj* asthmatique
as•ton•ish [ə'stɑːnɪʃ] *v/t* étonner; ***be astonished that …*** être étonné que … (*+subj*)
as•ton•ish•ing [ə'stɑːnɪʃɪŋ *adj* étonnant
as•ton•ish•ing•ly [ə'stɑːnɪʃɪŋlɪ *adv* étonnamment
as•ton•ish•ment [ə'stɑːnɪʃmənt] étonnement *m*
as•tound [ə'staʊnd] *v/t* stupéfier
as•tound•ing [ə'staʊndɪŋ] *adj* stupéfiant
a•stray [ə'streɪ] *adv*: ***go astray*** se perdre; ***go astray*** *morally* se détourner du droit chemin
a•stride [ə'straɪd] **1** *adv* à califourchon **2** *prep* à califourchon sur
as•trol•o•ger [ə'strɑːlədʒər] astrologue *m/f*
as•trol•o•gy [ə'strɑːlədʒɪ] astrologie *f*
as•tro•naut ['æstrənɒːt] astronaute *m/f*

as•tron•o•mer [ə'strɑːnəmər] astronome *m/f*
as•tro•nom•i•cal [æstrə'nɑːmɪkl] *adj price etc* F astronomique F
as•tron•o•my [ə'strɑːnəmɪ] astronomie *f*
as•tute [ə'stuːt] *adj mind*, *person* fin
a•sy•lum [ə'saɪləm] *political*, (*mental asylum*) asile *m*
at [ət], *stressed* [æt] *prep with places* à; ***at Joe's*** chez Joe; ***at the door*** à la porte; ***at 10 dollars*** au prix de 10 dollars; ***at the age of 18*** à l'âge de 18 ans; ***at 5 o'clock*** à 5 heures; ***at 100 mph*** à 100 miles à l'heure; ***be good / bad at …*** être bon / mauvais en …; ***at his suggestion*** sur sa suggestion
ate [eɪt] *pret* → ***eat***
a•the•ism ['eɪθɪɪzm] athéisme *m*
a•the•ist ['eɪθɪɪst] athée *m/f*
ath•lete ['æθliːt] athlète *m/f*
ath•let•ic [æθ'letɪk] *adj* d'athlétisme; (*strong*, *sporting*) sportif*
ath•let•ics [æθ'letɪks] *nsg* athlétisme *m*
At•lan•tic [ət'læntɪk] *n*: ***the Atlantic*** l'Atlantique *m*
at•las ['ætləs] atlas *m*
at•mos•phere ['ætməsfɪr] *of earth* atmosphère *f*; (*ambience*) atmosphère *f*, ambiance *f*
at•mos•pher•ic [ætməs'ferɪk] atmosphérique *lighting*, *music* d'ambiance; ***atmospheric pollution*** pollution *f* atmosphérique
at•om ['ætəm] atome *m*
'at•om bomb bombe *f* atomique
a•tom•ic [ə'tɑːmɪk] *adj* atomique
a•tom•ic 'en•er•gy énergie *f* atomique
a•tom•ic 'waste déchets *mpl* nucléaires
a•tom•iz•er ['ætəmaɪzər] atomiseur *m*
◆ **a•tone for** [ə'toʊn] *v/t sins*, *mistake* racheter
a•tro•cious [ə'troʊʃəs] *adj* F (*very bad*) atroce
a•troc•i•ty [ə'trɑːsətɪ] atrocité *f*
at•tach [ə'tæʧ] *v/t* attacher; ***be attached to*** *emotionally* être attaché à
at•tach•ment [ə'tæʧmənt] *fondness* attachement *m*; *to e-mail* fichier *m* joint
at•tack [ə'tæk] **1** *n* attaque *f* **2** *v/t* attaquer
at•tempt [ə'tempt] **1** *n* tentative *f* **2** *v/t* essayer; ***attempt to do sth*** essayer de faire qch
at•tend [ə'tend] *v/t* assister à; *school* aller à
◆ **attend to** *v/t* s'occuper de
at•tend•ance [ə'tendəns] *at meeting*, *wedding etc* présence *f*
at•tend•ant [ə'tendənt] *in museum etc* gardien(ne) *m(f)*
at•ten•tion [ə'tenʃn] attention *f*; ***bring sth to s.o.'s attention*** attirer l'attention de qn sur qch; ***your attention please*** votre attention s'il vous plaît; ***pay attention*** faire attention
at•ten•tive [ə'tentɪv] *adj* attentif*
at•tic ['ætɪk] grenier *m*
at•ti•tude ['ætɪtuːd] attitude *f*
attn *abbr* (***= for the attention of***) à l'attention de
at•tor•ney [ə'tɜːrnɪ] avocat *m*; ***power of attorney*** procuration *f*
at•tract [ə'trækt] *v/t* attirer; ***be attracted to s.o.*** être attiré par qn
at•trac•tion [ə'trækʃn] *of job*, *doing sth* attrait *m*; *romantic* attirance *f*; *in city*, *touristic* attraction *f*
at•trac•tive [ə'træktɪv] *adj person* attirant; *idea*, *proposal*, *city* attrayant
at•trib•ute[1] [ə'trɪbjuːt] *v/t* attribuer (***to*** à)
at•trib•ute[2] ['ætrɪbjuːt] *n* attribut *m*
au•ber•gine ['oʊbərʒiːn] *Br* aubergine *f*
auc•tion ['ɒːkʃn] **1** *n* vente *f* aux enchères **2** *v/t* vendre aux enchères
◆ **auction off** *v/t* mettre aux enchères
auc•tion•eer [ɒːkʃə'nɪr] commissaire-priseur *m*
au•da•cious [ɒː'deɪʃəs] *adj* audacieux*
au•dac•i•ty [ɒː'dæsətɪ] audace *f*
au•di•ble ['ɒːdəbl] *adj* audible
au•di•ence ['ɒːdɪəns] public *m*
au•di•o ['ɒːdɪoʊ] *adj* audio
au•di•o'vi•su•al *adj* audiovisuel*
au•dit ['ɒːdɪt] **1** *n* FIN audit *m* **2** *v/t* FIN contrôler, vérifier; *course* suivre en auditeur libre
au•di•tion [ɒː'dɪʃn] **1** *n* audition *f* **2** *v/i* passer une audition
au•di•tor ['ɒːdɪtər] auditeur(-trice) *m(f)*; *at course* auditeur(-trice) *m(f)* libre
au•di•to•ri•um [ɒːdɪ'tɔːrɪəm] *of theater etc* auditorium *m*
Au•gust ['ɒːgəst] août
aunt [ænt] tante *f*
au pair [oʊ'per] jeune fille *f* au pair
au•ra ['ɒːrə] aura *f*
aus•pic•es ['ɒːspɪsɪz]: ***under the auspices of*** sous les auspices de
aus•pi•cious [ɒː'spɪʃəs] *adj* favorable
aus•tere [ɒː'stiːr] *adj* austère
aus•ter•i•ty [ɒːs'terətɪ] *economic* austérité *f*
Aus•tra•li•a [ɒː'streɪlɪə] Australie *f*
Aus•tra•li•an [ɒː'streɪlɪən] **1** *adj* australien* **2** *n* Australien(ne) *m(f)*
Aus•tri•a ['ɒːstrɪə] Autriche *f*
Aus•tri•an ['ɒːstrɪən] **1** *adj* autrichien* **2** *n* Autrichien(ne) *m(f)*
au•then•tic [ɒː'θentɪk] *adj* authentique

au•then•tic•i•ty [ɒːθen'tɪsətɪ] authenticité *f*
au•thor ['ɒːθər] auteur *m*
au•thor•i•tar•i•an [əθɑːrɪ'terɪən] *adj* autoritaire
au•thor•i•ta•tive [ə'θɑːrɪtətɪv] *adj source* qui fait autorité; *person, manner* autoritaire
au•thor•i•ty [ə'θɑːrətɪ] autorité *f*; (*permission*) autorisation *f*; ***be an authority on*** être une autorité en matière de; ***the authorities*** les autorités *fpl*
au•thor•i•za•tion [ɒːθəraɪ'zeɪʃn] autorisation *f*
au•thor•ize ['ɒːθəraɪz] *v/t* autoriser; ***be authorized to do sth*** avoir l'autorisation officielle de faire qch
au•tis•tic [ɒː'tɪstɪk] *adj* autiste
au•to•bi•og•ra•phy [ɒːtəbaɪ'ɑːgrəfɪ] autobiographie *f*
au•to•crat•ic [ɒːtə'krætɪk] *adj* autocratique
au•to•graph ['ɒːtəgræf] *n* autographe *m*
au•to•mate ['ɒːtəmeɪt] *v/t* automatiser
au•to•mat•ic [ɒːtə'mætɪk] **1** *adj* automatique **2** *n car* automatique *f*; *gun* automatique *m*
au•to•mat•i•cal•ly [ɒːtə'mætɪklɪ] *adv* automatiquement
au•to•ma•tion [ɒːtə'meɪʃn] automatisation *f*
au•to•mo•bile ['ɒːtəmoʊbiːl] automobile *f*
'au•to•mo•bile in•dus•try industrie *f* automobile
au•ton•o•mous [ɒː'tɑːnəməs] *adj* autonome
au•ton•o•my [ɒː'tɑːnəmɪ] autonomie *f*
au•to•pi•lot ['ɒːtoʊpaɪlət] pilotage *m* automatique
au•top•sy ['ɒːtɑːpsɪ] autopsie *f*
au•tumn ['ɒːtəm] *Br* automne *m*
aux•il•ia•ry [ɒːg'zɪljərɪ] *adj* auxiliaire
a•vail [ə'veɪl] **1** *n*: ***to no avail*** en vain **2** *v/t*: ***avail o.s. of*** *offer, opportunity* saisir
a•vai•la•ble [ə'veɪləbl] *adj* disponible; ***make sth available for s.o.*** mettre qch à la disposition de qn
av•a•lanche ['ævəlænʃ] avalanche *f*
av•a•rice ['ævərɪs] avarice *m*
a•venge [ə'vendʒ] *v/t* venger
av•e•nue ['ævənuː] avenue *f*; ***explore all avenues*** *fig* explorer toutes les possibilités
av•e•rage ['ævərɪdʒ] **1** *adj* (*also mediocre*) moyen* **2** *n* moyenne *f*; ***above/ below average*** au-dessus / au-dessous de la moyenne; ***on average*** en moyenne **3** *v/t*: ***I average six hours of sleep a night*** je dors en moyenne six heures par nuit
◆ **average out** *v/t* faire la moyenne de
◆ **average out at** *v/t* faire une moyenne de
a•verse [ə'vɜːrs] *adj*: ***not be averse to*** ne rien avoir contre
a•ver•sion [ə'vɜːrʃn] aversion *f* (***to*** pour)
a•vert [ə'vɜːrt] *v/t one's eyes* détourner; *crisis* empêcher
a•vi•a•tion [eɪvɪ'əɪʃn] aviation *f*
av•id ['ævɪd] *adj* avide
av•o•ca•do [ɑːvə'kɑːdoʊ] *fruit* avocat *m*
a•void [ə'vɔɪd] *v/t* éviter
a•void•a•ble [ə'vɔɪdəbl] *adj* évitable
a•wait [ə'weɪt] *v/t* attendre
a•wake [ə'weɪk] *adj* éveillé; ***it's keeping me awake*** ça m'empêche de dormir
a•ward [ə'wɔːrd] **1** *n* (*prize*) prix *m* **2** *v/t* décerner; *as damages* attribuer
a'wards ce•re•mo•ny cérémonie *f* de remise des prix; EDU cérémonie *f* de remise des diplômes
a•ware [ə'wer] *adj*: ***be aware of sth*** avoir conscience de qch; ***become aware of sth*** prendre conscience de qch
a•ware•ness [ə'wernɪs] conscience *f*
a•way [ə'weɪ]: *adv*: ***be away*** être absent, ne pas être là; ***walk away*** s'en aller; ***look away*** tourner la tête; ***it's 2 miles away*** c'est à 2 miles d'ici; ***Christmas is still six weeks away*** il reste encore six semaines avant Noël; ***take sth away from s.o.*** enlever qch à qn; ***put sth away*** ranger qch
a'way game SP match *m* à l'extérieur
awe [ɒː] émerveillement *m*; *worshipful* révérence *f*
awe•some ['ɒːsəm] *adj* F (*terrific*) super F *inv*
aw•ful ['ɒːfəl] *adj* affreux*
aw•ful•ly ['ɒːfəlɪ] *adv* F *windy, expensive* terriblement; *pretty, nice, rich* drôlement
awk•ward ['ɒːkwərd] *adj* (*clumsy*) maladroit; (*difficult*) difficile; (*embarrassing*) gênant; ***feel awkward*** se sentir mal à l'aise; ***arrive at an awkward time*** arriver mal à propos
awn•ing ['ɒːnɪŋ] store *m*
ax, *Br* **axe** [æks] **1** *n* hache *f* **2** *v/t project* abandonner; *budget* faire des coupures dans; *job* supprimer
ax•le ['æksl] essieu *m*

B

BA [biːˈeɪ] *abbr* (**= *Bachelor of Arts***) *licence d'arts et lettres*
ba•by [ˈbeɪbɪ] *n* bébé *m*
ˈ**ba•by boom** baby-boom *m*
ba•by car•riage [ˈbeɪbɪkærɪdʒ] landau *m*
ba•by•ish [ˈbeɪbɪɪʃ] *adj* de bébé
ˈ**ba•by-sit** *v/i* (*pret & pp* ***-sat***) faire du baby-sitting
ba•by-sit•ter [ˈbeɪbɪsɪtər] baby-sitter *m/f*
bach•e•lor [ˈbætʃələr] célibataire *m*
back [bæk] **1** *n of person, animal, hand, sweater, dress* dos *m*; *of chair* dossier *m*; *of wardrobe, drawer* fond *m*; *of house* arrière *m*; SP arrière *m*; ***in back (of the car)*** à l'arrière (de la voiture); ***at the back of the bus*** à l'arrière du bus; ***at the back of the book*** à la fin du livre; ***back to front*** à l'envers; ***at the back of beyond*** en pleine cambrousse F **2** *adj door, steps* de derrière; *wheels, legs, seat* arrière *inv*; ***back road*** petite route *f* **3** *adv*: ***please move / stand back*** reculez / écartez-vous s'il vous plaît; ***2 metres back from the edge*** à 2 mètres du bord; ***back in 1935*** en 1935; ***give sth back to s.o.*** rendre qch à qn; ***she'll be back tomorrow*** elle sera de retour demain; ***when are you coming back?*** quand est-ce que tu reviens?; ***take sth back to the shop*** *because unsatisfactory* ramener qch au magasin; ***they wrote / phoned back*** ils ont répondu à la lettre / ont rappelé; ***he hit me back*** il m'a rendu mon coup **4** *v/t* (*support*) soutenir; *car* faire reculer; *horse in race* miser sur **5** *v/i of driver* faire marche arrière
◆ **back away** *v/i* s'éloigner à reculons
◆ **back down** *v/i* faire marche arrière
◆ **back off** *v/i* reculer
◆ **back onto** *v/t* donner à l'arrière sur
◆ **back out** *v/i of commitment* se dégager
◆ **back up 1** *v/t* (*support*) soutenir; *file* sauvegarder; ***be backed up*** *of traffic* être ralenti **2** *v/i in car* reculer
ˈ**back•ache** mal *m* de dos
ˈ**back•bit•ing** médisances *fpl*
ˈ**back•bone** ANAT colonne *f* vertébrale; *fig* (*courage*) caractère *m*; *fig* (*mainstay*) pilier *m*
ˈ**back-break•ing** *adj* éreintant
back ˈburn•er: ***put sth on the back burner*** mettre qch en veilleuse
ˈ**back•date** *v/t* antidater
ˈ**back•door** porte *f* arrière
back•er [ˈbækər] producteur(-trice) *m(f)*
ˈ**back•fire** *v/i fig* se retourner (***on*** contre)
ˈ**back•ground** *of picture* arrière-plan *m*; *social* milieu *m*; *of crime* contexte *m*; ***her educational background*** sa formation; ***his work background*** son expérience professionnelle
ˈ**back•hand** *in tennis* revers *m*
ˈ**back•ing** [ˈbækɪŋ] (*support*) soutien *m*; MUS accompagnement *m*
ˈ**back•ing group** MUS groupe *m* d'accompagnement
ˈ**back•lash** répercussion(s) *f(pl)*
ˈ**back•log** retard *m* (***of*** dans)
ˈ**back•pack 1** *n* sac *m* à dos **2** *v/i* faire de la randonnée
ˈ**back•pack•er** randonneur(-euse) *m(f)*
ˈ**back•pack•ing** randonnée *f*
ˈ**back•ped•al** *v/i fig* faire marche arrière
ˈ**back seat** *of car* siège *m* arrière
ˈ**back•space (key)** touche *f* d'espacement arrière
ˈ**back•stairs** *npl* escalier *m* de service
ˈ**back streets** *npl* petites rues *fpl*; *poor area* bas-fonds *mpl*, quartiers *mpl* pauvres
ˈ**back•stroke** SP dos *m* crawlé
ˈ**back•track** *v/i* retourner sur ses pas
ˈ**back•up** (*support*) renfort *m*; COMPUT copie *f* de sauvegarde; ***take a backup*** COMPUT faire une copie de sauvegarde
ˈ**back•up disk** COMPUT disquette *f* de sauvegarde
back•ward [ˈbækwərd] **1** *adj child* attardé; *society* arriéré; *glance* en arrière **2** *adv* en arrière
backˈyard arrière-cour *f*; ***Mexico is the United States' backyard*** Mexico est à la porte des États-Unis
ba•con [ˈbeɪkn] bacon *m*
bac•te•ri•a [bækˈtɪrɪə] *npl* bactéries *fpl*
bad [bæd] *adj* mauvais; *person* méchant; (*rotten*) avarié; ***go bad*** s'avarier; ***it's not bad*** c'est pas mal; ***that's really too bad*** (*a shame*) c'est vraiment dommage; ***feel bad about sth*** (*guilty*) s'en vouloir de qch; ***I feel bad about it*** je m'en veux; ***be bad at sth*** être mauvais en qch; ***be bad at doing sth*** avoir du mal à faire qch; ***Friday's bad, how about Thursday?*** vendredi ne va pas, et jeudi?
bad ˈdebt mauvaise créance *f*
badge [bædʒ] insigne *f*
bad•ger [ˈbædʒər] *v/t* harceler

bad 'lan•guage grossièretés *fpl*
bad•ly ['bædlɪ] *adv* mal; *injured* grièvement; *damaged* sérieusement; ***badly behaved*** mal élevé; ***do badly*** mal réussir; ***he badly needs a haircut / rest*** il a grand besoin d'une coupe de cheveux / de repos; ***he is badly off*** (*poor*) il n'est pas fortuné
bad-man•nered [bæd'mænərd] *adj* mal élevé
bad•min•ton ['bædmɪntən] badminton *m*
bad-tem•pered [bæd'tempərd] *adj* de mauvaise humeur
baf•fle ['bæfl] *v/t* déconcerter; ***be baffled*** être perplexe
baf•fling ['bæflɪŋ] *adj* déconcertant
bag [bæg] *of plastic, leather, woman's* sac *m*; (*piece of baggage*) bagage *m*
bag•gage ['bægɪdʒ] bagages *mpl*
'bag•gage car RAIL fourgon *m* (à bagages)
'bag•gage cart chariot *m* à bagages
'bag•gage check contrôle *m* des bagages
bag•gage re•claim ['riːkleɪm] remise *f* des bagages
bag•gy ['bægɪ] *adj too big* flottant; *fashionably* large
bail [beɪl] *n* LAW caution *f*; ***be out on bail*** être en liberté provisoire sous caution
◆ **bail out 1** *v/t* LAW se porter caution pour; *fig*: *company etc* tirer d'affaire **2** *v/i from airplane* sauter en parachute
bait [beɪt] *n* appât *m*
bake [beɪk] *v/t* cuire au four
baked 'beans [beɪkt] *npl* haricots *mpl* blancs à la sauce tomate
baked po'ta•to pomme *f* de terre au four
bak•er ['beɪkər] boulanger(-ère) *m*(*f*)
bak•er•y ['beɪkərɪ] boulangerie *f*
bak•ing pow•der ['beɪkɪŋ] levure *f* (chimique)
bal•ance ['bæləns] **1** *n* équilibre *m*; (*remainder*) reste *m*; *of bank account* solde *m* **2** *v/t* mettre en équilibre; ***balance the books*** balancer les livres **3** *v/i* rester en équilibre; *of accounts* équilibrer
bal•anced ['bælənst] *adj* (*fair*) objectif*; *diet, personality* équilibré
bal•ance of 'pay•ments balance *f* des paiements
bal•ance of 'trade balance *f* commerciale
'bal•ance sheet bilan *m*
bal•co•ny ['bælkənɪ] balcon *m*
bald [bɒːld] *adj* chauve
bald•ing ['bɒːldɪŋ] *adj* qui commence à devenir chauve
Bal•kan ['bɒːlkən] *adj* balkanique
Bal•kans ['bɒːlkənz] *npl*: ***the Balkans*** les Balkans *mpl*
ball[1] [bɒːl] *for soccer, baseball, basketball etc* ballon *m*; *for tennis, golf* balle *f*; ***be on the ball*** *fig* F : *know one's stuff* connaître son affaire; ***I'm not on the ball today*** je ne suis pas dans mon assiette aujourd'hui F; ***play ball*** *fig* coopérer; ***the ball's in his court*** la balle est dans son camp
ball[2] [bɒːl] *dance* bal *m*
bal•lad ['bæləd] ballade *f*
ball 'bear•ing roulement *m* à billes
bal•le•ri•na [bælə'riːnə] ballerine *f*
bal•let [bæ'leɪ] ballet *m*
bal'let danc•er danceur(-euse) *m*(*f*) de ballet
'ball game match *m* de baseball; ***that's a different ball game*** F c'est une tout autre histoire F
bal•lis•tic mis•sile [bə'lɪstɪk] missile *m* balistisque
bal•loon [bə'luːn] *child's* ballon *m*; *for flight* montgolfière *f*
bal•loon•ist [bə'luːnɪst] aéronaute *m/f*
bal•lot ['bælət] **1** *n* vote *m* **2** *v/t members* faire voter
'bal•lot box urne *f*
'bal•lot pa•per bulletin *m* de vote
'ball•park terrain *m* de baseball; ***be in the right ballpark*** F ne pas être loin; ***we're not in the same ballpark*** F on n'est pas du même monde
'ball•park fig•ure F chiffre *m* en gros
'ball•point (pen) stylo *m* bille
balls [bɒːlz] *npl* V (*also*: *courage*) couilles *fpl* V
bam•boo [bæm'buː] *n* bambou *m*
ban [bæn] **1** *n* interdiction *f* **2** *v/t* (*pret & pp* **-ned**) interdire
ba•nal [bə'næl] *adj* banal
ba•na•na [bə'nænə] banane *f*
band [bænd] MUS *brass* orchestre *m*; *pop* groupe *m*; *of material* bande *f*
ban•dage ['bændɪdʒ] **1** *n* bandage *m* **2** *v/t* faire un bandage à
'Band-Aid® sparadrap *m*
B&B [biːn'biː] *abbr* (**= *bed and breakfast***) bed and breakfast *m*
ban•dit ['bændɪt] bandit *m*
'band•wag•on: ***jump on the bandwagon*** prendre le train en marche
ban•dy ['bændɪ] *adj legs* arqué
bang [bæŋ] **1** *n noise* boum *m*; (*blow*) coup *m* **2** *v/t door* claquer; (*hit*) cogner **3** *v/i* claquer; ***the shutter banged shut*** le volet s'est fermé en claquant
ban•gle ['bæŋgl] bracelet *m*
bangs [bæŋʒ] *npl* frange *f*
ban•is•ters ['bænɪstərz] *npl* rampe *f*
ban•jo ['bændʒoʊ] banjo *m*
bank[1] [bæŋk] *of river* bord *m*, rive *f*

bank² [bæŋk] **1** *n* FIN banque *f* **2** *v/i*: ***bank with*** être à **3** *v/t money* mettre à la banque
◆**bank on** *v/t* compter avoir; ***don't bank on it*** ne compte pas trop là-dessus; ***bank on s.o. doing sth*** compter sur qn pour faire qch
'**bank ac•count** compte *m* en banque
'**bank bal•ance** solde *m* bancaire
'**bank bill** billet *m* de banque
bank•er ['bæŋkər] banquier(-ière) *m(f)*
'**bank•er's card** carte *f* d'identité bancaire
bank•ing ['bæŋkɪŋ] banque *f*
'**bank loan** emprunt *m* bancaire
'**bank man•ag•er** directeur(-trice) *m(f)* de banque
'**bank rate** taux *m* bancaire
'**bank•roll** *v/t* F financer
bank•rupt ['bæŋkrʌpt] **1** *adj* en faillite; ***go bankrupt*** faire faillite **2** *v/t* faire faire faillite à
bank•rupt•cy ['bæŋkrʌpsɪ] faillite *f*
'**bank state•ment** relevé *m* bancaire
ban•ner ['bænər] bannière *f*
banns [bænz] *npl Br* bans *mpl*
ban•quet ['bæŋkwɪt] *n* banquet *m*
ban•ter ['bæntər] *n* plaisanteries *fpl*
bap•tism ['bæptɪzm] baptême *m*
bap•tize [bæp'taɪz] *v/t* baptiser
bar¹ [bɑːr] *n of iron, chocolate* barre *f*; *for drinks, counter* bar *m*; ***a bar of soap*** une savonnette; ***be behind bars*** être derrière les barreaux
bar² [bɑːr] *v/t* (*pret & pp* ***-red***) exclure
bar³ [bɑːr] *prep* (*except*) sauf
bar•bar•i•an [bɑːr'berɪən] *also fig* barbare *m/f*
bar•ba•ric [bɑːr'bærɪk] *adj* barbare
bar•be•cue ['bɑːrbɪkjuː] **1** *n* barbecue *m* **2** *v/t* cuire au barbecue
barbed 'wire [bɑːrbd] fil *m* barbelé
bar•ber ['bɑːrbər] coiffeur *m*
bar•bi•tu•rate [bɑːr'bɪtjərət] barbiturique *m*
'**bar code** code *m* barre
bare [ber] *adj* (*naked*), *mountainside*, *floor* nu; *room*, *shelves* vide; ***in your / their bare feet*** pieds nus
'**bare•foot** *adj*: ***be barefoot*** être pieds nus
bare-head•ed [ber'hedɪd]] *adj* tête nue
bare•ly ['berlɪ] *adv* à peine
bar•gain ['bɑːrgɪn] **1** *n* (*deal*) marché *m*; (*good buy*) bonne affaire *f*; ***it's a bargain!*** (*deal*) entendu!; ***into the bargain*** par-dessus le marché **2** *v/i* marchander
◆**bargain for** *v/t* (*expect*) s'attendre à; ***you might get more than you bargained for*** tu pourrais avoir une mauvaise surprise
barge [bɑːrdʒ] *n* NAUT péniche *f*
◆**barge into** *v/t* se heurter contre; (*enter quickly and noisily*) faire irruption dans
bar•i•tone ['bærɪtoʊn] *n* baryton *m*
bark¹ [bɑːrk] **1** *n of dog* aboiement *m* **2** *v/i* aboyer
bark² [bɑːrk] *of tree* écorce *f*
bar•ley ['bɑːrlɪ] orge *f*
barn [bɑːrn] grange *f*
ba•rom•e•ter [bə'rɑːmɪtər] *also fig* baromètre *m*
Ba•roque [bə'rɑːk] *adj* baroque
bar•racks ['bærəks] *npl* MIL caserne *f*
bar•rage [bə'rɑːʒ] MIL barrage *m*; *fig* flot *m*
bar•rel ['bærəl] *container* tonneau *m*
bar•ren ['bærən] *adj land* stérile
bar•rette [bə'ret] barrette *f*
bar•ri•cade [bærɪ'keɪd] *n* barricade *f*
bar•ri•er ['bærɪər] *also fig* barrière *f*; ***language barrier*** barrière linguistique
bar•ring ['bɑːrɪŋ] *prep*: ***barring accidents*** sauf accident
bar•row ['bæroʊ] brouette *f*
'**bar tend•er** barman *m*, barmaid *f*
bar•ter ['bɑːrtər] **1** *n* troc *m* **2** *v/t* troquer (***for*** contre)
base [beɪs] **1** *n* (*bottom*: *of spine*; *center*, MIL) base *f*; *of vase* dessous *m* **2** *v/t* baser (***on*** sur); ***be based in France / Paris*** *of employee etc* être basé en France/à Paris
'**base•ball** *game* baseball *m*; *ball* balle *f* de baseball
'**base•ball bat** batte *f* de baseball
'**base•ball cap** casquette *f* de baseball
'**base•ball play•er** joueur(-euse) *m(f)* de baseball
'**base•board** plinthe *f*
base•less ['beɪslɪs] *adj* sans fondement
base•ment ['beɪsmənt] sous-sol *m*
'**base rate** FIN taux *m* de base
bash [bæʃ] **1** *n* F coup *m* **2** *v/t* F cogner
ba•sic ['beɪsɪk] *adj* (*rudimentary*: *idea*) rudimentaire; *knowledge*, *hotel* rudimentaire; (*fundamental*: *beliefs*) de base, fondamental; *salary* de base
ba•sic•al•ly ['beɪsɪklɪ] *adv* au fond, en gros
ba•sics ['beɪsɪks] *npl*: ***the basics*** les bases *fpl*; ***get down to basics*** en venir au principal
bas•il ['bæzɪl] basilic *m*
ba•sin ['beɪsn] *for washing dishes* bassine *f*; *in bathroom* lavabo *m*
ba•sis ['beɪsɪs] (*pl* ***bases*** ['beɪsiːz]) base *f*; *of argument* fondement *m*
bask [bæsk] *v/i* se dorer
bas•ket ['bæskɪt] *for shopping*, *in basketball* panier *m*

'bas•ket•ball *game* basket(ball) *m*; ***basketball player*** joueur(euse) *m(f)* de basket(-ball)
bass [beɪs] **1** *adj part, accompaniment* de basse; ***bass clef*** clef *f* de fa **2** *n part, singer, instrument* basse *f*; ***double bass*** contrebasse *f*; ***bass guitar*** basse *f*
bas•tard ['bæstərd] F salaud(e) *m(f)* F; ***poor / stupid bastard*** pauvre couillon *m* F
bat[1] [bæt] **1** *n for baseball* batte *f*; *for table tennis* raquette *f* **2** *v/i* (*pret & pp* ***-ted***) *in baseball* batter
bat[2] [bæt] *v/t* (*pret & pp* ***-ted***): ***he didn't bat an eyelid*** il n'a pas sourcillé
bat[3] [bæt] *animal* chauve-souris *f*
batch [bætʃ] *n of students, data, goods T* lot *m*; *of bread* fournée *f*
ba•ted ['beɪtɪd] *adj*: ***with bated breath*** en retenant son souffle
bath [bæθ] (*bathtub*) baignoire *f*; ***have a bath, take a bath*** prendre un bain
bathe [beɪð] **1** *v/i* (*have a bath*) se baigner **2** *v/t child* faire prendre un bain à
'bath mat tapis *m* de bain
'bath•robe peignoir *m*
'bath•room salle *f* de bains; *toilet* toilettes *fpl*
'bath tow•el serviette *f* de bain
'bath•tub baignoire *f*
bat•on ['bətɑːn] *of conductor* baguette *f*
bat•tal•i•on [bə'tælɪən] MIL bataillon *m*
bat•ter[1] ['bætər] *n for making cakes, pancakes etc* pâte *f* lisse; *for deepfrying* pâte *f* à frire
bat•ter[2] ['bætər] *n in baseball* batteur *m*
bat•tered ['bætərd] *adj wife, children* battu
bat•ter•y ['bætərɪ] *in watch, toy etc* pile *f*; MOT batterie *f*
bat•ter•y charg•er ['tʃɑːrdʒər] chargeur *m* (de batterie)
bat•ter•y-op•e•rat•ed ['bætərɪɑːpəreɪtɪd] *adj* à piles
bat•tle ['bætl] **1** *n* bataille *f*; *fig* lutte *f*, combat *m* **2** *v/i against illness etc* se battre, lutter
'bat•tle•field, **'bat•tle•ground** champ *m* de bataille
'bat•tle•ship cuirassé *m*
bawd•y ['bɒːdɪ] *adj* paillard
bawl [bɒːl] *v/i* brailler
◆ **bawl out** *v/t* F engueuler F
bay [beɪ] (*inlet*) baie *f*
Bay of Bis•cay ['bɪskeɪ] Golfe *m* de Gascogne
bay•o•net ['beɪənet] *n* bayonnette *f*
bay 'win•dow fenêtre *f* en saillie
BC [biː'siː] *abbr* (***= before Christ***) av. J.-C.
be [biː] *v/i* (*pret* ***was / were***, *pp* ***been***) ◇ être; ***be 15*** avoir 15 ans; ***it's me*** c'est moi; ***was she there?*** est-ce qu'elle était là?; ***how much is …?*** combien coûte …?; ***there is / are*** il y a; ***be careful*** sois prudent; (*polite or plural*) soyez prudent; ***don't be sad*** ne sois / soyez pas triste; ***he's very well*** il va très bien; ***how are you?*** comment ça va?
◇ **:** ***has the mailman been?*** est-ce que le facteur est passé?; ***I've never been to Japan*** je ne suis jamais allé au Japon; ***I've been here for hours*** je suis ici depuis des heures
◇ *tags*: ***that's right, isn't it?*** c'est juste, n'est-ce pas?; ***she's American, isn't she?*** elle est américaine, n'est-ce pas?
◇ *v/aux*: ***I am thinking*** je pense; ***he was running*** il courrait; ***stop being stupid*** arrête de faire l'imbécile; ***he was just being sarcastic*** il faisait juste de l'ironie; ***I have been looking at your file*** j'ai jeté un œil à votre fichier
◇ *obligation*: ***you are to do what I tell you*** vous devez faire ce que je vous dis; ***I was to tell you this*** je devais vous dire ceci; ***you were not to tell anyone*** vous ne deviez rien dire à personne
◇ *passive*: ***he was killed*** il a été tué; ***they have been sold*** ils ont été vendus; ***it hasn't been decided*** on n'a encore rien décidé
◆ **be in for** *v/t* aller avoir; ***he's in for it!*** F il va se faire engueuler F
beach [biːtʃ] *n* plage *f*
'beach ball ballon *m* de plage
'beach•wear vêtements *mpl* de plage
beads [biːdz] *npl necklace* collier *m* de perles
beak [biːk] bec *m*
'be-all: ***the be-all and end-all*** *aim* le but suprême; ***she thinks he's the be-all and end-all*** pour elle c'est le centre du monde
beam [biːm] **1** *n in ceiling etc* poutre *f* **2** *v/i* (*smile*) rayonner **3** *v/t* (*transmit*) transmettre
bean [biːn] haricot *m*; *of coffee* grain *m*; ***be full of beans*** F péter la forme F
'bean•bag *seat* fauteuil *m* poire
bear[1] [ber] *n animal* ours *m*
bear[2] [ber] **1** *v/t* (*pret* ***bore***, *pp* ***borne***) *weight* porter; *costs* prendre en charge; (*tolerate*) supporter; *child* donner naissance à; ***she bore him six children*** elle lui a donné six enfants **2** *v/i* (*pret* ***bore***, *pp* ***borne***) (*weigh*) peser; ***bring pressure to bear on*** exercer une pression sur; ***bear***

left / right prendre à gauche / droite
◆ **bear out** *v/t* (*confirm*) confirmer; ***bear s.o. out*** confirmer ce que qn a dit
bear•a•ble ['berəbl] *adj* supportable
beard [bɪrd] barbe *f*
beard•ed ['bɪrdɪd] *adj* barbu
bear•ing ['berɪŋ] *in machine* roulement *m*; ***that has no bearing on the situation*** cela n'a aucun rapport avec la situation
'**bear mar•ket** FIN baissier *m*
beast [bi:st] bête *f*; (*fig*: *nasty person*) peau *f* de vache
beat [bi:t] **1** *n of heart* battement *m*, pulsation *f*; *of music* mesure *f* **2** *v/i* (*pret* ***beat***, *pp* ***beaten***) *of heart* battre; *of rain* s'abattre; ***beat about the bush*** tourner autour du pot **3** *v/t* (*pret* ***beat***, *pp* ***beaten***) *in competition* battre; (*hit*) battre; (*pound*) frapper; ***beat it!*** F filez! F; ***it beats me*** F je ne pige pas F
◆ **beat up** *v/t* tabasser
beat•en ['bi:tən] **1** *pp* → ***beat*** **2** *adj*: ***off the beaten track*** à l'écart; ***off the beaten track***: ***go somewhere off the beaten track*** sortir des sentiers battus
beat•ing ['bi:tɪŋ] *physical* raclée *f*
'**beat-up** *adj* F déglingué F
beau•ti•cian [bju:'tɪʃn] esthéticien (ne) *m*(*f*)
beau•ti•ful ['bju:təfəl] *adj* beau*; ***thanks, that's just beautiful!*** merci, c'est magnifique!
beau•ti•ful•ly ['bju:tɪfəlɪ] *adv* admirablement
beaut•y ['bju:tɪ] beauté *f*
'**beaut•y par•lor** ['pɑ:rlər] institut *m* de beauté
bea•ver ['bi:vər] castor *m*
◆ **beaver away** *v/i* F bosser dur F
be•came [bɪ'keɪm] *pret* → ***become***
be•cause [bɪ'kɑ:z] *conj* parce que; ***because of*** à cause de
beck•on ['bekn] *v/i* faire signe (***to s.o.*** à qn)
be•come [bɪ'kʌm] *v/i* (*pret* ***became***, *pp* ***become***) devenir; ***what's become of her?*** qu'est-elle devenue?
be•com•ing [bɪ'kʌmɪŋ] *adj hat etc* seyant; ***it looks very becoming on you*** ça te va très bien
bed [bed] *n also of sea*, *river* lit *m*; *of flowers* parterre *m*; ***he's still in bed*** il est toujours au lit; ***go to bed*** aller se coucher; ***go to bed with s.o.*** coucher avec qn
'**bed•clothes** *npl* draps *mpl* de lit
bed•ding ['bedɪŋ] literie *f*
bed•lam ['bedləm] bazar *m*
bed•rid•den ['bedrɪdən] *adj* cloué au lit
'**bed•room** chambre *f* (à coucher)
'**bed•side**: ***be at the bedside of*** être au chevet de qn
'**bed•spread** couvre-lit *m*, dessus-de -lit *m*
'**bed•time** heure *f* du coucher
bee [bi:] abeille *f*
beech [bi:tʃ] hêtre *m*
beef [bi:f] **1** *n* bœuf *m*; F (*complaint*) plainte *f* **2** *v/i* F (*complain*) grommeler
◆ **beef up** *v/t* F étoffer
'**beef•bur•ger** steak *m* hâché
'**bee•hive** ruche *f*
'**bee•line**: ***make a beeline for*** aller droit vers
been [bɪn] *pp* → ***be***
beep [bi:p] **1** *n* bip *m* **2** *v/i* faire bip **3** *v/t* (*call on pager*) appeler sur son récepteur d'appels
beep•er ['bi:pər] récepteur *m* d'appels
beer [bɪr] bière *f*
beet [bi:t] betterave *f*
bee•tle ['bi:tl] coléoptère *m*, cafard *m*
be•fore [bɪfɔ:r] **1** *prep* avant; ***before signing it*** avant de le signer; ***before a vowel*** devant une voyelle **2** *adv* auparavant; (*already*) déjà; ***the week / day before*** la semaine / le jour d'avant **3** *conj* avant que (+ *subj*); ***before I could stop him*** avant que je (ne) puisse l'arrêter; ***before it's too late*** avant qu'il ne soit trop tard ◇ *with same subject*: ***I had a coffee before I left*** j'ai pris un café avant de partir
be'fore•hand *adv* à l'avance
be•friend [bɪ'frend] *v/t* se lier d'amitié avec; (*assist*) prendre sous son aile
beg [beg] **1** *v/i* (*pret & pp* ***-ged***) mendier **2** *v/t* (*pret & pp* ***-ged***): prier; ***beg s.o. to do sth*** prier qn de faire qch
be•gan [bɪ'gæn] *pret* → ***begin***
beg•gar ['begər] *n* mendiant(e) *m*(*f*)
be•gin [bɪ'gɪn] **1** *v/i* (*pret* ***began***, *pp* ***begun***) commencer; ***to begin with*** (*at first*) au début; (*in the first place*) d'abord **2** *v/t* (*pret* ***began***, *pp* ***begun***) commencer
be•gin•ner [bɪ'gɪnər] débutant(e) *m*(*f*)
be•gin•ning [bɪ'gɪnɪŋ] début *m*
be•grudge [bɪ'grʌdʒ] *v/t* (*envy*) envier (***s.o. sth*** qch à qn); (*give reluctantly*) donner à contre-cœur
be•gun [bɪ'gʌn] *pp* → ***begin***
be•half [bɪ'hɑ:f]: ***in*** *or* ***on behalf of*** au nom de, de la part de; ***on my / his behalf*** de ma / sa part
be•have [bɪ'heɪv] *v/i* se comporter; ***behave*** (***yourself***)***!*** sois sage!
be•hav•ior, *Br* **be•hav•iour** [bɪ'heɪvɪər] comportement *m*
be•hind [bɪ'haɪnd] **1** *prep* derrière; ***be behind sth*** (*responsible for*, *support*) être derrière qch; ***be behind s.o.*** (*support*)

être derrière qn **2** *adv* (*at the back*) à l'arrière; *leave*, *stay* derrière; ***be behind*** *in match* être derrière; ***be behind with sth*** être en retard dans qch

beige [beɪʒ] *adj* beige

be•ing ['biːɪŋ] (*creature*) être *m*; (*existence*) existence *f*

be•lat•ed [bɪ'leɪtɪd] *adj* tardif

belch [beltʃ] **1** *n* éructation *f*, rot m F **2** *v/i* éructer, roter F

Bel•gian ['beldʒən] **1** *adj* belge **2** *n* Belge *m/f*

Bel•gium ['beldʒəm] Belgique *f*

be•lief [bɪ'liːf] conviction *f*; REL *also* croyance *f*; *in person* foi *f* (***in*** en); ***it's my belief that …*** je crois que …

be•lieve [bɪ'liːv] *v/t* croire

◆ **believe in** *v/t God*, *person* croire en; *sth* croire à; ***I don't believe in hiding the truth from people*** je ne pense pas qu'il faille cacher la vérité aux gens

be•liev•er [bɪ'liːvər] *in God* croyant(e) *m(f)*; *fig*: *in sth* partisan(e) *m(f)* (***in*** de)

be•lit•tle [bɪ'lɪtl] *v/t* déprécier, rapetisser

bell [bel] *on bike*, *door* sonnette *f*; *in church* cloche *f*; *in school*: *electric* sonnerie *f*

'**bell•hop** groom *m*

bel•lig•er•ent [bɪ'lɪdʒərənt] *adj* belligérant

bel•low ['beloʊ] **1** *n* braillement *m*; *of bull* beuglement *m* **2** *v/i* brailler; *of bull* beugler

bel•ly ['belɪ] *of person* ventre *m*; (*fat stomach*) bedaine *f*; *of animal* panse *f*

'**bel•ly•ache** *v/i* F rouspéter F

be•long [bɪ'lɒːŋ] *v/i*: ***where does this belong?*** où cela se place-t-il?; ***I don't belong here*** je n'ai pas ma place ici

◆ **belong to** *v/t of object* appartenir à; *club*, *organization* faire partie de

be•long•ings [bɪ'lɒːŋɪŋz] *npl* affaires *fpl*

be•lov•ed [bɪ'lʌvɪd] *adj* bien-aimé

be•low [bɪ'loʊ] **1** *prep* au-dessous de; ***below freezing*** au-dessous de zéro **2** *adv* en bas, au-dessous; ***see below*** voir en bas; ***10 degrees below*** moins dix

belt [belt] *n* ceinture *f*; ***tighten one's belt*** *fig* se serrer la ceinture

bench [bentʃ] *seat* banc *m*; *in lecture hall* gradin *m*

bench (*workbench*) établi *m*

'**bench•mark** référence *f*

bend [bend] **1** *n* tournant *m* **2** *v/t* (*pret & pp* ***bent***) *head* baisser; *arm*, *knees* plier; *metal*, *plastic* tordre **3** *v/i* (*pret & pp* ***bent***) *of road*, *river* tourner; *of person* se pencher; *of rubber etc* se plier

◆ **bend down** *v/i* se pencher

bend•er ['bendər] F soûlerie *f* F

be•neath [bɪ'niːθ] **1** *prep* sous; *in status* en dessous de **2** *adv* (au-)dessous

ben•e•fac•tor ['benɪfæktər] bienfaiteur(-trice) *m(f)*

ben•e•fi•cial [benɪ'fɪʃl] *adj* bénéfique

ben•e•fit ['benɪfɪt] **1** *n* bénéfice *m* **2** *v/t* bénéficier à **3** *v/i* bénéficier (***from*** de)

be•nev•o•lence [bɪ'nevələns] bienveillance *f*

be•nev•o•lent [bɪ'nevələnt] *adj* bienveillant

be•nign [bɪ'naɪn] *adj* doux; MED bénin

bent [bent] *pret & pp* → ***bend***

be•queath [bɪ'kwiːð] *v/t* léguer

be•quest [bɪ'kwest] legs *m*

be•reaved [bɪ'riːvd] **1** *adj* endeuillé **2** *npl*: **bereaved**; ***the bereaved*** la famille du défunt / de la défunte

be•ret [ber'eɪ] béret *m*

ber•ry ['berɪ] baie *f*

ber•serk [bər'zɜːrk] *adv*: ***go berserk*** F devenir fou* furieux*

berth [bɜːrθ] couchette *f*; *for ship* mouillage *m*; ***give s.o. a wide berth*** éviter qn

be•seech [bɪ'siːtʃ] *v/t*: ***beseech s.o. to do sth*** implorer qn de faire qch

be•side [bɪ'saɪd] *prep* à côté de; *work* aux côtés de; ***be beside o.s.*** être hors de soi; ***that's beside the point*** c'est hors de propos

be•sides [bɪ'saɪdz] **1** *adv* en plus, d'ailleurs **2** *prep* (*apart from*) à part, en dehors de

be•siege [bɪ'siːdʒ] *v/t fig* assiéger

best [best] **1** *adj* meilleur **2** *adv* le mieux; ***it would be best if …*** ce serait mieux si …; ***I like her best*** c'est elle que j'aime le plus **3** *n*: ***do one's best*** faire de son mieux; ***the best*** le mieux; (*outstanding thing or person*) le (la) meilleur(e) *m(f)*; ***make the best of it*** s'y accommoder; ***all the best!*** meilleurs vœux!; (*good luck*) bonne chance!

best be'fore date *for food* date *f* limite de consommation

best 'man *at wedding* garçon *m* d'honneur

'**best-sell•er** *book* best-seller *m*

bet [bet] **1** *n* pari *m* **2** *v/i* parier; ***you bet!*** évidemment! **3** *v/t* parier

be•tray [bɪ'treɪ] *v/t* trahir

be•tray•al [bɪ'treɪəl] trahison *f*

bet•ter ['betər] **1** *adj* meilleur; ***get better*** s'améliorer; ***he's getting better*** *in health* il va de mieux en mieux; ***he's better*** *in health* il va mieux **2** *adv* mieux; ***you'd better ask permission*** tu devrais demander la permission; ***I'd really better***

not je ne devrais vraiment pas; ***all the better for us*** tant mieux pour nous; ***I like her better*** je l'aime plus, je la préfère
bet•ter-'off *adj* (*richer*) plus aisé; ***you're better-off without them*** tu es bien mieux sans eux
be•tween [bɪ'twiːn] *prep* entre; ***between you and me*** entre toi et moi
bev•er•age ['bevərɪdʒ] *fml* boisson *f*
be•ware [bɪ'wer]: ***beware of*** méfiez-vous de, attention à; ***beware of the dog*** (attention) chien méchant!
be•wil•der [bɪ'wɪldər] *v/t* confondre, ahurir
be•wil•der•ment [bɪ'wɪldərmənt] confusion *f*, ahurissement *m*
be•yond [bɪ'jɑːnd] **1** *prep* au-delà de; ***it's beyond me*** (*I don't understand*) cela me dépasse; (*I can't do it*) c'est trop difficile pour moi; ***for reasons beyond my control*** pour des raisons indépendantes de ma volonté **2** *adv* au-delà
bi•as ['baɪəs] *n* parti *m* pris, préjugé *m*
bi•as(s)ed ['baɪəst] *adj* partial, subjectif*
bib [bɪb] *for baby* bavette *f*
Bi•ble ['baɪbl] Bible *f*
bib•li•cal ['bɪblɪkl] *adj* biblique
bib•li•og•ra•phy [bɪblɪ'ɑːgrəfɪ] bibliographie *f*
bi•car•bon•ate of so•da [baɪ'kɑːrbəneɪt] bicarbonate *m* de soude
bi•cen•ten•ni•al [baɪsen'teniəl] *bicentennial* bicentenaire *m*
bi•ceps ['baɪseps] *npl* biceps *m*
bick•er ['bɪkər] *v/i* se chamailler
bi•cy•cle ['baɪsɪkl] *n* bicyclette *f*
bid [bɪd] **1** *n at auction* enchère *m*; (*attempt*) tentative *f*; *in takeover* offre *f* **2** *v/i* (*pret & pp* ***bid***) *at auction* faire une enchère, faire une offre
bid•der ['bɪdər] enchérisseur(-euse) *m*(*f*)
bi•en•ni•al [baɪ'enɪəl] *adj* biennal
bi•fo•cals [baɪ'foʊkəlz] *npl* verres *mpl* à double foyer
big [bɪg] **1** *adj* grand; *sum of money, mistake* gros; ***a great big helping*** une grosse portion; ***my big brother / sister*** mon grand frère / ma grande sœur; ***big name*** grand nom *m* **2** *adv*: ***talk big*** se vanter
big•a•mist ['bɪgəmɪst] bigame *m/f*
big•a•mous ['bɪgəməs] *adj* bigame
big•a•my ['bɪgəmɪ] bigamie *f*
'big•head F crâneur(-euse) *m*(*f*) F
big-head•ed [bɪg'hedɪd] *adj* F crâneur* F
big•ot ['bɪgət] fanatique *m/f*, sectaire *m/f*
bike [baɪk] **1** *n* F vélo *m*; (*motorbike*) moto *f* **2** *v/i* F faire du vélo; *with motorbike* faire de la moto; ***bike to work*** aller au travail en vélo / moto
bik•er ['baɪkər] motard(e) *m*(*f*)
bi•ki•ni [bɪ'kiːnɪ] bikini *m*
bi•lat•er•al [baɪ'lætərəl] *adj* bilatéral
bi•lin•gual [baɪ'lɪŋgwəl] *adj* bilingue
bill [bɪl] **1** *n* facture *f*; *money* billet *m* (de banque); POL projet *m* de loi; (*poster*) affiche *f* **2** *v/t* (*invoice*) facturer
'bill•board panneau *m* d'affichage
'bill•fold portefeuille *m*
bil•liards ['bɪljərdz] *nsg* billard *m*
bil•lion ['bɪljən] milliard *m*
bill of ex'change FIN traite *f*, lettre *f* de change
bill of 'sale acte *m* de vente
bin [bɪn] *n for storage* boîte *f*
bi•na•ry ['baɪnərɪ] *adj* binaire
bind [baɪnd] *v/t* (*pret & pp* ***bound***) (*connect*) unir; (*tie*) attacher; LAW (*oblige*) obliger, engager
bind•ing ['baɪndɪŋ] **1** *adj agreement, promise* obligatoire **2** *n of book* reliure *f*
bi•noc•u•lars [bɪ'nɑːkjʊlərz] *npl* jumelles *fpl*
bi•o•chem•ist ['baɪoʊkemɪst] biochimiste *m/f*
bi•o•chem•is•try [baɪoʊ'kemɪstrɪ] biochimie *f*
bi•o•de•grad•able [baɪoʊdɪ'greɪdəbl] *adj* biodégradable
bi•og•ra•pher [baɪ'ɑːgrəfər] biographe *m/f*
bi•og•ra•phy [baɪ'ɑːgrəfɪ] biographie *f*
bi•o•log•i•cal [baɪoʊ'lɑːdʒɪkl] *adj* biologique
bi•ol•o•gist [baɪ'ɑːlədʒɪst] biologiste *m/f*
bi•ol•o•gy [baɪ'ɑːlədʒɪ] biologie *f*
bi•o•tech•nol•o•gy [baɪoʊtek'nɑːlədʒɪ] biotechnologie *f*
birch [bɜːrtʃ] bouleau *m*
bird [bɜːrd] oiseau *m*
'bird•cage cage *f* à oiseaux
bird of 'prey oiseau *m* de proie
'bird sanc•tu•a•ry réserve *f* d'oiseaux
bird's eye 'view vue *f* aérienne
birth [bɜːrθ] naissance *f*; (*labor*) accouchement *m*; ***give birth to*** *child* donner naissance à, mettre au monde; ***date of birth*** date *f* de naissance
'birth cer•tif•i•cate acte *m* de naissance
'birth con•trol contrôle *m* des naissances
'birth•day anniversaire *m*
'birthday; ***happy birthday!*** bon anniversaire!
'birth•mark tache *f* de naissance
'birth•place lieu *m* de naissance
'birth•rate natalité *f*
bis•cuit ['bɪskɪt] biscuit *m*
bi•sex•u•al ['baɪseksjʊəl] **1** *adj* bisexuel **2** *n* bisexuel(le) *m*(*f*)

bish•op ['bɪʃəp] REL évêque *m*
bit¹ [bɪt] *n* (*piece*) morceau *m*; (*part*: *of book*) passage *m*; (*part*: *of garden*, *road*) partie *f*; COMPUT bit *m*; ***a bit*** (*a little*) un peu; ***a bit of*** (*a little*) un peu de; ***you haven't changed a bit*** tu n'as pas du tout changé; ***a bit of a problem*** un petit problème; ***a bit of news*** une nouvelle; ***bit by bit*** peu à peu; ***I'll be there in a bit*** (*in a little while*) je serai là dans peu de temps
bit² [bɪt] *pret* → ***bite***
bitch [bɪtʃ] **1** *n dog* chienne *f*; F: *woman* garce *f* F **2** *v/i* F (*complain*) rouspéter F
bitch•y ['bɪtʃɪ] *adj* F vache F
bite [baɪt] **1** *n of dog*, *snake* morsure *f*; *of spider*, *mosquito*, *flea* piqûre *f*; *of food* morceau *m*; ***let's have a bite (to eat)*** et si on mangeait quelque chose **2** *v/t* (*pret* ***bit***, *pp* ***bitten***) *of dog*, *snake*, *person* mordre; *of spider*, *flea*, *mosquito* piquer; ***bite one's nails*** se ronger les ongles **3** *v/i* (*pret* ***bit***, *pp* ***bitten***) *of dog*, *snake*, *person*, *fish* mordre; *of spider*, *flea*, *mosquito* piquer
bit•ten ['bɪtn] *pp* → ***bite***
bit•ter ['bɪtər] *adj taste*, *person* amer; *weather* glacial; *argument* violent
bit•ter•ly ['bɪtərlɪ] *adv resent* amèrement; ***it's bitterly cold*** il fait un froid de canard
bi•zarre [bɪ'zɑːr] *adj* bizarre
blab [blæb] *v/i* (*pret & pp* ***-bed***) F vendre la mèche
blab•ber•mouth ['blæbərmaʊθ] F bavard(e) *m*(*f*)
black [blæk] **1** *adj* noir; *tea* nature; *future* sombre **2** *n color* noir *m*; *person* Noir(e) *m*(*f*); ***in the black*** FIN créditeur; ***in black and white*** *fig* noir sur blanc
◆ **black out** *v/i* s'évanouir
'**black•ber•ry** mûre *f*
'**black•bird** merle *m*
'**black•board** tableau *m* noir
black 'box boîte *f* noire
black e'con•o•my économie *f* souterraine
black•en ['blækn] *v/t fig*: *person's name* noircir
black 'eye œil *m* poché
'**black•head** point *m* noir
black 'ice verglas *m*
'**black•list** **1** *n* liste *f* noire **2** *v/t* mettre à l'index, mettre sur la liste noire
'**black•mail** **1** *n* chantage *m*; ***emotional blackmail*** chantage *m* psychologique **2** *v/t* faire chanter
black•mail•er ['blækmeɪlər] maître *m* chanteur
black 'mar•ket marché *m* noir
black•ness ['blæknɪs] noirceur *f*
'**black•out** ELEC panne *f* d'électricité; MED évanouissement *m*
black•smith ['blæksmɪθ] forgeron *m*
blad•der ['blædər] ANAT vessie *f*
blade [bleɪd] *of knife*, *sword* lame *f*; *of helicopter* ailette *f*; *of grass* brin *m*
blame [bleɪm] **1** *n* responsabilité *f*; ***I got the blame*** c'est moi qu'on a accusé **2** *v/t*: ***blame s.o. for sth*** reprocher qch à qn; ***I blame her parents*** c'est la faute de ses parents
bland [blænd] *adj* fade
blank [blæŋk] **1** *adj paper*, *tape* vierge; *look* vide **2** *n* (*empty space*) espace *m* vide; ***my mind's a blank*** j'ai un trou (de mémoire)
blank 'check, *Br* **blank 'cheque** chèque *m* en blanc
blan•ket ['blæŋkɪt] *n* couverture *f*; ***a blanket of snow*** un manteau de neige
blare [bler] *v/i* beugler
◆ **blare out** **1** *v/i* retentir **2** *v/t*: ***the speakers were blaring out military music*** des musiques militaires retentissaient dans les haut-parleurs
blas•pheme [blæs'fiːm] *v/i* blasphémer
blas•phe•my ['blæsfəmɪ] blasphème *m*
blast [blæst] **1** *n* (*explosion*) explosion *f*; (*gust*) rafale *f* **2** *v/t tunnel etc* percer (à l'aide d'explosifs); ***blast!*** F mince!
◆ **blast off** *v/i of rocket* décoller
'**blast fur•nace** haut-fourneau *m*
'**blast-off** lancement *m*
bla•tant ['bleɪtənt] *adj* flagrant, évident; *person* éhonté
blaze [bleɪz] **1** *n* (*fire*) incendie *m*; ***be a blaze of color*** être resplendissant de couleur(s) **2** *v/i of fire* flamber
◆ **blaze away** *v/i with gun* tirer en rafales
blaz•er ['bleɪzər] blazer *m*
bleach [bliːtʃ] **1** *n for clothes* eau *f* de Javel; *for hair* décolorant *m* **2** *v/t hair* décolorer
bleak [bliːk] *adj countryside* désolé; *weather* morne; *future* sombre
blear•y-eyed ['blɪrɪaɪd] *adj* aux yeux troubles
bleat [bliːt] *v/i of sheep* bêler
bled [bled] *pret & pp* → ***bleed***
bleed [bliːd] **1** *v/i* (*pret & pp* ***bled***) saigner **2** *v/t* (*pret & pp* ***bled***) *fig* saigner; *radiator* purger
bleed•ing ['bliːdɪŋ] *n* saignement *m*
bleep [bliːp] **1** *n* bip *m* **2** *v/i* faire bip **3** *v/t* (*call on pager*) appeler sur bip, biper
bleep•er ['bliːpər] (*pager*) bip *m*
blem•ish ['blemɪʃ] *n* tache *f*
blend [blend] **1** *n* mélange *m* **2** *v/t* mélanger

◆ **blend in 1** *v/i of person* s'intégrer; *of furniture* se marier **2** *v/t in cooking* mélanger
blend•er ['blendər] *machine* mixeur *m*
bless [bles] *v/t* bénir; (***God***) ***bless you!*** Dieu vous bénisse!; ***bless you!*** *in response to sneeze* à vos souhaits!; ***be blessed with*** *disposition* être doté de; *children* avoir
bless•ing ['blesɪŋ] REL, *fig* bénédiction *f*
blew [bluː] *pret* → ***blow***
blind [blaɪnd] **1** *adj person* aveugle; ***blind corner*** virage *m* masqué; ***be blind to sth*** *fig* ne pas voir qch **2** *npl*: ***the blind*** les aveugles *mpl* **3** *v/t* (*make blind*) rendre aveugle; *of sun* aveugler, éblouir; ***blind s.o. to sth*** *fig* empêcher qn de voir qch
blind 'al•ley impasse *f*
blind 'date rendez-vous *m* arrangé
'blind•fold 1 *n* bandeau *m* sur les yeux **2** *v/t* bander les yeux à **3** *adv* les yeux bandés
blind•ing ['blaɪndɪŋ] *adj light* aveuglant; *headache* terrible
blind•ly ['blaɪndlɪ] *adv* sans rien voir; *fig*: *obey, follow* aveuglément
'blind spot *in road* angle *m* mort; (*ability that is lacking*) faiblesse *f*
blink [blɪŋk] *v/i of person* cligner des yeux; *of light* clignoter
blink•ered ['blɪŋkərd] *adj fig* à œillères
blip [blɪp] *on radar screen* spot *m*; *fig* anomalie *f* passagère
bliss [blɪs] bonheur *m* (suprême)
blis•ter ['blɪstər] **1** *n* ampoule *f* **2** *v/i of skin, paint* cloquer
bliz•zard ['blɪzərd] tempête *f* de neige
bloat•ed ['bloʊtɪd] *adj* gonflé, boursouflé
blob [blɑːb] *of cream, paint etc* goutte *f*
bloc [blɑːk] POL bloc *m*
block [blɑːk] **1** *n* bloc *m*; *buildings* pâté *m* de maisons; *of shares* paquet *m*; (*blockage*) obstruction *f*, embouteillage *m*; ***it's three blocks away*** c'est à trois rues d'ici **2** *v/t* bloquer
◆ **block in** *v/t with vehicle* bloquer le passage de
◆ **block out** *v/t light* empêcher de passer; *memory* refouler
◆ **block up** *v/t sink etc* boucher
block•ade [blɑː'keɪd] **1** *n* blocus *m* **2** *v/t* faire le blocus de
block•age ['blɑːkɪdʒ] obstruction *f*
block•bust•er ['blɑːkbʌstər] *movie* film *m* à grand succès; *novel* roman *m* à succès
block 'let•ters *npl* capitales *fpl*
blond [blɑːnd] *adj* blond
blonde [blɑːnd] *n woman* blonde *f*
blood [blʌd] sang *m*; ***in cold blood*** de sang-froid
'blood al•co•hol lev•el alcoolémie *f*
'blood bank banque *f* du sang
'blood bath bain *m* de sang
'blood do•nor donneur(-euse) *m*(*f*) de sang
'blood group groupe *m* sanguin
blood•less ['blʌdlɪs] *adj coup* sans effusion de sang
blood poi•son•ing ['blʌdpɔɪznɪŋ] empoisonnement *m* du sang
'blood pres•sure tension *f* (artérielle)
'blood re•la•tion, **'blood rel•a•tive** parent *m* par le sang
'blood sam•ple prélèvement *m* sanguin
'blood•shed carnage *m*; ***without bloodshed*** sans effusion de sang
'blood•shot *adj* injecté de sang
'blood•stain tache *f* de sang
'blood•stained *adj* taché de sang
'blood•stream sang *m*
'blood test test *m* sanguin
'blood•thirst•y *adj* sanguinaire
'blood trans•fu•sion transfusion *f* sanguine
'blood ves•sel vaisseau *m* sanguin
blood•y ['blʌdɪ] *adj hands etc* ensanglanté; *battle* sanguinaire; *esp Br* F sacré
bloom [bluːm] **1** *n* fleur *f*; ***in full bloom*** en fleurs **2** *v/i also fig* fleurir
bloop•er ['bluːpər] F gaffe *f*
blos•som ['blɑːsəm] **1** *n* fleur *f* **2** *v/i* fleurir; *fig* s'épanouir
blot [blɑːt] **1** *n* tache *f*; ***be a blot on the landscape*** *fig* faire tache dans le paysage **2** *v/t* (*pret & pp* ***-ted***) (*dry*) sécher
◆ **blot out** *v/t* effacer
blotch [blɑːtʃ] *on skin* tache *f*
blotch•y ['blɑːtʃɪ] *adj* taché
blouse [blaʊz] chemisier *m*
blow¹ [bloʊ] *n also fig* coup *m*
blow² [bloʊ] **1** *v/t* (*pret* ***blew***, *pp* ***blown***) souffler; F (*spend*) claquer F; F *opportunity* rater; ***blow one's whistle*** donner un coup de sifflet; ***blow one's nose*** se moucher **2** *v/i* (*pret* ***blew***, *pp* ***blown***) *of wind, person* souffler; *of whistle* retentir; *of fuse* sauter; *of tire* éclater
◆ **blow off 1** *v/t* arracher **2** *v/i of hat etc* s'envoler
◆ **blow out 1** *v/t candle* souffler **2** *v/i of candle* s'éteindre
◆ **blow over 1** *v/t* renverser **2** *v/i* se renverser; (*pass*) passer
◆ **blow up 1** *v/t with explosives* faire sauter, faire exploser; *balloon* gonfler; *photograph* agrandir **2** *v/i of car, boiler etc* sauter, exploser; F (*get angry*) devenir fu-

rieux*
'blow-dry *v/t* (*pret & pp* ***-ied***) sécher (au sèche-cheveux)
'blow job V pipe *f* V
blown [bloʊn] *pp* → ***blow***
'blow-out *of tire* éclatement *m*; F (*big meal*) gueuleton *m* F
'blow-up *of photo* agrandissement *m*
blue [bluː] **1** *adj* bleu; F *movie* porno F **2** *n* bleu *m*
'blue•ber•ry myrtille *f*
blue 'chip *adj company* de premier ordre
blue-'col•lar work•er travailleur(-euse) *m*(*f*) manuel(le)
'blue•print plan *m*; *fig* projet *m*
blues [bluːz] *npl* MUS blues *m*; ***have the blues*** avoir le cafard F
'blues sing•er chanteur(-euse) *m*(*f*) de blues
bluff [blʌf] **1** *n* (*deception*) bluff *m* **2** *v/i* bluffer
blun•der ['blʌndər] **1** *n* bévue *f*, gaffe *f* **2** *v/i* faire une bévue *or* gaffe
blunt [blʌnt] *adj* émoussé; *person* franc*
blunt•ly ['blʌntlɪ] *adv speak* franchement
blur [blɜːr] **1** *n* masse *f* confuse **2** *v/t* (*pret & pp* ***-red***) brouiller
blurb [blɜːrb] *on book* promotion *f*
◆ **blurt out** [blɜːrt] *v/t* lâcher
blush [blʌʃ] **1** *n* rougissement *m* **2** *v/i* rougir
blush•er ['blʌʃər] *cosmetic* rouge *m*
blus•ter ['blʌstər] *v/i* faire le fanfaron
blus•ter•y ['blʌstərɪ] *adj weather* à bourrasques
BO [biː'oʊ] *abbr* (***= body odor***) odeur *f* corporelle
board [bɔːrd] **1** *n of wood* planche *f*; *cardboard* carton *m*; *for game* plateau *m* de jeu; *for notices* panneau *m*; ***board*** (***of directors***) conseil *m* d'administration; ***on board*** à bord; ***take on board*** *comments etc* prendre en compte; (*fully realize truth of*) réaliser; ***across the board*** d'une manière générale **2** *v/t plane*, *ship* monter à bord de; *train*, *bus* monter dans **3** *v/i of passengers* embarquer; *on train*, *bus* monter (à bord)
◆ **board up** *v/t windows* condamner
◆ **board with** *v/t* être en pension chez
board and 'lodg•ing ['lɑːdʒɪŋ] pension *f* complète
board•er ['bɔːrdər] pensionnaire *m/f*; EDU interne *m/f*
'board game jeu *m* de société
board•ing card ['bɔːrdɪŋ] carte *f* d'embarquement
'board•ing house pension *f* (de famille)
'board•ing pass carte *f* d'embarquement
'board•ing school internat *m*, pensionnat *m*
'board meet•ing réunion *f* du conseil d'administration
'board room salle *f* du conseil
'board•walk promenade *f* (en planches) *fpl*
boast [boʊst] *v/i* se vanter (***about*** de)
boast•ing ['boʊstɪŋ] vantardise *f*
boat [boʊt] (*ship*) bateau *m*; *small*, *for leisure* canot *m*; ***go by boat*** aller en bateau
bob[1] [bɑːb] *n haircut* coupe *f* au carré
bob[2] [bɑːb] *v/i* (*pret & pp* ***-bed***) *of boat etc* se balancer, danser
◆ **bob up** *v/i* se lever subitement
'bob•sled, **'bob•sleigh** bobsleigh *m*
bod•i•ly ['bɑːdɪlɪ] **1** *adj* corporel **2** *adv*: ***they bodily ejected him*** ils l'ont saisi à bras-le-corps et l'ont mis dehors
bod•y ['bɑːdɪ] corps *m*; *dead* cadavre *m*; ***body*** (***suit***) *undergarment* body *m*; ***body of water*** étendue *f* d'eau
'bod•y•guard garde *m* du corps
'bod•y lan•guage langage *m* du corps; ***I could tell by her body language that ...*** je pouvais voir à ses gestes que ...
'bod•y o•dor odeur *f* corporelle
'bod•y pierc•ing piercing *m*
'bod•y shop MOT atelier *m* de carrosserie
'bod•y stock•ing body *m*
'bod•y suit body *m*
'bod•y•work MOT carrosserie *f*
bog•gle ['bɑːgl] *v/t*: ***it boggles the mind!*** j'ai du mal à le croire!
bo•gus ['boʊgəs] *adj* faux
boil[1] [bɔɪl] *n* (*swelling*) furoncle *m*
boil[2] [bɔɪl] **1** *v/t* faire bouillir **2** *v/i* bouillir
◆ **boil down to** *v/t* se ramener à
◆ **boil over** *v/i of milk etc* déborder
boil•er ['bɔɪlər] chaudière *f*
boil•ing point ['bɔɪlɪŋ] *of liquid* point *m* d'ébullition; ***reach boiling point*** *fig* éclater
bois•ter•ous ['bɔɪstərəs] *adj* bruyant
bold [boʊld] **1** *adj* (*brave*) courageux*; *text* en caractères gras **2** *n print* caractères *mpl* gras; ***in bold*** en caractères gras
bol•ster ['boʊlstər] *v/t confidence* soutenir
bolt [boʊlt] **1** *n* (*metal pin*) boulon *m*; *on door* verrou *m*; *of lightning* coup *m*; ***come like a bolt from the blue*** faire l'effet d'une bombe **2** *adv*: ***bolt upright*** tout droit **3** *v/t* (*fix with bolts*) boulonner; *close* verrouiller **4** *v/i* (*run off*) décamper; *of horse* s'emballer
bomb [bɑːm] **1** *n* bombe *f* **2** *v/t from airplane* bombarder; *of terrorist* faire sauter
bom•bard [bɑːm'bɑːrd] *v/t* (*attack*) bom-

barder; ***bombard with questions*** bombarder de questions
'**bomb at•tack** attaque *f* à la bombe
bomb•er ['bɑːmər] *airplane* bombardier *m*; *terrorist* poseur *m(f)* de bombes
'**bomb•er jack•et** blouson *m* d'aviateur
'**bomb•proof** *adj bunker* blindé; *building* protégé contre les bombes
'**bomb scare** alerte *f* à la bombe
'**bomb•shell** *fig* bombe *f*; ***come as a bombshell*** faire l'effet d'une bombe
bond [bɑːnd] **1** *n* (*tie*) lien *m*; FIN obligation *f* **2** *v/i of glue* se coller
bone [boʊn] **1** *n* os *m*; *in fish* arête *f* **2** *v/t meat, fish* désosser
bon•er ['boʊnər] F gaffe *f*
bon•fire ['bɑːnfaɪr] feu *m* (de jardin)
bo•nus ['boʊnəs] *money* prime *f*; (*something extra*) plus *m*
boo [buː] **1** *n* huée *f* **2** *v/t actor, speaker* huer **3** *v/i* pousser des huées
boob [buːb] *n* P (*breast*) nichon *m* P
boo•boo ['buːbuː] F bêtise *f*
book [bʊk] **1** *n* livre *m*; ***book of matches*** pochette *f* d'allumettes **2** *v/t table, seat* réserver; *ticket* prendre; *pop group, artiste* retenir; *of policeman* donner un P.V. à F; ***book s.o. on a flight*** réserver une place à qn sur un vol **3** *v/i* (*reserve*) réserver
'**book•case** bibliothèque *f*
booked up [bʊkt'ʌp] *adj* complet*; *person* complètement pris
book•ie ['bʊkɪ] F bookmaker *m*
book•ing ['bʊkɪŋ] (*reservation*) réservation *f*
'**book•ing clerk** employé(e) *m(f)* du guichet
book•keep•er ['bʊkkiːpər] comptable *m*
'**book•keep•ing** comptabilité *f*
book•let ['bʊklɪt] livret *m*
'**book•mak•er** bookmaker *m*
books [bʊks] *npl* (*accounts*) comptes *mpl*; ***do the books*** faire la comptabilité
'**book•sell•er** libraire *m/f*
'**book•shelf** étagère *f*
'**book•stall** kiosque *m* à journaux
'**book•store** librairie *f*
'**book to•ken** chèque-livre *m*
boom[1] [buːm] **1** *n* boum *m* **2** *v/i of business* aller très fort
boom[2] [buːm] *n noise* boum *m*
boon•ies ['buːnɪz] *npl* F en pleine cambrousse F
boor [bʊr] rustre *m*
boor•ish ['bʊrɪʃ] *adj* rustre
boost [buːst] **1** *n*: ***give sth a boost*** stimuler qch **2** *v/t* stimuler
boot [buːt] *n* botte *f*; *for climbing, football* chaussure *f*
◆ **boot out** *v/t* F virer F
◆ **boot up** COMPUT **1** *v/i* démarrer **2** *v/t* faire démarrer
booth [buːð] *at market* tente *f* (de marché); *at fair* baraque *f*; *at trade fair* stand *m*; *in restaurant* alcôve *f*
booze [buːz] *n* F boisson *f* (alcoolique)
bor•der ['bɔːrdər] **1** *n between countries* frontière *f*; (*edge*) bordure *f* **2** *v/t country* avoir une frontière avec; *river* longer
◆ **border on** *v/t country* avoir une frontière avec; (*be almost*) friser
'**bor•der•line** *adj*: ***a borderline case*** un cas limite
bore[1] [bɔːr] *v/t hole* percer
bore[2] [bɔːr] **1** *n person* raseur(-euse) *m(f)* F **2** *v/t* ennuyer
bore[3] [bɔːr] *pret* → ***bear***[2]
bored [bɔːrd] *adj* ennuyé; ***be bored*** s'ennuyer; ***I'm bored*** je m'ennuie
bore•dom ['bɔːrdəm] ennui *m*
bor•ing ['bɔːrɪŋ] *adj* ennuyeux*, chiant F
born [bɔːrn] *adj*: ***be born*** être né; ***be a born …*** être un(e) … né(e)
borne [bɔːrn] *pp* → ***bear***[2]
bor•row ['bɑːroʊ] *v/t* emprunter
bos•om ['bʊzm] *of woman* poitrine *f*
boss [bɑːs] patron(ne) *m(f)*
◆ **boss around** *v/t* donner des ordres à
boss•y ['bɑːsɪ] *adj* autoritaire
bo•tan•i•cal [bə'tænɪkl] *adj* botanique
bo'tan•i•cal gar•dens *npl* jardin *m* botanique
bot•a•nist ['bɑːtənɪst] botaniste *m/f*
bot•a•ny ['bɑːtənɪ] botanique *f*
botch [bɑːtʃ] *v/t* bâcler
both [boʊθ] **1** *adj* les deux; ***I know both brothers*** je connais les deux frères **2** *pron* les deux; ***I know both of the brothers*** je connais les deux frères; ***both of them*** tous(-tes) *m(f)* les deux **3** *adv*: ***both … and …*** à la fois … et …; ***is it sweet or sour? – both*** c'est sucré ou amer? – les deux (à la fois)
both•er ['bɑːðər] **1** *n* problèmes *mpl*; ***it's no bother*** ça ne pose pas de problème **2** *v/t* (*disturb*) déranger; (*worry*) ennuyer **3** *v/i* s'inquiéter (***with*** de); ***don't bother!*** (*you needn't do it*) ce n'est pas la peine!; ***you needn't have bothered*** ce n'était pas la peine
bot•tle ['bɑːtl] **1** *n* bouteille *f*; *for medicines* flacon *m*; *for baby* biberon *m* **2** *v/t* mettre en bouteille(s)
◆ **bottle up** *v/t feelings* réprimer
'**bot•tle bank** conteneur *m* à verre
bot•tled wa•ter ['bɑːtld] eau *f* en bouteille
'**bot•tle•neck** *in road* rétrécissement *m*; *in*

production goulet *m* d'étranglement
bot•tle-o•pen•er ['bɑːtloʊpnər] ouvre-bouteilles *m inv*
bot•tom ['bɑːtəm] **1** *adj* du bas **2** *n of drawer, pan, garden* fond *m*; (*underside*) dessous *m*; (*lowest part*) bas *m*; *of street* bout *m*; (*buttocks*) derrière *m*; ***at the bottom of the screen*** au bas de l'écran
◆**bottom out** *v/i* se stabiliser
bot•tom 'line *fig* (*financial outcome*) résultat *m*; (*the real issue*) la question principale
bought [bɒːt] *pret & pp* → ***buy***
boul•der ['boʊldər] rocher *m*
bounce [baʊns] **1** *v/t ball* faire rebondir **2** *v/i of ball* rebondir; *on sofa etc* sauter; *of check* être refusé
bounc•er ['baʊnsər] videur *m*
bounc•y ['baʊnsɪ] *adj ball, cushion, chair* qui rebondit
bound[1] [baʊnd] *adj*: ***be bound to do sth*** (*sure to*) aller forcément faire qch; (*obliged to*) être tenu de faire qch
bound[2] [baʊnd] *adj*: ***be bound for*** *of ship* être à destination de
bound[3] [baʊnd] **1** *n* (*jump*) bond *m* **2** *v/i* bondir
bound[4] [baʊnd] *pret & pp* → ***bind***
bound•a•ry ['baʊndərɪ] frontière *f*
bound•less ['baʊndlɪs] *adj* sans bornes, illimité
bou•quet [bʊ'keɪ] *flowers, of wine* bouquet *m*
bour•bon ['bɜːrbən] bourbon *m*
bout [baʊt] MED accès *m*; *in boxing* match *m*
bou•tique [buː'tiːk] boutique *f*
bow[1] [baʊ] **1** *n as greeting* révérence *f* **2** *v/i* faire une révérence **3** *v/t head* baisser
bow[2] [boʊ] (*knot*) nœud *m*; MUS archet *m*
bow[3] [baʊ] *of ship* avant *m*
bow•els ['baʊəlz] *npl* intestins *mpl*
bowl[1] [boʊl] bol *m*; *for soup etc* assiette *f* creuse; *for serving salad etc* saladier *m*; *for washing dishes* cuvette *f*
bowl[2] [boʊl] *v/i* jouer au bowling
◆**bowl over** *v/t fig* (*astonish*) renverser
bowl•ing ['boʊlɪŋ] bowling *m*
'bowl•ing al•ley bowling *m*
bow 'tie [boʊ] (nœud *m*) papillon *m*
box[1] [bɑːks] *n container* boîte *f*; *on form* case *f*
box[2] [bɑːks] *v/i* boxer
box•er ['bɑːksər] *sp* boxeur *m*
'box•er shorts *npl* caleçon *m*
box•ing ['bɑːksɪŋ] boxe *f*
'box•ing glove gant *m* de boxe
'box•ing match match *m* de boxe
'box•ing ring ring *m* (de boxe)
'box num•ber boîte *f* postale
'box of•fice bureau *m* de location
boy [bɔɪ] garçon *m*; (*son*) fils *m*
boy•cott ['bɔɪkɑːt] **1** *n* boycott *m* **2** *v/t* boycotter
'boy•friend petit ami *m*; *younger also* copain *m*
boy•ish ['bɔɪɪʃ] *adj* de garçon
boy'scout scout *m*
brace [breɪs] *on teeth* appareil *m* (dentaire)
brace•let ['breɪslɪt] bracelet *m*
brack•et ['brækɪt] *for shelf* support *m* (d'étagère); *in text* crochet *m*; *Br*: *round* parenthèse *f*
brag [bræg] *v/i* (*pret & pp* ***-ged***) se vanter (***about*** de)
braid [breɪd] *n in hair* tresse *f*; (*trimming*) galon *m*
braille [breɪl] braille *m*
brain [breɪn] ANAT cerveau *m*; ***use your brain*** fais travailler votre cerveau
'brain dead *adj* MED en coma dépassé
brain•less ['breɪnlɪs] *adj* F écervelé
brains [breɪnz] *npl* (*intelligence*), *also person* cerveau *m*; ***it doesn't take much brains*** il n'y a pas besoin d'être très intelligent
'brain•storm idée *f* de génie
brain•storm•ing ['breɪnstɔːrmɪŋ] brainstorming *m*
'brain sur•geon neurochirurgien(ne) *m*(*f*)
'brain sur•ger•y neurochirurgie *f*
'brain tu•mor tumeur *f* au cerveau
'brain•wash *v/t by media etc* conditionner
'brain•wave *Br* → ***brainstorm***
brain•y ['breɪnɪ] *adj* F intelligent
brake [breɪk] **1** *n* frein *m* **2** *v/i* freiner
'brake flu•id liquide *m* de freins
'brake light feu *m* de stop
'brake ped•al pédale *f* de frein
branch [bræntʃ] *of tree, bank, company* branche *f*
◆**branch off** *v/i of road* bifurquer
◆**branch out** *v/i* (*diversify*) se diversifier
brand [brænd] **1** *n* marque *f* **2** *v/t*: ***be branded a liar*** être étiqueté comme voleur
brand 'im•age image *f* de marque
bran•dish ['brændɪʃ] *v/t* brandir
brand 'lead•er marque *f* dominante
brand 'loy•al•ty fidélité *f* à la marque
'brand name nom *m* de marque
brand-'new *adj* flambant neuf*
bran•dy ['brændɪ] brandy *m*
brass [bræs] cuivre *m* jaune, laiton *m*; ***the brass*** MUS les cuivres *mpl*
brass 'band fanfare *f*

bras•sière [brə'zɪ(r)] soutien-gorge *m*
brat [bræt] *pej* garnement *m*
bra•va•do [brə'vɑːdoʊ] bravade *f*
brave [breɪv] *adj* courageux*
brave•ly ['breɪvlɪ] *adv* courageusement
brav•er•y ['breɪvərɪ] courage *m*
brawl [brɒːl] **1** *n* bagarre *f* **2** *v/i* se bagarrer
brawn•y ['brɒːnɪ] *adj* costaud
Bra•zil [brə'zɪl] Brésil *m*
Bra•zil•ian [brə'zɪlɪən] **1** *adj* brésilien* **2** *n* Brésilien(ne) *m(f)*
breach [briːʧ] *n* (*violation*) violation *f*; *in party* désaccord *m*, différend *m*; (*split*) scission *f*
breach of 'con•tract LAW rupture *f* de contrat
bread [bred] pain *m*
'bread•crumbs *npl* miettes *fpl* de pain
'bread knife couteau *m* à pain
breadth [bredθ] largeur *m*; *of knowledge* étendue *f*
'bread•win•ner soutien *m* de famille
break [breɪk] **1** *n in bone* fracture *f*; (*rest*) repos *m*; *in relationship* séparation *f*; ***give s.o. a break*** F (*opportunity*) donner une chance à qn; ***take a break*** s'arrêter; ***without a break*** *work*, *travel* sans interruption **2** *v/t* (*pret* **broke**, *pp* **broken**) casser; *rules*, *law*, *promise* violer; *news* annoncer; *record* battre; ***break one's arm / leg*** se casser le bras / la jambe **3** *v/i* (*pret* **broke**, *pp* **broken**) se casser; *of news*, *storm* éclater; *of boy's voice* muer; ***the news has just broken that …*** on vient d'apprendre que …
◆ **break away** *v/i* (*escape*) s'échapper; *from family*, *organization*, *tradition* rompre (***from*** avec)
◆ **break down** **1** *v/i of vehicle*, *machine* tomber en panne; *of talks* échouer; *in tears* s'effondrer; *mentally* faire une dépression **2** *v/t door* défoncer; *figures* détailler
◆ **break even** *v/i* COMM rentrer dans ses frais
◆ **break in** *v/i* (*interrupt*) interrompre qn; *of burglar* s'introduire par effraction
◆ **break off** **1** *v/t* casser; *relationship* rompre; ***they've broken it off*** *engagement* ils ont rompu leurs fiançailles; *relationship* ils ont rompu **2** *v/i* (*stop talking*) s'interrompre
◆ **break out** *v/i* (*start up*) éclater; *of prisoners* s'échapper; ***he broke out in a rash*** il a eu une éruption (cutanée)
◆ **break up** **1** *v/t into component parts* décomposer; *fight* interrompre **2** *v/i of ice* se briser; *of couple*, *band* se séparer; *of meeting* se dissoudre
break•a•ble ['breɪkəbl] *adj* cassable
break•age ['breɪkɪdʒ] casse *f*
'break•down *of vehicle*, *machine* panne *f*
breakdown *of talks* échec *m*; (*nervous breakdown*) dépression *f* (nerveuse); *of figures* détail *m*
break-'e•ven point seuil *m* de rentabilité
break•fast ['brekfəst] *n* petit-déjeuner *m*; ***have breakfast*** prendre son petit-déjeuner
'break•fast tel•e•vi•sion programmes *mpl* du petit-déjeuner
'break-in cambriolage *m*
break•ing ['breɪkɪŋ] *adj*: ***breaking news*** information *f* de dernière minute
'break•through percée *f*
'break•up *of marriage*, *partnership* échec *m*
breast [brest] *of woman* sein *m*
'breast•feed *v/t* (*pret & pp* **breastfed**) allaiter
'breast•stroke brasse *f*
breath [breθ] souffle *m*; ***be out of breath*** être essoufflé; ***take a deep breath*** inspirer rofondément
Breath•a•lyz•er® ['breθəlaɪzər] alcootest *m*
breathe [briːð] **1** *v/i* respirer **2** *v/t* (*inhale*) respirer; (*exhale*) exhaler
◆ **breathe in** **1** *v/i* inspirer **2** *v/t* respirer
◆ **breathe out** *v/i* expirer
breath•ing ['briːðɪŋ] *n* respiration *f*
breath•less ['breθlɪs] *adj* essoufflé
breath•less•ness ['breθlɪsnɪs] essoufflement *m*
breath•tak•ing ['breθteɪkɪŋ] *adj* à vous couper le souffle
bred [bred] *pret & pp* → **breed**
breed [briːd] **1** *n* race *f* **2** *v/t* (*pret & pp* **bred**) *racehorses*, *dogs* élever; *plants*, *also fig* cultiver **3** *v/i* (*pret & pp* **bred**) *of animals* se reproduire
breed•er ['briːdər] *of animals* éleveur (-euse) *m(f)*
breed•ing ['briːdɪŋ] *of animals* élevage *m*; *of person* éducation *f*
'breed•ing ground *fig* terrain *m* propice (***for*** à)
breeze [briːz] brise *f*
breez•i•ly ['briːzɪlɪ] *adv fig* jovialement
breez•y ['briːzɪ] *adj* venteux*; *fig* jovial
brew [bruː] **1** *v/t beer* brasser **2** *v/i* couver
brew•er ['bruːər] brasseur(-euse) *m(f)*
brew•er•y ['bruːərɪ] brasserie *f*
bribe [braɪb] **1** *n* pot-de-vin *m* **2** *v/t* soudoyer
brib•er•y ['braɪbərɪ] corruption *f*
brick [brɪk] brique *m*
'brick•lay•er maçon *m*

brid•al suite ['braɪdl] suite *f* nuptiale
bride [braɪd] *about to be married* (future) mariée *f*; *married* jeune mariée *f*
'**bride•groom** *about to be married* (futur) marié *m*; *married* jeune marié *m*
'**brides•maid** demoiselle *f* d'honneur
bridge[1] [brɪdʒ] **1** *n* pont *m*; *of nose* arête *f*; *of ship* passerelle *f* **2** *v/t gap* combler
bridge[2] [brɪdʒ] *card game* bridge *m*
bri•dle ['braɪdl] bride *f*
brief[1] [bri:f] *adj* bref, court
brief[2] [bri:f] **1** *n* (*mission*) instructions *fpl* **2** *v/t*: ***brief s.o. on sth*** (*give information*) informer qn de qch; (*instruct*) donner à qn des instructions sur qch
'**brief•case** serviette *f*
brief•ing ['bri:fɪŋ] *session* séance *f* d'information; *instructions* instructions *fpl*
brief•ly ['bri:flɪ] *adv* (*for short time*, *in a few words*) brièvement; (*to sum up*) en bref
briefs [bri:fs] *npl underwear* slip *m*
bright [braɪt] *adj color* vif*; *smile* radieux*; *future* brillant; (*sunny*) clair; (*intelligent*) intelligent
◆ **brighten up** ['braɪtn] **1** *v/t room* donner de la couleur à; *emotionally* donner de l'animation à **2** *v/i of weather* s'éclaircir; *of face*, *person* s'animer
bright•ly ['braɪtlɪ] *adv smile* d'un air radieux; *colored* vivement; ***shine brightly*** resplendir
bright•ness ['braɪtnɪs] *of weather* clarté *f*; *of smile* rayonnement *m*; (*intelligence*) intelligence *f*
bril•liance ['brɪljəns] *of person* esprit *m* lumineux; *of color* vivacité *f*
bril•liant ['brɪljənt] *adj sunshine etc* resplendissant; (*very good*) génial; (*very intelligent*) brillant
brim [brɪm] *of container*, *hat* bord *m*
brim•ful ['brɪmfəl] *adj* rempli à ras bord
bring [brɪŋ] *v/t* (*pret & pp* **brought**) *object* apporter; *person*, *peace* amener; *hope*, *happiness etc* donner; ***bring shame on*** déshonorer; ***bring it here, will you?*** tu veux bien l'apporter ici?; ***can I bring a friend?*** puis-je amener un ami?
◆ **bring about** *v/t* amener, causer
◆ **bring around** *v/t from a faint* ranimer; (*persuade*) faire changer d'avis
◆ **bring back** *v/t* (*return*) ramener; (*reintroduce*) réintroduire; ***it brought back memories of my childhood*** ça m'a rappelé mon enfance
◆ **bring down** *v/t also fig*: *government* faire tomber; *bird*, *airplane* abattre; *inflation*, *prices etc* faire baisser
◆ **bring in** *v/t interest*, *income* rapporter; *legislation* introduire; *verdict* rendre; (*involve*) faire intervenir
◆ **bring on** *v/t illness* donner; ***it brings on my asthma*** ça me donne des crises d'asthme
◆ **bring out** *v/t* (*produce*) sortir
◆ **bring to** *v/t from a faint* ranimer
◆ **bring up** *v/t child* élever; *subject* soulever; (*vomit*) vomir
brink [brɪŋk] bord *m*; ***be on the brink of doing sth*** être sur le point de faire qch
brisk [brɪsk] *adj* vif*; (*businesslike*) énergique; *trade* florissant
brist•le ['brɪsl] *v/i*: ***be bristling with*** *spines*, *weapons* être hérissé de; *police etc* grouiller de
brist•les ['brɪslz] *npl on chin* poils *mpl* raides; *of brush* poils *mpl*
Brit [brɪt] F Britannique *m/f*
Brit•ain ['brɪtn] Grande-Bretagne
Brit•ish ['brɪtɪʃ] **1** *adj* britannique **2** *npl*: ***the British*** les Britanniques
Brit•ish•er ['brɪtɪʃər] Britannique *m/f*
Brit•on ['brɪtn] Britannique *m/f*
Brit•ta•ny ['brɪtənɪ] Bretagne *f*
brit•tle ['brɪtl] *adj* fragile, cassant
broach [broʊtʃ] *v/t subject* soulever
broad [brɒːd] **1** *adj street*; *shoulders*, *hips* large; *smile* grand; (*general*) général; ***in broad daylight*** en plein jour **2** *n* F gonzesse *f* F
'**broad•cast 1** *n* émission *f* **2** *v/t* (*pret & pp* ***-cast***) transmettre
'**broad•cast•er** *on radio / TV* présentateur(-trice) *m*(*f*) (radio / télé)
broad•cast•ing ['brɒːdkæstɪŋ] radio *f*; télévision *f*
broad•en ['brɒːdn] **1** *v/i* s'élargir **2** *v/t* élargir
'**broad jump** *n* saut *m* en longueur
broad•ly ['brɒːdlɪ] *adv*: ***broadly speaking*** en gros
broad•mind•ed [brɒːd'maɪndɪd] *adj* large d'esprit
broad•mind•ed•ness [brɒːd'maɪndɪdnɪs] largeur *f* d'esprit
broc•co•li ['brɑːkəlɪ] brocoli(s) *m*(*pl*)
bro•chure ['broʊʃər] brochure *f*
broil [brɔɪl] *v/t* griller
broi•ler ['brɔɪlər] *on stove* grill *m*; *chicken* poulet *m* à rôtir
broke [broʊk] **1** *adj* F fauché F; ***go broke*** (*go bankrupt*) faire faillite **2** *pret* → ***break***
bro•ken ['broʊkn] **1** *adj* cassé; *home* brisé; *English* haché **2** *pp* → ***break***
bro•ken-heart•ed [broʊkn'hɑːrtɪd] *adj* au cœur brisé
bro•ker ['broʊkər] courtier *m*
bron•chi•tis [brɑːŋ'kaɪtɪs] bronchite *f*

bronze [brɑːnz] *n metal* bronze *m*; *medal* médaille *f* de bronze
brooch [broʊʧ] broche *f*
brood [bruːd] *v/i of person* ruminer
broom [bruːm] balai *m*
broth [brɑːθ] bouillon *m*
broth•el ['brɑːθl] bordel *m*
broth•er ['brʌðər] frère *m*
'**broth•er-in-law** (*pl* ***brothers-in-law***) beau-frère *m*
broth•er•ly ['brʌðərlɪ] *adj* fraternel*
brought [brɒːt] *pret & pp* → ***bring***
brow [braʊ] (*forehead*) front *m*; *of hill* sommet *m*
brown [braʊn] **1** *adj* marron *inv*; (*tanned*) bronzé **2** *n* marron *m* **3** *v/t in cooking* faire dorer **4** *v/i in cooking* dorer
brown'bag *v/t* (*pret & pp* ***-ged***); ***brown-bag it*** F apporter son repas
Brown•ie ['braʊnɪ] jeannette *f*
brown•ie ['braʊnɪ] brownie *m*
'**Brownie points** *npl*: ***earn Brownie points*** se faire bien voir
'**brown-nose** *v/t* P lécher le cul à P
brown 'pa•per papier *m* d'emballage, papier *m* kraft
brown pa•per 'bag sac *m* en papier kraft
brown 'sug•ar sucre *m* roux
browse [braʊz] *v/i in store* flâner; COMPUT surfer; ***browse through a book*** feuilleter un livre
brows•er ['braʊzər] COMPUT navigateur *m*
bruise [bruːz] **1** *n* bleu *m*; *on fruit* meurtrissure *f* **2** *v/t fruit* abîmer; *leg* se faire un bleu sur **3** *v/i of fruit* s'abîmer; *of person* se faire des bleus
bruis•ing ['bruːzɪŋ] *adj fig* douloureux
brunch [brʌnʧ] brunch *m*
bru•nette [bruː'net] brune *f*
brunt [brʌnt]: ***bear the brunt of …*** subir le pire de …
brush [brʌʃ] **1** *n* brosse *f*; (*conflict*) accrochage *m* **2** *v/t jacket*, *floor* brosser; (*touch lightly*) effleurer; ***brush one's teeth / hair*** se brosser les dents / les cheveux
◆ **brush against** *v/t* effleurer
◆ **brush aside** *v/t person* mépriser; *remark*, *criticism* écarter
◆ **brush off** *v/t dust etc* enlever; *criticism* ignorer
◆ **brush up** *v/t fig* réviser
'**brush•off**; ***give s.o. the brushoff*** F repousser qn; ***get the brushoff*** F se faire repousser
'**brush•work** *in art* touche *f* (de pinceau)
brusque [brʊsk] *adj* brusque
Brus•sels ['brʌslz] Bruxelles
Brus•sels 'sprouts *npl* choux *mpl* de Bruxelles
bru•tal ['bruːtl] *adj* brutal
bru•tal•i•ty [bruː'tælətɪ] brutalité *f*
bru•tal•ly ['bruːtəlɪ] *adv* brutalement; ***be brutally frank*** dire les choses carrément
brute [bruːt] brute *f*
'**brute force** force *f*
BSc [biːes 'siː] *abbr* (***= Bachelor of Science***) *licence scientifique*
bub•ble ['bʌbl] bulle *f*
'**bub•ble bath** bain *m* moussant
'**bub•ble gum** bubble-gum *m*
'**bub•ble wrap** *n* film *m* de protection à bulles
bub•bly ['bʌblɪ] *n* F (*champagne*) champagne *m*
buck[1] [bʌk] *n* F (*dollar*) dollar *m*
buck[2] [bʌk] *v/i of horse* ruer
buck[3] [bʌk] *n*: ***pass the buck*** renvoyer la balle
buck•et ['bʌkɪt] *n* seau *m*
buck•le[1] ['bʌkl] **1** *n* boucle *f* **2** *v/t belt* boucler
buck•le[2] ['bʌkl] *v/i of wood*, *metal* déformer
◆ **buck•le down** *v/i* s'y mettre
bud [bʌd] *n* BOT bourgeon *m*
bud•dy ['bʌdɪ] F copain *m*, copine *f*; *form of address* mec F
budge [bʌdʒ] **1** *v/t* (*move*) déplacer; (*make reconsider*) faire changer d'avis **2** *v/i* (*move*) bouger; (*change one's mind*) changer d'avis
bud•ger•i•gar ['bʌdʒərɪgɑːr] perruche *f*
bud•get ['bʌdʒɪt] **1** *n* budget *m*; ***be on a budget*** faire des économies **2** *v/i* prévoir ses dépenses
◆ **budget for** *v/t* prévoir
bud•gie ['bʌdʒɪ] F perruche *f*
buff[1] [bʌf] *adj color* couleur chamois
buff[2] [bʌf] *n* passionné(e) *m*(*f*); ***a movie / jazz buff*** un(e) passionné(e) *m*(*f*) de cinéma / de jazz
buf•fa•lo ['bʌfəloʊ] buffle *m*
buff•er ['bʌfər] RAIL, COMPUT, *fig* tampon *m*
buf•fet[1] ['bʊfeɪ] *n meal* buffet *m*
buf•fet[2] ['bʌfɪt] *v/t of wind* battre
bug [bʌg] **1** *n* (*insect*) insecte *m*; (*virus*) virus *m*; COMPUT bogue *f*; (*spying device*) micro *m* **2** *v/t* (*pret & pp* ***-ged***) *room*, *telephone* mettre sur écoute; F (*annoy*) énerver
bug•gy ['bʌgɪ] *for baby* poussette *f*
build [bɪld] **1** *n of person* carrure *f* **2** *v/t* (*pret & pp* ***built***) construire
◆ **build up 1** *v/t strength* développer; *relationship* construire; ***build up a collection*** faire collection (***of*** de) **2** *v/i* s'accumuler; *fig* s'intensifier

build•er ['bɪldər] constructeur(-trice) *m(f)*
build•ing ['bɪldɪŋ] *structure* bâtiment *m*; *activity* construction *f*
'**build•ing blocks** *npl for child* cube *m*
'**build•ing site** chantier *m*
'**build•ing trade** (industrie *f* du) bâtiment *m*
'**build-up** (*accumulation*) accumulation *f*, augmentation *f*; (*publicity*) publicité *f*; ***give s.o./sth a big build-up*** faire beaucoup de battage autout de qn / qch
built [bɪlt] *pret & pp* → **build**
'**built-in** *adj* encastré; *flash* incorporé
built-up '**ar•e•a** agglomération *f* (urbaine)
bulb [bʌlb] BOT bulbe *m*; (*light bulb*) ampoule *f*
bulge [bʌldʒ] **1** *n* gonflement *m*, saillie *f* **2** *v/i* être gonflé, faire saillie
bu•lim•i•a [bʊ'lɪmɪə] boulimie *f*
bulk [bʌlk]: ***the bulk of*** la plus grande partie de; ***in bulk*** en bloc
'**bulk•y** ['bʌlkɪ] *adj* encombrant; *sweater* gros*
bull [bʊl] *animal* taureau *m*
bull•doze ['bʊldoʊz] *v/t* (*demolish*) passer au bulldozer; ***bulldoze s.o. into sth / doing sth*** amener qn de force à qch / forcer qn à faire qch
bull•doz•er ['bʊldoʊzər] bulldozer *m*
bul•let ['bʊlɪt] balle *f*
bul•le•tin ['bʊlɪtɪn] bulletin *m*
'**bul•le•tin board** *on wall* tableau *m* d'affichage; COMPUT serveur *m* télématique
'**bul•let-proof** *adj* protégé contre les balles; *vest* pare-balles
'**bull horn** mégaphone *m*
'**bull mar•ket** FIN marché *m* orienté à la hausse
'**bull's-eye** mille *m*; ***hit the bull's-eye*** *also fig* mettre dans le mille
'**bull•shit** **1** *n* V merde *f* V, conneries *fpl* P **2** *v/i* (*pret & pp* **-ted**) V raconter des conneries P
bul•ly ['bʊlɪ] **1** *n* brute *f* **2** *v/t* (*pret & pp* **-ied**) brimer
bul•ly•ing ['bʊlɪɪŋ] *n* brimades *fpl*
bum [bʌm] **1** *n* F (*worthless person*) bon à rien *m*; (*tramp*) clochard *m* **2** *v/t* (*pret & pp* **-med**): ***can I bum a cigarette?*** est-ce que je peux vous taper une cigarette?
◆ **bum around** *v/i* F (*travel*) vagabonder; (*be lazy*) traînasser F
bum•ble•bee ['bʌmblbiː] bourdon *m*
bump [bʌmp] **1** *n* bosse *f*; ***get a bump on the head*** recevoir un coup sur la tête **2** *v/t* se cogner
◆ **bump into** *v/t* se cogner contre; (*meet*) rencontrer (par hasard)
◆ **bump off** *v/t* F (*murder*) zigouiller F
◆ **bump up** *v/t* F *prices* gonfler
bump•er ['bʌmpər] **1** *n* MOT pare-chocs *m inv*; ***the traffic was bumper to bumper*** les voitures étaient pare-chocs contre pare-chocs **2** *adj* (*extremely good*) exceptionnel*
'**bump-start** *v/t*: ***bump-start a car*** pousser une voiture pour la faire démarrer; ***bump-start the economy*** donner un coup de pouce à l'économie
bump•y ['bʌmpɪ] *adj road* cahoteux*; ***we had a bumpy flight*** nous avons été secoués pendant le vol
bun [bʌn] *hairstyle* chignon *m*; *for eating* petit pain *m* au lait
bunch [bʌntʃ] *of people* groupe *m*; *of keys* trousseau *m*; *of grapes* grappe *f*; *of flowers* bouquet *m*; ***thanks a bunch*** *iron* merci beaucoup; ***a whole bunch of things to do*** F tout un tas de choses à faire F
bun•dle ['bʌndl] *n* paquet *m*
◆ **bundle up** *v/t* mettre en paquet; (*dress warmly*) emmitoufler
bun•gee jump•ing ['bʌndʒɪdʒʌmpɪŋ] saut *m* à l'élastique
bun•gle ['bʌŋgl] *v/t* bousiller F
bunk [bʌŋk] couchette *f*
'**bunk beds** *npl* lits *mpl* superposés
buoy [bɔɪ] *n* NAUT bouée *f*
buoy•ant ['bɔɪənt] *adj mood* jovial; *economy* prospère
bur•den ['bɜːrdn] **1** *n* fardeau *m* **2** *v/t*: ***burden s.o. with sth*** *fig* accabler qn de qch
bu•reau ['bjʊroʊ] (*office*, *chest of drawers*) bureau *m*
bu•reauc•ra•cy [bjʊ'rɑːkrəsɪ] bureaucratie *f*
bu•reau•crat ['bjʊrəkræt] bureaucrate *m/f*
bu•reau•crat•ic [bjʊrə'krætɪk] *adj* bureaucratique
bur•ger ['bɜːrgər] steak *m* hâché; *in roll* hamburger *m*
bur•glar ['bɜːrglər] cambrioleur(-euse) *m(f)*
'**bur•glar a•larm** alarme *f* antivol
bur•glar•ize ['bɜːrgləraɪz] *v/t* cambrioler
bur•glar•y ['bɜːrglərɪ] cambriolage *m*
bur•i•al ['berɪəl] enterrement *m*
bur•ly ['bɜːrlɪ] *adj* robuste
burn [bɜːrn] **1** *n* brûlure *f* **2** *v/t* (*pret & pp* **burnt**) brûler; ***he burnt his hand*** il s'est brûlé la main **3** *v/i* (*pret & pp* **burnt**) brûler
◆ **burn down** **1** *v/t* incendier **2** *v/i* être réduit en cendres
◆ **burn out** *v/t*: ***burn o.s. out*** s'épuiser; ***a***

burned-out car incendié
burn•er [bɜːrnər] *on cooker* brûleur *m*
'**burn•out** F (*exhaustion*) épuisement *m*
burnt [bɜːrnt] *pret & pp* → **burn**
burp [bɜːrp] **1** *n* rot *m* **2** *v/i* roter **3** *v/t baby* faire faire son rot à
burst [bɜːrst] **1** *n in water pipe* trou *m*; *act* éclatement *m*; *of gunfire* explosion *f*; ***in a burst of energy*** dans un accès d'énergie **2** *adj tire* crevé **3** *v/t* (*pret & pp* ***burst***) *balloon* crever **4** *v/i* (*pret & pp* ***burst***) *of balloon*, *tire* crever; *of pipe* éclater; ***burst into a room*** se précipiter dans une pièce; ***burst into tears*** fondre en larmes; ***burst out laughing*** éclater de rire
bur•y ['berɪ] *v/t* (*pret & pp* ***-ied***) *person*, *animal* enterrer; (*conceal*) cacher; ***be buried under*** (*covered by*) être caché sous; ***bury o.s. in work*** s'absorber dans son travail
bus [bʌs] **1** *n local* (auto)bus *m*; *long distance* (auto)car *m* **2** *v/t* (*pret & pp* ***-sed***) amener en (auto)bus
'**bus•boy** aide-serveur(-euse) *m*(*f*)
'**bus driv•er** *local* conducteur(-trice) *m*(*f*) d'autobus; *long-distance* conducteur (-trice) *m*(*f*) d'autocar
bush [bʊʃ] *plant* buisson *m*; *land* brousse *f*
bushed [bʊʃt] *adj* F (*tired*) crevé F
bush•y ['bʊʃɪ] *adj beard* touffu
busi•ness ['bɪznɪs] (*trade*), *as subject of study* commerce *m*; (*company*) entreprise *f*; (*work*) travail *m*; (*sector*) secteur *m*; (*affair, matter*) affaire *f*; ***how's business? - business is good*** comment vont les affaires? - les affaires vont bien; ***on business*** en déplacement (professionnel); ***that's none of your business!*** ça ne vous regarde pas!; ***you have no business being in my office*** vous n'avez rien à faire dans mon bureau!; ***mind your own business!*** occupe-toi de tes affaires!
'**busi•ness card** carte *f* de visite
'**busi•ness class** classe *f* affaires
'**busi•ness hours** *npl* heures *fpl* d'ouverture
busi•ness•like *adj* sérieux*
'**busi•ness lunch** déjeuner *m* d'affaires
'**busi•ness•man** homme *m* d'affaires
'**busi•ness meet•ing** réunion *f* d'affaires
'**busi•ness school** école *f* de commerce
'**busi•ness stud•ies** *nsg course* études *fpl* de commerce
'**busi•ness trip** voyage *m* d'affaires
'**busi•ness•wom•an** femme *f* d'affaires
'**bus lane** couloir *m* d'autobus
'**bus shel•ter** abribus *m*
'**bus sta•tion** gare *f* routière
'**bus stop** arrêt *m* d'autobus
bust[1] [bʌst] *n of woman* poitrine *f*; *measurement* tour *m* de poitrine
bust[2] [bʌst] **1** *adj* F (*broken*) cassé; ***go bust*** faire faillite **2** *v/t* F casser
'**bus tick•et** ticket *m* d'autobus
◆ **bus•tle around** ['bʌsl] *v/i* s'affairer
'**bust-up** F brouille *f*
bust•y ['bʌstɪ] *adj* à la poitrine plantureuse
bus•y ['bɪzɪ] **1** *adj person*, TELEC occupé; *day*, *life* bien rempli; *street*, *shop*, *restaurant* plein de monde; ***be busy doing sth*** être occupé à faire qch **2** *v/t* (*pret & pp* ***-ied***): ***busy o.s. with*** s'occuper à
'**bus•y•bod•y** curieux(-se) *m*(*f*); ***he's a real busybody*** il se mêle toujours de ce qui ne le regarde pas
'**bus•y sig•nal** TELEC tonalité *f* occupé
but [bʌt], *unstressed* [bət] **1** *conj* mais; ***but that's not fair!*** mais ce n'est pas juste!; ***but then*** (***again***) mais après tout **2** *prep*: ***all but him*** tous sauf lui; ***the last but one*** l'avant-dernier; ***the next but one*** le deuxième; ***but for you*** si tu n'avais pas été là; ***nothing but the best*** rien que le meilleur
butch•er ['bʊtʃər] *n* boucher(-ère) *m*(*f*)
butt [bʌt] **1** *n of cigarette* mégot *m*; *of joke* cible *f*; P (*backside*) cul *m* P **2** *v/t* donner un coup de tête à
◆ **butt in** *v/i* intervenir
but•ter ['bʌtər] **1** *n* beurre *m* **2** *v/t* beurrer
◆ **butter up** *v/t* F lécher les bottes à F
'**but•ter•fly** *also swimming* papillon *m*
but•tocks ['bʌtəks] *npl* fesses *fpl*
but•ton ['bʌtn] **1** *n* bouton *m*; (*badge*) badge *m* **2** *v/t* boutonner
◆ **button up** → ***button 2***
'**but•ton-down col•lar** col *m* boutons
'**but•ton•hole** **1** *n in suit* boutonnière *f* **2** *v/t* coincer F
bux•om ['bʌksəm] *adj* bien en chair
buy [baɪ] **1** *n* achat *m* **2** *v/t* (*pret & pp* ***bought***) acheter; ***can I buy you a drink?*** est-ce que je peux vous offrir quelque chose à boire?; ***$5 doesn't buy much*** on n'a pas grand chose pour 5 $
◆ **buy off** *v/t* (*bribe*) acheter
◆ **buy out** *v/t* COMM racheter la part de
◆ **buy up** *v/t* acheter
buy•er ['baɪr] acheteur(-euse) *m*(*f*)
buzz [bʌz] **1** *n* bourdonnement *m*; F (*thrill*) grand plaisir *m* **2** *v/i of insect* bourdonner; *with buzzer* faire un appel à l'interphone **3** *v/t with buzzer* appeler à l'interphone
◆ **buzz off** *v/i* F ficher le camp F
buzz•er ['bʌzər] sonnerie *f*

by [baɪ] **1** *prep* ◇ *agency* par; ***a play by …*** une pièce de …; ***hit by a truck*** renversé par un camion
◇ (*near, next to*) près de; *sea, lake* au bord de; ***side by side*** côte à côte
◇ (*no later than*) pour; ***can you fix it by Tuesday?*** est-ce que vous pouvez le réparer pour mardi?; ***by this time tomorrow*** demain à cette heure
◇ (*past*) à côté de
◇ *mode of transport* en; ***by bus / train*** en bus / train
◇ *measurement*: ***2 by 4*** 2 sur 4
◇ *phrases*: ***by day / night*** le jour / la nuit; ***by the hour / ton*** à l'heure / la tonne; ***by my watch*** selon ma montre; ***by o.s.*** tout seul; ***he won by a couple of minutes*** il a gagné à quelques minutes près **2** *adv*: ***by and by*** (*soon*) sous peu
bye(-bye) [baɪ] au revoir
by•gones ['baɪgɑːnz]: ***let bygones be bygones*** passons l'éponge
'**by•pass 1** *n road* déviation *f*; MED pontage *m* (coronarien) **2** *v/t* contourner
'**by-prod•uct** sous-produit *m*
by•stand•er ['baɪstændər] spectateur (-trice) *m*(*f*)
byte [baɪt] octet *m*
'**by•word**: ***be a byword for*** être synonyme de

C

cab [kæb] (*taxi*) taxi *m*; *of truck* cabine *f*
'**cab driv•er** chauffeur *m* de taxi
cab•a•ret ['kæbəreɪ] spectacle *m* de cabaret
cab•bage ['kæbɪdʒ] chou *m*
cab•in ['kæbɪn] *of plane, ship* cabine *f*
'**cab•in at•tend•ant** *male* steward *m*; *female* hôtesse *f* (de l'air)
'**cab•in crew** équipage *m*
cab•i•net ['kæbɪnɪt] *furniture* meuble *m* (de rangement); POL cabinet *m*; ***display cabinet*** vitrine *f*; ***medicine cabinet*** armoire *f* à pharmacie
'**cab•i•net mak•er** ébéniste *m*/*f*
ca•ble ['keɪbl] câble *m*; ***cable*** (***TV***) câble *m*
'**ca•ble car** téléphérique *m*; *on rail* funiculaire *m*
'**ca•ble tel•e•vi•sion** (télévision *f* par) câble *m*
'**cab stand**, *Br* '**cab rank** station *f* de taxis
cac•tus ['kæktəs] cactus *m*
ca•dav•er [kə'dævər] cadavre *m*
cad•die ['kædɪ] **1** *n in golf* caddie *m* **2** *v/i*: ***caddie for s.o.*** être le caddie de qn
ca•det [kə'det] élève *m* (officier)
cadge [kædʒ] *v/t*: ***cadge sth from s.o.*** taxer qch à qn F
caf•é ['kæfeɪ] café *m*
caf•e•te•ri•a [kæfɪ'tɪrɪə] cafétéria *f*
caf•feine ['kæfiːn] caféine *f*
cage [keɪdʒ] cage *f*
ca•gey ['keɪdʒɪ] *adj* évasif*
ca•hoots [kə'huːts] *npl* F: ***be in cahoots with*** être de mèche avec F
ca•jole [kə'dʒoʊl] *v/t* enjôler
cake [keɪk] **1** *n* gâteau *m*; ***be a piece of cake*** F être du gâteau F **2** *v/i of mud, blood* sécher, se solidifier
ca•lam•i•ty [kə'læmətɪ] calamité *f*
cal•ci•um ['kælsɪəm] calcium *m*
cal•cu•late ['kælkjʊleɪt] *v/t* (*work out*) évaluer; *in arithmetic* calculer
cal•cu•lat•ing ['kælkjʊleɪtɪŋ] *adj* calculateur*
cal•cu•la•tion [kælkjʊ'leɪʃn] calcul *m*
cal•cu•la•tor ['kælkjʊleɪtər] calculatrice *f*
cal•en•dar ['kælɪndər] calendrier *m*
calf[1] [kæf] (*pl* ***calves*** [kævz]) (*young cow*) veau *m*
calf[2] [kæf] (*pl* ***calves*** [kævz]) *of leg* mollet *m*
'**calf•skin** *n* veau *m*, vachette *f*
cal•i•ber ['kælɪbər] *of gun* calibre *m*; ***a man of his caliber*** un homme de ce calibre
call [kɒːl] **1** *n* (*phone call*) appel *m*, coup *m* de téléphone; (*shout*) appel, cri *m*; (*demand*) appel *m*, demande *f*; ***there's a call for you*** on te demande au téléphone, il y a un appel pour toi; ***be on call*** être de garde **2** *v/t also on phone* appeler; ***be called …*** s'appeler …; ***call s.o. a liar*** traiter qn de menteur; ***and you call yourself a Socialist!*** et tu te dis socialiste!; ***call s.o. names*** injurier qn; insulter qn **3** *v/i also on phone* appeler; (*visit*) passer

◆ **call at** *v/t* (*stop at*) s'arrêter à; *of train also* s'arrêter à, desservir
◆ **call back 1** *v/t on phone*, (*summon*) rappeler **2** *v/i on phone* rappeler; (*make another visit*) repasser
◆ **call for** *v/t* (*collect*) passer prendre, venir chercher; (*demand, require*) demander
◆ **call in 1** *v/t* (*summon*) appeler, faire venir **2** *v/i* (*phone*) appeler, téléphoner
◆ **call off** *v/t* (*cancel*) annuler
◆ **call on** *v/t* (*urge*) demander à; (*visit*) rendre visite à, passer voir
◆ **call out** *v/t* (*shout*) crier; (*summon*) appeler
◆ **call up** *v/t on phone* appeler, téléphoner à; COMPUT ouvrir
'**call cen•ter** centre *m* d'appel
call•er ['kɒːlər] *on phone* personne *f* qui appelle; (*visitor*) visiteur *m*
'**call girl** call-girl *f*
cal•lous ['kæləs] *adj person* dur
cal•lous•ly ['kæləslɪ] *adv* durement
cal•lous•ness ['kæləsnɪs] dureté *f*
calm [kɑːm] **1** *adj* calme, tranquille **2** *n* calme *m*
◆ **calm down 1** *v/t* calmer **2** *v/i of sea, weather, person* se calmer
calm•ly ['kɑːmlɪ] *adv* calmement
cal•o•rie ['kælərɪ] calorie *f*
cam•cor•der ['kæmkɔːrdər] caméscope *m*
came [keɪm] *pret* → ***come***
cam•e•ra ['kæmərə] appareil *m* photo; TVcaméra *f*
'**cam•e•ra•man** cadreur *m*, caméraman *m*
cam•i•sole ['kæmɪsoʊl] caraco *m*
cam•ou•flage ['kæməflɑːʒ] **1** *n* camouflage *m* **2** *v/t* camoufler
camp [kæmp] **1** *n* camp *m* **2** *v/i* camper
cam•paign [kæm'peɪn] **1** *n* campagne *f* **2** *v/i* faire campagne
cam•paign•er [kæm'peɪnər] militant *m*
camp•er ['kæmpər] *person* campeur *m*; *vehicle* camping-car *m*
camp•ing ['kæmpɪŋ] camping *m*; ***go camping*** faire du camping
'**camp•site** (terrain *m* de) camping *m*
cam•pus ['kæmpəs] campus *m*
can[1] [kæn], *unstressed* [kən] *v/aux* ◇ (*pret* ***could***) *ability* pouvoir; ***can you hear me?*** tu m'entends?; ***I can't see*** je ne vois pas; ***can you speak French?*** parlez-vous français?; ***can she swim?*** sait-elle nager?; ***can he call me back?*** peut-il me rappeler?; ***as fast / well as you can*** aussi vite / bien que possible; ***that can't be right*** ça ne peut pas être vrai ◇ *permission* pouvoir; ***can I help you?*** est-ce que je peux t'aider?
can[2] [kæn] **1** *n for food* boîte *f*; *for drinks* canette *f*; *of paint* bidon *m* **2** *v/t* (*pret & pp* ***-ned***) mettre en conserve
Can•a•da ['kænədə] Canada *m*
Ca•na•di•an [kə'neɪdɪən] **1** *adj* canadien* **2** *n* Canadien *m*
ca•nal [kə'næl] canal *m*
ca•nar•y [kə'nerɪ] canari *m*
can•cel ['kænsl] *v/t* (*pret & pp* ***-ed***, *Br* ***-led***) annuler
can•cel•la•tion [kænsə'leɪʃn] annulation *f*
can•cel'la•tion fee frais *mpl* d'annulation
can•cer ['kænsər] cancer *m*
Can•cer ['kænsər] ASTROL Cancer *m*
can•cer•ous ['kænsərəs] *adj* cancéreux*
c & f *abbr* (***= cost and freight***) C&F (coût et fret)
can•did ['kændɪd] *adj* franc*
can•di•da•cy ['kændɪdəsɪ] candidature *f*
can•di•date ['kændɪdət] candidat *m*
can•did•ly ['kændɪdlɪ] *adv* franchement
can•died ['kændiːd] *adj* confit
can•dle ['kændl] bougie *f*; *in church* cierge *m*
'**can•dle•stick** bougeoir *m*; *long, thin* chandelier *m*
can•dor ['kændər] franchise *f*
can•dy ['kændɪ] (*sweet*) bonbon *m*; (*sweets*) bonbons *mpl*
cane [keɪn] (tige *f* de) bambou *m*
can•is•ter ['kænɪstər] boîte *f* (métallique); *for gas, spray* bombe *f*
can•na•bis ['kænəbɪs] cannabis *m*
canned [kænd] *adj fruit, tomatoes* en conserve, en boîte; F (*recorded*) enregistré
can•ni•bal•ize ['kænɪbəlaɪz] *v/t* cannibaliser
can•not ['kænɑːt] → ***can***[1]
can•ny ['kænɪ] *adj* (*astute*) rusé
ca•noe [kə'nuː] canoë *m*
'**can o•pen•er** ouvre-boîte *m*
can't [kænt] → ***can***
can•teen [kæn'tiːn] *in factory* cantine *f*
can•vas ['kænvəs] toile *f*
can•vass ['kænvəs] **1** *v/t* (*seek opinion of*) sonder, interroger **2** *v/i* POL faire campagne
can•yon ['kænjən] canyon *m*
cap [kæp] *hat* bonnet *m*; *with peak* casquette *f*; *of soldier, policeman* képi *m*; *of bottle, jar* bouchon *m*; *of pen, lens* capuchon *m*
ca•pa•bil•i•ty [keɪpə'bɪlətɪ] capacité *f*
ca•pa•ble ['keɪpəbl] *adj* (*efficient*) capable, compétent; ***be capable of*** être capable de
ca•pac•i•ty [kə'pæsətɪ] capacité *f*; *of fac-*

tory capacité *f* de production; aptitude *f*; ***in my capacity as …*** en ma qualité de …
cap•i•tal ['kæpɪtl] *n of country* capitale *f*; *letter* majuscule *f*; *money* capital *m*
cap•i•tal ex'pend•i•ture dépenses *fpl* d'investissement
cap•i•tal 'gains tax impôt *m* sur la plus-value
cap•i•tal 'growth augmentation *f* de capital
cap•i•tal•ism ['kæpɪtəlɪzm] capitalisme *m*
cap•i•tal•ist ['kæpɪtəlɪst] **1** *adj* capitaliste **2** *n* capitaliste *m/f*
◆**cap•i•tal•ize on** ['kæpɪtəlaɪz] *v/t* tirer parti de, exploiter
cap•i•tal 'let•ter majuscule *f*
cap•i•tal 'pun•ish•ment peine *f* capitale
ca•pit•u•late [kə'pɪtʃʊleɪt] *v/i* capituler
ca•pit•u•la•tion [kæpɪtʃʊ'leɪʃn] capitulation *f*
Cap•ri•corn ['kæprɪkɔːrn] ASTROL Capricorne *m*
cap•size [kæp'saɪz] **1** *v/i* chavirer **2** *v/t* faire chavirer
cap•sule ['kæpsʊl] *of medicine* gélule *f*; (*space capsule*) capsule *f* spatiale
cap•tain ['kæptɪn] *n of ship*, *team* capitaine *m*; *of aircraft* commandant *m* de bord
cap•tion ['kæpʃn] *n* légende *f*
cap•ti•vate ['kæptɪveɪt] *v/t* captiver, fasciner
cap•tive ['kæptɪv] *adj* captif*; ***be held captive*** être en captivité
cap•tive 'mar•ket marché *m* captif
cap•tiv•i•ty [kæp'tɪvətɪ] captivité *f*
cap•ture ['kæptʃər] **1** *n of city* prise *f*; *of person, animal* capture *f* **2** *v/t person, animal* capturer; *city, building* prendre; *market share* conquérir; (*portray*) reproduire; *moment* saisir
car [kɑːr] voiture *f*, automobile *f*; *of train* wagon *m*, voiture *f*; ***by car*** en voiture
ca•rafe [kə'ræf] carafe *f*
car•at ['kærət] carat *m*
car•bo•hy•drate [kɑːrboʊ'haɪdreɪt] glucide *m*
'car bomb voiture *f* piégée
car•bon mon•ox•ide [kɑːrbənmən'ɑːksaɪd] monoxyde *m* de carbone
car•bu•ret•er, **car•bu•ret•or** [kɑːrbʊ'retər] carburateur *m*
car•cass ['kɑːrkəs] carcasse *f*
car•cin•o•gen [kɑːr'sɪnədʒen] substance *f* cancérigène
car•cin•o•genic [kɑːrsɪnə'dʒenɪk] *adj* cancérigène, cancérogène
card [kɑːrd] carte *f*
'card•board carton *m*
card•board 'box carton *m*
car•di•ac ['kɑːrdɪæk] *adj* cardiaque
car•di•ac ar'rest arrêt *m* cardiaque
car•di•gan ['kɑːrdɪgən] cardigan *m*, gilet *m*
car•di•nal ['kɑːrdɪnl] *n* REL cardinal *m*
'card in•dex fichier *m*
'card key carte *f* magnétique
'card phone téléphone *m* à carte
care [ker] **1** *n of baby*, *pet* garde *f*; *of the elderly*, *sick* soins *mpl*; MED soins *mpl* médicaux; (*worry*) souci *m*; ***care of*** chez; ***take care*** (*be cautious*) faire attention; ***goodbye, take care*** (***of yourself***)***!*** au revoir, fais bien attention à toi!; ***take care of*** s'occuper de; (***handle***) ***with care!*** *on label* fragile **2** *v/i* se soucier; ***I don't care!*** ça m'est égal!; ***I couldn't*** *or* F ***could care less***, *Br* ***I couldn't care less*** ça m'est complètement égal, je m'en fous complètement F
◆**care about** *v/t* s'intéresser à; ***they don't care about the environment*** ils ne se soucient pas de l'environnement
◆**care for** *v/t* (*look after*) s'occuper de, prendre soin de; (*like, be fond of*) aimer; ***would you care for …?*** aimeriez-vous …?
ca•reer [kə'rɪr] (*profession*) carrière *f*
ca'reers of•fi•cer conseiller *m* d'orientation
'care•free *adj* insouciant, sans souci
care•ful ['kerfəl] *adj* (*cautious*) prudent; (*thorough*) méticuleux*; (***be***) ***careful!*** (fais) attention!
care•ful•ly ['kerfəlɪ] *adv* (*with caution*) prudemment; *worded etc* soigneusement, avec soin
care•less ['kerlɪs] *adj* négligent; *work* négligé; ***you are so careless!*** tu es tellement tête en l'air!
care•less•ly ['kerlɪslɪ] *adv* négligemment
car•er ['kerər] accompagnateur(-trice) *m*(*f*)
ca•ress [kə'res] **1** *n* caresse *f* **2** *v/t* caresser
care•tak•er ['kerteɪkər] gardien *m*
'care•worn *adj* rongé par les soucis
'car fer•ry (car-)ferry *m*, transbordeur
car•go ['kɑːrgoʊ] cargaison *f*, chargement *m*
car•i•ca•ture ['kærɪkətʃər] *n* caricature *f*
car•ing ['kerɪŋ] *adj* attentionné; ***a more caring society*** une sociéte plus humaine
'car me•chan•ic mécanicien *m* (dans un garage)
car•nage ['kɑːrnɪdʒ] carnage *m*
car•na•tion [kɑːr'neɪʃn] œillet *m*
car•ni•val ['kɑːrnɪvl] fête *f* foraine; *with processions etc* carnaval *m*
car•ol ['kærəl] *n* chant *m* (de Noël)

C

car•ou•sel [kærə'sel] *at airport* tapis *m* roulant (à bagages); *for slide projector* carrousel *m*; (*merry-go-round*) manège *m*

'**car park** *Br* parking *m*

car•pen•ter ['kɑːrpɪntər] charpentier *m*; *for smaller objects* menuisier *m*

car•pet ['kɑːrpɪt] tapis *m*; *fitted* moquette *f*

'**car phone** téléphone *m* de voiture

'**car•pool 1** *n* voyage *m* groupé, co-voiturage *m* **2** *v/i* voyager en groupes, faire du co-voiturage

'**car port** auvent *m* pour voiture(s)

'**car ra•di•o** autoradio *m*

'**car rent•al** location *f* de voitures

'**car rent•al com•pa•ny** société *f* de location de voitures

car•riage ['kærɪdʒ] *Br*: *of train* wagon *m*

car•ri•er ['kærɪər] *company* entreprise *f* de transport; *of disease* porteur(-euse) *m*(*f*)

car•rot ['kærət] carotte *f*

car•ry ['kærɪ] **1** *v/t* (*pret & pp* ***-ied***) porter; (*from a place to another*), *of ship*, *plane*, *bus etc* transporter; (*have on one's person*) avoir sur soi; *disease* être porteur de; *proposal* adopter; ***get carried away*** se laisser entraîner **2** *v/i of sound* porter

◆ **carry on 1** *v/i* (*continue*) continuer (***with sth*** qch); F (*make a fuss*) faire une scène; F (*have an affair*) avoir une liaison avec **2** *v/t business* exercer; *conversation* tenir

◆ **carry out** *v/t survey etc* faire; *orders etc* exécuter

cart [kɑːrt] charrette *f*

car•tel [kɑːr'tel] cartel *m*

car•ton ['kɑːrtn] carton *m*; *of cigarettes* cartouche *f*

car•toon [kɑːr'tuːn] dessin *m* humoristique; *on TV*, *movie* dessin *m* animé; (*strip cartoon*) BD *f*, bande *f* dessinée

car•toon•ist [kɑːr'tuːnɪst] dessinateur (-trice) *m*(*f*) humoristique

car•tridge ['kɑːrtrɪdʒ] *for gun*, *printer etc* cartouche *f*

carve [kɑːrv] *v/t meat* découper; *wood* sculpter

carv•ing ['kɑːrvɪŋ] *figure* sculpture *f*

'**car wash** lave-auto *m*

case[1] [keɪs] *n for eyeglasses*, *camera* étui *m*; *for gadget* pochette *f*; *in museum* vitrine *f*; *of Scotch*, *wine* caisse *f*; *Br* (*suitcase*) valise *f*

case[2] [keɪs] *n* (*instance*) cas *m*; (*argument*) arguments *mpl* (***for sth/s.o.*** en faveur de qch / qn); *for police*, *mystery* affaire *f*; MED cas *m*; LAW procès *m*; ***in case it rains / you have forgotten*** au cas où il pleuvrait / tu aurais oublié; ***just in case*** au cas où; ***in any case*** en tout cas; ***in that case*** dans ce cas-là

'**case his•to•ry** MED antécédents *mpl*

'**case•load** dossiers *mpl*

cash [kæʃ] **1** *n* (*money*) argent *m*; (*coins and notes*) espèces *fpl*, (argent *m*) liquide *m*; ***cash down*** argent *m* comptant; ***pay (in) cash*** payer en espèces *or* en liquide; ***cash in advance*** paiement *m* par avance **2** *v/t check* toucher

◆ **cash in on** *v/t* tirer profit de

'**cash cow** vache *f* à lait

'**cash desk** caisse *f*

cash '**dis•count** escompte *m* au comptant

'**cash di•spens•er** distributeur *m* automatique (de billets)

'**cash flow** COMM trésorerie *f*; ***I've got cash flow problems*** j'ai des problèmes d'argent

cash•ier [kæ'ʃɪr] *n in store etc* caissier (-ère) *m*(*f*)

'**cash ma•chine** distributeur *m* automatique (de billets)

cash•mere ['kæʃmɪr] *adj* en cashmere

'**cash re•gis•ter** caisse *f* enregistreuse

ca•si•no [kə'siːnoʊ] casino *m*

cas•ket ['kæskɪt] (*coffin*) cercueil *m*

cas•se•role ['kæsəroʊl] *meal* ragoût *m*; *container* cocotte *f*

cas•sette [kə'set] cassette *f*

cas'sette play•er lecteur *m* de cassettes

cas'sette re•cord•er magnétophone *m* à cassettes

cast [kæst] **1** *n of play* distribution *f*; (*mold*) moule *m*; *object cast* moulage *m* **2** *v/t* (*pret & pp* ***cast***) *doubt*, *suspicion* jeter; *metal* couler; *play* distribuer les rôles de; ***cast s.o. as*** donner à qn le rôle de

◆ **cast off** *v/i of ship* larguer les amarres

caste [kæst] caste *f*

cast•er ['kæstər] *on chair etc* roulette *f*

cast iron *n* fonte *f*

cast-'iron *adj* en fonte

cas•tle ['kæsl] chateau *m*

'**cast•or** ['kæstər] → ***caster***

cas•trate [kæ'streɪt] *v/t* castrer

cas•tra•tion [kæ'streɪʃn] castration *f*

cas•u•al ['kæʒʊəl] *adj* (*chance*) fait au hasard; (*offhand*) désinvolte; (*not formal*) décontracté; (*not permanent*) temporaire; ***casual sex*** relations *fpl* sexuelles sans engagement

cas•u•al•ly ['kæʒʊəlɪ] *adv dressed* de manière décontractée; *say* de manière désinvolte

cas•u•al•ty ['kæʒʊəltɪ] victime *f*; ***casualties*** MIL pertes *fpl*

C

'cas•u•al wear vêtements *mpl* sport
cat [kæt] chat(te) *m(f)*
cat•a•log ['kætəlɑːg] *n* catalogue *m*
cat•a•lyst ['kætəlɪst] *fig* catalyseur *m*
cat•a•lyt•ic con•vert•er [kætəlɪtɪkkən'vɜːrtər] pot *m* catalytique
cat•a•pult ['kætəpʌlt] **1** *v/t fig: to fame, stardom* catapulter **2** *n Br* catapulte *f*
cat•a•ract ['kætərækt] MED cataracte *f*
ca•tas•tro•phe [kə'tæstrəfɪ] catastrophe *f*
cat•a•stroph•ic [kætə'strɑːfɪk] *adj* catastrophique
catch [kætʃ] **1** *n* prise *f* (au vol); *of fish* pêche *f*; (*lock*: *on door*) loquet *m*; *on window* loqueteau *m*; (*problem*) entourloupette *f* F; ***good catch!*** bien joué! **2** *v/t* (*pret & pp* **caught**) *ball*, *escaped prisoner* attraper; (*get on*: *bus*, *train*) prendre; (*not miss*: *bus*, *train*) attraper; *fish* attraper; *in order to speak to* trouver; (*hear*) entendre; *illness* attraper; ***catch (a) cold*** attraper un rhume; ***catch s.o.'s eye*** *of person*, *object* attirer l'attention de qn; ***catch sight of, catch a glimpse of*** apercevoir; ***catch s.o. doing sth*** surprendre qn en train de faire qch
◆ **catch on** *v/i* (*become popular*) avoir du succès; (*understand*) piger
◆ **catch up 1** *v/i of runner*, *in work etc* rattraper son retard **2** *v/t*: ***I'll catch you up*** je vous rejoins plus tard
◆ **catch up on** *v/t* rattraper
◆ **catch up with** *v/t* rattraper
catch-22 [kætʃtwentɪ'tuː]: ***it's a catch-22 situation*** c'est un cercle vicieux
catch•er ['kætʃər] *in baseball* attrapeur *m*
catch•ing ['kætʃɪŋ] *adj also fig* contagieux*
catch•y ['kætʃɪ] *adj tune* facile à retenir
cat•e•go•ric [kætə'gɑːrɪk] *adj* catégorique
cat•e•gor•i•cal•ly [kætə'gɑːrɪklɪ] *adv* catégoriquement
cat•e•go•ry ['kætəgɔːrɪ] catégorie *f*
◆ **ca•ter for** ['keɪtər] *v/t* (*meet the needs of*) s'adresser à; (*provide food for*) fournir les repas pour
ca•ter•er ['keɪtərər] traiteur *m*
ca•ter•pil•lar ['kætərpɪlər] chenille *f*
ca•the•dral [kə'θiːdrl] cathédrale *f*
Cath•o•lic ['kæθəlɪk] **1** *adj* catholique **2** *n* catholique *m/f*
Ca•thol•i•cism [kə'θɑːlɪsɪzm] catholicisme *m*
'cat•nap *n* (petit) somme *m*
'cat's eyes *npl on road* catadioptres *mpl*
cat•sup ['kætsʌp] ketchup *m*
cat•tle ['kætl] *npl* bétail *m*
cat•ty ['kætɪ] *adj* méchant
'cat•walk passerelle *f*
caught [kɒːt] *pret & pp* → **catch**
cau•li•flow•er ['kɒːlɪflaʊər] chou-fleur *m*
cause [kɒːz] **1** *n* cause *f*; (*grounds*) raison *f* **2** *v/t* causer; ***cause s.o. to do sth*** pousser qn à faire qch
caus•tic ['kɒːstɪk] *adj fig* caustique
cau•tion ['kɒːʃn] **1** *n* (*carefulness*) prudence *f* **2** *v/t* (*warn*) avertir; ***caution s.o. against sth*** mettre qn en garde contre qch
cau•tious ['kɒːʃəs] *adj* prudent
cau•tious•ly ['kɒːʃəslɪ] *adv* prudemment
cave [keɪv] caverne *f*, grotte *f*
◆ **cave in** *v/i of roof* s'effondrer
cav•i•ar ['kævɪɑːr] caviar *m*
cav•i•ty ['kævətɪ] cavité *f*
cc 1 *n* copie *f*; (*cubic centimeters*) cm^3 (centimètre *m* cube) **2** *v/t* envoyer une copie à
CD [siː'diː] *abbr* (**= *compact disc***) CD *m* (= compact-disc *m*, disque *m* compact)
C'D play•er lecteur *m* de CD
CD-'ROM [siːdiː'rɑːm] CD-ROM *m*
CD-'ROM drive lecteur *m* de CD-ROM
cease [siːs] **1** *v/i* cesser **2** *v/t* cesser; ***cease doing sth*** cesser de faire qch
'cease-fire cessez-le-feu *m*
cei•ling ['siːlɪŋ] *also fig* plafond *m*
cel•e•brate ['selɪbreɪt] **1** *v/i* faire la fête **2** *v/t* fêter; *Christmas*, *public event* célébrer
cel•e•brat•ed ['selɪbreɪtɪd] *adj* célèbre
cel•e•bra•tion [selɪ'breɪʃn] fête *f*; *of public event*, *wedding* célébration *f*
ce•leb•ri•ty [sɪ'lebrətɪ] célébrité *f*
cel•e•ry ['selərɪ] céleri *m*
ce•li•ba•cy ['selɪbəsɪ] célibat *m*
cel•i•bate ['selɪbət] *adj* chaste
cell [sel] *for prisoner*, *of spreadsheet*, BIOL cellule *f*; *phone* portable *m*
cel•lar ['selər] cave *f*
cel•list ['tʃelɪst] violoncelliste *m/f*
cel•lo ['tʃeloʊ] violoncelle *m*
cel•lo•phane ['seləfeɪn] cellophane *f*
'cell phone, cel•lu•lar phone ['seljuːlər] (téléphone *m*) portable *m*
cel•lu•lite ['seljuːlaɪt] cellulite *f*
ce•ment [sɪ'ment] **1** *n* ciment *m* **2** *v/t also fig* cimenter
cem•e•ter•y ['seməterɪ] cimetière *m*
cen•sor ['sensər] *v/t* censurer
cen•sor•ship ['sensərʃɪp] censure *f*
cen•sus ['sensəs] recensement *m*
cent [sent] cent *m*
cen•te•na•ry [sen'tiːnərɪ] centenaire *m*
cen•ter ['sentər] **1** *n* centre *m*; ***in the center of*** au centre de **2** *v/t* centrer
◆ **center on** *v/t* tourner autour de
cen•ter of 'grav•i•ty centre *m* de gravité

C

cen•ti•grade ['sentɪgreɪd] centigrade *m*; ***10 degrees centigrade*** 10 degrés centigrades
cen•ti•me•ter ['sentɪmiːtər] centimètre *m*
cen•tral ['sentrəl] *adj* central; ***central Washington / France*** le centre de Washington / de la France; ***be central to sth*** être au cœur de qch
cen•tral 'heat•ing chauffage *m* central
cen•tral•ize ['sentrəlaɪz] *v/t decision making* centraliser
cen•tral 'lock•ing MOT verrouillage *m* centralisé
centre *Br* → ***center***
cen•tu•ry ['sentʃərɪ] siècle *m*; ***in the last century*** au siècle dernier
CEO [siːiː'oʊ] *abbr* (= ***Chief Executive Officer***) directeur *m* général
ce•ram•ic [sɪ'ræmɪk] *adj* en céramique
ce•ram•ics [sɪ'ræmɪks] (*pl*: *objects*) objets *mpl* en céramique; (*sg*: *art*) céramique *f*
ce•re•al ['sɪrɪəl] (*grain*) céréale *f*; (*breakfast cereal*) céréales *fpl*
cer•e•mo•ni•al [serɪ'moʊnɪəl] **1** *adj* de cérémonie **2** *n* cérémonial *m*
cer•e•mo•ny ['serɪmənɪ] cérémonie *f*
cer•tain ['sɜːrtn] *adj* (*sure*) certain, sûr; (*particular*) certain; ***it's certain that …*** il est sûr *or* certain que …; ***a certain Mr Stein*** un certain M. Stein; ***make certain that*** s'assurer que; ***know for certain that …*** avoir la certitude que …; ***say for certain*** dire de façon sûre *or* certaine
cer•tain•ly ['sɜːrtnlɪ] *adv* certainement; ***certainly not!*** certainement pas!
cer•tain•ty ['sɜːrtntɪ] certitude *f*; ***he's a certainty to be elected*** il est sûr d'être élu
cer•tif•i•cate [sər'tɪfɪkət] certificat *m*
cer•ti•fied pub•lic ac•count•ant ['sɜːrtɪfaɪd] expert *m* comptable
cer•ti•fy ['sɜːrtɪfaɪ] *v/t* (*pret & pp* ***-ied***) certifier
Ce•sar•e•an [sɪ'zerɪən] césarienne *f*
ces•sa•tion [se'seɪʃn] cessation *f*
c/f *abbr* (= ***cost and freight***) C&F (coût et fret)
CFC [siːef'siː] *abbr* (= ***chlorofluorocarbon***) C.F.C. *m* (= chlorofluorocarbone *m*)
chain [tʃeɪn] **1** *n also of stores etc* chaîne *f* **2** *v/t*: ***chain sth / s.o. to sth*** enchaîner qch / qn à qch
chain re'ac•tion réaction *f* en chaîne
'chain smoke *v/i* fumer cigarette sur cigarette
'chain smok•er gros fumeur *m*, grosse fumeuse *f*
'chain store magasin *m* à succursales multiples
chair [tʃer] **1** *n* chaise *f*; (*armchair*) fauteuil *m*; *at university* chaire *f*; ***the chair*** (*electric chair*) la chaise électrique; *at meeting* le (la) président(e) *m*(*f*); ***go to the chair*** passer à la chaise électrique; ***take the chair*** prendre la présidence **2** *v/t meeting* présider
'chair lift télésiège *m*
'chair•man président *m*
chair•man•ship ['tʃermənʃɪp] présidence *f*
'chair•per•son président(e) *m*(*f*)
'chair•wom•an présidente *f*
cha•let [ʃæ'leɪ] chalet *m*
chal•ice ['tʃælɪs] REL calice *m*
chalk [tʃɒːk] craie *f*
chal•lenge ['tʃælɪndʒ] **1** *n* défi *m*, challenge *m*; ***I enjoy a challenge*** j'aime les défis; ***his challenge for the presidency*** sa candidature à la présidence **2** *v/t* (*defy*) défier; (*call into question*) mettre en doute; ***challenge s.o. to a debate / game*** proposer à qn de faire un débat / une partie
chal•len•ger ['tʃælɪndʒər] challenger *m*
chal•len•ging ['tʃælɪndʒɪŋ] *adj job, undertaking* stimulant
cham•ber•maid ['tʃeɪmbərmeɪd] femme *f* de chambre
'cham•ber mu•sic musique *f* de chambre
Cham•ber of 'Com•merce Chambre *f* de commerce
cham•ois (leath•er) ['ʃæmɪ] (peau *f* de) chamois *m*
cham•pagne [ʃæm'peɪn] champagne *m*
cham•pi•on ['tʃæmpɪən] **1** *n* SP, *of cause* champion(ne) *m*(*f*) **2** *v/t cause* être le (la) champion(ne) *m*(*f*) de
cham•pi•on•ship ['tʃæmpɪənʃɪp] *event* championnat *m*; *title* titre *m* de champion(ne)
chance [tʃæns] (*possibility*) chances *fpl*; (*opportunity*) occasion *f*; (*risk*) risque *m*; (*luck*) hasard *m*; ***by chance*** par hasard; ***take a chance*** prendre un risque; ***give s.o. a chance*** donner une chance à qn; ***no chance!*** pas question!
Chan•cel•lor ['tʃænsələr] *in Germany* chancelier *m*; ***Chancellor (of the Exchequer)*** *in Britain* Chancelier *m* de l'Échiquier
chan•de•lier [ʃændə'lɪr] lustre *m*
change [tʃeɪndʒ] **1** *n* changement *m*; (*money*) monnaie *f*; ***for a change*** pour changer un peu; ***a change of clothes*** des vêtements *mpl* de rechange **2** *v/t* changer; *bankbill* faire la monnaie sur;

change trains / planes / one's clothes changer de train/d'avion / de vêtements **3** *v/i* changer; (*put on different clothes*) se changer
change•a•ble ['ʧeɪndʒəbl] *adj* changeant
'**change•o•ver** changement *m*; *in relay race* relève *f*; ***the changeover to*** le passage à
chang•ing room ['ʧeɪndʒɪŋ] SP vestiaire *m*; *in shop* cabine *f* d'essayage
chan•nel ['ʧænl] *on TV, radio* chaîne *f*; (*waterway*) chenal *m*
'**Chan•nel Is•lands** Îles *fpl* Anglo-Normandes
chant [ʧænt] **1** *n* slogans *mpl* scandés; REL chant *m* **2** *v/i of crowds etc* scander des slogans; REL psalmodier
cha•os ['keɪɑːs] chaos *m*
cha•ot•ic [keɪ'ɑːtɪk] *adj* chaotique
chap [ʧæp] *n Br* F type *m* F
chap•el ['ʧæpl] chapelle *f*
chapped [ʧæpt] *adj* gercé
chap•ter ['ʧæptər] *of book* chapitre *m*; *of organization* filiale *f*
char•ac•ter ['kærɪktər] *also in writing* caractère *m*; (*person*) personne *f*; *in book, play* personnage *m*; ***he's a real character*** c'est un personnage
char•ac•ter•is•tic [kærɪktə'rɪstɪk] **1** *n* caractéristique *f* **2** *adj* caractéristique
char•ac•ter•is•ti•cal•ly [kærɪktə'rɪstɪklɪ] *adv* de manière caractéristique
char•ac•ter•ize ['kærɪktəraɪz] *v/t* caractériser
cha•rade [ʃə'rɑːd] *fig* mascarade *f*
char•broiled ['ʧɑːrbrɔɪld] *adj* grillé au charbon de bois
char•coal ['ʧɑːrkoʊl] *for barbecue* charbon *m* de bois; *for drawing* fusain *m*
charge [ʧɑːrdʒ] **1** *n* (*fee*) frais *mpl*; LAW accusation *f*; ***will there be a charge?*** est-ce qu'il y aura quelque chose à payer?; ***free of charge*** *enter* gratuitement; ***free of charge*** *be* gratuit; ***will that be cash or charge?*** est-ce que vous payez comptant ou je le mets sur votre compte?; ***be in charge*** être responsable; ***take charge (of things)*** prendre les choses en charge **2** *v/t sum of money* faire payer; LAW inculper (***with*** de); *battery* charger; ***can you charge it?*** (*put on account*) pouvez-vous le mettre sur mon compte? **3** *v/i* (*attack*) charger
'**charge ac•count** compte *m*
'**charge card** carte *f* de paiement
cha•ris•ma [kə'rɪzmə] charisme *m*
char•is•ma•tic [kærɪz'mætɪk] *adj* charismatique
char•i•ta•ble ['ʧærɪtəbl] *adj* charitable
char•i•ty ['ʧærətɪ] (*assistance*) charité *f*; (*organization*) organisation *f* caritative
char•la•tan ['ʃɑːrlətən] charlatan *m*
charm [ʧɑːrm] **1** *n also on bracelet* charme *m* **2** *v/t* (*delight*) charmer
charm•ing ['ʧɑːrmɪŋ] *adj* charmant
charred [ʧɑːrd] *adj* carbonisé
chart [ʧɑːrt] (*diagram*) diagramme *m*; (*map*) carte *f*; ***the charts*** MUS le hit-parade
char•ter ['ʧɑːrtər] *v/t* affréter
'**char•ter flight** (vol *m*) charter *m*
chase [ʧeɪs] **1** *n* poursuite *f*; ***car chase*** course-poursuite *f* (en voiture) **2** *v/t* poursuivre; ***I chased it out of the house*** je l'ai chassé de la maison
◆ **chase away** *v/t* chasser
chas•er ['ʧeɪsər]: ***with a whiskey chaser*** suivi par un verre de whisky
chas•sis ['ʃæsɪ] *of car* châssis *m*
chat [ʧæt] **1** *n* causette *f* **2** *v/i* (*pret & pp **-ted***) causer
'**chat room** chat *m*
'**chat show** *Br* talk-show *m*
chat•ter ['ʧætər] **1** *n* bavardage *m* **2** *v/i* (*talk*) bavarder; ***my teeth were chattering*** je claquais des dents
chat•ter•box moulin *m* à paroles F
chat•ty ['ʧætɪ] *adj person* bavard; *letter* plein de bavardages
chauf•feur ['ʃoʊfər] *n* chauffeur *m*
'**chauf•feur-driv•en** *adj* avec chauffeur
chau•vin•ist ['ʃoʊvɪnɪst] *n* (*male chauvinist*) machiste *m*
chau•vin•ist•ic [ʃoʊvɪ'nɪstɪk] *adj* chauvin; (*sexist*) machiste
cheap [ʧiːp] *adj* bon marché, pas cher; (*nasty*) méchant; (*mean*) pingre
cheat [ʧiːt] **1** *n person* tricheur(-euse) *m*(*f*) **2** *v/t* tromper; ***cheat s.o. out of sth*** escroquer qch à qn **3** *v/i* tricher; ***cheat on one's wife*** tromper sa femme
check[1] [ʧek] **1** *adj shirt* à carreaux **2** *n* carreaux *m*
check[2] [ʧek] FIN chèque *m*; *in restaurant etc* addition *f*; ***the check please*** l'addition, s'il vous plaît
check[3] [ʧek] **1** *n to verify sth* contrôle *m*, vérification *f*; ***keep a check on*** contrôler; ***keep in check, hold in check*** maîtriser; contenir **2** *v/t* vérifier; (*restrain*) réfréner, contenir; (*stop*) arrêter; *with a checkmark* cocher; *coat, package etc* mettre au vestiaire **3** *v/i* vérifier; ***check for sth*** vérifier qu'il n'y a pas qch
◆ **check in** *v/i at airport* se faire enregistrer; *at hotel* s'inscrire
◆ **check off** *v/t* cocher
◆ **check on** *v/t get information about* se

renseigner sur; *workforce etc* surveiller; ***check on the children*** jeter un coup d'œil sur les enfants
◆ **check out 1** *v/i of hotel* régler sa note; *of alibi etc*: *make sense* tenir debout **2** *v/t* (*look into*) enquêter sur; *club*, *restaurant etc* essayer
◆ **check up on** *v/t* se renseigner sur
◆ **check with** *v/t of person* demander à; (*tally*: *of information*) correspondre à
'**check•book** carnet *m* de chèques
checked [ʧekt] *adj material* à carreaux
check•er•board ['ʧekərbɔːrd] damier *m*
check•ered ['ʧekərd] *adj pattern* à carreaux; *career* varié
check•ers ['ʧekərz] jeu *m* de dames; ***play checkers*** jouer aux dames
'**check-in (coun•ter)** enregistrement *m*
check•ing ac•count ['ʧekɪŋ] compte *m* courant
'**check-in time** heure *f* d'enregistrement
'**check•list** liste *f* (de contrôle)
'**check mark**: ***put a check mark against sth*** cocher qch
'**check•mate** *n* échec et mat *m*
'**check-out** *in supermarket* caisse *f*
'**check-out time** *from hotel* heure *f* de départ
'**check•point** contrôle *m*
'**check•room** *for coats* vestiaire *m*; *for baggage* consigne *f*
'**check•up** *medical* examen *m* médical; *dental* examen *m* dentaire
cheek [ʧiːk] *on face* joue *f*
'**cheek•bone** pommette *f*
cheek•i•ly ['ʧiːkɪlɪ] *adv Br* de manière insolente
cheer [ʧɪr] **1** *n* hourra *m*, cri *m* d'acclamation; ***give a cheer*** pousser des hourras; ***cheers!*** (*toast*) (à votre) santé!; *Br* F (*thanks*) merci! **2** *v/t* acclamer **3** *v/i* pousser des hourras
◆ **cheer on** *v/t* encourager
◆ **cheer up 1** *v/i* reprendre courage, s'égayer; ***cheer up!*** courage! **2** *v/t* remonter le moral à
cheer•ful ['ʧɪrfəl] *adj* gai, joyeux*
cheer•ing ['ʧɪrɪŋ] acclamations *fpl*
cheer•i•o [ʧɪrɪ'oʊ] *Br* F salut F
'**cheer•lead•er** meneuse *f* de ban
cheer•y ['ʧɪrɪ] *adj* → ***cheerful***
cheese [ʧiːz] fromage *m*
'**cheese•burg•er** cheeseburger *m*
'**cheese•cake** gâteau *m* au fromage blanc
chef [ʃef] chef *m* (de cuisine)
chem•i•cal ['kemɪkl] **1** *adj* chimique **2** *n* produit *m* chimique
chem•i•cal 'war•fare guerre *f* chimique
chemist ['kemɪst] *in laboratory* chimiste *m/f*
chem•is•try ['kemɪstrɪ] chimie *f*; ***the chemistry was right*** *fig* le courant passait
chem•o•ther•a•py [kiːmoʊ'θerəpɪ] chimiothérapie *f*
cheque [ʧek] *Br* → ***check***[2]
cher•ish ['ʧerɪʃ] *v/t memory* chérir; *hope* entretenir
cher•ry ['ʧerɪ] *fruit* cerise *f*; *tree* cerisier *m*
cher•ub ['ʧerəb] chérubin *m*
chess [ʧes] (jeu *m* d')échecs *mpl*; ***play chess*** jouer aux échecs
'**chess•board** échiquier *m*
'**chess•man**, **chess•piece** pièce *f* (d'échecs)
chest [ʧest] *of person* poitrine *f*; (*box*) coffre *m*, caisse *f*; ***get sth off one's chest*** déballer ce qu'on a sur le cœur F
chest•nut ['ʧesnʌt] châtaigne *f*, marron *m*; *tree* châtaignier *m*, marronnier *m*
chest of 'draw•ers commode *f*
chew [ʧuː] *v/t* mâcher; *of rats* ronger
◆ **chew out** *v/t* F engueuler F
chew•ing gum ['ʧuːɪŋ] chewing-gum *m*
chic [ʃiːk] *adj* chic *inv*
chick [ʧɪk] poussin *m*; F: *girl* nana F
chick•en ['ʧɪkɪn] **1** *n* poulet *m*; F froussard(e) *m(f)* **2** *adj* F (*cowardly*) lâche
◆ **chicken out** *v/i* F se dégonfler F
'**chick•en•feed** F bagatelle *f*
'**chick•en pox** varicelle *f*
chief [ʧiːf] **1** *n* chef *m* **2** *adj* principal
chief•ly ['ʧiːflɪ] *adv* principalement
chil•blain ['ʧɪlbleɪn] engelure *f*
child [ʧaɪld] (*pl*: ***children*** [ʧɪldrən]) enfant *m/f*; *pej* gamin(e) *m(f)* F
'**child a•buse** mauvais traitements *mpl* infligés à un enfant; *sexual* abus *m* sexuel sur enfant
'**child•birth** accouchement *m*
'**child-friend•ly** *adj* aménagé pour les enfants
child•hood ['ʧaɪldhʊd] enfance *f*
child•ish ['ʧaɪldɪʃ] *adj pej* puéril
child•ish•ness ['ʧaɪldɪʃnɪs] *pej* puérilité *f*
child•ish•ly ['ʧaɪldɪʃlɪ] *adv pej* de manière puérile
child•less ['ʧaɪldlɪs] *adj* sans enfant
child•like ['ʧaɪldlaɪk] *adj* enfantin
'**child•mind•er** gardienne *f* d'enfants
child•ren ['ʧɪldrən] *pl* → ***child***
Chil•e ['ʧɪlɪ] *n* Chili *m*
Chil•e•an ['ʧɪlɪən] **1** *adj* chilien* **2** *n* Chilien(ne) *m(f)*
chill [ʧɪl] **1** *n in air* froideur *f*, froid *m*; *illness* coup *m* de froid; ***there's a chill in the air*** l'air est frais *or* un peu froid **2** *v/t wine* mettre au frais

◆ **chill out** *v/i* P se détendre
chil•(l)i (pep•per) ['ʧɪlɪ] piment *m* (rouge)
chill•y ['ʧɪlɪ] *adj weather* frais*, froid; *welcome* froid; ***I'm chilly*** j'ai un peu froid
chime [ʧaɪm] *v/i* carillonner
chim•ney ['ʧɪmnɪ] cheminée *f*
chim•pan•zee [ʧɪm'pænzɪ] chimpanzé *m*
chin [ʧɪn] menton *m*
Chi•na ['ʧaɪnə] Chine *f*
chi•na ['ʧaɪnə] **1** *n* porcelaine *f* **2** *adj* en porcelaine
Chi•nese [ʧaɪ'niːz] **1** *adj* chinois **2** *n language* chinois *m*; *person* Chinois(e) *m(f)*
chink [ʧɪŋk] (*gap*) fente *f*; *sound* tintement *m*
chip [ʧɪp] **1** *n fragment* copeau *m*; *damage* brèche *f*; *in gambling* jeton *m*; COMPUT puce *f*; ***chips*** (*potato chips*) chips *mpl* **2** *v/t* (*pret & pp* ***-ped***) *damage* ébrécher
◆ **chip in** *v/i* (*interrupt*) intervenir
chi•ro•prac•tor ['kaɪroʊpræktər] chiropracteur *m*
chirp [ʧɜːrp] *v/i* gazouiller
chis•el ['ʧɪzl] *n* ciseau *m*, burin *m*
chit•chat ['ʧɪtʧæt] bavardages *mpl*
chiv•al•rous ['ʃɪvlrəs] *adj* chevaleresque, courtois
chive [ʧaɪv] ciboulette *f*
chlo•rine ['klɔːriːn] chlore *m*
chlor•o•form ['klɔːrəfɔːrm] chloroforme *m*
choc•a•hol•ic [ʧɑːkə'hɑːlɪk] F accro *m/f* du chocolat F
chock-full [ʧɑːk'fʊl] *adj* F plein à craquer
choc•o•late ['ʧɑːkələt] chocolat *m*; ***hot chocolate*** chocolat *m* chaud
'**choc•o•late cake** gâteau *m* au chocolat
choice [ʧɔɪs] **1** *n* choix *m*; ***I had no choice*** je n'avais pas le choix **2** *adj* (*top quality*) de choix
choir ['kwaɪr] chœur *m*
'**choir•boy** enfant *m* de chœur
choke [ʧoʊk] **1** *n* MOT starter *m* **2** *v/i* s'étouffer, s'étrangler; ***he choked on a bone*** il s'est étranglé avec un os **3** *v/t* étouffer; (*strangle*) étrangler
cho•les•te•rol [kə'lestəroʊl] cholestérol *m*
choose [ʧuːz] *v/t & v/i* (*pret* ***chose***, *pp* ***chosen***) choisir
choos•ey ['ʧuːzɪ] *adj* F difficile
chop [ʧɑːp] **1** *n of meat* côtelette *f* **2** *v/t* (*pret & pp* ***-ped***) *wood* couper, fendre; *meat*, *vegetables* couper en morceaux
◆ **chop down** *v/t tree* abattre
chop•per ['ʧɑːpər] *tool* hachoir *m*; F (*helicopter*) hélico *m* F
chop•ping board ['ʧɑːpɪŋ] planche *f* à découper
'**chop•sticks** *npl* baguettes *fpl*
cho•ral ['kɔːrəl] *adj* choral
chord [kɔːrd] MUS accord *m*
chore [ʧɔːr]: ***chores*** travaux *mpl* domestiques
chor•e•o•graph ['kɔːrɪəgræf] *v/t* chorégraphier
chor•e•og•ra•pher [kɔːrɪ'ɑːgrəfər] chorégraphe *m/f*
chor•e•og•ra•phy [kɔːrɪ'ɑːgrəfɪ] chorégraphie *f*
cho•rus ['kɔːrəs] *singers* chœur *m*; *of song* refrain *m*
chose [ʧoʊz] *pret* → ***choose***
cho•sen ['ʧoʊzn] *pp* → ***choose***
Christ [kraɪst] Christ *m*; ***Christ!*** mon Dieu!
chris•ten ['krɪsn] *v/t* baptiser
chris•ten•ing ['krɪsnɪŋ] baptême *m*
Chris•tian ['krɪsʧən] **1** *n* chrétien(ne) *m(f)* **2** *adj* chrétien*
Chris•ti•an•i•ty [krɪstɪ'ænətɪ] christianisme *m*
'**Chris•tian name** prénom *m*
Christ•mas ['krɪsməs] Noël *m*; ***at Christmas*** à Noël; ***Merry Christmas!*** Joyeux Noël!
'**Christ•mas card** carte *f* de Noël
Christ•mas 'Day jour *m* de Noël
Christ•mas 'Eve veille *f* de Noël
'**Christ•mas pres•ent** cadeau *m* de Noël
'**Christ•mas tree** arbre *m* de Noël
chrome, **chro•mi•um** [kroʊm, 'kroʊmɪəm] chrome *m*
chro•mo•some ['kroʊməsoʊm] chromosome *m*
chron•ic ['krɑːnɪk] *adj* chronique
chron•o•log•i•cal [krɑːnə'lɑːdʒɪkl] *adj* chronologique; ***in chronological order*** dans l'ordre chronologique
chrys•an•the•mum [krɪ'sænθəməm] chrysanthème *m*
chub•by ['ʧʌbɪ] *adj* potelé
chuck [ʧʌk] *v/t* F lancer
◆ **chuck out** *v/t* F *object* jeter; *person* flanquer dehors F
chuck•le ['ʧʌkl] **1** *n* petit rire *m* **2** *v/i* rire tout bas
chum [ʧʌm] copain *m*, copine *f*
chum•my ['ʧʌmɪ] *adj* F copain*
chunk [ʧʌŋk] gros morceau *m*
chunk•y ['ʧʌŋkɪ] *adj sweater*, *tumbler* gros*; *person*, *build* trapu
church [ʧɜːrʧ] église *f*
church 'hall salle *f* paroissiale
church 'serv•ice office *m*
'**church•yard** cimetière *m* (autour d'une église)
churl•ish ['ʧɜːrlɪʃ] *adj* mal élevé

chute [ʃuːt] *for coal etc* glissière *f*; *for garbage* vide-ordures *m*; *for escape* toboggan *m*

CIA [siːaɪ'eɪ] *abbr* (**= *Central Intelligence Agency***) C.I.A. *f* (= Central Intelligence Agency)

ci•der ['saɪdər] cidre *m*

CIF [siːaɪ'ef] *abbr* (**= *cost insurance freight***) CAF (= Coût Assurance Fret)

ci•gar [sɪ'gɑːr] cigare *m*

cig•a•rette [sɪgə'ret] cigarette *f*

cig•a'rette end mégot *m*

cig•a'rette light•er briquet *m*

cig•a'rette pa•pers *npl* papier *m* à cigarettes

cin•e•ma ['sɪnɪmə] (*Br if building*) cinéma *m*

cin•na•mon ['sɪnəmən] cannelle *f*

cir•cle ['sɜːrkl] **1** *n* cercle *m* **2** *v/t* (*draw circle around*) entourer **3** *v/i of plane, bird* tournoyer

cir•cuit ['sɜːrkɪt] circuit *m*; (*lap*) tour *m* (de circuit)

'cir•cuit board COMPUT plaquette *f*

'cir•cuit break•er ELEC disjoncteur *m*

'cir•cuit train•ing SP programme *m* d'entraînement général

cir•cu•lar ['sɜːrkjʊlər] **1** *n giving information* circulaire *f* **2** *adj* circulaire

cir•cu•late ['sɜːrkjʊleɪt] **1** *v/i* circuler **2** *v/t memo* faire circuler

cir•cu•la•tion [sɜːrkjʊ'leɪʃn] BIOL circulation *f*; *of newspaper, magazine* tirage *m*

cir•cum•fer•ence [sər'kʌmfərəns] circonférence *f*

cir•cum•flex ['sɜːrkəmfleks] accent *m* circonflexe

cir•cum•stances ['sɜːrkəmstænsɪs] *npl* circonstances *fpl*; *financial* situation *f* financière; ***under no circumstances*** en aucun cas; ***under the circumstances*** en de telles circonstances

cir•cus ['sɜːrkəs] cirque *m*

cir•rho•sis (of the liv•er) [sɪ'roʊsɪs] cirrhose *f* (du foie)

cis•tern ['sɪstərn] réservoir *m*; *of WC* réservoir *m* de chasse d'eau

cite [saɪt] *v/t also* LAW citer

cit•i•zen ['sɪtɪzn] citoyen(ne) *m*(*f*)

cit•i•zen•ship ['sɪtɪznʃɪp] citoyenneté *f*

cit•y ['sɪtɪ] (grande) ville *f*

cit•y 'cen•ter, *Br* **cit•y 'cen•tre** centre-ville *m*

cit•y 'hall hôtel *m* de ville

civ•ic ['sɪvɪk] *adj* municipal; *pride, responsibilities* civique

civ•il ['sɪvl] *adj* civil; (*polite*) poli

civ•il en•gi'neer ingénieur *m* des travaux publics

ci•vil•ian [sɪ'vɪljən] **1** *n* civil(e) *m*(*f*) **2** *adj clothes* civil

ci•vil•i•ty [sɪ'vɪlɪtɪ] politesse *f*

civ•i•li•za•tion [sɪvəlaɪ'zeɪʃn] civilisation *f*

civ•i•lize ['sɪvəlaɪz] *v/t* civiliser

civ•il 'rights *npl* droits *mpl* civils

civ•il 'ser•vant fonctionnaire *m/f*

civ•il 'ser•vice fonction *f* publique, administration *f*

civ•il 'war guerre *f* civile

claim [kleɪm] **1** *n for compensation etc* demande *f*; (*right*) droit *m* (***to sth*** à qch); (*assertion*) affirmation *f* **2** *v/t* (*ask for as a right*) demander, réclamer; (*assert*) affirmer; *lost property* réclamer; ***they have claimed responsibility for the attack*** ils ont revendiqué l'attentat

claim•ant ['kleɪmənt] demandeur(-euse) *m*(*f*)

clair•voy•ant [kler'vɔɪənt] *n* voyant(e) *m*(*f*)

clam [klæm] palourde *f*, clam *m*

◆ **clam up** *v/i* (*pret & pp* ***-med***) F se taire (brusquement)

clam•ber ['klæmbər] *v/i* grimper

clam•my ['klæmɪ] *adj hands, weather* moite

clam•or ['klæmər] *noise* clameur *f*; *outcry* vociférations *fpl*

◆ **clamor for** *v/t* demander à grands cris

clamp [klæmp] **1** *n fastener* pince *f*, crampon *m* **2** *v/t fasten* cramponner; *car* mettre un sabot à

◆ **clamp down** *v/i* sévir

◆ **clamp down on** *v/t* sévir contre

clan [klæn] clan *m*

clan•des•tine [klæn'destɪn] *adj* clandestin

clang [klæŋ] **1** *n* bruit *m* métallique *or* retentissant **2** *v/i* retentir; ***the metal door clanged shut*** la porte de métal s'est refermée avec un bruit retentissant

clap [klæp] **1** *v/i* (*pret & pp* ***-ped***) (*applaud*) applaudir **2** *v/t* (*pret & pp* ***-ped***) (*applaud*) applaudir; ***clap one's hands*** battre des mains; ***clap s.o. on the back*** donner à qn une tape dans le dos

clar•et ['klærɪt] *wine* bordeaux *m* (rouge)

clar•i•fi•ca•tion [klærɪfɪ'keɪʃn] clarification *f*

clar•i•fy ['klærɪfaɪ] *v/t* (*pret & pp* ***-ied***) clarifier

clar•i•net [klærɪ'net] clarinette *f*

clar•i•ty ['klærətɪ] clarité *f*

clash [klæʃ] **1** *n between people* affrontement *m*, heurt *m*; ***clash of personalities*** incompatibilité *f* de caractères **2** *v/i* s'affronter; *of opinions* s'opposer; *of colors*

détonner; *of events* tomber en même temps
clasp [klæsp] **1** *n of medal* agrafe *f* **2** *v/t in hand, to self* serrer
class [klæs] **1** *n* (*lesson*) cours *m*; (*group of people, category*) classe *f*; ***social class*** classe *f* sociale; ***the class of 2002*** la promo(tion) 2002 **2** *v/t* classer
clas•sic ['klæsɪk] **1** *adj* classique **2** *n* classique *m*
clas•si•cal ['klæsɪkl] *adj music* classique
clas•si•fi•ca•tion [klæsɪfɪ'keɪʃn] classification *f*
clas•si•fied ['klæsɪfaɪd] *adj information* secret*
'**clas•si•fied ad(ver•tise•ment)** petite annonce *f*
clas•si•fy ['klæsɪfaɪ] *v/t* (*pret & pp* ***-ied***) (*categorize*) classifier
'**class•mate** camarade *m/f* de classe
'**class•room** salle *f* de classe
'**class war•fare** lutte *f* des classes
class•y ['klæsɪ] *adj* F: *restaurant etc* chic *inv*; *person* classe F
clat•ter ['klætər] **1** *n* fracas *m*
clat•ter 2 *v/i* faire du bruit
clause [klɒːz] (*in agreement*) clause *f*; GRAM proposition *f*
claus•tro•pho•bi•a [klɔːstrə'foʊbɪə] claustrophobie *f*
claw [klɒː] **1** *n of cat* griffe *f*; *of lobster, crab* pince *f* **2** *v/t* (*scratch*) griffer
clay [kleɪ] argile *f*, glaise *f*
clean [kliːn] **1** *adj* propre **2** *adv* F (*completely*) complètement **3** *v/t* nettoyer; ***clean one's teeth*** se laver les dents; ***have sth cleaned*** donner qch à nettoyer
◆ **clean out** *v/t room, closet* nettoyer à fond; *fig* dévaliser
◆ **clean up 1** *v/t also fig* nettoyer **2** *v/i in house* faire le ménage; (*wash*) se débarbouiller; *on stock market etc* faire fortune
clean•er ['kliːnər] *male* agent *m* de propreté; *female* femme *f* de ménage; (*drycleaner*) teinturier(-ère) *m(f)*
clean•ing wom•an ['kliːnɪŋ] femme *f* de ménage
cleanse [klenz] *v/t skin* nettoyer
cleans•er ['klenzər] *for skin* démaquillant *m*
cleans•ing cream ['klenzɪŋ] crème *f* démaquillante
clear [klɪr] **1** *adj voice, photograph, vision, skin* net*; *to understand, weather, sky, water, eyes* clair; *conscience* tranquille; ***I'm not clear about it*** je ne comprends pas; ***I didn't make myself clear*** je ne me suis pas fait comprendre **2** *adv*: ***stand clear of*** s'écarter de; ***steer clear of*** éviter **3** *v/t roads etc* dégager; *people out of a place, place* (faire) évacuer; *table* débarrasser; *ball* dégager; (*acquit*) innocenter; (*authorize*) autoriser; (*earn*) toucher net; ***clear one's throat*** s'éclaircir la voix **4** *v/i of sky* se dégager; *of mist* se dissiper; *of face* s'éclairer
◆ **clear away** *v/t* ranger
◆ **clear off** *v/i* F ficher le camp F
◆ **clear out 1** *v/t closet* vider **2** *v/i* ficher le camp F
◆ **clear up 1** *v/i in room etc* ranger; *of weather* s'éclaircir; *of illness, rash* disparaître **2** *v/t* (*tidy*) ranger; *mystery* éclaircir; *problem* résoudre
clear•ance ['klɪrəns] (*space*) espace *m* (libre); (*authorization*) autorisation *f*
'**clear•ance sale** liquidation *f*
clear•ing ['klɪrɪŋ] clairière *f*
clear•ly ['klɪrlɪ] *adv speak, see* clairement; *hear* distinctement; (*evidently*) manifestement
cleav•age ['kliːvɪdʒ] décolleté *m*
cleav•er ['kliːvər] couperet *m*
clem•en•cy ['klemənsɪ] clémence *f*
clench [klentʃ] *v/t teeth, fist* serrer
cler•gy ['klɜːrdʒɪ] clergé *m*
cler•gy•man ['klɜːrdʒɪmæn] écclésiastique *m*; *Protestant* pasteur *m*
clerk [klɜːrk] *administrative* employé(e) *m(f)* de bureau; *in store* vendeur(-euse) *m(f)*
clev•er ['klevər] *adj* intelligent; *gadget, device* ingénieux*; (*skillful*) habile
clev•er•ly ['klevərlɪ] *adv* intelligemment
cli•ché ['kliːʃeɪ] cliché *m*
cli•chéd ['kliːʃeɪd] *adj* rebattu
click [klɪk] **1** *n* COMPUT clic *m* **2** *v/i* cliqueter; *of camera* faire un déclic
◆ **click on** *v/t* COMPUT cliquer sur
cli•ent ['klaɪənt] client(e) *m(f)*
cli•en•tele [kliːən'tel] clientèle *f*
cliff [klɪf] falaise *f*
cli•mate ['klaɪmət] *also fig* climat *m*
'**cli•mate change** changement *m* climatique
cli•mat•ic [klaɪ'mætɪk] *adj* climatique
cli•max ['klaɪmæks] *n* point *m* culminant
climb [klaɪm] **1** *n up mountain* ascension *f*; *up stairs* montée *f* **2** *v/t* monter sur, grimper sur; *mountain* escalader **3** *v/i into tree* monter, grimper; *in mountains* faire de l'escalade; *of road, inflation* monter
◆ **climb down** *v/i* descendre; *fig* reculer
climb•er ['klaɪmər] alpiniste *m/f*
climb•ing ['klaɪmɪŋ] escalade *f*
'**climb•ing wall** mur *m* d'escalade

C

clinch [klɪntʃ] *v/t deal* conclure; ***that clinches it*** ça règle la question
cling [klɪŋ] *v/i* (*pret & pp* ***clung***) *of clothes* coller
◆ **cling to** *v/t also fig* s'accrocher à
ˈ**cling•film** film *m* transparent
cling•y [ˈklɪŋɪ] *adj child, boyfriend* collant
clin•ic [ˈklɪnɪk] clinique *f*
clin•i•cal [ˈklɪnɪkl] *adj* clinique; *fig: decision etc* froid
clink [klɪŋk] **1** *n noise* tintement *m* **2** *v/i* tinter
clip[1] [klɪp] **1** *n fastener* pince *f*; *for hair* barrette *f* **2** *v/t* (*pret & pp* ***-ped***): ***clip sth to sth*** attacher qch à qch
clip[2] [klɪp] **1** *n* (*extract*) extrait *m* **2** *v/t* (*pret & pp* ***-ped***) *hair, grass* couper; *hedge* tailler
ˈ**clip•board** planche *f* à papiers; COMPUT bloc-notes *m*
clip•pers [ˈklɪpərz] *npl for hair* tondeuse *f*; *for nails* pince *f* à ongles; *for gardening* sécateur *m*
clip•ping [ˈklɪpɪŋ] *from newspaper* coupure *f* (de presse)
clique [kliːk] coterie *f*
cloak [kloʊk] *n* grande cape *f*; *fig* voile *m*
ˈ**cloak•room** *Br*: *for coats* vestiaire *m*
clock [klɑːk] horloge *f*; F (*odometer*) compteur *m*
ˈ**clock ra•di•o** radio-réveil *m*
ˈ**clock•wise** *adv* dans le sens des aiguilles d'une montre
ˈ**clock•work** *of toy* mécanisme *m*; ***it went like clockwork*** tout est allé comme sur des roulettes
◆ **clog up** [klɑːg] (*pret & pp* ***-ged***) **1** *v/i* se boucher **2** *v/t* boucher
clone [kloʊn] **1** *n* clone *m* **2** *v/t* cloner
close[1] [kloʊs] **1** *adj family, friend* proche; *resemblance* étroit **2** *adv* près; ***close at hand, close by*** tout près
close[2] [kloʊz] *v/t & v/i* fermer
◆ **close down** *v/t & v/i* fermer
◆ **close in** *v/i of troops* se rapprocher (***on*** de); *of fog* descendre
◆ **close up 1** *v/t building* fermer **2** *v/i* (*move closer*) se rapprocher
closed [kloʊzd] *adj* fermé
closed-cir•cuit ˈ**tel•e•vi•sion** télévision *f* en circuit fermé
ˈ**close-knit** *adj* très uni
close•ly [ˈkloʊslɪ] *adv listen* attentivement; *watch also* de près; *cooperate* étroitement
clos•et [ˈklɑːzɪt] armoire *f*, placard *m*
close-up [ˈkloʊsʌp] gros plan *m*
clos•ing date [ˈkloʊzɪŋ] date *f* limite
ˈ**clos•ing time** heure *f* de fermeture
clo•sure [ˈkloʊʒər] fermeture *f*
clot [klɑːt] **1** *n of blood* caillot *m* **2** *v/i* (*pret & pp* ***-ted***) *of blood* coaguler
cloth [klɑːθ] (*fabric*) tissu *m*; *for drying* torchon *m*; *for washing* lavette *f*
clothes [kloʊðz] *npl* vêtements *mpl*
ˈ**clothes brush** brosse *f* à vêtements
ˈ**clothes hang•er** cintre *m*
ˈ**clothes•horse** séchoir *m* (à linge)
ˈ**clothes•line** corde *f* à linge
ˈ**clothes peg**, ˈ**clothes•pin** pince *f* à linge
cloth•ing [ˈkloʊðɪŋ] vêtements *mpl*
cloud [klaʊd] *n also of dust etc* nuage *m*
◆ **cloud over** *v/i of sky* se couvrir (de nuages)
ˈ**cloud•burst** rafale *f* de pluie
cloud•less [ˈklaʊdlɪs] *adj sky* sans nuages
cloud•y [ˈklaʊdɪ] *adj* nuageux*
clout [klaʊt] (*fig: influence*) influence *f*
clove of ˈ**gar•lic** [kloʊv] gousse *f* d'ail
clown [klaʊn] *also pej* clown *m*
club [klʌb] *n weapon* massue *f*; *in golf* club *m*; *organization* club *m*
ˈ**club class** classe *f* affaires
clue [kluː] indice *m*; ***I haven't a clue*** F je n'en ai pas la moindre idée; ***he hasn't a clue*** (*is useless*) il n'y comprend rien
clued-up [kluːdˈʌp] *adj* F calé F
clump [klʌmp] *n of earth* motte *f*; (*group*) touffe *f*
clum•si•ness [ˈklʌmzɪnɪs] maladresse *f*
clum•sy [ˈklʌmzɪ] *adj person* maladroit
clung [klʌŋ] *pret & pp* → ***cling***
clus•ter [ˈklʌstər] **1** *n of people, houses* groupe *m* **2** *v/i of people* se grouper; *of houses* être groupé
clutch [klʌtʃ] **1** *n* MOT embrayage *m* **2** *v/t* étreindre
◆ **clutch at** *v/t* s'agripper à
clut•ter [ˈklʌtər] **1** *n* fouillis *m* **2** *v/t* (*also: clutter up*) mettre le fouillis dans
Co. *abbr* (***= Company***) Cie (= Compagnie)
c/o *abbr* ***care of*** chez
coach [koʊtʃ] **1** *n* (*trainer*) entraîneur (-euse) *m*(*f*); *on train* voiture *f*; *Br* (*bus*) (auto)car *m* **2** *v/t* SP entraîner
coach•ing [ˈkoʊtʃɪŋ] SP entraînement *m*
co•ag•u•late [koʊˈægjʊleɪt] *v/i of blood* coaguler
coal [koʊl] charbon *m*
co•a•li•tion [koʊəˈlɪʃn] coalition *f*
ˈ**coal•mine** mine *f* de charbon
coarse [kɔːrs] *adj skin, fabric* rugueux*; *hair* épais*; (*vulgar*) grossier*
coarse•ly [ˈkɔːrslɪ] *adv* (*vulgarly*), *ground* grossièrement
coast [koʊst] *n* côte *f*; ***at the coast*** sur la côte

coast•al ['koustl] *adj* côtier*
coast•er ['koustər] dessous *m* de verre
'**coast•guard** *organization* gendarmerie *f* maritime; *person* gendarme *m* maritime
'**coast•line** littoral *m*
coat [kout] **1** *n* veston *m*; (*overcoat*) pardessus *m*; *of animal* pelage *m*; *of paint etc* couche *f* **2** *v/t* (*cover*) couvrir (***with*** de)
'**coat•hang•er** cintre *m*
coat•ing ['koutɪŋ] couche *f*
co-au•thor ['kouɒːθər] **1** *n* coauteur *m* **2** *v/t* écrire en collaboration
coax [kouks] *v/t* cajoler; ***coax s.o. into doing sth*** encourager qn à faire qch en le cajolant; ***coax sth out of s.o.*** *truth etc* obtenir qch de qn en le cajolant
cob•bled ['kaːbld] *adj* pavé
cob•ble•stone ['kaːblstoun] pavé *m*
cob•web ['kaːbweb] toile *f* d'araignée
co•caine [kə'keɪn] cocaïne *f*
cock [kaːk] *n chicken* coq *m*; *any male bird* (oiseau *m*) mâle *m*
cock•eyed [kaːk'aɪd] *adj* F *idea etc* absurde
'**cock•pit** *of plane* poste *m* de pilotage, cockpit *m*
cock•roach ['kaːkroutʃ] cafard *m*
'**cock•tail** cocktail *m*
'**cock•tail par•ty** cocktail *m*
'**cock•tail shak•er** shaker *m*
cock•y ['kaːkɪ] *adj* F trop sûr de soi
co•coa ['koukou] *drink* cacao *m*
co•co•nut ['koukənʌt] *to eat* noix *m* de coco
'**co•co•nut palm** cocotier *m*
COD [siːou'diː] *abbr* (= ***collect*** *ou Br* ***cash on delivery***) livraison contre remboursement
code [koud] *n* code *m*; ***in code*** codé
co•ed•u•ca•tion•al [kouedu'keɪʃnl] *adj school* mixte
co•erce [kou'ɜːrs] *v/t* contraindre, forcer
co•ex•ist [kouɪg'zɪst] *v/i* coexister
co•ex•ist•ence [kouɪg'zɪstəns] coexistence *f*
cof•fee ['kaːfɪ] café *m*
'**cof•fee bean** grain *m* de café
'**cof•fee break** pause-café *f*
'**cof•fee cup** tasse *f* à café
'**cof•fee grind•er** [graɪndər] moulin *m* à café
'**cof•fee mak•er** machine *f* à café
'**cof•fee pot** cafetière *f*
'**cof•fee shop** café *m*
'**cof•fee ta•ble** petite table basse *f*
cof•fin ['kaːfɪn] cercueil *m*
cog [kaːg] dent *f*; *fig*
co•gnac ['kaːnjæk] cognac *m*
'**cog•wheel** roue *f* dentée
co•hab•it [kou'hæbɪt] *v/i* cohabiter
co•her•ent [kou'hɪrənt] *adj* cohérent
coil [kɔɪl] **1** *n of rope*, *wire* rouleau *m*; *of smoke*, *snake* anneau *m*
coil 2 *v/t*: ***coil*** (***up***) enrouler
coin [kɔɪn] *n* pièce *f* (de monnaie)
co•in•cide [kouɪn'saɪd] *v/i* coïncider
co•in•ci•dence [kou'ɪnsɪdəns] coïncidence *f*
coke [kouk] P (*cocaine*) coke *f* F
Coke® [kouk] coca® *m* F
cold [kould] **1** *adj* froid; ***I'm*** (***feeling***) ***cold*** j'ai froid; ***it's cold*** *of weather* il fait froid; ***in cold blood*** de sang-froid; ***get cold feet*** F avoir la trouille F **2** *n* froid *m*; MED rhume *m*; ***I have a cold*** j'ai un rhume, je suis enrhumé
cold-blood•ed [kould'blʌdɪd] *adj animal* à sang froid; *fig* insensible; *murder* commis de sang-froid
cold call•ing ['kɒːlɪŋ] COMM appels *mpl* à froid; *visits* visites *fpl* à froid
'**cold cuts** *npl* assiette *f* anglaise
cold•ly ['kouldlɪ] *adv* froidement
cold•ness ['kouldnɪs] *fig* froideur *f*
'**cold sore** bouton *m* de fièvre
cole•slaw ['koulslɒː] salade *f* de choux
col•ic ['kaːlɪk] colique *f*
col•lab•o•rate [kə'læbəreɪt] *v/i* collaborer
col•lab•o•ra•tion [kəlæbə'reɪʃn] collaboration *f*
col•lab•o•ra•tor [kə'læbəreɪtər] collaborateur(-trice) *m*(*f*)
col•lapse [kə'læps] *v/i* s'effondrer; *of building etc also* s'écrouler
col•lap•si•ble [kə'læpsəbl] *adj* pliant
col•lar ['kaːlər] col *m*; *for dog* collier *m*
'**col•lar-bone** clavicule *f*
col•lat•er•al [kə'lætərəl] *n* nantissement *m*; ***collateral damage*** MIL dommage *m* collatéral
col•league ['kaːliːg] collègue *m*/*f*
col•lect [kə'lekt] **1** *v/t person*, *cleaning etc* aller / venir chercher; *as hobby* collectionner; (*gather*: *clothes etc*) recueillir; *wood* ramasser **2** *v/i* (*gather together*) s'assembler **3** *adv*: ***call collect*** appeler en PCV
col'lect call communication *f* en PCV
col•lect•ed [kə'lektɪd] *adj works*, *poems etc* complet*; *person* serein
col•lec•tion [kə'lekʃn] collection *f*; *in church* collecte *f*
col•lec•tive [kə'lektɪv] *adj* collectif*
col•lec•tive '**bar•gain•ing** convention *f* collective
col•lec•tor [kə'lektər] collectionneur (-euse) *m*(*f*)

C

col•lege ['kɑːlɪdʒ] université *f*
col•lide [kə'laɪd] *v/i* se heurter; ***collide with sth/s.o.*** heurter qch / qn
col•li•sion [kə'lɪʒn] collision *f*
col•lo•qui•al [kə'loʊkwɪəl] *adj* familier*
co•lon ['koʊlən] *punctuation* deux-points *mpl*; ANAT côlon *m*
colo•nel ['kɜːrnl] colonel *m*
co•lo•ni•al [kə'loʊnɪəl] *adj* colonial
co•lo•nize ['kɑːlənaɪz] *v/t country* coloniser
co•lo•ny ['kɑːlənɪ] colonie *f*
col•or ['kʌlər] **1** *n* couleur *f*; *in cheeks* couleurs *fpl*; ***in color*** en couleur; ***colors*** MIL couleurs *fpl*, drapeau *m* **2** *v/t one's hair* teindre **3** *v/i* (*blush*) rougir
'**col•or-blind** *adj* daltonien*
col•ored ['kʌlərd] *adj person* de couleur
'**col•or fast** *adj* bon teint *inv*
col•or•ful ['kʌlərfəl] *adj also fig* coloré
col•or•ing ['kʌlərɪŋ] teint *m*
'**col•or pho•to•graph** photographie *f* (en) couleur
'**col•or scheme** combinaison *f* de couleurs
'**col•or TV** télé *f* (en) couleur
co•los•sal [kə'lɑːsl] *adj* colossal
col•our *etc Br* → ***color*** *etc*
colt [koʊlt] poulain *m*
col•umn ['kɑːləm] *architectural*, *of text* colonne *f*; *in newspaper* chronique *f*
col•umn•ist ['kɑːləmɪst] chroniqueur (-euse) *m(f)*
co•ma ['koʊmə] coma *m*; ***be in a coma*** être dans le coma
comb [koʊm] **1** *n* peigne *m* **2** *v/t* peigner; *area* ratisser, passer au peigne fin
com•bat ['kɑːmbæt] **1** *n* combat *m* **2** *v/t* combattre
com•bi•na•tion [kɑːmbɪ'neɪʃn] *also of safe* combinaison *f*
com•bine [kəm'baɪn] **1** *v/t* allier, combiner; *ingredients* mélanger; (*associate*) associer; ***combine business with pleasure*** joindre l'utile à l'agréable **2** *v/i of sauce etc* se marier; *of chemical elements* se combiner
com•bine har•vest•er [kɑːmbaɪn'hɑːrvɪstər] moissonneuse-batteuse *f*
com•bus•ti•ble [kəm'bʌstɪbl] *adj* combustible
com•bus•tion [kəm'bʌstʃn] combustion *f*
come [kʌm] *v/i* (*pret* ***came***, *pp* ***come***) venir; *of train*, *bus* arriver; ***you'll come to like it*** tu finiras par l'aimer; ***how come?*** F comment ça se fait? F
◆ **come about** *v/i* (*happen*) arriver
◆ **come across** **1** *v/t* (*find*) tomber sur **2** *v/i of humor etc* passer; ***she comes across as being …*** elle donne l'impression d'être …
◆ **come along** *v/i* (*come too*) venir (aussi); (*turn up*) arriver; (*progress*) avancer
◆ **come apart** *v/i* tomber en morceaux; (*break*) se briser
◆ **come around** *v/i to s.o.'s home* passer; (*regain consciousness*) revenir à soi
◆ **come away** *v/i* (*leave*), *of button etc* partir
◆ **come back** *v/i* revenir; ***it came back to me*** ça m'est revenu
◆ **come by** **1** *v/i* passer **2** *v/t* (*acquire*) obtenir; *bruise* avoir; (*find*) trouver
◆ **come down** *v/i* descendre; *in price*, *amount etc* baisser; *of rain*, *snow* tomber
◆ **come for** *v/t* (*attack*) attaquer; (*to collect*) venir chercher
◆ **come forward** *v/i* (*present o.s.*) se présenter
◆ **come in** *v/i* entrer; *of train*, *in race* arriver; *of tide* monter; ***come in!*** entrez!
◆ **come in for** *v/t* recevoir; ***come in for criticism*** recevoir des critiques
◆ **come in on** *v/t* prendre part à; ***come in on a deal*** prendre part à un marché
◆ **come off** *v/i of handle etc* se détacher
◆ **come on** *v/i* (*progress*) avancer; ***come on!*** (*hurry*) dépêche-toi!; *in disbelief* allons!
◆ **come out** *v/i of person* sortir; *of results* être communiqué; *of sun*, *product* apparaître; *of stain* partir; *of gay* révéler son homosexualité
◆ **come to** **1** *v/t* (*reach*) arriver à; ***that comes to $70*** ça fait 70 $ **2** *v/i* (*regain consciousness*) revenir à soi, reprendre conscience
◆ **come up** *v/i* monter; *of sun* se lever; ***something has come up*** quelque chose est arrivé
◆ **come up with** *v/t new idea etc* trouver
'**come•back** *of singer*, *actor* retour *m*, come-back *m*; *of fashion* retour *m*; ***make a comeback*** *of singer*, *actor* revenir en scène, faire un comeback; *of fashion* revenir à la mode
co•me•di•an [kə'miːdɪən] (*comic*) comique *m/f*; *pej* pitre *m/f*
'**come•down** déchéance *f*
com•e•dy ['kɑːmədɪ] comédie *f*
'**com•e•dy act•or** acteur(-trice) *m(f)* comique
com•et ['kɑːmɪt] comète *f*
come•up•pance [kʌm'ʌpəns] F: ***he'll get his comeuppance*** il aura ce qu'il mérite
com•fort ['kʌmfərt] **1** *n* confort *m*; (*consolation*) consolation *f*, réconfort *m* **2** *v/t* consoler, réconforter

com•for•ta•ble ['kʌmfərtəbl] *adj chair, house, room* confortable; ***be comfortable*** *of person* être à l'aise; *financially* être aisé
com•ic ['kɑːmɪk] **1** *n to read* bande *f* dessinée; (*comedian*) comique *m/f* **2** *adj* comique
com•i•cal ['kɑːmɪkl] *adj* comique
'com•ic book bande *f* dessinée, BD *f*
com•ics ['kɑːmɪks] *npl* bandes *fpl* dessinées
'com•ic strip bande *f* dessinée
com•ma ['kɑːmə] virgule *f*
com•mand [kə'mænd] **1** *n* (*order*) ordre *m*; (*control*: *of situation, language*) maîtrise *f*; COMPUT commande *f*; MIL commandement *m* **2** *v/t* commander; ***command s.o. to do sth*** ordonner à qn de faire qch
com•man•deer [kɑːmən'dɪr] *v/t* réquisitionner
com•mand•er [kə'mændər] commandant(e) *m(f)*
com•mand•er-in-'chief commandant(e) *m(f)* en chef
com•mand•ing of•fi•cer [kə'mændɪŋ] commandant(e) *m(f)*
com•mand•ment [kə'mændmənt]: ***the Ten Commandments*** REL les dix commandements *mpl*
com•mem•o•rate [kə'memәreɪt] *v/t* commémorer
com•mem•o•ra•tion [kəmemə'reɪʃn]: ***in commemoration of*** en commémoration de
com•mence [kə'mens] *v/t & v/i* commencer
com•mend [kə'mend] *v/t* louer
com•mend•a•ble [kə'mendəbl] *adj* louable
com•men•da•tion [kəmen'deɪʃn] *for bravery* éloge *m*
com•men•su•rate [kə'menʃərət] *adj*: ***commensurate with*** proportionné à
com•ment ['kɑːment] **1** *n* commentaire *m*; ***no comment!*** sans commentaire! **2** *v/i*: ***comment on*** commenter
com•men•ta•ry ['kɑːmənterɪ] commentaire *m*
com•men•tate ['kɑːmənteɪt] *v/i* faire le commentaire (***on*** de)
com•men•ta•tor ['kɑːmənteɪtər] commentateur(-trice) *m(f)*
com•merce ['kɑːmɜːrs] commerce *m*
com•mer•cial [kə'mɜːrʃl] **1** *adj* commercial **2** *n* (*advert*) publicité *f*
com•mer•cial 'break page *f* de publicité
com•mer•cial•ize [kə'mɜːrʃlaɪz] *v/t Christmas etc* commercialiser
com'mer•cial tel•e•vi•sion télévision *f* commerciale
com•mer•cial 'trav•el•er, *Br* **com•mer•cial 'trav•el•ler** représentant(e) *m(f)* de commerce
com•mis•e•rate [kə'mɪzəreɪt] *v/i* compatir; ***commiserate with s.o.*** témoigner de la sympathie à qn
com•mis•sion [kə'mɪʃn] **1** *n* (*payment*) commission *f*; (*job*) commande *f*; (*committee*) commission *f* **2** *v/t for a job* charger (***to do sth*** de faire qch)
Com•mis•sion•er [kə'mɪʃənər] *in European Union* commissaire *m/f*
com•mit [kə'mɪt] *v/t* (*pret & pp* **-ted**) *crime* commettre; *money* engager; ***commit o.s.*** s'engager
com•mit•ment [kə'mɪtmənt] *to job, in relationship* engagement *m*; (*responsibility*) responsabilité *f*
com•mit•tee [kə'mɪtɪ] comité *m*
com•mod•i•ty [kə'mɑːdətɪ] marchandise *f*
com•mon ['kɑːmən] *adj* courant; *species etc* commun; (*shared*) commun; ***in common*** en commun; ***have sth in common*** avoir qch en commun
com•mon•er ['kɑːmənər] roturier(-ère) *m(f)*
com•mon 'law hus•band concubin *m*
com•mon 'law wife concubine *f*
com•mon•ly ['kɑːmənlɪ] *adv* communément
Com•mon 'Mar•ket Marché *m* commun
'com•mon•place *adj* banal
com•mon 'sense bon sens *m*
com•mo•tion [kə'moʊʃn] agitation *f*
com•mu•nal [kəm'juːnl] *adj* en commun
com•mu•nal•ly [kəm'juːnəlɪ] *adv* en commun
com•mu•ni•cate [kə'mjuːnɪkeɪt] *v/t & v/i* communiquer
com•mu•ni•ca•tion [kəmjuːnɪ'keɪʃn] communication *f*
com•mu•ni'ca•tions *npl* communications *fpl*
com•mu•ni'ca•tions sat•el•lite satellite *m* de communication
com•mu•ni•ca•tive [kə'mjuːnɪkətɪv] *adj person* communicatif*
Com•mu•nion [kə'mjuːnjən] REL communion *f*
com•mu•ni•qué [kə'mjuːnɪkeɪ] communiqué *m*
Com•mu•nism ['kɑːmjʊnɪzəm] communisme *m*
Com•mu•nist ['kɑːmjʊnɪst] **1** *adj* communiste **2** *n* communiste *m/f*
com•mu•ni•ty [kə'mjuːnətɪ] communau-

té *f*

com'mu•ni•ty cen•ter, *Br* **com'mu•ni•ty cen•tre** centre *m* social

com'mu•ni•ty serv•ice travail *m* d'intérêt général

com•mute [kə'mjuːt] **1** *v/i* faire la navette (pour aller travailler) **2** *v/t* LAW commuer

com•mut•er [kə'mjuːtər] banlieusard *m*

com'mut•er traf•fic circulation *f* aux heures de pointe

com'mut•er train train *m* de banlieue

com•pact 1 *adj* [kəm'pækt] compact **2** *n* ['kɑːmpækt] *for face powder* poudrier *m*; MOT petite voiture *f*

com•pact 'disc → ***CD***

com•pan•ion [kəm'pænjən] compagnon *m*

com•pan•ion•ship [kəm'pænjənʃɪp] compagnie *f*

com•pa•ny ['kʌmpənɪ] COMM société *f*; *ballet* troupe *f*; (*companionship*) compagnie *f*; (*guests*) invités *mpl*; ***keep s.o. company*** tenir compagnie à qn

com•pa•ny 'car voiture *f* de fonction

com•pa•ny 'law droit *m* des entreprises

com•pa•ra•ble ['kɑːmpərəbl] *adj* comparable

com•par•a•tive [kəm'pærətɪv] **1** *adj* (*relative*) relatif*; *study*, GRAM comparatif **2** *n* GRAM comparatif *m*

com•par•a•tive•ly [kəm'pærətɪvlɪ] *adv* comparativement

com•pare [kəm'per] **1** *v/t* comparer; ***compare X with Y*** comparer X à *or* avec Y; ***compared with …*** par rapport à … **2** *v/i* soutenir la comparaison

com•pa•ri•son [kəm'pærɪsn] comparaison *f*; ***there's no comparison*** ce n'est pas comparable

com•part•ment [kəm'pɑːrtmənt] compartiment *m*

com•pass ['kʌmpəs] compas *m*

com•pas•sion [kəm'pæʃn] compassion *f*

com•pas•sion•ate [kəm'pæʃənət] *adj* compatissant

com•pas•sion•ate 'leave congé *m* exceptionnel (pour cas de force majeure)

com•pat•i•bil•i•ty [kəmpætə'bɪlɪtɪ] compatibilité *f*

com•pat•i•ble [kəm'pætəbl] *adj* compatible; ***we're not compatible*** nous ne nous entendons pas

com•pel [kəm'pel] *v/t* (*pret & pp* ***-led***) obliger

com•pel•ling [kəm'pelɪŋ] *adj argument* irréfutable; *reason* impératif*; *movie*, *book* captivant

com•pen•sate ['kɑmpənseɪt] **1** *v/t with money* dédommager **2** *v/i*: ***compensate for*** compenser

com•pen•sa•tion [kɑmpən'seɪʃn] (*money*) dédommagement *m*; (*reward*) compensation *f*; (*comfort*) consolation *f*

com•pete [kəm'piːt] *v/i* être en compétition; (*take part*) participer (***in*** à); ***compete for sth*** se disputer qch

com•pe•tence ['kɑːmpɪtəns] compétence *f*; ***her competence as an accountant*** ses compétences de comptable

com•pe•tent ['kɑːmpɪtənt] *adj person* compétent, capable; *piece of work* (très) satisfaisant; ***I'm not competent to judge*** je ne suis pas apte à juger

com•pe•tent•ly ['kɑːmpɪtəntlɪ] *adv* de façon compétente

com•pe•ti•tion [kɑːmpə'tɪʃn] (*contest*) concours *m*; SP compétition *f*; (*competing, competitors*) concurrence *f*; ***they want to encourage competition*** on veut encourager la concurrence

com•pet•i•tive [kəm'petətɪv] *adj* compétitif*; *price*, *offer also* concurrentiel*

com•pet•i•tive•ly [kəm'petətɪvlɪ] *adv* de façon compétitive; ***competitively priced*** à prix compétitif

com•pet•i•tive•ness COMM compétitivité *f*; *of person* esprit *m* de compétition

com•pet•i•tor [kəm'petɪtər] *in contest*, COMM concurrent *m*

com•pile [kəm'paɪl] *v/t anthology* compiler; *dictionary*, *list* rédiger

com•pla•cen•cy [kəm'pleɪsənsɪ] complaisance *f*

com•pla•cent [kəm'pleɪsənt] *adj* complaisant, suffisant

com•plain [kəm'pleɪn] *v/i* se plaindre; *to shop*, *manager also* faire une réclamation; ***complain of*** MED se plaindre de

com•plaint [kəm'pleɪnt] plainte *f*; *in shop* réclamation *f*; MED maladie *f*

com•ple•ment ['kɑːmplɪmənt] **1** *v/t* compléter; *of food* accompagner; ***they complement each other*** ils se complètent **2** *n* complément *m*

com•ple•men•ta•ry [kɑːmplɪ'mentərɪ] *adj* complémentaire

com•plete [kəm'pliːt] **1** *adj* complet*; (*finished*) terminé **2** *v/t task*, *building etc* terminer, achever; *form* remplir

com•plete•ly [kəm'pliːtlɪ] *adv* complètement

com•ple•tion [kəm'pliːʃn] achèvement *m*

com•plex ['kɑːmpleks] **1** *adj* complexe **2** *n building*, PSYCH complexe *m*

com•plex•ion [kəm'plekʃn] *facial* teint *m*

com•plex•i•ty [kəm'plekʃɪtɪ] complexité *f*

com•pli•ance [kəm'plaɪəns] conformité *f*, respect *m*

com•pli•cate ['kɑːmplɪkeɪt] *v/t* compliquer
com•pli•cat•ed ['kɑːmplɪkeɪtɪd] *adj* compliqué
com•pli•ca•tion [kɑːmplɪ'keɪʃn] complication *f*
com•pli•ment ['kɑːmplɪmənt] **1** *n* compliment *m* **2** *v/t* complimenter (***on*** sur)
com•pli•men•ta•ry [kɑːmplɪ'mentərɪ] *adj* élogieux*, flatteur*; (*free*) gratuit
com•pli•ments slip ['kɑːmplɪmənts] carte *f* avec les compliments de l'expéditeur
com•ply [kəm'plaɪ] *v/i* (*pret & pp* ***-ied***) obéir; ***comply with ...*** se conformer à
com•po•nent [kəm'poʊnənt] composant *m*
com•pose [kəm'poʊz] *v/t* composer; ***be composed of*** se composer de, être composé de; ***compose o.s.*** se calmer
com•posed [kəm'poʊzd] *adj* (*calm*) calme
com•pos•er [kəm'poʊzər] MUS compositeur *m*
com•po•si•tion [kɑːmpə'zɪʃn] composition *f*
com•po•sure [kəm'poʊʒər] calme *m*, sang-froid *m*
com•pound ['kɑːmpaʊnd] *n chemical* composé *m*
'com•pound in•ter•est intérêts *mpl* composés
com•pre•hend [kɑːmprɪ'hend] *v/t* (*understand*) comprendre
com•pre•hen•sion [kɑːmprɪ'henʃn] compréhension *f*
com•pre•hen•sive [kɑːmprɪ'hensɪv] *adj* complet*
com•pre•hen•sive in'sur•ance assurance *f* tous risques
com•pre•hen•sive•ly [kɑːmprɪ'hensɪvlɪ] *adv* de façon complète; *beaten* à plates coutures
com•press ['kɑːmpres] **1** *n* MED compresse *f* **2** *v/t* [kəm'pres] *air, gas* comprimer; *information* condenser
com•prise [kəm'praɪz] *v/t* comprendre, être composé de; (*make up*) constituer; ***be comprised of*** se composer de
com•pro•mise ['kɑːmprəmaɪz] **1** *n* compromis *m* **2** *v/i* trouver un compromis **3** *v/t* compromettre; ***compromise o.s.*** se compromettre
com•pul•sion [kəm'pʌlʃn] PSYCH compulsion *f*
com•pul•sive [kəm'pʌlsɪv] *adj behavior* compulsif*; *reading* captivant
com•pul•so•ry [kəm'pʌlsərɪ] *adj* obligatoire; ***compulsory ed•u•ca•tion*** scolarité *f* obligatoire
com•put•er [kəm'pjuːtər] ordinateur *m*; ***have sth on computer*** avoir qch sur ordinateur
com•put•er-aid•ed de'sign conception *f* assistée par ordinateur
com•put•er-aid•ed man•u'fac•ture production *f* assistée par ordinateur
com•put•er-con'trolled *adj* contrôlé par ordinateur
com'put•er game jeu *m* informatique
play computer-aided designs jouer à la console
com•put•er•ize [kəm'pjuːtəraɪz] *v/t* informatiser
com•put•er 'lit•er•ate *adj* qui a des connaissances en informatique
com•put•er 'sci•ence informatique *f*
com•put•er 'sci•en•tist informaticien (-ne) *m*(*f*)
com•put•ing [kəm'pjuːtɪŋ] informatique *f*
com•rade ['kɑːmreɪd] camarade *m*/*f*
com•rade•ship ['kɑːmreɪdʃɪp] camaraderie *f*
con [kɑːn] **1** *n* F arnaque *f* F **2** *v/t* (*pret & pp* ***-ned***) F arnaquer F; ***he conned her out of her money*** il lui a volé son argent
con•ceal [kən'siːl] *v/t* cacher, dissimuler
con•ceal•ment [kən'siːlmənt] dissimulation *f*; ***live in concealment*** vivre caché
con•cede [kən'siːd] *v/t* (*admit*), *goal* concéder
con•ceit [kən'siːt] vanité *f*
con•ceit•ed [kən'siːtɪd] *adj* vaniteux*, prétentieux*
con•cei•va••ble [kən'siːvəbl] *adj* concevable
con•ceive [kən'siːv] *v/i of woman* concevoir; ***conceive of*** (*imagine*) concevoir, imaginer
con•cen•trate ['kɑːnsəntreɪt] **1** *v/i* se concentrer **2** *v/t attention, energies* concentrer
con•cen•trat•ed ['kɑːnsəntreɪtɪd] *adj juice etc* concentré
con•cen•tra•tion [kɑːnsən'treɪʃn] concentration *f*
con•cept ['kɑːnsept] concept *m*
con•cep•tion [kən'sepʃn] *of child* conception *f*
con•cern [kən'sɜːrn] **1** *n* (*anxiety, care*) inquiétude *f*, souci *m*; (*intent, aim*) préoccupation *f*; (*business*) affaire *f*; (*company*) entreprise *f*; ***it's no concern of yours*** cela ne vous regarde pas **2** *v/t* (*involve*) concerner; (*worry*) inquiéter, préoccuper; ***concern o.s. with*** s'occuper de qch
con•cerned [kən'sɜːrnd] *adj* (*anxious*) in-

quiet*; (*caring, involved*) concerné; ***as far as I'm concerned*** en ce qui me concerne
con•cern•ing [kən'sɜːrnɪŋ] *prep* concernant, au sujet de
con•cert ['kɑːnsərt] concert *m*
con•cert•ed [kən'sɜːrtɪd] *adj* (*joint*) concerté
'**con•cert•mas•ter** premier violon *m*
con•cer•to [kən'ʧertoʊ] concerto *m*
con•ces•sion [kən'seʃn] (*compromise*) concession *f*
con•cil•i•a•to•ry [kənsɪlɪ'eɪtərɪ] *adj* conciliant
con•cise [kən'saɪs] *adj* concis
con•clude [kən'kluːd] **1** *v/t* conclure; ***conclude sth from sth*** déduire qch de qch **2** *v/i* conclure
con•clu•sion [kən'kluːʒn] conclusion *f*; ***in conclusion*** pour conclure
con•clu•sive [kən'kluːsɪv] *adj* concluant
con•coct [kən'kɑːkt] *v/t meal, drink* préparer, concocter; *excuse, story* inventer
con•coc•tion [kən'kɑːkʃn] (*food, drink*) mixture *f*
con•crete ['kɑːŋkriːt] **1** *n* béton *m* **2** *adj* concret*
con•cur [kən'kɜːr] *v/i* (*pret & pp* ***-red***) être d'accord
con•cus•sion [kən'kʌʃn] commotion *f* cérébrale
con•demn [kən'dem] *v/t* condamner
con•dem•na•tion [kɑːndəm'neɪʃn] *of action* condamnation *f*
con•den•sa•tion [kɑːnden'seɪʃn] *on walls, windows* condensation *f*
con•dense [kən'dens] **1** *v/t* (*make shorter*) condenser **2** *v/i of steam* se condenser
con•densed milk [kən'densd] lait *m* concentré
con•de•scend [kɑːndɪ'send] *v/i* daigner (***to do*** faire); ***he condescended to speak to me*** il a daigné me parler
con•de•scend•ing [kɑːndɪ'sendɪŋ] *adj* (*patronizing*) condescendant
con•di•tion [kən'dɪʃn] **1** *n* (*state*) condition *f*, état *m*; (*requirement, term*) condition *f*; MED maladie *f*; ***conditions*** (*circumstances*) conditions *fpl*; ***on condition that ...*** à condition que ... **2** *v/t* PSYCH conditionner
con•di•tion•al [kən'dɪʃnl] **1** *adj acceptance* conditionnel* **2** *n* GRAM conditionnel *m*
con•di•tion•er [kən'dɪʃnər] *for hair* après-shampoing *m*; *for fabric* adoucissant *m*
con•di•tion•ing [kən'dɪʃnɪŋ] PSYCH conditionnement *m*
con•do ['kɑːndoʊ] F *building* immeuble *m* (en copropriété); *apartment* appart *m* F
con•do•len•ces [kən'doʊlənsɪz] *npl* condoléances *fpl*
con•dom ['kɑːndəm] préservatif *m*
con•do•min•i•um [kɑːndə'mɪnɪəm] → ***condo***
con•done [kən'doʊn] *v/t actions* excuser
con•du•cive [kən'duːsɪv] *adj*: ***conducive to*** favorable à
con•duct ['kɑːndʌkt] **1** *n* (*behavior*) conduite *f* **2** *v/t* [kən'dʌkt] (*carry out*) mener; ELEC conduire; MUS diriger; ***conduct o.s.*** se conduire
con•duct•ed tour [kəndʌktɪd'tʊr] visite *f* guidée
con•duc•tor [kən'dʌktər] MUS chef *m* d'orchestre; *on train* chef *m* de train; PHYS conducteur *m*
cone [koʊn] *figure* cône *m*; *for ice cream* cornet *m*; *of pine tree* pomme *f* de pin; *on highway* cône *m* de signalisation
con•fec•tion•er [kən'fekʃənər] confiseur *m*
con•fec•tion•ers' 'sug•ar sucre *m* glace
con•fec•tion•e•ry [kən'fekʃənerɪ] (*candy*) confiserie *f*
con•fed•e•ra•tion [kənfedə'reɪʃn] confédération *f*
con•fer [kən'fɜːr] **1** *v/t* (*bestow*) conférer (***on*** à) **2** *v/i* (*pret & pp* ***-red***) (*discuss*) s'entretenir
con•fe•rence ['kɑːnfərəns] conférence *f*; *discussion* réunion *f*
'**con•fe•rence room** salle *f* de conférences
con•fess [kən'fes] **1** *v/t* confesser, avouer; REL confesser; ***I confess I don't know*** j'avoue que je ne sais pas **2** *v/i also to police* avouer; REL se confesser; ***confess to a weakness for sth*** avouer avoir un faible pour qch
con•fes•sion [kən'feʃn] confession *f*, aveu *m*; REL confession *f*
con•fes•sion•al [kən'feʃnl] REL confessionnal *m*
con•fes•sor [kən'fesər] REL confesseur *m*
con•fide [kən'faɪd] **1** *v/t* confier **2** *v/i*: ***confide in s.o.*** (*trust*) faire confiance à qn; (*tell secrets*) se confier à qn
con•fi•dence ['kɑːnfɪdəns] (*assurance*) assurance *f*, confiance *f* en soi; (*trust*) confiance *f*; (*secret*) confidence *f*; ***in confidence*** confidentiellement
con•fi•dent ['kɑːnfɪdənt] *adj* (*self-assured*) sûr de soi; (*convinced*) confiant
con•fi•den•tial [kɑːnfɪ'denʃl] *adj* confidentiel*; *adviser, secretary* particulier*
con•fi•den•tial•ly [kɑːnfɪ'denʃlɪ] *adv* confidentiellement

con•fi•dent•ly ['kɑːnfɪdəntlɪ] *adv* avec assurance
con•fine [kən'faɪn] *v/t* (*imprison*) enfermer; *in institution* interner; (*restrict*) limiter; ***be confined to one's bed*** être alité
con•fined [kən'faɪnd] *adj space* restreint
con•fine•ment [kən'faɪnmənt] (*imprisonment*) emprisonnement *m*; *in institution* internement *m*; MED accouchement *m*
con•firm [kən'fɜːrm] *v/t* confirmer
con•fir•ma•tion [kɑːnfər'meɪʃn] confirmation *f*
con•firmed [kən'fɜːrmd] *adj* (*inveterate*) convaincu; ***a confirmed bachelor*** un célibataire endurci
con•fis•cate ['kɑːnfɪskeɪt] *v/t* confisquer
con•flict ['kɑːnflɪkt] **1** *n* (*disagreement*) conflit *m* **2** *v/i* [kən'flɪkt] (*clash*) s'opposer, être en conflit; *of dates* coïncider
con•form [kən'fɔːrm] *v/i* se conformer; *of product* être conforme (***to*** à)
con•form•ist [kən'fɔːrmɪst] *n* conformiste *m/f*
con•front [kən'frʌnt] *v/t* (*face*) affronter; (*tackle*) confronter
con•fron•ta•tion [kɑːnfrən'teɪʃn] confrontation *f*; (*clash, dispute*) affrontement *m*
con•fuse [kən'fjuːz] *v/t* (*muddle*) compliquer; *person* embrouiller; (*mix up*) confondre; ***confuse s.o. with s.o.*** confondre qn avec qn
con•fused [kən'fjuːzd] *adj person* perdu, désorienté; *ideas, situation* confus
con•fus•ing [kən'fjuːzɪŋ] *adj* déroutant
con•fu•sion [kən'fjuːʒn] (*muddle, chaos*) confusion *f*
con•geal [kən'dʒiːl] *v/i of blood* se coaguler; *of fat* se figer
con•gen•ial [kən'dʒiːnɪəl] *adj* (*pleasant*) agréable, sympathique
con•gen•i•tal [kən'dʒenɪtl] *adj* MED congénital
con•gest•ed [kən'dʒestɪd] *adj roads* encombré
con•ges•tion [kən'dʒestʃn] *on roads* encombrement *m*; *in chest* congestion *f*; ***traffic congestion*** embouteillage *m*
con•grat•u•late [kən'grætʊleɪt] *v/t* féliciter (***on*** pour)
con•grat•u•la•tions [kəngrætʊ'leɪʃnz] *npl* félicitations *fpl*; ***congratulations on …*** félicitations pour …
con•grat•u•la•to•ry [kəngrætʊ'leɪtərɪ] *adj* de félicitations
con•gre•gate ['kɑːŋgrɪgeɪt] *v/i* (*gather*) se rassembler
con•gre•ga•tion [kɑːŋgrɪ'geɪʃn] *people in a church* assemblée *f*
con•gress ['kɑːŋgres] (*conference*) congrès *m*; ***Congress*** *in US* le Congrès
Con•gres•sion•al [kən'greʃnl] *adj* du Congrès
Con•gress•man ['kɑːŋgresmən] membre *m* du Congrès
'**Con•gress•wom•an** membre *m* du Congrès
co•ni•fer ['kɑːnɪfər] conifère *m*
con•jec•ture [kən'dʒektʃər] *n* (*speculation*) conjecture *f*, hypothèse *f*
con•ju•gate ['kɑːndʒʊgeɪt] *v/t* GRAM conjuguer
con•junc•tion [kən'dʒʌŋkʃn] GRAM conjonction *f*; ***in conjunction with*** conjointement avec
con•junc•ti•vi•tis [kəndʒʌŋktɪ'vaɪtɪs] conjonctivite *f*
◆ **con•jure up** ['kʌndʒər] *v/t* (*produce*) faire apparaître (comme par magie); (*evoke*) évoquer
con•jur•er, con•jur•or ['kʌndʒərər] (*magician*) prestidigitateur *m*
con•jur•ing tricks ['kʌndʒərɪŋ] *npl* tours *mpl* de prestidigitation
con man ['kɑːnmæn] F escroc *m*, arnaqueur *m* F
con•nect [kə'nekt] *v/t* (*join*) raccorder, relier; TELEC passer; (*link*) associer; *to power supply* brancher; ***I'll connect you with …*** TELEC je vous passe …; ***the two events are not connected*** il n'y a aucun rapport entre les deux événements
con•nect•ed [kə'nektɪd] *adj*: ***be well-connected*** avoir des relations; ***be connected with*** être lié à; *in family* être apparenté à
con•nect•ing flight [kə'nektɪŋ] (vol *m* de) correspondance *f*
con•nec•tion [kə'nekʃn] *in wiring* branchement *m*, connexion *f*; *causal etc* rapport *m*; *when traveling* correspondance *f*; (*personal contact*) relation *f*; ***in connection with*** à propos de
con•nois•seur [kɑːnə'sɜːr] connaisseur *m*, connaisseuse *f*
con•quer ['kɑːŋkər] *v/t* conquérir; *fig: fear etc* vaincre
con•quer•or ['kɑːŋkərər] conquérant *m*
con•quest ['kɑːŋkwest] conquête *f*
con•science ['kɑːnʃəns] conscience *f*; ***have a guilty conscience*** avoir mauvaise conscience; ***have sth on one's conscience*** avoir qch sur la conscience
con•sci•en•tious [kɑːnʃɪ'enʃəs] *adj* consciencieux*
con•sci•en•tious•ness [kɑːnʃɪ'enʃəsnəs]

conscience *f*
con•sci•en•tious ob'ject•or objecteur *m* de conscience
con•scious ['kɑːnʃəs] *adj* (*aware*), MED conscient; (*deliberate*) délibéré; ***be conscious of ...*** être conscient de ...; ***become conscious of ...*** se rendre compte de ...
con•scious•ly ['kɑːnʃəslɪ] *adv* (*knowingly*) consciemment; (*deliberately*) délibérément
con•scious•ness ['kɑːnʃəsnɪs] conscience *f*; ***lose / regain consciousness*** perdre / reprendre connaissance
con•sec•u•tive [kən'sekjʊtɪv] *adj* consécutif*
con•sen•sus [kən'sensəs] consensus *m*
con•sent [kən'sent] **1** *n* consentement *m*, accord *m* **2** *v/i* consentir (***to*** à); ***consent to do sth*** consentir à faire qch, accepter de faire qch
con•se•quence ['kɑːnsɪkwəns] (*result*) conséquence *f*
con•se•quent•ly ['kɑːnsɪkwəntlɪ] *adv* (*therefore*) par conséquent
con•ser•va•tion [kɑːnsər'veɪʃn] (*preservation*) protection *f*
con•ser•va•tion•ist [kɑːnsər'veɪʃnɪst] écologiste *m/f*
con•ser•va•tive [kən'sɜːrvətɪv] **1** *adj* (*conventional*) conservateur*, conventionnel*; *clothes* classique; *estimate* prudent; ***Conservative*** *Br* POL conservateur* **2** *n Br* POL: ***Conservative*** conservateur(-trice) *m(f)*
con•ser•va•to•ry [kən'sɜːrvətɔːrɪ] *for plants* véranda *f*, serre *f*; MUS conservatoire *m*
con•serve ['kɑːnsɜːrv] **1** *n* (*jam*) confiture *f* **2** *v/t* [kən'sɜːrv] *energy* économiser; *strength* ménager
con•sid•er [kən'sɪdər] *v/t* (*regard*) considérer; (*show regard for*) prendre en compte; (*think about*) penser à; ***consider yourself lucky*** estime-toi heureux; ***it is considered to be ...*** c'est censé être ...
con•sid•e•ra•ble [kən'sɪdrəbl] *adj* considérable
con•sid•e•ra•bly [kən'sɪdrəblɪ] *adv* considérablement, beaucoup
con•sid•er•ate [kən'sɪdərət] *adj* attentionné
con•sid•er•ate•ly [kən'sɪdərətlɪ] *adv* gentiment
con•sid•e•ra•tion [kənsɪdə'reɪʃn] (*thought*) réflexion *f*; (*factor*) facteur *m*; (*thoughtfulness, concern*) attention *f*; ***under consideration*** à l'étude; ***take sth into consideration*** prendre qch en considération
con•sign•ment [kən'saɪnmənt] COMM cargaison *f*
◆ **con•sist of** [kən'sɪst] *v/t* consister en, se composer de
con•sis•ten•cy [kən'sɪstənsɪ] (*texture*) consistance *f*; (*unchangingness*) constance *f*; (*logic*) cohérence *f*
con•sis•tent [kən'sɪstənt] *adj* (*unchanging*) constant; *logically etc* cohérent
con•sis•tent•ly [kən'sɪstəntlɪ] *adv* constamment, invariablement; *logically etc* de façon cohérente
con•so•la•tion [kɑːnsə'leɪʃn] consolation *f*
con•sole [kən'soʊl] *v/t* consoler
con•sol•i•date [kən'sɑːlɪdeɪt] *v/t* consolider
con•so•nant ['kɑːnsənənt] *n* GRAM consonne *f*
con•sor•ti•um [kən'sɔːrtɪəm] consortium *m*
con•spic•u•ous [kən'spɪkjʊəs] *adj* voyant; ***look conspicuous*** se faire remarquer
con•spi•ra•cy [kən'spɪrəsɪ] conspiration *f*, complot *m*
con•spi•ra•tor [kən'spɪrətər] conspirateur(-trice) *m(f)*
con•spire [kən'spaɪr] *v/i* conspirer, comploter
con•stant ['kɑːnstənt] *adj* (*continuous*) constant, continuel*
con•stant•ly ['kɑːnstəntlɪ] *adv* constamment, continuellement
con•ster•na•tion [kɑːnstər'neɪʃn] consternation *f*
con•sti•pat•ed ['kɑːnstɪpeɪtɪd] *adj* constipé
con•sti•pa•tion [kɑːnstɪ'peɪʃn] constipation *f*
con•sti•tu•en•cy [kən'stɪtʊənsɪ] *Br* POL circonscription *f* (électorale)
con•sti•tu•ent [kən'stɪtʊənt] *n* (*component*) composant *m*; *Br* POL électeur *m* (*d'une circonscription*)
con•sti•tute ['kɑːnstɪtuːt] *v/t* constituer
con•sti•tu•tion [kɑːnstɪ'tuːʃn] POL, *of person* constitution *f*
con•sti•tu•tion•al [kɑːnstɪ'tuːʃənl] *adj* POL constitutionnel*
con•straint [kən'streɪnt] (*restriction*) contrainte *f*
con•struct [kən'strʌkt] *v/t building etc* construire
con•struc•tion [kən'strʌkʃn] construction *f*; (*trade*) bâtiment *m*; ***under construction*** en construction

C

con'struc•tion in•dus•try industrie *f* du bâtiment
con'struc•tion site chantier *m* (de construction)
con'struc•tion work•er ouvrier *m* du bâtiment
con•struc•tive [kən'strʌktɪv] *adj* constructif*
con•sul ['kɑːnsl] consul *m*
con•su•late ['kɑːnsʊlət] consulat *m*
con•sult [kən'sʌlt] *v/t* (*seek the advice of*) consulter
con•sul•tan•cy [kən'sʌltənsɪ] *company* cabinet-conseil *m*; (*advice*) conseil
con•sul•tant [kən'sʌltənt] *n* (*adviser*) consultant *m*
con•sul•ta•tion [kɑːnsl'teɪʃn] consultation *f*
con•sume [kən'suːm] *v/t* consommer
con•sum•er [kən'suːmər] consommateur *m*
con•sum•er 'con•fi•dence confiance *f* des consommateurs
con'sum•er goods *npl* biens *mpl* de consommation
con'sum•er so•ci•e•ty société *f* de consommation
con•sump•tion [kən'sʌmpʃn] consommation *f*
con•tact ['kɑːntækt] **1** *n* contact *m*; *person also* relation *f*; ***keep in contact with s.o.*** rester en contact avec qn **2** *v/t* contacter
'con•tact lens lentille *f* de contact
'con•tact num•ber numéro *m* de téléphone
con•ta•gious [kən'teɪdʒəs] *adj* contagieux*; *fig also* communicatif*
con•tain [kən'teɪn] *v/t* (*hold*), *also laughter etc* contenir; ***contain o.s.*** se contenir
con•tain•er [kən'teɪnər] récipient *m*; COMM conteneur *m*, container *m*
con'tain•er ship porte-conteneurs *m inv*
con'tain•er ter•min•al terminal *m* (de conteneurs)
con•tam•i•nate [kən'tæmɪneɪt] *v/t* contaminer
con•tam•i•na•tion [kəntæmɪ'neɪʃn] contamination *f*
con•tem•plate ['kɑːntəmpleɪt] *v/t* (*look at*) contempler; (*think about*) envisager
con•tem•po•ra•ry [kən'tempərerɪ] **1** *adj* contemporain **2** *n* contemporain *m*; ***I was a contemporary of his at university*** il était à l'université en même temps que moi
con•tempt [kən'tempt] mépris *m*; ***be beneath contempt*** être tout ce qu'il y a de plus méprisable
con•temp•ti•ble [kən'temptəbl] *adj* méprisable
con•temp•tu•ous [kən'temptʊəs] *adj* méprisant
con•tend [kən'tend] *v/i*: ***contend for …*** se disputer …; ***contend with …*** affronter
con•tend•er [kən'tendər] *in sport* prétendant *m*; *in competition* concurrent *m*; POL candidat *m*
con•tent[1] ['kɑːntent] *n* contenu *m*
con•tent [2] [kən'tent] **1** *adj* content, satisfait **2** *v/t*: ***content o.s. with …*** se contenter de …
con•tent•ed [kən'tentɪd] *adj* satisfait
con•ten•tion [kən'tenʃn] (*assertion*) affirmation *f*; ***be in contention for …*** être en compétition pour …
con•ten•tious [kən'tenʃəs] *adj* controversé
con•tent•ment [kən'tentmənt] contentement *m*
con•tents ['kɑːntents] *npl of house*, *letter*, *bag etc* contenu *m*
con•test[1] ['kɑːntest] *n* (*competition*) concours *m*; *in sport* compétition *f*; (*struggle for power*) lutte *f*
con•test[2] [kən'test] *v/t leadership etc* disputer; (*oppose*) contester; ***contest an election*** se présenter à une élection
con•tes•tant [kən'testənt] concurrent *m*
con•text ['kɑːntekst] contexte *m*; ***look at sth in context / out of context*** regarder qch dans son contexte / hors contexte
con•ti•nent ['kɑːntɪnənt] *n* continent *m*; ***the continent*** *Br* l'Europe *f* continentale
con•ti•nen•tal [kɑːntɪ'nentl] *adj* continental
con•ti•nen•tal 'break•fast *Br* petit-déjeuner *m* continental
con•tin•gen•cy [kən'tɪndʒənsɪ] éventualité *f*
con'tin•gen•cy plan plan *m* d'urgence
con•tin•u•al [kən'tɪnʊəl] *adj* continuel*
con•tin•u•al•ly [kən'tɪnʊəlɪ] *adv* continuellement
con•tin•u•a•tion [kəntɪnʊ'eɪʃn] continuation *f*; *of story*, *book* suite *f*
con•tin•ue [kən'tɪnjuː] **1** *v/t* continuer; ***continue to do sth, continue doing sth*** continuer à faire qch; ***to be continued*** à suivre **2** *v/i* continuer
con•ti•nu•i•ty [kɑːntɪ'nuːətɪ] continuité *f*
con•tin•u•ous [kən'tɪnjuːəs] *adj* continu, continuel*
con•tin•u•ous•ly [kən'tɪnjuːəslɪ] *adv* continuellement, sans interruption
con•tort [kən'tɔːrt] *v/t face* tordre; ***contort one's body*** se contorsionner
con•tour ['kɑːntʊr] contour *m*

C

con•tra•cep•tion [kɑːntrə'sepʃn] contraception *f*
con•tra•cep•tive [kɑːntrə'septɪv] *n* contraceptif *m*
con•tract[1] ['kɑːntrækt] *n* contrat *m*
con•tract[2] [kən'trækt] **1** *v/i* (*shrink*) se contracter **2** *v/t illness* contracter
con•trac•tor [kən'træktər] entrepreneur *m*
con•trac•tu•al [kən'træktʊəl] *adj* contractuel*
con•tra•dict [kɑːntrə'dɪkt] *v/t* contredire
con•tra•dic•tion [kɑːntrə'dɪkʃn] contradiction *f*
con•tra•dic•to•ry [kɑːntrə'dɪktərɪ] *adj account* contradictoire
con•trap•tion [kən'træpʃn] F truc *m* F, machin *m* F
con•trar•y[1] ['kɑːntrərɪ] **1** *adj* contraire; ***contrary to …*** contrairement à … **2** *n* **:** ***on the contrary*** au contraire
con•tra•ry[2] [kən'trerɪ] *adj* (*perverse*) contrariant
con•trast ['kɑːntræst] **1** *n* contraste *m* **2** *v/t* [kən'træst] mettre en contraste **3** *v/i* opposer, contraster
con•trast•ing [kən'træstɪŋ] *adj* contrastant; *personalities*, *views* opposé
con•tra•vene [kɑːntrə'viːn] *v/t* enfreindre
con•trib•ute [kən'trɪbjuːt] **1** *v/i with money*, *material* contribuer (***to*** à); *to magazine*, *paper* collaborer (***to*** à) **2** *v/t money*, *suggestion* donner, apporter
con•tri•bu•tion [kɑːntrɪ'bjuːʃn] *money*, *to debate* contribution *f*, participation *f*; *to political party*, *church* don *m*; *to magazine* article *m*; poème *m*
con•trib•u•tor [kən'trɪbjʊtər] *of money* donateur *m*; *to magazine* collaborateur(-trice) *m*(*f*)
con•trive [kən'traɪv] *v/t*: ***contrive to do sth*** réussir à faire qch
con•trol [kən'troʊl] **1** *n* contrôle *m*; ***lose control of …*** perdre le contrôle de …; ***lose control of o.s.*** perdre son sang-froid; ***circumstances beyond our control*** circonstances *fpl* indépendantes de notre volonté; ***be in control of sth*** contrôler qch; ***get out of control*** devenir incontrôlable; ***the situation is under control*** nous avons la situation bien en main; ***bring a blaze under control*** maîtriser un incendie; ***controls*** *of aircraft*, *vehicle* commandes *fpl*; (*restrictions*) contrôle *m* **2** *v/t* contrôler; *company* diriger; ***control o.s.*** se contrôler
con'trol cen•ter, *Br* **con'trol cen•tre** centre *m* de contrôle
con'trol freak F *personne qui veut tout contrôler*
con•trolled 'sub•stance [kən'troʊld] substance *f* illégale
con•trol•ling 'in•ter•est [kən'troʊlɪŋ] FIN participation *f* majoritaire
con'trol pan•el tableau *m* de contrôle
con'trol tow•er tour *f* de contrôle
con•tro•ver•sial [kɑːntrə'vɜːrʃl] *adj* controversé
con•tro•ver•sy ['kɑːntrəvɜːrsɪ] controverse *f*
con•va•lesce [kɑːnvə'les] *v/i* être en convalescence
con•va•les•cence [kɑːnvə'lesns] convalescence *f*
con•vene [kən'viːn] *v/t* convoquer, organiser
con•ve•ni•ence [kən'viːnɪəns] *of having sth*, *location* commodité *f*; ***at your / my convenience*** à votre / ma convenance; (***with***) ***all*** (***modern***) ***conveniences*** tout confort
con've•ni•ence food plats *mpl* cuisinés
con've•ni•ence store magasin *m* de proximité
con•ve•ni•ent [kən'viːnɪənt] *adj* commode, pratique
con•ve•ni•ent•ly [kən'viːnɪəntlɪ] *adv* de façon pratique; ***conveniently located*** bien situé
con•vent ['kɑːnvənt] couvent *m*
con•ven•tion [kən'venʃn] (*tradition*) conventions *fpl*; (*conference*) convention *f*, congrès *m*; ***it's a convention that …*** traditionellement …
con•ven•tion•al [kən'venʃnl] *adj* conventionnel*; *person* conformiste
con'ven•tion cen•ter palais *m* des congrès
con•ven•tion•eer [kənvenʃ'nɪr] congressiste *m*/*f*
◆ **con•verge on** [kən'vɜːrdʒ] *v/t* converger vers / sur
con•ver•sant [kən'vɜːrsənt] *adj*: ***be conversant with sth*** connaître qch, s'y connaître en qch
con•ver•sa•tion [kɑːnvər'seɪʃn] conversation *f*
con•ver•sa•tion•al [kɑːnvər'seɪʃnl] *adj* de conversation; ***a course in conversational Japanese*** un cours de conversation japonaise
con•verse ['kɑːnvɜːrs] *n* (*opposite*) contraire *m*, opposé *m*
con•verse•ly [kən'vɜːrslɪ] *adv* inversement
con•ver•sion [kən'vɜːrʃn] conversion *f*; *of building* aménagement *m*, transformation *f*

C

con'ver•sion ta•ble table *f* de conversion
con•vert 1 *n* ['kɑːnvɜːrt] converti *m* **2** *v/t* [kən'vɜːrt] convertir; *building* aménager, transformer **3** *v/i* [kən'vɜːrt]: ***convert to*** se convertir à
con•ver•ti•ble [kən'vɜːrtəbl] *n car* (voiture *f*) décapotable *f*
con•vey [kən'veɪ] *v/t* (*transmit*) transmettre, communiquer; (*carry*) transporter
con•vey•or belt [kən'veɪər] convoyeur *m*, tapis *m* roulant
con•vict 1 *n* ['kɑːnvɪkt] détenu *m* **2** *v/t* [kən'vɪkt] LAW déclarer coupable; ***convict s.o. of sth*** déclarer *or* reconnaître qn coupable de qch
con•vic•tion [kən'vɪkʃn] LAW condamnation *f*; (*belief*) conviction *f*
con•vince [kən'vɪns] *v/t* convaincre, persuader
con•vinc•ing [kən'vɪnsɪŋ] *adj* convaincant
con•viv•i•al [kən'vɪvɪəl] *adj* (*friendly*) convivial
con•voy ['kɑːnvɔɪ] *of ships, vehicles* convoi *m*
con•vul•sion [kən'vʌlʃn] MED convulsion *f*
cook [kʊk] **1** *n* cuisinier(-ière) *m*(*f*) **2** *v/t meal* préparer; *food* faire cuire; ***a cooked meal*** un repas chaud; ***cook the books*** F truquer les comptes **3** *v/i* faire la cuisine, cuisiner; *of food* cuire
'cook•book livre *m* de cuisine
cook•e•ry ['kʊkərɪ] cuisine *f*
cook•ie ['kʊkɪ] cookie *m*; ***she's a smart cookie*** F c'est une petite maline F
cook•ing ['kʊkɪŋ] (*food*) cuisine *f*
cool [kuːl] **1** *n* F: ***keep one's cool*** garder son sang-froid; ***lose one's cool*** F perdre son sang-froid **2** *adj weather, breeze, drink* frais*; *dress* léger*; (*calm*) calme; (*unfriendly*) froid **3** *v/i of food* refroidir; *of tempers* se calmer; *of interest* diminuer **4** *v/t* F: ***cool it*** on se calme F
◆ **cool down 1** *v/i* refroidir; *of weather* se rafraîchir; *fig*: *of tempers* se calmer **2** *v/t food* (faire) refroidir; *fig* calmer
cool•ing 'off pe•ri•od délai *m* de réflexion
co•op•e•rate [koʊ'ɑːpəreɪt] *v/i* coopérer, collaborer
co•op•e•ra•tion [koʊɑːpə'reɪʃn] coopération *f*
co•op•e•ra•tive [koʊ'ɑːpərətɪv] **1** *n* COMM coopérative *f* **2** *adj* coopératif*
co•or•di•nate [koʊ'ɔːrdɪneɪt] *v/t* coordonner
co•or•di•na•tion [koʊɔːrdɪ'neɪʃn] coordination *f*
cop [kɑːp] *n* F flic *m* F
cope [koʊp] *v/i* se débrouiller; ***cope with ...*** faire face à ...; (*deal with*) s'occuper de ...
cop•i•er ['kɑːpɪər] *machine* photocopieuse *f*
co•pi•lot ['koʊpaɪlət] copilote *m*
co•pi•ous ['koʊpɪəs] *adj* copieux*; *notes* abondant
cop•per ['kɑːpər] *n metal* cuivre *m*
cop•y ['kɑːpɪ] **1** *n* copie *f*; (*duplicate, imitation also*) reproduction *f*; *of key* double *m*; *of book* exemplaire *m*; ***advertising copy*** texte *m* publicitaire; ***make a copy of a file*** COMPUT faire une copie d'un fichier **2** *v/t* (*pret & pp* ***-ied***) copier; (*imitate also*) imiter; (*photocopy*) photocopier
'cop•y cat F copieur(-euse) *m*(*f*)
cop•y•cat 'crime crime inspiré par un autre
'cop•y•right *n* copyright *m*, droit *m* d'auteur
'cop•y-writ•er *in advertising* rédacteur (-trice) *m*(*f*) publicitaire
cor•al ['kɑːrəl] corail *m*
cord [kɔːrd] (*string*) corde *f*; (*cable*) fil *m*, cordon *m*
cor•di•al ['kɔːrdʒəl] *adj* cordial
cord•less phone ['kɔːrdlɪs] téléphone *m* sans fil
cor•don ['kɔːrdn] cordon *m*
◆ **cordon off** *v/t* boucler; *street* barrer
cords [kɔːrdz] *npl pants* pantalon *m* en velours (côtelé)
cor•du•roy ['kɔːrdərɔɪ] velours *m* côtelé
core [kɔːr] **1** *n of fruit* trognon *m*, cœur *m*; *of problem* cœur *m*; *of organization, party* noyau *m* **2** *v/t fruit* évider **3** *adj issue, meaning* fondamental, principal
cork [kɔːrk] *in bottle* bouchon *m*; *material* liège *m*
'cork•screw *n* tire-bouchon *m*
corn [kɔːrn] *grain* maïs *m*
cor•ner ['kɔːrnər] **1** *n* coin *m*; *of room, street also* angle *m*; (*bend: in road*) virage *m*, tournant *m*; *in soccer* corner *m*; ***in the corner*** dans le coin; ***on the corner*** *of street* au coin, à l'angle **2** *v/t person* coincer F; ***corner the market*** accaparer le marché **3** *v/i of driver, car* prendre le / les virage(s)
'cor•ner kick *in soccer* corner *m*
'corn•flakes *npl* corn-flakes *mpl*, pétales *fpl* de maïs
'corn•starch fécule *f* de maïs, maïzena *f*
corn•y ['kɔːrnɪ] *adj* F (*trite*) éculé, banal (à mourir); (*sentimental*) à l'eau de rose
cor•o•na•ry ['kɑːrənerɪ] **1** *adj* coronaire **2**

C

n infarctus *m* (du myocarde)
cor•o•ner ['kɑːrənər] coroner *m*
cor•po•ral ['kɔːrpərəl] *n* caporal *m*
cor•po•ral 'pun•ish•ment châtiment *m* corporel
cor•po•rate ['kɔːrpərət] *adj* COMM d'entreprise, des sociétés; ***corporate image*** image *f* de marque de l'entreprise
cor•po•ra•tion [kɔːrpə'reɪʃn] (*business*) société *f*, entreprise *f*
corps [kɔːr] corps *m*
corpse [kɔːrps] cadavre *m*, corps *m*
cor•pu•lent ['kɔːrpjʊlənt] *adj* corpulent
cor•pus•cle ['kɔːrpʌsl] globule *m*
cor•ral [kə'ræl] *n* corral *m*
cor•rect [kə'rekt] **1** *adj* correct; ***the correct answer*** la bonne réponse; ***that's correct*** c'est exact **2** *v/t* corriger
cor•rec•tion [kə'rekʃn] correction *f*
cor•rect•ly [kə'rektlɪ] *adv* correctement
cor•re•spond [kɑːrɪ'spɑːnd] *v/i* correspondre (***to*** à)
cor•re•spon•dence [kɑːrɪ'spɑːndəns] correspondance *f*
cor•re•spon•dent [kɑːrɪ'spɑːndənt] correspondant(e) *m(f)*
cor•re•spon•ding [kɑːrɪ'spɑːndɪŋ] *adj* (*equivalent*) correspondant; ***in the corresponding period last year*** à la même période l'année dernière
cor•ri•dor ['kɔːrɪdər] *in building* couloir *m*
cor•rob•o•rate [kə'rɑːbəreɪt] *v/t* corroborer
cor•rode [kə'roʊd] **1** *v/t* corroder **2** *v/i* se désagréger; *of battery* couler
cor•ro•sion [kə'roʊʒn] corrosion *f*
cor•ru•gated card•board ['kɑːrəgeɪtɪd] carton *m* ondulé
cor•ru•gat•ed 'i•ron tôle *f* ondulée
cor•rupt [kə'rʌpt] **1** *adj also* COMPUT corrompu; *morals*, *youth* dépravé **2** *v/t* corrompre
cor•rup•tion [kə'rʌpʃn] corruption *f*
Cor•si•ca ['kɔːrsɪkə] Corse *f*
Cor•si•can ['kɔːrsɪkən] **1** *adj* corse **2** *n* Corse *m/f*
cos•met•ic [kɑːz'metɪk] *adj* cosmétique; *fig* esthétique
cos•met•ics [kɑːz'metɪks] *npl* cosmétiques *mpl*, produits *mpl* de beauté
cos•met•ic 'sur•geon chirurgien(ne) *m(f)* esthétique
cos•met•ic 'sur•ger•y chirurgie *f* esthétique
cos•mo•naut ['kɑːzmənɒːt] cosmonaute *m/f*
cos•mo•pol•i•tan [kɑːzmə'pɑːlɪtən] *adj* *city* cosmopolite
cost¹ [kɑːst] **1** *n also fig* coût *m*; ***at all costs*** à tout prix; ***to my cost*** à mes dépens **2** *v/t* (*pret & pp* ***cost***) coûter; ***how much does it cost?*** combien est-ce que cela coûte?, combien ça coûte?; ***it cost me my health*** j'en ai perdu la santé; ***it cost him his life*** cela lui a coûté la vie
cost² [kɑːst] *v/t* (*pret & pp* ***-ed***) FIN *proposal*, *project* évaluer le coût de
cost and 'freight COMM coût et fret
'cost-con•scious économe
'cost-ef•fec•tive *adj* rentable
'cost, insurance and freight COMM CAF, coût, assurance, fret
cost•ly ['kɑːstlɪ] *adv* *mistake* coûteux
cost of 'liv•ing coût *m* de la vie
'cost price prix *m* coûtant
cos•tume ['kɑːstuːm] *for actor* costume *m*
cos•tume 'jew•el•ry bijoux *mpl* fantaisie
cot [kɑːt] (*camp-bed*) lit *m* de camp; *Br*: *for child* lit *m* d'enfant
cot•tage ['kɑːtɪdʒ] cottage *m*
'cot•tage cheese cottage *m*
cot•ton ['kɑːtn] **1** *n* coton *m* **2** *adj* en coton
◆ **cotton on** *v/i* F piger F
◆ **cotton on to** *v/t* F piger F
◆ **cotton to** *v/t* F accrocher avec
cot•ton 'can•dy barbe *f* à papa
cot•ton 'wool *Br* coton *m* hydrophile, ouate *f*
couch [kaʊtʃ] *n* canapé *m*
cou•chette [kuː'ʃet] couchette *f*
'couch po•ta•to F téléphage *m/f*
cough [kɑːf] **1** *n* toux *f* **2** *v/i* tousser
◆ **cough up 1** *v/t also money* cracher **2** *v/i* F (*pay*) banquer F
'cough med•i•cine, 'cough syr•up sirop *m* contre la toux
could [kʊd] *pret* → ***can***; ***could I have my key?*** pourrais-je avoir ma clef (s'il vous plaît)?; ***could you help me?*** pourrais-tu m'aider?; ***this could be our bus*** ça pourrait être notre bus; ***you could be right*** vous avez peut-être raison; ***he could have got lost*** il s'est peut-être perdu; ***you could have warned me!*** tu aurais pu me prévenir!
coun•cil ['kaʊnsl] (*assembly*) conseil *m*, assemblée *f*
'coun•cil•man conseiller *m* municipal
coun•cil•or ['kaʊnsələr] conseiller *m*
coun•sel ['kaʊnsl] **1** *n* (*advice*) conseil *m*; (*lawyer*) avocat *m* **2** *v/t* conseiller
coun•sel•ing ['kaʊnslɪŋ] aide *f* (psychologique)
coun•sel•or, *Br* **coun•sel•lor** ['kaʊnslər] (*adviser*) conseiller *m*; LAW maître *m*
count¹ [kaʊnt] **1** *n* compte *m*; ***keep count***

of compter; ***lose count of*** ne plus compter; ***I've lost count of the number we've sold*** je ne sais plus combien nous en avons vendu; ***at the last count*** au dernier décompte **2** *v/i* (*also*: *matter*) compter; ***that doesn't count*** ça ne compte pas **3** *v/t* compter

◆ **count on** *v/t* compter sur

count[2] [kaʊnt] *nobleman* comte *m*

'count•down compte *m* à rebours

coun•te•nance ['kaʊntənəns] *v/t* approuver

coun•ter[1] ['kaʊntər] *in shop*, *café* comptoir *m*; *in game* pion *m*

coun•ter[2] ['kaʊntər] **1** *v/t* contrer **2** *v/i* (*retaliate*) riposter, contre-attaquer

coun•ter[3] ['kaʊntər] *adv*: ***run counter to*** aller à l'encontre de

'coun•ter•act *v/t* neutraliser, contrecarrer

coun•ter-at'tack 1 *n* contre-attaque *f* **2** *v/i* contre-attaquer

'coun•ter•bal•ance 1 *n* contrepoids *m* **2** *v/t* contrebalancer, compenser

coun•ter'clock•wise *adv* dans le sens inverse des aiguilles d'une montre

coun•ter'es•pi•o•nage contre-espionnage *m*

coun•ter•feit ['kaʊntərfɪt] **1** *v/t* contrefaire **2** *adj* faux*

'coun•ter•part *person* homologue *m/f*

coun•ter•pro'duc•tive *adj* contre-productif*

'coun•ter•sign *v/t* contresigner

coun•tess ['kaʊntes] comtesse *f*

count•less ['kaʊntlɪs] *adj* innombrable

coun•try ['kʌntrɪ] *n nation* pays *m*; *as opposed to town* campagne *f*; ***in the country*** à la campagne

coun•try and 'west•ern MUS (musique *f*) country *f*

'coun•try•man (*fellow countryman*) compatriote *m*

'coun•tryside campagne *f*

coun•ty ['kaʊntɪ] comté *m*

coup [ku:] POL coup *m* d'État; *fig* beau coup *m*

cou•ple ['kʌpl] *n* (*two people*) couple *m*; ***just a couple*** juste deux ou trois; ***a couple of*** (*a pair*) deux; (*a few*) quelques

cou•pon ['ku:pɑ:n] (*form*) coupon-réponse *m*; (*voucher*) bon *m* (de réduction)

cour•age ['kʌrɪdʒ] courage *m*

cou•ra•geous [kə'reɪdʒəs] *adj* courageux*

cou•ri•er ['kʊrɪər] (*messenger*) coursier *m*; *with tourist party* guide *m/f*

course [kɔ:rs] *n* (*of lessons*) cours *m*(*pl*); (*part of meal*) plat *m*; *of ship*, *plane* route *f*; *for sports event* piste *f*; *for golf* terrain *m*; ***of course*** bien sûr, évidemment; ***of course not*** bien sûr que non; ***course of action*** ligne *f* de conduite; ***course of treatment*** traitement *m*; ***in the course of ...*** au cours de ...

court [kɔ:rt] *n* LAW tribunal *m*, cour *f*; SP *for tennis* court *m*; *for basketball* terrain *m*; ***take s.o. to court*** faire un procès à qn

'court case affaire *f*, procès *m*

cour•te•ous ['kɜ:rtɪəs] *adj* courtois

cour•te•sy ['kɜ:rtəsɪ] courtoisie *f*

'court•house palais *m* de justice, tribunal *m*

court 'mar•tial 1 *n* cour *m* martiale **2** *v/t* faire passer en cour martiale

'court or•der ordonnance *f* du tribunal

'court•room salle *f* d'audience

'court•yard cour *f*

cous•in ['kʌzn] cousin(e) *m*(*f*)

cove [koʊv] (*small bay*) crique *f*

cov•er ['kʌvər] **1** *n protective* housse *f*; *of book*, *magazine*, *bed* couverture *f*; *for bed* couverture *f*; (*shelter*) abri *m*; (*insurance*) couverture *f*, assurance *f* **2** *v/t* couvrir

◆ **cover up 1** *v/t* couvrir; *crime*, *scandal* dissimuler **2** *v/i fig* cacher la vérité; ***cover up for s.o.*** couvrir qn

cov•er•age ['kʌvərɪdʒ] *by media* couverture *f* (médiatique)

cov•er•ing let•ter ['kʌvrɪŋ] lettre *f* d'accompagnement

cov•ert ['koʊvərt] *adj* secret*, clandestin

'cov•er-up black-out *m inv*; ***there has been a police cover-up*** la police a étouffé l'affaire

cow [kaʊ] vache *f*

cow•ard ['kaʊərd] lâche *m/f*

cow•ard•ice ['kaʊərdɪs] lâcheté *f*

cow•ard•ly ['kaʊərdlɪ] *adj* lâche

'cow•boy cow-boy *m*

cow•er ['kaʊər] *v/i* se recroqueviller

coy [kɔɪ] *adj* (*evasive*) évasif*; (*flirtatious*) coquin

co•zy ['koʊzɪ] *adj* confortable, douillet*

CPU [si:pi:'ju:] *abbr* (***= central processing unit***) CPU *m*, unité *f* centrale

crab [kræb] *n* crabe *m*

crack [kræk] **1** *n* fissure *f*; *in cup*, *glass* fêlure *f*; (*joke*) vanne *f* F, (mauvaise) blague *f* F **2** *v/t cup*, *glass* fêler; *nut* casser; (*solve*) résoudre; *code* décrypter; ***crack a joke*** sortir une blague F **3** *v/i* se fêler; ***get cracking*** *Br* F s'y mettre

◆ **crack down on** *v/t* sévir contre

◆ **crack up** *v/i* (*have breakdown*) craquer; F (*laugh*) exploser de rire F

crack•brained ['krækbreɪnd] *adj* F (complètement) dingue F

C

'**crack•down** mesures *fpl* de répression (***on*** contre)
cracked [krækt] *adj cup, glass* fêlé; dingue F
crack•er ['krækər] *to eat* cracker *m*, biscuit *m* salé
crack•le ['krækl] *v/i of fire* crépiter
cra•dle ['kreɪdl] *n for baby* berceau *m*
craft[1] [kræft] NAUT embarcation *f*
craft[2] (*trade*) métier *m*; *weaving, pottery etc* artisanat *m*; (*craftsmanship*) art *m*; ***crafts*** *at school* travaux *mpl* manuels
crafts•man ['kræftsmən] (*artisan*) artisan *m*; (*artist*) artiste *m/f*
craft•y ['kræftɪ] *adj* malin*, rusé
crag [kræg] (*rock*) rocher *m* escarpé
cram [kræm] *v/t* fourrer F; *food* enfourner; *people* entasser
cramp [kræmp] *n* crampe *f*
cramped [kræmpt] *adj apartment* exigu*
cramps [kræmps] *npl* crampe *f*
cran•ber•ry ['krænberɪ] canneberge *f*
crane [kreɪn] **1** *n* (*machine*) grue *f* **2** *v/t*: ***crane one's neck*** tendre le cou
crank [kræŋk] *n* (*strange person*) allumé *m*
'**crank•shaft** vilebrequin *m*
crank•y ['kræŋkɪ] *adj* (*bad-tempered*) grognon*
crash [kræʃ] **1** *n* (*noise*) fracas *m*, grand bruit *m*; *accident* accident *m*; COMM faillite *f*; *of stock exchange* krach *m*; COMPUT plantage *m* F **2** *v/i* s'écraser; *of car* avoir un accident; COMM: *of market* s'effondrer; COMPUT se planter F; F (*sleep*) pioncer F; ***the car crashed into a wall*** la voiture a percuté un mur **3** *v/t car* avoir un accident avec
◆ **crash out** *v/i* F (*fall asleep*) pioncer F
'**crash bar•ri•er** glissière *f* de sécurité
'**crash course** cours *m* intensif
'**crash di•et** régime *m* intensif
'**crash hel•met** casque *m*
'**crash-land** *v/i* atterrir en catastrophe
'**crash land•ing** atterrissage *m* forcé
crate [kreɪt] (*packing case*) caisse; *for fruit* cageot *m*
cra•ter ['kreɪtər] *of volcano* cratère *m*
crave [kreɪv] *v/t* avoir très envie de; ***this child craves attention*** cet enfant a grand besoin d'affection
crav•ing ['kreɪvɪŋ] envie *f* (irrépressible); ***a craving for attention*** un (grand) besoin d'attention; ***a craving for fame*** la soif de gloire
crawl [krɒːl] **1** *n in swimming* crawl *m*; ***at a crawl*** (*very slowly*) au pas **2** *v/i on belly* ramper; *on hands and knees* marcher à quatre pattes; (*move slowly*) se traîner
◆ **crawl with** *v/t* grouiller de
cray•on ['kreɪɑːn] *n* crayon *m* de couleur
craze [kreɪz] engouement *m*; ***the latest craze*** la dernière mode
cra•zy ['kreɪzɪ] *adj* fou*; ***be crazy about*** être fou de
creak [kriːk] **1** *n* craquement *m*, grincement *m* **2** *v/i* craquer, grincer
creak•y ['kriːkɪ] *adj* qui craque, grinçant
cream [kriːm] **1** *n for skin, coffee, cake* crème *f*; *color* crème *m* **2** *adj* crème *inv*
cream '**cheese** fromage *m* à tartiner
cream•er ['kriːmər] (*pitcher*) pot *m* à crème; *for coffee* crème *f* en poudre
cream•y ['kriːmɪ] *adj with lots of cream* crémeux*
crease [kriːs] **1** *n* pli *m* **2** *v/t accidentally* froisser
cre•ate [kriː'eɪt] **1** *v/t* créer; (*cause*) provoquer **2** *v/i* (*be creative*) créer
cre•a•tion [kriː'eɪʃn] création *f*
cre•a•tive [kriː'eɪtɪv] *adj* créatif*
cre•a•tor [kriː'eɪtər] créateur(-trice) *m*(*f*); ***the Creator*** REL le Créateur
crea•ture ['kriːʧər] (*animal*) animal *m*; (*person*) créature *f*
crèche [kreʃ] *for kids*, REL crèche *f*
cred•i•bil•i•ty [kredə'bɪlətɪ] *of person* crédibilité *f*
cred•i•ble ['kredəbl] *adj* crédible
cred•it ['kredɪt] **1** *n* crédit *m*; (*honor*) honneur *m*, mérite *m*; ***be in credit*** être créditeur; ***get the credit for sth*** se voir attribuer le mérite de qch **2** *v/t* (*believe*) croire; ***credit an amount to an account*** créditer un compte d'une somme
cred•ita•ble ['kredɪtəbl] *adj* honorable
'**cred•it card** carte *f* de crédit
'**cred•it lim•it** limite *f* de crédit
cred•i•tor ['kredɪtər] créancier *m*
'**cred•it•wor•thy** *adj* solvable
cred•u•lous ['kredʊləs] *adj* crédule
creed [kriːd] (*beliefs*) credo *m inv*
creek [kriːk] (*stream*) ruisseau *m*
creep [kriːp] **1** *n pej* sale type *m* F **2** *v/i* (*pret & pp* ***crept***) se glisser (en silence); (*move slowly*) avancer lentement; ***creep into a room*** entrer dans une pièce sans faire de bruit
creep•er ['kriːpər] BOT *creeping* plante *f* rampante; *climbing* plante *f* grimpante
creeps [kriːps] *npl* F: ***the house / he gives me the creeps*** la maison / il me donne la chair de poule
creep•y ['kriːpɪ] *adj* F flippant F
cre•mate [krɪ'meɪt] *v/t* incinérer
cre•ma•tion [krɪ'meɪʃn] incinération *f*, crémation *f*
cre•ma•to•ri•um [kremə'tɔːrɪəm] crématorium *m*

crept [krept] *pret & pp* → ***creep***
cres•cent ['kresənt] *shape* croissant *m*
crest [krest] crête *f*
'crest•fal•len *adj* dépité
crev•ice ['krevɪs] fissure *f*
crew [kruː] *n of ship, airplane* équipage *m*; *of repairmen etc* équipe *f*; (*crowd, group*) bande *f*
'crew cut cheveux *mpl* en brosse
'crew neck col *m* rond
crib [krɪb] *n for baby* lit *m* d'enfant
crick [krɪk]: ***crick in the neck*** torticolis *m*
crick•et ['krɪkɪt] *insect* grillon *m*
crime [kraɪm] *also fig* crime *m*; ***crime rate*** taux *m* de criminalité
crim•i•nal ['krɪmɪnl] **1** *n* criminel *m* **2** *adj* criminel*; (*shameful*) honteux*
crim•son ['krɪmzn] *adj* cramoisi
cringe [krɪndʒ] *v/i* tressaillir, frémir
crip•ple ['krɪpl] **1** *n* (*disabled person*) handicapé(e) *m(f)* **2** *v/t person* estropier; *fig* paralyser
cri•sis ['kraɪsɪs] (*pl* ***crises*** ['kraɪsiːz]) crise *f*
crisp [krɪsp] *adj air, weather* vivifiant; *lettuce, apple* croquant; *bacon, toast* croustillant; *new shirt, bills* raide
crisps [krɪsps] *Br* chips *fpl*
cri•te•ri•on [kraɪ'tɪrɪən] (*pl* ***criteria*** [kraɪ'tɪrɪə]) critère *m*
crit•ic ['krɪtɪk] critique *m*
crit•i•cal ['krɪtɪkl] *adj* critique
crit•i•cal•ly ['krɪtɪklɪ] *adv speak etc* en critiquant, sévèrement; ***critically ill*** gravement malade
crit•i•cism ['krɪtɪsɪzm] critique *f*
crit•i•cize ['krɪtɪsaɪz] *v/t* critiquer
croak [kroʊk] **1** *n of frog* coassement *m*; *of person* voix *f* rauque **2** *v/i of frog* coasser; *of person* parler d'une voix rauque
crock•e•ry ['krɑːkərɪ] vaisselle *f*
croc•o•dile ['krɑːkədaɪl] crocodile *m*
cro•cus ['kroʊkəs] crocus *m*
cro•ny ['kroʊnɪ] F pote *m* F, copain *m*
crook [krʊk] *n* escroc *m*
crook•ed ['krʊkɪd] *adj* (*not straight*) de travers; *streets* tortueux*; (*dishonest*) malhonnête
crop [krɑːp] **1** *n* culture *f*; (*harvest*) récolte *f*; *fig* fournée *f* **2** *v/t* (*pret & pp* ***-ped***) *hair, photo* couper
◆ **crop up** *v/i* surgir; ***something has cropped up*** il y a un contretemps
cross [krɑːs] **1** *adj* (*angry*) fâché, en colère **2** *n* croix *f* **3** *v/t* (*go across*) traverser; ***cross o.s.*** REL se signer; ***cross one's legs*** croiser les jambes; ***keep one's fingers crossed*** croiser les doigts; ***it never crossed my mind*** ça ne m'est jamais venu à l'esprit **4** *v/i* (*go across*) traverser; *of lines* se croiser
◆ **cross off, cross out** *v/t* rayer
'cross•bar *of goal* barre *f* transversale; *of bicycle, in high jump* barre *f*
'cross•check 1 *n* recoupement *m* **2** *v/t* vérifier par recoupement
cross-coun•try 'skiing ski *m* de fond
cross-ex•am•i'na•tion LAW contre-interrogatoire *m*
cross-ex'am•ine *v/t* LAW faire subir un contre-interrogatoire à
cross-eyed ['krɑːsaɪd] *adj* qui louche
cross•ing ['krɑːsɪŋ] NAUT traversée *f*
'cross•roads *nsg or npl also fig* carrefour *m*
'cross-sec•tion *of people* échantillon *m*
'cross•walk passage *m* (pour) piétons
'cross•word (puz•zle) mots *mpl* croisés
crotch [krɑːtʃ] entrejambe *m*
crouch [kraʊtʃ] *v/i* s'accroupir
crow [kroʊ] *n bird* corbeau *m*; ***as the crow flies*** à vol d'oiseau
'crow•bar pied-de-biche *m*
crowd [kraʊd] *n* foule *f*; *at sports event* public *m*
crowd•ed ['kraʊdɪd] *adj* bondé, plein (de monde)
crown [kraʊn] *n also on tooth* couronne *f*
cru•cial ['kruːʃl] *adj* crucial
cru•ci•fix ['kruːsɪfɪks] crucifix *m*
cru•ci•fix•ion [kruːsɪ'fɪkʃn] crucifiement *m*; *of Christ* crucifixion *f*
cru•ci•fy ['kruːsɪfaɪ] *v/t* (*pret & pp* ***-ied***) REL crucifier; *fig* assassiner
crude [kruːd] **1** *adj* (*vulgar*) grossier*; (*unsophisticated*) rudimentaire **2** *n*: ***crude (oil)*** pétrole *m* brut
crude•ly ['kruːdlɪ] *adv speak, made* grossièrement
cru•el ['kruːəl] *adj* cruel*
cru•el•ty ['kruːəltɪ] cruauté *f*
cruise [kruːz] **1** *n* croisière *f* **2** *v/i of people* faire une croisière; *of car* rouler (à une vitesse de croisière); *of plane* voler (à une vitesse de croisière)
'cruise lin•er paquebot *m* (de croisière)
'cruise mis•sile missile *m* de croisière
cruis•ing speed ['kruːzɪŋ] *also fig* vitesse *f* de croisière
crumb [krʌm] miette *f*
crum•ble ['krʌmbl] **1** *v/t* émietter **2** *v/i of bread* s'émietter; *of stonework* s'effriter; *fig: of opposition etc* s'effondrer
crum•bly ['krʌmblɪ] *adj* friable
crum•ple ['krʌmpl] **1** *v/t* (*crease*) froisser **2** *v/i* (*collapse*) s'écrouler
crunch [krʌntʃ] **1** *n* F: ***when it comes to the crunch*** au moment crucial **2** *v/i of*

C

snow, gravel crisser
cru•sade [kruː'seɪd] *n also fig* croisade *f*
crush [krʌʃ] **1** *n* (*crowd*) foule *f*; ***have a crush on s.o.*** craquer pour qn F **2** *v/t* écraser; (*crease*) froisser; ***they were crushed to death*** ils se sont fait écraser **3** *v/i* (*crease*) se froisser
crust [krʌst] *on bread* croûte *f*
crust•y ['krʌstɪ] *adj bread* croustillant
crutch [krʌʧ] *for injured person* béquille *f*
cry [kraɪ] **1** *n* (*call*) cri *m*; ***have a cry*** pleurer **2** *v/t* (*pret & pp* ***-ied***) (*call*) crier **3** *v/i* (*weep*) pleurer
◆ **cry out 1** *v/t* crier, s'écrier **2** *v/i* crier, pousser un cri
◆ **cry out for** *v/t* (*need*) avoir grand besoin de
cryp•tic ['krɪptɪk] *adj* énigmatique
crys•tal ['krɪstl] cristal *m*
crys•tal•lize ['krɪstlaɪz] **1** *v/t* cristalliser, concrétiser **2** *v/i of thoughts etc* se concrétiser
cub [kʌb] petit *m*
Cu•ba ['kjuːbə] Cuba *f*
Cu•ban ['kjuːbən] **1** *adj* cubain **2** *n* Cubain(e) *m*(*f*)
cube [kjuːb] (*shape*) cube *m*
cu•bic ['kjuːbɪk] *adj* cubique; ***cubic meter / centimeter*** mètre *m*/centimètre *m* cube
cu•bic ca'pac•i•ty TECH cylindrée *f*
cu•bi•cle ['kjuːbɪkl] (*changing room*) cabine *f*
cuck•oo ['kʊkuː] coucou *m*
cu•cum•ber ['kjuːkʌmbər] concombre *m*
cud•dle ['kʌdl] **1** *n* câlin *m* **2** *v/t* câliner
cud•dly ['kʌdlɪ] *adj kitten etc* adorable; (*liking cuddles*) câlin
cue [kjuː] *n for actor etc* signal *m*; *for pool* queue *f*
cuff [kʌf] **1** *n of shirt* poignet *m*; *of pants* revers *m*; (*blow*) gifle *f*; ***off the cuff*** au pied levé **2** *v/t* (*hit*) gifler
'cuff link bouton *m* de manchette
'cul-de-sac ['kʌldəsæk] cul-de-sac *m*, impasse *f*
cu•li•nar•y ['kʌlɪnerɪ] *adj* culinaire
cul•mi•nate ['kʌlmɪneɪt] *v/i* aboutir; ***culminate in …*** se terminer par …
cul•mi•na•tion [kʌlmɪ'neɪʃn] apogée *f*
cul•prit ['kʌlprɪt] coupable *m/f*
cult [kʌlt] (*sect*) secte *f*
cul•ti•vate ['kʌltɪveɪt] *v/t land, person* cultiver
cul•ti•vat•ed ['kʌltɪveɪtɪd] *adj person* cultivé
cul•ti•va•tion [kʌltɪ'veɪʃn] *of land* culture *f*
cul•tu•ral ['kʌlʧərəl] *adj* culturel*
cul•ture ['kʌlʧər] *n* culture *f*
cul•tured ['kʌlʧərd] *adj* (*cultivated*) cultivé
'cul•ture shock choc *m* culturel
cum•ber•some ['kʌmbərsəm] *adj big* encombrant; *heavy, also fig* lourd
cu•mu•la•tive ['kjuːmjʊlətɪv] *adj* cumulatif*; ***the cumulative effect of …*** l'accumulation *f* de …
cun•ning ['kʌnɪŋ] **1** *n* ruse *f* **2** *adj* rusé
cup [kʌp] *n* tasse *f*; (*trophy*) coupe *f*; ***a cup of tea*** une tasse de thé
cup•board ['kʌbərd] placard *m*
'cup fi•nal finale *f* de (la) coupe
cu•po•la ['kjuːpələ] coupole *f*
cu•ra•ble ['kjʊrəbl] *adj* guérissable
cu•ra•tor [kjʊ'reɪtər] conservateur(-trice) *m*(*f*)
curb [kɜːrb] **1** *n of street* bord *m* du trottoir; *on powers etc* frein *m* **2** *v/t* réfréner; *inflation* juguler
cur•dle ['kɜːrdl] *v/i of milk* (se) cailler
cure [kjʊr] **1** *n* MED remède *m* **2** *v/t* MED guérir; *meat, fish* saurer
cur•few ['kɜːrfjuː] couvre-feu *m*
cu•ri•os•i•ty [kjʊrɪ'ɑːsətɪ] (*inquisitiveness*) curiosité *f*
cu•ri•ous ['kjʊːrɪəs] *adj* (*inquisitive, strange*) curieux*
cu•ri•ous•ly ['kjʊːrɪəslɪ] *adv* (*inquisitively*) avec curiosité; (*strangely*) curieusement; ***curiously enough*** chose curieuse
curl [kɜːrl] **1** *n in hair* boucle *f*; *of smoke* volute *f* **2** *v/t hair* boucler; (*wind*) enrouler **3** *v/i of hair* boucler; *of leaf, paper etc* se gondoler
◆ **curl up** *v/i* se pelotonner; ***curl up into a ball*** se rouler en boule
curl•y ['kɜːrlɪ] *adj hair* bouclé; *tail* en tire-bouchon
cur•rant ['kʌrənt] raisin *m* sec
cur•ren•cy ['kʌrənsɪ] (*money*) monnaie *f*; ***foreign currency*** devise *f* étrangère
cur•rent ['kʌrənt] **1** *n in sea*, ELEC courant *m* **2** *adj* (*present*) actuel*
cur•rent af'fairs, cur•rent e'vents actualité *f*
cur•rent af'fairs pro•gram émission *f* d'actualité
cur•rent•ly ['kʌrəntlɪ] *adv* actuellement
cur•ric•u•lum [kə'rɪkjʊləm] programme *m*
cur•ry ['kʌrɪ] (*spice*) curry *m*; ***a lamb curry*** un curry d'agneau
curse [kɜːrs] **1** *n* (*spell*) malédiction *f*; (*swearword*) juron *m* **2** *v/t* maudire; (*swear at*) injurier **3** *v/i* (*swear*) jurer
cur•sor ['kɜːrsər] COMPUT curseur *m*

cur•so•ry ['kɜːrsərɪ] *adj* superficiel*
curt [kɜːrt] *adj* abrupt
cur•tail [kɜːr'teɪl] *v/t* écourter
cur•tain ['kɜːrtn] *also* THEA rideau *m*
curve [kɜːrv] **1** *n* courbe *f*; ***curves*** *of woman* formes *fpl* **2** *v/i* (*bend*) s'incurver; *of road* faire *or* décrire une courbe
cush•ion ['kʊʃn] **1** *n for couch etc* coussin *m* **2** *v/t blow, fall* amortir
cus•tard ['kʌstərd] crème *f* anglaise
cus•to•dy ['kʌstədɪ] *of children* garde *f*; ***in custody*** LAW en détention
cus•tom ['kʌstəm] (*tradition*) coutume *f*; COMM clientèle *f*; ***as was his custom*** comme à l'accoutumée
cus•tom•a•ry ['kʌstəmerɪ] *adj* habituel*; ***it is customary to …*** il est d'usage de …
cus•tom•er ['kʌstəmər] client *m*
cus•tom•er re'la•tions relations *fpl* avec les clients
cus•tom•er 'serv•ice service *m* clientèle
cus•toms ['kʌstəmz] douane *f*
Customs and Excise *Br* administration *f* des douanes et des impôts indirects
'cus•toms clear•ance dédouanement *m*
'cus•toms in•spec•tion contrôle *m* douanier
'cus•toms of•fi•cer douanier *m*
cut [kʌt] **1** *n with knife, scissors* entaille *f*; (*injury*) coupure *f*; *of garment, hair* coupe *f*; (*reduction*) réduction *f*; ***my hair needs a cut*** mes cheveux ont besoin d'être coupés **2** *v/t* (*pret & pp* **cut**) couper; *into several pieces* découper; (*reduce*) réduire; ***get one's hair cut*** se faire couper les cheveux
◆ **cut back 1** *v/i in costs* faire des économies **2** *v/t employees* réduire
◆ **cut down 1** *v/t tree* abattre **2** *v/i in smoking etc* réduire (sa consommation)
◆ **cut down on** *v/t smoking etc* réduire (sa consommation de); ***cut down on the cigarettes*** fumer moins
◆ **cut off** *v/t with knife, scissors etc* couper; (*isolate*) isoler; ***we were cut off*** TELEC nous avons été coupés
◆ **cut out** *v/t with scissors* découper; (*eliminate*) éliminer; *alcohol, food* supprimer; ***cut that out!*** F ça suffit (maintenant)!; ***be cut out for sth*** être fait pour qch
◆ **cut up** *v/t meat etc* découper
cut•back réduction *f*
cute [kjuːt] *adj in appearance* mignon*; (*clever*) malin*
cu•ti•cle ['kjuːtɪkl] cuticule *f*
'cutoff date date *f* limite
cut-'price *adj* à prix *m* réduit
'cut-throat *adj competition* acharné
cut•ting ['kʌtɪŋ] **1** *n from newspaper* coupure *f* **2** *adj remark* blessant
cy•ber•space ['saɪbərspeɪs] cyberespace *m*
cy•cle ['saɪkl] **1** *n* (*bicycle*) vélo *m*; (*series of events*) cycle *m* **2** *v/i* aller en vélo
'cy•cle path piste *f* cyclable
cy•cling ['saɪklɪŋ] cyclisme *m*
cy•clist ['saɪklɪst] cycliste *m/f*
cyl•in•der ['sɪlɪndər] *in engine* cylindre *m*
cy•lin•dri•cal [sɪ'lɪndrɪkl] *adj* cylindrique
cyn•ic ['sɪnɪk] cynique *m/f*
cyn•i•cal ['sɪnɪkl] *adj* cynique
cyn•i•cal•ly ['sɪnɪklɪ] *adv* cyniquement
cyn•i•cism ['sɪnɪsɪzm] cynisme *m*
cy•press ['saɪprəs] cyprès *m*
cyst [sɪst] kyste *m*
Czech [ʧek] **1** *adj* tchèque; ***the Czech Republic*** la République tchèque **2** *n person* Tchèque *m/f*; *language* tchèque *m*

D

DA *abbr* (= ***district attorney***) procureur *m*
dab [dæb] **1** *n* (*small amount*): ***a dab of*** un peu de **2** *v/t* (*pret & pp* **-bed**) *with cloth etc* tamponner
◆ **dab off** *v/t* enlever (en tamponnant)
◆ **dab on** *v/t* appliquer
◆ **dabble in** *v/t* toucher à
dad [dæd] papa *m*
dad•dy ['dædɪ] papa *m*
dad•dy 'long•legs *Br* cousin *m*
daf•fo•dil ['dæfədɪl] jonquille *f*
dag•ger ['dægər] poignard *m*
dai•ly ['deɪlɪ] **1** *n paper* quotidien *m*
daily 2 *adj* quotidien*
dain•ty ['deɪntɪ] *adj* délicat
dair•y ['derɪ] *on farm* laiterie *f*
'dair•y prod•ucts *npl* produits *mpl* laitiers

D

dais ['deɪɪs] estrade *f*
dai•sy ['deɪzɪ] pâquerette *f*; *bigger* marguerite *f*
dam [dæm] *n for water* barrage *m*
dam•age ['dæmɪdʒ] **1** *n* dégâts *mpl*, dommage(s) *m(pl)*; *fig*: *to reputation* préjudice *m*
damage 2 *v/t* endommager; abîmer; *fig*: *reputation* nuire à; *chances* compromettre
dam•a•ges ['dæmɪdʒɪz] *npl* LAW dommages-intérêts *mpl*
dam•ag•ing ['dæmɪdʒɪŋ] *adj to reputation* préjudiciable
dame [deɪm] F (*woman*) gonzesse *f* F, nana *f* F
damn [dæm] **1** *interj* F merde F, zut F **2** *n*: F; ***I don't give a damn!*** je m'en fous F
damn 3 *adj* F sacré **4** *adv* F vachement F **5** *v/t* (*condemn*) condamner; ***damn it!*** F merde! F, zut! F; ***I'm damned if …*** F (*I won't*) il est hors de question que …
damned [dæmd] → ***damn*** *adj*, *adv*
damn•ing ['dæmɪŋ] *adj evidence*, *report* accablant
damp [dæmp] *adj* humide
damp•en ['dæmpən] *v/t* humecter, humidifier
dance [dæns] **1** *n* danse *f*; *social event* bal *m*, soirée *f* (dansante) **2** *v/i* danser; ***would you like to dance?*** vous dansez?
danc•er ['dænsər] danseur(-euse) *m(f)*
danc•ing ['dænsɪŋ] danse *f*
dan•de•li•on ['dændɪlaɪən] pissenlit *m*
dan•druff ['dændrʌf] pellicules *fpl*
dan•druff sham'poo shampoing *m* antipelliculaire
Dane [deɪn] Danois(e) *m(f)*
dan•ger ['deɪndʒər] danger *m*; ***be in danger*** être en danger; ***be out of danger*** *patient* être hors de danger
dan•ger•ous ['deɪndʒərəs] *adj* dangereux*; *assumption* risqué
dan•ger•ous 'driv•ing conduite *f* dangereuse
dan•ger•ous•ly ['deɪndʒərəslɪ] *adv drive* dangereusement; ***dangerously ill*** gravement malade
dan•gle ['dæŋgl] **1** *v/t* balancer; ***dangle sth in front of s.o.*** mettre qch sous le nez de qn; *fig* faire miroiter qch à qn **2** *v/i* pendre
Da•nish ['deɪnɪʃ] **1** *adj* danois **2** *n language* danois *m*; *to eat* feuilleté *m* (sucré)
dare [der] **1** *v/i* oser; ***dare to do sth*** oser faire qch; ***how dare you!*** comment oses-tu? **2** *v/t*: ***dare s.o. to do sth*** défier qn de faire qch
'dare•dev•il casse-cou *m/f* F, tête *f* brûlée
dar•ing ['derɪŋ] *adj* audacieux*
dark [dɑːrk] **1** *n* noir *m*, obscurité *f*; ***after dark*** après la tombée de la nuit; ***keep s.o. in the dark*** *fig* laisser qn dans l'ignorance; ne rien dire à qn **2** *adj room*, *night* sombre, noir; *hair* brun; *eyes* foncé; *color*, *clothes* foncé, sombre; ***dark green / blue*** vert / bleu foncé
dark•en ['dɑːrkn] *v/i of sky* s'assombrir
dark 'glass•es *npl* lunettes *fpl* noires
dark•ness ['dɑːrknɪs] obscurité *f*
'dark•room PHOT chambre *f* noire
dar•ling ['dɑːrlɪŋ] **1** *n* chéri(e) *m(f)*; ***be a darling and …*** tu serais un amour *or* un ange si … **2** *adj* adorable; ***darling Margaret …*** ma chère Margaret …
darn¹ [dɑːrn] **1** *n* (*mend*) reprise *f* **2** *v/t* repriser
darn², darned [dɑːrn, dɑːrnd] → ***damn*** *adj*, *adv*
dart [dɑːrt] **1** *n weapon* flèche *f*; *for game* fléchette *f* **2** *v/i* se précipiter, foncer
darts [dɑːrts] *nsg* fléchettes *fpl*
'dart(s)•board cible *f* (de jeu de fléchettes)
dash [dæʃ] **1** *n punctuation* tiret *m*; MOT (*dashboard*) tableau *m* de bord; ***a dash of*** un peu de; ***a dash of brandy*** une goutte de cognac; ***a dash of salt*** une pincée de sel; ***make a dash for*** se précipiter sur **2** *v/i* se précipiter; ***I must dash*** il faut que je file F **3** *v/t hopes* anéantir
◆ **dash off 1** *v/i* partir précipitamment **2** *v/t* (*write quickly*) griffonner
'dash•board MOT tableau *m* de bord
data ['deɪtə] données *fpl*, informations *fpl*
'da•ta•base base *f* de données
da•ta 'cap•ture saisie *f* de données
da•ta 'pro•cess•ing traitement *m* de données
da•ta pro'tec•tion protection *f* de l'information
da•ta 'stor•age stockage *m* de données
date¹ [deɪt] *fruit* datte *f*
date² [deɪt] **1** *n* date *f*; *meeting* rendez-vous *m*; *person* ami(e) *m(f)*, rendez-vous *m* F; ***what's the date today?*** quelle est la date aujourd'hui?, on est le combien? F; ***out of date*** *clothes* démodé; *passport* périmé; ***up to date*** *information* à jour; *style* à la mode, branché F **2** *v/t letter*, *check* dater; (*go out with*) sortir avec; ***that dates you*** cela ne te rajeunit pas F
dat•ed ['deɪtɪd] *adj* démodé
daub [dɒːb] *v/t* barbouiller; ***daub paint on a wall*** barbouiller un mur (de peinture)
daugh•ter ['dɒːtər] fille *f*
'daugh•ter-in-law (*pl* ***daughters-in-law***)

belle-fille *f*
daunt [dɒːnt] *v/t* décourager
daw•dle ['dɒːdl] *v/i* traîner
dawn [dɒːn] **1** *n also fig* aube *f* **2** *v/i*: ***it dawned on me that …*** je me suis rendu compte que …
day [deɪ] jour *m*; *stressing duration* journée *f*; ***what day is it today?*** quel jour sommes-nous (aujourd'hui)?; ***day off*** jour *m* de congé; ***by day*** le jour; ***travel by day*** voyager de jour; ***day by day*** jour après jour; ***the day after*** le lendemain; ***the day after tomorrow*** après-demain; ***the day before*** la veille; ***the day before yesterday*** avant-hier; ***day in day out*** jour après jour; ***in those days*** en ce temps-là, à l'époque; ***one day*** un jour; ***the other day*** (*recently*) l'autre jour; ***let's call it a day!*** ça suffit pour aujourd'hui!; ***have a nice day!*** bonne journée!
'**day•break** aube *f*, point *m* du jour
'**day care** *for kids* garde *f* des enfants
'**day•dream** **1** *n* rêverie *f* **2** *v/i* rêvasser
'**day dream•er** rêveur *m*
'**day•time**: ***in the daytime*** pendant la journée
'**day•trip** excursion *f* d'une journée
daze [deɪz] *n*: ***in a daze*** dans un état de stupeur
dazed [deɪzd] *adj by news* hébété, sous le choc; *by blow* étourdi
daz•zle ['dæzl] *v/t also fig* éblouir
DC *abbr* (***= direct current***) CC (= courant *m* continu); (***= District of Columbia***) DC (= district *m* de Columbia)
dead [ded] **1** *adj* mort; *battery* à plat; ***the phone's dead*** il n'y a pas de tonalité **2** *adv* F (*very*) très; ***dead beat, dead tired*** crevé F; ***that's dead right*** c'est tout à fait vrai **3** *n*: ***the dead*** les morts *mpl*; ***in the dead of night*** en pleine nuit
dead•en ['dedn] *v/t pain* calmer; *sound* amortir
dead 'end *street* impasse *f*
dead-'end job emploi *m* sans avenir
dead 'heat arrivée *f* ex æquo
'**dead•line** date *f* limite; heure *f* limite, délai *m*; *for newspaper, magazine* heure *f* de clôture; ***meet the deadline*** respecter le(s) délai(s)
'**dead•lock** impasse *f*
dead•ly ['dedlɪ] *adj* (*fatal*) mortel*; *weapon* meurtrier*; F (*boring*) mortel* F
deaf [def] *adj* sourd
deaf-and-'dumb *adj* sourd-muet*
deaf•en ['defn] *v/t* assourdir
deaf•en•ing ['defnɪŋ] *adj* assourdissant
deaf•ness ['defnɪs] surdité *f*
deal [diːl] **1** *n* accord *m*, marché *m*; ***it's a deal!*** d'accord!, marché conclu!; ***a good deal*** (*bargain*) une bonne affaire; (*a lot*) beaucoup; ***a great deal of*** (*lots of*) beaucoup de **2** *v/t* (*pret & pp* ***dealt***) *cards* distribuer; ***deal a blow to*** porter un coup à
◆ **deal in** *v/t* (*trade in*) être dans le commerce de; ***deal in drugs*** faire du trafic de drogue, dealer F
◆ **deal out** *v/t cards* distribuer
◆ **deal with** *v/t* (*handle*) s'occuper de; (*do business with*) traiter avec; (*be about*) traiter de
deal•er ['diːlər] (*merchant*) marchand *m*; (*drug dealer*) dealer *m*, dealeuse *f*; *large-scale* trafiquant *m* de drogue; *in card game* donneur *m*
deal•ing ['diːlɪŋ] (*drug dealing*) trafic *m* de drogue
deal•ings ['diːlɪŋz] *npl* (*business*) relations *fpl*
dealt [delt] *pret & pp* → ***deal***
dean [diːn] *of college* doyen *m*
dear [dɪr] *adj* cher*; ***Dear Sir*** Monsieur; ***Dear Richard / Margaret*** Cher Richard / Chère Margaret; **(*oh*) *dear!, dear me!*** oh là là!
dear•ly ['dɪrlɪ] *adv love* de tout son cœur
death [deθ] mort *f*
'**death cer•tif•i•cate** acte *m* de décès
'**death pen•al•ty** peine *f* de mort
'**death toll** nombre *m* de morts, bilan *m*
de•ba•ta•ble [dɪ'beɪtəbl] *adj* discutable
de•bate [dɪ'beɪt] **1** *n* débat *m*; ***a lot of debate*** beaucoup de discussions; POL débat *m* **2** *v/i* débattre, discuter; ***debate with o.s.*** se demander **3** *v/t* débattre de, discuter de
de•bauch•er•y [dɪ'bɒːʧərɪ] débauche *f*
deb•it ['debɪt] **1** *n* débit *m* **2** *v/t account* débiter; *amount* porter au débit
'**deb•it card** carte *f* bancaire
deb•ris [də'briː] débris *mpl*
debt [det] dette *f*; ***be in debt*** *financially* être endetté, avoir des dettes
debt•or ['detər] débiteur *m*
de•bug [diː'bʌg] *v/t* (*pret & pp* ***-ged***) *room* enlever les micros cachés dans; COMPUT déboguer
dé•but ['deɪbjuː] *n* débuts *mpl*
dec•ade ['dekeɪd] décennie *f*
dec•a•dence ['dekədəns] décadence *f*
dec•a•dent ['dekədənt] *adj* décadent
de•caf•fein•at•ed [dɪ'kæfɪneɪtɪd] *adj* décaféiné
de•cant•er [dɪ'kæntər] carafe *f*
de•cap•i•tate [dɪ'kæpɪteɪt] *v/t* décapiter
de•cay [dɪ'keɪ] **1** *n* (*process*) détérioration *f*, déclin *m*; *of building* délabrement *m*; *in wood, plant* pourriture *f*; *in teeth* carie

f **2** *v/i of wood, plant* pourrir; *of civilization* tomber en décadence; *of teeth* se carier
de•ceased [dɪ'siːst]: ***the deceased*** le défunt

de•ceit [dɪ'siːt] duplicité *f*
de•ceit•ful [dɪ'siːtfʊl] *adj* fourbe
de•ceive [dɪ'siːv] *v/t* tromper, duper; ***deceive s.o. about sth*** mentir à qn sur qch
De•cem•ber [dɪ'sembər] décembre *m*
de•cen•cy ['diːsənsɪ] décence *f*
de•cent ['diːsənt] *adj person* correct, honnête; *salary, price* correct, décent; *meal, sleep* bon*; (*adequately dressed*) présentable, visible F
de•cen•tral•ize [diː'sentrəlaɪz] *v/t* décentraliser
de•cep•tion [dɪ'sepʃn] tromperie *f*
de•cep•tive [dɪ'septɪv] *adj* trompeur*
de•cep•tive•ly [dɪ'septɪvlɪ] *adv*: ***it looks deceptively simple*** c'est plus compliqué qu'il n'y paraît
dec•i•bel ['desɪbel] décibel *m*
de•cide [dɪ'saɪd] **1** *v/t* décider; (*settle*) régler **2** *v/i* décider, se décider; ***you decide*** c'est toi qui décides
de•cid•ed [dɪ'saɪdɪd] *adj* (*definite*) décidé; *views* arrêté; *improvement* net*
de•cid•er [dɪ'saɪdər]: ***be the decider*** être décisif*
de•ci•du•ous [dɪ'sɪdʊəs] *adj* à feuilles caduques
dec•i•mal ['desɪml] *n* décimale *f*
dec•i•mal 'point virgule *f*
dec•i•mate ['desɪmeɪt] *v/t* décimer
de•ci•pher [dɪ'saɪfər] *v/t* déchiffrer
de•ci•sion [dɪ'sɪʒn] décision *f*; ***come to a decision*** arriver à une décision
de'ci•sion-mak•er décideur *m*, décideuse *f*
de•ci•sive [dɪ'saɪsɪv] *adj* décidé; (*crucial*) décisif*
deck [dek] *of ship* pont *m*; *of cards* jeu *m* (de cartes)
'deck•chair transat *m*, chaise *f* longue
dec•la•ra•tion [deklə'reɪʃn] déclaration *f*
de•clare [dɪ'kler] *v/t* déclarer
de•cline [dɪ'klaɪn] **1** *n* baisse *f*; *of civilization, health* déclin *m* **2** *v/t invitation* décliner; ***decline to comment*** refuser de commenter **3** *v/i* (*refuse*) refuser; (*decrease*) baisser; *of health* décliner
de•clutch [diː'klʌʧ] *v/i* débrayer
de•code [diː'koʊd] *v/t* décoder
de•com•pose [diːkəm'poʊz] *v/i* se décomposer
dé•cor ['deɪkɔːr] décor *m*
dec•o•rate ['dekəreɪt] *v/t room* refaire; *with paint* peindre; *with paper* tapisser; (*adorn*), *soldier* décorer
dec•o•ra•tion [dekə'reɪʃn] *paint, paper* décoration *f* (intérieure); (*ornament, medal*) décoration *f*
dec•o•ra•tive ['dekərətɪv] *adj* décoratif*
dec•o•ra•tor ['dekəreɪtər] (*interior decorator*) décorateur *m* (d'intérieur)
de•co•rum [dɪ'kɔːrəm] bienséance *f*
de•coy ['diːkɔɪ] *n* appât *m*, leurre *m*
de•crease ['diːkriːs] **1** *n* baisse *f*, diminution *f*; *in size* réduction *f* **2** *v/t & v/i* diminuer
de•crep•it [dɪ'krepɪt] *adj* décrépit; *car, building* délabré; *coat, shoes* usé
ded•i•cate ['dedɪkeɪt] *v/t book etc* dédicacer, dédier; ***dedicate o.s. to ...*** se consacrer à ...
ded•i•ca•ted ['dedɪkeɪtɪd] *adj* dévoué
ded•i•ca•tion [dedɪ'keɪʃn] *in book* dédicace *f*; *to cause, work* dévouement *m*
de•duce [dɪ'duːs] *v/t* déduire
de•duct [dɪ'dʌkt] *v/t* déduire (***from*** de)
de•duc•tion [dɪ'dʌkʃn] *from salary* prélèvement *m*, retenue *f*; (*conclusion*) déduction *f*
deed [diːd] *n* (*act*) acte *m*; LAW acte *m* (notarié)
dee•jay ['diːdʒeɪ] F DJ *inv*
deem [diːm] *v/t* considérer, juger
deep [diːp] *adj* profond; *voice* grave; *color* intense, sombre; ***be in deep trouble*** avoir de gros problèmes
deep•en ['diːpn] **1** *v/t* creuser **2** *v/i* devenir plus profond; *of crisis* s'aggraver; *of mystery* s'épaissir
'deep freeze *n* congélateur *m*
'deep-froz•en food aliments *mpl* surgelés
'deep-fry *v/t* (*pret & pp* ***-ied***) faire frire
deep fry•er [diːp'fraɪər] friteuse *f*
deer [dɪr] (*pl* ***deer***) cerf *m*; *female* biche *f*
de•face [dɪ'feɪs] *v/t* abîmer, dégrader
def•a•ma•tion [defə'meɪʃn] diffamation *f*
de•fam•a•to•ry [dɪ'fæmətɔːrɪ] *adj* diffamatoire
de•fault ['diːfɒːlt] **1** *adj* COMPUT par défaut **2** *v/i*: ***default on payments*** ne pas payer
de•feat [dɪ'fiːt] **1** *n* défaite *f* **2** *v/t* battre, vaincre; *of task, problem* dépasser
de•feat•ist [dɪ'fiːtɪst] *adj attitude* défaitiste
de•fect ['diːfekt] *n* défaut *m*
de•fec•tive [dɪ'fektɪv] *adj* défectueux*
defence *etc Br* → ***defense*** *etc*
de•fend [dɪ'fend] *v/t* défendre; *action, decision* justifier
de•fend•ant [dɪ'fendənt] défendeur *m*, défenderesse *f*; *in criminal case* accusé(e) *m(f)*
de•fense [dɪ'fens] défense *f*; ***come to***

s.o.'s defense prendre la défense de qn
de'fense budg•et POL budget *m* de la Défense
de'fense law•yer avocat *m* de la défense
de•fense•less [dɪ'fenslɪs] *adj* sans défense
de'fense play•er SP défenseur *m*
De'fense Se•cre•ta•ry POL ministre de la Défense
de'fense wit•ness LAW témoin *m* à décharge
de•fen•sive [dɪ'fensɪv] **1** *n*: ***on the defensive*** sur la défensive; ***go on(to) the defensive*** se mettre sur la défensive **2** *adj* défensif*; ***be defensive*** être sur la défensive
de•fen•sive•ly [dɪ'fensɪvlɪ] *adv say* d'un ton défensif; *play* d'une manière défensive
de•fer [dɪ'fɜːr] *v/t* (*pret & pp* ***-red***) reporter, repousser
de•fer•ence ['defərəns] déférence *f*
def•er•en•tial [defə'renʃl] *adj* déférent
de•fi•ance [dɪ'faɪəns] défi *m*; ***in defiance of*** au mépris de
de•fi•ant [dɪ'faɪənt] *adj* provocant; *look also* de défi
de•fi•cien•cy [dɪ'fɪʃənsɪ] (*lack*) manque *m*, insuffisance *f*; MED carence *f*
de•fi•cient [dɪ'fɪʃənt] *adj* insuffisant; ***be deficient in …*** être pauvre en …, manquer de …
def•i•cit ['defɪsɪt] déficit *m*
de•fine [dɪ'faɪn] *v/t* définir
def•i•nite ['defɪnɪt] *adj date*, *time* précis, définitif*; *answer* définitif*; *improvement* net*; (*certain*) catégorique; ***are you definite about that?*** es-tu sûr de cela?; ***nothing definite has been arranged*** rien n'a été fixé
def•i•nite 'ar•ti•cle GRAM article *m* défini
def•i•nite•ly ['defɪnɪtlɪ] *adv* sans aucun doute; ***I definitely want to go*** je veux vraiment y aller; ***definitely not*** certainement pas!
def•i•ni•tion [defɪ'nɪʃn] définition *f*
def•i•ni•tive [dɪ'fɪnətɪv] *adj* magistral, qui fait autorité
de•flect [dɪ'flekt] *v/t ball*, *blow* faire dévier; *criticism*, *from course of action* détourner; ***be deflected from*** se laisser détourner de
de•for•est•a•tion [dɪfɑːrɪs'teɪʃn] déboisement *m*
de•form [dɪ'fɔːrm] *v/t* déformer
de•for•mi•ty [dɪ'fɔːrmətɪ] difformité *f*, malformation *f*
de•fraud [dɪ'frɒːd] *v/t tax authority* frauder; *person*, *company* escroquer
de•frost [diː'frɒːst] *v/t food* décongeler; *fridge* dégivrer
deft [deft] *adj* adroit
de•fuse [diː'fjuːz] *v/t bomb*, *situation* désamorcer
de•fy [dɪ'faɪ] *v/t* (*pret & pp* ***-ied***) défier; *superiors*, *orders* braver
de•gen•e•rate [dɪ'dʒenəreɪt] *v/i* dégénérer (***into*** en)
de•grade [dɪ'greɪd] *v/t* avilir, être dégradant pour
de•grad•ing [dɪ'greɪdɪŋ] *adj position*, *work* dégradant, avilissant
de•gree [dɪ'griː] *from university* diplôme *m*
degree *of temperature*, *angle*, *latitude*, (*amount*) degré *m*; ***by degrees*** petit à petit; ***get one's degree*** avoir son diplôme
de•hy•drat•ed [diːhaɪ'dreɪtɪd] *adj* déshydraté
de-ice [diː'aɪs] *v/t* dégivrer
de-ic•er [diː'aɪsər] *spray* dégivrant *m*
deign [deɪn] *v/i*: ***deign to …*** daigner …
de•i•ty ['diːɪtɪ] divinité *f*
de•jec•ted [dɪ'dʒektɪd] *adj* déprimé
de•lay [dɪ'leɪ] **1** *n* retard *m*
delay 2 *v/t* retarder; ***delay doing sth*** attendre pour faire qch, remettre qch à plus tard; ***be delayed*** être en retard, être retardé **3** *v/i* attendre, tarder
del•e•gate ['delɪgət] **1** *n* délégué(e) *m*(*f*) **2** ['delɪgeɪt] *v/t* déléguer
del•e•ga•tion [delɪ'geɪʃn] délégation *f*
de•lete [dɪ'liːt] *v/t* effacer; (*cross out*) rayer; ***delete where not applicable*** rayer les mentions inutiles
de'lete key COMPUT touche *f* de suppression
de•le•tion [dɪ'liːʃn] *act* effacement *m*; *that deleted* rature *f*, suppression *f*
del•i ['delɪ] → ***delicatessen***
de•lib•e•rate [dɪ'lɪbərət] **1** *adj* délibéré **2** [dɪ'lɪbəreɪt] *v/i* délibérer; (*reflect*) réfléchir
de•lib•e•rate•ly [dɪ'lɪbərətlɪ] *adv* délibérément, exprès
del•i•ca•cy ['delɪkəsɪ] délicatesse *f*; (*food*) mets *m* délicat; ***a matter of some delicacy*** une affaire assez délicate
del•i•cate ['delɪkət] *adj* délicat
del•i•ca•tes•sen [delɪkə'tesn] traiteur *m*, épicerie *f* fine
del•i•cious [dɪ'lɪʃəs] *adj* délicieux*
de•light [dɪ'laɪt] *n* joie *f*, plaisir *m*; ***take great delight in sth*** être ravi de qch; ***take great delight in doing sth*** prendre grand plaisir à faire qch
de•light•ed [dɪ'laɪtɪd] *adj* ravi, enchanté

D

de•light•ful [dɪ'laɪtfʊl] *adj* charmant
de•lim•it [diː'lɪmɪt] *v/t* délimiter
de•lin•quen•cy [dɪ'lɪŋkwənsɪ] délinquance *f*
de•lin•quent [dɪ'lɪŋkwənt] *n* délinquant(e) *m(f)*
de•lir•i•ous [dɪ'lɪrɪəs] *adj* MED délirant; (*ecstatic*) extatique, fou* de joie; ***be delirious*** délirer
de•liv•er [dɪ'lɪvər] **1** *v/t goods* livrer; *letters* distribuer; *parcel etc* remettre; *message* transmettre; *baby* mettre au monde; *speech* faire **2** *v/i* tenir ses promesses
de•liv•er•y [dɪ'lɪvərɪ] *of goods* livraison *f*; *of mail* distribution *f*; *of baby* accouchement *m*; *of speech* débit *m*
de'liv•ery charge frais *mpl* de livraison
de'liv•er•y date date *f* de livraison
de'liv•ery man livreur *m*
de'liv•er•y note bon *m* de livraison
de'liv•ery serv•ice service *m* de livraison
de'liv•er•y van camion *m* de livraison
de•lude [dɪ'luːd] *v/t* tromper; ***you're deluding yourself*** tu te fais des illusions
de•luge ['deljuːdʒ] **1** *n also fig* déluge *m* **2** *v/t fig* submerger, inonder
de•lu•sion [dɪ'luːʒn] illusion *f*
de luxe [də'lʌks] *adj* de luxe; *model* haut de gamme *inv*
◆ **delve into** [delv] *v/t subject* approfondir; *person's past* fouiller dans
de•mand [dɪ'mænd] **1** *n also* COMM demande *f*; *of terrorist, unions etc* revendication *f*; ***in demand*** demandé, recherché **2** *v/t* exiger; *pay rise etc* réclamer
de•mand•ing [dɪ'mændɪŋ] *adj job* éprouvant; *person* exigeant
de•mean•ing [dɪ'miːnɪŋ] *adj* dégradant
de•men•ted [dɪ'mentɪd] *adj* fou*
de•mise [dɪ'maɪz] décès *m*, mort *f*; *fig* mort *f*
dem•i•tasse ['demɪtæs] tasse *f* à café
dem•o ['demoʊ] (*protest*) manif *f* F; *of video etc* démo *f* F
de•moc•ra•cy [dɪ'mɑːkrəsɪ] démocratie *f*
dem•o•crat ['deməkræt] démocrate *m/f*; ***Democrat*** POL démocrate *m/f*
dem•o•crat•ic [demə'krætɪk] *adj* démocratique
dem•o•crat•ic•al•ly [demə'krætɪklɪ] *adv* démocratiquement
'dem•o disk disquette *f* de démonstration
de•mo•graph•ic [demoʊ'græfɪk] *adj* démographique
de•mol•ish [dɪ'mɑːlɪʃ] *v/t building, argument* démolir
dem•o•li•tion [demə'lɪʃn] *of building, argument* démolition *f*
de•mon ['diːmən] démon *m*
dem•on•strate ['demənstreɪt] **1** *v/t* (*prove*) démontrer; *machine etc* faire une démonstration de **2** *v/i politically* manifester
dem•on•stra•tion [demən'streɪʃn] démonstration *f*; (*protest*) manifestation *f*; *of machine* démonstration *f*
de•mon•stra•tive [dɪ'mɑːnstrətɪv] *adj* démonstratif*
dem•on•stra•tor ['demənstreɪtər] (*protester*) manifestant(e) *m(f)*
de•mor•al•ized [dɪ'mɔːrəlaɪzd] *adj* démoralisé
de•mor•al•iz•ing [dɪ'mɔːrəlaɪzɪŋ] *adj* démoralisant
de•mote [diː'moʊt] *v/t* rétrograder
de•mure [dɪ'mjʊər] *adj* sage
den [den] *room* antre *f*
de•ni•al [dɪ'naɪəl] *of rumor, accusation* démenti *m*, dénégation *f*; *of request* refus *m*
den•im ['denɪm] jean *m*; ***denim jacket*** veste *m* en jean
den•ims ['denɪmz] *npl* (*jeans*) jean *m*
Den•mark ['denmɑːrk] le Danemark
de•nom•i•na•tion [dɪnɑːmɪ'neɪʃn] *of money* coupure *f*; *religious* confession *f*
de•nounce [dɪ'naʊns] *v/t* dénoncer
dense [dens] *adj* (*thick*) dense; (*stupid*) stupide, bête
dense•ly ['denslɪ] *adv*: ***densely populated*** densément peuplé
den•si•ty ['densɪtɪ] densité *f*
dent [dent] **1** *n* bosse *f* **2** *v/t* bosseler
den•tal ['dentl] *adj treatment, hospital* dentaire; ***dental surgeon*** chirurgien(ne) *m(f)* dentiste
den•ted ['dentɪd] *adj* bosselé
den•tist ['dentɪst] dentiste *m/f*
den•tist•ry ['dentɪstrɪ] dentisterie *f*
den•tures ['dentʃərz] *npl* dentier *m*
Den•ver boot ['denvər] sabot *m* de Denver
de•ny [dɪ'naɪ] *v/t* (*pret & pp* **-ied**) *charge, rumor* nier; *right, request* refuser
de•o•do•rant [diː'oʊdərənt] déodorant *m*
de•part [dɪ'pɑːrt] *v/i* partir; ***depart from*** *normal procedure etc* ne pas suivre
de•part•ment [dɪ'pɑːrtmənt] *of company* service *m*; *of university* département *m*; *of government* ministère *m*; *of store* rayon *m*
De•part•ment of 'De•fense ministère *m* de la Défense
De•part•ment of the In'te•ri•or ministère *m* de l'Intérieur
De•part•ment of 'State ministère *m* des Affaires étrangères
de'part•ment store grand magasin *m*

de•par•ture [dɪ'pɑːrtʃər] départ *m*; *from standard procedure etc* entorse *f* (***from*** à); ***a new departure*** un nouveau départ
de'par•ture lounge salle *f* d'embarquement
de'par•ture time heure *f* de départ
de•pend [dɪ'pend] *v/i* dépendre; ***that depends*** cela dépend; ***it depends on the weather*** ça dépend du temps; ***I'm depending on you*** je compte sur toi
de•pen•da•ble [dɪ'pendəbl] *adj* digne de confiance, fiable
de•pen•dence, de•pen•den•cy [dɪ'pendəns, dɪ'pendənsɪ] dépendance *f*
de•pen•dent [dɪ'pendənt] **1** *n* personne *f* à charge **2** *adj* dépendant; ***dependent children*** enfants *mpl* à charge
de•pict [dɪ'pɪkt] *v/t in painting, writing* représenter
de•plete [dɪ'pliːt] *v/t* épuiser
de•plor•a•ble [dɪ'plɔːrəbl] *adj* déplorable
de•plore [dɪ'plɔːr] *v/t* déplorer
de•ploy [dɪ'plɔɪ] *v/t* (*use*) faire usage de; (*position*) déployer
de•pop•u•la•tion [dɪpɑːpjə'leɪʃn] dépeuplement *m*
de•port [dɪ'pɔːrt] *v/t from a country* expulser
de•por•ta•tion [diːpɔːr'teɪʃn] expulsion *f*
de•por'ta•tion or•der arrêté *m* d'expulsion
de•pose [dɪ'poʊz] *v/t* déposer
de•pos•it [dɪ'pɑːzɪt] **1** *n in bank* dépôt *m*; *on purchase* acompte *m*; *security* caution *f*; *of mineral* gisement *m* **2** *v/t money, object* déposer
dep•o•si•tion [diːpoʊ'zɪʃn] LAW déposition *f*
dep•ot ['depoʊ] (*train station*) gare *f*; (*bus station*) gare *f* routière; *for storage* dépôt *m*, entrepôt *m*
de•praved [dɪ'preɪvd] *adj* dépravé
de•pre•ci•ate [dɪ'priːʃɪeɪt] *v/i* FIN se déprécier
de•pre•ci•a•tion [dɪpriːʃɪ'eɪʃn] FIN dépréciation *f*
de•press [dɪ'pres] *v/t person* déprimer
de•pressed [dɪ'prest] *adj* déprimé
de•press•ing [dɪ'presɪŋ] *adj* déprimant
de•pres•sion [dɪ'preʃn] MED, *meteorological* dépression *f*; *economic* crise *f*, récession *f*
dep•ri•va•tion [deprɪ'veɪʃn] privation(s) *f*(*pl*)
de•prive [dɪ'praɪv] *v/t*: ***deprive s.o. of sth*** priver qn de qch
de•prived [dɪ'praɪvd] *adj* défavorisé
depth [depθ] profondeur *f*; *of voice* gravité *f*; *of color* intensité *f*; ***in depth*** (*thoroughly*) en profondeur; ***in the depths of winter*** au plus fort de l'hiver, en plein hiver; ***be out of one's depth*** *in water* ne pas avoir pied; *fig*: *in discussion etc* être dépassé
dep•u•ta•tion [depjʊ'teɪʃn] députation *f*
◆ **dep•u•tize for** ['depjʊtaɪz] *v/t* remplacer, suppléer
dep•u•ty ['depjʊtɪ] adjoint(e) *m*(*f*); *of sheriff* shérif *m* adjoint
de•rail [dɪ'reɪl] *v/t*: ***be derailed*** *of train* dérailler
de•ranged [dɪ'reɪndʒd] *adj* dérangé
de•reg•u•late [dɪ'regjʊleɪt] *v/t* déréglementer
de•reg•u•la•tion [dɪregjʊ'leɪʃn] déréglementation *f*
der•e•lict ['derəlɪkt] *adj* délabré
de•ride [dɪ'raɪd] *v/t* se moquer de
de•ri•sion [dɪ'rɪʒn] dérision *f*
de•ri•sive [dɪ'raɪsɪv] *adj remarks, laughter* moqueur*
de•ri•sive•ly [dɪ'raɪsɪvlɪ] *adv* avec dérision
de•ri•so•ry [dɪ'raɪsərɪ] *adj amount, salary* dérisoire
de•riv•a•tive [dɪ'rɪvətɪv] *adj* (*not original*) dérivé
de•rive [dɪ'raɪv] *v/t* tirer (***from*** de); ***be derived from*** *of word* dériver de
der•ma•tol•o•gist [dɜːrmə'tɑːlədʒɪst] dermatologue *m/f*
de•rog•a•to•ry [dɪ'rɑːgətɔːrɪ] *adj* désobligeant; *term* péjoratif*
de•scend [dɪ'send] **1** *v/t* descendre; ***be descended from*** descendre de **2** *v/i* descendre; *of darkness* tomber; *of mood* se répandre
◆ **descend on** *v/t of mood, darkness* envahir
de•scen•dant [dɪ'sendənt] descendant(e) *m*(*f*)
de•scent [dɪ'sent] descente *f*; (*ancestry*) descendance *f*, origine *f*; ***of Chinese descent*** d'origine chinoise
de•scribe [dɪ'skraɪb] *v/t* décrire; ***describe X as Y*** décrire X comme (étant) Y
de•scrip•tion [dɪ'skrɪpʃn] description *f*; *of criminal* signalement *m*
des•e•crate ['desɪkreɪt] *v/t* profaner
des•e•cra•tion [desɪ'kreɪʃn] profanation *f*
de•seg•re•gate [diː'segrəgeɪt] supprimer la ségrégation dans
des•ert[1] ['dezərt] *n also fig* désert *m*
des•ert[2] [dɪ'zɜːrt] **1** *v/t* (*abandon*) abandonner **2** *v/i of soldier* déserter
des•ert•ed [dɪ'zɜːrtɪd] *adj* désert
de•sert•er [dɪ'zɜːrtər] MIL déserteur *m*

de•ser•ti•fi•ca•tion [dɪzɜːrtɪfɪ'keɪʃn] désertification *f*
de•ser•tion [dɪ'zɜːrʃn] (*abandonment*) abandon *m*; MIL désertion *f*
des•ert 'is•land île *f* déserte
de•serve [dɪ'zɜːrv] *v/t* mériter
de•sign [dɪ'zaɪn] **1** *n* (*subject*) design *m*; (*style*) style *m*, conception *f*; (*drawing, pattern*) dessin *m* **2** *v/t* (*draw*) dessiner; *building, car, ship, machine* concevoir
des•ig•nate ['dezɪgneɪt] *v/t person* désigner
de•sign•er [dɪ'zaɪnər] designer *m/f*, dessinateur(-trice) *m(f)*; *of car, ship* concepteur(-trice) *m(f)*; *of clothes* styliste *m/f*
de'sign•er clothes *npl* vêtements *mpl* de marque
de'sign fault défaut *m* de conception
de'sign school école *f* de design
de•sir•a•ble [dɪ'zaɪrəbl] *adj* souhaitable; *sexually, change* désirable; *offer, job* séduisant; ***a very desirable residence*** une très belle propriété
de•sire [dɪ'zaɪr] *n* désir *m*; ***have no desire to …*** n'avoir aucune envie de …
desk [desk] bureau *m*; *in hotel* réception *f*
'desk clerk réceptionniste *m/f*
'desk di•a•ry agenda *m* de bureau
'desk•top bureau *m*; *computer* ordinateur *m* de bureau
desk•top 'pub•lish•ing publication *f* assistée par ordinateur, microédition *f*
des•o•late ['desələt] *adj place* désolé
de•spair [dɪ'sper] **1** *n* désespoir *m*; ***in despair*** désespéré; ***be in despair*** être au désespoir **2** *v/i* désespérer (**of** de); ***despair of s.o.*** ne se faire aucune illusion sur qn
des•per•ate ['despərət] *adj* désespéré; ***be desperate for a whiskey/cigarette*** avoir très envie d'un whisky/d'une cigarette; ***be desperate for news*** attendre désespérément des nouvelles
des•per•a•tion [despə'reɪʃn] désespoir *m*; ***in desperation*** en désespoir de cause; ***an act of desperation*** un acte désespéré
des•pic•a•ble [dɪs'pɪkəbl] *adj* méprisable
de•spise [dɪ'spaɪz] *v/t* mépriser
de•spite [dɪ'spaɪt] *prep* malgré, en dépit de
de•spon•dent [dɪ'spɑːndənt] *adj* abattu, découragé
des•pot ['despɑːt] despote *m*
des•sert [dɪ'zɜːrt] dessert *m*
des•ti•na•tion [destɪ'neɪʃn] destination *f*
des•tined ['destɪnd] *adj*: ***be destined for*** *fig* être destiné à
des•ti•ny ['destɪnɪ] destin *m*, destinée *f*
des•ti•tute ['destɪtuːt] *adj* démuni
de•stroy [dɪ'strɔɪ] *v/t* détruire
de•stroy•er [dɪ'strɔɪr] NAUT destroyer *m*, contre-torpilleur *m*
de•struc•tion [dɪ'strʌkʃn] destruction *f*
de•struc•tive [dɪ'strʌktɪv] *adj power* destructeur*; *criticism* négatif*, non constructif*; ***a destructive child*** un enfant qui casse tout
de•tach [dɪ'tætʃ] *v/t* détacher
de•tach•a•ble [dɪ'tætʃəbl] *adj* détachable
de•tached [dɪ'tætʃt] *adj* (*objective*) neutre, objectif*
de•tach•ment [dɪ'tætʃmənt] (*objectivity*) neutralité *f*, objectivité *f*
de•tail ['diːteɪl] *n* détail *m*; ***in detail*** en détail; ***for more details*** pour plus de renseignements
de•tailed ['diːteɪld] *adj* détaillé
de•tain [dɪ'teɪn] *v/t* (*hold back*) retenir; *as prisoner* détenir
de•tain•ee [dɪteɪn'iː] détenu(e) *m(f)*; ***political detainee*** prisonnier *m* politique
de•tect [dɪ'tekt] *v/t* déceler; *of device* détecter
de•tec•tion [dɪ'tekʃn] *of crime* découverte *f*; *of smoke etc* détection *f*
de•tec•tive [dɪ'tektɪv] inspecteur *m* de police
de'tec•tive nov•el roman *m* policier
de•tec•tor [dɪ'tektər] détecteur *m*
dé•tente ['deɪtɑːnt] POL détente *f*
de•ten•tion [dɪ'tenʃn] (*imprisonment*) détention *f*
de•ter [dɪ'tɜːr] *v/t* (*pret & pp* **-red**) décourager, dissuader; ***deter s.o. from doing sth*** dissuader qn de faire qch
de•ter•gent [dɪ'tɜːrdʒənt] détergent *m*
de•te•ri•o•rate [dɪ'tɪrɪəreɪt] *v/i* se détériorer, se dégrader
de•te•ri•o•ra•tion [dɪtɪrɪə'reɪʃn] détérioration *f*
de•ter•mi•na•tion [dɪtɜːrmɪ'neɪʃn] (*resolution*) détermination *f*
de•ter•mine [dɪ'tɜːrmɪn] *v/t* (*establish*) déterminer
de•ter•mined [dɪ'tɜːrmɪnd] *adj* déterminé, résolu; *effort* délibéré
de•ter•rent [dɪ'terənt] *n* moyen *m* de dissuasion
de•test [dɪ'test] *v/t* détester
de•test•a•ble [dɪ'testəbl] *adj* détestable
de•to•nate ['detəneɪt] **1** *v/t* faire exploser **2** *v/i* détoner
de•to•na•tion [detə'neɪʃn] détonation *f*
de•tour ['diːtʊr] *n* détour *m*; (*diversion*) déviation *f*
◆ **de•tract from** [dɪ'trækt] *v/t* diminuer
de•tri•ment ['detrɪmənt]: ***to the detri-***

D

ment of au détriment de
de•tri•men•tal [detrɪ'mentl] *adj* néfaste, nuisible
deuce [du:s] *in tennis* égalité *f*
de•val•u•a•tion [di:væljʊ'eɪʃn] *of currency* dévaluation *f*
de•val•ue [di:'vælju:] *v/t currency* dévaluer
dev•a•state ['devəsteɪt] *v/t crops*, *countryside*, *city* dévaster, ravager; *fig*: *person* anéantir
dev•a•stat•ing ['devəsteɪtɪŋ] *adj* désastreux*; *news* accablant
de•vel•op [dɪ'veləp] **1** *v/t film*, *business* développer; *land*, *site* aménager; *technique*, *vaccine* mettre au point; *illness*, *cold* attraper **2** *v/i* (*grow*) se développer; grandir; ***develop into*** devenir, se transformer en
de•vel•op•er [dɪ'veləpər] *of property* promoteur(-trice) *m*(*f*); ***be a late developer*** *of student etc* se développer tard
de•vel•op•ing coun•try [dɪ'veləpɪŋ] pays *m* en voie de développement
de•vel•op•ment [dɪ'veləpmənt] *of film*, *business* développement *m*; *of land*, *site* aménagement *m*; (*event*) événement *m*; *of technique*, *vaccine* mise *f* au point
de•vice [dɪ'vaɪs] (*tool*) appareil *m*
dev•il ['devl] diable *m*; ***a little devil*** un petit monstre
de•vi•ous ['di:vɪəs] *person* sournois; *method* détourné
de•vise [dɪ'vaɪz] *v/t* concevoir
de•void [dɪ'vɔɪd] *adj*: ***be devoid of*** être dénué de, être dépourvu de
dev•o•lu•tion [di:və'lu:ʃn] POL décentralisation *f*
de•vote [dɪ'voʊt] *v/t* consacrer
de•vot•ed [dɪ'voʊtɪd] *adj son etc* dévoué (***to*** à)
dev•o•tee [dɪvoʊ'ti:] passionné(e) *m*(*f*)
de•vo•tion [dɪ'voʊʃn] dévouement *m*
de•vour [dɪ'vaʊər] *v/t also fig* dévorer
de•vout [dɪ'vaʊt] *adj* fervent, pieux*
dew [du:] rosée *f*
dex•ter•i•ty [dek'sterətɪ] dextérité *f*
di•a•be•tes [daɪə'bi:ti:z] *nsg* diabète *m*
di•a•bet•ic [daɪə'betɪk] **1** *n* diabétique *m*/*f* **2** *adj* pour diabétiques
di•ag•nose ['daɪəgnoʊz] *v/t* diagnostiquer
di•ag•no•sis [daɪəg'noʊsɪs] (*pl* ***diagnoses*** [daɪəg'noʊsi:z]) diagnostic *m*
di•ag•o•nal [daɪ'ægənl] *adj* diagonal
di•ag•o•nal•ly [daɪ'ægənlɪ] *adv* en diagonale
di•a•gram ['daɪəgræm] diagramme *m*, schéma *m*
di•al ['daɪl] **1** *n* cadran *m* **2** *v/i* (*pret & pp* ***-ed***, *Br* ***-led***) TELEC faire le numéro **3** *v/t* (*pret & pp* ***-ed***, *Br* ***-led***) TELEC *number* composer, faire
di•a•lect ['daɪəlekt] dialecte *m*
di•a•log, *Br* **di•a•logue** ['daɪəlɑ:g] dialogue *m*
'**di•a•log box** COMPUT boîte *f* de dialogue
'**di•al tone** tonalité *f*
di•am•e•ter [daɪ'æmɪtər] diamètre *m*; ***6 inches in diameter*** 6 pouces de diamètre
di•a•met•ri•cal•ly [daɪə'metrɪklɪ] *adv*: ***diametrically opposed*** diamétralement opposé
di•a•mond ['daɪmənd] *jewel* diamant *m*; *in cards* carreau *m*; *shape* losange *m*
di•a•per ['daɪpər] couche *f*
di•a•phragm ['daɪəfræm] diaphragme *m*
di•ar•rhe•a, *Br* **di•ar•rhoe•a** [daɪə'ri:ə] diarrhée *f*
di•a•ry ['daɪrɪ] *for thoughts* journal *m* (intime); *for appointments* agenda *m*
dice [daɪs] **1** *n* dé *m*; *pl* dés *mpl* **2** *v/t* (*cut*) couper en dés
di•chot•o•my [daɪ'kɑ:təmɪ] dichotomie *f*
dic•tate [dɪk'teɪt] *v/t letter*, *course of action* dicter
dic•ta•tion [dɪk'teɪʃn] dictée *f*
dic•ta•tor [dɪk'teɪtər] POL, *fig* dictateur *m*
dic•ta•to•ri•al [dɪktə'tɔ:rɪəl] *adj tone*, *person* autoritaire; *powers* dictatorial
dic•ta•tor•ship [dɪk'teɪtərʃɪp] dictature *f*
dic•tion•a•ry ['dɪkʃənerɪ] dictionnaire *m*
did [dɪd] *pret* → ***do***
die [daɪ] *v/i* mourir; ***die of cancer / Aids*** mourir d'un cancer / du sida; ***I'm dying to know*** je meurs d'envie de savoir; ***I'm dying for a beer*** je meurs d'envie de boire une bière
◆ **die away** *v/i of noise* diminuer, mourir
◆ **die down** *v/i of noise* diminuer; *of storm* se calmer; *of fire* mourir, s'éteindre; *of excitement* s'apaiser
◆ **die out** *v/i* disparaître
die•sel ['di:zl] *fuel* diesel *m*, gazole *m*
di•et ['daɪət] **1** *n* (*regular food*) alimentation *f*; *to lose weight*, *for health* régime *m*; ***be on a diet*** être au régime **2** *v/i to lose weight* faire un régime
di•e•ti•tian [daɪə'tɪʃn] diététicien(ne) *m*(*f*)
dif•fer ['dɪfər] *v/i* différer; (*disagree*) différer
dif•fe•rence ['dɪfrəns] différence *f*; (*disagreement*) différend *m*, désaccord *m*; ***it doesn't make any difference*** (*doesn't change anything*) cela ne fait pas de différence; (*doesn't matter*) peu importe

dif•fe•rent ['dɪfrənt] *adj* différent
dif•fe•ren•ti•ate [dɪfə'renʃɪeɪt] *v/i*: ***differentiate between*** *things* faire la différence entre; *people* faire des différences entre
dif•fe•rent•ly ['dɪfrəntlɪ] *adv* différemment
dif•fi•cult ['dɪfɪkəlt] *adj* difficile
dif•fi•cul•ty ['dɪfɪkəltɪ] difficulté *f*; ***with difficulty*** avec difficulté, difficilement
dif•fi•dent ['dɪfɪdənt] *adj* hésitant
dig [dɪg] **1** *v/t* (*pret & pp* **dug**) creuser **2** *v/i* (*pret & pp* **dug**): ***it was digging into my back*** cela me rentrait dans le dos
◆ **dig out** *v/t* (*find*) retrouver, dénicher
◆ **dig up** *v/t* (*find*) déterrer; *garden*, *earth* fouiller, retourner
di•gest [daɪ'dʒest] *v/t* digérer; *information* assimiler
di•gest•i•ble [daɪ'dʒestəbl] *adj food* digestible, digeste
di•ges•tion [daɪ'dʒestʃn] digestion *f*
di•ges•tive [daɪ'dʒestɪv] *adj* digestif*
dig•ger ['dɪgər] *machine* excavateur *m*, excavatrice *f*
di•git ['dɪdʒɪt] (*number*) chiffre *m*; ***a 4 digit number*** un nombre à 4 chiffres
di•gi•tal ['dɪdʒɪtl] *adj* digital, numérique
dig•ni•fied ['dɪgnɪfaɪd] *adj* digne
dig•ni•ta•ry ['dɪgnətərɪ] dignitaire *m*
dig•ni•ty ['dɪgnɪtɪ] dignité *f*
di•gress [daɪ'gres] *v/i* faire une parenthèse
di•gres•sion [daɪ'greʃn] digression *f*
dike [daɪk] *wall* digue *f*
di•lap•i•dat•ed [dɪ'læpɪdeɪtɪd] *adj* délabré
di•late [daɪ'leɪt] *v/i of pupils* se dilater
di•lem•ma [dɪ'lemə] dilemme *m*; ***be in a dilemma*** être devant un dilemme
dil•et•tante [dɪle'tæntɪ] dilettante *m/f*
dil•i•gent ['dɪlɪdʒənt] *adj* consciencieux*
di•lute [daɪ'luːt] *v/t* diluer
dim [dɪm] **1** *adj room*, *prospects* sombre; *light* faible; *outline* flou, vague; (*stupid*) bête **2** *v/t* (*pret & pp* **-med**): ***dim the headlights*** se mettre en code(s) **3** *v/i* (*pret & pp* **-med**) *of lights* baisser
dime [daɪm] (pièce *f* de) dix cents *mpl*
di•men•sion [daɪ'menʃn] dimension *f*
di•min•ish [dɪ'mɪnɪʃ] *v/t & v/i* diminuer
di•min•u•tive [dɪ'mɪnʊtɪv] **1** *n* diminutif *m* **2** *adj* tout petit, minuscule
dim•ple ['dɪmpl] *in cheeks* fossette *f*
din [dɪn] *n* brouhaha *m*, vacarme
dine [daɪn] *v/i fml* dîner
din•er ['daɪnər] *person* dîneur(-euse) *m(f)*; *restaurant* petit restaurant *m*
din•ghy ['dɪŋgɪ] *small yacht* dériveur *m*; *rubber boat* canot *m* pneumatique
din•gy ['dɪndʒɪ] *adj atmosphere* glauque; (*dirty*) défraîchi
din•ing car ['daɪnɪŋ] RAIL wagon-restaurant *m*
'**din•ing room** salle *f* à manger; *in hotel* salle *f* de restaurant
'**din•ing ta•ble** table *f* de salle à manger
din•ner ['dɪnər] dîner *m*; *at midday* déjeuner *f*; *gathering* repas *m*
'**din•ner guest** invité(e) *m(f)*
'**din•ner jack•et** smoking *m*
'**din•ner par•ty** dîner *m*, repas *m*
'**din•ner serv•ice** service *m* de table
di•no•saur ['daɪnəsɔːr] dinosaure *m*
dip [dɪp] **1** *n* (*swim*) baignade *f*; *for food* sauce *f* (dans laquelle on trempe des aliments); *in road* inclinaison *f* **2** *v/t* (*pret & pp* **-ped**) plonger, tremper; ***dip the headlights*** se mettre en code **3** *v/i* (*pret & pp* **-ped**) *of road* s'incliner
di•plo•ma [dɪ'ploʊmə] diplôme *m*
di•plo•ma•cy [dɪ'ploʊməsɪ] *also* (*tact*) diplomatie *f*
di•plo•mat ['dɪpləmæt] diplomate *m/f*
di•plo•mat•ic [dɪplə'mætɪk] *adj* diplomatique; (*tactful*) diplomate
dip•lo•mat•i•cal•ly [dɪplə'mætɪklɪ] *adv* diplomatiquement
dip•lo•mat•ic im'mu•ni•ty immunité *f* diplomatique
dire ['daɪr] *adj situation* désespérée; *consequences* terrible; *need* extrême
di•rect [daɪ'rekt] **1** *adj* direct **2** *v/t to a place* indiquer (***to sth*** qch); *play* mettre en scène; *movie* réaliser; *attention* diriger
di•rect 'cur•rent ELEC courant *m* continu
di•rec•tion [dɪ'rekʃn] direction *f*; *of movie* réalisation *f*; *of play* mise *f* en scène; ***directions*** (*instructions*) indications *fpl*; *for use* mode *m* d'emploi; *for medicine* instructions *fpl*; ***ask for directions*** *to a place* demander son chemin
di•rec•tion 'in•di•ca•tor *Br* MOT clignotant *m*
di•rec•tive [dɪ'rektɪv] *of UN etc* directive *f*
di•rect•ly [dɪ'rektlɪ] **1** *adv* (*straight*) directement; (*soon*) dans très peu de temps; (*immediately*) immédiatement **2** *conj* aussitôt que
di•rec•tor [dɪ'rektər] *of company* directeur(-trice) *m(f)*; *of movie* réalisateur (-trice) *m(f)*; *of play* metteur(-euse) *m(f)* en scène
di•rec•to•ry [dɪ'rektərɪ] répertoire *m* (d'adresses); TELEC annuaire *m* (des téléphones); COMPUT répertoire *m*

dirt [dɜːrt] saleté *f*, crasse *f*
'**dirt cheap** *adj* F très bon marché
dirt•y ['dɜːrtɪ] **1** *adj* sale; (*pornographic*) cochon* F **2** *v/t* (*pret & pp* **-ied**) salir
dirt•y 'trick sale tour *m*
dis•a•bil•i•ty [dɪsə'bɪlətɪ] infirmité *f*, handicap *m*
dis•a•bled [dɪs'eɪbld] **1** *npl*: ***the disabled*** les handicapés *mpl* **2** *adj* handicapé
dis•ad•van•tage [dɪsəd'væntɪdʒ] désavantage *m*, inconvénient *m*; ***be at a disadvantage*** être désavantagé
dis•ad•van•taged [dɪsəd'væntɪdʒd] *adj* défavorisé
dis•ad•van•ta•geous [dɪsədvən'teɪdʒəs] *adj* désavantageux*, défavorable
dis•a•gree [dɪsə'griː] *v/i of person* ne pas être d'accord
◆ **disagree with** *v/t of person* être contre; ***lobster disagrees with me*** je ne digère pas le homard
dis•a•gree•a•ble [dɪsə'griːəbl] *adj* désagréable
dis•a•gree•ment [dɪsə'griːmənt] désaccord *m*; (*argument*) dispute *f*
dis•ap•pear [dɪsə'pɪr] *v/i* disparaître
dis•ap•pear•ance [dɪsə'pɪrəns] disparition *f*
dis•ap•point [dɪsə'pɔɪnt] *v/t* décevoir
dis•ap•point•ed [dɪsə'pɔɪntɪd] *adj* déçu
dis•ap•point•ing [dɪsə'pɔɪntɪŋ] *adj* décevant
dis•ap•point•ment [dɪsə'pɔɪntmənt] déception *f*
dis•ap•prov•al [dɪsə'pruːvl] désapprobation *f*
dis•ap•prove [dɪsə'pruːv] *v/i* désapprouver; ***disapprove of*** *actions* désapprouver; *s.o.* ne pas aimer
dis•ap•prov•ing [dɪsə'pruːvɪŋ] *adj* désapprobateur*
dis•ap•prov•ing•ly [dɪsə'pruːvɪŋlɪ] *adv* avec désapprobation
dis•arm [dɪs'ɑːrm] **1** *v/t* désarmer **2** *v/i* désarmer
dis•ar•ma•ment [dɪs'ɑːrməmənt] désarmement *m*
dis•arm•ing [dɪs'ɑːrmɪŋ] *adj* désarmant
dis•as•ter [dɪ'zæstər] désastre *m*
di'sas•ter ar•e•a région *f* sinistrée; *fig*: *person* catastrophe *f* (ambulante)
di•sas•trous [dɪ'zæstrəs] *adj* désastreux*
dis•band [dɪs'bænd] **1** *v/t* disperser **2** *v/i* se disperser
dis•be•lief [dɪsbə'liːf] incrédulité *f*; ***in disbelief*** avec incrédulité
disc [dɪsk] disque *m*; *CD* CD *m*
dis•card [dɪ'skɑːrd] *v/t old clothes etc* se débarrasser de; *boyfriend*, *theory* abandonner
di•scern [dɪ'sɜːrn] *v/t* discerner
di•scern•i•ble [dɪ'sɜːrnəbl] *adj* visible; *improvement* perceptible
di•scern•ing [dɪ'sɜːrnɪŋ] *adj* judicieux*
dis•charge ['dɪstʃɑːrdʒ] **1** *n from hospital* sortie *f*; MIL *for disciplinary reasons* révocation *f*; MIL *for health reasons* réforme *f* **2** *v/t* [dɪs'tʃɑːrdʒ] *from hospital* faire sortir; MIL *for disciplinary reasons* révoquer; MIL *for health reasons* réformer; *from job* renvoyer; ***discharge o.s.*** *from hospital* décider de sortir
di•sci•ple [dɪ'saɪpl] *religious* disciple *m/f*
dis•ci•pli•nar•y [dɪsɪ'plɪnərɪ] *adj* disciplinaire
dis•ci•pline ['dɪsɪplɪn] **1** *n* discipline *f* **2** *v/t child*, *dog* discipliner; *employee* punir
'**disc jock•ey** disc-jockey *m*
dis•claim [dɪs'kleɪm] *v/t* nier
dis•close [dɪs'kloʊz] *v/t* révéler, divulguer
dis•clo•sure [dɪs'kloʊʒər] *of information*, *name* révélation *f*, divulgation *f*; *about scandal etc* révélation *f*
dis•co ['dɪskoʊ] discothèque *f*; *type of dance*, *music* disco *m*; ***school disco*** soirée *f* (de l'école)
dis•col•or, *Br* **dis•col•our** [dɪs'kʌlər] *v/i* décolorer
dis•com•fort [dɪs'kʌmfərt] *n* gêne *f*; ***be in discomfort*** être incommodé
dis•con•cert [dɪskən'sɜːrt] *v/t* déconcerter
dis•con•cert•ed [dɪskən'sɜːrtɪd] *adj* déconcerté
dis•con•nect [dɪskə'nekt] *v/t hose etc* détacher; *electrical appliance etc* débrancher; *supply*, *telephones* couper; ***I was disconnected*** TELEC j'ai été coupé
dis•con•so•late [dɪs'kɑːnsələt] *adj* inconsolable
dis•con•tent [dɪskən'tent] mécontentement *m*
dis•con•tent•ed [dɪskən'tentɪd] *adj* mécontent
dis•con•tin•ue [dɪskən'tɪnuː] *v/t product*, *magazine* arrêter; *bus*, *train service* supprimer
dis•cord ['dɪskɔːrd] MUS dissonance *f*; *in relations* discorde *f*
dis•co•theque ['dɪskətek] discothèque *f*
dis•count ['dɪskaʊnt] **1** *n* remise *f* **2** *v/t* [dɪs'kaʊnt] *goods* escompter; *theory* ne pas tenir compte de
dis•cour•age [dɪs'kʌrɪdʒ] *v/t* décourager
dis•cour•age•ment [dɪs'kʌrɪdʒmənt] découragement *m*
dis•cov•er [dɪ'skʌvər] *v/t* découvrir

dis•cov•er•er [dɪ'skʌvərər] découvreur (-euse) *m(f)*
dis•cov•e•ry [dɪ'skʌvərɪ] découverte *f*
dis•cred•it [dɪs'kredɪt] *v/t* discréditer
di•screet [dɪ'skriːt] *adj* discret*
di•screet•ly [dɪ'skriːtlɪ] *adv* discrètement
di•screp•an•cy [dɪ'skrepənsɪ] divergence *f*
di•scre•tion [dɪ'skreʃn] discrétion *f*; ***at your discretion*** à votre discrétion
di•scrim•i•nate [dɪ'skrɪmɪneɪt] *v/i*: ***discriminate against*** pratiquer une discrimination contre; ***be discriminated against*** être victime de discrimination; ***discriminate between sth and sth*** distinguer qch de qch
di•scrim•i•nat•ing [dɪ'skrɪmɪneɪtɪŋ] *adj* avisé
di•scrim•i•na•tion [dɪ'skrɪmɪneɪʃn] *sexual, racial etc* discrimination *f*
dis•cus ['dɪskəs] SP *object* disque *m*; *event* (lancer *m* du) disque *m*
di•scuss [dɪ'skʌs] *v/t* discuter de; *of article* traiter de
di•scus•sion [dɪ'skʌʃn] discussion *f*
'dis•cus throw•er ['θroʊər] lanceur (-euse) *m(f)* de disque
dis•dain [dɪs'deɪn] *n* dédain *m*
dis•ease [dɪ'ziːz] maladie *f*
dis•em•bark [dɪsəm'bɑːrk] *v/i* débarquer
dis•en•chant•ed [dɪsən'ʧæntɪd] *adj* désenchanté (***with*** par)
dis•en•gage [dɪsən'geɪdʒ] *v/t* dégager
dis•en•tan•gle [dɪsən'tæŋgl] *v/t* démêler
dis•fig•ure [dɪs'fɪgər] *v/t* défigurer
dis•grace [dɪs'greɪs] **1** *n* honte *f*; ***be a disgrace to*** faire honte à; ***it's a disgrace*** c'est une honte *or* un scandale; ***in disgrace*** en disgrâce **2** *v/t* faire honte à
dis•grace•ful [dɪs'greɪsfʊl] *adj behavior, situation* honteux*, scandaleux*
dis•grunt•led [dɪs'grʌntld] *adj* mécontent
dis•guise [dɪs'gaɪz] **1** *n* déguisement *m*; ***in disguise*** déguisé **2** *v/t voice, handwriting* déguiser; *fear, anxiety* dissimuler; ***disguise o.s. as*** se déguiser en; ***he was disguised as*** il était déguisé en
dis•gust [dɪs'gʌst] **1** *n* dégoût *m*; ***in disgust*** dégoûté **2** *v/t* dégoûter
dis•gust•ing [dɪs'gʌstɪŋ] *adj* dégoûtant
dish [dɪʃ] plat *m*; ***dishes*** vaisselle *f*
'dish•cloth *for washing* lavette *f*; *Br for drying* torchon *m*
dis•heart•ened [dɪs'hɑːrtnd] *adj* découragé
dis•heart•en•ing [dɪs'hɑːrtnɪŋ] *adj* décourageant
di•shev•eled, *Br* **di•shev•el••led** [dɪ'ʃevld] *adj hair* ébouriffé; *clothes* en désordre; *person* débraillé
dis•hon•est [dɪs'ɑːnɪst] *adj* malhonnête
dis•hon•est•y [dɪs'ɑːnɪstɪ] malhonnêteté *f*
dis•hon•or [dɪs'ɑːnər] *n* déshonneur *m*; ***bring dishonor on*** déshonorer
dis•hon•o•ra•ble [dɪs'ɑːnərəbl] *adj* déshonorant
dis•hon•our *etc Br* → ***dishonor*** *etc*
'dish•wash•er *person* plongeur(-euse) *m(f)*; *machine* lave-vaisselle *m*
'dish•wash•ing liq•uid produit *m* à vaisselle
'dish•wa•ter eau *f* de vaisselle
dis•il•lu•sion [dɪsɪ'luːʒn] *v/t* désillusionner
dis•il•lu•sion•ment [dɪsɪ'luːʒnmənt] désillusion *f*
dis•in•clined [dɪsɪn'klaɪnd] *adj* peu disposé *or* enclin (***to*** à)
dis•in•fect [dɪsɪn'fekt] *v/t* désinfecter
dis•in•fec•tant [dɪsɪn'fektənt] désinfectant *m*
dis•in•her•it [dɪsɪn'herɪt] *v/t* déshériter
dis•in•te•grate [dɪs'ɪntəgreɪt] *v/i* se désintégrer; *of marriage* se désagréger
dis•in•ter•est•ed [dɪs'ɪntərestɪd] *adj* (*unbiased*) désintéressé
dis•joint•ed [dɪs'dʒɔɪntɪd] *adj* incohérent, décousu
disk [dɪsk] *also* COMPUT disque *m*; *floppy* disquette *f*; ***on disk*** sur disque / disquette
'disk drive COMPUT lecteur *m* de disque / disquette
disk•ette [dɪs'ket] disquette *f*
dis•like [dɪs'laɪk] **1** *n* aversion *f*; ***take a dislike to s.o.*** prendre qn en grippe; ***her likes and dislikes*** ce qu'elle aime et ce qu'elle n'aime pas **2** *v/t* ne pas aimer
dis•lo•cate ['dɪsləkeɪt] *v/t shoulder* disloquer
dis•lodge [dɪs'lɑːdʒ] *v/t* déplacer
dis•loy•al [dɪs'lɔɪəl] *adj* déloyal
dis•loy•al•ty [dɪs'lɔɪəltɪ] déloyauté *f*
dis•mal ['dɪzməl] *adj weather* morne; *news, prospect* sombre; *person* (*sad*) triste; *person* (*negative*) lugubre; *failure* lamentable
dis•man•tle [dɪs'mæntl] *v/t object* démonter; *organization* démanteler
dis•may [dɪs'meɪ] **1** *n* consternation *f* **2** *v/t* consterner
dis•miss [dɪs'mɪs] *v/t employee* renvoyer; *suggestion* rejeter; *idea, thought* écarter; *possibility* exclure
dis•miss•al [dɪs'mɪsl] *of employee* renvoi *m*

dis•mount [dɪs'maʊnt] *v/i* descendre
dis•o•be•di•ence [dɪsə'biːdɪəns] désobéissance *f*
dis•o•be•di•ent [dɪsə'biːdɪənt] *adj* désobéissant
dis•o•bey [dɪsə'beɪ] *v/t* désobéir à
dis•or•der [dɪs'ɔːrdər] (*untidiness*) désordre *m*; (*unrest*) désordre(s) *m(pl)*; MED troubles *mpl*
dis•or•der•ly [dɪs'ɔːrdərlɪ] *adj room, desk* en désordre; (*unruly*) indiscipliné; ***disorderly conduct*** trouble *m* à l'ordre public
dis•or•gan•ized [dɪs'ɔːrgənaɪzd] *adj* désorganisé
dis•o•ri•ent•ed [dɪs'ɔːrɪəntɪd] *adj* désorienté
dis•own [dɪs'oʊn] *v/t* désavouer, renier
di•spar•ag•ing [dɪ'spærɪdʒɪŋ] *adj* désobligeant
di•spar•i•ty [dɪ'spærətɪ] disparité *f*
dis•pas•sion•ate [dɪ'spæʃənət] *adj* (*objective*) impartial, objectif*
di•spatch [dɪ'spætʃ] *v/t* (*send*) envoyer
di•spen•sa•ry [dɪ'spensərɪ] *in pharmacy* officine *f*
◆ **di•spense with** [dɪ'spens] *v/t* se passer de
di•sperse [dɪ'spɜːrs] **1** *v/t* disperser **2** *v/i* se disperser
di•spir•it•ed [dɪ'spɪrɪtɪd] *adj* abattu
dis•place [dɪs'pleɪs] *v/t* (*supplant*) supplanter
di•splay [dɪ'spleɪ] **1** *n of paintings etc* exposition *f*; *of emotion, in store window* étalage *m*; COMPUT affichage *m*; ***be on display*** *at exhibition, for sale* être exposé **2** *v/t emotion* montrer; *at exhibition, for sale* exposer; COMPUT afficher
di'splay cab•i•net *in museum, store* vitrine *f*
dis•please [dɪs'pliːz] *v/t* déplaire à
dis•plea•sure [dɪs'pleʒər] mécontentement *m*
dis•po•sa•ble [dɪ'spoʊzəbl] *adj* jetable
dis•po•sable 'in•come salaire *m* disponible
dis•pos•al [dɪ'spoʊzl] *of waste* élimination *f*; (*sale*) cession *f*; ***I am at your disposal*** je suis à votre disposition; ***put sth at s.o.'s disposal*** mettre qch à la disposition de qn
◆ **dis•pose of** [dɪ'spoʊz] *v/t* (*get rid of*) se débarrasser de; *rubbish* jeter; (*sell*) céder
dis•posed [dɪ'spoʊzd] *adj*: ***be disposed to do sth*** (*willing*) être disposé à faire qch; ***be well disposed toward*** être bien disposé à l'égard de
dis•po•si•tion [dɪspə'zɪʃn] (*nature*) disposition *f*
dis•pro•por•tion•ate [dɪsprə'pɔːrʃənət] *adj* disproportionné
dis•prove [dɪs'pruːv] *v/t* réfuter
di•spute [dɪ'spjuːt] **1** *n* contestation *f*; *between two countries* conflit *m*; ***industrial dispute*** conflit *m* social; ***that's not in dispute*** cela n'est pas remis en cause **2** *v/t* contester; (*fight over*) se disputer
dis•qual•i•fi•ca•tion [dɪskwɑːlɪfɪ'keɪʃn] disqualification *f*
dis•qual•i•fy [dɪs'kwɑːlɪfaɪ] *v/t* (*pret & pp -ied*) disqualifier
dis•re•gard [dɪsrə'gɑːrd] **1** *n* indifférence *f* (***for*** à l'égard de) **2** *v/t* ne tenir aucun compte de
dis•re•pair [dɪsrə'per]: ***in a state of disrepair*** délabré
dis•rep•u•ta•ble [dɪs'repjʊtəbl] *adj* peu recommandable
dis•re•spect [dɪsrə'spekt] manque *m* de respect, irrespect *m*
dis•re•spect•ful [dɪsrə'spektfʊl] *adj* irrespectueux*
dis•rupt [dɪs'rʌpt] *v/t* perturber
dis•rup•tion [dɪs'rʌpʃn] perturbation *f*
dis•rup•tive [dɪs'rʌptɪv] *adj* perturbateur*; ***be a disruptive influence*** être un élément perturbateur
dis•sat•is•fac•tion [dɪssætɪs'fækʃn] mécontentement *m*
dis•sat•is•fied [dɪs'sætɪsfaɪd] *adj* mécontent
dis•sen•sion [dɪ'senʃn] dissension *f*
dis•sent [dɪ'sent] **1** *n* dissensions *fpl* **2** *v/i*: ***dissent from*** s'opposer à
dis•si•dent ['dɪsɪdənt] *n* dissident(e) *m(f)*
dis•sim•i•lar [dɪ'sɪmɪlər] *adj* différent
dis•so•ci•ate [dɪ'soʊʃɪeɪt] *v/t*: ***dissociate o.s. from*** se démarquer de
dis•so•lute ['dɪsəluːt] *adj* dissolu
dis•so•lu•tion ['dɪsəluːʃn] POL dissolution *f*
dis•solve [dɪ'zɑːlv] **1** *v/t in liquid* dissoudre **2** *v/i of substance* se dissoudre
dis•suade [dɪ'sweɪd] *v/t* dissuader (***from doing sth*** de faire qch)
dis•tance ['dɪstəns] **1** *n* distance *f*; ***in the distance*** au loin **2** *v/t*: ***distance o.s. from*** se distancier de
dis•tant ['dɪstənt] *adj place, time, relative* éloigné; *fig* (*aloof*) distant
dis•taste [dɪs'teɪst] dégoût *m*
dis•taste•ful [dɪs'teɪstfʊl] *adj* désagréable
dis•till•er•y [dɪs'tɪlərɪ] distillerie *f*
dis•tinct [dɪ'stɪŋkt] *adj* (*clear*) net*; (*different*) distinct; ***as distinct from*** par opposition à

D

D

dis•tinc•tion [dɪ'stɪŋkʃn] (*differentiation*) distinction *f*; ***hotel / product of distinction*** hôtel / produit réputé
dis•tinc•tive [dɪ'stɪŋktɪv] *adj* distinctif*
dis•tinct•ly [dɪ'stɪŋktlɪ] *adv* distinctement; (*decidedly*) vraiment
dis•tin•guish [dɪ'stɪŋgwɪʃ] *v/t* (*see*) distinguer; ***distinguish between X and Y*** distinguer X de Y
dis•tin•guished [dɪ'stɪŋgwɪʃt] *adj* distingué
dis•tort [dɪ'stɔːrt] *v/t* déformer
dis•tract [dɪ'strækt] *v/t person* distraire; *attention* détourner
dis•tract•ed [dɪ'stræktɪd] *adj* (*worried*) préoccupé
dis•trac•tion [dɪ'strækʃn] distraction *f*; *of attention* détournement *m*; ***drive s.o. to distraction*** rendre qn fou
dis•traught [dɪ'strɒːt] *adj* angoissé; ***distraught with grief*** fou* de chagrin
dis•tress [dɪ'stres] **1** *n* douleur *f*; ***in distress*** *ship*, *aircraft* en détresse **2** *v/t* (*upset*) affliger
dis•tress•ing [dɪ'stresɪŋ] *adj* pénible
dis'tress sig•nal signal *m* de détresse
dis•trib•ute [dɪ'strɪbjuːt] *v/t also* COMM distribuer; *wealth* répartir
dis•tri•bu•tion [dɪstrɪ'bjuːʃn] *also* COMM distribution *f*; *of wealth* répartition *f*
dis•trib•u•tor [dɪ'strɪbjuːtər] COMM distributeur *m*
dis•trict ['dɪstrɪkt] *of town* quartier *m*; *of country* région *f*
dis•trict at'tor•ney procureur *m*
dis•trust [dɪs'trʌst] **1** *n* méfiance *f* **2** *v/t* se méfier de
dis•turb [dɪ'stɜːrb] (*interrupt*) déranger; (*upset*) inquiéter; ***do not disturb*** ne pas déranger
dis•turb•ance [dɪ'stɜːrbəns] (*interruption*) dérangement *m*; ***disturbances*** (*civil unrest*) troubles *mpl*
dis•turbed [dɪ'stɜːrbd] *adj* (*concerned, worried*) perturbé; *mentally* dérangé
dis•turb•ing [dɪ'stɜːrbɪŋ] *adj* perturbant
dis•used [dɪs'juːzd] *adj* désaffecté
ditch [dɪʧ] **1** *n* fossé *m* **2** *v/t* F (*get rid of*) se débarrasser de; *boyfriend*, *plan* laisser tomber
dith•er ['dɪðər] *v/i* hésiter
dive [daɪv] **1** *n* plongeon *m*; *underwater* plongée *f*; *of plane* (vol *m*) piqué *m*; F *bar etc* bouge *m*, boui-boui *m* F; ***take a dive*** F *of dollar etc* dégringoler **2** *v/i* (*pret also* **dove** [doʊv]) plonger; *underwater* faire de la plongée sous-marine; *of plane* descendre en piqué
div•er ['daɪvər] plongeur(-euse) *m*(*f*)
di•verge [daɪ'vɜːrdʒ] *v/i* diverger
di•verse [daɪ'vɜːrs] *adj* divers
di•ver•si•fi•ca•tion [daɪvɜːrsɪfɪ'keɪʃn] COMM diversification *f*
di•ver•si•fy [daɪ'vɜːrsɪfaɪ] *v/i* (*pret & pp* **-ied**) COMM se diversifier
di•ver•sion [daɪ'vɜːrʃn] *for traffic* déviation *f*; *to distract attention* diversion *f*
di•ver•si•ty [daɪ'vɜːrsətɪ] diversité *f*
di•vert [daɪ'vɜːrt] *v/t traffic* dévier; *attention* détourner
di•vest [daɪ'vest] *v/t*: ***divest s.o. of sth*** dépouiller qn de qch
di•vide [dɪ'vaɪd] *v/t* (*share*) partager; MATH, *fig*: *country*, *family* diviser
div•i•dend ['dɪvɪdend] FIN dividende *m*; ***pay dividends*** *fig* porter ses fruits
di•vine [dɪ'vaɪn] *adj also* F divin
div•ing ['daɪvɪŋ] *from board* plongeon *m*; *underwater* plongée *f* (sous-marine)
'div•ing board plongeoir *m*
di•vis•i•ble [dɪ'vɪzəbl] *adj* divisible
di•vi•sion [dɪ'vɪʒn] division *f*
di•vorce [dɪ'vɔːrs] **1** *n* divorce *m*; ***get a divorce*** divorcer **2** *v/t* divorcer de; ***get divorced*** divorcer **3** *v/i* divorcer
di•vorced [dɪ'vɔːrst] *adj* divorcé
di•vor•cee [dɪvɔːr'siː] divorcé(e) *m*(*f*)
di•vulge [daɪ'vʌldʒ] *v/t* divulguer
DIY [diːaɪ'waɪ] *abbr* (***= do it yourself***) bricolage *m*
DI'Y store magasin *m* de bricolage
diz•zi•ness ['dɪzɪnɪs] vertige *m*
diz•zy ['dɪzɪ] *adj*: ***feel dizzy*** avoir un vertige *or* des vertiges, avoir la tête qui tourne
DJ ['diːdʒeɪ] *abbr* (***= disc jockey***) D.J. *m*/*f* (= disc-jockey); (***= dinner jacket***) smoking *m*
DNA [diːen'eɪ] *abbr* (***= deoxyribonucleic acid***) AND *m* (= acide *m* désoxyribonucléïque)
do [duː] **1** *v/t* (*pret* **did**, *pp* **done**) faire; ***do one's hair*** se coiffer; ***do French / chemistry*** faire du français / de la chimie; ***do 100mph*** faire du 100 miles à l'heure; ***what are you doing tonight?*** que faites-vous ce soir?; ***I don't know what to do*** je ne sais pas quoi faire; ***have one's hair done*** se faire coiffer **2** *v/i* (*be suitable*, *enough*) aller; ***that will do!*** ça va!; ***do well*** *in health*, *of business* aller bien; (*be successful*) réussir; ***do well at school*** être bon à l'école; ***well done!*** (*congratulations!*) bien!; ***how do you do?*** enchanté **3** *v/aux* ◇ **:** ***do you know him?*** est-ce que vous le connaissez?; ***I don't know*** je ne sais pas; ***do be quick*** surtout dépêche-toi; ***do you like Cherbourg? -***

yes I do est-ce que vous aimez Cherbourg? - oui; ***you don't know the answer, do you? - no I don't*** vous ne connaissez pas la réponse, n'est-ce pas? - non
◇ *tags*: ***he works hard, doesn't he?*** il travaille beaucoup, non?; ***you don't believe me, do you?*** tu ne me crois pas, hein?; ***you do believe me, don't you?*** vous me croyez, n'est-ce pas?
◆ **do away with** *v/t* (*abolish*) supprimer
◆ **do in** *v/t* F (*exhaust*) épuiser; ***I'm done in*** je suis mort (de fatigue) F
◆ **do out of** *v/t*: ***do s.o. out of sth*** *by cheating* escroquer qn de qch
◆ **do up** *v/t building* rénover; *street* refaire; (*fasten*), *coat etc* fermer; *laces* faire
◆ **do with** *v/t*: ***I could do with a cup of coffee*** j'aurais bien besoin d'un café; ***this room could do with new drapes*** cette pièce aurait besoin de nouveaux rideaux; ***he won't have anything to do with it*** (*won't get involved*) il ne veut pas y être impliqué
◆ **do without 1** *v/i* s'en passer **2** *v/t* se passer de
do•cile ['dousaɪl] *adj* docile
dock[1] [dɑːk] **1** *n* NAUT bassin *m* **2** *v/i of ship* entrer au bassin; *of spaceship* s'arrimer
dock[2] [dɑːk] *n* LAW banc *m* des accusés
'**dock•yard** *Br* chantier *m* naval
doc•tor ['dɑːktər] *n* MED docteur *m*, médecin *m*; *form of address* docteur
doc•tor•ate ['dɑːktərət] doctorat *m*
doc•trine ['dɑːktrɪn] doctrine *f*
doc•u•dra•ma ['dɑːkjʊdrɑːmə] docudrame *m*
doc•u•ment ['dɑːkjʊmənt] *n* document *m*
doc•u•men•ta•ry [dɑːkjʊ'mentərɪ] *n program* documentaire *m*
doc•u•men•ta•tion [dɑːkjʊmen'teɪʃn] documentation *f*
dodge [dɑːdʒ] *v/t blow, person, issue* éviter; *question* éluder
dodg•ems ['dɑːdʒəms] *npl Br* auto *f* tamponneuse
doe [doʊ] *deer* biche *f*
dog [dɒːg] **1** *n* chien *m* **2** *v/t* (*pret & pp* ***-ged***) *of bad luck* poursuivre
'**dog catch•er** employé(e) municipal(e) qui recueille les chiens errants
dog-eared ['dɒːgɪrd] *adj book* écorné
dog•ged ['dɒːgɪd] *adj* tenace
dog•gie ['dɒːgɪ] *in children's language* toutou *m* F
dog•gy bag ['dɒːgɪbæg] sac pour emporter les restes
'**dog•house**: ***be in the doghouse*** F être en disgrâce
dog•ma ['dɒːgmə] dogme *m*
dog•mat•ic [dɒːg'mætɪk] *adj* dogmatique
do-good•er ['duːgʊdər] *pej* âme *f* charitable
dogs•body ['dɒːgzbɒːdɪ] F bon(ne) *m*(*f*) à tout faire
'**dog tag** MIL plaque *f* d'identification
'**dog-tired** *adj* F crevé F
do-it-your•self [duːɪtjər'self] bricolage *m*
dol•drums ['douldrəmz]: ***be in the doldrums*** *of economy* être dans le marasme; *of person* avoir le cafard
◆ **dole out** *v/t* distribuer
doll [dɑːl] *also* F *woman* poupée *f*
◆ **doll up** *v/t*: ***get dolled up*** se bichonner
dol•lar ['dɑːlər] dollar *m*
dol•lop ['dɑːləp] *n* F *of cream etc* bonne cuillérée *f*
dol•phin ['dɑːlfɪn] dauphin *m*
dome [doʊm] *of building* dôme *m*
do•mes•tic [də'mestɪk] *adj chores* domestique; *news* national; *policy* intérieur
do•mes•tic 'an•i•mal animal *m* domestique
do•mes•ti•cate [də'mestɪkeɪt] *v/t animal* domestiquer; ***be domesticated*** *of person* aimer les travaux ménagers
do'mes•tic flight vol *m* intérieur
dom•i•nant ['dɑːmɪnənt] *adj* dominant
dom•i•nate ['dɑːmɪneɪt] *v/t* dominer
dom•i•na•tion [dɑːmɪ'neɪʃn] domination *f*
dom•i•neer•ing [dɑːmɪ'nɪrɪŋ] *adj* dominateur*
do•nate [doʊ'neɪt] *v/t* faire don de
do•na•tion [doʊ'neɪʃn] don *m*
done [dʌn] *pp* → ***do***
don•key ['dɑːŋkɪ] âne *m*
do•nor ['dounər] *of money* donateur(-trice) *m*(*f*); MED donneur(-euse) *m*(*f*)
do•nut ['dounʌt] beignet *m*
doo•dle ['duːdl] *v/i* griffonner
doom [duːm] *n* (*fate*) destin *m*; (*ruin*) ruine *f*
doomed [duːmd] *adj project* voué à l'échec; ***we are doomed*** nous sommes condamnés; ***the doomed ship*** le navire qui allait couler; ***the doomed plane*** l'avion qui allait s'écraser
door [dɔːr] porte *f*; *of car* portière *f*; (*entrance*) entrée *f*; ***there's someone at the door*** il y a quelqu'un à la porte
'**door•bell** sonnette *f*
'**door•knob** poignée *f* de porte *or* de portière
'**door•man** portier *m*
'**door•mat** paillasson *m*
'**door•step** pas *m* de porte

D

'**door•way** embrasure *f* de porte
dope [doʊp] **1** *n* (*drugs*) drogue *f*; (*idiot*) idiot(e) *m*(*f*); (*information*) tuyaux *mpl* F **2** *v/t* doper
dor•mant ['dɔːrmənt] *adj plant* dormant; ***dormant volcano*** volcan *m* en repos
dor•mi•to•ry ['dɔːrmɪtɔːrɪ] résidence *f* universitaire; *Br* dortoir *m*
dos•age ['doʊsɪdʒ] dose *f*
dose [doʊs] *n* dose *f*
dot [dɑːt] *n also in e-mail address* point *m*; ***at six o'clock on the dot*** à six heures pile
dot.com (**com•pa•ny**) [dɑːt'kɑːm] société *f* dot.com
◆ **dote on** [doʊt] *v/t* raffoler de
dot•ing ['doʊtɪŋ] *adj*: ***his doting parents*** ses parents qui raffolent de lui
dot•ted line ['dɑːtɪd] pointillés *mpl*
dot•ty ['dɑːtɪ] *adj* F toqué F
doub•le ['dʌbl] **1** *n* double *m*; *of film star* doublure *f*; *room* chambre *f* pour deux personnes **2** *adj* double; *doors* à deux battants; *sink* à deux bacs; ***her salary is double his*** son salaire est le double du sien; ***in double figures*** à deux chiffres **3** *adv* deux fois (plus); ***double the size*** deux fois plus grand **4** *v/t* doubler **5** *v/i* doubler
◆ **double back** *v/i* (*go back*) revenir sur ses pas
◆ **double up** *v/i in pain* se plier en deux; *sharing room* partager une chambre
doub•le-'bass contrebasse *f*
doub•le 'bed grand lit *m*
doub•le-breast•ed [dʌbl'brestɪd] *adj* croisé
doub•le'check *v/t & v/i* revérifier
doub•le 'chin double menton *m*
doub•le'cross *v/t* trahir
doub•le 'glaz•ing double vitrage *m*
doub•le'park *v/i* stationner en double file
'**doub•le-quick** *adj*: ***in double-quick time*** en un rien de temps
'**doub•le room** chambre *f* pour deux personnes
doub•les ['dʌblz] *in tennis* double *m*
doubt [daʊt] **1** *n* doute *m*; ***be in doubt*** être incertain; ***no doubt*** (*probably*) sans doute **2** *v/t*: ***doubt s.o./sth*** douter de qn / qch; ***doubt that …*** douter que … (*+subj*)
doubt•ful ['daʊtfʊl] *adj remark*, *look* douteux*; ***be doubtful*** *of person* avoir des doutes; ***it is doubtful whether …*** il est douteux que … (*+subj*)
doubt•ful•ly ['daʊtflɪ] *adv* dubitativement
doubt•less ['daʊtlɪs] *adv* sans aucun doute
dough [doʊ] pâte *f*; F (*money*) fric *m* F
dough•nut ['doʊnʌt] *Br* beignet *m*
dove[1] [dʌv] *also fig* colombe *f*
dove[2] [doʊv] *pret* → ***dive***
Dov•er ['doʊvər] Douvres
dow•dy ['daʊdɪ] *adj* peu élégant
Dow Jones Av•er•age [daʊ'dʒoʊnz] indice *m* Dow-Jones
down[1] [daʊn] *n* (*feathers*) duvet *m*
down[2] **1** *adv* (*downward*) en bas, vers le bas; (*onto the ground*) par terre; ***down there*** là-bas; ***take the plates down*** descendre les assiettes; ***put sth down*** poser qch; ***pull the shade down*** baisser le store; ***come down*** *of leaves etc* tomber; ***shoot a plane down*** abattre un avion; ***cut down a tree*** abattre *or* couper un arbre; ***fall down*** tomber; ***die down*** se calmer; ***$200 down*** (*as deposit*) 200 dollars d'acompte; ***down south*** dans le sud; ***be down*** *of price*, *rate*, *numbers*, *amount* être en baisse; (*not working*) être en panne; F (*depressed*) être déprimé **2** *prep* (*along*) le long de; ***run down the stairs*** descendre les escaliers en courant; ***look down a list*** parcourir une liste; ***it's halfway down Baker Street*** c'est au milieu de Baker Street; ***it's just down the street*** c'est à deux pas **3** *v/t* (*swallow*) avaler; (*destroy*) abattre
'**down-and-out** *n* clochard(e) *m*(*f*)
'**down•cast** *adj* abattu
'**down•fall** chute *f*; *alcohol etc* ruine *f*
'**down•grade** *v/t employee* rétrograder
down•heart•ed [daʊn'hɑːrtɪd] *adj* déprimé
down'hill *adv*: ***the road goes downhill*** la route descend; ***go downhill*** *fig* être sur le déclin
'**down•hill ski•ing** ski *m* alpin
'**down•load** *v/t* COMPUT télécharger
'**down•mark•et** *adj* bas de gamme
'**down pay•ment** paiement *m* au comptant
'**down•play** *v/t* minimiser
'**down•pour** averse *f*
'**down•right** **1** *adj idiot*, *nuisance etc* parfait; *lie* éhonté **2** *adv dangerous*, *stupid etc* franchement
'**down•side** (*disadvantage*) inconvénient *m*
'**down•size** **1** *v/t car etc* réduire la taille de; *company* réduire les effectifs de **2** *v/i of company* réduire ses effectifs
'**down•stairs** **1** *adj neighbors etc* d'en bas **2** *adv* en bas
down-to-'earth *adj approach*, *person* terre-à-terre

'**down-town** **1** *adj* du centre-ville **2** *adv* en ville
'**down•turn** *in economy* baisse *f*
'**down•ward** **1** *adj glance* vers le bas; *trend* à la baisse **2** *adv look* vers le bas; *revise figures* à la baisse
doze [doʊz] **1** *n* petit somme *m* **2** *v/i* sommeiller
◆ **doze off** *v/i* s'assoupir
doz•en ['dʌzn] douzaine *f*; ***a dozen eggs*** une douzaine d'œufs; ***dozens of*** F des tas *mpl* de
drab [dræb] *adj* terne
draft [dræft] **1** *n of air* courant *m* d'air; *of document* brouillon *m*; MIL conscription *f*; ***draft (beer), beer on draft*** bière *f* à la pression **2** *v/t document* faire le brouillon de; (*write*) rédiger; MIL appeler
draft dodg•er ['dræftdɑːdʒər] MIL réfractaire *m*
draft•ee [dræft'iː] MIL appelé *m*
drafts•man ['dræftsmən] dessinateur (-trice) *m(f)*
draft•y ['dræftɪ] *adj* plein de courants d'air
drag [dræg] **1** *n*: ***it's a drag having to ...*** F c'est barbant de devoir ... F; ***he's a drag*** F il est mortel F; ***the main drag*** P la rue principale; ***in drag*** en travesti **2** *v/t* (*pret & pp* ***-ged***) traîner, tirer; (*search*) draguer; ***drag o.s. into work*** se traîner jusqu'au boulot **3** *v/i of time* se traîner; *of show, movie* traîner en longueur; ***drag s.o. into sth*** (*involve*) mêler qn à qch; ***drag sth out of s.o.*** (*get information from*) arracher qch à qn
◆ **drag away** *v/t*: ***drag o.s. away from the TV*** s'arracher de la télé
◆ **drag in** *v/t into conversation* placer
◆ **drag on** *v/i* (*last long time*) s'éterniser
◆ **drag out** *v/t* (*prolong*) faire durer
◆ **drag up** *v/t* F (*mention*) remettre sur le tapis
drag•on ['drægn] *also fig* dragon *m*
drain [dreɪn] **1** *n pipe* tuyau *m* d'écoulement; *under street* égout *m*; ***be a drain on resources*** épuiser les ressources **2** *v/t oil* vidanger; *vegetables* égoutter; *land* drainer; *glass, tank* vider; (*exhaust*: *person*) épuiser **3** *v/i of dishes* égoutter
◆ **drain away** *v/i of liquid* s'écouler
◆ **drain off** *v/t water* évacuer
drain•age ['dreɪnɪdʒ] (*drains*) système *m* d'écoulement des eaux usées; *of water from soil* drainage *m*
'**drain•pipe** tuyau *m* d'écoulement
dra•ma ['drɑːmə] *art form* art *m* dramatique; (*excitement*) action *f*, drame *m*; (*play*) drame *m*
dra•mat•ic [drə'mætɪk] *adj* dramatique; *events, scenery, decision* spectaculaire; *gesture* théâtral
dra•mat•i•cal•ly [drə'mætɪklɪ] *adv say* d'un ton théâtral; *decline, rise, change etc* radicalement
dram•a•tist ['dræmətɪst] dramaturge *m/f*
dram•a•ti•za•tion [dræmətaɪ'zeɪʃn] *of novel etc* adaptation *f*
dram•a•tize ['dræmətaɪz] *v/t story* adapter (***for*** pour); *fig* dramatiser
drank [dræŋk] *pret* → ***drink***
drape [dreɪp] *v/t cloth, coat* draper, poser; ***draped in*** (*covered with*) recouvert de, enveloppé dans
drap•er•y ['dreɪpərɪ] draperie *f*
drapes [dreɪps] *npl* rideaux *mpl*
dras•tic ['dræstɪk] *adj* radical; *measures also* drastique
draw [drɒː] **1** *n in competition* match *m* nul; *in lottery* tirage *m* (au sort); (*attraction*) attraction *f* **2** *v/t* (*pret* ***drew***, *pp* ***drawn***) *picture, map* dessiner; (*pull*), *in lottery, gun, knife* tirer; (*attract*) attirer; (*lead*) emmener; *from bank account* retirer **3** *v/i of artist* dessiner; *in competition* faire match nul; ***draw near*** *of person* s'approcher; *of date* approcher
◆ **draw back** **1** *v/i* (*recoil*) reculer **2** *v/t* (*pull back*) retirer; *drapes* ouvrir
◆ **draw on** **1** *v/i* (*approach*) approcher **2** *v/t* (*make use of*) puiser dans, s'inspirer de
◆ **draw out** *v/t wallet, money from bank* retirer
◆ **draw up** **1** *v/t document* rédiger; *chair* approcher **2** *v/i of vehicle* s'arrêter
'**draw•back** désavantage *m*, inconvénient *m*
draw•er[1] [drɒːr] *of desk etc* tiroir *m*
draw•er[2] [drɒːr] *artist* dessinateur(-trice) *m(f)*
draw•ing ['drɒːɪŋ] dessin *m*
'**draw•ing board** planche *f* à dessin; ***go back to the drawing board*** retourner à la case départ
drawl [drɒːl] *n* voix *f* traînante
drawn [drɒːn] *pp* → ***draw***
dread [dred] *v/t*: ***dread doing sth*** redouter de faire qch; ***dread s.o. doing sth*** redouter que qn fasse (*subj*) qch
dread•ful ['dredfʊl] *adj* épouvantable
dread•ful•ly ['dredflɪ] *adv* F (*extremely*) terriblement; *behave* de manière épouvantable
dream [driːm] **1** *n* rêve *m* **2** *adj* F *house etc* de ses / vos etc rêves **3** *v/t & v/i* rêver (***about, of*** de)
◆ **dream up** *v/t* inventer

D

dream•er ['driːmər] (*daydreamer*) rêveur (-euse) *m*(*f*)
dream•y ['driːmɪ] *adj voice*, *look* rêveur*
drear•y ['drɪrɪ] *adj* morne
dredge [dredʒ] *v/t harbor*, *canal* draguer
◆ **dredge up** *v/t fig* déterrer
dregs [dregz] *npl* lie *f*; *of coffee* marc *m*; ***the dregs of society*** la lie de la société
drench [drentʃ] *v/t* tremper; ***get drenched*** se faire tremper
dress [dres] **1** *n for woman* robe *f*; (*clothing*) tenue *f*; ***dress code*** code *m* vestimentaire **2** *v/t person* habiller; *wound* panser; ***get dressed*** s'habiller **3** *v/i* s'habiller
◆ **dress up** *v/i* s'habiller chic, se mettre sur son trente et un; (*wear a disguise*) se déguiser; ***dress up as*** se déguiser en
'**dress cir•cle** premier balcon *m*
dress•er ['dresər] (*dressing table*) coiffeuse *f*; *in kitchen* buffet *m*; ***be a snazzy dresser*** s'habiller classe F
dress•ing ['dresɪŋ] *for salad* assaisonnement *m*; *for wound* pansement *m*
dress•ing 'down savon *m* F; ***give s.o. a dressing down*** passer un savon à qn F
'**dress•ing gown** *Br* robe *f* de chambre
'**dress•ing room** *in theater* loge *f*
'**dress•ing ta•ble** coiffeuse *f*
'**dress•mak•er** couturière *f*
'**dress re•hears•al** (répétition *f*) générale *f*
dress•y ['dresɪ] *adj* F habillé
drew [druː] *pret* → ***draw***
drib•ble ['drɪbl] *v/i of person* baver; *of water* dégouliner; SP dribbler
dried [draɪd] *adj fruit etc* sec*
dri•er → ***dryer***
drift [drɪft] **1** *n of snow* amas *m* **2** *v/i of snow* s'amonceler; *of ship* être à la dérive; (*go off course*) dériver; *of person* aller à la dérive; ***drift from town to town*** aller de ville en ville
◆ **drift apart** *v/i of couple* s'éloigner l'un de l'autre
drift•er ['drɪftər] personne qui vit au jour le jour; ***be a bit of a drifter*** être un peu bohème
drill [drɪl] **1** *n tool* perceuse *f*; *exercise* exercice(s) *m*(*pl*); MIL exercice *m* **2** *v/t hole* percer **3** *v/i for oil* forer; MIL faire l'exercice
dril•ling rig ['drɪlɪŋrɪg] *platform* plate-forme *f* de forage; *on land* tour *f* de forage
dri•ly ['draɪlɪ] *adv remark* d'un ton pince-sans-rire
drink [drɪŋk] **1** *n* boisson *f*; ***can I have a drink of water*** est-ce que je peux avoir de l'eau?; ***go for a drink*** aller boire un verre **2** *v/t & v/i* (*pret* ***drank***, *pp* ***drunk***) boire; ***I don't drink*** je ne bois pas
◆ **drink up** **1** *v/i* (*finish drink*) finir son verre **2** *v/t* (*drink completely*) finir
drink•a•ble ['drɪŋkəbl] *adj* buvable; *water* potable
drink•er ['drɪŋkər] buveur(-euse) *m*(*f*)
drink•ing ['drɪŋkɪŋ] *of alcohol* boisson *f*
'**drink•ing wa•ter** eau *f* potable
'**drinks ma•chine** distributeur *m* de boissons
drip [drɪp] **1** *n liquid* goutte *f*; MED goutte-à-goutte *m*, perfusion *f* **2** *v/i* (*pret & pp* ***-ped***) goutter
drip•ping ['drɪpɪŋ] *adv*: ***dripping wet*** trempé
drive [draɪv] **1** *n* trajet *m* (en voiture); *outing* promenade *f* (en voiture); (*energy*) dynamisme *m*; COMPUT unité *f*, lecteur *m*; (*campaign*) campagne *f*; ***it's a short drive from the station*** c'est à quelques minutes de la gare en voiture; ***left-/right-hand drive*** MOT conduite *f* à gauche / droite **2** *v/t* (*pret* ***drove***, *pp* ***driven***) *vehicle* conduire; (*be owner of*) avoir; (*take in car*) amener; TECH faire marcher, actionner; ***that noise is driving me mad*** ce bruit me rend fou; ***driven by a desire to …*** poussé par le désir de … **3** *v/i* (*pret* ***drove***, *pp* ***driven***) conduire; ***drive to work*** aller au travail en voiture
◆ **drive at** *v/t*: ***what are you driving at?*** où voulez-vous en venir?
◆ **drive away** **1** *v/t* emmener; (*chase off*) chasser **2** *v/i* partir
◆ **drive in** *v/t nail* enfoncer
◆ **drive off** → ***drive away***
'**drive-in** *n movie theater* drive-in *m*
driv•el ['drɪvl] *n* bêtises *fpl*
driv•en ['drɪvn] *pp* → ***drive***
driv•er ['draɪvər] conducteur(-trice) *m*(*f*); *of truck* camionneur(-euse) *m*(*f*); COMPUT pilote *m*
'**driv•er's li•cense** permis *m* de conduire
'**drive-thru** *restaurant / banque où l'on sert le client sans qu'il doive sortir de sa voiture*; Mc-Drive® *m*
'**drive•way** allée *f*
driv•ing ['draɪvɪŋ] **1** *n* conduite *f* **2** *adj rain* battant
driv•ing 'force force *f* motrice
'**driv•ing in•struct•or** moniteur(-trice) *m*(*f*) de conduite
'**driv•ing les•son** leçon *f* de conduite
'**driv•ing li•cence** *Br* permis *m* de conduire
'**driv•ing school** auto-école *f*
'**driv•ing test** (examen *m* du) permis *m* de conduire

driz•zle ['drɪzl] **1** *n* bruine *f* **2** *v/i* bruiner
drone [droʊn] *n of engine* ronronnement *m*
droop [druːp] *v/i* s'affaisser; *of shoulders* tomber; *of plant* baisser la tête
drop [drɑːp] **1** *n* goutte *f*; *in price*, *temperature*, *number* chute *f* **2** *v/t* (*pret & pp* **-ped**) *object* faire tomber; *bomb* lancer; *person from car* déposer; *person from team* écarter; (*stop seeing*), *charges*, *demand*, *subject* laisser tomber; (*give up*) arrêter; ***drop a line to*** envoyer un mot à **3** *v/i* (*pret & pp* **-ped**) tomber
◆ **drop in** *v/i* (*visit*) passer
◆ **drop off 1** *v/t person*, *goods* déposer; (*deliver*) **2** *v/i* (*fall asleep*) s'endormir; (*decline*) diminuer
◆ **drop out** *v/i* (*withdraw*) se retirer (***of*** de); *of school* abandonner (***of sth*** qch)
'**drop•out** *from school* personne qui abandonne l'école; *from society* marginal(e) *m(f)*
drops [drɑːps] *npl for eyes* gouttes *fpl*
drought [draʊt] sécheresse *f*
drove [droʊv *pret* → ***drive***
drown [draʊn] **1** *v/i* se noyer **2** *v/t person* noyer; *sound* étouffer; ***be drowned*** se noyer
drow•sy ['draʊzɪ] *adj* somnolent
drudg•e•ry ['drʌdʒərɪ] corvée *f*
drug [drʌg] **1** *n* MED médicament *m*; *illegal* drogue *f*; ***be on drugs*** se droguer **2** *v/t* (*pret & pp* **-ged**) droguer
'**drug ad•dict** toxicomane *m/f*
'**drug deal•er** dealer *m*, dealeuse *f*; *large-scale* trafiquant(e) *m(f)* de drogue
drug•gist ['drʌgɪst] pharmacien(ne) *m(f)*
'**drug•store** drugstore *m*
drug traf•fick•ing ['drʌgtræfɪkɪŋ] trafic *m* de drogue
drum [drʌm] *n* MUS tambour *m*; *container* tonneau *m*; ***drums*** batterie *f*
◆ **drum into** *v/t* (*pret & pp* **-med**): ***drum sth into s.o.*** enfoncer qch dans la tête de qn
◆ **drum up** *v/t*: ***drum up support*** obtenir du soutien
drum•mer ['drʌmər] joueur(-euse) *m(f)* de tambour *m*; *in pop band* batteur *m*
'**drum•stick** MUS baguette *f* de tambour; *of poultry* pilon *m*
drunk [drʌŋk] **1** *n* ivrogne *m/f*; *habitually* alcoolique *m/f* **2** *adj* ivre, soûl; ***get drunk*** se soûler **3** *pp* → ***drink***
drunk•en ['drʌŋkn] *voices*, *laughter* d'ivrogne; *party* bien arrosé
drunk '**driv•ing** conduite *f* en état d'ivresse
dry [draɪ] **1** *adj* sec*; (*ironic*) pince-sans-rire; ***dry humor*** humour *m* à froid **2** *v/t* (*pret & pp* **-ied**) *clothes* faire sécher; *dishes*, *eyes* essuyer **3** *v/i* (*pret & pp* **-ied**) sécher
◆ **dry out** *v/i* sécher; *of alcoholic* subir une cure de désintoxication
◆ **dry up** *v/i of river* s'assécher; F (*be quiet*) se taire
'**dry•clean** *v/t* nettoyer à sec
'**dry clean•er** pressing *m*
'**dry•clean•ing** *clothes* vêtements *mpl* laissés au pressing
dry•er ['draɪr] *machine* sèche-linge *m*
DTP [diːtiː'piː] *abbr* (***= desk-top publishing***) PAO *f* (= publication assistée par ordinateur)
du•al ['duːəl] *adj* double
du•al car•riage•way *Br* route *f* à deux chaussées, quatre voies *f*
dub [dʌb] *v/t* (*pret & pp* **-bed**) *movie* doubler
du•bi•ous ['duːbɪəs] *adj* douteux*; ***I'm still dubious about the idea*** j'ai encore des doutes quant à cette idée
duch•ess ['dʌtʃɪs] duchesse *f*
duck [dʌk] **1** *n* canard *m*; *female* cane *f* **2** *v/i* se baisser **3** *v/t one's head* baisser (subitement); *question* éviter
dud [dʌd] *n* F (*false bill*) faux *m*
due [duː] *adj* (*owed*) dû; (*proper*) qui convient; ***the rent is due tomorrow*** il faut payer le loyer demain; ***be due to do sth*** devoir faire qch; ***be due*** (***to arrive***) devoir arriver; ***when is the baby due?*** quand est-ce que le bébé doit naître?; ***due to*** (*because of*) à cause de; ***be due to*** (*be caused by*) être dû à; ***in due course*** en temps voulu
dues [duːz] *npl* cotisation *f*
du•et [duː'et] MUS duo *m*
dug [dʌg] *pret & pp* → ***dig***
duke [duːk] duc *m*
dull [dʌl] *adj weather* sombre; *sound*, *pain* sourd; (*boring*) ennuyeux*
du•ly ['duːlɪ] *adv* (*as expected*) comme prévu; (*properly*) dûment, comme il se doit
dumb [dʌm] *adj* (*mute*) muet*; F (*stupid*) bête
◆ **dumb down** *v/t TV programs etc* abaisser le niveau (intellectuel) de
dumbfound•ed [dʌm'faʊndɪd] *adj* abasourdi
dum•my ['dʌmɪ] *in store window* mannequin *m*; *Br*: *for baby* tétine *f*
dump [dʌmp] **1** *n for garbage* décharge *f*; (*unpleasant place*) trou *m* F; *house*, *hotel* taudis *m* **2** *v/t* (*deposit*) déposer; (*throw away*) jeter; (*leave*) laisser; *waste* déver-

ser
dump•ling ['dʌmplɪŋ] boulette *f*
dune [du:n] dune *f*
dung [dʌŋ] fumier *m*, engrais *m*
dun•ga•rees [dʌŋgə'ri:z] *npl for workman* bleu(s) *m(pl)* de travail; *for child* salopette *f*
dunk [dʌŋk] *v/t in coffee etc* tremper
Dun•kirk [dʌn'kɜ:rk] Dunkerque
du•o ['du:oʊ] MUS duo *m*
du•plex (a•part•ment) ['du:pleks] duplex *m*
du•pli•cate ['du:plɪkət] **1** *n* double *m*; ***in duplicate*** en double **2** *v/t* ['du:plɪkeɪt] (*copy*) copier; (*repeat*) reproduire
du•pli•cate 'key double *m* de clef
du•ra•ble ['dʊrəbl] *adj material* résistant, solide; *relationship* durable
du•ra•tion [dʊ'reɪʃn] durée *f*
du•ress [dʊ'res]: ***under duress*** sous la contrainte
dur•ing ['dʊrɪŋ] *prep* pendant
dusk [dʌsk] crépuscule *m*
dust [dʌst] **1** *n* poussière *f* **2** *v/t* épousseter; ***dust sth with sth*** (*sprinkle*) saupoudrer qch de qch
'dust•bin *Br* poubelle *f*
'dust cov•er *for book* jaquette *f*
dust•er ['dʌstər] *cloth* chiffon *m* (à poussière)
'dust jack•et *of book* jaquette *f*
'dust•man *Br* éboueur *m*
'dust•pan pelle *f* à poussière
dust•y ['dʌstɪ] *adj* poussiéreux*
Dutch [dʌʧ] **1** *adj* hollandais; ***go Dutch*** F partager les frais **2** *n language* néerlandais *m*, hollandais *m*; ***the Dutch*** les Hollandais *mpl*, les Néerlandais *mpl*
du•ty ['du:tɪ] devoir *m*; (*task*) fonction *f*; *on goods* droit(s) *m(pl)*; ***be on duty*** être de service; ***be off duty*** ne pas être de service
du•ty•free *adj* hors taxe
du•ty'free shop magasin *m* hors taxe
DVD [di:vi:'di:] *abbr* (***= digital versatile disk***) DVD *m*
dwarf [dwɔ:rf] **1** *n* nain(e) *m(f)* **2** *v/t* rapetisser
◆ **dwell on** [dwel] *v/t* s'étendre sur
dwin•dle ['dwɪndl] *v/i* diminuer
dye [daɪ] **1** *n* teinture *f* **2** *v/t* teindre; ***dye one's hair*** se teindre les cheveux
dy•ing ['daɪɪŋ] *adj person* mourant; *industry* moribond; *tradition* qui se perd
dy•nam•ic [daɪ'næmɪk] *adj* dynamique
dy•na•mism ['daɪnəmɪzm] dynamisme *m*
dy•na•mite ['daɪnəmaɪt] *n* dynamite *f*
dy•na•mo ['daɪnəmoʊ] TECH dynamo *f*
dy•nas•ty ['daɪnəstɪ] dynastie *f*
dys•lex•i•a [dɪs'leksɪə] dyxlexie *f*
dys•lex•ic [dɪs'leksɪk] **1** *adj* dyslexique **2** *n* dyslexique *m/f*

E

each [i:ʧ] **1** *adj* chaque; ***each one*** chacun(e) **2** *adv* chacun; ***they're $1.50 each*** ils coûtent 1,50 $ chacun, ils sont 1,50 $ pièce **3** *pron* chacun(e) *m(f)*; ***each of them*** chacun(e) d'entre eux(elles) *m(f)*; ***we know each other*** nous nous connaissons; ***do you know each other?*** est-ce que vous vous connaissez?; ***they drive each other's cars*** ils (elles) conduisent la voiture l'un(e) de l'autre
ea•ger ['i:gər] *adj* désireux*; *look* avide; ***be eager to do sth*** désirer vivement faire qch
ea•ger•ly ['i:gərlɪ] *adv* avec empressement; *wait* impatiemment
ea•ger•ness ['i:gərnɪs] ardeur *f*, empressement *m*
ea•gle ['i:gl] aigle *m*
ea•gle-eyed [i:gl'aɪd] *adj*: ***be eagle-eyed*** avoir des yeux d'aigle
ear[1] [ɪr] oreille *f*
ear[2] [ɪr] *of corn* épi *m*
'ear•ache mal *m* d'oreilles
'ear•drum tympan *m*
earl [ɜ:rl] comte *m*
'ear•lobe lobe *m* de l'oreille
early ['ɜ:rlɪ] **1** *adv* (*not late*) tôt; (*ahead of time*) en avance; ***it's too early to say*** c'est trop tôt pour le dire **2** *adj hours, stages, Romans* premier*; *potato* précoce; *arrival* en avance; *retirement* anticipé; *music* ancien; (*in the near future*) prochain; ***early vegetables*** primeurs *fpl*; (***in***) ***early October*** début octobre; ***an early Picasso*** une des premières œuvres de Picasso; ***have an early supper*** dîner

tôt *or* de bonne heure; ***be an early riser*** se lever tôt *or* de bonne heure
'ear•ly bird: ***be an early bird*** (*early riser*) être matinal; (*ahead of the others*) arriver avant les autres
ear•mark ['ɪrmɑːrk] *v/t*: ***earmark sth for sth*** réserver qch à qch
earn [ɜːrn] *v/t money*, *holiday*, *respect* gagner; *interest* rapporter
ear•nest ['ɜːrnɪst] *adj* sérieux*; ***be in earnest*** être sérieux
earn•ings ['ɜːrnɪŋz] *npl* salaire *m*; *of company* profits *mpl*
'ear•phones *npl* écouteurs *mpl*
'ear-pierc•ing *adj* strident
'ear•ring boucle *f* d'oreille
'ear•shot: ***within earshot*** à portée de la voix;; ***out of earshot*** hors de portée de la voix
earth [ɜːrθ] terre *f*; ***where on earth ...?*** F où diable ...? F
earth•en•ware ['ɜːrθnwer] *n* poterie *f*
earth•ly ['ɜːrθlɪ] *adj* terrestre; ***it's no earthly use doing that*** F ça ne sert strictement à rien de faire cela
earth•quake ['ɜːrθkweɪk] tremblement *m* de terre
earth-shat•ter•ing ['ɜːrθʃætərɪŋ] *adj* stupéfiant
ease [iːz] **1** *n* facilité *f*; ***be** or **feel at (one's) ease*** être *or* se sentir à l'aise; ***be** or **feel ill at ease*** être *or* se sentir mal à l'aise **2** *v/t pain*, *mind* soulager; *suffering*, *shortage* diminuer **3** *v/i of pain* diminuer
◆ **ease off** **1** *v/t* (*remove*) enlever doucement **2** *v/i of pain*, *rain* se calmer
ea•sel ['iːzl] chevalet *m*
eas•i•ly ['iːzəlɪ] *adv* (*with ease*) facilement; (*by far*) de loin
east [iːst] **1** *n* est *m*; ***to the east of*** à l'est de **2** *adj* est *inv*; *wind* d'est; ***east San Francisco*** l'est de San Francisco **3** *adv travel* vers l'est; ***east of*** à l'est de
Eas•ter ['iːstər] Pâques *fpl*
Eas•ter 'Day (jour *m* de) Pâques *m*
'Eas•ter egg œuf *m* de Pâques
eas•ter•ly ['iːstərlɪ] *adj wind* de l'est; *direction* vers l'est
Eas•ter 'Mon•day lundi *m* de Pâques
east•ern ['iːstərn] *adj* de l'est; (*oriental*) oriental
east•er•ner ['iːstərnər] habitant(e) *m*(*f*) de l'Est des États-Unis
east•ward ['iːstwərd] *adv* vers l'est
eas•y ['iːzɪ] *adj* facile; (*relaxed*) tranquille; ***take things easy*** (*slow down*) ne pas se fatiguer; ***take it easy!*** (*calm down*) calme-toi!
'eas•y chair fauteuil *m*
eas•y-go•ing ['iːzɪgoʊɪŋ] *adj* accommodant
eat [iːt] *v/t & v/i* (*pret* **ate**, *pp* **eaten**) manger
◆ **eat out** *v/i* manger au restaurant
◆ **eat up** *v/t food* finir; *fig* consumer
eat•a•ble ['iːtəbl] *adj* mangeable
eat•en ['iːtn] *pp* → ***eat***
eaves [iːvz] *npl* avant-toit *m*
eaves•drop ['iːvzdrɑːp] *v/i* (*pret & pp* ***-ped***) écouter de façon indiscrète (***on s.o.*** qn)
ebb [eb] *v/i of tide* descendre
◆ **ebb away** *v/i of courage*, *strength* baisser, diminuer
'ebb tide marée *f* descendante
ec•cen•tric [ɪk'sentrɪk] **1** *adj* excentrique **2** *n* original(e) *m*(*f*)
ec•cen•tric•i•ty [ɪksen'trɪsɪtɪ] excentricité *f*
ech•o ['ekoʊ] **1** *n* écho *m* **2** *v/i* faire écho, retentir (***with*** de) **3** *v/t words* répéter; *views* se faire l'écho de
e•clipse [ɪ'klɪps] **1** *n* éclipse *f* **2** *v/t fig* éclipser
e•co•lo•gi•cal [iːkə'lɑːdʒɪkl] *adj* écologique; ***ecological balance*** équilibre *m* écologique
e•co•lo•gi•cal•ly [iːkə'lɑːdʒɪklɪ] *adv* écologiquement
e•co•lo•gi•cal•ly friend•ly *adj* écologique
e•col•o•gist [iː'kɑːlədʒɪst] écologiste *m/f*
e•col•o•gy [iː'kɑːlədʒɪ] écologie *f*
ec•o•nom•ic [iːkə'nɑːmɪk] *adj* économique
ec•o•nom•i•cal [iːkə'nɑːmɪkl] *adj* (*cheap*) économique; (*thrifty*) économe
ec•o•nom•i•cal•ly [iːkə'nɑːmɪklɪ] *adv* économiquement
ec•o•nom•ics [iːkə'nɑːmɪks] (*verb in sg*) *science* économie *f*, (*verb in pl*) *financial aspects* aspects *mpl* économiques
e•con•o•mist [ɪ'kɑːnəmɪst] économiste *m/f*
e•con•o•mize [ɪ'kɑːnəmaɪz] *v/i* économiser
◆ **economize on** *v/t* économiser
e•con•o•my [ɪ'kɑːnəmɪ] économie *f*
e'con•o•my class classe *f* économique
e'con•o•my drive plan *m* d'économies
e'con•o•my size taille *f* économique
e•co•sys•tem ['iːkoʊsɪstm] écosystème *m*
e•co•tour•ism ['iːkoʊtʊrɪzm] tourisme *m* écologique
ec•sta•sy ['ekstəsɪ] extase *f*
ec•stat•ic [ɪk'stætɪk] *adj* extatique
ec•ze•ma ['eksmə] eczéma *m*
edge [edʒ] **1** *n of table*, *seat*, *road*, *cliff*

bord *m*; *of knife*, *in voice* tranchant *m*; ***on edge*** énervé **2** *v/t* border **3** *v/i* (*move slowly*) se faufiler
edge•wise ['edʒwaɪz] *adv*: ***I couldn't get a word in edgewise*** je n'ai pas pu en placer une F
edg•y ['edʒɪ] *adj* énervé
ed•i•ble ['edɪbl] *adj* comestible
Ed•in•burgh ['edɪnbrə] Édimbourg
ed•it ['edɪt] *v/t text* mettre au point; *book* préparer pour la publication; *newspaper* diriger; *TV program* réaliser; *film* monter
e•di•tion [ɪ'dɪʃn] édition *f*
ed•i•tor ['edɪtər] *of text, book* rédacteur(-trice) *m(f)*; *of newspaper* rédacteur(-trice) *m(f)* en chef; *of TV program* réalisateur(-trice) *m(f)*; *of film* monteur (-euse) *m(f)*; ***sports / political editor*** rédacteur(-trice) sportif(-ive)/politique *m(f)*
ed•i•to•ri•al [edɪ'tɔːrɪəl] **1** *adj* de la rédaction **2** *n* éditorial *m*
EDP [iːdiː'piː] *abbr* (***= electronic data processing***) traitement *m* électronique des données
ed•u•cate ['edʊkeɪt] *v/t* instruire (***about*** sur); ***she was educated in France*** elle a fait sa scolarité en France
ed•u•cat•ed ['edʊkeɪtɪd] *adj person* instruit
ed•u•ca•tion [edʊ'keɪʃn] éducation *f*; *as subject* pédagogie *f*; ***he got a good education*** il a reçu une bonne instruction; ***continue one's education*** continuer ses études
ed•u•ca•tion•al [edʊ'keɪʃnl] *adj* scolaire; (*informative*) instructif*
eel [iːl] anguille *f*
ee•rie ['ɪrɪ] *adj* inquiétant
ef•fect [ɪ'fekt] effet *m*; ***take effect*** *of drug* faire son effet; ***come into effect*** *of law* prendre effet, entrer en vigueur
ef•fec•tive [ɪ'fektɪv] *adj* (*efficient*) efficace; (*striking*) frappant; ***effective May 1*** à compter du 1er mai
ef•fem•i•nate [ɪ'femɪnət] *adj* efféminé
ef•fer•ves•cent [efər'vesnt] *adj* gazeux*; *fig* pétillant
ef•fi•cien•cy [ɪ'fɪʃənsɪ] efficacité *f*
ef•fi•cient [ɪ'fɪʃənt] *adj* efficace
ef•fi•cient•ly [ɪ'fɪʃəntlɪ] *adv* efficacement
ef•flu•ent ['eflʊənt] effluent *m*
ef•fort ['efərt] effort *m*; ***make an effort to do sth*** faire un effort pour faire qch
ef•fort•less ['efərtlɪs] *adj* aisé, facile
ef•fort•less•ly ['efərtlɪslɪ] *adv* sans effort
ef•fron•te•ry [ɪ'frʌntərɪ] effronterie *f*, toupet *m* F
ef•fu•sive [ɪ'fjuːsɪv] *adj* démonstratif*
e.g. [iː'dʒiː] ex; *spoken* par example
e•gal•i•tar•i•an [ɪgælɪ'terɪən] *adj* égalitariste
egg [eg] œuf *m*; *of woman* ovule *m*
◆ **egg on** *v/t* inciter, pousser (***to do sth*** à faire qch)
'**egg•cup** coquetier *m*
'**egg•head** F intello *m/f* F
'**egg•plant** aubergine *f*
'**egg•shell** coquille *f* (d'œuf)
'**egg tim•er** sablier *m*
e•go ['iːgoʊ] PSYCH ego *m*, moi *m*; (*self-esteem*) ego *m*
e•go•cen•tric [iːgoʊ'sentrɪk] *adj* égocentrique
e•go•ism ['iːgoʊɪzm] égoïsme *m*
e•go•ist ['iːgoʊɪst] égoïste *m/f*
E•gypt ['iːdʒɪpt] Égypte *f*
E•gyp•tian [ɪ'dʒɪpʃn] **1** *adj* égyptien* **2** *n* Égyptien(ne) *m(f)*
ei•der•down ['aɪdərdaʊn] (*quilt*) édredon *m*
eight [eɪt] huit
eigh•teen [eɪ'tiːn] dix-huit
eigh•teenth [eɪ'tiːnθ] dix-huitième; → ***fifth***
eighth [eɪtθ] huitième; → ***fifth***
eigh•ti•eth ['eɪtɪɪθ] quatre-vingtième
eigh•ty ['eɪtɪ] quatre-vingts; ***eighty-two / /four etc*** quatre-vingt-deux/-quatre etc
ei•ther ['iːðər] **1** *adj* l'un ou l'autre; (*both*) chaque **2** *pron* l'un(e) ou l'autre, n'importe lequel (laquelle) **3** *adv*: ***I won't go either*** je n'irai pas non plus **4** *conj*: ***either … or*** soit … soit …; *with negative* ni … ni …
e•ject [ɪ'dʒekt] **1** *v/t* éjecter; *person* expulser **2** *v/i from plane* s'éjecter
◆ **eke out** [iːk] *v/t* suppléer à l'insuffisance de; ***eke out a living*** vivoter, gagner juste de quoi vivre
el [el] métro *m* aérien
e•lab•o•rate [ɪ'læbərət] **1** *adj* (*complex*) compliqué; *preparations* soigné; *embroidery* minutieux* **2** *v/i* [ɪ'læbəreɪt] donner des détails (***on*** sur)
e•lab•o•rate•ly [ɪ'læbəreɪtlɪ] *adv* minutieusement
e•lapse [ɪ'læps] *v/i* (se) passer, s'écouler
e•las•tic [ɪ'læstɪk] **1** *adj* élastique **2** *n* élastique *m*
e•las•ti•ca•ted [ɪ'læstɪkeɪtɪd] *adj* élastique
e•las•ti•ci•ty [ɪlæs'tɪsətɪ] élasticité *f*
e•las•ti•cized [ɪ'læstɪsaɪzd] *adj* élastique
e•lat•ed [ɪ'leɪtɪd] *adj* transporté (de joie)
el•at•ion [ɪ'leɪʃn] exultation *f*
el•bow ['elboʊ] **1** *n* coude *m* **2** *v/t*: ***elbow***

out of the way écarter à coups de coude

el•der ['eldər] **1** *adj* aîné **2** *n* plus âgé(e) *m(f)*, aîné(e) *m(f)*; *of tribe* ancien *m*

el•der•ly ['eldərlɪ] *adj* âgé

el•dest ['eldəst] **1** *adj* aîné **2** *n*: ***the eldest*** l'aîné(e) *m(f)*

e•lect [ɪ'lekt] *v/t* élire; ***elect to …*** choisir de …

e•lect•ed [ɪ'lektɪd] *adj* élu

e•lec•tion [ɪ'lekʃn] élection *f*

e'lec•tion cam•paign campagne *f* électorale

e'lec•tion day jour *m* des élections

e•lec•tive [ɪ'lektɪv] *adj* facultatif*

e•lec•tor [ɪ'lektər] électeur(-trice) *m(f)*

e•lec•to•ral sys•tem [ɪ'lektərəl] système *m* électoral

e•lec•to•rate [ɪ'lektərət] électorat *m*

e•lec•tric [ɪ'lektrɪk] *adj also fig* électrique

e•lec•tri•cal [ɪ'lektrɪkl] *adj* électrique

e•lec•tri•cal en•gi'neer électrotechnicien(ne) *m(f)*, ingénieur *m/f* électricien(ne)

e•lec•tri•cal en•gi'neer•ing électrotechnique *f*

e•lec•tric 'blan•ket couverture *f* chauffante

e•lec•tric 'chair chaise *f* électrique

e•lec•tri•cian [ɪlek'trɪʃn] électricien(ne) *m(f)*

e•lec•tri•ci•ty [ɪlek'trɪsətɪ] électricité *f*

e•lec•tric 'ra•zor rasoir *m* électrique

e•lec•tri•fy [ɪ'lektrɪfaɪ] *v/t* (*pret & pp* ***-ied***) électrifier; *fig* électriser

e•lec•tro•cute [ɪ'lektrəkjuːt] *v/t* électrocuter

e•lec•trode [ɪ'lektroʊd] électrode *f*

e•lec•tron [ɪ'lektrɑːn] électron *m*

e•lec•tron•ic [ɪlek'trɑːnɪk] *adj* électronique; ***electronic engineer*** ingénieur *m/f* électronicien(ne), électronicien(ne) *m(f)*; ***electronic engineering*** électronique *f*

e•lec•tron•ic da•ta 'pro•ces•sing traitement *m* électronique de l'information

e•lec•tron•ic 'mail courrier *m* électronique

e•lec•tron•ics [ɪlek'trɑːnɪks] électronique *f*

el•e•gance ['elɪgəns] élégance *f*

el•e•gant ['elɪgənt] *adj* élégant

el•e•gant•ly ['elɪgəntlɪ] *adv* élégamment

el•e•ment ['elɪmənt] élément *m*

el•e•men•ta•ry [elɪ'mentərɪ] *adj* élémentaire

el•e•phant ['elɪfənt] éléphant *m*

el•e•vate ['elɪveɪt] *v/t* élever

el•e•vat•ed rail•road ['elɪveɪtɪd] métro *m* aérien

el•e•va•tion [elɪ'veɪʃn] (*altitude*) altitude *f*, hauteur *f*

el•e•va•tor ['elɪveɪtər] ascenseur *m*

el•e•ven [ɪ'levn] onze

el•e•venth [ɪ'levnθ] onzième; → ***fifth***; ***at the eleventh hour*** à la dernière minute

el•i•gi•ble ['elɪdʒəbl] *adj*: ***be eligible to do sth*** avoir le droit de faire qch; ***be eligible for sth*** avoir droit à qch

el•i•gi•ble 'bach•e•lor bon parti *m*

e•lim•i•nate [ɪ'lɪmɪneɪt] *v/t* éliminer; (*kill*) supprimer; ***be eliminated*** *from competition* être éliminé

e•lim•i•na•tion [ɪ'lɪmɪneɪʃn] élimination *f*; (*murder*) suppression *f*; ***by a process of elimination*** par élimination

e•lite [eɪ'liːt] **1** *n* élite *f* **2** *adj* d'élite

elk [elk] élan *m*

el•lipse [ɪ'lɪps] ellipse *f*

elm [elm] orme *m*

e•lope [ɪ'loʊp] *v/i* s'enfuir (avec un amant)

el•o•quence ['eləkwəns] éloquence *f*

el•o•quent ['eləkwənt] *adj* éloquent

el•o•quent•ly ['eləkwəntlɪ] *adv* éloquemment

else [els] *adv*: ***anything else?*** autre chose?; *in store* vous désirez autre chose?; ***if you've got nothing else to do*** si tu n'as rien d'autre à faire; ***no one else*** personne d'autre; ***everyone else is going*** tous les autres y vont; ***who else was there?*** qui d'autre y était?; ***someone else*** quelqu'un d'autre; ***something else*** autre chose; ***let's go somewhere else*** allons autre part; ***or else*** sinon

else•where ['elswer] *adv* ailleurs

e•lude [ɪ'luːd] *v/t* (*escape from*) échapper à; (*avoid*) éviter

e•lu•sive [ɪ'luːsɪv] *adj* insaisissable

e•ma•ci•ated [ɪ'meɪsɪeɪtɪd] *adj* émacié

e-mail ['iːmeɪl] **1** *n* e-mail *m*, courrier *m* électronique **2** *v/t person* envoyer un e-mail à; *text* envoyer par e-mail

'e-mail ad•dress adresse *f* e-mail, adresse *f* électronique

e•man•ci•pat•ed [ɪ'mænsɪpeɪtɪd] *adj woman* émancipé

e•man•ci•pa•tion [ɪmænsɪ'peɪʃn] émancipation *f*

em•balm [ɪm'bɑːm] *v/t* embaumer

em•bank•ment [ɪm'bæŋkmənt] *of river* berge *f*, quai *m*; RAIL remblai *m*, talus *m*

em•bar•go [em'bɑːrgoʊ] embargo *m*

em•bark [ɪm'bɑːrk] *v/i* (s')embarquer

◆**embark on** *v/t adventure etc* s'embarquer dans

em•bar•rass [ɪm'bærəs] *v/t* gêner, embarrasser; *government* mettre dans l'embarras

E

E

em•bar•rassed [ɪm'bærəst] *adj* gêné, embarrassé
em•bar•rass•ing [ɪm'bærəsɪŋ] *adj* gênant, embarrassant
em•bar•rass•ment [ɪm'bærəsmənt] gêne *f*, embarras *m*
em•bas•sy ['embəsɪ] ambassade *f*
em•bel•lish [ɪm'belɪʃ] *v/t* embellir; *story* enjoliver
em•bers ['embərz] *npl* braise *f*
em•bez•zle [ɪm'bezl] *v/t* détourner (***from*** de)
em•bez•zle•ment [ɪm'bezlmənt] détournement *m* de fonds
em•bez•zler [ɪm'bezlər] détourneur (-euse) *m(f)* de fonds
em•bit•ter [ɪm'bɪtər] *v/t* aigrir
em•blem ['embləm] emblème *m*
em•bod•i•ment [ɪm'bɑːdɪmənt] incarnation *f*, personnification *f*
em•bod•y [ɪm'bɑːdɪ] *v/t* (*pret & pp* ***-ied***) incarner, personnifier
em•bo•lism ['embəlɪzm] embolie *f*
em•boss [ɪm'bɑːs] *v/t metal* travailler en relief; *paper*, *fabric* gaufrer
em•brace [ɪm'breɪs] **1** *n* étreinte *f* **2** *v/t* (*hug*) serrer dans ses bras, étreindre; (*take in*) embrasser **3** *v/i of two people* se serrer dans les bras, s'étreindre
em•broi•der [ɪm'brɔɪdər] *v/t* broder; *fig* enjoliver
em•broi•der•y [ɪm'brɔɪdərɪ] broderie *f*
em•bry•o ['embrɪoʊ] embryon *m*
em•bry•on•ic [embrɪ'ɑːnɪk] *adj fig* embryonnaire
em•e•rald ['emərəld] *precious stone* émeraude *f*; *color* (vert *m*) émeraude *m*
e•merge [ɪ'mɜːrdʒ] *v/i* sortir; *from mist*, *of truth* émerger; ***it has emerged that ...*** il est apparu que …
e•mer•gen•cy [ɪ'mɜːrdʒənsɪ] urgence *f*; ***in an emergency*** en cas d'urgence
e'mer•gen•cy ex•it sortie *f* de secours
e'mer•gen•cy land•ing atterrissage *m* forcé
e'mer•gen•cy serv•ices *npl* services *mpl* d'urgence
em•er•y board ['emərɪbɔːrd] lime *f* à ongles
em•i•grant ['emɪgrənt] émigrant(e) *m(f)*
em•i•grate ['emɪgreɪt] *v/i* émigrer
em•i•gra•tion [emɪ'greɪʃn] émigration *f*
Em•i•nence ['emɪnəns] REL: ***His Eminence*** son Éminence
em•i•nent ['emɪnənt] *adj* éminent
em•i•nent•ly ['emɪnəntlɪ] *adv* éminemment
e•mis•sion [ɪ'mɪʃn] *of gases* émission *f*
e•mit [ɪ'mɪt] *v/t* (*pret & pp* ***-ted***) émettre
e•mo•tion [ɪ'moʊʃn] émotion *f*
e•mo•tion•al [ɪ'moʊʃnl] *adj problems*, *development* émotionnel*, affectif*; (*full of emotion*: *person*) ému; *reunion*, *moment* émouvant
em•pa•thize ['empəθaɪz] *v/i* compatir; ***empathize with*** *sth* compatir à; *s.o.* avoir de la compassion pour
em•pe•ror ['empərər] empereur *m*
em•pha•sis ['emfəsɪs] accent *m*
em•pha•size ['emfəsaɪz] *v/t syllable* accentuer; *fig* souligner
em•phat•ic [ɪm'fætɪk] *adj* énergique, catégorique; ***be very emphatic about sth*** être catégorique à propos de qch
em•pire ['empaɪr] *also fig* empire *m*
em•ploy [ɪm'plɔɪ] *v/t* employer
em•ploy•ee [emplɔɪ'iː] employé(e) *m(f)*
em•ploy•er [em'plɔɪər] employeur(-euse) *m(f)*
em•ploy•ment [em'plɔɪmənt] (*jobs*) emplois *mpl*; (*work*) emploi *m*; ***be seeking employment*** être à la recherche d'un emploi
em'ploy•ment a•gen•cy agence *f* de placement
em•press ['emprɪs] impératrice *f*
emp•ti•ness ['emptɪnɪs] vide *m*
emp•ty ['emptɪ] **1** *adj* vide; *promises* vain **2** *v/t* (*pret & pp* ***-ied***) vider **3** *v/i of room*, *street* se vider
em•u•late ['emjʊleɪt] *v/t* imiter
e•mul•sion [ɪ'mʌlʃn] *paint* peinture *f* mate
en•a•ble [ɪ'neɪbl] *v/t* permettre; ***enable s.o. to do sth*** permettre à qn de faire qch
en•act [ɪ'nækt] *v/t law* décréter; THEA représenter
e•nam•el [ɪ'næml] émail *m*
enc *abbr* (***= enclosure(s)***) PJ (= pièce(s) jointe(s))
en•chant [ɪn'ʧænt] *v/t* (*delight*) enchanter
en•chant•ing [ɪn'ʧæntɪŋ] *adj* ravissant
en•cir•cle [ɪn'sɜːrkl] *v/t* encercler, entourer
encl *abbr* (***= enclosure(s)***) PJ (= pièce(s) jointe(s))
en•close [ɪn'kloʊz] *v/t in letter* joindre; *area* entourer; ***please find enclosed ...*** veuillez trouver ci-joint …
en•clo•sure [ɪn'kloʊʒər] *with letter* pièce *f* jointe
en•core ['ɑːŋkɔːr] bis *m*
en•coun•ter [ɪn'kaʊntər] **1** *n* rencontre *f* **2** *v/t person* rencontrer; *problem*, *resistance* affronter
en•cour•age [ɪn'kʌrɪdʒ] *v/t* encourager
en•cour•age•ment [ɪn'kʌrɪdʒmənt] encouragement *m*

en•cour•ag•ing [ɪn'kʌrɪdʒɪŋ] *adj* encourageant
◆ **encroach on** [ɪn'kroʊʧ] *v/t land, rights, time* empiéter sur
en•cy•clo•pe•di•a [ɪnsaɪklə'piːdɪə] encyclopédie *f*
end [end] **1** *n* (*extremity*) bout *m*; (*conclusion, purpose*) fin *f*; ***in the end*** à la fin; ***for hours on end*** pendant des heures; ***stand sth on end*** mettre qch debout; ***at the end of July*** à la fin du mois de juillet; ***put an end to*** mettre fin à **2** *v/t* terminer, finir **3** *v/i* se terminer, finir
◆ **end up** *v/i* finir; ***I ended up (by) doing it myself*** j'ai fini par le faire moi-même
en•dan•ger [ɪn'deɪndʒər] *v/t* mettre en danger
en'dan•gered spe•cies *nsg* espèce *f* en voie de disparition
en•dear•ing [ɪn'dɪrɪŋ] *adj* attachant
en•deav•or [ɪn'devər] **1** *n* effort *m*, tentative *f* **2** *v/t* essayer (***to do sth*** de faire qch), chercher (***to do sth*** à faire qch)
en•dem•ic [ɪn'demɪk] *adj* endémique
end•ing ['endɪŋ] fin *f*; GRAM terminaison *f*
end•less ['endlɪs] *adj* sans fin
en•dorse [ɪn'dɔːrs] *v/t check* endosser; *candidacy* appuyer; *product* associer son image à
en•dorse•ment [ɪn'dɔːrsmənt] *of check* endos(sement) *m*; *of candidacy* appui *m*; *of product* association *f* de son image à
end 'prod•uct produit *m* fini
end re'sult résultat *m* final
en•dur•ance [ɪn'dʊrəns] *of person* endurance *f*; *of car* résistance *f*
en'dur•ance test *for machine* test *m* de résistance; *for person* test *m* d'endurance
en•dure [ɪn'dʊər] **1** *v/t* endurer **2** *v/i* (*last*) durer
en•dur•ing [ɪn'dʊrɪŋ] *adj* durable
end-'us•er utilisateur(-trice) *m*(*f*) final(e)
en•e•my ['enəmɪ] ennemi(e) *m*(*f*); *in war* ennemi *m*
en•er•get•ic [enərdʒetɪk] *adj also fig* énergique
en•er•get•ic•ally [enərdʒetɪklɪ] *adv* énergiquement
en•er•gy ['enərʒɪ] énergie *f*
'en•er•gy-sav•ing *adj device* à faible consommation d'énergie
'en•er•gy sup•ply alimentation *f* en énergie
en•force [ɪn'fɔːrs] *v/t* appliquer, mettre en vigueur
en•gage [ɪn'geɪdʒ] **1** *v/t* (*hire*) engager **2** *v/i of machine part* s'engrener; *of clutch* s'embrayer
◆ **engage in** *v/t* s'engager dans
en•gaged [ɪn'geɪdʒd] *adj to be married* fiancé; *Br* TELEC occupé; ***get engaged*** se fiancer
en•gage•ment [ɪn'geɪdʒmənt] (*appointment*) rendez-vous *m*; *to be married* fiançailles *fpl*; MIL engagement *m*
en'gage•ment ring bague *f* de fiançailles
en•gag•ing [ɪn'geɪdʒɪŋ] *adj smile, person* engageant
en•gine ['endʒɪn] moteur *m*; *of train* locomotive *f*
en•gi•neer [endʒɪ'nɪr] **1** *n* ingénieur *m*/*f*; NAUT, RAIL mécanicien(ne) *m*(*f*) **2** *v/t fig: meeting etc* combiner
en•gi•neer•ing [endʒɪ'nɪrɪŋ] ingénierie *f*, engineering *m*
En•gland ['ɪŋglənd] Angleterre *f*
En•glish ['ɪŋglɪʃ] **1** *adj* anglais **2** *n language* anglais *m*; ***the English*** les Anglais *mpl*
Eng•lish 'Chan•nel Manche *f*
En•glish•man ['ɪŋglɪʃmən] Anglais *m*
En•glish•wom•an ['ɪŋglɪʃwʊmən] Anglaise *f*
en•grave [ɪn'greɪv] *v/t* graver
en•grav•ing [ɪn'greɪvɪŋ] gravure *f*
en•grossed [ɪn'groʊst] *adj*: ***engrossed in*** absorbé dans
en•gulf [ɪn'gʌlf] *v/t* engloutir
en•hance [ɪn'hæns] *v/t beauty, flavor* rehausser; *reputation* accroître; *performance* améliorer; *enjoyment* augmenter
e•nig•ma [ɪ'nɪgmə] énigme *f*
e•nig•mat•ic [enɪg'mætɪk] *adj* énigmatique
en•joy [ɪn'dʒɔɪ] *v/t* aimer; ***enjoy o.s.*** s'amuser; ***enjoy!*** *said to s.o. eating* bon appétit!
en•joy•a•ble [ɪn'dʒɔɪəbl] *adj* agréable
en•joy•ment [ɪn'dʒɔɪmənt] plaisir *m*
en•large [ɪn'lɑːrdʒ] *v/t* agrandir
en•large•ment [ɪn'lɑːrdʒmənt] agrandissement *m*
en•light•en [ɪn'laɪtn] *v/t* éclairer
en•list [ɪn'lɪst] **1** *v/i* MIL enrôler **2** *v/t*: ***enlist the help of*** se procurer l'aide de
en•liv•en [ɪn'laɪvn] *v/t* animer
en•mi•ty ['enmətɪ] inimitié *f*
e•nor•mi•ty [ɪ'nɔːrmətɪ] énormité *f*
e•nor•mous [ɪ'nɔːrməs] *adj* énorme
e•nor•mous•ly [ɪ'nɔːrməslɪ] *adv* énormément
e•nough [ɪ'nʌf] **1** *adj* assez de **2** *pron* assez; ***will $50 be enough?*** est-ce que 50 $ suffiront?; ***I've had enough!*** j'en ai assez!; ***that's enough, calm down!*** ça suffit, calme-toi! **3** *adv* assez; ***big / strong enough*** assez grand / fort; ***strangely***

enough chose curieuse, curieusement
en•quire *etc* → ***inquire*** *etc*
en•raged [ɪn'reɪdʒd] *adj* furieux*
en•rich [ɪn'rɪtʃ] *v/t* enrichir
en•roll [ɪn'roʊl] *v/i* s'inscrire
en•roll•ment [ɪn'roʊlmənt] inscriptions *fpl*
en•sue [ɪn'suː] *v/i* s'ensuivre; ***the ensuing months*** les mois qui ont suivi
en suite (bath•room) ['ɑːnswiːt] salle *f* de bains attenante
en•sure [ɪn'ʃʊər] *v/t* assurer; ***ensure that ...*** s'assurer que ...
en•tail [ɪn'teɪl] *v/t* entraîner
en•tan•gle [ɪn'tæŋgl] *v/t in rope* empêtrer; ***become entangled in*** *also fig* s'empêtrer dans
en•ter ['entər] **1** *v/t room, house* entrer dans; *competition* entrer en; *person, horse in race* inscrire; *write down* inscrire (***in*** sur); COMPUT entrer **2** *v/i* entrer; *in competition* s'inscrire **3** *n* COMPUT touche *f* entrée
en•ter•prise ['entərpraɪz] (*initiative*) (esprit *m* d')initiative *f*; (*venture*) entreprise *f*
en•ter•pris•ing ['entərpraɪzɪŋ] *adj* entreprenant
en•ter•tain [entər'teɪn] **1** *v/t* (*amuse*) amuser, divertir; (*consider*: *idea*) envisager **2** *v/i* (*have guests*) recevoir
en•ter•tain•er [entər'teɪnər] artiste *m/f* de variété
en•ter•tain•ing [entər'teɪnɪŋ] *adj* amusant, divertissant
en•ter•tain•ment [entər'teɪnmənt] *adj* divertissement *m*
en•thrall [ɪn'θrɒːl] *v/t* captiver
en•thu•si•as•m [ɪn'θuːzɪæzəm] enthousiasme *m*
en•thu•si•as•t [ɪn'θuːzɪ'æst] enthousiaste *m/f*
en•thu•si•as•tic [ɪnθuːzɪ'æstɪk] *adj* enthousiaste
en•thu•si•as•tic•al•ly [ɪnθuːzɪ'æstɪklɪ] *adv* avec enthousiasme
en•tice [ɪn'taɪs] *v/t* attirer
en•tire [ɪn'taɪr] *adj* entier*
en•tire•ly [ɪn'taɪrlɪ] *adv* entièrement
en•ti•tle [ɪn'taɪtl] *v/t*: ***entitle s.o. to sth / to do sth*** donner à qn droit à qch / le droit de faire qch; ***be entitled to sth / to do sth*** avoir droit à qch / le droit de faire qch
en•ti•tled [ɪn'taɪtld] *adj book* intitulé
en•trance ['entrəns] entrée *f*
'en•trance ex•am(•i•na•tion) examen *m* d'entrée
en•tranced [ɪn'trænst] *adj* enchanté
'en•trance fee droit *m* d'entrée
en•trant ['entrənt] inscrit(e) *m(f)*
en•treat [ɪn'triːt] *v/t*: ***entreat s.o. to do sth*** supplier qn de faire qch
en•trenched [ɪn'trentʃt] *adj attitudes* enraciné
en•tre•pre•neur [ɑːntrəprə'nɜːr] entrepreneur(-euse) *m(f)*
en•tre•pre•neur•i•al [ɑːntrəprə'nɜːrɪəl] *adj skills* d'entrepreneur
en•trust [ɪn'trʌst] *v/t*: ***entrust X with Y, entrust Y to X*** confier Y à X
en•try ['entrɪ] (*way in, admission*) entrée *f*; *for competition*: *person* participant(e) *m(f)*; *in diary, accounts* inscription *f*; *in reference book* article *m*; ***no entry*** défense d'entrer
'en•try form feuille *f* d'inscription
'en•try•phone interphone *m*
'en•try vi•sa visa *m* d'entrée
e•nu•me•rate [ɪ'nuːməreɪt] *v/t* énumérer
en•vel•op [ɪn'veləp] *v/t* envelopper
en•ve•lope ['envəloʊp] enveloppe *f*
en•vi•a•ble ['envɪəbl] *adj* enviable
en•vi•ous ['envɪəs] *adj* envieux*; ***be envious of s.o.*** envier qn
en•vi•ron•ment [ɪn'vaɪrənmənt] environnement *m*
en•vi•ron•men•tal [ɪnvaɪrən'məntl] *adj* écologique
en•vi•ron•men•tal•ist [ɪnvaɪrən'məntəlɪst] écologiste *m/f*
en•vi•ron•men•tal•ly friend•ly [ɪnvaɪrənməntəlɪ'frendlɪ] *adj* écologique
en•vi•ron•men•tal pol'lu•tion pollution *f* de l'environnement
en•vi•ron•men•tal pro'tec•tion protection *f* de l'environnement
en•vi•rons [ɪn'vaɪrənz] *npl* environs *mpl*
en•vis•age [ɪn'vɪzɪdʒ] *v/t* envisager; ***I can't envisage him doing that*** je ne peux pas l'imaginer faire cela
en•voy ['envɔɪ] envoyé(e) *m(f)*
en•vy ['envɪ] **1** *n* envie *f*; ***be the envy of*** être envié par **2** *v/t* (*pret & pp* **-ied**): ***envy s.o. sth*** envier qch à qn
e•phem•er•al [ɪ'femərəl] *adj* éphémère
ep•ic ['epɪk] **1** *n* épopée *f*; *movie* film *m* à grand spectacle **2** *adj journey, scale* épique
ep•i•cen•ter ['epɪsentər] épicentre *m*
ep•i•dem•ic [epɪ'demɪk] *also fig* épidémie *f*
ep•i•lep•sy ['epɪlepsɪ] épilepsie *f*
ep•i•lep•tic [epɪ'leptɪk] épileptique *m/f*
ep•i•lep•tic 'fit crise *f* d'épilepsie
ep•i•log ['epɪlɑːg] épilogue *m*
ep•i•sode ['epɪsoʊd] épisode *m*
ep•i•taph ['epɪtæf] épitaphe *f*

e•poch ['i:pɑ:k] époque *f*
e•poch-mak•ing ['i:pɑ:kmeɪkɪŋ] *adj* qui fait époque
e•qual ['i:kwl] **1** *adj* égal; ***be equal to*** *task* être à la hauteur de **2** *n* égal *m* **3** *v/t* (*pret & pp* ***-ed***, *Br* ***-led***) égaler
e•qual•i•ty [ɪ'kwɑ:lətɪ] égalité *f*
e•qual•ize ['i:kwəlaɪz] **1** *v/t* égaliser **2** *v/i* *Br* SP égaliser
e•qual•iz•er ['i:kwəlaɪzər] *Br* SP but *m* égalisateur
e•qual•ly ['i:kwəlɪ] *adv divide* de manière égale; *qualified*, *intelligent* tout aussi; ***equally, …*** pareillement, …
e•qual 'rights *npl* égalité *f* des droits
e•quate [ɪ'kweɪt] *v/t* mettre sur le même pied; ***equate X with Y*** mettre X et Y sur le même pied
e•qua•tion [ɪ'kweɪʒn] MATH équation *f*
e•qua•tor [ɪ'kweɪtər] équateur *m*
e•qui•lib•ri•um [i:kwɪ'lɪbrɪəm] équilibre *m*
e•qui•nox ['i:kwɪnɑ:ks] équinoxe *m*
e•quip [ɪ'kwɪp] *v/t* (*pret & pp* ***-ped***) équiper; ***he's not equipped to handle it*** *fig* il n'est pas préparé pour gérer cela
e•quip•ment [ɪ'kwɪpmənt] équipement *m*
eq•ui•ty ['ekwətɪ] FIN capitaux *mpl* propres
e•quiv•a•lent [ɪ'kwɪvələnt] **1** *adj* équivalent **2** *n* équivalent *m*
e•ra ['ɪrə] ère *f*
e•rad•i•cate [ɪ'rædɪkeɪt] *v/t* éradiquer
e•rase [ɪ'reɪz] *v/t* effacer
e•ras•er [ɪ'reɪzər] gomme *f*
e•rect [ɪ'rekt] **1** *adj* droit
e•rect **2** *v/t* ériger, élever
e•rec•tion [ɪ'rekʃn] *of building*, *penis* érection *f*
er•go•nom•ic [ɜ:rgoʊ'nɑ:mɪk] *adj* ergonomique
e•rode [ɪ'roʊd] *v/t* éroder; *fig*: *power* miner; *rights* supprimer progressivement
e•ro•sion [ɪ'roʊʒn] érosion *f*; *fig*: *of rights* suppression *f* progressive
e•rot•ic [ɪ'rɑ:tɪk] *adj* érotique
e•rot•i•cism [ɪ'rɑ:tɪsɪzm] érotisme *m*
er•rand ['erənd] commission *f*; ***run errands*** faire des commissions
er•rat•ic [ɪ'rætɪk] *adj performance*, *course* irrégulier*; *driving* capricieux*; *behavior* changeant
er•ror ['erər] erreur *f*
'er•ror mes•sage COMPUT message *m* d'erreur
e•rupt [ɪ'rʌpt] *v/i of volcano* entrer en éruption; *of violence* éclater; *of person* exploser F
e•rup•tion [ɪ'rʌpʃn] *of volcano* éruption *f*; *of violence* explosion *f*
es•ca•late ['eskəleɪt] *v/i* s'intensifier
es•ca•la•tion [eskə'leɪʃn] intensification *f*
es•ca•la•tor ['eskəleɪtər] escalier *m* mécanique, escalator *m*
es•cape [ɪ'skeɪp] **1** *n of prisoner* évasion *f*; *of animal*, *gas* fuite *f*; ***have a narrow escape*** l'échapper belle **2** *v/i of prisoner* s'échapper, s'évader; *of animal* s'échapper, s'enfuir; *of gas* s'échapper **3** *v/t*: ***the word escapes me*** le mot m'échappe
es'cape chute AVIAT toboggan *m* de secours
es•cort ['eskɔ:rt] **1** *n* (*companion*) cavalier(-ière) *m*(*f*); (*guard*) escorte *f* **2** *v/t* [ɪ'skɔ:rt] *socially* accompagner; (*act as guard to*) escorter
es•pe•cial [ɪ'speʃl] → ***special***
es•pe•cial•ly [ɪ'speʃlɪ] *adv* particulièrement, surtout
es•pi•o•nage ['espɪənɑ:ʒ] espionnage *m*
es•pres•so (cof•fee) [es'presoʊ] expresso *m*
es•say ['eseɪ] *n at school* rédaction *f*; *at university* dissertation *f*; *by writer* essai *m*
es•sen•tial [ɪ'senʃl] *adj* essentiel*
es•sen•tial•ly [ɪ'senʃlɪ] *adv* essentiellement
es•tab•lish [ɪ'stæblɪʃ] *v/t company* fonder, créer; (*create*, *determine*) établir; ***establish o.s. as*** s'établir comme
es•tab•lish•ment [ɪ'stæblɪʃmənt] *firm*, *shop etc* établissement *m*; ***the Establishment*** l'establishment *m*
es•tate [ɪ'steɪt] (*area of land*) propriété *f*, domaine *m*; (*possessions of dead person*) biens *mpl*
es'tate a•gen•cy *Br* agence *f* immobilière
es•thet•ic [ɪs'θetɪk] *adj* esthétique
es•ti•mate ['estɪmət] **1** *n* estimation *f*; *from builder etc* devis *m* **2** *v/t* estimer
es•ti•ma•tion [estɪ'meɪʃn] estime *f*; ***he has gone up / down in my estimation*** il a monté / baissé dans mon estime; ***in my estimation*** (*opinion*) à mon avis *m*
es•tu•a•ry ['estʃəwerɪ] estuaire *m*
ETA [i:ti:'eɪ] *abbr* (***= estimated time of arrival***) heure *f* prévue d'arrivée
etc [et'setrə] *abbr* (***= et cetera***) etc.
etch•ing ['etʃɪŋ] (gravure *f* à l')eau--forte *f*
e•ter•nal [ɪ'tɜ:rnl] *adj* éternel*
e•ter•ni•ty [ɪ'tɜ:rnətɪ] éternité *f*
eth•i•cal ['eθɪkl] *adj problem* éthique; (*morally right*), *behavior* moral
eth•ics ['eθɪks] éthique *f*
eth•nic ['eθnɪk] *adj* ethnique
eth•nic 'cleans•ing purification *f* ethnique
eth•nic 'group ethnie *f*

E

eth•nic mi'nor•i•ty minorité *f* ethnique
EU [iː'juː] *abbr* (= ***European Union***) U.E. *f* (= Union *f* européenne)
eu•phe•mism ['juːfəmɪzm] euphémisme *m*
eu•pho•ri•a [juː'fɔːrɪə] euphorie *f*
eu•ro ['jʊroʊ] FIN euro *m*
'Eu•ro MP député(e) européen(ne) *m(f)*
Eu•rope ['jʊrəp] Europe *f*
Eu•ro•pe•an [jʊrə'pɪən] **1** *adj* européen* **2** *n* Européen(ne) *m(f)*
Eu•ro•pe•an Com'mis•sion Commission *f* européenne
Eu•ro•pe•an Com'mis•sion•er Commissaire européen(ne) *m(f)*
Eu•ro•pe•an 'Par•lia•ment Parlement *m* européen
Eu•ro•pe•an 'Un•ion Union *f* européenne
eu•tha•na•si•a [jʊθə'neɪzɪə] euthanasie *f*
e•vac•u•ate [ɪ'vækjʊeɪt] *v/t* (*clear people from*) faire évacuer; (*leave*) évacuer
e•vade [ɪ'veɪd] *v/t* éviter; *question* éluder
e•val•u•ate [ɪ'væljʊeɪt] *v/t* évaluer
e•val•u•a•tion [ɪvæljʊ'eɪʃn] évaluation *f*
e•van•gel•ist [ɪ'vændʒəlɪst] évangélisateur(-trice) *m(f)*
e•vap•o•rate [ɪ'væpəreɪt] *v/i also fig* s'évaporer
e•vap•o•ra•tion [ɪvæpə'reɪʃn] *of water* évaporation *f*
e•va•sion [ɪ'veɪʒn] fuite *f*; ***evasion of responsibilities*** fuite *f* devant ses responsabilités; ***tax evasion*** fraude *f* fiscale
e•va•sive [ɪ'veɪsɪv] *adj* évasif*
eve [iːv] veille *f*; ***on the eve of*** à la veille de
e•ven ['iːvn] **1** *adj breathing* régulier*; *distribution* égal, uniforme; (*level*) plat; *surface* plan; *number* pair; ***get even with …*** prendre sa revanche sur … **2** *adv* même; ***even bigger / smaller*** encore plus grand / petit; ***not even*** pas même; ***even so*** quand même; ***even if*** même si **3** *v/t*: ***even the score*** égaliser
eve•ning ['iːvnɪŋ] soir *m*; ***in the evening*** le soir; ***at 7 in the evening*** à 7 heures du soir; ***this evening*** ce soir; ***good evening*** bonsoir
'eve•ning class cours *m* du soir
'eve•ning dress *for woman* robe *f* du soir; *for man* tenue *f* de soirée
eve•ning 'pa•per journal *m* du soir
e•ven•ly ['iːvnlɪ] *adv* (*regularly*) de manière égale; *breathe* régulièrement
e•vent [ɪ'vent] événement *m*; SP épreuve *f*; ***at all events*** en tout cas
e•vent•ful [ɪ'ventfl] *adj* mouvementé
e•ven•tu•al [ɪ'ventʃʊəl] *adj* final
e•ven•tu•al•ly [ɪ'ventʃʊəlɪ] *adv* finalement
ev•er ['evər] *adv* jamais; ***have you ever been to Japan?*** est-ce que tu es déjà allé au Japon?; ***for ever*** pour toujours; ***ever since*** depuis lors; ***ever since we …*** depuis le jour où nous …; ***the fastest ever*** le / la plus rapide qui ait jamais existé
ev•er•green ['evərgriːn] *n* arbre *m* à feuilles persistantes
ev•er•last•ing [evər'læstɪŋ] *adj* éternel*
ev•ery ['evrɪ] *adj*: ***every day*** tous les jours, chaque jour; ***every one of his fans*** chacun de ses fans, tous ses fans; ***one in every ten houses*** une maison sur dix; ***every now and then*** de temps en temps
ev•ery•bod•y ['evrɪbɑːdɪ] → ***everyone***
ev•ery•day ['evrɪdeɪ] *adj* de tous les jours
ev•ery•one ['evrɪwʌn] *pron* tout le monde; ***everyone who knew him*** tous ceux qui l'ont connu
ev•ery•thing ['evrɪθɪŋ] *pron* tout; ***everything I say*** tout ce que je dis
ev•ery•where ['evrɪwer] *adv* partout; ***everywhere you go*** (*wherever*) partout où tu vas, où que tu ailles (*subj*)
e•vict [ɪ'vɪkt] *v/t* expulser
ev•i•dence ['evɪdəns] preuve(s) *f(pl)*; LAW témoignage *m*; ***give evidence*** témoigner
ev•i•dent ['evɪdənt] *adj* évident
ev•i•dent•ly ['evɪdəntlɪ] *adv* (*clearly*) à l'évidence; (*apparently*) de toute évidence
e•vil ['iːvl] **1** *adj* mauvais, méchant **2** *n* mal *m*
e•voke [ɪ'voʊk] *v/t image* évoquer
ev•o•lu•tion [iːvə'luːʃn] évolution *f*
e•volve [ɪ'vɑːlv] *v/i* évoluer
ewe [juː] brebis *f*
ex- [eks] ex-
ex [eks] F *wife, husband* ex *m/f* F
ex•act [ɪg'zækt] *adj* exact
ex•act•ing [ɪg'zæktɪŋ] *adj* exigeant
ex•act•ly [ɪg'zæktlɪ] *adv* exactement
ex•ag•ge•rate [ɪg'zædʒəreɪt] *v/t & v/i* exagérer
ex•ag•ge•ra•tion [ɪgzædʒə'reɪʃn] exagération *f*
ex•am [ɪg'zæm] examen *m*; ***take an exam*** passer un examen; ***pass / fail an exam*** réussir à/échouer à un examen
ex•am•i•na•tion [ɪgzæmɪ'neɪʃn] examen *m*
ex•am•ine [ɪg'zæmɪn] *v/t* examiner
ex•am•in•er [ɪg'zæmɪnər] EDU examinateur(-trice) *m(f)*
ex•am•ple [ɪg'zæmpl] exemple *m*; ***for example*** par exemple; ***set a good / bad example*** donner / ne pas donner l'exemple

ex•as•pe•rat•ed [ɪgˈzæspəreɪtɪd] *adj* exaspéré
ex•as•pe•rat•ing [ɪgˈzæspəreɪtɪŋ] *adj* exaspérant
ex•ca•vate [ˈekskəveɪt] *v/t* (*dig*) excaver; *of archeologist* fouiller
ex•ca•va•tion [ekskəˈveɪʃn] excavation *f*; *archeological* fouille(s) *f*(*pl*)
ex•ceed [ɪkˈsiːd] *v/t* dépasser; *authority* outrepasser
ex•ceed•ing•ly [ɪkˈsiːdɪŋlɪ] *adv* extrêmement
ex•cel [ɪkˈsel] **1** *v/i* (*pret & pp* **-led**) exceller; ***excel at*** exceller en **2** *v/t*: ***excel o.s.*** se surpasser
ex•cel•lence [ˈeksələns] excellence *f*
ex•cel•lent [ˈeksələnt] *adj* excellent
ex•cept [ɪkˈsept] *prep* sauf; ***except for*** à l'exception de
ex•cep•tion [ɪkˈsepʃn] exception *f*; ***with the exception of*** à l'exception de; ***take exception to*** s'offenser de
ex•cep•tion•al [ɪkˈsepʃnl] *adj* exceptionnel*
ex•cep•tion•al•ly [ɪkˈsepʃnlɪ] *adv* (*extremely*) exceptionnellement
ex•cerpt [ˈeksɜːrpt] extrait *m*
ex•cess [ɪkˈses] **1** *n* excès *m*; ***drink to excess*** boire à l'excès; ***in excess of*** au-dessus de **2** *adj*: ***excess water*** excédent *m* d'eau
ex•cess ˈbag•gage excédent *m* de bagages
ex•cess ˈfare supplément *m*
ex•ces•sive [ɪkˈsesɪv] *adj* excessif*
ex•change [ɪksˈʧeɪndʒ] **1** *n* échange *m*; ***in exchange for*** en échange de **2** *v/t* échanger; ***exchange X for Y*** échanger X contre Y
exˈchange rate FIN cours *m* du change, taux *m* du change
ex•ci•ta•ble [ɪkˈsaɪtəbl] *adj* excitable
ex•cite [ɪkˈsaɪt] *v/t* (*make enthusiastic*) enthousiasmer
ex•cit•ed [ɪkˈsaɪtɪd] *adj* excité; ***get excited*** s'exciter; ***get excited about sth*** *trip etc* être excité à l'idée de qch; *changes etc* être enthousiaste à l'idée de qch
ex•cite•ment [ɪkˈsaɪtmənt] excitation *f*
ex•cit•ing [ɪkˈsaɪtɪŋ] *adj* passionnant
ex•claim [ɪkˈskleɪm] *v/t* s'exclamer
ex•cla•ma•tion [ekskləˈmeɪʃn] exclamation *f*
ex•claˈma•tion point point *m* d'exclamation
ex•clude [ɪkˈskluːd] *v/t* exclure
ex•clud•ing [ɪkˈskluːdɪŋ] *prep* sauf; ***six excluding the children*** six sans compter les enfants; ***open year-round excluding ...*** ouvert toute l'année à l'exclusion de ....
ex•clu•sive [ɪkˈskluːsɪv] *adj hotel, restaurant* huppé; *rights, interview* exclusif*
ex•com•mu•ni•cate [ekskəˈmjuːnɪkeɪt] *v/t* REL excommunier
ex•cru•ci•at•ing [ɪkˈskruːʃɪeɪtɪŋ] *adj pain* atroce
ex•cur•sion [ɪkˈskɜːrʃn] excursion *f*
ex•cuse [ɪkˈskjuːs] **1** *n* excuse *f* **2** *v/t* [ɪkˈskjuːz] excuser; (*forgive*) pardonner; ***excuse X from Y*** dispenser X de Y; ***excuse me*** excusez-moi
ex-diˈrec•to•ry *Br*: ***be ex-directory*** être sur liste rouge
e•x•e•cute [ˈeksɪkjuːt] *v/t criminal, plan* exécuter
ex•e•cu•tion [eksɪˈkjuːʃn] *of criminal, plan* exécution *f*
ex•e•cu•tion•er [eksɪˈkjuːʃnər] bourreau *m*
ex•ec•u•tive [ɪgˈzekjʊtɪv] **1** *n* cadre *m* **2** *adj* de luxe
ex•ec•u•tive ˈbrief•case attaché-case *m*
ex•em•pla•ry [ɪgˈzemplərɪ] *adj* exemplaire *m*
ex•empt [ɪgˈzempt] *adj* exempt; ***be exempt from*** être exempté de
ex•er•cise [ˈeksərsaɪz] **1** *n* exercice *m*; ***take exercise*** prendre de l'exercice **2** *v/t muscle* exercer; *dog* promener; *caution, restraint* user de **3** *v/i* prendre de l'exercice
ˈex•er•cise bike vélo *m* d'appartement
ˈex•er•cise book EDU cahier *m* (d'exercices)
ˈex•er•cise class cours *m* de gymnastique
ex•ert [ɪgˈzɜːrt] *v/t authority* exercer; ***exert o.s.*** se dépenser
ex•er•tion [ɪgˈzɜːrʃn] effort *m*
ex•hale [eksˈheɪl] *v/t* exhaler
ex•haust [ɪgˈzɒːst] **1** *n fumes* gaz *m* d'échappement; *pipe* tuyau *m* d'échappement **2** *v/t* (*tire, use up*) épuiser
ex•haust•ed [ɪgˈzɒːstɪd] *adj* (*tired*) épuisé
exˈhaust fumes *npl* gaz *mpl* d'échappement
ex•haust•ing [ɪgˈzɒːstɪŋ] *adj* épuisant
ex•haus•tion [ɪgˈzɒːsʧn] épuisement *m*
ex•haus•tive [ɪgˈzɒːstɪv] *adj* exhaustif*
exˈhaust pipe tuyau *m* d'échappement
ex•hib•it [ɪgˈzɪbɪt] **1** *n in exhibition* objet *m* exposé **2** *v/t of artist* exposer; (*give evidence of*) montrer
ex•hi•bi•tion [eksɪˈbɪʃn] exposition *f*; *of bad behavior* étalage *m*; *of skill* démonstration *f*
ex•hi•bi•tion•ist [eksɪˈbɪʃnɪst] exhibitionniste *m/f*

E

ex•hil•a•rat•ing [ɪg'zɪləreɪtɪŋ] *adj weather* vivifiant; *sensation* grisant
ex•ile ['eksaɪl] **1** *n* exil *m*; *person* exilé(e) *m(f)* **2** *v/t* exiler
ex•ist [ɪg'zɪst] *v/i* exister; ***exist on*** subsister avec
ex•ist•ence [ɪg'zɪstəns] existence *f*; ***be in existence*** exister; ***come into existence*** être créé, naître
ex•ist•ing [ɪg'zɪstɪŋ] *adj* existant
ex•it ['eksɪt] **1** *n* sortie *f* **2** *v/i* COMPUT sortir
ex•on•e•rate [ɪg'zɑːnəreɪt] *v/t* (*clear*) disculper
ex•or•bi•tant [ɪg'zɔːrbɪtənt] *adj* exorbitant
ex•ot•ic [ɪg'zɑːtɪk] *adj* exotique
ex•pand [ɪk'spænd] **1** *v/t* étendre, développer **2** *v/i of population* s'accroître, augmenter; *of business, city* se développer, s'étendre; *of metal, gas* se dilater
◆ **expand on** *v/t* s'étendre sur
ex•panse [ɪk'spæns] étendue *f*
ex•pan•sion [ɪk'spænʃn] *of business, city* développement *m*, extension *f*; *of population* accroissement *m*, augmentation *f*; *of metal, gas* dilatation *f*
ex•pat•ri•ate [eks'pætrɪət] **1** *adj* expatrié **2** *n* expatrié(e) *m(f)*
ex•pect [ɪk'spekt] **1** *v/t also baby* attendre; (*suppose*) penser, croire; (*demand*) exiger, attendre (***from sth*** de qch) **2** *v/i*: ***be expecting*** attendre un bébé; ***I expect so*** je pense que oui
ex•pec•tant [ɪk'spektənt] *adj crowd, spectators* impatient; *silence* d'expectative
ex•pec•tant 'moth•er future maman *f*
ex•pec•ta•tion [ekspek'teɪʃn] attente *f*, espérance *f*; ***expectations*** (*demands*) exigence *f*
ex•pe•dient [ɪk'spiːdɪənt] *adj* opportun, pratique
ex•pe•di•tion [ekspɪ'dɪʃn] expédition *f*
ex•pel [ɪk'spel] *v/t* (*pret & pp* ***-led***) *person* expulser
ex•pend [ɪk'spend] *v/t energy* dépenser
ex•pend•a•ble [ɪk'spendəbl] *adj person* pas indispensable, pas irremplaçable
ex•pen•di•ture [ɪk'spendɪʧər] dépenses *fpl* (***on*** de)
ex•pense [ɪk'spens] dépense *f*; ***at vast expense*** à grands frais; ***at the company's expense*** aux frais *mpl* de la compagnie; ***a joke at my expense*** une plaisanterie à mes dépens; ***at the expense of his health*** aux dépens de sa santé
ex'pense ac•count note *f* de frais
ex•pen•ses [ɪk'spensɪz] *npl* frais *mpl*
ex•pen•sive [ɪk'spensɪv] *adj* cher*
ex•pe•ri•ence [ɪk'spɪrɪəns] **1** *n* expérience *f* **2** *v/t pain, pleasure* éprouver; *problem, difficulty* connaître
ex•pe•ri•enced [ɪk'spɪrɪənst] *adj* expérimenté
ex•per•i•ment [ɪk'sperɪmənt] **1** *n* expérience *f* **2** *v/i* faire des expériences; ***experiment on*** *animals* faire des expériences sur; ***experiment with*** (*try out*) faire l'expérience de
ex•per•i•men•tal [ɪksperɪ'mentl] *adj* expérimental
ex•pert ['ekspɜːrt] **1** *adj* expert **2** *n* expert(e) *m(f)*
ex•pert ad'vice conseil *m* d'expert
ex•pert•ise [ekspɜːr'tiːz] savoir-faire *m*
ex•pi'ra•tion date date *f* d'expiration
ex•pire [ɪk'spaɪr] *v/i* expirer
ex•pi•ry [ɪk'spaɪrɪ] expiration *f*
ex•plain [ɪk'spleɪn] *v/t & v/i* expliquer
ex•pla•na•tion [eksplə'neɪʃn] explication *f*
ex•plan•a•to•ry [eksplænətɔːrɪ] *adj* explicatif*
ex•plic•it [ɪk'splɪsɪt] *adj instructions* explicite
ex•plic•it•ly [ɪk'splɪsɪtlɪ] *adv state, forbid* explicitement
ex•plode [ɪk'sploʊd] **1** *v/i of bomb, fig* exploser **2** *v/t bomb* faire exploser
ex•ploit[1] ['eksplɔɪt] *n* exploit *m*
ex•ploit[2] [ɪk'splɔɪt] *v/t person, resources* exploiter
ex•ploi•ta•tion [eksplɔɪ'teɪʃn] *of person* exploitation *f*
ex•plo•ra•tion [eksplə'reɪʃn] exploration *f*
ex•plor•a•to•ry [ɪk'splɑːrətərɪ] *adj surgery* exploratoire
ex•plore [ɪk'splɔːr] *v/t country, possibility* explorer
ex•plo•rer [ɪk'splɔːrər] explorateur (-trice) *m(f)*
ex•plo•sion [ɪk'sploʊʒn] *also in population* explosion *f*
ex•plo•sive [ɪk'sploʊsɪv] *n* explosif *m*
ex•port ['ekspɔːrt] **1** *n* exportation *f* **2** *v/t also* COMPUT exporter
'ex•port cam•paign campagne *f* export
ex•port•er [eks'pɔːrtər] exportateur (-trice) *m(f)*
ex•pose [ɪk'spoʊz] *v/t* (*uncover*) mettre à nu; *scandal* dévoiler; *person* démasquer; ***expose X to Y*** exposer X à Y
ex•po•sure [ɪk'spoʊʒər] exposition *f*; MED effets *mpl* du froid; *of dishonest behaviour* dénonciation *f*; PHOT pose *f*; *in media* couverture *f*
ex•press [ɪk'spres] **1** *adj* (*fast*) express;

(*explicit*) formel*, explicite **2** *n train, bus* express *m* **3** *v/t* exprimer; ***express o.s. well / clearly*** s'exprimer bien / clairement; ***express o.s.*** (*emotionally*) s'exprimer
ex'press el•e•va•tor ascenseur *m* sans arrêt
ex•pres•sion [ɪk'spreʃn] expression *f*
ex•pres•sive [ɪk'spresɪv] *adj* expressif*
ex•press•ly [ɪk'spreslɪ] *adv* (*explicitly*) formellement, expressément; (*deliberately*) exprès
ex•press•way [ɪk'spreswei] voie *f* express
ex•pul•sion [ɪk'spʌlʃn] expulsion *f*
ex•qui•site [ek'skwɪzɪt] *adj* (*beautiful*) exquis
ex•tend [ɪk'stend] **1** *v/t house, garden* agrandir; *search* étendre (***to*** à); *runway, contract, visa* prolonger; *thanks, congratulations* présenter **2** *v/i of garden etc* s'étendre
ex•ten•sion [ɪk'stenʃn] *to house* agrandissement *m*; *of contract, visa* prolongation *f*; TELEC poste *m*
ex'ten•sion ca•ble rallonge *f*
ex•ten•sive [ɪk'stensɪv] *adj search, knowledge* vaste, étendu; *damage, work* considérable
ex•tent [ɪk'stent] étendue *f*, ampleur *f*; ***to such an extent that*** à tel point que; ***to a certain extent*** jusqu'à un certain point
ex•ten•u•at•ing cir•cum•stan•ces [ɪk'stenʊeɪtɪŋ] *npl* circonstances *fpl* atténuantes
ex•te•ri•or [ɪk'stɪrɪər] **1** *adj* extérieur **2** *n of building* extérieur *m*; *of person* dehors *mpl*
ex•ter•mi•nate [ɪk'stɜːrmɪneɪt] *v/t* exterminer
ex•ter•nal [ɪk'stɜːrnl] *adj* (*outside*) extérieur
ex•tinct [ɪk'stɪŋkt] *adj species* disparu
ex•tinc•tion [ɪk'stɪŋkʃn] *of species* extinction *f*
ex•tin•guish [ɪk'stɪŋgwɪʃ] *v/t fire, cigarette* éteindre
ex•tin•guish•er [ɪk'stɪŋgwɪʃər] extincteur *m*
ex•tort [ɪk'stɔːrt] *v/t* extorquer; ***extort money from s.o.*** extorquer de l'argent à qn
ex•tor•tion [ɪk'stɔːrʃn] extortion *f*
ex•tor•tion•ate [ɪk'stɔːrʃənət] *adj prices* exorbitant
ex•tra ['ekstrə] **1** *n* extra *m* **2** *adj* (*spare*) de rechange; (*additional*) en plus, supplémentaire; ***be extra*** (*cost more*) être en supplément **3** *adv* ultra-
ex•tra 'charge supplément *m*
ex•tract[1] ['ekstrækt] *n* extrait *m*
ex•tract[2] [ɪk'strækt] *v/t* extraire; *tooth also* arracher; *information* arracher
ex•trac•tion [ɪk'strækʃn] extraction *f*
ex•tra•dite ['ekstrədaɪt] *v/t* extrader
ex•tra•di•tion [ekstrə'dɪʃn] extradition *f*
ex•tra'di•tion trea•ty accord *m* d'extradition
ex•tra•mar•i•tal [ekstrə'mærɪtl] *adj* extraconjugal
ex•tra•or•di•nar•i•ly [ɪkstrə'ɔːrdn'erɪlɪ] *adv* extraordinairement
ex•tra•or•di•na•ry [ɪkstrə'ɔːrdnerɪ] *adj* extraordinaire
ex•tra 'time *Br* SP prolongation(s) *f*(*pl*)
ex•trav•a•gance [ɪk'strævəgəns] dépenses *fpl* extravagantes; *single act* dépense *f* extravagante
ex•trav•a•gant [ɪk'strævəgənt] *adj person* dépensier*; *price* exorbitant; *claim* excessif*
ex•treme [ɪk'striːm] **1** *n* extrême *m* **2** *adj* extrême
ex•treme•ly [ɪk'striːmlɪ] *adv* extrêmement
ex•trem•ist [ɪk'striːmɪst] extrémiste *m/f*
ex•tri•cate ['ekstrɪkeɪt] *v/t* dégager, libérer (***from*** de)
ex•tro•vert ['ekstrəvɜːrt] **1** *n* extraverti(e) *m*(*f*) **2** *adj* extraverti
ex•u•be•rant [ɪg'zuːbərənt] *adj* exubérant
ex•ult [ɪg'zʌlt] *v/i* exulter
eye [aɪ] **1** *n* œil *m*; *of needle* trou *m*; ***have blue eyes*** avoir les yeux bleus; ***keep an eye on*** surveiller; ***in my eyes*** à mes yeux **2** *v/t* regarder
'eye•ball globe *m* oculaire
'eye•brow sourcil *m*
'eye-catch•ing *adj* accrocheur*
'eye•glasses lunettes *fpl*
'eye•lash cil *m*
'eye•lid paupière *f*
'eye•lin•er eye-liner *m*
'eye•sha•dow ombre *f* à paupières
'eye•sight vue *f*
'eye•sore horreur *f*
'eye strain fatigue *f* des yeux
'eye•wit•ness témoin *m* oculaire

F

F *abbr* (**= *Fahrenheit***) F (= Fahrenheit)
fab•ric ['fæbrɪk] (*material*) tissu *m*
fab•u•lous ['fæbjʊləs] *adj* fabuleux*
fab•u•lous•ly ['fæbjʊləslɪ] *adv* fabuleusement
fa•çade [fə'sɑːd] *of building, person* façade *f*
face [feɪs] **1** *n* visage *m*, figure *f*; *of mountain* face *f*; ***face to face*** en personne; ***lose face*** perdre la face **2** *v/t person, sea* faire face à
◆ **face up to** *v/t bully* affronter; *responsibilities* faire face à
'**face•cloth** gant *m* de toilette
'**face•lift** lifting *m*; ***the building / area has been given a facelift*** le bâtiment / quartier a été complètement refait
'**face pack** masque *m* de beauté
face 'val•ue: ***take sth at face value*** juger qch sur les apparences
fa•cial ['feɪʃl] *n* soin *m* du visage
fa•cil•i•tate [fə'sɪlɪteɪt] *v/t* faciliter
fa•cil•i•ties [fə'sɪlətɪz] *npl of school, town etc* installations *fpl*; (*equipment*) équipements *mpl*
fact [fækt] fait *m*; ***in fact, as a matter of fact*** en fait
faction ['fækʃn] faction *f*
fac•tor ['fæktər] facteur *m*
fac•to•ry ['fæktərɪ] usine *f*
fact•u•al ['fæktjʊəl] *adj* factuel*
fac•ul•ty ['fækəltɪ] (*hearing etc*), *at university* faculté *f*
fad [fæd] lubie *f*
fade [feɪd] *v/i of colors* passer
fad•ed ['feɪdɪd] *adj color, jeans* passé
fag [fæg] *pej* F (*homosexual*) pédé *m* F
Fahr•en•heit ['færənhaɪt] *adj* Fahrenheit
fail [feɪl] **1** *v/i* échouer **2** *n*: ***without fail*** sans faute
fail•ing ['feɪlɪŋ] *n* défaut *m*, faiblesse *f*
fail•ure ['feɪljər] échec *m*; ***feel a failure*** avoir l'impression de ne rien valoir
faint [feɪnt] **1** *adj* faible, léger* **2** *v/i* s'évanouir
faint•ly ['feɪntlɪ] *adv* légèrement
fair[1] [fer] *n* (*funfair*), COMM foire *f*
fair[2] [fer] *adj hair* blond; *complexion* blanc*
fair[3] [fer] *adj* (*just*) juste, équitable; ***it's not fair*** ce n'est pas juste
fair•ly ['ferlɪ] *adv treat* équitablement; (*quite*) assez
fair•ness ['fernɪs] *of treatment* équité *f*
fai•ry ['ferɪ] fée *f*
'**fai•ry tale** conte *m* de fées
faith [feɪθ] *also* REL foi *f*; ***the Catholic faith*** la religion catholique
faith•ful ['feɪθfl] *adj* fidèle
faith•ful•ly ['feɪθflɪ] *adv* fidèlement; ***Yours faithfully*** *Br* veuillez agréer l'expression de mes salutations distinguées
fake [feɪk] **1** *n* (article *m*) faux *m* **2** *adj* faux*; *suicide attempt* simulé **3** *v/t* (*forge*) falsifier; (*feign*) feindre; *suicide, kidnap* simuler
fall[1] [fɒːl] *n season* automne *m*
fall[2] [fɒːl] **1** *v/i* (*pret* ***fell***, *pp* ***fallen***) *of person, government, night* tomber; *of prices, temperature* baisser; ***it falls on a Tuesday*** ça tombe un mardi; ***fall ill*** tomber malade **2** *n of person, government, minister* chute *f*; *in price, temperature* baisse *f*
◆ **fall back on** *v/t* se rabattre sur
◆ **fall behind** *v/i with work, studies* prendre du retard
◆ **fall down** *v/i of person* tomber (par terre); *of wall, building* s'effonder
◆ **fall for** *v/t person* tomber amoureux de; (*be deceived by*) se laisser prendre à
◆ **fall out** *v/i of hair* tomber; (*argue*) se brouiller
◆ **fall over** *v/i of person, tree* tomber (par terre)
◆ **fall through** *v/i of plans* tomber à l'eau
fal•len ['fɒːlən] *pp* → ***fall***
fal•li•ble ['fæləbl] *adj* faillible
'**fallout** retombées *fpl* (radioactives)
false [fɒːls] *adj* faux*
false a'larm fausse alarme *f*
false•ly ['fɒːlslɪ] *adv*: ***be falsely accused of sth*** être accusé à tort de qch
false 'start *in race* faux départ *m*
false 'teeth *npl* fausses dents *fpl*
fal•si•fy ['fɒːlsɪfaɪ] *v/t* (*pret & pp* ***-ied***) falsifier
fame [feɪm] célébrité *f*
fa•mil•i•ar [fə'mɪljər] *adj* familier*; ***be familiar with sth*** bien connaître qch; ***that looks / sounds familiar*** ça me dit quelque chose
fa•mil•i•ar•i•ty [fəmɪlɪ'ærɪtɪ] *with subject etc* (bonne) connaissance *f* (***with*** de)
fa•mil•i•ar•ize [fə'mɪljəraɪz] *v/t* familiariser; ***familiarize o.s. with*** se familiariser avec
fam•i•ly ['fæməlɪ] famille *f*
fam•i•ly 'doc•tor médecin *m* de famille

fam•i•ly 'name nom *m* de famille
fam•i•ly 'plan•ning planning *m* familial
fam•i•ly 'plan•ning clin•ic centre *m* de planning familial
fam•i•ly 'tree arbre *m* généalogique
fam•ine ['fæmɪn] famine *f*
fam•ished ['fæmɪʃt] *adj* F affamé
fa•mous ['feɪməs] *adj* célèbre
fan[1] [fæn] *n in sport* fana *m/f* F; *of singer, band* fan *m/f*
fan[2] [fæn] **1** *n for cooling*: *electric* ventilateur *m*; *handheld* évantail *m* **2** *v/t* (*pret & pp* **-ned**): ***fan o.s.*** s'éventer
fa•nat•ic [fə'nætɪk] *n* fanatique *m/f*
fa•nat•i•cal [fə'nætɪkl] *adj* fanatique
fa•nat•i•cism [fə'nætɪsɪzm] fanatisme *m*
'fan belt MOT courroie *f* de ventilateur
'fan club fan-club *m*
fan•cy ['fænsɪ] *adj restaurant* huppé
fan•cy 'dress déguisement *m*
fan•cy-'dress par•ty fête *f* déguisée
fang [fæŋ] *of dog* croc *m*; *of snake* crochet *m*
'fan mail courrier *m* des fans
fan•ta•size ['fæntəsaɪz] *v/i* fantasmer (***about*** sur)
fan•tas•tic [fæn'tæstɪk] *adj* fantastique
fan•tas•tic•al•ly [fæn'tæstɪklɪ] *adv* (*extremely*) fantastiquement
fan•ta•sy ['fæntəsɪ] *hopeful* rêve *m*; *unrealistic, sexual* fantasme *m*; ***the realm of fantasy*** le domaine de l'imaginaire
fan•zine ['fænzi:n] fanzine *m*
far [fɑ:r] *adv* loin; (*much*) bien; ***far away*** très loin; ***how far is it?*** c'est loin?, c'est à quelle distance?; ***how far have you got in …?*** où en êtes-vous dans …?; ***as far as the corner / hotel*** jusqu'au coin / jusqu'à l'hôtel; ***as far as I know*** pour autant que je sache; ***you've gone too far*** *in behavior* tu vas trop loin; ***so far so good*** tout va bien pour le moment
farce [fɑ:rs] farce *f*
fare [fer] *n for ticket* prix *m* du billet; *for taxi* prix *m*
Far 'East Extrême-Orient *m*
fare•well [fer'wel] *n* adieu *m*
fare'well par•ty fête *f* d'adieu
far•fetched [fɑ:r'fetʃt] *adj* tiré par les cheveux
farm [fɑ:rm] *n* ferme *f*
farm•er ['fɑ:rmər] fermier(-ière) *m(f)*
'farm•house (maison *f* de) ferme *f*
farm•ing ['fɑ:rmɪŋ] *n* agriculture *f*
'farm•work•er ouvrier(-ière) *m(f)* agricole
'farm•yard cour *f* de ferme
far-'off *adj* lointain, éloigné
far•sight•ed [fɑ:r'saɪtɪd] *adj* prévoyant; *visually* hypermétrope
fart [fɑ:rt] **1** *n* F pet *m* **2** *v/i* F péter
far•ther ['fɑ:rðər] *adv* plus loin
far•thest ['fɑ:rðəst] *adv travel etc* le plus loin
fas•ci•nate ['fæsɪneɪt] *v/t* fasciner
fas•ci•nat•ing ['fæsɪneɪtɪŋ] *adj* fascinant
fas•ci•na•tion [fæsɪ'neɪʃn] fascination *f*
fas•cism ['fæʃɪzm] fascisme *m*
fas•cist ['fæʃɪst] **1** *n* fasciste *m/f* **2** *adj* fasciste
fash•ion ['fæʃn] *n* mode *f*; (*manner*) manière *f*, façon *f*; ***in fashion*** à la mode; ***out of fashion*** démodé
fash•ion•a•ble ['fæʃnəbl] *adj* à la mode
fash•ion•a•bly ['fæʃnəblɪ] *adv* à la mode
'fash•ion-con•scious *adj* au courant de la mode
'fash•ion de•sign•er créateur(-trice) *m(f)* de mode
'fash•ion mag•a•zine magazine *m* de mode
'fash•ion show défilé *m* de mode
fast[1] [fæst] **1** *adj* rapide; ***be fast*** *of clock* avancer **2** *adv* vite; ***stuck fast*** coincé; ***be fast asleep*** dormir à poings fermés
fast[2] [fæst] *n* (*not eating*) jeûne *m*
fas•ten ['fæsn] **1** *v/t* attacher; *lid, window* fermer; ***fasten sth onto sth*** attacher qch à qch **2** *v/i of dress etc* s'attacher
fas•ten•er ['fæsnər] *for dress* agrafe *f*; *for lid* fermeture *f*
fast 'food fast-food *m*
fast-food 'res•tau•rant fast-food *m*
fast 'for•ward 1 *n on video etc* avance *f* rapide **2** *v/i* avancer
'fast lane *on road* voie *f* rapide; ***live in the fast lane*** *fig*: *of life* vivre à cent à l'heure
'fast train train *m* rapide
fat [fæt] **1** *adj* gros* **2** *n on meat* gras *m*; *for baking* graisse *f*; *food category* lipide *m*; ***95% fat free*** allégé à 5% de matières grasses
fa•tal ['feɪtl] *adj also error* fatal
fa•tal•i•ty [fə'tælətɪ] accident *m* mortel; ***there were no fatalities*** il n'y a pas eu de morts
fa•tal•ly ['feɪtəlɪ] *adv*: fatalement; ***fatally injured*** mortellement blessé
fate [feɪt] destin *m*
fat•ed ['feɪtɪd] *adj*: ***be fated to do sth*** être destiné à faire qch
fa•ther ['fɑ:ðər] *n* père *m*; ***Father Martin*** REL le père Martin
Fa•ther 'Christ•mas *Br* le père *m* Noël
fa•ther•hood ['fɑ:ðərhʊd] paternité *f*
'fa•ther-in-law (*pl* ***fathers-in-law***) beau-père *m*
fa•ther•ly ['fɑ:ðərlɪ] *adj* paternel*

fath•om ['fæðəm] *n* NAUT brasse *f*
◆ **fathom out** *v/t fig* comprendre
fa•tigue [fə'tiːg] *n* fatigue *f*
fat•so ['fætsoʊ] *n* F gros(se) *m(f)*; ***hey, fatso!*** hé, gros lard! F
fat•ten ['fætn] *v/t animal* engraisser
fat•ty ['fætɪ] **1** *adj* adipeux* **2** *n* F *person* gros(se) *m(f)*
fau•cet ['fɒːsɪt] robinet *m*
fault [fɒːlt] *n* (*defect*) défaut *m*; ***it's your / my fault*** c'est de ta / ma faute; ***find fault with*** trouver à redire à
fault•less ['fɒːltlɪs] *adj* impeccable
fault•y ['fɒːltɪ] *adj goods* défectueux*
fa•vor ['feɪvər] **1** *n* faveur *f*; ***do s.o. a favor*** rendre (un) service à qn; ***do me a favor!*** (*don't be stupid*) tu plaisantes!; ***in favor of*** *resign, withdraw* en faveur de; ***be in favor of*** être en faveur de **2** *v/t* (*prefer*) préférer
fa•vo•ra•ble ['feɪvərəbl] *adj reply etc* favorable (***to*** à)
fa•vo•rite ['feɪvərɪt] **1** *n person* préféré(e) *m(f)*; *food* plat *m* préféré; *in race, competition* favori(te) *m(f)*; ***that's my favorite*** c'est ce que je préfère **2** *adj* préféré
fa•vor•it•ism ['feɪvrɪtɪzm] favoritisme *m*
fax [fæks] **1** *n* fax *m*; ***by fax*** par fax **2** *v/t* faxer; ***fax sth to s.o.*** faxer qch à qn
FBI [efbiː'aɪ] *abbr* (***= Federal Bureau of Investigation***) F.B.I. *m*
fear [fɪr] **1** *n* peur *f* **2** *v/t* avoir peur de
fear•less ['fɪrlɪs] *adj* sans peur
fear•less•ly ['fɪrlɪslɪ] *adv* sans peur
fea•si•bil•i•ty stud•y [fiːzə'bɪlətɪ] étude *f* de faisabilité
fea•si•ble ['fiːzəbl] *adj* faisable
feast [fiːst] *n* festin *m*
'feast day REL fête *f*
feat [fiːt] exploit *m*
fea•ther ['feðər] plume *f*
fea•ture ['fiːʧər] **1** *n on face* trait *m*; *of city, building, style* caractéristique *f*; *article in paper* chronique *f*; *movie* long métrage *m*; ***make a feature of*** mettre en valeur **2** *v/t of movie* mettre en vedette
'fea•ture film long métrage *m*
Feb•ru•a•ry ['februərɪ] février *m*
fed [fed] *pret & pp* → ***feed***
fed•e•ral ['fedərəl] *adj* fédéral
fed•e•ra•tion [fedə'reɪʃn] fédération *f*
fed 'up *adj* F: ***be fed up with*** en avoir ras-le-bol de F
fee [fiː] *of lawyer, doctor etc* honoraires *mpl*; *for entrance, membership* frais *mpl*
fee•ble ['fiːbl] *adj* faible
feed [fiːd] *v/t* (*pret & pp* ***fed***) nourrir
'feed•back réactions *fpl*; ***we need more customer feedback*** nous devons connaître mieux l'avis de nos clients
feel [fiːl] **1** *v/t* (*pret & pp* ***felt***) (*touch*) toucher; (*sense*) sentir; *pain, pleasure, sensation* ressentir; (*think*) penser **2** *v/i*: ***it feels like silk / cotton*** on dirait de la soie / du coton; ***your hand feels hot / cold*** vos mains sont chaudes / froides; ***I feel hungry / tired*** j'ai faim / je suis fatigué; ***how are you feeling today?*** comment vous sentez-vous aujourd'hui?; ***how does it feel to be rich?*** qu'est-ce que ça fait d'être riche?; ***do you feel like a drink / meal?*** est-ce que tu as envie de boire / manger quelque chose?; ***I feel like leaving / staying*** j'ai envie de m'en aller / rester; ***I don't feel like it*** je n'en ai pas envie
◆ **feel up to** *v/t* se sentir capable de (doing sth faire qch); ***I don't feel up to it*** je ne m'en sens pas capable
feel•er ['fiːlər] *of insect* antenne *f*
'feel•good fac•tor sentiment *m* de bien-être
feel•ing ['fiːlɪŋ] (*emotional, mental*) sentiment *m*; (*sensation*) sensation *f*; ***what are your feelings about it?*** quels sont tes sentiments là-dessus?; ***I have mixed feelings about him*** je ne sais pas quoi penser de lui
feet [fiːt] *pl* → ***foot***
fe•line ['fiːlaɪn] *adj* félin
fell [fel] *pret* → ***fall***
fel•la ['felə] F mec *m* F; ***listen, fella*** écoute mon vieux
fel•low ['feloʊ] *n* (*man*) type *m*
fel•low 'cit•i•zen *n* concitoyen(ne) *m(f)*
fel•low 'coun•try•man *n* compatriote *m/f*
fel•low 'man prochain *m*
fel•o•ny ['felənɪ] crime *m*
felt[1] [felt] *pret & pp* → ***feel***
felt[2] [felt] *n* feutre *m*
felt 'tip, felt tip 'pen stylo *m* feutre
fe•male ['fiːmeɪl] **1** *adj animal, plant* femelle; *relating to people* féminin **2** *n of animals, plants* femelle *f*; *person* femme *f*; F (*woman*) nana *f* F
fem•i•nine ['femɪnɪn] **1** *adj* féminin **2** *n* GRAM féminin *m*
fem•i•nism ['femɪnɪzm] féminisme *m*
fem•i•nist ['femɪnɪst] **1** *n* féministe *m/f* **2** *adj* féministe
fence [fens] *n around garden etc* barrière *f*, clôture *f*; F *criminal* receleur(-euse) *m(f)*; ***sit on the fence*** *fig* ne pas se prononcer, attendre de voir d'où vient le vent
◆ **fence in** *v/t land* clôturer
fenc•ing ['fensɪŋ] SP escrime *f*
fend [fend] *v/i*: ***fend for o.s.*** se débrouil-

ler tout seul
fend•er ['fendər] MOT aile *f*
fer•ment¹ [fər'ment] *v/i of liquid* fermenter
fer•ment² ['fɜːrment] *n* (*unrest*) effervescence *f*; agitation *f*
fer•men•ta•tion [fɜːrmen'teɪʃn] fermentation *f*
fern [fɜːrn] fougère *f*
fe•ro•cious [fə'roʊʃəs] *adj* féroce
fer•ry ['ferɪ] *n* ferry *m*
fer•tile ['fɜːrtl] *adj* fertile
fer•til•i•ty [fɜːr'tɪlətɪ] fertilité *f*
fer'til•i•ty drug médicament *m* contre la stérilité
fer•ti•lize ['fɜːrtəlaɪz] *v/t ovum* féconder
fer•ti•liz•er ['fɜːrtəlaɪzər] *for soil* engrais *m*
fer•vent ['fɜːrvənt] *adj admirer* fervent
fer•vent•ly ['fɜːrvəntlɪ] *adv* avec ferveur
fes•ter ['festər] *v/i of wound* suppurer; *fig*: *of ill will etc* s'envenimer
fes•ti•val ['festɪvl] festival *m*
fes•tive ['festɪv] *adj* de fête; ***the festive season*** la saison des fêtes
fes•tiv•i•ties [fe'stɪvətɪz] *npl* festivités *fpl*
fe•tal ['fiːtl] *adj* fœtal
fetch [fetʃ] *v/t* (*go and fetch*) aller chercher (***from*** à); (*come and fetch*) venir chercher (***from*** à); *price* atteindre
fetch•ing ['fetʃɪŋ] *adj* séduisant
fe•tus ['fiːtəs] fœtus *m*
feud [fjuːd] **1** *n* querelle *f* **2** *v/i* se quereller
fe•ver ['fiːvər] fièvre *f*
fe•ver•ish ['fiːvərɪʃ] *adj also fig* fiévreux*
few [fjuː] **1** *adj* ◇ (*not many*) peu de; ***he has so few friends*** il a tellement peu d'amis
◇ : ***a few …*** quelques; ***quite a few, a good few*** (*a lot*) beaucoup de **2** *pron* ◇ (*not many*) peu; ***few of them*** peu d'entre eux
◇ : ***a few*** quelques-un(e)s *m*(*f*); ***quite a few, a good few*** beaucoup **3** *npl*: ***the few who …*** les quelques *or* rares personnes qui …
few•er ['fjuːər] *adj* moins de; ***fewer than …*** moins de
few•est ['fjuːəst] *adj* le moins de
fi•an•cé [fɪ'ɑːnseɪ] fiancé *m*
fi•an•cée [fɪ'ɑːnseɪ] fiancée *f*
fi•as•co [fɪ'æskoʊ] fiasco *m*
fib [fɪb] *n* petit mensonge *m*
fi•ber ['faɪbər] *n* fibre *f*
'fi•ber•glass *n* fibre *f* de verre
fi•ber 'op•tic *adj* en fibres optiques
fi•ber 'op•tics *npl* fibres *fpl* optiques; *nsg technology* technologie *f* des fibres optiques
fi•bre *Br* → ***fiber***
fick•le ['fɪkl] *adj* inconstant, volage
fic•tion ['fɪkʃn] (*novels*) romans *mpl*; (*made-up story*) fiction *f*
fic•tion•al ['fɪkʃnl] *adj character* de roman
fic•ti•tious [fɪk'tɪʃəs] *adj* fictif*
fid•dle ['fɪdl] **1** *n* F (*violin*) violon *m*; ***it's a fiddle*** (*cheat*) c'est une magouille F **2** *v/i*: ***fiddle with*** tripoter; ***fiddle around with*** tripoter **3** *v/t accounts, results* truquer
fi•del•i•ty [fɪ'delətɪ] fidélité *f*
fid•get ['fɪdʒɪt] *v/i* remuer, gigoter F
fid•get•y ['fɪdʒɪtɪ] *adj* remuant
field [fiːld] champ *m*; *for sport* terrain *m*; (*competitors in race*) concurrent(e)s *m*(*f*)*pl*; *of research, knowledge etc* domaine *m*; ***there's a strong field for the 1500m*** il y a une forte concurrence pour le 1500 mètres; ***that's not my field*** ce n'est pas de mon domaine
field•er ['fiːldər] *in baseball* joueur *m* de champ, défenseur *m*
'field e•vents *npl* concours *mpl*
'field work recherche(s) *f*(*pl*) de terrain
fierce [fɪrs] *adj animal* féroce; *wind, storm* violent
fierce•ly ['fɪrslɪ] *adv* avec férocité
fi•er•y ['faɪrɪ] *adj* ardent, fougueux*
fif•teen [fɪf'tiːn] quinze
fif•teenth [fɪf'tiːnθ] quinzième;→ ***fifth***
fifth [fɪfθ] cinquième; ***May fifth***, *Br* ***the fifth of May*** le cinq mai
fifth•ly ['fɪfθlɪ] *adv* cinquièmement
fif•ti•eth ['fɪftɪɪθ] cinquantième
fif•ty ['fɪftɪ] cinquante
fif•ty-'fif•ty *adv* moitié-moitié
fig [fɪg] figue *f*
fight [faɪt] **1** *n* MIL, *in boxing* combat *m*; (*argument*) dispute *f*; *fig*: *for survival, championship etc* lutte *f* (***for*** pour) **2** *v/t* (*pret & pp* ***fought***) *enemy, person* combattre; *in boxing* se battre contre; *disease, injustice* lutter contre **3** *v/i* se battre; (*argue*) se disputer
◆ **fight for** *v/t rights, cause* se battre pour
fight•er ['faɪtər] combattant(e) *m*(*f*); (*airplane*) avion *m* de chasse; (*boxer*) boxeur *m*; ***she's a fighter*** c'est une battante
fight•ing ['faɪtɪŋ] *n physical* combat *m*; *verbal* dispute *f*
fig•ment ['fɪgmənt]: ***it's just a figment of your imagination*** ce n'est qu'un produit de ton imagination
fig•u•ra•tive ['fɪgjərətɪv] *adj use of word* figuré; *art* figuratif*
fig•ure ['fɪgjər] **1** *n* (*digit*) chiffre *m*; *of person* ligne *f*; (*form, shape*) figure *f*; (*human form*) silhouette *f*; ***bad for your figure*** mauvais pour la ligne **2** *v/t* F

(*think*) penser
◆ **figure on** *v/t* F (*plan*) compter; ***be figuring on doing sth*** compter faire qch
◆ **figure out** *v/t* (*understand*) comprendre; *calculation* calculer
'**fig•ure skat•er** patineur(-euse) *m*(*f*) artistique
'**fig•ure skat•ing** patinage *m* artistique
file[1] [faɪl] **1** *n of documents* dossier *m*, classeur *m*; COMPUT fichier *m* **2** *v/t documents* classer
◆ **file away** *v/t documents* classer
◆ **file for** *v/t divorce* demander
file[2] [faɪl] *n for wood, fingernails* lime *f*
'**file cab•i•net** classeur *m*
'**file man•ag•er** COMPUT gestionnaire *m* de fichiers
fi•li•al ['fɪlɪəl] *adj* filial
fill [fɪl] **1** *v/t* remplir; *tooth* plomber; *prescription* préparer **2** *n*: ***eat one's fill*** manger à sa faim
◆ **fill in** *v/t form* remplir; *hole* boucher; ***fill s.o. in*** mettre qn au courant (***on sth*** de qch)
◆ **fill in for** *v/t* remplacer
◆ **fill out 1** *v/t form* remplir **2** *v/i* (*get fatter*) grossir
◆ **fill up 1** *v/t* remplir (jusqu'au bord) **2** *v/i of stadium, theater* se remplir
fil•let ['fɪlɪt] *n* filet *m*
fil•let 'steak filet *m* de bœuf
fill•ing ['fɪlɪŋ] **1** *n in sandwich* garniture *f*; *in tooth* plombage *m* **2** *adj food* nourrissant
'**fill•ing sta•tion** station-service *f*
film [fɪlm] **1** *n for camera* pellicule *f*; (*movie*) film *m* **2** *v/t person, event* filmer
'**film-mak•er** réalisateur(-trice) *m*(*f*) de films
'**film star** star *f* de cinéma
'**film stu•di•o** studio *m* de cinéma
fil•ter ['fɪltər] **1** *n* filtre *m* **2** *v/t coffee, liquid* filtrer
◆ **filter through** *v/i of news reports* filtrer
'**fil•ter pa•per** papier-filtre *m*
'**fil•ter tip** (*cigarette*) filtre *m*
filth [fɪlθ] saleté *f*
filth•y ['fɪlθɪ] *adj* sale; *language etc* obscène
fin [fɪn] *of fish* nageoire *f*
fi•nal ['faɪnl] **1** *adj* (*last*) dernier*; *decision* définitif*, irrévocable **2** *n* SP finale *f*
fi•na•le [fɪ'nælɪ] apothéose *f*
fi•nal•ist ['faɪnəlɪst] finaliste *m/f*
fi•nal•ize ['faɪnəlaɪz] *v/t plans, design* finaliser, mettre au point
fi•nal•ly ['faɪnəlɪ] *adv* finalement, enfin; ***finally, I would like to …*** pour finir, j'aimerais …
fi•nance ['faɪnæns] **1** *n* finance *f*; (*funds*) financement *m* **2** *v/t* financer
fi•nan•ces ['faɪnænsɪz] *npl* finances *fpl*
fi•nan•cial [faɪ'nænʃl] *adj* financier
fi•nan•cial•ly [faɪ'nænʃəlɪ] *adv* financièrement
fi•nan•cier [faɪ'nænsɪr] financier(-ière) *m*(*f*)
find [faɪnd] *v/t* (*pret & pp* **found**) trouver; ***if you find it too difficult*** si vous trouvez ça trop difficile; ***find a person innocent / guilty*** LAW déclarer une personne innocente / coupable
◆ **find out 1** *v/t* découvrir; (*enquire about*) se renseigner sur **2** *v/i* (*enquire*) se renseigner; (*discover*) découvrir; ***you'll find out*** tu verras
find•ings ['faɪndɪŋz] *npl of report* constatations *fpl*, conclusions *fpl*
fine[1] [faɪn] *adj day, weather* beau*; (*good*) bon*, excellent; *distinction* subtil; *line* fin; ***how's that? - that's fine*** que dites-vous de ça? - c'est bien; ***that's fine by me*** ça me va; ***how are you? - fine*** comment vas-tu? - bien
fine[2] [faɪn] **1** *n* amende *f* **2** *v/t* condamner à une amende; ***fine s.o. $5,000*** condamner qn à une amende de 5.000 $
fine-'tooth comb: ***go through sth with a fine-tooth comb*** passer qch au peigne fin
fine-'tune *v/t engine* régler avec précision; *fig* peaufiner
fin•ger ['fɪŋgər] **1** *n* doigt *m* **2** *v/t* toucher, tripoter
'**fin•ger•nail** ongle *m*
'**fin•ger•print 1** *n* empreinte *f* digitale **2** *v/t* prendre les empreintes digitales de
'**fin•ger•tip** bout *m* du doigt; ***have sth at one's fingertips*** connaître qch sur le bout des doigts
fin•i•cky ['fɪnɪkɪ] *adj person* tatillon*; *design, pattern* alambiqué
fin•ish ['fɪnɪʃ] **1** *v/t* finir, terminer; ***finish doing sth*** finir de faire qch **2** *v/i* finir **3** *n of product* finition *f*; *of race* arrivée *f*
◆ **finish off** *v/t* finir
◆ **finish up** *v/t food* finir; ***he finished up living there*** il a fini par habiter là
◆ **finish with** *v/t boyfriend etc* en finir avec
'**fin•ish line**, *Br* **fin•ish•ing line** ['fɪnɪʃɪŋ] ligne *f* d'arrivée
Fin•land ['fɪnlənd] Finlande *f*
Finn [fɪn] Finlandais(e) *m*(*f*)
Finn•ish ['fɪnɪʃ] **1** *adj* finlandais, finnois **2** *n* (*language*) finnois *m*
fir [fɜːr] sapin *m*
fire ['faɪr] **1** *n* feu *m*; (*blaze*) incendie *m*;

(*electric*, *gas*) radiateur *m*; ***be on fire*** être en feu; ***catch fire*** prendre feu; ***set sth on fire, set fire to sth*** mettre le feu à qch **2** *v/i* (*shoot*) tirer **3** *v/t* F (*dismiss*) virer F
'fire a•larm signal *m* d'incendie
'fire•arm arme *f* à feu
'fire bri•gade *Br* sapeurs-pompiers *mpl*
'fire•crack•er pétard *m*
'fire de•part•ment sapeurs-pompiers *mpl*
'fire door porte *f* coupe-feu
'fire drill exercice *m* d'évacuation
'fire en•gine *esp Br* voiture *f* de pompiers
'fire es•cape *ladder* échelle *f* de secours; *stairs* escalier *m* de secours
'fire ex•tin•guish•er extincteur *m* (d'incendie)
'fire fight•er pompier *m*
'fire•guard garde-feu *m*
'fire•man pompier *m*
'fire•place cheminée *f*
'fire sta•tion caserne *f* de pompiers
'fire truck voiture *f* de pompiers
'fire•wood bois *m* à brûler
'fire•works *npl* pièce *f* d'artifice; (*display*) feu *m* d'artifice
firm[1] [fɜːrm] *adj* ferme; ***a firm deal*** un marché ferme
firm[2] [fɜːrm] *n* COMM firme *f*
first [fɜːrst] **1** *adj* premier*; ***who's first please?*** à qui est-ce? **2** *n* premier(-ière) *m(f)* **3** *adv arrive*, *finish* le / la premier (-ière) *m(f)*; (*beforehand*) d'abord; ***first of all*** (*for one reason*) d'abord; ***at first*** au début
first 'aid premiers secours *mpl*
first-'aid box, **first-'aid kit** trousse *f* de premier secours
'first•born *adj* premier-né
'first class 1 *adj ticket*, *seat* de première classe **2** *adv travel* en première classe
first-class *adj* (*very good*) de première qualité
first 'floor rez-de-chaussée *m*; *Br* premier étage *m*
first'hand *adj* de première main
First 'La•dy *of US* première dame *f*
first•ly ['fɜːrstlɪ] *adv* premièrement
first 'name prénom *m*
first 'night première *f*
first of'fend•er délinquant(e) *m(f)* primaire
first-'rate *adj* de premier ordre
fis•cal ['fɪskl] *adj* fiscal
fis•cal 'year année *f* fiscale
fish [fɪʃ] **1** *n* (*pl* ***fish***) poisson *m*; ***drink like a fish*** F boire comme un trou F; ***feel like a fish out of water*** ne pas se sentir dans son élément **2** *v/i* pêcher
'fish•bone arête *f*
fish•er•man ['fɪʃərmən] pêcheur *m*
fish 'fin•ger *Br* bâtonnet *m* de poisson
fish•ing ['fɪʃɪŋ] pêche *f*
'fish•ing boat bateau *m* de pêche
'fish•ing line ligne *f* (de pêche)
'fish•ing rod canne *f* à pêche
'fish stick bâtonnet *m* de poisson
fish•y ['fɪʃɪ] *adj* F (*suspicious*) louche
fist [fɪst] poing *m*
fit[1] [fɪt] *n* MED crise *f*, attaque *f*; ***a fit of rage / jealousy*** une crise de rage / jalousie
fit[2] [fɪt] *adj physically* en forme; *morally* digne; ***keep fit*** garder la forme
fit[3] [fɪt] **1** *v/t* (*pret & pp* ***-ted***) *of clothes* aller à; (*install*, *attach*) poser; ***it doesn't fit me any more*** je ne rentre plus dedans **2** *v/i of clothes* aller; *of piece of furniture etc* (r)entrer; ***it doesn't fit*** *of clothing* ce n'est pas la bonne taille **3** *n*: ***it's a tight fit*** c'est juste
◆ **fit in 1** *v/i of person in group* s'intégrer; ***it fits in with our plans*** ça cadre avec nos projets **2** *v/t*: ***fit s.o. in*** *in schedule* trouver un moment pour qn
fit•ful ['fɪtfl] *adj sleep* agité
fit•ness ['fɪtnɪs] *physical* (bonne) forme *f*
'fit•ness cen•ter, *Br* **'fit•ness cen•tre** centre *m* sportif
fit•ted 'car•pet ['fɪtɪd] *Br* moquette *f*
fit•ted 'kitch•en cuisine *f* aménagée
fit•ted 'sheet drap *m* housse
fit•ter ['fɪtər] *n* monteur(-euse) *m(f)*
fit•ting ['fɪtɪŋ] *adj* approprié
fit•tings ['fɪtɪŋz] *npl* installations *fpl*
five [faɪv] cinq
fix [fɪks] **1** *n* (*solution*) solution *f*; ***be in a fix*** F être dans le pétrin F **2** *v/t* (*attach*) attacher; (*repair*) réparer; (*arrange*: *meeting etc*) arranger; *lunch* préparer; *dishonestly*: *match etc* truquer; ***fix sth onto sth*** attacher qch à qch; ***I'll fix you a drink*** je vous offre un verre
◆ **fix up** *v/t meeting* arranger
fixed [fɪkst] *adj* fixe
fix•ings ['fɪksɪŋz] *npl* garniture *f*
fix•ture ['fɪkstʃər] *device* appareil *m* fixe; *piece of furniture* meuble *m* fixe
◆ **fiz•zle out** ['fɪzl] *v/i* F tomber à l'eau
fiz•zy ['fɪzɪ] *adj Br*: *drink* pétillant
flab [flæb] *on body* graisse *f*
flab•ber•gast ['flæbərgæst] *v/t* F: ***be flabbergasted*** être abasourdi
flab•by ['flæbɪ] *adj muscles*, *stomach* mou*
flag[1] [flæg] *n* drapeau *m*; NAUT pavillon *m*
flag[2] [flæg] *v/i* (*pret & pp* ***-ged***) (*tire*) faiblir
◆ **flag up** *v/t* signaler

'**flag•pole** mât *m* (de drapeau)
fla•grant ['fleɪgrənt] *adj* flagrant
'**flag•ship** *fig*: *store* magasin *m* le plus important; *product* produit *m* phare
'**flag•staff** mât *m* (de drapeau)
'**flag•stone** dalle *f*
flair [fler] (*talent*) flair *m*; ***have a natural flair for*** avoir un don pour
flake [fleɪk] *n of snow* flocon *m*; *of plaster* écaille *f*; ***flake of skin*** petit bout *m* de peau morte
◆ **flake off** *v/i of plaster, paint* s'écailler; *of skin* peler
flak•y ['fleɪkɪ] *adj skin* qui pèle; *paint* qui s'écaille
flak•y 'pas•try pâte *f* feuilletée
flam•boy•ant [flæm'bɔɪənt] *adj personality* extravagant
flam•boy•ant•ly [flæm'bɔɪəntlɪ] *adv dressed* avec extravagance
flame [fleɪm] *n* flamme *f*; ***go up in flames*** être détruit par le feu
flam•ma•ble ['flæməbl] *adj* inflammable
flan [flæn] tarte *f*
flank [flæŋk] **1** *n* flanc *m* **2** *v/t*: ***be flanked by*** être flanqué de
flap [flæp] **1** *n of envelope, pocket, table* rabat *m*; ***be in a flap*** F être dans tous ses états **2** *v/t* (*pret & pp* ***-ped***) *wings* battre **3** *v/i of flag etc* battre
flare [fler] **1** *n* (*distress signal*) signal *m* lumineux; *in dress* godet *m* **2** *v/t nostrils* dilater
◆ **flare up** *v/i of violence, rash* éclater; *of fire* s'enflammer; (*get very angry*) s'emporter
flash [flæʃ] **1** *n of light* éclair *m*; PHOT flash *m*; ***in a flash*** F en un rien de temps; ***have a flash of inspiration*** avoir un éclair de génie; ***flash of lightning*** éclair *m* **2** *v/i of light* clignoter **3** *v/t*: ***flash one's headlights*** faire des appels de phares
'**flash•back** *n in movie* flash-back *m*
'**flash•light** lampe *f* de poche; PHOT flash *m*
flash•y ['flæʃɪ] *adj pej* voyant
flask [flæsk] (*hip flask*) fiole *f*
flat [flæt] **1** *adj* plat; *beer* éventé; *battery, tire* à plat; *sound, tone* monotone; ***and that's flat*** F un point c'est tout; ***A/B flat*** MUS la / si bémol **2** *adv* MUS trop bas; ***flat out*** *work* le plus possible; *run, drive* le plus vite possible **3** *n* pneu *m* crevé
flat[2] [flæt] *n Br* (*apartment*) appartement *m*
flat-chest•ed [flæ'tʃestɪd] *adj* plat
flat•ly ['flætlɪ] *adv refuse, deny* catégoriquement
'**flat rate** tarif *m* unique
flat•ten ['flætn] *v/t land, road* aplanir; *by bombing, demolition* raser
flat•ter ['flætər] *v/t* flatter
flat•ter•er ['flætərər] flatteur(-euse) *m(f)*
flat•ter•ing ['flætərɪŋ] *adj comments* flatteur*; *color, clothes* avantageux*
flat•ter•y ['flætərɪ] flatterie *f*
flat•u•lence ['flætjʊləns] flatulence *f*
'**flat•ware** couverts *mpl*
flaunt [flɒːnt] *v/t wealth, car, jewelery* étaler; *girlfriend* afficher
flau•tist ['flɒːtɪst] flûtiste *m/f*
fla•vor ['fleɪvər] **1** *n* goût *m*; *of ice cream* parfum *m* **2** *v/t food* assaisonner
fla•vor•ing ['fleɪvərɪŋ] arôme *m*
flaw [flɒː] *n* défaut *m*, imperfection *f*; *in system, plan* défaut *m*, inconvénient *m*
flaw•less ['flɒːlɪs] *adj* parfait
flea [fliː] puce *f*
fleck [flek] petite tache *f*
fled [fled] *pret & pp* → ***flee***
flee [fliː] *v/i* (*pret & pp* ***fled***) s'enfuir
fleece [fliːs] **1** *v/t* F arnaquer F **2** *n jacket* (veste *f*) polaire *f*
fleet [fliːt] *n* NAUT flotte *f*; *of taxis, trucks* parc *m*
fleet•ing ['fliːtɪŋ] *adj visit etc* très court; ***catch a fleeting glimpse of ...*** apercevoir ... l'espace d'un instant
flesh [fleʃ] *also of fruit* chair *f*; ***meet a person in the flesh*** rencontrer une personne en chair et en os
flew [fluː] *pret* → ***fly***
flex [fleks] *v/t muscles* fléchir
flex•i•bil•i•ty [fleksə'bɪlətɪ] flexibilité *f*
flex•i•ble ['fleksəbl] *adj* flexible
'**flex•time** horaire *m* à la carte
flick [flɪk] *v/t tail* donner un petit coup de; ***she flicked her hair out of her eyes*** elle a repoussé les cheveux qui lui tombaient devant les yeux
◆ **flick through** *v/t magazine* feuilleter
flick•er ['flɪkər] *v/i of light, screen* vaciller
fli•er ['flaɪr] (*circular*) prospectus *m*
flies [flaɪz] *npl Br*: *on pants* braguette *f*
flight [flaɪt] *in airplane* vol *m*; (*fleeing*) fuite *f*; ***capable of flight*** capable de voler; ***flight (of stairs)*** escalier *m*
'**flight at•tend•ant** *male* steward *m*; *female* hôtesse *f* de l'air
'**flight crew** équipage *m*
'**flight deck** AVIAT poste *m* de pilotage; *of aircraft carrier* pont *m* d'envol
'**flight num•ber** numéro *m* de vol
'**flight path** trajectoire *f* de vol
'**flight re•cord•er** enregistreur *m* de vol
'**flight time** *departure* heure *f* de vol; *duration* durée *f* de vol
flight•y ['flaɪtɪ] *adj* frivole

flim•sy ['flɪmzɪ] *adj structure, furniture* fragile; *dress, material* léger*; *excuse* faible
flinch [flɪntʃ] *v/i* tressaillir
fling [flɪŋ] **1** *v/t* (*pret & pp* ***flung***) jeter; ***fling o.s. into a chair*** se jeter dans un fauteuil **2** *n* F (*affair*) aventure *f*
◆ **flip through** [flɪp] *v/t* (*pret & pp* ***-ped***) *book, magazine* feuilleter
flip•per ['flɪpər] *for swimming* nageoire *f*
flirt [flɜːrt] **1** *v/i* flirter **2** *n* flirteur(-euse) *m(f)*
flir•ta•tious [flɜːr'teɪʃəs] *adj* flirteur*
float [floʊt] *v/i also* FIN flotter
float•ing vot•er ['floʊtɪŋ] indécis(e) *m(f)*
flock [flɑːk] **1** *n of sheep* troupeau *m* **2** *v/i* venir en masse
flog [flɑːg] *v/t* (*pret & pp* ***-ged***) (*whip*) fouetter
flood [flʌd] **1** *n* inondation *f* **2** *v/t of river* inonder; ***flood its banks*** déborder
◆ **flood in** *v/i* arriver en masse
flood•ing ['flʌdɪŋ] inondation(s) *f(pl)*
'**flood•light** *n* projecteur *m*
'**flood•lit** *adj match* illuminé (aux projecteurs)
'**flood wa•ters** *npl* inondations *fpl*
floor [flɔːr] **1** *n* sol *m*; *wooden* plancher *m*; (*story*) étage *m* **2** *v/t of problem, question* décontenancer; (*astound*) sidérer
'**floor•board** planche *f*
'**floor cloth** serpillière *f*
'**floor lamp** lampadaire *m*
flop [flɑːp] **1** *v/i* (*pret & pp* ***-ped***) s'écrouler; F (*fail*) faire un bide F **2** *n* F (*failure*) bide *m* F
flop•py ['flɑːpɪ] **1** *adj* (*not stiff*) souple; (*weak*) mou* **2** *n* (*also* ***floppy disk***) disquette *f*
flor•ist ['flɔːrɪst] fleuriste *m/f*
floss [flɑːs] *for teeth* fil *m* dentaire; ***floss one's teeth*** se passer du fil dentaire entre les dents
flour ['flaʊr] farine *f*
flour•ish ['flʌrɪʃ] *v/i of plants* fleurir; *of business, civilization* prospérer
flour•ish•ing ['flʌrɪʃɪŋ] *adj business, trade* fleurissant, prospère
flow [floʊ] **1** *v/i of river* couler; *of electric current* passer; *of traffic* circuler; *of work* se dérouler **2** *n of river* cours *m*; *of information, ideas* circulation *f*
'**flow•chart** organigramme *m*
flow•er ['flaʊr] **1** *n* fleur *f* **2** *v/i* fleurir
'**flow•er•bed** platebande *f*
'**flow•er•pot** pot *m* de fleurs
'**flow•er show** exposition *f* florale
flow•er•y ['flaʊrɪ] *adj pattern, style* fleuri
flown [floʊn] *pp* → ***fly***[3]
flu [fluː] grippe *f*
fluc•tu•ate ['flʌktʃʊeɪt] *v/i* fluctuer
fluc•tu•a•tion [flʌktʃʊ'eɪʃn] fluctuation *f*
flu•en•cy ['fluːənsɪ] *in a language* maîtrise *f* (***in*** de); ***fluency in French is a requirement*** il est nécessaire de maîtriser parfaitement le français
flu•ent ['fluːənt] *adj person* qui s'exprime avec aisance; ***he speaks fluent Spanish*** il parle couramment l'espagnol
flu•ent•ly ['fluːəntlɪ] *adv* couramment; *in own language* avec aisance
fluff [flʌf] *material* peluche *f*; ***a bit of fluff*** une peluche
fluff•y ['flʌfɪ] *adj material, clouds* duveteux*; *hair* flou; ***fluffy toy*** peluche *f*
fluid ['fluːɪd] *n* fluide *m*
flung [flʌŋ] *pret & pp* → ***fling***
flunk [flʌŋk] *v/t* F: *subject* rater
flu•o•res•cent [flʊ'resnt] *adj light* fluorescent
flur•ry ['flʌrɪ] *of snow* rafale *f*
flush [flʌʃ] **1** *v/t*: ***flush the toilet*** tirer la chasse d'eau; ***flush sth down the toilet*** jeter qch dans les W.-C. **2** *v/i* (*go red in the face*) rougir; ***the toilet won't flush*** la chasse d'eau ne marche pas **3** *adj* (*level*) de même niveau; ***be flush with …*** être au même niveau que …
◆ **flush away** *v/t down toilet* jeter dans les W.-C.
◆ **flush out** *v/t rebels etc* faire sortir
flus•ter ['flʌstər] *v/t* faire perdre la tête à; ***get flustered*** s'énerver
flute [fluːt] MUS, *glass* flûte *f*
flut•ist ['fluːtɪst] flûtiste *m/f*
flut•ter ['flʌtər] *v/i of bird* voleter; *of wings* battre; *of flag* s'agiter; *of heart* palpiter
fly[1] [flaɪ] *n* (*insect*) mouche *f*
fly[2] [flaɪ] *n on pants* braguette *f*
fly[3] [flaɪ] **1** *v/i* (*pret* ***flew***, *pp* ***flown***) *of bird, airplane* voler; *in airplane* voyager en avion, prendre l'avion; *of flag* flotter; (*rush*) se précipiter; ***fly into a rage*** s'emporter **2** *v/t* (*pret* ***flew***, *pp* ***flown***) *airplane* prendre; *of pilot* piloter, voler; *airline* voyager par; (*transport by air*) envoyer par avion
◆ **fly away** *v/i of bird, airplane* s'envoler
◆ **fly back** *v/i* (*travel back*) revenir en avion
◆ **fly in 1** *v/i of airplane, passengers* arriver **2** *v/t supplies etc* amener en avion
◆ **fly off** *v/i of hat etc* s'envoler
◆ **fly out** *v/i* partir (en avion)
◆ **fly past** *v/i in formation* faire un défilé aérien; *of time* filer
fly•ing ['flaɪɪŋ]: ***I hate flying*** je déteste

prendre l'avion
fly•ing 'sau•cer soucoupe *f* volante
foal [foʊl] poulain *m*
foam [foʊm] *n on sea* écume *f*; *on drink* mousse *f*
foam 'rub•ber caoutchouc *m* mousse
FOB [efoʊ'biː] *abbr*(**= *free on board***) F.A.B. (franco à bord)
fo•cus ['foʊkəs] **1** *n of attention* centre *m*; PHOT mise *f* au point; ***be in focus / out of focus*** PHOT être / ne pas être au point **2** *v/t*: ***focus one's attention on*** concentrer son attention sur **3** *v/i* fixer (son regard)
◆**focus on** *v/t problem, issue* se concentrer sur; PHOT mettre au point sur
fod•der ['fɑːdər] fourrage *m*
fog [fɑːg] brouillard *m*
◆**fog up** *v/i* (*pret & pp* ***-ged***) se couvrir de buée
'fog•bound *adj* bloqué par le brouillard
fog•gy ['fɑːgɪ] *adj* brumeux*; ***I haven't the foggiest idea*** je n'en ai pas la moindre idée
foi•ble ['fɔɪbl] manie *f*
foil[1] [fɔɪl] *n silver* feuille *f* d'aluminium; ***kitchen foil*** papier *m* d'aluminium
foil[2] *v/t* (*thwart*) faire échouer
fold[1] [foʊld] **1** *v/t paper etc* plier; ***fold one's arms*** croiser les bras **2** *v/i of business* fermer (ses portes) **3** *n in cloth etc* pli *m*
◆**fold up 1** *v/t* plier **2** *v/i of chair, table* se (re)plier
fold[2] *n for sheep etc* enclos *m*
fold•er ['foʊlder] *for documents* chemise *f*, pochette *f*; COMPUT dossier *m*
fold•ing ['foʊldɪŋ] *adj* pliant; ***folding chair*** chaise *f* pliante
fo•li•age ['foʊlɪɪdʒ] feuillage *m*
folk [foʊk] (*people*) gens *mpl*; ***my folks*** (*family*) ma famille; ***hi there folks*** F salut tout le monde
'folk dance danse *f* folklorique
'folk mu•sic folk *m*
'folk sing•er chanteur(-euse) *m(f)* de folk
'folk song chanson *f* folk
fol•low ['fɑːloʊ] **1** *v/t also TV progam*, (*understand*) suivre **2** *v/i logically* s'ensuivre; ***you go first and I'll follow*** passez devant, je vous suis; ***it follows from this that …*** il s'ensuit que …; ***as follows***: ***the items we need are as follows***: … les articles dont nous avons besoin sont les suivants: …
◆**follow up** *v/t letter, inquiry* donner suite à
fol•low•er ['fɑːloʊər] *of politician etc* partisan(e) *m(f)*; *of football team* supporteur(-trice) *m(f)*
fol•low•ing ['fɑːloʊɪŋ] **1** *adj* suivant **2** *n people* partisans *mpl*; ***the following*** la chose suivante
'fol•low-up meet•ing réunion *f* complémentaire
'fol•low-up vis•it *to doctor etc* visite *f* de contrôle
fol•ly ['fɑːlɪ] (*madness*) folie *f*
fond [fɑːnd] *adj* (*loving*) aimant, tendre; *memory* agréable; ***be fond of*** beaucoup aimer
fon•dle ['fɑːndl] *v/t* caresser
fond•ness ['fɑːndnɪs] *for s.o.* tendresse *f* (***for*** pour); *for sth* penchant *m* (***for*** pour)
font [fɑːnt] *for printing* police *f*; *in church* fonts *mpl* baptismaux
food [fuːd] nourriture *f*; ***French food*** la cuisine française; ***there's no food*** il n'y a rien à manger
'food chain chaîne *f* alimentaire
food•ie ['fuːdɪ] F fana *m/f* de cuisine F
'food mix•er mixeur *m*
food poi•son•ing ['fuːdpɔɪznɪŋ] intoxication *f* alimentaire
fool [fuːl] **1** *n* idiot(e) *m(f)*; ***make a fool of o.s.*** se ridiculiser **2** *v/t* berner; ***he fooled them into thinking …*** il leur a fait croire que …
◆**fool around** *v/i* faire l'imbécile (les imbéciles); *sexually* avoir des liaisons
◆**fool around with** *v/t knife, drill etc* jouer avec; *sexually* coucher avec
'fool•har•dy *adj* téméraire
fool•ish ['fuːlɪʃ] *adj* idiot, bête
fool•ish•ly ['fuːlɪʃlɪ] *adv* bêtement
'fool•proof *adj* à toute épreuve
foot [fʊt] (*pl*: ***feet***) *also measurement* pied *m*; *of animal* patte *f*; ***on foot*** à pied; ***I've been on my feet all day*** j'ai été debout toute la journée; ***be back on one's feet*** être remis sur pied; ***at the foot of*** *page* au bas de; *hill* au pied de; ***put one's foot in it*** F mettre les pieds dans le plat F
foot•age ['fʊtɪdʒ] séquences *fpl*
'foot•ball football *m* américain; (*soccer*) football *m*, foot *m* F; (*ball*) ballon *m* de football
foot•bal•ler ['fʊtbɒːlər] joueur(-euse) *m(f)* de football américain; *soccer* footballeur(-euse) *m(f)*
'foot•ball play•er joueur(-euse) *m(f)* de football américain; *soccer* joueur(-euse) *m(f)* de football
'foot•bridge passerelle *f*
foot•hills ['fʊthɪlz] *npl* contreforts *mpl*
'foot•hold *in climbing* prise *f* de pied; ***gain a foothold*** *fig* prendre pied
foot•ing ['fʊtɪŋ] (*basis*) position *f*; ***lose one's footing*** perdre pied; ***be on the***

same/a different footing être / ne pas être au même niveau; ***be on a friendly footing with*** entretenir des rapports amicaux avec
foot•lights ['fʊtlaɪts] *npl* rampe *f*
'foot•mark trace *f* de pas
'foot•note note *f* (de bas de page)
'foot•path sentier *m*
'foot•print trace *f* de pas; *of PC etc* (surface *f* d')encombrement *m*
'foot•step pas *m*; ***follow in s.o.'s footsteps*** marcher sur les pas de qn, suivre les traces de
'foot•stool tabouret *m* (pour les pieds)
'foot•wear chaussures *fpl*
for [fər], [fɔːr] *prep* ◇ *purpose, destination etc* pour; ***a train for …*** un train à destination de …; ***clothes for children*** vêtements *mpl* pour enfants; ***what's for lunch?*** qu'est-ce qu'il y a pour le déjeuner?; ***a check for $500*** un chèque de 500 $; ***what is this for?*** pour quoi est-ce que c'est fait?; ***what for?*** pourquoi?
◇ *time* pendant; ***for three days / two hours*** pendant trois jours / deux heures; ***it lasted for three days*** ça a duré trois jours; ***it will last for three days*** ça va durer trois jours; ***I've been waiting for an hour*** j'attends depuis une heure; ***I waited for an hour*** j'ai attendu (pendant) une heure; ***please get it done for Monday*** faites-le pour lundi s'il vous plaît
◇ *distance*: ***I walked for a mile*** j'ai marché un mile; ***it stretches for 100 miles*** ça s'étend sur 100 miles
◇ (*in favor of*) pour; ***I am for the idea*** je suis pour cette idée
◇ (*instead of, in behalf of*) pour; ***let me do that for you*** laissez-moi le faire pour vous
◇ (*in exchange for*) pour; ***I bought it for $25*** je l'ai acheté pour 25 $; ***how much did you sell it for?*** pour combien l'as-tu vendu?
for•bade [fər'bæd] *pret* → **forbid**
for•bid [fər'bɪd] *v/t* (*pret* **forbade**, *pp* **forbidden**) interdire; ***forbid s.o. to do sth*** interdire à qn de faire qch
for•bid•den [fər'bɪdn] **1** *adj* interdit; ***smoking forbidden*** *sign* défense de fumer; ***parking forbidden*** *sign* stationnement interdit **2** *pp* → **forbid**
for•bid•ding [fər'bɪdɪŋ] *adj* menaçant
force [fɔːrs] **1** *n* force *f*; ***come into force*** *of law etc* entrer en vigueur; ***the forces*** MIL les forces *fpl* armées **2** *v/t door, lock* forcer; ***force s.o. to do sth*** forcer qn à faire qch; ***force sth open*** ouvrir qch de force
◆ **force back** *v/t* réprimer
forced [fɔːrst] *adj laugh, confession* forcé
forced 'land•ing atterrissage *m* forcé
force•ful ['fɔːrsfl] *adj argument, speaker* puissant; *character* énergique
force•ful•ly ['fɔːrsflɪ] *adv* énergiquement
for•ceps ['fɔːrseps] *npl* MED forceps *m*
for•ci•ble ['fɔːrsəbl] *adj entry* de force; *argument* puissant
for•ci•bly ['fɔːrsəblɪ] *adv restrain* par force
ford [fɔːrd] *n* gué *m*
fore [fɔːr] *n*: ***come to the fore*** *person* se faire remarquer; *theory* être mis en évidence
'fore•arm avant-bras *m*
fore•bears ['fɔːrberz] *npl* aïeux *mpl*
fore•bod•ing [fər'boʊdɪŋ] pressentiment *m*
'fore•cast 1 *n of results* pronostic *m*; *of weather* prévisions *fpl* **2** *v/t* (*pret & pp* **forecast**) *result* pronostiquer; *future, weather* prévoir
'fore•court *of garage* devant *m*
fore•fa•thers ['fɔːrfɑːðərz] *npl* ancêtres *mpl*
'fore•fin•ger index *m*
'fore•front: ***be in the forefront of*** être au premier rang de
'fore•gone *adj*: ***that's a foregone conclusion*** c'est prévu d'avance
'fore•ground premier plan *m*
'fore•hand *in tennis* coup *m* droit
'fore•head front *m*
for•eign ['fɑːrən] *adj* étranger*; *travel, correspondent* à l'étranger
for•eign af'fairs *npl* affaires *fpl* étrangères
for•eign 'aid aide *f* aux pays étrangers
for•eign 'bod•y corps *m* étranger
for•eign 'cur•ren•cy devises *fpl* étrangères
for•eign•er ['fɑːrənər] étranger(-ère) *m(f)*
for•eign ex'change change *m*; *currency* devises *fpl* étrangères
for•eign 'le•gion Légion *f* (étrangère)
'For•eign Of•fice *in UK* ministère *m* des Affaires étrangères
for•eign 'pol•i•cy politique *f* étrangère
For•eign 'Sec•re•ta•ry *in UK* ministre *m/f* des Affaires étrangères
'fore•man chef *m* d'équipe
'fore•most *adv* (*uppermost*) le plus important; (*leading*) premier*
fo•ren•sic 'med•i•cine [fə'rensɪk] médecine *f* légale
fo•ren•sic 'scien•tist expert *m* légiste

'**fore•run•ner** *person* prédécesseur *m*; *thing* ancêtre *m/f*
fore'saw *pret* → **foresee**
fore'see *v/t* (*pret* **foresaw**, *pp* **foreseen**) prévoir
fore•see•a•ble [fər'siːəbl] *adj* prévisible; ***in the foreseeable future*** dans un avenir prévisible
fore'seen *pp* → **foresee**
'**fore•sight** prévoyance *f*
for•est ['fɑːrɪst] forêt *f*
for•est•ry ['fɑːrɪstrɪ] sylviculture *f*
'**fore•taste** avant-goût *m*
fore'tell *v/t* (*pret & pp* **foretold**) prédire
fore'told *pret & pp* → **foretell**
for•ev•er [fə'revər] *adv* toujours; ***it's forever raining here*** il n'arrête pas de pleuvoir ici
'**fore•word** avant-propos *m*
for•feit ['fɔːrfət] *v/t right, privilege etc* perdre; (*give up*) renoncer à
for•gave [fər'geɪv] *pret* → **forgive**
forge [fɔːrdʒ] *v/t* (*counterfeit*) contrefaire
◆ **forge ahead** *v/i* avancer
forg•er ['fɔːrdʒər] faussaire *m/f*
forg•er•y ['fɔːrdʒərɪ] *bank bill* faux billet *m*; *document* faux *m*; *signature* contrefaçon *f*
for•get [fər'get] *v/t & v/i* (*pret* **forgot**, *pp* **forgotten**) oublier
for•get•ful [fər'getfl] *adj*: ***you're so forgetful*** tu as vraiment mauvaise mémoire
for'get-me-not *flower* myosotis *m*
for•give [fər'gɪv] **1** *v/t* (*pret* **forgave**, *pp* **forgiven**): **forgive s.o. sth** pardonner qch à qn **2** *v/i* (*pret* **forgave**, *pp* **forgiven** pardonner
for•gi•ven [fər'gɪvn] *pp* → **forgive**
for•give•ness [fər'gɪvnɪs] pardon *m*
for•got [fər'gɑːt] *pret* → **forget**
for•got•ten [fər'gɑːtn] **1** *adj* oublié; *author* tombé dans l'oubli **2** *pp* → **forget**
fork [fɔːrk] *n* fourchette *f*; *for gardening* fourche *f*; *in road* embranchement *m*
◆ **fork out** *v/i* F (*pay*) casquer F
fork•lift 'truck chariot *m* élévateur (à fourches)
form [fɔːrm] **1** *n* (*shape*) forme *f*; *document* formulaire *m*; ***be on / off form*** être / ne pas être en forme **2** *v/t* former; *friendship* développer; *opinion* se faire **3** *v/i* (*take shape, develop*) se former
form•al ['fɔːrml] *adj language* soutenu; *word* du langage soutenu; *dress* de soirée; *manner, reception* cérémonieux*; *recognition etc* officiel*
for•mal•i•ty [fər'mælətɪ] *of language* caractère *m* soutenu; *of occasion* cérémonie *f*; ***it's just a formality*** c'est juste une formalité; ***the formalities*** les formalités *fpl*
for•mal•ly ['fɔːrməlɪ] *adv speak, behave* cérémonieusement; *accepted, recognized* officiellement
for•mat ['fɔːrmæt] **1** *v/t* (*pret & pp* **-ted**) *diskette, document* formater **2** *n* format *m*
for•ma•tion [fɔːr'meɪʃn] formation *f*
for•ma•tive ['fɔːrmətɪv] *adj* formateur*; ***in his formative years*** dans sa période formatrice
for•mer ['fɔːrmər] *adj* ancien*, précédent; ***the former*** le premier, la première
for•mer•ly ['fɔːrmərlɪ] *adv* autrefois
for•mi•da•ble ['fɔːrmɪdəbl] *adj* redoutable
for•mu•la ['fɔːrmjʊlə] MATH, *chemical* formule *f*; *fig* recette *f*
for•mu•late ['fɔːrmjʊleɪt] *v/t* (*express*) formuler
for•ni•cate ['fɔːrnɪkeɪt] *v/i fml* forniquer
for•ni•ca•tion [fɔːrnɪ'keɪʃn] *fml* fornication *f*
fort [fɔːrt] MIL fort *m*
forth [fɔːrθ] *adv*: ***travel back and forth*** faire la navette; ***and so forth*** et ainsi de suite; ***from that day forth*** à partir de ce jour-là
forth•com•ing ['fɔːrθkʌmɪŋ] *adj* (*future*) futur; *personality* ouvert
'**forth•right** *adj* franc*
for•ti•eth ['fɔːrtɪɪθ] quarantième
fort•night ['fɔːrtnaɪt] *Br* quinze jours *mpl*, quinzaine *f*
for•tress ['fɔːrtrɪs] MIL forteresse *f*
for•tu•nate ['fɔːrtʃnət] *adj decision etc* heureux*; ***be fortunate*** avoir de la chance; ***be fortunate enough to …*** avoir la chance de …
for•tu•nate•ly ['fɔːrtʃnətlɪ] *adv* heureusement
for•tune ['fɔːrtʃən] (*fate*) destin *m*; (*luck*) chance *f*; (*lot of money*) fortune *f*; ***tell s.o.'s fortune*** dire la bonne aventure à qn
'**for•tune-tell•er** diseur(-euse) *m*(*f*) de bonne aventure
for•ty ['fɔːrtɪ] quarante; ***have forty winks*** F faire une petite sieste
fo•rum ['fɔːrəm] *fig* tribune *f*
for•ward ['fɔːrwərd] **1** *adv push, nudge* en avant; ***walk / move / drive forward*** avancer; ***from that day forward*** à partir de ce jour-là **2** *adj pej*: *person* effronté **3** *n* SP avant *m* **4** *v/t letter* faire suivre
for•ward•ing ad•dress ['fɔːrwərdɪŋ] nouvelle adresse *f*
'**for•ward•ing a•gent** COMM transitaire *m/f*

for•ward-look•ing ['fɔːrwərdlʊkɪŋ] *adj* moderne, tourné vers l'avenir
fos•sil ['fɑːsl] fossile *m*
fos•sil•ized ['fɑːsəlaɪzd] *adj* fossilisé
fos•ter ['fɑːstər] *v/t child* servir de famille d'accueil à; *attitude, belief* encourager
'**fos•ter child** enfant placé(e) *m(f)*
'**fos•ter home** foyer *m* d'accueil
'**fos•ter par•ents** *npl* parents *mpl* d'accueil
fought [fɒːt] *pret & pp* → ***fight***
foul [faʊl] **1** *n* SP faute *f* **2** *adj smell, taste* infect; *weather* sale **3** *v/t* SP commettre une faute contre
found[1] [faʊnd] *v/t institution, school etc* fonder
found[2] [faʊnd] *pret & pp* → ***find***
foun•da•tion [faʊn'deɪʃn] *of theory etc* fondement *m*; (*organization*) fondation *f*
foun•da•tions [faʊn'deɪʃnz] *npl of building* fondations *fpl*
found•er ['faʊndər] *n* fondateur(-trice) *m(f)*
found•ing ['faʊndɪŋ] *n* fondation *f*
foun•dry ['faʊndrɪ] fonderie *f*
foun•tain ['faʊntɪn] fontaine *f*; *with vertical spout* jet *m* d'eau
'**foun•tain pen** stylo *m* plume
four [fɔːr] **1** *adj* quatre **2** *n*: ***on all fours*** à quatre pattes
four-let•ter 'word gros mot *m*
four-post•er ('bed) lit *m* à baldaquin
'**four-star** *adj hotel etc* quatre étoiles
four•teen ['fɔːrtiːn] quatorze
four•teenth ['fɔːrtiːnθ] quatorzième → ***fifth***
fourth [fɔːrθ] quatrième; → ***fifth***
four-wheel 'drive MOT quatre-quatre *m*
fowl [faʊl] volaille *f*
fox [fɑːks] **1** *n* renard *m* **2** *v/t* (*puzzle*) mystifier
foy•er ['fɔɪər] hall *m* d'entrée
frac•tion ['frækʃn] *also* MATH fraction *f*
frac•tion•al•ly ['frækʃnəlɪ] *adv* très légèrement
frac•ture ['fræktʃər] **1** *n* fracture *f* **2** *v/t* fracturer; ***he fractured his arm*** il s'est fracturé le bras
fra•gile ['frædʒəl] *adj* fragile
frag•ment ['frægmənt] *n* fragment *m*; bribe *f*
frag•men•tar•y [fræg'mentərɪ] *adj* fragmentaire
fra•grance ['freɪgrəns] parfum *m*
fra•grant ['freɪgrənt] *adj* parfumé, odorant
frail [freɪl] *adj* frêle, fragile
frame [freɪm] **1** *n of picture, bicycle* cadre *m*; *of window* châssis *m*; *of eyeglasses* monture *f*; ***frame of mind*** état *m* d'esprit **2** *v/t picture* encadrer; F *person* monter un coup contre
'**frame-up** F coup *m* monté
'**frame•work** structure *f*; ***within the framework of*** dans le cadre de
France [fræns] France *f*
fran•chise ['fræntʃaɪz] *n for business* franchise *f*
frank [fræŋk] *adj* franc*
frank•furt•er ['fræŋkfɜːrtər] saucisse *f* de Francfort
frank•ly ['fræŋklɪ] *adv* franchement
frank•ness ['fræŋknɪs] franchise *f*
fran•tic ['fræntɪk] *adj* frénétique, fou*
fran•ti•cal•ly ['fræntɪklɪ] *adv* frénétiquement; *busy* terriblement
fra•ter•nal [frə'tɜːrnl] *adj* fraternel*
fraud [frɒːd] fraude *f*; *person* imposteur *m*
fraud•u•lent ['frɒːdjʊlənt] *adj* frauduleux*
fraud•u•lent•ly ['frɒːdjʊləntlɪ] *adv* frauduleusement
frayed [freɪd] *adj cuffs* usé
freak [friːk] **1** *n* (*unusual event*) phénomène *m* étrange; (*two-headed person, animal etc*) monstre *m*; F (*strange person*) taré(e) *m(f)* F; ***movie / jazz freak*** F mordu(e) *m(f)* de cinéma / jazz F **2** *adj wind, storm etc* anormalement violent
freck•le ['frekl] tache *f* de rousseur
free [friː] **1** *adj* libre; *no cost* gratuit; ***free and easy*** sans gêne; ***for free*** *travel, get sth* gratuitement **2** *v/t prisoners* libérer
free•bie ['friːbɪ] *Br* F cadeau *m*
free•dom ['friːdəm] liberté *f*
free•dom of 'speech liberté *f* d'expression
free•dom of the 'press liberté *f* de la presse
free 'en•ter•prise libre entreprise *f*
free 'kick *in soccer* coup *m* franc
free•lance ['friːlæns] **1** *adj* indépendant, free-lance *inv* **2** *adv work* en indépendant, en free-lance
free•lanc•er ['friːlænsər] travailleur (-euse) indépendant(e) *m(f)*
free•load•er ['friːloʊdər] F parasite *m*, pique-assiette *m/f*
free•ly ['friːlɪ] *adv admit* volontiers
free mar•ket e'con•o•my économie *f* de marché
free-range 'chick•en poulet *m* fermier
free-range 'eggs *npl* œufs *mpl* fermiers
free 'sam•ple échantillon *m* gratuit
free 'speech libre parole *f*
'**free•way** autoroute *f*
free'wheel *v/i on bicycle* être en roue libre
free 'will libre arbitre *m*; ***he did it of his***

own free will il l'a fait de son plein gré
freeze [friːz] **1** *v/t* (*pret* ***froze***, *pp* ***frozen***) *food*, *river* congeler; *wages* geler; *bank account* bloquer; ***freeze a video*** faire un arrêt sur image **2** *v/i of water* geler
◆ **freeze over** *v/i of river* geler
'freeze-dried *adj* lyophilisé
freez•er ['friːzər] congélateur *m*
freez•ing ['friːzɪŋ] **1** *adj* glacial; ***it's freezing (cold)*** *of weather, in room* il fait un froid glacial; *of sea* elle est glaciale; ***I'm freezing (cold)*** je gèle **2** *n*: ***10 below freezing*** 10 degrés au-dessous de zéro, moins 10
'freez•ing com•part•ment freezer *m*
'freez•ing point point *m* de congélation
freight [freɪt] *n* fret *m*
'freight car *on train* wagon *m* de marchandises
freight•er ['freɪtər] *ship* cargo *m*; *airplane* avion-cargo *m*
'freight train train *m* de marchandises
French [frentʃ] **1** *adj* français **2** *n language* français *m*; ***the French*** les Français *mpl*
French 'bread baguette *f*
French 'doors *npl* porte-fenêtre *f*
'French fries *npl* frites *fpl*
'French kiss patin *m* F
'French•man Français *m*
French Ri•vi'er•a Côte *f* d'Azur;
'French-speak•ing *adj* francophone
'French•wom•an Française *f*
fren•zied ['frenzɪd] *adj attack*, *activity* forcené; *mob* déchaîné
fren•zy ['frenzɪ] frénésie *f*
fre•quen•cy ['friːkwənsɪ] *also of radio* fréquence *f*
fre•quent[1] ['friːkwənt] *adj* fréquent; ***how frequent are the trains?*** il y a des trains tous les combien? F
fre•quent[2] [frɪ'kwent] *v/t bar etc* fréquenter
fre•quent•ly ['friːkwəntlɪ] *adv* fréquemment
fres•co ['freskoʊ] fresque *f*
fresh [freʃ] *adj fruit*, *meat etc*, (*cold*) frais*; (*new*: *start*) nouveau*; *sheets* propre; (*impertinent*) insolent; ***don't you get fresh with me!*** ne me parle pas comme ça
fresh 'air air *m*
fresh•en ['freʃn] *v/i of wind* se rafraîchir
◆ **freshen up 1** *v/i* se rafraîchir **2** *v/t room*, *paintwork* rafraîchir
fresh•ly ['freʃlɪ] *adv* fraîchement
'fresh•man étudiant(e) *m*(*f*) de première année
fresh•ness ['freʃnɪs] *of fruit*, *meat*, *style*, *weather* fraîcheur *f*; *of approach* nouveauté *f*
fresh 'or•ange *Br* orange *f* pressée
'fresh•wa•ter *adj fish* d'eau douce; *fishing* en eau douce
fret[1] [fret] *v/i* (*pret & pp* ***-ted***) s'inquiéter
fret[2] *n of guitar* touche *f*
Freud•i•an ['frɔɪdɪən] *adj* freudien*
fric•tion ['frɪkʃn] friction *f*
'fric•tion tape chatterton *m*
Fri•day ['fraɪdeɪ] vendredi *m*
fridge [frɪdʒ] frigo *m* F
friend [frend] ami(e) *m*(*f*); ***make friends*** *of one person* se faire des amis; *of two people* devenir amis; ***make friends with s.o.*** devenir ami(e) avec qn
friend•li•ness ['frendlɪnɪs] amabilité *f*
friend•ly ['frendlɪ] *adj smile*, *meeting*, *match*, *relations* amical; *restaurant*, *hotel*, *city* sympathique; *person* amical, sympathique; (*easy to use*) convivial; *argument* entre amis; ***be friendly with s.o.*** (*be friends*) être ami(e) avec qn
friend•ship ['frendʃɪp] amitié *f*
fries [fraɪz] *npl* frites *fpl*
fright [fraɪt] peur *f*; ***give s.o. a fright*** faire peur à qn
fright•en ['fraɪtn] *v/t* faire peur à, effrayer; ***be frightened*** avoir peur (***of*** de); ***don't be frightened*** n'aie pas peur
◆ **frighten away** *v/t* faire fuir
fright•en•ing ['fraɪtnɪŋ] *adj noise*, *person*, *prospect* effrayant
fri•gid ['frɪdʒɪd] *adj sexually* frigide
frill [frɪl] *on dress etc*, (*extra*) falbala *m*
frill•y ['frɪlɪ] *adj* à falbalas
fringe [frɪndʒ] frange *f*; *of city* périphérie *f*; *of society* marge *f*
'fringe ben•e•fits *npl* avantages *mpl* sociaux
frisk [frɪsk] *v/t* fouiller
frisk•y ['frɪskɪ] *adj puppy etc* vif*
◆ **frit•ter away** ['frɪtər] *v/t time*, *fortune* gaspiller
fri•vol•i•ty [frɪ'vɑːlətɪ] frivolité *f*
friv•o•lous ['frɪvələs] *adj* frivole
frizz•y ['frɪzɪ] *adj hair* crépu
frog [frɑːg] grenouille *f*
'frog•man homme-grenouille *m*
from [frɑːm] *prep* ◇ *in time* de; ***from 9 to 5 (o'clock)*** de 9 heures à 5 heures; ***from the 18th century*** à partir du XVIIIe siècle; ***from today on*** à partir d'aujourd'hui
◇ *in space* de; ***from here to there*** d'ici à là(-bas)
◇ *origin* de; ***a letter from Joe*** une lettre de Joe; ***it doesn't say who it's from*** ça ne dit pas de qui c'est; ***I am from New Jersey*** je viens du New Jersey; ***made from bananas*** fait avec des bananes

◇ (*because of*) à cause de; ***tired from the journey*** fatigué par le voyage; ***it's from overeating*** c'est d'avoir trop mangé

front [frʌnt] **1** *n of building* façade *f*, devant *m*; *of book* devant *m*; (*cover organization*) façade *f*; MIL, *of weather* front *m*; ***in front*** devant; *in a race* en tête; ***in front of*** devant; ***at the front of*** à l'avant de **2** *adj wheel, seat* avant **3** *v/t TV program* présenter

front 'cov•er couverture *f*

front 'door porte *f* d'entrée

front 'en•trance entrée *f* principale

fron•tier ['frʌntɪr] *also fig* frontière *f*

'front line MIL front *m*

front 'page *of newspaper* une *f*

front page 'news: ***be front page news*** faire la une des journaux

front 'row premier rang *m*

front seat 'pas•sen•ger *in car* passager (-ère) *m*(*f*) avant

front-wheel 'drive traction *f* avant

frost [frɑːst] *n* gel *m*, gelée *f*

'frost•bite gelure *f*

'frost•bit•ten *adj* gelé

frosted glass ['frɑːstɪd] verre *m* dépoli

frost•ing ['frɑːstɪŋ] *on cake* glaçage *m*

frost•y ['frɑːstɪ] *adj also fig* glacial

froth [frɑːθ] *n* écume *f*, mousse *f*

froth•y ['frɑːθɪ] *adj cream etc* écumeux*, mousseux*

frown [fraʊn] **1** *n* froncement *m* de sourcils **2** *v/i* froncer les sourcils

froze [froʊz] *pret* → ***freeze***

fro•zen ['froʊzn] **1** *adj* gelé; *wastes* glacé; *food* surgelé; ***I'm frozen*** je suis gelé **2** *pp* → ***freeze***

fro•zen 'food surgelés *mpl*

fruit [fruːt] fruit *m*; *collective* fruits *mpl*

'fruit cake cake *m*

fruit•ful ['fruːtfl] *adj discussions etc* fructueux*

'fruit juice jus *m* de fruit

fruit 'sal•ad salade *f* de fruits

frus•trate ['frʌstreɪt] *v/t person* frustrer; *plans* contrarier

frus•trat•ed ['frʌstreɪtɪd] *adj look, sigh* frustré

frus•trat•ing ['frʌstreɪtɪŋ] *adj* frustrant

frus•trat•ing•ly [frʌ'streɪtɪŋlɪ] *adv*: ***frustratingly slow / hard*** d'une lenteur / difficulté frustrante

frus•tra•tion [frʌ'streɪʃn] frustration *f*

fry [fraɪ] *v/t* (*pret & pp* ***-ied***) (faire) frire

fried 'egg [fraɪd] œuf *m* sur le plat

fried po'ta•toes *npl* pommes *fpl* de terre sautées

'fry•pan poêle *f* (à frire)

fuck [fʌk] *v/t* V baiser V; ***fuck!*** putain! V; ***fuck you!*** va te faire enculer! V; ***fuck that!*** j'en ai rien à foutre! F

◆ **fuck off** *v/i* V se casser P; ***fuck off!*** va te faire enculer! V

fuck•ing ['fʌkɪŋ] V **1** *adj*: ***this fucking rain / computer*** cette putain de pluie / ce putain d'ordinateur V **2** *adv*: ***don't be fucking stupid*** putain, sois pas stupide V

fu•el ['fjʊːəl] **1** *n* carburant *m* **2** *v/t fig* entretenir

fu•gi•tive ['fjuːdʒətɪv] *n* fugitif(-ive) *m*(*f*)

ful•fil *Br* → ***fulfill***

ful•fill [fʊl'fɪl] *v/t dreams* réaliser; *task* accomplir; *contract, responsibilities* remplir; ***feel fulfilled*** *in job, life* avoir un sentiment d'accomplissement

ful•fill•ing [fʊl'fɪlɪŋ] *adj job* qui donne un sentiment d'accomplissement

ful•fil•ment *Br* → ***fulfillment***

ful•fill•ment [fʊl'fɪlmənt] *of contract etc* exécution *f*; *moral, spiritual* accomplissement *m*

full [fʊl] *adj* plein (**of** de); *hotel, account* complet*; ***full up*** *hotel etc* complet; ***full up***: ***be full*** *with food* avoir trop mangé; ***pay in full*** tout payer

'full back arrière *m*

full 'board *Br* pension *f* complète

'full-grown *adj* adulte

'full-length *adj dress* long*; ***full-length movie*** long métrage *m*

full 'moon pleine lune *f*

full 'stop *Br* point *m*

full-'time *adj & adv* à plein temps

ful•ly ['fʊlɪ] *adv trained, recovered* complètement; *understand* parfaitement; *describe, explain* en détail; ***be fully booked*** *hotel* être complet*

fum•ble ['fʌmbl] *v/t catch* mal attraper

◆ **fumble about** *v/i* fouiller

fume [fjuːm] *v/i*: ***be fuming*** F être furieux*

fumes [fjuːmz] *npl from vehicles, machines* fumée *f*; *from chemicals* vapeurs *fpl*

fun [fʌn] **1** *n* amusement *m*; ***it was great fun*** on s'est bien amusé; ***bye, have fun!*** au revoir, amuse-toi bien!; ***for fun*** pour s'amuser; ***make fun of*** se moquer de **2** *adj* F marrant F

func•tion ['fʌŋkʃn] **1** *n* (*purpose*) fonction *f*; (*reception etc*) réception *f* **2** *v/i* fonctionner; ***function as*** faire fonction de

func•tion•al ['fʌŋkʃnl] *adj* fonctionnel*

fund [fʌnd] **1** *n* fonds *m* **2** *v/t project etc* financer

fun•da•men•tal [fʌndə'mentl] *adj* fonda-

F

mental

fun•da•men•tal•ist [fʌndə'mentlɪst] *n* fondamentaliste *m/f*

fun•da•men•tal•ly [fʌndə'mentlɪ] *adv* fondamentalement

fund•ing ['fʌndɪŋ] (*money*) financement *m*

funds [fʌndz] *npl* fonds *mpl*

fu•ne•ral ['fju:nərəl] enterrement *m*, obsèques *fpl*

'fu•ne•ral di•rec•tor entrepreneur(-euse) *m(f)* de pompes funèbres

'fu•ne•ral home établissement *m* de pompes funèbres

fun•gus ['fʌŋgəs] champignon *m*; *mold* moisissure *f*

fu•nic•u•lar (**'rail•way**) [fju:'nɪkjʊlər] funiculaire *m*

fun•nel ['fʌnl] *n of ship* cheminée *f*

fun•nies ['fʌnɪz] *npl* F pages *fpl* drôles

fun•ni•ly ['fʌnɪlɪ] *adv* (*oddly*) bizarrement; (*comically*) comiquement; ***funnily enough*** chose curieuse

fun•ny ['fʌnɪ] *adj* (*comical*) drôle; (*odd*) bizarre, curieux*

'fun•ny bone petit juif *m*

fur [fɜ:r] fourrure *f*

fu•ri•ous ['fjʊrɪəs] *adj* furieux*; ***at a furious pace*** à une vitesse folle

fur•nace ['fɜ:rnɪs] four(neau) *m*

fur•nish ['fɜ:rnɪʃ] *v/t room* meubler; (*supply*) fournir

fur•ni•ture ['fɜ:rnɪʧər] meubles *mpl*; ***a piece of furniture*** un meuble

fur•ry ['fɜ:rɪ] *adj animal* à poil

fur•ther ['fɜ:rðər] **1** *adj* (*additional*) supplémentaire; (*more distant*) plus éloigné; ***at the further side of the field*** de l'autre côté du champ; ***until further notice*** jusqu'à nouvel ordre; ***have you anything further to say?*** avez-vous quelque chose d'autre à dire? **2** *adv walk*, *drive* plus loin; ***further, I want to say ...*** de plus, je voudrais dire ...; ***two miles further*** (***on***) deux miles plus loin **3** *v/t cause etc* faire avancer, promouvoir

fur•ther'more *adv* de plus, en outre

fur•thest ['fɜ:rðɪst] **1** *adj* le plus lointain; ***the furthest point north*** le point le plus au nord **2** *adv* le plus loin; ***the furthest north*** le plus au nord

fur•tive ['fɜ:rtɪv] *adj glance* furtif*

fur•tive•ly ['fɜ:rtɪvlɪ] *adv* furtivement

fu•ry ['fjʊrɪ] (*anger*) fureur *f*

fuse [fju:z] **1** *n* ELEC fusible *m*, plomb *m* F **2** *v/i* ELEC: ***the lights have fused*** les plombs ont sauté **3** *v/t* ELEC faire sauter

'fuse•box boîte *f* à fusibles

fu•se•lage ['fju:zəlɑ:ʒ] fuselage *m*

'fuse wire fil *m* à fusible

fu•sion ['fju:ʒn] fusion *f*

fuss [fʌs] *n* agitation *f*; ***make a fuss*** (*complain*) faire des histoires; (*behave in exaggerated way*) faire du cinéma; ***make a fuss of s.o.*** (*be very attentive to*) être aux petits soins pour qn

fuss•y ['fʌsɪ] *adj person* difficile; *design etc* trop compliqué; ***be a fussy eater*** être difficile (sur la nourriture)

fu•tile ['fju:tl] *adj* futile

fu•til•i•ty [fju:'tɪlətɪ] futilité *f*

fu•ton ['fu:tɑ:n] futon *m*

fu•ture ['fju:ʧər] **1** *n* avenir *f*; GRAM futur *m*; ***in future*** à l'avenir **2** *adj* futur

fu•tures ['fju:ʧərz] *npl* FIN opérations *fpl* à terme

'fu•tures mar•ket FIN marché *m* à terme

fu•tur•is•tic [fju:ʧə'rɪstɪk] *adj design* futuriste

fuzz•y ['fʌzɪ] *adj hair* duveteux*, crépu; (*out of focus*) flou; ***fuzzy logic*** logique *f* floue

G

gab [gæb] *n*: ***have the gift of the gab*** F avoir du bagout F

gab•ble ['gæbl] *v/i* bredouiller

gad•get ['gædʒɪt] gadget *m*

gaffe [gæf] gaffe *f*

gag [gæg] **1** *n* bâillon *m*; (*joke*) gag *m* **2** *v/t* (*pret & pp* ***-ged***) *also fig* bâillonner

gai•ly ['geɪlɪ] *adv* (*blithely*) gaiement

gain [geɪn] *v/t respect*, *knowledge* acquérir; *victory* remporter; *advantage*, *sympathy* gagner; ***gain 10 pounds / speed*** prendre 10 livres / de la vitesse

ga•la ['gælə] gala *m*

gal•ax•y ['gæləksɪ] ASTR galaxie *f*

gale [geɪl] coup *m* de vent, tempête *f*

gal•lant ['gælənt] *adj* galant

gall blad•der ['gɒːlblædər] vésicule *f* biliaire
gal•le•ry ['gælərɪ] *for art, in theater* galerie *f*
gal•ley ['gælɪ] *on ship* cuisine *f*
◆ **gal•li•vant around** ['gælɪvænt] *v/i* vadrouiller
gal•lon ['gælən] gallon *m*; ***gallons of tea*** F des litres de thé F
gal•lop ['gæləp] *v/i* galoper
gal•lows ['gælouz] *npl* gibet *m*
gall•stone ['gɒːlstoun] calcul *m* biliaire
ga•lore [gə'lɔːr] *adj*: ***apples / novels galore*** des pommes / romans à gogo
gal•va•nize ['gælvənaɪz] *v/t also fig* galvaniser
gam•ble ['gæmbl] *v/i* jouer
gam•bler ['gæmblər] joueur(-euse) *m(f)*
gam•bling ['gæmblɪŋ] jeu *m*
game [geɪm] *n also in tennis* jeu *m*; ***have a game of tennis / chess*** faire une partie de tennis/d'échecs
'**game re•serve** réserve *f* naturelle
gam•mon ['gæmən] *Br* jambon *m* fumé
gang [gæŋ] gang *m*
◆ **gang up on** *v/t* se liguer contre
'**gang rape** **1** *n* viol *m* collectif **2** *v/t* commettre un viol collectif sur
gan•grene ['gæŋgriːn] MED gangrène *f*
gang•ster ['gæŋstər] gangster *m*
'**gang war•fare** guerre *m* des gangs
'**gang•way** passerelle *f*
gaol [dʒeɪl] → ***jail***
gap [gæp] trou *m*; *in time* intervalle *m*; *between two personalities* fossé *m*
gape [geɪp] *v/i of person* rester bouche bée; *of hole* être béant
◆ **gape at** *v/t* rester bouche bée devant
gap•ing ['geɪpɪŋ] *adj hole* béant
gar•age [gə'rɑːʒ] *n* garage *m*
ga'rage sale vide-grenier *m* (chez un particulier)
gar•bage ['gɑːrbɪdʒ] ordures *fpl*; (*fig: nonsense*) bêtises *fpl*
'**gar•bage bag** sac-poubelle *m*
'**gar•bage can** poubelle *f*
'**gar•bage truck** benne *f* à ordures
gar•bled ['gɑːrbld] *adj message* confus
gar•den ['gɑːrdn] jardin *m*
'**gar•den cen•ter** jardinerie *f*
gar•den•er ['gɑːrdnər] jardinier(-ière) *m(f)*
gar•den•ing ['gɑːrdnɪŋ] jardinage *m*
gar•gle ['gɑːrgl] *v/i* se gargariser
gar•goyle ['gɑːrgɔɪl] gargouille *f*
gar•ish ['gerɪʃ] *adj* criard
gar•land ['gɑːrlənd] *n* guirlande *f*, couronne *f*
gar•lic ['gɑːrlɪk] ail *m*
gar•lic 'bread pain chaud à l'ail
gar•ment ['gɑːrmənt] vêtement *m*
gar•nish ['gɑːrnɪʃ] *v/t* garnir (***with*** de)
gar•ri•son ['gærɪsn] *n* garnison *f*
gar•ter ['gɑːrtər] jarretière *f*
gas [gæs] *n* gaz *m*; (*gasoline*) essence *f*
gash [gæʃ] *n* entaille *f*
gas•ket ['gæskɪt] joint *m* d'étanchéité
gas•o•line ['gæsəliːn] essence *f*
gasp [gæsp] **1** *n in surprise* hoquet *m*; *with exhaustion* halètement *m* **2** *v/i with exhaustion* haleter; ***gasp for breath*** haleter; ***gasp with surprise*** pousser une exclamation de surprise
'**gas ped•al** accélérateur *m*
'**gas pipe•line** gazoduc *m*
'**gas pump** pompe *f* (à essence)
'**gas sta•tion** station-service *f*
'**gas stove** cuisinière *f* à gaz
gas•tric ['gæstrɪk] *adj* MED gastrique
gas•tric 'flu MED grippe *f* gastro-intestinale
gas•tric 'juices *npl* sucs *mpl* gastriques
gas•tric 'ul•cer MED ulcère *m* à l'estomac
gate [geɪt] *also at airport* porte *f*
'**gate•crash** *v/t* s'inviter à
'**gate•way** entrée *f*; *also fig* porte *f*
gath•er ['gæðər] **1** *v/t facts, information* recueillir; ***am I to gather that ...?*** dois-je comprendre que ...?; ***gather speed*** prendre de la vitesse **2** *v/i* (*understand*) comprendre
◆ **gather up** *v/t possessions* ramasser
gath•er•ing ['gæðərɪŋ] *n* (*group of people*) assemblée *f*
gau•dy ['gɒːdɪ] *adj* voyant, criard
gauge [geɪdʒ] **1** *n* jauge *f* **2** *v/t oil pressure* jauger; *opinion* mesurer
gaunt [gɒːnt] *adj* émacié
gauze [gɒːz] gaze *f*
gave [geɪv] *pret* → ***give***
gaw•ky ['gɒːkɪ] *adj* gauche
gawp [gɒːp] *v/i* F rester bouche bée (at devant)
gay [geɪ] **1** *n* (*homosexual*) homosexuel(le) *m(f)*, gay *m* **2** *adj* homosexuel*, gay *inv*
gaze [geɪz] **1** *n* regard *m* (fixe) **2** *v/i* regarder fixement
◆ **gaze at** *v/t* regarder fixement
GB [dʒiː'biː] *abbr* (= ***Great Britain***) Grande Bretagne *f*
GDP [dʒiːdiː'piː] *abbr* (= ***gross domestic product***) P.I.B. *m* (= Produit *m* Intérieur Brut)
gear [gɪr] *n* (*equipment*) équipement *m*; *in vehicles* vitesse *f*
'**gear•box** MOT boîte *f* de vitesses
'**gear le•ver**, '**gear shift** MOT levier *m* de

vitesse
geese [giːs] *pl* → ***goose***
gel [dʒel] *for hair, shower* gel *m*
gel•a•tine ['dʒelətiːn] gélatine *f*
gel•ig•nite ['dʒelɪgnaɪt] gélignite *f*
gem [dʒem] pierre *f* précieuse; *fig* perle *f*
Gem•i•ni ['dʒemɪnaɪ] ASTROL les Gémeaux
gen•der ['dʒendər] genre *m*
gene [dʒiːn] gène *m*; ***it's in his genes*** c'est dans ses gènes
gen•e•ral ['dʒenrəl] **1** *n* MIL général(e) *m(f)*; ***in general*** en général **2** *adj* général
gen•e•ral e'lec•tion *Br* élections *fpl* générales
gen•er•al•i•za•tion [dʒenrəlaɪ'zeɪʃn] généralisation *f*
gen•e•ral•ize ['dʒenrəlaɪz] *v/i* généraliser
gen•er•al•ly ['dʒenrəlɪ] *adv* généralement; ***generally speaking*** de manière générale
gen•e•rate ['dʒenəreɪt] *v/t* (*create*) engendrer, produire; *electricity* produire; *in linguistics* générer
gen•e•ra•tion [dʒenə'reɪʃn] génération *f*
gen•e'ra•tion gap conflit *m* des générations
gen•e•ra•tor ['dʒenəreɪtər] générateur *m*
ge•ner•ic drug [dʒə'nerɪk] MED médicament *m* générique
gen•e•ros•i•ty [dʒenə'rɑːsətɪ] générosité *f*
gen•e•rous ['dʒenərəs] *adj* généreux*
ge•net•ic [dʒɪ'netɪk] *adj* génétique
ge•net•i•cal•ly [dʒɪ'netɪklɪ] *adv* génétiquement; ***genetically modified*** génétiquement modifié, transgénique
ge•net•ic 'code code *m* génétique
ge•net•ic en•gi'neer•ing génie *m* génétique
ge•net•ic 'fin•ger•print empreinte *f* génétique
ge•net•i•cist [dʒɪ'netɪsɪst] généticien(ne) *m(f)*
ge•net•ics [dʒɪ'netɪks] *nsg* génétique *f*
ge•ni•al ['dʒiːnjəl] *adj person* cordial, agréable; *company* agréable
gen•i•tals ['dʒenɪtlz] *npl* organes *mpl* génitaux
ge•ni•us ['dʒiːnjəs] génie *m*
gen•o•cide ['dʒenəsaɪd] génocide *m*
gen•tle ['dʒentl] *adj* doux*; *breeze* léger*
gen•tle•man ['dʒentlmən] monsieur *m*; ***he's a real gentleman*** c'est un vrai gentleman
gen•tle•ness ['dʒentlnɪs] douceur *f*
gen•tly ['dʒentlɪ] *adv* doucement; *blow* légèrement
gents [dʒents] *nsg Br*: *toilet* toilettes *fpl* (pour hommes)
gen•u•ine ['dʒenʊɪn] *adj* authentique
gen•u•ine•ly ['dʒenʊɪnlɪ] *adv* vraiment, sincèrement
ge•o•graph•i•cal [dʒɪə'græfɪkl] *adj* géographique
ge•og•ra•phy [dʒɪ'ɑːgrəfɪ] géographie *f*
ge•o•log•i•cal [dʒɪə'lɑːdʒɪkl] *adj* géologique
ge•ol•o•gist [dʒɪ'ɑːlədʒɪst] géologue *m/f*
ge•ol•o•gy [dʒɪ'ɑːlədʒɪ] géologie *f*
ge•o•met•ric, **ge•o•met•ri•cal** [dʒɪə'metrɪk(l)] *adj* géométrique
ge•om•e•try [dʒɪ'ɑːmətrɪ] géometrie *f*
ge•ra•ni•um [dʒə'reɪnɪəm] géranium *m*
ger•i•at•ric [dʒerɪ'ætrɪk] **1** *adj* gériatrique **2** *n* patient(e) *m(f)* gériatrique
germ [dʒɜːrm] *also of idea etc* germe *m*
Ger•man ['dʒɜːrmən] **1** *adj* allemand **2** *n person* Allemand(e) *m(f)*; *language* allemand *m*
Ger•man 'mea•sles *nsg* rubéole *f*
Ger•man 'shep•herd berger *m* allemand
Germany ['dʒɜːrmənɪ] Allemagne *f*
ger•mi•nate ['dʒɜːrmɪneɪt] *v/i of seed* germer
germ 'war•fare guerre *f* bactériologique
ges•tic•u•late [dʒe'stɪkjʊleɪt] *v/i* gesticuler
ges•ture ['dʒestʃər] *n also fig* geste *m*
get [get] *v/t* (*pret & pp* ***got***, *pp also* ***gotten***) ◇ (*obtain*) obtenir; (*buy*) acheter; (*fetch*) aller chercher (***s.o. sth*** qch pour qn); (*receive*: *letter*) recevoir; (*receive*: *knowledge, respect etc*) acquérir; (*catch*: *bus, train etc*) prendre; (*understand*) comprendre
◇ **:** ***when we get home*** quand nous arrivons chez nous
◇ (*become*) devenir; ***get old / tired*** vieillir / se fatiguer
◇ (*causative*): ***get sth done*** (*by s.o. else*) faire faire qch; ***get s.o. to do sth*** faire faire qch à qn; ***I got her to change her mind*** je lui ai fait changer d'avis; ***get one's hair cut*** se faire couper les cheveux; ***get sth ready*** préparer qch
◇ (*have opportunity*): ***get to do sth*** pouvoir faire qch
◇ **:** ***have got*** avoir
◇ **:** ***have got to*** devoir; ***I have got to study*** je dois étudier, il faut que j'étudie (*subj*)
◇ **:** ***get going*** (*leave*) s'en aller; (*start*) s'y mettre; ***get to know*** commencer à bien connaître
◆ **get along** *v/i* (*progress*) faire des progrès; (*come to party etc*) venir; *with s.o.* s'entendre

◆ **get around** *v/i* (*travel*) voyager; (*be mobile*) se déplacer
◆ **get at** *v/t* (*criticize*) s'en prendre à; (*imply, mean*) vouloir dire
◆ **get away 1** *v/i* (*leave*) partir **2** *v/t*: ***get sth away from s.o.*** retirer qch à qn
◆ **get away with** *v/t*: ***let s.o. get away with sth*** tolérer qch à qn
◆ **get back 1** *v/i* (*return*) revenir; ***I'll get back to you on that*** je vous recontacterai à ce sujet **2** *v/t health, breath, girlfriend etc* retrouver; *possession* récupérer
◆ **get by** *v/i* (*pass*) passer; *financially* s'en sortir
◆ **get down 1** *v/i from ladder etc* descendre; (*duck*) se baisser; (*be informal*) se détendre, se laisser aller **2** *v/t* (*depress*) déprimer
◆ **get down to** *v/t* (*start*: *work*) se mettre à; (*reach*: *real facts*) en venir à
◆ **get in 1** *v/i* (*of train, plane*) arriver; (*come home*) rentrer; *to car* entrer; ***how did they get in?*** *of thieves, mice etc* comment sont-ils entrés? **2** *v/t to suitcase etc* rentrer
◆ **get off 1** *v/i from bus etc* descendre; (*finish work*) finir; (*not be punished*) s'en tirer **2** *v/t* (*remove*) enlever; ***get off the grass!*** va-t-en de la pelouse!
◆ **get off with** *v/t Br* F (*sexually*) coucher avec F; ***get off with a small fine*** s'en tirer avec une petite amende
◆ **get on 1** *v/i to bike, bus, train* monter; (*be friendly*) s'entendre; (*advance*: *of time*) se faire tard; (*become old*) prendre de l'âge; (*progress*: *of book*) avancer; ***how is she getting on at school?*** comment ça se passe pour elle à l'école?; ***it's getting on*** (*getting late*) il se fait tard; ***he's getting on*** il prend de l'âge; ***he's getting on for 50*** il approche la cinquantaine **2** *v/t*: ***get on the bus / one's bike*** monter dans le bus / sur son vélo; ***get one's hat on*** mettre son chapeau; ***I can't get these pants on*** je n'arrive pas à enfiler ce pantalon
◆ **get on with** *v/t one's work* continuer; (*figure out*) se débrouiller avec
◆ **get out 1** *v/i of car, prison etc* sortir; ***get out!*** va-t-en!; ***let's get out of here*** allons-nous-en; ***I don't get out much these days*** je ne sors pas beaucoup ces temps-ci **2** *v/t nail, sth jammed, stain* enlever; *gun, pen* sortir; ***what do you get out of it?*** qu'est-ce que ça t'apporte?
◆ **get over** *v/t fence* franchir; *disappointment, lover* se remettre de
◆ **get over with** *v/t* en finir avec; ***let's get it over with*** finissons-en avec ça
◆ **get through** *v/i on telephone* obtenir la communication; (*make self understood*) se faire comprendre; ***get through to s.o.*** se faire comprendre de qn
◆ **get up 1** *v/i in morning, from chair, of wind* se lever **2** *v/t* (*climb*: *hill*) monter
'**get•a•way** *from robbery* fuite *f*
'**get•a•way car** voiture utilisée pour s'enfuir
'**get-to•geth•er** *n* réunion *f*
ghast•ly ['gæstlɪ] *adj* horrible, affreux*
gher•kin ['gɜːrkɪn] cornichon *m*
ghet•to ['getoʊ] ghetto *m*
ghost [goʊst] fantôme *m*, spectre *m*
ghost•ly ['goʊstlɪ] *adj* spectral
'**ghost town** ville *f* fantôme
'**ghost•writ•er** nègre *m*
ghoul [guːl] personne *f* morbide; ***he's a ghoul*** il est morbide
ghoul•ish ['guːlɪʃ] *adj* macabre
gi•ant ['dʒaɪənt] **1** *n* géant(e) *m*(*f*) **2** *adj* géant
gib•ber•ish ['dʒɪbərɪʃ] F charabia *m*
gibe [dʒaɪb] *n* raillerie *f*, moquerie *f*
gib•lets ['dʒɪblɪts] *npl* abats *mpl*
gid•di•ness ['gɪdɪnɪs] vertige *m*
gid•dy ['gɪdɪ] *adj*: ***feel giddy*** avoir le vertige
gift [gɪft] cadeau *m*; *talent* don *m*
gift•ed ['gɪftɪd] *adj* doué
'**gift•wrap 1** *n* papier *m* cadeau **2** *v/t* (*pret & pp* **-ped**): ***giftwrap sth*** faire un paquet-cadeau
gig [gɪg] F concert *m*
gi•ga•byte ['gɪgəbaɪt] COMPUT gigaoctet *m*
gi•gan•tic [dʒaɪ'gæntɪk] *adj* gigantesque
gig•gle ['gɪgl] **1** *v/i* glousser **2** *n* gloussement *m*; ***a fit of the giggles*** une crise de fou rire
gig•gly ['gɪglɪ] *adj* qui rit bêtement
gill [gɪl] *of fish* ouïe *f*
gilt [gɪlt] *n* dorure *f*; ***gilts*** FIN fonds *mpl* d'État
gim•mick ['gɪmɪk] truc F
gim•mick•y ['gɪmɪkɪ] *adj* à trucs
gin [dʒɪn] gin *m*; ***gin and tonic*** gin *m* tonic
gin•ger ['dʒɪndʒər] **1** *n spice* gingembre *m* **2** *adj hair, cat* roux*
gin•ger 'beer limonade *f* au gingembre
'**gin•ger•bread** pain *m* d'épice
gin•ger•ly ['dʒɪndʒərlɪ] *adv* avec précaution
gip•sy ['dʒɪpsɪ] gitan(e) *m*(*f*)
gi•raffe [dʒɪ'ræf] girafe *f*
gir•der ['gɜːrdər] *n* poutre *f*
girl [gɜːrl] (jeune) fille *f*
'**girl•friend** *of boy* petite amie *f*; *younger*

G

also copine *f*; *of girl* amie *f*, *younger also* copine *f*
girl•ie mag•a•zine ['gɜːrlɪ] magazine *m* de cul F
girl•ish ['gɜːrlɪʃ] *adj* de jeune fille
girl 'scout éclaireuse *f*
gist [dʒɪst] point *m* essentiel, essence *f*
give [gɪv] *v/t* (*pret* ***gave***, *pp* ***given***) donner; *present* offrir; (*supply*: *electricity etc*) fournir; *talk*, *lecture* faire; *cry*, *groan* pousser; ***give her my love*** faites-lui mes amitiés
◆ **give away** *v/t as present* donner; (*betray*) trahir; ***give o.s. away*** se trahir
◆ **give back** *v/t* rendre
◆ **give in 1** *v/i* (*surrender*) céder, se rendre **2** *v/t* (*hand in*) remettre
◆ **give off** *v/t smell*, *fumes* émettre
◆ **give onto** *v/t open onto* donner sur
◆ **give out 1** *v/t leaflets etc* distribuer **2** *v/i of supplies*, *strength* s'épuiser
◆ **give up 1** *v/t smoking etc* arrêter; ***give up smoking*** arrêter de fumer; ***give o.s. up to the police*** se rendre à la police **2** *v/i* (*cease habit*) arrêter; (*stop making effort*) abandonner, renoncer; ***I give up*** (*can't guess*) je donne ma langue au chat
◆ **give way** *v/i of bridge etc* s'écrouler
give-and-'take concessions *fpl* mutuelles
giv•en ['gɪvn] **1** *adj* donné **2** *pp* → ***give***
'giv•en name prénom *m*
giz•mo ['gɪzmoʊ] F truc *m*, bidule *m* F
gla•ci•er ['gleɪʃər] glacier *m*
glad [glæd] *adj* heureux*
glad•ly ['glædlɪ] *adv* volontiers, avec plaisir
glam•or ['glæmər] éclat *m*, fascination *f*
glam•or•ize ['glæməraɪz] *v/t* donner un aspect séduisant à
glam•or•ous ['glæmərəs] *adj* séduisant, fascinant; *job* prestigieux*
glamour *Br* → ***glamour***
glance [glæns] **1** *n* regard *m*, coup *m* d'œil **2** *v/i* jeter un regard, lancer un coup d'œil
◆ **glance at** *v/t* jeter un regard sur, lancer un coup d'œil à
gland [glænd] glande *f*
glan•du•lar fe•ver ['glændʒələr] mononucléose *f* infectieuse
glare [gler] **1** *n of sun*, *headlights* éclat *m* (éblouissant) **2** *v/i of sun*, *headlights* briller d'un éclat éblouissant
◆ **glare at** *v/t* lancer un regard furieux à
glar•ing ['glerɪŋ] *adj mistake* flagrant
glar•ing•ly ['glerɪŋlɪ] *adv*: ***be glaringly obvious*** sauter aux yeux
glass [glæs] *material*, *for drink* verre *m*
glass 'case vitrine *f*
glass•es *npl* lunettes *fpl*
'glass•house serre *f*
glaze [gleɪz] *n* vernis *m*
◆ **glaze over** *v/i of eyes* devenir vitreux
glazed [gleɪzd] *adj expression* vitreux*
gla•zi•er ['gleɪzɪr] vitrier *m*
glaz•ing ['gleɪzɪŋ] vitrerie *f*
gleam [gliːm] **1** *n* lueur *f* **2** *v/i* luire
glee [gliː] joie *f*
glee•ful ['gliːfʊl] *adj* joyeux*
glib [glɪb] *adj* désinvolte
glib•ly ['glɪblɪ] *adv* avec désinvolture
glide [glaɪd] *v/i* glisser; *of bird*, *plane* planer
glid•er ['glaɪdər] planeur *m*
glid•ing ['glaɪdɪŋ] *n sport* vol *m* à voile
glim•mer ['glɪmər] **1** *n of light* faible lueur *f*; ***a glimmer of hope*** *n* une lueur d'espoir **2** *v/i* jeter une faible lueur
glimpse [glɪmps] **1** *n*: ***catch a glimpse of ...*** entrevoir **2** *v/t* entrevoir
glint [glɪnt] **1** *n* lueur *f*, reflet *m* **2** *v/i of light* luire, briller; *of eyes* luire
glis•ten ['glɪsn] *v/i of light* luire; *of water* miroiter; *of silk* chatoyer
glit•ter ['glɪtər] *v/i of light*, *jewels* briller, scintiller
glit•ter•ati *npl* le beau monde
gloat [gloʊt] *v/i* jubiler
◆ **gloat over** *v/t* se réjouir de
glo•bal ['gloʊbl] *adj* (*worldwide*) mondial; (*without exceptions*) global
glo•bal e'con•o•my économie *f* mondiale
glo•bal•i•za•tion ['gloʊbəlaɪzeɪʃn] *of markets etc* mondialisation *f*
glo•bal•ly ['gloʊbəlɪ] *adv* (*on worldwide basis*) mondialement; (*without exceptions*) globalement
glo•bal 'mar•ket marché *m* international
glo•bal war•ming ['wɔːrmɪŋ] réchauffement *m* de la planète
globe [gloʊb] globe *m*
gloom [gluːm] (*darkness*) obscurité *f*; *mood* tristesse *f*, mélancolie *f*
gloom•i•ly ['gluːmɪlɪ] *adv* tristement, mélancoliquement
gloom•y ['gluːmɪ] *adj* sombre
glo•ri•ous ['glɔːrɪəs] *adj weather*, *day* magnifique; *victory* glorieux*
glo•ry ['glɔːrɪ] *n* gloire *f*
gloss [glɑːs] *n* (*shine*) brillant *m*, éclat *m*; (*general explanation*) glose *f*, commentaire *m*
◆ **gloss over** *v/t* passer sur
glos•sa•ry ['glɑːsərɪ] glossaire *m*
'gloss paint peinture *f* brillante
gloss•y ['glɑːsɪ] **1** *adj paper* glacé **2** *n magazine* magazine *m* de luxe
glove [glʌv] gant *m*
'glove com•part•ment *in car* boîte *f* à

gants

'**glove pup•pet** marionnette *f* (à gaine)

glow [gloʊ] **1** *n of light* lueur *f*; *of fire* rougeoiement *m*; *in cheeks* couleurs *fpl* **2** *v/i of light* luire; *of fire* rougeoyer; *of cheeks* être rouge

glow•er ['glaʊr] *v/i* lancer un regard noir (at à)

glow•ing ['gloʊɪŋ] *adj description* élogieux*

glu•cose ['gluːkoʊs] glucose *m*

glue [gluː] **1** *n* colle *f* **2** *v/t*: ***glue sth to sth*** coller qch à qch; ***be glued to the TV*** F être collé devant la télé F

glum [glʌm] *adj* morose

glum•ly ['glʌmlɪ] *adv* d'un air morose

glut [glʌt] *n* surplus *m*

glut•ton ['glʌtən] glouton(ne) *m*(*f*)

glut•ton•y ['glʌtənɪ] gloutonnerie *f*

GM [dʒiː'em] *abbr* (***= genetically modified***) génétiquement modifié

GMT [dʒiːem'tiː] *abbr* (***= Greenwich Mean Time***) G.M.T. *m* (= Temps *m* moyen de Greenwich)

gnarled [nɑːrld] *adj branch*, *hands* noueux*

gnat [næt] moucheron *m*

gnaw [nɒː] *v/t bone* ronger

GNP [dʒiːen'piː] *abbr* (***= gross national product***) P.N. B. *m* (= Produit *m* national brut)

go [goʊ] **1** *n*: ***on the go*** actif **2** *v/i* (*pret* ***went***, *pp* ***gone***) ◇ aller; (*leave*: *of train*, *plane*) partir; (*leave*: *of people*) s'en aller, partir; (*work*, *function*) marcher, fonctionner; (*come out*: *of stain etc*) s'en aller; (*cease*: *of pain etc*) partir, disparaître; (*match*: *of colors etc*) aller ensemble; ***go shopping / jogging*** aller faire les courses / faire du jogging; ***I must be going*** je dois partir, je dois m'en aller; ***let's go!*** allons-y!; ***go for a walk*** aller se promener; ***go to bed*** aller se coucher; ***go to school*** aller à l'école; ***how's the work going?*** comment va le travail?; ***they're going for $50*** (*being sold at*) ils sont à 50 $; ***hamburger to go*** hamburger à emporter; ***the milk is all gone*** il n'y a plus du tout de lait

◇ (*become*) devenir; ***she went all red*** elle est devenue toute rouge

◇ *to express the future*, *intention*: ***be going to do sth*** aller faire qch; ***I'm not going to***

◆ **go ahead** *v/i*: ***she just went ahead*** elle l'a fait quand même; ***go ahead!*** (*on you go*) allez-y!

◆ **go ahead with** *v/t plans etc* commencer

◆ **go along with** *v/t suggestion* accepter

◆ **go at** *v/t* (*attack*) attaquer

◆ **go away** *v/i of person* s'en aller, partir; *of rain* cesser; *of pain*, *clouds* partir, disparaître

◆ **go back** *v/i* (*return*) retourner; (*date back*) remonter (***to*** à); ***we go back a long way*** on se connaît depuis longtemps; ***go back to sleep*** se rendormir

◆ **go by** *v/i of car*, *people*, *time* passer

◆ **go down** *v/i* descendre; *of sun* se coucher; *of ship* couler; *of swelling* diminuer; ***go down well / badly*** *of suggestion etc* être bien / mal reçu

◆ **go for** *v/t* (*attack*) attaquer; (*like*) beaucoup aimer

◆ **go in** *v/i to room*, *house* entrer; *of sun* se cacher; (*fit*: *of part etc*) s'insérer; ***it won't go in*** ça ne va pas rentrer

◆ **go in for** *v/t competition*, *race* prendre part à; (*like*) aimer; *sport* jouer à

◆ **go off 1** *v/i* (*leave*) partir; *of bomb* exploser; *of gun* partir; *of light* s'éteindre; *of alarm* se déclencher **2** *v/t* (*stop liking*) se lasser de; ***I've gone off the idea*** l'idée ne me plaît plus

◆ **go on** *v/i* (*continue*) continuer; (*happen*) se passer; ***can I? - yes, go on*** est-ce que je peux? - oui, vas-y; ***go on, do it!*** (*encouraging*) allez, fais-le!; ***what's going on?*** qu'est-ce qui se passe?; ***don't go on about it*** arrête de parler de cela

◆ **go on at** *v/t* (*nag*) s'en prendre à

◆ **go out** *v/i of person* sortir; *of light*, *fire* s'éteindre

◆ **go out with** *v/t romantically* sortir avec

◆ **go over** *v/t* (*check*) revoir

◆ **go through** *v/t hard times* traverser; *illness* subir; (*check*) revoir; (*read through*) lire en entier

◆ **go through with** *v/t* aller jusqu'au bout de; ***go through with it*** aller jusqu'au bout

◆ **go under** *v/i* (*sink*) couler; *of company* faire faillite

◆ **go up** *v/i* (*climb*) monter; *of prices* augmenter

◆ **go without 1** *v/t food etc* se passer de **2** *v/i* s'en passer

goad [goʊd] *v/t*: ***goad s.o. into doing sth*** talonner qn jusqu'à ce qu'il fasse (*subj*) qch

'**go-a•head 1** *n* feu vert *m* **2** *adj* (*enterprising*, *dynamic*) entreprenant, dynamique

goal [goʊl] *in sport*, (*objective*) but *m*

goal•ie ['goʊlɪ] F goal *m* F

'**goal•keep•er** gardien *m* de but

'**goal kick** remise *f* en jeu

'**goal•mouth** entrée *f* des buts

'**goal•post** poteau *m* de but

'**goal•scor•er** buteur *m*; ***their top goalscorer*** leur meilleur buteur
goat [goʊt] chèvre *m*
gob•ble ['gɑːbl] *v/t* dévorer
◆ **gobble up** *v/t* engloutir
gob•ble•dy•gook ['gɑːbldɪguːk] F charabia *m* F
'**go-be•tween** intermédiaire *m/f*
god [gɑːd] dieu *m*; ***thank God!*** Dieu merci!; ***oh God!*** mon Dieu!
'**god•child** filleul(e) *m(f)*
'**god•daught•er** filleule *f*
god•dess ['gɑːdɪs] déesse *f*
'**god•fa•ther** *also in mafia* parrain *m*
god•for•sak•en ['gɑːdfərseɪkn] *adj place, town* perdu
'**god•moth•er** marraine *m*
'**god•pa•rents** *npl* parrains *mpl*
'**god•send** don *m* du ciel
'**god•son** filleul *m*
go•fer ['goʊfər] F coursier(-ière) *m(f)*
gog•gles ['gɑːgl] *npl* lunettes *fpl*
go•ing ['goʊɪŋ] *adj price etc* actuel*; ***going concern*** affaire *f* qui marche
go•ings-on [goʊɪŋz'ɑːn] *npl* activités *fpl*; ***there were some strange goings-on*** il se passait de drôles de choses
gold [goʊld] **1** *n* or *m*; *medal* médaille *f* d'or **2** *adj watch, necklace etc* en or; *ingot* d'or
gold•en ['goʊldn] *adj sky* doré; *hair also* d'or
gold•en '**hand•shake** (grosse) prime *f* de départ
gold•en '**wed•ding (an•ni•ver•sa•ry)** noces *fpl* d'or
'**gold•fish** poisson *m* rouge
'**gold mine** *fig* mine *f* d'or
'**gold•smith** orfèvre *m*
golf [gɑːlf] golf *m*
'**golf ball** balle *f* de golf
'**golf club** *organization, stick* club *m* de golf
'**golf course** terrain *m* de golf
golf•er ['gɑːlfər] golfeur(-euse) *m(f)*
gone [gɑːn] *pp* → ***go***
gong [gɑːŋ] gong *m*
good [gʊd] *adj* bon*; *weather* beau*; *child* sage; ***a good many*** beaucoup; ***a good many …*** beaucoup de …; ***be good at …*** être bon en …; ***it's good for you*** *for health* c'est bon pour la santé
good•bye [gʊd'baɪ] au revoir
'**good-for-noth•ing** *n* bon(ne) *m(f)* à rien
Good '**Fri•day** Vendredi *m* saint
good-hu•mored [gʊd'hjuːmərd] *adj* jovial
good-look•ing [gʊd'lʊkɪŋ] *adj woman* beau*
good-na•tured [gʊd'neɪʧərd] bon*, au bon naturel
good•ness ['gʊdnɪs] *moral* bonté *f*; *of fruit etc* bonnes choses *fpl*; ***thank goodness!*** Dieu merci!
goods [gʊdz] *npl* COMM marchandises *fpl*
good'will bonne volonté *f*, bienveillance *f*
good•y-good•y ['gʊdɪgʊdɪ] *n* F petit(e) saint(e) *m(f)*; *child* enfant *m/f* modèle
goo•ey ['guːɪ] *adj* gluant
goof [guːf] *v/i* F gaffer F
goose [guːs] (*pl* ***geese***) oie *f*
goose•ber•ry ['gʊzberɪ] groseille *f* (à maquereau)
'**goose bumps** *npl* chair *f* de poule
'**goose pim•ples** *npl* chair *f* de poule
gorge [gɔːrdʒ] **1** *n in mountains* gorge *f* **2** *v/t*: ***gorge o.s. on sth*** se gorger de qch
gor•geous ['gɔːrdʒəs] *adj* magnifique, superbe
go•ril•la [gə'rɪlə] gorille *m*
gosh [gɑːʃ] *int* ça alors!
go-'slow grève *f* perlée
gos•pel ['gɑːspl] *in Bible* évangile *m*
'**gos•pel truth** parole *f* d'évangile
gos•sip ['gɑːsɪp] **1** *n* potins *mpl*; *malicious* commérages *mpl*; *person* commère *f* **2** *v/i* bavarder; *maliciously* faire des commérages
'**gos•sip col•umn** échos *mpl*
'**gos•sip col•um•nist** échotier(-ière) *m(f)*
gos•sip•y ['gɑːsɪpɪ] *adj letter* plein de potins
got [gɑːt] *pret & pp* → ***get***
got•ten ['gɑːtn] *pp* → ***get***
gour•met ['gʊrmeɪ] *n* gourmet *m*, gastronome *m/f*
gov•ern ['gʌvərn] *v/t country* gouverner
gov•ern•ment ['gʌvərnmənt] gouvernement *m*; ***government spending*** dépenses *fpl* publiques; ***government loan*** emprunt *m* d'État
gov•er•nor ['gʌvərnər] gouverneur *m*
gown [gaʊn] robe *f*; (*wedding dress*) robe *f* de mariée; *of academic, judge* toge *f*; *of surgeon* blouse *f*
grab [græb] *v/t* (*pret & pp* ***-bed***) saisir; *food* avaler; ***grab some sleep*** dormir un peu
grace [greɪs] *of dancer etc* grâce *f*; *before meals* bénédicité *m*
grace•ful ['greɪsfʊl] *adj* gracieux*
grace•ful•ly ['greɪsfʊlɪ] *adv move* gracieusement
gra•cious ['greɪʃəs] *adj person* bienveillant; *style, living* élégant; ***good gracious!*** mon Dieu!
grade [greɪd] **1** *n* (*quality*) qualité *f*; EDU classe *f*; (*mark*) note *f* **2** *v/t* classer;

school work noter
grade 'cross•ing passage *m* à niveau
'grade school école *f* primaire
gra•di•ent ['greɪdɪənt] pente *f*, inclinaison *f*
grad•u•al ['grædʒʊəl] *adj* graduel*, progressif*
grad•u•al•ly ['grædʒʊəlɪ] *adv* peu à peu, progressivement
grad•u•ate ['grædʒʊət] **1** *n* diplômé(e) *m(f)* **2** *v/i* ['grædʒʊeɪt] obtenir son diplôme (***from*** de)
grad•u•a•tion [grædʒʊ'eɪʃn] obtention *f* du diplôme
grad•u'a•tion cer•e•mon•y cérémonie *f* de remise de diplômes
graf•fi•ti [grə'fiːtiː] graffitis *mpl*; *single* graffiti *m*
graft [græft] **1** *n* BOT, MED greffe *f*; F (*corruption*) corruption *f*; *Br* F (*hard work*) corvée *f* **2** *v/t* BOT, MED greffer
grain [greɪn] blé *m*; *of rice etc*, *in wood* grain *m*; ***it goes against the grain for me to do this*** c'est contre ma nature de faire ceci
gram [græm] gramme *m*
gram•mar ['græmər] grammaire *f*
'gram•mar school *Br* lycée *m*
gram•mat•i•cal [grə'mætɪkl] *adj* grammatical
gram•mat•i•cal•ly *adv* grammaticalement
grand [grænd] **1** *adj* grandiose; F (*very good*) génial F **2** *n* F (*$1000*) mille dollars *mpl*
gran•dad ['grændæd] grand-père *m*
'grand•child petit-fils *m*, petite-fille *f*
'grand•child•ren *npl* petits-enfants *mpl*
'grand•daugh•ter petite-fille *f*
gran•deur ['grændʒər] grandeur *f*, splendeur *f*
'grand•fa•ther grand-père *m*
'grand•fa•ther clock horloge *f* de parquet
gran•di•ose ['grændɪoʊs] *adj* grandiose, pompeux*
grand 'jur•y grand jury *m*
'grand•ma F mamie *f* F
'grand•moth•er grand-mère *f*
'grand•pa F papi *m* F
'grand•par•ents *npl* grands-parents *mpl*
grand pi'an•o piano *m* à queue
grand 'slam *in tennis* grand chelem *m*
'grand•son petit-fils *m*
'grand•stand tribune *f*
gran•ite ['grænɪt] granit *m*
gran•ny ['grænɪ] F mamie *f* F
grant [grænt] **1** *n money* subvention *f* **2** *v/t wish, visa, request* accorder; ***take s.o./sth for granted*** considérer qn / qch comme acquis
gran•u•lat•ed sug•ar ['grænʊleɪtɪd] sucre *m* en poudre
gran•ule ['grænuːl] grain *m*
grape [greɪp] (grain *m* de) raisin *m*; ***some grapes*** du raisin
'grape•fruit pamplemousse *m*
'grape•fruit juice jus *m* de pamplemousse
'grape•vine: ***hear sth on the grapevine*** apprendre qch par le téléphone arabe
graph [græf] graphique *m*, courbe *f*
graph•ic ['græfɪk] **1** *adj* (*vivid*) très réaliste **2** *n* COMPUT graphique *m*; ***graphics*** graphiques *mpl*
graph•ic•al•ly ['græfɪklɪ] *adv describe* de manière réaliste
graph•ic de'sign•er graphiste *m/f*
◆ **grap•ple with** ['græpl] *v/t attacker* en venir aux prises avec; *problem etc* s'attaquer à
grasp [græsp] **1** *n physical* prise *f*; *mental* compréhension *f* **2** *v/t physically* saisir; (*understand*) comprendre
grass [græs] *n* herbe *f*
'grass•hop•per sauterelle *f*
grass 'roots *npl people* base *f*
grass 'wid•ow: ***I'm a grass widow this week*** je suis célibataire cette semaine
gras•sy ['græsɪ] *adj* herbeux*, herbu
grate[1] [greɪt] *n metal grill* grille *f*
grate[2] [greɪt] **1** *v/t in cooking* râper **2** *v/i*: ***grate on the ear*** faire mal aux oreilles
grate•ful ['greɪtfʊl] *adj* reconnaissant; ***be grateful to s.o.*** être reconnaissant envers qn
grate•ful•ly ['greɪtfʊlɪ] *adv* avec reconnaissance
grat•er ['greɪtər] râpe *f*
grat•i•fy ['grætɪfaɪ] *v/t* (*pret & pp* ***-ied***) satisfaire, faire plaisir à
grat•ing ['greɪtɪŋ] **1** *n* grille *f* **2** *adj sound, voice* grinçant
grat•i•tude ['grætɪtuːd] gratitude *f*, reconnaissance *f*
gra•tu•i•tous [grə'tuːɪtəs] *adj* gratuit
gra•tu•i•ty [grə'tuːətɪ] gratification *f*, pourboire *m*
grave[1] [greɪv] *n* tombe *f*
grave[2] [greɪv] *adj error, face, voice* grave
grav•el ['grævl] gravier *m*
'grave•stone pierre *f* tombale
'grave•yard cimetière *m*
◆ **grav•i•tate toward** ['grævɪteɪt] *v/t* être attiré par
grav•i•ty ['grævətɪ] PHYS, *of situation* gravité *f*
gra•vy ['greɪvɪ] jus *m* de viande
gray [greɪ] *adj* gris; ***be going gray*** grisonner

gray-haired [greɪ'herd] *adj* aux cheveux gris

graze¹ [greɪz] *v/i of cow, horse* paître

graze² [greɪz] **1** *v/t arm etc* écorcher; ***graze one's arm*** s'écorcher le bras **2** *n* écorchure *f*

grease [griːs] *for cooking* graisse *f*; *for car* lubrifiant *m*

grease•proof 'pa•per papier *m* sulfurisé

greas•y ['griːsɪ] *adj* gras*; (*covered in grease*) graisseux*

great [greɪt] *adj* grand; *mistake, sum of money* gros*; *composer, writer* grand; F (*very good*) super F; ***great to see you!*** ravi de te voir!

G

Great 'Brit•ain Grande-Bretagne *f*

great-'grand•daugh•ter arrière-petite-fille *f*

great-'grand•fa•ther arrière-grand-père *m*

great-'grand•moth•er arrière-grand-mère *f*

great-'grand•par•ents *npl* arrière-grands-parents *mpl*

great-'grand•son arrière-petit-fils *m*

great•ly ['greɪtlɪ] *adv* beaucoup; ***not greatly different*** pas très différent

great•ness ['greɪtnɪs] grandeur *f*, importance *f*

Greece [griːs] Grèce *f*

greed [griːd] *for money* avidité *f*; *for food also* gourmandise *f*

greed•i•ly ['griːdɪlɪ] *adv* avec avidité

greed•y ['griːdɪ] *adj for money* avide; *for food also* gourmand

Greek [griːk] **1** *n* Grec(que) *m(f)*; *language* grec *m* **2** *adj* grec*

green [griːn] *adj* vert; *environmentally* écologique

green 'beans *npl* haricots *mpl* verts

'green belt ceinture *f* verte

'green card (*work permit*) permis *m* de travail

'green•field site terrain *m* non construit

'green•horn F blanc-bec *m*

'green•house serre *f*

'green•house ef•fect effet *m* de serre

'green•house gas gaz *m* à effet de serre

greens [griːnz] *npl* légumes *mpl* verts

green 'thumb: ***have a green thumb*** avoir la main verte

greet [griːt] *v/t* saluer; (*welcome*) accueillir

greet•ing ['griːtɪŋ] salut *m*

'greet•ing card carte *f* de vœux

gre•gar•i•ous [grɪ'gerɪəs] *adj person* sociable

gre•nade [grɪ'neɪd] grenade *f*

grew [gruː] *pret* → ***grow***

grey [greɪ] *adj Br* → ***gray***

'grey•hound lévrier *m*, levrette *f*

grid [grɪd] grille *f*

'grid•iron SP terrain *m* de football

'grid•lock *in traffic* embouteillage *m*

grief [griːf] chagrin *m*, douleur *f*

grief-strick•en ['griːfstrɪkn] *adj* affligé

griev•ance ['griːvəns] grief *m*

grieve [griːv] *v/i* être affligé; ***grieve for s.o.*** pleurer qn

grill [grɪl] **1** *n on window* grille *f* **2** *v/t* (*interrogate*) mettre sur la sellette

grille [grɪl] grille *f*

grim [grɪm] *adj* sinistre, sombre

gri•mace ['grɪməs] *n* grimace *f*

grime [graɪm] saleté *f*, crasse *f*

grim•ly ['grɪmlɪ] *adv determined etc* fermement; *say, warn* sinistrement

grim•y ['graɪmɪ] *adj* sale, crasseux*

grin [grɪn] **1** *n* (large) sourire *m* **2** *v/i* (*pret & pp* ***-ned***) sourire

grind [graɪnd] *v/t* (*pret & pp* ***ground***) *coffee* moudre; *meat* hacher; ***grind one's teeth*** grincer des dents

grip [grɪp] **1** *n on rope etc* prise *f*; ***be losing one's grip*** (*losing one's skills*) baisser **2** *v/t* (*pret & pp* ***-ped***) saisir, serrer

gripe [graɪp] **1** *n* plainte *f* **2** *v/i* rouspéter F

grip•ping ['grɪpɪŋ] *adj* prenant, captivant

gris•tle ['grɪsl] cartilage *m*

grit [grɪt] **1** *n for roads* gravillon *m*; ***a bit of grit in eye*** une poussière **2** *v/t* (*pret & pp* ***-ted***): ***grit one's teeth*** grincer des dents

grit•ty ['grɪtɪ] *adj* F *book, movie etc* réaliste

groan [groʊn] **1** *n* gémissement *m* **2** *v/i* gémir

gro•cer ['groʊsər] épicier(-ère) *m(f)*

gro•cer•ies ['groʊsərɪz] *npl* (articles *mpl* d')épicerie *f*, provisions *fpl*

gro•cer•y store ['groʊsərɪ] épicerie *f*; ***at the grocery store*** chez l'épicier, à l'épicerie

grog•gy ['grɑːgɪ] *adj* F groggy F

groin [grɔɪn] ANAT aine *f*

groom [gruːm] **1** *n for bride* marié *m*; *for horse* palefrenier(-ère) *m(f)* **2** *v/t horse* panser; (*train, prepare*) préparer, former; ***well groomed*** *in appearance* très soigné

groove [gruːv] rainure *f*; *on record* sillon *m*

grope [groʊp] **1** *v/i in the dark* tâtonner **2** *v/t sexually* peloter F

◆ **grope for** *v/t door handle* chercher à tâtons; *right word* chercher

gross [groʊs] *adj* (*coarse, vulgar*) grossier*; *exaggeration* gros*; FIN brut

gross 'do•mes•tic prod•uct produit *m* intérieur brut

gross 'na•tion•al prod•uct produit *m* national brut
ground[1] [graʊnd] **1** *n* sol *m*, terre *f*; *area of land, for football, fig* terrain; (*reason*) raison *f*, motif *m*; ELEC terre *f*; ***on the ground*** par terre **2** *v/t* ELEC mettre une prise de terre à
'ground con•trol contrôle *m* au sol
'ground crew personnel *m* au sol
'ground floor *Br* rez-de-chaussée *m*
ground[2] *pret & pp* → ***grind***
ground•ing ['graʊndɪŋ] *in subject* bases *fpl*
ground•less ['graʊndlɪs] *adj* sans fondement
'ground meat viande *f* hachée
'ground•nut arachide *f*
'ground plan projection *f* horizontale
'ground staff SP personnel *m* d'entretien; *at airport* personnel *m* au sol
'ground•work travail *m* préparatoire
Ground 'Ze•ro Ground Zero *m*
group [gruːp] **1** *n* groupe *m* **2** *v/t* grouper
group•ie ['gruːpɪ] F groupie *f* F
group 'ther•a•py thérapie *f* de groupe
grouse [graʊs] **1** *n* F rouspéter F **2** *v/i* F plainte *f*
grov•el ['grɑːvl] *v/i fig* ramper (***to*** devant)
grow [groʊ] **1** *v/i* (*pret* ***grew***, *pp* ***grown***) *of child, animal, anxiety* grandir; *of plants, hair, beard* pousser; *of number, amount* augmenter; *of business* se développer; (*become*) devenir **2** *v/t flowers* faire pousser
◆ **grow up** *of person* devenir adulte; *of city* se développer; ***grow up!*** sois adulte!
growl [graʊl] **1** *n* grognement *m* **2** *v/i* grogner
grown [groʊn] *pp* → ***grow***
'grown-up **1** *n* adulte *m/f* **2** *adj* adulte
growth [groʊθ] *of person, company* croissance *f*; (*increase*) augmentation *f*; MED tumeur *f*
grub [grʌb] *of insect* larve *f*, ver *m*
grub•by ['grʌbɪ] *adj* malpropre
grudge [grʌdʒ] **1** *n* rancune *f*; ***bear a grudge*** avoir de la rancune **2** *v/t* (*give unwillingly*) accorder à contrecœur; ***grudge s.o. sth*** (*resent*) en vouloir à qn de qch
grudg•ing ['grʌdʒɪŋ] *adj* accordé à contrecœur; *person* plein de ressentiment
grudg•ing•ly ['grʌdʒɪŋlɪ] *adv* à contre-cœur
gru•el•ing, *Br* **gruel•ling** ['gruːəlɪŋ] *adj climb, task* épuisant, éreintant
gruff [grʌf] *adj* bourru, revêche
grum•ble ['grʌmbl] *v/i* ronchonner
grum•bler ['grʌmblər] grognon(ne) *m(f)*
grump•y ['grʌmpɪ] *adj* grincheux*
grunt [grʌnt] **1** *n* grognement *m* **2** *v/i* grogner
guar•an•tee [gærən'tiː] **1** *n* garantie *f*; ***guarantee period*** période *f* de garantie **2** *v/t* garantir
guar•an•tor [gærən'tɔːr] garant(e) *m(f)*
guard [gɑːrd] **1** *n* (*security guard*), *in prison* gardien(ne) *m(f)*; MIL garde *f*; ***be on one's guard*** être sur ses gardes; ***be on one's guard against*** faire attention à **2** *v/t* garder
◆ **guard against** *v/t* se garder de
'guard dog chien *m* de garde
guard•ed ['gɑːrdɪd] *adj reply* prudent, réservé
guard•i•an ['gɑːrdɪən] LAW tuteur(-trice) *m(f)*
guard•i•an 'an•gel ange-gardien *m*
guer•ril•la [gə'rɪlə] guérillero *m*
guer•ril•la 'war•fare guérilla *f*
guess [ges] **1** *n* conjecture *f* **2** *v/t answer* deviner **3** *v/i* deviner; ***I guess so*** je crois; ***I guess not*** je ne crois pas
'guess•work conjecture(s) *f(pl)*
guest [gest] invité(e) *m(f)*; *in hotel* hôte *m/f*
'guest•house pension *f* de famille
'guest•room chambre *f* d'amis
guf•faw [gʌ'fɒː] **1** *n* gros rire *m* **2** *v/i* s'esclaffer
guid•ance ['gaɪdəns] conseils *mpl*
guide [gaɪd] **1** *n person* guide *m/f*; *book* guide *m* **2** *v/t* guider
'guide•book guide *m*
guid•ed mis•sile ['gaɪdɪd] missile *m* téléguidé
'guide dog *Br* chien *m* d'aveugle
guid•ed 'tour visite *f* guidée
guide•lines ['gaɪdlaɪnz] *npl* directives *fpl*
guilt [gɪlt] culpabilité *f*
guilt•y ['gɪltɪ] *adj* coupable; ***have a guilty conscience*** avoir mauvaise conscience
guin•ea pig ['gɪnɪpɪg] cochon *m* d'Inde, cobaye *m*; *fig* cobaye *m*
guise [gaɪz]: ***under the guise of*** sous l'apparence de
gui•tar [gɪ'tɑːr] guitare *f*
gui'tar case étui *m* à guitare
gui•tar•ist [gɪ'tɑːrɪst] guitariste *m/f*
gui'tar play•er guitariste *m/f*
gulf [gʌlf] golfe *m*; *fig* gouffre *m*, abîme *m*; ***the Gulf*** le Golfe
gull [gʌl] mouette *f*; *bigger* goéland *m*
gul•let ['gʌlɪt] ANAT gosier *m*
gul•li•ble ['gʌlɪbl] *adj* crédule
gulp [gʌlp] **1** *n of drink* gorgée *f*; *of food* bouchée *f* **2** *v/i in surprise* dire en s'étranglant

◆ **gulp down** *v/t drink* avaler à grosses gorgées; *food* avaler à grosses bouchées
gum¹ [gʌm] *n in mouth* gencive *f*
gum² [gʌm] *n* (*glue*) colle *f*; (*chewing gum*) chewing-gum *m*
gump•tion ['gʌmpʃn] jugeote *f* F
gun [gʌn] arme *f* à feu; *pistol* pistolet *m*; *revolver* revolver *m*; *rifle* fusil *m*; *cannon* canon *m*
◆ **gun down** *v/t* (*pret & pp* ***-ned***) abattre
'**gun•fire** coups *mpl* de feu
'**gun•man** homme *m* armé
'**gun•point**: ***at gunpoint*** sous la menace d'une arme
'**gun•shot** coup *m* de feu
'**gun•shot wound** blessure *f* par balle
gur•gle ['gɜːrgl] *v/i of baby* gazouiller; *of drain* gargouiller
gu•ru ['guːruː] *fig* gourou *m*
gush [gʌʃ] *v/i of liquid* jaillir
gush•y ['gʌʃɪ] *adj* F (*enthusiastic*) excessif*
gust [gʌst] rafale *f*, coup *m* de vent
gus•to ['gʌstoʊ]: ***with gusto*** avec enthousiasme
gust•y ['gʌstɪ] *adj weather* très venteux*; ***gusty wind*** vent soufflant en rafales
gut [gʌt] **1** *n* intestin *m*; F (*stomach*) bide *m* F **2** *v/t* (*pret & pp* ***-ted***) (*destroy*) ravager; (*strip down*) casser
gut '**feel•ing** F intuition *f*
guts [gʌts] *npl* entrailles *fpl*; F (*courage*) cran *m* F; ***hate s.o.'s guts*** ne pas pouvoir saquer qn F
guts•y ['gʌtsɪ] *adj* F (*brave*) qui a du cran F
gut•ter ['gʌtər] *on sidewalk* caniveau *m*; *on roof* gouttière *f*
'**gutter•press** *Br* presse *f* de bas-étage
guy [gaɪ] F type *m* F; ***hey, you guys*** salut, vous
guz•zle ['gʌzl] *v/t food* engloutir; *drink* avaler
gym [dʒɪm] *sports club* club *m* de gym; *in school* gymnase *m*; *activity* gym *f*, gymnastique *f*
gym•na•si•um [dʒɪm'neɪzɪəm] gymnase *m*
gym•nast ['dʒɪmnæst] gymnaste *m/f*
gym•nas•tics [dʒɪm'næstɪks] gymnastique *f*
gy•ne•col•o•gy, *Br* **gy•nae•col•o•gy** [gaɪnɪ'kɑːlədʒɪ] gynécologie *f*
gy•ne'col•o•gist, *Br* **gy•nae•col•o•gist** [gaɪnɪ'kɑːlədʒɪst] gynécologue *m/f*
gyp•sy ['dʒɪpsɪ] gitan(e) *m(f)*

H

hab•it ['hæbɪt] habitude *f*; ***get into the habit of doing sth*** prendre l'habitude de faire qch
hab•it•a•ble ['hæbɪtəbl] *adj* habitable
hab•i•tat ['hæbɪtæt] habitat *m*
ha•bit•u•al [hə'bɪtʃʊəl] *adj* habituel*; *smoker, drinker* invétéré
hack [hæk] *n* (*poor writer*) écrivaillon(ne) *m(f)*
hack•er ['hækər] COMPUT pirate *m* informatique
hack•neyed ['hæknɪd] *adj* rebattu
had [hæd] *pret & pp* → ***have***
had•dock ['hædək] aiglefin *m*; ***smoked haddock*** haddock *m*
haem•or•rhage *Br* → ***hemorrhage***
hag•gard ['hægərd] *adj* hagard, égaré
hag•gle ['hægl] *v/i* chipoter (for, over sur)
hail [heɪl] *n* grêle *f*
'**hail•stone** grêlon *m*
'**hail•storm** averse *f* de grêle
hair [her] cheveux *mpl*; *single* cheveu *m*; *on body* poils *mpl*; *single* poil *m*
'**hair•brush** brosse *f* à cheveux
'**hair•cut** coupe *f* de cheveux
'**hair•do** coiffure *f*
'**hair•dress•er** coiffeur(-euse) *m(f)*; ***at the hairdresser*** chez le coiffeur
'**hair•dri•er**, '**hair•dry•er** sèche-cheveux *m*
hair•less ['herlɪs] *adj person* sans cheveux, chauve; *chin* imberbe; *animal* sans poils
'**hair•pin** épingle *f* à cheveux
hair•pin '**curve** virage *m* en épingle à cheveux
hair-rais•ing ['hereɪzɪŋ] *adj* horrifique, à faire dresser les cheveux sur la tête
hair re•mov•er ['herɪmuːvər] crème *f* épilatoire
'**hair's breadth** *fig*: ***by a hair's breadth*** de justesse
hair-split•ting ['hersplɪtɪŋ] *n* ergotage *m*

'**hair spray** laque *f*
'**hair•style** coiffure *f*
'**hair•styl•ist** coiffeur(-euse) *m*(*f*)
hair•y ['herɪ] *adj arm*, *animal* poilu; F (*frightening*) effrayant
half [hæf] **1** *n* (*pl* ***halves*** [hævz]) moitié *f*; ***half past ten*** dix heures et demie; ***half an hour*** une demi-heure; ***half a pound*** une demi-livre; ***go halves with s.o. on sth.*** se mettre de moitié avec qn pour qch, partager avec qn pour qch **2** *adj* demi; ***at half price*** à moitié prix; ***half size*** demi-taille *f* **3** *adv* à moitié
half-heart•ed [hæf'hɑːrtɪd] *adj* tiède, hésitant
half 'time *n* SP mi-temps *f*
half-time *adj* à mi-temps; ***half-time score*** score *m* à la mi-temps
half'way 1 *adj*: ***reach the halfway point*** être à la moitié **2** *adv in space*, *distance* à mi-chemin; *finished* à moitié
hall [hɒːl] (*large room*) salle *f*; (*hallway in house*) vestibule *m*
Hal•low•e'en [hæloʊ'wiːn] halloween *f*
halo ['heɪloʊ] auréole *f*; ASTR halo *m*
halt [hɒːlt] **1** *v/i* faire halte, s'arrêter **2** *v/t* arrêter **3** *n*: ***come to a halt*** *of traffic*, *production* être interrompu; *of person* faire halte, s'arrêter
halve [hæv] *v/t* couper en deux; *input*, *costs* réduire de moitié
ham [hæm] jambon *m*
ham•burg•er ['hæmbɜːrgər] hamburger *m*
ham•mer ['hæmər] **1** *n* marteau *m* **2** *v/i* marteler, battre au marteau; ***hammer at the door*** frapper à la porte à coups redoublés
ham•mock ['hæmək] hamac *m*
ham•per[1] ['hæmpər] *n for food* panier *m*
ham•per[2] ['hæmpər] *v/t* (*obstruct*) entraver, gêner
ham•ster ['hæmstər] hamster *m*
hand [hænd] *n* main *f*; *of clock* aiguille *f*; (*worker*) ouvrier(-ère) *m*(*f*); ***at hand, to hand*** *thing* sous la main; ***at hand*** *person* à disposition; ***at first hand*** de première main; ***by hand*** à la main; ***on the one hand ..., on the other hand*** d'une part ..., d'autre part; ***in hand*** (*being done*) en cours; ***on your right hand*** sur votre droite; ***hands off!*** n'y touchez pas!; ***hands up!*** haut les mains!; ***change hands*** changer de propriétaire *or* de mains; ***give s.o. a hand*** donner un coup de main à qn
◆ **hand down** *v/t* transmettre
◆ **hand in** *v/t* remettre
◆ **hand on** *v/t* transmettre
◆ **hand out** *v/t* distribuer
◆ **hand over** *v/t* donner; *to authorities* livrer
'**hand•bag** *Br* sac *m* à main
'**hand bag•gage** bagages *mpl* à main
'**hand•book** livret *m*, guide *m*
'**hand•cuff** *v/t* menotter
hand•cuffs ['hæn(d)kʌfs] *npl* menottes *fpl*
hand•i•cap ['hændɪkæp] handicap *m*
hand•i•capped ['hændɪkæpt] *adj* handicapé
hand•i•craft ['hændɪkræft] artisanat *m*
hand•i•work ['hændɪwɜːrk] *object* ouvrage *m*
hand•ker•chief ['hæŋkərtʃɪf] mouchoir *m*
han•dle ['hændl] **1** *n of door*, *suitcase*, *bucket* poignée *f*; *of knife*, *pan* manche *m* **2** *v/t goods* manier, manipuler; *case*, *deal* s'occuper de; *difficult person* gérer; ***let me handle this*** laissez-moi m'en occuper
han•dle•bars ['hændlbɑːrz] *npl* guidon *m*
'**hand lug•gage** bagages *m* à main
hand•made [hæn(d)'meɪd] *adj* fait (à la) main
'**hand•rail** *of stairs* balustrade *f*, main *f* courante; *of bridge* garde-fou *m*, balustrade *f*
'**hand•shake** poignée *f* de main
hands-off [hændz'ɑːf] *adj approach* théorique; *manager* non-interventionniste
hand•some ['hænsəm] *adj* beau*
hands-on [hændz'ɑːn] *adj* pratique; *manager* impliqué; ***he has a hands-on style*** il s'implique (dans ce qu'il fait)
'**hand•writ•ing** écriture *f*
'**hand•writ•ten** *adj* écrit à la main
hand•y ['hændɪ] *adj tool*, *device* pratique; ***it might come in handy*** ça pourrait servir, ça pourrait être utile
hang [hæŋ] **1** *v/t* (*pret & pp* **hung**) *picture* accrocher; *person* pendre **2** *v/i of dress*, *hair* tomber; *of washing* pendre **3** *n*: ***get the hang of sth*** F piger qch F
◆ **hang around** *v/i* F traîner; ***who does he hang around with?*** avec qui traîne-t-il?
◆ **hang on** *v/i* (*wait*) attendre
◆ **hang on to** *v/t* (*keep*) garder
◆ **hang up** *v/i* TELEC raccrocher
han•gar ['hæŋər] hangar *m*
hang•er ['hæŋər] *for clothes* cintre *m*
'**hang glid•er** *person* libériste *m/f*; *device* deltaplane *m*
'**hang glid•ing** deltaplane *m*
'**hang•o•ver** gueule *f* de bois
'**hang-up** F complexe *m*
◆ **han•ker after** ['hæŋkər] *v/t* rêver de

han•kie, han•ky ['hæŋkɪ] F mouchoir *m*
hap•haz•ard [hæp'hæzərd] *adj* au hasard, au petit bonheur
hap•pen ['hæpn] *v/i* se passer, arriver; ***if you happen to see him*** si par hasard vous le rencontrez; ***what has happened to you?*** qu'est-ce qui t'est arrivé?
◆ **happen across** *v/t* tomber sur
hap•pen•ing ['hæpnɪŋ] événement *m*
hap•pi•ly ['hæpɪlɪ] *adv* gaiement; *spend* volontiers; (*luckily*) heureusement
hap•pi•ness ['hæpɪnɪs] bonheur *m*
hap•py ['hæpɪ] *adj* heureux*
hap•py-go-'luck•y *adj* insouciant
'hap•py hour happy hour *f*
har•ass [hə'ræs] *v/t* harceler, tracasser
har•assed [hər'æst] *adj* surmené
har•ass•ment [hə'ræsmənt] harcèlement *m*; ***sexual harassment*** harcèlement *m* sexuel
har•bor ['hɑːrbər] **1** *n* port *m* **2** *v/t criminal* héberger; *grudge* entretenir
hard [hɑːrd] **1** *adj* dur; (*difficult*) dur, difficile; *facts* brut; *evidence* concret*; ***be hard of hearing*** être dur d'oreille **2** *adv work* dur; *rain*, *pull*, *push* fort; ***try hard to do sth*** faire tout son possible pour faire qch
'hard•back *n* livre *m* cartonné
hard-boiled [hɑːrd'bɔɪld] *adj egg* dur
'hard cop•y copie *f* sur papier
'hard core *n pornography* (pornographie *f*) hard *m*
'hard cur•ren•cy monnaie *f* forte
'hard disk disque *m* dur
hard•en ['hɑːrdn] **1** *v/t* durcir **2** *v/i of glue*, *attitude* se durcir
'hard hat casque *m*; (*construction worker*) ouvrier *m* du bâtiment
hard•head•ed [hɑːrd'hedɪd] *adj* réaliste, qui garde la tête froide
hard•heart•ed [hɑːrd'hɑːrtɪd] *adj* au cœur dur
hard 'line ligne *f* dure; ***take a hard line on*** adopter une ligne dure sur
hard'lin•er dur(e) *m*(*f*)
hard•ly ['hɑːrdlɪ] *adv* à peine; *see s.o. etc* presque pas; *expect* sûrement pas; ***hardly ever*** presque jamais
hard•ness ['hɑːrdnɪs] dureté *f*; (*difficulty*) difficulté *f*
hard'sell techniques *fpl* de vente agressives
hard•ship ['hɑːrdʃɪp] privation *f*, gêne *f*
hard 'up *adj* fauché F
'hard•ware quincaillerie *f*; COMPUT hardware *m*, matériel *m*
'hard•ware store quincaillerie *f*
hard-'work•ing *adj* travailleur*
har•dy ['hɑːrdɪ] *adj* robuste
hare [her] lièvre *m*
hare•brained ['herbreɪnd] *adj* écervelé
harm [hɑːrm] **1** *n* mal *m*; ***it wouldn't do any harm to …*** ça ne ferait pas de mal de … **2** *v/t physically* faire du mal à; *non-physically* nuire à; *economy*, *relationship* endommager, nuire à
harm•ful ['hɑːrmfl] *adj substance* nocif*; *influence* nuisible
harm•less ['hɑːrmlɪs] *adj* inoffensif*
har•mo•ni•ous [hɑːr'moʊnɪəs] *adj* harmonieux*
har•mo•nize ['hɑːrmənaɪz] *v/i* s'harmoniser
har•mo•ny ['hɑːrmənɪ] harmonie *f*
harp [hɑːrp] *n* harpe *f*
◆ **harp on about** *v/t* F rabâcher F
har•poon [hɑːr'puːn] harpon *m*
harsh [hɑːrʃ] *adj criticism*, *words* rude, dur; *color* criard; *light* cru
harsh•ly ['hɑːrʃlɪ] *adv* durement, rudement
har•vest ['hɑːrvɪst] *n* moisson *f*
hash [hæʃ] F pagaille *f*, gâchis *m*; ***make a hash of*** faire un beau gâchis de
hash•ish ['hæʃiːʃ] ha(s)chisch *m*
'hash mark caractère *m* #, dièse *f*
haste [heɪst] *n* hâte *f*
has•ten ['heɪsn] *v/i*: ***hasten to do sth*** se hâter de faire qch
hast•i•ly ['heɪstɪlɪ] *adv* à la hâte, précipitamment
hast•y ['heɪstɪ] *adj* hâtif*, précipité
hat [hæt] chapeau *m*
hatch [hætʃ] *n for serving food* guichet *m*; *on ship* écoutille *f*
◆ **hatch out** *v/i of eggs* éclore
hatch•et ['hætʃɪt] hachette *f*; ***bury the hatchet*** enterrer la hache de guerre
hate [heɪt] **1** *n* haine *f* **2** *v/t* détester, haïr
ha•tred ['heɪtrɪd] haine *f*
haugh•ty ['hɒːtɪ] *adj* hautain, arrogant
haul [hɒːl] **1** *n of fish* coup *m* de filet **2** *v/t* (*pull*) tirer, traîner
haul•age ['hɒːlɪdʒ] transports *mpl* (routiers)
'haul•age com•pa•ny entreprise *f* de transports (routiers)
haunch [hɒːntʃ] *of person* hanche *f*; *of animal* arrière-train *m*; ***squatting on their haunches*** accroupis
haunt [hɒːnt] **1** *v/t* hanter; ***this place is haunted*** ce lieu est hanté **2** *n* lieu *m* fréquenté, repaire *m*
haunt•ing ['hɒːntɪŋ] *adj tune* lancinant
have [hæv] **1** *v/t* (*pret & pp* **had**) (*own*) avoir ◇ *breakfast*, *lunch* prendre ◇ **: *you've been had*** F tu t'es fait avoir F

◇: ***can I have …?*** est-ce que je peux *or* puis-je avoir …?; ***do you have …?*** est-ce que vous avez …?

◇ (*must*): ***have (got) to*** devoir; ***you don't have to do it*** tu n'es pas obligé de le faire; ***do I have to pay?*** est-ce qu'il faut payer?

◇ (*causative*): ***have sth done*** faire faire qch; ***I'll have it sent to you*** je vous le ferai envoyer; ***I had my hair cut*** je me suis fait couper les cheveux; ***will you have him come in?*** faites-le entrer **2** *v/aux*

◇ (*past tense*): ***have you seen her?*** l'as-tu vue?; ***they have arrived*** ils sont arrivés; ***I hadn't expected that*** je ne m'attendais pas à cela

◇ *tags*: ***you haven't seen him, have you?*** tu ne l'as pas vu, n'est-ce pas?; ***he had signed it, hadn't he?*** il l'avait bien signé, n'est-ce pas?

◆ **have back** *v/t*: ***when can I have it back?*** quand est-ce que je peux le récupérer?

◆ **have on** *v/t* (*wear*) porter; ***do you have anything on tonight?*** (*have planned*) est-ce que vous avez quelque chose de prévu ce soir?

ha•ven ['heɪvn] *fig* havre *m*

hav•oc ['hævək] ravages *mpl*; ***play havoc with*** mettre sens dessus dessous

hawk [hɒːk] *also fig* faucon *m*

hay [heɪ] foin *m*

'**hay fe•ver** rhume *m* des foins

haz•ard ['hæzərd] *n* danger *m*, risque *m*

'**haz•ard lights** *npl* MOT feux *mpl* de détresse

haz•ard•ous ['hæzərdəs] *adj* dangereux*, risqué; ***hazardous waste*** déchets *mpl* dangereux

haze [heɪz] brume *f*

ha•zel ['heɪzl] *n tree* noisetier *m*

'**ha•zel•nut** noisette *f*

haz•y ['heɪzɪ] *adj view* brumeux*; *image* flou; *memories* vague; ***I'm a bit hazy about it*** *don't remember* je ne m'en souviens que vaguement; *don't understand* je ne comprends que vaguement

he [hiː] *pron* il; *stressed* lui; ***he was the one who …*** c'est lui qui …; ***there he is*** le voilà; ***he who …*** celui qui

head [hed] **1** *n* tête *f*; (*boss, leader*) chef *m/f*; *of delegation* chef *m/f*; *Br*: *of school* directeur(-trice) *m*(*f*); *on beer* mousse *f*; *of nail* bout *m*; *of line* tête *f*; ***$15 a head*** 15 $ par personne; ***heads or tails?*** pile ou face?; ***at the head of the list*** en tête de liste; ***fall head over heels*** faire la culbute; ***fall head over heels in love with*** tomber éperdument amoureux* de; ***lose one's head*** (*go crazy*) perdre la tête **2** *v/t* (*lead*) être à la tête de; *ball* jouer de la tête

◆ **head for** *vt* se diriger vers

'**head•ache** mal *m* de tête

'**head•band** bandeau *m*

head•er ['hedər] *in soccer* (coup *m* de) tête *f*; *in document* en-tête *m*

'**head•hunt** *v/t*: ***be headhunted*** COMM être recruté (par un chasseur de têtes)

'**head•hunt•er** COMM chasseur *m* de têtes

head•ing ['hedɪŋ] titre *m*

'**head•lamp** phare *m*

'**head•light** phare *m*

'**head•line** *in newspaper* (gros) titre *m*, manchette *f*; ***make the headlines*** faire les gros titres

'**head•long** *adv fall* de tout son long

'**head•mas•ter** *Br*: *of school* directeur *m*; *of high school* proviseur *m*

'**head•mis•tress** *Br*: *of school* directrice *f*; *of high school* proviseur *f*

head '**of•fice** *of company* bureau *m* central

head-'on 1 *adv crash* de front **2** *adj* frontal

'**head•phones** *npl* écouteurs *mpl*

'**head•quar•ters** *npl* quartier *m* général

'**head•rest** appui-tête *m*

'**head•room** *under bridge* hauteur *f* limite; *in car* hauteur *f* au plafond

'**head•scarf** foulard *m*

'**head•strong** *adj* entêté, obstiné

head '**wait•er** maître *m* d'hôtel

'**head•wind** vent *m* contraire

head•y ['hedɪ] *adj drink, wine etc* capiteux*

heal [hiːl] *v/t* guérir

◆ **heal up** *v/i* se guérir

health [helθ] santé *f*; ***your health!*** à votre santé!

'**health care** soins *mpl* médicaux

'**health club** club *m* de gym

'**health food** aliments *mpl* diététiques

'**health food store** magasin *m* d'aliments diététiques

'**health in•su•rance** assurance *f* maladie

'**health re•sort** station *f* thermale

health•y ['helθɪ] *adj person* en bonne santé; *food, lifestyle, economy* sain

heap [hiːp] *n* tas *m*

◆ **heap up** *v/t* entasser

hear [hɪr] *v/t & v/i* (*pret & pp* ***heard***) entendre

◆ **hear about** *v/t* entendre parler de; ***have you heard about Mike?*** as-tu entendu ce qui est arrivé à Mike?

◆ **hear from** *v/t* (*have news from*) avoir des nouvelles de

heard [hɜːrd] *pret & pp* → ***hear***

H

hear•ing ['hɪrɪŋ] ouïe *f*; LAW audience *f*; ***within hearing*** à portée de voix; ***out of hearing*** hors de portée de voix
'**hear•ing aid** appareil *m* acoustique, audiophone *m*
'**hear•say**: ***by hearsay*** par ouï-dire
hearse [hɜːrs] corbillard *m*
heart [hɑːrt] *also fig* cœur *m*; ***know sth by heart*** connaître qch par cœur
'**heart at•tack** crise *f* cardiaque
'**heart•beat** battement *m* de cœur
heart•break•ing *adj* navrant
'**heart•brok•en** *adj*: ***be heartbroken*** avoir le cœur brisé
'**heart•burn** brûlures *fpl* d'estomac
'**heart fail•ure** arrêt *m* cardiaque
'**heart•felt** *adj sympathy* sincère, profond
hearth [hɑːrθ] foyer *m*, âtre *f*
heart•less ['hɑːrtlɪs] *adj* insensible, cruel*
heart•rend•ing ['hɑːrtrendɪŋ] *adj plea, sight* déchirant, navrant
hearts [hɑːrts] *npl in cards* cœur *m*
'**heart throb** F idole *f*, coqueluche *f*
'**heart trans•plant** greffe *f* du cœur
heart•y ['hɑːrtɪ] *adj appetite* gros*; *meal* copieux*; *person* jovial, chaleureux*
heat [hiːt] chaleur *f*; *in contest* (épreuve *f*) éliminatoire *f*
◆ **heat up** *v/t* réchauffer
heat•ed ['hiːtɪd] *adj swimming pool* chauffé; *discussion* passionné
heat•er ['hiːtər] radiateur *m*; *in car* chauffage *m*
hea•then ['hiːðn] *n* païen(ne) *m(f)*
heath•er ['heðər] bruyère *f*
heat•ing ['hiːtɪŋ] chauffage *m*
'**heat•proof**, '**heat-re•sis•tant** *adj* résistant à la chaleur
'**heat•stroke** coup *m* de chaleur
'**heat•wave** vague *f* de chaleur
heave [hiːv] *v/t* (*lift*) soulever
heav•en ['hevn] ciel *m*; ***good heavens!*** mon Dieu!
heav•en•ly ['hevənlɪ] *adj* F divin
heav•y ['hevɪ] *adj also food, loss* lourd; *cold* grand; *rain, accent* fort; *traffic, smoker, drinker, bleeding* gros*
heav•y-'du•ty *adj* très résistant
'**heav•y•weight** *adj* SP poids lourd
heck•le ['hekl] *v/t* interpeller, chahuter
hec•tic ['hektɪk] *adj* agité, bousculé
hedge [hedʒ] *n* haie *f*
hedge•hog ['hedʒhɑːg] hérisson *m*
hedge•row ['hedʒroʊ] haie *f*
heed [hiːd] **1** *v/t* faire attention à, tenir compte de **2** *n*: ***pay heed to*** faire attention à, tenir compte de
heel [hiːl] talon *m*
'**heel bar** talon-minute *m*
hef•ty ['heftɪ] *adj* gros*; *person also* costaud
height [haɪt] *of person* taille *f*; *of building* hauteur *f*; *of airplane* altitude *f*; ***at the height of the season*** en pleine saison
height•en ['haɪtn] *v/t effect, tension* accroître
heir [er] héritier *m*
heir•ess ['erɪs] héritière *f*
held [held] *pret & pp* → ***hold***
hel•i•cop•ter ['helɪkɑːptər] hélicoptère *m*
hell [hel] enfer *m*; ***what the hell are you doing?*** F mais enfin qu'est-ce que tu fais?; ***go to hell!*** F va te faire foutre! P; ***a hell of a lot of*** F tout un tas de F; ***one hell of a nice guy*** F un type vachement bien F; ***it hurts like hell*** ça fait vachement mal F
hel•lo [hə'loʊ] bonjour; TELEC allô; ***say hello to s.o.*** dire bonjour à qn
helm [helm] NAUT barre *f*
hel•met ['helmɪt] casque *m*
help [help] **1** *n* aide *f*; ***help!*** à l'aide!, au secours! **2** *v/t* aider; ***help o.s.*** *to food* se servir; ***I can't help it*** je ne peux pas m'en empêcher; ***I couldn't help laughing*** je n'ai pas pu m'empêcher de rire; ***it can't be helped*** on n'y peut rien
help•er ['helpər] aide *m/f*, assistant(e) *m(f)*
help•ful ['helpfl] *adj advice* utile; *person* serviable
help•ing ['helpɪŋ] *of food* portion *f*
help•less ['helplɪs] *adj* (*unable to cope*) sans défense; (*powerless*) sans ressource, impuissant
help•less•ness ['helplɪsnɪs] impuissance *f*
'**help screen** COMPUT écran *m* d'aide
hem [hem] *n of dress etc* ourlet *m*
hem•i•sphere ['hemɪsfɪr] hémisphère *m*
'**hem•line** ourlet *m*; ***hemlines are going up*** les jupes raccourcissent
hem•or•rhage ['hemərɪdʒ] **1** *n* hémorragie *f* **2** *v/i* faire une hémorragie
hen [hen] poule *f*
hench•man ['hentʃmən] *pej* acolyte *m*
'**hen par•ty** soirée *f* entre femmes; *before wedding* soirée entre femmes avant un mariage
hen•pecked ['henpekt] *adj* dominé par sa femme
hep•a•ti•tis [hepə'taɪtɪs] hépatite *f*
her [hɜːr] **1** *adj* son, sa; *pl* ses **2** *pron object* la; *before vowel* l'; *indirect object* lui, à elle; *with preps* elle; ***I know her*** je la connais; ***I gave her a dollar*** je lui ai donné un dollar; ***this is for her*** c'est pour

H

elle; ***who? - her*** qui? - elle
herb [ɜːrb] herbe *f*
herb(al) tea ['ɜːrb(əl)] tisane *f*
herd [hɜːrd] *n* troupeau *m*
here [hɪr] *adv* ici; ***in here, over here*** ici; ***here's to you!*** *as toast* à votre santé!; ***here you are*** *giving sth* voilà; ***here we are!*** *finding sth* le / la voilà!
he•red•i•ta•ry [hə'redɪterɪ] *adj disease* héréditaire
he•red•i•ty [hə'redɪtɪ] hérédité *f*
her•i•tage ['herɪtɪdʒ] héritage *m*
her•mit ['hɜːrmɪt] ermite *m*
her•ni•a ['hɜːrnɪə] MED hernie *f*
he•ro ['hɪroʊ] héros *m*
he•ro•ic [hɪ'roʊɪk] *adj* héroïque
he•ro•i•cal•ly [hɪ'roʊɪklɪ] *adv* héroïquement
her•o•in ['heroʊɪn] héroïne *f*
'her•o•in ad•dict héroïnomane *m/f*
her•o•ine ['heroʊɪn] héroïne *f*
her•o•ism ['heroʊɪzm] héroïsme *f*
her•on ['herən] héron *m*
her•pes ['hɜːrpiːz] MED herpès *m*
her•ring ['herɪŋ] hareng *m*
hers [hɜːrz] *pron* le sien, la sienne; *pl* les siens, les siennes; ***it's hers*** c'est à elle
her•self [hɜːr'self] *pron* elle-même; *reflexive* se; *after prep* elle; ***she hurt herself*** elle s'est blessée; ***by herself*** toute seule
hes•i•tant ['hezɪtənt] *adj* hésitant
hes•i•tant•ly ['hezɪtəntlɪ] *adv* avec hésitation
hes•i•tate ['hezɪteɪt] *v/i* hésiter
hes•i•ta•tion [hezɪ'teɪʃn] hésitation *f*
het•er•o•sex•u•al [hetəroʊ'sekʃʊəl] *adj* hétérosexuel*
hey•day ['heɪdeɪ] apogée *m*, âge *m* d'or
hi [haɪ] *int* salut
hi•ber•nate ['haɪbərneɪt] *v/i* hiberner
hic•cup ['hɪkʌp] *n* hoquet *m*; (*minor problem*) hic *m* F; ***have the hiccups*** avoir le hoquet
hick [hɪk] *pej* F paysan *m*
'hick town *pej* F bled *m* F
hid [hɪd] *pret* → ***hide***
hid•den ['hɪdn] **1** *adj* caché **2** *pp* → ***hide***
hid•den a'gen•da *fig* motifs *mpl* secrets
hide[1] [haɪd] **1** *v/t* (*pret* ***hid***, *pp* ***hidden***) cacher **2** *v/i* se cacher
hide[2] [haɪd] *n of animal* peau *f*; *as product* cuir *m*
hide-and-'seek cache-cache *m*
'hide•a•way cachette *f*
hid•e•ous ['hɪdɪəs] *adj* affreux*, horrible
hid•ing[1] ['haɪdɪŋ] (*beating*) rossée *f*
hid•ing[2] ['haɪdɪŋ]: ***be in hiding*** être caché; ***go into hiding*** prendre le maquis
'hid•ing place cachette *f*
hi•er•ar•chy ['haɪrɑːrkɪ] hiérarchie *f*
hi-fi ['haɪfaɪ] chaîne *f* hi-fi
high [haɪ] **1** *adj building, quality, society, opinion* haut; *salary, price, rent, temperature* élevé; *wind* fort; *speed* grand; *on drugs* défoncé F; ***it's high time he came*** il est grand temps qu'il vienne (*subj*) **2** *n* MOT quatrième *f*; cinquième *f*; *in statistics* pointe *f*, plafond *m*; EDU collège *m*, lycée *m* **3** *adv* haut; ***that's as high as we can go*** on ne peut pas monter plus
'high•brow *adj* intellectuel*
'high•chair chaise *f* haute
'high-class *adj* de première classe, de première qualité
high 'div•ing plongeon *m* de haut vol
high-'fre•quen•cy *adj* de haute fréquence
high-'grade *adj ore* à haute teneur; ***high-grade gasoline*** supercarburant *m*
high-hand•ed [haɪ'hændɪd] *adj* arbitraire
high-heeled [haɪ'hiːld] *adj* à hauts talons
'high jump saut *m* en hauteur
high-'lev•el *adj* à haut niveau
'high life grande vie *f*
'high•light **1** *n* (*main event*) point *m* marquant, point *m* culminant; *in hair* reflets *mpl*, mèches *fpl* **2** *v/t with pen* surligner; COMPUT mettre en relief
'high•light•er *pen* surligneur *m*
high•ly ['haɪlɪ] *adv desirable, likely* fort(ement), très; ***be highly paid*** être très bien payé; ***think highly of s.o.*** penser beaucoup de bien de qn; très sensible
high per'form•ance *adj drill, battery* haute performance
high-pitched [haɪ'pɪʧt] *adj* aigu*
'high point *of life, career* point *m* marquant, point *m* culminant
high-pow•ered [haɪ'paʊərd] *adj engine* très puissant; *intellectual, salesman* très compétent
high 'pres•sure *n weather* anticyclone *m*
high-'pressure *adj* TECH à haute pression; *salesman* de choc; *job, lifestyle* dynamique
high 'priest grand prêtre *m*
'high school collège *m*, lycée *m*
high so'ci•e•ty haute société *f*
high-speed 'train train *m* à grande vitesse, T.G.V. *m*
high-'strung *adj* nerveux*, très sensible
high-'tech **1** *n* technologie *f* de pointe, high-tech *m* **2** *adj* de pointe, high-tech
high-'ten•sion *adj cable* haute tension
high 'tide marée *f* haute
high 'volt•age haute tension *f*
high 'wa•ter marée *f* haute
'high•way grande route *f*
'high wire *in circus* corde *f* raide

hi•jack ['haɪdʒæk] **1** *v/t plane, bus* détourner **2** *n of plane, bus* détournement *m*
hi•jack•er ['haɪdʒækər] *of plane* pirate *m* de l'air; *of bus* pirate *m* de la route
hike¹ [haɪk] **1** *n* randonnée *f* à pied **2** *v/i* marcher à pied, faire une randonnée à pied
hike² [haɪk] *n in prices* hausse *f*
hik•er ['haɪkər] randonneur(-euse) *m(f)*
hik•ing ['haɪkɪŋ] randonnée *f* (pédestre)
'**hik•ing boots** *npl* chaussures *fpl* de marche
hi•lar•i•ous [hɪ'lerɪəs] *adj* hilarant, désopilant
hill [hɪl] colline *f*; (*slope*) côte *f*
hill-bil•ly ['hɪlbɪlɪ] F habitant *m* des montagnes du sud-est des États-Unis
'**hill•side** (flanc *m*) de coteau *m*
hill•top sommet *m* de la colline
hill•y ['hɪlɪ] *adj* montagneux*; *road* vallonné
hilt [hɪlt] poignée *f*
him [hɪm] *pron object* le; *before vowel* l'; *indirect object*, *with preps* lui; ***I know him*** je le connais; ***I gave him a dollar*** je lui ai donné un dollar; ***this is for him*** c'est pour lui; ***who? - him*** qui? - lui
him•self [hɪm'self] *pron* lui-même; *reflexive* se; *after prep* lui; ***he hurt himself*** il s'est blessé; ***by himself*** tout seul
hind [haɪnd] *adj* de derrière, postérieur
hin•der ['hɪndər] *v/t* gêner, entraver; ***hinder s.o. from doing sth*** empêcher qn de faire qch
hin•drance ['hɪndrəns] obstacle *m*; ***be a hindrance to s.o./sth*** gêner qn / qch
hind•sight ['haɪndsaɪt]: ***with hindsight*** avec du recul
hinge [hɪndʒ] charnière *f*; *on door also* gond *m*
◆ **hinge on** *v/t* dépendre de
hint [hɪnt] *n* (*clue*) indice *m*; (*piece of advice*) conseil *m*; (*implied suggestion*) allusion *f*, signe *m*; *of red*, *sadness etc* soupçon *m*
hip [hɪp] *n* hanche *f*
hip '**pock•et** poche *f* revolver
hip•po•pot•a•mus [hɪpə'pɑːtəməs] hippopotame *m*
hire ['haɪr] *v/t* louer; *workers* engager, embaucher
his [hɪz] **1** *adj* son, sa; *pl* ses **2** *pron* le sien, la sienne; *pl* les siens, les siennes; ***it's his*** c'est à lui
His•pan•ic [hɪ'spænɪk] **1** *n* Latino-Américain(e) *m(f)*, Hispano-Américain(e) *m(f)* **2** *adj* latino-américain, hispano-américain
hiss [hɪs] *v/i of snake*, *audience* siffler
his•to•ri•an [hɪ'stɔːrɪən] historien(ne) *m(f)*
his•tor•ic [hɪ'stɑːrɪk] *adj* historique
his•tor•i•cal [hɪ'stɑːrɪkl] *adj* historique
his•to•ry ['hɪstərɪ] histoire *f*
hit [hɪt] **1** *v/t* (*pret & pp* ***hit***) *also ball* frapper; (*collide with*) heurter; ***he was hit by a bullet*** il a été touché par une balle; ***it suddenly hit me*** (*I realized*) j'ai réalisé tout d'un coup; ***hit town*** arriver en ville **2** *n* (*blow*) coup *m*; MUS, (*success*) succès *m*; *on website* visiteur *m*; ***be a big hit with*** *of idea* avoir un grand succès auprès de
◆ **hit back** *v/i physically* rendre son coup à; *verbally*, *with actions* riposter
◆ **hit on** *v/t idea* trouver
◆ **hit out at** *v/t* (*criticize*) attaquer
hit-and-run *adj*: ***hit-and-run accident*** accident *m* avec délit de fuite; ***hit-and-run driver*** conducteur(-trice) *m(f)* en délit de fuite
hitch [hɪtʃ] **1** *n* (*problem*) anicroche *f*, accroc *m*; ***without a hitch*** sans accroc **2** *v/t* attacher; ***hitch a ride*** faire de l'auto-stop
hitch 3 *v/i* (*hitchhike*) faire du stop
◆ **hitch up** *v/t wagon*, *trailer* remonter
'**hitch•hike** *v/i* faire du stop
'**hitch•hik•er** auto-stoppeur(-euse) *m(f)*
'**hitch•hik•ing** auto-stop *m*, stop *m*
hi-'tech 1 *n* technologie *f* de pointe, high-tech *m* **2** *adj* de pointe, high-tech
hit•list liste *f* noire
'**hit•man** tueur *m* à gages
hit-or-'miss *adj* aléatoire
'**hit squad** commando *m*
HIV [eɪtʃaɪ'viː] *abbr* (***= human immunodeficiency virus***) V.I.H. *m* (= Virus de l'Immunodéficience Humaine); ***people with HIV*** les séropositifs
hive [haɪv] *for bees* ruche *f*
◆ **hive off** *v/t* COMM (*separate off*) séparer
HIV-'pos•i•tive *adj* séropositif*
hoard [hɔːrd] **1** *n* réserves *fpl* **2** *v/t money* amasser; *in times of shortage* faire des réserves de
hoard•er ['hɔːrdər]: ***be a hoarder*** ne jamais rien jeter
hoarse [hɔːrs] *adj* rauque
hoax [hoʊks] *n* canular *m*; ***bomb hoax*** fausse alerte *f* à la bombe
hob [hɑːb] *on cooker* plaque *f* chauffante
hob•ble ['hɑːbl] *v/i* boitiller
hob•by ['hɑːbɪ] passe-temps *m* (favori), hobby *m*
ho•bo ['hoʊboʊ] F vagabond *m*
hock•ey ['hɑːkɪ] (*ice hockey*) hockey *m* (sur glace)
hog [hɑːg] *n* (*pig*) cochon *m*
hoist [hɔɪst] **1** *n* palan *m* **2** *v/t* hisser

ho•kum ['hoʊkəm] *n* (*nonsense*) balivernes *fpl*; (*sentimental stuff*) niaiseries *fpl*
hold [hoʊld] **1** *v/t* (*pret & pp* ***held***) *in hand* tenir; (*support*, *keep in place*) soutenir, maintenir en place; *passport*, *license* détenir; *prisoner*, *suspect* garder, détenir; (*contain*) contenir; *job*, *post* avoir, occuper; *course* tenir; ***hold one's breath*** retenir son souffle; ***he can hold his drink*** il tient bien l'alcool; ***hold s.o. responsible*** tenir qn responsable; ***hold that ...*** (*believe*, *maintain*) estimer que ..., maintenir que ...; ***hold the line*** TELEC ne quittez pas! **2** *n in ship* cale *f*; *in plane* soute *f*; ***take hold of sth*** saisir qch; ***lose one's hold on sth*** *on rope etc* lâcher qch; ***lose one's hold on reality*** perdre le sens des réalités
◆ **hold against** *v/t*: ***hold sth against s.o.*** en vouloir à qn de qch
◆ **hold back** **1** *v/t crowds* contenir; *facts*, *information* retenir **2** *v/i* (*not tell all*) se retenir
◆ **hold on** *v/i* (*wait*) attendre; TELEC ne pas quitter; ***now hold on a minute!*** pas si vite!
◆ **hold on to** *v/t* (*keep*) garder; *belief* se cramponner à, s'accrocher à
◆ **hold out** **1** *v/t hand* tendre; *prospect* offrir, promettre **2** *v/i of supplies* durer; *of trapped miners etc* tenir (bon)
◆ **hold up** *v/t hand* lever; *bank etc* attaquer; (*make late*) retenir; ***hold sth up as an example*** citer qch en exemple
◆ **hold with** *v/t* (*approve of*) approuver
hold•er ['hoʊldər] (*container*) boîtier *m*; *of passport*, *ticket*, *record* détenteur (-trice) *m*(*f*)
hold•ing com•pa•ny ['hoʊldɪŋ] holding *m*
'**hold•up** (*robbery*) hold-up *m*; (*delay*) retard *m*
hole [hoʊl] trou *m*
hol•i•day ['hɑːlədeɪ] *single day* jour *m* de congé; *Br*: *period* vacances *fpl*; ***take a holiday*** prendre un jour de congé /des vacances
Hol•land ['hɑːlənd] Hollande *f*
hol•low ['hɑːloʊ] *adj* creux*; *promise* faux*
hol•ly ['hɑːlɪ] houx *m*
hol•o•caust ['hɑːləkɒːst] holocauste *m*
hol•o•gram ['hɑːləgræm] hologramme *m*
hol•ster ['hoʊlstər] holster *m*
ho•ly ['hoʊlɪ] *adj* saint
Ho•ly 'Spir•it Saint-Esprit *m*
'**Ho•ly Week** semaine *f* sainte
home [hoʊm] **1** *n* maison *f*; (*native country*, *town*) patrie *f*; *for old people* maison *f* de retraite; ***at home*** chez moi; (*in my country*) dans mon pays; SP à domicile; ***make o.s. at home*** faire comme chez soi; ***at home and abroad*** dans son pays et à l'étranger; ***work from home*** travailler chez soi *or* à domicile **2** *adv* à la maison, chez soi; (*in own country*) dans son pays; (*in own town*) dans sa ville; ***go home*** rentrer (chez soi *or* à la maison); (*to country*) rentrer dans son pays; *to town* rentrer dans sa ville
'**home ad•dress** adress *f* personnelle
home 'bank•ing services *mpl* télématiques (bancaires)
home•com•ing ['hoʊmkʌmɪŋ] retour *m* (à la maison)
home com'put•er ordinateur *m* familial
'**home game** match *m* à domicile
home•less ['hoʊmlɪs] **1** *adj* sans abri, sans domicile fixe **2** *npl*: ***the homeless*** les sans-abri *mpl*, les S.D.F. *mpl* (sans domicile fixe)
'**home•lov•ing** *adj* casanier*
home•ly ['hoʊmlɪ] *adj* (*homelike*) simple, comme à la maison; (*not good-looking*) sans beauté
home'made *adj* fait (à la) maison
home 'mov•ie vidéo *f* amateur
ho•me•op•a•thy [hoʊmɪ'ɑːpəθɪ] homéopathie *f*
'**home page** COMPUT page *f* d'accueil
'**home•sick** *adj*: ***be homesick*** avoir le mal du pays
'**home town** ville *f* natale
home•ward ['hoʊmwərd] **1** *adv to own house* vers la maison; *to own country* vers son pays **2** *adj*: ***the homeward journey*** le retour
'**home•work** EDU devoirs *mpl*
'**home•work•ing** COMM travail *m* à domicile
hom•i•cide ['hɑːmɪsaɪd] *crime* homicide *m*; *police department* homicides *mpl*
hom•o•graph ['hɑːməgræf] homographe *m*
ho•mo•pho•bi•a [hoʊmə'foʊbɪə] homophobie *f*
ho•mo•sex•u•al [hoʊmə'sekʃʊəl] **1** *adj* homosexuel* **2** *n* homosexuel(le) *m*(*f*)
hon•est ['ɑːnɪst] *adj* honnête, sincère
hon•est•ly ['ɑːnɪstlɪ] *adv* honnêtement; ***honestly!*** vraiment!
hon•es•ty ['ɑːnɪstɪ] honnêteté *f*
hon•ey ['hʌnɪ] miel *m*; F (*darling*) chéri(e) *m*(*f*)
'**hon•ey•comb** rayon *m* de miel
'**hon•ey•moon** *n* lune *f* de miel
honk [hɑːŋk] *v/t horn* klaxonner
honk•y ['hɑːŋkɪ] *pej* P blanc(he) *m*(*f*)

hon•or ['ɑːnər] **1** *n* honneur *f* **2** *v/t* honorer
hon•or•a•ble ['ɑːnrəbl] *adj* honorable
hon•our *Br* → ***honor***
hood [hʊd] *over head* capuche *f*; *over cooker* hotte *f*; MOT capot *m*; F (*gangster*) truand *m*
hood•lum ['huːdləm] voyou *m*
hoof [huːf] sabot *m*
hook [hʊk] *to hang clothes on* patère *f*; *for fishing* hameçon *m*; ***off the hook*** TELEC décroché
hooked [hʊkt] *adj* accro F; ***be hooked on sth*** être accro de qch
hook•er ['hʊkər] F putain *f* P; *in rugby* talonneur *m*
hoo•li•gan ['huːlɪgən] voyou *m*, hooligan *m*
hoo•li•gan•ism ['huːlɪgənɪzm] hooliganisme *m*
hoop [huːp] cerceau *m*
hoot [huːt] **1** *v/t horn* donner un coup de **2** *v/i of car* klaxonner; *of owl* huer
hoo•verâ ['huːvər] *Br* **1** *n* aspirateur *m* **2** *v/t carpets* passer l'aspirateur sur; *room* passer l'aspirateur dans
hop[1] [hɑːp] *n plant* houblon *m*
hop[2] *v/i* (*pret & pp* ***-ped***) sauter, sautiller
hope [hoʊp] **1** *n* espoir *m*; ***there's no hope of that*** ça ne risque pas d'arriver **2** *v/i* espérer; ***hope for sth*** espérer qch; ***I hope so*** je l'espère, j'espère que oui; ***I hope not*** j'espère que non **3** *v/t*: ***hope that …*** espérer que …
hopeful ['hoʊpfl] *adj* plein d'espoir; (*promising*) prometteur*
hope•ful•ly ['hoʊpflɪ] *adv say, wait* avec espoir; (*I/we hope*) avec un peu de chance
hope•less ['hoʊplɪs] *adj position, propect* sans espoir, désespéré; (*useless: person*) nul*
ho•ri•zon [hə'raɪzn] horizon *m*
hor•i•zon•tal [hɑːrɪ'zɑːntl] *adj* horizontal
hor•mone ['hɔːrmoʊn] hormone *f*
horn [hɔːrn] *of animal* corne *f*; MOT klaxon *m*
hor•net ['hɔːrnɪt] frelon *m*
horn-rimmed spec•ta•cles [hɔːrnrɪmd'spektəklz] lunettes *fpl* à monture d'écaille
horn•y ['hɔːrnɪ] *adj* F *sexually* excité; ***he's one horny guy*** c'est un chaud lapin F
hor•o•scope ['hɑːrəskoʊp] horoscope *m*
hor•ri•ble ['hɑːrɪbl] *adj* horrible, affreux*
hor•ri•fy ['hɑːrɪfaɪ] *v/t* (*pret & pp* ***-ied***) horrifier
hor•ri•fy•ing ['hɑːrɪfaɪŋ] *adj* horrifiant
hor•ror ['hɑːrər] horreur *f*
'**hor•ror mov•ie** film *m* d'horreur
hors d'oeu•vre [ɔːr'dɜːrv] hors d'œuvre *m*
horse [hɔːrs] cheval *m*
'**horse•back**: ***on horseback*** à cheval, sur un cheval
horse 'chest•nut marron *m* d'Inde
'**horse•pow•er** cheval-vapeur *m*
'**horse race** course *f* de chevaux
'**horse•shoe** fer *m* à cheval
hor•ti•cul•ture ['hɔːrtɪkʌltʃər] horticulture *f*
hose [hoʊz] *n* tuyau *m*; (*garden hose*) tuyau *m* d'arrosage
hos•pice ['hɑːspɪs] hospice *m*
hos•pi•ta•ble ['hɑːspɪtəbl] *adj* hospitalier*
hos•pi•tal ['hɑːspɪtl] hôpital *m*; ***go into the hospital*** aller à l'hôpital
hos•pi•tal•i•ty [hɑːspɪ'tælətɪ] hospitalité *f*
host [hoʊst] *n at party, reception* hôte *m/f*; *of TV program* présentateur(-trice) *m*(*f*)
hos•tage ['hɑːstɪdʒ] otage *m*; ***be taken hostage*** être pris en otage
'**hos•tage tak•er** ['teɪkər] preneur(-euse) *m*(*f*) d'otages
hos•tel ['hɑːstl] *for students* foyer *m*; (*youth hostel*) auberge *f* de jeunesse
hos•tess ['hoʊstɪs] hôtesse *f*
hos•tile ['hɑːstl] *adj* hostile
hos•til•i•ty [hɑː'stɪlətɪ] *of attitude* hostilité *f*; ***hostilities*** hostilités *fpl*
hot [hɑːt] *adj* chaud; (*spicy*) épicé, fort; F (*good*) bon*; ***I'm hot*** j'ai chaud; ***it's hot*** *weather* il fait chaud; *food etc* c'est chaud
'**hot dog** hot-dog *m*
ho•tel [hoʊ'tel] hôtel *m*
'**hot•plate** plaque *f* chauffante
'**hot spot** *military, political* point *m* chaud
hour ['aʊr] heure *f*
hour•ly ['aʊrlɪ] *adj* de toutes les heures; ***at hourly intervals*** toutes les heures
house [haʊs] *n* maison *f*; ***at your house*** chez vous
'**house•boat** house-boat *m*, péniche *f* (aménagée)
'**house•break•ing** cambriolage *m*
'**house•hold** ménage *m*, famille *f*
house•hold 'name nom *m* connu de tous
'**house hus•band** homme *m* au foyer
house•keep•er ['haʊskiːpər] femme *f* de ménage
'**house•keep•ing** *activity* ménage *m*; *money* argent *m* du ménage
House of Rep•re'sent•a•tives Chambre *f* des Représentants
house•warm•ing (**par•ty**) ['haʊswɔːrmɪŋ] pendaison *f* de crémaillère
'**house•wife** femme *f* au foyer
'**house•work** travaux *mpl* domestiques

hous•ing ['haʊzɪŋ] logement *m*; TECH boîtier *m*
'hous•ing con•di•tions *npl* conditions *fpl* de logement
hov•el ['hɑːvl] taudis *m*, masure *f*
hov•er ['hɑːvər] *v/i* planer
'hov•er•craft aéroglisseur *m*
how [haʊ] *adv* comment; ***how are you?*** comment allez-vous?, comment ça va?; ***how about a drink?*** et si on allait prendre un pot?; ***how much?*** combien?; ***how much is it?*** *cost* combien ça coûte?; ***how many?*** combien?; ***how often?*** tous les combien?; ***how funny / sad!*** comme c'est drôle / triste!
how'ev•er *adv* cependant; ***however big / rich they are*** qu'ils soient (*subj*) grands / riches ou non
howl [haʊl] *v/i* hurler
hub [hʌb] *of wheel* moyeu *m*
'hub•cap enjoliveur *m*
◆ **hud•dle together** ['hʌdl] *v/i* se blottir les uns contre les autres
Hud•son Bay ['hʌdsn] Baie *f* d'Hudson
hue [hjuː] teinte *f*
huff [hʌf]: ***be in a huff*** être froissé, être fâché
hug [hʌg] *v/t* (*pret & pp* ***-ged***) serrer dans ses bras, étreindre
huge [hjuːdʒ] *adj* énorme, immense
hull [hʌl] coque *f*
hul•la•ba•loo [hʌləbə'luː] vacarme *m*, brouhaha *m*
hum [hʌm] **1** *v/t* (*pret & pp* ***-med***) *song, tune* fredonner **2** *v/i of person* fredonner; *of machine* ronfler
hu•man ['hjuːmən] **1** *n* être *m* humain **2** *adj* humain
hu•man 'be•ing être *m* humain
hu•mane [hjuː'meɪn] *adj* humain, plein d'humanité
hu•man•i•tar•i•an [hjuːmænɪ'terɪən] *adj* humanitaire
hu•man•i•ty [hjuː'mænətɪ] humanité *f*
hu•man 'race race *f* humaine
hu•man re'sources *npl department* ressources *fpl* humaines
hum•ble ['hʌmbl] *adj attitude, person* humble, modeste; *origins, meal, house* modeste
hum•drum ['hʌmdrʌm] *adj* monotone, banal
hu•mid ['hjuːmɪd] *adj* humide
hu•mid•i•fi•er [hjuː'mɪdɪfaɪr] humidificateur *m*
hu•mid•i•ty [hjuː'mɪdətɪ] humidité *f*
hu•mil•i•ate [hjuː'mɪlɪeɪt] *v/t* humilier
hu•mil•i•at•ing [hjuː'mɪlɪeɪtɪŋ] *adj* humiliant
hu•mil•i•a•tion [hjuːmɪlɪ'eɪʃn] humiliation *f*
hu•mil•i•ty [hjuː'mɪlətɪ] humilité *f*
hu•mor ['hjuːmər] humour *m*; (*mood*) humeur *f*; ***sense of humor*** sens *m* de l'humour
hu•mor•ous ['hjuːmərəs] *adj movie etc* drôle; *movie etc* comique
hu•mour *Br* → ***humor***
hump [hʌmp] **1** *n* bosse *f* **2** *v/t* F (*carry*) trimballer F
hunch [hʌntʃ] (*idea*) intuition *f*, pressentiment *m*
hun•dred ['hʌndrəd] cent *m*
hun•dredth ['hʌndrədθ] centième
'hun•dred•weight quintal *m*
hung [hʌŋ] *pret & pp* → ***hang***
Hun•gar•i•an [hʌŋ'gerɪən] **1** *adj* hongrois **2** *n person* Hongrois(e) *m(f)*; *language* hongrois *m*
Hun•ga•ry ['hʌŋgərɪ] Hongrie *f*
hun•ger ['hʌŋgər] faim *f*
hung-'o•ver *adj*: ***be hung-over*** avoir la gueule de bois F
hun•gry ['hʌŋgrɪ] *adj* affamé; ***I'm hungry*** j'ai faim
hunk [hʌŋk] *n* gros morceau *m*; F *man* beau mec F
hun•ky-do•rey [hʌŋkɪ'dɔːrɪ] *adj* F au poil F
hunt [hʌnt] **1** *n* chasse *f* (***for*** à); *for new leader, missing child etc* recherche *f* (***for*** de) **2** *v/t animal* chasser
◆ **hunt for** *v/t* chercher
hunt•er ['hʌntər] chasseur(-euse) *m(f)*
hunt•ing ['hʌntɪŋ] chasse *f*
hur•dle ['hɜːrdl] SP haie *f*; (*fig: obstacle*) obstacle *m*
hur•dler ['hɜːrdlər] SP sauteur(-euse) *m(f)* de haies
hur•dles *npl* SP haies *fpl*
hurl [hɜːrl] *v/t* lancer, jeter
hur•ray [hʊ'reɪ] *int* hourra
hur•ri•cane ['hʌrɪkən] ouragan *m*
hur•ried ['hʌrɪd] *adj* précipité; *meal also* pris à la hâte; *piece of work also* fait à la hâte
hur•ry ['hʌrɪ] **1** *n* hâte *f*, précipitation *f*; ***be in a hurry*** être pressé **2** *v/i* (*pret & pp* ***-ied***) se dépêcher, se presser
◆ **hurry up 1** *v/i* se dépêcher, se presser; ***hurry up!*** dépêchez-vous! **2** *v/t* presser
hurt [hɜːrt] **1** *v/i* (*pret & pp* ***hurt***) faire mal; ***does it hurt?*** est-ce que ça vous fait mal? **2** *v/t* (*pret & pp* ***hurt***) *physically* faire mal à, blesser; *emotionally* blesser
hus•band ['hʌzbənd] mari *m*
hush [hʌʃ] *n* silence *m*; ***hush!*** silence!, chut!

◆ **hush up** *v/t scandal etc* étouffer
husk [hʌsk] *of peanuts etc* écale *f*
hus•ky ['hʌskɪ] *adj voice* rauque
hus•tle ['hʌsl] **1** *n* agitation *f*; ***hustle and bustle*** tourbillon *m* **2** *v/t person* bousculer
hus•tler ['hʌslər] F *conman etc* arnaqueur(-euse) *m(f)* F; *dynamic person* battant(e) *m(f)*; *prostitute* prostitué(e) *m(f)*
hut [hʌt] cabane *f*, hutte *f*
hy•a•cinth ['haɪəsɪnθ] jacinthe *f*
hy•brid ['haɪbrɪd] *n* hybride *m*
hy•drant ['haɪdrənt] prise *f* d'eau; (*fire hydrant*) bouche *f* d'incendie
hy•draul•ic [haɪ'drɒːlɪk] *adj* hydraulique
hy•dro•e•lec•tric [haɪdroʊɪ'lektrɪk] *adj* hydroélectrique
hy•dro•foil ['haɪdrəfɔɪl] hydrofoil *m*
hy•dro•gen ['haɪdrədʒən] hydrogène *m*
'hy•dro•gen bomb bombe *f* à hydrogène
hy•giene ['haɪdʒiːn] hygiène *f*
hy•gien•ic [haɪ'dʒiːnɪk] *adj* hygiénique
hymn [hɪm] hymne *m*
hype [haɪp] *n* battage *m* publicitaire
hy•per•ac•tive [haɪpər'æktɪv] *adj* hyperactif*
hy•per•mar•ket ['haɪpərmɑːrkɪt] *Br* hypermarché *m*
hy•per•sen•si•tive [haɪpər'sensɪtɪv] *adj* hypersensible
hy•per•ten•sion [haɪpər'tenʃn] hypertension *f*
hy•per•text ['haɪpərtekst] COMPUT hypertexte *m*
hy•phen ['haɪfn] trait *m* d'union
hyp•no•sis [hɪp'noʊsɪs] hypnose *f*
hyp•no•ther•a•py [hɪpnoʊ'θerəpɪ] hypnothérapie *f*
hyp•no•tize ['hɪpnətaɪz] *v/t* hypnotiser
hy•po•chon•dri•ac [haɪpə'kɑːndrɪæk] *n* hypocondriaque *m/f*
hy•poc•ri•sy [hɪ'pɑːkrəsɪ] hypocrisie *f*
hyp•o•crite ['hɪpəkrɪt] hypocrite *m/f*
hyp•o•crit•i•cal [hɪpə'krɪtɪkl] *adj* hypocrite
hy•po•ther•mi•a [haɪpoʊ'θɜːrmɪə] hypothermie *f*
hy•poth•e•sis [haɪ'pɑːθəsɪs] (*pl* ***hypotheses*** [haɪ'pɑːθəsiːz]) hypothèse *f*
hy•po•thet•i•cal [haɪpə'θetɪkl] *adj* hypothétique
hys•ter•ec•to•my [hɪstə'rektəmɪ] hystérectomie *f*
hys•te•ri•a [hɪ'stɪrɪə] hystérie *f*
hys•ter•i•cal [hɪ'sterɪkl] *adj person, laugh* hystérique; F (*very funny*) à mourir de rire F
hys•ter•ics [hɪ'sterɪks] *npl* crise *f* de nerfs; *laughter* fou rire *m*

I

I [aɪ] *pron* je; *before vowels* j'; *stressed* moi; ***you and I are going to talk*** toi et moi, nous allons parler
ice [aɪs] glace *f*; *on road* verglas *m*; ***break the ice*** *fig* briser la glace
◆ **ice up** *v/i of engine, wings* se givrer
ice•berg ['aɪsbɜːrg] iceberg *m*
'ice•box glacière *f*
ice•break•er ['aɪsbreɪkər] *ship* brise-glace *m*
'ice cream glace *f*
'ice cream par•lor, *Br* **'ice cream parlour** salon *m* de dégustation de glaces
'ice cube glaçon *m*
iced [aɪst] *adj drink* glacé
iced 'cof•fee café *m* frappé
'ice hock•ey hockey *m* sur glace
'ice rink patinoire *f*
'ice skate patin *m* (à glace)
'ice skat•ing patinage *m* (sur glace)
i•ci•cle ['aɪsɪkl] stalactite *f*
i•con ['aɪkɑːn] *cultural* symbole *m*; COMPUT icône *f*
i•cy ['aɪsɪ] *adj road, surface* gelé; *welcome* glacial
ID [aɪ'diː] *abbr* (*=* ***identity***) identité *f*; ***do you have any ID on you?*** est-ce que vous avez des papiers *mpl* d'identité *or* une preuve d'identité sur vous?
i•dea [aɪ'diːə] idée *f*; ***good idea!*** bonne idée!; ***I have no idea*** je n'en ai aucune idée; ***it's not a good idea to …*** ce n'est pas une bonne idée de …
i•deal [aɪ'diːəl] *adj* (*perfect*) idéal
i•deal•is•tic [aɪdiːə'lɪstɪk] *adj* idéaliste
i•deal•ly [aɪ'diːəlɪ] *adv situated etc* idéalement; ***ideally, we would do it like this*** dans l'idéal, on le ferait comme ça

i•den•ti•cal [aɪ'dentɪkl] *adj* identique; ***identical twins*** *boys* vrais jumeaux *mpl*; *girls* vraies jumelles *fpl*
i•den•ti•fi•ca•tion [aɪdentɪfɪ'keɪʃn] identification *f*; (*papers etc*) papiers *mpl* d'identité, preuve *f* d'identité
i•den•ti•fy [aɪ'dentɪfaɪ] *v/t* (*pret & pp* ***-ied***) identifier
i•den•ti•ty [aɪ'dentətɪ] identité *f*; ***identity card*** carte *f* d'identité
i•de•o•log•i•cal [aɪdɪə'lɑːdʒɪkl] *adj* idéologique
i•de•ol•o•gy [aɪdɪ'ɑːlədʒɪ] idéologie *f*
id•i•om ['ɪdɪəm] (*saying*) idiome *m*
id•i•o•mat•ic [ɪdɪə'mætɪk] *adj* (*natural*) idiomatique
id•i•o•syn•cra•sy [ɪdɪə'sɪŋkrəsɪ] particularité *f*
id•i•ot ['ɪdɪət] idiot(e) *m*(e)
id•i•ot•ic [ɪdɪ'ɑːtɪk] *adj* idiot, bête
i•dle ['aɪdl] **1** *adj* (*not working*) inoccupé; (*lazy*) paresseux*; *threat* oiseux*; *machinery* non utilisé; ***in an idle moment*** dans un moment d'oisiveté **2** *v/i of engine* tourner au ralenti
◆ **idle away** *v/t the time etc* passer à ne rien faire
i•dol ['aɪdl] idole *f*
i•dol•ize ['aɪdəlaɪz] *v/t* idolâtrer, adorer (à l'excès)
i•dyl•lic [ɪ'dɪlɪk] *adj* idyllique
if [ɪf] *conj* si; ***what if he ...?*** et s'il ...?; ***if not*** sinon
ig•nite [ɪg'naɪt] *v/t* mettre le feu à, enflammer
ig•ni•tion [ɪg'nɪʃn] *in car* allumage *m*; ***ignition key*** clef *f* de contact
ig•no•rance ['ɪgnərəns] ignorance *f*
ig•no•rant ['ɪgnərənt] *adj* ignorant; (*rude*) grossier*
ig•nore [ɪg'nɔːr] *v/t* ignorer
ill [ɪl] *adj* malade; ***fall ill, be taken ill*** tomber malade; ***feel ill at ease*** se sentir mal à l'aise
il•le•gal [ɪ'liːgl] *adj* illégal
il•le•gi•ble [ɪ'ledʒəbl] *adj* illisible
il•le•git•i•mate [ɪlɪ'dʒɪtɪmət] *adj child* illégitime
ill-fat•ed [ɪl'feɪtɪd] *adj* néfaste
il•li•cit [ɪ'lɪsɪt] *adj* illicite
il•lit•e•rate [ɪ'lɪtərət] *adj* illettré
ill-man•nered [ɪl'mænərd] *adj* mal élevé
ill-na•tured [ɪl'neɪʧərd] *adj* méchant, désagréable
ill•ness ['ɪlnɪs] maladie *f*
il•log•i•cal [ɪ'lɑːdʒɪkl] *adj* illogique
ill-tem•pered [ɪl'tempərd] *adj* de méchant caractère; *temporarily* de mauvaise humeur
ill'treat *v/t* maltraiter
il•lu•mi•nate [ɪ'luːmɪneɪt] *v/t building etc* illuminer
il•lu•mi•nat•ing [ɪ'luːmɪneɪtɪŋ] *adj remarks etc* éclairant
il•lu•sion [ɪ'luːʒn] illusion *f*
il•lus•trate ['ɪləstreɪt] *v/t* illustrer
il•lus•tra•tion [ɪlə'streɪʃn] illustration *f*
il•lus•tra•tor [ɪlə'streɪtər] illustrateur(-trice) *m*(*f*)
ill 'will rancune *f*
im•age ['ɪmɪdʒ] (*picture*), *of politician, company* image *f*; (*exact likeness*) portrait *m*
'im•age-con•scious *adj* soucieux* de son image
i•ma•gi•na•ble [ɪ'mædʒɪnəbl] *adj* imaginable; ***the smallest size imaginable*** la plus petite taille qu'on puisse imaginer
i•ma•gi•na•ry [ɪ'mædʒɪnərɪ] *adj* imaginaire
i•ma•gi•na•tion [ɪmædʒɪ'neɪʃn] imagination *f*; ***it's all in your imagination*** tout est dans votre tête
i•ma•gi•na•tive [ɪ'mædʒɪnətɪv] *adj* imaginatif*
i•ma•gine [ɪ'mædʒɪn] *v/t* imaginer; ***I can just imagine it*** je peux l'imaginer; ***you're imagining things*** tu te fais des idées
im•be•cile ['ɪmbəsiːl] imbécile *m/f*
IMF [aɪem'ef] *abbr* (***= International Monetary Fund***) F.M.I. *m* (= Fonds *m* Monétaire International)
im•i•tate ['ɪmɪteɪt] *v/t* imiter
im•i•ta•tion [ɪmɪ'teɪʃn] imitation *f*
im•mac•u•late [ɪ'mækjʊlət] *adj* impeccable; (*spotless*) immaculé
im•ma•te•ri•al [ɪmə'tɪrɪəl] *adj* (*not relevant*) peu important
im•ma•ture [ɪmə'tur] *adj* immature
im•me•di•ate [ɪ'miːdɪət] *adj* immédiat
im•me•di•ate•ly [ɪ'miːdɪətlɪ] *adv* immédiatement; ***immediately after the bank*** juste après la banque
im•mense [ɪ'mens] *adj* immense
im•merse [ɪ'mɜːrs] *v/t* immerger, plonger; ***immerse o.s. in*** se plonger dans
im•mi•grant ['ɪmɪgrənt] *n* immigrant(e) *m*(*f*), immigré(e) *m*(*f*)
im•mi•grate ['ɪmɪgreɪt] *v/i* immigrer
im•mi•gra•tion [ɪmɪ'greɪʃn] immigration *f*; ***Immigration*** *government department* l'immigration *f*
im•mi•nent ['ɪmɪnənt] *adj* imminent
im•mo•bi•lize [ɪ'moʊbɪlaɪz] *v/t factory, person* immobiliser; *car* immobiliser
im•mo•bi•li•zer [ɪ'moʊbɪlaɪzər] *on car* système *m* antidémarrage

im•mod•e•rate [ɪ'mɑːdərət] *adj* immodéré
im•mor•al [ɪ'mɒːrəl] *adj* immoral
im•mor•al•i•ty [ɪmɒː'rælɪtɪ] immoralité *f*
im•mor•tal [ɪ'mɔːrtl] *adj* immortel*
im•mor•tal•i•ty [ɪmɔːr'tælɪtɪ] immortalité *f*
im•mune [ɪ'mjuːn] *adj to illness, infection* immunisé (***to*** contre); *from ruling* exempt (***from*** de)
im'mune sys•tem MED système *m* immunitaire
im•mu•ni•ty [ɪ'mjuːnətɪ] *to infection* immunité *f*; *from ruling* exemption *f*; ***diplomatic immunity*** immunité *f* diplomatique
im•pact ['ɪmpækt] *n* impact *m*; ***on impact*** au moment de l'impact
◆ **impact on** *v/t* avoir un impact sur, affecter
im•pair [ɪm'per] *v/t* affaiblir, abîmer
im•paired [ɪm'perd] *adj* affaibli, abîmé
im•par•tial [ɪm'pɑːrʃl] *adj* impartial
im•pass•a•ble [ɪm'pæsəbl] *adj road* impraticable
im•passe ['ɪmpæs] *in negotations etc* impasse *f*
im•pas•sioned [ɪm'pæʃnd] *adj speech, plea* passionné
im•pas•sive [ɪm'pæsɪv] *adj* impassible
im•pa•tience [ɪm'peɪʃəns] impatience *f*
im•pa•tient [ɪm'peɪʃənt] *adj* impatient
im•pa•tient•ly [ɪm'peɪʃəntlɪ] *adv* impatiemment
im•peach [ɪm'piːʧ] *v/t President* mettre en accusation
im•pec•ca•ble [ɪm'pekəbl] *adj* impeccable
im•pec•ca•bly [ɪm'pekəblɪ] *adv* impeccablement
im•pede [ɪm'piːd] *v/t* gêner, empêcher
im•ped•i•ment [ɪm'pedɪmənt] *obstacle* obstacle *m*; ***speech impediment*** défaut *m* d'élocution
im•pend•ing [ɪm'pendɪŋ] *adj* imminent
im•pen•e•tra•ble [ɪm'penɪtrəbl] *adj* impénétrable
im•per•a•tive [ɪm'perətɪv] **1** *adj* impératif*; ***it is imperative that ...*** il est impératif que ... (*+subj*) **2** *n* GRAM impératif *m*
im•per•cep•ti•ble [ɪmpɜːr'septɪbl] *adj* imperceptible
im•per•fect [ɪm'pɜːrfekt] **1** *adj* imparfait **2** *n* GRAM imparfait *m*
im•pe•ri•al [ɪm'pɪrɪəl] *adj* impérial
im•per•son•al [ɪm'pɜːrsənl] *adj* impersonnel*
im•per•so•nate [ɪm'pɜːrsəneɪt] *v/t as a joke* imiter; *illegally* se faire passer pour
im•per•son•a•tor [ɪm'pɜːrsəneɪtər] imitateur(-trice) *m(f)*; ***female impersonator*** travesti *m*
im•per•ti•nence [ɪm'pɜːrtɪnəns] impertinence *f*
im•per•ti•nent [ɪm'pɜːrtɪnənt] *adj* impertinent
im•per•tur•ba•ble [ɪmpər'tɜːrbəbl] *adj* imperturbable
im•per•vi•ous [ɪm'pɜːrvɪəs] *adj*: ***impervious to*** insensible à
im•pe•tu•ous [ɪm'peʧʊəs] *adj* impétueux*
im•pe•tus ['ɪmpətəs] *of campaign etc* force *f*, élan *m*
im•ple•ment ['ɪmplɪmənt] **1** *n* instrument *m*, outil *m* **2** *v/t* ['ɪmplɪment] *measures etc* appliquer
im•pli•cate ['ɪmplɪkeɪt] *v/t* impliquer (***in*** dans)
im•pli•ca•tion [ɪmplɪ'keɪʃn] implication *f*
im•pli•cit [ɪm'plɪsɪt] *adj* implicite; *trust* absolu
im•plore [ɪm'plɔːr] *v/t* implorer (s.o. to do sth qn de faire qch)
im•ply [ɪm'plaɪ] *v/t* (*pret & pp* ***-ied***) impliquer; (*suggest*) suggérer
im•po•lite [ɪmpə'laɪt] *adj* impoli
im•port ['ɪmpɔːrt] **1** *n* importation *f* **2** *v/t* importer
im•por•tance [ɪm'pɔːrtəns] importance *f*
im•por•tant [ɪm'pɔːrtənt] *adj* important
im•por•ter [ɪm'pɔːrtər] importateur(-trice) *m(f)*
im•pose [ɪm'poʊz] *v/t tax* imposer; ***impose o.s. on s.o.*** s'imposer à qn
im•pos•ing [ɪm'poʊzɪŋ] *adj* imposant
im•pos•si•bil•i•ty [ɪmpɑːsɪ'bɪlɪtɪ] impossibilité *f*
im•pos•sible [ɪm'pɑːsɪbəl] *adj* impossible
im•pos•tor [ɪm'pɑːstər] imposteur *m*
im•po•tence ['ɪmpətəns] impuissance *f*
im•po•tent ['ɪmpətənt] *adj* impuissant
im•pov•e•rished [ɪm'pɑːvərɪʃt] *adj* appauvri
im•prac•ti•cal [ɪm'præktɪkəl] *adj person* dénué de sens pratique; *suggestion* peu réaliste
im•press [ɪm'pres] *v/t* impressionner; ***I'm not impressed*** ça ne m'impressionne pas
im•pres•sion [ɪm'preʃn] impression *f*; (*impersonation*) imitation *f*; ***make a good / bad impression on s.o.*** faire une bonne / mauvaise impression sur qn; ***I get the impression that ...*** j'ai l'impression que ...
im•pres•sion•a•ble [ɪm'preʃənəbl] *adj* influençable

im•pres•sive [ɪm'presɪv] *adj* impressionnant
im•print ['ɪmprɪnt] *n of credit card* empreinte *f*
im•pris•on [ɪm'prɪzn *v/t* emprisonner
im•pris•on•ment [ɪm'prɪznmənt] emprisonnement *m*
im•prob•a•ble [ɪm'prɑːbəbəl] *adj* improbable
im•prop•er [ɪm'prɑːpər] *adj behavior* indécent, déplacé; *use etc* incorrecte
im•prove [ɪm'pruːv] **1** *v/t* améliorer **2** *v/i* s'améliorer
im•prove•ment [ɪm'pruːvmənt] amélioration *f*
im•pro•vize ['ɪmprəvaɪz] *v/i* improviser
im•pu•dent ['ɪmpjʊdənt] *adj* impudent
im•pulse ['ɪmpʌls] impulsion *f*; ***do sth on (an) impulse*** faire qch sous le coup d'une impulsion *or* sur un coup de tête
'im•pulse buy achat *m* impulsif
im•pul•sive [ɪm'pʌlsɪv] *adj* impulsif*
im•pu•ni•ty [ɪm'pjuːnətɪ] impunité *f*; ***with impunity*** impunément
im•pure [ɪm'pjʊr] *adj* impur
in [ɪn] **1** *prep* dans; ***in Washington / Rouen*** à Washington / Rouen; ***in the street*** dans la rue; ***in the box*** dans la boîte; ***wounded in the leg / arm*** blessé à la jambe / au bras ◇ *with time* en; ***in 1999*** en 1999; ***in the morning*** le matin; ***in the mornings*** le matin; ***in the summer*** l'été; ***in August*** en août, au mois d'août; ***in two hours*** *from now* dans deux heures; *over period of* en deux heures; ***I haven't been to France in years*** il y a des années que je n'ai pas été en France
◇ *manner*: ***in English / French*** en anglais / français; ***in a loud voice*** d'une voix forte; ***in his style*** à sa manière; ***in yellow*** en jaune
◇ : ***in crossing the road*** (*while*) en traversant la route; ***in agreeing to this*** (*by virtue of*) en acceptant ceci
◇ : ***in his novel*** dans son roman; ***in Faulkner*** chez Faulkner
◇ : ***three in all*** trois en tout (et pour tout); ***one in ten*** un sur dix **2** *adv* (*at home, in the building etc*) là; (*arrived: train*) arrivé; (*in its position*) dedans; ***in here*** ici; ***when the diskette is in*** quand la disquette est à l'intérieur **3** *adj* (*fashionable, popular*) à la mode
in•a•bil•i•ty [ɪnə'bɪlɪtɪ] incapacité *f*
in•ac•ces•si•ble [ɪnək'sesɪbl] *adj* inaccessible
in•ac•cu•rate [ɪn'ækjʊrət] *adj* inexact, incorrect
in•ac•tive [ɪn'æktɪv] *adj* inactif*; *volcano* qui n'est pas en activité
in•ad•e•quate [ɪn'ædɪkwət] *adj* insuffisant, inadéquat
in•ad•vis•a•ble [ɪnəd'vaɪzəbl] *adj* peu recommandé
in•an•i•mate [ɪn'ænɪmət] *adj* inanimé
in•ap•pro•pri•ate [ɪnə'proʊprɪət] *adj* peu approprié
in•ar•tic•u•late [ɪnɑːr'tɪkjʊlət] *adj person* qui s'exprime mal
in•au•di•ble [ɪn'ɒːdəbl] *adj* inaudible
in•au•gu•ral [ɪ'nɒːgjʊrəl] *adj speech* inaugural
in•au•gu•rate [ɪ'nɒːgjʊreɪt] *v/t* inaugurer
in•born ['ɪnbɔːrn] *adj* inné
in•bred ['ɪnbred] *adj* inné
in•breed•ing ['ɪnbriːdɪŋ] unions *fpl* consanguines
inc. *abbr* (***= incorporated***) S.A. *f* (= Société *f* Anonyme)
in•cal•cu•la•ble [ɪn'kælkjʊləbl] *adj damage* incalculable
in•ca•pa•ble [ɪn'keɪpəbl] *adj* incapable; ***be incapable of doing sth*** être incapable de faire qch
in•cen•di•a•ry de•vice [ɪn'sendərɪ] bombe *f* incendiaire
in•cense[1] ['ɪnsens] *n* encens *m*
in•cense[2] [ɪn'sens] *v/t* rendre furieux*
in•cen•tive [ɪn'sentɪv] encouragement *m*, stimulation *f*
in•ces•sant [ɪn'sesnt] *adj* incessant
in•ces•sant•ly [ɪn'sesntlɪ] *adv* sans arrêt
in•cest ['ɪnsest] inceste *m*
inch [ɪntʃ] pouce *m*
in•ci•dent ['ɪnsɪdənt] incident *m*
in•ci•den•tal [ɪnsɪ'dentl] *adj* fortuit; ***incidental expenses*** frais *mpl* accessoires
in•ci•den•tal•ly [ɪnsɪ'dentlɪ] *adv* soit dit en passant
in•cin•e•ra•tor [ɪn'sɪnəreɪtər] incinérateur *m*
in•ci•sion [ɪn'sɪʒn] incision *f*
in•ci•sive [ɪn'saɪsɪv] *adj mind, analysis* incisif*
in•cite [ɪn'saɪt] *v/t* inciter; ***incite s.o. to do sth*** inciter qn à faire qch
in•clem•ent [ɪn'klemənt] *adj weather* inclément
in•cli•na•tion [ɪnklɪ'neɪʃn] (*liking*) penchant *m*; (*tendency*) tendance *f*
in•cline [ɪn'klaɪn] *v/t*: ***be inclined to do sth*** avoir tendance à faire qch
in•close, in•clos•ure → ***enclose, enclosure***
in•clude [ɪn'kluːd] *v/t* inclure, comprendre
in•clud•ing [ɪn'kluːdɪŋ] *prep* y compris; ***including service*** service compris

in•clu•sive [ɪn'klu:sɪv] **1** *adj price* tout compris **2** *prep*: ***inclusive of*** en incluant **3** *adv* tout compris; ***from Monday to Thursday inclusive*** du lundi au jeudi inclus

in•co•her•ent [ɪnkoʊ'hɪrənt] *adj* incohérent

in•come ['ɪnkəm] revenu *m*

'in•come tax impôt *m* sur le revenu

in•com•ing ['ɪnkʌmɪŋ] *adj tide* montant; *flight, mail* qui arrive; *phonecall* de l'extérieur; *president* nouveau*

in•com•pa•ra•ble [ɪn'kɑ:mpərəbl] *adj* incomparable

in•com•pat•i•bil•i•ty [ɪnkəmpætɪ'bɪlɪtɪ] incompatibilité *f*

in•com•pat•i•ble [ɪnkəm'pætɪbl] *adj* incompatible

I

in•com•pe•tence [ɪn'kɑ:mpɪtəns] incompétence *f*

in•com•pe•tent [ɪn'kɑ:mpɪtənt] *adj* incompétent

in•com•plete [ɪnkəm'pli:t] *adj* incomplet*

in•com•pre•hen•si•ble [ɪnkɑ:mprɪ'hensɪbl] *adj* incompréhensible

in•con•cei•va•ble [ɪnkən'si:vəbl] *adj* inconcevable

in•con•clu•sive [ɪnkən'klu:sɪv] *adj* peu concluant

in•con•gru•ous [ɪn'kɑ:ŋgrʊəs] *adj* incongru

in•con•sid•er•ate [ɪnkən'sɪdərət] *adj action* inconsidéré; ***be inconsiderate*** *of person* manquer d'égards

in•con•sis•tent [ɪnkən'sɪstənt] *adj* incohérent; *person* inconstant; ***inconsistent with*** incompatible avec

in•con•so•la•ble [ɪnkən'soʊləbl] *adj* inconsolable

in•con•spic•u•ous [ɪnkən'spɪkjʊəs] *adj* discret*

in•con•ve•ni•ence [ɪnkən'vi:nɪəns] *n* inconvénient *m*

in•con•ve•ni•ent [ɪnkən'vi:nɪənt] *adj time* inopportun; *place, arrangement* peu commode

in•cor•po•rate [ɪn'kɔ:rpəreɪt] *v/t* incorporer

in•cor•rect [ɪnkə'rekt] *adj* incorrect

in•cor•rect•ly [ɪnkə'rektlɪ] *adv* incorrectement, mal

in•cor•ri•gi•ble [ɪn'kɑ:rɪdʒəbl] *adj* incorrigible

in•crease 1 *v/t & v/i* [ɪn'kri:s] augmenter **2** *n* ['ɪnkri:s] augmentation *f*

in•creas•ing [ɪn'kri:sɪŋ] *adj* croissant

in•creas•ing•ly [ɪn'kri:sɪŋlɪ] *adv* de plus en plus

in•cred•i•ble [ɪn'kredɪbl] *adj (amazing, very good)* incroyable

in•crim•i•nate [ɪn'krɪmɪneɪt] *v/t* incriminer; ***incriminate o.s.*** s'incriminer

in•cu•ba•tor ['ɪŋkjʊbeɪtər] *for chicks* incubateur *m*; *for babies* couveuse *f*

in•cur [ɪn'kɜ:r] *v/t (pret & pp* ***-red****) costs* encourir; *debts* contracter; *s.o.'s anger* s'attirer

in•cu•ra•ble [ɪn'kjʊrəbl] *adj also fig* incurable

in•debt•ed [ɪn'detɪd] *adj*: ***be indebted to s.o.*** être redevable à qn (***for sth*** de qch)

in•de•cent [ɪn'di:snt] *adj* indécent

in•de•ci•sive [ɪndɪ'saɪsɪv] *adj argument* peu concluant; *person* indécis

in•de•ci•sive•ness [ɪndɪ'saɪsɪvnɪs] indécision *f*

in•deed [ɪn'di:d] *adv (in fact)* vraiment; *(yes, agreeing)* en effet; ***very much indeed*** beaucoup

in•de•fi•na•ble [ɪndɪ'faɪnəbl] *adj* indéfinissable

in•def•i•nite [ɪn'defɪnɪt] *adj* indéfini; ***indefinite article*** GRAM article *m* indéfini

in•def•i•nite•ly [ɪn'defɪnɪtlɪ] *adv* indéfiniment

in•del•i•cate [ɪn'delɪkət] *adj* indélicat

in•dent ['ɪndent] **1** *n in text* alinéa *m* **2** *v/t* [ɪn'dent] *line* renfoncer

in•de•pen•dence [ɪndɪ'pendəns] indépendance *f*

In•de'pen•dence Day fête *f* de l'Indépendance

in•de•pen•dent [ɪndɪ'pendənt] *adj* indépendant

in•de•pen•dent•ly [ɪndɪ'pendəntlɪ] *adv deal with* indépendamment; ***independently of*** indépendamment de

in•de•scri•ba•ble [ɪndɪ'skraɪbəbl] *adj* indescriptible; *(very bad)* inqualifiable

in•de•scrib•a•bly [ɪndɪ'skraɪbəblɪ] *adv*: ***indescribably beautiful*** d'une beauté indescriptible; ***indescribably bad*** *book, movie* inqualifiable

in•de•struc•ti•ble [ɪndɪ'strʌktəbl] *adj* indestructible

in•de•ter•mi•nate [ɪndɪ'tɜ:rmɪnət] *adj* indéterminé

in•dex ['ɪndeks] *for book* index *m*

'in•dex card fiche *f*

'in•dex fin•ger index *m*

In•di•a ['ɪndɪə] Inde *f*

In•di•an ['ɪndɪən] **1** *adj* indien **2** *n also American* Indien(ne) *m(f)*

In•di•an 'sum•mer été *m* indien

in•di•cate ['ɪndɪkeɪt] **1** *v/t* indiquer **2** *v/i Br*: *when driving* mettre ses clignotants

in•di•ca•tion [ɪndɪ'keɪʃn] indication *f*, si-

gne *m*
in•di•ca•tor ['ɪndɪkeɪtər] *Br*: *on car* clignotant *m*
in•dict [ɪn'daɪt] *v/t* accuser
in•dif•fer•ence [ɪn'dɪfrəns] indifférence *f*
in•dif•fer•ent [ɪn'dɪfrənt] *adj* indifférent; (*mediocre*) médiocre
in•di•ges•ti•ble [ɪndɪ'dʒestɪbl] *adj* indigeste
in•di•ges•tion [ɪndɪ'dʒestʃn] indigestion *f*
in•dig•nant [ɪn'dɪgnənt] *adj* indigné
in•dig•na•tion [ɪndɪg'neɪʃn] indignation *f*
in•di•rect [ɪndɪ'rekt] *adj* indirect
in•di•rect•ly [ɪndɪ'rektlɪ] *adv* indirectement
in•dis•creet [ɪndɪ'skriːt] *adj* indiscret*
in•dis•cre•tion [ɪndɪ'skreʃn] *act* indiscrétion *f*, faux pas *m* F
in•dis•crim•i•nate [ɪndɪ'skrɪmɪnət] *adj* aveugle; *accusations* à tort et à travers
in•dis•pen•sa•ble [ɪndɪ'spensəbl] *adj* indispensable
in•dis•posed [ɪndɪ'spoʊzd] *adj* (*not well*) indisposé
in•dis•pu•ta•ble [ɪndɪ'spjuːtəbl] *adj* incontestable
in•dis•pu•ta•bly [ɪndɪ'spjuːtəblɪ] *adv* incontestablement
in•dis•tinct [ɪndɪ'stɪŋkt] *adj* indistinct
in•dis•tin•guish•a•ble [ɪndɪ'stɪŋgwɪʃəbl] *adj* indifférenciable
in•di•vid•u•al [ɪndɪ'vɪdʒʊəl] **1** *n* individu *m* **2** *adj* (*separate*) particulier*; (*personal*) individuel*
in•di•vid•u•a•list•ic [ɪndɪ'vɪdʒʊəlɪstɪk] *adj* individualiste
in•di•vid•u•al•it•y [ɪndɪvɪdʒʊ'ælɪtɪ] individualité *f*
in•di•vid•u•al•ly [ɪndɪ'vɪdʒʊəlɪ] *adv* individuellement
in•di•vis•i•ble [ɪndɪ'vɪzɪbl] *adj* indivisible
in•doc•tri•nate [ɪn'dɑːktrɪneɪt] *v/t* endoctriner
in•do•lence ['ɪndələns] indolence *f*
in•do•lent ['ɪndələnt] *adj* indolent
In•do•ne•sia [ɪndə'niːʒə] Indonésie *f*
In•do•ne•sian [ɪndə'niːʒən] **1** *adj* indonésien* **2** *n person* Indonésien(ne) *m(f)*
in•door ['ɪndɔːr] *adj activities*, *games* d'intérieur; *sport* en salle; *arena* couvert
in•doors [ɪn'dɔːrz] *adv* à l'intérieur; (*at home*) à la maison
in•dorse → ***endorse***
in•dulge [ɪn'dʌldʒ] **1** *v/t tastes* satisfaire; ***indulge o.s.*** se faire plaisir **2** *v/i*: ***indulge in sth*** se permettre qch
in•dul•gence [ɪn'dʌldʒəns] *of tastes*, *appetite etc* satisfaction *f*; (*laxity*) indulgence *f*
in•dul•gent [ɪn'dʌldʒənt] *adj* (*not strict enough*) indulgent
in•dus•tri•al [ɪn'dʌstrɪəl] *adj* industriel*; ***industrial action*** action *f* revendicative
in•dus•tri•al dis'pute conflit *m* social
in•dus•tri•al•ist [ɪn'dʌstrɪəlɪst] industriel(le) *m(f)*
in•dus•tri•al•ize [ɪn'dʌstrɪəlaɪz] **1** *v/t* industrialiser **2** *v/i* s'industrialiser
in•dus•tri•al 'waste déchets *mpl* industriels
in•dus•tri•ous [ɪn'dʌstrɪəs] *adj* travailleur*
in•dus•try ['ɪndəstrɪ] industrie *f*
in•ef•fec•tive [ɪnɪ'fektɪv] *adj* inefficace
in•ef•fec•tu•al [ɪnɪ'fektʃʊəl] *adj person* inefficace
in•ef•fi•cient [ɪnɪ'fɪʃənt] *adj* inefficace
in•eli•gi•ble [ɪn'elɪdʒɪbl] *adj* inéligible
in•ept [ɪ'nept] *adj* inepte
in•e•qual•i•ty [ɪnɪ'kwɑːlɪtɪ] inégalité *f*
in•es•ca•pa•ble [ɪnɪ'skeɪpəbl] *adj* inévitable
in•es•ti•ma•ble [ɪn'estɪməbl] *adj* inestimable
in•ev•i•ta•ble [ɪn'evɪtəbl] *adj* inévitable
in•ev•i•ta•bly [ɪn'evɪtəblɪ] *adv* inévitablement
in•ex•cu•sa•ble [ɪnɪk'skjuːzəbl] *adj* inexcusable
in•ex•haus•ti•ble [ɪnɪg'zɒːstəbl] *adj supply* inépuisable
in•ex•pen•sive [ɪnɪk'spensɪv] *adj* bon marché, pas cher*
in•ex•pe•ri•enced [ɪnɪk'spɪrɪənst] *adj* inexpérimenté
in•ex•plic•a•ble [ɪnɪk'splɪkəbl] *adj* inexplicable
in•ex•pres•si•ble [ɪnɪk'spresɪbl] *adj joy* inexprimable
in•fal•li•ble [ɪn'fælɪbl] *adj* infaillible
in•fa•mous ['ɪnfəməs] *adj* infâme
in•fan•cy ['ɪnfənsɪ] *of person* petite enfance *f*; *of state*, *institution* débuts *mpl*
in•fant ['ɪnfənt] petit(e) enfant *m(f)*
in•fan•tile ['ɪnfəntaɪl] *adj pej* infantile
in•fant mor'tal•it•y rate taux *m* de mortalité infantile
in•fan•try ['ɪnfəntrɪ] infanterie *f*
'in•fan•try sol•dier soldat *m* d'infanterie, fantassin *m*
'in•fant school *Br* école *f* maternelle
in•fat•u•at•ed [ɪn'fætʃʊeɪtɪd] *adj*: ***be infatuated with s.o.*** être entiché de qn
in•fect [ɪn'fekt] *v/t* contaminer; ***become infected*** *of person* être contaminé; *of wound* s'infecter
in•fec•tion [ɪn'fekʃn] contamination *f*; (*disease*), *of wound* infection *f*

in•fec•tious [ɪn'fekʃəs] *adj disease* infectieux*; *fig*: *laughter* contagieux*
in•fer [ɪn'fɜːr] *v/t* (*pret & pp* **-red**): ***infer X from Y*** déduire X de Y
in•fe•ri•or [ɪn'fɪrɪər] *adj* inférieur
in•fe•ri•or•i•ty [ɪnfɪrɪ'ɑːrətɪ] *in quality* infériorité *f*
in•fe•ri'or•i•ty com•plex complexe *m* d'infériorité
in•fer•tile [ɪn'fɜːrtl] *adj* stérile
in•fer•til•i•ty [ɪnfər'tɪlɪtɪ] stérilité *f*
in•fi•del•i•ty [ɪnfɪ'delɪtɪ] infidélité *f*
in•fil•trate ['ɪnfɪltreɪt] *v/t* infiltrer
in•fi•nite ['ɪnfɪnət] *adj* infini
in•fin•i•tive [ɪn'fɪnətɪv] infinitif *m*
in•fin•i•ty [ɪn'fɪnətɪ] infinité *f*; MATH infini *m*
in•firm [ɪn'fɜːrm] *adj* infirme
in•fir•ma•ry [ɪn'fɜːrmərɪ] infirmerie *f*
in•fir•mi•ty [ɪn'fɜːrmətɪ] infirmité *f*
in•flame [ɪn'fleɪm] *v/t* enflammer
in•flam•ma•ble [ɪn'flæməbl] *adj* inflammable
in•flam•ma•tion [ɪnflə'meɪʃn] MED inflammation *f*
in•flat•a•ble [ɪn'fleɪtəbl] *adj dinghy* gonflable
inflate [ɪn'fleɪt] *v/t tire*, *dinghy* gonfler
in•fla•tion [ɪn'fleɪʃən] inflation *f*
in•fla•tion•a•ry [ɪn'fleɪʃənərɪ] *adj* inflationniste
in•flec•tion [ɪn'flekʃn] *of voice* inflexion *f*
in•flex•i•ble [ɪn'fleksɪbl] *adj attitude*, *person* inflexible
in•flict [ɪn'flɪkt] *v/t*: ***inflict sth on s.o.*** infliger qch à qn
'in-flight *adj* en vol; ***in-flight entertainment*** divertissements *mpl* en vol
in•flu•ence ['ɪnflʊəns] **1** *n* influence *f*; ***be a good / bad influence on s.o.*** avoir une bonne / mauvaise influence sur qn **2** *v/t* influencer
in•flu•en•tial [ɪnflʊ'enʃl] *adj* influent
in•flu•en•za [ɪnflʊ'enzə] grippe *f*
in•form [ɪn'fɔːrm] **1** *v/t*: ***inform s.o. about sth*** informer qn de qch; ***please keep me informed*** veuillez me tenir informé **2** *v/i*: ***inform on s.o.*** dénoncer qn
in•for•mal [ɪn'fɔːrməl] *adj meeting*, *agreement* non-officiel*; *form of address* familier*; *conversation*, *dress* simple
in•for•mal•i•ty [ɪnfɔːr'mælɪtɪ] *of meeting*, *agreement* caractère *m* non officiel; *of form of address* familiarité *f*; *of conversation*, *dress* simplicité *f*
in•form•ant [ɪn'fɔːrmənt] informateur (-trice) *m*(*f*)
in•for•ma•tion [ɪnfər'meɪʃn] renseignements *mpl*
in•for•ma•tion 'sci•ence informatique *f*
in•for•ma•tion 'sci•en•tist informaticien(ne) *m*(*f*)
in•for•ma•tion tech'nol•o•gy informatique *f*
in•for•ma•tive [ɪn'fɔːrmətɪv] *adj* instructif*
in•form•er [ɪn'fɔːrmər] dénonciateur (-trice) *m*(*f*)
infra-red [ɪnfrə'red] *adj* infrarouge
in•fra•struc•ture ['ɪnfrəstrʌktʃər] infrastructure *f*
in•fre•quent [ɪn'friːkwənt] *adj* rare
in•fu•ri•ate [ɪn'fjʊrɪeɪt] *v/t* rendre furieux*
in•fu•ri•at•ing [ɪn'fjʊrɪeɪtɪŋ] *adj* exaspérant
in•fuse [ɪn'fjuːz] *v/i of tea* infuser
in•fu•sion [ɪn'fjuːʒn] (*herb tea*) infusion *f*
in•ge•ni•ous [ɪn'dʒiːnɪəs] *adj* ingénieux*
in•ge•nu•i•ty [ɪndʒɪ'nuːətɪ] ingéniosité *f*
in•got ['ɪŋgət] lingot *m*
in•gra•ti•ate [ɪn'greɪʃɪeɪt] *v/t*: ***ingratiate o.s. with s.o.*** s'insinuer dans les bonnes grâces de qn
in•grat•i•tude [ɪn'grætɪtuːd] ingratitude *f*
in•gre•di•ent [ɪn'griːdɪənt] *for cooking* ingrédient *m*; ***ingredients*** *fig*: *for success* recette *f* (**for** pour)
in•hab•it [ɪn'hæbɪt] *v/t* habiter
in•hab•it•a•ble [ɪn'hæbɪtəbl] *adj* habitable
in•hab•i•tant [ɪn'hæbɪtənt] habitant(e) *m*(*f*)
in•hale [ɪn'heɪl] **1** *v/t* inhaler, respirer **2** *v/i when smoking* avaler la fumée
in•ha•ler [ɪn'heɪlər] inhalateur *m*
in•her•it [ɪn'herɪt] *v/t* hériter
in•her•i•tance [ɪn'herɪtəns] héritage *m*
in•hib•it [ɪn'hɪbɪt] *v/t conversation etc* empêcher; *growth*, entraver
in•hib•it•ed [ɪn'hɪbɪtɪd] *adj* inhibé
in•hi•bi•tion [ɪnhɪ'bɪʃn] inhibition *f*
in•hos•pi•ta•ble [ɪnhɑː'spɪtəbl] *adj* inhospitalier*
'in-house *adj & adv* sur place
in•hu•man [ɪn'hjuːmən] *adj* inhumain
i•ni•tial [ɪ'nɪʃl] **1** *adj* initial **2** *n* initiale *f* **3** *v/t* (*write initials on*) parapher
i•ni•tial•ly [ɪ'nɪʃlɪ] *adv* au début
i•ni•ti•ate [ɪ'nɪʃɪeɪt] *v/t procedure* lancer; *person* initier
i•ni•ti•a•tion [ɪnɪʃɪ'eɪʃn] lancement *m*; *of person* initiation *f*
i•ni•ti•a•tive [ɪ'nɪʃətɪv] initiative *f*; ***do sth on one's own initiative*** faire qch de sa propre initiative
in•ject [ɪn'dʒekt] *v/t* injecter
in•jec•tion [ɪn'dʒekʃn] injection *f*

'in-joke: ***it's an in-joke*** c'est une plaisanterie entre nous / eux
in•jure ['ɪndʒər] *v/t* blesser
in•jured ['ɪndʒərd] **1** *adj leg*, *feelings* blessé **2** *npl*: ***the injured*** les blessés *mpl*
in•ju•ry ['ɪndʒərɪ] blessure *f*
'in•jury time SP arrêt(s) *m(pl)* de jeu
in•jus•tice [ɪn'dʒʌstɪs] injustice *f*
ink [ɪŋk] encre *f*
'ink•jet *printer* imprimante *f* à jet d'encre
in•land ['ɪnlənd] *adj* intérieur
in-laws ['ɪnlɒːz] *npl* belle-famille *f*
in•lay ['ɪnleɪ] *n* incrustation *f*
in•let ['ɪnlet] *of sea* bras *m* de mer; *in machine* arrivée *f*
in•mate ['ɪnmeɪt] *of prison* détenu(e) *m(f)*; *of mental hospital* interné(e) *m(f)*
inn [ɪn] auberge *f*
in•nate [ɪ'neɪt] *adj* inné
in•ner ['ɪnər] *adj courtyard* intérieur; *thoughts* intime; *ear* interne
in•ner 'cit•y quartiers défavorisés situés au milieu d'une grande ville
'in•ner•most *adj* le plus profond
'in•ner tube chambre *f* à air
in•no•cence ['ɪnəsəns] innocence *f*
in•no•cent ['ɪnəsənt] *adj* innocent
in•no•cu•ous [ɪ'nɑːkjʊəs] *adj* inoffensif*
in•no•va•tion [ɪnə'veɪʃn] innovation *f*
in•no•va•tive ['ɪnəvətɪv] *adj* innovant
in•no•va•tor ['ɪnəveɪtər] innovateur(-trice) *m(f)*
in•nu•me•ra•ble [ɪ'nuːmərəbl] *adj* innombrable
i•noc•u•late [ɪ'nɑːkjʊleɪt] *v/t* inoculer
i•noc•u•la•tion [ɪnɑːkjʊ'leɪʃn] inoculation *f*
in•of•fen•sive [ɪnə'fensɪv] *adj* inoffensif*
in•or•gan•ic [ɪnɔːr'gænɪk] *adj* inorganique
'in-pa•tient patient(e) hospitalisé(e) *m(f)*
in•put ['ɪnpʊt] **1** *n into project etc* apport *m*, contribution *f*; COMPUT entrée *f* **2** *v/t* (*pret & pp* ***-ted*** *or* ***input***) *into project* apporter; COMPUT entrer
in•quest ['ɪnkwest] enquête *f* (***on*** sur)
in•quire [ɪn'kwaɪr] *v/i* se renseigner; ***inquire into*** *causes of disease etc* faire des recherches sur; *cause of an accident etc* enquêter sur
in•quir•y [ɪn'kwaɪrɪ] demande *f* de renseignements; ***government inquiry*** enquête *f* officielle
in•quis•i•tive [ɪn'kwɪzətɪv] *adj* curieux*
in•sane [ɪn'seɪn] *adj* fou*
in•san•i•ta•ry [ɪn'sænɪterɪ] *adj* insalubre
in•san•i•ty [ɪn'sænɪtɪ] folie *f*
in•sa•ti•a•ble [ɪn'seɪʃəbl] *adj* insatiable
in•scrip•tion [ɪn'skrɪpʃn] inscription *f*
in•scru•ta•ble [ɪn'skruːtəbl] *adj* impénétrable
in•sect ['ɪnsekt] insecte *m*
in•sec•ti•cide [ɪn'sektɪsaɪd] insecticide *m*
in•se•cure [ɪnsɪ'kjʊr] *adj*: ***feel / be insecure*** *not safe* ne pas se sentir en sécurité; *not sure of self* manquer d'assurance
in•se•cu•ri•ty [ɪnsɪ'kjʊrɪtɪ] *psychological* manque *m* d'assurance
in•sen•si•tive [ɪn'sensɪtɪv] *adj* insensible (***to*** à)
in•sen•si•tiv•i•ty [ɪnsensɪ'tɪvɪtɪ] insensibilité *f*
in•sep•a•ra•ble [ɪn'seprəbl] *adj* inséparable
in•sert **1** ['ɪnsɜːrt] *n in magazine etc* encart *m* **2** [ɪn'sɜːrt] *v/t*: ***insert sth into sth*** insérer qch dans qch
in•ser•tion [ɪn'sɜːrʃn] insertion *f*
in•side [ɪn'saɪd] **1** *n of house*, *box* intérieur *m*; ***somebody on the inside*** quelqu'un qui connaît la maison; ***inside out*** à l'envers; ***turn sth inside out*** retourner qch; ***know sth inside out*** connaître qch à fond **2** *prep* à l'intérieur de; ***they went inside the house*** ils sont entrés dans la maison; ***inside of 2 hours*** en moins de 2 heures **3** *adv* à l'intérieur; ***we went inside*** nous sommes entrés (à l'intérieur); ***we looked inside*** nous avons regardé à l'intérieur **4** *adj*: ***inside information*** informations *fpl* internes; ***inside lane*** SP couloir *m* intérieur; *Br*: *on road*: *in UK* voie *f* de gauche; *in France* voie *f* de droite; ***inside pocket*** poche *f* intérieure
in•sid•er [ɪn'saɪdər] initié(e) *m(f)*
in•sid•er 'deal•ing FIN délit *m* d'initié
in•sides [ɪn'saɪdz] *npl* (*stomach*) ventre *m*
in•sid•i•ous [ɪn'sɪdɪəs] *adj* insidieux*
in•sight ['ɪnsaɪt] aperçu *m* (***into*** de); (*insightfulness*) perspicacité *f*
in•sig•nif•i•cant [ɪnsɪg'nɪfɪkənt] *adj* insignifiant
in•sin•cere [ɪnsɪn'sɪr] *adj* peu sincère
in•sin•cer•i•ty [ɪnsɪn'serɪtɪ] manque *f* de sincérité
in•sin•u•ate [ɪn'sɪnjʊeɪt] *v/t* (*imply*) insinuer
in•sist [ɪn'sɪst] *v/i* insister
◆ **insist on** *v/t* insister sur
in•sis•tent [ɪn'sɪstənt] *adj* insistant
in•so•lent ['ɪnsələnt] *adj* insolent
in•sol•u•ble [ɪn'sɑːljʊbl] *adj problem*, *substance* insoluble
in•sol•vent [ɪn'sɑːlvənt] *adj* insolvable
in•som•ni•a [ɪn'sɑːmnɪə] insomnie *f*
in•spect [ɪn'spekt] *v/t work*, *tickets*, *baggage* contrôler; *building*, *factory*, *school*

I

inspecter
in•spec•tion [ɪn'spekʃn] *of work, tickets, baggage* contrôle *m*; *of building, factory, school* inspection *f*
in•spec•tor [ɪn'spektər] *in factory, of police* inspecteur(-trice) *m(f)*
in•spi•ra•tion [ɪnspə'reɪʃn] inspiration *f*
in•spire [ɪn'spaɪr] *v/t* inspirer
in•sta•bil•i•ty [ɪnstə'bɪlɪtɪ] instabilité *f*
in•stall [ɪn'stɒːl] *v/t* installer
in•stal•la•tion [ɪnstə'leɪʃn] installation *f*; ***military installation*** installation *f* militaire
in•stall•ment, *Br* **in•stal•ment** [ɪn'stɒːlmənt] *of story, TV drama etc* épisode *m*; (*payment*) versement *m*
in'stall•ment plan vente *f* à crédit
in•stance ['ɪnstəns] (*example*) exemple *m*; ***for instance*** par exemple
in•stant ['ɪnstənt] **1** *adj* instantané **2** *n* instant *m*; ***in an instant*** dans un instant
in•stan•ta•ne•ous [ɪnstən'teɪnɪəs] *adj* instantané
in•stant 'cof•fee café *m* soluble
in•stant•ly ['ɪnstəntlɪ] *adv* immédiatement
in•stead [ɪn'sted] *adv* à la place; ***instead of me*** à ma place; ***instead of going home*** au lieu de rentrer à la maison
in•step ['ɪnstep] cou-de-pied *m*; *of shoe* cambrure *f*
in•stinct ['ɪnstɪŋkt] instinct *m*
in•stinc•tive [ɪn'stɪŋktɪv] *adj* instinctif*
in•sti•tute ['ɪnstɪtuːt] **1** *n* institut *m*; (*special home*) établissement *m* **2** *v/t new law, inquiry* instituer
in•sti•tu•tion [ɪnstɪ'tuːʃn] institution *f*
in•struct [ɪn'strʌkt] *v/t* (*order*) ordonner; (*teach*) instruire; ***instruct s.o. to do sth*** (*order*) ordonner à qn de faire qch
in•struc•tion [ɪn'strʌkʃn] instruction *f*; ***instructions for use*** mode *m* d'emploi
in'struc•tion man•u•al manuel *m* d'utilisation
in•struc•tive [ɪn'strʌktɪv] *adj* instructif*
in•struc•tor [ɪn'strʌktər] moniteur(-trice) *m(f)*
in•stru•ment ['ɪnstrumənt] instrument *m*
in•sub•or•di•nate [ɪnsə'bɔːrdɪneɪt] *adj* insubordonné
in•suf•fi•cient [ɪnsə'fɪʃnt] *adj* insuffisant
in•su•late ['ɪnsəleɪt] *v/t* ELEC, *against cold* isoler (against de)
in•su•la•tion [ɪnsə'leɪʃn] isolation *f*; *material* isolement *m*
in•su•lin ['ɪnsəlɪn] insuline *f*
in•sult 1 ['ɪnsʌlt] *n* insulte *f* **2** [ɪn'sʌlt] *v/t* insulter
in•sur•ance [ɪn'ʃurəns] assurance *f*
in'sur•ance com•pa•ny compagnie *f* d'assurance
in'sur•ance pol•i•cy police *f* d'assurance
in'sur•ance pre•mi•um prime *f* d'assurance
in•sure [ɪn'ʃur] *v/t* assurer
in•sured [ɪn'ʃurd] **1** *adj* assuré **2** *n*: ***the insured*** les assurés *mpl*
in•sur•moun•ta•ble [ɪnsər'maʊntəbl] *adj* insurmontable
in•tact [ɪn'tækt] *adj* (*not damaged*) intact
in•take ['ɪnteɪk] *of college etc* admission *f*
in•te•grate ['ɪntɪgreɪt] *v/t* intégrer
in•te•grat•ed cir•cuit ['ɪntɪgreɪtɪd] circuit *m* intégré
in•teg•ri•ty [ɪn'tegrətɪ] (*honesty*) intégrité *f*
in•tel•lect ['ɪntəlekt] intellect *m*
in•tel•lec•tual [ɪntə'lektʊəl] **1** *adj* intellectuel* **2** *n* intellectuel(le) *m(f)*
in•tel•li•gence [ɪn'telɪdʒəns] intelligence *f*; (*information*) renseignements *mpl*
in'tel•li•gence of•fi•cer officier *m* de renseignements
in'tel•li•gence ser•vice service *m* des renseignements
in•tel•li•gent [ɪn'telɪdʒənt] *adj* intelligent
in•tel•li•gi•ble [ɪn'telɪdʒəbl] *adj* intelligible
in•tend [ɪn'tend] *v/i*: ***intend to do sth*** avoir l'intention de; ***that's not what I intended*** ce n'était pas ce que je voulais
in•tense [ɪn'tens] *adj* intense; *personality* passionné
in•ten•si•fy [ɪn'tensɪfaɪ] **1** *v/t* (*pret & pp* ***-ied***) *effect, pressure* intensifier **2** *v/i of pain, fighting* s'intensifier
in•ten•si•ty [ɪn'tensətɪ] intensité *f*
in•ten•sive [ɪn'tensɪv] *adj* intensif*
in•ten•sive 'care (u•nit) MED service *m* de soins intensifs
in'ten•sive course *of language study* cours *mpl* intensifs
in•tent [ɪn'tent] *adj*: ***be intent on doing sth*** (*determined to do*) être (bien) décidé à faire qch
in•ten•tion [ɪn'tenʃn] intention *f*; ***I have no intention of …*** (*refuse to*) je n'ai pas l'intention de …
in•ten•tion•al [ɪn'tenʃənl] *adj* intentionnel*
in•ten•tion•al•ly [ɪn'tenʃnlɪ] *adv* délibérément
in•ter•ac•tion [ɪntər'ækʃn] interaction *f*
in•ter•ac•tive [ɪntər'æktɪv] *adj* interactif*
in•ter•cede [ɪntər'siːd] *v/i* intercéder
in•ter•cept [ɪntər'sept] *v/t* intercepter
in•ter•change ['ɪntərtʃeɪndʒ] *n of highways* échangeur *m*

in•ter•change•a•ble [ɪntər'ʧeɪndʒəbl] *adj* interchangeable
in•ter•com ['ɪntərkɑːm] interphone *m*
in•ter•course ['ɪntərkɔːrs] *sexual* rapports *mpl*
in•ter•de•pend•ent [ɪntərdɪ'pendənt] *adj* interdépendant
in•ter•est ['ɪntrəst] **1** *n* intérêt *m*; *financial* intérêt(s) *m(pl)*; ***take an interest in sth*** s'intéresser à qch **2** *v/t* intéresser
in•ter•est•ed ['ɪntrəstɪd] *adj* intéressé; ***be interested in sth*** être intéressé par qch; ***thanks, but I'm not interested*** merci, mais ça ne m'intéresse pas
in•ter•est-free 'loan prêt *m* sans intérêt
in•ter•est•ing ['ɪntrəstɪŋ] *adj* intéressant
'in•ter•est rate FIN taux *m* d'intérêt
in•ter•face ['ɪntərfeɪs] **1** *n* interface *f* **2** *v/i* avoir une interface (***with*** avec)
in•ter•fere [ɪntər'fɪr] *v/i* se mêler (***with*** de)
◆ **interfere with** *v/t controls* toucher à; *plans* contrecarrer
in•ter•fer•ence [ɪntər'fɪrəns] ingérence *f*; *on radio* interférence *f*
in•te•ri•or [ɪn'tɪrɪər] **1** *adj* intérieur **2** *n* intérieur *m*; ***Department of the Interior*** ministère *m* de l'Intérieur
in•te•ri•or 'dec•o•ra•tor décorateur (-trice) *m(f)* d'intérieur
in•te•ri•or de'sign design *m* d'intérieurs
in•te•ri•or de'sign•er designer *m/f* d'intérieurs
in•ter•lude ['ɪntərluːd] intermède *m*
in•ter•mar•ry [ɪntər'mærɪ] *v/i* (*pret & pp* ***-ied***) se marier entre eux
in•ter•me•di•ar•y [ɪntər'miːdɪerɪ] *n* intermédiaire *m/f*
in•ter•me•di•ate [ɪntər'miːdɪət] *adj stage, level* intermédiaire; *course* (de niveau) moyen
in•ter•mis•sion [ɪntər'mɪʃn] *in theater* entracte *m*
in•tern[1] [ɪn'tɜːrn] *v/t* interner
in•tern[2] ['ɪntɜːrn] *n* MED interne *m/f*
in•ter•nal [ɪn'tɜːrnl] *adj* interne; *trade* intérieur
in•ter•nal com'bus•tion en•gine moteur *m* à combustion interne
In•ter•nal 'Rev•e•nue (Ser•vice) (direction *f* générale des) impôts *mpl*
in•ter•nal•ly [ɪn'tɜːrnəlɪ] *adv in organization* en interne; ***bleed internally*** avoir des saignements internes; ***not to be taken internally*** à usage externe
in•ter•na•tion•al [ɪntər'næʃnl] **1** *adj* international **2** *n match* match *m* international; *player* international(e) *m(f)*
In•ter•na•tion•al Court of 'Jus•tice Cour *f* internationale de justice
in•ter•na•tion•al•ly [ɪntər'næʃnəlɪ] *adv* internationalement
In•ter•na•tion•al 'Mon•e•tar•y Fund Fonds *m* monétaire international, F.M.I. *m*
In•ter•net ['ɪntərnet] Internet *m*; ***on the Internet*** sur Internet
in•ter•nist [ɪn'tɜːrnɪst] spécialiste *m(f)* des maladies organiques
in•ter•pret [ɪn'tɜːrprɪt] *v/t & v/i* interpréter
in•ter•pre•ta•tion [ɪntɜːrprɪ'teɪʃn] interprétation *f*
in•ter•pret•er [ɪn'tɜːrprɪtər] interprète *m/f*
in•ter•re•lat•ed [ɪntərɪ'leɪtɪd] *adj facts* en corrélation
in•ter•ro•gate [ɪn'terəgeɪt] *v/t* interroger
in•ter•ro•ga•tion [ɪnterə'geɪʃn] interrogatoire *m*
in•ter•rog•a•tive [ɪntə'rɑːgətɪv] *n* GRAM interrogatif*
in•ter•ro•ga•tor [ɪnterə'geɪtər] interrogateur(-trice) *m(f)*
in•ter•rupt [ɪntə'rʌpt] *v/t & v/i* interrompre
in•ter•rup•tion [ɪntə'rʌpʃn] interruption *f*
in•ter•sect [ɪntər'sekt] **1** *v/t* couper, croiser **2** *v/i* s'entrecouper, s'entrecroiser
in•ter•sec•tion ['ɪntərsekʃn] *of roads* carrefour *m*
in•ter•state ['ɪntərsteɪt] *n* autoroute *f*
in•ter•val ['ɪntərvl] intervalle *m*; *in theater, at concert* entracte *m*; ***sunny intervals*** éclaircies *fpl*
in•ter•vene [ɪntər'viːn] *v/i of person, police etc* intervenir
in•ter•ven•tion [ɪntər'venʃn] intervention *f*
in•ter•view ['ɪntərvjuː] **1** *n on TV, in paper* interview *f*; *for job* entretien *m* **2** *v/t on TV, for paper* interviewer; *for job* faire passer un entretien à
in•ter•view•ee [ɪntərvjuː'iː] *on TV* personne *f* interviewée; *for job* candidat(e) *m(f)* (qui passe un entretien)
in•ter•view•er ['ɪntərvjuːər] *on TV, for paper* intervieweur(-euse) *m(f)*; *for job* personne *f* responsable d'un entretien
in•testine [ɪn'testɪn] intestin *m*
in•ti•ma•cy ['ɪntɪməsɪ] *of friendship* intimité *f*; *sexual* rapports *mpl* intimes
in•ti•mate ['ɪntɪmət] *adj friend, thoughts* intime; ***be intimate with s.o.*** *sexually* avoir des rapports intimes avec qn
in•tim•i•date [ɪn'tɪmɪdeɪt] *v/t* intimider
in•tim•i•da•tion [ɪntɪmɪ'deɪʃn] intimidation *f*
in•to ['ɪntʊ] *prep*: ***he put it into his suit-***

case il l'a mis dans sa valise; ***translate into English*** traduire en anglais; ***2 into 12 is ...*** 12 divisé par 2 égale ...; ***be into sth*** F (*like*) aimer qch; *politics etc* être engagé dans qch; ***he's really into ...*** (*likes*) ..., c'est son truc F; ***once you're into the job*** une fois que tu t'es habitué au métier

in•tol•e•ra•ble [ɪn'tɑːlərəbl] *adj* intolérable

in•tol•e•rant [ɪn'tɑːlərənt] *adj* intolérant

in•tox•i•cat•ed [ɪn'tɑːksɪkeɪtɪd] *adj* ivre

in•tran•si•tive [ɪn'trænsɪtɪv] *adj* intransitif*

in•tra•ve•nous [ɪntrə'viːnəs] *adj* intraveineux*

in•trep•id [ɪn'trepɪd] *adj* intrépide

in•tri•cate ['ɪntrɪkət] *adj* compliqué, complexe

in•trigue 1 ['ɪntriːg] *n* intrigue *f* **2** [ɪn'triːg] *v/t* intriguer

in•trigu•ing [ɪn'triːgɪŋ] *adj* intrigant

in•tro•duce [ɪntrə'duːs] *v/t new technique etc* introduire; ***introduce s.o. to s.o.*** présenter qn à qn; ***introduce s.o. to sth*** *new sport, activity* initier qn à qch; *type of food etc* faire connaître qch à qn; ***may I introduce ...?*** puis-je vous présenter ...?

in•tro•duc•tion [ɪntrə'dʌkʃn] *to person* présentations *fpl*; *in book, of new techniques* introduction *f*; *to a new sport* initiation *f* (***to*** à)

in•tro•vert ['ɪntrəvɜːrt] *n* introverti(e) *m(f)*

in•trude [ɪn'truːd] *v/i* déranger, s'immiscer

in•trud•er [ɪn'truːdər] intrus(e) *m(f)*

in•tru•sion [ɪn'truːʒn] intrusion *f*

in•tu•i•tion [ɪntuː'ɪʃn] intuition *f*

in•vade [ɪn'veɪd] *v/t* envahir

in•val•id[1] [ɪn'vælɪd] *adj* non valable

in•va•lid[2] ['*Inv* əlɪd] *n* MED invalide *m/f*

in•val•i•date [ɪn'vælɪdeɪt] *v/t claim, theory* invalider

in•val•u•a•ble [ɪn'væljʊbl] *adj help, contributor* inestimable

in•var•i•a•bly [ɪn'veɪrɪəblɪ] *adv* (*always*) invariablement

in•va•sion [ɪn'veɪʒn] invasion *f*

in•vent [ɪn'vent] *v/t* inventer

in•ven•tion [ɪn'venʃn] invention *f*

in•ven•tive [ɪn'ventɪv] *adj* inventif*

in•ven•tor [ɪn'ventər] inventeur(-trice) *m(f)*

in•ven•to•ry ['*Inv* əntoʊrɪ] inventaire *m*

in•verse [ɪn'vɜːrs] *adj order* inverse

in•vert [ɪn'vɜːrt] *v/t* inverser

in•vert•ed com•mas [ɪn'vɜːrtɪd] *Br* guillemets *mpl*

in•ver•te•brate [ɪn'vɜːrtɪbrət] *n* invertébré *m*

invest [ɪn'vest] *v/t & v/i* investir

in•ves•ti•gate [ɪn'vestɪgeɪt] *v/t crime* enquêter sur; *scientific phenomenon* étudier

in•ves•ti•ga•tion [ɪnvestɪ'geɪʃn] *of crime* enquête *f*; *in science* étude *f*

in•ves•ti•ga•tive jour•nal•ism [ɪn'vestɪgətɪv] journalisme *m* d'investigation

in•vest•ment [ɪn'vestmənt] investissement *m*

in•ves•tor [ɪn'vestər] investisseur *m*

in•vig•or•at•ing [ɪn'vɪgəreɪtɪŋ] *adj climate* vivifiant

in•vin•ci•ble [ɪn'vɪnsəbl] *adj* invincible

in•vis•i•ble [ɪn'vɪzɪbl] *adj* invisible

in•vi•ta•tion [ɪnvɪ'teɪʃn] invitation *f*

in•vite [ɪn'vaɪt] *v/t* inviter

◆ **invite in** *v/t* inviter à entrer

in•voice ['ɪnvɔɪs] **1** *n* facture *f* **2** *v/t customer* facturer

in•vol•un•ta•ry [ɪn'vɑːlənterɪ] *adj* involontaire

in•volve [ɪn'vɑːlv] *v/t hard work* nécessiter; *expense* entraîner; (*concern*) concerner; ***what does it involve?*** qu'est-ce que cela implique?; ***get involved with sth*** *with company* s'engager avec qch; *with project* s'impliquer dans qch; *of police* intervenir dans qch; ***get involved with s.o.*** *romantically* avoir une liaison avec qn; ***you're far too involved with him*** *emotionally* tu t'investis trop (dans ta relation) avec lui

in•volved [ɪn'vɑːlvd] *adj* (*complex*) compliqué

in•volve•ment [ɪn'vɑːlvmənt] *in project etc, crime, accident* participation *f*; *in politics* engagement *m*; (*implicating*) implication *f* (***in*** dans)

in•vul•ne•ra•ble [ɪn'vʌlnərəbl] *adj* invulnérable

in•ward ['ɪnwərd] **1** *adj* intérieur **2** *adv* vers l'intérieur

in•ward•ly ['ɪnwərdlɪ] *adv* intérieurement, dans son / mon etc for intérieur

i•o•dine ['aɪoʊdiːn] iode *m*

IOU [aɪoʊ'juː] *abbr* (***= I owe you***) reconnaissance *f* de dette

IQ [aɪ'kjuː] *abbr* (***= intelligence quotient***) Q.I. *m* (= Quotient *m* intellectuel)

I•ran [ɪ'rɑːn] Iran *m*

I•ra•ni•an [ɪ'reɪnɪən] **1** *adj* iranien* **2** *n* Iranien(ne) *m(f)*

I•raq [ɪ'ræːk] Iraq *m*

I•ra•qi [ɪ'ræːkɪ] **1** *adj* irakien* **2** *n* Irakien(ne) *m(f)*

Ire•land ['aɪrlənd] Irlande *f*

i•ris ['aɪrɪs] *of eye, flower* iris *m*
I•rish ['aɪrɪʃ] **1** *adj* irlandais **2** *npl*: ***the Irish*** les Irlandais
'**I•rish•man** Irlandais *m*
'**I•rish•wom•an** Irlandaise *f*
i•ron ['aɪərn] **1** *n substance* fer *m*; *for clothes* fer *m* à repasser **2** *v/t shirts etc* repasser
i•ron•ic(•al) [aɪ'rɑːnɪk(l)] *adj* ironique
i•ron•ing ['aɪərnɪŋ] repassage *m*; ***do the ironing*** repasser, faire le repassage
'**i•ron•ing board** planche *f* à repasser
'**i•ron•works** usine *f* de sidérurgie
i•ron•y ['aɪrənɪ] ironie *f*
ir•ra•tion•al [ɪ'ræʃənl] *adj* irrationnel*
ir•rec•on•ci•la•ble [ɪrekən'saɪləbl] *adj people* irréconciliable; *positions* inconciliable
ir•re•cov•e•ra•ble [ɪrɪ'kʌvərəbl] *adj data* irrécupérable; *loss* irrémédiable
ir•re•gu•lar [ɪ'regjʊlər] *adj* irrégulier*
ir•rel•e•vant [ɪ'reləvənt] *adj* hors de propos; ***that's completely irrelevant*** ça n'a absolument aucun rapport
ir•rep•a•ra•ble [ɪ'repərəbl] *adj* irréparable
ir•re•place•a•ble [ɪrɪ'pleɪsəbl] *adj object, person* irremplaçable
ir•re•pres•si•ble [ɪrɪ'presəbl] *adj sense of humor* à toute épreuve; *person* qui ne se laisse pas abattre
ir•re•proach•a•ble [ɪrɪ'proʊʧəbl] *adj* irréprochable
ir•re•sis•ti•ble [ɪrɪ'zɪstəbl] *adj* irrésistible
ir•re•spec•tive [ɪrɪ'spektɪv] *adv*: ***irrespective of*** sans tenir compte de
ir•re•spon•si•ble [ɪrɪ'spɑːnsəbl] *adj* irresponsable
ir•re•trie•va•ble [ɪrɪ'triːvəbl] *adj data* irrécupérable; *loss* irréparable
ir•rev•e•rent [ɪ'revərənt] *adj* irrévérencieux*
ir•rev•o•ca•ble [ɪ'revəkəbl] *adj* irrévocable
ir•ri•gate ['ɪrɪgeɪt] *v/t* irriguer
ir•ri•ga•tion [ɪrɪ'geɪʃn] irrigation *f*
ir•ri•ga•tion ca'nal canal *m* d'irrigation
ir•ri•ta•ble ['ɪrɪtəbl] *adj* irritable
ir•ri•tate ['ɪrɪteɪt] *v/t* irriter
ir•ri•tat•ing ['ɪrɪteɪtɪŋ] *adj* irritant
ir•ri•ta•tion [ɪrɪ'teɪʃn] irritation *f*
IRS [aɪɑːr'es] *abbr* (***= Internal Revenue Service***) (direction *f* générale des) impôts *mpl*
Is•lam ['ɪzlɑːm] *religion* islam *m*; *peoples, civilization* Islam *m*
Is•lam•ic [ɪz'læmɪk] *adj* islamique
is•land ['aɪlənd] île *f*; (***traffic***) ***island*** refuge *m*
is•land•er ['aɪləndər] insulaire *m/f*
i•so•late ['aɪsəleɪt] *v/t* isoler
i•so•lat•ed ['aɪsəleɪtɪd] *adj house, occurence* isolé
i•so•la•tion [aɪsə'leɪʃn] *of a region* isolement *m*; ***in isolation*** isolément
i•so'la•tion ward salle *f* des contagieux
ISP [aɪes'piː] *abbr* (***= Internet service provider***) fournisseur *m* Internet
Is•rael ['ɪzreɪl] Israël *m*
Is•rae•li [ɪz'reɪlɪ] **1** *adj* israélien* **2** *n person* Israélien(ne) *m(f)*
is•sue ['ɪʃuː] **1** *n* (*matter*) question *f*, problème *m*; (*result*) résultat *m*; *of magazine* numéro *m*; ***the point at issue*** le point en question; ***take issue with*** *s.o.* ne pas être d'accord avec; *sth* contester **2** *v/t supplies* distribuer; *coins, warning* émettre; *passport* délivrer
it [ɪt] *pron* ◇ *as subject* il, elle; ***what color's your car? - it's black*** de quelle couleur est ta voiture? - elle est noire; ***where's your bathroom? - it's through there*** où est la salle de bains - c'est par là
◇ *as object* le, la; ***give it to him*** donne-le-lui
◇ *with prepositions*: ***on top of it*** dessus; ***it's just behind it*** c'est juste derrière; ***let's talk about it*** parlons-en; ***we went to it*** nous y sommes allés
◇ *impersonal*: ***it's raining*** il pleut; ***it's me / him*** c'est moi / lui; ***it's your turn*** c'est ton tour; ***that's it!*** (*that's right*) c'est ça!; (*finished*) c'est fini!
IT [aɪ'tiː] *abbr* (***= information technology***) informatique *f*
I•tal•i•an [ɪ'tæljən] **1** *adj* italien* **2** *n person* Italien(ne) *m(f)*; *language* italien *m*
I•ta•ly ['ɪtəlɪ] Italie *f*
itch [ɪʧ] **1** *n* démangeaison *f* **2** *v/i*: ***it itches*** ça me démange
i•tem ['aɪtəm] *on shopping list, in accounts* article *m*; *on agenda* point *m*; ***item of news*** nouvelle *f*
i•tem•ize ['aɪtəmaɪz] *v/t invoice* détailler
i•tin•e•ra•ry [aɪ'tɪnərerɪ] itinéraire *m*
its [ɪts] *adj* son, sa; *pl* ses
it's [ɪts] → ***it is, it has***
it•self [ɪt'self] *pron reflexive* se; *stressed* lui-même; elle-même; ***by itself*** (*alone*) tout(e) seul(e) *m(f)*; (*automatically*) tout(e) seul(e)
i•vo•ry ['aɪvərɪ] ivoire *m*
i•vy ['aɪvɪ] lierre *m*

I

J

jab [dʒæb] **1** *v/t* (*pret & pp* ***-bed***) planter (***into*** dans); ***jab one's elbow/a stick into s.o.*** donner un coup de coude / bâton à qn **2** *n in boxing* coup *m* droit
jab•ber ['dʒæbər] *v/i* baragouiner
jack [dʒæk] MOT cric *m*; *in cards* valet *m*
◆ **jack up** *v/t* MOT soulever (avec un cric)
jack•et ['dʒækɪt] (*coat*) veste *f*; *of book* couverture *f*
jack•et po'ta•to pomme *f* de terre en robe des champs
'jack-knife *v/i of truck* se mettre en travers
'jack•pot jackpot *m*; ***hit the jackpot*** gagner le jackpot
jade [dʒeɪd] *n* jade *m*
jad•ed ['dʒeɪdɪd] *adj* blasé
jag•ged ['dʒægɪd] *adj* découpé, dentelé
jail [dʒeɪl] prison *f*
jam[1] [dʒæm] *n for bread* confiture *f*
jam[2] [dʒæm] **1** *n* MOT embouteillage *m*; F (*difficulty*) pétrin *m* F; ***be in a jam*** être dans le pétrin **2** *v/t* (*pret & pp* ***-med***) (*ram*) fourrer; (*cause to stick*) bloquer; *broadcast* brouiller; ***be jammed*** *of roads* être engorgé; *of door, window* être bloqué **3** *v/i* (*stick*) se bloquer; (*squeeze*) s'entasser
◆ **jam in** *v/t into suitcase etc* entasser
◆ **jam on** *v/t*: ***jam on the brakes*** freiner brutalement
jam-'packed *adj* F plein à craquer F (***with*** de)
jan•i•tor ['dʒænɪtər] concierge *m/f*
Jan•u•a•ry ['dʒænjʊerɪ] janvier *m*
Ja•pan [dʒə'pæn] Japon *m*
Jap•a•nese [dʒæpə'niːz] **1** *adj* japonais **2** *n person* Japonais(e) *m*(*f*); *language* japonais *m*; ***the Japanese*** les Japonais *mpl*
jar[1] [dʒɑːr] *n container* pot *m*
jar[2] [dʒɑːr] *v/i* (*pret & pp* ***-red***) *of noise* irriter; *of colors* détonner; ***jar on s.o.'s ears*** écorcher les oreilles de qn
jar•gon ['dʒɑːrgən] jargon *m*
jaun•dice ['dʒɒːndɪs] *n* jaunisse *f*
jaun•diced ['dʒɒːndɪst] *adj fig* cynique
jaunt [dʒɒːnt] *n* excursion *f*
jaunt•y ['dʒɒːntɪ] *adj* enjoué
jav•e•lin ['dʒævlɪn] (*spear*) javelot *m*; *event* (lancer *m* du) javelot *m*
jaw [dʒɒː] *n* mâchoire *f*
jay•walk•er ['dʒeɪwɒːkər] piéton(ne) *m*(*f*) imprudent(e)
'jay•walk•ing traversement *m* imprudent d'une route
jazz [dʒæz] *n* jazz *m*
◆ **jazz up** *v/t* F égayer
jeal•ous ['dʒeləs] *adj* jaloux*
jeal•ous•ly ['dʒeləslɪ] *adv* jalousement
jeal•ous•y ['dʒeləsɪ] jalousie *f*
jeans [dʒiːnz] *npl* jean *m*
jeep [dʒiːp] jeep *f*
jeer [dʒɪr] **1** *n* raillerie *f*; *of crowd* huée *f* **2** *v/i of crowd* huer; ***jeer at*** railler, se moquer de
Jel•lo® ['dʒeloʊ] gelée *f*
jel•ly ['dʒelɪ] *jam* confiture *f*
'jel•ly bean bonbon *m* mou
'jel•ly•fish méduse *f*
jeop•ar•dize ['dʒepərdaɪz] *v/t* mettre en danger
jeop•ar•dy ['dʒepərdɪ]: ***be in jeopardy*** être en danger
jerk[1] [dʒɜːrk] **1** *n* secousse *f*, saccade *f* **2** *v/t* tirer d'un coup sec
jerk[2] [dʒɜːrk] *n* F couillon *m* F
jerk•y ['dʒɜːrkɪ] *adj movement* saccadé
jer•sey ['dʒɜːrzɪ] (*sweater*) tricot *m*; *fabric* jersey *m*
jest [dʒest] **1** *n* plaisanterie *f*; ***in jest*** en plaisantant **2** *v/i* plaisanter
Je•sus ['dʒiːzəs] Jésus
jet [dʒet] **1** *n* (*airplane*) avion *m* à réaction, jet *m*; *of water* jet *m*; (*nozzle*) bec *m* **2** *v/i* (*pret & pp* ***-ted***) (*travel*) voyager en jet
jet-'black *adj* (noir) de jais
'jet en•gine moteur *m* à réaction, réacteur *m*
'jet•lag (troubles *mpl* dus au) décalage *m* horaire
jet•lagged ['dʒetlægd] *adj*: ***I'm still jet-lagged*** je souffre encore du décalage horaire
jet•ti•son ['dʒetɪsn] *v/t* jeter par-dessus bord; *fig* abandonner
jet•ty ['dʒetɪ] jetée *f*
Jew [dʒuː] Juif(-ive) *m*(*f*)
jew•el ['dʒuːəl] bijou *m*; *fig*: *person* perle *f*
jew•el•er, *Br* **jew•el•ler** ['dʒuːlər] bijoutier (-ère) *m*(*f*)
jew•el•ry, *Br* **jew•el•lery** ['dʒuːlrɪ] bijoux *mpl*
Jew•ish ['dʒuːɪʃ] *adj* juif*
jif•fy [dʒɪfɪ] F: ***in a jiffy*** en un clin *m* d'œil
jig•saw (puz•zle) ['dʒɪgsɒː] puzzle *m*
jilt [dʒɪlt] *v/t* laisser tomber
jin•gle ['dʒɪŋgl] **1** *n song* jingle *m* **2** *v/i of keys, coins* cliqueter

jinx [dʒɪŋks] *n person* porte-malheur *m/f*; ***there's a jinx on this project*** ce projet porte malheur *or* porte la guigne
jit•ters ['dʒɪtərz] F: ***get the jitters*** avoir la frousse
jit•ter•y ['dʒɪtərɪ] *adj* F nerveux*
job [dʒɑːb] (*employment*) travail *m*, emploi *m*, boulot *m* F; (*task*) travail *m*; ***jobs*** *newspaper section* emplois *mpl*; ***out of a job*** sans travail, sans emploi; ***it's a good job you remembered*** heureusement que tu t'en es souvenu; ***you'll have a job*** (*it'll be difficult*) tu vas avoir du mal
'job de•scrip•tion description *f* d'emploi
'job hunt: ***be job hunting*** être à la recherche d'un emploi
job•less ['dʒɑːblɪs] *adj* sans travail, sans emploi
job sat•is'fac•tion satisfaction *f* dans le travail
jock•ey ['dʒɑːkɪ] *n* jockey *m*
jog [dʒɑːg] **1** *n* footing *m*, jogging; *pace* petit trot *m*; ***go for a jog*** aller faire du footing *or* jogging **2** *v/i* (*pret & pp* **-ged**) *as exercise* faire du footing *or* jogging; ***he just jogged the last lap*** il a fait le dernier tour de piste en trottinant **3** *v/t*: ***jog s.o.'s elbow*** donner à qn un coup léger dans le coude; ***jog s.o.'s memory*** rafraîchir la mémoire de qn
◆ **jog along** *v/i* F aller son petit bonhomme de chemin F; *of business* aller tant bien que mal
jog•ger ['dʒɑːgər] *person* joggeur(-euse) *m(f)*; *shoe* chaussure *f* de jogging
jog•ging ['dʒɑːgɪŋ] jogging *m*; ***go jogging*** faire du jogging *or* du footing
'jog•ging suit survêtement *m*, jogging *m*
john [dʒɑːn] F (*toilet*) petit coin *m* F
join [dʒɔɪn] **1** *n* joint *m* **2** *v/i of roads, rivers* se rejoindre; (*become a member*) devenir membre **3** *v/t* (*connect*) relier; *person, of road* rejoindre; *club* devenir membre de; (*go to work for*) entrer dans
◆ **join in** *v/i* participer; ***we joined in (with them) and sang ...*** nous nous sommes joints à eux pour chanter ...
◆ **join up** *v/i Br* MIL s'engager dans l'armée
join•er ['dʒɔɪnər] menuisier(-ère) *m(f)*
joint [dʒɔɪnt] **1** *n* ANAT articulation *f*; *in woodwork* joint *m*; *of meat* rôti *m*; F (*place*) boîte *f* F; *of cannabis* joint *m* **2** *adj* (*shared*) joint
joint ac'count compte *m* joint
joint 'ven•ture entreprise *f* commune
joke [dʒoʊk] **1** *n story* plaisanterie *f*, blague *f* F; (*practical joke*) tour *m*; ***play a joke on*** jouer un tour à; ***it's no joke*** ce n'est pas drôle **2** *v/i* plaisanter
jok•er ['dʒoʊkər] *person* farceur(-euse) *m(f)*, blagueur(-euse) *m(f)* F; *pej* plaisantin *m*; *in cards* joker *m*
jok•ing ['dʒoʊkɪŋ]: ***joking apart*** plaisanterie mise à part
jok•ing•ly ['dʒoʊkɪŋlɪ] *adv* en plaisantant
jol•ly ['dʒɑːlɪ] *adj* joyeux*
jolt [dʒoʊlt] **1** *n* (*jerk*) cahot *m*, secousse *f* **2** *v/t* (*push*) pousser
jos•tle ['dʒɑːsl] *v/t* bousculer
◆ **jot down** [dʒɑːt] *v/t* (*pret & pp* **-ted**) noter
jour•nal ['dʒɜːrnl] (*magazine*) revue *f*; (*diary*) journal *m*
jour•nal•ism ['dʒɜːrnəlɪzm] journalisme *m*
jour•nal•ist ['dʒɜːrnəlɪst] journaliste *m/f*
jour•ney ['dʒɜːrnɪ] *n* voyage *m*; ***the daily journey to the office*** le trajet quotidien jusqu'au bureau
jo•vi•al ['dʒoʊvɪəl] *adj* jovial
joy [dʒɔɪ] joie *f*
'joy•stick COMPUT manette *f* (de jeux)
ju•bi•lant ['dʒuːbɪlənt] *adj* débordant de joie
ju•bi•la•tion [dʒuːbɪ'leɪʃn] jubilation *f*
judge [dʒʌdʒ] **1** *n* juge *m/f* **2** *v/t* juger; *measurement, age* estimer **3** *v/i* juger
judg(e)•ment ['dʒʌdʒmənt] jugement *m*; (*opinion*) avis *m*; ***the Last Judg(e)ment*** REL le Jugement dernier
'Judg(e)•ment Day le Jugement dernier
ju•di•cial [dʒuː'dɪʃl] *adj* judiciaire
ju•di•cious [dʒuː'dɪʃəs] *adj* judicieux*
ju•do ['dʒuːdoʊ] judo *m*
jug [dʒʌg] *Br* pot *m*
jug•gle ['dʒʌgl] *v/t also fig* jongler avec
jug•gler ['dʒʌglər] jongleur(-euse) *m(f)*
juice [dʒuːs] *n* jus *m*
juic•y ['dʒuːsɪ] *adj* juteux*; *news, gossip* croustillant
juke•box ['dʒuːkbɑːks] juke-box *m*
Ju•ly [dʒʊ'laɪ] juillet *m*
jum•ble ['dʒʌmbl] *n* méli-mélo *m*
◆ **jumble up** *v/t* mélanger
jum•bo (jet) ['dʒʌmboʊ] jumbo-jet *m*, gros-porteur *m*
jum•bo-sized ['dʒʌmboʊsaɪzd] *adj* F géant
jump [dʒʌmp] **1** *n* saut *m*; (*increase*) bond *m*; ***with one jump*** d'un seul bond; ***give a jump*** *of surprise* sursauter **2** *v/i* sauter; *in surprise* sursauter; (*increase*) faire un bond; ***jump to one's feet*** se lever d'un bond; ***jump to conclusions*** tirer des conclusions hâtives **3** *v/t fence etc* sauter; F (*attack*) attaquer; ***jump the lights*** griller un feu (rouge)

J

◆ **jump at** *v/t opportunity* sauter sur
jump•er¹ ['dʒʌmpər] *dress* robe-chasuble *f*; *Br* pull *m*
jump•er² ['dʒʌmpər] SP sauteur(-euse) *m(f)*
jump•y ['dʒʌmpɪ] *adj* nerveux*
junc•tion ['dʒʌŋkʃn] *of roads* jonction *f*
junc•ture ['dʒʌŋktʃər] *fml*: ***at this juncture*** à ce moment
June [dʒuːn] juin *m*
jun•gle ['dʒʌŋgl] jungle *f*
ju•ni•or ['dʒuːnjər] **1** *adj* (*subordinate*) subalterne; (*younger*) plus jeune; ***William Smith Junior*** William Smith fils **2** *n in rank* subalterne *m/f*; ***she is ten years my junior*** elle est ma cadette de dix ans
ju•ni•or 'high collège *m*
junk [dʒʌŋk] camelote *f* F
'junk food cochonneries *fpl*
junk•ie ['dʒʌŋkɪ] F drogué(e) *m(f)*, camé(e) *m(f)* F
'junk mail prospectus *mpl*
'junk shop brocante *f*
'junk•yard dépotoir *m*
jur•is•dic•tion [dʒʊrɪs'dɪkʃn] LAW juridiction *f*
ju•ror ['dʒʊrər] juré(e) *m(f)*
ju•ry ['dʒʊrɪ] jury *m*
just [dʒʌst] **1** *adj law, war, cause* juste **2** *adv* (*barely, only*) juste; ***just as intelligent*** tout aussi intelligent; ***I've just seen her*** je viens de la voir; ***just about*** (*almost*) presque; ***I was just about to leave when …*** j'étais sur le point de partir quand …; ***just as he …*** *at the very time* au moment même où il …; ***just like yours*** exactement comme le vôtre; ***just like that*** (*abruptly*) tout d'un coup, sans prévenir; ***just now*** (*a few moments ago*) à l'instant, tout à l'heure; (*at this moment*) en ce moment; ***just be quiet!*** veux-tu te taire!
jus•tice ['dʒʌstɪs] justice *f*
jus•ti•fi•a•ble [dʒʌstɪ'faɪəbl] *adj* justifiable
jus•ti•fia•bly [dʒʌstɪ'faɪəblɪ] *adv* à juste titre
jus•ti•fi•ca•tion [dʒʌstɪfɪ'keɪʃn] justification *f*
jus•ti•fy ['dʒʌstɪfaɪ] *v/t* (*pret & pp* ***-ied***) *also text* justifier
just•ly ['dʒʌstlɪ] *adv* (*fairly*) de manière juste; (*rightly*) à juste titre
◆ **jut out** [dʒʌt] *v/i* (*pret & pp* ***-ted***) être en saillie
ju•ve•nile ['dʒuːvənəl] **1** *adj crime* juvénile; *court* pour enfants; *pej*: *attitude* puéril **2** *n fml* jeune *m/f*, adolescent(e) *m(f)*
ju•ve•nile de'lin•quen•cy délinquance *f* juvénile
ju•ve•nile de'lin•quent délinquant(e) juvénile *m(f)*

K

k [keɪ] *abbr* (***= kilobyte***) Ko *m* (= kilo-octet *m*); (***= thousand***) mille
kan•ga•roo ['kæŋgəruː] kangourou *m*
ka•ra•te [kə'rɑːtɪ] karaté *m*
ka'ra•te chop coup *m* de karaté
ke•bab [kɪ'bæb] kébab *m*
keel [kiːl] NAUT quille *f*
◆ **keel over** *v/i of structure* se renverser; *of person* s'écrouler
keen [kiːn] *adj* (*intense*) vif*; *esp Br*: *person* enthousiaste; ***be keen to do sth*** *esp Br* tenir à faire qch
keep [kiːp] **1** *n* (*maintenance*) pension *f*; ***for keeps*** F pour de bon **2** *v/t* (*pret & pp* ***kept***) *also* (*not give back, not lose*) garder; (*detain*) retenir; *in specific place* mettre; *family* entretenir; *dog etc* avoir; *bees, cattle* élever; *promise* tenir; ***keep s.o. company*** tenir compagnie à qn; ***keep s.o. waiting*** faire attendre qn; ***keep sth to o.s.*** (*not tell*) garder qch pour soi; ***keep sth from s.o.*** cacher qch à qn; ***keep s.o. from doing sth*** empêcher qn de faire qch; ***keep trying!*** essaie encore!; ***don't keep interrupting!*** arrête de m'interrompre tout le temps! **3** *v/i* (*remain*) rester; *of food, milk* se conserver
◆ **keep away 1** *v/i* se tenir à l'écart (***from*** de); ***keep away from*** tiens-toi à l'écart de; ***keep away from drugs*** ne pas toucher à la drogue **2** *v/t* tenir à l'écart; ***keep s.o. away from sth*** tenir qn à l'écart de qch; ***it's keeping the tourists away*** cela dissuade les touristes de venir
◆ **keep back** *v/t* (*hold in check*) retenir;

information cacher (***from*** de)

◆ **keep down** *v/t costs, inflation etc* réduire; *food* garder; ***keep one's voice down*** parler à voix basse; ***keep the noise down*** ne pas faire de bruit

◆ **keep in** *v/t in hospital* garder; *in school* mettre en retenue

◆ **keep off 1** *v/t* (*avoid*) éviter; ***keep off the grass!*** ne marchez pas sur la pelouse! **2** *v/i*: ***if the rain keeps off*** s'il ne pleut pas

◆ **keep on 1** *v/i* continuer; ***keep on doing sth*** continuer de faire qch **2** *v/t in job, jacket etc* garder

◆ **keep on at** *v/t* (*nag*) harceler

◆ **keep out 1** *v/t the cold* protéger de; *person* empêcher d'entrer **2** *v/i* rester à l'écart; ***keep out!*** *as sign* défense d'entrer; ***you keep out of this!*** ne te mêle pas de ça!

◆ **keep to** *v/t path* rester sur; *rules* s'en tenir à; ***keep to the point*** rester dans le sujet

◆ **keep up 1** *v/i when walking, running etc* suivre; ***keep up with*** aller au même rythme que; (*stay in touch with*) rester en contact avec **2** *v/t pace, payments* continuer; *bridge, pants* soutenir

keep•ing ['ki:pɪŋ] *n*: ***be in keeping with*** être en accord avec

'keep•sake souvenir *m*

keg [keg] tonnelet *m*, barillet *m*

ken•nel ['kenl] niche *f*

ken•nels ['kenlz] *npl* chenil *m*

kept [kept] *pret & pp* → ***keep***

ker•nel ['kɜ:rnl] *of nut* intérieur *m*

ker•o•sene ['kerəsi:n] AVIAT kérosène *m*; *for lamps* pétrole *m* (lampant)

ketch•up ['ketʃʌp] ketchup *m*

ket•tle ['ketl] bouilloire *f*

key [ki:] **1** *n* clef *f*, clé *f*; COMPUT, MUS touche *f* **2** *adj* (*vital*) clef *inv*, clé *inv* **3** *v/t & v/i* COMPUT taper

◆ **key in** *v/t data* taper

'key•board COMPUT, MUS clavier *m*

'key•board•er COMPUT claviste *m/f*

'key•card carte-clé *f*, carte-clef *f*

keyed-up [ki:d'ʌp] *adj* tendu

'key•hole trou *m* de serrure

key•note 'speech discours *m* programme

'key•ring porte-clefs *m*

kha•ki ['kækɪ] *adj color* kaki *inv*

kick [kɪk] **1** *n* coup *m* de pied; F (*thrill*): ***get a kick out of sth*** éprouver du plaisir à qch; (***just***) ***for kicks*** F (juste) pour le plaisir **2** *v/t ball, shins* donner un coup de pied dans; *person* donner un coup de pied à; ***kick the habit*** F *of smoker* arrêter de fumer; F *of drug-addict* décrocher F **3** *v/i of person* donner un coup de pied / des coups de pied; *of horse* ruer

◆ **kick around** *v/t ball* taper dans; (*treat harshly*) maltraiter; F (*discuss*) débattre

◆ **kick in 1** *v/t* P *money* cracher F **2** *v/i* (*start to operate*) se mettre en marche

◆ **kick off** *v/i* SP donner le coup d'envoi; F (*start*) démarrer F

◆ **kick out** *v/t* mettre à la porte; ***be kicked out of the company / army*** être mis à la porte de la société/l'armée

◆ **kick up** *v/t*: ***kick up a fuss*** piquer une crise F

'kick•back F (*bribe*) dessous-de-table *m* F

'kick•off SP coup *m* d'envoi

kid [kɪd] **1** *n* F (*child*) gamin(e) *m*(*f*); ***kid brother / sister*** petit frère *m*/petite sœur *f* **2** *v/t* (*pret & pp* ***-ded***) F taquiner **3** *v/i* F plaisanter; ***I was only kidding*** je plaisantais; ***no kidding!*** sans blague! F

kid•der ['kɪdər] F farceur(-euse) *m*(*f*)

kid 'gloves: ***handle s.o. with kid gloves*** prendre des gants avec qn

kid•nap ['kɪdnæp] *v/t* (*pret & pp* ***-ped***) kidnapper

kid•nap•(p)er ['kɪdnæpər] kidnappeur (-euse) *m*(*f*)

'kid•nap•(p)ing ['kɪdnæpɪŋ] kidnapping *m*

kid•ney ['kɪdnɪ] ANAT rein *m*; *in cooking* rognon *m*

'kid•ney bean haricot *m* nain

'kid•ney ma•chine MED rein *m* artificiel

kill [kɪl] *v/t also time* tuer; ***kill o.s.*** se suicider; ***kill o.s. laughing*** F être mort de rire F

kil•ler ['kɪlər] (*murderer*) tueur(-euse) *m*(*f*); ***be a killer*** *of disease etc* tuer

kil•ling ['kɪlɪŋ] *n* meurtre *m*; ***make a killing*** F (*lots of money*) réaliser un profit énorme

kiln [kɪln] four *m*

ki•lo ['ki:loʊ] kilo *m*

ki•lo•byte ['kɪloʊbaɪt] kilo-octet *m*

ki•lo•gram ['kɪloʊgræm] kilogramme *m*

ki•lo•me•ter, *Br* **ki•lo•me•tre** [kɪ'lɑ:mɪtər] kilomètre *m*

kind[1] [kaɪnd] *adj* gentil; ***that's very kind of you*** c'est très aimable à vous

kind[2] [kaɪnd] *n* (*sort*) sorte *f*, genre *m*; (*make, brand*) marque *f*; ***what kind of …?*** quelle sorte de …?; ***all kinds of people*** toutes sortes de gens; ***you'll do nothing of the kind!*** tu n'en feras rien!; ***kind of sad / strange*** F plutôt *or* un peu triste / bizarre; ***kind of green*** F dans les tons verts

kin•der•gar•ten ['kɪndərgɑ:rtn] jardin *m* d'enfants

kind-heart•ed [kaɪnd'hɑːrtɪd] *adj* bienveillant, bon*
kind•ly ['kaɪndlɪ] **1** *adj* gentil, bon* **2** *adv* aimablement; ***kindly don't interrupt*** voulez-vous bien ne pas m'interrompre
kind•ness ['kaɪndnɪs] bonté *f*, gentillesse *f*
king [kɪŋ] roi *m*
king•dom ['kɪŋdəm] royaume *m*
'**king-size** *adj* F *bed* géant; *cigarettes* long*
kink [kɪŋk] *in hose etc* entortillement *m*
kink•y ['kɪŋkɪ] *adj* F bizarre
ki•osk ['kiːɑːsk] kiosque *m*
kiss [kɪs] **1** *n* baiser *m*, bisou *m* F **2** *v/t* embrasser **3** *v/i* s'embrasser
kiss of '**life** *Br* bouche-à-bouche *m*
kit [kɪt] (*equipment*) trousse *f*; *for assembly* kit *m*
kitch•en ['kɪʧɪn] cuisine *f*
kitch•en•ette [kɪʧɪ'net] kitchenette *f*
kitch•en '**sink**: ***everything but the kitchen sink*** F tout sauf les murs
kite [kaɪt] cerf-volant *m*
kit•ten ['kɪtn] chaton(ne) *m*(*f*)
kit•ty ['kɪtɪ] *money* cagnotte *f*
klutz [klʌts] F (*clumsy person*) empoté(e) *m*(*f*) F
knack [næk]: ***have the knack of doing sth*** avoir le chic pour faire qch; ***there's a knack to it*** il y a un truc F
knead [niːd] *v/t dough* pétrir
knee [niː] *n* genou *m*
'**knee•cap** *n* rotule *f*
kneel [niːl] *v/i* (*pret & pp* ***knelt***) s'agenouiller
'**knee-length** *adj* à la hauteur du genou
knelt [nelt] *pret & pp* → ***kneel***
knew [nuː] *pret* → ***know***
knick-knacks ['nɪknæks] *npl* F bibelots *mpl*, babioles *fpl*
knife [naɪf] **1** *n* (*pl*: ***knives*** [naɪfvz]) couteau *m* **2** *v/t* poignarder
knight [naɪt] chevalier *m*
knit [nɪt] *v/t & v/i* (*pret & pp* ***-ted***) tricoter
◆ **knit together** *v/i of broken bone* se souder
knit•ting ['nɪtɪŋ] tricot *m*
'**knit•ting nee•dle** aiguille *f* à tricoter
'**knit•wear** tricot *m*
knob [nɑːb] *on door* bouton *m*; *of butter* noix *f*
knock [nɑːk] **1** *n on door*, (*blow*) coup *m* **2** *v/t* (*hit*) frapper; *knee etc* se cogner; F (*criticize*) débiner F; ***knock s.o. to the ground*** jeter qn à terre **3** *v/i on door* frapper
◆ **knock around 1** *v/t* (*beat*) maltraiter **2** *v/i* F (*travel*) vadrouiller F
◆ **knock down** *v/t* renverser; *wall, building* abattre; F (*reduce the price of*) solder (***to*** à)
◆ **knock off 1** *v/t* P (*steal*) piquer F; ***knock it off!*** arrête ça! **2** *v/i* F (*stop work*) s'arrêter (de travailler)
◆ **knock out** *v/t* assommer; *boxer* mettre knock-out; *power lines etc* détruire; (*eliminate*) éliminer
◆ **knock over** *v/t* renverser
'**knock•down** *adj*: ***a knockdown price*** un prix très bas
knock-kneed [nɑːk'niːd] *adj* cagneux*
'**knock•out** *n in boxing* knock-out *m*
knot [nɑːt] **1** *n* nœud *m* **2** *v/t* (*pret & pp* ***-ted***) nouer
knot•ty ['nɑːtɪ] *adj problem* épineux*
know [noʊ] **1** *v/t* (*pret* ***knew***, *pp* ***known***) savoir; *person, place, language* connaître; (*recognize*) reconnaître; ***know how to do sth*** savoir faire qch; ***will you let her know that …?*** pouvez-vous lui faire savoir que …? **2** *v/i* savoir; ***know about sth*** être au courant de qch **3** *n*: ***be in the know*** F être au courant (de l'affaire)
'**know•how** F savoir-faire *m*
know•ing ['noʊɪŋ] *adj smile* entendu
know•ing•ly ['noʊɪŋlɪ] *adv* (*wittingly*) sciemment, en connaissance de cause; *smile etc* d'un air entendu
'**know-it-all** F je-sais-tout *m/f*
knowl•edge ['nɑːlɪdʒ] savoir *m*; *of a subject* connaissance(s) *f*(*pl*); ***to the best of my knowledge*** autant que je sache, à ma connaissance; ***have a good knowledge of …*** avoir de bonnes connaissances en …
knowl•edge•a•ble ['nɑːlɪdʒəbl] *adj* bien informé
known [noʊn] *pp* → ***know***
knuck•le ['nʌkl] articulation *f* du doigt
◆ **knuckle down** *v/i* F s'y mettre
◆ **knuckle under** *v/i* F céder
KO [keɪ'oʊ] (*knockout*) K.-O. *m*
Ko•ran [kə'ræn] Coran *m*
Ko•re•a [kə'riːə] Corée *f*
Ko•re•an [kə'riːən] **1** *adj* coréen* **2** *n* Coréen(ne) *m*(*f*); *language* coréen *m*
ko•sher ['koʊʃər] *adj* REL casher *inv*; F réglo *inv* F; ***there's something not quite kosher about …*** il y a quelque chose de pas très catholique dans …
kow•tow ['kaʊtaʊ] *v/i* F faire des courbettes (***to*** à)
ku•dos ['kjuːdɑːs] prestige *m*

L

lab [læb] labo *m*
la•bel ['leɪbl] **1** *n* étiquette *f* **2** *v/t* (*pret & pp* ***-ed***, *Br* ***-led***) *also fig* étiqueter; ***label s.o. a liar*** traiter qn de menteur
la•bor ['leɪbər] **1** *n also in pregnancy* travail *m*; ***be in labor*** être en train d'accoucher **2** *v/i* travailler
la•bor•a•to•ry ['læbrətɔːrɪ] laboratoire *m*
la•bor•a•to•ry tech'ni•cian laborantin(e) *m(f)*
la•bored ['leɪbərd] *adj style, speech* laborieux*
la•bor•er ['leɪbərər] travailleur *m* manuel
la•bo•ri•ous [lə'bɔːrɪəs] *adj style, task* laborieux*
'la•bor u•ni•on syndicat *m*
'la•bor ward MED salle *f* d'accouchement
la•bour *Br* → ***labor***
'La•bour Par•ty *Br* POL parti *m* travailliste
lace [leɪs] *n material* dentelle *f*; *for shoe* lacet *m*
◆ **lace up** *v/t shoes* lacer
lack [læk] **1** *n* manque *m* **2** *v/t* manquer de **3** *v/i*: ***be lacking*** manquer
lac•quer ['lækər] *n* laque *f*
lad [læd] garçon *m*, jeune homme *m*
lad•der ['lædər] échelle *f*
la•den ['leɪdn] *adj* chargé (***with*** de)
la•dies room ['leɪdiːz] toilettes *fpl* (pour dames)
la•dle ['leɪdl] *n* louche *f*
la•dy ['leɪdɪ] dame *f*
'la•dy•bug coccinelle *f*
'la•dy•like *adj* distingué
lag [læg] *v/t* (*pret & pp* ***-ged***) *pipes* isoler
◆ **lag behind** *v/i* être en retard, être à la traîne
la•ger ['lɑːgər] *Br* bière *f* blonde
la•goon [lə'guːn] lagune *f*; *small* lagon *m*
laid [leɪd] *pret & pp* → ***lay***
laid'back *adj* relax F, décontracté
lain [leɪn] *pp* → ***lie***
lake [leɪk] lac *m*
lamb [læm] agneau *m*
lame [leɪm] *adj person* boîteux*; *excuse* mauvais
la•ment [lə'ment] **1** *n* lamentation *f* **2** *v/t* pleurer
lam•en•ta•ble ['læməntəbl] *adj* lamentable
lam•i•nat•ed ['læmɪneɪtɪd] *adj flooring, paper* stratifié; *wood* contreplaqué; *with plastic* plastifié; ***laminated glass*** verre *m* feuilleté

lamp [læmp] lampe *f*
'lamp•post réverbère *m*
'lamp•shade abat-jour *m inv*
land [lænd] **1** *n* terre *f*; (*country*) pays *m*; ***by land*** par (voie de) terre; ***on land*** à terre; ***work on the land*** *as farmer* travailler la terre **2** *v/t airplane* faire atterrir; *job* décrocher F **3** *v/i of airplane* atterrir; *of ball, sth thrown* tomber; *of jumper* retomber
land•ing ['lændɪŋ] *n of airplane* atterrissage *m*; (*top of staircase*) palier *m*
'land•ing field terrain *m* d'atterrissage
'land•ing gear train *m* d'atterrissage
'land•ing strip piste *f* d'atterrissage
'land•la•dy propriétaire *f*; *of rented room* logeuse *f*; *Br of bar* patronne *f*
'land•lord propriétaire *m*; *of rented room* logeur *m*; *Br of bar* patron *m*
'land•mark point *m* de repère; ***be a landmark in*** *fig* faire date dans
'land own•er propriétaire *m* foncier, propriétaire *m* terrien
land•scape ['lændskeɪp] **1** *n* paysage *m* **2** *adv print* en format paysage
'land•slide glissement *m* de terrain
land•slide 'vic•to•ry victoire *f* écrasante
lane [leɪn] *in country* petite route *f* (de campagne); (*alley*) ruelle *f*; MOT voie *f*
lan•guage ['læŋgwɪdʒ] langue *f*; (*style, code etc*) langage *m*
'lan•guage lab laboratoire *m* de langues
lank [læŋk] *adj hair* plat
lank•y ['læŋkɪ] *adj person* dégingandé
lan•tern ['læntərn] lanterne *f*
lap[1] [læp] *n of track* tour *m*
lap[2] [læp] *n of water* clapotis *m*
◆ **lap up** *v/t* (*pret & pp* ***-ped***) *milk etc* laper; *flattery* se délecter de
lap[3] [læp] *n of person* genoux *mpl*
la•pel [lə'pel] revers *m*
lapse [læps] **1** *n* (*mistake, slip*) erreur *f*; *in behavior* écart *m* (de conduite); *of attention* baisse *f*; *of time* intervalle *m*; ***lapse of memory*** trou *m* de mémoire **2** *v/i* expirer
◆ **lapse into** *v/t silence, despair* sombrer dans; *language* revenir à
lap•top ['læptɑːp] COMPUT portable *m*
lar•ce•ny ['lɑːrsənɪ] vol *m*
lard [lɑːrd] lard *m*
lar•der ['lɑːrdər] garde-manger *m inv*
large [lɑːrdʒ] *adj building, country, hands* grand; *sum of money, head* gros*; ***at***

large *criminal*, *animal* en liberté
large•ly ['lɑːrdʒlɪ] *adv* (*mainly*) en grande partie
lark [lɑːrk] *bird* alouette *f*
lar•va ['lɑːrvə] larve *f*
lar•yn•gi•tis [lærɪn'dʒaɪtɪs] laryngite *f*
lar•ynx ['lærɪŋks] larynx *m*
la•ser ['leɪzər] laser *m*
'la•ser beam rayon *m* laser
'la•ser print•er imprimante *f* laser
lash[1] [læʃ] *v/t with whip* fouetter
◆ **lash down** *v/t with rope* attacher
◆ **lash out** *v/i with fists* donner des coups (***at*** à); *with words* se répandre en invectives (***at*** contre)
lash[2] [læʃ] *n* (*eyelash*) cil *m*
lass [læs] jeune fille *f*
last[1] [læst] **1** *adj* dernier*; ***last but one*** avant-dernier *m*; ***last night*** hier soir **2** *adv arrive*, *leave* en dernier; ***he finished last*** *in race* il est arrivé dernier; ***when I last spoke to her*** la dernière fois que je lui ai parlé; ***at last*** enfin; ***last but not least*** enfin et surtout
last[2] [læst] *v/i* durer
last•ing ['læstɪŋ] *adj* durable
last•ly ['læstlɪ] *adv* pour finir
latch [lætʃ] verrou *m*
late [leɪt] **1** *adj* (*behind time*) en retard; *in day* tard; ***it's getting late*** il se fait tard; ***of late*** récemment; ***in the late 20th century*** vers la fin du XXe siècle **2** *adv arrive*, *leave* tard
late•ly ['leɪtlɪ] *adv* récemment
lat•er ['leɪtər] *adv* plus tard; ***see you later!*** à plus tard!; ***later on*** plus tard
lat•est ['leɪtɪst] *adj* dernier*
lathe [leɪð] *n* tour *m*
la•ther ['lɑːðər] *from soap* mousse *f*; ***the horse was in a lather*** le cheval était couvert d'écume
Lat•in ['lætɪn] **1** *adj* latin **2** *n* latin *m*
Lat•in A'mer•i•ca Amérique *f* latine
La•tin A'mer•i•can 1 *n* Latino-Américain *m* **2** *adj* latino-américain
lat•i•tude ['lætɪtuːd] *also* (*freedom*) latitude *f*
lat•ter ['lætər] **1** *adj* dernier* **2** *n*: ***the latter*** ce dernier, cette dernière
laugh [læf] **1** *n* rire *m*; ***it was a laugh*** F on s'est bien amusés **2** *v/i* rire
◆ **laugh at** *v/t* rire de; (*mock*) se moquer de
laugh•ing stock ['læfɪŋ]: ***make o.s. a laughing stock*** se couvrir de ridicule; ***be a laughing stock*** être la risée de tous
laugh•ter ['læftər] rires *mpl*
launch [lɒːntʃ] **1** *n boat* vedette *f*; *of rocket*, *product* lancement *m*; *of ship* mise *f* à l'eau **2** *v/t rocket*, *product* lancer; *ship* mettre à l'eau
'launch cer•e•mo•ny cérémonie *f* de lancement
'launch pad plate-forme *f* de lancement
laun•der ['lɒːndər] *v/t clothes*, *money* blanchir
laun•dro•mat ['lɒːndrəmæt] laverie *f* automatique
laun•dry ['lɒːndrɪ] *place* blanchisserie *f*; *clothes* lessive *f*; ***get one's laundry done*** faire sa lessive
lau•rel ['lɒːrəl] laurier *m*
lav•a•to•ry ['lævətərɪ] W.-C. *mpl*
lav•en•der ['lævəndər] lavande *f*
lav•ish ['lævɪʃ] *adj* somptueux*
law [lɒː] loi *f*; *as subject* droit *m*; ***be against the law*** être contraire à la loi; ***forbidden by law*** interdit par la loi
law-a•bid•ing ['lɒːəbaɪdɪŋ] *adj* respectueux* des lois
'law court tribunal *m*
law•ful ['lɒːfʊl] *adj activity* légal; *wife*, *child* légitime
law•less ['lɒːlɪs] *adj* anarchique
lawn [lɒːn] pelouse *f*
'lawn mow•er tondeuse *f* (à gazon)
'law•suit procès *m*
law•yer ['lɒːjər] avocat *m*
lax [læks] *adj* laxiste; *security* relâché
lax•a•tive ['læksətɪv] *n* laxatif *m*
lay[1] [leɪ] *pret* → ***lie***
lay[2] [leɪ] *v/t* (*pret & pp* ***laid***) (*put down*) poser; *eggs* pondre; V *sexually* s'envoyer V
◆ **lay into** *v/t* (*attack*) attaquer
◆ **lay off** *v/t workers* licencier; *temporarily* mettre au chômage technique
◆ **lay on** *v/t* (*provide*) organiser
◆ **lay out** *v/t objects* disposer; *page* faire la mise en page de
'lay•a•bout *Br* F glandeur *m* F
'lay-by *Br*: *on road* bande *f* d'arrêt d'urgence
lay•er ['leɪr] couche *f*
'lay•man REL laïc *m*; *fig* profane *m*
'lay-off *from employment* licenciement *m*
◆ **laze around** [leɪz] *v/i* paresser
la•zy ['leɪzɪ] *adj person* paresseux*; *day* tranquille, peinard F
lb *abbr* (***= pound***) livre *f*
LCD [elsiː'diː] *abbr* (***= liquid crystal display***) affichage *m* à cristaux liquides
lead[1] [liːd] **1** *v/t* (*pret & pp* ***led***) *procession*, *race* mener; *company*, *team* être à la tête de; (*guide*, *take*) mener, conduire **2** *v/i in race*, *competition* mener; (*provide leadership*) diriger; ***a street leading off the square*** une rue partant de la place; ***a***

street leading into the square une rue menant à la place; ***where is this leading?*** à quoi ceci va nous mener? **3** *n in race* tête *f*; ***be in the lead*** mener; ***take the lead*** prendre l'avantage; ***lose the lead*** perdre l'avantage
◆ **lead on** *v/i* (*go in front*) passer devant
◆ **lead up to** *v/t* amener; ***what is she leading up to?*** où veut-elle en venir?
lead² [liːd] *n for dog* laisse *f*
lead³ [led] *n substance* plomb *m*
lead•ed ['ledɪd] *adj gas* au plomb
lead•er ['liːdər] *of state* dirigeant *m*; *in race* leader *m*; *of group* chef *m*
lead•er•ship ['liːdərʃɪp] *of party etc* direction *f*; ***leadership skills*** qualités *fpl* de chef
'**lead•er•ship con•test** POL bataille *f* pour la direction du parti
lead-free ['ledfriː] *adj gas* sans plomb
lead•ing ['liːdɪŋ] *adj runner* en tête (de la course); *company*, *product* premier*
'**lead•ing-edge** *adj company*, *technology* de pointe
leaf [liːf] (*pl* ***leaves*** [liːvz]) feuille *f*
◆ **leaf through** *v/t* feuilleter
leaf•let ['liːflət] dépliant *m*; ***instruction leaflet*** mode *m* d'emploi
league [liːg] ligue *f*
leak [liːk] **1** *n also of information* fuite *f* **2** *v/i of pipe* fuir; *of boat* faire eau **3** *v/t information* divulguer
◆ **leak out** *v/i of air*, *gas* fuir; *of news* transpirer
leak•y ['liːkɪ] *adj pipe* qui fuit; *boat* qui fait eau
lean¹ [liːn] **1** *v/i* (*be at an angle*) pencher; ***lean against sth*** s'appuyer contre qch **2** *v/t* appuyer
lean² [liːn] *adj meat* maigre; *style*, *prose* sobre
leap [liːp] **1** *n* saut *m*; ***a great leap forward*** un grand bond en avant **2** *v/i* sauter
'**leap year** année *f* bissextile
learn [lɜːrn] *v/t* &*v/i* apprendre; ***learn how to do sth*** apprendre à faire qch
learn•er ['lɜːrnər] apprenant(e) *m*(*f*)
'**learn•er driv•er** apprenti *m* conducteur
learn•ing ['lɜːrnɪŋ] *n* (*knowledge*) savoir *m*; *act* apprentissage *m*
'**learn•ing curve** courbe *f* d'apprentissage
lease [liːs] **1** *n for apartment* bail *m*; *for equipment* location *f* **2** *v/t apartment*, *equipment* louer
◆ **lease out** *v/t apartment*, *equipment* louer
lease '**pur•chase** crédit-bail *m*
leash [liːʃ] *for dog* laisse *f*
least [liːst] **1** *adj* (*slightest*) (le ou la) moindre, (le ou la) plus petit(e); *smallest quantity of* le moins de **2** *adv* (le) moins **3** *n* le moins; ***not in the least suprised*** absolument pas surpris; ***at least*** au moins
leath•er ['leðər] **1** *n* cuir *m* **2** *adj* de cuir
leave [liːv] **1** *n* (*vacation*) congé *m*; (*permission*) permission *f*; ***on leave*** en congé **3** *v/t* (*pret & pp* ***left***) quitter; *city*, *place also* partir de; *food*, *scar*, *memory* laisser; (*forget*, *leave behind*) oublier; ***let's leave things as they are*** laissons faire les choses; ***how did you leave things with him?*** où en es-tu avec lui?; ***leave sth alone*** ne pas toucher à qch; ***leave s.o. alone*** laisser qn tranquille; ***be left*** rester **2** *v/i* (*pret & pp* ***left***) *of person*, *plane etc* partir
◆ **leave behind** *v/t intentionally* laisser; (*forget*) oublier
◆ **leave on** *v/t hat*, *coat* garder; *TV*, *computer* laisser allumé
◆ **leave out** *v/t word*, *figure* omettre; (*not put away*) ne pas ranger; ***leave me out of this*** laissez-moi en dehors de ça
leav•ing par•ty ['liːvɪŋ] soirée *f* d'adieu
lec•ture ['lektʃər] **1** *n* conférence *f*; *at university* cours *m* **2** *v/i at university* donner des cours
'**lec•ture hall** amphithéâtre *m*
lec•tur•er ['lektʃərər] conférencier *m*; *at university* maître *m* de conférences
led [led] *pret & pp* → ***lead1***
LED [eliː'diː] *abbr* (***= light-emitting diode***) DEL *f* (= diode électroluminescente)
ledge [ledʒ] *of window* rebord *m*; *on rock face* saillie *f*
ledg•er ['ledʒər] COMM registre *m* de comptes
leek [liːk] poireau *m*
leer [lɪr] *n sexual* regard *m* vicieux; *evil* regard *m* malveillant
left¹ [left] **1** *adj* gauche **2** *n* gauche *f*; ***on the left*** (***of sth***) à gauche (de qch); ***to the left*** à gauche **3** *adv turn*, *look* à gauche
left² [left] *pret & pp* → ***leave***
'**left-hand** *adj* gauche; *curve* à gauche
left-hand '**drive** conduite *f* à gauche
left-hand•ed [left'hændɪd] gaucher
left '**lug•gage** (**of•fice**) *Br* consigne *f*
'**left-overs** *npl of food* restes *mpl*
left '**wing** POL gauche *f*; SP ailier *m* gauche
'**left-wing** *adj* POL de gauche
leg [leg] jambe *f*; *of animal* patte *f*; *of table etc* pied *m*; ***pull s.o.'s leg*** faire marcher qn
leg•a•cy ['legəsɪ] héritage *m*, legs *m*
le•gal ['liːgl] *adj* (*allowed*) légal; *relating to the law* juridique
le•gal ad'vis•er conseiller(-ère) *m*(*f*) juri-

dique
le•gal•i•ty [lɪ'gælətɪ] légalité *f*
le•gal•ize ['liːgəlaɪz] *v/t* légaliser
le•gend ['ledʒənd] légende *f*
le•gen•da•ry ['ledʒəndrɪ] *adj* légendaire
le•gi•ble ['ledʒəbl] *adj* lisible
le•gion•naire [liːdʒə'ner] légionnaire *m*
le•gis•late ['ledʒɪsleɪt] *v/i* légiférer
le•gis•la•tion [ledʒɪs'leɪʃn] (*laws*) législation *f*; (*passing of laws*) élaboration *f* des lois
le•gis•la•tive ['ledʒɪslətɪv] *adj* législatif*
le•gis•la•ture ['ledʒɪslətʃər] POL corps *m* législatif
le•git•i•mate [lɪ'dʒɪtɪmət] *adj* légitime
'leg room place *f* pour les jambes
lei•sure ['liːʒər] loisir *m*; (*free time*) temps *m* libre; ***at your leisure*** à loisir
'lei•sure cen•ter, *Br* **lei•sure cen•tre** centre *m* de loisirs
lei•sure•ly ['liːʒərlɪ] *adj pace, lifestyle* tranquille
'lei•sure time temps *m* libre
le•mon ['lemən] citron *m*
le•mon•ade [lemə'neɪd] citronnade *f*; *carbonated* limonade *f*
'le•mon juice jus *m* de citron
'le•mon tea thé *m* au citron
lend [lend] *v/t* (*pret & pp* ***lent***) prêter; ***lend s.o. sth*** prêter qch à qn
length [leŋθ] longueur *f*; (*piece: of material*) pièce *f*; *of piping, road* tronçon *m*; ***at length*** *describe, explain* en détail; (*eventually*) finalement
length•en ['leŋθən] *v/t sleeve etc* allonger; *contract* prolonger
length•y ['leŋθɪ] *adj speech, stay* long*
le•ni•ent ['liːnɪənt] *adj* indulgent
lens [lenz] *of microscope etc* lentille *f*; *of eyeglasses* verre *m*; *of camera* objectif *m*; *of eye* cristallin *m*
'lens cov•er *of camera* capuchon *m* d'objectif
Lent [lent] REL Carême *m*
lent [lent] *pret & pp* → ***lend***
len•til ['lentl] lentille *f*
len•til 'soup soupe *f* aux lentilles
Leo ['liːoʊ] ASTROL Lion *m*
leop•ard ['lepərd] léopard *m*
le•o•tard ['liːoʊtɑːrd] justaucorps *m*
les•bi•an ['lezbɪən] **1** *n* lesbienne *f* **2** *adj* lesbien*
less [les] **1** *adv* moins; ***eat less*** manger moins; ***less interesting*** moins intéressant; ***it cost less*** c'était moins cher; ***less than $200*** moins de 200 dollars **2** *adj money, salt* moins de
less•en ['lesn] **1** *v/t* réduire **2** *v/i* diminuer
les•son ['lesn] leçon *f*; *at school* cours *m*
let [let] *v/t* (*pret & pp* ***let***) (*allow*) laisser; *Br house* louer; ***let s.o. do sth*** laisser qn faire qch; ***let him come in!*** laissez-le entrer!; ***let him stay if he wants to*** laissez-le rester s'il le souhaite, qu'il reste s'il le souhaite; ***let's stay here*** restons ici; ***let's not argue*** ne nous disputons pas; ***let alone*** encore moins; ***let me go!*** lâchez-moi!; ***let go of sth*** *of rope, handle* lâcher qch
◆ **let down** *v/t hair* détacher; *blinds* baisser; (*disappoint*) décevoir; *dress, pants* allonger
◆ **let in** *v/t to house* laisser entrer
◆ **let off** *v/t* (*not punish*) pardonner; *from car* laisser descendre; ***he was let off with a small fine*** il s'en est tiré avec une petite amende
◆ **let out** *v/t from room, building* laisser sortir; *jacket etc* agrandir; *groan, yell* laisser échapper; *Br* (*rent*) louer
◆ **let up** *v/i* (*stop*) s'arrêter
le•thal ['liːθl] mortel
le•thar•gic [lɪ'θɑːrdʒɪk] *adj* léthargique
leth•ar•gy ['leθərdʒɪ] léthargie *f*
let•ter ['letər] *of alphabet, in mail* lettre *f*
'let•ter•box *Br* boîte *f* aux lettres
'let•ter•head (*heading*) en-tête *m*; (*headed paper*) papier *m* à en-tête
let•ter of 'cred•it COMM lettre *f* de crédit
let•tuce ['letɪs] laitue *f*
'let•up: ***without (a) letup*** sans répit
leu•ke•mia [luː'kiːmɪə] leucémie *f*
lev•el ['levl] **1** *adj field, surface* plat; *in competition, scores* à égalité; ***draw level with s.o.*** rattraper qn **2** *n* (*amount, quantity*) niveau *m*; *on scale, in hierarchy* échelon *m*; ***on the level*** sur un terrain plat; F (*honest*) réglo F
lev•el-head•ed [levl'hedɪd] *adj* pondéré
le•ver ['levər] **1** *n* levier *m* **2** *v/t*: ***lever sth open*** ouvrir qch à l'aide d'un levier
lev•er•age ['levrɪdʒ] effet *m* de levier; (*influence*) poids *m*
lev•y ['levɪ] *v/t* (*pret & pp* ***-ied***) *taxes* lever
lewd [luːd] *adj* obscène
li•a•bil•i•ty [laɪə'bɪlətɪ] (*responsibility*) responsabilité *f*; (*likeliness*) disposition *f* (***to*** à)
li•a•ble ['laɪəbl] *adj* (*answerable*) responsable (***for*** de); ***be liable to*** (*likely*) être susceptible de
◆ **li•ai•se with** [lɪ'eɪz] *v/t* assurer la liaison avec
li•ai•son [lɪ'eɪzɑːn] (*contacts*) communication(s) *f*
li•ar [laɪr] menteur(-euse) *m*(*f*)
li•bel ['laɪbl] **1** *n* diffamation *f* **2** *v/t* diffamer

lib•er•al ['lɪbərəl] *adj* (*broad-minded*) large d'esprit; (*generous*: *portion etc*) généreux*; POL libéral
lib•e•rate ['lɪbəreɪt] *v/t* libérer
lib•e•rat•ed ['lɪbəreɪtɪd] *adj woman* libéré
lib•e•ra•tion [lɪbə'reɪʃn] libération *f*
lib•er•ty ['lɪbərtɪ] liberté *f*; ***at liberty*** *prisoner etc* en liberté; ***be at liberty to do sth*** être libre de faire qch
Li•bra ['liːbrə] ASTROL Balance *f*
li•brar•i•an [laɪ'brerɪən] bibliothécaire *m*/*f*
li•bra•ry ['laɪbrərɪ] bibliothèque *f*
Lib•y•a ['lɪbɪə] Libye *f*
Lib•y•an ['lɪbɪən] **1** *adj* libyen* **2** *n* Libyen(ne) *m*(*f*)
lice [laɪs] *pl* → ***louse***
li•cence ['laɪsns] *Br* → ***license*** **1** *n*
li•cense ['laɪsns] **1** *n* permis *m*; *Br*: *for TV* redevance *f* **2** *v/t company* accorder une licence à (***to do*** pour faire); ***be licensed*** *equipment* être autorisé; *gun* être déclaré
'li•cense num•ber numéro *m* d'immatriculation
'li•cense plate *of car* plaque *f* d'immatriculation
lick [lɪk] *v/t* lécher; ***lick one's lips*** *fig* se frotter les mains
lick•ing ['lɪkɪŋ] F (*defeat*) raclée *f* F; ***get a licking*** prendre une raclée
lid [lɪd] couvercle *m*
lie[1] [laɪ] **1** *n* (*untruth*) mensonge *m* **2** *v/i* mentir
lie[2] [laɪ] *v/i* (*pret* ***lay***, *pp* ***lain***) *of person* (*lie down*) s'allonger; (*be lying down*) être allongé; *of object* être; (*be situated*) être, se trouver
◆ **lie down** *v/i* se coucher, s'allonger
lieu [luː]: ***in lieu of*** au lieu de; ***in lieu of payment*** en guise de paiement
lieu•ten•ant [lʊ'tenənt] lieutenant *m*
life [laɪf] (*pl* ***lives*** [laɪvz]) vie *f*; *of machine* durée *f* de vie; ***all her life*** toute sa vie; ***that's life!*** c'est la vie!
'life belt bouée *f* de sauvetage
'life•boat canot *m* de sauvetage
life ex•pect•an•cy ['laɪfekspektənsɪ] espérance *f* de vie
'life•guard maître nageur *m*
'life his•to•ry vie *f*
life im'pris•on•ment emprisonnement *m* à vie
'life in•sur•ance assurance-vie *f*
'life jack•et gilet *m* de sauvetage
life•less ['laɪflɪs] *adj body* inanimé; *personality* mou*; *town* mort
life•like ['laɪflaɪk] *adj* réaliste
'life•long *adj* de toute une vie
'life mem•ber membre *m* à vie
life pre•serv•er ['laɪfprɪzɜːrvər] *for swimmer* bouée *f* de sauvetage
'life-sav•ing *adj medical equipment* de sauvetage; *drugs* d'importance vitale
life•sized ['laɪfsaɪzd] *adj* grandeur nature
'life-style mode *m* de vie
'life sup•port sys•tem respirateur *m* (artificiel)
'life-threat•en•ing *adj illness* extrêmement grave
'life•time vie *f*; ***in my lifetime*** de mon vivant
lift [lɪft] **1** *v/t* soulever **2** *v/i of fog* se lever **3** *n Br* (*elevator*) ascenseur *m*; ***give s.o. a lift*** *in car* emmener qn en voiture
◆ **lift off** *v/i of rocket* décoller
'lift-off *of rocket* décollage *m*
lig•a•ment ['lɪgəmənt] ligament *m*
light[1] [laɪt] **1** *n* lumière *f*; ***in the light of*** à la lumière de; ***do you have a light?*** vous avez du feu? **2** *v/t* (*pret & pp* ***lit***) *fire*, *cigarette* allumer; (*illuminate*) éclairer **3** *adj* (*not dark*) clair
light[2] [laɪt] **1** *adj* (*not heavy*) léger* **2** *adv*: ***travel light*** voyager léger
◆ **light up 1** *v/t* (*illuminate*) éclairer **2** *v/i* (*start to smoke*) s'allumer une cigarette
'light bulb ampoule *f*
light•en[1] ['laɪtn] *v/t color* éclaircir
light•en[2] ['laɪtn] *v/t load* alléger
◆ **lighten up** *v/i of person* se détendre
light•er ['laɪtər] *for cigarettes* briquet *m*
light-head•ed [laɪt'hedɪd] (*dizzy*) étourdi
light-heart•ed [laɪt'hɑːrtɪd] *adj mood* enjoué; *criticism*, *movie* léger*
'light•house phare *m*
light•ing ['laɪtɪŋ] éclairage *m*
light•ly ['laɪtlɪ] *adv touch* légèrement; ***get off lightly*** s'en tirer à bon compte
light•ness[1] ['laɪtnɪs] *of room*, *color* clarté *f*
light•ness[2] ['laɪtnɪs] *in weight* légèreté *f*
light•ning ['laɪtnɪŋ] éclair *m*, foudre *f*
'light•ning rod paratonnerre *m*
'light•weight *in boxing* poids *m* léger
'light year année-lumière *f*
like[1] [laɪk] **1** *prep* comme; ***be like s.o./sth*** ressembler à qn / qch; ***what is she like?*** *in looks*, *character* comment est-elle?; ***it's not like him*** *not his character* ça ne lui ressemble pas **2** *conj* F (*as*) comme; ***like I said*** comme je l'ai dit
like[2] [laɪk] *v/t* aimer; ***I like it*** ça me plaît (bien); ***I like Susie*** j'aime bien Susie; *romantically* Susie me plaît (bien); ***I would like …*** je voudrais, j'aimerais …; ***I would like to leave*** je voudrais *or* j'aimerais partir; ***would you like …?*** voulez-vous …?; ***would you like to …?*** as-tu envie

L

de …?; ***like to do sth*** aimer faire qch; ***if you like*** si vous voulez
like•a•ble ['laɪkəbl] agréable, plaisant
like•li•hood ['laɪklɪhʊd] probabilité *f*; ***in all likelihood*** selon toute probabilité
like•ly ['laɪklɪ] **1** *adj* probable **2** *adv* probablement
like•ness ['laɪknɪs] ressemblance *f*
like•wise ['laɪkwaɪz] *adv* de même, aussi
lik•ing ['laɪkɪŋ] *for person* affection *f*; *for sth* penchant *m*; ***to your liking*** à votre goût; ***take a liking to s.o.*** se prendre d'affection pour qn; ***take a liking to sth*** se mettre à aimer qch
li•lac ['laɪlək] *flower, color* lilas *m*
li•ly ['lɪlɪ] lis *m*
li•ly of the 'val•ley muguet *m*
limb [lɪm] membre *m*
lime¹ [laɪm] *fruit* citron *m* vert; *tree* limettier *m*
lime² [laɪm] *substance* chaux *f*
lime³ [laɪm] (*linden tree*) tilleul *m*
lime'green *adj* jaune-vert
'lime•light: ***be in the limelight*** être sous les projecteurs
lim•it ['lɪmɪt] **1** *n* limite *f*; ***within limits*** dans une certaine mesure; ***off limits*** interdit d'accès; ***that's the limit!*** F ça dépasse les bornes!, c'est le comble! **2** *v/t* limiter
lim•i•ta•tion [lɪmɪ'teɪʃn] limitation *f*; ***know one's limitations*** connaître ses limites
lim•it•ed com•pa•ny ['lɪmɪtɪd] société *f* à responsabilité limitée
li•mo ['lɪmoʊ] F limousine *f*
lim•ou•sine ['lɪməziːn] limousine *f*
limp¹ [lɪmp] *adj* mou*
limp² [lɪmp] **1** *n* claudication *f*; ***he has a limp*** il boite **2** *v/i* boiter
line¹ [laɪn] *n on paper, road, of text*, TELEC ligne *f*; RAIL voie *f*; *of people* file *f*; *of trees* rangée *f*; *of poem* vers *m*; *of business* domaine *m*, branche *f*; ***hold the line*** ne quittez pas; ***draw the line at sth*** *refuse to do* se refuser à faire qch, *not tolerate* ne pas tolérer qch; ***line of inquiry*** piste *f*; ***line of reasoning*** raisonnement *m*; ***stand in line*** faire la queue; ***in line with*** conformément à, en accord avec
line² [laɪn] *v/t with material* recouvrir, garnir; *clothes* doubler
◆ **line up** *v/i* se mettre en rang(s)
lin•e•ar ['lɪnɪər] *adj* linéaire
lin•en ['lɪnɪn] *material* lin *m*; (*sheets etc*) linge *m*
lin•er ['laɪnər] *ship* paquebot *m* de grande ligne
lines•man ['laɪnzmən] SP juge *m* de touche; *tennis* juge *m* de ligne
'line•up *for sports event* sélection *f*
lin•ger ['lɪŋgər] *v/i of person* s'attarder, traîner; *of pain* persister
lin•ge•rie ['lænʒəriː] lingerie *f*
lin•guist ['lɪŋgwɪst] linguiste *m*; ***she's a good linguist*** elle est douée pour les langues
lin•guis•tic [lɪŋ'gwɪstɪk] *adj* linguistique
lin•ing ['laɪnɪŋ] *of clothes* doublure *f*; *of brakes, pipes* garniture *f*
link [lɪŋk] **1** *n* (*connection*) lien *m*; *in chain* maillon *m* **2** *v/t* lier, relier; ***her name has been linked with …*** son nom a été associé à …
◆ **link up** *v/i* se rejoindre; TV se connecter
li•on ['laɪən] lion *m*
li•on•ess ['laɪənes] lionne *f*
lip [lɪp] lèvre *f*
'lip•read *v/i* (*pret & pp* ***-read*** [-red]) lire sur les lèvres
'lip•stick rouge *m* à lèvres
li•queur [lɪ'kjʊr] liqueur *f*
liq•uid ['lɪkwɪd] **1** *n* liquide *m* **2** *adj* liquide
liq•ui•date ['lɪkwɪdeɪt] *v/t* liquider
liq•ui•da•tion [lɪkwɪ'deɪʃn] liquidation *f*; ***go into liquidation*** entrer en liquidation
liq•ui•di•ty [lɪ'kwɪdɪtɪ] FIN liquidité *f*
liq•uid•ize ['lɪkwɪdaɪz] *v/t* passer au mixeur, rendre liquide
liq•uid•iz•er ['lɪkwɪdaɪzər] mixeur *m*
liq•uor ['lɪkər] alcool *m*
'liq•uor store magasin *m* de vins et spiritueux
lisp [lɪsp] **1** *n* zézaiement *m* **2** *v/i* zézayer
list [lɪst] **1** *n* liste *f* **2** *v/t* faire la liste de; (*enumerate*) énumérer; COMPUT lister
lis•ten ['lɪsn] *v/i* écouter
◆ **listen in** *v/i* écouter
◆ **listen to** *v/t radio, person* écouter
lis•ten•er ['lɪsnər] *to radio* auditeur (-trice) *m*(*f*); ***he's a good listener*** il sait écouter
list•ings mag•a•zine ['lɪstɪŋz] programme *m* télé / cinéma
list•less ['lɪstlɪs] *adj* amorphe
lit [lɪt] *pret & pp* → ***light***
li•ter ['liːtər] litre *m*
lit•e•ral ['lɪtərəl] *adj* littéral
lit•e•ral•ly ['lɪtərəlɪ] *adv* littéralement
lit•e•ra•ry ['lɪtərerɪ] *adj* littéraire
lit•e•rate ['lɪtərət] *adj* lettré; ***be literate*** savoir lire et écrire
lit•e•ra•ture ['lɪtrəʧər] littérature *f*; *about a product* documentation *f*
li•tre ['liːtər] *Br* → ***liter***
lit•ter ['lɪtər] détritus *mpl*, ordures *fpl*; *of animal* portée *f*
'lit•ter bin *Br* poubelle *f*

lit•tle ['lɪtl] **1** *adj* petit; ***the little ones*** les petits **2** *n* peu *m*; ***the little I know*** le peu que je sais; ***a little*** un peu; ***a little bread / wine*** un peu de pain / vin **3** *adv* peu; ***little by little*** peu à peu; ***a little bigger*** un peu plus gros; ***a little before 6*** un peu avant 6h00
live[1] [lɪv] *v/i* (*reside*) vivre, habiter; (*be alive*) vivre
◆ **live on 1** *v/t rice*, *bread* vivre de **2** *v/i* (*continue living*) survivre
◆ **live up** *v/t*: ***live it up*** faire la fête
◆ **live up to** *v/t* être à la hauteur de; ***live up to expectations*** *person* être à la hauteur; *vacation*, *product* tenir ses promesses
◆ **live with** *v/t* vivre avec; (*accept*) se faire à; ***I can live with it*** je peux m'y faire
live[2] [laɪv] *adj broadcast* en direct; *bomb* non désamorcé
live•li•hood ['laɪvlɪhʊd] gagne-pain *m inv*; ***earn one's livelihood from …*** gagner sa vie grâce à …
live•li•ness ['laɪvlɪnɪs] vivacité *f*
live•ly ['laɪvlɪ] *adj person*, *city* plein de vie, vivant; *party* animé; *music* entraînant
liv•er ['lɪvər] foie *m*
live•stock ['laɪvstɑːk] bétail *m*
liv•id ['lɪvɪd] *adj* (*angry*) furieux*
liv•ing ['lɪvɪŋ] **1** *adj* vivant **2** *n* vie *f*; ***earn one's living*** gagner sa vie; ***standard of living*** niveau *m* de vie
'liv•ing room salle *f* de séjour
liz•ard ['lɪzərd] lézard *m*
load [loʊd] **1** *n* charge *f*, chargement *m*; ELEC charge *f*; ***loads of*** F plein de **2** *v/t truck*, *camera*, *gun*, *software* charger
load•ed ['loʊdɪd] *adj* F (*very rich*) plein aux as F; (*drunk*) bourré F
loaf [loʊf] (*pl* ***loaves*** [loʊvz]): ***a loaf of bread*** un pain
◆ **loaf around** *v/i* F traîner
loaf•er ['loʊfər] *shoe* mocassin *m*
loan [loʊn] **1** *n* prêt *m*; ***I've got it on loan*** on me l'a prêté **2** *v/t*: ***loan s.o. sth*** prêter qch à qn
loathe [loʊð] *v/t* détester
loath•ing ['loʊðɪŋ] dégoût *m*
lob•by ['lɑːbɪ] **1** *n in hotel* hall *m*; *in theater* entrée *f*, vestibule *m*; POL lobby *m* **2** *v/t politician* faire pression sur
◆ **lobby for** *v/t* faire pression pour obtenir
lobe [loʊb] *of ear* lobe *m*
lob•ster ['lɑːbstər] homard *m*
lo•cal ['loʊkl] **1** *adj* local; ***I'm not local*** je ne suis pas de la région / du quartier **2** *n* habitant *m* de la région / du quartier
'lo•cal call TELEC appel *m* local
lo•cal e'lec•tions élections *fpl* locales
lo•cal 'gov•ern•ment autorités *f* locales
lo•cal•i•ty [loʊ'kælətɪ] endroit *m*
lo•cal•ize ['loʊkəlaɪz] *v/t* localiser
lo•cal•ly ['loʊkəlɪ] *adv live*, *work* dans le quartier, dans la région
lo•cal 'pro•duce produits *mpl* locaux
'lo•cal time heure *f* locale
lo•cate [loʊ'keɪt] *v/t new factory etc* établir; (*identify position of*) localiser; ***be located*** se trouver
lo•ca•tion [loʊ'keɪʃn] (*siting*) emplacement *m*; (*identifying position of*) localisation *f*; ***on location*** *movie* en extérieur
lock[1] [lɑːk] *of hair* mèche *f*
lock[2] [lɑːk] **1** *n on door* serrure *f* **2** *v/t door* fermer à clef; ***lock sth in position*** verrouiller qch, bloquer qch
◆ **lock away** *v/t* mettre sous clef
◆ **lock in** *v/t person* enfermer à clef
◆ **lock out** *v/t of house* enfermer dehors; ***I locked myself out*** je me suis enfermé dehors
◆ **lock up** *v/t in prison* mettre sous les verrous, enfermer
lock•er ['lɑːkər] casier *m*
'lock•er room vestiaire *m*
lock•et ['lɑːkɪt] médaillon *m*
lock•smith ['lɑːksmɪθ] serrurier *m*
lo•cust ['loʊkəst] locuste *f*, sauterelle *f*
lodge [lɑːdʒ] **1** *v/t complaint* déposer **2** *v/i of bullet*, *ball* se loger, rester coincé
lodg•er ['lɑːdʒər] *Br* locataire *m/f*; *with meals* pensionnaire *m/f*
loft [lɑːft] grenier m; *apartment* loft *m*; *raised bed area* mezzanine *f*
'loft con•ver•sion *Br* grenier *m* aménagé
loft•y ['lɑːftɪ] *adj heights* haut; *ideals* élevé
log [lɑːg] bûche *f*; (*written record*) journal *m* de bord
◆ **log off** *v/i* (*pret & pp* ***-ged***) se déconnecter
◆ **log on** *v/i* se connecter
◆ **log on to** *v/t* se connecter à
'log•book journal *m* de bord
log 'cab•in cabane *f* en rondins
log•ger•heads ['lɑːgərhedz]: ***be at loggerheads*** être en désaccord
lo•gic ['lɑːdʒɪk] logique *f*
lo•gic•al ['lɑːdʒɪkl] *adj* logique
lo•gic•al•ly ['lɑːdʒɪklɪ] *adv* logiquement
lo•gis•tics [lə'dʒɪstɪks] logistique *f*
lo•go ['loʊgoʊ] logo *m*, sigle *m*
loi•ter ['lɔɪtər] *v/i* traîner
lol•li•pop ['lɑːlɪpɑːp] sucette *f*
Lon•don ['lʌndən] Londres
lone•li•ness ['loʊnlɪnɪs] *of person* solitude *f*; *of place* isolement *m*
lone•ly ['loʊnlɪ] *adj person* seul, solitaire;

L

place isolé
lon•er ['loʊnər] solitaire *m/f*
long[1] [lɑːŋ] **1** *adj* long*; ***it's a long way*** c'est loin **2** *adv* longtemps; ***don't be long*** dépêche-toi; ***how long will it take?*** combien de temps cela va-t-il prendre?; ***5 weeks is too long*** 5 semaines, c'est trop long; ***will it take long?*** est-ce que cela va prendre longtemps?; ***that was long ago*** c'était il y a longtemps; ***long before then*** bien avant cela; ***before long*** *in the past* peu après; *in the future* dans peu de temps; ***we can't wait any longer*** nous ne pouvons pas attendre plus longtemps; ***he no longer works here*** il ne travaille plus ici; ***so long as*** (*provided*) pourvu que; ***so long!*** à bientôt!
long[2] [lɑːŋ] *v/i*: ***long for sth*** avoir très envie de qch, désirer (ardemment) qch; ***be longing to do sth*** avoir très envie de faire qch
long-'dis•tance *adj phonecall* longue distance; *race* de fond; *flight* long-courrier
lon•gev•i•ty [lɑːn'dʒevɪtɪ] longévité *f*
long•ing ['lɑːŋɪŋ] *n* désir *m*, envie *f*
lon•gi•tude ['lɑːndʒɪtuːd] longitude *f*
'long jump saut *m* en longueur
'long-range *adj missile* à longue portée; *forecast* à long terme
long-sight•ed [lɑːŋ'saɪtɪd] *adj* hypermétrope; *due to old age* presbyte
long-sleeved [lɑːŋ'sliːvd] *adj* à manches longues
long-'stand•ing *adj* de longue date
'long-term *adj* à long terme; *unemployment* de longue durée
'long wave RAD grandes ondes *fpl*
long•wind•ed [lɑːŋ'wɪndɪd] *adj story, explanation* interminable; *person* intarissable
loo [luː] *Br* F toilettes *fpl*
look [lʊk] **1** *n* (*appearance*) air *m*, apparence *f*; (*glance*) coup *m* d'œil, regard *m*; ***give s.o./sth a look*** regarder qn / qch; ***have a look at sth*** (*examine*) examiner qch, regarder qch; ***can I have a look?*** je peux regarder?, fais voir; ***can I have a look around?*** *in shop etc* puis-je jeter un coup d'œil?; ***looks*** (*beauty*) beauté *f*; ***she still has her looks*** elle est toujours aussi belle **2** *v/i* regarder; (*search*) chercher, regarder; (*seem*) avoir l'air; ***you look tired*** tu as l'air fatigué
◆ **look after** *v/t* s'occuper de
◆ **look ahead** *v/i fig* regarder en avant
◆ **look around** *v/i* jeter un coup d'œil
◆ **look at** *v/t* regarder; (*examine*) examiner; (*consider*) voir, envisager
◆ **look back** *v/i* regarder derrière soi
◆ **look down on** *v/t* mépriser
◆ **look for** *v/t* chercher
◆ **look forward to** *v/t* attendre avec impatience, se réjouir de; ***I'm not looking forward to it*** je ne suis pas pressé que ça arrive
◆ **look in on** *v/t* (*visit*) passer voir
◆ **look into** *v/t* (*investigate*) examiner
◆ **look on 1** *v/i* (*watch*) regarder **2** *v/t*: ***look on s.o./sth as*** considérer qn / qch comme
◆ **look onto** *v/t garden, street* donner sur
◆ **look out** *v/i of window etc* regarder dehors; (*pay attention*) faire attention; ***look out!*** attention!
◆ **look out for** *v/t* essayer de repérer; (*be on guard against*) se méfier de; (*take care of*) prendre soin de
◆ **look out of** *v/t window* regarder par
◆ **look over** *v/t house, translation* examiner
◆ **look through** *v/t magazine, notes* parcourir, feuilleter
◆ **look to** *v/t* (*rely on*) compter sur
◆ **look up 1** *v/i from paper etc* lever les yeux; (*improve*) s'améliorer; ***things are looking up*** ça va mieux **2** *v/t word, phone number* chercher; (*visit*) passer voir
◆ **look up to** *v/t* (*respect*) respecter
'look•out *person* sentinelle *f*; ***be on the lookout for*** être à l'affût de
◆ **loom up** [luːm] *v/i out of mist etc* surgir
loon•y ['luːnɪ] **1** *n* F dingue *m/f* F **2** *adj* F dingue F
loop [luːp] *n* boucle *f*
'loop•hole *in law etc* lacune *f*
loose [luːs] *adj knot* lâche; *connection, screw* desserré; *clothes* ample; *morals* relâché; *wording* vague; ***loose change*** petite monnaie *f*; ***loose ends*** *of problem, discussion* derniers détails *mpl*
loose•ly ['luːslɪ] *adv tied* sans serrer; *worded* de manière approximative
loos•en ['luːsn] *v/t collar, knot* desserrer
loot [luːt] **1** *n* butin *m* **2** *v/i* se livrer au pillage
loot•er ['luːtər] pilleur(-euse) *m(f)*
◆ **lop off** [lɑːp] *v/t* (*pret & pp* ***-ped***) couper, tailler
lop-sid•ed [lɑːp'saɪdɪd] *adj* déséquilibré, disproportionné
Lord [lɔːrd] (*god*) Seigneur *m*
Lord's 'Prayer Pater *m*
lor•ry ['lɑːrɪ] *Br* camion *m*
lose [luːz] **1** *v/t* (*pret & pp* ***lost***) perdre; ***I'm lost*** je suis perdu; ***get lost!*** F va te faire voir! F **2** *v/i* SP perdre; *of clock* retarder
◆ **lose out** *v/i* être perdant

los•er ['lu:zər] perdant(e) *m(f)*
loss [lɑ:s] perte *f*; ***make a loss*** subir une perte; ***be at a loss*** ne pas savoir quoi faire
lost [lɑ:st] **1** *adj* perdu **2** *pret & pp* → ***lose***
lost-and-'found (of•fice) (bureau *m* des) objets *mpl* trouvés
lot [lɑ:t]: ***the lot*** tout, le tout; ***a lot, lots*** beaucoup; ***a lot of, lots of*** beaucoup de; ***a lot better*** beaucoup mieux; ***quite a lot of people / snow*** pas mal de gens / neige
lo•tion ['loʊʃn] lotion *f*
lot•te•ry ['lɑ:tərɪ] loterie *f*
loud [laʊd] *adj music, voice* fort; *noise* grand; *color* criard; ***say it out loud*** dites-le à voix haute
loud'speak•er haut-parleur *m*
lounge [laʊndʒ] salon *m*
◆ **lounge around** *v/i* paresser
'lounge suit *Br* complet *m*
louse [laʊs] (*pl* ***lice*** [laɪs]) pou *m*
lous•y ['laʊzɪ] *adj* F minable F, mauvais; ***I feel lousy*** je suis mal fichu F
lout [laʊt] rustre *m*
lov•a•ble ['lʌvəbl] *adj* sympathique, adorable
love [lʌv] **1** *n* amour *m*; *in tennis* zéro *m*; ***be in love*** être amoureux (***with*** de); ***fall in love*** tomber amoureux (***with*** de); ***make love*** faire l'amour (***to*** avec); ***yes, my love*** oui mon amour **2** *v/t* aimer; *wine, music* adorer; ***love to do sth*** aimer faire qch
'love af•fair aventure *f*
'love let•ter billet *m* doux
'love life vie *f* sentimentale; ***how's your love life?*** comment vont tes amours?
love•ly ['lʌvlɪ] *adj* beau*; *house, wife* ravissant; *character* charmant; *meal* délicieux*; ***we had a lovely time*** nous nous sommes bien amusés; ***it's lovely to be here again*** c'est formidable d'être à nouveau ici
lov•er ['lʌvər] *man* amant *m*; *woman* maîtresse *f*; *person in love* amoureux(-euse) *m(f)*; *of good food etc* amateur *m*
lov•ing ['lʌvɪŋ] *adj* affectueux*
lov•ing•ly ['lʌvɪŋlɪ] *adv* avec amour
low [loʊ] **1** *adj* bas*; *quality* mauvais; ***be feeling low*** être déprimé; ***be low on gas / tea*** être à court d'essence / de thé **2** *n in weather* dépression *f*; *in sales, statistics* niveau *m* bas
'low•brow *adj* peu intellectuel*
'low-cal•o•rie *adj* (à) basses calories
'low-cut *adj dress* décolleté
low•er ['loʊər] *v/t* baisser; *to the ground* faire descendre; *boat* mettre à la mer
'low-fat *adj* allégé
'low•key *adj* discret*, mesuré
'low•lands *npl* plaines *fpl*
low-'pres•sure ar•e•a zone *f* de basse pression
'low sea•son basse saison *f*
'low tide marée *f* basse
loy•al ['lɔɪəl] *adj* fidèle, loyal
loy•al•ly ['lɔɪəlɪ] *adv* fidèlement
loy•al•ty ['lɔɪəltɪ] loyauté *f*
loz•enge ['lɑ:zɪndʒ] *shape* losange *m*; *tablet* pastille *f*
LP [el'pi:] *abbr* (= ***long-playing record***) 33 tours *m*
Ltd *abbr* (= ***limited***) *company* à responsabilité limitée
lu•bri•cant ['lu:brɪkənt] lubrifiant *m*
lu•bri•cate ['lu:brɪkeɪt] *v/t* lubrifier
lu•bri•ca•tion [lu:brɪ'keɪʃn] lubrification *f*
lu•cid ['lu:sɪd] *adj* (*clear*) clair; (*sane*) lucide
luck [lʌk] chance *f*, hasard *m*; ***bad luck*** malchance *f*; ***hard luck!*** pas de chance!; ***good luck*** (bonne) chance *f*; ***good luck!*** bonne chance!
◆ **luck out** *v/i* F avoir du bol F
luck•i•ly ['lʌkɪlɪ] *adv* heureusement
luck•y ['lʌkɪ] *adj person* chanceux*; *number* porte-bonheur *inv*; *coincidence* heureux*; ***it's her lucky day!*** c'est son jour de chance!; ***you were lucky*** tu as eu de la chance; ***he's lucky to be alive*** il a de la chance d'être encore en vie; ***that's lucky!*** c'est un coup de chance!
lu•cra•tive ['lu:krətɪv] *adj* lucratif*
lu•di•crous ['lu:dɪkrəs] *adj* ridicule
lug [lʌg] *v/t* (*pret & pp* ***-ged***) F traîner
lug•gage ['lʌgɪdʒ] bagages *mpl*
luke•warm ['lu:kwɔ:rm] *adj also fig* tiède
lull [lʌl] **1** *n in storm, fighting* accalmie *f*; *in conversation* pause *f* **2** *v/t*: ***lull s.o. into a false sense of security*** endormir la vigilance de qn
lul•la•by ['lʌləbaɪ] berceuse *f*
lum•ba•go [lʌmbeɪgoʊ] lumbago *m*
lum•ber ['lʌmbər] (*timber*) bois *m* de construction
lu•mi•nous ['lu:mɪnəs] *adj* lumineux*
lump [lʌmp] *of sugar* morceau *m*; (*swelling*) grosseur *f*
◆ **lump together** *v/t* mettre dans le même panier
lump 'sum forfait *m*
lump•y ['lʌmpɪ] *adj liquid, sauce* grumeleux*; *mattress* défoncé
lu•na•cy ['lu:nəsɪ] folie *f*
lu•nar ['lu:nər] *adj* lunaire
lu•na•tic ['lu:nətɪk] *n* fou *m*, folle *f*
lunch [lʌntʃ] déjeuner *m*; ***have lunch*** dé-

jeuner
'**lunch box** panier-repas *m*
'**lunch break** pause-déjeuner *f*
'**lunch hour** heure *f* du déjeuner
'**lunch•time** heure *f* du déjeuner, midi *m*
lung [lʌŋ] poumon *m*
'**lung can•cer** cancer *m* du poumon
◆ **lunge at** [lʌndʒ] *v/t* se jeter sur
lurch [lɜːrʧ] *v/i of person* tituber; *of ship* tanguer
lure [lʊr] **1** *n* attrait *m*, appât *m* **2** *v/t* attirer, entraîner
lu•rid ['lʊrɪd] *adj color* cru; *details* choquant
lurk [lɜːrk] *v/i of person* se cacher; *of doubt* persister
lus•cious ['lʌʃəs] *adj fruit, dessert* succulent; F *woman, man* appétissant
lush [lʌʃ] *adj vegetation* luxuriant
lust [lʌst] *n* désir *m*; *rel* luxure *f*
Lux•em•bourg ['lʌksmbɜːrg] **1** *n* Luxembourg *m* **2** *adj* luxembourgeois
Lux•em•bourg•er ['lʌksmbɜːrgər] Luxembourgeois(e) *m(f)*
lux•u•ri•ous [lʌg'ʒʊrɪəs] *adj* luxueux*
lux•u•ri•ous•ly [lʌg'ʒʊrɪəslɪ] *adv* luxueusement
lux•u•ry ['lʌkʃərɪ] **1** *n* luxe *m* **2** *adj* de luxe
lymph gland ['lɪmfglænd] ganglion *m* lymphatique
lynch [lɪnʧ] *v/t* lyncher
Ly•ons ['liːɑːn] Lyon
lyr•i•cist ['lɪrɪsɪst] parolier(-ière) *m(f)*
lyr•ics ['lɪrɪks] *npl* paroles *fpl*

M

M [em] *abbr* (***= medium***) M
MA [em'eɪ] *abbr* (***= Master of Arts***) maîtrise *f* de lettres
ma'am [mæm] madame
ma•chine [mə'ʃiːn] **1** *n* machine *f* **2** *v/t with sewing machine* coudre à la machine; TECH usiner
ma'chine gun *n* mitrailleuse *f*
ma•chine-'read•a•ble *adj* lisible par ordinateur
ma•chin•e•ry [mə'ʃiːnərɪ] (*machines*) machines *fpl*
ma•chine trans'la•tion traduction *f* automatique
ma•chis•mo [mə'kɪzmoʊ] machisme *m*
mach•o ['mæʧoʊ] *adj* macho *inv*; ***macho type*** macho *m*
mack•in•tosh ['mækɪntɑːʃ] imperméable *m*
mac•ro ['mækroʊ] COMPUT macro *f*
mad [mæd] *adj* (*insane*) fou*; F (*angry*) furieux*; ***be mad about*** F (*keen on*) être fou de; ***drive s.o. mad*** rendre qn fou; ***go mad*** *also with enthusiasm* devenir fou; ***like mad*** F *run, work* comme un fou
mad•den ['mædən] *v/t* (*infuriate*) exaspérer
mad•den•ing ['mædnɪŋ] *adj* exaspérant
made [meɪd] *pret & pp* → ***make***
'**mad•house** *fig* maison *f* de fous
mad•ly ['mædlɪ] *adv* follement, comme un fou; ***madly in love*** éperdument amoureux*
'**mad•man** fou *m*
mad•ness ['mædnɪs] folie *f*
Ma•don•na [mə'dɑːnə] Madone *f*
Ma•fi•a ['mɑːfɪə]: ***the Mafia*** la Mafia
mag•a•zine [mægə'ziːn] *printed* magazine *m*
mag•got ['mægət] ver *m*
Ma•gi ['meɪdʒaɪ] REL: ***the Magi*** les Rois *mpl* mages
ma•gic ['mædʒɪk] **1** *adj* magique **2** *n* magie *f*; ***like magic*** comme par enchantement
mag•i•cal ['mædʒɪkl] *adj* magique
ma•gi•cian [mə'dʒɪʃn] magicien(ne) *m(f)*; *performer* prestidigitateur(-trice) *m(f)*
ma•gic 'spell sort *m*; *formula* formule *f* magique
ma•gic 'trick tour *m* de magie
mag•ic 'wand baguette *f* magique
mag•nan•i•mous [mæg'nænɪməs] *adj* magnanime
mag•net ['mægnɪt] aimant *m*
mag•net•ic [mæg'netɪk] *adj also fig* magnétique
mag•net•ic 'stripe piste *f* magnétique
mag•net•ism ['mægnetɪzm] *also fig* magnétisme *m*
mag•nif•i•cence [mæg'nɪfɪsəns] magnificence *f*
mag•nif•i•cent [mæg'nɪfɪsənt] *adj* magni-

fique
mag•ni•fy ['mægnɪfaɪ] *v/t* (*pret & pp* **-ied**) grossir; *difficulties* exagérer
mag•ni•fy•ing glass ['mægnɪfaɪɪŋ] loupe *f*
mag•ni•tude ['mægnɪtuːd] ampleur *f*
ma•hog•a•ny [mə'hɑːgənɪ] acajou *m*
maid [meɪd] *servant* domestique *f*; *in hotel* femme *f* de chambre
maid•en name ['meɪdn] nom *m* de jeune fille
maid•en 'voy•age premier voyage *m*
mail [meɪl] **1** *n* courrier *m*, poste *f*; ***put sth in the mail*** poster qch **2** *v/t letter* poster
'mail•box boîte *f* aux lettres
mail•ing list ['meɪlɪŋ] fichier *m* d'adresses
'mail•man facteur *m*
mail-'or•der cat•a•log, *Br* **mail-'or•der cat•a•logue** catalogue *m* de vente par correspondance
mail-'or•der firm société *f* de vente par correspondance
'mail•shot mailing *m*, publipostage *m*
maim [meɪm] *v/t* estropier, mutiler
main [meɪn] *adj* principal
'main course plat *m* principal
main 'en•trance entrée *f* principale
'main•frame ordinateur *m* central
'main•land continent *m*
main•ly ['meɪnlɪ] *adv* principalement, surtout
main 'road route *f* principale
'main•stream *n* courant *m* dominant
'main street rue *f* principale
main•tain [meɪn'teɪn] *v/t peace, law and order* maintenir; *pace, speed* soutenir; *relationship, machine, building* entretenir; *family* subvenir aux besoins de; *innocence, guilt* affirmer; ***maintain that*** soutenir que
main•te•nance ['meɪntənəns] *of machine, building* entretien *m*; *Br money* pension *f* alimentaire; *of law and order* maintien *m*
'main•te•nance costs *npl* frais *mpl* d'entretien
'main•te•nance staff personnel *m* d'entretien
ma•jes•tic [mə'dʒestɪk] *adj* majestueux*
maj•es•ty ['mædʒəstɪ] majesté *f*; ***Her Majesty*** Sa Majesté
ma•jor ['meɪdʒər] **1** *adj* (*significant*) important, majeur; ***in C major*** MUS en do majeur **2** *n* MIL commandant *m*
◆ **major in** *v/t* se spécialiser en
ma•jor•i•ty [mə'dʒɑːrətɪ] majorité *f*, plupart *f*; POL majorité *f*; ***be in the majority*** être majoritaire
make [meɪk] **1** *n* (*brand*) marque *f* **2** *v/t* (*pret & pp* **made**) ◇ faire; (*manufacture*) fabriquer; (*earn*) gagner; ***make a decision*** prendre une décision; ***make a telephone call*** téléphoner, passer un coup de fil; ***made in Japan*** fabriqué au Japon; ***3 and 3 make 6*** 3 et 3 font 6; ***make it*** (*catch bus, train*) arriver à temps; (*come*) venir; (*succeed*) réussir; (*survive*) s'en sortir; ***what time do you make it?*** quelle heure as-tu?; ***make believe*** prétendre; ***make do with*** se contenter de, faire avec; ***what do you make of it?*** qu'en dis-tu?
◇ : ***make s.o. do sth*** (*force to*) forcer qn à faire qch; (*cause to*) faire faire qch à qn; ***you can't make me do it!*** tu ne m'obligeras pas à faire ça!; ***what made you think that?*** qu'est-ce qui t'a fait penser ça?; ***make s.o. happy / angry*** rendre qn heureux / furieux;
◆ **make for** *v/t* (*go toward*) se diriger vers
◆ **make off** *v/i* s'enfuir
◆ **make off with** *v/t* (*steal*) s'enfuir avec
◆ **make out 1** *v/t list, check* faire; (*see*) voir, distinguer; (*imply*) prétendre **2** *v/i* F *kiss etc* se peloter; *have sex* s'envoyer en l'air F
◆ **make over** *v/t*: ***make sth over to s.o*** céder qch à qn
◆ **make up 1** *v/i of woman, actor* se maquiller; *after quarrel* se réconcilier **2** *v/t story, excuse* inventer; *face* maquiller; (*constitute*) constituer; ***be made up of*** être constitué de; ***make up one's mind*** se décider; ***make it up*** *after quarrel* se réconcilier
◆ **make up for** *v/t* compenser; ***I'll try to make up for it*** j'essaierai de me rattraper; ***make up for lost time*** rattraper son retard
'make-be•lieve: ***it's just make-believe*** c'est juste pour faire semblant
mak•er ['meɪkər] (*manufacturer*) fabricant *m*
make•shift ['meɪkʃɪft] *adj* de fortune
'make-up (*cosmetics*) maquillage *m*
'make-up bag trousse *f* de maquillage
mal•ad•just•ed [mælə'dʒʌstɪd] *adj* inadapté
male [meɪl] **1** *adj* masculin; BIOL, TECH mâle; ***male bosses / teachers*** patrons / enseignants hommes **2** *n* (*man*) homme *m*; *animal, bird, fish* mâle *m*
male chau•vin•ism ['ʃoʊvɪnɪzm] machisme *m*
male chau•vin•ist 'pig macho *m*
male 'nurse infirmier *m*
ma•lev•o•lent [mə'levələnt] *adj* malveillant

M

mal•func•tion [mæl'fʌŋkʃn] **1** *n* mauvais fonctionnement *m*, défaillance *f* **2** *v/i* mal fonctionner

mal•ice ['mælɪs] méchanceté *f*, malveillance *f*

ma•li•cious [mə'lɪʃəs] *adj* méchant, malveillant

ma•lig•nant [mə'lɪgnənt] *adj tumor* malin*

mall [mɒːl] (*shopping mall*) centre *m* commercial

mal•nu•tri•tion [mælnuː'trɪʃn] malnutrition *f*

mal•treat [mæl'triːt] *v/t* maltraiter

mal•treat•ment [mæl'triːtmənt] mauvais traitement *m*

mam•mal ['mæml] mammifère *m*

mam•moth ['mæməθ] *adj* (*enormous*) colossal, géant

man [mæn] **1** *n* (*pl* ***men*** [men]) homme *m*; (*humanity*) l'homme *m*; *in checkers* pion *m* **2** *v/t* (*pret & pp* ***-ned***) *telephones* être de permanence à; *front desk* être de service à; ***manned by a crew of three*** avec un équipage de trois personnes

man•age ['mænɪdʒ] **1** *v/t business* diriger; *money* gérer; *bags* porter; ***manage to …*** réussir à …; ***I couldn't manage another thing*** *to eat* je ne peux plus rien avaler **2** *v/i* (*cope*) se débrouiller; ***can you manage?*** tu vas y arriver?

man•age•a•ble ['mænɪdʒəbl] *adj* gérable; *vehicle* maniable; *task* faisable

man•age•ment ['mænɪdʒmənt] (*managing*) gestion *f*, direction *f*; (*managers*) direction *f*; ***under his management*** sous sa direction

man•age•ment 'buy•out rachat *m* d'entreprise par la direction

man•age•ment con'sult•ant conseiller (-ère) *m*(*f*) en gestion

'man•age•ment stud•ies études *fpl* de gestion

'man•age•ment team équipe *f* dirigeante

man•ag•er ['mænɪdʒər] directeur(-trice) *m*(*f*); *of store*, *restaurant*, *hotel* gérant(e) *m*(*f*); *of department* responsable *m*/*f*; *of singer*, *band*, *team* manageur(-euse) *m*(*f*); ***can I talk to the manager?*** est-ce que je peux parler au directeur?

man•a•ge•ri•al [mænɪ'dʒɪrɪəl] *adj* de directeur, de gestionnaire; ***a managerial post*** un poste d'encadrement

man•ag•ing di'rec•tor ['mænɪdʒɪŋ] directeur(-trice) *m*(*f*) général(e)

man•da•rin or•ange [mændərɪn'ɔːrɪndʒ] mandarine *f*

man•date ['mændeɪt] mandat *m*

man•da•to•ry ['mændətɔːrɪ] *adj* obligatoire

mane [meɪn] *of horse* crinière *f*

ma•neu•ver [mə'nuːvər] **1** *n* manœuvre *f* **2** *v/t* manœuvrer

man•gle ['mæŋgl] *v/t* (*crush*) broyer, déchiqueter

man•han•dle ['mænhændl] *v/t person* malmener; *object* déplacer manuellement

man•hood ['mænhʊd] (*maturity*) âge *m* d'homme; (*virility*) virilité *f*

'man-hour heure *f* de travail

'man•hunt chasse *f* à l'homme

ma•ni•a ['meɪnɪə] (*craze*) manie *f*

ma•ni•ac ['meɪnɪæk] F fou *m*, folle *f*

man•i•cure ['mænɪkjʊr] manucure *f*

man•i•fest ['mænɪfest] **1** *adj* manifeste **2** *v/t* manifester; ***manifest itself*** se manifester

ma•nip•u•late [mə'nɪpjəleɪt] *v/t* manipuler

ma•nip•u•la•tion [mənɪpjə'leɪʃn] manipulation *f*

ma•nip•u•la•tive [mənɪpjə'lətɪv] *adj* manipulateur*

man'kind humanité *f*

man•ly ['mænlɪ] *adj* viril

'man-made *adj* synthétique

man•ner ['mænər] *of doing sth* manière *f*, façon *f*; (*attitude*) comportement *m*

man•ners ['mænərz] *npl* manières *fpl*; ***good / bad manners*** bonnes / mauvaises manières *fpl*; ***have no manners*** n'avoir aucun savoir-vivre

ma•noeu•vre [mə'nuːvər] *Br* → ***maneuver***

'man•pow•er main-d'œuvre *f*

man•sion ['mænʃn] (grande) demeure *f*

'man•slaugh•ter *Br* homicide *m* involontaire

man•tel•piece ['mæntlpiːs] manteau *m* de cheminée

man•u•al ['mænjʊəl] **1** *adj* manuel* **2** *n* manuel *m*

man•u•al•ly ['mænjʊəlɪ] *adv* manuellement

man•u•fac•ture [mænjʊ'fæktʃər] **1** *n* fabrication *f* **2** *v/t equipment* fabriquer

man•u•fac•tur•er [mænjʊ'fæktʃərər] fabricant *m*

man•u•fac•tur•ing [mænjʊ'fæktʃərɪŋ] *n industry* industrie *f*

ma•nure [mə'nʊr] fumier *m*

man•u•script ['mænjʊskrɪpt] manuscrit *m*

man•y ['menɪ] **1** *adj* beaucoup de; ***many times*** bien des fois; ***not many people*** pas beaucoup de gens; ***too many problems*** trop de problèmes; ***as many as***

M

possible autant que possible **2** *pron* beaucoup; ***a great many, a good many*** un bon nombre; ***how many do you need?*** combien en veux-tu?
'man-year année de travail moyenne par personne
map [mæp] *n* carte *f*; *of town* plan *m*
◆ **map out** *v/t* (*pret & pp* ***-ped***) planifier
ma•ple ['meɪpl] érable *m*
ma•ple 'syr•up sirop *m* d'érable
mar [mɑːr] *v/t* (*pret & pp* ***-red***) gâcher
mar•a•thon ['mærəθɑːn] *race* marathon *m*
mar•ble ['mɑːrbl] *material* marbre *m*
March [mɑːrʧ] mars *m*
march [mɑːrʧ] **1** *n also* (*demonstration*) marche *f* **2** *v/i* marcher au pas; *in protest* défiler
march•er ['mɑːrʧər] manifestant(e) *m*(*f*)
mare ['mer] jument *f*
mar•ga•rine [mɑːrdʒə'riːn] margarine *f*
mar•gin ['mɑːrdʒɪn] *of page*, COMM marge *f*; ***by a narrow margin*** de justesse
mar•gin•al ['mɑːrdʒɪnl] *adj* (*slight*) léger*
mar•gin•al•ly ['mɑːrdʒɪnlɪ] *adv* (*slightly*) légèrement
mar•i•hua•na, **mar•i•jua•na** [mærɪ'hwɑːnə] marijuana *f*
ma•ri•na [mə'riːnə] port *m* de plaisance
mar•i•nade [mærɪ'neɪd] *n* marinade *f*
mar•i•nate ['mærɪneɪt] *v/t* mariner
ma•rine [mə'riːn] **1** *adj* marin **2** *n* MIL marine *m*
mar•i•tal ['mærɪtl] *adj* conjugal
mar•i•tal 'sta•tus situation *f* de famille
mar•i•time ['mærɪtaɪm] *adj* maritime
mark [mɑːrk] **1** *n* marque *f*; (*stain*) tache *f*; (*sign, token*) signe *m*; (*trace*) trace *f*; *Br* EDU note *f*; ***leave one's mark*** marquer de son influence **2** *v/t* marquer; (*stain*) tacher; *Br* EDU noter; (*indicate*) indiquer, marquer **3** *v/i of fabric* se tacher
◆ **mark down** *v/t goods* démarquer; *price* baisser
◆ **mark out** *v/t with a line etc* délimiter; *fig* (*set apart*) distinguer
◆ **mark up** *v/t price* majorer; *goods* augmenter le prix de
marked [mɑːrkt] *adj* (*definite*) marqué
mark•er ['mɑːrkər] (*highlighter*) marqueur *m*
mar•ket ['mɑːrkɪt] **1** *n* marché *m*; ***on the market*** sur le marché **2** *v/t* commercialiser
mar•ket•a•ble ['mɑːrkɪtəbl] *adj* commercialisable
mar•ket e'con•o•my économie *f* de marché
'mar•ket for•ces *npl* forces *fpl* du marché
mar•ket•ing ['mɑːrkɪtɪŋ] marketing *m*
'mar•ket•ing cam•paign campagne *f* de marketing
'mar•ket•ing de•part•ment service *m* marketing
'mar•ket•ing mix marchéage *m*
'mar•ket•ing strat•e•gy stratégie *f* marketing
mar•ket 'lead•er *product* produit *m* vedette; *company* leader *m* du marché
'mar•ket place *in town* place *f* du marché; *for commodities* marché *m*
mar•ket 're•search étude *f* de marché
mar•ket 'share part *f* du marché
mark-up ['mɑːrkʌp] majoration *f*
mar•ma•lade ['mɑːrməleɪd] marmelade *f* (d'oranges)
mar•riage ['mærɪdʒ] mariage *m*
'mar•riage cer•tif•i•cate acte *m* de mariage
mar•riage 'guid•ance coun•se•lor *or Br* **coun•sel•lor** conseiller *m* conjugal, conseillère *f* conjugale
mar•ried ['mærɪd] *adj* marié; ***be married to*** être marié à
'mar•ried life vie *f* conjugale
mar•ry ['mærɪ] *v/t* (*pret & pp* ***-ied***) épouser, se marier avec; *of priest* marier; ***get married*** se marier
Mar•seilles [mɑːr'seɪ] Marseille
marsh [mɑːrʃ] *Br* marais *m*
mar•shal ['mɑːrʃl] *n in police* chef *m* de la police; *in security service* membre *m* du service d'ordre
marsh•mal•low ['mɑːrʃmæloʊ] guimauve *f*
marsh•y ['mɑːrʃɪ] *adj Br* marécageux*
mar•tial arts [mɑːrʃl'ɑːrtz] *npl* arts *mpl* martiaux
mar•tial 'law loi *f* martiale
mar•tyr ['mɑːrtər] *also fig* martyr(e) *m*(*f*)
mar•vel ['mɑːrvl] *n* (*wonder*) merveille *f*
◆ **marvel at** *v/t* s'émerveiller devant
mar•vel•ous, *Br* **mar•vel•lous** ['mɑːrvələs] *adj* merveilleux*
Marx•ism ['mɑːrksɪzm] marxisme *m*
Marx•ist ['mɑːrksɪst] **1** *adj* marxiste **2** *n* marxiste *m/f*
mar•zi•pan ['mɑːrzɪpæn] pâte *f* d'amandes
mas•ca•ra [mæ'skærə] mascara *m*
mas•cot ['mæskət] mascotte *f*
mas•cu•line ['mæskjʊlɪn] *adj also* GRAM masculin
mas•cu•lin•i•ty [mæskjʊ'lɪnətɪ] (*virility*) masculinité *f*
mash [mæʃ] *v/t* réduire en purée
mashed po'ta•toes [mæʃt] *npl* purée *f* (de pommes de terre)
mask [mæsk] **1** *n* masque *m* **2** *v/t feelings*

masquer
mask•ing tape ['mæskɪŋ] ruban *m* de masquage
mas•och•ism ['mæsəkɪzm] masochisme *m*
mas•och•ist ['mæsəkɪst] masochiste *m/f*
ma•son ['meɪsn] maçon *m*
ma•son•ry ['meɪsnrɪ] maçonnerie *f*
mas•que•rade [mæskə'reɪd] **1** *n fig* mascarade *f* **2** *v/i*: ***masquerade as*** se faire passer pour
mass[1] [mæs] **1** *n* (*great amount*) masse *f*; ***the masses*** les masses *fpl*; ***masses of*** F des tas de F **2** *v/i* se masser
mass[2] [mæs] REL messe *f*
mas•sa•cre ['mæsəkər] **1** *n also fig* F massacre *m* **2** *v/t also fig* F massacrer
mas•sage ['mæsɑːʒ] **1** *n* massage *m* **2** *v/t* masser; *figures* manipuler
'**mas•sage par•lor**, *Br* '**mas•sage parlour** salon *m* de massage
mas•seur [mæ'sɜːr] masseur *m*
mas•seuse [mæ'sɜːrz] masseuse *f*
mas•sive ['mæsɪv] *adj* énorme; *heart attack* grave
mass '**me•di•a** *npl* médias *mpl*
mass-pro'duce *v/t* fabriquer en série
mass pro'duc•tion fabrication *f* en série
'**mass trans•it** transports *mpl* publics
mast [mæst] *of ship* mât *m*; *for radio signal* pylône *m*
mas•ter ['mæstər] **1** *n of dog* maître *m*; *of ship* capitaine *m*; ***be a master of*** être maître dans l'art de **2** *v/t* maîtriser
'**mas•ter bed•room** chambre *f* principale
'**mas•ter key** passe-partout *m inv*
mas•ter•ly ['mæstərlɪ] *adj* magistral
'**mas•ter•mind** **1** *n* cerveau *m* **2** *v/t* organiser
Mas•ter of '**Arts** maîtrise *f* de lettres
mas•ter of '**cer•e•mo•nies** maître de cérémonie, animateur *m*
'**mas•ter•piece** chef-d'œuvre *m*
'**mas•ter's (de•gree)** maîtrise *f*
mas•ter•y ['mæstərɪ] maîtrise *f*
mas•tur•bate ['mæstərbeɪt] *v/i* se masturber
mat [mæt] *for floor* tapis *m*; *for table* napperon *m*
match[1] [mætʃ] *n for cigarette* allumette *f*
match[2] [mætʃ] **1** *n* (*competition*) match *m*, partie *f*; ***be no match for s.o.*** ne pas être à la hauteur de qn; ***meet one's match*** trouver un adversaire à sa mesure **2** *v/t* (*be the same as*) être assorti à; (*equal*) égaler **3** *v/i of colors, patterns* aller ensemble
'**match•box** boîte *f* d'allumettes
match•ing ['mætʃɪŋ] *adj* assorti
'**match point** *in tennis* balle *f* de match
'**match stick** allumette *f*
mate [meɪt] **1** *n of animal* mâle *m*, femelle *f*; NAUT second *m* **2** *v/i* s'accoupler
ma•te•ri•al [mə'tɪrɪəl] **1** *n* (*fabric*) tissu *m*; (*substance*) matériau *m*, matière *f*; ***materials*** matériel *m* **2** *adj* matériel*
ma•te•ri•al•ism [mə'tɪrɪəlɪzm] matérialisme *m*
ma•te•ri•al•ist [mətɪrɪə'lɪst] matérialiste *m/f*
ma•te•ri•al•is•tic [mətɪrɪə'lɪstɪk] *adj* matérialiste
ma•te•ri•al•ize [mə'tɪrɪəlaɪz] *v/i* (*appear*) apparaître; (*happen*) se concrétiser
ma•ter•nal [mə'tɜːrnl] *adj* maternel*
ma•ter•ni•ty [mə'tɜːrnətɪ] maternité *f*
ma'ter•ni•ty dress robe *f* de grossesse
ma'ter•ni•ty leave congé *m* de maternité
ma•ter•ni•ty ward maternité *f*
math [mæθ] maths *fpl*
math•e•mat•i•cal [mæθə'mætɪkl] *adj* mathématique
math•e•ma•ti•cian [mæθmə'tɪʃn] mathématicien(ne) *m(f)*
math•e•mat•ics [mæθ'mætɪks] *nsg* mathématiques *fpl*
maths [mæθs] *Br* → ***math***
mat•i•née ['mætɪneɪ] matinée *f*
ma•tri•arch ['meɪtrɪɑːrk] femme *f* chef de famille
mat•ri•mo•ny ['mætrəmoʊnɪ] mariage *m*
matt [mæt] *adj* mat
mat•ter ['mætər] **1** *n* (*affair*) affaire *f*, question *f*; PHYS matière *f*; ***as a matter of course*** systématiquement; ***as a matter of fact*** en fait; ***what's the matter?*** qu'est-ce qu'il y a?; ***no matter what she says*** quoi qu'elle dise **2** *v/i* importer; ***it doesn't matter*** cela ne fait rien
mat•ter-of-'fact impassible
mat•tress ['mætrɪs] matelas *m*
ma•ture [mə'tjʊr] **1** *adj* mûr **2** *v/i of person* mûrir; *of insurance policy etc* arriver à échéance
ma•tu•ri•ty [mə'tjʊrətɪ] maturité *f*
maul [mɒːl] *v/t of animal* déchiqueter; *of critics* démolir
max•i•mize ['mæksɪmaɪz] *v/t* maximiser
max•i•mum ['mæksɪməm] **1** *adj* maximal, maximum **2** *n* maximum *m*
May [meɪ] mai *m*
may [meɪ] ◇ *possibility*: ***it may rain*** il va peut-être pleuvoir, il risque de pleuvoir; ***you may be right*** tu as peut-être raison, il est possible que tu aies raison; ***it may not happen*** cela n'arrivera peut-être pas ◇ *permission* pouvoir; ***may I help?*** puis-je aider?; ***you may go if you like***

tu peux partir si tu veux
◇ *wishing*: ***may your dreams come true*** que vos rêves se réalisent (*subj*)
may•be ['meɪbiː] *adv* peut-être
'**May Day** le premier mai
may•o, **may•on•naise** ['meɪoʊ, meɪə'neɪz] mayonnaise *f*
may•or ['meɪər] maire *m*
maze [meɪz] labyrinthe *m*
MB *abbr* (= ***megabyte***) Mo (= méga-octet)
MBA [embiː'eɪ] *abbr* (= ***master of business administration***) MBA *m*
MBO [embiː'oʊ] *abbr* (= ***management buyout***) rachat *m* d'entreprise par la direction
MC [em'siː] *abbr* (= ***master of ceremonies***) maître *m* de cérémonie
MD [em'diː] *abbr* (= ***Doctor of Medicine***) docteur *m* en médecine; (= ***managing director***) DG *m* (= directeur général)
me [miː] *pron* me; *before vowel* m'; *after prep* moi; ***he knows me*** il me connaît; ***she gave me a dollar*** elle m'a donné un dollar; ***it's for me*** c'est pour moi; ***it's me*** c'est moi
mead•ow ['medoʊ] pré *m*
mea•ger, *Br* **mea•gre** ['miːgər] *adj* maigre
meal [miːl] repas *m*; ***enjoy your meal!*** bon appétit!
'**meal•time** heure *f* du repas
mean[1] [miːn] *adj with money* avare; (*nasty*) mesquin
mean[2] [miːn] **1** *v/t* (*pret & pp* ***meant***) (*signify*) signifier, vouloir dire; ***do you mean it?*** vous êtes sérieux*?; ***you weren't meant to hear that*** tu n'étais pas supposé entendre cela; ***mean to do sth*** avoir l'intention de faire qch; ***be meant for*** être destiné à; *of remark* être adressé à; ***doesn't it mean anything to you?*** (*doesn't it matter?*) est-ce que cela ne compte pas pour toi? **2** *v/i* (*pret & pp* ***meant***): ***mean well*** avoir de bonnes intentions
mean•ing ['miːnɪŋ] *of word* sens *m*
mean•ing•ful ['miːnɪŋfʊl] *adj* (*comprehensible*) compréhensible; (*constructive*) significatif*; *glance* éloquent
mean•ing•less ['miːnɪŋlɪs] *adj sentence etc* dénué de sens; *gesture* insignifiant
means [miːnz] *npl financial* moyens *mpl*; *nsg* (*way*) moyen *m*; ***a means of transport*** un moyen de transport; ***by all means*** (*certainly*) bien sûr; ***by no means rich / poor*** loin d'être riche / pauvre; ***by means of*** au moyen de
meant *pret & pp* → ***mean***[2]
mean•time ['miːntaɪm] *adv* pendant ce temps, entre-temps
mean•while ['miːnwaɪl] *adv* pendant ce temps, entre-temps
mea•sles ['miːzlz] *nsg* rougeole *f*
mea•sure ['meʒər] **1** *n* (*step*) mesure *f*; ***we've had a measure of success*** nous avons eu un certain succès **2** *v/t & v/i* mesurer
◆ **measure out** *v/t* doser, mesurer
◆ **measure up to** *v/t* être à la hauteur de
mea•sure•ment ['meʒərmənt] *action* mesure *f*; (*dimension*) dimension *f*; ***take s.o.'s measurements*** prendre les mensurations de qn; ***system of measurement*** système *m* de mesures
mea•sur•ing tape ['meʒərɪŋ] mètre *m* ruban
meat [miːt] viande *f*
'**meat•ball** boulette *f* de viande
'**meat•loaf** pain *m* de viande
me•chan•ic [mɪ'kænɪk] mécanicien(ne) *m(f)*
me•chan•i•cal [mɪ'kænɪkl] *adj device* mécanique; *gesture etc also* machinal
me•chan•i•cal en•gi'neer ingénieur *m* mécanicien
me•chan•i•cal en•gi'neer•ing génie *m* mécanique
me•chan•i•cal•ly [mɪ'kænɪklɪ] *adv* mécaniquement; *do sth* machinalement
mech•a•nism ['mekənɪzm] mécanisme *m*
mech•a•nize ['mekənaɪz] *v/t* mécaniser
med•al ['medl] médaille *f*
med•a•list, *Br* **med•al•list** ['medəlɪst] médaillé *m*
med•dle ['medl] *v/i in affairs* se mêler (**in** de); *with object* toucher (**with** à)
me•di•a ['miːdɪə] *npl*: ***the media*** les médias *mpl*
'**me•di•a cov•er•age** couverture *f* médiatique
'**me•di•a e•vent** événement *m* médiatique
me•di•a 'hype battage *m* médiatique
me•di•an strip [miːdɪən'strɪp] terre-plein *m* central
'**me•d•ia stud•ies** études *fpl* de communication
me•di•ate ['miːdɪeɪt] *v/i* arbitrer
me•di•a•tion [miːdɪ'eɪʃn] médiation *f*
me•di•a•tor ['miːdɪeɪtər] médiateur (-trice) *m(f)*
med•i•cal ['medɪkl] **1** *adj* médical **2** *n* visite *f* médicale
'**med•i•cal cer•tif•i•cate** certificat *m* médical
'**med•i•cal ex•am•i•na•tion** visite *f* médicale
'**med•i•cal his•to•ry** dossier *m* médical
'**med•i•cal pro•fes•sion** médecine *f*;

(*doctors*) corps *m* médical
'**med•i•cal re•cord** dossier *m* médical
Med•i•care ['medɪker] assistance médicale pour les personnes âgées
med•i•cat•ed ['medɪkeɪtɪd] *adj* pharmaceutique, traitant
med•i•ca•tion [medɪ'keɪʃn] médicaments *mpl*
med•i•ci•nal [mɪ'dɪsɪnl] *adj* médicinal
med•i•cine ['medsən] *science* médecine *f*; (*medication*) médicament *m*
'**med•i•cine cab•i•net** armoire *f* à pharmacie
med•i•e•val [medɪ'iːvl] *adj* médiéval; *fig* moyenâgeux*
me•di•o•cre [miːdɪ'oʊkər] *adj* médiocre
me•di•oc•ri•ty [miːdɪ'ɑːkrətɪ] *of work etc* médiocrité *f*; *person* médiocre *m/f*
med•i•tate ['medɪteɪt] *v/i* méditer
med•i•ta•tion [medɪ'teɪʃn] méditation *f*
Med•i•ter•ra•ne•an [medɪtə'reɪnɪən] **1** *adj* méditerranéen **2** *n*: ***the Mediterranean*** la Méditerranée
me•di•um ['miːdɪəm] **1** *adj* (*average*) moyen*; *steak* à point **2** *n in size* taille *f* moyenne; (*vehicle*) moyen *m*; (*spiritualist*) médium *m*
me•di•um-sized ['miːdɪəmsaɪzd] *adj* de taille moyenne
me•di•um 'term: ***in the medium term*** à moyen terme
'**me•di•um wave** RAD ondes *fpl* moyennes
med•ley ['medlɪ] (*assortment*) mélange *m*; *of music* pot-pourri *m*
meek [miːk] *adj* docile, doux*
meet [miːt] **1** *v/t* (*pret & pp* ***met***) rencontrer; (*be introduced to*) faire la connaissance de; (*collect*) (aller / venir) chercher; *in competition* affronter; *of eyes* croiser; (*satisfy*) satisfaire **2** *v/i* (*pret & pp* ***met***) se rencontrer; *by appointment* se retrouver; *of eyes* se croiser; *of committee etc* se réunir; ***have you two met?*** est-ce que vous vous connaissez? **3** *n* SP rencontre *f*
◆ **meet with** *v/t person, opposition etc* rencontrer
meet•ing ['miːtɪŋ] *by accident* rencontre *f*; *in business, of committee* réunion *f*; ***he's in a meeting*** il est en réunion
'**meet•ing place** lieu *m* de rendez-vous
meg•a•byte ['megəbaɪt] COMPUT méga-octet *m*
mel•an•chol•y ['melənkəlɪ] *adj* mélancolique
mel•low ['meloʊ] **1** *adj* doux* **2** *v/i of person* s'adoucir
me•lo•di•ous [mɪ'loʊdɪəs] *adj* mélodieux*
mel•o•dra•mat•ic [melədrə'mætɪk] *adj* mélodramatique
mel•o•dy ['melədɪ] mélodie *f*
mel•on ['melən] melon *m*
melt [melt] **1** *v/i* fondre **2** *v/t* faire fondre
◆ **melt away** *v/i fig* disparaître
◆ **melt down** *v/t metal* fondre
melt•ing pot ['meltɪŋpɑːt] *fig* creuset *m*
mem•ber ['membər] membre *m*
Mem•ber of 'Con•gress membre *m* du Congrès
Mem•ber of 'Par•lia•ment *Br* député *m*
mem•ber•ship ['membərʃɪp] adhésion *f*; *number of members* membres *mpl*
'**mem•ber•ship card** carte *f* de membre
mem•brane ['membreɪn] membrane *f*
me•men•to [me'mentoʊ] souvenir *m*
mem•o ['memoʊ] note *f* (de service)
mem•oirs ['memwɑːrz] *npl* mémoires *fpl*
'**mem•o pad** bloc-notes *m*
mem•o•ra•ble ['memərəbl] *adj* mémorable
me•mo•ri•al [mɪ'mɔːrɪəl] **1** *adj* commémoratif* **2** *n* mémorial *m*; ***be a memorial to s.o.*** *also fig* célébrer la mémoire de qn
Me'mo•ri•al Day jour *m* commémoration des soldats américains morts à la guerre
mem•o•rize ['meməraɪz] *v/t* apprendre par cœur
mem•o•ry ['memərɪ] mémoire *f*; *sth remembered* souvenir *m*; ***have a good / bad memory*** avoir une bonne / mauvaise mémoire; ***in memory of*** à la mémoire de
men [men] *pl* → ***man***
men•ace ['menɪs] **1** *n* menace *f*; *person* danger *m* **2** *v/t* menacer
men•ac•ing ['menɪsɪŋ] *adj* menaçant
mend [mend] **1** *v/t* réparer; *clothes* raccommoder **2** *n*: ***be on the mend*** *after illness* être en voie de guérison
me•ni•al ['miːnɪəl] *adj* subalterne
men•in•gi•tis [menɪn'dʒaɪtɪs] méningite *f*
men•o•pause ['menoʊpɒːz] ménopause *f*
'**men's room** toilettes *fpl* pour hommes
men•stru•ate ['menstrʊeɪt] *v/i* avoir ses règles
men•stru•a•tion [menstrʊ'eɪʃn] menstruation *f*
men•tal ['mentl] *adj* mental; *ability, powers* intellectuel*; *health, suffering* moral; F (*crazy*) malade F
men•tal a'rith•me•tic calcul *m* mental
men•tal 'cru•el•ty cruauté *f* mentale
'**men•tal hos•pi•tal** hôpital *m* psychiatrique
men•tal 'ill•ness maladie *f* mentale
men•tal•i•ty [men'tælətɪ] mentalité *f*
men•tal•ly ['mentəlɪ] *adv* (*inwardly*) inté-

M

rieurement; *calculate etc* mentalement
men•tal•ly 'hand•i•capped *adj* handicapé mental
men•tal•ly 'ill *adj* malade mental
men•tion ['menʃn] **1** *n* mention *f* **2** *v/t* mentionner; ***don't mention it*** (*you're welcome*) il n'y a pas de quoi!
men•tor ['mentɔːr] mentor *m*
men•u ['menjuː] *also* COMPUT menu *m*
mer•ce•na•ry ['mɜːrsɪnerɪ] **1** *adj* intéressé **2** *n* MIL mercenaire *m*
mer•chan•dise ['mɜːrtʃəndaɪz] marchandises *fpl*
mer•chant ['mɜːrtʃənt] négociant *m*, commerçant *m*
mer•chant 'bank *Br* banque *f* d'affaires
mer•ci•ful ['mɜːrsɪfl] *adj* clément; *God* miséricordieux*
mer•ci•ful•ly ['mɜːrsɪflɪ] *adv* (*thankfully*) heureusement
mer•ci•less ['mɜːrsɪlɪs] *adj* impitoyable
mer•cu•ry ['mɜːrkjʊrɪ] mercure *m*
mer•cy ['mɜːrsɪ] clémence *f*, pitié *f*; ***be at s.o.'s mercy*** être à la merci de qn
mere [mɪr] *adj* simple
mere•ly ['mɪrlɪ] *adv* simplement, seulement
merge [mɜːrdʒ] *v/i of two lines etc* se rejoindre; *of companies* fusionner
merg•er ['mɜːrdʒər] COMM fusion *f*
mer•it ['merɪt] **1** *n* mérite *m* **2** *v/t* mériter
mer•ry ['merɪ] *adj* gai, joyeux*; ***Merry Christmas!*** Joyeux Noël!
'mer•ry-go-round manège *m*
mesh [meʃ] *of net* maille(s) *f*(*pl*); *of grid* grillage *m*
mess [mes] (*untidiness*) désordre *m*, pagaille *f*; (*trouble*) gâchis *m*; ***be a mess*** *of room, desk, hair* être en désordre; *of situation, life* être un désastre
◆ **mess around 1** *v/i* perdre son temps **2** *v/t person* se moquer de
◆ **mess around with** *v/t* jouer avec; *s.o.'s wife* s'amuser avec
◆ **mess up** *v/t room, papers* mettre en désordre; *task* bâcler; *plans, marriage* gâcher
mes•sage ['mesɪdʒ] *also of movie etc* message *m*
mes•sen•ger ['mesɪndʒər] (*courier*) messager *m*
mess•y ['mesɪ] *adj room* en désordre; *person* désordonné; *job* salissant; *divorce, situation* pénible
met [met] *pret & pp* → ***meet***
me•tab•o•lism [mə'tæbəlɪzm] métabolisme *m*
met•al ['metl] **1** *adj* en métal **2** *n* métal *m*
me•tal•lic [mɪ'tælɪk] *adj* métallique; *paint* métallisé; *taste* de métal
met•a•phor ['metəfər] métaphore *f*
me•te•or ['miːtɪɔːr] météore *m*
me•te•or•ic [miːtɪ'ɑːrɪk] *adj fig* fulgurant
me•te•or•ite ['miːtɪəraɪt] météorite *m* or *f*
me•te•or•o•log•i•cal [miːtɪərə'lɑːdʒɪkl] *adj* météorologique
me•te•or•ol•o•gist [miːtɪə'rɑːlədʒɪst] météorologiste *m/f*
me•te•o•rol•o•gy [miːtɪə'rɑːlədʒɪ] météorologie *f*
me•ter[1] ['miːtər] *for gas, electricity* compteur *m*; (*parking meter*) parcmètre *m*
me•ter[2] ['miːtər] *unit of length* mètre *m*
'me•ter read•ing relevé *m* (de compteur)
meth•od ['meθəd] méthode *f*
me•thod•i•cal [mə'θɑːdɪkl] *adj* méthodique
me•thod•i•cal•ly [mə'θɑːdɪklɪ] *adv* méthodiquement
me•tic•u•lous [mə'tɪkjʊləs] *adj* méticuleux*
me•tre ['miːtə(r)] *Br* → ***meter***
met•ric ['metrɪk] *adj* métrique
me•trop•o lis [mə'trɑːpəlɪs] métropole *f*
met•ro•pol•i•tan [metrə'pɑːlɪtən] *adj* citadin; *area* urbain
mew [mjuː] → ***miaow***
Mex•i•can ['meksɪkən] **1** *adj* mexicain **2** *n* Mexicain(e) *m*(*f*)
Mex•i•co ['meksɪkoʊ] Mexique *m*
mez•za•nine (floor) ['mezəniːn] mezzanine *f*
mi•aow [mɪaʊ] **1** *n* miaou *m* **2** *v/i* miauler
mice [maɪs] *pl* → ***mouse***
mick•ey mouse [mɪkɪ'maʊs] *adj* F *course, qualification* bidon F
mi•cro•bi•ol•o•gy [maɪkroʊbaɪ'ɑːlədʒɪ] microbiologie *f*
'mi•cro•chip puce *f*
'mi•cro•cli•mate microclimat *m*
mi•cro•cosm ['maɪkrəkɑːzm] microcosme *m*
'mi•cro•e•lec•tron•ics microélectronique *f*
'mi•cro•film microfilm *m*
'mi•cro•or•gan•ism micro-organisme *m*
'mi•cro•phone microphone *m*
mi•cro'pro•ces•sor microprocesseur *m*
'mi•cro•scope microscope *m*
mi•cro•scop•ic [maɪkrə'skɑːpɪk] *adj* microscopique
'mi•cro•wave *oven* micro-ondes *m inv*
mid [mɪd] *adj*: ***in the mid nineties*** au milieu des années 90; ***she's in her mid thirties*** elle a dans les trente-cinq ans
mid•air [mɪd'er]: ***in midair*** en vol
mid•day [mɪd'deɪ] midi *m*
mid•dle ['mɪdl] **1** *adj* du milieu **2** *n* milieu

m; ***in the middle of*** au milieu de; ***in the middle of winter*** en plein hiver; ***in the middle of September*** à la mi-septembre; ***be in the middle of doing sth*** être en train de faire qch
'mid•dle-aged *adj* entre deux âges
'Mid•dle A•ges *npl* Moyen Âge *m*
mid•dle-'class *adj* bourgeois
'mid•dle class(•es) classe(s) moyenne(s) *f(pl)*
Mid•dle 'East Moyen-Orient *m*
'mid•dle•man intermédiaire *m*
mid•dle 'man•age•ment cadres *mpl* moyens
mid•dle 'name deuxième prénom *m*
'mid•dle•weight *boxer* poids moyen *m*
mid•dling ['mɪdlɪŋ] *adj* médiocre, moyen*
mid•field•er [mɪd'fiːldər] *in soccer* milieu *m* de terrain
midg•et ['mɪdʒɪt] *adj* miniature
'mid•night minuit *m*; ***at midnight*** à minuit
'mid•sum•mer milieu *m* de l'été
'mid•way *adv* à mi-chemin; ***midway through*** au milieu de
'mid•week *adv* en milieu de semaine
'Mid•west Middle West *m*
'mid•wife sage-femme *f*
'mid•win•ter milieu *m* de l'hiver
might[1] [maɪt] *v/aux*: ***I might be late*** je serai peut-être en retard; ***it might rain*** il va peut-être pleuvoir; ***it might never happen*** cela n'arrivera peut-être jamais; ***I might have lost it*** *but I'm not sure* je l'ai peut-être perdu; *that would have been possible* j'aurais pu l'avoir perdu; ***he might have left*** il est peut-être parti; ***you might as well spend the night here*** tu ferais aussi bien de passer la nuit ici; ***you might have told me!*** vous auriez pu m'avertir!
might[2] [maɪt] *n* (*power*) puissance *f*
might•y ['maɪtɪ] **1** *adj* puissant **2** *adv* F (*extremely*) vachement F, très
mi•graine ['miːgreɪn] migraine *f*
mi•grant work•er ['maɪgrənt] travailleur *m* itinérant
mi•grate [maɪ'greɪt] *v/i* migrer
mi•gra•tion [maɪ'greɪʃn] migration *f*
mike [maɪk] F micro *m*
mild [maɪld] *adj* doux*; *taste* léger*
mil•dew ['mɪlduː] mildiou *m*
mild•ly ['maɪldlɪ] *adv* doucement; *spicy* légèrement; ***to put it mildly*** pour ne pas dire plus
mild•ness ['maɪldnɪs] douceur *f*; *of taste* légèreté *f*
mile [maɪl] mile *m*; ***miles easier*** F bien plus facile; ***it's miles away!*** F c'est vachement loin! F
mile•age ['maɪlɪdʒ] kilométrage *m*; *distance* nombre *m* de miles
'mile•stone *fig* événement *m* marquant, jalon *m*
mil•i•tant ['mɪlɪtənt] **1** *adj* militant **2** *n* militant(e) *m(f)*
mil•i•ta•ry ['mɪlɪterɪ] **1** *adj* militaire **2** *n*: ***the military*** l'armée *f*
mil•i•ta•ry a'cad•e•my école *f* militaire
mil•i•ta•ry po'lice police *f* militaire
mil•i•tar•y 'serv•ice service *m* militaire
mi•li•tia [mɪ'lɪʃə] milice *f*
milk [mɪlk] **1** *n* lait *m* **2** *v/t* traire
milk 'choc•o•late chocolat *m* au lait
'milk•shake milk-shake *m*
milk•y ['mɪlkɪ] *adj* au lait; (*made with milk*) lacté
Milk•y 'Way Voie *f* lactée
mill [mɪl] *for grain* moulin *m*; *for textiles* usine *f*
◆ **mill around** *v/i* grouiller
mil•len•ni•um [mɪ'lenɪəm] millénaire *m*
mil•li•gram ['mɪlɪgræm] milligramme *m*
mil•li•me•ter, *Br* **mil•li•me•tre** ['mɪlɪmiːtər] millimètre *m*
mil•lion ['mɪljən] million *m*
mil•lion•aire [mɪljə'ner] millionnaire *m/f*
mime [maɪm] *v/t* mimer
mim•ic ['mɪmɪk] **1** *n* imitateur(-trice) *m(f)* **2** *v/t* (*pret & pp* ***-ked***) imiter
mince [mɪns] *v/t* hacher
'mince•meat *préparation de fruits secs et d'épices servant à fourrer des tartelettes*
mind [maɪnd] **1** *n* esprit *m*; ***it's all in your mind*** tu te fais des idées; ***be out of one's mind*** avoir perdu la tête; ***bear*** *or* ***keep sth in mind*** ne pas oublier qch; ***I've a good mind to …*** j'ai bien envie de …; ***change one's mind*** changer d'avis; ***it didn't enter my mind*** cela ne m'est pas venu à l'esprit; ***give s.o. a piece of one's mind*** dire son fait à qn; ***make up one's mind*** se décider; ***have sth on one's mind*** être préoccupé par qch; ***keep one's mind on sth*** se concentrer sur qch **2** *v/t* (*look after*) surveiller; (*heed*) faire attention à; ***would you mind answering a few questions?*** est-ce que cela vous dérangerait de répondre à quelques questions?; ***I don't mind herbal tea*** je n'ai rien contre une tisane; ***I don't mind what he thinks*** il peut penser ce qu'il veut, cela m'est égal; ***do you mind if I smoke?, do you mind my smoking?*** cela ne vous dérange pas si je fume?; ***would you mind opening the window?*** pourrais-tu ouvrir la fenê-

tre?; ***mind the step!*** attention à la marche!; ***mind your own business!*** occupe-toi de tes affaires! **3** *v/i*: ***mind!*** (*be careful*) fais attention!; ***never mind!*** peu importe!; ***I don't mind*** cela m'est égal
mind-bog•gling ['maɪndbɑːglɪŋ] *adj* ahurissant
mind•less ['maɪndlɪs] *adj violence* gratuit
mine[1] [maɪn] *pron* le mien *m*, la mienne *f*; *pl* les miens, les miennes; ***it's mine*** c'est à moi
mine[2] [maɪn] **1** *n for coal etc* mine *f* **2** *v/i*: ***mine for*** *coal etc* extraire
mine[3] [maɪn] **1** *n explosive* mine *f* **2** *v/t* miner
'**mine•field** MIL champ *m* de mines; *fig* poudrière *f*
min•er ['maɪnər] mineur *m*
min•e•ral ['mɪnərəl] *n* minéral *m*
'**min•e•ral wa•ter** eau *f* minérale
mine•sweep•er ['maɪnswiːpər] NAUT dragueur *m* de mines
min•gle ['mɪŋgl] *v/i of sounds, smells* se mélanger; *at party* se mêler (aux gens)
min•i ['mɪnɪ] *skirt* minijupe *f*
min•i•a•ture ['mɪnɪʧər] *adj* miniature
'**min•i•bus** minibus *m*
min•i•mal ['mɪnɪməl] *adj* minime
min•i•mal•ism ['mɪnɪməlɪzm] minimalisme *m*
min•i•mize ['mɪnɪmaɪz] *v/t* réduire au minimum; (*downplay*) minimiser
min•i•mum ['mɪnɪməm] **1** *adj* minimal, minimum **2** *n* minimum *m*
min•i•mum '**wage** salaire *m* minimum
min•ing ['maɪnɪŋ] exploitation *f* minière
'**min•i•se•ries** *nsg* TV mini-feuilleton *m*
'**min•i•skirt** minijupe *f*
min•is•ter ['mɪnɪstər] POL, REL ministre *m*
min•is•te•ri•al [mɪnɪ'stɪrɪəl] *adj* ministériel*
min•is•try ['mɪnɪstrɪ] POL ministère *m*
mink [mɪŋk] vison *m*
mi•nor ['maɪnər] **1** *adj* mineur, de peu d'importance; *pain* léger*; ***in D minor*** MUS en ré mineur **2** *n* LAW mineur(e) *m*(*f*)
mi•nor•i•ty [maɪ'nɑːrətɪ] minorité *f*; ***be in the minority*** être en minorité
mint [mɪnt] *n herb* menthe *f*; *chocolate* chocolat *m* à la menthe; *hard candy* bonbon *m* à la menthe
mi•nus ['maɪnəs] **1** *n* (*minus sign*) moins *m* **2** *prep* moins
mi•nus•cule ['mɪnəskjuːl] *adj* minuscule
min•ute[1] ['mɪnɪt] *of time* minute *f*; ***in a minute*** (*soon*) dans une minute; ***just a minute*** une minute *f*, un instant *m*
mi•nute[2] [maɪ'nuːt] *adj* (*tiny*) minuscule; (*detailed*) minutieux*; ***in minute detail*** dans les moindres détails
'**min•ute hand** grande aiguille *f*
mi•nute•ly [maɪ'nuːtlɪ] *adv* (*in detail*) minutieusement; (*very slightly*) très légèrement
min•utes ['mɪnɪts] *npl of meeting* procès-verbal *m*
mir•a•cle ['mɪrəkl] miracle *m*
mi•rac•u•lous [mɪ'rækjʊləs] *adj* miraculeux*
mi•rac•u•lous•ly [mɪ'rækjʊləslɪ] *adv* par miracle
mi•rage [mɪ'rɑːʒ] mirage *m*
mir•ror ['mɪrər] **1** *n* miroir *m*; MOT rétroviseur *m* **2** *v/t* refléter
mis•an•thro•pist [mɪ'zænθrəpɪst] misanthrope *m/f*
mis•ap•pre•hen•sion [mɪsæprɪ'henʃn]: ***be under a misapprehension*** se tromper
mis•be•have [mɪsbə'heɪv] *v/i* se conduire mal
mis•be•hav•ior, *Br* **mis•be•hav•iour** [mɪsbə'heɪvɪər] mauvaise conduite *f*
mis•cal•cu•late [mɪs'kælkjʊleɪt] **1** *v/t* mal calculer **2** *v/i* se tromper dans ses calculs
mis•cal•cu•la•tion [mɪs'kælkjʊleɪʃn] erreur *f* de calcul; *fig* mauvais calcul *m*
mis•car•riage ['mɪskærɪdʒ] MED fausse couche *f*; ***miscarriage of justice*** erreur *f* judiciaire
mis•car•ry ['mɪskærɪ] *v/i* (*pret & pp* ***-ied***) *of plan* échouer
mis•cel•la•ne•ous [mɪsə'leɪnɪəs] *adj* divers; *collection* varié
mis•chief ['mɪsʧɪf] (*naughtiness*) bêtises *fpl*
mis•chie•vous ['mɪsʧɪvəs] *adj* (*naughty*) espiègle; (*malicious*) malveillant
mis•con•cep•tion [mɪskən'sepʃn] idée *f* fausse
mis•con•duct [mɪs'kɑːndʌkt] mauvaise conduite *f*; ***professional misconduct*** faute *f* professionnelle
mis•con•strue [mɪskən'struː] *v/t* mal interpréter
mis•de•mea•nor, *Br* **mis•de•mea•nour** [mɪsdə'miːnər] délit *m*
mi•ser ['maɪzər] avare *m/f*
mis•e•ra•ble ['mɪzrəbl] *adj* (*unhappy*) malheureux*; *weather, performance* épouvantable
mi•ser•ly ['maɪzərlɪ] *adj* avare; *sum* dérisoire
mis•e•ry ['mɪzərɪ] (*unhappiness*) tristesse *f*; (*wretchedness*) misère *f*
mis•fire [mɪs'faɪr] *v/i of scheme* rater; *of joke* tomber à plat
mis•fit ['mɪsfɪt] *in society* marginal(e)

m(f)
mis•for•tune [mɪs'fɔːrʧən] malheur *m*, malchance *f*
mis•giv•ings [mɪs'gɪvɪŋz] *npl* doutes *mpl*
mis•guid•ed [mɪs'gaɪdɪd] *adj* malavisé, imprudent
mis•han•dle [mɪs'hændl] *v/t situation* mal gérer
mis•hap ['mɪshæp] incident *m*
mis•in•form [mɪsɪn'fɔːrm] *v/t* mal informer
mis•in•ter•pret [mɪsɪn'tɜːrprɪt] *v/t* mal interpréter
mis•in•ter•pre•ta•tion [mɪsɪntɜːrprɪ'teɪʃn] mauvaise interprétation *f*
mis•judge [mɪs'dʒʌdʒ] *v/t* mal juger
mis•lay [mɪs'leɪ] *v/t (pret & pp* ***-laid****)* égarer
mis•lead [mɪs'liːd] *v/t (pret & pp* ***-led****)* induire en erreur, tromper
mis•lead•ing [mɪs'liːdɪŋ] *adj* trompeur*
mis•man•age [mɪs'mænɪdʒ] *v/t* mal gérer
mis•man•age•ment [mɪs'mænɪdʒmənt] mauvaise gestion *f*
mis•match ['mɪsmæʧ] divergence *f*
mis•placed ['mɪspleɪst] *adj enthusiasm* déplacé; *loyalty* mal placé
mis•print ['mɪsprɪnt] *n* faute *f* typographique
mis•pro•nounce [mɪsprə'naʊns] *v/t* mal prononcer
mis•pro•nun•ci•a•tion [mɪsprənʌnsɪ'eɪʃn] mauvaise prononciation *f*
mis•read [mɪs'riːd] *v/t (pret & pp* ***-read*** [red]) *word, figures* mal lire; *situation* mal interpréter; ***I must have misread the 6 as 8*** j'ai dû confondre le 6 avec un 8
mis•rep•re•sent [mɪsreprɪ'zent] *v/t* présenter sous un faux jour
miss[1] [mɪs]: ***Miss Smith*** mademoiselle Smith; ***miss!*** mademoiselle!
miss[2] [mɪs] **1** *n* SP coup *m* manqué **2** *v/t* manquer, rater; *bus, train etc* rater; (*not notice*) rater, ne pas remarquer; ***I miss you*** tu me manques; ***I miss New York*** New York me manque; ***I miss having a garden*** je regrette de ne pas avoir de jardin **3** *v/i* rater son coup
mis•shap•en [mɪs'ʃeɪpən] *adj* déformé; *person, limb* difforme
mis•sile ['mɪsəl] *mil* missile *m*; *stone etc* projectile *m*
miss•ing ['mɪsɪŋ] *adj*: ***be missing*** *have disappeared* avoir disparu; *member of school party, one of a set etc* ne pas être là; ***the missing child*** l'enfant qui a disparu; ***one of them is missing*** il en manque un(e)
mis•sion ['mɪʃn] mission *f*
mis•sion•a•ry ['mɪʃənrɪ] REL missionnaire *m/f*
mis•spell [mɪs'spel] *v/t* mal orthographier
mist [mɪst] brume *f*
◆ **mist over** *v/i of eyes* s'embuer
◆ **mist up** *v/i of mirror, window* s'embuer
mis•take [mɪ'steɪk] **1** *n* erreur *f*, faute *f*; ***make a mistake*** faire une erreur, se tromper; ***by mistake*** par erreur **2** *v/t* (*pret* ***mistook****, pp* ***mistaken***) se tromper de; ***mistake s.o./sth for s.o./sth*** prendre qn / qch pour qn / qch d'autre
mis•tak•en [mɪ'steɪkən] **1** *adj* erroné, faux*; ***be mistaken*** faire erreur, se tromper **2** *pp* → ***mistake***
mis•ter ['mɪstər] → ***Mr***
mis•took [mɪ'stʊk] *pret* → ***mistake***
mis•tress ['mɪstrɪs] maîtresse *f*
mis•trust [mɪs'trʌst **1** *n* méfiance *f* **2** *v/t* se méfier de
mist•y ['mɪstɪ] *adj weather* brumeux*; *eyes* embué; ***misty blue*** *color* bleuâtre
mis•un•der•stand [mɪsʌndər'stænd] *v/t* (*pret & pp* ***-stood***) mal comprendre
mis•un•der•stand•ing [mɪsʌndər'stændɪŋ] malentendu *m*
mis•use 1 [mɪs'juːs] *n* mauvais usage *m* **2** [mɪs'juːz] *v/t* faire mauvais usage de; *word* employer à tort
miti•ga•ting cir•cum•stan•ces ['mɪtɪgeɪtɪŋ] *npl* circonstances *fpl* atténuantes
mitt [mɪt] *in baseball* gant *m*
mit•ten ['mɪtən] moufle *f*
mix [mɪks] **1** *n* mélange *m*; *in cooking*: *ready to use* préparation *f* **2** *v/t* mélanger; *cement* malaxer **3** *v/i socially* aller vers les gens, être sociable
◆ **mix up** *v/t* confondre; *get out of order* mélanger; ***mix s.o. up with s.o.*** confondre qn avec qn; ***be mixed up*** *emotionally* être perdu; *of figures, papers* être en désordre; ***be mixed up in*** être mêlé à; ***get mixed up with*** (se mettre à) fréquenter
◆ **mix with** *v/t* (*associate with*) fréquenter
mixed [mɪkst] *adj economy, school, races* mixte; *reactions, reviews* mitigé
mixed 'mar•riage mariage *m* mixte
mix•er ['mɪksər] *for food* mixeur *m*; *drink* boisson non-alcoolisée que l'on mélange avec certains alcools; ***she's a good mixer*** elle est très sociable
mix•ture ['mɪksʧər] mélange *m*; *medicine* mixture *f*
mix-up ['mɪksʌp] confusion *f*
moan [moʊn] **1** *n of pain* gémissement *m* **2** *v/i in pain* gémir
mob [mɑːb] **1** *n* foule *f* **2** *v/t* (*pret & pp* ***-bed***) assaillir

mo•bile ['moʊbəl] **1** *adj* mobile; ***be mobile*** *have car* être motorisé; *willing to travel* être mobile; *after breaking leg etc* pouvoir marcher **2** *n for decoration* mobile *m*; *Br*: *phone* portable *m*
mo•bile 'home mobile home *m*
mo•bile 'phone *Br* téléphone *m* portable
mo•bil•i•ty [mə'bɪlətɪ] mobilité *f*
mob•ster ['mɑːbstər] gangster *m*
mock [mɑːk] **1** *adj* faux*, feint; ***mock exam*** examen *m* blanc **2** *v/t* se moquer de, ridiculiser
mock•e•ry ['mɑːkərɪ] (*derision*) moquerie *f*; (*travesty*) parodie *f*
mock-up ['mɑːkʌp] (*model*) maquette *f*
mode [moʊd] mode *m*
mod•el ['mɑːdl] **1** *adj employee*, *husband* modèle; *boat*, *plane* modèle réduit *inv* **2** *n* (*miniature*) maquette *f*; (*pattern*) modèle *m*; (*fashion model*) mannequin *m*; ***male model*** mannequin *m* homme **3** *v/t* présenter **4** *v/i for designer* être mannequin; *for artist*, *photographer* poser
mo•dem ['moʊdem] modem *m*
mod•e•rate ['mɑːdərət] **1** *adj also* POL modéré **2** *n* POL modéré *m* **3** *v/t* ['mɑːdəreɪt] modérer
mod•e•rate•ly ['mɑːdərətlɪ] *adv* modérément
mod•e•ra•tion [mɑːdə'rəɪʃn] (*restraint*) modération *f*; ***in moderation*** avec modération
mod•ern ['mɑːdərn] *adj* moderne
mod•ern•i•za•tion [mɑːdərnaɪ'zeɪʃn] modernisation *f*
mod•ern•ize ['mɑːdərnaɪz] **1** *v/t* moderniser **2** *v/i* se moderniser
mod•ern 'lan•gua•ges *npl* langues *fpl* vivantes
mod•est ['mɑːdɪst] *adj* modeste; *wage*, *amount* modique
mod•es•ty ['mɑːdɪstɪ] *of house*, *apartment* simplicité *f*; *of wage* modicité *f*; (*lack of conceit*) modestie *f*
mod•i•fi•ca•tion [mɑːdɪfɪ'keɪʃn] modification *f*
mod•i•fy ['mɑːdɪfaɪ] *v/t* (*pret & pp* ***-ied***) modifier
mod•u•lar ['mɑːdʒələr] *adj* modulaire
mod•ule ['mɑːdʒuːl] module *m*
moist [mɔɪst] *adj* humide
moist•en ['mɔɪsn] *v/t* humidifier, mouiller légèrement
mois•ture ['mɔɪsʧər] humidité *f*
mois•tur•iz•er ['mɔɪsʧəraɪzər] *for skin* produit *m* hydratant
mo•lar ['moʊlər] molaire *f*
mo•las•ses [mə'læsɪz] *nsg* mélasse *f*
mold[1] [moʊld] *on food* moisi *m*, moisissure(s) *f*(*pl*)
mold[2] [moʊld] **1** *n* moule *m* **2** *v/t clay etc* modeler; *character*, *person* façonner
mold•y ['moʊldɪ] *adj food* moisi
mole [moʊl] *on skin* grain *m* de beauté; *animal* taupe *f*
mo•lec•u•lar [mə'lekjʊlər] *adj* moléculaire
mol•e•cule ['mɑːlɪkjuːl] molécule *f*
mo•lest [mə'lest] *v/t child*, *woman* agresser (sexuellement)
mol•ly•cod•dle ['mɑːlɪkɑːdl] *v/t* F dorloter
mol•ten ['moʊltən] *adj* en fusion
mom [mɑːm] F maman *f*
mo•ment ['moʊmənt] instant *m*, moment *m*; ***at the moment*** en ce moment; ***for the moment*** pour l'instant
mo•men•tar•i•ly [moʊmən'terɪlɪ] *adv* (*for a moment*) momentanément; (*in a moment*) dans un instant
mo•men•ta•ry ['moʊmənterɪ] *adj* momentané
mo•men•tous [mə'mentəs] *adj* capital
mo•men•tum [mə'mentəm] élan *m*
mon•arch ['mɑːnərk] monarque *m*
mon•as•tery ['mɑːnəstrɪ] monastère *m*
mo•nas•tic [mə'næstɪk] *adj* monastique
Mon•day ['mʌndeɪ] lundi *m*
mon•e•ta•ry ['mɑːnəterɪ] *adj* monétaire
mon•ey ['mʌnɪ] argent *m*; ***I'm not made of money*** je ne suis pas cousu d'or
'mon•ey belt sac *m* banane
mon•ey-lend•er ['mʌnɪlendər] prêteur *m*
'mon•ey mar•ket marché *m* monétaire
'mon•ey or•der mandat *m* postal
mon•grel ['mʌŋgrəl] bâtard *m*
mon•i•tor ['mɑːnɪtər] **1** *n* COMPUT moniteur *m* **2** *v/t* surveiller, contrôler
monk [mʌŋk] moine *m*
mon•key ['mʌŋkɪ] singe *m*; F *child* polisson *m*
◆ **monkey around with** *v/t* F jouer avec; *stronger* trafiquer F
'mon•key wrench clef *f* anglaise
mon•o•gram ['mɑːnəgræm] monogramme *m*
mon•o•grammed ['mɑːnəgræmd] *adj* orné d'un monogramme
mon•o•log, *Br* **mon•o•logue** ['mɑːnəlɑːg] monologue *m*
mo•nop•o•lize [mə'nɑːpəlaɪz] *v/t* exercer un monopole sur; *fig* monopoliser
mo•nop•o•ly [mə'nɑːpəlɪ] monopole *m*
mo•not•o•nous [mə'nɑːtənəs] *adj* monotone
mo•not•o•ny [mə'nɑːtənɪ] monotonie *f*
mon•soon [mɑːn'suːn] mousson *f*
mon•ster ['mɑːnstər] *n* monstre *m*

M

mon•stros•i•ty [mɑːnˈstrɑːsətɪ] horreur *f*
mon•strous [ˈmɑːnstrəs] *adj* monstrueux*
month [mʌnθ] mois *m*
month•ly [ˈmʌnθlɪ] **1** *adj* mensuel* **2** *adv* mensuellement; ***I'm paid monthly*** je suis payé au mois **3** *n magazine* mensuel *m*
Mon•tre•al [mɑːntrɪˈɒːl] Montréal
mon•u•ment [ˈmɑːnjʊmənt] monument *m*
mon•u•ment•al [mɑːnjʊˈmentl] *adj fig* monumental
mood [muːd] (*frame of mind*) humeur *f*; (*bad mood*) mauvaise humeur *f*; *of meeting, country* état *m* d'esprit; ***be in a good / bad mood*** être de bonne / mauvaise humeur; ***be in the mood for*** avoir envie de
mood•y [ˈmuːdɪ] *adj changing moods* lunatique; (*bad-tempered*) maussade
moon [muːn] *n* lune *f*
ˈ**moon•light 1** *n* clair *m* de lune **2** *v/i* F travailler au noir
ˈ**moon•lit** *adj* éclairé par la lune
moor [mʊr] *v/t boat* amarrer
moor•ings [ˈmʊrɪŋz] *npl* mouillage *m*
moose [muːs] orignal *m*
mop [mɑːp] **1** *n for floor* balai-éponge; *for dishes* éponge *f* à manche **2** *v/t* (*pret & pp* **-ped**) *floor* laver; *eyes, face* éponger, essuyer
◆ **mop up** *v/t* éponger; MIL balayer
mope [moʊp] *v/i* se morfondre
mo•ped [ˈmoʊped] *Br* mobylette *f*
mor•al [ˈmɔːrəl] **1** *adj* moral **2** *n of story* morale *f*; ***morals*** moralité *f*
mo•rale [məˈræl] moral *m*
mo•ral•i•ty [məˈrælətɪ] moralité *f*
mor•bid [ˈmɔːrbɪd] *adj* morbide
more [mɔːr] **1** *adj* plus de; ***could you make a few more sandwiches?*** pourriez-vous faire quelques sandwichs de plus?; ***some more tea?*** encore un peu de thé?; ***there's no more coffee*** il n'y a plus de café; ***more and more students / time*** de plus en plus d'étudiants / de temps **2** *adv* plus; ***more important*** plus important; ***more and more*** de plus en plus; ***more or less*** plus ou moins; ***once more*** une fois de plus; ***more than*** plus de; ***I don't live there any more*** je n'habite plus là-bas **3** *pron* plus; ***do you want some more?*** est-ce que tu en veux encore *or* davantage?; ***a little more*** un peu plus
more•o•ver [mɔːˈroʊvər] *adv* de plus
morgue [mɔːrg] morgue *f*
morn•ing [ˈmɔːrnɪŋ] matin *m*; ***in the morning*** le matin; (*tomorrow*) demain matin; ***this morning*** ce matin; ***tomorrow morning*** demain matin; ***good morning*** bonjour
ˈ**morn•ing sick•ness** nausées *fpl* du matin
mo•ron [ˈmɔːrɑːn] F crétin *m*
mo•rose [məˈroʊs] *adj* morose
mor•phine [ˈmɔːrfiːn] morphine *f*
mor•sel [ˈmɔːrsl] morceau *m*
mor•tal [ˈmɔːrtl] **1** *adj* mortel* **2** *n* mortel *m*
mor•tal•i•ty [mɔːrˈtælətɪ] condition *f* mortelle; (*death rate*) mortalité *f*
mor•tar[1] [ˈmɔːrtər] MIL mortier *m*
mor•tar[2] [ˈmɔːrtər] (*cement*) mortier *m*
mort•gage [ˈmɔːrgɪdʒ] **1** *n* prêt *m* immobilier; *on own property* hypothèque *f* **2** *v/t* hypothéquer
mor•ti•cian [mɔːrˈtɪʃn] entrepreneur *m* de pompes funèbres
mor•tu•a•ry [ˈmɔːrtʃʊerɪ] morgue *f*
mo•sa•ic [moʊˈzeɪk] mosaïque *f*
Mos•cow [ˈmɑːskaʊ] Moscou
Mos•lem [ˈmʊzlɪm] **1** *adj* musulman **2** *n* Musulman(e) *m*(*f*)
mosque [mɒsk] mosquée *f*
mos•qui•to [mɑːsˈkiːtoʊ] moustique *m*
moss [mɑːs] mousse *f*
moss•y [ˈmɑːsɪ] *adj* couvert de mousse
most [moʊst] **1** *adj* la plupart de; ***most people*** la plupart des gens **2** *adv* (*very*) extrêmement, très; *play, swim, eat etc* le plus; ***the most beautiful / interesting*** le plus beau / intéressant; ***most of all*** surtout **3** *pron*: ***most of*** la plupart de; ***at (the) most*** au maximum; ***that's the most I can offer*** c'est le maximum que je peux proposer; ***make the most of*** profiter au maximum de
most•ly [ˈmoʊstlɪ] *adv* surtout
mo•tel [moʊˈtel] motel *m*
moth [mɑːθ] papillon *m* de nuit
ˈ**moth•ball** boule *f* de naphtaline
moth•er [ˈmʌðər] **1** *n* mère *f* **2** *v/t* materner
ˈ**moth•er•board** COMPUT carte *f* mère
ˈ**moth•er•hood** maternité *f*
ˈ**Moth•er•ing Sun•day** → ***Mother's Day***
ˈ**moth•er-in-law** (*pl* ***mothers-in-law***) belle-mère *f*
moth•er•ly [ˈmʌðərlɪ] *adj* maternel*
moth•er-of-ˈpearl nacre *f*
ˈ**Moth•er's Day** la fête des Mères
ˈ**moth•er tongue** langue *f* maternelle
mo•tif [moʊˈtiːf] motif *m*
mo•tion [ˈmoʊʃn] **1** *n* (*movement*) mouvement *m*; (*proposal*) motion *f*; ***set things in motion*** mettre les choses en route **2** *v/t*: ***he motioned me forward*** il m'a fait

signe d'avancer
mo•tion•less ['moʊʃnlɪs] *adj* immobile
mo•ti•vate ['moʊtɪveɪt] *v/t* motiver
mo•ti•va•tion [moʊtɪ'veɪʃn] motivation *f*
mo•tive ['moʊtɪv] *for crime* mobile *m*
mo•tor ['moʊtər] moteur *m*
'mo•tor•bike moto *f*
'mo•tor•boat bateau *m* à moteur
mo•tor•cade ['moʊtərkeɪd] cortège *m* (de voitures)
'mo•tor•cy•cle moto *f*
'mo•tor•cy•clist motocycliste *m/f*
'mo•tor home camping-car *m*
mo•tor•ist ['moʊtərɪst] automobiliste *m/f*
'mo•tor me•chan•ic mécanicien(ne) *m(f)*
'mo•tor rac•ing course *f* automobile
'mo•tor•scoot•er scooter *m*
'mo•tor ve•hi•cle véhicule *m* à moteur
'mo•tor•way *Br* autoroute *f*
mot•to ['mɑːtoʊ] devise *f*
mould *etc* [moʊld] *Br* → ***mold*** *etc*
mound [maʊnd] (*hillock*) monticule *m*; (*pile*) tas *m*
mount [maʊnt] **1** *n* (*mountain*) mont *m*; (*horse*) monture *f* **2** *v/t steps*, *photo* monter; *horse*, *bicycle* monter sur; *campaign* organiser **3** *v/i* monter
◆ **mount up** *v/i* s'accumuler, s'additionner
moun•tain ['maʊntɪn] montagne *f*
'moun•tain bike vélo *m* tout-terrain, V.T.T. *m*
moun•tain•eer [maʊntɪ'nɪr] alpiniste *m/f*
moun•tain•eer•ing [maʊntɪ'nɪrɪŋ] alpinisme *m*
moun•tain•ous ['maʊntɪnəs] *adj* montagneux*
mount•ed po•lice ['maʊntɪd] police *f* montée
mourn [mɔːrn] **1** *v/t* pleurer **2** *v/i*: ***mourn for*** pleurer
mourn•er ['mɔːrnər] parent / ami *m* du défunt
mourn•ful ['mɔːrnfl] *adj* triste, mélancolique
mourn•ing ['mɔːrnɪŋ] deuil *m*; ***be in mourning*** être en deuil; ***wear mourning*** porter le deuil
mouse [maʊs] (*pl* ***mice*** [maɪs]) *also* COMPUT souris *f*
'mouse mat COMPUT tapis *m* de souris
mous•tache *Br* → ***mustache***
mouth [maʊθ] *of person* bouche *f*; *of animal* gueule *f*; *of river* embouchure *f*
mouth•ful ['maʊθfʊl] *of food* bouchée *f*; *of drink* gorgée *f*
'mouth•or•gan harmonica *m*
'mouth•piece *of instrument* embouchure *f*; (*spokesperson*) porte-parole *m inv*
mouth-to-'mouth bouche-à-bouche *m*
'mouth•wash bain *m* de bouche
'mouth•wa•ter•ing *adj* alléchant, appétissant
move [muːv] **1** *n* mouvement *m*; *in chess etc* coup *m*; (*step*, *action*) action *f*; (*change of house*) déménagement *m*; ***it's up to you to make the first move*** c'est à toi de faire le premier pas; ***get a move on!*** F grouille-toi! F; ***don't make a move!*** ne bouge pas!, pas un geste! **2** *v/t object* déplacer; *limbs* bouger; (*transfer*) transférer; *emotionally* émouvoir; ***move house*** déménager **3** *v/i* bouger; (*transfer*) être transféré
◆ **move around** *v/i* bouger, remuer; *from place to place* bouger, déménager
◆ **move away** *v/i* s'éloigner, s'en aller; (*move house*) déménager
◆ **move in** *v/i* emménager
◆ **move on** *v/i to another town* partir; ***move on to another subject*** passer à un autre sujet; ***I want to move on*** (***to another job***) je veux changer de travail
◆ **move out** *v/i of house* déménager; *of area* partir
◆ **move up** *v/i in league* monter; (*make room*) se pousser
move•ment ['muːvmənt] *also organization*, MUS mouvement *m*
mov•ers ['muːvərz] *npl* déménageurs *mpl*
mov•ie ['muːvɪ] film *m*; ***go to a / the movies*** aller au cinéma
mov•ie•go•er ['muːvɪgoʊər] amateur *m* de cinéma, cinéphile *m/f*
'mov•ie thea•ter cinéma *m*
mov•ing ['muːvɪŋ] *adj parts of machine* mobile; *emotionally* émouvant
mow [moʊ] *v/t grass* tondre
◆ **mow down** *v/t* faucher
mow•er ['moʊər] tondeuse *f* (à gazon)
MP [em'piː] *abbr Br* POL (***= Member of Parliament***) député *m*; (***= Military Policeman***) membre *m* de la police militaire
mph [empiː'eɪtʃ] *abbr* (***= miles per hour***) miles à l'heure
Mr ['mɪstər] Monsieur, M.
Mrs ['mɪsɪz] Madame, Mme
Ms [mɪz] Madame, Mme
Mt *abbr* (***= Mount***) Mt (= mont)
much [mʌtʃ] **1** *adj* beaucoup de; ***so much money*** tant d'argent; ***as much … as …*** autant (de) … que … **2** *adv* beaucoup; ***very much*** beaucoup; ***too much*** trop **3** *pron* beaucoup; ***nothing much*** pas grand-chose; ***as much as …*** autant que …; ***I thought as much*** c'est bien ce qu'il me semblait

muck [mʌk] (*dirt*) saleté *f*
mu•cus ['mju:kəs] mucus *m*
mud [mʌd] boue *f*
mud•dle ['mʌdl] **1** *n* (*mess*) désordre *m*; (*confusion*) confusion *f* **2** *v/t* embrouiller
◆ **muddle up** *v/t* mettre en désordre; (*confuse*) mélanger
mud•dy ['mʌdɪ] *adj* boueux*
mues•li ['mju:zlɪ] muesli *m*
muf•fin ['mʌfɪn] muffin *m*
muf•fle ['mʌfl] *v/t* étouffer
◆ **muffle up** *v/i* se couvrir, s'emmitoufler
muf•fler ['mʌflər] MOT silencieux *m*
mug[1] [mʌg] *for tea, coffee* chope *f*; F (*face*) gueule *f* F; F *fool* poire *f* F
mug[2] *v/t* (*pret & pp* ***-ged***) (*attack*) agresser, attaquer
mug•ger ['mʌgər] agresseur *m*
mug•ging ['mʌgɪŋ] agression *f*
mug•gy ['mʌgɪ] *adj* lourd, moite
mule [mju:l] *animal* mulet *m*, mule *f*; *slipper* mule *f*
◆ **mull over** [mʌl] *v/t* bien réfléchir à
mul•ti•lat•e•ral [mʌltɪ'lætərəl] *adj* POL multilatéral
mul•ti•lin•gual [mʌltɪ'lɪŋgwəl] *adj* multilingue
mul•ti•me•di•a [mʌltɪ'mi:dɪə] **1** *adj* multimédia **2** *n* multimédia *m*
mul•ti•na•tion•al [mʌltɪ'næʃnl] **1** *adj* multinational **2** *n* COMM multinationale *f*
mul•ti•ple ['mʌltɪpl] *adj* multiple
mul•ti•ple 'choice ques•tion question *f* à choix multiple
mul•ti•ple scle•ro•sis [skle'roʊsɪs] sclérose *f* en plaques
mul•ti•pli•ca•tion [mʌltɪplɪ'keɪʃn] multiplication *f*
mul•ti•ply ['mʌltɪplaɪ] **1** *v/t* (*pret & pp* ***-ied***) multiplier **2** *v/i* se multiplier
mum [mʌm] *Br* maman *f*
mum•ble ['mʌmbl] **1** *n* marmonnement *m* **2** *v/t & v/i* marmonner
mum•my ['mʌmɪ] *Br* F maman *f*
mumps [mʌmps] *nsg* oreillons *mpl*
munch [mʌntʃ] *v/t* mâcher
mu•ni•ci•pal [mju:'nɪsɪpl] *adj* municipal
mu•ral ['mjʊrəl] peinture *f* murale
mur•der ['mɜ:rdər] **1** *n* meurtre *m* **2** *v/t* *person* assassiner; *song* massacrer
mur•der•er ['mɜ:rdərər] meurtrier(-ière) *m*(*f*)
mur•der•ous ['mɜ:rdrəs] *adj rage*, *look* meurtrier*
murk•y ['mɜ:rkɪ] *adj also fig* trouble
mur•mur ['mɜ:rmər] **1** *n* murmure *m* **2** *v/t* murmurer
mus•cle ['mʌsl] muscle *m*
mus•cu•lar ['mʌskjʊlər] *adj pain*, *strain* musculaire; *person* musclé
muse [mju:z] *v/i* songer
mu•se•um [mju:'zɪəm] musée *m*
mush•room ['mʌʃrʊm] **1** *n* champignon *m* **2** *v/i fig* proliférer
mu•sic ['mju:zɪk] musique *f*; *in written form* partition *f*
mu•sic•al ['mju:zɪkl] **1** *adj* musical; *person* musicien*; *voice* mélodieux*, musical **2** *n* comédie *f* musicale
'mu•sic(•al) box boîte *f* à musique
mu•sic•al 'in•stru•ment instrument *m* de musique
mu•si•cian [mju:'zɪʃn] musicien(ne) *m*(*f*)
mus•sel ['mʌsl] moule *f*
must [mʌst] **1** *v/aux* ◇ *necessity* devoir; ***I must be on time*** je dois être à l'heure, il faut que je sois (*subj*) à l'heure; ***I must*** il le faut; ***I mustn't be late*** je ne dois pas être en retard, il ne faut pas que je sois en retard
◇ *probability* devoir; ***it must be about 6 o'clock*** il doit être environ six heures; ***they must have arrived by now*** ils doivent être arrivés maintenant **2** *n*: ***insurance is a must*** l'assurance est obligatoire
mus•tache [mə'stæʃ] moustache *f*
mus•tard ['mʌstərd] moutarde *f*
'must-have F **1** *adj* incontournable **2** *n* must *m*
must•y ['mʌstɪ] *adj room* qui sent le renfermé; *smell* de moisi, de renfermé
mute [mju:t] *adj* muet*
mut•ed ['mju:tɪd] *adj* sourd; *criticism* voilé
mu•ti•late ['mju:tɪleɪt] *v/t* mutiler
mu•ti•ny ['mju:tɪnɪ] **1** *n* mutinerie *f* **2** *v/i* (*pret & pp* ***-ied***) se mutiner
mut•ter ['mʌtər] **1** *v/i* marmonner **2** *v/t* marmonner; *curse*, *insult* grommeler
mut•ton ['mʌtn] mouton *m*
mu•tu•al ['mju:ʧʊəl] *adj* (*reciprocal*) mutuel*, réciproque; (*common*) commun
muz•zle ['mʌzl] **1** *n of animal* museau *m*; *for dog* muselière *f* **2** *v/t*: ***muzzle the press*** bâillonner la presse
my [maɪ] *adj* mon *m*, ma *f*; *pl* mes
my•op•ic [maɪ'ɑ:pɪk] *adj* myope
my•self [maɪ'self] *pron* moi-même; *reflexive* me; *before vowel* m'; *after prep* moi; ***I hurt myself*** je me suis blessé; ***by myself*** tout seul
mys•te•ri•ous [mɪ'stɪrɪəs] *adj* mystérieux*
mys•te•ri•ous•ly [mɪ'stɪrɪəslɪ] *adv* mystérieusement
mys•te•ry ['mɪstərɪ] mystère *m*; (*mystery*

M

story) roman *m* à suspense
mys•ti•fy ['mɪstɪfaɪ] *v/t* (*pret & pp* **-ied**) rendre perplexe; *of tricks* mystifier; ***be mystified*** être perplexe
myth [mɪθ] *also fig* mythe *m*
myth•i•cal ['mɪθɪkl] *adj* mythique
my•thol•o•gy [mɪ'θɑːlədʒɪ] mythologie *f*

N

nab [næb] *v/t* (*pret & pp* **-bed**) F (*take for o.s.*) s'approprier
nag [næg] **1** *v/i* (*pret & pp* **-ged**) *of person* faire des remarques continuelles **2** *v/t* (*pret & pp* **-ged**) harceler; ***nag s.o. to do sth*** harceler qn pour qu'il fasse (*subj*) qch
nag•ging ['nægɪŋ] *adj pain* obsédant; ***I have this nagging doubt that ...*** je n'arrive pas à m'empêcher de penser que ...
nail [neɪl] *for wood* clou *m*; *on finger, toe* ongle *m*
'**nail clip•pers** *npl* coupe-ongles *m inv*
'**nail file** lime *f* à ongles
'**nail pol•ish** vernis *m* à ongles
'**nail pol•ish re•mov•er** [rɪ'muːvər] dissolvant *m*
'**nail scis•sors** *npl* ciseaux *mpl* à ongles
'**nail var•nish** *Br* vernis *m* à ongles
na•ive [naɪ'iːv] *adj* naïf*
na•ked ['neɪkɪd] *adj* nu; ***to the naked eye*** à l'œil nu
name [neɪm] **1** *n* nom *m*; ***what's your name?*** comment vous appelez-vous?; ***call s.o. names*** insulter qn, traiter qn de tous les noms; ***make a name for o.s.*** se faire un nom **2** *v/t* appeler
◆ **name for** *v/t*: ***name s.o. for s.o.*** appeler qn comme qn
name•ly ['neɪmlɪ] *adv* à savoir
'**name•sake** homonyme *m/f*
'**name•tag** *on clothing etc* étiquette *f* (portant le nom du propriétaire)
nan•ny ['nænɪ] nurse *f*
nap [næp] *n* sieste *f*; ***have a nap*** faire une sieste
nape [neɪp]: ***nape*** (***of the neck***) nuque *f*
nap•kin ['næpkɪn] (*table napkin*) serviette *f* (de table); (*sanitary napkin*) serviette *f* hygiénique
nar•cot•ic [nɑːr'kɑːtɪk] *n* stupéfiant *m*
nar'cot•ics a•gent agent *m* de la brigade des stupéfiants
nar•rate ['næreɪt] *v/t sound track* raconter
nar•ra•tion [næ'reɪʃn] (*telling*) narration *f*; *for documentary* commentaire *m*
nar•ra•tive ['nærətɪv] **1** *adj poem, style* narratif* **2** *n* (*story*) récit *m*
nar•ra•tor [næ'reɪtər] narrateur(-trice) *m*(*f*)
nar•row ['næroʊ] *adj* étroit; *victory* serré
nar•row•ly ['næroʊlɪ] *adv win* de justesse; ***narrowly escape sth*** échapper de peu à qch
nar•row-mind•ed [næroʊ'maɪndɪd] *adj* étroit d'esprit
na•sal ['neɪzl] *adj voice* nasillard
nas•ty ['næstɪ] *adj person, thing to say* méchant; *smell* nauséabond; *weather, cut, wound, disease* mauvais
na•tion ['neɪʃn] nation *f*
na•tion•al ['næʃənl] **1** *adj* national **2** *n* national *m*, ressortissant *m*; ***a French national*** un(e) ressortissant(e) *m*(*f*) français(e)
na•tion•al 'an•them hymne *m* national
na•tion•al 'debt dette *f* publique
na•tion•al•ism ['næʃənəlɪzm] nationalisme *m*
na•tion•al•i•ty [næʃə'nælətɪ] nationalité *f*
na•tion•al•ize ['næʃənəlaɪz] *v/t industry etc* nationaliser
na•tion•al 'park parc *m* national
na•tive ['neɪtɪv] **1** *adj* natal; *wit etc* inné; *population* indigène; ***native tongue*** langue *f* maternelle **2** *n* natif(-ive) *m*(*f*); (*tribesman*) indigène *m*
na•tive 'coun•try pays *m* natal
na•tive 'speak•er locuteur *m* natif; ***an English native speaker*** un / une anglophone
NATO ['neɪtoʊ] *abbr* (***= North Atlantic Treaty Organization***) OTAN *f* (= Organisation du traité de l'Atlantique Nord)
nat•u•ral ['nætʃrəl] *adj* naturel*; ***a natural blonde*** une vraie blonde
nat•u•ral 'gas gaz *m* naturel
nat•u•ral•ist ['nætʃrəlɪst] naturaliste *m/f*
nat•u•ral•ize ['nætʃrəlaɪz] *v/t*: ***become naturalized*** se faire naturaliser

N

nat•u•ral•ly ['nætʃərəlɪ] *adv* (*of course*) bien entendu; *behave*, *speak* naturellement, avec naturel; (*by nature*) de nature
nat•u•ral 'sci•ence sciences *fpl* naturelles
na•ture ['neɪtʃər] nature *f*
'na•ture re•serve réserve *f* naturelle
naugh•ty ['nɒːtɪ] *adj* vilain; *photograph*, *word etc* coquin
nau•se•a ['nɒːzɪə] nausée *f*
nau•se•ate ['nɒːzɪeɪt] *v/t fig* écœurer
nau•se•at•ing ['nɒːzɪeɪtɪŋ] *adj* écœurant
nau•seous ['nɒːʃəs] *adj*: ***feel nauseous*** avoir la nausée
nau•ti•cal ['nɒːtɪkl] *adj* nautique, marin
'nau•ti•cal mile mille *m* marin
na•val ['neɪvl] *adj* naval, maritime; *history* de la marine
'na•val base base *f* navale
na•vel ['neɪvl] nombril *m*
nav•i•ga•ble ['nævɪgəbl] *adj river* navigable
nav•i•gate ['nævɪgeɪt] *v/i also* COMPUT naviguer; *in car* diriger
nav•i•ga•tion [nævɪ'geɪʃn] navigation *f*; *in car* indications *fpl*
nav•i•ga•tor ['nævɪgeɪtər] navigateur *m*
na•vy ['neɪvɪ] marine *f*
na•vy 'blue 1 *adj* bleu marine *inv* **2** *n* bleu *m* marine
near [nɪr] **1** *adv* près; ***come nearer*** approche-toi **2** *prep* près de; ***near the bank*** près de la banque **3** *adj* proche; ***the nearest bus stop*** l'arrêt de bus le plus proche; ***in the near future*** dans un proche avenir
near•by [nɪr'baɪ] *adv live* à proximité, tout près
near•ly ['nɪrlɪ] *adv* presque; ***I nearly lost / broke it*** j'ai failli le perdre / casser; ***he was nearly crying*** il était au bord des larmes
near-sight•ed [nɪr'saɪtɪd] *adj* myope
neat [niːt] *adj room*, *desk* bien rangé; *person* ordonné; *in appearance* soigné; *whiskey etc* sec*; *solution* ingénieux*; F (*terrific*) super *inv* F
ne•ces•sar•i•ly ['nesəserəlɪ] *adv* nécessairement, forcément
ne•ces•sa•ry ['nesəserɪ] *adj* nécessaire; ***it is necessary to …*** il faut …
ne•ces•si•tate [nɪ'sesɪteɪt] *v/t* nécessiter
ne•ces•si•ty [nɪ'sesɪtɪ] nécessité *f*
neck [nek] *n* cou *m*; *of dress*, *sweater* col *m*
neck•lace ['neklɪs] collier *m*
'neck•line *of dress* encolure *f*
'neck•tie cravate *f*
née [neɪ] *adj* née
need [niːd] **1** *n* besoin *m*; ***if need be*** si besoin est; ***in need*** dans le besoin; ***be in need of sth*** avoir besoin de qch; ***there's no need to be rude / upset*** ce n'est pas la peine d'être impoli / triste **2** *v/t* avoir besoin de; ***you'll need to buy one*** il faudra que tu en achètes un; ***you don't need to wait*** vous n'êtes pas obligés d'attendre; ***I need to talk to you*** il faut que je te parle; ***need I say more?*** dois-je en dire plus?
nee•dle ['niːdl] aiguille *f*
'nee•dle•work travaux *mpl* d'aiguille
need•y ['niːdɪ] *adj* nécessiteux*
neg•a•tive ['negətɪv] **1** *adj* négatif* **2** *n* PHOT négatif *m*; ***answer in the negative*** répondre par la négative
ne•glect [nɪ'glekt] **1** *n* négligence *f*; *state* abandon *m* **2** *v/t* négliger; ***neglect to do sth*** omettre de faire qch
ne•glect•ed [nɪ'glektɪd] *adj* négligé, à l'abandon; ***feel neglected*** se sentir négligé *or* délaissé
neg•li•gence ['neglɪdʒəns] négligence *f*
neg•li•gent ['neglɪdʒənt] *adj* négligent
neg•li•gi•ble ['neglɪdʒəbl] *adj quantity* négligeable
ne•go•ti•a•ble [nɪ'goʊʃəbl] *adj salary*, *contract* négociable
ne•go•ti•ate [nɪ'goʊʃɪeɪt] **1** *v/i* négocier **2** *v/t deal* négocier; *obstacles* franchir; *bend in road* négocier, prendre
ne•go•ti•a•tion [nɪgoʊʃɪ'eɪʃn] négociation *f*
ne•go•ti•a•tor [nɪ'goʊʃɪeɪtər] négociateur(-trice) *m*(*f*)
Ne•gro ['niːgroʊ] Noir(e) *m*(*f*)
neigh [neɪ] *v/i* hennir
neigh•bor ['neɪbər] voisin(e) *m*(*f*)
neigh•bor•hood ['neɪbərhʊd] *in town* quartier *m*; ***in the neighborhood of*** *fig* environ
neigh•bor•ing ['neɪbərɪŋ] *adj* voisin
neigh•bor•ly ['neɪbərlɪ] *adj* aimable
neigh•bour *etc Br* → ***neighbor*** *etc*
nei•ther ['niːðər] **1** *adj*: ***neither player*** aucun(e) des deux joueurs **2** *pron* ni l'un ni l'autre **3** *adv*: ***neither … nor …*** ni … ni … **4** *conj*: ***neither do / can I*** moi non plus
ne•on light ['niːɑːn] néon *m*
neph•ew ['nefjuː] neveu *m*
nerd [nɜːrd] F barjo *m* F
nerve [nɜːrv] ANAT nerf *m*; (*courage*) courage *m*; (*impudence*) culot *m* F; ***it's bad for my nerves*** ça me porte sur les nerfs; ***she gets on my nerves*** elle me tape sur les nerfs
nerve-rack•ing ['nɜːrvrækɪŋ] *adj* angoissant, éprouvant
ner•vous ['nɜːrvəs] *adj* nerveux*; ***be nervous about doing sth*** avoir peur

de faire qch
ner•vous 'break•down dépression *f* nerveuse
ner•vous 'en•er•gy vitalité *f*; ***be full of nervous energy*** avoir de l'énergie à revendre
ner•vous•ness ['nɜːrvəsnɪs] nervosité *f*
ner•vous 'wreck paquet *m* de nerfs
nerv•y ['nɜːrvɪ] *adj* (*fresh*) effronté, culotté F
nest [nest] *n* nid *m*
nes•tle ['nesl] *v/i* se blottir
Net [net] *n* COMPUT Internet *m*; ***on the Net*** sur Internet
net[1] [net] *n for fishing, tennis etc* filet *m*
net[2] [net] *adj price etc* net*
net 'pro•fit bénéfice *m* net
net•tle ['netl] *n* ortie *f*
'net•work *also* COMPUT réseau *m*
neu•rol•o•gist [nʊ'rɑːlədʒɪst] neurologue *m/f*
neu•ro•sis [nʊ'roʊsɪs] névrose *f*
neu•rot•ic [nʊ'rɑːtɪk] *adj* névrosé
neu•ter ['nuːtər] *v/t animal* castrer
neu•tral ['nuːtrl] **1** *adj* neutre **2** *n gear* point *m* mort; ***in neutral*** au point mort
neu•tral•i•ty [nuː'trælətɪ] neutralité *f*
neu•tral•ize ['nuːtrəlaɪz] *v/t* neutraliser
nev•er ['nevər] *adv* jamais; ***I've never been to New York*** je ne suis jamais allé à New York; ***you're never going to believe this*** tu ne vas jamais me croire; ***he never said that, did he?*** il n'a pas pu dire cela!; ***you never promised, did you?*** tu n'as rien promis?; ***never!*** *in disbelief*: non!
nev•er-'end•ing *adj* continuel*, interminable
nev•er•the•less [nevərðə'les] *adv* néanmoins
new [nuː] *adj* nouveau*; (*not used*) neuf*; ***this system is still new to me*** je ne suis pas encore habitué à ce système; ***I'm new to the job*** je suis nouveau dans le métier?; ***that's nothing new*** vous ne m'apprenez rien
'new•born *adj* nouveau-né
new•com•er ['nuːkʌmər] nouveau venu *m*, nouvelle venue *f*
New•found•land ['nuːfʌndlʌnd] Terre-Neuve *f*
new•ly ['nuːlɪ] *adv* (*recently*) récemment, nouvellement
'new•ly-weds [wedz] *npl* jeunes mariés *mpl*
new 'moon nouvelle lune *f*
news [nuːz] *nsg* nouvelle(s) *f(pl)*; *on TV, radio* informations *fpl*; ***that's news to me!*** on en apprend tous les jours!
'news a•gen•cy agence *f* de presse
'news•cast TV journal *m* télévisé
'news•cast•er TV présentateur(-trice) *m(f)*
'news•deal•er marchand(e) *m(f)* de journaux
'news flash flash *m* d'information
'news•pa•per journal *m*
'news•read•er TV *etc* présentateur(-trice) *m(f)*
'news re•port reportage *m*
'news•stand kiosque *m* à journaux
'news•ven•dor vendeur(-euse) *m(f)* de journaux
'New Year nouvel an *m*; ***Happy New Year!*** Bonne année!
New Year's 'Day jour *m* de l'an
New Year's 'Eve la Saint-Sylvestre
New Zea•land ['ziːlənd] la Nouvelle-Zélande *f*
New Zea•land•er ['ziːləndər] Néo-Zélandais(e) *m(f)*
next [nekst] **1** *adj* prochain; ***the next house / door*** la maison / porte d'à côté; ***the next week / month he came back again*** il est revenu la semaine suivante / le mois suivant; ***who's next?*** *to be served, interviewed etc* c'est à qui (le tour)? **2** *adv* (*after*) ensuite, après; ***next to*** (*beside, in comparison with*) à côté de
next-'door 1 *adj neighbor* d'à côté **2** *adv live* à côté
next of 'kin parent *m* le plus proche; ***have the next of kin been informed?*** est-ce qu'on a prévenu la famille?
nib•ble ['nɪbl] *v/t cheese* grignoter; *ear* mordiller
nice [naɪs] *adj* agréable; *person also* sympathique; *house, hair* beau*; ***be nice to your sister!*** sois gentil* avec ta sœur!; ***that's very nice of you*** c'est très gentil de votre part
nice•ly ['naɪslɪ] *adv written, presented, welcome, treat* bien; (*pleasantly*) agréablement, joliment
ni•ce•ties ['naɪsətɪz] *npl*: ***social niceties*** mondanités *fpl*
niche [niːʃ] *in market* créneau *m*; (*special position*) place *f*
nick [nɪk] *n on face, hand* coupure *f*; ***in the nick of time*** juste à temps
nick•el ['nɪkl] nickel *m*; *coin* pièce *f* de cinq cents
'nick•name *n* surnom n
niece [niːs] nièce *f*
nig•gard•ly ['nɪgərdlɪ] *adj amount* maigre; *person* avare
night [naɪt] nuit *f*; (*evening*) soir *m*; ***tomorrow night*** demain soir; ***11 o'clock***

at night onze heures du soir; ***travel by night*** voyager de nuit; ***during the night*** pendant la nuit; ***stay the night*** passer la nuit; ***work nights*** travailler de nuit; ***good night*** *going to bed* bonne nuit; *leaving office, friends' house etc* bonsoir; ***in the middle of the night*** en pleine nuit
'night•cap *drink* boisson *f* du soir
'night•club boîte *f* de nuit
'night•dress chemise *f* de nuit
'night•fall: ***at nightfall*** à la tombée de la nuit
'night flight vol *m* de nuit
'night•gown chemise *f* de nuit
nigh•tin•gale ['naɪtɪŋgeɪl] rossignol *m*
'night•life vie *f* nocturne
night•ly ['naɪtlɪ] **1** *adj* de toutes les nuits; *in evening* de tous les soirs **2** *adv* toutes les nuits; *in evening* tous les soirs
'night•mare *also fig* cauchemar *m*
'night por•ter gardien *m* de nuit
'night school cours *mpl* du soir
'night shift équipe *f* de nuit
'night•shirt chemise *f* de nuit (d'homme)
'night•spot boîte *f* (de nuit)
'night•time: ***at nighttime, in the nighttime*** la nuit
nil [nɪl] *Br* zéro
nim•ble ['nɪmbl] *adj* agile; *mind* vif*
nine [naɪn] neuf
nine•teen [naɪn'tiːn] dix-neuf
nine•teenth ['naɪntiːnθ] dix-neuvième; → ***fifth***
nine•ti•eth ['naɪntɪɪθ] quatre-vingt-dixième
nine•ty ['naɪntɪ] quatre-vingt-dix
ninth [naɪnθ] neuvième; → ***fifth***
nip [nɪp] *n* (*pinch*) pincement *m*; (*bite*) morsure *f*
nip•ple ['nɪpl] mamelon *m*
ni•tro•gen ['naɪtrədʒn] azote *m*
no [noʊ] **1** *adv* non **2** *adj* aucun, pas de; ***there's no coffee left*** il ne reste plus de café; ***I have no family / money*** je n'ai pas de famille/d'argent; ***I have no idea*** je n'en ai aucune idée; ***I'm no linguist / expert*** je n'ai rien d'un linguiste / expert; ***no smoking / parking*** défense de fumer / de stationner
no•bil•i•ty [noʊ'bɪlətɪ] noblesse *f*
no•ble ['noʊbl] *adj* noble
no•bod•y ['noʊbədɪ] **1** *pron* personne; ***nobody knows*** personne ne le sait; ***there was nobody at home*** il n'y avait personne **2** *n*: ***he's a nobody*** c'est un nul
nod [nɑːd] **1** *n* signe *m* de tête **2** *v/i* (*pret & pp* ***-ded***) faire un signe de tête
◆ **nod off** *v/i* (*fall asleep*) s'endormir
no-hop•er [noʊ'hoʊpər] F raté(e) *m*(*f*) F
noise [nɔɪz] bruit *m*
nois•y ['nɔɪzɪ] *adj* bruyant; ***be noisy*** *of person* faire du bruit
nom•i•nal ['nɑːmɪnl] *adj* nominal; (*token*) symbolique
nom•i•nate ['nɑːmɪneɪt] *v/t* (*appoint*) nommer; ***nominate s.o. for a post*** (*propose*) proposer qn pour un poste
nom•i•na•tion [nɑːmɪ'neɪʃn] (*appointment*) nomination *f*; (*person proposed*) candidat *m*; ***who was your nomination?*** qui aviez-vous proposé pour le poste?
nom•i•nee [nɑːmɪ'niː] candidat *m*
non ... [nɑːn] non ...
non•al•co'hol•ic *adj* non alcoolisé
non•a•ligned ['nɑːnəlaɪnd] *adj* non-aligné
non•cha•lant ['nɑːnʃəlɑːnt] *adj* nonchalant
non•com•mis•sioned 'of•fi•cer ['nɑːnkəmɪʃnd] sous-officier *m*
non•com•mit•tal [nɑːnkə'mɪtl] *adj person, response* évasif*
non•de•script ['nɑːndɪskrɪpt] *adj* quelconque; *color* indéfinissable
none [nʌn] *pron* aucun(e); ***none of the students*** aucun des étudiants; ***there is / are none left*** il n'en reste plus; ***none of the water was left*** il ne restait pas une seule goutte d'eau
non•en•ti•ty [nɑːn'entətɪ] être *m* insignifiant
none•the•less [nʌnðə'les] *adv* néanmoins
non•ex•ist•ent *adj* inexistant
non'fic•tion ouvrages *mpl* non littéraires
non•(in)'flam•ma•ble *adj* ininflammable
non•in•ter'fer•ence non-ingérence *f*
non•in•ter'ven•tion non-intervention *f*
non-'i•ron *adj shirt* infroissable
'no-no: ***that's a no-no*** F c'est hors de question
no-'non•sense *adj approach* pragmatique
non'pay•ment non-paiement *m*
non•pol'lut•ing *adj* non polluant
non'res•i•dent *n* non-résident *m*; *in hotel* client *m* de passage
non•re'turn•a•ble *adj deposit* non remboursable
non•sense ['nɑːnsəns] absurdité(s) *f*(*pl*); ***don't talk nonsense*** ne raconte pas n'importe quoi; ***nonsense, it's easy!*** mais non, c'est facile!, n'importe quoi, c'est facile!
non'skid *adj tires* antidérapant
non'slip *adj surface* antidérapant
non'smok•er *person* non-fumeur(-euse)

m(f)
non'stand•ard *adj* non standard *inv*; *use of word* impropre
non'stick *adj pan* antiadhésif*
non'stop 1 *adj flight, train* direct; *chatter* incessant **2** *adv fly, travel* sans escale; *chatter, argue* sans arrêt
non'swim•mer: ***be a nonswimmer*** ne pas savoir nager
non'u•nion *adj worker* non syndiqué
non'vi•o•lence non-violence *f*
non'vi•o•lent *adj* non-violent
noo•dles ['nu:dlz] *npl* nouilles *fpl*
nook [nʊk] coin *m*
noon [nu:n] midi *m*; ***at noon*** à midi
noose [nu:s] nœud *m* coulant
nor [nɔ:r] *conj* ni; ***I neither know nor care what he's doing*** je ne sais pas ce qu'il fait et ça ne m'intéresse pas non plus; ***nor do I*** moi non plus
norm [nɔ:rm] norme *f*
nor•mal ['nɔ:rml] *adj* normal
nor•mal•i•ty [nɔ:r'mæləti] normalité *f*
nor•mal•ize ['nɔ:rməlaiz] *v/t relationships* normaliser
nor•mal•ly ['nɔ:rməli] *adv* normalement
Norman 1 *adj* normand **2** *n* Normand(e) *m(f)*
north [nɔ:rθ] **1** *n* nord *m*; ***to the north of*** au nord de **2** *adj* nord *inv*; *wind* du nord; ***north Chicago*** le nord de Chicago **3** *adv travel* vers le nord; ***north of*** au nord de
North A'mer•i•ca Amérique *f* du Nord
North A'mer•i•can 1 *adj* nord-américain **2** *n* Nord-Américain(e) *m(f)*
north'east 1 *n* nord-est *m* **2** *adj* nord-est *inv*; *wind* du nord-est **3** *adv travel* vers le nord-est; ***northeast of*** au nord-est de
nor•ther•ly ['nɔ:rðərli] *adj wind* du nord; *direction* vers le nord
nor•thern ['nɔ:rðərn] du nord
nor•thern•er ['nɔ:rðərnər] habitant *m* du Nord
North Ko're•a Corée *f* du Nord
North Ko're•an 1 *adj* nord-coréen* **2** *n* Nord-Coréen(ne) *m(f)*
North 'Pole pôle *m* Nord
North 'Sea Mer *f* du Nord
north•ward ['nɔ:rðwərd] *adv travel* vers le nord
north•west [nɔ:rð'west] **1** *n* nord-ouest *m* **2** *adj* nord-ouest *inv*; *wind* du nord-ouest **3** *adv travel* vers le nord-ouest; ***northwest of*** au nord-ouest de
Nor•way ['nɔ:rwei] Norvège *f*
Nor•we•gian [nɔ:r'wi:dʒn] **1** *adj* norvégien* **2** *n* Norvégien(ne) *m(f)*; *language* norvégien *m*
nose [noʊz] nez *m*; ***it was right under my nose!*** c'était juste sous mon nez
◆ **nose around** *v/i* F fouiner, fureter
'nose•bleed: ***have a nosebleed*** saigner du nez
nos•tal•gia [nɑ:'stældʒə] nostalgie *f*
nos•tal•gic [nɑ:'stældʒik] *adj* nostalgique
nos•tril ['nɑ:strəl] narine *f*
nos•y ['noʊzi] *adj* F curieux*, indiscret*
not [nɑ:t] *adv* ◇ *with verbs* ne … pas; ***it's not allowed*** ce n'est pas permis; ***he didn't help*** il n'a pas aidé
◇ pas; ***not now*** pas maintenant; ***not there*** pas là; ***not a lot*** pas beaucoup
no•ta•ble ['noʊtəbl] *adj* notable
no•ta•ry ['noʊtəri] notaire *m*
notch [nɑ:tʃ] *n* entaille *f*
note [noʊt] *n* MUS, *(memo to self, comment on text)* note *f*; *(short letter)* mot *m*; ***take notes*** prendre des notes; ***take note of sth*** noter qch, prendre note de qch
◆ **note down** *v/t* noter
'note•book carnet *m*; COMPUT ordinateur *m* bloc-notes
not•ed ['noʊtid] *adj* célèbre
'note•pad bloc-notes *m*
'note•pa•per papier *m* à lettres
noth•ing ['nʌθiŋ] *pron* rien; ***she said nothing*** elle n'a rien dit; ***nothing but*** rien que; ***nothing much*** pas grand-chose; ***for nothing*** *(for free)* gratuitement; *(for no reason)* pour un rien; ***I'd like nothing better*** je ne demande pas mieux; ***nothing new*** rien de neuf
no•tice ['noʊtis] **1** *n on bulletin board, in street* affiche *f*; *(advance warning)* avertissement *m*, préavis *m*; *in newspaper* avis *m*; *to leave job* démission *f*; *to leave house* préavis *m*; ***at short notice*** dans un délai très court; ***until further notice*** jusqu'à nouvel ordre; ***give s.o. his / her notice*** *to quit job* congédier qn, renvoyer qn; ***notice s.o.*** *to leave house* donner congé à qn; ***hand in one's notice*** *to employer* donner sa démission; ***four weeks' notice*** un préavis de quatre semaines; ***take notice of s.o./sth*** faire attention à qn / qch; ***take no notice of s.o./sth*** ne pas faire attention à qn / qch **2** *v/t* remarquer
no•tice•a•ble ['noʊtisəbl] *adj* visible
no•ti•fy ['noʊtifai] *v/t* *(pret & pp **-ied**)*: ***notify s.o. of sth*** signaler qch à qn
no•tion ['noʊʃn] idée *f*
no•tions ['noʊʃnz] *npl* articles *mpl* de mercerie
no•to•ri•ous [noʊ'tɔ:riəs] *adj* notoire; ***be notorious for*** être bien connu pour
nou•gat ['nu:gət] nougat *m*

noun [naʊn] substantif *m*, nom *m*
nou•rish•ing ['nʌrɪʃɪŋ] *adj* nourrissant
nou•rish•ment ['nʌrɪʃmənt] nourriture *f*
nov•el ['nɑːvl] *n* roman *m*
nov•el•ist ['nɑːvlɪst] romancier(-ière) *m(f)*
no•vel•ty ['nɑːvəltɪ] nouveauté *f*
No•vem•ber [noʊ'vembər] novembre *m*
nov•ice ['nɑːvɪs] (*beginner*) novice *m*, débutant *m*
now [naʊ] *adv* maintenant; ***now and again, now and then*** de temps à autre; ***by now*** maintenant; ***from now on*** dorénavant, désormais; ***right now*** (*immediately*) tout de suite; (*at this moment*) à l'instant même; ***just now*** (*at this moment*) en ce moment, maintenant; (*a little while ago*) à l'instant; ***now, now!*** allez allez!; ***now, where did I put it?*** où est-ce que j'ai bien pu le mettre?
now•a•days ['naʊədeɪz] *adv* aujourd'hui, de nos jours
no•where ['noʊwer] *adv* nulle part; ***it's nowhere near finished*** c'est loin d'être fini
noz•zle ['nɑːzl] *of hose* ajutage *m*; *of engine, gas pipe etc* gicleur *m*
nu•cle•ar ['nuːklɪər] *adj* nucléaire
nu•cle•ar 'en•er•gy énergie *f* nucléaire
nu•cle•ar fis•sion ['fɪʃn] fission *f* nucléaire
'nu•cle•ar-free *adj* interdit au nucléaire
nu•cle•ar 'phys•ics physique *f* nucléaire
nu•cle•ar 'pow•er *energy* énergie *f* nucléaire; POL puissance *f* nucléaire
nu•cle•ar 'pow•er sta•tion centrale *f* nucléaire
nu•cle•ar re'ac•tor réacteur *m* nucléaire
nu•cle•ar 'waste déchets *mpl* nucléaires
nu•cle•ar 'weap•on arme *f* nucléaire
nude [nuːd] **1** *adj* nu **2** *n painting* nu *m*; ***in the nude*** tout nu
nudge [nʌdʒ] *v/t person* donner un coup de coude à; *parked car* pousser (un peu)
nud•ist ['nuːdɪst] *n* nudiste *m/f*
nui•sance ['nuːsns] *person, thing* peste *f*, plaie *f* F; *event, task* ennui *m*; ***make a nuisance of o.s.*** être embêtant F; ***what a nuisance!*** que c'est agaçant!
nuke [nuːk] *v/t* F détruire à l'arme atomique
null and 'void [nʌl] *adj* nul* et non avenu
numb [nʌm] *adj* engourdi; *emotionally* insensible
num•ber ['nʌmbər] **1** *n* nombre *m*; *symbol* chiffre *m*; *of hotel room, house, phone number etc* numéro *m* **2** *v/t* (*put a number on*) numéroter
nu•mer•al ['nuːmərəl] chiffre *m*
nu•me•rate ['nuːmərət] *adj*: ***be numerate*** savoir compter
nu•me•rous ['nuːmərəs] *adj* nombreux*
nun [nʌn] religieuse *f*
nurse [nɜːrs] *n* infirmier(-ière) *m(f)*
nur•se•ry ['nɜːrsərɪ] (*nursery school*) maternelle *f*; *for plants* pépinière *f*
'nur•se•ry rhyme comptine *f*
'nur•se•ry school école *f* maternelle
'nur•se•ry school teach•er instituteur *m* de maternelle
nurs•ing ['nɜːrsɪŋ] profession *f* d'infirmier; ***she went into nursing*** elle est devenue infirmière
'nurs•ing home *for old people* maison *f* de retraite
nut [nʌt] (*walnut*) noix *f*; (*Brazil*) noix *f* du Brésil; (*hazelnut*) noisette *f*; (*peanut*) cacahuète *f*; *for bolt* écrou *m*; ***nuts*** F (*testicles*) couilles *fpl* P
'nut•crack•ers *npl* casse-noisettes *m inv*
nu•tri•ent ['nuːtrɪənt] élément *m* nutritif
nu•tri•tion [nuː'trɪʃn] nutrition *f*
nu•tri•tious [nuː'trɪʃəs] *adj* nutritif*
nuts [nʌts] *adj* F (*crazy*) fou*; ***be nuts about s.o.*** être fou de qn
'nut•shell: ***in a nutshell*** en un mot
nut•ty ['nʌtɪ] *adj taste* de noisettes; *chocolate* aux noisettes; F (*crazy*) fou*
ny•lon ['naɪlɑːn] **1** *adj* en nylon **2** *n* nylon *m*

oak [oʊk] chêne *m*
oar [ɔːr] aviron *m*, rame *f*
o•a•sis [oʊ'eɪsɪs] (*pl* ***oases*** [oʊ'eɪsiːz]) *also fig* oasis *f*
oath [oʊθ] LAW serment *m*; (*swearword*) juron *m*; ***be on oath*** être sous serment
oats [oʊts] *npl* avoine *f*
o•be•di•ence [oʊ'biːdɪəns] obéissance *f*
o•be•di•ent [oʊ'biːdɪənt] *adj* obéissant
o•be•di•ent•ly [oʊ'biːdɪəntlɪ] *adv* docilement
o•bese [oʊ'biːs] *adj* obèse
o•bes•i•ty [oʊ'biːsɪtɪ] obésité *f*
o•bey [oʊ'beɪ] *v/t* obéir à
o•bit•u•a•ry [oʊ'bɪʧuerɪ] nécrologie *f*
ob•ject¹ ['ɑːbdʒɪkt] *n* (*thing*) objet *m*; (*aim*) objectif *m*, but *m*; GRAM complément *m* d'objet
ob•ject² [əb'dʒekt] *v/i* protester; ***if nobody objects*** si personne n'y voit d'objection
◆ **object to** *v/t* s'opposer à; ***I object to that*** je ne suis pas d'accord avec ça
ob•jec•tion [əb'dʒekʃn] objection *f*
ob•jec•tio•na•ble [əb'dʒekʃnəbl] *adj* (*unpleasant*) désagréable
ob•jec•tive [əb'dʒektɪv] **1** *adj* objectif* **2** *n* objectif *m*
ob•jec•tive•ly [əb'dʒektɪvlɪ] *adv* objectivement
ob•jec•tiv•i•ty [ɑːbdʒek'tɪvətɪ] objectivité *f*
ob•li•ga•tion [ɑːblɪ'geɪʃn] obligation *f*; ***be under an obligation to s.o.*** être redevable (de qch) à qn, avoir une dette envers qn
ob•lig•a•to•ry [ə'blɪgətɔːrɪ] *adj* obligatoire
o•blige [ə'blaɪdʒ] *v/t*: ***much obliged!*** merci beaucoup!
o•blig•ing [ə'blaɪdʒɪŋ] *adj* serviable, obligeant
o•blique [ə'bliːk] **1** *adj reference* indirect; *line* oblique **2** *n in punctuation* barre *f* oblique
o•blit•er•ate [ə'blɪtəreɪt] *v/t city* détruire; *memory* effacer
o•bliv•i•on [ə'blɪvɪən] oubli *m*; ***fall into oblivion*** tomber dans l'oubli
o•bliv•i•ous [ə'blɪvɪəs] *adj*: ***be oblivious of to sth*** ne pas être conscient de qch
ob•long ['ɑːblɑːŋ] **1** *adj* oblong* **2** *n* rectangle *m*
ob•nox•ious [ɑːb'nɑːkʃəs] *adj person* odieux*; *smell* abominable
ob•scene [ɑːb'siːn] *adj* obscène; *salary*, *poverty* scandaleux*
ob•scen•i•ty [əb'senətɪ] obscénité *f*
ob•scure [əb'skjʊr] *adj* obscur; *village* inconnu
ob•scu•ri•ty [əb'skjʊrətɪ] (*anonymity*) obscurité *f*
ob•ser•vance [əb'zɜːrvns] observance *f*
ob•ser•vant [əb'zɜːrvnt] *adj* observateur*
ob•ser•va•tion [ɑːbzər'veɪʃn] observation *f*
ob•ser•va•to•ry [əb'zɜːrvətɔːrɪ] observatoire *m*
ob•serve [əb'zɜːrv] *v/t* observer, remarquer
ob•serv•er [əb'zɜːrvər] observateur (-trice) *m*(*f*)
ob•sess [ɑːb'ses] *v/t*: ***be obsessed by*** or ***with*** être obsédé par
ob•ses•sion [ɑːb'seʃn] obsession *f* (***with*** de)
ob•ses•sive [ɑːb'sesɪv] *adj person*, *behavior* obsessionnel*
ob•so•lete ['ɑːbsəliːt] *adj* obsolète
ob•sta•cle ['ɑːbstəkl] *also fig* obstacle *m*
ob•ste•tri•cian [ɑːbstə'trɪʃn] obstétricien(ne) *m*(*f*)
ob•stet•rics [ɑːb'stetrɪks] *nsg* obstétrique *f*
ob•sti•na•cy ['ɑːbstɪnəsɪ] entêtement *m*, obstination *f*
ob•sti•nate ['ɑːbstɪnət] *adj* obstiné
ob•sti•nate•ly ['ɑːbstɪnətlɪ] *adv* avec obstination, obstinément
ob•struct [ɑːb'strʌkt] *v/t road*, *passage* bloquer, obstruer; *investigation* entraver; *police* gêner
ob•struc•tion [əb'strʌkʧn] *on road etc* obstacle *m*
ob•struc•tive [əb'strʌktɪv] *adj behavior* qui met des bâtons dans les roues; *tactics* obstructionniste
ob•tain [əb'teɪn] *v/t* obtenir
ob•tain•a•ble [əb'teɪnəbl] *adj products* disponible
ob•tru•sive [əb'truːsɪv] *adj person*, *noise etc* importun; *object* voyant
ob•tuse [əb'tuːs] *adj fig* obtus
ob•vi•ous ['ɑːbvɪəs] *adj* évident, manifeste; (*not subtle*) flagrant, lourd
ob•vi•ous•ly ['ɑːbvɪəslɪ] *adv* manifestement; ***obviously!*** évidemment!

oc•ca•sion [ə'keɪʒn] (*time*) occasion *f*
oc•ca•sion•al [ə'keɪʒənl] *adj* occasionnel*; ***I like the occasional whiskey*** j'aime prendre un whisky de temps en temps
oc•ca•sion•al•ly [ə'keɪʒənlɪ] *adv* de temps en temps, occasionnellement
oc•cult [ə'kʌlt] **1** *adj* occulte **2** *n*: ***the occult*** les sciences *fpl* occultes
oc•cu•pant ['ɑːkjʊpənt] occupant(e) *m(f)*
oc•cu•pa•tion [ɑːkjʊ'peɪʃn] (*job*) métier *m*, profession *f*; *of country* occupation *f*
oc•cu•pa•tion•al 'ther•a•pist [ɑːkjʊ'peɪʃnl] ergothérapeute *m/f*
oc•cu•pa•tion•al 'ther•a•py ergothérapie *f*
oc•cu•py ['ɑːkjʊpaɪ] *v/t* (*pret & pp* **-ied**) occuper; ***occupy one's mind*** s'occuper l'esprit
oc•cur [ə'kɜːr] *v/i* (*pret & pp* **-red**) (*happen*) avoir lieu, se produire; ***it occurred to me that …*** il m'est venu à l'esprit que …
oc•cur•rence [ə'kɜːrəns] (*event*) fait *m*
o•cean ['oʊʃn] océan *m*
o•ce•a•nog•ra•phy [oʊʃn'ɑːgrəfɪ] océanographie *f*
o'clock [ə'klɑːk]: ***at five o'clock*** à cinq heures
Oc•to•ber [ɑːk'toʊbər] octobre *m*
oc•to•pus ['ɑːktəpəs] pieuvre *f*
OD [oʊ'diː] *v/i* F: ***OD on*** *drug* faire une overdose de
odd [ɑːd] *adj* (*strange*) bizarre; (*not even*) impair; ***the odd one out*** l'intrus; ***50 odd*** 50 et quelques, une cinquantaine
'odd•ball F original *m*
odds [ɑːdz] *npl*: ***be at odds with*** être en désaccord avec; ***the odds are 10 to one*** *betting* la cote est à 10 contre 1; ***the odds are that …*** il y a de fortes chances que …; ***against all the odds*** contre toute attente
odds and 'ends *npl* petites choses *fpl*, bricoles *fpl*
'odds-on *adj*: ***the odds-on favorite*** le grand favori
o•di•ous ['oʊdɪəs] *adj* odieux*
o•dom•e•ter [oʊ'dɑːmətər] odomètre *m*
o•dor, *Br* **o•dour** ['oʊdər] odeur *f*
of [ɑːv], [əv] *prep possession* de; ***the name of the street / hotel*** le nom de la rue / de l'hôtel; ***the color of the paper*** la couleur du papier; ***the works of Dickens*** les œuvres de Dickens; ***five minutes of ten*** dix heures moins cinq; ***die of cancer*** mourir d'un cancer; ***love of money / adventure*** l'amour de l'argent/-l'aventure; ***of the three this is …*** des trois, c'est …; ***that's nice of him*** c'est gentil de sa part
off [ɑːf] **1** *prep*: ***off the main road*** *away from* en retrait de la route principale; *near* près de la route principale; ***$20 off the price*** 20 dollars de réduction; ***he's off his food*** il n'a pas d'appétit **2** *adv*: ***be off*** *of light*, *TV*, *machine* être éteint; *of brake* être desserré; *of lid*, *top* ne pas être mis; *not at work* ne pas être là; *canceled* être annulé; ***we're off tomorrow*** *leaving* nous partons demain; ***I'm off to New York*** je m'en vais à New York; ***I must be off*** il faut que je m'en aille (*subj*); ***with his pants / hat off*** sans son pantalon / chapeau; ***take a day off*** prendre un jour de congé; ***it's 3 miles off*** c'est à 3 miles; ***it's a long way off*** c'est loin; ***he got into his car and drove off*** il est monté dans sa voiture et il est parti; ***off and on*** de temps en temps **3** *adj*: ***the off switch*** le bouton d'arrêt
of•fence *Br* → ***offense***
of•fend [ə'fend] *v/t* (*insult*) offenser, blesser
of•fend•er [ə'fendər] LAW délinquant(e) *m(f)*
of•fense [ə'fens] LAW *minor* infraction *f*; *serious* délit *m*; ***take offense at sth*** s'offenser de qch
of•fen•sive [ə'fensɪv] **1** *adj behavior*, *remark* offensant, insultant; *smell* repoussant **2** *n* MIL offensive *f*; ***go on(to) the offensive*** passer à l'offensive
of•fer ['ɑːfər] **1** *n* offre *f* **2** *v/t* offrir; ***offer s.o. sth*** offrir qch à qn
off'hand **1** *adj attitude* désinvolte **2** *adv* comme ça
of•fice ['ɑːfɪs] bureau *m*; (*position*) fonction *f*
'of•fice block immeuble *m* de bureaux
'of•fice hours *npl* heures *fpl* de bureau
of•fi•cer ['ɑːfɪsər] MIL officier *m*; *in police* agent *m* de police
of•fi•cial [ə'fɪʃl] **1** *adj* officiel* **2** *n civil servant etc* fonctionnaire *m/f*
of•fi•cial•ly [ə'fɪʃlɪ] *adv* officiellement; (*strictly speaking*) en théorie
of•fi•ci•ate [ə'fɪʃɪeɪt] *v/i* officier
of•fi•cious [ə'fɪʃəs] *adj* trop zélé
'off-line **1** *adj* hors connexion **2** *adv work* hors connexion; ***go off-line*** se déconnecter
'off-peak *adj rates* en période creuse
'off-sea•son **1** *adj rates*, *vacation* hors-saison **2** *n* basse saison *f*
'off•set *v/t* (*pret & pp* **-set**) *losses*, *disadvantage* compenser
'off•shore *adj* offshore

'**off•side 1** *adj Br wheel etc* côté conducteur **2** *adv* SP hors jeu
'**off•spring** progéniture *f*
'**off-the-rec•ord** *adj* officieux*
'**off-white** *adj* blanc cassé *inv*
of•ten ['ɑːfn] *adv* souvent; ***how often do you go there?*** vous y allez tous les combien?; ***how often have you been there?*** combien de fois y êtes-vous allé?; ***every so often*** de temps en temps
oil [ɔɪl] **1** *n* huile *f*; *petroleum* pétrole *m* **2** *v/t* lubrifier, huiler
'**oil change** vidange *f*
'**oil com•pa•ny** compagnie *f* pétrolière
'**oil•field** champ *m* pétrolifère
oil-fired ['ɔɪlfaɪrd] *adj central heating* au mazout
'**oil paint•ing** peinture *f* à l'huile
'**oil-pro•duc•ing coun•try** pays *m* producteur de pétrole
'**oil re•fin•e•ry** raffinerie *f* de pétrole
'**oil rig** *at sea* plate-forme *f* de forage; *on land* tour *f* de forage
'**oil•skins** *npl* ciré *m*
'**oil slick** marée *f* noire
'**oil tank•er** *ship* pétrolier *m*
'**oil well** puits *m* de pétrole
oil•y ['ɔɪlɪ] *adj* graisseux*; *skin, hair* gras*
oint•ment ['ɔɪntmənt] pommade *f*
ok [oʊ'keɪ] *adj & adv* F: ***can I? - ok*** je peux? - d'accord; ***is it ok with you if ...?*** ça te dérange si ...?; ***does that look ok?*** est-ce que ça va?; ***that's ok by me*** ça me va; ***are you ok?*** (*well, not hurt*) ça va?; ***are you ok for Friday?*** tu es d'accord pour vendredi?; ***he's ok*** (*is a good guy*) il est bien; ***is this bus ok for ...?*** est-ce que ce bus va à ...?
old [oʊld] *adj* vieux*; (*previous*) ancien*; ***how old is he?*** quel âge a-t-il?; ***he's getting old*** il vieillit
old 'age vieillesse *f*
old-fash•ioned [oʊld'fæʃnd] *adj* démodé
ol•ive ['ɑːlɪv] olive *f*
'**ol•ive oil** huile *f* d'olive
O•lym•pic Games [ə'lɪmpɪk] *npl* Jeux *mpl* Olympiques
om•e•let, *Br* **om•e•lette** ['ɑːmlət] omelette *f*
om•i•nous ['ɑːmɪnəs] *adj signs* inquiétant
o•mis•sion [oʊ'mɪʃn] omission *f*
o•mit [oʊ'mɪt] *v/t* (*pret & pp* ***-ted***) omettre; ***omit to do sth*** omettre de faire qch
om•nip•o•tent [ɑːm'nɪpətənt] *adj* omnipotent
om•nis•ci•ent [ɑːm'nɪsɪənt] *adj* omniscient
on [ɑːn] **1** *prep* sur; ***on the table*** sur la table; ***on the bus / train*** dans le bus / train; ***on the island / on Haiti*** sur l'île/à Haïti; ***on the third floor*** au deuxième étage; ***on TV / the radio*** à la télé / radio; ***hang sth on the wall*** accrocher qch au mur; ***don't put anything on it*** ne pose rien dessus; ***on Sunday*** dimanche; ***on Sundays*** le dimanche; ***on the 1st of ...*** le premier ...; ***this is on me*** (*I'm paying*) c'est moi qui paie; ***have you any money on you?*** as-tu de l'argent sur toi?; ***on his arrival*** à son arrivée; ***on his departure*** au moment de son départ; ***on hearing this*** en entendant ceci **2** *adv*: ***be on*** *of light*, TV, *computer etc* être allumé; *of brake* être serré; *of lid, top* être mis; *of program: being broadcast* passer; *of meeting etc: be scheduled to happen* avoir lieu; ***what's on tonight?*** *on TV etc* qu'est-ce qu'il y a ce soir?; (*what's planned?*) qu'est-ce qu'on fait ce soir?; ***with his jacket / hat on*** sa veste sur le dos / son chapeau sur la tête; ***you're on*** (*I accept your offer etc*) c'est d'accord; ***that's not on*** (*not allowed, not fair*) cela ne se fait pas; ***on you go*** (*go ahead*) vas-y; ***walk / talk on*** continuer à marcher / parler; ***and so on*** et ainsi de suite; ***on and on*** *talk etc* pendant des heures **3** *adj*: ***the on switch*** le bouton marche
once [wʌns] **1** *adv* (*one time*) une fois; (*formerly*) autrefois; ***once again, once more*** encore une fois; ***at once*** (*immediately*) tout de suite; ***all at once*** (*suddenly*) tout à coup; ***(all) at once*** (*together*) tous en même temps; ***once upon a time there was ...*** il était une fois ...; ***once in a while*** de temps en temps; ***once and for all*** une fois pour toutes; ***for once*** pour une fois **2** *conj* une fois que; ***once you have finished*** une fois que tu auras terminé
one [wʌn] **1** *n number* un *m* **2** *adj* un(e); ***one day*** un jour; ***that's one fierce dog*** c'est un chien vraiment féroce **3** *pron* ◇ **:** ***one is bigger than the other*** l'un(e) est plus grand(e) que l'autre; ***which one?*** lequel / laquelle?; ***one by one*** un(e) à la fois; ***the little ones*** les petits *mpl*; ***I for one*** pour ma part
◇ *fml* on; ***what can one say / do?*** qu'est-ce qu'on peut dire / faire?
◇ **:** ***one another*** l'un(e) l'autre; ***we help one another*** nous nous entraidons; ***they respect one another*** ils se respectent
one-'off *n*: ***be a one-off*** être unique; (*exception*) être exceptionnel*
one-par•ent 'fam•i•ly famille *f* monoparentale
one'self *pron*: ***hurt oneself*** se faire mal;

for oneself pour soi *or* soi-même; ***do sth by oneself*** faire qch tout seul
one-sid•ed [wʌn'saɪdɪd] *adj discussion, fight* déséquilibré
'one-track mind *hum*: ***have a one-track mind*** ne penser qu'à ça
'one-way street rue *f* à sens unique
'one-way tick•et aller *m* simple
on•ion ['ʌnjən] oignon *m*
'on-line *adj & adv* en ligne; ***go on-line to*** se connecter à
'on-line serv•ice COMPUT service *m* en ligne
on•look•er ['ɑːnlʊkər] spectateur(-trice) *m(f)*
on•ly ['oʊnlɪ] **1** *adv* seulement; ***he's only six*** il n'a que six ans; ***not only X but also Y*** non seulement X mais aussi Y; ***only just*** de justesse **2** *adj* seul, unique; ***only son / daughter*** fils *m*/ fille *f* unique
'on•set début *m*
'on•side: ***be onside*** *adv* SP ne pas être hors jeu
on-the-job 'train•ing formation *f* sur le tas
on•to ['ɑːntuː] *prep* (*on top of*) sur; ***the police are onto him*** la police est sur sa piste
on•ward ['ɑːnwərd] *adv* en avant; ***from … onward*** à partir de …
ooze [uːz] **1** *v/i of liquid, mud* suinter **2** *v/t*: ***he oozes charm*** il déborde de charme
o•paque [oʊ'peɪk] *adj glass* opaque
OPEC ['oʊpek] *abbr* (***= Organization of Petroleum Exporting Countries***) OPEP *f* (= Organisation des pays exportateurs de pétrole)
o•pen ['oʊpən] **1** *adj* ouvert; *relationship* libre; *countryside* découvert, dégagé; ***in the open air*** en plein air; ***be open to abuse*** présenter des risques d'abus **2** *v/t* ouvrir **3** *v/i of door, shop, flower* s'ouvrir
◆ **open up** *v/i of person* s'ouvrir
o•pen-'air *adj meeting, concert* en plein air; *pool* découvert
'o•pen day journée *f* portes ouvertes
o•pen-end•ed [oʊpn'endɪd] *adj contract etc* flexible
o•pen•ing ['oʊpənɪŋ] *in wall etc* ouverture *f*; *of film, novel etc* début *m*; (*job*) poste *m* (vacant)
'o•pen•ing hours *npl* heures *fpl* d'ouverture
o•pen•ly ['oʊpənlɪ] *adv* (*honestly, frankly*) ouvertement
o•pen-mind•ed [oʊpən'maɪndɪd] *adj* à l'esprit ouvert, ouvert
o•pen 'plan of•fice bureau *m* paysagé
'o•pen tick•et billet *m* open
op•e•ra ['ɑːpərə] opéra *m*
'op•e•ra glass•es *npl* jumelles *fpl* de théâtre
'op•e•ra house opéra *m*
'op•e•ra sing•er chanteur(-euse) *m(f)* d'opéra
op•e•rate ['ɑːpəreɪt] **1** *v/i of company* opérer; *of airline, bus service* circuler; *of machine* fonctionner; MED opérer **2** *v/t machine* faire marcher
◆ **operate on** *v/t* MED opérer
op•e•rat•ing in•struc•tions ['ɑːpəreɪtɪŋ] *npl* mode *m* d'emploi
'op•e•rat•ing room MED salle *f* d'opération
'op•e•rat•ing sys•tem COMPUT système *m* d'exploitation
op•e•ra•tion [ɑːpə'reɪʃn] MED opération *f* (chirurgicale); *of machine* fonctionnement *m*; ***operations*** *of company* activités *fpl*; ***have an operation*** MED se faire opérer
op•e•ra•tor ['ɑːpəreɪtər] *of machine* opérateur(-trice) *m(f)*; (*tour operator*) tour-opérateur *m*, voyagiste *m*; TELEC standardiste *m/f*
oph•thal•mol•o•gist [ɑːpθæl'mɑːlədʒɪst] ophtalmologue *m/f*
o•pin•ion [ə'pɪnjən] opinion *f*; ***in my opinion*** à mon avis
o'pin•ion poll sondage *m* d'opinion
op•po•nent [ə'poʊnənt] adversaire *m/f*
op•por•tune ['ɑːpərtuːn] *adj fml* opportun
op•por•tun•ist [ɑːpər'tuːnɪst] opportuniste *m/f*
op•por•tu•ni•ty [ɑːpər'tuːnətɪ] occasion *f*
op•pose [ə'poʊz] *v/t* s'opposer à; ***be opposed to*** être opposé à; ***as opposed to*** contrairement à
op•po•site ['ɑːpəzɪt] **1** *adj* opposé; *meaning* contraire; ***the opposite sex*** l'autre sexe **2** *adv* en face; ***the house opposite*** la maison d'en face **3** *prep* en face de **4** *n* contraire *m*; ***they're opposites*** *in character* ils ont des caractères opposés
op•po•site 'num•ber homologue *m/f*
op•po•si•tion [ɑːpə'zɪʃn] opposition *f*
op•press [ə'pres] *v/t people* opprimer
op•pres•sive [ə'presɪv] *adj rule, dictator* oppressif*; *weather* oppressant
opt [ɑːpt] *v/t*: ***opt to do sth*** choisir de faire qch
op•ti•cal il•lu•sion ['ɑːptɪkl] illusion *f* d'optique
op•ti•cian [ɑːp'tɪʃn] opticien(ne) *m(f)*
op•ti•mism ['ɑːptɪmɪzəm] optimisme *m*
op•ti•mist ['ɑːptɪmɪst] optimiste *m/f*

op•ti•mist•ic [ɑːptɪ'mɪstɪk] *adj* optimiste
op•ti•mist•ic•ally [ɑːptɪ'mɪstɪklɪ] *adv* avec optimisme
op•ti•mum ['ɑːptɪməm] **1** *adj* optimum *inv in feminine*, optimal **2** *n* optimum *m*
op•tion ['ɑːpʃn] option *f*; ***I had no option but to ...*** je n'ai pas pu faire autrement que de ...
op•tion•al ['ɑːpʃnl] *adj* facultatif*
op•tion•al 'ex•tras *npl* options *fpl*
or [ɔːr] *conj* ou; ***or else!*** sinon ...
o•ral ['ɔːrəl] *adj exam* oral; *hygiene* dentaire; *sex* buccogénital
or•ange ['ɔːrɪndʒ] **1** *adj color* orange *inv* **2** *n fruit* orange *f*; *color* orange *m*
or•ange•ade *still* orangeade *f*; *carbonated* soda *m* à l'orange
'or•ange juice jus *m* d'orange
or•a•tor ['ɔːrətər] orateur(-trice) *m(f)*
or•bit ['ɔːrbɪt] **1** *n of earth* orbite *f*; ***send into orbit*** *satellite* mettre sur orbite **2** *v/t the earth* décrire une orbite autour de
or•chard ['ɔːrtʃərd] verger *m*
or•ches•tra ['ɔːrkəstrə] orchestre *m*
or•chid ['ɔːrkɪd] orchidée *f*
or•dain [ɔːr'deɪn] *v/t priest* ordonner
or•deal [ɔːr'diːl] épreuve *f*
or•der ['ɔːrdər] **1** *n* ordre *m*; *for goods, in restaurant* commande *f*; ***an order of fries*** une portion de frites; ***in order to*** pour; ***out of order*** (*not functioning*) hors service; (*not in sequence*) pas dans l'ordre **2** *v/t* (*put in sequence, proper layout*) ranger; *goods, meal* commander; ***order s.o. to do sth*** ordonner à qn de faire qch **3** *v/i in restaurant* commander
or•der•ly ['ɔːrdərlɪ] **1** *adj lifestyle* bien réglé **2** *n in hospital* aide-soignant *m*
or•di•nal num•ber ['ɔːrdɪnl] ordinal *m*
or•di•nar•i•ly [ɔːrdɪ'nerɪlɪ] *adv* (*as a rule*) d'habitude
or•di•nar•y ['ɔːrdɪnerɪ] *adj* ordinaire
ore [ɔːr] minerai *m*
or•gan ['ɔːrgən] ANAT organe *m*; MUS orgue *m*
or•gan•ic [ɔːr'gænɪk] *adj food, fertilizer* biologique
or•gan•i•cal•ly [ɔːr'gænɪklɪ] *adv grown* biologiquement
or•gan•ism ['ɔːrgənɪzm] organisme *m*
or•gan•i•za•tion [ɔːrgənaɪ'zeɪʃn] organisation *f*
or•gan•ize ['ɔːrgənaɪz] *v/t* organiser
or•gan•iz•er ['ɔːrgənaɪzər] *person* organisateur(-trice) *m(f)*; *electronic* agenda *m* électronique
or•gasm ['ɔːrgæzm] orgasme *m*
O•ri•ent ['ɔːrɪənt] Orient *m*
o•ri•ent *v/t* (*direct*) orienter; ***orient o.s.*** (*get bearings*) s'orienter
O•ri•en•tal [ɔːrɪ'entl] **1** *adj* oriental **2** *n* Oriental(e) *m(f)*
or•i•gin ['ɑːrɪdʒɪn] origine *f*
o•rig•i•nal [ə'rɪdʒənl] **1** *adj* (*not copied*) original; (*first*) d'origine, initial **2** *n painting etc* original *m*
o•rig•i•nal•i•ty [ərɪdʒə'nælətɪ] originalité *f*
o•rig•i•nal•ly [ə'rɪdʒənəlɪ] *adv* à l'origine; (*at first*) au départ
o•rig•i•nate [ə'rɪdʒɪneɪt] **1** *v/t scheme, idea* être à l'origine de **2** *v/i of idea, belief* émaner (**from** de); *of family* être originaire (**from** de)
o•rig•i•na•tor [ə'rɪdʒɪneɪtər] *of scheme etc* auteur *m*, initiateur *m*; ***he's not an originator*** il n'a pas l'esprit d'initiative
or•na•ment ['ɔːrnəmənt] *n* ornement *m*
or•na•men•tal [ɔːrnə'mentl] *adj* décoratif*
or•nate [ɔːr'neɪt] *adj architecture* chargé; *prose style* fleuri
or•phan ['ɔːrfn] *n* orphelin(e) *m(f)*
or•phan•age ['ɔːrfənɪdʒ] orphelinat *m*
or•tho•dox ['ɔːrθədɑːks] *adj* REL, *fig* orthodoxe
or•tho•pe•dic, *Br also* **or•tho•pae•dic** [ɔːrθə'piːdɪk] *adj* orthopédique
os•ten•si•bly [ɑː'stensəblɪ] *adv* en apparence
os•ten•ta•tion [ɑːsten'teɪʃn] ostentation *f*
os•ten•ta•tious [ɑːsten'teɪʃəs] *adj* prétentieux*, tape-à-l'œil *inv*
os•ten•ta•tious•ly [ɑːsten'teɪʃəslɪ] *adv* avec ostentation
os•tra•cize ['ɑːstrəsaɪz] *v/t* frapper d'ostracisme
oth•er ['ʌðər] **1** *adj* autre; ***the other day*** (*recently*) l'autre jour; ***every other day / person*** un jour / une personne sur deux; ***other people*** d'autres **2** *n*: ***the other*** l'autre *m/f*
oth•er•wise ['ʌðərwaɪz] **1** *conj* sinon **2** *adv* (*differently*) autrement
ot•ter ['ɑːtər] loutre *f*
ought [ɒːt] *v/aux*: ***I/you ought to know*** je / tu devrais le savoir; ***you ought to have done it*** tu aurais dû le faire
ounce [aʊns] once *f*
our ['aʊər] *adj* notre; *pl* nos
ours ['aʊərz] *pron* le nôtre, la nôtre; *pl* les nôtres; ***it's ours*** c'est à nous
our•selves [aʊr'selvz] *pron* nous-mêmes; *reflexive* nous; *after prep* nous; ***by ourselves*** tout seuls, toutes seules
oust [aʊst] *v/t from office* évincer
out [aʊt] *adv*: ***be out*** *of light, fire* être éteint; *of flower* être épanoui, être en

fleur; *of sun* briller; (*not at home, not in building*) être sorti; *of calculations* être faux*; (*be published*) être sorti; *of secret* être connu; (*no longer in competition*) être éliminé; (*no longer in fashion*) être passé de mode; ***out here in Dallas*** ici à Dallas; ***he's out in the garden*** il est dans le jardin; (***get***) ***out!*** dehors!; (***get***) ***out of my room!*** sors de ma chambre!; ***that's out!*** (*out of the question*) hors de question!; ***he's out to win*** (*fully intends to*) il est bien décidé à gagner

out•board 'mo•tor moteur *m* hors-bord

'out•break *of war* déclenchement *m*; *of violence* éruption *f*

'out•build•ing dépendance *f*

'out•burst *emotional* accès *m*, crise *f*

'out•cast exclu(e) *m(f)*

'out•come résultat *m*

'out•cry tollé *m*

out'dat•ed *adj* démodé, dépassé

out'do *v/t* (*pret* ***-did***, *pp* ***-done***) surpasser

out'door *adj activities* de plein air; *life* au grand air; *toilet* extérieur

out'doors *adv* dehors

out•er ['aʊtər] *adj wall etc* extérieur

out•er 'space espace *m* extra-atmosphérique

'out•fit (*clothes*) tenue *f*, ensemble *m*; (*company, organization*) boîte *f* F

'out•go•ing *adj flight* en partance; *personality* extraverti; *president* sortant

out'grow *v/t* (*pret* ***-grew***, *pp* ***-grown***) *old ideas* abandonner avec le temps; *clothes* devenir trop grand pour

O

out•ing ['aʊtɪŋ] (*trip*) sortie *f*

out'last *v/t* durer plus longtemps que; *person* survivre à

'out•let *of pipe* sortie *f*; *for sales* point *m* de vente

'out•line 1 *n* silhouette *f*; *of plan, novel* esquisse *f* **2** *v/t plans etc* ébaucher

out'live *v/t* survivre à

'out•look (*prospects*) perspective *f*

out•ly•ing ['aʊtlaɪɪŋ] *adj areas* périphérique, excentré

out'num•ber *v/t* être plus nombreux que

out of *prep* ◇ *motion* de, hors de; ***run out of the house*** sortir de la maison en courant
◇ *position*: ***20 miles out of Detroit*** à 32 kilomètres de Détroit
◇ *cause* par; ***out of jealousy*** par jalousie
◇ *without*: ***we're out of gas / beer*** nous n'avons plus d'essence / de bière
◇ *from a group* sur; ***5 out of 10*** 5 sur 10
◇ **:** ***made out of wood*** en bois

out-of-'date *adj* dépassé; (*expired*) périmé

out-of-the-'way *adj* à l'écart

'out•pa•tient malade *m* en consultation externe

'out•pa•tients' (clin•ic) service *m* de consultations externes

'out•per•form *v/t* l'emporter sur

'out•put 1 *n of factory* production *f*, rendement *m*; COMPUT sortie *f* **2** *v/t* (*pret & pp* ***-ted*** *or* ***output***) (*produce*) produire

'out•rage 1 *n feeling* indignation *f*; *act* outrage *m* **2** *v/t* faire outrage à; ***I was outraged to hear ...*** j'étais outré d'apprendre ...

out•ra•geous [aʊt'reɪdʒəs] *adj acts* révoltant; *prices* scandaleux*

'out•right 1 *adj winner* incontesté; *disaster, disgrace* absolu **2** *adv pay* comptant; *buy* au comptant; *kill* sur le coup; *refuse* catégoriquement

out'run *v/t* (*pret* ***-ran***, *pp* ***-run***) distancer

'out•set début *m*; ***from the outset*** dès le début

out'shine *v/t* (*pret & pp* ***-shone***) éclipser

'out•side 1 *adj* extérieur **2** *adv* dehors, à l'extérieur **3** *prep* à l'extérieur de; (*in front of*) devant; (*apart from*) en dehors de **4** *n of building, case etc* extérieur *m*; ***at the outside*** tout au plus

out•side 'broad•cast émission *f* en extérieur

out•sid•er [aʊt'saɪdər] *in election, race* outsider *m*; *in life* étranger *m*

'out•size *adj clothing* grande taille

'out•skirts *npl of town* banlieue *f*

out'smart → ***outwit***

'out•source *v/t* externaliser

out'spo•ken *adj* franc*

out'stand•ing *adj* exceptionnel*, remarquable; *invoice, sums* impayé

out•stretched ['aʊtstretʃt] *adj hands* tendu

out'vote *v/t* mettre en minorité

out•ward ['aʊtwərd] *adj appearance* extérieur; ***outward journey*** voyage *m* aller

out•ward•ly ['aʊtwərdlɪ] *adv* en apparence

out'weigh *v/t* l'emporter sur

out'wit *v/t* (*pret & pp* ***-ted***) se montrer plus malin* que

o•val ['oʊvl] *adj* ovale

o•va•ry ['oʊvərɪ] ovaire *m*

o•va•tion [oʊ'veɪʃn] ovation *f*; ***give s.o. a standing ovation*** se lever pour ovationner qn

ov•en ['ʌvn] four *m*

'ov•en glove, 'ov•en mitt gant *m* de cuisine

'ov•en•proof *adj* qui va au four

'ov•en-read•y *adj* prêt à cuire

o•ver ['oʊvər] **1** *prep* (*above*) au-dessus de; (*across*) de l'autre côté de; (*more than*) plus de; (*during*) pendant; ***she walked over the street*** elle traversa la rue; ***travel all over Brazil*** voyager à travers le Brésil; ***you find them all over Brazil*** vous les trouvez partout au Brésil; ***she's over 40*** elle a plus de 40 ans; ***let's talk over a drink*** discutons-en autour d'un verre; ***we're over the worst*** le pire est passé; ***over and above*** en plus de **2** *adv*: **be over** (*finished*) être fini; (*left*) rester; ***there were just 6 over*** il n'en restait que 6; ***over to you*** (*your turn*) c'est à vous; ***over in Japan*** au Japon; ***over here*** ici; ***over there*** là-bas; ***it hurts all over*** ça fait mal partout; ***painted white all over*** peint tout en blanc; ***it's all over*** c'est fini; ***over and over again*** maintes et maintes fois; ***do sth over*** (***again***) refaire qch

o•ver•all ['oʊvərɒːl] **1** *adj length* total **2** *adv measure* en tout; (*in general*) dans l'ensemble

o•ver•alls ['oʊvərɒːlz] *npl* bleu *m* de travail

o•ver•awe [oʊvər'ɒː] *v/t* impressionner, intimider

o•ver'bal•ance *v/i of person* perdre l'équilibre

o•ver'bear•ing *adj* dominateur*

'o•ver•board *adv* par-dessus bord; ***man overboard!*** un homme à la mer!; ***go overboard for s.o./sth*** s'emballer pour qn / qch

'o•ver•cast *adj sky* couvert

o•ver'charge *v/t* faire payer trop cher à

'o•ver•coat pardessus *m*

o•ver'come *v/t* (*pret* ***-came***, *pp* ***-come***) *difficulties*, *shyness* surmonter; ***be overcome by emotion*** être submergé par l'émotion

o•ver'crowd•ed *adj city* surpeuplé; *train* bondé

o•ver'do *v/t* (*pret* ***-did***, *pp* ***-done***) (*exaggerate*) exagérer; *in cooking* trop cuire; ***you're overdoing things*** tu en fais trop

o•ver'done *adj meat* trop cuit

'o•ver•dose *n* overdose *f*

'o•ver•draft découvert *m*; ***have an overdraft*** être à découvert

o•ver'draw *v/t* (*pret* ***-drew***, *pp* ***-drawn***) *account* mettre à découvert; ***be $800 overdrawn*** avoir un découvert de 800 dollars, être à découvert de 800 dollars

o•ver•dressed [oʊvər'drest] *adj* trop habillé

'o•ver•drive MOT overdrive *m*

o•ver'due *adj* en retard

o•ver'es•ti•mate *v/t abilities*, *value* surestimer

o•ver•ex'pose *v/t photograph* surexposer

'o•ver•flow[1] *n pipe* trop-plein *m inv*

o•ver'flow[2] *v/i of water* déborder

o•ver'grown *adj garden* envahi par les herbes; ***he's an overgrown baby*** il est resté très bébé

o•ver'haul *v/t engine*, *brakes etc* remettre à neuf; *plans*, *voting system* remanier

'o•ver•head **1** *adj* au-dessus; ***overhead light*** *in ceiling* plafonnier *m* **2** *n* FIN frais *mpl* généraux

o•ver'hear *v/t* (*pret & pp* ***-heard***) entendre (par hasard)

o•ver'heat•ed *adj room* surchauffé; *engine* qui chauffe; *fig*: *economy* en surchauffe

o•ver•joyed [oʊvər'dʒɔɪd] *adj* ravi, enchanté

'o•ver•kill: ***that's overkill*** c'est exagéré

'o•ver•land **1** *adj transport* par terre; ***overland route*** voie *f* de terre **2** *adv travel* par voie de terre

o•ver'lap *v/i* (*pret & pp* ***-ped***) *of tiles*, *periods etc* se chevaucher; *of theories* se recouper

o•ver'leaf: ***see overleaf*** voir au verso

o•ver'load *v/t vehicle*, *electric circuit* surcharger

o•ver'look *v/t of tall building etc* surplomber, dominer; *of window*, *room* donner sur; (*not see*) laisser passer

o•ver•ly ['oʊvərlɪ] *adv* trop; ***not overly …*** pas trop …

'o•ver•night *adv stay*, *travel* la nuit; *fig*: *change*, *learn etc* du jour au lendemain

o•ver'paid *adj* trop payé, surpayé

'o•ver•pass pont *m*

o•verpop•u•lat•ed [oʊvər'pɑːpjəleɪtɪd] *adj* surpeuplé

o•ver'pow•er *v/t physically* maîtriser

o•ver•pow•ering [oʊvər'paʊrɪŋ] *adj smell* suffocant; *sense of guilt* irrépressible

o•ver•priced [oʊvər'praɪst] *adj* trop cher*

o•ver•rat•ed [oʊvə'reɪtɪd] *adj* surfait

o•ver•re'act *v/i* réagir de manière excessive

o•ver•re'ac•tion réaction *f* disproportionnée

o•ver'ride *v/t* (*pret* ***-rode***, *pp* ***-ridden***) *decision etc* annuler; *technically* forcer

o•ver'rid•ing *adj concern* principal

o•ver'rule *v/t decision* annuler

o•ver'run *v/t* (*pret* ***-ran***, *pp* ***-run***) *country* envahir; *time* dépasser; ***be overrun with*** *tourists* être envahi par; *rats* être infesté de

o•ver'seas **1** *adj travel etc* à l'étranger **2** *adv* à l'étranger

o•ver'see *v/t* (*pret* ***-saw***, *pp* ***-seen***) super-

viser
o•ver'shad•ow *v/t fig* éclipser
'o•ver•sight omission *f*, oubli *m*
o•ver•sim•pli•fi•ca•tion [oʊvərsɪmplɪfɪ'keɪʃn] schématisation *f*
o•ver'sim•pli•fy *v/t* (*pret & pp* ***-ied***) schématiser
o•ver'sleep *v/i* (*pret & pp* ***-slept***) se réveiller en retard
o•ver'state *v/t* exagérer
o•ver'state•ment exagération *f*
o•ver'step *v/t* (*pret & pp* ***-ped***): ***overstep the mark*** *fig* dépasser les bornes
o•ver'take *v/t* (*pret* ***-took***, *pp* ***-taken***) *in work, development* dépasser, devancer; *Br* MOT dépasser, doubler
o•ver'throw[1] *v/t* (*pret* ***-threw***, *pp* ***-thrown***) *government* renverser
'o•ver•throw[2] *n of government* renversement *m*
'o•ver•time 1 *n* SP temps *m* supplémentaire, prolongation *f* **2** *adv*: ***work overtime*** faire des heures supplémentaires
o•ver•ture ['oʊvərtʃʊr] MUS ouverture *f*; ***make overtures to*** faire des ouvertures à
o•ver'turn 1 *v/t also government* renverser **2** *v/i of vehicle* se retourner
'o•ver•view vue *f* d'ensemble
o•ver'weight *adj* trop gros*
o•ver•whelm [oʊvər'welm] *v/t with work* accabler, surcharger; *with emotion* submerger; ***be overwhelmed by*** *by response* être bouleversé par
o•ver•whelm•ing [oʊvər'welmɪŋ] *adj guilt, fear* accablant, irrépressible; *relief* énorme; *majority* écrasant
o•ver'work 1 *n* surmenage *m* **2** *v/i* se surmener **3** *v/t* surmener
owe [oʊ] *v/t* devoir (s.o. à qn); ***owe s.o. an apology*** devoir des excuses à qn; ***how much do I owe you?*** combien est-ce que je te dois?
ow•ing to ['oʊɪŋ] *prep* à cause de
owl [aʊl] hibou *m*, chouette *f*
own[1] [oʊn] *v/t* posséder
own[2] [oʊn] **1** *adj* propre **2** *pron*: ***an apartment of my own*** un appartement à moi; ***on my / his own*** tout seul
◆ **own up** *v/i* avouer
own•er ['oʊnər] propriétaire *m/f*
own•er•ship ['oʊnərʃɪp] possession *f*, propriété *f*
ox•ide ['ɑːksaɪd] oxyde *m*
ox•y•gen ['ɑːksɪdʒən] oxygène *m*
oy•ster ['ɔɪstər] huître *f*
oz *abbr* (***= ounce(s)***)
o•zone ['oʊzoʊn] ozone *m*
'o•zone lay•er couche *f* d'ozone

P

PA [piː'eɪ] *abbr* (***= personal assistant***) secrétaire *m/f*
pace [peɪs] **1** *n* (*step*) pas *m*; (*speed*) allure *f* **2** *v/i*: ***pace up and down*** faire les cent pas
'pace•mak•er MED stimulateur *m* cardiaque, pacemaker *m*; SP lièvre *m*
Pa•cif•ic [pə'sɪfɪk]: ***the Pacific (Ocean)*** le Pacifique, l'océan *m* Pacifique
pac•i•fi•er ['pæsɪfaɪər] *for baby* sucette *f*
pac•i•fism ['pæsɪfɪzm] pacifisme *m*
pac•i•fist ['pæsɪfɪst] *n* pacifiste *m/f*
pac•i•fy ['pæsɪfaɪ] *v/t* (*pret & pp* ***-ied***) calmer, apaiser
pack [pæk] **1** *n* (*backpack*) sac *m* à dos; *of cereal, cigarettes etc* paquet *m*; *of cards* jeu *m* **2** *v/t item of clothing etc* mettre dans ses bagages; *goods* emballer; ***pack one's bag*** faire sa valise **3** *v/i* faire ses bagages
pack•age ['pækɪdʒ] **1** *n* (*parcel*) paquet *m*; *of offers etc* forfait *m* **2** *v/t in packs* conditionner; *idea, project* présenter
'pack•age deal *for holiday* forfait *m*
'pack•age tour voyage *m* à forfait
pack•ag•ing ['pækɪdʒɪŋ] *of product* conditionnement *m*; *material* emballage *m*; *of idea, project* présentation *f*; *of rock star etc* image *f* (de marque)
pack•ed [pækt] *adj* (*crowded*) bondé
pack•et ['pækɪt] paquet *m*
pact [pækt] pacte *m*
pad[1] [pæd] **1** *n protective* tampon *m* de protection; *over wound* tampon *m*; *for writing* bloc *m* **2** *v/t* (*pret & pp* ***-ded***) *with material* rembourrer; *speech, report* délayer
pad[2] [pæd] *v/i* (*pret & pp* ***-ded***) (*move*

quietly) marcher à pas feutrés
pad•ded ['pædɪd] *adj jacket* matelassé, rembourré
pad•ding ['pædɪŋ] *material* rembourrage *m*; *in speech etc* remplissage *m*
pad•dle[1] ['pædl] **1** *n for canoe* pagaie *f* **2** *v/i in canoe* pagayer
paddle[2] ['pædl] *v/i in water* patauger
pad•dock ['pædək] paddock *m*
pad•lock ['pædlɑːk] **1** *n* cadenas *m* **2** *v/t*: cadenasser; ***padlock sth to sth*** attacher qch à qch à l'aide d'un cadenas
page[1] [peɪdʒ] *n of book etc* page *f*; ***page number*** numéro *m* de page
page[2] [peɪdʒ] *v/t* (*call*) (faire) appeler
pag•er ['peɪdʒər] pager *m*, radiomessageur *m*; *for doctor* bip *m*
paid [peɪd] *pret & pp* → ***pay***
paid em'ploy•ment travail *m* rémunéré
pail [peɪl] seau *m*
pain [peɪn] *n* douleur *f*; ***be in pain*** souffrir; ***take pains to do sth*** se donner de la peine pour faire qch; ***a pain in the neck*** F un casse-pieds
pain•ful ['peɪnfʊl] *adj arm, leg etc* douloureux*; (*distressing*) pénible; (*laborious*) difficile
pain•ful•ly ['peɪnflɪ] *adv* (*extremely, acutely*) terriblement
'pain•kill•er analgésique *m*
pain•less ['peɪnlɪs] *adj* indolore; *fig* F pas méchant F
pains•tak•ing ['peɪnzteɪkɪŋ] *adj* minutieux*
paint [peɪnt] **1** *n* peinture *f* **2** *v/t* peindre **3** *v/i as art form* faire de la peinture, peindre
'paint•brush pinceau *m*
paint•er ['peɪntər] peintre *m*
paint•ing ['peɪntɪŋ] *activity* peinture *f*; *picture* tableau *m*
'paint•work peinture *f*
pair [per] paire *f*; *of people, animals, birds* couple *m*; ***a pair of shoes / sandals*** une paire de chaussures / sandales; ***a pair of pants*** un pantalon; ***a pair of scissors*** des ciseaux *mpl*
pa•ja•ma 'jack•et veste *f* de pyjama
pa•ja•ma 'pants *npl* pantalon *m* de pyjama
pa•ja•mas [pə'dʒɑːməz] *npl* pyjama *m*
Pa•ki•stan [pækɪ'stɑːn] Pakistan *m*
Pa•ki•sta•ni [pækɪ'stɑːnɪ] **1** *adj* pakistanais **2** *n* Pakistanais(e) *m(f)*
pal [pæl] F (*friend*) copain *m*, copine *f*, pote *m* F; ***hey pal, got a light?*** eh toi, t'as du feu?
pal•ace ['pælɪs] palais *m*
pal•ate ['pælət] ANAT, *fig* palais *m*
pa•la•tial [pə'leɪʃl] *adj* somptueux*
pale [peɪl] *adj* pâle; ***go pale*** pâlir
Pal•e•stine ['pæləstaɪn] Palestine *f*
Pal•e•stin•i•an [pælə'stɪnɪən] **1** *adj* palestinien* **2** *n* Palestinien(ne) *m(f)*
pal•let ['pælɪt] palette *f*
pal•lor ['pælər] pâleur *f*
palm[1] [pɑːm] *of hand* paume *f*
palm[2] [pɑːm] *tree* palmier *m*
pal•pi•ta•tions [pælpɪ'teɪʃnz] *npl* MED palpitations *fpl*
pal•try ['pɒːltrɪ] *adj* dérisoire
pam•per ['pæmpər] *v/t* choyer, gâter
pam•phlet ['pæmflɪt] *for information* brochure *f*; *political* tract *m*
pan [pæn] **1** *n* casserole *f*; *for frying* poêle *f* **2** *v/t* (*pret & pp* ***-ned***) F (*criticize*) démolir
◆ **pan out** *v/i* (*develop*) tourner
pan•cake ['pænkeɪk] crêpe *f*
pan•da ['pændə] panda *m*
pan•de•mo•ni•um [pændɪ'moʊnɪəm] désordre *m*
◆ **pan•der to** ['pændər] *v/t* céder à
pane [peɪn]: ***a pane of glass*** un carreau, une vitre
pan•el ['pænl] panneau *m*; *people* comité *m*; *on TV program* invités *mpl*
pan•el•ing, *Br* **pan•el•ling** ['pænəlɪŋ] lambris *m*
pang [pæŋ] *of remorse* accès *m*; ***pangs of hunger*** des crampes d'estomac
pan•han•dle *v/i* F faire la manche F
pan•ic ['pænɪk] **1** *n* panique *f* **2** *v/i* (*pret & pp* ***-ked***) s'affoler, paniquer; ***don't panic!*** ne t'affole pas!
'pan•ic buy•ing achat *m* en catastrophe
'pan•ic sel•ling FIN vente *f* en catastrophe
'pan•ic-strick•en *adj* affolé, pris de panique
pan•o•ra•ma [pænə'rɑːmə] panorama *m*
pa•no•ra•mic [pænə'ræmɪk] *adj view* panoramique
pan•sy ['pænzɪ] *flower* pensée *f*
pant [pænt] *v/i of person* haleter
pan•ties ['pæntɪz] *npl* culotte *f*
pan•ti•hose → ***pantyhose***
pants [pænts] *npl* pantalon *m*; ***a pair of pants*** un pantalon
pan•ty•hose ['pæntɪhoʊz] *npl* collant *m*
pa•pal ['peɪpəl] *adj* papal
pa•per ['peɪpər] **1** *n material* papier *m*; (*newspaper*) journal *m*; (*wallpaper*) papier *m* peint; *academic* article *m*, exposé *m*; (*examination paper*) épreuve *f*; ***papers*** (*documents*) documents *mpl*; (*identity papers*) papiers *mpl* **2** *adj* (*made of paper*) en papier **3** *v/t room, walls* tapisser

P

'pa•per•back livre *m* de poche
pa•per 'bag sac *m* en papier
'pa•per boy livreur *m* de journaux
'pa•per clip trombone *m*
'pa•per cup gobelet *m* en carton
'pa•per•work tâches *fpl* administratives
Pap test [pæp] MED frottis *m*
par [pɑːr] *in golf* par *m*; ***be on a par with*** être comparable à; ***feel below par*** ne pas être dans son assiette
par•a•chute ['pærəʃuːt] **1** *n* parachute *m* **2** *v/i* sauter en parachute **3** *v/t troops, supplies* parachuter
par•a•chut•ist ['pærəʃuːtɪst] parachutiste *m/f*
pa•rade [pə'reɪd] **1** *n* (*procession*) défilé *m* **2** *v/i of soldiers* défiler; *showing off* parader, se pavaner **3** *v/t knowledge, new car* faire étalage de
par•a•dise ['pærədaɪs] REL, *fig* paradis *m*
par•a•dox ['pærədɑːks] paradoxe *m*
par•a•dox•i•cal [pærə'dɑːksɪkl] *adj* paradoxal
par•a•dox•i•cal•ly [pærə'dɑːksɪklɪ] *adv* paradoxalement
par•a•graph ['pærəgræf] paragraphe *m*
par•al•lel ['pærəlel] **1** *n* parallèle *f*; GEOG, *fig* parallèle *m*; ***do two things in parallel*** faire deux choses en même temps **2** *adj also fig* parallèle **3** *v/t* (*match*) égaler
pa•ral•y•sis [pə'ræləsɪs] *also fig* paralysie *f*
par•a•lyze ['pærəlaɪz] *v/t* paralyser
par•a•med•ic [pærə'medɪk] auxiliaire *m/f* médical(e)
pa•ram•e•ter [pə'ræmɪtər] paramètre *m*
par•a•mil•i•tar•y [pærə'mɪlɪterɪ] **1** *adj* paramilitaire **2** *n* membre *m* d'une organisation paramilitaire
par•a•mount ['pærəmaʊnt] *adj* suprême, primordial; ***be paramount*** être de la plus haute importance
par•a•noi•a [pærə'nɔɪə] paranoïa *f*
par•a•noid ['pærənɔɪd] *adj* paranoïaque
par•a•pher•na•li•a [pærəfər'neɪlɪə] attirail *m*, affaires *fpl*
par•a•phrase ['pærəfreɪz] *v/t* paraphraser
par•a•pleg•ic [pærə'pliːdʒɪk] *n* paraplégique *m/f*
par•a•site ['pærəsaɪt] *also fig* parasite *m*
par•a•sol ['pærəsɑːl] parasol *m*
par•a•troop•er ['pærətruːpər] parachutiste *m*, para *m* F
par•cel ['pɑːrsl] *n* colis *m*, paquet *m*
◆ **parcel up** *v/t* emballer
parch [pɑːrtʃ] *v/t* dessécher; ***be parched*** F *of person* mourir de soif
par•don ['pɑːrdn] **1** *n* LAW grâce *f*; ***I beg your pardon?*** (*what did you say?*) comment?; (*I'm sorry*) je vous demande pardon **2** *v/t* pardonner; LAW gracier; ***pardon me?*** pardon?
pare [per] *v/t* (*peel*) éplucher
par•ent ['perənt] père *m*; mère *f*; ***my parents*** mes parents; ***as a parent*** en tant que parent
pa•ren•tal [pə'rentl] *adj* parental
'par•ent com•pa•ny société *f* mère
par•en•the•sis [pə'renθəsɪz] (*pl* ***parentheses*** [pə'renθəsiːz]) parenthèse *f*
par•ent-'tea•cher as•so•ci•a•tion association *f* de parents d'élèves
par•ish ['pærɪʃ] paroisse *f*
park[1] [pɑːrk] *n* parc *m*
park[2] [pɑːrk] **1** *v/t* MOT garer **2** *v/i* MOT stationner, se garer
par•ka ['pɑːrkə] parka *m* or *f*
par•king ['pɑːrkɪŋ] MOT stationnement *m*; ***no parking*** défense de stationner, stationnement interdit
'par•king brake frein *m* à main
'par•king ga•rage parking *m* couvert
'par•king lot parking *m*, parc *m* de stationnement
'par•king me•ter parcmètre *m*
'par•king place place *f* de stationnement
'par•king tick•et contravention *f*
par•lia•ment ['pɑːrləmənt] parlement *m*
par•lia•men•ta•ry [pɑːrlə'mentərɪ] *adj* parlementaire
pa•role [pə'roʊl] **1** *n* libération *f* conditionnelle; ***be on parole*** être en liberté conditionnelle **2** *v/t* mettre en liberté conditionnelle
par•rot ['pærət] *n* perroquet *m*
pars•ley ['pɑːrslɪ] persil *m*
part [pɑːrt] **1** *n* partie *f*; (*episode*) épisode *m*; *of machine* pièce *f*; *in play, movie* rôle *m*; *in hair* raie *f*; ***take part in*** participer à, prendre part à **2** *adv* (*partly*) en partie **3** *v/i of two people* se quitter, se séparer; ***I parted from her*** je l'ai quittée **4** *v/t*: ***part one's hair*** se faire une raie
◆ **part with** *v/t* se séparer de
'part ex•change: ***take sth in part exchange*** reprendre qch
par•tial ['pɑːrʃl] *adj* (*incomplete*) partiel*; ***be partial to*** avoir un faible pour, bien aimer
par•tial•ly ['pɑːrʃəlɪ] *adv* en partie, partiellement
par•ti•ci•pant [pɑːr'tɪsɪpənt] participant(e) *m*(*f*)
par•ti•ci•pate [pɑːr'tɪsɪpeɪt] *v/i* participer (***in*** à), prendre part (***in*** à)
par•ti•ci•pa•tion [pɑːrtɪsɪ'peɪʃn] participation *f*
par•ti•cle ['pɑːrtɪkl] PHYS particule *f*

P

par•tic•u•lar [pər'tɪkjələr] *adj* particulier*; (*fussy*) à cheval (***about*** sur), exigeant; ***this plant is a particular favorite of mine*** j'aime tout particulièrement cette plante; ***in particular*** en particulier
par•tic•u•lar•ly [pər'tɪkjələrlɪ] *adv* particulièrement
part•ing ['pɑːrtɪŋ] *of people* séparation *f*; *Br*: *in hair* raie *f*
par•ti•tion [pɑːr'tɪʃn] **1** *n* (*screen*) cloison *f*; *of country* partage *m*, division *f* **2** *v/t country* partager, diviser
◆ **partition off** *v/t* cloisonner
part•ly ['pɑːrtlɪ] *adv* en partie
part•ner ['pɑːrtnər] *n* partenaire *m*; COMM associé *m*; *in relationship* compagnon (-ne) *m(f)*
part•ner•ship ['pɑːrtnərʃɪp] COMM, *in relationship* association *f*; *in particular activity* partenariat *m*
part of 'speech classe *f* grammaticale
'part own•er copropriétaire *m/f*
'part-time *adj & adv* à temps partiel
part-'tim•er employé(e) *m(f)* à temps partiel
par•ty ['pɑːrtɪ] **1** *n* (*celebration*) fête *f*; *for adults in the evening also* soirée *f*; POL parti *m*; (*group of people*) groupe *m*; ***be a party to*** prendre part à **2** *v/i* (*pret & pp* ***-ied***) F faire la fête
par•ty-pooper ['pɑrtɪpuːpər] F trouble-fête *m inv*
pass [pæs] **1** *n for entry* laissez-passer *m inv*; SP passe *f*; *in mountains* col *m*; ***make a pass at*** faire des avances à; **2** *v/t* (*go past*) passer devant; *another car* doubler, dépasser; *competitor* dépasser; (*go beyond*) dépasser; (*approve*) approuver; ***pass an exam*** réussir un examen; ***pass sentence*** LAW prononcer le verdict; ***pass the time*** *of person* passer le temps; *of activity* faire passer le temps **3** *v/i of time* passer; *in exam* être reçu; SP faire une passe; (*go away*) passer
◆ **pass around** *v/t* faire passer
◆ **pass away** *v/i* (*euph*: *die*) s'éteindre
◆ **pass by 1** *v/t* (*go past*) passer devant/à côté de **2** *v/i* (*go past*) passer
◆ **pass on 1** *v/t information*, *book* passer; *costs* répercuter; *savings* faire profiter de **2** *v/i* (*euph*: *die*) s'éteindre
◆ **pass out** *v/i* (*faint*) s'évanouir
◆ **pass through** *v/t town* traverser
◆ **pass up** *v/t* F *chance* laisser passer
pass•a•ble ['pæsəbl] *adj road* praticable; (*acceptable*) passable
pas•sage ['pæsɪdʒ] (*corridor*) couloir *m*; *from book*, *of time* passage *m*; ***with the passage of time*** avec le temps
pas•sage•way ['pæsɪdʒweɪ] passage *m*
pas•sen•ger ['pæsɪndʒər] passager(-ère) *m(f)*
'pas•sen•ger seat siège *m* du passager
pas•ser-by [pæsər'baɪ] (*pl* ***passers-by***) passant(e) *m(f)*
pas•sion ['pæʃn] passion *f*
pas•sion•ate ['pæʃnət] *adj lover* passionné; (*fervent*) fervent, véhément
pas•sive ['pæsɪv] **1** *adj* passif* **2** *n* GRAM passif *m*; ***in the passive*** à la voix passive
'pass mark EDU moyenne *f*
'Pass•o•ver REL la Pâque
'pass•port passeport *m*
'pass•port con•trol contrôle *m* des passeports
'pass•word mot *m* de passe
past [pæst] **1** *adj* (*former*) passé, ancien*; ***the past few days*** ces derniers jours; ***that's all past now*** c'est du passé F **2** *n* passé *m*; ***in the past*** autrefois **3** *prep* après; ***it's past 7 o'clock*** il est plus de 7 heures; ***it's half past two*** il est deux heures et demie **4** *adv*: ***run past*** passer en courant
pas•ta ['pæstə] pâtes *fpl*
paste [peɪst] **1** *n* (*adhesive*) colle *f* **2** *v/t* (*stick*) coller
pas•tel ['pæstl] *n* pastel *m*; ***pastel blue*** bleu pastel
pas•time ['pæstaɪm] passe-temps *m inv*
past•or pasteur *m*
past par•ti•ci•ple [pɑːr'tɪsɪpl] GRAM participe *m* passé
pas•tra•mi [pæ'strɑːmɪ] bœuf *m* fumé et épicé
pas•try ['peɪstrɪ] *for pie* pâte *f*; *small cake* pâtisserie *f*
'past tense GRAM passé *m*
pas•ty ['peɪstɪ] *adj complexion* blafard
pat [pæt] **1** *n* petite tape *f*; ***give s.o. a pat on the back*** *fig* féliciter qn **2** *v/t* (*pret & pp* ***-ted***) tapoter
patch [pætʃ] **1** *n on clothing* pièce *f*; (*period of time*) période *f*; (*area*) tache *f*; *of fog* nappe *f*; ***go through a bad patch*** traverser une mauvaise passe; ***be not a patch on*** F être loin de valoir **2** *v/t clothing* rapiécer
◆ **patch up** *v/t* (*repair temporarily*) rafistoler F; *quarrel* régler
patch•work ['pætʃwɜːrk] **1** *adj quilt* en patchwork **2** *n* patchwork *m*
patch•y ['pætʃɪ] *adj* inégal
pâ•té [pɑː'teɪ] pâté *m*
pa•tent ['peɪtnt] **1** *adj* (*obvious*) manifeste **2** *n for invention* brevet *m* **3** *v/t invention* breveter
pa•tent 'leath•er cuir *m* verni

pa•tent•ly ['peɪtntlɪ] *adv* (*clearly*) manifestement
pa•ter•nal [pə'tɜːrnl] *adj* paternel*
pa•ter•nal•ism [pə'tɜːrnlɪzm] paternalisme *m*
pa•ter•nal•is•tic [pətɜːrnl'ɪstɪk] *adj* paternaliste
pa•ter•ni•ty [pə'tɜːrnɪtɪ] paternité *f*
path [pæθ] chemin *m*; *surfaced walkway* allée *f*; *fig* voie *f*
pa•thet•ic [pə'θetɪk] *adj* touchant; F (*very bad*) pathétique
path•o•log•i•cal [pæθə'lɑːdʒɪkl] *adj* pathologique
pa•thol•o•gist [pə'θɑːlədʒɪst] pathologiste *m/f*
pa•thol•o•gy [pə'θɑːlədʒɪ] pathologie *f*; *department* service *m* de pathologie
pa•tience ['peɪʃns] patience *f*
pa•tient ['peɪʃnt] **1** *adj* patient; ***just be patient!*** patience! **2** *n* patient *m*
pa•tient•ly ['peɪʃntlɪ] *adv* patiemment
pat•i•o ['pætɪoʊ] *Br* patio *m*
pat•ri•ot ['peɪtrɪət] patriote *m/f*
pat•ri•ot•ic [peɪtrɪ'ɑːtɪk] *adj person* patriote; *song* patriotique
pa•tri•ot•ism ['peɪtrɪətɪzm] patriotisme *m*
pa•trol [pə'troʊl] **1** *n* patrouille *f*; ***be on patrol*** être de patrouille **2** *v/t* (*pret & pp* ***-led***) *streets, border* patrouiller dans/à
pa'trol car voiture *f* de police
pa'trol•man agent *m* de police
pa'trol wag•on fourgon *m* cellulaire
pa•tron ['peɪtrən] *of store, movie theater* client(e) *m(f)*; *of artist, charity etc* protecteur(-trice) *m(f)*; ***be patron of sth*** parrainer qch
pa•tron•ize ['pætrənaɪz] *v/t person* traiter avec condescendance
pa•tron•iz•ing ['pætrənaɪzɪŋ] *adj* condescendant
pa•tron 'saint patron(ne) *m(f)*
pat•ter ['pætər] **1** *n of rain etc* bruit *m*, crépitement *m*; *of feet, mice etc* trottinement *m*; F *of salesman* boniment *m* **2** *v/i* crépiter, tambouriner
pat•tern ['pætərn] *n on fabric* motif *m*; *for knitting, sewing* patron *m*; (*model*) modèle *m*; *in events* scénario *m*; ***eating / sleeping patterns*** habitudes *fpl* alimentaires / de sommeil; ***there's a regular pattern to his behavior*** il y a une constante dans son comportement
pat•terned ['pætərnd] *adj* imprimé
paunch [pɒːnʧ] ventre *m*, brioche *f* F
pause [pɒːz] **1** *n* pause *f*, arrêt *m* **2** *v/i* faire une pause, s'arrêter **3** *v/t tape* mettre en mode pause
pave [peɪv] *v/t* paver; ***pave the way for*** *fig* ouvrir la voie à
pave•ment ['peɪvmənt] (*roadway*) chaussée *f*; *Br* (*sidewalk*) trottoir *m*
pav•ing stone ['peɪvɪŋ] pavé *m*
paw [pɒː] **1** *n* patte *f* **2** *v/t* F tripoter
pawn[1] [pɒːn] *n in chess, fig* pion *m*
pawn[2] [pɒːn] *v/t* mettre en gage
'pawn•bro•ker prêteur *m* sur gages
'pawn•shop mont-de-piété *m*
pay [peɪ] **1** *n* paye *f*, salaire *m*; ***in the pay of*** à la solde de **2** *v/t* (*pret & pp* ***paid***) payer; *bill also* régler; ***pay attention*** faire attention; ***pay s.o. a compliment*** faire un compliment à qn **3** *v/i* (*pret & pp* ***paid***) payer; (*be profitable*) rapporter, être rentable; ***it doesn't pay to ...*** on n'a pas intérêt à ...; ***pay for*** *purchase* payer; ***you'll pay for this!*** *fig* tu vas me le payer!
◆ **pay back** *v/t* rembourser; (*get revenge on*) faire payer à
◆ **pay in** *v/t to bank* déposer, verser
◆ **pay off 1** *v/t debt* rembourser; *corrupt official* acheter **2** *v/i* (*be profitable*) être payant, être rentable
◆ **pay up** *v/i* payer
pay•a•ble ['peɪəbl] *adj* payable
'pay check salaire *m*, chèque *m* de paie
'pay•day jour *m* de paie
pay•ee [peɪ'iː] bénéficiaire *m/f*
'pay en•ve•lope *salary* salaire *m*
pay•er ['peɪər] payeur(-euse) *m(f)*
pay•ment ['peɪmənt] *of bill* règlement *m*, paiement *m*; *money* paiement *m*, versement *m*
'pay phone téléphone *m* public
'pay•roll *money* argent *m* de la paye; *employees* personnel *m*; ***be on the payroll*** être employé
'pay•slip feuille *f* de paie, bulletin *m* de salaire
PC [piː'siː] *abbr* (= ***personal computer***) P.C. *m*; (= ***politically correct***) politiquement correct
PDA [piːdiː'eɪ] *abbr* (= ***personal digital assistant***) organiseur *m* électronique
pea [piː] petit pois *m*
peace [piːs] paix *f*
peace•a•ble ['piːsəbl] *adj person* pacifique
peace•ful ['piːsfʊl] *adj* paisible, tranquille; *demonstration* pacifique
peace•ful•ly ['piːsflɪ] *adv* paisiblement
peach [piːʧ] pêche *f*
pea•cock ['piːkɑːk] paon *m*
peak [piːk] **1** *n of mountain* pic *m*; *fig* apogée *f*; ***reach a peak of physical fitness*** être au meilleur de sa forme **2** *v/i* culmi-

ner
'**peak con•sump•tion** consommation *f* en heures pleines
'**peak hours** *npl of electricity consumption* heures *fpl* pleines; *of traffic* heures *fpl* de pointe
pea•nut ['piːnʌt] cacahuète *f*; ***get paid peanuts*** F être payé trois fois rien; ***that's peanuts to him*** F pour lui c'est une bagatelle
pea•nut 'but•ter beurre *m* de cacahuètes
pear [per] poire *f*
pearl [pɜːrl] perle *f*
peas•ant ['peznt] paysan(ne) *m(f)*
peb•ble ['pebl] caillou *m*, galet *m*
pe•can ['piːkən] pécan *m*
peck [pek] **1** *n* (*bite*) coup *m* de bec; (*kiss*) bise *f* (rapide) **2** *v/t* (*bite*) donner un coup de bec à; (*kiss*) embrasser rapidement
pe•cu•li•ar [pɪ'kjuːljər] *adj* (*strange*) bizarre; ***peculiar to*** (*special*) propre à
pe•cu•li•ar•i•ty [pɪkjuːlɪ'ærətɪ] (*strangeness*) bizarrerie *f*; (*special feature*) particularité *f*
ped•al ['pedl] **1** *n of bike* pédale *f* **2** *v/i* (*pret & pp* ***pedaled***, *Br* ***pedalled***) pédaler; ***he pedaled off home*** il est rentré chez lui à vélo
pe•dan•tic [pɪ'dæntɪk] *adj* pédant
ped•dle ['pedl] *v/t drugs* faire du trafic de
ped•es•tal ['pedəstl] *for statue* socle *m*, piédestal *m*
pe•des•tri•an [pɪ'destrɪən] *n* piéton(ne) *m(f)*
pe•des•tri•an 'cros•sing *Br* passage *m* (pour) piétons
pe•di•at•ric [piːdɪ'ætrɪk] *adj* pédiatrique
pe•di•a•tri•cian [piːdɪæ'trɪʃn] pédiatre *m/f*
pe•di•at•rics [piːdɪ'ætrɪks] *nsg* pédiatrie *f*
ped•i•cure ['pedɪkjʊr] soins *mpl* des pieds
ped•i•gree ['pedɪgriː] **1** *adj* avec pedigree **2** *n of dog, racehorse* pedigree *m*; *of person* arbre *m* généalogique
pee [piː] *v/i* F faire pipi F
peek [piːk] **1** *n* coup *m* d'œil (furtif) **2** *v/i* jeter un coup d'œil, regarder furtivement
peel [piːl] **1** *n* peau *f* **2** *v/t fruit, vegetables* éplucher, peler **3** *v/i of nose, shoulders* peler; *of paint* s'écailler
◆ **peel off 1** *v/t* enlever **2** *v/i of wrapper* se détacher, s'enlever
peep [piːp] → ***peek***
'**peep•hole** judas *m*; *in prison* guichet *m*
peer[1] [pɪr] *n* (*equal*) pair *m*; *of same age group* personne *f* du même âge
peer[2] *v/i* regarder; ***peer through the mist*** *of person* essayer de regarder à travers la brume; ***peer at*** regarder (fixement), scruter
peeved [piːvd] *adj* F en rogne F
peg [peg] *n for hat, coat* patère *f*; *for tent* piquet *m*; ***off the peg*** de confection
pe•jo•ra•tive [pɪ'dʒɑːrətɪv] *adj* péjoratif*
pel•let ['pelɪt] boulette *f*; *for gun* plomb *m*
pelt [pelt] **1** *v/t*: ***pelt s.o. with sth*** bombarder qn de qch **2** *v/i* F (*race*) aller à toute allure; ***it's pelting down*** F il pleut à verse
pel•vis ['pelvɪs] bassin *m*
pen[1] [pen] *n* stylo *m*; (*ballpoint*) stylo *m* (à) bille
pen[2] [pen] (*enclosure*) enclos *m*
pen[3] → ***penitentiary***
pe•nal•ize ['piːnəlaɪz] *v/t* pénaliser
pen•al•ty ['penəltɪ] sanction *f*; LAW peine *f*; *fine* amende *f*; SP pénalisation *f*; *soccer* penalty *m*; *rugby* coup *m* de pied de pénalité; ***take the penalty*** *soccer* tirer le penalty; *rugby* tirer le coup de pied de pénalité
'**pen•al•ty ar•e•a** *soccer* surface *f* de réparation
'**pen•al•ty clause** LAW clause *f* pénale
'**pen•al•ty kick** *soccer* penalty *m*; *rugby* coup *m* de pied de pénalité
pen•al•ty 'shoot-out épreuve *f* des tirs au but
'**pen•al•ty spot** point *m* de réparation
pen•cil ['pensɪl] crayon *m* (de bois)
'**pen•cil sharp•en•er** ['ʃɑːrpnər] taille-crayon *m inv*
pen•dant ['pendənt] *necklace* pendentif *m*
pend•ing ['pendɪŋ] **1** *prep* en attendant **2** *adj*: ***be pending*** (*awaiting decision*) en suspens; (*about to happen*) imminent
pen•e•trate ['penɪtreɪt] *v/t* pénétrer
pen•e•trat•ing ['penɪtreɪtɪŋ] *adj stare* pénétrant; *scream* perçant; *analysis* perspicace
pen•e•tra•tion [penɪ'treɪʃn] pénétration *f*
'**pen friend** correspondant(e) *m(f)*
pen•guin ['peŋgwɪn] manchot *m*
pen•i•cil•lin [penɪ'sɪlɪn] pénicilline *f*
pe•nin•su•la [pə'nɪnsʊlə] presqu'île *f*
pe•nis ['piːnɪs] pénis *m*, verge *f*
pen•i•tence ['penɪtəns] pénitence *f*, repentir *m*
pen•i•tent ['penɪtənt] *adj* pénitent, repentant
pen•i•tent•ia•ry [penɪ'tenʃərɪ] pénitencier *m*
'**pen name** nom *m* de plume
pen•nant ['penənt] fanion *m*
pen•ni•less ['penɪlɪs] *adj* sans le sou
pen•ny ['penɪ] cent *m*
'**pen pal** correspondant(e) *m(f)*
pen•sion ['penʃn] retraite *f*, pension *f*

P

◆ **pension off** *v/t* mettre à la retraite
'**pen•sion fund** caisse *f* de retraite
'**pen•sion scheme** régime *m* de retraite
pen•sive ['pensɪv] *adj* pensif*
Pen•ta•gon ['pentəgɑːn]: ***the Pentagon*** le Pentagone
pen•tath•lon [pen'tæθlən] pentathlon *m*
Pen•te•cost ['pentɪkɑːst] Pentecôte *f*
pent•house ['penthaʊs] penthouse *m*, appartement *m* luxueux (édifié sur le toit d'un immeuble)
pent-up ['pentʌp] *adj* refoulé
pe•nul•ti•mate [pe'nʌltɪmət] *adj* avant-dernier
peo•ple ['piːpl] *npl* gens *mpl nsg* (*race, tribe*) peuple *m*; ***10 people*** 10 personnes; ***the people*** le peuple; ***the American people*** les Américains; ***people say …*** on dit …
pep•per ['pepər] *spice* poivre *m*; *vegetable* poivron *m*
'**pep•per•mint** *candy* bonbon *m* à la menthe; *flavoring* menthe *f* poivrée
'**pep talk** discours *m* d'encouragement
per [pɜːr] *prep* par; ***per annum*** par an; ***how much per kilo?*** combien c'est le kilo?
per•ceive [pər'siːv] *v/t* percevoir
per•cent [pər'sent] *adv* pour cent
per•cen•tage [pər'sentɪdʒ] pourcentage *m*
per•cep•ti•ble [pər'septəbl] *adj* perceptible
per•cep•ti•bly [pər'septəblɪ] *adv* sensiblement
per•cep•tion [pər'sepʃn] perception *f*; *of situation also* vision *f*; (*insight*) perspicacité *f*
per•cep•tive [pər'septɪv] *adj person, remark* perspicace
perch [pɜːrʧ] **1** *n for bird* perchoir *m* **2** *v/i* se percher; *of person* s'asseoir
per•co•late ['pɜːrkəleɪt] *v/i of coffee* passer
per•co•la•tor ['pɜːrkəleɪtər] cafetière *f* à pression
per•cus•sion [pər'kʌʃn] percussions *fpl*
per'cus•sion in•stru•ment instrument *m* à percussion
pe•ren•ni•al [pə'renɪəl] *n* BOT plante *f* vivace
per•fect ['pɜːrfɪkt] **1** *adj* parfait **2** *n* GRAM passé *m* composé **3** *v/t* [pər'fekt] parfaire, perfectionner
per•fec•tion [pər'fekʃn] perfection *f*; ***to perfection*** à la perfection
per•fec•tion•ist [pər'fekʃnɪst] *n* perfectionniste *m/f*
per•fect•ly ['pɜːrfɪktlɪ] *adv* parfaitement; (*totally*) tout à fait
per•fo•rat•ed ['pɜːrfəreɪtɪd] *adj* perforé; ***perforated line*** pointillé *m*
per•fo•ra•tions [pɜːrfə'reɪʃnz] *npl* pointillés *mpl*
per•form [pər'fɔːrm] **1** *v/t* (*carry out*) accomplir, exécuter; *of actor, musician etc* jouer **2** *v/i of actor, musician, dancer* jouer; *of machine* fonctionner
per•form•ance [pər'fɔːrməns] *by actor, musician etc* interprétation *f*; (*event*) représentation *f*; *of employee, company etc* résultats *mpl*; *of machine* performances *fpl*, rendement *m*
per'form•ance car voiture *f* puissante
per•form•er [pər'fɔːrmər] artiste *m/f*, interprète *m/f*
per•fume ['pɜːrfjuːm] parfum *m*
per•func•to•ry [pər'fʌŋktərɪ] *adj* sommaire
per•haps [pər'hæps] *adv* peut-être
per•il ['perəl] péril *m*
per•il•ous ['perələs] *adj* périlleux*
pe•rim•e•ter [pə'rɪmɪtər] périmètre *m*
pe'rim•e•ter fence clôture *f*
pe•ri•od ['pɪrɪəd] période *f*; (*menstruation*) règles *fpl*; *punctuation mark* point *m*; ***I don't want to, period!*** je ne veux pas, un point c'est tout!
pe•ri•od•ic [pɪrɪ'ɑːdɪk] *adj* périodique
pe•ri•od•i•cal [pɪrɪ'ɑːdɪkl] *n* périodique *m*
pe•ri•od•i•cal•ly [pɪrɪ'ɑːdɪklɪ] *adv* périodiquement
pe•riph•e•ral [pə'rɪfərəl] **1** *adj* (*not crucial*) secondaire **2** *n* COMPUT périphérique *m*
pe•riph•e•ry [pə'rɪfərɪ] périphérie *f*
per•ish ['perɪʃ] *v/i of rubber* se détériorer; *of person* périr
per•ish•a•ble ['perɪʃəbl] *adj food* périssable
per•jure ['pɜːrdʒər] *v/t*: ***perjure o.s.*** faire un faux témoignage
per•ju•ry ['pɜːrdʒərɪ] faux témoignage *m*
perk [pɜːrk] *n of job* avantage *m*
◆ **perk up 1** *v/t* F remonter le moral à **2** *v/i* F se ranimer
perk•y ['pɜːrkɪ] *adj* F (*cheerful*) guilleret
perm [pɜːrm] **1** *n* permanente *f* **2** *v/t*: ***have one's hair permed*** se faire faire une permanente
per•ma•nent ['pɜːrmənənt] *adj* permanent; *address* fixe
per•ma•nent•ly ['pɜːrmənəntlɪ] *adv* en permanence, définitivement
per•me•a•ble ['pɜːrmɪəbl] *adj* perméable
per•me•ate ['pɜːrmɪeɪt] *v/t also fig* imprégner
per•mis•si•ble [pər'mɪsəbl] *adj* permis

per•mis•sion [pər'mɪʃn] permission *f*
per•mis•sive [pər'mɪsɪv] *adj* permissif*
per•mis•sive so'c•i•ety société *f* permissive
per•mit ['pɜːrmɪt] **1** *n* permis *m* **2** *v/t* (*pret & pp* **-ted**) [pər'mɪt] permettre, autoriser; ***permit s.o. to do sth*** permettre à qn de faire qch
per•pen•dic•u•lar [pɜːrpən'dɪkjʊlər] *adj* perpendiculaire
per•pet•u•al [pər'petʃʊəl] *adj* perpétuel*
per•pet•u•al•ly [pər'petʃʊəlɪ] *adv* perpétuellement, sans cesse
per•pet•u•ate [pər'petʃʊeɪt] *v/t* perpétuer
per•plex [pər'pleks] *v/t* laisser perplexe
per•plexed [pər'plekst] *adj* perplexe
per•plex•i•ty [pər'pleksɪtɪ] perplexité *f*
per•se•cute ['pɜːrsɪkjuːt] *v/t* persécuter
per•se•cu•tion [pɜːrsɪ'kjuːʃn] persécution *f*
per•se•cu•tor [pɜːrsɪ'kjuːtər] persécuteur(-trice) *m(f)*
per•se•ver•ance [pɜːrsɪ'vɪrəns] persévérance *f*
per•se•vere [pɜːrsɪ'vɪr] *v/i* persévérer
per•sist [pər'sɪst] *v/i* persister; ***persist in doing sth*** persister à faire qch, s'obstiner à faire qch
per•sis•tence [pər'sɪstəns] persistance
per•sis•tent [pər'sɪstənt] *adj person* tenace, têtu; *questions* incessant; *rain, unemployment etc* persistant
per•sis•tent•ly [pər'sɪstəntlɪ] *adv* (*continually*) continuellement
per•son ['pɜːrsn] personne *f*; ***in person*** en personne
per•son•al ['pɜːrsənl] *adj* personnel*
per•son•al as'sist•ant secrétaire *m/f* particulier(-ère); assistant(e) *m(f)*
'per•son•al col•umn annonces *fpl* personnelles
per•son•al com'put•er ordinateur *m* individuel
per•son•al 'hy•giene hygiène *f* intime
per•son•al•i•ty [pɜːrsə'nælətɪ] personnalité *f*
per•son•al•ly ['pɜːrsənəlɪ] *adv* (*for my part*) personnellement; *come, intervene* en personne; *know* personnellement; ***don't take it personally*** n'y voyez rien de personnel
per•son•al 'or•gan•iz•er organiseur *m*, agenda *m* électronique; *in book form* agenda *m*
per•son•al 'pro•noun pronom *m* personnel
per•son•al 'ster•e•o baladeur *m*
per•son•i•fy [pɜːr'sɑːnɪfaɪ] *v/t* (*pret & pp* **-ied**) *of person* personnifier
per•son•nel [pɜːrsə'nel] (*employees*) personnel *m*; *department* service *m* du personnel
per•son'nel man•a•ger directeur(-trice) *m(f)* du personnel
per•spec•tive [pər'spektɪv] *in art* perspective *f*; ***get sth into perspective*** relativiser qch, replacer qch dans son contexte
per•spi•ra•tion [pɜːrspɪ'reɪʃn] transpiration *f*
per•spire [pɜːr'spaɪr] *v/i* transpirer
per•suade [pər'sweɪd] *v/t person* persuader, convaincre; ***persuade s.o. to do sth*** persuader ou convaincre qn de faire qch
per•sua•sion [pər'sweɪʒn] persuasion *f*
per•sua•sive [pər'sweɪsɪv] *adj person* persuasif*; *argument* convaincant
per•ti•nent ['pɜːrtɪnənt] *adj fml* pertinent
per•turb [pər'tɜːrb] *v/t* perturber
per•turb•ing [pər'tɜːrbɪŋ] *adj* perturbant, inquiétant
pe•ruse [pə'ruːz] *v/t fml* lire
per•va•sive [pər'veɪsɪv] *adj influence, ideas* envahissant
per•verse [pər'vɜːrs] *adj* (*awkward*) contrariant; *sexually* pervers
per•ver•sion [pər'vɜːrʃn] *sexual* perversion *f*
per•vert ['pɜːrvɜːrt] *n sexual* pervers(e) *m(f)*
pes•si•mism ['pesɪmɪzm] pessimisme *m*
pes•si•mist ['pesɪmɪst] pessimiste *m/f*
pes•si•mist•ic [pesɪ'mɪstɪk] *adj* pessimiste
pest [pest] parasite *m*; F *person* peste *f*, plaie *f*
pes•ter ['pestər] *v/t* harceler; ***pester s.o. to do sth*** harceler qn pour qu'il fasse (*subj*) qch
pes•ti•cide ['pestɪsaɪd] pesticide *m*
pet [pet] **1** *n animal* animal *m* domestique; (*favorite*) chouchou *m* F; ***do you have any pets?*** as-tu des animaux? **2** *adj* préféré, favori; ***pet subject*** sujet *m* de prédilection; ***my pet rabbit*** mon lapin (apprivoisé) **3** *v/t* (*pret & pp* **-ted**) *animal* caresser **4** *v/i* (*pret & pp* **-ted**) *of couple* se caresser, se peloter F
pet•al ['petl] pétale *m*
◆ **pe•ter out** ['piːtər] *v/i* cesser petit à petit
pe•tite [pə'tiːt] *adj* menu
pe•ti•tion [pə'tɪʃn] *n* pétition *f*
'pet name surnom *m*, petit nom *m*
pet•ri•fied ['petrɪfaɪd] *adj* pétrifié
pet•ri•fy ['petrɪfaɪ] *v/t* (*pret & pp* **-ied**) pétrifier
pet•ro•chem•i•cal [petroʊ'kemɪkl] *adj*

pétrochimique
pet•rol ['petrl] *Br* essence *f*
pe•tro•le•um [pɪ'troʊlɪəm] pétrole *m*
pet•ting ['petɪŋ] pelotage *m* F
pet•ty ['petɪ] *adj person, behavior* mesquin; *details, problem* insignifiant
pet•ty 'cash petite caisse *f*
pet•u•lant ['petʃələnt] *adj* irritable; *remark* irrité
pew [pjuː] banc *m* d'église
pew•ter ['pjuːtər] étain *m*
phar•ma•ceu•ti•cal [fɑːrmə'suːtɪkl] *adj* pharmaceutique
phar•ma•ceu•ti•cals [fɑːrmə'suːtɪklz] *npl* produits *mpl* pharmaceutiques
phar•ma•cist ['fɑːrməsɪst] pharmacien (-ne) *m(f)*
phar•ma•cy ['fɑːrməsɪ] *store* pharmacie *f*
phase [feɪz] phase *f*
◆**phase in** *v/t* introduire progressivement
◆**phase out** *v/t* supprimer progressivement
PhD [piːeɪtʃ'diː] *abbr* (= ***Doctor of Philosophy***) doctorat *m*
phe•nom•e•nal [fə'nɑːmɪnl] *adj* phénoménal
phe•nom•e•nal•ly [fə'nɑːmɪnəlɪ] *adv* prodigieusement
phe•nom•e•non [fə'nɑːmɪnən] phénomène *m*
phil•an•throp•ic [fɪlən'θrɑːpɪk] *adj person* philanthrope; *action* philanthropique
phi•lan•thro•pist [fɪ'lænθrəpɪst] philanthrope *m/f*
phi•lan•thro•py [fɪ'lænθrəpɪ] philanthropie *f*
Phil•ip•pines ['fɪlɪpiːnz]: ***the Philippines*** les Philippines *fpl*
phil•is•tine ['fɪlɪstaɪn] *n* inculte *m/f*
phi•los•o•pher [fɪ'lɑːsəfər] philosophe *m/f*
phil•o•soph•i•cal [fɪlə'sɑːɒfɪkl] *adj* philosophique; *attitude etc* philosophe
phi•los•o•phy [fɪ'lɑːsəfɪ] philosophie *f*
pho•bi•a ['foʊbɪə] phobie *f* (***about*** de)
phone [foʊn] **1** *n* téléphone *m*; ***be on the phone*** (*have a phone*) avoir le téléphone; *be talking* être au téléphone **2** *v/t* téléphoner à **3** *v/i* téléphoner
'phone book annuaire *m*
'phone booth cabine *f* téléphonique
'phone•call coup *m* de fil *or* de téléphone
'phone card télécarte *f*
'phone num•ber numéro *m* de téléphone
pho•net•ics [fə'netɪks] phonétique *f*
pho•n(e)y ['foʊnɪ] *adj* F faux*
pho•to ['foʊtoʊ] photo *f*
'pho•to al•bum album *m* photos
'pho•to•cop•i•er photocopieuse *f*, photocopieur *m*
'pho•to•cop•y **1** *n* photocopie *f* **2** *v/t* (*pret & pp* ***-ied***) photocopier
pho•to•gen•ic [foʊtoʊ'dʒenɪk] *adj* photogénique
pho•to•graph ['foʊtəgræf] **1** *n* photographie *f* **2** *v/t* photographier
pho•tog•ra•pher [fə'tɑːgrəfər] photographe *m/f*
pho•tog•ra•phy [fə'tɑːgrəfɪ] photographie *f*
phrase [freɪz] **1** *n* expression *f*; *in grammar* syntagme *m* **2** *v/t* formuler, exprimer
'phrase•book guide *m* de conversation
phys•i•cal ['fɪzɪkl] **1** *adj* physique **2** *n* MED visite *f* médicale
phys•i•cal 'hand•i•cap handicap *m* physique
phys•i•cal•ly ['fɪzɪklɪ] *adv* physiquement
phys•i•cal•ly 'hand•i•cap•ped *adj*: ***be physically handicapped*** être handicapé physique
phy•si•cian [fɪ'zɪʃn] médecin *m*
phys•i•cist ['fɪzɪsɪst] physicien(ne) *m(f)*
phys•ics ['fɪzɪks] physique *f*
phys•i•o•ther•a•pist [fɪzɪoʊ'θerəpɪst] kinésithérapeute *m/f*
phys•i•o•ther•a•py [fɪzɪoʊ'θerəpɪ] kinésithérapie *f*
phy•sique [fɪ'ziːk] physique *m*
pi•a•nist ['pɪənɪst] pianiste *m/f*
pi•an•o [pɪ'ænoʊ] piano *m*
pick [pɪk] **1** *n*: ***take your pick*** fais ton choix **2** *v/t* (*choose*) choisir; *flowers, fruit* cueillir; ***pick one's nose*** se mettre les doigts dans le nez **3** *v/i*: ***pick and choose*** faire la fine bouche
◆**pick at** *v/t*: ***pick at one's food*** manger du bout des dents, chipoter
◆**pick on** *v/t* (*treat unfairly*) s'en prendre à; (*select*) désigner, choisir
◆**pick out** *v/t* (*identify*) reconnaître
◆**pick up** **1** *v/t* prendre; *phone* décrocher; *from ground* ramasser; (*collect*) passer prendre; *information* recueillir; *in car* prendre; *in sexual sense* lever F; *language, skill* apprendre; *habit* prendre; *illness* attraper; (*buy*) dénicher, acheter; *criminal* arrêter **2** *v/i of business, economy* reprendre; *of weather* s'améliorer
pick•et ['pɪkɪt] **1** *n of strikers* piquet *m* de grève **2** *v/t*: ***picket a factory*** faire le piquet de grève devant une usine
'pick•et line piquet *m* de grève
pick•le ['pɪkl] *v/t* conserver dans du vinaigre
pick•les ['pɪklz] *npl* pickles *mpl*

P

'pick•pock•et voleur *m* à la tire, pickpocket *m*
pick-up (truck) ['pɪkʌp] pick-up *m*, camionnette *f*
pick•y ['pɪkɪ] *adj* F difficile
pic•nic ['pɪknɪk] **1** *n* pique-nique *m* **2** *v/i* (*pret & pp* ***-ked***) pique-niquer
pic•ture ['pɪktʃər] **1** *n* (*photo*) photo *f*; (*painting*) tableau *m*; (*illustration*) image *f*; (*movie*) film *m*; ***keep s.o. in the picture*** tenir qn au courant **2** *v/t* imaginer
'pic•ture book livre *m* d'images
pic•ture 'post•card carte *f* postale
pic•tur•esque [pɪktʃə'resk] *adj* pittoresque
pie [paɪ] tarte *f*; *with top* tourte *f*
piece [piːs] morceau *m*; (*component*) pièce *f*; *in board game* pion *m*; ***a piece of bread*** un morceau de pain; ***a piece of advice*** un conseil; ***go to pieces*** s'effondrer; ***take to pieces*** démonter
◆**piece together** *v/t broken plate* recoller; *evidence* regrouper
piece•meal ['piːsmiːl] *adv* petit à petit
piece•work ['piːswɜːrk] travail *m* à la tâche
pier [pɪr] *Br*: *at seaside* jetée *f*
pierce [pɪrs] *v/t* (*penetrate*) transpercer; *ears* percer; ***have one's ears / navel pierced*** se faire percer les oreilles / le nombril
pierc•ing ['pɪrsɪŋ] *adj noise*, *eyes* perçant; *wind* pénétrant
pig [pɪg] cochon *m*, porc *m*; (*unpleasant person*) porc *m*
pi•geon ['pɪdʒɪn] pigeon *m*
'pi•geon•hole **1** *n* casier *m* **2** *v/t person* cataloguer; *proposal* mettre de côté
pig•gy•bank ['pɪgɪbæŋk] tirelire *f*
pig•head•ed ['pɪghedɪd] *adj* obstiné; ***that pigheaded father of mine*** mon père, cette tête de lard F
'pig•pen porcherie *f*
'pig•skin porc *m*
'pig•tail *plaited* natte *f*
pile [paɪl] *of books*, *plates etc* pile *f*; *of earth*, *sand etc* tas *m*; ***a pile of work*** F un tas de boulot F
◆**pile up** **1** *v/i of work*, *bills* s'accumuler **2** *v/t* empiler
piles [paɪlz] *nsg* MED hémorroïdes *fpl*
'pile-up MOT carambolage *m*
pil•fer•ing ['pɪlfərɪŋ] chapardage *m* F
pil•grim ['pɪlgrɪm] pèlerin(e) *m*(*f*)
pil•grim•age ['pɪlgrɪmɪdʒ] pèlerinage *m*
pill [pɪl] pilule *f*; ***be on the pill*** prendre la pilule
pil•lar ['pɪlər] pilier *m*
pil•lion ['pɪljən] *of motorbike* siège *m* arrière
pil•low ['pɪloʊ] oreiller *m*
'pill•ow•case taie *f* d'oreiller
pi•lot ['paɪlət] **1** *n* AVIAT, NAUT pilote *m* **2** *v/t airplane* piloter
'pi•lot light *on cooker* veilleuse *f*
'pi•lot plant usine-pilote *f*
'pi•lot scheme projet-pilote *m*
pimp [pɪmp] *n* maquereau *m*, proxénète *m*
pim•ple ['pɪmpl] bouton *m*
PIN [pɪn] *abbr* (***= personal identification number***) code *m* confidentiel
pin [pɪn] **1** *n for sewing* épingle *f*; *in bowling* quille *f*; (*badge*) badge *m*; fiche *f* **2** *v/t* (*pret & pp* ***-ned***) (*hold down*) clouer; (*attach*) épingler
◆**pin down** *v/t* (*identify*) identifier; ***pin s.o. down to a date*** obliger qn à s'engager sur une date
◆**pin up** *v/t notice* accrocher, afficher
pin•cers ['pɪnsərz] *npl of crab* pinces *fpl*; ***a pair of pincers*** *tool* des tenailles *fpl*
pinch [pɪntʃ] **1** *n* pincement *m*; *of salt*, *sugar etc* pincée *f*; ***at a pinch*** à la rigueur **2** *v/t* pincer **3** *v/i of shoes* serrer
pine[1] [paɪn] *n tree*, *wood* pin *m*
pine[2] [paɪn] *v/i* se languir
◆**pine for** *v/t* languir de
pine•ap•ple ['paɪnæpl] ananas *m*
ping [pɪŋ] **1** *n* tintement *m* **2** *v/i* tinter
ping-pong ['pɪngpɑːng] ping-pong *m*
pink [pɪŋk] *adj* rose
pin•na•cle ['pɪnəkl] *fig* apogée *f*
'pin•point *v/t* indiquer précisément; *find* identifier
pins and 'nee•dles *npl* fourmillements *mpl*; ***have pins and needles in one's feet*** avoir des fourmis dans les pieds
'pin•stripe *adj* rayé
pint [paɪnt] pinte *f* (*0,473 litre aux États-Unis et 0,568 en Grande-Bretagne*)
'pin-up (girl) pin-up *f inv*
pi•o•neer [paɪə'nɪr] **1** *n fig* pionnier(-ière) *m*(*f*) **2** *v/t* lancer
pi•o•neer•ing [paɪə'nɪrɪŋ] *adj work* innovateur*
pi•ous ['paɪəs] *adj* pieux*
pip [pɪp] *n Br*: *of fruit* pépin *m*
pipe [paɪp] **1** *n for smoking* pipe *f*; *for water*, *gas*, *sewage* tuyau *m* **2** *v/t* transporter par tuyau
◆**pipe down** *v/i* F se taire; ***tell the kids to pipe down*** dis aux enfants de la boucler F
piped mu•sic [paɪpt'mjuːzɪk] musique *f* de fond
'pipe•line *for oil* oléoduc *m*; *for gas* gazoduc *m*; ***in the pipeline*** *fig* en perspective

pip•ing hot [paɪpɪŋ'hɑːt] *adj* très chaud
pi•rate ['paɪrət] **1** *n* pirate *m* **2** *v/t software* pirater
Pis•ces ['paɪsiːz] ASTROL Poissons *mpl*
piss [pɪs] **1** *n* P (*urine*) pisse *f* P **2** *v/i* P (*urinate*) pisser F
pissed [pɪst] *adj* P (*annoyed*) en rogne F; *Br* P (*drunk*) bourré
pis•tol ['pɪstl] pistolet *m*
pis•ton ['pɪstən] piston *m*
pit [pɪt] *n* (*hole*) fosse *f*; (*coalmine*) mine *f*
pitch[1] [pɪʧ] *n* ton *m*
pitch[2] [pɪʧ] **1** *v/i in baseball* lancer **2** *v/t tent* planter; *ball* lancer
'**pitch-black** *adj* noir comme jais; ***pitch-black night*** nuit *f* noire
pitch•er[1] ['pɪʧər] *in baseball* lanceur *m*
pitch•er[2] ['pɪʧər] *container* pichet *m*
pit•e•ous ['pɪtɪəs] *adj* pitoyable
pit•fall ['pɪtfɒːl] piège *m*
pith [pɪθ] *of citrus fruit* peau *f* blanche
pit•i•ful ['pɪtɪfl] *adj* pitoyable
pit•i•less ['pɪtɪləs] *adj* impitoyable
pits [pɪts] *npl in motor racing* stand *m* de ravitaillement
'**pit stop** *in motor racing* arrêt *m* au stand
pit•tance ['pɪtns] somme *f* dérisoire
pit•y ['pɪtɪ] **1** *n* pitié *f*; ***take pity on*** avoir pitié de; ***it's a pity that …*** c'est dommage que …; ***what a pity!*** quel dommage! **2** *v/t* (*pret & pp* ***-ied***) *person* avoir pitié de
piv•ot ['pɪvət] *v/i* pivoter
piz•za ['piːtsə] pizza *f*
plac•ard ['plækɑːrd] pancarte *f*
place [pleɪs] **1** *n* endroit *m*; *in race*, *competition* place *f*; (*seat*) place *f*; ***at my / his place*** chez moi / lui; ***I've lost my place*** *in book* j'ai perdu ma page; ***in place of*** à la place de; ***feel out of place*** ne pas se sentir à sa place; ***take place*** avoir lieu; ***in the first place*** (*firstly*) premièrement; (*in the beginning*) au début **2** *v/t* (*put*) mettre, poser; (*identify*) situer; ***place an order*** passer une commande
'**place mat** set *m* de table
place•ment ['pleɪsmənt] *of trainee* stage *m*
plac•id ['plæsɪd] *adj* placide
pla•gia•rism ['pleɪdʒərɪzm] plagiat *m*
pla•gia•rize ['pleɪdʒəraɪz] *v/t* plagier
plague [pleɪg] **1** *n* peste *f* **2** *v/t* (*bother*) harceler, tourmenter
plain[1] [pleɪn] *n* plaine *f*
plain[2] [pleɪn] **1** *adj* (*clear*, *obvious*) clair, évident; (*not ornate*) simple; (*not patterned*) uni; (*not pretty*) quelconque, ordinaire; (*blunt*) franc*; ***plain chocolate*** chocolat *m* noir **2** *adv* tout simplement; ***it's plain crazy*** c'est de la folie pure
'**plain clothes**: ***in plain clothes*** en civil
plain•ly ['pleɪnlɪ] *adv* (*clearly*) manifestement; (*bluntly*) franchement; (*simply*) simplement
'**plain-spo•ken** *adj* direct, franc*
plain•tiff ['pleɪntɪf] plaignant *m*
plain•tive ['pleɪntɪv] *adj* plaintif*
plan [plæn] **1** *n* plan *m*, projet *m*; (*drawing*) plan *m* **2** *v/t* (*pret & pp* ***-ned***) (*prepare*) organiser, planifier; (*design*) concevoir; ***plan to do, plan on doing*** prévoir de faire, compter faire **3** *v/i* faire des projets
plane[1] [pleɪn] *n* AVIAT avion *m*
plane[2] [pleɪn] *tool* rabot *m*
plan•et ['plænɪt] planète *f*
plank [plæŋk] *of wood* planche *f*; *fig*: *of policy* point *m*
plan•ning ['plænɪŋ] organisation *f*, planification *f*; ***at the planning stage*** à l'état de projet
plant[1] [plænt] **1** *n* BOT plante *f* **2** *v/t* planter
plant[2] [plænt] *n* (*factory*) usine *f*; (*equipment*) installation *f*, matériel *m*
plan•ta•tion [plæn'teɪʃn] plantation *f*
plaque[1] [plæk] *on wall* plaque *f*
plaque[2] [plæk] *on teeth* plaque *f* dentaire
plas•ter ['plæstər] **1** *n on wall*, *ceiling* plâtre *m* **2** *v/t wall*, *ceiling* plâtrer; ***be plastered with*** être couvert de
'**plas•ter cast** plâtre *m*
plas•tic ['plæstɪk] **1** *adj* en plastique **2** *n* plastique *m*
plas•tic '**bag** sac *m* plastique
'**plas•tic mon•ey** cartes *fpl* de crédit
plas•tic '**sur•geon** spécialiste *m* en chirurgie esthétique
plas•tic '**sur•ge•ry** chirurgie *f* esthétique
plate [pleɪt] *n for food* assiette *f*; (*sheet of metal*) plaque *f*
pla•teau ['plætoʊ] plateau *m*
plat•form ['plætfɔːrm] (*stage*) estrade *f*; *of railroad station* quai *m*; *fig*: *political* plate-forme *f*
plat•i•num ['plætɪnəm] **1** *adj* en platine **2** *n* platine *m*
plat•i•tude ['plætɪtuːd] platitude *f*
pla•ton•ic [plə'tɑːnɪk] *adj relationship* platonique
pla•toon [plə'tuːn] *of soldiers* section *f*
plat•ter ['plætər] *for food* plat *m*
plau•si•ble ['plɒːzəbl] *adj* plausible
play [pleɪ] **1** *n also* TECH, SP jeu *m*; *in theater*, *on TV* pièce *f* **2** *v/i* jouer **3** *v/t musical instrument* jouer de; *piece of music* jouer; *game* jouer à; *opponent* jouer contre; (*perform*: *Macbeth etc*) jouer; ***play a joke on*** jouer un tour à
◆ **play around** *v/i* F (*be unfaithful*) cou-

cher à droite et à gauche; ***play around with s.o.*** coucher avec qn
◆ **play down** *v/t* minimiser
◆ **play up** *v/i of machine, child* faire des siennes; ***my back is playing up*** mon dos me fait souffrir
'**play•act** *v/i* (*pretend*) jouer la comédie, faire semblant
'**play•back** enregistrement *m*
'**play•boy** play-boy *m*
play•er ['pleɪr] SP joueur(-euse) *m(f)*; (*musician*) musicien(ne) *m(f)*; (*actor*) acteur(-trice) *m(f)*; *in business* acteur *m*; ***he's a guitar player*** il joue de la guitar
play•ful ['pleɪfl] *adj* enjoué
'**play•ground** aire *f* de jeu
'**play•group** garderie *f*
play•ing card ['pleɪɪŋ] carte *f* à jouer
'**play•ing field** terrain *m* de sport
'**play•mate** camarade *m* de jeu
play•wright ['pleɪraɪt] dramaturge *m/f*
pla•za ['plaːzə] *for shopping* centre *m* commercial
plc [piːel'siː] *abbr Br* (= ***public limited company***) S.A. *f* (= société anonyme)
plea [pliː] *n* appel
plead [pliːd] *v/i*: ***plead for*** *mercy etc* implorer; ***plead guilty / not guilty*** plaider coupable / non coupable; ***plead with*** implorer, supplier
pleas•ant ['pleznt] *adj* agréable
please [pliːz] **1** *adv* s'il vous plaît, s'il te plaît; ***more tea? – yes, please*** encore un peu de thé? - oui, s'il vous plaît; ***please do*** je vous en prie **2** *v/t* plaire à; ***please yourself*** comme tu veux
pleased [pliːzd] *adj* content, heureux*; ***pleased to meet you*** enchanté
pleas•ing ['pliːzɪŋ] *adj* agréable
pleas•ure ['pleʒər] plaisir *m*; ***it's a pleasure*** (*you're welcome*) je vous en prie; ***with pleasure*** avec plaisir
pleat [pliːt] *n in skirt* pli *m*
pleat•ed skirt ['pliːtɪd] jupe *f* plissée
pledge [pledʒ] **1** *n* (*promise*) promesse *f*, engagement *m*; *as guarantee* gage *m*; ***Pledge of Allegiance*** serment *m* d'allégeance **2** *v/t* (*promise*) promettre; *money* mettre en gage, engager
plen•ti•ful ['plentɪfl] *adj* abondant; ***be plentiful*** abonder
plen•ty ['plentɪ] (*abundance*) abondance *f*; ***plenty of*** beaucoup de; ***that's plenty*** c'est largement suffisant; ***there's plenty for everyone*** il y en a (assez) pour tout le monde
pli•a•ble *adj* flexible
pli•ers *npl* pinces *fpl*; ***a pair of pliers*** des pinces
plight [plaɪt] détresse *f*
plod [plɑːd] *v/i* (*pret & pp* ***-ded***) (*walk*) marcher d'un pas lourd
◆ **plod on** *v/i with a job* persévérer
plod•der ['plɑːdər] *at work, school* bûcheur(-euse) *m(f)* F
plot[1] [plɑːt] *n of land* parcelle *f*
plot[2] [plɑːt] **1** *n* (*conspiracy*) complot *m*; *of novel* intrigue *f* **2** *v/t* (*pret & pp* ***-ted***) comploter; ***plot s.o.'s death*** comploter de tuer qn **3** *v/i* comploter
plot•ter ['plɑːtər] conspirateur(-trice) *m(f)*; COMPUT traceur *m*
plough [plaʊ] *Br* → ***plow***
plow [plaʊ] **1** *n* charrue *f* **2** *v/t & v/i* labourer
◆ **plow back** *v/t profits* réinvestir
pluck [plʌk] *v/t chicken* plumer; ***pluck one's eyebrows*** s'épiler les sourcils
◆ **pluck up** *v/t*: ***pluck up courage*** prendre son courage à deux mains
plug [plʌg] **1** *n for sink, bath* bouchon *m*; *electrical* prise *f*; (*spark plug*) bougie *f*; *for new book etc* coup *m* de pub F; ***give sth a plug*** faire de la pub pour qch F **2** *v/t* (*pret & pp* ***-ged***) *hole* boucher; *new book etc* faire de la pub pour F
◆ **plug away** *v/i* F s'acharner, bosser F
◆ **plug in** *v/t* brancher
plum [plʌm] **1** *n fruit* prune *f*; *tree* prunier *m* **2** *adj* F: ***a plum job*** un boulot en or F
plum•age ['pluːmɪdʒ] plumage *m*
plumb [plʌm] *adj* d'aplomb
◆ **plumb in** *v/t washing machine* raccorder
plumb•er ['plʌmər] plombier *m*
plumb•ing ['plʌmɪŋ] plomberie *f*
plum•met ['plʌmɪt] *v/i of airplane* plonger, piquer; *of share prices* dégringoler, chuter
plump [plʌmp] *adj person, chicken* dodu; *hands, feet* potelé; *face, cheek* rond
◆ **plump for** *v/t* F se décider pour
plunge [plʌndʒ] **1** *n* plongeon *m*; *in prices* chute *f*; ***take the plunge*** se jeter à l'eau **2** *v/i* tomber; *of prices* chuter **3** *v/t* plonger; *knife* enfoncer; ***the city was plunged into darkness*** la ville était plongée dans l'obscurité
plung•ing ['plʌndʒɪŋ] *adj neckline* plongeant
plu•per•fect ['pluːpɜːrfɪkt] GRAM plus-que-parfait *m*
plu•ral ['plʊrəl] **1** *adj* pluriel* **2** *n* pluriel *m*; ***in the plural*** au pluriel
plus [plʌs] **1** *prep* plus **2** *adj* plus de; ***$500 plus*** plus de 500 $ **3** *n sign* signe *m* plus; (*advantage*) plus *m* **4** *conj* (*moreover, in addition*) en plus

P

plush [plʌʃ] *adj* luxueux*
ˈ**plus sign** signe *m* plus
ply•wood [ˈplaɪwʊd] contreplaqué *m*
PM [piːˈem] *abbr Br* (= ***Prime Minister***) Premier ministre
p.m. [piːˈem] *abbr* (= ***post meridiem***) *afternoon* de l'après-midi; *evening* du soir
pneu•mat•ic [nuːˈmætɪk] *adj* pneumatique
pneu•mat•ic ˈ**drill** marteau-piqueur *m*
pneu•mo•ni•a [nuːˈmoʊnɪə] pneumonie *f*
poach[1] [poʊʧ] *v/t cook* pocher
poach[2] [poʊʧ] *v/t salmon etc* braconner
poached egg [poʊʧtˈeg] œuf *m* poché
poach•er [ˈpoʊʧər] *of salmon etc* braconnier *m*
P.O. Box [piːˈoʊbɑːks] *abbr* (= ***Post Office Box***) boîte *f* postale, B. P. *f*
pock•et [ˈpɑːkɪt] **1** *n* poche *f*; ***line one's own pockets*** se remplir les poches; ***be out of pocket*** en être de sa poche F **2** *adj* (*miniature*) de poche **3** *v/t* empocher, mettre dans sa poche
ˈ**pock•et•book** *purse* pochette *f*; (*billfold*) portefeuille *m*; *book* livre *m* de poche
pock•et ˈ**cal•cu•la•tor** calculatrice *f* de poche
ˈ**pock•et•knife** couteau *m* de poche, canif *m*
po•di•um [ˈpoʊdɪəm] estrade *f*; *for winner* podium *m*
po•em [ˈpoʊɪm] poème *m*
po•et [ˈpoʊɪt] poète *m*, poétesse *f*
po•et•ic [poʊˈetɪk] *adj* poétique
po•et•ic ˈ**jus•tice** justice *f* divine
po•et•ry [ˈpoʊɪtrɪ] poésie *f*
poign•ant [ˈpɔɪnjənt] *adj* poignant
point [pɔɪnt] **1** *n of pencil*, *knife* pointe *f*; *in competition*, *exam* point *m*; (*purpose*) objet *m*; (*moment*) moment *m*; *in argument*, *discussion* point *m*; *in decimals* virgule *f*; ***that's beside the point*** là n'est pas la question; ***be on the point of doing sth*** être sur le point de faire qch; ***get to the point*** en venir au fait; ***the point is …*** le fait est (que) …; ***there's no point in waiting*** ça ne sert à rien d'attendre **2** *v/i* montrer (du doigt) **3** *v/t gun* braquer, pointer
◆**point at** *v/t with finger* montrer du doigt, désigner
◆**point out** *v/t sights* montrer; *advantages etc* faire remarquer
◆**point to** *v/t with finger* montrer du doigt, désigner; *fig* (*indicate*) indiquer
ˈ**point-blank** **1** *adj*: ***at point-blank range*** à bout portant **2** *adv refuse*, *deny* catégoriquement, de but en blanc
point•ed [ˈpɔɪntɪd] *adj remark* acerbe, mordant
point•er [ˈpɔɪntər] *for teacher* baguette *f*; (*hint*) conseil *m*; (*sign*, *indication*) indice *m*
point•less [ˈpɔɪntləs] *adj* inutile; ***it's pointless trying*** ça ne sert à rien d'essayer
point of ˈ**sale** *place* point *m* de vente; *promotional material* publicité *f* sur les lieux de vente, P.L.V. *f*
point of ˈ**view** point *m* de vue
poise [pɔɪz] assurance *f*, aplomb *m*
poised [pɔɪzd] *adj person* posé
poi•son [ˈpɔɪzn] **1** *n* poison *m* **2** *v/t* empoisonner
poi•son•ous [ˈpɔɪznəs] *adj snake*, *spider* venimeux*; *plant* vénéneux*
poke [poʊk] **1** *n* coup *m* **2** *v/t* (*prod*) pousser; (*stick*) enfoncer; ***poke one's head out of the window*** passer la tête par la fenêtre; ***poke fun at*** se moquer de; ***poke one's nose into*** mettre son nez dans
◆**poke around** *v/i* F fouiner F
pok•er [ˈpoʊkər] *card game* poker *m*
pok•y [ˈpoʊkɪ] *adj* (*cramped*) exigu*
Po•land [ˈpoʊlənd] la Pologne
po•lar [ˈpoʊlər] *adj* polaire
ˈ**po•lar bear** ours *m* polaire
po•lar•ize [ˈpoʊləraɪz] *v/t* diviser
Pole [poʊl] Polonais(e) *m*(*f*)
pole[1] [poʊl] *of wood*, *metal* perche *f*
pole[2] [poʊl] *of earth* pôle *m*
ˈ**pole star** étoile *f* Polaire
ˈ**pole•vault** *n event* saut *m* à la perche
pole-vault•er [ˈpoʊlvɒːltər] perchiste *m/f*
po•lice [pəˈliːs] *n* police *f*
poˈlice car voiture *f* de police
poˈlice•man gendarme *m*; *criminal* policier *m*
poˈlice state État *m* policier
poˈlice sta•tion gendarmerie *f*; *for criminal matters* commissariat *m*
poˈlice•wo•man femme *f* gendarme; *criminal* femme *f* policier
pol•i•cy[1] [ˈpɑːləsɪ] politique *f*
pol•i•cy[2] [ˈpɑːləsɪ] (*insurance policy*) police *f* (d'assurance)
po•li•o [ˈpoʊlɪoʊ] polio *f*
Pol•ish [ˈpoʊlɪʃ] **1** *adj* polonais **2** *n* polonais *m*
pol•ish [ˈpɑːlɪʃ] **1** *n for furniture*, *floor* cire *f*; *for shoes* cirage *m*; *for metal* produit *m* lustrant; (*nail polish*) vernis *m* (à ongles) **2** *v/t* faire briller, lustrer; *shoes* cirer; *speech* parfaire
◆**polish off** *v/t food* finir
◆**polish up** *v/t skill* perfectionner
pol•ished [ˈpɑːlɪʃt] *adj performance* im-

P

peccable
po•lite [pə'laɪt] *adj* poli
po•lite•ly [pə'laɪtlɪ] *adv* poliment
po•lite•ness [pə'laɪtnɪs] politesse *f*
po•lit•i•cal [pə'lɪtɪkl] *adj* politique
po•lit•i•cal•ly cor•rect [pəlɪtɪklɪ kə'rekt] *adj* politiquement correct
pol•i•ti•cian [pɑːlɪ'tɪʃn] politicien *m*, homme *m*/femme *f* politique
pol•i•tics ['pɑːlɪtɪks] politique *f*; ***what are his politics?*** quelles sont ses opinions politiques?
poll [poʊl] **1** *n* (*survey*) sondage *m*; ***the polls*** (*election*) les élections *fpl*, le scrutin; ***go to the polls*** (*vote*) aller aux urnes **2** *v/t people* faire un sondage auprès de; *votes* obtenir
pol•len ['pɑːlən] pollen *m*
'**pol•len count** taux *m* de pollen
poll•ing booth ['poʊlɪŋ] isoloir *m*
'**poll•ing day** jour *m* des élections
poll•ster ['pɑːlstər] sondeur *m*
pol•lu•tant [pə'luːtənt] polluant *m*
pol•lute [pə'luːt] *v/t* polluer
pol•lu•tion [pə'luːʃn] pollution *f*
po•lo ['poʊloʊ] SP polo *m*
'**po•lo neck** *sweater* pull *m* à col roulé
'**po•lo shirt** polo *m*
pol•y•es•ter [pɑːlɪ'estər] polyester *m*
pol•y•eth•yl•ene [pɑːlɪ'eθɪliːn] polyéthylène *m*
pol•y•sty•rene [pɑːlɪ'staɪriːn] polystyrène *m*
pol•y•un•sat•u•rat•ed [pɑːlɪʌn'sætʃəreɪtɪd] *adj* polyinsaturé
pom•pous ['pɑːmpəs] *adj person* prétentieux*, suffisant; *speech* pompeux*
pond [pɑːnd] étang *m*; *artificial* bassin *m*
pon•der ['pɑːndər] *v/i* réfléchir
pon•tiff ['pɑːntɪf] pontife *m*
pon•y ['poʊnɪ] poney *m*
'**pon•y•tail** queue *f* de cheval
poo•dle ['puːdl] caniche *m*
pool[1] [puːl] (*swimming pool*) piscine *f*; *of water, blood* flaque *f*
pool[2] [puːl] *game* billard *m* américain
pool[3] [puːl] **1** *n* (*common fund*) caisse *f* commune **2** *v/t resources* mettre en commun
'**pool hall** salle *f* de billard
'**pool ta•ble** table *f* de billard
poop [puːp] F caca *m* F
pooped [puːpt] *adj* F crevé F
poor [pʊr] **1** *adj* pauvre; *quality etc* médiocre, mauvais; ***be in poor health*** être en mauvaise santé; ***poor old Tony!*** ce pauvre Tony! **2** *npl*: ***the poor*** les pauvres *mpl*
poor•ly ['pʊrlɪ] **1** *adj* (*unwell*) malade **2** *adv* mal
pop[1] [pɑːp] **1** *n noise* bruit *m* sec **2** *v/i* (*pret & pp* ***-ped***) *of balloon etc* éclater; *of cork* sauter **3** *v/t* (*pret & pp* ***-ped***) *cork* faire sauter; *balloon* faire éclater
pop[2] [pɑːp] **1** *adj* MUS pop *inv* **2** *n* pop *f*
pop[3] [pɑːp] F (*father*) papa *m*
pop[4] [pɑːp] *v/t* (*pret & pp* ***-ped***) F (*put*) mettre; ***pop one's head around the door*** passer la tête par la porte
◆**pop in** *v/i* F (*make brief visit*) passer
◆**pop out** *v/i* F (*go out for a short time*) sortir
◆**pop up** *v/i* F (*appear*) surgir; *of missing person* réapparaître
'**pop con•cert** concert *m* de musique pop
'**pop•corn** pop-corn *m*
Pope [poʊp] pape *m*
'**pop group** groupe *m* pop
pop•py ['pɑːpɪ] *flower* coquelicot *m*
Pop•si•cle® ['pɑːpsɪkl] glace *f* à l'eau
'**pop song** chanson *f* pop
pop•u•lar ['pɑːpjələr] *adj* populaire
pop•u•lar•i•ty [pɑːpjə'lærətɪ] popularité *f*
pop•u•late ['pɑːpjəleɪt] *v/t* peupler
pop•u•la•tion [pɑːpjə'leɪʃn] population *f*
por•ce•lain ['pɔːrsəlɪn] **1** *adj* en porcelaine **2** *n* porcelaine *f*
porch [pɔːrtʃ] porche *m*
por•cu•pine ['pɔːrkjʊpaɪn] porc-épic *m*
pore [pɔːr] *of skin* pore *m*
◆**pore over** *v/t* étudier attentivement
pork [pɔːrk] porc *m*
porn [pɔːrn] *n* F porno *m* F
porn(o) [pɔːrn, 'pɔːrnoʊ] *adj* F porno F
por•no•graph•ic [pɔːrnə'græfɪk] *adj* pornographique
porn•og•ra•phy [pɔːr'nɑːgrəfɪ] pornographie *f*
po•rous ['pɔːrəs] *adj* poreux*
port[1] port *m*
port[2] [pɔːrt] *adj* (*left-hand*) de bâbord
por•ta•ble ['pɔːrtəbl] **1** *adj* portable, portatif* **2** *n* COMPUT portable *m*; *TV* téléviseur *m* portable *or* portatif
por•ter ['pɔːrtər] (*doorman*) portier *m*
port•hole ['pɔːrthoʊl] NAUT hublot *m*
por•tion ['pɔːrʃn] partie *f*, part *f*; *of food* portion *f*
por•trait ['pɔːrtreɪt] **1** *n* portrait *m* **2** *adv print* en mode portrait, à la française
por•tray [pɔːr'treɪ] *v/t of artist* représenter; *of actor* interpréter, présenter; *of author* décrire
por•tray•al [pɔːr'treɪəl] *by actor* interprétation *f*; *by author* description *f*
Por•tu•gal ['pɔːrtʃəgl] le Portugal
Por•tu•guese [pɔːrtʃə'giːz] **1** *adj* portugais **2** *n person* Portugais(e) *m*(*f*); *language* portugais *m*

pose [pouz] **1** *n* attitude *f*; ***it's all a pose*** c'est de la frime! **2** *v/i for artist* poser; ***pose as*** se faire passer pour **3** *v/t problem* poser; ***pose a threat*** constituer une menace

posh [pɑːʃ] *adj Br* F chic *inv*, snob *inv*

po•si•tion [pə'zɪʃn] **1** *n* position *f*; ***what would you do in my position?*** que feriez-vous à ma place? **2** *v/t* placer

pos•i•tive ['pɑːzətɪv] *adj* positif*; GRAM affirmatif*; ***be positive*** (*sure*) être sûr

pos•i•tive•ly ['pɑːzətɪvlɪ] *adv* vraiment

pos•sess [pə'zes] *v/t* posséder

pos•ses•sion [pə'zeʃn] possession *f*; ***possessions*** possessions *fpl*, biens *mpl*

pos•ses•sive [pə'zesɪv] *adj person*, GRAM possessif*

pos•si•bil•i•ty [pɑːsə'bɪlətɪ] possibilité *f*

pos•si•ble ['pɑːsəbl] *adj* possible; ***the fastest possible route*** l'itinéraire le plus rapide possible; ***the best possible solution*** la meilleure solution possible

pos•si•bly ['pɑːsəblɪ] *adv* (*perhaps*) peut-être; ***they're doing everything they possibly can*** ils font vraiment tout leur possible; ***how could I possibly have known that?*** je ne vois vraiment pas comment j'aurais pu le savoir; ***that can't possibly be right*** ce n'est pas possible

post¹ [poust] **1** *n of wood, metal* poteau *m* **2** *v/t notice* afficher; *profits* enregistrer; ***keep s.o. posted*** tenir qn au courant

post² [poust] **1** *n* (*place of duty*) poste *m* **2** *v/t soldier, employee* affecter; *guards* poster

post³ [poust] **1** *n Br* (*mail*) courrier *m* **2** *v/t Br*: *letter* poster

P

post•age ['poustɪdʒ] affranchissement *m*, frais *mpl* de port

'**post•age stamp** *fml* timbre *m*

post•al ['poustl] *adj* postal

'**post•card** carte *f* postale

'**post•code** *Br* code *m* postal

'**post•date** *v/t* postdater

post•er ['poustər] poster *m*, affiche *f*

pos•te•ri•or [pɑː'stɪrɪər] *n hum* postérieur *m* F, popotin *m* F

pos•ter•i•ty [pɑː'sterətɪ] postérité *f*

post•grad•u•ate ['poustgrædʒuət] **1** *adj* de troisième cycle **2** *n* étudiant(e) *m(f)* de troisième cycle

post•hu•mous ['pɑːstʃəməs] *adj* posthume

post•hu•mous•ly ['pɑːstʃəməslɪ] *adv* à titre posthume; ***publish sth posthumously*** publier qch après la mort de l'auteur

post•ing ['poustɪŋ] (*assignment*) affectation *f*, nomination *f*

'**post•mark** cachet *m* de la poste

post-mor•tem [poust'mɔːrtəm] autopsie *f*

'**post of•fice** poste *f*

post•pone [poust'poun] *v/t* remettre (à plus tard), reporter

post•pone•ment [poust'pounmənt] report *m*

pos•ture ['pɑːstʃər] *n* posture *f*

'**post-war** *adj* d'après-guerre

pot¹ [pɑːt] *for cooking* casserole *f*; *for coffee* cafetière *f*; *for tea* théière *f*; *for plant* pot *m*

pot² [pɑːt] F (*marijuana*) herbe *f*, shit *m* F

po•ta•to [pə'teɪtou] pomme *f* de terre

po•ta•to chips, *Br* **po•ta•to crisps** *npl* chips *fpl*

'**pot•bel•ly** brioche *f* F

po•tent ['poutənt] *adj* puissant, fort

po•ten•tial [pə'tenʃl] **1** *adj* potentiel* **2** *n* potentiel *m*

po•ten•tial•ly [pə'tenʃəlɪ] *adv* potentiellement

'**pot•hole** *in road* nid-de-poule *m*

pot•ter ['pɑːtər] *n* potier(-ière) *m(f)*

pot•ter•y ['pɑːtərɪ] poterie *f*; *items* poteries *fpl*

pot•ty ['pɑːtɪ] *n for baby* pot (de bébé)

pouch [pautʃ] *bag* petit sac *m*; *of kangaroo* poche *f*

poul•try ['poultrɪ] volaille *f*; *meat* volaille *f*

pounce [pauns] *v/i of animal* bondir; *fig* sauter

pound¹ [paund] *n weight* livre *f* (*0,453 kg*)

pound² *n for strays, cars* fourrière *f*

pound³ [paund] *v/i of heart* battre (la chamade); ***pound on*** (*hammer on*) donner de grands coups sur; *of rain* battre contre

pound 'ster•ling livre *f* sterling

pour [pɔːr] **1** *v/t liquid* verser **2** *v/i*: ***it's pouring (with rain)*** il pleut à verse

◆ **pour out** *v/t liquid* verser; *troubles* déballer F

pout [paut] *v/i* faire la moue

pov•er•ty ['pɑːvərtɪ] pauvreté *f*

pov•er•ty-strick•en ['pɑːvərtɪstrɪkn] *adj* miséreux*

pow•der ['paudər] **1** *n* poudre *f* **2** *v/t*: ***powder one's face*** se poudrer le visage

'**pow•der room** *euph* toilettes *fpl* pour dames

pow•er ['pauər] **1** *n* (*strength*) puissance *f*, force *f*; (*authority*) pouvoir *m*/; (*energy*) énergie *f*; (*electricity*) courant *m*; ***in power*** au pouvoir; ***fall from power*** POL perdre le pouvoir **2** *v/t*: ***be powered by*** fonctionner à

'**pow•er-as•sist•ed** *adj* assisté

'**pow•er drill** perceuse *f*

'**pow•er fail•ure** panne *f* d'électricité
pow•er•ful ['paʊərfl] *adj* puissant
pow•er•less ['paʊərlɪs] *adj* impuissant; ***be powerless to ...*** ne rien pouvoir faire pour ...
'**pow•er line** ligne *f* électrique
'**pow•er out•age** panne *f* d'électricité
'**pow•er sta•tion** centrale *f* électrique
'**pow•er steer•ing** direction *f* assistée
'**pow•er u•nit** bloc *m* d'alimentation
PR [piː'ɑːr] *abbr* (= ***public relations***) relations *fpl* publiques
prac•ti•cal ['præktɪkl] *adj* pratique
prac•ti•cal 'joke farce *f*
prac•tic•al•ly ['præktɪklɪ] *adv behave, think* d'une manière pratique; (*almost*) pratiquement
prac•tice ['præktɪs] **1** *n* pratique *f*; *training also* entraînement *m*; (*rehearsal*) répétition *f*; (*custom*) coutume *f*; ***in practice*** (*in reality*) en pratique; ***be out of practice*** manquer d'entraînement; ***practice makes perfect*** c'est en forgeant qu'on devient forgeron **2** *v/i* s'entraîner **3** *v/t* travailler; *speech* répéter; *law, medicine* exercer
prac•tise *Br* → ***practice*** *v/i & v/t*
prag•mat•ic [præg'mætɪk] *adj* pragmatique
prag•ma•tism ['prægmətɪzm] pragmatisme *m*
prai•rie ['prerɪ] prairie *f*, plaine *f*
praise [preɪz] **1** *n* louange *f*, éloge *m* **2** *v/t* louer
'**praise•wor•thy** *adj* méritoire, louable
prank [præŋk] blague *f*, farce *f*
prat•tle ['prætl] *v/i* jacasser
prawn [prɒːn] crevette *f*
pray [preɪ] *v/i* prier
prayer [prer] prière *f*
preach [priːʧ] *v/t & v/i* prêcher
preach•er ['priːʧər] pasteur *m*
pre•am•ble [priː'æmbl] préambule *m*
pre•car•i•ous [prɪ'kerɪəs] *adj* précaire
pre•car•i•ous•ly [prɪ'kerɪəslɪ] *adv* précairement
pre•cau•tion [prɪ'kɒːʃn] précaution *f*
pre•cau•tion•a•ry [prɪ'kɒːʃnrɪ] *adj measure* préventif*, de précaution
pre•cede [prɪ'siːd] *v/t* précéder
pre•ce•dent ['presɪdənt] précédent *m*
pre•ced•ing [prɪ'siːdɪŋ] *adj* précédent
pre•cinct ['priːsɪŋkt] (*district*) circonscription *f* (administrative)
pre•cious ['preʃəs] *adj* précieux*
pre•cip•i•tate [prɪ'sɪpɪteɪt] *v/t crisis* précipiter
pré•cis ['preɪsiː] *n* résumé *m*
pre•cise [prɪ'saɪs] *adj* précis
pre•cise•ly [prɪ'saɪslɪ] *adv* précisément
pre•ci•sion [prɪ'sɪʒn] précision *f*
pre•co•cious [prɪ'koʊʃəs] *adj child* précoce
pre•con•ceived ['prɪkənsiːvd] *adj idea* préconçu
pre•con•di•tion [prɪkən'dɪʃn] condition *f* requise
pred•a•tor ['predətər] prédateur *m*
pred•a•to•ry ['predətɔːrɪ] *adj* prédateur*
pre•de•ces•sor ['priːdɪsesər] prédécesseur *m*
pre•des•ti•na•tion [priːdestɪ'neɪʃn] prédestination *f*
pre•des•tined [priː'destɪnd] *adj*: ***be predestined to*** être prédestiné à
pre•dic•a•ment [prɪ'dɪkəmənt] situation *f* délicate
pre•dict [prɪ'dɪkt] *v/t* prédire, prévoir
pre•dict•a•ble [prɪ'dɪktəbl] *adj* prévisible
pre•dic•tion [prɪ'dɪkʃn] prédiction *f*
pre•dom•i•nant [prɪ'dɑːmɪnənt] *adj* prédominant
pre•dom•i•nant•ly [prɪ'dɑːmɪnəntlɪ] *adv* principalement
pre•dom•i•nate [prɪ'dɑːmɪneɪt] *v/i* prédominer
pre•fab•ri•cat•ed [priː'fæbrɪkeɪtɪd] *adj* préfabriqué
pref•ace ['prefɪs] *n* préface *f*
pre•fer [prɪ'fɜːr] *v/t* (*pret & pp* ***-red***) préférer; ***prefer X to Y*** préférer X à Y, aimer mieux X que Y
pref•e•ra•ble ['prefərəbl] *adj* préférable
pref•e•ra•bly ['prefərəblɪ] *adv* de préférence
pref•e•rence ['prefərəns] préférence *f*
pref•er•en•tial [prefə'renʃl] *adj* préférentiel*
pre•fix ['priːfɪks] préfixe *m*
preg•nan•cy ['pregnənsɪ] grossesse *f*
preg•nant ['pregnənt] *adj* enceinte; *animal* pleine
pre•heat ['priːhiːt] *v/t oven* préchauffer
pre•his•tor•ic [priːhɪs'tɑːrɪk] *adj also fig* préhistorique
pre•judge [priː'dʒʌdʒ] *v/t situation* préjuger de; *person* porter un jugement prématuré sur
prej•u•dice ['predʒʊdɪs] **1** *n* (*bias*) préjugé *m* **2** *v/t person* influencer; *chances* compromettre; *reputation* nuire à, porter préjudice à
prej•u•diced ['predʒʊdɪst] *adj* partial
pre•lim•i•na•ry [prɪ'lɪmɪnerɪ] *adj* préliminaire
pre•mar•i•tal [priː'mærɪtl] *adj sex* avant le mariage
pre•ma•ture [priːmə'tʊr] *adj* prématuré

pre•med•i•tat•ed [priː'medɪteɪtɪd] *adj* prémédité
prem•i•er ['premɪr] POL Premier ministre *m*
prem•i•ère ['premɪer] *n* première *f*
prem•is•es ['premɪsɪz] *npl* locaux *mpl*; ***live on the premises*** vivre sur place
pre•mi•um ['priːmɪəm] *in insurance* prime *f*
pre•mo•ni•tion [premə'nɪʃn] prémonition *f*, pressentiment *m*
pre•na•tal [priː'neɪtl] *adj* prénatal
pre•oc•cu•pied [prɪ'ɑːkjʊpaɪd] *adj* préoccupé
prep•a•ra•tion [prepə'reɪʃn] préparation *f*; ***in preparation for*** en prévision de; ***preparations*** préparatifs *mpl*
pre•pare [prɪ'per] **1** *v/t* préparer; ***be prepared to do sth*** *willing, ready* être prêt à faire qch; ***be prepared for sth*** (*be expecting*) s'être préparé à qch, s'attendre à qch; (*be ready*) s'être préparé pour qch, être prêt pour qch **2** *v/i* se préparer
prep•o•si•tion [prepə'zɪʃn] préposition *f*
pre•pos•ter•ous [prɪ'pɑːstərəs] *adj* absurde, ridicule
pre•req•ui•site [priː'rekwɪzɪt] condition *f* préalable
pre•scribe [prɪ'skraɪb] *v/t of doctor* prescrire
pre•scrip•tion [prɪ'skrɪpʃn] MED ordonnance *f*
pres•ence ['prezns] présence *f*; ***in the presence of*** en présence de
pres•ence of 'mind présence *f* d'esprit
pres•ent[1] ['preznt] **1** *adj* (*current*) actuel*; ***be present*** être présent **2** *n*: ***the present*** *also* GRAM le présent; ***at present*** (*at this very moment*) en ce moment; (*for the time being*) pour le moment
pres•ent[2] ['preznt] *n* (*gift*) cadeau *m*
pre•sent[3] [prɪ'zent] *v/t award, bouquet* remettre; *program* présenter; ***present s.o. with sth, present sth to s.o.*** remettre *or* donner qch à qn
pre•sen•ta•tion [prezn'teɪʃn] présentation *f*
pres•ent-day [preznt'deɪ] *adj* actuel*
pre•sent•er [prɪ'zentər] présentateur (-trice) *m(f)*
pres•ent•ly ['prezntlɪ] *adv* (*at the moment*) à présent; (*soon*) bientôt
'pres•ent tense présent *m*
pres•er•va•tion [prezər'veɪʃn] *of environment* préservation *f*; *of building* protection *f*; *of standards, peace* maintien *m*
pre•ser•va•tive [prɪ'zɜːrvətɪv] conservateur *m*
pre•serve [prɪ'zɜːrv] **1** *n* (*domain*) domaine *m* **2** *v/t standards, peace etc* maintenir; *wood etc* préserver; *food* conserver, mettre en conserve
pre•side [prɪ'zaɪd] *v/i at meeting* présider; ***preside over a meeting*** présider une réunion
pres•i•den•cy ['prezɪdənsɪ] présidence *f*
pres•i•dent ['prezɪdnt] POL président(e) *m(f)*; *of company* président-directeur *m* général, PDG *m*
pres•i•den•tial [prezɪ'denʃl] *adj* présidentiel*
press[1] [pres] *n*: ***the press*** la presse
press[2] [pres] **1** *v/t button* appuyer sur; *hand* serrer; *grapes, olives* presser; *clothes* repasser; ***press s.o. to do sth*** (*urge*) presser qn de faire qch **2** *v/i*: ***press for*** faire pression pour obtenir, exiger
'press a•gen•cy agence *f* de presse
'press con•fer•ence conférence *f* de presse
press•ing ['presɪŋ] *adj* pressant
pres•sure ['preʃər] **1** *n* pression *f*; ***be under pressure*** être sous pression; ***he's under pressure to resign*** on fait pression sur lui pour qu'il démissionne (*subj*) **2** *v/t* faire pression sur
pres•tige [pre'stiːʒ] prestige *m*
pres•ti•gious [pre'stɪdʒəs] *adj* prestigieux*
pre•su•ma•bly [prɪ'zuːməblɪ] *adv* sans doute, vraisemblablement
pre•sume [prɪ'zuːm] *v/t* présumer; ***presume to do*** *fml* se permettre de faire
pre•sump•tion [prɪ'zʌmpʃn] *of innocence, guilt* présomption *f*
pre•sump•tu•ous [prɪ'zʌmptʊəs] *adj* présomptueux*
pre•sup•pose [priːsə'poʊz] *v/t* présupposer
pre-tax ['priːtæks] *adj* avant impôts
pre•tence *Br* → ***pretense***
pre•tend [prɪ'tend] **1** *v/t* prétendre; ***the children are pretending to be spacemen*** les enfants se prennent pour des astronautes **2** *v/i* faire semblant
pre•tense [prɪ'tens] hypocrisie *f*, semblant *m*; ***under the pretense of cooperation*** sous prétexte de coopération
pre•ten•tious [prɪ'tenʃəs] *adj* prétentieux*
pre•text ['priːtekst] prétexte *m*
pret•ty ['prɪtɪ] **1** *adj* joli **2** *adv* (*quite*) assez; ***pretty much complete*** presque complet; ***are they the same? - pretty much*** c'est la même chose? – à quelque chose près
pre•vail [prɪ'veɪl] *v/i* (*triumph*) prévaloir, l'emporter

P

pre•vail•ing [prɪ'veɪlɪŋ] *adj wind* dominant; *opinion* prédominant; (*current*) actuel*

pre•vent [prɪ'vent] *v/t* empêcher; *disease* prévenir; ***prevent s.o.*** (***from***) ***doing sth*** empêcher qn de faire qch

pre•ven•tion [prɪ'venʃn] prévention *f*; ***prevention is better than cure*** mieux vaut prévenir que guérir

pre•ven•tive [prɪ'ventɪv] *adj* préventif*

pre•view ['priːvjuː] **1** *n* avant-première *f* **2** *v/t* voir en avant-première

pre•vi•ous ['priːvɪəs] *adj* (*earlier*) antérieur; (*the one before*) précédent

pre•vi•ous•ly ['priːvɪəslɪ] *adv* auparavant, avant

pre-war ['priːwɔːr] *adj* d'avant-guerre

prey [preɪ] proie *f*

◆**prey on** *v/t* chasser, se nourrir de; *fig*: *of con man etc* s'attaquer à

price [praɪs] **1** *n* prix *m* **2** *v/t* COMM fixer le prix de

price•less ['praɪslɪs] *adj* inestimable, sans prix

'**price tag** étiquette *f*, prix *m*

'**price war** guerre *f* des prix

price•y ['praɪsɪ] *adj* F cher*

prick[1] [prɪk] **1** *n pain* piqûre *f* **2** *v/t* (*jab*) piquer

prick[2] [prɪk] *n* V (*penis*) bite *f* V; *person* con *m* F

◆**prick up** *v/t*: ***prick up one's ears*** *of dog* dresser les oreilles; *of person* dresser l'oreille

prick•le ['prɪkl] *on plant* épine *f*, piquant *m*

prick•ly ['prɪklɪ] *adj beard*, *plant* piquant; (*irritable*) irritable

pride [praɪd] **1** *n* fierté *f*; (*self-respect*) amour-propre *m*, orgueil *m* **2** *v/t*: ***pride o.s. on*** être fier de

priest [priːst] prêtre *m*

pri•ma•ri•ly [praɪ'merɪlɪ] *adv* essentiellement, principalement

pri•ma•ry ['praɪmərɪ] **1** *adj* principal **2** *n* POL (élection *f*) primaire *f*

prime [praɪm] **1** *adj* fondamental; ***of prime importance*** de la plus haute importance **2** *n*: ***be in one's prime*** être dans la fleur de l'âge

prime '**min•is•ter** Premier ministre *m*

'**prime time** TV heures *fpl* de grande écoute

prim•i•tive ['prɪmɪtɪv] *adj* primitif*; *conditions* rudimentaire

prince [prɪns] prince *m*

prin•cess [prɪn'ses] princesse *f*

prin•ci•pal ['prɪnsəpl] **1** *adj* principal **2** *n of school* directeur(-trice) *m*(*f*)

prin•ci•pal•ly ['prɪnsəplɪ] *adv* principalement

prin•ci•ple ['prɪnsəpl] principe *m*; ***on principle*** par principe; ***in principle*** en principe

print [prɪnt] **1** *n in book*, *newspaper etc* texte *m*, caractères *mpl*; (*photograph*) épreuve *f*; ***out of print*** épuisé **2** *v/t* imprimer; (*use block capitals*) écrire en majuscules

◆**print out** *v/t* imprimer

print•ed mat•ter ['prɪntɪd] imprimés *mpl*

print•er ['prɪntər] *person* imprimeur *m*; *machine* imprimante *f*

print•ing press ['prɪntɪŋ] presse *f*

'**print•out** impression *f*, sortie *f* (sur) imprimante

pri•or ['praɪr] **1** *adj* préalable, antérieur **2** *prep*: ***prior to*** avant

pri•or•i•tize *v/t* (*put in order of priority*) donner un ordre de priorité à; (*give priority to*) donner la priorité à

pri•or•i•ty [praɪ'ɑːrətɪ] priorité *f*; ***have priority*** être prioritaire, avoir la priorité

pris•on ['prɪzn] prison *f*

pris•on•er ['prɪznər] prisonnier(-ière) *m*(*f*); ***take s.o. prisoner*** faire qn prisonnier

pris•on•er of '**war** prisonnier(-ière) *m*(*f*) de guerre

priv•a•cy ['prɪvəsɪ] intimité *f*

pri•vate ['praɪvət] **1** *adj* privé; *letter* personnel*; *secretary* particulier* **2** *n* MIL simple soldat *m*; ***in private*** *talk to s.o.* en privé

pri•vate•ly ['praɪvətlɪ] *adv talk to s.o.* en privé; (*inwardly*) intérieurement; ***privately owned*** privé; ***privately funded*** à financement privé

'**pri•vate sec•tor** secteur *m* privé

pri•va•tize ['praɪvətaɪz] *v/t* privatiser

priv•i•lege ['prɪvəlɪdʒ] privilège *m*

priv•i•leged ['prɪvəlɪdʒd] *adj* privilégié; (*honored*) honoré

prize [praɪz] **1** *n* prix *m* **2** *v/t* priser, faire (grand) cas de

'**prize•win•ner** gagnant *m*

'**prize•win•ning** *adj* gagnant

pro[1] [proʊ] *n*: ***the pros and cons*** le pour et le contre

pro[2] [proʊ] F *professional* pro *m*/*f inv* F

pro[3] [proʊ] *prep* (*in favor of*) pro-; ***be pro ...*** être pour ...

prob•a•bil•i•ty [prɑːbə'bɪlətɪ] probabilité *f*

prob•a•ble ['prɑːbəbl] *adj* probable

prob•a•bly ['prɑːbəblɪ] *adv* probablement

pro•ba•tion [prə'beɪʃn] *in job* période *f* d'essai; LAW probation *f*, mise *f* à l'épreu-

ve; ***be on probation*** *in job* être à l'essai
pro'ba•tion of•fi•cer contrôleur(-euse) *m(f)* judiciaire
pro'ba•tion pe•ri•od *in job* période *f* d'essai
probe [proʊb] **1** *n* (*investigation*) enquête *f*; *scientific* sonde *f* **2** *v/t* sonder; (*investigate*) enquêter sur
prob•lem ['prɑːbləm] problème *m*; ***no problem*** pas de problème; *it doesn't worry me* c'est pas grave; ***I don't have a problem with that*** ça ne me pose pas de problème
pro•ce•dure [prə'siːdʒər] procédure *f*
pro•ceed [prə'siːd] *v/i* (*go*: *of people*) se rendre; *of work etc* avancer, se dérouler; ***proceed to do sth*** se mettre à faire qch
pro•ceed•ings [prə'siːdɪŋz] *npl* (*events*) événements *mpl*
pro•ceeds ['proʊsiːdz] *npl* bénéfices *mpl*
pro•cess ['prɑːses] **1** *n* processus *m*; *industrial* procédé *m*, processus *m*; ***in the process*** (*while doing it*) ce faisant; ***by a process of elimination*** (en procédant) par élimination **2** *v/t food*, *raw materials* transformer; *data*, *application* traiter
pro•ces•sion [prə'seʃn] procession *f*
pro•claim [prə'kleɪm] *v/t* proclamer
prod [prɑːd] **1** *n* (petit) coup *m* **2** *v/t* (*pret & pp* ***-ded***) donner un (petit) coup à, pousser
prod•i•gy ['prɑːdɪdʒɪ]: prodige *m*; (***child***) ***prodigy*** enfant *m/f* prodige
prod•uce[1] ['prɑːduːs] *n* produits *mpl* (agricoles)
pro•duce[2] [prə'duːs] *v/t* produire; (*bring about*) provoquer; (*bring out*) sortir
pro•duc•er [prə'duːsər] producteur *m*
prod•uct ['prɑːdʌkt] produit *m*
pro•duc•tion [prə'dʌkʃn] production *f*
pro'duc•tion ca•pac•i•ty capacité *f* de production
pro'duc•tion costs *npl* coûts *mpl* de production
pro•duc•tive [prə'dʌktɪv] *adj* productif*
pro•duc•tiv•i•ty [prɑːdʌk'tɪvətɪ] productivité *f*
pro•fane [prə'feɪn] *adj language* blasphématoire
pro•fess [prə'fes] *v/t* (*claim*) prétendre
pro•fes•sion [prə'feʃn] profession *f*
pro•fes•sion•al [prə'feʃnl] **1** *adj* professionnel*; *piece of work* de haute qualité; ***take professional advice*** consulter un professionnel; ***do a very professional job*** faire un travail de professionnel; ***turn professional*** passer professionnel **2** *n* (*doctor, lawyer etc*) personne *f* qui exerce une profession libérale; *not amateur* professionnel(le) *m(f)*
pro•fes•sion•al•ly [prə'feʃnlɪ] *adv play sport* professionnellement; (*well, skillfully*) de manière professionnelle
pro•fes•sor [prə'fesər] professeur *m*
pro•fi•cien•cy [prə'fɪʃnsɪ] compétence *f*; *in a language* maîtrise *f*
pro•fi•cient [prə'fɪʃnt] *adj* excellent, compétent; ***must be proficient in French*** doit bien maîtriser le français
pro•file ['proʊfaɪl] profil *m*
prof•it ['prɑːfɪt] **1** *n* bénéfice *m*, profit *m* **2** *v/i*: ***profit by*** *or* ***profit from*** profiter de
prof•it•a•bil•i•ty [prɑːfɪtə'bɪlətɪ] rentabilité *f*
prof•i•ta•ble ['prɑːfɪtəbl] *adj* rentable
'prof•it mar•gin marge *f* bénéficiaire
'prof•it shar•ing participation *f* aux bénéfices
pro•found [prə'faʊnd] *adj* profond
pro•found•ly [prə'faʊndlɪ] *adv* profondément
prog•no•sis [prɑːg'noʊsɪs] MED pronostic *m*
pro•gram ['proʊgræm] **1** *n* programme *m*; *on radio, TV* émission *f* **2** *v/t* (*pret & pp* ***-med***) programmer
pro•gramme *Br* → ***program***
pro•gram•mer ['proʊgræmər] COMPUT programmeur(-euse) *m(f)*
pro•gress ['prɑːgres] **1** *n* progrès *m(pl)*; ***make progress*** faire des progrès; *of patient* aller mieux; *of building* progresser, avancer; ***in progress*** en cours **2** [prə'gres] *v/i* (*in time*) avancer, se dérouler; (*move on*) passer à; (*make progress*) faire des progrès, progresser; ***how is the work progressing?*** ça avance bien?
pro•gres•sive [prə'gresɪv] *adj* (*enlightened*) progressiste; (*which progresses*) progressif*
pro•gres•sive•ly [prə'gresɪvlɪ] *adv* progressivement
pro•hib•it [prə'hɪbɪt] *v/t* défendre, interdire
pro•hi•bi•tion [proʊhɪ'bɪʃn] interdiction *f*; ***during Prohibition*** pendant la prohibition
pro•hib•i•tive [prə'hɪbɪtɪv] *adj prices* prohibitif*
proj•ect[1] ['prɑːdʒekt] *n* projet *m*; EDU étude *f*, dossier *m*; (*housing area*) cité *f* (H.L.M.)
pro•ject[2] [prə'dʒekt] **1** *v/t figures, sales* prévoir; *movie* projeter **2** *v/i* (*stick out*) faire saillie
pro•jec•tion [prə'dʒekʃn] (*forecast*) projection *f*, prévision *f*
pro•jec•tor [prə'dʒektər] *for slides* pro-

P

jecteur *m*
pro•lif•ic [prə'lɪfɪk] *adj* prolifique
pro•log, *Br* **pro•logue** ['proʊlɑːg] prologue *m*
pro•long [prə'lɒːŋ] *v/t* prolonger
prom [prɑːm] (*school dance*) bal *m* de fin d'année
prom•i•nent ['prɑːmɪnənt] *adj nose, chin* proéminent; *visually* voyant; (*significant*) important
prom•is•cu•i•ty [prɑːmɪ'skjuːətɪ] promiscuité *f*
pro•mis•cu•ous [prə'mɪskjʊəs] *adj* dévergondé, dissolu
prom•ise ['prɑːmɪs] **1** *n* promesse *f* **2** *v/t* promettre; ***promise to do sth*** promettre de faire qch; ***promise s.o. sth*** promettre qch à qn **3** *v/i* promettre
prom•is•ing ['prɑːmɪsɪŋ] *adj* prometteur*
pro•mote [prə'moʊt] *v/t employee, idea* promouvoir; COMM *also* faire la promotion de
pro•mot•er [prə'moʊtər] *of sports event* organisateur *m*
pro•mo•tion [prə'moʊʃn] promotion *f*
prompt [prɑːmpt] **1** *adj* (*on time*) ponctuel*; (*speedy*) prompt **2** *adv*: ***at two o'clock prompt*** à deux heures pile *or* précises **3** *v/t* (*cause*) provoquer; *actor* souffler à; ***something prompted me to turn back*** quelque chose me poussa à me retourner **4** *n* COMPUT invite *f*
prompt•ly ['prɑːmptlɪ] *adv* (*on time*) ponctuellement; (*immediately*) immédiatement
prone [proʊn] *adj*: ***be prone to*** être sujet à
pro•noun ['proʊnaʊn] pronom *m*
pro•nounce [prə'naʊns] *v/t* prononcer
pro•nounced [prə'naʊnst] *adj accent* prononcé; *views* arrêté
pron•to ['prɑːntoʊ] *adv* F illico (presto) F
pro•nun•ci•a•tion [prənʌnsɪ'eɪʃn] prononciation *f*
proof [pruːf] *n* preuve *f*; *of book* épreuve *f*
prop[1] [prɑːp] *n* THEA accessoire *m*
prop[2] [prɑːp] *v/t* (*pret & pp* ***-ped***) appuyer (against contre)
◆ **prop up** *v/t also fig* soutenir
prop•a•gan•da [prɑːpə'gændə] propagande *f*
pro•pel [prə'pel] *v/t* (*pret & pp* ***-led***) propulser
pro•pel•lant [prə'pelənt] *in aerosol* gaz *m* propulseur
pro•pel•ler [prə'pelər] hélice *f*
prop•er ['prɑːpər] *adj* (*real*) vrai; (*correct*) bon*, correct; (*fitting*) convenable, correct
prop•er•ly ['prɑːpərlɪ] *adv* (*correctly*) correctement; (*fittingly also*) convenablement
prop•er•ty ['prɑːpərtɪ] propriété *f*; (*possession also*) bien(s) *m*(*pl*); ***it's his property*** c'est à lui
'**prop•er•ty de•vel•op•er** promoteur *m* immobilier
'**prop•er•ty mar•ket** marché *m* immobilier; *for land* marché *m* foncier
proph•e•cy ['prɑːfəsɪ] prophétie *f*
proph•e•sy ['prɑːfəsaɪ] *v/t* (*pret & pp* ***-ied***) prophétiser, prédire
pro•por•tion [prə'pɔːrʃn] proportion *f*; ***a large proportion of Americans*** une grande partie de la population américaine
pro•por•tion•al [prə'pɔːrʃnl] *adj* proportionnel*
pro•por•tion•al rep•re•sen•ta•tion [reprəzen'teɪʃn] POL représentation *f* proportionnelle
pro•pos•al [prə'poʊzl] proposition *f*; *of marriage* demande *f* en mariage
pro•pose [prə'poʊz] **1** *v/t* (*suggest*) proposer; ***propose to do sth*** (*plan*) se proposer de faire qch **2** *v/i* (*make offer of marriage*) faire sa demande en mariage (***to*** à)
prop•o•si•tion [prɑːpə'zɪʃn] **1** *n* proposition *f* **2** *v/t woman* faire des avances à
pro•pri•e•tor [prə'praɪətər] propriétaire *m*
pro•pri•e•tress [prə'praɪətrɪs] propriétaire *f*
prose [proʊz] prose *f*
pros•e•cute ['prɑːsɪkjuːt] *v/t* LAW poursuivre (en justice)
pros•e•cu•tion [prɑːsɪ'kjuːʃn] LAW poursuites *fpl* (judiciaires); *lawyers* accusation *f*, partie *f* plaignante
pros•e•cu•tor → ***public prosecutor***
pros•pect ['prɑːspekt] **1** *n* (*chance, likelihood*) chance(s) *f*(*pl*); (*thought of something in the future*) perspective *f*; ***prospects*** perspectives *fpl* (d'avenir) **2** *v/i*: ***prospect for*** *gold* chercher
pro•spec•tive [prə'spektɪv] *adj* potentiel*, éventuel*
pros•per ['prɑːspər] *v/i* prospérer
pros•per•i•ty [prɑː'sperətɪ] prospérité *f*
pros•per•ous ['prɑːspərəs] *adj* prospère
pros•ti•tute ['prɑːstɪtuːt] *n* prostituée *f*; ***male prostitute*** prostitué *m*
pros•ti•tu•tion [prɑːstɪ'tuːʃn] prostitution *f*
pros•trate ['prɑːstreɪt] *adj*: ***be prostrate with grief*** être accablé de chagrin
pro•tect [prə'tekt] *v/t* protéger
pro•tec•tion [prə'tekʃn] protection *f*
pro'tec•tion mon•ey *argent versé à un*

racketteur
pro•tec•tive [prə'tektɪv] *adj* protecteur*
pro•tec•tive 'cloth•ing vêtements *mpl* de protection
pro•tec•tor [prə'tektər] protecteur(-trice) *m(f)*
pro•tein ['prouti:n] protéine *f*
pro•test ['proutest] **1** *n* protestation *f*; (*demonstration*) manifestation *f* **2** *v/t* [prə'test] (*object to*) protester contre **3** *v/i* [prə'test] protester; (*demonstrate*) manifester
Prot•es•tant ['prɑ:tɪstənt] **1** *adj* protestant **2** *n* protestant(e) *m(f)*
pro•test•er [prə'testər] manifestant(e) *m(f)*
pro•to•col ['proutəkɑ:l] protocole *m*
pro•to•type ['proutətaɪp] prototype *m*
pro•tract•ed [prə'træktɪd] *adj* prolongé, très long*
pro•trude [prə'tru:d] *v/i of eyes, ear* être saillant; *from pocket etc* sortir
pro•trud•ing [prə'tru:dɪŋ] *adj* saillant; *ears* décollé; *chin* avancé; *teeth* en avant
proud [praud] *adj* fier*; ***be proud of*** être fier de
proud•ly ['praudlɪ] *adv* fièrement, avec fierté
prove [pru:v] *v/t* prouver
prov•erb ['prɑ:vɜ:rb] proverbe *m*
pro•vide [prə'vaɪd] *v/t* fournir; ***provide sth to s.o., provide s.o. with sth*** fournir qch à qn
◆**provide for** *v/t family* pourvoir *or* subvenir aux besoins de; *of law etc* prévoir
pro•vi•ded [prə'vaɪdɪd] *conj*: ***provided (that)*** (*on condition that*) pourvu que (*+subj*), à condition que (*+subj*)
prov•ince ['prɑ:vɪns] province *f*
pro•vin•cial [prə'vɪnʃl] *adj also pej* provincial; *city* de province
pro•vi•sion [prə'vɪʒn] (*supply*) fourniture *f*; *of services* prestation *f*; *in a law, contract* disposition *f*
pro•vi•sion•al [prə'vɪʒnl] *adj* provisoire
pro•vi•so [prə'vaɪzou] condition *f*
prov•o•ca•tion [prɑ:və'keɪʃn] provocation *f*
pro•voc•a•tive [prə'vɑ:kətɪv] *adj* provocant
pro•voke [prə'vouk] *v/t* provoquer
prow [prau] NAUT proue *f*
prow•ess ['prauɪs] talent *m*, prouesses *fpl*
prowl [praul] *v/i of tiger etc* chasser; *of burglar* rôder
'prowl car voiture *f* de patrouille
prowl•er ['praulər] rôdeur(-euse) *m(f)*
prox•im•i•ty [prɑ:k'sɪmətɪ] proximité *f*
prox•y ['prɑ:ksɪ] (*authority*) procuration *f*; *person* mandataire *m/f*
prude [pru:d] puritain *m*
pru•dence ['pru:dns] prudence *f*
pru•dent ['pru:dnt] *adj* prudent
prud•ish ['pru:dɪʃ] *adj* prude
prune[1] [pru:n] *n* pruneau *m*
prune[2] [pru:n] *v/t plant* tailler; *fig*: *costs etc* réduire; *fig*: *essay* élaguer
pry [praɪ] *v/i* (*pret & pp* ***-ied***) être indiscret, fouiner
◆**pry into** *v/t* mettre son nez dans, s'immiscer dans
PS ['pi:es] *abbr* (***= postscript***) P.-S. *m*
pseu•do•nym ['su:dənɪm] pseudonyme *m*
psy•chi•at•ric [saɪkɪ'ætrɪk] *adj* psychiatrique
psy•chi•a•trist [saɪ'kaɪətrɪst] psychiatre *m/f*
psy•chi•a•try [saɪ'kaɪətrɪ] psychiatrie *f*
psy•chic ['saɪkɪk] *adj power* parapsychique; *phenomenon* paranormal; ***I'm not psychic!*** je ne suis pas devin!
psy•cho ['saɪkou] F psychopathe *m/f*
psy•cho•a•nal•y•sis [saɪkouən'æləsɪs] psychanalyse *f*
psy•cho•an•a•lyst [saɪkou'ænəlɪst] psychanalyste *m/f*
psy•cho•an•a•lyze [saɪkou'ænəlaɪz] *v/t* psychanalyser
psy•cho•log•i•cal [saɪkə'lɑ:dʒɪkl] *adj* psychologique
psy•cho•log•i•cal•ly [saɪkə'lɑ:dʒɪklɪ] *adv* psychologiquement
psy•chol•o•gist [saɪ'kɑ:lədʒɪst] psychologue *m/f*
psy•chol•o•gy [saɪ'kɑ:lədʒɪ] psychologie *f*
psy•cho•path ['saɪkoupæθ] psychopathe *m/f*
psy•cho•so•mat•ic [saɪkousə'mætɪk] *adj* psychosomatique
PTO [pi:ti:'ou] *abbr* (***= please turn over***) T.S.V.P. (= tournez s'il vous plaît)
pub [pʌb] *Br* pub *m*
pu•ber•ty ['pju:bərtɪ] puberté *f*
pu•bic hair [pju:bɪk'her] poils *mpl* pubiens; *single* poil *m* pubien
pub•lic ['pʌblɪk] **1** *adj* public* **2** *n*: ***the public*** le public; ***in public*** en public
pub•li•ca•tion [pʌblɪ'keɪʃn] publication *f*
pub•lic 'hol•i•day jour *m* férié
pub•lic•i•ty [pʌb'lɪsətɪ] publicité *f*
pub•li•cize ['pʌblɪsaɪz] *v/t* (*make known*) faire connaître, rendre public; COMM faire de la publicité pour
pub•lic do•main [dou'meɪn]: ***be public domain*** faire partie du domaine public
pub•lic 'li•bra•ry bibliothèque *f* munici-

pale
pub•lic•ly ['pʌblɪklɪ] *adv* en public, publiquement
pub•lic 'pros•e•cu•tor procureur *m* général
pub•lic re'la•tions *npl* relations *fpl* publiques
'pub•lic school école *f* publique; *Br* école privée (du secondaire)
'pub•lic sec•tor secteur *m* public
pub•lish ['pʌblɪʃ] *v/t* publier
pub•lish•er ['pʌblɪʃər] éditeur(-trice) *m(f)*; maison *f* d'édition
pub•lish•ing ['pʌblɪʃɪŋ] édition *f*
'pub•lish•ing com•pa•ny maison *f* d'édition
pud•dle ['pʌdl] flaque *f*
Puer•to Ri•can [pwertoʊ'riːkən] **1** *adj* portoricain **2** *n* Portoricain(e) *m(f)*
Puer•to Ri•co [pwertoʊ'riːkoʊ] Porto Rico
puff [pʌf] **1** *n of wind* bourrasque *f*; *of smoke* bouffée *f* **2** *v/i* (*pant*) souffler, haleter; ***puff on a cigarette*** tirer sur une cigarette
puff•y ['pʌfɪ] *adj eyes, face* bouffi, gonflé
puke [pjuːk] *v/i* P dégueuler F
pull [pʊl] **1** *n on rope* coup *m*; F (*appeal*) attrait *m*; F (*influence*) influence *f* **2** *v/t* tirer; *tooth* arracher; *muscle* se déchirer **3** *v/i* tirer
◆**pull ahead** *v/i in race, competition* prendre la tête
◆**pull apart** *v/t* (*separate*) séparer
◆**pull away** **1** *v/t* retirer **2** *v/i of car, train* s'éloigner
◆**pull down** *v/t* (*lower*) baisser; (*demolish*) démolir
◆**pull in** *v/i of bus, train* arriver
◆**pull off** *v/t leaves etc* détacher; *clothes* enlever; F *deal etc* décrocher; ***he pulled it off*** il a réussi
◆**pull out** **1** *v/t* sortir; *troops* retirer **2** *v/i from agreement, competition, of troops* se retirer; *of ship* partir
◆**pull over** *v/i* se garer
◆**pull through** *v/i from illness* s'en sortir
◆**pull together** **1** *v/i* (*cooperate*) travailler ensemble **2** *v/t*: ***pull o.s. together*** se reprendre
◆**pull up** **1** *v/t* (*raise*) remonter; *plant* arracher **2** *v/i of car etc* s'arrêter
pul•ley ['pʊlɪ] poulie *f*
pull•o•ver ['pʊloʊvər] pull *m*
pulp [pʌlp] pulpe *f*; *for paper-making* pâte *f* à papier
pul•pit ['pʊlpɪt] chaire *f*
'pulp nov•el roman *m* de gare
pul•sate [pʌl'seɪt] *v/i of heart, blood* battre; *of rhythm* vibrer
pulse [pʌls] pouls *m*
pul•ver•ize ['pʌlvəraɪz] *v/t* pulvériser
pump [pʌmp] **1** *n* pompe *f* **2** *v/t* pomper
◆**pump up** *v/t* gonfler
pump•kin ['pʌmpkɪn] potiron *m*
pun [pʌn] jeu *m* de mots
punch [pʌntʃ] **1** *n blow* coup *m* de poing; *implement* perforeuse *f* **2** *v/t with fist* donner un coup de poing à; *hole* percer; *ticket* composter
'punch line chute *f*
punc•tu•al ['pʌŋktʃʊəl] *adj* ponctuel*
punc•tu•al•i•ty [pʌŋktʃʊ'ælətɪ] ponctualité *f*
punc•tu•al•ly ['pʌŋktʃʊəlɪ] *adv* à l'heure, ponctuellement
punc•tu•ate ['pʌŋktʃʊeɪt] *v/t* GRAM ponctuer
punc•tu•a•tion [pʌŋktʃʊ'eɪʃn] ponctuation *f*
punc•tu'a•tion mark signe *m* de ponctuation
punc•ture ['pʌŋktʃər] **1** *n* piqûre *f* **2** *v/t* percer, perforer
pun•gent ['pʌndʒənt] *adj* âcre, piquant
pun•ish ['pʌnɪʃ] *v/t* punir
pun•ish•ing ['pʌnɪʃɪŋ] *adj schedule, pace* éprouvant, épuisant
pun•ish•ment ['pʌnɪʃmənt] punition *f*
punk [pʌŋk]: ***punk*** (***rock***) MUS musique *f* punk
pu•ny ['pjuːnɪ] *adj person* chétif*
pup [pʌp] chiot *m*
pu•pil[1] ['pjuːpl] *of eye* pupille *f*
pu•pil[2] ['pjuːpl] (*student*) élève *m/f*
pup•pet ['pʌpɪt] *also fig* marionnette *f*
'pup•pet gov•ern•ment gouvernement *m* fantoche
pup•py ['pʌpɪ] chiot *m*
pur•chase[1] ['pɜːrtʃəs] **1** *n* achat *m* **2** *v/t* acheter
pur•chase[2] ['pɜːrtʃəs] (*grip*) prise *f*
pur•chas•er ['pɜːrtʃəsər] acheteur(-euse) *m(f)*
pure [pjʊr] *adj* pur; *white* immaculé; ***pure new wool*** pure laine *f* vierge
pure•ly ['pjʊrlɪ] *adv* purement
pur•ga•to•ry ['pɜːrgətɔːrɪ] purgatoire *m*; *fig* enfer *m*
purge [pɜːrdʒ] **1** *n* POL purge *f* **2** *v/t* POL épurer
pu•ri•fy ['pjʊrɪfaɪ] *v/t* (*pret & pp* ***-ied***) *water* épurer
pu•ri•tan ['pjʊrɪtən] *n* puritain(e) *m(f)*
pu•ri•tan•i•cal [pjʊrɪ'tænɪkl] *adj* puritain
pu•ri•ty ['pjʊrɪtɪ] pureté *f*
pur•ple ['pɜːrpl] *adj reddish* pourpre; *bluish* violet*

P

Pur•ple 'Heart MIL *décoration remise aux blessés de guerre*

pur•pose ['pɜːrpəs] (*aim*, *object*) but *m*; ***on purpose*** exprès

pur•pose•ful ['pɜːrpəsfʊl] *adj* résolu, déterminé

pur•pose•ly ['pɜːrpəslɪ] *adv* exprès

purr [pɜːr] *v/i of cat* ronronner

purse [pɜːrs] *n* (*pocketbook*) sac *m* à main; *Br*: *for money* porte-monnaie *m inv*

pur•sue [pər'suː] *v/t* poursuivre

pur•su•er [pər'suːər] poursuivant(e) *m*(*f*)

pur•suit [pər'suːt] poursuite *f*; (*activity*) activité *f*; ***those in pursuit*** les poursuivants

pus [pʌs] pus *m*

push [pʊʃ] **1** *n* (*shove*) poussée *f*; ***at the push of a button*** en appuyant sur un bouton **2** *v/t* (*shove*, *pressure*) pousser; *button* appuyer sur; F *drugs* revendre, trafiquer; ***be pushed for*** F être à court de, manquer de; ***be pushing 40*** F friser la quarantaine **3** *v/i* pousser

◆ **push ahead** *v/i* continuer

◆ **push along** *v/t cart etc* pousser

◆ **push away** *v/t* repousser

◆ **push off** *v/t lid* soulever

◆ **push on** *v/i* (*continue*) continuer (sa route)

◆ **push up** *v/t prices* faire monter

push•er ['pʊʃər] F *of drugs* dealer(-euse) *m*(*f*)

'push-up *n*: ***do push-ups*** faire des pompes

push•y ['pʊʃɪ] *adj* F qui se met en avant

puss, pus•sy (cat) [pʊs, 'pʊsɪ (kæt)] F minou *m*

◆ **pus•sy•foot around** ['pʊsɪfʊt] *v/i* F tourner autour du pot F

put [pʊt] *v/t* (*pret & pp* ***put***) mettre; *question* poser; ***put the cost at*** estimer le prix à

◆ **put across** *v/t idea etc* faire comprendre

◆ **put aside** *v/t money* mettre de côté; *work* mettre de côté

◆ **put away** *v/t in closet etc* ranger; *in institution* enfermer; *in prison* emprisonner; (*consume*) consommer, s'enfiler F; *money* mettre de côté; *animal* faire piquer

◆ **put back** *v/t* (*replace*) remettre

◆ **put by** *v/t money* mettre de côté

◆ **put down** *v/t* poser; *deposit* verser; *rebellion* réprimer; (*belittle*) rabaisser; *in writing* mettre (par écrit); ***put one's foot down*** *in car* appuyer sur le champignon F; (*be firm*) se montrer ferme; ***put sth down to sth*** (*attribute*) mettre qch sur le compte de qch

◆ **put forward** *v/t idea etc* soumettre, suggérer

◆ **put in** *v/t* mettre; *time* passer; *request*, *claim* présenter, déposer

◆ **put in for** *v/t* (*apply for*) demander

◆ **put off** *v/t light*, *radio*, *TV* éteindre; (*postpone*) repousser; (*deter*) dissuader; (*repel*) dégoûter; ***put s.o. off sth*** dégoûter qn de qch; ***you've put me off (the idea)*** tu m'as coupé l'envie

◆ **put on** *v/t light*, *radio*, *TV* allumer; *music*, *jacket etc* mettre; (*perform*) monter; *accent etc* prendre; ***put on make-up*** se mettre du maquillage; ***put on the brake*** freiner; ***put on weight*** prendre du poids; ***she's just putting it on*** (*pretending*) elle fait semblant

◆ **put out** *v/t hand* tendre; *fire*, *light* éteindre

◆ **put through** *v/t on phone* passer

◆ **put together** *v/t* (*assemble*) monter; (*organize*) organiser

◆ **put up** *v/t hand* lever; *person* héberger; (*erect*) ériger; *prices* augmenter; *poster* accrocher; *money* fournir; ***put sth up for sale*** mettre qch en vente; ***put your hands up!*** haut les mains!

◆ **put up with** *v/t* (*tolerate*) supporter, tolérer

putt [pʌt] *v/i in golf* putter

put•ty ['pʌtɪ] mastic *m*

puz•zle ['pʌzl] **1** *n* (*mystery*) énigme *f*, mystère *m*; *game* jeu *m*, casse-tête *m*; (*jigsaw puzzle*) puzzle *m* **2** *v/t* laisser perplexe

puz•zling ['pʌzlɪŋ] *adj* curieux*

PVC [piːviː'siː] *abbr* (*= **polyvinyl chloride***) P.V.C. *m* (= polychlorure de vinyle)

py•ja•mas *Br* → ***pajamas***

py•lon ['paɪlɑːn] pylône *m*

Py•re•nees ['pɪrəniːz] *npl* Pyrénées *fpl*

P

Q

quack[1] [kwæk] **1** *n of duck* coin-coin *m inv* **2** *v/i* cancaner
quack[2] [kwæk] *n* F (*bad doctor*) charlatan *m*
quad•ran•gle ['kwɑːdræŋgl] *figure* quadrilatère *m*; *courtyard* cour *f*
quad•ru•ped ['kwɑːdrʊped] quadrupède *m*
quad•ru•ple ['kwɑːdrʊpl] *v/i* quadrupler
quad•ru•plets ['kwɑːdrʊ plɪts] *npl* quadruplés *mpl*
quads [kwɑːdz] *npl* F quadruplés *mpl*
quag•mire ['kwɑːgmaɪr] bourbier *m*
quail [kweɪl] *v/i* flancher
quaint [kweɪnt] *adj cottage* pittoresque; (*eccentric: ideas etc*) curieux*
quake [kweɪk] **1** *n* (*earthquake*) tremblement *m* de terre **2** *v/i of earth, with fear* trembler
qual•i•fi•ca•tion [kwɑːlɪfɪ'keɪʃn] *from university etc* diplôme *m*; *of remark etc* restriction *f*; ***have the right qualifications for a job*** avoir les qualifications requises pour un poste
qual•i•fied ['kwɑːlɪfaɪd] *adj doctor, engineer etc* qualifié; (*restricted*) restreint; ***I am not qualified to judge*** je ne suis pas à même de juger
qual•i•fy ['kwɑːlɪfaɪ] **1** *v/t* (*pret & pp* ***-ied***) *of degree, course etc* qualifier; *remark etc* nuancer **2** *v/i* (*get degree etc*) obtenir son diplôme; *in competition* se qualifier; ***that doesn't qualify as …*** on ne peut pas considérer cela comme …
qual•i•ty ['kwɑːlətɪ] qualité *f*
qual•i•ty con'trol contrôle *m* de qualité
qualm [kwɑːm] scrupule *m*; ***have no qualms about …*** n'avoir aucun scrupule à …
quan•da•ry ['kwɑːndərɪ] dilemme *m*
quan•ti•fy ['kwɑːntɪfaɪ] *v/t* (*pret & pp* ***-ied***) quantifier
quan•ti•ty ['kwɑːntətɪ] quantité *f*
quan•tum phys•ics ['kwɑːntəm] physique *f* quantique
quar•an•tine ['kwɑːrəntiːn] *n* quarantaine *f*
quar•rel ['kwɑːrəl] **1** *n* dispute *f*, querelle *f* **2** *v/i* (*pret & pp* ***-ed***, *Br pp* ***-led***) se disputer
quar•rel•some ['kwɑːrəlsʌm] *adj* agressif*, belliqueux*
quar•ry[1] ['kwɑːrɪ] *in hunt* gibier *m*
quar•ry[2] ['kwɑːrɪ] *for mining* carrière *f*
quart [kwɔːrt] quart *m* de gallon (*0,946 litre*)
quar•ter ['kwɔːrtər] **1** *n* quart *m*; (*25 cents*) vingt-cinq cents *mpl*; (*part of town*) quartier *m*; ***divide the pie into quarters*** couper la tarte en quatre (parts); ***a quarter of an hour*** un quart d'heure; ***a quarter of 5*** cinq heures moins le quart; ***a quarter after 5*** cinq heures et quart **2** *v/t* diviser en quatre
'quar•ter•back SP quarterback *m*, quart *m* arrière
quar•ter'fi•nal quart *m* de finale
quar•ter'fi•nal•ist quart de finaliste *m*, quart-finaliste *m*
quar•ter•ly ['kwɔːrtərlɪ] **1** *adj* trimestriel* **2** *adv* trimestriellement, tous les trois mois
'quar•ter•note MUS noire *f*
quar•ters ['kwɔːrtərz] *npl* MIL quartiers *mpl*
quar•tet [kwɔːr'tet] MUS quatuor *m*
quartz [kwɑːrts] quartz *m*
quash [kwɑːʃ] *v/t rebellion* réprimer, écraser; *court decision* casser, annuler
qua•ver ['kweɪvər] **1** *n in voice* tremblement *m* **2** *v/i of voice* trembler
quay [kiː] quai *m*
'quay•side quai *m*
quea•sy ['kwiːzɪ] *adj* nauséeux*; ***feel queasy*** avoir mal au cœur, avoir la nausée
Que•bec [kwə'bek] Québec
queen [kwiːn] reine *f*
queen 'bee reine *f* des abeilles
queer [kwɪr] *adj* (*peculiar*) bizarre
queer•ly ['kwɪrlɪ] *adv* bizarrement
quell [kwel] *v/t* réprimer
quench [kwentʃ] *v/t thirst* étancher, assouvir; *flames* éteindre, étouffer
que•ry ['kwɪrɪ] **1** *n* question *f* **2** *v/t* (*pret & pp* ***-ied***) (*express doubt about*) mettre en doute; (*check*) vérifier; ***query sth with s.o.*** poser des questions sur qch à qn, vérifier qch auprès de qn
quest [kwest] quête *f*
ques•tion ['kwestʃn] **1** *n* question *f*; ***in question*** (*being talked about*) en question; ***be in question*** (*in doubt*) être mis en question; ***it's a question of money*** c'est une question d'argent; ***that's out of the question*** c'est hors de question **2** *v/t person* questionner, interroger; (*doubt*) mettre en question

ques•tion•a•ble ['kwestʃnəbl] *adj* contestable, discutable
ques•tion•ing ['kwestʃnɪŋ] **1** *adj look, tone* interrogateur* **2** *n* interrogatoire *m*
'**ques•tion mark** point *m* d'interrogation
ques•tion•naire [kwestʃə'ner] questionnaire *m*
queue [kjuː] *Br* **1** *n* queue *f* **2** *v/i* faire la queue
quib•ble ['kwɪbl] *v/i* chipoter, chercher la petite bête
quick [kwɪk] *adj* rapide; ***be quick!*** fais vite!, dépêche-toi!; ***let's go for a quick drink*** on va se prendre un petit verre?; ***can I have a quick look?*** puis-je jeter un coup d'œil?; ***that was quick!*** c'était rapide!
quick•ly ['kwɪklɪ] *adv* vite, rapidement
'**quick•sand** sables *mpl* mouvants
'**quick•sil•ver** mercure *m*
quick•wit•ted [kwɪk'wɪtɪd] *adj* vif*, à l'esprit vif
qui•et ['kwaɪət] *adj street, house, life* calme, tranquille; *music* doux; *engine* silencieux*; *voice* bas*; ***keep quiet about sth*** ne pas parler de qch, garder qch secret; ***quiet!*** silence!
◆**quieten down** ['kwaɪətn] **1** *v/t class, children* calmer, faire taire **2** *v/i of children, situation* se calmer
quiet•ly ['kwaɪətlɪ] *adv* doucement, sans bruit; (*unassumingly, peacefully*) tranquillement
quiet•ness ['kwaɪətnɪs] calme *m*, tranquillité *f*
quilt [kwɪlt] *on bed* couette *f*
quilt•ed ['kwɪltɪd] *adj* matelassé
quin•ine ['kwɪniːn] quinine *f*
quin•tet [kwɪn'tet] MUS quintette *m*
quip [kwɪp] **1** *n* trait *m* d'esprit **2** *v/i* (*pret & pp* ***-ped***) plaisanter, railler
quirk [kwɜːrk] manie *f*, lubie *f*
quirk•y ['kwɜːrkɪ] *adj* bizarre, excentrique
quit [kwɪt] **1** *v/t* (*pret & pp* ***quit***) *job* quitter; ***quit doing sth*** arrêter de faire qch **2** *v/i* (*leave job*) démissionner; COMPUT quitter; ***get or be given one's notice to quit*** *from landlord* recevoir son congé
quite [kwaɪt] *adv* (*fairly*) assez; (*completely*) tout à fait; ***not quite ready*** pas tout à fait prêt; ***I didn't quite understand*** je n'ai pas bien compris; ***is that right? - not quite*** c'est cela? - non, pas exactement; ***quite!*** parfaitement!; ***quite a lot*** pas mal, beaucoup; ***quite a few*** plusieurs, un bon nombre; ***it was quite a surprise / change*** c'était vraiment une surprise / un changement
quits [kwɪts] *adj*: ***be quits with s.o.*** être quitte envers qn
quit•ter ['kwɪtər] F lâcheur *m*
quiv•er ['kwɪvər] *v/i* trembler
quiz [kwɪz] **1** *n on TV* jeu *m* télévisé; *on radio* jeu *m* radiophonique; *at school* interrogation *f* **2** *v/t* (*pret & pp* ***-zed***) interroger, questionner
'**quiz mas•ter** animateur *m* de jeu
quo•ta ['kwoʊtə] quota *m*
quo•ta•tion [kwoʊ'teɪʃn] *from author* citation *f*; *price* devis *m*
quo'ta•tion marks *npl* guillemets *mpl*; ***in quotation marks*** entre guillemets
quote [kwoʊt] **1** *n from author* citation *f*; *price* devis *m*; (*quotation mark*) guillemet *m*; ***in quotes*** entre guillemets **2** *v/t text* citer; *price* proposer **3** *v/i*: ***quote from an author*** citer un auteur; ***quote for a job*** faire un devis pour un travail

R

rab•bi ['ræbaɪ] rabbin *m*
rab•bit ['ræbɪt] lapin *m*
rab•ble ['ræbl] cohue *f*, foule *f*
rab•ble-rous•er ['ræblraʊzər] agitateur(-trice) *m*(*f*)
ra•bies ['reɪbiːz] *nsg* rage *f*
rac•coon [rə'kuːn] raton *m* laveur
race[1] [reɪs] *n of people* race *f*
race[2] [reɪs] **1** *n* SP course *f*; ***the races*** *horses* les courses **2** *v/i* (*run fast*) courir à toute vitesse; ***he raced through his work*** il a fait son travail à toute vitesse **3** *v/t*: ***I'll race you*** le premier arrivé a gagné
'**race•course** champ *m* de courses, hippodrome *m*
'**race•horse** cheval *m* de course
'**race riot** émeute *f* raciale

'race•track *for cars* circuit *m*, piste *f*; *for horses* champ *m* de courses, hippodrome *m*

ra•cial ['reɪʃl] *adj* racial; ***racial equality*** égalité *f* des races

rac•ing ['reɪsɪŋ] course *f*

'rac•ing bike vélo *m* de course

ra•cism ['reɪsɪzm] racisme *m*

ra•cist ['reɪsɪst] **1** *adj* raciste **2** *n* raciste *m/f*

rack [ræk] **1** *n for bikes*: *on car* porte vélo *m inv*; *at station etc* râtelier *m* à vélos; *for bags on train* porte-bagages *m inv*; *for CDs* range-CD *m inv* **2** *v/t*: ***rack one's brains*** se creuser la tête

rack•et[1] ['rækɪt] SP raquette *f*

rack•et[2] ['rækɪt] (*noise*) vacarme *m*; *criminal activity* escroquerie *f*

ra•dar ['reɪdɑːr] radar *m*

'ra•dar screen écran *m* radar

'ra•dar trap contrôle-radar *m*

ra•di•ance ['reɪdɪəns] éclat *m*, rayonnement *m*

ra•di•ant ['reɪdɪənt] *adj smile*, *appearance* radieux*

ra•di•ate ['reɪdɪeɪt] *v/i of heat*, *light* irradier, rayonner

ra•di•a•tion [reɪdɪ'eɪʃn] *nuclear* radiation *f*

ra•di•a•tor ['reɪdɪeɪtər] *in room*, *car* radiateur *m*

rad•i•cal ['rædɪkl] **1** *adj* radical **2** *n* POL radical(e) *m(f)*

rad•i•cal•ism ['rædɪkəlɪzm] POL radicalisme *m*

rad•i•cal•ly ['rædɪklɪ] *adv* radicalement

ra•di•o ['reɪdɪoʊ] radio *f*; ***on the radio*** à la radio; ***by radio*** par radio

ra•di•o'ac•tive *adj* radioactif*

ra•di•o•ac•tive 'waste déchets *mpl* radioactifs

ra•di•o•ac'tiv•i•ty radioactivité *f*

ra•di•o a'larm radio-réveil *m*

ra•di•og•ra•pher [reɪdɪ'ɑːgrəfər] radiologue *m/f*

ra•di•og•ra•phy [reɪdɪ'ɑːgrəfɪ] radiographie *f*

'ra•di•o sta•tion station *f* de radio

'ra•di•o tax•i radio-taxi *m*

ra•di•o'ther•a•py radiothérapie *f*

rad•ish ['rædɪʃ] radis *m*

ra•di•us ['reɪdɪəs] rayon *m*

raf•fle ['ræfl] *n* tombola *f*

raft [ræft] radeau *m*; *fig*: *of new measures etc* paquet *m*

raf•ter ['ræftər] chevron *m*

rag [ræg] *n for cleaning etc* chiffon *m*; ***in rags*** en haillons

rage [reɪdʒ] **1** *n* colère *f*, rage *f*; ***be in a rage*** être furieux*; ***be all the rage*** F faire fureur **2** *v/i of person* être furieux*, rager; *of storm* faire rage

rag•ged ['rægɪd] *adj edge* irrégulier*; *appearance* négligé; *clothes* en loques

raid [reɪd] **1** *n by troops* raid *m*; *by police* descente *f*; *by robbers* hold-up *m*; FIN raid *m* **2** *v/t of troops* attaquer; *of police* faire une descente dans; *of robbers* attaquer; *fridge*, *orchard* faire une razzia dans

raid•er ['reɪdər] (*robber*) voleur *m*

rail [reɪl] *n on track* rail *m*; (*handrail*) rampe *f*; *for towel* porte-serviettes *m inv*; ***by rail*** en train

rail•ings ['reɪlɪŋz] *npl around park etc* grille *f*

'rail•road *system* chemin *m* de fer; *track* voie *f* ferrée

'rail•road sta•tion gare *f*

'rail•way *Br* chemin *m* de fer; *track* voie *f* ferrée

rain [reɪn] **1** *n* pluie *f*; ***in the rain*** sous la pluie **2** *v/i* pleuvoir; ***it's raining*** il pleut

'rain•bow arc-en-ciel *m*

'rain•check: ***can I take a raincheck on that?*** peut-on remettre cela à plus tard?

'rain•coat imperméable *m*

'rain•drop goutte *f* de pluie

'rain•fall précipitations *fpl*

'rain for•est forêt *f* tropicale (humide)

'rain•proof *adj fabric* imperméable

'rain•storm pluie *f* torrentielle

rain•y ['reɪnɪ] *adj* pluvieux*; ***it's rainy*** il pleut beaucoup

raise [reɪz] **1** *n in salary* augmentation *f* (de salaire) **2** *v/t shelf etc* surélever; *offer* augmenter; *children* élever; *question* soulever; *money* rassembler

rai•sin ['reɪzn] raisin *m* sec

rake [reɪk] *n for garden* râteau *m*

◆ **rake up** *v/t leaves* ratisser; *fig* révéler, mettre au grand jour

ral•ly ['rælɪ] *n* (*meeting*, *reunion*) rassemblement *m*; MOT rallye *m*; *in tennis* échange *m*

◆ **rally round 1** *v/i* (*pret & pp* ***-ied***) se rallier **2** *v/t* (*pret & pp* ***-ied***): ***rally round s.o.*** venir en aide à qn

RAM [ræm] *abbr* COMPUT (= ***random access memory***) RAM *f*, mémoire *f* vive

ram [ræm] **1** *n* bélier *m* **2** *v/t* (*pret & pp* ***-med***) *ship*, *car* heurter, percuter

ram•ble ['ræmbl] **1** *n walk* randonnée *f* **2** *v/i walk* faire de la randonnée; *when speaking* discourir; (*talk incoherently*) divaguer

ram•bler ['ræmblər] *walker* randonneur (-euse) *m(f)*

R

ram•bling ['ræmblɪŋ] **1** *adj speech* décousu **2** *n walking* randonnée *f*; *in speech* digression *f*
ramp [ræmp] rampe *f* (d'accès), passerelle *f*; *for raising vehicle* pont *m* élévateur
ram•page ['ræmpeɪdʒ] **1** *v/i* se déchaîner; ***rampage through the streets*** tout saccager dans les rues **2** *n*: ***go on the rampage*** tout saccager
ram•pant ['ræmpənt] *adj inflation* galopant
ram•part ['ræmpɑːrt] rempart *m*
ram•shack•le ['ræmʃækl] *adj* délabré
ran [ræn] *pret* → ***run***
ranch [ræntʃ] *n* ranch *m*
ranch•er ['ræntʃər] propriétaire *m/f* de ranch
'**ranch•hand** employé *m* de ranch
ran•cid ['rænsɪd] *adj* rance
ran•cor, *Br* **ran•cour** ['ræŋkər] rancœur *f*
R & D [ɑːrən'diː] (***= research and development***) R&D *f* (= recherche et développement)
ran•dom ['rændəm] **1** *adj* aléatoire, au hasard; ***random sample*** échantillon *m* pris au hasard; ***random violence*** violence *f* aveugle **2** *n*: ***at random*** au hasard
ran•dy ['rændɪ] *adj Br* F en manque F, excité
rang [ræŋ] *pret* → ***ring***
range [reɪndʒ] **1** *n of products* gamme *f*; *of gun* portée *f*; *of airplane* autonomie *f*; *of voice*, *instrument* registre *m*; *of mountains* chaîne *f*; ***at close range*** de très près **2** *v/i*: ***range from X to Y*** aller de X à Y
rang•er ['reɪndʒər] garde *m* forestier
rank [ræŋk] **1** *n* MIL grade *m*; *in society* rang *m*; ***the ranks*** MIL les hommes *mpl* de troupe **2** *v/t* classer
◆ **rank among** *v/t* compter parmi
ran•kle ['ræŋkl] *v/i* rester sur le cœur
ran•sack ['rænsæk] *v/t searching* fouiller; *plundering* saccager
ran•som ['rænsəm] *n money* rançon *f*; ***hold s.o. to ransom*** *also fig* tenir qn en otage (contre une rançon)
'**ran•som mon•ey** rançon *f*
rant [rænt] *v/i*: ***rant and rave*** pester, tempêter
rap [ræp] **1** *n at door etc* petit coup *m* sec; MUS rap *m* **2** *v/t* (*pret & pp* ***-ped***) *table etc* taper sur
◆ **rap at** *v/t window etc* frapper à
rape[1] [reɪp] **1** *n* viol *m* **2** *v/t* violer
rape[2] *n* BOT colza *m*
'**rape vic•tim** victime *f* d'un viol
rap•id ['ræpɪd] *adj* rapide
ra•pid•i•ty [rə'pɪdətɪ] rapidité *f*
rap•id•ly ['ræpɪdlɪ] *adv* rapidement
rap•ids ['ræpɪdz] *npl* rapides *mpl*
rap•ist ['reɪpɪst] violeur *m*
rap•port [ræ'pɔːr] relation *f*, rapports *mpl*
rap•ture ['ræptʃər]: ***go into raptures over*** s'extasier sur
rap•tur•ous ['ræptʃərəs] *adj welcome* enthousiaste; *applause* frénétique
rare [rer] *adj* rare; *steak* saignant, bleu
rare•ly ['rerlɪ] *adv* rarement
rar•i•ty ['rerətɪ] rareté *f*
ras•cal ['ræskl] coquin *m*
rash[1] [ræʃ] *n* MED éruption *f* (cutanée)
rash[2] [ræʃ] *adj action*, *behavior* imprudent, impétueux*
rash•ly ['ræʃlɪ] *adv* sans réfléchir, sur un coup de tête
rasp•ber•ry ['ræzberɪ] framboise *f*
rat [ræt] *n* rat *m*
rate [reɪt] **1** *n* taux *m*; (*price*) tarif *m*; (*speed*) rythme *m*; ***rate of interest*** FIN taux *m* d'intérêt; ***at this rate*** (*at this speed*) à ce rythme; (*carrying on like this*) si ça continue comme ça; ***at any rate*** en tout cas **2** *v/t* (*rank*) classer (among parmi); (*consider*) considérer (as comme); ***how do you rate this wine?*** que pensez-vous de ce vin?
rather ['ræðər] *adv* (*fairly*, *quite*) plutôt; ***I would rather stay here*** je préfèrerais rester ici; ***or would you rather ...?*** ou voulez-vous plutôt ...?
rat•i•fi•ca•tion [rætɪfɪ'keɪʃn] *of treaty* ratification *f*
rat•i•fy ['rætɪfaɪ] *v/t* (*pret & pp* ***-ied***) ratifier
rat•ings ['reɪtɪŋz] *npl* indice *m* d'écoute
ra•tio ['reɪʃɪoʊ] rapport *m*, proportion *f*
ra•tion ['ræʃn] **1** *n* ration *f* **2** *v/t supplies* rationner
ra•tion•al ['ræʃənl] *adj* rationnel*
ra•tion•al•i•ty [ræʃə'nælɪtɪ] rationalité *f*
ra•tion•al•i•za•tion [ræʃənəlaɪ'zeɪʃn] rationalisation *f*
ra•tion•al•ize ['ræʃənəlaɪz] **1** *v/t* rationaliser **2** *v/i* (se) chercher des excuses
ra•tion•al•ly ['ræʃənlɪ] *adv* rationnellement
'**rat race** jungle *f*; ***get out of the rat race*** sortir du système
rat•tle ['rætl] **1** *n of bottles*, *chains* cliquetis *m*; *in engine* bruit *m* de ferraille; *of windows* vibration *f*; *toy* hochet *m* **2** *v/t chains etc* entrechoquer, faire du bruit avec **3** *v/i* faire du bruit; *of engine* faire un bruit de ferraille; *of crates*, *bottles* s'entrechoquer; *of chains* cliqueter
◆ **rattle off** *v/t poem*, *list of names* débiter (à toute vitesse)
◆ **rattle through** *v/t* expédier

R

'rat•tle•snake serpent *m* à sonnette
rau•cous ['rɒːkəs] *adj laughter*, *party* bruyant
rav•age ['rævɪdʒ] **1** *n*: ***the ravages of time*** les ravages *mpl* du temps **2** *v/t*: ***ravaged by war*** ravagé par la guerre
rave [reɪv] **1** *n party* rave *f*, rave-party *f* **2** *v/i* délirer; ***rave about sth*** (*be very enthusiastic*) s'emballer pour qch
ra•ven ['reɪvn] corbeau *m*
rav•e•nous ['rævənəs] *adj* affamé; *appetite* féroce, vorace
'rave re•view critique *f* élogieuse
ra•vine [rə'viːn] ravin *m*
rav•ing ['reɪvɪŋ] *adv*: ***raving mad*** fou à lier
rav•ish•ing ['rævɪʃɪŋ] *adj* ravissant
raw [rɒː] *adj meat*, *vegetable* cru; *sugar*, *iron* brut
raw ma'te•ri•als *npl* matières *fpl* premières
ray [reɪ] rayon *m*; ***a ray of hope*** une lueur d'espoir
raze [reɪz] *v/t*: ***raze to the ground*** raser
ra•zor ['reɪzər] rasoir *m*
'ra•zor blade lame *f* de rasoir
re [riː] *prep* COMM en référence à; ***re : ...*** objet : ...
reach [riːtʃ] **1** *n*: ***within reach*** à portée; ***out of reach*** hors de portée **2** *v/t* atteindre; *destination* arriver à; (*go as far as*) arriver (jusqu')à; *decision*, *agreement* aboutir à, parvenir à
◆ **reach out** *v/i* tendre la main / le bras
re•act [rɪ'ækt] *v/i* réagir
re•ac•tion [rɪ'ækʃn] réaction *f*
re•ac•tion•ar•y [rɪ'ækʃnrɪ] **1** *adj* POL réactionnaire, réac F *inv in feminine* **2** *n* POL réactionnaire *m/f*, réac *m/f* F
re•ac•tor [rɪ'æktər] *nuclear* réacteur *m*
read [riːd] **1** *v/t* (*pret & pp* ***read*** [red]) *also* COMPUT lire **2** *v/i* lire; ***read to s.o.*** faire la lecture à qn
◆ **read out** *v/t aloud* lire à haute voix
◆ **read up on** *v/t* étudier
read•a•ble ['riːdəbl] *adj* lisible
read•er ['riːdər] *person* lecteur(-trice) *m(f)*
read•i•ly ['redɪlɪ] *adv admit*, *agree* volontiers, de bon cœur
read•i•ness ['redɪnɪs] *to agree*, *help* empressement *m*, bonne volonté *f*; ***be in*** (***a state of***) ***readiness*** être prêt
read•ing ['riːdɪŋ] *activity* lecture *f*; *from meter etc* relevé *m*
'read•ing mat•ter lecture *f*
re•ad•just [riːə'dʒʌst] **1** *v/t equipment*, *controls* régler (de nouveau) **2** *v/i to conditions* se réadapter (***to*** à)
read-'on•ly file COMPUT fichier *m* en lecture seule
read-'on•ly mem•o•ry COMPUT mémoire *f* morte
read•y ['redɪ] *adj* (*prepared*, *willing*) prêt; ***get*** (***o.s.***) ***ready*** se préparer; ***get sth ready*** préparer qch
read•y 'cash (argent *m*) liquide *m*
'read•y-made *adj stew etc* cuisiné; *solution* tout trouvé
read•y-to-'wear *adj* de confection; ***ready-to-wear clothing*** prêt-à-porter *m*
real [riːl] *adj not imaginary* réel*; *not fake* vrai, véritable
'real es•tate immobilier *m*, biens *mpl* immobiliers
'real es•tate a•gent agent *m* immobilier
re•al•ism ['rɪəlɪzəm] réalisme *m*
re•al•ist ['rɪəlɪst] réaliste *m/f*
re•al•is•tic [rɪə'lɪstɪk] *adj* réaliste
re•al•is•tic•al•ly [rɪə'lɪstɪklɪ] *adv* de façon réaliste
re•al•i•ty [rɪ'ælətɪ] réalité *f*
re'al•i•ty TV télé-réalité *f*
re•a•li•za•tion [rɪəlaɪ'zeɪʃn] *of hopes etc* réalisation *f*; (*awareness*) prise *f* de conscience; ***come to the realization that ...*** se rendre compte que ...
re•al•ize ['rɪəlaɪz] *v/t* se rendre compte de, prendre conscience de; FIN réaliser; ***the sale realized $50m*** la vente a rapporté 50 millions de dollars; ***I realize now that ...*** je me rends compte maintenant que ...
real•ly ['rɪəlɪ] *adv* vraiment; ***not really*** pas vraiment
'real time COMPUT temps *m* réel
'real-time *adj* COMPUT en temps réel
re•al•tor ['riːltər] agent *m* immobilier
re•al•ty ['riːltɪ] immobilier *m*, biens *mpl* immobiliers
reap [riːp] *v/t* moissonner; *fig* récolter
re•ap•pear [riːə'pɪr] *v/i* réapparaître
re•ap•pear•ance [riːə'pɪrəns] réapparition *f*
rear [rɪr] **1** *adj* arrière *inv*, de derrière **2** *n* arrière *m*
rear 'end F *of person* derrière *m*
'rear-end *v/t* F: ***be rear-ended*** se faire rentrer dedans (par derrière) F
'rear light *of car* feu *m* arrière
re•arm [riː'ɑːrm] *v/t & v/i* réarmer
'rear•most *adj* dernier*, du fond
re•ar•range [riːə'reɪndʒ] *v/t flowers* réarranger; *furniture* déplacer, changer de place; *schedule*, *meetings* réorganiser
rear-view 'mir•ror rétroviseur *m*, rétro *m* F
rea•son ['riːzn] **1** *n* (*cause*), *faculty* raison

R

f; ***see / listen to reason*** entendre raison, se rendre à la raison **2** *v/i*: ***reason with s.o.*** raisonner qn
rea•so•na•ble ['riːznəbl] *adj person, behavior, price* raisonnable; ***a reasonable number of people*** un certain nombre de gens
rea•son•a•bly ['riːznəblɪ] *adv act, behave* raisonnablement; (*quite*) relativement
rea•son•ing ['riːznɪŋ] raisonnement *m*
re•as•sure [riːə'ʃʊr] *v/t* rassurer
re•as•sur•ing [riːə'ʃʊrɪŋ] *adj* rassurant
re•bate ['riːbeɪt] (*refund*) remboursement *m*
reb•el[1] ['rebl] *n* rebelle *m/f*; ***rebel troops*** troupes *fpl* rebelles
re•bel[2] [rɪ'bel] *v/i* (*pret & pp* ***-led***) se rebeller, se révolter
reb•el•lion [rɪ'belɪən] rébellion *f*
reb•el•lious [rɪ'belɪəs] *adj* rebelle
reb•el•lious•ly [rɪ'belɪəslɪ] *adv* de façon rebelle
reb•el•lious•ness [rɪ'belɪəsnɪs] esprit *m* de rébellion
re•bound [rɪ'baʊnd] *v/i of ball etc* rebondir
re•buff [rɪ'bʌf] *n* rebuffade *f*
re•build ['riːbɪld] *v/t* (*pret & pp* ***-built***) reconstruire
re•buke [rɪ'bjuːk] *v/t* blâmer
re•call [rɪ'kɒːl] *v/t goods, ambassador* rappeler; (*remember*) se souvenir de, se rappeler (***that*** que); ***I don't recall saying that*** je ne me rappelle pas avoir dit cela
re•cap ['riːkæp] *v/i* (*pret & pp* ***-ped***) récapituler
re•cap•ture [riː'kæptʃər] *v/t* reprendre
re•cede [rɪ'siːd] *v/i of flood waters* baisser, descendre; *of sea* se retirer
re•ced•ing [rɪ'siːdɪŋ] *adj forehead, chin* fuyant; ***have a receding hairline*** se dégarnir
R
re•ceipt [rɪ'siːt] *for purchase* reçu *m* (***for*** de), ticket *m* de caisse; ***acknowledge receipt of sth*** accuser réception de qch; ***receipts*** FIN recette(s) *f(pl)*
re•ceive [rɪ'siːv] *v/t* recevoir
re•ceiv•er [rɪ'siːvər] TELEC combiné *m*; *for radio* (poste *m*) récepteur *m*; ***pick up / replace the receiver*** décrocher / raccrocher
re•ceiv•er•ship [rɪ'siːvərʃɪp]: ***be in receivership*** être en liquidation judiciaire
re•cent ['riːsnt] *adj* récent
re•cent•ly ['riːsntlɪ] *adv* récemment
re•cep•tion [rɪ'sepʃn] réception *f*; (*welcome*) accueil *m*
re'cep•tion desk réception *f*
re•cep•tion•ist [rɪ'sepʃnɪst] réceptionniste *m/f*
re•cep•tive [rɪ'septɪv] *adj*: ***be receptive to sth*** être réceptif à qch
re•cess ['riːses] *n in wall etc* renfoncement *m*, recoin *m*; EDU récréation *f*; *of legislature* vacances *fpl* judiciaires
re•ces•sion [rɪ'seʃn] *economic* récession *f*
re•charge [riː'tʃɑːrdʒ] *v/t battery* recharger
re•ci•pe ['resəpɪ] recette *f*
're•ci•pe book livre *m* de recettes
re•cip•i•ent [rɪ'sɪpɪənt] *of parcel etc* destinataire *m/f*; *of payment* bénéficiaire *m/f*
re•cip•ro•cal [rɪ'sɪprəkl] *adj* réciproque
re•cit•al [rɪ'saɪtl] MUS récital *m*
re•cite [rɪ'saɪt] *v/t poem* réciter; *details, facts* énumérer
reck•less ['reklɪs] *adj* imprudent
reck•less•ly ['reklɪslɪ] *adv* imprudemment
reck•on ['rekən] *v/t* (*think, consider*) penser
◆ **reckon on** *v/t* compter sur
◆ **reckon with** *v/t*: ***have s.o./sth to reckon with*** devoir compter avec qn / qch
reck•on•ing ['rekənɪŋ] calculs *mpl*; ***by my reckoning*** d'après mes calculs
re•claim [rɪ'kleɪm] *v/t land from sea* gagner sur la mer; *lost property* récupérer
re•cline [rɪ'klaɪn] *v/i* s'allonger
re•clin•er [rɪ'klaɪnər] *chair* chaise *f* longue, relax *m*
re•cluse [rɪ'kluːs] reclus *m*
rec•og•ni•tion [rekəg'nɪʃn] reconnaissance *f*; ***changed beyond recognition*** méconnaissable
rec•og•niz•a•ble [rekəg'naɪzəbl] *adj* reconnaissable
rec•og•nize ['rekəgnaɪz] *v/t* reconnaître
re•coil [rɪ'kɔɪl] *v/i* reculer
rec•ol•lect [rekə'lekt] *v/t* se souvenir de
rec•ol•lec•tion [rekə'lekʃn] souvenir *m*
rec•om•mend [rekə'mend] *v/t* recommander
rec•om•men•da•tion [rekəmen'deɪʃn] recommandation *f*
rec•om•pense ['rekəmpens] *n* compensation *f*, dédommagement *m*
rec•on•cile ['rekənsaɪl] *v/t* réconcilier; *differences* concilier; *facts* faire concorder; ***reconcile o.s. to sth*** se résigner à qch; ***be reconciled*** *of two people* s'être réconcilié
rec•on•cil•i•a•tion [rekənsɪlɪ'eɪʃn] réconciliation *f*; *of differences, facts* conciliation *f*
re•con•di•tion [riːkən'dɪʃn] *v/t* refaire, remettre à neuf

re•con•nais•sance [rɪ'kɑːnɪsəns] MIL reconnaissance *f*
re•con•sid•er [riːkən'sɪdər] **1** *v/t* reconsidérer **2** *v/i* reconsidérer la question
re•con•struct [riːkən'strʌkt] *v/t* reconstruire; *crime* reconstituer
rec•ord[1] ['rekərd] *n* MUS disque *m*; SP *etc* record *m*; *written document etc* rapport *m*; *in database* article *m*, enregistrement *m*; ***records*** (*archives*) archives *fpl*, dossiers *mpl*; ***keep a record of sth*** garder une trace de qch; ***say sth off the record*** dire qch officieusement; ***have a criminal record*** avoir un casier judiciaire; ***have a good record for*** avoir une bonne réputation en matière de
record[2] [rɪ'kɔːrd] *v/t electronically* enregistrer; *in writing* consigner
'rec•ord-break•ing *adj* record *inv*, qui bat tous les records
re•cor•der [rɪ'kɔːrdər] MUS flûte *f* à bec
'rec•ord hold•er recordman *m*, recordwoman *f*
re•cord•ing [rɪ'kɔːrdɪŋ] enregistrement *m*
re'cord•ing stu•di•o studio *m* d'enregistrement
'rec•ord play•er platine *f* (tourne-disque)
re•count [rɪ'kaʊnt] *v/t* (*tell*) raconter
re-count ['riːkaʊnt] **1** *n of votes* recompte *m* **2** *v/t* recompter
re•coup [rɪ'kuːp] *v/t financial losses* récupérer
re•cov•er [rɪ'kʌvər] **1** *v/t* retrouver **2** *v/i from illness* se remettre; *of economy, business* reprendre
re•cov•er•y [rɪ'kʌvərɪ] *of sth lost* récupération *f*; *from illness* rétablissement *m*; ***he has made a good recovery*** il s'est bien remis
rec•re•a•tion [rekrɪ'eɪʃn] récréation *f*
rec•re•a•tion•al [rekrɪ'eɪʃnl] *adj done for pleasure* de loisirs; ***recreational drug*** drogue *f* récréative
re•cruit [rɪ'kruːt] **1** *n* recrue *f* **2** *v/t* recruter
re•cruit•ment [rɪ'kruːtmənt] recrutement *m*
rec•tan•gle ['rektæŋgl] rectangle *m*
rec•tan•gu•lar [rek'tæŋgjʊlər] *adj* rectangulaire
rec•ti•fy ['rektɪfaɪ] *v/t* (*pret & pp* **-ied**) rectifier
re•cu•pe•rate [rɪ'kuːpəreɪt] *v/i* récupérer
re•cur [rɪ'kɜːr] *v/i* (*pret & pp* **-red**) *of error, event* se reproduire, se répéter; *of symptoms* réapparaître
re•cur•rent [rɪ'kʌrənt] *adj* récurrent
re•cy•cla•ble [riː'saɪkləbl] *adj* recyclable
re•cy•cle [riː'saɪkl] *v/t* recycler
re•cy•cling [riː'saɪklɪŋ] recyclage *m*
red [red] **1** *adj* rouge **2** *n*: ***in the red*** FIN dans le rouge
Red 'Cross Croix-Rouge *f*
red•den ['redn] *v/i* (*blush*) rougir
re•dec•o•rate [riː'dekəreɪt] *v/t* refaire
re•deem [rɪ'diːm] *v/t debt* rembourser; *sinners* racheter
re•deem•ing [rɪ'diːmɪŋ] *adj*: ***his one redeeming feature*** sa seule qualité
re•demp•tion [rɪ'dempʃn] REL rédemption *f*
re•de•vel•op [riːdɪ'veləp] *v/t part of town* réaménager, réhabiliter
red-handed [red'hændɪd] *adj*: ***catch s.o. red-handed*** prendre qn en flagrant délit
'red•head roux *m*, rousse *f*
red-'hot *adj* chauffé au rouge, brûlant
red-'let•ter day jour *m* mémorable, jour *m* à marquer d'une pierre blanche
red 'light *for traffic* feu *m* rouge
red 'light dis•trict quartier *m* chaud
red 'meat viande *f* rouge
'red•neck F plouc *m* F
re•dou•ble [riː'dʌbl] *v/t*: ***redouble one's efforts*** redoubler ses efforts
red 'pep•per poivron *m* rouge
red 'tape F paperasserie *f*
re•duce [rɪ'duːs] *v/t* réduire; diminuer
re•duc•tion [rɪ'dʌkʃn] réduction *f*; diminution *f*
re•dun•dant [rɪ'dʌndənt] *adj* (*unnecessary*) redondant; ***be made redundant*** *Br*: *at work* être licencié
reed [riːd] BOT roseau *m*
reef [riːf] *in sea* récif *m*
'reef knot *Br* nœud *m* plat
reek [riːk] *v/i* empester (***of sth*** qch), puer (***of sth*** qch)
reel [riːl] *n of film, thread* bobine *f*
◆ **reel off** *v/t* débiter
re-e'lect *v/t* réélire
re-e'lec•tion réélection *f*
re-'en•try *of spacecraft* rentrée *f*
ref [ref] F arbitre *m*
re•fer [rɪ'fɜːr] **1** *v/t* (*pret & pp* **-red**): ***refer a decision / problem to s.o.*** soumettre une décision / un problème à qn **2** *v/i* (*pret & pp* **-red**): ***refer to*** (*allude to*) faire allusion à; *dictionary etc* se reporter à
ref•er•ee [refə'riː] SP arbitre *m*; *for job*: *personne qui fournit des références*
ref•er•ence ['refərəns] (*allusion*) allusion *f*; *for job* référence *f*; (*reference number*) (numéro *m* de) référence *f*; ***with reference to*** en ce qui concerne
'ref•er•ence book ouvrage *m* de référence
'ref•er•ence li•bra•ry bibliothèque *f* d'ouvrages de référence; *in a library* salle *f* des références

'ref•er•ence num•ber numéro *m* de référence
ref•e•ren•dum [refə'rendəm] référendum *m*
re•fill ['riːfɪl] *v/t tank*, *glass* remplir
re•fine [rɪ'faɪn] *v/t oil*, *sugar* raffiner; *technique* affiner
re•fined [rɪ'faɪnd] *adj manners*, *language* raffiné
re•fine•ment [rɪ'faɪnmənt] *to process*, *machine* perfectionnement *m*
re•fin•e•ry [rɪ'faɪnərɪ] raffinerie *f*
re•fla•tion ['riːfleɪʃn] relance *f*
re•flect [rɪ'flekt] **1** *v/t light* réfléchir, refléter; *fig* refléter; ***be reflected in*** se réfléchir dans, se refléter dans **2** *v/i* (*think*) réfléchir
re•flec•tion [rɪ'flekʃn] *also fig* reflet *m*; (*consideration*) réflexion *f*; ***on reflection*** après réflexion
re•flex ['riːfleks] *in body* réflexe *m*
're•flex re•ac•tion réflexe *m*
re•form [rɪ'fɔːrm] **1** *n* réforme *f* **2** *v/t* réformer
re•form•er [rɪ'fɔːrmər] réformateur (-trice) *m*(*f*)
re•frain[1] [rɪ'freɪn] *v/i fml* s'abstenir (***from*** de); ***please refrain from smoking*** prière de ne pas fumer
re•frain[2] [rɪ'freɪn] *n in song* refrain *m*
re•fresh [rɪ'freʃ] *v/t* rafraîchir; *of sleep*, *rest* reposer; *of meal* redonner des forces à; ***feel refreshed*** se sentir revigoré
re•fresh•er course [rɪ'freʃər] cours *m* de remise à niveau
re•fresh•ing [rɪ'freʃɪŋ] *adj drink* rafraîchissant; *experience* agréable
re•fresh•ments [rɪ'freʃmənts] *npl* rafraîchissements *mpl*
re•fri•ge•rate [rɪ'frɪdʒəreɪt] *v/t* réfrigérer; ***keep refrigerated*** conserver au réfrigérateur
re•fri•ge•ra•tor [rɪ'frɪdʒəreɪtər] réfrigérateur *m*
re•fu•el [riː'fjʊəl] **1** *v/t airplane* ravitailler **2** *v/i of airplane* se ravitailler (en carburant)
ref•uge ['refjuːdʒ] refuge *m*; ***take refuge*** *from storm etc* se réfugier
ref•u•gee [refjʊ'dʒiː] réfugié(e) *m*(*f*)
ref•u'gee camp camp *m* de réfugiés
re•fund 1 *n* ['riːfʌnd] remboursement *m* **2** *v/t* [rɪ'fʌnd] rembourser
re•fus•al [rɪ'fjuːzl] refus *m*
re•fuse [rɪ'fjuːz] **1** *v/i* refuser **2** *v/t* refuser; ***refuse s.o. sth*** refuser qch à qn; ***refuse to do sth*** refuser de faire qch
re•gain [rɪ'geɪn] *v/t control*, *territory*, *the lead* reprendre; *composure* retrouver
re•gal ['riːgl] *adj* royal
re•gard [rɪ'gɑːrd] **1** *n*: ***have great regard for s.o.*** avoir beaucoup d'estime pour qn; ***in this regard*** à cet égard; ***with regard to*** en ce qui concerne; (***kind***) ***regards*** cordialement; ***give my regards to Paula*** transmettez mes amitiés à Paula; ***with no regard for*** sans égard pour **2** *v/t*: ***regard s.o./sth as sth*** considérer qn / qch comme qch; ***as regards*** en ce qui concerne
re•gard•ing [rɪ'gɑːrdɪŋ] *prep* en ce qui concerne
re•gard•less [rɪ'gɑːrdlɪs] *adv* malgré tout, quand même; ***regardless of*** sans se soucier de
re•gime [reɪ'ʒiːm] (*government*) régime *m*
re•gi•ment ['redʒɪmənt] *n* régiment *m*
re•gion ['riːdʒən] région *f*; ***in the region of*** environ
re•gion•al ['riːdʒənl] *adj* régional
re•gis•ter ['redʒɪstər] **1** *n* registre *m* **2** *v/t birth*, *death* déclarer; *vehicle* immatriculer; *letter* recommander; *emotion* exprimer; ***send a letter registered*** envoyer une lettre en recommandé **3** *v/i for a course* s'inscrire; *with police* se déclarer (***with*** à)
re•gis•tered let•ter ['redʒɪstərd] lettre *f* recommandée
re•gis•tra•tion [redʒɪ'streɪʃn] *of birth*, *death* déclaration *f*; *of vehicle* immatriculation *f*; *for a course* inscription *f*
re•gis'tra•tion num•ber *Br* MOT numéro *m* d'immatriculation
re•gret [rɪ'gret] **1** *v/t* (*pret & pp* ***-ted***) regretter **2** *n* regret *m*
re•gret•ful [rɪ'gretfəl] *adj* plein de regrets
re•gret•ful•ly [rɪ'gretfəlɪ] *adv* avec regret
re•gret•ta•ble [rɪ'gretəbl] *adj* regrettable
re•gret•ta•bly [rɪ'gretəblɪ] *adv* malheureusement
reg•u•lar ['regjʊlər] **1** *adj* régulier*; (*normal*, *ordinary*) normal **2** *n at bar etc* habitué(e) *m*(*f*)
reg•u•lar•i•ty [regjʊ'lærətɪ] régularité *f*
reg•u•lar•ly ['regjʊlərlɪ] *adv* régulièrement
reg•u•late ['regjʊleɪt] *v/t* régler; *expenditure* contrôler
reg•u•la•tion [regjʊ'leɪʃn] (*rule*) règlement *m*
re•hab ['riːhæb] F *of alcoholic etc* désintoxication *f*; *of criminal* réinsertion *f*; *of disabled or sick person* rééducation *f*
re•ha•bil•i•tate [riːhə'bɪlɪteɪt] *v/t ex-criminal* réinsérer; *disabled person* rééduquer
re•hears•al [rɪ'hɜːrsl] répétition *f*

re•hearse [rɪ'hɜːrs] *v/t & v/i* répéter
reign [reɪn] **1** *n* règne *m* **2** *v/i* régner
re•im•burse [riːɪm'bɜːrs] *v/t* rembourser
rein [reɪn] rêne *f*
re•in•car•na•tion [riːɪnkɑːr'neɪʃn] réincarnation *f*
re•in•force [riːɪn'fɔːrs] *v/t* renforcer; *argument* étayer
re•in•forced con•crete [riːɪn'fɔːrst] béton *m* armé
re•in•force•ments [riːɪn'fɔːrsmənts] *npl* MIL renforts *mpl*
re•in•state [riːɪn'steɪt] *v/t person in office* réintégrer, rétablir dans ses fonctions; *paragraph etc* réintroduire
re•it•e•rate [riː'ɪtəreɪt] *v/t* réitérer
re•ject [rɪ'dʒekt] *v/t* rejeter
re•jec•tion [rɪ'dʒekʃn] rejet *m*; ***he felt a sense of rejection*** il s'est senti rejeté
re•lapse ['riːlæps] *n* MED rechute *f*; ***have a relapse*** faire une rechute
re•late [rɪ'leɪt] **1** *v/t story* raconter; ***relate X to Y*** *connect* établir un rapport entre X et Y, associer X à Y **2** *v/i*: ***relate to*** *be connected with* se rapporter à; ***he doesn't relate to people*** il a de la peine à communiquer avec les autres
re•lat•ed [rɪ'leɪtɪd] *adj by family* apparenté; *events, ideas etc* associé; ***are you two related?*** êtes-vous de la même famille?
re•la•tion [rɪ'leɪʃn] *in family* parent(e) *m(f)*; (*connection*) rapport *m*, relation *f*; ***business / diplomatic relations*** relations d'affaires / diplomatiques
re•la•tion•ship [rɪ'leɪʃnʃɪp] relation *f*; *sexual* liaison *f*, aventure *f*
rel•a•tive ['relətɪv] **1** *adj* relatif*; ***X is relative to Y*** X dépend de Y **2** *n* parent(e) *m(f)*
rel•a•tive•ly ['relətɪvlɪ] *adv* relativement
re•lax [rɪ'læks] **1** *v/i* se détendre; ***relax!, don't get angry*** du calme! ne t'énerve pas **2** *v/t muscle* relâcher, décontracter; *rules etc* assouplir
re•lax•a•tion [riːlæk'seɪʃn] détente *f*, relaxation *f*; *of rules etc* assouplissement *m*
re•laxed [rɪ'lækst] *adj* détendu, décontracté
re•lax•ing [rɪ'læksɪŋ] *adj* reposant, relaxant
re•lay[1] [riː'leɪ] *v/t message* transmettre; *radio, TV signals* relayer, retransmettre
re•lay[2] ['riːleɪ] *n*: ***relay*** (***race***) (course *f* de) relais *m*
re•lease [rɪ'liːs] **1** *n from prison* libération *f*; *of CD, movie etc* sortie *f*; *CD, record* album *m*, nouveauté *f*; *movie* film *m*, nouveauté *f* **2** *v/t prisoner* libérer; *CD, record, movie* sortir; *parking brake* desserrer; *information* communiquer
rel•e•gate ['relɪgeɪt] *v/t* reléguer
re•lent [rɪ'lent] *v/i* se calmer, se radoucir
re•lent•less [rɪ'lentlɪs] *adj* (*determined*) acharné; *rain etc* incessant
re•lent•less•ly [rɪ'lentlɪslɪ] *adv* (*tirelessly*) avec acharnement; *rain* sans cesse
rel•e•vance ['reləvəns] pertinence *f*, rapport *m*
rel•e•vant ['reləvənt] *adj* pertinent; ***it's not relevant to our problem*** ça n'a rien à voir avec notre problème
re•li•a•bil•i•ty [rɪlaɪə'bɪlətɪ] fiabilité *f*
re•li•a•ble [rɪ'laɪəbl] *adj* fiable
re•li•a•bly [rɪ'laɪəblɪ] *adv*: ***I am reliably informed that ...*** je sais de source sûre que ...
re•li•ance [rɪ'laɪəns] *on person, information* confiance *f* (***on*** en); *on equipment etc* dépendance *f* (***on*** vis-à-vis de)
re•li•ant [rɪ'laɪənt] *adj*: ***be reliant on*** dépendre de
rel•ic ['relɪk] relique *f*
re•lief [rɪ'liːf] soulagement *m*; ***that's a relief*** c'est un soulagement; ***in relief*** *in art* en relief
re•lieve [rɪ'liːv] *v/t pressure, pain* soulager, alléger; (*take over from*) relayer, relever; ***be relieved*** *at news etc* être soulagé
re•li•gion [rɪ'lɪdʒən] religion *f*
re•li•gious [rɪ'lɪdʒəs] *adj* religieux*; *person* croyant, pieux*
re•li•gious•ly [rɪ'lɪdʒəslɪ] *adv* (*conscientiously*) religieusement
re•lin•quish [rɪ'lɪŋkwɪʃ] *v/t* abandonner
rel•ish ['relɪʃ] **1** *n sauce* relish *f*; (*enjoyment*) délectation *f* **2** *v/t idea, prospect* se réjouir de
re•live [riː'lɪv] *v/t past, event* revivre
re•lo•cate [riːlə'keɪt] *v/i of business* déménager, se réimplanter; *of employee* être muté
re•lo•ca•tion [riːlə'keɪʃn] *of business* délocalisation *f*, réimplantation *f*; *of employee* mutation *f*
re•luc•tance [rɪ'lʌktəns] réticence *f*, répugnance *f*
re•luc•tant [rɪ'lʌktənt] *adj* réticent, hésitant; ***be reluctant to do sth*** hésiter à faire qch
re•luc•tant•ly [rɪ'lʌktəntlɪ] *adv* avec réticence, à contrecœur
◆ **re•ly on** [rɪ'laɪ] *v/t* (*pret & pp* ***-ied***) compter sur, faire confiance à; ***rely on s.o. to do sth*** compter sur qn pour faire qch
re•main [rɪ'meɪn] *v/i* rester; ***remain silent*** garder le silence

R

re•main•der [rɪˈmeɪndər] **1** *n also* MATH reste *m* **2** *v/t book* solder
re•main•ing [rɪˈmeɪnɪŋ] *adj* restant; ***the remaining refugees*** le reste des réfugiés
re•mains [rɪˈmeɪnz] *npl of body* restes *mpl*
re•make [ˈriːmeɪk] *n of movie* remake *m*, nouvelle version *f*
re•mand [rɪˈmænd] **1** *n*: ***be on remand*** *in prison* être en détention provisoire; *on bail* être en liberté provisoire **2** *v/t*: ***remand s.o. in custody*** placer qn en détention provisoire
re•mark [rɪˈmɑːrk] **1** *n* remarque *f* **2** *v/t* (*comment*) faire remarquer
re•mark•a•ble [rɪˈmɑːrkəbl] *adj* remarquable
re•mark•a•bly [rɪˈmɑːrkəblɪ] *adv* remarquablement
re•mar•ry [riːˈmærɪ] *v/i* (*pret & pp* ***-ied***) se remarier
rem•e•dy [ˈremədɪ] *n* MED, *fig* remède *m*
re•mem•ber [rɪˈmembər] **1** *v/t* se souvenir de, se rappeler; ***remember to lock the door!*** n'oublie pas de fermer la porte à clef!; ***remember me to her*** transmettez-lui mon bon souvenir **2** *v/i* se souvenir; ***I don't remember*** je ne me souviens pas
re•mind [rɪˈmaɪnd] *v/t*: ***remind s.o. to do sth*** rappeler à qn de faire qch; ***remind X of Y*** rappeler Y à X; ***you remind me of your father*** tu me rappelles ton père; ***remind s.o. of sth*** (*bring to their attention*) rappeler qch à qn
re•mind•er [rɪˈmaɪndər] rappel *m*
rem•i•nisce [remɪˈnɪs] *v/i* évoquer le passé
rem•i•nis•cent [remɪˈnɪsənt] *adj*: ***be reminiscent of sth*** rappeler qch, faire penser à qch
re•miss [rɪˈmɪs] *adj fml* négligent
re•mis•sion [rɪˈmɪʃn] MED rémission *f*; ***go into remission*** *of patient* être en sursis
rem•nant [ˈremnənt] vestige *m*, reste *m*
re•morse [rɪˈmɔːrs] remords *m*
re•morse•less [rɪˈmɔːrslɪs] *adj* impitoyable; *demands* incessant
re•mote [rɪˈmoʊt] *adj village* isolé; *possibility*, *connection* vague; *ancestor* lointain; (*aloof*) distant
re•mote ˈac•cess COMPUT accès *m* à distance
re•mote conˈtrol *also for TV* télécommande *f*
re•mote•ly [rɪˈmoʊtlɪ] *adv related*, *connected* vaguement; ***I'm not remotely interested*** je ne suis pas du tout intéressé; ***it's just remotely possible*** c'est tout juste possible
re•mote•ness [rɪˈmoʊtnəs] isolement *m*
re•mov•a•ble [rɪˈmuːvəbl] *adj* amovible
re•mov•al [rɪˈmuːvl] enlèvement *m*; *of unwanted hair* épilation *f*; *of demonstrators* expulsion *f*; *of doubt* dissipation *f*; ***removal of stains*** détachage *m*
re•move [rɪˈmuːv] *v/t* enlever; *demonstrators* expulser; *doubt*, *suspicion* dissiper
re•mu•ner•a•tion [rɪmjuːnəˈreɪʃn] rémunération *f*
re•mu•ner•a•tive [rɪˈmjuːnərətɪv] *adj* rémunérateur
Re•nais•sance [rɪˈneɪsəns] Renaissance *f*
re•name [riːˈneɪm] *v/t* rebaptiser; *file* renommer
ren•der [ˈrendər] *v/t* rendre; ***render s.o. helpless*** laisser qn sans défense; ***render s.o. unconscious*** faire perdre connaissance à qn
ren•der•ing [ˈrendərɪŋ] *of piece of music* interprétation *f*
ren•dez-vous [ˈrɑːndeɪvuː] *n* rendez-vous *m*
re•new [rɪˈnuː] *v/t contract*, *license* renouveler; *discussion* reprendre
re•new•a•ble [rɪˈnuːəbl] *adj resource* renouvelable
re•new•al [rɪˈnuːəl] *of contract etc* renouvellement *m*; *of talks* reprise *f*
re•nounce [rɪˈnaʊns] *v/t title*, *rights* renoncer à
ren•o•vate [ˈrenəveɪt] *v/t* rénover
ren•o•va•tion [renəˈveɪʃn] rénovation *f*
re•nown [rɪˈnaʊn] renommée *f*; renom *m*
re•nowned [rɪˈnaʊnd] *adj* renommé; réputé
rent [rent] **1** *n* loyer *m*; ***for rent*** à louer **2** *v/t* louer
rent•al [ˈrentl] *for apartment* loyer *m*; *for TV*, *car* location *f*
ˈrent•al a•gree•ment contrat *m* de location
ˈrent•al car voiture *f* de location
rent-ˈfree *adv* sans payer de loyer
re•o•pen [riːˈoʊpn] **1** *v/t business*, *store*, *case* rouvrir; *negotiations* reprendre **2** *v/i of store etc* rouvrir
re•or•gan•i•za•tion [riːɔːrgənaɪˈzeɪʃn] réorganisation *f*
re•or•gan•ize [riːˈɔːrgənaɪz] *v/t* réorganiser
rep [rep] COMM représentant(e) *m*(*f*) (de commerce)
re•paint [riːˈpeɪnt] *v/t* repeindre
re•pair [rɪˈper] **1** *v/t* réparer **2** *n* réparation *f*; ***in a good / bad state of repair*** en bon / mauvais état
reˈpair•man réparateur *m*

re•pa•tri•ate [riː'pætrieɪt] *v/t* rapatrier
re•pa•tri•a•tion [riːpætrɪ'eɪʃn] rapatriement *m*
re•pay [riː'peɪ] *v/t* (*pret & pp* ***-paid***) rembourser
re•pay•ment [riː'peɪmənt] remboursement *m*
re•peal [rɪ'piːl] *v/t law* abroger
re•peat [rɪ'piːt] **1** *v/t* répéter; *performance, experiment* renouveler; ***am I repeating myself?*** est-ce que je me répète? **2** *n TV program etc* rediffusion *f*
re•peat 'busi•ness COMM: ***get repeat business*** recevoir de nouvelles commandes (d'un client)
re•peat•ed [rɪ'piːtɪd] *adj* répété
re•peat•ed•ly [rɪ'piːtɪdlɪ] *adv* à plusieurs reprises
re•pel [rɪ'pel] *v/t* (*pret & pp* ***-led***) repousser; (*disgust*) dégoûter
re•pel•lent [rɪ'pelənt] **1** *adj* repoussant, répugnant **2** *n* (*insect repellent*) répulsif *m*
re•pent [rɪ'pent] *v/i* se repentir (***of*** de)
re•per•cus•sions [riːpər'kʌʃnz] *npl* répercussions *fpl*
rep•er•toire ['repərtwɑːr] répertoire *m*
rep•e•ti•tion [repɪ'tɪʃn] répétition *f*
re•pet•i•tive [rɪ'petɪtɪv] *adj* répétitif*
re•place [rɪ'pleɪs] *v/t* (*put back*) remettre; (*take the place of*) remplacer
re•place•ment [rɪ'pleɪsmənt] *person* remplaçant *m*; *product* produit *m* de remplacement
re•place•ment 'part pièce *f* de rechange
re•play ['riːpleɪ] **1** *n recording* relecture *f*, replay *m*; *match* nouvelle rencontre *f*, replay *m* **2** *v/t match* rejouer
re•plen•ish [rɪ'plenɪʃ] *v/t container* remplir (de nouveau); *supplies* refaire; ***replenish one's supplies of sth*** se réapprovisionner en qch
rep•li•ca ['replɪkə] réplique *f*
re•ply [rɪ'plaɪ] **1** *n* réponse *f* **2** *v/t & v/i* (*pret & pp* ***-ied***) répondre
re•port [rɪ'pɔːrt] **1** *n* (*account*) rapport *m*, compte-rendu *m*; *in newspaper* bulletin *m* **2** *v/t facts* rapporter; *to authorities* déclarer, signaler; ***report one's findings to s.o.*** rendre compte des résultats de ses recherches à qn; ***report s.o. to the police*** dénoncer qn à la police; ***he is reported to be in Washington*** il serait à Washington, on dit qu'il est à Washington **3** *v/i* (*present o.s.*) se présenter; ***this is Joe Jordan reporting from Moscow*** de Moscou, Joe Jordan
◆ **report to** *v/t in business* être sous les ordres de; ***who do you report to?*** qui est votre supérieur (hiérarchique)?
re'port card bulletin *m* scolaire
re•port•er [rɪ'pɔːrtər] reporter *m/f*
re•pos•sess [riːpə'zes] *v/t* COMM reprendre possession de, saisir
rep•re•hen•si•ble [reprɪ'hensəbl] *adj* répréhensible
rep•re•sent [reprɪ'zent] *v/t* représenter
Rep•re•sen•ta•tive [reprɪ'zentətɪv] POL député *m*
rep•re•sen•ta•tive [reprɪ'zentətɪv] **1** *adj* (*typical*) représentatif* **2** *n* représentant(e) *m(f)*
re•press [rɪ'pres] *v/t* réprimer
re•pres•sion [rɪ'preʃn] POL répression *f*
re•pres•sive [rɪ'presɪv] *adj* POL répressif*
re•prieve [rɪ'priːv] **1** *n* LAW sursis *m*; *fig also* répit *m* **2** *v/t prisoner* accorder un sursis à
rep•ri•mand ['reprɪmænd] *v/t* réprimander
re•print ['riːprɪnt] **1** *n* réimpression *f* **2** *v/t* réimprimer
re•pri•sal [rɪ'praɪzl] représailles *fpl*; ***take reprisals*** se venger, exercer des représailles; ***in reprisal for*** en représailles à
re•proach [rɪ'proʊʧ] **1** *n* reproche *m*; ***be beyond reproach*** être irréprochable **2** *v/t* reprocher; ***reproach s.o. for sth*** reprocher qch à qn
re•proach•ful [rɪ'proʊʧfəl] *adj* réprobateur*, chargé de reproche
re•proach•ful•ly [rɪ'proʊʧfəlɪ] *adv look* avec un air de reproche; *say* sur un ton de reproche
re•pro•duce [riːprə'duːs] **1** *v/t* reproduire **2** *v/i* BIOL se reproduire
re•pro•duc•tion [riːprə'dʌkʃn] reproduction *f*; *piece of furniture* copie *f*
re•pro•duc•tive [rɪprə'dʌktɪv] *adj* BIOL reproducteur*
rep•tile ['reptaɪl] reptile *m*
re•pub•lic [rɪ'pʌblɪk] république *f*
Re•pub•li•can [rɪ'pʌblɪkn] **1** *adj* républicain **2** *n* Républicain(e) *m(f)*
re•pu•di•ate [rɪ'pjuːdɪeɪt] *v/t* (*deny*) nier
re•pul•sive [rɪ'pʌlsɪv] *adj* repoussant, répugnant
rep•u•ta•ble ['repjʊtəbl] *adj* de bonne réputation, respectable
rep•u•ta•tion [repjʊ'teɪʃn] réputation *f*; ***have a good / bad reputation*** avoir bonne / mauvaise réputation
re•put•ed [rɪ'pjʊtəd] *adj*: ***be reputed to be*** avoir la réputation d'être
re•put•ed•ly [rɪ'pjʊtədlɪ] *adv* à ce que l'on dit, apparemment
re•quest [rɪ'kwest] **1** *n* demande *f*; ***on request*** sur demande **2** *v/t* demander

R

re•quiem ['rekwɪəm] MUS requiem *m*
re•quire [rɪ'kwaɪr] *v/t* (*need*) avoir besoin de; ***it requires great care*** cela demande beaucoup de soin; ***as required by law*** comme l'exige la loi; ***guests are required to …*** les clients sont priés de …
re•quired [rɪ'kwaɪrd] *adj* (*necessary*) requis; ***required reading*** ouvrage(s) *m(pl)* au programme
re•quire•ment [rɪ'kwaɪrmənt] (*need*) besoin *m*, exigence *f*; (*condition*) condition *f* (requise)
req•ui•si•tion [rekwɪ'zɪʃn] *v/t* réquisitionner
re-route [riː'ruːt] *v/t airplane etc* dérouter
re•run ['riːrʌn] **1** *n of TV program* rediffusion *f* **2** *v/t* (*pret* **-ran**, *pp* **-run**) *tape* repasser
re•sched•ule [riː'skedjuːl] *v/t* changer l'heure / la date de
res•cue ['reskjuː] **1** *n* sauvetage *m*; ***come to s.o.'s rescue*** venir au secours de qn **2** *v/t* sauver, secourir
'**res•cue par•ty** équipe *f* de secours
re•search [rɪ'sɜːrʧ] *n* recherche *f*
◆ **research into** *v/t* faire des recherches sur
re•search and de'vel•op•ment recherche *f* et développement
re'search as•sist•ant assistant(e) *m(f)* de recherche
re•search•er [rɪ'sɜːrʧər] chercheur (-euse) *m(f)*
'**re•search proj•ect** projet *m* de recherche
re•sem•blance [rɪ'zembləns] ressemblance *f*
re•sem•ble [rɪ'zembl] *v/t* ressembler à
re•sent [rɪ'zent] *v/t* ne pas aimer; *person also* en vouloir à
re•sent•ful [rɪ'zentfəl] *adj* plein de ressentiment
re•sent•ful•ly [rɪ'zentfəlɪ] *adv say* avec ressentiment
re•sent•ment [rɪ'zentmənt] ressentiment *m* (***of*** par rapport à)
res•er•va•tion [rezər'veɪʃn] *of room, table* réservation *f*; *mental*, (*special area*) réserve *f*; ***I have a reservation*** *in hotel, restaurant* j'ai réservé
re•serve [rɪ'zɜːrv] **1** *n* (*store, aloofness*) réserve *f*; SP remplaçant(e) *m(f)*; ***reserves*** FIN réserves *fpl*; ***keep sth in reserve*** garder qch en réserve **2** *v/t seat, judgment* réserver
re•served [rɪ'zɜːrvd] *adj table, manner* réservé
res•er•voir ['rezərvwɑːr] *for water* réservoir *m*
re•shuf•fle ['riːʃʌfl] *Br* POL **1** *n* remaniement *m* **2** *v/t* remanier
re•side [rɪ'zaɪd] *v/i fml* résider
res•i•dence ['rezɪdəns] *fml*: *house etc* résidence *f*; (*stay*) séjour *m*
'**res•i•dence per•mit** permis *m* de séjour
res•i•dent ['rezɪdənt] **1** *adj manager etc* qui habite sur place **2** *n* résident(e) *m(f)*, habitant(e) *m(f)*; *on street* riverain(e) *m(f)*; *in hotel* client(e) *m(f)*; pensionnaire *m/f*
res•i•den•tial [rezɪ'denʃl] *adj* résidentiel*
res•i•due ['rezɪduː] résidu *m*
re•sign [rɪ'zaɪn] **1** *v/t position* démissionner de; ***resign o.s. to*** se résigner à **2** *v/i from job* démissionner
res•ig•na•tion [rezɪg'neɪʃn] *from job* démission *f*; *mental* résignation *f*
re•signed [re'zaɪnd] *adj* résigné; ***we have become resigned to the fact that …*** nous nous sommes résignés au fait que …
re•sil•i•ent [rɪ'zɪlɪənt] *adj personality* fort; *material* résistant
res•in ['rezɪn] résine *f*
re•sist [rɪ'zɪst] **1** *v/t* résister à; *new measures* s'opposer à **2** *v/i* résister
re•sist•ance [rɪ'zɪstəns] résistance *f*
re•sis•tant [rɪ'zɪstənt] *adj material* résistant
res•o•lute ['rezəluːt] *adj* résolu
res•o•lu•tion [rezə'luːʃn] résolution *f*
re•solve [rɪ'zɑːlv] *v/t mystery* résoudre; ***resolve to do sth*** se résoudre à faire qch
re•sort [rɪ'zɔːrt] *n place* lieu *m* de vacances; *at seaside* station *f* balnéaire; *for health cures* station *f* thermale; ***as a last resort*** en dernier ressort *or* recours
◆ **resort to** *v/t* avoir recours à, recourir à
◆ **re•sound with** [rɪ'zaʊnd] *v/t* résonner de
re•sound•ing [rɪ'zaʊndɪŋ] *adj success, victory* retentissant
re•source [rɪ'sɔːrs] ressource *f*; ***be left to one's own resources*** être livré à soi-même
re•source•ful [rɪ'sɔːrsfʊl] *adj* ingénieux*
re•spect [rɪ'spekt] **1** *n* respect *m*; ***show respect to*** montrer du respect pour; ***with respect to*** en ce qui concerne; ***in this / that respect*** à cet égard; ***in many respects*** à bien des égards; ***pay one's last respects to s.o.*** rendre un dernier hommage à qn **2** *v/t* respecter
re•spect•a•bil•i•ty [rɪspektə'bɪlətɪ] respectabilité *f*
re•spec•ta•ble [rɪ'spektəbl] *adj* respectable
re•spec•ta•bly [rɪ'spektəblɪ] *adv* convenablement, comme il faut

re•spect•ful [rɪ'spektfəl] *adj* respectueux*
re•spect•ful•ly [rɪ'spektflɪ] *adv* respectueusement
re•spec•tive [rɪ'spektɪv] *adj* respectif*
re•spec•tive•ly [rɪ'spektɪvlɪ] *adv* respectivement
res•pi•ra•tion [respɪ'reɪʃn] respiration *f*
res•pi•ra•tor ['respɪreɪtər] MED respirateur *m*
re•spite ['respaɪt] répit *m*; ***without respite*** sans répit
re•spond [rɪ'spɑːnd] *v/i* répondre; (*react also*) réagir
re•sponse [rɪ'spɑːns] réponse *f*; (*reaction also*) réaction *f*
re•spon•si•bil•i•ty [rɪspɑːnsɪ'bɪlətɪ] responsabilité *f*; ***accept responsibility for*** accepter la responsabilité de; ***a job with more responsibility*** un poste avec plus de responsabilités
re•spon•si•ble [rɪ'spɑːnsəbl] *adj* responsable (***for*** de); ***a responsible job*** un poste à responsabilités
re•spon•sive [rɪ'spɑːnsɪv] *adj audience* réceptif*; TECH qui répond bien
rest[1] [rest] **1** *n* repos *m*; *during walk, work* pause *f*; ***set s.o.'s mind at rest*** rassurer qn **2** *v/i* se reposer; ***rest on*** (*be based on*) reposer sur; (*lean against*) être appuyé contre; ***it all rests with him*** tout dépend de lui **3** *v/t* (*lean, balance*) poser
rest[2] [rest]: ***the rest*** *objects* le reste; *people* les autres
res•tau•rant ['restərɑːnt] restaurant *m*
'res•tau•rant car wagon-restaurant *m*
'rest cure cure *f* de repos
rest•ful ['restfl] *adj* reposant
'rest home maison *f* de retraite
rest•less ['restlɪs] *adj* agité; ***have a restless night*** passer une nuit agitée; ***be restless*** *unable to stay in one place* avoir la bougeotte F
rest•less•ly ['restlɪslɪ] *adv* nerveusement
res•to•ra•tion [restə'reɪʃn] *of building* restauration *f*
re•store [rɪ'stɔːr] *v/t building etc* restaurer; (*bring back*) rendre, restituer; *confidence* redonner
re•strain [rɪ'streɪn] *v/t* retenir; ***restrain o.s.*** se retenir
re•straint [rɪ'streɪnt] (*moderation*) retenue *f*
re•strict [rɪ'strɪkt] *v/t* restreindre, limiter; ***I'll restrict myself to ...*** je me limiterai à ...
re•strict•ed [rɪ'strɪktɪd] *adj* restreint, limité
re•strict•ed 'ar•e•a MIL zone *f* interdite
re•stric•tion [rɪ'strɪkʃn] restriction *f*
'rest room toilettes *fpl*
re•sult [rɪ'zʌlt] *n* résultat *m*; ***as a result of this*** par conséquent
◆ **result from** *v/t* résulter de, découler de
◆ **result in** *v/t* entraîner, avoir pour résultat
re•sume [rɪ'zuːm] *v/t & v/i* reprendre
ré•su•mé ['rezʊmeɪ] *of career* curriculum vitæ *m inv*, C.V. *m inv*
re•sump•tion [rɪ'zʌmpʃn] reprise *f*
re•sur•face [riː'sɜːrfɪs] **1** *v/t roads* refaire (le revêtement de) **2** *v/i* (*reappear*) refaire surface
Res•ur•rec•tion [rezə'rekʃn] REL Résurrection *f*
re•sus•ci•tate [rɪ'sʌsɪteɪt] *v/t* réanimer
re•sus•ci•ta•tion [rɪsʌsɪ'teɪʃn] réanimation *f*
re•tail ['riːteɪl] **1** *adv*: ***sell sth retail*** vendre qch au détail **2** *v/i*: ***retail at*** se vendre à
re•tail•er ['riːteɪlər] détaillant(e) *m(f)*
're•tail out•let point *m* de vente, magasin *m* (de détail)
're•tail price prix *m* de détail
re•tain [rɪ'teɪn] *v/t* garder, conserver
re•tain•er [rɪ'teɪnər] FIN provision *f*
re•tal•i•ate [rɪ'tælɪeɪt] *v/i* riposter, se venger
re•tal•i•a•tion [rɪtælɪ'eɪʃn] riposte *f*; ***in retaliation for*** pour se venger de
re•tard•ed [rɪ'tɑːrdɪd] *adj mentally* attardé, retardé
re•think [riː'θɪŋk] *v/t* (*pret & pp* ***-thought***) repenser
re•ti•cence ['retɪsns] réserve *f*
re•ti•cent ['retɪsnt] *adj* réservé
re•tire [rɪ'taɪr] *v/i from work* prendre sa retraite; *fml: go to bed* aller se coucher
re•tired [rɪ'taɪrd] *adj* à la retraite
re•tire•ment [rɪ'taɪrmənt] retraite *f*; *act* départ *m* à la retraite
re'tire•ment age âge de la retraite
re•tir•ing [rɪ'taɪrɪŋ] *adj* réservé
re•tort [rɪ'tɔːrt] **1** *n* réplique *f* **2** *v/t* répliquer
re•trace [rɪ'treɪs] *v/t*: ***retrace one's footsteps*** revenir sur ses pas
re•tract [rɪ'trækt] *v/t claws, undercarriage* rentrer; *statement* retirer
re-train [riː'treɪn] *v/i* se recycler
re•treat [rɪ'triːt] **1** *v/i also* MIL battre en retraite **2** *n* MIL, *place* retraite *f*
re•trieve [rɪ'triːv] *v/t* récupérer
re•triev•er [rɪ'triːvər] *dog* chien *m* d'arrêt, retriever *m*
ret•ro•ac•tive [retroʊ'æktɪv] *adj law etc* rétroactif*
ret•ro•ac•tive•ly [retroʊ'æktɪvlɪ] *adv* ré-

troactivement, par rétroaction
ret•ro•grade ['retrəgreɪd] *adj move, decision* rétrograde
ret•ro•spect ['retrəspekt]: ***in retrospect*** rétrospectivement
ret•ro•spec•tive [retrə'spektɪv] *n* rétrospective *f*
re•turn [rɪ'tɜːrn] **1** *n* retour *m*; (*profit*) bénéfice *m*; ***return*** (***ticket***) *Br* aller *m* retour; ***by return*** (***mail***) par retour (du courrier); ***many happy returns*** (***of the day***) bon anniversaire; ***in return for*** en échange de; contre **2** *v/t* (*give back*) rendre; (*send back*) renvoyer; (*put back*) remettre; ***return the favor*** rendre la pareille **3** *v/i* (*go back*) retourner; (*come back*) revenir
re'turn 'flight vol *m* (de) retour
re'turn jour•ney retour *m*
re•u•ni•fi•ca•tion [riːjuːnɪfɪ'keɪʃn] réunification *f*
re•u•nion [riː'juːnjən] réunion *f*
re•u•nite [riːjuː'naɪt] *v/t* réunir; *country* réunifier
re•us•a•ble [riː'juːzəbl] *adj* réutilisable
re•use [riː'juːz] *v/t* réutiliser
rev [rev] *n*: ***revs per minute*** tours *mpl* par minute
◆**rev up** *v/t* (*pret & pp* ***-ved***) *engine* emballer
re•val•u•a•tion [riːvæljʊ'eɪʃn] réévaluation *f*
re•veal [rɪ'viːl] *v/t* révéler; (*make visible*) dévoiler
re•veal•ing [rɪ'viːlɪŋ] *adj remark* révélateur*; *dress* suggestif*
◆**rev•el in** ['revl] *v/t* (*pret & pp* ***-ed***, *Br* ***-led***) se délecter de; ***revel in doing sth*** se délecter à faire qch
rev•e•la•tion [revə'leɪʃn] révélation *f*
re•venge [rɪ'vendʒ] *n* vengeance *f*; ***take one's revenge*** se venger; ***in revenge for*** pour se venger de
rev•e•nue ['revənuː] revenu *m*
re•ver•be•rate [rɪ'vɜːrbəreɪt] *v/i of sound* retentir, résonner
re•vere [rɪ'vɪr] *v/t* révérer
rev•e•rence ['revərəns] déférence *f*, respect *m*
Rev•e•rend ['revərənd] *Protestant* pasteur *m*; *Catholic* abbé *m*; *Anglican* révérend *m*
rev•e•rent ['revərənt] *adj* respectueux*
re•verse [rɪ'vɜːrs] **1** *adj sequence* inverse; ***in reverse order*** à l'envers **2** *n* (*opposite*) contraire *m*; (*back*) verso *m*; MOT *gear* marche *f* arrière **3** *v/t sequence* inverser; *vehicle* faire marche arrière avec **4** *v/i* MOT faire marche arrière
re•vert [rɪ'vɜːrt] *v/i*: ***revert to*** revenir à; *habit* reprendre; ***the land reverted to*** ... la terre est retournée à l'état de ...
re•view [rɪ'vjuː] **1** *n of book, movie* critique *f*; *of troops* revue *f*; *of situation etc* bilan *m* **2** *v/t book, movie* faire la critique de; *troops* passer en revue; *situation etc* faire le bilan de; EDU réviser
re•view•er [rɪ'vjuːər] *of book, movie* critique *m*
re•vise [rɪ'vaɪz] *v/t opinion* revenir sur; *text* réviser
re•vi•sion [rɪ'vɪʒn] *of text* révision *f*
re•viv•al [rɪ'vaɪvl] *of custom, old style etc* renouveau *m*; *of patient* rétablissement *m*; ***a revival of interest in*** un regain d'intérêt pour
re•vive [rɪ'vaɪv] **1** *v/t custom, old style etc* faire renaître; *patient* ranimer **2** *v/i of business* reprendre
re•voke [rɪ'voʊk] *v/t law* abroger; *license* retirer
re•volt [rɪ'voʊlt] **1** *n* révolte *f* **2** *v/i* se révolter
re•volt•ing [rɪ'voʊltɪŋ] *adj* répugnant
rev•o•lu•tion [revə'luːʃn] révolution *f*
rev•o•lu•tion•ar•y [revə'luːʃnərɪ] **1** *adj* révolutionnaire **2** *n* révolutionnaire *m/f*
rev•o•lu•tion•ize [revə'luːʃnaɪz] *v/t* révolutionner
re•volve [rɪ'vɑːlv] *v/i* tourner (***around*** autour de)
re•volv•er [rɪ'vɑːlvər] revolver *m*
re•volv•ing door [rɪ'vɑːlvɪŋ] tambour *m*
re•vue [rɪ'vjuː] THEA revue *f*
re•vul•sion [rɪ'vʌlʃn] dégoût *m*, répugnance *f*
re•ward [rɪ'wɔːrd] **1** *n financial* récompense *f*; (*benefit derived*) gratification *f* **2** *v/t financially* récompenser
re•ward•ing [rɪ'wɔːrdɪŋ] *adj experience* gratifiant, valorisant
re•wind [riː'waɪnd] *v/t* (*pret & pp* ***-wound***) *film, tape* rembobiner
re•wire [riː'waɪr] *v/t* refaire l'installation électrique de
re•write [riː'raɪt] *v/t* (*pret* ***-wrote***, *pp* ***-written***) réécrire
rhe•to•ric ['retərɪk] rhétorique *f*
rhe•to•ric•al 'ques•tion [rɪ'tɑːrɪkl] question *f* pour la forme, question *f* rhétorique
rheu•ma•tism ['ruːmətɪzm] rhumatisme *m*
rhi•no•ce•ros [raɪ'nɑːsərəs] rhinocéros *m*
rhu•barb ['ruːbɑːrb] rhubarbe *f*
rhyme [raɪm] **1** *n* rime *f* **2** *v/i* rimer (***with*** avec)
rhythm ['rɪðm] rythme *m*

rib [rɪb] ANAT côte *f*
rib•bon ['rɪbən] ruban *m*
rice [raɪs] riz *m*
rich [rɪʧ] **1** *adj person, food* riche **2** *npl*: ***the rich*** les riches *mpl*
rich•ly ['rɪʧlɪ] *adv deserved* largement, bien
rick•et•y ['rɪkətɪ] *adj* bancal, branlant
ric•o•chet ['rɪkəʃeɪ] *v/i* ricocher (***off*** sur)
rid [rɪd] *v/t* (*pret & pp* ***rid***): ***get rid of*** se débarrasser de
rid•dance ['rɪdns]: ***good riddance!*** bon débarras!
rid•den ['rɪdn] *pp* → ***ride***
rid•dle[1] ['rɪdl] *n puzzle* devinette *f*
riddle[2] ['rɪdl] *v/t*: ***be riddled with*** être criblé de
ride [raɪd] **1** *n on horse* promenade *f* (à cheval); *excursion in vehicle* tour *m*; (*journey*) trajet *m*; ***do you want a ride into town?*** est-ce que tu veux que je t'emmène en ville?; ***you've been taken for a ride*** *fig* F tu t'es fait avoir F **2** *v/t* (*pret* ***rode***, *pp* ***ridden***) *horse* monter; *bike* se déplacer en; ***can you ride a bike?*** sais-tu faire du vélo?; ***can I ride your bike?*** est-ce que je peux monter sur ton vélo? **3** *v/i* (*pret* ***rode***, *pp* ***ridden***) *on horse* monter à cheval; *on bike* rouler (à vélo); ***ride on a bus / train*** prendre le bus / train; ***those riding at the back of the bus*** ceux qui étaient à l'arrière du bus
rid•er ['raɪdər] *on horse* cavalier(-ière) *m(f)*; *on bike* cycliste *m/f*
ridge [rɪdʒ] (*raised strip*) arête *f* (saillante); *along edge* rebord *m*; *of mountain* crête *f*; *of roof* arête *f*
rid•i•cule ['rɪdɪkjuːl] **1** *n* ridicule *m* **2** *v/t* ridiculiser
ri•dic•u•lous [rɪ'dɪkjʊləs] *adj* ridicule
ri•dic•u•lous•ly [rɪ'dɪkjʊləslɪ] *adv* ridiculement
rid•ing ['raɪdɪŋ] *on horseback* équitation *f*
ri•fle ['raɪfl] *n* fusil *m*, carabine *f*
rift [rɪft] *in earth* fissure *f*; *in party etc* division *f*, scission *f*
rig [rɪg] **1** *n* (*oil rig*) tour *f* de forage; *at sea* plateforme *f* de forage; (*truck*) semi-remorque *m* **2** *v/t* (*pret & pp* ***-ged***) *elections* truquer
right [raɪt] **1** *adj* bon*; (*not left*) droit; ***be right*** *of answer* être juste; *of person* avoir raison; *of clock* être à l'heure; ***it's not right to …*** ce n'est pas bien de …; ***the right thing to do*** la chose à faire; ***put things right*** arranger les choses; ***that's right!*** c'est ça!; ***that's all right*** (*doesn't matter*) ce n'est pas grave; *when s.o. says thank you* je vous en prie; ***it's all right*** (*is acceptable*) ça me va; ***I'm all right*** *not hurt* je vais bien; *have enough* ça ira pour moi; (***all***) ***right, that's enough!*** bon, ça suffit! **2** *adv* (*directly*) directement, juste; (*correctly*) correctement, bien; (*completely*) tout, complètement; (*not left*) à droite; ***right now*** (*immediately*) tout de suite; (*at the moment*) en ce moment; ***it's right here*** c'est juste là **3** *n civil, legal* droit *m*; (*not left*), POL droite *f*; ***on the right*** *also* POL à droite; ***turn to the right, take a right*** tourner à droite; ***be in the right*** avoir raison; ***know right from wrong*** savoir discerner le bien du mal
'right-an•gle angle *m* droit; ***at right-angles to*** perpendiculairement à
right•ful ['raɪtfəl] *adj heir, owner etc* légitime
'right-hand *adj*: ***on the right-hand side*** à droite
right-hand 'drive MOT (voiture *f* avec) conduite *f* à droite
right-hand•ed [raɪt'hændɪd] *adj person* droitier*
right-hand 'man bras *m* droit
right of 'way *in traffic* priorité *f*; *across land* droit *m* de passage
right 'wing POL droite *f*; SP ailier *m* droit
right-'wing *adj* POL de droite
right-wing ex'trem•ist POL extrémiste *m/f* de droite
rig•id ['rɪdʒɪd] *adj also fig* rigide
rig•or ['rɪgər] *of discipline* rigueur *f*
rig•or•ous ['rɪgərəs] *adj* rigoureux*
rig•or•ous•ly ['rɪgərəslɪ] *adv check, examine* rigoureusement
rig•our *Br* → ***rigor***
rile [raɪl] *v/t* F agacer
rim [rɪm] *of wheel* jante *f*; *of cup* bord *m*; *of eyeglasses* monture *f*
ring[1] [rɪŋ] *n* (*circle*) cercle *m*; *on finger* anneau *m*; *in boxing* ring *m*; *at circus* piste *f*
ring[2] [rɪŋ] **1** *n of bell* sonnerie *f*; *of voice* son *m*; ***give s.o. a ring*** *Br* TELEC passer un coup de fil à qn **2** *v/t* (*pret* ***rang***, *pp* ***rung***) *bell* (faire) sonner; *Br* TELEC téléphoner à **3** *v/i* (*pret* ***rang***, *pp* ***rung***) *of bell* sonner, retentir; *Br* TELEC téléphoner; ***please ring for attention*** prière de sonner
'ring•lead•er meneur(-euse) *m(f)*
'ring-pull anneau *m* (d'ouverture)
rink [rɪŋk] patinoire *f*
rinse [rɪns] **1** *n for hair color* rinçage *m* **2** *v/t clothes, dishes, hair* rincer
ri•ot ['raɪət] **1** *n* émeute *f* **2** *v/i* participer à une émeute; *start to riot* créer une émeute

ri•ot•er ['raɪətər] émeutier(-ière) *m(f)*
'ri•ot po•lice police *f* anti-émeute
rip [rɪp] **1** *n in cloth etc* accroc *m* **2** *v/t* (*pret & pp* ***-ped***) *cloth etc* déchirer; ***rip sth open*** *letter* ouvrir qch à la hâte
◆ **rip off** *v/t* F *cheat* arnaquer F
◆ **rip up** *v/t letter, sheet* déchirer
ripe [raɪp] *adj fruit* mûr
rip•en ['raɪpn] *v/i of fruit* mûrir
ripe•ness ['raɪpnɪs] *of fruit* maturité *f*
'rip-off F arnaque *f* F
rip•ple ['rɪpl] *on water* ride *f*, ondulation *f*
rise [raɪz] **1** *v/i* (*pret* ***rose***, *pp* ***risen***) *from chair, bed, of sun* se lever; *of rocket, price, temperature* monter **2** *n in price, temperature* hausse *f*, augmentation *f*; *in water level* élévation *f*; *Br*: *in salary* augmentation *f*; ***give rise to*** donner lieu à, engendrer
ris•en ['rɪzn] *pp* → ***rise***
ris•er ['raɪzər]: ***be an early riser*** être matinal, être lève-tôt *inv* F; ***be a late riser*** être lève-tard *inv* F
risk [rɪsk] **1** *n* risque *m*; ***take a risk*** prendre un risque **2** *v/t* risquer; ***let's risk it*** c'est un risque à courir, il faut tenter le coup F
risk•y ['rɪskɪ] *adj* risqué
ris•qué [rɪ'skeɪ] *adj* osé
rit•u•al ['rɪtʊəl] **1** *adj* rituel* **2** *n* rituel *m*
ri•val ['raɪvl] **1** *n* rival(e) *m(f)* **2** *v/t* (*match*) égaler; (*compete with*) rivaliser avec; ***I can't rival that*** je ne peux pas faire mieux
ri•val•ry ['raɪvlrɪ] rivalité *f*
riv•er ['rɪvər] rivière *f*; *bigger* fleuve *m*
'riv•er•bank rive *f*
'riv•er•bed lit *m* de la rivière / du fleuve
'riv•er•side 1 *adj* en bord de rivière **2** *n* berge *f*, bord *m* de l'eau
riv•et ['rɪvɪt] **1** *n* rivet *m* **2** *v/t* riveter, river
riv•et•ing ['rɪvɪtɪŋ] *adj story etc* fascinant
Ri•vi•er•a [rɪvɪ'erə] *French* Côte *f* d'Azur
road [roʊd] route *f*; *in city* rue *f*; ***it's just down the road*** c'est à deux pas d'ici
'road•block barrage *m* routier
'road hog chauffard *m*
'road-hold•ing *of vehicle* tenue *f* de route
'road map carte *f* routière
road 'safe•ty sécurité *f* routière
'road•side: ***at the roadside*** au bord de la route
'road•sign panneau *m* (de signalisation)
'road•way chaussée *f*
'road•wor•thy *adj* en état de marche
roam [roʊm] *v/i* errer
roar [rɔːr] **1** *n* rugissement *m*; *of rapids, traffic* grondement *m*; *of engine* vrombissement *m* **2** *v/i* rugir; *of rapids, traffic* gronder; *of engine* vrombir; ***roar with laughter*** hurler de rire, rire à gorge déployée
roast [roʊst] **1** *n of beef etc* rôti *m* **2** *v/t* rôtir **3** *v/i of food* rôtir; ***we're roasting*** on étouffe
roast 'beef rôti *m* de bœuf, rosbif *m*
roast 'pork rôti *m* de porc
rob [rɑːb] *v/t* (*pret & pp* ***-bed***) *person* voler, dévaliser; *bank* cambrioler, dévaliser; ***I've been robbed*** j'ai été dévalisé
rob•ber ['rɑːbər] voleur(-euse) *m(f)*
rob•ber•y ['rɑːbərɪ] vol *m*
robe [roʊb] *of judge, priest* robe *f*; (*bathrobe*) peignoir *m*; (*dressing gown*) robe *f* de chambre
rob•in ['rɑːbɪn] rouge-gorge *m*
ro•bot ['roʊbɑːt] robot *m*
ro•bust [roʊ'bʌst] *adj* robuste
rock [rɑːk] **1** *n* rocher *m*; MUS rock *m*; ***on the rocks*** *drink* avec des glaçons; *marriage* en pleine débâcle **2** *v/t baby* bercer; *cradle* balancer; (*surprise*) secouer, ébranler **3** *v/i on chair, of boat* se balancer
'rock band groupe *m* de rock
rock 'bot•tom: ***reach rock bottom*** toucher le fond; *of levels of employment, currency* être au plus bas
'rock-bot•tom *adj price* le plus bas possible
'rock climb•er varappeur(-euse) *m(f)*
'rock climb•ing varappe *f*
rock•et ['rɑːkɪt] **1** *n* fusée *f* **2** *v/i of prices etc* monter en flèche
rock•ing chair ['rɑːkɪŋ] rocking-chair *m*
'rock•ing horse cheval *m* à bascule
rock 'n' roll [rɑːkn'roʊl] rock-and-roll *m inv*
'rock star rock-star *f*
rock•y ['rɑːkɪ] *adj* rocheux*; *path* rocailleux*; F *marriage* instable, précaire; ***I'm feeling kind of rocky*** F je ne suis pas dans mon assiette F
Rock•y 'Moun•tains *npl* Montagnes *fpl* Rocheuses
rod [rɑːd] baguette *f*, tige *f*; *for fishing* canne *f* à pêche
rode [roʊd] *pret* → ***ride***
ro•dent ['roʊdnt] rongeur *m*
rogue [roʊg] vaurien *m*, coquin *m*
role [roʊl] rôle *m*
'role mod•el modèle *m*
roll [roʊl] **1** *n* (*bread roll*) petit pain *m*; *of film* pellicule *f*; *of thunder* grondement *m*; (*list, register*) liste *f* **2** *v/i of ball, boat* rouler **3** *v/t*: ***roll sth into a ball*** mettre qch en boule; ***roll sth along the ground*** faire rouler qch sur le sol
◆ **roll over 1** *v/i* se retourner **2** *v/t person,*

R

object tourner; (*renew*) renouveler; (*extend*) prolonger
◆ **roll up 1** *v/t sleeves* retrousser **2** *v/i* F (*arrive*) se pointer F
'**roll call** appel *m*
roll•er ['roʊlər] *for hair* rouleau *m*, bigoudi *m*
'**roll•er blade**® *n* roller *m* (en ligne)
roll•er coast•er ['roʊlerkoʊstər] montagnes *fpl* russes
'**roll•er skate** *n* patin *m* à roulettes
roll•ing pin ['roʊlɪŋ] rouleau *m* à pâtisserie
ROM [rɑːm] *abbr* COMPUT (= ***read only memory***) ROM *f*, mémoire *f* morte
Ro•man ['roʊmən] **1** *adj* romain **2** *n* Romain(e) *m(f)*
Ro•man 'Cath•o•lic 1 *adj* REL catholique **2** *n* catholique *m/f*
ro•mance ['roʊmæns] (*affair*) idylle *f*; *novel, movie* histoire *f* d'amour
ro•man•tic [roʊ'mæntɪk] *adj* romantique
ro•man•tic•al•ly [roʊ'mæntɪklɪ] *adv* de façon romantique; ***be romantically involved with s.o.*** avoir une liaison avec qn
roof [ruːf] toit *m*; ***have a roof over one's head*** avoir un toit
'**roof box** MOT coffre *m* de toit
'**roof-rack** MOT galerie *f*
rook•ie ['rʊkɪ] F bleu *m* F
room [ruːm] pièce *f*, salle *f*; (*bedroom*) chambre *f*; (*space*) place *f*; ***there's no room for*** il n'y a pas de place pour
'**room clerk** réceptionniste *m/f*
'**roommate** *in apartment* colocataire *m/f*; *in room* camarade *m/f* de chambre
'**room ser•vice** service *m* en chambre
'**room tem•per•a•ture** température *f* ambiante
room•y ['ruːmɪ] *adj* spacieux*; *clothes* ample
root [ruːt] *n of plant, word* racine *f*; ***roots*** *of person* racines *fpl*
◆ **root for** *v/t* F encourager
◆ **root out** *v/t* (*get rid of*) éliminer; (*find*) dénicher
rope [roʊp] corde *f*; ***show s.o. the ropes*** F montrer à qn comment ça marche
◆ **rope off** *v/t* fermer avec une corde
ro•sa•ry ['roʊzərɪ] REL rosaire *m*, chapelet *m*
rose[1] [roʊz] BOT rose *f*
rose[2] [roʊz] *pret* → ***rise***
rose•ma•ry ['roʊzmerɪ] romarin *m*
roster ['rɑːstər] tableau *m* de service
ros•trum ['rɑːstrəm] estrade *f*
ros•y ['roʊzɪ] *adj also fig* rose
rot [rɑːt] **1** *n* pourriture *f* **2** *v/i* (*pret & pp* ***-ted***) pourrir
ro•tate [roʊ'teɪt] **1** *v/i* tourner **2** *v/t* (*turn*) (faire) tourner; *crops* alterner
ro•ta•tion [roʊ'teɪʃn] rotation *f*; ***do sth in rotation*** faire qch à tour de rôle
rot•ten ['rɑːtn] *adj food, wood etc* pourri; F *trick, thing to do* dégueulasse F; F *weather, luck* pourri F
rough [rʌf] **1** *adj surface* rugueux*; *hands, skin* rêche; *voice* rude; (*violent*) brutal; *crossing, seas* agité; (*approximate*) approximatif*; ***rough draft*** brouillon *m* **2** *adv*: ***sleep rough*** dormir à la dure **3** *n in golf* rough *m* **4** *v/t*: ***rough it*** F vivre à la dure
◆ **rough up** *v/t* F tabasser F
rough•age ['rʌfɪdʒ] *in food* fibres *fpl*
rough•ly ['rʌflɪ] *adv* (*approximately*) environ, à peu près; (*harshly*) brutalement; ***roughly speaking*** en gros
rou•lette [ruː'let] roulette *f*
round [raʊnd] **1** *adj* rond, circulaire; ***in round figures*** en chiffres ronds **2** *n of mailman, doctor* tournée *f*; *of toast* tranche *f*; *of drinks* tournée *f*; *of competition* manche *f*, tour *m*; *in boxing match* round *m* **3** *v/t corner* tourner **4** *adv & prep* → ***around***
◆ **round off** *v/t edges* arrondir; *meeting, night out* conclure
◆ **round up** *v/t figure* arrondir; *suspects* ramasser F
round•a•bout ['raʊndəbaʊt] **1** *adj* détourné, indirect; ***come by a roundabout route*** faire un détour **2** *n Br*: *on road* rond-point *m*
'**round-the-world** *adj* autour du monde
round 'trip aller-retour *m*
round trip 'tick•et billet *m* aller-retour
'**round-up** *of cattle* rassemblement *m*; *of suspects* rafle *f*; *of news* résumé *m*
rouse [raʊz] *v/t from sleep* réveiller; *interest, emotions* soulever
rous•ing ['raʊzɪŋ] *adj speech, finale* exaltant
route [raʊt] *n* itinéraire *m*
rou•tine [ruː'tiːn] **1** *adj* de routine; *behavior* routinier **2** *n* routine *f*; ***as a matter of routine*** systématiquement
row[1] [roʊ] *n* (*line*) rangée *f*; *of troops* rang *m*; ***5 days in a row*** 5 jours de suite
row[2] [roʊ] **1** *v/t*: ***he rowed them across the river*** il leur a fait traverser la rivière en barque **2** *v/i* ramer
row[3] [raʊ] *n* (*quarrel*) dispute *f*; (*noise*) vacarme *m*
row•boat ['roʊboʊt] bateau *m* à rames
row•dy ['raʊdɪ] *adj* tapageur*, bruyant
roy•al ['rɔɪəl] *adj* royal

roy•al•ty ['rɔɪəltɪ] (*royal persons*) (membres *mpl* de) la famille royale; *on book, recording* droits *mpl* d'auteur
rub [rʌb] *v/t* (*pret & pp* ***-bed***) frotter
◆**rub down** *v/t paintwork* poncer; *with towel* se sécher
◆**rub in** *v/t cream, ointment* faire pénétrer; ***don't rub it in!*** *fig* pas besoin d'en rajouter! F
◆**rub off 1** *v/t* enlever (en frottant) **2** *v/i*: ***rub off on s.o.*** déteindre sur qn
rub•ber ['rʌbər] **1** *n material* caoutchouc *m*; P (*condom*) capote *f* F **2** *adj* en caoutchouc
rub•ber 'band élastique *m*
rub•ber 'gloves *npl* gants *mpl* en caoutchouc
'rub•ber•neck F *at accident etc* badaud(e) *m(f)*
rub•ble ['rʌbl] *from building* gravats *mpl*, décombres *mpl*
ru•by ['ru:bɪ] *n jewel* rubis *m*
ruck•sack ['rʌksæk] sac *m* à dos
rud•der ['rʌdər] gouvernail *m*
rud•dy ['rʌdɪ] *adj complexion* coloré
rude [ru:d] *adj* impoli; *word, gesture* grossier*
rude•ly ['ru:dlɪ] *adv* (*impolitely*) impoliment
rude•ness ['ru:dnɪs] impolitesse *f*
ru•di•men•ta•ry [ru:dɪ'mentərɪ] *adj* rudimentaire
ru•di•ments ['ru:dɪmənts] *npl* rudiments *mpl*
rue•ful ['ru:fl] *adj* contrit, résigné
rue•ful•ly ['ru:fəlɪ] *adv* avec regret; *smile* d'un air contrit
ruf•fi•an ['rʌfɪən] voyou *m*, brute *f*
ruf•fle ['rʌfl] **1** *n on dress* ruche *f* **2** *v/t hair* ébouriffer; *person* énerver; ***get ruffled*** s'énerver
rug [rʌg] tapis *m*; *blanket* couverture *f*; ***travel rug*** plaid *m*, couverture *f* de voyage
rug•by ['rʌgbɪ] rugby *m*
'rug•by match match *m* de rugby
'rug•by play•er joueur *m* de rugby, rugbyman *m*
rug•ged ['rʌgɪd] *adj scenery, cliffs* découpé, escarpé; *face* aux traits rudes; *resistance* acharné
ru•in ['ru:ɪn] **1** *n* ruine *f*; ***in ruins*** en ruine **2** *v/t* ruiner; *party, birthday, plans* gâcher; ***be ruined*** *financially* être ruiné
rule [ru:l] **1** *n* règle *f*; *of monarch* règne *m*; ***as a rule*** en règle générale **2** *v/t country* diriger, gouverner; ***the judge ruled that ...*** le juge a déclaré que ... **3** *v/i of monarch* régner
◆**rule out** *v/t* exclure
rul•er ['ru:lər] *for measuring* règle *f*; *of state* dirigeant(e) *m(f)*
rul•ing ['ru:lɪŋ] **1** *n* décision *f* **2** *adj party* dirigeant, au pouvoir
rum [rʌm] *n drink* rhum *m*
rum•ble ['rʌmbl] *v/i of stomach* gargouiller; *of thunder* gronder
◆**rum•mage around** ['rʌmɪdʒ] *v/i* fouiller
'rum•mage sale vente *f* de bric-à-brac
ru•mor, *Br* **ru•mour** ['ru:mər] **1** *n* bruit *m*, rumeur *f* **2** *v/t*: ***it is rumored that ...*** il paraît que ..., le bruit court que ...
rump [rʌmp] *of animal* croupe *f*
rum•ple ['rʌmpl] *v/t clothes, paper* froisser
'rump•steak rumsteck *m*
run [rʌn] **1** *n on foot* course *f*; *in pantyhose* échelle *f*; ***the play has had a three-year run*** la pièce est restée trois ans à l'affiche; ***go for a run*** *for exercise* aller courir; ***make a run for it*** s'enfuir; ***a criminal on the run*** un criminel en cavale F; ***in the short / long run*** à court / long terme; ***a run on the dollar*** une ruée sur le dollar **2** *v/i* (*pret* ***ran***, *pp* ***run***) *of person, animal* courir; *of river, paint, makeup, nose, faucet* couler; *of trains, buses* passer, circuler; *of eyes* pleurer; *of play* être à l'affiche, se jouer; *of engine, machine* marcher, tourner; *of software* fonctionner; *in election* se présenter; ***run for President*** être candidat à la présidence **3** *v/t* (*pret* ***ran***, *pp* ***run***) *race, 3 miles* courir; *business, hotel, project etc* diriger; *software* exécuter, faire tourner; *car* entretenir; *risk* courir; ***he ran his eye down the page*** il lut la page en diagonale
◆**run across** *v/t* (*meet, find*) tomber sur
◆**run away** *v/i* s'enfuir; ***run away (from home)*** *for a while* faire une fugue; *for good* s'enfuir de chez soi; ***run away with s.o./sth*** partir avec qn / qch
◆**run down 1** *v/t* (*knock down*) renverser; (*criticize*) critiquer; *stocks* diminuer **2** *v/i of battery* se décharger
◆**run into** *v/t* (*meet*) tomber sur; *difficulties* rencontrer
◆**run off 1** *v/i* s'enfuir **2** *v/t* (*print off*) imprimer, tirer
◆**run out** *v/i of contract* expirer; *of time* s'écouler; *of supplies* s'épuiser
◆**run out of** *v/t time, patience, supplies* ne plus avoir de; ***I ran out of gas*** je suis tombé en panne d'essence
◆**run over 1** *v/t* (*knock down*) renverser; (*go through*) passer en revue, récapituler **2** *v/i of water etc* déborder
◆**run through** *v/t* (*rehearse*) répéter; (*go*

over) passer en revue, récapituler
◆ **run up** *v/t debts* accumuler; *clothes* faire

'run•a•way *n* fugueur(-euse) *m(f)*
run-'down *adj person* fatigué, épuisé; *area*, *building* délabré
rung¹ [rʌŋ] *of ladder* barreau *m*
rung² [rʌŋ] *pp* → ***ring***
run•ner ['rʌnər] coureur(-euse) *m(f)*
run•ner 'beans *npl* haricots *mpl* d'Espagne
run•ner-'up second(e) *m(f)*
run•ning ['rʌnɪŋ] **1** *n* SP course *f*; *of business* direction *f*, gestion *f* **2** *adj*: ***for two days running*** pendant deux jours de suite
'run•ning mate POL candidat *m* à la vice-présidence
run•ning 'wa•ter eau *f* courante
run•ny ['rʌnɪ] *adj substance* liquide; *nose* qui coule
'run-up SP élan *m*; ***in the run-up to*** pendant la période qui précède, juste avant
'run•way AVIAT piste *f*
rup•ture ['rʌptʃər] **1** *n also fig* rupture *f* **2** *v/i of pipe* éclater
ru•ral ['rʊrəl] *adj* rural
ruse [ruːz] ruse *f*
rush [rʌʃ] **1** *n* ruée *f*, course *f*; ***do sth in a rush*** faire qch en vitesse *or* à la hâte; ***be in a rush*** être pressé; ***what's the big rush?*** pourquoi se presser? **2** *v/t person* presser, bousculer; *meal* avaler (à toute vitesse); ***rush s.o. to the hospital*** emmener qn d'urgence à l'hôpital **3** *v/i* se presser, se dépêcher
'rush hour heures *fpl* de pointe
Rus•sia ['rʌʃə] Russie *f*
Rus•sian ['rʌʃən] **1** *adj* russe **2** *n* Russe *m/f*; *language* russe *m*
rust [rʌst] **1** *n* rouille *f* **2** *v/i* se rouiller
rus•tle¹ ['rʌsl] **1** *n of silk*, *leaves* bruissement *m* **2** *v/i of silk*, *leaves* bruisser
rus•tle² ['rʌsl] *v/t cattle* voler
'rust-proof *adj* antirouille *inv*
rust re•mov•er ['rʌstrɪmuːvər] antirouille *m*
rust•y ['rʌstɪ] *adj also fig* rouillé; ***I'm a little rusty*** j'ai un peu perdu la main
rut [rʌt] *in road* ornière *f*; ***be in a rut*** *fig* être tombé dans la routine
ruth•less ['ruːθlɪs] *adj* impitoyable, sans pitié
ruth•less•ly ['ruːθlɪslɪ] *adv* impitoyablement
ruth•less•ness ['ruːθlɪsnɪs] dureté *f* (impitoyable)
rye [raɪ] seigle *m*
'rye bread pain *m* de seigle

S

sab•bat•i•cal [sə'bætɪkl] *n*: ***year's sabbatical*** année *f* sabbatique
sab•o•tage ['sæbətɑːʒ] **1** *n* sabotage *m* **2** *v/t* saboter
sab•o•teur [sæbə'tɜːr] saboteur(-euse) *m(f)*
sac•cha•rin ['sækərɪn] saccharine *f*
sa•chet ['sæʃeɪ] *of shampoo*, *cream etc* sachet *m*
sack [sæk] **1** *n bag*, *for groceries* sac *m*; ***get the sack*** F se faire virer F **2** *v/t* F virer F
sa•cred ['seɪkrɪd] *adj* sacré
sac•ri•fice ['sækrɪfaɪs] **1** *n* sacrifice *m*; ***make sacrifices*** *fig* faire des sacrifices **2** *v/t also fig* sacrifier
sac•ri•lege ['sækrɪlɪdʒ] REL, *fig* sacrilège *m*
sad [sæd] *adj* triste
sad•dle ['sædl] **1** *n* selle *f* **2** *v/t horse* seller; ***saddle s.o. with sth*** *fig* mettre qch sur le dos de qn
sa•dism ['seɪdɪzm] sadisme *m*
sa•dist ['seɪdɪst] sadique *m/f*
sa•dis•tic [sə'dɪstɪk] *adj* sadique
sad•ly ['sædlɪ] *adv say*, *sing etc* tristement; (*regrettably*) malheureusement
sad•ness ['sædnɪs] tristesse *f*
safe [seɪf] **1** *adj* (*not dangerous*) pas dangereux*; *driver* prudent; (*not in danger*) en sécurité; *investment*, *prediction* sans risque **2** *n* coffre-fort *m*
'safe•guard 1 *n*: ***as a safeguard against*** par mesure de protection contre **2** *v/t* protéger
'safe•keep•ing: ***give sth to s.o. for safekeeping*** confier qch à qn
safe•ly ['seɪflɪ] *adv arrive*, (*successfully*)

bel et bien; *drive, assume* sans risque
safe•ty ['seɪftɪ] *of equipment, wiring, person* sécurité *f*; *of investment, prediction* sûreté *f*
'safe•ty belt ceinture *f* de sécurité
'safe•ty-con•scious *adj* sensible à la sécurité
safe•ty 'first: ***learn safety first*** apprendre à faire attention sur la route
'safe•ty pin épingle *f* de nourrice
sag [sæg] **1** *n in ceiling etc* affaissement *m* **2** *v/i* (*pret & pp* ***-ged***) *of ceiling* s'affaisser; *of rope* se détendre; *fig*: *of output, production* fléchir
sa•ga ['sɑːgə] saga *f*
sage [seɪdʒ] *n herb* sauge *f*
Sa•git•tar•i•us [sædʒɪ'terɪəs] ASTROL Sagittaire *m*
said [sed] *pret & pp* → ***say***
sail [seɪl] **1** *n of boat* voile *f*; *trip* voyage *m* (en mer); ***go for a sail*** faire un tour (en bateau) **2** *v/t yacht* piloter **3** *v/i* faire de la voile; *depart* partir
'sail•board 1 *n* planche *f* à voile **2** *v/i* faire de la planche à voile
'sail•board•ing planche *f* à voile
'sail•boat bateau *m* à voiles
sail•ing ['seɪlɪŋ] SP voile *f*
'sail•ing ship voilier *m*
sail•or ['seɪlər] marin *m*; ***be a good / bad sailor*** avoir / ne pas avoir le pied marin
'sailor's knot nœud *m* plat
saint [seɪnt] saint(e) *m(f)*
sake [seɪk]: ***for my / your sake*** pour moi / toi; ***for the sake of*** pour
sal•ad ['sæləd] salade *f*
'sal•ad dress•ing vinaigrette *f*
sal•a•ry ['sælərɪ] salaire *m*
'sal•a•ry scale échelle *f* des salaires
sale [seɪl] vente *f*; *reduced prices* soldes *mpl*; ***for sale*** *sign* à vendre; ***be on sale*** être en vente; *at reduced prices* être en solde
sales [seɪlz] *npl department* vente *f*
'sales clerk *in store* vendeur(-euse) *m(f)*
'sales fig•ures *npl* chiffre *m* d'affaires
'sales•man vendeur *m*; (*rep*) représentant *m*
'sales man•ag•er directeur *m* commercial, directrice *f* commerciale
'sales meet•ing réunion *f* commerciale
'sales team équipe *f* de vente
'sales•wom•an vendeuse *f*
sa•lient ['seɪlɪənt] *adj* marquant
sa•li•va [sə'laɪvə] salive *f*
salm•on ['sæmən] (*pl* ***salmon***) saumon *m*
sa•loon [sə'luːn] (*bar*) bar *m*
salt [sɒːlt] **1** *n* sel *m* **2** *v/t food* saler
'salt•cel•lar salière *f*
salt 'wa•ter eau *f* salée
'salt-wa•ter fish poisson *m* de mer
salt•y ['sɒːltɪ] *adj* salé
sal•u•tar•y ['sæljʊterɪ] *adj experience* salutaire
sa•lute [sə'luːt] **1** *n* MIL salut *m*; ***take the salute*** passer les troupes en revue **2** *v/t* MIL, *fig* saluer **3** *v/i* MIL faire un salut
sal•vage ['sælvɪdʒ] *v/t from wreck* sauver
sal•va•tion [sæl'veɪʃn] *also fig* salut *m*
Sal•va•tion 'Ar•my Armée *f* du Salut
same [seɪm] **1** *adj* même **2** *pron*: ***the same*** le / la même; *pl* les mêmes; ***Happy New Year - the same to you*** Bonne année - à vous aussi; ***he's not the same any more*** il n'est plus celui qu'il était; ***all the same*** (*even so*) quand même; ***men are all the same*** les hommes sont tous les mêmes; ***it's all the same to me*** cela m'est égal **3** *adv*: ***smell / look / sound the same*** se ressembler, être pareil
sam•ple ['sæmpl] *n of work, cloth* échantillon *m*; *of urine* échantillon *m*, prélèvement *m*; *of blood* prélèvement *m*
sanc•ti•mo•ni•ous [sæŋktɪ'moʊnɪəs] *adj* moralisateur*
sanc•tion ['sæŋkʃn] **1** *n* (*approval*) approbation *f*; (*penalty*) sanction *f* **2** *v/t* (*approve*) approuver
sanc•ti•ty ['sæŋktətɪ] caractère *m* sacré
sanc•tu•a•ry ['sæŋktʃuerɪ] REL sanctuaire *m*; *for wild animals* réserve *f*
sand [sænd] **1** *n* sable *m* **2** *v/t with sandpaper* poncer au papier de verre
san•dal ['sændl] sandale *f*
'sand•bag sac *m* de sable
'sand•blast *v/t* décaper au jet de sable
'sand dune dune *f*
sand•er ['sændər] *tool* ponçeuse *f*
'sand•pa•per 1 *n* papier *m* de verre **2** *v/t* poncer au papier de verre
'sand•stone grès *m*
sand•wich ['sænwɪtʃ] **1** *n* sandwich *m* **2** *v/t*: ***be sandwiched between two ...*** être coincé entre deux ...
sand•y ['sændɪ] *adj beach* de sable; *soil* sablonneux*; *feet, towel* plein de sable; *hair* blond roux
sane [seɪn] *adj* sain (d'esprit)
sang [sæŋ] *pret* → ***sing***
san•i•tar•i•um [sænɪ'terɪəm] sanatorium *m*
san•i•ta•ry ['sænɪterɪ] *adj conditions, installations* sanitaire; (*clean*) hygiénique
'san•i•ta•ry nap•kin serviette *f* hygiénique
san•i•ta•tion [sænɪ'teɪʃn] (*sanitary installations*) installations *fpl* sanitaires; (*removal of waste*) système *m* sanitaire

S

san•i'ta•tion de•part•ment voirie *f*
san•i•ty ['sænətɪ] santé *f* mentale
sank [sæŋk] *pret* → ***sink***
San•ta Claus ['sæntəklɒːz] le Père Noël
sap [sæp] **1** *n in tree* sève *f* **2** *v/t* (*pret & pp* ***-ped***) *s.o.'s energy* saper
sap•phire ['sæfaɪr] *n jewel* saphir *m*
sar•cas•m ['sɑːrkæzm] sarcasme *m*
sar•cas•tic [sɑːr'kæstɪk] *adj* sarcastique
sar•cas•tic•al•ly [sɑːr'kæstɪklɪ] *adv* sarcastiquement
sar•dine [sɑːr'diːn] sardine *f*
sar•don•ic [sɑːr'dɑːnɪk] *adj* sardonique
sar•don•ic•al•ly [sɑːr'dɑːnɪklɪ] *adv* sardoniquement
sash [sæʃ] *on dress* large ceinture *f* à nœud; *on uniform* écharpe *f*
sat [sæt] *pret & pp* → ***sit***
Sa•tan ['seɪtn] Satan *m*
satch•el ['sætʃl] *for schoolchild* cartable *m*
sat•el•lite ['sætəlaɪt] satellite *m*
'sat•el•lite dish antenne *f* parabolique
sat•el•lite T'V télévision *f* par satellite
sat•in ['sætɪn] *n* satin *m*
sat•ire ['sætaɪr] satire *f*
sa•tir•i•cal [sə'tɪrɪkl] *adj* satirique
sat•i•rist ['sætərɪst] satiriste *m/f*
sat•ir•ize ['sætəraɪz] *v/t* satiriser
sat•is•fac•tion [sætɪs'fækʃn] satisfaction *f*; ***get satisfaction out of doing sth*** trouver de la satisfaction à faire qch; ***I get a lot of satisfaction out of my job*** mon travail me donne grande satisfaction; ***is that to your satisfaction?*** êtes-vous satisfait?
sat•is•fac•to•ry [sætɪs'fæktərɪ] *adj* satisfaisant; (*just good enough*) convenable; ***this is not satisfactory*** c'est insuffisant
satisfy ['sætɪsfaɪ] *v/t* (*pret & pp* ***-ied***) satisfaire; ***I am satisfied*** *had enough to eat* je n'ai plus faim; ***I am satisfied that he …*** *convinced* je suis convaincu qu'il …; ***I hope you're satisfied!*** te voilà satisfait!
Sat•ur•day ['sætərdeɪ] samedi *m*
sauce [sɒːs] sauce *f*
'sauce•pan casserole *f*
sau•cer ['sɒːsər] soucoupe *f*
sauc•y ['sɒːsɪ] *adj person, dress* déluré
Sa•u•di A•ra•bi•a [saʊdɪə'reɪbɪə] Arabie *f* saoudite
Sa•u•di A•ra•bi•an [saʊdɪə'reɪbɪən] **1** *adj* saoudien* **2** *n* Saoudien(ne) *m(f)*
sau•na ['sɒːnə] sauna *m*
saun•ter ['sɒːntər] *v/i* flâner
saus•age ['sɒːsɪdʒ] saucisse *f*; *dried* saucisson *m*
sav•age ['sævɪdʒ] **1** *adj* féroce **2** *n* sauvage *m/f*
sav•age•ry ['sævɪdʒrɪ] férocité *f*
save [seɪv] **1** *v/t* (*rescue*), SP sauver; (*economize, put aside*) économiser; (*collect*) faire collection de; COMPUT sauvegarder **2** *v/i* (*put money aside*) faire des économies; SP arrêter le ballon **3** *n* SP arrêt *m*
◆ **save up for** *v/t* économiser pour acheter
sav•er ['seɪvər] *person* épargneur(-euse) *m(f)*
savi•ng ['seɪvɪŋ] (*amount saved*) économie *f*; *activity* épargne *f*
sav•ings ['seɪvɪŋz] *npl* économies *fpl*
'sav•ings ac•count compte *m* d'épargne
sav•ings and 'loan caisse *f* d'épargne-logement
'sav•ings bank caisse *f* d'épargne
sa•vior, *Br* **sa•viour** ['seɪvjər] REL sauveur *m*
sa•vor ['seɪvər] *v/t* savourer
sa•vor•y ['seɪvərɪ] *adj* (*not sweet*) salé
sa•vour *etc Br* → ***savor*** *etc*
saw[1] [sɒː] *pret* → ***see***
saw[2] [sɒː] **1** *n tool* scie *f* **2** *v/t* scier
◆ **saw off** *v/t* enlever à la scie
'saw•dust sciure *f*
sax•o•phone ['sæksəfoʊn] saxophone *m*
say [seɪ] **1** *v/t* (*pret & pp* ***said***) dire; ***that is to say*** c'est-à-dire; ***what do you say to that?*** qu'est-ce-que tu en penses?; ***what does the note say?*** que dit le message? **2** *n*: ***have one's say*** dire ce qu'on a à dire; ***have a say in sth*** avoir son mot à dire dans qch
say•ing ['seɪɪŋ] dicton *m*
scab [skæb] *on wound* croûte *f*
scaf•fold•ing ['skæfəldɪŋ] échafaudage *m*
scald [skɒːld] *v/t* ébouillanter
scale[1] [skeɪl] *on fish* écaille *f*
scale[2] [skeɪl] **1** *n of project, map etc, on thermometer* échelle *f*; MUS gamme *f*; ***on a larger / smaller scale*** à plus grande / petite échelle **2** *v/t cliffs etc* escalader
◆ **scale down** *v/t* réduire l'ampleur de
scale 'draw•ing dessin *m* à l'échelle
scales [skeɪlz] *npl for weighing* balance *f*
scal•lop ['skæləp] *n shellfish* coquille *f* Saint-Jacques
scalp [skælp] *n* cuir *m* chevelu
scal•pel ['skælpl] scalpel *m*
scam [skæm] F arnaque *m* F
scan [skæn] **1** *n* MED scanographie *f* **2** *v/t* (*pret & pp* ***-ned***) *horizon, page* parcourir du regard; MED faire une scanographie de; COMPUT scanner
◆ **scan in** *v/t* COMPUT scanner
scan•dal ['skændl] scandale *m*
scan•dal•ize ['skændəlaɪz] *v/t* scandaliser
scan•dal•ous ['skændələs] *adj* scanda-

leux*
Scan•di•na•vi•a [skændɪ'neɪvɪə] Scandinavie *f*
Scan•di•na•vi•an [skændɪ'neɪvɪən] **1** *adj* scandinave **2** *n* Scandinave *m/f*
scan•ner ['skænər] MED, COMPUT scanneur *m*
scant [skænt] *adj*: ***have scant consideration for sth*** attacher peu d'importance à qch
scant•i•ly ['skæntɪlɪ] *adv*: ***scantily clad*** en tenue légère
scant•y ['skæntɪ] *adj dress* réduit au minimum
scape•goat ['skeɪpgoʊt] bouc *m* émissaire
scar [skɑːr] **1** *n* cicatrice *f* **2** *v/t* (*pret & pp* ***-red***) marquer d'une cicatrice; ***be scarred for life by sth*** *fig* être marqué à vie par qch
scarce [skers] *adj in short supply* rare; ***make o.s. scarce*** se sauver
scarce•ly ['skerslɪ] *adv* à peine
scar•ci•ty ['skersɪtɪ] manque *m*
scare [sker] **1** *v/t* faire peur à; ***be scared of*** avoir peur de **2** *n* (*panic, alarm*) rumeurs *fpl* alarmantes; ***give s.o. a scare*** faire peur à qn
◆**scare away** *v/t* faire fuir
'**scare•crow** épouvantail *m*
scare•mon•ger ['skermʌŋgər] alarmiste *m/f*
scarf [skɑːrf] *around neck* écharpe *f*; *over head* foulard *m*
scar•let ['skɑːrlət] *adj* écarlate
scar•let 'fe•ver scarlatine *f*
scar•y ['skerɪ] *adj* effrayant
scath•ing ['skeɪðɪŋ] *adj* cinglant
scat•ter ['skætər] **1** *v/t leaflets, seed* éparpiller **2** *v/i of people* se disperser
scat•ter•brained ['skætərbreɪnd] *adj* écervelé
scat•tered ['skætərd] *adj showers* intermittent; *villages, family* éparpillé
scav•enge ['skævɪndʒ] *v/i*: ***scavenge for sth*** fouiller pour trouver qch
scav•eng•er ['skævɪndʒər] *animal, bird* charognard *m*; *person* fouilleur(euse) *m(f)*
sce•na•ri•o [sɪ'nɑːrɪoʊ] scénario *m*
scene [siːn] THEA, (*view, sight, argument*) scène *f*; *of accident, crime, novel, movie* lieu *m*; ***make a scene*** faire une scène; ***scenes*** THEA décor(s) *m(pl)*; ***the jazz / rock scene*** le monde du jazz / rock; ***behind the scenes*** dans les coulisses
sce•ne•ry ['siːnərɪ] paysage *m*; THEA décor(s) *m(pl)*
scent [sent] *n* (*smell*) odeur *f*; (*perfume*) parfum *m*; *of animal* piste *f*
scep•tic *etc Br* → ***skeptic*** *etc*
sched•ule ['skedjuːl, *Br*; 'ʃedjuːl] **1** *n of events* calendrier *m*; *for trains* horaire *m*; *of lessons, work* programme *m*; ***be on schedule*** *of work, workers* être dans les temps; *of train* être à l'heure; ***be behind schedule*** être en retard **2** *v/t* (*put on schedule*) prévoir
sched•uled flight ['ʃeduːld] vol *m* régulier
scheme [skiːm] **1** *n* plan *m* **2** *v/i* (*plot*) comploter
schem•ing ['skiːmɪŋ] *adj* intrigant
schiz•o•phre•ni•a [skɪtsə'friːnɪə] schizophrénie *f*
schiz•o•phren•ic [skɪtsə'frenɪk] **1** *adj* schizophrène **2** *n* schizophrène *m/f*
schol•ar ['skɑːlər] érudit(e) *m(f)*
schol•ar•ly ['skɑːlərlɪ] *adj* savant, érudit
schol•ar•ship ['skɑːlərʃɪp] (*learning*) érudition *f*; *financial award* bourse *f*
school [skuːl] *n* école *f*; (*university*) université *f*
'**school bag** (*satchel*) cartable *m*
'**school•boy** écolier *m*
'**school•child•ren** *npl* écoliers *mpl*
'**school days** *npl* années *fpl* d'école
'**school•girl** écolière *f*
'**school•teach•er** → ***teacher***
sci•at•i•ca [saɪ'ætɪkə] sciatique *f*
sci•ence ['saɪəns] science *f*
sci•ence 'fic•tion science-fiction *f*
sci•en•tif•ic [saɪən'tɪfɪk] *adj* scientifique
sci•en•tist ['saɪəntɪst] scientifique *m/f*
scis•sors ['sɪzərz] *npl* ciseaux *mpl*
scoff[1] [skɑːf] *v/t food* engloutir
scoff[2] [skɑːf] *v/i* (*mock*) se moquer
◆**scoff at** *v/t* se moquer de
scold [skoʊld] *v/t* réprimander
scoop [skuːp] **1** *n for ice-cream* cuiller *f* à glace; *for grain, flour* pelle *f*; *on dredger* benne *f* preneuse; *of ice cream* boule *f*; *story* scoop *m* **2** *v/t of machine* ramasser; *ice cream* prendre une boule de
◆**scoop up** *v/t* ramasser
scoot•er ['skuːtər] *with motor* scooter *m*; *child's* trottinette *f*
scope [skoʊp] ampleur *f*; (*freedom, opportunity*) possibilités *fpl*; ***he wants more scope*** il voudrait plus de liberté
scorch [skɔːrʧ] *v/t* brûler
scorch•ing ['skɔːrʧɪŋ] *adj* très chaud
score [skɔːr] **1** *n* SP score *m*; (*written music*) partition *f*; *of movie etc* musique *f*; ***what's the score?*** SP quel est le score?; ***have a score to settle with s.o.*** avoir un compte à régler avec qn; ***keep (the) score*** marquer les points **2** *v/t goal, point*

S

marquer; (*cut*: *line*) rayer **3** *v/i* SP marquer; (*keep the score*) marquer les points; ***that's where he scores*** c'est son point fort

'**score•board** tableau *m* des scores

scor•er ['skɔːrər] *of goal, point,* (*score-keeper*) marqueur(-euse) *m(f)*

scorn [skɔːrn] **1** *n* mépris *m*; ***pour scorn on sth*** traiter qch avec mépris **2** *v/t idea, suggestion* mépriser

scorn•ful ['skɔːrnfʊl] *adj* méprisant

scorn•ful•ly ['skɔːrnfʊlɪ] *adv* avec mépris

Scor•pi•o ['skɔːrpɪoʊ] ASTROL Scorpion *m*

Scot [skɑːt] Écossais(e) *m(f)*

Scotch [skɑːʧ] *whiskey* scotch *m*

Scotch 'tape® scotch *m*

scot-'free *adv*: ***get off scot-free*** se tirer d'affaire F

Scot•land ['skɑːtlənd] Écosse *f*

Scots•man ['skɑːtsmən] Écossais *m*

Scots•wom•an ['skɑːtswʊmən] Écossaise *f*

Scot•tish ['skɑːtɪʃ] *adj* écossais

scoun•drel ['skaʊndrəl] gredin *m*

scour[1] ['skaʊər] *v/t* (*search*) fouiller

scour[2] ['skaʊər] *v/t pans* récurer

scout [skaʊt] *n* (*boy scout*) scout *m*

scowl [skaʊl] **1** *n* air *m* renfrogné **2** *v/i* se renfrogner

scram [skræm] *v/i* (*pret & pp* ***-med***) F ficher le camp F

scram•ble ['skræmbl] **1** *n* (*rush*) course *f* folle **2** *v/t message* brouiller **3** *v/i*: ***he scrambled to his feet*** il se releva d'un bond

scram•bled eggs ['skræmbld] *npl* œufs *mpl* brouillés

scrap [skræp] **1** *n metal* ferraille *f*; (*fight*) bagarre *f*; *of food, paper* bout *m*; ***there isn't a scrap of evidence*** il n'y a pas la moindre preuve **2** *v/t* (*pret & pp* ***-ped***) *idea, plan etc* abandonner

scrape [skreɪp] **1** *n on paint, skin* éraflure *f* **2** *v/t paintwork, arm etc* érafler; *vegetables* gratter; ***scrape a living*** vivoter

◆**scrape through** *v/i in exam* réussir de justesse

'**scrap heap** tas *m* de ferraille; ***good for the scrap heap*** *also fig* bon pour la ferraille

scrap 'met•al ferraille *f*

scrap 'pa•per brouillon *m*

scrap•py ['skræpɪ] *adj work, essay* décousu; *person* bagarreur*

scratch [skræʧ] **1** *n mark* égratignure *f*; ***have a scratch*** *to stop itching* se gratter; ***start from scratch*** partir de zéro; ***not up to scratch*** pas à la hauteur **2** *v/t* (*mark*: *skin, paint*) égratigner; *of cat* griffer; *because of itch* se gratter; ***he scratched his head*** il se gratta la tête **3** *v/i of cat* griffer

scrawl [skrɒːl] **1** *n* gribouillis *m* **2** *v/t* gribouiller

scraw•ny ['skrɒːnɪ] *adj* décharné

scream [skriːm] **1** *n* cri *m*; ***screams of laughter*** hurlements *mpl* de rire **2** *v/i* pousser un cri

screech [skriːʧ] **1** *n of tires* crissement *m*; (*scream*) cri *m* strident **2** *v/i of tires* crisser; (*scream*) pousser un cri strident

screen [skriːn] **1** *n in room, hospital* paravent *m*; *in movie theater, of TV, computer* écran *m*; ***on the screen*** *in movie* à l'écran; ***on*** (***the***) ***screen*** COMPUT sur l'écran **2** *v/t* (*protect, hide*) cacher; *movie* projeter; *for security reasons* passer au crible

'**screen•play** scénario *m*

'**screen sav•er** COMPUT économiseur *m* d'écran

'**screen test** *for movie* bout *m* d'essai

screw [skruː] **1** *n* vis *m*; ***I had a good screw*** V j'ai bien baisé V **2** *v/t attach* visser (***to*** à); F (*cheat*) rouler F; V (*have sex with*) baiser V

◆**screw up 1** *v/t eyes* plisser; *paper* chiffonner; F (*make a mess of*) foutre en l'air F **2** *v/i* F merder F

'**screw•driv•er** tournevis *m*

screwed up [skruːd'ʌp] *adj* F *psychologically* paumé F

'**screw top** *on bottle* couvercle *m* à pas de vis

screw•y ['skruːɪ] *adj* F déjanté F

scrib•ble ['skrɪbl] **1** *n* griffonnage *m* **2** *v/t* (*write quickly*) griffonner **3** *v/i* gribouiller

scrimp [skrɪmp] *v/i*: ***scrimp and save*** économiser par tous les moyens

script [skrɪpt] *for movie* scénario *m*; *for play* texte *m*; *form of writing* script *m*

Scrip•ture ['skrɪpʧər]: ***the Scriptures*** les Saintes Écritures *fpl*

'**script•writ•er** scénariste *m/f*

◆**scroll down** [skroʊl] *v/i* COMPUT faire défiler vers le bas

◆**scroll up** *v/i* COMPUT faire défiler vers le haut

scrounge [skraʊndʒ] *v/t* se faire offrir

scroung•er ['skraʊndʒər] profiteur (-euse) *m(f)*

scrub [skrʌb] *v/t* (*pret & pp* ***-bed***) *floor* laver à la brosse; ***scrub one's hands*** se brosser les mains

scrub•bing brush ['skrʌbɪŋ] *for floor* brosse *f* dure

scruff•y ['skrʌfɪ] *adj* débraillé

scrum [skrʌm] *in rugby* mêlée *f*

scrum'half demi *m* de mêlée
◆ **scrunch up** [skrʌntʃ] *v/t plastic cup etc* écraser
scru•ples ['skru:plz] *npl* scrupules *mpl*; ***have no scruples about doing sth*** n'avoir aucun scrupule à faire qch
scru•pu•lous ['skru:pjʊləs] *adj morally*, (*thorough*) scrupuleux*
scru•pu•lous•ly ['skru:pjʊləslı] *adv* (*meticulously*) scrupuleusement
scru•ti•nize ['skru:tınaız] *v/t* (*examine closely*) scruter
scru•ti•ny ['skru:tını] examen *m* minutieux*; ***come under scrutiny*** faire l'objet d'un examen minutieux
scu•ba div•ing ['sku:bə] plongée *f* sous-marine autonome
scuf•fle ['skʌfl] *n* bagarre *f*
sculp•tor ['skʌlptər] sculpteur(-trice) *m(f)*
sculp•ture ['skʌlptʃər] sculpture *f*
scum [skʌm] *on liquid* écume *f*; *pej*: *people* bande *f* d'ordures F; ***he's scum*** c'est une ordure, c'est un salaud
sea [si:] mer *f*; ***by the sea*** au bord de la mer
'sea•bed fond *m* de la mer
'sea•bird oiseau *m* de mer
sea•far•ing ['si:ferıŋ] *adj nation* de marins
'sea•food fruits *mpl* de mer
'sea•front bord *m* de mer
'sea•go•ing *adj vessel* de mer
'sea•gull mouette *f*
seal[1] [si:l] *n animal* phoque *m*
seal[2] [si:l] **1** *n on document* sceau *m*; TECH étanchéité *f*; *device* joint *m* (d'étanchéité) **2** *v/t container* sceller
◆ **seal off** *v/t area* boucler
'sea lev•el: ***above / below sea level*** au-dessus / au-dessous du niveau de la mer
seam [si:m] *on garment* couture *f*; *of ore* veine *f*
'sea•man marin *m*
'sea•port port *m* maritime
'sea pow•er *nation* puissance *f* maritime
search [s3:rtʃ] **1** *n* recherche *f* (***for*** de); ***be in search of*** être à la recherche de **2** *v/t city, files* chercher dans
◆ **search for** *v/t* chercher
search•ing ['s3:rtʃıŋ] *adj look, question* pénétrant
'search•light projecteur *m*
'search par•ty *groupe à la recherche d'un disparu ou de disparus*
'search war•rant mandat *m* de perquisition
'sea•shore plage *f*
'sea•sick *adj*: ***get seasick*** avoir le mal de mer
'sea•side: ***at the seaside*** au bord de la mer; ***go to the seaside*** aller au bord de la mer
'sea•side re•sort station *f* balnéaire
sea•son ['si:zn] *n also for tourism etc* saison *f*; ***plums are / aren't in season*** c'est / ce n'est pas la saison des prunes
sea•son•al ['si:znl] *adj vegetables, employment* saisonnier*
sea•soned ['si:znd] *adj wood* sec*; *traveler, campaigner* expérimenté
sea•son•ing ['si:znıŋ] assaisonnement *m*
'sea•son tick•et carte *f* d'abonnement
seat [si:t] **1** *n* place *f*; *chair* siège *m*; *of pants* fond *m*; ***please take a seat*** veuillez vous asseoir **2** *v/t*: ***the hall can seat 200 people*** la salle contient 200 places assises; ***please remain seated*** veuillez rester assis
'seat belt ceinture *f* de sécurité
'sea ur•chin oursin *m*
'sea•weed algues *fpl*
se•clud•ed [sı'klu:dıd] *adj* retiré
se•clu•sion [sı'klu:ʒn] isolement *m*
sec•ond[1] ['sekənd] **1** *n of time* seconde *f*; ***just a second*** un instant; ***the second of June*** le deux juin **2** *adj* deuxième **3** *adv come in* deuxième; ***he's the second tallest in the school*** c'est le deuxième plus grand de l'école **4** *v/t motion* appuyer
se•cond[2] [sı'kɑ:nd] *v/t*: ***be seconded to*** être détaché à
sec•ond•a•ry ['sekəndrı] *adj* secondaire; ***of secondary importance*** secondaire
sec•ond•a•ry ed•u'ca•tion enseignement *m* secondaire
sec•ond-'best *adj runner, time* deuxième; (*inferior*) de second ordre
sec•ond 'big•gest *adj* deuxième
sec•ond 'class *adj ticket* de seconde classe
sec•ond 'floor premier étage *m*, *Br* deuxième étage *m*
sec•ond 'gear MOT seconde *f*
'sec•ond hand *n on clock* trotteuse *f*
sec•ond-'hand *adj & adv* d'occasion
sec•ond•ly ['sekəndlı] *adv* deuxièmement
sec•ond-'rate *adj* de second ordre
sec•ond 'thoughts: ***I've had second thoughts*** j'ai changé d'avis
se•cre•cy ['si:krəsı] secret *m*
se•cret ['si:krət] **1** *n* secret *m*; ***do sth in secret*** faire qch en secret **2** *adj* secret*
se•cret 'a•gent agent *m* secret
sec•re•tar•i•al [sekrə'terıəl] *adj tasks, job* de secrétariat
sec•re•tar•y ['sekrəterı] secrétaire *m/f*;

S

pol ministre *m/f*
Sec•re•tar•y of 'State *in USA* secrétaire *m/f* d'État
se•crete [sɪ'kriːt] *v/t* (*give off*) secréter; (*hide*) cacher
se•cre•tion [sɪ'kriːʃn] sécrétion *f*
se•cre•tive ['siːkrətɪv] *adj* secret*
se•cret•ly ['siːkrətlɪ] *adv* en secret
se•cret po'lice police *f* secrète
se•cret 'ser•vice services *mpl* secrets
sect [sekt] secte *f*
sec•tion ['sekʃn] section *f*
sec•tor ['sektər] secteur *m*
sec•u•lar ['sekjʊlər] *adj* séculier*
se•cure [sɪ'kjʊr] **1** *adj shelf etc* bien fixé; *job*, *contract* sûr **2** *v/t shelf etc* fixer; *s.o.'s help*, *finances* se procurer
se'cu•ri•ties mar•ket *fin* marché *m* des valeurs, marché *m* des titres
se•cu•ri•ty [sɪ'kjʊrətɪ] sécurité *f*; *for investment* garantie *f*; ***tackle security problems*** POL combattre l'insécurité
se'cu•ri•ty a•lert alerte *f* de sécurité
se'cu•ri•ty check contrôle *m* de sécurité
se'cu•ri•ty-con•scious *adj* sensible à la sécurité
se'cu•ri•ty for•ces *npl* forces *fpl* de sécurité
se'cu•ri•ty guard garde *m* de sécurité
se'cu•ri•ty risk *person menace potentielle à la sécurité de l'État ou d'une organisation*
se•dan [sɪ'dæn] *mot* berline *f*
se•date [sɪ'deɪt] *v/t* donner un calmant à
se•da•tion [sɪ'deɪʃn]: ***be under sedation*** être sous calmants
sed•a•tive ['sedətɪv] *n* calmant *m*
sed•en•ta•ry ['sedənterɪ] *adj job* sédentaire
sed•i•ment ['sedɪmənt] sédiment *m*
se•duce [sɪ'duːs] *v/t* séduire
se•duc•tion [sɪ'dʌkʃn] séduction *f*
se•duc•tive [sɪ'dʌktɪv] *adj dress*, *offer* séduisant
see [siː] *v/t* (*pret* **saw**, *pp* **seen**) *with eyes*, (*understand*) voir; *romantically* sortir avec; ***I see*** je vois; ***oh, I see*** ah bon!; ***can I see the manager?*** puis-je voir le directeur?; ***you should see a doctor*** tu devrais aller voir un docteur; ***see s.o. home*** raccompagner qn chez lui; ***I'll see you to the door*** je vais vous raccompagner à la porte; ***see you!*** F à plus! F
◆ **see about** *v/t*: ***I'll see about it*** je vais m'en occuper
◆ **see off** *v/t at airport etc* raccompagner; (*chase away*) chasser; ***they came to see me off*** ils sont venus me dire au revoir
◆ **see out** *v/t*: ***see s.o. out*** raccompagner qn
◆ **see to** *v/t*: ***see to sth*** s'occuper de qch; ***see to it that sth gets done*** veiller à ce que qch soit fait
seed [siːd] *single* graine *f*; *collective* graines *fpl*; *of fruit* pépin *m*; *in tennis* tête *f* de série; ***go to seed*** *of person* se laisser aller; *of district* se dégrader
seed•ling ['siːdlɪŋ] semis *m*
seed•y ['siːdɪ] *adj* miteux*
see•ing 'eye dog ['siːɪŋ] chien *m* d'aveugle
see•ing (that) ['siːɪŋ] *conj* étant donné que
seek [siːk] *v/t* (*pret & pp* **sought**) chercher
seem [siːm] *v/i* sembler; ***it seems that …*** il semble que … (*+subj*)
seem•ing•ly ['siːmɪŋlɪ] *adv* apparemment
seen [siːn] *pp* → **see**
seep [siːp] *v/i of liquid* suinter
◆ **seep out** *v/i of liquid* suinter
see•saw ['siːsɒː] *n* bascule *f*
seethe [siːð] *v/i fig*: ***seethe (with rage)*** être furieux
'see-through *adj dress*, *material* transparent
seg•ment ['segmənt] segment *m*; *of orange* morceau *m*
seg•ment•ed [seg'məntɪd] *adj* segmenté
seg•re•gate ['segrɪgeɪt] *v/t* séparer
seg•re•ga•tion [segrɪ'geɪʃn] *of races* ségrégation *f*; *of sexes* séparation *f*
seis•mol•o•gy [saɪz'mɑːlədʒɪ] sismologie *f*
seize [siːz] *v/t opportunity*, *arm*, *of police etc* saisir; *power* s'emparer de
◆ **seize up** *v/i of engine* se gripper
sei•zure ['siːʒər] *med* crise *f*; *of drugs etc* saisie *f*
sel•dom ['seldəm] *adv* rarement
se•lect [sɪ'lekt] **1** *v/t* sélectionner **2** *adj group of people* choisi; *hotel*, *restaurant etc* chic *inv*
se•lec•tion [sɪ'lekʃn] sélection *f*
se'lec•tion pro•cess sélection *f*
se•lec•tive [sɪ'lektɪv] *adj* sélectif*
self [self] (*pl* **selves** [selvz]) moi *m*
self-ad•dressed en•ve•lope [selfə'drest]: ***please send us a self-addressed envelope*** veuillez nous envoyer une enveloppe à votre nom et adresse
self-as'sur•ance confiance *f* en soi
self-as•sured [selfə'ʃʊrd] *adj* sûr de soi
self-cen•tered, *Br* **self-cen•tred** [self'sentərd] *adj* égocentrique
self-'clean•ing *adj oven* autonettoyant
self-con•fessed [selfkən'fest] *adj* de son

propre aveu
self-'con•fi•dence confiance en soi
self-'con•fi•dent *adj* sûr de soi
self-'con•scious *adj* intimidé; *about sth* gêné (***about*** par)
self-'con•scious•ness timidité *f*; *about sth* gêne *f* (***about*** par rapport à)
self-con•tained [selfkən'teɪnd] *adj apartment* indépendant
self-con'trol contrôle *m* de soi
self-de'fense, *Br* **self-defence** autodéfense *f*; LAW légitime défense *f*
self-'dis•ci•pline autodiscipline *f*
self-'doubt manque *m* de confiance en soi
self-em•ployed [selfɪm'plɔɪd] *adj* indépendant
self-e'steem amour-propre *m*
self-'ev•i•dent *adj* évident
self-ex'pres•sion expression *f*
self-'gov•ern•ment autonomie *f*
self-'in•terest intérêt *m*
self•ish ['selfɪʃ] *adj* égoïste
self•less ['selflɪs] *adj* désinteressé
self-made 'man self-made man *m*
self-'pit•y apitoiement *m* sur soi-même
self-'por•trait autoportrait *m*
self-pos•sessed [selfpə'zest] *adj* assuré
self-re'li•ant *adj* autonome
self-re'spect respect *m* de soi
self-right•eous [self'raɪtʃəs] *adj pej* content de soi
self-'sat•is•fied [self'sætɪzfaɪd] *adj pej* suffisant
self-'ser•vice *adj* libre-service
self-ser•vice 'res•tau•rant self *m*
self-'taught *adj* autodidacte
sell [sel] **1** *v/t* (*pret & pp* ***sold***) vendre **2** *v/i* (*pret & pp* ***sold***) *of products* se vendre
◆**sell out** *v/i*: ***we've sold out*** nous avons tout vendu
◆**sell out of** *v/t* vendre tout son stock de
◆**sell up** *v/i* tout vendre
'sell-by date date *f* limite de vente; ***be past its sell-by date*** être périmé; ***he's past his sell-by date*** F il a fait son temps
sell•er ['selər] vendeur(-euse) *m*(*f*)
sell•ing ['selɪŋ] COMM vente *f*
'sell•ing point COMM point *m* fort
Sel•lo•tape® ['seləteɪp] *Br* scotch *m*
se•men ['si:mən] sperme *m*
se•mes•ter [sɪ'mestər] semestre *m*
sem•i ['semɪ] *truck* semi-remorque *f*
'sem•i•cir•cle demi-cercle *m*
sem•i'cir•cu•lar *adj* demi-circulaire
sem•i-'co•lon point-virgule *m*
sem•i•con'duc•tor ELEC semi-conducteur *m*
sem•i'fi•nal demi-finale *f*
sem•i•nar ['semɪnɑ:r] séminaire *m*
sem•i'skilled *adj worker* spécialisé
sen•ate ['senət] POL Sénat *m*
sen•a•tor ['senətər] sénateur(-tice) *m*(*f*)
send [send] *v/t* (*pret & pp* ***sent***) envoyer (***to*** a); ***send s.o. to s.o.*** envoyer qn chez qn; ***send her my best wishes*** envoyez-lui tous mes vœux
◆**send back** *v/t* renvoyer
◆**send for** *v/t doctor* faire venir; *help* envoyer chercher
◆**send in** *v/t troops*, *form* envoyer; *next interviewee* faire entrer
◆**send off** *v/t letter*, *fax etc* envoyer
send•er ['sendər] *of letter* expéditeur (-trice) *m*(*f*)
se•nile ['si:naɪl] *adj* sénile
se•nil•i•ty [sɪ'nɪlətɪ] sénilité *f*
se•ni•or ['si:njər] *adj* (*older*) plus âgé; *in rank* supérieur; ***be senior to s.o.*** *in rank* être au-dessus de qn
se•ni•or 'cit•i•zen personne *f* âgée
se•ni•or•i•ty [si:njt̬ɑ:rətɪ] *in job* ancienneté *f*
sen•sa•tion [sen'seɪʃn] sensation *f*; ***cause a sensation*** faire sensation; ***be a sensation*** (*s.o./sth very good*) être sensationnel*
sen•sa•tion•al [sen'seɪʃnl] *adj* sensationnel*
sense [sens] **1** *n* sens *m*; (*common sense*) bon sens *m*; (*feeling*) sentiment *m*; ***in a sense*** dans un sens; ***talk sense, man!*** sois raisonnable!; ***come to one's senses*** revenir à la raison; ***it doesn't make sense*** cela n'a pas de sens; ***there's no sense in waiting*** cela ne sert à rien d'attendre **2** *v/t* sentir
sense•less ['senslɪs] *adj* (*pointless*) stupide; *accusation* gratuit
sen•si•ble ['sensəbl] *adj* sensé; *clothes*, *shoes* pratique
sen•si•bly ['sensəblɪ] *adv* raisonnablement
sen•si•tive ['sensətɪv] *adj skin*, *person* sensible
sen•si•tiv•i•ty [sensə'tɪvətɪ] *of skin*, *person* sensibilité *f*
sen•sor ['sensər] détecteur *m*
sen•su•al ['senʃʊəl] *adj* sensuel*
sen•su•al•i•ty [senʃʊ'ælətɪ] sensualité *f*
sen•su•ous ['senʃʊəs] *adj* voluptueux*
sent [sent] *pret & pp* → ***send***
sen•tence ['sentəns] **1** *n* GRAM phrase *f*; LAW peine *f* **2** *v/t* LAW condamner
sen•ti•ment ['sentɪmənt] (*sentimentality*) sentimentalité *f*; (*opinion*) sentiment *m*
sen•ti•ment•al [sentɪ'mentl] *adj* sentimental
sen•ti•men•tal•i•ty [sentɪmen'tælətɪ]

sentimentalité *f*
sen•try ['sentrɪ] sentinelle *f*
sep•a•rate[1] ['sepərət] *adj* séparé; ***keep sth separate from sth*** ne pas mélanger qch avec qch
separate[2] ['sepərəɪt] **1** *v/t* séparer (***from*** de) **2** *v/i of couple* se séparer
sep•a•rat•ed ['sepərəɪtɪd] *adj couple* séparé
sep•a•rate•ly ['sepərətlɪ] *adv* séparément
sep•a•ra•tion [sepə'reɪʃn] séparation *f*
Sep•tem•ber [sep'tembər] septembre *m*
sep•tic ['septɪk] *adj* septique; ***go septic*** *of wound* s'infecter
se•quel ['siːkwəl] suite *f*
se•quence ['siːkwəns] ordre *m*; ***in sequence*** l'un après l'autre; ***out of sequence*** en désordre; ***the sequence of events*** le déroulement des événements
se•rene [sɪ'riːn] *adj* serein
ser•geant ['sɑːrdʒənt] sergent *m*
se•ri•al ['sɪrɪəl] *n* feuilleton *m*
se•ri•al•ize ['sɪrɪəlaɪz] *v/t novel on TV* adapter en feuilleton
'se•ri•al kill•er tueur(-euse) *m(f)* en série
'se•ri•al num•ber *of product* numéro *m* de série
'se•ri•al port COMPUT port *m* série
se•ries ['sɪriːz] *nsg* série *f*
se•ri•ous ['sɪrɪəs] *adj person, company* sérieux*; *illness, situation, damage* grave; ***I'm serious*** je suis sérieux; ***we'd better have a serious think about it*** nous ferions mieux d'y penser sérieusement
se•ri•ous•ly ['sɪrɪəslɪ] *adv injured* gravement; *understaffed* sérieusement; ***seriously intend to …*** avoir sérieusement l'intention de …; ***seriously?*** vraiment?; ***take s.o. seriously*** prendre qn au sérieux
se•ri•ous•ness ['sɪrɪəsnɪs] *of person, situation, illness etc* gravité *f*
ser•mon ['sɜːrmən] sermon *m*
ser•vant ['sɜːrvənt] domestique *m/f*
serve [sɜːrv] **1** *n in tennis* service *m* **2** *v/t food, customer, one's country etc* servir; ***it serves you / him right*** c'est bien fait pour toi / lui **3** *v/i* (*give out food*), *in tennis* servir; ***serve in a government*** *of politician* être membre d'un gouvernement
◆**serve up** *v/t meal* servir
serv•er ['sɜːrvər] *in tennis* serveur(-euse) *m(f)*; COMPUT serveur *m*
ser•vice ['sɜːrvɪs] **1** *n also in tennis* service *m*; *for vehicle, machine* entretien *m*; ***services*** services *mpl*; ***the services*** MIL les forces *fpl* armées **2** *v/t vehicle, machine* entretenir
'ser•vice ar•e•a aire *f* de services
'ser•vice charge *in restaurant, club* service *m*
'ser•vice in•dus•try industrie *f* de services
'ser•vice•man MIL militaire *m*
'ser•vice pro•vid•er COMPUT fournisseur *m* de service
'ser•vice sec•tor secteur *m* tertiaire
'ser•vice sta•tion station-service *f*
ser•vile ['sɜːrvaɪl] *adj pej* servile
serv•ing ['sɜːrvɪŋ] *of food* portion *f*
ses•sion ['seʃn] *of Congress, parliament* session *f*; *with psychiatrist, specialist etc* séance *f*; *meeting, talk* discussion *f*
set [set] **1** *n* (*collection*) série *f*; (*group of people*) groupe *m*; MATH ensemble *m*; THEA (*scenery*) décor *m*; *for movie* plateau *m*; *in tennis* set *m*; ***television set*** poste *m* de télévision **2** *v/t* (*pret & pp* ***set***) (*place*) poser; *movie, novel etc* situer; *date, time, limit* fixer; *mechanism, alarm clock* mettre; *broken limb* remettre en place; *jewel* sertir; (*typeset*) composer; ***set the table*** mettre la table; ***set s.o. a task*** donner une tâche à qn **3** *v/i* (*pret & pp* ***set***) *of sun* se coucher; *of glue* durcir **4** *adj views, ideas* arrêté; (*ready*) prêt; ***be dead set on doing sth*** être fermement résolu à faire qch; ***be set in one's ways*** être conservateur; ***set meal*** table *f* d'hôte
◆**set apart** *v/t* distinguer (***from*** de)
◆**set aside** *v/t for future use* mettre de côté
◆**set back** *v/t in plans etc* retarder; ***it set me back $400*** F cela m'a coûté 400 $
◆**set off** **1** *v/i on journey* partir **2** *v/t alarm etc* déclencher
◆**set out** **1** *v/i on journey* partir **2** *v/t ideas, proposal, goods* exposer; ***set out to do sth*** (*intend*) chercher à faire qch
◆**set to** *v/i* (*start on a task*) s'y mettre
◆**set up** **1** *v/t company, equipment, machine* monter; *market stall* installer; *meeting* arranger; F (*frame*) faire un coup à **2** *v/i in business* s'établir
'set•back revers *m*
set•tee [se'tiː] (*couch, sofa*) canapé *m*
set•ting ['setɪŋ] *of novel, play, house* cadre *m*
set•tle ['setl] **1** *v/i of bird* se poser; *of sediment, dust* se déposer; *of building* se tasser; *to live* s'installer **2** *v/t dispute, issue, debts* régler; *nerves, stomach* calmer; ***that settles it!*** ça règle la question!
◆**settle down** *v/i* (*stop being noisy*) se calmer; (*stop wild living*) se ranger; *in an area* s'installer
◆**settle for** *v/t* (*take, accept*) accepter

◆ **settle up** *v/i pay bill* payer, régler; ***settle up with s.o.*** payer qn
set•tled ['setld] *adj weather* stable
set•tle•ment ['setlmənt] *of claim, debt, dispute, (payment)* règlement *m*; *of building* tassement *m*
set•tler ['setlər] *in new country* colon *m*
'set-up *(structure)* organisation *f*; *(relationship)* relation *f*; F *(frameup)* coup *m* monté
sev•en ['sevn] sept
sev•en•teen [sevn'tiːn] dix-sept
sev•en•teenth [sevn'tiːnθ] dix-septième; → ***fifth***
sev•enth ['sevnθ] septième; → ***fifth***
sev•en•ti•eth ['sevntɪɪθ] soixante-dixième
sev•en•ty ['sevntɪ] soixante-dix
sev•er ['sevər] *v/t arm, cable etc* sectionner; *relations* rompre
sev•e•ral ['sevrl] *adj & pron* plusieurs
se•vere [sɪ'vɪr] *adj illness* grave; *penalty* lourd; *winter, weather* rigoureux*; *disruption* gros*; *teacher, parents* sévère
se•vere•ly [sɪ'vɪrlɪ] *adv punish, speak* sévèrement; *injured* grièvement; *disrupted* fortement
se•ver•i•ty [sɪ'verətɪ] *of illness* gravité *f*; *of penalty* lourdeur *f*; *of winter* rigueur *f*; *of teacher, parents* sévérité *f*
sew [soʊ] *v/t & v/i (pret* ***-ed****, pp* ***sewn****)* coudre
◆ **sew on** *v/t button* coudre
sew•age ['suːɪdʒ] eaux *fpl* d'égouts
'sew•age plant usine *f* de traitement des eaux usées
sew•er ['suːər] égout *m*
sew•ing ['soʊɪŋ] *skill* couture *f*; *(that being sewn)* ouvrage *m*
'sew•ing ma•chine machine *f* à coudre
sewn [soʊn] *pp* → ***sew***
sex [seks] sexe *m*; ***have sex with*** coucher avec, avoir des rapports sexuels avec
sex•ist ['seksɪst] **1** *adj* sexiste **2** *n* sexiste *m/f*
sex•u•al ['sekʃʊəl] *adj* sexuel*
sex•u•al as'sault violences *fpl* sexuelles
sex•u•al ha'rass•ment harcèlement *m* sexuel
sex•u•al 'in•ter•course rapports *mpl* sexuels
sex•u•al•i•ty [sekʃʊ'ælətɪ] sexualité *f*
sex•u•al•ly ['sekʃʊlɪ] *adv* sexuellement
sex•u•al•ly trans•mit•ted dis'ease maladie *f* sexuellement transmissible
sex•y ['seksɪ] *adj* sexy *inv*
shab•bi•ly ['ʃæbɪlɪ] *adv dressed* pauvrement; *treat* mesquinement
shab•bi•ness ['ʃæbɪnɪs] *of coat, clothes* aspect *m* usé
shab•by ['ʃæbɪ] *adj coat etc* usé; *treatment* mesquin
shack [ʃæk] cabane *f*
shade [ʃeɪd] **1** *n for lamp* abat-jour *m*; *of color* nuance *f*; *on window* store *m*; ***in the shade*** à l'ombre **2** *v/t from sun* protéger du soleil; *from light* protéger de la lumière
shades [ʃeɪdz] *npl* F lunettes *fpl* de soleil
shad•ow ['ʃædoʊ] *n* ombre *f*
shad•y ['ʃeɪdɪ] *adj spot* ombragé; *fig: character, dealings* louche
shaft [ʃæft] *of axle* arbre *m*; *of mine* puits *m*
shag•gy ['ʃægɪ] *adj hair* hirsute; *dog* à longs poils
shake [ʃeɪk] **1** *n:* ***give sth a good shake*** bien agiter qch **2** *v/t (pret* ***shook****, pp* ***shaken****) bottle* agiter; *emotionally* bouleverser; ***shake one's head*** *in refusal* dire non de la tête; ***shake hands*** *of two people* se serrer la main; ***shake hands with s.o.*** serrer la main à qn **3** *v/i (pret* ***shook****, pp* ***shaken****) of hands, voice, building* trembler
shak•en ['ʃeɪkən] **1** *adj emotionally* bouleversé **2** *pp* → ***shake***
'shake-up remaniement *m*
shak•y ['ʃeɪkɪ] *adj table etc* branlant; *after illness, shock* faible; *voice, hand* tremblant; *grasp of sth, grammar etc* incertain
shall [ʃæl] *v/aux* ◇ *future:* ***I shall do my best*** je ferai de mon mieux; ***I shan't see them*** je ne les verrai pas
◇ *suggesting:* ***shall we go now?*** si nous y allions maintenant?
shal•low ['ʃæloʊ] *adj water* peu profond; *person* superficiel*
sham•bles ['ʃæmblz] *nsg:* ***be a shambles*** *room etc* être en pagaille; *elections etc* être un vrai foutoir F
shame [ʃeɪm] **1** *n* honte *f*; ***bring shame on*** déshonorer; ***shame on you!*** quelle honte!; ***what a shame!*** quel dommage! **2** *v/t* faire honte à; ***shame s.o. into doing sth*** faire honte à qn pour qu'il fasse *(subj)* qch
shame•ful ['ʃeɪmfʊl] *adj* honteux*
shame•ful•ly ['ʃeɪmfʊlɪ] *adv* honteusement
shame•less ['ʃeɪmlɪs] *adj* effronté
sham•poo [ʃæm'puː] **1** *n* shampo(o)ing *m*; ***a shampoo and set*** un shampo(o)ing et mise en plis **2** *v/t* faire un shampo(o)ing à; ***shampoo one's hair*** se faire un shamp(o)oing
shape [ʃeɪp] **1** *n* forme *f* **2** *v/t clay, character* façonner; *the future* influencer

◆ **shape up** *v/i of person* s'en sortir; *of plans etc* se présenter
shape•less ['ʃeɪplɪs] *adj dress etc* informe
shape•ly ['ʃeɪplɪ] *adv figure* bien fait
share [ʃer] **1** *n* part *f*; FIN action *f*; ***do one's share of the work*** fournir sa part de travail **2** *v/t food, room, feelings, opinions* partager **3** *v/i* partager
◆ **share out** *v/t* partager
'**share•hold•er** actionnaire *m/f*
shark [ʃɑːrk] *fish* requin *m*
sharp [ʃɑːrp] **1** *adj knife* tranchant; *fig: mind, pain* vif*; *taste* piquant; ***C/G sharp*** MUS do / sol dièse **2** *adv* MUS trop haut; ***at 3 o'clock sharp*** à 3 heures pile
sharp•en ['ʃɑːrpn] *v/t knife, skills* aiguiser
sharpen *pencil* tailler
sharp '**prac•tice** procédés *mpl* malhonnêtes
shat [ʃæt] *pret & pp* → ***shit***
shat•ter ['ʃætər] **1** *v/t glass, illusions* briser **2** *v/i of glass* se briser
shat•tered ['ʃætərd] *adj* F (*exhausted*) crevé F; F (*very upset*) bouleversé
shat•ter•ing ['ʃætərɪŋ] *adj news, experience* bouleversant
shave [ʃeɪv] **1** *v/t* raser **2** *v/i* se raser **3** *n*: ***have a shave*** se raser; ***that was a close shave*** on l'a échappé belle
◆ **shave off** *v/t beard* se raser; *piece of wood* enlever
shav•en ['ʃeɪvn] *adj head* rasé
shav•er ['ʃeɪvər] rasoir *m* électrique
shav•ing brush ['ʃeɪvɪŋ] blaireau *m*
'**shav•ing soap** savon *m* à barbe
shawl [ʃɒːl] châle *m*
she [ʃiː] *pron* elle; ***she was the one who …*** c'est elle qui …; ***there she is*** la voilà; ***she who …*** celle qui …
shears [ʃɪrz] *npl for gardening* cisailles *fpl*; *for sewing* grands ciseaux *mpl*
sheath [ʃiːθ] *for knife* étui *m*; *contraceptive* préservatif *m*
shed[1] [ʃed] *v/t* (*pret & pp* ***shed***) *blood, tears* verser; *leaves* perdre; ***shed light on*** *fig* faire la lumière sur
shed[2] [ʃed] *n* abri *m*
sheep [ʃiːp] (*pl* ***sheep***) mouton *m*
'**sheep•dog** chien *m* de berger
sheep•ish ['ʃiːpɪʃ] *adj* penaud
'**sheep•skin** *adj* en peau de mouton
sheer [ʃɪr] *adj madness, luxury etc* pur; *drop, cliffs* abrupt
sheet [ʃiːt] *for bed* drap *m*; *of paper, metal, glass* feuille *f*
shelf [ʃelf] étagère *f*; ***shelves*** *set of shelves* étagère(s) *f(pl)*
'**shelf•life** *of product* durée *f* de conservation avant vente
shell [ʃel] **1** *n of mussel, egg* coquille *f*; *of tortoise* carapace *f*; MIL obus *m*; ***come out of one's shell*** *fig* sortir de sa coquille **2** *v/t peas* écosser; MIL bombarder
'**shell•fire** bombardements *mpl*; ***come under shellfire*** être bombardé
'**shell•fish** *nsg or npl* fruits *mpl* de mer
shel•ter ['ʃeltər] **1** *n* (*refuge*), *at bus stop etc* abri *m* **2** *v/i from rain, bombing etc* s'abriter (***from*** de) **3** *v/t* (*protect*) protéger
shel•tered ['ʃeltərd] *adj place* protégé; ***lead a sheltered life*** mener une vie protégée
shelve [ʃelv] *v/t fig* mettre en suspens
shep•herd ['ʃepərd] *n* berger(-ère) *m(f)*
sher•iff ['ʃerɪf] shérif *m*
sher•ry ['ʃerɪ] xérès *m*
shield [ʃiːld] **1** *n* MIL bouclier *m*; *sports trophy* plaque *f*; *badge*: *of policeman* plaque *f* **2** *v/t* (*protect*) protéger
shift [ʃɪft] **1** *n* (*change*) changement *m*; (*move, switchover*) passage *m* (***to*** à); *period of work* poste *m*; *people* équipe *f* **2** *v/t* (*move*) déplacer, changer de place; *production, employee* transférer; *stains etc* faire partir; ***shift the emphasis onto*** reporter l'accent sur **3** *v/i* (*move*) se déplacer; *of foundations* bouger; *in attitude, opinion, of wind* virer
'**shift key** COMPUT touche *f* majuscule
'**shift work** travail *m* par roulement
'**shift work•er** ouvrier *m* posté
shift•y ['ʃɪftɪ] *adj pej*: *person* louche; *eyes* fuyant
shil•ly-shal•ly ['ʃɪlɪʃælɪ] *v/i* (*pret & pp* ***-ied***) hésiter
shim•mer ['ʃɪmər] *v/i* miroiter
shin [ʃɪn] *n* tibia *m*
shine [ʃaɪn] **1** *v/i* (*pret & pp* ***shone***) briller; *fig*: *of student etc* être brillant (***at, in*** en) **2** *v/t* (*pret & pp* ***shone***): ***shine a flashlight in s.o.'s face*** braquer une lampe sur le visage de qn **3** *n on shoes etc* brillant *m*
shin•gle ['ʃɪŋgl] *on beach* galets *mpl*
shin•gles ['ʃɪŋglz] *nsg* MED zona *m*
shin•y ['ʃaɪnɪ] *adj surface* brillant
ship [ʃɪp] **1** *n* bateau *m*, navire *m* **2** *v/t* (*pret & pp* ***-ped***) (*send*) expédier, envoyer; *by sea* expédier par bateau **3** *v/i* (*pret & pp* ***-ped***) *of new product* être lancé (sur le marché)
ship•ment ['ʃɪpmənt] (*consignment*) expédition *f*, envoi *m*
'**ship•own•er** armateur *m*
ship•ping ['ʃɪpɪŋ] (*sea traffic*) navigation *f*; (*sending*) expédition *f*, envoi *m*; (*sending by sea*) envoi par bateau

'**ship•ping com•pa•ny** compagnie *f* de navigation
'**ship•ping costs** *npl* frais *mpl* d'expédition; *by ship* frais *mpl* d'embarquement
'**ship•wreck 1** *n* naufrage *m* **2** *v/t*: ***be shipwrecked*** faire naufrage
'**ship•yard** chantier *m* naval
shirk [ʃɜːrk] *v/t* esquiver
shirk•er ['ʃɜːrkər] tire-au-flanc *m*
shirt [ʃɜːrt] chemise *f*; ***in his shirt sleeves*** en bras de chemise
shit [ʃɪt] **1** *n* P (*excrement, bad quality goods etc*) merde *f* P; ***I need a shit*** je dois aller chier P **2** *v/i* (*pret & pp* ***shat***) P chier P **3** *int* P merde P
shit•ty ['ʃɪtɪ] *adj* F dégueulasse F
shiv•er ['ʃɪvər] *v/i* trembler
shock [ʃɑːk] **1** *n* choc *m*; ELEC décharge *f*; ***be in shock*** MED être en état de choc **2** *v/t* choquer
shock ab•sorb•er ['ʃɑːkəbzɔːrbər] MOT amortisseur *m*
shock•ing ['ʃɑːkɪŋ] *adj behavior, poverty* choquant; F (*very bad*) épouvantable
shock•ing•ly ['ʃɑːkɪŋlɪ] *adv behave* de manière choquante
shod•dy ['ʃɑːdɪ] *adj goods* de mauvaise qualité; *behavior* mesquin
shoe [ʃuː] chaussure *f*, soulier *m*
'**shoe•horn** chausse-pied *m*
'**shoe•lace** lacet *m*
'**shoe•mak•er** cordonnier(-ière) *m*(*f*)
shoe mend•er ['ʃuːmendər] cordonnier (-ière) *m*(*f*)
'**shoe•store** magasin *m* de chaussures
'**shoe•string**: ***do sth on a shoestring*** faire qch à peu de frais
shone [ʃɑːn] *pret & pp* → ***shine***
◆**shoo away** [ʃuː] *v/t children, chicken* chasser
shook [ʃuːk] *pret* → ***shake***
shoot [ʃuːt] **1** *n* BOT pousse *f* **2** *v/t* (*pret & pp* ***shot***) tirer sur; *and kill* tuer d'un coup de feu; *movie* tourner; ***I've been shot*** j'ai reçu un coup de feu; ***shoot s.o. in the leg*** tirer une balle dans la jambe de qn **3** *v/i* (*pret & pp* ***shot***) tirer
◆**shoot down** *v/t airplane* abattre; *fig*: *suggestion* descendre
◆**shoot off** *v/i* (*rush off*) partir comme une flèche
◆**shoot up** *v/i of prices* monter en flèche; *of children, new buildings etc* pousser; F: *of drug addict* se shooter F
shoot•ing star ['ʃuːtɪŋ] étoile *f* filante
shop [ʃɑːp] **1** *n* magasin *m*; ***talk shop*** parler affaires **2** *v/i* (*pret & pp* ***-ped***) faire ses courses; ***go shopping*** faire les courses
shop•keep•er ['ʃɑːpkiːpər] commerçant *m*,-ante *f*
shop•lift•er ['ʃɑːplɪftər] voleur(-euse) *m*(*f*) à l'étalage
shop•lift•ing ['ʃɑːplɪftɪŋ] *n* vol *m* à l'étalage
shop•ping ['ʃɑːpɪŋ] *items* courses *fpl*; ***I hate shopping*** je déteste faire les courses; ***do one's shopping*** faire ses courses
'**shop•ping bag** sac *m* à provisions
'**shop•ping cen•ter**, *Br* '**shop•ping centre** centre *m* commercial
'**shop•ping list** liste *f* de comissions
'**shop•ping mall** centre *m* commercial
shop 'stew•ard délégué *m* syndical, déléguée *f* syndicale
shore [ʃɔːr] rivage *m*; ***on shore*** *not at sea* à terre
short [ʃɔːrt] **1** *adj* court; *in height* petit; ***time is short*** il n'y a pas beaucoup de temps; ***be short of*** manquer de **2** *adv*: ***cut a vacation / meeting short*** abréger des vacances / une réunion; ***stop a person short*** couper la parole à une personne; ***go short of*** se priver de; ***in short*** bref
short•age ['ʃɔːrtɪdʒ] manque *m*
short 'cir•cuit *n* court-circuit *m*
short•com•ing ['ʃɔːrtkʌmɪŋ] défaut *m*
'**short•cut** raccourci *m*
short•en ['ʃɔːrtn] *v/t* raccourcir
short•en•ing ['ʃɔːrtnɪŋ] matière *f* grasse
'**short•fall** déficit *m*
'**short•hand** sténographie *f*
short-handed [ʃɔːrt'hændɪd] *adj*: ***be short-handed*** manquer de personnel
short-lived ['ʃɔːrtlɪvd] *adj* de courte durée
short•ly ['ʃɔːrtlɪ] *adv* (*soon*) bientôt; ***shortly before / after that*** peu avant / après
short•ness ['ʃɔːrtnɪs] *of visit* brièveté *f*; *in height* petite taille *f*
shorts [ʃɔːrts] *npl* short *m*; *underwear* caleçon *m*
short•sight•ed [ʃɔːrt'saɪtɪd] *adj* myope; *fig* peu perspicace
short-sleeved ['ʃɔːrtsliːvd] *adj* à manches courtes
short-staffed [ʃɔːrt'stæft] *adj*: ***be short-staffed*** manquer de personnel
short 'sto•ry nouvelle *f*
short-tem•pered [ʃɔːrt'tempərd] *adj by nature* d'un caractère emporté; *at a particular time* de mauvaise humeur
'**short-term** *adj* à court terme
'**short wave** ondes *fpl* courtes
shot[1] [ʃɑːt] *from gun* coup *m* de feu; (*photograph*) photo *f*; (*injection*) piqûre *f*; ***be a good / poor shot*** être un bon /

S

mauvais tireur; (*turn*) tour *m*; ***like a shot*** *accept* sans hésiter; *run off* comme une flèche; ***it's my shot*** c'est mon tour

shot² [ʃɑːt] *pret & pp* → ***shoot***

'**shot•gun** fusil *m* de chasse

'**shot put** lancer *m* du poids

should [ʃʊd] *v/aux*: ***what should I do?*** que dois-je faire?; ***you shouldn't do that*** tu ne devrais pas faire ça; ***that should be long enough*** cela devrait être assez long; ***you should have heard him*** tu aurais dû l'entendre

shoul•der ['ʃoʊldər] *n* épaule *f*

'**shoul•der bag** sac *m* à bandoulière

'**shoul•der blade** omoplate *f*

'**shoul•der strap** *of brassière, dress* bretelle *f*; *of bag* bandoulière *f*

shout [ʃaʊt] **1** *n* cri *m* **2** *v/i* crier; ***shout for help*** appeler à l'aide **3** *v/t order* crier

◆**shout at** *v/t* crier après

shout•ing ['ʃaʊtɪŋ] cris *mpl*

shove [ʃʌv] **1** *n*: ***give s.o. a shove*** pousser qn **2** *v/t & v/i* pousser

◆**shove in** *v/i*: ***this guy shoved in in front of me*** ce type m'est passé devant

◆**shove off** *v/i* F (*go away*) ficher le camp F

shov•el ['ʃʌvl] **1** *n* pelle *f* **2** *v/t* (*pret & pp* ***-ed***, *Br* ***-led***) *snow* enlever à la pelle

show [ʃoʊ] **1** *n* THEA, TV spectacle *m*; (*display*) démonstration *f*; ***on show*** *at exhibition* exposé; ***it's all done for show*** *pej* c'est fait juste pour impressionner **2** *v/t* (*pret* ***-ed***, *pp* ***shown***) *passport, interest, emotion etc* montrer; *at exhibition* présenter; *movie* projeter; ***show s.o. sth, show sth to s.o.*** montrer qch à qn **3** *v/i* (*pret* ***-ed***, *pp* ***shown***) (*be visible*) se voir; *of movie* passer

◆**show around** *v/t tourists, visitors* faire faire la visite à

◆**show in** *v/t* faire entrer

◆**show off** **1** *v/t skills* faire étalage de **2** *v/i pej* crâner

◆**show up** **1** *v/t s.o.'s shortcomings etc* faire ressortir; ***don't show me up in public*** ne me fais pas honte en public **2** *v/i* F (*arrive, turn up*) se pointer F; (*be visible*) se voir

'**show busi•ness** monde *m* du spectacle

'**show•case** *n also fig* vitrine *f*

'**show•down** confrontation *f*

show•er ['ʃaʊər] **1** *n of rain* averse *f*; *to wash* douche *f*; *party*: *petite fête avant un mariage ou un accouchement à laquelle tout le monde apporte un cadeau*; ***take a shower*** prendre une douche **2** *v/i* prendre une douche **3** *v/t*: ***shower s.o. with compliments / praise*** couvrir qn de compliments / louanges

'**show•er cap** bonnet *m* de douche

'**show•er cur•tain** rideau *m* de douche

'**shower•proof** *adj* imperméable

'**show•jump•er** *person* cavalier *m* d'obstacle, cavalière *f* d'obstacle

show•jump•ing ['ʃoʊdʒʌmpɪŋ] concours *m* hippique, jumping F

shown [ʃoʊn] *pp* → ***show***

'**show-off** *pej* prétentieux(-euse) *m*(*f*)

'**show•room** salle *f* d'exposition; ***in showroom condition*** à l'état de neuf

show•y ['ʃoʊɪ] *adj* voyant

shrank [ʃræŋk] *pret* → ***shrink¹***

shred [ʃred] **1** *n of paper etc* lambeau *m*; *of meat etc* morceau *m*; ***not a shred of evidence*** pas la moindre preuve **2** *v/t* (*pret & pp* ***-ded***) *documents* déchiqueter; *in cooking* râper

shred•der ['ʃredər] *for documents* déchiqueteuse *f*

shrewd [ʃruːd] *adj* perspicace

shrewd•ly ['ʃruːdlɪ] *adv* avec perspicacité

shrewd•ness ['ʃruːdnɪs] perspicacité *f*

shriek [ʃriːk] **1** *n* cri *m* aigu **2** *v/i* pousser un cri aigu

shrill [ʃrɪl] *adj* perçant

shrimp [ʃrɪmp] crevette *f*

shrine [ʃraɪn] *holy place* lieu *m* saint

shrink¹ [ʃrɪŋk] *v/i* (*pret* ***shrank***, *pp* ***shrunk***) *of material* rétrécir; *of support* diminuer

shrink² [ʃrɪŋk] *n* F (*psychiatrist*) psy *m* F

'**shrink-wrap** **1** *v/t* (*pret & pp* ***-ped***) emballer sous pellicule plastique **2** *n material* pellicule *f* plastique

shriv•el ['ʃrɪvl] *v/i* (*pret & pp* ***-ed***, *Br* ***-led***) se flétrir

shrub [ʃrʌb] arbuste *m*

shrub•be•r•y ['ʃrʌbərɪ] massif *m* d'arbustes

shrug [ʃrʌg] **1** *n* haussement *m* d'épaules **2** *v/i* (*pret & pp* ***-ged***) hausser les épaules **3** *v/t* (*pret & pp* ***-ged***): ***shrug one's shoulders*** hausser les épaules

shrunk [ʃrʌŋk] *pp* → ***shrink¹***

shud•der ['ʃʌdər] **1** *n of fear, disgust* frisson *m*; *of earth, building* vibration *f* **2** *v/i with fear, disgust* frissonner; *of earth, building* vibrer; ***I shudder to think*** je n'ose y penser

shuf•fle ['ʃʌfl] **1** *v/t cards* battre **2** *v/i in walking* traîner les pieds

shun [ʃʌn] *v/t* (*pret & pp* ***-ned***) fuir

shut [ʃʌt] **1** *v/t* (*pret & pp* ***shut***) fermer **2** *v/i* (*pret & pp* ***shut***) *of door, box* se fermer; *of store* fermer; ***they were shut*** c'était fermé

◆**shut down** **1** *v/t business* fermer; *com-*

puter éteindre **2** *v/i of business* fermer ses portes; *of computer* s'éteindre
◆ **shut off** *v/t gas, water etc* couper
◆ **shut up** *v/i* F (*be quiet*) se taire; ***shut up!*** tais-toi!
shut•ter ['ʃʌtər] *on window* volet *m*; PHOT obturateur *m*
'**shut•ter speed** PHOT vitesse *f* d'obturation
shut•tle ['ʃʌtl] *v/i* faire la navette (***between*** entre)
'**shut•tle bus** *at airport* navette *f*
'**shut•tle•cock** SP volant *m*
'**shut•tle ser•vice** navette *f*
shy [ʃaɪ] *adj* timide
shy•ness ['ʃaɪnɪs] timidité *f*
Si•a•mese twins [saɪəmiːz'twɪnz] *npl boys* frères *mpl* siamois; *girls* sœurs *fpl* siamoises
sick [sɪk] *adj* malade; *sense of humor* noir; ***be sick*** (*vomit*) vomir; ***be sick of*** (*fed up with*) en avoir marre de qch
sick•en ['sɪkn] **1** *v/t* (*disgust*) écœurer; *make ill* rendre malade **2** *v/i*: ***be sickening for*** couver
sick•en•ing ['sɪknɪŋ] *adj* écœurant
'**sick leave** congé *m* de maladie; ***be on sick leave*** être en congé de maladie
sick•ly ['sɪklɪ] *adj person* maladif*; *color* écœurant
sick•ness ['sɪknɪs] maladie *f*; (*vomiting*) vomissements *mpl*
side [saɪd] *n* côté *m*; SP équipe *f*; ***take sides*** (*favor one side*) prendre parti; ***I'm on your side*** je suis de votre côté; ***side by side*** côte à côte; ***at the side of the road*** au bord de la route; ***on the big / small side*** plutôt grand / petit
◆ **side with** *v/t* prendre parti pour
'**side•board** buffet *m*
'**side•burns** *npl* pattes *fpl*
'**side dish** plat *m* d'accompagnement
'**side ef•fect** effet *m* secondaire
'**side•line 1** *n* activité *f* secondaire **2** *v/t*: ***feel sidelined*** se sentir relégué à l'arrière-plan
'**side sal•ad** salade *f*
'**side•step** *v/t* (*pret & pp* ***-ped***) éviter; *fig also* contourner
'**side street** rue *f* transversale
'**side•track** *v/t* distraire; ***get sidetracked*** être pris par autre chose
'**side•walk** trottoir *m*
side•walk 'caf•é café-terrasse *m*
side•ways ['saɪdweɪz] *adv* de côté
siege [siːdʒ] siège *m*; ***lay siege to*** assiéger
sieve [sɪv] *n for flour* tamis *m*
sift [sɪft] *v/t flour* tamiser; *data* passer en revue
◆ **sift through** *v/t details, data* passer en revue
sigh [saɪ] **1** *n* soupir *m*; ***heave a sigh of relief*** pousser un soupir de soulagement **2** *v/i* soupirer
sight [saɪt] *n* spectacle *m*; (*power of seeing*) vue *f*; ***sights*** *of city* monuments *mpl*; ***he can't stand the sight of blood*** il ne supporte pas la vue du sang; ***catch sight of*** apercevoir; ***know by sight*** connaître de vue; ***be within sight of*** se voir de; ***out of sight*** hors de vue; ***what a sight you look!*** de quoi tu as l'air!; ***lose sight of*** *objective etc* perdre de vue
sight•see•ing ['saɪtsiːɪŋ] tourisme *m*; ***go sightseeing*** faire du tourisme
'**sight•see•ing tour** visite *f* guidée
sight•seer ['saɪtsiːər] touriste *m/f*
sign [saɪn] **1** *n* (*indication*) signe *m*; (*roadsign*) panneau *m*; *outside shop, on building* enseigne *f*; ***it's a sign of the times*** c'est un signe des temps **2** *v/t & v/i* signer
◆ **sign in** *v/i* signer le registre
sig•nal ['sɪgnl] **1** *n* signal *m*; ***be sending out all the right / wrong signals*** *fig* envoyer le bon / mauvais message **2** *v/i* (*pret & pp* ***-ed***, *Br* ***-led***) *of driver* mettre son clignotant
sig•na•to•ry ['sɪgnətɔːrɪ] *n* signataire *m/f*
sig•na•ture ['sɪgnətʃər] signature *f*
'**sig•na•ture tune** indicatif *m*
sig•net ring ['sɪgnɪtrɪŋ] chevalière *f*
sig•nif•i•cance [sɪg'nɪfɪkəns] importance *f*
sig•nif•i•cant [sɪg'nɪfɪkənt] *adj event, sum of money, improvement etc* important
sig•nif•i•cant•ly [sɪg'nɪfɪkəntlɪ] *adv larger, more expensive* nettement
sig•ni•fy ['sɪgnɪfaɪ] *v/t* (*pret & pp* ***-ied***) signifier
'**sign lan•guage** langage *m* des signes
'**sign•post** poteau *m* indicateur
si•lence ['saɪləns] **1** *n* silence *m*; ***in silence*** *work, march* en silence; ***silence!*** silence! **2** *v/t* faire taire
si•lenc•er ['saɪlənsər] *on gun* silencieux *m*
si•lent ['saɪlənt] *adj* silencieux*; *movie* muet*; ***stay silent*** (*not comment*) se taire
'**si•lent part•ner** COMM commanditaire *m*
sil•hou•ette [sɪluː'et] *n* silhouette *f*
sil•i•con ['sɪlɪkən] silicium *m*
sil•i•con 'chip puce *f* électronique
sil•i•cone ['sɪlɪkoʊn] silicone *f*
silk [sɪlk] **1** *adj shirt etc* en soie **2** *n* soie *f*
silk•y ['sɪlkɪ] *adj hair, texture* soyeux*
sil•li•ness ['sɪlɪnɪs] stupidité *f*

sil•ly ['sɪlɪ] *adj* bête
si•lo ['saɪloʊ] AGR, MIL silo *m*
sil•ver ['sɪlvər] **1** *adj ring* en argent; *hair* argenté **2** *n metal* argent *m*; *medal* médaille *f* d'argent; (*silver objects*) argenterie *f*
'sil•ver med•al médaille *f* d'argent
sil•ver-plat•ed [sɪlvər'pleɪtɪd] *adj* argenté
sil•ver•ware ['sɪlvərwer] argenterie *f*
sil•ver 'wed•ding noces *fpl* d'argent
sim•i•lar ['sɪmɪlər] *adj* semblable (***to*** à)
sim•i•lar•i•ty [sɪmɪ'lærətɪ] ressemblance *f*
sim•i•lar•ly ['sɪmɪlərlɪ] *adv*: ***be similarly dressed*** être habillé de la même façon; ***similarly, you must ...*** de même, tu dois ...
sim•mer ['sɪmər] *v/i in cooking* mijoter; *with rage* bouillir de rage
◆ **simmer down** *v/i* se calmer
sim•ple ['sɪmpl] *adj* simple
sim•ple-mind•ed [sɪmpl'maɪndɪd] *adj pej* simple, simplet*
sim•pli•ci•ty [sɪm'plɪsətɪ] simplicité *f*
sim•pli•fy ['sɪmplɪfaɪ] *v/t* (*pret & pp* ***-ied***) simplifier
sim•plis•tic [sɪm'plɪstɪk] *adj* simpliste
sim•ply ['sɪmplɪ] *adv* (*absolutely*) absolument; (*in a simple way*) simplement; ***it is simply the best*** c'est le meilleur, il n'y a pas de doute
sim•u•late ['sɪmjʊleɪt] *v/t* simuler
sim•ul•ta•ne•ous [saɪməl'teɪnɪəs] *adj* simultané
sim•ul•ta•ne•ous•ly [saɪməl'teɪnɪəslɪ] *adv* simultanément
sin [sɪn] **1** *n* péché *m* **2** *v/i* (*pret & pp* ***-ned***) pécher
since [sɪns] **1** *prep* depuis; ***I've been here since last week*** je suis là depuis la semaine dernière **2** *adv* depuis; ***I haven't seen him since*** je ne l'ai pas revu depuis **3** *conj in expressions of time* depuis que; (*seeing that*) puisque; ***since you left*** depuis que tu es parti; ***since you don't like it*** puisque ça ne te plaît pas
sin•cere [sɪn'sɪr] *adj* sincère
sin•cere•ly [sɪn'sɪrlɪ] *adv* sincèrement; *hope* vivement; ***Sincerely yours*** Je vous prie d'agréer, Madame / Monsieur, l'expression de mes sentiments les meilleurs
sin•cer•i•ty [sɪn'serətɪ] sincérité *f*
sin•ful ['sɪnfʊl] *adj deeds* honteux*; ***sinful person*** pécheur *m*, pécheresse *f*; ***it is sinful to ...*** c'est un péché de ...
sing [sɪŋ] *v/t & v/i* (*pret* ***sang***, *pp* ***sung***) chanter
singe [sɪndʒ] *v/t* brûler légèrement
sing•er ['sɪŋər] chanteur(-euse) *m(f)*
sin•gle ['sɪŋgl] **1** *adj* (*sole*) seul; (*not double*) simple; *bed* à une place; (*not married*) célibataire; ***there wasn't a single ...*** il n'y avait pas un seul ...; ***in single file*** en file indienne **2** *n* MUS single *m*; (*single room*) chambre *f* à un lit; *person* personne *f* seule; ***singles*** *in tennis* simple *m*
◆ **single out** *v/t* (*choose*) choisir; (*distinguish*) distinguer
sin•gle-breast•ed [sɪŋgl'brestɪd] *adj* droit
sin•gle-hand•ed [sɪŋgl'hændɪd] **1** *adj* fait tout seul **2** *adv* tout seul
Sin•gle 'Mar•ket *in Europe* Marché *m* unique
sin•gle-mind•ed [sɪŋgl'maɪndɪd] *adj* résolu
sin•gle 'moth•er mère *f* célibataire
sin•gle 'pa•rent mère / père qui élève ses enfants tout seul
sin•gle pa•rent 'fam•i•ly famille *f* monoparentale
sin•gle 'room chambre *f* à un lit
sin•gu•lar ['sɪŋgjʊlər] **1** *adj* GRAM au singulier **2** *n* GRAM singulier *m*; ***in the singular*** au singulier
sin•is•ter ['sɪnɪstər] *adj* sinistre
sink [sɪŋk] **1** *n* évier *m* **2** *v/i* (*pret* ***sank***, *pp* ***sunk***) *of ship*, *object* couler; *of sun* descendre; *of interest rates*, *pressure etc* baisser; ***he sank onto the bed*** il s'est effondré sur le lit **3** *v/t* (*pret* ***sank***, *pp* ***sunk***) *ship* couler; *money* investir
◆ **sink in** *v/i of liquid* pénétrer; ***it still hasn't really sunk in*** *of realization* je n'arrive pas encore très bien à m'en rendre compte
sin•ner ['sɪnər] pécheur *m*, pécheresse *f*
si•nus ['saɪnəs] sinus *m*
si•nus•i•tis [saɪnə'saɪtɪs] MED sinusite *f*
sip [sɪp] **1** *n* petite gorgée *f*; ***try a sip*** tu veux goûter? **2** *v/t* (*pret & pp* ***-ped***) boire à petites gorgées
sir [sɜːr] monsieur *m*
si•ren ['saɪrən] *on police car* sirène *f*
sir•loin ['sɜːrlɔɪn] aloyau *m*
sis•ter ['sɪstər] sœur *f*
'sis•ter-in-law (*pl* ***sisters-in-law***) belle-sœur *f*
sit [sɪt] *v/i* (*pret & pp* ***sat***) (*sit down*) s'asseoir; ***she was sitting*** elle était assise
◆ **sit down** *v/i* s'asseoir
◆ **sit up** *v/i in bed* se dresser; (*straighten back*) se tenir droit; (*wait up at night*) rester debout
sit•com ['sɪtkɑːm] sitcom *m*
site [saɪt] **1** *n* emplacement *m*; *of battle* site *m* **2** *v/t new offices etc* situer
sit•ting ['sɪtɪŋ] *n of committee*, *court*, *for*

artist séance *f*; *for meals* service *m*
'sit•ting room salon *m*
sit•u•at•ed ['sɪtʊeɪtɪd] *adj*: ***be situated*** être situé
sit•u•a•tion [sɪtʊ'eɪʃn] situation *f*; *of building etc* emplacement *m*
six [sɪks] six
'six-pack *of beer* pack *m* de six
six•teen [sɪks'tiːn] seize
six•teenth [sɪks'tiːnθ] seizième; → ***fifth***
sixth [sɪksθ] sixième; → ***fifth***
six•ti•eth ['sɪkstɪɪθ] soixantième
six•ty ['sɪkstɪ] soixante
size [saɪz] *of room, jacket* taille *f*; *of project* envergure *f*; *of loan* montant *m*; *of shoes* pointure *f*
◆**size up** *v/t* évaluer
size•a•ble ['saɪzəbl] *adj meal, house* assez grand; *order, amount of money* assez important
siz•zle ['sɪzl] *v/i* grésiller
skate [skeɪt] **1** *n* patin *m* **2** *v/i* patiner
'skate•board *n* skateboard *m*
'skate•board•er skateur(-euse) *m*(*f*)
'skate•board•ing skateboard *m*
skat•er ['skeɪtər] patineur(-euse) (*m*)*f*
skat•ing ['skeɪtɪŋ] patinage *f*
'skat•ing rink patinoire *f*
skel•e•ton ['skelɪtn] squelette *m*
'skel•e•ton key passe-partout *m*
skep•tic ['skeptɪk] sceptique *m*/*f*
skep•ti•cal ['skeptɪkl] *adj* sceptique
skep•ti•cism ['skeptɪsɪzm] scepticisme *m*
sketch [sketʃ] **1** *n* croquis *m*; THEA sketch *m* **2** *v/t* esquisser
'sketch•book carnet *m* à croquis
sketch•y ['sketʃɪ] *adj knowledge etc* sommaire
skew•er ['skjʊər] *n* brochette *f*
ski [skiː] **1** *n* ski *m* **2** *v/i* faire du ski; ***we skied back*** nous sommes revenus en skiant
'ski boots *npl* chaussures *fpl* de ski
skid [skɪd] **1** *n* dérapage *m* **2** *v/i* (*pret & pp* ***-ded***) déraper
ski•er ['skiːər] skieur(-euse) *m*(*f*)
ski•ing ['skiːɪŋ] ski *m*
'ski in•struc•tor moniteur(-trice) *m*(*f*) de ski
'ski jump saut *m* à ski; *structure* tremplin *m*
skil•ful *etc Br* → ***skillful*** *etc*
'ski lift remonte-pente *m*, téléski *m*
skill [skɪl] technique *f*; ***skills*** connaissances *fpl*, compétences *fpl*; ***with great skill*** avec adresse
skilled [skɪld] *adj person* habile
skilled 'work•er ouvrier *m* qualifié, ouvrière *f* qualifiée
skill•ful ['skɪlfʊl] *adj* habile
skill•ful•ly ['skɪlfʊlɪ] *adv* habilement
skim [skɪm] *v/t* (*pret & pp* ***-med***) *surface* effleurer
◆**skim off** *v/t the best* retenir
◆**skim through** *v/t text* parcourir
'skimmed milk [skɪmd] lait *m* écrémé
skimp•y ['skɪmpɪ] *adj account etc* sommaire; *dress* étriqué
skin [skɪn] **1** *n* peau *f* **2** *v/t* (*pret & pp* ***-ned***) *animal* écorcher; *tomato, peach* peler
'skin div•ing plongée *f* sous-marine autonome
skin•flint ['skɪnflɪnt] F radin(e) *m*(*f*) F
'skin graft greffe *f* de la peau
skin•ny ['skɪnɪ] *adj* maigre
'skin-tight *adj* moulant
skip [skɪp] **1** *n* (*little jump*) saut *m* **2** *v/i* (*pret & pp* ***-ped***) sautiller **3** *v/t* (*pret & pp* ***-ped***) (*omit*) sauter
'ski pole bâton *m* de ski
skip•per ['skɪpər] capitaine *m*/*f*
'ski re•sort station *f* de ski
skirt [skɜːrt] *n* jupe *f*
'ski run piste *f* de ski
'ski tow téléski *m*
skull [skʌl] crâne *m*
skunk [skʌŋk] mouffette *f*
sky [skaɪ] ciel *m*
'sky•light lucarne *f*
'sky•line *of city* silhouette *f*
sky•scrap•er ['skaɪskreɪpər] gratte-ciel *m inv*
slab [slæb] *of stone, butter* plaque *f*; *of cake* grosse tranche *f*
slack [slæk] *adj rope* mal tendu; *discipline* peu strict; *person* négligent; *work* négligé; *period* creux*
slack•en ['slækn] *v/t rope* détendre; *pace* ralentir
◆**slacken off** *v/i of trading, pace* se ralentir
slacks [slæks] *npl* pantalon *m*
slain [sleɪn] *pp* → ***slay***
slam [slæm] *v/t & v/i* (*pret & pp* ***-med***) claquer
◆**slam down** *v/t* poser brutalement
slan•der ['slændər] **1** *n* calomnie *f* **2** *v/t* calomnier
slan•der•ous ['slændərəs] *adj* calomnieux*
slang [slæŋ] *also of a specific group* argot *m*
slant [slænt] **1** *v/i* pencher **2** *n* inclinaison *f*; *given to a story* perspective *f*
slant•ing ['slæntɪŋ] *adj roof* en pente; *eyes* bridé

slap [slæp] **1** *n* (*blow*) claque *f* **2** *v/t* (*pret & pp* ***-ped***) donner une claque à; ***slap s.o. in the face*** gifler qn
'slap•dash *adj work* sans soin; *person* négligent
slash [slæʃ] **1** *n cut* entaille *f*; *in punctuation* barre *f* oblique **2** *v/t painting, skin* entailler; *prices, costs* réduire radicalement; ***slash one's wrists*** s'ouvrir les veines
slate [sleɪt] *n material* ardoise *f*
slaugh•ter ['slɒːtər] **1** *n of animals* abattage *m*; *of people, troops* massacre *m* **2** *v/t animals* abattre; *people, troops* massacrer
'slaugh•ter•house *for animals* abattoir *m*
Slav [slɑːv] *adj* slave
slave [sleɪv] *n* esclave *m/f*
'slave-driv•er F négrier(-ère) *m*(*f*) F
slay [sleɪ] *v/t* (*pret* ***slew***, *pp* ***slain***) tuer
slay•ing ['sleɪɪŋ] (*murder*) meurtre *m*
sleaze [sliːz] POL corruption *f*
slea•zy ['sliːzɪ] *adj bar, character* louche
sled, sledge [sled, sledʒ] traîneau *m*
'sledge ham•mer masse *f*
sleep [sliːp] **1** *n* sommeil *m*; ***go to sleep*** s'endormir; ***I need a good sleep*** j'ai besoin de dormir; ***a good night's sleep*** une bonne nuit de sommeil; ***I couldn't get to sleep*** je n'ai pas réussi à m'endormir **2** *v/i* (*pret & pp* ***slept***) dormir; ***sleep late*** faire la grasse matinée
◆ **sleep on** *v/t*: ***sleep on it*** attendre le lendemain pour décider; ***sleep on it!*** la nuit porte conseil!
◆ **sleep with** *v/t* (*have sex with*) coucher avec
sleep•i•ly ['sliːpɪlɪ] *adv say* d'un ton endormi; *look at s.o.* d'un air endormi
sleep•ing bag ['sliːpɪŋ] sac *m* de couchage
'sleep•ing car RAIL wagon-lit *m*
'sleep•ing pill somnifère *m*
sleep•less ['sliːplɪs] *adj*: ***a sleepless night*** une nuit blanche
'sleep•walk•er somnambule *m/f*
'sleep•walk•ing somnambulisme *m*
sleep•y ['sliːpɪ] *adj person* qui a envie de dormir; *yawn, fig: town* endormi; ***I'm sleepy*** j'ai sommeil
sleet [sliːt] *n* neige *f* fondue
sleeve [sliːv] *of jacket etc* manche *f*
sleeve•less ['sliːvlɪs] *adj* sans manches
sleigh [sleɪ] traîneau *m*
sleight of 'hand [slaɪt] *trick* tour *m* de passe-passe
slen•der ['slendər] *adj* mince; *chance, income, margin* faible
slept [slept] *pret & pp* → ***sleep***
slew [sluː] *pret* → ***slay***
slice [slaɪs] **1** *n of bread, pie* tranche *f*; *fig: of profits* part *f* **2** *v/t loaf etc* couper en tranches
sliced 'bread [slaɪst] pain *m* coupé en tranches
slick [slɪk] **1** *adj performance* habile; *pej* (*cunning*) rusé **2** *n of oil* marée *f* noire
slid [slɪd] *pret & pp* → ***slide***
slide [slaɪd] **1** *n for kids* toboggan *m*; PHOT diapositive *f* **2** *v/i* (*pret & pp* ***slid***) glisser; *of exchange rate etc* baisser **3** *v/t* (*pret & pp* ***slid***) *item of furniture* faire glisser
slid•ing door ['slaɪdɪŋ] porte *f* coulissante
slight [slaɪt] **1** *adj person, figure* frêle; (*small*) léger*; ***no, not in the slightest*** non, pas le moins du monde **2** *n* (*insult*) affront *m*
slight•ly ['slaɪtlɪ] *adv* légèrement
slim [slɪm] **1** *adj person* mince; *chance* faible **2** *v/i* (*pret & pp* ***-med***) être au régime
slime [slaɪm] (*mud*) vase *f*; *of slug, snail* bave *f*
slim•y ['slaɪmɪ] *adj liquid etc* vaseux*
sling [slɪŋ] **1** *n for arm* écharpe *f* **2** *v/t* (*pret & pp* ***slung***) F (*throw*) lancer
'sling•shot catapulte *f*
slip [slɪp] **1** *n on ice etc* glissade *f*; (*mistake*) erreur *f*; ***a slip of paper*** un bout de papier; ***a slip of the tongue*** un lapsus; ***give s.o. the slip*** se dérober à qn **2** *v/i* (*pret & pp* ***-ped***) *on ice etc* glisser; *in quality, quantity* baisser; ***he slipped out of the room*** il se glissa hors de la pièce **3** *v/t* (*pret & pp* ***-ped***) (*put*) glisser; ***it slipped my mind*** cela m'est sorti de la tête
◆ **slip away** *v/i of time* passer; *of opportunity* se dérober; (*die quietly*) s'éteindre
◆ **slip off** *v/t jacket etc* enlever
◆ **slip on** *v/t jacket etc* enfiler
◆ **slip out** *v/i* (*go out*) sortir
◆ **slip up** *v/i* (*make a mistake*) faire une gaffe
slipped 'disc [slɪpt] hernie *f* discale
slip•per ['slɪpər] chausson *m*
slip•per•y ['slɪpərɪ] *adj* glissant
slip•shod ['slɪpʃɑːd] *adj* négligé
'slip-up (*mistake*) gaffe *f*
slit [slɪt] **1** *n* (*tear*) déchirure *f*; (*hole*), *in skirt* fente *f* **2** *v/t* (*pret & pp* ***slit***) ouvrir, fendre; ***slit s.o.'s throat*** couper la gorge à qn
slith•er ['slɪðər] *v/i of person* déraper; *of snake* ramper
sliv•er ['slɪvər] *of wood, glass* éclat *m*; *of soap, cheese, garlic* petit morceau *m*
slob [slɑːb] *pej* rustaud(e) *m*(*f*)
slob•ber ['slɑːbər] *v/i* baver

S

slog [slɑːg] *n long walk* trajet *m* pénible; *hard work* corvée *f*
slo•gan ['sloʊgən] slogan *m*
slop [slɑːp] *v/t (pret & pp* ***-ped****) (spill)* renverser
slope [sloʊp] **1** *n* inclinaison *f*; *of mountain* côté *m*; ***built on a slope*** construit sur une pente **2** *v/i* être incliné; ***the road slopes down to the sea*** la route descend vers la mer
slop•py ['slɑːpɪ] *adj* F *work, in dress* négligé; *(too sentimental)* gnangnan F
slot [slɑːt] *n* fente *f*; *in schedule* créneau *m*
◆ **slot in 1** *v/t (pret & pp* ***-ted****)* insérer **2** *v/i(pret & pp* ***-ted****)* s'insérer
'**slot ma•chine** *for vending* distributeur *m* (automatique); *for gambling* machine *f* à sous
slouch [slaʊʧ] *v/i* être avachi; ***don't slouch!*** tiens-toi droit!
slov•en•ly ['slʌvnlɪ] *adj* négligé
slow [sloʊ] *adj* lent; ***be slow*** *of clock* retarder; ***they were not slow to …*** ils n'ont pas été longs à …
◆ **slow down 1** *v/t* ralentir **2** *v/i* ralentir; *in life* faire moins de choses
'**slow•down** *in production* ralentissement *m*
slow•ly ['sloʊlɪ] *adv* lentement
slow '**mo•tion**: ***in slow motion*** au ralenti
slow•ness ['sloʊnɪs] lenteur *f*
'**slow•poke** F lambin(e) *m(f)* F
slug [slʌg] *n animal* limace *f*
slug•gish ['slʌgɪʃ] *adj pace, start* lent; *river* à cours lent
slum [slʌm] *n area* quartier *m* pauvre; *house* taudis *m*
slum•ber par•ty ['slʌmbər] *soirée où des enfants / adolescents se réunissent chez l'un d'entre eux et restent dormir là-bas*
slump [slʌmp] **1** *n in trade* effondrement *m* **2** *v/i of economy* s'effondrer; *of person* s'affaisser
slung [slʌŋ] *pret & pp* → ***sling***
slur [slɜːr] **1** *n on s.o.'s character* tache *f* **2** *v/t (pret & pp* ***-red****) words* mal articuler
slurp [slɜːrp] *v/t* faire du bruit en buvant
slurred [slɜːrd] *adj speech* mal articulé
slush [slʌʃ] neige *f* fondue; *pej (sentimental stuff)* sensiblerie *f*
'**slush fund** caisse *f* noire
slush•y ['slʌʃɪ] *adj snow* à moitié fondu; *movie, novel* fadement sentimental
slut [slʌt] *pej* pute *f* F
sly [slaɪ] *adj (furtive)* sournois; *(crafty)* rusé; ***on the sly*** en cachette
smack [smæk] **1** *n*: ***a smack on the bottom*** une fessée; ***a smack in the face*** une gifle **2** *v/t*: ***smack a child's bottom*** donner une fessée à un enfant; ***smack s.o.'s face*** gifler qn
small [smɒːl] **1** *adj* petit **2** *n*: ***the small of the back*** la chute des reins
small '**change** monnaie *f*
'**small hours** *npl* heures *fpl* matinales
small•pox ['smɒːlpɑːks] variole *f*
'**small print** texte *m* en petits caractères
'**small talk** papotage *m*; ***make small talk*** faire de la conversation
smart [smɑːrt] **1** *adj in appearance* élégant; *(intelligent)* intelligent; *pace* vif*; ***get smart with s.o.*** faire le malin avec qn **2** *v/i (hurt)* brûler
'**smart ass** F frimeur(-euse) *m(f)* F
'**smart bomb** bombe *f* intelligente
'**smart card** carte *f* à puce, carte *f* à mémoire
◆ **smart•en up** ['smɑːrtn] *v/t* rendre plus élégant
smart•ly ['smɑːrtlɪ] *adv dressed* avec élégance
smash [smæʃ] **1** *n noise* fracas *m*; *(car crash)* accident *m*; *in tennis* smash *m* **2** *v/t break* fracasser; *(hit hard)* frapper; ***smash sth to pieces*** briser qch en morceaux **3** *v/i break* se fracasser; ***the driver smashed into …*** le conducteur heurta violemment …
◆ **smash up** *v/t place* tout casser dans
smash '**hit** F: ***be a smash hit*** avoir un succès foudroyant
smat•ter•ing ['smætərɪŋ]: ***have a smattering of Chinese*** savoir un peu de chinois
smear [smɪr] **1** *n of ink etc* tache *f*; *Br* MED frottis *m*; *on character* diffamation *f* **2** *v/t smudge*: *paint* faire des traces sur; *character* entacher; ***smear X with Y, smear Y on X*** *cover, apply* appliquer Y sur X; *stain, dirty* faire des taches de Y sur X
'**smear cam•paign** campagne *f* de diffamation
smell [smel] **1** *n* odeur *f*; ***sense of smell*** sens *m* de l'odorat **2** *v/t* sentir **3** *v/i unpleasantly* sentir mauvais; *(sniff)* renifler; ***what does it smell of?*** qu'est-ce que ça sent?; ***you smell of beer*** tu sens la bière; ***it smells good*** ça sent bon
smell•y ['smelɪ] *adj*: qui sent mauvais; ***have smelly feet*** puer des pieds; ***it's smelly in here*** ça sent mauvais ici
smile [smaɪl] **1** *n* sourire *m* **2** *v/i* sourire
◆ **smile at** *v/t* sourire à
smirk [smɜːrk] **1** *n* petit sourire *m* narquois **2** *v/i* sourire d'un air narquois
smog [smɑːg] smog *m*
smoke [smoʊk] **1** *n* fumée *f*; ***have a***

S

smoke fumer (une cigarette) **2** *v/t also food* fumer **3** *v/i of person* fumer
smok•er ['smoʊkər] *person* fumeur (-euse) *m(f)*
smok•ing ['smoʊkɪŋ] tabagisme *m*; ***smoking is bad for you*** c'est mauvais de fumer; ***no smoking*** défense de fumer
'**smok•ing car** RAIL compartiment *m* fumeurs
smok•y ['smoʊkɪ] *adj room, air* enfumé
smol•der ['smoʊldər] *v/i of fire* couver; *fig: with anger, desire* se consumer (***with*** de)
smooth [smuːð] **1** *adj surface, skin, sea* lisse; *ride, flight, crossing* bon*; *pej: person* mielleux* **2** *v/t hair* lisser
◆ **smooth down** *v/t with sandpaper etc* lisser
◆ **smooth out** *v/t paper, cloth* défroisser
◆ **smooth over** *v/t*: ***smooth things over*** arranger les choses
smooth•ly ['smuːðlɪ] *adv* (*without any problems*) sans problème
smoth•er ['smʌðər] *v/t person, flames* étouffer; ***smother s.o. with kisses*** couvrir qn de baisers; ***smother the bread with jam*** recouvrir le pain de confiture
smoul•der *Br* → ***smolder***
smudge [smʌdʒ] **1** *n* tache *f* **2** *v/t ink, mascara, paint* faire des traces sur
smug [smʌg] *adj* suffisant
smug•gle ['smʌgl] *v/t* passer en contrebande
smug•gler ['smʌglər] contrebandier (-ière) *m(f)*
smug•gling ['smʌglɪŋ] contrebande *f*
smug•ly ['smʌglɪ] *adv say* d'un ton suffisant; *smile* d'un air suffisant
smut•ty ['smʌtɪ] *adj joke, sense of humor* grossier*
snack [snæk] *n* en-cas *m*
'**snack bar** snack *m*
snag [snæg] *n* (*problem*) hic *m* F
snail [sneɪl] escargot *m*
snake [sneɪk] *n* serpent *m*
snap [snæp] **1** *n sound* bruit *m* sec; PHOT instantané *m* **2** *v/t* (*pret & pp* ***-ped***) *break* casser; (*say sharply*) dire d'un ton cassant **3** *v/i* (*pret & pp* ***-ped***) *break* se casser net **4** *adj decision, judgment* rapide, subit
◆ **snap up** *v/t bargains* sauter sur
snap fast•en•er ['snæpfæsnər] bouton-pression *m*
snap•py ['snæpɪ] *adj person, mood* cassant; *decision, response* prompt; ***be a snappy dresser*** s'habiller chic
'**snap•shot** photo *f*
snarl [snɑːrl] **1** *n of dog* grondement **2** *v/i of dog* gronder en montrant les dents
snatch [snætʃ] **1** *v/t* (*grab*) saisir; F (*steal*) voler; F (*kidnap*) enlever **2** *v/i*: ***don't snatch!*** ne l'arrache pas!
snaz•zy ['snæzɪ] *adj* F *necktie etc* qui tape F
sneak [sniːk] **1** *v/t* (*remove, steal*) chiper F; ***sneak a glance at*** regarder à la dérobée **2** *v/i* (*pret & pp* ***sneaked*** *or* F ***snuck***): ***sneak into the room*** entrer furtivement dans la pièce; ***sneak out of the room*** sortir furtivement de la pièce
sneak•ers ['sniːkərz] *npl* tennis *mpl*
sneak•ing ['sniːkɪŋ] *adj*: ***have a sneaking suspicion that ...*** soupçonner que ..., avoir comme l'impression que ... F
sneak•y ['sniːkɪ] *adj* F (*underhanded*) sournois
sneer [sniːr] **1** *n* ricanement *m* **2** *v/i* ricaner
sneeze [sniːz] **1** *n* éternuement *m* **2** *v/i* éternuer
snick•er ['snɪkər] **1** *n* rire *m* en dessous **2** *v/i* pouffer de rire
sniff [snɪf] *v/t & v/i* renifler
snip [snɪp] *n Br* F (*bargain*) affaire *f*
snip•er ['snaɪpər] tireur *m* embusqué
snitch [snɪtʃ]] **1** *n* (*telltale*) mouchard(e) *m(f)* F **2** *v/i* (*tell tales*) vendre la mèche
sniv•el ['snɪvl] *v/i* (*pret & pp* ***-ed***, *Br* ***-led***) pleurnicher
snob [snɑːb] snob *m/f*
snob•ber•y ['snɑːbərɪ] snobisme *m*
snob•bish ['snɑːbɪʃ] *adj* snob *inv*
◆ **snoop around** *v/i* fourrer le nez partout
snoot•y ['snuːtɪ] *adj* arrogant
snooze [snuːz] **1** *n* petit somme *m*; ***have a snooze*** faire un petit somme **2** *v/i* roupiller F
snore [snɔːr] *v/i* ronfler
snor•ing ['snɔːrɪŋ] ronflement *m*
snor•kel ['snɔːrkl] *n of swimmer* tuba *m*
snort [snɔːrt] *v/i of bull, horse* s'ébrouer; *of person* grogner
snout [snaʊt] *of pig, dog* museau *m*
snow [snoʊ] **1** *n* neige *f* **2** *v/i* neiger
◆ **snow under** *v/t*: ***be snowed under with work*** être submergé de travail
'**snow•ball** *n* boule *f* de neige
'**snow•bound** *adj* pris dans la neige
'**snow chains** *npl* MOT chaînes *fpl* à neige
'**snow•drift** amoncellement *m* de neige
'**snow•drop** perce-neige *m*
'**snow•flake** flocon *m* de neige
'**snow•man** bonhomme *m* de neige
'**snow•plow** chasse-neige *m inv*
'**snow•storm** tempête *f* de neige
snow•y ['snoʊɪ] *adj weather* neigeux*; *roads, hills* enneigé

snub [snʌb] **1** *n* rebuffade *f* **2** *v/t* (*pret & pp* ***-bed***) snober
snub-nosed ['snʌbnoʊzd] *adj* au nez retroussé
snuck [snʌk] *pret & ptp* → ***sneak***
snug [snʌg] *adj* bien au chaud; (*tight-fitting*) bien ajusté; (*too tight*) un peu trop serré
◆ **snug•gle down** ['snʌgl] *v/i* se blottir
◆ **snuggle up to** *v/t* se blottir contre
so [soʊ] **1** *adv* ◇ si, tellement; ***so kind*** tellement gentil; ***not so much for me thanks*** pas autant pour moi merci; ***so much better / easier*** tellement mieux / plus facile; ***eat / drink so much*** tellement manger /boire; ***there were so many people*** il y avait tellement de gens; ***I miss you so*** tu me manques tellement
◇ : ***so am / do I*** moi aussi; ***so is / does she*** elle aussi; ***and so on*** et ainsi de suite; ***so as to be able to …*** afin de pouvoir …; ***you didn't tell me – I did so*** tu ne me l'as pas dit - si, je te l'ai dit **2** *pron*: ***I hope so*** je l'espère bien; ***I think so*** je pense que oui; ***50 or so*** une cinquantaine, à peu près cinquante **3** *conj* (*for that reason*) donc; (*in order that*) pour que (*+subj*); ***and so I missed the train*** et donc j'ai manqué le train; ***so*** (***that***) ***I could come too*** pour que je puisse moi aussi venir; ; ***so what?*** F et alors?
soak [soʊk] *v/t* (*steep*) faire tremper; *of water, rain* tremper
◆ **soak up** *v/t liquid* absorber; ***soak up the sun*** prendre un bain de soleil
soaked [soʊkt] *adj* trempé; ***be soaked to the skin*** être mouillé jusqu'aux os
soak•ing (**wet**) ['soʊkɪŋ] *adj* trempé
so-and-so ['soʊənsoʊ] F *unknown person* un tel, une telle; *euph*: *annoying person* crétin(e) *m*(*f*)
soap [soʊp] *n for washing* savon *m*
soap, '**soap op•e•ra** feuilleton *m*
soap•y ['soʊpɪ] *adj water* savonneux*
soar [sɔːr] *v/i of rocket, prices etc* monter en flèche
sob [sɑːb] **1** *n* sanglot *m* **2** *v/i* (*pret & pp* ***-bed***) sangloter
so•ber ['soʊbər] *adj* (*not drunk*) en état de sobriété; (*serious*) sérieux*
◆ **sober up** *v/i* dessoûler F
so-'called *adj referred to as* comme on le / la / les appelle; *incorrectly referred to as* soi-disant *inv*
soc•cer ['sɑːkər] football *m*
'**soc•cer hoo•li•gan** hooligans *mpl*
so•cia•ble ['soʊʃəbl] *adj* sociable
so•cial ['soʊʃl] *adj* social; (*recreational*) mondain
so•cial 'dem•o•crat social-démocrate *m/f* (*pl* sociaux-démocrates)
so•cial•ism ['soʊʃəlɪzm] socialisme *m*
so•cial•ist ['soʊʃəlɪst] **1** *adj* socialiste **2** *n* socialiste *m/f*
so•cial•ize ['soʊʃəlaɪz] *v/i* fréquenter des gens
'**so•cial life**: ***I don't have much social life*** je ne vois pas beaucoup de monde
so•cial 'sci•ence sciences *fpl* humaines
'**so•cial work** travail *m* social
'**so•cial work•er** assistant sociale *m*, assistante sociale *f*
so•ci•e•ty [sə'saɪətɪ] société *f*
so•ci•ol•o•gist [soʊsɪ'ɑːlədʒɪst] sociologue *m/f*
so•ci•ol•o•gy [soʊsɪ'ɑːlədʒɪ] sociologie *f*
sock[1] [sɑːk] *for wearing* chaussette *f*
sock[2] [sɑːk] **1** *n* (*punch*) coup *m* **2** *v/t* (*punch*) donner un coup de poing à
sock•et ['sɑːkɪt] ELEC *for light bulb* douille *f*; (*wall socket*) prise *f* de courant; *of bone* cavité *f* articulaire; *of eye* orbite *f*
so•da ['soʊdə] (*soda water*) eau *f* gazeuse; (*soft drink*) soda *m*; (*ice-cream soda*) soda *m* à la crème glacée; ***whiskey and soda*** un whisky soda
sod•den ['sɑːdn] *adj* trempé
so•fa ['soʊfə] canapé *m*
'**so•fa bed** canapé-lit *m*
soft [sɑːft] *adj* doux*; (*lenient*) gentil*; ***have a soft spot for*** avoir un faible pour
'**soft drink** boisson *f* non alcoolisée
'**soft drug** drogue *f* douce
soft•en ['sɑːfn] **1** *v/t position* assouplir; *impact, blow* adoucir **2** *v/i of butter, ice-cream* se ramollir
soft•ly ['sɑːftlɪ] *adv* doucement
soft 'toy peluche *f*
soft•ware ['sɑːftwer] logiciel *m*
sog•gy ['sɑːgɪ] *adj soil* détrempé; *pastry* pâteux*
soil [sɔɪl] **1** *n* (*earth*) terre *f* **2** *v/t* salir
so•lar en•er•gy ['soʊlər] énergie *f* solaire
'**so•lar pan•el** panneau *m* solaire
'**solar sys•tem** système *m* solaire
sold [soʊld] *pret & pp* → ***sell***
sol•dier ['soʊldʒər] soldat *m*
◆ **soldier on** *v/i* continuer coûte que coûte
sole[1] [soʊl] *n of foot* plante *f*; *of shoe* semelle *f*
sole[2] [soʊl] *adj* seul; *responsibility* exclusif*
sole[3] [soʊl] *fish* sole *f*
sole•ly ['soʊlɪ] *adv* exclusivement; ***she was not solely to blame*** elle n'était pas la seule responsable

sol•emn ['sɑːləm] *adj* solennel*
so•lem•ni•ty [sə'lemnətɪ] solennité *f*
sol•emn•ly ['sɑːləmlɪ] *adv* solennellement
so•li•cit [sə'lɪsɪt] *v/i of prostitute* racoler
so•lic•i•tor [sə'lɪsɪtər] *Br* avocat *m*; *for property, wills* notaire *m*
sol•id ['sɑːlɪd] *adj* (*hard*) dur; (*without holes*) compact; *gold, silver etc, support* massif*; (*sturdy*), *evidence* solide; ***frozen solid*** complètement gelé; ***a solid hour*** toute une heure
sol•i•dar•i•ty [sɑːlɪ'dærətɪ] solidarité *f*
so•lid•i•fy [sə'lɪdɪfaɪ] *v/i* (*pret & pp* **-ied**) se solidifier
sol•id•ly ['sɑːlɪdlɪ] *adv built* solidement; *in favor of* massivement
so•lil•o•quy [sə'lɪləkwɪ] *on stage* monologue *m*
sol•i•taire [sɑːlɪ'ter] *card game* réussite *f*
sol•i•ta•ry ['sɑːlɪterɪ] *adj life, activity* solitaire; (*single*) isolé
sol•i•ta•ry con'fine•ment régime *m* cellulaire
sol•i•tude ['sɑːlɪtuːd] solitude *f*
so•lo ['soʊloʊ] **1** *adj* en solo **2** *n* MUS solo *m*
so•lo•ist ['soʊloʊɪst] soliste *m/f*
sol•u•ble ['sɑːljʊbl] *adj substance, problem* soluble
so•lu•tion [sə'luːʃn] *also mixture* solution *f*
solve [sɑːlv] *v/t* résoudre
sol•vent ['sɑːlvənt] *adj financially* solvable
som•ber ['sɑːmbər] *adj* (*dark, serious*) sombre
som•bre ['sɒmbər] *Br* → ***somber***
some [sʌm] **1** *adj* ◇ **:** ***some cream / chocolate / cookies*** de la crème / du chocolat / des biscuits
◇ (*certain*): ***some people say that …*** certains disent que …
◇ **:** ***that was some party!*** c'était une sacrée fête!, quelle fête!; ***he's some lawyer!*** quel avocat! **2** *pron*
◇ **:** ***some of the money*** une partie de l'argent; ***some of the group*** certaines personnes du groupe, certains du groupe
◇ **:** ***would you like some?*** est-ce que vous en voulez?; ***give me some*** donnez-m'en **3** *adv*
◇ (*a bit*) un peu; ***we'll have to wait some*** on va devoir attendre un peu
◇ (*around*): ***some 500 letters*** environ 500 lettres
some•bod•y ['sʌmbədɪ] *pron* quelqu'un
'some•day *adv* un jour
'some•how *adv* (*by one means or another*) d'une manière ou d'une autre; (*for some unknown reason*) sans savoir pourquoi
'some•one *pron* → ***somebody***
'some•place *adv* → ***somewhere***
som•er•sault ['sʌmərsɒːlt] **1** *n* roulade *f*; *by vehicle* tonneau *m* **2** *v/i of vehicle* faire un tonneau
'some•thing *pron* quelque chose; ***would you like something to drink / eat?*** voulez-vous boire / manger quelque chose?; ***something strange*** quelque chose de bizarre; ***are you bored or something?*** tu t'ennuies ou quoi?
'some•time *adv* un de ces jours; ***sometime last year*** dans le courant de l'année dernière
'some•times ['sʌmtaɪmz] *adv* parfois
'some•what *adv* quelque peu
'some•where **1** *adv* quelque part **2** *pron*: ***let's go somewhere quiet*** allons dans un endroit calme; ***somewhere to park*** un endroit où se garer
son [sʌn] fils *m*
so•na•ta [sə'nɑːtə] MUS sonate *f*
song [sɑːŋ] chanson *f*
'song•bird oiseau *m* chanteur
'song•writ•er *of music* compositeur *m*, compositrice *f*; *of words* auteur *m* de chansons; *both* auteur-compositeur *m*
'son-in-law (*pl* **sons-in-law**) beau-fils *m*
son•net ['sɑːnɪt] sonnet *m*
son of a 'bitch V fils *m* de pute V
soon [suːn] *adv* (*in a short while*) bientôt; (*quickly*) vite; (*early*) tôt; ***come back soon*** reviens vite; ***it's too soon*** c'est trop tôt; ***soon after*** peu (de temps) après; ***how soon*** dans combien de temps; ***as soon as*** dès que; ***as soon as possible*** le plus tôt possible; ***sooner or later*** tôt ou tard; ***the sooner the better*** le plus tôt sera le mieux; ***see you soon*** à bientôt
soot [sʊt] suie *f*
soothe [suːð] *v/t* calmer
so•phis•ti•cat•ed [sə'fɪstɪkeɪtɪd] *adj* sophistiqué
so•phis•ti•ca•tion [sə'fɪstɪkeɪʃn] sophistication *f*
soph•o•more ['sɑːfəmɔːr] étudiant(e) *m*(*f*) de deuxième année
sop•py ['sɑːpɪ] *adj* F gnangnan F
so•pra•no [sə'prɑːnoʊ] *n* soprano *m/f*
sor•did ['sɔːrdɪd] *adj affair, business* sordide
sore [sɔːr] **1** *adj* (*painful*): ***is it sore?*** ça vous fait mal?; ***have a sore throat*** avoir mal à la gorge; ***be sore*** F (*angry*) être fâché; ***get sore*** se fâcher **2** *n* plaie *f*

sor•row ['sɑːroʊ] chagrin *m*
sor•ry ['sɑːrɪ] *adj day* triste; *sight* misérable; ***(I'm) sorry!*** (*apologizing*) pardon!; ***be sorry*** être désolé; ***I was sorry to hear of your mother's death*** j'ai été peiné d'apprendre le décès de ta mère; ***I won't be sorry to leave here*** je ne regretterai pas de partir d'ici; ***I feel sorry for her*** elle me fait pitié
sort [sɔːrt] **1** *n* sorte *f*; ***sort of ...*** F plutôt; ***it looks sort of like a pineapple*** ça ressemble un peu à un ananas; ***is it finished? - sort of*** F c'est fini? - en quelque sorte **2** *v/t also* COMPUT trier
◆ **sort out** *v/t papers* ranger; *problem* résoudre
SOS [esoʊ'es] S.O.S. *m*; *fig*: *plea for help* appel *m* à l'aide
so-'so *adv* F comme ci comme ça F
sought [sɒːt] *pret & pp* → ***seek***
soul [soʊl] *also fig* âme *f*; ***there wasn't a soul*** il n'y avait pas âme qui vive; ***he's a kind soul*** c'est une bonne âme
sound[1] [saʊnd] **1** *adj* (*sensible*) judicieux*; *judgment* solide; (*healthy*) en bonne santé; *business* qui se porte bien; *walls* en bon état; *sleep* profond **2** *adv*: ***be sound asleep*** être profondément endormi
sound[2] [saʊnd] **1** *n* son *m*; (*noise*) bruit *m* **2** *v/t* (*pronounce*) prononcer; MED ausculter; ***sound s.o.'s chest*** ausculter qn; ***sound one's horn*** klaxonner **3** *v/i*: ***that sounds interesting*** ça a l'air intéressant; ***that sounds like a good idea*** ça a l'air d'être une bonne idée; ***she sounded unhappy*** elle avait l'air malheureuse; ***it sounds hollow*** ça sonne creux
◆ **sound out** *v/t* sonder
'sound ef•fects *npl* effets *mpl* sonores
sound•ly ['saʊndlɪ] *adv sleep* profondément; *beaten* à plates coutures
'sound•proof *adj room* insonorisé
'sound•track bande *f* sonore
soup [suːp] soupe *f*
'soup bowl bol *m* de soupe
souped-up [suːpt'ʌp] *adj* F gonflé F
'soup plate assiette *f* à soupe
'soup spoon cuillère *f* à soupe
sour ['saʊər] *adj apple*, *milk* aigre; *expression* revêche; *comment* désobligeant
source [sɔːrs] *n of river*, *noise*, *information etc* source *f*
sour(ed) 'cream [saʊərd] crème *f* aigre
south [saʊθ] **1** *n* sud *m*; ***the South of France*** le Midi; ***to the south of*** au sud de **2** *adj* sud *inv*; *wind* du sud; ***south Des Moines*** le sud de Des Moines **3** *adv travel* vers le sud; ***south of*** au sud de
South 'Af•ric•a Afrique *f* du sud
South 'Af•ri•can 1 *adj* sud-africain **2** *n* Sud-Africain(e) *m(f)*
South A'mer•i•ca Amérique *f* du sud
South A'mer•i•can 1 *adj* sud-américain **2** *n* Sud-Américain(e) *m(f)*
south'east 1 *n* sud-est *m* **2** *adj* sud-est *inv*; *wind* du sud-est **3** *adv travel* vers le sud-est; ***southeast of*** au sud-est de
south'east•ern *adj* sud-est *inv*
south•er•ly ['sʌðərlɪ] *adj wind* du sud; *direction* vers le sud
south•ern ['sʌðərn] *adj* du Sud
south•ern•er ['sʌðərnər] habitant(e) *m(f)* du Sud; *US* HIST sudiste *m/f*
south•ern•most ['sʌðərnmoʊst] *adj* le plus au sud
South 'Pole pôle *m* Sud
south•ward ['saʊθwərd] *adv* vers le sud
south'west 1 *n* sud-ouest *m* **2** *adj* sud-ouest *inv*; *wind* du sud-ouest **3** *adv* vers le sud-ouest; ***southwest of*** au sud-ouest de
south'west•ern *adj part of a country etc* sud-ouest *inv*
sou•ve•nir [suːvə'nɪr] souvenir *m*
sove•reign ['sɑːvrɪn] *adj state* souverain
sove•reign•ty ['sɑːvrɪntɪ] *of state* souveraineté *f*
So•vi•et ['soʊvɪət] *adj* soviétique
So•vi•et 'U•nion Union *f* soviétique
sow[1] [saʊ] *n* (*female pig*) truie *f*
sow[2] [soʊ] *v/t* (*pret* ***sowed***, *pp* ***sown***) *seeds* semer
sown [soʊn] *pp* → ***sow***[2]
soy bean ['sɔɪbiːn] soja *m*
soy 'sauce sauce *f* au soja
space [speɪs] *n* (*outer space*, *area*) espace *m*; (*room*) place *f*
◆ **space out** *v/t* espacer
spaced out [speɪst'aʊt] *adj* F défoncé F
'space-bar COMPUT barre *f* d'espacement
'space•craft vaisseau *m* spatial
'space•ship vaisseau *m* spatial
'space shut•tle navette *f* spatiale
'space sta•tion station *f* spatiale
'space•suit scaphandre *m* de cosmonaute
spa•cious ['speɪʃəs] *adj* spacieux*
spade [speɪd] *for digging* bêche *f*; ***spades*** *in card game* pique *m*
spa•ghet•ti [spə'getɪ] *nsg* spaghetti *mpl*
Spain [speɪn] Espagne *f*
span [spæn] *v/t* (*pret & pp* ***-ned***) (*cover*) recouvrir; *of bridge* traverser
Span•iard ['spænjərd] Espagnol *m*, Espagnole *f*
Span•ish ['spænɪʃ] **1** *adj* espagnol **2** *n language* espagnol *m*; ***the Spanish*** les Espa-

gnols
spank [spæŋk] *v/t* donner une fessée à
spank•ing ['spæŋkɪŋ] fessée *f*
span•ner ['spænər] *Br* clef *f*
spare [sper] **1** *v/t time* accorder; (*lend: money* prêter; (*do without*) se passer de; ***money to spare*** argent en trop; ***time to spare*** temps libre; ***can you spare the time?*** est-ce que vous pouvez trouver un moment?; ***there were five to spare*** (*left over, in excess*) il y en avait cinq de trop **2** *adj* (*extra*) *cash* en trop; *eyeglasses, clothes* de rechange **3** *n*: ***spares*** (*spare parts*) pièces *fpl* de rechange
spare 'part pièce *f* de rechange
spare 'ribs *npl* côtelette *f* de porc dans l'échine
spare 'room chambre *f* d'ami
spare 'time temps *m* libre
spare 'tire MOT pneu *m* de rechange
spare 'tyre *Br* → ***spare tire***
spar•ing ['sperɪŋ] *adj*: ***be sparing with*** économiser
spa•ring•ly ['sperɪŋlɪ] *adv* en petite quantité
spark [spɑːrk] *n* étincelle *f*
spar•kle ['spɑːrkl] *v/i* étinceler
spark•ling wine ['spɑːrklɪŋ] vin *m* mousseux
'spark plug bougie *f*
spar•row ['spæroʊ] moineau *m*
sparse [spɑːrs] *adj vegetation* épars
sparse•ly ['spɑːrslɪ] *adv*: ***sparsely populated*** faiblement peuplé
spar•tan ['spɑːrtn] *adj room* spartiate
spas•mod•ic [spæz'mɑːdɪk] *adj visits, attempts* intermittent; *conversation* saccadé
spat [spæt] *pret & pp* → ***spit***
spate [speɪt] *fig* série *f*, avalanche *f*
spa•tial ['speɪʃl] *adj* spatial
spat•ter ['spætər] *v/t mud, paint* éclabousser
speak [spiːk] **1** *v/i* (*pret* ***spoke***, *pp* ***spoken***) parler (to, with à); ***we're not speaking*** (***to each other***) (*we've quarreled*) on ne se parle plus; ***speaking*** TELEC lui-même, elle-même **2** *v/t* (*pret* ***spoke***, *pp* ***spoken***) *foreign language* parler; ***speak one's mind*** dire ce que l'on pense
◆ **speak for** *v/t* parler pour
◆ **speak out** *v/i* s'élever (***against*** contre)
◆ **speak up** *v/i* (*speak louder*) parler plus fort
speak•er ['spiːkər] *at conference* intervenant(e) *m(f)*; (*orator*) orateur(-trice) *m(f)*; *of sound system* haut-parleur *m*; ***French / Spanish speaker*** francophone *m/f*/hispanophone *m/f*
spear•mint ['spɪrmɪnt] menthe *f* verte
spe•cial ['speʃl] *adj* spécial; *effort, day etc* exceptionnel*; ***be on special*** être en réduction
spe•cial ef'fects *npl* effets *mpl* spéciaux, trucages *mpl*
spe•cial•ist ['speʃlɪst] spécialiste *m/f*
spe•cial•i•ty [speʃɪ'ælətɪ] *Br* → ***specialty***
spe•cial•ize ['speʃəlaɪz] *v/i* se spécialiser (***in*** en, dans); ***we specialize in …*** nous sommes spécialisés en …
spe•cial•ly ['speʃlɪ] *adv* → ***especially***
spe•cial•ty ['speʃəltɪ] spécialité *f*
spe•cies ['spiːʃiːz] *nsg* espèce *f*
spe•cif•ic [spə'sɪfɪk] *adj* spécifique
spe•cif•i•cal•ly [spə'sɪfɪklɪ] *adv* spécifiquement; ***I specifically told you that …*** je vous avais bien dit que …
spec•i•fi•ca•tions [spesɪfɪ'keɪʃnz] *npl of machine etc* spécifications *fpl*, caractéristiques *mpl*
spe•ci•fy ['spesɪfaɪ] *v/t* (*pret & pp* ***-ied***) préciser
spe•ci•men ['spesɪmən] *of work* spécimen *m*; *of blood, urine* prélèvement *m*
speck [spek] *of dust, soot* grain *m*
spec•ta•cle ['spektəkl] (*impressive sight*) spectacle *m*
spec•tac•u•lar [spek'tækjʊlər] *adj* spectaculaire
spec•ta•tor [spek'teɪtər] spectateur (-trice) *m(f)*
spec'ta•tor sport *sport que l'on regarde en spectateur*
spec•trum ['spektrəm] *fig* éventail *m*
spec•u•late ['spekjʊleɪt] *v/i also* FIN spéculer (***about, on*** sur)
spec•u•la•tion [spekjʊ'leɪʃn] spéculations *fpl*; FIN spéculation *f*
spec•u•la•tor ['spekjʊleɪtər] FIN spéculateur(-trice) *m(f)*
sped [sped] *pret & pp* → ***speed***
speech [spiːʧ] (*address*) discours *m*; (*ability to speak*) parole *f*; (*way of speaking*) élocution *f*
'speech de•fect trouble *m* d'élocution
speech•less ['spiːʧlɪs] *adj with shock, surprise* sans voix
'speech ther•a•pist orthophoniste *m/f*
'speech ther•a•py orthophonie *f*
'speech writ•er *personne qui écrit les discours d'une autre*
speed [spiːd] **1** *n* vitesse *f*; ***at a speed of …*** à une vitesse de … **2** *v/i* (*pret & pp* ***sped***) (*go quickly*) se précipiter; *of vehicle* foncer; (*drive too quickly*) faire de la vitesse
◆ **speed by** *v/i* passer à toute vitesse
◆ **speed up 1** *v/i* aller plus vite **2** *v/t* ac-

célérer
'speed•boat vedette *f*; *with outboard motor* hors-bord *m inv*
'speed bump dos d'âne *m*, ralentisseur *m*
speed•i•ly ['spiːdɪlɪ] *adv* rapidement
speed•ing ['spiːdɪŋ] *when driving* excès *m* de vitesse
'speed•ing fine contravention *f* pour excès de vitesse
'speed lim•it limitation *f* de vitesse
speed•om•e•ter [spiː'dɑːmɪtər] compteur *m* de vitesse
'speed trap contrôle *m* de vitesse
speed•y ['spiːdɪ] *adj* rapide
spell[1] [spel] **1** *v/t word* écrire, épeler; ***how do you spell it?*** comment ça s'écrit? **2** *v/i*: ***he can / can't spell*** il a une bonne / mauvaise orthographe
spell[2] *n* (*period of time*) période *f*
spell[3] *n magic* sort *m*
'spell•bound *adj* sous le charme
'spell•check COMPUT correction *f* orthographique; ***do a spellcheck*** effectuer une correction orthographique (***on*** sur)
'spell•check•er COMPUT correcteur *m* d'orthographe, correcteur *m* orthographique
spell•ing ['spelɪŋ] orthographe *f*
spend [spend] *v/t* (*pret & pp* ***spent***) *money* dépenser; *time* passer
'spend•thrift *n pej* dépensier(-ière) *m*(*f*)
spent [spent] *pret & pp* → ***spend***
sperm [spɜːrm] spermatozoïde *m*; (*semen*) sperme *m*
'sperm bank banque *f* de sperme
'sperm count taux *m* de spermatozoïdes
sphere [sfɪr] *also fig* sphère *f*; ***sphere of influence*** sphère d'influence
spice [spaɪs] *n* (*seasoning*) épice *f*
spic•y ['spaɪsɪ] *adj food* épicé
spi•der ['spaɪdər] araignée *f*
'spi•der•web toile *f* d'araignée
spike [spaɪk] *n* pointe *f*; *on plant*, *animal* piquant *m*
'spike heels *npl* talons *mpl* aiguille
spill [spɪl] **1** *v/t* renverser **2** *v/i* se répandre **3** *n of oil*, *chemicals* déversement *m* accidentel
spin[1] [spɪn] **1** *n* (*turn*) tour *m* **2** *v/t* (*pret & pp* ***spun***) faire tourner **3** *v/i* (*pret & pp* ***spun***) *of wheel* tourner; ***my head is spinning*** j'ai la tête qui tourne
spin[2] *v/t* (*pret & pp* ***spun***) *wool etc* filer; *web* tisser
◆ **spin around** *v/i of person* faire volte-face; *of car* faire un tête-à-queue; *of dancer*, *several times* tourner
◆ **spin out** *v/t* faire durer
spin•ach ['spɪnɪdʒ] épinards *mpl*
spin•al ['spaɪnl] *adj* de vertèbres
spin•al 'col•umn colonne *f* vertébrale
spin•al 'cord moelle *f* épinière
'spin doc•tor F conseiller(-ère) *m*(*f*) en communication
'spin-dry *v/t* essorer
'spin-dry•er essoreuse *f*
spine [spaɪn] *of person*, *animal* colonne *f* vertébrale; *of book* dos *m*; *on plant*, *hedgehog* épine *f*
spine•less ['spaɪnlɪs] *adj* (*cowardly*) lâche
'spin-off retombée *f*
spin•ster ['spɪnstər] célibataire *f*
spin•y ['spaɪnɪ] *adj* épineux*
spi•ral ['spaɪrəl] **1** *n* spirale *f* **2** *v/i* (*pret & pp* ***-ed***, *Br* ***-led***) (*rise quickly*) monter en spirale
spi•ral 'stair•case escalier *m* en colimaçon
spire ['spaɪr] *of church* flèche *f*
spir•it ['spɪrɪt] esprit *m*; (*courage*) courage *m*; ***in a spirit of cooperation*** dans un esprit de coopération
spir•it•ed ['spɪrɪtɪd] *adj* (*energetic*) énergique
'spir•it lev•el niveau *m* à bulle d'air
spir•its[1] ['spɪrɪts] *npl* (*alcohol*) spiritueux *mpl*
spir•its[2] *npl* (*morale*) moral *m*; ***be in good / poor spirits*** avoir / ne pas avoir le moral
spir•i•tu•al ['spɪrɪtʊəl] *adj* spirituel*
spir•it•u•al•ism ['spɪrɪtʊəlɪzm] spiritisme *m*
spir•it•u•al•ist ['spɪrɪtʊəlɪst] *n* spirite *m/f*
spit [spɪt] *v/i* (*pret & pp* ***spat***) *of person* cracher; ***it's spitting with rain*** il bruine
◆ **spit out** *v/t food*, *liquid* recracher
spite [spaɪt] *n* malveillance *f*; ***in spite of*** en dépit de
spite•ful ['spaɪtfl] *adj* malveillant
spite•ful•ly ['spaɪtflɪ] *adv* avec malveillance
spit•ting im•age ['spɪtɪŋ]: ***be the spitting image of s.o.*** être qn tout craché F
splash [splæʃ] **1** *n noise* plouf *m*; (*small amount of liquid*) goutte *f*; *of color* tache *f* **2** *v/t person* éclabousser; *water*, *mud* asperger **3** *v/i of person* patauger; ***splash against sth*** *of waves* s'écraser contre qch
◆ **splash down** *v/i of spacecraft* amerrir
◆ **splash out** *v/i in spending* faire une folie
'splash•down amerrissage *m*
splen•did ['splendɪd] *adj* magnifique
splen•dor, *Br* **splen•dour** ['splendər] splendeur *f*
splint [splɪnt] *n* MED attelle *f*

S

splin•ter ['splɪntər] **1** *n of wood, glass* éclat *m*; *of bone* esquille *f*; *in finger* écharde *f* **2** *v/i* se briser
'**splin•ter group** groupe *m* dissident
split [splɪt] **1** *n damage*: *in wood* fente *f*; *in fabric* déchirure *f*; (*disagreement*) division *f*; (*of profits etc*) partage *m*; (*share*) part *f* **2** *v/t* (*pret & pp* ***split***) *wood* fendre; *fabric* déchirer; *log* fendre en deux; (*cause disagreement in, divide*) diviser **3** *v/i* (*pret & pp* ***split***) *of fabric* se déchirer; *of wood* se fendre; (*disagree*) se diviser (***on, over*** au sujet de)
◆ **split up** *v/i of couple* se séparer
split per•son'al•i•ty PSYCH dédoublement *m* de personnalité
split•ting ['splɪtɪŋ] *adj*: ***a splitting headache*** un mal de tête terrible
splut•ter ['splʌtər] *v/i* bredouiller
spoil [spɔɪl] *v/t child* gâter; *surprise, party* gâcher
'**spoil•sport** F rabat-joie *m/f*
spoilt [spɔɪlt] *adj child* gâté; ***be spoilt for choice*** avoir l'embarras du choix
spoke¹ [spoʊk] *of wheel* rayon *m*
spoke² [spoʊk] *pret* → ***speak***
spo•ken ['spoʊkən] *pp* → ***speak***
spokes•man ['spoʊksmən] porte-parole *m*
spokes•per•son ['spoʊkspɜːrsən] porte--parole *m/f*
spokes•wom•an ['spoʊkswʊmən] porte--parole *f*
sponge [spʌndʒ] *n* éponge *f*
◆ **sponge off, sponge on** *v/t* F vivre aux crochets de F
'**sponge cake** génoise *f*
spong•er ['spʌndʒər] F parasite *m/f*
spon•sor ['spɑːnsər] **1** *n* (*guarantor*) répondant(e) *m*(*f*); *for club membership* parrain *m*, marraine *f*; RAD, TV, SP sponsor *m/f* **2** *v/t for immigration etc* se porter garant de; *for club membership* parrainer; RAD, TV, SP sponsoriser
spon•sor•ship ['spɑːnsərʃɪp] RAD, TV, SP, *of exhibition etc* sponsorisation *f*
spon•ta•ne•ous [spɑːn'teɪnɪəs] *adj* spontané
spon•ta•ne•ous•ly [spɑːn'teɪnɪəslɪ] *adv* spontanément
spook•y ['spuːkɪ] *adj* F qui fait froid dans le dos
spool [spuːl] *n* bobine *f*
spoon [spuːn] *n* cuillère *f*
'**spoon•feed** *v/t* (*pret & pp* ***-fed***) *fig* mâcher tout à
spoon•ful ['spuːnfʊl] cuillerée *f*
spo•rad•ic [spə'rædɪk] *adj* intermittent
sport [spɔːrt] *n* sport *m*
sport•ing ['spɔːrtɪŋ] *adj event* sportif*; (*fair, generous*) chic *inv*; ***a sporting gesture*** un geste élégant
'**sports car** [spɔːrts] voiture *f* de sport
'**sports•coat** veste *f* sport
'**sports jour•nal•ist** journaliste *m* sportif, journaliste *f* sportive
'**sports•man** sportif *m*
'**sports med•i•cine** médecine *f* du sport
'**sports news** *nsg* nouvelles *fpl* sportives
'**sports page** page *f* des sports
'**sports•wear** vêtements *mpl* de sport
'**sports•wom•an** sportive *f*
sport•y ['spɔːrtɪ] *adj person* sportif*
spot¹ [spɑːt] *n on skin* bouton *m*; *part of pattern* pois *m*; ***a spot of ...*** (*a little*) un peu de ...
spot² *n* (*place*) endroit *m*; ***on the spot*** sur place; (*immediately*) sur-le-champ; ***put s.o. on the spot*** mettre qn dans l'embarras
spot³ *v/t* (*pret & pp* ***-ted***) (*notice, identify*) repérer
spot 'check *n* contrôle *m* au hasard; ***carry out spot checks*** effectuer des contrôles au hasard
spot•less ['spɑːtlɪs] *adj* impeccable
'**spot•light** *beam* feu *m* de projecteur; *device* projecteur *m*
spot•ted ['spɑːtɪd] *adj fabric* à pois
spot•ty ['spɑːtɪ] *adj with pimples* boutonneux*
spouse [spaʊs] *fml* époux *m*, épouse *f*
spout [spaʊt] **1** *n* bec *m* **2** *v/i of liquid* jaillir **3** *v/t* F débiter
sprain [spreɪn] **1** *n* foulure *f*; *serious* entorse *f* **2** *v/t ankle, wrist* se fouler; *seriously* se faire une entorse à
sprang ['spræŋ] *pret* → ***spring***³
sprawl [sprɒːl] *v/i* s'affaler; *of city* s'étendre (de tous les côtés); ***send s.o. sprawling*** *of punch* envoyer qn par terre
sprawl•ing ['sprɒːlɪŋ] *adj* tentaculaire
spray [spreɪ] **1** *n of sea water* embruns *mpl*; *from fountain* gouttes *fpl* d'eau; *for hair* laque *f*; *container* atomiseur *m* **2** *v/t perfume, hair lacquer, furniture polish* vaporiser; *paint, weed-killer etc* pulvériser; ***spray s.o. with sth*** asperger qn de qch; ***spray graffiti on sth*** peindre des graffitis à la bombe sur qch
'**spray•gun** pulvérisateur *m*
spread [spred] **1** *n of disease, religion etc* propagation *f*; F (*big meal*) festin *m* **2** *v/t* (*pret & pp* ***spread***) (*lay*), *butter* étaler; *news, rumor, disease* répandre; *arms, legs* étendre **3** *v/i* (*pret & pp* ***spread***) se répandre; *of butter* s'étaler
'**spread•sheet** COMPUT feuille *f* de calcul;

program tableur *m*
spree [spriː] F **:** ***go (out) on a spree*** faire la bringue F; ***go on a shopping spree*** aller claquer son argent dans les magasins F
sprig [sprɪg] brin *m*
spright•ly ['spraɪtlɪ] *adj* alerte
spring[1] [sprɪŋ] *n season* printemps *m*
spring[2] [sprɪŋ] *n device* ressort *m*
spring[3] [sprɪŋ] **1** *n* (*jump*) bond *m*; (*stream*) source *f* **2** *v/i* (*pret* ***sprang***, *pp* ***sprung***) bondir; ***spring from*** venir de, provenir de
'**spring•board** tremplin *m*
spring 'chick•en *hum*: ***she's no spring chicken*** elle n'est plus toute jeune
spring-'clean•ing nettoyage *m* de printemps
'**spring•time** printemps *m*
spring•y ['sprɪŋɪ] *adj mattress*, *ground*, *walk* souple
sprin•kle ['sprɪŋkl] *v/t* saupoudrer; ***sprinkle sth with sth*** saupoudrer qch de qch
sprin•kler ['sprɪŋklər] *for garden* arroseur *m*; *in ceiling* extincteur *m*
sprint [sprɪnt] **1** *n* sprint *m* **2** *v/i* SP sprinter; *fig* piquer un sprint F
sprint•er ['sprɪntər] SP sprinteur(-euse) *m*(*f*)
sprout [spraʊt] **1** *v/i of seed* pousser **2** *n*: (***Brussels***) ***sprouts*** choux *mpl* de Bruxelles
spruce [spruːs] *adj* pimpant
sprung [sprʌŋ] *pp* → ***spring***[3]
spry [spraɪ] *adj* alerte
spun [spʌn] *pret & pp* → ***spin***
spur [spɜːr] *n* éperon *m*; *fig* aiguillon *m*; ***on the spur of the moment*** sous l'impulsion du moment
◆ **spur on** *v/t* (*pret & pp* ***-red***) (*encourage*) encourager
spurt [spɜːrt] **1** *n in race* accélération *f*; ***put on a spurt*** *in race* sprinter; *fig*: *in work* donner un coup de collier **2** *v/i of liquid* jaillir
sput•ter ['spʌtər] *v/i of engine* tousser
spy [spaɪ] **1** *n* espion(ne) *m*(*f*) **2** *v/i* (*pret & pp* ***-ied***) faire de l'espionnage **3** *v/t* (*pret & pp* ***-ied***) (*see*) apercevoir
◆ **spy on** *v/t* espionner
squab•ble ['skwɑːbl] **1** *n* querelle *f* **2** *v/i* se quereller
squad ['skwɑːd] escouade *f*, groupe *m*; SP équipe *f*
squal•id ['skwɒːlɪd] *adj* sordide
squal•or ['skwɒːlər] misère *f*
squan•der ['skwɒːndər] *v/t* gaspiller
square [skwer] **1** *adj in shape* carré; ***square mile / yard*** mile / yard carré **2** *n shape*, MATH carré *m*; *in town* place *f*; *in board game* case *f*; ***we're back to square one*** nous sommes revenus à la case départ
◆ **square up** *v/i* (*settle accounts*) s'arranger; ***square up with s.o.*** régler ses comptes avec qn
square 'root racine *f* carrée
squash[1] [skwɑːʃ] *n vegetable* courge *f*
squash[2] [skwɑːʃ] *n game* squash *m*
squash[3] [skwɑːʃ] *v/t* (*crush*) écraser
squat [skwɑːt] **1** *adj in shape* ramassé **2** *v/i* (*pret & pp* ***-ted***) *sit* s'accroupir; *illegally* squatter
squat•ter ['skwɑːtər] squatteur(-euse) *m*(*f*)
squeak [skwiːk] **1** *n of mouse* couinement *m*; *of hinge* grincement *m* **2** *v/i of mouse* couiner; *of hinge* grincer; *of shoes* crisser
squeak•y ['skwiːkɪ] *adj hinge* grinçant; *shoes* qui crissent; ***squeaky voice*** petite voix aiguë
'**squeak•y clean** *adj* F blanc* comme neige
squeal [skwiːl] **1** *n* cri *m* aigu; *of brakes* grincement *m* **2** *v/i* pousser des cris aigus; *of brakes* grincer
squeam•ish ['skwiːmɪʃ] *adj* trop sensible
squeeze [skwiːz] **1** *n*: ***with a squeeze of her shoulder*** en lui pressant l'épaule; ***give s.o.'s hand a squeeze*** serrer la main de qn **2** *v/t hand* serrer; *shoulder*, (*remove juice from*) presser; *fruit*, *parcel* palper; ***squeeze sth out of s.o.*** soutirer qch à qn
◆ **squeeze in 1** *v/i to car etc* rentrer en se serrant **2** *v/t* réussir à faire rentrer
◆ **squeeze up** *v/i to make space* se serrer
squid [skwɪd] calmar *m*
squint [skwɪnt] *n*: ***have a squint*** loucher
squirm [skwɜːrm] *v/i* (*wriggle*) se tortiller; *in embarrassment* être mal à l'aise
squir•rel ['skwɪrl] écureuil *m*
squirt [skwɜːrt] **1** *v/t* faire gicler **2** *n* F *pej* morveux(-euse) *m*(*f*)
St *abbr* (***= saint***) St(e) (= saint(e)); (***= street***) rue
stab [stæb] **1** *n* F: ***have a stab*** essayer (***at doing sth*** de faire qch) **2** *v/t* (*pret & pp* ***-bed***) *person* poignarder
sta•bil•i•ty [stə'bɪlətɪ] stabilité *f*
sta•bil•ize ['steɪbɪlaɪz] **1** *v/t* stabiliser **2** *v/i* se stabiliser
sta•ble[1] ['steɪbl] *n for horses* écurie *f*
sta•ble[2] ['steɪbl] *adj* stable
stack [stæk] **1** *n* (*pile*) pile *f*; (*smokestack*) cheminée *f*; ***stacks of*** F énormément de **2** *v/t* empiler
sta•di•um ['steɪdɪəm] stade *m*

staff [stæf] *npl* (*employees*) personnel *m*; (*teachers*) personnel *m* enseignant
staf•fer ['stæfər] employé(e) *m*(*f*)
'**staff•room** *Br*: *in school* salle *f* des professeurs
stag [stæg] cerf *m*
stage[1] [steɪdʒ] *n in life*, *project*, *journey* étape *f*
stage[2] **1** *n* THEA scène *f*; ***go on the stage*** devenir acteur(-trice) **2** *v/t play* mettre en scène; *demonstration* organiser
'**stage•coach** diligence *f*
stage '**door** entrée *f* des artistes
'**stage fright** trac *m*
'**stage hand** machiniste *m*/*f*
stag•ger ['stægər] **1** *v/i* tituber **2** *v/t* (*amaze*) ébahir; *coffee breaks etc* échelonner
stag•ger•ing ['stægərɪŋ] *adj* stupéfiant
stag•nant ['stægnənt] *adj water*, *economy* stagnant
stag•nate [stæg'neɪt] *v/i fig*: *of person*, *mind* stagner
stag•na•tion [stæg'neɪʃn] stagnation *f*
'**stag par•ty** enterrement *m* de vie de garçon
stain [steɪn] **1** *n* (*dirty mark*) tache *f*; *for wood* teinture *f* **2** *v/t* (*dirty*) tacher; *wood* teindre **3** *v/i of wine etc* tacher; *of fabric* se tacher
stained-glass '**win•dow** [steɪnd] vitrail *m*
stain•less steel [steɪnlɪs'stiːl] **1** *adj* en acier inoxydable **2** *n* acier *m* inoxydable
stain re•mov•er ['steɪnrɪmuːvər] détachant *m*
stair [ster] marche *f*; ***the stairs*** l'escalier *m*
'**stair•case** escalier *m*
stake [steɪk] **1** *n of wood* pieu *m*; *when gambling* enjeu *m*; (*investment*) investissements *mpl*; ***be at stake*** être en jeu **2** *v/t tree* soutenir avec un pieu; *money* jouer; *person* financer
stale [steɪl] *adj bread* rassis; *air* empesté; *fig*: *news* plus très frais*
'**stale•mate** *in chess* pat *m*; *fig* impasse *f*; ***reach stalemate*** finir dans l'impasse
stalk[1] [stɔːk] *n of fruit*, *plant* tige *f*
stalk[2] [stɔːk] *v/t animal*, *person* traquer
stalk•er ['stɔːkər] *of person* harceleur *m*, -euse *f*
stall[1] [stɒːl] *n at market* étalage *m*; *for cow*, *horse* stalle *f*
stall[2] [stɒːl] **1** *v/i of vehicle*, *engine* caler; (*play for time*) chercher à gagner du temps **2** *v/t engine* caler; *person* faire attendre
stal•li•on ['stæljən] étalon *m*
stalls [stɒːlz] *npl* THEA orchestre *m*
stal•wart ['stɒːlwərt] *adj supporter* fidèle
stam•i•na ['stæmɪnə] endurance *f*
stam•mer ['stæmər] **1** *n* bégaiement *m* **2** *v/i* bégayer
stamp[1] [stæmp] **1** *n for letter* timbre *m*; *device*, *mark* tampon *m* **2** *v/t letter* timbrer; *document*, *passport* tamponner; ***I sent them a self-addressed stamped envelope*** je leur ai envoyé une envelope timbrée à mon adresse
stamp[2] [stæmp] *v/t*: ***stamp one's feet*** taper du pied
◆ **stamp out** *v/t* (*eradicate*) éradiquer
'**stamp collec•ting** philatélie *f*
'**stamp col•lec•tion** collection *f* de timbres
'**stamp col•lec•tor** collectionneur(-euse) *m*(*f*) de timbres
stam•pede [stæm'piːd] **1** *n of cattle etc* débandade *f*; *of people* ruée *f* **2** *v/i of cattle* s'enfuir à la débandade; *of people* se ruer
stance [stæns] position *f*
stand [stænd] **1** *n at exhibition* stand *m*; (*witness stand*) barre *f* des témoins; (*support*, *base*) support *m*; ***take the stand*** LAW venir à la barre **2** *v/i* (*pret & pp* ***stood***) (*be situated*) se trouver; *as opposed to sit* rester debout; (*rise*) se lever; ***stand still*** ne bouge pas; ***where do I stand with you?*** quelle est ma position vis-à-vis de toi? **3** *v/t* (*pret & pp* ***stood***) (*tolerate*) supporter; (*put*) mettre; ***you don't stand a chance*** tu n'as aucune chance; ***stand s.o. a drink*** payer à boire à qn; ***stand one's ground*** tenir ferme
◆ **stand back** *v/i* reculer
◆ **stand by 1** *v/i* (*not take action*) rester là sans rien faire; (*be ready*) se tenir prêt **2** *v/t person* soutenir; *decision* s'en tenir à
◆ **stand down** *v/i* (*withdraw*) se retirer
◆ **stand for** *v/t* (*tolerate*) supporter; (*represent*) représenter
◆ **stand in for** *v/t* remplacer
◆ **stand out** *v/i be visible* ressortir
◆ **stand up 1** *v/i* se lever **2** *v/t* F: ***stand s.o. up*** poser un lapin à qn F
◆ **stand up for** *v/t* défendre
◆ **stand up to** *v/t* (*face*) tenir tête à
stan•dard ['stændərd] **1** *adj procedure etc* normal; ***standard practice*** pratique *f* courante **2** *n* (*level*) niveau *m*; *moral* critère *m*; TECH norme *f*; ***be up to standard*** *of work* être à la hauteur; ***set high standards*** être exigeant
stan•dard•ize ['stændərdaɪz] *v/t* normaliser
stan•dard of '**li•ving** niveau *m* de vie
'**stand•by 1** *n ticket* stand-by *m*; ***be on standby*** *at airport* être en stand-by; *be*

ready to act être prêt à intervenir **2** *adv fly* en stand-by
'stand•by pas•sen•ger stand-by *m/f inv*
stand•ing ['stændɪŋ] *n in society* position *f* sociale; (*repute*) réputation *f*; ***a musician / politician of some standing*** un musicien / un politicien réputé; ***a friendship of long standing*** une amitié de longue date
'stand•ing room places *fpl* debout
stand•off•ish [stænd'ɑːfɪʃ] *adj* distant
'stand•point point *m* de vue
'stand•still: ***be at a standstill*** être paralysé; *of traffic also* être immobilisé; ***bring to a standstill*** paralyser; *traffic also* immobiliser
stank [stæŋk] *pret* → ***stink***
stan•za ['stænzə] strophe *f*
sta•ple¹ ['steɪpl] *n foodstuff* aliment *m* de base
sta•ple² ['steɪpl] **1** *n fastener* agrafe *f* **2** *v/t* agrafer
sta•ple 'di•et alimentation *f* de base
'sta•ple gun agrafeuse *f*
sta•pler ['steɪplər] agrafeuse *f*
star [stɑːr] **1** *n in sky* étoile *f*; *fig also* vedette *f* **2** *v/t* (*pret & pp* ***-red***) *of movie* avoir comme vedette(s) **3** *v/i* (*pret & pp* ***-red***) *in movie* jouer le rôle principal
'star•board *adj* de tribord
starch [stɑːrtʃ] *in foodstuff* amidon *m*
stare [ster] **1** *n* regard *m* fixe **2** *v/i*: ***stare into space*** regarder dans le vide; ***it's rude to stare*** ce n'est pas poli de fixer les gens
◆ **stare at** *v/t* regarder fixement, fixer
'star•fish étoile *f* de mer
stark [stɑːrk] **1** *adj landscape, color* austère; *reminder, contrast etc* brutal **2** *adv*: ***stark naked*** complètement nu
star•ling ['stɑːrlɪŋ] étourneau *m*
star•ry ['stɑːrɪ] *adj night* étoilé
star•ry-eyed [stɑːrɪ'aɪd] *adj person* idéaliste
Stars and 'Stripes bannière *f* étoilée
start [stɑːrt] **1** *n* début *m*; ***make a start on sth*** commencer qch; ***get off to a good / bad start*** *in race* faire un bon / mauvais départ; *in marriage, career* bien / mal démarrer; ***from the start*** dès le début; ***well, it's a start*** c'est un début **2** *v/i* commencer; *of engine, car* démarrer; ***starting from tomorrow*** à partir de demain **3** *v/t* commencer; *engine, car* mettre en marche; *business* monter; ***start to do sth, start doing sth*** commencer à faire qch
start•er ['stɑːrtər] *part of meal* entrée *f*; *of car* démarreur *m*
'start•ing point point *m* de départ
'starting sal•a•ry salaire *m* de départ
start•le ['stɑːrtl] *v/t* effrayer
start•ling ['stɑːrtlɪŋ] *adj* surprenant
starv•a•tion [stɑːr'veɪʃn] inanition *f*; ***die of starvation*** mourir de faim
starve [stɑːrv] *v/i* souffrir de la faim; ***starve to death*** mourir de faim; ***I'm starving*** F je meurs de faim F
state¹ [steɪt] **1** *n* (*condition, country, part of country*) état *m*; ***the States*** les États-Unis *mpl* **2** *adj capital, police etc* d'état; *banquet, occasion etc* officiel*
state² [steɪt] *v/t* déclarer; *qualifications, name and address* décliner
'State De•part•ment Département *m* d'État (américain)
state•ment ['steɪtmənt] *to police* déclaration *f*; (*announcement*) communiqué *m*; (*bank statement*) relevé *m* de compte
state of e'mer•gen•cy état *m* d'urgence
state-of-the-'art *adj* de pointe
states•man ['steɪtsmən] homme *m* d'État
state troop•er ['truːpər] policier *m* d'état
state 'vis•it visite *f* officielle
stat•ic (e•lec•tric•i•ty) ['stætɪk] électricité *f* statique
sta•tion ['steɪʃn] **1** *n* RAIL gare *f*; *of subway*, RAD station *f*; TV chaîne *f* **2** *v/t guard etc* placer; ***be stationed at*** *of soldier* être stationné à
sta•tion•a•ry ['steɪʃnərɪ] *adj* immobile
sta•tion•er•y ['steɪʃənərɪ] papeterie *f*
'sta•tion•er•y store papeterie *f*
sta•tion 'man•ag•er RAIL chef *m* de gare
'sta•tion wag•on break *m*
sta•tis•ti•cal [stə'tɪstɪkl] *adj* statistique
sta•tis•ti•cal•ly [stə'tɪstɪklɪ] *adv* statistiquement
sta•tis•ti•cian [stætɪs'tɪʃn] statisticien (-ne) *m(f)*
sta•tis•tics [stə'tɪstɪks] *nsg science* statistique *f npl figures* statistiques *fpl*
stat•ue ['stætʃuː] statue *f*
Stat•ue of 'Lib•er•ty Statue *f* de la Liberté
sta•tus ['steɪtəs] (*position*) statut *m*; (*prestige*) prestige *m*
'sta•tus bar COMPUT barre *f* d'état
'sta•tus sym•bol signe *m* extérieur de richesse
stat•ute ['stætʃuːt] loi *f*
staunch [stɒːntʃ] *adj* fervent
stay [steɪ] **1** *n* séjour *m* **2** *v/i* rester; ***come to stay for a week*** venir passer une semaine; ***stay in a hotel*** descendre dans un hôtel; ***I am staying at Hotel …*** je suis descendu à l'Hôtel …; ***stay right there!*** tenez-vous là!; ***stay put*** ne pas bouger
◆ **stay away** *v/i* ne pas s'approcher

◆ **stay away from** *v/t* éviter
◆ **stay behind** *v/i* rester; *in school* rester après la classe
◆ **stay up** *v/i* (*not go to bed*) rester debout
stead•i•ly ['stedɪlɪ] *adv improve etc* de façon régulière
stead•y ['stedɪ] **1** *adj hand* ferme; *voice* posé; (*regular*) régulier*; (*continuous*) continu; ***be steady on one's feet*** être d'aplomb sur ses jambes **2** *adv*: ***be going steady*** *of couple* sortir ensemble; ***be going steady*** (***with s.o.***) sortir avec qn; ***steady on!*** calme-toi! **3** *v/t* (*pret & pp* ***-ied***) *person* soutenir; *one's voice* raffermir
steak [steɪk] bifteck *m*
steal [stiːl] **1** *v/t* (*pret* ***stole***, *pp* ***stolen***) *money etc* voler **2** *v/i* (*pret* ***stole***, *pp* ***stolen***) (*be a thief*) voler; ***steal in / out*** entrer / sortir à pas feutrés
'**stealth bomb•er** [stelθ] avion *m* furtif
stealth•y ['stelθɪ] *adj* furtif*
steam [stiːm] **1** *n* vapeur *f* **2** *v/t food* cuire à la vapeur
◆ **steam up 1** *v/i of window* s'embuer **2** *v/t*: ***be steamed up*** F être fou de rage
steam•er ['stiːmər] *for cooking* cuiseur *m* à vapeur
'**steam i•ron** fer *m* à vapeur
steel [stiːl] **1** *adj* (*made of steel*) en acier **2** *n* acier *m*
'**steel•work•er** ouvrier(-ière) *m*(*f*) de l'industrie sidérurgique
steep[1] [stiːp] *adj hill etc* raide; F *prices* excessif*
steep[2] [stiːp] *v/t* (*soak*) faire tremper
stee•ple ['stiːpl] *of church* flèche *f*
'**stee•ple•chase** *in athletics* steeple-chase *m*
steep•ly ['stiːplɪ] *adv*: ***climb steeply*** *of path* monter en pente raide; *of prices* monter en flèche
steer[1] [stɪr] *n animal* bœuf *m*
steer[2] [stɪr] *v/t* diriger
steer•ing ['stɪrɪŋ] *n of motor vehicle* direction *f*
'**steer•ing wheel** volant *m*
stem[1] [stem] *n of plant* tige *f*; *of glass* pied *m*; *of pipe* tuyau *m*; *of word* racine *f*
◆ **stem from** *v/t* (*pret & pp* ***-med***) provenir de
stem[2] *v/t* (*block*) enrayer
stem•ware ['stemwer] verres *mpl*
stench [stentʃ] odeur *f* nauséabonde
sten•cil ['stensɪl] **1** *n tool* pochoir *m*; *pattern* peinture *f* au pochoir **2** *v/t* (*pret & pp* ***-ed***, *Br* ***-led***) *pattern* peindre au pochoir
step [step] **1** *n* (*pace*) pas *m*; (*stair*) marche *f*; (*measure*) mesure *f*; ***step by step*** progressivement **2** *v/i* (*pret & pp* ***-ped***) *in puddle*, *on nail* marcher; ***step forward / back*** faire un pas en avant / en arrière
◆ **step down** *v/i from post etc* se retirer
◆ **step up** *v/t* (*increase*) augmenter
'**step•broth•er** demi-frère *m*
'**step•daugh•ter** belle-fille *f*
'**step•fa•ther** beau-père *m*
'**step•lad•der** escabeau *m*
'**step•moth•er** belle-mère *f*
step•ping stone ['stepɪŋ] pierre *f* de gué; *fig* tremplin *m*
'**step•sis•ter** demi-sœur *f*
'**step•son** beau-fils *m*
ster•e•o ['sterɪoʊ] *n* (*sound system*) chaîne *f* stéréo
ster•e•o•type ['sterɪoʊtaɪp] stéréotype *m*
ster•ile ['sterəl] *adj* stérile
ster•il•ize ['sterəlaɪz] *v/t* stériliser
ster•ling ['stɜːrlɪŋ] *n* FIN sterling *m*
stern[1] [stɜːrn] *adj* sévère
stern[2] [stɜːrn] *n* NAUT arrière *m*
stern•ly ['stɜːrnlɪ] *adv* sévèrement
ster•oids ['sterɔɪdz] *npl* stéroïdes *mpl*
steth•o•scope ['steθəskoʊp] stéthoscope *m*
Stet•son® ['stetsn] stetson *m*
stew [stuː] *n* ragoût *m*
stew•ard ['stuːərd] *on plane*, *ship* steward *m*; *at demonstration*, *meeting* membre *m* du service d'ordre
stew•ard•ess ['stuːərdes] *on plane*, *ship* hôtesse *f*
stewed [stuːd] *adj*: ***stewed apples*** compote *f* de pommes
stick[1] [stɪk] *n* morceau *m* de bois; *of policeman* bâton *m*; (*walking stick*) canne *f*; ***live in the sticks*** F habiter dans un trou perdu F
stick[2] [stɪk] **1** *v/t* (*pret & pp* ***stuck***) *with adhesive* coller (***to*** à); F (*put*) mettre **2** *v/i* (*pret & pp* ***stuck***) (*jam*) se coincer; (*adhere*) adhérer
◆ **stick around** *v/i* F rester là
◆ **stick by** *v/t* F ne pas abandonner
◆ **stick out** *v/i* (*protrude*) dépasser; (*be noticeable*) ressortir; ***his ears stick out*** il a les oreilles décollées
◆ **stick to** *v/t* (*adhere to*) coller à; F (*keep to*) s'en tenir à; F (*follow*) suivre
◆ **stick together** *v/i* F rester ensemble
◆ **stick up** *v/t poster*, *leaflet* afficher; ***stick 'em up*** F les mains en l'air!
◆ **stick up for** *v/t* F défendre
stick•er ['stɪkər] autocollant *m*
'**stick-in-the-mud** F encroûté(e) *m*(*f*)
stick•y ['stɪkɪ] *adj hands*, *surface* gluant; *label* collant
stiff [stɪf] **1** *adj brush*, *cardboard*, *mixture*

etc dur; *muscle*, *body* raide; *in manner* guindé; *drink* bien tassé; *competition* acharné; *fine* sévère **2** *adv*: ***be scared stiff*** F être mort de peur; ***be bored stiff*** F s'ennuyer à mourir
stiff•en ['stɪfn] *v/i* se raidir
◆ **stiffen up** *v/i of muscle* se raidir
stiff•ly ['stɪflɪ] *adv* avec raideur; *fig*: *smile*, *behave* de manière guindée
stiff•ness ['stɪfnəs] *of muscles* raideur *f*; *fig*: *in manner* aspect *m* guindé
sti•fle ['staɪfl] *v/t yawn*, *laugh*, *criticism*, *debate* étouffer
sti•fling ['staɪflɪŋ] *adj* étouffant; ***it's stifling in here*** on étouffe ici
stig•ma ['stɪgmə] honte *f*
sti•let•tos [stɪ'letoʊz] *npl Br*: *shoes* talons *mpl* aiguille
still[1] [stɪl] **1** *adj* calme **2** *adv*: ***keep still!*** reste tranquille!; ***stand still!*** ne bouge pas!
still[2] [stɪl] *adv* (*yet*) encore, toujours; (*nevertheless*) quand même; ***do you still want it?*** est-ce que tu le veux encore?; ***she still hasn't finished*** elle n'a toujours pas fini; ***she might still come*** il se peut encore qu'elle vienne; ***they are still my parents*** ce sont quand même mes parents; ***still more*** (*even more*) encore plus
'**still•born** *adj* mort-né; ***be stillborn*** être mort à la naissance, être mort-né
still 'life nature *f* morte
stilt•ed ['stɪltɪd] *adj* guindé
stim•u•lant ['stɪmjʊlənt] stimulant *m*
stim•u•late ['stɪmjʊleɪt] *v/t* stimuler
stim•u•lat•ing ['stɪmjʊleɪtɪŋ] *adj* stimulant
stim•u•la•tion [stɪmjʊ'leɪʃn] stimulation *f*
stim•u•lus ['stɪmjʊləs] (*incentive*) stimulation *f*
sting [stɪŋ] **1** *n from bee*, *jellyfish* piqûre *f* **2** *v/t & v/i* (*pret & pp* ***stung***) piquer
sting•ing ['stɪŋɪŋ] *adj remark*, *criticism* blessant
sting•y ['stɪndʒɪ] *adj* F radin F
stink [stɪŋk] **1** *n* (*bad smell*) puanteur *f*; F (*fuss*) grabuge *m* F; ***make a stink*** F faire du grabuge F **2** *v/i* (*pret* ***stank***, *pp* ***stunk***) (*smell bad*) puer; F (*be very bad*) être nul
stint [stɪnt] *n* période *f*; ***do a six-month stint in prison / in the army*** faire six mois de prison / dans l'armée
◆ **stint on** *v/t* F lésiner sur
stip•u•late ['stɪpjʊleɪt] *v/t* stipuler
stip•u•la•tion [stɪpjʊ'leɪʃn] condition *f*; *of will*, *contract* stipulation *f*
stir [stɜːr] **1** *n*: ***give the soup a stir*** remuer la soupe; ***cause a stir*** faire du bruit **2** *v/t* (*pret & pp* ***-red***) remuer **3** *v/i* (*pret & pp* ***-red***) *of sleeping person* bouger
◆ **stir up** *v/t crowd* agiter; *bad memories* remuer; ***stir things up*** *cause problems* semer la zizanie
stir-'cra•zy *adj* F: ***be stir-crazy*** *être devenu fou en raison d'un confinement prolongé*
'**stir-fry** *v/t* (*pret & pp* ***-ied***) faire sauter
stir•ring ['stɜːrɪŋ] *adj music*, *speech* émouvant
stir•rup ['stɪrəp] étrier *m*
stitch [stɪʧ] **1** *n* point *m*; ***stitches*** MED points *mpl* de suture; ***be in stitches*** *laughing* se tordre de rire; ***have a stitch*** avoir un point de côté **2** *v/t* (*sew*) coudre
◆ **stitch up** *v/t wound* recoudre
stitch•ing ['stɪʧɪŋ] (*stitches*) couture *f*
stock [stɑːk] **1** *n* (*reserve*) réserves *fpl*; COMM *of store* stock *m*; *animals* bétail *m*; FIN actions *fpl*; *for soup etc* bouillon *m*; ***be in / out of stock*** être en stock / épuisé; ***take stock*** faire le bilan **2** *v/t* COMM avoir (en stock)
◆ **stock up on** *v/t* faire des réserves de
'**stock•brok•er** agent *m* de change
'**stock ex•change** bourse *f*
'**stock•hold•er** actionnaire *m/f*
stock•ing ['stɑːkɪŋ] bas *m*
stock•ist ['stɑːkɪst] revendeur *m*
'**stock mar•ket** marché *m* boursier
stock•mar•ket 'crash krach *m* boursier
'**stock•pile 1** *n of food*, *weapons* stocks *mpl* de réserve **2** *v/t* faire des stocks de
'**stock•room** *of store* réserve *f*
stock-'still *adv*: ***stand stock-still*** rester immobile
'**stock•tak•ing** inventaire *m*
stock•y ['stɑːkɪ] *adj* trapu
stodg•y ['stɑːdʒɪ] *adj food* bourratif*
sto•i•cal ['stoʊɪkl] *adj* stoïque
sto•i•cism ['stoʊɪsɪzm] stoïcisme *m*
stole [stoʊl] *pret* → ***steal***
stol•en ['stoʊlən] *pp* → ***steal***
stom•ach ['stʌmək] **1** *n* (*insides*) estomac *m*; (*abdomen*) ventre *m* **2** *v/t* (*tolerate*) supporter
'**stom•ach-ache** douleur *f* à l'estomac
stone [stoʊn] *n material*, (*precious stone*) pierre *f*; (*pebble*) caillou *m*; *in fruit* noyau *m*
stoned [stoʊnd] *adj* F *on drugs* défoncé F
stone-'deaf *adj* sourd comme un pot
'**stone•wall** *v/i* F atermoyer
ston•y ['stoʊnɪ] *adj ground*, *path* pierreux*
stood [stʊd] *pret & pp* → ***stand***
stool [stuːl] *seat* tabouret *m*
stoop[1] [stuːp] **1** *n* dos *m* voûté **2** *v/i* (*bend*

down) se pencher
stoop[2] [stuːp] *n* (*porch*) perron *m*
stop [stɑːp] **1** *n for train, bus* arrêt *m*; ***come to a stop*** s'arrêter; ***put a stop to*** arrêter **2** *v/t* (*pret & pp* **-ped**) arrêter; (*prevent*) empêcher; ***stop doing sth*** arrêter de faire qch; ***stop to do sth*** s'arrêter pour faire qch; ***it has stopped raining*** il s'est arrêté de pleuvoir; ***I stopped her from leaving*** je l'ai empêchée de partir; ***stop a check*** faire opposition à un chèque **3** *v/i* (*pret & pp* **-ped**) (*come to a halt*) s'arrêter
◆ **stop by** *v/i* (*visit*) passer
◆ **stop off** *v/i* faire étape
◆ **stop over** *v/i* faire escale
◆ **stop up** *v/t sink* boucher
'**stop•gap** bouche-trou *m*
'**stop•light** (*traffic light*) feu *m* rouge; (*brake light*) stop *m*
'**stop•o•ver** étape *f*
stop•per ['stɑːpər] *for bottle* bouchon *m*
'**stop sign** stop *m*
'**stop•watch** chronomètre *m*
stor•age ['stɔːrɪdʒ] COMM emmagasinage *m*; *in house* rangement *m*; ***in storage*** en dépôt
'**stor•age ca•pac•i•ty** COMPUT capacité *f* de stockage
'**stor•age space** espace *m* de rangement
store [stɔːr] **1** *n* magasin *m*; (*stock*) provision *f*; (*storehouse*) entrepôt *m* **2** *v/t* entreposer; COMPUT stocker
'**store•front** devanture *f* de magasin
'**store•house** entrepôt *m*
store•keep•er ['stɔːrkiːpər] commerçant(e) *m*(*f*)
'**store•room** réserve *f*
sto•rey ['stɔːrɪ] *Br* → ***story***[2]
stork [stɔːrk] cigogne *f*
storm [stɔːrm] *n with rain, wind* tempête *f*; (*thunderstorm*) orage *m*
'**storm drain** égout *m* pluvial
'**storm warn•ing** avis *m* de tempête
'**storm win•dow** fenêtre *f* extérieure
storm•y *adj weather, relationship* orageux*
sto•ry[1] ['stɔːrɪ] (*tale, account,* F: *lie*) histoire *f*; *recounted by victim* récit *m*; (*newspaper article*) article *m*
sto•ry[2] ['stɔːrɪ] *of building* étage *m*
stout [staʊt] *adj person* corpulent, costaud; *boots* solide; *defender* acharné
stove [stoʊv] *for cooking* cuisinière *f*; *for heating* poêle *m*
stow [stoʊ] *v/t* ranger
◆ **stow away** *v/i* s'embarquer clandestinement
'**stow•a•way** passager clandestin *m*, passagère clandestine *f*
strag•gler ['stræglər] retardataire *m/f*
straight [streɪt] **1** *adj line, back, knees* droit; *hair* raide; (*honest, direct*) franc*; (*not criminal*) honnête; *whiskey etc* sec*; (*tidy*) en ordre; (*conservative*) sérieux*; (*not homosexual*) hétéro F; ***be a straight A student*** être un étudiant excellent; ***keep a straight face*** garder son sérieux **2** *adv* (*in a straight line*) droit; (*directly, immediately*) directement; ***think straight*** avoir les idées claires; ***I can't think straight any more!*** je n'arrive pas à me concentrer!; ***stand up straight!*** tiens-toi droit!; ***look s.o. straight in the eye*** regarder qn droit dans les yeux; ***go straight*** F *of criminal* revenir dans le droit chemin; ***give it to me straight*** F dites-le moi franchement; ***straight ahead*** *be situated, walk, drive, look* tout droit; ***carry straight on*** *of driver etc* continuer tout droit; ***straight away, straight off*** tout de suite; ***straight out*** très clairement; ***straight up*** *without ice* sans glace
straight•en ['streɪtn] *v/t* redresser
◆ **straighten out 1** *v/t situation* arranger; F *person* remettre dans le droit chemin **2** *v/i of road* redevenir droit
◆ **straighten up** *v/i* se redresser
straight'for•ward *adj* (*honest, direct*) direct; (*simple*) simple
strain[1] [streɪn] **1** *n on rope, engine* tension *f*; *on heart* pression *f*; ***suffer from strain*** souffrir de tension nerveuse **2** *v/t back* se fouler; *eyes* s'abîmer; *fig: finances, budget* grever
strain[2] [streɪn] *v/t vegetables* faire égoutter; *oil, fat etc* filtrer
strain[3] [streɪn] *n of virus etc* souche *f*
strained [streɪnd] *adj relations* tendu
strain•er ['streɪnər] *for vegetables etc* passoire *f*
strait [streɪt] GEOG détroit *m*
strait•laced [streɪt'leɪst] *adj* collet monté *inv*
Straits of 'Dover Pas *m* de Calais
strand[1] [strænd] *n of hair* mèche *f*; *of wool, thread* brin *m*
strand[2] [strænd] *v/t* abandonner à son sort; ***be stranded*** se retrouver bloqué
strange [streɪndʒ] *adj* (*odd, curious*) étrange, bizarre; (*unknown, foreign*) inconnu
strange•ly ['streɪndʒlɪ] *adv* (*oddly*) bizarrement; ***strangely enough, …*** c'est bizarre, mais …
strang•er ['streɪndʒər] étranger(-ère) *m*(*f*); ***he's a complete stranger*** je ne le connais pas du tout; ***I'm a stranger***

S

here myself moi non plus je ne suis pas d'ici
stran•gle ['stræŋgl] *v/t person* étrangler
strap [stræp] *n of purse, shoe* lanière *f*; *of brassiere, dress* bretelle *f*; *of watch* bracelet *m*
◆ **strap in** *v/t* (*pret & pp* **-ped**) attacher
◆ **strap on** *v/t* attacher
strap•less ['stræplɪs] *adj* sans bretelles
stra•te•gic [strə'tiːdʒɪk] *adj* stratégique
strat•e•gy ['strætədʒɪ] stratégie *f*
straw [strɒː] **1** *n material, for drink* paille *f*; ***that is the last straw*** F c'est la goutte d'eau qui fait déborder le vase **2** *adj hat, bag, mat* de paille; *seat* en paille
straw•ber•ry ['strɒːberɪ] fraise *f*
stray [streɪ] **1** *adj animal, bullet* perdu **2** *n* animal *m* errant **3** *v/i of animal* vagabonder; *of child* s'égarer; *fig*: *of eyes, thoughts* errer (***to*** vers)
streak [striːk] **1** *n of dirt, paint* traînée *f*; *in hair* mèche *f*; *fig*: *of nastiness etc* pointe *f* **2** *v/i move quickly* filer **3** *v/t*: ***be streaked with*** être strié de
streak•y ['striːkɪ] *adj window etc* couvert de traces
stream [striːm] **1** *n* ruisseau *m*; *fig*: *of people, complaints* flot *m*; ***come on stream*** *of new car etc* entrer en production; *of power plant* être mis en service **2** *v/i*: ***people streamed out of the building*** des flots de gens sortaient du bâtiment; ***tears were streaming down my face*** mon visage ruisselait de larmes; ***sunlight streamed into the room*** le soleil entrait à flots dans la pièce
stream•er ['striːmər] *for party* serpentin *m*
'**stream•line** *v/t fig* rationaliser
'**stream•lined** *adj car, plane* caréné; *fig*: *organization* rationalisé
street [striːt] rue *f*
'**street•car** tramway *m*
'**street cred** [kred] F image *f* de marque
'**street•light** réverbère *m*
'**street peo•ple** *npl* sans-abri *mpl*
'**street val•ue** *of drugs* prix *m* à la revente
'**street•walk•er** F racoleuse *f*
'**street•wise** *adj* débrouillard; ***this kid is totally streetwise*** ce gamin est un vrai gavroche
strength [streŋθ] force *f*; (*strong point*) point *m* fort
strength•en ['streŋθn] **1** *v/t body* fortifier; *bridge, currency, bonds etc* consolider **2** *v/i* se consolider
stren•u•ous ['strenjʊəs] *adj climb, walk etc* fatigant; *effort* acharné
stren•u•ous•ly ['strenjʊəslɪ] *adv deny* vigoureusement
stress [stres] **1** *n* (*emphasis*) accent *m*; (*tension*) stress *m*; ***be under stress*** souffrir de stress **2** *v/t syllable* accentuer; *importance etc* souligner; ***I must stress that ...*** je dois souligner que ...
stressed '**out** [strest] *adj* F stressé F
stress•ful ['stresfʊl] *adj* stressant
stretch [stretʃ] **1** *n of land, water* étendue *f*; *of road* partie *f*; ***at a stretch*** (*non-stop*) d'affilée **2** *adj fabric* extensible **3** *v/t material* tendre; *small income* tirer le maximum de; F *rules* assouplir; ***he stretched out his hand*** il tendit la main; ***a job that stretches me*** un métier qui me pousse à donner le meilleur de moi-même **4** *v/i to relax muscles, to reach sth* s'étirer; (*spread*) s'étendre (***from*** de; ***to*** jusqu'à); *of fabric*: *give* être extensible; *of fabric*: *sag* s'élargir
stretch•er ['stretʃər] brancard *m*
strict [strɪkt] *adj* strict
strict•ly ['strɪktlɪ] *adv* strictement; ***it is strictly forbidden*** c'est strictement défendu
strict•ness ['strɪktnəs] sévérité *f*
strid•den ['strɪdn] *pp* → ***stride***
stride [straɪd] **1** *n* (grand) pas *m*; ***take sth in one's stride*** ne pas se laisser troubler par qch; ***make great strides*** *fig* faire de grands progrès **2** *v/i* (*pret* ***strode***, *pp* ***stridden***) marcher à grandes enjambées
stri•dent ['straɪdnt] *adj* strident; *fig*: *demands* véhément
strike [straɪk] **1** *n of workers* grève *f*; *in baseball* balle *f* manquée; *of oil* découverte *f*; ***be on strike*** être en grève; ***go on strike*** faire grève **2** *v/i* (*pret & pp* ***struck***) *of workers* faire grève; (*attack*: *of wild animal*) attaquer; *of killer* frapper; *of disaster* arriver; *of clock* sonner **3** *v/t* (*pret & pp* ***struck***) *also fig* frapper; *match* allumer; *oil* découvrir; ***he struck his head against the table*** il s'est cogné la tête contre la table; ***she struck me as being ...*** elle m'a fait l'impression d'être ...; ***the thought struck me that ...*** l'idée que ... m'est venue à l'esprit
◆ **strike out** *v/t delete* rayer
strike•break•er ['straɪkbreɪkər] briseur (-euse) *m*(*f*) de grève
strik•er ['straɪkər] (*person on strike*) gréviste *m/f*; *in soccer* buteur *m*
strik•ing ['straɪkɪŋ] *adj* (*marked, eye-catching*) frappant
string [strɪŋ] *n* ficelle *f*; *of violin, tennis racket* corde *f*; ***the strings*** *musicians* les cordes; ***pull strings*** user de son influence; ***a string of*** (*series*) une série de

S

◆ **string along** (*pret & pp* ***strung***) F **1** *v/i*: ***do you mind if I string along?*** est-ce que je peux vous suivre? **2** *v/t*: ***string s.o. along*** tromper qn, faire marcher qn
◆ **string up** *v/t* F pendre
stringed 'in•stru•ment [strɪŋd] instrument *m* à cordes
strin•gent ['strɪndʒnt] *adj* rigoureux*
'string play•er joueur(-euse) *m(f)* d'un instrument à cordes
strip [strɪp] **1** *n* bande *f*; (*comic strip*) bande *f* dessinée; *of soccer team* tenue *f* **2** *v/t* (*pret & pp* ***-ped***) *paint*, *sheets* enlever; *of wind* arracher; (*undress*) déshabiller; ***strip s.o. of sth*** enlever qch à qn **3** *v/i* (*pret & pp* ***-ped***) (*undress*) se déshabiller; *of stripper* faire du strip-tease
'strip club boîte *f* de strip-tease
stripe [straɪp] rayure *f*; MIL galon *m*
striped [straɪpt] *adj* rayé
'strip mall centre *m* commercial (*linéaire*)
strip•per ['strɪpər] strip-teaseuse *f*; ***male stripper*** strip-teaseur *m*
'strip show strip-tease *m*
strip'tease strip-tease *m*
strive [straɪv] *v/i* (*pret* ***strove***, *pp* ***striven***): ***strive to do sth*** s'efforcer de faire qch; *over a period of time* lutter *or* se battre pour faire qch; ***strive for*** essayer d'obtenir
striv•en ['strɪvn] *pp* → ***strive***
strobe, **'strobe light** [stroʊb] lumière *f* stroboscopique
strode [stroʊd] *pret* → ***stride***
stroke [stroʊk] **1** *n* MED attaque *f*; *in writing* trait *m* de plume; *in painting* coup *m* de pinceau; *style of swimming* nage *f*; ***a stroke of luck*** un coup de chance; ***she never does a stroke*** (***of work***) elle ne fait jamais rien **2** *v/t* caresser
stroll [stroʊl] **1** *n*: ***go for*** *or* ***take a stroll*** aller faire une balade **2** *v/i* flâner; ***he just strolled into the room*** il est entré dans la pièce sans se presser
stroll•er ['stroʊlər] *for baby* poussette *f*
strong [strɑːŋ] *adj* fort; *structure* solide; *candidate* sérieux*; *support*, *supporter* vigoureux*
'strong•hold *fig* bastion *m*
strong•ly ['strɑːŋlɪ] *adv* fortement; ***she feels very strongly about it*** cela lui tient très à cœur
strong-mind•ed [strɑːŋ'maɪndɪd] *adj*: ***be strong-minded*** avoir de la volonté
'strong point point *m* fort
'strong•room chambre *f* forte
strong-willed [strɑːŋ'wɪld] *adj* qui sait ce qu'il veut
strove [stroʊv] *pret* → ***strive***
struck [strʌk] *pret & pp* → ***strike***
struc•tur•al ['strʌktʃərl] *adj damage* de structure; *fault*, *problems*, *steel* de construction
struc•ture ['strʌktʃər] **1** *n* (*something built*) construction *f*; *fig*: *of novel*, *poem etc* structure *f* **2** *v/t* structurer
strug•gle ['strʌgl] **1** *n* (*fight*) lutte *f*; ***it was a struggle at times*** ça a été très dur par moments **2** *v/i with a person* se battre; ***struggle to do sth / for sth*** avoir du mal à faire qch/à obtenir qch
strum [strʌm] *v/t* (*pret & pp* ***-med***) *guitar* pincer les cordes de
strung [strʌŋ] *pret & pp* → ***string***
strut [strʌt] *v/i* (*pret & pp* ***-ted***) se pavaner
stub [stʌb] **1** *n of cigarette* mégot *m*; *of check*, *ticket* souche *f* **2** *v/t* (*pret & pp* ***-bed***): ***stub one's toe*** se cogner le pied (***on*** contre)
◆ **stub out** *v/t* écraser
stub•ble ['stʌbl] *on face* barbe *f* piquante
stub•born ['stʌbərn] *adj person*, *refusal etc* entêté; *defense* farouche
stub•by ['stʌbɪ] *adj fingers* boudiné
stuck [stʌk] **1** *pret & pp* → ***stick*** **2** *adj* F: ***be stuck on s.o.*** être fou* de qn
stuck-'up *adj* F snob *inv*
stu•dent ['stuːdnt] *at high school* élève *m/f*; *at college*, *university* étudiant(e) *m(f)*
stu•dent 'driv•er apprenti(e) conducteur(-trice) *m(f)*
stu•dent 'nurse élève-infirmier *m*, élève-infirmière *f*
stu•dent 'teach•er professeur *m/f* stagiaire
stu•di•o ['stuːdɪoʊ] *of artist* atelier *m*; (*film studio*, *TV studio*, *recording studio*) studio *m*
stu•di•ous ['stuːdɪəs] *adj* studieux*
stud•y ['stʌdɪ] **1** *n room* bureau *m*; (*learning*) études *fpl*; (*investigation*) étude *f* **2** *v/t* (*pret & pp* ***-ied***) *at school*, *university* étudier; (*examine*) examiner **3** *v/i* (*pret & pp* ***-ied***) étudier
stuff [stʌf] **1** *n* (*things*) trucs *mpl*; *substance*, *powder etc* truc *m*; (*belongings*) affaires *fpl* **2** *v/t turkey* farcir; ***stuff sth into sth*** fourrer qch dans qch
stuff•ing ['stʌfɪŋ] *for turkey* farce *f*; *in chair*, *teddy bear* rembourrage *m*
stuff•y ['stʌfɪ] *adj room* mal aéré; *person* vieux jeu *inv*
stum•ble ['stʌmbl] *v/i* trébucher
◆ **stumble across** *v/t* trouver par hasard
◆ **stumble over** *v/t object*, *words* trébucher sur
stum•bling block ['stʌmblɪŋ] pierre *f*

d'achoppement
stump [stʌmp] **1** *n of tree* souche *f* **2** *v/t*: ***I'm stumped*** je colle F
◆ **stump up** *v/t* F (*pay*) cracher F
stun [stʌn] *v/t* (*pret & pp* ***-ned***) étourdir; *animal* assommer; *fig* (*shock*) abasourdir
stung [stʌŋ] *pret & pp* → ***sting***
stunk [stʌŋk] *pp* → ***stink***
stun•ning ['stʌnɪŋ] *adj* (*amazing*) stupéfiant; (*very beautiful*) épatant
stunt [stʌnt] *for publicity* coup *m* de publicité; *in movie* cascade *f*
'**stunt•man** *in movie* cascadeur *m*
stu•pe•fy ['stu:pɪfaɪ] *v/t* (*pret & pp* ***-ied***) stupéfier
stu•pen•dous [stu:'pendəs] *adj* prodigieux*
stu•pid ['stu:pɪd] *adj* stupide
stu•pid•i•ty [stu:'pɪdətɪ] stupidité *f*
stu•por ['stu:pər] stupeur *f*
stur•dy ['stɜ:rdɪ] *adj* robuste
stut•ter ['stʌtər] *v/i* bégayer
style [staɪl] *n* (*method, manner*) style *m*; (*fashion*) mode *f*; (*fashionable elegance*) classe *f*; ***in style*** à la mode; ***go out of style*** passer de mode
styl•ish ['staɪlɪʃ] *adj* qui a de la classe
styl•ist ['staɪlɪst] (*hair stylist, interior designer*) styliste *m/f*
sub•com•mit•tee ['sʌbkəmɪtɪ] sous-comité *m*
sub•con•scious [sʌb'kɑ:nʃəs] *adj* subconscient; ***the subconscious mind*** le subconscient
sub•con•scious•ly [sʌb'kɑ:nʃəslɪ] *adv* subconsciemment
sub•con•tract [sʌbkən'trakt] *v/t* sous-traiter
sub•con•trac•tor [sʌbkən'traktər] sous-traitant *m*
sub•di•vide [sʌbdɪ'vaɪd] *v/t* sous-diviser
sub•due [səb'du:] *v/t rebellion, mob* contenir
sub•dued [səb'du:d] *adj person* réservé; *lighting* doux*
sub•head•ing ['sʌbhedɪŋ] sous-titre *m*
sub•hu•man [sʌb'hju:mən] *adj* sous-humain
sub•ject ['sʌbdʒɪkt] **1** *n of country*, GRAM, (*topic*) sujet *m*; (*branch of learning*) matière *f*; ***change the subject*** changer de sujet **2** *adj*: ***be subject to*** être sujet à; ***subject to availability*** *tickets* dans la limite des places disponibles; *goods* dans la limite des stocks disponibles **3** *v/t* [səb'dʒekt] soumettre (***to*** à)
sub•jec•tive [səb'dʒektɪv] *adj* subjectif*
sub•junc•tive [səb'dʒʌŋktɪv] *n* GRAM subjonctif *m*
sub•let ['sʌblet] *v/t* (*pret & pp* ***-let***) sous-louer
sub•ma'chine gun [sʌbmə'ʃi:ngʌn] mitraillette *f*
sub•ma•rine ['sʌbməri:n] sous-marin *m*
sub•merge [səb'mɜ:rdʒ] **1** *v/t in sth* immerger (***in*** dans); ***be submerged*** *of rocks, iceberg* être submergé **2** *v/i of submarine* plonger
sub•mis•sion [səb'mɪʃn] (*surrender*), *to committee etc* soumission *f*
sub•mis•sive [səb'mɪsɪv] *adj* soumis
sub•mit [səb'mɪt] (*pret & pp* ***-ted***) **1** *v/t plan, proposal* soumettre **2** *v/i* se soumettre
sub•or•di•nate [sə'bɔ:rdɪnət] **1** *adj employee, position* subalterne **2** *n* subordonné(e) *m(f)*
sub•poe•na [sə'pi:nə] LAW **1** *n* assignation *f* **2** *v/t person* assigner à comparaître
◆ **subscribe to** [səb'skraɪb] *v/t magazine etc* s'abonner à; *theory* souscrire à
sub•scrib•er [səb'skraɪbər] *to magazine* abonné(e) *m(f)*
sub•scrip•tion [səb'skrɪpʃn] abonnement *m*
sub•se•quent ['sʌbsɪkwənt] *adj* ultérieur
sub•se•quent•ly ['sʌbsɪkwəntlɪ] *adv* par la suite
sub•side [səb'saɪd] *v/i of flood waters* baisser; *of high winds* se calmer; *of building* s'affaisser; *of fears, panic* s'apaiser
sub•sid•i•a•ry [səb'sɪdɪrɪ] *n* filiale *f*
sub•si•dize ['sʌbsɪdaɪz] *v/t* subventionner
sub•si•dy ['sʌbsɪdɪ] subvention *f*
◆ **subsist on** *v/t* subsister de
sub'sis•tence lev•el: ***live at subsistence level*** vivre à la limite de la subsistance
sub•stance ['sʌbstəns] (*matter*) substance *f*
sub•stan•dard [sʌb'stændərd] *adj* de qualité inférieure
sub•stan•tial [səb'stænʃl] *adj* (*considerable*) considérable; *meal* consistant
sub•stan•tial•ly [səb'stænʃlɪ] *adv* (*considerably*) considérablement; (*in essence*) de manière générale
sub•stan•ti•ate [səb'stænʃɪeɪt] *v/t* confirmer
sub•stan•tive [səb'stæntɪv] *adj* réel*
sub•sti•tute ['sʌbstɪtu:t] **1** *n for commodity* substitut *m* (***for*** de); SP remplaçant(e) *m(f)* (***for*** de) **2** *v/t* remplacer; ***substitute X for Y*** remplacer Y par X **3** *v/i*: ***substitute for s.o.*** remplacer qn
sub•sti•tu•tion [sʌbsũtɪ'tu:ʃn] *act* remplacement *m*; ***make a substitution*** SP

faire un remplacement
sub•ti•tle ['sʌbtaɪtl] *n* sous-titre *m*; ***with subtitles*** sous-titré
sub•tle ['sʌtl] *adj* subtil
sub•tract [səb'trækt] *v/t number* soustraire
sub•urb ['sʌbɜːrb] banlieue *f*; ***the suburbs*** la banlieue
sub•ur•ban [sə'bɜːrbən] *adj* typique de la banlieue; *pej*: *attitudes etc* de banlieusards
sub•ver•sive [səb'vɜːrsɪv] **1** *adj* subversif* **2** *n* personne *f* subversive
sub•way ['sʌbweɪ] métro *m*
sub•ze•ro [sʌb'ziːroʊ] *adj temperature* en-dessous de zéro
suc•ceed [sək'siːd] **1** *v/i* (*be successful*) réussir; ***succeed in doing sth*** réussir à faire qch; *to throne*, *presidency* succéder à, hériter de **2** *v/t* (*come after*) succéder à
suc•ceed•ing [sək'siːdɪŋ] *adj* suivant
suc•cess [sək'ses] réussite *f*; ***be a success*** avoir du succès
suc•cess•ful [sək'sesfʊl] *adj person* qui a réussi; *talks*, *operation*, *marriage* réussi; ***be successful in doing sth*** réussir à faire qch
suc•cess•ful•ly [sək'sesfʊlɪ] *adv* avec succès
suc•ces•sion [sək'seʃn] (*sequence*), *to office* succession *f*; ***in succession*** d'affilée
suc•ces•sive [sək'sesɪv] *adj* successif*; ***on three successive days*** trois jours de suite
suc•ces•sor [sək'sesər] successeur *m*
suc•cinct [sək'sɪŋkt] *adj* succinct
suc•cu•lent ['ʃʌkjʊlənt] *adj* succulent
suc•cumb [sə'kʌm] *v/i* (*give in*) succomber; ***succumb to temptation*** succomber à la tentation
such [sʌʧ] **1** *adj*: ***such a*** (*so much of a*) un tel, une telle; ***it was such a surprise*** c'était une telle surprise ◇ (*of that kind*): ***such as*** tel / telle que; ***there is no such word as …*** le mot … n'existe pas; ***such people are …*** de telles personnes sont … **2** *adv* tellement; ***such an easy question*** une question tellement facile; ***as such*** en tant que tel
suck [sʌk] **1** *v/t candy etc* sucer; ***suck one's thumb*** sucer son pouce **2** *v/i* P: ***it sucks*** c'est merdique P
◆ **suck up** *v/t moisture* absorber
◆ **suck up to** *v/t* F lécher les bottes à
suck•er ['sʌkər] F *person* niais(e) *m*(*f*); F (*lollipop*) sucette *f*
suc•tion ['sʌkʃn] succion *f*
sud•den ['sʌdn] *adj* soudain; ***all of a sudden*** tout d'un coup
sud•den•ly ['sʌdnlɪ] *adv* tout à coup, soudain, soudainement; ***so suddenly*** tellement vite
suds [sʌdz] *npl* (*soap suds*) mousse *f* de savon
sue [suː] *v/t* poursuivre en justice
suede [sweɪd] *n* daim *m*
suf•fer ['sʌfər] **1** *v/i* souffrir; ***be suffering from*** souffrir de **2** *v/t experience* subir
suf•fer•ing ['sʌfərɪŋ] *n* souffrance *f*
suf•fi•cient [sə'fɪʃnt] *adj* suffisant; ***not have sufficient funds / time*** ne pas avoir assez d'argent / de temps; ***just one hour will be sufficient*** une heure suffira
suf•fi•cient•ly [sə'fɪʃntlɪ] *adv* suffisamment
suf•fo•cate ['sʌfəkeɪt] **1** *v/i* s'étouffer **2** *v/t* étouffer
suf•fo•ca•tion [sʌfə'keɪʃn] étouffement *m*
sug•ar ['ʃʊgər] **1** *n* sucre *m* **2** *v/t* sucrer
'**sug•ar bowl** sucrier *m*
'**sug•ar cane** canne *f* à sucre
sug•gest [sə'dʒest] *v/t* suggérer
sug•ges•tion [sə'dʒesʧən] suggestion *f*
su•i•cide ['suːɪsaɪd] *also fig* suicide *m*; ***commit suicide*** se suicider
'**su•i•cide bomb at•tack** attentat *m* suicide
'**su•i•cide bomb•er** kamikaze *m*/*f*
'**su•i•cide pact** accord passé entre deux personnes pour se suicider ensemble
suit [suːt] **1** *n for man* costume *m*; *for woman* tailleur *m*; *in cards* couleur *f* **2** *v/t of clothes*, *color* aller à; ***red suits you*** le rouge te va bien; ***suit yourself!*** F fais comme tu veux!; ***be suited for sth*** être fait pour qch
sui•ta•ble ['suːtəbl] *adj* approprié, convenable
sui•ta•bly ['suːtəblɪ] *adv* convenablement
'**suit•case** valise *f*
suite [swiːt] *of rooms* suite *f*; *furniture* salon *m* trois pièces; MUS suite *m*
sul•fur ['sʌlfər] soufre *m*
sul•fur•ic ac•id [sʌl'fjuːrɪk] acide *m* sulfurique
sulk [sʌlk] *v/i* bouder
sulk•y ['sʌlkɪ] *adj* boudeur*
sul•len ['sʌlən] *adj* maussade
sul•phur *etc Br* → ***sulfur*** *etc*
sul•try ['sʌltrɪ] *adj climate* lourd; *sexually* sulfureux*
sum [sʌm] (*total*, *amount*) somme *f*; *in arithmetic* calcul *m*; ***a large sum of money*** une grosse somme d'argent; ***sum insured*** montant assuré; ***the sum total of his efforts*** la somme de ses efforts

◆ **sum up** (*pret & pp* ***-med***) **1** *v/t* (*summarize*) résumer; (*assess*) se faire une idée de; ***that just about sums him up*** c'est tout à fait lui **2** *v/i* LAW résumer les débats
sum•mar•ize ['sʌməraɪz] *v/t* résumer
sum•ma•ry ['sʌmərɪ] *n* résumé *m*
sum•mer ['sʌmər] été *f*
sum•mit ['sʌmɪt] *of mountain*, POL sommet *m*
'**sum•mit meet•ing** → ***summit***
sum•mon ['sʌmən] *v/t staff, meeting* convoquer
◆ **summon up** *v/t strength* faire appel à
sum•mons ['sʌmənz] *nsg* LAW assignation *f* (à comparaître)
sump [sʌmp] *for oil* carter *m*
sun [sʌn] soleil *m*; ***in the sun*** au soleil; ***out of the sun*** à l'ombre; ***he has had too much sun*** il s'est trop exposé au soleil
'**sun•bathe** *v/i* prendre un bain de soleil
'**sun•bed** lit *m* à ultraviolets
'**sun•block** écran *m* solaire
'**sun•burn** coup *m* de soleil
'**sun•burnt** *adj*: ***be sunburnt*** avoir des coups de soleil
Sun•day ['sʌndeɪ] dimanche *m*
'**sun•dial** cadran *m* solaire
sun•dries ['sʌndrɪz] *npl expenses* frais *mpl* divers; *items* articles *mpl* divers
sung [sʌŋ] *pp* → ***sing***
'**sun•glass•es** *npl* lunettes *fpl* de soleil
sunk [sʌŋk] *pp* → ***sink***
sunk•en ['sʌnkn] *adj cheeks* creux*
sun•ny ['sʌnɪ] *adj day* ensoleillé; *disposition* gai; ***it's sunny*** il y a du soleil
'**sun•rise** lever *m* du soleil
'**sun•set** coucher *m* du soleil
'**sun•shade** *handheld* ombrelle *f*; *over table* parasol *m*
'**sun•shine** soleil *m*
'**sun•stroke** insolation *f*
'**sun•tan** bronzage *m*; ***get a suntan*** bronzer
su•per ['suːpər] **1** *adj* F super *inv* F **2** *n* (*janitor*) concierge *m/f*
su•perb [sʊ'pɜːrb] *adj* excellent
su•per•fi•cial [suːpər'fɪʃl] *adj* superficiel*
su•per•flu•ous [sʊ'pɜːrfluəs] *adj* superflu
su•per'hu•man *adj efforts* surhumain
su•per•in•tend•ent [suːpərɪn'tendənt] *of apartment block* concierge *m/f*
su•pe•ri•or [suː'pɪrɪər] **1** *adj quality, hotel, attitude* supérieur **2** *n in organization, society* supérieur *m*
su•per•la•tive [suː'pɜːrlətɪv] **1** *adj* (*superb*) excellent **2** *n* GRAM superlatif *m*
'**su•per•mar•ket** supermarché *m*
'**su•per•mod•el** top model *m*
su•per'nat•u•ral 1 *adj powers* surnaturel* **2** *n*: ***the supernatural*** le surnaturel
'**su•per•pow•er** POL superpuissance *f*
su•per•son•ic [suːpər'sɑːnɪk] *adj flight, aircraft* supersonique
su•per•sti•tion [suːpər'stɪʃn] superstition *f*
su•per•sti•tious [suːpər'stɪʃəs] *adj person* superstitieux*
su•per•vise ['suːpərvaɪz] *v/t children activities etc* surveiller; *workers* superviser
su•per•vi•sor ['suːpərvaɪzər] *at work* superviseur *m*
sup•per ['sʌpər] dîner *m*
sup•ple ['sʌpl] *adj* souple
sup•ple•ment ['sʌplɪmənt] *n* (*extra payment*) supplément *m*
sup•pli•er [sə'plaɪr] COMM fournisseur (-euse) *m*(*f*)
sup•ply [sə'plaɪ] **1** *n of electricity, water etc* alimentation *f* (**of** en); ***supply and demand*** l'offre et la demande; ***supplies of food*** provisions *fpl*; ***office supplies*** fournitures *fpl* de bureau **2** *v/t* (*pret & pp* ***-ied***) *goods* fournir; ***supply s.o. with sth*** fournir qch à qn; ***be supplied with ...*** être pourvu de ...
sup•port [sə'pɔːrt] **1** *n for structure* support *m*; (*backing*) soutien *m* **2** *v/t building, structure* supporter; *financially* entretenir; (*back*) soutenir
sup•port•er [sə'pɔːrtər] *of politician, football etc team* supporteur(-trice) *m*(*f*); *of theory* partisan(e) *m*(*f*)
sup•port•ive [sə'pɔːrtɪv] *adj attitude* de soutien; *person* qui soutient; ***be very supportive of s.o.*** beaucoup soutenir qn
sup•pose [sə'poʊz] *v/t* (*imagine*) supposer; ***I suppose so*** je suppose que oui; ***be supposed to do sth*** (*be meant to, said to*) être censé faire qch; ***supposing ...*** (et) si ...
sup•pos•ed•ly [sə'poʊzɪdlɪ] *adv*: ***this is supposedly the ...*** c'est soi-disant *or* apparemment le ...
sup•pos•i•to•ry [sə'pɑːzɪtoʊrɪ] MED suppositoire *m*
sup•press [sə'pres] *v/t rebellion etc* réprimer
sup•pres•sion [sə'preʃn] répression *f*
su•prem•a•cy [suː'preməsɪ] suprématie *f*
su•preme [suː'priːm] *adj* suprême
sur•charge ['sɜːrtʃɑːrdʒ] surcharge *f*
sure [ʃʊr] **1** *adj* sûr; ***I'm sure*** *as answer* j'en suis sûr; ***be sure that*** être sûr que; ***be sure about sth*** être sûr de qch; ***make sure that ...*** s'assurer que ... **2** *adv*: ***sure enough*** en effet; ***it sure is hot today*** F il fait vraiment chaud aujourd'hui; ***sure!*** F

mais oui, bien sûr!

sure•ly ['ʃʊrlɪ] *adv with negatives* quand même; (*gladly*) avec plaisir; ***surely there is someone here who …*** il doit bien y avoir quelqu'un ici qui …

sur•e•ty ['ʃʊrətɪ] *for loan* garant(e) *m(f)*

surf [sɜːrf] **1** *n on sea* écume *f* **2** *v/t the Net* surfer sur

sur•face ['sɜːrfɪs] **1** *n of table, water etc* surface *f*; ***on the surface*** *fig* en surface **2** *v/i of swimmer, submarine* faire surface; (*appear*) refaire surface

'**sur•face mail** courrier *m* par voie terrestre ou maritime

'**surf•board** planche *f* de surf

surf•er ['sɜːrfər] *on sea* surfeur(-euse) *m(f)*

surf•ing ['sɜːrfɪŋ] surf *m*; ***go surfing*** aller faire du surf

surge [sɜːrdʒ] *n in electric current* surtension *f*; *in demand, interest, growth etc* poussée *f*

◆ **surge forward** *v/i of crowd* s'élancer en masse

sur•geon ['sɜːrdʒən] chirurgien *m(f)*

sur•ge•ry ['sɜːrdʒərɪ] chirurgie *f*; ***undergo surgery*** subir une opération (chirurgicale)

sur•gi•cal ['sɜːrdʒɪkl] *adj* chirurgical

sur•gi•cal•ly ['sɜːrdʒɪklɪ] *adv remove* par opération chirurgicale

sur•ly ['sɜːrlɪ] *adj* revêche

sur•mount [sər'maʊnt] *v/t difficulties* surmonter

sur•name ['sɜːrneɪm] nom *m* de famille

sur•pass [sər'pæs] *v/t* dépasser

sur•plus ['sɜːrpləs] **1** *n* surplus *m* **2** *adj* en surplus

sur•prise [sər'praɪz] **1** *n* surprise *f* **2** *v/t* étonner; ***be / look surprised*** être / avoir l'air surpris

sur•pris•ing [sər'praɪzɪŋ] *adj* étonnant

sur•pris•ing•ly [sər'praɪzɪŋlɪ] *adv* étonnamment; ***not surprisingly, …*** comme on pouvait s'y attendre, …

sur•ren•der [sə'rendər] **1** *v/i of army* se rendre **2** *v/t weapons etc* rendre **3** *n* capitulation *f*; (*handing in*) reddition *f*

sur•ro•gate moth•er ['sʌrəgət] mère *f* porteuse

sur•round [sə'raʊnd] **1** *v/t* entourer; ***be surrounded by*** être entouré par **2** *n of picture etc* bordure *f*

sur•round•ing [sə'raʊndɪŋ] *adj* environnant

sur•round•ings [sə'raʊndɪŋz] *npl* environs *mpl*; *setting* cadre *m*

sur•vey 1 ['sɜːrveɪ] *n of modern literature etc* étude *f*; *of building* inspection *f*; (*poll*) sondage *m* **2** *v/t* [sər'veɪ] (*look at*) contempler; *building* inspecter

sur•vey•or [sɜːr'veɪr] expert *m*

sur•viv•al [sər'vaɪvl] survie *f*

sur•vive [sər'vaɪv] **1** *v/i* survivre; ***how are you? - I'm surviving*** comment ça va? - pas trop mal; ***his two surviving daughters*** ses deux filles encore en vie **2** *v/t accident, operation*, (*outlive*) survivre à

sur•vi•vor [sər'vaɪvər] survivant(e) *m(f)*; ***he's a survivor*** *fig* c'est un battant

sus•cep•ti•ble [sə'septəbl] *adj emotionally* influençable; ***be susceptible to the cold*** être frileux*; ***be susceptible to the heat*** être sensible à la chaleur

sus•pect ['sʌspekt] **1** *n* suspect(e) *m(f)* **2** *v/t* [sə'spekt] *person* soupçonner; (*suppose*) croire

sus•pect•ed [sə'spektɪd] *adj murderer* soupçonné; *cause, heart attack etc* présumé

sus•pend [sə'spend] *v/t* (*hang*), *from office* suspendre

sus•pend•ers [sə'spendərz] *npl for pants* bretelles *fpl*; *Br* porte-jarretelles *m*

sus•pense [sə'spens] suspense *m*

sus•pen•sion [sə'spenʃn] *in vehicle, from duty* suspension *f*

sus'pen•sion bridge pont *m* suspendu

sus•pi•cion [sə'spɪʃn] soupçon *m*

sus•pi•cious [sə'spɪʃəs] *adj* (*causing suspicion*) suspect; (*feeling suspicion*) méfiant; ***be suspicious of s.o.*** se méfier de qn

sus•pi•cious•ly [sə'spɪʃəslɪ] *adv behave* de manière suspecte; *ask* avec méfiance

sus•tain [sə'steɪn] *v/t* soutenir

sus•tain•a•ble [sə'steɪnəbl] *adj economic growth* durable

swab [swɑːb] *n* tampon *m*

swag•ger ['swægər] *n* démarche *f* crâneuse

swal•low¹ ['swɑːloʊ] *v/t & v/i* avaler

swal•low² ['swɑːloʊ] *n bird* hirondelle *f*

swam [swæm] *pret* → ***swim***

swamp [swɑːmp] **1** *n* marécage *m* **2** *v/t*: ***be swamped with*** *with letters, work etc* être submergé de

swamp•y ['swɑːmpɪ] *adj ground* marécageux*

swan [swɑːn] cygne *m*

swap [swɑːp] (*pret & pp* **-ped**) **1** *v/t* échanger; ***swap sth for sth*** échanger qch contre qch **2** *v/i* échanger

swarm [swɔːrm] **1** *n of bees* essaim *m* **2** *v/i of ants, tourists etc* grouiller; ***the town was swarming with …*** la ville grouillait de …; ***the crowd swarmed out of the stadium*** la foule est sortie en masse

du stade
swar•thy ['swɔːrðɪ] *adj face, complexion* basané
swat [swɑːt] *v/t* (*pret & pp* ***-ted***) *insect* écraser
sway [sweɪ] **1** *n* (*influence, power*) emprise *f* **2** *v/i in wind* se balancer; *because drunk, ill* tituber
swear [swer] (*pret* ***swore***, *pp* ***sworn***) **1** *v/i* (*use swearword*) jurer; ***swear at s.o.*** injurier qn **2** *v/t* LAW, (*promise*) jurer (***to do sth*** de faire qch)
◆ **swear in** *v/t witnesses etc* faire prêter serment à
'**swear•word** juron *m*
sweat [swet] **1** *n* sueur *f*; ***covered in sweat*** trempé de sueur **2** *v/i* transpirer, suer
'**sweat band** bandeau *m* en éponge
sweat•er ['swetər] pull *m*
sweats [swets] *npl* SP survêtement *m*
'**sweat•shirt** sweat(-shirt) *m*
sweat•y ['swetɪ] *adj hands, forehead* plein de sueur
Swede [swiːd] Suédois(e) *m(f)*
Swe•den ['swiːdn] Suède *f*
Swe•dish ['swiːdɪʃ] **1** *adj* suédois **2** *n* suédois *m*
sweep [swiːp] **1** *v/t* (*pret & pp* ***swept***) *floor, leaves* balayer **2** *n* (*long curve*) courbe *f*
◆ **sweep up** *v/t mess, crumbs* balayer
sweep•ing ['swiːpɪŋ] *adj statement* hâtif*; *changes* radical
sweet [swiːt] *adj taste, tea* sucré; F (*kind*) gentil*; F (*cute*) mignon*
sweet and '**sour** *adj* aigre-doux*
'**sweet•corn** maïs *m*
sweet•en ['swiːtn] *v/t drink, food* sucrer
sweet•en•er ['swiːtnər] *for drink* édulcorant *m*
'**sweet•heart** amoureux(-euse) *m(f)*
swell [swel] **1** *v/i* (*pp* ***swollen***) *of wound, limb* enfler **2** *adj* F (*good*) super F *inv* **3** *n of the sea* houle *f*
swell•ing ['swelɪŋ] *n* MED enflure *f*
swel•ter•ing ['sweltərɪŋ] *adj heat, day* étouffant
swept [swept] *pret & pp* → ***sweep***
swerve [swɜːrv] *v/i of driver, car* s'écarter brusquement
swift [swɪft] *adj* rapide
swim [swɪm] **1** *v/i* (*pret* ***swam***, *pp* ***swum***) nager; ***go swimming*** aller nager; ***my head is swimming*** j'ai la tête qui tourne **2** *n* baignade *f*; ***go for a swim*** aller nager, aller se baigner
swim•mer ['swɪmər] nageur(-euse) *m(f)*
swim•ming ['swɪmɪŋ] natation *f*
'**swim•ming pool** piscine *f*
'**swim•suit** maillot *m* de bain
swin•dle ['swɪndl] **1** *n* escroquerie *f* **2** *v/t person* escroquer; ***swindle s.o. out of sth*** escroquer qch à qn
swine [swaɪn] F *person* salaud *m* P
swing [swɪŋ] **1** *n* oscillation *f*; *for child* balançoire *f*; ***swing to the Democrats*** revirement *m* d'opinion en faveur des démocrates **2** *v/t* (*pret & pp* ***swung***) *object in hand, hips* balancer **3** *v/i* (*pret & pp* ***swung***) se balancer; (*turn*) tourner; *of public opinion etc* virer
swing-'**door** porte *f* battante
Swiss [swɪs] **1** *adj* suisse **2** *n person* Suisse *m/f*; ***the Swiss*** les Suisses *mpl*
switch [swɪʧ] **1** *n for light* bouton *m*; (*change*) changement *m* **2** *v/t* (*change*) changer de **3** *v/i* (*change*) passer (***to*** à)
◆ **switch off** *v/t lights, engine, PC* éteindre; *engine* arrêter
◆ **switch on** *v/t lights, engine, PC* allumer; *engine* démarrer
'**switch•board** standard *m*
'**switch•o•ver** *to new system* passage *m*
Swit•zer•land ['swɪtsərlənd] Suisse *f*
swiv•el ['swɪvl] *v/i* (*pret & pp* ***-ed***, *Br* ***-led***) *of chair, monitor* pivoter
swol•len ['swoʊlən] **1** *pp* → ***swell*** **2** *adj stomach* ballonné; *ankles, face, cheek* enflé
swoop [swuːp] *v/i of bird* descendre
◆ **swoop down on** *v/t prey* fondre sur
◆ **swoop on** *v/t nightclub, hideout* faire une descente dans
sword [sɔːrd] épée *f*
swore [swɔːr] *pret* → ***swear***
sworn [swɔːrn] *pp* → ***swear***
swum [swʌm] *pp* → ***swim***
swung [swʌŋ] *pret & pp* → ***swing***
syc•a•more ['sɪkəmɔːr] sycomore *m*
syl•la•ble ['sɪləbl] syllabe *f*
syl•la•bus ['sɪləbəs] programme *m*
sym•bol ['sɪmbəl] symbole *m*
sym•bol•ic [sɪm'bɑːlɪk] *adj* symbolique
sym•bol•ism ['sɪmbəlɪzm] *in poetry, art* symbolisme *m*
sym•bol•ist ['sɪmbəlɪst] symboliste *m/f*
sym•bol•ize ['sɪmbəlaɪz] *v/t* symboliser
sym•met•ri•cal [sɪ'metrɪkl] *adj* symétrique
sym•me•try ['sɪmətrɪ] symétrie
sym•pa•thet•ic [sɪmpə'θetɪk] *adj* (*showing pity*) compatissant; (*understanding*) compréhensif*; ***be sympathetic toward person*** être compréhensif envers; *idea* avoir des sympathies pour
◆ **sym•pa•thize with** ['sɪmpəθaɪz] *v/t person* compatir avec; *views* avoir des

S

sympathies pour
sym•pa•thiz•er ['sɪmpəθaɪzər] POL sympathisant(e) *m(f)*
sym•pa•thy ['sɪmpəθɪ] (*pity*) compassion *f*; (*understanding*) compréhension (***for*** de); ***you have our deepest sympathy*** *on bereavement* nous vous présentons toutes nos condoléances; ***don't expect any sympathy from me!*** ne t'attends pas à ce que j'aie pitié de toi!
sym•pho•ny ['sɪmfənɪ] symphonie *f*
'**sym•pho•ny or•ches•tra** orchestre *m* symphonique
symp•tom ['sɪmptəm] MED, *fig* symptôme *m*
symp•to•mat•ic [sɪmptə'mætɪk] *adj*: ***be symptomatic of*** *fig* être symptomatique de
syn•chro•nize ['sɪŋkrənaɪz] *v/t* synchroniser
syn•o•nym ['sɪnənɪm] synonyme *m*
sy•non•y•mous [sɪ'nɑːnɪməs] *adj* synonyme; ***be synonymous with*** *fig* être synonyme de
syn•tax ['sɪntæks] syntaxe *f*
syn•the•siz•er ['sɪnθəsaɪzər] MUS synthétiseur *m*
syn•thet•ic [sɪn'θetɪk] *adj* synthétique
syph•i•lis ['sɪfɪlɪs] *nsg* syphilis *f*
Syr•i•a ['sɪrɪə] Syrie *f*
Syr•i•an ['sɪrɪən] **1** *adj* syrien* **2** *n* Syrien(ne) *m(f)*
sy•ringe [sɪ'rɪndʒ] *n* seringue *f*
syr•up ['sɪrəp] sirop *m*
sys•tem ['sɪstəm] système *m*; (*orderliness*) ordre *m*; (*computer*) ordinateur *m*; ***system crash*** COMPUT panne *f* du système; ***the digestive system*** l'appareil *m* digestif
sys•te•mat•ic [sɪstə'mætɪk] *adj approach, person* systématique
sys•tem•at•i•cal•ly [sɪstə'mætɪklɪ] *adv* systématiquement
sys•tems an•a•lyst ['sɪstəmz] COMPUT analyste-programmeur(-euse) *m(f)*

T

tab [tæb] *n for pulling* languette *f*; *in text* tabulation *f*; ***pick up the tab*** régler la note
ta•ble ['teɪbl] *n* table *f*; *of figures* tableau *m*
'**ta•ble•cloth** nappe *f*
'**ta•ble lamp** petite lampe *f*
ta•ble of 'con•tents table *f* des matières
'**ta•ble•spoon** cuillère *f* à soupe
tab•let ['tæblɪt] MED comprimé *m*
'**ta•ble ten•nis** tennis *m* de table
tab•loid ['tæblɔɪd] *n newspaper* journal *m* à sensation; ***the tabloids*** la presse à sensation
ta•boo [tə'buː] *adj* tabou *inv in feminine*
tac•it ['tæsɪt] *adj* tacite
tac•i•turn ['tæsɪtɜːrn] *adj* taciturne
tack [tæk] **1** *n nail* clou *m* **2** *v/t in sewing* bâtir **3** *v/i of yacht* louvoyer
tack•le ['tækl] **1** *n* (*equipment*) attirail *m*; SP tacle *m*; *in rugby* plaquage *m* **2** *v/t* SP tacler; *in rugby* plaquer; *problem* s'attaquer à; (*confront*) confronter; *physically* s'opposer à
tack•y ['tækɪ] *adj paint, glue* collant; F (*cheap, poor quality*) minable F
tact [tækt] tact *m*
tact•ful ['tæktfʊl] *adj* diplomate
tact•ful•ly ['tæktflɪ] *adv* avec tact
tac•ti•cal ['tæktɪkl] *adj* tactique
tac•tics ['tæktɪks] *npl* tactique *f*
tact•less ['tæktlɪs] *adj* qui manque de tact, peu délicat
tad•pole ['tædpoʊl] têtard *m*
tag [tæg] *n* (*label*) étiquette *f*
◆ **tag along** *v/i* (*pret & pp* ***-ged***) venir aussi
tail [teɪl] *n* queue *f*
'**tail•back** *Br*: *in traffic* bouchon *m*
'**tail light** feu *m* arrière
tai•lor ['teɪlər] *n* tailleur *m*
tai•lor-made [teɪlər'meɪd] *adj also fig* fait sur mesure
'**tail pipe** *of car* tuyau *m* d'échappement
'**tail wind** vent *m* arrière
taint•ed ['teɪntɪd] *adj food* avarié; *atmosphere* gâté
Tai•wan [taɪ'wɑn] Taïwan
Tai•wan•ese [taɪwɑn'iːz] **1** *adj* taïwanais **2** *n* Taïwanais(e) *m(f)*
take [teɪk] *v/t* (*pret* ***took***, *pp* ***taken***) prendre; (*transport, accompany*) amener;

subject at school, *photograph*, *photocopy*, *stroll* faire; *exam* passer; (*endure*) supporter; (*require*: *courage etc*) demander; ***take s.o. home*** ramener qn chez lui; ***how long does it take?*** *journey*, *order* combien de temps est-ce que cela prend?; ***how long will it take you to …?*** combien de temps est-ce que tu vas mettre pour …?

◆ **take after** *v/t* ressembler à

◆ **take apart** *v/t* (*dismantle*) démonter; F (*criticize*) démolir F; F *in fight*, *game* battre à plates coutures

◆ **take away** *v/t object* enlever; *pain* faire disparaître; MATH soustraire (***from*** de); ***15 take away 5 is 10*** 15 moins 5 égalent 10; ***take sth away from s.o.*** *driver's license etc* retirer qch à qn; *toys*, *knife etc* confisquer qch à qn

◆ **take back** *v/t object* rapporter; *person to a place* ramener; ***that takes me back*** *of music*, *thought etc* ça me rappelle le bon vieux temps; ***she wouldn't take him back*** *husband* elle ne voulait pas qu'il revienne

◆ **take down** *v/t from shelf*, *wall* enlever; *scaffolding* démonter; *pants* baisser; (*write down*) noter

◆ **take in** *v/t* (*take indoors*) rentrer; (*give accommodation to*) héberger; (*make narrower*) reprendre; (*deceive*) duper; (*include*) inclure

◆ **take off 1** *v/t clothes*, *hat* enlever; *10% etc* faire une réduction de; (*mimic*) imiter; ***can you take a bit off here?*** *to hairdresser* est-ce que vous pouvez couper un peu là?; ***take a day / week off*** prendre un jour / une semaine de congé **2** *v/i of airplane* décoller; (*become popular*) réussir

◆ **take on** *v/t job* accepter; *staff* embaucher

◆ **take out** *v/t from bag*, *pocket* sortir (***from*** de); *appendix*, *tooth*, *word from text* enlever; *money from bank* retirer; *to dinner*, *theater etc* emmener; *dog* sortir; *kids* emmener quelque part; *insurance policy* souscrire à; ***he's taking her out*** (*dating*) il sort avec elle; ***take it out on s.o.*** en faire pâtir qn

◆ **take over 1** *v/t company etc* reprendre; ***tourists take over the town*** les touristes prennent la ville d'assaut **2** *v/i* POL arriver au pouvoir; *of new director* prendre ses fonctions; (*do sth in s.o.'s place*) prendre la relève; ***take over from s.o.*** remplacer qn

◆ **take to** *v/t*: ***she didn't take to him / the idea*** (*like*) il/l'idée ne lui a pas plu; ***take to doing sth*** (*form habit of*) se mettre à faire qch; ***she took to drink*** elle s'est mise à boire

◆ **take up** *v/t carpet etc* enlever; (*carry up*) monter; *dress etc* raccourcir; *judo*, *Spanish etc* se mettre à; *new job* commencer; *space*, *time* prendre; ***I'll take you up on your offer*** j'accepterai votre offre

'take-home pay salaire *m* net

tak•en ['teɪkən] *pp* → ***take***

'take•off *of airplane* décollage *m*; (*impersonation*) imitation *f*

'take•o•ver COMM rachat *m*

'take•o•ver bid offre *f* publique d'achat, OPA *f*

ta•kings ['teɪkɪŋz] *npl* recette *f*

tal•cum pow•der ['tælkəmpaudər] talc *m*

tale [teɪl] histoire *f*

tal•ent ['tælənt] talent *m*

tal•ent•ed ['tæləntɪd] *adj* doué

'tal•ent scout dénicheur(-euse) *m*(*f*) de talents

talk [tɒːk] **1** *v/i* parler; ***can I talk to …?*** est-ce que je pourrais parler à …? **2** *v/t English etc* parler; ***talk business / politics*** parler affaires / politique; ***talk s.o. into doing sth*** persuader qn de faire qch **3** *n* (*conversation*) conversation *f*; (*lecture*) exposé *m*; ***give a talk*** faire un exposé; ***he's all talk*** *pej* il ne fait que parler; ***talks*** (*negotiations*) pourparlers *mpl*

◆ **talk back** *v/i* répondre

◆ **talk down to** *v/t* prendre de haut

◆ **talk over** *v/t* discuter

talk•a•tive ['tɒːkətɪv] *adj* bavard

talk•ing-to ['tɒːkɪŋtuː] savon *m* F; ***give s.o. a talking-to*** passer un savon à qn F

'talk show talk-show *m*

tall [tɒːl] *adj* grand

tall 'or•der: ***that's a tall order*** c'est beaucoup demander

tall 'tale histoire *f* à dormir debout

tal•ly ['tælɪ] **1** *n* compte *m* **2** *v/i* (*pret & pp* ***-ied***) correspondre; *of stories* concorder

◆ **tally with** *v/t* correspondre à; *of stories* concorder avec

tame [teɪm] *adj which has been tamed* apprivoisé; *not wild* pas sauvage; *joke etc* fade

◆ **tam•per with** ['tæmpər] *v/t* toucher à

tam•pon ['tæmpɑːn] tampon *m*

tan [tæn] **1** *n from sun* bronzage; *color* marron *m* clair **2** *v/i* (*pret & pp* ***-ned***) *in sun* bronzer **3** *v/t* (*pret & pp* ***-ned***) *leather* tanner

tan•dem ['tændəm] *bike* tandem *m*

tan•gent ['tændʒənt] MATH tangente *f*

tan•ge•rine [tændʒə'riːn] *fruit* mandarine *f*

tan•gi•ble ['tændʒɪbl] *adj* tangible
tan•gle ['tæŋgl] *n* enchevêtrement *m*
◆ **tangle up** *v/t*: ***get tangled up*** *of string etc* s'emmêler
tan•go ['tæŋgoʊ] *n* tango *m*
tank [tæŋk] MOT, *for water* réservoir *m*; *for fish* aquarium *m*; MIL char *m*; *for skin diver* bonbonne *f* d'oxygène
tank•er ['tæŋkər] (*oil tanker*) pétrolier *m*; *truck* camion-citerne *m*
'**tank top** débardeur *m*
tanned [tænd] *adj* bronzé
Tan•noy® ['tænɔɪ] système *m* de hauts-parleurs; ***over the Tannoy*** dans le haut-parleur
tan•ta•liz•ing ['tæntəlaɪzɪŋ] *adj* alléchant
tan•ta•mount ['tæntəmaʊnt]: ***be tantamount to*** équivaloir à
tan•trum ['tæntrəm] caprice *m*
tap [tæp] **1** *n Br* (*faucet*) robinet *m* **2** *v/t* (*pret & pp* ***-ped***) (*knock*) taper; *phone* mettre sur écoute
◆ **tap into** *v/t resources* commencer à exploiter
'**tap dance** *n* claquettes *fpl*
tape [teɪp] **1** *n for recording* bande *f*; *recording* cassette *f*; *sticky* ruban *m* adhésif **2** *v/t conversation etc* enregistrer; *with sticky tape* scotcher
'**tape deck** platine *f* cassettes
'**tape drive** COMPUT lecteur *m* de bandes
'**tape meas•ure** mètre *m* ruban
ta•per ['teɪpər] *v/i of stick* s'effiler; *of column, pant legs* se rétrécir
◆ **taper off** *v/i* diminuer peu à peu
'**tape re•cord•er** magnétophone *m*
'**tape re•cord•ing** enregistrement *m*
tap•es•try ['tæpɪstrɪ] tapisserie *f*
tar [tɑːr] *n* goudron *m*
tar•dy ['tɑːrdɪ] *adj reply, arrival* tardif*
tar•get ['tɑːrgɪt] **1** *n in shooting* cible *f*; *fig* objectif *m* **2** *v/t market* cibler
'**tar•get au•di•ence** public *m* cible
'**tar•get date** date *f* visée
'**tar•get fig•ure** objectif *m*
'**tar•get group** COMM groupe *m* cible
'**tar•get mar•ket** marché *m* cible
tar•iff ['tærɪf] (*customs tariff*) taxe *f*; (*prices*) tarif *m*
tar•mac ['tɑːrmæk] *at airport* tarmac *m*
tar•nish ['tɑːrnɪʃ] *v/t* ternir
tar•pau•lin [tɑːr'pɒːlɪn] bâche *f*
tart [tɑːrt] *n* tarte *f*
tar•tan ['tɑːrtn] tartan *m*
task [tæsk] *n* tâche *f*
'**task force** commission *f*; MIL corps *m* expéditionnaire
tas•sel ['tæsl] gland *m*
taste [teɪst] **1** *n* goût *m*; ***he has no taste*** il n'a pas de goût **2** *v/t* goûter; (*perceive taste of*) sentir; *try, fig* goûter à **3** *v/i*: ***it tastes like …*** ça a (un) goût de …; ***it tastes very nice*** c'est très bon
taste•ful ['teɪstfl] *adj* de bon goût
taste•ful•ly ['teɪstflɪ] *adv* avec goût
taste•less ['teɪstlɪs] *adj food* fade; *remark, décor* de mauvais goût
tast•ing ['teɪstɪŋ] *of wine* dégustation *f*
tast•y ['teɪstɪ] *adj* délicieux*
tat•tered ['tætərd] *adj* en lambeaux
tat•ters ['tætərz]: ***in tatters*** en lambeaux; *fig* ruiné
tat•too [tə'tuː] *n* tatouage *m*
tat•ty ['tætɪ] *adj Br* F miteux*
taught [tɒːt] *pret & pp* → ***teach***
taunt [tɒːnt] **1** *n* raillerie *f* **2** *v/t* se moquer de
Tau•rus ['tɔːrəs] ASTROL Taureau *m*
taut [tɒːt] *adj* tendu
taw•dry ['tɒːdrɪ] *adj* clinquant
tax [tæks] **1** *n on income* impôt *m*; *on goods, services* taxe *f*; ***before / after tax*** brut / net, avant / après déductions **2** *v/t income* imposer; *goods, services* taxer
tax•a•ble 'in•come revenu *m* imposable
tax•a•tion [tæk'seɪʃn] *act* imposition *f*; (*taxes*) charges *fpl* fiscales
'**tax a•void•ance** évasion *f* fiscale
'**tax brack•et** fourchette *f* d'impôts
'**tax-de•duct•i•ble** *adj* déductible des impôts
'**tax e•va•sion** fraude *f* fiscale
'**tax-free** *adj goods* hors taxe
'**tax ha•ven** paradis *m* fiscal
tax•i ['tæksɪ] *n* taxi *m*
'**tax•i driv•er** chauffeur *m* de taxi
tax•ing ['tæksɪŋ] *adj* exténuant
'**tax•i stand**, *Br* '**tax•i rank** station *f* de taxis
'**tax•pay•er** contribuable *m/f*
'**tax re•turn** *form* déclaration *f* d'impôts
'**tax year** année *f* fiscale
TB [tiː'biː] *abbr* (***= tuberculosis***) tuberculose *f*
tea [tiː] *drink* thé *m*
tea•bag ['tiːbæg] sachet *m* de thé
teach [tiːtʃ] **1** *v/t* (*pret & pp* ***taught***); *subject* enseigner; *person, student* enseigner à; ***teach s.o. sth*** enseigner qch à qn; ***teach s.o. to do sth*** apprendre à qn à faire qch; ***who taught you?*** qui était ton prof? **2** *v/i* (*pret & pp* ***taught***) enseigner
teach•er ['tiːtʃər] professeur *m/f*; *in elementary school* instituteur(-trice) *m*(*f*)
'**teach•ers' lounge** salle *f* des professeurs
teach•er 'train•ing formation *f* pédagogique

teach•ing ['tiːʧɪŋ] *profession* enseignement *m*
'teach•ing aid outil *m* pédagogique
'tea•cup tasse *f* à thé
teak [tiːk] tek *m*
'tea leaves *npl* feuilles *fpl* de thé
team [tiːm] équipe *f*
'team mate coéquipier(-ière) *m(f)*
team 'spirit esprit *m* d'équipe
team•ster ['tiːmstər] camionneur(-euse) *m(f)*
'team•work travail *m* d'équipe
tea•pot ['tiːpɑːt] théière *f*
tear[1] [ter] **1** *n in cloth etc* déchirure *f* **2** *v/t* (*pret* ***tore***, *pp* ***torn***) *paper, cloth* déchirer; ***be torn*** (***between two alternatives***) être tiraillé (entre deux possibilités) **3** *v/i* (*pret* ***tore***, *pp* ***torn***) (*run fast, drive fast*): ***she tore down the street*** elle a descendu la rue en trombe
◆ **tear down** *v/t poster* arracher; *building* démolir
◆ **tear out** *v/t* arracher (***from*** de)
◆ **tear up** *v/t* déchirer; *fig*: *contract etc* annuler
tear[2] [tɪr] *n in eye* larme *f*; ***burst into tears*** fondre en larmes; ***be in tears*** être en larmes
tear•drop ['tɪrdrɑːp] larme *f*
tear•ful ['tɪrfl] *adj look* plein de larmes; ***be tearful*** *person* être en larmes
'tear gas gaz *m* lacrymogène
tea•room ['tiːruːm] salon *m* de thé
tease [tiːz] *v/t* taquiner
'tea•spoon cuillère *f* à café
teat [tiːt] *of animal* tétine *f*
tech•ni•cal ['teknɪkl] *adj* technique
tech•ni•cal•i•ty [teknɪ'kælətɪ] (*technical nature*) technicité *f*; LAW point *m* de droit; ***that's just a technicality*** c'est juste un détail
tech•ni•cal•ly ['teknɪklɪ] *adv* (*strictly speaking*) en théorie; *written* en termes techniques
tech•ni•cian [tek'nɪʃn] technicien(ne) *m(f)*
tech•nique [tek'niːk] technique *f*
tech•no•log•i•cal [teknə'lɑːdʒɪkl] *adj* technologique
tech•nol•o•gy [tek'nɑːlədʒɪ] technologie *f*
tech•no•pho•bi•a [teknə'foʊbɪə] technophobie *f*
ted•dy bear ['tedɪber] ours *m* en peluche
te•di•ous ['tiːdɪəs] *adj* ennuyeux*
tee [tiː] *n in golf* tee *m*
teem [tiːm] *v/i*: ***be teeming with rain*** pleuvoir des cordes; ***be teeming with tourists / ants*** grouiller de touristes / fourmis
teen•age ['tiːneɪdʒ] *adj magazines, fashion* pour adolescents; ***teenage boy / girl*** adolescent / adolescente
teen•ag•er ['tiːneɪdʒər] adolescent(e) *m(f)*
teens [tiːnz] *npl* adolescence *f*; ***be in one's teens*** être adolescent; ***reach one's teens*** devenir adolescent
tee•ny ['tiːnɪ] *adj* F tout petit
teeth [tiːθ] *pl* → ***tooth***
teethe [tiːð] *v/i* faire ses dents
teeth•ing prob•lems ['tiːðɪŋ] *npl* problèmes *mpl* initiaux
tee•to•tal [tiː'toʊtl] *adj qui ne boit jamais d'alcool*
tee•to•tal•er [tiː'toʊtlər] *personne qui ne boit jamais d'alcool*
tel•e•com•mu•ni•ca•tions [telɪkəmjuːnɪ'keɪʃnz] télécommunications *fpl*
tel•e•gram ['telɪgræm] télégramme *m*
tel•e•graph pole ['telɪgræfpoʊl] *Br* poteau *m* télégraphique
tel•e•path•ic [telɪ'pæθɪk] *adj* télépathique; ***you must be telepathic!*** vous devez avoir le don de télépathie!
te•lep•a•thy [tɪ'lepəθɪ] télépathie *f*
tel•e•phone ['telɪfoʊn] **1** *n* téléphone *m*; ***be on the telephone*** (*be speaking*) être au téléphone; (*possess a phone*) avoir le téléphone **2** *v/t person* téléphoner à **3** *v/i* téléphoner
'tel•e•phone bill facture *f* de téléphone
'tel•e•phone book annuaire *m*
'tel•e•phone booth cabine *f* téléphonique
'tel•e•phone call appel *m* téléphonique
'tel•e•phone con•ver•sa•tion conversation *f* téléphonique
'tel•e•phone di•rec•to•ry annuaire *m*
'tel•e•phone ex•change central *m* téléphonique
'tel•e•phone mes•sage message *m* téléphonique
'tel•e•phone num•ber numéro *m* de téléphone
tel•e•pho•to lens [telɪ'foʊtoʊlenz] téléobjectif *m*
tel•e•sales ['telɪseɪlz] *npl or nsg* télévente *f*
tel•e•scope ['telɪskoʊp] téléscope *m*
tel•e•scop•ic [telɪ'skɑːpɪk] *adj* téléscopique
tel•e•thon ['telɪθɑːn] téléthon *m*
tel•e•vise ['telɪvaɪz] *v/t* téléviser
tel•e•vi•sion ['telɪvɪʒn] *also set* télévision *f*; ***on television*** à la télévision; ***watch television*** regarder la télévision
'tel•e•vi•sion au•di•ence audience *f* de téléspectateurs

'**tel•e•vi•sion pro•gram** émission *f* télévisée

'**tel•e•vi•sion set** poste *m* de télévision

'**tel•e•vi•sion stu•di•o** studio *m* de télévision

tell [tel] **1** *v/t* (*pret & pp* ***told***) *story* raconter; *lie* dire; ***I can't tell the difference*** je n'arrive pas à faire la différence; ***tell s.o. sth*** dire qch à qn; ***don't tell Mom*** ne le dis pas à maman; ***could you tell me the way to …?*** pourriez-vous m'indiquer où se trouve …?; ***tell s.o. to do sth*** dire à qn de faire qch; ***you're telling me!*** F tu l'as dit! F **2** *v/i* (*have effect*) se faire sentir; ***the heat is telling on him*** il ressent les effets de la chaleur; ***time will tell*** qui vivra verra

◆ **tell off** *v/t* F (*reprimand*) remonter les bretelles à F

tell•er ['telər] *in bank* guichetier(-ière) *m*(*f*)

tell•ing ['telɪŋ] *adj blow* percutant; *sign* révélateur*

tell•ing 'off F: ***get a telling off*** se faire remonter les bretelles F

tell•tale ['telteɪl] **1** *adj signs* révélateur* **2** *n* rapporteur(-euse) *m*(*f*)

temp [temp] **1** *n employee* intérimaire *m/f* **2** *v/i* faire de l'intérim

tem•per ['tempər] *character* caractère *m*; (*bad temper*) mauvaise humeur *f*; ***have a terrible temper*** être coléreux*; ***now then, temper!*** maintenant, on se calme!; ***be in a temper*** être en colère; ***keep one's temper*** garder son calme; ***lose one's temper*** se mettre en colère

tem•per•a•ment ['temprəmənt] tempérament *m*

tem•per•a•men•tal [temprə'mentl] *adj* (*moody*) capricieux*

tem•per•ate ['tempərət] *adj* tempéré

tem•per•a•ture ['temprətʃər] température *f*

tem•ple[1] ['templ] REL temple *m*

tem•ple[2] ['templ] ANAT tempe *f*

tem•po ['tempoʊ] MUS tempo *m*; *of work* rythme *m*

tem•po•rar•i•ly [tempə'rerɪlɪ] *adv* temporairement

tem•po•ra•ry ['tempərerɪ] *adj* temporaire

tempt [tempt] *v/t* tenter

temp•ta•tion [temp'teɪʃn] tentation *f*

tempt•ing ['temptɪŋ] *adj* tentant

ten [ten] dix

te•na•cious [tɪ'neɪʃəs] *adj* tenace

te•nac•i•ty [tɪ'næsɪtɪ] ténacité *f*

ten•ant ['tenənt] locataire *m/f*

tend[1] [tend] *v/t lawn* entretenir; *sheep* garder; *the sick* soigner

tend[2] [tend] *v/i*: ***tend to do sth*** avoir tendance à faire qch; ***tend toward sth*** pencher vers qch

tend•en•cy ['tendənsɪ] tendance *f*

ten•der[1] ['tendər] *adj* (*sore*) sensible; (*affectionate*), *steak* tendre

ten•der[2] ['tendər] *n* COMM offre *f*

ten•der•ness ['tendənɪs] *of kiss etc* tendresse *f*; *of steak* tendreté *f*

ten•don ['tendən] tendon *m*

ten•nis ['tenɪs] tennis *m*

'**ten•nis ball** balle *f* de tennis

'**ten•nis court** court *m* de tennis

'**ten•nis play•er** joueur(-euse) *m*(*f*) de tennis

'**ten•nis rack•et** raquette *f* de tennis

ten•or ['tenər] *n* MUS ténor *m*

tense[1] [tens] *n* GRAM temps *m*

tense[2] [tens] *adj* tendu

◆ **tense up** *v/i* se crisper

ten•sion ['tenʃn] tension *f*

tent [tent] tente *f*

ten•ta•cle ['tentəkl] tentacule *m*

ten•ta•tive ['tentətɪv] *adj smile*, *steps* hésitant; *conclusion*, *offer* provisoire

ten•ter•hooks ['tentərhʊks]: ***be on tenterhooks*** être sur des charbons ardents

tenth [tenθ] dixième; → ***fifth***

tep•id ['tepɪd] *adj also fig* tiède

term [tɜːrm] (*period*, *word*) terme *m*; EDU trimestre *m*; (*condition*) condition *f*; ***be on good / bad terms with s.o.*** être en bons / mauvais termes avec qn; ***in the long / short term*** à long / court terme; ***come to terms with sth*** accepter qch

ter•mi•nal ['tɜːrmɪnl] **1** *n at airport* aérogare *m*; *for buses* terminus *m*; *for containers*, COMPUT terminal *m*; ELEC borne *f* **2** *adj illness* incurable

ter•mi•nal•ly ['tɜːrmɪnəlɪ] *adv*: ***terminally ill*** en phase terminale

ter•mi•nate ['tɜːrmɪneɪt] **1** *v/t* mettre fin à; ***terminate a pregnancy*** interrompre une grossesse **2** *v/i* se terminer

ter•mi•na•tion [tɜːrmɪ'neɪʃn] *of contract* résiliation *f*; *in pregnancy* interruption *f* volontaire de grossesse

ter•mi•nol•o•gy [tɜːrmɪ'nɑːlədʒɪ] terminologie *f*

ter•mi•nus ['tɜːrmɪnəs] terminus *m*

ter•race ['terəs] *on hillside*, (*patio*) terrasse *f*

ter•ra cot•ta [terə'kɑːtə] *adj* en terre cuite

ter•rain [te'reɪn] terrain *m*

ter•res•tri•al [te'restrɪəl] **1** *adj television* terrestre **2** *n* terrien(ne) *m*(*f*)

ter•ri•ble ['terəbl] *adj* horrible, affreux*

ter•ri•bly ['terəblɪ] *adv* (*very*) très

ter•rif•ic [tə'rɪfɪk] *adj* génial

ter•rif•i•cal•ly [tə'rɪfɪklɪ] *adv* (*very*) extrêmement, vachement F
ter•ri•fy ['terɪfaɪ] *v/t* (*pret & pp* ***-ied***) terrifier; ***be terrified*** être terrifié
ter•ri•fy•ing ['terɪfaɪɪŋ] *adj* terrifiant
ter•ri•to•ri•al [terə'tɔːrɪəl] *adj* territorial
ter•ri•to•ri•al 'wa•ters *npl* eaux *fpl* territoriales
ter•ri•to•ry ['terɪtɔːrɪ] territoire *m*; *fig* domaine *m*
ter•ror ['terər] terreur *f*
ter•ror•ism ['terərɪzm] terrorisme *m*
ter•ror•ist ['terərɪst] terroriste *m/f*
'ter•ror•ist at•tack attentat *m* terroriste
'ter•ror•ist or•gan•i•za•tion organisation *f* terroriste
ter•ror•ize ['terəraɪz] *v/t* terroriser
terse [tɜːrs] *adj* laconique
test [test] **1** *n scientific, technical* test *m*; *academic, for driving* examen *m*; ***put sth to the test*** mettre qch à l'épreuve **2** *v/t person, machine, theory* tester, mettre à l'épreuve; ***test s.o. on a subject*** interroger qn sur une matière
tes•ta•ment ['testəmənt] *to s.o.'s life* témoignage *m* (***to*** de); ***Old / New Testament*** REL Ancien / Nouveau Testament *m*
test-drive ['testdraɪv] *v/t* (*pret* ***-drove***, *pp* ***-driven***) *car* essayer
tes•ti•cle ['testɪkl] testicule *m*
tes•ti•fy ['testɪfaɪ] *v/i* (*pret & pp* ***-ied***) LAW témoigner
tes•ti•mo•ni•al [testɪ'moʊnɪəl] références *fpl*
tes•ti•mo•ny ['testɪmənɪ] LAW témoignage *m*
'test tube éprouvette *f*
'test-tube ba•by bébé-éprouvette *m*
tes•ty ['testɪ] *adj* irritable
te•ta•nus ['tetənəs] tétanos *m*
teth•er ['teðər] **1** *v/t horse* attacher **2** *n*: ***be at the end of one's tether*** être au bout du rouleau
text [tekst] **1** *n* texte *m*; *message* texto *m*, SMS *m* **2** *v/t* envoyer un texto à
'text•book manuel *m*
tex•tile ['tekstaɪl] textile *m*
'text mes•sage texto *m*, SMS *m*
tex•ture ['tekstʃər] texture *f*
Thai [taɪ] **1** *adj* thaïlandais **2** *n person* Thaïlandais(e) *m*(*f*); *language* thaï *m*
Thai•land ['taɪlænd] Thaïlande *f*
than [ðæn] *adv* que; *with numbers* de; ***faster than me*** plus rapide que moi; ***more than 50*** plus de 50
thank [θæŋk] *v/t* remercier; ***thank you*** merci; ***no thank you*** (non) merci
thank•ful ['θæŋkfl] *adj* reconnaissant
thank•ful•ly ['θæŋkfʊlɪ] *adv* avec reconnaissance; (*luckily*) heureusement
thank•less ['θæŋklɪs] *adj task* ingrat
thanks [θæŋks] *npl* remerciements *mpl*; ***thanks!*** merci!; ***thanks to*** grâce à
Thanks•giv•ing (Day) [θæŋks'gɪvɪŋ(deɪ)] jour *m* de l'action de grâces, Thanksgiving *m* (*fête célébrée le 4ème jeudi de novembre*)
that [ðæt] **1** *adj* ce, cette; *masculine before vowel* cet; ***that one*** celui-là, celle-là **2** *pron* ◇ cela, ça; ***give me that*** donne-moi ça
◇ : ***that's mine*** c'est à moi; ***that's tea*** c'est du thé; ***that's very kind*** c'est très gentil; ***what is that?*** qu'est-ce que c'est que ça?; ***who is that?*** qui est-ce? **3** *relative pron* que; ***the person / car that you see*** la personne / voiture que vous voyez **4** *adv* (*so*) aussi; ***that big / expensive*** aussi grand / cher **5** *conj* que; ***I think that …*** je pense que …
thaw [θɒː] *v/i of snow* fondre; *of frozen food* se décongeler
the [ðə] le, la; *pl* les; ***to the station / theater*** à la gare / au théâtre; ***the more I try*** plus j'essaie
the•a•ter ['θɪətər] théâtre *m*
'the•a•ter crit•ic critique *m/f* de théâtre
the•a•tre *Br* → ***theater***
the•at•ri•cal [θɪ'ætrɪkl] *adj also fig* théâtral
theft [θeft] vol *m*
their [ðer] *adj* leur; *pl* leurs; (*his or her*) son, sa; *pl* ses; ***everybody has their favorite*** tout le monde a son favori
theirs [ðerz] *pron* le leur, les leurs; ***it's theirs*** c'est à eux / elles
them [ðem] *pron* ◇ *object* les; *indirect object* leur; *with prep* eux, elles; ***I know them*** je les connais; ***I gave them a dollar*** je leur ai donné un dollar; ***this is for them*** c'est pour eux / elles; ***who? - them*** qui? - eux / elles
◇ (*him or her*) le, l'; *indirect object*, *with prep* lui; ***if someone asks you should help them*** si quelqu'un demande tu devrais l'aider; ***does anyone have a pen with them?*** est-ce que quelqu'un a un crayon sur lui?
theme [θiːm] thème *m*
'theme park parc *m* à thème
'theme song chanson *f* titre d'un film
them•selves [ðem'selvz] *pron* eux-mêmes, elles-mêmes; *reflexive* se; *after prep* eux, elles; ***they gave themselves a holiday*** ils se sont offerts des vacances; ***by themselves*** (*alone*) tout seuls, toutes seules

then [ðen] *adv* (*at that time*) à l'époque; (*after that*) ensuite; *deducing* alors; ***by then*** alors; ***he'll be dead by then*** il sera mort d'ici là
the•o•lo•gi•an [θɪə'loʊdʒɪən] théologien(-ne) *m*(*f*)
the•ol•o•gy [θɪ'ɑːlədʒɪ] théologie *f*
the•o•ret•i•cal [θɪə'retɪkl] *adj* théorique
the•o•ret•i•cal•ly [θɪə'retɪklɪ] *adv* en théorie
the•o•ry ['θɪrɪ] théorie *f*; ***in theory*** en théorie
ther•a•peu•tic [θerə'pjuːtɪk] *adj* thérapeutique
ther•a•pist ['θerəpɪst] thérapeute *m/f*
ther•a•py ['θerəpɪ] thérapie *f*
there [ðer] *adv* là; ***over there / down there*** là-bas; ***there is / are ...*** il y a ...; ***is / are there ...?*** est-ce qu'il y a ...?, y a-t-il ...?; ***there is / are not ...*** il n'y a pas ...; ***there you are*** voilà; ***there and back*** aller et retour; ***there he is!*** le voilà!; ***there, there!*** allons, allons; ***we went there yesterday*** nous y sommes allés hier
there•a•bouts [ðerə'baʊts] *adv*: ***$500 or thereabouts*** environ 500 $
there•fore ['ðerfɔːr] *adv* donc
ther•mom•e•ter [θər'mɑːmɪtər] thermomètre *m*
ther•mos flask ['θɜːrməsflæsk] thermos *m*
ther•mo•stat ['θɜːrməstæt] thermostat *m*
these [ðiːz] **1** *adj* ces **2** *pron* ceux-ci, celles-ci
the•sis ['θiːsɪs] (*pl* ***theses*** ['θiːsiːz]) thèse *f*
they [ðeɪ] *pron* ◇ ils, elles; *stressed* eux, elles; ***they were the ones who ...*** c'était eux / elles qui ...; ***there they are*** les voilà ◇ (*he or she*) il; ***if anyone looks at this they will see that ...*** si quelqu'un regarde ça il verra que ...; ***they say that ...*** on dit que ...; ***they are changing the law*** la loi va être changée
thick [θɪk] *adj* épais*; F (*stupid*) lourd; ***it's 3 cm thick*** ça fait 3 cm d'épaisseur
thick•en ['θɪkən] *v/t sauce* épaissir
thick•set ['θɪkset] *adj* trapu
thick-skinned ['θɪkskɪnd] *adj fig* qui a la peau dure
thief [θiːf] (*pl* ***thieves*** [θiːvz]) voleur (-euse) *m*(*f*)
thigh [θaɪ] cuisse *f*
thim•ble ['θɪmbl] dé *m* à coudre
thin [θɪn] *adj material* léger*, fin; *layer* mince; *person* maigre; *line* fin; *soup* liquide; ***his hair's getting thin*** il perd ses cheveux
thing [θɪŋ] chose *f*; ***things*** (*belongings*) affaires *fpl*; ***how are things?*** comment ça va?; ***it's a good thing you told me*** tu as bien fait de me le dire; ***that's a strange thing to say*** c'est bizarre de dire ça
thing•um•a•jig ['θɪŋʌmədʒɪg] F machin *m* F
think [θɪŋk] **1** *v/i* (*pret & pp* ***thought***) penser; ***I think so*** je pense que oui; ***I don't think so*** je ne pense pas; ***I think so too*** je le pense aussi; ***think hard!*** creuse-toi la tête! F; ***I'm thinking about emigrating*** j'envisage d'émigrer; ***I'll think about it*** *offer* je vais y réfléchir **2** *v/t* (*pret & pp* ***thought***) penser; ***what do you think (of it)?*** qu'est-ce que tu en penses?
◆ **think over** *v/t* réfléchir à
◆ **think through** *v/t* bien examiner
◆ **think up** *v/t plan* concevoir
'**think tank** comité *m* d'experts
thin-skinned ['θɪnskɪnd] *adj fig* susceptible
third [θɜːrd] troisième; (*fraction*) tiers *m*; → ***fifth***
third•ly ['θɜːrdlɪ] *adv* troisièmement
third-'par•ty tiers *m*
third-par•ty in'sur•ance *Br* assurance *f* au tiers
third 'per•son GRAM troisième personne *f*
'**third-rate** *adj* de dernier ordre
'**Third World** Tiers-Monde *m*
thirst [θɜːrst] soif *f*
thirst•y ['θɜːrstɪ] *adj* assoiffé; ***be thirsty*** avoir soif
thir•teen [θɜːr'tiːn] treize
thir•teenth [θɜːr'tiːnθ] treizième; → ***fifth***
thir•ti•eth ['θɜːrtɪɪθ] trentième
thir•ty ['θɜːrtɪ] trente
this [ðɪs] **1** *adj* ce, cette; *masculine before vowel* cet; ***this one*** celui-ci, celle-ci **2** *pron* cela, ça; ***this is good*** c'est bien; ***this is ...*** c'est ...; *introducing s.o.* je vous présente ... **3** *adv*: ***this big / high*** grand / haut comme ça
thorn [θɔːrn] épine *f*
thorn•y ['θɔːrnɪ] *adj also fig* épineux*
thor•ough ['θɜːroʊ] *adj search, knowledge* approfondi; *person* méticuleux*
thor•ough•bred ['θʌrəbred] *n horse* pur-sang *m*
thor•ough•ly ['θʌrəlɪ] *adv spoilt, ashamed, agree* complètement; *clean, search for, know* à fond
those [ðoʊz] **1** *adj* ces **2** *pron* ceux-là, celles-là
though [ðoʊ] **1** *conj* (*although*) bien que (+*subj*), quoique (+*subj*); ***as though*** comme si; ***it sounds as though you've***

T

understood on dirait que vous avez compris **2** *adv* pourtant; ***it's not finished though*** mais ce n'est pas fini
thought[1] [θɒːt] *n* pensée *f*
thought[2] [θɒːt] *pret & pp* → ***think***
thought•ful ['θɒːtfʊl] *adj* (*pensive*) pensif*; *book* profond; (*considerate*) attentionné
thought•ful•ly ['θɒːtflɪ] *adv* (*pensively*) pensivement; (*considerately*) de manière attentionnée
thought•less ['θɒːtlɪs] *adj* inconsidéré
thought•less•ly ['θɒːtlɪslɪ] *adv* de façon inconsidérée
thou•sand ['θaʊznd] mille *m*; ***thousands of*** des milliers *mpl* de; *exaggerating* des millions de
thou•sandth ['θaʊzndθ] millième
thrash [θræʃ] *v/t* rouer de coups; SP battre à plates coutures
◆ **thrash about** *v/i with arms etc* se débattre
◆ **thrash out** *v/t solution* parvenir à
thrash•ing ['θræʃɪŋ] volée *f* de coups; ***get a thrashing*** SP se faire battre à plates coutures
thread [θred] **1** *n for sewing* fil *m*; *of screw* filetage *m* **2** *v/t needle*, *beads* enfiler
thread•bare ['θredber] *adj* usé jusqu'à la corde
threat [θret] menace *f*
threat•en ['θretn] *v/t* menacer
threat•en•ing ['θretnɪŋ] *adj gesture*, *letter*, *sky* menaçant
three [θriː] trois
three-'quar•ters les trois-quarts *mpl*
thresh•old ['θreʃhoʊld] *of house*, *new era* seuil *m*
threw [θruː] *pret* → ***throw***
thrift [θrɪft] économie *f*
thrift•y ['θrɪftɪ] *adj* économe
thrill [θrɪl] **1** *n* frisson *m* **2** *v/t*: ***be thrilled*** être ravi
thrill•er ['θrɪlər] thriller *m*
thrill•ing ['θrɪlɪŋ] *adj* palpitant
thrive [θraɪv] *v/i of plants* bien pousser; *of business*, *economy* prospérer
throat [θroʊt] gorge *f*
'**throat loz•enge** pastille *f* pour la gorge
throb [θrɑːb] **1** *n of heart* pulsation *f*; *of music* vibration *f* **2** *v/i* (*pret & pp* ***-bed***) *of heart* battre fort; *of music* vibrer
throm•bo•sis [θrɑːm'boʊsɪs] thrombose *f*
throne [θroʊn] trône *m*
throng [θrɑːŋ] *n* foule *f*
throt•tle ['θrɑːtl] **1** *n on motorbike*, *boat* papillon *m* des gaz **2** *v/t* (*strangle*) étrangler
◆ **throttle back** *v/i* fermer les gaz

through [θruː] **1** *prep* ◇ (*across*) à travers; ***go through the city*** traverser la ville ◇ (*during*) pendant; ***all through the night*** toute la nuit; ***Monday through Friday*** du lundi au vendredi (inclus) ◇ (*by means of*) par; ***arranged through an agency*** organisé par l'intermédiaire d'une agence **2** *adv*: ***wet through*** mouillé jusqu'aux os; ***watch a film / read a book through*** regarder un film / lire un livre en entier **3** *adj*: ***be through*** (*have arrived*: *of news etc*) être parvenu; ***you're through*** TELEC vous êtes connecté; ***we're through*** *of couple* c'est fini entre nous; ***be through with s.o./sth*** en avoir fini avec qn / qch
'**through flight** vol *m* direct
through•out [θruː'aʊt] **1** *prep* tout au long de, pendant tout(e); ***throughout the novel*** dans tout le roman **2** *adv* (*in all parts*) partout
'**through train** train *m* direct
throw [θroʊ] **1** *v/t* (*pret* ***threw***, *pp* ***thrown***) jeter, lancer; *of horse* désarçonner; (*disconcert*) déconcerter; *party* organiser **2** *n* jet *m*; ***it's your throw*** c'est à toi de lancer
◆ **throw away** *v/t* jeter
◆ **throw off** *v/t jacket etc* enlever à toute vitesse; *cold etc* se débarrasser de
◆ **throw on** *v/t clothes* enfiler à toute vitesse
◆ **throw out** *v/t old things* jeter; *from bar*, *home* jeter dehors, mettre à la porte; *from country* expulser; *plan* rejeter
◆ **throw up 1** *v/t ball* jeter en l'air; (*vomit*) vomir; ***throw up one's hands*** lever les mains en l'air **2** *v/i* (*vomit*) vomir
throw-a•way ['θroʊəweɪ] *adj* (*disposable*) jetable; ***a throw-away remark*** une remarque en l'air
'**throw-in** SP remise *f* en jeu
thrown [θroʊn] *pp* → ***throw***
thru [θruː] → ***through***
thrush [θrʌʃ] *bird* grive *f*
thrust [θrʌst] *v/t* (*pret & pp* ***thrust***) (*push hard*) enfoncer; ***thrust one's way through the crowd*** se frayer un chemin à travers la foule
thud [θʌd] *n* bruit *m* sourd
thug [θʌg] brute *f*
thumb [θʌm] **1** *n* pouce *m* **2** *v/t*: ***thumb a ride*** faire de l'auto-stop
thumb•tack ['θʌmtæk] punaise *f*
thump [θʌmp] **1** *n blow* coup *m* de poing; *noise* bruit *m* sourd **2** *v/t person* cogner; ***thump one's fist on the table*** cogner du poing sur la table **3** *v/i of heart* battre la chamade; ***thump on the door*** cogner sur la porte

thun•der ['θʌndər] *n* tonnerre *m*
thun•der•ous ['θʌndərəs] *adj applause* tonitruant
thun•der•storm ['θʌndərstɔːrm] orage *m*
thun•der•struck *adj* abasourdi
thun•der•y ['θʌndərɪ] *adj weather* orageux*
Thurs•day ['θɜːrzdeɪ] jeudi *m*
thus [ðʌs] *adv* ainsi
thwart [θwɔːrt] *v/t person, plans* contrarier
thyme [taɪm] thym *m*
thy•roid gland ['θaɪrɔɪdglænd] thyroïde *f*
tick [tɪk] **1** *n of clock* tic-tac *m*; (*checkmark*) coche *f* **2** *v/i* faire tic-tac
tick•et ['tɪkɪt] *for bus, museum* ticket *m*; *for train, airplane, theater, concert, lottery* billet *m*; *for speeding, illegal parking* P.V. *m*
'**tick•et col•lec•tor** contrôleur(-euse) *m(f)*
'**tick•et in•spec•tor** contrôleur(-euse) *m(f)*
'**tick•et ma•chine** distributeur *m* de billets
'**tick•et of•fice** billetterie *f*
tick•ing ['tɪkɪŋ] *noise* tic-tac *m*
tick•le ['tɪkl] *v/t & v/i* chatouiller
tickl•ish ['tɪklɪʃ] *adj person* chatouilleux*
tid•al wave ['taɪdlweɪv] raz-de-marée *m*
tide [taɪd] marée *f*; ***high / low tide*** marée haute / basse; ***the tide is in / out*** la marée monte / descend
◆ **tide over** *v/t* dépanner
ti•di•ness ['taɪdɪnɪs] ordre *m*
ti•dy ['taɪdɪ] *adj person, habits* ordonné; *room, house, desk* en ordre
◆ **tidy away** *v/t* (*pret & pp* ***-ied***) ranger
◆ **tidy up 1** *v/t room, shelves* ranger; ***tidy o.s. up*** remettre de l'ordre dans sa tenue **2** *v/i* ranger
tie [taɪ] **1** *n* (*necktie*) cravate *f*; SP (*even result*) match *m* à égalité; ***he doesn't have any ties*** il n'a aucune attache **2** *v/t laces* nouer; *knot* faire; *hands* lier; ***tie sth to sth*** attacher qch à qch; ***tie two ropes together*** lier deux cordes entre elles **3** *v/i* SP *of teams* faire match nul; *of runner* finir ex æquo
◆ **tie down** *v/t with rope* attacher; *fig* (*restrict*) restreindre
◆ **tie up** *v/t hair* attacher; *person* ligoter; *boat* amarrer; ***I'm tied up tomorrow*** (*busy*) je suis pris demain
tier [tɪr] *of hierarchy* niveau *m*; *of seats* gradin *m*
ti•ger ['taɪgər] tigre *m*
tight [taɪt] **1** *adj clothes, knot, screw* serré; *shoes* trop petit; (*properly shut*) bien fermé; *not leaving much time* juste; *security* strict; F (*drunk*) bourré F **2** *adv hold* fort; *shut* bien
tight•en ['taɪtn] *v/t control, security* renforcer; *screw* serrer; (*make tighter*) resserrer
tight-fist•ed [taɪt'fɪstɪd] *adj* radin
tight•ly *adv* → ***tight*** *adv*
tight•rope ['taɪtroʊp] corde *f* raide
tights [taɪts] *npl Br* collant *m*
tile [taɪl] *n on floor, wall* carreau *m*; *on roof* tuile *f*
till[1] [tɪl] *prep, conj* → ***until***
till[2] [tɪl] *n* (*cash register*) caisse *f*
till[3] [tɪl] *v/t soil* labourer
tilt [tɪlt] *v/t & v/i* pencher
tim•ber ['tɪmbər] bois *m*
time [taɪm] **1** *n* temps *m*; (*occasion*) fois *f*; ***for the time being*** pour l'instant; ***have a good time*** bien s'amuser; ***have a good time!*** amusez-vous bien!; ***what's the time?, what time is it?*** quelle heure est-il?; ***the first time*** la première fois; ***four times*** quatre fois; ***time and again*** cent fois; ***all the time*** pendant tout ce temps; ***he knew all the time that ...*** il savait depuis le début que ...; ***two / three at a time*** deux par deux / trois par trois; ***at the same time*** *speak, reply etc*, (*however*) en même temps; ***in time*** à temps; ***on time*** à l'heure; ***in no time*** *in the past* en un rien de temps; *in the future* dans un rien de temps **2** *v/t* chronométrer
'**time bomb** bombe *f* à retardement
'**time clock** *in factory* horloge *f* pointeuse
'**time-con•sum•ing** *adj task* de longue haleine
'**time dif•fer•ence** décalage *m* horaire
'**time-lag** laps *m* de temps
'**time lim•it** limite *f* dans le temps
time•ly ['taɪmlɪ] *adj* opportun
'**time out** SP temps *m* mort
tim•er ['taɪmər] *device* minuteur *m*
'**time•sav•ing** économie *f* de temps
'**time•scale** *of project* durée *f*
'**time switch** minuterie *f*
'**time•warp** changement *m* subit d'époque
'**time zone** fuseau *m* horaire
tim•id ['tɪmɪd] *adj* timide
tim•id•ly ['tɪmɪdlɪ] *adv* timidement
tim•ing ['taɪmɪŋ] *of actor, dancer* synchronisation *f*; ***the timing of the announcement was perfect*** l'annonce est venue au parfait moment
tin [tɪn] *metal* étain *m*
tin•foil ['tɪnfɔɪl] papier *m* aluminium
tinge [tɪndʒ] *n* soupçon *m*
tin•gle ['tɪŋgl] *v/i* picoter
◆ **tin•ker with** ['tɪŋkər] *v/t engine* brico-

ler; ***stop tinkering with it!*** arrête de toucher à ça!
tin•kle ['tɪŋkl] *n of bell* tintement *m*
tin•sel ['tɪnsl] guirlandes *fpl* de Noël
tint [tɪnt] **1** *n of color* teinte *f*; *for hair* couleur *f* **2** *v/t*: ***tint one's hair*** se faire une coloration
tint•ed ['tɪntɪd] *adj eyeglasses* teinté; *paper* de couleur pastel
ti•ny ['taɪnɪ] *adj* minuscule
tip¹ [tɪp] *n (end)* bout *m*
tip² [tɪp] **1** *n advice* conseil *m*, truc *m* F; *money* pourboire *m* **2** *v/t (pret & pp* ***-ped****) waiter etc* donner un pourboire à
◆ **tip off** *v/t* informer
◆ **tip over** *v/t* renverser
'**tip-off** renseignement *m*, tuyau *m* F; ***have a tip-off that …*** être informé que …
tipped [tɪpt] *adj cigarettes* à bout filtre
tip•py-toe ['tɪptoʊ]: ***on tippy-toe*** sur la pointe des pieds
tip•sy ['tɪpsɪ] *adj* éméché
tire¹ ['taɪr] *n* pneu *m*
tire² ['taɪr] **1** *v/t* fatiguer **2** *v/i* se fatiguer; ***he never tires of it*** il ne s'en lasse pas
tired ['taɪrd] *adj* fatigué; ***be tired of s.o./sth*** en avoir assez de qn / qch
tired•ness ['taɪrdnɪs] fatigue *f*
tire•less ['taɪrlɪs] *adj efforts* infatigable
tire•some ['taɪrsəm] *adj (annoying)* fatigant
tir•ing ['taɪrɪŋ] *adj* fatigant
tis•sue ['tɪʃuː] ANAT tissu *m*; *handkerchief* mouchoir *m* en papier
'**tis•sue pa•per** papier *m* de soie
tit¹ [tɪt] *bird* mésange *f*
tit² [tɪt]: ***give s.o. tit for tat*** rendre la pareille à qn
tit³ [tɪt] V *(breast)* nichon *m* V; ***get on s.o.'s tits*** P casser les pieds de qn F
ti•tle ['taɪtl] *of novel, person etc* titre *m*; LAW titre *m* de propriét é (***to*** de)
'**ti•tle•hold•er** SP tenant(e) *m(f)* du titre
'**ti•tle role** rôle *m* éponyme
tit•ter ['tɪtər] *v/i* rire bêtement
to [tuː], *unstressed* [tə] **1** *prep* à; ***to Japan*** au Japon; ***to Chicago*** à Chicago; ***let's go to my place*** allons chez moi; ***walk to the station*** aller à la gare à pied; ***to the north / south of*** au nord / sud de; ***give sth to s.o.*** donner qch à qn; ***from Monday to Wednesday*** *once* de lundi à mercredi; *regularly* du lundi au mercredi; ***from 10 to 15 people*** de 10 à 15 personnes; ***5 minutes to 10*** *esp Br* 10 heures moins 5 **2** *with verbs*: ***to speak, to shout*** parler, crier; ***learn to drive*** apprendre à conduire; ***nice to eat*** bon à manger; ***too heavy to carry*** trop lourd à porter; ***to be honest with you, …*** pour être sincère, … **3** *adv*: ***to and fro*** *walk, pace* de long en large; ***go to and fro between …*** *of ferry* faire la navette entre …
toad [toʊd] crapaud *m*
toad•stool ['toʊdstuːl] champignon *m* vénéneux
toast [toʊst] **1** *n for eating* pain *m* grillé; *when drinking* toast *m*; ***propose a toast to s.o.*** porter un toast à qn **2** *v/t when drinking* porter un toast à
to•bac•co [tə'bækoʊ] tabac *m*
to•bog•gan [tə'bɑːgən] *n* luge *f*
to•day [tə'deɪ] *adv* aujourd'hui
tod•dle ['tɑːdl] *v/i of child* faire ses premiers pas
tod•dler ['tɑːdlər] jeune enfant *m*, bambin *m* F
to-do [tə'duː] F remue-ménage *m*
toe [toʊ] **1** *n* orteil *m*; *of sock, shoe* bout *m* **2** *v/t*: ***toe the line*** se mettre au pas; ***toe the party line*** suivre la ligne du parti
toe•nail ['toʊneɪl] ongle *m* de pied
to•geth•er [tə'geðər] *adv* ensemble; *(at the same time)* en même temps
toil [tɔɪl] *n* labeur *m*
toi•let ['tɔɪlɪt] toilettes *fpl*; ***go to the toilet*** aller aux toilettes
'**toi•let pa•per** papier *m* hygiénique
toi•let•ries ['tɔɪlɪtrɪz] *npl* articles *mpl* de toilette
'**toi•let roll** rouleau *m* de papier hygiénique
to•ken ['toʊkən] *sign* témoignage *m*; *(gift token)* bon *m* d'achat; *instead of coin* jeton *m*
told [toʊld] *pret & pp* → ***tell***
tol•er•a•ble ['tɑːlərəbl] *adj pain etc* tolérable; *(quite good)* acceptable
tol•er•ance ['tɑːlərəns] tolérance *f*
tol•er•ant ['tɑːlərənt] *adj* tolérant
tol•er•ate ['tɑːləreɪt] *v/t* tolérer; ***I won't tolerate it!*** je ne tolérerai pas ça!
toll¹ [toʊl] *v/i of bell* sonner
toll² [toʊl] *n (deaths)* bilan *m*
toll³ [toʊl] *n for bridge, road* péage *m*
'**toll booth** poste *m* de péage
'**toll-free** *adj* TELEC gratuit; ***toll-free number*** numéro *m* vert
'**toll road** route *f* à péage
to•ma•to [tə'meɪtoʊ] tomate *f*
to•ma•to 'ketch•up ketchup *m*
to•ma•to 'sauce *for pasta etc* sauce *f* tomate
tomb [tuːm] tombe *f*
tom•boy ['tɑːmbɔɪ] garçon *m* manqué
tomb•stone ['tuːmstoʊn] pierre *f* tombale
tom•cat ['tɑːmkæt] matou *m*

to•mor•row [tə'mɔːroʊ] **1** *n* demain *m*; ***the day after tomorrow*** après-demain **2** *adv* demain; ***tomorrow morning*** demain matin
ton [tʌn] tonne *f* courte (= *907 kg*)
tone [toʊn] *of color, conversation* ton *m*; *of musical instrument* timbre *m*; *of neighborhood* classe *f*; ***tone of voice*** ton *m*
◆ **tone down** *v/t demands* réduire; *criticism* atténuer
ton•er ['toʊnər] toner *m*
tongs [tɑːŋz] *npl* pince *f*; (*curling tongs*) fer *m* à friser
tongue [tʌŋ] langue *f*
ton•ic ['tɑːnɪk] MED fortifiant *m*
'**ton•ic (wa•ter)** Schweppes® *m*, tonic *m*
to•night [tə'naɪt] *adv* ce soir; *sleep* cette nuit
ton•sil•li•tis [tɑːnsə'laɪtɪs] angine *f*
ton•sils ['tɑːnslz] *npl* amygdales *fpl*
too [tuː] *adv* (*also*) aussi; (*excessively*) trop; ***me too*** moi aussi; ***too big / hot*** trop grand / chaud; ***too much rice*** trop de riz; ***eat too much*** manger trop
took [tʊk] *pret* → ***take***
tool [tuːl] outil *m*
toot [tuːt] *v/t* F: ***toot the horn*** klaxonner
tooth [tuːθ] (*pl* ***teeth*** [tiːθ]) dent *f*
'**tooth•ache** mal *m* de dents
'**tooth•brush** brosse *f* à dents
tooth•less ['tuːθlɪs] *adj* édenté
'**tooth•paste** dentifrice *m*
'**tooth•pick** cure-dents *m*
top [tɑːp] **1** *n also clothing* haut *m*; (*lid*: *of bottle etc*) bouchon *m*; *of pen* capuchon *m*; *of the class, league* premier(-ère) *m*(*f*)); MOT: *gear* quatrième *f*/cinquième *f*; ***on top of*** sur; ***be at the top of*** être en haut de; *league* être premier de; ***get to the top*** *of company, mountain etc* arriver au sommet; ***be over the top*** *Br* (*exaggerated*) être exagéré **2** *adj branches* du haut; *floor* dernier*; *player etc* meilleur; *speed* maximum *inv in feminine*; *note* le plus élevé; ***top management*** les cadres *mpl* supérieurs; ***top official*** haut fonctionnaire *m* **3** *v/t* (*pret & pp* ***-ped***): ***topped with cream*** surmonté de crème chantilly
top 'hat chapeau *m* haut de forme
top 'heav•y *adj* déséquilibré
top•ic ['tɑːpɪk] sujet *m*
top•i•cal ['tɑːpɪkl] *adj* d'actualité
top•less ['tɑːplɪs] *adj waitress* aux seins nus
top•most ['tɑːpmoʊst] *adj branch* le plus haut; *floor* dernier*
top•ping ['tɑːpɪŋ] *on pizza* garniture *f*
top•ple ['tɑːpl] **1** *v/i* s'écrouler **2** *v/t government* renverser
top 'se•cret *adj* top secret *inv*
top•sy-tur•vy [tɑːpsɪ'tɜːrvɪ] *adj* sens dessus dessous
torch [tɔːrʧ] *n with flame* flambeau *m*; *Br* lampe *f* de poche
tore [tɔːr] *pret* → ***tear***
tor•ment ['tɔːrment] **1** *n* tourment *m* **2** *v/t* [tɔːr'ment] *person, animal* harceler; ***tormented by doubt*** tourmenté par le doute
torn [tɔːrn] *pp* → ***tear***
tor•na•do [tɔːr'neɪdoʊ] tornade *f*
tor•pe•do [tɔːr'piːdoʊ] **1** *n* torpille *f* **2** *v/t also fig* torpiller
tor•rent ['tɑːrənt] *also fig* torrent *m*
tor•ren•tial [tə'renʃl] *adj rain* torrentiel*
tor•toise ['tɔːrtəs] tortue *f* (terrestre)
tor•ture ['tɔːrʧər] **1** *n* torture *f* **2** *v/t* torturer
toss [tɑːs] **1** *v/t ball* lancer; *rider* désarçonner; *salad* remuer; ***toss a coin*** jouer à pile ou face **2** *v/i*: ***toss and turn*** se tourner et se retourner
to•tal ['toʊtl] **1** *adj sum, amount* total; *disaster* complet*; *idiot* fini; ***he's a total stranger*** c'est un parfait inconnu **2** *n* total *m* **3** *v/t* (*pret & pp* ***-ed***, *Br* ***-led***) F *car* bousiller F
to•tal•i•tar•i•an [toʊtælɪ'terɪən] *adj* totalitaire
to•tal•ly ['toʊtəlɪ] *adv* totalement
tote bag ['toʊtbæg] fourre-tout *m*
tot•ter ['tɑːtər] *v/i of person* tituber
touch [tʌʧ] **1** *n sense* toucher *m*; ***a touch of*** (*a little*) un soupçon de; ***lose touch with s.o.*** perdre contact avec qn; ***keep in touch with s.o.*** rester en contact avec qn; ***in touch*** SP en touche; ***be out of touch*** (***with sth***) ne pas être au courant (de qch); ***be out of touch with s.o.*** avoir perdu le contact avec qn **2** *v/t also emotionally* toucher; *exhibits etc* toucher à **3** *v/i of two things* se toucher; ***don't touch*** ne touche pas à ça
◆ **touch down** *v/i of airplane* atterrir; SP faire un touché-en-but
◆ **touch on** *v/t* (*mention*) effleurer
◆ **touch up** *v/t photo* retoucher
touch•down ['tʌʧdaʊn] *of airplane* atterrissage *m*; SP touché-en-but; ***score a touchdown*** SP faire un touché-en-but
touch•ing ['tʌʧɪŋ] *adj emotionally* touchant
'**touch•line** SP ligne *f* de touche
'**touch screen** écran *m* tactile
touch•y ['tʌʧɪ] *adj person* susceptible
tough [tʌf] *adj person, material* résistant; *meat, question, exam, punishment* dur

◆ **tough•en up** ['tʌfn] *v/t person* endurcir
'**tough guy** F dur *m* F
tour [tʊr] **1** *n* visite *f* (**of** de); *as part of package* circuit *m* (**of** dans); *of band, theater company* tournée *f* **2** *v/t area* visiter **3** *v/i of tourist* faire du tourisme; *of band* être en tournée
'**tour guide** accompagnateur(-trice) *m(f)*
tour•ism ['tʊrɪzm] tourisme *m*
tour•ist ['tʊrɪst] touriste *m/f*
'**tour•ist at•trac•tion** attraction *f* touristique
'**tour•ist in•dus•try** industrie *f* touristique
tour•ist in•for'ma•tion of•fice syndicat *m* d'initiative, office *m* de tourisme
'**tour•ist sea•son** saison *f* touristique
tour•na•ment ['tʊrnəmənt] tournoi *m*
'**tour op•er•a•tor** tour-opérateur *m*, voyagiste *m*
tou•sled ['taʊzld] *adj hair* ébouriffé
tow [toʊ] **1** *v/t car, boat* remorquer **2** *n*: ***give s.o. a tow*** remorquer qn
◆ **tow away** *v/t car* emmener à la fourrière
to•wards [tə'wɔːdz], *Br* **to•ward** [tə'wɔːd] *prep in space* vers; *with attitude, feelings etc* envers; *aiming at* en vue de; ***work towards a solution*** essayer de trouver une solution
tow•el ['taʊəl] serviette *f*
tow•er ['taʊər] tour *f*
◆ **tower over** *v/t building* surplomber; *person* être beaucoup plus grand que
town [taʊn] ville *f*
town 'cen•ter, *Br* ***town 'centre*** centre-ville *m*
town 'coun•cil conseil *m* municipal
town 'hall hôtel *m* de ville
tow•rope ['toʊroʊp] câble *m* de remorquage
tox•ic ['tɑːksɪk] *adj* toxique
tox•ic 'waste déchets *mpl* toxiques
tox•in ['tɑːksɪn] BIOL toxine *f*
toy [tɔɪ] jouet *m*
◆ **toy with** *v/t* jouer avec; *idea* caresser
'**toy store** magasin *m* de jouets
trace [treɪs] **1** *n of substance* trace *f* **2** *v/t* (*find*) retrouver; *draw* tracer
track [træk] *n path*, (*racecourse*) piste *f*; *motor racing* circuit *m*; *on record, CD* morceau *m*; RAIL voie *f* (ferrée); ***track 10*** RAIL voie 10; ***keep track of sth*** suivre qch
◆ **track down** *v/t person* retrouver; *criminal* dépister; *object* dénicher
track•suit ['træksuːt] survêtement *m*
trac•tor ['træktər] tracteur *m*
trade [treɪd] **1** *n* (*commerce*) commerce *m*; (*profession, craft*) métier *m* **2** *v/i* (*do business*) faire du commerce; ***trade in sth*** faire du commerce dans qch **3** *v/t* (*exchange*) échanger (**for** contre)
◆ **trade in** *v/t when buying* donner en reprise
'**trade fair** foire *f* commerciale
'**trade•mark** marque *f* de commerce
'**trade mis•sion** mission *f* commerciale
trad•er ['treɪdər] commerçant(e) *m(f)*
trade 'se•cret secret *m* commercial
tra•di•tion [trə'dɪʃn] tradition *f*
tra•di•tion•al [trə'dɪʃnl] *adj* traditionnel*
tra•di•tion•al•ly [trə'dɪʃnlɪ *adv* traditionnellement
traf•fic ['træfɪk] *n on roads* circulation *f*; *at airport, in drugs* trafic *m*
◆ **traffic in** *v/t* (*pret & pp* ***-ked***) *drugs* faire du trafic de
'**traf•fic cir•cle** rond-point *m*
'**traf•fic cop** F agent *m* de la circulation
'**traf•fic is•land** refuge *m*
'**traf•fic jam** embouteillage *m*
'**traf•fic light** feux *mpl* de signalisation
'**traf•fic po•lice** police *f* de la route
'**traf•fic sign** panneau *m* de signalisation
tra•g•edy ['trædʒədɪ] tragédie *f*
trag•ic ['trædʒɪk] *adj* tragique
trail [treɪl] **1** *n* (*path*) sentier *m*; *of blood* traînée *f* **2** *v/t* (*follow*) suivre à la trace; (*tow*) remorquer **3** *v/i* (*lag behind*: *of person*) traîner; *of team* se traîner
trail•er ['treɪlər] *pulled by vehicle* remorque *f*; (*mobile home*) caravane *f*; *of movie* bande-annonce *f*
train[1] [treɪn] *n* train *m*; ***go by train*** aller en train
train[2] [treɪn] **1** *v/t* entraîner; *dog* dresser; *employee* former **2** *v/i of team, athlete* s'entraîner; *of teacher etc* faire sa formation; ***train as a doctor*** faire des études de médecine
train•ee [treɪ'niː] stagiaire *m/f*
train•er ['treɪnər] SP entraîneur(-euse) *m(f)*; *of dog* dresseur(-euse) *m(f)*
train•ers ['treɪnərz] *npl Br*: *shoes* tennis *mpl*
train•ing [treɪnɪŋ] *of new staff* formation *f*; SP entraînement *m*; ***be in training*** SP être bien entraîné; ***be out of training*** SP avoir perdu la forme
'**train•ing course** cours *m* de formation
'**train•ing scheme** programme *m* de formation
'**train sta•tion** gare *f*
trait [treɪt] trait *m*
trai•tor ['treɪtər] traître *m*, traîtresse *f*
tramp[1] [træmp] *v/i* marcher à pas lourds
tramp[2] [træmp] *pej* femme *f* facile; *Br* clochard *m*

tram•ple ['træmpl] *v/t*: ***be trampled to death*** mourir piétiné; ***be trampled underfoot*** être piétiné

◆ **trample on** *v/t person, object* piétiner

tram•po•line ['træmpəliːn] trampoline *m*

trance [træns] transe *f*; ***go into a trance*** entrer en transe

tran•quil ['træŋkwɪl] *adj* tranquille

tran•quil•i•ty [træŋ'kwɪlətɪ] tranquillité *f*

tran•quil•iz•er, *Br* **tran•quil•liz•er** ['træŋkwɪlaɪzər] tranquillisant *m*

trans•act [træn'zækt] *v/t deal, business* faire

trans•ac•tion [træn'zækʃn] *of business* conduite *f*; *piece of business* transaction *f*

trans•at•lan•tic [trænzət'læntɪk] *adj* transatlantique

tran•scen•den•tal [trænsen'dentl] *adj* transcendental

tran•script ['trænskrɪpt] transcription *f*

trans•fer [træns'fɜːr] **1** *v/t* (*pret & pp* ***-red***) transférer **2** *v/i* (*pret & pp* ***-red***) *when traveling* changer; *in job* être muté (***to*** à) **3** *n* ['trænsfɜːr] *of money, in job, in travel* transfert *m*

trans•fer•a•ble [træns'fɜːrəbl] *adj ticket* transférable

'**trans•fer fee** *for sportsman* prix *m* de transfert

trans•form [træns'fɔːrm] *v/t* transformer

trans•for•ma•tion [trænsfər'meɪʃn] transformation *f*

trans•form•er [træns'fɔːrmər] ELEC transformateur *m*

trans•fu•sion [træns'fjuːʒn] transfusion *f*

tran•sis•tor [træn'zɪstər] *also radio* transistor *m*

trans•it ['trænzɪt] transit *m*; ***in transit*** en transit

tran•si•tion [træn'zɪʒn] transition *f*

tran•si•tion•al [træn'zɪʒnl] *adj* de transition

'**trans•it lounge** *at airport* salle *f* de transit

'**trans•it pas•sen•ger** passager(-ère) *m*(*f*) en transit

trans•late [træns'leɪt] *v/t & v/i* traduire

trans•la•tion [træns'leɪʃn] traduction *f*

trans•la•tor [træns'leɪtər] traducteur (-trice) *m*(*f*)

trans•mis•sion [trænz'mɪʃn] TV, MOT transmission *f*

trans•mit [trænz'mɪt] *v/t* (*pret & pp* ***-ted***) *news, program* diffuser; *disease* transmettre

trans•mit•ter [trænz'mɪtər] RAD, TV émetteur *m*

trans•par•en•cy [træns'pærənsɪ] PHOT diapositive *f*

trans•par•ent [træns'pærənt] *adj* transparent; (*obvious*) évident; ***he is so transparent*** c'est tellement facile de lire dans ses pensées

trans•plant ['trænsplænt] **1** *n* MED transplantation *f*; *organ transplanted* transplant *m* **2** *v/t* [træns'plænt] MED transplanter

trans•port ['trænspɔːrt] **1** *n of goods, people* transport *m* **2** *v/t* [træn'spɔːrt] *goods, people* transporter

trans•por•ta•tion [trænspɔːr'teɪʃn] *of goods, people* transport *m*; ***means of transportation*** moyen *m* de transport; ***public transportation*** transports *mpl* en commun; ***Department of Transportation*** ministère *m* des Transports

trans•ves•tite [træns'vestaɪt] travesti *m*

trap [træp] **1** *n also fig* piège *m*; ***set a trap for s.o.*** tendre un piège à qn **2** *v/t* (*pret & pp* ***-ped***) *also fig* piéger; ***be trapped*** *by enemy, flames, landslide etc* être pris au piège

trap•door ['træpdɔːr] trappe *f*

tra•peze [trə'piːz] trapèze *m*

trap•pings ['træpɪŋz] *npl of power* signes extérieurs *mpl*

trash [træʃ] **1** *n* (*garbage*) ordures *fpl*; F *goods etc* camelote *f* F; *fig*: *person* vermine *f* **2** *v/t* jeter; (*criticize*) démolir; *bar, apartment etc* saccager, vandaliser

'**trash can** poubelle *f*

trash•y ['træʃɪ] *adj goods* de pacotille; *novel* de bas étage

trau•ma ['trɔːmə] traumatisme *m*

trau•mat•ic [traʊ'mætɪk] *adj* traumatisant

trau•ma•tize ['traʊmətaɪz] *v/t* traumatiser

trav•el ['trævl] **1** *n* voyages *mpl*; ***travels*** voyages *mpl* **2** *v/i* (*pret & pp* ***-ed***, *Br* ***-led***) voyager **3** *v/t* (*pret & pp* ***-ed***, *Br* ***-led***) *miles* parcourir

'**trav•el a•gen•cy** agence *f* de voyages

'**trav•el a•gent** agent *m* de voyages

'**trav•el bag** sac *m* de voyage

trav•el•er ['trævələr] voyageur(-euse) *m*(*f*)

'**trav•el•er's check** chèque-voyage *m*

'**trav•el ex•pen•ses** *npl* frais *mpl* de déplacement

'**trav•el in•sur•ance** assurance-voyage *f*

trav•el•ler *Br* → ***traveler***

'**trav•el pro•gram**, '**trav•el pro•gramme** *Br* programme *m* de voyages

'**trav•el sick•ness** mal *m* des transports

trawl•er ['trɔːlər] chalutier *m*

tray [treɪ] *for food, photocopier* plateau *m*; *to go in oven* plaque *f*

treach•er•ous ['tretʃərəs] *adj* traître

treach•er•y ['tretʃərɪ] traîtrise *f*

tread [tred] **1** *n* pas *m*; *of staircase* dessus *m* des marches; *of tire* bande *f* de roulement **2** *v/i* (*pret* ***trod***, *pp* ***trodden***) marcher; ***mind where you tread*** fais attention où tu mets les pieds
◆ **tread on** *v/t person's foot* marcher sur
trea•son ['triːzn] trahison *f*
treas•ure ['treʒər] **1** *n* trésor *m* **2** *v/t gift etc* chérir
treas•ur•er ['treʒərər] trésorier(-ière) *m(f)*
Treas•ur•y De•part•ment ['treʒərɪ] ministère *m* des Finances
treat [triːt] **1** *n* plaisir *m*; ***it was a real treat*** c'était un vrai bonheur; ***I have a treat for you*** j'ai une surprise pour toi; ***it's my treat*** (*I'm paying*) c'est moi qui paie **2** *v/t materials, illness*, (*behave toward*) traiter; ***treat s.o. to sth*** offrir qch à qn
treat•ment ['triːtmənt] traitement *m*
trea•ty ['triːtɪ] traité *m*
tre•ble[1] ['trebl] *n* MUS soprano *m* (*de jeune garçon*)
tre•ble[2] ['trebl] **1** *adv*: ***treble the price*** le triple du prix **2** *v/i* tripler
tree [triː] arbre *m*
trem•ble ['trembl] *v/i* trembler
tre•men•dous [trɪ'mendəs] *adj* (*very good*) formidable; (*enormous*) énorme
tre•men•dous•ly [trɪ'mendəslɪ] *adv* (*very*) extrêmement; (*a lot*) énormément
trem•or ['tremər] *of earth* secousse *f* (sismique)
trench [trentʃ] tranchée *f*
trend [trend] tendance *f*; (*fashion*) mode *f*
trend•y ['trendɪ] *adj* branché
tres•pass ['trespæs] *v/i* entrer sans autorisation; ***no trespassing*** défense d'entrer
◆ **trespass on** *v/t land* entrer sans autorisation sur; *s.o.'s rights* violer; *s.o.'s time* abuser de
tres•pass•er ['trespæsər] *personne qui viole la propriété d'une autre*; ***trespassers will be prosecuted*** défense d'entrer sous peine de poursuites
tri•al ['traɪəl] LAW procès *m*; *of equipment* essai *m*; ***be on trial*** LAW passer en justice; ***have sth on trial*** *equipment* essayer qch, acheter qch à l'essai
tri•al 'pe•ri•od période *f* d'essai
tri•an•gle ['traɪæŋgl] triangle *m*
tri•an•gu•lar [traɪ'æŋgjʊlər] *adj* triangulaire
tribe [traɪb] tribu *f*
tri•bu•nal [traɪ'bjuːnl] tribunal *m*
trib•u•ta•ry ['trɪbjəterɪ] *of river* affluent *m*
trick [trɪk] **1** *n to deceive* tour *m*; (*knack*) truc *m*; ***just the trick*** F juste ce qu'il me faut; ***play a trick on s.o.*** jouer un tour à qn **2** *v/t* rouler; ***be tricked*** se faire avoir
trick•e•ry ['trɪkərɪ] tromperie *f*
trick•le ['trɪkl] **1** *n* filet *m*; *fig* tout petit peu *m* **2** *v/i* couler goutte à goutte
trick•ster ['trɪkstər] escroc *m*
trick•y ['trɪkɪ] *adj* (*difficult*) délicat
tri•cy•cle ['traɪsɪkl] tricycle *m*
tri•fle ['traɪfl] *n* (*triviality*) bagatelle *f*
tri•fling ['traɪflɪŋ] *adj* insignifiant
trig•ger ['trɪgər] *n on gun* détente *f*; *on camcorder* déclencheur *m*
◆ **trigger off** *v/t* déclencher
trim [trɪm] **1** *adj* (*neat*) bien entretenu; *figure* svelte **2** *v/t* (*pret & pp* ***-med***) *hair* couper un peu; *hedge* tailler; *budget, costs* réduire; (*decorate*: *dress*) garnir **3** *n cut* taille *f*; ***in good trim*** en bon état; *boxer* en forme
tri•mes•ter ['trɪmestər] trimestre *m*
trim•ming ['trɪmɪŋ] *on clothes* garniture *f*; ***with all the trimmings*** avec toutes les options
trin•ket ['trɪŋkɪt] babiole *f*
tri•o ['triːoʊ] MUS trio *m*
trip [trɪp] **1** *n* (*journey*) voyage *m*; (*outing*) excursion *f*; ***go on a trip to Vannes*** aller visiter Vannes **2** *v/i* (*pret & pp* ***-ped***) (*stumble*) trébucher **3** *v/t* (*pret & pp* ***-ped***) (*make fall*) faire un croche-pied à
◆ **trip up 1** *v/t* (*make fall*) faire un croche-pied à; (*cause to go wrong*) faire trébucher **2** *v/i* (*stumble*) trébucher; (*make a mistake*) faire une erreur
tri•ple ['trɪpl] → ***treble***
tri•plets ['trɪplɪts] *npl* triplé(e)s *m(f)pl*
tri•pod ['traɪpɑːd] PHOT trépied *m*
trite [traɪt] *adj* banal
tri•umph ['traɪʌmf] *n* triomphe *m*
triv•i•al ['trɪvɪəl] *adj* insignifiant
triv•i•al•i•ty [trɪvɪ'ælətɪ] banalité *f*
trod [trɑːd] *pret* → ***tread***
trod•den ['trɑːdn] *pp* → ***tread***
trol•ley ['trɑːlɪ] (*streetcar*) tramway *m*
trom•bone [trɑːm'boʊn] trombone *m*
troops [truːps] *npl* troupes *fpl*
tro•phy ['troʊfɪ] trophée *m*
trop•ic ['trɑːpɪk] GEOG tropique *m*
trop•i•cal ['trɑːpɪkl] *adj* tropical
trop•ics ['trɑːpɪks] *npl* tropiques *mpl*
trot [trɑːt] *v/i* (*pret & pp* ***-ted***) trotter
trou•ble ['trʌbl] **1** *n* (*difficulties*) problèmes *mpl*; (*inconvenience*) dérangement *m*; (*disturbance*) affrontements *mpl*; ***sorry to put you to any trouble*** désolé de vous déranger; ***go to a lot of trouble to do sth*** se donner beaucoup de mal pour faire qch; ***no trouble!*** pas de pro-

blème!; ***get into trouble*** s'attirer des ennuis **2** *v/t* (*worry*) inquiéter; (*bother, disturb*) déranger; *of back, liver etc* faire souffrir
'trou•ble-free *adj* sans problème
'trou•ble•mak•er fauteur(-trice) *m(f)* de troubles
'trou•ble•shoot•er conciliateur(-trice) *m(f)*
'trou•ble•shoot•ing dépannage *m*
trou•ble•some ['trʌblsəm] *adj* pénible
trou•sers ['traʊzərz] *npl Br* pantalon *m*
trout [traʊt] (*pl* ***trout***) truite *f*
truce [truːs] trêve *f*
truck [trʌk] camion *m*
'truck driv•er camionneur(-euse) *m(f)*
'truck farm jardin *m* maraîcher
'truck farm•er maraîcher(-ère) *m(f)*
'truck stop routier *m*
trudge [trʌdʒ] **1** *v/i* se traîner **2** *n* marche *f* pénible
true [truː] *adj* vrai; *friend, American* véritable; ***come true*** *of hopes, dream* se réaliser
tru•ly ['truːlɪ] *adv* vraiment; ***Yours truly*** je vous prie d'agréer mes sentiments distingués
trum•pet ['trʌmpɪt] *n* trompette *f*
trum•pet•er ['trʌmpɪtər] trompettiste *m/f*
trunk [trʌŋk] *of tree, body* tronc *m*; *of elephant* trompe *f*; (*large suitcase*) malle *f*; *of car* coffre *m*
trust [trʌst] **1** *n* confiance *f*; FIN fidéicommis *m* **2** *v/t* faire confiance à; ***I trust you*** je te fais confiance
trust•ed ['trʌstɪd] *adj* éprouvé
trust•ee [trʌs'tiː] fidéicommissaire *m/f*
trust•ful, trust•ing ['trʌstfl, 'trʌstɪŋ] *adj* confiant
trust•wor•thy ['trʌstwɜːrðɪ] *adj* fiable
truth [truːθ] vérité *f*
truth•ful ['truːθlf] *adj* honnête
try [traɪ] **1** *v/t* (*pret & pp* ***-ied***) essayer; LAW juger; ***try to do sth*** essayer de faire qch; ***why don't you try changing suppliers?*** pourquoi tu ne changes pas de fournisseur? **2** *v/i* (*pret & pp* ***-ied***) essayer; ***you must try harder*** tu dois faire plus d'efforts **3** *n* essai *m*; ***can I have a try?*** *of food* est-ce que je peux goûter?; *at doing sth* est-ce que je peux essayer?
◆ **try on** *v/t clothes* essayer
◆ **try out** *v/t* essayer
try•ing ['traɪɪŋ] *adj* (*annoying*) éprouvant
T-shirt ['tiːʃɜːrt] tee-shirt *m*
tub [tʌb] (*bath*) baignoire *f*; *for liquid* bac *m*; *for yoghurt, ice cream* pot *m*
tub•by ['tʌbɪ] *adj* boulot*
tube [tuːb] (*pipe*) tuyau *m*; *of toothpaste, ointment* tube *m*
tube•less ['tuːblɪs] *adj tire* sans chambre à air
tu•ber•cu•lo•sis [tuːbɜːrkjə'loʊsɪs] tuberculose *f*
tuck [tʌk] **1** *n in dress* pli *m* **2** *v/t* (*put*) mettre
◆ **tuck away** *v/t* (*put away*) ranger; (*eat quickly*) bouffer F
◆ **tuck in 1** *v/t children* border; ***tuck the sheets in*** border un lit **2** *v/i* (*start eating*) y aller
◆ **tuck up** *v/t sleeves etc* retrousser; ***tuck s.o. up in bed*** border qn
Tues•day ['tuːzdeɪ] mardi *m*
tuft [tʌft] touffe *f*
tug[1] [tʌg] **1** *n* (*pull*): ***I felt a tug at my sleeve*** j'ai senti qu'on me tirait la manche **2** *v/t* (*pret & pp* ***-ged***) (*pull*) tirer
tug[2] NAUT remorqueur *m*
tu•i•tion [tuː'ɪʃn] cours *mpl*
tu•lip ['tuːlɪp] tulipe *f*
tum•ble ['tʌmbl] *v/i* tomber
tum•ble•down ['tʌmbldaʊn] *adj* qui tombe en ruines
tum•bler ['tʌmblər] *for drink* verre *m*; *in circus* acrobate *m/f*
tum•my ['tʌmɪ] F ventre *m*
'tum•my ache mal *m* de ventre
tu•mor ['tuːmər] tumeur *f*
tu•mult ['tuːmʌlt] tumulte *m*
tu•mul•tu•ous [tuː'mʌltʊəs] *adj* tumultueux*
tu•na ['tuːnə] thon *m*; ***tuna sandwich*** sandwich *m* au thon
tune [tuːn] **1** *n* air *m*; ***in tune*** *instrument* (bien) accordé; ***sing in tune*** chanter juste; ***out of tune*** *instrument* désaccordé; ***sing out of tune*** chanter faux **2** *v/t instrument* accorder
◆ **tune in** *v/i* RAD, TV se mettre à l'écoute
◆ **tune in to** *v/t* RAD, TV se brancher sur
◆ **tune up 1** *v/i of orchestra, players* s'accorder **2** *v/t engine* régler
tune•ful ['tuːnfl] *adj* harmonieux*
tun•er ['tuːnər] *of hi-fi* tuner *m*
tune-up ['tuːnʌp] *of engine* règlement *m*
tun•nel ['tʌnl] *n* tunnel *m*
tur•bine ['tɜːrbaɪn] turbine *f*
tur•bu•lence ['tɜːrbjələns] *in air travel* turbulences *fpl*
tur•bu•lent ['tɜːrbjələnt] *adj* agité
turf [tɜːrf] gazon *m*; *piece* motte *f* de gazon
Turk [tɜːrk] Turc *m*, Turque *f*
Tur•key ['tɜːrkɪ] Turquie *f*
tur•key ['tɜːrkɪ] dinde *f*
Turk•ish ['tɜːrkɪʃ] **1** *adj* turc* **2** *n language* turc *m*

tur•moil ['tɜːrmɔɪl] confusion *f*
turn [tɜːrn] **1** *n* (*rotation*) tour *m*; *in road* virage *m*; *in vaudeville* numéro *m*; ***the second turn on the right*** la deuxième (route) à droite; ***take turns doing sth*** faire qch à tour de rôle; ***it's my turn*** c'est à moi; ***it's not your turn yet*** ce n'est pas encore à toi; ***take a turn at the wheel*** conduire à son tour; ***do s.o. a good turn*** rendre service à qn **2** *v/t wheel* tourner; ***turn the corner*** tourner au coin de la rue; ***turn one's back on s.o.*** *also fig* tourner le dos à qn **3** *v/i of driver, car, wheel* tourner; *of person* se retourner; ***turn right / left here*** tournez à droite / gauche ici; ***it has turned sour / cold*** ça s'est aigri / refroidi; ***he has turned 40*** il a passé les 40 ans
◆ **turn around 1** *v/t object* tourner; *company* remettre sur pied; COMM *order* traiter **2** *v/i* se retourner; *with a car* faire demi-tour
◆ **turn away 1** *v/t* (*send away*) renvoyer **2** *v/i* (*walk away*) s'en aller; (*look away*) détourner le regard
◆ **turn back 1** *v/t edges, sheets* replier **2** *v/i of walkers etc, in course of action* faire demi-tour
◆ **turn down** *v/t offer, invitation* rejeter; *volume, TV, heating* baisser; *edge, collar* replier
◆ **turn in 1** *v/i* (*go to bed*) aller se coucher **2** *v/t to police* livrer
◆ **turn off 1** *v/t radio, TV, computer, heater* éteindre; *faucet* fermer; *engine* arrêter; F *sexually* couper l'envie à **2** *v/i of car, driver* tourner; *of machine* s'éteindre
◆ **turn on 1** *v/t radio, TV, computer, heater* allumer; *faucet* ouvrir; *engine* mettre en marche; F *sexually* exciter **2** *v/i of machine* s'allumer
◆ **turn out 1** *v/t lights* éteindre **2** *v/i*: ***as it turned out*** en l'occurence; ***it turned out well*** cela s'est bien fini; ***he turned out to be …*** il s'est avéré être …
◆ **turn over 1** *v/i in bed* se retourner; *of vehicle* se renverser **2** *v/t* (*put upside down*) renverser; *page* tourner; FIN avoir un chiffre d'affaires de
◆ **turn up 1** *v/t collar* remonter; *volume* augmenter; *heating* monter **2** *v/i* (*arrive*) arriver, se pointer F
turn•ing ['tɜːrnɪŋ] *in road* virage *m*
'**turn•ing point** tournant *m*
tur•nip ['tɜːrnɪp] navet *m*
'**turn•out** *at game etc* nombre *m* de spectateurs
'**turn•o•ver** FIN chiffre *m* d'affaires
'**turn•pike** autoroute *f* payante
'**turn sig•nal** MOT clignotant *m*
'**turn•stile** tourniquet *m*
'**turn•ta•ble** *of record player* platine *f*
tur•quoise ['tɜːrkwɔɪz] *adj* turquoise
tur•ret ['tʌrɪt] *of castle, tank* tourelle *f*
tur•tle ['tɜːrtl] tortue *f* de mer
tur•tle•neck '**sweat•er** pull *m* à col cheminée
tusk [tʌsk] défense *f*
tu•tor ['tuːtər] *Br*: *at university* professeur *m/f*; (***private***) ***tutor*** professeur *m* particulier
tux•e•do [tʌk'siːdoʊ] smoking *m*
TV [tiː'viː] télé *f*; ***on TV*** à la télé
T'V din•ner plateau-repas *m*
T'V guide guide *m* de télé
T'V pro•gram programme *m* télé
twang [twæŋ] **1** *n in voice* accent *m* nasillard **2** *v/t guitar string* pincer
tweez•ers ['twiːzərz] *npl* pince *f* à épiler
twelfth [twelfθ] douzième; → ***fifth***
twelve [twelv] douze
twen•ti•eth ['twentɪɪθ] vingtième; → ***fifth***
twen•ty ['twentɪ] vingt; ***twenty-four seven*** 24 heures/24, 7 jours/7
twice [twaɪs] *adv* deux fois; ***twice as much*** deux fois plus
twid•dle ['twɪdl] *v/t* tripoter; ***twiddle one's thumbs*** se tourner les pouces
twig [twɪg] *n* brindille *f*
twi•light ['twaɪlaɪt] crépuscule *m*
twin [twɪn] jumeau *m*, jumelle *f*
'**twin beds** *npl* lits *mpl* jumeaux
twinge [twɪndʒ] *of pain* élancement *m*
twin•kle ['twɪŋkl] *v/i* scintiller
twin 'room chambre *f* à lits jumeaux
'**twin town** ville *f* jumelée
twirl [twɜːrl] **1** *v/t* faire tourbillonner; *mustache* tortiller **2** *n of cream etc* spirale *f*
twist [twɪst] **1** *v/t* tordre; ***twist one's ankle*** se tordre la cheville **2** *v/i of road* faire des méandres; *of river* faire des lacets **3** *n in rope* entortillement *m*; *in road* lacet *m*; *in plot, story* dénouement *m* inattendu
twist•y ['twɪstɪ] *adj road* qui fait des lacets
twit [twɪt] *Br* F bêta *m* F, bêtasse *f* F
twitch [twɪʧ] **1** *n nervous* tic *m* **2** *v/i* (*jerk*) faire des petits mouvements saccadés
twit•ter ['twɪtər] *v/i of birds* gazouiller
two [tuː] deux; ***the two of them*** les deux
two-faced ['tuːfeɪst] *adj* hypocrite
'**two-stroke** *adj engine* à deux temps
two-way 'traf•fic circulation *f* à double sens
ty•coon [taɪ'kuːn] magnat *m*
type [taɪp] **1** *n* (*sort*) type *m*; ***what type of …?*** quel genre de …? **2** *v/i* (*use a keyboard*) taper **3** *v/t with a typewriter* taper

à la machine
type•writ•er ['taɪpraɪtər] machine *f* à écrire
ty•phoid ['taɪfɔɪd] typhoïde *f*
ty•phoon [taɪ'fuːn] typhon *m*
ty•phus ['taɪfəs] typhus *m*
typ•i•cal ['tɪpɪkl] *adj* typique; ***that's typical of you / him!*** c'est bien de vous / lui!
typ•i•cal•ly ['tɪpɪklɪ] *adv* typiquement; ***typically, he was late*** il était en retard comme d'habitude; ***typically American*** typiquement américain
typ•ist ['taɪpɪst] dactylo *m/f*
ty•po ['taɪpoʊ] coquille *f*
tyr•an•ni•cal [tɪ'rænɪkl] *adj* tyrannique
tyr•an•nize [tɪ'rənaɪz] *v/t* tyranniser
tyr•an•ny ['tɪrənɪ] tyrannie *f*
ty•rant ['taɪrənt] tyran *m*
tyre *Br* → ***tire***[1]

U

ug•ly ['ʌglɪ] *adj* laid
UK [juː'keɪ] *abbr* (= ***United Kingdom***) R.-U. *m* (= Royaume-Uni)
ul•cer ['ʌlsər] ulcère *m*
ul•ti•mate ['ʌltɪmət] *adj* (*best*, *definitive*) meilleur possible; (*final*) final; (*fundamental*) fondamental
ul•ti•mate•ly ['ʌltɪmətlɪ] *adv* (*in the end*) en fin de compte
ul•ti•ma•tum [ʌltɪ'meɪtəm] ultimatum *m*
ul•tra•sound ['ʌltrəsaʊnd] MED ultrason *m*
ul•tra•vi•o•let [ʌltrə'vaɪələt] *adj* ultraviolet*
um•bil•i•cal cord [ʌm'bɪlɪkl] cordon *m* ombilical
um•brel•la [ʌm'brelə] parapluie *m*
um•pire ['ʌmpaɪr] *n* arbitre *m/f*
ump•teen [ʌmp'tiːn] *adj* F des centaines de
UN [juː'en] *abbr*(= ***United Nations***) O.N.U. *f* (= Organisation des Nations unies)
un•a•ble [ʌn'eɪbl] *adj*: ***be unable to do sth*** *not know how to* ne pas savoir faire qch; *not be in a position to* ne pas pouvoir faire qch
un•ac•cept•a•ble [ʌnək'septəbl] *adj* inacceptable
un•ac•count•a•ble [ʌnə'kaʊntəbl] *adj* inexplicable
un•ac•cus•tomed [ʌnə'kʌstəmd] *adj*: ***be unaccustomed to sth*** ne pas être habitué à qch
un•a•dul•ter•at•ed [ʌnə'dʌltəreɪtɪd] *adj fig* (*absolute*) à l'état pur
un-A•mer•i•can [ʌnə'merɪkən] *adj* (*not fitting*) antiaméricain; ***it's un-American to run down your country*** un Américain ne débine pas son pays
u•nan•i•mous [juː'nænɪməs] *adj verdict* unanime
u•nan•i•mous•ly [juː'nænɪməslɪ] *adv vote*, *decide* à l'unanimité
un•ap•proach•a•ble [ʌnə'proʊʧəbl] *adj person* d'un abord difficile
un•armed [ʌn'ɑːrmd] *adj person* non armé; ***unarmed combat*** combat *m* à mains nues
un•as•sum•ing [ʌnə'suːmɪŋ] *adj* modeste
un•at•tached [ʌnə'tæʧt] *adj without a partner* sans attaches
un•at•tend•ed [ʌnə'tendɪd] *adj* laissé sans surveillance; ***leave sth unattended*** laisser qch sans surveillance
un•au•thor•ized [ʌn'ɒːθəraɪzd] *adj* non autorisé
un•a•void•a•ble [ʌnə'vɔɪdəbl] *adj* inévitable
un•a•void•a•bly [ʌnə'vɔɪdəblɪ] *adv*: ***be unavoidably detained*** être dans l'impossibilité absolue de venir
un•a•ware [ʌnə'wer] *adj*: ***be unaware of*** ne pas avoir conscience de
un•a•wares [ʌnə'werz] *adv*: ***catch s.o. unawares*** prendre qn au dépourvu
un•bal•anced [ʌn'bælənst] *adj also* PSYCH déséquilibré
un•bear•a•ble [ʌn'berəbl] *adj* insupportable
un•beat•a•ble [ʌn'biːtəbl] *adj* imbattable
un•beat•en [ʌn'biːtn] *adj team* invaincu
un•be•knownst: [ʌnbɪ'noʊnst] *adv*: ***unbeknownst to*** à l'insu de; ***unbeknownst to me*** à mon insu
un•be•lie•va•ble [ʌnbɪ'liːvəbl] *adj also* F incroyable
un•bi•as(s)ed [ʌn'baɪəst] *adj* impartial

U

un•block [ʌn'blɑːk] *v/t pipe* déboucher
un•born [ʌn'bɔːrn] *adj generations, child* à naître
un•break•a•ble [ʌn'breɪkəbl] *adj* incassable
un•but•ton [ʌn'bʌtn] *v/t* déboutonner
un•called-for [ʌn'kɒːldfɔːr] *adj* déplacé
un•can•ny [ʌn'kænɪ] *adj* étrange, mystérieux*
un•ceas•ing [ʌn'siːsɪŋ] *adj* incessant
un•cer•tain [ʌn'sɜːrtn] *adj* incertain; ***be uncertain about sth*** avoir des doutes à propos de qch
un•cer•tain•ty [ʌn'sɜːrtntɪ] *of the future* caractère *m* incertain; ***there is still uncertainty about ...*** des incertitudes demeurent quant à ...
un•checked [ʌn'ʧekt] *adj*: ***let sth go unchecked*** ne rien faire pour empêcher qch
un•cle ['ʌŋkl] oncle *m*
un•com•for•ta•ble [ʌn'kʌmftəbl] *adj* inconfortable; ***feel uncomfortable about sth*** être gêné par qch; ***I feel uncomfortable with him*** je suis mal à l'aise avec lui
un•com•mon [ʌn'kɑːmən] *adj* inhabituel*
un•com•pro•mis•ing [ʌn'kɑːmprəmaɪzɪŋ] *adj* intransigeant
un•con•cerned [ʌnkən'sɜːrnd] *adj*: ***be unconcerned about s.o./sth*** ne pas se soucier de qn / qch
un•con•di•tion•al [ʌnkən'dɪʃnl] *adj* sans conditions
un•con•scious [ʌn'kɑːnʃəs] *adj* MED, PSYCH inconscient; ***knock s.o. unconscious*** assommer qn; ***be unconscious of sth*** (*not aware*) ne pas avoir conscience de qch
un•con•trol•la•ble [ʌnkən'troʊləbl] *adj* incontrôlable
un•con•ven•tion•al [ʌnkən'venʃnl] *adj* non conventionnel*
un•co•op•er•a•tive [ʌnkoʊ'ɑːpərətɪv] *adj* peu coopératif*
un•cork [ʌn'kɔːrk] *v/t bottle* déboucher
un•cov•er [ʌn'kʌvər] *v/t* découvrir
un•dam•aged [ʌn'dæmɪdʒd] *adj* intact
un•daunt•ed [ʌn'dɒːntɪd] *adv*: ***carry on undaunted*** continuer sans se laisser décourager
un•de•cid•ed [ʌndɪ'saɪdɪd] *adj question* laissé en suspens; ***be undecided about s.o./sth*** être indécis à propos de qn / qch
un•de•ni•a•ble [ʌndɪ'naɪəbl] *adj* indéniable
un•de•ni•a•bly [ʌndɪ'naɪəblɪ] *adv* indéniablement
un•der ['ʌndər] **1** *prep* (*beneath*) sous; (*less than*) moins de; ***he is under 30*** il a moins de 30 ans; ***it is under review / investigation*** cela fait l'objet d'un examen/d'une enquête **2** *adv* (*anesthetized*) inconscient
un•der'age *adj* mineur; ***underage drinking*** la consommation d'alcool par les mineurs
'un•der•arm *adv throw* par en-dessous
'un•der•car•riage train *m* d'atterrissage
'un•der•cov•er *adj* clandestin; ***undercover agent*** agent *m* secret
un•der'cut *v/t* (*pret & pp* **-cut**) COMM: ***undercut the competition*** vendre moins cher que la concurrence
'un•der•dog outsider *m*
un•der'done *adj meat* pas trop cuit; *pej* pas assez cuit
un•der'es•ti•mate *v/t person, skills, task* sous-estimer
un•der•ex'posed *adj* PHOT sous-exposé
un•der'fed *adj* mal nourri
un•der'go *v/t* (*pret* **-went**, *pp* **-gone**) subir
un•der'grad•u•ate *Br* étudiant(e) (*de D.E.U.G. ou de licence*)
'un•der•ground 1 *adj passages etc* souterrain; POL *resistance, newpaper etc* clandestin **2** *adv work* sous terre; ***go underground*** POL passer dans la clandestinité
'un•der•growth sous-bois *m*
un•der'hand *adj* (*devious*) sournois; ***do sth underhand*** faire qch en sous-main
un•der'lie *v/t* (*pret* **-lay**, *pp* **-lain**) sous-tendre
un•der'line *v/t text* souligner
un•der'ly•ing *adj causes, problems* sous-jacent
un•der'mine *v/t* saper
un•der•neath [ʌndər'niːθ] **1** *prep* sous **2** *adv* dessous
'un•der•pants *npl* slip *m*
'un•der•pass *for pedestrians* passage *m* souterrain
un•der•priv•i•leged [ʌndər'prɪvɪlɪdʒd] *adj* défavorisé
un•der'rate *v/t* sous-estimer
'un•der•shirt maillot *m* de corps
un•der•sized [ʌndər'saɪzd] *adj* trop petit
'un•der•skirt jupon *m*
un•der•staffed [ʌndər'stæft] *adj* en manque de personnel
un•der•stand [ʌndər'stænd] **1** *v/t* (*pret & pp* **-stood**) comprendre; ***they are understood to be in Canada*** on pense qu'ils sont au Canada **2** *v/i* comprendre
un•der•stand•able [ʌndər'stændəbl] *adj* compréhensible
un•der•stand•ably [ʌndər'stændəblɪ] *adv* naturellement

un•der•stand•ing [ʌndər'stændɪŋ] **1** *adj person* compréhensif* **2** *n of problem, situation* compréhension *f*; (*agreement*) accord *m*; ***my understanding of the situation is that …*** ce que je comprends dans cette situation, c'est que …; ***we have an understanding that …*** il y a un accord entre nous selon lequel …; ***on the understanding that …*** à condition que …
'un•der•state•ment euphémisme *m*
un•der'take *v/t* (*pret* **-took**, *pp* **-taken**) *task* entreprendre; ***undertake to do sth*** (*agree to*) s'engager à faire qch
un•der•tak•er ['ʌndərteɪkər] *Br* entrepreneur(-euse) des pompes funèbres
'un•der•tak•ing (*enterprise*) entreprise *f*; (*promise*) engagement *m*
un•der'val•ue *v/t* sous-estimer
'un•der•wear sous-vêtements *mpl*
un•der'weight *adj* en-dessous de son poids normal
'un•der•world *criminal* monde *m* du crime organisé
un•der'write *v/t* (*pret* **-wrote**, *pp* **-written**) FIN souscrire
un•de•served [ʌndɪ'zɜːrvd] *adj* non mérité
un•de•sir•a•ble [ʌndɪ'zaɪrəbl] *adj* indésirable; ***undesirable element*** *person* élément *m* indésirable
un•dis•put•ed [ʌndɪ'spjuːtɪd] *adj champion, leader* incontestable
un•do [ʌn'duː] *v/t* (*pret* **-did**, *pp* **-done**) défaire
un•doubt•ed•ly [ʌn'daʊtɪdlɪ] *adv* à n'en pas douter
un•dreamt-of [ʌn'dremtəv] *adj riches* inouï
un•dress [ʌn'dres] **1** *v/t* déshabiller; ***get undressed*** se déshabiller **2** *v/i* se déshabiller
un•due [ʌn'duː] *adj* (*excessive*) excessif*
un•du•ly [ʌn'duːlɪ] *adv* (*excessively*) excessivement
un•earth [ʌn'ɜːrθ] *v/t also fig* déterrer
un•earth•ly [ʌn'ɜːrθlɪ] *adj*: ***at this unearthly hour*** à cette heure impossible
un•eas•y [ʌn'iːzɪ] *adj relationship, peace* incertain; ***feel uneasy about*** avoir des doutes sur; ***I feel uneasy about signing this*** je ne suis pas sûr de vouloir signer cela
un•eat•a•ble [ʌn'iːtəbl] *adj* immangeable
un•e•co•nom•ic [ʌniːkə'nɑːmɪk] *adj* pas rentable
un•ed•u•cat•ed [ʌn'edʒəkeɪtɪd] *adj* sans instruction
un•em•ployed [ʌnɪm'plɔɪd] **1** *adj* au chômage **2** *npl*: ***the unemployed*** les chômeurs(-euses)
un•em•ploy•ment [ʌnɪm'plɔɪmənt] chômage *m*
un•end•ing [ʌn'endɪŋ] *adj* sans fin
un•e•qual [ʌn'iːkwəl] *adj* inégal; ***be unequal to the task*** ne pas être à la hauteur de la tâche
un•er•ring [ʌn'ɜːrɪŋ] *adj judgment, instinct* infaillible
un•e•ven [ʌn'iːvn] *adj surface, ground* irrégulier*
un•e•ven•ly [ʌn'iːvnlɪ] *adv distributed, applied* inégalement; ***be unevenly matched*** *of two contestants* être mal assorti
un•e•vent•ful [ʌnɪ'ventfl] *adj day, journey* sans événement
un•ex•pec•ted [ʌnɪk'spektɪd] *adj* inattendu
un•ex•pec•ted•ly [ʌnɪk'spektɪdlɪ] *adv* inopinément
un•fair [ʌn'fer] *adj* injuste
un•faith•ful [ʌn'feɪθfl] *adj husband, wife* infidèle; ***be unfaithful to s.o.*** tromper qn
un•fa•mil•i•ar [ʌnfə'mɪljər] *adj* peu familier*; ***be unfamiliar with sth*** ne pas (bien) connaître qch
un•fas•ten [ʌn'fæsn] *v/t belt* défaire
un•fa•vo•ra•ble [ʌn'feɪvərəbl] *adj* défavorable
un•feel•ing [ʌn'fiːlɪŋ] *adj person* dur
un•fin•ished [ʌn'fɪnɪʃt] *adj* inachevé
un•fit [ʌn'fɪt] *adj physically* peu en forme; *morally* indigne; ***be unfit to eat / drink*** être impropre à la consommation
un•fix [ʌn'fɪks] *v/t part* détacher
un•flap•pa•ble [ʌn'flæpəbl] *adj* imperturbable
un•fold [ʌn'foʊld] **1** *v/t sheets, letter* déplier; *one's arms* ouvrir **2** *v/i of story etc* se dérouler; *of view* se déployer
un•fore•seen [ʌnfɔːr'siːn] *adj* imprévu
un•for•get•ta•ble [ʌnfər'getəbl] *adj* inoubliable
un•for•giv•a•ble [ʌnfər'gɪvəbl] *adj* impardonnable; ***that was unforgivable of you*** c'était impardonnable de votre part
un•for•tu•nate [ʌn'fɔːrʧənət] *adj* malheureux*; ***that's unfortunate for you*** c'est dommage pour vous
un•for•tu•nate•ly [ʌn'fɔːrʧənətlɪ] *adv* malheureusement
un•found•ed [ʌn'faʊndɪd] *adj* non fondé
un•friend•ly [ʌn'frendlɪ] *adj person, welcome, hotel* froid; *software* rébarbatif*
un•fur•nished [ʌn'fɜːrnɪʃt] *adj* non meu-

blé
un•god•ly [ʌn'gɑːdlɪ] *adj*: ***at this ungodly hour*** à cette heure impossible
un•grate•ful [ʌn'greɪtfl] *adj* ingrat
un•hap•pi•ness [ʌn'hæpɪnɪs] chagrin *m*
un•hap•py [ʌn'hæpɪ] *adj* malheureux*; *customers etc* mécontent (**with** de)
un•harmed [ʌn'hɑːrmd] *adj* indemne
un•health•y [ʌn'helθɪ] *adj person* en mauvaise santé; *food*, *atmosphere* malsain; *economy*, *finances* qui se porte mal
un•heard-of [ʌn'hɜːrdəv] *adj*: ***be unheard-of*** ne s'être jamais vu; ***it was unheard-of for a woman to be in the police force*** personne n'avait jamais vu une femme dans la police
un•hurt [ʌn'hɜːrt] *adj* indemne
un•hy•gi•en•ic [ʌnhaɪ'dʒiːnɪk] insalubre
u•ni•fi•ca•tion [juːnɪfɪ'keɪʃn] unification *f*
u•ni•form ['juːnɪfɔːrm] **1** *n* uniforme *m* **2** *adj* uniforme
u•ni•fy ['juːnɪfaɪ] *v/t* (*pret & pp* ***-ied***) unifier
u•ni•lat•e•ral [juːnɪ'lætərəl] *adj* unilatéral
u•ni•lat•e•ral•ly [juːnɪ'lætərəlɪ] *adv* unilatéralement
un•i•ma•gi•na•ble [ʌnɪ'mædʒɪnəbl] *adj* inimaginable
un•i•ma•gi•na•tive [ʌnɪ'mædʒɪnətɪv] *adj* qui manque d'imagination
un•im•por•tant [ʌnɪm'pɔːrtənt] *adj* sans importance
un•in•hab•i•ta•ble [ʌnɪn'hæbɪtəbl] *adj building*, *region* inhabitable
un•in•hab•it•ed [ʌnɪn'hæbɪtɪd] *adj* inhabitée
un•in•jured [ʌn'ɪndʒərd] *adj* indemne
un•in•tel•li•gi•ble [ʌnɪn'telɪdʒəbl] *adj* inintelligible
un•in•ten•tion•al [ʌnɪn'tenʃnl] *adj* non intentionnel*; ***that was unintentional*** ce n'était pas voulu
un•in•ten•tion•al•ly [ʌnɪn'tenʃnlɪ] *adv* sans le vouloir
un•in•te•rest•ing [ʌn'ɪntrəstɪŋ] *adj* inintéressant
un•in•ter•rupt•ed [ʌnɪntə'rʌptɪd] *adj sleep*, *two hours' work* ininterrompu
u•nion ['juːnjən] POL union *f*; (*labor union*) syndicat *m*
u•nique [juː'niːk] *adj also* F (*very good*) unique
u•nit ['juːnɪt] unité *f*
u•nit 'cost COMM coût *m* à l'unité
u•nite [juː'naɪt] **1** *v/t* unir **2** *v/i* s'unir
u•nit•ed [juː'naɪtɪd] *adj* uni; *efforts* conjoint
U•nit•ed 'King•dom Royaume-Uni *m*
U•nit•ed 'Na•tions Nations *fpl* Unies
U•nit•ed States (of A'mer•i•ca) États-Unis *mpl* (d'Amérique)
u•ni•ty ['juːnətɪ] unité *f*
u•ni•ver•sal [juːnɪ'vɜːrsl] *adj* universel*
u•ni•ver•sal•ly [juːnɪ'vɜːrsəlɪ] *adv* universellement
u•ni•verse ['juːnɪvɜːrs] univers *m*
u•ni•ver•si•ty [juːnɪ'vɜːrsətɪ] **1** *n* université *f*; ***he's at university*** il est à l'université **2** *adj* d'université
un•just [ʌn'dʒʌst] *adj* injuste
un•kempt [ʌn'kempt] *adj* négligé
un•kind [ʌn'kaɪnd] *adj* méchant, désagréable
un•known [ʌn'noʊn] **1** *adj* inconnu **2** *n*: ***a journey into the unknown*** un voyage dans l'inconnu
un•lead•ed [ʌn'ledɪd] *adj gas* sans plomb
un•less [ən'les] *conj* à moins que (*+subj*); ***don't say anything unless you are sure*** ne dites rien si vous n'êtes pas sûr
un•like [ʌn'laɪk] *prep*: ***the photograph was completely unlike her*** la photographie ne lui ressemblait pas du tout; ***it's unlike him to drink so much*** cela ne lui ressemble pas de boire autant
un•like•ly [ʌn'laɪklɪ] *adj* improbable; ***he is unlikely to win*** il a peu de chances de gagner; ***it is unlikely that …*** il est improbable que … (*+subj*)
un•lim•it•ed [ʌn'lɪmɪtɪd] *adj* illimité
un•list•ed [ʌn'lɪstɪd] *adj* TELEC sur liste rouge
un•load [ʌn'loʊd] *v/t* décharger
un•lock [ʌn'lɑːk] *v/t* ouvrir (avec une clef)
un•luck•i•ly [ʌn'lʌkɪlɪ] *adv* malheureusement
un•luck•y [ʌn'lʌkɪ] *adj day* de malchance; *choice* malheureux*; *person* malchanceux*; ***that was so unlucky for you!*** tu n'as vraiment pas eu de chance!
un•made-up [ʌnmeɪd'ʌp] *adj face* non maquillé
un•manned [ʌn'mænd] *adj spacecraft* sans équipage
un•mar•ried [ʌn'mærɪd] *adj* non marié
un•mis•ta•ka•ble [ʌnmɪ'steɪkəbl] *adj handwriting* reconnaissable entre mille
un•moved [ʌn'muːvd] *adj emotionally* pas touché
un•mu•si•cal [ʌn'mjuːzɪkl] *adj person* pas musicien*; *sounds* discordant
un•nat•u•ral [ʌn'nætʃrəl] *adj* contre nature; ***it's not unnatural to be annoyed*** il n'est pas anormal d'être agacé
un•ne•ces•sa•ry [ʌn'nesəserɪ] *adj* non nécessaire
un•nerv•ing [ʌn'nɜːrvɪŋ] *adj* déstabilisant

U

un•no•ticed [ʌn'noʊtɪst] *adj*: ***it went unnoticed*** c'est passé inaperçu
un•ob•tain•a•ble [ʌnəb'teɪnəbl] *adj goods* qu'on ne peut se procurer; TELEC hors service
un•ob•tru•sive [ʌnəb'tru:sɪv] *adj* discret
un•oc•cu•pied [ʌn'ɑ:kjʊpaɪd] *adj* (*empty*) vide; *position* vacant; *person* désœuvré
un•of•fi•cial [ʌnə'fɪʃl] *adj* non officiel*
un•of•fi•cial•ly [ʌnə'fɪʃlɪ] *adv* non officiellement
un•pack [ʌn'pæk] **1** *v/t case* défaire; *boxes* déballer, vider **2** *v/i* défaire sa valise
un•paid [ʌn'peɪd] *adj work* non rémunéré
un•pleas•ant [ʌn'pleznt] *adj* désagréable; ***he was very unpleasant to her*** il a été très désagréable avec elle
un•plug [ʌn'plʌg] *v/t* (*pret & pp* ***-ged***) *TV, computer* débrancher
un•pop•u•lar [ʌn'pɑ:pjələr] *adj* impopulaire
un•pre•ce•den•ted [ʌn'presɪdentɪd] *adj* sans précédent
un•pre•dict•a•ble [ʌnprɪ'dɪktəbl] *adj person, weather* imprévisible
un•pre•ten•tious [ʌnprɪ'tenʃəs] *adj person, style, hotel* modeste
un•prin•ci•pled [ʌn'prɪnsɪpld] *adj* sans scrupules
un•pro•duc•tive [ʌnprə'dʌktɪv] *adj meeting, discussion, land* improductif*
un•pro•fes•sion•al [ʌnprə'feʃnl] *adj person, behavior* non professionnel*; *workmanship* peu professionnel; ***it's very unprofessional not to …*** ce n'est pas du tout professionnel de ne pas …
un•prof•i•ta•ble [ʌn'prɑ:fɪtəbl] *adj* non profitable
un•pro•nounce•a•ble [ʌnprə'naʊnsəbl] *adj* imprononçable
un•pro•tect•ed [ʌnprə'tektɪd] *adj* sans protection; ***unprotected sex*** rapports *mpl* sexuels non protégés
un•pro•voked [ʌnprə'voʊkt] *adj attack* non provoqué
un•qual•i•fied [ʌn'kwɑ:lɪfaɪd] *adj* non qualifié; *acceptance* inconditionnel*
un•ques•tion•a•bly [ʌn'kwestʃnəblɪ] *adv* (*without doubt*) sans aucun doute
un•ques•tion•ing [ʌn'kwestʃnɪŋ] *adj attitude, loyalty* aveugle
un•rav•el [ʌn'rævl] *v/t* (*pret & pp* ***-ed***, *Br* ***-led***) *knitting etc* défaire; *mystery, complexities* résoudre
un•read•a•ble [ʌn'ri:dəbl] *adj book* illisible
un•re•al [ʌn'rɪəl] *adj* irréel*; ***this is unreal!*** F je crois rêver!
un•rea•lis•tic [ʌnrɪə'lɪstɪk] *adj* irréaliste
un•rea•so•na•ble [ʌn'ri:znəbl] *adj* déraisonnable
un•re•lat•ed [ʌnrɪ'leɪtɪd] *adj* sans relation (***to*** avec)
un•re•lent•ing [ʌnrɪ'lentɪŋ] *adj* incessant
un•rel•i•a•ble [ʌnrɪ'laɪəbl] *adj* pas fiable
un•rest [ʌn'rest] agitation *f*
un•re•strained [ʌnrɪ'streɪnd] *adj emotions* non contenu
un•road•wor•thy [ʌn'roʊdwɜ:rðɪ] *adj* qui n'est pas en état de rouler
un•roll [ʌn'roʊl] *v/t carpet* dérouler
un•ru•ly [ʌn'ru:lɪ] *adj* indiscipliné
un•safe [ʌn'seɪf] *adj* dangereux*
un•san•i•tar•y [ʌn'sænɪterɪ] *adj conditions, drains* insalubre
un•sat•is•fac•to•ry [ʌnsætɪs'fæktərɪ] *adj* insatisfaisant; (*unacceptable*) inacceptable
un•sa•vo•ry [ʌn'seɪvərɪ] *adj* louche
un•scathed [ʌn'skeɪðd] *adj* (*not injured*) indemne; (*not damaged*) intact
un•screw [ʌn'skru:] *v/t sth screwed on* dévisser; *top* décapsuler
un•scru•pu•lous [ʌn'skru:pjələs] *adj* peu scrupuleux*
un•self•ish [ʌn'selfɪʃ] *adj* désinteressé
un•set•tled [ʌn'setld] *adj* incertain; *lifestyle* instable; *bills* non réglé; *issue, question* non décidé
un•shav•en [ʌn'ʃeɪvn] *adj* mal rasé
un•sight•ly [ʌn'saɪtlɪ] *adj* affreux*
un•skilled [ʌn'skɪld] *adj worker* non qualifié
un•so•cia•ble [ʌn'soʊʃəbl] *adj* peu sociable
un•so•phis•ti•cat•ed [ʌnsə'fɪstɪkeɪtɪd] *adj person, beliefs, equipment* peu sophistiqué
un•sta•ble [ʌn'steɪbl] *adj* instable
un•stead•y [ʌn'stedɪ] *adj on one's feet* chancelant; *ladder* branlant
un•stint•ing [ʌn'stɪntɪŋ] *adj* sans restriction; ***be unstinting in one's efforts*** ne pas ménager sa peine (***to*** pour)
un•stuck [ʌn'stʌk] *adj*: ***come unstuck*** *of notice etc* se détacher; F *of plan etc* tomber à l'eau F
un•suc•cess•ful [ʌnsək'sesfl] *adj attempt* infructueux*; *artist, writer* qui n'a pas de succès; *candidate, marriage* malheureux*; ***it was unsuccessful*** c'était un échec; ***he tried but was unsuccessful*** il a essayé mais n'a pas réussi
un•suc•cess•ful•ly [ʌnsək'sesflɪ] *adv try, apply* sans succès
un•suit•a•ble [ʌn'su:təbl] *adj* inapproprié; ***the movie is unsuitable for children*** le film ne convient pas aux enfants

un•sus•pect•ing [ʌnsəs'pektɪŋ] *adj* qui ne se doute de rien
un•swerv•ing [ʌn'swɜːrvɪŋ] *adj loyalty, devotion* inébranlable
un•think•a•ble [ʌn'θɪŋkəbl] *adj* impensable
un•ti•dy [ʌn'taɪdɪ] *adj* en désordre
un•tie [ʌn'taɪ] *v/t laces, knot* défaire; *prisoner, hands* détacher
un•til [ən'tɪl] **1** *prep* jusqu'à; ***from Monday until Friday*** de lundi à vendredi; ***not until Friday*** pas avant vendredi; ***it won't be finished until July*** ce ne sera pas fini avant le mois de juillet **2** *conj* jusqu'à ce que; ***can you wait until I'm ready?*** est-ce que vous pouvez attendre que je sois prêt?; ***they won't do anything until you say so*** ils ne feront rien jusqu'à ce que tu le leur dises
un•time•ly [ʌn'taɪmlɪ] *adj death* prématuré
un•tir•ing [ʌn'taɪrɪŋ] *adj efforts* infatigable
un•told [ʌn'toʊld] *adj riches, suffering* inouï; *story* inédit
un•trans•lat•a•ble [ʌntræns'leɪtəbl] *adj* intraduisible
un•true [ʌn'truː] *adj* faux*
un•used[1] [ʌn'juːzd] *adj goods* non utilisé
un•used[2] [ʌn'juːst] *adj*: ***be unused to sth*** ne pas être habitué à qch; ***be unused to doing sth*** ne pas être habitué à faire qch
un•u•su•al [ʌn'juːʒl] *adj* inhabituel*; (*strange*) bizarre; *story* insolite; *not the standard* hors norme; ***it's unusual for him to ...*** il est rare qu'il ... (*+subj*)
un•u•su•al•ly [ʌn'juːʒəlɪ] *adv* anormalement, exceptionnellement
un•veil [ʌn'veɪl] *v/t memorial, statue etc* dévoiler
un•well [ʌn'wel] *adj* malade
un•will•ing [ʌn'wɪlɪŋ] *adj*: ***be unwilling to do sth*** refuser de faire qch
un•will•ing•ly [ʌn'wɪlɪŋlɪ] *adv* à contre-cœur
un•wind [ʌn'waɪnd] **1** *v/t* (*pret & pp* ***-wound***) *tape* dérouler **2** *v/i of tape, story* se dérouler; (*relax*) se détendre
un•wise [ʌn'waɪz] *adj* malavisé
un•wrap [ʌn'ræp] *v/t* (*pret & pp* ***-ped***) *gift* déballer
un•writ•ten [ʌn'rɪtn] *adj law, rule* tacite
un•zip [ʌn'zɪp] *v/t* (*pret & pp* ***-ped***) *dress etc* descendre la fermeture-éclair de; COMPUT décompresser
up [ʌp] **1** *adv*: ***up in the sky / on the roof*** dans le ciel / sur le toit; ***up here*** ici; ***up there*** là-haut; ***be up*** (*out of bed*) être debout; *of sun* être levé; (*built*) être construit; *of shelves* être en place; *of prices, temperature* avoir augmenté; (*have expired*) être expiré; ***what's up?*** F qu'est-ce qu'il y a?; ***up to 1989*** jusqu'à 1989; ***he came up to me*** il s'est approché de moi; ***what are you up to these days?*** qu'est-ce que tu fais en ce moment?; ***what are those kids up to?*** que font ces enfants?; ***be up to something*** être sur un mauvais coup; ***I don't feel up to it*** je ne m'en sens pas le courage; ***it's up to you*** c'est toi qui décides; ***it's up to them to solve it*** c'est à eux de le résoudre; ***be up and about*** *after illness* être de nouveau sur pied **2** *prep*: ***further up the mountain*** un peu plus haut sur la montagne; ***he climbed up a tree*** il est monté à un arbre; ***they ran up the street*** ils ont remonté la rue en courant; ***the water goes up this pipe*** l'eau monte par ce tuyau; ***we traveled up to Paris*** nous sommes montés à Paris **3** *n*: ***ups and downs*** hauts *mpl* et bas
'up•bring•ing éducation *f*
'up•com•ing *adj* (*forthcoming*) en perspective
up'date[1] *v/t file, records* mettre à jour; ***update s.o. on sth*** mettre / tenir qn au courant de qch
'up•date[2] *n of files, records, software* mise *f* à jour
up'grade *v/t computers etc*, (*replace with new versions*) moderniser; *ticket etc* surclasser; *product* améliorer
up•heav•al [ʌp'hiːvl] bouleversement *m*
up•hill [ʌp'hɪl] **1** *adv*: ***walk / go uphill*** monter **2** *adj*: ['ʌphɪl] **:** ***uphill walk*** montée *f*; ***it was an uphill struggle*** ça a été très difficile
up'hold *v/t* (*pret & pp* ***-held***) *traditions, rights, decision* maintenir
up•hol•ster•y [ʌp'hoʊlstərɪ] *fabric* garniture *f*; *padding* rembourrage *m*
'up•keep *of buildings etc* maintien *m*
'up•load *v/t* COMPUT transférer
up'mar•ket *adj Br*: *restaurant, hotel* chic *inv*; *product* haut de gamme
up•on [ə'pɑːn] *prep* → ***on***
up•per ['ʌpər] *adj part of sth* supérieur; ***upper atmosphere*** partie *f* supérieure de l'atmosphère
up•per-'class *adj accent, family* aristocratique, de la haute F
up•per 'clas•ses *npl* aristocratie *f*
'up•right **1** *adj citizen* droit **2** *adv sit* (bien) droit **3** *n* (*also*: ***upright piano***) piano *f* droit
up•ris•ing ['ʌpraɪzɪŋ] soulèvement *m*

'up•roar vacarme *m*; *fig* protestations *fpl*
'up•scale *adj restaurant, hotel* chic *inv*; *product* haut de gamme
up'set 1 *v/t* (*pret & pp* **-set**) *drink, glass* renverser; *emotionally* contrarier **2** *adj emotionally* contrarié, vexé; ***get upset about sth*** être contrarié par qch; ***why's she upset?*** qu'est-ce qu'elle a?; ***have an upset stomach*** avoir l'estomac dérangé
up'set•ting *adj* contrariant
'up•shot (*result, outcome*) résultat *m*
up•side 'down *adv* à l'envers; *car* renversé; ***turn sth upside down*** tourner qch à l'envers
up'stairs 1 *adv* en haut; ***upstairs from us*** au-dessus de chez nous **2** *adj room* d'en haut
'up•start arriviste *m/f*
up'stream *adv* en remontant le courant
'up•take: ***be quick / slow on the uptake*** F piger rapidement / lentement F
up'tight *adj* F (*nervous*) tendu; (*inhibited*) coincé
up-to-'date *adj* à jour
'up•turn *in economy* reprise *f*
up•ward ['ʌpwərd] *adv*: ***fly upward*** s'élever dans le ciel; ***move sth upward*** élever qch; ***upward of 10,000*** au-delà de 10. 000
u•ra•ni•um [jʊ'reɪnɪəm] uranium *m*
ur•ban ['ɜːrbən] *adj* urbain
ur•ban•i•za•tion [ɜːrbənaɪ'zeɪʃn] urbanisation *f*
ur•chin ['ɜːrʧɪn] gamin *m*
urge [ɜːrdʒ] **1** *n* (forte) envie *f* **2** *v/t*: ***urge s.o. to do sth*** encourager qn à faire qch
◆ **urge on** *v/t* (*encourage*) encourager
ur•gen•cy ['ɜːrdʒənsɪ] *of situation* urgence *f*
ur•gent ['ɜːrdʒənt] *adj* urgent
u•ri•nate ['jʊrəneɪt] *v/i* uriner
u•rine ['jʊrɪn] urine *f*
urn [ɜːrn] urne *f*
US [juː'es] *abbr* (= ***United States***) USA *mpl*
us [ʌs] *pron* nous; ***he knows us*** il nous connaît; ***he gave us a dollar*** il nous a donné un dollar; ***that's for us*** c'est pour nous; ***who's that? - it's us*** qui est-ce? - c'est nous
USA [juːes'eɪ] *abbr* (= ***United States of America***) USA *mpl*
us•a•ble ['juːzəbl] *adj* utilisable
us•age ['juːzɪdʒ] *linguistic* usage *m*
use 1 *v/t* [juːz] *also pej*: *person* utiliser; ***I could use a drink*** F j'ai besoin d'un verre **2** *n* [juːs] utilisation *f*; ***be of great use to s.o.*** servir beaucoup à qn; ***that's of no use to me*** cela ne me sert à rien; ***is that of any use?*** est-ce que cela vous sert?; ***it's no use*** ce n'est pas la peine; ***it's no use trying / waiting*** ce n'est pas la peine d'essayer/d'attendre
◆ **use up** *v/t* épuiser
used¹ [juːzd] *adj car etc* d'occasion
used² [juːst] *adj*: ***be used to s.o./sth*** être habitué à qn / qch; ***get used to s.o./sth*** s'habituer à qn / qch; ***be used to doing sth*** être habitué à faire qch; ***get used to doing sth*** s'habituer à faire qch
used³ [juːst]: ***I used to work there*** je travaillais là-bas avant; ***I used to know him well*** je l'ai bien connu autrefois
use•ful ['juːsfʊl] *adj* utile
use•ful•ness ['juːsfʊlnɪs] utilité *f*
use•less ['juːslɪs] *adj* inutile; F (*no good*) nul F; ***it's useless trying*** ce n'est pas la peine d'essayer
us•er ['juːzər] *of product* utilisateur (-trice) *m(f)*
us•er-'friend•li•ness facilité *f* d'utilisation; COMPUT convivialité *f*
us•er-'friend•ly *adj* facile à utiliser; COMPUT convivial
ush•er ['ʌʃər] *n at wedding* placeur *m*
◆ **usher in** *v/t new era* marquer le début de
u•su•al ['juːʒl] *adj* habituel*; ***as usual*** comme d'habitude; ***the usual, please*** comme d'habitude, s'il vous plaît
u•su•al•ly ['juːʒəlɪ] *adv* d'habitude
u•ten•sil [juː'tensl] ustensile *m*
u•te•rus ['juːtərəs] utérus *m*
u•til•i•ty [juː'tɪlətɪ] (*usefulness*) utilité *f*; ***public utilities*** services *mpl* publics
u'til•i•ty pole poteau *m* télégraphique
u•til•ize ['juːtɪlaɪz] *v/t* utiliser
ut•most ['ʌtmoʊst] **1** *adj* le plus grand **2** *n*: ***do one's utmost*** faire tout son possible
ut•ter ['ʌtər] **1** *adj* total **2** *v/t sound* prononcer
ut•ter•ly ['ʌtərlɪ] *adv* totalement
U-turn ['juːtɜːrn] MOT demi-tour *m*; *fig* revirement *m*

V

va•can•cy ['veɪkənsɪ] *Br*: *at work* poste *m* vacant, poste *m* à pourvoir
va•cant ['veɪkənt] *adj building* inoccupé; *look*, *expression* vide, absent; *Br*: *position* vacant, à pourvoir
va•cant•ly ['veɪkəntlɪ] *adv stare* d'un air absent
va•cate [veɪ'keɪt] *v/t room* libérer
va•ca•tion [veɪ'keɪʃn] *n* vacances *fpl*; ***be on vacation*** être en vacances; ***go to Egypt / Paris on vacation*** passer ses vacances en Égypte/à Paris, aller en vacances en Égypte/à Paris
va•ca•tion•er [veɪ'keɪʃənər] vacancier *m*
vac•cin•ate ['væksɪneɪt] *v/t* vacciner; ***be vaccinated against sth*** être vacciné contre qch
vac•cin•a•tion [væksɪ'neɪʃn] vaccination *f*
vac•cine ['væksiːn] vaccin *m*
vac•u•um ['vækjʊəm] **1** *n* vide *m* **2** *v/t floors* passer l'aspirateur sur
'vac•u•um clean•er aspirateur *m*
'vac•u•um flask thermos *m or f*
vac•u•um-'packed *adj* emballé sous vide
va•gi•na [və'dʒaɪnə] vagin *m*
va•gi•nal ['vædʒɪnl] *adj* vaginal
va•grant ['veɪgrənt] vagabond *m*
vague [veɪg] *adj* vague
vague•ly ['veɪglɪ] *adv* vaguement
vain [veɪn] **1** *adj person* vaniteux*; *hope* vain **2** *n*: ***in vain*** en vain, vainement; ***their efforts were in vain*** leurs efforts n'ont servi à rien
val•en•tine ['væləntaɪn] *card* carte *f* de la Saint-Valentin; ***Valentine's Day*** la Saint--Valentin
val•et ['væleɪ] **1** *n person* valet *m* de chambre **2** *v/t* ['vælət] nettoyer; ***have one's car valeted*** faire nettoyer sa voiture
'val•et ser•vice *for clothes*, *cars* service *m* de nettoyage
val•iant ['væljənt] *adj* courageux*, vaillant
val•iant•ly ['væljəntlɪ] *adv* courageusement, vaillamment
val•id ['vælɪd] *adj* valable
val•i•date ['vælɪdeɪt] *v/t with official stamp* valider; *claim*, *theory* confirmer
va•lid•i•ty [və'lɪdətɪ] validité *f*; *of argument* justesse *f*, pertinence *f*; *of claim* bien-fondé *m*
val•ley ['vælɪ] vallée *f*
val•u•a•ble ['væljʊbl] **1** *adj ring*, *asset* de valeur, précieux*; *colleague*, *help*, *advice* précieux* **2** *npl*: ***valuables*** objets *mpl* de valeur
val•u•a•tion [væljʊ'eɪʃn] estimation *f*, expertise *f*
val•ue ['væljuː] **1** *n* valeur *f*; ***be good value*** offrir un bon rapport qualité-prix; ***you got good value*** tu as fait une bonne affaire; ***get value for money*** en avoir pour son argent; ***rise / fall in value*** prendre / perdre de la valeur **2** *v/t* tenir à, attacher un grand prix à; ***have an object valued*** faire estimer un objet
valve [vælv] *in machine* soupape *f*, valve *f*; *in heart* valvule *f*
van [væn] *small* camionnette *f*; *large* fourgon *m*
van•dal ['vændl] vandale *m*
van•dal•ism ['vændəlɪzm] vandalisme *m*
van•dal•ize ['vændəlaɪz] *v/t* vandaliser, saccager
van•guard ['vængɑːrd]: ***be in the vanguard of*** *fig* être à l'avant-garde de
va•nil•la [və'nɪlə] **1** *n* vanille *f* **2** *adj* à la vanille
van•ish ['vænɪʃ] *v/i* disparaître; *of clouds*, *sadness* se dissiper
van•i•ty ['vænətɪ] *of person* vanité *f*
'van•i•ty case vanity(-case) *m*
van•tage point ['væntɪdʒ] position *f* dominante
va•por ['veɪpər] vapeur *f*
va•por•ize ['veɪpəraɪz] *v/t of atomic bomb*, *explosion* pulvériser
'va•por trail *of airplane* traînée *f* de condensation
va•pour *Br* → ***vapor***
var•i•a•ble ['verɪəbl] **1** *adj* variable; *moods* changeant **2** *n* MATH, COMPUT variable *f*
var•i•ant ['verɪənt] *n* variante *f*
var•i•a•tion [verɪ'eɪʃn] variation *f*
var•i•cose vein ['værɪkoʊs] varice *f*
var•ied ['verɪd] *adj* varié
va•ri•e•ty [və'raɪətɪ] variété *f*; ***a variety of things to do*** un grand nombre de choses à faire; ***for a whole variety of reasons*** pour de multiples raisons
var•i•ous ['verɪəs] *adj* (*several*) divers, plusieurs; (*different*) divers, différent
var•nish ['vɑːrnɪʃ] **1** *n* vernis *m* **2** *v/t* vernir
var•y ['verɪ] **1** *v/i* (*pret & pp* ***-ied***) varier, changer; ***it varies*** ça dépend; ***with vary-***

ing degrees of success avec plus ou moins de succès **2** *v/t* varier, diversifier; *temperature* faire varier
vase [veɪz] vase *m*
vas•ec•to•my [və'sektəmɪ] vasectomie *f*
vast [væst] *adj* vaste; *improvement*, *difference* considérable
vast•ly ['væstlɪ] *adv improve etc* considérablement; *different* complètement
Vat•i•can ['vætɪkən]: ***the Vatican*** le Vatican
vau•de•ville ['vɒːdvɪl] variétés *fpl*
vault[1] [vɒːlt] *n in roof* voûte *f*; ***vaults*** *of bank* salle *f* des coffres
vault[2] [vɒːlt] **1** *n* SP saut *m* **2** *v/t beam etc* sauter
VCR [viːsiː'ɑːr] *abbr* (= ***video cassette recorder***) magnétoscope *m*
veal [viːl] veau *m*
veer [vɪr] *v/i* virer; *of wind* tourner
ve•gan ['viːgn] **1** *n* végétalien(ne) *m(f)* **2** *adj* végétalien*
vege•ta•ble ['vedʒtəbl] légume *m*
ve•ge•tar•i•an [vedʒɪ'terɪən] **1** *n* végétarien(ne) *m(f)* **2** *adj* végétarien*
veg•e•ta•tion [vedʒɪ'teɪʃn] végétation *f*
ve•he•mence ['viːəməns] véhémence *f*
ve•he•ment ['viːəmənt] *adj* véhément
ve•he•ment•ly ['viːəməntlɪ] *adv* avec véhémence
ve•hi•cle ['viːɪkl] véhicule *m*; *for information etc* véhicule *m*, moyen *m*
veil [veɪl] **1** *n* voile *m* **2** *v/t* voiler
vein [veɪn] ANAT veine *f*; ***in this vein*** *fig* dans cet esprit
Vel•cro® ['velkroʊ] velcro® *m*
ve•loc•i•ty [vɪ'lɑːsətɪ] vélocité *f*
vel•vet ['velvɪt] *n* velours *m*
vel•vet•y ['velvɪtɪ] *adj* velouté
ven•det•ta [ven'detə] vendetta *f*
vend•ing ma•chine ['vendɪŋ] distributeur *m* automatique
vend•or ['vendər] LAW vendeur(-euse) *m(f)*
ve•neer [və'nɪr] *n* placage *m*; *of politeness*, *civilization* vernis *m*
ven•e•ra•ble ['venərəbl] *adj* vénérable
ven•e•rate ['venəreɪt] *v/t* vénérer
ven•e•ra•tion [venə'reɪʃn] vénération *f*
ven•e•re•al dis•ease [və'nɪrɪəl] M.S.T. *f*, maladie *f* sexuellement transmissible
ve•ne•tian blind [və'niːʃn] store *m* vénitien
ven•geance ['vendʒəns] vengeance *f*; ***with a vengeance*** pour de bon
ven•i•son ['venɪsn] venaison *f*, chevreuil *m*
ven•om ['venəm] venin *m*
ven•om•ous ['venəməs] *adj also fig* venimeux*
vent [vent] *n for air* bouche *f* d'aération; ***give vent to*** *feelings*, *emotions* donner libre cours à, exprimer
ven•ti•late ['ventɪleɪt] *v/t* ventiler, aérer
ven•ti•la•tion [ventɪ'leɪʃn] ventilation *f*, aération *f*
ven•ti'la•tion shaft conduit *m* d'aération
ven•ti•la•tor ['ventɪleɪtər] ventilateur *m*; MED respirateur *m*
ven•tril•o•quist [ven'trɪləkwɪst] ventriloque *m/f*
ven•ture ['ventʃər] **1** *n* (*undertaking*) entreprise *f*; COMM tentative *f* **2** *v/i* s'aventurer
ven•ue ['venjuː] *for meeting*, *concert etc* lieu *m*; *hall also* salle *f*
ve•ran•da [və'rændə] véranda *f*
verb [vɜːrb] verbe *m*
verb•al ['vɜːrbl] *adj* (*spoken*) oral, verbal; GRAM verbal
verb•al•ly ['vɜːrbəlɪ] *adv* oralement, verbalement
ver•ba•tim [vɜːr'beɪtɪm] *adv repeat* textuellement, mot pour mot
ver•dict ['vɜːrdɪkt] LAW verdict *m*; (*opinion*, *judgment*) avis *m*, jugement *m*; ***bring in a verdict of guilty / not guilty*** rendre un verdict de culpabilité/d'acquittement
verge [vɜːrdʒ] *n of road* accotement *m*, bas-côté *m*; ***be on the verge of ...*** être au bord de ...
◆ **verge on** *v/t* friser
ver•i•fi•ca•tion [verɪfɪ'keɪʃn] (*check*) vérification *f*
ver•i•fy ['verɪfaɪ] *v/t* (*pret & pp* ***-ied***) (*check*) vérifier, contrôler; (*confirm*) confirmer
ver•min ['vɜːrmɪn] *npl* (*insects*) vermine *f*, parasites *mpl*; (*rats etc*) animaux *mpl* nuisibles
ver•mouth [vər'muːθ] vermouth *m*
ver•nac•u•lar [vər'nækjələr] *n* langue *f* usuelle
ver•sa•tile ['vɜːrsətəl] *adj person* plein de ressources, polyvalent; *piece of equipment* multiusages; *mind* souple
ver•sa•til•i•ty [vɜːrsə'tɪlətɪ] *of person* adaptabilité *f*, polyvalence *f*; *of piece of equipment* souplesse *f* d'emploi
verse [vɜːrs] (*poetry*) vers *mpl*, poésie *f*; *of poem* strophe *f*; *of song* couplet *m*
versed [vɜːrst] *adj*: ***be well versed in a subject*** être versé dans une matière
ver•sion ['vɜːrʃn] version *f*
ver•sus ['vɜːrsəs] *prep* SP, LAW contre
ver•te•bra ['vɜːrtɪbrə] vertèbre *f*
ver•te•brate ['vɜːrtɪbreɪt] *n* vertébré *m*
ver•ti•cal ['vɜːrtɪkl] *adj* vertical

ver•ti•go ['vɜːrtɪgoʊ] vertige *m*
ver•y ['verɪ] **1** *adv* très; ***was it cold? - not very*** faisait-il froid? - non, pas tellement; ***the very best*** le meilleur **2** *adj* même; ***at that very moment*** à cet instant même, à ce moment précis; ***in the very act*** en flagrant délit; ***that's the very thing I need*** c'est exactement ce dont j'ai besoin; ***the very thought of it makes me ...*** rien que d'y penser, je ...; ***right at the very top / bottom*** tout en haut / bas
ves•sel ['vesl] NAUT bateau *m*, navire *m*
vest [vest] gilet *m Br*: *undershirt* maillot *m* (de corps)
ves•tige ['vestɪdʒ] vestige *m*; *fig* once *f*
vet[1] [vet] *n* (*veterinarian*) vétérinaire *m/f*, véto *m/f* F
vet[2] [vet] *v/t* (*pret & pp* ***-ted***) *applicants etc* examiner
vet[3] [vet] *n* MIL F ancien combattant *m*
vet•e•ran ['vetərən] **1** *n* vétéran *m*; (*war veteran*) ancien combattant *m*, vétéran *m* **2** *adj* (*old*) antique; (*old and experienced*) aguerri, chevronné
vet•e•ri•nar•i•an [vetərə'nerɪən] vétérinaire *m/f*
ve•to ['viːtoʊ] **1** *n* veto *m inv* **2** *v/t* opposer son veto à
vex [veks] *v/t* (*concern, worry*) préoccuper
vexed [vekst] *adj* (*worried*) inquiet, préoccupé; ***a vexed question*** une question épineuse
vi•a ['vaɪə] *prep* par
vi•a•ble ['vaɪəbl] *adj* viable
vi•brate [vaɪ'breɪt] *v/i* vibrer
vi•bra•tion [vaɪ'breɪʃn] vibration *f*
vice[1] [vaɪs] vice *m*
vice[2] [vaɪs] *Br* → ***vise***
vice 'pres•i•dent vice-président *m*
'vice squad brigade *f* des mœurs
vi•ce 'ver•sa [vaɪs'vɜːrsə] *adv* vice versa
vi•cin•i•ty [vɪ'sɪnətɪ] voisinage *m*, environs *mpl*; ***in the vicinity of ...*** *place* à proximité de ...; *amount* aux alentours de ...
vi•cious ['vɪʃəs] *adj* vicieux*; *dog* méchant; *person, temper* cruel*; *attack* brutal
vi•cious 'cir•cle cercle *m* vicieux
vi•cious•ly ['vɪʃəslɪ] *adv* brutalement, violemment
vic•tim ['vɪktɪm] victime *f*
vic•tim•ize ['vɪktɪmaɪz] *v/t* persécuter
vic•tor ['vɪktər] vainqueur *m*
vic•to•ri•ous [vɪk'tɔːrɪəs] *adj* victorieux*
vic•to•ry ['vɪktərɪ] victoire *f*; ***win a victory over*** remporter une victoire sur
vid•e•o ['vɪdɪoʊ] **1** *n* vidéo *f*; *actual object* cassette *f* vidéo; ***have sth on video*** avoir qch en vidéo **2** *v/t* filmer; *tape off TV* enregistrer
'vid•e•o cam•e•ra caméra *f* vidéo
vid•e•o cas'sette cassette *f* vidéo
vid•e•o 'con•fer•ence TELEC visioconférence *f*, vidéoconférence *f*
'vid•e•o game jeu *m* vidéo
'vid•e•o•phone visiophone *m*
'vid•e•o re•cord•er magnétoscope *m*
'vid•e•o re•cord•ing enregistrement *m* vidéo
'vid•e•o•tape bande *f* vidéo
vie [vaɪ] *v/i* rivaliser
Vi•et•nam [vɪet'næm] Vietnam *m*
Vi•et•nam•ese [vɪetnə'miːz] **1** *adj* vietnamien* **2** *n* Vietnamien(ne) *m(f)*; *language* vietnamien *m*
view [vjuː] **1** *n* vue *f*; (*assessment, opinion*) opinion *f*, avis *m*; ***in view of*** compte tenu de, étant donné; ***he did it in full view of his parents*** il l'a fait sous les yeux de ses parents; ***be on view*** *of paintings* être exposé; ***with a view to*** en vue de, afin de **2** *v/t events, situation* considérer, envisager; *TV program* regarder; *house for sale* visiter **3** *v/i* (*watch TV*) regarder la télévision
view•er ['vjuːər] TV téléspectateur(-trice) *m(f)*
view•find•er ['vjuːfaɪndər] PHOT viseur *m*
'view•point point *m* de vue
vig•or ['vɪgər] vigueur *f*, énergie *f*
vig•or•ous ['vɪgərəs] *adj* vigoureux*
vig•or•ous•ly ['vɪgərəslɪ] *adv* vigoureusement
vig•our *Br* → ***vigor***
vile [vaɪl] *adj smell etc* abominable; *action, person* ignoble
vil•la ['vɪlə] villa *f*
vil•lage ['vɪlɪdʒ] village *m*
vil•lag•er ['vɪlɪdʒər] villageois(e) *m(f)*
vil•lain ['vɪlən] escroc *m*; *in drama, literature* méchant *m*
vin•di•cate ['vɪndɪkeɪt] *v/t* (*prove correct*) confirmer, justifier; (*prove innocent*) innocenter; ***I feel vindicated*** cela m'a donné raison
vin•dic•tive [vɪn'dɪktɪv] *adj* vindicatif*
vin•dic•tive•ly [vɪn'dɪktɪvlɪ] *adv* vindicativement
vine [vaɪn] vigne *f*
vin•e•gar ['vɪnɪgər] vinaigre *m*
vine•yard ['vɪnjɑːrd] vignoble *m*
vin•tage ['vɪntɪdʒ] **1** *n of wine* millésime *m* **2** *adj* (*classic*) classique; ***this film is vintage Charlie Chaplin*** ce film est un classique de Charlie Chaplin
vi•o•la [vɪ'oʊlə] MUS alto *m*

vi•o•late ['vaɪəleɪt] *v/t* violer
vi•o•la•tion [vaɪə'leɪʃn] violation *f*; (*traffic violation*) infraction *f* au code de la route
vi•o•lence ['vaɪələns] violence *f*; ***outbreak of violence*** flambée *f* de violence
vi•o•lent ['vaɪələnt] *adj* violent; ***have a violent temper*** être d'un naturel violent
vi•o•lent•ly ['vaɪələntlɪ] *adv* violemment; ***fall violently in love with s.o.*** tomber follement amoureux* de qn
vi•o•let ['vaɪələt] *n color* violet *m*; *plant* violette *f*
vi•o•lin [vaɪə'lɪn] violon *m*
vi•o•lin•ist [vaɪə'lɪnɪst] violoniste *m/f*
VIP [vi:aɪ'pi:] *abbr* (= ***very important person***) V.I.P. *m inv* F, personnalité *f* de marque
vi•per ['vaɪpər] *snake* vipère *f*
vi•ral ['vaɪrəl] *adj infection* viral
vir•gin ['vɜ:rdʒɪn] vierge *f*; *male* puceau *m* F; ***be a virgin*** être vierge
vir•gin•i•ty [vɜ:r'dʒɪnətɪ] virginité *f*; ***lose one's virginity*** perdre sa virginité
Vir•go ['vɜ:rgoʊ] ASTROL Vierge *f*
vir•ile ['vɪrəl] *adj* viril; *fig* vigoureux*
vi•ril•i•ty [vɪ'rɪlətɪ] virilité *f*
vir•tu•al ['vɜ:rtʃʊəl] *adj* quasi-; COMPUT virtuel*; ***he became the virtual leader of the party*** en pratique, il est devenu chef du parti
vir•tu•al•ly ['vɜ:rtʃʊəlɪ] *adv* (*almost*) pratiquement, presque
vir•tu•al re'al•i•ty réalité *f* virtuelle
vir•tue ['vɜ:rtʃu:] vertu *f*; ***in virtue of*** en vertu *or* raison de
vir•tu•o•so [vɜ:rtʊ'oʊzoʊ] MUS virtuose *m/f*; ***give a virtuoso performance*** jouer en virtuose
vir•tu•ous ['vɜ:rtʃʊəs] *adj* vertueux*
vir•u•lent ['vɪrʊlənt] *adj disease* virulent
vi•rus ['vaɪrəs] MED, COMPUT virus *m*
vi•sa ['vi:zə] visa *m*
vise [vaɪz] étau *m*
vis•i•bil•i•ty [vɪzə'bɪlətɪ] visibilité *f*
vis•i•ble ['vɪzəbl] *adj* visible; ***not visible to the naked eye*** invisible à l'œil nu
vis•i•bly ['vɪzəblɪ] *adv* visiblement; ***he was visibly moved*** il était visiblement ému
vi•sion ['vɪʒn] (*eyesight*) vue *f*; REL vision *f*, apparition *f*
vis•it ['vɪzɪt] **1** *n* visite *f*; (*stay*) séjour *m*; ***pay s.o. a visit*** rendre visite à qn; ***pay a visit to the doctor / dentist*** aller chez le médecin / dentiste **2** *v/t person* aller voir, rendre visite à; *doctor, dentist* aller voir; *city, country* aller à/en; *castle, museum* visiter; *website* consulter
◆ **visit with** *v/t* bavarder avec
vis•it•ing card ['vɪzɪtɪŋ] carte *f* de visite
'vis•it•ing hours *npl at hospital* heures *fpl* de visite
vis•it•or ['vɪzɪtər] (*guest*) invité *m*; (*tourist*) visiteur *m*
vi•sor ['vaɪzər] visière *f*
vis•u•al ['vɪʒʊəl] *adj* visuel*
vis•u•al 'aid support *m* visuel
'vis•u•al arts *npl* arts *mpl* plastiques
vis•u•al dis'play u•nit écran *m* de visualisation
vis•u•al•ize ['vɪʒʊəlaɪz] *v/t* (*imagine*) (s')imaginer; (*foresee*) envisager, prévoir
vis•u•al•ly ['vɪʒʊlɪ] *adv* visuellement; ***visually, the movie was superb*** d'un point de vue visuel, le film était superbe
vis•u•al•ly im'paired *adj* qui a des problèmes de vue, malvoyant
vi•tal ['vaɪtl] *adj* (*essential*) vital, essentiel*; ***it is vital that …*** il faut absolument que …
vi•tal•i•ty [vaɪ'tælətɪ] *of person, city etc* vitalité *f*
vi•tal•ly ['vaɪtəlɪ] *adv*: ***vitally important*** d'une importance capitale
vi•tal 'or•gans *npl* organes *mpl* vitaux
vi•tal sta'tis•tics *npl of woman* mensurations *fpl*
vit•a•min ['vaɪtəmɪn] vitamine *f*
'vit•a•min pill comprimé *m* de vitamines
vit•ri•ol•ic [vɪtrɪ'ɑ:lɪk] *adj* au vitriol; *attack* violent; *humor* caustique
vi•va•cious [vɪ'veɪʃəs] *adj* plein de vivacité, vif*
vi•vac•i•ty [vɪ'væsətɪ] vivacité *f*
viv•id ['vɪvɪd] *adj* vif*; *description* vivant
viv•id•ly ['vɪvɪdlɪ] *adv* vivement; *remember* clairement; *describe* de façon vivante; ***vividly colored*** aux couleurs vives
V-neck ['vi:nek] col *m* en V
vo•cab•u•la•ry [voʊ'kæbjʊlərɪ] vocabulaire *m*; (*list of words*) glossaire *m*, lexique *m*
vo•cal ['voʊkl] *adj* vocal; ***teachers are becoming more vocal*** les enseignants se font de plus en plus entendre
'vo•cal cords *npl* cordes *fpl* vocales
'vo•cal group MUS groupe *m* vocal
vo•cal•ist ['voʊkəlɪst] MUS chanteur (-euse) *m(f)*
vo•ca•tion [və'keɪʃn] vocation *f*
vo•ca•tion•al [və'keɪʃnl] *adj guidance* professionnel*
vod•ka ['vɑ:dkə] vodka *f*
vogue [voʊg] mode *f*, vogue *f*; ***be in vogue*** être à la mode *or* en vogue
voice [vɔɪs] **1** *n* voix *f* **2** *v/t opinions* expri-

mer
'**voice•mail** messagerie *f* vocale
'**voice•o•ver** voix *f* hors champ
void [vɔɪd] **1** *n* vide *m* **2** *adj*: ***void of*** dénué de, dépourvu de
vol•a•tile ['vɑːlətəl] *adj personality, moods* lunatique, versatile
vol•ca•no [vɑːl'keɪnoʊ] volcan *m*
vol•ley ['vɑːlɪ] *n* volée *f*
'**vol•ley•ball** volley(-ball) *m*
volt [voʊlt] volt *m*
volt•age ['voʊltɪdʒ] tension *f*
vol•ume ['vɑːljəm] volume *m*
'**vol•ume con•trol** (bouton *m* de) réglage *m* du volume
vol•un•tar•i•ly [vɑːlən'terɪlɪ] *adv* de son plein gré, volontairement
vol•un•ta•ry ['vɑːlənterɪ] *adj* volontaire; *worker, work* bénévole
vol•un•teer [vɑːlən'tɪr] **1** *n* volontaire *m/f*; (*unpaid worker*) bénévole *m/f* **2** *v/i* se porter volontaire
vo•lup•tu•ous [və'lʌptʃʊəs] *adj woman, figure* voluptueux*
vom•it ['vɑːmət] **1** *n* vomi *m*, vomissure *f* **2** *v/i* vomir
◆ **vomit up** *v/t* vomir
vo•ra•cious [və'reɪʃəs] *adj* vorace; *reader* avide
vo•ra•cious•ly [və'reɪʃəslɪ] *adv* avec voracité; *read* avec avidité
vote [voʊt] **1** *n* vote *m*; ***have the vote*** avoir le droit de vote **2** *v/i* POL voter (***for*** pour; ***against*** contre) **3** *v/t*: ***they voted him President*** ils l'ont élu président; ***they voted to stay*** ils ont décidé de rester
◆ **vote in** *v/t new member* élire
◆ **vote on** *v/t issue* soumettre qch au vote
◆ **vote out** *v/t of office* ne pas réélire
vot•er ['voʊtər] POL électeur *m*
vot•ing ['voʊtɪŋ] POL vote *m*
'**vot•ing booth** isoloir *m*
◆ **vouch for** [vaʊtʃ] *v/t truth, person* se porter garant de
vouch•er ['vaʊtʃər] bon *m*
vow [vaʊ] **1** *n* vœu *m*, serment *m* **2** *v/t*: ***vow to do sth*** jurer de faire qch
vow•el [vaʊl] voyelle *f*
voy•age ['vɔɪɪdʒ] *n* voyage *m*
vul•gar ['vʌlgər] *adj person, language* vulgaire
vul•ne•ra•ble ['vʌlnərəbl] *adj* vulnérable
vul•ture ['vʌltʃər] *also fig* vautour *m*

W

wad [wɑːd] *n of paper, absorbent cotton etc* tampon *m*; ***a wad of $100 bills*** une liasse de billets de 100 $
wad•dle ['wɑːdl] *v/i* se dandiner
wade [weɪd] *v/i* patauger
◆ **wade through** *v/t*: ***I'm wading through ...*** j'essaie péniblement de venir à bout de ...
wa•fer ['weɪfər] *cookie* gaufrette *f*; REL hostie *f*
'**wa•fer-thin** *adj* très fin
waf•fle[1] ['wɑːfl] *n to eat* gaufre *f*
waf•fle[2] ['wɑːfl] *v/i* parler pour ne rien dire
wag [wæg] *v/t & v/i* (*pret & pp* ***-ged***) remuer
wage[1] [weɪdʒ] *v/t*: ***wage war*** faire la guerre
wage[2] [weɪdʒ] *n* salaire *m*
wage earn•er ['weɪdʒɜːrnər] salarié(e) *m(f)*
'**wage freeze** gel *m* des salaires
'**wage ne•go•ti•a•tions** *npl* négociations *fpl* salariales
'**wage pack•et** *fig* salaire *m*
wag•gle ['wægl] *v/t* remuer
wag•on, *Br* **wag•gon** ['wægən] RAIL wagon *m*; ***covered wagon*** chariot *m* (bâché); ***be on the wagon*** F être au régime sec
wail [weɪl] **1** *n* hurlement *m* **2** *v/i* hurler
waist [weɪst] taille *f*
'**waist•coat** *Br* gilet *m*
'**waist•line** *of person* tour *m* de taille; *of dress* taille *f*
wait [weɪt] **1** *n* attente *f* **2** *v/i* attendre **3** *v/t*: ***don't wait supper for me*** ne m'attendez pas pour le dîner; ***wait table*** servir à manger
◆ **wait for** *v/t* attendre; ***wait for me!*** attends-moi!
◆ **wait on** *v/t* (*serve*) servir
◆ **wait up** *v/i*: ***don't wait up (for me)*** ne m'attends pas pour aller te coucher

wait•er ['weɪtər] serveur *m*; ***waiter!*** garçon!
wait•ing ['weɪtɪŋ] attente *f*
'**wait•ing list** liste *f* d'attente
'**wait•ing room** salle *f* d'attente
wait•ress ['weɪtrɪs] serveuse *f*
waive [weɪv] *v/t* renoncer à
wake[1] [weɪk] **1** *v/i* (*pret* **woke**, *pp* **woken**): ***wake*** (***up***) se réveiller **2** *v/t person* réveiller
wake[2] [weɪk] *n of ship* sillage *m*; ***in the wake of*** *fig* à la suite de; ***follow in the wake of*** venir à la suite de
'**wake-up call**: ***have a wake-up call*** se faire réveiller par téléphone
Wales [weɪlz] pays *m* de Galles
walk [wɒːk] **1** *n* marche *f*; (*path*) allée *f*; ***it's a long / short walk to the office*** le bureau est loin/n'est pas loin à pied; ***go for a walk*** aller se promener, aller faire un tour **2** *v/i* marcher; *as opposed to taking the car, bus etc* aller à pied; (*hike*) faire de la marche **3** *v/t dog* promener; ***walk the streets*** (*walk around*) parcourir les rues
◆ **walk out** *v/i of spouse* prendre la porte; *of theater etc* partir; (*go on strike*) se mettre en grève
◆ **walk out on** *v/t family* abandonner; *partner, boyfriend, wife* quitter
walk•er ['wɒːkər] (*hiker*) randonneur (-euse) *m*(*f*); *for baby* trotte-bébé *m*; *for old person* déambulateur *m*; ***be a slow / fast walker*** marcher lentement / vite
walk-in '**clos•et** placard *m* de plain-pied
walk•ing ['wɒːkɪŋ] *as opposed to driving* marche *f*; (*hiking*) randonnée *f*; ***be within walking distance*** ne pas être loin à pied
'**walk•ing stick** canne *f*
'**Walk•man**® walkman *m*
'**walk•out** (*strike*) grève *f*
'**walk•o•ver** (*easy win*) victoire *f* facile
'**walk-up** *appartement dans un immeuble sans ascenseur*
wall [wɒːl] mur *m*; ***go to the wall*** *of company* faire faillite; ***drive s.o. up the wall*** F rendre qn fou
wal•let ['wɑːlɪt] (*billfold*) portefeuille *m*
'**wall•pa•per** **1** *n also* COMPUT papier *m* peint **2** *v/t* tapisser
'**Wall Street** Wall Street
wal•nut ['wɒːlnʌt] *nut* noix *f*; *tree, wood* noyer *m*
waltz [wɒːlts] *n* valse *f*
wan [wɑːn] *adj face* pâlot*
wand•er ['wɑːndər] *v/i* (*roam*) errer; (*stray*) s'égarer
◆ **wander around** *v/i* déambuler
wane [weɪn] *v/i of moon* décroître; *of interest, enthusiasm* diminuer
wan•gle ['wæŋgl] *v/t* F réussir à obtenir (par une combine)
want [wɑːnt] **1** *n*: ***for want of*** par manque de, faute de **2** *v/t* vouloir; (*need*) avoir besoin de; ***want to do sth*** vouloir faire qch; ***I want to stay here*** je veux rester ici; ***I don't want to*** je ne veux pas; ***she wants you to go back*** elle veut que tu reviennes (*subj*); ***he wants a haircut*** (*needs*) il a besoin d'une coupe de cheveux; ***you want to be more careful*** il faut que tu fasses (*subj*) plus attention **3** *v/i*: ***want for nothing*** ne manquer de rien
'**want ad** petite annonce *f*
want•ed ['wɑːntɪd] *adj by police* recherché
want•ing ['wɑːntɪŋ] *adj*: ***be wanting in*** manquer de
wan•ton ['wɑːntən] *adj* gratuit
war [wɔːr] guerre *f*; *fig*: *between competitors* lutte *f*; ***the war on drugs / unemployment*** la lutte antidrogue / contre le chômage; ***be at war*** être en guerre
war•ble ['wɔːrbl] *v/i of bird* gazouiller
ward [wɔːrd] *Br*: *in hospital* salle *f*; *child* pupille *m/f*
◆ **ward off** *v/t* éviter
war•den ['wɔːrdn] *of prison* gardien (ne) *m*(*f*)
'**ward•robe** *for clothes* armoire *f*; (*clothes*) garde-robe *f*
ware•house ['werhaʊs] entrepôt *m*
war•fare ['wɔːrfer] guerre *f*
'**war•head** ogive *f*
war•i•ly ['werɪlɪ] *adv* avec méfiance
warm [wɔːrm] *adj* chaud; *fig*: *welcome, smile* chaleureux*; ***be warm*** *of person* avoir chaud
◆ **warm up** **1** *v/t* réchauffer **2** *v/i* se réchauffer; *of athlete etc* s'échauffer
warm•heart•ed ['wɔːrmhɑːrtɪd] *adj* chaleureux*
warm•ly ['wɔːrmlɪ] *adv* chaudement; *fig*: *welcome, smile* chaleureusement
warmth [wɔːrmθ] *also fig* chaleur *f*
'**warm-up** SP échauffement *m*
warn [wɔːrn] *v/t* prévenir
warn•ing ['wɔːrnɪŋ] avertissement *m*; ***without warning*** *start to rain etc* tout à coup; *leave s.o. etc* sans prévenir
'**warn•ing light** voyant *m* (d'avertissement)
warp [wɔːrp] **1** *v/t wood* gauchir; *fig*: *character* pervertir **2** *v/i of wood* gauchir
warped [wɔːrpt] *adj fig* tordu

'**war•plane** avion *m* de guerre
war•rant ['wɔːrənt] **1** *n* mandat *m* **2** *v/t* (*deserve, call for*) justifier
war•ran•ty ['wɔːrəntɪ] (*guarantee*) garantie *f*; ***be under warranty*** être sous garantie
war•ri•or ['wɔːrɪər] guerrier(-ière) *m(f)*
'**war•ship** navire *m* de guerre
wart [wɔːrt] verrue *f*
'**war•time** temps *m* de guerre
war•y ['werɪ] *adj* méfiant; ***be wary of*** se méfier de
was [wʌz] *pret* → ***be***
wash [wɑːʃ] **1** *n*: ***have a wash*** se laver; ***that shirt needs a wash*** cette chemise a besoin d'être lavée **2** *v/t clothes, dishes* laver; ***wash the dishes*** faire la vaisselle; ***wash one's hands*** se laver les mains **3** *v/i* se laver
◆ **wash up** *v/i* (*wash one's hands and face*) se débarbouiller
wash•a•ble ['wɑːʃəbl] *adj* lavable
'**wash•ba•sin**, '**wash•bowl** lavabo *m*
'**wash•cloth** gant *m* de toilette
washed out [wɑːʃt'aʊt] *adj* (*tired*) usé
wash•er ['wɑːʃər] *for faucet etc* rondelle *f*; → ***wash•ing ma•chine***
wash•ing ['wɑːʃɪŋ] lessive *f*; ***do the washing*** faire la lessive
'**wash•ing ma•chine** machine *f* à laver
'**wash•room** toilettes *fpl*
wasp [wɑːsp] *insect* guêpe *f*
waste [weɪst] **1** *n* gaspillage *m*; *from industrial process* déchets *mpl*; ***it's a waste of time / money*** c'est une perte de temps/d'argent **2** *adj* non utilisé **3** *v/t* gaspiller
◆ **waste away** *v/i* dépérir
'**waste bas•ket** corbeille *f* à papier
'**waste dis•pos•al (u•nit)** broyeur *m* d'ordures
waste•ful ['weɪstfʊl] *adj person, society* gaspilleur*
'**waste•land** désert *m*
waste '**pa•per** papier(s) *m(pl)* (*jeté*(s) *à la poubelle*)
'**waste pipe** tuyau *m* d'écoulement
'**waste** '**prod•uct** déchets *mpl*
watch [wɑːʧ] **1** *n timepiece* montre *f*; ***keep watch*** monter la garde **2** *v/t* regarder; (*look after*) surveiller; (*spy on*) épier; ***watch what you say*** fais attention à ce que tu dis **3** *v/i* regarder
◆ **watch for** *v/t* attendre
◆ **watch out** *v/i* faire attention; ***watch out!*** fais attention!
◆ **watch out for** *v/t* (*be careful of*) faire attention à
'**watch•ful** ['wɑːʧfʊl] *adj* vigilant
'**watch•mak•er** horloger(-ère) *m(f)*
wa•ter ['wɒːtər] **1** *n* eau *f*; ***waters*** *pl* NAUT eaux **2** *v/t plant, garden* arroser **3** *v/i of eyes* pleurer; ***my eyes were watering*** j'avais les yeux qui pleuraient; ***my mouth is watering*** j'ai l'eau à la bouche
◆ **water down** *v/t drink* diluer
'**wa•ter can•non** canon *m* à eau
'**wa•ter•col•or**, *Br* '**wa•ter•col•our** aquarelle *f*
wa•ter•cress ['wɒːtərkres] cresson *m*
wa•tered down ['wɒːtərd] *adj fig* atténué
'**wa•ter•fall** chute *f* d'eau
wa•ter•ing can ['wɒːtərɪŋ] arrosoir *m*
'**wa•ter•ing hole** *hum* bar *m*
'**wa•ter lev•el** niveau *m* de l'eau
'**wa•ter lil•y** nénuphar *m*
'**wa•ter•line** ligne *f* de flottaison
wa•ter•logged ['wɒːtərlɑːgd] *adj earth, field* détrempé; *boat* plein d'eau
'**wa•ter main** conduite *f* d'eau
'**wa•ter•mark** filigrane *m*
'**wa•ter•mel•on** pastèque *f*
'**wa•ter pol•lu•tion** pollution *f* de l'eau
'**wa•ter po•lo** water polo *m*
'**wa•ter•proof** *adj* imperméable
'**water•shed** *fig* tournant *m*
'**wa•ter•side** *n* bord *m* de l'eau; ***at the waterside*** au bord de l'eau
'**wa•ter•ski•ing** ski *m* nautique
'**wa•ter•tight** *adj compartment* étanche; *fig*: *alibi* parfait
'**wa•ter•way** voie *f* d'eau
'**wa•ter•wings** *npl* flotteurs *mpl*
'**wa•ter•works** F: ***turn on the waterworks*** se mettre à pleurer
wa•ter•y ['wɒːtərɪ] *adj soup, sauce* trop clair; *coffee* trop léger*
watt [wɑːt] watt *m*
wave[1] [weɪv] *n in sea* vague *f*
wave[2] [weɪv] **1** *n of hand* signe *m* **2** *v/i with hand* saluer; *of flag* flotter; ***wave to s.o.*** saluer qn (de la main) **3** *v/t flag etc* agiter
'**wave•length** RAD longueur *f* d'onde; ***be on the same wavelength*** *fig* être sur la même longueur d'onde
wa•ver ['weɪvər] *v/i* hésiter
wav•y ['weɪvɪ] *adj* ondulé
wax[1] [wæks] *n* cire *f*
wax[2] [wæks] *v/i of moon* croître
way [weɪ] **1** *n* (*method, manner*) façon *f*; (*route*) chemin *m* (***to*** de); ***the way he behaves*** la façon dont il se comporte; ***this way*** (*like this*) comme ça; (*in this direction*) par ici; ***by the way*** (*incidentally*) au fait; ***by way of*** (*via*) par; (*in the form of*) en guise de; ***in a way*** (*in certain respects*) d'une certaine façon; ***be under way*** être

en cours; ***be well under way*** être bien avancé; ***give way*** (*collapse*) s'écrouler; ***give way to*** (*be replaced by*) être remplacé par; ***want to have one's (own) way*** n'en faire qu'à sa tête; ***he always had his own way*** il a toujours fait ce qu'il voulait; ***OK, we'll do it your way*** O.K., on va le faire à votre façon; ***lead the way*** passer en premier; *fig* être le premier; ***lose one's way*** se perdre; ***be in the way*** (*be an obstruction*) gêner le passage; *disturb*) gêner; ***it's on the way to the station*** c'est sur le chemin de la gare; ***I was on my way to the station*** je me rendais à la gare; ***it's a long way*** c'est loin; ***no way!*** pas question!; ***there's no way he can do it*** il ne peut absolument pas le faire **2** *adv* F (*much*): ***it's way too soon to decide*** c'est bien trop tôt pour décider; ***they're way behind with their work*** ils sont très en retard dans leur travail

way 'in entrée *f*

way of 'life mode *m* de vie

way 'out sortie *f*; *fig* issue *f*

we [wiː] *pron* nous

weak [wiːk] *adj government, currency, person* faible; *tea, coffee* léger*

weak•en ['wiːkn] **1** *v/t* affaiblir **2** *v/i of currency, person* s'affaiblir; *in negotiation etc* faiblir

weak•ling ['wiːklɪŋ] faible *m/f*

weak•ness ['wiːknɪs] faiblesse *f*; ***have a weakness for sth*** (*liking*) avoir un faible pour qch

wealth [welθ] richesse *f*; ***a wealth of*** une abondance de

wealth•y ['welθɪ] *adj* riche

weap•on ['wepən] arme *f*

wear [wer] **1** *n*: ***wear (and tear)*** usure *f*; ***this coat has had a lot of wear*** cette veste est très usée; ***clothes for everyday / evening wear*** vêtements de tous les jours / du soir **2** *v/t* (*pret* ***wore***, *pp* ***worn***) (*have on*) porter; (*damage*) user; ***what are you wearing to the party?*** comment t'habilles-tu pour la soirée?; ***what was he wearing?*** comment était-il habillé? **3** *v/i* (*pret* ***wore***, *pp* ***worn***) (*wear out*) s'user; ***wear well*** (*last*) faire bon usage

◆ **wear away 1** *v/i* s'effacer **2** *v/t* user

◆ **wear down** *v/t* user; ***wear s.o. down*** *make s.o. change their mind* avoir qn à l'usure

◆ **wear off** *v/i of effect, feeling* se dissiper

◆ **wear out 1** *v/t* (*tire*) épuiser; *shoes, carpet* user **2** *v/i of shoes, carpet* s'user

wea•ri•ly ['wɪrɪlɪ] *adv* avec lassitude

wear•ing ['werɪŋ] *adj* (*tiring*) lassant

wear•y ['wɪrɪ] *adj* las*

weath•er ['weðər] **1** *n* temps *m*; ***be feeling under the weather*** ne pas être très en forme **2** *v/t crisis* survivre à

'weath•er-beat•en *adj* hâlé

'weath•er chart carte *f* météorologique

'weath•er fore•cast prévisions météorologiques *fpl*, météo *f*

'weath•er•man présentateur *m* météo

weave [wiːv] **1** *v/t* (*pret* ***wove***, *pp* ***woven***) *cloth* tisser; *basket* tresser **2** *v/i* (*pret* ***weaved***, *pp* ***weaved***) *of driver, cyclist* se faufiler

Web [web]: ***the Web*** COMPUT le Web

web [web] *of spider* toile *f*

webbed 'feet [webd] *npl* pieds *mpl* palmés

'web page page *f* de Web

'web site site *m* Web

wed•ding ['wedɪŋ] mariage *m*

'wed•ding an•ni•ver•sa•ry anniversaire *m* de mariage

'wed•ding cake gâteau *m* de noces

'wed•ding day jour *m* de mariage; ***on my wedding day*** le jour de mon mariage

'wed•ding dress robe *f* de mariée

'wed•ding ring alliance *f*

wedge [wedʒ] **1** *n to hold sth in place* cale *f*; *of cheese etc* morceau *m* **2** *v/t*: ***wedge open*** maintenir ouvert avec une cale

Wed•nes•day ['wenzdeɪ] mercredi *m*

weed [wiːd] **1** *n* mauvaise herbe *f* **2** *v/t* désherber

◆ **weed out** *v/t* (*remove*) éliminer

'weed•kill•er herbicide *f*

weed•y ['wiːdɪ] *adj* F chétif*

week [wiːk] semaine *f*; ***a week tomorrow*** demain en huit

'week•day jour *m* de la semaine

'week•end week-end *m*; ***on the weekend*** (*on this weekend*) ce week-end; (*on every weekend*) le week-end

week•ly ['wiːklɪ] **1** *adj* hebdomadaire **2** *n magazine* hebdomadaire *m* **3** *adv be published* toutes les semaines; *be paid* à la semaine

weep [wiːp] *v/i* (*pret & pp* ***wept***) pleurer

weep•y ['wiːpɪ] *adj*: ***be weepy*** pleurer facilement

wee-wee ['wiːwiː] *n* F pipi *m* F; ***do a wee-wee*** faire pipi

weigh [weɪ] **1** *v/t* peser; ***weigh anchor*** lever l'ancre **2** *v/i* peser

◆ **weigh down** *v/t*: ***be weighed down with*** être alourdi par; *fig*: *with cares* être accablé de

◆ **weigh on** *v/t* inquiéter

◆ **weigh up** *v/t* (*assess*) juger

weight [weɪt] *of person, object* poids *m*;

put on weight grossir; ***lose weight*** maigrir
◆**weight down** *v/t* maintenir en place avec un poids
weight•less•ness ['weɪtlɪsnɪs] apesanteur *f*
weight•lift•er ['weɪtlɪftər] haltérophile *m/f*
weight•lift•ing ['weɪtlɪftɪŋ] haltérophilie *f*
weight•y ['weɪtɪ] *adj fig* (*important*) sérieux*
weir [wɪr] barrage *m*
weird [wɪrd] *adj* bizarre
weird•ly ['wɪrdlɪ] *adv* bizarrement
weird•o ['wɪrdoʊ] F cinglé(e) *m(f)* F
wel•come ['welkəm] **1** *adj* bienvenu; ***make s.o. welcome*** faire bon accueil à qn; ***you're welcome!*** je vous en prie!; ***you're welcome to try some*** si vous voulez en essayer, vous êtes le bienvenu **2** *n also fig*: *to news, announcements* accueil *m* **3** *v/t* accueillir; *fig*: *news, announcement* se réjouir de; *opportunity* saisir
weld [weld] *v/t* souder
weld•er ['weldər] soudeur(-euse) *m(f)*
wel•fare ['welfer] bien-être *m*; *financial assistance* sécurité *f* sociale; ***be on welfare*** toucher les allocations
'wel•fare check chèque *m* d'allocations
wel•fare 'state État *m* providence
'wel•fare work assistance *f* sociale
'wel•fare work•er assistant social *m*, assistante sociale *f*
well[1] [wel] *n for water, oil* puits *m*
well[2] **1** *adv* bien; ***you did well in the exam*** tu as bien réussi l'examen; ***well done!*** bien!; ***as well*** (*too*) aussi; (*in addition to*) en plus de; ***it's just as well you told me*** tu as bien fait de me le dire; ***very well*** *acknowledging order* entendu; *reluctantly agreeing* très bien; ***well, well!*** *surprise* tiens, tiens!; ***well …*** *uncertainty, thinking* eh bien … **2** *adj*: ***be well*** aller bien; ***feel well*** se sentir bien; ***get well soon!*** remets-toi vite!
well-'bal•anced *adj person, meal, diet* équilibré
well-be•haved [welbɪ'heɪvd] *adj* bien élevé
well-'be•ing bien-être *m*
well-'built *adj also euph* (*fat*) bien bâti
well-'done *adj meat* bien cuit
well-dressed [wel'drest] *adj* bien habillé
well-earned [wel'ɜːrnd] *adj* bien mérité
well-heeled [wel'hiːld] *adj* F cossu
well-in•formed [wel'ɪnfɔːrmd] *adj* bien informé; ***be well-informed*** (*knowledgeable*) être bien informé
well-'known *adj* connu
well-'made *adj* bien fait
well-man•nered [wel'mænərd] *adj* bien élevé
well-'mean•ing *adj* plein de bonnes intentions
well-'off *adj* riche
well-'paid *adj* bien payé
well-read [wel'red] *adj* cultivé
well-timed [wel'taɪmd] *adj* bien calculé
well-to-'do *adj* riche
well-wish•er ['welwɪʃər] personne *f* apportant son soutien; ***a well-wisher*** *at end of anonymous letter* un ami qui vous veut du bien
well-'worn *adj* usé
Welsh [welʃ] **1** *adj* gallois **2** *n language* gallois *m*; ***the Welsh*** les Gallois *mpl*
went [went] *pret* → ***go***
wept [wept] *pret & pp* → ***weep***
were [wɜːr] *pret pl* → ***be***
West [west]: ***the West*** POL *Western nations* l'Occident *m*; *part of a country* l'Ouest *m*
west [west] **1** *n* ouest *m*; ***to the west of*** à l'ouest de **2** *adj* ouest *inv*; *wind* d'ouest; ***west Chicago*** l'ouest de Chicago; ***west Africa*** l'Afrique de l'Ouest **3** *adv travel* vers l'ouest; ***west of*** à l'ouest de
West 'Coast *of USA* la côte ouest
west•er•ly ['westərlɪ] *adj wind* d'ouest; *direction* vers l'ouest
West•ern ['westərn] *adj* occidental
west•ern ['westərn] **1** *adj* de l'Ouest **2** *n movie* western *m*
West•ern•er ['westərnər] occidental (e)
west•ern•ized ['westərnaɪzd] *adj* occidentalisé
west•ward ['westwərd] *adv* vers l'ouest
wet [wet] *adj* mouillé; (*rainy*) humide; ***get wet*** se mouiller, se faire tremper F; ***it's wet today*** il fait humide aujourd'hui; ***be wet through*** être complètement trempé; ***wet paint*** *as sign* peinture fraîche
wet 'blan•ket F rabat-joie *m*
'wet suit *for diving* combinaison *f* de plongée
whack [wæk] **1** *n* F (*blow*) coup *m* **2** *v/t* F frapper
whacked [wækt] *adj Br* F crevé F
whack•o ['wækoʊ] F dingue *m/f* F
whack•y ['wækɪ] *adj* F déjanté F
whale [weɪl] baleine *f*
whal•ing ['weɪlɪŋ] chasse *f* à la baleine
wharf [wɔːrf] *Br* quai *m*
what [wɑːt] **1** *pron* ◇ : ***what?*** quoi?; ***what for?*** (*why?*) pourquoi?; ***so what?*** et alors?

W

◇ *as object* que; *before vowel* qu'; ***what did he say?*** qu'est-ce qu'il a dit?, qu'a-t-il dit?; ***what is that?*** qu'est-ce que c'est?; ***what is it?*** (*what do you want?*) qu'est-ce qu'il y a?
◇ *as subject* qu'est-ce qui; ***what just fell off?*** qu'est-ce qui vient de tomber?
◇ *relative as object* ce que; ***that's not what I meant*** ce n'est pas ce que je voulais dire; ***I did what I could*** j'ai fait ce que j'ai pu; ***I don't know what you're talking about*** je ne vois pas de quoi tu parles; ***take what you need*** prends ce dont tu as besoin
◇ *relative as subject* ce qui; ***I didn't see what happened*** je n'ai pas vu ce qui s'est passé
◇ *suggestions*: ***what about heading home?*** et si nous rentrions?; ***what about some lunch?*** et si on allait déjeuner? **2** *adj* quel, quelle; *pl* quels, quelles; ***what color is the car?*** de quelle couleur est la voiture?

what•ev•er [wɑːt'evər] **1** *pron* ◇ *as subject* tout ce qui; *as object* tout ce que; ***whatever is left alive*** tout ce qui est encore vivant; ***he eats whatever you give him*** il mange tout ce qu'on lui donne
◇ (*no matter what*) *with noun* quel(le) que soit; *with clause* quoi que (+*subj*); ***whatever the season*** quelle que soit la saison; ***whatever you do*** quoi que tu fasses
◇: ***whatever gave you that idea?*** qu'est-ce qui t'a donné cette idée?; ***ok, whatever*** F ok, si vous le dites **2** *adj* n'importe quel(le); ***you have no reason whatever to worry*** tu n'as absolument aucune raison de t'inquiéter

wheat [wiːt] blé *m*

whee•dle ['wiːdl] *v/t*: ***wheedle sth out of s.o.*** soutirer qch de qn par des cajoleries

wheel [wiːl] **1** *n* roue *f*; (*steering wheel*) volant *m* **2** *v/t bicycle, cart* pousser **3** *v/i of birds* tournoyer

◆ **wheel around** *v/i* se retourner (brusquement)

'**wheel•bar•row** brouette *f*

'**wheel•chair** fauteuil *m* roulant

'**wheel clamp** *Br* sabot *m* de Denver

wheeze [wiːz] *v/i* respirer péniblement

when [wen] **1** *adv* quand; ***when do you open?*** quand est-ce que vous ouvrez?; ***I don't know when I'll be back*** je ne sais pas quand je serai de retour **2** *conj* quand; *esp with past tense also* lorsque; ***when I was a child*** quand *or* lorsque j'étais enfant; ***on the day when …*** le jour où …

when•ev•er [wen'evər] *adv each time* chaque fois que; *regardless of when* n'importe quand

where [wer] **1** *adv* où; ***where from?*** d'où?; ***where to?*** où? **2** *conj* où; ***this is where I used to live*** c'est là que j'habitais

where•a•bouts [werə'baʊts] **1** *adv* où **2** *npl*: ***nothing is known of his whereabouts*** personne ne sait où il est

where'as *conj* tandis que

wher•ev•er [wer'evər] **1** *conj* partout où; ***wherever you go, don't forget to …*** où que tu ailles (*subj*), n'oublies pas de …; ***sit wherever you like*** assieds-toi où tu veux **2** *adv* où (donc); ***wherever can it be?*** où peut-il bien être?

whet [wet] *v/t* (*pret & pp* **-ted**) *appetite* aiguiser

wheth•er ['weðər] *conj* (*if*) si; ***I don't know whether to tell him or not*** je ne sais pas si je dois lui dire ou pas; ***whether you approve or not*** que tu sois (*subj*) d'accord ou pas

which [wɪʧ] **1** *adj* quel, quelle; *pl* quels, quelles; ***which boy / girl?*** quel garçon / quelle fille? **2** *pron* ◇ *interrogative* lequel, laquelle; *pl* lesquels, lesquelles; ***which are your favorites?*** lesquels préférez-vous?; ***take one, it doesn't matter which*** prends-en un, n'importe lequel
◇ *relative*: *subject* qui; *object* que; *after prep* lequel, laquelle; *pl* lesquels, lesquelles; ***the mistake which is more serious*** l'erreur qui est plus grave; ***the mistake which you're making*** l'erreur que tu fais; ***the house in which …*** la maison dans laquelle …

which•ev•er [wɪʧ'evər] **1** *adj* quel(le) que soit; *pl* quels / quelles que soient; ***whichever flight you take*** quel que soit le vol que vous prenez; ***choose whichever color you like*** choisis la couleur que tu veux **2** *pron subject* celui / celle qui; *object* celui / celle que; ***you can have whichever you want*** tu peux avoir celui / celle que tu veux ◇ *no matter which* n'importe lequel / laquelle; ~ ***whichever you choose*** quel que soit celui / quelle que soit celle que vous choisissez

whiff [wɪf]: ***catch a whiff of sth*** sentir qch

while [waɪl] **1** *conj* pendant que; (*although*) bien que (+*subj*) **2** *n*: ***a long while*** longtemps; ***it's been a long while since we last met*** ça fait longtemps qu'on ne s'est pas vu; ***for a while*** pendant un moment; ***I'll wait a while longer*** je vais attendre un peu plus longtemps

◆ **while away** *v/t time* passer

whim [wɪm] caprice *m*; ***on a whim*** sur un coup de tête
whim•per ['wɪmpər] **1** *n* pleurnichement *m*; *of animal* geignement *m* **2** *v/i* pleurnicher; *of animal* geindre
whine [waɪn] *v/i of dog etc* gémir; F (*complain*) pleurnicher
whip [wɪp] **1** *n* fouet *m* **2** *v/t* (*pret & pp* **-ped**) (*beat*) fouetter; *cream* battre; F (*defeat*) battre à plates coutures
◆ **whip out** *v/t* F (*take out*) sortir en un tour de main
◆ **whip up** *v/t crowds* galvaniser; *hatred* attiser
whipped cream ['wɪptkriːm] crème *f* fouettée
whip•ping ['wɪpɪŋ] (*beating*) correction *f*; F (*defeat*) défaite *f* à plates coutures
whirl [wɜːrl] **1** *n*: ***my mind is in a whirl*** la tête me tourne **2** *v/i of leaves* tourbillonner; *of propeller* tourner
◆ **whirl around** *v/i of person* se retourner brusquement
'**whirl•pool** *in river* tourbillon *m*; *for relaxation* bain *m* à remous
'**whirl•wind** tourbillon *m*
whirr [wɜːr] *v/i* ronfler
whisk [wɪsk] **1** *n* fouet *m* **2** *v/t eggs* battre
◆ **whisk away** *v/t plates etc* enlever rapidement
whis•kers ['wɪskərz] *npl of man* favoris *mpl*; *of animal* moustaches *fpl*
whis•key, *Br* **whis•ky** ['wɪskɪ] whisky *m*
whis•per ['wɪspər] **1** *n* chuchotement *m*; (*rumor*) bruit *m* **2** *v/t & v/i* chuchoter
whis•tle ['wɪsl] **1** *n sound* sifflement *m*; *device* sifflet *m* **2** *v/t & v/i* siffler
whis•tle-blow•er ['wɪslbloʊər] F personne *f* qui vend la mèche
white [waɪt] **1** *n color*, *of egg* blanc *m*; *person* Blanc *m*, Blanche *f* **2** *adj* blanc*; ***go white*** *of face* devenir pâle; *of hair*, *person* blanchir
white '**Christ•mas** Noël *m* blanc
white-col•lar '**work•er** col *m* blanc
'**White House** Maison *f* Blanche
white '**lie** pieux mensonge *m*
'**white meat** viande *f* blanche
'**white-out** *in snow* visibilité *f* nulle à cause de la neige; *for text* fluide *m* correcteur
'**white•wash** **1** *n* blanc *m* de chaux; *fig* maquillage *m* de la vérité **2** *v/t* blanchir à la chaux
'**white wine** vin *m* blanc
whit•tle ['wɪtl] *v/t wood* tailler au couteau
◆ **whittle down** *v/t* réduire (**to** à)
whizz [wɪz] *n*: ***be a whizz at*** F être un crack en F
◆ **whizz by**, **whizz past** *v/i of time*, *car* filer
'**whizz•kid** F prodige *m*
who [huː] *pron* ◇ *interrogative* qui; ***who was that?*** c'était qui?, qui était-ce? ◇ *relative*: *subject* qui; *object* que; ***the woman who saved the boy*** la femme qui a sauvé le garçon; ***the woman who you saw*** la femme que tu as vue; ***the man who she was speaking to*** l'homme auquel elle parlait
who•dun•nit [huː'dʌnɪt] roman *m* policier
who•ev•er [huː'evər] *pron* ◇ qui que ce soit; ***you can tell whoever you like*** tu peux le dire à qui tu veux; ***whoever gets the right answer …*** celui / celle qui trouve la bonne réponse … ◇ : ***whoever can that be?*** qui cela peut-il bien être?
whole [hoʊl] **1** *adj* entier*; ***the whole …*** tout le (toute la) …; ***the whole town*** toute la ville; ***he drank / ate the whole lot*** il a tout bu / mangé; ***it's a whole lot easier / better*** c'est bien plus facile / bien mieux **2** *n* tout *m*, ensemble *m*; ***the whole of the United States*** l'ensemble *m* des États-Unis; ***on the whole*** dans l'ensemble
whole-heart•ed [hoʊl'hɑːrtɪd] *adj* inconditionnel*
whole-heart•ed•ly [hoʊl'hɑːrtɪdlɪ] *adv* sans réserve
'**whole•meal bread** *Br* pain *m* complet
'**whole•sale** **1** *adj* de gros; *fig* en masse **2** *adv* au prix de gros
whole•sal•er ['hoʊlseɪlər] grossiste *m/f*
whole•some ['hoʊlsəm] *adj* sain
'**whole wheat bread** pain *m* complet
whol•ly ['hoʊlɪ] *adv* totalement
whol•ly owned sub'sid•i•ar•y filiale *f* à 100%
whom [huːm] *pron fml* qui
whoop•ing cough ['huːpɪŋ] coqueluche *f*
whop•ping ['wɑːpɪŋ] *adj* F énorme
whore [hɔːr] *n* putain *f*
whose [huːz] **1** *pron* ◇ *interrogative* à qui; ***whose is this?*** à qui c'est? ◇ *relative* dont; ***a man whose wife …*** un homme dont la femme …; ***a country whose economy is booming*** un pays dont l'économie prospère **2** *adj* à qui; ***whose bike is that?*** à qui est ce vélo?; ***whose car are we taking?*** on prend la voiture de qui?; ***whose fault is it then?*** à qui la faute alors?
why [waɪ] *adv* pourquoi; ***that's why*** voilà pourquoi; ***why not?*** pourquoi pas?; ***the reason why I'm late*** la raison pour la-

quelle je suis en retard
wick [wɪk] mèche *f*
wick•ed ['wɪkɪd] *adj* méchant; (*mischievous*) malicieux*; P (*great*) tip top F
wick•er ['wɪkər] *adj* osier *m*
wick•er 'chair chaise *f* en osier
wick•et ['wɪkɪt] *in station*, *bank etc* guichet *m*
wide [waɪd] *adj street*, *field* large; *experience*, *range* vaste; ***be 12 foot wide*** faire 3 mètres et demi de large
wide-a'wake *adj* complètement éveillé
wide•ly ['waɪdlɪ] *adv* largement; ***widely known*** très connu; ***it is widely believed that …*** on pense généralement que …
wid•en ['waɪdn] **1** *v/t* élargir **2** *v/i* s'élargir
wide-'o•pen *adj* grand ouvert
wide-rang•ing [waɪd'reɪndʒɪŋ] *adj* de vaste portée
'wide•spread *adj hunger*, *poverty*, *belief* répandu
wid•ow ['wɪdoʊ] *n* veuve *f*
wid•ow•er ['wɪdoʊər] veuf *m*
width [wɪdθ] largeur *f*
wield [wiːld] *v/t weapon* manier; *power* exercer
wife [waɪf] (*pl* ***wives*** [waɪvz]) femme *f*
wig [wɪg] perruque *f*
wig•gle ['wɪgl] *v/t loose screw*, *tooth* remuer; *hips* tortiller
wild [waɪld] **1** *adj animal*, *flowers* sauvage; *teenager* rebelle; *party* fou*; *scheme* délirant; *applause* frénétique; ***be wild about*** *enthusiastic* être dingue de F; ***go wild*** devenir déchaîné; (*become angry*) se mettre en rage; ***run wild*** *of children* faire tout et n'importe quoi; *of plants* pousser dans tous les sens **2** *npl*: ***the wilds*** les régions reculées
wil•der•ness ['wɪldərnɪs] désert *m*; *fig*: *garden etc* jungle *f*
'wild•fire: ***spread like wildfire*** se répandre comme une traînée de poudre
wild-'goose chase recherche *f* inutile
'wild•life faune *f* et flore *f*; ***wildlife program*** émission *f* sur la nature
wild•ly ['waɪldlɪ] *adv applaud*, *kick* frénétiquement; F *extremely* follement
wil•ful *Br* → ***willful***
will•ful ['wɪlfl] *adj person*, *refusal* volontaire
will[1] [wɪl] *n* LAW testament *m*
will[2] [wɪl] *n* (*willpower*) volonté *f*
will[3] [wɪl] *v/aux*: ***I will let you know tomorrow*** je vous le dirai demain; ***will you be there?*** est-ce que tu seras là?; ***I won't be back until late*** je ne reviendrai qu'assez tard; ***you will call me, won't you?*** tu m'appelleras, n'est-ce pas?; ***I'll pay for this - no you won't*** je vais payer - non; ***the car won't start*** la voiture ne veut pas démarrer; ***will you tell her that …?*** est-ce que tu pourrais lui dire que …?; ***will you have some more coffee?*** est-ce que vous voulez encore du café?; ***will you stop that!*** veux-tu arrêter!
will•ing ['wɪlɪŋ] *adj helper* de bonne volonté; ***be willing to do sth*** être prêt à faire qch
will•ing•ly ['wɪlɪŋlɪ] *adv* (*with pleasure*) volontiers
will•ing•ness ['wɪlɪŋnɪs] empressement *m* (***to do*** à faire)
wil•low ['wɪloʊ] saule *m*
'will•pow•er volonté *f*
wil•ly-nil•ly [wɪlɪ'nɪlɪ] *adv* (*at random*) au petit bonheur la chance
wilt [wɪlt] *v/i of plant* se faner
wi•ly ['waɪlɪ] *adj* rusé
wimp [wɪmp] F poule *f* mouillée
win [wɪn] **1** *n* victoire *f* **2** *v/t & v/i* (*pret & pp* ***won***) gagner; *prize* remporter
◆ **win back** *v/t money*, *trust*, *voters* regagner
wince [wɪns] *v/i* tressaillir
winch [wɪntʃ] *n* treuil *m*
wind[1] [wɪnd] **1** *n* vent *m*; (*flatulence*) gaz *m*; ***get wind of …*** avoir vent de … **2** *v/t*: ***be winded*** *by ball etc* avoir le souffle coupé
wind[2] [waɪnd] **1** *v/i* (*pret & pp* ***wound***) *of path*, *river* serpenter; *of staircase* monter en colimaçon; *of ivy* s'enrouler **2** *v/t* (*pret & pp* ***wound***) enrouler
◆ **wind down 1** *v/i of party etc* tirer à sa fin **2** *v/t car window* baisser; *business* réduire progressivement
◆ **wind up 1** *v/t clock*, *car window* remonter; *speech*, *presentation* terminer; *affairs* conclure; *company* liquider **2** *v/i* (*finish*) finir; ***wind up in the hospital*** finir à l'hôpital
'wind-bag F moulin *m* à paroles F
'wind•fall *fig* aubaine *f*
'wind farm champ *m* d'éoliennes
wind•ing ['waɪndɪŋ] *adj path* qui serpente
'wind in•stru•ment instrument *m* à vent
'wind•mill moulin *m* (à vent)
win•dow ['wɪndoʊ] *also* COMPUT fenêtre *f*; *of airplane*, *boat* hublot *m*; *of store* vitrine *f*; ***in the window*** *of store* dans la vitrine
'win•dow box jardinière *f*
'win•dow clean•er *person* laveur(-euse) *m*(*f*) de vitres
'win•dow•pane vitre *f*
'win•dow seat *on train* place *f* côté fenêtre; *on airplane* place côté hublot

'win•dow-shop•ping: ***go window-shopping*** faire du lèche-vitrines
win•dow•sill ['wɪndoʊsɪl] rebord *m* de fenêtre
'wind•pipe trachée *f*
'wind•screen *Br* **'wind•shield** pare-brise *m*
'wind•shield wip•er essuie-glace *m*
'wind•surf•er véliplanchiste *m/f*
'wind•surf•ing planche *f* à voile
'wind tur•bine éolienne *f*
wind•y ['wɪndɪ] *adj weather, day* venteux*; ***it's so windy*** il y a tellement de vent; ***it's getting windy*** le vent se lève
wine [waɪn] vin *m*
'wine bar bar *m* à vin
'wine cel•lar cave *f* (à vin)
'wine glass verre *m* à vin
'wine list carte *f* des vins
'wine mak•er vigneron(ne) *m(f)*
'wine mer•chant marchand *m* de vin
win•er•y ['waɪnərɪ] établissement *m* viticole
wing [wɪŋ] *of bird, airplane,* SP aile *f*
'wing•span envergure *f*
wink [wɪŋk] **1** *n* clin *m* d'œil; ***I didn't sleep a wink*** F je n'ai pas fermé l'œil de la nuit **2** *v/i of person* cligner des yeux; ***wink at s.o.*** faire un clin d'œil à qn
win•ner ['wɪnər] gagnant(e) *m(f)*
win•ning ['wɪnɪŋ] *adj* gagnant
'win•ning post poteau *m* d'arrivée
win•nings ['wɪnɪŋz] *npl* gains *mpl*
win•ter ['wɪntər] *n* hiver *m*
win•ter 'sports *npl* sports *mpl* d'hiver
win•try ['wɪntrɪ] *adj* d'hiver
wipe [waɪp] *v/t* essuyer; *tape* effacer; ***wipe one's eyes / feet*** s'essuyer les yeux / les pieds
◆ **wipe out** *v/t* (*kill, destroy*) détruire; *debt* amortir
wip•er ['waɪpər] → ***windshield wiper***
wire ['waɪr] *n* fil *m* de fer; *electrical* fil *m* électrique
wire•less ['waɪrlɪs] **1** *n* radio *f* **2** *adj* sans fil
wire net•ting [waɪr'netɪŋ] grillage *m*
wir•ing ['waɪrɪŋ] ELEC installation *f* électrique
wir•y ['waɪrɪ] *adj person* nerveux*
wis•dom ['wɪzdəm] sagesse *f*
'wis•dom tooth dent *f* de sagesse
wise [waɪz] *adj* sage
'wise•crack F vanne *f* F
'wise guy *pej* petit malin *m*
wise•ly ['waɪzlɪ] *adv act* sagement
wish [wɪʃ] **1** *n* vœu *m*; ***make a wish*** faire un vœu; ***my wish came true*** mon vœu s'est réalisé; ***against s.o.'s wishes*** contre l'avis de qn; ***best wishes*** cordialement; *for birthday, Christmas* meilleurs vœux **2** *v/t* souhaiter; ***I wish that you didn't have to go*** je regrette que tu doives partir; ***I wish that I could stay here for ever*** j'aimerais rester ici pour toujours; ***I wish him well*** je lui souhaite bien de la chance; ***I wish I could*** si seulement je pouvais
◆ **wish for** *v/t* vouloir
'wish•bone fourchette *f*
wish•ful ['wɪʃfl] *adj*: ***that's wishful thinking*** c'est prendre ses désirs pour des réalités
wish•y-wash•y ['wɪʃɪwɑːʃɪ] *adj person* mollasse; *color* délavé
wisp [wɪsp] *of hair* mèche *m*; *of smoke* traînée *f*
wist•ful ['wɪstfl] *adj* nostalgique
wist•ful•ly ['wɪstflɪ] *adv* avec nostalgie
wit [wɪt] (*humor*) esprit *m*; *person* homme *m*/femme *f* d'esprit; ***be at one's wits' end*** ne plus savoir que faire; ***keep one's wits about one*** garder sa présence d'esprit; ***be scared out of one's wits*** avoir une peur bleue
witch [wɪʧ] sorcière *f*
'witch•hunt *fig* chasse *f* aux sorcières
with [wɪð] *prep* ◇ avec; ***with a smile/a wave*** en souriant / faisant un signe de la main; ***are you with me?*** (*do you understand?*) est-ce que vous me suivez?; ***with no money*** sans argent
◇ *agency, cause* de; ***tired with waiting*** fatigué d'attendre
◇ *characteristics* à; ***the woman with blue eyes*** la femme aux yeux bleus; ***s.o. with experience*** une personne d'expérience
◇ *at the house of* chez; ***I live with my aunt*** je vis chez ma tante
with•draw [wɪð'drɒː] **1** *v/t* (*pret* **-drew**, *pp* **-drawn**) retirer **2** *v/i* (*pret* **-drew**, *pp* **-drawn**) se retirer
with•draw•al [wɪð'drɒːəl] retrait *m*
with'draw•al symp•toms *npl* (symptômes *mpl* de) manque *m*
with•drawn [wɪð'drɒːn] *adj person* renfermé
with•er ['wɪðər] *v/i* se faner
with'hold *v/t* (*pret & pp* **-held**) *information, name, payment* retenir; *consent* refuser
with'in *prep* (*inside*) dans; *in expressions of time* en moins de; *in expressions of distance* à moins de; ***is it within walking distance?*** est-ce qu'on peut y aller à pied?; ***we kept within the budget*** nous avons respecté le budget; ***within my***

W

power / my capabilities dans mon pouvoir / mes capacités; ***within reach*** à portée de la main
with'out *prep* sans; ***without looking / asking*** sans regarder / demander; ***without an umbrella*** sans parapluie
with'stand *v/t* (*pret & pp* ***-stood***) résister à
wit•ness ['wɪtnɪs] **1** *n* témoin *m* **2** *v/t* être témoin de
'wit•ness stand barre *f* des témoins
wit•ti•cism ['wɪtɪsɪzm] mot *m* d'esprit
wit•ty ['wɪtɪ] *adj* plein d'esprit
wob•ble ['wɑːbl] *v/i* osciller
wob•bly ['wɑːblɪ] *adj* bancal; *tooth* qui bouge; *voice* chevrotant
woke [woʊk] *pret* → ***wake***
wok•en ['woʊkn] *pp* → ***wake***
wolf [wʊlf] **1** *n* (*pl* ***wolves***) loup *m*; (*fig: womanizer*) coureur *m* de jupons **2** *v/t*: ***wolf (down)*** engloutir
'wolf whis•tle *n* sifflement *m* (au passage d'une fille)
wom•an ['wʊmən] (*pl* ***women*** ['wɪmɪn]) femme *f*
wom•an 'doc•tor femme *f* médecin
wom•an 'driv•er conductrice *f*
wom•an•iz•er ['wʊmənaɪzər] coureur *m* de femmes
wom•an•ly ['wʊmənlɪ] *adj* féminin
wom•an 'priest prêtresse *f*
womb [wuːm] utérus *m*; ***in his mother's womb*** dans le ventre de sa mère
women ['wɪmɪn] *pl* → ***woman***
women's lib [wɪmɪnz'lɪb] libération *f* des femmes
women's lib•ber [wɪmɪnz'lɪbər] militante *f* des droits de la femme
won [wʌn] *pret & pp* → ***win***
won•der ['wʌndər] **1** *n* (*amazement*) émerveillement *m*; ***no wonder!*** pas étonnant!; ***it's a wonder that …*** c'est étonnant que … (*+subj*) **2** *v/i* se poser des questions **3** *v/t* se demander; ***I wonder if you could help*** je me demandais si vous pouviez m'aider
won•der•ful ['wʌndərfʊl] *adj* merveilleux*
won•der•ful•ly ['wʌndərflɪ] *adv* (*extremely*) merveilleusement
won't [woʊnt] → ***will not***
wood [wʊd] bois *m*
wood•ed ['wʊdɪd] *adj* boisé
wood•en ['wʊdn] *adj* (*made of wood*) en bois
wood•peck•er ['wʊdpekər] pic *m*
'wood•wind MUS bois *m*
'wood•work *parts made of wood* charpente *f*; *activity* menuiserie *f*
wool [wʊl] laine *f*
wool•en ['wʊlən] **1** *adj* en laine **2** *n* lainage *m*
wool•len *Br* → ***woolen***
word [wɜːrd] **1** *n* mot *m*; *of song*, (*promise*) parole *f*; (*news*) nouvelle *f*; ***is there any word from …?*** est-ce qu'il y a des nouvelles de …?; ***you have my word*** vous avez ma parole; ***have words*** (*argue*) se disputer; ***have a word with s.o.*** en parler à qn **2** *v/t article, letter* formuler
word•ing ['wɜːrdɪŋ] formulation *f*
word 'pro•cess•ing traitement *m* de texte
word 'pro•ces•sor *software* traitement *m* de texte
wore [wɔːr] *pret* → ***wear***
work [wɜːrk] **1** *n* travail *m*; ***out of work*** au chômage; ***be at work*** être au travail **2** *v/i of person* travailler; *of machine*, (*succeed*) marcher **3** *v/t employee* faire travailler; *machine* faire marcher
◆ **work off** *v/t excess weight* perdre; *hangover, bad mood* faire passer
◆ **work out 1** *v/t solution*, (*find out*) trouver; *problem* résoudre **2** *v/i at gym* s'entraîner; *of relationship, arrangement etc* bien marcher
◆ **work out to** *v/t* (*add up to*) faire
◆ **work up** *v/t*: ***work up enthusiasm*** s'enthousiasmer; ***work up an appetite*** s'ouvrir l'appétit; ***get worked up*** *angry* se fâcher; *nervous* se mettre dans tous ses états
work•a•ble ['wɜːrkəbl] *adj solution* possible
worka•hol•ic [wɜːrkə'hɑːlɪk] F bourreau *m* de travail
'work•day (*hours of work*) journée *f* de travail; (*not weekend*) jour *m* de travail
work•er ['wɜːrkər] travailleur(-euse) *m*(*f*); ***she's a good worker*** elle travaille bien
'work•force main-d'œuvre *f*
'work hours *npl* heures *fpl* de travail
work•ing ['wɜːrkɪŋ] *adj day, week* de travail
'work•ing class classe *f* ouvrière
'work•ing-class *adj* ouvrier*
'work•ing con•di•tions *npl* conditions *fpl* de travail
work•ing 'day → ***workday***
'work•ing hours → ***work hours***
work•ing 'knowledge connaissances *fpl* suffisantes
work•ing 'moth•er mère *f* qui travaille
'work•load quantité *f* de travail
'work•man ouvrier *m*
'work•man•like *adj* de professionnel*
'work•man•ship fabrication *f*

work of 'art œuvre *f* d'art
'work•out séance *f* d'entraînement
'work per•mit permis *m* de travail
'work•shop *also seminar* atelier *m*
'work sta•tion station *f* de travail
'work•top plan *m* de travail
world [wɜːrld] monde *m*; ***the world of computers / the theater*** le monde des ordinateurs / du théâtre; ***out of this world*** F extraordinaire
world-'class *adj* de niveau mondial
World 'Cup *in soccer* Coupe *f* du monde
world-'fa•mous *adj* mondialement connu
world•ly ['wɜːrldlɪ] *adj* du monde; *person* qui a l'expérience du monde
world 'pow•er puissance *f* mondiale
world 're•cord record *m* mondial
world 'war guerre *f* mondiale
'world•wide 1 *adj* mondial **2** *adv* dans le monde entier
worm [wɜːrm] *n* ver *m*
worn [wɔːrn] *pp* → ***wear***
worn-'out *adj shoes, carpet* trop usé; *person* éreinté
wor•ried ['wʌrɪd] *adj* inquiet*
wor•ried•ly ['wʌrɪdlɪ] *adv* avec inquiétude
wor•ry ['wʌrɪ] **1** *n* souci *m* **2** *v/t* (*pret & pp* ***-ied***) inquiéter **3** *v/i* (*pret & pp* ***-ied***) s'inquiéter
wor•ry•ing ['wʌrɪɪŋ] *adj* inquiétant
worse [wɜːrs] **1** *adj* pire **2** *adv play, perform, feel* plus mal
wors•en ['wɜːrsn] *v/i* empirer
wor•ship ['wɜːrʃɪp] **1** *n* culte *m* **2** *v/t* (*pret & pp* ***-ped***) *God* honorer; *fig*: *person, money* vénérer
worst [wɜːrst] **1** *adj* pire **2** *adv*: ***the areas worst affected*** les régions les plus (gravement) touchées; ***we came off worst*** nous sommes sortis perdants **3** *n*: ***the worst*** le pire; ***if (the) worst comes to (the) worst*** dans le pire des cas
worst-case scen'a•ri•o scénario *m* catastrophe
worth [wɜːrθ] *adj*: ***$20 worth of gas*** 20 $ de gaz; ***be worth …*** *in monetary terms* valoir; ***it's worth reading / seeing*** cela vaut la peine d'être lu / vu; ***be worth it*** valoir la peine
worth•less ['wɜːrθlɪs] *adj object* sans valeur; *person* bon à rien
worth'while *adj cause* bon*; ***be worthwhile*** (*beneficial, useful*) être utile; ***it's not worthwhile waiting*** cela ne vaut pas la peine d'attendre
worth•y ['wɜːrðɪ] *adj person, cause* digne; ***be worthy of sth*** (*deserve*) être digne de qch
would [wʊd] *v/aux*: ***I would help if I could*** je vous aiderais si je pouvais; ***I said that I would go*** j'ai dit que je viendrais; ***would you like to go to the movies?*** est-ce que tu voudrais aller au cinéma?; ***would you tell her that …?*** pourriez-vous lui dire que …?; ***I would not have*** *or* ***wouldn't have been so angry if …*** je n'aurais pas été aussi en colère si …
wound[1] [wuːnd] **1** *n* blessure *f* **2** *v/t with weapon, words* blesser
wound[2] [waʊnd] *pret & pp* → ***wind***[2]
wove [woʊv] *pret* → ***weave***
wo•ven ['woʊvn] *pp* → ***weave***
wow [waʊ] *int* oh là là!
wrap [ræp] *v/t* (*pret & pp* ***-ped***) *parcel, gift* envelopper; *scarf etc* enrouler
◆ **wrap up** *v/i against the cold* s'emmitoufler
wrap•per ['ræpər] emballage *m*; *for candy* papier *m*
wrap•ping ['ræpɪŋ] emballage *m*
'wrap•ping pa•per papier *m* d'emballage
wrath [ræθ] colère *f*
wreath [riːθ] couronne *f*
wreck [rek] **1** *n of ship* navire *m* naufragé; *of car, person* épave *f*; ***be a nervous wreck*** avoir les nerfs détraqués **2** *v/t* détruire
wreck•age ['rekɪdʒ] *of ship* épave *m*; *of airplane* débris *mpl*; *fig*: *of marriage, career* restes *mpl*
wreck•er ['rekər] *truck* dépanneuse *f*
wreck•ing com•pa•ny ['rekɪŋ] compagnie *f* de dépannage
wrench [rentʃ] **1** *n tool* clef *f* **2** *v/t injure* fouler; (*pull*) arracher; ***wrench one's shoulder*** se fouler l'épaule; ***he wrenched it away from me*** il me l'a arraché
wres•tle ['resl] *v/i* lutter
◆ **wrestle with** *v/t fig* lutter contre
wres•tler ['reslər] lutteur(-euse) *m(f)*
wres•tling ['reslɪŋ] lutte *f*
'wres•tling con•test combat *m* de lutte
wrig•gle ['rɪgl] *v/i* (*squirm*) se tortiller
◆ **wriggle out of** *v/t* se soustraire à
◆ **wring out** [rɪŋ] *v/t* (*pret & pp* ***wrung***) *cloth* essorer
wrin•kle ['rɪŋkl] **1** *n in skin* ride *f*; *in clothes* pli *m* **2** *v/t clothes* froisser **3** *v/i of clothes* se froisser
wrist [rɪst] poignet *m*
'wrist•watch montre *f*
write [raɪt] **1** *v/t* (*pret* ***wrote***, *pp* ***written***) écrire; *check* faire **2** *v/i* (*pret* ***wrote***, *pp* ***written***) écrire
◆ **write down** *v/t* écrire
◆ **write off** *v/t debt* amortir; *car* bousiller

F

writ•er ['raɪtər] *of letter, book, song* auteur *m/f*; *of book* écrivain *m/f*
'**write-up** F critique *f*
writhe [raɪð] *v/i* se tordre
writ•ing ['raɪtɪŋ] (*handwriting, script*) écriture *f*; (*words*) inscription *f*; ***in writing*** par écrit; ***writings*** *of author* écrits *mpl*
'**writ•ing pa•per** papier *m* à lettres
writ•ten ['rɪtn] *pp* → ***write***
wrong [rɒːŋ] **1** *adj information, decision, side* mauvais; *answer also* faux*; ***be wrong*** *of person* avoir tort; *of answer* être mauvais; *morally* être mal; ***get the wrong train*** se tromper de train; ***what's wrong?*** qu'est-ce qu'il y a?; ***there is something wrong with the car*** la voiture a un problème **2** *adv* mal; ***go wrong*** *of person* se tromper; *of marriage, plan etc* mal tourner **3** *n* mal *m*; *injustice* injustice *f*; ***be in the wrong*** avoir tort
wrong•ful ['rɒːŋfl] *adj* injuste
wrong•ly ['rɒːŋlɪ] *adv* à tort
wrong 'num•ber faux numéro *m*
wrote [rout] *pret* → ***write***
wrought 'i•ron [rɔːt] fer *m* forgé
wrung [rʌŋ] *pret & pp* → ***wring***
wry [raɪ] *adj* ironique
WWW [dʌbljuːdʌbljuː'dʌbljuː] *abbr* (= ***Worldwide Web***) réseau *m* mondial des serveurs multimédias, web *m*

X, Y

xen•o•pho•bi•a [zenou'foubɪə] xénophobie *f*
X•mas ['krɪsməs, 'eksməs] *abbr* (= ***Christmas***) Noël *m*
X-ray ['eksreɪ] **1** *n* radio *f* **2** *v/t* radiographier
xy•lo•phone [zaɪlə'foun] xylophone *m*
yacht [jɑːt] *n* yacht *m*
yacht•ing ['jɑːtɪŋ] voile *f*
yachts•man ['jɑːtsmən] yachtsman *m*
Yank [jæŋk] F Ricain(e) *m(f)* F
yank [jæŋk] *v/t* tirer violemment
yap [jæp] *v/i* (*pret & pp* ***-ped***) *of small dog* japper; F (*talk a lot*) jacasser
yard[1] [jɑːrd] *of prison, institution etc* cour *f*; *behind house* jardin *m*; *for storage* dépôt *m*
yard[2] [jɑːrd] *measurement* yard *m*
'**yard•stick** point *m* de référence
yarn [jɑːrn] *n* (*thread*) fil *m*; F (*story*) (longue) histoire *f*
yawn [jɒːn] **1** *n* bâillement *m* **2** *v/i* bâiller
yeah [je] *adv* F ouais F
year [jɪr] année; ***for years*** depuis des années; ***be six years old*** avoir six ans
year•ly ['jɪrlɪ] **1** *adj* annuel* **2** *adv* tous les ans
yearn [jɜːrn] *v/i* languir
◆ **yearn for** *v/t* avoir très envie de
yeast [jiːst] levure *f*
yell [jel] **1** *n* hurlement *m* **2** *v/t & v/i* hurler
yel•low ['jelou] **1** *n* jaune *m* **2** *adj* jaune
yel•low 'pag•es pages *fpl* jaunes
yelp [jelp] **1** *n of animal* jappement *m*; *of person* glapissement *m* **2** *v/i of animal* japper; *of person* glapir
yes [jes] *int* oui; *after negative question* si; ***you didn't say that! - yes*** (, ***I did***) tu n'as pas dit ça - si (je l'ai dit)
'**yes•man** *pej* béni-oui-oui *m* F
yes•ter•day ['jestərdeɪ] **1** *adv* hier **2** *n* hier *m*; ***the day before yesterday*** avant-hier
yet [jet] **1** *adv*: ***the best yet*** le meilleur jusqu'ici; ***as yet*** pour le moment; ***have you finished yet?*** as-tu (déjà) fini?; ***he hasn't arrived yet*** il n'est pas encore arrivé; ***is he here yet? - not yet*** est-ce qu'il est (déjà) là? - non, pas encore; ***yet bigger*** encore plus grand **2** *conj* cependant, néanmoins; ***yet I'm not sure*** néanmoins, je ne suis pas sûr
yield [jiːld] **1** *n from crops, investment etc* rendement *m* **2** *v/t fruit, good harvest* produire; *interest* rapporter **3** *v/i* (*give way*) céder; MOT céder la priorité
yo•ga ['jougə] yoga *m*
yog•hurt ['jougərt] yaourt *m*
yolk [jouk] jaune *m* (d'œuf)
you [juː] *pron* ◇ *familiar singular*: *subject* tu; *object* te; *before vowels* t'; *after prep* toi; ***he knows you*** il te connaît; ***for you*** pour toi
◇ *polite singular, familiar plural and polite plural, all uses* vous
◇ *indefinite* on; ***you never know*** on ne sait jamais; ***if you have your passport***

with you si on a son passeport sur soi

young [jʌŋ] *adj* jeune

young•ster ['jʌŋstər] jeune *m/f*; *child* petit(e) *m(f)*

your [jʊr] *adj familiar* ton, ta; *pl* tes; *polite* votre; *pl familiar and polite* vos

yours [jʊrz] *pron familiar* le tien, la tienne; *pl* les tiens, les tiennes; *polite* le / la vôtre; *pl* les vôtres; ***a friend of yours*** un(e) de tes ami(e)s; un(e) de vos ami(e)s; ***yours …*** *at end of letter* bien amicalement; ***yours truly*** *at end of letter* je vous prie d'agréer mes sentiments distingués

your'self *pron familiar* toi-même; *polite* vous-même; *reflexive* te; *polite* se; *after prep* toi; *polite* vous; ***did you hurt yourself?*** est-ce que tu t'es fait mal / est-ce que vous vous êtes fait mal?; ***by yourself*** tout(e) seul(e)

your'selves *pron* vous-mêmes; *reflexive* se; *after prep* vous; ***did you hurt yourselves?*** est-ce que vous vous êtes fait mal?; ***by yourselves*** tout seuls, toutes seules

youth [juːθ] *age* jeunesse *f*; (*young man*) jeune homme *m*; (*young people*) jeunes *mpl*

'youth club centre *m* pour les jeunes

youth•ful ['juːθfʊl] *adj* juvénile

'youth hos•tel auberge *f* de jeunesse

yup•pie ['jʌpɪ] F yuppie *m/f*

Z

zap [zæp] *v/t* (*pret & pp* ***-ped***) F COMPUT (*delete*) effacer; (*kill*) éliminer; (*hit*) donner un coup à; (*send*) envoyer vite fait

◆**zap along** *v/i* F (*move fast*) filer; *of work* avancer vite

zapped [zæpt] *adj* F (*exhausted*) crevé F

zap•py ['zæpɪ] *adj* F *car, pace* rapide; *prose, style* vivant

zeal [ziːl] zèle *m*

ze•bra ['zebrə] zèbre *m*

ze•ro ['zɪroʊ] zéro *m*; ***10 below zero*** 10 degrés au-dessous de zéro

◆**zero in on** *v/t* (*identify*) mettre le doigt sur

ze•ro 'growth croissance *f* zéro

zest [zest] *enjoyment* enthousiasme *m*; ***zest for life*** goût *m* de la vie

zig•zag ['zɪgzæg] **1** *n* zigzag *m* **2** *v/i* (*pret & pp* ***-ged***) zigzaguer

zilch [zɪltʃ] F que dalle F

zinc [zɪŋk] zinc *m*

◆**zip up** *v/t* (*pret & pp* ***-ped***) *dress, jacket* remonter la fermeture éclair de; COMPUT compresser

'zip code code *m* postal

zip•per ['zɪpər] fermeture *f* éclair

zit [zɪt] F *on face* bouton *m*

zo•di•ac ['zoʊdɪæk] zodiaque *m*; ***signs of the zodiac*** signes *mpl* du zodiaque

zom•bie ['zɑːmbɪ] F zombie *m/f*

zone [zoʊn] zone *f*

zonked [zɑːŋkt] *adj* P (*exhausted*) crevé F

zoo [zuː] jardin *m* zoologique

zo•o•log•i•cal [zuːə'lɑːdʒɪkl] *adj* zoologique

zo•ol•o•gist [zuː'ɑːlədʒɪst] zoologiste *m/f*

zo•ol•o•gy [zuː'ɑːlədʒɪ] zoologie *f*

zoom [zuːm] *v/i* F (*move fast*) filer (à toute vitesse) F

◆**zoom in on** *v/t* PHOT faire un zoom avant sur

'zoom lens zoom *m*

zuc•chi•ni [zuː'kiːnɪ] courgette *f*

APPENDIX

Remarques sur le verbe anglais

a) Conjugaison

Indicatif

1. **Le présent** conserve la même forme que l'infinitif à toutes les personnes, à l'exception de la troisième personne du singulier, pour laquelle on ajoute un *-s* à la forme infinitive, par ex. *he brings*. Si l'infinitif se termine par une sifflante (ch, sh, ss, zz), on ajoute *-es*, comme dans *he passes*. Ce *s* peut être prononcé de deux manières différentes : après une consonne sourde, il se prononce de manière sourde, par ex. *he paints* [peɪnts] ; après une consonne sonore, il se prononce de manière sonore, par ex. *he sends* [sendz]. De plus, *-es* se prononce de manière sonore lorsque le *e* fait partie de la désinence ou est la dernière lettre de l'infinitif, par ex. *he washes* ['wɑːʃɪz], *he urges* ['ɜːrdʒɪz]. Dans le cas des verbes se terminant par *-y*, la troisième personne se forme en substituant *-ies* au *y* (*he worries, he tries*). Les verbes se terminant, à l'infinitif, par un *-y* précédé d'une voyelle sont tous réguliers (*he plays*). Le verbe *to be* est irrégulier à toutes les personnes : *I am, you are, he is, we are, you are, they are*. Trois autres verbes ont des formes particulières à la troisième personne du singulier : *do – he does, go – he goes, have – he has*.

   Aux autres temps, les verbes restent invariables à toutes les personnes. **Le prétérit** et **le participe passé** se forment en ajoutant *-ed* à la forme infinitive (*I passed, passed*), ou bien en ajoutant uniquement *-d* au verbe se terminant par un *-e* à l'infinitif, par ex. *I faced, faced*. (Il existe de nombreux verbes irréguliers ; voir ci-après). Cette désinence *-(e)d* se prononce généralement [t] : *passed* [pæst], *faced* [feɪst] ; cependant, lorsqu'il s'agit d'un verbe dont l'infinitif se termine par une consonne sonore, un son consonantique sonore ou un *r*, elle se prononce [d] : *warmed* [wɔːrmd], *moved* [muːvd], *feared* [fɪrd]. Lorsque l'infinitif se termine par *-d* ou *-t*, la désinence *-ed* se prononce [ɪd]. Lorsque l'infinitif se termine par un *-y*, ce dernier est remplacé par *-ie*, à quoi on ajoute ensuite le *-d* : *try – tried* [traɪd], *pity – pitied* ['pɪtiːd]. **Les temps composés du passé** sont formés avec l'auxiliaire *to have* et le participe passé : **passé composé** *I have faced*, **plus-que-parfait** *I had faced*. On forme **le futur** avec l'auxiliaire *will*, par ex. *I will face* ; **le conditionnel** se forme avec l'auxiliaire *would*, par ex. *I would face*.

   De plus, il existe pour chaque temps une forme progressive, qui est formée avec le verbe *to be* (= être) et le participe présent (voir ci-après) : *I am going, I was writing, I had been staying, I will be waiting*, etc.

2. En anglais, **le subjonctif** n'est pratiquement plus utilisé, à l'exception de quelques cas particuliers (*if I were you, so be it, it is proposed that a vote be taken*, etc.). Le subjonctif présent conserve la forme infinitive à toutes les personnes : *that I go, that he go*, etc.

3. En anglais, **le participe présent** et **le gérondif** ont la même forme et se construisent en ajoutant la désinence *-ing* à la forme infinitive : *painting, sending*. Toutefois : 1) lorsque l'infinitif d'un verbe se termine par un *-e* muet, ce dernier disparaît lors de l'ajout de la désinence, par ex. *love - loving, write - writing* (exceptions à cette règle : *dye - dyeing, singe - singeing*, qui conservent le *-e* final de l'infinitif) ; 2) le participe présent des verbes *die, lie, vie* etc., s'écrit *dying, lying, vying*, etc.

4. Il existe une catégorie de verbes partiellement irréguliers, se terminant par une seule consonne précédée d'une voyelle unique accentuée. Pour ces verbes, on double la consonne finale avant d'ajouter les désinences *-ing* ou *-ed* :

lob	lob*bed*	lob*bing*	compel	compel*led*	compel*ling*
wed	wed*ded*	wed*ding*	control	control*led*	control*ling*
beg	beg*ged*	beg*ging*	bar	bar*red*	bar*ring*
step	step*ped*	step*ping*	stir	stir*red*	stir*ring*

Dans le cas des verbes se terminant par un *-l* précédé d'une voyelle inaccentuée, l'orthographe britannique double cette consonne au participe passé et au participe présent, mais pas l'orthographe américaine :

travel travel*led*, *Am* travel*ed* travel*ling*, *Am* travel*ing*

Lorsqu'un verbe se termine par *-c*, on substitue *-ck* au *c*, puis on ajoute la désinence *-ed* ou *-ing* :

traffic traffi*cked* traffi*cking*

5. **La voix passive** se forme exactement de la même manière qu'en français, avec le verbe *to be* et le participe passé : *I am obliged*, *he was fined*, *they will be moved*, etc.
6. Lorsque l'on s'adresse, en anglais, à une ou plusieurs autres personnes, on n'emploie que le pronom *you*, qui peut se traduire à la fois par le *tu* et le *vous* du français.

b) Verbes irréguliers anglais

Vous trouverez ci-après les trois formes principales de chaque verbe : l'infinitif, le prétérit et le participe passé.

arise - arose - arisen
awake - awoke - awoken, awaked
be (am, is, are) - was (were) - been
bear - bore - borne (1)
beat - beat - beaten
become - became - become
begin - began - begun

behold - beheld - beheld
bend - bent - bent
beseech - besought, beseeched - besought, beseeched
bet - bet, betted - bet, betted
bid - bid - bid
bind - bound - bound
bite - bit - bitten
bleed - bled - bled
blow - blew - blown
break - broke - broken
breed - bred - bred
bring - brought - brought
broadcast - broadcast - broadcast
build - built - built
burn - burnt, burned - burnt, burned
burst - burst - burst
bust - bust(ed) - bust(ed)
buy - bought - bought
cast - cast - cast
catch - caught - caught
choose - chose - chosen
cleave (*cut*) - clove, cleft - cloven, cleft
cleave (*adhere*) - cleaved - cleaved
cling - clung - clung
come - came - come
cost (*v/i*) - cost - cost
creep - crept - crept
crow - crowed, crew - crowed
cut - cut - cut
deal - dealt - dealt
dig - dug - dug
dive - dived, dove [doʊv] (2) - dived
do - did - done
draw - drew - drawn
dream - dreamt, dreamed - dreamt, dreamed
drink - drank - drunk
drive - drove - driven
dwell - dwelt, dwelled - dwelt, dwelled
eat - ate - eaten
fall - fell - fallen
feed - fed - fed
feel - felt - felt
fight - fought - fought
find - found - found
flee - fled - fled
fling - flung - flung
fly - flew - flown
forbear - forbore - forborne
forbid - forbad(e) - forbidden
forecast - forecast(ed) - forecast(ed)
forget - forgot - forgotten
forgive - forgave - forgiven
forsake - forsook - forsaken
freeze - froze - frozen
get - got - got, gotten (3)
give - gave - given
go - went - gone
grind - ground - ground
grow - grew - grown
hang - hung, hanged - hung, hanged (4)
have - had - had
hear - heard - heard
heave - heaved, naut hove - heaved, naut hove
hew - hewed - hewed, hewn
hide - hid - hidden
hit - hit - hit
hold - held - held

hurt - hurt - hurt
keep - kept - kept
kneel - knelt, kneeled - knelt, kneeled
know - knew - known
lay - laid - laid
lead - led - led
lean - leaned, leant - leaned, leant (5)
leap - leaped, leapt - leaped, leapt (5)
learn - learned, learnt - learned, learnt (5)
leave - left - left
lend - lent - lent
let - let - let
lie - lay - lain
light - lighted, lit - lighted, lit
lose - lost - lost
make - made - made
mean - meant - meant
meet - met - met
mow - mowed - mowed, mown
pay - paid - paid
plead - pleaded, pled - pleaded, pled (6)
prove - proved - proved, proven
put - put - put
quit - quit(ted) - quit(ted)
read - read [red] - read [red]
rend - rent - rent
rid - rid - rid
ride - rode - ridden
ring - rang - rung
rise - rose - risen
run - ran - run
saw - sawed - sawn, sawed
say - said - said
see - saw - seen
seek - sought - sought
sell - sold - sold
send - sent - sent
set - set - set
sew - sewed - sewed, sewn
shake - shook - shaken
shear - sheared - sheared, shorn
shed - shed - shed
shine - shone - shone
shit - shit(ted), shat - shit(ted), shat
shoe - shod - shod
shoot - shot - shot
show - showed - shown
shrink - shrank - shrunk
shut - shut - shut
sing - sang - sung
sink - sank - sunk
sit - sat - sat
slay - slew - slain
sleep - slept - slept
slide - slid - slid
sling - slung - slung
slink - slunk - slunk
slit - slit - slit
smell - smelt, smelled - smelt, smelled
smite - smote - smitten
sneak - sneaked, snuck - sneaked, snuck (7)
sow - sowed - sown, sowed
speak - spoke - spoken
speed - sped, speeded - sped, speeded (8)
spell - spelt, spelled - spelt, spelled (5)
spend - spent - spent
spill - spilt, spilled - spilt, spilled
spin - spun, span - spun
spit - spat - spat
split - split - split
spoil - spoiled, spoilt - spoiled, spoilt
spread - spread - spread
spring - sprang, sprung - sprung
stand - stood - stood
stave - staved, stove - staved, stove
steal - stole - stolen
stick - stuck - stuck
sting - stung - stung
stink - stunk, stank - stunk
strew - strewed - strewed, strewn
stride - strode - stridden
strike - struck - struck
string - strung - strung
strive - strove, strived - striven, strived
swear - swore - sworn
sweep - swept - swept
swell - swelled - swollen
swim - swam - swum
swing - swung - swung
take - took - taken
teach - taught - taught
tear - tore - torn
tell - told - told
think - thought - thought
thrive - throve - thriven, thrived (9)
throw - threw - thrown
thrust - thrust - thrust
tread - trod - trodden
understand - understood - understood
wake - woke, waked - woken, waked
wear - wore - worn
weave - wove - woven (10)
wed - wed(ded) - wed(ded)
weep - wept - wept
wet - wet(ted) - wet(ted)
win - won - won
wind - wound - wound
wring - wrung - wrung
write - wrote - written

(1) mais **be born** *naître*
(2) **dove** n'est pas utilisé en anglais britannique
(3) **gotten** n'est pas utilisé en anglais britannique
(4) **hung** pour les tableaux mais **hanged** pour les meurtriers
(5) l'anglais américain n'emploie normalement que la forme en **-ed**
(6) **pled** s'emploie en anglais américain ou écossais
(7) la forme **snuck** ne s'emploie que comme forme alternative familière en anglais américain
(8) avec **speed up** la seule forme possible est **speeded up**
(9) la forme **thrived** est plus courante
(10) mais **weaved** au sens de *se faufiler*

French verb conjugations

The verb forms given on the following pages are to be seen as models for conjugation patterns. In the French-English dictionary you will find a code given with each verb (*1a*, *2b*, *3c*, *4d* etc). The codes refer to these conjugation models.

Alphabetical list of the conjugation patterns given

abréger 1g
acheter 1e
acquérir 2l
aimer 1b
aller 1o
appeler 1c
asseoir 3l
avoir 1
blâmer 1a
boire 4u
bouillir 2e
clore 4k
conclure 4l
conduire 4c
confire 4o
conjuguer 1m
coudre 4d
courir 2i
couvrir 2f
croire 4v
croître 4w
cueillir 2c
déchoir 3m
dire 4m
échoir 3m
écrire 4f
employer 1h
envoyer 1p
être 1
faillir 2n
faire 4n
falloir 3c
fuir 2d
geler 1d
haïr 2m
lire 4x
manger 1l
menacer 1k
mettre 4p
moudre 4y
mourir 2k
mouvoir 3d
naître 4g
paraître 4z
payer 1i
peindre 4b
plaire 4aa
pleuvoir 3e
pouvoir 3f
prendre 4q
punir 2a
recevoir 3a
régner 1f
résoudre 4bb
rire 4r
saluer 1n
savoir 3g
sentir 2b
seoir 3k
suivre 4h
traire 4s
vaincre 4i
valoir 3h
vendre 4a
venir 2h
vêtir 2g
vivre 4e
voir 3b
vouloir 3i

Note:

1. The *Imparfait* and the *Participe présent* can always be derived from the 1st person plural of the present indicative, eg:.
   nous trou**vons**; je trou**vais** *etc*, trou**vant**

2. The *Passé simple* is nowadays normally replaced by the *Passé composé* in spoken French.

3. The *Imparfait du subjonctif* is nowadays almost only used in the 3rd person singular, whether in spoken or in written French. It is normally replaced by the *Présent du subjonctif*.

Auxiliaries

(1) avoir

A. Indicatif

I. Simple forms

Présent
sg. j'*ai*
tu *as*
il *a*
pl. nous av*ons*
vous av*ez*
ils *ont*

Imparfait
sg. j'av*ais*
tu av*ais*
il av*ait*
pl. nous av*ions*
vous av*iez*
ils av*aient*

Passé simple
sg. j'eu*s*
tu eu*s*
il eu*t*
pl. nous eû*mes*
vous eû*tes*
ils eu*rent*

Futur simple
sg j'aur*ai*
tu aur*as*
il aur*a*
pl. nous aur*ons*
vous aur*ez*
ils aur*ont*

Conditionnel présent
sg. j'aur*ais*
tu aur*ais*
il aur*ait*
pl. nous aur*ions*
vous aur*iez*
ils aur*aient*

Participe présent
ay*ant*

Participe passé
eu (*f* eu*e*)

II. Compound forms

Passé composé
j'ai eu

Plus-que-parfait
j'avais eu

Passé antérieur
j'eus eu

Futur antérieur
j'aurai eu

Conditionnel passé
j'aurais eu

Participe composé
ayant eu

Infinitif passé
avoir eu

B. Subjonctif

I. Simple forms

Présent
sg. que j'ai*e*
que tu ai*es*
qu'il ai*t*
pl. que nous ay*ons*
que vous ay*ez*
qu'ils ai*ent*

Imparfait
sg. que j'euss*e*
que tu euss*es*
qu'il eû*t*
pl. que nous ess*ions*
que vous euss*iez*
qu'ils euss*ent*

Impératif
ai*e* - ay*ons* - ay*ez*

II. Compound forms

Passé
que j'aie eu

Plus-que-parfait
que j'eusse eu

Auxiliaries

(1) être

A. Indicatif

I. Simple forms

Présent
sg. je sui*s*
tu e*s*
il e*st*

pl. nous somm*es*
vous êt*es*
ils s*ont*

Imparfait
sg. j'ét*ais*
tu ét*ais*
il ét*ait*

pl. nous ét*ions*
vous ét*iez*
ils ét*aient*

Passé simple
sg. je fu*s*
tu fu*s*
il fu*t*

pl. nous fû*mes*
vous fû*tes*
ils fu*rent*

Futur simple
sg. je ser*ai*
tu ser*as*
il ser*a*

pl. nous ser*ons*
vous ser*ez*
ils ser*ont*

Conditionnel présent
sg. je ser*ais*
tu ser*ais*
il ser*ait*

pl. nous ser*ions*
vous ser*iez*
ils ser*aient*

Participe présent
ét*ant*

Participe passé
ét*é*

II. Compound forms

Passé composé
j'ai été

Plus-que-parfait
j'avais été

Passé antérieur
j'eus été

Futur antérieur
j'aurai été

Conditionnel passé
j'aurais été

Participe composé
ayant été

Infinitif passé
avoir été

B. Subjonctif

I. Simple forms

Présent
sg. que je soi*s*
que tu soi*s*
qu'il soi*t*

pl. que nous soy*ons*
que vous soy*ez*
qu'ils soi*ent*

Imparfait
sg. que je fuss*e*
que tu fuss*es*
qu'il fû*t*

pl. que nous fuss*ions*
que vous fuss*iez*
qu'ils fuss*ent*

Impératif
soi*s* - soy*ons* - soy*ez*

II. Compound forms

Passé: que j'aie été

Plus-que-parfait
que j'eusse été

(1a) blâmer

First conjugation

I. Simple forms

Présent
sg. je blâm*e*
tu blâm*es*
il blâm*e*[1]

pl. nous blâm*ons*
vous blâm*ez*
ils blâm*ent*

Passé simple
sg. je blâm*ai*
tu blâm*as*
il blâm*a*

pl. nous blâm*âmes*
vous blâm*âtes*
ils blâm*èrent*

Participe passé
blâm*é*(e)

Infinitif présent
blâm*er*

Impératif
blâm*e* - blâm*ons* - blâm*ez*
NB. blâme*s*-en (-y)

Imparfait
sg. je blâm*ais*
tu blâm*ais*
il blâm*ait*

pl. nous blâm*ions*
vous blâm*iez*
ils blâm*aient*

Participe présent
blâm*ant*

Futur
sg. je blâm*erai*
tu blâm*eras*
il blâm*era*

pl. nous blâm*erons*
vous blâm*erez*
ils blâm*eront*

Conditionnel
sg. je blâm*erais*
tu blâm*erais*
il blâm*erait*

pl. nous blâm*erions*
vous blâm*eriez*
ils blâm*eraient*

Subjonctif présent
sg. que je blâm*e*
que tu blâm*es*
qu'il blâm*e*

pl. que nous blâm*ions*
que vous blâm*iez*
qu'ils blâm*ent*

Subjonctif imparfait
sg. que je blâm*asse*
que tu blâmasses
qu'il blâmât

pl. que nous blâm*assions*
que vous blâmassiez
qu'ils blâmassent

II. Compound forms

Using the *Participe passé* together with **avoir** and **être**

1. Active
Passé composé: j'ai blâmé
Plus-que-parfait: j'avais blâmé
Passé antérieur: j'eus blâmé
Futur antérieur: j'aurai blâmé
Conditionnel passé: j'aurais blâmé

2. Passive
Présent: je suis blâmé
Imparfait: j'étais blâmé
Passé simple: je fus blâmé
Passé composé: j'ai été blâmé
Plus-que-parf.: j'avais été blâmé
Passé antérieur: j'eus été blâmé
Futur: je serai blâmé
Futur antérieur: j'aurai été blâmé
Conditionnel: je serais blâmé
Conditionnel passé: j'aurais été blâmé
Impératif: sois blâmé
Participe présent: étant blâmé
Participe passé: ayant été blâmé
Infinitif présent: être blâmé
Infinitif passé: avoir été blâmé

---
[1](blâme-t-il?)

	Infinitif	*Notes*	*Présent de l'indicatif*	*Présent du subjonctif*	*Passé simple*	*Futur*	*Impératif*	*Participe passé*
(1b)	aimer	When the second syllable is not silent the **ai** is often pronounced as an open **e** [e]: **aime** [ɛm] but **aimons** [emõ].	aime aim*es* aim*e* aim*ons* aim*ez* aim*ent*	aim*e* aim*es* aim*e* aim*ions* aim*iez* aim*ent*	aim*ai* aim*as* aim*a* aim*âmes* aim*âtes* aim*èrent*	aim*erai* aim*eras* aim*era* aim*erons* aim*erez* aim*eront*	aim*e* aim*ons* aim*ez*	aim*é*(*e*)
(1c)	appeler	Note the consonant doubling.	apelle appell*es* appell*e* appel*ons* appel*ez* appell*ent*	appell*e* appell*es* appell*e* appel*ions* appel*iez* appell*ent*	appel*ai* appel*as* appel*a* appel*âmes* appel*âtes* appel*èrent*	appell*erai* appell*eras* appell*era* appell*erons* appell*erez* appell*eront*	appell*e* appel*ons* appel*ez*	appel*é*(*e*)
(1d)	geler	Note the switch from **e** to **è**.	gèle gèl*es* gèl*e* gel*ons* gel*ez* gèl*ent*	gèl*e* gèl*es* gèl*e* gel*ions* gel*iez* gèl*ent*	gel*ai* gel*as* gel*a* gel*âmes* gel*âtes* gel*èrent*	gèl*erai* gèl*eras* gèl*era* gèl*erons* gèl*erez* gèl*eront*	gèl*e* gel*ons* gel*ez*	gel*é*(*e*)
(1e)	acheter	Note the **è**.	achète achèt*es* achèt*e* achet*ons* achet*ez* achèt*ent*	achèt*e* achèt*es* achèt*e* achet*ions* achet*iez* achèt*ent*	achet*ai* achet*as* achet*a* achet*âmes* achet*âtes* achet*èrent*	achèt*erai* achèt*eras* achèt*era* achèt*erons* achèt*erez* achèt*eront*	achèt*e* achet*ons* achet*ez*	achet*é*(e)

	Infinitif	Notes	Présent de l'indicatif	Présent du subjonctif	Passé simple	Futur	Impératif	Participe passé
(1f)	régner	Note that the **é** becomes **è** only in the *prés.* and *impér.*, not in the *fut.* or *cond.* règn*ent*	règne règn*es* règn*e* régn*ons* régn*ez* règn*ent*	règn*e* règn*es* règn*e* régn*ions* régn*iez* régn*èrent*	régn*ai* régn*as* régn*a* régn*âmes* régn*âtes* régn*eront*	régn*erai* régn*eras* régn*era* régn*erons* régn*erez*	règn*e* régn*ons* régn*ez*	régn*é* (*inv*)
(1g)	abréger	Note that **é** becomes **è** only in the *prés.* and *impér.*, not in the *fut.* or *cond.* A silent **e** is inserted after a **g** coming before **a** and **o**.	abrège abrèg*es* abrèg*e* abrég*eons* abrég*es* abrèg*ent*	abrèg*e* abrèg*es* abrèg*e* abrég*ions* abrég*iez* abrèg*ent*	abrég*eai* abrég*eas* abrég*ea* abrég*eâmes* abrég*eâtes* abrég*èrent*	abrég*erai* abrég*eras* abrég*era* abrég*erons* abrég*erez* abrég*eront*	abrèg*e* abrég*eons* abrég*ez*	abrég*é*(*e*)
(1h)	employer	Note the switch from **y** to **i**.	emploie emploi*es* emploi*e* employ*ons* employ*ez* emploi*ent*	emploi*e* emploi*es* emploi*e* employ*ions* employ*iez* emploi*ent*	employ*ai* employ*as* employ*a* employ*âmes* employ*âtes* employ*èrent*	emploi*erai* emploi*eras* emploi*era* emploi*erons* emploi*erez* emploi*eront*	emploi*e* employ*ons* employ*ez*	employ*é*(*e*)
(1i)	payer	Where both the **y** and the **i** spelling are possible, the spelling with **i** is preferred. pai*ent*, -y*ent*	paie, pay*e* pai*es*, pay*es* pai*e*, pay*e* pay*ons* pay*ez* pai*ent*, -y*ent*	pai*e*, pay*e* pai*es*, pay*es* pai*e*, pay*e* pay*ions* pay*iez* pay*èrent*	pay*ai* pay*as* pay*a* pay*âmes* pay*âtes* pai*eront*	pai*erai*, paye- pai*eras* pai*era* pai*erons* pai*erez*	pai*e*, paye pay*ons* pay*ez*	pay*é*(e)

	Infinitif	*Notes*	*Présent de l'indicatif*	*Présent du subjonctif*	*Passé simple*	*Futur*	*Impératif*	*Participe passé*
(1k)	menacer	**c** takes a cedilla (ç) before **a** and **o** so as to retain the [s] sound.	menace menac*es* menac*e* menaç*ons* menac*ez* menac*ent*	menac*e* menac*es* menac*e* menac*ions* menac*iez* menac*ent*	menaç*ai* menaç*as* menaç*a* menaç*âmes* menaç*âtes* menac*èrent*	menac*erai* menac*eras* menac*era* meanc*erons* menac*erez* menac*eront*	menac*e* menaç*ons* menac*ez*	menac*é*(*e*)
(1l)	manger	A silent **e** is inserted after the **g** and before an **a** or **o** so as to keep the **g** soft.	*mange* mang*es* mang*e* mang*eons* mang*ez* mang*ent*	mang*e* mang*es* mang*e* mang*ions* mang*iez* mang*ent*	mang*eai* mang*eas* mang*ea* mang*eâmes* mang*eâtes* mang*èrent*	mang*erai* mang*eras* mang*era* mang*erons* mang*erez* mang*eront*	mang*e* mang*eons* mang*ez*	mang*é*(*e*)
(1m)	conjuguer	The silent **u** is always kept, even before **a** and **o**.	conjugue conjugu*es* conjugu*e* conjugu*ons* conjugu*ez* conjugu*ent*	conjugu*e* conjugu*es* conjugu*e* conjugu*ions* conjugu*iez* conjugu*ent*	conjugu*ai* conjugu*as* conjugu*a* conjugu*âmes* conjugu*âtes* conjugu*èrent*	conjugu*erai* conjugu*eras* conjugu*era* conjugu*erons* conjugu*erez* conjugu*eront*	conjugu*e* conjugu*ons* conjugu*ez*	conjugu*é*(*e*)
(1n)	saluer	**u** is pronounced shorter when another syllable follows: **salue** [saly] but **saluons** [salɥõ].	salue salu*es* salu*e* salu*ons* salu*ez* salu*ent*	salu*e* salu*es* salu*e* salu*ions* salu*iez* salu*ent*	salu*ai* salu*as* salu*a* salu*âmes* salu*âtes* salu*èrent*	salu*erai* salu*eras* salu*era* salu*erons* salu*erez* salu*eront*	salu*e* salu*ons* salu*ez*	salu*é*(*e*)

	Infinitif	*Notes*	*Présent de l'indicatif*	*Présent du subjonctif*	*Passé simple*	*Futur*	*Impératif*	*Participe passé*
(1o)	aller	Not every form uses the stem **all**.	vais va*s* va all*ons* all*ez* vo*nt*	aill*e* aill*es* aill*e* all*ions* all*iez* aill*ent*	all*ai* all*as* all*a* all*âmes* all*âtes* all*èrent*	ir*ai* ir*as* ir*a* ir*ons* ir*ez* ir*ont*	va (vas-y; but: va-t'en) all*ons* all*ez*	all*é*(*e*)
(1p)	envoyer	As (1h) but with an irregular *fut.* and *cond.*	envoie envoi*es* envoi*e* envo**y***ons* envo**y***ez* envoi*ent*	envoi*e* envoi*es* envoi*e* envo**y***ions* envo**y***iez* envoi*ent*	envo**y***ai* envo**y***as* envo**y***a* envo**y***âmes* envo**y***âtes* envo**y***èrent*	enverr*ai* enverr*as* enverr*a* enverr*ons* enverr*ez* enverr*ont*	envoi*e* envo**y***ons* envo**y***ez*	envo**y***é*(*e*)

Second conjugation

(2a) **punir***

The second, regular conjugation, characterized by **...iss...**

1. Simple forms

Présent

sg. je pun*is*
tu pun*is*
il pun*it*

pl. nous pun*issons*
vous pun*issez*
ils pun*issent*

Passé simple

sg. je pun*is*
tu pun*is*
il pun*it*

pl. nous pun*îmes*
vous pun*îtes*
ils pun*irent*

Participe passé

pun*i(e)*

Infinitif présent

pun*ir*

Impératif

pun*is*
un*issons*
pun*issez*

Imparfait

sg. je pun*issais*
tu pun*issais*
il pun*issait*

pl. nous pun*issions*
vous pun*issiez*
ils pun*issaient*

Participe présent

pun*issant*

Futur

sg. je pun*irai*
tu pun*iras*
il pun*ira*

pl. nous pun*irons*
vous pun*irez*
ils pun*iront*

Conditionnel

sg. je pun*irais*
tu pun*irais*
il pun*irait*

pl. nous pun*irions*
vous pun*iriez*
ils pun*iraient*

Subjonctif présent

sg. que je pun*isse*
que tu pun*isses*
qu'il pun*isse*

pl. que nous pun*issions*
que vous pun*issiez*
qu'ils pun*issent*

Subjonctif imparfait

sg. que je pun*isse*
que tu pun*isses*
qu'il pun*ît*

pl. que nous pun*issions*
que vous pun*issiez*
qu'ils pun*issent*

* **fleurir** in the figurative sense normally has as *Participe présent* **florissant** and as *Imparfait* **florissait**

II. Compound forms

Using the *Participe passé* with **avoir** and **être**; see (1a)

	Infinitif	*Notes*	*Présent de l'indicatif*	*Présent du subjonctif*	*Passé simple*	*Futur*	*Impératif*	*Participe passé*
(2b)	sentir	No **...iss...**	sens sen*s* sen*t* sent*ons* sent*ez* sent*ent*	sent*e* sent*es* sent*e* sent*ions* sent*iez* sent*ent*	sent*is* sent*is* sent*it* sent*imes* sent*îtes* sent*irent*	sent*irai* sent*iras* sent*ira* sent*irons* sent*irez* sent*iront*	sen*s* sent*ons* sent*ez*	sent*i*(*e*)
(2c)	cueillir	*prés*., *fut*. and *cond*. as in the first conjugation	cueille cueill*es* cueill*e* cueill*ons* cueill*ez* cueill*ent*	cueill*e* cueill*es* cueill*e* cueill*ions* cueill*iez* cueill*ent*	cueill*is* cueill*is* cueill*it* cueill*îmes* cueill*îtes* cueill*irent*	cueill*erai* cueill*eras* cueill*era* cueill*erons* cueill*erez* cueill*eront*	cueill*e* cueill*ons* cueill*ez*	cueill*i*(*e*)
(2d)	fuir	No **...iss...**. Note the switch between **y** and **i**.	fuis fu*is* fu*it* fu*yons* fu*yez* fu*ient*	fu*ie* fu*ies* fu*ie* fu*yions* fu*yiez* fu*ient*	fu*is* fu*is* fu*it* fu*îmes* fu*îtes* fu*irent*	fu*irai* fu*iras* fu*ira* fu*irons* fu*irez* fu*iront*	fu*is* fu*yons* fu*yez*	fu*i*(*e*)
(2e)	bouillir	*prés*. *ind*. and derived forms as in the fourth conjugation	bous bou*s* bou*t* bouill*ons* bouill*ez* bouill*ent*	bouill*e* bouill*es* bouill*e* bouill*ions* bouill*iez* bouill*ent*	bouill*is* bouill*is* bouill*it* bouill*îmes* bouill*îtes* bouill*irent*	bouill*irai* bouill*iras* bouill*ira* bouill*iros* bouill*irez* bouill*iront*	bou*s* bouill*ons* bouill*ez*	bouill*i*(*e*)

	Infinitif	*Notes*	*Présent de l'indicatif*	*Présent du subjonctif*	*Passé simple*	*Futur*	*Impératif*	*Participe passé*
(2f)	couvrir	*prés. ind.* and derived forms as in the first conjugation; *p.p.* ends in **-ert**.	couvr*e* couvr*es* couvr*e* couvr*ons* couvr*ez* couvr*ent*	couvr*e* couvr*es* couvr*e* courv*irons* couvr*iez* couvr*ent*	couvr*is* couvr*is* couvr*it* couvr*îmes* couvr*îtes* couvr*irent*	couvr*irai* couvr*iras* couvr*ira* couvr*irons* couvr*irez* couvr*iront*	couvr*e* couvr*ons* couvr*ez*	couv*ert*(*e*)
(2g)	vêtir	Follows (2b) apart from *p.p.* **vêtir** is rarely used other than in the form **vêtu**.	vêts vêt*s* vêt vêt*ons* vêt*ez* vêt*ent*	vêt*e* vêt*es* vêt*e* vêt*ions* vêt*iez* vêt*ent*	vêt*is* vêt*is* vêt*it* vêt*îmes* vêt*îtes* vêt*irent*	vêt*irai* vêt*iras* vêt*ira* vêt*irons* vêt*irez* vêt*iront*	vêt*s* vêt*ons* vêt*ez*	vêt*u*(*e*)
(2h)	venir	*prés. ind.*, *fut.*, *p.p.* and derived forms as fourth conjugation. Vowel change in the *passé simple*; note the added **-d-** in the the *fut.* and *cond.*	viens vien*s* vien*t* ven*ons* ven*ez* vien*nent*	vien*ne* vien*nes* vien*ne* ven*ions* ven*iez* vien*nent*	vin*s* vin*s* vin*t* vîn*mes* vîn*tes* vin*rent*	vien*drai* vien*dras* vien*dra* vien*drons* vien*drez* vien*dront*	vien*s* ven*ons* ven*ez*	ven*u*(*e*)
(2i)	courir	*prés. ind.*, *p.p.*, *fut.* and and derived forms as in the fourth conjugation. *passé simple* as in the third conjugation; **-rr-** in *fut.* and *cond.*	cours cour*s* cour*t* cour*ons* cour*ez* cour*ent*	cour*e* cour*es* cour*e* cour*ions* cour*iez* cour*ent*	cour*us* cour*us* cour*ut* cour*ûmes* cour*ûtes* cour*urent*	cour*rai* cour*ras* cour*ra* cour*rons* cour*rez* cour*ront*	cour*s* cour*ons* cour*ez*	cour*u*(*e*)

Infinitif	Notes	Présent de l'indicatif	Présent du subjonctif	Passé simple	Futur	Impératif	Participe passé
(2k) mourir	*prés. ind.*, *fut.* and derived forms as in the fourth conjugation, but note vowel shift to **eu** from **ou**; *passé simple* as in the third conjugation.	m**eur***s* m**eur***s* m**eur***t* mour*ons* mour*ez* m**eur***ent*	m**eur***e* m**eur***es* m**eur***e* mour*ions* mour*iez* m**eur***ent*	mour*us* mour*us* mour*ut* mour*ûmes* mour*ûtes* mour*urent*	mour*rai* mour*ras* mour*ra* mour*rons* mour*rez* mour*ront*	m**eur***s* mour*ons* mour*ez*	mort(*e*)
(2l) acquérir	*pres. ind.* and derived forms as in the fourth conjugation with an **i** inserted before **e**; *p.p.* with **-s**; **-err-** in *fut.* and *cond.*	acquiers acquier*s* acquier*t* acquér*ons* acquér*ez* acquièr*ent*	acquièr*e* acquièr*es* acquièr*e* acquèr*ions* acquér*iez* acquièr*ent*	acqui*s* acqui*s* acqui*t* acqu*îmes* acqu*îtes* acqu*irent*	acquer*rai* acquer*ras* acquer*ra* acquer*rons* acquer*rez* acquer*ront*	acquier*s* acquér*ons* acquér*ez*	acqui*s*(*e*)
(2m) haïr	Follows (2a); but in *sg. prés. ind.* and *impér.* the dieresis on the **i** is dropped.	hais [ɛ] hai*s* hai*t* haï*ssons* haï*ssez* haï*ssent*	haï*sse* haï*sses* haï*sse* haï*ssions* haï*ssiez* haï*ssent*	haï*s* [a'i] haï*s* haï*t* haï*mes* haï*tes* haï*rent*	haï*rai* haï*ras* haï*ra* haï*rons* haï*rez* haï*ront*	hai*s* haï*ssons* haï*ssez*	haï(*e*)
(2n) faillir	defective verb				faillis failli*s* failli*t* faill*îmes* faill*îtes* faill*irent*	faill*irai* faill*iras* faill*ira* faill*irons* faill*irez* faill*iront*	failli

Third conjugation

(3a) **recevoir**

I. Simple forms

Présent
sg. je reç*ois*
tu reç*ois*
il reç*oit*
pl. nous rec*evons*
vous rec*evez*
ils reç*oivent*

Passé simple
sg. je reç*us*
tu reç*us*
il reç*ut*
pl. nous rec*evrons*
vous reç*ûtes*
ils reç*urent*

Participe passé
reç*u*(*e*)

Infinitif présent
rec*evoir*

Impératif
reç*ois*
rec*evons*
rec*evez*

Imparfait
sg. je rec*evais*
tu rec*evais*
il rec*evait*
pl. nous rec*evrions*
vous rec*eviez*
ils rec*evaient*

Participe présent
rec*evant*

Futur
sg. je rec*evrai*
tu rec*evras*
il rec*evra*
pl. nous reç*ûmes*
vous rec*evrez*
ils rec*evront*

Conditionnel
sg. je rec*evrais*
tu rec*evrais*
il rec*evrait*
pl. nous rec*evions*
vous rec*evriez*
ils rec*evraient*

Subjonctif présent
sg. que je reç*oive*
que tu reç*oives*
qu'il reç*oive*
pl. que nous rec*evions*
que vous rec*eviez*
qu'ils reç*oivent*

Subjonctif imparfait
sg. que je reç*usse*
que tu reç*usses*
qu'il reç*ût*
pl. que nous reç*ussions*
que vous reç*ussiez*
qu'ils reç*ussent*

II. Compound forms

Using the *Participe passé* together with **avoir** and **être**

	Infinitif	*Notes*	*Présent de l'indicatif*	*Présent du subjonctif*	*Passé simple*	*Futur*	*Impératif*	*Participe passé*
(3b)	voir	Switch between **i** and **y** as in (2d). Derived forms regular, but with **-err-** (instead of **-oir-**) in *fut*. and *cond*.	vois voi*s* voi*t* vo**y***ons* vo**y***ez* voi*ent*	voi*e* voi*es* voi*e* *vo***y***ions* *vo***y***iez* voi*ent*	v*is* *pourvoir*: je *pourvus*	ver*rai* *pourvoir*: je pourvoirai; *prévoir*: je prévoirai	voi*s* vo**y***ons* vo**y***ez*	v*u*(*e*)
(3c)	falloir	Only used in the third person singular.	il faut	qu'il fa*ille*	il fall*ut*	il faud*ra*		fall*u* (*inv*)
(3d)	mouvoir	Note the switch between **eu** and **ou**.	meus meu*s* meu*t* mouv*ons* mouv*ez* meuv*ent*	meuv*e* meuv*es* meuv*e* mouv*ions* mouv*iez* meuv*ent*	m*us* m*us* m*ut* m*ûmes* m*ûtes* m*urent*	mouv*rai* mouv*ras* mouv*ra* mouv*rons* mouv*rez* mouv*ront*	meu*s* mouv*ons* mouv*ez*	m*û*, m*ue*
(3e)	pleuvoir		il pleu*t*	qu'il pleuv*e*	il plu*t*	il pleuv*ra*		pl*u* (*inv*)
(3f)	pouvoir	In the *prés. ind.* sometimes also **je puis**; interrogative **puis-je?**	peux peu*x* peu*t* pouv*ons* pouv*ez* peuv*ent*	puis*se* puis*ses* puis*se* puis*sions* puis*siez* puis*sent*	p*us* p*us* p*ut* p*ûmes* p*ûtes* p*urent*	pour*rai* pour*ras* pour*ra* pour*rons* pour*rez* pour*ront*		p*u* (*inv*)

	Infinitif	Notes	Présent de l'indicatif	Présent du subjonctif	Passé simple	Futur	Impératif	Participe passé
(3g)	savoir	*p.pr.* **sachant**	sais sai*s* sai*t* sav*ons* sav*ez* sav*ent*	sach*e* sach*es* sach*e* sach*ions* sach*iez* sach*ent*	*sus* *sus* *sut* *sûmes* *sûtes* *surent*	sau*rai* sau*ras* sau*ra* sau*rons* sau*rez* sau*ront*	sach*e* sach*ons* sach*ez*	*su*(*e*)
(3h)	valoir	**prévaloir** is regular in the *prés. subj.*: **que je prévale** etc.	vaux vau*x* vau*t* val*ons* val*ez* val*ent*	vaill*e* vaill*es* vaill*e* val*ions* val*iez* vaill*ent*	val*us* val*us* val*ut* val*ûmes* val*ûtes* val*urent*	vaud*rai* vaud*ras* vaud*ra* vaud*rons* vaud*rez* vaud*ront*	val*u*(*e*)	
(3i)	vouloir	Note the switch between **eu** and **ou**. In the *fut.* a **-d-** is inserted.	veux veu*x* veu*t* voul*ons* voul*ez* veul*ent*	veuill*e* veuill*es* veuill*e* voul*ions* voul*iez* veuill*ent*	voul*us* voul*us* voul*ut* voul*ûmes* voul*ûtes* voul*urent*	voud*rai* voud*ras* voud*ra* voud*rons* voud*rez* voud*ront*	veuill*e* veuill*ons* veuill*ez*	voul*u*(*e*)
(3k)	seoir	Restricted usage: *p.pr.* **seyant**; *impf.* **seyait**; *cond.* **siérait**	il sie*d*					

	Infinitif	*Notes*	*Présent de l'indicatif*	*Présent du subjonctif*	*Passé simple*	*Futur*	*Impératif*	*Participe passé*
(3l)	asseoir	Apart from in the *passé simple* and *p.p.* (**assis**), there are two forms. *Impf.* **asseyais** or **assoyais**. However it is not common to use the **oi** or **oy** forms with either **vous** or **nous**.	assieds assie*ds* assie*d* assey*ons* assey*ez* assey*ent*	assey*e* assey*es* assey*e* assey*ions* assey*iez* assey*ent*	ass*is* ass*is* ass*it* ass*îmes* ass*îtes* ass*irent*	assié*rai* assié*ras* assié*ra* assié*rons* assié*rez* assié*ront*	assie*ds* assey*ons* assey*ez*	ass*is*(*e*)
		surseoir forms **je sursois**, **nous sursoyons** etc, *fut.* **je surseoirai**.	*or* assoi*s* assoi*s* assoi*t* assoy*ons* assoy*ez* assoi*ent*	*or* assoi*e* assoi*es* assoi*e* assoy*ions* assoy*iez* assoi*ent*		*or* assoi*rai* assoi*ras* assoi*ra* assoi*rons* assoi*rez* assoi*ront*	*or* assoi*s* assoy*ons* assoy*ez*	
(3m)	déchoir		déchois déchoi*s* déchoi*t* déchoy*ons* déchoy*ez* déchoi*ent*	déchoi*e* déchoi*es* déchoi*e* déchoy*ions* déchoy*iez* déchoi*ent*	déch*us* déch*us* déch*ut* déch*ûmes* déch*ûtes* déch*urent*	déchoi*rai* déchoi*ras* déchoi*ra* déchoi*rons* déchoi*rez* déchoi*ront*		déch*u*(*e*)
	échoir	defective verb	il échoit ils échoi*ent*	qu'il échoi*e* qu'ils échoi*ent*	il éch*ut* ils éch*urent*	il échoi*ra* ils échoi*rant*		éch*u*(*e*)

(4a) vendre

Fourth conjugation

Regular fourth conjugation, no change to stem

I. Simple forms

Présent
sg. je vend*s**
tu vend*s**
il vend*

pl. nous vend*ons*
vous vend*ez*
ils vend*ent*

Passé simple
sg. je vend*is*
tu vend*is*
il vend*it*

pl. nous vend*îmes*
vous vend*îtes*
ils vend*irent*

Infinitif présent
vend*re*

Participe passé
vend*u*(*e*)

Impératif
vend*s*
vend*ons*
vend*ez*

Imparfait
sg. je vend*ais*
tu vend*ais*
il vend*ait*

pl. nous vend*ions*
vous vend*iez*
ils vend*aient*

Participe présent
vend*ant*

Futur
sg. je vend*rai*
tu vend*ras*
il vend*ra*

pl. nous vend*rons*
vous vend*rez*
ils vend*ront*

Conditionnel
sg. je vend*rais*
tu vend*rais*
il vend*rait*

pl. nous vend*rions*
vous vend*riez*
ils vend*raient*

Subjonctif présent
sg. que je vend*e*
que tu vend*es*
qu'il vend*e*

pl. que nous vend*ions*
que vous vend*iez*
qu'ils vend*ent*

Subjonctif imparfait
sg. que je vend*isse*
que tu vendisses
qu'il vendît

pl. que nous vend*issions*
que vous vendissiez
qu'ils vendissent

* **rompre** has: il rompt; **battre** has: je (tu) bats, il bat; **foutre** has: je (tu) fous.

II. Compound forms

Using the *Participe passé* together with **avoir** and **être**, see (1a)

	Infinitif	*Notes*	*Présent de l'indicatif*	*Présent du subjonctif*	*Passé simple*	*Futur*	*Impératif*	*Participe passé*
(4b)	peindre	Switch between nasal **n** und palatalized **n** (**gn**); **-d-** only before **r** in the *inf.*, *fut.* and *cond.*	peins pein*s* pein*t* peign*ons* peign*ez* peign*ent*	peign*e* peign*es* peign*e* peign*ions* peign*iez* peign*ent*	peign*is* peign*is* peign*it* peign*îmes* peign*îtes* peign*irent*	peind*rai* peind*ras* peind*ra* peind*rons* peind*rez* peind*ront*	pein*s* peign*ons* peign*ez*	pein*t*(*e*)
(4c)	conduire	**Luire**, **reluire**, **nuire** do not take a **t** in the *p.p.*	conduis condu*is* condu*it* conduis*ons* conduis*ez* conduis*ent*	conduis*e* conduis*es* conduis*e* conduis*ions* conduis*iez* conduis*ent*	conduis*is* conduis*is* conduis*it* conduis*îmes* conduis*îtes* conduis*irent*	condui*rai* condui*ras* condui*ra* condui*rons* condui*rez* condui*ront*	condui*s* condui*sons* condui*sez*	condu*it*(*e*)
(4d)	coudre	**-d-** is replaced by **-s-** before endings which start with a vowel.	couds coud*s* coud cous*ons* cous*ez* cous*ent*	cous*e* cous*es* cous*e* cous*ions* cous*iez* cous*ent*	cous*is* cous*is* cous*it* cous*îmes* cous*îtes* cous*irent*	coud*rai* coud*ras* coud*ra* coud*rons* coud*rez* coud*ront*	coud*s* cous*ons* cous*ez*	cous*u*(*e*)
(4e)	vivre	Final **-v** of the stem is dropped in the *sg. prés. ind.*; *passé simple* **vécus**; *p.p.* **vécu**	vis vi*s* vi*t* viv*ons* viv*ez* viv*ent*	viv*e* viv*es* viv*e* viv*ions* viv*iez* viv*ent*	véc*us* véc*us* véc*ut* véc*ûmes* véc*ûtes* véc*urent*	viv*rai* viv*ras* viv*ra* viv*rons* viv*rez* viv*ront*	vi*s* viv*ons* viv*ez*	véc*u*(e)

	Infinitif	*Notes*	*Présent de l'indicatif*	*Présent du subjonctif*	*Passé simple*	*Futur*	*Impératif*	*Participe passé*
(4f)	écrire	Before a vowel the old Latin **v** remains.	écris écri*s* écri*t* écriv*ons* écriv*ez* écriv*ent*	écriv*e* écriv*es* écriv*e* écriv*ions* écriv*iez* écriv*ent*	écriv*is* écriv*is* écriv*it* écriv*îmes* écriv*îtes* écriv*irent*	écri*rai* écri*ras* écri*ra* écri*rons* écri*rez* écri*ront*	écri*s* écriv*ons* écriv*ez*	écri*t*(*e*)
(4g)	naître	**-ss-** in the *pl. prés. ind.* and derived forms; in the *sg. prés. ind.* **i** before **t** becomes **î**	nais nai*s* naî*t* naiss*ons* naiss*ez* naiss*ent*	naiss*e* naiss*es* naiss*e* naiss*ions* naiss*iez* naiss*ent*	naqu*is* naqu*is* naqu*it* naqu*îmes* naqu*îtes* naqu*irent*	naît*rai* naît*ras* naît*ra* naît*rons* naît*rez* naît*ront*	nai*s* naiss*ons* naiss*ez*	né(*e*)
(4h)	suivre	*p.p.* as in the second conjugation	suis sui*s* sui*t* suiv*ons* suiv*ez* suiv*ent*	suiv*e* suiv*es* suiv*e* suiv*ions* suiv*iez* suiv*ent*	suiv*is* suiv*is* suiv*it* suiv*îmes* suiv*îtes* suiv*irent*	suiv*rai* suiv*ras* suiv*ra* suiv*rons* suiv*rez* suiv*ront*	sui*s* suiv*ons* suiv*ez*	suiv*i*(*e*)
(4i)	vaincre	No **t** in the third person *sg. prés. ind.*; switch from **c** to **qu** before vowels (exception: **vaincu**)	vaincs vainc*s* vainc vainqu*ons* vainqu*ez* vainqu*ent*	vainqu*e* vainqu*es* vainqu*e* vainqu*ions* vainqu*iez* vainqu*ent*	vainqu*is* vainqu*is* vainqu*it* vainqu*îmes* vainqu*îtes* vainqu*irent*	vainc*rai* vainc*ras* vainc*ra* vainc*rons* vainc*rez* vainc*ront*	vainc*s* vainqu*ons* vainqu*ez*	vainc*u*(*e*)

	Infinitif	*Notes*	*Présent de l'indicatif*	*Présent du subjonctif*	*Passé simple*	*Futur*	*Impératif*	*Participe passé*
(4k)	clore	*prés.* third person *pl.* **closent**; likewise *prés. subj.*; third person *sg. prés. ind.* in **...ôt**	je clos tu clo*s* il clô*t* ils clos*ent*	que je clos*e*		je clo*rai*	clo*s*	clo*s*(*e*)
	éclore	Only used in the third person.	il éclôt ils éclos*ent*	qu'il éclos*e* qu'ils éclos*ent*		il éclo*ra* ils éclo*ront*		éclo*s*(*e*)
(4l)	conclure	*passé simple* follows the third conjugation. **Reclure** has **reclus**(**e**) in *p.p.*; likewise: **inclus**(**e**); but note: **exclu**(**e**).	conclus conclu*s* conclu*t* conclu*ons* conclu*ez* conclu*ent*	conclu*e* conclu*es* conclu*e* conclu*ions* conclu*iez* conclu*ent*	concl*us* concl*us* concl*ut* concl*ûmes* concl*ûtes* concl*urent*	conclu*rai* conclu*ras* conclu*ra* conclu*rons* conclu*rez* conclu*ront*	conclu*s* conclu*ons* conclu*ez*	concl*u*(*e*)
(4m)	dire	**Redire** is conjugated like **dire**. Other compounds have **...disez** in the *prés.* with the exception of **maudire**, which follows the second conjugation, except for **maudit** in the *p.p.*	dis di*s* di*t* dis*ons* di*tes* dis*ent*	dis*e* dis*es* dis*e* dis*ions* dis*iez* dis*ent*	d*is* d*is* d*it* d*îmes* d*îtes* d*irent*	di*rai* di*ras* di*ra* di*rons* di*rez* di*ront*	di*s* dis*ons* di*tes*	di*t*(*e*)

	Infinitif	*Notes*	*Présent de l'indicatif*	*Présent du subjonctif*	*Passé simple*	*Futur*	*Impératif*	*Participe passé*
(4n)	faire	Frequent vowel shifts in the stem. [fə-] in all *fut*. forms.	fais [fɛ] fai*s* [fɛ] fai*t* [fɛ] fais*ons* [fəzõ] fai**t***es* [fɛt] f*ont*	fass*e* fass*es* fass*e* fass*ions* fass*iez* fass*ent*	f*is* f*is* f*it* f*îmes* f*îtes* f*irent*	fe*rai* fe*ras* fe*ra* fe*rons* fe*rez* fe*ront*	fai*s* fais*ons* fai**t***es*	fai*t*(*e*)
(4o)	confire	**suffire** has **suffi** (*inv*) in the *p.p*.	confis confi*s* confi*t* confis*ons* confis*ez* confis*ent*	confis*e* confis*es* confis*e* confis*ions* confis*iez* confis*ent*	conf*is* conf*is* conf*it* conf*îmes* conf*îtes* conf*irent*	confi*rai* confi*ras* confi*ra* confi*rons* confi*rez* confi*ront*	confi*s* confis*ons* confis*ez*	confi*t*(*e*)
(4p)	mettre	Only one **t** in the *sg. prés. ind*. first three persons.	mets met*s* met mett*ons* mett*ez* mett*ent*	mett*e* mett*es* mett*e* mett*ions* mett*iez* mett*ent*	m*is* m*is* m*it* m*îmes* m*îtes* m*irent*	mett*rai* mett*ras* mett*ra* mett*rons* mett*rez* mett*ront*	met*s* mett*ons* mett*ez*	m*is*(*e*)
(4q)	prendre	Omission of **d** in some forms.	prends prend*s* prend pre**n***ons* pre**n***ez* prenn*ent*	prenn*e* prenn*es* prenn*e* pren*ions* pren*iez* prenn*ent*	pr*is* pr*is* pr*it* pr*îmes* pr*îtes* pr*irent*	prend*rai* prend*ras* prend*ra* prend*rons* prend*rez* prend*ront*	prend*s* pre**n***ons* pre**n***ez*	pr*is*(*e*)

	Infinitif	Notes	Présent de l'indicatif	Présent du subjonctif	Passé simple	Futur	Impératif	Participe passé
(4r)	rire	*p.p.* as in the second conjugation.	ris ri*s* ri*t* ri*ons* ri*ez* ri*ent*	ri*e* ri*es* ri*e* ri*ions* ri*iez* ri*ent*	r*is* r*is* r*it* r*îmes* r*îtes* r*irent*	rir*ai* rir*as* rir*a* rir*ons* rir*ez* rir*ont*	ri*s* ri*ons* ri*ez*	ri (*inv*)
(4s)	traire	There is no *passé simple*.	trais trai*s* trai*t* tray*ons* tray*ez* trai*ent*	trai*e* trai*es* trai*e* tray*ions* tray*iez* trai*ent*		trair*ai* trair*as* trair*a* trair*ons* trair*ez* trair*ont*	trai*s* tray*ons* tray*ez*	trai*t*(*e*)
(4u)	boire	Note the **v** before a vowel (from the old Latin **b**); *passé simple* follows the third conjugation.	bois boi*s* boi*t* buv*ons* buv*ez* boiv*ent*	boiv*e* boiv*es* boiv*e* buv*ions* buv*iez* boiv*ent*	b*us* b*us* b*ut* b*ûmes* b*ûtes* b*urent*	boir*ai* boir*as* boir*a* boir*ons* boir*ez* boir*ont*	boi*s* buv*ons* buv*ez*	b*u*(*e*)

	Infinitif	*Notes*	*Présent de l'indicatif*	*Présent du subjonctif*	*Passé simple*	*Futur*	*Impératif*	*Participe passé*
(4v)	croire	*passé simple* as in the third conjugation	croi*s* croi*s* croi*t* croy*ons* croy*ez* croi*ent*	croi*e* croi*es* croi*e* croy*ions* croy*iez* croi*ent*	cr*us* cr*us* cr*ut* cr*ûmes* cr*ûtes* cr*urent*	croir*ai* croir*as* croir*a* croir*ons* croir*ez* croir*ont*	croi*s* croy*ons* croy*ez*	cr*u*(*e*)
(4w)	croître	**î** in the *sg. pres. ind.* and the *sg. imper.*; *passé simple* as in the third conjugation	croî*s* croî*s* croî*t* croiss*ons* croiss*ez* croiss*ent*	croiss*e* croiss*es* croiss*e* croiss*ions* croiss*iez* croiss*ent*	cr*ûs* cr*ûs* cr*ût* cr*ûmes* cr*ûtes* cr*ûrent*	croîtr*ai* croîtr*as* croîtr*a* croîtr*ons* croîtr*ez* croîtr*ont*	croî*s* croiss*ons* croiss*ez*	cr*û*, cr*ue*
(4x)	lire	*passé simple* as in the third conjugation	li*s* li*s* li*t* lis*ons* lis*ez* lis*ent*	lis*e* lis*es* lis*e* lis*ions* lis*iez* lis*ent*	l*us* l*us* l*ut* l*ûmes* l*ûtes* l*urent*	lir*ai* lir*as* lir*a* lir*ons* lir*ez* lir*ont*	li*s* lis*ons* lis*ez*	l*u*(*e*)
(4y)	moudre	*passé simple* as in the third conjugation	moud*s* moud*s* moud moul*ons* moul*ez* moul*ent*	moul*e* moul*es* moul*e* moul*ions* moul*iez* moul*ent*	moul*us* moul*us* moul*ut* moul*ûmes* moul*ûtes* moul*urent*	moudr*ai* moudr*as* moudr*a* moudr*ons* moudr*ez* moudr*ont*	moud*s* moul*ons* moul*ez*	

	Infinitif	Notes	Présent de l'indicatif	Présent du subjonctif	Passé simple	Futur	Impératif	Participe passé
(4z)	paraître	**î** before **t**; *passé simple* as in the third conjugation	parais parai*s* paraî*t* paraiss*ons* paraiss*ez* paraiss*ent*	paraiss*e* paraiss*es* paraiss*e* paraiss*ions* paraiss*iez* paraiss*ent*	par*us* par*us* par*ut* par*ûmes* par*ûtes* par*urent*	paraît*rai* paraît*ras* paraît*ra* paraît*rons* paraît*rez* paraît*ront*	parai*s* paraiss*ons* paraiss*ez*	par*u*(*e*)
(4aa)	plaire	passé simple as in the third conjugation; **taire** has **il tait** (without the circumflex)	plais plai*s* plaî*t* plais*ons* plais*ez* plais*ent*	plais*e* plais*es* plais*e* plais*ions* plais*iez* plais*ent*	pl*us* pl*us* pl*ut* pl*ûmes* pl*ûtes* pl*urent*	plai*rai* plai*ras* plai*ra* plai*rons* plai*rez* plai*ront*	plai*s* plais*ons* plais*ez*	pl*u* (*inv*)
(4bb)	résoudre	**absoudre** has no *passé simple*; *participe passé* **absous**, **absoute**.	résous résou*s* résou*t* résolv*ons* résolv*ez* résolv*ent*	résolv*e* résolv*es* résolv*e* résolv*ions* résolv*iez* résolv*ent*	résol*us* résol*us* résol*ut* résol*ûmes* résol*ûtes* résol*urent*	résoud*rai* résoud*ras* résoud*ra* résoud*rons* résoud*rez* résoud*ront*	résou*s* résolv*ons* résolv*ez*	résol*u*(*e*)

Numbers / Les nombres

Cardinal Numbers / Les nombres cardinaux

0 *zero*, Br aussi *nought* zéro
1 *one* un
2 *two* deux
3 *three* trois
4 *four* quatre
5 *five* cinq
6 *six* six
7 *seven* sept
8 *eight* huit
9 *nine* neuf
10 *ten* dix
11 *eleven* onze
12 *twelve* douze
13 *thirteen* treize
14 *fourteen* quatorze
15 *fifteen* quinze
16 *sixteen* seize
17 *seventeen* dix-sept
18 *eighteen* dix-huit
19 *nineteen* dix-neuf
20 *twenty* vingt
21 *twenty-one* vingt et un
22 *twenty-two* vingt-deux
30 *thirty* trente
31 *thirty-one* trente et un
40 *forty* quarante
50 *fifty* cinquante
60 *sixty* soixante
70 *seventy* soixante-dix
71 *seventy-one* soixante et onze
72 *seventy-two* soixante-douze
79 *seventy-nine* soixante-dix-neuf
80 *eighty* quatre-vingts
81 *eighty-one* quatre-vingt-un
90 *ninety* quatre-vingt-dix
91 *ninety-one* quatre-vingt-onze
100 *a hundred, one hundred* cent
101 *a hundred and one* cent un
200 *two hundred* deux cents
300 *three hundred* trois cents
324 *three hundred and twenty-four* trois cent vingt-quatre
1000 *a thousand, one thousand* mille
2000 *two thousand* deux mille
1959 *one thousand nine hundred and fifty-nine* mille neuf cent cinquanteneuf
2000 *two thousand* deux mille
1 000 000 *a million, one million* un million
2 000 000 *two million* deux millions
1 000 000 000 *a billion, one billion* un milliard

Notes / Remarques:

i) **vingt** and **cent** take an -s when preceded by another number, except if there is another number following.

ii) If **un** is used with a following noun, then it is the only number to agree (one man **un homme**; one woman **une femme**).

iii) 1.25 (one point two five) = 1,25 (un virgule vingt-cinq)

iv) 1,000,000 (en anglais) = 1 000 000 ou 1.000.000 (in French)

Ordinal Numbers / Les nombres ordinaux

1st	*first*	**1er/1ère**	premier / première
2nd	*second*	**2e**	deuxième
3rd	*third*	**3e**	troisième
4th	*fourth*	**4e**	quatrième
5th	*fifth*	**5e**	cinquième
6th	*sixth*	**6e**	sixième
7th	*seventh*	**7e**	septième
8th	*eighth*	**8e**	huitième
9th	*ninth*	**9e**	neuvième
10th	*tenth*	**10e**	dixième
11th	*eleventh*	**11e**	onzième
12th	*twelfth*	**12e**	douzième
13th	*thirteenth*	**13e**	treizième
14th	*fourteenth*	**14e**	quatorzième
15th	*fifteenth*	**15e**	quinzième
16th	*sixteenth*	**16e**	seizième
17th	*seventeenth*	**17e**	dix-septième
18th	*eighteenth*	**18e**	dix-huitième
19th	*nineteenth*	**19e**	dix-neuvième
20th	*twentieth*	**20e**	vingtième
21st	*twenty-first*	**21e**	vingt et unième
22nd	*twenty-second*	**22e**	vingt-deuxième
30th	*thirtieth*	**30e**	trentième
31st	*thirty-first*	**31e**	trente et unième
40th	*fortieth*	**40e**	quarantième
50th	*fiftieth*	**50e**	cinquantième
60th	*sixtieth*	**60e**	soixantième
70th	*seventieth*	**70e**	soixante-dixième
71st	*seventy-first*	**71e**	soixante et onzième
80th	*eightieth*	**80e**	quatre-vingtième
90th	*ninetieth*	**90e**	quatre-vingt-dixième
100th	*hundredth*	**100e**	centième
101st	*hundred and first*	**101e**	cent unième
1000th	*thousandth*	**1000e**	millième
2000th	*two thousandth*	**2000e**	deux millième
1,000,000th	*millionth*	**1 000 000e**	millionième
1,000,000,000th	*billionth*	**1 000 000 000e**	milliardième

Fractions and other Numbers
Les fractions et autres nombres

$^{1}/_{2}$	*one half, a half*	un demi, une demie
$1^{1}/_{2}$	*one and a half*	un et demi
$^{1}/_{3}$	*one third, a third*	un tiers
$^{2}/_{3}$	*two thirds*	deux tiers
$^{1}/_{4}$	*one quarter, a quarter*	un quart
$^{3}/_{4}$	*three quarters*	trois quarts
$^{1}/_{5}$	*one fifth, a fifth*	un cinquième
$3^{4}/_{5}$	*three and four fifths*	trois et quatre cinquièmes
$^{1}/_{11}$	*one eleventh, an eleventh*	un onzième
	seven times as big, seven times bigger	sept fois plus grand
	twelve times more	douze fois plus
	first(ly)	premièrement
	second(ly)	deuxièmement
7 + 8 = 15	*seven and (or plus) eight are (or is) fifteen*	sept plus huit égalent quinze
10 - 3 = 7	*ten minus three is seven, three from ten leaves seven*	dix moins trois égalent sept, trois ôté de dix il reste sept
2 x 3 = 6	*two times three is six*	deux fois trois égalent six
20 ÷ 4 = 5	*twenty divided by four is* five	vingt divisé par quatre égalent cinq

Dates / Les dates

1996	*nineteen ninety-six*	mille neuf cent quatre-vingt-seize
2005	*two thousand (and) five*	deux mille cinq

November 10/11 (ten, eleven), *Br* the 10th/11th of November
le dix/onze novembre

March 1 (first), *Br* the 1st of March
le premier mars

A B C D E F G H I J K L M N O P Q R S T U V W XY Z

Headword in **blue**	**bloop•er** ['bluːpər] F gaffe *f* **con•flict** ['kɑːnflɪkt] **1** *n* (*disagreement*) conflit *m* **2** *v/i* [kən'flɪkt] (*clash*) s'opposer, être en conflit; *of dates* coïncider
International Phonetic Alphabet	**clip•pers** ['klɪpərz] *npl for hair* tondeuse *f*; *for nails* pince *f* à ongles; *for gardening* sécateur *m*
Translation in normal characters with gender shown in *italics*	**as•sai•lant** [ə'seɪlənt] assaillant(e) *m*(*f*)
Hyphenation points	**flam•ma•ble** ['flæməbl] *adj* inflammable
Stress shown in headwords	**fly•ing 'sau•cer** soucoupe *f* volante
Examples and phrases in ***bold italics***	**di•scrim•i•nate** [dɪ'skrɪmɪneɪt] *v/i*: ***discriminate against*** pratiquer une discrimination contre; ***be discriminated against*** être victime de discrimination; ***discriminate between sth and sth*** distinguer qch de qch
Indicating words in *italics*	**en•try** ['entrɪ] (*way in, admission*) entrée *f*; *for competition: person* participant(e) *m*(*f*); *in diary, accounts* inscription *f*; *in reference book* article *m*
Compounds	**'brown-nose** *v/t* P lécher le cul à P **brown 'pa•per** papier *m* d'emballage, papier *m* kraft **brown pa•per 'bag** sac *m* en papier kraft **brown 'sug•ar** sucre *m* roux